Kapellmann/Schiffers

Vergütung, Nachträge und Behinderungsfolgen
beim Bauvertrag

Band 1: Einheitspreisvertrag

Vergütung, Nachträge und Behinderungsfolgen beim Bauvertrag

Rechtliche und baubetriebliche Darstellung der geschuldeten Leistung und Vergütung sowie der Ansprüche des Auftragnehmers aus unklarer Ausschreibung, Mengenänderung, geänderter oder zusätzlicher Leistung und aus Behinderung gemäß VOB/B

Band 1: Einheitspreisvertrag

Von

Prof. Dr. jur. Klaus D. Kapellmann,
Rechtsanwalt in Mönchengladbach
Fachanwalt für Bau- und Architektenrecht
Honorarprofessor an der Rheinisch-Westfälischen
Technischen Hochschule Aachen

und

Universitätsprof. Dr.-Ing. Karl-Heinz Schiffers,
Universität Dortmund

5., völlig neu bearbeitete und erweiterte Auflage 2006

Werner Verlag

1. Auflage 1990
2. Auflage 1993
3. Auflage 1996
4. Auflage 2000
5. Auflage 2006

Bibliografische Information der Deutschen Bibliothek
Die Deutsche Bibliothek verzeichnet diese Publikation in der Deutschen
Nationalbibliografie; detaillierte bibliografische Daten sind im Internet über
http://dnb.ddb.de abrufbar.

ISBN 3-8041-5162-2

www.wolterskluwer.de
www.werner-Verlag.de

Alle Rechte vorbehalten.
Werner – eine Marke von Wolters Kluwer Deutschland GmbH.
© 2006 by Wolters Kluwer Deutschland GmbH, Heddesdorfer Straße 31, 56564 Neuwied.

Das Werk einschließlich aller seiner Teile ist urheberrechtlich geschützt.
Jede Verwertung außerhalb der engen Grenzen des Urheberrechtsgesetzes ist
ohne Zustimmung des Verlages unzulässig und strafbar. Das gilt insbesondere
für Vervielfältigungen, Übersetzungen, Mikroverfilmungen und die
Einspeicherung und Verarbeitung in elektronischen Systemen.

Umschlagkonzeption: futurweiss kommunikationen
Satz: Satz-Offizin Hümmer GmbH, Waldbüttelbrunn
Druck: Druckzone GmbH & Co. KG, Cottbus

∞ Gedruckt auf säurefreiem, alterungsbeständigem und chlorfreiem Papier

Unseren Ehefrauen

Gisela und Felicitas

Inhalt

Vorwort zur 5. Auflage	IX
Vorwort zur 1. Auflage	X
Inhaltsverzeichnis	XIII
Abkürzungsverzeichnis	XLV
Literaturverzeichnis	XLVII
Abbildungsverzeichnis	LXI
Text	1
Projekt-Anhang	801
Übersicht über die Änderung der Randnummern gegenüber der Vorauflage	927
Stichwortverzeichnis	929

Vorwort zur 5. Auflage

Mit dieser 5. Auflage hoffen wir, unserem Ziel noch näher gekommen zu sein: Einmal streben wir annähernde Vollständigkeit an, d. h., wir wollen jedes wissenschaftlich interessierende und jedes in der Praxis zu Tage tretende relevante Thema behandeln. Vor allem aber wollen wir eine Darstellung aus einem Guss bieten; die Summe so vieler unterschiedlicher Probleme muss in ein stringentes, auch die zuverlässige Beantwortung künftiger Fragen ermöglichendes System einbezogen werden. Nur punktuelle oder buchstäblich freischwebende Lösungsansätze ohne Einbeziehung des Wortlauts und der Struktur der VOB genügen nicht, ebensowenig von jeder Anwendbarkeit losgelöste oder baubetriebliche Anforderungen ignorierende Theorien. Notwendig ist vielmehr eine ganzheitliche, durchgängig an dem System „VOB" orientierte Antwort.

Wir haben alle einschlägigen Urteile des Bundesgerichtshofs und alle wesentlichen Urteile der Instanzgerichte ausgewertet, wir haben alle Beiträge der Literatur – in einer Dank mittlerweile vieler Zeitschriften unvermeidlich geförderten verblüffenden Anzahl – auf interessante und weiterführende Gedanken geprüft. Wir haben versucht, alle neuen Themen – und erst recht die alten – objektiv, sachgerecht und unter Berücksichtigung legitimer Interessen (auf der Basis der aus dem Gesetz entnommenen Wertungen) zu behandeln. Einseitige Interessen in unserem Werk zu verfolgen, wäre eine so absurde Vorstellung, dass wir dazu kein Wort verlieren.

Völlig neu sind viele Abschnitte, z. B. zur Bestimmung des Bausolls durch Auslegung, zum Inhalt und den Grenzen des Anordnungsrechts des Auftraggebers hinsichtlich geänderter und zusätzlicher Leistungen gemäß § 1 Nr. 3, 4 VOB/B, zu Beschleunigungsanordnungen, zur Nachtragsvergütung gemäß § 2 Nr. 5, 6 VOB/B, insbesondere den „sonstigen Anordnungen" gemäß Nr. 5, zur Ankündigungspflicht (?) des § 2 Nr. 6 Abs. 1 Satz 2 VOB/B bei zusätzlichen Leistungen, zu allen Varianten von Nachtrags-Schriftformklauseln, zum Recht des Auftragnehmers, vor Ausführung angeordneter zu ändernder oder zusätzlicher Leistungen eine Vergütungsvereinbarung verlangen zu können, zur vom Bundesgerichtshof im Jahre 2005 in erfreulicher Klarheit bestätigten, von uns unverändert seit der 1. Auflage so vertretenen Darlegungs- und Beweislast bei Behinderungen oder zu Einzelfragen hinsichtlich des § 642 BGB.

Aber auch alle anderen Texte sind vollständig überprüft und auf den neuesten Stand gebracht, Abbildungen und Anhang sind erneuert.

Wir danken Frau Katrin Hübscher, Mönchengladbach für ihre außerordentliche Leistung bei der Erstellung des Manuskripts, weiter Herrn Dr.-Ing. Thomas Feuerabend, Dortmund für die Überarbeitung der Abbildungen und der Anhänge.

Unsere Leser haben uns eine Fülle von Anregungen und Hinweisen zukommen lassen, denen wir in der Neuauflage ausnahmslos nachgegangen sind, für die wir danken und um die wir auch für diese Auflage bitten.

Band 2 ist nach der 4. Auflage zitiert, die in wenigen Monaten erscheinen wird. Rechtsprechung und Literatur sind auf dem Stand Januar 2006.

Mönchengladbach/Dortmund, im Januar 2006

Prof. Dr. Klaus D. Kapellmann Rechtsanwalt	Prof. Dr. Karl-Heinz Schiffers
Honorarprofessor an der Rheinisch-Westfälischen Technischen Hochschule Aachen	Universitätsprofessor an der Universität Dortmund

Vorwort zur 1. Auflage

Dieses Buch ist der Versuch, alle rechtlichen und baubetrieblichen Gesichtspunkte, die bei „Vergütungsnachträgen" und „Behinderungsnachträgen" des Auftragnehmers auftauchen, in einem einzigen Zusammenhang zu behandeln; die einzelnen Probleme werden anhand des im Anhang enthaltenen Projekts und vieler weiterer Beispiele realitätsnah (und bis ins Detail) demonstriert. Auftauchende Fragen werden nicht nur abstrakt beantwortet, sondern möglichst konkret im Rahmen dieses Projekts einschließlich Beweisführung und Berechnung im Nachtrag.

Gerade weil das Buch versucht, solche Fragen rechtlich und „praktisch", das heißt unter den Bedingungen des Baubetriebs, zu beantworten, bietet es Systematik der Darstellung, zeigt und erläutert es auftragnehmer- wie auftraggeberseitige Soll-Festlegungen sowie Ist-Feststellungen und daraus resultierende Soll-Ist-Abweichungen, enthält es auf Baustellenwirklichkeit fußende umfassende rechtliche Schlußfolgerungen und gibt es rechtliche und baubetriebliche Empfehlungen für das Tagesgeschäft. Wir sind der Meinung, dass gerade im Tagesgeschäft die Weichen für eine erfolgreiche Bauabwicklung gestellt werden, wozu besonders die Beherrschung des Nachtragsgeschäfts gehört, gleich, auf welcher Seite.

Das Buch will Hilfe sein, die Nachtragsabwicklung aus dem „Dschungelkampf" herauszuheben; es will helfen, sachliche und prüfbare Argumente für und wider Nachtragsforderungen herauszuarbeiten, Auftragnehmer wie Auftraggeber zu frühzeitiger Ursachenerkennung, Abhilfe, Zusammenarbeit und Dokumentation zu veranlassen. Demzufolge ergreift es nicht einseitig für eine Partei Stellung, sondern spricht beide Parteien gleichermaßen an: Es versucht, den Blick des Auftraggebers dafür zu schärfen, dass der Bieter nur das kalkulieren kann, was erkennbar ausgeschrieben ist, dass jegliche auch ungewollte und stillschweigende Änderung oder Zusatzleistung Vergütungsfolgen auslösen kann und schließlich spät erfolgende oder fehlende auftraggeberseitige Vorbereitung und Mitwirkung zu Behinderungen mit schwerwiegenden Zeit- und Geldfolgen führen können; es macht dem Auftraggeber deutlich, dass der Auftragnehmer nichts zu verschenken hat. Umgekehrt lässt es auch den Auftragnehmer nicht darüber im unklaren, dass fehlende oder nicht nachvollziehbare Angaben im Angebotsstadium und/oder fehlende spätere prüfbare laufende Dokumentation des „Ist" keine wirklich verwertbaren Schlüsse zu zusätzlicher Vergütung zulassen, dass es auch nicht erfolgversprechend sein kann, den Auftraggeber während der Bauabwicklung über Ansprüche möglichst im dunkeln zu lassen.

Unvermeidlich enthält das Buch baurechtliche Darlegungen in reichstem Umfang. Ebenso unvermeidlich enthält es aber auch weitgehende baubetriebliche Erläuterungen. Dem Juristen werden diese baubetrieblichen Passagen fremd, schwer eingängig und aus seiner Sicht vielleicht unnötig erscheinen. Den Techniker oder Kaufmann werden die juristischen Details nicht interessieren; viele (notwendige) Unterscheidungen werden ihm als „typisch juristisch" und für ihn überflüssig erscheinen. Kurz: Es werden für den Leser je nach Fachschwerpunkt Schwierigkeiten auftauchen, allerdings solche Schwierigkeiten, denen er gerade auch in seinem Alltag begegnet. Das Buch bemüht sich gerade darum, unter Heranziehung aller Teilbereiche Probleme integriert zu lösen und jeden Baubeteiligten anzusprechen. Das schließt es nicht aus, dass der Leser je nach Fachrichtung Detailausführungen der anderen Disziplin übergehen wird; der Jurist wird sicher die ausführlichen Berechnungen oder Kalkulationsentwicklungen nicht im Detail verfolgen wollen, der Techniker oder Kaufmann wird sich wenig mit den leidigen Details der „Ausnahmen vom Ankündigungserfordernis" bei § 2 Nr. 6 VOB/B beschäftigen. Gleichwohl sollte

Vorwort zur 1. Auflage

jede Fachrichtung wahrnehmen, dass es bei „Vergütungsnachträgen" wie bei „Behinderungsnachträgen" Gesamtzusammenhänge gibt, die über das einzelne Fachgebiet hinausgehen. An den Juristen richtet sich der besondere Wunsch, er möge nachvollziehen, dass Aussagen zu den „Grundlagen der Preisermittlung" Kenntnisse von Kostenzusammenhängen voraussetzen, dass Bauplanung und Baudurchführung dynamische Prozesse sind, dass kleine Ursachen große und auch viele Wirkungen haben können, dass vor allem Ex-post-Betrachtungen immer verfehlt sind, dass schließlich nur in der Theorie und für den streng definierten Einzelfall Lösungen „einfach" sind.

Die durchgängige Verknüpfung von Theorie und Praxis, die Zusammenführung von Baurecht und Baubetrieb sind die Anliegen dieses Buches und gleichzeitig auch seine Schwierigkeiten. Insoweit bitten wir auch um Nachsicht – interdisziplinäre Zusammarbeit nicht nur in den Höhen der reinen Wissenschaft, sondern bei der Bewältigung der Tagesprobleme birgt erhebliche Verständigungsschwierigkeiten, wenn jede Seite des Problems richtig erfasst und jeder Adressat verständlich angesprochen werden soll.

Dass bei diesem Buch Anregungen, Hinweise, Empfehlungen und Kritik gerade aus der Praxis willkommen sind, bedarf keiner Darlegung.

Der vorliegende Band behandelt den Einheitspreisvertrag. Der zweite Band wird den Pauschalvertrag einschließlich Schlüsselfertigbau zum Gegenstand haben.

Wir möchten nicht versäumen, Herrn Prof. Hermann Korbion, der uns mit freundlichem Rat und liebenswürdiger Hilfe zur Verfügung gestanden hat, aufrichtig zu danken.

Dank schulden wir auch Frau Beate Reiners, Mönchengladbach, für die unendliche Geduld bei der Erstellung des Manuskripts, ebenso Frau Renate Langwald, Dortmund.

Rechtsprechung und Literatur sind bis März 1990 berücksichtigt.

Mönchengladbach/Dortmund, im April 1990   Die Verfasser

Inhaltsverzeichnis

Teil 1 Einführung

Kapitel 1 Baubetriebliche Grundlagen

		Rdn.	Seite
1	Methoden zur Erfassung der Bauwirklichkeit		
1.1	Aufgabenstellung.	1	1
1.2	Bauinhalt, Bauumstände.	2	2
1.3	Die Soll-Ist-Abweichung als Ausgangspunkt, Bausoll	3	3
1.4	Dokumentation		
1.4.1	Die Aufgabe der Dokumentation	6	6
1.4.2	Die unterschiedlichen Soll-Vorgaben und Ist-Feststellungen.	7	7
2	Kosten, Kostenverursachung und Kostenzurechnung		
2.1	Kostendefinition und Kostenarten	8	8
2.2	Direkte Kosten und Gemeinkosten		
2.2.1	Begriffsbestimmung	10	9
2.2.2	Baustellengemeinkosten	11	10
2.2.3	Allgemeine Geschäftskosten	14	12
2.3	Wagnis und Gewinn	16	13
2.4	Die Bestimmung der Prozentsätze für die Deckungsanteile.	17	14
2.5	Umlage- und Zuschlagskalkulation.	18	16
2.6	Variable und fixe Kosten		
2.6.1	Variable Kosten und Grenzkosten.	19	17
2.6.2	Fixe Kosten	20	18
2.6.3	Sprungfixe Kosten.	21	21
2.7	Zeitabhängige und einmalige Kosten		
2.7.1	Zeitabhängige Kosten.	22	24
2.7.2	Abgrenzung von Verbrauchs- und Gebrauchsgütern	23	25
2.7.3	Einmalig auftretende Kosten	24	26
2.8	Weitere Kostenkennzeichnungskriterien	25	26
2.9	Der vertraglich vereinbarte Preis.	26	27
2.10	Die Begriffe Angebots-, Auftrags- und Arbeitskalkulation	27	27
3	Terminplanung und -steuerung		
3.1	Grundsätzliches.	32	30
3.2	Durchführung der Terminplanung	36	33
3.3	Arten von Terminplänen	43	36
3.4	Dokumentation der Ist-Termine	47	39

			Rdn.	Seite

Teil 2 Vertragsleistung (Bausoll) und Vertragsvergütung (Vergütungssoll) – Ansprüche des Auftragnehmers aus mangelhaft definiertem Bausoll oder Vergütungssoll

Kapitel 2 Die Festlegung des Bausolls durch den Bauvertrag

			Rdn.	Seite
1	Das Bausoll – Definition		100	40
2	Die Bestimmung des Bausolls anhand des Vertrages			
	2.1	Unwirksamkeit von Vertragsbestimmungen wegen Verstoßes gegen AGB-Recht	102	42
	2.2	Die Vereinbarung der VOB/B	103	42
	2.3	Einheitspreisvertrag		
		2.3.1 Strukturen – Leistungsbeschreibung, Position, Vordersatz, Einheitspreis	104	43
		2.3.2 Einheitspreis		
		2.3.2.1 Regelfall	105	46
		2.3.2.2 Lohnpreisgleitklauseln	106	47
		2.3.2.3 Materialpreisgleitklauseln	115	53
	2.4	Pauschalvertrag – Typ Detail-Pauschalvertrag	116	53
	2.5	Pauschalvertrag – Typ Global-Pauschalvertrag	117	54
	2.6	Leistung, Vergütung und Reihenfolge einzelner Vertragsbestandteile	118	54
	2.7	Änderungsvorschläge, Nebenangebote („Sondervorschläge")		
		2.7.1 Begriffsbestimmung	119	55
		2.7.2 Die vertragliche Einigung auf einen „Sondervorschlag" oder ein Nebenangebot	120	56
		2.7.3 Die „Duldung" der Ausführung von „Sondervorschlägen" oder Nebenangeboten	121	57
3	Leistungspflichten außerhalb der Leistungsbeschreibung			
	3.1	BVB, ZVB, Zusätzliche Technische Vertragsbedingungen	125	58
	3.2	Allgemeine Technische Vertragsbedingungen – VOB/C		
		3.2.1 Aufbau der VOB/C, Geltung als Vertragsbestandteil	126	59
		3.2.2 Abschnitt 0 der VOB/C (DIN 18 299 bzw. Einzelnormen)	127	60
		3.2.3 Abschnitte 2 und 3 der VOB/C	130	62
		3.2.4 Abschnitt 4 der VOB/C		
		3.2.4.1 Nebenleistungen, Besondere Leistungen	131	63
		3.2.4.2 Nebenpflichten, Nebenarbeiten	132	64
		3.2.4.3 Bestimmung der Nebenleistungen durch VOB/C und AGB-Recht	133	64
		3.2.4.4 Einbeziehung von „Besonderen Leistungen" in das Bausoll durch „pauschale Verweisung", insbesondere durch Allgemeine Geschäftsbedingungen des Auftraggebers?	134	65
		3.2.4.5 Nachträglich ausgeführte „Besondere Leistungen", vereinbarte Maßnahmen oder vereinbarte Eignung als Bausoll (Beschaffenheitssoll); Anspruchsgrundlage: § 2 Nr. 6, Nr. 8 VOB/B; Höhe der Vergütung	136	68

	Rdn.	Seite
3.2.4.6 Ankündigungspflicht vor Abschluss des Vertrages?	145	72
3.2.5 Abschnitt 5 der VOB/C	146	73
3.3 Gewerbliche Verkehrssitte	147	74
3.4 Einzelpflichten des Auftragnehmers gemäß VOB/B und BGB		
3.4.1 Allgemeine Pflichten	148	75
3.4.2 Gefahrtragung und Risikoverteilung	150	76
4 Maßgebender Zeitpunkt für die Einbeziehung von Unterlagen als Vertragsbestandteil (Bausoll)	152	76
5 Zusammenfassung	155	78

Kapitel 3 Vergütungsansprüche des Auftragnehmers bei mangelhaft definiertem Bausoll

	Rdn.	Seite
1 Problemstellung – keine Ex-post-Beurteilung	156	79
2 Besondere Fallgruppen		
2.1 Die Leistungsbeschreibung mit falschen planerischen Angaben	157	80
2.2 Die vorsätzlich falsche Ausschreibung – „Frivoler" Auftraggeber	158	81
3 Fälle mangelhaft definierten Bausolls – Bauinhalt –		
3.1 Unterschiede zwischen Text und Plan – Widersprüchlichkeit	159	81
3.2 Lückenhafte Leistungsbeschreibung	162	82
3.3 Missverständliche Leistungsbeschreibung	165	84
3.4 Irreführende Leistungsbeschreibung	166	85
3.5 Mischtatbestände	167	85
3.6 Unzutreffende Mengenangaben	168	86
4 Fälle mangelhaft definierten Bausolls – Bauumstände –	169	86
5 Fälle mangelhaft definierten Bausolls – Folgen für Bauinhalt *und* Bauumstände –	170	86
6 Häufigkeit von mangelhaft definierten Leistungsbeschreibungen in der Praxis	171	87
7 Zwischenergebnis: Gleichartigkeit aller Fälle	172	88
8 Die Auslegung des Bausolls bei mangelhaften Vertragsunterlagen		
8.1 Auslegungsnotwendigkeit nur bei unterschiedlichem Vertragsverständnis – Hinweis auf „Bearbeitungsschema"	173	88
8.2 Die „objektive" Vertragsauslegung – **Schritt 1** – Auslegungskriterien		
8.2.1 Der Wortlaut als Auslegungskriterium; die Rolle des Sachverständigen	175	89

				Rdn.	Seite
	8.2.2	Auslegungsregel: „Totalität aller Vertragsbestandteile", Rangfolge unterschiedlicher Vertragsbestandteile und Vertragskategorien gemäß § 1 Nr. 2 VOB/B.		178	91
	8.2.3	Widersprüche innerhalb einer Vertragskategorie			
		8.2.3.1 „Speziell vor Allgemein".		179	91
		8.2.3.2 Sonderfall: Widersprüche zwischen Baubeschreibung, Leistungsverzeichnis (Text) und Zeichnungen (Plänen), – Lösung durch allgemeine Auslegungskriterien?		180	93
	8.2.4	Auslegung nach dem Empfängerhorizont – „Sonderfarben".		183	94

9 Die Prüfpflicht des Bieters hinsichtlich des Bausolls – Schritt 2

				Rdn.	Seite
9.1	Allgemeine Überlegungen – „Bearbeitungsschema".			185	96
9.2	Berechtigte Bietererwartungen („Empfängerhorizont") auf der Basis von Auftraggeberpflichten bei der Leistungsbeschreibung				
	9.2.1	Richtigkeitsvermutung, Vollständigkeitsvermutung als Ausfluss der Leistungsbeschreibungsmethodik „Detaillierung".		186	98
	9.2.2	Spezieller Maßstab für die Pflichten des Auftraggebers: § 9 VOB/A.			
		9.2.2.1 Norm des Vergaberechts, Aufbau der Norm		191	101
		9.2.2.2 Die vertragsrechtliche Bedeutung von § 9 Nr. 1–9 VOB/A bei Ausschreibungen öffentlicher Auftraggeber			
			9.2.2.2.1 Generelle Bedeutung.	192	101
			9.2.2.2.2 Einzeluntersuchung des § 9 Nr. 1, 2, 3, 4, 6, 8, 9 VOB/A	193	102
		9.2.2.3 Sonderthema: § 9 Nr. 7 VOB/A – Widerspruch Text/Zeichnung		201	106
		9.2.2.4 Die vertragsrechtliche Bedeutung von § 9 VOB/A bei privater Ausschreibung.		206	110
	9.2.3	Pflicht zur inneren Schlüssigkeit des Angebotsblanketts Beispiel: Standard-Leistungsbuch, STLB-Bau Dynamische BauDaten.		207	110
	9.2.4	Pflicht zur für das Angebotsstadium fertigen Planung		208	112
9.3	Pflichten des Bieters als Maßstab für berechtigte Auftraggeber erwartungen				
	9.3.1	Allgemeiner Prüfmaßstab (Sonderfachleute des Auftraggebers).		210	113
	9.3.2	Prüfpflicht des Bieters in Relation zur Unternehmensgröße?.		211	114
	9.3.3	Prüfpflicht und Erstellung des Angebots in kurzer Frist		214	116
	9.3.4	Prüfpflicht entsprechend der Schwierigkeit des Objekts?		216	116
	9.3.5	Prüfpflicht entsprechend dem Horizont eines Kalkulators, kein Nachkonstruieren durch den Bieter?		217	117
	9.3.6	Prüfpflicht zu eigenen Berechnungen oder Untersuchungen des Bieters?.		219	118
	9.3.7	Prüfpflicht wegen besonderer Fachkunde?		220	119
	9.3.8	Prüfpflicht nach Produktart?.		221	119
	9.3.9	Prüfpflicht hinsichtlich der Ausführungsfristen?.		222	120

			Rdn.	Seite
	9.3.10	Prüfpflicht hinsichtlich der Angebotsmengen?	226	121
	9.3.11	Prüfpflicht gemäß Angebotsphase, nicht Auftragsphase...	228	122
9.4	Zusammenfassung, Praxisempfehlung		229	123
9.5	AGB-rechtliche Unwirksamkeit von Bausollklauseln, Günstigkeitsklauseln.		230	123
9.6	Zu wessen Lasten geht eine durch Auslegung nicht behebbare Unklarheit der Leistungsbeschreibung?		232	125

10 Die gescheiterte Auslegung – der versteckte Dissens

10.1	Anwendung der Auslegungsregeln auf die Fallbeispiele - Dissensfälle nicht praxisrelevant		233	125
10.2	Das Ausfüllen der Regelungslücke beim versteckten Dissens		238	128
10.3	Dissens bei Bauumständen?		239	129
10.4	Mitverursachung, Mitschuld		240	129

11 Exkurs: Auswahl des Sachverständigen 241 129

12 Die Vergütung bei unklarem Bausoll

12.1	Bausoll als Basis.		242	130
12.2	1. Alternative: Die Auslegung bestätigt die Auffassung des Auftraggebers: Ausnahmsweise Schadensersatzansprüche des Auftragnehmers			
	12.2.1	„Unklare Ausschreibung" (Leistungsbeschreibung)	244	132
	12.2.2	Klare Ausschreibung, aber wesentliche Kenntnisse auftraggeberseitig verschwiegen.	245	133
12.3	2. Alternative: Die Auslegung bestätigt die Auffassung des Auftragnehmers – Regelfolge: Vertragsvergütung			
	12.3.1	Regelfolge: Vertragsvergütung (Bauinhalt).	246	134
	12.3.2	Regelfolge: Vertragsvergütung (Bauumstände)	249	136
	12.3.3	Exkurs: Die Verletzung von Herstellungs-Hauptpflichten oder Ermöglichungs-Nebenpflichten durch den Auftraggeber.	250	137
12.4	Die Folgen des unterlassenen Prüfhinweises für die Ansprüche des Auftragnehmers – **Schritt 3**			
	12.4.1	Der vorsätzlich unterlassene Hinweis – „Frivolitäten".	251	137
	12.4.2	Der fahrlässig unterlassene Hinweis	255	139
	12.4.3	Mitverschulden – Quotierung?	264	143
12.5	Praktische Verhaltensempfehlungen für den Bieter bei mangelhaft definiertem Bausoll			
	12.5.1	Hinweise zum Schaden des Bieters?	265	143
	12.5.2	Der Hinweis gegenüber dem öffentlichen Auftraggeber	266	144
	12.5.3	Der Hinweis gegenüber einem privaten Auftraggeber	271	146
12.6	Weigerung des Auftraggebers, klärende Anordnungen zu treffen (Ausführungsphase)		274	147

13 Die Ansprüche des Auftragnehmers der Höhe nach

13.1	Regelfall: Höhe der Vergütung gemäß § 2 Nr. 5, Nr. 6, Nr. 8 VOB/B.	275	149
13.2	Ausnahmefall: Höhe des Schadenersatzanspruches aus Verschulden bei Vertragsschluss.	276	149

XVII

		Rdn.	Seite

14 Beweisführung und Beweislast 277 150

15 Fälligkeit, Abschlagszahlungen und Verjährung der Ansprüche aus mangelhaft definierter Leistungsbeschreibung 278 151

16 Der Ausschluss der Ansprüche des Auftragnehmers aus mangelhaft definierter Leistungsbeschreibung durch Allgemeine Geschäftsbedingungen des Auftraggebers 279 152

Kapitel 4 Vergütungsansprüche des Auftragnehmers bei mangelhaft definiertem Vergütungssoll

1 Regelfall: Vergütungssoll beim Einheitspreisvertrag variabel, aber nicht unklar 280 154

2 Fälle mangelhaft definierten Vergütungssolls 281 154

3 Die Auslegung mangelhaft definierten Vergütungssolls 283 155

4 Das Schließen der Lücke hinsichtlich der Vergütungshöhe 285 156

5 Angeordnete Besondere Leistung 287 157

6 Prüfpflichten? 288 157

Kapitel 5 Anforderungen an die Organisation der Angebotsbearbeitung

1 Allgemeine Anforderungen 289 159

2 Spezielle Anforderungen
   2.1 Auflistung aller vom Auftraggeber als Bausoll vorgegebenen Unterlagen 293 163
   2.2 Auflistung der Vorschläge für das Anschreiben 294 163
   2.3 Check der einzelnen Leistungen 295 163
   2.4 Systematische Verfolgung und Auswertung der Nachunternehmeranfragen 296 163
   2.5 Dokumentation der Arbeitsvorbereitung der Angebotsphase 297 163
   2.6 Systematisch aufgebaute Kalkulation 302 165
   2.7 Erfassung von Abänderungen und technischen Klärungen nach Angebotsabgabe 310 168

3 Schlussempfehlung 311 168

4 Beispiele zur Überprüfung der Anfrageunterlagen (gemäß Projektanhang A)
   4.1 Einführung 312 169
   4.2 Lücken in den Anfrageunterlagen 315 170

			Rdn.	Seite
4.3	Unterschiede zwischen Leistungsverzeichnistext und sonstigen Unterlagen			
	4.3.1	Ausschreibungunterlagen und sonstige benannte Unterlagen	319	172
	4.3.2	Nicht benannte Unterlagen	325	173
4.4	Unklarheiten		326	174
4.5	Im Angebotsstadium nicht zu erkennende künftige Leistungen		327	174
4.6	Nicht zutreffende Mengenangaben		329	175
4.7	Unklarheiten bezüglich des Vergütungsolls		330	175

Teil 3 Die Phase zwischen Vertragsschluss und Baubeginn

Kapitel 6 Die Phase zwischen Vertragsschluss und Baubeginn

			Rdn.	Seite
1	Der Vertragsschluss als Zäsur für das Bausoll		400	176
2	Die differenzierte Arbeitsvorbereitung nach Vertragsschluss		401	176
3	Durchführung der Arbeitskalkulation		403	177
4	Durchführung des Bauinhalts-Soll-Ist-Vergleichs		406	178
5	Beispiele			
	5.1	Differenzierte Arbeitsvorbereitung	407	179
	5.2	Arbeitskalkulation	413	181
	5.3	Ansprüche gegenüber dem Auftraggeber ohne zusätzliche Vorgaben (modifizierte Pläne) des Auftraggebers?		
		5.3.1 Keine Ansprüche gegenüber dem Auftraggeber	419	182
		5.3.2 Ansprüche gegenüber dem Auftraggeber	420	182
	5.4	Zusätzliche (nach Vertragsschluss) eingegangene Planunterlagen		
		5.4.1 Konkretisierung der Ausschreibungsunterlagen		
		5.4.1.1 Keine Ansprüche gegenüber dem Auftraggeber	421	183
		5.4.1.2 Ansprüche gegenüber dem Auftraggeber	422	183
		5.4.2 Pläne bzw. Anordnungen (nach Vertragsschluss) mit ausdrücklichen Bauinhaltsmodifizierungen	423	183

Teil 4 Vergütungsfolgen beim Einheitspreisvertrag bei Mengenabweichungen in der Ausführungsphase

Kapitel 7 § 2 Nr. 3 VOB/B

			Rdn.	Seite
1	Die Bedeutung der Mengenangabe für die Kalkulation des Auftragnehmers		500	185
2	Anwendung des § 2 Nr. 3 VOB/B			
	2.1	Nur auf Einheitspreisvertrag	502	187
	2.2	Mengenabweichungen bis zu 10 % irrelevant	503	188

XIX

			Rdn.	Seite

3 Angeordnete Mengenmehrungen oder -minderungen
   3.1 Grundsätzlich: Abweichung um mehr als 10 % wegen vorgefundener Verhältnisse 505   188
   3.2 Angeordete Mengenminderung............................... 510   191
   3.3 Angeordnete Mengenmehrung 514   192
   3.4 Aber: Berechnung der Fälle angeordneter Mengenmehrung (§ 2 Nr. 6 VOB/B) gemäß Berechnungsschema des § 2 Nr. 3 VOB/B... 517   193

4 Anwendung des § 2 Nr. 3 VOB/B nur auf Einzelpositionen 519   194

5 Die über 10 % hinausgehende Mengenminderung
   5.1 Der Kalkulationsaufbau des Auftragnehmers 520   195
   5.2 Niemals Herabsetzung des Einheitspreises als Folge einer Mengenminderung... 525   200
   5.3 Die Auswirkung der Mengenminderung auf die „Direkten Kosten" 526   200
   5.4 Die Auswirkung der Mengenminderung auf die Baustellengemeinkosten – Berechnungsgrundlage 100 % oder 90 %?............... 532   203
   5.5 Die Auswirkung der Mengenminderung auf die Allgemeinen Geschäftskosten 536   206
   5.6 Die Auswirkung der Mengenminderung auf das Wagnis 537   207
   5.7 Die Auswirkung der Mengenminderung auf den Gewinn 538   207
   5.8 Die fast vollständige Mengenminderung sowie der Wegfall ganzer Positionen
      5.8.1 Störung der Geschäftsgrundlage? 539   210
      5.8.2 Behandlung der „Null"-Menge 540   210
      5.8.3 Sonderphänomene – Auswirkungen auf Gemeinkosten.... 543   212
      5.8.4 Verschulden bei Vertragsschluss, § 311 Abs. 2 Nr. 1 BGB, bei Mengenminderungen? 544   212
   5.9 Die Ausgleichsberechnung bei Mindermengen – Grundsatz –
      5.9.1 Der „normale" Ausgleich............................ 545   213
      5.9.2 Der Ausgleich „in anderer Weise" – die Berücksichtigung von „Nachträgen"................................... 547   214
      5.9.3 Andere Ausgleichsfälle.............................. 552   216
      5.9.4 Einzelfragen und Praxis der Berechnung 554   217

6 Die über 10 % hinausgehende Mengenmehrung
   6.1 Kalkulationsaufbau.. 555   217
   6.2 Sowohl Herabsetzung als auch Heraufsetzung bei Mengenmehrung 556   217
   6.3 Die Auswirkung der Mengenmehrung auf die Direkten Kosten ... 557   218
   6.4 Die Auswirkung der Mengenmehrung auf die Baustellengemeinkosten – Berechnungsgrundlage 100 % oder 110 %?............... 558   218
   6.5 Die Auswirkung der Mehrmenge auf die Allgemeinen Geschäftskosten... 559   219
   6.6 Die Auswirkung der Mehrmenge auf das Wagnis 561   221
   6.7 Die Auswirkung der Mehrmenge auf den Gewinn – Gesamtberechnung... 562   221
   6.8 Die außerordentliche Mengenmehrung
      6.8.1 § 2 Nr. 3 VOB/B als abschließende Regelung 563   221
      6.8.2 Nachträge.. 564   222

			Rdn.	Seite
6.8.3		Verschulden bei Vertragsschluss oder § 6 Nr. 6 VOB/B bei Mengenmehrung – Bauablaufstörungen und Bauzeitverlängerung	565	222

7 Sonderthemen: Alternativpositionen, Eventualpositionen
7.1 Alternativpositionen (Wahlpositionen)

			Rdn.	Seite
7.1.1	Begriff		569	224
7.1.2	Beauftragung, Unwirksamkeit wegen Vergabeverstoß oder Verstoß gegen AGB-Recht		571	225
7.1.3	Die richtige Angebotskalkulation		573	226
7.1.4	Häufung von Alternativpositionen in der Ausschreibung		576	227
7.1.5	Anwendbarkeit von § 2 Nr. 3, 5, 6, 8 VOB/B, § 6 Nr. 6 VOB/B		577	228
7.1.6	Einbeziehung von Alternativpositionen in eine Ausgleichsberechnung gemäß § 2 Nr. 3 Abs. 3 Satz 1 VOB/B		579	229

7.2 Eventualpositionen (Bedarfspositionen)

		Rdn.	Seite
7.2.1	Begriff	580	229
7.2.2	Beauftragung, VOB/A, AGB-Recht	581	230
7.2.3	Eventualpositionen für künftige Behinderungsfälle (Einheitspreisliste)?	587	233
7.2.4	Die Auswirkung fehlender Vordersätze auf die Ermittlung der Einzelkosten	588	234
7.2.5	Die richtige Angebotskalkulation	589	234
7.2.6	Häufung von Eventualpositionen in der Ausschreibung	590	235
7.2.7	Wertung von Eventualpositionen in der Angebotsprüfung	591	235
7.2.8	Korrektur „überhöhter Eventualpositionspreise"?	592	237
7.2.9	Anwendbarkeit von § 2 Nr. 3, 5, 6, 8 VOB/B, § 6 Nr. 6 VOB/B	593	237
7.2.10	Einbeziehung von Eventualpositionen in eine Ausgleichsberechnung gemäß § 2 Nr. 3 Abs. 3 Satz 1 VOB/B	599	239

8 Basis und Methodik der Neuberechnung bei Mengenänderungen gemäß § 2 Nr. 3 VOB/B
8.1 Basis: Angebotskalkulation (Bindung an den alten Preis) – Berechnungsmethodik – 600 240
8.2 Ausnahmen von der Bindung an den alten Preis

		Rdn.	Seite
8.2.1	Notwendigkeit von Ausnahmen	601	241
8.2.2	Ausnahme 1: Irrtum des Auftragnehmers	602	241
8.2.3	Ausnahme 2: Änderung der Lohn- und Materialpreise	603	243
8.2.4	Ausnahme 3: Unsorgfältige Planung	604	244
8.2.5	Ausnahme 4: Ausmaß der Mehrmengen sprengt jeden äquivalenten Rahmen	605	244
8.2.6	Die Berücksichtigung von Nachlässen und Skonti	606	245
8.2.7	Der alte Preis als Grundlage bei „untergeordneten Positionen" oder bei „Sonderpreisen"	607	245
8.2.8	Korrektur von Nachtragsvergütungen wegen Fortführung „überhöhter Positionen" der Angebotskalkulation (Spekulationspreise)?	608	246
8.2.9	Wie wird ein kalkulierter (Soll-)Verlust berücksichtigt?	609	246

				Rdn.	Seite
8.3	Die konkrete Ermittlung der Elemente des Vertragspreises als Vorbereitung der Berechnung des neuen Preises				
	8.3.1	Die Ermittlung der Baustellengemeinkosten der Angebotskalkulation			
		8.3.1.1	Notwendigkeit der Ermittlung der Baustellengemeinkosten..............................	611	247
		8.3.1.2	Baustellengemeinkosten nicht als Einzelposition ausgewiesen..............................	612	248
		8.3.1.3	Baustellengemeinkosten als eigene Position ausgewiesen..	613	248
		8.3.1.4	Unterschiedliche Umlagezuschlagssätze für Deckungsanteile in der Kalkulation..................	614	249
	8.3.2	Aufgegliederte Angebotskalkulation ist hinterlegt oder wird nachträglich vorgelegt.........................		615	249
	8.3.3	Angebotskalkulation liegt nicht vor			
		8.3.3.1	Angebotskalkulation liegt nicht vor, jedoch Aufgliederung der Angebotssumme nach Umlagebeträgen oder Prozentsätzen..................	616	250
		8.3.3.2	Angebotskalkulation liegt nicht vor, die Angebotssumme ist unaufgegliedert................	618	251
	8.3.4	Begründungspflicht (Darlegungslast) für neue Einheitspreise a) Angebotskalkulation vorhanden, b) nicht vorhanden, c) vorhanden, aber Vorlage verweigert.................		619	251
8.4	Die Berechnung des neuen Preises: Beispiele				
	8.4.1	Methodische Empfehlung		624	252
	8.4.2	Beispiel einer Berechnung bei hinterlegter Angebotskalkulation			
		8.4.2.1	Prinzipieller Weg........................	626	254
		8.4.2.2	Vereinfachte Methode......................	627	255
		8.4.2.3	Ausführliche Methode.....................	629	256
	8.4.3	Beispiel einer Berechnung bei Aufgliederung der Einheitspreise			
		8.4.3.1	Bei alleinigem Anfall von Mengenänderungen (ohne entfallene Positionen)..................	633	259
		8.4.3.2	Entfallene Positionen	636	262
		8.4.3.3	Ergebnis...................................	637	263
	8.4.4	Insgesamt zu berücksichtigende Positionen.............		638	263
	8.4.5	Praktische Empfehlungen...........................		639	264
8.5	Einzelfragen zu in die Ausgleichsberechnung einzubeziehende Posten				
	8.5.1	Generelles		640	266
	8.5.2	Positionen des Vertrags-Leistungsverzeichnisses			
		8.5.2.1	Entfallene Positionen	641	266
		8.5.2.2	Alternativpositionen......................	642	267
		8.5.2.3	Eventualpositionen........................	643	267
	8.5.3	Nachtragspositionen			
		8.5.3.1	Grundsätzliches..........................	644	267
		8.5.3.2	Anordnungen zu Bauinhaltsmodifikationen	645	267

			Rdn.	Seite
	8.5.3.3	Anordnungen, die auch zu Bauumstandsmodifikationen führen	646	267
	8.5.4	Behinderungen	653	268

9 Prüfpflichten des Auftragnehmers bei Mengenänderungen
9.1 Prüfpflichten im Angebotsstadium 656 269
9.2 Hinweispflicht vor Ausführung? 657 270

10 Der „Antrag" als Voraussetzung für den neuen Preis 658 270

11 Die Behandlung abhängiger Pauschalen 659 270

12 Beweislast 660 271

13 Fälligkeit, Abschlagszahlungen, Verjährung, Wirkung der Schlussrechnung 661 272

14 Der Ausschluss des Anspruchs des Auftragnehmers aus § 2 Nr. 3 VOB/B durch Allgemeine Geschäftsbedingungen des Auftraggebers
14.1 Der Ausschluss jeglicher Vergütung bei Mengenänderung 662 272
14.2 Der Ausschluss der Preisanpassungsmöglichkeit durch AGB 663 273

Teil 5 Vergütungsänderungen infolge geänderter oder zusätzlicher Leistungen

Kapitel 8 Allgemeine Anspruchsvoraussetzungen

1 Bausoll-Bauist-Abweichung als *allgemeine* Voraussetzung für Vergütungsänderungen sowohl bei angeordneten wie bei nicht angeordneten geänderten oder zusätzlichen Leistungen 700 276

2 Das Bausoll bei Technischen Sondervorschlägen, Nebenangeboten und Entwicklungsrisiken 701 278

3 Weitere Voraussetzungen: Bausoll-Bauist-Abweichung aus dem Risikobereich des Auftraggebers 704 279

4 Systematik und Abgrenzung der unterschiedlichen Anspruchsgrundlagen für Vergütungsansprüche aus geänderter oder zusätzlicher Leistung 706 280

Kapitel 9 Bausoll, Beschaffenheitssoll, Bauverfahrenssoll, „Baugrundrisiko", „Systemrisiko" – Vergütungsmodifikationen bei Baugrundproblemen

1 „Erschwernisse" bei Baugrundrisiken 707 282

2 „Baugrund"
2.1 Definition „Baugrund" 708 283

			Rdn.	Seite
2.2		Der vom Besteller gelieferte Stoff; Beistellung des Baugrunds durch den Auftraggeber....................................	709	284
2.3		Analogie zu § 645 BGB, Schlussfolgerungen für die Mangelhaftigkeit des Baugrunds..	711	284
2.4		Die mangelfreie/mangelhafte Beschaffenheit des Baugrunds......	714	288
2.5		Die Zuteilung des Baugrundrisikos...........................	715	288

3 Die zentrale Bedeutung der Auslegung des konkreten Vertrages..... 719   290

4 Das Beschaffenheitssoll als Teil des Bausolls 721   292

5 Die Definition des Beschaffenheitssolls durch den Vertrag im Einzelnen

5.1	Definitionsmöglichkeiten			
	5.1.1	Grundsatz	723	293
	5.1.2	Die Bedeutung von Prüfpflichten des Auftraggebers hinsichtlich des Baugrunds für das Beschaffenheitssoll	725	293
5.2	Die vertragliche Definition des Beschaffenheitssolls durch Detailangaben			
	5.2.1	Grundsatz	726	294
	5.2.2	Vertrauen auf Richtigkeit	727	294
	5.2.3	Vertrauen auf Vollständigkeit.........................	728	294
	5.2.4	Die Bedeutung der VOB/C	729	295
	5.2.5	Die allgemeine Prüfpflicht des Bieters hinsichtlich der Beschaffenheitsangaben bei Baugrundangaben; Bedeutung von Baugrundgutachten	732	297
	5.2.6	Keine eigene Untersuchungspflicht des Bieters (Prüfpflicht) in Bezug auf den Baugrund....................	736	299
	5.2.7	Die Prüf- und Hinweispflicht gem. § 4 Nr. 3 VOB/B bzw. analog § 645 BGB	737	299
	5.2.8	Sachgerechte Arbeit des Auftragnehmers................	738	300
	5.2.9	Abschließende Aussage zum „Baugrundrisiko" bei detaillierter Beschaffenheitsangabe seitens des Auftraggebers – im Regelfall nicht erkennbare Beschaffenheit	739	300
5.3	Die „vertragliche Definition des Beschaffenheitssolls durch Globalangaben oder bei fehlenden Angaben			
	5.3.1	Grundsatz	742	301
	5.3.2	Prüfpflicht oder Untersuchungspflicht des Auftragnehmers – Planungspflicht vertraglich nicht vereinbart		
		5.3.2.1 Keine besonderen Planungspflichten	743	302
		5.3.2.2 Bedeutung der 0-Abschnitte der DIN-Normen der VOB/C bleibt erhalten..................	745	303
		5.3.2.3 Im Regelfall nicht erkennbare Beschaffenheit: Beispiele...............................	746	304
	5.3.3	Prüfpflicht oder Untersuchungspflicht des Auftragnehmers – Planungspflicht vertraglich vereinbart		
		5.3.3.1 Private Auftraggeber.......................	747	305
		5.3.3.2 Öffentliche Auftraggeber....................	752	306
	5.3.4	Anwendung der Grundsätze der Entscheidung „Wasserhaltung II" auch auf private Auftraggeber?.............	754	307
	5.3.5	Schadensersatzansprüche?............................	757	308

			Rdn.	Seite

6 Die Abwälzung des Baugrundrisikos im Vertrag auf den Auftragnehmer
- 6.1 Individuelle Vereinbarungen 758 309
- 6.2 Überwälzung des Baugrundrisikos in AGB des Auftraggebers 759 309
- 6.3 Unwirksamkeit von AGB-Klauseln aus kartellrechtlichen Gründen... 760 310

7 Das Bauverfahrenssoll
- 7.1 Auftragnehmer hat Wahlrecht bezüglich des Bauverfahrens 761 310
- 7.2 Anordnung des Bauverfahrens durch den Auftraggeber, „Systemrisiko" 763 311

8 Anspruchsgrundlage bei erschwerter Leistung (Baugrundfälle)
- 8.1 Vergütungsanpassung gemäß § 2 Nr. 3, 5, 6, 8 VOB/B 766 313
- 8.2 Ansprüche des Auftragnehmers bei zutreffendem Beschaffenheitssoll?... 775 316

Kapitel 10 Vom Auftraggeber angeordnete geänderte zusätzliche Leistungen, § 2 Nr. 5 und § 2 Nr. 6 VOB/B – gemeinsame Voraussetzungen und Abgrenzung

1 Einseitiges Anordnungsrecht, einseitiger Vergütungsanspruch
- 1.1 Grundsatz: Einseitiges Anordnungsrecht des Auftraggebers, einseitiger Vergütungsanspruch des Auftragnehmers............... 776 317
- 1.2 Anordnungsrecht des Auftraggebers = Kein Verstoß gegen AGB-Recht... 779 319
- 1.3 Notwendigkeit der Abgrenzung zwischen §§ 1 Nr. 3, 2 Nr. 5 und §§ 1 Nr. 4, 2 Nr. 6 VOB/B?................................. 780 320
- 1.4 Keine Abgrenzungsnotwendigkeit zwischen „geänderter Leistung" gemäß § 1 Nr. 3 und „im Vertrag nicht vorgesehener Leistung" gemäß § 1 Nr. 4 VOB/B, Abgrenzung nur zwischen § 2 Nr. 5 und § 2 Nr. 6 VOB/B 781 323

2 Das Anordnungsrecht des Auftraggebers im Einzelnen
- 2.1 Mögliche Anordnungen 782 324
- 2.2 Das Anordnungsrecht nach § 1 Nr. 3 VOB/B
  - 2.2.1 Gegenstand des Anordnungsrechts des § 1 Nr. 3 VOB/B .. 783 325
  - 2.2.2 Die Grenzen des bau*inhaltlichen* Änderungsrechts gemäß § 1 Nr. 3 VOB/B.. 789 330
- 2.3 Das Verlangen zusätzlicher Leistungen gemäß § 1 Nr. 4 VOB/B
  - 2.3.1 Die drei unterschiedlichen Kategorien des § 1 Nr. 4 VOB/B... 793 332
  - 2.3.2 Die „zusätzliche" Leistung und die „andere" Leistung ... 794 333
  - 2.3.3 Neue, selbständige Leistung („Anschlussaufträge") 796 334

3 § 2 Nr. 5 und Nr. 6 VOB/B
- 3.1 Die „sonstigen Anordnungen" des Auftraggebers gemäß § 2 Nr. 5 VOB/B, Änderungen der Bauumstände 798 336

				Rdn.	Seite

3.2 Die (vom Auftraggeber angeordnete) Änderung des Bauinhalts: § 2 Nr. 5 VOB/B oder § 2 Nr. 6 VOB/B – Abgrenzung zwischen inhaltlich geänderten und inhaltlich zusätzlichen Leistungen

    3.2.1 „Regeln" – Definition der geänderten und der zusätzlichen Leistung. 803   342

    3.2.2 „Regel a" – Die Bauinhaltsdefinition ändert sich *qualitativ* nicht – kein § 2 Nr. 5 VOB/B

        3.2.2.1 Angeordnete Mengenmehrung 805   343

        3.2.2.2 Mehrleistung „derselben Art"?............... 808   345

        3.2.2.3 Einzelfälle 809   345

        3.2.2.4 Wiederholung der „alten" Leistung........... 821   350

        3.2.2.5 Angeordneter Wegfall der „alten" Leistung..... 822   351

        3.2.2.6 Zulässige Konkretisierung der Planung ist keine Änderung; Auswahlschuldverhältnisse, Mischpositionen. 823   351

    3.2.3 „Regel b" – Die Leistung ist völlig neuartig – dann kein § 2 Nr. 5, sondern § 2 Nr. 6 VOB/B

        3.2.3.1 Bisher im Vertrag auch nicht in anderer Menge vorgesehene Leistung 824   351

        3.2.3.2 Neue Leistung anstelle einer im Vertrag vorhandenen, völlig andersartigen Leistung........... 826   352

    3.2.4 „Regel c" – „Neue Leistung" noch im Zusammenhang mit beauftragter Leistung, aber kein sinnvoller Ansatzpunkt für neue Preisermittlung – dann nicht § 2 Nr. 5 VOB/B, sondern § 2 Nr. 6 VOB/B

        3.2.4.1 Die Leistung „anstatt" 827   354

        3.2.4.2 Stellungnahmen der Literatur zur Abgrenzung zwischen „Änderung" und „zusätzlicher Leistung"................................ 830   355

        3.2.4.3 Richtiges Abgrenzungskriterium: Unmittelbare analytische Ableitbarkeit des „neuen" Preises aus Bezugspositionen des Vertrags-LV (Nachtragskalkulation im Wege analoger Kostenfortschreibung der Direkten Kosten – Anhaltspunkt Produktionsverfahren) 831   356

        3.2.4.4 Wann ist der „neue Preis" im Einzelfall analytisch noch ableitbar (= geänderte Leistung), wann ist er nicht mehr ableitbar (= zusätzliche Leistung)?................................ 841   358

4 Anordnung oder Forderung der neuen Leistung durch den Auftraggeber als Tatbestandsmerkmal des § 2 Nr. 5 und des § 2 Nr. 6 VOB/B

4.1 „Anordnen" (§ 2 Nr. 5 VOB/B) = „Fordern" (§ 2 Nr. 6 VOB/B)? 844   361

4.2 Die „Befolgung heischende Aufforderung" als Ausübung eines Gesaltungsrechts; die Anordnung unter Leugnung der Bausoll-Bauist-Abweichung.. 846   363

4.3 Der bloße Hinweis an den Auftragnehmer auf das Bausoll; „überflüssige" Anordnungen des Auftraggebers......................... 848   363

4.4 Anordnung geänderter oder zusätzlicher Leistungen durch Wahl bei Wahlpositionen (= Alternativpositionen) oder Auswahlpositionen (Auftraggeber) – („Sonderfarben"); Auswahlrecht des Auftragnehmers 849   364

			Rdn.	Seite

4.5 Anordnung abweichend von der Durchschnittsverteilung bei Mischpositionen? 860 368
4.6 Die ausdrückliche, konkludente oder stillschweigende Anordnung des Auftraggebers
    4.6.1 Das ausdrückliche Leistungsverlangen 861 369
    4.6.2 Das konkludente Leistungsverlangen – Anordnungen durch die Ausführungsplanung
        4.6.2.1 Allgemeine Überlegungen 862 370
        4.6.2.2 Konkretisierungen der Entwurfsplanung durch die Ausführungsplanung keine Bausoll-Bauist-Abweichung 863 370
        4.6.2.3 Verzögerung der Konkretisierung 870 373
        4.6.2.4 Freigaben des Auftraggebers 871 373
    4.6.3 Das stillschweigende Leistungsverlangen
        4.6.3.1 Definitionen 872 373
        4.6.3.2 Stillschweigende Anordnung aufgrund der „vorgefundenen Verhältnisse"? 875 375
        4.6.3.3 Anordnungen durch Dritte? 880 377
        4.6.3.4 Anordnungen auf zusätzliche Leistungen schon aus dem Inhalt des Vertrages wegen Notwendigkeit der Leistung? (BGH Schäfer/Finnern Z 2.310 Bl. 40; BGH „Konsoltraggerüste", NZBau 2003, 324) 882 378
        4.6.3.5 Ankündigungspflicht wegen konkludenter oder stillschweigender Anordnungen? 886 380
    4.6.4 Formvorschrift für die Anordnung des Auftraggebers? ... 887 381
    4.6.5 Unterlassene Anordnung des Auftraggebers als Leistungsverlangen? 888 381
4.7 Anordnung wirksam – Anfechtbarkeit, Vertretungsmacht?
    4.7.1 Anfechtbare Anordnungen
        4.7.1.1 Vertretungsmacht 892 383
        4.7.1.2 Gesetzliche Vertretungsmacht
            4.7.1.2.1 Private Auftraggeber.............. 893 384
            4.7.1.2.2 Öffentliche Auftraggeber 894 384
        4.7.1.3 Die rechtsgeschäftliche Vertretungsmacht
            4.7.1.3.1 Die Vollmacht des Auftraggebers an eigene Mitarbeiter 900 385
            4.7.1.3.2 Die Vollmacht des Architekten (Anscheinsvollmacht, Duldungsvollmacht) 902 386
            4.7.1.3.3 Die Vollmacht des Baucontrollers und des Projektsteuerers 905 387
            4.7.1.3.4 Ansprüche des Auftragnehmers bei Anordnung trotz fehlender Vollmacht? 907 387

5 Das Ankündigungserfordernis für den Vergütungsanspruch aus § 2 Nr. 6 VOB/B
    5.1 Die Mindermeinung: Kein Anspruchsverlust bei fehlender Ankündigung 909 388

			Rdn.	Seite
	5.2	Die herrschende Meinung: Anspruchsverlust bei fehlender Ankündigung		
		5.2.1 Bedeutung des Wortes „jedoch"	910	389
		5.2.2 Ankündigungserfordernis als Anspruchsvoraussetzung – Abweichung von der gesetzlichen Regel	912	389
	5.3	Ankündigungserfordernis als Anspruchsvoraussetzung sach- und systemwidrig	914	391
	5.4	Schlussfolgerung: Unwirksamkeit nach § 307 BGB	915	391
	5.5	Die abweichende BGH-Rechtsprechung: Wirksamkeit des Ankündigungserfordernisses mit gravierenden Einschränkungen	916	391
	5.6	Vier Einzelausnahmen, wenn Gültigkeit des Ankündigungserfordernisses bejaht	921	393
	5.7	Ankündigungserfordernis trotz Anerkenntnis dem Grunde nach?	927	395
	5.8	Vertragsklauseln zur Einführung eines Ankündigungserfordernisses auch für § 2 Nr. 5 VOB/B in AGB?	928	396
	5.9	Ankündigung der Vergütungspflicht, nicht Ankündigung der Vergütungshöhe	931	397
	5.10	Adressat der Ankündigung	932	397
	5.11	Schlussfolgerungen und Empfehlungen für die Praxis	933	397
	5.12	Schlussergebnis: Differenzierung zwischen § 2 Nr. 5 und § 2 Nr. 6 nicht entbehrlich	936	398
	5.13	Vorschlag für eine Änderung der VOB/B oder des BGB	937	399
6	Die Vereinbarung der neuen Vergütung vor Ausführung der Arbeiten – Schriftformklauseln als Vergütungsvoraussetzung? – Angreifbarkeit einer Nachtragsvereinbarung			
	6.1	Neue Vergütungsvereinbarung vor Ausführung als Anspruchsvoraussetzung?	939	399
	6.2	Regelungsumfang der neuen Vergütungsvereinbarung – Ausschluss von vergessenen inhaltlichen oder zeitabhängigen „Folgekosten"?	941	401
	6.3	Angreifbarkeit einer Nachtragsvereinbarung	945	402
7	Schriftformerfordernisse			
	7.1	Gesetzliche Schriftform	947	404
	7.2	Vereinbarte (gewillkürte) Schriftform für Anordnungen des Auftraggebers, Kostenankündigungen („Angebot") des Auftragnehmers, „Nachtragsaufträge" des Auftraggebers (Schriftformklauseln in AGB)		
		7.2.1 Die vier „formalen Stufen" des Anspruches auf Mehrvergütung gemäß VOB/B	948	404
		7.2.2 Stufe 1: Schriftform nur für Anordnungen des AG	950	406
		7.2.3 Stufe 2: Schriftform für Mehrkostenankündigung des Auftragnehmers; Verschärfung: Vorlage eines schriftlichen „Angebots" durch den AN	952	407
		7.2.4 Stufe 3: Einseitiger Vergütungsanspruch des Auftragnehmers nach Ausführungsanordnung des Auftraggebers	957	410
		7.2.5 Stufe 4: Schriftform für „Nachtragsvereinbarungen" insgesamt, insbesondere für „Nachtragsauftrag"	958	410
		7.2.6 Sonderfall: Schriftformklausel für Nachtragsvereinbarungen ohne vorangegangene Anordnung des Auftraggebers	967	415

			Rdn.	Seite

7.3 Vergütung trotz fehlender Schriftform bei mündlicher Anordnung oder „Beauftragung" durch den Auftraggeber oder seinen gesetzlichen Vertreter 968 416

7.4 Vergütung trotz fehlender Schriftform bei mündlicher „Beauftragung" durch Bevollmächtigte des Auftraggebers? 971 417

8 **Kündigungsrecht und/oder Leistungsverweigerungsrecht bei fehlender oder verweigerter Vergütungsvereinbarung; Anspruch auf Sicherheitsleistung gemäß § 648a BGB**

8.1 Fehlende, aber notwendige Anordnungen des Auftraggebers 972 418

8.2 Kündigungsrechte, Leistungsverweigerungsrechte bei fehlender Einigung über den Preis bei geänderten oder zusätzlichen Leistungen vor Ausführung – Rechtslage bei § 2 Nr. 5 und § 2 Nr. 6 VOB/B 973 419

8.3 Konsequenz: Keine Pflicht des Auftragnehmers, ohne Vergütungseinigung modifizierte Leistungen auszuführen; wechselseitiges Kündigungsrecht je nach Pflichtverletzung 975 420

8.4 Voraussetzungen des „Leistungsverweigerungsrechts" 986 423

8.5 Voraussetzungen eines Kündigungsrechts der Parteien bei verweigerter Einigung über die Vergütung modifizierter Leistungen 988 424

8.6 Fehlende auftraggeberseitige Schriftform 991 424

8.7 Anspruch auf Sicherheitsleistung gemäß § 648 a BGB 992 425

9 **Der „Antrag" als Voraussetzung des Vergütungsanspruchs** 993 426

10 **Praxisempfehlungen – Verhalten bei konkludenter oder unklarer Anordnung, bei fehlender Preiseinigung**

10.1 Konkludente oder unklare Anordnungen..................... 994 427

10.2 Ankündigungspflichten 995 427

10.3 Fehlende Vergütungseinigung 996 427

10.4 Exkurs: Unklares (oder strittiges) Bausoll 997 428

10.5 Praxisgerechtes Auftraggeberverhalten....................... 998 429

11 **Die Praxis der öffentlichen Hand bei Nachtragsabwicklungen**....... 999 430

12 **Basis und Methodik der Neuberechnung der Vergütung für geänderte oder für zusätzliche Leistungen**

12.1 Basis = Angebotskalkulation bzw. Auftragskalkulation Berechungsmethodik allgemein, dabei Ersatz *aller* Mehrkosten

    12.1.1 Methodik 1000 431

    12.1.2 Speziell: Geänderte Leistungen 1001 433

    12.1.3 Speziell: Zusätzliche Leistungen 1009 437

12.2 Insbesondere: Abweichung von der Anknüpfung an den alten Preis als Basis der Neuberechnung von Nachträgen?

    12.2.1 Grundsatz – keine Neuberechnung nach Marktpreisen oder Stundenlohn 1012 439

    12.2.2 Vorauskalkulation? Unterschied Vergütungsberechnung, Schadensersatzberechnung........................ 1015 439

XXIX

			Rdn.	Seite

12.2.3 Sonderfall: Berechnung der Vergütung geänderter oder zusätzlicher Nachunternehmerleistungen auf Basis der Angebotskalkulation?
    12.2.3.1 Grundsatz 1016 440
    12.2.3.2 Die drei (theoretischen) Varianten
        12.2.3.2.1 Variante 1 mit Untervarianten 1017 441
        12.2.3.2.2 Variante 2 .... 1023 443
        12.2.3.2.3 Variante 3 .... 1024 444
    12.2.3.3 Beispiele für die plausible Ermittlung von Nachunternehmerkosten
        11.2.3.3.1 Nachunternehmerpreise liegen vor bzw. sind in der Kalkulation angesetzt (Varianten 1 und 2, Rdn. 1017-1023) 1026 445
        11.2.3.3.2 Nachunternehmerleistung ist als Eigenleistung kalkuliert (Variante 3)... 1029 447

12.2.4 Ausnahmen von der Bindung an den alten Preis
    12.2.4.1 Vier Ausnahmetatbestände................... 1030 447
    12.2.4.2 Ausnahme 1: Irrtum des Auftragnehmers 1031 447
    12.2.4.3 Ausnahme 2: Änderung der Lohn- und Materialpreise..................................... 1034 449
    12.2.4.4 Ausnahme 3: Unsorgfältige Planung........... 1039 452
    12.2.4.5 Ausnahme 4: Ausmaß der Mehrleistungen sprengt jeden äquivalenten Rahmen 1041 454

12.2.5 Bindung an Nachlässe und Skonti?..................... 1042 455

12.2.6 Bindung auch bei „untergeordneten Positionen" oder bei „Sonderpreisen"? 1048 458

12.2.7 Ausnahme: Korrektur von Nachtragsvergütungen wegen Anknüpfung an „überhöhte" Positionen der Angebotskalkulation (Spekulationspreise)?
    12.2.7.1 Herabsetzung von Nachtragsvergütungen nach Treu und Glauben wegen „überhöhter" Positionen der Angebotskalkulation?................ 1049 459
    12.2.7.2 Herabsetzung von Nachtragsvergütungen (für zusätzliche Leistungen) durch öffentlichen Auftraggeber infolge von Preisrecht? 1050 460

12.3 Die Feststellung des Vertragspreisniveaus als Vorbereitung der Berechnung des Preises der modifizierten Leistung
    12.3.1 Die Ermittlung der Direkten Kosten
        12.3.1.1 Grundsatz und Methode 1051 461
        12.3.1.2 Deterministische Kostenfortschreibung innerhalb von in der Angebotskalkulation angesprochenen Ermittlungssystemen................. 1052 463
        12.3.1.3 Erforderlichenfalls: Festlegung von Ermittlungssystemen...................................... 1054 463
        12.3.1.4 Kostenermittlung unter Heranziehung der Angebotskalkulation als Ganzes – Fortschreibung von Kalkulationspositionen.................... 1055 465
    12.3.2 Angebotskalkulation ist hinterlegt oder wird vorgelegt ... 1057 466

			Rdn.	Seite
	12.3.3	Ungegliederte Angebotskalkulation ist hinterlegt oder wird vorgelegt		
		12.3.3.1 Grundsätzliches, Sonderproblem Mischposition	1058	466
		12.3.3.2 Aufgliederung ist in der Arbeitskalkulation erfolgt	1062	468
		12.3.3.3 Aufgliederung in EP-Anteile vorhanden (z. B. EFB-Preis 2)	1064	470
		12.3.3.4 Aufgliederung lediglich durch Ausweis von Umlagebeträgen bzw. -prozentsätzen	1067	471
	12.3.4	Angebotskalkulation und EP-Aufgliederung nicht vorhanden – Vertragsniveaufeststellung	1068	471
12.4	Die Berechnung der neuen Vergütung (Nachtragskalkulation)			
	12.4.1	Prinzip 1: (Analoge) Fortschreibung der Angebotskalkulation		
		12.4.1.1 Idealfall: Angebotskalkulation mit erkennbarem Ermittlungssystem	1074	743
		12.4.1.2 Standardfall: Kostenfortschreibung auf der Basis eines Ermittlungssystems	1078	475
		12.4.1.3 Schätzungen, insbesondere zur Vereinfachung der Berechnung bei zusätzlichen Leistungen	1081	476
	12.4.2	Prinzip 2: Übernahme der Zuschläge aus der Angebotskalkulation		
		12.4.2.1 Standardfall	1083	473
		12.4.2.2 Zuschläge nicht aus der Angebotskalkulation ersichtlich	1084	478
		12.4.2.3 Beaufschlagung zusätzlicher Baustellengemeinkosten?	1085	478
	12.4.3	Prinzip 3: Berücksichtigung der Kosten entfallender Leistungselemente, auch der nicht abbaubaren Kosten	1086	479
	12.4.4	Prinzip 4: Berücksichtigung der Auswirkungen der modifizierten Leistungen auf die Kosten anderer Leistungen	1088	479
	12.4.5	Prinzip 5: Berücksichtigung aller Auswirkungen modifizierter Leistungen auf Bauumstände und Baustellengemeinkosten		
		12.4.5.1 Personalleerkosten (Intensitätsabfall)	1089	480
		12.4.5.2 Abhilfemaßnahmen und mögliche Folgen	1090	480
		12.4.5.3 Sekundärverzögerung	1095	481
		12.4.5.4 Keine Anwendung von § 6 Nr. 6 VOB/B auf Sekundärverzögerungen/Folgekosten	1097	482
		12.4.5.5 Bauinhaltsbedingt modifizierter Sollablauf	1098	484
		12.4.5.6 Geänderte Baustellengemeinkosten als Direkte Kosten der Bauinhaltsmodifikation	1099	485
	12.4.6	Prinzipielle Gleichartigkeit der Nachtragsberechnung bei geänderten und bei zusätzlichen Leistungen	1103	486
	12.4.7	Problemfall: Zusätzliche Leistungen ohne (weitergehenden) Kostenbezug zu beauftragten Vertragsleistungen	1105	487
	12.4.8	Externe und/oder interne Kosten der Nachtragsvorbereitung und -erstellung zu ersetzen?	1108	488
12.5	Sonderfälle bei der Nachtragskalkulation			
	12.5.1	Bauumstandsänderungen infolge „*sonstiger* Anordnungen des Auftraggebers", § 2 Nr. 5 VOB/B	1111	490

			Rdn.	Seite
	12.5.2	Vergütung von Bauinhaltsmodifikationen bei Sondervorschlägen	1113	492
12.6		Begründungspflicht (Darlegungslast) des Auftragnehmers für die Vergütung der modifizierten Leistung: Angebotskalkulation vorhanden – nicht vorhanden – vorhanden, aber Vorlage verweigert	1114	492
12.7		Einbeziehung von Nachträgen in das Dokumentationssystem des Auftragnehmers		
	12.7.1	Zwei Wege der Nachtragsabrechnung.	1117	493
	12.7.2	Nachträge und Arbeitskalkulation	1121	494
	12.7.3	Deckungsanteile; Ausgleichsberechnung	1122	495
13	**Verursachung**			
13.1		Die Modifikation des Bauinhalts als Ursache von Mehrkosten	1123	495
13.2		Exkurs: Die Feststellung einer Bauinhaltsmodifikation und der Nachweis dem Grunde nach durch den Auftragnehmer in der Praxis	1126	497
14	**Darlegungslast, Beweisführung, Beweislast**			
14.1		Grundsätzliches..	1127	500
14.2		Das Bautagebuch als Beweismittel	1128	501
14.3		Die konkrete Erstellung der Nachtragskalkulation..............	1129	501
14.4		Plausible Nachweise, Schätzungsmöglichkeiten	1130	502
14.5		Plausibler Nachweis für Bauinhaltsmodifikationen bei „geduldeten Sondervorschlägen" (Nebenangebote)	1131	503
15	**Fälligkeit, Abschlagszahlungen, Verjährung, Wirkung der Schlussrechnung**...		1132	503
16	**Der Ausschluss des Anspruchs des Auftragnehmers aus § 2 Nr. 5 oder § 2 Nr. 6 VOB/B durch Allgemeine Geschäftsbedingungen des Auftraggebers**..		1133	504
17	**Beispiele: Nachtragskalkulation für modifizierte Leistungen**			
17.1		Vorbemerkung...	1135	504
17.2		Einzelnachweis		
	17.2.1	Nachweis dem Grunde nach	1136	504
	17.2.2	Nachweis der Höhe nach	1136	504
		17.2.2.1 Unmittelbare Auswirkungen..................	1138	506
		17.2.2.2 Mittelbare Auswirkungen der modifizierten Leistung..	1142	508
17.3		Terminfolgen	1144	508
17.4		Nachtragsstellung	1146	511
17.5		Schlussbemerkung..	1148	511

Kapitel 11 Ansprüche auf zusätzliche Vergütung gemäß § 2 Nr. 9 VOB/B

1	Das Verlangen nach Zeichnungen, Berechnungen oder anderen Unterlagen	1149	513
2	Pflicht des Auftragnehmers zur Erstellung der Unterlagen?	1153	514

	Rdn.	Seite
3 Die Höhe der Vergütung	1158	516
4 Beweislast	1159	516
5 AGB-Klauseln	1160	517

Kapitel 12 Einverständlich geänderte oder zusätzliche Leistungen ... 1161 518

Kapitel 13 Nicht angeordnete geänderte oder zusätzliche Leistungen

		Rdn.	Seite
1	Leistungen ohne Auftrag oder unter eigenmächtiger Abweichung vom Vertrag, § 2 Nr. 8 Abs. 1 VOB/B	1162	519
2	Das nachträgliche Anerkenntnis, § 2 Nr. 8 Abs. 2 Satz 1 VOB/B	1167	520
3	Die notwendige, dem mutmaßlichen Willen des Auftraggebers entsprechende Leistung, § 2 Nr. 8 Abs. 2 Satz 2 VOB/B		
	3.1 Die notwendige Leistung	1171	521
	3.2 Der mutmaßliche Wille des Auftraggebers	1173	523
	3.3 Anzeigepflicht	1175	523
4	Die Geschäftsführung ohne Auftrag, § 2 Nr. 8 Abs. 3 VOB/B	1180	525
5	Die Höhe der Vergütung bei § 2 Nr. 8 Abs. 2 und Abs. 3 VOB/B, Sicherungsanspruch gemäß § 648 a BGB	1181	526
6	Beweislast	1182	527
7	Fälligkeit, Abschlagszahlungen, Verjährung, Schlussrechnung	1183	528
8	Ansprüche aus ungerechtfertigter Bereicherung, falls § 2 Nr. 8 VOB/B keinen Vergütungsanspruch begründet?	1184	528

Kapitel 14 Sonderfall: Ansprüche auf zusätzliche Vergütung nach § 4 Nr. 1 Abs. 4 Satz 2 VOB/B

		Rdn.	Seite
1	Anordnung des Auftraggebers betreffend die „Modalitäten" der Leistung	1187	530
2	Mehrkosten	1189	531

Kapitel 15 Vergütungsänderung bei verringerten oder entfallenen Leistungen

		Rdn.	Seite
1	Selbstübernahme (§ 2 Nr. 4 VOB/B), angeordneter Leistungsentfall (Kündigung oder Teilkündigung, § 8 VOB/B)	1190	532
2	Einverständlich entfallene oder verringerte Leistungen	1193	540

		Rdn.	Seite

3 Entfallende Leistungen ohne Anordnung (= Kündigung) des Auftraggebers

3.1	Standardfall: § 2 Nr. 3 Abs. 3 VOB/B............................	1194	540
3.2	„Erleichterungen" – insbesondere beim Baugrundrisiko	1195	540

Kapitel 16 Bearbeitungsschema für Ansprüche aus modifizierten Leistungen – Checkliste –

1	Angeordnete geänderte oder zusätzliche Leistungen	1196	541
2	Nicht angeordnete geänderte oder zusätzliche Leistungen..........	1197	541
3	Angeordnete entfallene Leistungen (= Kündigung des Auftraggebers gemäß § 8 Nr. 1, § 2 Nr. 4 VOB/B).......................	1198	543
4	Nicht angeordnete entfallene Leistungen........................	1199	543

Teil 6 Behinderungen und Unterbrechung – Zeitfolgen, Schadensersatz, Entschädigung

Kapitel 17 Behinderung

1 Regelungsumfang des § 6 VOB/B – Definition der Behinderung

1.1	Übersicht...	1200	544
1.2	Allgemeine Definition der Behinderung im Sinne von § 6 VOB/B	1202	546
1.3	Nicht von § 6 VOB/B erfasste Sachverhalte: Endgültige Mitwirkungsverweigerung, Unvermögen, Unmöglichkeit...............	1210	549

2 Anzeige oder Offenkundigkeit der Behinderung als Voraussetzung

2.1		Anzeigepflicht, Rechtsfolgen unterlassener Anzeige oder fehlender Offenkundigkeit	1215	551
2.2		Die Anzeige – Rechtzeitigkeit, Form, Adressat, Inhalt...........	1217	553
2.3		Offenkundigkeit		
	2.3.1	Grundsätzliche Regelung...........................	1221	554
	2.3.2	Offenkundigkeit von Bauzeitverlängerungen wegen angeordneter *bauinhaltlich* geänderter oder zusätzlicher Leistungen?......................................	1224	555
	2.3.3	Offenkundigkeit von Bauzeitverlängerung wegen angeordneter geänderter *Bauumstände* (Bauzeit?) – Verschiebung des Baubeginns.............................	1228	559
	2.3.4	Offenkundigkeit von Bauzeitverlängerungen infolge verspätet vorgelegter Pläne?...........................	1230	559
	2.3.5	Kenntnis des bauleitenden Architekten und/oder des Projektsteuerers.................................	1234	560
	2.3.6	Die Bedeutung der Bautagesberichte für Anzeige und Offenkundigkeit.................................	1235	561
	2.3.7	Praxisempfehlung................................	1241	565
	2.3.8	Verbot der Berufung auf Offenkundigkeit in Allgemeinen Geschäftsbedingungen............................	1242	565

			Rdn.	Seite

3 Der Behinderungstatbestand gemäß § 6 Nr. 2 VOB/B – Folge: Fristverlängerung
- 3.1 Vorbemerkung: Automatische Fristverlängerung 1243 566
- 3.2 Streik, Aussperrung – § 6 Nr. 2 Abs. 1 Lit b VOB/B........... 1244 566
- 3.3 Höhere Gewalt, unabwendbare Umstände, § 6 Nr. 2 Abs. 1 Lit c VOB/B... 1245 567
- 3.4 Umstände aus dem Risikobereich des Auftraggebers, § 6 Nr. 2 Abs. 1 Lit a VOB/B 1249 568
- 3.5 Folge: Fristverlängerung – Berechnung
  - 3.5.1 Mitverursachung, eigene Leistungsbereitschaft des Auftragnehmers (zeitliche Relevanz)...................... 1252 570
  - 3.5.2 Beginntermin für Fristverlängerung 1253 570
  - 3.5.3 Auswirkungen der Behinderungen auf den zeitlichen (bisherigen) Soll-Ablauf (= Dauer des Behinderungszeitraums); § 6 Nr. 3 VOB/B 1254 570
  - 3.5.4 Vermutung für die Richtigkeit des auftragnehmerseitigen Terminplans – unbehinderte Phasen oder Abschnitte als Kontrolle... 1266 583
  - 3.5.5 Zeitliche Zuschläge (Wiederaufnahme der Arbeit, ungünstige Witterung) – zeitliche „Abschläge" – Nachricht über Behinderungsende................................... 1267 584
  - 3.5.6 Der behinderungsbedingt modifizierte Soll-Ablauf – abstrakte Fristverlängerungsberechnung? 1268 585
  - 3.5.7 Gegenüberstellung von Ist-Ablauf und behinderungsmodifiziertem Soll-Ablauf............................... 1269 585
- 3.6 Auswirkungen auf die Ausführungsfristen des Auftragnehmers – Verzug, Vertragsstrafe?..................................... 1270 586

4 Der Behinderungstatbestand gemäß § 6 Nr. 6 VOB/B – Folge: Schadensersatz
- 4.1 Tatbestandsmerkmale des § 6 Nr. 6 VOB/B................... 1271 587
- 4.2 Unterscheidung zwischen Obliegenheit, Nebenpflicht und Hauptpflicht des Gläubigers von praktischer Bedeutung? 1278 590
- 4.3 Hauptpflichten des Auftraggebers
  - 4.3.1 Zahlung 1283 593
  - 4.3.2 Abnahmen 1284 594
  - 4.3.3 Eigene Mitwirkung des Auftraggebers als Erstellungshandlung
    - 4.3.3.1 „Bauseitige Leistungen"..................... 1285 594
    - 4.3.3.2 OLG Celle: „Behelfsbrücke".................. 1286 594
    - 4.3.3.3 Vertraglich fest vereinbarte Planbeistellfristen... 1287 595
- 4.4 Nebenpflichten des Auftraggebers (Mitwirkungspflichten)
  - 4.4.1 Die *allgemeine* bauvertragliche Mitwirkungspflicht...... 1288 596
  - 4.4.2 Die Mitwirkungspflichten gemäß VOB/B 1289 596
    - 4.4.2.1 Bereitstellungspflicht 1290 597
    - 4.4.2.2 Abstecken der Hauptachsen.................. 1292 597
    - 4.4.2.3 Ausführungsunterlagen (Planungspflicht) 1293 597
    - 4.4.2.4 Koordination............................. 1296 599
    - 4.4.2.5 Genehmigungen 1297 599
    - 4.4.2.6 Zurverfügungstellung...................... 1298 600
    - 4.4.2.7 Sonstige Mitwirkungspflichten 1299 600

				Rdn.	Seite
	4.4.3	Die Mitwirkungspflichten gemäß dem speziellen Vertrag		1300	600
4.5	Der Zeitpunkt der Mitwirkungspflicht (= Mitwirkung nicht rechtzeitig?)				
	4.5.1	Mitwirkung mangelhaft erfüllt oder Mitwirkung nicht rechtzeitig erfüllt................................		1302	600
	4.5.2	Die Bedeutung der Zeitvorgabe......................		1303	601
	4.5.3	Vereinbarte Mitwirkungstermine des Auftraggebers (Planlieferfristen) – vereinbarte Planlieferfristen, Abruffristen .		1304	601
	4.5.4	Mitwirkungstermine des Auftraggebers nicht geregelt....		1305	602
		4.5.4.1	Die Ermittlung des zeitlichen Ausgangspunkts für die Fristenfeststellung		
			4.5.4.1.1 Vereinbarte Baufristen	1306	603
			4.5.4.1.2 Fehlende Baufristen	1311	605
		4.5.4.2	Die Vorlaufzeit (Planlieferfristen ohne vertragliche Vereinbarung)......................	1314	606
	4.5.5	Fehlende Vereinbarung für Baubeginn		1319	608
4.6	Behinderung durch Unterlassung und/oder durch Handlung				
	4.6.1	Behinderung durch Unterlassung		1321	608
	4.6.2	Behinderung durch Handlung.......................		1322	609

5 Rechtswidrigkeit

5.1	Rechtswidrigkeit als Voraussetzung für Schadensersatzansprüche (und „Entschädigungsanspruch"), nicht für Anspruch auf Bauzeitverlängerung			1323	609
5.2	Das „erlaubte Tun" – § 6 Nr. 6 VOB/B und Behinderungen durch inhaltlich geänderte oder zusätzliche Leistungen oder durch zwingend notwendige Änderung der Bauumstände				
	5.2.1	Kein Schadensersatz aus § 6 Nr. 6 VOB/B bei angeordneten Bau**inhalts**modifikationen, § 2 Nr. 5, Nr. 6 VOB/B...		1324	610
	5.2.2	Vergessene Folgekosten bei Vergütungsvereinbarung.....		1331	614
5.3	Das „nicht erlaubte Tun" – § 6 Nr. 6 VOB/B – und Behinderungen durch ausschließlich die **Bauumstände** (Bauzeit) betreffende Anordnungen				
	5.3.1	Normalfall....................................		1332	614
	5.3.2	Sonderfall: Die vertraglich erlaubte Bauzeitverschiebung		1336	616
5.4	„Konkurrenzen"			1338	617

6 Ablauf einer Kalenderfrist oder Mahnung hinsichtlich verspäteter Mitwirkung des Auftraggebers im Rahmen von § 6 Nr. 6 VOB/B erforderlich?

6.1	Mitwirkung als Hauptpflicht (Schuldnerverzug des Auftraggebers)...		1339	617
6.2	Verzögerte oder verspätete Mitwirkung als Nebenpflicht		1343	619

7 Verschulden des Auftraggebers (§ 6 Nr. 6 VOB/B), Haftung ohne Verschulden (§ 642 BGB)

7.1	Schuldform – Vorsatz, Fahrlässigkeit, § 276 BGB		1344	619
7.2	Beispiele: Verschulden zu bejahen?.........................		1346	620
7.3	Mitverschulden, Mitverursachung (Kostenrelevanz und Zeitrelevanz)...		1354	622

			Rdn.	Seite
7.4	Leistungsbereitschaft des Auftragnehmers erforderlich, Doppelursache (Kostenrelevanz und Zeitrelevanz)		1355	623
7.5	Beweislast für Verschulden		1359	626
7.6	Die Haftung des Auftraggebers für seine **Erfüllungsgehilfen** – insbesondere Behinderung des Auftragnehmers durch verspätete oder mangelhafte **Vorunternehmerleistungen**			
	7.6.1 Definition des Erfüllungsgehilfen		1360	627
	7.6.2 Einsatz von Erfüllungsgehilfen bei Mitwirkung als *Hauptpflicht* des Auftraggebers		1361	627
	7.6.3 Einsatz von Erfüllungsgehilfen bei Mitwirkung als Nebenpflicht (oder Obliegenheit?) des Auftraggebers			
		7.6.3.1 Nebenpflicht, Obliegenheit, reines Eigeninteresse des Auftraggebers?	1362	628
		7.6.3.2 Planungspflicht des Auftraggebers und Erfüllungsgehilfen	1363	629
		7.6.3.3 Koordinierungspflicht des Auftraggebers und Erfüllungsgehilfen	1364	629
		7.6.3.4 Pflicht des Auftraggebers zur Objektüberwachung (Bauaufsicht) und Erfüllungsgehilfen?	1365	630
		7.6.3.5 Bereitstellungspflicht des Auftraggebers und Erfüllungsgehilfen – BGH „Vorunternehmer I" BauR 1985, 561, BGH „Vorunternehmer II" NZBau 2000, 187 –		
		7.6.3.5.1 Problemstellung	1366	631
		7.6.3.5.2 Sachverhalt und Gründe der Entscheidung BGH „Vorunternehmer" BauR 1985, 561	1367	632
		7.6.3.5.3 Kritik an der Entscheidung „Vorunternehmer I"	1368	633
		7.6.3.5.4 Lösungsversuche Schadensliquidation im Drittinteresse, § 642 BGB, Korbion, „Anordnung" gemäß § 2 Nr. 5 VOB/B?	1383	641
		7.6.3.5.5 Mögliche Parallellösung: Analogie zu § 645 BGB, „Auslagenersatz"	1388	643
		7.6.3.5.6 BGH „Vorunternehmer II" NZBau 2000, 187 = BauR 2000, 722 – Anwendbarkeit von § 642 BGB	1393	646
		7.6.3.5.7 Vorschlag für eine Änderung der VOB/B	1397	649
8	Haftung des Auftraggebers ohne Verschulden außerhalb von § 642 BGB		1398	650
9	§ 6 Nr. 6 VOB/B als Spezialnorm für Schadensersatzansprüche des Auftragnehmers aus Behinderung – Konkurrenzen			
9.1	§ 6 Nr. 6 VOB/B als Spezialnorm für Behinderungs-Schadensersatz		1399	651
9.2	Ausschluss des § 642 BGB?		1400	652
9.3	„Vergütungs"-Ansprüche bei Behinderung?			
	9.3.1 § 2 Nr. 5 VOB/B		1401	653
	9.3.2 § 2 Nr. 8 VOB/B		1402	653

		Rdn.	Seite
9.3.3 Vergütungsansprüche aus „ergänzender Vertragsauslegung"?		1404	654
9.4 Vermischung von Vergütungsansprüchen und Schadensersatzansprüchen in der Praxis – Formulierungsvorschlag für § 6 Nr. 6 VOB/B		1411	657

10 Ursache – Begriffsbestimmung, Erfassung
10.1	Rechtliche Definition der Ursache	1414	658
10.2	Baubetriebliche Probleme bei der Verursachungserfassung	1418	661

11 Behinderungsfolge: Schaden und Schadensersatz
11.1 Schadensdefinition (Differenztheorie) und Schadensumfang (Lohnerhöhungen, Materialpreiserhöhungen)		1419	662
11.2 Typische Auswirkungen infolge von Behinderung			
11.2.1 Typische Folge: Verlangsamter Bauablauf			
11.2.1.1 Allgemeine Folgen (z. B. Intensitätsabfälle)		1421	663
11.2.1.2 Auswirkung auf Direkte Kosten der Teilleistungen (Einzelkosten der Teilleistungen)		1422	663
11.2.1.3 Auswirkung auf Baustellengemeinkosten		1423	665
11.2.1.4 Auswirkung auf die Deckung der Allgemeinen Geschäftskosten		1426	665
11.2.1.5 Auswirkung auf Wagnis		1436	673
11.2.1.6 Auswirkung auf Gewinn		1437	674
11.2.2 Typische Folge: Baustillstand			
11.2.2.1 Allgemeine Folgen		1438	674
11.2.2.2 Auswirkung auf Direkte Kosten der Teilleistungen (Einzelkosten der Teilleistungen)		1439	674
11.2.2.3 Auswirkungen auf Baustellengemeinkosten sowie auf Allgemeine Geschäftskosten		1444	675
11.2.2.4 Auswirkung auf Wagnis sowie Gewinn		1445	675
11.2.3 Typische Folge: Bauzeitverlängerung			
11.2.3.1 Allgemeine Folgen		1446	676
11.2.3.2 Auswirkung auf Direkte Kosten der Teilleistungen (Einzelkosten der Teilleistungen)		1447	676
11.2.3.3 Auswirkung auf Baustellengemeinkosten		1448	677
11.2.3.4 Auswirkung auf Allgemeine Geschäftskosten		1449	677
11.2.3.5 Auswirkung auf Wagnis, Gewinn		1450	677
11.2.4 Spezielle Folgen: (Externe Kosten, interne Kosten eines „Behinderungsnachtrags")			
11.2.4.1 „Externe Sonderkosten" (u. a. Sachverständigenkosten)		1451	677
11.2.4.2 „Interne Sonderkosten"		1452	678
11.2.4.3 Vergütungsausgleich bei Akkord (Leistungslohn)		1454	679
11.3 Maßnahmen zur Schadensminderung			
11.3.1 § 6 Nr. 3 VOB/B = Anpassungspflicht; keine Pflicht zur Beschleunigung		1455	680
11.3.2 Beschleunigungsmaßnahmen – Recht des Auftragnehmers?		1462	683
11.3.3 Korrektur fehlerhafter Pläne durch den Auftragnehmer?		1475	687
11.4. Nachträglicher Schadenswegfall?			
11.4.1 Einmal entstandener Schaden bleibt Schaden		1476	688

			Rdn.	Seite
	11.4.2	Auftraggeberseitige Mitwirkungspflicht und „vereinbarte" Schlechtwettertage	1479	689
	11.4.3	Begrenzte Teilverzögerung (Aufholung von Stillstandskosten?)	1482	690
	11.4.4	Der „schnelle" Auftragnehmer – Ablaufplanung des Auftragnehmers „schneller" als Terminplanung des Auftraggebers (versteckte Zeitreserve)	1483	691
11.5	Anrechnung von Einsparungen?		1490	692
11.6	Der Ausschluss des entgangenen Gewinns			
	11.6.1	Vereinbarkeit der Regelung des § 6 Nr. 6 VOB/B mit AGB-Recht?	1491	693
	11.6.2	Kalkulatorische Zinsen als entgangener Gewinn?	1493	695
	11.6.3	Grobe Fahrlässigkeit	1496	695
11.7	Mehrwertsteuer		1497	696

12 Abstrakte Schadensberechnung, konkrete Schadensberechnung

			Rdn.	Seite
12.1	Unterschiedliche Ausgangsbasis für Mehrvergütungsansprüche bei Nachträgen gemäß § 2 VOB/B und für Behinderungsschadensersatzansprüche gemäß § 6 Nr. 6 VOB/B		1498	696
12.2	Vereinbarte Schadensberechnung durch „Einheitspreisliste"?		1500	697
12.3	Abstrakte Schadensberechnung zulässig?			
	12.3.1	Äquivalenzkosten-Methode	1501	698
	12.3.2	Die ablehnende Rechtsprechung des BGH	1509	701
12.4	Sonderfall: „Abstrakte" Schadensberechnung bei Gebrauchsgütern (Gerätestillstand, verlängerte Gerätevorhaltung) zulässig			
	12.4.1	Unterschiedliche Ansatzpunkte	1515	703
	12.4.2	Die Abhängigkeit des Schadens von Geräteart und -einsatz (Leistungsgerät, Bereitstellungsgerät)	1525	707
	12.4.3	Weitere Einflüsse auf die Schadensberechnung	1533	709
	12.4.4	Vorschlag für die Praxis der Schadensberechnung		
		12.4.4.1 Ausgangsbasis	1537	709
		12.4.4.2 Alternative 1: Gerätekosten aus Kalkulation entnehmbar	1537	710
		12.4.4.3 Alternative 2: Gerätekosten aus Kalkulation nicht entnehmbar	1547	713
		12.4.4.4 Anwendung auf Fallbeispiele	1550	714
		12.4.4.5 Praxisempfehlung	1551	715
12.5	Konkrete Schadensberechnung			
	12.5.1	Grundsatz	1552	715
	12.5.2	Basis: Hypothetischer Aufwand des Auftragnehmers ohne Behinderung	1553	
	12.5.3	Weg 1: Ermittlung des hypothetischen Aufwandes ohne Behinderung durch „Fortschreibung" des Aufwandes aus unbehinderter Arbeitsdurchführung		
		12.5.3.1 Methodischer Ansatz über unbehinderte gleiche oder entsprechende (Teil-)Bauinhalte		
		12.5.3.1.1 Vergleich gleicher oder entsprechender Bauinhalte	1554	716
		12.5.3.1.2 Ermittlung des relevanten, in der unbehinderten gleichartigen Phase entstandenen Lohnaufwands	1558	718

XXXIX

			Rdn.	Seite
	12.5.3.1.3 Aufwand für Geräte		1564	722
	12.5.3.1.4 Sonstige Aufwendungen		1565	722
12.5.3.2	Methodischer Ansatz über ungleiche Abschnitte, aber gleichartige Arbeitsvorgänge		1566	722
12.5.3.3	Methodischer Ansatz über unterschiedliche, aber artverwandte Arbeitsvorgänge		1568	723
12.5.3.4	Methodischer Ansatz, wenn es bislang keine unbehinderten Abschnitte oder Phasen gegeben hat		1570	724
12.5.3.5	Plausibel größere Ist-Aufwandswerte gegenüber Soll-Aufwandswerten infolge von Arbeitsausführung durch Aushilfskräfte (Ausweicharbeiten)		1572	725

12.5.4 Weg 2: Ermittlung des hypothetischen Aufwandes ohne Behinderung durch Rückgriff auf die Arbeitskalkulation
    12.5.4.1 Ausgangsbasis: Rentabilitätsvermutung (Richtigkeitsvermutung) der Arbeitskalkulation........ 1573 725
    12.5.4.2 Widerlegung durch Auftraggeber: Arbeitskalkulation zu niedrig?.......................... 1577 727
    12.5.4.3 Widerlegung durch Auftragnehmer: Arbeitskalkulation zu hoch – Anfechtung erforderlich? ... 1584 729

12.5.5 Konkrete Schadensermittlung – Feststellung des Ist-Aufwands bei Behinderungen
    12.5.5.1 Methodik................................. 1586 730
    12.5.5.2 Dokumentationsmöglichkeiten des Ist-Aufwands im behinderten Abschnitt.................... 1587 730
    12.5.5.3 Erfassung des Ist-Aufwands im Einzelnen...... 1589 731
    12.5.5.4 Sonderfall: Behinderungsbedingt treten zusätzliche Arbeitsvorgänge auf.................... 1592 731

12.5.6 Schaden: Differenz von realistischem Soll-Aufwand und (behinderungsbedingtem) Ist-Aufwand; Möglichkeiten des Ursachen- und Schadensnachweises; Mittel der Dokumentation
    12.5.6.1 Gegenüberstellung von Soll- und Ist-Aufwand – Grundsatz................................. 1593 732
    12.5.6.2 Stunden-Soll-Ist-Vergleich bzw. Aufwandswerte-Soll-Ist-Vergleich 1599 734
    12.5.6.3 Kosten-Soll-Ist-Vergleich.................... 1600 735
    12.5.6.4 Zusammenwirken von Plausibilitätsdarlegungen 1601 735
    12.5.6.5 Beispiel einer Berechnung 1609 740

12.6 Darlegungen zur haftungsbegründenden und zur haftungsausfüllenden Kausalität; zulässige Schätzungen zum Schadenseintritt und zur Schadenshöhe
  12.6.1 Die unterschiedlichen Darlegungs- und Beweisanforderungen für die haftungsbegründende und die haftungsausfüllende Kausalität
    12.6.1.1 Haftungsbegründende Kausalität 1612 742
    12.6.1.2 Haftungsausfüllende Kausalität............... 1614 743
  12.6.2 Die Schätzungsgrundlagen bei haftungsausfüllender Kausalität: Beweis greifbarer Anhaltspunkte 1616 744
  12.6.3 Die Bedeutung der Dokumentation 1618 745
  12.6.4 Schätzung unter Einbeziehung von Vermutungen........ 1619 745

			Rdn.	Seite
12.6.5	Nicht ausreichende Schätzungsgrundlagen		1620	746
12.6.6	Die Bedeutung eines Privatgutachtens		1621	746
12.6.7	Prüf- und Hinweispflichten des Gerichts		1622	747
12.6.8	Zusammenfassung		1623	747
12.6.9	Verweigerte Vorlage einer vorhandenen Kalkulation		1627	747
12.6.10	Checkliste		1628	748
12.6.11	Spezielle Schätzungskriterien			
	12.6.11.1	Erfahrungswerte über Minderleistung bei Arbeitsdurchführung im Winter	1629	748
	12.6.11.2	Erfahrungswerte über die Mehrkosten bei Einarbeitung	1631	748
	12.6.11.3	Erfahrungswerte über Intensitätsabfälle bei gestörtem Arbeitsfluss	1632	749
	12.6.11.4	Erfahrungswerte über Minderleistung bei Überstundenarbeit	1634	751
12.7	Einverständlich: Schadensberechnung durch Vorauskalkulation		1637	753

13 Unsere Empfehlung: Vertraglicher Zwang zur monatlichen Ermittlung (und Abrechnung) der behinderungsbedingten Termin- und Schadensauswirkungen 1639 754

14 Darlegungslast und Beweislast
– Rechtlich notwendiger Vortrag, Checkliste – 1642 757

15 Abschlagszahlungen, Fälligkeit, Verjährung der Ansprüche aus § 6 Nr. 6 VOB/B 1644 759

16 Der Ausschluss der Ansprüche des Auftragnehmers auf Schadensersatz gemäß § 6 Nr. 6 VOB/B durch Allgemeine Geschäftsbedingungen des Auftraggebers 1645 759

Kapitel 18 § 642 BGB

1 Grundsatzregelung 1648 761

2 Einzelheiten 1650 763

3 Abschlagszahlungen, Fälligkeit, Verjährung, Beweislast, AGB 1652 765

Kapitel 19 Rechte der Vertragsparteien bei Unterbrechung

1 Grundsatz 1653 766

2 Abrechnung gemäß § 6 Nr. 5 VOB/B 1654 766

3 Das Kündigungsrecht nach § 6 Nr. 7 VOB/B 1655 767

4 Ausnahmen 1658 768

		Rdn.	Seite

Kapitel 20 Exkurs: Terminpläne – Balkenpläne – Netzpläne

1	Die Darstellbarkeit von Bauproduktionsprozessen	1661	770
2	Die Auswahl geeigneter Solldaten	1662	770
3	Netzpläne und Behinderungsauswirkungen	1664	772

Kapitel 21 Beispiele

| 1 | Sachverhalt der Behinderung | 1673 | 781 |

2 Dokumentation der Behinderung
| 2.1 | Soll-Ist-Erfassung der auftraggeberseitigen Mitwirkungen | 1674 | 781 |
| 2.2 | Dokumentation der Behinderungsauswirkungen | 1675 | 783 |

| 3 | Einwendungen des Auftraggebers | 1677 | 784 |
| 4 | Dokumentation | 1680 | 784 |

5 Nachweis der Behinderungsfolgen
5.1	Check möglicher Behinderungsfolgen	1682	785
5.2	Einsparungen	1687	786
5.3	Verursachungsnachweis	1690	788

6 Regelung der Behinderungsfolgen
6.1	Fristverlängerung	1696	790
6.2	Schadensersatz		
6.2.1	Grundsätzliches	1697	791
6.2.2	Nachweis auf der Basis von Ist-Kosten	1699	792
6.2.3	Schätzungen	1700	793
6.2.4	Schadensbewertung auf der Basis der Kostenbestandteile von Vertragspreisen	1702	793
6.2.5	Schadensbewertung auf der Basis von Vertragspreisen	1703	794
6.2.6	Auftraggeberseitige Einwendungen		
6.3	Entschädigung nach § 642 BGB		
6.3.1	Grundsätzliches	1705	794
6.3.2	Die Entschädigungsermittlung im Einzelnen		
6.3.2.1	Fortschreibung der Kalkulation	1706	795
6.3.2.2	Entschädigung auf der Basis von Vertragspreisen	1710	795
6.3.2.3	Entschädigungsermittlung auf der Basis von Ist-Kosten	1711	796

7 Exkurs: Abrechnung gemäß § 6 Nr. 5 VOB/B
7.1	Sachverhalt	1712	796
7.2	Leistungsstandfeststellung	1713	796
7.3	Ermittlung der Vergütung der abrechenbaren Leistung	1714	796
7.4	Ermittlung der schon angefallenen Kosten von noch nicht ausgeführten Teilleistungen	1715	799
7.5	Zusammenstellung der Abrechnung nach § 6 Nr. 5 VOB/B	1716	800

	Rdn.	Seite
Projekt-Anhang...		801
Übersicht über die Änderungen der Randnummern.................		927
Stichwortverzeichnis..		929

Abkürzungsverzeichnis

a. A.	anderer Ansicht
a. a. O.	am angegebenen Ort
a. F.	alte Fassung
AfA	Abschreibung für Abnutzung
AG	Auftraggeber
AGB	Allgemeine Geschäftsbedingungen
AGB-Gesetz	Gesetz zur Regelung des Rechts der Allgemeinen Geschäftsbedingungen
AN	Auftragnehmer
ARH-Tabelle	s. Literaturverzeichnis
AT	Arbeitstage
ATV	Allgemeine Technische Vertragsbedingungen
AVB	Allgemeine Vertragsbedingungen
BAG	Bundesarbeitsgericht
BAS	Bauarbeitsschlüssel
Baumarkt	Der Baumarkt, Zeitschrift
BauR	Baurecht, Zeitschrift für das gesamte öffentliche und zivile Baurecht
BauRB	Baurechtsberater, Zeitschrift
BrBpr	Baurecht und Baupraxis, Zeitschrift
Bauwirtschaft	Zeitschrift
BB	Der Betriebs-Berater, Zeitschrift
Betrieb	Der Betrieb, Zeitschrift
BGB	Bürgerliches Gesetzbuch
BGH	Bundesgerichtshof
BGHZ	Entscheidungen des Bundesgerichtshofes in Zivilsachen
BGL	Baugeräteliste
c. i. c.	culpa in contrahendo (Verschulden bei Vertragsschluss)
DIN	Deutsches Institut für Normung
Diss.	Dissertation
EFB Preis	Einheitliches Formblatt Preis des Bundes, enthalten im Vergabehandbuch des Bundes
EWiR	Entscheidungen zum Wirtschaftsrecht
Fn.	Fußnote
GemO	Gemeindeordnung
Gh	Gerätestunde
Hipo	Hilfsposition
HOAI	Honorarordnung für Architekten und Ingenieure
IBR	Immobilien- & Baurecht, Zeitschrift
i. E.	im Ergebnis
JZ	Juristenzeitung
KG	Kammergericht
Lh	Lohnstunde
LM	Lindenmaier/Möhring (Nachschlagewerk des Bundesgerichtshofs)
MDR	Monatsschrift für Deutsches Recht
m. w. N.	mit weiteren Nachweisen
NJW	Neue Juristische Wochenschrift

NJW-RR	Neue Juristische Wochenschrift, NJW-Rechtsprechungsreport Zivilrecht
NZBau	Neue Zeitschrift für Baurecht und Vergaberecht
OLG	Oberlandesgericht
Pos.	Position
Rdn.	Randnummer
RGZ	Entscheidungen des Reichsgerichts in Zivilsachen
S.	Seite
s.	siehe
Schäfer/Finnern	Schäfer/Finnern, Rechtsprechung der Bauausführung
Schäfer/Finnern/Hochstein	Schäfer/Finnern/Hochstein, Rechtsprechung zum privaten Baurecht
u. E.	unseres Erachtens
VergabeR	Vergaberecht, Zeitschrift
Versicherungsrecht	Versicherungsrecht, Zeitschrift
vgl.	vergleiche
VOB	Verdingungsordnung für Bauleistungen
WM	Wertpapiermitteilungen, Teil IV (Zeitschrift)
ZfBR	Zeitschrift für deutsches und internationales Baurecht
ZIP	Zeitschrift für Wirtschaftsrecht
ZPO	Zivilprozessordnung
ZVB	Zusätzliche Vertragsbedingungen

Literaturverzeichnis

Adam:	So behält der Bauleiter den Überblick, Bauwirtschaft 1991, 57
Allgeier:	Controlling als Führungsinstrument im Bauindustrieunternehmen, in: Planung, Steuerung und Kontrolle im Bauunternehmen, Düsseldorf 1989, 92 ff.
Anwaltskommentar BGB (zitiert mit Bearbeiter)	Band 2, Teilband 2 (Herausgeber: Dauner-Lieb/Langen), Bonn 2005
Augustin/Stemmer:	Hinweise zur Vereinbarung neuer Preise bei Bauverträgen nach VOB, BauR 1999, 546
Bamberger/Roth:	Kommentar zum BGB, Band 2, München 2003
Bauer:	Mehrkosten bei Bauverzögerungen aus Behinderungen oder Leistungsänderungen, Seminar Bauverzögerung (Rechtliche und baubetriebliche Probleme in Einzelbeiträgen), Wiesbaden, Berlin 1987
Bauer:	Störungen im Bauablauf – Ursachen – Folgen – Schadensermittlung, Bauwirtschaft 1987, 334 ff.
Bauer:	Mehrkosten bei Bauverzögerungen aus Behinderungen oder Leistungsänderungen, Seminar Bauverzögerung (Rechtliche und baubetriebliche Probleme in Einzelbeiträgen), Wiesbaden/Berlin 1987
Bauer/Misch/Janssen:	Pflichten und Aufgaben des Bauleiters – Schriftwechsel und Berichtswesen mit dem Auftraggeber, Bauwirtschaft 1986, 1088 ff.
Baumbach/Lauterbach/Albers/Hartmann:	Zivilprozessordnung, 64. Auflage, München 2006
Beck'scher VOB-Kommentar, Teil A (zitiert mit Bearbeiter)	VOB/A, München 2001
Beck'scher VOB-Kommentar, Teil B (zitiert mit Bearbeiter)	VOB/B, München 1997
Beck'scher VOB-Kommentar, Teil C (zitiert mit Bearbeiter)	VOB/C, München 2003
Berner:	Verlustquellenforschung im Ingenieurbau, Wiesbaden/Berlin 1983
Berner:	Praxisgerechte Handhabung der Soll-Ist-Stundenkontrolle, Festschrift für Drees, 255 ff., Wiesbaden und Berlin 1985
Börgers:	Zur so genannten „Hinfälligkeit von Vertragsstrafen", BauR 1997, 917.
Born:	Systematische Erfassung und Bewertung der durch Störungen im Bauablauf verursachten Kosten, Düsseldorf 1980
Briner:	Das Baugrundrisiko, in: Koller, Bau- und Bauprozessrecht: Ausgewählte Fragen, St. Gallen 1996
Brüssel:	Baubetrieb A-Z, 4. Auflage, Düsseldorf 2002

Literaturverzeichnis

Bühl:	Grenzen der Hinweispflicht des Bieters, BauR 1992, 26
Clemm:	Anspruch des Auftragnehmers auf zusätzliche Vergütung bei kostenverursachenden lärmmindernden Baumaßnahmen, BauR 1989, 125 ff.
Clemm:	Erstattung der Mehrkosten des Auftragnehmers bei Planlieferverzug des Auftraggebers nach der VOB/B, Betrieb 1985, 2597 ff.
Craushaar, von:	Abgrenzungsprobleme im Vergütungsrecht der VOB/B bei Vereinbarung von Einheitspreisen, BauR 1984, 311 ff.
Craushaar, von:	Risikotragung bei mangelhafter Mitwirkung des Bauherrn, BauR 1987, 14 ff.
Craushaar, von:	Die Rechtsprechung zu Problemen des Baugrundes, Festschrift für Locher, 9, Düsseldorf 1990
Dähne:	Gerätevorhaltung und Schadensersatz nach § 6 Nr. 6 VOB/B – ein Vorschlag zur Berechnung, BauR 1978, 429 ff.
Daub/Piel/Soergel:	Kommentar zur VOB Teil A, Wiesbaden/Berlin 1981
Daub/Piel/Soergel/Steffani:	Kommentar zur VOB Teil B, Wiesbaden/Berlin 1976
Diederichs:	Schadensabschätzung nach § 287 ZPO bei Behinderungen, Veröffentlichung zur Jahrestagung 1996 des Deutschen Verbandes der Projektsteuerer
Diehr:	Zum Verhältnis von Vergütungs- und Schadensersatzanspruch des Auftragnehmers wegen Bauzeitstörungen nach der VOB/B, BauR 2001, 1507
Döring:	Der Vorunternehmer als Erfüllungsgehilfe des Auftraggebers, Festschrift für von Craushaar, 193 ff, Düsseldorf 1997
Dornbusch/Plum:	Die „freie" Teil-Kündigung – noch Klärungsbedarf aus baubetrieblicher Sicht? in: Kapellmann/Vygen, Jahrbuch Baurecht 2000, 160, Düsseldorf 2000
Drees:	Analyse der Kalkulation und Kapazitätsplanung, Bauwirtschaft 1990, 72
Drees:	Stichwort „Nachtragskalkulation", in: VDI-Lexikon Bauingenieurwesen, herausgegeben von Olshausen und VDI-Gesellschaft Bautechnik, Düsseldorf 1991
Drees/Paul:	Kalkulation von Baupreisen, 8. Auflage, Berlin 2005
Drees/Spranz:	Handbuch der Arbeitsvorbereitung in Bauunternehmen, Wiesbaden/Berlin 1976
Dressel:	Die Bauberichterstattung und ihre Auswertung, 2. Auflage, Stuttgart 1963

Dressel:	Controlling von mittelständischen Bauunternehmen, Eschborn 1995
Drittler:	Entwicklungskonzeption eines wissensbasierten Beratungssystems für die Prüfung von Nachtragsforderungen bei Bauverträgen, Diss. Wuppertal 1991
Drittler:	Gedanken zu § 2 Nr. 3 VOB/B – Teil 1: Ausgewogener Interessenausgleich gelungen?, BauR 1992, 700
Drittler:	Behinderungsschaden des Auftragnehmers nach § 6 Nr. 6 VOB/B - Gehören Allgemeine Geschäftskosten dazu? BauR 1999, 825
Dyllik/Brenzinger:	Die Anwendung kybernetischer Methoden im Bauunternehmen, dargestellt am Beispiel einer Reihenhausanlage, Festschrift für Drees, 286 ff., Wiesbaden und Berlin 1985
Engel:	Projektbuch Bauausführung, 2. Auflage, Düsseldorf 1991
Englert:	Spezialtiefbau als Herausforderung an das Recht, Festschrift Bauer, Düsseldorf 1993, 375 ff.
Englert:	„Systemrisiko" – terra incognita des Baurechts? Zur Abgrenzung von Erfolgs-, Baugrund- und Systemrisiko, BauR 1996, 763
Englert/Grauvogl/Maurer:	Handbuch des Baugrund- und Tiefbaurechts, 3. Auflage, Düsseldorf 2004
Erman: (zitiert mit Bearbeiter)	Handkommentar zum Bürgerlichen Gesetzbuch, 11. Auflage, Münster 2004, Band 1
Eschenbruch:	Recht der Projektsteuerung, 2. Auflage, Düsseldorf 2003
Fahrenschon:	Die Schenkungsvermutung der deutschen Bauwirtschaft (§ 2 Nr. 6 VOB/B), BauR 1977, 172 ff.
Feber:	Schadensersatzansprüche bei der Auftragsvergabe nach VOB/A, Baurechtliche Schriften Band 9, Düsseldorf 1987
Festge:	Aspekte der unvollständigen Leistungsbeschreibung der VOB, BauR 1974, 363 ff.
Fleischmann/Hemmerich:	Angebotskalkulation mit Richtwerten, 4. Auflage Düsseldorf 2004
Franke/Kemper/Zanner/Grünhagen:	VOB-Kommentar, 2. Auflage, München 2005
Freiberger Handbuch zum Baurecht (zitiert mit Bearbeiter)	2. Auflage 2003, Bonn
Fuchs:	Kooperationspflichten der Bauvertragsparteien, Baurechtliche Schriften, Band 58, München 2004
Ganten:	Die Erstattung von so genannten „Regiekosten" als Schadensersatz, BauR 1987, 22 ff.
Ganten:	Das Systemrisiko im Baurecht, BauR 2000, 643
Gauch:	Der Werkvertrag (Schweiz), 4. Auflage 1996, Zürich

Genschow/Stelter:	Störungen im Bauablauf, München 2004
Gessner/Jaeger:	Abschied von der Besonderen Leistung, Festgabe Kraus, München 2003, 41 ff.
Glatzel/Hofmann/Frikell:	Unwirksame Bauvertragsklauseln nach dem AGB-Gesetz, 10. Auflage, München 2003
Grieger:	§ 6 Nr. 6 VOB/B, Nachlese zum Urteil des BGH vom 20. 2. 1986 – VII ZR 286/84 – (BauR 1986, 347), BauR 1987, 378 ff.
Grote/Ludwig:	Zielgenaues Planen und Lenken, die Praxis des Baumanagements, Köln 1988
Günther:	Kostensenkung durch Kostenkontrolle im Baubetrieb, Düsseldorf 1970
Gutsche:	Behinderung der Bauausführung und Vergütungsansprüche bei nicht rechtzeitiger Übergabe von Ausführungsunterlagen, Bauwirtschaft 1984, 1123 ff., 1163 ff.
Hager:	Untersuchung von Einflussgrößen und Kostenänderungen bei Beschleunigungsmaßnahmen von Bauvorhaben, Düsseldorf 1991
Hanhart:	Prüfungs- und Hinweispflicht des Bieters bei lückenhafter und unklarer Leistungsbeschreibung, Festschrift für Heiermann, 111 ff., Wiesbaden und Berlin 1995
Heiermann:	Anordnungen des Auftraggebers und vorgeschriebene Stoffe oder Bauteile i. S. v. § 13 Nr. 3 VOB/B, Festschrift für Locher, 65, Düsseldorf 1990
Heiermann/Riedl/Rusam:	Handkommentar zur VOB, 10. Auflage, Wiesbaden/Berlin 2003
Heinrich:	Der Baucontrollingvertrag, Baurechtliche Schriften Band 10, 2. Auflage, Düsseldorf 1998
Heuchemer:	Das Baugrundrisiko in der internationalen Vertragspraxis, Beilage 20, S. 12, BB 1991
Hildebrandt:	Variable Arbeitszeit im Tagesrhythmus, Tronningen 1973
Hochstein:	Zur Systematik der Prüfungs- und Hinweispflichten des Auftragnehmers im VOB-Bauvertrag, Festschrift für Korbion, 165 ff., Düsseldorf 1986
Hoffmann:	Schalungstechnik mit System, Wiesbaden und Berlin 1993
Hoffmann:	Ungenutzte Potentiale in der Ablauf- und Fertigungsplanung im Betonbau, Dissertation, Kassel 2000
Hoffmann/Kremer:	Zahlentafeln für den Baubetrieb, 3. Auflage, Stuttgart 1992
Hofmann:	Die rechtliche Einordnung der Mitwirkungspflichten des Auftraggebers beim Bauvertrag, Festschrift für von Craushaar, 219 ff., Düsseldorf, 1997

XLIX

Hofmann:	VOB-Fassung 1996: Die rätselhafte Änderung des § 2 Nr. 8 VOB/B, BauR 1996, 640
Hundertmark:	Die zusätzliche Leistung und ihre Vergütung beim VOB-Vertrag, Betrieb 1987, 32 ff.
Ingenstau/Korbion:	VOB Teile A und B, 15. Auflage, Düsseldorf 2003
Jagenburg:	Entwicklung des privaten Baurechts seit 1992: VOB-Vertrag, NJW 1994, 2864
Jebe:	Bedeutung und Problematik des Einheitspreisvertrages im Bauwesen, BauR 1973, 141 ff.
Kähnel, v.:	Kybernetik, Berlin 1990
Kainz:	Skonto und Preisnachlass beim Bauvertrag, 4. Auflage, Stamsried 1998
Kapellmann:	Der Verjährungsbeginn beim (vergütungsgleichen) Ersatzanspruch des Auftragnehmers aus § 6 Nr. 6 VOB/B und aus § 642 BGB, BauR 1985, 123 ff.
Kapellmann:	§ 645 BGB und die Behinderungshaftung für Vorunternehmer – Ein anderer Lösungsansatz, BauR 1992, 433
Kapellmann:	Bausoll, Erschwernisse und Vergütungsnachträge beim Spezialtiefbau, Festschrift für Bauer, 385 ff., Düsseldorf 1993
Kapellmann:	Die Berechnung der Vergütung nach Kündigung des Bau- oder Architektenvertrages durch den Auftraggeber, in: Kapellmann/Vygen, Jahrbuch Baurecht 1998, 35 ff., Düsseldorf 1998
Kapellmann:	„Baugrundrisiko" und „Systemrisiko" – Baugrundsystematik, Bausoll, Beschaffenheitssoll, Bauverfahrenssoll, in: Kapellmann/Vygen, Jahrbuch Baurecht 1999, 1 ff., Düsseldorf 1999
Kapellmann:	Ansprüche des Auftraggebers auf Verzugsschadensersatz, Vertragsstrafe oder Kündigung aus wichtigem Grund bei Verletzung der eigenen Mitwirkungspflicht, aber unterlassener Behinderungsanzeige seitens des Auftragnehmers? – Der Wortlaut der VOB/B und die Auslegung, in: Festschrift für Vygen, 194, Düsseldorf 1999
Kapellmann:	Die Geltung von Nachlässen auf die Vertragssumme für die Vergütung von Nachträgen, NZBau 2000, 57
Kapellmann:	Der BGH und die „Konsoltraggerüste" – Bausollbestimmung durch die VOB/C oder „die konkreten Verhältnisse", NJW 2005, 182
Kapellmann/Langen:	Einführung in die VOB/B, 14. Auflage, Düsseldorf 2005
Kapellmann/Messerschmidt:	VOB Teile A und B, München 2003

Kapellmann/Schiffers:	Vergütung, Nachträge und Behinderungsfolgen beim Bauvertrag, Band 2: Pauschalvertrag einschließlich Schlüsselfertigbau, 4. Auflage, München 2006
Kapellmann/Schiffers:	Die Ermittlung der Ersatzansprüche des Auftragnehmers aus vom Bauherrn zu vertretender Behinderung (§ 6 Nr. 6 VOB/B), BauR 1986, 615
Kapellmann/Ziegler:	Störfallkataloge bei Bauverträgen im Tunnelbau mit Schildvortrieb, NZBau 2005, 65
Katzenbach:	Baugrundrisiko – Wer ist in welchen Fällen verantwortlich? Mitteilungen des Instituts für Geotechnik der Technischen Hochschule Darmstadt, Heft 39, 1995, 147 ff.
Kaufmann:	Anmerkung zum Urteil des OLG Hamm vom 14. 4. 2005, zugleich zur „Kritischen Bestandsaufnahme" Thodes zu Nachträgen wegen gestörten Bauablaufs im VOB/B-Vertrag, BauR 2005, 1806
Kiesel:	VOB Teil B, Stuttgart/Berlin/Köln/Mainz 1984
Kindl:	Der Kalkulationsirrtum im Spannungsfeld von Auslegung, Irrtum und unzulässiger Rechtsausübung, WM 1999, 2198
Kleine-Möller:	Leistung und Gegenleistung bei einem Pauschalvertrag, Seminar Pauschalvertrag und schlüsselfertiges Bauen, 69, Wiesbaden und Berlin 1991
Kleine-Möller:	Die Haftung des Auftraggebers gegenüber einem behinderten Nachfolge-Unternehmer, NZBau 2000, 401
Kleine-Möller/Merl:	Handbuch des privaten Baurechts, 3. Auflage, München 2005
Klingenfuß:	Kann das praktisch Erforderliche stets wirksam vereinbart werden?, BauR 2005, 1377
Knacke:	Anmerkung zu OLG Düsseldorf, BauR 1995, 706 in BauR 1996, 119
Knacke:	Der Ausschluss des Anspruches des Auftragnehmers aus § 2 Nr. 3 VOB/B durch AGB des Auftraggebers (zu BGH BauR 1993, 723), Festschrift für von Craushaar, 249 ff., Düsseldorf 1997
Kniffka:	Rechtliche Probleme der Generalunternehmer, Seminar ARGE/Generalunternehmer/Subunternehmer, 46 ff., Wiesbaden und Berlin 1992
Kniffka:	Online-Kommentar zum BGB, Stand: 3. 1. 2006
Kniffka/Koeble:	Kompendium des Baurechts, 2. Auflage, München 2004
Köhler/Steindorff:	Öffentlicher Auftrag, Subvention und unlauterer Wettbewerb, NJW 1995, 1705
Korbion:	Vereinbarung der VOB/B für planerische Leistungen, Festschrift für Locher, 127 ff., Düsseldorf 1990
Korbion/Locher:	AGB-Gesetz und Bauerrichtungsverträge, 3. Auflage, Düsseldorf 1997

Literaturverzeichnis

Kosanke:	Der Schadensnachweis nach § 6 Nr. 6 VOB/B aus baubetrieblicher Sicht, Baubetrieb und Baumaschinen Mitteilungen Heft 10, Technische Universität Berlin 1988
Kraus:	Ansprüche des Auftragnehmers bei einem durch Vorunternehmer verursachten Baustillstand, BauR 1986, 17 ff.
Kuffer:	Leistungsverweigerungsrecht bei verweigerten Nachtragsverhandlungen, ZfBR 2004, 110
Kuffer:	Baugrundrisiko und Systemrisiko, NZBau 2006, 1
Kuhne/Mitschein:	Was ist dem Bauunternehmer zuzumuten?, Bauwirtschaft 3/1999, 22–24
Kühn:	Handbuch Baubetrieb, Düsseldorf 1991
Kumlehm:	Problemfelder bei der Bewertung von Bauablaufstörungen, Schriftenreihe des IBB, Heft 35, Braunschweig 2003
Künstner:	Die Ablauforganisation von Baustellen, Frankfurt 1989
Lang:	Ein Verfahren zur Bewertung von Bauablaufstörungen und zur Projektsteuerung, Düsseldorf 1988
Lang:	Entfallene Leistung und Vergütung, IBR 1994, 85
Lang/Rasch:	Allgemeine Geschäftskosten bei einer Verlängerung der Bauzeit, Festschrift Jagenburg, München 2002, 417
Lange:	Baugrundhaftung und Baugrundrisiko, Düsseldorf 1997
Langen/Schiffers:	Bauplanung und Bauausführung, München 2005
Leimböck/Klaus/Hölkermann:	Baukalkulation und Projektcontrolling, 10. Auflage, Braunschweig/Wiesbaden 2002
Leinemann:	VOB Bauvertrag: Leistungsverweigerungsrecht des Bauunternehmers wegen fehlender Nachtragsbeauftragung, NJW 1998, 3672
Leinemann:	VOB/B-Kommentar, 2. Auflage, Köln/Berlin/München 2005
Leupertz:	Der Anspruch des Unternehmers auf Bezahlung unbestellter Bauleistungen beim BGB-Bauvertrag, BauR 2005, 775
Liepe:	Nachtragsbeauftragung lediglich dem Grunde nach? BauR 2003, 320
Locher:	Das private Baurecht, 7. Auflage, München 2005
Locher:	Die AGB-gesetzliche Kontrolle zusätzlicher Leistungen, Festschrift für Korbion, 283 ff., Düsseldorf 1986
Locher/Koeble/Frik:	Kommentar zur HOAI, 9. Auflage, Düsseldorf 2006

Lorenz:	Schadensersatz statt der Leistung, Rentabilitätsvermutung und Aufwendungsersatz im Gewährleistungsrecht, NJW 2004, 26
Luz:	„Bereinigende Preisfortschreibung" bei Nachträgen und Ausgleichsberechnungen gemäß § 2 Nr. 3 VOB/B, BauR 2005, 1391
Mantscheff:	Genauigkeitsgrad von Mengenansätzen und Leistungsverzeichnisssen – Preisberechnungsansätze für Fälle des § 2 Nr. 3 VOB/B, BauR 1979, 389 ff.
Marbach:	Vergütungsansprüche aus Nachträgen – ihre Geltendmachung und Abwehr, ZfBR 1989, 2 ff.
Marbach:	Der Anspruch auf Vergütungsänderung gemäß § 2 Nr. 5 VOB/B, Seminar Vergütungsansprüche aus Nachträgen – ihre Geltendmachung und Abwehr, 38, Wiesbaden und Berlin 1989
Marbach:	Nachtragsforderung bei mangelnder Leistungsbeschreibung der Baugrundverhältnisse im VOB-Bauvertrag und bei Verwirklichung des „Baugrundrisikos", BauR 1994, 168
Marbach:	Nebenangebote und Änderungsvorschläge im Bauvergabe- und Vertragsrecht, Festschrift für Vygen, 241 ff., Düsseldorf 1999
Marbach:	Nebenangebote und Änderungsvorschläge im Bauvergabe- und Vertragsrecht unter Berücksichtigung der VOB Ausgabe 2000, BauR 2000, 1645
Markus:	Ansprüche des Auftragnehmers nach wirksamer Zuschlagserteilung bei „unklarer Leistungsbeschreibung" des Auftraggebers, Kapellmann/Vygen, Jahrbuch Baurecht 2004, 1 = BauR 2004, 180
Markus:	§ 649 S. 2 BGB: Die Anrechnung der tatsächlichen ersparten Aufwendungen auf die kalkulierten Kosten, NZBau 2005, 417
Markus/Kaiser/Kapellmann:	AGB-Handbuch Bauvertragsklauseln, München 2004
Mechnig:	Die Anpassungsfähigkeit der baubetrieblichen Produktionsplanung und -steuerung an interne und externe Einflüsse, Dissertation Dortmund 1998
Meier:	Zeitaufwandtafeln für die Kalkulation von Strassen- und Tiefbauarbeiten, 4. Auflage, Wiesbaden/Berlin 1990
Michalski:	Studie: Das baubetriebliche Berichtswesen, Eschborn 1988
Miernik:	Die Anwendbarkeit der VOB/B auf Planungsleistungen des Bauunternehmers, NZBau 2004, 409

Misch:	Kosten und Betriebskontrolle zur Steuerung und Prognose einer Baustelle, VDI-Berichte 528, Projektsteuerung und Bauleitung, 115 ff., Düsseldorf 1984
Mitschein:	Die baubetriebliche Bewertung gestörter Bauabläufe aus Sicht des Auftragnehmers, Dissertation Essen 1999
Mittag:	Aktuelle Baupreise und Lohnanteile, Augsburg 1998
Motzke:	Nachforderungsmöglichkeiten bei Einheits- und Pauschalverträgen, BauR 1992, 146
Motzke:	Parameter für Zusatzvergütung bei zusätzlichen Leistungen, NZBau 2002, 641
Motzke:	Abbaubedingte Setzungsrisiken einer Deponie – technische Risiken und ihre rechtliche Bewertung – ein Anwendungsfall des Baugrund- und Systemrisikos?, Kapellmann/Vygen, Jahrbuch Baurecht 2005, 71
Moufang/Kupjetz:	Zur rechtlichen Bindungswirkung von abgeschlossenen Nachtragsvereinbarungen, BauR 2002, 1629
Müller/Laube:	Vertragsaufwendungen und Schadensersatz wegen Nichterfüllung, JZ 1995, 538
Münchener Kommentar zum Bürgerlichen Gesetzbuch (zitiert mit Bearbeiter):	Band 1, 4. Auflage 2001 Band 4, 4. Auflage 2005
Münchener Prozessformularbuch (zitiert mit Bearbeiter):	Band 2: Privates Baurecht, herausgegeben von Koeble und Kniffka, 2. Auflage München 2003
Nicklisch:	Mehrvergütung und Schadensersatz bei Projektänderung und Behinderung – Rechtliche Voraussetzungen, in: Leistungsstörungen bei Bau- und Anlagenverträgen, Heidelberger Kolloquium Technologie und Recht, 1984, Band 6, 83 ff., Heidelberg 1985
Nicklisch:	Rechtliche Risikozuordnung bei Bau- und Anlagenverträgen, in: Bau- und Anlagenverträge, Heidelberger Kolloquium Technologie und Recht, 1983, Band 4, 101, Heidelberg 1984
Nicklisch/Weick:	Verdingungsordnung für Bauleistungen, 3. Auflage, München 2001
Obenhaus:	Mängelhaftung, technischer Fortschritt und Risiken der technischen Entwicklung, in: Leistungsstörungen bei Bau- und Anlagenverträgen, Heidelberger Kolloquium Technologie und Recht, 1984, Band 6, 13
Oberhauser:	Formelle Pflichten des Auftragnehmers bei Behinderungen, BauR 2001, 1177
Oberhauser:	Kann sich der bewusst mit dem AGB-Gesetz taktierende Kunde auf die Unwirksamkeit einer formularmässigen Klausel berufen?, BauR 2002, 15

Oberhauser:	Ansprüche des Auftragnehmers auf Bezahlung nicht „bestellter" Leistungen beim Bauvertrag auf der Basis der VOB/B, BauR 2005, 919
Olshausen:	Änderungen der Vergütungsansprüche beim VOB-Vertrag, VDI-Berichte Nr. 458, Düsseldorf 1982
Olshausen:	Planung und Steuerung als Grundlage für einen zusätzlichen Vergütungsanspruch bei gestörtem Bauablauf, Festschrift für Korbion, 323 ff., Düsseldorf 1986
Olshausen:	Der veränderte Vergütungsanspruch im VOB-Vertrag. Baubetriebliche Stellungnahme zu zwei bemerkenswerten Bauprozessen, Festschrift für Soergel, 343 ff., Stamsried 1993
Oppler:	Zur Bindungswirkung von Nachtragsvereinbarungen, Festgabe Kraus, München 2003, 169
Palandt (zitiert mit Bearbeiter):	Bürgerliches Gesetzbuch, 65. Auflage, München 2006
Pauly:	Das Baugrundrisiko im zivilen Baurecht, MDR 1998, 1453
Pause/Schmieder:	Baupreis und Baupreiskalkulation, 2. Auflage, Düsseldorf/Köln 1989
Pawlik:	Entwicklung einer wirtschaftlichen Methode zur nachträglichen Bewertung von häufigen Ereignissen aus §§ 2 und 6 VOB/B, Dissertation Wuppertal 1993
Pfarr:	Grundlagen der Bauwirtschaft, Essen 1984
Pfarr/Toffel:	Methoden zur Ermittlung der Mehrkosten, Bauwirtschaft 1991, 43
Piel:	Zur Abgrenzung zwischen Leistungsänderung (§§ 1 Nr. 3, 2 Nr. 5 VOB/B) und Behinderung (§ 6 VOB/B), Festschrift für Korbion, 349 ff., Düsseldorf 1986
Piel:	Zur Bemessung der Vergütung bei Mengenüberschreitungen nach § 2 Nr. 3 Abs. 2 VOB/B, BauR 1974, 226 ff.
Platz:	Aufwandswerte und Aufwandsfunktionen für Rohbauarbeiten im Hochbau, in Schub/Meyran, Praxis-Kompendium im Baubetrieb, Band 1, Wiesbaden und Berlin 1982
Plum:	Sachgerechter und prozessorientiert Nachweis von Behinderungen und Behinderungsfolgen beim VOB-Vertrag, Düsseldorf 1997
Plümecke:	Preisermittlung für Bauarbeiten, 25. Auflage, Köln 2004
Putzier:	Die zusätzliche Vergütung bei der Bewältigung abweichender Bodenverhältnisse im Erdbau, BauR 1989, 132 ff.
Putzier:	Die VOB/C, Abschnitte 4, im Vergütungsgefüge der VOB/B, BauR 1993, 399

Putzier:	Nachtragsforderungen infolge unzureichender Beschreibung der Grundwasserverhältnisse. Welche ist die zutreffende Anspruchsgrundlage?, BauR 1994, 596
Putzier:	Der unvermutete Mehraufwand für die Herstellung des Bauwerkes, Düsseldorf 1997
Putzier:	Der Pauschalpreisvertrag, 2. Auflage, Köln/Berlin/München 2005
Quack:	Über die Verpflichtung des Auftraggebers zur Formulierung der Leistungsbeschreibung nach den Vorgaben von § 9 VOB/A, BauR 1998, 381
Quack:	Das ungewöhnliche Wagnis im Bauvertrag, BauR 2003, 26
Quack:	Theorien zur Rechtsnatur von § 1 Nr. 3 und 4 VOB/B und ihre Auswirkungen auf die Nachtragsproblematik, ZfBR 2004, 107
Quack/Kniffka:	Die VOB/B in der Rechtsprechung des Bundesgerichtshofs – Entwicklung und Tendenzen –, Festschrift 50 Jahre Bundesgerichtshof, 17
Reisch:	Die Berücksichtigung der Zuverlässigkeits- und Verfügbarkeitsanforderungen bei der Planung von Maschinensystemen, Diss. Hannover 1978
Reister:	Nachträge im Bauvertrag, Neuwied 2004
RGRK (Reichsgerichtsrätekommentar): (zitiert mit Bearbeiter)	Das Bürgerliche Gesetzbuch, Band II, 4. Teil, 12. Auflage, Berlin 1978
Rickhey:	Behinderungen des Auftragnehmers und seine Schadensersatzansprüche gegen den Auftraggeber, Seminar Bauverzögerung (Rechtliche und baubetriebliche Probleme in Einzelbeiträgen), 115 ff., Wiesbaden/Berlin 1987
Riedl:	Vergütungsregelungen nach VOB unter besonderer Berücksichtigung der Rechtsprechung, ZfBR 1980, 1 ff.
Riedlinger:	Controlling, in: Fabrikplanung, Wiesbaden 1989
Rohmert/Rutenfranz:	Praktische Arbeitsphysiologie, 3. Auflage, Düsseldorf/New York 1983
Rohrmüller:	Ausgleichsberechnung nach § 2 Nr. 3 Abs. 3 VOB/B: Deckungsbeiträge aus Nachträgen für zusätzliche Leistungen sind zu berücksichtigen!, IBR 2005, 303
Roquette:	Vollständigkeitsklauseln: Abwälzung des Risikos unvollständiger oder unrichtiger Leistungsbeschreibungen auf den Auftragnehmer, NZBau 2001, 61
Roquette/Paul:	Sonderprobleme bei Nachträgen, BauR 2003, 1097
Rösel:	Baumanagement, Grundlagen, Technik, Praxis, 3. Auflage, Berlin/Heidelberg/New York 1994

Schelle/Dähne:	VOB A-Z, 3. Auflage, München 2001
Scheube:	Die rechtliche Einordnung der Auftraggebermitwirkung im VOB-B-Bauvertrag und ihre Folgen, Kapellmann/Vygen, Jahrbuch Baurecht 2006, 83
Schiffers:	Aspekte der Leistungserfassung und -abgrenzung im Hinblick auf ein gesamtbetriebliches Kontrollsystem, Bauwirtschaft 1984, 359 ff.
Schiffers	Ausführungsfristen - ihre Festlegung und ihre Fortschreibung bei auftraggeberseitig zu vertretenden Behinderungen, in: Kapellmann/Vygen, Jahrbuch Baurecht 1998, 275
Schiffers:	Stichwort Baukalkulation, Wiesbaden/Berlin 1975
Schiffers:	Zur Systematik bei der Massen- und Kostenermittlung im Angebotsstadium, Bauwirtschaft 1982, 1411 ff.
Schiffers:	Baubetriebliche Voraussetzungen für Ansprüche des Auftragnehmers bei Abweichungen vom Bauvertrag, in: Ansprüche des Bauunternehmers bei Abweichungen vom Bauvertrag, 2. Auflage, Düsseldorf 1993, 33
Schiffers	Terminplanung und -steuerung, eine Bestandsaufnahme und noch anstehende Aufgaben, Festschrift für Leimböck, Wiesbaden 1996, 235 ff.
Schiffers/Fellinger:	Leistungsentlohnung im Baubetrieb - organisatorische, personalbetriebliche, juristische Fragen und Lösungsvorschläge, 6. Auflage, Düsseldorf 1999
Schmidt:	Technische Nachkalkulation in der Bauunternehmung, Wiesbaden/Berlin/Köln 1977
Schmidt:	Die Rechtsprechung des Bundesgerichtshofs zum Bau-, Architekten- und Statikrecht – Teil II, WM 1974, 294
Schofer:	Planungsverlauf im Hochbau, Berlin 1982
Schottke:	Die Bedeutung des ungewöhnlichen Wagnisses bei der Nachtragskalkulation, Festschrift für Thode, 155, München 2005
Schubert:	Feststellung und Dokumentieren von Bauzeitverzögerungen aus Behinderungen und Leistungsänderungen, Seminar Bauverzögerung (rechtliche und baubetriebliche Probleme in Einzelbeiträgen), 77 ff., Wiesbaden/Berlin 1987
Schubert:	Das Problem der nicht gedeckten Allgemeinen Geschäftskosten bei Bauverzögerungen, Festschrift für Kuhne, Aachen 2000, 267
Schubert/Reister:	Ist in der Baukalkulation der gesonderte Ausweis des Wagnisses in Abgrenzung zum Gewinn angemessen?, in: Kapellmann/Vygen, Jahrbuch Baurecht 1999, 253 ff., Düsseldorf 1999

Literaturverzeichnis

Schulze-Hagen:	Zur Anwendung der §§ 1 Nr. 3, 2 Nr. 5 VOB/B einerseits und §§ 1 Nr. 4. 2 Nr. 6 VOB/B andererseits, Festschrift für Soergel, 259 ff., Stamsried 1993
Schulze-Hagen:	§ 648 a BGB – eine Zwischenbilanz, BauR 2000, 28
Schulze-Hagen:	Der öffentliche Auftraggeber muss die Diskussion über die Privilegierung der VOB/B nicht fürchten, Festschrift für Thode, 167, München 2005
Schulze-Hagen:	Mindermengenabrechnung gemäß § 2 Nr. 3 Abs. 3 VOB/B und Vergabegewinn, Festschrift für Jagenburg, München 2002, 815
Schumacher:	Die Vergütung im Bauwerkvertrag (Schweiz), Freiburg/Schweiz 1998
Selhoff/Trüstedt:	Bau-Arbeitsorganisation durch Quality Circle, Bauwirtschaft 1987, 1186 ff.
Simons:	Rationalisierung der Baustelle, Baumarkt 1982, 1044 ff.
Simons/Kolbe:	Verfahrenstechnik im Ortbetonbau, Stuttgart 1987
Sirados:	Baukostendatei (jährlich neu), Dachau.
Soergel: (zitiert mit Bearbeiter)	Kommentar zum Bürgerlichen Gesetzbuch, Band 2, Schuldrecht I, 12. Auflage, Stuttgart, Berlin, Köln 1990
Stassen/Grams:	Zur Kooperationspflicht des Auftragnehmers gemäß § 2 Nr. 5 VOB/B 2002 bei Mehrkosten, BauR 2003, 943
Staudinger: (zitiert mit Bearbeiter)	Kommentar zum Bürgerlichen Gesetzbuch, Band jeweils zitiert nach Erscheinungsjahr
Stemmer:	Mischkalkulationen sind unzulässig, sind spekulative Preisgestaltungen passé?, VergabeR 2004, 549
Stradal:	Lerneffekte und Ausnutzung der Kapazität bei Bauprogrammen mit verschiedenen Projekten, Bauwirtschaft 1983, 1483 ff.
Thode:	Änderungen beim Pauschalvertrag und ihre Auswirkungen auf den Pauschalpreis – Probleme der gerichtlichen Praxis –, in: Seminar Pauschalvertrag und schlüsselfertiges Bauen, 33 ff., Wiesbaden und Berlin 1991
Thode:	Nachträge wegen gestörten Bauablaufs im VOB/B-Vertrag – Eine kritische Bestandsaufnahme, ZfBR 2004, 214
Toffel:	Eine Methode zur Ermittlung der Kosten geänderter Bauabläufe, Bauwirtschaft 1982, 447 ff.
Toffel:	Kosten- und Leistungsrechnung in Bauunternehmungen, 2. Auflage, Stuttgart 1994

Ulmer/Brandner/Hensen:	AGB-Gesetz, 9. Auflage, Köln 2001
Usselmann:	Nachträge in der Ausgleichsberatung richtig berücksichtigen, BauR 2004, 1217
Virneburg:	Wann kann der Auftragnehmer die Arbeit wegen verweigerter Nachträge einstellen? – Risiken einer Verweigerungsstrategie –, ZfBR 2004, 419
Voelcker:	Baupreise/Neubau, München/Dachau 1990
Vygen:	Bauvertragsrecht nach VOB und BGB, 3. Auflage, Wiesbaden/Berlin 1997
Vygen:	Rechtliche Probleme bei Ausschreibung, Vergabe und Abrechnung von Alternativ- und Eventualpositionen, BauR 1992, 135.
Vygen:	Die Rechtsprechung der Oberlandesgerichte zum privaten Baurecht im Jahre 1985, ZfBR 1986, 99 ff.
Vygen:	Nachträge bei lückenhaften und/oder unklaren Leistungsbeschreibungen des Auftraggebers, Festschrift für Soergel, 277 ff., Stamsried 1993
Vygen:	Nachträge bei verändertem Baugrund, in: Kapellmann/Vygen, Jahrbuch Baurecht 1999, 46 ff., Düsseldorf 1999
Vygen/Schubert/Lang:	Bauverzögerung und Leistungsänderung, 4. Auflage, Wiesbaden/Berlin 2002
Walzel:	Die Preise in den Fällen des § 2 Ziffern 3, 5 und 6 der VOB/B, BauR 1980, 227 ff.
Weick:	Allgemeine Geschäftsbedingungen oder Verkörperung von Treu und Glauben? Festschrift für Korbion, 451 ff., Düsseldorf 1986
Werner/Pastor:	Der Bauprozess, 11. Auflage, Düsseldorf 2005
Wettke:	Die Haftung des Auftraggebers bei lückenhafter Leistungsbeschreibung, BauR 1989, 292 ff.
Weyers:	Bauzeitverlängerung aufgrund von Änderungen des Bauentwurfs durch den Auftraggeber, BauR 1990, 138
Wiegand:	Bauvertragliche Risikoverteilung im Rechtsvergleich, ZfBR 1990, 2
Wiemers:	Kosten- und Leistungskontrolle durch Soll/Ist-Vergleich im bauindustriellen Grossbetrieb, in: Praktische Kosten- und Leistungskontrolle im Baubetrieb, 35 ff., Düsseldorf 1987
Wirth/Würfele:	Mehrvergütung gemäß § 2 Nr. 5 VOB/B oder Schadensersatz gemäß § 6 Nr. 6 VOB/B, BrBpr 2005, 244
Wirth/Würfele:	Bauzeitverzögerung: Mehrvergütung gemäß § 2 Nr. 5 VOB/B oder Schadensersatz gemäß § 6 Nr. 6 VOB/B, in: Kapellmann/Vygen, Jahrbuch Baurecht 2006, 119
Witteler:	Schwachstellenanalyse der Bauunternehmung und Möglichkeiten zur Steigerung der Wirtschaftlichkeit, Berlin 1982
Wolf/Horn/Lindacher:	AGB-Gesetz, 4. Auflage, München 1999

… Literaturverzeichnis

Zanner/Keller: Das einseitige Anordnungsrecht des Auftraggebers zu Bauzeit und Bauablauf und seine Vergütungsfolgen, NZBau 2004, 353

Zielemann: Vergütung, Zahlung und Sicherheitsleistung nach VOB, 2. Auflage, Stuttgart, München, Hannover 1995

Abbildungsverzeichnis

Abb.-Nr.		Rdn.	Seite
1	Regelkreis	4	4
2	Fixe und variable Kosten in Abhängigkeit von der Leistungsmenge	20	20
3	Sprungfixe Kosten: a) insgesamt b) als Durchschnittskosten pro Arbeitskraft c) als Durchschnittskosten pro Umsatz	21	22
4	Zusammenhang der verschiedenen Kalkulationen und ihrer Inhalte	27	28
5a	Ausschnitt aus dem Grobterminplan eines Bauvorhabens und der darauf ausgearbeitete Vertragsterminplan (VTP) für die Rohbauarbeiten (Mittelfeiner Terminplan)	34	31
5b	Ausschnitt aus dem Feinterminplan der Gründung des Bauvorhabens von **Abb. 5 a** (S. 31)	34	32
6	Ermittlung der Vorgangsdauern für den Feinterminplan der Gründung (vgl. **Abb. 5 b**, S. 32)	42	35
7	Rechentableau (Ausschnitt) und Display des auf den Vertragsterminplan in **Abb. 5 a** (S. 31) abgestimmten vernetzten Balkenterminplans	44	36
8	Darstellung des Vertragsterminplans aus **Abb. 5 a** (S. 31) als Netzplan	46	38
9	Elemente des Einheitspreisvertrags	104	45
10	Lohngleitklausel zu § 2 VOB/B, Vergabehandbuch des Bundes, Stand April 2005	105	48
11	Die Abhängigkeit der Ist-Vergütung von der Leistungsbeschreibung	186	99
12	Die Bestandteile des Bausolls und die daraus abgeleiteten Unterlagen, nämlich die internen Soll-Vorgaben der Bieter und die vereinbarten Preise	290	160
13	Dokumentation zur Kalkulation	292	162
14	Aufgliederung der Angebotssumme bei der Kalkulation über die Endsumme	520	196
15	Aufgliederung der Angebotssumme bei der Zuschlagskalkulation	532	204
16	Vereinfachte Methode der Ausgleichsberechnung bei gleichem Zuschlagssatz für alle Kostenarten	625	254
17	Ausführliche Methode der Ausgleichsberechnung bei Verwendung unterschiedlicher Zuschlagssätze (Hochbauprojekt)	629	257
18	Ausgleichsberechnung bei nicht hinterlegter Kalkulation für den Fall, dass die Einheitspreise in Lohn- und sonstige Anteile aufgegliedert sind und EFB-Preis 1 ausgefüllt ist	633	260
19	Aufgliederung der Einheitspreise im Angebot gemäß EFB-Preis 2	639	265
20	Beschaffenheitssoll als Teil des Bausolls	721	292
21	Methodik der Kosten- und Preisermittlung für der Art nach modifizierte Leistungen beim Einheitspreisvertrag	1001	434

Abbildungsverzeichnis

Abb.-Nr.		Rdn.	Seite
22a	Beispiel zur Feststellung des Vertragspreisniveaus einer Bezugsleistung, wenn unmittelbar für deren Einheitspreis auf ein Ermittlungssystem zurückgegriffen werden kann	1024	444
22b	Beispiel zur Feststellung des Vertragspreisniveaus einer Bezugsleistung für den Fall, dass keine Angebots- bzw. Auftragskalkulation vorliegt, nicht auf ein Ermittlungssystem zurückgegriffen werden kann und eine plausible analytische Kostenermittlung durchzuführen ist	1028	446
23	Beispiel zur Feststellung des Vertragspreisniveaus einer Bezugsleistung bei einem unbeachtlichen Irrtum in der Angebots- bzw. Auftragskalkulation	1031	448
24	Beispiel zur Feststellung des Vertragspreisniveaus einer Bezugsleistung, wenn die Angebots- bzw. Auftragskalkulation sich auf ein Ermittlungssystem bezieht	1051	462
25	Beispiel zur Feststellung des Vertragspreisniveaus einer Bezugsleistung, wenn für die Direkten Kosten auf externe Ermittlungssysteme zurückzugreifen ist	1054	464
26	Beispiel zur Feststellung des Vertragspreisniveaus einer Mischposition als Bezugsleistung	1060	467
27	Beispiel zur Feststellung des Vertragspreisniveaus einer Bezugsleistung bei wenig aussagefähiger Auftrags- bzw. Angebotskalkulation, jedoch differenzierter Arbeitskalkulation	1063	469
28	Beispiel zur Ermittlung des Preises einer modifizierten Leistung bei Angebots- bzw. Auftragskalkulation mit erkennbaren Ermittlungssystemen (vgl. **Abb. 24**, S. 462)	1075	474
29	Beispiel zur Ermittlung des Preises einer modifizierten Leistung bei Feststellung der Direkten Kosten unter Rückgriff auf externe Ermittlungssysteme (vgl. **Abb. 25**, S. 464)	1083	477
30	Beispiel zur Ermittlung des Preises einer modifizierten Leistung bei nicht aussagefähiger Angebots- bzw. Auftragskalkulation durch plausible analytische Kostenermittlung (vgl. **Abb. 22 b**, S. 446)	1083	478
31	Bautagesbericht (hier: 13. August) mit Eintragungen über Planeingänge, Behinderungen und Anordnungen	1126	498
32 a	Nachweis dem Grunde nach	1136	505
32 b	Teil 1: Unmittelbare Vergütungsauswirkungen (Pos. 9.1) unter Berücksichtigung eines unmaßgeblichen Kalkulationsirrtums (vgl. auch **Abb. 23**, S. 448)	1140	507
32 b	Teil 2: Mittelbare Vergütungsauswirkungen (Pos. 9.2) aus zusätzlicher Arbeitsvorbereitung und zusätzlichen zeitabhängigen Kosten	1145	509
32 c	Bauinhaltsbedingt modifizierter Soll-Ablaufplan TP-Soll'4 (Stand: Oktober)	1145	510
33	Ermittlung der Vergütung bei Kündigung einer Teilleistung, die gemäß Angebotskalkulation von einem Nachunternehmer erbracht werden sollte	1192	534
34 a	Zusammenstellung der Vergütungsansprüche aus freier Kündigung des Vertrags	1192	535

Abbildungsverzeichnis

Abb.-Nr.		Rdn.	Seite
34 b	Aufstellung der Vergütung der erbrachten Bausollleistungen (Ausschnitt)	1192	536
34 c	Aufstellung der Vergütung der erbrachten Nachtragsleistungen (Ausschnitt)	1192	537
34 d	Aufstellung der Ermittlung der Deckungsbeiträge der gekündigten Bausollleistungen (Ausschnitt)	1192	538
34 e	Aufstellung der nicht ersparten, schon angefallenen Kosten für noch nicht fertig gestellte und nicht abrechenbare Leistungen	1192	1192
35	Bearbeitungsschema für Nachträge aus geänderten und zusätzlichen Leistungen	1197	542
36 a	Bautagesbericht (hier: 6. August) mit Eintragungen über Planeingänge und Behinderungen	1238	562
36 b	Der Zusammenhang zwischen den verschiedenen auftragnehmerseitigen Einzeldokumentationen und der an den Auftraggeber gerichteten Gesamtdokumentation (= Bautagesbericht)	1240	564
37 a	Fall 1: Der zeitliche Umfang der verspäteten Mitwirkung des Auftraggebers bestimmt die Verschiebung des Beginntermins des davon abhängigen Ausführungsvorganges	1255	572
37 b	Fall 2: Verspätete auftraggeberseitige Mitwirkung und langsamere Ausführung als im produktionsorientierten Terminplan vorgegeben	1256	574
37 c	Fall 3: Spätere auftraggeberseitige Mitwirkung bei vorangegangener, erheblicher auftragnehmerseitiger Verzögerung der Leistungserstellung	1257	576
37 d	Fall 4: Auswirkungen bei Verschiebung einer auftraggeberseitigen Mitwirkung bei voneinander abhängigen Vorgangsketten	1261	578
37 e	Fall 5: Auswirkungen der Verschiebung einer auftraggeberseitigen Mitwirkung bei auftragnehmerseitiger Verzögerung der Leistungserstellung und gleichzeitigen versteckten Zeitreserven des Auftragnehmers	1262	580
37 f	Fall 6: Bei unabhängigen Vorgangsketten wirken sich verspätete Mitwirkungen i.d.R. nicht additiv auf die Gesamtbauzeit aus	1262	581
37 g	Fall 7: Bei untereinander abhängigen Vorgangsketten können auftraggeberseitige Behinderungen zu komplexen Behinderungsfolgen führen; das muss nicht zwangsläufig additive Zeitauswirkungen zur Folge haben	1263	582
38	Doppelkausalität	1356	624
39	Charakteristik zur Störungserkennung, Störungsursache, Störungsauswirkung und Reaktion auf die Störung	1415	660
40	Systematische Zusammenstellung von Behinderungsfolgen	1424	664
41	Schadensauswirkungen bei Gebrauchsgütern bei auftraggeberseitig bedingtem Stillstand bzw. verlängerter Vorhaltung, unabhängig davon, ob Bauinhaltsmodifikationen vorliegen oder nicht	1524	706
42	Vorschlag für die Schadensermittlung bei auftraggeberseitig bedingtem Stillstand bzw. verlängerter Vorhaltung von Gebrauchsgütern, unabhängig davon, ob Bauinhaltsmodifikationen vorliegen oder nicht	1543	712

Abbildungsverzeichnis

Abb.-Nr.		Rdn.	Seite
43	Ermittlung des terminlichen Eigenanteils des Auftragnehmers bei unbehinderter Erstellung eines Bauabschnitts (oder einer Bauphase)	1555	717
44 a	Stundenbericht (hier Kolonnentagesbericht für den 6. August) mit Zuordnung der passenden BAS-Nr. (vgl. auch den zugehörigen Bautagesbericht, **Abb. 36**, S. 562)	1562	720
44 b	Auswertung der Stundenberichte im Lohnstundensammelblatt getrennt nach BAS-Nummern und Arbeitsabschnitten (hier: Monat August)	1562	721
45	Aufwandswerte-Soll-Ist-Vergleich (hier: Erstellung der Fundamente des Bauabschnitts 2) bei unbehinderter Ausführung (Ist-Stunden aus **Abb. 44 b**, S. 721, vorletzte Spalte) mit Ausweisung der realistischen Soll-Aufwandswerte	1567	723
46	Die Aussagefähigkeit von einzelnen und aufeinander abgestimmten Soll-Ist-Vergleichen (S-I-V)	1601	736
47	Aufwandswerte-Soll-Ist-Vergleich und Ermittlung des plausiblen Mehrlohnaufwandes bei behinderter Ausführung unter Berücksichtigung des Eigenanteils des Auftragnehmers aus längerer Ist-Bauzeit bei unbehinderter Ausführung (vgl. **Abb. 45**, S. 723)	1609	740
48	Ermittlung des Mehrlohns wegen geringer Reichweite der Ausführungsunterlagen bei der Herstellung der Ortbetonfundamente (Basis: Anlage D 1, Unterlage g 4, Blatt 1)	1633	750
49	Berechnung der Auswirkungen von Überstunden (pro Tag und/oder Samstagsarbeit) auf Bauzeitersparnis (Spalte 15 und 16) sowie Mehrkosten aus Überstundenzulage (Spalte 9) und aus Ineffektivität (Spalte 8)	1635	752
50	Die Ursachen und Auswirkungen fehlender bzw. nicht ausreichender Dokumentation	1640	756
51	Netzplan 2; „mechanisch" abgeleitet aus dem Netzplan in **Abb. 8**, S. 38 durch Einfügung des Zeitbedarfs für die Ausführung der Zusatzleistungen für das Untergeschoss	1666	774
52	Bauinhaltsbedingt modifizierter Soll-Ablaufplan (TP-Soll'2) mit Eintragung des Ist-Ablaufs und der Behinderungen	1668	776
53	Netzplan (aus **Abb. 8**, S. 38) mit Kennzeichnung von versteckten Zeitreserven	1668	777
54	Netzplan 3 (abgeleitet aus dem Netzplan aus **Abb. 8**, S. 38) berücksichtigt den Zeitbedarf der zusätzlichen Leistungserstellung für das Untergeschoss und schöpft die versteckten Zeitreserven (vgl. **Abb. 53**, S. 777) aus	1668	778
55 a	Behinderungsbedingt modifizierter Soll-Ablaufplan TP-Soll'3a (Gründung) als Fortschreibung des bislang aktuellen TP-Soll'2a	1674	782
55 b	Behinderungsbedingt modifizierter TP-Soll'3b (aufgehende Konstruktion) als Fortschreibung des bisher aktuellen TP-Soll'2b	1691	789
56	Ermittlung des behinderungsbedingten Mehrlohns für die Herstellung der Ortbetonfundamente der Abschnitte 6 und 3 durch Gegenüberstellung der Soll-Aufwandswerte der Arbeitskalkulation und der Ist-Aufwandswerte	1697	792
57 a	Textliche Leistungsstandfeststellung	1714	797
57 b	Ergänzende Leistungsstandfeststellung in einem Plan	1714	798

Abb.-Nr.		Rdn.	Seite
57 c	Nach Bauwerken und Etagenabschnitten kategorisierte Tabelle der erbrachten Mengen	1714	799
57 d	Ermittlung der Vergütung nach § 6 Nr. 5 VOB/B	1716	800

Teil 1
Einführung

Kapitel 1
Baubetriebliche Grundlagen

1 Methoden zur Erfassung der Bauwirklichkeit

1.1 Aufgabenstellung

Dieses Buch behandelt die Frage, welche Vertragsleistung ein Bauauftragnehmer schuldet und welche Vergütung oder vergütungsähnliche Vergütung ihm dafür zusteht, weiter, wie sich auftraggeberseitige Störungen zeitlich und geldlich auswirken. Der vorliegende Band 1 behandelt dabei den **Einheitspreisvertrag** (zur Definition s. Rdn. 104), Band 2 den Pauschalvertrag.

Wenn ein Bauauftragnehmer von seinem Auftraggeber **zusätzliche Vergütung** haben will, stellt er einen „Nachtrag". Das ist ein alltäglicher Vorgang der Praxis. Erstaunlicherweise gibt es diesen Begriff im Sprachgebrauch der VOB/B nicht, er ist auch nicht präzise definiert.

Wir behandeln in beiden Bänden alle vorkommenden Ansprüche von Auftragnehmern auf zusätzliche Vergütung und auf Schadensersatz, also jede Art von „Nachträgen", aber natürlich als Basis und vorab die Ansprüche auf **„normale" Vergütung,** also **die vertragsgemäß geschuldete Leistung** und die sie **abgeltende Vertragsvergütung.**

Denn wenn ein Anspruch auf „außerplanmäßige" Zahlung besteht, muss das seine Ursache darin haben, dass sich gegenüber dem, was Auftraggeber und Auftragnehmer vereinbart haben oder vereinbart zu haben glauben, in der Baurealität Abweichungen ergeben haben. Es muss also eine wie auch immer geartete Entwicklung eingetreten sein, die den Auftragnehmer zu einer in irgendeiner Form modifizierten Leistung und einer daraus resultierenden modifizierten Forderung veranlasst hat.

Die „Nachtragsforderung" geht also auf eine (behauptete) Diskrepanz zwischen ursprünglich vereinbarter Leistung und jetzt tatsächlich geforderter bzw. erbrachter Leistung zurück.

Die Ausgangsdaten dazu einerseits und die „neue Realität" andererseits überhaupt richtig zu erkennen und die daraus resultierenden Folgen richtig zu ziehen, ist ein zentrales Problem der Bauausführung und des Baurechts.

Die **Baubetriebslehre** verhilft dazu, die Bauwirklichkeit zutreffend zu erfassen. Wenn zwischen Auftragnehmer und Auftraggeber streitig ist, ob die verspätete Vorlage von Bewehrungsplänen zu einer Verzögerung von 40 Arbeitstagen gegenüber dem vereinbarten Terminplan geführt hat, ob sie dazu führen musste oder ob nicht ohnehin der Auftragnehmer schon außer Plan war, wenn der Auftragnehmer jetzt eine fehlende „Gemeinkostendeckung" behauptet, dann müssen mit einem solchen Problem befasste Juristen,

Kaufleute und Techniker eine **gemeinsame Sprache** sprechen. Die Hilfsmittel, einen solchen Fall zu klären, müssen entweder bekannt oder jedenfalls nachlesbar sein; ohne „Bausoll", ohne „Dokumentation", ohne Terminplan ohne Kenntnis dessen, was „Baustellengemeinkosten" sind, ob und wie sie sich verändern, wo sie in einem Bauvertrag, der Preisvereinbarungen, aber keine Kostennachweise enthält, zu finden sind, läßt sich der Fall nicht bearbeiten. Also muss auch der Jurist für ihn spröde und teils fremde Dinge notgedrungen verstehen lernen; umgekehrt müssen sich Kaufleute und Techniker mit der Begriffswelt der Juristen auseinandersetzen.

1.2 Bauinhalt, Bauumstände

2   Wie erwähnt, werden Ansprüche auf zusätzliche Vergütung nur dadurch ausgelöst, dass gegenüber dem ursprünglich vertraglich Vorgesehenen, dem **Bausoll**, etwas modifiziert ist, das können z. B. „geänderte Leistungen" (§ 1 Nr. 3, § 2 Nr. 5 VOB/B) oder „zusätzliche Leistungen" (§ 1 Nr. 4, § 2 Nr. 6 VOB/B) sein.

Die Modifikation kann sich auf

„**Bauinhalt**"

oder

„**Bauumstände**"

beziehen, natürlich auch auf Bauinhalt und Bauumstände gleichzeitig.

Wird der **Bauinhalt** modifiziert, so wird ein Bauobjekt bzw. Teilobjekt anders als ursprünglich vertraglich festgelegt bzw. für den Auftragnehmer erkennbar gebaut. Eine **Modifikation des Bauinhalts** verändert das „**Was**" des Baus. Wird statt einer Betonwand eine Ziegelwand gebaut, so wird der Bauinhalt modifiziert. Es gibt auch den Fall, dass das Bausoll nicht für Herstellung eines mangelfreien Werks ausreicht, nämlich dann, wenn sich zwingende, – z. B. gesetzliche – Rahmenbedingungen nach Vertragsschluss ändern (näher Rdn. 100, Fn. 101 sowie Band 2, Rdn. 570, 571).

Werden **Bauumstände** modifiziert, so bleibt das Bauobjekt dasselbe, aber die Art und Weise der Erstellung ändert sich. Es geht um das „**Wie**" der Bauausführung.[1] Wenn für die Betonwand eine Fertigstellung in der 12. Woche mit 4 Arbeitskräften vorgesehen ist, durch eine verspätete auftraggeberseitige Planlieferung die Arbeiten aber erst in der 16. Woche beginnen können, jetzt aber nur 4 Arbeitskräfte zur Verfügung stehen, haben sich die Bauumstände geändert. Die Wand ist dieselbe geblieben.

Sofern sich der **Bauinhalt** gegenüber dem Vergabestadium ändert, spricht die Praxis oft von **Nachträgen**.
Sofern sich die **Bauumstände** gegenüber dem Vergabestadium ändern, spricht die Praxis zumeist von **Behinderungen bzw. Störungen** (zu den Begriffen unten Rdn. 1202 ff.). Behinderungen (Störungen) können sich auch als Folge von Bauinhaltsänderungen ergeben. Beispiel: Durch vom Auftraggeber gewünschte zusätzliche Leistungen wird der vorab vorgesehene und während des bisherigen Bauablaufs bewährte Ablauf dadurch beeinträchtigt, dass nunmehr die mit der Zusatzleistung beauftragte Fertigungsgruppe (Kolonne, Maschinengruppe) so lange in Anspruch genommen wird, dass eine andere von ihr abhängige Fertigungsgruppe nicht mehr voll ausgelastet ist, weil sie auf die Vor-

---

[1] Gemäß Brüssel, Baubetrieb von A bis Z, Stichwort Bauausführung, ist die Bauausführung die Phase, innerhalb derer ein Bauwerk erstellt wird; die Baudurchführung umfasst darüber hinaus auch die Bauplanung.

Leistungen der ersten Gruppe warten muss (mögliche Folge unter anderem: längere Bauzeit).[2]

1.3 Die Soll-Ist-Abweichung als Ausgangspunkt, Bausoll

Um einerseits eine klare Terminologie zu ermöglichen und um andererseits ein einheitliches Controlling-System für die Bauausführung zu realisieren, soll für **alle Modifikationen** der Bauinhalte und der Bauumstände – ganz gleich, durch wen diese Modifikationen verursacht worden sind – der Begriff

Soll-Ist-Abweichung

verwendet werden.

Basis ist das **Bausoll**, die vertragliche Definition der Leistung des Auftragnehmers (dazu Rdn. 4, 100).

Wenn also „ein anderes Bauwerk" als durch den Vertrag vereinbart zu bauen ist, ist das eine Bau**inhalts**-Soll-Ist-Abweichung.

Um eine Bau**umstands**-Soll-Ist-Abweichung handelt es sich dagegen beispielsweise dann, wenn andere Randbedingungen der Bauausführung herrschen als gemäß Vertrag vorgesehen; die Bauumstände beeinflussen insbesondere die Bauablauffolge.

Das Soll der Bauablauffolge kann unternehmensintern geplant und/oder auftraggeberseitig vorgegeben worden sein. Sofern die Bauablauffolge nur vom Auftragnehmer geplant wird, dann aber aus unternehmensinternen Gründen nicht wie geplant realisiert werden kann, liegt zwar ein unternehmensintern untersuchungswürdiges Problem vor, dieses berührt aber – auftraggeberseitige Eingriffe ausgeschlossen – in keiner Weise das Verhältnis zum Auftraggeber. Ursachen für solche unternehmensintern bedingten Bauumstands-Soll-Ist-Abweichungen können z. B. sein: Die Arbeitsvorbereitung ist mangelhaft, der vorgesehene zügige Bauablauf läßt sich deshalb nicht verwirklichen. Oder: Eine schwache Kolonne schafft die Soll-Vorgabe von 10 m^3 Mauerwerk je Tag nicht und leistet nur 6 m^3. Soll-Ist-Abweichungen ohne Vergütungsfolgen können unter Umständen auch unternehmensexterne Ursachen haben: Das Unternehmen kalkuliert aufgrund langjähriger Erfahrung von November bis März 15 witterungsbedingte Ausfalltage ein, es kommt aber zu 30 Ausfalltagen.

Das **Bausoll** ist die durch den **Vertrag** nach **Bauinhalt** (Was?) und – gegebenenfalls – nach **Bauumständen** (Wie?) festgelegte, vom Auftragnehmer zur Erreichung des werkvertraglichen Erfolges (Herstellung des Werks) zu erstellende, beim **Einheitspreisvertrag** in **Teilleistungen** (= Ordnungszahlen bzw. Positionen) **gegliederte Leistung** und insoweit – auch – die relevante Vorgabe für die **Bauausführung** (z. B. nach Qualität der Leistung, Menge, Stand von Vorleistungen). Diese Vorgabe kann durch Leistungsverzeichnis, Pläne, Terminfestlegungen usw. erfolgen. Einzelheiten auch zum Sinn dieser Definition erörtern wir unter Rdn. 100 ff., insbesondere Rdn. 104.

Das **Bauist** ist der entsprechende Sachverhalt, aber nicht, wie er laut Vertrag sein soll, sondern so, wie er **tatsächlich auftritt bzw. für die endgültige Ausführung vorgegeben ist**.

---

[2] Unsere hier vorgestellten Vorschläge zur Terminologie (Bausoll, Bauinhalt, Bauumstände) haben sich mittlerweile durchgesetzt, vgl. z. B. Beck'scher VOB-Kommentar/Motzke, VOB/B, vor § 6 VOB/B, Rdn. 88; Vygen/Schubert/Lang, Bauverzögerung, Rdn. 159, 160; OLG Koblenz NZBau 2001, 633 = BauR 2001, 1442, Revision vom BGH nicht angenommen.

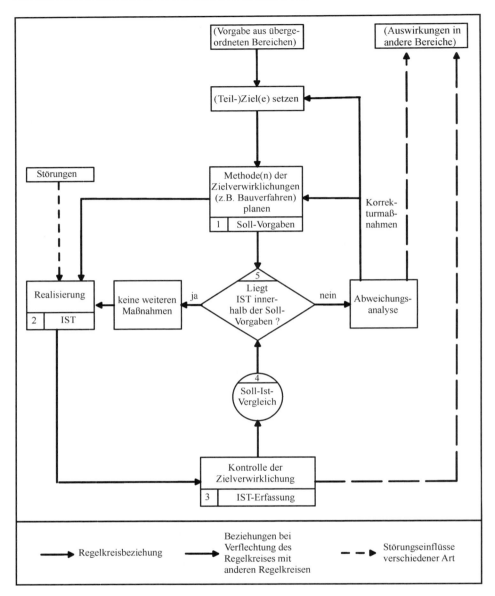

Abbildung 1   Regelkreis

Als **Soll-Ist-Vergleich** wird die innerhalb eines abgetrennten Kontrollraums getätigte **Gegenüberstellung von Soll-Vorgabe und Ist-Gegebenheiten** bezeichnet. **Das Ergebnis eines Soll-Ist-Vergleichs** ist eine Aussage über die **Existenz** oder Nichtexistenz einer **Soll-Ist-Abweichung** (d. h. über eine Differenz zwischen Soll-Vorgabe und Ist-Gegebenheit), **nicht über die Ursache dieser Abweichung.**

Soll-Ist-Vergleiche lassen sich gut mit Hilfe von Regelkreisen „visualisieren". Der in **Abb. 1** S. 4 dargestellte Regelkreis (Verknüpfung durch durchgezogene Pfeile →) hat zum Inhalt:

Die Soll-Ist-Abweichung als Ausgangspunkt, Bausoll   Rdn. 5

1. die Sollvorgabe, z. B. Leistungsverzeichnis des Bauvertrages
2. die daran anschließende Realisierung, also die tatsächliche Bauerstellung (gegebenenfalls durch Störungen beeinflusst)
3. die **Ist**-Erfassung
4. den Soll-Ist-Vergleich
5. die weitere Vorgabe für die Realisierung
   a) ohne jegliche Vorgabebeeinflussung (sofern die Soll-Vorgabe, zumeist als Toleranzbereich definiert, nicht überschritten wurde)
   b) mit Vorgabebeeinflussung (nach vorangegangener Feststellung der Überschreitung der Toleranzgrenze einer Sollvorgabe, der Durchführung einer Abweichungsanalyse und der erforderlichenfalls zu realisierenden Korrekturmaßnahme).

Das grundlegende Problem der Praxis besteht darin, dass – wie erwähnt – ein Soll-Ist-Vergleich nur zeigt, **dass** es und in welchem Umfang zu einer Abweichung gekommen ist, aber **nicht, warum** es zu dieser Abweichung gekommen ist, d. h., was **Ursache** dieser Abweichung ist und **wen die Folgen treffen**. Gerade die Ursache der Abweichung muss aber, um z. B. Ersatzansprüche wegen Behinderung (§ 6 Nr. 6 VOB/B) zu beurteilen, geklärt werden. Wir werden hier nur einige Grundüberlegungen erörtern, uns aber mit dem Thema speziell im Zusammenhang mit der Diskussion der Ansprüche aus Behinderung befassen (unten Rdn. 1200 ff.).

5

Wir unterscheiden zwischen auftragnehmerintern gesetzten Ursachen und extern gesetzten Ursachen. Nur letztere können Ansprüche auf Mehrvergütung begründen; das werden wir ebenfalls später noch im Einzelnen erörtern.

Um bei der **Vielzahl der Verursachungsmöglichkeiten** den tatsächlichen Ursachen auf die Spur zu kommen, ist ein **Kontrollsystem** erwünscht und sinnvoll, das durch Dokumentation der Baugegebenheiten zur Konfliktvermeidung beim Auftreten von zusätzlichen Vergütungsansprüchen beitragen soll. Dieses Ergebnis ist aber geradezu nur ein (erwünschtes) Nebenprodukt. In erster Linie dient das Kontrollsystem nämlich dem Auftragnehmer selbst zur Überwachung der innerbetrieblichen Abläufe. Es ist ein Hilfsmittel, das

– möglichst frühzeitig die jeweiligen Soll-Ist-Abweichungen aufzeigen soll

– aus einzelnen Regelkreisen besteht, die systematisch aufeinander abgestimmt oder sogar miteinander vernetzt sind (vgl. **Abb. 1**, s. gestrichelte Linien – – –)

Durch die „Filigranisierung" des Kontrollsystems wird die Tatsache berücksichtigt, dass der Mensch nur „über kurze Strecken" Ursachen und Wirkung feststellen kann. Längere Kontrollstrecken beinhalten in der Regel eine Vielfalt von Einflussmöglichkeiten und führen zu Wirkungsketten, die recht schnell

– in ihrer Zusammensetzung

– und in ihrer jeweiligen Kausalität

nicht oder nicht mehr vollständig überschaubar sind (Ursache-Wirkungs-Konglomerat).

Die Verfeinerung der Kontrollstrecken kann erfolgen:

a) durch **gesonderte** Erfassung verschiedener Phänomene und/oder Einflussgrößen (z. B. Planeingänge, Planinhaltsänderungen)

b) durch **sofortige** Erfassung der jeweiligen Gegebenheiten und Soll-Ist-Vergleiche (z. B. sofortige Inhaltskontrolle eingegangener Pläne und Gegenüberstellung mit den Plänen der Angebots- und Vergabephase)

Zu a:
Je mehr Kontrollinstrumente eingesetzt und je mehr Phänomene erfasst werden, um so mehr Anhaltspunkte liegen für die Entdeckung von Soll-Ist-Abweichungen und deren Ursachen vor. Im zweiten Schritt geht es darum, das Kontrollsystem so aufzubauen, dass dessen Einzelkontrollinstrumente möglichst weitgehend aufeinander abgestimmt sind.

Zu b:
Sofern laufend eine Erfassung der einzelnen Gegebenheiten durchgeführt wird, können nach Entdeckung einer Soll-Ist-Abweichung noch rechtzeitig gezielt Diagnose und Therapie betrieben werden.

Außerdem sind eine **laufende Erfassung der Tatbestände** und die Vorlage dieser Unterlagen gegenüber den Betroffenen entschieden **glaubwürdiger** als der in der Praxis häufig anzutreffende Fall, dass **Unterlagen nachträglich** vorgelegt oder erstellt werden; die rechtlichen Konsequenzen dieser Praxis werden wir noch erörtern.

Letztlich soll eine solche systematische und frühzeitige Abweichungserfassung eine sachgerechte Auseinandersetzung mit den eingetretenen Tatbeständen zur Folge haben und erreichen, dass keine oder kaum falsche Maßnahmen mit der Folge von weiteren Verschlimmerungen der Situation getroffen werden.

Außerdem wird in der Regel jegliche Abhilfemaßnahme immer unwirksamer, je später sie eingesetzt wird, da zwischenzeitlich die Störungsmöglichkeiten sich „entfalten", die Störungsverursacher sich immer mehr in das Gefühl der Rechtmäßigkeit ihres Handelns hineinversetzen und die Abhilfemöglichkeiten mit fortschreitender Bauabwicklung immer mehr abnehmen.

1.4 Dokumentation

1.4.1 Die Aufgabe der Dokumentation

6   Die **Erfassung** von **Soll** und **Ist** sowie ihre **Gegenüberstellung in Soll-Ist-Vergleichen** erfolgt durch die **Dokumentation.**

Sofern die Dokumentation systematisch vorgeplant ist (z. B. durch Checklisten, Formulare, Schulung der Betroffenen in der Methodik) und ihre Erledigung für die Baubeteiligten zum kontrollierten Pflichtenkanon gehört (z. B. Pflicht zur sofortigen Erfassung der Isttatbestände bei ihrem Anfall bzw. ihrer Erkennung plus gleichzeitige Pflicht zum Soll-Ist-Vergleich zur Analyse, Therapieüberlegung und Therapie), werden die Kontrolltätigkeit selbst, die Ursachenerkennung und die Problemtherapie erheblich verbessert (Ziel: Erhöhung der Sensibilität aller Baubeteiligten).

Hinsichtlich der Aufklärung der Verursachung von Soll-Ist-Abweichungen und der Feststellung und Information der Verursacher hat die **Dokumentation** folgende **Aufgaben:**

1. Sie schafft **nachprüfbare Belege** und fördert somit die Glaubwürdigkeit der jeweiligen Aussage (und gegebenenfalls die Beweisbarkeit im Streitfall) und
2. sie **erleichtert** durch systematischen Aufbau **Plausibilitätsprüfungen** bezüglich einzelner Aussagen („wenn…, dann…")

Die Einrichtung des jeweiligen Dokumentationssystems hängt von vielen Einflussgrößen (unter anderem von der Art der abzuwickelnden Bauobjekte, der Betriebsgröße, der

Betriebsorganisation) ab. Je nach der Gegebenheit des einzelnen Bauobjekts kann dieses System in eingeschränkter Form (z. B. bei kleineren Objekten) oder in ganzer Vielfalt (z. B. bei schwierigen und/oder für das betroffene Unternehmen noch neuartigen Bauobjekten) genutzt werden. Wichtig ist, dass bei der Dokumentation nicht nur Phänomene, sondern möglichst auch Ursachen und Kostenauswirkungen wirklichkeitsnah erfasst und belegt werden. Die Dokumentation ist also besonders wichtig für die substantiierte Darlegung und Beweisbarkeit einzelner Behauptungen.

Richtig angewandt, ist sie nicht bürokratischer Aufwand oder gar Selbstzweck, sondern unentbehrlicher Bestandteil eines innerbetrieblichen Kontrollsystems.

1.4.2 Die unterschiedlichen Soll-Vorgaben und Ist-Feststellungen

Grundsätzlich sind zwei Arten von **Soll-Vorgaben** zu unterscheiden:

1. **Auftraggeberseitige Vorgaben** (z. B. Pläne, Bauzeit)
2. **auftragnehmerseitige Vorgaben** (z. B. Bauverfahren, Kapazitätenplanung, Soll-Kosten), die aus den auftraggeberseitigen Vorgaben entwickelt worden sind

Daraus ergibt sich eine Vernetzung von Vorgaben und somit von Regelkreisen (vgl. gestrichelte Linien in **Abb. 1** S. 4).

Entsprechend den Soll-Vorgaben sind die **Ist-Erfassungen** zu regeln. Auch hier wird unterschieden:

1. **Auftraggeberbetreffende Ist-Feststellungen** (z. B. Termin des Planeinganges)
2. **auftragnehmerbetreffende Ist-Feststellungen** (z. B. der tägliche Arbeitskräfteeinsatz, Ist-Kosten)

Praktisch bedeutet das, dass erst nach Klärung des auftraggeberseitigen Solls („was – und wie – soll gebaut werden"?) das auftragnehmerseitige Soll (Angebot und Ausführung in der Gestalt von Kostenvorgaben, Termin- und Kapazitätsplänen usw.) vom Bieter (und späteren Auftragnehmer) entwickelt werden kann. Unternehmer (Bieter) erarbeiten also für Bauvorhaben unter Berücksichtigung ihrer aktuellen Situation und der auftraggeberseitigen Vorgaben (= Restriktionen) neue innerbetriebliche Soll-Vorgaben, die auf ein Optimum für ihren jeweiligen Gesamtbetrieb hinzielen.

Die aktuelle betriebliche Situation des jeweiligen Unternehmers kann dabei gekennzeichnet werden durch:

– seine augenblickliche Kapazitätsauslastung der einzelnen Produktionsfaktoren (Personal, Gerät usw.)
– die zukünftig (kurz-, mittel- und langfristig) zu erwartende Marktentwicklung
– die eigenen Kosten- und Liquiditätsgegebenheiten

Das **auftraggeberseitig festgelegte Bausoll** wird **nach Abschluss des Bauvertrages zum Soll des Auftragnehmers** und in der Praxis zusammen mit innerbetrieblichen Soll-Vorgaben zum Soll des mit der Bauabwicklung beauftragten Bauleiters.

Damit der Bauleiter des Auftragnehmers bei der Vielzahl seiner Aufgaben nicht die Soll-Vorgaben aus den Augen verliert, ist es sinnvoll, sie

– durch schriftliche Vorgaben operationalisierbar zu machen (z. B. durch Terminpläne),
– ursachennah und verständlich aufzubauen und
– auf die vom Bauleiter erfassbaren Ist-Werte abzustimmen.

Dadurch kann der Bauleiter schnell und problemlos

– Soll-Ist-Vergleiche durchführen,
– Ursachen erkennen und
– für Abhilfe (z. B. durch nachprüfbare Nachträge) sorgen.

Auf Einzelheiten der Dokumentation gehen wir im Rahmen der Besprechung insbesondere von § 6 VOB/B (Behinderungen) ein.

2 Kosten, Kostenverursachung und Kostenzurechnung

2.1 Kostendefinition und Kostenarten

8 Ansprüche auf zusätzliche Vergütung haben ihren Ausgangspunkt immer in zusätzlichen Kosten, was nicht heißt, dass immer nur Kosten (und nicht z. B. auch der Gewinn) zu ersetzen wären.

Kosten entstehen dadurch, dass Produktionsfaktoren (z. B. Geräte, Material) für einen bestimmten Zweck (z. B. für die Herstellung einer Betonwand) eingesetzt werden und dieser Einsatz mit Geldeinheiten bewertet wird.

Zur Veranschaulichung ein Beispiel[3] aus der Kalkulationspraxis des Angebotsstadiums, d. h. aus dem Bereich der Ermittlung von Soll-Kosten[4]

1. Es ist festzulegen, welcher **Zweck** erreicht werden soll (hier: Einbau von Beton für Wände).
2. Es ist der notwendige **Produktionsfaktoreneinsatz** zu bestimmen (z. B. 295 m^3 Beton und bei einem Aufwandswert von 1,10 Ph/m^3 324,5 Personenstunden (Ph) für den Einsatz von Betonfacharbeitern).
3. Der Produktionsfaktoreneinsatz ist **mit Geld zu bewerten** (z. B. 29,70 €/Ph für 1 Betonfacharbeiter und 85,00 €/m^3 für den Beton).

Die Gesamtkosten für das Betonieren der Wände sind also:

Lohnkosten:	324,5 Ph · 29,70 €/Ph =	9 637,65 €
Materialkosten:	295 m^3 · 85,00 €/m^3 =	25 075,00 €
Insgesamt:		34 712,65 €

In der Praxis ermittelt man in der Regel nicht die Kosten insgesamt, sondern bezogen auf die Mengeneinheit der zu erbringenden Leistung (hier: je m^3). Unser Beispiel lautet dann unter Berücksichtigung eines Aufwandwertes von 1,1 Ph Arbeitskräfteeinsatz je m^3 Beton:

1,1 Ph/m^3 · 29,70 €/Ph (Lohn)	32,67 €/m^3
85,00 €/m^3 (Beton)	85,00 €/m^3
Kosten je m^3 Beton	117,67 €/m^3

---

[3] Im Anhang ist ein einfaches Beispielprojekt („Rohbau Hochschulgebäude") aufgeführt. Aus dessen Leistungsverzeichnis (Anhang A, Unterlage a 1.1) wird hier aus dem Leistungsbereich 13 Betonarbeiten die Position 3 (Betonieren von Kernwänden) besprochen.
Die kalkulatorisch vor Angebotsabgabe ermittelten Kosten sind in Anhang B aufgeführt, und zwar:
– Einzelkosten der Teilleistungen (unter h 2),
– Baustellengemeinkosten (unter h 3) und
– Ermittlung der Zuschläge (unter i).

[4] Die Unterscheidung zwischen Soll-Kosten (d. h. vorab vor Leistungserstellung ermittelte Kosten) und Ist-Kosten (d. h. nachträglich anhand der Buchhaltung festgestellte Kosten) spielt zwar für die Kostendefinition keine Rolle. Es ist jedoch schon jetzt darauf hinzuweisen, dass Ist- und Soll-Kosten selten miteinander übereinstimmen und dass für die Nachtragsbearbeitung von den ursprünglichen Vertrag zugrundeliegenden Soll-Kosten auszugehen ist, so wie sie in der Angebotskalkulation ausgewiesen und in die Preise eingeflossen sind (vgl. auch Rdn. 27); bei Behinderungsschäden ist das anders.

Direkte Kosten und Gemeinkosten   Rdn. 9, 10

Diese Kosten, bezogen auf eine Einheit der zu erbringenden (Teil-)Leistung, nennt man **Einzelkosten der Teilleistung.**

Als **Teilleistung** bezeichnen wir in diesem Zusammenhang (beim Einheitspreisvertrag) die einzelnen durch eine **Ordnungszahl** (= Positionsnummer) gekennzeichneten **Positionen** eines Leistungsverzeichnisses, deren Leistungsumfang in Bemessungseinheiten (z. B. m³) durch den **Vordersatz (= ausgeschriebene LV-Menge)** gekennzeichnet ist (§ 21 Nr. 1 Abs. 3 VOB/A, s. auch Rdn. 104).

Die Multiplikation der **Einzelkosten** mit dem **Vordersatz** ergibt die unmittelbaren Gesamtkosten der Teilleistung; in unserem Beispiel:
295 m³ · 117,67 €/m³ = 34 712,65 €

Zum Zweck späterer Kostenkontrollen gliedert man den Kostenanfall nach **Kostengruppen** auf, z. B. in   9
– Lohnkosten und
– Sonstige Kosten

Sofern wir mehr als zwei Kostengruppen verwenden wollen, können wir die „Sonstigen Kosten" untergliedern, z. B. in die Kostenarten:
– Stoffkosten
– Gerätekosten
– Schalung und Rüstung
– Nachunternehmerkosten (NU-Kosten)
– und als Restanteil die noch nicht anderweitig zugeordneten Sonstigen Kosten

Kostenarten sind dadurch gekennzeichnet, dass ihnen der Einsatz einer bestimmten Art von Produktionsfaktoren gegenübersteht.

Somit gliedert sich unser Beispiel wie folgt nach Kostenarten auf (vgl. Anhang B, Unterlage h 2, Leistungsbereich 013, Pos. 3):

Einzelkosten der Teilleistung (€/m³)

Lohn	Schalung	Gerät	Stoffe	NU	Sonstiges	Insgesamt
32,67	–	–	85,00	–	–	117,67

2.2 Direkte Kosten und Gemeinkosten

2.2.1 Begriffsbestimmung

Bislang haben wir nur von den Kosten gesprochen, die **unmittelbar bei der Herstellung**   10
einer Leistung (hier: Betonwand) anfallen. Solche Kosten nennt man **Direkte Kosten.**

Sofern eine Vielzahl von verschiedenen Teilleistungen zu erstellen ist, fallen in der Regel **auch Kosten** an, die **nicht unmittelbar** einer Teilleistung zugerechnet werden können. Zum Beispiel sind das Kosten des Baukrans, der für viele Einzelleistungen Hebevorgänge erbringt. Solche Kosten, die **nicht unmittelbar einer Teilleistung zugeordnet** werden können, nennt man **Gemeinkosten.** Gemeinkosten können durch den Produktionsfaktorenzusatz für mehrere Positionen (z. B. Raupen für Rodungs- und Verfüllpositionen), für Gewerke (z. B. Betonpolier für alle Betonarbeiten), für die Gesamtbaustelle (z. B. Kran)

– dann als **Baustellengemeinkosten** – oder für den Gesamtbetrieb (z. B. Buchhalter) – dann als **Allgemeine Geschäftskosten** – anfallen.

Da nun in Bauausschreibungen in der Regel keine Positionen für alle möglichen **Gemeinkosten** enthalten sind, da aber andererseits nicht auf eine Deckung der Gemeinkosten durch die abgewickelten Aufträge verzichtet werden soll, muss ein Weg gefunden werden, wie diese Kosten „getragen" werden. Als **Kostenträger** werden die zur Vergütung anstehenden Bauleistungen (genau genommen ihre zugehörigen Positionen) herangezogen. Ihre Einzelkosten dienen als Basis für die **Aufschlüsselung** der Gemeinkosten; in diesem Sinne sind sie „Basiskosten".

Durch eine Inbezugsetzung der insgesamt somit anfallenden **Gemeinkosten** zu den insgesamt berechneten **Basiskosten** ermittelt man den Prozentsatz, mit dem in jeder Position die Einzelkosten der Teilleistungen **beaufschlagt** werden, damit insgesamt die aufzuschlüsselnden Kosten, also die „Schlüsselkosten", über die Vergütung der Positionen gedeckt sind.

2.2.2 Baustellengemeinkosten

11   Es fallen auf unserer Baustelle gemäß Kalkulation an:[5)]

Basiskosten:
Gesamtbetrag der Kosten der Teilleistungen   1 362 781,65 €

Schlüsselkosten:
Umzulegende Baustellengemeinkosten[6)]   175 491,21 €

Somit sind die Baustellengemeinkosten auf die Kosten der Teilleistungen wie folgt umzulegen (sofern dies ohne Unterscheidung nach Kostenarten erfolgen soll):

$$\frac{\text{Umzul. Baustellengemeinkosten}}{\text{Gesamtkosten der Teilleistungen}} \cdot 100 = \frac{175\,491{,}21\ \text{€}}{1\,362\,781{,}65\ \text{€}} \cdot 100\,\% = 12{,}88\,\%$$

Anders ausgedrückt: Auf 1,00 € Basiskosten (hier: Einzelkosten der Teilleistungen) werden noch 0,1288 € Schlüsselkosten (hier: umzulegende Baustellengemeinkosten) aufgeschlagen.

In unserem Beispiel Betonwand sind somit die Direkten Kosten je m^3 (117,67 €/m^3) um 12,88 % (15,16 €/m^3) zu erhöhen, damit sich die **Herstellkosten** pro m^3 Beton als Summe der Direkten Kosten und der umzulegenden Baustellengemeinkosten in Höhe von 132,83 €/m^3 ergeben. Entsprechend erhöhen sich die Gesamtkosten der Betonwand auf:

$$34\,712{,}65\ \text{€} \cdot (1{,}0 + 0{,}1288) = 39\,183{,}64\ \text{€}$$

[5)] Anhang B Unterlage h 2 weist als abschließende Summe den Gesamtbetrag der Einzelkosten der Teilleistungen auf, er wird in Unterlage i Zeile 7 als Summe der in den Zeilen 1 bis 6 aufgeführten Gesamtsummen je Kostenart wieder aufgegriffen.
Die einzelnen Baustellengemeinkosten werden in der Unterlage h 3 erfaßt und in den Zeilen 11 bis 15 der Unterlage i wieder aufgegriffen und zum Gesamtbetrag der Baustellengemeinkosten addiert. Durch Rundungen ergeben sich z. T. kleinere Unterschiede in der Abrechnung zwischen Anhang und Text.

[6)] Die restlichen Baustellengemeinkosten sind den Positionen des Leistungsbereichs 000 zugeordnet worden.
Festzuhalten ist, dass die Baustellengemeinkosten in unserem Projektbeispiel auch einen Betrag für die Übernahme des auftragnehmerseitigen Selbstbehalts aus der Bagatellklausel bei Lohnerhöhung beinhalten.

Direkte Kosten und Gemeinkosten   Rdn. 12

Die vorab dargestellte **gleichmäßige Schlüsselung** der umzulegenden **Baustellengemein-** 12
kosten über alle Einzelkosten der Teilleistungen wird in der Praxis aus folgenden Gründen
oft **abgelehnt:**

a) Es gibt Kostenverursacher bei Teilleistungen – d. h. letztlich Kostenarten –, die in stärkerem Umfang die Verursacher von umzulegenden Baustellengemeinkosten in Anspruch nehmen als andere Kostenverursacher. Hierbei handelt es sich um die eigentlichen wertschöpfenden Produktionsfaktoren (z. B. eigene Geräte oder Arbeitskräfte). Deshalb wird für sie gern ein höherer Umlageprozentsatz angewendet als für die restlichen Produktionsfaktoren (besser: Kostenarten).

b) Es gibt Kostenverursacher, die – übertrieben ausgedrückt – fast als durchlaufende Posten anzusehen sind. Sie werden manchmal auch vom Auftraggeber nachträglich aus dem Auftrag herausgenommen und von ihm selbst gestellt werden (z. B. Stoffe). Deshalb wird für sie gern ein geringerer Umlageprozentsatz gewählt.

Wir wählen dementsprechend praxisgerecht folgende Schlüsselpolitik:

1. Vorab werden die Basiskosten für den Bezug von Leistungen von seiten Dritter (Stoffkosten, Nachunternehmerkosten und Sonstige Kosten) mit 10 % beaufschlagt.
2. Sodann ermitteln wir, welcher Restbetrag der umzulegenden Baustellengemeinkosten noch aufzuschlüsseln ist.
3. Diesen Restbetrag legen wir auf die Kosten unserer „eigenen Wertschöpfung" durch gewerbliche Arbeitskräfte (Lohnkosten), Geräte und Schalung um.

Für unser Beispiel ergibt sich dann wie in Anhang B Unterlage i folgende Rechnung:

Basiskosten II

Stoffkosten	+	188 594,94 €
NU-Kosten	+	728 997,06 €
Sonstige Kosten	+	40 397,70 €
	=	957 989,12 €

Basiskosten I

Lohnkosten	+	289 842,03 €
Kosten für Schalung und Rüstung	+	49 590,61 €
Gerätekosten	+	65 359,89 €
	=	404 792,43 €

Umzulegende Baustellengemeinkosten

Total	+	175 491,21 €
anteilig auf Basiskosten · 957 989,12 €	−	95 798,91 €
Restliche Aufschlüsselung:	=	79 692,30 €

Prozentsatz für Basiskosten

$$\frac{79\,692{,}30\ \text{€}}{404\,792{,}43\ \text{€}} \cdot 100 = 19{,}69\ \%$$

11

Somit ergibt sich folgendes Bild für die Kosten der Betonwand:

Einzelkosten der Teilleistung ($€/m^3$)

Lohn	Schalung	Gerät	Stoffe	NU	Sonstiges	Insgesamt
32,67	–	–	85,00	–	–	117,67

+

Zuschläge für Baustellengemeinkosten ($€/m^3$)

16,52 % auf Lohn, Schalung und Gerät	10 % auf Stoffe, NU und Sonstiges	Insgesamt
6,43	8,50	14,93

= **Herstellkosten ($€/m^3$) der Teilleistung**

132,60

Das auffällige Ergebnis:
Durch die Wahl unterschiedlicher **Umlageprozentsätze** ergibt sich ein **anderer Betrag für die Herstellkosten je m^3 Betonwand** als oben unter Rdn. 11 ermittelt worden ist.

Als anteiliger **Gesamtbetrag** zur **Abdeckung** unserer **Baustellengemeinkosten** ergibt sich für die Teilleistung „Betonwand" bei einem ausgeschriebenen Vordersatz von 295 m^3:

295 m^3 · 14,93 $€/m^3$ = 4 404,35 €

13 Durch die Berücksichtigung der Einzelkosten der Teilleistungen und der Baustellengemeinkosten haben wir nunmehr alle Kosten in unsere Kalkulation eingeschlossen, die unmittelbar für die Herstellung des Betonbaus anfallen. Dies sind:[7]

Summe der Einzelkosten (Direkte Kosten) der Teilleistungen	1 362 781,65 €
umzulegenden Baustellengemeinkosten	175 491,21 €
Herstellkosten des Bauobjekts	1 538 272,86 €

Unter **Herstellkosten** verstehen wir **alle Kosten,** die **unmittelbar** für die Herstellung dieser (Bau-)Leistung anfallen. Anders ausgedrückt:

Sofern die (Bau-)Leistung nicht erbracht wird, fallen auch keine Herstellkosten an (vorausgesetzt, z. B. die Lohnkosten sind entweder kurzfristig abbaubar, oder das Personal ist anderweitig einzusetzen).

2.2.3 Allgemeine Geschäftskosten

14 Bei Preisen, die nur die Herstellkosten des Bauobjektes ersetzen, haben wir noch keinen Euro zur Deckung unserer **Allgemeinen Geschäftskosten** zur Verfügung.

Die Allgemeinen Geschäftskosten entstehen durch Produktionsfaktoren, die nicht unmittelbar auf Baustellen zum Einsatz kommen (z. B. Buchhalter, Bürogebäude, Personal des Bauhofs usw.) – Einzelheiten Rdn. 1426–1435.

Wie kann man diese Geschäftskosten ermitteln und anteilig auf die einzelnen Bauobjekte verteilen?

Normalerweise plant ein Unternehmen je Geschäftsperiode (z. B. 1 Jahr) seinen angestrebten Umsatz und bestimmt für diesen Umsatz, in welchem Umfang hierfür die Produktionsfaktoren Buchhalter, Gebäude usw. benötigt werden, also die Verursacher von

---

[7] Die Herstellkosten sind in Anhang B Unterlage i in Zeile 21 ausgewiesen, und zwar in den Zeilen 7, 16 und 21.

Allgemeinen Geschäftskosten. Ergebnis ist ein Quantum an Produktionsfaktoren, das (in etwa) voll ausgelastet ist, wenn der geplante Umsatz in der Geschäftsperiode erbracht wird (vgl. Rdn. 20 f.).

Im Ergebnis werden die Allgemeinen Geschäftskosten in Bezug zum geplanten Umsatz (bewertet mit Herstellkosten) gesetzt, also anteilig auf die Herstellkosten aufgeschlüsselt. So ergibt sich der mittlere Prozentsatz für Allgemeine Geschäftskosten.

Häufig werden auch differenzierte Ansätze für die Beaufschlagung mit Allgemeinen Geschäftskosten gewählt, z. B. nach Auftragsgröße.

Beispiel:
Geplante Jahresleistung bewertet mit Herstellkosten[8]	40 000 000,00 €
geplante Allgemeine Geschäftskosten	4 000 000,00 €
Prozentsatz der Allgemeine Geschäftskosten bezogen auf die Herstellkosten	10 %

Unser bislang als Beispiel verwendetes Betonbauobjekt hat somit folgenden Betrag zur **Abdeckung der Allgemeinen Geschäftskosten** zu übernehmen:

a)	Herstellkosten des Bauobjekts	+ 1 538 272,86 €
b)	10 % anteilige Allgemeine Geschäftskosten von a	+ 153 827,29 €
c)	Selbstkosten	= 1 692 100,15 €

In Anhang B Unterlage i sind die anteiligen Allgemeinen Geschäftskosten in Zeile 22, die Selbstkosten in Zeile 23 ausgewiesen.

Als **Selbstkosten** bezeichnen wir alle diejenigen Kosten, die sowohl **bei der Herstellung** einer (Bau-)Leistung anfallen als **auch** zur **anteiligen Abdeckung** der **Allgemeinen Geschäftskosten** benötigt werden.

Wir könnten nun auch den selbstkostendeckenden Einheitspreis berechnen und ermitteln, wieviel € zur Deckung der Allgemeinen Geschäftskosten je m³ eingebauten Wandbetons erwirtschaftet werden. Darauf wollen wir aber verzichten, da wir noch nicht Wagnis und Gewinn in den Einheitspreis einbezogen haben.

2.3 Wagnis und Gewinn

Wagnisse, die sich **individuell** aus einem Bauobjekt ergeben, sind innerhalb der Baustellengemeinkosten als Sonderwagnisse anzusetzen (Beispiel: Langfristige Festpreise, neuartige Bauverfahren, Mengengarantien).

Zusätzlich zu den bislang behandelten Kosten können andere Aufwendungen entstehen, die nicht über Versicherungen abgedeckt sind und sowohl

– nicht in den Baustellengemeinkosten als auch
– nicht in den Allgemeinen Geschäftskosten enthalten sind.

Beispiele sind:

– das Risiko, dass höhere Ist-Kosten als die kalkulierten Sollkosten anfallen
– das Risiko einer Fehlkalkulation

---

[8] Im Gegensatz zu der in der Praxis häufig zu findenden Bezugnahme auf den Umsatz nehmen wir hier die Herstellkosten als Basis, da u. a. auch die Aufgliederung der Angebotssumme gemäß EFB-Preis 1 (vgl. Abb. 14, S. 196; und 15, S. 204) davon ausgeht.

– das Risiko großer Mängelhaftungsaufwendungen.

Hierfür wird immer noch regelmäßig ein bestimmter **Wagnis**-Prozentsatz in Abhängigkeit vom Risiko der Bausparte, der aktuellen Situation usw. angesetzt. Richtigerweise handelt es sich hierbei um nichts anderes als die versuchte kalkulatorische Erfassung des **allgemeinen** Unternehmensrisikos, die sich in Gewinn oder Verlust realisiert. Es hat folglich keinen Sinn, Wagnis und Gewinn zu trennen, „Wagnis" in **diesem** kalkulatorischen Sinn ist ein Bestandteil des potentiellen Gewinns.[9]

Außerdem liegt es natürlich im Interesse eines Unternehmers, **Gewinn** zu erzielen. Dies wird bei der Kalkulation durch den Ansatz eines entsprechenden Prozentsatzes berücksichtigt.

In der Baubranche werden „Wagnis und Gewinn" immer noch üblicherweise zu einem einzigen Prozentsatz zusammengefasst und ausgewiesen; d. h., dieser Bestandteil der „Schlüsselkosten" (genauer: „Deckungsanteile") umfasst nicht Kosten, sondern Beträge zur Gewinnerzielung. Klüger, zumindest aber logisch, wäre es, wenn der Unternehmer kein allgemeines Wagnis, sondern den entsprechenden Prozentsatz nur als Bruttogewinn kalkulieren würde.

Nehmen wir an, wir würden für Wagnis und Gewinn 6 %, bezogen auf die Selbstkosten des Bauobjekts, ansetzen,[10] so ergibt sich folgende Berechnung der Gesamtangebotssumme:

c) Selbstkosten	+ 1 692 100,15 €
d) 6 % Wagnis und Gewinn Bruttogewinn] von c (Selbstkosten)	+ 101 526,01 €
e) Angebotssumme	= 1 793 626,16 €

2.4 Die Bestimmung der Prozentsätze für die Deckungsanteile

17 Wenn wir nunmehr die endgültigen Einheitspreise berechnen wollen, müssen wir die Deckungsanteile für Allgemeine Geschäftskosten, Wagnis und Gewinn (Bruttogewinn) in die Prozentsätze, mit denen wir die Einzelkosten der Teilleistungen beaufschlagen wollen, einbeziehen.

Analog zu Rdn. 12 ergibt sich dann bei zwei verschiedenen Gruppen von Basiskosten folgender Rechenweg:[11]

Umzulegender Betrag (Zeile 30) als Summe aus:

– umzulegende Baustellengemeinkosten (Zeile 16)	+ 175 491,21 €
– anteilige Allgemeine Geschäftskosten (Zeile 22)	+ 153 827,29 €
– Wagnis und Gewinn (Bruttogewinn) (Zeile 24)	+ 101 526,01 €
– Umlagebetrag (Zeile 30)	= 439 844,51 €

---

[9] **Einzelheiten Rdn. 537** mit Fn. 531. Der traditionelle Ansatz von „Wagnis" in der Kalkulation beruht auf inhaltlich längst überholten Kalkulationsvorschriften der Öffentlichen Hand, näher Kapellmann, in: Kapellmann/Messerschmidt, VOB/B § 2, Rdn. 139.

[10] Anhang B Unterlage i weist wie herkömmlich Gewinn und Wagnis (statt Bruttogewinn) in Zeile 24 sowie den Angebotspreis in Zeile 25 aus.

[11] Vgl. Anhang B Unterlage i, Zeile 30–35.

Die Bestimmung der Prozentsätze für die Deckungsanteile   Rdn. 17

Gesamtbetrag der beiden **Umlagebasen** (Zeilen 31 und 32):
- Lohnkosten (Zeile 1)   + 289 842,03 €
- Schalung (Zeile 2)   + 49 590,61 €
- Gerätekosten (Zeile 3)   + 65 359,89 €

- Basiskosten I (Umlagegruppe I) (Zeile 31)   = 404 792,53 €

- Stoffkosten (Zeile 4)   + 188 594,94 €
- NU-Kosten (Zeile 5)   + 728 997,06 €
- Sonstige Kosten (Zeile 6)   + 40 397,12 €

- Basiskosten II (Umlagegruppe II) (Zeile 32)   = 957 989,12 €

Sofern wir nunmehr – anders als in Rdn. 12 – für die Basiskosten II einen Prozentsatz von 20 % vorgeben, so führt das zu folgendem Deckungsanteil (Zeile 33):

0,20 · 957 989,12 € = 191 597,82 €

Dadurch, dass wir nunmehr alle Basiskosten II (Stoffkosten, NU, Sonstiges) mit 20 % beaufschlagen, sind 191 597,82 € des insgesamt ermittelten Umlagebetrages (Zeile 30) in Höhe von 430 844,51 € gedeckt. Der sich als Differenz ergebende Betrag muss also durch Umlage auf die Basiskosten I (Lohn, Schalung, Gerät) erfasst werden. Somit ergibt sich folgende Berechnung:

Ermittlung des restlichen Umlagebetrages

- Gesamter Umlagebetrag (Zeile 30)   430 844,51 €
- Umlage auf Basiskosten II (Zeile 33)   – 191 597,82 €

- Umlage auf Basiskosten I (Zeile 34)   = 239 246,69 €

Die Berechnung des **Prozentsatzes** zur Berücksichtigung der Umlage auf die Basiskosten I lautet dann:

- Umlage auf Basiskosten I (Zeile 34)   239 246,69 €
- Gesamtbetrag der Basiskosten I (Zeile 31)   : 404 792,53 €
                                                        =   0,591
- Prozentsatz (Zeile 35):   0,591 · 100 (%)   =   59,1 %

Der endgültige Einheitspreis für den m³ Betoneinbau für Wände berechnet sich somit wie folgt:[12]

Einzelkosten der Teilleistungen (vgl. Rdn. 8)
- Lohnkosten (Spalte 7, Kost.-Gr. 1)   + 32,67 €/m³
- Stoffkosten (Spalte 10, Kost.-Gr. 4)   + 85,00 €/m³
                                                         = 117,67 €/m³

Berechnung der zugehörigen Deckungsanteile
- Basis Lohnkosten (Spalte 7):   32,67 €/m³ · 59,1 %   + 19,31 €/m³
- Basis Stoffkosten (Spalte 10):   85,00 €/m³ · 20 %   + 17,00 €/m³
                                                         = 36,31 €/m³

Einheitspreis (Spalte 16):   117,67 €/m³ + 36,31 €/m³ = 153,98 €/m³

Sofern auftraggeberseitig nach den Lohn- und sonstigen Einzelkostenanteilen im Leistungsverzeichnis oder anderweitig (vgl. Anhang A, Unterlage a 1.1 bzw. Anhang C,

---
[12] Vgl. Anhang B Unterlage h 2, LB 13, Pos. 3.

Unterlage n) gefragt wird, ergeben sich für den Betoneinbau für Wände (Pos. 3) folgende Beträge:

Lohnanteil des E.P.:	32,67 €/m³ +	19,31 €/m³	+ 51,98 €/m³
Anteil Sonst. Kosten:	85,00 €/m³ +	17,00 €/m³	+ 102,00 €/m³
			= 153,98 €/m³

Somit ergibt sich im Vergleich zu den unter Rdn. 8 als Einzelkosten der Teilleistung ermittelten Kosten (117,67 €/m³) eine Differenz in Höhe von 36,31 €/m³. Dieser Betrag wird als **Deckungsanteil** bezeichnet. Er gibt an, wieviel € je Mengeneinheit zur Abdeckung der verschiedenen Gemeinkosten (d. h. der Baustellengemeinkosten und der Allgemeinen Geschäftskosten) und des Wagnisses sowie zur Erzielung von Gewinn zur Verfügung stehen.

2.5 Umlage- und Zuschlagskalkulation

18 Bislang sind wir, ohne genauer auf das „Wie?" einzugehen, stets davon ausgegangen, dass die verschiedenen Schlüsselkosten jeweils gesondert ermittelt werden. Im Falle der Allgemeinen Geschäftskosten sollte dies von Geschäftsperiode zu Geschäftsperiode erfolgen. Dagegen sind Baustellengemeinkosten gesondert für jede einzelne Baustelle zu ermitteln.

Die Kalkulationsmethodik, die davon ausgeht, dass zunächst Beträge ermittelt werden, die dann nach einem bestimmten Schlüssel umgelegt werden, wird **Umlagekalkulation** oder **Kalkulation über die Angebotssumme** genannt.

Diese Kalkulationsmethode erfordert durch

– ihre eingehende und detaillierte Berücksichtigung aller Baustellengegebenheiten bei der Ermittlung der Baustellengemeinkosten

– und durch die periodische Planung der Allgemeinen Geschäftskosten

einen großen Rechenaufwand.

Bei kleinen und zumeist gleichartigen Bauobjekten und bei kleineren Bauunternehmen lohnt sich dieser Arbeitsaufwand kaum. Deshalb reicht es hier, mit vorab festgelegten Zuschlägen für den Deckungsanteil (Baustellengemeinkosten, allgemeine Geschäftskosten sowie Wagnis und Gewinn) zu kalkulieren; man führt eine **Zuschlagskalkulation** (Kalkulation mit vorab festgelegten Zuschlägen) durch.

Der Bund als Auftraggeber fragt die „Angaben zur Preisermittlung" bei einer Umlagekalkulation im Formular EFB-Preis 1 b ab (**Abb. 14**, S. 196). Das entsprechende Formular des Bundes für Zuschlagskalkulation – EFB-Preis 1 a – ist abgedruckt als **Abb. 15**, S. 204.

Beide Verfahren unterscheiden sich nicht bei der Ermittlung der Einzelkosten der Teilleistungen. Der Unterschied zwischen ihnen zeigt sich bei der Berechnung des Deckungsanteils:

a) Die **Umlagekalkulation** ermittelt vorab mehr oder weniger differenziert die umzulegenden Beträge. Sie setzt diese dann in Beziehung zur jeweiligen Umlagebasis und berechnet dann die Zuschläge, mit denen anschließend die Einzelkosten der Teilleistungen multipliziert werden.

b) Die **Zuschlagskalkulation** benutzt (einen oder mehrere) vorab festgelegte Zuschlagsätze und multipliziert hiermit die Einzelkosten der Teilleistungen.

Zu a:
Die vorab durchgeführten Berechnungen sind als Umlagekalkulation durchgeführt worden (oben Rdn. 10 ff. und 16).

Zu b:
Die **Berechnung des Einheitspreises (E. P.)** unserer Betonwand mit Hilfe der **Zuschlagskalkulation** setzt voraus, dass vorab ein oder mehrere Zuschlagsätze festgelegt werden. Für unser Beispiel sollen die Zuschlagsätze für Deckungsanteile wie folgt festgelegt werden:

Lohn und Sonstiges: 70 %
Stoffe und NU: 20 %

Diese beiden Prozentsätze enthalten anteilig Deckungsanteile für Baustellengemeinkosten, Allgemeine Geschäftskosten sowie Wagnis und Gewinn.

Für die Position Betoneinbau für Wände ergibt sich dann folgendes Endergebnis der Berechnung:

Einzelkosten der Teilleistung ($€/m^3$)

Lohn	Schalung	Gerät	Stoffe	NU	Sonstiges	Insgesamt
32,67	–	–	85,00	–	–	117,67

+

Zuschläge insgesamt ($€/m^3$)   EP ($€/m^3$)

70 % auf Lohn, Schalung und Gerät	20 % auf Stoffe, NU und Sonstiges	Deckungsanteil		der Teilleistung
22,87	17,00	39,87	=	157,54

2.6 Variable und fixe Kosten

2.6.1 Variable Kosten und Grenzkosten

Bleiben wir bei unserem Beispiel Betoneinbau für Wände. Wir haben oben unter Rdn. 8 die Einzelkosten der Teilleistung (117,67 $€/m^3$) ermittelt. Sofern – wie ausgeschrieben – tatsächlich 295 m^3 Betoneinbau erfolgt, fallen als Gesamtbetrag der Soll-Einzelkosten für diese Teilleistung an:

295 m^3 · 117,67 $€/m^3$ = 34 712,65 €.

Wenn dagegen nur 200 m^3 ausgeschrieben sind, fallen

200 m^3 · 117,67 $€/m^3$ = 23 534,00 €

als Gesamtbetrag der Soll-Einzelkosten[13] für diese Teilleistung an.

---

[13] Wir weisen nochmals darauf hin, dass wir hier **nur über vorab vor Leistungserstellung ermittelte Soll-Kosten** sprechen. Der (tatsächliche) Ist-Kostenanfall ergibt sich – mehr oder weniger präzise aufgegliedert – aus der Buchhaltung nach der jeweiligen Leistungserstellung.

Der Gesamtbetrag der Soll-Einzelkosten hängt also davon ab, ob und in welchem Umfang eine Teilleistung erbracht wird; er variiert mit dem in Mengeneinheiten (hier m^3) gemessenen Leistungsumfang. Wir sprechen deshalb auch von **variablen Kosten,** d. h. von Kosten, bei denen ein unmittelbarer Zusammenhang zwischen Leistungsumfang[14] und Gesamtbetrag des Soll-Kostenanfalls besteht.

Während bei diesem Beispiel (Betoneinbau für Wände) nur variable Kosten als Einzelkosten anfallen, gibt es in der Praxis viele Fälle, bei denen zusätzlich noch einmalige und/ oder fixe Kosten als Einzelkosten auftreten (vgl. Rdn. 20).

Noch kurz einige Erläuterungen zum Begriff **Grenzkosten:**
Diejenigen **Kosten, die für die zusätzliche Erstellung einer weiteren Leistungseinheit** anfallen, werden Grenzkosten genannt. Beim Betoneinbau fallen in unserem Beispiel stets gleichbleibend 117,67 €/m^3 an. Das ist aber nicht zwingend. Sofern z. B. der Erdaushub für kleinere Mengen per Hand, für mittlere Mengen mit Kleingerät und für große Mengen mit Großgerät erfolgt, ergeben sich stets nur für die zugehörigen Leistungsquanten konstante Grenzkosten, d. h., die Grenzkosten variieren in Abhängigkeit von der Leistungsmenge.

2.6.2 Fixe Kosten

20 Wie wir schon unter Rdn. 11 ff. festgestellt haben, fallen für die Herstellung von Bauleistungen zusätzlich zu den Einzelkosten der Teilleistungen weitere Kosten (z. B. Baustellengemeinkosten) an. Diese Kosten würden auch dann anfallen, wenn z. B. kein Wandbeton erstellt und statt dessen gemauert würde. Bei diesen Kosten liegt – wir haben dies schon besprochen – kein unmittelbarer Zusammenhang zwischen der Erstellung einer bestimmten Teilleistung und dem Einsatz eines Fixkosten verursachenden Produktionsfaktors vor. Der Kostenanfall für Kräne entsteht beispielsweise dadurch, dass sie als Transporthilfe zur Verfügung stehen, ganz gleich, ob nun viele oder wenige m^3 Beton für Wände eingebaut werden. Für Kräne fällt also ein bestimmter Kostenbetrag für die Zeit ihrer Vorhaltung an. Solche **produktionsmengen-unabhängigen Kosten,** die einen vorab fixierten Betrag umfassen, nennt man **fixe Kosten.** In unserem schon abgehandelten Beispiel sind die Baustellengemeinkosten fixe Kosten. Ihre Höhe ändert sich nicht, ganz gleich, ob nun Mengenänderungen bei Teilleistungen auftreten oder nicht.[15]

Für das Betonbauobjekt hatten wir in Rdn. 11 175 491,21 € umzulegende Baustellengemeinkosten ausgewiesen. Dieser Kostenumfang wird insbesondere durch die Vergütung von Bauleitern, Poliere etc. sowie sonstige Baustellengemeinkosten verursacht.

---

[14] Dieser Zusammenhang kann sein:
  – proportional
  – progressiv
  – degressiv.
  Beispiele für progressive Zusammenhänge sind Leistungserbringung in Überstunden (d. h., es fallen Mehrkosten für Überstundenzuschläge und gleichzeitig verringerter Leistungszuwachs wegen zunehmender Müdigkeit an); degressive Zusammenhänge ergeben sich durch Einarbeitungseffekte usw. Wir beschränken uns hier auf den häufigsten Fall, nämlich den des proportionalen Zusammenhangs.

[15] Der Ordnung halber weisen wir darauf hin, dass große Mengenänderungen auch Auswirkungen auf die Baustellengemeinkosten haben können (vgl. Rdn. 543).

Variable und fixe Kosten

Ob mehr oder weniger Bauleistung (bewertet mit Einzelkosten der Teilleistungen) anfällt, die umzulegenden Baustellengemeinkosten[16] bleiben unverändert. Bauleiter und Polier sind für die Leistungserstellung unerlässlich, ihre Kosten sind – mit Vorbehalt (siehe nachfolgend Rdn. 21) – unabhängig vom zu erstellenden Leistungsumfang.

Die fixen Kosten werden, damit sie über die auftraggeberseitige Vergütung ersetzt werden, den ausgeschriebenen Teilleistungen zugeordnet, indem

a) bei Fixkosten, die für das Gesamtbauobjekt anfallen, wie bei der Schlüsselung der Gemeinkosten (vgl. oben Rdn. 12) gerechnet wird,

b) Fixkosten, die für eine Teilleistung anfallen, durch den Vordersatz der Teilleistung dividiert werden, d. h., für die Fixkosten wird ein „künstlicher" Durchschnittsbetrag je Leistungseinheit gebildet (Aufschlüsselung der Fixkosten).

Hierzu ein Beispiel:[17]

Es sind gemäß Ausschreibung (vgl. Anhang A, Unterlage a 1.1, LB 013, Pos. 8) 2950 m² Wandfläche einzuschalen. Die zugehörige Schalung wird von einem Hersteller von Schalungssystemen für pauschal 18 142,50 € für die Bauzeit zur Verfügung gestellt. Somit ergibt sich folgende Kostenberechnung (vgl. **Abb. 2,** S. 20 sowie Anhang B, Unterlage h 2, Spalte 6 bis 8):

Variable Kosten (– – – – –): Lohnkosten

Grenzkosten (Spalte 7):	0,4 Ph/m² · 29,70 €/Ph	= 11,80 €/m²
Gesamtbetrag:	2 950 m² · 11,88 €/m²	= 35 046,00 €

Fixe Kosten (─────): Schalungskosten

Gesamtbetrag:		18 142,50 €
Durchschnittsbetrag (Spalte 8):	18 142,50 € : 2 950 m²	= 6,15 €/m²

Einzelkosten der Teilleistung (─•─•):

Einzelkosten pro m² (für 2 950 m²): 11,88 €/m² + 6,15 €/m²		= 18,03 €/m²
Gesamtkosten für 2 950 m² (Spalte 13):		= 53 188,50 €

Würden statt des ausgeschriebenen Vordersatzes von 2 950 m² innerhalb der vorgesehenen Bauzeit 4 000 m² erstellt, so müsste für die Schalung kein einziger Euro zusätzlich an die Lieferfirma gezahlt werden.

Als **Zuwachskosten** (Grenzkosten multipliziert mit der zusätzlichen Leistungsmenge) würden nur Lohnkosten mit folgendem Betrag anfallen:

1 050 m² · 11,88 €/m² = 12 474,00 €

---

[16] Die Tatsache, dass in unserem Beispiel die Inhalte von Fix- und Gemeinkosten identisch sind, bedeutet **nicht**, dass Fix- und Gemeinkosten dasselbe sind. Bei den Fixkosten erfolgt die Betrachtungsweise unter dem Aspekt, ob Kosten sich mit dem Leistungsumfang ändern; bei Gemeinkosten geht es darum, dass Kosten nicht unmittelbar einer Teilleistung zugeordnet werden können.

[17] Vgl. Anhang A, Unterlage a 1.1, Leistungsbereich 013 Pos. 8 bzw. Anhang B, Unterlage h 2, Gewerk 013 Pos. 8; die im Textbeispiel enthaltenen Beträge pro Kostenart finden sich ebenfalls dort. Als Hinweis: Die variablen Kosten sind ursprünglich Kosten je Leistungseinheit; der angeführte Gesamtbetrag ergibt sich – wie ersichtlich – aus der Multiplikation von variablen Kosten und Leistungsmenge.
Die fixen Kosten sind Gesamtkosten; die Kosten je Leistungseinheit ergeben sich aus der Division von Fixkosten durch Leistungsmenge.

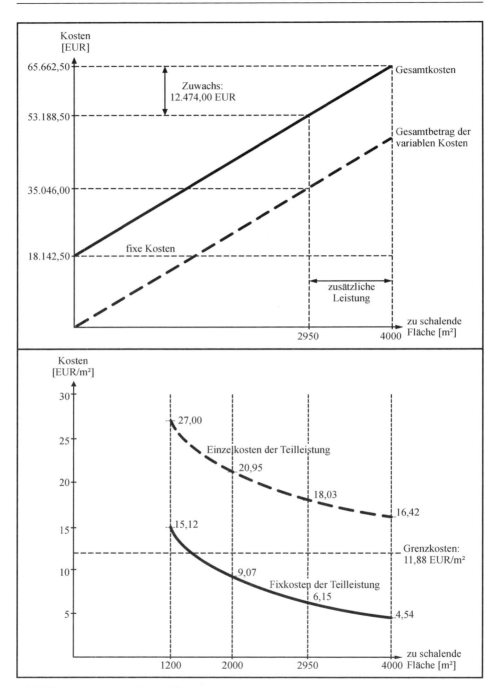

Abbildung 2   Fixe und variable Kosten in Abhängigkeit von der Leistungsmenge

Variable und fixe Kosten   Rdn. 21

Die Gesamtkosten hätten sich also auf

43 188,50 € + 12 474,00 = 65 662,50 € erhöht.

Würden dagegen statt der ausgeschriebenen 2 950 m² nur 1 200 m² Wandflächen ein- und ausgebaut, so ergäbe sich der umgekehrte Effekt. Nunmehr wäre der Fixkostenblock auf eine kleinere Bezugsmenge umzulegen, was deshalb zu folgenden erhöhten Einzelkosten führen würde:

18 142,00 € : 1 200 m² + 11,88 €/m² = 27,00 €/m²

Daraus ersehen wir: Jede Schlüsselung von Fixkosten zur Bildung von Positions-Einheitskosten gilt nur für einen bestimmten Leistungsumfang. Jede spätere Änderung der Leistungsmenge führt zu einer Über- oder Unterdeckung der Fixkosten.

Dies wird veranschaulicht durch den unteren Teil von **Abb. 2**, S. 20. Dort ist in durchgezogener Linie (————) der Verlauf der Durchschnittskosten der Fixkosten in Abhängigkeit von der angesetzten Menge dargestellt.

Die Einheitskosten der betreffenden Position sind in **Abb. 2**, S. 20 strichpunktiert (—•—•) als Addition der Durchschnittskosten der Fixkosten und der Grenzkosten (ebenfalls in Abhängigkeit von der angesetzten Menge) aufgetragen.

2.6.3 Sprungfixe Kosten

Was geschieht, wenn statt ausgeschriebener 2 950 m² Schalung nunmehr 6 000 m² Fläche in derselben Bauzeit zu schalen sind? Sehr wahrscheinlich ist irgendwann das „Leistungsquantum" der vorgesehenen Schalung erschöpft, d. h., wir brauchen zusätzliche Schalung.

Oder: Was geschieht, wenn der Umsatz, der für eine Geschäftsperiode geplant war, bei weitem nicht erbracht wird? Sehr wahrscheinlich ist der Buchhalter (in der Verwaltung) nicht, wie geplant, ausgelastet, sein Leistungsquantum ist nicht ausgeschöpft.

Hier wird ein Unternehmer, sofern er nur einen einzigen Buchhalter beschäftigt, kurzfristig nicht auf seine Mitarbeit verzichten können, d. h., er muss die vollen Kosten dieses nicht ausgelasteten Kostenverursachers tragen.

Im Falle der zusätzlich zu schalenden Wandflächen wird der Unternehmer bei Überschreitung des Leistungsquantums der schon vorhandenen Schalung dadurch Abhilfe schaffen, dass er zusätzliche Schalung mietet.

Das zeigt: Fixe Kosten sind dadurch gekennzeichnet, dass ihr fester Betrag mit einem bestimmten **maximalen Leistungsquantum** verbunden ist. Somit wird man stets versuchen, das Leistungsquantum des die jeweiligen Fixkosten verursachenden Produktionsfaktors möglichst voll auszulasten.

Haben wir beispielsweise die Auswahl zwischen mehreren Kränen, so werden wir (sofern wir keine Leistungsreserven haben wollen) denjenigen Kran für unser Bauobjekt auswählen, der den Transportanforderungen noch gerade genügt und somit die geringsten (Fix-) Kosten verursacht. Hierzu folgendes Beispiel:

Ein Hochbaukran kann erfahrungsgemäß den Transportbedarf von 12 bis 14 Arbeitskräften abdecken. Sofern weitere Arbeitskräfte Kranhilfe benötigen, erfordert das den Einsatz eines weiteren Hochbaukrans, um Wartezeiten des Personals zu vermeiden. Der Einsatz dieses weiteren Hochbaukrans führt zu einer sprunghaften Erhöhung der monatlich fix auftretenden Kraneinsatzkosten - wir sprechen dann von **sprungfixen Kosten**.

Sicher läßt sich darüber streiten, ob 14 Arbeitskräfte die äußerste Grenze für den Einsatz eines Hochbaukrans sind; eine präzise Grenzziehung ist dadurch erschwert, dass ein

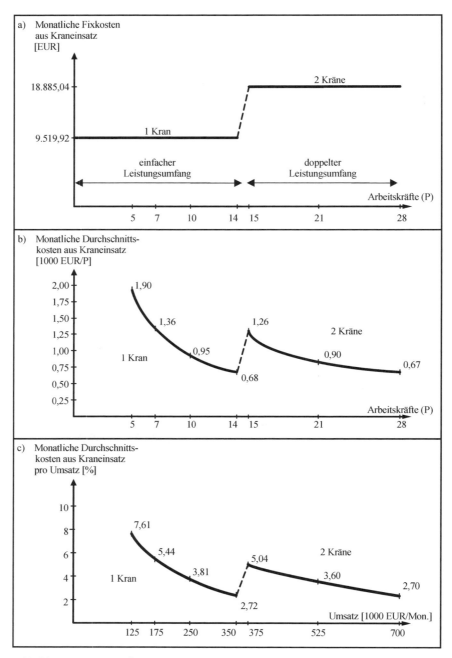

Abbildung 3 Sprungfixe Kosten
a) insgesamt   b) als Durchschnittskosten pro Arbeitskraft
c) als Durchschnittskosten pro Umsatz

Übergangsbereich der „Über- bzw. Unterversorgung" der Arbeitskräfte mit Transporthilfe durch nur einen Kran existiert.
In unserem Beispiel beharren wir zur Veranschaulichung des Phänomens der sprungfixen Kosten darauf, dass höchstens 14 Arbeitskräfte ohne Wartezeiten Transporthilfe durch einen Hochbaukran erhalten.
Beziehen wir das auf das schon angesprochene Projektbeispiel und dessen Kalkulation (vgl. Anhang B), so zeigt die zugehörige Mittellohnberechnung,[18] dass 10 gewerbliche Arbeitskräfte angesetzt worden sind. Der für die Rohbauerstellung erforderliche Hochbaukran bedingt folgende Kosten:

Monatliche **Fixkosten** für Kraneinsatz:
Kranführer[19]   + 5 468,19 €
Kranbetrieb[20]   + 4 051,73 €
                                                                  = 9 519,92 €

Durchschnittskosten des Kraneinsatzes pro Arbeitskraft (bei 10 Personen):
9 519,92 € / 10 P   =   951,99 €

Werden statt 10 Arbeitskräfte nunmehr 14 Arbeitskräfte eingesetzt, so reduzieren sich die Durchschnittskosten pro Arbeitskraft auf:
9 519,92 € / 14 P   =   679,99 €

Werden mehr als 14 Arbeitskräfte eingesetzt, so erfordert das – wie oben besprochen – den Einsatz eines weiteren Hochbaukrans und führt zu folgenden Kosten:

Monatliche **Fixkosten** für Kraneinsatz
Kranführer: 2 x 5 468,19 €   = 10 936,38 €
Kranbetrieb:
Kran und Ballast: 2 x (3 030,00 € + 56,31 €)   = 6 172,26 €
Betrieb: 2 x 800,00 €   = 1 600,00 €
Gleis (wie bisher)   =   165,60 €
15 m zusätzliches Gleis[21] à 0,72 €/m   =   10,80 €
                                                                  = 18 885,04 €

Somit ergeben sich jetzt beispielsweise für 21 Arbeitskräfte:
Durchschnittskosten des Kraneinsatzes pro Arbeitskraft:
18 885,04 € / 21 P   899,29 € / P.

Abb. 3b, S. 22 visualisiert die Durchschnittskosten des Kraneinsatzes pro eingesetzter Arbeitskraft.

---

[18] Anhang B, Unterlage h1.
[19] Siehe Anhang B Unterlage h 3 .1 Blatt 3, Zeitabhängige Baustellengemeinkosten (Personal), Zeile 390.
[20] Die Gesamtkosten für den Kranbetrieb ergeben sich aus Anhang B Unterlage g 1.1 wie folgt:
Vorhalte- und Reparaturkosten:
– Kran (Zeile 2, Spalte 13)   3 030,00 €/Mon.
– Ballast (Zeile 3, Spalte 13):   56,13 €/Mon.
– Gleis (Zeile 4, Spalte 13):   165,60 €/Mon.
Betriebsstoffkosten (Zeile 2, Spalte 20):   800,00 €/Mon.
Summe: 4 040,00 €/Mon.
[21] Siehe Anhang B Unterlage g1.1 Blatt 1, Zeile 4, Spalten 8 bis 11: (165,60 € / 230 m) = 0,72 € / m.

Ersetzen wir nunmehr die Bezugsgröße Kraneinsatz durch den Umsatz pro Monat, so ergibt sich für die Auftragssumme von ca. 1,75 Mio. € ein monatlicher Umsatz von 250 000,00 € bei 7 Monaten Kraneinsatz und 10 Arbeitskräften. Das führt zu folgenden prozentualen Durchschnittskosten für den Kraneinsatz, bezogen auf den Umsatz von 250 000,00 €:

(9 519,92 € / 250 000,00 €) x 100 % = 3,81 %.

Sofern dagegen 14 Arbeitskräfte eingesetzt werden und sich dadurch der Umsatz im Verhältnis 14 / 10 auf 350 000,00 € erhöht, ergäben sich folgende prozentuale Durchschnittskosten für den Kraneinsatz, bezogen auf diesen Umsatz:

[9 519,92 € / (250 000,00 € x 1,4]) x 100 % = 2,72 %.

Die Durchschnittskosten bei noch mehr Umsatz (also bei zusätzlichem Einsatz von Arbeitskräften) werden in **Abb. 3c**, S. 22 visualisiert.

2.7 Zeitabhängige und einmalige Kosten

2.7.1 Zeitabhängige Kosten

22 Bei der Berechnung der sprungfixen Kosten trat eine weitere **Kosteneinflussgröße** auf, nämlich die **Zeit.** Wir hatten ermittelt, wie hoch die Kosten für den Kraneinsatz je Monat waren. Sofern z. B. die Vorhalte- und Reparaturkosten für einen Kran 3 030,00 €/Mon. betragen, verursacht er durch seine Gesamteinsatzzeit (7 Monate) insgesamt Vorhalte- und Reparaturkosten in Höhe von 21 210,00 €.

Solche Kosten, deren Betrag nicht von der zu erbringenden Leistungsmenge, sondern von der Zeit abhängen, innerhalb derer der jeweilige Kostenverursacher für die Leistungserbringung zur Verfügung steht, nennen wir **zeitabhängige Kosten.** Typische Verursacher von zeitabhängigen Kosten sind:

a) Personalkosten für Bauleitung, Poliere, Kranführer
b) Gerätekosten
c) sonstige Mietkosten

Zu a:
Zeitabhängige Personalkosten fallen in der Regel für Baustellengemeinkosten (und für Allgemeine Geschäftskosten) an.

Zu b:
Gerätekosten für die Bereitstellung (Miete) und den Betrieb (Reparatur- und Betriebsstoffkosten des Gerätes) sind ebenfalls zeitabhängige Kosten. Es ist jedoch zu unterscheiden, ob es sich um

– Leistungsgerät oder um
– Bereitstellungsgerät handelt.

Ein **Leistungsgerät** ist unmittelbar an der Erbringung einer Teilleistung beteiligt (z. B. ein Bagger am Bodenaushub). Ein **Leistungsgerät verursacht also direkte Kosten der Teilleistungen.**

Bereitstellungsgeräte stehen dagegen für Hilfsdienste (z. B. Transportvorgänge) zur Verfügung (z. B. Baukräne); sie **erbringen keine Teilleistungen** und werden deshalb bei **den Baustellengemeinkosten** erfasst.

Zu c:

Sonstige Mietkosten können entweder den Einzelkosten der Teilleistungen zugerechnet werden (z. B. betriebsinterne oder -externe Anmietung von Schalung), oder sie gehören zu den Baustellengemeinkosten (z. B. Miete für die Telefonanlage der Baustelle).

Beispiel für Mietkosten als Bestandteil von Einzelkosten der Teilleistungen:

Leistung:	Fundamentaushub (vgl. Anh. A, Unterl. a 1.1, LB 002, Pos. 4)	
Gerät:	Tieflöffelbagger 0,05 m^3 (vgl. Anh. B, Unterl. g 1.1, Zeilen 17 und 18)	
Vorhaltekosten:	A+V: 590,73 €/Mon. + 11,98 €/Mon. =	+ 602,71 €/Mon.
	Rep.: 1 261,90 €/Mon. + 11,80 €/Mon. =	+ 273,70 €/Mon.
	insgesamt	= 876,41 €/Mon.
	bei 170 Einsatzstunden pro Monat	5,16 €/h
Leistung:		4,40 m^3/h

Vorhaltekosten pro Arbeitseinheit: 5,16 €/h : 4,40 m^3/h = 1,17 €/m^3

2.7.2 Abgrenzung von Verbrauchs- und Gebrauchsgütern

Im Zusammenhang mit den zeitabhängigen Kosten ist, da der Übergang in der Praxis fließend, jedoch für Schadensersatzberechnungen von Bedeutung ist, die Abgrenzung zwischen Gebrauchs- und Verbrauchsgütern kurz zu erläutern.

Verbrauchsgüter können nach ihrem erstmaligen Einsatz nicht mehr wiederverwendet werden (z. B. Beton).

Das Pendant zu den Verbrauchsgütern bilden die **Gebrauchsgüter,** deren erstmaliger Einsatz nicht zum sofortigen „Verzehr" des Gutes führt. Ihr jeweiliger Einsatz bedingt jedoch eine gewisse Abnutzung.

Je nachdem, wie häufig oder wie lange ein Gebrauchsgut verwendet werden kann, unterscheiden wir

a) Gebrauchsgüter mit einer **langjährigen Einsatzmöglichkeit** (z. B. Gerät)

b) Gebrauchsgüter mit einer **mehrfahren Einsatzmöglichkeit,** nämlich
 – **vielfache Einsätze** (z. B. vorgefertigte Elementschalung) bzw.
 – **wenige Einsätze** (z. B. herkömmliche Brettschalung)

Zu a:
Bei Gebrauchsgütern mit langjährigen Einsatzmöglichkeiten gehen wir von der **Nutzungsdauer** – Zeitspanne, innerhalb derer ein Gebrauchsgut wirtschaftlich eingesetzt werden kann – aus. Für Baugeräte (also typische Gebrauchsgüter mit langjährigen Einsatzmöglichkeiten) können wir die Nutzungsdauer leicht aus der Baugeräteliste[22] ersehen. Teilen wir die Anschaffungskosten durch die Nutzungsjahre, so erhalten wir den Betrag, um den sich der Gerätewert bei Annahme eines linearen Verlaufs des Wertverzehrs jährlich verringert.

Zu b:
Bei Gebrauchsgütern mit mehrfachem Einsatz ermittelt man in der Regel die Kosten für den Gesamteinsatz und bezieht diese dann auf die insgesamt erbrachten Leistungseinheiten. Kaufen wir beispielsweise Schalungsplatten und Kanthölzer und verwenden wir diese als Schalung von kleinflächigen Decken, so kann dieses Schalmaterial nicht unbegrenzt

---

[22] Die Baugeräteliste ist eine vom Hauptverband der Deutschen Bauindustrie herausgegebene und mit dem Bundesfinanzminister auf die AfA-Tabellen (Nutzungsdauer = Nutzungsjahre) abgestimmte Zusammenstellung aller Baugeräte und ihrer Kosten.

oft eingesetzt werden, da je Schalvorgang ein bestimmter Verschleiß eintritt. Sofern Schalungsplatten einen etwa 25fachen Einsatz haben, so wird der mittlere Neuwert von 25,00 €/m² durch 25 geteilt und ergibt einen Wert von 1,00 € je m² geschalter Deckenfläche.

2.7.3 Einmalig auftretende Kosten

24 Erinnern wir uns an die Wandschalung (oben Rdn. 20), die pauschal angemietet wurde. Solche Kosten, die zu einer mengen- und zeitunabhängigen einmaligen Belastung des Baustellenkontos führen, werden **einmalig auftretende Kosten** genannt.

Typische einmalig auftretende Kosten sind:
– Kosten für An- und Abtransporte von Gerät
– Einrichten und Räumen einer Baustelle
– Vorfertigung von Schalelementen
– Umänderung von Schalelementen

Sofern es sich um Bereitstellungsgerät handelt, werden die Transportkosten zu den Baustellengemeinkosten gezählt; handelt es sich dagegen um Leistungsgerät, so können – müssen jedoch nicht – die Transportkosten den Einzelkosten der Teilleistungen zugerechnet werden. Die Umlage der einmaligen Kosten auf ihre Bezugsbasis erfolgt wie bei fixen Kosten.

2.8 Weitere Kostenkennzeichnungskriterien

25 Bei Verbrauchsgütern sind Kostenanfall und Ausgaben unmittelbar miteinander verbunden. Bei Gebrauchsgütern erstreckt sich der Kostenanfall über einen längeren Zeitraum, wohingegen Ausgaben vor, während oder nach dem Produktionsfaktoreneinsatz auftreten können. Somit ist der Fall möglich, dass ein Gebrauchsgut längst bezahlt ist, durch den Wertverzehr des eingesetzten Gebrauchsgutes somit keine aktuellen **Ausgaben** mehr anfallen (Beispiel: 5 Jahre alter Kran, der längst bezahlt ist).

Ein anderes Kostenphänomen sei am Beispiel Betonwand dargestellt: Sofern keine Betonwand erstellt wird, fallen auch keine Stoffkosten für Beton an.

Bezüglich der Personalkosten ist der Fall nicht so einfach. Nehmen wir an, der Auftraggeber würde aus irgendwelchen Gründen auf die Wanderstellung verzichten. Gleichzeitig hätte der Auftragnehmer keine Ausweicharbeiten für die Arbeitskräfte. Wegen anstehender neuer Aufträge wird er den Lohn (trotz fehlender sinnvoller Beschäftigung) weiterbezahlen, um die Arbeitskräfte nicht zu verlieren. Außerdem stehen arbeitsrechtliche Gegebenheiten einem unmittelbaren Abbau der Lohnkosten entgegen. Ähnliche **nicht kurzfristig abbaubare** Kosten ergeben sich

– aus der Bereithaltung eigenen Gerätes, für das keine Arbeit anliegt
– aus der Bereithaltung des Verwaltungsbetriebes (Angestellte, Gebäude usw.)

2.9 Der vertraglich vereinbarte Preis

Der Vollständigkeit halber sei darauf hingewiesen, dass die vereinbarte Vergütung, der **Werklohn** (**Preis**) nur mittelbar mit den **Kosten** zu tun hat. 26

In der Regel ermitteln Bauunternehmer vor Angebotsabgaben mit Hilfe einer (Vor-)Kalkulation die Soll-Kosten des jeweiligen Auftrags. Diese Soll-Kosten sind dann Ausgangspunkt für die Preisfindung. Daher errechnet sich im Idealfall der Preis aus Soll-Kosten zuzüglich Zuschlag für Wagnis und Gewinn.

Sofern jedoch der Wettbewerb hart ist und das Bauunternehmen den anstehenden Auftrag unbedingt erhalten will, kann auch ein „negativer Gewinn" – also ein Verlustabschlag – zur Preisfindung angesetzt worden sein. Der Grund liegt darin, dass das Unternehmen aus seiner Marktbeobachtung heraus weiß, dass nur bis zu einer bestimmten Preishöhe auch eine bestimmte Wahrscheinlichkeit für den Auftragserhalt anzusetzen ist.

Nicht selten ermitteln Bieter sogar keine Kosten, sondern setzen Einheitspreise in das Leistungsverzeichnis ein in der Hoffnung, dass sie gerade so festgelegt sind – dass also der Werklohn insgesamt so niedrig ist –, dass es zum Auftragserhalt reicht. Der Preis kann dann ebenfalls unter den Kosten liegen („Kampfpreis"), er kann bei anderen Konstellationen die Kosten decken oder auch weit überschreiten (mit der Folge eines entsprechend hohen Gewinns); jedenfalls sind aber Preis (mit der zugehörigen Menge multipliziert = Vergütung) und Kosten zwei völlig unterschiedliche Begriffe.

2.10 Die Begriffe Angebots-, Auftrags- und Arbeitskalkulation

Abschließend ist noch darzulegen, dass es in der baubetrieblichen Praxis verschiedene **Kalkulationsstufen** gibt, die sich nach dem Zeitpunkt der Kalkulationsbearbeitung unterscheiden; wir verweisen auf **Abb. 4**, S. 28. 27

1. Bis zur Auftragserteilung
a) **Angebotskalkulation**
Sie wird auf der Basis der auftraggeberseitigen Anfrageunterlagen und der sonstigen zum Zeitpunkt der Angebotsbearbeitung beschaffbaren Informationen erstellt.[23] Angebotskalkulationen ermitteln als „Vorauskalkulationen" Soll-Kosten.

b) **Auftragskalkulation**
Sofern Auftragsverhandlungen vor Auftragserteilung zu Abweichungen vom ursprünglichen Bausoll bzw. von den ursprünglichen Angebotspreisen führen, so ist eine Überarbeitung der Angebotskalkulation bzw. eine neue Kalkulation durchzuführen (vgl. unten Rdn. 1000); das Ergebnis ist in beiden Fällen die **Auftragskalkulation.**
Zu alledem verweisen wir auf **Abb. 4**, S. 28.

---

[23] Hierauf werden wir unter Rdn. 293 ff. noch im Einzelnen eingehen. Bezüglich der verwendeten Terminologie verweisen wir auch auf: KLR-Bau, Kosten- und Leistungsrechnung der Bauunternehmen, vgl. auch Leimböck/Klaus/Hölkermann, Baukalkulation und Projektcontrolling. Dort wird die Auftragskalkulation als Vertragskalkulation bezeichnet.

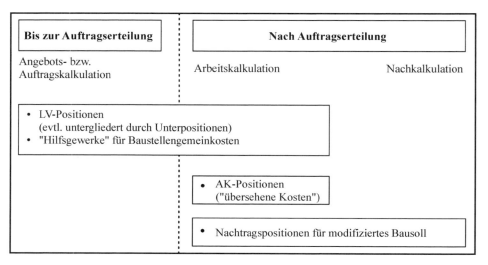

Abbildung 4   Zusammenhang der verschiedenen Kalkulationen und ihre Inhalte

Sofern das angefragte Bausoll und die Angebotspreise auch Vertragsinhalt werden, ist die Angebotskalkulation identisch mit der Auftragskalkulation.[24] Somit sind Auftragskalkulationen Vorauskalkulationen und beinhalten ebenfalls **Soll-Kosten**.[25]

28   2. Nach Auftragserteilung

a) **Arbeitskalkulation**

Nach Auftragserteilung wird in der Regel eine differenzierte Arbeitsvorbereitung durchgeführt,[26] deren Ziel es ist, unter Berücksichtigung des vertraglich fixierten Bausolls und der betrieblichen Gegebenheiten eine möglichst wirtschaftliche Erstellung des Bauwerks durchzuführen. Da sich eine solche differenzierte Arbeitsvorbereitung zumeist viel intensiver mit den vorab genannten Bedingungen auseinandersetzt als die Angebotsbearbeitung, ergeben sich nicht selten andere und/oder präzisere Kostenaussagen als bei der Angebotskalkulation. Die Weiterentwicklung der Angebots- bzw. Auftragskalkulation unter Berücksichtigung der Erkenntnisse der differenzierten Arbeitsvorbereitung nach

---

[24] In unserem Beispiel (vgl. Rdn. 302, 312) gehen wir davon aus, dass Angebots- und Auftragskalkulation identisch sind, d. h., es war keine Überarbeitung der Angebotskalkulation notwendig.
[25] Die Auftragskalkulation wird manchmal auch als **Vertragskalkulation** bezeichnet, vgl. Sting, Kostenermittlung und Kostenkontrolle von Bauleistungen, s. S. 2.
[26] Vgl. auch Rdn. 401 ff.; die Arbeitskalkulation wird auch als **Ausführungskalkulation** bezeichnet.

Auftragserteilung (vgl. Rdn. 401) ist ebenfalls eine Vorauskalkulation und wird **Arbeitskalkulation** genannt. Da es sich um **die realistische Soll-Kostenvorgabe** handelt, wird sie zur **internen Richtschnur** der Bauausführung und bildet die Grundlage für interne Kosten-Soll-Ist-Vergleiche.

Das ändert aber nichts daran, dass nicht die Arbeits-, sondern die **Angebots- bzw. Auftragskalkulation diejenigen Kosten beinhaltet,** die dem Vertragspreis entsprechen und **auf deren Basis im Falle von auftraggeberseitigen Änderungen** gegenüber dem Bausoll die neuen (Nachtrags-)**Preise** zu berechnen sind.[27]

Der Grund hierfür ergibt sich daraus, dass – wie schon unter Rdn. 25 dargelegt – im Angebotsstadium manchmal nur Einheitspreise ins Leistungsverzeichnis eingetragen werden und sich dann nachher bei der Arbeitskalkulation herausstellt, dass bei realistischer Kostenermittlung die vereinbarten Preise die Ansätze der Arbeitskalkulation nicht decken.[28]

Sofern jedoch eine Angebotskalkulation vorliegt und diese nach dem gleichen System erstellt ist wie die Arbeitskalkulation, kann die arbeitskalkulatorische Tätigkeit auf eine Überarbeitung der Angebotskalkulation reduziert werden. Neue Kostenerkenntnisse, die nach Auftragserteilung im Rahmen der differenzierten Arbeitsvorbereitung auftreten, können durch Korrektur der Ansätze der Angebotskalkulation (Mengen- oder Kostenansätze) oder durch Einfügung von Arbeitskalkulations-Positionen (AK-Positionen) in die bisherige Angebotskalkulation berücksichtigt werden.[29]

Es gibt noch einen zweiten Fall, in dem die Angebotskalkulation zur Soll-Kostenvorgabe nicht ausreicht, nämlich dann, wenn nach der Auftragserteilung vom Auftraggeber Bauinhaltsmodifikationen angeordnet werden – z. B. durch Ausführungspläne, die andere Inhalte als die Vertragspläne haben.

Unabhängig davon, dass (vgl. Rdn. 30) für Nachträge eine Nachtragskalkulation zu erstellen ist, ist es auch aus internen Belangen des Controllings sinnvoll, die entsprechenden Sollkosten in die Arbeitskalkulation aufzunehmen; ansonsten würden den modifiziert angeordneten Leistungen keine entsprechenden Sollkosten äquivalent gegenüberstehen.

b) **Nachtragskalkulationen**
Wie schon vorab angesprochen, werden Nachtragskalkulationen dann aufgestellt, wenn auftraggeberseitig zu tragende Abweichungen vom vertraglich vereinbarten Bausoll vorkommen. Sie sind, sofern sie sich auf angeordnete oder gemäß § 2 Nr. 8 VOB/B zu vergütende Modifikationen des Bausolls beziehen, auf der Basis der vereinbarten **Preise**, d. h. auf der Basis von Angebots- bzw. Auftragskalkulation aufzustellen[30], d. h., sie beinhalten **Soll-Kosten.**

---

[27] Hierzu kann es nur dann eine Ausnahme geben, wenn keine Angebotskalkulation, dagegen eine Arbeitskalkulation existiert und diese, – um Manipulationen zu vermeiden – kurzfristig nach der Auftragserteilung und vor dem Anfall der ersten auftraggeberseitig zu vertretenden Änderung gegenüber dem Bausoll (verschlossen) hinterlegt wird (d. h., sie ist nicht nachträglich auf Nachtragschancen abgestellt worden).

[28] Wie trotz allem die Arbeitskalkulation wichtige Hinweise z. B. für die Bearbeitung von Behinderungsschadensersatzansprüchen liefern kann, werden wir noch besprechen (vgl. Rdn. 1062 ff., 1523 ff.).

[29] Vgl. Abb. 4, S. 28.

[30] Wir werden später Beispiele hierfür vortragen und die Problematik unter Rdn. 611 ff., 1000 ff., 1498 ff. eingehend erörtern.

Sofern es sich um Behinderungen (z. B. Bauzeitverlängerungen infolge verspätet vorgelegter Pläne) handelt, müssen Schadensersatzermittlungen auf der Basis von Nachkalkulationen (= **Ist-Kostenfeststellung**) oder einer Schätzung der noch zu erwartenden **Ist-Kosten** erstellt werden im Vergleich zu erwarteten Kosten ohne Behinderung.

31 c) **Nachkalkulation**
Nachkalkulationen dienen der internen Ermittlung der Ist-Kosten. Hierzu bedient man sich u. a. der (Betriebs-)Buchhaltung, die die einzelnen Geschäftsfälle nach vorgegebenen Kriterien (z. B. Kostenarten, Kostenstellen) ordnet und somit für einen auf die Soll-Kostenermittlung abgestimmten Kosten-Soll-Ist-Vergleich vorsortiert.

Des weiteren dient die Ist-Stunden-Erfassung der technischen Nachkalkulation. Hierauf kommen wir noch unter Rdn. 1517 ff. zu sprechen.

3 Terminplanung und -steuerung

3.1 Grundsätzliches

32 Ausgangspunkt der Terminplanung und -dokumentation ist die Zerlegung eines Projekts in Teilaufgaben[31)] durch Bildung von Tätigkeiten – also Vorgängen, damit deren zeitliche Zuordnung im Terminplan dargestellt werden kann. Dabei ist zu unterscheiden zwischen Sollvorgaben (Soll-Terminplan) und der Dokumentation des tatsächlichen Ablaufs (Ist-Terminplan).[32)]

33 Unter dem Gesichtspunkt der jeweiligen Verwendung werden projekt- und produktionsorientierte Terminpläne unterschieden. Bei projektorientierten Terminplänen steht die Koordination der Tätigkeiten der verschiedenen am Bauprojekt Beteiligten (Planer, Bauunternehmer etc.) im Vordergrund. Dies ist zumeist die Sicht des Bauherrn (Auftraggebers) und/oder des schlüsselfertig bauenden Unternehmers.
Dagegen geht es bei der produktionsorientierten Betrachtungsweise um die Zuordnung der einzelnen Tätigkeiten (Teilvorgänge) der Leistungserbringer untereinander und zumeist auch um den zugehörigen Kapazitätseinsatz.[33)] Diese Art der Terminplanung erfolgt aus der Sicht der einzelnen Leistungserbringer – seien es Planer oder Bauunternehmer.
Der Detaillierungsgrad von Terminplänen hängt eng mit der Sichtweise des Planverwenders zusammen und wird in der Regel durch den (Termin-) Planungshorizont bestimmt. Für weiterreichende Planungshorizonte können nur relativ unsichere (Termin-) Vorgaben gemacht werden; deshalb werden für sie sinnvollerweise so genannte Grobterminpläne erstellt. Dagegen können Abläufe für nahe Zeithorizonte mit größerer Sicherheit prognostiziert werden; deshalb lohnt sich für sie der Aufwand zur Erstellung von Feinterminplänen.
Zwischenzeitlich kann ein mittelfeiner Terminplan erstellt werden, der sich auf einen Teilhorizont des Gesamtprojekts bezieht und eine erste Detaillierung der Bauabläufe vornimmt. Typisches Beispiel dafür ist der vor oder kurz nach der Auftragserteilung – zumeist vom Auftragnehmer – erstellte (Vorschlag für einen) Vertragsterminplan.

[31)] Vgl. Brüssel, Baubetrieb von A bis Z, Stichwort Ablaufplanung.
[32)] Vgl. Rdn. 7.
[33)] Vgl. Schiffers, Jahrbuch Baurecht 1998, 275 ff.

Grundsätzliches   Rdn. 34

In **Abb. 5a, S. 31** und **Abb. 5b, S. 32**, stellen wir den Zusammenhang unterschiedlich 34
detaillierter Terminpläne[34] für ein Bauvorhaben dar. Der obere Teil von **Abb. 5a** führt die
auftraggeberseitig vorgegebenen Vertragstermine für die Rohbauarbeiten auf. Sie basieren
auf dem für die Bauausführung des Gesamtprojekts erstellten Grobterminplan des Bauherrn.

Auftraggeberseitig vorgegebene Vertragstermine												
Nr.	Vorgangsname	Juni	Juli	August	September	Oktober	November	Dezember	Januar	Februar	März	
1	Baubeginn		▼ 01.07.									
2	66% Dachdecke BW B						▼ 30.11.					
3	100% Dachdecke BW B							▼ 31.12.				
4	Bauende Rohbau									▼ 26.02.		

Auftragnehmerseitig vorgeschlagener Vertragsterminplan												
Nr.	Vorgangsname	Dauer	Juni	Juli	August	September	Oktober	November	Dezember	Januar	Februar	März
1	Einrichten und Mutterboden	2,6 Wo.	01.07. ▬ 17.07.									
2	Baugrubenaushub	3 Wo.		06.07. ▬ 24.07.								
3	Fundamentaushub	9,7 Wo.		10.07. ▬▬▬ 16.09.								
4	Fertigteil-Gründung	10,3 Wo.		16.07. ▬▬▬ 25.09.								
5	Ortbeton-Gründung	10,3 Wo.		27.07. ▬▬▬ 06.10.								
6	Wände	19 Wo.				07.09. ▬▬▬▬▬ 15.01.						
7	Fertigteil-Konstruktion	20 Wo.				14.09. ▬▬▬▬▬ 29.01.						
8	Deckenbeton	20,4 Wo.				21.09. ▬▬▬▬▬ 09.02.						
9	2/3 Dachdecke Bauwerk B	0 Tage						◆ 30.11.				
10	Restarbeiten	7 Wo.							04.01. ▬ 19.02.			
11	Räumen	3 Wo.								08.02. ▬ 26.02.		

Abbildung 5a   Ausschnitt aus dem Grobterminplan eines Bauvorhabens und der darauf
                ausgearbeitete Vertragsterminplan (VTP) für die Rohbauarbeiten (Mittelfeiner Terminplan)

Im unteren Teil von **Abb. 5a** wird der vom späteren Auftragnehmer vorgeschlagene Vertragsterminplan für die Rohbauarbeiten aufgeführt. Er beinhaltet nur den jeweiligen Gesamtzeitbedarf für die Erbringung der Hauptarbeits- und bauteilarten, ist also noch wenig produktionsorientiert gegliedert.
Abb. 5b, S. 32, zeigt für einen Teilbereich des mittelfeinen Terminplans (**Abb. 5a**) einen Ausschnitt des zugehörigen, vom Auftragnehmer erstellten Feinterminplans.

---

[34] Sie beziehen sich auf das in Rdn. 8 und Fn. 3 angesprochene Beispielprojekt.

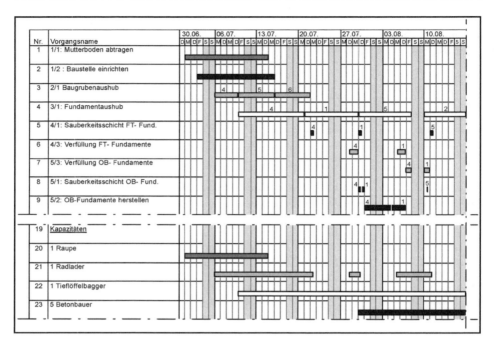

Abbildung 5b Ausschnitt aus dem Feinterminplan der Gründung des Bauvorhabens von Abb. 5a (S. 31)

Der Feinterminplan ist produktionsorientiert aufgebaut, denn er weist
- die einzelnen Arbeitstätigkeiten,
- den zugehörigen Kapazitätseinsatz,
- die Ablaufreihenfolgen (Abschnittsnummern) und
- die jeweilige genaue terminliche (Soll-) Lage

auf.

Bei allen drei in den **Abb. 5a** und **Abb. 5b** aufgeführten Terminplänen handelt es sich um Soll-Terminpläne, also um Ergebnisse der Terminplanung.

35 Da Bauvorhaben durch ihre jeweilige Individualität, ihre konkreten Produktionsbedingungen und durch die Unterschiede in der Leistungsfähigkeit der für sie eingesetzten Arbeitskräfte und Geräte geprägt sind, können ihre Produktionsprozesse nur mit erheblich größerer Unsicherheit als stationäre Produktionsprozesse geplant werden. Somit ist der Regelfall, dass sich der Ist-Ablauf von Bauvorhaben nicht genau so einstellt wie im Soll-Terminplan, vorgegeben.

Terminplanung für Bauvorhaben baut somit nicht auf determiniertem Wissen auf, sondern verwendet Erfahrungen aus vorangegangenen anderen Bauvorhaben. Die bei der Terminplanung verwendeten Zeitbedarfsparameter sind nur erwartete Werte und unterliegen stets der Gefahr, dass sie den konkreten Gegebenheiten des neu anstehenden Bauvorhabens nicht gerecht werden.

3.2 Durchführung der Terminplanung

Die projektorientierte Terminplanung wird in der Regel für einen vorab festgelegten Fertigstellungstermin erstellt.[35] Dabei werden zunächst die Teilaufgaben zur Realisierung des Projekts, die Zeitbedürfnisse für ihre Bewältigung, die Abfolge der Erbringung der Teilaufgaben und die Soll-Termine festgelegt.
Als Teilergebnis einer solchen projektorientierten Terminplanung verweisen wir auf **Abb. 5a**, S. 31. Die dort aufgeführten Soll-Termine sind wie folgt in den Gesamtprojektablauf eingebunden:
- Baubeginn Rohbauarbeiten (1. 7.)
  Vorgänger:
  - Erlangung der Baugenehmigung, freigegebene Ausführungsunterlagen (zumindest für die Gründung)
- 66 % Fertigstellung der Betondachdecke von Bauwerk B (30. 11.)
  Nachfolger:
  - Dachabdichtungsarbeiten für Teilbereiche von Bauwerk B
- Komplette Fertigstellung der Betondachdecke von Bauwerk B (31. 12.)
  Nachfolger:
  - Dachabdichtungsarbeiten für komplettes Bauwerk B
- Bauende Rohbauarbeiten (26. 2.)
  Nachfolger:
  - Erstellung der vorgehängten Fassade,
  - Rohmontage des technischen Ausbaus

36

Die Erstellung produktionsorientierter Terminpläne gliedert sich also in folgende Schritte:
a) Festlegung der Teilaufgaben und ihre Zuordnung zu Vorgängen,
b) Quantifizierung des Leistungsumfangs der einzelnen Vorgänge (Mengenermittlung),
c) Zuordnung von Aufwandswerten[36] (bzw. Leistungswerten) zu den Vorgängen,
d) Strukturierung der Ablauffolge und Vernetzung der Vorgänge und
e) Berechnung und endgültige Festlegung der Vorgangsdauern.

37

Zu a): Liegt ein Leistungsverzeichnis vor, so sind die einzelnen zu erbringenden Teilleistungen vorgegeben.
Zu bedenken ist, dass in Abhängigkeit von der Detaillierungstiefe des Terminplans nur ein Teil der im Leistungsverzeichnis aufgeführten Teilleistungen auch durch Einzelvorgänge dargestellt wird. Die restlichen Teilleistungen bleiben entweder im betreffenden Terminplan außen vor bzw. werden durch Ansatz zusätzlicher Zeit- und Kapazitätsbedürfnisse durch die gewählten Vorgänge berücksichtigt. Der Verwendungszweck der anstehenden Terminplanung bestimmt also die Detaillierungstiefe in Einzelvorgängen.

38

---

[35] Es ist eher die Ausnahme als die Regel, dass die projektorientierte Terminplanung auf der Basis von Grobparametern (z. B. m³ BRI) und zugehörigen Zeitbedarfskennwerten erfolgt.
[36] Aufwandswert gibt den Arbeitszeitbedarf (Personalstunden) je Leistungseinheit an, vgl. Brüssel, Baubetrieb von A bis Z, Stichwort Aufwandswert.

39 Zu b): Maßgebend für die Quantifizierung des Leistungsumfangs eines Vorgangs ist (sind) die (Leit-) Menge(n) der zu erbringenden Leistung.
Sofern Terminpläne abschnittsbezogen aufgestellt werden, können die Abschnittsmengen in der Regel nicht dem Leistungsverzeichnis entnommen werden, sondern sind gesondert – zumeist überschläglich – zu ermitteln.
Da normalerweise so oder so eine Mengenüberprüfung bzw. -ermittlung für die Terminplanung durchgeführt wird, bedingt die Ermittlung der Abschnittsmengen kaum Mehraufwand.

40 Zu c): Sofern – ausnahmsweise – ein Vorgang nur eine Teilleistung (LV-Position) umfasst (oder sogar für eine LV-Position mehrere Vorgänge angesetzt werden – z. B. für verschiedene Abschnitte), kann für die Terminplanung auf den in der Kalkulation angesetzten Aufwandswert zurückgegriffen werden.
Zu berücksichtigen ist dabei jedoch, dass im kalkulierten Aufwandswert Ansätze für vor-, zwischen- und nachbereitende Teiltätigkeiten enthalten sein können, die keine Relevanz für die Ermittlung der Vorgangsdauer haben. Ihre Zeitansätze werden bei der Terminplanung nicht berücksichtigt.
Darüber hinaus ist bei Tätigkeiten mit vielfacher Wiederholung zu bedenken, dass der kalkulierte Aufwandswert auch Anteile für Einarbeitungstätigkeit beinhaltet, dass also der Einzelaufwandswert bei den ersten Ausführungen größer und nach der Einarbeitung niedriger ist als der mittlere in der Kalkulation verwendete Aufwandswert.
Bei Vorgängen, die mehrere Tätigkeiten umfassen, ist der Aufwandswert der Leittätigkeit (zumeist abgeschätzt) zu erhöhen, um auch den Zeitbedarf der eingeschlossenen sonstigen Tätigkeiten zu berücksichtigen.

41 Zu d): Die Struktur eines Terminplans ergibt sich aus naturgesetzlichen und arbeitstechnischen Zwängen (z. B. Erhärtungsfristen des Betons, Erstellung einer Unterkonstruktion vor dem Einbau der Bekleidung). Diese können durch geeignete technologische Abhilfemaßnahmen reduziert werden (z. B. durch Einsatz erhärtungsbeschleunigender Mittel für den Beton, durch Verwendung vorgefertigter Elemente).
Andererseits gibt es vielerlei Tätigkeiten, die nur einem geringen Einordnungszwang unterliegen; sie können – innerhalb eines mehr oder weniger großen Zeitrahmens – erstellt werden, z. B. die Erstellung von nichttragendem Mauerwerk. Es kann frühestens zusammen mit dem tragenden Mauerwerk erstellt werden und muss spätestens vor der Ausführung der auf ihm aufbauenden Ausbauarbeiten (z. B. Putz erfolgen). Bei solchen Tätigkeiten sprechen wir von nicht terminbestimmenden Vorgängen.[37]
Somit können nicht terminbestimmende Vorgänge mit einer (begrenzten) Freiheit in die Ablaufstruktur eingefügt werden.
Wird z. B. der nicht terminbestimmende Vorgang „Nicht tragendes Mauerwerk" so in den Soll-Ablauf eingebuden, dass er vor Beginn der Herstellung der darüber liegenden Decke fertig werden sollte, so besitzt der Soll-Terminplan eine Zeitreserve. Dies deshalb, da das nicht tragende Mauerwerk auch (viel) später fertig gestellt werden könnte, spätestens vor Beginn der zugehörigen Putzarbeiten. Dadurch bedingt können, wenn die Ist-Dauern der terminrelevanten Vorgänge „Herstellung des tragenden Mauerwerks" und/ oder „Herstellung der Decke" ihre Soll-Dauern überschreiten, trotzdem die Soll-Fertigstellungstermine des Tragwerks eingehalten werden. Der zusätzliche Zeitbedarf darf jedoch den zeitlichen Umfang des nicht terminrelevanten Vorgangs „Nicht tragendes Mauerwerk" nicht überschreiten.

---

[37] Nicht terminbestimmende Vorgänge sind nicht das Gleiche wie nicht terminkritische Vorgänge in der Netzplantechnik. Nicht terminbestimmende Vorgänge sind vorab durch ihre Art als solche festgelegt, nicht terminkritische Vorgänge ergeben sich bei der Netzplantechnik aus einer festgelegten und durchgerechneten Ablaufstruktur – also im Nachhinein.

Durchführung der Terminplanung   Rdn. 42

Zu e): Die theoretische Vorgangsdauer wird wie folgt ermittelt: 42

$$\text{Vorgangsdauer} = \frac{\text{Menge x Aufwandswert}}{\text{tägl. Arbeitszeit x Arbeitskräfte}}$$

Das bedeutet, dass vor der Berechnung der theoretischen Vorgangsdauer die tägliche Arbeitszeit und die für den jeweiligen Vorgang vorgesehene Zahl der Arbeitskräfte zu prognostizieren ist. Es versteht sich von selber, dass sich die späteren Baustellengegebenheiten von den Annahmen bei der Berechnung der Vorgangsdauer unterscheiden können. Daher führt die Ermittlung der Soll-Vorgangsdauer nicht zu einem deterministischen Ergebnis.

Eine weitere Unsicherheit ergibt sich – wie schon unter Rdn. 35 besprochen – daraus, dass die angesetzten Soll-Aufwandswerte lediglich Annahmen sind und später nicht unbedingt mit den Ist-Aufwandswerten des tatsächlichen Produktionsprozesses übereinstimmen.

Abb. 6, S. 35 zeigt die Ermittlung der Vorgangsdauern für den Feinterminplan in **Abb. 5b**, S. 32. Für jede Tätigkeit wird dort
- in Spalte 2 die angesetzte Kapazität (u.a. Arbeitskräfte),
- in Spalte 3 die zu erbringende Menge und
- in Spalte 5 der zugehörige Aufwandswert

aufgeführt.

Die Multiplikation von Menge und Aufwandswert führt zu dem in Spalte 6 aufgeführten Zeitbedarf in Personalstunden. Dividiert man diesen Wert durch die in Spalte 2 aufgeführte Kapazität und durch z. B. 8 Arbeitsstunden pro Tag, so ergibt sich die theoretische Arbeitsdauer in Arbeitstagen (Spalte 7).

Die endgültig festgelegte (Soll-) Dauer eines Vorgangs wird in Spalte 8 festgelegt.

Nr. TP	Tätigkeit	Kapaz.	Menge	Einh.	AW	Ph	berechnete AT	festgelegte AT	Anmerkungen	Gesamt-AT je Kapazität
	Zeitbedarfsermittlung Gründungstätigkeiten der maßgebenden Abschnitte (Stand: Vertragsschluß), nach Kapazitäten sortiert									
						(4)x(6)	(7) / [(3)x8Ph/AT]			
(1)	(2)	(3)	(4)	(5)	(6)	(7)	(8)	(9)	(10)	(11)
1	Mutterboden abtragen	1 RP	4.590,0	m²	0,017	78,0	9,8	10,0	1,6 Stunden Zeitreserve auf 10 AT	RP: 10
2	Baustelleneinrichtung	-	1,0	psch.	-	-	9,0	9,0		
3	Baugrubenaushub	1 RL	430,6	m³	0,08	34,5	4,3	4,0	2,4 Überstunden auf 4,0 AT	RL: 4
4	Fundamentaushub	1 TL	144,7	m³	0,40	57,9	7,2	7,0	1,6 Überstunden auf 7,0 AT	TL: 7
5	Sauberkeitsschicht FT	1 RL	48,8	m²	0,08	3,9	0,5	0,5		
6	Verfüllung FT-Fundamente	1 RL	57,3	m³	0,23	13,2	1,6	1,5	0,8 Überstunden auf 1,5 AT	RL: 3
7	Verfüllung Streifen-Fund.	1 RL	39,4	m³	0,23	9,1	1,1	1,0	0,8 Überstunden auf 1,0 AT	
8	Sauberkeitsschicht unter Streif.-Fund.	5 BB	41,3	m²	0,13	5,4	0,1	0,5	3,2 Stunden Zeitreserve auf 0,5 AT	
9a	Streifen-Fundamente schalen	5 BB	49,4	m²	0,70	34,6	0,9	1,0	Dauer des Gesamtvorgangs wird je Abschnitt entsprechend der ermittelten Einarbeitungseffekte auf halbe Tage gerundet	
9b	Streifen-Fundamente bewehren	5 BB	1,39	t	20,00	27,7	0,7	0,5		
9c	Streifen-Fundamente betonieren	5 BB	27,7	m³	0,70	19,4	0,5	0,5		
9	Streifen-Fundamente herstellen	5 BB	27,7	m³	2,95	81,7	2,0	2,0		
RP = Raupe RL = Radlader TL = Tieflöffel BB = Betonbauer FT = Fertigteilunternehmer										

Abbildung 6   Ermittlung der Vorgangsdauern für den Feinterminplan der Gründung (vgl. Abb. 5b, S. 32)

3.3 Arten von Terminplänen

43 Die Ergebnisse der (Soll-) Terminplanung können auf verschiedene Weise visualisiert werden.
Die bekannteste und auch für Außenstehende am leichtesten verständliche Darstellung des Ablaufs ist die des Balkenplans. Der reine Balkenplan (**Abb. 5a**, S. 31) gibt pro Tätigkeit nur die Dauer an.

44 Bei Bauvorhaben mit sich in verschiedenen Abschnitten wiederholenden Tätigkeiten eines Gesamtvorgangs ist es sinnvoll, durch Angabe des jeweiligen Arbeitsortes den Ablauf zu präzisieren. Um in solchen Fällen den Balkenplan nicht durch Auflösung in vertikal aufgelistete Tätigkeiten ellenlang werden zu lassen, kann ein kombinierter Balkenplan erstellt werden, der innerhalb der Zeile des einzelnen Gesamtvorgangs angibt, in welcher Reihenfolge und mit welchem Zeitbedarf die Leistungen der einzelnen Abschnitte erbracht werden sollen. Hierzu verweisen wir auf **Abb. 5b**, S. 32.

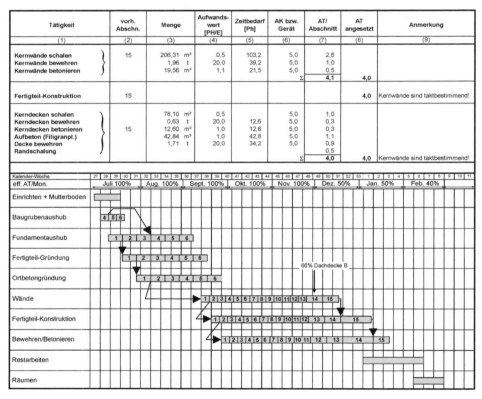

Abbildung 7 Rechentableau (Ausschnitt) und Display des auf den Vertragsterminplan in Abb. 5a (S. 31) abgestimmten vernetzten Balkenterminplanes

45 Diese Balkenpläne haben jedoch den Nachteil, dass sie nichts Konkretes über die Ablaufabhängigkeiten der einzelnen Vorgänge untereinander aussagen.
Um dem abzuhelfen, können vernetzte Balkenpläne erstellt werden, die die Abhängigkeiten zwischen den einzelnen (Teil-) Vorgängen ausweisen. Dabei werden die naturgesetzlichen und ablauftechnischen Abhängigkeiten durch Pfeile angegeben.

Abb. 7, S. 36 zeigt einen vernetzten Balkenterminplan für den in **Abb. 5a**, S. 31, aufgeführten Vertragsterminplan. Dazu wird, um zunächst eine aussagekräftige Ablaufstruktur zu erlangen, aus dem Balkenplan von **Abb. 5b**, S. 32, ein kombinierter Balkenplan mit Angabe des Zeitbedarfs pro Abschnitt ermittelt (vgl. **Abb. 7**, S. 36). Anschließend werden die Arbeitszwänge festgestellt, z. B.:
- Der Baugrubenaushub 4 muss vor Fundamentaushub 4 abgeschlossen sein.
- Der Fundamentaushub pro Abschnitt muss vor Beginn der Ortbeton- und Fertigteilgründung abgeschlossen sein.
- Nach Abschluss der Gründungsarbeiten eines Abschnittes kann dort mit den Arbeiten für die zugehörigen Wände begonnen werden.

Abb. 7, S. 36 visualisiert dies durch die Eintragung von Abhängigkeitspfeilen.
Hier wird auch deutlich, dass zwischen Baugrubenaushub für die Abschnitte 4 bis 6 und dem Beginn des zugehörigen Fundamentaushubs eine Zeitreserve von mehr als 4 Wochen liegt. Dagegen gibt es keine Zeitreserve
- in der Abfolge Fundamentaushub bis Ortsbetongründung und
- ab der Wandherstellung bis zum Betonieren der Decken.

Weiterhin: Alle Arten von Balkenplänen sollten es erlauben, unter dem Soll-Termin jeweils Platz zur Eintragung der Ist-Termine zu lassen.[38]

46 Im Gegensatz zum vernetzten Balkenplan müssen für die Erstellung eines Netzplans Anfang und Ende eines jeden Vorgangs mit den zugehörigen vor- und nachlaufenden Vorgängen verknüpft werden, damit eine Vorwärts- und eine Rückwärtsberechnung der Gesamtdauer ab Ablaufbeginn bis Ablaufende möglich ist (vgl. **Abb. 8**, S. 38).

---

[38] Hierauf gehen wir unter Rdn. 1675 und in Abb. 52 (S. 776) noch ausführlich ein.

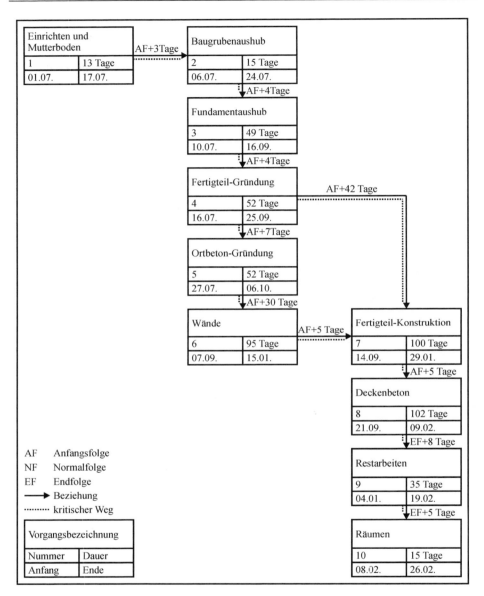

Abbildung 8   Darstellung des Vertragsterminplans aus Abb. 5 a (S. 31) als Netzplan

Fügt man in die Ablaufketten terminrelevanter Vorgänge auch nicht terminrelevante Vorgänge ein, so können sich dadurch rechentechnisch bedingt scheinbare Ablaufzwänge und ein kritischer Weg ergeben, der (in Gestalt der nicht terminrelevanten Vorgänge) Zeitreserven beinhaltet.[39]

Netzpläne können – insbesondere bei Abweichung des Ist- vom Soll-Ablauf – ab einem Ist-Stichtag für die noch zu erbringenden Leistungen neu berechnet werden.

---

[39] Dazu mehr unter Rdn. 1661 ff.

Zu bedenken ist jedoch, dass es dann, wenn dabei die bisherige Ablaufstruktur nicht reflektiert wird (insbesondere unter Betrachtung der bisherigen Istgegebenheiten), vorkommen kann, dass ursprünglich angesetzte, aber so nicht unbedingt zwingende Abhängigkeiten (z. B. bei Einbettung von nicht terminrelevanten Vorgängen in die kritischen Wege) zu unnötig langen Soll-Bauzeiten führen.

Die übliche Darstellung des Netzplanes hat den Nachteil, dass sie wenig anschaulich ist. Die Eintragung von Ist-Dauern ist zwar zahlenmäßig möglich, jedoch ergibt sich dadurch keine so wirkungsvolle Visualisierung wie beim Ist-Eintrag in einen Balkenplan.

Die bei der Netzplanberechnung gewonnenen Daten über die Soll-Termine für Beginn und Ende der einzelnen Vorgänge können auch in einem (vernetzten) Balkenplan oder in einer Terminliste (also einer listenförmigen Darstellung von Beginn- und Endtermin pro Vorgang) dargestellt werden.[40]

3.4 Dokumentation der Ist-Termine

Ist-Termine können wie folgt beschafft werden:
- Laufend
  - anhand der Bautagesberichte[41] der Auftragnehmer; sinnvollerweise sind sie zumindest stichprobenartig nach ihrer täglichen Übergabe zu kontrollieren,
  - anhand der Stundenberichte der Poliere,[42] sofern sie auch die zugehörigen Tätigkeiten und Arbeitsorte aufführen,
  - durch eigenständige Feststellung des Leistungsstandes vor Ort.
- Im Nachhinein
  - anhand der Bautagesberichte und der Stundenberichte (Einschränkung: keine unmittelbare Kontrollmöglichkeit),
  - anhand von Betontagebüchern,
  - anhand der Protokolle von Bewehrungsabnahmen,
  - anhand von vorangegangenen Fertigstellungskontrollen für Abschnitte,
  - anhand von Besprechungsprotokollen.

Wie schon unter Rdn. 46 angesprochen, können die Ist-Termine in Balkenplänen innerhalb der Soll-Termine eingetragen werden und ergeben somit einen anschaulichen und leicht nachvollziehbaren Termin-Soll-Ist-Vergleich. Hier verweisen wir auf **Abb. 52**, S. 776.

---

[40] Weiteres zur Netzplantechnik besprechen wir unter Rdn. 1661 ff.
[41] Hier mehr unter Rdn. 1235 ff. sowie **Abb. 36 a** (S. 562).
[42] Hierzu mehr unter Rdn. 1561 ff. sowie **Abb. 44 a** (S. 720).

Teil 2
Vertragsleistung (Bausoll) und Vertragsvergütung (Vergütungssoll) – Ansprüche des Auftragnehmers aus mangelhaft definiertem Bausoll oder Vergütungssoll

Kapitel 2
Die Festlegung des Bausolls durch den Bauvertrag

1 Das Bausoll – Definition

100   Wenn ein Anspruch auf **zusätzliche Vergütung**, also eine Vergütung für eine Soll-Ist-Abweichung geprüft werden soll, muss **zuerst die Leistungsseite des Bauvertrages** definiert werden, das Bau**soll**: Was – und wie – hat der Auftragnehmer **vertragsgemäß** zu bauen?

Erst wenn dieses Soll klar ist, läßt sich feststellen, ob es von diesem Soll Abweichungen gegeben hat, die unter Umständen auch Abweichungen beim Werklohn zur Folge haben können.

Jedem Anspruch auf zusätzliche Vergütung geht also voraus die Feststellung der ohnehin **geschuldeten Leistung**, des **bauvertraglichen Solls.** Bevor der Auftragnehmer mehr Werklohn durchsetzen kann, muss anhand des Bauvertrages geklärt werden, was der Auftragnehmer **ohnehin** und ohne Anspruch auf zusätzliche Vergütung **als Vertragsleistung** zu dem **unveränderten Werklohn** des Vertrages leisten muss[100]; natürlich löst nicht jede Soll-Ist-Abweichung Ansprüche des Auftragnehmers aus. Es ist gerade ein Thema dieses Buches, im Einzelnen zu klären, wann eine Soll-Ist-Abweichung zu solchen Ansprüchen führt (vgl. auch oben Rdn. 3, 4).

Der Bauvertrag, nach dem Schema des BGB ein Werkvertrag – gerichtet auf die Erbringung eines bestimmten Erfolges und nicht auf die bloße Ableistung von Diensten –, schafft gegenseitige Pflichten. Der Auftragnehmer muss das geschuldete, durch den Bauvertrag beschriebene Werk bauen, der Auftraggeber muss den Werklohn bezahlen.

Das

Bausoll

ist – wie schon unter Rdn. 4 angerissen – die durch den **Bauvertrag** (und also durch die **Totalität aller Vertragsunterlagen**, s. Rdn. 104, 178 zur Leistungsbeschreibung „im weiteren Sinn") als Vorgabe nach **Bauinhalt** (Was?) und – gegebenenfalls – nach **Bauumständen** (Wie?) näher bestimmte Leistung des Auftragnehmers zur Erreichung des werk-

---

[100] Zustimmend Putzier, BauR 1993, 399, 400; Putzier ließ sich aber durch die Erfolgsbezogenheit des Werkvertrages zu unzutreffenden Schlußfolgerungen hinsichtlich auftretender „Erschwernisse" verleiten, dazu näher Rdn. 137 ff., 789 ff.

vertraglichen Erfolges, und zwar beim **Einheitspreisvertrag** zerlegt in definierte Teil-Leistungen (= Positionen, dazu näher Rdn. 104).
Unter „Bausoll" ist nicht nur die inhaltlich geschuldete Bauleistung zu verstehen, sondern auch die **durch den Bauvertrag** definierte Art und Weise, **wie** diese Leistung erreicht werden soll, also in einer bestimmten Zeit, unter bestimmten, im Leistungsverzeichnis definierten Verhältnissen (z. B. Baugrundverhältnissen), durch bestimmte, vom Auftraggeber vorgegebene Planungen oder technische Methoden, durch einen bestimmten, mit bestimmter Fachkunde ausgestatteten Unternehmer. Während das **Bauinhalts**soll nur diese eine Kategorie umfasst, läßt sich das **Bauumstände**soll noch in Unterkategorien aufgliedern (näher Rdn. 721, 800, 801).

Dass beim Werkvertrag **ein Erfolg** geschuldet wird, hat mit der Definition nichts zu tun: Geschuldet wird **nicht allgemein** ein Erfolg, sondern **der** Erfolg, den der Auftragnehmer zur Herstellung des **versprochenen** Werkes leisten muss und der durch das „Bausoll" definiert ist. Der Begriff „Bausoll" ist also nicht tätigkeitsbezogen, sondern selbstverständlich werkvertrags-erfolgsbezogen. Dabei ist aber immer zu bedenken, dass „Erfolg" im Werkvertragsrecht **kein leistungserweiterndes** Kriterium ist, sondern bedeutet, dass es Sache des Auftragnehmers ist, zu entscheiden, wie er das **geschuldete** Werk erstellt (solange der Vertrag nicht dazu Einzelvorgaben enthält), und dass es gleichgültig ist, welchen Aufwand er dazu erbringen muss.[101]
Juristisch ist der Begriff „Bausoll" nichts anderes als die Übersetzung zu: „vom Auftragnehmer vertraglich Geschuldetes". Aber die Verwendung des für Bauingenieure geläufigen Begriffspaars Bausoll-Bauist ermöglicht eine für Juristen wie Bauingenieure plastische Bezeichnung, die die interdisziplinäre Verständigung erleichtert und die ja auch deshalb für beide Disziplinen in kürzester Zeit nahezu Allgemeingut geworden ist.

Dieses Bausoll hat der Auftragnehmer so für die unveränderte **vereinbarte Vergütung** (Preis) zu erstellen, und zwar beim Einheitspreisvertrag auf der Basis der jeweiligen Einheitspreise.
Stimmen die so als Vertragspflicht des Auftragnehmers definierte Vertragsleistung, also das **„Bausoll"**, und die spätere Ausführung des Werkes, also das **„Bauist"**, überein, so hat der Auftragnehmer nur Anspruch auf den vertraglich festgelegten Werklohn, die **„Sollvergütung"**. Somit stimmen dann also auch hinsichtlich der Vergütung „Soll" und „Ist" überein, vorausgesetzt, es ist nicht zu sonstigen, nicht aus der vertraglichen Leistungsbeschreibung resultierenden „Hindernissen" gekommen. Der Auftragnehmer hat dann keine Ansprüche auf zusätzliche Vergütung.

Anders ausgedrückt:
Erste Voraussetzung für alle Ansprüche auf **geänderte oder zusätzliche Vergütung** ist, dass **„Bausoll" und „Bauist" voneinander abweichen**.
Um Missverständnissen entgegenzutreten, weisen wir darauf hin, dass eine auftraggeberseitige Leistungsänderung nach Vertragsschluss kein neues „Bausoll" begründet, sondern zu einer Bausoll-Bauist-Abweichung führt.
Es ist auch denkbar, dass nicht die Leistungsseite des Vertrages **unklar** ist, sondern die **Vergütungsseite**. Solche Unklarheiten des **Vergütungssolls** behandeln wir gesondert unter Rdn. 280 ff.

---

[101] Ausführlich dazu Kapellmann, NJW 2005, 182; Motzke, NZBau 2002, 641, 643; hier Rdn. 885. Wenn sich z. B. nach Vertragsschluss die „anerkannten Regeln der Technik" ändern, muss der Auftragnehmer, um **Mangelfreiheit** zu erreichen, das Bausoll die insoweit notwendigen Leistungen aber nicht umfasst, den Auftraggeber darauf hinweisen; die zur Mängelfreiheit im Zeitpunkt der Abnahme notwendig werdende Leistung ist zusätzlich und rechtfertigt Mehrvergütung gemäß § 2 Nr. 5 oder Nr. 8 VOB/B, dazu auch Band 2, Rdn. 570, 571 und hier Rdn. **118**.
Das „Bausoll" bestimmt gerade, **welchen** Erfolg der Auftragnehmer schuldet.

2 Die Bestimmung des Bausolls anhand des Vertrages

2.1 Unwirksamkeit von Vertragsbestimmungen wegen Verstoßes gegen AGB-Recht

102 Es gilt demnach, die **Leistungspflicht** des Auftragnehmers (**Bausoll**) und die für diese Leistung geschuldete Vergütung des Auftragnehmers (Vergütungssoll) anhand des Bauvertrages festzustellen.

Das **Bausoll** wird durch die **Vertragsbestimmungen** definiert, aber **nur insoweit, als diese Vertragsbestimmungen selbst gültig sind.**
Wenn z. B. eine Leistungspflicht des Auftragnehmers in **Allgemeinen Geschäftsbedingungen** des Auftraggebers abweichend vom Leitbild des BGB festgelegt wird, kann eine solche Bestimmung unwirksam sein wegen Verstoßes gegen § 307 BGB mit der Folge, dass der Auftragnehmer trotz des entgegenstehenden Vertragswortlauts für seine Leistung zusätzliche Vergütung verlangen kann.[102]

Ein Beispiel:
Eine AGB-Klausel lautet, dass der Bieter erforderliche Maßnahmen zum Schutz nachbarlicher Gebäude festzustellen und „in das Angebot einzusetzen" hat.
Das wird von § 3 VOB/B nicht mehr gedeckt, verstößt gegen Grundgedanken der Risikoverteilung beim Bauvertrag und ist unwirksam wegen Verstoßes gegen § 307 BGB.[103]
Für entsprechende Leistungen kann der Auftragnehmer trotz entgegenstehender Vertragsbestimmungen Bezahlung, also zusätzliche Vergütung, verlangen.

In diese Kategorie gehört auch die u. U. gemäß § 307 BGB unwirksame Einbeziehung „Besonderer Leistungen" durch Klauseln in Allgemeinen Geschäftsbedingungen des Auftraggebers (s. Rdn. 134).

Eine spezielle Rolle spielen die AGB-rechtlichen Bestimmungen der §§ 305 ff. BGB bei der Auslegung unklarer Vertragsregelungen (dazu unten Rdn. 230).

2.2 Die Vereinbarung der VOB/B

103 Baupraktiker gehen immer noch gelegentlich davon aus, die Geltung der VOB/B verstehe sich von selbst. Davor kann nur gewarnt werden: **Die Geltung der VOB/B muss vereinbart sein.** Das kann durch schriftliche Einbeziehung geschehen, was der Normalfall ist. Aber auch die mündliche Vereinbarung genügt, wobei sich jedoch das Problem ergibt, die Einbeziehung zu beweisen.
Endlich ist auch eine stillschweigende Vereinbarung immerhin möglich, aber erst recht ein Ausnahmefall, auf den man sich nicht verlassen darf; das gilt erst recht, wenn einer der Vertragspartner sich auf den Schutz der AGB-rechtlichen Bestimmungen der §§ 305 ff. BGB, z. B. als Nichtkaufmann, berufen kann.

Im Folgenden wird für die Diskussion zugrundegelegt, dass die Parteien die **Geltung der VOB/B** (= DIN 1961) als Vertragsbestandteil vereinbart haben.

---

[102] Wann im Einzelfall die AGB-rechtlichen Vorschriften der §§ 305 ff. BGB anwendbar sind, erörtern wir genauer unter Rdn. 230.
[103] Korbion/Locher, AGB-Gesetz, Rdn. 115.

Auch die Bestimmungen der VOB/B sind im Rechtssinn „**Allgemeine Geschäftsbedingungen**"; die VOB/B unterläge daher eigentlich insgesamt der Kontrolle durch das die zulässige Verwendung solcher Allgemeiner Geschäftsbedingungen regelnde Recht der §§ 305 ff. BGB.

Nach einer Grundsatzentscheidung des Bundesgerichtshofs aus dem Jahr 1982 blieb jedoch die Geltung der **VOB/B** durch das damalige AGB-Gesetz unangetastet, solange „der Verwender sie **ohne ins Gewicht fallende Einschränkungen übernommen** hat. Werden einzelne ihrer Bestimmungen **nicht** oder nur abgeändert Vertragsbestandteil, so ist zu prüfen, ob die VOB/B im Kern Vertragsunterlage geblieben und der von ihr verwirklichte Interessenausgleich nicht wesentlich beeinträchtigt worden ist. Andernfalls wäre es nicht mehr gerechtfertigt, bei der Prüfung im Rahmen des § 9 AGB-Gesetz den Hinweis auf den hinlänglich ausgewogenen Charakter des Regelwerks genügen zu lassen." Für Verträge vor dem 31.12.2002 hat der Bundesgerichtshof dann im Jahr 2004 entschieden, **jede** Abweichung von der VOB/B eröffne die AGB-Kontrollmöglichkeit.[104]
Durch das Schuldrechtsmodernisierungsgesetz hat sich mit Wirkung zum 1.1.2002 eine Äderung ergeben; die VOB/B unterliegt heute **nach unserer** Rechtsauffassung uneingeschränkt, also auch bei Vereinbarung ohne Abweichung, der AGB-rechtlichen Kontrolle der §§ 305 ff. BGB.[105]

2.3 Einheitspreisvertrag

2.3.1 Strukturen – Leistungsbeschreibung, Position, Vordersatz, Einheitspreis

Die VOB kennt 3 Vertragstypen, wie sich insbesondere aus § 5 VOB/A ergibt. **104**

Das sind:

- Leistungsvertrag
- Stundenlohnvertrag
- Selbstkostenerstattungsvertrag

Der **Leistungsvertrag** verknüpft die Bezahlung mit dem Leistungserfolg, nämlich der realisierten Bauleistung, wie das typisch für den Werkvertrag des BGB ist. Bezahlt wird also – typisierend! – nicht die Mühe, sondern der durch das Bausoll definierte Erfolg.

Der Leistungsvertrag gemäß VOB/B hat wieder zwei **Untergruppen** (s. § 5 Nr. 1 VOB/A), nämlich

Einheitspreisvertrag

und

Pauschalvertrag.

---

[104] Änderung im Kern: BGHZ 86, 135 = BauR 1983, 161 = NJW 1983, 816; zu den Einzelheiten Korbion/Locher, AGB-Gesetz, Rdn. 69 ff.
Jede Änderung: BGH NZBau 2004, 385.
Beispiele für unwirksame VOB-Regeln, wenn die VOB/B nur mit Abweichungen vereinbart war: § 2 Nr. 8 Abs. 1 Satz 1 VOB/B (BGH BauR 1991, 331), § 16 Nr. 3 Abs. 2 VOB/B (BGH BauR 1995, 234, BGH BauR 1998, 614); vollständig zusammengestellt bei Markus, in: Markus/Kaiser/Kapellmann, AGB-Handbuch Bauvertragsklauseln, Rdn. 70-130.

[105] Die Frage ist streitig und bis zu einer Entscheidung des Gesetzgebers oder des BGH auch offen. Zum Meinungsstand von Rintelen, in: Kapellmann/Messerschmidt VOB/B, Einleitung, Rdn. 44 ff.

Wir behandeln im vorliegenden Band 1 nur den **Einheitspreisvertrag**; Pauschalverträge sind Gegenstand von Band 2.

Der Einheitspreisvertrag ist definiert in § 5 Nr. 1 a VOB/A und § 2 Nr. 2 VOB/B. Die Vergabeanweisung in

§ 5 Nr. 1 a VOB/A

lautet:

„**Bauleistungen sollen so vergeben werden, dass die Vergütung nach Leistung bemessen wird (Leistungsvertrag), und zwar:**
a) in der Regel zu Einheitspreisen für technisch und wirtschaftlich einheitliche Teilleistungen, deren Menge nach Maß, Gewicht oder Stückzahl vom Auftraggeber in den Verdingungsunterlagen anzugeben ist (Einheitspreisvertrag)."

§ 2 Nr. 2 VOB/B lautet:
„Die Vergütung wird nach den vertraglichen Einheitspreisen und den tatsächlich ausgeführten Leistungen berechnet, wenn keine andere Berechnungsart (z. B. durch Pauschalsumme, nach Stundenlohnsätzen, nach Selbstkosten) vereinbart ist."
Beim Einheitspreisvertrag wird die vertraglich zu erstellende Bauleistung (das Werk) in der (regelmäßig) vom Auftraggeber als Angebotsblankett vorformulierten Leistungsbeschreibung in (isolierte und nicht zwingend funktional selbständige) Teilarbeiten zerlegt (die VOB/A nennt sie in § 5 Nr. 1 a, § 9 Nr. 6 VOB/A **Teilleistungen**), die nach und in Ordnungszahlen (= **Positionen**, vgl. § 21 Nr. 1 Abs. 3 VOB/A) beschrieben werden (s. auch Rdn. 8).

Grundpositionen sind die Teilleistungen, die der Auftraggeber bei Auftragsvergabe zum Leistungsgegenstand (Bausoll) machen will und macht, ausgenommen, er entscheidet sich für eine korrespondierende Alternativposition.

Alternativpositionen (Wahlpositionen) sind solche Teilleistungen, die der Auftraggeber in der Ausschreibung aufführt in der Absicht, sie bei der Auftragsvergabe möglicherweise anstelle von Grundpositionen zum Leistungsgegenstand zu machen (Einzelheiten dazu unter Rdn. 569 ff.).

Eventualpositionen oder **Bedarfspositionen** sind solche Teilleistungen, die der Auftraggeber in der Ausschreibung erwähnt, um sie **vielleicht** noch, insbesondere nach Vertragsschluss, zusätzlich zu beauftragen (Einzelheiten dazu Rdn. 580 ff.).
Die **Leistungsbeschreibung** selbst besteht (**gleichrangig**, s. Rdn. 179) aus Baubeschreibung, Leistungsverzeichnis (LV), Bauzeichnungen und Probestücken (§ 9 Nr. 6, 7 VOB/A).[106] Die Leistungsbeschreibung bestimmt den (geschuldeten) **Bauinhalt** und gegebenenfalls die **Bauumstände** – beides zusammen also das **Bausoll** (siehe Rdn. 100).

Jede Position des Leistungsverzeichnisses ist aufgebaut in
- **Mengenangabe** (Vordersatz) – das ist der nach Meinung des Auftraggebers voraussichtliche Leistungsumfang; **abgerechnet** wird beim Einheitspreisvertrag später nicht nach ausgeschriebenen, sondern nach **ausgeführten** Mengen
- **Leistungsbeschrieb** (z. B. „Beton B 25")
- **Einheitspreis** – das ist der Preis pro Abrechnungseinheit (z. B. 1 m^3)

Für alle Grundpositionen wird jeweils durch Multiplikation von Vordersatz und Einheitspreis der Positionsgesamtpreis ermittelt und angeboten; die Summe der Gesamtpreise der Grundpositionen ergibt die „Auftragssumme".

---

[106] Die Leistungsbeschreibung beim Einheitspreisvertrag, benannt in § 9 Nr. 6 VOB/A, ist die Leistungsbeschreibung „**im engeren Sinn**"; zur Leistungsbeschreibung „**im weiteren Sinn**" gehören alle bausolldefinitorischen Elemente, z. B. auch zusätzliche Technische Vertragsbedingungen. Näher Rdn. 178.

Einheitspreisvertrag   Rdn. 104

Dass der Vertragsinhalt **insgesamt** („Totalitätsprinzip", s. Rdn. 178) die zu erbringende Leistung definiert, sagt

§ 1 Nr. 1 Satz 1 VOB/B so:

„Die auszuführende Leistung wird nach Art und Umfang durch den Vertrag bestimmt."

Das **Bausoll** (s. Rdn. 100) bestimmt sich also nach den Regelungen des jeweiligen Vertrages, und zwar nach **allen** textlichen, zeichnerischen und/oder sonstigen **Vertragsbestandteilen**, z. B. Zusätzlichen Vertragsbedingungen, Plänen usw. (Einzelheiten unten Rdn. 118 ff., 178). Aus alldem ergibt sich die **Struktur** des Einheitspreisvertrages, wie wir sie in der **Abb. 9**, S. 45; zusammengefasst haben:

Das Element „Leistungsbeschreibung" ist durch den Vertrag **fixiert** – übrigens genauso beim Pauschalvertrag.

Das Element „Menge" ist zum Zeitpunkt des Vertragsschlusses **vorläufig,** weil die ausgeschriebene Menge pro Position (Vordersatz) nicht die zukünftige Abrechnungsmenge

		Bausoll		Vergütungssoll	
Vertragliche Festlegung	Einzelangabe:	Leistungsbeschreibung	LV-Menge (Vordersatz)	Vordersatz x Einheitspreis	
	beinhaltet pro Position:	Qualitativer Bauinhalt und Bauumstände	Quantitativer Bauinhalt	= Gesamtbetrag pro Position	
	Gesamtangabe:	Leistungsbeschreibung durch LV, Pläne etc.		Auftragssumme = Σ Positionsgesamtpreise	
	Gültigkeit:	fixiert	vorläufig	vorläufig	fixiert

		Bauist		Vergütungsist	
Ausführung und Abrechnung	pro Position:	vertragsgemäß erstellte Teilleistung	vertragsgemäß erstellte Menge	ausgeführte Menge x Einheitspreis	
	Insgesamt:	vertragsgemäß erstellte Gesamtleistung		Schlußrechnungsbetrag = Σ Positionsgesamtbeträge	
	Gültigkeit:	fixiert	fixiert	fixiert	fixiert

Abbildung 9   Elemente des Einheitspreisvertrags

sein muss. Abgerechnet wird nicht nach vereinbarter, sondern nach (vertragsgemäß) ausgeführter Menge. Abweichungen zwischen Vordersätzen und Abrechnungsmengen ergeben sich für die Vertragsleistung (nur) dann, wenn die Vordersätze des Leistungsverzeichnisses (aus welchen Gründen auch immer, z. B. fehlerhafte Berechnung des Auftraggebers) nicht die tatsächliche Menge wiedergeben; andere Möglichkeiten gibt es nicht. Wird nämlich eine andere Menge als der Vordersatz nicht infolge unrichtiger Ermittlung, sondern infolge einer nachträglichen **Anordnung** des Auftraggebers ausgeführt, ist die **daraus** resultierende Vergütungsänderung nicht Spezifikum des Einheitspreisvertrages, sondern Folge einer zusätzlichen, vom bisherigen Vertragsinhalt nicht erfassten Leistung, zu vergüten als **angeordnete Mengenmehrung** gemäß § 2 Nr. 6 VOB/B (näher unten Rdn. 514 ff). Das Element „**Einheitspreis**" (Vergütungssatz pro Abrechnungseinheit, z. B. 100,– €/m^2) ist grundsätzlich **fixiert**. Ausnahme: Gehen die „auf die vorgefundenen Verhältnisse zurückzuführenden" Mengenänderungen über +/- 10% hinaus, kann dies gemäß § 2 Nr. 3 VOB/B zu einer Erhöhung oder Verminderung des Einheitspreises führen. Das ist als Korrektiv zu der noch unbekannten Abrechnungsmenge gedacht.[107]

Die im Vertrag (Angebot) ausgewiesene „Auftragssumme" ist naturgemäß nicht fixiert; da der „Vordersatz" vertragstypisch nicht die endgültige Abrechnungsmenge pro Position angibt (vgl. **Abb. 9**, S. 45), kann die Angebotssumme („Auftragssumme") zwangsläufig ihrerseits nur vorläufig sein.

Die Schlussrechnungssumme ergibt sich aus der Addition der endgültigen Positionsgesamtpreise (jeweils tatsächliche Menge, multipliziert mit dem zugehörigen Einheitspreis).

2.3.2 Einheitspreis

2.3.2.1 Regelfall

105 Der Einheitspreis ist auch **Festpreis**. Das heißt: Der einmal vereinbarte Preis ändert sich auch für eine noch so lange, vertragsgemäße Bauzeit und vertragsgemäße Bauleistung nicht mehr, auch dann nicht, wenn z. B. Lohnerhöhungen oder Materialpreiserhöhungen eintreten. Das ist allerdings eine Selbstverständlichkeit und gilt genauso beim Pauschalvertrag (Einzelheiten Band 2, Rdn. 77). Ausnahmen kann es nur in praktisch nicht vorkommenden Extremfällen unter dem Gesichtspunkt der „Störung der Geschäftsgrundlage" geben.[108]

Auch § 2 Nr. 1 VOB/B enthält keinen Preisvorbehalt.[109]

Wollen die Parteien den Preis veränderten Kosten **während** der Bauausführung anpassen, so können sie **Gleitklauseln** vereinbaren. Gebräuchlich sind Lohngleitklauseln und Materialpreisgleitklauseln; es gibt noch weitere Klauseln, z. B. eine spezielle Transportkostengleitklausel.

Für die der VOB/A unterliegenden Vergaben enthält § 15 VOB/A dazu eine nähere Regelung.

Öffentliche Auftraggeber vereinbaren solche Klauseln gewöhnlich in „Besonderen Vertragsbedingungen". Das Vergabehandbuch des Bundes enthält entsprechende Muster, basierend auf einem Ministerialerlass „Grundsätze zur Anwendung von Preisvorbehalten bei öffentlichen Aufträgen".[110]

---

[107] Nach Auffassung des Bundesgerichtshofs kann die Anwendung von § 2 Nr. 3 VOB/B vom Auftraggeber in Allgemeinen Geschäftsbedingungen ausgeschlossen werden, Einzelheiten unten Rdn. 663 ff.
[108] Einzelheiten Band 2, Rdn. 1400 ff.
[109] Zu dieser unzutreffenden früheren These von Putzier, BauR 1994, 596 ff. unten Rdn. 137 ff.
[110] Die **Lohngleitklausel** EFB-LV LG I („Centklausel"), Stand: April 2005 ist **abgedruckt** in **Abb. 10**, S. 48; . Einzelheiten zu diesen Klauseln Kapellmann, in: Kapellmann/Messerschmidt, VOB/A § 15, Rdn. 1 ff.

Jede Gleitklausel in Allgemeinen Geschäftsbedingungen muss die tatsächlichen Voraussetzungen, gemäß denen der „Festpreis" sich ändern soll, **eindeutig** festlegen und **eindeutig** regeln, was anstelle des „Festpreises" für die Vergütung der nach einem festgelegten Stichtag erstellten Leistung gelten soll.[111]

2.3.2.2 Lohnpreisgleitklauseln

Lohnpreisgleitklauseln tauchen in verschiedenen Varianten auf, nämlich Prozentklausel, Lohnlistenklausel und Centklausel.

106

Die **Prozentklausel** ist klar und einfach:

Bei einer Lohnerhöhung (Lohn einschließlich lohngebundener Kosten) um X% erhöht sich ab dem Lohnerhöhungsstichtag jeder Einheitspreis um einen vorher im Bauvertrag festgelegten Satz, der dem (geschätzten) Personalkostenanteil an der Auftragssumme entspricht.

Wird beispielsweise der Personalkostenanteil mit 40 % vereinbart, so erhöhen sich die Einheitspreise für die nach einer Lohnerhöhung um X = 5 % erstellten Leistungen um $0{,}05 \cdot 0{,}40 = 0{,}02$, also um 2%.

Es muss im Vertrag festgelegt werden, ob bei längerer Vertragsdauer und mehrfachen Lohnerhöhungen jeweils Basis der bei Angebotsabgabe geltende Tariflohn ist oder der jeweilige letzte Tariflohn. Fehlt eine solche Vereinbarung, so ist im Wege der Auslegung der jeweils letzte Tariflohn maßgebend, weil ja die Tarifverträge selbst so rechnen und jede auf den Angebots-Tariflohn bezogene Erhöhung bei mehrfacher Tariferhöhung im Erhöhungsfaktor gar nicht mehr mit dem Steigerungsfaktor zwischen den jeweils letzten Tarifverträgen übereinstimmt.

Die **Lohnlistenklausel** nimmt als Basis für die erhöhte Vergütung die Löhne der auf der Baustelle eingesetzten Arbeitskräfte, die in einer Lohnliste erfasst sind. Die Regelung ist relativ unpraktisch (u. a. wegen wechselnder Besetzung der Baustelle) und wird kaum verwendet.

107

Bei der Centklausel ist Ausgangsbasis für die Vergütung von Lohnmehrkosten die Änderung des maßgebenden Lohns in Cent je Stunde, während bei der Prozentklausel (Rdn. 106) maßgebend ist die Änderung um 1 %.

Der für die Berechnung der Mehrvergütung maßgebende Lohn wird vom Auftraggeber durch Angabe einer Berufsgruppe aus dem Tarifvertrag festgelegt. Wie bei der Prozentklausel muss auch bei der Centklausel der Personalkostenanteil der Auftragssumme vorab festgelegt werden, diesmal jedoch von seiten des jeweiligen Bieters, und zwar mittelbar durch Angabe des Änderungssatzes **(Vomtausendsatz)**.

Beispiel:

Auftragssumme (A): 4.000.000,– €

Personalkosten (P): 1.600.000,– €

---

[111] OLG Köln Schäfer/Finnern/Hochstein, Nr. 2 zu § 2 Nr. 1 VOB/B = BauR 1995, 112; s. zu einer unklaren Klausel auch OLG Bamberg BauR 1992, 541 L. Dies spielt bei Materialpreisgleitklauseln eine Rolle, s. Rdn. 126. Laut OLG Düsseldorf BauR 1995, 861 gelte das nicht für eine **individuell** vereinbarte Lohngleitklausel, dann sei der Inhalt durch Auslegung zu ermitteln. Der Grund dafür ist nicht ersichtlich.

	EFB-LV LGI	316

VERTRAGSBEDINGUNGEN LOHNGLEITKLAUSEL

1   Mehr- oder Minderaufwendungen des Auftragnehmers für Löhne und Gehälter werden nur erstattet, wenn sich der maßgebende Lohn durch Änderungen der Tarife oder bei einem tariflosen Zustand durch Änderungen aufgrund von orts- oder gewerbeüblichen Betriebsvereinbarungen erhöht oder vermindert hat.

Maßgebender Lohn ist der Gesamttarifstundenlohn (Tarifstundenlohn und Bauzuschlag) des Spezialbaufacharbeiters gemäß Lohngruppe 4 (West), wenn der Auftraggeber in der Leistungsbeschreibung nichts anderes angegeben hat.

Mehr- oder Minderaufwendungen aufgrund solcher Tarifverträge, die am Tag vor Ablauf der Angebotsfrist abgeschlossen waren (Unterzeichnung des Tarifvertrages durch die Tarifpartner), werden nicht erstattet; das Gleiche gilt für Betriebsvereinbarungen bei einem tariflosen Zustand.

2   Bei Änderung des maßgebenden Lohns um jeweils 1 Cent/Stunde wird die Vergütung für die nach dem Wirksamwerden der Änderung zu erbringenden Leistungen um den in der Leistungsbeschreibung vereinbarten Änderungssatz erhöht oder vermindert.

Satz 1 findet auf Nachträge insoweit keine Anwendung, als in deren Preisen Lohnänderungen bereits berücksichtigt sind.

Durch die Änderung der Vergütung sind alle unmittelbaren und mittelbaren Mehr- oder Minderaufwendungen einschließlich derjenigen, die durch Änderungen der gesetzlichen oder tariflichen Sozialaufwendungen entstehen, abgegolten.

Der vereinbarte Änderungssatz gilt unabhängig davon, ob sich Art und Umfang der Leistungen ändern.

Ist der Auftrag auf einen Änderungsvorschlag oder ein Nebenangebot erteilt worden, so gelten die im Angebot Lohngleitklausel vorgesehenen Änderungssätze, wenn nicht aufgrund des Änderungsvorschlags oder Nebenangebots andere Vereinbarungen getroffen worden sind.

3   Der Wert der bis zum Tage der Änderung des maßgebenden Lohns erbrachten Leistungen (Leistungsstand) ist unverzüglich durch ein gemeinsames Aufmaß oder auf andere geeignete Weise – zumindest mit dem Genauigkeitsgrad einer geprüften Abschlagsrechnung – festzustellen. Dabei sind alle bis zu diesem Zeitpunkt auf der Baustelle oder in Werk- oder sonstigen Betriebsstätten – ggf. auch nur teilweise – erbrachten Leistungen zu berücksichtigen.

Der Auftragnehmer hat dem Auftraggeber die Lohnänderung rechtzeitig schriftlich anzuzeigen und alle zur Prüfung des Leistungsstandes erforderlichen Nachweise zu erbringen.

4   Vermeidbare Mehraufwendungen werden nicht erstattet. Vermeidbar sind insbesondere Mehraufwendungen, die dadurch entstehen, dass der Auftragnehmer Vertragsfristen überschritten oder die Bauausführung nicht angemessen gefördert hat.

5   Von dem nach den Nrn. 3 bis 5 ermittelten Mehr- oder Minderbetrag wird nur der über 0,5 v.H. der Abrechnungssumme (Vergütung für die insgesamt erbrachte Leistung) hinausgehende Teilbetrag erstattet (Bagatell- und Selbstbeteiligungsklausel).

Dabei sind der Mehr- oder Minderbetrag ohne Umsatzsteuer, die Abrechnungssumme ohne die aufgrund von Gleitklauseln zu erstattenden Beträge ohne Umsatzsteuer anzusetzen.

Ein Mehr- oder Minderbetrag kann erst geltend gemacht werden, wenn der Bagatell- und Selbstbeteiligungsbetrag überschritten ist; bis zur Feststellung der Abrechnungssumme wird 0,5 v.H. der Auftragssumme zugrunde gelegt.

Ausgabe 2002 – Stand 01.10.2004

Abbildung 10   Lohngleitklausel zu § 2 VOB/B, Vergabehandbuch des Bundes, Stand April 2005

- Personalkostenanteil = P/A
  = 1.600.000,- €/4.000.000,- €
  = 0,4 =   40 %

- maßgebender Lohn: Berufsgruppe III / 2 (nur Beispiel)   14,78 €/Ph
                                                           1 478 Cent/Ph

- Änderungssatz: Personalkostenanteil/maßgebender Lohn
  = 0,4/1 478 Cent/Ph =   0,0002706 [1/(Cent/Ph)]
  (je Cent Lohnerhöhung):   = 0,2706 ‰

Ganz am Rande: Bei steigendem Lohn verringert sich der Änderungssatz (vorausgesetzt, dass der Lohnanteil gleichbleibt).

Der Änderungssatz sagt aus, um wieviel Promille sich die (Gesamt-)Vergütung für die nach dem Lohnerhöhungsstichtag erstellten Leistungen ändert, wenn sich der maßgebende Lohn um einen Cent pro Lohnstunde verändert. Der Änderungssatz wird von den Bietern „im Wettbewerb" angegeben und somit auch angeboten. Kostenkausal richtig ermittelt – siehe oben – ist er der Quotient aus Personalkostenanteil und dem zum Angebotszeitpunkt gültigen maßgebenden Lohn.

Die Vergütungserhöhung für die nach dem Lohnerhöhungsstichtag erstellten (Rest-)Leistungen wird bei der Centklausel wie folgt ermittelt:

- Tarifliche Lohnerhöhung: 0,90 €/Ph

- Abrechnungssumme der (Rest-)Leistungen
  nach Lohnerhöhungsstichtag auf der Basis
  der Vertragspreise   1.500.000,- €

- Vergütungserhöhung aus Lohngleitklausel =
  Restleistung x Lohnerhöhung x Änderungssatz =
  (1 500.000,- € · 60 Cent/Ph · 0,2706 Ph/Cent) : 1000 =   24 354,00 €

Die häufigste Lohngleitklausel ist die **Centklausel** (auch v-T-Klausel genannt). Der gängige Text einer Lohngleitklausel ergibt sich z. B. aus dem Formblatt EFB-LV LG I des Bundes, **Abb. 10**, S. 48. **108**

Da die Veränderung der Gesamtvergütung von der Veränderung eines einzelnen Kostenelementes (des maßgebenden Lohns) abhängt, nennt man eine solche Klausel eine Kostenelementklausel. Gemäß **§ 2 Preisangaben- und Preisklauselgesetz** besteht Genehmigungspflicht. Durch Rechtsverordnung können jedoch allgemeine Ausnahmen vom Verbot festgesetzt werden. Eine solche allgemeine Ausnahme enthält § 1 Nr. 3 Preisklausel VO für „Klauseln, nach denen der geschuldete Betrag insoweit von der Entwicklung der Preise oder Werte für Güter oder Leistungen abhängig gemacht wird, als diese die Selbstkosten des Gläubigers bei der Erbringung der Gegenleistung unmittelbar beeinflussen (Kostenelementklausel)." **109**
Für die Centklausel besteht also eine allgemeine Ausnahme.
Würde eine Klausel die Voraussetzungen nicht erfüllen, besteht Genehmigungspflicht, zuständig ist das Bundesamt für Wirtschaft, Eschborn.

Die Klausel ist (aber auch **nur** dann) genehmigungsfrei und wirksam, wenn sie nur dazu führt, die konkreten Mehrkosten infolge von Personalkostenveränderungen abzuwälzen; sie muss also annähernd dem kalkulatorischen Lohnanteil der Auftragskalkulation entsprechen und für die Zukunft in „annähernd zutreffender Gewichtung" die Personalkostenveränderungen erfassen. Nahezu zwangsläufig wohnt einer solchen „Promille-Klausel" dabei eine gewisse „Pauschalierung" inne, die in vernünftigen Grenzen hingenommen werden muss. Überschreitet sie dieses Maß, so ist sie nichtig.

Da die Klausel zulässigerweise zu einem Gleichgewicht von Leistung, genauen Kosten und Gegenleistung (Vergütung = Werklohn) auch nach eingetretener Kostenerhöhung führen soll und darf, ist es zulässig, die zusätzliche Vergütung auf der Basis der **mit Gewinn** beaufschlagten, kalkulierten Kosten zu berechnen bzw. sie aus den Lohnkosten zu berechnen und sie dann mit Gewinn zu beaufschlagen.[112]

110 Diese ganze Erörterung ist allerdings in der Mehrzahl aller Fälle ein Streit um des Kaisers Bart. Ist nämlich der vom Bieter eingesetzte Promillesatz zu hoch und deshalb keine wirkliche Kostenelementklausel und ist deshalb die Klausel **nichtig**, so fällt sie doch **nicht ersatzlos** weg. Gemäß § 139 BGB ist vielmehr davon auszugehen, dass die Nichtigkeit der Klausel den Bestand des (übrigen) Vertrages nicht berührt. Die Parteien sind dann aber gemäß Treu und Glauben (§ 242 BGB) verpflichtet, nachträglich eine der Höhe nach zulässige Klausel zu vereinbaren, was praktisch bedeutet, dass nachträglich der aus der Auftragskalkulation richtig zu errechnende Erhöhungsfaktor in Promille ermittelt wird und dann als vereinbart gilt.[113]

Die Nichtigkeit überhöhter Klauseln spielt daher überhaupt nur noch in zwei Fällen eine Rolle:
a) Der öffentliche Auftraggeber **muss** vergaberechtlich Angebote mit überhöhtem Promillesatz ausscheiden. Er wird vor einer solchen Entscheidung vom Bieter gemäß § 24 VOB/A technische Aufklärung verlangen, ob der Änderungssatz wirklich nur von den kalkulierten Personalkosten und den annähernd zu erwartenden Steigerungen ausgeht; erweist sich aber, dass dies nicht der Fall ist, so ist eine Herabsetzung des überhöhten Änderungssatzes nicht mehr möglich.[114]
b) Hat ein Auftraggeber einen zu hohen Änderungssatz akzeptiert und die auf dieser Basis errechneten Mehrkosten auch tatsächlich gezahlt, so kann er doch die Differenz zwischen den nach zulässigem und den nach überhöhtem Satz berechneten Mehrkosten gemäß § 812 BGB später zurückverlangen.[115]

111 **Ausgangspunkt der Berechnung der Centklausel** sind – wie bei der Prozentklausel – die gesamten in der Angebots- bzw. Auftragskalkulation enthaltenen Personalkosten, **also Löhne und Gehälter** einschließlich Personalzusatz- und -nebenkosten, einschließlich der Lohn- und Gehaltskosten innerhalb der Baustellengemeinkosten.
Zukünftige, annähernd zu erwartende Lohnzusatzkostensteigerungen (Sozialleistungen) dürfen berücksichtigt werden, ebenso darf - falls vereinbart - ein Selbstbehalt, z. B.

---

[112] OLG Köln, Urteil vom 14. 6. 1989, 26 U 4/89, nicht veröffentlicht; Einzelheiten Kapellmann, in: Kapellmann/Messerschmidt, VOB/A, § 15, Rdn. 15.
[113] So schon BGH NJW 1973, 1498, näher Kapellmann a.a.O., Rdn. 16, 17.
[114] Ist das auszuschließende Angebot ohne Berücksichtigung des Änderungssatzes das wirtschaftlichste und sind die anderen Angebote nicht geeignet, kann eine Aufhebung der Ausschreibung in Betracht kommen.
Selbstverständlich kann ein Bieter, der während des Vergabeverfahrens merkt, dass der von ihm angebotene Promillesatz dazu führt, er werde in der Angebotswertung zurückfallen, nicht nachträglich noch den Promillesatz herabsetzen, etwa mit der beliebten Begründung, man habe sich um eine Zehnerpotenz verschrieben, vgl. zutreffend Vergabeüberwachungsausschuß des Bundes, Beschluß vom 13. 12. 1995, 1 VÜ 6/95 (IBR 1996, 96). Unzutreffend Heiermann/Riedl/Rusam, VOB/A, § 23, Rdn. 21 für Ausnahmefälle.
[115] OLG Köln, a. a. O.; a.A. OLG München NZBau 2000, 515. Zu Ausnahmen Kapellmann, in: Kapellmann/Messerschmidt, VOB/A, § 15, Rdn. 17.

Einheitspreisvertrag   Rdn. 111

0,5 % (vgl. Rdn. 112), in den Änderungssatz eingerechnet werden.[116]

Nebenbei: Die Lohnkosten innerhalb der Baustellengemeinkosten sind im Formular EFB-Preis 1b des Bundes (vgl. **Abb. 14, S. 196**) auch gesondert anzugeben, wohingegen EFB-Preis 1a (vgl. **Abb. 15, S. 204**) eine solch präzise Trennung nicht ermöglicht.

Dagegen dürfen in Materialkosten enthaltene **fremde** Lohnkosten, insbesondere Vorfertigungskosten (z. B. Anlieferung von fertig geschnittenem und gebogenem Betonstahl), nicht einbezogen werden, die Veränderungen der Materialkosten aus Lohnkostenerhöhung führt (bei richtiger vertraglicher Regelung mit dem Lieferanten) nicht zur Kostenerhöhung beim Auftragnehmer.

In **Allgemeinen Geschäftskosten** enthaltene Lohn- und insbesondere Gehaltsbestandteile sind ebenfalls keine Basis für die Lohnerhöhung, da ihnen der konkrete Bezug zur Kostenerhöhung dieses Bauvorhabens fehlt.

Das kann im Einzelnen – in Abhängigkeit von der Kostenzuordnungsmethodik des jeweiligen Bauunternehmens – dann zu Problemen führen, wenn beispielsweise Bauleitungskosten als Bestandteil der Allgemeinen Geschäftskosten kalkuliert und gebucht werden, obwohl sie kostenkausal Baustellengemeinkosten sind. Maßgebend ist dann, **was kalkuliert** und/oder in EFB-Preis 1 dokumentiert worden ist. Ganz abgesehen davon steht es jedem Unternehmer frei, im Rahmen des Angebots den „richtigen" Änderungssatz anzugeben.

Sehr kritisch ist, ob **Lohnerhöhungen bei Nachunternehmern** in die Lohngleitung einzubeziehen sind. Hier wäre eigentlich zu differenzieren:

Enthält der Nachunternehmervertrag keine Lohngleitklausel, so ändert sich die Nachunternehmervergütung nicht. Also wäre im Hauptvertrag eine Bezugsbasis „Lohn" als Bestandteil einer Nachunternehmerkalkulation weder zulässig noch sinnvoll. Enthält umgekehrt der Nachunternehmervertrag z. B. die Centklausel, so wäre es zulässig und geboten, die anteiligen Nachunternehmerlohnkosten auch in die Berechnungsbasis des Hauptvertrages – also als Bestandteil der „gesamten produktiven Löhne" – einzubeziehen. Die Sache hat jedoch Haken:

a) Zum Zeitpunkt des Abschlusses des Hauptvertrages gibt es noch keine Nachunternehmerverträge, weder mit noch ohne Centklausel.

b) Die Änderungssätze können sich – wegen unterschiedlicher Strukturierung des Kostenartenschlüssels – zwischen Hauptunternehmer und Nachunternehmer erheblich unterscheiden.

Eine Benennung des Änderungssatzes im Hauptangebot auch unter Berücksichtigung von Nachunternehmer-Lohnkosten könnte also dazu führen, dass ein Änderungssatz als zulässig angesehen würde, der sich nachträglich bei fehlender Vereinbarung der Centklausel gegenüber Nachunternehmern als überhöht darstellen würde und deshalb beim öffentlichen Auftraggeber auszuschließen gewesen wäre.

Nach unserer Meinung reicht es hier, wenn der Bieter gegebenenfalls im Aufklärungsgespräch nach § 24 VOB/A erklärt, er werde hinsichtlich der Leistungen, die im Angebot als Nachunternehmerleistung ausgewiesen sind, die Centklausel an die Nachunternehmer durchstellen. Ergibt die spätere Kontrolle das Gegenteil, kann der Auftraggeber über-

---

[116] Zutreffend LG Koblenz, Urteil vom 19.07.1996, 9 O 85/94 (gegen die Bundesrepublik Deutschland, Straßenverwaltung Rheinland Pfalz), nicht veröffentlicht.
Enthält der Änderungssatz andere als lohn- und gehaltsbezogene Faktoren, muss der Bieter aus einem Vergabeverfahren ausgeschlossen werden, Vergabeüberwachungsausschuß des Bundes, Beschluß vom 28.8.1998, 1 VÜ 21/97, IBR 1999, 145.

höhte Mehrforderungen abwehren oder überhöhte Zahlungen gemäß § 812 BGB zurückfordern, wie unter Rdn. 109 erörtert.

Bei unterschiedlicher Kostenstruktur zwischen Haupt- und Nachunternehmer ist es u. E. hinnehmbar, von der Kostenstruktur des Hauptunternehmers dergestalt auszugehen, dass der Lohnkostenanteil pro Nachunternehmerauftrag geschätzt wird und somit ein gewichteter Mittelwert bestimmbar ist.

112 Die Centklausel des Bundes (s. **Abb. 10**, S. 48) enthält unter Nr. 6 eine zulässige **Bagatellklausel**.[117] Danach muss der Abweichungsbetrag mindestens 0,5% der Abrechnungssumme übersteigen, damit eine Erstattung gemäß Lohngleitklausel stattfindet.[118]

Anknüpfend an das Beispiel aus Rdn. 108, führt die Vereinbarung einer Bagatellklausel zu folgender endgültiger Mehrvergütung:

– Gesamtabrechnungssumme (von Vertragspreisen)   3 900 000,00 €
– Selbstbehalt: 0,5% · 3 900 000,00 € =   19 500,00 €
– vom Auftraggeber übernommene Zusatz-
  vergütung für Lohnmehrkosten:
  24 354,00 € – 19 500,00 € =   4 854,00 €
– Gesamtabrechnungssumme (einschließlich
  anteiliger Lohnmehrkostenerstattung)
  3 900 000,00 € + 4 854,00 € =   3 904 854,00 €

113 Die Centklausel gilt auch für die Ermittlung zusätzlicher Vergütung bei Nachträgen aus geänderter oder zusätzlicher Leistung; die Centklausel des Bundes (**Abb. 10**, S. 48) regelt das so ausdrücklich. Auch ohne vertragliche Regelung würde sich das aber von selbst verstehen. Dennoch ist hier ein Hinweis angebracht: Es gibt Fälle, in denen ein Auftragnehmer bei Vergütungsnachträgen **ausnahmsweise** nicht zur Vergütungsberechnung auf die Fortführung der Angebotskalkulation angewiesen ist, sondern in denen er die bei der Ausführung des Nachtrages angefallenen tatsächlichen Lohnerhöhungen berechnen darf.

Derartige Ausnahmefälle sind:

a) Berechtigte Irrtumsanfechtung (unten Rdn. 1031 ff.),
b) unsorgfältige Planung des Auftraggebers (unten Rdn. 1039 ff.)
c) aa) Erstellung der modifizierten Leistung in einer späteren Phase als vertraglich vorgesehen, (Rdn. 1035)
   bb) höhere Mengen als Vertragsleistung, (Rdn. 1036)
   cc) modifizierte Leistung mit geänderter Verfahrenstechnik (dazu insgesamt Rdn. 1037)
d) Ausmaß der Mehrleistung sprengt jeden äquivalenten Rahmen (Rdn. 1041)

In **solchen** Fällen ist die infolge von Lohnerhöhung entstehende Nachtragsvergütung nicht auf den gemäß Centklausel ermittelten Betrag beschränkt. Die Centklausel ist hier nur Bestandteil der kalkulatorischen Vergütung laut Vertrag; von dieser nur kalkulatorischen Vergütungsberechnung darf aber gerade der Auftragnehmer zugunsten der **tatsächlichen** Lohnmehrkosten in den oben genannten Ausnahmefällen abweichen.

---

[117] Der Selbstbehalt darf seinerseits in den Änderungssatz der Centklausel eingerechnet werden, zutreffend LG Koblenz, a.a.O.
[118] Die Bagatellklausel wird so berechnet, dass sich der Auftraggeber nur an den Mehrkosten zu beteiligen hat, soweit diese 0,5 % der Abrechnungssumme übersteigen, BGH NZBau 2002, 89 = BauR 2002, 467.

Bei **Behinderungsnachträgen** spielt die Centklausel ohnehin keine Rolle, denn der Auftragnehmer verlangt hier Schadensersatz, nicht Mehrvergütung; ersterer wird berechnet auf der Basis tatsächlicher Mehrkosten (unten Rdn. 1498 ff.).

2.3.2.3 Materialpreisgleitklauseln

Materialpreisgleitklauseln sind im Regelfall unproblematisch. Fragen können sich eigentlich nur dann ergeben, wenn die Klausel auf Materialien Bezug nimmt, die der Auftragnehmer nicht als vollständiges Produkt einkauft bzw. verwendet, sondern die als Vorprodukt in das eingekaufte bzw. verwendete Material eingehen.

In der Praxis stellt sich auch dieses Problem tatsächlich nicht: Die Ausschreibung muss ja klar benennen – vgl. schon oben Rdn. 105 –, auf welche konkreten Stoffe sich die Materialpreisgleitklausel beziehen soll; diese werden einzeln normalerweise in einem Formblatt erfasst (beim Bund z. B. EFB-LVStGl). In dem zugehörigen Muster des Bundes zur Ergänzung der Zusätzlichen Vertragsbedingungen für Materialpreisgleitklauseln (EVM [B] Erg StGl) heißt es verdeutlichend in Nr. 1:

„Die Klausel gilt ... für diejenigen Stoffe, die der Auftraggeber in der Ergänzung des Leistungsverzeichnisses vorgesehen **und** zu denen der Auftragnehmer Preise angegeben hat."

Zu Vorprodukten wird der Auftragnehmer ungefragt keine Preise angeben, also gilt für solche Vorprodukte die Materialpreisgleitklausel in diesem Fall nicht. Die der Materialpreisgleitklausel unterliegenden Stoffe müssen eben in der Ausschreibung „im Einzelnen" angegeben sein. Sind sie nicht im Einzelnen benannt, gibt es keine Anpassung; sind sie benannt, zieht die Klausel.
Beispiel einer Stoffpreisklausel aus jüngster Zeit ist die „Stoffpreisklausel Stahl" des Bundes in den Fassungen vom 23. 3. 2004 EFB-StGL-319 bzw. vom 10. 5. 2004.

2.4 Pauschalvertrag – Typ Detail-Pauschalvertrag

Der Pauschalvertrag Typ Detail-Pauschalvertrag ist auf der Leistungsseite gleich oder ähnlich aufgebaut wie ein Einheitspreisvertrag:

Der **Leistungsbeschrieb kann genauso differenziert sein** wie beim Einheitspreisvertrag; das ist sogar der Regelfall, wenn nur die Vergütungsseite „pauschaliert" wird, also z. B. für eine durch eine Leistungsbeschreibung mit Leistungsverzeichnis definierte Leistung lediglich ein Pauschalpreis gebildet wird.

Es liegt auf der Hand, dass in einem solchen Fall die Feststellung des Bausolls zumindest auf Anhieb nicht schwieriger ist als beim Einheitspreisvertrag; aus der detaillierten Leistungsbeschreibung wird ja klar, welches Bausoll auch im Detail geschuldet wird.

Der Pauschalpreis wird allerdings nicht in einzelne Teilpreise zerlegt; auch dann kann es aber scheinbar noch „Einheitspreise" in der Leistungsbeschreibung geben. Diesen Typ behandeln wir in Band 2 unter Rdn. 200 ff.

2.5 Pauschalvertrag – Typ Global-Pauschalvertrag

117 Wesentlich schwieriger wird es, wenn auch die **Leistungsbeschreibung** schon „pauschaliert" wird, wie das in den verschiedensten Varianten vorkommt.

Bei der Leistungsbeschreibung nach Leistungsprogramm (vgl. VOB/A § 9 Nrn. 10–12) wird nur die Bauaufgabe beschrieben, aus der die Bewerber alle für die Entwurfsbearbeitung und ihr Angebot maßgebenden Bedingungen und Umstände erkennen können und in der sowohl der Zweck der fertigen Leistung als auch die an sie gestellten technischen, wirtschaftlichen, gestalterischen und funktionsbedingten Anforderungen angegeben sind sowie gegebenenfalls ein Muster-Leistungsverzeichnis, in dem die Mengen ganz oder teilweise offengelassen sind.

Solange ein Muster-Leistungsverzeichnis beigefügt ist, sind auch hier noch die Bestimmungen des Solls einigermaßen zuverlässig möglich; fehlt aber – wie es der Normalfall ist – das Muster-Leistungsverzeichnis, so folgt aus der dem Bieter bei einer solchen Form notwendig obliegenden Mitplanung, dass eine Definition des Bausolls sehr erschwert ist.

Eine weitere Variante ist die **schlüsselfertige Errichtung** eines Bauwerks.
Dabei wird im Normalfall zwar eine Planung mitgeliefert, auch eine allgemeine Baubeschreibung, aber keine Details. Das bedeutet, dass es hier ebenfalls schwierig wird, das Bausoll zu bestimmen. Den Typ Global-Pauschalvertrag behandeln wir in Band 2 unter Rdn. 400 ff.

2.6 Leistung, Vergütung und Reihenfolge einzelner Vertragsbestandteile

118 Zu dem Umfang dessen, was die vereinbarte Vergütung abdeckt, sagt § 2 Nr. 1 VOB/B grundsätzlich:

„**Durch die vereinbarten Preise werden alle Leistungen abgegolten, die nach der Leistungsbeschreibung, den Besonderen Vertragsbedingungen, den Zusätzlichen Vertragsbedingungen, den Zusätzlichen Technischen Vertragsbedingungen, den Allgemeinen Technischen Vertragsbedingungen für Bauleistungen und der gewerblichen Verkehrssitte zur vertraglichen Leistung gehören.**"

Die einzelnen Bestandteile der Leistungsbeschreibung haben wir schon (Rdn. 104) erwähnt, die übrigen erörtern wir unter Rdn. 125 ff., 178. § 2 Nr. 1 VOB/B erwähnt **nur** die einzelnen Vertragsbestandteile und deren Rangfolge gemäß VOB/B, die Vorschrift enthält keinen Preisvorbehalt.[119]

Der Auftragnehmer schuldet beim Werkvertrag einen Erfolg, aber der **geschuldete** Erfolg ist definiert durch die **vertraglich** festgelegten Vorgaben (Bausoll).[120] Ist also beispielsweise vom Auftraggeber in den Vertragsunterlagen bindend vorgeschrieben, dass eine bestimmte technische Methode eingesetzt werden soll, so ist Bausoll der mit **dieser** Methode erreichbare Erfolg (Einzelheiten Rdn. 138 ff., auch 764).

In Bauverträgen findet sich oft eine (auch von der VOB/B abweichende) „**Rangfolgeklausel**"; sie ist Auslegungsregel in dem Sinn, dass das „Spezielle dem Allgemeinen" vorgeht (Einzelheiten unter Rdn. 178). Wenn die Anwendung des Klauselwerkes wegen der unklaren Verhältnisse konkurrierender Regelungen zur „Schwerverständlichkeit" oder

---

[119] Dazu schon oben Rdn. 105 und Einzelheiten Rdn. 137 ff.
[120] Zu der Frage, ob der Auftragnehmer zusätzliche Vergütung erhält, wenn sich **nach** Vertragsschluss die Vertragsparameter ändern s. schon oben Rdn. 100, Fn. 101.

gar „Unverständlichkeit" führt, ist das in Allgemeinen Geschäftsbedingungen – regelmäßig solchen des Auftraggebers – ein Verstoß gegen das Transparenzgebot und führt damit als Verstoß gegen § 307 Abs. 1 Satz 1 und 2 BGB zur Unwirksamkeit der Klausel (und wegen der daraus resultierenden Unentwirrbarkeit zu einer ziemlichen Katastrophe für das Vertragswerk insgesamt, was auch bei individueller Vereinbarung gilt).[121]

Solange sich das Bausoll aus dem Text des Vertrages, insbesondere dem Leistungsverzeichnis, eindeutig bestimmen läßt, tauchen keine Probleme auf.

Ebensowenig ergeben sich normalerweise Probleme hinsichtlich der **Rangfolge** unterschiedlicher Bestandteile eines Vertragswerks.

§ 1 Nr. 2 VOB/B regelt:

„Bei Widersprüchen im Vertrag gelten nacheinander:
a) die Leistungsbeschreibung,
b) die Besonderen Vertragsbedingungen,
c) etwaige Zusätzliche Vertragsbedingungen,
d) etwaige Zusätzliche Technische Vertragsbedingungen,
e) die Allgemeinen Technischen Vertragsbedingungen für Bauleistungen,
f) die **Allgemeinen Vertragsbedingungen für die Ausführung von Bauleistungen**,"

wobei letztere gerade die **VOB/B** selbst sind.

Der Bauvertrag kann auch die Rangfolge abweichend regeln.

2.7 Änderungsvorschläge, Nebenangebote („Sondervorschläge")

2.7.1 Begriffsbestimmung

Bieter versuchen nicht selten, durch „Sondervorschläge", also Abweichungen zur Ausschreibung des Auftraggebers, ihre Wettbewerbschancen zu verbessern. Dazu gibt es vielfältige Möglichkeiten, z. B.

– Angebot einer gleichwertigen anderen Leistung statt der ausgeschriebenen Leistung
– Angebot einer anderen Art der Funktionserfüllung
– Angebot anderer verfahrenstechnischer Lösungen
– Angebot von Bauzeitveränderungen

119

Üblicherweise ist die Angebotssumme für den Sondervorschlag niedriger als die, die der Bieter für die vom Auftraggeber vorgesehene Ausführung anbietet.

Im Sprachgebrauch der VOB werden solche „Sondervorschläge" als **Änderungsvorschläge** oder **Nebenangebote** bezeichnet (vgl. § 10 Nr. 5 Abs. 4 VOB/A, § 21 Nr. 2, § 22 Nr. 3 Abs. 2, § 25 Nr. 1 Abs. 1 Buchstabe d VOB/A). Änderungsvorschläge betreffen dabei die Änderung lediglich einzelner Leistungsteile oder Leistungsbestandteile; **Nebenangebote** haben die Änderung entweder der gesamten vorgesehenen Leistung oder jedenfalls ganzer Abschnitte der Leistung zum Gegenstand;[122] es handelt sich also nur um graduelle Unterschiede.

---

[121] BGH BauR 1990, 718; BGH BauR 1991, 458, 459. Gutes Beispiel für eine Rangfolgeregelung OLG München, BauR 2005, 1178, Nichtzulassungsbeschwerde vom BGH zurückgewiesen.
[122] Näher von Rintelen, in: Kapellmann/Messerschmidt, VOB/A, § 10, Rdn. 53, 54.

2.7.2 Die vertragliche Einigung auf einen „Sondervorschlag" oder ein Nebenangebot

120 Formal ist ein „Sondervorschlag" nichts anderes als ein zweites Angebot oder Teilangebot, ein „Hilfsangebot". Der Bauvertrag kommt dadurch zustande, dass der Auftraggeber entweder das Angebot zu den ursprünglichen Ausschreibungsbedingungen (Hauptangebot) oder das Angebot mit den Sondervorschlägen (Hilfsangebot) annimmt.

Sofern klar ist, welche Annahmeerklärung der Auftraggeber abgibt, sofern also klar ist, ob oder gegebenenfalls welcher Sondervorschlag Vertragsbestandteil geworden ist, bestehen keine Probleme. Wird im Rahmen eines Nebenangebots die gesamte Leistung als Sondervorschlag angeboten, wird der Bieter im Normalfall eine Pauschale als Vergütung vorschlagen; einigen sich die Parteien darauf, bestehen nur die Probleme, die üblicherweise beim Pauschalvertrag bestehen.

Für den Bereich des Einheitspreisvertrages spielt es dagegen eine wesentliche Rolle, wenn der Sondervorschlag nur Teilbereiche berührt. Bezogen auf unser Projektbeispiel im Anhang: Wenn zunächst der Bau in Ortbetonbauweise ausgeschrieben worden wäre und nunmehr ein Bieter Fertigteilbalken, Filigranplatten, Fertigteilstützen und Köcherfundamente als Sondervorschlag angeboten hätte (also genau das, was im Projektbeispiel tatsächlich schon ausgeschrieben ist), so hätte sich die Frage gestellt, wie dann – bei entsprechender Annahmeerklärung des Auftraggebers – die Abrechnung ausgesehen hätte.

Auf den ersten Blick sollte man meinen, dass es sich nur um einen schlichten qualitativ-verfahrenstechnischen Austausch im Zusammenhang mit einigen Bauteilen handelt. Praktisch bedeutet diese Umstellung aber, dass mehr Aushub anfällt, weil die Köcherfundamente tiefer gegründet werden müssen als die Ortbetonfundamente, oder dass die Fertigteilbalken eine größere Höhe haben müssen als die mit Durchlaufwirkung bemessenen Ortbetonbalken.

Als Lösung zur Vereinfachung der Abrechnung bietet es sich in solchen Fällen an,
a) das Gesamtobjekt zu pauschalieren, was wiederum ein Fall des Pauschalvertrages wäre,
b) eine Plus-Minus-Rechnung über alle von dem Sondervorschlag betroffenen Positionen durchzuführen und jedenfalls diesen Teilbereich zu pauschalieren, die restlichen Bauleistungen jedoch nach dem vom Auftraggeber vorgegebenen Leistungsverzeichnis abzurechnen,
c) oder ein Leistungsverzeichnis mit neuen Vordersätzen aufzustellen (vgl. Anhang A, Unterlage 1).

Jedenfalls können aus der Auftragserteilung auf solche „Sondervorschläge" erhebliche Probleme entstehen, weil die Parteien zwar sich darüber einig sind, dass der Sondervorschlag ausgeführt werden soll, seine Auswirkungen auf die Abrechnung von „Drittpositionen" aber nicht bedacht haben.

Soweit sich bloße Mengenänderungen bei diesen Drittpositionen realisieren, werden sie nach dem Charakter des Einheitspreisvertrages, also nach ausgeführter Menge, bezahlt. Eine Ausnahme könnte nur dann gelten, wenn in Wirklichkeit die Mengenänderungen so groß sind, dass der Preisvorteil des Sondervorschlages in einen Preisnachteil umschlägt. Dann könnte der Auftraggeber Schadensersatzansprüche aus Verschulden bei Vertragsschluss haben (§ 311 Abs. 2 BGB).

Dagegen hat der Auftragnehmer keinen Anspruch darauf, dass irgendwelche Einheitspreise von „Drittpositionen" geändert werden, auch dann nicht, wenn sich die Erstellung der einzelnen „Drittleistungen" erschwert; in diesem Fall hätte der Bieter in seinem Sondervorschlag auch die entsprechende „Drittposition" mit einem höheren Preis erfassen müssen.

Zur **Risikoverteilung bei Sondervorschlägen** verweisen wir auf Rdn. 701.

2.7.3 Die „Duldung" der Ausführung von „Sondervorschlägen" oder Nebenangeboten

Viel größer wird das Problem, wenn der Auftraggeber den Sondervorschlag gerade nicht beauftragt, dann aber in der Bauausführung doch „duldet", dass der Sondervorschlag gebaut wird. Gemeint ist also der Fall, dass der Auftraggeber zu seinen eigenen Ausschreibungsbedingungen unverändert das Hauptangebot annimmt, das Bausoll also gerade nicht den „Sondervorschlag" umfasst, dann aber in der Ausführungsphase der Auftragnehmer doch mit stillschweigendem oder konkludentem Einverständnis des Auftraggebers entsprechend seinem Sondervorschlag baut. 121

In allen Fällen läuft die Fragestellung darauf hinaus, ob in diesem stillschweigenden oder konkludenten „Dulden" eine ebenso stillschweigende und konkludente Änderung des Bauvertrages und damit des Bausolls liegt und wie unter anderem die Vergütungskonsequenzen sind.

„Duldet" der Auftraggeber im vorgenannten Sinne, dass der Auftragnehmer den Bau in bestimmten Bereichen **qualitativ anders ausführt,** so heißt das noch nicht, dass sich damit das Bausoll ändert. 122

Solange der Auftragnehmer ohne irgendeine Veranlassung von seiten des Auftraggebers nur die qualitative Ausführung des Baus ändert, wird man nicht von einer stillschweigenden oder konkludenten Änderungsanordnung des Auftraggebers ausgehen können, die notwendig wäre, um zu einer Änderung des vertraglichen Bausolls zu kommen. Wenn also der Auftragnehmer statt des auftraggeberseitig vorgegebenen Materials ein anderes Material wählt, z. B. faserstahlbewehrten Beton statt herkömmlich bewehrten Stahlbeton, so ist das sein Problem, auch für die Vergütung, wenn im Ausnahmefall die Variante teurer wäre. Weicht der Auftragnehmer nämlich in der Ausführung von dem ursprünglichen Bausoll ab, so führt er im Rechtssinn geänderte Arbeiten gemäß § 2 Nr. 5, § 1 Nr. 3 VOB/B oder gegebenenfalls zusätzliche Arbeiten im Sinne von § 2 Nr. 6, § 1 Nr. 4 VOB/B aus. Zusatzvergütung erhält er nur, wenn der Auftraggeber solche Änderungen oder Zusatzleistungen anordnet oder wenn es sich um die Fälle des § 2 Nr. 8 VOB/B handelt.

Dasselbe gilt, wenn der Auftragnehmer **verfahrenstechnisch** abweichend baut. Setzt er Fertigteile statt der ausgeschriebenen Ortbetonlösung ein oder verwendet er auf eigene Veranlassung und ohne zwingende Notwendigkeit Schlitzwände anstelle abgeböschter Baugruben, so ändert sich auch dadurch das Bausoll nicht. Insbesondere hier stellt sich allerdings ein Sonderproblem: Bei derartigen verfahrenstechnischen Umstellungen übernimmt zwangsläufig der Auftragnehmer im Regelfall einen Teil der Ausführungsplanung (und ein eigenes **Risiko,** vgl. Rdn. 701). Damit tritt sofort die Frage auf, wie die Abrechnung des (abweichenden) ausgeschriebenen Entwurfs erfolgen soll. Der Abrechnungsmodus stimmt jetzt nicht mit der Bauausführung mehr überein. 123

Als Lösung bietet es sich eigentlich dann nur an, auf der Grundlage der ausgeschriebenen Mengen und Verfahrensmethodik abzurechnen (vgl. unten Rdn. 1131).

Endlich kommt es vor, dass der Auftraggeber es **duldet,** dass der Auftragnehmer den Bau in einer **anderen** als der vertraglich vorgesehenen **Bauzeit** fertigstellt. Einigen sich die Parteien stillschweigend auf eine Verlängerung der Bauzeit unter Ausschluss von Verzugsansprüchen gegen den Auftragnehmer, besteht kein Problem. Interessant wird der 124

Fall erst dann, wenn der Auftragnehmer eine kürzere Bauzeit als „Sondervorschlag" vorgeschlagen hat, der Auftraggeber diesen Sondervorschlag aber nicht beauftragt.
Wenn der Auftraggeber sich im Verfahrensverlauf mit seiner Ablaufplanung, mit seinen Zeitvorgaben und mit seinen auftraggeberseitigen Entscheidungen, Anordnungen und Planlieferungen auf die verkürzte Bauzeit umstellt, entstehen keine Probleme. Tut er das nicht, stellt sich die Frage, ob der Auftragnehmer nicht doch Anspruch darauf hatte, in der von ihm angebotenen und vom Auftraggeber „nicht beanstandeten" kürzeren Bauzeit fertig zu werden. Ob diesem **„schnellen Auftragnehmer"** dann Behinderungsansprüche zustehen können, erörtern wir im Gesamtzusammenhang unter Rdn. 1495.
Jedenfalls gilt: Bei Sondervorschlägen, die Bauzeitverkürzungen zum Inhalt haben, ist den Parteien ganz besonders anzuraten, sich nicht auf „unerklärte Verhältnisse" einzulassen, sondern die auftraggeberseitige Mitwirkung eindeutig unter Beachtung der vom Auftragnehmer vorgeschlagenen kürzeren Bauzeit zu klären; wenn der Auftraggeber umgekehrt auf einer längeren Bauzeit (z. B. wegen der Hilfeleistung für Drittunternehmer) bestehen will, muss er auch das seinerseits klar und deutlich regeln (vgl. Rdn. 1288).

3 Leistungspflichten außerhalb der Leistungsbeschreibung

3.1 BVB, ZVB, Zusätzliche Technische Vertragsbedingungen

125   Die **„Besonderen Vertragsbedingungen"** sind Allgemeine Geschäftsbedingungen des Auftraggebers, die nach der Vorstellung der VOB einzelfallbezogen die Allgemeinen Vertragsbedingungen (= VOB/B) und die generell sie ergänzenden Vertragsbedingungen (ZVB) ergänzen. Sie bilden mit das Bausoll.
Die **„Zusätzlichen Vertragsbedingungen"** sind nach der Intention der VOB solche Allgemeinen Geschäftsbedingungen des Auftraggebers, die er für eine unbestimmte Vielzahl von Bauvorhaben stellt, auch sie bilden das Bausoll, gelten aber nachrangig hinter den spezielleren „Besonderen Vertragsbedingungen".
„Zusätzliche Technische Vertragsbedingungen" ergänzen allgemein die VOB/C und gehen ihr vor.
Zur Frage, ob solche Vertragsbedingungen im Einzelfall gegen AGB-Recht verstoßen, verweisen wir auf die parallele Rechtslage beim Detail-Pauschalvertrag, erörtert in Band 2, Rdn. 276-278.

3.2 Allgemeine Technische Vertragsbedingungen – VOB/C

3.2.1 Aufbau der VOB/C, Geltung als Vertragsbestandteil

Die **Allgemeinen Technischen Vertragsbedingungen** für Bauleistungen = **Teil C der VOB** sind gemäß § 1 Nr. 1 Satz 2 VOB/B **Bestandteil des VOB/B-Vertrages**,[123)] bestimmen also wie alle anderen Vertragsbestandteile das Bausoll mit. Diese Schlussfolgerung, die angesichts des Wortlauts der VOB/B völlig eindeutig ist, hat der BGH in der Entscheidung „Konsoltraggerüste"[124)] anders gesehen. Er hat vielmehr wörtlich ausgeführt: „Für die Abgrenzung zwischen unmittelbar vertraglich geschuldeten und zusätzlichen Leistungen kommt es auf den Inhalt der Leistungsbeschreibung an, nicht **auf die Unterscheidung in den DIN-Vorschriften** zwischen Neben- und Besonderen Leistungen." Dieser Satz ist in seiner ersten Hälfte selbstverständlich, in dem scheinbaren Gegensatz der zweiten Hälfte unrichtig. Natürlich kommt es zur Abgrenzung zwischen geschuldeter und zusätzlicher Leistung auf die vertragliche Leistungsdefinition – die Leistungsbeschreibung „im weiteren Sinn"[125)] – an, also auf die Abweichung zwischen Bauist und Bausoll, worauf sonst? Die VOB/C ist aber gerade laut § 1 Nr. 1 Satz 2 VOB/B Bestandteil dieser „Leistungsbeschreibung im weiteren Sinne"; zur Bestimmung des Bausolls kommt es also sehr wohl auf einschlägige VOB/C-Normen an, z. B. darauf, ob (bei einer detaillierten auftraggeberseitigen Ausschreibung) einzelne Leistungen nicht ausgeschrieben zu werden brauchen und dennoch Bausoll werden, weil sie Nebenleistung im Sinne von Abschnitt 4 der jeweiligen DIN-Norm – dazu Rdn. 131 ff. – sind. Bei der Entscheidung „Konsoltraggerüste" handelt es sich bestenfalls um einen Ausreißer, vielleicht nur um eine nicht im Einzelnen überprüfte Fehlformulierung.[126)] Die spätere Rechtsprechung des BGH übergeht die Entscheidung „Konsoltraggerüste" stillschweigend und setzt mit Recht völlig selbstverständlich voraus, dass die VOB/C, falls wirksam einbezogen, gemäß § 1 Nr. 1 Satz 2 VOB/B das Bausoll mitbegründet.[127)]

Die Vertragsparteien können selbstverständlich **individuell** trotz Vereinbarung der VOB/B die Geltung der VOB/C ausschließen. Ein solcher Ausschluss läßt sich aber nicht, wie in der Entscheidung „Konsoltraggerüste" angesprochen, mit den „Besonderheiten des Bauwerks" oder der „Notwendigkeit der Leistung" begründen.[128)] Ist eine VOB/C-Regelung unklar, kann die „gewerbliche Verkehrssitte" für die Auslegung des Bausolls eine Rolle spielen.[129)] Bei öffentlichen **Auftraggebern** scheidet ein nicht ausgesprochener, also stillschweigender oder konkludenter, Ausschluss der VOB/C aus, weil sich das mit einer VOB-konformen Auslegung nicht vereinbaren läßt.[130)]

[123)] Bei Vereinbarung der VOB/B wird also kraft Parteivereinbarung die ganze VOB/C als Vertragsbestandteil in den Vertrag einbezogen. Siehe dazu insbesondere auch BGH „DIN 18332", NZBau 2004, 500 = BauR 2004, 1438.
Gegenüber **Verbrauchern** kann sie aus AGB-rechtlichen Gründen nur dann wirksam einbezogen werden, wenn sie ausgehändigt wird, von Rintelen, in: Kapellmann/Messerschmidt, VOB/B, § 1, Rdn. 20.
[124)] NZBau 2003, 324 = BauR 2002, 1246.
[125)] Näher Rdn. 104, 179 sowie Kapellmann/Langen, in: Kapellmann/Messerschmidt, VOB/A § 9, Rdn. 56.
[126)] Einzelheiten zur Kritik dieser Entscheidung Kapellmann, NJW 2005, 182; vgl. inbesondere weiter auch Kniffka, in: Kniffka/Koeble, Kompendium des Baurechts, Teil 5, Rdn. 86.
[127)] BGH „DIN 18332", NZBau 2004, 500 = BauR 2004, 1438.
[128)] Nochmals in allen Einzelheiten: Kapellmann, NJW 2005, 182 sowie insbesondere Motzke, NZBau 2002, 641 sowie unten Rdn. 216 und Rdn. 850 ff.
[129)] BGH „DIN 18332", NZBau 2004, 500 = BauR 2004, 1438; dazu näher Rdn. 147.
[130)] Nochmals: Kapellmann, NJW 2005, 182.

In Allgemeinen Geschäftsbedingungen des Auftraggebers ist die pauschale Einbeziehung von Besonderen Leistungen ohne Vergütung im Regelfall unwirksam (näher Rdn. 131).
Alle „Allgemeinen Technischen Vertragsbedingungen" sind jeweils in 6 Abschnitte untergliedert.
Abschnitt 0 enthielt früher für jede Norm die kompletten Hinweise für eine richtige Leistungsbeschreibung eines Leistungsbereiches (Gewerk). Mit der Einführung der **DIN 18 299** – jetzige Ausgabe Dezember 2002 – wurde Abschnitt 0 umgestaltet; diese Norm (DIN 18 299) enthält für „Bauarbeiten jeder Art" allgemeine Hinweise für das Aufstellen der Leistungsbeschreibung und reduziert dadurch die notwendigen Hinweise in den einzelnen Fachnormen. Die „Leistungsbereich-spezifischen" Vorgaben sind weiterhin in Abschnitt 0 der Fachnormen enthalten; die DIN 18 299 und die auf die einzelnen Leistungsbereiche bezogenen Hinweise in den Abschnitten 0 der ATV DIN 18 300 ff. bilden pro Leistungsbereich eine Einheit.

Abschnitt 1 enthält allgemeine Regelungen zum Anwendungsbereich.

Abschnitt 2 nennt die Anforderungen, denen die zu verwendenden Stoffe und Bauteile entsprechen müssen.

Abschnitt 3 legt die technische Ausführung der Leistung fest.

Abschnitt 4 definiert die vom Auftragnehmer mit auszuführenden Nebenleistungen.

Abschnitt 5 enthält Vorschriften über die Abrechnung.

Daraus ergibt sich schon, dass die „Allgemeinen Technischen Vertragsbedingungen" in den Abschnitten 4 und 5 gerade nicht ausschließlich technische Regeln zum Gegenstand haben, die „anerkannten Regeln der Technik" und die VOB/C sind also nicht identisch.

3.2.2 Abschnitt 0 der VOB/C (DIN 18 299 bzw. Einzelnormen)

127 Die „Hinweise für das Aufstellen der Leistungsbeschreibung" in **Abschnitt 0** der DIN 18 299 bzw. der anderen **DIN-Normen der VOB/C** werden laut Text nicht Vertragsbestandteil, wobei nicht klar ist, was das rechtlich bedeuten soll: Im Ergebnis bestimmen sie sehr wohl den Vertragsinhalt, weil aus ihnen jedenfalls Auslegungsschlüsse gezogen werden können.
Gemäß **§ 9 Nr. 3 Abs. 4 VOB/A sind** beim **öffentlichen Auftraggeber** ohnehin die „Hinweise für das Aufstellen der Leistungsbeschreibung" in Abschnitt 0 der Allgemeinen Technischen Vertragsbedingungen für Bauleistungen DIN 18 299 ff. (VOB/C) zu beachten.
Diese Hinweise statuieren im Ergebnis deshalb Pflichten des **Auftraggebers,** nämlich in bezug auf die Eindeutigkeit der Leistungsbeschreibung, auf die Notwendigkeit von Spezialangaben und dergleichen; sie sind als „verbindliche Richtlinien" für den Auftraggeber gedacht. **Bieter** dürfen sich deshalb nach „ihrem **Empfängerhorizont**" (dazu Rdn. 183) darauf **einstellen,** dass die Ausschreibung **so verfasst und zu lesen ist, als ob** der Auftraggeber diese Richtlinien **beachtet** hätte.[131] Das hat der Bundesgerichtshof in etwas anderem Zusammenhang – nämlich § 9 Abs. 2 VOB/A – genau so in der Entscheidung „Wasserhaltung II" und in der Entscheidung „Auflockerungsfaktor" im Ergebnis bestätigt.[132]

---

[131] Zum „Empfängerhorizont" allgemein die Nachweise zur ständigen, zutreffenden Rechtsprechung des BGH in Fn. 224.
Zur Bedeutung des „Abschnitts 0" wie hier Beck'scher VOB-Kommentar/Motzke, Teil B, Einl. I, Rdn. 19, 20; OLG Köln IBR 1998, 372; Rdn. 729 ff. (Baugrund).
Vgl. zu § 9 Nr. 3 Abs. 4 VOB/A und zu § 9 VOB/A allgemein unten Rdn. 192 ff, 196.
[132] BGH „Wasserhaltung II" BauR 1994, 236; BGH „Auflockerungsfaktor" BauR 1997, 466.

Allgemeine Technische Vertragsbedingungen – VOB/C   Rdn. 128

Was folglich „nach den Erfordernissen des Einzelfalles" laut Abschnitt 0 **im Sinne einer Ja/Nein-Alternative** hätte ausdrücklich angegeben werden müssen, aber **nicht** angegeben ist, ist **nicht „Bausoll"** vgl. auch Rdn. 128 a.E., denn nach Empfängerhorizont brauchen Bieter nicht zu erwarten, dass der Auftraggeber öffentlich erklärt, die VOB/A beachten zu wollen, sich aber doch nicht daran hält („Innere Schlüssigkeit").[133]
Für **private Auftraggeber gilt im Ergebnis dasselbe,** denn wenn sie die VOB/B verwenden, deren Bestandteil über § 1 Nr. 1 Satz 2 VOB/B die **VOB/C** ist, schaffen sie hinsichtlich der Hinweise in Abschnitt 0 denselben **Vertrauenstatbestand**.[134]

Ein **Beispiel:**   128
Nach Ziffer 0.2.5 DIN 18 331 Beton- und Stahlbetonarbeiten sind in der Leistungsbeschreibung „nach den Erfordernissen des **Einzelfalles insbesondere** anzugeben: Sorten, Mengen und **Maße** des **Betonstahls**". Bei einer Ausschreibung sind Sorten und Mengen des Betonstahls angegeben, über Maße ist nichts gesagt (wobei zusätzlich zu erwähnen ist, dass nach Standardleistungsbuch ausgeschrieben worden ist).
Wenn – so die vorerwähnte Ziffer 0 – die Leistungsbeschreibung es **erfordert,** dass bei Sonderfällen auch die Maße des Betonstahls anzugeben sind, läßt sich aus der unterlassenen Angabe der Maße schließen, dass kein Sonderfall auftreten wird und demzufolge nur „übliche Werte" (**Standards**) in den Abmessungen auftreten.
Kommt es zu ungewöhnlichen Maßen, ist das eine Sollabweichung, die Ansprüche des Auftragnehmers auslöst (vgl. unten Rdn. 192, 507, 852 864).
Der Bieter braucht auch nicht rückzufragen, welche Stahlmaße vorkommen werden, weil er auf die Beachtung des Abschnitts 0 der DIN 18 331 **vertrauen** darf; er hat deshalb keinen Anlass, auf Lücken zu schließen.[135]

Ein **weiteres Beispiel:**
Der Auftraggeber versäumt es, in der Ausschreibung von Tiefbauarbeiten darauf hinzuweisen, dass die Baustelle im Landschaftsschutzgebiet liegt. Der Auftragnehmer kann die in der Ausschreibung verlangte Zwischenlagerung von Aushub wegen einer entsprechenden Anordnung der Unteren Landschaftsbehörde nicht wie kalkuliert im Bereich der Baustelle ausführen, sondern muss an weit entfernter Stelle eine entsprechend kostenträchtige Zwischenlagerung vornehmen.
Der Auftraggeber hat in diesem Fall gegen seine Pflicht gemäß **§ 9 Nr. 3 Abs. 3 VOB/A verstoßen; die „für die Ausführung der Leistung wesentlichen Verhältnisse der Baustelle ... sind** so zu beschreiben, dass der Bewerber ihre Auswirkungen auf die bauliche Anlage **und** die Bauausführung hinreichend beurteilen kann." Diese Pflicht des Auftraggebers wird in **0.1.11 der DIN 18 299** näher konkretisiert; danach „**sind** in der Leistungsbeschreibung nach den Erfordernissen des Einzelfalls insbesondere (also nicht nur!) anzugeben: Schutzgebiete oder Schutzzeiten im Bereich der Baustelle, z. B. wegen Forderungen des Gewässer-, Boden-, Natur-, Landschafts- oder Immissionsschutzes". Das ist

---

[133] Zur Bedeutung der „0"-Normen **im Einzelnen** s. Rdn. 178, 196, **729 ff.** (Baugrund), 745, 86.
[134] Die VOB/C begründet insbesondere im Rahmen der Vertragsanbahnung und der Auslegung des Bausolls „**Auslegungsvertrauen**", so zutreffend Beck'scher VOB-Kommentar/Motzke, Teil C, Syst. III, Rdn. 3, 4, 42, 43, 67-69; Beck'scher VOB-Kommentar/Lethert/Krug, Teil C, DIN 18 332, Rdn. 9. Siehe auch Rdn. 189.
[135] Zur „normalen" Verteilung der Stahldurchmesser verweisen wir auf Platz, Aufwandswerte und Aufwandsfunktionen für Rohbauarbeiten im Hochbau, in: Schub/Meyran, Praxis-Kompendium im Baubetrieb, Band 1, Seite 83 ff. Dort werden Bandbreiten für die durchschnittliche Verteilung (Abbildung 5), Richtwerte für den Stundenaufwand und Aufwandsfunktionen in Abhängigkeit vom Stabdurchmesser besprochen.
Außerdem macht Platz auf S. 85 Angaben über Bewehrungsanteile für normale Hochbauverhältnisse.
Vgl. **weiter** zum Problem Rdn. 184, 196, 507, 864.

eine Ja/Nein-Alternative: Sagt der Auftraggeber in der Ausschreibung nicht „Ja", gilt die Nein-Alternative als **Standard** und damit als Bausoll.[136]
Gemäß DIN 18 299 Abschnitt 0.1.1 muss der Auftraggeber „Einschränkungen bei der Benutzung von Zufahrtsmöglichkeiten sowie die Beschaffenheit der Zufahrt" angeben. Sagt er nichts, so ist vom Standard auszugehen, nämlich uneingeschränkter Zufahrtsmöglichkeit.

Die Formulierungen des **§ 9 VOB/A für den öffentlichen Auftraggeber** und des **Abschnitts 0 der DIN 18 299** und aller DIN-Normen der VOB/C für alle Auftraggeber haben mit gutem Grund insbesondere **beim Einheitspreisvertrag** mit vereinbarter VOB aus Gründen der Systemwahl zwingenden Charakter; es handelt sich um eine **zwingende Pflicht** des Ausschreibenden, vollständig, eindeutig und in Zweifel ausschließender Weise z. B. die Verhältnisse der Baustelle zu beschreiben,[137] weil der Auftraggeber **durch die Systemwahl** „Einheitspreisvertrag" die **Verantwortung für Richtigkeit und Vollständigkeit seiner Detaillierung** (dazu näher Rdn. 188, 727, 728) übernommen hat. **Der Verstoß des Auftraggebers gegen eine solche zwingende, in Abschnitt 0 konkretisierte Pflicht begründet Ansprüche gegen ihn,** und zwar aus § 2 Nr. 5, Nr. 6 oder Nr. 8 VOB/B wegen Bausoll-/Bauist-Abweichung.[138]

129   Eine ganz besondere Bedeutung haben insoweit die Hinweise für das Aufstellen der Leistungsbeschreibung in Abschnitt 0 für die richtige Beschreibung der **Boden- und Wasserverhältnisse** (vgl. noch einmal § 9 Nr. 3 Abs. 3 VOB/A). **Die Bedeutung für das Bausoll und die in diesem Zusammenhang auftretenden „Erschwernisse" aus dem Baugrundrisiko** erörtern wir näher unter Rdn. 137-141 und **707 ff.**

Der Bieter ist auch **nicht** etwa zu eigenen **Untersuchungen** hinsichtlich der Baustelle (z. B. hinsichtlich des Baugrunds) **verpflichtet**,[139] wenn Angaben fehlen, die nach Abschnitt 0 vom Auftraggeber zu erwarten wären.

3.2.3 Abschnitte 2 und 3 der VOB/C

130   Die Bedeutung der **Abschnitte 2 und 3** sei am Beispiel der DIN 18 338 „Dachdeckungs- und Dachabdichtungsarbeiten" erläutert.
Wenn das Leistungsverzeichnis „schweren Oberflächenschutz aus Plattenbelägen" für ein Flachdach vorsieht, ist dieser schwere Oberflächenschutz gemäß 3.3.1.3 der DIN 18 338 aus „Betonplatten 50 cm x 50 cm x 5 cm, in 3 cm dickem Splittbett der Körnung 5/8 mm verlegt, auf einer Schutzlage aus Chemiefaservlies von 300 Gramm/m^2" herzustellen.
Diese Vorschrift regelt also die technische Beschaffenheit eines ordnungsgemäßen schweren Oberflächenschutzes aus Plattenbelägen; wenn der Auftragnehmer demgemäß Chemiefaservlies einbaut, gehört das zur **technisch richtigen Leistung,** ein **Anspruch auf zusätzliche Vergütung kann nie** entstehen, gleichgültig, ob das Leistungsverzeichnis diese Schutzlage erwähnt oder nicht.
Gemäß 3.1.5 müssen Dachabläufe wärmegedämmt sein und einen Kiesfang enthalten; auch dann, wenn das Leistungsverzeichnis keine Aussage zur Wärmedämmung enthält, kann der Auftragnehmer nicht für die wärmegedämmte Ausführung zusätzliche Vergütung ver-

---

[136] Zum „Standard-Argument" auch zutreffend Beck'scher VOB-Kommentar/Motzke, Teil C, Syst. III, Rdn. 42, 44, 45; a.a.O./Maurer/Jörger, DIN 18 303, Rdn. 12; a.a.O./Oblinger-Grauvogel/Purde, DIN 18 306, Rdn. 26; a.a.O./Mezger/Sänger, DIN 18 313, Rdn. 9; a.a.O./Kroll/Reith, DIN 18 360, Rdn. 8, 73 sowie Rdn. 184, 196, 849 ff.
[137] Englert/Grauvogl/Maurer, Handbuch Baugrund, Rdn. 317.
[138] Näher auch Rdn. 766 ff.
[139] Vgl. dazu **näher** Rdn. 189, 208, 209, vor allem 729, 742.

langen, weil ein Dachablauf ohne Wärmedämmung heute als technisch mangelhaft anzusehen ist; für die Ausschreibung öffentlicher Auftraggeber regelt § 9 Nr. 8 VOB/A ausdrücklich, dass derartige Leistungen nicht besonders aufgeführt zu werden brauchen.[140]

Soweit es um die jeweiligen Abschnitte 2 und 3 der VOB/C geht, kann es jedenfalls für unser Thema dahinstehen, ob diese Bestimmungen der VOB/C als „Allgemeine Geschäftsbedingungen" im Sinne der §§ 307 ff. BGB anzusehen sind und daher deren Inhaltskontrolle unterliegen; jedenfalls insoweit ist schlechterdings nicht vorstellbar, dass eine Kollision mit AGB-Recht , wenn es anwendbar wäre, in Betracht kommen könnte. Die betreffenden Abschnitte 2 und 3 der VOB/C sind nichts als die „nähere Umschreibung dessen, was beim Bauvertrag von einer bereits nach dem Gesetz (§ 633 Abs. 1 BGB) zu verlangenden fehlerfreien Leistung zu fordern ist".[141]

Wenn der vorerwähnte Dachablauf nicht wärmegedämmt ist, ist er schlicht und einfach mangelhaft.
Die Bedeutung **„weiterer Maßnahmen"** gemäß Abschnitt 3 erörtern wir unter Rdn. 731.

3.2.4 Abschnitt 4 der VOB/C

3.2.4.1 Nebenleistungen, Besondere Leistungen

Anders stellt sich die Problematik bei dem jeweiligen **Abschnitt 4** der VOB/C dar. Dieser Abschnitt regelt, welche Leistungen **Nebenleistungen** und welche Leistungen **Besondere Leistungen** sind. Die mögliche Abbedingung der VOB/C-Regelung haben wir in Rdn. 126 behandelt.
Nebenleistungen sind nach der Definition in 4.1 der DIN 18 299 solche Leistungen, die „auch ohne Erwähnung im Vertrag zur vertraglichen Leistung gehören". Nebenleistungen gehören also auch ohne Benennung in der konkreten Leistungsbeschreibung zur Leistungspflicht des Auftragnehmers, sie gehören „automatisch" zum Bausoll.
Wenn die Nebenleistungen **„automatisch" zum Bausoll gehören,** also auch ohne besondere Erwähnung in der Leistungsbeschreibung auszuführen sind, versteht es sich von selbst, dass sie erst recht nicht gesondert vergütet werden.
Eine solche zum Bausoll gehörende, nicht gesondert zu vergütende Nebenleistung ist beispielsweise nach 4.1.9 der DIN 18 299 das „Befördern aller Stoffe und Bauteile, auch wenn sie vom Auftraggeber beigestellt sind, von den Lagerstellen auf der Baustelle bzw. von den in der Leistungsbeschreibung angegebenen Übergabestellen zu den Verwendungsstellen und etwaiges Rückbefördern."
Sind (ausnahmsweise) in einem auftraggeberseitigen Leistungsverzeichnis Leistungen, die nach der einschlägigen DIN Nebenleistungen sind, dennoch als selbständige Positionen aufgeführt, sind sie zu vergüten, weil das eine individuelle Abweichung von der VOB/C ist.[142]
Besondere Leistungen sind nach der Definition in 4.2 der DIN 18 299 Leistungen, die „nicht Nebenleistungen gemäß Abschnitt 4.1 sind und nur dann zur vertraglichen Leistung gehören, wenn sie in der Leistungsbeschreibung **besonders** erwähnt sind."
Besondere Leistung ist gemäß 4.2.2 der DIN 18 299 beispielsweise das „Beaufsichtigen der Leistungen anderer Unternehmer." Auch hier wird das **Bausoll** geregelt; wenn näm-

131

---

[140] Motzke, in Beck'scher VOB-Kommentar, Teil C, Syst. III, Rdn. 83 ist anderer Ansicht; er meint, der Auftraggeber habe die Beschaffenheit des schweren Oberflächenschutzes näher beschreiben müssen. Das ist nicht richtig: Banalitäten braucht der Ausschreibende nicht auszuschreiben. ‚Schwerer Oberflächenschutz" ist in der Vertragsinhalt gewordenen DIN 18 338 definiert.
[141] So zutreffend Korbion/Locher, AGB-Gesetz, Rdn. 43.
[142] OLG Celle, BauR 1999, 494.

lich eine „Besondere Leistung" nicht **besonders** in den Vertragsunterlagen erwähnt ist, ist diese Leistung vom Auftragnehmer nicht auszuführen. Zur **pauschalen** Einbeziehung, auch durch **AGB** verweisen wir auf Rdn. 134, 135.

Da eine Besondere Leistung ohne ausdrückliche Erwähnung nicht zur Leistungspflicht des Auftragnehmers gehört, stellt sich die Frage des Vergütungssolls nicht – außer, der Auftraggeber ordnet die Leistung nachträglich an (dazu Rdn. 136).

3.2.4.2 Nebenpflichten, Nebenarbeiten

132 **Nebenleistungen** sind **nicht mit Nebenpflichten** (des Auftragnehmers) zu verwechseln; Nebenpflichten sind Schutzpflichten, Beratungspflichten, Hinweispflichten usw., die sich aus dem Inhalt des Bauvertrages als Pflicht des Auftragnehmers ergeben und nicht vergütet werden: Beispiel ist die Pflicht des Auftragnehmers, gemäß § 6 Nr. 3 Satz 1 VOB/B, während einer Behinderung alles zu tun, was ihm billigerweise zugemutet werden kann, um die Weiterführung der Arbeiten zu ermöglichen.[143]

Der BGH hat ein einziges Mal einen Fall zu beurteilen gehabt, in dem auch der Ausdruck „**Nebenarbeiten**" auftauchte;[144] er definierte Nebenarbeiten als „solche Leistungen, die – im **Leistungsverzeichnis aufgeführt – besonders vergütet werden**" im Gegensatz zu „Nebenleistungen", die gemäß 4.1 DIN 18 299 auch **ohne Erwähnung** in der Leistungsbeschreibung zur vertraglichen Leistung gehören.

3.2.4.3 Bestimmung der Nebenleistungen durch VOB/C und AGB-Recht

133 Bei Bauarbeiten jeder Art, also auch bei Dachdeckerarbeiten sind z. B. nach der schon erwähnten, allgemein geltenden DIN 18 299 gemäß 4.1.10 das Sichern der Arbeiten gegen Niederschlagswasser, mit dem normalerweise gerechnet werden muss, und seine etwa erforderliche Beseitigung eine nicht zu vergütende **Nebenleistung**; dagegen ist das Auf- und Abbauen sowie Vorhalten der Gerüste, deren Arbeitsbühnen höher als 2 Meter über Gelände oder Fußboden liegen, gemäß 4.2.3 der DIN 18 338 für Dachdeckungs- und Dachabdichtungsarbeiten keine Nebenleistung, also vergütungspflichtig, dagegen ist gemäß 4.1.2 der DIN 18330 bei Mauerarbeiten diese Leistung nicht vergütungspflichtig.

Es liegt auf der Hand, dass der Auftraggeber, der für Dachdeckungsarbeiten für die Gestellung eines solchen erforderlichen Gerüstes keine Vergütungsposition ausgeschrieben hat, ein Interesse daran haben könnte, zu prüfen, ob die DIN 18 338 in 4.2.3 zu seinen Lasten zwingend oder wegen Verstoßes gegen AGB-Recht unwirksam ist (d. h., ob der Auftragnehmer auf diese Norm seinen Anspruch auf Zusatzvergütung stützen kann oder nicht).

Jedenfalls in diesem **Abschnitt 4** ist demgemäß die jeweilige **VOB/C** eine unmittelbar **in die Vertragspflichten** (zur Zahlung oder zur kostenfreien Leistung) **eingreifende Norm; sie unterliegt insoweit wie die VOB/B selbst deshalb dem Gültigkeitsmaßstab der AGB-rechtlichen Bestimmung der §§ 305 ff. BGB.**[145]

Dabei ist vorweg zu prüfen, welcher Vertragspartner die Anwendung der VOB/B und damit gleichzeitig auch ohne besondere Bestimmung die der VOB/C verlangt hat; nur der Verwender unterliegt der (negativen) Kontrolle durch die §§ 305 ff. BGB.

---

[143] Zum Begriff Nebenpflicht s. § 280 Abs. 2 BGB, Palandt-Heinrichs, BGB, § 280, Rdn. 24 ff. Davon zu unterscheiden sind Mitwirkungs-Nebenpflichten des Auftraggebers, dazu unten Rdn. 1273, 1280 ff., 1288 ff., 1339 ff., 1361 ff.

[144] BGH Schäfer/Finnern Z 2.23 Bl. 10.

[145] BGH „DIN 18 332", NZBau 2004, 500 = BauR 2004, 1438; unrichtig Heiermann/Riedl/Rusam VOB/A § 10, Rdn. 54 in Beschränkung nur auf Abschnitt 5.

Hat also der Dachdecker die Anwendung der VOB/B verlangt, kann er sich schon deshalb nicht gegen die Anwendung von 4.1.10 der DIN 18 299 (Sichern der Arbeiten gegen Niederschlagswasser als nicht zu vergütende Nebenleistung) wehren, weil er deren Anwendung selbst verlangt hat.

Sehr wohl könnte aber beispielsweise der Auftraggeber die Gültigkeit von 4.2.3 der DIN 18 338 (Gerüstvorhaltung über 2 m keine Nebenleistung, also vergütungspflichtig) auf einen Verstoß gegen § 307 BGB hin prüfen.[146]

Dennoch hat auch hier eine mögliche **AGB-Kontrolle des Abschnitts 4** der VOB/C **kaum praktische** Auswirkungen. Eine Unwirksamkeit nach AGB-Recht würde nämlich gemäß § 307 Abs. 1 BGB voraussetzen, dass die entsprechende Regelung der Nebenleistungen in Abschnitt 4 den Auftragnehmer oder den Auftraggeber – je nach Verwendereigenschaft – „entgegen den Geboten von Treu und Glauben unangemessen benachteiligt." Gemäß § 307 Abs. 2 BGB ist „eine unangemessene Benachteiligung im Zweifel anzunehmen, wenn eine Bestimmung mit wesentlichen Grundgedanken der gesetzlichen Regelung, von der abgewichen wird, nicht zu vereinbaren ist oder wesentliche Rechte oder Pflichten, die sich aus der Natur des Vertrages ergeben, so einschränkt, dass die Erreichung des Vertragszwecks gefährdet ist."

Es ist schwer vorstellbar, dass die Bestimmung der Vergütungspflicht für eine Nebenleistung die „wesentlichen Rechte und Pflichten", die sich aus der Natur des Vertrages ergeben, so „einschränken" könnte, dass die Erreichung des Vertragszwecks „gefährdet ist." Ganz abgesehen davon müsste die Frage, was wesentlich ist oder nicht, letztendlich nach der Verkehrssitte beantwortet werden; natürlich würde man zur Antwort auf diese Frage auf den gesamten Erfahrungsschatz der VOB/C wieder zurückgreifen, so dass die Fragestellung offensichtlich irrelevant ist.

Ein Verstoß gegen das Transparenzgebot der §§ 305c, 307 Abs. 1 Satz 2 BGB, dass nämlich die Auslegung der Klausel wegen Unklarheit zur Unwirksamkeit führt, ist bei der Abgrenzung der Nebenleistung dagegen durchaus möglich.[147]

3.2.4.4 Einbeziehung von „Besonderen Leistungen" in das Bausoll durch „pauschale Verweisung", insbesondere durch Allgemeine Geschäftsbedingungen des Auftraggebers?

Wie erwähnt, gehören **Besondere Leistungen** gemäß 4.2 der DIN 18 299 nicht zur vertraglichen Leistung des Auftragnehmers, d. h. zum Bausoll, wenn sie nicht in der Leistungsbeschreibung **besonders erwähnt** sind.

Welche Anforderungen sind an diese „besondere Erwähnung" in den Vertragsunterlagen zu stellen?

Natürlich genügt es, wenn individuell in einer bestimmten **Position**, also differenziert, ausdrücklich und eindeutig erwähnt wird, dass für diese Leistungen auch eine bestimmt bezeichnete Besondere Leistung ebenfalls zu erbringen ist; dann steht fest, dass sie zu leisten ist.[148] Der Hinweis in den Ausschreibungsunterlagen, eine DIN oder die DIN-Normen seien zu beachten, ist keine „besondere Erwähnung".

---

[146] Gültigkeit ohne Prüfung inzident bejaht von OLG Düsseldorf BauR 1997, 1051
[147] Vgl. BGH „DIN 18 322", NZBau 2004, 500 = BauR 2004, 1438.
[148] . . . und dass sie **nicht besonders vergütet wird.** Den Fall, dass z. B. nur in Technischen **Vorbemerkungen** eines individuellen Vertrages eine konkrete Besondere Leistung als auszuführen gekennzeichnet ist und wie dann die Vergütung zu sehen ist, behandeln wir unter Rdn. 135, 284. **Beispiel** zur fehlenden **besonderen** Erwähnung in Rdn. 317. Es ist Pflicht des Objektplaners (Architekten), notwendige Besondere Leistungen im Leistungsverzeichnis aufzuführen, zutreffend OLG Düsseldorf IBR 1997, 336.

Was gilt aber, wenn der Auftraggeber in seinen Ausschreibungsunterlagen ohne jeden konkreten Bezug, ohne einzelne Benennung und ohne jegliche Differenzierung festlegt, dass alle möglichen und vorkommenden „Besonderen Leistungen" ausgeführt werden sollen, ohne dass sie gesondert vergütet werden sollen?
Die Einbeziehung von „Besonderen Leistungen" in den Vertrag durch „Allgemeine Geschäftsbedingungen", also die Bestimmung, dass diese Besonderen Leistungen zum Bausoll gehören sollen, ohne dass gleichzeitig geregelt wird, dass dafür auch gesonderte Vergütung geschuldet wird, verstößt bei Verträgen mit detaillierter Leistungsbeschreibung (zu Verträgen mit globaler Leistungsbeschreibung Rdn. 135) **gegen § 307 BGB und ist deshalb unwirksam.**[149] Typisches Beispiel ist die Klausel beim Rohbau: „Die Herstellung und das Schließen von **Durchbrüchen und Schlitzen** nach Angabe des Bauleiters sind einzukalkulieren." Unwirksam ist diese Klausel deshalb, weil sie dem Auftragnehmer entgegen der Ausschreibungsregel in § 9 VOB/A ein unkalkulierbares Kostenrisiko aufbürdet.[150] Zulässig ist dagegen eine solche Klausel, wenn sie sich auf Aussparungen und Schlitze bezieht, die „aus den zum Zeitpunkt der Angebotsabgabe dem Auftragnehmer vorliegenden Plänen erkennbar und kalkulierbar sind."[151] Ebenso ist eine Klausel zulässig, die (durch bestimmte Zuschläge beim Aufmaß in Abweichung von DIN-Bestimmungen) indirekt eine Vergütung für an sich zur Zeit der Angebotsabgabe noch nicht bekannte Aussparungen enthält.[152] Dagegen verstößt in **Allgemeinen Geschäftsbedingungen** eine Klausel, die (unbestimmbar) eine Vorhaltezeit von Gerüsten von mehr als 3 Wochen nach Fertigstellung der Leistung anordnet, gegen § 307 BGB.[153] Die individuelle Einbeziehung Besonderer Leistungen durch allgemeine Formulierungen erörtern wir sogleich unter Rdn. 135.

135 Kann der Auftraggeber aber nicht durch eine allgemeine „**Komplettheitsklausel**" – also nicht nur durch die allgemeine Einbeziehung Besonderer Leistungen – erreichen, dass **ohne** ausdrückliche und spezifizierte Erwähnung **dennoch** alle „Besonderen Leistungen" ohne besondere Vergütung vom Auftragnehmer zu erstellen sind, wobei der Kreis der „Besonderen Leistungen" prinzipiell unbegrenzt ist; die Aufzählung im jeweiligen Abschnitt 4 ist nämlich immer nur **beispielhaft** (vgl. z. B. Abschnitt 4.2 der DIN 18 299, der DIN 18 331 usw.)? Dazu ein problematischer Fall aus der Rechtsprechung: Laut OLG Köln sollen vereinbarte **Einheitspreise** alle (?) im Vertrag nicht ausdrücklich

---

[149] Markus, in Markus/Kaiser/Kapellmann, AGB-Handbuch Bauvertragsklauseln, Rdn. 240; Beck'scher VOB-Kommentar/Motzke, VOB/C, Syst. III, Rdn. 91; Beck'scher Kommentar/Englert/Grauvogl/Katzenbach, VOB/C, DIN 18 299, Rdn. 144; Putzier, Der unvermutete Mehraufwand, S. 106; Schumacher, Vergütung, Rdn. 129 (zum Schweizer Recht).
Bleibt **unklar**, ob nach den **vertraglich vorrangigen** Technischen Vorschriften des Auftraggebers, die sich als AGB darstellen, eigentlich als „Besondere Leistungen" in DIN Normen aufgeführte Leistungen zum Bausoll gehören oder nicht, werden sie gemäß der Unklarheitenregel des § 305c BGB als „Besondere Leistung" behandelt und sind gesondert zu vergüten, OLG Düsseldorf IBR 1999, 107.

[150] OLG München, BauR 1987, 554, 556 (Revision vom BGH nicht angenommen) sowie OLG München, BauR 1986, 579; Markus, in Markus/Kaiser/Kapellmann, AGB-Handbuch Bauvertragsklauseln, Rdn. 245; Kleine-Möller/Merl, Handbuch, § 4, Rdn.125; Keldungs, in: Ingenstau/Korbion, VOB/B § 2 Nr. 1, Rdn. 12 am Beispiel der Gerüstklausel; v. Westphalen/Motzke, Vertragsrecht und AGB-Klauselwerke, hier: Subunternehmervertrag, Rdn. 103; Beck'scher VOB-Kommentar/Motzke, VOB/C, Syst. III, Rdn. 91; Glatzel/Hofmann/Frikell, Unwirksame Bauvertragsklauseln, Seite 134; vgl. auch Langen/Schiffers, Bauplanung und Bauausführung, Rdn. 1338 sowie hier Rdn. 208. Im Ergebnis zweifelhaft in Annahme einer Individualklausel OLG Hamm BauR 1994, 374. Zu § 9 Nr. 1, 2 VOB/A näher Rdn. 193 ff.

[151] Markus a.a.O., Rdn. 246.
[152] Landgericht München BauR 1991, 225.
[153] OLG Celle, OLGR Celle 1995, 21; OLG München BauR 1987, 554; OLG München BauR 1986, 579; Markus a.a.O., Rdn. 243; Keldungs, in: Ingenstau/Korbion, VOB/B § 2 Nr. 1, Rdn. 12.

erwähnten „Besonderen Leistungen" dann mitumfassen, wenn laut Vertrag „erkennbar die vollständige, fertige Arbeit einschließlich aller Neben- und Zusatzleistungen abgegolten" sein soll. Das soll „insbesondere dann gelten", wenn dem Auftraggeber „ersichtlich daran gelegen" gewesen sei, ein Angebot mit Einheitspreisen zu erhalten, die die „kompletten Isolierarbeiten" abgälten. Der Hinweis des Auftragnehmers auf „Abrechnung gemäß DIN 18 421" genüge dann nicht, wenn der Auftragnehmer gleichzeitig verspräche, dass seine Preise sich für „fix und fertige Arbeit" verstünden.[154)]
Eine Kompletheitsklausel ist **typisch für Pauschalverträge**.[155)] Obwohl es sich im konkreten Fall nicht um einen Pauschalvertrag handelte, enthält dieser Vertrag doch jedenfalls auf der **Leistungsseite Pauschalierungselemente** – also auf der Bausoll-Seite eine jedenfalls teilweise pauschale Leistungsbeschreibung, auf der Vergütungssoll-Seite **eine Aufgliederung nach Einheits**preis – also Abrechnung nach Positionen. Diese **Kombination passt schlecht zusammen,** da für den infolge der „Kompletheitsklausel" möglicherweise auszuführenden Leistungsumfang im Leistungsverzeichnis keine konkrete Leistungsbeschreibung und damit keine vernünftige Abrechnungszuordnung vorliegt.[156)] Letztlich ist das der Versuch eines „Schlüsselfertigvertrages" auf Einheitspreisbasis.

Die erste Frage ist, ob tatsächlich durch eine solche Kompletheitsklausel alle möglichen nicht in speziellen Positionen erwähnten „Besonderen Leistungen" (oder hier: überhaupt im Einzelnen nicht genannte Leistungen) zum vertraglich vereinbarten Leistungsumfang gehören oder nicht. Dabei ist zwischen **individuellen Regelungen** und solchen in **Allgemeinen Geschäftsbedingungen des Auftraggebers** zu unterscheiden.

Wenn es sich wie im entschiedenen Fall um einen **individuellen** Vertrag handelt, kann der Auftraggeber tatsächlich so ausschreiben und allein durch die Kompletheitsklausel wie auch nur durch eine allgemeine Einbeziehungsklausel für Besondere Leistungen nicht konkret in der Leistungsbeschreibung genannte Besondere Leistungen doch zum **Bausoll machen**.

Selbst im **individuellen** Vertrag ist aber durch eine solche Regelung **nur die Bausoll-Seite,** also die Leistungsseite des Vertrages **geklärt**. Unzweideutig steht dann **nur fest, dass** irgendwelche „zusätzlichen" Leistungen zu erbringen sind,[157)] aber **nicht** zwingend auch, dass sie nicht gesondert zu vergüten seien. Wir erörtern nämlich, dass kein Pauschalpreis vereinbart ist, sondern ein Einheitspreisvertrag, dessen Kennzeichen es gerade ist, dass einzelne, in den Positionen benannte Teilleistungen nach ausgeführten Mengen (positionsweise) bezahlt werden. Wenn ein Leistungselement zwar auszuführen, aber zur Vergütungsermittlung **nicht positionsweise** und mengenmäßig **gesondert** aufgeführt und

---

[154)] OLG Köln Schäfer/Finnern/Hochstein § 2 Nr. 1 VOB/B Nr. 1 = OLG Köln BauR 1991, 615; Zur „fix und fertigen Leistung" als Anzeichen für einen Pauschalvertrag (?) vgl. Band 2 Rdn. 83 ff.

[155)] Zur Kompletheitsklausel **beim Detail-Pauschalvertrag** Band 2, Rdn. 272 ff., 285; beim **Global-Pauschalvertrag**, Rdn. 496 ff.

[156)] Das „pauschale Element" der Leistungsbeschreibung besteht darin, dass die Leistungsbeschreibung nicht umfassend den vollständigen Leistungsumfang wiedergibt, sondern Leistungen einschließt, die nach allgemeiner sonstiger Regelung (vgl. Abschnitt 4 der DIN 18229!) „Besonderen Leistungen" zuzuordnen sind und die in ihren Einzelheiten (wenigstens im Angebotsstadium) nicht oder kaum überschaubar und kaum kalkulierbar sind. Anders ausgedrückt: Das „Pauschalelement" der Leistungsbeschreibung liegt nicht etwa in der knappen und prägnanten Zusammenfassung all dessen, was an Leistungsumfang zu erbringen ist, sondern im Gegenteil in der „Offenheit" dessen, was auf den zukünftigen Auftragnehmer noch zukommen kann; also beinhaltet das „Pauschalelement" den Versuch des Auftraggebers, **trotz fehlender Planungsfestlegung** schon jetzt einen Auftragnehmer preislich für eine unbestimmte Leistung zu binden.

[157)] Wobei auch bei der individuell ausgehandelten Kompletheitsklausel bei detaillierter Ausschreibung nicht **grundsätzlich** jede Leistung geschuldet wird, **auch** Band 2, Rdn. 280, 515, 516; sie umfasst nur das, was an unbedingt notwendigen Teilleistungen seitens des Auftraggebers **erkennbar** vergessen war, ebenso Roquette, NZBau 2001, 61.

somit **erfassbar** ist, sondern nur allgemein „als auszuführen" gekennzeichnet ist durch eine Komplettheitsklausel, **fehlt** für diese (ergänzende) Leistung die Position und somit der **Einheitspreis; diese Lücke** ist aber im allgemeinen gemäß § 632 BGB **zu füllen.**
Das heißt: Die über die in den Positionen beschriebene Teilleistungen hinaus zu komplettierende Leistung ist zwar je nach Auslegung von Anfang an als Bausoll geschuldet, sie ist **Leistungsinhalt,** aber sie ist **auch zu vergüten.**[158)] Der Auftraggeber hat es in der Hand, diese unliebsame Überraschung beim Einheitspreisvertrag dadurch zu vermeiden, dass er das komplette Werk durch vollständige Beschreibung in den einzelnen Positionen ausschreibt und die zugehörigen Einheitspreise abfragt.
Der **Anspruch des Auftragnehmers auf Vergütung entfällt nur dann,** wenn der Auftragnehmer beim Auftraggeber den Eindruck erweckt hat, in den genannten Positionen und deren Einheitspreisen seien auch die (komplettierenden) Leistungen infolge der Komplettheitsklausel vollständig enthalten. Dies wäre eine Art „Höchstpreisgarantie" des Auftragnehmers. Sie ist dann zu bejahen, wenn der **Auftragnehmer selbst das LV** und die Leistungsbeschreibung **mit der Komplettheitsklausel erstellt** hat, wenn er also letztlich den Auftraggeber über die „normale", VOB-gerechte Einbeziehung solcher Besonderen Leistungen in den Vertrag (und die daraus folgende an sich geschuldete gesonderte Vergütung Besonderer Leistungen) täuscht. Dann hilft dem Auftragnehmer auch der Hinweis auf DIN 18 421 oder DIN 18 299 nicht mehr.

Ist dagegen die Komplettheitsklausel in **Allgemeinen Geschäftsbedingungen** des Auftraggebers enthalten, so ist zu unterscheiden: Bei detaillierter auftrag**geber**seitiger Leistungsvorgabe (Einheitspreisvertrag, Detail-Pauschalvertrag) ist die Klausel wegen Verstoßes gegen § 307 BGB sicher unwirksam, ebenso beim Global-Pauschalvertrag mit auftraggeberseitiger Leistungsvorgabe, soweit für den entsprechenden Leistungsbereich Detailvorgaben gemacht sind; wirksam ist sie dagegen beim Global-Pauschalvertrag, sofern der Auftraggeber keine Leistungsdetails vorgegeben hat, diese also der Auftragnehmer bestimmt.[159)]

3.2.4.5 Nachträglich ausgeführte „Besondere Leistungen"; vereinbarte Maßnahmen oder vereinbarte Eignung als Bausoll (Beschaffenheitssoll); Anspruchsgrundlage: § 2 Nr. 6, Nr. 8 VOB/B; Höhe der Vergütung

136 Wenn demgemäß eine Leistung eine zu nach dem jeweiligen Abschnitt 4 zu **vergütende Leistung** ist, wenn sie also „besonders" in der Leistungsbeschreibung erwähnt ist, steht dem Auftragnehmer für diese Leistung eine **Vergütung** zu.

Eine Sonderkonstellation ergibt sich, wenn a) der Auftraggeber **nachträglich** eine Besondere Leistung verlangt bzw. sie ausgeführt wird oder wenn b) für die „besonders" erwähnte Besondere Leistung **keine Vergütungsposition** ausgeschrieben ist (dazu Rdn. 144).

Da die Besondere Leistung dann, wenn sie im Leistungsverzeichnis nicht aufgeführt wird, vom Auftragnehmer nicht geschuldet wird bzw. nicht ohne Vergütung geschuldet

---

[158)] Zu diesem Fall des unbestimmten Vergütungssolls vgl. **näher** Rdn. 283 ff, 285, 286.
Selbst bei einem **Pauschalvertrag** wäre trotz der Klausel „fix und fertig" gesondert zu vergüten, wenn das LV **vom Auftraggeber** stammt (zutreffend BGH Schäfer/Finnern Z 2.301 Bl. 35 ff.); zu den Fundstellen dazu in Band 2 s. Fn. 155.
[159)] Im Einzelnen Band 2, Rdn. 272–281 zum Detail-Pauschalvertrag, Rdn. 512 ff., 520 ff. zum Global-Pauschalvertrag; Markus, in: Markus/Kaiser/Kapellmann, AGB-Handbuch Bauvertragsklauseln, Rdn. 240; Kapellmann, in: Kapellmann/Messerschmidt, B § 2, Rdn. 86; Ingenstau/Korbion/Keldungs, VOB/B, § 2 Nr. 1, Rdn. 25.

wird, handelt es sich im Fall a) um einen Anspruch auf Änderung der Vergütung, der sich in den „Vergütungsänderungskatalog" des § 2 VOB/B einordnen lassen muss.
Da die Leistung eindeutig im Vertrag nicht verlangt wird, also „Zusatzleistung" ist, kommen als Anspruchsgrundlage nur § 2 Nr. 6 VOB/B oder § 2 Nr. 8 VOB/B in Betracht.
§ 2 Nr. 6 VOB/B greift sicher ein, wenn der Auftraggeber die Zusatzleistung verlangt, nachdem der Auftragnehmer den Auftraggeber darauf hingewiesen hat, dass die von ihm verlangte Leistung im Vertrag nicht enthalten sei, wobei der Auftragnehmer natürlich auch zu dieser Leistung gemäß § 1 Nr. 4 VOB/B verpflichtet ist: „Nicht vereinbarte Leistungen, die zur Ausführung der vertraglichen Leistung erforderlich werden, hat der Auftragnehmer **auf Verlangen** des Auftraggebers mit auszuführen, außer wenn sein Betrieb auf derartige Leistungen nicht eingerichtet ist."
Führt der Auftragnehmer die Leistung aus, ohne dass der Auftraggeber sie gefordert hat – der Auftraggeber wird beispielsweise über den Tatbestand gar nicht informiert –, bestimmt sich die Vergütungspflicht nach § 2 Nr. 8 VOB/B.
Die Berechnung der Zusatzvergütung erfolgt somit ebenfalls gemäß den Bestimmungen des § 2 Nr. 6 VOB/B bzw. § 2 Nr. 8 VOB/B.

Putzier[160] hat demgegenüber die Meinung vertreten, in solchen Fällen ergebe sich die richtige Anspruchsgrundlage (oft, immer?) ganz anders, was er an dem BGH-Fall „Wasserhaltung II"[161] und an einem weiteren Beispiel zu demonstrieren versucht hat. Ausgeschrieben sei Wasserhaltung; da im konkreten Fall „die vereinbarten Maßnahmen für das Beseitigen von Grundwasser nicht ausreichten, sind die erforderlichen zusätzlichen Maßnahmen gemeinsam festzulegen; diese sind Besondere Leistungen" – so laut Putzier DIN 18 306 Entwässerungskanalarbeiten Abschnitt 1.2 unter Verweis auf DIN 18 300 Erdarbeiten Abschnitt 4.2.1 und auf 3.3.1. Die Leistung „Wasserhaltung" bleibe trotz dieser Besonderen Leistungen dieselbe. Gingen die erforderlich werdenden Maßnahmen über die Leistungsbeschreibung hinaus, **verändere sich die Leistung nicht** (?), es handle sich nur um zusätzlichen Aufwand (?). Da es sich weder um eine geänderte noch um eine zusätzliche Leistung handle, ergebe sich der Entgeltanspruch (?) (= Vergütung) aus § 2 **Nr. 1** VOB/B, der den **Vorbehalt** enthalte, dass alle **Leistungen** abgegolten seien, die zu den in die VOB/C einbezogenen Leistungen gehörten. Im Umkehrschluss (?) seien aus dem vertraglichen Leistungsumfang die in VOB/C herausgenommenen Aufwendungen (?) zusätzlich zu vergüten. 137

Dem kann man buchstäblich in keinem Punkt zustimmen. 138

Ausgeschrieben ist „Wasserhaltung" im Rahmen von Erdarbeiten. Die (frühere) These von Putzier: **Da** die vereinbarten **Wasserhaltungs*maßnahmen*** nicht ausreichten, sei DIN 18 300 Abschnitt 3.3.1 anzuwenden. Vorab die eine Möglichkeit: Wenn ohne weitere Differenzierung nur „Wasserhaltung" ausgeschrieben und damit als Bausoll vereinbart ist, sind jedenfalls **keine** konkreten Leistungen, Maßnahmen, Methoden oder Aufwendungen vereinbart – oder vielmehr: alle notwendigen. **Wenn** – so die andere Möglichkeit – allerdings **notwendig** werdende Maßnahmen tatsächlich **nicht** vereinbart wären – nämlich von „vereinbarten Maßnahmen" nicht umfasst werden –, würde es sich dann eben um „nicht

---

[160] BauR 1994, 596. Putzier hat diese Meinung aufgegeben, s. Putzier, Der unvermutete Mehraufwand, S. 82. Die Fragestellung hat aber grundsätzliche Bedeutung, wir erörtern daher die Thematik auch grundsätzlich. Putzier vertritt jetzt die Auffassung, es sei für die Vergütung zwischen veränderter Leistung und vereinbartem Aufwand zu unterscheiden (s. näher Rdn. 141) Auch das ist **nicht** zutreffend.
[161] BauR 1994, 596, dazu näher Rdn. 186, 190.

vereinbarte" Maßnahmen handeln.[162] Das „**Bausoll**" wird jedoch **nicht nach Maßnahmen**, sondern **nach Leistungen** und beim Einheitspreisvertrag sehr oft nach Teilleistungen aufgebaut, definiert und vereinbart; auch wenn eine Global-Pauschalposition wie „Wasserhaltung" vereinbart ist, ist und bleibt sie doch (möglicherweise sehr global) definierte Leistung (zum Bausoll näher oben Rdn. 100). Welche Maßnahmen der Auftragnehmer ergreift, welchen Aufwand er hat, um die geschuldete Teilleistung zu erbringen, interessiert (außer bei Erreichen der Störung der Geschäftsgrundlage) nicht; die Maßnahmen auszuwählen und durchzuführen, ist einschließlich des „Methodenrisikos" allein Sache des Auftragnehmers als Werkunternehmer; in dieser Auswahlverpflichtung und in diesem Methodenrisiko liegt ein Kernelement des Werkvertrages.[163]

Abschnitt 3.3.1 (2. Absatz) der DIN 18 300 sagt etwas anderes aus als das, was Putzier daraus liest: **Wenn** das Leistungsverzeichnis bestimmte **Maßnahmen** vorgibt und dadurch die Methodenwahl des Auftragnehmers durch auftraggeberseitige Vorschrift eingrenzt, (indem es also für diese **Teilleistungen bestimmte** Maßnahmen **vorschreibt**), so ist die so im Detail (durch die im LV erwähnte Maßnahme) definierte Teilleistung jetzt **so Bausoll**. Das ist nichts Besonderes, sondern selbstverständlich. Denn das Bausoll wird definiert durch **alle** Vertragsvereinbarungen, also auch und insbesondere die Angabe eines beigefügten Bodengutachtens, auftraggeberseitige Planungsvorgaben und natürlich auch durch auftraggeberseitige Ausführungsvorschriften.[164]

Wenn die Leistung mit **dieser** Ausführungsvorgabe **nicht** ausgeführt werden kann – warum, ist gleichgültig: Ob die LV-Vorgabe ausreichend ist oder nicht, ob neuer Wunsch des Auftraggebers oder klügere Überlegungen oder ob von der Ausschreibung abweichende Bodenbeschaffenheit die Abweichung veranlassen –, so ist die Abweichung **immer** eine **Soll-Ist-Abweichung**, die so ausgeführte Teilleistung **deshalb immer** eine **modifizierte** Leistung. Denn: Eine vom Auftraggeber vorgeschriebene Maßnahme hat zum Inhalt, dass sie auch zur Erreichung des vereinbarten Zwecks **geeignet** ist (vgl. auch § 13 Nr. 3 VOB/B); ihre generelle **Nichteignung** ist Bausoll-Bauist-Abweichung.[165] Diese modifizierte Leistung wird nur nach § 2 Nr. 5, Nr. 6 oder Nr. 8 behandelt und **kann**, muss aber nicht „Mehraufwand" und damit „Mehrvergütung" zur Folge haben – im Gegenteil: Kluge neue Überlegungen können ja auch einen Aufwand verringern.

Diese Bausoll-Abweichung führt zwingend folglich zu **geänderten** oder zu **zusätzlichen Leistungen** – wozu sonst? Der „interne Aufwand" hat mit der methodischen Erfassung nichts zu tun.

139   Also:

1.: **Wenn** die (vertraglich) **vereinbarten** Maßnahmen nicht ausreichen, **wenn** also die über die vertraglich **vereinbarte** Maßnahme **definierte** Leistung geändert wird (also eine modifizierte Leistung ausgeführt wird, z. B eine „Besondere Leistung"), ist das **immer** und nur ein Fall von § 2 Nr. 5, Nr. 6 oder Nr. 8 VOB/B.

§ 2 Nr. 1 VOB/B enthält keinen „Preisvorbehalt" und hat mit dem Thema nichts zu tun. Im Fall

---

[162] Zum Thema Bausollbestimmung durch Notwendigkeit der Leistung näher Rdn. 884; bejahend, aber unrichtig BGH „Konsoltraggerüste", NZBau 2003, 324 = BauR 2002, 1246 und speziell dazu Kapellmann, NJW 2005, 182.

[163] Zu diesem Problem des Global-Pauschalvertrages in diesem Band Rdn. 761, 762 sowie **Einzelheiten Band 2**, Rdn. 608 ff. mit Erläuterung der BGH-Entscheidung „Wasserhaltung I", BauR 1992, 759 und der BGH-Entscheidung „Wasserhaltung II", BauR 1994, 236, dazu Schlußentscheidung nach Zurückverweisung OLG Celle IBR 1998, 468.

[164] Siehe näher dazu Rdn. 178, 707 ff.

[165] So genau BGH BauR 1999, 37. Siehe dazu auch Rdn. 765: Ist sie generell **geeignet**, aber dennoch (durch „Zufall", unvorhersehbare Sonderbedingungen usw.) das vereinbarte Ziel ausnahmsweise nicht zu erreichen („Ausreißer"), so geht das zu Lasten des Auftragnehmers.

"Wasserhaltung II" war im Ergebnis vertraglich **vereinbart**, dass „ungewöhnliche Wagnisse" gar nicht zur vereinbarten Leistung (Bausoll) gehören – s. Rdn. 140.
Wenn die Leistung **nicht** verändert wird, aber dennoch „überpflichtmäßige Maßnahmen" des Auftraggebers notwendig werden, ist das auch beim Baugrund allein „Störung der Geschäftsgrundlage."[166)]

2.: Ob bestimmte Maßnahmen per Ausschreibung im Fall „Wasserhaltung II" **vereinbart** waren, ist gerade die Frage. Wenn nein: Dann ist das Bausoll unverändert, dann gibt es keine zusätzliche Vergütung (Ausnahme: Störung der Geschäftsgrundlage). Wenn ja: Dann ist die Leistung modifiziert, sofern andere als die vereinbarten Maßnahmen (Methoden) ausgeführt werden müssen; jede modifizierte Leistung ist Bausoll-Abweichung und damit geändert oder zusätzlich – bei Anordnung des Auftraggebers erfolgt die Vergütung über § 2 Nr. 5 oder Nr. 6 VOB/B, ohne Anordnung erfolgt die Vergütung gegebenenfalls über § 2 Nr. 8 VOB/B.

Der Bundesgerichtshof hat in der Entscheidung „Wasserhaltung II" zweifelsfrei recht: **Wenn** notwendig werdende Maßnahmen sich als ungewöhnliches Wagnis darstellen und beim öffentlichen Auftraggeber nicht vereinbart sind, eben weil sie ein „ungewöhnliches Wagnis" sind und deshalb auch nach der aus Empfängerhorizont der Bieter zu beurteilenden Sicht **nicht** als Leistung vereinbart sind (dazu Rdn. 195), dann sind sie **zusätzliche** Leistungen – was sonst? 140

Oder formuliert gemäß **§ 1 Nr. 4 VOB/B:** „**Nicht** vereinbarte Leistungen, die zur Ausführung der vertraglichen Leistung erforderlich werden, hat der Auftragnehmer auf Verlangen des Auftraggebers mit auszuführen." Und als Äquivalent **§ 2 Nr. 6 VOB/B:** „Wird eine im Vertrag nicht vorgesehene Leistung gefordert, so hat der Auftragnehmer Anspruch auf besondere Vergütung."
Die **ausgeführte Leistung** ist also **im Fall „Wasserhaltung II"** entgegen der Meinung von Putzier **nicht dieselbe wie in der Ausschreibung.** Die Leistung war durch die Totalität **aller** Unterlagen nach Empfängerhorizont zu definieren. Diese so definierte – durch Auslegung ermittelte – **Leistung** hat sich geändert, weil ungewöhnliche Wagnisse zum vereinbarten Leistungsinhalt **nicht** gehören, tatsächlich aber solche ungewöhnlichen Wagnisse auftreten, die folglich **andere** als die zu erwartenden Maßnahmen erfordern.

Putzier ignoriert den Ansatz des Bundesgerichtshofs und läßt genau die methodische Klarheit vermissen, die den BGH in dieser Entscheidung auszeichnet und für die wir uns seit langem eingesetzt haben.[167)] Putzier verwendet einen selbst erfundenen „schwammigen" Oberbegriff „Leistung" und „definiert" dann, diese (möglichst allgemein) genannte Leistung verändere sich ja nicht, aber der **Aufwand** verändere sich, und das müsse man – gewissermaßen sozial – dem Auftragnehmer „entgelten." Auf die Spitze getrieben: Wenn die Leistung „ein Bürohaus" ist, veränderte sich **diese** Leistung selbst dann nicht, wenn der Auftraggeber ein weiteres Geschoss anordnet – Bürohaus bliebe Bürohaus.

Gott sei Dank definieren Bauverträge eine „Leistung" so nicht, selbst Global-Pauschalverträge nicht.[168)] Maßgebend ist das **konkret** unter Einbeziehung **aller** Vertragsbestandteile definierte Bausoll.

Der Schluss von Putzier ist zudem unlogisch: Wenn § 2 Nr. 1 VOB/B regelt, dass alle **Leistungen** abgegolten sind, die auch über die VOB/C Bausoll sind – so § 1 Nr. 1 Satz 2 VOB/B –, so kann man nicht den Umkehrschluss ziehen, die in Anwendung der VOB/C 141

[166)] Dazu näher Rdn. 755; Band 2, Rdn. 1500 ff.
[167)] Nur als Beispiel: Band 2, Rdn. 1010 ff. zur Soll-Ist-Abweichung als allgemeine Anspruchsvoraussetzung, Band 1, Rdn. 175 ff. zur richtigen Vertragsauslegung, Rdn. 183, 184 ff. zur richtigen Beurteilung des Bausolls anhand des „Empfängerhorizonts" des Bieters.
[168)] Dazu Band 2, Rdn. 400 ff. zur Bestimmung des Bausolls beim Global-Pauschalvertrag.

herausgenommenen **Aufwendungen** seien nicht erfasst. Richtig ist nur der Schluss: Die in Anwendung der VOB/C **nicht** Bausoll gewordenen **Leistungen** sind nicht Bausoll und deshalb von der bisherigen Vertragsvergütung nicht erfasst.
Der Aufwand, der dem Auftragnehmer dagegen bei unverändertem Bausoll ensteht, spielt – solange nicht die Grenzen der „Störung der Geschäftsgrundlage" überschritten werden –, keine Rolle. Einheitspreisverträge (und Pauschalverträge) sind **Leistungsverträge** (s. § 5 Nr. 1 VOB/A), nicht Selbstkostenerstattungsverträge (s. § 5 Nr. 3 VOB/A)[169]

142 Endlich decken auch die von Putzier zitierten Fundstellen seine Schlussfolgerungen nicht. Das OLG Hamm löst den von ihm zitierten Fall[170] unrichtig über § 6 Nr. 6 VOB/B, aber jedenfalls nicht über § 2 Nr. 1 VOB/B. Die von ihm zitierte Entscheidung des OLG Koblenz behandelt ein ganz anderes Thema, nämlich einen vertraglichen „Preisänderungsvorbehalt."[171] Schottke schließlich behandelt aus der Sicht des Ingenieurs ein Spezialproblem, dass nämlich im Tunnelbau erst während der Bauausführung entsprechend den angetroffenen geologischen Verhältnissen die Leistung konkret vereinbart ist.[172]

143 **Zusammengefasst:**
§ **2 Nr. 1 VOB/B enthält keinen Preisvorbehalt.** Aufwendungen, die nicht zu einer Modifizierung der vertraglich definierten Teilleistung führen, lösen keine Mehrvergütung aus. Jegliche Modifizierung der Teilleistung selbst kann dagegen Vergütungsfolgen haben. Insbesondere nach Vertragsschluss angeordnete oder vereinbarte „Besondere Leistungen" im Sinne der VOB/C sind **ausschließlich** nach § 2 Nr. 6, unter Umständen nach § 2 Nr. 5 bzw. § 2 Nr. 8 VOB/B zu vergüten – siehe auch Rdn. 766.

144 Den Fall b) – vgl. Rdn. 136 –, dass **Besondere Leistungen in Auftrag** gegeben sind, aber **keine konkrete Vergütung** vereinbart ist, behandeln wir unter Rdn. 281 ff.; das ist ein Fall unvollständigen „Vergütungssolls."

3.2.4.6 Ankündigungspflicht vor Abschluss des Vertrages?

145 Dass der Auftragnehmer den Anspruch auf zusätzliche Vergütung auch bei der Ausführung nachträglich angeordneter „Besonderer Leistungen" **vor der Ausführung** ankündigen muss, ergibt sich aus § 2 Nr. 6 VOB/B.
Die Frage ist aber, ob er nicht schon **vor Abschluss** des Vertrages darauf hinweisen muss, dass das Leistungsverzeichnis unvollständig ist, nämlich eine notwendige zusätzliche Leistung nicht ausgeschrieben ist und damit gesonderte Vergütungspflicht besteht, und ob er nicht bei unterbliebenem Hinweis seinen Vergütungsanspruch verliert.
Abgesehen davon, dass in einer Vielzahl von Fällen im Angebotsstadium **gar nicht erkennbar** ist, dass das Leistungsverzeichnis eine oder mehrere notwendige Leistungen nicht enthält, gilt aber auch grundsätzlich, dass der Bieter zwar verpflichtet ist, auf sachliche Unklarheiten oder Widersprüche des Leistungsverzeichnisses hinzuweisen, nicht aber, zusätzliche Vorschläge für in Auftrag zu gebende weitere Arbeiten zu machen. Denn wenn der Auftraggeber auf der Grundlage der VOB/B vergibt und damit über § 1

---

[169] Unzutreffend deshalb Putzier, Der unvermutete Mehraufwand, S. 81 ff und Anm. zu OLG München BauR 1998, 561.
„Bei der Vergütung zu festen Preisen ist der Aufwand des Unternehmers unerheblich", so prägnant Schumacher, Vergütung (Schweiz), Rdn. 44-47 und Gauch, Werkvertrag (Schweiz), Rdn. 902, 903.
[170] OLG Hamm NJW-RR 1994, 406 = BauR 1994, 144 L. Siehe zu dieser Entscheidung näher unten Rdn. 771, 772.
[171] OLG Koblenz BauR 1993, 607.
[172] BauR 1993, 407, 409.

VOB/B auch die VOB/C einbezogen ist, ist ja gerade – in Ergänzung des Leistungsverzeichnisses – geregelt, dass solche Leistungen, die in Abschnitt 4 der VOB/C geregelt sind, dann, wenn sie als Besondere Leistungen vorkommen, gesondert in Auftrag zu geben und zu vergüten sind.[173]
In Wirklichkeit enthält also das Angebotsblankett des Auftraggebers insoweit keine aufklärungsbedürftige oder regelungsbedürftige Lücke.

3.2.5 Abschnitt 5 der VOB/C

Aus den schon im Zusammenhang mit den Nebenleistungen des Abschnitts 4 erwähnten Gründen sind die AGB-rechtlichen Bedingungen der §§ 305 ff. BGB auch auf die **Abrechnungsbestimmungen** des jeweiligen **Abschnitts 5** der VOB/C **anzuwenden**. Das ist hier besonders deutlich, weil die Abrechnungsbestimmungen eindeutige, abwechselnd den Auftraggeber oder den Auftragnehmer begünstigende oder benachteiligende Regelungen enthalten, die von § 2 Nr. 2 VOB/B abweichen. Das gilt z. B. für alle Vorschriften, nach denen übermessen werden darf. Dachdeckungen werden nach 0.5 der DIN 18338 nach Flächenmaß, Längenmaß oder Stück abgerechnet; nach 5.2.1 der DIN 18338 werden bei Abrechnung nach Flächenmaß Aussparungen und Öffnungen unter 2,5 m² Einzelgröße für Schornsteine, Fenster, Oberlichter, Gauben und dergleichen nicht abgezogen, so dass der Auftragnehmer also eine Fläche berechnen darf, die er gar nicht verlegt hat. Entsprechend wird gemäß 5.2.2 bei Abrechnung nach Längenmaß erst bei Unterbrechungen um mehr als 1 m ein Abzug vorgenommen. Ähnliche Bestimmungen finden sich in allen VOB/C-Normen, dieselbe beispielsweise in der DIN 18339 für Klempnerarbeiten.[174]

146

Auch hier gilt aber, dass **Verstöße gegen die §§ 305 ff. BGB** aus den schon im Zusammenhang mit den Nebenleistungen aufgeführten Gründen so gut wie **nicht denkbar** sind. Die Aufmaßbestimmungen sind ja nichts anderes als eine allgemein übliche Praxisempfehlung.

Hinzu kommt, dass der Auftragnehmer **bei der Kalkulation** ja sowohl die ihn begünstigenden wie die ihn benachteiligenden Aufmaßvorschriften berücksichtigt, so dass eine nachträgliche Unwirksamkeit das Kalkulationsgefüge umwerfen würde.

Jedenfalls theoretisch eher denkbar ist, dass einzelne **Abrechnungsbestimmungen unklar** sind – vgl. Rdn. 133 a.E. und Fn. 147; wenn dann der Auftraggeber die VOB/C verwendet hat, geht eine Unklarheit gemäß den §§ 305c, 307 Abs. 1 Satz 2 BGB zu seinen Lasten mit der Folge, dass der Auftragnehmer nach der günstigeren möglichen Auslegung der Aufmaßbestimmungen abrechnen kann. Einen solchen Fall hat das OLG Köln für eine Kollision der Abrechnungsbestimmungen 5.104 und 5.102 der DIN 18300 in der Fassung 1965 entschieden.[175]

---

[173] Vgl. dazu aber auch oben Rdn. 134, unten Rdn. 208.
[174] Auch wenn für Öffnungen im Mauerwerk Zulagepositionen vorgesehen sind, soll es bei der Abrechnungsnorm in DIN 18 330, 5.21 und 5.22, wonach Öffnungen im Mauerwerk über 1m² oder 0,25 m³ Einzelgröße abgezogen werden bleiben, so OLG Düsseldorf BauR 1998, 1025. Die Entscheidung ist nicht richtig, vgl. Rdn. 131 mit Fn. 140.
[175] OLG Köln BauR 1982, 170; siehe auch Vygen, Bauvertragsrecht, Rdn. 136 und OLG Düsseldorf BauR 1991, 772, 773.

3.3 Gewerbliche Verkehrssitte

147 Die **Leistungspflicht** des Auftragnehmers wird aber nicht nur durch die „Allgemeinen Technischen Vertragsbedingungen für Bauleistungen" (VOB/C) bestimmt, sondern auch durch die **„gewerbliche Verkehrssitte",** wie es § 2 Nr. 1 VOB/B formuliert. Das bedeutet, dass „auch die Leistungen durch den Preis mit abgegolten sind, welche nach der Auffassung der betreffenden Fachkreise am Ort der Leistung als mit zur Bauleistung gehörig zu betrachten sind."[176] Das ist auch ausdrücklich noch einmal in § 4 Nr. 2 Abs. 1 Satz 2 der VOB/B bestimmt; der Auftragnehmer hat bei der Leistung „die anerkannten Regeln der Technik" zu beachten.

Ebenso regelt § 13 Nr. 1 Satz 1 VOB/B im Rahmen der Mängelhaftung, dass der Auftragnehmer dafür die Gewähr übernimmt, dass seine Leistung zur Zeit der Abnahme unter anderem den anerkannten Regeln der Technik entspricht.

Das bedeutet, dass solche Leistungen, die **nach der Verkehrssitte üblich** sind, zum Bausoll gehören und **nicht gesondert vergütet werden.**

In der **Rangfolge einzelner Vertragsbestandteile** steht die gewerbliche Verkehrssitte als Bestandteil der „Allgemeinen Vertragsbedingungen für die Ausführung von Bauleistungen" = VOB/B **hinter** den „Allgemeinen Technischen Vertragsbedingungen für Bauleistungen" = VOB/C, vgl. § 1 Nr. 2 e und Nr. 2 f VOB/B. Ist eine VOB/C-Regelung unklar, kann die „gewerbliche Verkehrssitte" maßgebende Auslegungshilfe sein,[177] überhaupt spielt die gewerbliche Verkehrssitte eine nennenswerte Rolle als **Auslegungshilfe** für fachliche Begriffe (s. unten Rdn. 177).

Dabei ist immer zu beachten, dass der Rückgriff auf die gewerbliche Verkehrssitte nur dazu dienen kann, die vom Auftragnehmer geschuldete Leistung **in geringfügigen Randbereichen,** hinsichtlich von Lücken **oder bei Auslegungszweifeln,** zu bestimmen – vgl. z. B. zu Auswahlpositionen Rdn. 848 ff. Das heißt aber nicht, dass diese Bestimmung eine Pflicht des Auftragnehmers begründet, **solche Leistungen ohne Vergütung** zu erbringen, **für die § 2 Nr. 3–6 VOB/B Ansprüche auf zusätzliche Vergütung** eröffnen.[178]

„Schlechte Sitten" begründen keine gewerbliche Verkehrssitte. Typisches Beispiel: Auftraggeber liefern oft Schal- und Bewehrungspläne sehr spät und ohne Prüfvermerk; um den vorgesehenen Zeitplan einzuhalten, ordnen sie dann an, nach diesen ungeprüften Plänen zu arbeiten. Während die Bewehrung verlegt wird, erscheint der Prüfstatiker und ordnet im Einvernehmen mit dem Auftraggeber **„Zulageeisen"** an, die in mühseliger Arbeit „eingefädelt" werden müssen. Die daraus resultierenden Lohnmehrkosten sind gemäß § 2 Nr. 5 VOB/B zu vergüten. Auch wenn „Zulageeisen" im genannten Sinn „üblich" sind, ändert das an der Vergütungspflicht nichts; die „Zulageeisen" selbst werden ohnehin nach Menge abgerechnet.

---

[176] Ingenstau/Korbion/Keldungs, VOB/B § 2 Nr. 1, Rdn. 13.
Im Rahmen der Auslegung kann hinsichtlich der Verkehrssitte **ein Sachverständiger nur** das für die rechtliche Beurteilung notwendige **Fachwissen vermitteln** (BGH „DIN 18 332", NZBau 2004, 500 = BauR 2004, 1438; BGH „Labordämmmaße" BauR 1995, 538), s. dazu näher **Rdn. 177.**
Zu der Frage, inwieweit der Auftragnehmer ohne besondere Regelung im Vertrag „kraft Verkehrssitte" **lärmmindernde** Maßnahmen schuldet, vgl. Clemm, BauR 1989, 125, 129 ff.
[177] BGH „DIN 18 322", NZBau 2004, 500 = BauR 2004, 1438 und dazu Kapellmann, NJW 2005, 182.
[178] Ingenstau/Korbion, a. a. O.

3.4 Einzelpflichten des Auftragnehmers gemäß VOB/B und BGB

3.4.1 Allgemeine Pflichten

Auch die **VOB/B** selbst benennt einzelne **Leistungspflichten** des Auftragnehmers (wobei es dahinstehen kann, ob diese nicht Pflichten sind, die ohnehin nach allgemeinem Werkvertragsrecht des BGB bestehen); für diese Leistungen kann folglich der Auftragnehmer **keine zusätzliche Vergütung** verlangen.

148

Nach § **2 Nr. 9 VOB/B** muss der Auftragnehmer Zeichnungen, Berechnungen oder andere Unterlagen erbringen, soweit sie nach dem Vertrag, den Technischen Vorschriften oder der gewerblichen Verkehrssitte zu erbringen sind. Insbesondere die VOB/C regelt in einer Vielzahl von Fällen, dass der Auftragnehmer Zeichnungen vorlegen muss; so sind z. B. bei Mauerarbeiten das Anfertigen und Liefern von statischen Berechnungen und Plänen, soweit sie für Baubehelfe nötig sind, nach 4.1.1 der DIN 18 330 Sache des Auftragnehmers. Einzelheiten zu § 2 Nr. 9 VOB/B erörtern wir unter **Rdn. 1149 ff**.

Darauf geht auch § **3 Nr. 5** VOB/B noch näher ein.
Der Auftragnehmer hat auf eigene Kosten die Ausführung seiner vertraglichen Leistung zu leiten und für Ordnung auf seiner Arbeitsstelle zu sorgen. Das versteht sich von selbst und ist auch in § **4 Nr. 2 Abs. 1 Satz 2 VOB/B** noch einmal gesondert geregelt.

Nach § **4 Nr. 5 VOB/B** hat der Auftragnehmer die von ihm ausgeführten Leistungen und die ihm für die Ausführung übergebenen Gegenstände bis zur Abnahme vor Beschädigung und Diebstahl zu schützen. Allerdings braucht er sie vor **Winterschäden** und **Grundwasser** nur zu **schützen, auch Schnee und Eis nur zu beseitigen, soweit das im Vertrag geregelt ist; andernfalls** kann das zwar der Auftraggeber gemäß § 4 Nr. 5 VOB/B verlangen, dann hat aber nach § 4 Nr. 5 letzter Satz VOB/B der Auftragnehmer **Vergütungsansprüche** gemäß § 2 Nr. 6 VOB/B.
Stoffe oder Bauteile, die dem Vertrag nicht entsprechen, muss der Auftragnehmer auf eigene Kosten gemäß § **4 Nr. 6 VOB/B** von der Baustelle entfernen.

Ebenso muss er gemäß § **4 Nr. 7 VOB/B** auf eigene Kosten schon während der Ausführung als mangelhaft erkannte Leistungen durch mangelfreie ersetzen, wobei hier ausdrücklich erwähnt ist, dass der Auftragnehmer dies „auf eigene Kosten" zu tun hat.
Dem entspricht auch die Pflicht zur kostenlosen Nacherfüllung nach Abnahme der Arbeiten gemäß § **13 VOB/B**.
Nach § **14 VOB/B** muss der Auftragnehmer die zum Nachweis von Art und Umfang der Leistung erforderlichen Mengenberechnungen, Zeichnungen und anderen Belege beifügen, kann also für deren Erstellung keine Vergütung verlangen.
Dasselbe regelt § **16 VOB/B** im Zusammenhang mit den Zahlungen.

Nur zur Vervollständigung erwähnen wir, dass Witterungseinflüsse während der Ausführungszeit, mit denen „bei Abgabe des Angebots normalerweise gerechnet werden musste", nicht als Behinderung gelten (§ 6 Nr. 2 Abs. 2 VOB/B) und deshalb Verzögerungen durch „**Schlechtwettertage**" keinen Anspruch auf Fristenverlängerung und/oder Zusatzvergütung begründen. Sofern Schlechtwettertage gemäß Bauvertrag (der dann eine Definition der Schlechtwettertage enthalten sollte), fristverlängernde Wirkung haben, ist damit keine Kostenerstattungspflicht von seiten des Auftraggebers vereinbart.

149

3.4.2 Gefahrtragung und Risikoverteilung

150 Die **Gefahrtragung**, die im Ergebnis auch etwas über **Bausoll** und Vergütungspflicht sagt, ist allgemein im BGB und in einem Sonderpunkt speziell in der VOB/B geregelt.

Die Vorschriften über die Verteilung der Gefahr regeln, wer die nachteiligen Folgen von Beschädigungen oder Zerstörungen des Werkes zu tragen hat, die von keiner der Vertragsparteien zu vertreten sind. Dabei gibt es immer zwei (sogar drei) unterschiedliche Fragen:

a) Bleibt der Auftragnehmer trotz des schädigenden Ereignisses weiter zur (erneuten) Herstellung verpflichtet (**Leistungsgefahr**)?

b) Muss der Auftraggeber auch dann, wenn das Werk ganz oder teilweise beschädigt wird, dennoch dafür die vereinbarte Vergütung zahlen (**Vergütungsgefahr oder Preisgefahr**)?

c) Muss der Auftragnehmer das zerstörte Werk ohne zusätzliche Vergütung wieder erstellen?

Zu a
Die **Leistungsgefahr** regelt das BGB so: Ist die Leistung noch möglich, so **bleibt** vor der **Abnahme** des Werks der Auftragnehmer zur Leistung verpflichtet. Das heißt nicht zwingend – siehe c –, dass er für die „zweite" Leistung keine Vergütung erhält.

Zu b
Die **Vergütungsgefahr** regelt § 7 VOB/B speziell:
Wenn die Leistung **vor Abnahme** ganz oder teilweise beschädigt oder zerstört wird, erhält der Werkunternehmer keine Vergütung, **außer**, die Leistung ist durch höhere Gewalt, Krieg, Aufruhr oder andere unabwendbare vom Auftragnehmer nicht zu vertretende Umstände beschädigt oder zerstört worden: Dann erhält der Auftragnehmer ausnahmsweise für die schon ausgeführte, aber noch nicht abgenommene Leistung doch Vergütung, und zwar gemäß § 6 Nr. 5 VOB/B.

Zu c
Auch in diesen Fällen (Zerstörung usw.) bleibt es dabei, dass der Auftragnehmer zwar zur **Wiederherstellung** der beschädigten oder zerstörten Leistung verpflichtet ist – siehe a.
Aber diese „zweite" Leistung ist eine „im Vertrag nicht vorgesehene Leistung"; für sie erhält der Auftragnehmer deshalb Vergütung gemäß § 2 Nr. 6 VOB/B als zusätzliche Leistung.[179)]

151 Ein besonderes Problem der Gefahrtragung und Risikoverteilung ist das „**Baugrundrisiko**". Wir behandeln dieses Thema gesondert unter Rdn. 707 ff., insbesondere die damit zusammenhängenden „Erschwernisse."

4 Maßgebender Zeitpunkt für die Einbeziehung von Unterlagen als Vertragsbestandteil (Bausoll)

152 Der Auftraggeber übersendet ein Angebotsblankett, der Bieter füllt es aus und macht ein Angebot. Sicher werden diejenigen Unterlagen Vertragsbestandteil und bilden das Bau-

---

[179)] BGHZ 61, 144 = BauR 1973, 317 = NJW 1973, 1698; Lederer, in: Kapellmann/Messerschmidt, VOB/B § 7, Rdn. 73; im Grundsatz Nicklisch/Weick, VOB/B § 7 Rdn. 20; Einzelheiten **unter Rdn. 712, 713** im Zusammenhang mit „Baugrund."

soll, die dem Angebotsblankett beigefügt waren bzw. darin klar genannt sind; die nur **einsehbar** sind, behandeln wir in diesem Zusammenhang gesondert, nämlich unter Rdn. 203. Ist das Angebot einmal abgegeben, so bindet es innerhalb einer Angebotsbindefrist. Der Vertrag kommt also zustande durch fristgerechte Annahme des Auftraggebers auf das unveränderte Angebot. Eine Annahmeerklärung nur mit Einschränkungen oder Ergänzungen („ja, aber") führt nicht zum Vertrag, sondern ist selbst neues Angebot, jetzt des Auftraggebers (§ 150 Abs. 2 BGB). Nur wenn der Bieter seinerseits dieses neue Angebot des Auftraggebers annimmt, kommt ein Vertrag zustande. Welche Bedeutung hat es, wenn der Auftraggeber **nach** Angebotsabgabe durch den Bieter nachträglich, aber vor Annahme, weitere, als Vertragsinhalt von ihm gedachte Unterlagen nachreicht, z. B. Ausführungspläne, und wenn er dann das Angebot annimmt? Zu welchem Zeitpunkt müssen Unterlagen vorliegen, um Vertragsbestandteil (Bausoll) zu werden?

Diese Frage läßt sich für einen **Auftraggeber**, der die **VOB/A** Abschnitt 1–3 anwendet, zweifelsfrei beantworten: Maßgeblich ist der Ablauf der so genannten Angebotsfrist; die Angebotsfrist läuft ab, sobald im **Eröffnungstermin** der Verhandlungsleiter mit der Öffnung der Angebote beginnt (§ 18 Nr. 2 VOB/A). Der Bieter darf darauf vertrauen, dass der Auftraggeber sich an die VOB/A verbindlich hält, denn er sichert ja öffentlich zu, dass er nach ihr verfahren wird; also ist er auch daran zu messen, ob er wirklich den Vertrauenstatbestand, den er durch die Verpflichtung zur Anwendung der VOB/A gegenüber den Bietern schafft, auch einhält.[180]

153

Das rechtfertigt sich aus der Überlegung, dass beim öffentlichen Auftraggeber eine Ausschreibung stattfindet, bei der es ihm verwehrt sein muss, **nach** Abgabe des Angebots und Eröffnung noch einzelnen Bietern Sonderinformationen zu erteilen oder einzelnen Bietern gegenüber die Verdingungsunterlagen (z. B. durch nachträgliche Pläne) zu ändern oder mit einzelnen Bietern nachträglich Preisgespräche zu führen. Gemäß § 24 Nr. 1 Abs. 1 VOB/A darf der Auftraggeber nach Eröffnung der Angebote bis zur Zuschlagserteilung mit einem Bieter nur verhandeln, um sich über seine Eignung, insbesondere seine technische und wirtschaftliche Leistungsfähigkeit, das Angebot selbst, etwaige Änderungsvorschläge und Nebenangebote, die geplante Art der Durchführung, etwaige Ursprungsorte oder Bezugsquellen von Stoffen oder Bauteilen und über die Angemessenheit der Preise, wenn nötig durch Einsicht in die vorzulegende Preisermittlung (Kalkulation), zu unterrichten. Andere Verhandlungen, besonders über Änderungen der Angebote (!) oder Preise (!), sind unstatthaft (§ 24 Nr. 1, Nr. 3 VOB/A), außer wenn sie bei Nebenangeboten – das ist aber nicht das Thema –, Änderungsvorschlägen oder Angeboten aufgrund eines Leistungsprogramms nötig sind, um unumgängliche technische Änderungen geringen Umfangs (!) und daraus (!) sich ergebende Änderungen der Preise zu vereinbaren.

Umgekehrt kann auch der Bieter auf solche nachgereichten Unterlagen nicht mehr „wirksam" reagieren, er darf sein Angebot nicht mehr ergänzen.

Das alles versteht sich von selbst, denn wäre es anders, wäre bei einer öffentlichen Ausschreibung **Manipulationen Tür und Tor geöffnet**, und zwar „je nach Bedarf" sowohl zum Vorteil einzelner Bieter wie zu ihrem Nachteil.[181]

Deshalb gilt, **dass nur das Vertragsinhalt wird** – und so verstehen nach ihrem Empfängerhorizont die Bieter den Hinweis des Auftraggebers, er werde sich entsprechend der VOB/A **verhalten** –, was in den Ausschreibungsunterlagen **bis zur Angebotseröffnung** vermerkt ist: Eine „nachträgliche" Änderung führt zur Nichtigkeit gemäß § 134 BGB,

---

[180] BGH BauR 1994, 236, 238 „Wasserhaltung II, dazu Einzelheiten Rdn. 192.
[181] Der Bieter darf auch darauf vertrauen, dass der Auftraggeber ihn nicht durch **nachgereichte** Unterlagen, Angebotsverhandlungen oder dergleichen in eine Situation bringt, in der Zustimmung des Bieters „kollusives Zusammenwirken" wäre, u. a. mit der Folge schon wettbewerbsrechtlicher Unzulässigkeit – näher Köhler/Steindorff NJW 1995, 1705, 1709.

§ 97 Nr. 6 GWB, genauer: zur Teilnichtigkeit; der Vertrag kommt zustande auf der Basis des unveränderten Angebots.[182)]

Das Bausoll bestimmt sich also in diesen Fällen **ausschließlich** nach den Unterlagen, die dem Bieter **rechtzeitig vor** Angebotseröffnung zugegangen sind.

154 Beim **privaten Auftraggeber** sieht die Sache anders aus. Wenn er nach Eingang des Bieterangebots dem Bieter nachträglich vor Annahme noch weitere Unterlagen zuleitet, so fordert er ihn damit konkludent auf, sein Angebot nachträglich zu ändern, also die nachgereichten Unterlagen in das Angebot einzubeziehen. Mindestens dann, wenn der Bieter Gelegenheit hat, zu reagieren, insbesondere dann, wenn es zu einer Vertragsverhandlung kommt, werden solche Unterlagen im Regelfall noch Vertragsinhalt, weil der Auftraggeber von einem konkludent in das Angebot einbezogenen Inhalt ausgehen darf. Allerdings muss die potentielle Relevanz der bis zum Vertragsschluss nachgereichten Unterlagen dem Bieter **klar erkennbar** sein. Das wird z. B. dann nicht der Fall sein, wenn in letzter Sekunde unbenannt Unterlagen „über den Tisch geschoben werden." Insbesondere kann ein Auftraggeber einem Bieter nicht heimlich eine Veränderung des in Aussicht gestellten Bausolls dadurch unterschieben, dass er ihm **unbenannt** Pläne überreicht, ohne darauf **hinzuweisen**, dass sich aus diesen Plänen etwas anderes, etwas Neues oder etwas Zusätzliches gegenüber den Angebotsunterlagen ergeben soll. Ausnahme: Der Plan ist völlig neu und deshalb der neue „Regelungsgehalt" **unübersehbar**; der Plan enthält beispielsweise erstmals Einzelheiten einer Wasserhaltung. **Versteckte Hinweise** auf **Änderungen** in nachgereichten Plänen werden **nicht** Vertragsinhalt, weil der Bieter nach seinem maßgebenden „Empfängerhorizont" nicht damit zu rechnen braucht, dass ihm nachträglich unbenannt und heimlich maßgebliche Leistungsänderungen untergeschoben werden sollen; mangels Kenntnis scheidet eine konkludente Angebotsergänzung aus.[183)] Wenn allerdings ein Bieter hinnimmt, dass ihm erstmals in der Vergabeverhandlung „ein Paket Pläne" überreicht wird und ausdrücklich akzeptiert, dass diese Pläne Vertragsbestandteil werden sollen, handelt er zwar dumm, aber verbindlich.

5 Zusammenfassung

155 Der individuelle Inhalt des Bauvertrages, die Textaussagen und die zum Inhalt gemachten Zeichnungen, die „Besonderen Vertragsbedingungen" und die „Zusätzlichen Vertragsbedingungen", bei Vereinbarung die VOB/B, die „Allgemeinen Technischen Vertragsbedingungen" (VOB/C) und die „gewerbliche Verkehrssitte" bestimmen das **Bausoll**. Solange der Auftragnehmer nur das Bausoll baut, kann er keine zusätzliche Vergütung verlangen – die Sonderfälle gemäß § 4 Nr. 1 Abs. 4 Satz 2 VOB/B ausgenommen.[184)]

[182)] Näher Kapellmann, in: Kapellmann/Messerschmidt, VOB/B § 2, Rdn. 74 i.V.m. Rdn. 68.
[183)] Näher Band 2, Rdn. 619, 254; OLG Stuttgart BauR 1992, 639. Zu dieser **ansonsten** unrichtigen Entscheidung Band 2, Rdn. 654.
[184)] Solche Sonderfälle behandeln wir unter Rdn. 1187 ff.

Kapitel 3
Vergütungsansprüche des Auftragnehmers bei mangelhaft definiertem Bausoll

1 Problemstellung – keine Ex-post-Beurteilung

Solange der Bauvertrag die Leistungsanforderungen und die Vergütungsregeln klar und eindeutig beschreibt, ist auch klar und eindeutig, welche Leistung der Auftragnehmer zu dem vereinbarten Einheitspreis erbringen muss. **156**
Ist der **Bauvertrag** nur hinsichtlich des **Vergütungssolls unklar,** so steht zwar fest, was der Auftragnehmer zu bauen hat und dass er es zu bauen hat, aber nicht, ob oder wie er insoweit bezahlt wird; das behandeln wir gesondert unter Rdn. 280 ff.
Ist der **Bauvertrag** hinsichtlich der zu errichtenden **Bauleistung unklar,** hat also der Auftraggeber **das Bausoll objektiv mangelhaft definiert,** ist nicht klar, welche Leistung der Auftragnehmer erbringen muss. Solche Unklarheiten der **Leistungsbeschreibung** – im weiteren Sinn, vgl. Rdn. 104, 178 – können betreffen:
Bauinhalt
und/oder (für den Auftragnehmer relevante)
Bauumstände
Diese Unklarheit behandeln wir nachfolgend unter den Rdn. 159 - 278.

Der Auftragnehmer wird die Ansicht vertreten, nur den „Minimum-Standard" zu schulden und für ein „Mehr" zusätzliche Vergütung verlangen. Um zu beurteilen, welche Rechtsfolgen eine solche Konstellation auslöst, sind zuerst die möglichen bzw. typischen Fallgestaltungen einer insoweit mangelhaften Ausschreibung aufzuzeigen; dann erst läßt sich feststellen, ob alle Fallgruppen gleichzubehandeln sind.
Die obergerichtliche Rechtsprechung hat früher punktuell überwiegend Fälle der „Lückenhaftigkeit" von Ausschreibungen zu entscheiden gehabt. Ursprünglich hatte sie dabei strenge Maßstäbe an die Prüfpflicht des Auftragnehmers angelegt – zu strenge Maßstäbe, wie sich erweisen wird und wie heute annähernd allgemeines Verständnis auch der Rechtsprechung ist.

Auf einen ganz entscheidenden Gesichtspunkt muss schon im Vorgriff – um die richtige Beurteilung der Beispielsfälle zu ermöglichen – deutlich hingewiesen werden:
Nur die **Ex-ante-Beurteilung** des Vertragsinhaltes ist zulässig, also die Beurteilung aus der Sicht der Beteiligten zum Zeitpunkt der Angebotsbearbeitung und des Vertragsschlusses. Eine Leistungsbeschreibung kann ex ante in sich schlüssig und klar und ex post voller Unstimmigkeiten, Lücken oder Widersprüche sein. Das, was erst während der Ausführung klar wird, muss nicht im Angebotsstadium schon klar sein. Typisches Beispiel ist, dass der Auftraggeber erst durch Ausführungsanordnungen seine Interpretation oder seinen „wahren Willen" kenntlich werden läßt. Im Rechtsstreit sind **ex post** die „wahren" Gesamtumstände **immer** bekannt. Aber: Diese gewissermaßen besserwisserische Kenntnis kann auf keinen Fall Ausgangspunkt der Beurteilung sein.[185] Wer vom Rathaus kommt, ist immer klüger.

---
[185] Siehe unten Rdn. 185, 204; wie hier Wettke, BauR 1989, 292, 297.

2 Besondere Fallgruppen

2.1 Die Leistungsbeschreibung mit falschen planerischen Angaben

157 Der einfachste Fall:
Das Leistungsverzeichnis bestimmt, dass in offener Wasserhaltung zu arbeiten ist und gibt unter Vorlage eines Bodengutachtens dazu genaue Vorgaben.
Bei der Baudurchführung stellt sich heraus, dass die offene Wasserhaltung sich nicht verwirklichen läßt, weil der Grundwasserandrang vom Gutachter falsch beurteilt worden und zu hoch ist.
Diese Leistungsbeschreibung enthält (objektiv) eine fachlich falsche Planung; ihre Verwirklichung würde zu Mängeln des Werks führen.
Die Ausschreibung ist nicht etwa unklar, widersprüchlich, lückenhaft oder dergleichen, ganz im Gegenteil: Sie ist klar, aber falsch.

Das ist ein Problem des § 4 Nr. 3 VOB/B: Der Auftragnehmer muss aus Haftungsgründen auf Bedenken gegen die vorgesehene Art der Ausführung hinweisen, vorausgesetzt, dass dies nach der bei ihm vorauszusetzenden Kenntnis erwartet werden kann. Der Bieter bzw. Auftragnehmer darf sich aber im Normalfall darauf verlassen, dass die Angaben des Auftraggebers zu den Bodenverhältnissen richtig sind.[186]
Stellt der Auftraggeber selbst die Mängel fest und/oder teilt der Auftraggeber vorgebrachte Bedenken des Auftragnehmers und ordnet der Auftraggeber deshalb gemäß § 1 Nr. 3 oder § 1 Nr. 4 VOB/B eine Änderung oder Ergänzung an, ist diese **vergütungspflichtig** gemäß § 2 Nr. 5 bzw. § 2 Nr. 6 VOB/B; ohne Anordnung kommen Vergütungsansprüche nach § 2 Nr. 8 Abs. 2 Satz 2 VOB/B in Betracht, evtl. auch nach § 2 Nr. 3 Abs. 2 VOB/B analog.[187]

Ob bereits im **Ausschreibungsstadium,** also vor Vertragsschluss, eine Pflicht zu Hinweisen auf eine **falsche** Planung bestehen kann, ist als allgemeiner Grundsatz zu verneinen.[188] § 4 Nr. 3 VOB/B begründet eine (Prüfungs- und) Hinweispflicht erst dann, wenn ein Vertrag geschlossen ist.

Unter dem allgemeinen Gesichtspunkt der Pflicht zu korrektem Verhandeln im Angebotsstadium (vgl. Rdn. 185) kann im **Ausnahmefall** eine solche Hinweispflicht folgen[189], aber dabei ist - dies im Vorgriff - zu beachten, dass die Prüfung des Bieters ausschließlich unter kalkulationsbezogenen Aspekten erfolgt und nicht unter dem (sachlich ja auch völlig verfehlten) Aspekt einer **Nachplanung.** Planungsmängel etwa im Sinne einer Fehlberechnung kann deshalb der Bieter nicht finden und braucht es auch nicht, zumal er zu eigenen Berechnungen nicht verpflichtet ist.[190]

---

[186] Einzelheiten unten **Rdn. 188, 727.**
[187] Vgl. näher Kapellmann, NJW 2005, 128; zu § 2 Nr. 3 Abs. 2 VOB/B analog vgl. unten Rdn. 882.
[188] Markus, Jahrbuch Baurecht 2004, 1, 8, 38 ff. = BauR 2004, 180; Merkens, in: Kapellmann/Messerschmidt, VOB/B § 4, Rdn. 64, 65; Bühl BauR 1992, 26, 29; Hanhart, Festschrift Heiermann, S. 111, 114; Korbion/Locher, AGB-Gesetz, I, Rdn. 121: „Prüfungs- und Hinweispflichten des Bieters bzw. Auftragnehmers sind grundsätzlich erst nach späterem Vertragsschluß geltend zu machen." Deshalb ist eine entsprechende AGB-Klausel auch unwirksam, S. Kapellmann, in: Markus/Kaiser/Kapellmann, AGB-Handbuch Bauvertragsklauseln, Rdn. 366 m.N.
[189] Einzelheiten zur Prüfpflicht im Angebotsstadium Rdn. 185 ff.
[190] Näher Rdn. 219, 217, 725, 732-736, 743-757.

2.2 Die vorsätzlich falsche Ausschreibung – „Frivoler" Auftraggeber

Wie der Auftraggeber bei mangelhaftem Leistungsverzeichnis „haftet", wird zu erörtern sein. Vorab steht aber eines fest: Wenn der **Auftraggeber vorsätzlich falsch ausschreibt** und also den Auftragnehmer bewusst in die Irre führt, haftet er, u. a. schon gemäß § 823 Abs. 2 BGB in Verbindung mit § 263 StGB wegen Betruges, darüber **hinaus ggf. aus** „Verschulden bei Vertragsschluss". Allerdings bedarf es eines solchen Schadensersatzanspruches in der Regel gar nicht; das Bausoll wird ohne die verschwiegenen Erkenntnisse bestimmt; die tatsächliche Situation ist Bausoll-Bauist-Abweichung und führt zu Mehrvergütungsansprüchen (näher Rdn. 248). Das ist unproblematisch, praktisch aber schwierig beweisbar. Dieser Auftraggeber ist „frivol", genauso gibt es „frivole" Bieter (zu beiden unten Rdn. 252, weiter Rdn. 272).

158

3 Fälle mangelhaft definierten Bausolls – Bauinhalt –

3.1 Unterschiede zwischen Text und Plan – Widersprüchlichkeit

Der Text der Technischen Vorbemerkungen für den Rohbau eines Opernhauses lautet:

159

„Die in den Leistungspositionen ausgeschriebenen Lehrgerüste[191] erstrecken sich **nur** auf die folgenden Bereiche:

Bühnenportal – Vorbühne
Bereich Saal ..."

Das nach Bauteilen gegliederte LV enthält für Bauteil VI eine Position für Lehrgerüste, und zwar entsprechend den zitierten Technischen Vorschriften für den Bühnenportalträger und für die Saalbinder.
Die bei der Angebotsbearbeitung zur Verfügung stehenden Architektenpläne weisen bei entsprechender gründlicher Durchsicht aus, dass nicht nur im Bereich Bühnenportal – Vorbühne und Saal, sondern **auch an anderen Stellen** Lehrgerüste notwendig sind.
Die Decken könnten grundsätzlich auch mit Hilfe von Filigranplatten hergestellt werden.

Diese Leistungsbeschreibung ist **widersprüchlich.** Aus den Architekturzeichnungen ergibt sich das Gegenteil der Technischen Vorbemerkungen; es sind nämlich nicht **nur** im Bereich Bühnenportal, Vorbühne und Saal Lehrgerüste notwendig.

Solche Zweifelsfälle gibt es in vielfältiger Form mit den unterschiedlichsten Ursachen. Die Darstellung der Leistung in den Plänen abweichend vom Text kann darin liegen, dass

160

a) einem **Positionstext** ohne Hinweis auf besondere Schwierigkeiten in den Angebotsplänen eine tatsächliche Leistung gegenübersteht, die mit **besonderen Schwierigkeiten** verbunden ist (z. B. im LV ausgeschrieben „Beton", in den Angebotsplänen Vermerk an einer oder einigen, nicht aber an allen Stellen: „wasserdichter Beton")
bzw. analog zu dem genannten Sachverhalt eine schwierigere Leistung ausgeschrieben ist, als aus den Plänen zu erkennen ist;

---

[191] Lehrgerüste dienen der Unterstützung von Betontragwerken, bis diese ausreichende Tragfähigkeit haben.
Zur Lösung des konkreten Falles vgl. unten Rdn. 180 ff., 202.

b) im **Leistungsverzeichnis** eine **bestimmte Leistung** ausgeschrieben ist, in den **Plänen** jedoch eine **funktionsmäßig gleichwertige,** aber **inhaltlich andere** Leistung gegenübersteht (z. B. ausgeschrieben Mauerwerk 10 DF, in den Plänen steht 2 DF; der Zeitaufwand für die Herstellung des Mauerwerks ist bei beiden Formaten jedoch unterschiedlich hoch);

c) im **Leistungsverzeichnis** eine Aussage über eine „leichte Erschwernis" aufgeführt ist, bei **gründlicher Beschäftigung mit den Plänen und mit der Statik** jedoch erkennbar wird, dass es sich um eine Erschwernis handelt, die ein **erhebliches Mehr** an Kosten gegenüber dem Leistungsverzeichnis zum Inhalt hat (z. B. ist ausgeschrieben: „Zulage ... für das Abtragen der ... Frischbeton-Deckenlast ... bis zur Kellersohle"; bei Überprüfung des Lastabtragekonzepts des Auftraggebers – „umgekehrter Tannenbaum" – durch den Prüfstatiker stellt sich heraus, dass die Frischbetonlasten einer Decke durch eine brückenähnliche Abstützkonstruktion unmittelbar in die Stützen abzuleiten sind).

Auf den ersten Blick wird deutlich, dass zweierlei Fragen auftauchen: Welcher Vertragsbestandteil geht vor – eventuell keiner? Was dann? Muss der Bieter alle Vertragsbestandteile gleichermaßen intensiv prüfen, worauf darf er sich verlassen?

161 Ein krasses Beispiel einer **widersprüchlichen** Aussage findet sich in der Ausschreibung für ein Ministerium. In einer Einzelposition des LV heißt es:
„Betonfertigteil der wasserführenden Betonflächen aus Betonwerksteinen gemäß DIN 18 500, einschließlich zu berechnender Transportbewehrung gemäß Technischen Vorbemerkungen herstellen.

Aus Stahlbeton gemäß DIN 1045 B 35
wasserundurchlässig
Zuschlag: Basaltedelsplitt 0/4
           Basaltedelsand 0/2
Bindemittel: Portlandzement Z 35 L
Oberfläche: sandgestrahlt"

Wir hoffen, dass auch der Leser – ebenso wie der Bieter – den Widerspruch auf den ersten Blick gar nicht merkt; tatsächlich ist ein Produkt, das mit den im Einzelnen genannten Zuschlagsstoffen hergestellt wird, nach der Bezeichnung der damaligen DIN 1045 kein Stahlbeton B 35; ein solcher Beton muss mindestens einen Zuschlag mit einer Körnung von 0 bis 8 mm haben (vgl. 6.5.6.1 und 6.5.6.2 der damaligen DIN 1045).[192] In den Ausschreibungsunterlagen heißt es ergänzend, dass gegen den Zuschlag keine „statischen Bedenken" bestehen. Zur Auflösung dieses Widerspruchs verweisen wir auf Rdn. 178.

3.2 Lückenhafte Leistungsbeschreibung

162 Die Ausschreibung für einen EDV-Doppelboden enthält in der Leistungsbeschreibung unter der Überschrift „Nebenleistungen" folgenden Text:

„Eine eventuelle Kabelpritschenbefestigung an den Doppelbodenstützen muss möglich sein."

---

[192] In der Realität ist das Beispiel komplexer. Es gab damals zwar nicht, wie ausgeschrieben, „Stahlbeton B 35" mit einem Zuschlag 0–4 mm; es gab aber einen B 35 mit Körnung 0–4 mm als „Sonderbeton", der besonderen Anforderungen unterliegt.

Lückenhafte Leistungsbeschreibung   Rdn. 163, 164

Doppelböden baut man, um in dem Zwischenraum zwischen Unterboden und Oberboden ungehindert EDV-Kabelverbindungen verlegen zu können. Der Oberboden wird auf Stützen angebracht. Um ihn verlegen zu können, müssen alle Platten auf den Stützen justiert werden. Wird der Boden wieder geöffnet, muss neu justiert werden.

Im konkreten Fall wird der Boden verlegt. Daraufhin verlangt der Auftraggeber, der Auftragnehmer solle den Oberboden öffnen, um das Verlegen der EDV-Kabel zu ermöglichen; danach solle der Auftragnehmer den Oberboden wieder schließen und justieren, und zwar ohne besondere Vergütung. Es sei nämlich klar, dass ein solcher Boden der Aufnahme von EDV-Kabeln diene. Der Auftragnehmer habe
a) nicht den Oberboden fertig verlegen dürfen oder
b) jedenfalls auf eigene Kosten das Anbringen der Kabelpritschenbefestigung ermöglichen müssen, was notwendigerweise das Öffnen und Schließen des Oberbodens mit sich bringe

Diese Leistungsbeschreibung ist – zumindestens bezogen auf das später Geforderte – **lückenhaft**. Es fehlt eine Bestimmung, dass entweder der Oberboden nicht vor einem Nachfolgewerk aufgebracht werden darf oder dass der fertige Oberboden auf Anfordern des Auftraggebers noch einmal auf Kosten des Auftragnehmers zu öffnen und neu zu verlegen und zu justieren ist.

Möglicherweise wusste der Auftraggeber im Beispielsfall gar nicht, dass ein einfaches Abheben und Auflegen der Oberplatten nicht möglich ist. Auf den Fall gehen wir unter Rdn. 259 näher ein.

Ein anderes typisches Beispiel der Praxis für eine **lückenhafte** Leistungsbeschreibung: **163**
Beim Stahlbetonbau fehlt jede Regelung in bezug auf die Ausführung und die Vergütung für **Aussparungen**.[193)]

Es gibt **auch lückenhafte** Leistungsbeschreibungen, in denen das Bausoll trotz der Lücke **164**
nicht mangelhaft definiert ist:
Das sind alle die Fälle, in denen eine Leistung nicht bis ins letzte Detail beschrieben ist, aber selbstverständlich ist, dass die konkret beschriebene Leistung auch konkret und vollständig zu erstellen ist. In Rdn. 317 werden wir dazu ein Beispiel aus dem Projektanhang besprechen: Der Auftraggeber hat explizit Fertigteilbalken ausgeschrieben, aber an keiner Stelle der Ausschreibungsunterlagen etwas über die Auflagerung dieser Fertigteilbalken in den Wänden ausgesagt. Gehört die Herstellung der Auflager zum Bausoll oder nicht?[194)]

Allgemein ausgedrückt lautet das Problem, ob die **Festlegung von Details, die sich erst im Rahmen der Durchführung der Planung** und deren **Konkretisierung** ergeben, dazu

---

[193)] In Rdn. 134 haben wir den gegenteiligen Fall behandelt, dass nämlich in Allgemeinen Geschäftsbedingungen unspezifiziert darauf hingewiesen wird, Aussparungen seien einzukalkulieren. Diese Regelung war wegen Verstoßes gegen § 307 BGB unwirksam. Im jetzt zu erörternden Fall ist das ganze Thema „Aussparung" nicht erwähnt – daher die lückenhafte Leistungsbeschreibung. Zur Lösung dieses Falles verweisen wir auf Rdn. 208.
[194)] Das Beispiel werden wir in Rdn. 317, 318 komplexer und somit lebensnäher dahin erörtern, dass im LV des Projekts laut Anhang A, Unterlage a 1.1 an keiner Stelle das Herstellen von Aussparungen als Einzelleistung für das Auflager von Fertigteilbalken ausgeschrieben ist, dass aber andererseits für die Auflagerung der Treppenläufe von Typ 1 und 2 in den Positionen 23 und 24 ausdrücklich die „Anfertigung der Auflageraussparung in der Betonwand" in den Leistungsumfang eingeschlossen ist. Wie nachfolgend im Text erwähnt, ist das auch ein Problem der „Konkretisierung". Im **konkreten Fall** handelt es sich **nicht** um eine selbstverständliche „Vervollständigung", sondern um eine **zusätzliche, gesondert zu vergütende Leistung** (vgl. näher unten Rdn. 318, 862 ff.).
Zur Prüfpflicht in diesem Fall vgl. auch Rdn. 209.

führt, dieses Detail als „zusätzliche" oder „geänderte" Leistung zu betrachten und aufgrund lückenhafter Leistungsbeschreibung insoweit einen Vergütungsanspruch zu gewähren.
Grundsätzlich gilt dazu: Soweit der Auftraggeber im Rahmen der Ausführungsplanung zulässig konkretisiert, ohne „neue", unerwartete Leistungselemente auftreten, füllt er zwar eine Lücke, beseitigt aber keine „Unklarheit", sondern schafft im Gegenteil durch die notwendige Ausführungsplanung vertragsgerecht Klarheit. Das erzeugt natürlich keine Vergütungsansprüche. **Leistungselemente** sind **dann nicht „neu"** und unerwartet, wenn **technische Details** sich bei **fachlicher Prüfung** der Angebotsunterlagen als **selbstverständlich „konkludent ausgeschrieben"** erweisen.[195]
Ist beispielsweise im Text des Leistungsverzeichnisses erwähnt, an welcher Stelle und für welchen klar nachvollziehbaren Zweck Aussparungen erforderlich sind, und ist dieser Sachverhalt aus den bei der Angebotsbearbeitung vorliegenden Plänen klar ersichtlich, so sind damit die Aussparungen im Sinne der allgemeinen Anforderungen in Ziff. 4.2 und 5.1 der DIN 18299 **„besonders"** erwähnt, wenn auch nur konkludent; sie sind kalkulierbar und gehören als erwähnte „Besondere Leistung" zum Vertragsinhalt.[196]
Kritisch ist die Grenze: Wann wird aus der zulässigen Konkretisierung in Wirklichkeit konkludente Änderung oder zusätzliche Leistung, d. h., wann wird in Wirklichkeit nicht mehr konkretisiert, sondern durch Änderung oder Ergänzung eine im Leistungsverzeichnis fehlende Regelung nachgeholt?
Diese Spezialfragen zur **Abgrenzung von „Konkretisierung"** zu **„konkludenter Änderungs- oder Zusatzanordnung"** erörtern wir im Sachzusammenhang unter **Rdn. 312 ff., 862 ff.**

3.3 Missverständliche Leistungsbeschreibung

165 Das Leistungsverzeichnis für „Schrank- und Trennwände" bei dem Neubau eines Funkhauses enthält die Regelung, dass für die Oberflächenfarbe von Türen die allgemeine Beschreibung in den „Zusätzlichen Technischen Vorschriften Schichtstoffplatten" gilt. Diese lautet:
„Für die Bekleidung mit Schichtstoffplatten in allen Losen gilt: Dicke 0,9 mm; Oberflächenstruktur: Bütten matt; **Farbton: uni, nach Wahl des Auftraggebers.**"

Der Auftraggeber verlangt während der Bauzeit, dass die Türen insgesamt 6 Sonderfarben erhalten sollen. Um solche Schichtstoffplatten in der gewünschten Farbe herzustellen, müssen zuerst Farbpapiere gedruckt werden. Der Papierlieferant des Plattenherstellers liefert Sonderfarben nur ab bestimmten Abnahmemengen, die je Farbgruppe der einzelnen Türen bei weitem nicht erreicht werden. Um die Türen dennoch in der gewünschten Farbe zu liefern, muss der Auftragnehmer bei seinem Lieferanten und dieser bei dem Farbpapierdrucker die vielfache Menge der an sich benötigten Menge Farbpapier einkaufen. Dadurch entstehen Mehrkosten von mehr als 100 000,– €. Der Auftragnehmer stellt sich auf den Standpunkt, der Auftraggeber habe nur das Recht gehabt, sich **einen** Farbton für alle Türen und nicht beliebig Farbtöne für jede einzelne Tür auszusuchen. Darüber hinaus hätte er nur aus den **Standardfarben** einzelner Plattenlieferanten aussuchen dürfen und nicht Sonderfarben verlangen dürfen.
Der Auftraggeber wendet ein, es sei immer in der Architektenplanung klar gewesen, dass die Türen in unterschiedlichsten Sonderfarben zu errichten seien.

---

[195] Zur grundsätzlichen Problematik **globaler Elemente auch in differenzierten Leistungsbeschreibungen** und zur „Alltags-Selbstverständlichkeit" näher Band 2, Rdn. 206 ff., 12, 88, 89.
[196] Beispiele erörtern wir unter Rdn. 312 ff. Vgl. im Übrigen Rdn. 134, 208.

Das ist der Sachverhalt der ersten **BGH-Entscheidung „Sonderfarben."**[197]

Diese Leistungsbeschreibung ist missverständlich. Aus ihr geht nicht deutlich hervor, was der Auftraggeber wirklich vom Auftragnehmer verlangt bzw. verlangen kann; die Lösung erörtern wir unter Rdn. 184 und 849 ff.

3.4 Irreführende Leistungsbeschreibung

Bei dem schon genannten Opernhaus erweist sich für den Auftragnehmer während der Ausführung, dass **Hängekonstruktionen**[198] auszuführen sind.

166

Das LV enthält keine solchen Positionen. Auch die Baubeschreibung erwähnt nichts. Neben normalen Decken- und Stützenpositionen sind gesondert Beton- und Schalpositionen für Tragplatten und Stützen aufgeführt. Die beigefügten Pläne enthalten architektonische Überblicke, die weiteren einsehbaren Pläne sind Grundrisse von Schalplänen für Deckenuntersichten. Aus diesen Plänen kann man keine unmittelbaren Anhaltspunkte für Hängekonstruktionen entnehmen. In den „Technischen Vorbemerkungen" heißt es: „Ausschalfristen ... können länger als nach DIN 1045 sein. Das gilt in besonderem Maße für die auskragenden und abzuhängenden Geschosse."
Der Auftraggeber stellt sich auf den Standpunkt, jedenfalls der Hinweis in den Technischen Vorschriften habe deutlich gemacht, dass es Hängekonstruktionen geben müsse.

Diese Leistungsbeschreibung ist **irreführend** oder, anders formuliert, sie ist in sich **ungeordnet**.

3.5 Mischtatbestände

Sowohl in der Theorie wie in der Baupraxis können sich die Tatbestände sehr oft vermengen, so dass eine eindeutige Einordnung oft kaum möglich ist.

167

Jedenfalls für die Typisierung lassen sich aber zusammenfassend die häufigsten Fehlleistungen zum Bausoll im Rahmen einer Ausschreibung wie folgt zusammenfassen:
- Widersprüchlichkeit
- Lückenhaftigkeit, darunter auch Fehlen von Positionen für notwendige Leistungen
- Missverständliche Angaben
- Irreführende oder ungeordnete Angaben.

---

[197] BGH BauR 1993, 595; zweite BGH-Entscheidung BauR 1998, 1098. Einzelheiten dazu Rdn. 184, 849 ff.
[198] Hängekonstruktionen, also z. B. hängende Betondecken und Hängesäulen eines Raums, sind qualitativ anders als normale Betondecken zu bewerten. Es handelt sich um eine andere Leistung – sie erfordert einen besonderen Aufwand: Die Lastableitung erfolgt nicht – wie sonst üblich – direkt vertikal nach unten, sondern z. B. mit Hilfe von Hängekonstruktionen vertikal nach oben zum Aufhängepunkt; erst von dort werden die Kräfte nach unten abgetragen. Sofern die obere Aufhängung noch nicht kraftschlüssig und tragfähig ist, sind alle „hängenden" Glieder derartig zu unterstützen, dass ihre Lasten von den unterhalb der Hängekonstruktion sich befindenden Konstruktionen aufgenommen werden können. Das bedeutet, dass z. B. die Schalung der „Hängedecken" so lange stehenbleiben muss (bzw. durch eine andere unterstützende Konstruktion ersetzt werden muss), bis die die hängende Konstruktion tragende, höher liegende Aufhängekonstruktion (Balken, Decken usw.) fertiggestellt und tragfähig ist.
Zur Lösung des konkreten Falles vgl. Rdn. 203, 234.

3.6 Unzutreffende Mengenangaben

168 Wenn die Mengenangaben der Leistungsbeschreibung unzutreffend sind, greift die Sondervorschrift des § 2 Nr. 3 VOB/B ein. Prüfpflichten in diesem Zusammenhang behandeln wir unter Rdn. 226, 656 ff.

4 Fälle mangelhaft definierten Bausolls – Bauumstände –

169 Alle oben genannten Fallgruppen erfassen mangelhafte Beschreibungen des Bausolls, bezogen auf den **Bauinhalt,** also darauf, was der Auftragnehmer (nach Auffassung des Auftraggebers) zu bauen hat.

Darüber hinaus gibt es aber eine Fülle von Fällen, in denen der Auftragnehmer eine inhaltlich, d. h. stofflich unveränderte Leistung erbringt, sich aber das „Wie" der Leistung ändert, also die vom Auftragnehmer vorausgesetzten **Bauumstände** sich ändern.

Auch hier sind alle oben erwähnten Fallkonstellationen denkbar, so dass wir nur ein Beispiel aufführen.

Typisch ist insoweit die **Lückenhaftigkeit** des Leistungsverzeichnisses:
Eine Leistungsbeschreibung gibt an, dass ein Ganzglasgeländer mit einem Holzlauf zu umschließen ist. Die Leistungsbeschreibung enthält keinen Hinweis darauf, dass das genau vorgeschriebene 12 mm starke Sicherheitsglas für das Geländer keine allgemeine Zulassung im Sinne von § 21 Bauordnung NW hat. Es ist deshalb ein Einzelzulassungsverfahren erforderlich, das hohe Kosten verursacht. An der Leistung selbst ändert sich nichts. Das Bausoll ist unklar, weil nicht geregelt ist, wer diese Kosten zu tragen hat: Die Leistungsbeschreibung gibt Bauumstände **lückenhaft** wieder; aus dem Leistungsverzeichnis ist nicht zu ersehen, dass die unveränderte Leistung besondere Kosten verursacht. Die Lösung erörtern wir unter Rdn. 234.

5 Fälle mangelhaft definierten Bausolls – Folgen für Bauinhalt *und* Bauumstände –

170 Die Leistungsbeschreibung für den Neubau einer Universität enthält **keine Angaben dazu, ob eine Großflächenschalung eingesetzt werden** kann. Die Statik liegt vor.

Erst nach Vertragsschluss (Behauptung des Auftragnehmers) werden die Bewehrungspläne übergeben. Jedenfalls daraus ergibt sich, dass teilweise keine Großflächenschalung eingesetzt werden kann, weil besondere Rahmen- und Eckbewehrungen einzubauen sind. Nach Behauptung des beklagten Auftraggebers hätten die betreffenden Statikpositionen „in weniger als 10 Minuten aufgefunden werden können."
Der Auftragnehmer behauptet, er hätte etwa 200 Stunden benötigt, um aus der Textstatik erkennen zu können, dass Großflächenschalungen nicht einsetzbar gewesen sind.

Es ändern sich der **Inhalt** der Betonwand (kompliziertere Bewehrung) **und** die **Umstände** der Schalungsdurchführung.

Bauinhalts- und Bauumstandsänderungen treffen also zusammen.

Das ist der Sachverhalt der 20 Jahre alten Entscheidung des Bundesgerichtshofs „Universitätsbibliothek"[199] zu diesem Fragenkomplex; wir werden dieses Urteil nachfolgend noch ausführlich erörtern.[200]

6 Häufigkeit von mangelhaft definierten Leistungsbeschreibungen in der Praxis

Alle angesprochenen Probleme sind echte Fälle; das allein zeigt, dass es sich um häufige, z. T. äußerst schwerwiegende Probleme handelt. 171

Der schon über 20 Jahre zurückliegende Bericht des Bundesrechnungshofes vom 18. 9. 1985 über häufige und wiederkehrende Mängel bei der Vorbereitung und Durchführung von Bauaufgaben des Bundes bestätigt das; nach der Feststellung des Bundesrechnungshofes hat der Bund als Auftraggeber die Grundregel (des § 9 VOB/A), die eine ordnungsgemäße Bearbeitung und eine zutreffende Bewertung der Angebote sichern soll, in zahlreichen Fällen verletzt. So sind „in Vorbemerkungen zum Leistungsverzeichnis und in Einzelbeschreibungen widersprüchliche Angaben über den Leistungsinhalt gemacht, die Anforderungen an die Art der Ausführung, die Qualität der Baustoffe und erforderlichen Leistungen nicht vollständig beschrieben und unzutreffende Mengensätze angegeben worden.

Außerdem wurden unzumutbare Risiken begründet, beispielsweise durch die Forderung nach Vollständigkeitsgarantie des Auftragnehmers trotz erkennbar lückenhafter Leistungsbeschreibung. Diese Mängel erschwerten die Bearbeitung der Angebote durch die Bieter und behinderten die Wertung, weil die Angebote nicht vergleichbar waren.

---

[199] BauR 1987, 683 = ZfBR 1987, 237 „Universitätsbibliothek". Der BGH hat das stattgebende Urteil des OLG Düsseldorf aufgehoben und an das OLG **zurückverwiesen,** er hat die Klage also **keineswegs abgewiesen** (so aber irrtümlich v. Craushaar, Festschrift Locher, S. 9, 13). **Im Gegenteil** hat sich den Anspruch beim OLG **nach** Zurückverweisung dem **Grunde nach bestätigt;** der Rechtsstreit ist zur Höhe durch einen Vergleich beendet worden.
Wir hatten Gelegenheit, den Akteninhalt einzusehen. Laut BGH enthielt das Leistungsverzeichnis keine Angaben dazu, ob eine Großflächenschalung eingesetzt werden könne. Das ist leider falsch.
In den Vorbemerkungen zum Abschnitt Beton- und Stahlbetonarbeiten steht unter 1400 0160: „Alle **Sichtschalungen** sind in Form von **Großtafelschalungen** mit nur unterer und oberer Verrödelung und entsprechender Aussteifung herzustellen."
Innerhalb der Leistungsverzeichnispositionen für Schalarbeiten sind 2 Abrechnungspositionen für Wandschalung aufgeführt, nämlich:
„14000480 01373 196 01010001 16 640 m²
Schalung Wände aller Arten und Dimensionen. Einschließlich Abtreppungen. Betonoberfläche absatzfrei, Luftporen sind zulässig.
14000481 01373 196 0124 1301 2 520 m²
Schalung Wände aller Arten und Dimensionen. Einschließlich Abtreppungen. Als rauhe Schalung für **sichtbar** bleibende **Betonflächen** einschließlich zusätzlicher Maßnahmen beim Einbringen des Betons. Betonoberfläche absatzfrei, gleiche Farbtönung, möglichst porenlos, Schalung aus Brettern gleicher Breite."
Für alle nachfolgenden Überlegungen müssen wir von dem **unrichtigen** Tatbestand ausgehen, den der BGH angenommen hat, also davon, dass **keine** Angaben in den Angebotsunterlagen bezüglich „Großflächenschalung" vorhanden waren.
Zu diesem Urteil aus der Sicht des im konkreten Fall nach Zurückverweisung tätigen Gerichtsgutachters Olshausen, Festschrift Soergel, S. 343 ff., 350 ff.

[200] Nämlich unter Rdn. 198, 204, 207, 212, 214, 216, 246, 868.

Widersprüchliche und mehrdeutige Beschreibungen führten zu Auseinandersetzungen mit Auftragnehmern über den Leistungsinhalt und die Höhe der Vergütung, lückenhafte Leistungsverzeichnisse machten umfangreiche Nachtragsvereinbarungen erforderlich. Dadurch wurden die Bauabwicklung behindert, die Preise erhöht und die Kostenkontrolle erschwert."[201]

Daran hat sich nichts geändert, die Situation hat sich eher noch verschlechtert.

7 Zwischenergebnis: Gleichartigkeit aller Fälle

172 Ob die Ausschreibung in sich widersprüchlich ist, ob sie lückenhaft ist, ob sie missverständlich oder ob sie irreführend ist, ob sich diese Mängel auf den Bauinhalt, die Bauumstände oder auf Bauinhalt und Bauumstände beziehen – **strukturell sind alle diese Fallgestaltungen gleichartig.**

Immer hat der Auftraggeber das gewünschte Bausoll objektiv nicht eindeutig genug definiert. Demzufolge müssen **für alle Fallgruppen dieselben Überlegungen und Ergebnisse** gelten.

8 Die Auslegung des Bausolls bei mangelhaften Vertragsunterlagen

8.1 Auslegungsnotwendigkeit nur bei unterschiedlichem Vertragsverständnis – Hinweis auf „Bearbeitungsschema"

173 In allen genannten Beispielsfällen verstehen Auftraggeber und Auftragnehmer den Vertragsinhalt, das Bausoll, unterschiedlich. Würden sie sich über ein bestimmtes Textverständnis einig sein, wäre der Vertrag für diese Vertragsparteien klar, selbst wenn er objektiv noch so missverständlich, unklar oder lückenhaft wäre.

Demzufolge kommt es vorab darauf an, ob **diese Vertragsparteien** den Vertragsinhalt unterschiedlich oder gleich verstehen. Verstehen sie ihn unterschiedlich, muss entschieden werden, welche Seite mit ihrem Vertragsverständnis recht hat, welche Meinung also „richtig" ist.

Um unterscheiden zu können, welche Verständnisversion richtig ist, muss zuerst klar herausgearbeitet werden, wie jede Seite den Vertragsinhalt ihrerseits überhaupt versteht und was sie zu diesem Verständnis veranlasst.

Stehen diese „Sichtweisen" fest, muss alsdann geprüft werden – im Streitfall in letzter Konsequenz durch ein staatliches Gericht oder ein Schiedsgericht –, wessen Version anhand der Vertragsunterlagen „objektiv richtig" ist.

Das heißt: Der streitige Vertragsinhalt muss interpretiert, er muss **ausgelegt** werden.

174 Bestätigt die **Auslegung**, dass die **Auffassung des Auftraggebers objektiv (unter Berücksichtigung der gewerblichen Verkehrssitte) richtig** ist, ist der Fall zu Ende: Denn der Auftragnehmer muss zwar vielleicht mehr oder anders leisten, als er es sich vorgestellt hatte, aber da seine Vorstellung „falsch" ist, nützt ihm das nichts. Er muss das

---

[201] Drucksache des Bundestages 10/3847 vom 18. 9. 1985 zu 5.3.

bauen, was sich objektiv als Vertragsinhalt erwiesen hat, also entsprechend der „Verständnisversion" des Auftraggebers. Also kann der Auftragnehmer im Normalfall dann keine Ansprüche auf zusätzliche Vergütung mehr haben, ausgenommen den seltenen Fall des „Verschuldens bei Vertragsschluss" des Auftraggebers.[202]
Bestätigt umgekehrt die Auslegung **die Auffassung des Auftragnehmers,** ist diese also „objektiv **richtig",** muss der Auftragnehmer ein „Weniger" bauen als der Auftraggeber sich vorstellt. Besteht der Auftraggeber dann auf seiner ursprünglichen Vorstellung, also auf dem „Mehr", löst das Vergütungsansprüche des Auftragnehmers aus, nicht Schadensersatzansprüche aus „Verschulden bei Vertragsschluss" (§ 311 Abs. 1 Nr. 2 BGB).[203]

Das „**Bearbeitungsschema**" insgesamt **erläutern wir unter Rdn. 185 im Zusammenhang mit der Prüfpflicht** des Bieters/Auftragnehmers.

Im übrigen gibt es noch eine dritte Möglichkeit: Die Auslegung stößt an ihre Grenzen, d. h., sowohl die Version des Auftraggebers wie die Version des Auftragnehmers bleiben trotz Auslegung in sich richtig, sind also objektiv unvereinbar. Die gegenseitigen Willenserklärungen decken sich endgültig nicht, die Parteien bleiben uneinig, das ist ein Dissens. Wir werden nach der Diskussion der Auslegungskriterien feststellen können, ob es diesen Fall des Dissenses in der Praxis überhaupt gibt – dazu Rdn. 233 ff.

8.2 Die „objektive" Vertragsauslegung – Schritt 1: Auslegungskriterien

8.2.1 Der Wortlaut als Auslegungskriterium; die Rolle des Sachverständigen

Leistungsbeschreibungen (zum Begriff Rdn. 178) sind nur missverständlich (= unklar), wenn die Vertragsunterlagen zu dem relevanten Problem keine eindeutige Aussage treffen. Sind sie missverständlich, ist es notwendig, die vorhandenen „Erklärungen" auszulegen, und zwar, wie es das BGB in den §§ 157, 242 sagt, so, wie es „Treu und Glauben mit Rücksicht auf die Verkehrssitte fordern.

175

Zwar kann die Auslegung eines Leistungsverzeichnisses auch in 2. Instanz noch grundsätzlich und nicht nur hinsichtlich der Verletzung gesetzlicher oder allgemeiner **anerkannter Auslegungsregeln,** Denksätze oder Erfahrungssätze überprüft werden,[204] aber es versteht sich von selbst, dass der Anwalt der vollständigen Entwicklung des Tatsachenstoffs und dessen Erörterung unter den nachfolgenden Auslegungsgrundsätzen schon in 1. Instanz größte Mühe widmen muss.

Auslegungskünste können sich leicht vom Boden nachvollziehbarer Gedankenarbeit entfernen. Es ist deshalb wichtig, möglichst klare **Auslegungskriterien** anzuwenden.

Als erstes kommt bei der Auslegung dem **Wortlaut** der Erklärung die maßgebliche Bedeutung zu, und zwar beurteilt aus der Sicht der Bieter, also nach **„Empfängerhorizont"** (näher unten Rdn. 183). Anders ausgedrückt: Was mit eindeutigem Wortlaut benannt ist, läßt nicht mehrere Möglichkeiten offen. Oder mit den Worten der BGH-Entscheidung **„Sonderfarben":** „Bei der Auslegung aus der Sicht eines im voraus nicht übersehbaren Kreises von Erklärungsempfängern kommt dem **Wortlaut** der Erklärung (des Auftragge-

---

[202] Ein Anspruch aus „Verschulden bei Vertragsschluss", § 311 Abs. 1 Nr. 2 BGB kann nur in Betracht kommen mit der Begründung, der Auftraggeber habe immerhin zu Mißverständnissen auf Bieterseite Anlaß gegeben; vgl. dazu näher unten Rdn. 244.
[203] Zur Frage, wie dieser Vergütungsanspruch im Einzelnen zu begründen ist, siehe unter Rdn. 246, 248.
[204] BGH NJW 2004, 2751; OLG Jena, NZBau 2005, 341, 346; a.A. OLG Oldenburg, BauR 2004, 44; Kniffka, in: Kniffka/Koeble, Kompendium des Baurechts, Teil 19.

bers in den Angebotsunterlagen) **besondere Bedeutung** zu. **Nicht ausgesprochene Einschränkungen** sind zwar nicht völlig zu vernachlässigen, doch können sie nur zum Tragen kommen, wenn sie jeder der gedachten Empfänger als solche verstehen konnte und im **Zweifel** auch so verstehen musste."[205] Der Bundesgerichtshof hat dieses (selbstverständliche) Ergebnis im konkreten Fall unter Heranziehung von § 9 Nr. 1 VOB/A begründet, weil es sich um eine öffentliche Ausschreibung handelte. Der Grundsatz gilt aber allgemein. Ebenso gilt umgekehrt: **Nicht ausgesprochene Erweiterungen** des Wortlauts sind im Regelfall ebenfalls unbeachtlich.[206]

Es gibt also im Regelfall keine **unausgesprochenen** Einschränkungen oder Erweiterungen zu dem Bausoll, das sich aus dem puren **Wortlaut** erschließt. **Gegen** eine **einschränkende oder erweiternde** Auslegung spricht – wie immer bei detaillierter auftraggeberseitiger Angabe – eine „**Eindeutigkeits- und Vollständigkeitsvermutung**" zum konkreten Wortlaut. Eine solche Vermutung basiert auf der Überlegung, dass **der, der detailliert ausschreibt** (beim Einheitspreisvertrag in der Regel also der Auftraggeber), angesichts der von ihm gewählten Ausschreibungsform **die Verantwortung dafür trägt**, dass seine benannten Detailvorgaben richtig formuliert sind und als wörtlich so gemeinte, **eindeutige** Bausoll-Beschreibung verstanden werden.[207] Diese „Vollständigkeitsvermutung" spielt beim Pauschalvertrag eine wesentlich größere Rolle; sie ist aber beim Einheitspreisvertrag strukturell nicht anders zu beurteilen als insbesondere beim Detail-Pauschalvertrag.[208]

176 Auch über die **Bedeutung des Wortlauts** kann es natürlich **unterschiedliche** Auffassungen geben. **Wie** im Bauvertrag Begriffe zu verstehen sind, ist als Vertragsinhalt in § 2 Nr. 1 VOB/B **geregelt**, nämlich unter Beachtung der „gewerblichen Verkehrssitte."[209] So ist z. B. unter dem Begriff „**Bepflanzung**" das zu verstehen, was die DIN 276 Tabelle 1, Nr. 514, 515 definiert (also z. B. einschließlich Fertigstellungspflege), obwohl diese **DIN-Norm** eigentlich nur eine Kostengliederungs-Norm ist. Aber ihre Definitionen sind für den Hochbau **allgemeiner Sprachgebrauch** und „unter den beteiligten Verkehrskreisen" Gemeingut; überhaupt kommt es darauf an, ob eine entsprechende Formulierung „von den angesprochenen Fachleuten" in einem spezifischen technischen Sinn verstanden wird oder in den maßgeblichen Vertragskreisen üblich ist.[210]

Für die Auslegung der Begriffe Nutzfläche, Wohnfläche, Geschossfläche und Verkaufsfläche dürfen wir in diesem Zusammenhang auf Band 2, Rdn. 576 verweisen.

Eine bedeutende Rolle spielen insoweit auch die ohnehin als Vertragsinhalt geltenden „**0-Vorschriften**" der VOB/C (vgl. § 1 Nr. 1 Satz 2 VOB/B) - dazu oben Rdn. 127 –, überhaupt technische Regelwerke oder Verarbeitungshinweise eines Herstellers.

177 Da im Mittelpunkt der Auslegung oft bautechnische Begriffe stehen, werden oft **Sachverständige** hinzugezogen. Aber die Auslegung bleibt **Rechtsfrage**, sie erfolgt mit Hilfe rechtlicher Auslegungskategorien und nicht als Beweisermittlung. Natürlich bedeutet das

---

[205] BGH „Sonderfarben I" BauR 1993, 595, vom BGH nochmals ausdrücklich so bestätigt in „Wasserhaltung II" BauR 1994, 236 und in BGH "Spanngarnituren" BauR 1994, 625; Kniffka, in: Kniffka/Koeble, Kompendium des Baurechts, Teil 5, Rdn. 88.
In der Frage, wie der BGH den Wortlaut „Farbton" tatsächlich ausgelegt hat, s. Rdn. 184, wie er „nach Wahl des Auftraggebers" ausgelegt hat, s. Rdn. 848 ff.
[206] BGH „Eisenbahnbrücke" BauR 1999, 897, 899; BGH "Auflockerungsfaktor" BauR 1997, 466; OLG Saarbrücken, NZBau 2002, 576.
[207] Nähere Begründung und Fundstellen Rdn. 190, 191.
[208] Zum Detail-Pauschalvertrag Band 2, Rdn. 255 ff.
[209] Einzelheiten oben Rdn. 147. Siehe auch Kapellmann, in: Kapellmann/Messerschmidt, VOB/B § 2, Rdn. 98, 99.
[210] Einzelheiten auch Rdn. 708 und Band 2, Rdn. 599. Zutreffend BGH „NEP-Positionen", NZBau 2003, 376; BGH BauR 1994, 625, 626.

nicht, dass nicht Tatsachen als Vorfragen der Auslegung dem Beweis zugänglich wären, zum Beispiel zur Bedeutung eines technischen Begriffs. Die resultierende Schlussfolgerung bleibt aber Rechtsfrage. Ein technischer Sachverständiger kann und darf also nur „das für die rechtliche Beurteilung notwendige Fachwissen vermitteln", aber nicht die (rechtliche) Auslegungsfrage beantworten.[211] Wenn ein Gericht ein behauptetes bestimmtes „technisches Verständnis" aus eigener Sachkunde beurteilt, ohne ein angebotenes Sachverständigengutachten einzuholen, ist das fehlerhaft.

8.2.2 Auslegungsregel: „Totalität aller Vertragsbestandteile", Rangfolge *unterschiedlicher* Vertragsbestandteile und Vertragskategorien gemäß § 1 Nr. 2 VOB/B

Die **Geltungsrangfolge von § 1 Nr. 2 VOB/B** bestimmt, welche von *unterschiedlichen* „Kategorien" eines Bauvertrags gegenüber der anderen vorrangig ist; der Einzelvertrag kann das auch abändern.

178

Gemäß § 1 Nr. 2 VOB/B gehen z. B. die Besonderen Vertragsbedingungen den Zusätzlichen Vertragsbedingungen vor. Oder: Die DIN-Normen der VOB/C gehen der VOB/B vor.

Dass die „Rangfolgeregelung" ihrerseits zur Verwirrung führen kann, wenn sie nicht völlig eindeutig ist, haben wir unter Rdn. 118 bereits erörtert.

Es ist zu betonen, dass **alle** Vertragsbestandteile zur Definition des Bausolls und bei Zweifelsfällen zur Auslegung heranzuziehen sind; wir benutzen das Kunstwort **„Totalität aller Vertragsunterlagen"**, um das besonders deutlich zu machen. Aus dieser Totalität ergibt sich – als Inbegriff des das Bausoll Dokumentierenden – also eigentlich nichts anderes als eine andere Bezeichnung für „Bausoll" – die **„Leistungsbeschreibung im weiteren Sinn"**[212] im engeren Sinn erfasst bei der „Leistungsbeschreibung mit Leistungsverzeichnis", also beim **Einheitspreisvertrag**, gemäß § 9 Nr. 6-9 die Leistungsbeschreibung, die Baubeschreibung, das in Teilleistungen gegliederte Leistungsverzeichnis und erforderlichenfalls Zeichnungen, Probestücke und ähnliches (§ 9 Nr. 7 VOB/A). Aber das Bausoll bilden auch z. B. „Zusätzliche Technische Vertragsbedingungen" und überhaupt **alle** Vertragsbestandteile, deshalb „Leistungsbeschreibung im weiteren Sinn". Es versteht sich, dass Vertragsbestandteile, die sich nur ergänzen – z. B. verweist die Baubeschreibung in einem bestimmten Punkt auf das Leistungsverzeichnis –, keiner Rangfolgeregelung bedürfen. Eine solche Rangfolgeregelung hat nur dann Sinn, wenn zwei unterschiedliche Vertragskategorien zum selben Sachverhalt unterschiedliche Aussagen treffen, wenn sie sich also **widersprechen**. Dann ist für das Bausoll ausschließlich die Aussage in der ranghöheren Kategorie maßgebend; die Aussage der rangniedrigeren Kategorie gilt also nicht etwa noch interpretierend, sie gilt gar nicht.

8.2.3 Widersprüche innerhalb *einer* Vertragskategorie

8.2.3.1 „Speziell vor Allgemein"

Es können aber auch Widersprüche, missverständliche Formulierungen und dergleichen **innerhalb *derselben* Kategorie** auftreten, z. B. innerhalb der Zusätzlichen Vertragsbedingun-

179

---

[211] Grundsätzlich BGH „DIN 18332", NZBau 2004, 500 = BauR 2004, 1438; BGH „Labordämmmaße", BauR 1995, 538; Kniffka, in: Kniffka/Koeble, Kompendium des Baurechts, Teil 5, Rdn. 91.
[212] Näher Kapellmann/Langen, in: Kapellmann/Messerschmidt VOB/A, § 9, Rdn. 56.

gen. Eine dieser Kategorien ist auch die **Leistungsbeschreibung** im engeren Sinn (vgl. § 1 Nr. 2 a VOB/B); zu ihr gehören entsprechend § 9 Nr. 6 und 7 VOB/A **gleichrangig Baubeschreibung, Leistungsverzeichnis einschließlich (konkreter) Vorbemerkungen, Bauzeichnungen, Probestücke, Beschreibung der Wasserverhältnisse** usw. Alle diese Unterlagen gehören also **zu derselben Kategorie,** wenn im Vertrag nichts anderes geregelt ist. Gibt es hier Widersprüche, so hilft die Rangfolge-Regel des § 1 Nr. 2 VOB/B nicht weiter (s. auch Rdn. 180). Es gibt für derartige Widersprüche innerhalb **einer** Kategorie überhaupt keine generelle Auslegungsregel[213] mit Ausnahme der Regel „Speziell geht vor Allgemein".

Der **Positionstext** hat z. B. **Vorrang** gegenüber den zugehörigen **Vorbemerkungen, wenn** er spezieller ist: Genauso können aber im Einzelfall „**spezielle** Vorbemerkungen" einem allgemein gehaltenen Leistungsverzeichnis (z. B. auf der Basis des Standardleistungsbuches) vorgehen.[214]

Regelt ein Vertrag z. B., dass die **Baubeschreibung** vorrangig gegenüber dem **Raumbuch** ist und enthält das Raumbuch z. B. Sanitärgegenstände, die Baubeschreibung in ihrem Planteil aber nicht, so ist die Baubeschreibung vorrangig; für die Auslegung ist zuerst der Regelungsumfang der Baubeschreibung zu klären. Enthält sie beispielsweise für die Nassräume nur Planungssymbole, so ist klar, dass damit keine besondere vertragliche Aussage verbunden ist. Dann sind Sanitärgegenstände, die nicht in der Baubeschreibung enthalten sind, auch nicht Vertragsgegenstand.

So muss man auch den Fall beurteilen, dass eine **umfängliche Spezifikation** in einem Leistungsbeschrieb als solche völlig eindeutig und detailliert ist, der in demselben Leistungsbeschrieb enthaltene Hinweis auf eine **allgemeine Definition,** z. B. in einer DIN-Norm, aber falsch ist. Deshalb darf der Auftragnehmer aus Rdn. 161 (B-35-Problem) davon ausgehen, dass der Zuschlag (0-4 mm) in Ordnung ist und das herzustellende Produkt genau diesen Zuschlag haben soll, obwohl das Produkt dann kein B 35 ist.[215] Überhaupt geht die **jeweils speziellere Kategorie vor,** wobei **die Auslegung des Vertrages als sinnvolles Ganzes** einzubeziehen ist. Wenn also ein Vertrag **eindeutig** eine Leistung beschreibt, also auch z. B. in Vorbemerkungen, so ist das maßgebend; ob sich vielleicht in dem ganzen Vertragspaket „verstreute" Hinweise darauf ergeben, dass diese Leistung gar nicht so möglich ist (Beispiel: BGH „Eisenbahnbrücke": Zu demontierende 60 m lange Brücke soll auf Bahngleisen transportiert werden. Dieser Transport verstößt aber gegen Sicherheitsbestimmungen der Deutschen Bahn AG, außerdem ist die Strecke ungeeignet, weiter stört die Oberleitung), spielt keine Rolle.[216]

Ein alltäglicher Fall eines solchen Widerspruchs innerhalb einer Kategorie, nämlich der zwischen LV-Text und Plan, läßt sich vielleicht ebenfalls über „Spezialitätsüberlegungen" lösen (dazu Rdn. 180).

Wenn weder die Spezialitätsregel noch allgemeine Auslegungsregeln für Verträge eine Lösung bieten, gilt – wie später weiter auszuführen ist – entweder die Version nach dem Verständnis des Auftragnehmers, oder es verbleibt ein so genannter versteckter Dissens (dazu Rdn. 233 ff)

---

[213] Zutreffend Nicklisch/Weick, VOB/B § 1 Rdn. 20; Kiesel, VOB/B § 1 Rdn. 6; Daub/Piel/Soergel, VOB/A Erl. 9.88.
[214] Zum ersten Fall: VOB-Stelle Niedersachsen, Fall Nr. 1052, IBR 1996, 11.
Zum zweiten Fall: BGH „Eisenbahnbrücke" BauR 1999, 897. 899. S. auch Rdn. 199.
[215] Im Zweifel geht das Detailliertere vor, BGH „Text vor Plänen", NZBau 2003, 149 = BauR 2003, 388; Kniffka, in: Kniffka/Koeble, Kompendium des Baurechts, Teil 5, Rdn. 82. Zur Prüfpflicht des Bieters in diesem Fall vgl. unten Rdn. 210.
[216] Zutreffend BGH „Eisenbahnbrücke" BauR 1999, 897; OLG Jena IBR 2004, 410, Nichtzulassungsbeschwerde zurückgewiesen; Kniffka/Koeble, Kompendium des Baurechts, Teil 5, Rdn. 92; unten Rdn. 788.

8.2.3.2 Sonderfall: Widersprüche zwischen Baubeschreibung, Leistungsverzeichnis (Text) und Zeichnungen (Plänen) – Lösung durch allgemeine Auslegungskriterien?

Ein **(häufiger) Sonderfall der Unklarheiten** innerhalb **einer Kategorie** ist der **Widerspruch** zwischen **Text** und **Zeichnung,** wobei genaugenommen hierzu auch der Fall gehört, dass der Text schweigt (obwohl eine Aussage zu erwarten ist), die Zeichnung dagegen Aussagen enthält.
Ein Beispiel sind die Lehrgerüste im Opernhaus (s. oben Rdn. 159).
Der **Vertrag kann** natürlich die **Rangfolge regeln.** Gemäß § **1.3 ZVB** des Bundes (Vergabehandbuch) ging z. B. das Leistungsverzeichnis vor, in der heutigen Fassung EVM (B) ZVB/E, Ausgabe April 2005 ist die Regelung gestrichen.

Quack meint, wenn die Auslegung einen Widerspruch ergäbe, sei das Problem (beim VOB-Vertrag) über die Rangfolgeregel des § 1 Nr. 2 VOB/B zu lösen.[217] Mit dieser Feststellung hat er sich begnügt; mit der Frage, **wie** denn dann die Kollision zu lösen sei, hat er sich nicht aufgehalten. Das hätte er aber besser getan. Er hätte dann nämlich festgestellt, dass § 1 Nr. 2 VOB/B überhaupt nicht weiterhilft. Baubeschreibung (im konkreten Fall) und Pläne gehören nämlich ein- und derselben Kategorie des § 1 Nr. 2 a „Leistungsbeschreibung" an; § 1 Nr. 2 regelt aber nur die Rangfolge innerhalb **unterschiedlicher** Kategorien. Die Aussage, „nicht selten seien Zeichnungen **eher** geeignet, Art und Umfang der geschuldeten Leistung zu verdeutlichen, als das geschriebene Wort",[218] führt konkret auch nicht weiter. Lammel hat umgekehrt die Baubeschreibung als erst**rangig** angesehen,[219] aber es gibt keine Rangordnung in **einer** Kategorie. Das OLG Düsseldorf hat in einer 50 Jahre alten Entscheidung ohne besondere Begründung den Zeichnungen nur auslegenden Charakter beigemessen.[220]

180

Es liegt in der Natur der Sache, dass ein zu erstellendes Produkt allein durch eine einzige Beschreibung und/oder Zeichnung oft nicht vollkommen wiedergebbar ist. Um so mehr gilt dies für ein Bauwerk, das als dreidimensionales Gebilde Flächen bedeckt und Raum ausfüllt, oft verschiedenen Funktionen dient und aus Leistungen verschiedener Gewerke besteht.
Die zumeist von verschiedenen Planern, Behörden und sonstigen Stellen erarbeiteten eigentlichen Bauunterlagen werden – nur – zum Zweck der Vergabe unter Gesichtspunkten der Vergütung durch zusätzliche Unterlagen (z. B. Leistungsverzeichnis, Technische Vertragsbedingungen) ergänzt.
Oft liegen Architektenpläne vor, Bewehrungspläne jedoch nicht. Architektenpläne wenden sich insbesondere an den Bauherrn und Nutzer, Konstruktionspläne dagegen insbesondere an den „Bauproduzenten." Inwieweit kann aus zwei Strichen eines Architektenplanes auf konstruktive Ausführungsprobleme geschlossen werden (vgl. Beispiel Rdn. 205)?
Anders ausgedrückt:
Die auf **Baurealisierung** zielende, technisch orientierte Genehmigungs- und Ausführungsplanung (Bauinhalt) ist **eine** Dimension der Bauvorbereitung, die auf **Preisanfrage** und -vereinbarung zielende Erarbeitung der Vergabeunterlagen ist eine **zweite** Dimension; dabei sagt das „Zitat" der einzelnen Unterlagen der technischen Planung nichts aus über eine Abstufung ihrer Wertigkeit: Die **ganze** Planung soll realisiert werden – allerdings nicht zwingend von nur einem oder diesem Auftragnehmer.

181

---

[217] Quack, Kurzanm. IBR 2003, 117 zu BGH „Text vor Plänen" (dazu auch Rdn. 205, Fn. 276), NZBau 2003, 149 = BauR 2003, 388. Wie hier Ingenstau/Korbion/Keldungs, VOB/B § 1, Rdn. 10.
[218] Heiermann/Riedl/Rusam, VOB/B § 1, Rdn. 28 d; Ingenstau/Korbion/Keldungs, VOB/B § 1, Rdn. 10.
[219] BauR 1979, 109, 111.
[220] OLG Düsseldorf, Schäfer/Finnern Z 2.301 Bl. 5.

Man könnte annehmen, dass die Pläne und Zeichnungen den wirklichen Realisierungswillen des Auftraggebers enthalten, während das Leistungsverzeichnis, wie vorher erörtert, als sekundäre Dimension nur zum Zweck der Preisermittlung abgeleitet ist. Jedenfalls lassen sich offensichtlich viele Details mit Zeichnungen verständlicher ausdrücken als verbal. Die detaillierte **Zeichnung** der Ausführungsplanung hat also **insoweit eher eine Vermutung der höheren Genauigkeit** für sich als ein Text. Insoweit spräche also doch das Auslegungskriterium, dass das Spezielle dem Allgemeinen vorgeht, eher dafür, mit der gebotenen Vorsicht einen Vorrang der Zeichnungen anzunehmen.

Dieser grundsätzlich richtigen Überlegung ist aber wieder entgegenzuhalten, dass dies jedenfalls nur dann gelten kann, wenn die Zeichnungen, die für die Ausführungen **maßgebend** sein sollen, auch **eindeutig** bezeichnet sind (§ 9 VOB/A Nr. 7 S. 2), nämlich **an der richtigen Stelle**, also **bei der Leistungsposition** im Leistungsverzeichnis. **Nicht eindeutig an richtiger Stelle** als für die konkrete Ausführung maßgebend gekennzeichnete Zeichnungen können deshalb jedenfalls **nicht Vorrang** haben, können deshalb bestenfalls (im Ausnahmefall) – wie jedes andere Hilfsmittel – ergänzend zur Auslegung der Bestimmung des Bausolls insgesamt heranzuziehen sein.[221]

Daraus folgt aber nicht, dass bei nicht als maßgeblich für die Ausführung gekennzeichneten Zeichnungen umgekehrt nur der Text vorginge, was ja bedeuten würde, dass der Widerspruch zur Zeichnung immer irrelevant wäre.

182 Im **Rahmen einer „objektiven" Auslegung** zur Bestimmung eines bestimmten Bausolls unter dem einzigen Aspekt der "Rangfolge" ist der Konflikt **zwischen Text und Zeichnung** nicht zu lösen.[222]

Wenn nach sonstigen Kriterien keine überzeugende Auslegung möglich wäre, bliebe der Konflikt unaufgelöst,; d. h., die Unklarheit läßt sich nicht dadurch eliminieren, dass man Text oder Zeichnung ohne Begründung für allein maßgeblich erklärt.

Natürlich muss aber im Einzelfall der Konflikt doch gelöst werden. Es bietet sich an, das Problem auf einer anderen Auslegungsebene, nämlich der Betrachtung **nach dem Empfängerhorizont des Bieters und seinen Prüfpflichten**, anzugehen – dazu im Einzelnen **Rdn. 183, 185 ff**, 201–205. Im Vorgriff: Im Regelfall geht aus den **dortigen** Erwägungen der Text vor.

8.2.4 Auslegung nach dem Empfängerhorizont – „Sonderfarben"

183 Das vom Auftraggeber vorformulierte Angebotsblankett, also die Aufforderung an den künftigen Auftragnehmer zur Abgabe eines Angebots, ist nach zutreffender und allgemeiner Auffassung in Rechtsprechung und Lehre so auszulegen, wie es der **Empfänger** nach Treu und Glauben unter Berücksichtigung der Verkehrssitte verstehen durfte.

---

[221] Dazu **näher** insbesondere auch Rdn. 203 vor allem zu „**einsehbaren Plänen**".
[222] Wenn aus einer Angebotszeichnung eine Leistung erkennbar ist, diese Leistung jedoch nicht als oder im Positionsbeschrieb des Leistungsverzeichnisses enthalten ist, so ergeben sich folgende Zusatzprobleme:
   a) Ist diese Leistung vom späteren Auftragnehmer auch auszuführen, oder soll hierfür ein anderer Auftrag erteilt werden (Beispiel: Herstellen von nichttragenden Wänden)?
   b) In welchem mengenmäßigen Umfang fallen aus Plänen erkannte, jedoch im LV nicht durch Vordersätze quantifizierte Leistungen an (Beispiel: Es liegen nur ausgewählte Pläne der Ausschreibung bei)?
   c) Welcher Position sollen die Herstellkosten zugerechnet werden (Beispiel: Es wird nur m^3 tragendes Mauerwerk ausgeschrieben. Wo sollen die aus den Plänen erkannten 11,5 cm starken Ausfachungswände zwischen den Stahlträgern eingerechnet werden?)?

Die „objektive" Vertragsauslegung – Schritt 1: Auslegungskriterien **Rdn. 184**

Zu der **Auslegung** dieses Textes dürfen deshalb nur solche **Umstände** herangezogen werden, die **für Empfänger erkennbar waren oder erkennbar sein mussten.**
Auf **„ihren Horizont** und **ihre Verständigungsmöglichkeit"** ist die Auslegung abzustellen, und zwar auch dann, wenn der Erklärende die Erklärung anders verstanden hat und auch verstehen durfte."[223] Das ist **ein zentraler Gesichtspunkt bei der Auslegung** von Ausschreibungsunterlagen.

Im Beispielsfalle „**Sonderfarben Funkhaus**" (siehe Rdn. 165) ist es aus diesem Grunde gleichgültig, ob sich die Mehrfarbigkeit aus Architektenplänen ergibt, weil diese Architektenpläne dem Bieter im Rahmen der Ausschreibung nicht vorgelegen haben, er daraus also keine Schlüsse ziehen konnte.

Maßgebend ist nicht die Sicht eines von mehreren angesprochenen Bieters. Für die Auslegung ist der „**objektive Empfängerhorizont**, also die Sicht der Bieter, maßgebend. Dabei ist nicht auf einen einzelnen Bieter, sondern auf den angesprochenen Empfängerkreis abzustellen" – so insoweit uneingeschränkt zutreffend der Bundesgerichtshof in der ersten Entscheidung „Sonderfarben I".[224]
Maßgebend ist also nicht das rein subjektive Erklärungsverständnis eines einzelnen Bieters, sondern das Verständnis, mit dem **durchschnittliche Bieter objektiv die Erklärung verstehen dürfen.** Dieses Auslegungskriterium ist von äußerster Bedeutung und muss sehr ernst genommen werden.

Welches Verständnis im Einzelfall der „durchschnittliche, objektive Empfängerhorizont" vermittelt, läßt sich natürlich auch nur je Einzelfall beantworten.
Bei manchen Angaben darf der Bieter „blind vertrauen", bei vielen muss er „kritisch mitlesen", bei einigen ist unübersehbar, dass Probleme bestehen könnten. Welcher Maßstab „an die Beurteilung des Empfängerhorizonts" im Einzelnen anzulegen ist und **inwieweit der Bieter sein Verständnis anstrengen muss**, ist eine zentrale Fragestellung. Wir erfassen das – um die Bedeutung hervorzuheben – mit dem Stichwort **Prüfpflicht des Bieters** und behandeln dieses Thema wegen seiner großen Bedeutung als „**Schritt 2**" gesondert unter den **Rdn. 185-229**, obwohl es nichts anderes ist als **Bestandteil der Auslegung**.

Aus „Empfängerhorizont" ist folglich auch die Frage zu beurteilen, ob beim **Sonderfarben**-Funkhaus-Beispiel (s. oben Rdn. 165) unter „**Farbton** nach Wahl des Auftraggebers" nur **ein** Farbton für alle Türen Bausoll ist oder ob auch die Wahl unterschiedlicher Farbtöne noch innerhalb des Bausolls liegt.
Der Wortlaut gibt als Singular im Rahmen der Auslegung keinen ernsthaften Anhaltspunkt dafür, dass unterschiedliche Farb**töne** (Plural!) gewählt werden sollen. Der Text besagt nach dem Verständnis von Bietern vielmehr nur, dass der Auftraggeber zwar den (einen) Farb**ton** aussuchen darf, dass es aber **einen** Farbton gibt, denn **der** Farbton soll

184

---

[223] Palandt/Heinrichs, § 133 Rdn. 9 mit Nachweisen aus der Rechtsprechung.
[224] BGH BauR 1993, 595 „Sonderfarben I" (zur Entscheidung ansonsten unten Rdn. 184) und ständige Rechtsprechung, z. B. BGH „Wasserhaltung II" BauR 1994, 236. Der BGH begründet dies im konkreten Fall einer öffentlichen Ausschreibung unter Heranziehung von § 9 Nr. 1 VOB/A, die Aussage stimmt aber unbestrittenermaßen generell. Siehe auch BGH „Spanngarnituren" BauR 1994, 625, 626. BGH „Labordämmmaße" BauR 1995, 538; Kniffka, in: Kniffka/Koeble, Kompendium des Baurechts, Teil 5, Rdn. 88.
Die Beurteilung des „Empfängerhorizonts" ist Auslegungsfrage und obliegt damit im Streitfall dem Gericht. Ein **technischer Sachverständiger** kann insoweit nur das für die Beurteilung notwendige Fachwissen vermitteln, aber nicht selbst entscheiden, so zutreffend BGH „Labordämmmaß" BauR 1995, 538 (Fall: Schallschutz als Labordämmmaß?); dazu **näher Rdn. 177**.

gelten für **alle** Lose. Will der Auftraggeber im Beispielsfall dennoch durchsetzen, dass die Türen **unterschiedliche** Farbtöne erhalten, muss er eine entsprechende Anordnung gemäß § 1 Nr. 3 VOB/B geben, das löst dann wegen Änderung des Bausolls dem Grunde nach Vergütungsansprüche des Auftragnehmers gemäß § 2 Nr. 5 VOB/B aus.[225)]
Der **Bundesgerichtshof** hatte in dem ersten Urteil „Sonderfarben"[226)] die Vorentscheidung des OLG Köln aufgehoben und den Fall zur erneuten Entscheidung zurückverwiesen; er hat dabei im konkreten Fall allerdings seine eigenen Auslegungskriterien leider nicht zutreffend angewendet. Der Bundesgerichtshof untersucht nämlich nur die Fragestellung, ob die Ausschreibung sich nur auf „einfachere Farben" (RAL-Palette) bezieht oder auch „Sonderfarben" einschließt, nicht aber, ob überhaupt unterschiedliche Farbtöne gewählt werden dürfen.

Der Bundesgerichtshof hielt für maßgebend, dass die Ausschreibung hinsichtlich der Wahl der Farben keine Einschränkung enthielt, und verwies an das Oberlandesgericht zurück, um weitere tatsächliche Feststellungen darüber zu treffen, welche Anhaltspunkte nach dem Verständnis der Bieter dafür gesprochen hätten, dass **nur** mit „einfachen Farben" und nicht mit „Sonderfarben" zu rechnen gewesen sei. Das ist **eine** Frage.
Der Bundesgerichtshof hat dabei aber die **Vorfrage** gar nicht geprüft, nämlich die, ob nicht nach dem eindeutigen Wortlaut nur **ein** Farbton zu erwarten war – nicht mehrere unterschiedliche Farbtöne. Erst nach Beantwortung dieser Frage wäre die nächste Frage gewesen, welcher Farbton zu erwarten war – „RAL-Palette" oder jeder beliebige Farbton.[227)]

9 Die Prüfpflicht des Bieters hinsichtlich des Bausolls – Schritt 2

9.1 Allgemeine Überlegungen – „Bearbeitungsschema"

185   Die unter Rdn. 183 erörterte **Auslegung** des Angebotsblanketts nach dem „Empfängerhorizont" bedeutet keineswegs, dass der Bieter den Erklärungen des Auftraggebers einfach den für ihn günstigen Sinn – sei es auch ein objektiv zu verstehender Sinn – geben darf. Der Auftragnehmer darf sich nicht dumm stellen und den Auftraggeber nicht „in ein offenes Messer laufen" lassen, der Empfängerhorizont ist kein Horizont der Blinden. Der Bieter ist vielmehr nach Treu und Glauben verpflichtet, unter Berücksichtigung aller für ihn erkennbaren Umstände mit gehöriger Aufmerksamkeit **zu prüfen,** was der Auftraggeber gemeint hat.[228)]

---

225) Zur abweichenden ursprünglichen Meinung des BGH s. den Text der Randnummer.
   Zur allgemeinen Methodik einer Lösung unter Anwendung von § 2 Nr. 5 VOB/B bzw. je nach Fall § 2 Nr. 6 VOB/B s. unten Rdn. 246 ff.
226) BGH „Sonderfarben I" BauR 1993, 595; nach Zurückverweisung erneut zugunsten des Auftragnehmers entschieden durch Urteil des OLG Köln vom 15.09.1995 BauR 1998, 1096; die dagegen erneut eingelegte Revision hat der Bundesgerichtshof in der 2. Entscheidung „Sonderfarben" (Beschluss vom 18.6.1998, „Sonderfarben II", BauR 1998, 1098 mit Anm. Kapellmann) nicht angenommen, also das 2. Urteil des OLG Köln **bestätigt**.
227) Zu dieser zweiten Frage, ob angesichts der Ausschreibung die „Wahlmöglichkeit des Auftraggebers" bedeutet, dass er als Bausoll nur aus einer **Standard**-Farbpalette wählen darf oder dass er jede Sonderfarbe wählen darf, vgl. oben Rdn. 128 mit vielen Nachweisen in Fn. **136** und unten Rdn. 849 ff.
228) BGH NJW 1981, 2296.

Die Feststellung der Rechtsfolgen bei mangelhaft definiertem Bausoll vollzieht sich also in **drei Schritten:**

1. Im **ersten Schritt** – den wir schon hinter uns haben – wird „objektiv" geprüft, wie die unklaren Erklärungen „richtig" auszulegen sind, wobei die vom Auftraggeber gestellten Formulierungen im Angebotsblankett nach dem Empfängerhorizont des Bieters darauf auszulegen sind, was Bausoll ist.[229] Verbleiben ernsthafte Zweifel, geht dies nicht nur bei einem Text in Allgemeinen Geschäftsbedingungen nach der „Unklarheitenregel" zu Lasten des Auftraggebers.[230]
Führt die Auslegung dazu, dass die **Auffassung des Auftraggebers als „richtig"** bestätigt wird, scheiden Ansprüche des Bieters (Auftragsnehmers) aus, von seltenen Ansprüchen aus Verschulden bei Vertragsschluss abgesehen (vgl. dazu allerdings unten Rdn. 242, 244).

2. Führt die (objektive) Auslegung dagegen dazu, dass die **Auffassung des Bieters** = Auftragnehmers **als „richtig"** bestätigt wird, so ist der Fall noch nicht zu Ende, der Auftragnehmer hat noch nicht „automatisch" Ansprüche: In einem **zweiten Schritt** ist ist im Rahmen weiterer Auslegung vielmehr noch zu **prüfen**, ob ein durchschnittlicher Bieter nicht dennoch die Mangelhaftigkeit der Ausschreibung erkannt hat oder **hätte erkennen können;** das erörtern wir in den nachfolgenden Rdn. 186-229 unter dem Stichwort „Prüfpflicht." Wir präzisieren also den „Empfängerhorizont".
Konnte der Bieter die Mängel der Ausschreibung **nicht** erkennen, hat er immer Ansprüche.

3. Konnte der Bieter die Mängel jedoch erkennen, so ist in einem **dritten Schritt** zu klären, **welche Folgen** der zwar **mögliche,** aber **unterlassene** Hinweis des Bieters auf das mangelhaft definierte Bausoll hat; das erörtern wir unter Rdn. 242 ff., insbesondere 251 ff. Dabei wird der vorsätzlich unterlassene Hinweis Ansprüche des Bieters ausschließen, beim fahrlässig unterlassenen Hinweis hat der Bieter – u. U. unter Beachtung des § 254 BGB – Ansprüche.

Diese Prüfpflichten des Bieters (Auftragnehmers) folgen **aus den gegenseitigen Pflichten zur korrekten Verhaltensweise im Stadium** von Vertragsverhandlungen. Dieser für das ganze Zivilrecht geltende Satz hat im BauR eine große praktische Bedeutung.[231]
Diese Bedeutung ist eher noch **gestiegen,** nachdem der Gesetzgeber diese vorvertragliche Verhaltenspflicht in § 311 Abs. 2 BGB kodifiziert hat.
Der Bauvertrag behandelt im Normalfall eine besonders komplexe, individuelle Leistung, bei der zudem besondere fachtechnische Probleme auftauchen und bei der jedenfalls bei größeren Objekten auf beiden Seiten Fachleute agieren, von denen entsprechende Aufmerksamkeit beiderseits erwartet werden darf. Das ist der berechtigte Hintergrund der vom BGH mit Recht postulierten **Kooperationspflicht** der Bauvertragsparteien.[232] Dabei darf aber **nicht verkannt** werden, dass es **allein Sache des Auftraggebers** ist, das Angebotsblankett **richtig** zu formulieren.

---

[229] Vgl. oben Rdn. 183 ff.
[230] Näher Rdn. 230 ff.
[231] BGH NJW 1966, 498; BGH Betrieb 1969, 1058 = Schäfer/Finnern Z 2.311 Bl. 31 ff.; Wettke, BauR 1989, 292, 295; die Prüfpflicht wurde oft (z. B. früher BGH BauR 1987, 683 = ZfBR 1987, 237) erörtert für „lückenhafte" Ausschreibungen, ohne dass damit die Prüfpflicht gerade auf diesen speziellen Teilbereich der mangelhaften Leistungsbeschreibung besonders beschränkt wird oder werden kann. Laut Werner/Pastor, Bauprozess, Rdn. 1888 war diese Lückenhaftigkeit Ansatzpunkt für Bieteransprüche. Dem können wir so nicht folgen: Das Argument der Rechtsprechung war, solche Lückenhaftigkeit müsse der Bieter erkennen und habe deshalb **keine** Ansprüche. S. auch oben Rdn. 175 und unten Rdn. 246.
[232] BGH „Kooperationspflicht", BGHZ 143, 89 = NJW 2000, 807 = NZBau 2000, 130 = BauR 2000, 409 und vielfach; dazu statt aller Fuchs, NZBau 2004, 65.

An die Prüfpflicht des Bieters die **richtigen Anforderungen** zu stellen und **brauchbare Prüfkriterien** zu entwickeln, ist **das** Kernproblem der Auseinandersetzung mit mangelhaften Leistungsbeschreibungen.

Die Orientierung muss einmal daran erfolgen, was der Empfänger, also der Bieter, berechtigterweise aus „Empfängerhorizont" von einer Leistungsbeschreibung erwarten darf, andererseits daran, was der Auftraggeber berechtigterweise an „Mitarbeit", also kritischer Überprüfung, seinerseits voraussetzen darf. Die **Rechtsprechung** hatte diese **Prüfpflicht** früher zum Teil **überspannt**, vor allem, weil sie „ex post" Maßstäbe angelegt hatte.[233]

Maßstab für das „Erkennenkönnen" ist also
- einerseits, was der **Bieter** vom Auftraggeber berechtigtermaßen an Ausschreibungsverlässlichkeit **erwarten** darf (dazu Rdn. 186 ff.),
- andererseits, was der **Auftraggeber** berechtigtermaßen vom Bieter an Angebots-Prüfsorgfalt **erwarten** darf (dazu Rdn. 210-228).

9.2 Berechtigte Bietererwartungen („Empfängerhorizont") auf der Basis von Auftraggeberpflichten bei der Leistungsbeschreibung

9.2.1 Richtigkeitsvermutung, Vollständigkeitsvermutung als Ausfluss der Leistungsbeschreibungsmethodik „Detaillierung"

186 Wenn wir die **berechtigten** Bietererwartungen an eine Leistungsbeschreibung, deren „Empfängerhorizont" (Rdn. 183, 184), als **Maßstab der Auslegung** nachfolgend **im Einzelnen** ausarbeiten, darf bei aller Einzelbetrachtung nicht außer Acht bleiben, dass immer der „Vertrag als sinnvolles Ganzes" zu betrachten ist;[234] jedes Einzelergebnis muss folglich darauf geprüft werden, ob es in den Kontext des Vertrages passt; im höchst speziellen Einzelfall kann also eine allgemeine Regel **ausnahmsweise** nicht durchgreifen, weil übergeordnete Gesamtaspekte zwingend ein anderes Ergebnis erfordern.[235]

Bieter dürfen eine Leistungsbeschreibung so verstehen, wie sich das **Leistungsbeschreibungssystem** darstellt, genauer: nach welchem System die Leistung beschrieben ist. Wie wir in Band 2 bei der Unterscheidung in Detail-Pauschalvertrag und Global-Pauschalvertrag schon seit langem herausgearbeitet haben, kann der Auftraggeber – typologisch betrachtet – die verlangte Leistung selbst genau beschreiben, er kann **detailliert** ausschreiben, oder er kann seine Leistungsanforderungen nur grob, nur **global**, beschreiben und die Detaillierung dem Auftragnehmer überlassen; natürlich gibt es dazwischen zahlreiche gleitende Übergänge.

Typologisch verläuft unter dem Aspekt der Leistungsbeschreibung die Trennlinie nicht zwischen Detail-Pauschalvertrag und Global-Pauschalvertrag, sondern zwischen detaillierter und globaler Leistungsbeschreibung (vgl. **Abb. 11**, S. 99).

---

[233] Ebenso ausdrücklich Wettke, BauR 1989, 292, 297 und Ingenstau/Korbion/Kratzenberg, VOB/A § 9, Rdn. 11 a. E.; vgl. auch Rdn. 156, 212.
[234] So zutreffend BGH „Eisenbahnbrücke" BauR 1999, 897.
[235] BGH a.a.O.; Kniffka, in: Kniffka/Koeble, Kompendium des Baurechts, Teil 5, Rdn. 83.

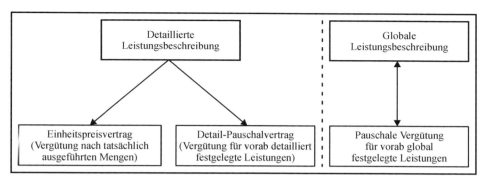

Abbildung 11: Die Abhängigkeit der Ist-Vergütung von der Leistungsbeschreibung

Das heißt: Maßgebend ist die vom Auftrag**geber** gewählte **Form** der **Leistung**sbeschreibung, sein Ausschreibungs**system**, und nicht die gewählte Form der Leistungsvergütung. Unter dem Aspekt der Auslegung des Bausolls sind deshalb die beiden Vertragsvergütungstypen, die eine detaillierte Leistungsbeschreibung aufweisen, also **Einheitspreisvertrag** und **Detail-Pauschalvertrag**, grundsätzlich **gleich zu behandeln**. Die Auslegung des Vertrages zur Bestimmung des Bausolls spielt beim Detail-Pauschalvertrag nur deshalb eine größere Rolle, weil einmal die „pauschale" Vergütung den Blick für die detaillierte Leistungsbeschreibung vernebelt und weil der Detail-Pauschalvertrag seinerseits in vielen Varianten vorkommt, während der Einheitspreisvertrag über „Leistungsverzeichnis" und „Positionen", § 9 Nr. 6-9 VOB/A (s. dazu Rdn. 109) ein ganz eindeutig geprägter Typ ist.

Wenn der Auftraggeber den Ausführungstyp **„detaillierte Leistungsbeschreibung"** in der **Form des Einheitspreisvertrages** wählt, wenn er also eine Ausschreibungs-**Systemwahl** trifft, so muss er der selbst gewählten **Funktionsverantwortung** gerecht werden; er muss sich danach beurteilen lassen, wie er systematisch seine eigene Rolle durch die Systemwahl beschreibt;[236] das ist auch das durchschlagende Argument dafür, warum ein Auftraggeber, der „gemäß VOB/A" ausschreibt, sich eine VOB/A-konforme Auslegung gefallen lassen muss (näher Rdn. 192).

187

Vorab kann sich jeder Bieter, unabhängig vom Leistungsbeschreibungssystem des Auftraggebers, immer darauf verlassen, dass auftraggeberseitige Angaben **richtig** sind – „**Richtigkeitsvermutung**". Der Bieter (Auftragnehmer) darf demgemäß auf die Richtigkeit z. B. der Aussagen eines Bodengutachtens vertrauen, auf Geeignetheit einer verlang-

188

---

[236] Zum Systemargument auch ausführlich Band 2, Rdn. 256-261 und Kapellmann, Jahrbuch Baurecht 1999, 1 ff. sowie Kapellmann, NJW 2005, 182; ebenso OLG Jena IBR 2004, 410, Nichtzulassungsbeschwerde vom BGH zurückgewiesen. Wie hier Beck'scher VOB-Kommentar/Motzke, Teil C, Syst. III, Rdn. 4. Siehe auch Rdn. 205.

ten Methode, auf Angaben zu Bauvorleistungen – das steht alles gänzlich außer Frage.[237] Erweist sich deshalb z. B. die tatsächlich angetroffene Bodenklasse als Abweichung zu der im Leistungsverzeichnis oder im Bodengutachten angegebenen, so ist das eine (dem Risikobereich des Auftraggebers zuzurechnende) Bausoll-Bauist-Abweichung; die daraus resultierende modifizierte Leistung ist als „Nachtrag" gemäß § 2 Nr. 5, 6 oder 8 VOB/B zu behandeln.[238]

Beim Einheitspreisvertrag kommt kraft detaillierter Leistungsbeschreibung eine **„Vollständigkeitsvermutung"** hinzu. Ein Einheitspreisvertrag enthält ein Leistungsverzeichnis auf der Basis von Positionen. Ein solches Leistungsverzeichnis ist – gemäß der Systematik der VOB – die Umsetzung der Ausführungsplanung in Text zwecks Preisabfrage. Die Ausführungsplanung führt zur **Ausführungsreife** (§ 15 Abs. 2 Nr. 5 HOAI). Deshalb schafft eine Einheitspreisvertrags-Ausschreibung „Auslegungsvertrauen"[239] dahin, dass richtig und umfassend ausgeschrieben ist.[240] Auch das ist heute gänzlich unbestritten. Die Schlussfolgerung ist zwingend: **Was nicht ausgeschrieben ist, ist auch nicht Bausoll**; weder die „**Besonderheit des Bauwerks**" noch eine „notwendige" weitere Leistung ändern daran etwas.[241] Wenn also z. B. die auftraggeberseitige detaillierte Leistungsbeschreibung für ein Trapezblechdach keine besonderen Korrosionsschutzmaßnahmen vorsieht, sind sie auch nicht geschuldet.[242]

189 Keineswegs ist ein Bieter verpflichtet, in einer Einheitspreis-Ausschreibung inhaltliche Unvollständigkeiten zu suchen. Erst recht ist er nicht verpflichtet, im Angebotsstadium **eigene Untersuchungen** anzustellen; selbst im Vertragsstadium wäre das Besondere Leistung, die gesondert angeordnet und vergütet werden müsste.[243]

190 Die Vermutung der Richtigkeit und Vollständigkeit bedeutet nicht, dass der Bieter **blind** vertrauen darf; seine Prüfpflicht im Angebotsstadium beschränkt sich aber auf das Erken-

---

[237] Vgl. z. B. BGH „Schlüsselfertigbau" BauR 1984, 395, 397; OLG Hamm NJW-RR 1994, 407 = BauR 1994, 144 (allerdings mit falscher Einordnung im konkreten Fall unter § 6 Nr. 6 VOB/B, richtig § 2 Nr. 5, 6 oder 8, s. dazu unten Rdn. 722); Daub/Piel/Soergel/Steffani, VOB/A Erl. 9.24; Werner/Pastor, Rdn. 1132; Markus, Jahrbuch Baurecht 2004, 1 ff., 37 = BauR 2004, 180; Oberhauser, BauR 2003, 1110, 1115; Langen/Schiffers, Bauplanung und Bauausführung, Rdn. 685.
Zu der Bedeutung von Plänen oder Gutachten generell Rdn. 203 ff. Zu den **spezielleren Baugrundproblemen** näher unten Rdn. 707 ff.
Selbstverständlich muss der Auftragnehmer die zur Ausführung einer **ausgeschriebenen** Position notwendigen Teilleistungen erbringen, BGH BauR 2004, 994.
[238] Ebenso BGH „Wasserhaltung II" BauR 1994, 236 mit Schlussentscheidung nach Zurückverweisung OLG Celle IBR 1998, 468. Siehe dazu oben Rdn. 137-144 und unten Rdn. 707. Aus diesem Grund ist OLG Hamm (Fn. 237) in der Begründung falsch.
[239] Zu diesem Begriff oben Rdn. 128 mit Fn. 134. Das gilt auch für den Fall, dass die Ausführungsplanung zum Zeitpunkt der Leistungsbeschreibung erst zum Teil oder gar nicht vorliegt.
[240] Näher Rdn. 237, 238 sowie Kapellmann, Jahrbuch Baurecht 1999, 3 ff., Rdn. 39; zum Detail-Pauschalvertrag Band 2, Rdn. 255 ff.
Wie hier i.E. Thode, Seminar Pauschalvertrag und Schlüsselfertiges Bauen 1991, S. 33, 43; Vygen/Schubert/Lang, Bauverzögerung; Rdn. 59; Roquette, NZBau 2001, 57, 58; für das Schweizer Recht Schumacher, Vergütung, Rdn. 475, 476; siehe zusätzlich Rdn. 193.
[241] Zur „Besonderheit des Bauwerks" hier Rdn. 216, 854. Zur „Notwendigkeit der Leistung" hier Rdn. 881 ff., 884. Zum Ganzen Kapellmann, NJW 2005, 182.
Zur Widerlegung der Vollständigkeitsvermutung und zu ihrer Bedeutung für die Beweiswürdigung Band 2, Rdn. 261, 262-264.
[242] OLG München, IBR 2004, 356, Revision vom BGH nicht angenommen. Weiteres Beispiel: Zu ausgeschriebenen „Sicherheitstreppenhäusern" gehören auch Türen; diese sind aber nicht ausgeschrieben: Kein Bausoll, OLG Jena, IBR 2004, 410; Revision vom BGH nicht angenommen. Näher zum Ganzen Kapellmann, NJW 2005, 182. Siehe auch oben Rdn. 131, 134 und Rdn. 209.
[243] Einzelheiten dazu allgemein Rdn. 219, Einzelheiten speziell zu Baugrundfällen Rdn. 728.

Berechtigte Bietererwartungen auf der Basis von Auftraggeberpflichten Rdn. 191, 192

nen ganz offensichtlicher Mängel der Ausschreibung, wie unter Rdn. 210 ff. erörtert. Die Vermutung der Richtigkeit und Vollständigkeit kann darüber hinaus wie jede Vermutung im Einzelfall widerlegt werden.[244]

9.2.2 Spezieller Maßstab für die Pflichten des Auftraggebers: § 9 VOB/A

9.2.2.1 Norm des Vergaberechts, Aufbau der Norm

§ 9 VOB/A enthält für den öffentlichen Auftraggeber die **vergaberechtlich** bindende Regel, wie eine Leistung zu beschreiben ist. § 9 Nr. 1-6 enthält Bestimmungen, die für alle Leistungsbeschreibungsarten gelten, Nr. 6-9 solche nur für Einheitspreisverträge, Nr. 10-12, solche für Leistungsbeschreibungen mit Leistungsprogramm (funktionale Leistungsbeschreibung, „Global-Pauschalvertrag"), wobei im Rahmen der letzeren aber die Nr. 7-9 auch dort „**sinngemäß**" gelten. 191

Diese vergaberechtlichen Bedingungen, die oberhalb der Schwellenwerte im vergaberechtlichen Nachprüfungsverfahren auf ihre Einhaltung überprüft werden können, wirken **keineswegs selbstverständlich** in die **zivilrechtliche Beurteilung** des vom öffentlichen Auftraggeber vielleicht vergaberechtswidrig geschlossenen Vertrages hinein, schon gar nicht in den Vertrag eines privaten Auftraggebers. Wenn § 9 VOB/A demgemäß zivilrechtlich eine Rolle spielen soll, muss es dafür andere Anhaltspunkte geben.

*9.2.2.2 Die vertragsrechtliche Bedeutung von § 9 Nr. 1-9 VOB/A bei Ausschreibungen **öffentlicher** Auftraggeber*

9.2.2.2.1 Generelle Bedeutung

Vorweg: Ein vom öffentlichen Auftraggeber unter Verstoß gegen § 9 VOB/A geschlossener Vertrag ist nicht etwa gemäß § 134 BGB nichtig wegen Verstoßes gegen ein gesetzliches Gebot. Das Gebot des § 9 VOB/A ist ein rein vergaberechtliches Gebot, seine Verletzung kann zu vergaberechtlichen Sanktionen führen. Deren Voraussetzung bei Überschreitung der Schwellenwerte ist eine unverzügliche Rüge (§ 107 Abs. 3 GWB); würde man die zivilrechtliche Nichtigkeit bejahen, ohne dass der Bieter vergaberechtlich erfolgreich ein Nachprüfungsverfahren betrieben hat, würde man § 107 Abs. 3 GWG unterlaufen.[245] Für Vergaben unterhalb der Schwellenwerte sollen die Normen der VOB/A nach der (problematischen) Entscheidung des Gesetzgebers einen nur intern verbindlichen Charakter haben, also scheidet dort die Anwendung des § 134 BGB erst recht aus. Schadensersatzansprüche aus § 823 Abs. 2 BGB i.V.m. GWB, VergabeVO und VOB/A kommen in Betracht, würden aber nur Ersatz des negativen Interesses gewähren.[246] 192

Aber § 9 VOB/A gewinnt als objektives Kriterium der **Auslegung** beim **öffentlichen** Auftraggeber große Bedeutung, nämlich als Maßstab **berechtigter Bietererwartungen**, als Maßstab des Empfängerhorizonts (dazu Rdn. 183). Denn die Beachtung der Vergabevorschriften der VOB/A und ganz besonders des § 9 VOB/A ist sowohl im Bereich oberhalb der Schwellenwerte – insoweit selbstverständlich gemäß § 97 GWB – wie unterhalb der Schwellenwerte für den Auftraggeber zwingend. Der öffentliche Auftraggeber

---
[244] Näher Band 2, Rdn. 261.
[245] Kapellmann, in: Kapellmann/Messerschmidt, VOB/B § 2, Rdn. 114.
[246] Eher bejahend Kniffka, in: Kniffka/Koeble, Kompendium, Teil 5, 99, eher verneinend Markus, Jahrbuch Baurecht 2004, 1 ff., 40 mit Nachweisen zum Meinungsstand.
Nähere Nachweise auch Kapellmann/Messerschmidt, VOB/A § 9, Rdn. 5.

erklärt, seine Ausschreibung sei gemäß VOB/A erfolgt. Er schafft damit „Auslegungsvertrauen":[247]

Ein Bieter **darf** eine Ausschreibung öffentlicher Auftraggeber so verstehen, wie sie zu verstehen wäre, wenn der Auftraggeber die Ausschreibungsregeln der VOB/A beachtet hätte;[248] die Ausschreibung darf **VOB/A-konform** verstanden werden.

Dazu müssen die einzelnen Bestimmungen des § 9 VOB/A daraufhin untersucht werden, inwieweit sie Auslegungshilfen geben. Am einfachsten ist die Beurteilung, wenn die VOB/A eine Ja/Nein-Alternative enthält, was z. B. für § 9 Nr. 3 Abs. 4 i.V. mit den 0-Abschnitten der VOB/C häufig vorkommt.[249] Ähnliches gilt, wenn die VOB/B „Standardverhältnisse" zugrunde legt, solange nicht Abweichungen benannt sind.[250] Schließlich kann man aus allgemeinen Geboten im Einzelfall noch Auslegungsschlüsse ziehen, z. B. aus dem Eindeutigkeitsgebot des § 9 Nr. 1 VOB/A.[251] Am deutlichsten ist schließlich die Auslegungshilfe, wenn § 9 ein eindeutiges Verbot enthält wie z. B. in Nr. 2 zur Auferlegung eines ungewöhnlichen Wagnisses.

Die **nachfolgende Einzeluntersuchung** zeigt, dass bis auf das vergaberechtliche Verbot des § 9 Nr. 2 VOB/B alle Regelungen Ausfluss der Funktionsentscheidung sind, also **aus der Systemwahl** des Auftraggebers für die „**Detaillierte Leistungsbeschreibung**" in Form des Einheitspreisvertrages folgen. Im Vorgriff: Deshalb gelten sie – mit Ausnahme des § 9 Nr. 2 VOB/A – auch für private Auftraggeber, die diese Vertragsform wählen, sie sind nichts anderes als ein Kanon systemgerechter Auslegungskriterien.[252]

9.2.2.2.2 Einzeluntersuchung des § 9 Nr. 1, 2, 3, 4, 6, 8, 9 VOB/A

193 § 9 Nr. 1 VOB/A verlangt vorab, dass die Leistung „eindeutig" und „so erschöpfend" zu beschreiben ist, dass alle Bewerber die Beschreibung im gleichen Sinn verstehen müssen und ihre Preise sicher und **ohne umfangreiche Vorarbeiten** berechnen können.

Wenn der öffentliche Auftraggeber die Leistung „uneindeutig" beschrieben hat, hilft § 9 Nr. 1 bei der Auslegung unmittelbar nicht weiter. Aber **ein** Verbot enthält § 9 Nr. 1 VOB/A auf jeden Fall: Bei jeder Ausschreibung, aber erst recht bei der detaillierten Ausschreibungssystematik des Einheitspreisvertrages **verbietet es sich**, an definierter und für die Detaillierung zu erwartender Stelle, also beispielsweise im Positionstext und/oder in konkret in Bezug genommenen Plänen (dazu Rdn. 202) die Leistung eindeutig zu beschreiben, aber an **versteckter Stelle** oder überhaupt versteckt in den Ausschreibungsunterlagen diese klare Leistungsbeschreibung einzuschränken, unter Randbedingungen zu stellen oder gar zu konterkarieren. Das ist nicht **VOB/A-konform**;[253] nur die eindeutige Beschreibung begründet das Bausoll, die **versteckten Abweichungen nicht**. Kommen sie in der Realität doch vor, begründen sie Bausoll-Bauist-**Abweichungen** und damit gegebenenfalls Nachtragsansprüche. Deshalb ist es z. B. für die **Lehrgerüste** des Opernhauses (s. Rdn. 166, 234) maßgeblich, dass in den **Leistungspositionen** steht, solche Lehrgerüste kämen **nur** in drei bestimmten Bereichen vor. Wenn **eindeutig** gekennzeichnet ist, dass diese Bauweise „nur" in diesen Positionen vorkommt, braucht der Bieter nicht misstrau-

---

[247] Zu diesem Begriff oben Rdn. 128 mit Fn. 140.
[248] So überzeugend erstmals BGH „Wasserhaltung II" BGHZ 126, 64 = BauR 1994, 236; BGH „Auflockerungsfaktor" BauR 1997, 466; Kniffka, in: Kniffka/Koeble, Kompendium, Teil 5, Rdn. 93; Oberhauser, BauR 2003, 1110, 1112; Kapellmann, in: Kapellmann/Messerschmidt, VOB/B § 2, Rdn. 115, 117. Unrichtig Quack, BauR 1998, 381 und BauR 2003, 26, siehe auch Rdn. 192.
[249] Näher Rdn. 731, 753.
[250] Näher Rdn. 128, 507, 852, 864.
[251] Näher Rdn. 193, 194.
[252] Näher Rdn. 207.
[253] Kniffka, in: Kniffka/Koeble, Kompendium, Teil 5, Rdn 92.

isch zu sein; er braucht demgemäß allgemeine Texte nicht darauf durchzusuchen, ob dort das Gegenteil dessen steht, was in der konkreten Leistungsposition eindeutig und klar definiert ist; er wird das dann auch leicht überlesen.
Ebenso braucht der Bieter im Fall **„Eisenbahnbrücke"**, nicht damit zu rechnen, dass irgendwo versteckt in Textpassagen das Gegenteil des Textes in der maßgeblichen Leistungsdefinition steht.[254]
Dieses Auslegungskriterium überschneidet sich naturgemäß oft mit § 9 Nr. 3 Abs. 4 VOB/A, nämlich damit, dass der Auftraggeber nach den „0"-Abschnitten der VOB/C notwendige Angaben unterläßt – dazu oben Rdn. 127 ff.

Der Bieter braucht auch **keine detektivische Kleinarbeit** zu leisten; er darf sich darauf verlassen, dass das, was er braucht, an der **richtigen Stelle** steht und dass damit das Verlangen nach **Eindeutigkeit** in § 9 Nr. 1 VOB/A gewahrt ist – und nicht z. B. in allgemein gehaltenen Vorschriften (etwa „Allgemeinen Technischen Vertragsbedingungen") das Gegenteil dessen geregelt wird, was in der konkreten Leistungsposition bestimmt ist (siehe oben Rdn. 175, 179, 193).[255] Für das Verhältnis von Text zu Plänen ist das ausdrücklich in § 9 Nr. 7 VOB/A bestimmt – dazu Rdn. 199 ff.
Der Auftraggeber muss die Leistung auch „erschöpfend" beschreiben, was ein spezielles zusätzliches Argument für die „Vollständigkeitsvermutung" (Rdn. 188) ist. Eine erschöpfende Leistungsbeschreibung muss **alle** notwendigen technischen Angaben enthalten, um die verlangte Leistung ordnungsgemäß zu kennzeichnen.[256]

194

§ 9 Nr. 2 VOB/A enthält das Verbot gegenüber dem **öffentlichen** Auftraggeber, dem Bieter (Auftragnehmer) ein ungewöhnliches Wagnis aufzuerlegen. Das ist ein spezifisch **vergabepolitisches** Gebot, das **nicht** zwingend aus der Leistungsbeschreibungssystematik „Detaillierung" folgt (was Bedeutung für die Anwendbarkeit bei privaten Auftraggebern hat, siehe Rdn. 207).
Dem Auftragnehmer darf also durch die Ausschreibungsbedingungen nicht das Risiko ungewöhnlicher Wagnisse mit entsprechenden Kostenfolgen auferlegt werden. Der BGH hat die Konsequenz erstmals in der Entscheidung „Wasserhaltung II" gezogen; der dortige globale Leistungsbeschrieb „Wasserhaltung" umfasst trotz des allumfassenden Wortlauts nicht die Bewältigung ungewöhnlicher Entwicklungen, das Bausoll umfasst in VOB/A-konformer Auslegung also solche Sachverhalte nicht; sie führen **als Bausoll-Bauist-Abweichung** zur geänderten oder zusätzlichen Leistung mit der entsprechenden Vergütungsfolge.[257] Was **ungewöhnlich** ist, ist unter kalkulatorischen Aspekten zu definieren. Ungewöhnlich ist ein Risiko, das wegen des Grades seiner Ungewissheit und der unbenannten Größenordnung **erhebliche** finanzielle oder zeitliche, letztlich unkalkulierbare Auswirkungen haben kann, das der Auftragnehmer nicht beeinflussen kann und das von der im Gesetz oder in der VOB vorgesehenen Risikoverteilung zwischen öffentlichem Auftraggeber und Auftragnehmer abweicht, dass also die Äquivalenz von Leistung und Gegenleistung „grundlegend" stört.[258] **Keineswegs** muss **jedes** bei Vertragsschluss **voraussehbare** Maß überschritten werden;[259] abgesehen davon, dass dieser Maßstab viel

195

---
[254] BGH „Eisenbahnbrücke" BauR 1999, 897; siehe auch oben Rdn. 184.
[255] Zutreffend Schumacher, Vergütung, Rdn. 124 (zum Schweizer Recht).
[256] BGH Versicherungsrecht, 1966, 488; OLG Celle Versicherungsrecht 1979, 172; vgl. auch Rdn. 234. Deshalb kann der Auftraggeber auch nicht einfach dem Bieter ohne **besondere** vertragliche Regelung die Auswertung der Statik oder des Bodengutachtens überlassen, s. oben Rdn. 186 ff.
[257] BGH „Wasserhaltung II" BauR 1994, 236. Es gibt deshalb auch keinen Schadensersatzanspruch aus c. i. c. (§ 311 BGB), dazu **Rdn. 248**.
[258] Definition übernommen aus Kapellmann/Langen, in: Kapellmann/Messerschmidt, VOB/A § 9, Rdn. 21-25. Dazu auch Schottke, Festschrift Thode, S. 155 ff.
[259] Franke/Kemper/Zanner/Grünhagen, VOB/B § 2, Rdn. 62.

zu scharf ist, ist er auch schon im Ansatz unrichtig. Auch wenn das Risiko – wie in vielen – Fällen im Prinzip voraussehbar ist, kann es doch ungewöhnlich sein.
Seine wesentliche Bedeutung hat diese Auslegung bei der Eingrenzung des Risikos globaler Leistungsbeschreibungen.[260] Aber auch beim Einheitspreisvertrag hat das Verbot Bedeutung: Der Text einer Abrechnungsposition darf z. B. nicht so ausgelegt werden, dass der Bieter sich im Ergebnis einer völlig unkalkulierbaren Größen ausgesetzt sieht;[261] ebenso wirkt das Verbot als Begrenzung des per Leistungsbeschreibung übernommenen Risikos, so dass ein Auftragnehmer z. B. nicht das Setzungsrisiko bei einer Mülldeponie trägt[262] oder die Mehrkosten für Asbestentsorgung, wenn in einer Leistungsbeschreibung für die Demontage von Abflussrohren eine Asbestbelastung nicht erwähnt ist.[263]

196 Nach **§ 9 Nr. 3 Abs. 1 VOB/A sind alle** die Preisermittlung beeinflussenden Umstände festzustellen und in den Verdingungsunterlagen **anzugeben**. Insbesondere sind gemäß Abs. 3 die für die Ausführung der Leistung wesentlichen Verhältnisse der Baustelle, z. B. **Boden- und Wasserverhältnisse**, so zu beschreiben, dass der Bewerber ihre Auswirkungen auf die bauliche Anlage und die Bauausführung hinreichend beurteilen kann. Zu der Bedeutung gerade dieser Vorschrift und zu ihrer Problematik verweisen wir auf unsere Ausführungen unter Rdn. 200 sowie Rdn. 725, 745 ff.

Gemäß **Nr. 3 Abs. 4 sind** die „Hinweise für das Aufstellen der Leistungsbeschreibung" in **Abschnitt 0** der Allgemeinen Technischen Vertragsbedingungen für Bauleistungen DIN 18 299 ff. zu beachten, also der VOB/C. **Weil der öffentliche Auftraggeber die 0-Vorschriften beachten muss,** brauchen Bieter **nicht damit zu rechnen**, dass ein Auftraggeber die Empfehlungen der 0-Vorschriften der VOB/C nicht beachtet; der Bieter darf Schlüsse ziehen, z. B. auf Standardverhältnisse. Wegen der **Einzelheiten** verweisen wir auf **Rdn. 127-130**.

Deshalb braucht der Bieter im Normalfall auch nicht **zurückzufragen**, ob etwa der Auftraggeber ausnahmsweise doch von den Empfehlungen der 0-Abschnitte abgewichen und der Text deshalb abweichend zu verstehen ist.[264]

197 § 9 Nr. 6 bis Nr. 9 VOB/A gelten für die Leistungsbeschreibung **mit Leistungsverzeichnis** (Einheitspreisvertrag, im Ergebnis auch für den Detail-Pauschalvertrag).

In **Nr. 6 heißt es, dass die Leistungen in der Regel durch eine allgemeine Darstellung der Bauaufgabe (Baubeschreibung) und ein in Teilleistungen gegliedertes Leistungsverzeichnis beschrieben werden sollen.**
Nr. 7 bestimmt, dass erforderlichenfalls die Leistung **auch** zeichnerisch oder durch Probestücke darzustellen oder anders zu erklären ist, z. B. durch Hinweise auf äliche Leistungen, durch Mengen- oder statische Berechnungen oder **konkret**, also so, dass der Bieter das Problem finden kann. **Zeichnungen und Proben, die für die Ausführung maßgebend sein sollen**, sind eindeutig zu bezeichnen.
Nr. 6 und Nr. 7 gehören zusammen; die spezielle Funktion von Nr. 7 im Zusammenhang mit dem Problem „Text vor Plänen" erörtern wir gesondert unter Rdn. 199-205.

---

[260] Ebenso Kniffka, in: Kniffka/Koeble, Kompendium, Teil 5, Rdn 93; Oberhauser, BauR 2003, 1110, 1112, 1114, 1119. Zur Kritik insoweit an der BGH-Entscheidung „Kammerschleuse", BauR 1997, 126 siehe Kapellmann/Ziegler, NZBau 2005, 65, 67 sowie Leinemann, VOB/B § 2, Rdn. 270. Siehe auch Rdn. 852.
[261] BGH „Auflockerungsfaktor", BauR 1997, 466.
[262] OLG München, NZBau 2004, 274. Vgl. dazu weiter Rdn. 718.
[263] LG Stralsund und Hinweisbeschluss OLG Rostock, IBR 2005, 464; OLG Celle, IBR 2002, 538; OLG Hamm, IBR 2002, 659; Oberhauser, a.a.O., 1120.
[264] So sehr plastisch Bühl, BauR 1992, 26, 31, 33; Zielemann, Vergütung, Rdn. 171; Vygen, Festschrift für Soergel, S. 277, 282; Beck'scher VOB-Kommentar/Motzke, VOB/B § 13 Nr. 4, Rdn. 33. Zur **Prüfpflicht generell** Rdn. 210 ff.

Bei der Ausfüllung eines Angebots für einen Einheitspreisvertrag formuliert der Bieter keine eigenen Texte, er erbringt keine eigene Planung. Er hat keinen Einfluss auf die Formulierung und die Darstellung der Angebotsunterlagen, auch nicht auf die Angebotsmethodik. Er setzt **nur positionsweise** Preise – und wenn er keine Positionen hat, kommt er nicht auf den Gedanken, sozusagen Bieterhilfspositionen zu erfinden. [265]
Der Erstellung des **Leistungsverzeichnisses** ist in §15 HOAI eine eigenständige Leistungsphase (Nr. 6) des auftraggeberseitigen Architekten zugeordnet; sie umfasst die Umformulierung der Planungsinhalte in die „Angebotssprache", eben das Leistungsverzeichnis (s. auch Rdn. 238). Nur dann, wenn es **erforderlich** ist, d. h., wenn die Leistungsbeschreibung durch LV-Text allein nicht ausreicht, ist gemäß **§ 9 Nr. 7 VOB/A** die Leistung auch anderweitig – z. B. durch zeichnerische Darstellung – zu erklären, dann aber auf jeden Fall mit **eindeutiger** Bezeichnung und Bezugnahme – vgl. Rdn. 200.
Das Leistungsverzeichnis eines Einheitspreisvertrages ist nichts als Preisliste; auf der Basis eines Leistungsverzeichnisses allein kann man nicht bauen, Bauen erfordert Pläne. Positionstexte beschreiben diskret einzelne Leistungen und sind deshalb spezieller als andere Teile der Leistungsbeschreibung.[266]

Wenn der Auftraggeber im Leistungsverzeichnis **waagerechte** und keine **abgetreppten Fundamente** vorsieht, ist es nicht Aufgabe des Bieters, in irgendwelchen, ihm zugänglichen ergänzenden Unterlagen, z. B. Plänen, nachzuschauen, ob es nicht doch abgetreppte Fundamente gibt.[267] Der Bieter darf und muss einem schlüssigen LV trauen. Nebenbei: Dass abgetreppte Fundamente dann tatsächlich zu bauen sind, ist dennoch kein Grund, dass der Bieter sie in „irgendwelchen" Unterlagen hätte finden müssen. Ganz abgesehen davon könnte ein Bieter die Preise solch „gefundener" Teilleistungen nirgendwo zuordnen – es gibt ja im LV nur waagerechte Fundamente. **198**
Entsprechendes gilt für **Bodenklassenangaben** im Leistungsverzeichnis (näher Rdn. 727, 728) oder für Ausschreibungstexte bzw. Vorbemerkungen **zur Bewehrung**.
Die alte Entscheidung des Bundesgerichtshofs „Universitätsbibliothek" dazu verdient in Einzelheiten der Begründung eine **kritische** Beurteilung , wenn ihr auch im nur **formalen** Ergebnis zuzustimmen ist:
Der Bieter hatte behauptet, der „Kalkulator hätte 200 Stunden benötigt, um aus der **Textstatik** die darin geforderten ‚Eckbewehrungen" zu erkennen, die den Anteil eventueller Großflächenschalung wesentlich verkleinert haben."
Der Auftraggeber, das beklagte Land, hatte dagegen behauptet, die Statikpositionen der Eckbewehrungen hätten „in weniger als 10 Minuten aufgefunden werden können." Der BGH hat den Vortrag des Landes als Vorwurf dahin verstanden, der Bieter hätte auch bei nur geringer, normaler Durchsicht das Problem erkennen können und sich erkundigen müssen. Damit standen sich Behauptung und Gegenbehauptung gegenüber; prozessual musste der BGH diesen widersprechenden Behauptungen nachgehen und hat deshalb das Urteil des Oberlandesgerichts, das diese Frage nicht aufgeklärt hatte, aufgehoben und die Sache an das Oberlandesgericht zurückverwiesen, also nicht etwa die Klage abgewiesen (vgl. Fn. 199).
Der Sache nach erscheint es uns als **äußerst unwahrscheinlich,** dass ein Bieter **ohne besonderen Hinweis** auf das Problem aus Details einer Statik „in weniger als 10 Minuten (diese Problematik) hätte auffinden können." Wenn es nach Meinung des **Auftraggebers** um ein so banales Problem gegangen wäre, hätte ja **nichts nähergelegen,** dass **er** gemäß § 9 Nr. 7 VOB/A einen entsprechenden **Hinweis an der richtigen Stelle gegeben hätte**, nämlich im Text des Leistungsverzeichnisses unter Hinweis auf eine **konkrete** ergänzende

---

[265] Zu Ausnahmen oben Rdn. 179 mit Fn. 213.
[266] Zum Problem benannter **Leistungen ohne Position** näher Rdn. 280 ff.
[267] Vergleichbar LG Rostock IBR 2005, 136: Ausschreibung lässt nicht erkennen, dass die Stahlskelettkonstruktion neben senkrechten Stützen auch waagerechte oder diagonale Aussteifungsverbände enthält.

Unterlage, also eine Zeichnung oder Statikposition; dabei ist ergänzend zu erwähnen, dass der Bieter die Statik ja nur auf Anforderung hätte bekommen können.
Das **Versäumnis des Auftraggebers,** eine angeblich so einfache, aber für **die Kalkulation entscheidende Tatsache nicht zu erwähnen,** spricht eindeutig gegen ihn und **gegen** seine **heutige** Interpretation. Dazu muss man sich die schlichten Größenordnungen vor Augen führen: Das LV füllt in einem solchen Fall einen Ordner, die Statik vielleicht derer zehn. Wie soll der Bieter da fündig werden, wenn er gar nicht das konkrete Problem kennt, dessentwegen die Statik durchgesehen werden müsste?
Insoweit widerspricht der Bundesgerichtshof u. E. sich auch selbst. Auf der einen Seite bestätigt er, dass es dem Bieter nicht zuzumuten war, im Angebotsstadium die Statik „durchzuarbeiten." Also muss es auf der anderen Seite nach Meinung des BGH möglich sein, solche Probleme aufzufinden, ohne die Statik „durchzuarbeiten."

Im Ergebnis kann nach unserer Auffassung von einer **Pflichtverletzung des Bieters keine Rede** sein; nach Empfängerhorizont musste die Auslegung den Bieter bestätigen.

199 Gemäß **§ 9 Nr. 8 VOB/A** brauchen Leistungen, die nach den Vertragsbedingungen, den Technischen Vertragsbedingungen oder der gewerblichen Verkehrssitte zu der geschuldeten Leistung gehören (§ 2 Nr. 1 VOB/B), nicht gesondert aufgeführt zu werden.

200 **§ 9 Nr. 9 VOB/A** enthält in Satz 2 das (eingeschränkte) Verbot der **Mischpositionen** (Sammelpositionen); wir erörtern das im Sachzusammenhang unter Rdn. 859.

9.2.2.3 Sonderthema: § 9 Nr. 7 VOB/A – Widerspruch Text/Zeichnung

201 „**Zeichnungen** und Proben, die für die Ausführung **maßgebend** sein sollen, sind **eindeutig** zu bezeichnen."
§ 9 Nr. 7 VOB/A sieht damit vor, dass bei der Ausschreibung mit Leistungsverzeichnis über den Leistungsverzeichnistext hinaus noch weitere Leistungsbeschreibungsmittel herangezogen werden können. Voraussetzung ist, dass die Wiedergabe der einzelnen Teilleistungen durch den Text der „Stückliste" Leistungsverzeichnis nicht ohne weiteres möglich ist. § 9 Nr. 7 VOB/A spricht deshalb davon, dass **„erforderlichenfalls"** die einzelnen Teilleistungen anderweitig (z. B. durch Zeichnungen, Proben, Berechnungen etc.) darzustellen sind. Es geht also nicht um den Regelfall, sondern um **Ausnahmen**.
Das Leistungsverzeichnis ist die primäre Vorgabe für die Preisermittlung des Anbieters; es hat jedenfalls Vorrang vor den „erforderlichenfalls" heranzuziehenden **ergänzenden** Unterlagen, also z. B. den Positionstext erläuternde Zeichnungen.
Ob überhaupt ergänzende Unterlagen zum Leistungsverzeichnis herangezogen werden und maßgebend sind, wird gemäß § 9 Nr. 7 Satz 2 VOB/A durch eindeutige Bezeichnung im Leistungsverzeichnis geklärt. Der jeweilige **Positionstext** sagt aus, ob ein Ergänzungsmittel (z. B. ein Plan) maßgebend ist oder nicht. Sinn des benannten Ergänzungsmittels ist es dann, die Grenzen des verbalen Bereiches zu überspringen und die Teilleistung verständlich zu machen.
Der **Positionstext** entscheidet also, ob über ihn hinaus ergänzende Unterlagen maßgebend sind und Teil der Totalität der Leistungsbeschreibungsmittel werden. Der Einsatz einer Zeichnung als Ergänzungsmittel führt nur dann dazu, dass ein Einheitspreis verursachungskausal ermittelt werden kann, wenn in einer Position der jeweilige maßgebende Planinhalt benannt und auch maßgebend aufgeführt wird.

202 Entsprechendes gilt für das Ergänzungsmittel „Statische Berechnungen". Statische Berechnungen wenden sich an die Adressaten Prüfingenieur und Konstrukteur (den Leistungserbringer in Phase 5 der Tragwerksplanung als Ersteller der Schal- und Bewehrungspläne). **Statische Berechnungen wenden sich nicht** primär an den Architekten und

auf gar keinen Fall **an den späteren Auftragnehmer**. Sie können jedoch mit Hilfe ausdrücklicher Benennung als ergänzende Unterlage zum Bestandteil der Leistungsbeschreibung für Teilleistungen werden.

Das entspricht auch den vorkommenden Berufsbildern, denn der ausführende Unternehmer – letztlich ein Handwerker im weitesten Sinne – ist oft nicht in der Lage, die statischen Unterlagen zu verstehen; dafür ist er nicht ausgebildet. Dafür gibt es eben die Planer der weiteren Leistungsphasen, in denen das zu Bauende **ausführungsgerecht** (Ausführungsreife der Tragwerkplanung, § 64 Abs. 1 Phase 5 HOAI) dokumentiert und **preisermittlungsgerecht** (in § 15 Abs. 2 Phase 6 HOAI) durch das Leistungsverzeichnis aufbereitet wird.

Das Argument, dann sollten eben nur Fachunternehmen anbieten, geht ins Leere, denn das Argument zielt nicht auf die herstellungstechnische Fachkunde, sondern auf die Fachkunde des Tragwerksplaners ab – also letztlich auf die kostenlose Entlastung des beauftragten Tragwerksplaners und Architekten durch den Anbieter und/oder den Auftragnehmer.

Unabhängig davon, ob der einzelne Bieter überhaupt die Statik in jedem Detail zu lesen vermag und wieviel Zeit er dafür benötigt, erhebt sich aber auch noch die Frage, ob der Bieter ohne einen Hinweis in der (oder den) zugehörigen Position(en) des Leistungsverzeichnisses überhaupt erkennen kann, was nun jeweils durch die Statik für das Angebot „einheitspreisrelevant" geregelt werden soll.

Sofern beispielsweise für ein Bauwerk in einem Teilbereich auch Hängekonstruktionen (Hängesäulen und Hängedecken) vergesehen sind, dies aber nicht in den Positionsbeschrieben angesprochen wird (hierzu Beispiel aus Rdn. 166), kann ein Bieter ohne einen entsprechenden gezielten auftraggeberseitigen Hinweis nicht auf den Gedanken kommen, dass solche Hängekonstruktionen anzubieten und durch Einheitspreise zu bewerten sind. Sofern ein Hinweis auf Hängekonstruktionen außerhalb der Positionsbeschriebe erfolgt, so ist für den Bieter nicht ersichtlich, unter welcher Position er Kosten für Hängekonstruktionen ermitteln soll.

Nur am Rande: Der in der Praxis oft auftraggeberseitig zu hörende Hinweis, der Bieter hätte die Kosten der Hängekonstruktion „irgendwie" einrechnen müssen, geht wegen der Priorität des Textes der einzelnen Positionsbeschriebe ins Leere, ganz abgesehen davon, dass ja „irgendwelche Zuordnung" keinen Sinn für die Abrechnung ergibt.[268]

Zwar gibt es in einem Stahlbetonleistungsverzeichnis fast immer eine (oder mehrere) Position(en) für Stützen; eine solche Position steht aber für Druckstützen. Entsprechendes gilt für Decken, aber diese Decken können nach einigen Tagen des Erhärtens des Betons ausgeschalt werden. Hängekonstruktionen zeichnen sich dagegen dadurch aus, dass sie so lange unterstützt bleiben müssen, bis die Hängekonstruktion die Kraftaufnahme gewährleistet. Das kann viele Wochen (bis Monate) dauern.

Wenn es also im Leistungsverzeichnis keine Position für Hängekonstruktionen gibt, so gibt es auch keine geeignete Position, der man die Leistung „Herstellung von Hängekonstruktion" zuordnen könnte, für die man also die Kosten ermitteln und als Einheitspreis(e) auswerfen könnte (zur Lösung vgl. Rdn. 234).

Wenn für die Ausführung maßgebende Pläne **eindeutig** zu bezeichnen sind, so heißt das, dass sie an der **richtigen Stelle** des LV, also bei der jeweiligen **Position** – oben Rdn. 199 – oder z. B. in **konkreten** Technischen Vorbemerkungen erwähnt sein müssen, damit sie den Zweck erreichen können, den gewünschten Leistungsinhalt klar zu bestimmen. **Sofern** der Auftraggeber einmal Pläne (Zeichnungen) eindeutig als maßgeblich bezeichnet **hat**, so **sind** diese dann **auch allein maßgeblich**. Wenn also in einer Sichtbetonposition vermerkt wird, für die Schalung seien „**geordnete Stöße**" vorzusehen und wenn

---

[268] Siehe oben Rdn. 196, unten Rdn. 280 ff.

diese dann wie folgt näher bezeichnet werden „...**Maßgebend** ist der beigefügte **Ausführungsplan A 64.13**", so wird das Raster der Schalung durch die Maße nur **dieses** Plans bestimmt. Der Bieter kann folglich dieses Schalungsraster kalkulieren. Wenn der Auftraggeber in seinen zum Ausschreibungszeitpunkt schon vorliegenden Ausführungsunterlagen zusätzlich noch auf andere **„einsehbare Pläne"** verweist, so ist der Inhalt dieser einsehbaren Pläne gerade nicht als maßgeblich für das Schalungsraster gekennzeichnet; diese nicht als maßgeblich gekennzeichneten Pläne sind folglich nicht geeignet, die eindeutige Kennzeichnung durch den Plan A 64.13 zu ändern. Enthält also ein „einsehbarer" Plan ohne konkreten Bezug auf die Sichtbetonposition eine von Plan A 64.13 abweichende Schalungseinteilung, z. B. ungeordnete Stöße, so ist das nicht maßgeblich; mindestens braucht ein Bieter das auf keinen Fall zu erkennen.

204 Auftraggeber übersenden im Angebotsstadium auf Anforderung gelegentlich einsehbare **Pläne** in Kopie mit dem **Anschreiben**, sie würden **nicht Vertragsinhalt**. Stellt sich später heraus, dass der Auftraggeber z. B. von dem in Plan A 64.13 konkret bezeichneten Schalungsraster in seiner Ausführungsplanung abweicht und findet sich ein Muster dieser Abweichung schon in „einsehbaren", in Kopie übersandten Plänen, so ist das dennoch für den Auftragnehmer unmaßgeblich. Der Auftraggeber kann nicht **jetzt** plötzlich behaupten, auch diese „einsehbaren Pläne" seien maßgeblich, also doch Vertragsinhalt, wenn er genau das Gegenteil (zutreffend) selbst mitgeteilt hat.

Einen **Widerspruch** zwischen **konkret** für die Ausführung bezeichneten Plänen und **allgemein** als „einsehbar" zugänglichen oder übersandten Plänen **braucht kein Bieter zu finden;** der entscheidende Maßstab für die Prüfpflicht und Erkenntnisfähigkeit des Bieters ist, was ein Bieter „bei **durchschnittlicher** Sorgfalt" finden muss.[269]
Der Auftraggeber kann ohnehin sein **Ausschreibungsrisiko** durch bloß **einsehbare,** aber nicht **bestimmt** in Bezug genommene **Pläne nicht** auf den Bieter **abwälzen;** Pläne, die als für die Ausführung **maßgebend bezeichnet** und auch so eindeutig erwähnt sind, **sind und bleiben auch maßgeblich.**[270]

Wir betonen diese Einschränkung deshalb, **weil von Auftraggebern zu häufig die Erstellung einer klaren Leistungsbeschreibung im Leistungsverzeichnis vermieden und durch den „Ausweg" eines Verweises auf unbestimmte weitere Planungsunterlagen ersetzt wird.** Dabei übersieht der Auftraggeber, dass diese weiteren Unterlagen als **Ergänzung**, nicht als Ersatz für eine verbale Leistungsbeschreibung dienen und auf jeden Fall beim Einheitspreisvertrag eine klare Einteilung in Teilleistungen nicht ersetzen können.

Unabhängig davon wird dabei außerdem nicht beachtet, dass der **Durchschnitts-Bauhandwerkermeister nicht als Sonderfachmann für Ingenieur- und Planungsaufgaben ausgebildet wird.** Seine Aufgabe ist es sicherlich nicht, eine Statik oder ein Bodengutachten im jeweiligen Gesamtgehalt richtig zu interpretieren. Diese Unterlagen dienen als „Korrespondenzunterlagen" des einen Sonderfachmanns für den anderen Sonderfachmann: Das Bodengutachten wird vom Sonderfachmann des Leistungsbildes XII der HOAI (Bodenmechaniker oder Geologe) für den Sonderfachmann des Leistungsbildes VIII der HOAI (Tragwerksplaner) erstellt, damit **dieser** weiß, was **er** bei der Abtragung der Bauwerkslast in den Baugrund zu beachten hat.[271]

---

[269] Einzelheiten Rdn. 210 sowie Rdn. 185, 289 ff.
[270] Ebenso Korbion/Locher, AGB-Gesetz und Bauerrichtungsverträge, Rdn. 115.
[271] Näher dazu bei der Erörterung von Baugrundrisiken Rdn. 733. Wie hier (zum Schweizer Recht) Schumacher, Vergütung, Rdn. 73, 123.

Die Statik wird vom Tragwerksplaner für seine Prüfstelle (Baubehörde oder Prüfstatiker) und für den zugehörigen Konstrukteur (zu der Anfertigung von Schal- und Bewehrungsplänen) aufgestellt.

Nebenbei: Die Ergebnisse der Konstrukteurtätigkeit – die Bewehrungs- und Schalpläne – sind inhaltlich auf die Ausführenden auszurichten und von ihnen dann auch richtig interpretierbar.

In Anbetracht dieses Sachverhalts ist die fast „blauäugig" geforderte „Nachschaupflicht" des anbietenden Bauunternehmens – s. z. B. BGH „Universitätsbibliothek", Rdn. 198 – nicht systemgerecht, und zwar weder im Rahmen der Wertschöpfungskette am Bau noch in bezug auf die Wettbewerbssituation.[272]
Nehmen wir an, dass der in dem **Großunternehmen** die Angebotsbearbeitung durchführende Ingenieur Bodengutachten und Statik richtig interpretieren kann, so wäre es eine Diskriminierung des nur ausführungsorientierten **„Bauhandwerkers"**, wenn man fordern würde, er müsste das auch können bzw. sich so behandeln lassen, als ob er es könnte. Das widerspricht nicht nur der durch VOB/A und HOAI vorgegebenen Aufgabenverteilung, das wäre auch wirtschaftspolitisch nicht akzeptabel und würde in einer **Wettbewerbsverzerrung** enden (vgl. auch Rdn. 179), sieht man von Spezialgebieten – wie z. B. reinen Bohrpfahlarbeiten – ab.
Gerade hier muss, was der Rechtsprechung manchmal schwerfällt, **besonders an die schon erwähnte Notwendigkeit** (Rdn. 156) erinnert werden, dass an eine spätere Beurteilung **nicht ex post Maßstäbe** anzulegen sind.

Maßgeblich ist, ob der Bieter angesichts der Textformulierung überhaupt auf das Problem aufmerksam werden musste. **Auf klare Angaben im Text darf sich der Bieter verlassen.** Allgemeine Hinweise ändern daran ebensowenig wie **versteckte** Zeichnungsdetails; maßgebend ist der **Empfängerhorizont** des Bieters, der natürlich bei **klaren** Textangaben nicht in Plänen nach Unklarheiten sucht.
Ausnahmen gelten **nur** dann, wenn sich einem Fachmann bei zu erwartender sorgfältiger Angebotsbearbeitung eine solche **Diskrepanz „aufdrängt."**[273]

Das ist aber keineswegs immer dann der Fall, wenn allgemeine Vorschriften widersprüchliche Bestimmungen zu konkreten Texten etwa des Leistungsverzeichnisses enthalten. Dabei ist insbesondere zu beachten, dass die Vorbemerkungen, die Allgemeinen Technischen Vertragsbedingungen und ähnliche Bestimmungen oft für eine Vielzahl von Bauvorhaben verwendet werden und den konkreten Bezug zu diesem Bauvorhaben vermissen lassen, so dass die Relevanz für diese Bauvorhaben gar nicht erkennbar ist.
Ohnehin sagt ein Plan nur etwas darüber aus, dass und wie etwas gebaut werden soll, aber nicht zwingend, von wem. Wenn die im Plan enthaltene Leistung auch von einem anderen Gewerk ausgeführt werden könnte, besteht für den Bieter kein Anlass zu fragen: Warum nicht ich?

§ 9 Nr. 7 VOB/A enthält also als Auslegungsgrundsatz einen Sondertatbestand der **Spezialität: Der Text geht vor**, der Plan ergänzt nur. Der Grundsatz würde als Systemargument aus Gründen der inneren Folgerichtigkeit einer detaillierten Ausschreibung mit Leistungsverzeichnis auch ohne Sonderregelung gelten: Am Anfang steht gemäß den Grundgedanken in VOB und HOAI die Ausführungsplanung; ohne sachgerechte Ausführungsplanung ist die Erstellung eines Leistungsverzeichnisses nur Prognose des wahr-

205

---

[272] Zutreffend OLG Düsseldorf BauR 1994, 764, 766, Revision vom BGH nicht angenommen; s. auch Rdn. 210.
[273] Wörtlich zustimmend Hanhart, Festschrift Heiermann, S. 111, 115; ebenso Englert/Grauvogl/Maurer, Handbuch Baugrund, Rdn. 398; s. auch Rdn. 210.

scheinlich zu Erstellenden.²⁷⁴⁾ Die Positionen des Leistungsverzeichnisses sind, weil sie das Auszuführende konkret wiedergeben sollen, **aus der** Ausführungsplanung zu entwickeln. Sie sind „funktionell jünger", sie gehen schon deshalb als „letzter Stand" vor. **Wenn die Leistung „dem Wortlaut nach im Einzelnen" beschrieben wird, geht sie einer Planung, die sich „nicht im Detail** an dem Bauvorhaben orientiert", vor, so zutreffend der BGH „Text vor Plänen".²⁷⁵⁾

Im entschiedenen Fall trifft das Argument: Die Baubeschreibung beschrieb eine Außentreppe explizit; die Pläne waren nur Grundriss-, Ansichts- und Schnittpläne, also keine Detailpläne. Hätte es sich um Ausführungspläne gehandelt, so würde das „allgemeine" Spezialitätsargument des BGH wenig helfen, aber kraft des **Systemarguments** würde auch dann „Text vor Plänen" gelten.

Selbstverständlich kann im Sonderfall der Plan auch einmal Rang vor dem Text haben, nämlich dann – und damit sind wir wieder beim Ausgangspunkt – wenn **in der Position** der Plan als **maßgebend** bezeichnet ist, § 9 Nr. 7 VOB/A. Ist er das nicht, geht der Text vor.²⁷⁶⁾

*9.2.2.4 Die vertragsrechtliche Bedeutung von § 9 VOB/A bei **privater** Ausschreibung*

206 § 9 VOB/A enthält Verpflichtungen des **öffentlichen** Auftraggebers. Die Vorschrift ist aber nahezu vollständig Ausdruck dessen, wie ein Bieter die Ausschreibung eines Auftraggebers verstehen darf, der sich der Vertrags- und Vergütungstypen der VOB bedient. Diese größtenteils sachlogischen, im Übrigen aber auch durch viele Jahrzehnte geübte Ausschreibungspraxis erarbeiteten Ausschreibungsgrundsätze gelten daher allgemein, ganz besonders bei dem völlig eindeutig definierten Typ Leistungsbeschreibung mit Leistungsverzeichnis – also für die Vertragstypen **Einheitspreisvertrag** und **Detail-Pauschalvertrag**. § 9 VOB/A ist deshalb der Kanon vom Bieter nach seinem Empfängerhorizont zu erwartender funktionsgerechten Auslegung und kann daher in vollem Umfang als Vertrauens- und Auslegungsmaßstab herangezogen werden. Das Argument der „VOB/A"-konformen Auslegung ist also **im Ergebnis** auch hier durchgreifend. Eine **Ausnahme** gilt lediglich für § 9 Nr. 2 VOB/A. Dass der öffentliche Auftraggeber einem Bieter kein ungewöhnliches Wagnis auferlegen darf, ist nicht funktionsnotwendig, sondern Ausdruck einer Vergabepolitik. Für private Auftraggeber gilt das nicht; hier kommt im Einzelfall nur eine „Störung der Geschäftsgrundlage", § 313 BGB, in Betracht.

9.2.3 Pflicht zur inneren Schlüssigkeit des Angebotsblanketts
Beispiel: Standard-Leistungsbuch, STLB-Bau Dynamische BauDaten

207 Der Auftraggeber hat für die **innere Schlüssigkeit** seines Angebotsblanketts zu sorgen. **Wenn** erkennbar das gesamte Leistungsverzeichnis **nach Standard-Leistungsbuch ausgeschrieben** ist,²⁷⁷⁾ wenn das Standard-Leistungsbuch für einen bestimmten Bauinhalt

---

²⁷⁴⁾ Näher Kapellmann/Langen, in: Kapellmann/Messerschmidt, VOB/A § 9, Rdn. 57.
²⁷⁵⁾ BGH „Text vor Plänen", NZBau 2003, 149 = BauR 2003, 388; Langen/Schiffers, Bauplanung und Bauausführung, Rdn. 686. Siehe auch Rdn. **187**.
²⁷⁶⁾ Quack, IBR 2003, 117 meint, in der BGH-Entscheidung habe man zwanglos die schriftliche Leistungsbeschreibung als Verdeutlichung der Pläne sehen können. „Zwanglos" ist immer gut, aber als Argument etwas schmalbrüstig. Vgl. dazu auch Rdn. 180, Fn. 217.
²⁷⁷⁾ Auftraggeber im Zuständigkeitsbereich der Finanzbauverwaltungen des Bundes beispielsweise **müssen nach Standard-Leistungsbuch** GAEB ausschreiben, vgl. Vergabehandbuch für die Durchführung von Bauaufgaben des Bundes im Zuständigkeitsbereich der Finanzbauverwaltungen, Richtlinie zu § 9 VOB/A 2.2.3.
Die Fortentwicklung des Standard-Leistungsbuches ist das Standardleistungsbuch (STLB)-Bau Dynamische BauDaten. Näher Drees/Paul, Kalkulation, S. 30-34.

die Möglichkeit eines präzise beschreibenden Positionstextes unter Darlegung aller wesentlichen Umstände vorsieht, darf der Bieter aus der Tatsache, dass im konkreten Angebotsblankett der entsprechende Leistungsbeschrieb fehlt bzw. nur in „vereinfachter" Form enthalten ist, nach Empfängerhorizont den Schluss ziehen, dass eben ein differenzierter Bauinhalt nicht vorgesehen ist.[278]

Werden bei einer Ausschreibung gemäß Standard-Leistungsbuch Stützen und Balken, nicht jedoch Rahmen gesondert ausgeschrieben – obwohl das Standard-Leistungsbuch eine solche Trennung vorsieht –, so braucht der Bieter nicht damit zu rechnen, dass er einen (aus „Stützen" und „Balken" fiktiv zusammengesetzten) Rahmen zu erstellen und zu kalkulieren hat.

Wird Wandschalung gemäß Standard-Leistungsbuch ausgeschrieben und keine weitere Aussage gemacht, so muss der Bieter darauf vertrauen können, dass auch keine Besonderheiten, z. B. einhäuptige Schalung, vorliegen. Ansonsten hätte der Auftraggeber durch Trennung in zwei Positionen und entsprechend in der zweiten Position angeben müssen, dass einhäuptige Wandschalung (mit einem bestimmten Vordersatz) zu erstellen ist.

Wenn der Auftraggeber argumentiert, diese Leistung sei selbstverständlicher Bestandteil der ausgeschriebenen Leistungsposition gewesen und brauche deshalb nicht gesondert erwähnt zu werden, kann der Bieter dem mit Recht entgegenhalten, dass **aus der Systematik des nach Standard-Leistungsbuch erstellten Angebotsblanketts den gegenteiligen Schluss ziehen konnte (Empfängerhorizont!).**

Auch hier gilt wieder, dass dem Bieter **überhaupt erst der Gedanke kommen muss, ein Zweifel könnte bestehen;** ohne Zweifel kann es keine Nachfragen geben.

Noch komplexer sind die Umstände bei einem Großprojekt von vielen 100 Positionen, bei dem zwar gemäß Standard-Leistungsbuch ausgeschrieben worden ist, jedoch die im Standard-Leistungsbuch vorgesehene Differenzierung für Stützen und Decken nach verschiedenen Ausführungshöhen nicht vollzogen worden ist (wohl aber für Wände!). Darf der Bieter davon ausgehen, dass nur „einfache" Stützen- und Deckenhöhen auftreten? Muss er eine „Mengenanalogie" durchführen, die auf den Anteilen der Wandschalungspositionen aufbaut? Und dazu die Frage: Ist dies inhaltlich überhaupt richtig, da ja in den Obergeschossen viele m²-Decken wenigen m²-Wänden gegenüberstehen, während sich im Keller ein umgekehrtes Verhältnis einstellen kann? Oder muss der Bieter in einem solchen Fall Rücksprache beim Auftraggeber nehmen?

Im konkreten Fall muss man darauf abstellen, ob die Diskrepanzen „unübersehbar" sind (vgl. auch Rdn. 210); grundsätzlich braucht aber der Bieter die **Planung des Auftraggebers nicht für sich selbst noch einmal nachzuvollziehen** (auch Rdn. 218) und nachzurechnen.

Unter diesen Umständen **verfehlt** deshalb auch die allgemeine Formulierung des Bundesgerichtshofs im Fall „Universitätsbibliothek" (siehe Fn. 199), **es sei nicht einzusehen, warum** es dem Unternehmer **nicht zuzumuten gewesen** sein solle, sich durch eine **mündliche oder fernmündliche Anfrage** bei dem für das beklagte Land tätigen Planungsbüro **zu vergewissern,** zu welchem Anteil überschläglich Großflächenschalung verwendet werden könnte, **das Problem.** Selbstverständlich wäre das dem Kläger zuzumuten – von der Frage abgesehen, ob ein öffentlicher Auftraggeber im Vergabeverfahren überhaupt dazu Antworten gibt, nur muss der Auftragnehmer angesichts der Vertragsunterlagen **zuerst auf den Gedanken kommen, dass es überhaupt etwas zu fragen gebe,** insbesondere, wenn – wie auch im konkreten Fall – nach Standard-Leistungsbuch ausgeschrieben worden ist.

---

[278] LG Rostock, IBR 2005, 136 (s. auch Fn. 267); Beck'scher VOB-Kommentar/Motzke, Einl. I, Rdn. 19; Hanhart, a. a. O., S. 111, 115.

Nur als Hinweis: Nicht selten führen Auftraggeber und Planer während und nach der Ausschreibung Optimierungsüberlegungen durch, die zu Abänderungen führen, so dass – unerkennbar für den Bieter – der zunächst ausgeschriebene Bauinhalt dem jetzt modifizierten Bauinhalt (= Bauist) nicht mehr entspricht. Das sind ganz typische Ursachen für anschließende Abstimmungsprobleme zwischen Ausschreibung und Ausführung.

9.2.4 Pflicht zur für das Angebotsstadium fertigen Planung

208 Der Auftraggeber muss eine jedenfalls für das Angebotsstadium fertige Planung haben, weil er nur daraus eine richtige Positionsausschreibung erarbeiten kann (oben Rdn. 195); auch darauf darf der Bieter vertrauen. Dass er, wenn Mängel der Planung erkennbar sind, möglicherweise hinzuweisen und vielleicht nachzufragen hat, ist, im Bieterstadium für den Regelfall zu verneinen (näher Rdn. 157, 210). Der Auftraggeber hat die **Pflicht** (§ 9 Nr. 1 VOB/A) zur erschöpfenden Leistungsbeschreibung (oben Rdn. 193).[279]
Nur wenn die Planung im Hinblick auf ein inhaltlich neues Leistungsverzeichnis **erkennbar** unvollständig ist, muss der Bieter nachfragen.
Die Unvollständigkeit zu erkennen ist aber gerade das Problem.
Wenn in dem früher geschilderten Beispielsfall (oben Rdn. 163) ein Rohbau keine **Aussparungen** enthält, kann das viele Ursachen haben, so etwa, dass

– noch keine Ausführungspläne im Stadium der Leistungsbeschreibung erarbeitet waren und der Auftraggeber die Aussparungen einfach vergessen hat,

– die Aussparungen nachträglich von einem anderen Unternehmer erstellt werden sollten (z. B. durch Kernbohrungen),

– der Auftraggeber davon ausgeht, dass die Aussparungen durch seine Vorbemerkungen als Leistungsinhalt vorgegeben sind, d. h., seiner Meinung nach Nebenleistungen sind.

Die insoweit resultierenden Probleme gehen aber **zu Lasten des Auftraggebers**. Der Auftraggeber, der ein Leistungsverzeichnis aufgrund unfertiger Planung liefert, kann nicht über eine angebliche Prüfpflicht des Bieters generell sein eigenes Versagen auf den Bieter abwälzen und diesem gewissermaßen eine Pflicht zur Ergänzungsplanung auferlegen. **Wer als Auftraggeber ein Blankett in die Welt setzt, nur um Produktpreise – ohne konkreten planerischen Bezug – abzufragen, handelt auf eigenes Risiko. Das gilt allgemein. Im konkreten Fall ist die Antwort viel einfacher: Nach DIN 18 331 Beton- und Stahlbetonarbeiten 4.2.7 ist das „Herstellen von Aussparungen, z. B. Öffnungen, Nischen, Schlitzen, Kanälen", Besondere Leistung; gemäß DIN 18 299 „Allgemeine Regelungen für Bauarbeiten jeder Art" 4.2 sind „Besondere** Leistungen (solche) Leistungen, die nicht Nebenleistungen gemäß Abschnitt 4.1 sind und nur **dann** zur **vertraglichen Leistung** gehören, wenn sie in der Leistungsbeschreibung besonders **erwähnt sind"**; eine Lückenfüllung durch pauschale „vergütungsfreie" Einbeziehung von Besonderen Leistungen verstößt im Normalfall gegen AGB-Recht.[280] Die seltene Möglichkeit einer „konkludenten, individuellen" Einbeziehung von Besonderen Leistungen haben wir bereits erörtert.[281]

---

[279] BGH Versicherungsrecht, 1966, 488; OLG Celle Versicherungsrecht, 1979, 172; vgl. auch Rdn. 234. Deshalb kann der Auftraggeber auch nicht dem Bieter ohne **besondere** vertragliche Regelung die Auswertung der Statik oder des Bodengutachtens überlassen, siehe oben Rdn. 186 ff.
[280] Vgl. oben Rdn. 134.
[281] Siehe oben Rdn. 131, 134.

Natürlich muss der Bieter im Rahmen seiner Prüfpflicht den Auftraggeber auf diese Probleme nicht hinweisen, wie schon oben unter Rdn. 145 erörtert.

Der Bieter braucht insbesondere die Planung **nicht speziell auf Unvollständigkeit** zu **untersuchen,** er muss überhaupt **nicht** inhaltliche Unvollständigkeiten **suchen.**[282)] Bezogen auf das Beispiel aus dem Projektanhang (der Auftraggeber hat Fertigteilbalken ausgeschrieben, aber nichts über die Auflagerung dieser Fertigteilbalken in den Wänden ausgesagt, vgl. Rdn. 317, 318), heißt das, dass der Auftragnehmer nicht positionsweise suchen und überlegen muss, ob etwa in dieser Position die komplette Leistung erfasst ist oder nicht. Er darf lediglich **auffällige** „Lücken und Unklarheiten" hinsichtlich des Bausolls nicht ignorieren. In diesem Zusammenhang stellt sich die Frage, ob es eine Rolle spielt, wenn sich aus anderen Einzelheiten der Leistungsbeschreibung Hinweise auf die Lücke ergeben (vgl. Fn. 186, Auflager der Treppenläufe sind erwähnt!); das könnte den Bieter vielleicht veranlassen, sich der betreffenden Thematik zu widmen; tatsächlich ist er aber im konkreten Fall im Angebotsstadium zu so subtilen Überlegungen **nicht** verpflichtet (vgl. Rdn. 318).

209

In der Praxis ist – wie gesagt – die vorangehende fertige Ausführungsplanung eher die Ausnahme im Stadium der Leistungsbeschreibung. Die Auftraggeber neigen aus wirtschaftlichen oder sonstigen Gründen (z. B. frühzeitiger Bezug des neuen Gebäudes) dazu, die Bauarbeiten schon vor Planungsende – also schon vor Konkretisierung der Planung – auszuschreiben und beginnen zu lassen. Die Folgen sind

– Abstimmungsprobleme bei der Ausführung bezüglich Bauinhalt und Bauumstände und
– nachträgliche Streitpunkte bezüglich der Vergütungsregelung sowie bezüglich des Bauinhalts und der Bauumstände

So zu handeln ist aber ausschließlich Risiko des Auftraggebers.

9.3 Pflichten des Bieters als Maßstab für berechtigte Auftrag*geber*erwartungen

9.3.1 Prüfmaßstab des Bieters: Durchschnittssorgfalt und Kalkulationsbezogenheit (Sonderfachleute des Auftraggebers)

Prüfmaßstab für den **Bieter** – und damit für die Erwartung, die der Auftraggeber berechtigterweise daran stellen kann – ist das Maß an Sorgfalt, das ein „**durchschnittlich sorgfältiger Bieter**" aufwendet.[283)] Man muss diesen **Durchschnittsmaßstab** allerdings auch **ernst nehmen** und **nicht als Durchschnitt postulieren, was in Wirklichkeit extreme Anforderung ist.**

210

Was Planer oder **Sonderfachmann** (z. B. **Beton-Technologieberater**) des **Auftraggebers übersehen haben, muss nicht** ausgerechnet dem **Bieter** allein auffallen; der Bieter ist viel weniger Fachmann als die Sonderfachleute und schon gar nicht Planer. Seine „Durchschnittsaufmerksamkeit" – im Angebotsstadium! – muss folglich viel geringer angesetzt

---

[282)] Zutreffend Wettke, BauR 1989, 292, 297; Langen/Schiffers, Bauplanung und Bauausführung, Rdn. 1184. Vgl. auch Rdn. 219.
[283)] OLG Düsseldorf BauR 1991, 219, 220; laut BGH „Universitätsbibliothek" (siehe Fn. 191) kommt es darauf an, was der Bieter „hätte erkennen **können** und müssen"; siehe auch Kapellmann, in: Kapellmann/Messerschmidt, VOB/B § 2, Rdn. 111 sowie hier Rdn. 211.
Zu den Rechtsfolgen **erkennbarer,** aber fahrlässig nicht erkannter Unklarheiten s. unten Rdn. 255 ff.
Zur Überwindung von „Erschwernissen" s. unten Rdn. 707 ff., vgl. auch Rdn. 862 ff.

werden als deren Durchschnittsaufmerksamkeit. Was ihnen als konkret Planenden entgeht, wird der normale Bieter ohnehin nie merken.[284] Deswegen braucht es dem Bieter nicht aufzufallen, wenn in einem konkreten Fall „Stahlbeton" B 35 mit einem Zuschlag von 0-4 mm in allen Details ausgewiesen ist, obwohl es einen **so** ausgewiesenen Beton laut DIN 1045 gar nicht gibt (Beispiel aus Rdn. 161). Ebensowenig muss ein Bieter Widersprüche oder Unklarheiten in einem LV über lüftungstechnische Anlagen prüfen, wenn der Auftraggeber dieses LV von einem **Fachingenieur** für Energietechnik hat erarbeiten lassen.[285]

Im Angebotsstadium hat der Bieter grundsätzlich keine besondere Prüfpflicht (oben Rdn. 157).

Widersprüche, missverständliche Lücken, überhaupt Unklarheiten müssen ohnehin schon einigermaßen gravierend sein, um überhaupt auffallen zu können und müssen. Sie müssen bei **durchschnittlich** sorgfältigen Prüfungen gewissermaßen **sofort** stutzig machen, „**ins Auge springen**".[286]

Die Prüfpflicht des Bieters ist im Angebotsstadium naheliegenderweise ausschließlich „**kalkulationsbezogen**".[287]

Wenn ein Auftragnehmer **eine systematische Angebotsbearbeitung** dokumentieren kann, wird man ihm nur schwer vorwerfen können, nicht mit der Sorgfalt eines „Durchschnittsbieters" geprüft zu haben. Die unter Rdn. 289 ff. erläuterte Angebotsbearbeitung beispielsweise erfordert mehr als nur durchschnittliche Sorgfalt.

Was für den Bieter nicht erkennbar ist, wird nicht Bausoll.

9.3.2 Prüfpflicht des Bieters in Relation zur Unternehmensgröße?

211 Auftraggeber argumentieren oft, von einem Groß- und/oder Weltunternehmen, das für praktisch alle Bauprobleme Spezialisten besitzt, dürfe man eine sorgfältigere Prüfung der Vergabeunterlagen **und** der sonstigen (beschaffbaren, einsehbaren oder erfragbaren) Informationen bezüglich des Bauprojektes eher erwarten als von einer kleinen, mittelständischen Unternehmung.

Diese Erwartung hat bei manchen „pflichtbewussten" Mitarbeitern von Großunternehmen ihren Zweck erreicht. Sie betreiben unternehmerseitig eine Informationsbeschaffung im Angebotsstadium, die weit über die Informationen hinausgeht, die der Auftraggeber für die Angebotsbearbeitung selbst für erforderlich gehalten und/oder als zusätzliche Möglichkeit zur Informationsbeschaffung aufgezählt hat.

Würde man tatsächlich von einem Großunternehmen eine intensivere Prüfung als von einem Durchschnittsunternehmen erwarten dürfen, so würde das bedeuten, dass
a) für den Fall, dass wenigstens ein Großunternehmen anbietet, es zu keinerlei Problemen führt, wenn unvollständige, falsche oder in sich nicht stimmige Vergabeunterlagen an die Bieter weitergeleitet werden. Grund: Es kann ja vom anbietenden Großunternehmen erwartet werden, dass es „die Sache schon richte";

---

[284] So auch besonders klar Englert/Grauvogl/Maurer, Handbuch Baugrund, Rdn. 398, 399.
[285] Zutreffend OLG Düsseldorf BauR 1994, 746, 766, Revision vom BGH nicht angenommen. Siehe zum **Baugrundgutachten auch Rdn. 733, Rdn. 200.**
[286] So treffend Kleine-Möller, Leistung und Gegenleistung bei einem Pauschalvertrag, in: Seminar Pauschalvertrag und schlüsselfertiges Bauen, S. 69 ff., 75; Englert/Grauvogl/Maurer, a.a.O.
[287] So zutreffend und grundlegend BGH „Wasserhaltung II", BauR 1994, 236, BGH „Auflockerungsfaktor", BauR 1997, 466, **näher dazu unten Rdn. 217, 218** und Rdn. 752-756.

b) ein Großunternehmen erheblich mehr Aufwendungen für die Angebotsprüfung erbringen müsste (und somit auch höhere Kosten hätte) als ein kleines oder mittleres Unternehmen;

c) ein Großunternehmen **alle** von ihm festgestellten bzw. **feststellbaren** Umstände, die zu höheren Herstellungskosten führen könnten, auch sofort in seinem Angebot zu berücksichtigen hätte oder mindestens insoweit ausführlich nachfragen müsste.

Die Folge davon wäre, dass ein Großunternehmen auf Dauer von einem höheren Kostenniveau oder jedenfalls Angebotsniveau ausgehen müsste als der „unbedachte", um nicht zu sagen „unbedarfte" Normalanbieter. Das heißt, das Großunternehmen bekäme entweder wegen zu hoher Preise keine Aufträge (und müsste gegebenenfalls noch erleben, dass der den Auftrag erhaltende mittelständische Konkurrent eine Nachtragsvergütung erhielte, deren Gegenwert das Großunternehmen schon im Angebot zu berücksichtigen hatte), oder aber es erhielte mit kaum oder nicht die Kosten deckenden Preisen (wegen der nachträglichen, dem Auftraggeber jetzt erst vermittelten Erkenntnisse) trotz allem den Auftrag, könnte aber seine Vergütungsansprüche wegen der angeblich intensiven Prüfpflicht nicht durchsetzen.

Dieser Schlussfolgerung muss demgemäß klar widersprochen werden: Nur dann, wenn ein **durchschnittlicher Fachmann** (oben Rdn. 210) bei auf **Plausibilität** des Unterlageninhalts abgestimmter Durchsicht – nicht jedoch bei kriminalistischem Versuch, irgendwo noch einen vermutbaren Fehler zu finden – auf Unstimmigkeiten stößt, hat er diese dem Auftraggeber mitzuteilen.[288] Leider hat sich auch auf der Seite mancher Bieter in der Praxis insoweit eine Fehlentwicklung eingestellt; der Bieter erkennt nämlich im Angebotsstadium immer nur (angeblich) die für ihn optimale Lösung.

Auf diesem Hintergrund ist überhaupt die Entscheidung des Bundesgerichtshofs „Universitätsbibliothek" zu verstehen, die den Behauptungen eines Bieters bzw. Auftragnehmers – im konkreten Fall dem Grunde nach wohl unberechtigt – offensichtlich mit großem Misstrauen entgegentritt.[289]

212

Umgekehrt wäre aber auch Misstrauen gegenüber dem Auftraggeber angebracht, zumal es – ungeachtet der Verpflichtung für den öffentlichen Auftraggeber – immer noch vorkommt, dass der Auftraggeber die ihm nachträglich mitgeteilten Problempunkte klärt, aber nicht alle anderen Anbieter – zum Zwecke gleicher Wettbewerbschancen – entsprechend unterrichtet. Der Auftraggeber wird sich hüten, er hofft auf niedrige Angebotspreise (durch Nichtweitergabe von Probleminformationen); der die Probleme ignorierende Anbieter hofft allerdings umgekehrt durch dasselbe Verhalten auf Zuschlag und sucht die Chance späterer Nachträge.

Um im Streitfall Nachweise über eine ordnungsgemäße Angebotsprüfung führen zu können (Dokumentation!), sollte man die nachfolgend (unter Rdn. 289 ff.) dem Bieter empfohlenen Überlegungen zur Organisation der Angebotsbearbeitung ernst nehmen.

213

Zusammenfassend kann es jedenfalls nicht Aufgabe des Bieters sein, innerhalb des beschränkten, ihm vom Auftraggeber auch vorgegebenen Planumfangs Erkenntnisse zu gewinnen, die der seit langem mit der Leistungsbeschreibung befasste Auftraggeber selbst nicht hatte.

---

[288] Zustimmend Bühl, BauR 1992, 26, 31, Hanhart, Festschrift Heiermann, S. 111, 117.
[289] Siehe Fn. 199.

9.3.3 Prüfpflicht und Erstellung des Angebots in kurzer Frist

214 Dabei ist besonders zu beachten, dass dem Bieter nur ein **beschränkter Zeitraum** für die Angebotsbearbeitung zur Verfügung steht, innerhalb dessen ohnehin eben nur eine **Plausibilitätsprüfung** möglich ist und nicht ein vollständiges „Durcharbeiten" aller Planunterlagen; das hat auch der Bundesgerichtshof in der Entscheidung „Universitätsbibliothek" ausdrücklich bestätigt.[290]

Je **kürzer** dieser vom Auftraggeber vorgesehene **Zeitraum** ist, desto **problematischer** wird die nachträgliche Behauptung des Auftraggebers, **der Bieter** habe ungeachtet der Kürze der Zeit **Mängel** des Angebotsblanketts **erkennen** müssen, die **er selbst** in der langen Vorbereitungszeit **nicht erkannt** hat.

Ganz besonders gilt, dass Erkenntnisse, die erst nach Vorlage der Ausführungsplanung (Werkplanung) auf der Hand liegen, **im Angebotsstadium keineswegs erkennbar gewesen sein müssen**.

215 Das für jeden Einzelfall zu lösende Problem bleibt selbstverständlich, in welchem Maße auffällig die Unklarheit sein muss, um das Urteil fällen zu können, jeder durchschnittlich sorgfältige Bieter habe sie erkennen müssen.

Dabei kann jedoch nicht genug davor gewarnt werden, die nachträglichen Erkenntnisse als Prüfungsmaßstab heranzuziehen.

Bei dem Neubau eines Gymnasiums war ein für den normalen Bieter absolut übliches **Verblendmauerwerk** ausgeschrieben. Bei der Ausführung stellte sich heraus, dass das vermeintlich in einem Zug herstellbare **Verblendmauerwerk** jeweils erst dann errichtet werden konnte, wenn vorab die Blendrahmen für die Fenster montiert waren, da aus ihnen eine Feuchtigkeitsisolierung herausragte, die in die Laibungen der Verblendschale einzubinden war.

Schaut man sich, nachdem man diese Ausführungsart jetzt kennt, die Detailskizzen der Angebotsphase an, so ist die Konstruktion plausibel, **vorausgesetzt, man weiß,** dass die Isolierung mit dem Blendrahmen von Anfang an fest verbunden ist. Sagt der Text dazu nichts und ist die Feuchtigkeitsisolierung in den Zeichnungen durch einen 0,2 mm breiten Bleistiftstrich als Umrahmung der Fenster angedeutet, fällt nichts auf und muss nichts auffallen.

9.3.4 Prüfpflicht entsprechend der Schwierigkeit oder der Besonderheit des Objekts?

216 Scheinbar selbstverständlich hat sich das Maß der Prüfpflicht des Bieters an der **Schwierigkeit** des Objekts auszurichten.

Ein Einfamilienhaus erfordert angeblich eine andere Sichtung der Angebotsunterlagen als eine Universitätsbibliothek(?).

Zu dieser Schlussfolgerung hat sich auch der Bundesgerichtshof vor 20 Jahren in der schon oft zitierten Entscheidung „Universitätsbibliothek"[291] verführen lassen, und zwar in Anknüpfung an die Einleitungssätze eines Sachverständigengutachtens, bei dem Bau handele es sich „um ein architektonisch anspruchsvolles Bauwerk in Stahlbetonskelettbauweise, dem entsprechende Schwierigkeiten zuzuordnen seien", bei dem z. B. Eckbewehrungen und Rahmenbewehrungen zu erwarten gewesen seien. Dieses Argument hat in der Rechtsprechung des Bundesgerichtshofs ein unglückliches Eigengewicht gewonnen

---

[290] Siehe Fn. 199; ebenso Leinemann, VOB/B § 2, Rdn. 293; Bühl a.a.O.; Hanhart, a.a.O., S. 111, 117; Englert/Grauvogl/Maurer, Handbuch Baugrund, Rdn. 405; siehe auch Rdn. 218.

[291] Siehe Fn. 199.

in der Betonung der „Besonderheit" des Objekts, zuletzt krass und unrichtig in der Entscheidung „Konsoltraggerüste".[292]

Wenn das so war, war es **gerade Sache des Auftraggebers, dieses anspruchsvolle Bauwerk in seinem Blankett auch so darzustellen** – auch die Bauumstände (vgl. VOB/A § 9 Nr. 2 und Nr. 4) –, dass ein Bieter anhand der Unterlagen ohne Rückfragen **alle** relevanten Daten feststellen konnte. Anderenfalls könnte in Zukunft jeder Auftraggeber argumentieren, sein Bauwerk sei schwierig, neuartig, kompliziert oder was auch immer, deshalb hätte er nicht richtig ausschreiben können, wohl aber hätte der Bieter die Ausschreibung insoweit „vervollständigen" müssen.

Für jedes Bauvorhaben – darin hat der Bundesgerichtshof natürlich recht – muss der Bieter überprüfen, ob gerade er überhaupt einem solchen Objekt gewachsen ist, d. h., er muss eine dem Bauvorhaben adäquate Angebotsprüfung durchführen.
Die **besondere Schwierigkeit des Objekts ist aber gerade Anlass auch zu besonders präzisem Angebotsblankett, um nicht die Kalkulationsrisiken einseitig dem Auftragnehmer aufzubürden** (vgl. VOB/A § 9 Nr. 2).
Demgemäß ist die „besondere Schwierigkeit" des Objekts keine Entschuldigung für **eine schlechte Leistungsbeschreibung.**[293]

Dass ein Bauwerk „architektonisch anspruchsvoll mit entsprechendem Schwierigkeitsgrad" ist, sagt für den Bieter a priori überhaupt nichts, ganz abgesehen davon, dass dies dem Text des Leistungsverzeichnisses und den wenigen beigehefteten Plänen auch nicht oder kaum anzusehen ist und ohnehin eine subjektive Feststellung ist.

Im Fall „Universitätsbibliothek" hatte der Auftraggeber in seiner Baubeschreibung kein Wort über anspruchsvolle Architektur verloren, sondern nur von vielfach gegliedertem Grundriss und unterschiedlichen Geschosshöhen gesprochen. Es gibt im übrigen keinen Erfahrungssatz, dass architektonisch anspruchsvolle Bauwerke etwa grundsätzlich nicht in Großflächenschalung errichtet werden können. Ob eine Großflächenschalung möglich ist oder nicht, richtet sich nur nach der Geometrie der Wände und den Bewehrungsplänen.

9.3.5 Prüfpflicht entsprechend dem Horizont eines Kalkulators, kein Nachkonstruieren durch den Bieter?

In der Entscheidung „Universitätsbibliothek"[294] behandelt der Bundesgerichtshof auch die Frage, ob die Erkennbarkeit nach dem **Horizont des Kalkulators** des Bieters zu beurteilen ist. Er verneint das und stellt darauf ab, ob nicht einer der satzungsmäßigen Vertreter oder der Angestellten mit der für die Errichtung des Gebäudes der vorliegenden Art erforderlichen besonderen Fachkenntnis den Schwierigkeitsgrad des Bauwerks hätte erkennen können und müssen.

Dass es nicht auf den technischen Horizont des gesetzlichen Vertreters ankommen kann, bedarf wohl kaum einer Erörterung; ein arbeitsteiliges Bauunternehmen wird wohl kaum die Angebotsprüfung durch den Vorstand vornehmen lassen.

Richtig ist, dass derjenige, der sich an schwierige Probleme herantraut, vom Verständnis her solchen Problemen auch gewachsen sein muss. Wenn aber ein Angebotsblankett vor-

---
[292] BGH „Konsoltraggerüste", NZBau 2003, 324; BGH „Sonderfarben I", BauR 1993, 595, dazu Rdn. 850 ff., Rdn. 885.
[293] Näher Kapellmann, NJW 2005, 182. Zustimmend Hanhart, a. a. O., S. 111, 116. Siehe auch unten **Rdn. 850 ff.**
[294] Siehe Fn. 199.

liegt, **hat der Bieter das Bauwerk nicht noch einmal zu konstruieren, nicht technisch neu zu durchdenken und nicht neu zu konzipieren,** sondern er hat (nur) die Pflicht, anhand der Vorgaben des Blanketts Einheitspreise den einzelnen Positionen zuzuordnen; insoweit ist noch einmal hervorzuheben, dass sich die technische Planung einerseits und die Preisangaben andererseits auf verschiedenen Ebenen bewegen. Mehr ist anhand der beschränkten Unterlagen und der ja auch immer noch beschränkten Kenntnisse des Bieters gar nicht zu schaffen und auch nicht zu erwarten. Immerhin liegt es in der Natur der Arbeitsteilung am Bau, dass **Planer planen,** Konstrukteure konstruieren und **Unternehmer** das von Planern und Konstrukteuren **Vorgegebene kostenmäßig bewerten,** Einheitspreise angeben und bauen.

Deshalb erfordert ein kompliziertes Bauwerk **sicherlich einen kompetenten Fachmann** als Angebotsbearbeiter, **aber** nur jemanden, der den Durchschnittsmaßstäben der Angebotsbearbeitung genügt, d. h. den Maßstäben, die ein ordentlicher Bieter an die Auswahl seines mit der Prüfung von Ausschreibungsunterlagen befassten Kalkulationspersonals stellt.[295]

218 **Die Angebotsbearbeitung spielt sich** – technisch und konstruktiv gesehen – **im Rahmen von einfachsten Plausibilitätskontrollen** ab, d. h. **auf einer anderen Stufe als die Planung selbst.** Dieser Unterschied der Dimensionen darf bei der Beurteilung nicht aus den Augen verloren werden.

Der Bieter setzt nur Preise ein, **er konstruiert das Bauwerk nicht nach.**[296]

9.3.6 Prüfpflicht zu eigenen Berechnungen oder Untersuchungen des Bieters?

219 Demgemäß ist es insbesondere auch **nicht** Sache des Bieters, für die Angebotserstellung wesentliche **Daten selbst zu ermitteln, selbst zu errechnen oder zu vervollständigen** (vgl. auch oben Rdn. 208).

Das folgt schon aus § 9 VOB/A Nr. 1, wonach die Beschreibung so sein muss, dass der Bieter die Preise ohne umfangreiche Vorarbeiten berechnen kann. Das folgt auch aus der allgemeinen Aufgabenverteilung im Angebotsstadium.

Deshalb hat der Bundesgerichtshof in der Entscheidung „Universitätsbibliothek"[297] mit Recht festgestellt, dass es keinesfalls Sache eines Bieters sein kann, eine Statik „durchzuarbeiten", um daraus relevante Erkenntnisse zu ziehen.

Der Bieter muss sich nicht die technische Konzeption anhand der Angebotsunterlagen zusammensuchen. Der Bundesgerichtshof hat zutreffend auch schon früher entschieden, dass es nicht Pflicht des Bieters ist, „aus den ihm übergebenen Zeichnungen des Statikers die einzelnen Bauwerksmaße zu errechnen. Er muss sich grundsätzlich auch nicht damit begnügen, dass die Einzelmaße jeweils auf Anfrage angegeben werden."[298]

Der Bieter ist insbesondere auch **nicht verpflichtet, Boden- und Wasseruntersuchungen vorzunehmen,** wenn diese Leistung im Vertrag nicht besonders genannt ist.[299]

---

[295] Ebenso Englert/Grauvogl/Maurer, Handbuch Baugrund, Rdn. 398, 399.
[296] Beck'scher VOB-Kommentar/Motzke, Teil C, Syst. IV, Rdn. 86; siehe auch Rdn. 207.
[297] Siehe Fn. 199.
[298] BGH Schäfer/Finnern Z 2.511 Bl. 18.
[299] Dazu **näher** im Zusammenhang mit **Baugrundfällen** unter Rdn. 725 ff., 732 ff., 743-757.

9.3.7 Prüfpflicht wegen besonderer Fachkunde?

Dagegen versteht es sich von selbst, dass der Bieter auf solche Lücken, Unklarheiten oder dergleichen hinweisen muss, die sich ihm für **das betreffende Gewerk** erst aufgrund seiner **besonderen Fachkunde** aufdrängen oder aufdrängen müssen; das läßt sich mit Vorsicht aus einer Analogie zu § 4 Nr. 3 VOB/B rechtfertigen,[300] das heißt aber nicht, dass ein „Fachunternehmen", z.B. für Tiefbauarbeiten, **generell weiter**gehende Prüf- und Hin-weispflichten hat.

220

9.3.8 Prüfpflicht nach Produktart?

Auftraggeber argumentieren oft, sie hätten eine Leistung nur im Sinne von Produkten ausgeschrieben. Inwieweit etwa eine Wand schwieriger herzustellen sei als die andere, interessiere nicht. Sich darüber kundig zu machen, sei Aufgabe des Bieters.
Dieser „stringent produkt**art**orientierte Standpunkt" ließe sich im Fall eines Einheitspreisvertrages vielleicht bei vollkommen fertiggestellter Ausführungsplanung aufrechterhalten, weil dann jedenfalls die Schwierigkeiten aus den Plänen wenigstens ersichtlich wären.

221

Liegen dagegen, wie üblich, nur Entwurfspläne als Angebotspläne vor, und sind bestenfalls im beschränkten Umfang Ausführungspläne den Anbietern bekannt, gilt die schon vorher im Einzelnen erläuterte Überlegung, dass nur solche Gegebenheiten berücksichtigt werden müssen, die aus den Unterlagen ersichtlich sind; auch über die Formulierung des Inhalts von Nebenleistungen läßt sich das nicht zu Lasten des Bieters verändern.
Anstelle eines produktartorientierten ist deshalb ein „**einzel**produktorientierter" Standpunkt einzunehmen; d.h., nur die Anforderungen, die im Angebotsstadium bezüglich des jeweiligen **Einzelproduktes (Teilleistung)** spezifiziert worden sind, können später auch zum vertraglich vereinbarten Einheitspreis verlangt werden. Dies ist für den Einheitspreisvertrag der einzig mögliche Standpunkt, da ansonsten die schon vorher besprochene Diskrepanz der Zuordnung von Kosten zu Einzelprodukten besteht.[301] **Wo sollen beispielsweise die Kosten für Ortbetondeckenschalung zugeordnet werden, wenn nur Filigranplatten ausgeschrieben sind?**

Sind dagegen alle Ausführungsgegebenheiten im Angebotsstadium aufgrund vorliegender Ausführungspläne und sonstiger Unterlagen problemlos und vollständig dargestellt, steht es natürlich dem Auftraggeber frei, einen Detail-Pauschalvertrag vorzulegen oder gegebenenfalls dadurch „Mischpreise" zu erfragen, dass er eine bestimmte Leistung über **alle** Bauteile und unter Berücksichtigung aller erkennbaren Erschwernisse beschreibt.
Dem Bieter ist es in einem solchen Fall möglich, die notwendige „Aufteilungsarbeit" (Mengenermittlung usw.) selbständig durchzuführen und somit durch kalkulative Bewertung und Gewichtung einen Mischpreis zu ermitteln.
Dieses Verfahren entspricht aber jedenfalls nicht dem Sinn von § 9 VOB/A; korrekt ist es, klar getrennte Positionen auszuschreiben, damit der Bieter die Preisermittlung ver-

---

[300] So insbesondere zutreffend Daub/Piel/Soergel, VOB/A Erl. 9.28. **Dabei darf aber wiederum die Prüfpflicht aufgrund der Fachkunde des Auftragnehmers auch nicht überspannt werden**, vgl. dazu (im Rahmen von § 4 Nr. 3 VOB/B) instruktiv OLG Karlsruhe BauR 1988, 598 und zutreffend Englert, Festschrift Bauer, S. 375 ff., 384.
Zu dem (fehlenden) allgemeinen Schluss aus § 4 Nr. 3 VOB/B für die Bieterphase aber unten Rdn. 228 und oben Rdn. 157.
[301] Siehe Fn. 222.

ursachungsgerecht und möglichst einfach durchführen kann (näher zu „unzulässigen" Mischpositionen Rdn. 859).

9.3.9 Prüfpflicht hinsichtlich der Ausführungsfristen?

222 Gibt der Auftraggeber knapp bemessene Ausführungsfristen vor, muss der Bieter bei der Bearbeitung seines Angebots darauf achten, dass er seine Verfahrenstechnik und seine Kapazitätsdispositionen so einrichtet und kostenmäßig bewertet, dass er die Leistung in der vertraglich vorgesehenen Zeit auch erbringen kann. Im Verhältnis zum Auftraggeber gibt es insoweit keine Unklarheit der Ausschreibung, so dass es auch keine Prüfpflicht in bezug auf die Aufklärung von Fristen gibt. Wenn der Auftraggeber Fristen vorgibt, muss der Auftragnehmer sie einhalten, wenn er den Vertrag schließt. Natürlich steht es dem Bieter frei, zu auftraggeberseitigen Terminvorgaben Alternativangebote zu unterbreiten, wenn er beispielsweise feststellt, dass die vom Auftraggeber vorgesehene Ausführungsfrist zu unverhältnismäßig hohen Kosten führt.

223 Auch dann, wenn die vom Auftraggeber vorgesehene Ausführungsfrist dem Bieter zu lange erscheint, ändert sich nichts. Grundsätzlich wird der Bieter nicht darauf drängen, dass Termine verkürzt werden. Hat der Bieter allerdings in seiner Angebotsbearbeitung eine kürzere Ausführungsfrist als ausgeschrieben vorausgesetzt, so können sich Probleme ergeben. Hat der Auftraggeber auf diese kürzere, aber nicht Vertragsinhalt gewordene Frist seine beizubringenden Genehmigungen und Mitwirkungshandlungen eingerichtet, ist alles in Ordnung. Ist jedoch die Mitwirkung des Auftraggebers „langsamer" als seitens des Bieters für seine kürzere Ausführungszeit notwendig, ergeben sich Schwierigkeiten. Der Bieter kann nicht verlangen, dass der Auftraggeber sich auf die nur „interne" kürzere Ausführungszeit einstellt; will der Bieter das erreichen, muss er sich mit dem Auftraggeber entsprechend koordinieren. Wir haben das unter Rdn. 124 schon angesprochen und werden es im Zusammenhang mit Behinderungsansprüchen dieses „schnellen Auftragnehmers" unter Rd. 1495 ff. weiter untersuchen.

224 Ein weiteres Problem ergibt sich dadurch, dass viele Ausschreibungen, insbesondere Rohbauausschreibungen, „Rest-Arbeiten" zum Gegenstand haben, die der Auftragnehmer erst dann erstellen kann, wenn er seine Hauptarbeiten schon abgeschlossen hat und anderweitige Leistungen von anderen Auftragnehmern erbracht worden sind, etwa das Schließen von Aussparungen nach Fertigstellung der Rohmontage der Haustechnik.
Auch in solchen Fällen hat der Auftragnehmer aber keine besondere Prüfpflicht und keinen Anlass zu Rückfragen; schreibt der Auftraggeber Vertragstermine für die Restarbeiten aus, so darf der Auftragnehmer davon ausgehen, dass der Auftraggeber die von dritter Seite zu leistenden Arbeiten innerhalb dieser Fristen veranlasst. Auch wenn der Auftraggeber sich vom Auftragnehmer einen Terminplan erstellen läßt, bleibt es dabei, dass die vom Auftraggeber beizubringenden Drittarbeiten innerhalb der vertraglich vereinbarten und im Terminplan ausgewiesenen Fristen erbracht werden müssen; Sinn eines solchen Terminplans ist es ja u. a. gerade, dem Auftraggeber Klarheit darüber zu verschaffen, wie er den Einsatz anderer Auftragnehmer koordinieren muss.

Verändert der Auftraggeber nachträglich die Ausführungsfristen, so hat der Auftragnehmer Ansprüche gemäß § 2 Nr. 5 VOB Teil B. Fehlen lediglich die Leistungen der Vorunternehmer, ohne dass der Auftraggeber Termine verschoben hätte, so stellt sich die problematische Frage, ob der Auftragnehmer aus dieser Behinderung Ersatzansprüche gemäß § 6 Nr. 6 VOB Teil B ableiten kann; wir erörtern das unter Rdn. 1360 ff. ausführlich.

Am Rande erwähnen wir schließlich noch, dass der Auftragnehmer natürlich erst recht 225
keine Hinweispflicht darauf hat, dass bestimmte, nicht in der Leistungsbeschreibung aufgeführte aber übliche und vielleicht später noch anzuordnende Arbeiten Terminauswirkungen haben. Wenn beispielsweise der Auftraggeber keine Aussparungen beim Rohbau ausgeschrieben hat, so haben wir bereits unter Rdn. 145, 163 und 208 erörtert, dass der Bieter auf diese Lücke hinsichtlich vielleicht auszuführender Leistungen nicht hinzuweisen braucht. Natürlich braucht er dann erst recht nicht darauf hinzuweisen, dass dann, wenn der Auftraggeber nachträglich diese Lücke schließen würde und z. B. Besondere Leistungen in Auftrag gäbe, dies auch terminliche Konsequenzen haben könnte.

9.3.10 Prüfpflicht hinsichtlich der Angebotsmengen?

Eine Leistungsbeschreibung kann auch dadurch unklar oder widersprüchlich sein, dass 226
die Mengen (Vordersätze) mit dem aus den sonstigen Unterlagen, insbesondere den Plänen ersichtlichen Leistungsinhalt nicht übereinstimmen. Muss der Bieter die Plausibilität der Vordersätze prüfen, jedenfalls dann, wenn Pläne beigefügt waren oder konkret eingesehen werden konnten? Kann der Auftraggeber dann, wenn sich später Einheitspreisveränderungen auf der Grundlage von § 2 Nr. 3 VOB Teil B ergeben[302], dem Auftragnehmer entgegenhalten, der Auftragnehmer hätte schon im Angebotsstadium erkennen müssen, dass die ausgeschriebenen Vordersätze zu klein oder zu groß bemessen gewesen seien? Nur zur Klarstellung: Wir behandeln die Prüfpflicht **im Angebotsstadium**. Hinweispflichten auf veränderte Mengen während der Ausführung behandeln wir unter Rdn. 657, 923.

In der Praxis hat es sich bei vielen Unternehmen eingebürgert, das Angebot in A-, B- und C-Positionen zu unterteilen[303]. A-Positionen sind die, die als Gesamtheit die wesentliche Angebotssumme bilden. Diese A-Positionen untersuchen die Unternehmen im Angebotsstadium auf Plausibilität hinsichtlich der Vordersätze. Diese Vorsichtsmaßnahme dient dazu, die richtige Basis für die Umlagen zu finden.

Diese interne Vorsichtsmaßnahme des Bieters entspricht aber nicht etwa einer Prüfpflicht gegenüber dem Auftraggeber, die Plausibilität der Vordersätze zu prüfen. Planung und auch Ausschreibung sind Aufgabe des Auftraggebers. Der Bieter kann nicht innerhalb der für die Angebotsbearbeitung zur Verfügung stehenden kurzen Zeit und der oft in diesem Stadium noch unvollständigen Planung auch noch Mengenüberprüfungen durchführen; ihm fehlen im Ergebnis dafür die Grundlagen. Eine solche Prüfpflicht ist auch deshalb entbehrlich, weil die Auswirkung falscher Vordersätze auf die Umlagen wegen der Regelung in § 2 Nr. 3 VOB Teil B für beide Vertragsparteien im Ergebnis ohne negative Folgen bleibt. Aber selbst dann, wenn die falschen Vordersätze über die Umlagen hinaus Auswirkungen auf die Kalkulation der Direkten Kosten haben, dient § 2 Nr. 3 VOB Teil B als Basis für die Ermittlungen der Auswirkungen der Mengenänderung[304] und macht eine gesonderte Prüfpflicht entbehrlich.

Ist jedoch § 2 Nr. 3 VOB/B durch vertragliche Vereinbarung außer Kraft gesetzt worden – zur Zulässigkeit siehe Rdn. 663 ff., – dann ergibt sich naturgemäß für den Bieter aus Gründen der richtigen Umlagenschlüsselung die Notwendigkeit, sich zumindest über die wahrscheinlichen Mengen (voraussichtliche Abrechnungsmengen = VA-Mengen) kundig zu machen, also eine Mengenüberprüfung durchzuführen, ein Angebotsmehraufwand, der in § 9 VOB/A für Einheitspreisverträge nicht vorgesehen ist!

---

[302] Vgl. dazu unten Rdn. 500 ff.
[303] Vgl. auch Drees, Bauwirtschaft 1990, 72 ff.
[304] Vgl. Rdn. 526 ff., 557.

Stellt sich im Rahmen der Mengenüberprüfung heraus, dass die ausgeschriebenen Mengen (Vordersätze) – gegebenenfalls nur zum Teil – falsch sind, dann steht der Bieter vor folgender Problematik:

a) Entweder nimmt er trotzdem die Umlage nach den ausgeschriebenen Mengen (Vordersätze) vor, dann ergibt sich später nach Abrechnung sehr wahrscheinlich keine planmäßige Deckung der Umlagen;
b) oder die Umlage wird auf der Basis der voraussichtlich abzurechnenden Mengen (VA-Mengen) vorgenommen; das aber kann zu Wettbewerbsnachteilen führen, da ja trotz allem die Angebotswertung auf der Basis der Vordersätze erfolgt, d. h., zu hohe Vordersätze können bei Einheitspreisen, die von geringerer VA-Menge ausgehen, zu zu hohen Gesamtpreisen und einer zu hohen Angebotssumme führen.

Jedenfalls begründet auch das keine Hinweis**pflicht** des Bieters.[305]

Ausnahmsweise wird sich eine Hinweispflicht des Bieters dann bejahen lassen, wenn die Mengendiskrepanzen sehr erheblich und offensichtlich sind, wenn also auf den ersten Blick ins Auge fällt, dass die Vordersätze bestimmter A-Positionen nicht richtig sein können und wenn damit gleichzeitig ein Schluss auf schwere Rechen- oder Denkfehler des Ausschreibenden gezogen werden kann. Entsprechendes gilt, wenn die Mengendiskrepanz zu Auswirkungen auf die Baustellengemeinkosten führt. Eine solche Pflicht ist aber nur mit größter Zurückhaltung und in besonderen Ausnahmefällen zu bejahen, zumal der Bieter sich ja gerade bei offensichtlichen Diskrepanzen zwischen Vordersätzen und Planinhalten sofort fragen muss:

– Sind die Diskrepanzen bewusst in das Leistungsverzeichnis gebracht worden (Instrumente zur Bevorzugung von Unternehmen durch Zuspielung von Insider-Informationen)?
– Werden die vom Bieter entdeckten und dem Auftraggeber mitgeteilten Diskrepanzen auch anderen Bietern mitgeteilt, d. h., werden für alle die Vordersätze geändert, oder ist er der einzige, der Angebotspreise anpasst, und erleidet er dadurch nicht im Wettbewerb Nachteile? Zu unserer Praxisempfehlung in diesem Zusammenhang verweisen wir auf Rdn. 265 ff.

227 Der Bieter hat auch keine Prüfpflicht, wie die Mengenverteilung einer **Mischposition** ist (näher Rdn. 859).

9.3.11 Prüfpflicht gemäß Angebotsphase, nicht Auftragsphase

228 Abschließend ist noch ein zusammenfassender Gesichtspunkt hervorzuheben: Der Bieter prüft die Ausschreibungsunterlagen **in kurzer Frist,** oft in Ermangelung von Plänen ohne wirkliche Detailkenntnisse des Objekts, er hat die Planung nicht erstellt, er hat die Feinheiten der Texte nicht ausgearbeitet – kurz, er prüft ein Objekt, für das er erst bietet und das er noch nicht in Auftrag hat.
Gerade das ist auch zu berücksichtigen: Der spätere Auftragnehmer kann und muss schon aus Gründen der Arbeitsvorbereitung „sein" Objekt nach Auftragserteilung tiefgehend durcharbeiten. Der Noch-Bieter kann und muss diesen Aufwand noch nicht treiben. Seine **„Durchdringungstiefe"** ist legitimerweise **geringer.**[306]

Im Bereich des Mängelhaftungsrechts gibt es insoweit eine **Parallele:** Erst der Auftragnehmer muss Mängelhinweise gemäß § 4 Nr. 3 VOB/B geben; diese Hinweispflicht setzt also den **geschlossenen** Vertrag voraus. Im Bieterstadium besteht eine solche Pflicht im Normalfall noch nicht, wie oben unter Rdn. 157 schon angesprochen.

---

[305] Zutreffend OLG Stuttgart, IBR 2002, 3, Revision vom BGH nicht angenommen.
[306] Wie hier Bühl, BauR 1992, 26, 31; Hanhart, Festschrift Heiermann, S. 111, 114; Beck'scher VOB-Kommentar/Motzke, VOB/B § 13 Nr. 4, Rdn. 33.

Das heißt: Im Bieterstadium sind an die Prüfungsmöglichkeiten und Prüfpflichten andere Maßstäbe anzulegen als anschließend bei der Ausführung des Objekts.

9.4 Zusammenfassung, Praxisempfehlung

Wir fassen zusammen: **229**
Missverständliche Angaben in Vertragsunterlagen zum Bausoll sind auszulegen. Bestätigt die „objektive" Auslegung (**1. Schritt**) die Auffassung des Auftraggebers, ist der Fall zu Ende, der Auftragnehmer muss die Leistung ohne gesonderte Vergütung ausführen, von seltenen Ansprüchen des Auftragnehmers aus Verschulden bei Vertragsschluss abgesehen (Einzelheiten Rdn. 242 ff.).

Bestätigt die Auslegung die Auffassung des Auftragnehmers, kann der Auftragnehmer sich dennoch nicht „naiv" stellen; er muss mit der gebotenen Sorgfalt die Ausführungsunterlagen prüfen (**2. Schritt**) und auf **erkannte** Widersprüche hinweisen. Was ein Bieter „nach Empfängerhorizont" erkennen muss, ist nach Durchschnittsmaßstäben zu bewerten. Dieser **Durchschnittsmaßstab** ist ernst zu nehmen; die Besonderheiten der Angebotsphase sind dabei zu berücksichtigen.

Die Vergütungsfolgen bei unterlassenem, aber möglichem Hinweis (**3. Schritt**) erörtern wir unter Rdn. 251 ff.

Allgemeine **Praxisempfehlungen** dazu, wie der Bieter sich verhalten soll, wenn er einmal Unklarheiten erkannt hat, behandeln wir unter **Rdn. 265 ff.**

Beispiele aus dem Projektanhang zum ganzen Thema „Mangelhaft definierte Ausschreibung und Prüfpflicht" erörtern wir unter Rdn. 312 ff.

9.5 AGB-rechtliche Unwirksamkeit von Bausollklauseln, Günstigkeitsklauseln

Viele auftraggeberseitige Vertragsklauseln betreffen die Bausollbestimmung, z. B. solche **230**
zum Einbezug Besonderer Leistungen gemäß VOB/C ohne besondere Vergütung, Ortskenntnisklauseln, Vorkenntnisklauseln, Planverantwortlichkeitsklauseln usw. Solche Klauseln unterfallen nach den §§ 305 ff. BGB einer Wirksamkeitskontrolle Allgemeiner Geschäftsbedingungen. Anwendungsvoraussetzung ist, dass die Vertragsgegenseite die Klauseln „gestellt" hat, dass die Klauseln für eine „Vielzahl von Verträgen" gedacht sind – bei Verwendung gegenüber Verbrauchern genügt einmalige Verwendung –, dass sie „vorformuliert" sind, dass sie nicht „individuell ausgehandelt" sind, dass sie „transparent" sind (§§ 307 Abs. 1 Satz 2, 305c BGB – dazu Rdn. 231 –) und dass sie entweder gegen den Verbotskatalog der §§ 308, 309 BGB oder die Generalklausel des § 307 BGB verstoßen.[307]

---

[307] Eine **Zusammenstellung** solcher **bausollrelevanten AGB-Klauseln** findet sich bei S. Kapellmann, in: Markus/Kaiser/Kapellmann, AGB-Handbuch Bauvertragsklauseln, Rdn. 193-203; Markus, ebenda, Rdn. 206-254.
Grundsatzentscheidung mit ganzen Katalogen unwirksamer Klauseln: BGH „ECE-Bedingungen", BauR 1997, 1036 zu 29 Klauseln, OLG Frankfurt, NZBau 2003, 566 = BauR 2003, 269 zu 37 Klauseln. Neuerdings zur Unwirksamkeit der Vorkenntnisklausel BGH, NZBau 2004, 324.
Die **Anwendungsvoraussetzungen** sind **im Einzelnen** behandelt bei Kapellmann, in: Kapellmann/Messerschmidt, VOB/B § 2, Rdn. 50-54.

Die **Preisvereinbarung** als solche ist kontrollfrei; AGB-kontrollfähig sind dagegen Preisnebenabreden.[308)]

Das wirklich kritische Thema ist die – inhaltliche – „Kontrollfreiheit der **Leistungsbeschreibung**", so das Schlagwort. Es versteht sich, dass die pure Beschreibung dessen, was der Auftraggeber gebaut haben will, nicht kontrollfähig ist, abgesehen davon, dass diese „Leistungsanforderung" im Regelfall ohnehin individuell und damit der AGB-Kontrolle entzogen ist. Aber ebenso versteht sich, dass das geschuldete Werk, das Bausoll, durch die **Totalität** aller Vertragsunterlagen bestimmt wird und dass somit „die" Leistungsbeschreibung **in einem weiteren Sinn** zu verstehen ist.[309)]

Würde sich die Kontrollfreiheit der Leistungsbeschreibung darauf erstrecken, würden alle Leistungsbeschreibungsklauseln der AGB-Kontrolle entzogen, was offensichtlich abwegig wäre. Vorab unterliegt **auch** eine Leistungsbeschreibung im weiteren Sinn, sofern sie in AGB enthalten ist, dem **Verbot intransparenter** Klauseln, dem **Verbot überraschender oder mehrdeutiger Klauseln** und dem Gebot des Vorrangs der Individualabrede (§ 307 Abs. 3 Sastz 1 i.V.m. §§ 307 Abs. 1 Satz 2 und Satz 1, 305c, 305b BGB).

Die inhaltliche Kontrollfreiheit verbleibt für die „Leistungsbeschreibung" im engsten Sinn, das so genannte „Hauptteilungsversprechen"; es umfasst ausschließlich solche Bestimmungen, die den Leistungsgegenstand **identifizieren** und **spezifizieren**. Alle Bestimmungen, die das Hauptteilungsversprechen „einschränken, verändern, ausgestalten oder modifizieren", sind nach der zutreffenden Rechtsprechung des BGH dagegen kontrollunterworfen.[310)] Abgrenzungskriterium ist, ob der Vertrag auch ohne die vorgenannten Modifikationen noch einen bestimmten Inhalt behielte; ist das so, so sind die Klauseln nur Modifikation und deshalb kontrollfähig.[311)] Hier ist eine weite „kontrollfreundliche" Auslegung zwingend geboten, um zu verhindern, dass allgemeine AGB-widrige Regelungen in die Leistungsbeschreibung als scheinbare Leistungsspezifizierung „verpackt" – genauer: versteckt – werden, um kontrollfrei zu werden. Es kann keinen Unterschied machen, ob eine in AGB unzulässige Überwälzung des Baugrundrisikos in Vorbemerkungen, Technischen Vertragsbedingungen oder Positionen enthalten ist; es spielt auch keine Rolle, ob die „Belastung" des Auftragnehmers wörtlich angesprochen ist oder indirekt geregelt ist.[312)]

Ist eine Bausoll-Klausel unwirksam wegen Verstoßes gegen AGB-Recht, so bestimmt sich das Bausoll ohne diese Klausel. Verlangt der Auftraggeber eine entsprechende Leistung doch, so handelt es sich um eine Bausoll-Bauist-Abweichung mit der Vergütungsfolge gemäß § 2 Nr. 5, 6 VOB/B.

231 Oft enthalten Vertragsbedingungen des Auftraggebers die Klausel, im Falle von Widersprüchen oder Unklarheiten hinsichtlich der Vertragsbedingungen gelte die für den Auftraggeber **günstigste** Klausel. Stellen sich die auftraggeberseitigen Vertragsunterlagen als Allgemeine Geschäftsbedingungen dar und bezieht sich die Unklarheit nicht auf den deskriptiven Teil der Leistungsbeschreibung (dazu oben Rdn. 230), so verstößt eine solche „Günstigkeitsklausel" gegen AGB-Recht und ist unwirksam.[313)]

---

308) Zusammenstellung bei Kaiser, in: Markus/Kaiser/Kapellmann, AGB-Handbuch Bauvertragsklauseln, Rdn. 31.
309) Siehe oben Rdn. 104, 178.
310) BGH NJW 1993, 2369; BGHZ 100, 157, 173.
311) BGH a.a.O.
312) Beispiele aus dem Tunnelbau Kapellmann/Ziegler, NZBau 2005, 65.
313) BGH "ECE Bedingungen" BauR 1997, 1036, 1037, Klausel Nr. 9.

9.6 Zu wessen Lasten geht eine durch Auslegung nicht behebbare Unklarheit der Leistungsbeschreibung?

Ergibt die Auslegung einer Leistungsbeschreibung im seltenen Ausnahmefall kein eindeutiges Ergebnis, so ist die Lösung durch das Gesetz vorgezeichnet, wenn die Unklarheit eine AGB-Klausel betrifft: Unklarheiten, „Intransparenzen" gehen gemäß §§ 307 Abs. 1 Satz 2, 305 c BGB zu Lasten des Verwenders, Bausoll ist die bieterfreundlichere Variante.

232

Aber diese Lösung – es gilt die bieterfreundlichere Variante – gilt nicht nur bei AGB-Klauseln. Der Auftraggeber, der insbesondere detailliert ausschreibt, trägt die Funktionsverantwortung dafür, dass er klar, eindeutig, richtig und vollständig ausschreibt,[314] der Bieter darf darauf vertrauen. Infolge dieser Funktionsverantwortung gehen jedenfalls bei detaillierter Ausschreibung **Zweifel zu Lasten des Auftraggebers**; wird z. B. Untypisches verlangt, ist das aber unklar, so darf der Bieter ein „typisches Verständnis" zugrunde legen.[315]

Jedenfalls unter Anwendung dieser Regel führt die Auslegung der Leistungsbeschreibung im weiten Sinne so gut wie immer zu einem Ergebnis. Eine Ausnahme kommt nur für den Fall in Betracht, dass Leistungsbeschreibungen nicht unklar, sondern schlechthin unverständlich sind oder für beide Auslegungsvarianten so gewichtige Gründe sprechen, dass eine Aufklärung schlichtweg nicht möglich ist. Das ist ein (versteckter) Dissens – dazu Rdn. 233-240.

10 Die gescheiterte Auslegung – der versteckte Dissens

10.1 Anwendung der Auslegungsregeln auf die Fallbeispiele – Dissensfälle nicht praxisrelevant

Wir haben Auslegungskriterien behandelt und wiederholen: Bestätigt die Auslegung die Vertragsversion des Auftraggebers, ist genau das vereinbart und zu bauen, der Auftragnehmer hat keinen Anspruch auf zusätzliche Vergütung.[316]

233

Bestätigt die Auslegung zum Bausoll die Vertragsversion des Auftragnehmers, ist etwas anderers vereinbart als der Auftraggeber gebaut wissen will; will dieser seine Vorstellungen umgesetzt haben, so ist es vergütungspflichtig.[317] Was aber, wenn **die Auslegung zu keinem Ergebnis** führt, wenn also die beiden Vertragsversionen des Auftraggebers und des Auftragnehmers trotz aller Auslegung **unvereinbar** bleiben?

---

[314] Zur Richtigkeits- und Vollständigkeitsvermutung oben Rdn. 186-190.
[315] BGH „Bauträger", NZBau 2001, 132; OLG Koblenz, NZBau 2001 = BauR 2001, 1442, Revision vom BGH nicht angenommen; OLG Düsseldorf, IBR 1999, 107; OLG Köln, BauR 1982, 170; Kniffka, in: Kniffka/Koeble, Kompendium, Teil 5, Rdn. 82, 92, 103; Werner/Pastor, Bauprozess, Rdn. 1131; Heiermann/Riedl/Rusam, VOB/B §1, Rdn. 28, §2, Rdn. 57b, 57d; Ingenstau/Korbion/Kratzenberg, VOB/A §9, Rdn. 91; Roquette, NZBau 2001, 57; Schwenker, Jahrbuch Baurecht 2002, 339; Markus, Jahrbuch Baurecht 2004, 3, 17 = BauR 2004, 180; Oberhauser, BauR 2003, 1110. Vgl. auch Band 2, Rdn. 262.
[316] Vgl. dazu aber auch unten Rdn. 244.
[317] Zu der Frage, wie dieser Vergütungsanspruch im Einzelnen zu begründen ist, siehe unten Rdn. 246 ff.

Ist eine eindeutige Auslegung schlechthin nicht möglich, stimmen die gegenseitigen Vertragsunterlagen nicht überein. Das ist so genannter (versteckter) **„Dissens."**[318] § 155 BGB trifft dazu folgende Regelung: „Haben sich die Parteien bei einem Vertrage, den sie als geschlossen ansehen, über einen Punkt, über den eine Vereinbarung getroffen werden sollte, in Wirklichkeit nicht geeinigt, so gilt das Vereinbarte, sofern anzunehmen ist, dass der Vertrag auch ohne eine Bestimmung über diesen Punkt geschlossen sein würde."
Voraussetzung eines Dissenses ist also: Die wechselseitigen Erklärungen decken sich objektiv nicht, jede Partei irrt über die Erklärung der anderen Partei und darf auch nach ihrem Horizont die gegnerische Erklärung so verstehen, wie sie sie verstanden hat.[319]
Praktisch sind solche Fälle im Baubereich nur denkbar, wenn ein doppeldeutiger Begriff verwandt worden ist, der sich effektiv nicht in dem einen oder anderen Sinne aufklären lässt.

Infolge der Anwendung der **Unklarheitenregel** bei Allgemeinen Geschäftsbedingungen (Rdn. 232) kann schließlich im Regelfall für einen Dissens ohnehin nur Platz bleiben bei **individuellen,** missverständlichen **Vereinbarungen.**

234   Eine solche nicht durch Auslegung zu behebende Unklarheit oder Doppeldeutigkeit wird jedenfalls **hinsichtlich des Bauinhalts äußerst** selten sein. **Alle** im Rahmen dieses Kapitels behandelten (echten) Fälle sind **in concreto durch Auslegung** im Sinne des Auftragnehmers oder des Auftraggebers[320] entschieden worden – wobei allerdings einzuräumen ist, dass manche Auslegung nahezu notwendig einen Rest von Zweifel übrigläßt – oder aber in der Form, dass das Kriterium „Prüfpflicht" (vgl. Rdn. 185 ff.) zur Aufklärung des Missverständnisses und damit zu Lösungen führt.

Der Widerspruch zwischen „Leistung mit Außentreppe" laut Text oder „Leistung ohne Außentreppe" laut Plan führt nicht zum Dissens,[321] sondern zur Auslegung dahin, dass der Text vorgeht (Rdn. 204).

Die Beschaffung der Zulassung für das vom Auftraggeber vorgeschriebene **Ganzglasgeländer** gehört gemäß § 4 Nr. 1 Abs. 1 S. 2 VOB/B (vgl. auch § 13 Nr. 3 VOB/B) zu den Aufgaben des Auftraggebers. Niemand braucht deshalb die Leistungsbeschreibung so zu verstehen, als schuldete der Auftragnehmer die Beschaffung der Zulassung.

Die Sonderfarben der Türen im Funkhaus sind ebenfalls erörtert bzw. zu erörtern (Rdn. 165, 184, Rdn. 848 ff.); der Bieter weiß, dass der Auftraggeber die Farbe wählen darf; er braucht aber nur mit einer „marktüblichen" Wahl zu rechnen.

Hinsichtlich der **Hängekonstruktionen** (Rdn. 166) ergibt die Auslegung, dass kein Bieter verpflichtet ist, ohne Hinweis in Technischen Vorbemerkungen zu suchen (vgl. oben Rdn. 203). Andererseits bieten die Architektenpläne wenigstens Anhaltspunkte für Hängekonstruktionen; weiterhin war in den Technischen Unterlagen generell auf verlängerte Ausschalfristen hingewiesen. Der Fall der Hängekonstruktion ist sicherlich ein Grenzfall; wir plädieren dafür, die „Pflichtverletzung" des Auftraggebers, nicht **konkret** hinzuweisen und Positionen aufzuführen, als entscheidendes Auslegungskriterium anzusehen. Auch hier liegt auf keinen Fall ein Dissens vor.

---

[318] Auch beim Dissens kann sich mindestens theoretisch die Frage stellen, ob der Auftragnehmer nicht seine Prüfpflicht verletzt hat. Diese Fragestellung haben wir generell erörtert unter Rdn. 185 ff.

[319] BGH LM Nr. 2 zu § 154 BGB; Erman/Armbrüster, BGB § 155 Rdn. 3; Staudinger/Bork, BGB § 155 Rdn. 8.

[320] Wobei jeweils immer auch die Prüfpflicht des Auftragnehmers der Untersuchung bedarf, vgl. Rdn. 185 ff.

[321] Zutreffend BGH „Text vor Plänen", NZBau 2003, 149: „Grundsätzlich ist davon auszugehen, dass ein Bieter eine Leistung widerspruchsfrei anbieten will", diese Widerspruchsfreiheit ist im Wege der Auslegung zu erzielen.

Die **Lehrgerüste des Opernhauses** sind aus **Empfängersicht** so zu verstehen, dass sie **nur** in bestimmten Bereichen vorkommen; der Bieter verletzt insoweit auch keine Prüfpflicht, wie unter Rdn. 199 bereits erörtert.

Das OLG Jena bejaht unrichtigerweise einen Dissens bei unklarer Verwendung des Begriffs „lichtes Maß", hält den Auftraggeber für eine Unklarheit für verantwortlich und bejaht einen Schadensersatzanspruch des Auftragnehmers aus c.i.c.[322] Richtigerweise geht die Unklarheit zu Lasten des Auftraggebers (Rdn. 232), damit gibt es für den Auftragnehmer nur die Berechnung als Mehrvergütung nach § 2 Nr. 5, 6 oder 8 VOB/B (und nicht Schadensersatz), ein Dissens scheidet aus.

Kennzeichnenderweise enthalten Rechtsprechung und Literatur zum Baurecht **nur drei Beispiele für einen solchen versteckten Dissens** beim Bauvertrag, was für die äußerst **geringe praktische Relevanz**[323] spricht. 235

Nur der Vollständigkeit halber und zusätzlich zur Entscheidung des OLG Köln (siehe Fn. 323) und um wenigstens das Problem zu verdeutlichen, folgender, zugegebenermaßen sehr hinkende Fall, ein Beispiel einer Doppeldeutigkeit:
In einer Ausschreibung, die insoweit die Leistungen nicht näher beschreibt, gibt es im Leistungsverzeichnis für den Schreiner eine Position „Fenster", wobei Maße angegeben sind. Unterstellt, der Schreiner dürfte darunter nur die Fensteranlage ohne Glas verstehen (wofür schon die Trennung in DIN 18 355 Tischlerarbeiten und DIN 18 361 Verglasungsarbeiten spricht), und unterstellt, der Auftraggeber dürfte darunter das Fenster mit Glas verstehen (?), wäre das ein versteckter Dissens. Abgesehen davon, dass im Normalfall eine Auslegung zu der einen oder anderen Seite hin möglich ist, würde die Prüfpflicht des Bieters in einem solchen Fall fast immer greifen.

Handelt es sich wirklich einmal um einen echten, versteckten Dissens, ist zu fragen, **ob die Parteien** auch **ohne eine verbindliche Regelung** über diesen unklaren Punkt den **Vertrag geschlossen** hätten. Falls ja, bleibt der Vertrag trotz Lücke wirksam. Ist anzunehmen, dass die Parteien keine Einigung gefunden hätten, wenn sie sich auch in diesem Punkt nicht geeinigt hätten, besteht überhaupt kein Vertrag. 236
Dabei ist nach der Formulierung des Gesetzes die Regel, dass der Vertrag an dem Dissens scheitert, also nicht besteht. Die Ausnahme also, dass trotz der Lücke der Vertrag besteht, greift ein, wenn nach dem Willen **beider Parteien** der Punkt nicht so wesentlich ist, dass daran der ganze Vertrag hängt. Das läßt sich natürlich immer nur nach den Umständen des Einzelfalls beurteilen.

Beim Bauvertrag wird die Vermutung im Regelfall aber dafür sprechen, dass der Vertrag bestehenbleiben soll. Die einmal erbrachte Teilbauleistung kann nicht zurückgewährt werden. Außerdem wird die fehlende Einigung im Normalfall nur eine Position von vielen betreffen und wertmäßig nicht entscheidend ins Gewicht fallen.
Das ist aber keineswegs zwingend. Betrifft die unauflösbare Unklarheit eine zentrale Leistungsposition mit daraus folgender Bedeutung für den Werklohn, führt die Nichteinigung dazu, dass kein Vertrag zustande gekommen ist. Das ist demgemäß auch und gerade im Bausektor eine schwerwiegende Gefahr, was die Bedeutung einer klaren, konkreten Formulierung des Angebotsblanketts noch einmal besonders unterstreicht.

---

[322] OLG Jena, NZBau 2004, 438.
[323] OLG Koblenz BauR 1995, 252 = Dissens (?) über die Höhe der Vergütung (s. aber auch Fn. 322); BGH Schäfer/Finnern Z 2.1 Bl. 9 behandelt zwar einen Dissens („Holzton"), verweist aber zurück und verlangt die Lösung durch Vertragsauslegung.
Echtes Beispiel: OLG Köln BauR 1996, 555, dazu Rdn. 238.

237 **Scheitert** an dieser Unklarheit der Vertrag, hat der Bieter gegen den Auftraggeber einen Anspruch auf Schadensersatz aus „Verschulden bei Vertragsschluss" (c.i.c.), §§ 280 Abs. 1, 311 Abs. 2 BGB und zwar auf Ersatz des Vertrauensschadens,[324] ansonsten erfolgt die Abwicklung nach den Grundsätzen der ungerechtfertigten Bereicherung (§ 812 ff. BGB).

10.2 Das Ausfüllen der Regelungslücke beim versteckten Dissens

238 Bleibt es – wie im Normalfall – dabei, dass der Vertrag ungeachtet der punktuellen Nichteinigung als Ganzes erhalten bleibt, ist die Frage zu klären, wie die Einigungslücke zu behandeln ist.

Da ein Vertrag notwendigerweise eine Willenseinigung über alle regelungsbedürftigen Punkte erfordert, muss auch für diesen Punkt die Einigung gewissermaßen nachgeholt werden. Nach allgemeiner zivilrechtlicher Auffassung erfolgt das durch eine so genannte „**ergänzende** Vertragsauslegung".[325] Dabei wird die Lücke künstlich gefüllt, d. h., es wird unter Heranziehung von allgemeinen gesetzlichen Regelungen (soweit möglich) und unter Berücksichtigung des objektiven Parteiinteresses eine hypothetische, „gerechte" Regelung ergänzt.

In der Praxis bedeutet das: Die Ausfüllung der Lücke läuft auf eine Entscheidung durch Richterspruch und/oder Sachverständigengutachten hinaus. Dabei wird sich allerdings im Regelfall ergeben, dass der Auftraggeber den kürzeren zieht, denn wenn die ergänzende Auslegung entgegen dessen objektiv akzeptabler Vertragsversion eine zusätzliche Leistungspflicht für den Auftragnehmer zur Folge hat, hat sie auch einen zusätzlichen Vergütungsanspruch zur Folge.[326]

Eine solche Lückenausfüllung ist für die Praxis allerdings fast unbrauchbar, weil das Ergebnis nicht vorauszusagen ist und weil die konkrete Frage im technischen Baugeschehen damit nicht gelöst wird. Jedenfalls beim VOB-Vertrag sollte man sich deshalb entschließen, beim Dissens bezüglich des Bauinhalts diese **Lücke** anders **zu füllen,** und zwar **durch eine Analogie:**

Da es **Pflicht** des **Auftraggebers** ist, ein vollständiges Bausoll zu bestimmen, muss er die **Folgen der Unvollständigkeit tragen,** jedenfalls dann, wenn die Unvollständigkeit oder Unklarheit dazu führt, dass eine durch Vertragsauslegung nicht mehr zu schließende Lücke verbleibt. Es ist dann Pflicht des Auftraggebers, **Klarheit zum Bauinhalt in Form von Anordnungen** zu schaffen. Der Auftraggeber hat das Recht, gegenüber dem bestehenden Vertragsinhalt veränderte oder zusätzliche Arbeiten zu verlangen (§ 1 Nr. 3 und Nr. 4 VOB/B). Solche Anordnungen lösen Vergütungsfolgen nach den §§ 2 Nr. 5 und 2 Nr. 6 VOB/B aus. **Analog** sind Anordnungen des Auftraggebers zu behandeln, die erst den **Vertragsinhalt ausfüllen.** Der Auftragnehmer muss auch diese Anordnungen erfüllen. Er hat dann aber analog § 2 Nr. 5 oder § 2 Nr. 6 VOB/B immer Anspruch auf **zusätzliche Vergütung** nach den dortigen Maßstäben. Ausgangspunkt für die „Veränderung" oder die „Zusätzlichkeit" der Leistung ist der objektiv berechtigte Verständnis-

---

[324] Siehe Rdn. 192; Erman/Armbrüster, BGB § 155 Rdn. 6; Staudinger/Bork, BGB § 155 Rdn. 17; Palandt/Heinrichs, BGB § 155 Rdn. 5; streitig, a. A. z. B. Münchener Kommentar/Kramer, BGB § 155 Rdn. 14.

[325] Zum Beispiel Staudinger/Bork, BGB § 155 Rdn. 5; RGZ 88, 377. Das hat das OLG Koblenz BauR 1995, 252 (s. Fn. 320) ganz übersehen.

[326] Zur Frage, wie dieser Vergütungsanspruch im Einzelnen zu begründen ist, siehe unten Rdn. 242 ff.

horizont des Auftragnehmers; was darüber hinausgeht, löst Vergütungsansprüche aus.[327] Die spezifischen Voraussetzungen der §§ 2 Nr. 5 und 2 Nr. 6 VOB/B müssen dabei in vollem Umfang beachtet werden.

Das ist aber nicht Praxis, denn – um es zu wiederholen – in der Praxis taucht ein echter, nicht durch Auslegung zu behebender Dissens zum Bauinhalt sehr selten auf.

10.3 Dissens bei Bauumständen?

Etwas anders ist die Praxisrelevanz, wenn die durch Auslegung nicht zu beseitigende Unklarheit, Widersprüchlichkeit oder Lückenhaftigkeit die **Bauumstände** erfasst. Hier sind sich die Parteien klar darüber, welche Leistung zu erbringen ist. Es besteht also bezüglich des „Ob" der Leistung Einigkeit. Die Parteien unterliegen insoweit keinem „versteckten Dissens"; sie stimmen darin überein, was als Leistungssoll, soweit es den Inhalt angeht, vereinbart ist.

239

Der Auftragnehmer wird „nur" hinsichtlich des „Wie" der Leistung in seinen Erwartungen enttäuscht. Er darf bei objektiver Auslegung annehmen, dass eine bestimmte Konstellation auch im konkreten Fall zutrifft; der Auftraggeber darf objektiv das Gegenteil annehmen. Soweit der versteckte Dissens Bauumstände betrifft, hat der Auftragnehmer gegen den Auftraggeber wegen der von diesem zu vertretenden Regelungslücke Ersatzansprüche aus den oben genannten Gründen aus Verschulden bei Vertragsschluss.

10.4 Mitverursachung, Mitschuld

Sowohl beim Bauinhalt wie bei den Bauumständen kann eine Mitverursachung oder ein Mitverschulden des Auftragnehmers in Betracht kommen.[328]

240

11 Exkurs: Auswahl des Sachverständigen

Die Beurteilung von Auslegungsfragen und von Prüfmöglichkeiten des Auftragnehmers gehört zu den Aufgaben von Bausachverständigen.
Leider hat sich auch die Bauwelt derartig entwickelt und ein so breitgefächertes Spezialistentum hervorgebracht, dass es **den** Sachverständigen für Fragen des Bauwesens nicht geben kann.

241

Die Beantwortung durch den jeweiligen Sachverständigen wird erheblich davon abhängen,
a) ob er auf der planenden, konstruierenden Seite und/oder
b) auf der bauausführenden Seite
ausreichend Erfahrung gesammelt hat.

Gutachter, die von der planenden, konstruierenden Seite her kommen, sind es gewohnt, die jeweilige Problematik aus ihrer Arbeitsaufgabe heraus anzugehen und diese Arbeitsweise als die allgemein notwendige anzusehen. Ein Tragwerksplaner (Statiker) wird sich somit auch von seiner Berufsauffassung her als Angebotsbearbeiter nicht mit einem Lei-

---

[327] Zustimmend OLG Köln BauR 1996, 555.
[328] Zu dessen Behandlung siehe unten Rdn. 264.

stungsverzeichnis zufriedengeben, sondern hin zur Statik drängen, d. h., er will genau wissen, ob und wie die einzelnen Bauteile (schon) berechnet und konstruktiv zusammengefügt sind. Seine Stellungnahme bezüglich der Pflichten eines anbietenden bzw. ausführenden Bauunternehmers geht davon aus, dass dieser gleiches Wissen und gleiche (Prüf-) Pflichten (ohne Vergütung!) hätte. Aus seiner Sicht darf keine Arbeit und Zeit gescheut werden (immerhin wird **er** ja als Planer auch für diese Arbeiten bezahlt!), um zu klären, ob die Tragfähigkeit in allen Belangen gewährleistet ist. Aus seiner Sicht ist geradezu gezielt danach zu suchen, ob nicht irgendein statisches Problem noch ungelöst ist; dabei steht die kostenmäßige Auswirkung naturgemäß im Hintergrund.

Diese Betrachtungsweise ist „eindimensional" auf die Sicherung der Tragfähigkeit, eventuell noch auf eine Optimierung im Sinne von Minimierung von Stahl- und/oder Stahlbetonmengen gerichtet.

Der Sachverständige, der von der bauausführenden Seite her kommt, kennt die Problematik, die daraus entsteht, dass in wenigen Wochen ein Angebot für ein Bauobjekt zu erarbeiten ist, das in der Regel schon Jahre in der Planung ist. Er weiß, wie schwer es einem Kalkulator fällt, sich kurzfristig in die Leistungsbeschreibungsunterlagen einzuarbeiten und alle Kosteneinflussgrössen richtig zu erkennen und zu würdigen; er weiss, dass ein Kalkulator technisches Wissen besitzt, aber kein Statiker ist; er weiss, dass die bei der Angebotsbearbeitung stattfindende Optimierung sehr komplex ist, da nicht nur Materialmengen, sondern Ausführungstechniken, menschliche Arbeitskraft, Umstände der Baudurchführung und gesamtbetriebliche Belange in diese Überlegungen eingehen müssen. Optimierungsparameter sind deshalb **Gesamtkosten,** deren Vorgabe u. a. durch die Ausschreibungsunterlagen erfolgt.

Die Folge davon ist, dass die Sachverständigen der „Planungsseite" ein relativ grosses Verständnis für die Belange der (planenden bzw. planen lassenden) Auftraggeber haben, wohingegen die Gutachter der „Auftragsseite" oft den Anschein erwecken, zu sehr die Interessen der Auftragnehmer zu würdigen. Letzteres geht so weit, dass Sachverständige, die alleinig aus dem Bereich der Bauausführung kommen, manchmal dazu neigen, Bauausführung als eine Tätigkeit zu sehen, die unbedingt genauso ablaufen muss, wie es sich (angeblich) der Bauunternehmer im Angebotsstadium vorgenommen und in seiner Kalkulation dokumentiert hat. Dabei wird dann übersehen, dass bei der Angebotsbearbeitung nicht selten Illusionen, Spekulationen und sogar (bewusstes) Übersehen von Problemen auftreten.

12 Die Vergütung bei unklarem Bausoll

12.1 Bausoll als Basis

242 Die hinsichtlich Bauinhalt bzw. Bauumständen mängelbehaftete Leistungsbeschreibung hatte zwangsläufig einen missverständlichen bzw. unklaren Vertragsinhalt, ein unklares Bausoll, zur Folge. Solange aber nicht eindeutig geklärt war, **was** überhaupt als Bauleistung zu erbringen ist, kann erst recht nicht klar sein, was zu vergüten ist.

Die Auslegung der mangelhaft definierten Vertragsunterlagen führt dazu, eindeutig festzulegen, **was** zu bauen ist; sie klärt also die **Leistungsseite** des Bauvertrages. Damit ist nicht die Frage beantwortet, welche finanziellen Folgen sich aus dieser durch Auslegung erfolgten Festlegung des Bausolls ergeben.

Zwei unter Rdn. 244 ff. zu erörternde **Alternativen** sind denkbar:

1. Alternative:
Das **vom Auftraggeber behauptete Bausoll** hat sich durch Auslegung als objektiv vereinbart, als „richtig" erwiesen.

Dann verlangt objektiv der Auftraggeber kein „Mehr", und der Auftragnehmer muss auch kein „Mehr" leisten. Das, was er zu bauen hat, war schon immer – wenn auch „verhüllt" – Vertragsinhalt.

Ohne „Mehr" an Leistung gibt es auch kein „Mehr" an Vergütung, wobei wir diese Antwort sogleich[329] noch näher unter die Lupe nehmen.

Unter das „Mehr" an Leistung können nicht nur modifizierter Bauinhalt, sondern auch modifizierte Bauumstände fallen.

Aber auch dann, wenn jetzt das Bausoll feststeht, brauchte das formal noch nicht zu bedeuten, dass gleichzeitig und zwingend auch entschieden sei, der Auftragnehmer müsse diese durch Auslegung zu seinen Lasten jetzt definierte Leistung ohne zusätzliche Vergütung erbringen. Es gibt Fälle, in denen die **Leistungsverpflichtung** des Auftragnehmers zwar **feststeht,** im LV aber z. B. **keine Position** für eine solche Leistung und soweit auch keine Einheitspreisabfrage vorgesehen ist; in solchen Fällen unklaren Vergütungssolls kann der Auftragnehmer zwar zur Leistung verpflichtet sein, aber unter Umständen auch Anspruch auf zusätzliche Vergütung gegenüber seinem Angebot haben.[330] In den durch **Auslegung geklärten Fällen missverständlichen bzw. unklaren Bausolls** sieht das im **Normalfall aber anders aus:** Hier geht es um die Auslegung konkreter Leistungspflichten für einzelne Positionen oder einzelne Leistungsbeschriebe. Wenn z. B. die Auslegung ergibt, dass eine Vertragsleistung inhaltlich schwieriger oder umfangreicher ist als vom Bieter ursprünglich angenommen – wenn also das Leistungsverlangen des Auftraggebers von Anfang an berechtigt war –, steht damit auch fest, dass der Bieter diese Leistung sofort in die (vorhandenen) Positionen, genauer: in die zugehörigen Einheitspreise, hätte einbeziehen müssen. Wenn die Auslegung ergibt, dass auch die Bodenklasse 7 Vertragsleistung ist, muss zu dem angebotenen Einheitspreis eben auch Arbeit in der Bodenklasse 7 erbracht werden.

In den **Fällen missverständlichen bzw. unklaren Bausolls** bleibt es also bei Auslegung zu Lasten des Bieters im allgemeinen bei dem Satz: Ohne „Mehr" an Leistung auch kein „Mehr" an Vergütung.

2. Alternative: 243
Das **vom Auftragnehmer behauptete Bausoll** hat sich durch Auslegung als objektiv **vereinbart, als „richtig"** erwiesen.
Will dann der Auftraggeber dennoch das durchsetzen, was er sich (ursprünglich) vorgestellt hatte, so verlangt er ein „Mehr", nämlich mehr als an Leistung vereinbart. **Ein „Mehr" an Leistung führt auch zu einem „Mehr" an Vergütung,**[331] wobei dann noch zu prüfen ist, ob und wie dieser Vergütungsanspruch ausgeschlossen oder

---
[329] Vgl. die nachfolgende Rdn. 244 zur eventuellen Einschränkung dieser Aussage infolge eines Anspruchs aus Verschulden bei Vertragsschluss gegen den Auftraggeber.
[330] Einzelheiten zu Fällen unklaren Vergütungssolls Rdn. 280 ff.
[331] Siehe dazu sogleich die nachfolgende Rdn. 244; i. E. gehört hierhin auch der erwähnte, aber in der Praxis fast nie vorkommende Fall, dass die Auslegung trotz der Unklarheitenregel (vgl. Rdn. 232) kein Ergebnis hat, also ein Dissens vorhanden ist, der Vertrag aber dann trotz dieser Vereinbarungslücke aufrechterhalten bleibt und die Lücke durch ergänzende Vertragsauslegung geschlossen wird (vgl. oben Rdn. 238, 239).

eingeschränkt wird, wenn der Auftragnehmer eine eventuelle **Prüfpflicht** verletzt hat.[332]

Die drei **Schritte** der Auslegung und Vertragsprüfung haben wir schon im Einzelnen unter Rdn. 185 besprochen.

12.2 1. Alternative: Die Auslegung bestätigt die Auffassung des Auftraggebers: Ausnahmsweise Schadensersatzansprüche des Auftragnehmers

12.2.1 „Unklare" Ausschreibung (Leistungsbeschreibung)

244 **Bestätigt die Auslegung** objektiv das vom **Auftraggeber** behauptete Bausoll, so hat der Auftragnehmer diese Leistung zu dem von ihm angebotenen Preis zu erbringen. Er hätte also **eigentlich keine** Ansprüche auf zusätzliche Vergütung.

Dennoch stellt sich die Frage, ob es richtig ist, den Auftragnehmer die Folgen der ursprünglichen Missverständlichkeit bzw. Unklarheit allein ausbaden zu lassen. Auch wenn die Auslegung im Ergebnis die Richtigkeit der Auffassung des Auftraggebers ergeben hat, hat doch der Auftraggeber seine Pflicht zur von Anfang an eindeutigen Leistungsbeschreibung verletzt. Diese ursprüngliche Pflichtverletzung ist der Grund für **mögliche Schadensersatzansprüche des Auftragnehmers,** nämlich aus „Verschulden bei Vertragsschluss", anders bezeichnet als „culpa in contrahendo"; der Auftraggeber hat nämlich seine **Pflicht** zur unmissverständlichen Ausschreibung nicht optimal erfüllt.

Der Auftraggeber haftet im Prinzip für diese vorvertragliche (nämlich schon im Angebotsstadium sich auswirkende) Pflichtverletzung auf Ersatz, § 311 BGB.

Voraussetzung eines solchen Schadensersatzanspruches ist allerdings **Verschulden** des Auftraggebers. Da der Auftraggeber ein vollständiges Bausoll darstellen kann, da

- er die Möglichkeit hat, Zweifelsfragen vorher zu klären (z. B. durch vorbereitende Untersuchungen),
- ihm außerdem die Pflicht obliegt, das Baugrundstück bereitzustellen und die Bauarbeiten zu koordinieren,
- er schließlich die gewünschte Leistung allein kennt (oder wenigstens kennen sollte) und genügend Zeit hat, die Leistungsbeschreibung vorzubereiten,

wird **ihn im Regelfall bei einer missverständlichen, also mangelhaften Leistungsbeschreibung immer ein Verschulden**[333] treffen, ganz abgesehen davon, dass der Auftragnehmer dieses Verschulden nicht beweisen muss, - dazu nachfolgend Rdn. 277.

Der Schaden für den Auftragnehmer liegt in dem über seine Kalkulation hinausgehenden, für ihn unerwarteten Mehraufwand.

Dennoch unterliegen solche Ansprüche **zwei gravierenden Einschränkungen:** Einmal kann der Bieter in seinem Vertrauen nicht enttäuscht werden, der das Problem positiv erkannt hat.[334] Zum anderen kann der Auftraggeber dem Schadensersatzanspruch des

---

[332] Siehe dazu unten Rdn. 251 ff.
[333] So vom Prinzip her zutreffend BGH „Wasserhaltung II" BauR 1994, 236 und als Möglichkeit im konkreten Fall BGH BauR 1994, 625, 627.
[334] Zutreffend BGH „Wasserhaltung II" BauR 1994, 236.

1. Alternative: Auslegung bestätigt Auffassung des AG   Rdn. 245

Auftragnehmers den **Einwand der Mitverursachung und des Mitverschuldens (§ 254 BGB)** durch den Auftragnehmer entgegenhalten.[335]

Grundsätzlich trägt nämlich jeder Vertragspartner das Risiko der eigenen Vertragsauslegung. Der Auftragnehmer hat eine missverständliche bzw. unklare Bestimmung in einem Sinne interpretiert, die er nach objektiven Kriterien so nicht verstehen durfte – andernfalls wäre ja auch die Auslegung zu seinen Gunsten ausgefallen.

Die Vielzahl der praktischen Fälle zeigt, dass es vielen Planern und Ausschreibenden schwerfällt, jegliche Missverständlichkeit bzw. Unklarheit der Leistungsbeschreibung zu vermeiden. Der Auftragnehmer als Fachmann muss insoweit auch seinerseits, wie erwähnt, die Leistungsbeschreibung sachgerecht prüfen.

Die Verteilung von Ursache und Mitursache, von Schuld und Mitschuld zwischen Auftraggeber und Auftragnehmer ist nicht abstrakt, sondern nur für den jeweiligen Einzelfall möglich. Hier stösst der Wunsch nach für die Praxis handgreiflichen und brauchbaren Erkenntnissen an seine Grenzen.

Als **Leitlinie** kann gelten:

Im Normalfall zeigt gerade die Tatsache, dass die objektive Auslegung die Auffassung des Auftraggebers bestätigt hat, dass er im Ergebnis die besseren Argumente auf seiner Seite hatte. Wenn das nicht hinweginterpretiert werden soll, muss es dazu führen, dass Ansprüche des Auftragnehmers auf Schadensersatz entweder ganz ausscheiden – so der Regelfall – oder doch nur zu einer geringen Quote durchsetzbar sind.

Die Verursachung und das Verschulden des Auftraggebers werden nur dann überwiegen – mit der Folge einer überwiegenden Quote zu seinen Lasten –, wenn er den Auftragnehmer durch die Ausschreibung grob fahrlässig in die Irre geführt hat, **insbesondere, wenn der Gesamtzusammenhang den Schluss nahelegt, dass die Unklarheit (fast) System hat.** Dann wird aber die Auslegung **ohnehin selten zugunsten** des Auftraggebers ausfallen. Das leitet zu der Fallgestaltung über, dass der Auftraggeber Kenntnisse hat, die er verschweigt.

12.2.2 Klare Ausschreibung, aber wesentliche Kenntnisse auftraggeberseitig verschwiegen

Wenn der **Auftraggeber** Sachverhalte kennt, die für die Kalkulation des Bieterangebots von Bedeutung sind, sie aber **verschweigt**, gilt: In dem vorvertraglichen Verhältnis gilt gegenseitig eine Pflicht zur korrekten Verhaltensweise;[336] so wie der Bieter den Auftraggeber nicht „ins Messer laufen lassen darf", so wenig darf das der Auftraggeber mit dem Bieter machen.

Das OLG Stuttgart hat deshalb einem Auftragnehmer einen Schadensersatz aus culpa in contrahendo (c.i.c., § 311 BGB) zugesprochen, weil die ausschreibende Gemeinde eine ihr bekannte kurz bevorstehende Erhöhung der **Deponiegebühren** verschwiegen hatte.[337]

Das gilt überhaupt, wenn der Auftraggeber Kenntnisse hinter dem Berg hält, z. B. ein Bodengutachten, das Hinweise auf Problembereiche enthält, nicht vorlegt, wobei das eher ein Problem globaler Ausschreibung ist.[338]

245

---

[335] Siehe dazu insbesondere Festge, BauR 1974, 363, 367.
[336] Näher dazu mit Nachweisen oben Rdn. 230. Siehe auch Rdn. 175 sowie Band 2, Rdn. 509, 539, 541, 561, 621.
[337] OLG Stuttgart BauR 1997, 855 = IBR 1997, 322 mit prägnanter Kurzanm. Reineke.
[338] Dazu Band 2, Rdn. 269, 509, 585, 645.

Äusserstenfalls kommen sogar deliktische Ansprüche wegen Betruges des Auftraggebers in Betracht (vgl. auch Rdn. 158, 252).
In all diesen Fällen kommt richtigerweise rechtlich in Betracht, statt des Schadensersatzanspruches gemäß § 242 BGB das Bausoll unter Beachtung der verschwiegenen Information zu definieren und analog § 2 Nr. 8 Abs. 3 VOB/B einen Vergütungsanspruch zu gewähren (s. näher Rdn. 248, 252).

12.3 2. Alternative: Die Auslegung bestätigt die Auffassung des Auftragnehmers – Regelfolge: Vertragsvergütung

12.3.1 Regelfolge: Vertragsvergütung (Bauinhalt)

246 Erweist sich durch Auslegung unter Berücksichtigung der Prüfpflicht des Bieters (s. unten Rdn. 251 ff.) das vom **Auftragnehmer** behauptete Bausoll als objektiv richtig, so ist **dieses** Bausoll Vertragsinhalt. Das heißt: **Nur diese** Bauleistung muss der Bieter (auch unter den vereinbarten Bauumständen) zum angebotenen Preis bauen.

Will der **Auftraggeber** seine **abweichende** (ursprüngliche) Vorstellung wieder realisieren, muss ein „Mehr", ein „Anderes" gebaut werden, als vertraglich vereinbart. Das heißt: Das Bausoll muss verändert werden.

Solche veränderten oder zusätzlichen Leistungen kann der Auftraggeber selbstverständlich verlangen. **§ 1 Nr. 3 und § 1 Nr. 4 VOB/B** geben dem Auftraggeber gerade ausdrücklich (in Abweichung vom Zivilrecht des BGB) das Recht, **einseitig solche Änderungen oder Zusatzleistungen anzuordnen.** Ohne Anordnung braucht der Auftragnehmer nur das „alte" Bausoll auszuführen.[339] Solche Anordnungen können ausdrücklich, konkludent oder stillschweigend vom Auftraggeber getroffen werden;[340] gerade stillschweigende Anordnungen werden bei der gegebenen Konstellation häufig vorkommen. Diese Anordnungen führen als Äquivalent zu Vergütungsansprüchen des Auftragnehmers gemäß § 2 Nr. 5 bzw. § 2 Nr. 6 VOB/B.

Ohne Anordnung des Auftraggebers kommen Ansprüche aus **§ 2 Nr. 8 VOB/B** in Betracht.

Hat im Fall „Universitätsbibliothek" der Auftraggeber erst nach Vertragsschluss Bewehrungspläne überreicht, aus denen sich ergibt, dass ursprünglich vom Auftragnehmer nicht erkennbare und nicht erwartete Rahmen- und Eckbewehrungen einzubauen sind – das heißt: gemäß objektiver Auslegung bisher nicht vereinbarte Leistungen –, so verlangt der Auftraggeber ein „Mehr"; die ursprünglichen Randbedingungen der Leistung „Schalen von Wänden" ändern sich, die Leistung „Schalen" ist jetzt inhaltlich anders, wobei sie auch hinsichtlich der Bauumstände zusätzlich anders sein mag. Somit liegt in der Zuleitung solcher Bewehrungspläne eine (stillschweigende) Anordnung gemäß § 1 Nr. 3 VOB/B, die zu Vergütungsansprüchen des Auftragnehmers gemäß § 2 Nr. 5 VOB/B führt.[341]
Diese Schlussfolgerung hatte der Bundesgerichtshof früher als (im Ausnahmefall) möglich anerkannt.[342] Warum dies allerdings ein Ausnahmefall sein sollte, war nicht zu ersehen, wenn man vielleicht davon absieht, dass die Ausnahme darin bestehen könnte, dass das Überreichen der Unterlagen schon als Anordnung interpretiert wird. Daran kann

---

[339] Vgl. dazu aber unten zu veränderten Bauumständen Rdn. 249. Zur Gültigkeit dieses Anordnungsrechts unter dem Aspekt von AGB-Recht vgl. Rdn. 776.
[340] Siehe dazu im Einzelnen unten Rdn. 860 ff.
[341] Siehe oben Fn. 199; so methodisch zutreffend BGH „Wasserhaltung II" BauR 1994, 236; s. auch Vygen/Schubert/Lang, Bauverzögerung Rdn. 171.
[342] Siehe oben Fn. 199; zur stillschweigenden Anordnung in diesen Fällen näher unten Rdn. 871.

2. Alternative: Die Auslegung bestätigt die Auffassung des AN   Rdn. 247, 248

aber gar kein Zweifel sein, weil der Auftraggeber durch diese Unterlagen ja eindeutig erklärt, wie er die Ausführung wünscht. Vom Auftraggeber vorgelegte Pläne sind sogar Anordnung in Schriftform[343]. Zwischenzeitlich wählt der Bundesgerichtshof den methodischen Ansatz über § 2 Nr. 5, Nr. 6 VOB/B selbst in ständiger Rechtsprechung.[344]

Im Übrigen greift bei fehlender Anordnung hier § 2 Nr. 8 Abs. 2 VOB/B ein. Die Leistung ist – nach Meinung des Auftraggebers – notwendig bzw. interessengerecht, sie entspricht seinem mutmasslichen (sogar geäusserten) Willen.
Es wird Fälle geben, in denen der Auftraggeber – wenn er mit **seiner** Auslegung Unrecht hat – Anordnungen geben muss (§ 1 Nr. 3, Nr. 4 VOB/B), um überhaupt seine Vorstellung vom (neuen) Bausoll durchzusetzen; gibt er keine Anordnung, bleibt es eben beim alten Bausoll. Andererseits kann es auch Fälle geben, in denen es schlechterdings keine Alternative gibt – Anordnung hin oder her. Wenn in den Wänden einmal fertig gebogene „Eckbewehrungen" (Rahmenbewehrungen) einzubauen sind, so ist die bisherige Leistung – „Wände ohne Eckbewehrung" mit üblicher Grossflächenschalung herstellen – so nicht mehr machbar.[345]

Der Auftragnehmer hat natürlich **nicht** etwa die Wahl, weil der Auftraggeber ergänzende Anordnungen trifft, die dem Auftragnehmer nicht passen, jetzt wegen der missverständlichen bzw. unklaren Leistungsbeschreibung Freistellung von dem – **ganzen!** – Bauvertrag und „Ersatz" (?) der bereits erbrachten Bauleistung zu verlangen[346] und das möglicherweise nur wegen **einer** unklaren Positionsbeschreibung – er bleibt an den Vertrag als solchen gebunden und muss Anordnungen gemäß § 1 Nr. 3, 4 VOB/B ausführen mit dem Vergütungsäquivalent gemäß § 2 Nr. 5, 6 VOB/B.

247

Eine frühere Auffassung gab dem Auftragnehmer in den geschilderten Fällen der Auslegung einer unklaren Leistungsbeschreibung statt des vertraglichen Vergütungsanspruches aus § 2 Nr. 5, 6 oder 8 VOB/B einen Schadensersatzanspruch aus Verschulden bei Vertragsverhandlungen.[347] Damit zäumte man das Pferd von hinten auf. Ein Schadensersatzanspruch würde zwar die Schlussfolgerung aus der Pflichtverletzung des Auftraggebers ziehen, die Leistung klar beschreiben zu müssen, und würde damit beantworten, **dass** Schadensersatz zu zahlen ist, aber der Schadensersatzanspruch würde unbeantwortet lassen, wieso eine „neue" Leistung zu erstellen ist und es nicht bei der „alten" bleibt, warum also überhaupt Schadensersatz zu leisten ist, d. h., wie das **neue** Bausoll zustande gekommen ist. Ausgangspunkt einer Beurteilung muss die Tatsache sein, dass Vertragsinhalt (Bausoll) die Teil-Leistung so **ist**, wie der Auftrag**nehmer** sie verstanden hat. Es gibt also im Prinzip gar keinen Grund, etwas anderes zu bauen – ausser, der Auftraggeber ordnet die modifizierte Leistung an (§ 1 Nr. 3, § 1 Nr. 4 VOB/B), so dass er dann auch Vergütung schuldet (§ 2 Nr. 5, Nr. 6 VOB/B) oder die modifizierte Leistung ist sachlich notwendig und entspricht auch ohne Anordnung dem vermutlichen Willen des Auftraggebers – dann § 2 Nr. 8 VOB/B. Wenn aber in jedem Fall die Schlussfolgerung aus der modifizierten

248

---
[343] BGH Nichtannahmebeschluss BauR 1998, 874.
[344] BGH „Wasserhaltung II", BauR 1994, 236, BGH „Auflockerungsfaktor" BauR 1997, 466; dazu Kniffka, in: Kniffka/Koeble, Kompendium des Baurechts, Teil 5, Rdn. 80-99; Vygen/Schubert/Lang, Bauverzögerung, Rdn. 171.
Unrichtig deshalb Heiermann/Riedl/Rusam, VOB/B § 2, Rdn. 57e; Ingenstau/Korbion/Kratzenberg, VOB/A § 9, Rdn. 16.
[345] So auch der letztlich beim OLG zustande gekommene Vergleich, der dem Hinweis des schließlich eingeschalteten arbeitsvorbereitungserfahrenen Gutachters folgte und davon ausging, dass planungsseitig auch (nachträglich) herabbiegbare „Eckbewehrung" hätte vorgegeben werden können und dadurch herkömmliche Großflächenschalung hätte verwendet werden können.
[346] So unzutreffend Feber, Schadensersatzansprüche bei der Auftragsvergabe nach VOB/A, Seite 86.
[347] So die **frühere** Rechtsprechung des Bundesgerichtshofs, Nachweise bei Ingenstau/Korbion/Kratzenberg, VOB/A § 9 Rdn. 11 mit Nachweisen, ebenso etwa Feber, a. a. O., S. 24.

Leistung ist, dass ein Vergütungstatbestand erfüllt ist, gibt es keine Möglichkeit, parallel dazu einen Schadensersatzanspruch zu gewähren.[348] Wo ist der Schaden, wenn doch die modifizierte Leistung sachgerecht gemäß § 2 Nr. 5, 6, 8 VOB/B vergütet wird?

Selbst wenn man aber wie die frühere Lehre den Vergütungsanspruch nicht akzeptiert und nur Ansprüche aus Verschulden bei Vertragsschluss zubilligte, würde sich für den Auftragnehmer im Ergebnis nichts ändern: Der Schadensersatzanspruch aus Verschulden bei Vertragsschluss, § 311 BGB würde der Höhe nach zu keinem anderen Ergebnis führen können als ein Vergütungsanspruch nach § 2 Nr. 5 oder § 2 Nr. 6 VOB/B; wir verweisen auf Rdn. 276.

12.3.2 Regelfolge: Vertragsvergütung (Bauumstände)

249 Ist in den Vertragsunterlagen nicht der Bauinhalt missverständlich bzw. unklar geregelt, sondern sind für die Vergütung massgebende **Bauumstände** missverständlich bzw. unklar geregelt, so gilt nichts anderes. Zwar bleibt ungeachtet der unklaren Bauumstände der Leistungserfolg derselbe, denn das zu errichtende Bauwerk bleibt unverändert, unabhängig davon, unter welchen Umständen dieser Erfolg zustande kommt. Aber auch das „Wie" des Bauens ist, wenn es einen vertraglichen Niederschlag gefunden hat, Bestandteil des Bausolls (siehe oben Rdn. 100).

Ist beispielsweise in den Vertragsunterlagen missverständlich bzw. unklar beschrieben, ob der Auftragnehmer eine bestimmte **öffentliche Strasse zur Materialabfuhr** benutzen darf oder nicht, und ergibt die Vertragsauslegung, dass der Auftragnehmer nach Empfängerhorizont von der Benutzbarkeit der Strasse ausgehen durfte, so ist damit Bausoll (hinsichtlich der Bauumstände), dass die Strasse benutzbar ist, gegenteilige spätere Abweichungen können Ansprüche gemäß (§ 2 Nr. 5 oder) § 2 Nr. 8 VOB/B auslösen (s. auch Rdn. 787, 788). Weicht das Bauist vom Bausoll ab, stellt sich also während der Bauausführung heraus, dass die Strasse nicht benutzbar ist, so hat der Auftraggeber Bauumstände falsch beschrieben, der Auftragnehmer muss seine Leistung unter modifizierten Umständen erbringen, für diese so modifizierte Leistung wird er vergütet nach § 2 Nr. 5 VOB/B, wenn der Auftraggeber eine Anordnung trifft,[349] nach § 2 Nr. 8 VOB/B, wenn der Auftraggeber keine Anordnung trifft und die besonderen Voraussetzungen dieser Vorschrift vorliegen.

Auch hier bedarf es also keines Rückgriffs auf Schadensersatzansprüche aus Vertragsschluss; das aus dem veränderten Bausoll resultierende Erschwernis hat in Wirklichkeit zu einer modifizierten Teilleistung geführt. Eine solche Situation ist ausschließlich auf Vergütungsbasis zu bewältigen (vgl. Rdn. 248). Das Thema haben wir schon in anderem Zusammenhang erörtert und werden es auch noch weiter erörtern, nämlich im Zusammenhang mit den „Erschwernissen" beim Baugrund.[350]

Würde man Schadensersatzansprüche wegen Verschulden bei Vertragsschluss, § 311 BGB gewähren – was methodisch unrichtig wäre, wie unter Rdn. 248 erläutert –, so würde sich der Höhe nach übrigens auch nichts ändern, denn für einen solchen Schadensersatzanspruch müsste man eine Berechnungsmethodik wählen, die vergütungsgleich wäre; das erörtern wir unter Rdn. 276.

---

[348] Ebenso Kniffka/Koeble, Kompendium, Teil 6, Rdn. 109; Oppler, Münchener Prozessformularbuch Privates Baurecht, S. 160; Kapellmann/Messerschmidt, VOB/B § 2, Rdn. 124 mit Einzelheiten; insoweit unrichtig OLG Naumburg, NZBau 2006, Heft 4 und OLG Düsseldorf, NZBau 2001, 334, 337. Siehe auch unten Rdn. 788.
Der BGH hat konsequent die Figur der lückenhaften Leistungsbeschreibung und eines resultierenden Schadensersatzanspruches aus c. i. c. seit 1992 nie mehr verwendet.
[349] Näher Rdn. 507, 787, 788.
[350] Siehe oben Rdn. 137-141 und unten Rdn. 707 ff.

12.3.3 Exkurs: Die Verletzung von Herstellungs-Hauptpflichten oder Ermöglichungs-Nebenpflichten durch den Auftraggeber

Wir haben unter Rdn. 249 nur den Fall behandelt, dass Bauumstände als solche unklar sind.

250

Eine ganz andere Frage ist, welche Ansprüche dem Auftragnehmer zustehen, wenn die Regelung der Bauumstände völlig klar ist, der Auftraggeber aber seine diesbezüglichen Pflichten nicht erfüllt, wenn er also beispielsweise beizustellende Kranhilfe nicht beibringt, eine zur Verfügung stehende Autobahnbehelfsbrücke nicht rechtzeitig bereitstellt, Pläne nicht vorlegt, eine Baugenehmigung nicht beibringt oder ein Baugrundstück nicht liefert.

Diese Spezialproblematik behandeln wir im Zusammenhang mit Behinderungsansprüchen des **Auftragnehmers** gegen den Auftraggeber unter Rdn. 1285 ff.

12.4 Die Folgen des unterlassenen Prüfhinweises für die Ansprüche des Auftragnehmers – Schritt 3

12.4.1 Der vorsätzlich unterlassene Hinweis – „Frivolitäten" –

Wird der **Vergütungsanspruch** nach entsprechender Auslegung „zu Lasten" des Auftraggebers bejaht, so stellt sich nur noch die Frage – **zweiter Schritt** der Auslegung, vgl. Rdn. 185 –, ob er nicht doch noch etwa daran **scheitern** oder dadurch eingeschränkt werden kann, dass der **Bieter** seine Pflicht zur ordnungsgemäßen **Angebotsprüfung** verletzt hat.[351]

251

Wird das **verneint,** besteht der Anspruch des Auftragnehmers auf Vergütung uneingeschränkt.

Wird **bejaht,** dass der Bieter die Mängel der Ausschreibung erkennen konnte und dass der Bieter (objektiv) einen möglichen Hinweis unterlassen hat, so ist als **dritter Schritt** (vgl. oben Rdn. 185) zu prüfen, welche **Folgen** der unterlassene Hinweis hat. Bei dieser Prüfung ist zu **unterscheiden,** ob der Bieter die Mängel der Leistungsbeschreibung
- **erkannt** hat, sich aber **vorsätzlich** blind gestellt **hat,**

oder
- ob er die Unklarheiten aus **Fahrlässigkeit nicht erkannt** hat und deshalb einen Prüfhinweis unterlassen hat.

Zum **vorsätzlich** vom Bieter **unterlassenen Hinweis** gibt es eine zutreffende Entscheidung des Bundesgerichtshofs:[352]
Eine Gemeinde vergibt Kanalisationsarbeiten in zwei Losen. Los 1 führt der Kläger zu 1 aus, er fordert und erhält für Wasserhaltungsarbeiten 75,00 DM je lfd. m. Los 2 bietet er zusammen mit dem Kläger zu 2 in Arbeitsgemeinschaft an; die Arge bietet dieselben Arbeiten jetzt für 2,00 DM je lfd. m an. Nach Auftragserteilung verlangt die Arge Mehrkosten für die Wasserhaltung von 485 052,27 DM mit der Begründung, die Boden- und Wasserverhältnisse seien in den Ausschreibungsunterlagen unvollständig angegeben wor-

---
[351] Siehe dazu oben Rdn. 167 ff. Zu unserer Praxisempfehlung vgl. Rdn. 265 ff.
[352] BauR 1988, 338 „Frivoler Bieter" = EWiR § 9 VOB/A 1/88, 617 mit Anm. Siegburg. Der BGH hat in einer allerdings zum Global-Pauschalvertrag ergangenen Entscheidung die Grundsatzaussage bestätigt (BauR 1992, 759). Vgl. auch Rdn. 847.

den, insbesondere hätten Angaben zu den *k*-Werten (Werte zur Wasserdurchlässigkeit des Bodens) gefehlt; das stimmt auch.

Der Bundesgerichtshof hat die Klage mit doppelter Begründung abgewiesen:

a) Wenn die Ausschreibungsunterlagen in einem so zentralen Punkt erkennbar eklatant unvollständig gewesen seien, hätte der Bieter nachfragen und zur Ergänzung auffordern müssen. Das ist zu billigen, wobei der BGH allerdings nicht die Folgefrage stellt, ob schon allein der unterlassene Hinweis zum Ausschluss des ganzen Anspruchs hätte führen können; bei entsprechendem Hinweis hätte der Auftraggeber die Leistung ja auch nicht umsonst bekommen.[353]

b) Vor allem aber sei der Bieter gar nicht „in seinem Vertrauen" auf den Inhalt des Angebotsblanketts getäuscht worden. Die Arge habe „frivol" kalkuliert und die Auseinandersetzung über Mehrkosten bewusst in Kauf genommen. Das zeige sich vor allem daran, dass der Kläger zu 1 bei dem vorigen Los 75,00 DM je lfd. m gefordert habe, während die Arge jetzt nur 2,00 DM je lfd. m angeboten habe. Diese sachlich nicht zu rechtfertigende Differenz zeige, dass die Arge ohne jeden vernünftigen Bezug zur Leistungsbeschreibung letztlich mehr oder weniger „ins Blaue" – wenn nicht sogar „spekulativ" – kalkuliert habe. Sie habe die Gefahr von Nachforderungen geradezu herausgefordert, um daraus Vorteile ziehen zu können, ohne ihre Aussichten auf Erteilung des Zuschlages aufs Spiel zu setzen.

Dem ist uneingeschränkt zuzustimmen; wir dürfen die Begründung eher noch schärfer akzentuieren: **Wer sich durch positiv erkannte unzulängliche Preise** den **Zuschlag erschleicht,** kann nachträglich dafür nicht auch noch belohnt werden. Die ohnehin schwierige Balance zwischen Vertrauen-Dürfen und Nachfragen-Müssen ist erschüttert, wenn Versäumnisse des Auftraggebers vom Bieter zweifelsfrei festgestellt und mit unfairen Praktiken zu eigenen Gunsten ausgenutzt werden. Dem muss ein Riegel vorgeschoben werden.

Der Vergleich zwischen 75,00 DM je lfd. m und 2,00 DM je lfd. m für dieselbe Leistung spricht Bände.

Eine Analogie zu § 4 Nr. 3 VOB/B stützt dieses Ergebnis (vgl. Rdn. 262).

Nur müssen wir umgekehrt darauf hinweisen, dass dieser **extreme Fall nicht verallgemeinert werden darf**; das ist eine **Gefahr,** der die **Rechtsprechung ohnehin sehr ausgesetzt** ist. Nicht jeder Bieter, der im Angebotsstadium nicht erkannt hat, was nach Durchführung des Baus ein Sachverständiger in einem seitenlangen Gutachten findet, hat damit „frivol" gehandelt. Diese für den Einzelfall richtige Entscheidung führt leider – **falsch verstanden** – im Prozessfall Instanzgerichte erheblich in Versuchung, technisch ja oft sehr schwierige und umfangreiche Sachverhalte sowie rechtlich zum Teil ungewohnte (VOB/C!), zum Teil schwierige Überlegungen dadurch zu **„vereinfachen",** dass **jede** Auseinandersetzung zwischen **pflichtwidrig** unklar ausschreibendem Auftraggeber und tatsächlich **fahrlässig** die Unklarheit nicht erkennendem Bieter arbeitssparend und falsch schlicht dahin entschieden wird, der Bieter habe „ins Blaue hinein" kalkuliert. Auslegungs- und Beweisfragen spielen dann schon gar keine Rolle mehr, **„frivole" Auftraggeber** gibt es offenbar bei manchen Gerichten ohnehin nicht. Der **BGH** hat einige Jahre nach der Entscheidung „Frivoler Bieter" deshalb in anderem Zusammenhang mit Recht geurteilt, die **Annahme, jemand habe „ins Blaue hinein"** gehandelt, dürfe nur **mit äusserster Zurückhaltung** getroffen werden.[354]

---

[353] Vgl. dazu unten die Überlegungen zum fahrlässig unterlassenen Hinweis Rdn. 255.
[354] BGH BauR 1993, 600, 602; zu einer solchen Auslegung im Zusammenhang mit der Entscheidung BGH „Konsoltraggerüste", NZBau 2003, 324 siehe Kapellmann, NJW 2005, 182.

„Frivole" Auftraggeber sind immer vergütungspflichtig; die **vorsätzlich** irreführende **252**
Leistungsbeschreibung des Auftraggebers – davon auch Rdn. 158, 245 – wird sinngemäß
so behandelt wie der vorsätzlich unterlassene Hinweis des Bieters: Der Auftraggeber hat
hier das „eingeschränkte" Bausoll gekannt und darüber getäuscht; er muss sich deshalb
gemäß § 242 BGB jedenfalls so behandeln lassen, dass auch nur das „eingeschränkte"
Bausoll Vertragsinhalt wird. Um das „arglistige" Mehr an Leistung durchzusetzen, muss
der Auftraggeber eine zusätzliche Leistung anordnen mit der Vergütungsfolge aus § 2
Nr. 6 VOB/B (vgl. Rdn. 248); hier ist keine Ankündigung erforderlich, da der Auftraggeber ja genau weiss, dass diese Leistung zusätzlich ist und Geld kostet (vgl. unten
Rdn. 926). Ohne Anordnung würde § 2 Nr. 8 VOB/B eingreifen.
Gegebenenfalls sind – wenn man dem methodischen Ansatz über Mehrvergütung nicht
folgt – Schadensersatzansprüche aus Verschulden bei Vertragsschluss, § 311 BGB zu bejahen (oben Rdn. 246).

Zusammenfassend und systematisierend gilt: **253**

Wenn ein Auftraggeber mangelhaft die Leistung beschreibt, der **Bieter** aber die Lücke,
den Widerspruch, die Unklarheit seinerseits positiv **erkennt,** besteht in Wirklichkeit über
das Bausoll zwischen den Parteien keine objektive Differenz: Beide legen nämlich **dasselbe** Bausoll zugrunde. Da der Bieter dieses erkannte Bausoll zugrunde gelegt hat und
für dieses Bausoll Preise angeboten hat, muss er auch dieses Soll zu diesen Preisen erstellen. **Dieser Bieter leistet kein „Mehr",** denn er weiss, was er nach Vorstellung des Auftraggebers zu leisten hat.

Selbst wenn der Bieter die Unklarheit zwar positiv erkennt, aber nicht genau weiss, wie
sie sich auflöst, was also in Wirklichkeit zu den angebotenen Preisen zu bauen ist, so kalkuliert er doch das entsprechende Ausführungsrisiko ein – jedenfalls muss er sich gemäß
§ 242 BGB so behandeln lassen: Er hätte entweder einen adäquaten Betrag einkalkulieren
oder einen Hinweis geben müssen.
Aus diesem Grund braucht der Auftraggeber keine Anordnung gemäß § 1 Nr. 3 oder § 1
Nr. 4 VOB/B zu geben, denn der Auftragnehmer baut kein modifiziertes Bausoll, also
scheiden Vergütungsansprüche aus § 2 Nr. 5, Nr. 6, Nr. 8 VOB/B aus.
Schadensersatzansprüche aus Verschulden bei Vertragsschluss scheiden schon deshalb
aus, weil dieser Bieter nicht in seinem Vertrauen enttäuscht worden ist.

In der **Praxis** wird der **Auftraggeber** den **ihm obliegenden Beweis,** dass der Auftragneh- **254**
mer „frivol" gehandelt hat, also die Mängel der Leistungsbeschreibung **positiv erkannt
hat**[355] und mit Absicht spekulativ einen „falschen" Preis genannt hat, selten direkt führen
können. Vielmehr wird der Auftraggeber auf Rückschlüsse aus sonstigen Positionen des
Leistungsverzeichnisses oder aus anderen Umständen angewiesen sein. Mit Rücksicht auf
die schwerwiegenden Folgen und auch auf das eigene Versäumnis des Auftraggebers – die
Ausschreibung ist und bleibt ja mangelhaft – wird man sehr **strenge Anforderungen** an
einen solchen Beweis zu Lasten des Auftragnehmers stellen müssen.

Auch dem Bieter wird der umgehende Nachweis, dass der **Auftraggeber** „frivol" ausgeschrieben hat, schwerfallen.

12.4.2 Der fahrlässig unterlassene Hinweis

Hat der Bieter einen gebotenen **Hinweis fahrlässig unterlassen,** hätte er also auf die **255**
Unklarheit nach Durchschnittsmassstäben hinweisen müssen, hat er aber die **Unklarheit**

---

[355] Nur darauf kommt es an, zutreffend Bühl, BauR 1992, 26, 31, 32.

übersehen, so muss er sich nach einer gelegentlich zitierten Auffassung so behandeln lassen, als ob die Auslegung des Auftraggebers richtig wäre; massgeblich wäre also dann das Bausoll nach der Vorstellung des Auftraggebers, so dass der Bieter grundsätzlich bei unterlassenem Hinweis keine Ansprüche auf zusätzliche Vergütung hätte.[356] Als angeblicher Beleg dafür wurde eine Entscheidung des Bundesgerichtshofs[357] zitiert, deren Sachverhalt jedoch ein anderer ist: Der Bieter dort hatte die Lückenhaftigkeit der Leistungsbeschreibung **erkannt**, dann aber dem Auftraggeber erklärt, er brauche keine zusätzlichen Angaben des Auftraggebers. Später stellte er dennoch Nachtragsansprüche. Damit kam er – natürlich – nicht durch. Er hatte nämlich ausdrücklich durch seine Erklärungen das Risiko hinsichtlich der Unvollkommenheit der Angaben übernommen und kann **deshalb** nicht nachträglich zusätzliche Vergütung verlangen.[358]

256 **Richtigerweise** muss sich ein Bieter, der den gebotenen Hinweis pflichtwidrig **unterlassen** hat (ohne zusätzliche Erklärungen zur Risikoübernahme abzugeben), **nicht so behandeln lassen,** als ob die Auslegung des Auftraggebers richtig wäre. **Er muss sich nur so behandeln lassen, als ob er den notwendigen Hinweis gegeben hätte.**

Daraus folgt **keineswegs,** dass der Bieter jede während der Bauausführung vom Auftraggeber **nunmehr** (d. h. nach Entdeckung des Problems ohne seinen Hinweis) angeordnete abändernde oder zusätzliche Leistung **ohne Vergütung** erbringen müsste. Das würde zu **grotesken Ergebnissen** führen:
Der Bieter wäre dann dumm, wenn er Prüfhinweise gäbe. Gäbe er sie, wüsste er, dass er die gegebenenfalls jetzt (insbesondere während der Ausführung) vom Auftraggeber angeordnete zusätzliche oder abgeänderte Leistung ohnehin ohne zusätzliche Vergütung erbringen muss. Also gibt er natürlich keinen Hinweis und spekuliert darauf, irgendwie während der Ausführung doch einen Nachtrag durchbringen zu können, und zwar dann, wenn der Auftraggeber in Zugzwang ist.
Umgekehrt müsste der Auftraggeber am besten möglichst viele Unklarheiten in das Leistungsverzeichnis bringen. Auf diese Weise bekäme er versteckte, in Wirklichkeit aber erforderliche (ergänzende oder zusätzliche) Leistungen immer umsonst[359] – eine Gefahr, die die Rechtsprechung angesichts der Entwicklungen der Leistungsbeschreibungspraxis auch grosser Auftraggeber nicht ernst genug nehmen kann.

Das **Ergebnis** muss also anders sein:
Das Bausoll, ermittelt als objektiv die Auslegung gemäß Behauptung des Auftragnehmers bestätigend, bleibt ungeachtet des fahrlässig unterlassenen Hinweises so, wie es der Bieter verstanden hat. Hätte er einen Hinweis gegeben, so hätte der Auftraggeber ein „Mehr" in der Leistungsbeschreibung angeben müssen; dann hätte der Bieter einen angemessenen Preis für dieses „Mehr" verlangt. Da der Bieter den notwendigen Hinweis aber unterlassen hat, muss er sich **so behandeln lassen, als ob er den Hinweis gegeben hätte;** der Auftraggeber hätte aber auch dann (nur) die Möglichkeit gehabt, diese Position aufzuklären, und, hätte er ergänzend das „Mehr" in der Leistungsbeschreibung angegeben, dann auch für das „Mehr" **zusätzliche Vergütung** zu zahlen.[360]

---

[356] Locher, Das private Baurecht, Rdn. 175; BGH WM 1975, 233.
[357] BGH Schäfer/Finnern Z 2.11 Bl. 4; vgl. auch unten Rdn. 813.
[358] Zutreffend Daub/Piel/Soergel, VOB/A Erl. 9.24 a. E.; Franke, ZfBR 1989, 204, 206; vgl. auch Rdn. 813.
[359] So auch Vygen, a. a. O.; Bühl, BauR 1992, 26, 30.
[360] Dem folgend OLG Koblenz, NZBau 2001, 633 = BauR 2001, 1442, Revision vom BGH nicht angenommen; Langen/Schiffers, Bauplanung und Bauausführung, Rdn. 1431; Wettke, BauR 1989, 292 ff.; Vygen, Festschrift Locher, S. 263 ff., 283–286; v. Craushaar, Festschrift Locher, S. 9 ff., 15 ff.; ; Oberhauser, BauR 2003, 1110; Markus, Jahrbuch Baurecht 2004, 1 = BauR 2004, 180; Staudinger/Peters, § 632, Rdn. 28, 29; Roquette, NZBau 20001, 57.

Dasselbe gilt, wenn man annimt, das Bausoll sei zu definieren, wie der Bieter die Unklarheit eigentlich hätte verstehen müssen, nämlich im Sinne des Auftraggebers. Auch dann muss der Auftraggeber sich aber Sowiesokosten entgegenhalten lassen, die bei klarer Leistungsbeschreibung auch entstanden wären.

Der Auftraggeber wird einwenden, wenn er die so vor Vertragsschluss geänderte oder zusätzliche Leistung gekannt hätte, hätte er
a) entweder diesen Bieter nicht beauftragt oder
b) Ausschreibungsalternativen geprüft

Der erste Einwand zieht jedoch nicht; denn auch für andere Bieter war das Leistungsverzeichnis gleichermassen unklar, da der betroffene Bieter nach objektivem Verständnis richtig ausgelegt hat. Alle anderen Bieter müssten folglich – hypothetisch – das Bausoll gleichartig verstanden haben.[361]

Der **zweite Einwand kann ziehen.** Wenn dem Auftraggeber **der Nachweis** gelingt, dass er **jetzt** unvermeidlich **höhere Aufwendungen** hat als die, die er durch eine Umplanung bei **rechtzeitigem Hinweis** gehabt hätte, kann er dies dem **Vergütungsanspruch** des Auftragnehmers **entgegensetzen,** er kann mit seinem entsprechenden Anspruch aus „Verschulden bei Vertragsschluss" – denn der Bieter hat die Vertragspflicht „Prüfen und Hinweisen" verletzt – aufrechnen.[362]

Diese Lösung – dass der Auftragnehmer trotz fahrlässig unterlassenen Hinweises im Prinzip Vergütung erhält – ist aber im Ergebnis scheinbar nicht vollständig befriedigend. Damit wird nämlich für den Normalfall jetzt der Auftragnehmer, der seine Prüfpflicht verletzt, bevorzugt; die Verletzung ist in vielen Fällen daher risikolos. Ob der Auftragnehmer im Angebotsstadium hinweist oder nicht, würde bei technischen Zwängen an seiner Vergütung nichts ändern; allerdings läuft er immer das Risiko, Mehrkosten übernehmen zu müssen. Daher darf diese Überlegung grundsätzlich nur für den redlichen Bieter gelten; er wird durch den Auftraggeber gegenüber mit Recht bevorzugt, denn der Auftraggeber hat Primärpflichten verletzt, der Auftragnehmer Sekundärpflichten.

Der **vorsätzlich** eine Unklarheit ausnutzende, der „frivole" Bieter unserer Rdn. 251, hat eben deshalb keinen Vergütungs- oder Ersatzanspruch.

Auf ein früheres Beispiel angewandt:
Die Ausschreibung des EDV-Doppelbodens (oben Rdn. 162) ist – jedenfalls bezogen auf das später vom Auftraggeber Geforderte – unklar; die Auslegung bestätigt aber die Auffassung des Auftragnehmers: Die Leistungsbeschreibung sah nur vor, dass für „**eventuelle**" Kabelpritschenbefestigungen Möglichkeiten geschaffen sein müssten.
Nur **das** musste der Auftragnehmer berücksichtigen; wenn der Auftraggeber keine Weisung zum Eventualfall gab, konnte der Auftragnehmer den Eventualfall unbeachtet lassen.
Für ihn als Fachunternehmer lag aber umgekehrt auch nahe, dass niemand einen Doppelboden baut, um anschließend doch keine EDV-Leitungen zu verlegen.
Wenn er als Fachunternehmer wusste, dass ein einfaches Abheben der Oberböden nicht möglich ist, sondern eine völlig neue Leistung erfordert, hätte er darauf hinweisen und nachfragen müssen. Er hat das versäumt, muss sich also aus dem **Gesichtspunkt des Verschuldens bei Vertragsschluss** so behandeln lassen, als ob der Hinweis (während der Ausschreibungsphase) erteilt worden wäre. Dann hätte der Auftraggeber die Möglichkeit

---

[361] Im Einzelnen ebenso OLG Düsseldorf Schäfer/Finnern/Hochstein, § 5 VOB/B Nr. 6 (S. 47); Wettke, BauR 1989, 292, 298.
[362] OLG Koblenz a.a.O.; Leinemann/Schoofs, VOB/B § 2 Rdn. 148; Roquette, NZBau 2001, 57; Markus, a.a.O.; Oberhauser, a.a.O.

gehabt, klarzustellen, dass nach seiner Auffassung das erneute Ab- und Wiedereinbauen des Bodens für die Kabelverlegung in die entsprechende Position einzurechnen sei. Andererseits hätte der Auftragnehmer dafür aber auch einen zusätzlichen Preis eingesetzt, den der Auftraggeber hätte bezahlen müssen.

260 Die **Lösung knüpft im Ergebnis** an die im Rahmen der Mängelhaftung bekannte Behandlung der **„Sowiesokosten"** an, wobei dieses Problem gerade auch **beim struktuell ähnlichen unterlassenen Hinweis nach § 4 Nr. 3 VOB/B** auf Mängel der Planung eine Rolle spielt: Der Mängelanspruch des Auftraggebers wird bei einem Baumangel um diejenigen (Mehr-)Kosten gekürzt, um die das Werk bei ordnungsgemäßer Ausführung von vornherein teurer gewesen wäre. Ausgangspunkt ist laut BGH die – zutreffende – Erwägung,[363] dass der Auftragnehmer nicht mit den Kosten solcher Massnahmen belastet werden darf, die er nach dem Vertrag nicht zu erbringen hatte.

Durch einen Hinweis an den Auftraggeber hätte in unseren Fällen zwar der Auftragnehmer erreichen können, dass der Auftraggeber seinen Leistungswunsch präzisiert hätte; **der Auftraggeber hätte damit aber – hypothetisch, vgl. Rdn. 257 – nicht erreicht, dass der Auftragnehmer diese Zusatzleistung ohne Zusatzvergütung erbringt.** Auch dem nach mangelhaften Vorgaben leistenden Unternehmer gegenüber kann der Auftraggeber nicht einwenden, hätte er das Problem erkannt, hätte er von Anfang an verlangt, der Unternehmer müsse die zusätzliche mangelfreie Leistung zum selben Preis wie die mangelhaft vorgegeben erbringen. Der Bieter, der einen Vollständigkeitshinweis schuldhaft unterläßt, begeht ebenso eine Vertragsverletzung wie der, der einen Hinweis auf mangelhafte Planung unterläßt. Beiden gegenüber zieht die auftraggeberseitige Einwendung nicht.

Wohl bleibt aber der Einwand des Auftraggebers zulässig, durch planerische Massnahmen hätte er eine Verbilligung erreichen können.

261 Die Überlegungen beziehen sich nicht nur auf unterlassene Hinweise zum (unklaren) Bauinhalt, sondern auch zu unklaren Bauumständen.

262 Die **Analogie zu § 4 Nr. 3 VOB/B** stützt übrigens auch die Auffassung, dass der „frivole", vorsätzlich den Hinweis unterlassende Bieter keine Vergütung erhält. Auch der Auftragnehmer, der einen Mängelhinweis nach § 4 Nr. 3 VOB/B unterlässt, obwohl er **positiv** den Planungsfehler des Architekten **erkannt,** aber verschwiegen hat, kann sich nicht auf das Verschulden oder Mitverschulden des planenden Architekten (für den der Auftraggeber als seinen Erfüllungsgehilfen haftet) berufen.[364]

263 Auf jeden Fall hat der Auftragnehmer die Pflicht, dann, wenn während der Bauausführung ein solcher Problempunkt auftaucht, spätestens jetzt den Auftraggeber darauf hinzuweisen. Andernfalls nimmt er dem Auftraggeber die Möglichkeit, umzudisponieren, billigere Lösungen zu suchen oder andere Wege zu beschreiten. Auch hier führt aber die Verletzung der Hinweispflicht nicht automatisch zum Verlust der Ansprüche; es gelten dieselben Überlegungen wie gerade oben dargetan.

---

[363] BGH BauR 1984, 511; wie hier Schelle/Erkelenz, VOB/A, S. 101; Vygen, Festschrift Locher, S. 263 ff., 285; Bühl, BauR 1992, 26, 33; Werner/Pastor, Bauprozess, Rdn. 1131; s. auch Band 2, Rdn. 269.
Für den konkreten Fall „EDV-Doppelboden" versagt Motzke, BauR 1992, 146, 154, 155 unzutreffend den Mehrvergütungsanspruch; er berücksichtigt das „Sowieso-Problem" nicht.

[364] BGH WM 1991, 204, 205 = ZfBR 1991, 61; BGH BauR 1973, 190.

12.4.3 Mitverschulden – Quotierung?

Es können Fälle vorkommen, in denen sowohl das Verschulden des Auftraggebers an einer mangelhaften Leistungsbeschreibung wie die Fahrlässigkeit des Auftragnehmers, einen Prüfhinweis unterlassen zu haben, zu bejahen sind. Dann kann man in einem solchen Ausnahmefall § 254 BGB direkt oder analog anwenden, d. h. gegenüber einem Vergütungsanspruch aus § 2 Nr. 5 oder § 2 Nr. 6 VOB/B des Auftragnehmers eine entsprechende Aufrechnung mit einem quotierten Gegenanspruch des Auftraggebers aus Verschulden bei Vertragsschluss zulassen. Dabei wird aber grobes **Verschulden des Auftraggebers** (Verstoss gegen Primärpflicht => richtige Ausschreibung) das geringere Verschulden des Auftragnehmers (Verstoss gegen Sekundärpflicht => Prüfpflicht) **meistens völlig überwiegen.**[365] Vorsatz des Bieters („Frivolität") schließt, wie erörtert, allerdings Ansprüche ganz aus.

12.5 Praktische Verhaltensempfehlungen für den Bieter bei mangelhaft definiertem Bausoll

12.5.1 Hinweise zum Schaden des Bieters?

Soll ein Bieter „zu seinem eigenen Schaden" den Auftraggeber auf entdeckte Mängel der Leistungsbeschreibung hinweisen und dadurch (vielleicht) Wettbewerbsnachteile erleiden? Oder soll er „schweigen und hoffen"? Wir haben oben im Einzelnen dargelegt, dass ein Bieter bei der Angebotsprüfung nicht einfach nur das „erkennen" darf, was zu dem für ihn günstigsten Angebot führt; er muss sich vielmehr in der Angebotsbearbeitung an dem Massstab eines „durchschnittlich sorgfältigen Fachbieters" messen lassen. Er muss nicht suchen wie ein Detektiv, aber darf sich auch nicht blindstellen.[366] Viele Bieter glauben, allzu grosse Aufmerksamkeit schade hier nur; auf Missverständlichkeiten, Unklarheiten, Widersprüche und dergleichen in den Angebotsunterlagen hinzuweisen, führe nur dazu, dass der Auftraggeber dann verlange, der Bieter müsse die umfassendere, schwierigere und teurere Leistung einkalkulieren. Wenn andere Bieter folglich nicht hinweisen, unterbreiteten sie das „billigere" Angebot und gewännen damit das Rennen. Außerdem wisse ja niemand, ob man den Auftraggeber nicht zum Schaden des Bieters klug mache, vielleicht merke dieser selbst das Problem nicht. Ohnehin verschütte man sich jedenfalls Chancen auf Nachträge.

Das muss man alles sehr ernst nehmen: Bieter werden sich normalerweise nicht zum eigenen Schaden verhalten. Man muss also schon deshalb dem Bieter zeigen, wie er sich ordnungsgemäß verhalten kann, ohne sich „zu schaden" – und umgekehrt, wie er sich schadet, wenn er nicht hinweist. Vorweg muss der Bieter sich noch einmal vergegenwärtigen, welche **Risiken** er **bei unterlassenem möglichen Hinweis** läuft: Übersieht er die Unklarheit **„mit Absicht"**, bietet er also **vorsätzlich** einen niedrigen Preis an, um später eine schon in der Angebotsphase erkannte Lücke zur Nachtragsstellung auszunutzen, so muss er sich an dem niedrigeren Angebotspreis festhalten lassen. Macht er nämlich später doch Nachträge geltend, erhält er als „frivoler Bieter" nichts, wenn der Auftraggeber ihm gegenüber den Nachweis vorsätzlichen Verhaltens (auch bedingt vorsätzlichen Verhaltens!) führt;[367] der Bieter kommt dazu u. U. im Sonderfall sogar in strafrechtliche

---
[365] Ebenso Werner/Pastor, Rdn. 1131.
[366] Vgl. oben Rdn. 209, 210, 214, 219.
[367] Vgl. oben Rdn. 251, 253, 262.

Schwierigkeiten. Das Risiko, im Angebotsstadium **mit Absicht** zu schweigen und später „nachzuschlagen", ist also – von rechtlichen Erwägungen ganz abgesehen – sehr hoch. Aber auch das Risiko dessen, der nur aus Nachlässigkeit (also **fahrlässig**) nichts merkt, ist bedeutend: Der Streit darüber, wo die Nachlässigkeit endet (und wie der Massstab für die Sorgfalt ist) und wo die Schlitzohrigkeit anfängt, ist unerquicklich, bindet Zeit und Kraft, der Ausgang ist ungewiss. Wer nichts merkt, kann natürlich auch nicht hinweisen, aber auch die Nachlässigkeit hat ihren Preis, wenn auch einen geringeren.[368]

Der Bieter kann sich auch nicht darauf verlassen, dass es ihm schon gelingen werde, einen ungeschickten Auftraggeber in der Ausführungsphase davon zu überzeugen, dass das, was der Auftraggeber (schon in den Angebotsunterlagen zu Recht) fordert, in Wirklichkeit nachtragswürdige Leistung sei.

Aus all diesen Gründen empfiehlt es sich, hinzuweisen – aber dennoch: **Wie** hinweisen, ohne vielleicht als einzig Gerechter unter lauter Sündern Schaden zu erleiden?

12.5.2 Der Hinweis gegenüber dem öffentlichen Auftraggeber

266 Entgegen der Meinung vieler Bieter ist das Problem gegenüber einem **öffentlichen Auftraggeber** formal und **damit** eher leichter zu lösen als gegenüber einem privaten Auftraggeber. Der öffentliche Auftraggeber muss sich nämlich an das starre und strenge Vergabeschema der VergabeVO bzw. VOB/A halten – und er tut es i. d. R. auch, oberhalb der Schwellenwerte des Vergaberechts schon wegen der Nachprüfungsmöglichkeit gemäß den §§ 114 ff. GWB, aber auch sowohl oberhalb wie unterhalb der Schwellenwerte zivilrechtlich deswegen, weil sich bei öffentlichen Auftraggebern die Rechtsprechung herumgesprochen hat, wonach der „annehmbarste Bieter" bei unrichtiger Vergabe nicht nur Ersatz der Angebotsbearbeitungskosten, sondern u.U. auch vollen Ersatz des Schadens verlangen kann.[369]

Der Hinweis des Bieters auf **erkannte** Unklarheiten soll und muss sich in dieses Vergabeschema einordnen, und zwar so, dass der Bieter weder sich selbst benachteiligt noch der Auftraggeber die anderen Bieter unzulässig bevorzugt oder benachteiligt.

Gegenüber einem öffentlichen Auftraggeber soll der Bieter **vor** Angebotsabgabe um Aufklärung nachsuchen. Der öffentliche Auftraggeber **muss** eine für alle Bieter gleiche Chancen eröffnende Ausschreibung durchführen; er muss gegebenenfalls auf diese Nachfrage hin sowohl den anfragenden Bieter wie alle anderen Bieter informieren, so dass durch den Hinweis der Bieter keinen Nachteil erleidet äußerstenfalls gemäß § 17 Nr. 7 Abs. 2 VOB/A.

Der Bieter erreicht dadurch, dass er auf dem Preisniveau des fahrlässig oder vorsätzlich „nicht hinweisenden" Bieters bleibt. Bei schwerwiegender Unklarheit muss der Auftraggeber äußerstenfalls die Ausschreibung aufheben.[370]

Es kann sich auch der Versuch empfehlen, vor Ablauf der Angebotsfrist „neutral" eine Klärung herbeizuführen, z. B. durch Einschaltung eines **Berufs– oder Unternehmerverbandes**. Der Bieter hat bei einem solchen Vorgehen den grossen Vorteil, dass er anonym bleibt, also beim Auftraggeber nicht „in schlechtes Licht gerät", und dass alle Bieter gleichbehandelt werden.

267 Wenn der Bieter erst im Zusammenhang **mit** der Angebotsabgabe mitteilt, dass es eine Missverständlichkeit bzw. Unklarheit gebe, muss er zweierlei berücksichtigen: Er darf

---

[368] Vgl. oben Rdn. 255: Der Bieter hat Vergütungsansprüche, gekürzt um jetzt notwendig werdende Mehrkosten.
[369] Zum Beispiel BGH BauR 1998, 1232 (und dort drei weitere Entscheidungen) sowie BGH „Vergabe Oolith" BauR 1993, 214; OLG Düsseldorf BauR 1986, 107, Revision vom BGH nicht angenommen, vgl. BauR 1986, 733.
[370] Dähne, in: Kapellmann/Messerschmidt, VOB/A § 21, Rdn. 23.

einerseits die Verdingungsunterlagen nicht ändern (§ 21 Nr. 1 Abs. 2 VOB/A). Er muss andererseits sein Angebot ja „einschränken" und mitteilen, wie er „nach seinem Empfängerhorizont" die unklare Stelle versteht. Bei Angebotsabgabe kann er dieses Ziel dann nur noch erreichen, indem er die Verdingungsunterlagen unverändert läßt, aber in einem Anschreiben zum Angebot „einen Vermerk anbringt, dass und wie er die unklare Stelle verstanden hat."[371]

Der Bieter wird je nach Fall und Ausschreibungsbedingungen auch in Nebenangeboten gegebenenfalls die umfassendere Leistungsanforderung berücksichtigen können.

Das alles darf dem Bieter nicht zum Nachteil gereichen: Der Bund verlangt z. B. sogar in seinen Bewerbungsbedingungen, dass der Bieter vor Angebotsabgabe auf Unklarheiten hinweist, wobei dieses „vor" zeitlich nicht definiert ist und auch nicht definiert werden kann, denn wenn z. B. der Bieter erst einen Tag vor Angebotsabgabe das Problem erkennt und dann hinweist, hat er auch immer noch „vor Angebotsabgabe" gehandelt, eine solche Erklärung zu seinem Schutz kann ihm auch niemand verwehren.[372] Dennoch kann der Auftraggeber dann nicht mehr reagieren.

Dem öffentlichen Auftraggeber ist es verwehrt, vergaberechtlich ein Angebot auszuschließen, das im Anschreiben einen **berechtigten** ergänzenden Vermerk enthält, denn der Auftraggeber hat schließlich durch seine schlampige Ausschreibung das Problem erst selbst geschaffen und kann dies dem korrekt handelnden Bieter nicht anlasten.[373] § 9 Nr. 12 b VOB/A fordert den Bieter im vergleichbaren Fall der (globalen, funktionalen) Leistungsbeschreibung mit Leistungsprogramm geradezu auf, Annahmen, zu denen er z. B. hinsichtlich der Aushub-, Abbruch- oder Wasserhaltungsarbeiten gezwungen ist, **weil** diese Teilleistungen nach Art und Menge noch nicht bestimmt werden können, zu treffen und zu begründen.

Der Bieter wird je nach Fall und Ausschreibungsbedingungen auch in Änderungsvorschlägen oder Nebenangeboten ggf. umfassendere Leistungsanforderungen berücksichtigen können.

Es ist eine Frage des Einzelfalles, ob der Bieter den Inhalt dessen, was er beauftragt oder ggf. in Nebenangeboten anbietet, „negativ" oder „positiv" formuliert.[374] **268**

Die „negative Formulierung" ist der Hinweis darauf, was im Angebot nicht enthalten ist. Fragt der Auftraggeber dann bei den anderen Bietern nach, so wird es immer Bieter geben, die sich bereit erklären, zum Preisniveau der „Mindestleistung" auch die „umfassendere Leistung" zu erbringen; der öffentliche Auftraggeber **muss** jedoch dieses Ergebnis vermeiden, indem er klar festlegt, welche Leistung er angeboten wissen will; er muss alle Bieter gleichbehandeln.

Für die „positive" Formulierung dessen, was (nur) Gegenstand des Angebotspreises ist, spricht, dass eindeutig gesagt wird, was Inhalt des Angebots ist, ohne zur Diskussion zu stellen, was alles sonst noch in Betracht kommen könnte; es ist dann Sache des Auftraggebers, die „positiven" Formulierungen richtig zu würdigen, ggf. auch zu klären, wie Preisfolgen sind, wenn er andere Leistungen haben will. Hier muss der Bieter aber besonders

---

[371] Ingenstau/Korbion/Kratzenberg, VOB/A § 21, Rdn. 13; Dähne, in: Kapellmann/Messerschmidt, VOB/A § 21, Rdn. 23; vgl. auch Verdingungsmuster des Bundes EVM (B) BB Nr. 3 (Besondere Vertragsbedingungen), Vergabehandbuch für die Durchführung von Bauaufgaben des Bundes im Zuständigkeitsbereich der Finanzbauverwaltungen, Teil II. Zum Inhalt s. auch Fn. 342.
Der Bieter muss penibel darauf achten, dass sein Hinweis nicht in eine Änderung der Verdingungsunterlagen „ausartet", Ingenstau/Korbion/Kratzenberg, VOB/B § 21, Rdn. 9.
[372] Planker, in: Kapellmann/Messerschmidt, VOB/A § 17, Rdn. 55-58.
[373] Ebenso Heiermann/Riedl/Rusam, VOB/A § 21 Rdn. 13; Ingenstau/Korbion/Kratzenberg, VOB/A § 21, Rdn. 13.
[374] Vgl. Schiffers, Baubetriebliche Voraussetzungen, S. 40, in: Ansprüche des Bauunternehmers bei Abweichungen vom Bauvertrag.

präzise sein; die „positive" Formulierung ist leicht missverständlich; die „negative" Formulierung ist eindeutig.
Das Anschreiben zum Angebot muss auf jeden Fall **eindeutige** Angaben des Bieters enthalten.[375]

269 Manchmal wird auch vorgeschlagen, der Bieter solle mit Hilfe von **Eventualpositionen** die Preise für solche Leistungen in seinem Anschreiben angeben, die nach seiner Auffassung vielleicht in der Ausschreibung enthalten, aber nicht klar im Leistungsverzeichnis aufgeführt seien. Solche Eventualpositionen sollten je nach Fall nur als Zulagepositionen zu den Positionen des LV formuliert werden („nur EP"). Dieses Vorgehen hat zwar für den Auftraggeber den Vorteil, dass er aufgrund seiner eigenen Mengenermittlung berechnen kann, welchen Mehrpreis der Bieter fordert, der die Eventualpositionen genannt hat. Für den Bieter hat die Lösung aber den Nachteil, dass relativ einfach erkennbar ist, wie hoch sein Gesamtpreis für die Leistung ist, die der „Maximalanforderung" der Angebotsunterlagen entspricht. Es besteht zumindest die Gefahr – der eigentlich der öffentliche Auftraggeber nicht unterliegen dürfte –, dass andere Bieter auf Anfrage erklären, in ihren Angebotspreisen sei auch die jetzt bekannt gewordene „Maximalanforderung" enthalten; der öffentliche Auftraggeber wird so verführt, seinen Text für klar zu halten, wenn die anderen Bieter nicht hinweisen **und** billiger sind.
Dem Bieter ist deshalb zu empfehlen, zwar im Anschreiben einen Hinweis zu geben, also auf die Tatsache der möglichen Diskrepanzen in den Angebotsunterlagen hinzuweisen und auch positiv zu formulieren, was in seiner Leistung enthalten ist, ansonsten aber ohne Vorgaben zum Mehrpreis „abzuwarten."

270 Bei als solchen erkannten **Mischpositionen**[376] – der Auftraggeber schreibt etwa mehrere vorkommende Bodenarten ohne Differenzierung aus – kann es sinnvoll sein, im Anschreiben zum Angebot zu benennen, welche Bodenverteilung kalkuliert ist und was damit ausdrücklich Angebotsinhalt ist;[377] die Zulässigkeit ergibt sich eindeutig aus dem Schluss zu § 9 Nr. 12 b VOB/A.

12.5.3 Der Hinweis gegenüber einem privaten Auftraggeber

271 Der private Auftraggeber ist an kein Vergabeschema gebunden; er wird folglich Anfragen auch durch Informationen anderer Bieter „für sich nutzen" wollen.
Es kann also den Fall geben, dass der Auftraggeber nach einem bieterseitigen „negativen" Hinweis bei anderen Bietern „erfolgreich" nachfragt, ob sie über die „Mindestleistung" hinaus auch die „tatsächlich gewünschte Leistung" zum bislang angebotenen Preis erstellen wollen und ihm bei Bejahung den Auftrag erteilen. Dann aber besteht kein Grund, diesem „mutigen" Bieter den Auftrag zu neiden, denn dieser Bieter wird als Auftragnehmer später dann auch keinen Anspruch auf Zusatzvergütung aus dieser „Mehrleistung" haben.
Es gibt aber auch Fälle, bei denen der private Auftraggeber nicht – wie oben dargelegt – nachfragt und irgendeinem (nicht angesprochenen) „problemblinden" Bieter den Auftrag zum „Niedrigpreis" erteilt, später dann aber – aus welchem Grund auch immer – diesem Auftragnehmer eine Mehrvergütung wegen „erschwerter Leistung" gewährt, obwohl die Ausführungspläne nichts anderes beinhalten als die Konkretisierung derjenigen Pläne, die schon zum Zeitpunkt der Angebotsbearbeitung vorlagen.
Da aber der seinen Prüfpflichten nachkommende Bieter in der Regel nicht weiss, ob ein solcher „Clou" nach Vertragsschluss eintritt oder nicht, sollte er klug abwägen, ob er das Risiko eingehen will, gegebenenfalls die „Maximalforderung" der Pläne realisieren zu

---
[375] OLG Düsseldorf IBR 1996, 101 mit zutreffender Kurzanmerkung Kniffka.
[376] Vgl. oben Rdn. 190, unten 859.
[377] Ebenso Vygen, Festschrift Locher, S. 263 ff., 271.

müssen und nicht zu wissen, ob er für diese Leistungen noch eine Zulage wegen Abweichung vom „Minimalniveau" der Ausschreibung bzw. des Angebots bekommt.
Grundsätzlich sollte deshalb bei privaten Auftraggebern der Ansatz sein, dass die „Aufklärungsarbeit" des Bieters im Stadium der Angebotsbearbeitung dazu dient, Ärger von morgen in Problemlösungen von heute umzuwandeln. Ob ein privater Auftraggeber ein solches Lösungsangebot, das ihm objektiv hilft, honoriert, ist vage. Der Bieter wird also abzuwägen haben, wie sein Hinweis „ankommt." Er muss dabei einkalkulieren, dass ein trotz Kenntnis unterlassener Hinweis ihm ohnehin schadet, weil er dann – bei korrektem Verhalten – gar keine Chance hat, später Mehrforderungen durchzubringen.

In seine Überlegungen wird der Bieter einbeziehen, ob er für den betreffenden Auftraggeber schon häufiger und zufriedenstellend gearbeitet hat oder ob es sich für ihn um einen ganz unbekannten neuen Auftraggeber handelt. 272
Wenn Bieter und Auftraggeber schon bei anderen Objekten partnerschaftlich zusammengearbeitet haben, wird ein kostenbewusster Auftraggeber die aktive Mitarbeit des Bieters im Angebotsstadium schätzen und ihn wahrscheinlich bei der Vergabe nicht benachteiligen. Er weiss, dass der Wille zur partnerschaftlichen Zusammenarbeit weiterhin vorhanden ist und dass der Bieter schon jetzt darüber Auskunft gibt, mit welchem Kostenniveau tatsächlich für das Objekt zu rechnen ist.
Handelt es sich um einen „relativ" neuen Auftraggeber, wird der Bieter abwägen müssen, ob er wegen kleinerer Differenzen, die aus Unklarheiten resultieren, die Chance des Zuschlages verspielt. Der Bieter wird durchaus hoffen können, durch „positive Zusammenarbeit" noch zu einer Problemlösung zu kommen, wobei das Problem als solches ja auch dann nicht gravierend sein wird.
Handelt es sich dagegen um gravierende Unklarheiten mit entsprechenden möglichen Folgen, sollte der Bieter auch bei dem neuen privaten Auftraggeber Hinweise geben.
Unterläßt er „frivol" Hinweise, wird er ohnehin seinen Nachtrag nicht durchsetzen können. „Spekuliert" er, so muss er auch mit einem Sachverhalt rechnen, den er nicht voraussieht: Es gibt auch Auftraggeber, die Ausschreibungen bewusst (aber schwer nachweisbar) so unklar formulieren, dass Bieter mit niedrigen Preisen, bezogen auf ein „Minimalniveau", anbieten, aber der Auftraggeber mit Rücksicht auf eine insgesamt ausgetüftelte Ausschreibung während der Ausführung das „Maximalniveau" verlangt und durchsetzt. In diesem Zusammenhang darf man die Rechtsprechung nochmals darauf hinweisen, dass es nicht nur „frivole Bieter" gibt, sondern auch **„frivole Auftraggeber"** (vgl. oben Rdn. 252).

Jedenfalls nützt dem Bieter das Verschweigen seiner Kenntnis nicht. Der „spekulierende" Bieter wird schon aus diesen Gründen oft auf seiner eigenen Spekulation hängenbleiben.

Zusammenfassend ist deshalb für Bieter zu raten, insbesondere auch gegenüber dem privaten Auftraggeber der Prüf- und Hinweispflicht nachzukommen, wobei aber keine strengen Formalvorschriften bestehen und auch z. B. mündliche Hinweise – wenn sie beachtet werden, was ja anschließend (vor Vertragsschluss) kontrolliert und „protokolliert" werden kann und soll – durchaus sinnvoll sein können. 273

12.6 Weigerung des Auftraggebers, klärende Anordnungen zu treffen (Ausführungsphase)

In der Praxis wird es sehr häufig so sein, dass der Auftraggeber sich, wenn erst **während der Ausführung** eine Meinungsverschiedenheit zum Bausoll offenbar wird, überhaupt 274 weigert, eine Unklarheit einzuräumen. Er wird sich vielmehr auf den Standpunkt stellen, **seine** Auslegung des **Bauinhalts** sei klar und richtig; er sei deshalb weder bereit noch verpflichtet, zusätzliche Anordnungen im Sinne des § 1 Nr. 3 oder § 1 Nr. 4 VOB/B zu geben oder gar ausdrückliche Nachträge zu vereinbaren. Er wird außerdem jegliche Vergütung ablehnen und gegebenenfalls die Kündigung des Bauvertrages androhen. Bei unklaren Bauumständen wird er ebenfalls einen Vergütungsanspruch – dazu Rdn. 249 – bestreiten.

Die Meinungsverschiedenheit kann natürlich auch schon vor Ausführung, aber nach Vertragsschluss offenbar werden. Das heißt: Es kann **Nachträge schon vor Ausführung geben** (vgl. Rdn. 400 ff.).

Ob der Auftragnehmer, selbst wenn er im Recht ist, die **Durchführung der zusätzlich verlangten Arbeiten von einer Vereinbarung über eine zusätzliche Vergütung überhaupt abhängig machen kann,** ist ein Thema, das wir im Zusammenhang mit den Ansprüchen aus § 2 Nr. 5 und Nr. 6 während der Ausführungsphase ausführlich behandeln werden (s. Rdn. 972 ff., insbes. 997).

Die dortigen Überlegungen für „normale" Änderungen oder Zusatzleistungen passen zwar methodisch auch hier, aber das „Beurteilungsrisiko" des Auftragnehmers ist hier höher. Für die **hier allein besprochenen** Fälle geänderter oder zusätzlicher Leistungen wegen **Auslegung des Bausolls** gilt deshalb:

Das Ergebnis jeder Auslegung ist und bleibt zweifelhaft. Ebenso läßt es sich im vorhinein oft nicht voraussehen, welche Massstäbe an die Prüfpflicht des Bieters zu legen sind und wie das Ergebnis lauten wird. Der Auftragnehmer läuft also ein **hohes Risiko,** wenn er auf seinem Auslegungsstandpunkt beharrt, die Durchführung der Arbeiten ohne zusätzliche Vereinbarung einer Vergütung wenigstens dem Grunde oder sogar der Höhe nach **ablehnt** und sich dadurch der Möglichkeit der Kündigung aussetzt.

In Fällen, in denen keine Einigung zu erzielen ist, ist dem Auftragnehmer deshalb **zu empfehlen,** dem Auftraggeber unmissverständlich vor Ausführung mitzuteilen, dass er die Arbeiten zwar ausführt, dass er sie aber aus den im Einzelnen darzutuenden Gründen für vergütungspflichtig hält und dass er sie in seine Forderungen auf Akontozahlungen und die Schlussrechnung aufnehmen wird.

Außerdem ist dem Auftragnehmer zu empfehlen, gegebenenfalls in diesem Stadium **Beweise zu sichern,** die seinen Standpunkt belegen.

Hier zeigt sich besonders **die Bedeutung** der am Anfang angesprochenen und später noch ausführlicher darzulegenden **Dokumentation**. Das heißt: Nur wenn der Bieter die vom Auftraggeber im Angebotsstadium vorgelegten bzw. zur Einsicht angebotenen Unterlagen dokumentiert hat, wenn er also die „Auskünfte über Bausoll" belegen kann, kann er auch noch zu einem späteren Zeitpunkt darlegen, was Basis seiner Preisermittlung war; die vereinbarten Preise decken nur das, was im Angebotsstadium auch als Bausoll erkennbar war. Es kann gar nicht deutlich genug betont werden, wie wichtig es für den Bieter ist, das im Angebotsstadium bekannte Soll als Grundlage der Vertragspreise dokumentieren zu können und demzufolge auch Änderungen und Zusätze belegen zu können. Ist ordnungsgemäß dokumentiert, ist die spätere Auseinandersetzung über die Vergütung der risikolosere Weg als jetzt die Verweigerung der Leistung, um den Nachtragsanspruch zu „erzwingen."

Ob „Streit" über die Berechtigung eines Nachtrags dem Auftragnehmer ein Leistungsverweigerungs- oder sogar Kündigungsgrund gibt, ist nicht abstrakt zu beantworten: Zwar hat der Auftragnehmer das Recht, bei schuldhaft verweigerter Einigung seitens des Auftraggebers zu kündigen, aber der Auftragnehmer darf nicht wegen ganz unbedeutender oder völlig zweifelhafter Nachträge kündigen; die **unberechtigte** Weigerung des Auftragnehmers, eine nach seiner Meinung modifizierte Leistung auszuführen, begründet ein Kündigungsrecht des Auftraggebers.[378]

13 Die Ansprüche des Auftragnehmers der Höhe nach

13.1 Regelfall: Höhe der Vergütung gemäß § 2 Nr. 5, Nr. 6, Nr. 8 VOB/B

Sofern der Auftragnehmer eine Leistung ausführt, die von dem nach seinem Empfängerhorizont ermittelten Bausoll abweicht, sobald also ein modifiziertes Bauist auszuführen ist, kann der Auftragnehmer Ansprüche gemäß § 2 Nr. 5, 6 oder 8 VOB/B haben – wir haben das unter Rdn. 246 ff., 251 ff. erörtert. Das sind folglich Ansprüche auf **Mehrvergütung,** nicht auf Schadensersatz.   275
Sie werden in Fortführung der Angebots- bzw. Auftragskalkulation ermittelt, Einzelheiten werden wir im Zusammenhang mit der allgemeinen Erörterung der Ansprüche aus § 2 Nr. 5, 6, 8 VOB/B besprechen.[379]

13.2 Ausnahmefall: Höhe des Schadensersatzanspruches aus Verschulden bei Vertragsschluss

Es gibt nur eine einzige Konstellation, bei der der Auftragnehmer keine Vergütungsansprüche, sondern Schadensersatzansprüche hat, nämlich: Die Auslegung bestätigt die Auffassung des **Auftraggebers,** aber dennoch war die Ausschreibung so mangelhaft, dass deshalb Schadensersatzansprüche des Auftragnehmers aus Verschulden bei Vertragsschluss gegen den Auftraggeber in Betracht kommen; das wird aber nicht sehr häufig vorkommen, wie schon unter Rdn. 244 erörtert. Würde man übrigens noch die frühere Rechtsauffassung – siehe oben Rdn. 248, 249 – vertreten, käme auch dann, wenn die Auslegung die Auffassung des **Auftragnehmers** bestätigte, statt der Vergütungsansprüche gemäß § 2 Nr. 5, 6, 8 VOB/B nur ein Schadensersatzanspruch gemäß Verschulden bei Vertragsschluss in Betracht.   276
Für eine Schadensersatzberechnung muss man immer eine Vorfrage klären.
Richtet sich der Anspruch auf das „negative" Interesse oder auf das „positive" Interesse? Bei Ansprüchen aus Verschulden bei Vertragsschluss ist, § 311 BGB, beides möglich; im ersten Fall wird der Auftragnehmer so gestellt, als ob der Vertrag nicht zustande gekommen wäre; im zweiten Fall wird er so gestellt, als ob der Vertrag zustande gekommen wäre und er einen normalen Erfüllungsanspruch hätte.
Nur das „positive Interesse" ist hier als Ersatzanspruch sachgerecht. Der Auftragnehmer muss vom Bauinhalt oder den Bauumständen her das Werk so ausführen, wie er es auch bei richtiger Ausschreibung von Anfang an hätte erbringen müssen. Er erfüllt also das (modifizierte) Bausoll vollständig. Dem muss ein ebenso vollständiges Vergütungssoll korrespondieren. Mit anderen Worten: Der Ersatzanspruch ist vergütungsgleich, wie es

---

[378] Zum Kündigungsrecht siehe Rdn. 988–990 sowie näher zum Problem „unklare Rechtslage" **Band 2, Rdn. 1019** mit Erörterung von OLG Celle IBR 1995, 415, Revision vom BGH nicht angenommen.
[379] Zu § 2 Nr. 5 s. Rdn. 1000-1007, 1012-1050, 1051-1102, 1103, 1104,1111.
Zu § 2 Nr. 6 s. Rdn. 1009-1011, 1012-1050, 1051-1102, 1105-1109.
Zu § 2 Nr. 8 s. Rdn. 1181.

der BGH für den Ersatzanspruch des Auftragnehmers aus vom Auftraggeber zu vertretender Behinderung gemäß § 6 Nr. 6 VOB/B zutreffend formuliert hat.[380] Die Vergleichbarkeit beschränkt sich allerdings auf die Vergütungsgleichheit; die Sondervorschrift des § 6 Nr. 6 VOB/B nimmt dem Auftragnehmer nach herrschender Meinung (vgl. aber Rdn. 1501) den Anspruch auf Ersatz des entgangenen Gewinns. Für eine analoge Anwendung dieser ohnehin sehr problematischen Einschränkung auf den Anspruch des Auftragnehmers aus Verschulden bei Vertragsschluss bei unklarer Ausschreibung besteht kein Anlass.

Was die **konkrete Höhe des Ersatzanspruches** bzw. die Berechnungsmethodik angeht, ist eine analoge Anwendung der Berechnungsmethodik des § 2 Nr. 5 oder des § 2 Nr. 6 VOB/B sachgerecht. Es ist demgemäß ein **neuer Preis** unter Berücksichtigung der Mehr- oder Minderkosten zu bilden. Wegen der Einzelheiten zu dieser Berechnungsmethodik dürfen wir auf die späteren Darlegungen zu § 2 Nr. 5 und 6 VOB/B verweisen (vgl. Rdn. 936 ff., 1074 ff).Beweisführung und Beweislast

Dieser Schadensersatzanspruch wird also „vergütungsgleich" behandelt.

14 Beweisführung und Beweislast

277 Für Juristen selbstverständlich regelt die (Darlegungs- und) Beweislast eigentlich, was gilt, wenn **ein Beweis nicht** erbracht wird: Wenn der Auftragnehmer behauptet, seine Auslegung sei richtig, die des Auftraggebers sei falsch, deshalb brauche er eine vom Auftraggeber so verlangte Leistung nicht ohne zusätzliche Vergütung zu erbringen, so ist das zuerst und allein eine Auslegungsfrage, die nichts mit Beweis zu tun hat.[381] Wenn aber in diesem Zusammenhang Tatsachenbehauptungen eine Rolle spielen (z. B., das Thema sei klarstellend unter Zeugen erörtert worden, oder es gebe in Fachkreisen eine bestimmte Vertrauensauffassung), muss entschieden werden, was gilt, wenn weder die Behauptung des Auftraggebers noch die Behauptung des Auftragnehmers bewiesen werden kann, wenn also ein Fall des „non liquet" eintritt. Die Beweislast regelt, zu wessen Lasten die Nichtbeweisbarkeit geht. Die Darlegungslast regelt, ob der Kläger im Prozess überhaupt genug vorgetragen hat, um seine Forderungen als in sich schlüssig erscheinen zu lassen.

Für die normalen Fälle des § 2 Nr. 5, Nr. 6 und Nr. 8 VOB/B, also Änderungen oder Zusätze während eines bestehenden, klaren Vertrages gilt: Der, der behauptet, Ansprüche wegen veränderter oder zusätzlicher Leistung zu haben, muss alle Anspruchsvoraussetzungen dartun und beweisen,[382] also der Auftragnehmer.

Für die Beweispflicht des Auftragnehmers verweisen wir auf die Bedeutung einer guten Organisation und **Dokumentation** der **Soll-Vorgaben** bei der Angebotsbearbeitung.[383] Hinzu kommt die von der Bauleitung zu erbringende Dokumentation der **Ist-Gegeben-**

---

[380] BGHZ 50, 25; Kapellmann, BauR 1985, 123, 124.
[381] Näher Band 2, Rdn. 262.
[382] Näher Kapellmann, in: Kapellmann/Messerschmidt, VOB/B § 2, Rdn. 228.
[383] Vgl. Rdn. 289 ff. Nach Witteler, Schwachstellenanalyse der Bauunternehmung und Möglichkeiten zur Steigerung der Wirtschaftlichkeit, S. 55 ff., ist die Angebotsphase eine der beiden entscheidenden Phasen für den Projekterfolg. Die unter Rdn. 289 ff. in diesem Buch besprochenen Schritte bei der Angebotsbearbeitung werden bei Witteler ab Seite 63 ff. in aller Ausführlichkeit behandelt. Ebenso urteilen Drees/Spranz, Handbuch der Arbeitsvorbereitung in Bauunternehmen, S. 83; sie behandeln den Zusammenhang zwischen Analyse des zu erstellenden Bauobjektes, Aufstellen von Soll-Vorgaben für die Abwicklung und Kontrolle des Bauablaufs.

heiten, die oft genug zu wenig ernst betrieben wird. Erst wenn sie ordnungsgemäß erbracht wird, sind die Ist-Gegebenheiten als solche und ihre Abweichungen vom Bausoll (frühzeitig und) unmissverständlich zu erkennen.

Ergibt sich ausnahmsweise, vgl. Rdn. 276, der Anspruch nicht aus § 2 Nr. 5, Nr. 6 oder Nr. 8 VOB/B, sondern als Schadensersatzanspruch aus Verschulden bei Vertragsschluss, gilt dasselbe: Wer eine gegnerische, zum Schadensersatz verpflichtende Vertragsverletzung behauptet, muss sie beweisen, also der Auftragnehmer.

Der Auftragnehmer braucht beim Schadensersatzanspruch aus Verschulden bei Vertragsschluss allerdings nicht das Verschulden des Auftraggebers zu beweisen. Vielmehr muss sich nach allgemeiner, unbestrittener Auffassung der Auftraggeber analog § 282 BGB entlasten. Er muss also beweisen, dass ihn an der mangelhaften Ausschreibung keine Schuld trifft. Praktisch bedeutet das: Der Auftragnehmer braucht zum Verschulden des Auftraggebers überhaupt nichts vorzutragen, der Auftraggeber kann den ihn treffenden Negativbeweis so gut wie nie führen, fast immer mindestens verbleibende Zweifel gehen also zu Lasten des Auftraggebers.

Soweit es darum geht, dass der **Auftragnehmer eine Prüf- und Hinweispflicht** hinsichtlich der Unklarheit des Bausolls verletzt hat, beruft sich der Auftraggeber auf eine ihm günstige Tatsache, eine Vor-Vertragsverletzung des Auftragnehmers. Also muss er dartun und beweisen, dass der Auftragnehmer diese Prüfpflicht hatte und sie verletzt hat. Gelingt der Nachweis nicht, geht das zu Lasten des Auftraggebers.
Ist die Verletzung der Prüfpflicht festgestellt, kann der Auftraggeber verlangen, so gestellt zu werden, als ob die Prüfpflicht erfüllt wäre. Das ist nichts anderes als der Beweis des konkreten Schadens; dafür ist der Auftraggeber beweispflichtig.

Die **Höhe der Vergütung** bzw. die Höhe des Schadensersatzes muss der Auftragnehmer dem Auftraggeber beweisen.

Mitverschuldens- oder Mitverursachungsbehauptungen muss derjenige beweisen, der sie zu seinen Gunsten aufstellt.

Beim versteckten Dissens muss der das Zustandekommen des Vertrages beweisen, der dieses Zustandekommen trotz der Regelungslücke behauptet.[384]

15 Fälligkeit, Abschlagszahlungen und Verjährung der Ansprüche aus mangelhaft definierter Leistungsbeschreibung

Soweit **die Ansprüche des Auftragnehmers auf § 2 Nr. 5, Nr. 6 oder Nr. 8 VOB/B** gestützt werden können, gilt für Fälligkeit, Anspruch auf Akontozahlungen, Aufnahme in die Schlussrechnung und Verjährung nichts Besonderes. Der Anspruch ist Teil des Werklohnanspruches und verjährt wie dieser, also in 3 Jahren, wobei die Verjährung am 1. Januar des Jahres beginnt, das dem Jahr folgt, in dem die 2-Monats-Frist nach Einreichung der Schlussrechnung (§ 16 Nr. 3 Abs. 1 Satz 1 VOB/B) abgelaufen ist, § 195 BGB.

278

---

[384] Münchener Kommentar/Kramer, BGB § 155 Rdn. 15; Palandt/Heinrichs, BGB § 155, Rdn. 5.

Für den ausnahmsweise auf **Verschulden bei Vertragsschluss gestützten Ersatzanspruch** könnte das anders sein. Beim Schadensersatzanspruch beginnt die Verjährung eigentlich bereits mit Eintritt des ersten verzugsbedingten Schadens.[385] Dies würde bedeuten, dass der Anspruch schon vor Aufnahme in die Schlussrechnung nicht nur fällig würde, sondern auch verjährt sein könnte. Bei einem 3jährigen Bauvorhaben einer Kommune könnte also schon vor Erstellung der Schlussrechnung der Anspruch aus Verschulden bei Vertragsschluss verjährt sein. Exakt dieses Problem stellt sich auch bei dem „vergütungsgleichen Ersatzanspruch" des Auftragnehmers gemäß § 6 Nr. 6 VOB/B aus Behinderung durch den Auftraggeber. Wir werden dort das Problem noch im Einzelnen erörtern, wir dürfen hier darauf verweisen und lediglich die schon an anderer Stelle[386] erläuterte Lösung erwähnen:

Vergütungsgleichheit bedeutet, **dass der Schadensersatzanspruch in vollem Umfang hinsichtlich Fälligkeit, Recht auf Abschlagszahlungen und Verjährung so behandelt werden muss wie der Vergütungsanspruch selbst;** das bedeutet also, dass ungeachtet der Rechtsnatur als Schadensersatzanspruch dieser Anspruch erst mit der Schlussrechnung fällig wird und nach Ablauf der 2-Monats-Frist am 1. Januar des Folgejahres die Verjährung beginnt; gleichzeitig bestehen für diesen Anspruch Ansprüche auf Abschlagszahlungen.

16 Der Ausschluss der Ansprüche des Auftragnehmers aus mangelhaft definierter Leistungsbeschreibung durch Allgemeine Geschäftsbedingungen des Auftraggebers

279 Auftraggeber versuchen oft, die Folgen eigener Nachlässigkeit bei der Ausschreibung durch Allgemeine Geschäftsbedingungen auf den Auftragnehmer abzuwälzen. Dieser Versuch muss regelmässig scheitern, weil die Pflicht zur klaren Beschreibung eine Kardinalpflicht des Auftraggebers ist und deshalb entsprechende Klauseln regelmässig spätestens an § 307 BGB scheitern.
Eine Klausel, mit der der Auftraggeber ausdrücklich erklärt, er „hafte nicht für die Richtigkeit der Ausschreibung", ist demgemäß unwirksam.[387] In dieser Schlichtheit finden sich solche Klauseln allerdings auch nicht.

Typischer ist, dass der Auftragnehmer laut Klausel des Auftraggebers „anerkennt", sich an der Baustelle über alle die Preisermittlung beeinflussenden oder die für den Leistungsumfang massgebenden Umstände informiert zu haben. Andernfalls habe er keinen Anspruch im Rahmen ordnungsgemäßer Erfüllung sowie für den Bereich der Vergütung. Die Klausel verstößt möglicherweise gegen die Unklarheitenregelung der §§ 305c, 307 Abs. 1 Satz 2 BGB, jedenfalls aber, wie erwähnt, gegen § 307 Abs. 1 Satz 1 BGB[388].

---

[385] Siehe zu dem Problem im Einzelnen Kapellmann, BauR 1985, 123, zustimmend Rickhey, Seminar Bauverzögerung, S. 115, 133.
[386] Siehe Fn. 380.
[387] Zutreffend Werner/Pastor, Bauprozess, Rdn. 1132 unter Hinweis auf BGH „ECE-Bedingungen" BauR 1997, 466.
[388] BGH NZBau 2004, 324; OLG Frankfurt BauR 2003, 269, Klausel 1; OLG München BB 1981, 1161; OLG Karlsruhe, Bunte, AGB-Entscheidungssammlung Band III § 9 Nr. 15 Klausel Nr. 5; vgl. auch BGH ZfBR 1982, 188; S. Kapellmann, in: Markus/Kaiser/Kapellmann, AGB-Handbuch Bauvertragsklauseln, Rdn. 194, 198; Markus, ebenda, Rdn. 227, 225. Weitere Fundstellen s. Fn. 794.

Ausschluss der Ansrprüche des AN durch AGB des AG   Rdn. 279

Das ändert nichts daran, dass solche Klauseln zulässig sind, die eine präzise Verpflichtung des Auftragnehmers nur umgrenzen oder sogar wiederholen. Korbion/Locher folgend, halten wir z. B. eine Klausel für zulässig, dass sich der Bieter vor Abgabe seines Angebots oder vor Beginn seiner Arbeiten die Baustelle ansehen muss, oder die Klausel, dass er **näher gekennzeichnete,** bereits vorhandene Zeichnungen einsehen muss. Voraussetzung des Eingreifens einer solchen Klausel ist natürlich, dass die Baustelle auch besichtigungsreif, die Pläne und Zeichnungen auch tatsächlich in der für den Vertrag massgebenden Fassung vorhanden sind.[389] Demzufolge ist eine Klausel unwirksam, der Bieter habe durch seine Unterschrift erklärt, ihm seien die örtlichen Verhältnisse bekannt.[390]

Eine Klausel, die dem Auftragnehmer die Pflicht auferlegt, die Ausführungsunterlagen vor Ausführungsbeginn nachzuprüfen, ist im Prinzip zulässig, weil der Auftragnehmer ohnehin (wie ausführlich erörtert) die Pflicht hat, die Ausführungsunterlagen zu prüfen (vgl. auch § 3 Nr. 3 S. 2 VOB/B). Allerdings darf die Klausel nicht vorsehen, dass auch solche Dinge zu prüfen sind, die der Auftragnehmer gar nicht erkennen kann, oder Prüfpflichten statuiert werden, die sogar über den Rahmen des § 4 Nr. 3 VOB/B hinausgehen, der nur bei bestehendem Vertrag gilt.[391] Ohnehin ist in Einheitspreisverträgen eine Klausel unwirksam, die dem Auftragnehmer Planungsrisiken zuweist.[392]

Ebenso ist eine Klausel unzulässig, in der es heißt, der Auftragnehmer erkenne mit Beginn der Leistung an, dass die ihm überlassenen Unterlagen vollständig und ausreichend seien und/oder, dass die Vorarbeiten ordnungsgemäß ausgeführt seien.[393] Das gilt auch für die Klausel, der Auftragnehmer erkenne durch den Beginn der Ausführung an, die ihm überlassenen Unterlagen seien ordnungsgemäß.[394]

Endlich sind auch Klauseln unzulässig, wonach alle Einwendungen gegen die Ausschreibung, alle Bedenken oder Vorbehalte schon während des Ausschreibungsverfahrens vorgebracht sein müssen und spätere Einwendungen keine Berücksichtigung finden.[395]

Da eventuelle Ansprüche des Auftragnehmers sich als Vergütungsansprüche gemäß § 2 Nr. 5, 6 oder 8 VOB/B darstellen, kommt es auch auf solche – unwirksamen – Klauseln an, die grundsätzlich den Anwendungsbereich dieser Regelungen ausschließen wollen.

Da es sich insoweit um eine allgemeine Fragestellung handelt, dürfen wir dazu auf unsere späteren Ausführungen unter Rdn. 1133, 1134 verweisen.

Die Bedeutung der Unklarheitenregel haben wir unter Rdn. 232 erörtert, die unwirksame „Günstigkeitsklausel" unter Rdn. 231.

---

[389] Korbion/Locher, AGB-Gesetz, Rdn. 68.
[390] OLG Frankfurt NJW-RR 1986, 245.
[391] Korbion/Locher, AGB-Gesetz, Rdn. 118; Markus, a.a.O., Rdn. 228.
[392] Zutreffend Heiermann/Riedl/Rusam, VOB/A § 9 Rdn. 42.
[393] Korbion/Locher, AGB-Gesetz, Rdn. 126.
[394] BGH „ECE-Bedingungen" BauR 1997, 1036; OLG Karlsruhe Bunte AGB-Entscheidungssammlung Band III § 9 Nr. 15 Klausel Nr. 5; S. Kapellmann, a.a.O., Rdn. 196; Markus, a.a.O., Rdn. 225.
[395] BGH „ECE-Bedingungen" BauR 1997, 1036; S. Kapellmann, a.a.O., Rdn. 197.

Kapitel 4
Vergütungsansprüche des Auftragnehmers bei mangelhaft definiertem Vergütungssoll

1 Regelfall: Vergütung von Einheitspreisvertrag variabel, aber nicht unklar

280 Wie unter Rdn. 104 näher erörtert, steht bei Vertragsschluss die nach Fertigstellung der Leistungen geschuldete Gesamtvergütung noch nicht fest (vgl. **Abb. 9, S. 45**). § 2 Nr. 2 VOB/B regelt, dass die endgültige Vergütung sich positionsweise aus der tatsächlich ausgeführten (= abgerechneten) Menge, multipliziert mit dem vertraglichen Einheitspreis, ergibt. Die vertraglich vereinbarte Gesamtvergütung, das **Vergütungssoll**, ist bei Vertragsschluss noch variabel, weil die in ihm enthaltenen ausgeschriebenen Positionsmengen (= Vordersätze) nicht unbedingt mit den tatsächlich ausgeführten Mengen (= Abrechnungsmengen) identisch sein müssen.
Dagegen ist die Bewertungseinheit, der Einheitspreis, fest und unveränderlich, solange nicht § 2 Nr. 3 VOB/B eingreift, also die tatsächlich ausgeführte Menge der betreffenden Position nicht um 10 % unter oder über der ausgeschriebenen Menge (= Vordersatz) liegt. § 2 Nr. 3 VOB/B behandeln wir unter Rdn. 400 ff. gesondert.
Jedenfalls ist das **Vergütungs-Ist** beim Einheitspreisvertrag, also die tatsächliche Gesamtvergütung, gegenüber der im Vertrag ausgewiesenen Auftragssumme zwar variabel, **aber in keiner Weise unklar.** Der tatsächliche Positionsgesamtpreis läßt sich durch Multiplikation der tatsächlich ausgeführten (= abgerechneten) Menge mit dem vorgegebenen Einheitspreis ermitteln, der Schlussrechnungsbetrag ergibt sich aus der Addition aller Positionsgesamtpreise (vgl. **Abb. 9, S. 45**).

2 Fälle mangelhaft definierten Vergütungssolls

281 Es gibt aber auch Fälle, in denen die Leistungsseite des Vertrages (das Bausoll) klar ist und nur die **Vergütungsseite** (das **Vergütungssoll**) **unklar** ist. Wir hatten bisher ausschließlich Fälle mangelhaft definierter Leistungsbeschreibung behandelt, in denen also in Angebots- bzw. Vertragsunterlagen die Leistungsseite des Vertrages, also das Bausoll, mangelhaft definiert war. Durch Auslegung war zu klären, welchen konkreten **Leistungs**inhalt eine Position hatte und ob die Auffassung des Auftraggebers oder die des Auftragnehmers zum Leistungsinhalt richtig war. War einmal der Vertrag ausgelegt, so war damit bekannt, was als Leistung zu erbringen war oder ggf., wer die Leistung zu erstellen hatte. Bestätigte die Auffassung die Auslegung des Auftraggebers, war zwar auf den ersten Blick nur geklärt, dass die „erweiterte" Leistung zu erbringen sei; da es aber um die Auslegung ganz **konkreter** Positionen der Leistungsbeschreibung ging, stand damit auch fest, dass der Auftragnehmer und Bieter diesen „erweiterten" Leistungsbeschrieb von Anfang an in seine Preisgestaltung hätte einbeziehen müssen.[396]

---

[396] Vgl. oben Rdn. 242.

Grundsätzlich gibt es aber auch die Möglichkeit, dass die Leistungsseite des Vertrages eindeutig ist, die **Vergütungsseite** (Vergütungsfolge) aber **unklar.**

Dann steht zwar fest, **dass** der Auftragnehmer eine bestimmte Leistung zu **erbringen** hat, aber es ist **nicht** oder unvollkommen **geregelt, ob oder wie** diese Leistung bezahlt wird. Dabei kann der Vertrag genau wie beim Bausoll auch **hinsichtlich** des **Vergütungssolls unklar,** widersprüchlich oder lückenhaft sein. Beim Vertragstyp Einheitspreisvertrag bedeutet das praktisch, dass es für eine auszuführende Leistung entweder gar **keine Position** gibt und damit auch keinen Einheitspreis oder dass der Vertrag einander widersprechende Aussagen zur Vergütung enthält. „Positionslose" Leistungsvereinbarungen ergeben sich häufig, wenn in der Vergabeverhandlung noch eine Leistungspflicht des Bieters festgelegt wird, aber vergessen wird, dafür einen konkreten Preis zu vereinbaren.

Ein **Beispiel** verdeutlicht die allgemeine Problematik: 282
Eine Stadt regelt in ihren Vergabebedingungen, dass Vertragsbestandteil auch ihr „Leistungsbuch" ist; das steht auch so im Einleitungssatz des Leistungsverzeichnisses. Gemäß Leistungsbuch werden für Arbeiten „Schutz und Instandsetzung von Betonbauten" dann **Zulagen vergütet,** wenn Überkopfarbeiten vorkommen.
Im LV ist bei einschlägigen Positionen die Lage und der Ort der einzelnen Arbeiten angegeben. Werden Lage und Ort in den der Ausschreibung beigefügten Plänen überprüft, läßt sich feststellen, dass für diese Leistungen Überkopfflächen vorkommen.
Das LV enthält aber nur Standardtext (für Standardarbeiten), jedoch keine „Zulagepositionen" für Überkopfarbeiten.
Der Bieter setzt in die Standardposition Preise für Standardleistungen ein. Später verlangt er für die „Überkopfleistung" eine Zulage. Da das LV **keine Zulagenposition** enthält, enthält es auch keine Aussage weder des Bieters noch des Auftraggebers zur möglichen Höhe einer solchen Zulage, also auch insoweit keinen „Einheitspreis" für Zulagen. Hat der Auftragnehmer Anspruch auf Zahlung der Zulage, gegebenenfalls in welcher Höhe?

3 Die Auslegung mangelhaft definierten Vergütungssolls

Im vorigen Beispiel haben die Vertragsunterlagen entweder eine Lücke oder einen Widerspruch: Das Leistungsbuch regelt, dass bei bestimmten Arbeiten („Überkopfarbeiten") eine **Zulage vergütet** wird; das konkrete Leistungsverzeichnis regelt nur die Standardvergütung und hat keine Rubrik für die Zulage. Dass die Überkopfarbeiten auszuführen sind, steht laut Leistungsverzeichnis fest. Dass sie zu vergüten sind, sagt (nur) das Leistungsbuch; wie sie zu vergüten sind, läßt sich auf Anhieb gar nicht sagen. Diese Unklarheit des Vergütungssolls muss genau wie beim unklaren Bausoll möglichst durch **Auslegung** behoben werden. Massgebend ist wiederum der **Empfängerhorizont** des Bieters. Für ihn ist angesichts des Leistungsbuchs klar: Wenn Überkopfarbeiten vorkommen, werden sie zusätzlich vergütet. Die Stadt kann nicht einwenden, eine Zulageposition komme im LV nicht vor, also sei eine Zulagevergütung per se ausgeschlossen.
Dieser Einwand versagt selbst dann, wenn in den Vertragsbedingungen der Vorrang des Leistungsverzeichnisses vor dem Leistungsbuch geregelt ist. So wie bei einer Ausschreibung laut Standard-Leistungsbuch zum Bausoll (aus Empfängersicht) der Schluss zulässig ist, dass das, was an Leistungsdifferenzierungen laut Standard-Leistungsbuch hätte angegeben werden können, aber nicht angegeben worden ist, auch nicht vorhanden sei (siehe oben Rdn. 206), gilt hier der umgekehrte Schluss: Was an Inhalt im Leistungsbuch **aus-** 283

drücklich (als Spezialvorschrift zur Vergütung) geregelt ist, kann **nicht** an anderer Stelle **stillschweigend** als abbedungen gelten. Die Stadt hätte (wenn sie das gewollt hätte) also im Text der Position ausdrücklich und **klar** regeln müssen, dass entgegen dem Leistungsbuch **hier** keine Zulage gewährt werde. Dass die Leistung „Überkopfarbeiten" **vergütet** werden soll, ist durch den Text des „Leistungsbuches" ganz eindeutig. Die Frage ist nur, wie. Es bleibt deshalb dabei, dass Vergütung zu zahlen ist.[397] Auch hier gilt äusserstenfalls zugunsten des Auftragnehmers die **Unklarheitenregel**.[398]

284   Vergütung ist auch zu zahlen, wenn bei einer Ausschreibung nach Einheitspreisen, z. B. in Allgemeinen Technischen Vorbemerkungen eine konkrete Leistung **eindeutig als auszuführen** gekennzeichnet ist (z. B. eine **„Besondere Leistung"**), ohne dass dafür eine konkrete LV-Position vorgesehen ist, ohne dass es sich eben nur um eine Nebenleistung handelt und ohne dass (individuell-konkret) ein Ausschluss der Vergütung für solche Leistungen vereinbart worden wäre.[399] Auch hier lautet die Schlussfolgerung nicht, dass zwar auszuführen, aber wegen fehlender Regelung nicht zu bezahlen sei, sondern, dass auszuführen und zu bezahlen sei, die Lücke über Art und Höhe der Bezahlung aber geschlossen werden muss.

Ergibt dagegen der Vertrag eindeutig, dass eine **konkrete** Leistung „ohne zusätzliche Vergütung" auszuführen ist, dass also zwar eine gesonderte LV-Position, z. B. für eine „Besondere Leistung", fehlt, aber klar und eindeutig ist, dass **diese** Besondere Leistung in eine **bestimmte** Position einzukalkulieren ist, so muss der Bieter diese Leistung tatsächlich einkalkulieren, also in den Einheitspreis einer „betroffenen" Position. Jedenfalls enthält er dann keine gesonderte Vergütung, weil sowohl Bausoll wie Vergütungssoll klar sind (siehe auch Fn. 397).

Die **Praxisempfehlung** zu unklarem Bausoll (Rdn. 274 ff.) gilt entsprechend für das unklare Vergütungssoll.

Dem Bieter ist dringend zu empfehlen, im Anschreiben zum Angebot zu erwähnen, in welche **vorhandene** Position er die Kosten für eine ohne Benennung einer besonderen Position ausgeschriebene Leistung „eingerechnet" hat oder ob er diese Kosten z. B. unter Baustellengemeinkosten erfasst hat.

4 Das Schließen der Lücke hinsichtlich der Vergütungshöhe

285   Ist für die **Leistung gar kein Beschrieb vorhanden,** gibt es also gar keine Position, obwohl an der Leistungsanordnung im Vertrag kein Zweifel besteht, so ist **zur Höhe** auf die gesetzliche „Lückenausfüllungsregel" zurückzugreifen, nämlich § 632 Abs. 2 BGB: „Ist die Höhe der Vergütung nicht bestimmt, so ist bei dem Bestehen einer Taxe die taxmässige Vergütung, in Ermangelung einer Taxe die **übliche** Vergütung als vereinbart anzusehen."

Die Höhe der Vergütung richtet sich nach dem Marktpreis der Leistung, nämlich „nach der üblichen Vergütung", also nach einem marktüblichen Einheitspreis und ausgeführter Menge, **nicht** nach den Angebotspreisen.

---

[397] Gessner/Jaeger, Festgabe Kraus, S. 41 ff., 52 halten es „für zu weitgehend, wenn ... die gesamte Vergütungsfrage dazu aufgehängt wird, ob eine Leistung vertraglich geschuldet ist". Wir wüssten nicht, woran die Vergütungsfrage sonst aufgehängt werden sollte. Zuerst ist zu klären, ob die Leistung geschuldet ist, dann, ob sie gesondert zu vergüten ist und wenn ja, wie.
[398] Dazu oben Rdn. 232.
[399] Zur unwirksamen pauschalen Einbeziehung von Besonderen Leistungen **ohne** Vergütung durch AGB siehe Rdn. 135, 136.

Ist dagegen die **Leistung** von Anfang an als **Leistungsbeschrieb vorhanden,** ergibt aber 286
der **Vertragsinhalt insgesamt** lediglich, dass **von Anfang an** ein **Mehr** an Menge auszuführen ist, als an Menge (Vordersatz) ausgeschrieben, so ist das eine blosse Mengenvermehrung aufgrund „Anordnung" **schon im Vertrag.** Wenn beispielsweise das LV 10 Heizregister ausweist, aber laut Vertragsauslegung unzweifelhaft die „erforderliche" Heizung zu erstellen ist und diese Heizung eben 15 Register erfordert,[400)] so erfolgt die Vergütung nach unserer Meinung nach Einheitspreisgrundsätzen, nämlich Vergütung gemäß **ausgeführter Menge** und (bekanntem) Einheitspreis.[401)] Ist die Mengenmehrung (oder -minderung) höher als 10 %, ist **analog § 2 Nr. 3 VOB/B anwendbar.**[402)]

5 Angeordnete Besondere Leistung

Der Fall, dass eine Besondere Leistung im Vertrag gerade **nicht** aufgeführt wird, aber 287
während der Ausführung dann doch vom Auftraggeber angeordnet wird, gehört nicht hierher. Das ist ein normaler Fall der Anordnung zusätzlicher Leistungen (s. oben Rdn. 135).

6 Prüfpflichten?

Wir haben bereits unter Rdn. 136 erörtert, dass ein Bieter zwar auf sachliche Unklarheiten oder Widersprüche des Leistungsverzeichnisses hinweisen muss, aber nicht auf feh- 288

[400)] Fall BGH Schäfer/Finnern Z 2.310 Bl. 40; der Fall spielt auch an anderer Stelle noch eine Rolle, nämlich bei der Frage, ob eine **Anordnung** des Auftraggebers, geänderte oder zusätzliche Leistungen zu erbringen, schon **im** Vertrag möglich ist; das ist zu verneinen (s. Rdn. 882).

[401)] Der Vordersatz ist schlicht falsch.
Von Craushaar wendet § 2 Nr. 5 oder § 2 Nr. 6 an, BauR 1984, 311, 319. Auch § 2 Nr. 6 VOB/B würde immer zur Vergütung führen, weil bei **angeordneter** Mengenmehrung das Ankündigungserfordernis des § 2 Nr. 6 Abs. 1 VOB/B entfällt (so auch im Einzelfall der BGH), vgl. Rdn. 882, 924.
Die Unterscheidung zwischen „als Leistungsbeschrieb vorhandener Leistung" und „nicht als Leistungsbeschrieb vorhandener Leistung" in Rdn. 285 und 286 ist sehr subtil. Wichtig ist: Ob man § 632 BGB, die „Grundsätze des Einheitspreisvertrages" und § 2 Nr. 3 VOB/B analog, § 2 Nr. 6 VOB/B oder sogar § 2 Nr. 5 VOB/B anwendet, dem Grunde nach wird jedenfalls Vergütung zuerkannt. Der Höhe nach wirken sich die Differenzierungen normalerweise nicht aus, der Unterschied zwischen fortgeschriebenen Vertragspreisen und § 632 BGB ist eher theoretischer Natur, weil man in der Praxis kaum über die Vergütungshöhe streiten wird, da ja der Preis für 10 Register schon bekannt ist. Trotzdem liegt dann ein Unterschied vor, wenn der Marktpreis (§ 632 BGB) einerseits und die Preiselemente des „alten Vertrages" (§ 2 Nr. 5, § 2 Nr. 6 VOB/B) andererseits weit auseinanderliegen, der Auftragnehmer also ein Interesse an einer Preisverbesserung durch Anwendung des Marktpreises hätte oder umgekehrt der Auftraggeber ein Interesse an einer Verringerung des Preises durch Anwendung des Marktpreises.

[402)] Analog, weil § 2 Nr. 3 VOB/B Mengenänderungen infolge ohne Einwirkung des Auftraggebers vorgefundener Verhältnisse erfaßt, nicht aufgrund nachträglicher Anordnung des Auftraggebers. Im konkreten Fall sind die „Vertragsverhältnisse" von Anfang an so, wie sie sich heute darstellen. Kalkuliert hat der Auftragnehmer aber nach dem Vordersatz laut LV und nicht nach der „Komplettheitsklausel", die erst zum vollen Leistungssoll führt. Dann ist es angemessen, auf diese Situation die Regel des § 2 Nr. 3 VOB/B analog anzuwenden – im allgemeinen damit eher zum Vorteil des Auftraggebers.

lende Vergütungsregeln. Es ist grundsätzlich Sache des Auftraggebers, beim Einheitspreisvertrag Leistungen richtig in Positionen, Leistungsbeschriebe und Einheitspreise zu zerlegen und so dem Bieter ein korrektes Angebot zu ermöglichen. Tauchen auf dieser Ebene Unklarheiten auf, so hat sie im Regelfall der Auftraggeber zu tragen.

Das heißt natürlich nicht, dass man dem Bieter nicht empfehlen sollte, bei erkanntem, unklarem Vergütungssoll das Problem anzusprechen, um eine eindeutige Kalkulation zu ermöglichen und künftigen Streit zu vermeiden.

Kapitel 5
Anforderungen an die Organisation der Angebotsbearbeitung

1 Allgemeine Anforderungen

Jeder **Bieter** darf und sollte seine unternehmensindividuelle Arbeitstechnik bei der Angebotsbearbeitung haben. Diese sollte – ganz gleich, welches Objekt angeboten und welcher Mitarbeiter mit der Angebotsbearbeitung betraut wird – stets in ihrer Systematik gleich bleiben und somit zu Unterlagen führen, die für Aussenstehende ohne grösseren Einarbeitungsaufwand nachvollziebar sind, also für die eigene Geschäftsleitung, die Bauleitung und/oder die Auftraggeberseite.

Andererseits sollte die **Auftraggeberseite** bedenken, dass sie durch Aufbau und Zusammensetzung ihrer Anfrageunterlagen die Voraussetzungen für die Angebotsbearbeitung schafft. Insbesondere muss sie sich aber darüber im klaren sein, inwieweit es den Bietern zuzumuten ist, bei wenig aussagekräftiger Leistungsbeschreibung eine Vielzahl den Bietern in Art und Umfang nicht bekannter Pläne in fremden Planungsbüros – gegebenenfalls noch im Konkurrenzkampf um die Pläne mit gleichzeitig anwesenden anderen Bietern – zu sichten, auszuwerten und daraus kalkulatorische Schlüsse zu ziehen. **Jedenfalls ist die Erkennbarkeit von Aussagen in beim Auftraggeber einsehbaren Plänen anders zu beurteilen als die der Ausschreibung beigefügten Plänen,** wie unter Rdn. 201–205 erörtert.

Nach unserer Meinung ist es angebracht, dass der **Auftraggeber**

- den Ausschreibungsunterlagen eine Liste der vorhandenen und einsehbaren Pläne (einschl. des jeweiligen Planindex) beifügt;
- alle wesentlichen Gegebenheiten in der Leistungsbeschreibung schon erfasst hat, so dass die Pläne nur zur zusätzlichen Visualisierung dienen;
- sich die Gesamtsumme der kalkulierten Stunden, den Mittellohn und den kalkulativen Aufbau schriftlich darlegen läßt (vgl. EFB-Preis 1, **Abb. 14,** S. 196; und **Abb. 15,** S. 204);
- sich zusätzlich die Einheitspreise der einzelnen, wenigstens aber der wichtigsten Positionen in ihre Bestandteile zerlegen läßt. Dies kann dadurch erfolgen, dass je Position beispielsweise zusätzlich zum Einheitspreis der Einheitspreisanteil für Lohn und Sonstiges angefragt wird, oder dass eine Liste gemäß **Abb. 19,** S. 265 verwendet wird, in die der Auftraggeber diejenigen Positionen einträgt, für die der Bieter die entsprechenden Angaben zu den Kosten einzutragen hat;
- sich außerdem die Angebots- bzw. Auftragskalkulation des Bieters hinterlegen läßt.

Durch die oben aufgeführten Unterlagen sorgt der Auftraggeber dafür, dass sowohl das Bausoll als solches wie auch die aus den bieterseitigen Unterlagen entwickelten internen Soll-Vorgaben dokumentiert werden.

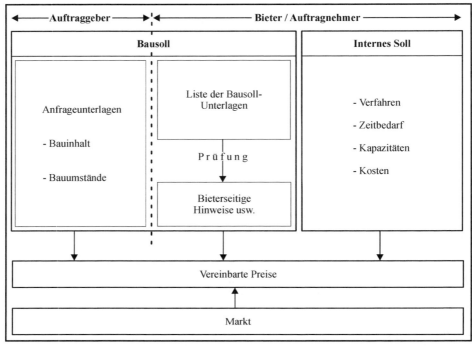

Abbildung 12 Die Bestandteile des Bausolls und die daraus abgeleiteten Unterlagen, nämlich die internen Soll-Vorgaben der Bieter und die vereinbarten Preise

291 Andererseits ist der **Bieter** gut beraten – insbesondere, wenn der Auftraggeber die oben angesprochenen Aktivitäten nicht entwickelt –,

– die Planungsunterlagen bei den einzelnen Planerstellern so weit wie möglich zu sichten, wobei dann, wenn der Planer ausnahmsweise die Einsicht nicht gewährt, dies gegenüber dem Auftraggeber dokumentiert werden sollte,
– eine Liste über die einsehbaren bzw. eingesehenen Pläne anzufertigen,
– sich spätestens nach Auftragserhalt auch einen Satz der im Angebotsstadium einsehbaren Pläne (Bausoll) zu beschaffen.

Hierdurch trifft der Bieter und spätere Auftragnehmer Vorsorge dafür, dass er im Falle des Auftretens von Bauinhalts- und/oder Baumstandsmodifikationen seinerseits durch Dokumente das vom Auftraggeber gesetzte bzw. das nachvollziehbare Bausoll belegen kann.

Die Fixierung des Bausolls hat zum Gegenstand sowohl
– die Anfrageunterlagen des Auftraggebers
– die laut Anfrageunterlagen beschaffbaren und einsehbaren sonstigen Unterlagen der auftraggeberseitigen Planer und
– die Hinweise des jeweiligen Bieters (vgl. Rdn. 265 ff.)

Allgemeine Anforderungen   Rdn. 292

Abb. 12 visualisiert diesen Zusammenhang und zeigt auf, dass sich die vereinbarten Preise aus dem so verstandenen Bausoll und aus den bieterseitig erarbeiteten internen Soll-Vorgaben ergeben. Darüber hinaus ergibt sich nach unserer Meinung für den Bieter die Notwendigkeit zu den in **Abb. 12 und 13**, S. 160 u. 162 aufgeführten und aufeinander belegmäßig abgestimmten Ermittlungen,[403] aus denen sich ein plausibles Ganzes ergibt, das

- nach der Auftragserteilung als Ausgangsbasis für eine differenzierte Arbeitsvorbereitung (vgl. Rdn. 407 ff.) und eine Arbeitskalkulation (vgl. Rdn. 403 ff.) herausgezogen kann und Außerdem der auftragnehmerseitigen Bauleitung dazu dient, Bausoll und Bauist gegenüberstellen und bei Abweichungen entsprechende finanzielle und terminliche Ansprüche stellen zu können,
- auch für den Auftraggeber verständlich und nachprüfbar ist, was vom Bieter in der Angebotsbearbeitung vorgesehen ist.

Das von uns vorgeschlagene „Belegwesen" soll also verhindern, dass später bei der Auftragsabwicklung Probleme oder Streitigkeiten auftreten, weil es für beide Parteien kaum nachweisbar ist, welche Ursachen- und Wirkungszusammenhänge vorliegen. Auf jeden Fall muss es im Interesse beider Parteien liegen, sich nicht darauf zu verlassen, dass „man es später schon richten" werde.   292

Der **Auftraggeber** muss ein Interesse daran haben, dass er nicht nach Vertragsschluss (eventuell nach Auftragserteilung erstellte) Unterlagen vorgelegt bekommt, die so angelegt sind, dass für ihn nachteilige (z. B. überhöhte Ansprüche des Auftragnehmers) Wirkungen entstehen (Beispiel: Berechnung der Baustellengemeinkosten, Einzelkosten der Teilleistungen, Einheitspreise usw. „passen" nicht zusammen).

Der **Auftragnehmer** muss daran interessiert sein, dass er dem Auftraggeber nachweisen kann, dass die von diesem nach Vertragsschluss angeordneten Bauinhalts- und Bauumstandsmodifikationen von dem auftraggeberseitig gesetzten Bausoll abweichen.

Ob alle in **Abb. 13** S. 162 aufgeführten Dokumentationsmittel bei jeder Angebotsbearbeitung eingesetzt werden, hängt unter anderem

- vom jeweiligen Bauobjekt
- der Betriebsgrösse
- der Betriebsorganisation

ab. Je nach den Gegebenheiten kann das dargestellte System in einfachster Form oder in seiner gesamten Breite eingesetzt werden. Es sollte stets beachtet werden, dass erst durch eine Filigranisierung von Soll-Vorgaben auch später die jeweiligen Ursachen durch Ist-Erfassung erkannt und „belegt" werden können. Erst die Verfeinerung von Kontrollstrecken verhilft dazu, die verschiedensten „Abweichungsphänomene" zu erkennen.

Im Einzelnen ist es ratsam, die in **Abb. 13** S. 162 aufgeführte Systematik anzuwenden. Sie wird im folgenden besprochen und kann in Anhang A und B für unser Projektbeispiel nachvollzogen werden.

---

[403] Pause/Schmieder, Baupreis und Baupreiskalkulation, zeigen in ihrem Werk, dass solche detaillierten Belege auch bei mangelhafter Kalkulation sinnvoll sind. Wir werden später bei der Bearbeitung von Nachtrags- und Schadensersatzbeispielen noch eingehend auf die einzelnen Unterlagen und ihre Bedeutung für die Durchsetzung des jeweiligen Anspruchs zu sprechen kommen. Zur Bedeutung der Angebotskalkulation für Nachträge s. auch Drittler, Bauwirtschaft 1992, 39 ff. Zur Bedeutung der Abstimmung von Angebotsbearbeitung, Arbeitsvorbereitung und Arbeitssteuerung verweisen wir auch auf Sehlhoff/Trüstedt, Bauwirtschaft 1987, 1186 ff. Dort wird zutreffend auf die Notwendigkeit von Einsichts- und Verhaltensänderung verwiesen, da „mit bisher landauf, landab geübter Verhaltensweise . . . sich hier Probleme ergeben." Vgl. auch Witteler, Schwachstellenanalyse.

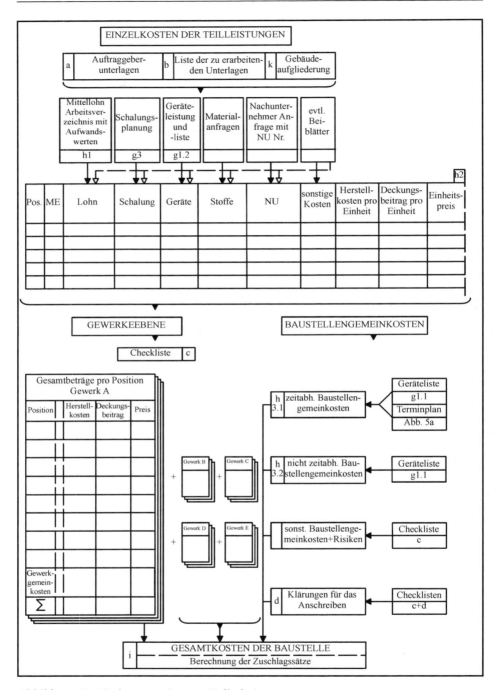

Abbildung 13   Dokumentation zur Kalkulation

2 Spezielle Anforderungen

2.1 Auflistung aller vom Auftraggeber als Bausoll vorgegebenen Unterlagen

Unterlage a (Anhang B) zeigt ein für das Beispielprojekt ausgefülltes Formular. In der Spalte 2 ist pro Unterlage durch Eintragung von Ziffern angegeben, ob es sich

– um einen Teil der auftraggeberseitigen Leistungsbeschreibung
– oder um eine zusätzlich auftragnehmerseitig beschaffte Unterlage handelt.

2.2 Auflistung der Vorschläge für das Anschreiben

Unterlage d (Anhang B) gibt eine Methodik zur Erfassung von Vorschlägen für Elemente des Anschreibens zum Angebot an. Bezug nehmend auf auftraggeberseitige Unterlagen, Risikopunkte oder Sonstiges sind die Inhalte des Anschreibens frühzeitig bei der Problemerkennung zu formulieren. Als Beispiel verweisen wir auf Punkt 9 (Terminplanung als Basis für die Kalkulation) und Punkt 1 (einsehbare Unterlagen).

2.3 Check der einzelnen Leistungen

Hierbei geht es darum festzustellen, inwieweit Probleme und Unstimmigkeiten bei einzelnen Positionen vorliegen (vgl. Unterlage c).

Wir verweisen auf die Praxisbeispiele unter Rdn. 312 ff.

2.4 Systematische Verfolgung und Auswertung der Nachunternehmeranfragen

Die zur Angebotsbearbeitung notwendigen Anfragen bei potentiellen Nachunternehmern sind im Anschluss an die Abcheckung der einzelnen Leistungen zu tätigen. Je Anfrage ist zu dokumentieren, was noch zusätzlich (zur jeweiligen Anfrage) für das betreffende Gewerk zu berücksichtigen, anzufragen bzw. zu kalkulieren ist, also z. B.

– Erstellung von Plänen
– Berechnungen usw.

2.5 Dokumentation der Arbeitsvorbereitung der Angebotsphase

Die Arbeitsvorbereitung ist nichts anderes als das Vordenken, wie das Bausoll bei der Bauausführung erbracht werden kann.

Die bieterseitigen internen Soll-Vorgaben beinhalten, „wie" die auftraggeberseitigen Vorgaben abwicklungstechnisch erfüllt werden sollen. Es geht also z. B. um:

a) Vorgaben von Aufwandswerten
b) Vertragsterminplan (**Abb. 5 a**, S. 31)

c) Gerätelisten und -leistung (Unterlage g 1.1)
d) spezielle Planungen, z. B. Schalungsplanung (Unterlage g 3)

Die Anhang B dargestellten Beispiele zu den einzelnen Unterlagen werden wir später wieder aufgreifen, wenn es darum geht, Nachträge korrekt durch Gegenüberstellung von Soll und Ist zu bearbeiten.

Zu a:
Die Liste der **Vorgaben von Aufwandswerten** ist der Ausgangspunkt für kalkulatorische Berechnungen und für die Aufstellung von Terminplänen[404]

Zu b:
Der vom Auftragnehmer vorgeschlagene **Vertragsterminplan** (**Abb. 5 a**, S. 31) wird in der Regel im Angebotsstadium nur überschläglich erarbeitet. Er dient als Ausgangspunkt für Terminvereinbarungen mit dem Auftraggeber, insbesondere auch dazu, den notwendigen Planvorlauf und die Fristen für die Mitwirkungspflichten des Auftraggebers schon im Abschlussstadium des Vertrags regeln zu können.

298 Eine Besonderheit bei der Termin- und Kapazitätsplanung für Bauarbeiten bildet das **Bauen im Winter**. Sofern keine besonderen Schutzmassnahmen getroffen werden, bedingen die Witterungsumstände, dass an einer Reihe von Werktagen eine Arbeitsdurchführung unmöglich oder nicht sinnvoll ist.

Für das hier als Beispiel dienenden Bauprojekt ist die zu erwartende Zahl der Schlechtwettertage[405] in dem Terminplan derart zu berücksichtigen, dass das vereinbarte Bauende (Ende Februar) nicht überschritten wird.

299 Schon jetzt weisen wir darauf hin, dass dann, wenn für den Vertragsschluss kein Terminplan erarbeitet und verabschiedet worden ist, im nachhinein jedoch von einer der beiden Parteien ein so genannter „Vertragsterminplan" vorgelegt wird, dieser nur dann relevant werden kann, wenn er die im Vertrag festgelegten Termine vollkommen übereinstimmend übernommen hat.
Anders ausgedrückt:
Vom Auftraggeber nachgereichte auftraggeberseitige Terminpläne,
- die vereinbarte Fristen verändern,
- die nach den vereinbarten Endfristen noch Rest- und/oder Nacharbeiten vorsehen bzw. vor vereinbarten Beginnfristen schon „vorbereitende Arbeiten" beinhalten,

sind „Anordnungen" gemäß § 2 Nr. 5 VOB/B, die finanzielle Folgen zu Lasten des Auftraggebers haben können.

300 Weicht ein nach Auftragserteilung im Rahmen der differenzierten Arbeitsvorbereitung erstellter produktionsorientierter Ablaufplan[406] des Auftragnehmers inhaltlich vom Vertragsterminplan ab, so ist natürlich nur letzterer massgebend. Der produktionsorientierte

---

[404] Witteler, Schwachstellenanalyse, S. 72: „Ein bekannter Fehler liegt in der mangelhaften Differenzierung zwischen den kalkulierten Stunden für die Erbringung einer Leistung und den tatsächlich benötigten Stunden, ... die letztlich den echten Zeitbedarf darstellen."
Selbstverständlich können zwischen den Aufwandswerten der Angebotsbearbeitung und den Aufwandswerten der nach Vertragsschluß durchgeführten differenzierten Arbeitsvorbereitung und Arbeitskalkulation noch erhebliche Unterschiede bestehen (vgl. Rdn. 27 sowie Rdn. 301).

[405] Vgl. Witteler, a. a. O., S. 67 ff. An Schlechtwettertagen wird nicht gearbeitet; an den verbleibenden (Winter-)Arbeitstagen wird in der Regel mit veränderter Effektivität gearbeitet. Normalarbeitstage sind solche Tage, an denen die Arbeitskräfte ihre Leistungen mit den üblichen Aufwandswerten erbringen. Somit sind die Tage – je nach Region – in der Zeit von Mitte März bis Ende Oktober Normalarbeitstage.

[406] Vgl. hier Rdn. 33 und Schiffers, Festschrift Leimböck, S. 237.

Systematisch aufgebaute Kalkulation   Rdn. 301, 302

Ablaufplan darf in solchen Fällen nur als analoge Erläuterungshilfe für den Feinablauf innerhalb der vereinbarten Grobablaufstrukturen verwendet werden.
Dem kann auch nicht entgegengehalten werden, man hätte vor Vertragsabschluss für solche Überlegungen keine Zeit gehabt. Wer nach Vorlage von Preisangeboten bereit ist, Verträge mit Terminvereinbarungen zu schließen, der muss sich auch die entsprechende Zeit vor Vertragsschluss nehmen, seine ablauftechnischen Belange in den voraussichtlichen Vertragsterminplan zu integrieren bzw. integrieren zu lassen.

Zu c:
Die **Geräteliste** beinhaltet Geräte, Container und sonstige zeitabhängige Kosten verursachende Einrichtungsgegenstände. Je Zeile wird ein Gerät oder eine sonstige Anforderung eingetragen. 301

Die Spalten der Geräteliste erfassen (vgl. Anhang B, Unterlage g 1.1):

– Gerätespezifikation (Spalten 2 und 3)
– Einsatzzeit (Spalten 15 bis 17)
– Betriebskosten (Spalten 20 und 21)
– Kosten für Vorhaltung (Spalten 9, 11, 18)
– Reparaturkosten (Spalten 10, 12 und 19)
– Auf- und Abbaukosten (Spalten 22 und 23)

Die Summen der Betriebs-, Miet-, Reparatur- sowie Auf- und Abbaukosten sind für Bereitstellungsgerät in Zeile 12 ausgewiesen.

Die Spaltensummen werden bei der Ermittlung der Baustellengemeinkosten wieder aufgegriffen (s. Rdn. 303, 306).

An dieser Stelle erwähnen wir, dass man zumeist eine **detaillierte Schalungsplanung erst nach Auftragserteilung** erarbeitet. Der Grund hierfür ergibt sich aus der Tatsache, dass wegen der vielen Angebote, die für einen Auftragserhalt erforderlich sind, nur möglichst wenig Aufwand bei der Angebotsbearbeitung anfallen soll. Deshalb wird oft erst dann eine ausführliche Arbeitsvorbereitung mit Schalungsplanung mit den voraussichtlichen Ausführungsmengen erstellt, wenn der Unternehmer den Auftrag erhalten hat und wenigstens Vorabzüge der Ausführungspläne vorliegen, aufgrund derer die voraussichtlichen Ausführungsmengen ermittelt werden können.

Im vorliegenden Fall ist im Angebotsstadium nur für Position 9 (Schalung der Kerndecken) in Anhang B eine Schalungsplanung (Unterlage g 3) aufgestellt worden.

2.6 Systematisch aufgebaute Kalkulation

Eine Kalkulation, die 302

– dem Bieter eine ungeschminkte und verursachungsgerechte Aussage für zu erwartende Kostensituationen beim jeweiligen Bauobjekt liefert und
– später auch als plausibler Ausgangspunkt für Nachtragsberechnungen vom Auftraggeber anerkannt werden kann,

muss systematisch aufgebaut sein und die Kosten getrennt nach ihren Verursachungskriterien ausweisen.

Wie schon unter Rdn. 27 besprochen, wird die Angebotskalkulation auf der Basis des Bausolls erstellt und dient der Preisermittlung des Bieters im Angebotsstadium. Sofern sich später während der Bauausführung ein vom Bausoll abweichendes Bauist ergibt, ist die Angebotskalkulation außerdem Ausgangspunkt für die Nachtragskalkulation bei Vergütungsansprüchen. Dieser Aspekt sollte vom Bieter stets bedacht werden. Jede im Angebotsstadium auftretende Spekulation oder Oberflächlichkeit hinsichtlich der Wahl kalkulativer Ansätze kann sich im Falle eines Unterschiedes von Bauist zu Bausoll später bei Nachtragskalkulationen negativ für den Auftragnehmer bemerkbar machen.

Wir ignorieren dabei nicht die Überlegung von Bietern, sich mit niedrigen Preisen den Auftrag zu sichern, andererseits aber im Falle modifizierter Bauinhalte oder Bauumstände einen angemessenen Preisausgleich durchsetzen zu wollen. Dieses „Nachbessern" ist im Regelfall bei zusätzlichen Vergütungsansprüchen nur unter Ausnahmeumständen möglich (vgl. Rdn. 1030 ff.). Dessenungeachtet raten wir gerade auch dann, wenn mit einem niedrigen Preisniveau ein Auftrag erzielt werden soll, eine realistische Angebotskalkulation durchzuführen. Einmal empfiehlt sich das schon aus Gründen interner Ehrlichkeit, um den vermuteten Kostenanfall richtig zu sehen. Zum anderen ist auch die Ehrlichkeit gegenüber dem Auftraggeber für den Fall, dass aus der Angebotskalkulation eine Nachtragskalkulation heraus entwickelt werden soll, keineswegs „nachteilig." Sollten im konkreten Fall die Ansätze der realistisch durchgeführten Kalkulation höher als der aus marktpolitischen Gründen angebotene Preis liegen, steht doch nichts entgegen, die Herstellkosten realistisch anzusetzen, realistisch auch auf einen Ansatz für Gewinn zu verzichten. Dies kann sich sogar so ausdrücken, dass abschließend bei der Kalkulation ein „negativer Zuschlag" für einen einkalkulierten Verlust angesetzt wird.

Wir warnen auch davor, die Ansätze für die Baustellengemeinkosten aus Gründen des erstrebten Preisniveaus zu niedrig anzusetzen. In gleicher Weise halten wir es für bedenklich, wenn die Kosten des Baustellenkostenapparates nicht aus der Kalkulation ersichtlich sind.

In beiden Fällen besteht nämlich später im Falle von Anordnungen des Auftraggebers, die zu veränderten Bauumständen führen, die grosse Gefahr, dass nunmehr aus der Angebotskalkulation nur ein zu geringer oder sogar kein Beitrag für den zu erwartenden Mehrkostenanteil im Bereich der Baustellengemeinkosten nachgewiesen werden kann; wir werden darauf unter Rdn. 1012 ff. noch besonders eingehen.

Zusammenfassend ist also festzuhalten, dass eine Kalkulation, die
- dem Bieter eine ungeschminkte und verursachungskonkrete Aussage für die zu erwartende Kostensituation beim jeweiligen Bauobjekt liefert und
- später auch als plausibler Ausgangspunkt für Nachtragskalkulationen gegenüber dem Auftraggeber akzeptabel sein soll,

systematisch aufgebaut sein sollte und die Kosten getrennt nach ihren Verursachungen ausweisen sollte.

303 Die **Angebotskalkulation** sollte mindestens wie folgt aufgeteilt sein (vgl. **Abb. 13, S. 162**):
a) Berechnung des Mittellohns (Anhang B, Unterlage h 1)
b) Kalkulation der Teilleistungen (Unterlage h 2)
c) Kalkulation der Baustellengemeinkosten (Unterlage h 3)
d) Kalkulationsschlussblatt mit Berechnung der Zuschläge (Unterlage i)

Die Begriffe haben wir unter Rdn. 8 ff. erläutert. Alle Unterlagen in Anhang B beinhalten weiterhin das Beispiel, auf das später bei Nachtragsberechnungen wiederum zurückgegriffen wird.

Zu a:

304 Die Berechnung des Mittellohns (Unterlage h 1) geht von der geplanten Zahl der unmittelbar an der Erstellung der Einzelleistungen beteiligten Arbeitnehmer (Mittellohn A) aus und ermittelt alle unmittelbar mit ihrem Einsatz verbundenen Kosten (Lohnzusatzkosten, also Sozialkosten S und Lohnnebenkosten L).[407]

---

[407] Die Trennung in die Bestandteile A, S und L entspricht derjenigen, die in EFB-Preis unter 1.1 bis 1.3 (vgl. Abb. 14, S. 196 und Abb. 15, S. 204) vorgenommen wird.

Manche Unternehmen beziehen auch den Polier (P), die Kranführer und sonstige nicht unmittelbar an der Erstellung der einzelnen Teilleistungen mitwirkenden Arbeitskräfte in den Mittellohn ein (Mittellohn APSL). Dies ist für den Fall, dass später keine Abweichungen vom vorab vereinbarten Bausoll eintreten, vollkommen unproblematisch. Tritt jedoch beispielsweise eine Bauzeitverlängerung bei unverändertem Leistungsumfang ein oder fallen viel weniger auszuführende Mengen an, als ausgeschrieben worden sind, so mag mancher Auftraggeber nicht einsehen, warum er nunmehr wegen Mehrkosten für Aufsicht und/oder Kranführer zusätzlich in Anspruch genommen werden soll,[408] da er doch aus der (hinterlegten) Kalkulation ersieht, dass der Mittellohn auch Aufsichtskosten usw. enthält.

Allein aus diesem psychologischen Grunde, besonders aber aus Gründen der verursachungsgerechten Kostenzuordnung, ist es ratsam, die Kosten für Arbeitskräfte, deren Kostenverursachung zeitabhängig und nicht mengenabhängig ist, in die Erfassung der zeitabhängigen Baustellengemeinkosten einzuschließen (vgl. Anhang B, Unterlage h 3.1 Blatt 3).

Zu b:
Die Einzelkosten der Teilleistungen ergeben sich in Anhang B, Unterlage h 2 wie folgt: 305
– die Lohnstunden pro Einheit (Spalte 6) aus Erfahrungswerten,
– die Lohnkosten in Spalte 7 aus der Multiplikation der Werte aus Spalte 6 mit dem Herstellmittellohn aus Unterlage h 1,
– die Schalungskosten (Spalte 8) sind entweder geschätzt bzw. für Position 9 in Unterlage g 3 bestimmt worden,
– die Stoffkosten (Spalte 10) sind auf der Basis von Erfahrungswerten bzw. Angabe der Abteilung Einkauf angesetzt worden,
– die Nachunternehmerkosten (Spalte 11) sind durch Angebote zu belegen.

Zu c:
Die Ermittlung der **Baustellengemeinkosten** sollte prinzipiell nach einer gleichbleibenden Methodik, z. B. wie folgt durchgeführt werden: 306
– Zeitabhängige Kosten für **Gerät, Bürobetrieb** usw. werden in Unterlage h 3.1 Blatt 1 ff. erfasst:
  • Gerätekosten durch Übernahme der Gerätevorhaltekosten aus Unterlage g 1.1 (HIPO 110 und 120),
  • Wasser (HIPO 430), Fremdreinigung (HIPO 561) usw. werden unter Berücksichtigung der vorgegebenen Bauzeit (8 Monate) ermittelt.
– Zeitabhängige **Personalkosten** sind in Unterlage h 3.1 Blatt 3 entsprechend der abgeschätzten Einsatzdauer berechnet.

Die **nicht zeitabhängigen Baustellengemeinkosten** werden 307
– als Kosten des Einrichtens in Unterlage h 3.2 Blatt 1 und 2 ermittelt.
  • Hierbei werden z. B. die Kosten des Geräteaufbaus (HIPO 500) aus Unterlage g 1.1, Spalte 12 übernommen,
  • die sonstigen Kosten werden entsprechend den Erfahrungen aus der Vergangenheit und den objektspezifischen Besonderheiten ermittelt.
– Entsprechendes gilt für die Kosten des Räumens (Unterlage h 3.2 Blatt 3 und 4).

Die Kalkulation der **sonstigen Gemeinkosten** der Baustelle **und** der **besonderen Risiken** 308
erfolgt gesondert.

---

[408] Auf diese Problematik gehen wir bei der Besprechung von § 2 Nr. 3 bzw. § 6 Nr. 6 VOB/B noch detaillierter ein (vgl. Rdn. 611 ff. und Rdn. 1050 ff., 1074 ff.).

Für den Fall, dass im auftraggeberseitigen Leistungsverzeichnis keine Positionen für Baustellengemeinkosten aufgeführt sind, der die Baustellengemeinkosten insgesamt oder zum Teil zuzuordnen sind, sind diese Kosten mit Hilfe der im Schlussblatt (vgl. Anhang B Unterlage i) zu berechnenden Zuschlagssätze auf die Positionen der Teilleistungen umzulegen.

Sofern es jedoch im auftraggeberseitigen Leistungsverzeichnis Positionen für Baustellengemeinkosten gibt (vgl. Anhang A Unterlage a 1.1, Leistungsbereich 000, Positionen 1 bis 3), so sind ihnen die zugehörigen Baustellengemeinkosten zuzuordnen. Für unser Beispiel heißt das, dass der Saldo der Kosten der Vorhaltung der Baustelleneinrichtung (Anhang B Unterlage h 3.1 Blatt 1 f.) der Position 2 des Leistungsbereichs 000 zuzuordnen ist. Dementsprechend werden die in den Unterlagen h 3.2 Blatt 1 ff. ermittelten Kosten für die Baustelleneinrichtung und -räumung den Positionen 1 und 3 des Leistungsbereichs 000 zugeordnet.

Zu f:

309 Die in Unterlage i durchgeführte Berechnung der **Prozentsätze** für die **Zuschläge** ist schon unter Rdn. 17 besprochen worden.

2.7 Erfassung von Abänderungen und technischen Klärungen nach Angebotsabgabe

310 Abschließend ist noch darauf zu verweisen, dass nach der Angebotsabgabe bei Vergabeverhandlungen manchmal Abänderungen gegenüber dem bisherigen Bausoll vereinbart werden. Damit diese Veränderungen erfasst und in Beziehung zum bisherigen „Bausoll" gesetzt werden können, empfehlen wir eine Erfassungsmethodik, die die (modifizierten) neuen Vertragsbestandteile den bisherigen Vertragsbestandteilen – die ja auch Eingang in die internen Soll-Vorgaben des jeweiligen Bieters gefunden haben – gegenüberstellt.[409] Entsprechendes gilt – natürlich ohne Preiseinwirkungen – für die technischen Klärungen vor Vertragsabschluss (vgl. Anhang C, Unterlage m).

3 Schlussempfehlung

311 Die systematische Angebotsbearbeitung ist deshalb so wichtig, weil im Falle des Auftrages die Bauleitung dadurch **weiss,**

- was sie hinnehmen muss,
- was sie nicht hinzunehmen braucht
- und was demgemäß Ansprüche auf zusätzliche Vergütung, also Nachträge, auslösen kann.

Um für spätere Zwecke Klarheit über alle Angebotsumstände zu haben, ist es dringend **empfehlenswert,** von seiten des Bieters **die den Kalkulationsunterlagen zugrunde gelegten** Überlegungen zu **dokumentieren und** dem **Auftraggeber** (gegebenenfalls in geraffter Form und verschlossen) **zuzuleiten,** damit später auch ein unstrittiger Nachweis bei Bauinhalts- und/oder Bauumstandsänderungen geführt werden kann.

---

[409] Witteler, a. a. O., S. 48 stellt diesen Punkt besonders heraus.

4 Beispiele zur Überprüfung der Anfrageunterlagen (gemäß Projektanhang A)

4.1 Einführung

Im Anhang B, Unterlage a ist aufgelistet, welche Unterlagen dem Bieter im Zeitraum der Angebotsbearbeitung vorlagen: 312
a) Die Anfrageunterlagen des Auftraggebers (gekennzeichnet durch „1" in Spalte 2),
b) in den Anfrageunterlagen aufgeführte, beim Auftraggeber bzw. seinen Planungsbeauftragten einsehbaren Unterlagen (mit 2 in Spalte 2 gekennzeichnet), u. a.
   – Architektenpläne
   – Entwurfspläne des Tragwerksplaners (Anhang A, Unterlage a 1.2)
c) Formulare (mit 3 in Spalte 2 gekennzeichnet), die vom Bieter auszufüllen sind.

Das Leistungsverzeichnis gibt – zumindest auf den ersten Blick – in sich schlüssig an, was anzubieten ist. Die Frage ist deshalb, ob der Bieter überhaupt in die weiteren in den Anfrageunterlagen aufgeführten Unterlagen – oder sogar in darüber hinausgehende Unterlagen – Einsicht zu nehmen hat oder nicht. 313
Dafür spricht sicherlich, dass man sich erst im Zusammenhang von Text und Plänen das zu erstellende Werk optisch vorstellen kann. Weiterhin kann man erst nach einer Einsicht in die Pläne beurteilen,
a) wo man Kräne anordnen kann und welche Kranhakenhöhen erforderlich sind,
b) welche Ablauftakte und Wiederholungseffekte möglich und welche Sicherheitsmassnahmen zu erarbeiten sind.
Deshalb ist es auf jeden Fall ratsam, in die einsehbaren Planunterlagen Einsicht zu nehmen bzw. sie sich zu beschaffen (vgl. Anhang A, Unterlage a 1.2).

Die Frage ist nun, wie weit die Einsichtnahme gehen muss, immer unter dem Aspekt, ob diese Unterlagen einzeln im Leistungsbeschreibungstext angesprochen worden sind oder nicht. 314
Dort, wo die Pläne unmittelbar angesprochen werden, hat der Bieter sie zur Angebotsbearbeitung heranzuziehen. Hierzu verweisen wir auf die Positionen 13 ff. des Leistungsbereichs 013, in der Fertigteiltypen genannt werden, die als solche nur durch Planeinsicht nachvollziehbar sind. Entsprechendes gilt für die Geometrie der in Pos. 18 ausgeschriebenen Filigranplatten und die Auflageraussparungen für die Treppenläufe der Pos. 23 f.
Zur Planung der Fundament-, Kerndecken- und Wandschalung ist sicherlich ebenso in die Pläne zu schauen wie für die Kalkulation des Fundamentaushubs (Pos. 4 aus Leistungsbereich 002).
Die Frage ist, ob die Plan- und sonstigen Unterlagen auch daraufhin zu sichten sind, ob sich
– Lücken in den Anfrageunterlagen,
– Unterschiede zwischen LV-Texten und sonstigen Unterlagen,
– Unklarheiten,
– irreführende Leistungsbeschreibungen,
– nicht zutreffende Mengenangaben
– oder sogar Unklarheiten hinsichtlich des Vergütungssolls (vgl. Rdn. 281 ff.)
ergeben (vgl. oben Rdn. 159 ff.). Weiterhin ist zu fragen, ob und gegebenenfalls wie die einzelnen Prüfkriterien, nämlich
– Pflichten des Auftraggebers (Rdn. 185 ff.)

– Pflichten des Unternehmers (Rdn. 210 ff.)
hier anzuwenden sind.[410]

4.2 Lücken in den Anfrageunterlagen

315 Auch bei korrekter Beschränkung der Prüfpflichten des Bieters (kurze Angebotsfrist usw.) muss bei einer durchschnittlichen Angebotsbearbeitung bei alleiniger Durchsicht des LV auffallen, dass es keine Aussparungsposition enthält.

316 Die Tatsache, dass keine Aussparungen – bis auf die Auflageraussparungen zu Leistungsbereich (Gewerk) 013 Pos. 23 f – aus dem Leistungsverzeichnis ersichtlich sind, muss nicht bedeuten, dass der Auftraggeber vergessen hat, sie auszuschreiben, da Aussparungen für haustechnische Zwecke durch Kernbohrungen hergestellt werden können.

Außerdem besteht wegen DIN 18 331 Ziffer 4.2.7 bezüglich dieses Punktes sicherlich kein Anlass, irgendwelche Aussparungen irgendwo einzukalkulieren oder aber dem Auftraggeber gegenüber einen Hinweis zu geben (vgl. näher oben Rdn. 208).

317 Was gilt aber im folgenden Fall:
Position 19 lautet (siehe Anlage A):
„Balken als Fertigteile liefern und einbauen, Form Typ 1";
Position 20 lautet:
„Balken wie Position 19, jedoch Form Typ 2."
Bei beiden Positionen ist das gleiche zu tun, jedoch unter Verwendung unterschiedlicher Balkentypen.

Für den Bieter, genauer: für seinen Kalkulator, sind die Positionen klar, er kommt gar nicht auf den Gedanken, dass zusätzlich in Position 20 noch Aussparungen als Auflager zu kalkulieren wären. Die Frage ist: Hätte der Bieter aber nicht bei Durchsicht der Pläne das Problem bemerken müssen? Bei einem Vergleich der Balkenhöhe (60 cm gemäß Anhang A Unterlage a 1.2 Blatt 2) mit der Wandhöhe (rechter Teil von Unterlage a 1.2 Blatt 2) im Schnitt fällt auf, dass die Unterkante der Balken unterhalb der Oberkante der Wände liegt, dass also durch Konsole oder Aussparung in der Wand für eine Auflagerung der Fertigteilbalken gesorgt werden muss. Sind damit nicht die Aussparungen als **Besondere** Leistung in der Leistungsbeschreibung gemäß 4.2 in der DIN 18 299 „besonders" erwähnt?[411]

„Besonders erwähnt" ist eine Besondere Leistung dann, wenn sie in irgendeiner Form so dargestellt ist, dass sie in den Vertragsunterlagen insgesamt nicht „untergeht." Die blosse Tatsache, dass aus Zeichnungen irgendwelche Schlussfolgerungen bei besonders genauer, geradezu detektivischer Durcharbeitung gezogen werden können, reicht dafür nicht aus, ganz abgesehen davon, dass gemäß § 9 Nr. 7 VOB/A für die Ausführung massgebende, aus Zeichnungen zu ersehende Elemente **eindeutig** zu bezeichnen sind, und zwar in der Position durch Verweis auf die Zeichnung oder durch völlig unmissverständliche Kennzeichnung in der Zeichnung selbst.[412]

---

[410] **Im Angebotsstadium** hat ein Bieter die Ausschreibung des Auftraggebers nicht darauf zu überprüfen, ob die ausgeschriebenen Leistungen falsch geplant sind, also zu Mängeln führen - Ausnahme: Offensichtlichkeit (vgl. Rdn. 157). Wir behandeln hier den Fall, dass unklar ist, ob eine Leistung zu erbringen ist oder nicht (Frostschürzen ja oder nein, vgl. Rdn. 326); die diesbezügliche Problematik besprechen wir unter Rdn. 326.
[411] Zur Einbeziehung von **Besonderen** Leistungen in das Bausoll nur durch „**besondere** Erwähnung" gemäß 4.2 der DIN 18 299 vgl. im Einzelnen oben Rdn. 134.
[412] Das ist zulässige „besondere" Einbeziehung, vgl. oben Rdn. 134 und 199.

Oder ist hier das Problem nicht in Wirklichkeit ein Scheinproblem, ist die Leistungsbeschreibung zwar lückenhaft, aber deswegen nicht mangelhaft definiert? Versteht es sich nicht vielmehr von selbst, dass zur Auflagerung Aussparungen zu erstellen sind, ist das nicht nur „zulässige Konkretisierung" ggf. noch in der Ausführungsphase?[413]

Leistungselemente, die technisch notwendig und nach allgemeiner Verkehrsauffassung speziell zu dieser Leistung gehören, brauchen natürlich nicht gesondert ausgeschrieben zu werden; dass in einer Position für Mauerwerk nicht das Zubereiten des Mörtels (vgl. 4.1.7 DIN 18 330) gesondert ausgeschrieben werden muss, versteht sich von selbst. Das betrifft aber nur den Inhalt der Position selbst; wenn andere, weitere Leistungen notwendig sind, wenn insbesondere eben „Besondere Leistungen" zu erbringen sind, mag sich das zwar technisch verstehen, ist aber nicht Konkretisierung der einen Leistung, sondern eine zusätzliche, nur nicht ausgeschriebene weitere Leistung.

Die „Konkretisierung in der Ausführungsphase" ändert nichts daran, dass die erst in den Ausführungsvorgaben **besonders** angeordneten Besonderen Leistungen in Wirklichkeit zusätzliche Leistungen im Sinne von § 2 Nr. 6 VOB Teil B sind und zu vergüten sind.

318 Bedarf das aber nicht im konkreten Fall noch der Korrektur, weil dem Kalkulator jedenfalls bei Bearbeitung der Position 20 hätte auffallen müssen, dass für die Auflage der Treppenläufe ausdrücklich die „Anfertigung der Auflageaussparung in der Betonwand" in den Leistungsumfang eingeschlossen ist, dort also die Besondere Leistung auch **besonders** erwähnt ist. Dazu gilt grundsätzlich:

Der Bieter ist zu so subtilen Überlegungen in der Angebotsprüfphase überhaupt nicht verpflichtet. Im übrigen ändert das nichts an der grundsätzlichen Aussage: Wenn an einer Stelle Aussparungen **besonders** erwähnt sind, heißt das nicht, dass sie auch an anderer Stelle zum Bausoll gehören, obwohl sie dort gerade nicht besonders erwähnt sind. Ganz am Rande: In den Pos. 23 bis 27 sind die Treppenläufe unterschiedlich ausgeschrieben; die Pos. 26 und 27 haben keine Aussagen zur Aussparung zum Inhalt, die Pos. 23 und 24 dagegen wohl. Bei den Treppenläufen wird somit explizit darauf hingewiesen, dass es Positionen mit und Positionen ohne Herstellung von Aussparungen gibt. Also darf man genausogut schließen, da bei den Balkenpositionen keine Auflager erwähnt sind, gibt es dort auch keine vom Bieter zu erstellenden Aussparungen.

Natürlich läßt sich „technisch" argumentieren, einem besonders fachkundigen Bieter hätte bei äusserst engagierter Angebotsbearbeitung beim Lesen von Pos. 20 und bei Durchsicht der gesamten Pläne auffallen müssen oder jedenfalls können, dass aufgrund des oben geschilderten Höhenunterschieds Unterkante Balken und Oberkante Wand eine Auflagerung durch Aussparungen oder Konsole notwendig sei, aber nicht ausgeschrieben sei.

Das hat aber mit der Sorgfalt des „durchschnittlichen Bieters" im Rahmen der Angebotsbearbeitung bei weitem nichts mehr zu tun.

Wenn der Planer als Erfüllungsgehilfe des Auftraggebers mangelhaft ausschreibt, ist es nicht Aufgabe eines Bieters, gewissermassen „nachbereitend" die Ausschreibung zu verbessern. Der Bieter bearbeitet normalerweise viele Ausschreibungen, von denen nur wenige zum Erfolg führen; der Bieter ist nicht der Korrektor des Planers.

Im Übrigen ist ohnehin die Frage, wie eine solche „Lücke" gefunden werden soll, wenn – wie sehr oft **üblich** – der Bieter das Angebot arbeitsteilig und spezialisiert bearbeiten läßt, und zwar so, dass z. B.
– ein Mitarbeiter die herkömmlichen Arbeiten (also zumeist eigene Leistung) kalkuliert,

---
[413] Vgl. oben Rdn. 164, unten 863, 864.

– ein anderer Mitarbeiter Speziallestungen (z. B. Spezialschalungen) oder Nachunternehmerleistungen (z. B. Fertigteile).

Wie sollen bei einer sinnvoll funktionierenden Arbeitsteilung die einzelnen Sachbearbeiter bei in sich jeweils schlüssig ausgeschriebenen Positionen – unerwähnte – Verbindungen zu anderen Positionen überhaupt erkennen?

Der die Nachunternehmerleistung Fertigteile bearbeitende Kalkulator stellt fest, dass es bei den Fertigteilen Positionen mit (Pos. 23 f.) und Positionen ohne (Pos. 26 f.) Eigenleistungen gibt; hierfür macht er einen entsprechend in sich richtigen Kostenansatz. Der andere Kalkulator bearbeitet die Eigenleistungen, also u.a. die in sich schlüssigen Ortbetonarbeiten und macht auch dafür in sich schlüssige Kostenansätze.

Durch die Ausschreibung wird keiner der beiden darauf hingeführt, dass es ein „ungeklärtes" Problem auf der Schnittstelle der Arbeitsbereiche geben könnte (vgl. auch Rdn. 400).

4.3 Unterschiede zwischen Leistungsverzeichnistext und sonstigen Unterlagen

4.3.1 Ausschreibungsunterlagen und sonstige benannte Unterlagen

319   Die neben dem Leistungsverzeichnis noch existierenden Unterlagen sind danach zu unterscheiden, ob es sich um solche handelt, die
– der Ausschreibung (Anfrage an die Bieter) beigelegt worden sind,
– als einsehbar in den Ausschreibungsunterlagen benannt worden sind,
– ansonsten noch (bislang unbekannterweise) existieren.

Für unser Beispiel gilt, dass – wie unter Rdn. 312 besprochen worden ist – in die Unterlagen des Tragwerksplaners Einsicht genommen worden ist. Deshalb musste dem Bieter auffallen, dass in den Entwurfsplänen (vgl. Anlage A Unterlage a 1.2) Türen in den Betonkernen eingetragen sind, hierüber jedoch kein Wort im Leistungsverzeichnis steht.

320   Deshalb ist die Herstellung der Türen durch Abschalung der Türlaibungen einzukalkulieren, und zwar in LB 013 Pos. 8 (Schalung der Wandflächen in den Treppenhäusern).

Zwar werden solche Laibungsflächen zumeist durch eine gesonderte (Zulage-)Position erfasst. Aber wenn eine solche nicht im LV enthalten ist, kann auf keinen Fall der Standpunkt eingenommen werden, dass man somit schon den ersten später zu stellenden Nachtrag gefunden habe.

Der „durchschnittliche Kalkulator" muss also diesen Sachverhalt klären (vgl. Anhang B, Unterlage c, LB 13 Pos. 8).

Ob und wie er diese Leistung einkalkuliert – oder ob er sie gar nicht kalkuliert –, ist eine Frage, die der Bieter selbst entscheiden muss.

Kalkuliert er sie nicht ein, wird er sie später doch ohne besondere Vergütung erbringen müssen.

Der Bieter könnte, wenn er das Schalen der Türen nicht einkalkulieren will, im Anschreiben zum Angebot „negativ hinweisen" (vgl. Rdn. 265 ff.), dass keine Türherstellung einkalkuliert worden ist – oder er könnte vorab dem Auftraggeber einen Hinweis geben.

Weiterhin: Sowohl im Leistungsverzeichnis als auch in den benannten Plänen werden keine Bauwerksfugen aufgeführt. Somit besteht für den Bieter auch kein Anlass, irgendwelche Fragen wegen Fugen zu stellen. 321

Fugen zu planen ist Sache des Auftraggebers. Fehlen Fugen und ist ersatzweise keine entsprechend verstärkte Bewehrung eingebaut worden, so kann das zu Sachmängeln führen. Das zu klären ist Sache des Sonderfachmanns Tragwerksplaner, dazu sicherheitshalber Bedenken anzumelden, ist sicherlich gemäß § 4 Nr. 3 VOB/B Sache des Auftragnehmers – aber erst in der Ausführungsphase.

Anders ausgedrückt: Ganz gleich, ob Fugen notwendig sind oder nicht: Was nicht in den Ausschreibungsunterlagen erwähnt ist und keinerlei Anlass für Zweifel des Bieters gibt, gehört auch nicht zum Bausoll.
Der Auftraggeber hat die Pflicht, in seinen Ausschreibungsunterlagen vollständige Angaben an der richtigen Stelle zu machen (vgl. Rdn. 203). Es ist nicht Sache des Auftragnehmers, im Angebotsstadium eine technische Nachplanung durchzuführen.

All das gilt sicherlich für den Fall, dass aus der bisherigen Planung einschließlich Statik nichts über Fugen ersichtlich ist. Dem würde auch nicht entgegenstehen, wenn der Auftraggeber vortrüge, bei der Konkretisierung der Planung hätte er sicherlich Fugen vorgegeben. Der Auftraggeber muss eine fertige (vgl. Rdn. 208) und in sich schlüssige Planung (vgl. Rdn. 206) seiner Ausschreibung zugrunde legen. Änderung ist dann, dass etwas, was bislang noch nicht in Plänen enthalten war, zu erstellen ist. Das heißt, dass diese – im Leistungsverzeichnis und Erläuterungen nicht enthaltene – Leistung nicht ohne entsprechende Zusatzvergütung zu erstellen ist (vgl. Rdn. 208, 863 f.). Im vorliegenden Fall gilt das um so mehr, als davon auszugehen ist, dass für mehr als 100 m lange Gebäude im Falle der Ausserachtlassung von Fugen sicherlich andersartige konstruktive Massnahmen getroffen worden sind, um Fugen zu ersetzen. 322

Eine andere Frage ist, was gelten würde, wenn in den Ausschreibungsunterlagen und in den benannten Unterlagen nichts über Fugen stehen würde, andererseits aber in der in den Anfrageunterlagen benannten Statik ein Nachtrag über die Anordnung von Fugen enthalten wäre. Muss der Bieter deshalb nach der Statik fragen, in ihr suchen und den oben aufgeführten Sachverhalt finden? 323

Natürlich nicht, denn der Bieter kann und darf einem schlüssigen Leistungsverzeichnis – insbesondere, wenn er in die benannten einsehbaren Pläne Einsicht genommen hat – vertrauen (vgl. Rdn. 321).

Gesetzt den Fall, die Statik sei nicht als einsehbar benannt worden, so gilt das oben Gesagte um so mehr; nicht benannte Unterlagen sind für die Angebotsbearbeitung auf jeden Fall unbeachtlich. 324

4.3.2 Nicht benannte Unterlagen

Dagegen sieht die Situation anders aus, wenn es sich um eine Unterlage handelt, die dem Bieter nicht benannt worden ist und in die er keine Einsicht genommen hat. 325

Im Leistungsverzeichnis von Anhang A werden nur die Bodenklassen 4 und 5 für die Leistungspositionen 3 und 4 sowie Felsklasse 6 in der die Eventualposition 4.1 angesprochen; die Bodenklassen 2, 3 und 7 werden im Leistungsverzeichnis nicht erwähnt. Ist das für den Bieter ein Grund, in das vermutlich existierende Bodengutachten Einsicht zu nehmen?

Wir meinen nein, denn die Ausschreibung wählt ausdrücklich aus möglichen Bodenklassen die aus, die aller Wahrscheinlichkeit nach vorkommen; dies geschah aufgrund eines Bodengutachtens durch einen Sonderfachmann des Leistungsbildes XII gemäß HOAI (vgl. Anhang B, Unterlage 9, lfd. Nr. 9). Dem muss der Bieter vertrauen können; daran ändert auch nichts, wenn im Bodengutachten z. B. Felsklasse 7 aufgeführt wäre. Die Nichterwähnung der Felsklasse 7 im LV wäre ein Ausschreibungsfehler, der spätere Anfall von Fels der Klasse 7 führte zu einem Zusatzvergütungsanspruch des Auftragnehmers. Einzelheiten aus rechtlicher Sicht haben wir dazu generell unter Rdn. 200 erörtert, das „Bodenrisiko" behandeln wir eingehend unter Rdn. 707 ff.

4.4 Unklarheiten

326 Einem durchschnittlichen Kalkulator müsste aufgrund der beigefügten Pläne auch auffallen,[414] dass für den nicht unterkellerten Verwaltungsbau zwar Ortbetonstreifen- und Fertigteilköcherfundamente ausgeschrieben sind, dass aber das Leistungsverzeichnis nichts über Frostschürzen aussagt.

Frostschürzen dienen dazu, bei Bodenplatten, die im Frostbereich des Bodens liegen, Wassereindringung und Frostentstehung zu vermeiden. Einem fachkundigen Kalkulator, der sich nicht nur als „Rechenorgan" seiner Firma, sondern als „Angebotsbearbeiter" auffasst, hätte das Fehlen von Frostschürzen auffallen müssen; eine bieterseitige Rücksprache bzw. ein Hinweis beim Auftraggeber bzw. seinen Planern, ob Streifenfundamente (und nötigerweise entlang der Aussenseite) oder ob Frostschürzen vorgesehen seien, ist auf jeden Fall erforderlich. Das erwähnen wir nur der Vollständigkeit halber. Hier geht es nämlich um ein Mängelhaftungsproblem; der Bieter (bzw. später der Auftraggeber) muss aus Haftungsgründen (§ 4 Nr. 3 VOB/B) hinweisen; wir verweisen auf Anhang B, Unterlage d, lfd. Nr. 6 sowie auf Rdn. 157.[415]

4.5 Im Angebotsstadium nicht zu erkennende künftige Leistungen

327 Aus der später nach der Auftragserteilung vorgelegten Ausführungsplanung ergibt sich, dass Ortbetonattiken als Abschluss für Dacheindeckung und Fassade herzustellen sind. Das führt zu Nachforderungen des Auftragnehmers.

Insoweit bestand für den Kalkulator im Angebotsstadium keine Veranlassung, Rücksprache beim Auftraggeber zu nehmen, da zwar die Lösung mit einer Ortbetonattika viele Vorteile hat, aber keinesfalls die einzige Möglichkeit ist, Dach und Fassade anzuschließen.

---

[414] Dass die ausgeschriebene Menge für den Aushub der Streifenfundamente (Leistungsbereich 002, Pos. 4) nicht ausreicht, um umlaufend einen Frostschutz zu ermöglichen, lassen wir für diese Frage außer acht; den Bieter trifft hinsichtlich der Angebotsmengen keine Prüfpflicht (vgl. oben Rdn. 226).

[415] Wir unterstellen, dass daraufhin die Frostschürzen vom Auftraggeber geliefert und vom Auftragnehmer (bzw. seinem Nachunternehmer) montiert werden. Das ist also ein Nachtrag, bei dem nur Lohnaufwand anfällt. Um den kurzfristig notwendigen Abstimmungsaufwand zu verringern, übernimmt der Auftraggeber dann auch die Lieferung der Köcherfundamente, d. h., er übernimmt die Lieferung der einzubauenden Bauteile. Dies ist eine Selbstübernahme des Auftraggebers gemäß § 2 Nr. 4 VOB/B; ihre finanzielle Regelung erfolgt im Rahmen des ersten Nachtrags (Anlage D2).

Ein weiteres Problem: Wenn man sich intensiv mit der vorgesehenen Ausführung des Projekts befasst, wird man feststellen, dass die Höhenniveaus der Aufstandsflächen der Ortbetonfundamente der Kerne und der Fertigteilfundamente unterschiedlich sind. Da im Bauwerk B die Fertigteilstützen jeweils relativ nahe neben den Kernen stehen, hat das zur Folge, dass Lastabstrahlungen zwischen den beiden Fundamentierungen auftreten, sofern nicht durch ein Betonpolster erreicht wird, dass beide Gründungen auf gleicher Höhe liegen. Dieses Betonpolster ist also notwendig, aber nicht ausgeschrieben. 328

Ein „durchschnittlich sorgfältiger Kalkulator" kann dieses Problem im Angebotsstadium nur dann erkennen, wenn es ihm durch eindeutige Zeichnungen und/oder eindeutige textliche Hinweise im Leistungsverzeichnis klargemacht wird.

Wenn danna bernach Vertragsschluss eine differenzierte Arbeitsvorbereitung durchgeführt wird, wird derselbe Sachverhalt durchaus erkennbar sein, er ist dann auch in die Ablaufplanung einzubeziehen. Dann resultiert aus diesem Sachverhalt – der Vertrag ist geschlossen! – ein Nachtrag, d. h. also, der Auftragnehmer erhält für eine aus den Ausschreibungsunterlagen nicht erkennbare, als Position im Vertragsleistungsverzeichnis auch nicht erfasste (zusätzliche) Leistung zusätzliche Vergütung gemäß § 2 Nr. 6 VOB/B, dies, obwohl er bei ausserordentlich intensivem Studium aus den vorhandenen Unterlagen auch im Angebotsstadium das Problem hätte theoretisch erkennen können (vgl. auch Rdn. 421). Das ist nur die Konsequenz dessen, dass man eben den „Durchschnittshorizont" der Bieter wirklich ernst nehmen muss.

4.6 Nicht zutreffende Mengenangaben

Im Leistungsverzeichnis (Anhang A, Unterlage a 1.1) sind für die Beton- und Stahlbetonarbeiten in LB 013, Pos. 18 4337 m^2 Filigranplatte ausgeschrieben worden. Nach einem kurzen Mengenüberschlag ist erkennbar, dass weit mehr als 5700 m^2 auszuführen sind. Wir haben schon unter Rdn. 226 besprochen, dass die Bieter keine Prüfpflicht für Vordersätze haben; d. h., die oben angesprochene Mengendiskrepanz braucht vom Bieter nicht entdeckt zu werden und nicht zu Hinweisen gegenüber dem Auftraggeber zu führen. 329

4.7 Unklarheiten bezüglich des Vergütungssolls

Unter Rdn. 280 ff. haben wir dargestellt, dass es Fälle gibt, bei denen der Leistungsinhalt klar ist, nicht aber die Vergütungsseite. Gibt es einen solchen Fall auch in unserem Projektbeispiel? Ein solches Problem gäbe es sicherlich bei dem Auflager der Fertigteilbalken dann, wenn es vollkommen klar wäre, dass die Aussparungen für die Auflagerung der Fertigteilbalken (s. oben Rdn. 317) so oder so im Bausoll enthalten sind, es aber nicht klar wäre, was für die Leistung zu vergüten sei, da die genauen Ausführungsanforderungen noch nicht vorliegen. Somit wäre die Herstellung dieser Aussparungen eine Besondere Leistung, für die zur Vergütung noch eine Regelung zu treffen wäre. 330

Tatsächlich gehören die Aussparungen der Fertigteilbalken nicht zum Bausoll (s. oben Rdn. 317); da sie schon nicht zum Bausoll gehören, also gar keine Leistungspflicht besteht, stellt sich das Problem unklaren Vergütungssolls gar nicht.

Teil 3
Die Phase zwischen Vertragsschluss und Baubeginn

Kapitel 6
Die Phase zwischen Vertragsschluss und Baubeginn

1 Der Vertragsschluss als Zäsur für das Bausoll

400 Sobald der Vertrag geschlossen ist, stehen Vertrags-Bausoll und zugehörige Einheitspreise fest.[416] Anders ausgedrückt: Sofern das nach dem Vertragsabschlusszeitpunkt dokumentierte Bauist sich vom Bausoll unterscheidet, kann das zu Ansprüchen des Auftragnehmers führen. Ordnet z. B. der Auftraggeber irgendwelche Veränderungen beim Bauinhalt und/oder bezüglich der Bauumstände an, so hat das in der Regel Folgen, die wir noch in den weiteren Kapiteln besprechen werden. Der Auftragnehmer hat dagegen – ohne Wenn und Aber – das Bausoll zu den vereinbarten Preisen zu errichten. Er kann sich in der Regel im nachhinein nicht auf Kalkulationsirrtümer oder dergleichen berufen (vgl. unten Rdn. 602 ff., Rdn. 1031 ff.).

2 Die differenzierte Arbeitsvorbereitung nach Vertragsschluss

401 Um die Baudurchführung möglichst rationell abzuwickeln, führen die Bauunternehmen **nach dem Vertragsschluss** eine „Arbeitsvorbereitung" durch. Da zumeist schon im Rahmen der Angebotsbearbeitung gewisse arbeitsvorbereitende Überlegungen und Erarbeitungen stattfinden, handelt es sich bei der nach dem Vertragsschluss geleisteten Arbeitsvorbereitung um eine Weiterentwicklung dessen, was schon im Angebotsstadium begonnen hat. Das, was damals schon rudimentär dokumentiert worden ist, wird nun so verfeinert, dass die Bauleitung und das Aufsichtspersonal klare Anleitungen und interne Soll-Vorgaben bekommen. Somit ist diese nach dem Vertragsschluss stattfindende Arbeitsvorbereitung nichts anderes als eine Erweiterung der bisherigen **internen Soll-Vorgaben.** Wir wollen sie deshalb „**differenzierte Arbeitsvorbereitung**" nennen.[417]

---

[416] Die Auftragssumme ergibt sich aus den beauftragten Mengen und den vereinbarten Einheitspreisen. Sofern also im Rahmen der Vergabe Mengen- oder Einheitspreisänderungen sowie Nachlässe vereinbart wurden, sind diese bei der Ermittlung der Auftragssumme zu berücksichtigen und ergeben den Bezugspunkt für eine Ausgleichsberechnung; vgl. Rdn. 626 ff..

[417] Vgl. Schiffers, Baubetriebliche Voraussetzungen, S. 45, in: Ansprüche des Bauunternehmers bei Abweichungen vom Bauvertrag.

Die für unser Projektbeispiel durchgeführte differenzierte Arbeitsvorbereitung behandeln wir nachfolgend unter Rdn. 402.

Die differenzierte Arbeitsvorbereitung wird auf der Basis der vom Auftraggeber gestellten Unterlagen durchgeführt, die **nach** Vertragsschluss zur Verfügung stehen. 402

Dabei gibt es drei unterschiedliche Möglichkeiten:

a)
Die Unterlagen, insbesondere die Pläne, gab es auch schon zum Zeitpunkt des Vertragsabschlusses, sie sind Vertragsinhalt. Das bedeutet, dass sie jetzt vom Auftragnehmer nur noch viel intensiver durchgearbeitet werden als im Angebotsstadium.

b)
Jetzt stehen zusätzlich Pläne zur Verfügung, die bei Vertragsschluss noch nicht vorgelegen haben oder die jetzt als Ausführungsplanung den Bauinhalt konkretisieren.

c)
Schließlich ist es auch möglich, dass die nach Vertragsschluss zur Verfügung gestellten Pläne Überarbeitungen der schon bei Vertragsschluss vorhandenen Pläne (vgl. a) sind. Diese überarbeiteten Pläne enthalten nicht selten Ergänzungen oder Änderungen, d. h., sie enthalten gegenüber dem Vertragsinhalt modifizierte Bauinhalte und/oder Bauumstände.

3 Durchführung der Arbeitskalkulation

Die differenzierte Arbeitsvorbereitung kann – wie vorab schon besprochen – auch zu Erkenntnissen 403
– zur Bautechnik,
– zum Bauablauf und
– zu den Baukosten,
führen, die von denen des Angebotsstadiums abweichen bzw. sie ergänzen.

Unter Rdn. 27 hatten wir bereits dargelegt, dass nach Vertragsschluss und differenzierter Arbeitsvorbereitung zumeist eine **Arbeitskalkulation** durchgeführt wird, die so präzise erarbeitet wird, dass sie als Ausgangspunkt für eine Kostenkontrolle dienen kann. Weiter hatten wir festgestellt, dass die Arbeitskalkulation eine weiterentwickelte Angebots- bzw. Auftragskalkulation sein sollte; als Mengen werden nicht mehr die Vordersätze des auftraggeberseitigen Leistungsverzeichnisses, sondern die nach Durchführung der differenzierten Arbeitsvorbereitung voraussichtlich anfallenden Mengen (VA-Mengen) angesetzt. Wir verweisen hierzu als Beispiel auf die Filigranplatten in Leistungsbereich 013 Pos. 18 der Arbeitskalkulation in Anhang D 2 Unterlage h 2; dort sind jetzt andere Mengen (VA-Mengen) als im Vordersatz des auftraggeberseitigen LV aufgeführt.

In Rdn. 28 (zur **Abb. 4** S. 28) hatten wir erläutert, wie eine Weiterentwicklung der Angebots- zur Arbeitskalkulation durchgeführt werden kann; unter Rdn. 420 werden wir anhand unseres Projektes noch besprechen, wie das praktisch zu erfolgen hat.

Unter Rdn. 30 hatten wir schon das Thema Bewertung von Nachtragsleistungen und Arbeitskalkulation angesprochen. Wir halten nochmals fest: 404
a) Die (realistischen) Sollkosten von Nachtragsleistungen sind in der Arbeitskalkulation anzusetzen.
b) Gegenüber dem Auftraggeber sind die Kosten der Nachtragsleistungen auf der Basis der **Angebotskalkulation** zu ermitteln.

Anders ausgedrückt: Ein und derselbe Nachtrag kann unterschiedlich hohe Sollkosten haben, je nachdem, ob es sich um seine Bewertung in der Arbeits- oder in der Nachtragskalkulation handelt.

405 Dadurch löst sich auch die Frage, ob und wie Bausoll-Modifikationen, die nach Vertragsschluss, jedoch vor Baubeginn auftreten, kalkulatorisch zu berücksichtigen sind. Wie erwähnt, hat die Arbeitskalkulation die Aufgabe, realistische interne Sollvorgaben für die Ausführung auszuweisen. Somit sind **Bausoll-Modifikationen** nach Vertragsabschluss, aber vor Baubeginn auf jeden Fall in die Arbeitskalkulation einzubeziehen. Die Frage ist lediglich, ob man sie mit „Arbeitskalkulations-Positionen" (AK-Positionen) als zusätzliche, in der Angebotskalkulation nicht enthaltene Soll-Kosten verursachende Posten oder als Nachtragsposition kennzeichnet.

Solange für die vom Auftragnehmer als solche angenommenen Bausoll-Modifikationen noch keine Vergütungsregelung mit dem Auftraggeber getroffen worden ist, besteht die Gefahr, dass solche Nachträge dem Grund und der Höhe nach nicht durchsetzbar sein werden. Solange dies der Fall ist, muss der Auftragnehmer nach dem Prinzip des vorsichtigen Kaufmanns eine „Rückstellung" bilden; bezogen auf die Arbeitskalkulation heißt das, dass für solche Fälle in sie eine AK-Position eingefügt wird. Sobald der zugehörige Nachtrag vereinbart ist oder als sicher festgestellt ist, wird die AK-Position durch die entsprechende Nachtragsposition ersetzt (vgl. **Abb. 4**, S. 28), sofern ihre Kostenansätze gleich sind. Ist dies nicht der Fall, übernimmt die zugehörige AK-Position - wie bei normalen LV-Positionen – die über die im Nachtrag angesetzten Kosten hinaus zu erwartenden Kosten.

Jedenfalls führt eine vom Auftraggeber **nach** Vertragsschluss, wenn auch vor Ausführung angeordnete Änderung oder Zusatzleistung zu Nachtragsansprüchen gemäß § 2 Nr. 5 bzw. § 2 Nr. 6 VOB/B.

4 Durchführung des Bauinhalts-Soll-Ist-Vergleichs

406 Unter Rdn. 293 hatten wir besprochen, dass alle in der Angebotsphase bekannten und zugänglichen Unterlagen, die Vertragsinhalt sind und das **Bausoll** bilden, zu listen sind.
Nach Vertragsschluss sind entsprechend **alle neu** eingehenden Unterlagen – also die Unterlagen zu einem jetzt möglicherweise vom Bausoll abweichenden Bauist – in eine Planeingangsliste aufzunehmen. In Anhang D 1 ist die für das Projekt aufgestellte und während des Bauablaufs weiter zu bearbeitende Planeingangsliste für den Status 24.6. als Unterlage p aufgeführt; aus ihr ist ersichtlich, wann bislang welcher Index eines Planes auf der Baustelle eingetroffen ist.

Wie schon besprochen, enthält
a) ein Teil der eingehenden Pläne nur Konkretisierungen dessen, was aus den Ausschreibungsunterlagen schon ersichtlich war;
b) andere Pläne enthalten jedoch möglicherweise geänderte Bauinhalte gegenüber dem Ausschreibungsstadium – ganz gleich, ob als offensichtliche Änderungen bzw. Ergänzungen gegenüber den bisher bekannten Planinhalten oder als Auswirkungen von nur behaupteten Konkretisierungen der ausgeschriebenen Bauinhalte, die sich in Wirklichkeit schon als konkludente Änderung darstellen (vgl. Rdn. 863, 864).

Da der Arbeitsvorbereiter des Auftragnehmers in der Regel nicht weiss, ob die eingehenden Pläne der Fallgruppe a oder der Fallgruppe b zugehören, muss er alle Pläne darauf überprüfen, ob darin gegenüber dem Bausoll bei Vertragsschluss Bauinhaltsmodifikationen enthalten sind.

Was heißt das konkret? Der Inhalt der Ausführungspläne und der nachvertraglichen Anordnungen, also insbesondere der eingegangenen Ausführungspläne muss mit dem Bauinhalts-Soll (der Angebots- und Vertragsabschlussphase) verglichen werden; dabei kann sich eine Bausoll-Bauist-Abweichung herausstellen. Bezogen auf unser Projektbeispiel heißt das, dass die das Bauist dokumentierenden Planunterlagen (z. B. Anhang E Unterlage a 4) mit den Ausschreibungsunterlagen (also Anhang A Unterlage a 1.2 Blatt 2 zu vergleichen sind.[418]

Eine solche Planüberprüfung ist nicht nur aus den oben genannten Gründen sinnvoll, sondern ganz generell, zumal § 3 Nr. 3 und § 4 Nr. 3 VOB/B sie noch aus anderen Gründen fordern. Treffen nämlich Ausführungspläne beim Auftragnehmer ein, so hat er sie auf etwaige Unstimmigkeiten zu überprüfen und den Auftraggeber auf entdeckte oder vermutete Mängel hinzuweisen. Es bietet sich folglich an, diese Überprüfungstätigkeit um einen Soll-Ist-Vergleich bezüglich des Bauinhalts zu erweitern.[419]

Prüf- und Mitteilungspflichten, die für Ansprüche aus § 2 Nr. 6 oder § 6 Nr. 1 VOB/B wichtig sind, entstehen also nicht nur als Aufgabe für die Bauleitung vor Ort, sondern auch schon in der Phase der differenzierten Arbeitsvorbereitung.

5 Beispiele

5.1 Differenzierte Arbeitsvorbereitung

Wir knüpfen an die Darlegungen von Rdn. 293 ff. zur Arbeitsvorbereitung in der Angebotsphase an.

407

Die einzusetzenden Schalsysteme für die Kerndecken und für die Wände sind detailliert geplant und durch Schalungspläne (z. B. Anh. D 1, Unterlage p) genauestens dokumentiert worden.

Die sich daraus ergebenden Kosten sind in Anhang D 2, Unterlage g 3 Blatt 1 f. festgelegt worden.

Im Rahmen der differenzierten Arbeitsvorbereitung ist nach einer prophylaktischen Nachunternehmeranfrage entschieden worden, dass die Erdarbeiten nicht durch eigenes Gerät und Personal, sondern durch Nachunternehmer erbracht werden sollen.

408

Die terminbestimmenden Tätigkeiten werden im Rahmen der differenzierten Arbeitsvorbereitung in **Soll-Ablaufplänen** erfasst; in unserem Fall sind das jeweils im Anhang D 1 Unterlage g 4 Blatt 5 und 6 die der Gründungsarbeiten (TP-Soll a) und der aufgehenden Konstruktion (TP-Soll b). Diese produktionsorientierten Terminpläne haben sich in die Vorgaben des projektorientierten Vertragsterminplans (vgl. Anhang B, Unterlage g 4) einzufügen.

409

Um TP-Soll erstellen zu können, werden für zwei kennzeichnende Abschnitte, jeweils einem aus den Bauwerken A und B, die Zeitbedarfsermittlungen (Anhang D 1, Unterlage g 4, Blatt 1 ff.) mit realistischen Aufwandswerten für die einzelnen Tätigkeiten durchgeführt. Die dort ermittelten Daten sind die Grundlage für die Taktermittlung, bei der Außer-

---

[418] Treten Differenzen auf, so spricht das dafür, dass Bauinhaltsmodifikationen aufgetreten sind und schon jetzt – vor Baubeginn – zu beachten sind, also auch jetzt schon Anlaß zu Nachträgen sind.
[419] Entsprechendes gilt natürlich auch für die Bauumstände, also z. B. für die Planliefertermine.

dem noch darauf zu achten ist, dass ein kontinuierlicher Einsatz der beteiligten Arbeitskolonnen gewährleistet ist.

410 Die für die Terminplanung und für das innerbetriebliche Controlling vorgegebenen Aufwandswerte sind in Anlage D 1, Unterlage g 2 Blatt 1 aufgelistet.[420] Erforderlichenfalls sind einzelne Aufwandswerte vorab detailliert zu ermitteln (vgl. Unterlage g 2 Blatt 2).
Zu beachten ist dabei, dass für die Taktberechnungen (vgl. Anhang D 1, Unterlage g 4 Blatt 1 bis 3) zunächst Normal-Aufwandswerte (ohne Einarbeitungszuschläge usw.) verwendet werden. Darüber hinaus ist für die Erstellung der Soll-Ablaufpläne (vgl. TP-Soll a und b) auch der Zeitverbrauch für vor- und nachbereitende Massnahmen und für Einarbeitungseffekte berücksichtigt (vgl. Anhang D 1, Unterlag g 4, Blatt 4). Nebenbei: Bei der Arbeitskalkulation sind dementsprechend Mittelwerte unter Berücksichtigung der Einarbeitungszeiten als Aufwandswerte anzusetzen.

411 Unterhalb der Soll-Ablaufpläne TP-Soll a und b tragen wir den Kapazitätsbedarf ein, also die geplanten Einsatzdauern für Kolonnen und Geräte, so wie wir sie im Einzelnen bei der detaillierten Takt- und sonstigen arbeitsvorbereitenden Planung ermittelt haben.

412 Die Gesamtterminplanung muss in unserem Fall noch berücksichtigen, dass dem Auftragnehmer keine Terminverlängerung aus Schlechtwettertagen zusteht, d. h., die Terminplanung muss so aufgebaut sein, dass das vereinbarte Bauende (Ende Februar) einschließlich der gegebenenfalls anfallenden Schlechtwettertage nicht überschritten wird.

Gehen wir davon aus, dass örtlich bedingt mit etwa 20 Schlechtwettertagen bis Ende Februar zu rechnen ist und dass für die ab November verbleibenden Arbeitstage zu berücksichtigen, dass an bestimmten Tagen witterungsbedingt nicht die Leistung erbracht werden kann, die an Normalarbeitstagen erbracht werden kann.

Abhängig
– von den jeweiligen Tätigkeiten und
– von der Art des Schutzes des Arbeitsplatzes

ist gemäß Anhang 0 Tabelle 1 mit unterschiedlich hohen Minderleistungen zu rechnen. Die dort aufgeführten zwei Werte je Kriterium haben ihren Grund darin, dass der erste Wert für Frosttage, also für weniger behindernde Umstände, der zweite Wert dagegen für Eistage, also für besonders behindernde Umstände gilt.[421]

In welchem Umfang durchschnittlich regional Frost- und Eistage anfallen, kann beim jeweils zuständigen Wetteramt erfragt werden. Anhang 0 Tabelle 2 gibt einen Überblick über die Witterungsdaten wichtiger Städte Deutschlands; hieraus entnehmen wir für unser Beispiel die Frosttage der Monate November bis Februar für Frankfurt (66 Tage); diese Tage schließen auch Samstage und Sonntage ein.

Um also eine Aussage darüber treffen zu können, mit welcher Wahrscheinlichkeit an einem ab November der **verbleibenden Arbeitstage** ein Frosttag anfällt, setzen wir die 66 Frosttage zu den insgesamt von November bis einschließlich Februar anfallenden Kalendertagen in Beziehung:[422]

$$66 \text{ Frosttage}/120 \text{ Kalendertage} = 0{,}55$$

---

[420] Zum Zwecke der noch zu besprechenden Kontrolle des Iststundenanfalls wird pro Aufwandswert eine BAS-Nummer vorgegeben. Genaueres dazu siehe Rdn. 1506 ff.
[421] Frosttage sind Tage, an denen die Temperatur zeitweise Werte unter 0° C erreicht. An Eistagen liegt die Temperatur durchgehend unter 0° C.
[422] Dem Einwand, dass hierbei nicht beachtet wurde, dass doch schon die Schlechtwettertage abgezogen worden sind, ist entgegenzuhalten, dass ein erheblicher Anteil an Schlechtwettertagen durch Niederschläge und nicht durch Frosttemperaturen bedingt ist.

Somit ist damit zu rechnen, dass an 55% der verbleibenden Arbeitstage **Frosttemperaturen** und mithin auch **Minderleistungen** anfallen. Die übrigen Arbeitstage sind Normalarbeitstage.

Wie wollen wir das nun im Terminplan berücksichtigen. Da wir nicht genau wissen, wann die Schlechtwettertage und die Frosttage anfallen, wählen wir folgenden Weg:

- Wir setzen für den Monat November 20 Normalarbeitstage an, da in diesem Monat erfahrungsgemäß die wenigsten Schlechtwettertage und Tage mit Minderleistung anfallen (vgl. Anhang 0 Tabelle 2).
- Die restlichen Normalarbeitstage werden über die noch möglichen Arbeitstage der Monate Dezember bis Ende Februar verteilt. Da wir nicht wissen, wann die Schlechtwetter- bzw. Frosttage anfallen, setzen wir einfach einen Normalarbeitstag mit zwei Kalenderarbeitstagen gleich, d. h., jedem berechneten Arbeitstag entsprechen in unserem Sollablaufplan TP-Soll zwei Kalenderarbeitstage.

5.2 Arbeitskalkulation

Die Kostenauswirkungen der in der differenzierten Arbeitsvorbereitung dokumentierten Vorgaben sind in der Arbeitskalkulation zu berücksichtigen. Wir haben schon unter Rdn. 27 ff. und in Fn. 28 darauf hingewiesen, dass die Arbeitskalkulation als Weiterentwicklung der Angebotskalkulation anzusehen ist und führen dies in unserem Projektbeispiel in Anhang D 2, Unterlage h 2 vor. 413

Sofern bei der differenzierten Arbeitsvorbereitung erkannt wird, dass sich die voraussichtlich anfallenden Mengen (VA-Mengen) von den Vordersätzen, also den ausgeschriebenen Mengen, unterscheiden, werden die VA-Mengen in die Arbeitskalkulation übernommen (vgl. Pos. 18 aus LB 013). 414

Entsprechendes gilt für die Auswirkungen der differenzierten Arbeitsvorbereitung auf die Mengen; LB 013 Pos. 11 hat z. B. nunmehr die VA-Menge 0, da die Randschalung durch Fertigteilaufkantungen ersetzt worden ist.

Die Substitution eigener Kapazitäten im Leistungsbereich 002 durch Erdbau-Nachunternehmer wird dadurch in der Arbeitskalkulation berücksichtigt, dass wir die angebotskalkulierte Eigenerstellung „stornieren" und in Spalte 11 (Anhang D 2, Unterlage h 2) die Preise aus den Verträgen mit den Nachunternehmern übernehmen. 415

Die im Rahmen der differenzierten Schalungsvorbereitung des Anhangs D 1, Unterlage g 2 Blatt 1 unter Einbezug der Einarbeitungseffekte ermittelten Aufwandswerte und die in Anhang D 2, Unterlage g 3 Blatt 3 und 4 erarbeiteten Schalungskosten werden in der Arbeitskalkulation angesetzt. 416

Als Beispiel verweisen wir auf Position 8 (Wandschalung). In der Angebotskalkulation sind in Anhang B, Unterlage h 2 angesetzt:
- Aufwandswerte (Spalte 6)   0,40 Ph/m^2
- Schalungskosten (Spalte 8)   16,15 €/m^2

Ergebnisse der Arbeitskalkulation sind folgende Ansätze (vgl. Anl. D 2, Unterlage h 2):
- Aufwandswert: 0,47 Ph/m^2
- Schalungskosten: 5,01 €/m^2

Für die sonstigen Positionen, bei denen sich die bei der differenzierten Arbeitsvorbereitung erarbeiteten Sollaufwandswerte von den Ansätzen der Angebotskalkulation unterscheiden, werden in gleicher Weise die richtigen Ansätze übernommen. 417

Wir verweisen als Beispiel auf Pos. 7 aus dem Leistungsbereich 013, deren Angebotsaufwandswert sich bei der differenzierten Arbeitsvorbereitung für die Abschalung der Bodenplatten als zu niedrig herausgestellt hat.

418 Als Beispiel für eine zusätzliche AK-Position wird auf LB 013 Pos. 11 hingewiesen; für sie fallen Kosten, aber keine Erträge an.

Die schon bei der Durchführung der Arbeitsvorbereitung erkannten Nachtragsleistungen (z. B. Pos. 6.1 am LB 002 oder Pos. 2.1 am LB 013) werden ebenfalls in die Arbeitskalkulation aufgenommen.

5.3 Ansprüche gegenüber dem Auftraggeber ohne zusätzliche Vorgaben (modifizierte Pläne) des Auftraggebers?

5.3.1 Keine Ansprüche gegenüber dem Auftraggeber

419 Aus den vorab besprochenen Änderungen der Arbeitskalkulation ergeben sich, da sie nicht aus Bausoll-Bauist-Abweichungen (zusätzlichen Anordnungen des Auftraggebers) resultieren, keine Ansprüche des Auftragnehmers. Das gilt auch für die Tatsache, dass – wie mit dem Nachunternehmer für Fertigteile vereinbart – die an freien Deckenrändern liegenden Filigranplatten und Randbalken eine Aufkantung bekommen, die das Abschalen der Deckenränder überflüssig macht. Somit entfällt dort ein örtliches Schalen, der angebotskalkulatorische Ansatz für Pos. 11 in Höhe von 1,35 Ph/m^2 und 4,60 €/m^2 (für Schalungsmaterial) ist arbeitskalkulatorisch zu korrigieren, da sich der Nachunternehmer im Rahmen der Vertragsverhandlungen darauf eingelassen hat, für die Aufkantungen keine Zusatzvergütung zu verlangen. Somit enthält die zugehörige AK-Position 11 keine „Soll-Kosten", also erhebliche Kosteneinsparungen gegenüber der Angebotskalkulation (vgl. Anhang D 2, Unterlage h 2).

5.3.2 Ansprüche gegenüber dem Auftraggeber

420 Im Rahmen der bei der differenzierten Arbeitsvorbereitung stattfindenden intensiven Durcharbeitung des Bauobjektes treten Erkenntnisse über den Bauinhalt auf, die über das hinausgehen, was zum Zeitpunkt der Angebotsbearbeitung ersichtlich war. Somit ist es grundsätzlich möglich, dass der Auftragnehmer nunmehr, ohne dass Bausoll-Bauist-Abweichungen z. B. durch zusätzliche oder geänderte Pläne eingetreten sind, einen höheren Kostenanfall hat, als er im Angebotsstadium ermittelt hat. Hierüber haben wir schon unter Rdn. 246 ff. ausführlich gesprochen, unter Rdn. 328 haben wir ein entsprechendes Beispiel im Rahmen der Besprechung der Prüfpflichten behandelt, nämlich das „Magerbetonpolster" unter dem Ortbetonfundament.

Die Notwendigkeit eines solchen Magerbetonpolsters fällt dem Auftragnehmer bei der Arbeitsvorbereitung im Rahmen seiner Prüfpflicht gemäß § 4 Nr. 3 VOB/B auf. Er hat demgemäß sofort nach der Entdeckung seiner Ankündigungspflicht nach § 4 Nr. 3 VOB/B nachzukommen; er kann damit gleichzeitig die Ankündigung der Kosten als Voraussetzung des Nachtragsanspruches aus § 2 Nr. 6 VOB/B verbinden und auch sofort einen Nachtrag stellen.

5.4 Zusätzliche (nach Vertragsschluss) eingegangene Planunterlagen

5.4.1 Konkretisierung der Ausschreibungsunterlagen

5.4.1.1 Keine Ansprüche gegenüber dem Auftraggeber

Die zumeist im Massstab 1:50 bis 1:1 erstellten **Ausführungspläne** konkretisieren die Ausschreibungsunterlagen und sind unbedingte Voraussetzungen für die Bauausführung. Stellt sich bei dem Planinhalts-Soll-Ist-Vergleich heraus, dass keine Abweichungen vom Bausoll vorliegen, so gibt es auch keine zusätzlichen Ansprüche des Auftragnehmers gegen den Auftraggeber.

421

Führen die Ausführungspläne – ohne dass sie Abweichungen gegenüber den Vertragsplänen beinhalten – dazu, dass zusätzliche Erkenntnisse gegenüber der Angebotsbearbeitung auftreten, so hat das nur interne Bedeutung für den Auftragnehmer; er sollte in solchen Fällen im eigenen Haus klären, wie zukünftig die Angebotsbearbeitung besser durchgeführt werden kann. Als Beispiel hierzu sei auf die Angebotsbearbeitung für die Fertigteiltreppenläufe der Pos. 23 und 24 in Anhang B Unterlage h 2 hingewiesen. Dort ist kein besonderer kalkulatorischer Ansatz für die Herstellung der Auflageraussparungen vorgesehen, obwohl der Positionstext Aussparungen vorgibt. Wenn nun die eingehenden Ausführungspläne für die Kernwände dem Auftragnehmer zu Bewusstsein bringen, dass Aussparungen einzubauen sind, so hat das zwar Kostenfolgen für ihn, führt aber zu keinen zusätzlichen Vergütungsansprüchen gegenüber dem Auftraggeber.

Im Rahmen der arbeitskalkulatorischen Überarbeitung wird der Auftragnehmer natürlich die Herstellung der Aussparungen berücksichtigen; dies erfolgt durch die AK-Position Nr. 23 a (vgl. Anhang D 2, Unterlage h 2).

5.4.1.2 Ansprüche gegenüber dem Auftraggeber

Entsprechend dem unter Rdn. 862 ff. noch zu erörternden Sachverhalt kann auch die „Konkretisierung" der Planungsunterlagen zu Ansprüchen des Auftragnehmers führen, wenn die Konkretisierung in Wahrheit konkludente Änderung ist, also gerade über den Konkretisierungsgrad hinausgeht. In unserem Projektbeispiel handelt es sich dabei um den Fall der Aussparungen für die Auflagerung der Fertigteilbalken auf den Kernwänden.[423]

422

5.4.2 Pläne bzw. Anordnungen (nach Vertragsschluss) mit ausdrücklichen Bauinhaltsmodifizierungen

Sofern die eingehenden Pläne Bauinhaltsmodifizierungen gegenüber dem Bausoll beinhalten, liegt der Sachverhalt von § 2 Nr. 5 bzw. Nr. 6 VOB/B vor. Darauf werden wir ausführlich unter Rdn. 700 ff. eingehen.

423

Schon jetzt ist aber – wie unter Rdn. 910 ff. und als Praxishinweis unter Rdn. 937 noch darzulegen – dem Ankündigungserfordernis des § 2 Nr. 6 VOB/B Rechnung zu tragen; wir haben das bei Rdn. 421 auch schon erörtert. Zur Wiederholung: Auch wenn noch kein Bauleiter für das erst in einiger Zeit zu bauende Bauobjekt benannt ist und obwohl gerade erst der Auftrag erteilt worden ist, ist auftragnehmerseitig trotz allem bei Bausoll-Bauist-Abweichungen darauf zu achten, dass der Auftraggeber über die entdeckten Bauinhaltsmodifikationen mit Kostenfolge benachrichtigt wird; nur der Klarheit halber noch-

---

[423] Vgl. oben Rdn. 317; zur Differenzierung zwischen zulässiger Konkretisierung und konkludenter Änderung vgl. Rdn. 862 ff.

mals: In dem modifizierten Plan des Auftraggebers liegt die Anordnung, geänderte oder zusätzliche Arbeiten gemäß § 2 Nr. 5 bzw. § 2 Nr. 6 VOB/B auszuführen.

In unserem Beispielprojekt kommt ein solcher Fall von modifizierten Bauinhalten, die kurz nach der Auftragserteilung, jedoch vor Baubeginn angeordnet werden, ebenfalls vor; es handelt sich um die Montage der auftraggeberseitig gelieferten Frostschutzschürzen (vgl. Rdn. 326). Der zugehörige zusätzliche Aushub wird als Nachtragsposition LB 002, Pos. 6.1 in Anhang D 2 erfasst. Über die entsprechenden Kostenermittlungsmethoden werden wir unter Rdn. 1000 ff., 1074 ff. sprechen.

Nur am Rande: Solche Nachtragsleistungen können zur Folge haben, dass der auf das Bausoll abgestimmte produktionsorientierte Ablaufplan (hier TP 2 a und 2 b) den nunmehr anstehenden Produktionsgegebenheiten nicht mehr gerecht wird. Im konkreten Fall führt das – bedingt durch die Montage der Frostschürzen – zum bauinhaltsbedingt modifizierten Soll-Ablaufplan TP-Soll'1. Genaueres zum bauinhaltsbedingt modifizierten Soll-Ablaufplan besprechen wir unter Rdn. 1098 ff.

Teil 4
Vergütungsfolgen beim Einheitspreisvertrag bei Mengenabweichungen in der Ausführungsphase

Kapitel 7
§ 2 Nr. 3 VOB/B

1 Die Bedeutung der Mengenangabe für die Kalkulation des Auftragnehmers

§ 2 Nr. 3 VOB/B lautet: 500
„1. Weicht die ausgeführte Menge der unter einem Einheitspreis erfassten Leistung oder Teilleistung um nicht mehr als 10 v. H. von dem im Vertrag vorgesehenen Umfang ab, so gilt der vertragliche Einheitspreis.

2. Für die über 10 v. H. hinausgehende Überschreitung des Mengenansatzes ist auf Verlangen ein neuer Preis unter Berücksichtigung der Mehr- oder Minderkosten zu vereinbaren.

3. Bei einer über 10 v. H. hinausgehenden Unterschreitung des Mengenansatzes ist auf Verlangen der Einheitspreis für die tatsächlich ausgeführte Menge der Leistung oder Teilleistung zu erhöhen, soweit der Auftragnehmer nicht durch Erhöhung der Mengen bei anderen Ordnungszahlen (Positionen) oder in anderer Weise einen Ausgleich erhält. Die Erhöhung des Einheitspreises soll im wesentlichen dem Mehrbetrag entsprechen, der sich durch Verteilung der Baustelleneinrichtungs- und Baustellengemeinkosten und der Allgemeinen Geschäftskosten auf die verringerte Menge ergibt. Die Umsatzsteuer wird entsprechend dem neuen Preis vergütet.

4. Sind von der unter einem Einheitspreis erfassten Leistung oder Teilleistung andere Leistungen abhängig, für die eine Pauschalsumme vereinbart ist, so kann mit der Änderung des Einheitspreises auch eine angemessene Änderung der Pauschalsumme gefordert werden."

Wir haben in den vorangehenden Kapiteln erörtert, dass nur eine Abweichung des Bauist vom Bausoll Ansprüche des Auftragnehmers auf zusätzliche Vergütung auslösen kann, wenn auch nicht muss. Um Abweichungen festzustellen, mussten wir zuerst die Basis definieren, von der abgewichen wird, also das Bausoll.

Wir sind dabei bisher davon ausgegangen, dass dieses Bausoll, wenn einmal definiert, eine fixe Grösse ist. Das gilt jedoch nur für seine qualitative Festlegungen, also die Leistungsbeschreibung,[500] nicht für die **ausgeschriebene Menge (die Vordersätze)** und damit auch nicht für den Gesamtwerklohn, es gilt bedingt für die Einheitspreise.

Ein **Einheitspreis** wäre, gäbe es § 2 Nr. 3 VOB/B nicht, eine **unveränderliche Grösse**. Der Preis ist Vertragsbestandteil, er ändert sich grundsätzlich nicht mehr. Insbesondere gibt es keine Änderung des Preises wegen nachträglich veränderter Umstände, von den ganz seltenen Fällen einer Störung der Geschäftsgrundlage abgesehen.[501]

Diese Regel gilt aber nur, solange die lt. Vertrag auszuführende Menge nicht um mehr als 10 % nach oben oder unten von der tatsächlich ausgeführten Menge abweicht. Sind im Beispielsfall statt 500 m² nur 420 m² KS-Mauerwerk ausgeführt worden, kann sich der Einheitspreis nach Massgabe des § 2 Nr. 3 VOB/B ändern.

Das heißt:

Der **Einheitspreis** ist für die **Bandbreite zwischen 90 % und 110 %** der Menge lt. Vordersatz **fixiert; sofern** darüber hinaus **Mehr- oder Mindermengen** anfallen, ist der Einheitspreis unter den Voraussetzungen von § 2 Nr. 3 VOB/B **variabel**.

Dagegen ist die **Leistungsmenge von Anfang an variabel;** das ist ja gerade das Kennzeichen des Einheitspreisvertrages, dass die **Vergütung** sich nach der **ausgeführten** und **nicht** nach der **ausgeschriebenen** Menge richtet.

Das beruht auf der Annahme, die exakten Mengen seien vor der Ausführung noch nicht ermittelt worden (statt dessen sind Überschlagsmengen ermittelt worden) oder liessen sich vielleicht auch gar nicht ermitteln, etwa, weil die Ausführungsplanung noch nicht vollständig vorliegt, weil die Schal- und Bewehrungspläne noch nicht ausgearbeitet sind oder weil örtliche Verhältnisse (noch) nicht zuverlässig eruiert sind.

Das heißt keineswegs, dass die ausgeschriebene Menge nicht Vertragsinhalt würde,[502] aber die Leistungsmenge ist variabel, insoweit also das Bausoll ebenfalls.

501 Während es auf der Hand liegt, dass die Leistungsmengen bei diesem Vertragstyp variabel sein können, ist nicht auf den ersten Blick ersichtlich, warum die Einheitspreise nur in einer Bandbreite je nach ausgeführter Menge fixiert, darüber hinaus aber variabel sind.

Der Grund dafür ist, dass der Auftraggeber mit den im Angebotsblankett genannten **Vordersätzen** dem Bieter in **dreifacher Hinsicht Kalkulationsvorgaben** macht:

---

[500] Näher oben Rdn. 104. Als Leistungsbeschreibung wird, wie früher erläutert (Rdn. 178), die Totalität aller auftraggeberseitigen Unterlagen bezeichnet, die den Bauinhalt bestimmen. Die Leistungsbeschreibung umfaßt also Leistungsverzeichnis, Baubeschreibung, Pläne usw. Schon jetzt ist festzuhalten, dass – rein **technisch gesehen** – bei einigermaßen sorgfältiger Mengenermittlung **Mengenänderungen** bei **unveränderten** Planinhalten gar nicht möglich sind, da ja ansonsten in den Vordersätzen des Leistungsverzeichnisses bewußt oder unbewußt falsche Mengen aufgeführt sein müßten.
Das heißt: Mengenänderungen ohne Planänderungen – um die es bei § 2 Nr. 3 VOB/B geht – kommen nur dann vor, wenn die Bearbeitung der Ausschreibungsunterlagen durch den Auftraggeber „oberflächlich" war. Wenn, wie in der Praxis häufig, keine ausreichenden Planungen für die Mengenermittlung vorliegen, sind Mengenänderungen, d. h. andere Ausführungsmengen als im Vordersatz des LV vorgesehen, programmiert.
Darüber hinaus gibt es solche Änderungen in Bereichen, die nicht sicher planbar sind, z. B. beim Baugrund.
[501] Der Einheitspreis ist auch Festpreis, s. oben Rdn. 105 ff. Zur Störung der Geschäftsgrundlage Band 2, Rdn. 1500 ff.
[502] Insoweit unzutreffend Jebe, BauR 1973, 141; wären die Vordersätze nicht Vertragsinhalt, ließen sich die 10 % Abweichung gemäß § 2 Nr. 3 VOB/B gar nicht feststellen. Zur Systematik der Mengen- und Kostenermittlung im Angebotsstadium vgl. Schiffers, Bauwirtschaft 1982, 1411 ff.

a) Für die **Umlagen**;
der Vordersatz ist nämlich die Basis für die Umlagen. Wie einleitend schon erörtert, geschieht dies im einfachsten Fall dadurch, dass ein Zuschlagssatz ermittelt wird, also die Summe der umzulegenden Beträge prozentual auf die Gesamtherstellkosten umgelegt wird, wie unter Rdn. 12 ff. erörtert.
Somit ergibt sich ein **Umlageprozentsatz,** der u. a. **abhängig** ist von den in den Vordersätzen angegebenen **Mengen.**

Sind die Vordersätze des Angebots beispielsweise höher als die ausgeführten Ist-Mengen, so sinken zwar (i. d. R.) proportional die Direkten Kosten, für den weggefallenen Teil der herzustellenden Menge lt. Vordersatz sind aber jetzt die anteilig umgelegten Beträge plötzlich ungedeckt. Der Auftragnehmer würde also trotz proportionaler Beziehung zwischen Direkten Kosten und Preis einen zu geringen Werklohn erhalten. Wir werden das nachfolgend sogleich vertiefen.

b) Für die **Gesamtangebotssumme** und damit den künftigen Werklohn;
das versteht sich von selbst. Durch die Vorgabe einer bestimmten Menge kann der Auftragnehmer nach Festlegung der Einheitspreise die Angebotssumme und damit den künftigen (ungefähren) Werklohn ermitteln.

c) Für seine **interne Produktionsplanung**;
das ist ein sehr wichtiger Gesichtspunkt (der bei der Diskussion um § 2 Nr. 3 VOB/B zumeist unerwähnt bleibt). Das gilt gleich unter zwei Aspekten:

Einmal gibt der Auftraggeber dem Bieter durch die Vordersätze die entscheidenden Anhaltspunkte für die Wahl seiner Produktionstechnik. Grosse Mengen werden mit anderen Mitteln hergestellt als kleine; ein hoher Vordersatz kann z. B. eine Serienfertigung als sinnvoll erscheinen lassen und somit zu relativ niedrigen Herstellkosten je Einheit führen. Damit ergibt sich direkt ein Einfluss auf die Herstellkosten unabhängig von den Gemeinkostenumlagen.
Zum anderen gibt der Auftraggeber dem Auftragnehmer aber auch Vorgaben für seine Gesamtkapazitätsplanung. Wenn der Bieter betrieblich beispielsweise 10 000 m^3 Beton je Monat einbauen kann und durch die Vordersätze mittelbar eine ungefähre Monatsleistung von 10 000 m^3 angegeben werden, kann der Bieter im Zuschlagsfall keinen weiteren Auftrag für diese Periode annehmen.
Mindestens die Veränderung der Vorgabe a, der umzulegenden Beträge, wird von § 2 Nr. 3 VOB/B erfasst. Inwieweit die Vorschrift auch die Veränderung der Vorgabe c erfasst, bleibt zu prüfen; die Änderung der Vorgabe b ist nur ein Folgeergebnis.

2 Anwendung des § 2 Nr. 3 VOB/B

2.1 Nur auf Einheitspreisvertrag

§ 2 Nr. 3 Abs. 1 VOB/B regelt, dass Abweichungen der „unter einem Einheitspreis erfassten Leistung" von weniger als 10 % unberücksichtigt bleiben.

§ 2 Nr. 3 VOB/B umfasst also **nur den Einheitspreisvertrag.** Für **Stundenlohnverträge** gilt die Vorschrift nicht, auch dann nicht, wenn im Leistungsverzeichnis eines Einheitspreisvertrages angenommene Personal- und/oder Gerätestunden ausgeworfen sind, also als Position beispielsweise „100 Stunden für Beiarbeiten – Putz, Stundenlohnsatz 35,00 €."

502

Auch wenn 500 Stunden anfallen, bleibt es beim Stundenlohnsatz von 35,00 €; zumindest bietet § 2 Nr. 3 VOB/B keine Möglichkeit der Abänderung.

2.2 Mengenabweichungen bis zu 10 % irrelevant

503 Weicht die ausgeführte Menge um nicht mehr als 10 % ab, gilt der vertragliche Einheitspreis; Abweichungen darüber hinaus können zu Korrekturen des Einheitspreises führen.

Vorab bedeutet das, dass **Abweichungen unter 10 %,** obwohl auch insoweit die Direkten Kosten sich verändern und die Deckung der umzulegenden Beträge sich verbessert oder sich verschlechtert, **unberücksichtigt bleiben.** Dem liegt – so die **Grundsatzentscheidung** des Bundesgerichtshofes zur Berechnungsmethodik[503] – „erkennbar der Gedanke zugrunde, dass diese das Gleichgewicht von Leistung und Gegenleistung noch nicht ernstlich stören. Im Durchschnittsfall werden verhältnismäßig geringfügige Mindermengen in dem einen Bereich durch ebenfalls geringfügige Mehrmengen in einem anderen ganz oder teilweise ausgeglichen werden. Die Regelung mutet daher den Beteiligten im Interesse zuverlässiger Festlegung des Vertragsinhalts, und damit vor allem einer vereinfachten Abrechnung, ein gewisses Risiko zu. Es wird allerdings gewöhnlich weit unter der Schwankungsbreite von 20 % liegen, die sich rechnerisch in Grenzfällen ergeben könnte. Deshalb ist es aber auch sachgerecht, die Mehr- und Mindermengen im Bereich von je 10 % in diesem Verhältnis zueinander zu sehen. Die hierin liegende Pauschalierung muss dann – mit gleichen Chancen und Risiken für die Auftragnehmer und Auftraggeber – dazu führen, dass Vorteile und Nachteile dem einen oder dem anderen endgültig verbleiben."

504 Natürlich bedeutet eine Menge von 108 % nicht, dass dem Auftragnehmer nur 100 % vergütet werden. 540 m^2 Mauerwerk statt im Vordersatz des Leistungsverzeichnisses vorgesehener 500 m^2 Mauerwerk werden bei einem Einheitspreis von 45,00 € je m^2 mit 24 300,00 € (plus Mehrwertsteuer) vergütet und nicht mit 22 500,00 € (plus Mehrwertsteuer). Nur der Einheitspreis von 45,00 € je m^2 ändert sich nicht.

3. Angeordnete Mengenmehrungen oder -minderungen

3.1 Grundsätzlich: Abweichung um mehr als 10 % wegen vorgefundener Verhältnisse

505 Werden 90 % bzw. 110 % der Menge lt. Vertrag unter- bzw. überschritten, greift die Regelung des § 2 Nr. 3 VOB/B zur Neubestimmung des Einheitspreises ein.
Voraussetzung ist dabei aber nach zutreffender **herrschender Meinung,** dass die Mengenänderung **ausschließlich** auf einer blossen Änderung der **vorgefundenen** Verhältnisse oder einer blossen **Realisierung** bzw. Konkretisierung der gegenüber dem Ist-Zustand bei Vertragsabschluss inhaltlich **unveränderten** (!) Planung beruht,[504] nicht aber auf einer nach Vertragsabschluss aufgetretenen Planinhaltsänderung durch den Auftraggeber,

---

[503] BGH BauR 1987, 217.
[504] OLG Düsseldorf BauR 1991, 219, 220; VOB-Stelle - Sachsen Anhalt Fall Nr. 205, IBR 1997, 448 mit Kurzanm. Hunger; Daub/Piel/Soergel/Steffani, VOB/B Erl. 2.74; Nicklisch/Weick, VOB/B § 2 Rdn. 30; Ingenstau/Korbion/Keldungs, VOB/B §2 Nr. 3, Rdn. 15; Heiermann/Riedl/Rusam, VOB/B § 2 Rdn. 77, 77 a; Englert/Grauvogl/Maurer, Handbuch Baugrund, Rdn. 642; vgl. **auch besonders unten Rdn. 792.**

also seiner Anordnung. **Jede** Mengenänderung **infolge Anordnung** des Auftraggebers **schließt** die Anwendung von § 2 Nr. 3 VOB/B **aus.**

Als **Beispiele:**
Der Bauvertrag sieht vor, dass für insgesamt 40 Büroräume **Zwischenwände** zu setzen sind, und gibt den Vordersatz mit 1500 m² an. Der Auftraggeber hat aber die Raumhöhe falsch berücksichtigt, es fallen in Wirklichkeit – **ohne dass sich die Pläne geändert hätten, ohne irgendeine Anordnung des Auftraggebers** nach Vertragsschluss – 1800 m² an.

Oder: Auszuschachten ist **„bis auf tragfähigen Boden"** (ohne weitere Beschreibung der Leistung im LV), der Vordersatz nennt 3000 m³ (wobei der Auftraggeber die Gründe, die ihn zu dieser Mengenannahme veranlasst haben, nicht offenlegt). Tatsächlich muss der Auftragnehmer 4200 m³ ausschachten, um tragfähigen Boden zu erreichen. Der Auftraggeber sagt dazu nichts, er gibt keine Anordnungen (die auch überflüssig wären).

Nur diese Fälle soll § 2 Nr. 3 VOB/B nach der Konzeption der VOB/B erfassen. Verändert sich die Menge der Zwischenwände auf 1800 m², **weil der Auftraggeber die Grundrisse nachträglich nach Vertragsschluss ändert,** z. B. ein Grossraumbüro in 4 Kleinbüros aufteilt, ist das ein Fall von § 2 Nr. 5, Nr. 6 oder Nr. 8 VOB/B, aber **nie von § 2 Nr. 3 VOB/B.**

§ **2 Nr. 3 VOB/B** kommt also dann in Betracht, wenn der Vertrag falsche Angaben, zumeist **Rechenfehler** in den Vordersätzen enthält oder wenn die Mengenermittlung so „pauschal" ist, dass sich bei der Ermittlung der Abrechnungsmengen **„automatische" Mengenänderungen** ohne Anordnung ergeben können (vgl. oben Fn. 500 und Rdn. 500 am Ende), was allerdings bei einem Einheitspreisvertrag ja auch völlig normal ist: Abgerechnet wird nach **ausgeführter** Menge.

Für diese **Auffassung der herrschenden Meinung** gibt der Wortlaut des § 2 Nr. 3 Abs. 1 VOB/B **allein nichts** her. Es heißt nur: „Weicht die ausgeführte Menge ab . . .."; die Vorschrift enthält also keine Aussage dazu, worauf die Abrechnung beruhen muss und erst recht keine Einschränkung, dass die Vorschrift nur dann gelten soll, wenn bei der ursprünglichen Planung, insbesondere den Mengenberechnungen, die Realität nicht exakt im voraus erfasst worden ist. Die Auffassung der **herrschenden Meinung** ist dennoch **richtig,** wie zu erläutern und wie schon aus der Existenz des § 2 Nr. 4 VOB/B folgt (s. dazu Rdn. 510).
Voraussetzung für die Anwendung von § 2 Nr. 3 VOB/B ist also **immer, dass sich die Leistungsbeschreibung nicht ändert. Jede Abweichung der ausgeführten Leistung von der Leistungsbeschreibung schließt die Anwendung des § 2 Nr. 3 VOB/B aus;** diese Fälle werden nur von § 2 Nr. 5, § 2 Nr. 6 VOB/B oder § 2 Nr. 8 VOB/B erfasst.

506

Weitere Beispiele:
Werden 500 t „Stahl" ausgeschrieben und beauftragt, werden sodann 400 t „Stahl" (davon 100 t Durchmesser grösser als 10 mm und 300 t Durchmesser kleiner oder gleich 10 mm) eingebaut (mit oder ohne Anordnung), so hat sich der Leistungsbeschrieb nicht geändert. Dessen Inhalt ist, wie erörtert, gegebenenfalls durch Auslegung zu bestimmen. Ergibt die Auslegung keine durchgreifenden Anhaltspunkte dafür, dass der Bieter von viel weniger Stahl mit Durchmesser 10 mm (und kleiner) ausgehen durfte, so umfasst der Leistungsbeschrieb „Stahl" Stähle unterschiedlicher (**üblicher**) Dimensionierung; der Bieter muss also unterschiedliche Stahldurchmesser von Anfang an einkalkulieren (bei **erkennbaren Unklarheiten** – die aber kaum zu bejahen sein werden – hätte sich der Bieter vorab auch durch einen Anruf beim Statiker über die Anteile der zu erwartenden Stahldurchmesser kundig machen müssen). Also ändert sich ohne inhaltliche Bausoll-Abweichung

507

nur die Menge „durchschnittlicher Stahl" um 100 t, das ist ein Fall des § 2 Nr. 3 VOB/B.

Würde allerdings die jetzige Verteilung der Duchmesser dem „Durchschnittsrahmen" herausfallen, den der Auftragnehmer bei Abschluss des Bauvertrages aus seiner Sicht zutreffend annehmen durfte (wobei insbesondere zu beachten ist, ob der Auftraggeber die Angaben zu den Maßen des Stahls gemäß DIN 18 331 richtig angegeben hat), hat der Auftragnehmer Ansprüche aus § 2 Nr. 5 VOB/B.[505]

Oder:
1000 m² **Trennwände aus Ständerwerk** sind im Leistungsverzeichnis vorgesehen; der **Auftraggeber ordnet** an, dass statt dessen 700 m² Ständerwerk und 300 m² als Trennwände aus Porenbeton herzustellen sind. Das ist ein Zweifelsfall: Es könnte diskutiert werden, für beide Leistungen gemäß § 2 Nr. 5 VOB/B einen neuen Preis zu vereinbaren. Uns erscheint es richtiger, auf die 700 m² Trennwände aus Ständerwerk § 8 Nr. 1 VOB/B anzuwenden und auf die 300 m² Wände aus Porenbeton § 2 Nr. 6 VOB/B (vgl. auch unten Rdn. 519).

Ein BGH-Beispiel:
Für den **Abtransport von Aushubmaterial** ist im Leistungsverzeichnis ein bestimmter **Abfuhrweg** vorgegeben (oder jedenfalls als möglich aufgeführt). Diese Wegeführung ändert sich nachträglich (beispielsweise durch Anordnungen des Auftraggebers oder durch behördliche Schliessung der vorgesehenen Strasse).
Damit ändert sich der Leistungsbeschrieb; § 2 Nr. 3 VOB/B ist nicht anwendbar, es gilt § 2 Nr. 5 VOB/B[506] oder § 2 Nr. 8 Abs. 2 oder 3 VOB/B.

Einen interessanten Zweifelsfall behandelt die VOB-Stelle Niedersachsen. Ein kommunaler Auftraggeber schreibt für die Entsorgung von teerhaltigem Strassenaufbruch aus:
„1. Stahlcontainer zur Baustelle transportieren und abstellen ... Container vorhalten ...
 2. Auf der Baustelle stehenden **Container mit teerhaltigem Aufbruchgut** auf LKW heben und zum Mischwerk transportieren. Das Frachtgut ist dort abzukippen ..."

Der Auftraggeber hatte als Vordersatz ca. 5 m² Aufbruch ermittelt, tatsächlich fielen aber 110 m² an. Der Auftragnehmer sammelte das Material nicht in Stahlcontainern auf der Baustelle, sondern transportierte es sofort mit einem LKW zur Entsorgungsstelle. Die Vergabestelle meint, hier hätten sich die Modalitäten des Auftrages geändert, deshalb sei nach § 2 Nr. 5 VOB/B abzurechnen.[507] Tatsächlich ist die Leistung der Position 1 anders ausgeführt worden als ausgeschrieben; das ist grundsätzlich eine Bausoll-Bauist-Abweichung (vgl. Rdn. 700). Damit scheidet §2 Nr. 3 VOB/B aus. §2 Nr. 5 VOB/B scheidet aber auch aus, weil der Auftraggeber nichts angeordnet hat. Also käme, wenn der Auftragnehmer **mehr** Leistung erbracht hätte, als Anspruchsgrundlage nur §2 Nr. 8 VOB/B in Betracht. Da der Auftragnehmer aber **weniger** Leistung als per Bausoll vorgegeben – aus eigener Veranlassung – erbracht hat, ist der Fall analog einer Teilkündigung gemäß § 8 Nr. 1 VOB/B zu behandeln; dasselbe gilt für die Position 2.[508]

508 Voraussetzung für die Anwendung von § 2 Nr. 3 VOB/B ist natürlich, dass überhaupt in der Leistungsbeschreibung **ein Vordersatz genannt** ist. Dagegen ist es für die Anwen-

---

[505] Vgl. dazu im Einzelnen unten Rdn. 864, auch oben Rdn. 128.
[506] Offengelassen von BGH Schäfer/Finnern Z 2.311 Bl. 24; wie hier OLG Köln, BauRB 2004, Heft 2, XII; Ingenstau/Korbion/Keldungs, VOB/B § 2 Nr. 3, Rdn. 15; Lange, Baugrundhaftung, S. 49; s. auch Rdn. 249 sowie zu ähnlichen Fällen Rdn. 801.
[507] IBR 1995, 416.
[508] Siehe dazu in diesem Band Rdn. 1195 sowie Band 2, Rdn. 1416. Eine solche signifikante Mengenabweichung sollte im übrigen den Auftraggeber veranlassen, den Vergabevorgang noch einmal ernsthaft zu prüfen.

dung der Vorschrift unbeachtlich, wenn dieser Vordersatz als **„Ca.-Menge"** bezeichnet wird, denn der Vordersatz ist beim Einheitspreisvertrag typischerweise variabel. Die „Ca.-Menge" bleibt Ausgangspunkt der Berechnung gemäß § 2 Nr. 3 VOB/B.[509)]

Eventualpositionen gehören nicht zum Bausoll. **509**
Wenn also eine beauftragte **Eventualposition** keinen Vordersatz hat, ist § 2 Nr. 3 VOB/B nicht anwendbar; dasselbe gilt für **„Jahresverträge"** ohne Vordersatz.
Ist dagegen bei Eventualpositionen oder „Jahresverträgen" ein konkreter Vordersatz genannt, gilt § 2 Nr. 3 VOB/B uneingeschränkt; dies deshalb, weil durch die Mengenangabe für den Fall, dass die Leistung der Eventualposition beauftragt wird, deren „Bausoll" festliegt.[510)]

3.2 Angeordnete Mengenminderung

Bei **Mengenminderungen** gibt es eine Konstellation, die eindeutig nicht unter § 2 Nr. 3 **510**
Abs. 3 VOB/B fällt, so dass schon deshalb die **Auffassung der herrschenden Meinung** zutreffend ist: Verringert sich die Menge nämlich deshalb, weil der **Auftraggeber selbst eine Leistung übernimmt**, gilt die **ausdrückliche Sonderregelung** des § 2 Nr. 4 VOB/B. Der Auftragnehmer hat dann Ansprüche gemäß § 8 Nr. 1 Abs. 2 VOB/B. Diese Selbstübernahme wird als so genannte freie Teilkündigung (dazu Rdn. 1190 ff.) behandelt. Dem Auftragnehmer steht die vereinbarte Vergütung zu; er muss sich anrechnen lassen, was er infolge der Aufhebung des Vertrages an Kosten erspart oder durch anderweitige Verwendung seiner Arbeitskraft und seines Betriebes erwirbt oder zu erwerben böswillig unterläßt.

Materiell ergeben sich für die Vergütung des Auftragnehmers bei der besagten Mengenminderung durch Selbstübernahme des Auftraggebers keine Unterschiede, ob die neue Vergütung nach § 2 Nr. 3 Abs. 3 VOB/B statt nach § 2 Nr. 4 VOB/B berechnet würde, weil zur Ermittlung des neuen Einheitspreises bei Mindermengen nach § 2 Nr. 3 Abs. 3 VOB/B ohnehin die Grundsätze des § 8 Nr. 1 VOB/B und des § 649 BGB herangezogen werden müssen (vgl. unten Rdn. 512, 529 ff.).

Auch dann verbleiben aber Problemfälle. **511**
Sinkt die Menge ohne Anordnung des Auftraggebers nur um 8 %, muss der Auftragnehmer gemäß § 2 Nr. 3 Abs. 3 VOB/B den Einheitspreis noch halten; er muss also die entfallende Deckung der umzulegenden Beträge hinnehmen, und zwar als Risikomarge für als normal einzuschätzende Ungenauigkeiten einer Leistungsbeschreibung.
Ist dagegen der teilweise Wegfall der Leistung durch Selbstübernahme des Auftraggebers verursacht und ist also § 2 Nr. 4 VOB/B anzuwenden, gilt das nicht; der Auftragnehmer muss nur seine ersparten Kosten abziehen lassen, steht sich also bei Mindermengen unter 10 % dann günstiger.

Das ist allerdings auch gerecht. Der Auftragnehmer muss zwar mit gewissen Ungenauigkeiten der Mengenangaben des Leistungsverzeichnisses rechnen, er muss aber nicht damit rechnen, dass der Auftraggeber nachträglich seine Vertragserklärung – die Bauleistung solle gerade von diesem Auftragnehmer erbracht werden – „widerruft."

[509)] Zutreffend BGH BauR 1991, 210, 211 („überschläglich ermittelte Mengen").
[510)] Zu beiden Fällen siehe Rdn. 594.
Zur Störung der Geschäftsgrundlage (?) bei „unterkalkulierten" Jahresverträgen siehe OLG Düsseldorf NJW-RR 1996, 1419 und Band 2, Rdn. 1518.

Ein weiterer Unterschied bei Mengenminderung ist die bei § 8 Nr. 1 Abs. 2 VOB/B zugunsten des Auftragnehmers verbesserte Darlegungs- und Beweissituation, was aus den genannten Gründen ebenfalls gerecht ist.

512 Dieselben Überlegungen gelten aber nicht nur für § 2 Nr. 4 VOB/B, sondern auch für die **eigentliche** (freie Kündigung oder) **Teilkündigung** durch den Auftraggeber (§ 8 Nr. 1 VOB/B); **im Falle der Teilkündigung** ist deshalb **nur § 8 Nr. 1 Abs. 2 VOB/B** anwendbar, nicht § 2 Nr. 3 Abs. 3 VOB/B.[511]
Da jede Kündigung zwangsläufig zum Mengenwegfall führt, würde die unterschiedslose Anwendung des § 2 Nr. 3 VOB/B auf alle Fälle der Mengenminderung (auch die durch Kündigung) nämlich dazu führen, dass es gar keinen Fall des § 8 Nr. 1 VOB/B mehr gäbe. **Die spezielle Vorschrift des § 8 Nr. 1 Abs. 2** würde also leerlaufen, was nicht sinnvoll und systemgerecht ist. Im Ergebnis würde damit auch das zum Schutz des Auftragnehmers eingeführte Schriftformerfordernis für die Kündigung (§ 8 Nr. 5 VOB/B) überflüssig.

513 Es ist deshalb richtig, bei **Mengenminderungen** § 2 Nr. 3 VOB/B **nur** in den Fällen anzuwenden, in denen die Minderung **nicht** auf **nachträgliche Anordnungen** des Auftraggebers zurückzuführen ist, sondern nur auf „vorgefundene Verhältnisse."

Angeordnete Mengenminderungen werden als freie Teilkündigung gemäß **§ 8 Nr. 1 VOB/B** behandelt.[512]

3.3 Angeordnete Mengenmehrung

514 Auch auf **Mengenmehrungen,** die der **Auftraggeber** nach Vertragsschluss **anordnet, passt nicht § 2 Nr. 3 VOB/B,** es ist vielmehr **§ 2 Nr. 6 VOB/B** anzuwenden.

Soweit § 2 Nr. 5 VOB/B eingreifen könnte, würde es sich ohnehin um einen Streit um des Kaisers Bart handeln: Die Rechtsfolge ist sowohl bei § 2 Nr. 3 Abs. 2 wie bei § 2 Nr. 5 VOB/B ein Anspruch des Auftraggebers auf „einen neuen Preis unter Berücksichtigung der Mehr- und Minderkosten."

Richtigerweise ist aber eine vom Auftraggeber nach Vertragsschluss angeordnete Mengenmehrung nicht nach § 2 Nr. 5, sondern nur nach § 2 Nr. 6 VOB/B zu bewerten – wir werden das im Zusammenhang mit der Abgrenzung von § 2 Nr. 5 und § 2 Nr. 6 VOB/B **unter Rdn. 792** eingehender begründen. Nur soviel: Dass eine angeordnete Mengenänderung als „zusätzliche Leistung" zu qualifizieren ist, ist nach dem Wortlaut des § 2 Nr. 3 Abs. 1, Abs. 2 VOB/B zwar nicht zwingend, wohl aber nach dem Wortlaut des § 2 Nr. 6 VOB/B; letzterer behandelt nämlich den Fall, dass der **Auftraggeber** nach Vertragsabschluss eine bisher **im Vertrag nicht vorgesehene** Leistung **fordert.** Man kann schlechterdings nicht bestreiten, dass im Beispielsfall der Vermehrung der Trennwände infolge von Umwandlung des Grossraumbüros (Rdn. 505) die **zusätzlichen 300 m²** Trennwände im Vertrag **nicht enthalten** waren – das allein würde natürlich die Anwendung des § 2 Nr. 3 Abs. 2 VOB/B nicht hindern – **und** dass der Auftraggeber diese bisher im Vertrag nicht enthaltene Leistung nachträglich **gefordert** hat.
In dem „Fordern" der Mengenmehrung einer **als solcher schon vorhandenen Position** durch den Auftraggeber liegt damit – nach dem Wortlaut eindeutig – der Unterschied zwischen § 2 Nr. 3 und § 2 Nr. 6 VOB/B. Nur dann, wenn man so diese beiden Bestim-

---

[511] Richtig OLG Celle, Schäfer/Finnern/Hochstein Nr. 13 zu § 8 VOB/B.
[512] Zu einer solchen Abwicklung s. Band 2, Rdn. 1304 ff.

mungen gegeneinander abgegrenzt, lassen sich überdies beim Pauschalvertrag tragfähige Lösungen finden.

Die herrschende Meinung (vgl. Rdn. 505 und unten Rdn. 805, 924) begründet dieses Ergebnis zusätzlich wie folgt:
Wenn man bei angeordneten Mengenmehrungen § 2 Nr. 3 Abs. 2 anwenden würde, würde man das zum Schutz des Auftraggebers (man bedenke nur sein Vertrauen auf die vereinbarte Werkvertragssumme) in § 2 Nr. 6 als Anspruchsvoraussetzung eingeführte Erfordernis unterlaufen, wonach der Vergütungsanspruch vor Ausführung angekündigt werden muss. Nach unserer Auffassung gilt dieses Ankündigungserfordernis aber gerade bei **angeordneten Mengenmehrungen nicht** (s. unten Rdn. 792, 924, auch zur „Mengenmehrung" ohne vorgegebenen Ausführungsplan), so dass diese zusätzliche Begründung nicht weiterhilft.

515

Es bleibt aber dabei, dass die §§ 2 Nr. 5 und Nr. 6 VOB/B nach der insoweit ja vorgegebenen Systematik der VOB/B **alle aus einer Anordnung des Auftraggebers** resultierenden Veränderungen erfassen wollen. Wenn man das Vergütungsänderungssystem der VOB/B nicht ignorieren oder auf den Kopf stellen will, muss man deshalb akzeptieren, dass § 2 Nr. 3 VOB/B nur für die Mengenmehrung gilt, die ausschließlich auf einer **blossen Änderung der vorhandenen bzw. vorgefundenen Verhältnisse oder der blossen Realisierung der unveränderten Planung** ohne zusätzliche Eingriffe des Auftraggebers beruht.

516

3.4 Aber: Berechnung der Fälle angeordneter Mengenmehrung (§ 2 Nr. 6 VOB/B) gemäß Berechnungsschema des § 2 Nr. 3 VOB/B

Das heißt allerdings nicht, dass diese systematisch zwingende **Unterscheidung zwischen angeordneter Mengenmehrung** und **Mengenmehrung aufgrund „der Verhältnisse"** zu unterschiedlichen Vergütungsergebnissen führen darf, die nicht verständlich wären.

517

Einmal ist nicht zu sehen, worin kalkulatorisch für den Auftragnehmer der Unterschied liegen soll, ob der Auftraggeber die zusätzlichen Zwischenwände anordnet oder ob sich die Zwischenwände „nur so" aus einer Ungenauigkeit der Vordersätze oder einer falschen Beschreibung der vorgefundenen Verhältnisse ergeben.

Noch absurder wäre es, wenn die Vergütung davon abhinge, ob der Auftraggeber gewissermassen schneller die Situation erfasst und (im Falle des Baugrubenaushubs) die (überflüssige) Anordnung gibt, tiefer auszuschachten.

Das heißt: Die nach Vertragsabschluss **angeordneten** Fälle der blossen **Leistungsvermehrung** werden zwar von § 2 Nr. 6 VOB/B erfasst, **aber** die **Vergütung wird** genauso **berechnet** wie bei „Verhältnissen ohne Anordnung" ergebende Mehrkosten, also insoweit **unter Anwendung der Berechnungsmethodik von § 2 Nr. 3 Abs. 2 VOB/B,** und zwar mit allen Konsequenzen.[513]

Beispiel:
Hat der Auftragnehmer gemäß Leistungsverzeichnis eine Parkplatzfläche von 10 000 m² herzustellen und ergibt die Örtlichkeit (ohne Planänderung), dass bei unveränderten Planunterlagen, jedoch präziser Mengenermittlung 10 800 m² herzustellen sind – dass

518

---

[513] Zustimmend Werner/Pastor, Bauprozess, Rdn. 1168, Fn. 126; a.A. ohne Begründung Vygen/Schubert/Lang, Bauverzögerung, Rdn. 167.

also der Vordersatz im LV ungenau war –, bleibt der Einheitspreis für die 800 m² unverändert, d. h., der Auftragnehmer braucht sich gemäß § 2 Nr. 3 Abs. 2 VOB/B die Überdeckung seiner Baustellengemeinkosten nicht anrechnen zu lassen; führt er aber 11 900 m² aus denselben Gründen aus, so bleibt der Preis bis 11 000 m² (nämlich 10 %) unverändert, erst für die folgenden 900 m² muss – gleichbleibende Bauzeit vorausgesetzt – die anteilige Überdeckung der Baustellengemeinkosten als Reduzierung des Einheitspreises berücksichtigt werden (siehe dazu nachfolgend Rdn. 558).

Beruht nun dieselbe Vergrösserung auf 10 800 m² oder 11 900 m² nicht auf einer ungenauen Mengenermittlung im Vergabestadium, sondern **auf einer nachträglichen Anordnung des Auftraggebers** (z. B. einer Planänderung), so ist schlechterdings nicht einzusehen, warum der Auftragnehmer den ihm bei der blossen Mengenmehrung wegen Ungenauigkeit der Mengen des Leistungsverzeichnisses zustehenden „Vorteil", nämlich den Einheitspreis bis zu 110 % Leistung beibehalten zu dürfen, verlieren soll. Sofern es sich um einen Planungsfehler des Auftraggebers handelt, ist er im letzteren Fall eher grösser als bei einem Mengenermittlungsfehler. Richtige Planung ist Sache des Auftraggebers.

Der „grössere" Planungsfehler oder sogar die bewusste Abänderung der Planung darf den Auftragnehmer aber nicht schlechterstellen. Deshalb sind zwar die Fälle der **Mengenmehrung bei Anordnung** des Auftraggebers nach **§ 2 Nr. 6 VOB/B** zu behandeln, aber bei der Feststellung des **neuen Preises** muss der **Preisvorteil**, den der Auftraggeber bei Anwendung des § 2 Nr. 3 VOB/B **gehabt hätte**, erhalten bleiben; der neue Preis muss also insoweit unter analoger Berücksichtigung der Vorschrift des § 2 Nr. 3 Abs. 2 VOB/B errechnet werden.

4 Anwendung des § 2 Nr. 3 VOB/B nur auf Einzelpositionen

519 Eine „unter einem Einheitspreis erfasste Leistung oder Teilleistung" ist im Leistungsverzeichnis die unter **eigener Position** mit eigenem Vordersatz erfasste Leistung. Die Abweichung von mehr als 10 % wird also nur daran gemessen, ob es in einer **Einzelposition** zu dieser Mengenabweichung gekommen ist.[514] Weder werden Leistungen nach ihrem technischen Zusammenhang gewertet, noch spielt gar die Abweichung vom Werklohn – also vom Gesamtabrechnungsbetrag – eine Rolle. Wenn eine Reihe von Positionen Mengenabweichungen von 9 % zeigt, bleiben alle diese Einheitspreise unverändert. Zeigt dagegen auch nur eine Position eine Mengenabweichung von mehr als 10 %, ist auf diese Position § 2 Nr. 3 VOB/B anwendbar, was nicht heißt, dass dann die Korrektur der Einheitspreise zwingend oder automatisch ist; theoretisch kann sich je nach Kalkulation und Leistungsbeschreibung (z. B. bei einer geänderten Position für Baustellengemeinkosten) und Produktionsfaktoren Einsatzplanung (beispielsweise ist nunmehr ein anderes, größeres Gerät einzusetzen) ergeben, dass sich das Kostengefüge trotz Zusatzmenge oder Mindermenge nicht verändert hat, damit also der Einheitspreis auch unverändert bleibt.

---

[514] BGH BauR 1976, 135; Daub/Piel/Soergel/Steffani, VOB/B Erl. 2.76; Ingenstau/Korbion/Keldungs, VOB/B § 2 Nr. 3, Rdn. 14.

5 Die über 10 % hinausgehende Mengenminderung

5.1 Der Kalkulationsaufbau des Auftragnehmers

Entgegen dem Aufbau des § 2 Nr. 3 VOB/B **beginnen** wir mit der über 10 % hinausgehenden Mengen**unterschreitung,** nicht der Mengenmehrung.   520

Um die Auswirkungen einer Mengenminderung auf den Einheitspreis einer Position beurteilen zu können, muss man wissen, aus welchen Bestandteilen sich dieser Einheitspreis zusammensetzt. Bei einer Idealrechnung ist dabei davon auszugehen, dass der Auftragnehmer richtig und sorgfältig kalkuliert hat und ein Gewinn einkalkuliert ist; wie man insoweit die wahre Struktur des konkreten Einheitspreises ermittelt, werden wir noch erörtern.

Für die nachfolgenden Ausführungen dürfen wir auf die unter Rdn. 20 ff. definierten Begriffe zurückgreifen; ergänzend verweisen wir auch auf die Darstellung von Mantscheff.[515]

Um den Zusammenhang zwischen kalkulativer Bearbeitung und den schon unter Rdn. 290 angesprochenen, vom Auftraggeber veranlassten Kalkulationsaufgliederungen[516] anschaulich zu demonstrieren, wird EFB-Preis 1 b (**Abb. 14**, S. 196) für die weiteren Berechnungen als Ausgangsbasis benutzt.

Für ein Tiefbauobjekt[517] fällt beispielsweise bei einer **Umlagekalkulation** (Kalkulation über die Endsumme) gemäß **Abb. 14** folgende (Soll-)Kostenzusammenstellung an:

---

[515] BauR 1979, 389. Die Preise sind aktualisiert und auf Euro umgestellt. Vgl. auch Vergabehandbuch für die Durchführung von Bauaufgaben des Bundes im Zuständigkeitsbereich der Finanzbauverwaltungen, dort Teil VI „Leitfaden für die Berechnung der Vergütung bei Nachtragsvereinbarungen nach § 2 VOB/B", Seite 3 ff., Stand: April 2005.

[516] Schon jetzt weisen wir darauf hin, dass es im System der Sache liegt, dass die Ergebnisse der verschiedenen Aufgliederungen der Angebotssumme – also jeweils nach Zuschlags- oder Umlagekalkulation – unterschiedlich sind (vgl. Rdn. 18). Immerhin wird ja bei der Zuschlagskalkulation ein Zuschlagssatz vorab festgelegt und über verschiedene Objekte hinweg in gleicher Höhe verwendet, wohingegen bei der Umlagekalkulation der aus den Baustellengemeinkosten sich ergebende Anteil für die Zuschlagssätze jeweils gesondert und speziell auf das betreffende Bauobjekt ausgerichtet berechnet wird.

[517] Im Folgenden werden die Beispiele zu § 2 Nr. 3 VOB/B einem Tiefbauprojekt entnommen. Die Gesamtkosten der einzelnen Kostenarten, die Umlagebeträge usw. sind der Aufgliederung der Angebotssumme (EFB-Preis 1 b, vgl. Abb. 14, S. 196 und EFB-Preis 1a, vgl. Abb. 15, S. 204) entnommen und jeweils mit der entsprechenden Zeilennummer gekennzeichnet (in Klammern angegeben).
Die als Beispiele benutzten Positionen kommen später auch in der Ausgleichsberechnung (Abb. 18, S. 260) vor; es handelt sich um folgende Positionen:

Pos. Nr.	Kurztext	Menge gem. LV	Direkte Kosten	
			Lohn	Sonstiges
1.2.9	Bäume fällen, D < 30 cm	100 St.	16,72	–,–
1.2.10	Bäume fällen, D > 30 cm	100 St.	35,39	–,–
2.4.1	Steinzeugrohre verlegen	2 000 m	5,67	23,93

Rdn. 520 — Die über 10 % hinausgehende Mengenminderung

EFB-Preis 1b — 311.b

ANGABEN ZUR KALKULATION ÜBER DIE ENDSUMME

Das Formblatt ist ausgefüllt mit dem Angebot abzugeben. Die Nichtabgabe kann dazu führen, dass das Angebot nicht berücksichtigt wird.

Bieter	Vergabenummer	Datum

Baumaßnahme

Angebot für

	Angaben über den Verrechnungslohn	Lohn EUR/h
1.		
1.1	Mittellohn ML einschl. Lohnzulagen u. Lohnerhöhung, wenn keine Lohngleitklausel vereinbart wird	12,40
1.2	Lohnzusatzkosten Sozialkosten, Soziallöhne und lohnbezogene Kosten	12,91
1.3	Lohnnebenkosten Auslösungen, Fahrgelder	2,74
1.4	Kalkulationslohn KL (Summe 1.1 bis 1.3)	28,05

Berechnung des Verrechnungslohnes nach Ermittlung der Angebotssumme (vgl. Blatt 2)

1.5	Umlage auf Lohn (Kalkulationslohn x v.H. Umlage aus 2.1)	9,20 €/h	32,80 v.H.
1.6	Verrechnungslohn VL (Summe 1.4 und 1.5)	37,25	

eventuelle Erläuterungen des Bieters:

Ausgabe 2002 – Stand 01.10.2004   1 von 2

EFB-Preis 1b — 311.b

	Ermittlung der Angebotssumme	Betrag EUR	Gesamt EUR	Umlage Summe 3 auf die Einzelkosten für die Ermittlung der EH-Preise	
				%	EUR
2	Einzelkosten der Teilleistungen = unmittelbare Herstellungskosten				
2.1	Eigene Lohnkosten Kalkulationslohn (1.4) x Gesamtstunden: 28,05 x 27.933,60	783.537,47		x	132,8	1.040.537,76
2.2	Stoffkosten (einschl. Kosten für Hilfsstoffe)	882.620,31		x	20,0	176.524,06
2.3	Gerätekosten (einschl. Kosten für Energie und Betriebsstoffe)			x		
2.4	Sonstige Kosten (Vom Bieter zu erläutern)					
2.5	Nachunternehmerleistungen[1]			x		
	Einzelkosten der Teilleistungen (Summe 2)		1.666.157,78		noch zu verteilen	1.217.061,82
3	Baustellengemeinkosten, Allgemeine Geschäftskosten, Wagnis und Gewinn					
3.1	Baustellengemeinkosten (soweit hierfür keine besonderen Ansätze im Leistungsverzeichnis vorgesehen sind)					
3.1.1	Lohnkosten einschließlich Hilfslöhne Bei Angebotssummen unter 5 Mio €: Angabe des Betrages Bei Angebotssummen über 5 Mio €: Kalkulationslohn (1.4) x Gesamtstunden: x	71.851,20				
3.1.2	Gehaltskosten für Bauleitung, Abrechnung, Vermessung usw.	47.900,80				
3.1.3	Vorhalten u. Reparatur der Geräte u. Ausrüstungen, Energieverbrauch, Werkzeuge u. Kleingeräte, Materialkosten f. Baustelleneinrichtung	665.799,00				
3.1.4	An- u. Abtransport der Geräte u. Ausrüstungen, Hilfsstoffe, Pachten usw.	55.446,70				
3.1.5	Sonderkosten der Baustelle, wie techn. Ausführungsbearbeitung, objektbezogene Versicherungen usw.					
	Baustellengemeinkosten (Summe 3.1)		840.989,70			
3.2	Allgemeine Geschäftskosten (Summe 3.2)		260.714,75			
3.3	Wagnis und Gewinn (Summe 3.3)		125.357,37			
	Umlage auf die Einzelkosten (Summe 3)		2.883.219,60			1.217.061,82
	Angebotssumme ohne Umsatzsteuer (Summe 2 und 3)					

[1] Auf Verlangen sind für diese Leistungen die Angaben zur Kalkulation der(s) Nachunternehmer(s) dem Auftraggeber vorzulegen.

Ausgabe 2002 – Stand 01.10.2004   2 von 2

Abbildung 14   Aufgliederung der Angebotssumme bei der Kalkulation über die Endsumme

Kalkulationsaufbau des Auftragnehmers   Rdn. 520

1.	Einzelkosten der Teilleistungen				
1.1	Eigene Lohnkosten	(+) 783 537,47 €			
1.2	Kosten für Stoffe und Bauhilfsstoffe	(+) 882 620,31 €			
	Einzelkosten der Teilleistungen insg.			+ 1 666 157,78 €	
2.	Baustellengemeinkosten (Summe)	+ 840 989,71 €		+ 840 989,41 €	
Σ (1+2)	Objektherstellungskosten		=	+ 2 507 147,49 €	
3.	Allg. Geschäftskosten: 10 % von Σ (1+2)	+ 250 714,75 €		+ 250 714,75 €	
4.	Wagnis und Gewinn: 5% % von Σ (1+2)	+ 125 357,37 €		+ 125 357,37 €	
Σ (2+3+4)	Umlagen	= 1.217 061,82 €			
Σ (1-4)	Angebotssumme		=	+ 2 883 219,60 €	

Unter Rdn. 10 ff. haben wir schon dargelegt, dass die umzulegenden Beträge auf die Basiskosten (= Einzelkosten der Teilleistungen) zu verteilen sind, damit sie in Einheitskosten erfasst und durch die Einheitspreise vergütet werden.
Sofern wir beim vorliegenden Bauobjekt eine gleichmässige Verteilung „über alles" vornehmen würden, ergäbe sich z. B. entgegen der Eintragung auf der rechten Seite von **Abb. 14**, S. 196 folgender Prozentsatz zur Deckung der Umlagen:

$$\frac{\text{Umlagen}}{\text{Basiskosten}} \cdot 100 = \frac{1\,217\,061{,}82\ \text{€}}{1\,666\,157{,}78\ \text{€}} \cdot 100 = 73{,}05\ \%$$

Der gesamte Umlagenblock verteilt sich dabei wie folgt auf die in **Abb. 14** aufgeführten Nummern und Beträge:

Baustellengemeinkosten	:	Allg. Geschäftskosten	:	Wagnis und Gewinn	= 100 %
(Nr. 2)	:	(Nr. 3)	:	(Nr. 4)	
840 989,71 €	:	250 714,75 €	:	125 357,37 €	
69,1 %	:	20,6 %	:	10,3 %	= 100 %

Somit sind in den Einheitspreisen der Teilleistungen (also je Position) jeweils die Einzelkosten je Einheit zuzüglich 73,05 % als Deckungsanteil zur Abdeckung der Umlagen enthalten. Ein **einzelner Einheitspreis** (hier beispielhaft die Position 1.2.10) ergibt sich dann wie folgt (vgl. Fn. 517):

Pos. 1.2.10   100 Stück Bäume fällen (Durchmesser grösser als 30 cm)

Direkte Kosten	26,65 €/St.
Umlage 73,05 %	19,47 €/St.
Einheitspreis	46,12 €/St.

In der Regel erscheint nur der Einheitspreis im Angebot.

Der Umlagebetrag je gefälltem Baum beinhaltet – sofern von einer stets gleichen Verteilung der Deckungsanteile ausgegangen wird[518] – folgende Anteile:

---

[518] Eine gleichbleibende Verteilung der Deckungsanteile für die Baustellengemeinkosten, Allgemeinen Geschäftskosten sowie Wagnis und Gewinn über alle Zuschlagssätze – also sowohl über 20 % als auch über 132,8 % Zuschlag – ist in der Praxis eine Ausnahme. Man könnte sich auch auf den Standpunkt stellen, dass in dem Zuschlag von 20 % auf Stoffkosten weitestgehend nur Allgemeine Geschäftskosten sowie Gewinn und Wagnis enthalten sind (vgl. Rdn. 12); ein entsprechendes Beispiel für eine Ausgleichsberechnung unter Berücksichtigung unterschiedlicher Verteilung der Umlageanteile je nach Kostenart werden wir noch unter Rdn. 629 ff. vorstellen.

Rdn. 521 Die über 10 % hinausgehende Mengenminderung

69,1% für Baustellengemeinkosten		13,45 €/St.
20,6% für allgemeine Geschäftskosten		4,01 €/St.
10,3% für Wagnis und Gewinn		2,01 €/St.
(Wagnis und Gewinn werden in der Praxis so gut wie nie getrennt ausgewiesen.)		19,47 €/St.

Insgesamt ist durch die ausgeschriebenen 100 St. Bäume folgende Umlage abgedeckt:

$$100 \text{ St.} \cdot 19{,}47 \text{ €/St.} = 1947 \text{ €}$$

521 Oft werden je Kostenart jedoch **unterschiedliche Umlageprozentsätze gewählt**; wir haben das schon oben (Rdn. 12 ff.) näher dargestellt und begründet.

Somit ist für das Tiefbauobjekt praxisgerecht ein differenzierterer Umlageprozentsatz vor Angebotsabgabe festzulegen (vgl. **Abb. 14**, S. 196):

Umlage auf Kostenart (€)	Umlage (%)		Umlagebetrag (€)	Bemerkung
		+	1.217 061,82	Summe aller Umlagen
Stoffkosten 882 620,31	20	–	176 524,06	Vorabumlage auf Stoffkosten
Lohnkosten 783 537,47	132,8 nämlich: $\dfrac{1.040\,537{,}76 \text{ €} \cdot 100\,\%}{783\,537{,}47 \text{ €}}$	=	1.040 537,76	Restumlage auf Lohnkosten

Die **Beaufschlagung der Basiskosten** lautet dann:

Einzelstoffkosten der Teilleistungen mit 20 %
Einzellohnkosten der Teilleistungen mit 132,8 %

Bei **Pos. 1.2.10** hat das folgende Wirkung: Da **nur Lohnkosten** anfallen, muss (unter Berücksichtigung von 1 % Nachlass) folgende Berechnung stattfinden:

Kostenart	Einzelkosten (€/St.)	Umlage je Einheit (%)	Umlage je Einheit (€/St.)	E. P. (€/St.)
Einzellohn	26,65	132,8	35,39	62,04
Einzelstoffe	–	20,0	–	–
Insgesamt	26,65		35,39	62,04

Es ergibt sich also ein höherer Einheitspreis (!), nämlich 62,04 €/St., statt wie vorab (vgl. Rdn. 520) 46,12 €/St.; Ursache ist die andere Verteilung der Umlagen, die zu einem erheblich höheren Deckungsbeitrag bei dieser Position führt, nämlich:

$$100 \text{ St.} \cdot 35{,}39 \text{ €/St.} = 3\,539{,}00 \text{ €}$$

Kalkulationsaufbau des Auftragnehmers Rdn. 522–524

Wenden wir uns nunmehr den Anteilen für die einzelnen Umlagebestandteile zu. Sie ergeben sich mit Hilfe ihrer prozentualen Anteile aus dem Gesamtumlagebetrag: **522**

69,1 % für Baustellengemeinkosten	· 35,39 €/St.	24,455 €/St.
20,6 % für allgem. Geschäftskosten	· 35,39 €/St.	+ 7,290 €/St.
10,3 % für Wagnis und Gewinn	· 35,39 €/St.	+ 3,645 €/St.
		= 35,390 €/St.

Betrachten wir eine **andere Position** (nämlich Pos. 2.4.1 2000 m Steinzeugrohr verlegen), so ergibt sich folgendes Bild: **523**

Kostenart	Einzelkosten	Umlage je Einheit		E. P.
	(€/m)	(%)	(€/m)	(€/m)
Einzellohn	5,67	132,8	7,53	13,200
Einzelstoffe	23,93	20,0	4,79	28,72
Insgesamt	29,60		12,32	41,92

Die **anteiligen Umlagebeträge** sind:

		Spalte:
69,1 % für Baustellengemeinkosten · 12,32 €/m =	+ 8,51 €/m	14
20,6 % für Allgem. Geschäftskosten · 12,32 €/m =	+ 2,54 €/m	17
10,3 % für Wagnis und Gewinn · 12,32 €/m =	+ 1,27 €/m	20
	= 12,32 €/m	

Wäre die Umlage gleichmässig mit 73,05 % auf die Einzelkosten erfolgt (Rdn. 520), hätte sich ergeben:

Direkte Kosten	29,60 €/m
Umlagebetrag (73,05 %)	21,26 €/m
Einheitspreis	51,22 €/m

Somit ergibt sich bei dieser Position eine entgegengesetzte Tendenz; der Einheitspreis wird niedriger, weil andere Umlagesätze gewählt worden sind..

Resümierend ist festzuhalten: Sofern der Gesamt-Umlagebetrag feststeht, spielt beim Angebot (nämlich bei der Angebotssumme) die Wahl des Umlageverfahrens bei feststehenden Vordersätzen (= LV-Mengen) keine Rolle. Über die Positionen hinweg ergibt sich stets ein Ausgleich. **Fallen dagegen bei der Ausführung andere Abrechnungsmengen als beauftragt an,** so wird dadurch über den Gesamtauftrag hinweg das Gefüge der **Anteile der Kostenarten** berührt. Das kann dazu führen, dass die angebotskalkulierte Gesamtdeckung der umzulegenden Beträge nicht gewährleistet ist. **Die Festlegung des Umlageschlüssels spielt also eine wesentliche Rolle.** Bei Pos. 1.2.10 – sie beinhaltet nur Lohnkosten – ist bei gleichmäßiger Umlage über alle Kostenarten ein viel geringerer Deckungsanteil bei Mengenreduzierung betroffen, als wenn unterschiedlich hohe Umlageprozentsätze für Lohn und Stoff gewählt worden wären. **Sollte also der Auftragnehmer nachträglich eine unrichtige Angabe** zum angeblich **benutzten Umlageschlüssel** tätigen, so kann das **ganz erhebliche Auswirkungen haben.** **524**

5.2 Niemals Herabsetzung des Einheitspreises als Folge einer Mengenminderung

525 Es sind atypische Fälle denkbar, in denen die Mengenminderung rechnerisch nicht zu einer Erhöhung des Einheitspreises, sondern zu seiner Minderung führen würde. Beispielsweise hat der Auftragnehmer, um die letzten 25 % Menge einer Position ausführen zu können, wegen eines für ihn bestehenden Kapazitätsengpasses einen sehr teuren Nachunternehmer eingeschaltet, oder er braucht ab 85 % der Leistung ein nur noch zu 20 % ausgelastetes zweites Gerät (= sprungfixe Kosten, vgl. oben Rdn. 21). **Wenn** der Auftragnehmer sich von dem Nachunternehmer ohne Kosten trennen kann – er kann ihn beispielsweise auf einer anderen Baustelle einsetzen – oder wenn das zweite Gerät auf einer anderen Baustelle eingesetzt werden kann, sinken trotz der Mengenminderung die Einzelkosten. In diesem Fall braucht der Auftragnehmer sich aber dennoch keine Herabsetzung des Einheitspreises gefallen zu lassen. **§ 2 Nr. 3 Abs. 3 VOB/B** gibt bei Mengenminderungen nur – gegebenenfalls – **dem Auftragnehmer einen Anspruch auf Heraufsetzung des Einheitspreises, nie aber dem Auftraggeber einen Anspruch auf Herabsetzung des Einheitspreises.**

5.3 Die Auswirkung der Mengenminderung auf die „Direkten Kosten"

526 Wir kehren zum Beispiel der Position 2.4.1 zurück (Rdn. 523 am Ende). Zur Gedächtnisstütze: Die Einzellohnkosten betrugen 5,67 €/m, die Einzelstoffkosten 23,93 €/m, die gesamten Direkten Kosten (= Einzelkosten der Teilleistung) betrugen 29,60 €/m. Auszuführen waren lt. LV 2000 m Steinzeugrohre verlegen, d. h., die Einzelkosten der Teilleistung betrugen insgesamt 2000 m · 5,67 €/m = 59 200,00 €. Tatsächlich sind gemäß Abrechnung ausgeführt worden 1 466,67 m.

Im Regelfall lassen sich die Auswirkungen der Mengenänderungen auf den neuen Einheitspreis – bei entsprechender Dokumentation im Angebotsstadium – genau bestimmen. Soweit § 2 Nr. 3 Abs. 3 Satz 2 VOB/B regelt, dass die Erhöhung des Einheitspreises „**im wesentlichen**" dem Mehrbetrag entsprechen soll, der sich durch Verteilung der **Baustelleneinrichtungs-** und **Baustellengemeinkosten** und der **Allgemeinen Geschäftskosten** auf die verringerte Menge ergibt, heißt das **nicht**, dass **nur diese** Faktoren zugunsten des Auftragnehmers zu berücksichtigen sind. Natürlich darf auch die mögliche Veränderung Direkter Kosten berücksichtigt werden; die Aufzählung in § 2 Nr. 3 Abs. 3 VOB/B ist nur beispielhaft. Maßgebend für die Berechnung sind – jedenfalls **zugunsten** des Auftragnehmers – die **kalkulierten** Kostenelemente (dazu auch Rdn. 538, 537).[519] Der Begriff „im Wesentlichen" ergibt sich wohl daraus, dass im Regelfall von Mengenminderungen nur diejenigen Kosten betroffen sind, die nicht als Direkte Kosten der Teilleistungen anfallen, sondern durch mengenbezogene Umlagen, durch „Positionserträge" gedeckt werden müssen. Er bleibt aber schwer verständlich.[520]

---

[519] Und zwar so, wie sie kalkuliert sind. Die vergaberechtliche Frage, ob eine „Mischkalkulation" in Einzelpositionen zulässig ist, hat entgegen Stemmer, VergabeR 2004, 1433, nichts damit zu tun, **dass** sie so kalkuliert sind und so, wie sie sind und nicht „bereinigt" Ausgangspunkt einer Mehr- oder Mindermengenberechnung bei § 2 Nr. 3 oder einer Nachtragsberechnung nach § 2 Nr. 5, 6 VOB/B sind, zutreffend Luz, BauR 2005, 1391.

[520] Lt. Nicklisch/Weick, VOB/B § 2 Rdn. 49 soll die Formulierung „im wesentlichen" die „Einbeziehung anderer negativer und positiver Faktoren *nicht ausschließen*"; was soll das konkret bedeuten? Der Ausdruck „im Wesentlichen" beruht auf einer Fehlformulierung der VOB/B, näher Kapellmann, in: Kapellmann/Messerschmidt, VOB/B § 2, Rdn. 152.

Wenn statt 2000 m Rohrleitung nur 1466,67 m verlegt worden sind, so **ändert** sich aller Wahrscheinlichkeit nach der Gesamtbetrag der Einzel**kosten der Teilleistung proportional**, da der Auftragnehmer entsprechend weniger Rohre kaufen muss und entsprechend weniger Lohnstunden für die Rohrverlegung anfallen werden.[521] Die Einzelkosten der erstellten Leistung betragen insgesamt somit

$$1466{,}67 \text{ m} \cdot 29{,}60 \text{ €/m} = 43\,413{,}43 \text{ €}.$$

Die Direkten Kosten der betreffenden Position ändern sich auch vom Ansatz her, wenn die Mengenreduzierung zu Auswirkungen auf die Bauverfahrenstechnik führt. Beispiel: Die auszuführende Menge ist so gering geworden, dass sich der Maschineneinsatz nicht lohnt und Handarbeit sinnvoll ist, oder aber die Arbeitsdurchführung erfordert, dass statt der vorgesehenen Grossgeräte nunmehr auf kleineres Gerät umgestellt werden muss. Ein solcher Sachverhalt kommt – man bedenke das unveränderte Bausoll – praktisch nur bei Gründungsgegebenheiten vor, da anderweitige so umfangreiche „Mengenreduzierungen" nur bei auftraggeberseitigen Eingriffen in das Bausoll denkbar sind, also zur Teilkündigung führen. 527

Die bisherigen Erörterungen gingen – unausgesprochen – davon aus, dass die Direkten Kosten **kurzfristig abbaubar** (vgl. dazu Rdn. 531) sind, d. h., bei geringerer Ausführungsmenge fallen auch entsprechend (zumeist proportional) geringere Gesamtbeträge für Direkte Kosten an. Dass dem nicht immer so ist, zeigt das folgende Beispiel:[522]

Der Auftragnehmer benötigt weniger Material, kauft weniger ein, die Kosten sinken; der Auftragnehmer beschäftigt weniger Personal, die Personalkosten sinken. Was aber, wenn der Gesamtbetrag der Direkten Kosten sich im Ausnahmefall **nicht,** wie im obigen Beispiel, **proportional** zur **Mengenänderung** entwickelt, wenn z. B. der Auftragnehmer sein Gerät nicht mehr auslasten kann, wenn er spezielle Gehwegplatten, die er nur für diese Strasse braucht – in Düsseldorf „Kö-Platten" – und die er schon (z. B. wegen der äusserst kurzen Frist zwischen Vergabe und Arbeitsbeginn sofort nach Auftragserteilung) in voller Menge eingekauft hat, nicht mehr verwenden kann? Anzumerken ist dabei weiterhin, dass wir die Beibehaltung des Bausolls, also einen Fall unveränderter Planung behandeln, also die blosse Mengenänderung „aufgrund vorgefundener Verhältnisse." Im Normalfall wird der Auftragnehmer Materialien nicht aufgrund eines Leistungsverzeichnisses bestellen, sondern auf der Basis einer eigenständigen Mengenermittlung gemäß von Ausführungsplänen; dann wird es solche Materialfehldispositionen nicht geben. Aber es kann Ausnahmen geben. 528

Zur Beantwortung bedarf es eines Rückgriffs auf allgemeine Überlegungen. Ist der Werkvertrag einmal geschlossen, ist der Auftraggeber zwar nicht verpflichtet, das Werk ausführen zu lassen, aber sehr wohl, den vereinbarten Werklohn zu zahlen. Der Unternehmer kann also zwar ohne jeden Grund kündigen, muss dann aber gemäß § 8 Nr. 1 VOB/B, § 649 BGB den 529

---

[521] So auch Mantscheff, BauR 1979, 393.
In der folgenden Rechnung ist nicht berücksichtigt, dass für die Mehrmengen spezieller Leistung gegebenenfalls vorab **Arbeitsvorbereitungskosten** angefallen sind. Diese Kosten sind natürlich zu ersetzen; grundsätzlich auch z. B. Heiermann/Riedl/Rusam, VOB/B § 2 Rdn. 90. Praktisch hat das jedoch kaum Belang, da solche Kosten für Arbeitsvorbereitung in der Regel **bei den Baustellengemeinkosten** (Umlagekalkulation) bzw. beim Zuschlag (Zuschlagskalkulation) berücksichtigt werden (vgl. oben Rdn. 11, 18). Nur dann, wenn solche Kosten unzweideutig durch die Kalkulation als Direkte Kosten der betreffenden Position voll und ganz zugeordnet werden, müssen die Kosten der Arbeitsvorbereitung noch gesondert dem Auftragnehmer vergütet werden.

[522] Außerdem können noch Sonderphänomene auftreten, nämlich die Beeinflussung der Direkten Kosten anderer Positionen bzw. die Veränderung der Gemeinkosten; hier verweisen wir auf Rdn. 543.

vollen vereinbarten Werklohn zahlen; der Auftragnehmer muss sich lediglich anrechnen lassen, was er an Kosten erspart oder durch anderweitige Verwendung seiner Arbeitskraft und seines Betriebes erwirbt oder zu erwerben böswillig unterläßt. Der Auftraggeber ist auch zu Teilkündigungen berechtigt; dann gilt für den gekündigten Teil ebenfalls § 8 Nr. 1 VOB/B.[523)]
Strukturell regelt die Vorschrift des § 2 Nr. 3 Abs. 3 VOB/B einen gleichartigen Sachverhalt wie den der Teilkündigung durch den Auftraggeber (dazu auch näher Rdn. 538). Innerhalb der kraft § 2 Nr. 3 Abs. 1 VOB/B vereinbarten Bandbreite kann die auszuführende Menge (zwischen 90 % und 110 %) schwanken, ohne dass sich der Preis ändert. Schwankt sie aber nach unten stärker, so ist das zwar „zulässig", denn der Auftragnehmer hat beim Einheitspreisvertrag keinen primären Anspruch auf die Erbringung der ausgeschriebenen Leistungsmenge, aber dann greift jedenfalls der Gedanke des § 649 BGB ein: Dem Auftragnehmer soll der vereinbarte Werklohn (minus ersparter Aufwendungen) erhalten bleiben.

Nur wenn man § 2 Nr. 3 VOB/B so interpretiert, läßt sich die Frage richtig beantworten, wie es zu beurteilen ist, wenn eine Position ganz wegfällt, d. h., wenn sich eine **„Nullmenge"** ergibt. Dann greift, wie noch zu erörtern (unten Rdn. 540), § 8 Nr. 1 VOB/B bzw. § 649 BGB analog ein. Es muss einleuchten, dass die „Nullmenge" – rechtlich betrachtet – nichts anderes als eine verschwindend kleine Menge ist. Während auf die kleine Menge (z. B., nur noch 10 % der ausgeschriebenen Leistung werden ausgeführt) § 2 Nr. 3 Abs. 3 VOB/B anwendbar ist, passt die Vorschrift nicht auf die Nullmenge, weil es dann keinen Preis im Sinne dieser Vorschrift mehr gibt, den man anpassen könnte. Das ändert aber nichts daran, dass es strukturell keinen Unterschied in der Behandlung einer Menge von 50 % statt der beauftragten 100 %, einer Menge von 20 % oder von 0 % geben kann.

530   Nur so läßt sich schließlich auch die schon erörterte **Bedeutung** des **Vordersatzes** für die Kapazitätsplanung des Auftragnehmers richtig erfassen:

Der Auftragnehmer soll keinen Verlust erleiden, wenn die durch den geschlossenen Bauvertrag **einmal fixierte Kapazitätsplanung** sich mengenbedingt zu seinen Lasten nachträglich ändert. **Kann der Auftragnehmer seine Leute nicht mehr anderweitig einsetzen, müssen sie vom Auftraggeber bezahlt werden, obwohl ihr vorgesehener Einsatz nunmehr zur Erbringung der verringerten Menge gar nicht erforderlich ist,** was sich übrigens in der Praxis so auswirken wird, dass diese Leute nicht herumstehen, sondern doch alle arbeiten, insgesamt aber ein Leistungsintensitätsabfall eintritt. Das heißt: Auch wenn der Auftragnehmer die bestimmte Bauleistung nicht mehr erbringen muss, muss er doch sein auf der Baustelle vorhandenes Personal bezahlen; er „spart nichts ein."

531   Das **Ergebnis** ist also:
Bei verringerter Menge werden (nur) die angefallenen Direkten Kosten vollständig bezahlt. Im Regelfall sinken diese Kosten proportional mit der Menge, jedoch **nur, soweit sie kurzfristig abbaubar sind** (zu diesem Begriff vgl. oben Rdn. 25). **Kalkulierte Kosten, die nicht kurzfristig** abbaubar sind (eingekauftes individuelles Material, zulässig vereinbarte Nachunternehmerbeschäftigung ohne Kündigungsmöglichkeit), werden voll vergütet.[524)] Der Auftragnehmer ist aber verpflichtet, diesen kurzfristigen Kostenabbau schnellstmöglich her-

---

[523)] Einzelheiten Band 2, Rdn. 1304 f.; Nicklisch/Weick, VOB/B § 8 Rdn. 5; siehe auch Rdn. 512.
[524)] Näher dazu Band 2, Rdn. 1361 ff.
In diesem Zusammenhang verweisen wir darauf, dass es für den Fall der **nicht abbaubaren Direkten Kosten** (bei unveränderter Planung) im Interesse einer möglichst einfachen Ausgleichsberechnung (vgl. **Abb. 16**, S. 254, **Abb. 17**, S. 257 und **Abb. 18**, S. 260) hinweg über alle Positionen ratsam ist, die geänderten Direkten Kosten durch eine gesonderte Nachtragsposition getrennt zu erfassen. Entsprechendes ist für Baustellengemeinkosten durchzuführen (vgl. Rdn. 543).

beizuführen. Unterläßt er das, werden die so verursachten Kosten nicht berücksichtigt. Kann er das Personal von der Baustelle abziehen und anderweitig einsetzen, wird die Kostenart „Lohnkosten" nicht „erstattet"; kann er dagegen das Personal nicht kurzfristig abbauen, hat er Anspruch auf Vergütung der entsprechenden Direkten Kosten.

5.4 Die Auswirkung der Mengenminderung auf die Baustellengemeinkosten – Berechnungsgrundlage 100 % oder 90 %?

Wenn die ausgeführte Menge einer oder weniger Positionen **geringer** ist als die LV-Menge, so **verringern sich in der Regel die Baustellengemeinkosten nicht.** Der Polier bleibt, die Baustelleneinrichtung wird nicht kleiner. Im Beispielsfall von Position 2.4.1 muss deshalb – es handelt sich ja um eine Umlagekalkulation – der kalkulativ angesetzte **Umlagebetrag** (vgl. Rdn. 523) für die Baustellengemeinkosten in Höhe von

$$2000 \text{ m} \cdot 8{,}51 \text{ €/m} = 17\,020{,}00 \text{ €}$$

weiterhin zugunsten des Auftragnehmers berücksichtigt, also vergütet werden.

Da jedoch nur 1 466,67 m Rohrleitung vergütet werden, wird über den Einheitspreis des Vertrages nur folgender Deckungsanteil für Baustellengemeinkosten erzielt.

$$1\,466{,}67 \text{ m} \cdot 8{,}51 \text{ €/m} = 12\,481{,}36 \text{ €}$$

Es fehlen also 17 020,00 € − 12 481,36 € = 4 538,64 € Deckungsanteil für Baustellengemeinkosten.

Nun kann man sich allerdings auf den Standpunkt stellen, der Auftragnehmer müsse jedenfalls die Kostenauswirkung einer Kürzung auf 90 % des ausgeschriebenen Leistungsumfanges selbst tragen; also dürfe der Berechnung nur die Differenz bis zu 90 % der ausgeschriebenen Menge (= 1800 m) mit der abgerechneten Menge (= 1 466,67 m) zugrunde gelegt werden. Dazu hat der BGH im Jahre 1986 rechtsgrundsätzlich entschieden:[525]
„Die **Regelungen** der VOB/B **für Mehr- und Mindermengen** über 10 % sind schon in ihrer äusseren Gestalt **nicht deckungsgleich**. Bei **Mehr**mengen findet gemäß § 2 Nr. 3 Abs. 2 VOB/B nur für die 110 % übersteigende Menge gegebenenfalls eine neue Preisbemessung statt. Vorteile der darunterliegenden Mehrmenge verbleiben also dem Auftragnehmer. Hingegen ist gemäß § 2 Nr. 3 Abs. 3 VOB/B für **Minder**mengen über 10 % **insgesamt** ein neuer Einheitspreis zu vereinbaren, wobei (Satz 2) als Bezugsgrösse nur der ursprüngliche Einheitspreis für 100 % angenommen werden kann (so auch OLG Hamm BauR 1984, 297)."

Diese Auffassung wird allgemein geteilt.[526]

Die Begründung ergibt sich tatsächlich (nur) aus dem Wortlaut der Vorschrift. Bei der Mehrmenge ist für die über 110 % hinausgehende Überschreitung ein **neuer Preis** zu bilden. Bei der über 10 % hinausgehenden Mindermenge ist nicht für die über 90 % hinausgehende Unterschreitung – das wäre eine analoge Lösung – ein neuer Preis zu bilden, sondern es ist der **Einheitspreis** für die tatsächlich ausgeführte Menge **zu erhöhen,** also ein ganz neuer Einheitspreis ohne die Beschränkung erst ab 90 % zu bilden. Im Ergebnis begünstigt das den Auftragnehmer. Das ist aber richtig, weil es Sache des Auftraggebers gewesen wäre, durch genaue Planung die Abweichung zu verhindern.

---

[525] BGH BauR 1987, 217.
[526] Daub/Piel/Soergel/Steffani, VOB/B Erl. 2.77; Nicklisch/Weick, VOB/B § 2 Rdn. 47; Mantscheff, BauR 1979, 389, 393.

EFB-Preis 1a 311.a

ANGABEN ZUR KALKULATION MIT VORBESTIMMTEN ZUSCHLÄGEN

Das Formblatt ist ausgefüllt mit dem Angebot abzugeben. Die Nichtabgabe kann dazu führen, dass das Angebot nicht berücksichtigt wird.

Bieter	Vergabenummer	Datum
Baumaßnahme		
Angebot für		

1.	Angaben über den Verrechnungslohn	Zuschlag %	EUR/h
1.1	**Mittellohn ML** einschl. Lohnzulagen u. Lohnerhöhung, wenn keine Lohngleitklausel vereinbart wird		12,40
1.2	**Lohnzusatzkosten** Sozialkosten, Soziallöhne und lohnbezogene Kosten, als Zuschlag auf **ML**	104,10	12,91
1.3	**Lohnnebenkosten** Auslösungen, Fahrgelder, als Zuschlag auf **ML**	22,10	2,74
1.4	**Kalkulationslohn KL** (Summe 1.1 bis 1.3)		28,05
1.5	**Zuschlag auf Kalkulationslohn** (aus Zeile 2.4, Spalte 1)	80,00	22,44
1.6	**Verrechnungslohn VL** (Summe 1.4 und 1.5, VL im EFB Preis 2 berücksichtigen)		50,49

2.	Zuschläge auf die Einzelkosten der Teilleistungen = unmittelbare Herstellungskosten					
		Zuschläge in % auf				
		Lohn	Stoffkosten	Gerätekosten	Sonstige Kosten	Nachunternehmerleist.
2.1	**Baustellengemeinkosten**					
2.2	**Allgemeine Geschäftskosten**					
2.3	**Wagnis und Gewinn**					
2.4	**Gesamtzuschläge**	80	20	0	0	0

Ausgabe 2002 – Stand 01.10.2004 1 von 2

EFB-Preis 1a 311.a

3.	Ermittlung der Angebotssumme	Einzelkosten d. Teilleistungen= unmittelbare Herstellungskosten EUR	Gesamtzuschläge gem. 2.4 %	Angebotssumme EUR
3.1	**Eigene Lohnkosten** Verrechnungslohn (1.6) x Gesamtstunden			
	50,49 x 27.933,60			1.410.367,46
3.2	**Stoffkosten** (einschl. Kosten für Hilfsstoffe)	882.620,31	20,00	1.059.144,37
3.3	**Gerätekosten** (einschließlich Kosten für Energie und Betriebsstoffe)			
3.4	**Sonstige Kosten** (vom Bieter zu erläutern)			
3.5	**Nachunternehmerleistungen** [1]			
	Angebotssumme ohne Umsatzsteuer			2.469.511,83

1) Auf Verlangen sind für diese Leistungen die Angaben zur Kalkulation der(s) Nachunternehmer(s) dem Auftraggeber vorzulegen.

eventuelle Erläuterungen des Bieters:

Ausgabe 2002 – Stand 01.10.2004 2 von 2

Abbildung 15 Aufgliederung der Angebotssumme bei der Zuschlagskalkulation

Übrigens gelten diese Überlegungen natürlich auch für die Neuberechnung der „Direkten Kosten." Das ändert nichts daran, dass die Lösung doch zu dem befremdlichen Ergebnis führt, dass der Auftragnehmer sich bei der Mengenunterschreitung um 9 % schlechter steht als bei der Mengenunterschreitung um 11 %; das ist aber eine angesichts des Wortlauts der VOB/B kaum zu vermeidende Ungereimtheit.

In Anwendung unseres Beispiels zu Position 2.4.1 steht dem Auftragnehmer bei der aufgetretenen Mengenminderung die **Erstattung des gesamten Baustellengemeinkosten-Unterdeckungsbetrages** zu; die Rechnung muss lauten: **533**

(1) ausgeschriebene Menge	2 000,00 m
(2) 90 % der ausgeschriebenen Menge	1 800,00 m
(3) abgerechnete Menge	1 466,67 m
(4) für den Ausgleich des Deckungsanteils für BGK zu berücksichtigende Mindermenge: Betrag (1) – Betrag (3) =	533,33 m
(5) für die Ausgleichsberechnung zu berücksichtigender Unterdeckungsbetrag: 533,33 m · 8,51 €/m =	4 538,64 €

Es ist **weder notwendig noch empfehlenswert,** diesen Betrag wieder in eine neue **Einheitspreis-Berechnung per Umlage** zu überführen. **Es genügt,** die Unterdeckung **als Gesamtbetrag auszuweisen** und ihm gegebenenfalls den durch Mehrmengen anfallenden Ausgleichsbetrag gegenüberzustellen (vgl. Ausgleichsberechnungen, Rdn. 624 ff.)

Während es bei den Direkten Kosten die Regel ist, dass die Gesamtkosten **proportional** mit der verringerten Menge sinken, ist es bei den **Baustellengemeinkosten:** Hier ist die **Regel,** dass deren Gesamtbetrag nicht sinkt, nur weil eine bestimmte Leistung in verringerter Menge ausgeführt wird. **534**

Davon kann es, wenn auch selten Ausnahmen geben: Sind etwa auf der Baustelle zwei Poliere eingesetzt und sinkt in den Hauptpositionen die auszuführende Menge drastisch – das ist bei unverändertem Bausoll kaum denkbar –, kann es möglich werden, dass ein Polier überflüssig wird und die Baustellengemeinkosten deshalb sinken, was zugunsten des Auftraggebers zu berücksichtigen ist. Voraussetzung ist allerdings wieder in Anwendung des § 649 BGB, dass der Auftragnehmer diesen überflüssigen Polier wirklich abziehen und ihn z. B. auf einer anderen Baustelle beschäftigen kann; auch diese Kosten müssten also kurzfristig abbaubar sein.

Solche ganz ausserordentlichen Verhältnisse behandeln wir im übrigen noch näher unter Rdn. 543.

Abschließend ist noch festzuhalten, dass für **Zuschlagskalkulationen** die oben besprochene Regelung in gleicher Weise gilt. Zum Beispiel werden die in **Abb. 15**, S. 204 aufgeführten Zuschlagssätze für die Baustellengemeinkosten (80 % auf Lohn- und 20 % auf Stoffkosten) mit den Direkten Kosten der entfallenden Mengen multipliziert und tragen somit zur Deckung der Baustellengemeinkosten bei. **535**

Obwohl also die Angebotskalkulation des Auftragnehmers die Baustellengemeinkosten in keiner Weise differenziert aufzeigt, wird trotzdem der mit Hilfe einer Zuschlagskalkulation seine Preise ermittelnde Auftragnehmer bei Mengenänderungen genauso behandelt, wie wenn er eine Umlagekalkulation durchgeführt hätte. **Abb. 15**, S. 204 zeigt jedoch auch, dass der Übergang zwischen Umlage- und Zuschlagskalkulation fliessend
sein kann, nämlich dann, wenn für die Baustellengemeinkosten differenzierte Zuschlagssätze verwendet werden. **Abb. 15** ermöglicht dies dadurch, dass über fünf Kostenarten unterschiedliche Zuschlagssätze für die Baustellengemeinkosten angesetzt werden kön-

5.5 Die Auswirkung der Mengenminderung auf die Allgemeinen Geschäftskosten

536 Wie im Rahmen der Definition der Allgemeinen Geschäftskosten erläutert, ermittelt und verteilt der Auftragnehmer seine Allgemeinen Geschäftskosten, indem er periodisch (z. B. jährlich) die Kapazität des Gemeinkostenapparats (z. B. Kosten der Verwaltung) mit der durch diesen Apparat voraussichtlich zu bewältigenden Periodenleistung aller Gesamtbauobjekte abstimmt. Daraus kann annähernd für die in einer bestimmten Periode erbrachte Bauleistung ein bestimmter Betrag an Allgemeinen Geschäftskosten ermittelt werden, der dann mit Hilfe des entsprechenden Prozentsatzes auf die einzelnen Bauobjekte umgelegt wird.[527]

Das gilt für das Angebotsstadium. Mantscheff folgert, dass der Zuschlagssatz für Allgemeine Geschäftskosten auch bei Mengenminderungen oder Mengenmehrungen stets unverändert bleibe[528], d. h. als prozentualer Zuschlag unverändert bleibt, mit der Folge, dass der Absolutbetrag des Deckungsanteils für die Allgemeinen Geschäftskosten bei verringerter Menge also sinkt.

Das ist nur abstrakt – bezogen auf eine Geschäftsperiode – richtig, setzt aber gerade voraus, dass dann in dieser Abrechnungsperiode auch die geplante Leistung aller Bauobjekte tatsächlich vollständig erbracht worden ist. Wenn durch Mengenminderungen ein Teil des für die Periode geplanten Entwurfsumfangs nicht erbracht wird, fehlen Deckungsanteile für die davon abhängigen und unverändert anfallenden Allgemeinen Geschäftskosten. Also erleidet der Auftragnehmer einen „Verlust." Das soll ihm aber, wie aus dem entsprechend anzuwendenden § 649 BGB folgt, bei der Mengenminderung gerade erspart bleiben; die Rechtslage ist nicht anders als beim Gewinn (vgl. nachfolgend **Rdn. 538**). Die **entfallene Deckung ist also** – sofort ab Basis 100 % – **voll zu berücksichtigen.**[529] Für diese These spricht auch der Wortlaut des § 2 Nr. 3 Abs. 3 Satz 2 VOB/B:

„Die Erhöhung des Einheitspreises soll im wesentlichen dem Mehrbetrag entsprechen, der sich durch Verteilung ... der Allgemeinen Geschäftskosten auf die verringerte Menge ergibt."

Im Beispiel (Pos. 2.4.1) bedeutet das:
Bei 2000 m ausgeschriebener Menge wird ein Betrag in Höhe von

$$2000 \text{ m} \cdot 2,54 \text{ €/m} = 5.080,00 \text{ €}$$

als anteiliger Deckungsanteil für die Allgemeinen Geschäftskosten erzielt.[530] Dieser Betrag muss erhalten bleiben.

Somit ergibt sich analog zu der schon besprochenen Methodik folgender Rechengang:

(1)	ausgeschriebene Menge	2 000,00 m
(2)	90 % der ausgeschriebenen Menge	1 800,00 m
(3)	abgerechnete Menge	1 466,67 m
(4)	zu berücksichtigende Mindermenge: Betrag (1) – Betrag (3)	533,33 m
(5)	zu berücksichtigender Unterdeckungsanteil für Allgemeine Geschäftskosten: 533,33 m · 2,54 €/m =	1 354,66 €

---

[527] Kapellmann/Schiffers, BauR 1986, 615, 641; vgl. auch oben Rdn. 14.
[528] BauR 1979, 393, 394.
[529] Wie hier Englert/Grauvogl/Maurer, Handbuch Baugrund, Rdn. 659. Vgl. auch OLG Schleswig BauR 1996, 127, 128. Zum Thema „Allgemeine Geschäftskosten" vgl. weiter Rdn. 14, 1426–1435.
[530] Vgl. Rdn. 523: 20,6 % · 12,32 €/m = 2,54 €/m.

Bislang sind also für Pos. 2.4.1 folgende Vergütungsbestandteile geklärt:
- der vertraglich vereinbarte Einheitspreis   41,92 €/m
- ungedeckte Baustellengemeinkosten   4 538,64 €
- ungedeckte Allgemeine Geschäftskosten   1 354,66 €

5.6 Die Auswirkung der Mengenminderung auf das Wagnis

Das Auftreten von Wagnissen (zum Begriff: Rdn. 16) ist von der Verursachung her nicht umsatzbezogen, sondern hängt vielmehr von der Art der zu erbringenden Leistung ab. Wenn jedoch die Kosten der zu erbringenden Leistung vorab kalkuliert wurden und dabei die betreffenden Wagnisse pro Position gewürdigt werden, ist kein weiterer leistungsbezogener Wagniszuschlag erforderlich. Das könnte im günstigsten Fall auch mit einem Wagniszuschlag pro Position geschehen. Das würde heißen: Das Wagnis sinkt, wenn auch die Menge sinkt, und zwar – zulässig vereinfacht – proportional. Diese Vereinfachung wäre so lange richtig, wie nicht durch Mengenänderungen eine erhebliche Vergrösserung oder Verringerung des Leistungsumfangs von Positionen erfolgt, die mit grossen Risiken verbunden ist. Für den Normalfall würde dann gelten, dass durch entfallende Mengen auch entsprechende Wagnisanteile entfallen. Das leuchtet sofort ein, wenn man den Extremfall betrachtet, dass eine Leistung gar nicht ausgeführt wird; wo keine Leistung, ist auch kein Wagnis.

537

Aber: Der kalkulierte Ansatz für „Wagnis" ist **nicht** auf ein konkretes Risiko des Bauobjektes bezogen. Deshalb ist die gesonderte Kalkulation von „Wagnis" ein alter Zopf der Bauindustrie. Da das „Wagnis" in der Regel nicht konkret ausgewiesen wird und sonst keinen konkreten Risikobezug hat, sondern aus der alten LSP-Bau und dem dort genannten **allgemeinen** Unternehmerrisiko hergeleitet wird, da es außerdem in der Regel zusammen mit dem Gewinn in der Kalkulation angesetzt ist, deckt es in Wirklichkeit eben **das** „Unternehmerrisiko" - und dessen Realisierung zeigt sich in Gewinn oder Verlust. Wagnis in diesem Sinn und Gewinn sind deshalb gleich zu behandeln (zum Gewinn s. Rdn. 538); eine kalkulierte Grösse für Wagnis wird deshalb **nicht** erspart, sondern voll vergütet, da keine Kosten entfallen.[531)]

Der kalkulierte Betrag für Wagnis bleibt also voll erhalten (s. Rdn. 538).

5.7 Die Auswirkung der Mengenminderung auf den Gewinn

Mantscheff meint, auch der Gewinn sei zu behandeln wie (**fehlerhaft**) das Wagnis, also nur als prozentualer Zuschlag proportional zur verminderten Menge,[532)] was in unserem Beispielsfall bedeuten würde, dass sich der Gewinn[533)]

538

[531)] Diese Beurteilung hat sich mittlerweile durchgesetzt, siehe OLG Braunschweig, BauR 2004, 1621; LG Frankfurt, IBR 2004, 531; Kniffka, in: Kniffka/Koeble, Kompendium, Teil 9, Rdn. 29 (dazu Band 2, Fn. 1539); Schulze-Hagen, Festschrift Jagenburg, S. 815, 818; Schubert/Reister, Jahrbuch BauR 1999, S. 253 ff. in Einzelheiten; Dornbusch/Plum, Jahrbuch Baurecht 2000, S. 160 ff., 169, 170; Kuhne/Mitschein, Bauwirtschaft 1999, Heft 12 S. 36 Kapellmann, Jahrbuch Baurecht 1998, S. 35 ff., Rdn. 57 mit Fn. 76; Schiffers, Stichwort: Baukalkulation, S. 75 ff. Vgl. auch Rdn. 16, Fn. 9.

[532)] A. a. O.
Die Auswirkung der Mengenminderung auf einen einkalkulierten **Verlust** behandeln wir gesondert unter Rdn. 608 ff.

[533)] Vgl. Rdn. 523.

von 2 000 m · 0,63 €/m = 1 260,00 €
auf 1 466,67 m · 0,63 €/m = 924,00 €

vermindern würde.

Das ist unzutreffend. Der Auftragnehmer soll, wie wiederum aus der entsprechenden Anwendung des § 649 BGB folgt, seinen (Teil-)Werklohn aus der ursprünglichen Menge behalten, der nur um ersparte Aufwendungen zu mindern ist. Insbesondere der **kalkulierte Gewinn verbleibt dem Auftragnehmer** voll; das gilt wegen der strukturellen Gleichartigkeit zwischen (freier) Teilkündigung und Mengenminderung uneingeschränkt auch im Rahmen des § 2 Nr. 3 Abs. 3 VOB/B.[534]

Bei der freien Teilkündigung gemäß § 8 Nr. 1 VOB/B, § 649 BGB hat allerdings der BGH – u. E. unzutreffend – entschieden, dass der Auftragnehmer hinsichtlich der ersparten Kosten wie folgt vorgehen müsse:[535]

a) Seien Leistungen bereits erbracht, so seien die tatsächlichen (ersparten!) Kosten maßgebend; b) seien die Leistungen noch nicht erbracht, so komme es darauf an, ob die künftig entstehenden Kosten schon feststünden, z. B. als Nachunternehmervertragspreis – dann seien diese maßgebend; c) seien die künftigen Kosten noch nicht bekannt, seien die (ersparten) kalkulierten Kosten maßgebend.

Es wird auf den ersten Blick deutlich, dass sich der BGH im Fall a) geirrt hat. Wenn die Leistungen ausgeführt **sind**, so sind **sie** nicht Gegenstand der freien Kündigung oder Teilkündigung; kündigen kann man nur vorwärts, nicht rückwärts, nur für noch nicht ausgeführte, aber nicht für ausgeführte Leistungen. Die ausgeführten Leistungen werden immer bezahlt; natürlich gibt es bei ihnen keine kündigungsbedingt ersparten Kosten.

Schulze/Hagen will jedenfalls die Grundsätze zu b) und c) auf die Mengenminderung des § 2 Nr. 3 VOB/B anwenden;[536] das ist verständlich, weil die nicht ausgeführte Menge, also die Differenz zwischen LV-Menge und ausgeführter Mindermenge, strukturell nichts anderes ist als eine *gekündigte* Teilmenge. Wenn die tatsächlich (ersparten) Kosten geringer sind als die kalkulierten, der tatsächliche Gewinn also höher ist, freut sich der Auftragnehmer mit Schulze-Hagen. Glücklicherweise muss Schulze-Hagen aber konsequent bleiben und den umgekehrten Fall systematisch gleich behandeln: Sind die (ersparten) tatsächlichen Kosten höher als kalkuliert, so sinkt der Gewinn unter den kalkulierten Gewinn; sind die (ersparten) tatsächlichen Kosten gar so hoch, dass ein Verlust entstanden wäre, müsste nach Schulze-Hagen konsequenterweise der Auftragnehmer bei einer entsprechenden Mengenminderung dem Auftraggeber noch den „ersparten" Verlust erstatten. Abgesehen davon, dass die Entscheidung des BGH nicht zutreffend ist,[537] ist aber schon die Übertragung dieser Entscheidung von § 8 Nr. 1 VOB/B auf § 2 Nr. 3 VOB/B nicht richtig: Während § 8 Nr. 1 VOB/B wörtlich der Formulierung von § 649 BGB folgt, der seinerseits nur „ersparte Kosten" **ohne** irgendeinen Bezug auf tatsächliche oder kalkulierte Kosten nennt, ist § 2 Nr. 3 VOB/B Bestandteil des Regelungssystems des § 2 VOB/B, der einheitlich in Nr. 3, 5, 6 und 8 bei der Erläuterung von Mehr- oder Minderkosten an die „Grundlage der Preisermittlung" anknüpft, also **an die kalkulierten Kosten**, gerade auch bei Nr. 3; ein Auftragnehmer muss zur Darlegung seines Anspruchs

---

[534] Richtig Kleine-Möller/Merl, § 10 Rdn. 416, 418; Englert/Grauvogl/Maurer, Handbuch Baugrund, Rdn. 659; Heiermann/Riedl/Rusam, VOB/B § 2 Rdn. 90; Reister, Nachträge, S. 274; zu unbestimmt Ingenstau/Korbion/Keldungs, VOB/B § 2 Nr. 3, Rdn. 37; „Es **dürfte** auch zulässig sein, den Gewinnanteil für die nicht mehr auszuführende Leistung mit in Ansatz zu bringen."

[535] BGH NZBau 2005, 683; BGH NZBau 2000, 82; BGH BauR 1999, 1294. Eingehend zur Rechtslage bei freier Kündigung Markus, NZBau 2005, 417 und Band 2, Rdn. 1372.

[536] Festschrift Jagenburg, S. 815 ff.

[537] Dazu im Einzelnen Markus NZBau 2005, 417 sowie ausführlich Band 2, Rdn. 1360-1366.

aus § 2 Nr. 3 VOB/B seine (vorhandene) **Urkalkulation** offenlegen.[538] Die Anknüpfung an die **kalkulierten** Kosten ist also in § 2 Nr. 3 VOB/B **vertraglich geregelt**.
Außerdem: Die gemäß der Abrechnung erstellten Mengen werden über den Vertragspreis zwangsweise „auf Kalkulationsbasis" vergütet. Dann gilt für die nicht ausgeführten Mengen zwingend dieselbe Anknüpfung.
Das bedeutet also, um es zu wiederholen: Der **kalkulierte Gewinn** bleibt dem Auftragnehmer (mindestens) in **vollem Umfang erhalten** (s. Fn. 534) – und das ist nur zu erreichen, wenn es **nicht** auf die möglicherweise ersparten tatsächlichen höheren Kosten ankommt. Allerdings kann **umgekehrt** genau wie bei freier Teilkündigung der Auftragnehmer auswählen, ob er sich nicht darauf beruft, seine **tatsächlich** ersparten Kosten seien niedriger, sein tatsächlicher Gewinn sei folglich höher, sein „Vergabegewinn" ergebe sich aus „Einkaufsvorteilen" und müsste ihm erhalten bleiben. Der Auftragnehmer darf durch „sich aus den Verhältnissen" ergebende Mengenminderungen nicht schlechter, wohl aber besser gestellt werden – das ist der Preis, den der Auftraggeber für ungenaue Mengenermittlung zahlen muss: Für **eine** der Vertragsparteien ist natürlich die Diskrepanz zwischen tatsächlichen und kalkulierten Kosten immer von Nachteil – und dann gehört dieser Nachteil zum **Risikobereich des Auftraggebers** und nicht des Auftragnehmers.[539]

In unserem Beispiel ist also der gesamte kalkulierte Gewinn in Höhe von 1 260,00 € in die Berechnung des neuen Preises einzubeziehen. Da sich jedoch aus den abgerechneten Mengen nur ein Gewinn von 1 393,33 € ergibt, bleibt auch der Differenzbetrag zu 1 260,00 €, nämlich 336,00 €, erhalten, er wird bezahlt.

Für den Fall, dass nur bei einer einzigen Position (hier Position 2.4.1) eine Preisanpassung wegen Mengenminderung auf unter 90 % der ausgeschriebenen Menge notwendig wäre, ist jetzt eine abschließende Preisberechnung möglich, da alle Elemente bekannt sind.

Sie lautet für Position 2.4.1:

ausgeführte Menge:	1 466,67 m	
Einheitspreis:	41,92 €/m	
ungedeckte Baustellengemeinkosten		+ 4 538,64 €
ungedeckte Allgemeine Geschäftskosten		+ 1 354,66 €
Restdeckungsanteil für Wagnis und Gewinn		+ 677,33 €
insgesamt zusätzlich zum Einheitspreis sind abzudecken		= 6 570,63 €

Dieser Betrag ist der Vergütung gemäß Einheitspreis, nämlich

$$1\,466{,}67 \text{ m} \cdot 41{,}92 \text{ €/m} = 61\,482{,}81 \text{ €}$$

zuzuschlagen, das ergibt also 68 053,44 € als Gesamtvergütung.

Wir haben damit den durch den ursprünglichen Einheitspreis nicht abgedeckten Umlagebetrag von 6 570,63 € gesondert (wie eine Pauschale) im Rahmen einer zusätzlichen Position (oder ähnlich) angesetzt; das ist nach praktischen Gesichtspunkten einfacher, **im Normalfall erübrigt sich eine neue Einheitspreisberechnung** (vgl. oben Rdn. 533).

---

[538] Zutreffend Kniffka, in: Kniffka/Koeble, Kompendium Teil 5, Rdn. 76 unter Hinweis auf OLG Schleswig, BauR 1996, 265; Kleine-Möller/Merl, Handbuch, § 10, Rdn. 416, 418, 419; Heiermann/Riedl/Rusam, VOB/B § 2, Rdn. 85, 86, 90a mit weiteren Nachweisen; zum System Kapellmann, in: Kapellmann/Messerschmidt, VOB/B § 2, Rdn. 137.
[539] Zur Parallele bei freier Kündigung ausführlich Band 2, Rdn. 1363, 1364.

Wenn aber ein **neuer Einheitspreis** gewünscht wird, ist er für die gesamte erstellte Menge wie folgt zu berechnen:

$$41{,}92\ \text{€/m} + \frac{6\,570{,}63\ \text{€}}{1\,466{,}67\ \text{m}} = 46{,}40\ \text{€/m}$$

5.8 Die fast vollständige Mengenminderung sowie der Wegfall ganzer Positionen

5.8.1 Störung der Geschäftsgrundlage?

539   Wenn die ausgeführte und abgerechnete Menge auf beispielsweise weniger als 5 % der beauftragten Menge absinkt, stellt sich die Frage, ob die Vorschrift des § 2 Nr. 3 VOB/B auf solche extremen Schwankungen zugeschnitten ist oder ob nicht mit anderen rechtlichen Instrumenten geholfen werden muss, z. B. Störung der Geschäftsgrundlage.

Davon kann indes keine Rede sein. § 2 Nr. 3 VOB/B ist für alle Fälle blosser Mengenveränderung **Spezialvorschrift;** daneben kommt die Anwendung irgendwelcher anderer Anspruchsgrundlagen nicht in Betracht, sei die Mengenabweichung, hier die Mengenminderung, auch noch so gross.[540] Dafür besteht auch kein Bedürfnis: Wenn beispielsweise nur 5 % der beauftragten Menge ausgeführt werden, der Auftragnehmer aber vollen Ausgleich der ursprünglichen Deckung für die kalkulierten Deckungsanteile für Baustellengemeinkosten, Allgemeine Geschäftskosten, Wagnis und Gewinn erhält, ist gar nicht ersichtlich, was ihm durch Anwendung anderer Vorschriften noch zusätzlich zugewendet werden sollte.

5.8.2 Behandlung der „Null"-Menge

540   Da dieses Ergebnis allgemein gebilligt wird, ergibt sich beim Schluss von weniger als 5 % ausgeführter Menge zu 0 % „ausgeführter Menge", also zum Wegfall der ganzen Position – ohne Anordnung, also „aufgrund der vorgefundenen Verhältnisse" –, kein Unterschied: Beide Fälle müssen gleichbehandelt werden (dazu auch schon oben Rdn. 529).[541]
Dieses Ergebnis ist zwingend; es wäre ja äusserst merkwürdig, wenn die gleitende Veränderung von 90 % bis hin zur Mindermenge von 1 % einer bestimmten Rechtsregel folgte (§ 2 Nr. 3 Abs. 3 VOB/B), diese Regel aber plötzlich bei Übergang von 1 % zu 0 % keine Geltung mehr hätte.[542] § 2 Nr. 3 Abs. 3 VOB/B passt zwar im Wortlaut nicht, denn man kann „den Einheitspreis für die tatsächlich ausgeführte Menge der Leistung" nicht erhöhen, wenn gar keine Menge ausgeführt ist. Zwar ist eine Null-Menge auch eine Menge, aber die Multiplikation von 0 mit irgendeinem Einheitspreis ergibt 0! Dennoch steht nichts im Weg, bei einer „Null-Menge" den „Einheitspreis zu erhöhen", und zwar

---

[540]   BGH Schäfer/Finnern Z 2.311 Bl. 31, unbestritten.
[541]   Ebenso Schulze-Hagen, Festschrift Jagenburg, S. 815, 825; Englert/Grauvogl/Maurer, Handbuch Baugrund, Rdn. 659; Kemper, in: Franke/Kemper/Zanner/Grünhagen, VOB/B § 2, Rdn. 76; Ingenstau/Korbion/Keldungs, VOB/B § 2 Nr. 3, Rdn. 30; i.E. Nicklisch/Weick, VOB/B § 2 Rdn. 50; a.A. Heiermann/Riedl/Rusam, VOB/B § 2 Rdn. 92.
[542]   Olshausen, VDI-Berichte Nr. 458 (1982) S. 49, 51, 52 sieht dieses Unbehagen auch, meint aber, bei der Minderung auf „Null" ergebe sich ein Sprung, weil erst dann die Wagnis- und Gewinnanteile berücksichtigt werden dürften, während sie beispielsweise bei einer Menge von 12 % nicht erstattet würden. Das ist unzutreffend: Die kalkulierten Deckungsanteile für Wagnis und Gewinn werden in beiden Fällen sehr wohl „erstattet" (vgl. oben Rdn. 538). Unzutreffend Nicklisch/Weick, VOB/B § 2 Rdn. 50.

Fast vollständige Mengenminderung sowie der Wegfall ganzer Positionen Rdn. 541, 542

so, dass die Direkten Kosten entfallen (was aber keineswegs zwingend ist, vgl. die Beispiele in Rdn. 528), aber die kalkulierten Deckungsanteile für Baustellengemeinkosten, die Allgemeinen Geschäftskosten, Wagnis und Gewinn voll vergütet werden; Basis ist die beauftragte Menge.

Man kann zwar diese Einheitspreise nicht mehr mit einer Menge multiplizieren, aber das ist nicht nötig, weil nur die Erstattung der genannten Preiselemente zwingend ist, aber nicht die Rückrechnung wiederum in neue Einheitspreise (vgl. oben Rdn. 533, 538).

Jedenfalls ist es kein Problem, für die Minderungen auf „Null" die in § 2 Nr. 3 Abs. 3 VOB/B „versteckte" Vorschrift des § 649 BGB entsprechend anzuwenden, was zu derselben, oben erläuterten Berechnungsweise führt. Es kann deshalb offenbleiben, ob § 649 BGB nicht sogar direkt anwendbar ist oder auf einem Umweg über die Analogie zu § 2 Nr. 4 VOB/B bzw. § 8 Nr. 1 VOB/B, § 649 BGB,[543] jedenfalls ist die „Deckungserstattung" einzig und allein davon abhängig, **dass** die Position wegfällt und nicht etwa davon, dass sie **verschuldet** wegfällt; das Ergebnis ist also dasselbe. Die richtige Planung ist allein Sache des Auftraggebers. Deshalb ist jede Lösung, die auf dem Weg der positiven Vertragsverletzung oder des Verschuldens bei Vertragsschluss (c.i.c.), § 311 BGB den Anspruch wie auch immer von einem Verschulden des Auftraggebers abhängig zu machen versucht, unzutreffend.

Wären somit bei Position 1.2.10 nicht drei, sondern null Bäume abgerechnet worden, sähe die Rechnung wie folgt aus (vgl. auch Rdn. 521): 541

(1) ausgeschriebene Menge	100 St.
(2) abgerechnete Menge	0 St.
(3) für die Umlageerstattung zu berücksichtigende Menge: (1) minus (2) =	100 St.
(4) für die Ausgleichsberechnung zu berücksichtigender Unterdeckungsbetrag:	35,39 €/St.
100 St. · 35,39 €/St. =	3 539,00 €

Somit sind als Nachtragsposition N 1.2.10 dem Auftragnehmer 3 539,00 € (wie eine Pauschale) zu vergüten.

Übrigens wird durch diese Lösung auch ein Streit vermieden, der wie folgt entstehen könnte: Aus irgendwelchen Gründen (z. B. Vereinfachung der Abrechnung) haben sich die beiden Bauleitungen von Auftraggeber und Auftragnehmer darauf geeinigt, dass eine bestimmte Leistung nach Position A abgerechnet wird, obwohl sie eigentlich auch nach Position B (z. B. gleicher Preis) hätte abgerechnet werden können. Wenn dadurch bedingt für Position B doch gar keine Abrechnungsmenge anfällt, dagegen eine sehr grosse Mengenmehrung bei Position A, braucht nicht lange darüber gestritten zu werden, dass ja „tatsächlich" gar nicht so viel von Position A geleistet wie abgerechnet worden ist. Durch die „Automatik" der Ausgleichsberechnung für Mehr- und Mindermengen sowie für entfallende Positionen erfolgt stets ein korrekter Ausgleich der Deckungsanteile. 542

Als Beispiel dafür, dass es sich hierbei nicht um Theorie, sondern um Praxis handelt, sei auf **Abbildung 18,** S. 260 verwiesen, aus der erkennbar ist, dass für die Positionen 2.1.5 und 2.1.6 insgesamt 4 900 Einheiten à 8,33 € je Einheit beauftragt werden, jedoch 0 Einheiten abgerechnet worden sind; dagegen sind – wahrscheinlich auf Druck des Auftraggebers – in Pos. 2.1.7, für die ein EP von mit 8,25 € je Einheit vorlag und nur 10 Einheiten beauftragt waren, 15 715,03 Einheiten abgerechnet worden.

---

[543] Im Ergebnis wie hier insbesondere Ingenstau/Korbion/Keldungs, § 2 Nr. 3, Rdn. 30; ablehnend, aber mit demselben Ergebnis Nicklisch/Weick, VOB/B § 2 Rdn. 50.

5.8.3 Sonderphänomene – Auswirkungen auf Gemeinkosten

543 Wir haben unter Rdn. 528, 529 den Fall besprochen, dass eine Leistung nicht ausgeführt wird, aber trotzdem Direkte Kosten der betreffenden Position nicht entfallen, weil nicht kurzfristig abbaubar.

Durch eine erhebliche Reduzierung des zu erbringenden Leistungsumfangs (insbesondere durch entfallende Positionen ohne Anordnung, also wegen „vorgefundener Verhältnisse") kann es sich **darüber hinaus** noch ergeben, dass

a) **auch** die Direkten Kosten **anderer** Positionen berührt werden,
b) das Kostengefüge des Baustellenapparates (**Baustellengemeinkosten**) unmittelbar beeinflusst wird, dass nämlich
   – weniger Bauleitungspersonal einschließlich Aufsicht,
   – weniger Hilfspersonal (z. B. Kranführer),
   – weniger Gerät usw.
   benötigt wird - vgl. dazu auch oben Rdn. 534.

Zu Fall a verweisen wir auf eine Mengenreduzierung von 1600 m² ausgeschriebenem Mauerwerksabbruch auf eine Ausführungsmenge von 400 m². Da der Auftragnehmer die abzubrechenden Steine für das Aufmauern (andere Positionen) wiederverwenden wollte und dies in seiner Angebotskalkulation ausgewiesen hatte, sind von der Mengenminderung der einen Position die Direkten Kosten mehrerer Positionen betroffen; zur Berechnung verweisen wir auf Rdn. 544.

Für den Fall b gilt, dass sich die Baustellengemeinkosten erst bei einer erheblichen Mengenänderung in anderer Höhe einstellen. Voraussetzung ist, dass die jeweiligen Bestandteile der Baustellengemeinkosten auch tatsächlich kurzfristig veränderbar sind (z. B., eine Unterkunft wird früher abgebaut als geplant; es reicht ein Polier statt der bisherigen Aufsicht durch einen Polier zuzüglich eines Werkpoliers).

Die **Abschätzung** des Umfangs der Reduzierung der Baustellengemeinkosten erfordert eine Kalkulation der vor und der nach Leistungsreduzierung **notwendigen** Baustellengemeinkosten (und deren Abbaubarkeit).

5.8.4 Verschulden bei Vertragsschluss, § 311 Abs. 2 Nr. 1 BGB, bei Mengenminderungen?

544 Die eingangs dargestellten Überlegungen bedeuten nicht, dass für die Anwendung der Grundsätze des Verschuldens bei Vertragsschluss, § 311 Abs. 2 Nr. 1 BGB, bei Mengenminderungen kein Raum bliebe. § 2 Nr. 3 Abs. 3 VOB/B regelt **nur den Ausgleich für die konkrete Position.** Die Änderung des Vordersatzes einer Position hat aber möglicherweise Auswirkungen auf **andere** Positionen (s. oben Rdn. 543). Das ist aber nur von Bedeutung, wenn sich die Direkten Kosten in anderen Positionen ändern. Der wohl nur theoretische Fall erhöhter Baustellengemeinkosten kann dadurch gelöst werden, dass die entsprechende Kostenmehrung als Direkte Kosten in der ursprünglichen Position aufgegriffen wird.

Wenn beispielsweise wie in der Position 2.1.1 des bislang als Beispiel herangezogenen Bauobjekts 8400 m³ Grabenaushub ausgeschrieben sind und diese Position stark reduziert wird oder sogar entfällt, wird es sinnvoll sein, ein Leistungsgerät (zum Begriff siehe oben Rdn. 22), beispielsweise einen Grabenbagger, abzuziehen, auch dann, wenn dieses Gerät für eine andere Position zusätzlich eingeplant war (z. B. als Verladehilfe für gefällte Bäume, Position 1.2.10). Wenn das Gerät abgezogen wird, steigen die Kosten bei den anderen Positionen, für die es bislang kalkuliert war, da jetzt auf andere Weise die Leistungserbringung erfolgen muss, z. B. durch Verladen mit Winden; dann fällt erhöhter Lohnaufwand an.

Dieses Beispiel macht übrigens deutlich, dass die nachfolgende Ausgleichsberechnung (siehe Rdn. 545) erheblich vereinfacht wird, wenn Gerät, das für mehrere Positionen arbeitet, unter „Baustellengemeinkosten" als Gemeinkostenverursacher erfasst und nicht in die Direkten Kosten eingerechnet wird. Hierdurch vergrössert sich zwar der Baustellengemeinkostenblock, aber die Berechnung der Vergütung der entfallenden Leistungen erleichtert sich sehr (vgl. unten Rdn. 636).

Es liegt auf der Hand, dass man auch für die durch Mengenminderungen einer Position gestiegenen Kosten anderer Positionen dem Auftragnehmer einen Ausgleichsanspruch zugestehen muss. Dafür bietet sich als Anspruchsgrundlage „Verschulden bei Vertragsschluss" an, denn der Auftraggeber hat seine Pflicht zur richtigen Leistungsbeschreibung verletzt: Auch die Angabe der genauen Vordersätze gehört dazu.[544] Der Auftragnehmer braucht das Verschulden des Auftraggebers nicht zu beweisen, wie noch auszuführen sein wird, der Auftraggeber muss sich vielmehr entlasten.

§ 2 Nr. 3 VOB/B schließt also als umfassende Vorschrift in seinem Anwendungsbereich die Vorschriften des „Verschuldens bei Vertragsschluss" aus; soweit allerdings ausserhalb dieses Geltungsbereichs durch Mengenminderungen Folgen zu Lasten des Auftragnehmers auftreten, ist der Auftraggeber aus „Verschulden bei Vertragsschluss" schadensersatzpflichtig.[545] Ist die Anwendbarkeit des § 2 Nr. 3 VOB/B vertraglich ausgeschlossen, bleiben davon Ansprüche gegen den Auftraggeber aus „Verschulden bei Vertragsschluss" wegen schuldhaft unsorgfältiger Mengenermittlung unberührt, die dann auch Preisveränderungen in dem Einheitspreis der Position selbst erlauben (vgl. Rdn. 664).

5.9 Die Ausgleichsberechnung bei Mindermengen – Grundsatz –

5.9.1 Der „normale" Ausgleich

Wenn die Vergütung für die verringerte Menge festgestellt ist (entweder als Pauschale oder als erhöhter Einheitspreis), muss gemäß § 2 Nr. 3 Abs. 3 Satz 1 VOB/B geprüft werden, **ob der Auftragnehmer nicht durch „Erhöhung der Mengen bei anderen Ordnungszahlen** (Positionen) **oder in anderer Weise einen Ausgleich erhält."** Ein solcher Ausgleich schließt also den an sich bestehenden Zusatzvergütungsanspruch bei Mindermengen aus.

545

Um das Beispiel von Position 2.4.1 (Rohrleitungen) aus Rdn. 538 aufzugreifen:
1 466,67 m ausgeführte Rohrleitung (statt 2000 m beauftragter Menge) führen bei einem unveränderten Einheitspreis von 41,92 €/m zu einem Werklohn von 61 482,81 €; da aber gemäß § 2 Nr. 3 VOB/B der Einheitspreis anzupassen ist, ergibt sich ein Werklohn von zusätzlich 6 570,63 €, d. h. insgesamt 68 053,44 €; wegen der Berechnung dürfen wir auf die vorangegangenen Randnummern, insbesondere 536 ff., verweisen. Nur dieser Betrag von 6 570,63 € unterliegt dem „Ausgleich" im vorgenannten Sinne.

---

[544] Zutreffend Olshausen, VDI-Berichte Nr. 458 (1982), S. 49, 50: „Die möglichst genaue Vorgabe der Vordersätze, betriebswirtschaftlich eine notwendige Voraussetzung für eine sichere Kostenermittlung, gehört . . . zu den vertraglichen Obliegenheiten des Auftraggebers. Wenn nach abgeschlossener Planung VOB-gerecht ausgeschrieben wird, kann die Bandbreite zwischen Ausschreibung und Abrechnung erheblich unter der VOB-Grenze von 10 % gehalten werden." Siehe auch näher Rdn. 664.
[545] Im Ergebnis ähnlich Nicklisch/Weick, VOB/B § 2 Rdn. 53: „Die Haftung aus c.i.c. geht weiter als die bloße Anpassung nach § 2 Nr. 3 VOB/B"; Werner/Pastor, Bauprozeß Rdn. 1172.

Der Anspruch des Auftraggebers auf Ausgleich durch Erhöhung anderer Mengen ist einleuchtend: Wenn der Auftragnehmer auf der einen Seite durch eine Mengenminderung Umlagenunterdeckungen erleidet, dem aber auf der anderen Seite durch eine Mengenmehrung eine **Umlagenüberdeckung** entspricht, erleidet der Auftragnehmer im Ergebnis insgesamt keinen Nachteil.

546 Ein solcher Vergleich gemäß § 2 Nr. 3 VOB/B setzt zunächst voraus, dass berechnet wird, welcher Betrag sich

– bei Mindermengen als Umlagenunterdeckung
– bei Mehrmengen als Umlagenausgleichsbetrag

ergeben würde, wenn die Einheitspreise nicht verändert würden. **Ausgangspunkt dieser Berechnung sind die in der Auftragssumme** enthaltenen Deckungsanteile, nicht die durch Nachträge beeinflusste Abrechnungssumme. Der Saldo aus Umlagenunterdeckung und Umlagenausgleichsbetrag ergibt entweder eine „Unterdeckungs-" oder eine „Überdeckungsdifferenz" (zu letzterer Rdn. 555 ff.).

Bei diesem Ausgleich stellt sich nur eine Frage, ob nämlich die Überdeckungen aus **Mehrmengen erst ab 110 %** berücksichtigt werden dürfen oder schon ab 100 %; die 10 %, beginnend bei 100 % bis 110 %, sind ja auch schon ein Vorteil für den Auftragnehmer. Der BGH hat dazu grundsätzlich entschieden, dass angesichts des eindeutigen Wortlauts des § 2 Nr. 3 Abs. 2 VOB/B „nur die über 10 % **hinausgehende** Überschreitung für die Vereinbarung eines neuen Preises zur Verfügung steht."[546] Das heißt: Die Ausgleichsberechnung gegenüber Minderungen fängt erst bei 110 % Mehrmenge an, während die Minderungsberechnung selbst (d. h. die Berechnung der ungedeckten Umlagen) bekanntlich nicht von 90 %, sondern von 100 % ausgeht vgl. oben Rdn. 532).

Dieser doppelte Vorteil für den Auftragnehmer erscheint als etwas ungleichgewichtig, läßt sich im Ergebnis aber wiederum damit rechtfertigen, dass Planen und Leistungsbeschreibung Sache des Auftraggebers ist und deshalb die Abwägung zu seinen Lasten ausfallen darf, wenn die Folgen ungenauer Leistungsbeschreibung diskutiert werden.

Der Vollständigkeit halber sei noch erwähnt: Ist für die Mehrmenge über 110 % hinaus bereits ein neuer Preis vereinbart, kann dieselbe Mehrmenge nicht anschließend auch noch als Ausgleich im Sinne von § 2 Nr. 3 Abs. 3 VOB/B berücksichtigt werden.[547]

5.9.2 Der Ausgleich „in anderer Weise" – die Berücksichtigung von „Nachträgen"

547 Was unter einem **Ausgleich „in anderer Weise"** – so § 2 Nr. 3 Abs. 3 Satz 1 VOB/B – zu verstehen ist, ist nicht so einfach zu beantworten.[548]

548 Nach Olshausen kann der **Ausgleich in „anderer Weise"** grundsätzlich nur in der Beauftragung mit Nachträgen für zusätzliche Leistungen liegen. Sofern unter zusätzlichen Leistungen solche verstanden werden, deren Vergütung durch § 2 Nr. 6 VOB/B geregelt wird, ist diese Definition zu eng gefasst, wird dagegen der Begriff „zusätzliche Leistungen" als Synonym

---

[546] BGH BauR 1987, 217.
[547] BGH BauR 1987, 217.
[548] Der „Ausgleich" betrifft nur die Frage, ob durch Mindermengen fehlende Umlagenanteile durch eine Umlagenüberdeckung aus Mehrmengen oder aus anderen Gründen („in sonstiger Weise") ausgeglichen wird. **Beispiele** Rdn. 640 ff.
Daß trotz Mengenminderung **Direkte Kosten** nicht nur nicht wegfallen, sondern sich sogar **erhöhen können,** hat damit nichts zu tun; einen solchen Fall haben wir unter Rdn. 527 angesprochen.

für zusätzliche Vergütungen verwendet, so ist Olshausen[549] unter folgender Einschränkung zuzustimmen: Die zusätzliche Vergütung muss über die Deckung der anfallenden Direkten Kosten der jeweiligen Leistung einen Umlagendeckungsanteil beinhalten. Ansonsten kann sie nicht zum Ausgleich für Umlagenunterdeckung aus Mindermenge beitragen.

Beschränken wir uns zunächst auf reine Nachtragsfälle aus angeordneten geänderten und zusätzlichen Leistungen, so sind folgende **Fälle** zu **unterscheiden**:

1. **Geänderte** Leistungen (§ 2 Nr. 5 VOB/B):
   a) Der Umfang der geänderten Leistung ist **niedriger** als der der ursprünglich durch das Vertrags-LV vorgegebenen, nun aber durch die Änderungen entfallenen Leistungen gemäß Vertrags-LV;
   b) der Umfang der geänderten Leistung ist **grösser** als der der ursprünglich durch das Vertrags-LV vorgegebenen, nun aber entfallenen Leistungen;

2. **Zusätzliche** Leistungen (§ 2 Nr. 6 VOB/B)

Sowohl im Fall 1 wie im Fall 2 kann der Gesamtabrechnungsbetrag des Bauobjekts höher als auch niedriger als die Auftragssumme sein. Im Fall 2 ergibt sich diese Konstellation dadurch, dass Teilmengen der beauftragten Leistungen nicht erbracht werden und der Gesamtbetrag der zusätzlichen Leistungen niedriger ist als der Gesamtbetrag der entfallenen Leistungen. Die Frage ist, ob diese Nachträge als Mengenmehrung ausgleichend in die Berechnung gemäß § 2 Nr. 3 VOB/B eingehen oder nicht.

Im Fall 1 (geänderte Leistungen) handelt es sich nur um einen Austausch von Leistungen, der in der Regel unter Beibehaltung des geplanten Baustellenapparates durchgeführt wird. Deshalb gehen die Nachtragspositionen als Ausgleichsposten in die Ausgleichsberechnung ein. Ansonsten würde die Konsequenz lauten: Für die entfallene Position wird eine Erstattung des fehlenden Deckungsanteils dem Auftragnehmer zugestanden, für die geänderten Leistungen wird nochmals ein neuer Deckungsanteil vergütet.

Wenn geänderte Leistungen in die Ausgleichsberechnung einfliessen, ist nicht einzusehen, warum nicht auch zusätzliche Leistungen (Fall 2), die mit demselben Baustellenapparat erbracht werden, ebenfalls in die Ausgleichsberechnung einfliessen sollen.

Nicht selten werden den zusätzlichen Leistungen (nicht unbedingt mit ihnen zusammenhängende) entfallene oder reduzierte Leistungen gegenüberstehen. Würde in diesem Fall wieder für eine Mengenreduzierung eine Erstattung der nicht gedeckten Umlage vorgenommen und würde andererseits die Nachtragsposition nochmals mit einem Deckungsanteil beaufschlagt, ergäbe sich für den Auftragnehmer ein zusätzlicher verkappter Gewinn.

Der Fall, dass **durch Nachträge** auch **eine Änderung der Baustellengemeinkosten** entsteht, ist wie folgt zu behandeln:

a) Eine Minderung der kalkulierten Baustellengemeinkosten durch eine modifizierte Leistung (Nachtragsposition) ist – sofern nicht ein „negativer" Einheitspreis vorliegt – nicht möglich; wohl aber können durch eine modifizierte Leistung (Nachtragsposition) Leistungen anderer LV-Positionen in einem solchen Umfang entfallen, dass sich auch eine Reduzierung der Baustellengemeinkosten gegenüber dem kalkulierten Betrag ergibt; das haben wir schon besprochen.

---

[549] Olshausen, VDI-Berichte Nr. 458 (1982), S. 49, 51. Darunter fallen immer, nicht nur „eventuell" – so aber Ingenstau/Korbion/Keldungs, VOB/B § 2 Nr. 3, Rdn. 33 – auch gemäß § 2 Nr. 8 Abs. 2, 3 zu vergütende Leistungen.
Richtig Kleine-Möller/Merl, Handbuch § 10, Rdn. 420: Auch geänderte Leistungen, falls Mehrvergütungsanspruch besteht.
Anderer Meinung, aber falsch: Usselmann, BauR 2004, 1217.

b) Eine Mehrung der Baustellengemeinkosten, die durch die Leistungen bewirkt wird, die zu einem Nachtrag führen (z. B. zusätzlicher Antransport eines Gerätes, zusätzliche Vorhaltung eines Unterkunftscontainers), ist in den jeweiligen Nachtrag einzurechnen. Der Nachtrag hat alle Kosten zu enthalten, die unmittelbar durch die zusätzlichen oder geänderten Leistungen verursacht werden.[550] Somit sind diese Kosten, die ansonsten – insbesondere in der Angebotskalkulation – zu den Baustellengemeinkosten gezählt würden, sofort dem Nachtrag zuzuordnen, da sie direkt und unmittelbar nur durch ihn verursacht werden. Dass dies auch im Rahmen unserer Terminologie korrekt ist, ersieht man daraus, dass wir nur solche Kosten den Baustellengemeinkosten zurechnen, die wir nicht unmittelbar einer Position zuordnen können. Sollten zusätzliche Kosten (mit dem Charakter von Baustellengemeinkosten) für mehrere Nachtragspositionen anfallen, so sind diese Kosten als „Nachtragsgemeinkosten" zu behandeln, d. h., sie werden gesondert ermittelt und über die Einzelkosten der Nachtragspositionen umgelegt.

551 Wir haben schon unter Rdn. 547 ff. festgestellt, dass alle im tatsächlich abgerechneten Werklohn enthaltenen Umlagenbestandteile ausgleichsfähig sind, also auch solche aus Eventualpositionen und Stundenlohnarbeiten. Anders ausgedrückt: Nur diejenigen Elemente des Werklohns, die Umlagenanteile beinhalten, können zum Ausgleich in anderer Weise beitragen.

Es kommt also für den Ausgleich in anderer Weise nicht darauf an, um welche Vergütungsregelung es sich handelt, sondern es kommt nur darauf an, ob in die Vergütungsregelung über die Erstattung der Direkten Kosten der jeweiligen Leistung hinaus noch Umlagenanteile eingeschlossen sind.[551]

Somit trägt auch ein Anspruch aus Leistungen nach § 2 Nr. 8 VOB/B, der nachträglich vom Auftraggeber anerkannt worden ist, ebenfalls zum Ausgleich bei, vorausgesetzt, er beinhaltet Umlagenanteile.

Auf all das gehen wir bei der Besprechung der „technischen Fragen" der Berechnung noch unter Rdn. 624 ff. gesondert ein.

5.9.3 Andere Ausgleichsfälle

552 Abschließend erwähnen wir, dass ein „Ausgleich in anderer Weise" auch – natürlich – dadurch möglich ist, dass die entfallenen Umlageanteile bei Mindermengen zusätzlich vergütet werden, was allerdings nichts anderes ist als eine neue Einkleidung des Erhöhungsanspruches aus § 2 Nr. 3 Abs. 3 VOB/B.

553 Streitig war früher, ob der **Ausgleich** auch dadurch geschaffen werden kann, dass der Auftraggeber dem Auftragnehmer einen **weiteren Auftrag** in unmittelbarem zeitlichen und/oder örtlichen Zusammenhang erteilt und ihm die Möglichkeit gibt, eine „ausgleichende Verteilung der festen Kosten auf beide Bauvorhaben vorzunehmen."[552] Das ist

---

[550] Wir dürfen jedoch darauf hinweisen, dass, bedingt durch den Sprungkosteneffekt (vgl. oben Rdn. 21), nicht immer alle Fixkostenverursacher präzise erfaßt werden können. Zum Beispiel ist die Frage nicht genau zu beantworten, bis zu welcher Kapazität der bisherige Apparat ausreicht. Wann beginnen Intensitätsabfälle? Wann ist eine zusätzliche Bestückung des Baustellengemeinkostenapparates (zusätzlicher Kran) unvermeidlich?

[551] Drittler – BauR 1992, S. 704 – geht von einer „mechanischen" Zuordnung aus, d. h., nach seiner Meinung tragen bestimmte Positionsarten zum Ausgleich bei; das ist unter der Prämisse richtig, dass man zwar alle diese Positionen ansetzen kann, dass aber ein Ausgleich naturgemäß nur durch solche Positionen erfolgen kann, die tatsächlich auch Umlagenbestandteile in ihrem Preis beinhalten.

[552] So früher (11. Auflage) Ingenstau/Korbion, jedoch heute wie hier, VOB/B § 2 Nr. 3 Rdn. 33; ablehnend auch Nicklisch/Weick, VOB/B § 2, Rdn. 48.

jedoch nicht zu billigen: Der Auftraggeber kann nur **innerhalb einer Kalkulationseinheit**, d. h. eines Vertrages, den Ausgleich erzwingen. Bei der Kalkulation eines neuen, selbständigen Vertrages ist der Auftragnehmer frei, wie er seine umzulegenden Beträge berechnet und verteilt; es besteht kein vom Auftraggeber erzwingbarer Zusammenhang. Natürlich können sich Auftraggeber und Auftragnehmer entsprechend einigen, aber das hat nichts mit dem Recht des Auftraggebers auf Ausgleich zu tun.

5.9.4 Einzelfragen und Praxis der Berechnung

Mehr technische Fragen (Einbeziehung von Alternativpositionen usw.) sowie die Berechnung im Einzelnen erörtern wir gesondert unter Rdn. 624 ff., 640 ff. 554

6 Die über 10 % hinausgehende Mengenmehrung

6.1 Kalkulationsaufbau

Wir verwenden als Beispiel eine andere Position aus dem bislang stets herangezogenen 555
Tiefbauobjekt (vgl. Fn. 517); beauftragt wurde:
Position 1.2.9: 100 St. Bäume fällen (Durchmesser kleiner als 0,3 m).
Der Einheitspreis von 38,95 €/St. setzt sich zusammen aus:

Direkte Kosten
Lohnkosten   + 16,72 €/St.
Stoffkosten   –

Umlagen
Umlage auf Lohn   132,8 %   + 22,23 €/St.
Umlage auf Stoffkosten   20 %   –
Einheitspreis   = 38,95 €/St.

Die Umlage von 22,23 €/St. enthält (vgl. **Abb. 18**, S. 260):

		Spalte
69,1 % Anteil für Baustellengemeinkosten	+ 15,36 €/St.	14
20,6 % Anteil für Allgemeine Geschäftskosten	+ 4,58 €/St.	17
10,3 % Anteil für Wagnis und Gewinn	+ 2,29 €/St.	20
Summe	= 22,23 €/St.	

Bei der Baudurchführung ergibt sich eine Abrechnungsmenge von 737 St. Wie ändert sich der Einheitspreis, wie hoch ist die Gesamtvergütung?

6.2 Sowohl Herabsetzung als auch Heraufsetzung bei Mengenmehrung

Wir hatten schon früher festgestellt, dass eine Mengenminderung auch bei einer an sich 556
möglichen, wenn auch ungewöhnlichen Konstellation nie zu einer Verringerung des Einheitspreises führen kann, also nie zu negativen Folgen für den Auftragnehmer. Spiegelbildlich könnte man vermuten, dass demzufolge eine Mengenmehrung auch nie zu einer an sich möglichen Erhöhung des Einheitspreises führen kann, also negative Folgen für den Auftraggeber hätte.

Das ist indes falsch: § 2 Nr. 3 Abs. 2 VOB/B spricht bei Mengenmehrungen von einem zu bildenden „neuen" Preis, nicht von einem verminderten Preis; die Korrespondenzvorschrift des § 2 Nr. 3 Abs. 3 VOB/B spricht bei Mengenminderungen dagegen davon, dass der Preis – gegebenenfalls – zu „erhöhen" ist.[553]

§ 2 Nr. 3 Abs. 2 VOB/B privilegiert also bei Mengenmehrungen den Auftragnehmer, und zwar wieder auf dem Hintergrund, dass richtige Planung Sache des Auftraggebers ist. Der Hinweis auf die „Mehr- oder Minderkosten" in dieser Vorschrift spricht ebenfalls für die vorgetragene Auslegung: **Trotz der Mengenmehrungen** kann es **im Einzelfall** auch zu einem **erhöhten Einheitspreis** kommen (vgl. Rdn. 557).

6.3 Die Auswirkung der Mengenmehrung auf die Direkten Kosten

557 Im Regelfall sind die Direkten Kosten, d. h. die Kosten je Mengeneinheit, konstant; der Gesamtbetrag der Direkten Kosten steigt, ausgehend als Basis von den kalkulierten Kosten (dazu Rdn. 526), daher proportional mit der erstellten Menge. Bei Position 1.2.9 betragen die direkten Lohnkosten 16,72 €/St.; ob 100 St. Bäume gefällt werden oder ob 737 St., spielt keine Rolle für die Lohnkosten je Baum. Insoweit bleibt deshalb der Einheitspreis unverändert.

Ausnahmen – wenn auch bei unverändertem Bausoll selten – sind denkbar: Eine **Verbilligung** von Stoffkosten durch grössere Mengen beim Materialeinkauf gehört hierher, ebenso günstigere Produktionsmethoden durch Wiederholungseffekte bei grösseren Mengen.
Umgekehrt wäre aber **auch** eine **Erhöhung** der Einzelkosten bei Mengenmehrungen zu berücksichtigen, z. B. durch grössere Transportentfernungen oder durch den Einsatz von zusätzlichen Geräten (vgl. sprungfixe Kosten, Rdn. 21).[554]

6.4 Die Auswirkung der Mengenmehrung auf die Baustellengemeinkosten – Berechnungsgrundlage 100 % oder 110 %?

558 Wenn die Menge sich vergrößert, erhöhen sich im Normalfall die Baustellengemeinkosten dadurch noch nicht. Würde der Auftragnehmer für die Mehrmenge einen unveränderten Einheitspreis erhalten, würde dies dazu führen, dass der im Einheitspreis schon enthaltene, **alle** anfallenden Baustellengemeinkosten abdeckende Deckungsanteil eine „zusätzliche Deckung" ohne entsprechende Mehrkosten hätte, also zu einer **Überdeckung** führen würde, der Auftragnehmer wäre also überbezahlt. Also muss diese Überdeckung im neuen Einheitspreis eliminiert werden.
Das ist jedenfalls die Regel, seltene Ausnahmen – man bedenke stets das unveränderte Bausoll – sind möglich: Die anfallende Mehrmenge erfordert z. B. den Einsatz eines zusätzlichen Poliers, die Baustelleneinrichtung muss vergrössert werden oder dergleichen.
Der manchmal geäußerte Gedanke, dass der „clevere Auftraggeber" zu geringe Vordersätze ausschreiben könnte, um später bei Mehrmengen keine zusätzlichen Deckungsbei-

---

[553] Vgl. auch Daub/Piel/Soergel/Steffani, VOB/B Erl. 2.77; Nicklisch/Weick, VOB/B § 2 Rdn. 31, 42.
[554] Daub/Piel/Soergel/Steffani, VOB/B Erl. 2.83; Nicklisch/Weick, VOB/B § 2 Rdn. 31.
Wir verweisen hierzu auch auf Fn. 524, nämlich auf den **Ausnahmesachverhalt nicht kurzfristig abbaubarer Direkter Kosten** (bei veränderter Planung).
Zur Ankündigungspflicht in AGB für diesen Sachverhalt (nämlich **höherer** Einheitspreis) vgl. Rdn. 666.

träge zu bezahlen, ist allein deshalb unsinnig, weil ein solches Verhalten bei Umlagekalkulationen zu einer Verteilung der ermittelten Baustellengemeinkosten auf einer kleineren Basis führen würde.

Da diese Überdeckung bei jeder Überschreitung von 100 % der beauftragten Menge eintritt, müsste an sich sofort ab der Überschreitung von 100 % der Einheitspreis entsprechend korrigiert werden. § 2 Nr. 3 Abs. 2 VOB/B regelt aber, dass erst **ab 110 % Menge** der neue Preis zu bilden ist, so dass dem Auftragnehmer durch die Regelung der VOB/B die Überdeckung bis zu 10 % verbleibt.[555]

Weil der Preis bis 110 % Menge unverändert bleibt, sind für eine **Mehrmengenberechnung** eines Einheitspreises – anders als bei der **Mindermengenberechnung – stets zwei Preise zu bilden.**

Für das Beispiel von Position 1.2.9 heißt das:

Preis 1 (alt):	Preis 2 (neu):
bis 110 % der ausgeschriebenen Menge:	**für die 110 %** der ausgeschriebenen Menge **überschreitende** Menge:
38,95 €/St. für 110 St.	**neuer Einheitspreis** (€/St.) für 627 St.

Die Bestandteile des neuen Einheitspreises (Preis 2) sind:

Direkte Kosten unverändert	16,72 €/St.
Deckungsanteil für Baustellengemeinkosten	–

Die Deckungsanteile für Allgemeine Geschäftskosten, Wagnis und Gewinn werden wir sofort nachfolgend erörtern; die Bewertung der Mehrmenge mit 0,00 € Deckungsanteil für Baustellengemeinkosten ist die Folge der Tatsache, dass der kalkulierte Deckungsbeitrag für Baustellengemeinkosten anteilig schon zu 100 % durch den alten Einheitspreis, multipliziert mit der ausgeschriebenen Menge, gedeckt ist.

6.5 Die Auswirkung der Mehrmenge auf die Allgemeinen Geschäftskosten

Wir haben schon dargelegt, dass
- die Allgemeinen Geschäftskosten als Gesamtbetrag periodenbezogen geplant
- anteilig je Auftrag im Angebotsstadium über einen prozentualen Zuschlag berücksichtigt werden

Bei der Erörterung der Behandlung des Deckungsanteils für Allgemeine Geschäftskosten bei Mengenminderungen haben wir dargelegt, dass der kalkulierte Deckungsanteil wegen des aus § 649 BGB folgenden Rechtsgedankens erhalten bleiben muss (vgl. oben Rdn. 536).

Wie sollen nunmehr bei Mehrmengen die anteiligen Deckungsanteile für Allgemeine Geschäftskosten ermittelt werden?

a) Soll analog wie bei den Baustellengemeinkosten davon ausgegangen werden, dass der

---

[555] Siehe BGH BauR 1987, 217 und zuvor Rdn. 532.

im Angebotsstadium berechnete anteilige Betrag durch 100 % Leistung „verdient" ist und somit keiner weiteren Vergrößerung bedarf?[556)]

b) Oder soll davon ausgegangen werden, dass die Mehrleistung (über 110 % hinaus) genauso durch prozentuale Beaufschlagung zusätzliche Deckung für Allgemeine Geschäftskosten „verdienen" soll wie ein zusätzlicher Auftrag?

Die Antwort ist b), da zwischen unterschiedlichen „Zusatzbeauftragungen" nicht differenziert werden. Der Gemeinkostenapparat ist zur „Betreuung" der Leistungserbringung des Unternehmens da, also hat auch jegliche Leistungserbringung ihren Anteil zur Deckung der Kosten des Gemeinkostenapparates beizutragen.

Das bedeutet für die Berechnung:
Die „Jahresplanung" der „Allgemeinen Geschäftskosten" wird nicht durch eine einzelne vertraglich vorgesehene Bauleistung bestimmt, sondern durch die Planung der Gesamtleistung des Unternehmens in der betreffenden Periode; in dieser geplanten Gesamtleistung sind aber Mengenmehrungen der einzelnen Baustelle auch Bestandteil der Jahresgesamtleistung. Die Umlage für **Allgemeine Geschäftskosten** muss deshalb auf jede zusätzliche Beauftragung von Leistung erhoben werden, **auch auf Mengenmehrungen.** Würden nämlich die Produktionsfaktoren nicht diese Mehrmengen erbringen, würden sie anderweitige Leistungen erbringen können und Deckungsbeiträge erzielen. Also bleibt der kalkulierte Zuschlag für den Produktionsfaktoreneinsatz und somit für dieses Preiselement im Einheitspreis – sofern es sich um **Mengenmehrungen** handelt – unverändert; er wird im Gegensatz zu den Baustellengemeinkosten bei Mengenmehrungen nicht eliminiert.[557)]
Das vergleichbare Problem wird beim Behinderungsschadensersatz nach richtiger Auffassung der Rechtsprechung genauso behandelt, wie unter Rdn. **1426 ff. im Einzelnen** erläutert.

560 Dass bei Mengenminderungen – immer bei unverändertem Bausoll – ein proportionaler Abbau der Allgemeinen Geschäftskosten nicht möglich ist und deshalb bei Mengenminderungen die Allgemeinen Geschäftskosten trotz Mengenminderung zu vergüten sind, hatten wir erörtert (vgl. oben Rdn. 536). Das heißt: Sofern **nur Mengenminderungen** anfallen, muss der durch den Werklohn vereinbarte Deckungsanteil für die Allgemeinen Geschäftskosten dennoch **erstattet** werden.

Sofern allerdings **Mengenminderungen und Mengenmehrungen** auftreten, ist eine Ausgleichsberechnung durchzuführen, die,
– sofern insgesamt eine Unterdeckung des im Angebotsstadium einkalkulierten (Gesamt-)Deckungsanteil für Allgemeine Geschäftskosten auftritt, eine Nachtragsforderung des Auftragnehmers ergibt (vgl. Rdn. 536);
– sofern sich ein höherer (Gesamt-)Deckungsanteil (als im Angebotsstadium kalkuliert) ergibt, dazu führt (s. o.), dass kein Ausgleich zugunsten des Auftraggebers anzusetzen ist, da das Mehr an Umsatz auch seinen entsprechenden Anteil zur Abdeckung der Allgemeinen Geschäftskosten beinhalten soll. Wir verweisen auf das Berechnungsbeispiel Rdn. 562.

[556)] Diese Meinung vertritt zu Unrecht Diederichs, Bauwirtschaft 1985, 1180 und schlägt eine entsprechende Formel zur Berechnung des Einheitspreises für die 110 % des Vordersatzes überschreitenden Abrechnungsmengen vor. Eine Formel, die von der richtigen, gefestigten Rechtsprechung abweicht (BGH BauR 1987, 217 und Rdn. 558, 532), **hilft nicht weiter;** es ist also wenig sinnvoll, dass sie gelegentlich in der bauwirtschaftlichen Forschung weiter verwendet wird, vgl. aber Drittler, Entwicklungskonzeption, S. 94.
[557)] Ebenso OLG Nürnberg, IBR 2003, 55; OLG Schleswig, BauR 1996, 127; Kleine-Möller/Merl, § 10 Rdn. 417; Ingenstau/Korbion/Keldungs, VOB/B § 2 Nr. 3, Rdn. 18.
Näher dazu insbesondere auch Rdn. 1426–1435.

6.6 Die Auswirkung der Mehrmenge auf das Wagnis

Je grösser die auszuführende Menge ist, desto grösser ist – wenigstens im Normalfall – das Risiko; dabei wächst – wiederum als Durchschnitt gesehen – das Risiko proportional mit der Mehrmenge; wäre also das Wagnis konkret risikobezogen, so verstünde es sich von selbst, dass das prozentuale Umlageelement „Wagnis" des Einheitspreises unverändert bliebe; je höher die Menge, desto höher wäre dann das Wagnis.
Richtigerweise muss man Wagnis aber als „verkappten Gewinn" ansehen (s.o. Rdn. 537); dann versteht sich aber ebenfalls, dass höhere Mengen mit dem kalkulierten Zuschlag zu beaufschlagen sind.

561

6.7 Die Auswirkung der Mehrmenge auf den Gewinn – Gesamtberechnung

Dass eine erhöhte vertragliche Leistung nicht ohne einkalkulierten Gewinn vom Auftragnehmer verlangt werden kann, versteht sich von selbst. Also bleibt auch das Preiselement Gewinnzuschlag des Einheitspreises unverändert; wie ein einkalkulierter Verlust zu behandeln ist, behandeln wir gesondert in Rdn. 608 ff.

562

Somit ergibt sich für den Fall, dass nur bei einer einzigen Position (hier 1.2.9) eine Mengenmehrung von mehr als 10 % vorliegt, folgende Berechnung:

Neuer Einheitspreis (Preis 2)

Direkte Kosten (unverändert)	+ 16,72 €/St.
Umlagen (einschl. Gewinn):	
Baustellengemeinkosten (abgedeckt durch 100 % der ausgeschriebenen Menge)	–
Allgemeine Geschäftskosten (siehe Rdn. 555)	+ 4,58 €/St.
Wagnis und Gewinn (siehe Rdn. 555)	+ 2,29 €/St.
	= 23,59 €/St.

Der Einheitspreis ist also **nur um den Deckungsbeitrag für die Baustellengemeinkosten verringert worden**. Die Vergütung für das Fällen von 737 Bäumen sieht daher wie folgt aus:

Preis 1:	Preis 2:	Summe:
bis 110 % der LV-Menge	über 110 % LV-Menge	
110 St. · 38,95 €/St. =	627 St. · 23,59 €/St. =	
+ 4 284,50 €	+ 14 790,93 €	= 19 075,43 €

Wäre nach dem unveränderten Einheitspreis von 38,95 €/St. vergütet worden, hätten sich 737 St. · 38,95 €/Stck. = 28 706,15 € ergeben. Im Beispielsfall hat sich § 2 Nr. 3 Abs. 2 VOB/B also relativ „positiv" für den Auftraggeber ausgewirkt.

6.8 Die außerordentliche Mengenmehrung

6.8.1 § 2 Nr. 3 VOB/B als abschließende Regelung

§ 2 Nr. 3 Abs. 2 VOB/B ist für die Mengenmehrung genauso abschließende Spezialregelung, wie § 2 Nr. 3 Abs. 3 für die Mengenminderung abschließend ist. Das heißt: Gleichgültig, wie gross die Mengenmehrung ist, und gleichgültig, ob und wie die einzelnen

563

Kostenbestandteile sich dabei ändern, abgerechnet wird immer nur nach § 2 Nr. 3 Abs. 2 VOB/B, es gibt daneben keinen „Störung der Geschäftsgrundlage" oder dergleichen.

6.8.2 Nachträge

564 Nachträge können als vom Bausoll abweichendes Bauist außerordentliche Mengenmehrungen beinhalten; die daraus resultierenden Probleme haben wir aber bereits oben unter Rdn. 547 ff. behandelt; wir dürfen darauf verweisen.

6.8.3 Verschulden bei Vertragsschluss, § 311 Abs. 2 Nr. 1 BGB, oder § 6 Nr. 6 VOB/B bei Mengenmehrung – Bauablaufstörungen und Bauzeitverlängerung

565 Gravierende Mengenmehrungen ohne anordnende Eingriffe des Auftraggebers, wie sie allein unter § 2 Nr. 3 VOB/B fallen und die sich dann bauzeitverlängernd auswirken oder die bei der Kalkulation der Mehrmengen nicht mehr unter „Bindung an den alten Preis" (dazu Rdn. 600 ff.) ermittelt werden können oder die die Anwendung anderer Anspruchsgrundlagen, etwa Verschulden bei Vertragsschluss, § 311 Abs. 2 Nr. 1 BGB, oder § 6 Nr. 6 VOB/B erfordern, sind die Ausnahme. Von Baupraktikern werden hierzu oft Sachverhalte erörtert, die es gar nicht gibt, weil sie nur bei **angeordneten** Eingriffen des Auftraggebers möglich sind – und bei denen dann eben § 2 Nr. 3 VOB/B **nicht** anwendbar ist.

„Reine" Mengenmehrungen im Sinne von § 2 Nr. 3 VOB/B beruhen in der großen Mehrzahl aller Fälle darauf, dass
- bei der Herstellung des Leistungsverzeichnisses aus Schlamperei oder sogar bewusst falsche Vordersätze ausgerechnet worden sind,

sehr oft deshalb, weil
- die Ausführungsplanung zum Zeitpunkt der Herausgabe des Leistungsverzeichnisses noch nicht so weit entwickelt war, dass die endgültig zu erstellenden Mengen ermittelt werden konnten.

Mengenminderungen beinhalten also meistens nicht etwas „Unvorhersehbares", sondern etwas zu Erwartendes. Anders ist der Fall nur, wenn die auszuführenden Mengen tatsächlich nicht sicher im Voraus bestimmt werden können; beispielsweise muss wegen nicht erkennbarer Baugrundverhältnisse die Gründung tiefer geführt werden.

Umfangreiche Mengenmehrungen bei Teilleistungen, die tatsächlich bei unverändertem Bausoll anfallen, können ausnahmsweise einen solchen Umfang haben, dass sie den Bauablauf stören und/oder zu Bauzeitverlängerungen führen. Auf keinen Fall führt aber eine Mengenmehrung **automatisch** zu einer Bauzeitverlängerung.[558] Tatsache ist: Ob eine Mengenmehrung einen solchen Umfang hat, dass sie tatsächlich zu Bauablaufstörungen führt, läßt sich nicht aus der Mengenmehrung als solcher, sondern nur dadurch beurteilen, dass
– der ursprüngliche Terminplan fortgeschrieben wird (vgl. hierzu Rdn. 1554 ff.) und
– die Kostenauswirkungen (z. B. andere Kapazitäten, Leerlauf, Intensitätsabfälle, höhere zeitabhängige Kosten) ermittelt werden.

In der Regel ergeben sich **derartige Mengenmehrungen** nur dann, wenn die ursprüngliche Planung modifiziert wird. Sofern z. B. durch eine **Umplanung** (z. B. statt Grossraumbüros werden Einzelbüros hergestellt) Mengenmehrungen (hier: mehr Wände) ergeben, handelt es sich aber dann um einen Fall von § 2 Ziffer 6 VOB/B, nämlich eine **angeordnete Mengenmehrung, nicht um einen Fall von § 2 Nr. 3 VOB/B.**

---

[558] Unrichtig Drittler, Entwicklungskonzeption, S. 112, der folglich weiter falsch schließt, es träten automatisch zusätzliche zeitabhängige Kosten auf.

Da für die Vertragsterminpläne selten mehr als Überschlagsmengen für terminbestimmende Vorgänge ermittelt werden, kann über solche einzelnen Mengenmehrungen Mehrzeitbedarf kaum nachgewiesen werden; hierzu muss schon auf einen produktionsorientierten Terminplan zugegriffen werden (dazu Rdn. 33).

Wenn eine **Bauzeitverlängerung** bei unverändertem Bausoll, also wegen nicht angeordneter Mehrmengen zur Diskussion steht, so ist zuerst einmal zu berücksichtigen, dass überhaupt nur **solche** zeitlichen Auswirkungen **vergütungsrelevant** sind, die sich mit dem Anwendungsbereich des § 2 Nr. 3 VOB/B decken, also solche über 10%; das versteht sich allerdings von selbst, denn unter 10% Abweichung gibt es keine (Verminderung oder ausnahmsweise) Erhöhung des Einheitspreises. Dabei muss Außerdem geprüft werden, ob der Auftragnehmer nicht durch unter § 2 Nr. 3 VOB/B fallende Mindermengen auch „Minderzeitbedarf" hat, der mit dem „Mehrzeitbedarf" im Rahmen einer „Terminbilanz" – auf der Basis eines produktionsorientierten Terminplans – auszugleichen ist.[559] Mindermengen bei unverändertem Bausoll allein führen allerdings – im Normalfall – nicht zu einer Verkürzung der vertraglichen Bauzeit. **566**

Ergibt sich unter diesen Prämissen wegen nicht angeordneter Mehrmengen eine „Bauzeitverlängerung", so ist zunächst zu prüfen, ob

a) sie nur die Ausführungsdauer der Teilleistungen (Positionen) mit Mehrmengen betrifft oder

b) ob sich wegen der Mehrmengen auch die Gesamtbauzeit verlängert

Diese Bauzeitverlängerung setzt allerdings nach unserer Auffassung voraus, dass – analog zu angeordneten Mengenmehrungen (s. Rdn. 1224–1227) – eine Behinderungsanzeige erfolgt ist oder im Ausnahmefall die Behinderung **und** die behindernden Auswirkungen offenkundig sind. Um nicht missverstanden zu werden: Das gilt **nur** für die Mehrzeit und auch nur wegen unserer Rechtsauffassung, dass zur Abwehr von Verzugsansprüchen durch eine Berufung auf Behinderungen eine Behinderungsanzeige nötig ist; die herrschende Meinung lehnt das ab (s. Rdn. 1216). Die Durchsetzung der Mehr**vergütungs**ansprüche z. B. für zusätzliche zeitabhängige Kosten hängt **nie** von einer Behinderungsanzeige ab.

Zu a) In diesem Fall können sich folgende Auswirkungen aus der „Bauzeitverlängerung" ergeben: **567**

α) Erhöhung der Direkten Kosten der Teilleistungen (Positionen) mit Mehrmengen wegen (teilweiser) Verschiebung der Erstellung in Phasen mit
– höherem Tariflohn
– höheren Stoffbezugskosten
– höherem Nachunternehmerpreis

β) Stillstände, Verzögerungen, Überstunden oder dergleichen bei der Erstellung **anderer Teilleistungen** (=Vorgänge im Terminplan) als Auswirkung der veränderten Ausführungsdauer der Teilleistungen mit Mehrmengen

Ansprüche aus α regeln sich nach § 2 Nr. 3 Abs. 2 VOB/B, Ansprüche aus β nach näheren Massgaben des § 6 Nr. 6 VOB/B; diese Vorschrift bleibt also insoweit neben § 2 Nr. 3 Abs. 2 VOB/B anwendbar.[560]

Gleichzeitig schließt § 6 Nr. 6 VOB/B als Sondernorm die Anwendung der allgemeinen Regel über Ersatzansprüche aus Verschulden bei Vertragsabschluss bei Mengenmehrung aus.

---
[559] Zutreffend Vygen/Schubert/Lang, Rdn. 144.
[560] Nicklisch/Weick, VOB/B § 2 Rdn. 53.

Zu b) Sofern sich auch die Gesamtbauzeit ändert, ergeben sich i. d. R. zusätzlich zu den unter α behandelten Ansprüchen auf jeden Fall noch Ansprüche auf Erstattungen zusätzlich anfallender Baustellengemeinkosten. Sie sind im Rahmen des § 2 Nr. 3 Abs. 2 VOB/B zu berücksichtigen und in den Gesamtausgleich einzuschließen.

568 Ist die Anwendung des § 2 Nr. 3 VOB/B vertraglich ausgeschlossen, kommen dennoch bei Verschulden des Auftraggebers Ansprüche aus „Verschulden bei Vertragsschluss" in Betracht (s. Rdn. 663 ff.).

7 Sonderthemen: Alternativpositionen, Eventualpositionen

7.1 Alternativpositionen (Wahlpositionen)

7.1.1 Begriff

569 **Alternativpositionen** werden in der VOB nicht erwähnt. In der Vergabepraxis sind Alternativpositionen solche Positionen im Angebotsblankett, die Leistungen betreffen, die der Auftraggeber **anstelle** von ebenfalls ausgeschriebenen **Grundpositionen** (Normalpositionen) angeboten haben will. Grundpositionen und Alternativpositionen stehen also im Entweder/Oder-Verhältnis, der Auftraggeber behält sich die Wahl vor, die eine **oder** andere Position zu beauftragen, wobei aber sowohl die eine wie die andere Position inhaltlich bestimmt ist und (im Regelfall) einen Vordersatz hat. Gedacht sind solche Alternativpositionen vom Auftraggeber vornehmlich dazu, sich unterschiedliche Ausführungsarten anbieten zu lassen, um einen Preisvergleich zu ermöglichen. Im Einzelfall können sie auch sinnvoll sein, um wegen einer im Zeitpunkt der Ausschreibung noch unfertigen Planung die Auswahl unter mehreren technischen Möglichkeiten zu haben. Leider hat sich gerade bei grossen öffentlichen Vorhaben mittlerweile das Instrument „Alternativposition" fehlentwickelt; wir gehen darauf im Zusammenhang mit den Vergabevorschriften der VOB/A unter Rdn. 576 ein.

570 Alternativpositionen werden auch als **Wahlpositionen** bezeichnet, dies mit Recht: Das Gesetz versteht nämlich genau die Alternativ-Wahlbefugnis in § 262 BGB als „Wahlschuld"; lediglich hat bei Alternativpositionen der Gläubiger (Auftraggeber) entgegen der Auslegungsregel des § 262 BGB das Wahlrecht.

Neben den Alternativpositionen als Wahlpositionen gibt es auch noch eine andere Art von Wahlpositionen, die wir zur Unterscheidung von Alternativpositionen als „**Auswahlpositionen**" bezeichnen; bei ihnen ist die potentielle Leistung sowohl zum Zeitpunkt der Ausschreibung wie des Vertragsschlusses noch unbestimmt – Beispiel: BGH „Sonderfarben": Farbe nach Wahl des Auftraggebers.[561] Hier wird die konkrete Leistung erst durch die Wahl des Auftraggebers bestimmt – die „Auswahlposition" ist also **eine** Position mit **einem** Einheitspreis und **einem** Vordersatz, aber offenem Leistungsbeschrieb insoweit, als erst durch die Bestimmung des Auftraggebers (in der Ausführungsphase) das Bausoll definiert wird, wobei der Auftraggeber „billig" im Sinne von „billig und gerecht" gemäß § 315 BGB aussuchen muss.[562]

---

[561] Zu dieser Entscheidung oben Rdn. 165, 184, unten Rdn. 849 ff.
[562] Zur Auslegung, ob jede beliebige Wahl zulässig ist, s. unten Rdn. 849 ff.; zur Frage, ob die getroffene Wahl „billig" ist, vgl. unten Rdn. 857 und Band 2, Rdn. 645-653.

Im Verhältnis zwischen Grundpositionen und Alternativposition hat dagegen der Auftraggeber nur ein auf diese beiden (definierten) Ausführungsmöglichkeiten eingeschränktes Wahlrecht.

7.1.2 Beauftragung, Unwirksamkeit wegen Verstoß gegen AGB-Recht

Der Auftraggeber **muss** die Auswahl der auszuführenden Leistung **bei** Vertragsschluss treffen. Nimmt der Auftraggeber das Angebot des Auftragnehmers kommentarlos an, wird also der Vertrag geschlossen, **ohne** dass sich der Auftraggeber zur Ausübung seines eingeschränkten Wahlrechts geäussert hat, so werden damit die Grundpositionen Vertragsbestandteil (Bausoll), die nicht angesprochenen Alternativpositionen werden gegenstandslos.[563] In der „Beauftragung" ohne Wahl der Alternativpositionen liegt also konkludent die Erklärung des Auftraggebers, es als Wahl bei der Grundposition zu belassen.[564] Wenn der Auftraggeber nach Angebotsabgabe und Ausschreibung, aber vor Vergabe, Ausführungspläne vorgelegt hat, die Vertragsbestandteil werden sollen – was es bei öffentlicher Vergabe nicht gibt – und wenn diese nachträglichen Ausführungspläne die alternative Ausführung vorsehen, so ist damit konkludent die Alternativposition und nicht die Grundposition beauftragt.

571

Auftraggeber nehmen oft in ihre **Allgemeinen Geschäftsbedingungen** eine Klausel auf, dass die Auswahlentscheidung auch noch nach **Vertragsschluss** getroffen werden kann.[565] Laut Vygen[566] wird damit dem Bieter im allgemeinen eine unangemessen lange Bindefrist auferlegt, was gegen § 308 Nr. 1 BGB verstoße mit der Folge der Unwirksamkeit. Dem ist nicht zuzustimmen: Beim Vertragsschluss wird, wenn der Auftraggeber keine Wahl trifft, aber die oben genannte Klausel verwendet, doch schon eine Position beauftragt, nämlich die „Entweder/Oder-Position", d. h., es wird eben ein Wahlschuldverhältnis begründet. Für solche Wahlschuldverhältnisse gilt sodann § 264 Abs. 2 BGB: „Ist der wahlberechtigte Gläubiger (Auftraggeber) in Verzug, so kann der Schuldner (Auftragnehmer) ihn unter Bestimmung einer angemessenen Frist zur Vornahme der Wahl auffordern. Mit dem Ablauf der Frist geht das Wahlrecht auf den Schuldner über, wenn nicht der Gläubiger rechtzeitig die Wahl vornimmt."

572

Das, was das Gesetz selbst als zulässiges Wahlschuldverhältnis regelt, kann nicht gleichzeitig ein Verstoss gegen AGB-Recht sein. Gibt es eine entsprechende Klausel in Allgemeinen Geschäftsbedingungen des Auftraggebers, so könnte sich dennoch die Frage stellen, ob der Auftraggeber bei Auftragserteilung nicht doch mitteilen muss, dass er sich bezüglich Grund- oder Alternativpositionen noch nicht entscheidet und sich also die Wahlfreiheit vorbehält oder ob sein Schweigen wieder – wie oben in Rdn. 571 – als konkludente Erklärung gilt, dass er die Grundpositionen wähle. Angesichts der Wahlmöglichkeit, die sich der Auftraggeber durch die entsprechende Klausel ja auch offensichtlich für die Zeit nach Vertragsschluss einräumen will, läßt sich nicht mehr ernsthaft die Annahme vertreten, auch hier liege in der Nicht-Erklärung beim Vertragsschluss doch eine konkludente Wahl, nämlich der Grundposition. Richtig ist vielmehr, dass die Klausel dem Auftraggeber bis zur Entscheidung die Wahl offenläßt und also lediglich ausschießt, dass seine „Nicht-Erklärung" als konkludente Erklärung der Wahl der Grundposition

---

[563] Ebenso KG BauR 2004, 1779, Nichtzulassungsbeschwerde vom BGH zurückgewiesen. Zu den Folgen für § 2 Nr. 5, 6, 8 VOB/B s. unten Rdn. 577.
[564] KG a.a.O.; Ebenso Vygen/Schubert/Lang, Bauverzögerungen, Rdn. 198; Heiermann/Riedl/Rusam, VOB/A § 9 Rdn. 133.
[565] Vgl. z. B. „Vergabehandbuch des Bundes", Stand: April 2005, Erl. Nr. 2.1 zu § 28 VOB/A oder EVM (B) ZVB-E Nr. 2 des Bundes.
[566] A. a. O., Rdn. 200.

bewertet wird, wie es im Normalfall (s. Rdn. 571) ja gerade zu bejahen ist. Die Klausel hat also insoweit ihren Sinn.

Natürlich soll der Auftraggeber so schnell wie möglich entscheiden. Eine verspätete Wahl kann wie jede verspätete Mitwirkungshandlung des Auftraggebers Behinderung sein (Anzeige gemäß § 6 Nr. 1 VOB/B erforderlich) und Ansprüche auf Fristverlängerung (§ 6 Nr. 2 VOB/B) und/oder unter entsprechenden weiteren Voraussetzungen auf Schadensersatz (§ 6 Nr. 6 VOB/B) auslösen.

7.1.3 Die richtige Angebotskalkulation

573 Der Bieter sollte vernünftigerweise Alternativpositionen so kalkulieren, dass es für ihn kostenmässig neutral ist, ob die Grundposition oder die Alternativposition Vertragsinhalt wird.

Der Bieter sollte also bei seiner Kosten- und Preisermittlung von den ausgeschriebenen Vordersätzen ausgehen, für sie die einzelnen Kosten der Teilleistung ermitteln[567] und auf sie – wie üblich – Deckungsbeiträge für Baustellengemeinkosten, Allgemeine Geschäftskosten sowie Wagnis und Gewinn ansetzen.[568]

Dabei sollte der Bieter allerdings vorsorglich für jede Alternativposition prüfen,

- ob nicht bei ihrer Ausführung höhere oder niedrigere Baustellengemeinkosten auftreten, seien sie einmalig oder zeitabhängig; diese Kostendifferenz ist in die Preisermittlung für die betreffende Alternativposition einzubeziehen;
- ob sich nicht etwa bei „Drittpositionen" in Abhängigkeit von der Ausführung der Alternativposition ein zusätzlicher Kostenanfall ergibt (wenn ja, so ist dieser bei der jeweiligen Alternativposition einzukalkulieren);
- ob sich bei der Ausführung der Alternativposition abweichende Ablaufstrukturen mit entsprechenden Kostenfolgen ergeben; wenn ja, ist dies bei der Preisermittlung für die jeweilige Alternativposition zu berücksichtigen;
- ob sich nicht bei Ausführung der Alternativposition eine verlängerte Ausführungsdauer ergibt, was zu zusätzlichen zeitabhängigen Kosten und gegebenenfalls erhöhten sonstigen Löhnen und Materialpreisen führt und ebenfalls in die Preisermittlung der dies verursachenden Alternativposition einzubeziehen ist;
- ob in den beiden letzten Fällen die zeitliche Auswirkung nicht auch eine Alternativ-Ergänzung zum Terminplan für die ausgeschriebenen Leistungen und zu den Ausführungsfristen im Anschreiben erfordert.
Er muss auch prüfen, ob bei Ausführung der Alternativposition diejenige Menge anfällt, die als Vordersatz der Grundposition angesetzt worden ist;[569] Unterschiede können sich z. B. aus unterschiedlicher Verfahrenstechnik ergeben.

---

[567] Zu Alternativpositionen mit Vordersatz „1" oder Vordersatz „0" s. die folgende Rdn. 574.
[568] Eine Argumentation, die eine Preisanpassung von Alternativpositionen für gerechtfertigt hält, weil Alternativpositionen eine untergeordnete Bedeutung hätten oder aber durch unvorhersehbare Umstände überhaupt erst abrechnungsrelevant würden, geht am Sinn und Zweck von Leistungen und ihrer kostensystematischen Eingliederung vorbei.
[569] Vgl. Vergabehandbuch des Bundes, Stand: April 2005, Nr. 4.1 zu § 9 VOB/A: „Damit die Preise von Wahl- und Bedarfspositionen richtig kalkuliert werden können, sind möglichst genaue Mengenansätze anzugeben. Bei Alternativpositionen ist die Mengenangabe im Regelfall unproblematisch.

Nebenbei: Zur Erreichung dieses Zieles genügt auch, den Begriff Alternativ- oder Wahlposition vor die jeweilige Position zu setzen; das hat den Vorteil, dass nun ohne negative Folgen, für wen auch immer, die „richtige" Menge angegeben werden kann.

Zurück zum Vordersatz „0" bzw. „1." Bei seiner Verwendung ist dem Bieter auf jeden Fall dringend zu empfehlen, in einem Anschreiben zum Angebot anzugeben, welche „kalkulatorischen Vordersätze" er anstelle der vom Auftraggeber vorgegebenen Vordersätze (0 oder 1) angesetzt hat, um überhaupt sinnvoll kalkulieren zu können. Dies deshalb, damit er später bei Mehr- oder Mindermengen keine Probleme bei der Berechnung der richtigen Vergütung hat. 574

Einem Bieter, der diese Empfehlung missachtet, wird man trotzdem Ansprüche gegen den Auftraggeber aus Verschulden bei Vertragsschluss, § 311 Abs. 1 Nr. 2 BGB zubilligen müssen, weil der Auftraggeber durch die Angabe des Vordersatzes „0" systemwidrig gehandelt und den Bieter dadurch zu einer unrichtigen Kalkulation verleitet hat.[570]

Kalkuliert der Bieter entgegen unseren Empfehlungen **keine Deckungsanteile** in die Preise der Alternativpositionen ein, so gilt: 575

Wählt der Auftraggeber die Alternativposition, so erzielt der Auftragnehmer über die zugehörigen Einheitspreise keine Deckungsbeiträge. Das ist sein Problem, er hätte ja richtig kalkulieren können.

Wählt der Auftraggeber die Grundposition, entsteht dem Auftragnehmer kein Nachteil. Etwas anderes würde nur gelten, wenn der Bieter systemwidrig die Grundposition mit zu geringen und – spekulativ – die Alternativposition mit entsprechend höheren Deckungsanteilen kalkuliert hätte. Auch das ist aber allein sein Problem.

7.1.4 Häufung von Alternativpositionen in der Ausschreibung

Ein Auftraggeber kann durch eine Fülle von Alternativpositionen eine Ausschreibung verwirrend machen. Hinter einer solchen Ausschreibungspolitik steckt oft eine – gerade nach der VOB/A – unzulässige „Planungsschlamperei", aber auch die Möglichkeit, über die Vielzahl und die gezielte Kombination von Ausführungsvarianten einen Bieter zu bevorzugen, also die Ausschreibung zu manipulieren. 576

Theoretisch gilt: Bei richtiger Kalkulation erleidet der (korrekte) Bieter durch Alternativpositionen keinen Schaden. Dennoch gibt es dann Probleme in der Praxis dadurch, dass jede Alternative und insbesondere die Verknüpfung von Alternativen zu einer Vielzahl von Termin- und Kostenszenarien führen kann, die mit zunehmender Anzahl der Alternativen im Angebotsstadium kaum oder gar nicht mehr darstellbar sind. Das, was unter Rdn. 573 von uns als Kalkulationsvorgabe besprochen worden ist, ist aber nur bei einer begrenzten Zahl von Alternativen (bzw. bei Alternativen ohne Auswirkungen auf andere Positionen und die Bauzeit) realisierbar.

Deshalb ist festzuhalten, dass bei Vorgabe einer Fülle von Alternativpositionen auf jeden Fall ein vergabewidriges Ausschreibungsverhalten eines Auftraggebers, der die VOB/A

---

[570] Laut Vygen/Schubert/Lang, a. a. O., Rdn. 203 sollen einfach die Mengen der Grundposition an die Stelle der „0"-Menge gesetzt werden. Damit wird der Ausschreibungstext in sein Gegenteil verkehrt. Außerdem muss die Menge der Alternativposition nicht zwingend die Menge der Grundposition sein (s. Rdn. 573).

Abschnitt 1–3 anwendet, vorliegt.[571]

Dem Auftragnehmer stehen u. U. Schadensersatzansprüche aus Verschulden bei Vertragsschluss zu.[572]

7.1.5 Anwendbarkeit von § 2 Nr. 3, 5, 6, 8 VOB/B, § 6 Nr. 6 VOB/B

577 Ist die Alternativposition einmal beauftragt, so ist sie allein Bausoll.

Auf Alternativpositionen ist deshalb uneingeschränkt § 2 Nr. 3 VOB/B anzuwenden, Besonderheiten ergeben sich nicht.[573] Wenn man es mit dem BGH gestattet, § 2 Nr. 3 VOB/B in auftraggeberseitigen Allgemeinen Geschäftsbedingungen auszuschließen,[574] gilt das auch für Alternativpositionen. Ansprüche aus Verschulden bei Vertragsschluss wegen schuldhaft unsorgfältiger Mengenermittlung bei der Ausschreibung bleiben aber auch in diesem Fall erhalten.

Hat ein Auftraggeber zuerst eine Grundposition beauftragt und erst nachträglich an ihrer Stelle eine Alternativposition, ist das in Wirklichkeit ein Fall von § 1 Nr. 3, Nr. 4 VOB/B in Verbindung mit § 2 Nr. 5, Nr. 6 VOB/B, ohne Anordnung wäre der Fall nach § 2 Nr. 8 VOB/B zu beurteilen: Es handelt sich in allen Fällen um eine Bausoll-Bauist-Abweichung („Anstatt"-Leistung, s. Rdn. 767). Da die Alternativposition mangels Beauftragung „entfallen" war (s. oben Rdn. 571), spielt ihr Preis – genauer: die Angebotskalkulation der ursprünglich angebotenen Alternativposition – für die jetzige Preisfindung der „Anstatt"-Leistung keinerlei Rolle mehr.[575] Die Vergütung der zusätzlichen Leistungen wird wie immer aus der Angebotskalkulation weiterentwickelt. Bei korrekter Kalkulation und unveränderten Bauumständen führt das aber im Prinzip wieder zum Einheitspreis der Angebotskalkulation.

Der Auftragnehmer hat jedenfalls in solchen Fällen die Möglichkeit, sich zur Ermittlung des neuen Preises zu seinen Gunsten von den Grundlagen der Angebotskalkulation zu lösen, nämlich dann, wenn die neuerliche, „verspätete" Entscheidung des Auftraggebers sich als unsorgfältige Planung darstellt, die die Abweichung von der Angebotskalkulation rechtfertigt;[576] ebenso können unter bestimmten Umständen Änderungen der Löhne und Materialpreise berücksichtigt werden.[577]

Umgekehrt gilt das genauso: Ist die Alternativposition beauftragt und wird nachträglich doch die Grundposition wieder ausgeführt, so war die Grundposition „entfallen." Ihr Preis ist jetzt auch nicht mehr Basis der Neuberechnung der Vergütung gemäß § 2 Nr. 5, 6, 8 VOB/B. Hier gilt sinngemäß das oben Gesagte.

---

[571] Näher Kapellmann, in: Kapellmann/Messerschmidt, VOB/A § 5, Rdn. 15; OLG Saarbrücken NZBau 2000, 158; OLG Schleswig, NZBau 2000, 207.
Eine schöne Variante einer manipulierten Ausschreibung ist auch, auf eine besonders preiswerte Alternativposition den Zuschlag zu erteilen und dann später doch eine Änderungsanordnung zurück zur Grundposition zu treffen und diese – unrichtig, s. Rdn. 577 – dem Auftragnehmer nach der hoch kalkulierten Grundposition zu vergüten.
[572] Im Ergebnis ebenso Heiermann/Riedl/Rusam, VOB/A § 9, Rdn. 133; Schumacher, Vergütung, Rdn. 708 (für das Schweizer Recht).
[573] Vygen/Schubert/Lang, a. a. O., Rdn. 203.
[574] Siehe dazu unten Rdn. 663 ff.
[575] Ebenso KG BauR 2004, 1779, Nichtzulassungsbeschwerde vom BGH zurückgewiesen; Vygen/Schubert/Lang, a. a. O., Rdn. 199.
[576] Zu diesen Ausnahmen unten Rdn. 1039.
[577] Zu dieser Ausnahme unten Rdn. 1034 ff.

Ansprüche aus § 6 Nr. 6 VOB/B kommen in diesem Zusammenhang nicht in Betracht. **578**
Anders ist das, wenn dem Auftraggeber vertraglich das Recht eingeräumt worden ist, auch noch nach Vertragsschluss eine Alternativposition zu wählen. Tut er das **verspätet**, so kann in der verspäteten Wahl wie in jeder verspäteten Mitwirkung eine Behinderung liegen, so dass nach entsprechender Behinderungsanzeige der daraus resultierende Verzögerungsschaden gemäß § 6 Nr. 6 VOB/B erfasst werden und die daraus resultierende Zeitverzögerung gemäß § 6 Nr. 2 VOB/B fristverlängert angesetzt werden kann.

7.1.6 Einbeziehung von Alternativpositionen in eine Ausgleichsberechnung gemäß § 2 Nr. 3 Abs. 3 Satz 1 VOB/B

Ergibt sich bei Alternativpositionen eine nach § 2 Nr. 3 VOB/B zu beurteilende **Mengen- 579 minderung**, so muss, wie unter Rdn. 545–550 erörtert und unter Rdn. 690 ff. an Beispielen zu demonstrieren, eine Ausgleichsberechnung durchgeführt werden.
Deckungsanteile aus Alternativpositionen sind uneingeschränkt in diese Ausgleichsberechnung einzubeziehen. Besonderheiten gelten nicht.

7.2 Eventualpositionen (Bedarfspositionen)

7.2.1 Begriff

Eventualpositionen (Bedarfspositionen) werden in der VOB/B nicht erwähnt, wohl aber **580** in der VOB/A, Ausgabe 2002 in § 9 Nr. 1 Satz 2 (vgl. Rdn. 590 am Ende). Eventualpositionen sind solche Positionen im Angebotsblankett, die Leistungen betreffen, deren Vergabe sich der Auftraggeber noch vorbehalten möchte und die er nur „bei Bedarf" vergeben will. Der Auftraggeber will also „Nachtragsprophylaxe" betreiben: Statt bei geänderten oder zusätzlichen Leistungen gemäß § 2 Nr. 5, 6 VOB/B auf die Ableitung des modifizierten Preises aus der Angebotskalkulation angewiesen zu sein, will er schon jetzt im Angebotsblankett Positionen „für alle Fälle" schaffen. Nach der Intention des Auftraggebers steht im Zeitpunkt der Vergabe nicht fest, ob die Eventualpositionen jemals ausgeführt werden. Sie treten also auch nicht – anders als Alternativpositionen – an die Stelle von Grundpositionen. Bei ihnen gibt es also auch kein „Entweder/Oder", sondern ein „Vielleicht auch."
Für die Charakterisierung als Eventualposition kommt es nur darauf an, dass der Auftraggeber sie in den Ausschreibungsunterlagen so bezeichnet hat. Warum sich der Auftraggeber die Freiheit vorbehalten will, eine solche Position zu beauftragen, ob er nicht sogar vielleicht weiss, dass die Position doch ausgeführt wird, ändert alles nichts – für den Bieter ist nach seinem Empfängerhorizont massgebend, dass diese Position ausgeführt werden kann, aber nicht ausgeführt werden muss. Wohl kommt in Betracht, je nach Ausschreibungsverhalten überhaupt zu verneinen, dass es eine wirksame Eventualpreisbindung gibt, wie sogleich zu erörtern.

7.2.2 Beauftragung, VOB/A, AGB-Recht

581 Da Eventualpositionen „bei Bedarf" zum Zuge kommen (können!), sind sie laut Vygen schon bei Auftragsvergabe als zusätzliche Leistung aufschiebend bedingt beauftragt;[578] tritt dann die (objektive) Bedingung „Bedarf" ein – man findet im Boden „Unerwartetes", dadurch entsteht z. B. der „Bedarf Handschachtung" –, so sei die Eventualleistung jetzt „automatisch" beauftragt, da die Bedingung eingetreten sei. Also entscheide der Auftraggeber nicht bei Bedarf, diese Entscheidung sei schon im Angebotsblankett „vorgedacht" und endgültig.

Diese fatalistische Sicht ist unrichtig. Nach seinem eindeutigen Willen will sich der Auftraggeber zu seiner freien, beliebigen Entscheidung vorbehalten, ob er eine Anordnung gemäß § 1 Nr. 3, 4 VOB/B in der Ausführungsphase trifft, geänderte oder zusätzliche Leistungen auszuführen; vielleicht will er auch schon bei Auftragserteilung die Eventualpositionen in Auftrag geben, vielleicht will er das eine oder das andere auch nicht tun – und selbst wenn der Bedarf eintritt, ist damit nicht gesagt, dass er sich jetzt für Handschachtung entscheidet, denn er kann auch eine andere Verfahrensweise noch wählen. **Wenn** er die Eventual-Änderungs- oder -Zusatzleistung anordnet und **wenn** für diese angeordnete Teilleistung eine Eventualposition zur Verfügung steht, dann wird diese Teilleistung nach dieser Eventualposition abgerechnet. Ob und wie der Auftraggeber **anordnet**, ist unabhängig von jedem „Bedarf" nach wie vor seine völlig freie Entscheidung.[579]

Daraus zuerst die strukturelle Folge:
Der Bieter unterbreitet hinsichtlich der Eventualposition ein Teil-**Angebot mit unbestimmt langer Bindefrist**. Wird das Angebot bei Vertragsschluss „mit" angenommen, so ist es normaler Bestandteil des Bausolls. Nach dem Willen des Auftraggebers soll das Angebot aber **auch** noch **während der Ausführung** des Bauvorhabens angenommen werden können; für diesen Fall sollen aber **schon jetzt bindende Preise** genannt werden. Eventualpositionen sind **insoweit** nichts anderes als Preise für mögliche künftige zusätzliche oder geänderte Leistungen, also vorweggenommene Vergütungsregelungen gemäß § 2 Nr. 5, 6 (und 8) VOB/B. Auch die **Einheitspreislisten** bei **Pauschalverträgen** enthalten strukturell derartige Eventualpositionen.[580]

582 Aus der geschilderten Struktur folgen allerdings auch gleichzeitig die **schwerwiegenden Bedenken gegen Eventualpositionen** mit so unbeschränkt langer Angebotsbindefrist in auftraggeberseitigen **Allgemeinen Geschäftsbedingungen** sowie in Ausschreibungen, die der VOB/A unterliegen:

Für Auftraggeber, die die **VOB/A** Abschnitt 1–3 anwenden, gilt, dass sie – wie oben Rdn. 191 ff. erörtert – erklären, dass ihre Ausschreibung unter Beachtung der VOB/A zu verstehen ist, hier also unter Einbezug von **§ 19 Nr. 2, 3 VOB/A**:

„**2. Die Zuschlagsfrist soll so kurz wie möglich und nicht länger bemessen werden, als der Auftraggeber für eine zügige Prüfung und Wertung der Angebote (§§ 23–25)**

---

[578] Vygen/Schubert/Lang, a. a. O., Rdn. 208; ebenso - also unzutreffend - Heiermann/Riedl/Rusam, VOB/B § 2 Rdn. 58c; Putzier, Anm. zu OLG Hamburg, BauR 2004 687.
[579] BGH „NEP-Position", NZBau 2003, 376 verlangt also zutreffend eine Anordnung des Auftraggebers; in Betracht käme auch die Anwendung von § 2 Nr. 8 Abs. 2, 3 VOB/B. Wie hier Markus, in: Markus/Kaiser/Kapellmann, AGB-Handbuch Bauvertragsklauseln, Rdn. 295. So selbst auch Schubert in Vygen/Schubert/Lang, Rdn. 517; ebenso Schelle/Erkelenz, a. a. O., S. 111. Der Auftragnehmer ist deshalb auch entgegen OLG Hamburg a.a.O. nicht gehindert, ein Drittunternehmen mit der entsprechenden Leistung zu beauftragen (vgl. auch Fn. 589). Zur Ausnahme bei Störfallkatalogen im Tunnelbau Kapellmann/Ziegler, NZBau 2005, 65.
[580] Dazu Band 2, Rdn. 1224 für Mehrleistungen, Rdn. 1351 für Minderleistungen, für Behinderungen Rdn. 1612; in diesem Band zu Einheitspreislisten bei Behinderung Rdn. 1500.

benötigt. Sie soll nicht mehr als 30 Kalendertage betragen; eine längere Zuschlagsfrist soll nur in begründeten Fällen festgelegt werden. Das Ende der Zuschlagsfrist ist durch Angabe des Kalendertages zu bezeichnen.

3. Es ist vorzusehen, dass der Bieter bis zum Ablauf der Zuschlagsfrist an sein Angebot gebunden ist (Bindefrist)."

Das bedeutet: Längere Bindefristen als 30 Kalendertage darf ein solcher Auftraggeber **nur** aus „hinreichenden und gegebenenfalls nachprüfbaren Gründen vorsehen. Im Ergebnis bedeutet das, dass **keinesfalls** unangemessene Fristen vorgesehen werden können" – sie sind gemäß **§ 242 BGB nichtig**. Das wörtliche Zitat ist der massgebenden Entscheidung des Bundesgerichtshofs zur VOB-Bindefrist entnommen[581] und uneingeschränkt inhaltlich zu billigen.

Hinreichende Gründe können vorab nur Gründe objektiver Art sein, also z. B. die nicht auszuschließende Möglichkeit, trotz Bodengutachten und intensiven Studiums der Bestandspläne früherer Bebauung Verhältnisse vorzufinden, die nur noch Handschachtung ermöglichen. Eventualpositionen dürfen nicht, wie es leider häufig geschieht, dazu dienen, unterlassene oder schlampige Planung zu ersetzen oder zu vertuschen oder vergabetaktische Manipulationsmöglichkeiten zu eröffnen. Es lohnt sich, dazu die zutreffenden Bestimmungen des Vergabehandbuchs des Bundes, Stand Oktober 2004 zu § 9 VOB/A Nr. 4.1, 4.2 wörtlich zu zitieren:

„(Wahl- und) Bedarfspositionen dürfen nicht aufgenommen werden, um die Mängel einer unzureichenden Planung auszugleichen ...
Bedarfspositionen enthalten Leistungen, die nur bei Bedarf ausgeführt werden sollen. Sie dürfen nur **ausnahmsweise** in die Leistungsbeschreibung aufgenommen werden; der Umfang der Bedarfspositionen darf in diesen Ausnahmefällen dann in der Regel 10 % des geschätzten Auftragswertes nicht überschreiten. Bedarfspositionen **dürfen nur** Leistungen enthalten, die erfahrungsgemäß zur Ausführung der vertraglichen Leistung **erforderlich** werden können und deren **Notwendigkeit** zum Zeitpunkt der **Aufstellung der Leistungsbeschreibung (Anmerkung: Das ist nicht** der Zeitpunkt der Vergabe!) **trotz aller örtlichen und technischen Kenntnisse** nicht festzustellen ist (z. B. Wasserhaltung)."[582]

Solche örtlichen und technischen Kenntnisse **muss** sich der Auftraggeber, der die **VOB/A** Abschnitt 1–3 anwendet, z. B. durch Gutachten selbst **verschaffen**, weil er sonst nicht seine Pflicht gemäß § 9 Nr. 3 Abs. 3 VOB/A erfüllen **kann**, z. B. die Boden- und Wasserverhältnisse so zu beschreiben, dass der Bewerber ihre Auswirkungen auf die bauliche Anlage und die Bauausführung hinreichend beurteilen kann.

Ein Auftraggeber, der vor der Ausschreibung diese Aufklärung nicht betrieben hat, kann folglich schon deshalb nicht **wirksam** Eventualpositionen mit Annahmemöglichkeiten auch noch nach Vertragsschluss ausschreiben.

Wenn der Auftraggeber sachliche (objektive!) Gründe für eine Eventualposition mit Annahmemöglichkeit nach Vertragsschluss behauptet, so **müssen** die behaupteten Gründe **nachprüfbar** sein.[583] Das bedeutet: Sie müssen in den Vergabeunterlagen genannt werden,[584] damit sich Bieter im Ausschreibungsstadium ein hinreichendes Bild in bezug auf ihre kalkulatorische Bindung machen können.

583

---

[581] BGH „Bindefrist" BauR 1992, 221. Vgl. auch OLG Düsseldorf BauR 1999, 1288.
[582] Ebenso VÜA Nordrhein-Westfalen, IBR 1998, 467 mit Kurzanm. Schelle und grundsätzlich OLG Saarbrücken NZBau 2000, 158, 161 ff.
[583] So wörtlich und zutreffend nochmals BGH a. a. O.
[584] In den (konkreten) Vorbemerkungen zum LV oder im Vergabevermerk, Heiermann/Riedl/Rusam, VOB/A § 9, Rdn. 13.

584 Das bedeutet aber nicht zwingend, dass feste Fristen genannt werden müssen, innerhalb derer der Auftraggeber **nach** Vertragsschluss die Eventualposition beauftragt haben müsste, denn die Eventualposition kann und soll ja gerade dann als vorweggenommene Vergütungsregel für eine Eventualleistung eingreifen, wenn eine derzeit objektiv unbekannte und unerkennbare Situation eintritt.

585 Selbst dann legt diese Eventualposition dem Bieter **entgegen § 9 Abs. 2 VOB/A**, der im Ergebnis auch wiederum als Inhalt der Ausschreibung jedenfalls für den öffentlichen Auftraggeber gilt[585], ein ungewöhnliches und unkalkulierbares Wagnis auf, das er bei anstelle von Eventualpositionen völlig unproblematischer Anwendung des § 1 Nr. 3, 4 VOB/B in Verbindung mit **§ 2 Nr. 5, 6 VOB/B** nicht hätte: Bei Anwendung dieser Vorschriften wäre er für die neue Vergütung zwar an die Fortentwicklung der Angebotskalkulation gebunden, wäre aber berechtigt, dann, wenn die Änderung vom Auftraggeber durch unsorgfältige Planung verursacht wäre, unter bestimmten weiteren Bedingungen nach Vertragsschluss auftretende **erhöhte Kosten** anzusetzen, insbesondere **höhere Lohn- und Materialkosten** sowie **zusätzliche zeitabhängige Kosten**. Wenn die Ausführung zu einem Zeitpunkt erfolgt, der später als die bisher vertraglich vereinbarte Bauzeit liegt, kann der Auftragnehmer **dann** auch Deckungsanteile für Baustellengemeinkosten, Allgemeine Geschäftskosten, Wagnis und Gewinn verlangen, selbst wenn sie in der Angebotskalkulation nicht angesetzt waren. Ebenso besteht dann ein Anspruch auf Bauzeitverlängerung.[586]
Dieses **Recht muss dem Bieter ungeachtet des für die Eventualposition genannten Preises erhalten** bleiben, andernfalls die Angebotsbindung unwirksam wäre. Eine solche Preiserhöhungsmöglichkeit über die Eventualpositionen hinaus läßt sich tatsächlich im Wege **allgemeiner Auslegung** von Eventualpositionen **für alle Fälle** annehmen, um die Gültigkeit von Eventualpositionen überhaupt noch zu erhalten.[587]

585-586 Mit Rücksicht auf die dargestellte Rechtslage bedarf es bei Auftraggebern, die die **VOB/A** Abschnitt 1–3 anwenden, gar nicht mehr der weiteren Untersuchung, ob nicht **auch** AGB-Recht eingreift – so mit Recht der BGH, s. Fn. 581; bei Auftraggebern, die **nicht** die **VOB/A** Abschnitt 1–3 anwenden, ist indes eine Untersuchung von **§ 308 Nr. 1 BGB** notwendig. Nach dieser Vorschrift sind Klauseln verboten, durch die sich der Verwender „**unangemessen lange oder nicht hinreichend bestimmte** Fristen für die Annahme oder Ablehnung eines Angebots ... vorbehält."
Unangemessen ist die Frist immer dann, wenn nicht sachliche, nachprüfbare Gründe für eine unbeschränkt lange Frist sprechen. Hier gelten deshalb uneingeschränkt die Überlegungen, die wir schon zuvor für § 19 VOB/A unter Rdn. 582–585 erörtert haben.
Auch bei Auftraggebern, die nicht die VOB/A Abschnitt 1–3 anwenden, sind deshalb Eventualpositionen in Allgemeinen Geschäftsbedingungen **dann unwirksam**, wenn nicht objektiv hinreichende, in den Vergabeunterlagen aufgeführte, nachprüfbare Gründe vorliegen, wenn der Auftraggeber seiner Untersuchungsmöglichkeit nicht ordnungsgemäß nachgekommen ist oder wenn er die Gründe in den Ausschreibungsunterlagen nicht

---

[585] Einzelheiten oben **Rdn. 194**.
[586] Zu § 2 Nr. 5, 6, 8 VOB/B, Einzelheiten s. unten Rdn. 1034 ff.; zu § 2 Nr. 3 VOB/B Einzelheiten Rdn. 600 ff.
[587] So schon Band 2, Rdn. 1212; ebenso im Ergebnis, aber mit anderer Begründung, Vygen/Schubert/Lang, a. a. O., Rdn. 218, 219, auch 209; Ingenstau/Korbion/Kratzenberg, VOB/A § 9 Rdn. 18; ähnlich auch Kniffka, Seminar ARGE, S. 46 ff., 57.

Eventualpositionen

erklärt hat.[588] Auch bei Wirksamkeit bleiben dem Auftragnehmer die „Mehrkosten-Ansprüche" erhalten, die wir unter Rdn. 585 erörtert haben.

Zusammengefasst: Eventualpositionen sind nur unter eingeschränkten Voraussetzungen wirksam. **Wenn** sie im Einzelfall wirksam sind, ist natürlich die **Nichtbeauftragung** genauso zulässig wie die Beauftragung; die **Nichtbeauftragung** löst also keinerlei Ansprüche des Auftragnehmers aus[589] Aus diesem Grund verstößt auch der selbstverständliche Hinweis in Ausschreibungsbedingungen, die „Nicht-Beauftragung" von Eventualpositionen löse keine Ansprüche des Auftragnehmers aus, nicht gegen AGB-Recht.

7.2.3 Eventualpositionen für künftige Behinderungsfälle (Einheitspreisliste)?

Auftraggeber können die Idee haben, künftige Behinderungsfälle schon jetzt über Eventualpositionen in der Ausschreibung zu erfassen. Dass das rechtstheoretisch und **individuell möglich** ist, liegt auf der Hand. Der Auftraggeber kann versuchen, eine Eventualposition dafür vorzugeben, dass die aus objektiven Hindernissen entstehende Behinderungssituation in zeitlicher Hinsicht **vergütungsmäßig** erfasst wird. Darüber hinaus kann der Auftraggeber aber auch ganz abstrakt Behinderungstatbestände in „Behinderungspositionen" vorsorglich ausschreiben, die dann als Eventualposition zu qualifizieren sind. In der Praxis wird demgemäß oft versucht, unbekannte Behinderungsfolgen im voraus kostenmässig vom Auftragnehmer bewerten zu lassen („**Einheitspreislisten**"). Doch so bestechend die Lösung zu sein scheint – wie erfreulich wäre eine klare Regelung des Schadensersatzes für die Fälle der Behinderung im vorhinein! –, so problematisch ist das Ergebnis, wie eine differenzierte Betrachtung sofort zeigt:

587

Je nach Stadium der Baudurchführung können Stillstandskosten pro Zeiteinheit (pro Tag, pro Woche, pro Monat) unterschiedlich hoch sein. Ebenso können die Kosten bei Bauzeitverlängerungen je nach Behinderungszeitpunkt und -umfang unterschiedlich hoch sein. Anders ausgedrückt: **Behinderungsauswirkungen** lassen sich in der Regel **nicht abstrakt vorausahnen** und folglich auch nicht per Eventualposition vorausformulieren und meist auch nicht vorauskalkulieren. Versucht der Auftraggeber trotzdem, Behinderungsauswirkungen durch Eventualpositionen zu erfassen, so ist es der Regelfall, dass die vorformulierten Behinderungsgegebenheiten und somit auch die ihnen zugeordneten Geldbeträge **nicht** passen und die tatsächlichen Gegebenheiten nicht decken und dass zwingend eine der beiden Vertragsparteien zu gut oder zu schlecht wegkommt, in der Regel der Auftragnehmer (wegen seiner Wettbewerbssituation im Angebotsstadium) zu schlecht.

Solche Behinderungs-Eventualpositionen in **Allgemeinen Geschäftsbedingungen** des Auftraggebers laufen auf den potentiellen (Teil-)Ausschluss von Ansprüchen aus § 6 Nr. 6 VOB/B hinaus. Sie sind deshalb schon wegen Verstosses gegen § 307 BGB **unwirksam**, ungeachtet der Tatsache, dass sie Teil der Leistungsbeschreibung sind;[590] **Außerdem sind sie wegen Verstosses gegen § 8 Nr. 1 BGB unwirksam – siehe oben Rdn. 575**; schließlich verstoßen sie bei Auftraggebern, die die VOB/A Abschnitt 1–3 anwenden, auch gegen § 19 VOB/A, wie oben unter Rdn. 582 ff. erörtert.

---

[588] Dazu auch Markus, in: Markus/Kaiser/Kapellmann, AGB-Handbuch Bauvertragsklauseln, Rdn. 297; OLG Hamm BauR 1990, 744, Revision vom BGH nicht angenommen (s. Kniffka, a. a. O.).

[589] Unrichtig OLG Hamm BauR 2004, 687 mit unrichtiger Anm. Putzier (s. oben Fn. 579).

[590] Markus, in: Markus/Kaiser/Kapellmann, AGB-Handbuch Bauvertragsklauseln, Rdn. 300; Schulze-Hagen, Kurzanm. zu KG IBR 2004, 482. Dazu auch Rdn. 1645 ff. Siehe auch Band 2, Rdn. 1612. Zur Leistungsbeschreibung als ausnahmsweise kontrollfähig siehe oben Rdn. 217. Das KG meint, solche Regelungen für künftige Behinderungsfälle seien keine Bedarfsposition, weil bei Eintritt der definierten Behinderung „ohne Auftrag" des Auftraggebers die Zahlungspflicht entstehe. Die Frage kann dahinstehen, weil die Antwort für das Ergebnis irrelevant ist.

7.2.4 Die Auswirkung fehlender Vordersätze auf die Ermittlung der Einzelkosten

588 Charakteristisch für – im Einzelfall zulässige – Eventualpositionen ist, dass der Bieter nicht weiss, ob (und wann) die Eventualleistung in Auftrag gegeben wird. Darüber hinaus werden zumeist Eventualpositionen ohne Vordersatz (mit Menge „0" oder „1") in den Ausschreibungsunterlagen angesetzt.

Ohne Vordersätze lassen sich die Einzelkosten der Teilleistungen[591] zumeist **nicht kostenkausal** ermitteln. Die Lohn- und Materialkosten pro Einheit variieren zumeist in Abhängigkeit von der zu erstellenden Menge, weil große Mengen i.d.R. zu niedrigeren Einkaufspreisen und besseren Einarbeitungseffekten führen. Dazu kommt, dass ohne Mengenangaben oft gar nicht geklärt werden kann, welches Arbeitsverfahren (z. B. Hand- oder Maschinenarbeit) wirtschaftlicher ist, d. h., welche Kapazitäten mit welchen Kosten kalkulativ anzusetzen sind.

Weiter gilt, dass einmalige und zeitabhängige Einzelkosten der Teilleistungen ohne Mengenangaben nicht in Einheitskosten pro Abrechnungseinheit umgerechnet werden können: Die Eventualleistung Winterschutzmassnahmen beinhaltet als einmalige Kostenverursacher den An- und Abtransport der Hilfsmittel sowie deren Auf- und Abbau; diese Kosten fallen auf jeden Fall an, ganz gleich, wie lange Winterschutzmassnahmen erforderlich sind. Dazu kommen die zeitabhängigen Kosten für die Durchführung der Winterbaumassnahme.

Wie sollen diese Kosten in einen Einheitspreis – also in einen Preis pro Mengeneinheit – umgerechnet werden, wenn es zwar eine Abrechnungsmengeneinheit, aber keine Bezugsmenge für die Kalkulation gibt?

Die Vergütungsfolgen einer solchen Ausschreibung behandeln wir unter Rdn. 594.

7.2.5 Die richtige Angebotskalkulation

589 Folgerichtig sollten unter den Aspekten der Kostenkausalität und der Vermeidung von Deckungslücken in die Einheitspreise von Eventualpositionen keine Deckungsanteile für **Baustellengemeinkosten**, die unabhängig von der jeweiligen Eventualposition anfallen, eingerechnet werden; andernfalls ginge bei Nicht-Ausführung der Leistung einer Eventualposition der Deckungsanteil für die Baustellengemeinkosten „verloren." Hiervon ist streng zu unterscheiden, dass Gemeinkosten, die allein und zusätzlich nur dann anfallen, wenn gerade diese Eventualposition erbracht wird, auch in deren Einheitspreis einzukalkulieren sind. Davon ist weiterhin unberührt, dass in den Eventualpreis zusätzliche, nicht zur Deckung erforderliche Deckungsbeiträge für Baustellengemeinkosten angesetzt werden.

Andererseits können und sollen die Einheitspreise einer Eventualposition dagegen so wie auch bei anderen Positionen stets Zuschläge für **Allgemeine Geschäftskosten, Wagnis und Gewinn** enthalten. Es spricht nichts dafür, dass ein Auftragnehmer für die Bereitstellung seiner Kapazitäten für Leistungen, die als Eventualpositionen ausgeschrieben sind, keine Deckungsanteile für Allgemeine Geschäftskosten, darüber hinaus für Wagnis und Gewinn verlangen sollte, da er doch dann, wenn er diese Kapazitäten für andere Leistungen und auf

---

[591] Zum Begriff „Einzelkosten der Teilleistung" und insbesondere zur Problematik der einmaligen und der zeitabhängigen Kosten s. oben Rdn. 8 ff.

anderen Baustellen einsetzen würde, auch nicht auf diese Deckungsanteile verzichten würde.[592)]

7.2.6 Häufung von Eventualpositionen in der Ausschreibung

Es ist heute gerade bei Ausschreibungen unter Geltung der VOB/A Abschnitt 1–3 leider immer noch in erheblichem Maße üblich, Eventualpositionen zu häufen, die – potentiell – das Volumen der Grundpositionen übersteigen und – gezielt? – die Transparenz der Leistungsbeschreibung erschweren und oft auch verhindern. Diese Verstösse gegen die VOB/A decken eine planerische Schlamperei, ermöglichen aber vor allem auch beliebige Manipulationen (mehr als bei Alternativpositionen).[593)] Vergaberechtlich ist das gemäß § 9 Nr. 1 Satz 2 VOB/A unzulässig und kann bei Überschreiten der Schwellenwerte im Nachprüfungsverfahren gerügt werden.

590

Zivilrechtlich sind solche Positionen oft wegen Verstoss gegen § 19 VOB/A nichtig, wie erörtert.

Zum anderen hat der Auftragnehmer zivilrechtlich bei einer so krassen Verletzung der Grundsätze der Ausschreibungsklarheit dann, wenn im Einzelfall nicht schon über die Grundsätze gemäß Rdn. 585 eine ordnungsgemäße nachträgliche Kostendeckung erreicht werden kann, einen **Schadensersatzanspruch** aus „Verschulden bei Vertragsschluss", § 311 Abs. 2 Nr. 1 BGB;[594)] dieser wird insbesondere eingreifen, wenn infolge der Häufung beauftragter, abzurechnender Eventualpositionen eine Anpassung der Direkten Kosten und auch der Baustellengemeinkosten nötig wird, § 2 Nr. 3 VOB/B aber nicht eingreift, weil als Menge „0" oder „1" ausgeschrieben ist.[595)]

Schließlich kann auf diese Weise gegebenenfalls auch ein Schadensersatzausgleich dafür geschaffen werden, dass infolge erheblicher Häufung und Konzentration von Eventualpositionen jeweils unterschiedliche „Bauabwicklungsszenarien" entstehen und eine kostenkausale Kalkulation, z. B. einer richtigen Baustelleneinrichtung, im vorhinein überhaupt nicht möglich ist.

Denselben Anspruch gibt es auch für eine eventuelle Ausweitung bei anderen Positionen als Folge der Beauftragung der Eventualpositionen.

7.2.7 Wertung von Eventualpositionen in der Angebotsprüfung

Für die Wertung von Eventualpositionen, insbesondere im Rahmen der Vergabe nach VOB/A Abschnitt 1–3, seien einige Hinweise erlaubt: Eventualpositionen **ohne** Vorder-

591

[592)] Gemäß Drittler, Entwicklungskonzeption, S. 63, sollte „die Deckung der Schlüsselkosten bereits in den Einheitspreisen der Ausführungsgrundposition enthalten sein, um dem Risiko der Nicht-Beauftragung der Eventualpositionen und damit einer zwangsläufigen Unterdeckung der Schlüsselkosten vorzubeugen." Das ist, wie erwähnt, unrichtig, genauer: richtig nur bezogen auf die Baustellengemeinkosten. Zuschläge für Allgemeine Geschäftskosten, Gewinn und Wagnis sollten dagegen stets in die Preise der Eventualpositionen eingerechnet werden, wie erwähnt. Ansonsten würde ein in seinem Umfang unüberschaubarer Kapazitätseinsatz auftraggeberseitig angeordnet werden können, der in keiner Weise zur Deckung Allgemeiner Geschäftskosten und zum Gewinn beitrüge. Wie hier Schelle/Erkelenz, a. a. O., S. 114; Vygen/Schubert/Lang, a. a. O., Rdn. 217.
[593)] Siehe oben Rdn. 576 mit Fn. 570.
[594)] Im Ergebnis Vygen/Schubert/Lang, a. a. O., Rdn. 219; Schumacher, Vergütung, Rdn. 718 (für das Schweizer Recht).
[595)] Dazu im Einzelnen (zu § 2 Nr. 3 VOB/B) unten Rdn. 593.

sätze kann man i.d.R. nicht vernünftig bewerten. Sie sind grundsätzlich unzulässig, also unwirksam. Ein Auftraggeber sollte folglich bei der Ausschreibung allen Eventualpositionen Vordersätze zuordnen. Dafür gibt es eine Reihe von Möglichkeiten:

a) Es wird ein „möglichst genauer Mengenansatz angegeben. Die Spalte für den Gesamtbetrag dieser Position ist zu sperren, damit er nicht in die Angebotssumme einbezogen wird."
Das ist Nr. 4 zu § 9 VOB/A des Vergabehandbuches des Bundes;[596] das Vergabehandbuch gibt aber auch vor, dass die Auswirkung der Eventualposition auf die spätere Abrechnungssumme gesondert zu beurteilen ist (Nr. 1.6.3 zu § 25 VOB/A).

b) Der auf Bundesebene eingerichtete paritätisch besetzte VOB-Ausschuss hat empfohlen, die Mengenansätze „aufgrund sorgfältiger Schätzung" anzugeben und sie ungemindert oder zu einem im LV anzugebenden Prozentsatz in die Wertung einzubeziehen.[597]

c) Weiterhin wird empfohlen, für bestimmte Eventualpositionen mehrere Mengenstufen auszuschreiben.[598]

d) Letztlich wäre auch eine Aufsplittung von Eventualpositionen in Unterpositionen mit unterschiedlicher Kostenkausalität möglich.

Unter dem Aspekt der Kostenzuordnung und der Angebotsbewertung gilt für diese Lösungsvorschläge: Vorab ist es nicht zu verstehen, wie man überhaupt bei im Vergabestadium unbekannten Leistungen – um solche handelt es sich bei Eventualpositionen – zu „möglichst genauen" Mengenansätzen kommen soll.

Im übrigen ist Lösung a unbefriedigend, weil das Kriterium der „gesonderten Beurteilung" manipulationsfähig und für den Bieter nicht transparent ist.

Lösung b vermeidet diesen Nachteil. Hier ist jedoch wieder zu fragen, woher die „Mengenansätze aufgrund sorgfältiger Schätzung" kommen sollen? Angeblich sind doch die Leistungen der Eventualpositionen im Ausschreibungsstadium noch nicht feststellbar, also erst recht nicht die zugehörigen Mengen. Immerhin ist aber diese Lösung besser als die Lösung a.

Bei Lösung c ergibt sich die Frage, welche der verschiedenen Mengen in die Angebotswertung eingeht. Außerdem erscheint es als unwahrscheinlich, dass angesichts der prinzipiellen Unerfassbarkeit in Wirklichkeit eine sehr präzise Trennung möglich sein soll. Sofern nur die jeweils grösste Menge pro Leistung in die Wertung eingeht, ist damit zu rechnen, dass sich die Preise für die niedrigeren Mengenansätze in die Höhe von Preisen von Eventualpositionen ohne Mengenansatz hochschrauben werden.

Bei Lösung d werden die Vergütungen in Unterpositionen für einmalige, zeitabhängige und mengenabhängige Preisbestandteile pro Eventualposition aufgespalten. Würde sich also der Auftraggeber bei seinen Ausschreibungen auf die objektiv unerlässlichen Eventualpositionen wirklich beschränken (Beispiel: archäologischer Fund und dessen Folgen), so

---

[596] Ebenso Vygen/Schubert/Lang, a. a. O., Rdn. 206.
[597] Siehe Empfehlung Nr. 1/88 des VOB-Ausschusses: „Die Angebotspreise für Bedarfspositionen sind ungemindert in die Wertung einzubeziehen. Soll nicht die gesamte geschätzte Menge in die Wertung eingehen, ist im Leistungsverzeichnis anzugeben, zu welchem Prozentsatz der Mengenansatz der Bewertung zugrunde gelegt werden soll. Sofern nicht die Gesamtpreise der Bedarfspositionen in die Angebotssumme eingehen, ist im Leistungsverzeichnis eine Spalte vorzusehen, in der die Bedarfspositionen nach Einheitspreis, Mengenansatz und sich daraus ergebenden Angebotspreisen angegeben und zu einem Angebotspreis für eine ausgeschriebene Bedarfsposition addiert werden können."
[598] Schelle/Erkelenz, a. a. O., S. 114.

würde sich der Angebotsmehraufwand zu Fall d noch vertreten lassen. Solange aber Auftraggeber nicht einsehen wollen, was sie mit der Verwendung der vielen „unechten" Eventualpositionen anrichten, lehnen sie den Vorschlag d wegen „Unpraktikabilität" (!) ab.

Um eine wirklich korrekte Angebotswertung durchzuführen und um auch dem in der HOAI formulierten Planungsverlangen gerecht zu werden, gibt es nur **eine zu empfehlende Lösung**: Vorab Reduzierung der Eventualpositionen auf ein absolut unerlässliches Muss, so dass sich schon der Unsicherheitsspielraum und damit der Manipulationsspielraum auf ein Minimum reduziert. Sodann entsprechend b Ansatz der „wahrscheinlichen Mengen" – so willkürlich letztlich dieser Ansatz auch ist – für Eventualpositionen (oder Durchführung einer Positionssplittung und Einbeziehung dieser Eventualpositionen unter Mengenansatz in die Wertung). So reduzieren sich Angebotsbearbeitungszeit und Angebotsrisiken der Bieter. Das legitime Interesse des Auftraggebers, sein Preisrisiko zu reduzieren, läßt sich unter diesen Prämissen noch vertreten.

7.2.8 Korrektur „überhöhter Eventualpositionspreise"?

Da Eventualpositionen möglicherweise nicht und nicht mit dem richtigen Gewicht in die Wertung eingehen, ist es für Bieter verlockend, Einheitspreise für Eventualpositionen möglichst hoch anzusetzen, also nicht auf der Basis „echter Angebotskalkulation." 592

Indes ist die Preisermittlung **in ihrer Gesamtheit** ausschließlich Sache des Bieters. Die kalkulierten Kosten insgesamt oder auch die Kosten der einzelnen Teilleistungen müssen keineswegs „richtig" sein. Deshalb hat der **Auftraggeber zivilrechtlich keinerlei Möglichkeit**, den Preis einer Eventualposition **nachträglich zu ändern**, weil die Kosten nicht richtig oder weil sie zu hoch seien.[599]

Auch für „öffentliche Auftraggeber" gibt es eine Preiskontrolle seit dem 1.7.1999 nicht mehr,[600] aber selbst wenn die Preiskontrollvorschrift VOPR 1/72 bei öffentlichen Aufträgen anzuwenden gewesen wäre – was sie **nicht** war –, wäre **sie für Eventualpositionen** nach unbestrittener Auffassung nicht anwendbar gewesen.

7.2.9 Anwendbarkeit von § 2 Nr. 3, 5, 6, 8 VOB/B, § 6 Nr. 6 VOB/B

Es ist eine wirklich schwierige Frage, ob die Anordnung einer Eventualleistung durch den Auftraggeber (die Beauftragung mit einer Eventualleistung) **zusätzliche Leistung** im Sinne von § 1 Nr. 4 VOB/B ist. Auf der einen Seite handelt es sich um eine nicht im Vertrag genannte Leistung, auf der anderen Seite gibt es immerhin für diese Leistung eine Eventualpreis-Position, so dass sie im Vertrag doch schon, und zwar als Teilangebot mit unbeschränkter Bindefrist, vorkommt. Für wirksam in den Vertrag einbezogene Eventualpositionen kann die Frage auch auf sich beruhen, weil für die zugehörigen Leistungen durch die Schaffung der Eventualposition die Vergütung geklärt ist, folglich § 2 Nr. 6 VOB/B nicht in Betracht kommt und damit insbesondere auch die Ankündigungspflicht des § 2 Nr. 6 VOB/B nicht relevant ist. Was gilt für Leistungen, für die im Vertrag zwar eine Eventualposition angesetzt ist, für die aber die entsprechende Angebotsbindefrist wegen Verstosses gegen § 19 VOB/A bzw. gegen § 308 Nr. 1 BGB unwirksam ist, so dass 593

---

[599] So zutreffend Landgericht Bamberg BauR 1991, 386, in 2. Instanz verglichen; die (theoretische) Grenze ist mit dem Landgericht Bamberg erst bei Wucher (§ 138 BGB) oder bei Störung der Geschäftsgrundlage, aber jeweils bezogen auf den **Gesamtvertrag**, anzunehmen.
Ebenso zutreffend Vygen, BauR 1992, 135, 142; Heiermann/Riedl/Rusam, VOB/A § 9 Rdn. 33, § 25 Rdn. 182. Vgl. auch Rdn. 1044 und Rdn. 1192.
[600] Dazu näher Rdn. 1050.

tatsächlich keine Angebotsbindung besteht? Diese Leistung ist jedenfalls nicht einmal durch eine wirksame Eventualposition im Vertrag benannt, so dass sie unzweifelhaft als zusätzliche Leistung gemäß § 1 Nr. 4 VOB/B, § 2 Nr. 6 VOB/B zu beurteilen ist. Dennoch bedarf es hier **keiner Ankündigung** der Vergütungspflicht, wie es ansonsten § 2 Nr. 6 Abs. 1 Satz 2 VOB/B als Pflicht des Auftragnehmers vorsieht, und zwar deshalb nicht, weil der Auftragnehmer durch die Bereitstellung der Eventualpositionen ja deutlich gemacht hat, dass er die Vergütungspflicht für die Eventualleistung kennt und dass er im Prinzip bereit ist, sie zu vergüten. Dann braucht er durch eine Ankündigungspflicht auf die für ihn selbstverständliche Tatsache nicht einmal hingewiesen zu werden. Auch die Tatsache, dass gerade diese Eventualposition unwirksam ist, ändert an der tatsächlichen Kenntnis des Auftraggebers nichts.[601]

Übrigens sind unwirksame Eventualpositionen auch deshalb ein Risiko für den Auftraggeber, weil der Bieter ja keineswegs gezwungen ist, sich auf den Schutz des AGB-Rechts zu berufen. Genauso kann er den Auftraggeber nach seiner freien Wahl an der Eventualposition festhalten, also auf den Schutz des AGB-Rechts „verzichten." Der Bieter hat also die Wahl, sich die jeweils für ihn bessere Konstellation auszusuchen, was Auftraggeber erst recht veranlassen sollte, mit Eventualpositionen sparsam umzugehen.

594 Ist die Eventualposition **wirksam** beauftragt, so stellt sich die Frage der Anwendbarkeit des **§ 2 Nr. 3 VOB/B** (Mengenänderungen, die sich aus den Verhältnissen ergeben).

Ist **ein konkreter Vordersatz genannt** – egal, ob rechnerisch ermittelt oder „circa" geraten, vgl. dazu oben Rdn. 508 –, so ist § 2 Nr. 3 VOB/B grundsätzlich **uneingeschränkt anwendbar**,[602] wobei eine andere Frage ist, wann bei einer Eventualleistung überhaupt eine „aus den vorgefundenen Verhältnissen" resultierende Mengenänderung vorkommen kann.

Der Bundesgerichtshof hat entschieden, dass ein Ausschluss des § 2 Nr. 3 VOB/B in Allgemeinen Geschäftsbedingungen des Auftraggebers zulässig ist, allerdings in den Kerngehalt der VOB/B eingreift[603]
Wir teilen insoweit die Auffassung des Bundesgerichtshofs nicht, aber selbst wenn man den Ausschluss des § 2 Nr. 3 VOB/B bei Grundpositionen für zulässig hält, gilt das nach unserer Meinung nicht für Eventualpositionen, weil das ohnehin hohe Risiko dadurch schlechthin unzulässig erhöht würde: Jedenfalls bei Eventualpositionen darf in Allgemeinen Geschäftsbedingungen des Auftraggebers die Anwendung des § 2 Nr. 3 VOB/B deshalb nicht ausgeschlossen werden.[604]

Der Vollständigkeit halber ist in diesem Zusammenhang darauf hinzuweisen, dass der Bundesgerichtshof selbst dann, wenn § 2 Nr. 3 VOB/B in Allgemeinen Geschäftsbedingungen des Auftraggebers ausgeschlossen ist, Ansprüche aus „Verschulden bei Vertragsschluss", § 311 Abs. 2 Nr. 1 BGB gegen den Auftraggeber wegen unsorgfältiger Ausschreibung nach wie vor für möglich hält, was gerade bei Eventualpositionen durchaus in Betracht kommen kann.

595 Ist **kein Vordersatz** in der Eventualposition genannt, so scheidet die **Anwendung des § 2 Nr. 3 VOB/B** deshalb aus, weil es keinen konkreten Bezugspunkt Menge gibt,[605] zugunsten des Auftragnehmers ist aber in solchen Fällen **ein Anspruch aus „Verschulden bei**

---

[601] Dazu auch im Gesamtzusammenhang Rdn. 927.
[602] Vygen/Schubert/Lang, Rdn. 218; Zielemann, Vergütung, Rdn. 192; Heiermann/Riedl/Rusam, VOB/B, § 2 Rdn. 58c.
[603] BGH BauR 1993, 723, s. unten Rdn. 663 ff.
[604] Zutreffend OLG München IBR 1994, 143; Beck'scher VOB-Kommentar/Jagenburg, VOB/B § 2 Nr. 1, Rdn. 14.
[605] Insoweit richtig OLG Hamm BauR 1991, 352, aber ohne richtige Lösung.

Vertragsschluss", § 311 Abs. 2 Nr. 1 BGB zu bejahen, weil der Auftraggeber unkorrekt insofern ausgeschrieben hat, als er durch den völlig fehlenden Mengenansatz dem Auftragnehmer (Bieter) die Möglichkeit korrekter Kalkulation genommen hat. Der Bieter darf deshalb, wenn seine angenommenen Direkten Kosten nicht passend sind, diese trotz fehlender Anwendung des § 2 Nr. 3 VOB/B unter Schadensersatzgesichtspunkten anpassen, wie schon oben unter Rdn. 585 erörtert.

§ 2 Nr. 5 und § 2 Nr. 6 VOB/B spielen bei Eventualpositionen keine besondere Rolle. Natürlich kann auch eine durch eine Eventualposition beauftragte Leistung wieder geändert werden, aber das ist nichts anderes als eine nunmehr auf das „Bausoll" der Eventualposition bezogene normale Bausoll-Bauist-Abweichung. Wohl ist noch einmal darauf hinzuweisen, dass bei Eventualpositionen nachträgliche Preisänderungen wegen erhöhter Einstandskosten genauso zulässig sind wie allgemein bei § 2 Nr. 5 und § 2 Nr. 6 VOB/B.[606] 596

Führt der Auftragnehmer eine Eventualleistung **ohne Anordnung** des Auftraggebers aus, so hat er natürlich nur dann Ansprüche, wenn die Voraussetzungen des § 2 Nr. 8 VOB/B erfüllt sind,[607] denn die Eventualposition ist nur der prophylaktische Preis, aber nicht schon die Anordnung der Eventualleistung (vgl. für Alternativpositionen Rdn. 581). 597

Scheitern allerdings in einem solchen Fall Ansprüche aus § 2 Nr. 8 Abs. 2 VOB/B, so kommen immer noch Ansprüche aus ungerechtfertigter Bereicherung in Betracht.[608]

Bauablaufstörungen, die infolge der Beauftragung mit einer Eventualposition entstehen, sind zusätzlich zur Vergütung der Eventualposition im Rahmen des § 6 Nr. 6 VOB/B zu berücksichtigen und können bei Anzeige (§ 6 Nr. 1 VOB/B) auch zeitverlängernd wirken.[609] Unabhängig davon können – wie immer – Behinderungsansprüche aus § 6 VOB/B mit der Wirkung von Fristverlängerung und/oder Schadensersatz dadurch entstehen, dass der Auftraggeber die Eventualleistung verspätet anordnet, also seine Pflicht zur rechtzeitigen Mitwirkung verletzt. Das ist aber ein ganz normaler Behinderungstatbestand. 598

7.2.10 Einbeziehung von Eventualpositionen in eine Ausgleichsberechnung gemäß § 2 Nr. 3 Abs. 3 Satz 1 VOB/B

Ergibt sich bei anderen Positionen eine nach § 2 Nr. 3 VOB/B zu beurteilende Mengenminderung, so muss, wie unter Rdn. 545–550 grundsätzlich und unter Rdn. 640 ff. in Beispielen erläutert, eine Ausgleichsberechnung durchgeführt werden. 599

Werden Eventualleistungen beauftragt und werden sie nach Eventualpositionen abgerechnet, ist zu unterscheiden:

Ist der Bieter unserer Empfehlung gefolgt, so beinhalten Eventualpositionen keinen deckungsnotwendigen Aufschlag für Baustellengemeinkosten. Da wir oben schon festgestellt haben, dass für Mehrleistungen stets Deckungsanteile für Allgemeine Geschäftskosten, Gewinn und Wagnis anzusetzen sind, gehören derartige kalkulierte Eventualpositionen in eine Ausgleichsberechnung nicht hinein (bzw. erbringen dann, wenn sie doch einbezogen werden, keine Ausgleichsbeträge).

---

[606] Siehe oben Rdn. 585.
[607] Zutreffend OLG Karlsruhe BauR 1993, 506.
[608] Dazu unten Rdn. 1184 ff.
[609] Siehe oben Rdn. 585.

Enthalten Eventualpositionen entgegen unserer Empfehlung doch Zuschläge für Baustellengemeinkosten, so sind sie in einer Ausgleichsberechnung zu berücksichtigen, denn solche Eventualleistungen sind „zusätzliche Leistungen" die zusätzliche Deckungsanteile einbringen.

8 Basis und Methodik der Neuberechnung bei Mengenänderungen gemäß § 2 Nr. 3 VOB/B

8.1 Basis: Angebotskalkulation (Bindung an den alten Preis) – Berechnungsmethodik –

600 Bei Mehrmengen wird nach dem Text der VOB/B ein neuer Preis „unter Berücksichtigung der Mehr- oder Minderkosten" ermittelt. Bei Mindermengen soll die Erhöhung des Einheitspreises „dem Mehrbetrag entsprechen", der sich durch Verteilung der Umlagen auf die verringerte Menge ergibt.

Ein „Mehr" setzt voraus, dass eine Ausgangsbasis vorhanden ist. Das ist der **ursprüngliche Preis.** Von ihm ist deshalb stets bei der Berechnung **auszugehen.** Heute ist das unumstritten.[610]

Genauer heißt das: **Die in der (Angebots-)Kalkulation angesetzten Sollkosten sind der Ausgangspunkt für die Berechnung neuer Einheitspreise** - ob übrigens die Auftragskalkulation (zu den Begriffen Rdn. 27) nicht die richtigere Ausgangsbasis ist, erörtern wir unter Rdn. 1000. Die Kalkulationselemente dürfen nicht nachträglich geändert werden. Ein kalkulierter Gewinn von 5 % bleibt als Soll bei 5 %. Eine mit 52,00 € angesetzte Maschinenstunde ändert sich nicht in ihrer Bewertung, auch wenn die zwischenzeitliche Erfahrung gelehrt hat, dass diese (Soll-)Kosten falsch kalkuliert waren (d. h., wenn die Istkosten belegbar erheblich anders als im Angebotsstadium erwartet angefallen sind). Hierbei ist es gleichgültig, ob diese „Fehlkalkulation" bewusst – beispielsweise, um billigster Bieter zu sein – oder unbewusst zustande gekommen ist.

Das „Mehr" oder „Minder" der Vergütung ergibt sich also in Fortschreibung der in der Angebotskalkulation **kalkulierten Kosten** (dazu Rdn. 624 ff.). Nur so bleibt der im Wettbewerb ermittelte Vertragspreis auch maßgebend für nachträglich nicht als richtig herausstellende Mengen des Bausolls. Würden die tatsächlich entstehenden Kosten für die modifizierte Leistung maßgebend sein, so würde der Vertragspreis als Beurteilungskriterium keine Rolle spielen.[611]

Bei **Zuschlagskalkulation** ergibt sich für **Baustellengemeinkosten** dabei eine Besonderheit: Bei ihr werden, wie in **Rdn. 18** dargelegt, die Baustellengemeinkosten nicht gesondert und detailliert für das einzelne Bauobjekt ermittelt, sondern über einen Erfahrungswert berücksichtigt, der je Periode vorab – wie bei den Allgemeinen Geschäftskosten – ermittelt und in einen festen Zuschlagssatz umgerechnet worden ist.

Somit gibt es keine projektindividuell und detailliert nachweisbaren Soll-Baustellengemeinkosten, sondern es gibt bei ihr i. d. R. nur einen Zuschlagssatz für Baustellengemeinkosten und Allgemeine Geschäftskosten, der für alle Bauobjekte vom betreffenden Unternehmen angesetzt wird. Dies hat nichts mit Falschkalkulation oder Manipulation zu tun, benötigt aber zur sachgerechten Berücksichtigung bei Mehr- und Minderrech-

---

[610] Zum Beispiel BGH Schäfer/Finnern Z 2.31 Bl. 31; Ingenstau/Korbion/Keldungs, VOB/B § 2 Rdn. 185, 186; Daub/Piel/Soergel/Steffani, VOB/B Erl. 280; Nicklisch/Weick, VOB/B § 2 Rdn. 42. Das Prinzip gilt **allgemein**, also auch bei § 2 Nr. 5, 6, 8 VOB/B und bei Kündigungsberechnungen, dazu Rdn. 538.

[611] Zur methodisch genaueren Herleitung Band 2, Rdn. 1360 ff.

nung gemäß § 2 Nr. 3 VOB/B eine ergänzende Angabe im Angebotsstadium darüber, welcher Prozentanteil für Allgemeine Geschäftskosten und welcher für Baustellengemeinkosten eingesetzt worden ist, sofern später keine gutachterliche Bewertung notwendig werden soll, wenn Nachträge anliegen. Hierzu verweisen wir auf die Nummern 2, 2.1 ff. im zugehörigen Formular (EFB-Preis 1, **Abb. 15**, S. 204).

Alle Überlegungen sowohl für Mengenmehrung wie für Mengenminderung gelten im Ergebnis unabhängig davon, ob eine Zuschlags- oder eine Umlagekalkulation durchgeführt worden ist.

8.2 Ausnahmen von der Bindung an den alten Preis

8.2.1 Notwendigkeit von Ausnahmen

Die Ermittlung von Mehr- oder Mindervergütung für Mehr- oder Mindermengen auf der Basis der fortgeschriebenen (Angebots-) Kalkulation beruht auf der **Geschäftsgrundlage**, dass sich mit dieser Fortschreibung auch für modifizierte Leistungen vertragsgerechte, also in Leistung und Gegenleistung (noch) **äquivalente** Werte ergeben. Wenn sich diese Grundüberlegung in erheblichem Maße falsch erweist, wenn also die Ermittlung der neuen Vergütung nennenswert den Grundsatz der Äquivalenz verletzt, muss der Grundsatz korrigiert werden.[612] Mit anderen Worten: Für die Ermittlung der Mehr- oder Mindervergütung muss es **Ausnahmen** von der Bindung an den alten Preis geben.

601

8.2.2 Ausnahme 1: Irrtum des Auftragnehmers

Der Auftragnehmer kann sein Angebot gemäß § 119 Abs. 1 BGB anfechten wegen Inhaltsirrtums (Auseinanderfallen von Wille und Erklärung - kein hier praktischer Fall), wegen Erklärungsirrtums (Auftragnehmer nennt irrtümlich als Preis für 1 m³ Beton infolge eines Eingabefehlers 15,- - € statt 150,- - €) oder wegen eines Irrtums über eine verkehrswesentliche Eigenschaft einer Person oder Sache (hier auch nicht praktisch). Irrt der Auftragnehmer sich dagegen „lediglich im Stadium der Willensbildung", „verkalkuliert"er sich z. B. nur – er schätzt also den Aufwand für die Herstellung der Schalung falsch ein, weil er glaubt, vorhandene Schalung einsetzen zu können, benötigt aber in Wirklichkeit teurere Mietschalung, oder er vergisst Transport- und Montagekosten einzukalkulieren – so wird dieser **Kalkulationsirrtum** (Motivirrtum) von § 119 BGB nicht erfasst. Ob und wie hier zu helfen sei, war viele Jahrzehnte streitig. Der X. Zivilsenat des Bundesgerichtshofs hat in der Grundsatzentscheidung „Kalkulationsirrtum", der **uneingeschränkt zu folgen ist**, Klarheit geschaffen.[613] § 119 BGB ist nicht unmittelbar anzuwenden. Dennoch kann eine „Anfechtung" seitens des Auftragnehmers Erfolg haben: Der Auftragnehmer (Bieter) muss „den Auftraggeber von einem Kalkulationsirrtum **und** von dessen unzumutbaren wirtschaftlichen Auswirkungen auf seinen Betrieb umfassend und für diesen nachprüfbar in Kenntnis setzen."
Der Auftragnehmer (Bieter) muss also nicht nur nachweisen, **dass** und **wann** und **wie** er sich geirrt hat, er muss auch nachweisen, dass der Kalkulationsirrtum „von einigem Gewicht" ist, sogar **einem solchem Gewicht**, dass die Erfüllung für ihn unzumutbar ist,

602

---
[612] Zu der Anwendung bei geänderten oder zusätzlichen Leistungen unten Rdn. 1030 ff.
[613] BGH „Kalkulationsirrtum" BauR 1998, 1089 = ZfBR 1998, 302, dazu Kindl, WM 1999, 2198. Zur Fortschreibung des Einheitspreises für Mehrleistungen: Augustin/Stemmer, BauR 1999, 546, 549.

weil er dadurch in „erhebliche wirtschaftliche Schwierigkeiten" gerät, wobei die Formulierung etwas zu scharf ist: Die Folgen müssen „empfindlich" sein, aber nicht unzumutbar.[614] Der Auftraggeber muss also von Anfechtungsgrund **und** wirtschaftlichen Auswirkungen positive Kenntnis haben bzw. bekommen. Gleichzustellen ist, dass der Auftraggeber sich einer solchen Kenntnis treuwidrig verschließt, also z. B. nach Erhalt der „Anfechtungserklärung" naheliegende Rückfragen unterläßt, was aber nur mit äusserster Zurückhaltung anzunehmen ist.

Massgeblicher Zeitpunkt für die Kenntnis des Auftraggebers ist laut BGH der Zeitpunkt des Vertragsschlusses, also der Annahmeerklärung des Auftraggebers. Das würde allerdings bedeuten, dass sich der Auftragnehmer in unseren Fällen - eine Neuberechnung nach § 2 Nr. 3 VOB/B kommt immer erst **nach** abgeschlossenen Vertrag in Betracht - **nie** berufen dürfte.

Das hängt unmittelbar mit der Frage zusammen, ob die "Anfechtungssituation" ausreicht, also eine „Anfechtungserklärung" für die Berichtigung eines Kalkulationsirrtums entbehrlich ist.

In den Fällen des **Erklärungsirrtums** (§ 119 BGB) ist eine Anfechtungserklärung kraft Gesetzes unentbehrlich. Der Auftragnehmer muss unverzüglich anfechten, nachdem er von dem Anfechtungsgrund Kenntnis erlangt hat. Er kann hier noch nach Vertragsschluss anfechten. Wird wirksam angefochten, ist die Erklärung des Auftragnehmers nichtig, unabhängig davon, ob das Festhalten an dem alten Preis zumutbar ist oder nicht. Das heißt natürlich nicht, dass jetzt an Stelle der nichtigen Preiserklärung automatisch der vom Auftragnehmer gewünschte, neue (kalkulatroisch richtig ermittelte) Preis Vertragsbestandteil wird. Vielmehr ist mit der Anfechtung das **ganze Angebot** – und damit der ganze Vertrag – nichtig, wenn nicht gemäß § 139 BGB beide Parteien den nicht angefochtenen Teil, also den Restvertrag, als weiter wirksam ansehen wollen. Das wird in der Regel allerdings der Fall sein.[615] Ist es der Fall, so besteht bezüglich des angefochtenen Preises eine Vertragslücke; an die Stelle des angefochtenen Teilpreises tritt ein analog ermittelter, äusserstensfalls ein „angemessener" Preis.

Wenn der **Auftragnehmer** einen unter § 119 BGB fallenden Irrtum geltend machen will, muss er also **unverzüglich anfechten.** Wird ihm der Anfechtungsgrund erst bei der Diskussion des Mehrpreises bekannt, kann und muss er sofort dann anfechten. Hat er dagegen den Anfechtungsgrund schon früher gekannt, aber nicht angefochten, muss er sich auch bei Berechnung des Mehrpreises an dem Basispreis festhalten lassen.

Für die „Anfechtung" eines **Motivirrtums (Kalkulationsirrtums)** muss die **Rechtslage** aber **anders** beurteilt werden: Dass der Auftraggeber in einem solchen Fall den Auftragnehmer nicht am als „falsch" erkannten Angebotsergebnis festhalten darf und ihn nicht zum Vertragsschluss zwingen darf, ist Ausfluss von Treu und Glauben oder des Gesichtspunktes des Verschuldens bei Vertragsschluss, § 311 Abs. 2 Nr. 1 BGB, nicht des Anfechtungsrechts aus § 119 BGB. Die notwendig werdende „Neuberechnung", hier im Zusammenhang mit § 2 Nr. 3 VOB/B, beruht auf Ungenauigkeiten in der Ausschreibung des Auftraggebers. Zwar ist der Auftragnehmer, wenn er erst nach Vertragsschluss wegen Motivirrtums „anficht", gezwungen, es für die ursprüngliche Vertragsleistung bei dem „fehlerhaften" Preis zu belassen. Es verstieße aber gegen Treu und Glauben, ihn zu zwingen, diese fehlerhafte Kalkulation für eine vom Vertrag abweichende Konstellation, hier z. B. eine erhöhte Menge, beizubehalten, weil **dieses** Risiko über das bisherige, notgedrungen zu akzeptierende Vergütungsrisiko hinausgeht. Obwohl also der Vertrag längst geschlossen ist, kann der Auftragnehmer sich in Fällen des § 2 Nr. 3 VOB/B - aber auch bei Vergütungsansprüchen aus geänderten oder zusätzlichen Leistungen - von dem alten „falschen" Preis noch **nachträglich** lösen , soweit dieser als Basis für eine Kosten- und

---

[614] BGH a.a.O. Zutreffend nur auf „empfindliche Folgen" abstellend Kindl, a.a.O., 2206.
[615] Einzelheiten Band 2, Rdn. 298.

Ausnahmen von der Bindung an den alten Preis   Rdn. 603

Vergütungsfortschreibung dienen soll. Aber er muss auch hier den Auftraggeber jetzt von dem Kalkulationsfehler **und** den unzumutbaren wirtschaftlichen Auswirkungen nachprüfbar in Kenntnis setzen.[616]
Der „neue" Preis wird bei der Mengenermittlung erst ab 110 % der Menge berechnet.[617]

8.2.3 Ausnahme 2: Änderung der Lohn- und Materialpreise

Die zweite – diesmal echte – Ausnahme von der Bindung an den alten Preis für die Berechnung der Mehrvergütung ist: Die Löhne und/oder Materialpreise haben sich gegenüber dem bei Vertragsschluss für den Vertragszeitraum ohnehin zu Berücksichtigenden **geändert**. Diese Lohn- und Materialpreiserhöhungen können bei **Mengenmehrungen und bei auftraggeberseitig bedingter zeitlicher Verschiebung der Leistungserstellung uneingeschränkt** berücksichtigt werden. Der Auftragnehmer muss zwar kraft Sonderbestimmung der VOB/B hinnehmen, dass er maximal 110 % der ausgeschriebenen Mengen ohne Preiserhöhung zu erstellen hat. Für darüber hinausgehende Mengen hat er aber das Risiko von Preisveränderungen nicht übernommen, konnte er auch nicht und braucht das auch nicht; es war Sache des Auftraggebers, durch genaue Planung und Ausschreibung zu verhindern, dass ein solcher Fall überhaupt eintritt.[618]

603

Keldungs lehnt das ab:[619] Er will die Preiserhöhung nur berücksichtigen, wenn „die Ausführung infolge der für den Auftragnehmer nicht vorhersehbar erforderlich gewordenen Mehrmengen in eine Zeit gekommen ist, in der erhebliche und in keiner Weise vorhergesehene Preissteigerungen fühlbar" aufgetreten sind. Aus den Formulierungen spricht u. E. schon ein gewisses Unbehagen: „Nicht vorhersehbare Mehrmenge", „in keiner Weise vorhergesehen", „fühlbare Preissteigerung" – das sind alles sehr dehnbare Begriffe. Mehrungen sind in der Regel nicht vorhersehbar – **woher soll denn der Auftragnehmer wissen, dass bei diesem Bauvorhaben der Auftraggeber falsche, nämlich hier zu niedrige Vordersätze im Leistungsverzeichnis aufgeführt hat** mit der Folge, dass Mehrmengen später auftreten. Dieses Kriterium hilft **nicht weiter**.
Warum sollen nur nicht vorhergesehene Preissteigerungen berücksichtigt werden? Ein Grund ist hierfür nicht ersichtlich. Jeder weiss zwar, dass i. d. R. zum 1. April eine Tariferhöhung ansteht. Warum sollte der Auftraggeber jedoch für eine Arbeit, die bis zum 31. März vorgesehen ist, einen Mehrmengenzuschlag mit erhöhten Lohnkosten für die Zeit nach dem 1. April einkalkulieren – und wie soll das gehen? Und wie sollen solche Angebote dann vergleichbar sein, wenn keinerlei Massstab für den Mehrmengenumfang vorliegt? Wie soll der Auftragnehmer, der derartig kalkuliert, dann noch eine Chance haben, den Auftrag zu bekommen? Oder aber: Weshalb soll der Auftragnehmer, der für das ausgeschriebene und beauftragte Quantum – zur Auslastung seiner Produktionsfaktoren – ein Beschaffungspreisrisiko eingeht, später noch ein zusätzliches, im Angebots- und Vertragsabschlussstadium nicht vorhersehbares und sonst auch nicht kalkuliertes weiteres Risiko wegen Mehrmengen übernehmen?
Richtig ist, dass man vom Auftragnehmer eine das Bausoll – also einschließlich der terminlichen Bauumstände – und nur das Bausoll berücksichtigende Kalkulation erwarten darf und dass diese die Grundlage der Mehrvergütungsberechnung ist. Kalkulieren kann

---

[616] BGH „Kalkulationsirrtum" BauR 1998, 1098; OLG Köln BauR 1995, 98, 99.
[617] Näher Kapellmann, in: Kapellmann/Messerschmidt, VOB/B § 2, Rdn. 163.
[618] Ebenso Reister, Nachträge, S. 274, 438; Nicklisch/Weick, VOB/B § 2 Rdn. 44; Daub/Piel/Soergel/Steffani, VOB/B Erl. 2.81; Kleine-Möller/Merl, § 10 Rdn. 417 (sofern Mehrmengen auch zeitliche Auswirkungen haben und in der verlängerten Zeit die Mehrkosten auftreten), i. E. offenbar auch Olshausen, VDI-Berichte Nr. 458 (1982), S. 49, 52.
[619] Ingenstau/Korbion/Keldungs, VOB/B § 2 Nr. 3, Rdn. 23; ebenso Heiermann/Riedl/Rusam, VOB/B § 2 Rdn. 86a.

der Auftragnehmer aber nur Vorgegebenes somit erkennbare Umstände; er braucht nicht auf gut Glück für „Unbekanntes" und nicht durch die Leistungsbeschreibung Erfasstes Zuschläge einzukalkulieren.

Es bleibt deshalb dabei, dass über Mehrmengen bei Vertragsschluss nicht eingerechnete, **nachträgliche Lohn- und Materialpreiserhöhungen bei der Berechnung des Mehrpreises berücksichtigt werden dürfen.**

Es gelten hier im Ergebnis dieselben Grundsätze wie bei der Vergütung geänderter oder zusätzlicher Leistungen (vgl Rdn. 1034 ff.).

Hierzu ein Beispiel:
Ist-Beschaffungslisten gemäß konkreten Verträgen
für die beauftragte Menge $K_v = 500{,}00 \, € / t$
Ist-Beschaffungslisten gemäß konkreten Verträgen
für die Mehrmenge $K_m = 600{,}00 \, € / t$
Somit dürfen die kalkulierten Materialkosten im Verhältnis $K_m/K_v = 1{,}2$ erhöht werden.[620]

8.2.4 Ausnahme 3: Unsorgfältige Planung

604 Der Auftragnehmer ist weiter dann nicht an den alten Preis für die Mehrmengen gebunden, wenn die Mehrmengen auf unsorgfältiger Planung des Auftraggebers beruhen, wie es häufig ist (s. oben Rdn. 565). Die mangelnde Sorgfalt ist objektiv zu verstehen. Es kommt **nicht** auf ein Verschulden des Auftraggebers oder seiner Erfüllungsgehilfen an;[621] bei deren Verschulden ist die fehlende Bindung ohnehin völlig unproblematisch, weil dem Auftragnehmer (zusätzlich) ein Anspruch aus Verschulden bei Vertragsschluss, § 311 Abs. 1 Nr. 2 BGB, zustünde. Die Ausnahme ist vielmehr auch dann zu bejahen, wenn den Auftraggeber keinerlei Verschulden trifft; sie beruht auf Überlegungen zur allgemeinen Risikoverteilung: Der Auftragnehmer muss nicht solche Risiken tragen, die einzig und allein aus dem Risikobereich des Auftraggebers stammen.[622] Aber auch schon bei der „Unterausnahme" *schuldhaft* unsorgfältiger Mengenvorgabe im Leistungsverzeichnis wird die Ausnahme fast zur Regel: Eine ganz erhebliche Anzahl in der Praxis nicht mehr auf bloße Ungenauigkeit zurückzuführender Mengenänderungen beruht auf unsorgfältiger bzw. zum Zeitpunkt der Ausschreibung (oder Vergabe) nicht abgeschlossener Planung. Wegen vom Auftraggeber verursachter oder sogar verschuldeter Fehler des Leistungsverzeichnisses und daraus resultierenden Forderungen des Auftragnehmers aus § 2 Nr. 3 VOB/B darf der **Basispreis für** die Neuberechnung daher **häufig korrigiert** werden.

8.2.5 Ausnahme 4: Ausmaß der Mehrmengen sprengt jeden äquivalenten Rahmen

605 Aus denselben Gründen, die die Ausnahme 2 (Rdn. 603) und die Ausnahme 3 (Rdn. 604) rechtfertigen, nämlich den, dass die „Mehrmengenvergütungsvorschrift" des § 2 Nr. 3 VOB/B nur solange akzeptabel ist, wie sie dem Prinzip der Äquivalenz von Leistung und Gegenleistung noch entspricht, gibt es eine 4. Ausnahme: Wenn das Ausmaß der Nach-

---

[620] Vgl. Langen/Schiffers, Bauplanung und Bauausführung, Rdn. 2233.
[621] So die ganz herrschende Lehre, Ingenstau/Korbion/Keldungs, VOB/B § 2 Nr. 3, Rdn. 23; Heiermann/Riedl/Rusam, VOB/B § 2 Nr. 3, Rdn. 23; i. E. Kleine-Möller/Merl, § 10 Rdn. 433 ff.
[622] Im Ergebnis OLG Koblenz BauR 2001, 1442, Revision vom BGH nicht angenommen. Angesichts der „objektiven" Verschuldenskriterien im Zivilrecht spielt der Unterschied kaum eine Rolle, bei § 2 Nr. 3 VOB/B erst recht nicht; er gewinnt Bedeutung, wenn sich die Investitionsbedingungen nachträglich ändern, z. B. der Mieter neue Anforderungen stellt. Das sind aber Fälle **angeordneter** Mehrleistung, die unter § 2 Nr. 6 VOB/B fallen, dazu Rdn. 805.

träge eine kalkulatorisch auch bei großer Vorsicht nicht mehr vorauszusehende Grenze übersteigt, hört die Bindung an den alten Preis auf. In Analogie zu § 645 BGB, § 13 Nr. 3 VOB/B sind damit die Vertragsanweisungen des Bestellers für die Ausführung „mangelhaft" (siehe Rdn. 712-714), das rechtfertigt für die zusätzlichen Aufwendungen „billige", neu berechnete zusätzliche Vergütung.
Gewisse Abweichungen sind zwar beim Bauen üblich und in ihren Vergütungsauswirkungen jedenfalls tolerabel. In Anlehnung an Größenordnungen aus dem Bereich der Störung der Geschäftsgrundlage, § 313 BGB, ist die Äquivalenz aber nicht mehr gewahrt, wenn die Summe der Vergütung aller Mehrmengen, ermittelt in Bindung an den alten Preis, 30 % der Vertragsvergütung übersteigt. Zu dieser Ausnahme bei geänderten oder zusätzlichen Leistungen verweisen wir deshalb auf Rdn. 1041. Bei so großen Mengenabweichungen braucht der Auftragnehmer ebenfalls nicht den kalkulierten Preis ohne Einschränkung fortzuschreiben.[623]

8.2.6 Die Berücksichtigung von Nachlässen und Skonti

Skonti – wenn vereinbart – sind ohnehin als Zahlungsmodalität zu berücksichtigen – vgl Rdn. 1042.
Summenmässige Nachlässe bleiben auf diese Summe beschränkt, sie sind also nicht zu berücksichtigen. Prozentuale Nachlässe werden nur bis zum Betrag der Auftragssumme berücksichtigt. Einzelheiten und abweichende AGB-Klauseln erörtern wir im Zusammenhang mit geänderten und zusätzlichen Leistungen unter Rdn. 1043 ff.

606

8.2.7 Der alte Preis als Grundlage bei „untergeordneten Positionen" oder bei „Sonderpreisen"

Walzel hat die Auffassung vertreten,[624] wenn eine Position nach dem Leistungsverzeichnis und den gesamten Umständen erkennbar nur eine untergeordnete Bedeutung habe oder als „Sonderpreis" kalkuliert sei, sie aber durch absolut unvorhersehbare Umstände eine umfangmäßig wesentliche Bedeutung erlangt habe, sei eine angemessene Anpassung der Basispreise zulässig.[625]
Diese Überlegungen nähern sich der unter Rdn. 569 ff. besprochenen Frage nach der Behandlung von Alternativpositionen. Alternativpositionen sind nicht untypisch für solche Positionen, denen im Augenblick der Ausschreibung eine zweitrangige Bedeutung zugemessen wird. Zunächst ist ja eher davon auszugehen, dass die Grundpositionen ausgeführt werden sollen. Aus Alternativpositionen können jedoch jederzeit Positionen von Bedeutung werden, wenn der Auftragnehmer sich dazu entschließt, statt der Grundpositionen nunmehr die in Alternativpositionen geschilderten Leistungen ausführen zu lassen. Dadurch entsteht für den Auftragnehmer und den Auftraggeber kein Nachteil, wenn in der dargelegten Systematik kalkuliert wird.
Sonstige so genannte „untergeordnete" Positionen sind bei unverändertem Bausoll nicht denkbar. Außerdem setzt sich ein Bauobjekt aus einer Vielzahl von Teilleistungen zusammen und erhält schlicht und einfach erst dann seinen kompletten Charakter, wenn alle seine zugehörigen Teilleistungen erbracht worden sind. Somit kann auch – jedenfalls gilt

607

---

[623] Im Ergebnis ähnlich mit Begründung wegen unzulässiger Rechtsausübung Kleine-Möller/Merl, § 10, Rdn. 431-433. Ebenso OLG Koblenz BauR 2001, Rdn. 1442, Revision vom BGH nicht angenommen.
[624] BauR 1980, 227, 229.
[625] Vgl. auch Diederichs, Bauwirtschaft 1985, 1180. Hierbei ist allerdings zu fragen, ob es sich nicht um eine unsorgfältige Planung handelt (vgl. Rdn. 604).

das für den Auftragnehmer – keine Teilleistung als untergeordnet angesehen werden, auch nicht im Angebotsstadium. Der Auftraggeber schreibt die Leistungen durch sein Leistungsverzeichnis aus, der Bieter hat sie mit der gebotenen Sorgfalt bei seiner Angebotsbearbeitung zu kalkulieren. Die Überlegungen von Walzel sind abzulehnen, es kann kein „Recht auf Vernachlässigung der an sich gebotenen Sorgfaltsmassstäbe mit Rücksicht auf die relative Geringfügigkeit einer Position" geben.[626]

8.2.8 Korrektur von Nachtragsvergütungen wegen Fortführung „überhöhter Positionen" der Angebotskalkulation (Spekulationspreise)?

608 Wenn eine Vertragsposition mit besonders hohem Gewinn im Einzelfall kalkuliert worden ist, kommen Auftraggeber oft auf die Idee, „gemäß Treu und Glauben" plötzlich eine Herabsetzung zu verlangen, wenn sich infolge erheblicher Mengenänderungen (§ 2 Nr. 3 VOB/B) plötzlich auch „erhebliche" zusätzliche Vergütungen ergeben. Ob einem Bieter, der einen Mengenfehler erkannt hat und für sich spekulativ ausnutzt, bei öffentlicher Ausschreibung der Zuschlag versagt werden darf, ist eine andere Frage.
Ist der Vertrag **einmal geschlossen,** so hat ein Auftraggeber keine Möglichkeit, die Fortentwicklung des Preises für die Mehrmenge aus der alten Position – und damit die Weiterführung der „alten Kalkulation" – zu verhindern, auch nicht, wenn der Preis überhöht ist. Die Grenze wäre erst erreicht bei Nichtigkeit des **ganzen** Vertrages gemäß § 138 BGB wegen Wuchers oder wegen Störung der Geschäftsgrundlage.
Umgekehrt gilt dasselbe: Hat der Auftragnehmer mit einem zu niedrigen Preis spekuliert, bleibt er daran gebunden (Ausnahme: Fn. 1263).
Wegen aller Einzelheiten dürfen wir auf die Erörterungen zum Parallelfall bei § 2 Nr. 5, 6 VOB/B unter Rdn. 1049 ff. verweisen.

8.2.9 Wie wird ein kalkulierter (Soll-)Verlust berücksichtigt?

609 Wir haben als Ausgangspunkt bereits festgestellt (Rdn. 600 ff.), dass der Auftragnehmer bei der Ermittlung des neuen Einheitspreises im Rahmen des § 2 Nr. 3 VOB/B an die Kalkulationselemente des bisherigen Preises gebunden bleibt (Irrtumsanfechtung, neue Material- und/oder Lohnkosten, unsorgfältige Planung und Überschreitung der Äquivalenz ausgenommen). Insbesondere kann der Auftragnehmer **nicht** nachbessern, d. h. hier, einen bewusst kalkulierten **Verlustabschlag** in einen Gewinnzuschlag **umändern.** Gilt das allgemein, und was bedeutet das für die konkrete Abrechnung?
Bei **Mengenminderungen** stellt sich kein Problem. Der „negative" Zuschlagssatz (Verlustabschlag) wird prozentual von der kleineren Menge berechnet: Je geringer die Menge, desto geringer also der absolute Verlustbetrag. Insoweit ist also der kalkulierte Verlust nicht das Pendant zum kalkulierten Gewinn: Der volle absolute kalkulierte Gewinnbetrag, der sich aus der Multiplikation des Zuschlagssatzes für Gewinnanteile mit dem alten Vordersatz ergibt, bleibt dem Auftragnehmer bei Mengenminderung entsprechend § 649 BGB erhalten (siehe oben Rdn. 538); der absolute Gewinnbetrag sinkt also nicht mit der Menge. Wohl aber sinkt der absolute Verlustbetrag mit der abnehmenden Menge. Schließlich soll durch die Analogie zu § 649 BGB der Auftragnehmer geschützt werden, der auf die Planung und auf die Vorgabe der LV-Mengen (= Vordersätze) keinen Einfluss hatte.

---

[626] So zutreffend Piel, BauR 1974, 226, 231.
Das Beispiel von Walzel, BauR 1980, 227, 229 (Auftragnehmer kauft Kessel zum Sonderpreis ein, keine Bindung an diesen Preis bei Auftrag des Auftraggebers über einen weiteren Kessel) läßt sich anders angemessen lösen, vgl. dazu oben Rdn. 603.

Dagegen gibt es keinen Anspruch des Auftraggebers, dass der absolute kalkulierte Gesamtbetrag des Verlustes ebenso erhalten bleiben müsste, was im Ergebnis ggf. auch die absurde Konsequenz hätte, dass der Auftragnehmer bei einer Minimalmenge dem Auftraggeber noch etwas herauszugeben hätte.[627]

Bei **Mengenmehrungen** gilt im Prinzip derselbe Ausgangspunkt: Der „negative" Zuschlag „Verlust" (Verlustabschlag) wird prozentual von der größeren Menge (ab 110 %) berechnet: Je größer also die Menge, desto höher also auch der absolute kalkulierte Verlustbetrag. 610

Diese Erwägung erfordert aber sogleich **einschneidende Einschränkungen**:
Wie oben erwähnt, ist § 2 Nr. 3 VOB/B als Anspruchsgrundlage nur auf die bei unverändertem Bausoll, also aus den vorgefundenen Verhältnissen (d. h. aus der der Vergabe zugrundeliegenden Planung) resultierende Mengenänderung anzuwenden, also nicht auf die auf Anordnungen des Auftraggebers zurückzuführende Mengenmehrung (vgl. oben insbesondere Rdn. 514). Das schränkt die Anwendung des § 2 Nr. 3 Abs. 3 VOB/B ohnehin schon erheblich ein.

Aber auch für den verbleibenden Anwendungsbereich gilt: Der Auftragnehmer darf seine Kalkulation **korrigieren,** also z. B. den Verlust eliminieren, **wenn** der Auftraggeber die Menge (den Vordersatz) **unsorgfältig** ermittelt bzw. unsorgfältig **geplant** hat; wir haben das gerade oben erst erörtert (Rdn. 604).
Nun ist jedenfalls eine **erhebliche** Mengenmehrung, die nicht auf nachträgliche Eingriffe des Auftraggebers zurückzuführen ist, ohnehin im Regelfall **nur vorstellbar,** wenn der Auftraggeber „die vorgefundenen Verhältnisse" i.d.R. den Baugrund nicht sorgfältig ordnungsgemäß ermittelt hat – dazu ist er verpflichtet, vgl. § 9 Nr. 3 Abs. 3 VOB/A – oder die LV-Mengen (= Vordersätze) extrem unsorgfältig oder gar nicht ermittelt hat.
Das heißt: Wegen dieser mangelnden Sorgfalt des Auftraggebers hat der Auftragnehmer einen Anspruch auf Abweichung von der kalkulierten Basis, **die kalkulierten Verlustabschläge können also korrigiert** werden (vgl. Rdn. 604, 1111).

Soweit die **Mengenmehrung auf Anordnungen** des Auftraggebers beruht, greift § 2 Nr. 6 VOB/B ein (vgl. oben Rdn. 514); für die Berechnung der Vergütung ist aber wieder die bei § 2 Nr. 3 Abs. 2 VOB/B anzuwendende Methodik heranzuziehen. In **diesem** Fall ist die Korrektur immer gestattet, denn durch die nachträgliche Anordnung **demonstriert** der Auftraggeber ja gerade, dass seine frühere Planung – zumindestens objektiv – unvollständig war. Dieses „Vervollständigungsrisiko" trägt aber allein der Auftraggeber, Planung ist seine Sache – dazu näher Rdn. 255–263.

8.3 Die konkrete Ermittlung der Elemente des Vertragspreises als Vorbereitung der Berechnung des neuen Preises

8.3.1 Die Ermittlung der Baustellengemeinkosten der Angebotskalkulation

8.3.1.1 Notwendigkeit der Ermittlung der Baustellengemeinkosten

Bei Änderungen von Einheitspreisen gemäß § 2 Nr. 3 VOB/B sind als Ausgangsbasis für eine solche Berechnung die Angebotskalkulation (s. oben Rdn. 538), dort aber (in der Regel) nicht die kalkulativen Ansätze der **Einzel**kosten der Teilleistung der entscheidende Faktor. Es geht bei relevanten Mengenänderungen gemäß § 2 Nr. 3 VOB/B zunächst darum, zu erreichen, dass 611

---
[627] Vgl. zur Parallele bei § 649 BGB Band 2, Rdn. 1368 ff.

- bei **Mindermengen** der **Gesamtbetrag aller Deckungsanteile** – gegebenenfalls unter Durchführung einer Ausgleichsberechnung – erhalten bleibt,
- bei **Mehrmengen** der Deckungsanteil für die kalkulierten **Baustellengemeinkosten** unverändert bleibt.

Bei der Berechnung der Vergütung für **geänderte oder zusätzliche Leistungen** im Sinne von § 2 Nr. 5, Nr. 6, Nr. 8 VOB/B geht es im Gegensatz dazu im Prinzip darum, die Einzelansätze der Direkten Kosten zu ermitteln und sie daraufhin zu überprüfen, inwieweit sie zur Feststellung der Nachtragskalkulation fortgeschrieben oder inwieweit sie überhaupt zur Bildung eines neuen Preises im Rahmen der Nachtragskalkulation herangezogen werden können (dazu näher Rdn. 1051 ff.)

Wenn im Ausnahmefall Mengenänderungen i.S. von § 2 Nr. 3 VOB/B auch **Auswirkungen auf die Direkten Kosten** haben (vgl. Rdn. 526, 543 und 557), so sind zunächst einmal die mengenbedingten Veränderungen der Direkten Kosten zu ermitteln und einer Nachtragsposition zuzuordnen. Erst danach erfolgt die Überprüfung der Deckungsanteile aus den Zuschlagssätzen; rechentechnisch spielt es dabei keine Rolle, ob sich die Mengenänderungen aus Anordnungen des Auftraggebers (§ 2 Nr. 6 VOB/B) oder anderweitig ergeben (§ 2 Nr. 3 VOB/B).

8.3.1.2 Baustellengemeinkosten nicht als Einzelposition ausgewiesen

612 In der Regel ist eine Angebotskalkulation wenigstens in Lohnkosten und Sonstige Kosten aufgegliedert, d. h., unterschiedliche Umlage- bzw. Zuschlagsprozentsätze für die verschiedenen Kostenarten lassen sich bei in sich schlüssiger Kalkulation korrekt ermitteln und sind auch im Rahmen einer Ausgleichsberechnung ohne weiteres einzusetzen (vgl. Rdn. 633 ff.).

Bei der **Zuschlagskalkulation** sind die Zuschlagssätze nicht immer nach solchen für Baustellengemeinkosten und für Allgemeine Geschäftskosten aufgegliedert; in einem solchen Fall müssen die entsprechenden Anteile (gutachterlich) geschätzt werden.

Handelt es sich um eine **Umlagekalkulation,** sind auch die Baustellengemeinkosten gesondert ausgewiesen. Das hat den Vorteil, dass eine aus erheblichen Mindermengen und/oder aus Kündigungen vieler Teilleistungen resultierende Reduzierung der Baustellengemeinkosten recht gut abgeschätzt werden kann.

8.3.1.3 Baustellengemeinkosten als eigene Position ausgewiesen

613 Bislang haben wir unausgesprochen vorausgesetzt, dass das LV keine **gesonderte Positionen** für **Baustellengemeinkosten** enthält, dass vielmehr die Baustellengemeinkosten auf die Einheitspreise umgelegt sind.

In der Ausschreibungspraxis lassen sich aber folgende Fälle unterscheiden:
1. LV ohne Position(en) für Baustellengemeinkosten,
2. LV mit einer oder mehreren Positionen für Baustelleneinrichtung, -vorhaltung und -räumung; die sonstigen Baustellengemeinkosten (z. B. für Bauleitung) sind
    a) entweder dieser (diesen) Position(en) zuzurechnen
    b) oder über alle Positionen umzulegen,
3. LV mit Positionen, denen alle Baustellengemeinkosten zuzurechnen sind.

Zu 1:
In diesem Fall sind alle Baustellengemeinkosten umzulegen (Umlagekalkulation) oder durch Zuschläge auf die Direkten Kosten der Positionen zu verteilen.

Zu 2:

Sofern nur einen Teil der Baustellengemeinkosten unmittelbar Positionen des LV zugeordnet sind, ergibt sich bei Lösung a ein dem Fall 1 entsprechender Berechnungsweg. Abweichend von Fall 1, wird jedoch nur noch der Teil der Baustellengemeinkosten durch Zuschläge erfasst bzw. umgelegt, der nicht in gesonderten Positionen ausgeschrieben ist. Sofern keine Kalkulation hinterlegt wird, ist der entsprechende anteilige Betrag nur (gutachterlich) abschätzbar. Um diesem Problem aus dem Weg zu gehen, sollten die Bieter die Lösung b wählen, d. h., sie sollten alle Baustellengemeinkosten – ganz gleich, ob sie in den entsprechenden LV-Positionen angesprochen werden oder nicht – in die Positionen für Baustelleneinrichtung usw. übernehmen. Damit sind wir bei Fall 3.

Zu 3:

In diesem Fall bleiben die Baustellengemeinkosten für die Ausgleichsberechnung vollkommen ausser acht, da sie durch die LV-Positionen erfasst werden und somit Mengenänderungen keine Auswirkung auf Unter- oder Überdeckung der kalkulierten Baustellengemeinkosten haben. Ausnahmen sind die Veränderungen der Baustellengemeinkosten selbst, z. B. bei außerordentlichen Mengenänderungen.

8.3.1.4 Unterschiedliche Umlagezuschlagssätze für Deckungsanteile in der Kalkulation

Sofern für Umlage- und/oder Zuschlagsberechnungen Prozentsätze verwendet werden, die für die **verschiedenen** Kostenarten **unterschiedlich hoch** sind, sollten im Angebot die Einheitspreise je Position so aufgegliedert sein, dass für jeden Prozentsatz jeweils auch der zugehörige Basisbetrag ausgewiesen wird. Auch das kann durch entsprechende **Regelung in der Ausschreibung** erzwungen werden.
Wir haben schon unter Rdn. 290 auf die Bedeutung der Aufgliederung der Einheitspreise hingewiesen. **Abb. 19, S. 265 beinhaltet Formular EFB-Preis 2 mit den für das Tiefbauprojekt getätigten Eintragungen. Sie werden für die Durchführung der Ausgleichsberechnung in Abb. 18, S. 260** übernommen; Spalte 9 weist dort die Einheitspreise aus, die Spalten 10 und 11 beinhalten die Einheitspreisbestandteile.

Wie in der vorigen Randnummer schon erläutert, bleibt dann, wenn nichts dokumentiert wird und wenn die Kalkulation nicht hinterlegt ist, im Streitfall später nur die Möglichkeit, gutachterlich die Aufgliederung der jeweiligen Einheitspreise zu schätzen, um anderweitige mögliche Manipulationen auszuschließen.

8.3.2 Aufgegliederte Angebotskalkulation ist hinterlegt oder wird nachträglich vorgelegt

Sofern eine ordnungsgemäße Angebotskalkulation im Zusammenhang mit dem Vertragsschluss beim Auftraggeber hinterlegt worden ist, sind die **Direkten Kosten** und die Zuschlags- bzw. Umlagesätze aus ihr zu ersehen; handelt es sich um eine Umlagekalkulation, sind die kalkulierten Baustellengemeinkosten mehr oder weniger detailliert ausgewiesen.[628]
Es gibt also keine Probleme, die Basis für die Berechnung der neuen Einheitspreise infolge von Mengenänderungen festzustellen.
Wenn eine Angebotskalkulation vom Auftragnehmer **nachträglich** vorgelegt wird, aber an ihrer Identität keine Zweifel bestehen, gilt dasselbe.[629]

---

[628] Zur Ausweisung der Baustellengemeinkosten in **einer** gesonderten Position s. unten Rdn. 617.
[629] Zur Problematik nachgereichter Angebotskalkulationen s. unten Rdn. 619 ff.

8.3.3 Angebotskalkulation liegt nicht vor

8.3.3.1 Angebotskalkulation liegt nicht vor, jedoch Aufgliederung der Angebotssumme nach Umlagebeträgen oder Prozentsätzen

616 Sofern die Kalkulation nicht hinterlegt ist bzw. nicht hinterlegt werden soll, läßt sich trotzdem ein relativ objektiver Aufschluss über die Zuschlagsätze sowie über die zugehörigen Beträge gewinnen, wenn der Auftraggeber in einem Formblatt als Bestandteil der von den Bietern auszuführenden Unterlagen eine **Aufgliederung der Angebotssumme** und die Angabe der verwendeten Prozentsätze fordert, wie es z. B. der Bund im Zuständigkeitsbereich der Finanzbauverwaltungen durch die Formblätter EFB-Preis 1 (Angaben zur Nachkalkulation) verlangt. Die Abbildung **14**, S. 196 zeigt ein solches ausgefülltes Formular für den Fall einer Kalkulation über die Endsumme (Umlagekalkulation), hier für das bislang schon häufiger als Beispiel herangezogene Tiefbauobjekt.[630]

617 Abbildung 14, S. 196 enthält mehrere wesentliche Informationsblöcke:

A) im rechten Block:
   die Ermittlung der Angebotssumme
   2. Einzelkosten der Teilleistungen mit Ermittlung der Zuschläge
   3.1. Baustellengemeinkosten
   3.2. Allgemeine Geschäftskosten
   3.3. Wagnis und Gewinn

B) im linken Block:
   1. Angaben über den Kalkulationslohn
   – Eventuelle Erläuterungen des Bieters

Die Eintragungen der Bieter können somit recht einfach daraufhin **überprüft** werden, **ob sie korrekt sind** und für spätere Ausgleichsberechnungen herangezogen werden können. Beim vorliegenden Beispiel sind folgende Kontrollen möglich (vgl. Rdn. 520):

a) **Zuschlagsätze**

aus Nr. 3.1 Baustellengemeinkosten	+ 840 989,70 €
aus Nr. 3.2 Allgemeine Geschäftskosten	+ 250 714,75 €
aus Nr. 3.3 Wagnis und Gewinn	+ 125 357,37 €
Umlage insgesamt	= 1 217 061,82 €

b) **Überprüfung** der vom Bieter angegebenen Zuschlagsprozentsätze

20 %	auf Einzelstoffkosten (Nr. 2.2) 0,20 · 882 620,31 € =	+ 176 424,06 €
132,8 %	auf Lohn (Nr. 2.1) 1,328 · 783 537,47 € =	+ 1 040 537,76 €
Zuschläge total		+ 1 217 061,82 €

Die Zuschläge sind damit in sich schlüssig dargestellt.

---

[630] Es fragt sich übrigens, warum laut den Formblättern eine solche Aufgliederung nicht Vertragsbestandteil werden soll; die öffentliche Hand will offensichtlich dem Auftragnehmer nur die Berufung auf einen „externen Kalkulationsirrtum" verwehren. Immerhin soll diese Unterlage doch als Kontrollinstrument verwendet werden; sie hat nur dann Sinn, wenn sie in sich schlüssig und verbindlich ist.

Ob sie wirklich dem entsprechen, was der Bieter betriebsintern kalkuliert hat, läßt sich so natürlich nicht prüfen. Das heißt, der Bieter kann in den Formblättern gezielt von seiner betriebsinternen Kalkulation abweichende, aber in sich schlüssige Angaben machen. Allzu grosse Diskrepanzen zwischen Formblatt und betriebsinterner Kalkulation würden allerdings bei sachverständiger Prüfung auffallen.

8.3.3.2 Angebotskalkulation liegt nicht vor, die Angebotssumme ist unaufgegliedert

Wenn weder eine Angebotskalkulation hinterlegt war, noch eine solche später nachgereicht und als identisch qualifiziert werden kann, wenn es darüber hinaus auch keine Aufgliederung der Einheitspreise gibt, läßt sich eine Aussage über die Richtigkeit nachträglicher Erläuterungen des Auftragnehmers hinsichtlich nachträglicher, „neuer" Kalkulation,[631] wenn die Vertragsparteien sich über diese Basis nicht verständigen, nicht treffen. Dann bleibt keine andere Wahl, als sie anhand von Erfahrungswerten festzustellen und unter Beachtung des gesamten Preisniveaus plausibel zu schätzen (§ 287 ZPO). Das setzt wenigstens gewisse Anhaltspunkte für eine solche Schätzung voraus, wobei die Schätzung „hoher" Zuschlagsätze zwangsläufig – wegen der „festen" Einheitspreise – zu „niedrigen" Direkten Kosten führt und umgekehrt. Je weniger Anhaltspunkte der Auftragnehmer liefert, desto eher sollte – der auf Auftragserzielung ausgerichteten Marktwirklichkeit entsprechend – geschätzt werden, dass jedenfalls kein oder nur ein sehr geringer Gewinn kalkuliert war.[632]

618

Um eine solche **missliche Situation auszuschließen,** ist es dem Auftraggeber dringend zu empfehlen, sich entweder die ganze Angebotskalkulation **vor** oder **bei** Vertragsschluss **hinterlegen zu lassen** oder aber sich mindestens ein Blatt über die „Aufgliederung der Einheitspreise" **vor** oder **bei** Vertragsschluss vorlegen zu lassen.

8.3.4 Begründungspflicht (Darlegungslast) für neue Einheitspreise
 a) Angebotskalkulation vorhanden, b) nicht vorhanden, c) vorhanden, aber Vorlage verweigert

Wer eine ihm günstige Veränderung der Einheitspreise behauptet, muss die entsprechenden Voraussetzungen darlegen und beweisen, beispielsweise also bei Mengenmehrungen mit der Folge der Herabsetzung des Einheitspreises für die Mengen über 110 % der Auftraggeber. Wenn der **Auftragnehmer** Ansprüche auf Veränderung des Einheitspreises infolge von Mengenänderungen geltend macht, so muss er also die Basis seiner Neuberechnung, also die relevanten Elemente der Angebotskalkulation, die „alte Preisermittlung", vortragen. Die Neuberechnung der Preise (bzw. die Ausgleichsberechnung) selbst muss er ebenfalls erläutern und, wenn die Basiswerte der Angebotskalkulation bekannt sind, aus diesen fortschreiben.

619

a) Wird dazu eine **hinterlegte** (ordnungsmässige) Angebotskalkulation eröffnet, stellt sich kein Problem. Legt der Auftragnehmer nachträglich die Original-Angebotskalkulation vor, muss er deren „Identität" beweisen; gelingt ihm das oder besteht darüber keine Auseinandersetzung, ist die Basis wieder unproblematisch.
Legt der Auftragnehmer keine Angebotskalkulation vor, so ist zu unterscheiden, ob er eine Angebotskalkulation nicht (mehr) hat (b) oder ob er eine Angebotskalkulation hat, aber nicht herausgibt (c).

620

---

[631] Zu nachgereichten Angebotskalkulationen s. unten Rdn. 620 f.
[632] Zur Parallele bei § 2 Nr. 5, Nr. 6 VOB/B vgl. unten Rdn. 1068 ff.

621 b) Wenn der Auftragnehmer **keine Angebotskalkulation** erstellt hat oder sie jedenfalls heute nicht mehr im Besitz hat, muss er dennoch jedenfalls erläutern, wie sich die relevanten Einheitspreise des Angebots zusammengesetzt haben. Er muss also „aus der Erinnerung heraus" vortragen, wie er **wirklich** angebotskalkulatorisch die Preise aufgebaut hat. **Diese Behauptung** muss richtig sein. Im Ergebnis müssen die Angaben wenigstens so in sich nachvollziehbar sein und wenigstens so die Grundzüge einer Kalkulation erläutern, dass sie ihrerseits Grundlage für eine Schätzung gemäß § 287 ZPO (statt einer genauen Berechnung) sein können. Wenn die Schätzungsgrundlagen schwach sind, muss die Schätzung am untersten Rand der Möglichkeit ausfallen.

Wenn der Auftragnehmer aber nicht einmal solche Schätzungsgrundlagen vorträgt, erfüllt er seine Darlegungspflicht nicht und erhält nichts.[633] Der Auftragnehmer kann die Angaben zur Kalkulation demgemäß durchaus auch durch eine **nachträglich** gefertigte **Kalkulation** vortragen; im Ergebnis muss er ja ohnehin so verfahren, wenn er ursprünglich keine Kalkulation gefertigt hatte oder sie heute nicht mehr im Besitz hat, denn wenn er überhaupt etwas zu kalkulatorischen Überlegungen vortragen muss, um seinen Anspruch durchzusetzen, bleibt ihm keine andere Wahl, als gedanklich eine Kalkulation „nachzufertigen."

Der Auftragnehmer unterliegt dabei natürlich der Gefahr, die Kosten nachträglich so zu verteilen, dass sich ein möglichst hoher Zusatzbetrag ergibt; dies muss gegebenenfalls im Wege sachverständiger Prüfung und Plausibilität kontrolliert werden.

622 Nochmals:
Der Auftragnehmer muss in der genannten Form darlegen und beweisen, **dass** er so kalkuliert hat, wie er jetzt behauptet. Dagegen muss er **nicht** darlegen oder beweisen – es ist mithin unerheblich –, dass er so **realistische** kalkulatorische Kosten angesetzt hatte; zu den Ausnahmen siehe oben Rdn. 602 ff. Im Gegenteil: Nur die **kalkulierten** Kosten sind und bleiben allein massgebend, gleichgültig, ob richtig oder falsch, hoch oder niedrig;[634] sonst gäbe es übrigens das Thema „Weiterführung einer Verlustkalkulation" auch nicht.

623 c) Hat der Auftragnehmer noch die ursprüngliche Auftragskalkulation in Händen, **verweigert er aber die Vorlage** dieser **vorhandenen** Angebotskalkulation, so ist das Beweisvereitelung. Er erhält gar nichts.[635]

8.4 Die Berechnung des neuen Preises: Beispiele

8.4.1 Methodische Empfehlung

624 Sofern eine Vielzahl von Positionen von Mengenänderungen betroffen wird, die 10 % der jeweiligen LV-Menge (Vordersatz) überschreiten, so ist der bisher dargestellte Weg zur Bestimmung neuer Einheitspreise und das bei Mehrmengen notwendige gesonderte Abrechnen mit zwei verschiedenen Positionen sehr aufwendig.

---

[633] Zutreffend OLG München BauR 1993, 726, 727.
Zur Parallele bei Ansprüchen aus geänderter oder zusätzlicher Leistung (§ 2 Nr. 5, Nr. 6, Nr. 8 VOB/B) s. unten Rdn. 1114 ff.
Zur vergleichbaren Situation bei Schadensersatzansprüchen aus § 6 Nr. 6 VOB/B s. unten Rdn. 1630.
[634] Vgl. dazu als Parallele Rdn. 1000 ff., 1051 ff.
[635] Vgl. zur Parallele bei geänderten oder zusätzlichen Leistungen gemäß § 2 Nr. 5, 6, 8 VOB/B Rdn. 1115, bei Schadensersatzansprüchen gemäß § 6 Nr. 6 VOB/B Rdn. 1630.

Die Berechnung des neuen Preises: Beispiele   Rdn. 625

Außerdem ergibt sich bei Bauobjekten, die nicht in einem Zuge abgerechnet werden, folgendes Problem: Bei Stellung der ersten Zwischenrechnungen wissen Auftragnehmer und Auftraggeber in der Regel noch nicht, ob sich bei den Positionen relevante Mengenänderungen ergeben werden. Somit wird zunächst einmal mit den vertraglich vereinbarten Einheitspreisen abgerechnet. Stellt sich dann – spätestens bei Stellung der Schlussrechnung – heraus, dass beispielsweise Mengenminderungen von mehr als 10 % der jeweiligen LV-Menge angefallen sind, so können erst jetzt die entsprechenden neuen Einheitspreise entwickelt werden, d. h., die Abrechnung der Position mit Mindermengen wird gar nicht oder zunächst nur als Akontozahlung mit dem ursprünglich vereinbarten Vertragseinheitspreis erfolgen. Die Regelung der endgültigen Schlussrechnung mit ihrer Vielzahl von geänderten Einheitspreisen – immerhin werden wohl auch noch Mengenmehrungen, d. h. gespaltene Einheitspreise für Mengen bis zu 110 % und für die darüber hinausgehenden Mengen anfallen – wird noch einige Zeit auf sich warten lassen.

Deshalb sollte der **Auftragnehmer** in der Praxis folgenden Weg wählen: 625
1. **Abrechnung aller Positionen mit ihren Vertragseinheitspreisen.**
2. **Überprüfung bei Schlussrechnungserstellung, ob** überhaupt die **Abrechnungssumme die Auftragssumme unterschreitet.** Sofern dies nicht der Fall ist, spricht der Anschein dafür, dass gar keine Nachtragsforderung aus Mengenminderungen realisiert werden kann, da ausgleichende Mengenmehrungen und/oder Nachträge vorliegen.
3. Eine aufwendige **Ausgleichsberechnung** über alle Positionen wird man in der Regel nur in Zweifelsfällen oder dann durchführen, **wenn die Gesamtabrechnungssumme unter der Auftragssumme** liegt; wir sprechen dann von einer „Gesamtausgleichsberechnung." Diese Gesamtausgleichsberechnung ist tabellarisch durchzuführen; der **Saldo** dieser Ausgleichsberechnung – also in der Regel die Unterdeckung des kalkulierten Gesamtbetrages der Umlagen und Zuschläge – ist der Betrag, der vom Auftraggeber dem **Auftragnehmer zu erstatten** ist.

Für den **Auftraggeber** gilt dagegen, dass er in der Regel nur dann, wenn die Abrechnungssumme die Auftragssumme überschreitet, von sich aus eine Gesamtausgleichsberechnung veranlassen wird, um den Betrag zu ermitteln, der ihm als **Überdeckung der kalkulierten Baustellengemeinkosten** zu erstatten ist.

Rdn. 626   Basis und Methodik der Neuberechnung bei Mengenänderungen

LV-Pos.	Kurztext	Einheit	Mengen LV 100 %	Mengen LV +/- 10 % 90 % (3) x 0,9	Mengen LV +/- 10 % 110 % (3) x 1,1	Abrechnung Menge	zu berücksichtigende Minderung falls (6)<(4) (3)-(6)	zu berücksichtigende Mehrung falls (6)>(5) (6)-(5)	EP	Minderumsatz (7)x(9)	Mehrumsatz (8)x(9)
(1)	(2)		(3)	(4)	(5)	(6)	(7)	(8)	(9)	(11)	(12)
	LB 000 Baustelleneinrichtung										
1	Baustelle einrichten	psch.	1,00	0,90	1,10	1,00					
1.1	Baustelle einrichten, vergrößerter Kran	psch.				1,00		1,00	265,11		265,11
1.2	Baustelle einrichten, verlängerte Baustraße	psch.				1,00		1,00	195,83		195,83
2	Baustelleneinrichtung vorhalten	psch.	1,00	0,90	1,10	1,00					
2.1	Vergrößerten Kran vorhalten	psch.				1,00		1,00	4.828,73		4.828,73
3	Baustelle räumen	psch.	1,00	0,90	1,10	1,00					
3.1	Baustelle räumen, vergrößerter Kran	psch.				1,00		1,00	265,11		265,11
3.2	Baustelle räumen, verlängerte Baustraße	psch.				1,00		1,00	183,41		183,41
	LB 002 Erdarbeiten										
1	Baugelände herrichten	psch.	1,00	0,90	1,10	1,00					
2	Mutterboden abtragen	m²	4.590,00	4.131,00	5.049,00	4.590,00					
3	Baugrubenaushub	m³	1.210,00	1.089,00	1.331,00	1.216,82					
4	Fundamentaushub	m³	850,00	765,00	935,00	1.009,82		74,82	42,03		3.144,68
4.2	Baugrubenaushub UG	m³				542,23		542,23	4,65		2.521,37
6	Verfüllung Fundamente	psch.	1,00	0,90	1,10	1,00					
6.1	Verfüllung Frostschürzen+ Magerbetonpolster	m³				72,00		72,00	35,35		2.545,20
6.2	Verfüllung UG	m³				338,87		338,87	11,39		3.859,73
	LB 013 Betonarbeiten										
1	Ortbeton der Bodenplatte	m³	490,00	441,00	539,00	444,77					
2	Ortbeton der Streifenfundamente	m³	165,00	148,50	181,50	181,56		0,06	135,08		8,10
2.1	Magerbetonpolster Streifenfund.	m³				10,68		10,68	130,59		1.394,70
3	Ortbeton der Kernwände	m³	295,00	265,50	324,50	279,98					
3.1	Ortbeton der Attika	m³				66,18		66,18	163,43		10.815,80
4	Ortbeton der Kerndecken	m³	136,00	122,40	149,60	151,65		2,05	149,25		305,96
5	Aufbeton der Filigranplatten	m³	655,00	589,50	720,50	675,52					
6	Ortbeton der Treppenpodeste	m³	2,40	2,16	2,64	2,46					
6.1	Ortbeton des Treppenlaufs UG	m³				1,95		1,95	172,88		337,12
7	Schalung OB-Fund. + Bodenplatte	m²	911,00	819,90	1.002,10	313,23	597,77		38,01	22.721,24	
7.1	Querfugen i.d. Bodenplatten	m				44,80		44,80	12,69		568,51
...	...		...	...	...	...	...	...	...		
									Summe:	24.844,88	218.249,78

Fall I: Σ(11) > Σ(12) Unterdeckung: => Ausgleichsanspruch des AN: (Σ(11) - Σ(12)) x ((Gesamtdeckungsanteil) : (Angebotssumme)) = (Σ(11) - Σ(12)) x f I
Fall II: Σ(11) < Σ(12) Überdeckung: => Ausgleichsanspruch des AG: (Σ(12) - Σ(11)) x ((Deckungsanteil BGK) : (Angebotssumme)) = (Σ(12) - Σ(11)) x f II

Für den konkreten Fall gilt: Σ(11) < Σ(12) = 24.844,88 EUR< 218.249,78 EUR. Es liegt Fall II vor: Ausgleichsanspruch des Auftraggebers : (Σ(12) - Σ(11)) x f II

Ausgleichsanspruch des Auftraggebers: f II = (Deckungsanteil BGK gem. Angebotskalkulation) : (Angebotssumme) = 175.491,21 EUR : 1.793.626,16 EUR = 0,097841
(Σ(12) - Σ(11)) x f II = (218.249,78 EUR - 24.844,88 EUR) x (0,097841) = 18.923,04 EUR

Der Ausgleich für die entfallenen Positionen bzw. für vom Auftraggeber übernommene Leistungen erfolgte separat.

Abbildung 16   Vereinfachte Methode der Ausgleichsberechnung bei gleichem Zuschlagssatz für alle Kostenarten

8.4.2 Beispiel einer Berechnung bei hinterlegter Angebotskalkulation

8.4.2.1 Prinzipieller Weg

626   Der positionsweise Rechengang bis zur Feststellung, ob eine zu berücksichtigende Mehrung oder Minderung vorliegt, erfolgt in **Abb. 16**, S. 254 und in **Abb. 17**, S. 257 in den Spalten 1–8.

Bei Vorliegen einer hinterlegten Angebotskalkulation ist ersichtlich:
1. die Höhe der Einzelkosten der Teilleistungen pro Position

Die Berechnung des neuen Preises: Beispiele   Rdn. 627

2. welche Zuschlagsätze verwendet worden sind

Der Regelfall ist, dass unterschiedliche Zuschlagsätze für die einzelnen Kostenarten (Kostengruppen) verwendet werden. Hierzu verweisen wir auf Rdn. 12 bzw. Rdn. 17. Dort wird für unser Projektbeispiel aufgezeigt, dass die Kostengruppen 1–3 (Lohnkosten, Schalung und Rüstung sowie Gerätekosten) fast ausschließlich zur Deckung der Schlüsselkosten beitragen, nämlich in Höhe von 59,10 % der Basiskosten, wohingegen die anderen Kostengruppen nur einen Zuschlag in Höhe von 20 % zu übernehmen haben.

Ungleich hohen Zuschlagsätze bedingen natürlich, dass bezogen auf 1,00 € Herstellungskosten der Teilleistungen auch unterschiedliche Deckungsanteile erzielt werden.

Sofern man unterschiedliche Zuschlagsätze korrekt berücksichtigt, sind bei der Ausgleichsberechnung aufwendige Rechenoperationen durchzuführen[636]. Um Zeitaufwand zu sparen, kann jedoch unter bestimmten Voraussetzungen auch eine vereinfachte Methode eingesetzt werden, die wir nachfolgend unter Rdn. 627, 628 besprechen.

8.4.2.2 Vereinfachte Methode

Durch die Multiplikation von Mindermengen bzw. Mehrungen mit den Einheitspreisen wird positionsweise belegt, ob ein zu berücksichtigender Minder- (Spalte 10) oder Mehrumsatz (Spalte 11) gegenüber dem ausgeschriebenen Positionsumsatz angefallen ist (siehe **Abb. 16**).

627

Ergibt der Saldo eine **Umsatzreduzierung** gegenüber der Auftragssumme (Fall I), so stehen die anteiligen Unterdeckungsbeträge für Baustellengemeinkosten (BGK), Allgemeine Geschäftskosten (AGK), Gewinn und Wagnis dem Auftragnehmer zu.

Liegt dagegen eine **Umsatzüberschreitung** (Fall II) vor, so ist die dem Auftraggeber zustehende Rückvergütung für überdeckte Baustellengemeinkosten (BGK) zu ermitteln.

Somit ist stets zu prüfen, welcher der beiden Fälle vorliegt.

Liegt Fall I vor (Umsatzminderung), so sind die in der Angebotskalkulation angesetzten und umgelegten Deckungsanteile für Baustellengemeinkosten, Allgemeine Geschäftskosten, Wagnis und Gewinn zu addieren und wie folgt in Relation zur Angebotssumme zu setzen, damit der Faktor f_I berechnet werden kann:

$$f_I = \frac{\text{Deckungsanteil für BGK} + \text{AGK} + \text{Gewinn} + \text{Wagnis}}{\text{Angebotssumme}}$$

Multipliziert man den Saldo der Umsatzreduzierung mit f_I, so ergibt sich der Ausgleichsanspruch des Auftragnehmers.

Liegt dagegen Fall II vor (Umsatzmehrung), so ist nur der in der Angebotskalkulation umgelegte Betrag für Baustellengemeinkosten in Relation zur Angebotssumme zu setzen, um den Faktor f_{II} zu berechnen:

$$f_{II} = \frac{\text{Deckungsanteil für BKG gemäß Angebotskalkulation}}{\text{Angebotssumme}}$$

Multipliziert man den Saldo der Umsatzmehrung mit f_{II}, so ergibt sich der Rückerstattungsbetrag, den der Auftraggeber – keine zusätzlich von ihm zu vertretenden Baustellengemeinkosten vorausgesetzt – wegen Überdeckung der umgelegten Baustellengemein-

---
[636] Vgl. Rdn. 629 ff.

kosten aus Umsatzmehrung zurückerhält. Nur der Ordnung halber: Der auftragnehmerseitige Anspruch auf Erstattung des Behinderungsschadens bleibt hiervon unberührt.

In unserem Beispiel in **Abb. 16**, S. 254 liegt Fall II vor. Die dort verwendeten Beträge für Angebotssumme und Deckungsbeiträge sind Anhang 13 Unterlage i entnommen.

628 Diese Berechnung ist jedoch nur unter der Prämisse richtig, dass die einzelnen Kostenträger (Kostenarten bzw. Kostengruppen) im Angebotsstadium **gleich** beaufschlagt worden sind. Das ist im konkreten Projektbeispiel nicht der Fall.

Sind sie unterschiedlich beaufschlagt worden und ist dies unter dem Aspekt geschehen, dass zwar alle Kostenarten mit dem gleichen Zuschlagsprozentsatz für Allgemeine Geschäftskosten sowie Gewinn und Wagnis beaufschlagt werden, dass aber die Baustellengemeinkosten praktisch nur durch Beaufschlagung derjenigen Kostenarten getragen werden, deren Kostenverursacher im wesentlichen den Baustellengemeinkostenapparat beanspruchen, muss die ausführliche Methode gewählt werden.

Wir verweisen auf die Einheitspreisermittlung in unserem Projektbeispiel, in dem unter Rdn. 17 bzw. im Anhang B Unterlage h 2, Spalte 14 und 15 mit unterschiedlichen Zuschlagssätzen für die unterschiedlichen Kostengruppen gearbeitet wird. In solchen Fällen erzielen die Positionen unterschiedlich hohe Deckungsanteile. Werden z. B. mehr Fertigteile als ausgeschrieben abgerechnet, so ergibt sich dadurch nur ein relativ kleiner zusätzlicher Deckungsanteile (vgl. die Positionen 13 bis 27, die alle nur einen Zuschlagsatz von 20 % auf die Herstellkosten tragen). Bedenkt man, dass in diesen 20 % vorab Deckungsanteile für Allgemeine Geschäftskosten, Gewinn und Wagnis enthalten sind, so bleiben nur wenige Prozente zur Deckung der Baustellengemeinkosten übrig.

In solchen Fällen trägt also eine Umsatzmehrung, und mag sie noch so gross sein, relativ wenig zur Deckung der Baustellengemeinkosten bei. Im Gegenteil, wenn dieser Umsatzmehrung eine (relativ geringe) Umsatzminderung im Ortbetonbereich gegenübersteht, kann es dazu führen, dass die Baustellengemeinkosten sogar unterdeckt sind. Deshalb ist in den Fällen unterschiedlicher Beaufschlagung der Kostengruppen die ausführliche Methode der korrekte Weg (vgl. sogleich Rdn. 629).

8.4.2.3 Ausführliche Methode

629 Wenn getrennt nach Kostenarten bzw. Kostenartengruppen unterschiedliche Zuschlagssätze in der Angebotskalkulation verwendet worden sind, so ist bei hinterlegter Angebotskalkulation die ausführliche Methode einzusetzen. Sie wird an unserem Projektbeispiel erläutert (vgl. **Abb. 17**, S. 257).

Bevor wir auf die Einzelberechnungen eingehen, ist festzuhalten, dass bei der ausführlichen Methode vom Grunde her die gleichen Fälle wie vorab (vgl. Rdn. 627) zu unterscheiden sind, diesmal jedoch nicht bezogen auf den Umsatz, sondern bezogen auf die Deckungsanteile insgesamt (vgl. **Abb. 17**, Spalte 11 und 12):

Fall I: Der Saldo der Unterdeckung ist größer als der des Ausgleichsbetrags
         (Unterdeckung).
Fall II: Der Saldo der Unterdeckung ist kleiner als der des Ausgleichsbetrags
         (Überdeckung).

Fall I ergibt ein leicht einsehbares Ergebnis: Der „Unterdeckungs-Saldo" besagt, dass dem Auftragnehmer der entsprechende Betrag vom Auftraggeber zu erstatten ist – vorausgesetzt, dass kein anderweitiger Ausgleich vorliegt.

Die Berechnung des neuen Preises: Beispiele — Rdn. 630

LV-Pos.	Kurztext	Einheit	Mengen LV 100%	90% (3)×0,9	110% (3)×1,1	Menge Abrechnung (6)	zu berücksichtigende Minderung falls (6)<(4): (3)-(6)	Mehrung falls (6)>(5): (6)-(5)	Direkte Kosten Basis I Kostengr. 1-3 (9)	Basis II Kostengr. 4-6 (10)	Deckungsanteile insg. (9)×59,10%+(10)×20,00% (11)	BGK (9)×36,45%+(10)×2,92% (12)	Unterdeckung BGK (7)×(12) (13)	Überdeckung BGK (8)×(12) (14)	Unterdeckung insgesamt (7)×(11) (15)	Überdeckung insgesamt (8)×(11) (16)
(1)	(2)		(3)	(4)	(5)	(6)	(7)	(8)	(9)	(10)	(11)	(12)	(13)	(14)	(15)	(16)
	LB 000 Baustelleneinrichtung															
1	Baustelle einrichten	psch.	1,00	0,90	1,10	1,00										
1.1	Baustelle einrichten, vergrößerter Kran	psch.				1,00		1,00	166,63	0,00	98,48	60,74		60,74		98,48
1.2	Baustelle einrichten, verlängerte Baustraße	psch.				1,00		1,00	0,00	163,19	32,64	4,77		4,77		32,64
2	Baustelleneinrichtung vorhalten	psch.	1,00	0,90	1,10	1,00										
2.1	Vergrößerter Kran vorhalten	psch.				1,00		1,00	3.035,03	0,00	1.793,70	1.106,27		1.106,27		1.793,70
3	Baustelle räumen	psch.	1,00	0,90	1,10	1,00										
3.1	Baustelle räumen, vergrößerter Kran	psch.				1,00		1,00	166,63	0,00	98,48	60,74		60,74		98,48
3.2	Baustelle räumen, verlängerte Baustraße	psch.				1,00		1,00	0,00	152,84	30,57	4,46		4,46		30,57
	LB 002 Erdarbeiten															
1	Baugelände herrichten	psch.	1,00	0,90	1,10	1,00										
2	Mutterboden abtragen	m²	4.590,00	4.131,00	5.049,00	4.590,00										
3	Baugrubenaushub	m³	1.210,00	1.089,00	1.331,00	1.216,82										
4	Fundamentaushub	m³	850,00	765,00	935,00	1.009,82		74,82	26,42	0,00	15,61	9,63		720,52		1.167,94
4.2	Baugrubenaushub UG	m³				542,23		542,23	2,92	0,00	1,73	1,06		574,76		938,06
6	Verfüllung Fundamente	psch.	1,00	0,90	1,10	1,00										
6.1	Verfüllung Frostschürzen + Magerbetonpolster	m³				72,00		72,00	22,22	0,00	13,13	8,10		583,20		945,36
6.2	Verfüllung UG	m³				338,87		338,87	7,16	0,00	4,23	2,61		884,45		1.433,42
	LB 013 Betonarbeiten															
1	Ortbeton der Bodenplatte	m³	490,00	441,00	539,00	444,77										
2	Ortbeton der Streifenfundamente	m³	165,00	148,50	181,50	181,56	0,06		20,79	85,00	29,29	10,06		0,60		1,76
2.1	Magerbetonpolster Streifenfundamente	m³				10,68		10,68	20,85	81,18	28,56	9,97		106,48		305,02
3	Ortbeton der Kernwände	m³	295,00	265,50	324,50	279,98										
3.1	Ortbeton der Attika	m³				66,18		66,18	38,61	85,00	39,82	16,56		1.095,94		2.635,29
4	Ortbeton der Kerndecken	m³	136,00	122,40	149,60	151,65		2,05	29,70	85,00	34,55	13,71		27,29		70,83
5	Aufbeton der Filigranplatten	m³	655,00	589,50	720,50	675,52										
6	Ortbeton der Treppenpodeste	m³	2,40	2,16	2,64	2,46										
6.1	Ortbeton des Treppenlaufs UG	m³				1,95		1,95	44,55	85,00	43,33	18,72		36,50		84,49
7	Schalung OB-Fund. + Bodenplatte	m²	911,00	819,90	1.002,10	313,23	597,77		23,89	0,00	14,12	8,71	5.206,58		8.440,51	
7.1	Querfugen i.d. Bodenplatten	m				44,80		44,80	7,10	1,16	4,43	2,62		117,38		198,46
...			...	...	...	...	...	...	...	...	...	...	...	...	...	...
												Summen:	-5.693,00	29.701,56	-9.229,41	60.777,24

Der Ausgleich für die entfallenen Positionen bzw. für vom Auftraggeber übernommene Leistungen

Fall I: Σ(15) > Σ(16) Unterdeckung: => Ausgleichsanspruch des AN
Fall II: Σ(15) < Σ(16) Überdeckung: => Ausgleichsanspruch des AG

Ausgleichsanspruch des AN: Σ((15) – (16))
Ausgleichsanspruch des AG: Σ((13) – (14))

Für den konkreten Fall gilt: Σ(15) < Σ(16): 9.229,41 EUR < 60.777,24 EUR. Es liegt Fall II vor.

Ausgleichsanspruch des Auftraggebers: Σ((13) – (14)): 29.701,56 EUR – 5.693,00 EUR = 24.008,56 EUR

Somit ist dem Auftraggeber ein Pauschalbetrag in Höhe von 24.010,39 EUR für überdeckte Baustellengemeinkosten zu erstatten.

Abbildung 17   Ausführliche Methode der Ausgleichsberechnung bei Verwendung unterschiedlicher Zuschlagssätze (Hochbauprojekt)

Bevor wir Fall II besprechen, ist zu beachten, was in Rdn. 559 und 562 erarbeitet worden ist, nämlich: Bei Mengenmehrungen bleiben die (Einheits-)Preisanteile für Allgemeine Geschäftskosten sowie für Gewinn und Wagnis erhalten. Anders ausgedrückt: Der Mehrumsatz der Baustelle muss seinen adäquaten Beitrag zur Abdeckung der Allgemeinen Geschäftskosten und zur Gewinnerzielung über den Zuschlag für Gewinn und Wagnis beitragen, da ja unter normalen Umständen die auf dieser Baustelle gebundenen Kapazitäten ansonsten anderweitig für Umsatz und somit auch für Abdeckung von Allgemeinen Geschäftskosten hätten sorgen können.

Zurück zum Beispiel:
Wegen der Verwendung unterschiedlicher Zuschlagssätze in der Angebotskalkulation (hier gemäß Anhang B, Unterl. i, Zeile 33 und 35: 59,10 % auf Basis I und 20 % auf Basis II) und wegen der oben unter Rdn. 629 besprochenen komplizierten Folgen der beiden Fälle I und II sind entweder die Deckungsanteile für Baustellengemeinkosten, Allgemeine Geschäftskosten und Wagnis und Gewinn pro Position getrennt zu behandeln (vgl.

unsere ersten drei Auflagen), oder es ist folgender Berechnungsweg einzuschlagen (vgl. **Abb. 17**, S. 257):

631 Zunächst wird bis Spalte 8 die Methodik von **Abb. 16**, S. 254 übernommen. In den Spalten 9 und 10 werden dann die Direkten Kosten der Basisgruppen I (Kostenarten 1 bis 3) und II (Kostenarten 4 bis 6) positionsweise aufgeführt. Multipliziert man sie mit den zugehörigen kalkulierten Zuschlagssätzen aus Anhang 3 Unterlage i, Zeilen 33 bis 35, so ergibt sich der Gesamtdeckungsanteil (Spalte 11 in Abbildung 17).
Der Gesamtüber- bzw. -unterdeckungsanteil pro Position ergibt sich aus der Multiplikation des in Spalte 11 aufgeführten Gesamtdeckungsanteils mit der zu berücksichtigenden Minderung (Spalte 7) bzw. Mehrung (Spalte 8).

632 Sofern der Gesamtbetrag der Unterdeckung (Spalte 15) größer ist als der der Überdeckung (Spalte 16), ist das Fall I; der Auftragnehmer hat dann einen Anspruch über Zahlung dieses Betrages durch den Auftraggeber an ihn.

Andernfalls liegt Fall II vor und es ergibt sich gemäß dem schon oben Dargelegten eine Überdeckung der umzulegenden Baustellengemeinkosten. Deshalb ist dann zunächst zu ermitteln, welche Deckungsanteile für umzulegende Baustellengemeinkosten jeweils in den Kalkulationszuschlägen enthalten sind.

Im konkreten Beispiel ergibt sich aus dem Schlussblatt der Angebotskalkulation (Anhang B, Unterlage i) Folgendes:
1. Vorab sind in jedem Zuschlagssatz folgende Deckungsanteile enthalten:
   a) 10 % für Allgemeine Geschäftskosten
   b) 6,6 % für Gewinn und Wagnis.
2. Der restliche Bestandteil des Zuschlagssatzes enthält, weil die Anteile für Allgemeine Geschäftskosten (AGK) und Gewinn und Wagnis nicht nur auf die Einzelkosten der Teilleistungen, sondern auch auf die Baustellengemeinkosten (BGK) beaufschlagt werden (vgl. Anhang B, Unterlage i, Zeilen 22 und 24), folgende Deckungsanteile:

$$\frac{\text{Zuschlagssatz} - 16{,}6\ \%}{116{,}6\ \%} \cdot \begin{cases} 100\ \% \text{ für BGK} \\ 10\ \% \text{ für AGK} \\ 6{,}6\ \% \text{ für Gewinn und Wagnis} \end{cases}$$

Somit ergibt sich für die im Projektbeispiel verwendeten Zuschlagssätze folgende Berechnung zur Ermittlung des Deckungsanteils für BGK:

Zuschlagssatz für Basis I (58,27 %)

$$\frac{59{,}10\ \% - 16{,}6\ \%}{116{,}6\ \%} \cdot 100\ \% = 36{,}45\ \% \text{ für BGK}$$

Zuschlagssatz für Basis II (20 %)

$$\frac{20\ \% - 16{,}6\ \%}{116{,}6\ \%} \cdot 100\ \% = 2{,}92\ \% \text{ für BGK}$$

Mit Hilfe dieser Zuschlagssätze wird nunmehr der Deckungsanteil für Baustellengemeinkosten durch Multiplikation der oben ermittelten Zuschlagssätze mit den zugehörigen

Die Berechnung des neuen Preises: Beispiele Rdn. 633

Kosten ihrer Basen (vgl. Spalte 9 und 10 in **Abb. 17**, S.257) berechnet und in Spalte 12 der **Abb. 17** eingetragen.
Bei Vorliegen von Fall II wird der Unter- bzw. Überdeckungsanteil pro Position durch Multiplikation der Werte aus Spalte 12 mit den Werten aus den Spalten 7 und 8 aus Abbildung 17 ermittelt.

Der Differenzbetrag der Gesamtsalden der Spalten 13 und 14 ist derjenige Betrag, um den die umzulegenden Baustellengemeinkosten bei Vorliegen von Fall II überdeckt werden.
Bei unveränderter Bauzeit und gleichgebliebenem „Baustellenapparat" muss der Auftragnehmer den „Überdeckungssaldo" für die Baustellengemeinkosten dem Auftraggeber „rückerstatten".

In unserem Beispiel (vgl. **Abb. 17**, S. 257) sind das insgesamt 24 008,56 €.

8.4.3 Beispiel einer Berechnung bei Aufgliederung der Einheitspreise

8.4.3.1 Bei alleinigem Anfall von Mengenänderungen (ohne entfallene Positionen)

Abb. 18, S. 260 beinhaltet die Ausgleichsberechnung für das weiter oben laufend herangezogene Tiefbauobjekt; es ist keine Angebotskalkulation hinterlegt, wohl aber sind die Einheitspreise gemäß EFB-Preis 2 aufgegliedert.

633

Die Ausgleichsberechnung der Minder- und Mehrmengen erfolgt in folgenden Schritten:
1. Überprüfung, ob zu **berücksichtigende Mehr-** (Spalte 8) **oder Mindermengen** (Spalte 7) vorliegen; sofern dies nicht der Fall ist, wird eine 0 in Spalte 7 und 8 eingetragen.
2. Angabe des **Einheitspreises** (Spalte 9) und **seiner Anteile** für Lohn (Spalte 10) und Sonstiges (Spalte 11). Im vorliegenden Fall ergeben sich die Werte aus dem vom Bieter ausgefüllten LV, reduziert um den vertraglich vereinbarten Nachlass von 1 % und sind in Formular EFB-Preis 2 dokumentiert (vgl. **Abb. 19**, S. 265, Rdn. 639).
3. Berechnung der Deckungsanteile für Baustellengemeinkosten (Spalte 12 bis 14), Allgemeine Geschäftskosten (Spalte 15 bis 17) sowie Gewinn und Wagnis (Spalte 18 bis 20) auf der Basis der Lohn- (Spalte 10) bzw. Sonstiger Anteile (Spalte 11) des Einheitspreises.
4. Berechnung der Unterdeckungen (Spalte 21, 23 und 25) durch Multiplikation der jeweiligen Mindermenge (Spalte 7) mit den zugehörigen Deckungsanteilen (Spalte 14 für Baustellengemeinkosten, Spalte 17 für Allgemeine Geschäftskosten und Spalte 20 für Gewinn und Wagnis) bzw. der Überdeckung (Spalte 22, 24 und 26) durch Multiplikation von Spalte 8 mit den Spalten 14, 17 und 20.

Die bei der Berechnung verwendeten Faktoren (Spalten 12, 13, 15, 16, 18 und 19) ergeben sich – sofern von einer stets gleichen Verteilung der Deckungsanteile ausgegangen wird (vgl. Fn. 517) – aus den Angaben von **Abb. 14**, S.196 wie folgt (vgl. Rdn. 520):

Rdn. 633   Basis und Methodik der Neuberechnung bei Mengenänderungen

Pos Nr.	Ausgeführte Leistungen Kurztext	Mengen					EP	EP bei 1% Nachlass		Deckungsanteil für Baustellengemeinkosten		
		gem. LV	gem. LV +/- 10% 90%	gem. LV +/- 10% 110%	gem. Abr.	Zu berücksichtigende Minderung (3)-(6)	Mehrung (6)-(5)		davon Lohn	Sonstiges	auf Lohn 0,3943*(10)	auf Sonstiges 0,1152*(11)	Insgesamt (12)+(13)
(1)	(2)	(3)	(4)	(5)	(6)	(7)	(8)	(9)	(10)	(11)	(12)	(13)	(14)
1.2. 5	Wurzelstöcke roden	3.000,00	2.700,00	3.300,00	2.998,00	0,00	0,00	30,00	29,70	0,00	11,71	0,00	11,71
1.2. 6	Wurzelstöcke roden	1.000,00	900,00	1.100,00	1.080,00	0,00	0,00	23,33	23,10	0,00	9,11	0,00	9,11
1.2. 7	Wurzelstöcke roden	300,00	270,00	330,00	240,00	60,00	0,00	36,66	36,30	0,00	14,31	0,00	14,31
1.2. 8	Wurzelstöcke roden	50,00	45,00	55,00	65,00	0,00	10,00	43,33	42,90	0,00	16,92	0,00	16,92
1.2. 9	Bäume fällen	100,00	90,00	110,00	737,00	0,00	627,00	39,34	38,95	0,00	15,35	0,00	15,35
1.2.10	Bäume fällen	100,00	90,00	110,00	3,00	97,00	0,00	62,66	62,04	0,00	24,46	0,00	24,46
1.2.11	Bäume fällen	30,00	27,00	33,00	0,00	30,00	0,00	86,18	85,33	0,00	33,65	0,00	33,65
1.2.12	Bäume fällen	5,00	4,50	5,50	0,00	5,00	0,00	148,14	146,67	0,00	57,83	0,00	57,83
1.2.13	Bäume fällen	5,00	4,50	5,50	0,00	5,00	0,00	202,00	200,00	0,00	78,86	0,00	78,86
1.2.14	Gebäudeabbruch	3.332,00	2.998,80	3.665,20	0,00	3.332,00	0,00	7,00	4,93	2,00	1,94	0,23	2,17
1.2.15	Anlage abbrechen	100,00	90,00	110,00	7,94	92,06	0,00	32,00	26,30	5,38	10,37	0,62	10,99
1.2.16	Branntkalk	100.000,00	90.000,00	110.000,00	29.708,55	70.291,45	0,00	0,09	0,05	0,04	0,02	0,00	0,02
1.2.17	Oberboden	8.000,00	7.200,00	8.800,00	2.394,85	5.605,15	0,00	3,06	3,03	0,00	1,19	0,00	1,19
1.2.18	Oberboden	22.000,00	19.800,00	24.200,00	4.203,49	17.796,51	0,00	3,06	3,03	0,00	1,19	0,00	1,19
2.1. 1	Bodenaushub	8.400,00	7.560,00	9.240,00	0,00	8.400,00	0,00	16,16	16,00	0,00	6,31	0,00	6,31
2.1. 2	Bodenaushub	4.200,00	3.780,00	4.620,00	0,00	4.200,00	0,00	16,16	16,00	0,00	6,31	0,00	6,31
2.1. 3	Bodenaushub	3.700,00	3.330,00	4.070,00	4.543,92	0,00	473,92	16,00	15,84	0,00	6,25	0,00	6,25
2.1. 4	Bodenaushub	800,00	720,00	880,00	1.229,99	0,00	349,99	20,00	19,80	0,00	7,81	0,00	7,81
2.1. 5	Bodenaushub	1.500,00	1.350,00	1.650,00	0,00	1.500,00	0,00	8,41	8,33	0,00	3,28	0,00	3,28
2.1. 6	Bodenaushub	3.400,00	3.060,00	3.740,00	0,00	3.400,00	0,00	8,41	8,33	0,00	3,28	0,00	3,28
2.1. 7	Bodenaushub	10,00	9,00	11,00	15.715,03	0,00	15.704,03	8,33	8,25	0,00	3,25	0,00	3,25
2.1. 8	Bodenaushub	10,00	9,00	11,00	0,00	10,00	0,00	8,41	8,33	0,00	3,28	0,00	3,28
2.1. 9	Wasserhaltend.Boden	3.000,00	2.700,00	3.300,00	9.053,17	0,00	5.753,17	1,67	1,65	0,00	0,65	0,00	0,65
N 044	Zaun aufnehmen	0,00	0,00	0,00	305,40	0,00	305,40	5,63	5,57	0,00	2,20	0,00	2,20
N 045	Gitterroste einbauen	0,00	0,00	0,00	21,14	0,00	21,14	73,66	23,12	49,81	9,12	5,74	14,85
N 046	Vorflutverrohrung	0,00	0,00	0,00	1,00	0,00	1,00	1.400,00	1.215,58	170,55	479,30	19,65	498,95

Anmerkung:
Intern erfolgt die Berechnung mit höherer Genauigkeit als dargestellt.
Die Werte sind gerundet.

Abbildung 18   Ausgleichsberechnung bei nicht hinterlegter Kalkulation für den Fall, dass die Einheitspreise in Lohn- und sonstige Anteile aufgegliedert sind und EFB-Preis 1 ausgefüllt ist

Schlüsselkosten (einschl. Gewinn)

Baustellengemeinkosten	+ 840 989,71 €	69,1 %
Allgemeine Geschäftskosten	+ 250 714,75 €	20,6 %
Wagnis und Gewinn	+ 125 357,36 €	10,3 %
insgesamt	= 1 217 061,82 €	100,0 %

Die im LV angegebenen **Einheitspreisanteile** bestehen **beim Lohnanteil** aus:

100,0 %	Einzellohnkosten (Basis I)
132,8 %	Beaufschlagung
232,8 %	Total

bei **Sonstiges** aus:

100 %	Einzelstoffkosten (Basis II)
20 %	Beaufschlagung
120 %	Total

Daraus ergeben sich je 1,00 € der in Spalte 10 bzw. 11 von **Abb. 18** angegebenen Einheitspreisanteile folgende Deckungsanteile:

Die Berechnung des neuen Preises: Beispiele   Rdn. 633

Deckungsanteil für Allg. Geschäftskosten			Deckungsanteil für Gewinn und Wagnis			Unterdeckung bzw. Ausgleich für Deckungsanteile für					
						Baustellengemeinkosten		Allg. Geschäftskosten		Gewinn und Wagnis	
auf Lohn 0,1175*(10)	auf Sonstiges 0,0343*(11)	Insgesamt (15)+(16)	auf Lohn 0,0588*(10)	auf Sonstiges 0,017*(11)	Insgesamt (18)+(19)	Unterdeckung (7)*(14)	Überdeckung (8)*(14)	Unterdeckung (7)*(17)	Überdeckung (8)*(17)	Unterdeckung (7)*(20)	Überdeckung (8)*(20)
(15)	(16)	(17)	(18)	(19)	(20)	(21)	(22)	(23)	(24)	(25)	(26)
3,49	0,00	3,49	1,75	0,00	1,75	0,00	0,00	0,00	0,00	0,00	0,00
2,71	0,00	2,71	1,36	0,00	1,36	0,00	0,00	0,00	0,00	0,00	0,00
4,27	0,00	4,27	2,13	0,00	2,13	858,79	0,00	255,92	0,00	128,07	0,00
5,04	0,00	5,04	2,52	0,00	2,52	0,00	169,15	0,00	50,41	0,00	25,23
4,58	0,00	4,58	2,29	0,00	2,29	0,00	9.629,46	0,00	2.869,54	0,00	1.435,99
7,29	0,00	7,29	3,65	0,00	3,65	2.372,85	0,00	707,10	0,00	353,85	0,00
10,03	0,00	10,03	5,02	0,00	5,02	1.009,37	0,00	300,79	0,00	150,52	0,00
17,23	0,00	17,23	8,62	0,00	8,62	289,16	0,00	86,17	0,00	43,12	0,00
23,50	0,00	23,50	11,76	0,00	11,76	394,30	0,00	117,50	0,00	58,80	0,00
0,58	0,07	0,65	0,29	0,03	0,32	7.244,76	0,00	2.158,72	0,00	1.079,18	0,00
3,09	0,18	3,27	1,55	0,09	1,64	1.011,78	0,00	301,48	0,00	150,79	0,00
0,01	0,00	0,01	0,00	0,00	0,00	1.709,70	0,00	509,40	0,00	254,46	0,00
0,36	0,00	0,36	0,18	0,00	0,18	6.696,64	0,00	1.995,57	0,00	998,64	0,00
0,36	0,00	0,36	0,18	0,00	0,18	21.262,01	0,00	6.336,00	0,00	3.170,70	0,00
1,88	0,00	1,88	0,94	0,00	0,94	52.993,92	0,00	15.792,00	0,00	7.902,72	0,00
1,88	0,00	1,88	0,94	0,00	0,94	26.496,96	0,00	7.896,00	0,00	3.951,36	0,00
1,86	0,00	1,86	0,93	0,00	0,93	0,00	2.959,95	0,00	882,05	0,00	441,41
2,33	0,00	2,33	1,16	0,00	1,16	0,00	2.732,40	0,00	814,24	0,00	407,47
0,98	0,00	0,98	0,49	0,00	0,49	4.926,78	0,00	1.468,16	0,00	734,71	0,00
0,98	0,00	0,98	0,49	0,00	0,49	11.167,36	0,00	3.327,84	0,00	1.665,33	0,00
0,97	0,00	0,97	0,49	0,00	0,49	0,00	51.084,83	0,00	15.223,10	0,00	7.618,03
0,98	0,00	0,98	0,49	0,00	0,49	32,85	0,00	9,79	0,00	4,90	0,00
0,19	0,00	0,19	0,10	0,00	0,10	0,00	3.742,98	0,00	1.115,40	0,00	558,17
0,65	0,00	0,65	0,33	0,00	0,33	0,00	670,74	0,00	199,88	0,00	100,02
2,72	1,71	4,43	1,36	0,85	2,21	0,00	314,02	0,00	93,55	0,00	46,64
142,83	5,85	148,68	71,48	2,90	74,38	0,00	498,95	0,00	148,68	0,00	74,38
					Summen:	(-) 138.467,23	71.802,48	(-) 41.262,45	21.396,85	(-) 20.647,14	10.707,33

Fall I, (Unterdeckung): Σ ((21)+(23)+(25)) > Σ ((22)+(24)+(26))
Fall II, (Überdeckung): Σ ((22)+(24)+(26)) > Σ ((21)+(23)+(25))

Es liegt Fall I vor, also Unterdeckung: Σ ((21)+(23)+(25)) - Σ ((22)+(24)+(26)) =   (-) 96.470,17

Für Baustellengemeinkosten je 1,00 € Lohnanteil (Basis I):

$$69{,}1\ \% \cdot \frac{132{,}8}{232{,}8} = 0{,}3943\ \text{€/€}$$ (Spalte 12)

Für Baustellengemeinkosten je 1,00 € Sonstiges (Basis II):

$$69{,}1\ \% \cdot \frac{20{,}00}{120{,}00} = 0{,}1152\ \text{€/€}$$ (Spalte 13)

Für Allgemeine Geschäftskosten je 1,00 € Lohnanteil (Basis I):

$$20{,}6\ \% \cdot \frac{132{,}8}{232{,}8} = 0{,}1175\ \text{€/€}$$ (Spalte 15)

Für Allgemeine Geschäftskosten je 1,00 € Sonstiges (Basis II):

$$20{,}6\ \% \cdot \frac{20{,}00}{120{,}00} = 0{,}0343\ \text{€/€}$$ (Spalte 16)

Für Gewinn und Wagnis[637] je 1,00 € Lohnanteil (Basis I):

$$10{,}3\ \% \cdot \frac{132{,}8}{232{,}8} = 0{,}0588\ \text{€/€}$$ (Spalte 18)

Für Gewinn und Wagnis je 1,00 € Sonstiges:

$$10{,}3\ \% \cdot \frac{20{,}00}{120{,}00} = 0{,}017\ \text{€/€}$$ (Spalte 19)

---

[637] Wagnis wird gemäß dem unter Rdn. 561 Gesagten wie Bruttogewinn behandelt.

634 Somit ergibt sich z. B. für Pos. 1.2.10 folgende Berechnung:

Anzusetzende Minderung	(Spalte 7)	97 St.
Lohnanteil (Basis I)	(Spalte 10)	62,04 €/St.
Anteil für Sonstiges	(Spalte 11)	–
Anteilige Deckungsanteile für Baustellengemeinkosten aus:		
Lohn (Basis I): 62,04 €/St. · 0,3943	(Spalte 12)	24,46 €/St.
Sonstiges (Basis II)	(Spalte 13)	–
Anteilige Deckungsanteile für Allgemeine Geschäftskosten aus:		
Lohn (Basis I): 62,04 €/St. · 0,1175	(Spalte 15)	7,29 €/St.
Sonstiges (Basis II)	(Spalte 16)	–
Anteilige Deckungsanteile für Gewinn und Wagnis aus:		
Lohn (Basis I): 62,04 €/St. · 0,0588	(Spalte 18)	3,65 €/St.
Sonstiges (Basis II)	(Spalte 19)	–

Hieraus ergeben sich dann **folgende Unterdeckungen:**

Für **Baustellengemeinkosten:**	(Spalte 21)	
97 St. · (24,46 + 0) €/St.		2 372,85 €
Für **Allgemeine Geschäftskosten**	(Spalte 23)	
97 St. · (7,29 + 0) €/St.		707,10 €
Für **Gewinn und Wagnis:**	(Spalte 25)	
97 St. · (3,65 + 0) €/St.		353,85 €

Nach Abschluss der vorab geschilderten Berechnungen für alle zur Ausführung gelangten Ordnungszahlen (= Positionen) werden dann die Summen für die Spalten 21 bis 26 gebildet.

635 Nunmehr muss wiederum die schon vorab besprochene Fallunterscheidung (vgl. Rdn. 633) stattfinden. **Abb. 18,** S. 260 zeigt, dass Fall I vorliegt, weil der Unterdeckungssaldo einen höheren Betrag aufweist als der entsprechende Saldo des Ausgleichs.
Somit ergibt sich insgesamt ein Erstattungsanspruch des Auftragnehmers für Deckungsanteile für Baustellengemeinkosten, Allgemeine Geschäftskosten und für Gewinn in Höhe von insgesamt 96 470,16 €.

8.4.3.2 Entfallene Positionen

636 Der Grund dafür, dass wir als Ergebnis eine Unterdeckung erhalten, ergibt sich u. a. dadurch, dass wir auch entfallene Positionen (ohne Anordnung „aufgrund vorgefundener Verhältnisse") in unsere Ausgleichsberechnung von **Abb. 18** eingeschlossen hatten.

Die Zulässigkeit dieses Verfahrens hatten wir schon in Rdn. 539 ff. besprochen; deswegen weisen wir nur als Beispiel auf die schon weiter vorn angesprochene Position 2.1.1 (Bodenaushub) hin, für die in unserer Ausgleichsberechnung die Ausführungsmenge 0 (Spalte 6) angesetzt worden ist. Das weitere Berechnungsschema entspricht dem unter Rdn. 633.

8.4.3.3 Ergebnis

Zusätzlich zur Überprüfung der Unterdeckung bzw. des Ausgleichs durch Mengenänderungen ist stets noch zu prüfen, ob sich nicht zusätzlich aus Mengenmodifikationen noch Auswirkungen auf die Baustellengemeinkosten ergeben haben. Beim vorliegenden Beispiel ist dies der Fall, denn die Mindermengen haben zu Einsparungen in Höhe von 64 533,33 € beim Baustellenapparat geführt. Wir ersparen uns hier den konkreten Nachweis der Höhe nach. 637

Im Saldo ergeben sich somit folgende Ansprüche aus Mengenänderungen:
- aus Mengenänderungen (**Abb. 18**, S. 260)   96 470,17 €   AG → AN
- aus verminderten Baustellengemeinkosten   64 533,33 €   AN → AG

Hieraus ergibt als Saldo ein zusätzlicher Vergütungsanspruch des Auftragnehmers in Höhe von 31 936,84 €.

8.4.4 Insgesamt zu berücksichtigende Positionen

In eine Ausgleichsberechnung sind einzuschließen: 638

a) Alle (Normal-)Positionen des Vertragsleistungsverzeichnisses (sofern sie nicht unter § 2 Nr. 4 oder § 8 Nr. 1 VOB/B fallen)

b) Alle ausgeführten Alternativpositionen (oben Rdn. 569 ff.); natürlich sind die zugewiesenen Grundpositionen (bzw. deren anteilige Mengen) aus der Ausgleichsberechnung auszuschließen

c) Ausgeführte Eventualpositionen nur dann, wenn sie Deckungsanteile für die Baustellengemeinkostendeckung beinhalten (oben Rdn. 580 ff.)

d) Nachtragspositionen für Bauinhaltsmodifikationen; es sind die unter Rdn. 651 f. aufgeführten Kriterien zu beachten

e) Nachträge wegen Anordnungen des Auftraggebers, die sich auf Bauumstände beziehen (s. Rdn. 646 ff.)

f) für Schadensersatzermittlungen (Behinderungsnachträge) verweisen wir auf die Rdn. 653 bis 655.

g) Stundenlohnpositionen (Nachweispositionen) ausnahmsweise dann, wenn sie nicht als Stundenlohnvertrag wie ausgeschrieben abgerechnet worden sind, sondern einverständlich als Berechnungsersatz statt einer an sich richtigeren Nachtragsberechnung gemäß § 2 Nr. 5, 6, 8 VOB/B gedient haben; dies alleine deshalb, weil ansonsten eventuell entfallende Deckungsanteile für Baustellengemeinkosten in „ausgewechselten" Positionen unter den Tisch fallen können. Die betreffenden Nachweispositionen gehen jedenfalls in die Ausgleichsberechung ein.

Auf jeden Fall entfällt durch die Einbeziehung der Nachträge bei der Ausgleichsberechnung gemäß den oben besprochenen Regeln die Unsicherheit über die Höhe des korrekten Zuschlagsatzes für Nachträge. Ganz gleich, ob die in den Nachtragskalkulationen verwendeten Zuschlagsätze „richtig oder falsch" angesetzt sind, die Ausgleichsberechnung führt zum richtigen Abschluss.

Endpunkt der Ausgleichsberechnung ist die Ermittlung einer „Pauschale", nämlich derjenigen, die einer der beiden Vertragsparteien – je nachdem, ob Fall I oder II vorliegt (vgl. Rdn. 634) – von der anderen Partei zu bezahlen ist.

Dieser Betrag ist gegebenenfalls zu korrigieren, wenn sich bei erheblich verringerten Mengen auch Einsparungen im Baustellengemeinkostenapparat ergeben.[638]

Die oben dargelegte Methodik ist unabhängig davon, ob die Angebotskalkulation als Umlage- oder als Zuschlagskalkulation durchgeführt worden ist. Wenn trotzdem Probleme bezüglich der Zuschlagsätze in der Praxis auftreten, dann deshalb, weil

a) die Zuschlagsätze aus der Angebotskalkulation nicht mehr nachvollziehbar sind bzw. dort inkonsequent verwendet worden sind. Hier hilft oft nur noch eine nachträglich plausible Neuberechnung der Zuschläge, gegebenenfalls ein Gutachter;

b) bei manchen Zuschlagskalkulationen die Zuschlagsätze nicht – wie in **Abb. 15**, S. 204 – in ihre Anteile für Baustellengemeinkosten, Allgemeine Geschäftskosten sowie Wagnis und Gewinn aufgegliedert worden sind; hier gilt Entsprechendes wie zu a;

c) nicht selten – sowohl bei Zuschlag- wie bei Umlagekalkulationen – behauptet wird, der Zuschlagsatz für Allgemeine Geschäftskosten beinhalte auch Kostenbestandteile für Kostenverursacher, die an sich den Baustellengemeinkosten zuzuordnen sind (z. B. Bauleitung). Dieses Problem tritt dann nicht auf, wenn bei Zuschlagskalkulationen eine Zuschlagsaufgliederung nach **Abb. 15** S. 204 durchgeführt oder wenn bei Umlagekalkulationen eine Aufgliederung gemäß **Abb. 14**, S. 196 vom Bieter durchgeführt wird. Somit hat es der Bieter in der Hand, seinen Kostenanfall in diesen Aufgliederungen korrekt wiederzugeben.

Sofern eine Umlagekalkulation mit hinterlegter Angebotskalkulation durchgeführt wird, liegt eine (Teil-)Korrektur auf der Hand, nämlich: Das, was augenscheinlich nicht in der kalkulatorischen Ermittlung der Baustellengemeinkosten enthalten ist (z. B. die Bauleitung), kann nach Erfahrungssätzen oder durch Gutachter geschätzt und anteilig aus dem Zuschlag für Allgemeine Geschäftskosten herausgenommen werden. Dass dies eine aufwendige und inhaltlich nicht exakt durchführbare Angelegenheit ist, liegt in der Natur der Sache.

8.4.5 Praktische Empfehlungen

639 Auftraggeber und Auftragnehmer sind, wie wir schon mehrfach betont haben, anzuhalten, schon in der **Vertragsabschlussphase** dafür zu sorgen, dass die Struktur der Bestandteile der Vertragspreise nachvollziehbar ist. Dies kann durch eine hinterlegte ordnungsgemäße Kalkulation, durch eine Angebotsaufgliederung, durch eine Aufgliederung der Angebotspreise oder durch aufgegliederte Einheitspreise (vgl. z. B. **Abb. 19**, S. 265) geschehen (vgl. Rdn. 611 ff.).

Unter Rdn. 624 haben wir darauf hingewiesen, dass es aus arbeitsökonomischen Gründen nicht ratsam ist, vor Abschluss der Mengenermittlungen des Gesamtauftrags (also vor der Schlussrechnung) schon irgendwelche Teilregelungen für einzelne (schon fertig abgerechnete) Positionen zu treffen.

---

[638] Vgl. Rdn. 637 im Zusammenhang mit Rdn. 543.

Die Berechnung des neuen Preises: Beispiele   Rdn. 639

AUFGLIEDERUNG WICHTIGER EINHEITSPREISE				EFB – Preis 2				312
\multicolumn{9}{l}{Das Formblatt ist ausgefüllt mit dem Angebot abzugeben. Die Nichtabgabe kann dazu führen, dass das Angebot nicht berücksichtigt wird.}								
Bieter				Vergabenummer			Datum	
Baumaßnahme								
Angebot für								
OZ des LV [1]	Kurzbezeichnung d. Teilleistung [1]	Mengeneinheit	Zeitansatz Stunden [2]	Teilkosten einschl. Zuschläge in EUR (ohne Umsatzsteuer) je Mengeneinheit				Angebotener Einheitspreis (Sp.5+6+7+8)
				Löhne	Stoffe	Geräte [3] / Sonstige Kosten	Nachunternehmer	
1	2	3	4	5	6	7	8	9
1.2.8	Wurzelstöcke roden			43,33				43,33
1.2.9	Bäume fällen			39,34				39,34
1.2.10	Bäume fällen			62,66				62,66
1.2.11	Bäume fällen			86,18				86,18
1.2.12	Bäume fällen			148,14				148,14
1.2.13	Bäume fällen			202,00				202,00
1.2.14	Gebäudeabbruch			4,98	2,02			7,00
1.2.15	Anlage abbrechen			26,57	5,43			32,00

[1] Wird vom AG vorgegeben
[2] Nur für Teilleistungen, die der Auftragnehmer selbst erbringt
[3] Für Gerätekosten einschl. der Betriebsstoffkosten, soweit diese den Einzelkosten der angegebenen Ordnungszahlen zugerechnet worden sind.

Ausgabe 2002 – Stand 01.10.2004

Abbildung 19   Aufgliederung der Einheitspreise im Angebot gemäß EFB-Preis 2

Als Ausnahmefall hierzu haben wir unter Rdn. 539 ff. den Wegfall ganzer Positionen ohne Anordnung „wegen vorgefundener Verhältnisse" besprochen; hier sollte, sofern sich der jeweilige Fall überschauen läßt, sofort eine Prüfung anschließen, ob nicht trotz des Nichtausführens der Position für sie oder für andere Positionen dennoch durch den schon disponierten oder eingetretenen Produktionsfaktoreneinsatz Kosten anfallen bzw. angefallen sind und in einem Nachtrag zu erfassen sind.

Der Ordnung halber: Entfallene Positionen aus verändertem Bausoll, also wegen Selbstübernahme des Auftraggebers (§ 2 Nr. 4 VOB/B) oder wegen freier Kündigung oder Teilkündigung des Auftraggebers (§ 8 Nr. 1 VOB/B) werden **nicht** in eine Ausgleichsberechnung einbezogen.

Sofern die Mengenermittlung des Gesamtauftrages abgeschlossen ist, kann die Ausgleichsberechnung durchgeführt werden.

Aus der **Sicht des Auftragnehmers** ist sie (vgl. Rdn. 628) – ganz allgemein gesprochen – wenig erfolgversprechend, wenn die Abrechnungssumme grösser ist als die Auftragssumme. Zwar kann bei unterschiedlich hohen Zuschlagssätzen durch eine Mengenverschiebung zu Positionen mit geringen Deckungsbeiträgen (also z. B. hohem Anfall von Positionen mit Stoff-, Nachunternehmer- und sonstigen Kosten) auch bei einer Überschreitung der Auftragssumme eine Unterdeckung des Gesamtdeckungsbeitrages auftreten. Der Regelfall wird das aber nicht sein.

Ein **Auftragnehmer**, der eine Schlussrechnung erstellt hat, die einen höheren Betrag ausweist als die Auftragssumme, wird sich wohl kaum die Mühe einer Ausgleichsberechnung machen, es sei denn, es lägen die Phänomene von Rdn. 628 vor.

Sofern die Abrechnungssumme die Auftragssumme überschreitet, wird sich zumeist der **Auftraggeber** um eine Ausgleichsberechnung bemühen.

8.5 Einzelfragen zu in die Ausgleichsberechnung einzubeziehende Posten

8.5.1 Generelles

640 Unter Rdn. 545-553, 637 haben wir Grundsatzfragen zur Ausgleichsberechnung besprochen. Nachfolgend erörtern wir Beispiele aus unserem Projektanhang, und zwar – aus Gründen des besseren Informationsüberblickes – schon an dieser Stelle auch einschließlich solcher Nachträge, die wir erst bei der weiteren Abhandlung der §§ 2 und 6 VOB/B behandeln.

8.5.2 Positionen des Vertrags-Leistungsverzeichnisses

8.5.2.1 Entfallene Positionen

641 Wir hatten unter Rdn. 636 bei der Behandlung der Ausgleichsberechnung für unser Tiefbauprojekt „entfallene Positionen wegen vorgefundener Verhältnisse" behandelt. Es gibt jedoch auch entfallene Positionen aus Selbstübernahme des Auftraggebers (§ 2 Nr. 4 VOB/B) und wegen freier Teilkündigung (§ 8 Nr. 1 VOB/B); sie gehören nicht in die Gesamtausgleichsbetrachtung. Auf sie gehen wir unter Rdn. 1190 ff. noch gesondert ein.

Ordnet also der Auftraggeber im Rahmen unseres Projektbeispiels an, dass keine Fertigteilstützwand (vgl. Pos. 15) ausgeführt werden soll, dann ist das ein Fall von § 8 Nr. 1 VOB/B – vgl. Rdn. 1109 ff. Hierfür ergibt sich eine gesonderte Vergütungsregelung; die entfallene Position 15 gehört nicht in eine Gesamtausgleichsbetrachtung.

Entsprechendes gilt für die Anordnung des Auftraggebers an den Auftragnehmer, die Fertigteilköcherfundamente nicht mehr anzuliefern (vgl. Pos. 13 und 14), sondern nur noch bauseits gelieferte Köcherfundamente einzubauen – ein Fall von § 2 Nr. 4 VOB/B.

Wir fassen zusammen: In unserem Projektbeispiel gibt es keine einzige „Null-Position" aus „vorgefundenen Verhältnissen."

8.5.2.2 Alternativpositionen

Im Leistungsverzeichnis gab es für den Leistungsbereich 013 (Beton- und Stahlbetonarbeiten) zwei Alternativpositionen, nämlich die Positionen 5.1 und 5.2. Der Auftraggeber hat jedoch bei der Vergabe sein Wahlrecht (vgl. Rdn. 571) nicht wahrgenommen, d. h., die Alternativpositionen sind nicht beauftragt worden und sind somit für die Ausgleichsberechnung bedeutungslos. 642

8.5.2.3 Eventualpositionen

Die Eventualposition 4.1 des Leistungsbereichs 002 (Erdbauarbeiten) kam nicht zur Ausführung; sie gehört somit auch nicht in die Ausgleichsberechnung.
Die Eventualpositionen 5 und 7 des Leistungsbereichs 002 und Pos. 1.1 des Leistungsbereiches 013 kamen dagegen zur Ausführung. Da sie Deckungsanteile beinhalten (vgl. Anhang B, Unterl. h 2, Spalten 14 und 15), gehören sie auch in die Ausgleichsberechnung (vgl. Rdn. 599). 643

8.5.3 Nachtragspositionen

8.5.3.1 Grundsätzliches

Unter Rdn. 547–553 haben wir schon die Grundsatzfragen angesprochen; wir werden diese Grundsatzprobleme näher aufgreifen unter Rdn. 1000 ff. Da jedoch hier schon die **Rechenmethodik** der Ausgleichsberechnung behandelt wird, übernehmen wir die noch im Einzelnen zu besprechenden Beispiele zu § 2 Nr. 5 und Nr. 6 VOB/B (vgl. Anhänge D 2, E und G) für eine Ausgleichüberlegung. 644

8.5.3.2 Anordnungen zu Bauinhaltsmodifikationen

Alle Positionen des Nachtrags E aus Anhang E betreffen nur Bauinhaltsmodifikationen. Die in der Nachtragskalkulation (Anhang E, Unterlage r) ausgewiesenen Direkten Kosten werden für die Nachtragsstellung mit den Zuschlagsätzen der Angebotskalkulation beaufschlagt. Hieraus ergeben sich die bei der Ausgleichsberechnung zu berücksichtigenden Deckungsanteile.[639] 645

8.5.3.3 Anordnungen, die auch zu Bauumstandsmodifikationen führen

Die in Anhang G behandelten Positionen 9.1 bis 9.3 des Nachtrags G ergeben sich aus einer angeordneten Änderung der Kerndecken des Bauwerkes A; sie führt jedoch zusätzlich zu modifizierten Ausführungsumständen. Die zugehörige Nachtragskalkulation (vgl. Abb. 34 b S. 536) berücksichtigt die aus den modifizierten Ausführungsumständen resultierenden Kosten. Es gibt keine Unterschiede zwischen der Bewertung von reinen Bauinhaltsmodifikationen und solchen Bauinhaltsmodifikationen, die auch zu Bauumstandsmodifikationen führen. 646

---

[639] A.A., aber falsch Usselmann, BauR 2004, 1217; siehe auch Fn. 549. Wie hier Rohrmüller, IBR 2005, 303.

647 Entsprechendes gilt auch für den Fall, dass der Auftraggeber **nur** Umstandsmodifikationen angeordnet hat, vergütungsmäßig zu erfassen unter § 2 Nr. 5 zweiter Teilsatz VOB/B. Sofern auf die Direkten Kosten einer solchen Nachtragsposition aus angeordneten Bauumstandsmodifikationen die Zuschlagsätze der Angebotskalkulation beaufschlagt werden, ist eine solche Position unbedingt in die Ausgleichsberechnung einzuschließen.

648 Dagegen sollte die finanzielle Regelung der Veränderungen bei den umgelegten Elementen der Baustellengemeinkosten nicht noch mit Deckungsanteilen für Baustellengemeinkosten beaufschlagt werden und ausserhalb der Ausgleichsberechnung bleiben.

649 Wird ein Behinderungsnachtrag für zusätzliche Baustellengemeinkosten trotzdem in die Ausgleichsberechnung eingeschlossen, so ist das Ergebnis neutral („durchlaufender Posten"), sofern er keinen Deckungsbeitrag für Baustellengemeinkosten beinhaltet.

650 Jeder andere Zuschlagssatz als der in der Angebotskalkulation für Allgemeine Geschäftskosten sowie Gewinn und Wagnis ausgewiesene führt nämlich zu Über- bzw. Unterdeckungsarbeiten aus dem betreffenden Nachtrag und erfordert folglich, dass entsprechende Nachtragspositionen in die Ausgleichsberechnung einzubeziehen sind.

651 Entsprechendes gilt für den Fall, dass die aus Bauinhaltsmodifikationen resultierenden Bauumstandsänderungen in einer gesonderten Position erfasst werden; auch hier sind nur Zuschläge für Allgemeine Geschäftskosten und Wagnis und Gewinn aus der Angebotskalkulation „deckungsanteilneutral."

652 Wird jedoch ein anderer Zuschlagssatz, insbesondere ein Deckungsanteil für Baustellengemeinkosten, verwendet, muss die betreffende Position gemäß den Regeln von Rdn. 649 und 650 in die Ausgleichsberechnung einbezogen werden.

8.5.4 Behinderungen

653 Behinderungen, die der Auftraggeber zu vertreten hat, führen zu Schadensersatzansprüchen des Auftragnehmers. Der Schadensersatz ist im Prinzip, losgelöst von Angebotskalkulationen, so zu ermitteln, dass der Geschädigte so gestellt wird, als wenn keine Behinderung angefallen wäre. Somit ist es in solchen Fällen auch nicht erforderlich, dass zusätzlich ein Deckungsanteil für Baustellengemeinkosten in der jeweiligen Schadensersatzberechnung berücksichtigt wird; dies werden wir unter Rdn. 1423 noch eingehend besprechen. Sofern wie bei der vorab besprochenen angeordneten Bauumstandsänderung nur die in der Angebotskalkulation verwendeten Zuschlagsätze für Allgemeine Geschäftskosten und gegebenenfalls noch für Wagnis[640] verwendet werden, braucht die Schadensersatzregelung nicht in die Ausgleichsberechnung einbezogen zu werden (vgl. Nachtrag F aus Anhang F, der nicht in die Ausgleichsberechnungen von **Abb. 16**, S. 254 bzw. **Abb. 17**, S. 257 einbezogen worden ist).

654 Die Einbeziehung von Schadensersatzansprüchen (Behinderungsnachträgen) in die Ausgleichsberechnung ist dann ergebnisneutral, wenn folgende Bedingungen eingehalten werden:

a) Schadensersatzregelung **vor** Abschluss der Behinderungsauswirkungen im Wege der Vereinbarung

---

[640] Ob ein Wagniszuschlag berechtigt ist, besprechen wir unter Rdn. 1436; Gewinn bleibt nach herrschender Meinung in der Regel ausgeschlossen, nach unserer nicht, vgl. Rdn. 1491.

Hier darf unabhängig davon, wie man "Wagnis" qualifiziert (s. oben Rdn. 537), jedenfalls ein Zuschlag für Wagnis angesetzt werden, da eine solche Vorabregelung „unter Risiko" getroffen wird. Sofern zusätzlich entgangener Gewinn angesetzt werden darf – dazu Rdn. 1437 –, sind die vorab unter Rdn. 649 und 650 besprochenen Regelungen für die Eintragung in die Spalten (11) bis (13) zu befolgen.

Sofern jedoch aus Gründen, die wir nicht nachvollziehen können, kein entgangener Gewinn angesetzt werden darf, würde die Einbeziehung in die Ausgleichsberechnung dazu führen, dass „nachträglich" doch noch entgangener Gewinn dem Auftragnehmer bezahlt würde. Wir haben in unserem Nachtrag F (Anhang F) nur die angebotskalkulierten Zuschlagssätze für Allgemeine Geschäftskosten sowie Gewinn und Wagnis angesetzt und lassen ihn, da er „deckungsanteilneutral" ist, aus der Gesamtausgleichsberechnung in **Abb. 17**, S. 257 heraus.

Der Behinderungsnachtrag enthält in den Positionen 4.2.1 und 4.2.3 Eventualpositionen, die, sofern sie zur Abrechnung gelangen, in die Gesamtausgleichsberechnung einbezogen werden müssen, da die im Nachtrag angesprochenen Positionen des Vertrags-LV in der Angebotskalkulation mit dem vollen Zuschlagsatz – auch für Baustellengemeinkosten – beaufschlagt worden sind.

b) Schadensersatzregelung nach Abschluss aller Behinderungen

In diesem Fall darf unter Risikogesichtspunkten kein Wagnis beim Nachtrag angesetzt werden, da ja der volle nachgewiesene Schaden ersetzt wird und für den Auftragnehmer bei ordnungsgemäßer Dokumentation kein Risiko anfällt. Nur am Rande: Sofern ein Zuschlag für Gewinn angesetzt werden darf (vgl. Rdn. 1431), darf im Rahmen des Zuschlags für Wagnis und Gewinn (vgl. Rdn. 1436) auch der zugehörige kalkulierte Wagniszuschlag angesetzt werden.

Das macht sich jedoch – sofern wie beim vorangegangenen Fall a die Regeln von Rdn. 649 und 650 eingehalten werden – nicht bemerkbar, da so oder so ein Gewinnzuschlag auf die Direkten Kosten angesetzt werden darf und deshalb auch – wie noch zu besprechen ist (vgl. Rdn. 1436) – ein Gesamtzuschlag für Gewinn und Wagnis.

Die Schadensersatzermittlung muss jedoch dann in die Ausgleichsberechnung einbezogen werden, wenn ein **anderer Zuschlagsatz** als der in der **Angebotskalkulation** für Allgemeine Geschäftskosten sowie Wagnis und Gewinn angesetzte verwendet wird. Auch hierfür gelten die unter Rdn. 649 und 650 aufgeführten Regeln, also:
– Ansetzen des Zuschlages für Allgemeine Geschäftskosten (hier: 10 %)
– Ansetzen des Zuschlagsatzes für Wagnis und Gewinn (hier: 6,6 %)
Genau so haben wir den Nachtrag F (Anhang F) angesetzt, d. h., er kann ausserhalb der Gesamtausgleichsberechnung bleiben.

655

9 Prüfpflichten des Auftragnehmers bei Mengenänderungen

9.1 Prüfpflichten im Angebotsstadium

Im Rahmen der Angebotsprüfung ist der Auftragnehmer verpflichtet, die Angebotsunterlagen auf Richtigkeit, Widerspruchs- und Lückenfreiheit zu prüfen. Massstab ist dabei der sorgfältige Durchschnittsbieter. Wir haben das im Zusammenhang mit den Ansprüchen aus fehlerhafter Ausschreibung im Einzelnen erörtert (vgl. oben Rdn. 210 ff.).

656

Dass keine Prüfpflicht für Mengen besteht, haben wir schon unter Rdn. 226 besprochen; wir hatten auch darauf hingewiesen, dass bei krassen Auffälligkeiten eine Ausnahme gelten kann.

9.2 Hinweispflicht vor Ausführung?

657 Bei Mengenüberschreitungen gemäß § 2 Nr. 3 VOB/B sieht die VOB/B keine Soll- oder Mussvorschrift entsprechend § 2 Nr. 5 oder § 2 Nr. 6 VOB/B dahin vor, dass auf entstehende Mehrkosten – wie aus erheblicher Mengenmehrung – vor der Ausführung der Arbeit vom Auftragnehmer hingewiesen werden müsse.
Im Normalfall besteht eine solche Pflicht auch nicht.[641] Lediglich in Extremfällen kann der Auftragnehmer aus einer vertraglichen Nebenpflicht heraus gehalten sein, auf besondere Mehrkosten hinzuweisen, etwa, um dem Auftraggeber noch Gelegenheit zu einer Umplanung zu geben. Wir wiederholen aber, dass das schon ungewöhnliche Sonderfälle sein müssen. Die Einführung einer solchen Hinweispflicht durch Allgemeine Geschäfsbedingungen des Auftraggebers behandeln wir unter Rdn. 666.

10 Der „Antrag" als Voraussetzung für den neuen Preis

658 Der neue Preis bei Überschreitung des Mengenansatzes ist **auf Verlangen** zu vereinbaren (§ 2 Nr. 3 Abs. 2 VOB/B); bei Unterschreitung des Mengenansatzes ist **auf Verlangen** der Einheitspreis zu erhöhen (§ 2 Nr. 3 Abs. 3 VOB/B).
Dieses Verlangen können sowohl der Auftraggeber wie der Auftragnehmer stellen.[642] Der Preis wird also nicht „automatisch" angepasst. Dieses Verlangen kann auch noch nach Vorlage der Schlussrechnung und sogar nach Leistung einer Schlusszahlung und Ablauf der Frist nach § 16 Nr. 3 VOB/B gestellt werden;[643] ohnehin ist die Regelung des § 16 Nr. 3 VOB/B wegen Verstoßes gegen AGB-Recht unwirksam.[644]
Das Verlangen bewirkt, dass ein Anspruch auf Abschluss einer ergänzenden Preisvereinbarung besteht, was ein sehr holpriger Weg ist. Deshalb lassen es Rechtsprechung und Praxis einhellig zu, direkt auf Zahlung zu klagen.[645]

11 Die Behandlung abhängiger Pauschalen

659 Gemäß § 2 Nr. 3 Abs. 4 VOB/B gilt: Dann, wenn von der unter einem Einheitspreis erfassten Leistung oder Teilleistung andere Leistungen abhängig sind, für die eine Pauschalsumme vereinbart ist, kann mit der Änderung des Einheitspreises auch eine angemessene Änderung der Pauschalsumme gefordert werden.

---

[641] OLG Jena, IBR 2005, 301, Nichtzulassungsbeschwerde vom BGH zurückgewiesen; vgl. auch OLG Stuttgart, IBR 2002, 3, Revision vom BGH nicht angenommen.
[642] BGH Schäfer/Finnern Z 2.311 Bl. 31 ff. = Betrieb 1969, 1058.
[643] NZBau 2005, 455 = BauR 2005, 1152.
[644] Nach heutigem Verständnis ist die VOB/B uneingeschränkt der AGB-Kontrolle unterworfen (s. oben Rdn. 103); zu § 16 Nr. 3 VOB/B BGH BauR 1995, 234.
[645] BGH NZBau 2005, 455 = BauR 2005, 1152; eingehend Kapellmann, in: Kapellmann/Messerschmidt, VOB/B § 2, Rdn. 150.
Der neue Preis wird „deterministisch" errechnet, nicht etwa nach Billigkeit gemäß § 315 BGB festgestellt.

Diese Regelung betrifft den Fall, dass der Vertrag teils Einheitspreise, teils (abhängige) Pauschalen enthält. Diese Pauschalen müssen von den Leistungen, für die Einheitspreise vereinbart sind, sachlich abhängen.

Praktisch kommt dieser Fall kaum vor, da Mengenänderungen gemäß § 2 Nr. 3 VOB/B ein gleichbleibendes Bausoll, also auch eine gleichbleibende Planung voraussetzen. In einem solchen Fall ändert sich aber der Inhalt einer (Teil-)Pauschale i.d.R. nicht; es macht ja gerade den Unterschied zwischen Pauschal- und Einheitspreisvertrag aus, dass der Pauschalvertrag nicht auf vor oder nach Auftragserteilung festgelegte Mengen, sondern auf vertragliche Mengenermittlungsvorgaben abhebt (vgl. Band 2, Rdn. 41–53).

Somit wirken sich Mengenänderungen bei Positionen eines Einheitspreisvertrages bei unveränderter Planung i.d.R. nicht auf eine Pauschale aus. Beispiel: Die Vordersätze für das in einer EP-Position ausgeschriebene Mauerwerk sind falsch, das zugehörige Gewerk Putz ist pauschaliert worden. Sofern die Planung des Mauerwerks unverändert bleibt, ändert sich ohne Anordnung des Auftraggebers auch nicht die Menge des Putzes, wenn sich später bei der Abrechnung eine erheblich grössere oder niedrigere Abnahmemenge für das Mauerwerk herausstellt.

In der Praxis gibt es letztlich nur einen einzigen Bereich, in dem trotz gleichbleibendem Bausoll, also unveränderter Planung, Mengenänderungen auftreten können, die auch Auswirkungen auf abhängige Pauschalen haben, nämlich Erdarbeiten und mit ihnen verwandte Leistungen. Ist beispielsweise bei unveränderter Planung ein bestimmter Vordersatz für den Bodenaushub ausgeschrieben und ist die Verfüllung des Arbeitsraumes pauschal ausgeschrieben worden,[646] so kann bei unveränderter Bauwerksplanung – auch bei vorab korrekten Vordersätzen – eine Vergrösserung des Aushubes dann auftreten, wenn sich bei den Erdarbeiten herausstellt, dass aufgrund schlechter Tragfähigkeit des Bodens in gewissen Bereichen tiefer ausgehoben werden muss, als aufgrund des Bodengutachtens zu erwarten war. In einem solchen Falle ändert sich natürlich auch der Umfang der Verfüllarbeiten, d. h., es liegt eine abhängige Pauschale vor.

12 Beweislast

Den Begriff „Beweislast" haben wir schon früher (oben Rdn. 277) erörtert. Wer für sich günstige Tatsachen behauptet, muss sie beweisen.

660

Verlangt also der Auftrag**nehmer** aus § 2 Nr. 3 VOB/B mehr an Vergütung, so muss er beweisen:

Die Über- bzw. Unterschreitung der Vertragsmenge der betreffenden Position um mehr als 10 %, die daraus folgende Kostenausweitung in allen Einzelheiten, d. h. unter Vorlage der Kalkulation, jedenfalls aber Aufgliederung der Angebotssumme; für eine vollständige Darlegung ist die Vorlage der genauen Kalkulation **unverzichtbar**. Entsprechendes gilt für den Auftraggeber im Falle der Mengenmehrung.

Hier erweist sich die **Bedeutung guter Dokumentation** (vgl. einleitend Rdn. 6). Darlegungsmängel gehen zu Lasten des Beweispflichtigen. Sie schließen allerdings den Anspruch nicht völlig aus, erlauben aber nur eine insoweit sachverständige Prüfung und eine darauf beruhende Schätzung gemäß § 287 Abs. 2 ZPO, die sich allerdings (wenn für die Schätzung und Sachverständigenprüfung nicht „greifbare Anhaltspunkte" zur Verfügung stehen) an der untersten Grenze möglicher Grössenordnung bewegen muss, gewis-

---

[646] Vgl. Projektbeispiel, Anhang A, Unterlage 1, Leistungsbereich 002, Pos. 03 bzw. 04 im Zusammenhang mit Pos. 06.

sermassen als „Strafe" für den fehlenden genauen Nachweis. Zu Einzelheiten einer solchen Schätzung werden wir im Zusammenhang mit den späteren Darlegungen zu § 6 Nr. 6 VOB/B genau Stellung nehmen (vgl. dazu unten Rdn. 1614). Jedenfalls setzt selbst eine Schätzung plausible Anhaltspunkte voraus. Wenn der Auftragnehmer jegliche Angabe dazu, wie sich der bisherige Einheitspreis zusammensetzt, unterläßt, versäumt er es, wenigstens solche Anhaltspunkte vorzutragen, und scheitert mit einem auf § 2 Nr. 3 VOB/B gestützten Anspruch auf einen höheren Einheitspreis bei Mengenüberschreitungen,[647] der ja grundsätzlich möglich ist (s. oben Rdn. 556, 557).

Ausnahmen davon, dass der alte Preis die Berechnungsbasis ist (vgl. oben Rdn. 602 ff.), muss der Auftragnehmer beweisen.

Wie es zu beurteilen ist, wenn der Auftragnehmer die Vorlage einer vorhandenen **Kalkulation verweigert,** haben wir unter Rdn. 621, 623, 636 erörtert.

13 Fälligkeit, Abschlagszahlungen, Verjährung, Wirkung der Schlussrechnung

661 Die Ansprüche des **Auftragnehmers** auf Zahlung einer Mehrvergütung bzw. der Anspruch auf Einigung hinsichtlich einer solchen Mehrvergütung sind nichts anderes als Teil des normalen Werklohnanspruches. Das heißt: Nach näherer Massgabe des § 16 Nr. 1 VOB/B besteht ein Anspruch auf Abschlagszahlungen.
Die Verjährung beginnt am 1. Januar des Jahres, das dem Jahr folgt, in dem die Zweimonatsfrist **nach Einreichung der Schlussrechnung** (§ 16 Nr. 3 Abs. 1 Satz 1 VOB/B) abgelaufen ist; die Verjährungsfrist beträgt gemäß § 195 BGB 3 Jahre.

Die Ansprüche des **Auftraggebers** auf Herabsetzung der Vergütung verjähren ebenfalls in 3 Jahren.

14 Der Ausschluss des Anspruchs des Auftragnehmers aus § 2 Nr. 3 VOB/B durch Allgemeine Geschäftsbedingungen des Auftraggebers

14.1 Der Ausschluss *jeglicher* Vergütung bei Mengenänderung

662 In AGB des Auftraggebers zu Einheitspreisverträgen ist gelegentlich die Klausel enthalten: „Bei Mengenänderungen ist jegliche Nachforderung ausgeschlossen."

Beim **Einheitspreisvertrag** verstößt dieser in AGB versteckte heimliche pauschale Ausschluss einer Anpassung der Vergütung an den durch Mengenänderungen bedingten Kostenanfall gegen § 307 BGB und ist ausnahmslos unwirksam.[648]

---

[647] Ebenso OLG Bamberg, Urteil vom 30.7.2003, 3 U 240/00, BauRB 2003, Heft 6, V; OLG München BauR 1993, 726.
[648] BGH „ECE-Bedingungen", BauR 1997, 1036; Markus, in: Markus/Kaiser/Kapellmann, AGB-Handbuch Bauvertragsklauseln, Rdn. 281 m.N.

14.2 Der Ausschluss der Preisanpassungsmöglichkeit durch AGB

Wesentlich häufiger ist in AGB des Auftraggebers eine Klausel anzutreffen, die die **Preisanpassungsmöglichkeit** des § 2 Nr. 3 VOB/B einschränkt oder ausschießt. Der Bundesgerichtshof hatte folgende Klausel zu beurteilen: „Die Einheitspreise sind Festpreise für die Dauer der Bauzeit und behalten auch dann ihre Gültigkeit, wenn Maßenänderungen im Sinne von § 2 Nr. 3 VOB/B eintreten."

663

Der erste Teil der Klausel ist rechtlich bedeutungslos; wenn darin geregelt wird, dass die Einheitspreise Festpreise sind, so drückt das nur eine Selbstverständlichkeit aus.[649]

Der zweite Teil enthält dagegen den Ausschluss des § 2 Nr. 3 VOB/B. Die Klausel verstößt laut BGH nicht gegen § 9 AGB-Gesetz, heute § 307 BGB.[650] Die Begründung lautet, auch der BGB-Werkvertrag kenne eine Regelung wie § 2 Nr. 3 VOB/B nicht, es könne aber nicht unbillig benachteiligend im Sinne von § 9 AGB-Gesetz sein, wenn die Gesetzeslage „wiederhergestellt" werde. Außerdem zeige die Rechtsfigur des Pauschalvertrages, dass auch die VOB/B einen Vertragstyp kenne, bei dem die Vergütung im Regelfall unverändert bleibe.

Beide Argumente sind sehr bedenklich:
Beim Pauschalvertrag sind sich die Parteien von Anfang an darüber einig, dass das Bausoll gerade **nicht** nach **ausgeführter** Menge abgerechnet wird; niemand hindert die Parteien, einen Pauschalvertrag zu vereinbaren. Aber wenn sie einen **anderen** Vertragstyp wählen, nämlich den Einheitspreisvertrag, für den gerade die Abrechnung nach ausgeführter Menge kennzeichnend ist – wo ist sonst der **Unterschied** zum Pauschalvertrag? –, passen die Argumente zum Pauschalvertrag nicht. Aus diesem Grund ist auch der Hinweis auf das BGB unergiebig, denn der Werkvertrag des BGB geht gerade von einer Pauschalvergütung aus und kennt den Vertragstyp „Einheitspreisvertrag" gar nicht. Ein gesetzliches Leitbild für Einheitspreisverträge gibt es nicht.

Kern des § 2 Nr. 3 VOB/B ist die Überlegung, dass der Auftragnehmer bei uneingeschränkter Geltung der VOB/B „**nicht das mit einer fehlerhaften Mengenschätzung** des Auftraggebers verbundene **Wagnis einer unzutreffenden Preiskalkulation** übernimmt."[651] Wenige Jahre zuvor hat so der BGH wörtlich zutreffend entschieden, weiter sodann: „Wenn § 2 Nr. 3 VOB/B im Einheitspreisvertrag gestrichen wird, hat es der Auftraggeber durch seine Mengenschätzung weitgehend in der Hand, eine für ihn ungünstige Abweichung von der Preiskalkulation von vornherein zu vermeiden"[652] – oder eine für ihn günstige Abweichung von der Preiskalkulation von vornherein herbeizuführen.

Genau das ist – mit den eigenen Worten des BGH – **das entscheidende Bedenken** gegen die Zulässigkeit der Streichung von § 2 Nr. 3 VOB/B in Allgemeinen Geschäftsbedingungen. Angesichts dieser Rechtsprechung kann nämlich der Auftraggeber nahezu sanktionslos überhöhte Mengen ausschreiben – solange ihm kein förmliches Verschulden zur Last fällt (vgl. Rdn. 664). Der Auftragnehmer, der seine Deckungsanteile für Baustellengemeinkosten, Allgemeine Geschäftskosten, Wagnis und Gewinn auf die Positionen mit den ausgeschriebenen Vordersätzen umlegt, erlebt **zwangsläufig** dann eine Unterdeckung seines kalkulierten Gesamtdeckungsbetrages, wenn weniger Mengen ausgeführt werden als ausgeschrieben. Auf diese Weise kann der Auftraggeber „versteckte" und völlig unkontrollierbare Vergabevorteile herausholen. Außerdem kann der Auftraggeber durch

---

[649] Siehe oben Rdn. 105.
[650] BauR 1993, 723.
[651] Wörtlich BGH BauR 1991, 210, 211.
[652] A. a. O.

Ansatz überhöhter Vordersätze erreichen, dass – bei Ansatz entsprechender Produktionstechniken – mengenbedingt niedrigere Einzelkosten kalkuliert werden, die dann aber bei den tatsächlich anfallenden geringeren Mengen so nicht realisierbar sind (z. B. wegen Nichtauslastung eines kalkulierten größeren Geräts). Außerdem kann im Einzelfall eine Mengenerhöhung sehr wohl auch zu einer Erhöhung der Einheitspreise führen,[653] die dann ebenfalls ausgeschlossen wäre. Welche Rechtfertigung es geben soll, ein mindestens nachlässiges, nicht selten aber auch egoistisches, Ausschreibungsverhalten von Auftraggebern generell zu „entschuldigen" und in Wirklichkeit geradezu zu provozieren, können wir nicht nachvollziehen.

Die Praxis wird sich selbstverständlich auf den Standpunkt des Bundesgerichtshofs einstellen müssen (als Auftragnehmer: Wie?), aber wir bleiben bei der Rechtsauffassung, dass der Ausschluss des § 2 Nr. 3 VOB/B in Allgemeinen Geschäftsbedingungen des Auftraggebers gegen § 9 AGB-Gesetz, heute § 307 BGB verstößt.[654]

664 Allerdings muss man gerechterweise zufügen, dass diese Rechtsprechung nicht ganz so hart ist, wie es auf den ersten Blick erscheint.

Der Bundesgerichtshof hat in dem Urteil auch entschieden, dass mögliche Ansprüche des Auftragnehmers aus „Wegfall (heute: Störung) der Geschäftsgrundlage" – die allerdings praktisch keine Rolle spielen –, aber auch solche aus „Verschulden bei Vertragsschluss" erhalten bleiben. Letzteres ist wesentlich: Wenn der Auftraggeber **schuldhaft** die Mengen unsorgfältig ausgeschrieben hat, hat der Auftragnehmer Schadensersatzansprüche, sinnvollerweise dahin, dass er so abrechnen darf, wie er kalkuliert hätte, wenn die Vordersätze **richtig** angegeben worden wären. Der Auftragnehmer muss dieses Ausschreibungsverschulden des Auftraggebers nicht beweisen, der Auftraggeber muss sich vielmehr entlasten.

Der Bundesgerichtshof hat durchblicken lassen, dass er jedenfalls eine Klausel für unwirksam hält, die bei Mengenänderungen **jeden** Anspruch des Auftragnehmers ausschießt, somit also auch Ansprüche aus Störung der Geschäftsgrundlage und/oder Verschulden bei Vertragsschluss, nicht nur aus § 2 Nr. 3 VOB/B.[655]

665 Die Einführung einer **Ankündigungspflicht** (entsprechend § 2 Nr. 6 VOB/B) bei „Mengenänderungen aufgrund vorgefundener Verhältnisse" als Anspruchsvoraussetzung verstößt gegen AGB-Recht.[656]

Kritischer ist dagegen in AGB die Einführung einer Ankündigungspflicht des Auftragnehmers nur für den Fall, dass sich bei Mengenänderungen in Anwendung des § 2 Nr. 3 VOB/B ausnahmsweise höhere Einheitspreise ergeben – z. B. durch Einsatz eines nicht ausgelasteten zweiten Geräts ("sprungfixe Kosten"), s. oben Rdn. 557. Diese Ankündigung ist nicht Anspruchsvoraussetzung für einen höheren Einheitspreis, würde aber eine Nebenpflicht begründen, die den Auftragnehmer bei Nichtbeauftragung ersatzpflichtig machen kann wegen des **daraus** entstehenden Schadens.

Da eine Mengenüberschreitung jedenfalls bei vom Auftraggeber schuldhaft nachlässig ermitteltem Vordersatz ihrerseits Ansprüche **gegen** den Auftraggeber begründen kann

---

[653] Siehe oben Rdn. 557.
[654] Ebenso Nicklisch/Weick, VOB/B, § 2, Rdn. 35, 36; Beck'scher VOB-Kommentar/Jagenburg, § 2 Nr. 3, Rdn. 82; Knacke, Festschrift von Craushaar, S. 249 ff., 257; laut Ingenstau/Korbion/Keldungs, VOB/B § 2 Nr. 3, Rdn. 10 sind die Argumente von Knacke „beachtlich"(!); früher schon wie hier z. B. OLG Düsseldorf BauR 1984, 456; OLG München BB 1984, 1386.
[655] Dazu Markus, in: Markus/Kaiser/Kapellmann, AGB-Handbuch Bauvertragsklauseln, Rdn. 285.
[656] Landgericht München IBR 1993, 242; OLG München, Urteil vom 16.11.1993 (Revision vom BGH nicht angenommen), zitiert nach Glatzel/Frikell/Hofmann, Unwirksame Bauvertragsklauseln, S. 147.

(s. oben Rdn. 664), führt die Ankündigungspflicht, die weder im BGB noch in der VOB/B vorgesehen ist, indirekt, aber undifferenziert zum möglichen Verlust solcher Ansprüche des Auftragnehmers. Diese Klausel verstößt deshalb ebenfalls gegen § 307 BGB.[657]

---

[657] Anderer Ansicht Ingenstau/Korbion/Keldungs, VOB/B § 2 Nr. 3, Rdn. 10.

Teil 5
Vergütungsänderungen infolge geänderter oder zusätzlicher Leistungen

Kapitel 8
Allgemeine Anspruchsvoraussetzungen

1 Bausoll-Bauist-Abweichung als *allgemeine* Voraussetzung für Vergütungsänderungen sowohl bei angeordneten wie bei nicht angeordneten geänderten oder zusätzlichen Leistungen

700 Solange das Bauist nicht vom **Bausoll** (zur Definition Rdn. 100) abweicht, ändert sich auch die Vertragsvergütung nicht. Also umgekehrt: Sobald das **Bauist** vom **Bausoll** **abweicht**, können sich daraus (wenn sich als Folge geänderte „Aktivitäten" ergeben und sich deswegen die kalkulierten Kosten verändern) Vergütungsänderungen ergeben.

Jeder potentielle Anspruch wegen **angeordneter** geänderter oder zusätzlicher Leistung (§ 2 Nr. 5, Nr. 6, Nr. 9 VOB/B), wegen **angeordneter** entfallener Leistung (§ 2 Nr. 4, § 8 Nr. 1 VOB/B), wegen **nicht angeordneter** geänderter oder zusätzlicher Leistung (§ 2 Nr. 8 VOB/B) oder wegen **nicht angeordneter** entfallener Leistung (analog § 649 BGB) setzt **deshalb zuerst** die Prüfung der Frage voraus: **Was ist das Bausoll – und gibt es eine Soll-Ist-Abweichung?**

Der Bundesgerichtshof hat in der Entscheidung „Wasserhaltung I"[700] einen etwas anderen methodischen Ansatz gewählt und formuliert, auch eine geänderte Leistung könne vom vertraglichen Leistungsumfang umfasst sein. Das ist indes ausgeschlossen: Eine **geänderte** Leistung kann nicht vom **bestehenden** vertraglichen Leistungsumfang umfasst sein – ist sie das, so ist sie nicht geändert. Wir haben **diese methodische Frage** in Einzelheiten in Band 2, Rdn. 1011 – 1016 näher behandelt und verweisen darauf.

Nur zur Klarstellung:
Die Feststellung einer Bausoll-Bauist-Abweichung ist **immer** der erste Schritt einer Untersuchung auf geänderte oder zusätzliche Leistungen und daraus resultierender Vergütungsänderung. Natürlich sagt aber die pure Bausoll-Bauist-Abweichung noch nicht, dass Ansprüche auf Vergütungsänderung bestehen, diese haben noch eine Reihe weiterer Voraussetzungen, aber ohne Bausoll-Bauist-Abweichung gibt es keine geänderte oder zusätzliche Leistung, also auch keine geänderte Vergütung – mit zwei Ausnahmefällen, nämlich dem des § 4 Nr. 1 Abs. 4 Satz 2 VOB/B (Anordnung des Auftraggebers, betreffend die „Modalitäten" der Leistung, in diesem Band Rdn. 1187 ff.) und dem der „Störung der Geschäftsgrundlage" (Einzelheiten Band 2, Rdn. 1500 ff.).

---

[700] BGH BauR 1992, 759; zum Sachverhalt dieser Entscheidung eines Global-Pauschalvertrages und den zugehörigen Lösungsüberlegungen s. Band 2, Rdn. 608 ff..

Bausoll-Bauist-Abweichung   Rdn. 700

Naheliegenderweise ist also der erste Schritt bei einer Nachtragsbearbeitung die Ermittlung des

Bausolls,

dann der zweite Schritt die (im Regelfall wesentlich einfachere) Feststellung des

Bauist.

Aus der Gegenüberstellung der das Bausoll und das Bauist dokumentierenden Unterlagen zeigt sich, ob und inwieweit sich das Bauist vom Bausoll unterscheidet (z. B. aufgrund einer in einem Ausführungsplan enthaltenen Anordnung des Auftraggebers – dazu Rdn. 782 ff., nicht aus Gründen im Risikobereich des Auftragnehmers – dazu Rdn. 704, 705).

Wir haben das **Bausoll** in Rdn. 100 definiert als die durch die Totalität aller **Vertrags**unterlagen (s. Rdn. 178) nach **Bauinhalt** und gegebenenfalls **Bauumständen** bestimmten Leistungen des Auftragnehmers zur Erreichung des durch die Leistungsbeschreibung definierten Erfolgs, beim Einheitspreisvertrag näher zerlegt in Teil-Leistungen (kategorisiert nach Ordnungszahlen oder Positionen, s. Rdn. 104).

Die Art und Weise der Festlegung durch den Vertrag haben wir in allen Einzelheiten erörtert (Rdn. 100 – 155), ebenso die Auslegung unklarer Vertragsregelungen zum Bausoll (Rdn. 156 – 279).

Dabei haben wir die Ermittlung des

Bauinhalts

als ersten Unterfall des **Bausolls** nahezu vollständig behandelt; bei der Erörterung der Abgrenzung zwischen § 2 Nr. 5 und § 2 Nr. 6 VOB/B werden wir weitere Einzelfälle ansprechen (Rdn. 803 ff).

Wir werden nachfolgend im Zusammenhang mit der Nachtragsproblematik der Ermittlung der

Bauumstände

als zweitem Unterfall des **Bausolls** besondere Aufmerksamkeit widmen, einmal wegen der Bedeutung in einem eigenen Kapitel zum Thema „Baugrundproblematik" (Rdn. 707 ff.), zum anderen im Sachzusammenhang mit der Erörterung des Anwendungsbereiches des § 1 Nr. 3 und des **§ 2 Nr. 5 VOB/B** (geänderte Leistungen durch **sonstige Anordnung,** Rdn. 786 ff., 798).

Beim Pauschalvertrag ist die **Feststellung des Bausolls das** Problem überhaupt und mithin ein Hauptthema von Band 2; beim Einheitspreisvertrag sind diese Fragen nicht ganz so problematisch, da die Teil-Leistungen im Regelfall über Positionen und Pläne definiert sind und deshalb jedenfalls einfacher festzustellen sind.

Unsystematisch wird die Grundvoraussetzung für Vergütungsmodifikationen, die Bausoll-Bauist-**Abweichung,** oft mit dem schwammigen Begriff „Erschwernisse" charakterisiert (dazu auch Rdn. 704).

Eine **Bausoll-Bauist-Abweichung** kommt **nicht mehr** in Betracht, wenn die Leistungspflicht des Auftragnehmers durch Erfüllung erloschen ist (§ 362 BGB), also nicht mehr **nach Abnahme.** Folglich kann der Auftraggeber nach Abnahme auch nicht mehr auf dem Weg über § 1 Nr. 3 oder § 1 Nr. 4 VOB/B Leistungsmodifikationen anordnen, ausser bei vorab vereinbarten Restarbeiten.

2 Das Bausoll bei Technischen Sondervorschlägen, Nebenangeboten und Enwicklungsrisiken

701 Bieter unterbreiten oft von der Ausschreibung des Auftraggebers abweichende „Technische Sondervorschläge" oder „Nebenangebote". Die vertragsrechtliche Behandlung haben wir unter Rdn. 119, 120 behandelt. Hier erörtern wir näher, welche Auswirkungen auf das **Bausoll** die Einigung der Parteien auf ein solches „Nebenangebot" hat. Als Beispiel: Das Unterbohren von Hindernissen im Boden mit Hilfe des „Horizontal Directional Drilling" wird auf **Sondervorschlag (Nebenangebot)** des Auftragnehmers beauftragt. Der Sondervorschlag wird damit zum Bausoll, vgl. hierzu Rdn. 120. Es steht dabei außer Frage, dass der Auftragnehmer das Risiko des Funktionierens selbst trägt; er trägt es aber **nur insoweit**, als die vom Auftraggeber vorgegebenen Angaben, hier z. B. zum Baugrund, zutreffend sind, vorausgesetzt, die Arbeiten **verbleiben** nach wie vor in dem zur ursprünglichen Ausführung vorgesehenen „**Bereich**".[701] Weichen dagegen die Baugrundverhältnisse **entgegen** den Angaben der Ausschreibung (etwa eines Bodengutachtens) in der Realität so entscheidend ab, dass die gewählte technische Methode zur Bewältigung dieser (neuen) Beschaffenheit nicht mehr ausreicht, ist das Bausoll-Bauist-**Abweichung**, die Leistungen zur Überwindung **dieser** Erschwernis sind geänderte Leistungen, deren Mehrvergütung gemäß § 2 Nr. 5, 6, 8 VOB/B zu Lasten des Auftaggebers geht.[702]

Problematisch ist das dann, wenn infolge des (zunächst kostengünstigen) Nebenangebots die aus der Abweichung des Bauist vom Bausoll jetzt entstehenden Kosten höher sind, als wenn die auftraggeberseitig ausgeschriebene Lösung ausgeführt worden wäre. Aber das Nebenangebot ist Bausoll geworden, die Bausoll-Bauist-Abweichung ist eine solche wie jede andere. Der Auftraggeber hat also die durch Bausoll-Bauist-Abweichung entstehenden Risiken und Mehrkosten zu tragen. Er hat den Nebenvorschlag in Kenntnis seiner nur unter bestimmten Randbedingungen möglichen Arbeitsweise wegen der (bei Richtigkeit seiner Angaben) insgesamt geringeren Projektkosten gewählt und beauftragt. Greifen wir als einfaches Beispiel auf Rdn. 132 (Mischbauweise mit Fertigteilen statt des ausgeschriebenen Ortbetonbaus) zurück. Es kann keinen Zweifel geben, dass der fachkundige Auftraggeber bzw. seine fachkundige Bauleitung die durch die Beauftragung des Nebenangebots entstehende Situation überblickt (z. B. die Notwendigkeit, frühzeitig Ausführungspläne für die Fertigteilproduktion zur Verfügung zu stellen). Ergeben sich nunmehr Bauinhaltsmodifikationen, die zu erheblichen Mehrkosten führen (z. B. Vergrösserung der Balkenhöhe), so gehen diese Mehrkosten zu Lasten des Auftraggebers. Dies gilt auch für den Fall, dass durch die Bauinhaltsmodifikationen bei der ursprünglich vorgesehenen Ortbetonbauweise keine Mehrkosten aufgetreten wären. Da jedoch der vom Auftragnehmer vorgeschlagene Sondervorschlag „Mischbauweise" Bausoll geworden ist, muss nun – bedingt durch die spätere Änderungsanordnung des Auftraggebers – ein Teil der schon produzierten Fertigteilbalken „entsorgt" werden, weil sie jetzt nicht mehr brauchbar sind.[703]

---

[701] Ebenso Marbach, BauR 2000, 1643, 1649. Im Grundsatz unrichtig VOB-Stelle Sachsen-Anhalt, Fall 229, IBR 1999, 113 mit zutr. ablehnender Kurzanm. Schelle. Im konkreten Fall (Verfüllung einer Bodenlinse) kann die Stellungnahme dennoch richtig sein, vgl. Rdn. 746, 754.

[702] So auch zutreffend von Craushaar, Festschrift Locher, S. 9 ff.; Englert/Grauvogl/Maurer, Handbuch Baugrund, Rdn. 949; Vygen, Jahrbuch BauR 1999, S. 46 ff., 52; Marbach, Festschrift für Vygen, S. 241 ff., 248, 249 und BauR 2000, 1643, 1649.
Beim Pauschalvertrag ist das Problem vergleichbar, vgl. Band 2, Rdn. 576.

[703] Der Auftraggeber müßte dann dieses Risiko nicht tragen, wenn er den Sondervorschlag nur „dulden" würde, also konsequent seinen Entwurf planen und vorgeben würde (vgl. Rdn. 121).

Der Fall des „Horizontal Directional Drilling" liegt wegen der relativen Neuheit des Verfahrens vielleicht an der Grenze dessen, was der Auftraggeber bzw. seine Bauleitung beurteilen können. Das ändert aber nichts daran, dass der Auftraggeber für seine Angaben zum Baugrund eigenverantwortlich ist (Beschaffenheitssoll, dazu näher Rdn. 709 ff.). Stimmen diese eigenen Angaben nicht, so kann der Auftraggeber im Falle einer Abweichung des Bauist vom Bausoll jetzt nicht den gesuchten „Preisvorteil" behalten, andererseits aber das diesem Preisvorteil zugrunde liegende Planungsrisiko nicht wahrhaben und seine Auswirkungen auf den Auftragnehmer abwälzen wollen. Dies geht umso weniger, als der Auftragnehmer dieses Risiko nicht kalkuliert hat und auch nicht kalkulieren konnte.

Etwas anderes ist die Übernahme eigentlicher **„Entwicklungsrisiken"** durch den Auftragnehmer. Das ist aber mehr ein Thema des **Anlagenbaus** und, soweit es baurechtlich von Interesse ist, ein Thema des Schlüsselfertigbaus. Wir beschränken uns auf den Hinweis: Wenn beim Anlagenbau der Anlagenbauer seine eigene Planung realisiert, gehört es gerade zum Essentiale des Anlagenvertrages, dass er das Entwicklungsrisiko, d. h. das Risiko des Funktionierens der zu bauenden Anlage, trägt, wobei er im Ergebnis also eine Vollständigkeitsgarantie und eine Funktionsgarantie übernimmt. Dies kann der Anlagenbauer auch nicht durch **„Lieferabgrenzungen"** ausschließen.[704] 702

Wenn der Auftragnehmer eine neue, technisch noch unerprobte Anlage selbst projektiert, so muss er unter Umständen auch zur Wirtschaftlichkeit der Anlage beraten.[705] 703

3 Weitere Voraussetzungen: Bausoll-Bauist-Abweichung aus dem Risikobereich des Auftraggebers

Weitere, unausgesprochene Voraussetzung für Vergütungsänderungen ist, dass die Bausoll-Bauist-Abweichung dem „Risikobereich" des Auftraggebers zuzuordnen ist.[706] 704

Kostenänderungen bei geänderten oder zusätzlichen Leistungen als **Folge eigener Fehler** oder **im Bereich des eigenen vertraglichen (unternehmerischen) Risikos** muss der Auftragnehmer selbst tragen. Umgekehrt muss er solche Kostenrisiken nicht tragen, wenn sie sich aus Bausoll-Bauist-Abweichungen ergeben, die ihre Ursache im Verantwortungsbereich, insbesondere im gesetzlichen oder vertraglichen Risikobereich, des Auftraggebers haben. Es kommt also **nicht** darauf an, ob der Auftraggeber die Bausoll-Bauist-Abweichung **verschuldet** hat.[707] **„Erschwernisse"** besagen also für sich noch gar nichts, es kommt vielmehr darauf an, welchem „Bereich" die Bausoll-Bauist-Abweichung entspringt. Um Klarheit zu haben, betrachten wir zukünftig Abweichungen zwischen dem

---

[704] Im Einzelnen dazu Nicklisch, Heidelberger Kolloquium Technologie und Recht 1983 (Erscheinungsjahr 1984), Seite 101 ff., 105 ff.; Obenhaus, Heidelberger Kolloquium Technologie und Recht 1984 (Erscheinungsjahr 1985), Seite 13 ff.; Nicklisch/Weick, VOB/B Einf. §§ 4-13, Rdn. 11-18.
Näher Band 2, Rdn. 576.
[705] Näher Band 2, Rdn. 576 mit Fn. 621.
[706] Dazu BGH „Schürmannbau/Hagedorn II" BauR 1997, 1022; BGH BauR 1990, 210, 211; näher Rdn. 709 ff., 849, 1249-1252, 1345-1353, 1368; Band 2, Rdn. 1091. Den Begriff „Risikobereich" verwendet die VOB/B in § 6 Nr. 2 lit a, dazu Rdn. 1249. Abweichend, aber unzutreffend Ingenstau/Korbion/Keldungs, VOB/B § 2 Nr. 5, Rdn. 23.
[707] Einzelheiten Rdn. 1249-1252, 1345-1353, 1368 mit Nachweisen.

"Soll", das der Auftragnehmer nur intern für Kalkulation und/oder Arbeitsvorbereitung angesetzt hat und das nicht vereinbart ist, schon methodisch nicht als Basis einer nachtragsrelevanten „Abweichung". Wir bezeichnen als „Bausoll-Bauist-**Abweichungen**" **nur** solche, die sich aus der Gegenüberstellung zwischen dem **vereinbarten** Bausoll und dem Bauist ergeben und die nicht dem eigenen Risikobereich des Auftragnehmers entspringen. Man kann in diesem Zusammenhang durchaus davon sprechen, dass aus der Sicht des Auftragnehmers ein „„externer Bausoll-Bauist-Vergleich" zu führen ist.

Zum Risikobereich des Auftraggebers gehören z. B. Soll-Ist-Abweichungen aufgrund von Nachbarbeeinträchtigungen, aufgrund von – richtigen oder falschen – Anordnungen der Baubehörde[708] oder solche, die dem „Baugrundrisiko" infolge mangelhafter Baugrundbeschreibung zuzuordnen sind, dazu aber näher Rdn. 709 ff.

Wie in allen anderen Fällen gibt es allerdings keinen pauschalen Risikobereich und keine pauschale Verantwortungszuweisung. Der „**Risikobereich**" ist vielmehr in jedem Einzelfall **anhand des Vertrages** zu prüfen. So kann z. B. ein Auftragnehmer individualvertraglich beliebige Baugrundrisiken übernehmen[709].

In **diesem** Zusammenhang gehören auch geänderte oder zusätzliche Leistungen, die sich deshalb ergeben, weil **Vorunternehmerleistungen** fehlen oder mangelhaft sind, zum Risikobereich des Auftraggebers und begründen jedenfalls dann, wenn der Auftraggeber auf diesem Hintergrund modifizierte Leistungen **anordnet**, entsprechende Vergütungsansprüche aus § 2 Nr. 5 oder § 2 Nr. 6 VOB/B;[710] das ist unabhängig davon, dass in derartigen Fällen der Bundesgerichtshof einen Schadensersatzanspruch des Auftraggebers aus **Behinderung** (§ 6 Nr. 6 VOB/B) immer noch verneint,[711] wenn er auch einen Entschädigungsanspruch aus § 642 BGB bejaht.

705 Die Zuordnung zum Risikobereich des Auftraggebers spielt als Vorfrage nicht nur eine Rolle bei **bauinhaltlich** geänderten oder zusätzlichen Leistungen, sondern **vor allem** auch bei geänderten oder zusätzlichen Leistungen betreffend die **Bauumstände**, insbesondere die **Bauzeit**. Wenn also z. B. der Auftraggeber eine **zeitliche Verschiebung** anordnet, weil Vorunternehmerleistungen mangelhaft oder verspätet sind, oder wenn er deshalb eine Freigabe der Arbeit des Auftragnehmers verweigert oder wenn er später eine Freigabe erklärt oder wenn er überhaupt Verschiebungen anordnet, gehört das alles aus den gerade genannten Gründen zum Verantwortungsbereich des Auftraggebers und löst potenziell **Vergütungsansprüche** des Auftragnehmers aus.[712]

4 Systematik und Abgrenzung der unterschiedlichen Anspruchsgrundlagen für Vergütungsansprüche aus geänderter oder zusätzlicher Leistung

706 Die Anspruchsgrundlagen für Vergütungsnachträge aus geänderten oder zusätzlichen Leistungen teilen wir nach der Verursachung in zwei Gruppen auf:

---

[708] Vgl. Rdn. 1348, 1346.
[709] Näher Rdn. 758.
[710] Dazu näher Rdn. 844, 870, auch 1249.
[711] Einzelheiten Rdn. 1360 ff.
[712] Näher Rdn. 798–200, 844, auch 1249.

Gruppe 1: Auftraggeberseitig **angeordnete** modifizierte Leistungen (geändert oder zusätzlich)

Gruppe 2: Auftraggeberseitig **nicht angeordnete** modifizierte Leistungen (geändert oder zusätzlich)

Ein Unterfall der **angeordneten** modifizierten Leistungen sind die **einverständlich** modifizierten Leistungen.

Da die Leistungselemente und die Kostenermittlungen für zusätzliche Leistungen methodisch genauso aufgebaut sind wie die bei verringerten (entfallenen) Leistungen, teilen wir jeder Gruppe systematisch nicht nur zusätzliche, sondern auch verringerte (entfallene) Leistungen zu.

Damit ergibt sich folgendes generelle **System**:

Gruppe 1 **Angeordnete** Leistungsmodifikationen
- **Angeordnete geänderte** oder **zusätzliche** Leistungen – § 2 Nr. 5, Nr. 6, Nr. 9 VOB/B (Rdn. 776 ff.)
- **Einverständlich geänderte** oder **zusätzliche** Leistungen (Rdn. 1161)
- **Angeordnete verringerte (entfallene) Leistungen** – § 2 Nr. 4, § 8 VOB/B (Kündigung durch Auftraggeber), Rdn. 1180 ff.
- **Einverständlich verringerte** (entfallene) Leistungen (Rdn. 1193)

Gruppe 2 **Nicht angeordnete** Leistungsmodifikationen
- **Nicht angeordnete geänderte oder** zusätzliche Leistungen, § 2 Nr. 8 VOB/B (Rdn. 1162 ff.)
- **Nicht angeordnete verringerte** (entfallene) Leistungen (Rdn. 1194 ff.)

In Gruppe 1 sind die Definition der Anordnungsbefugnis des Auftraggebers (dazu Rdn. 782 ff.) und die **Abgrenzung** zwischen **geänderter** und **zusätzlicher Leistung** Hauptthema (Rdn. 803).

Die innere „Systematik" des VOB-Vertrages und den Zusammenhang zwischen „einseitigem" Anordnungsrecht des Auftraggebers (§ 1 Nr. 3, § 1 Nr. 4 VOB/B) und dem ebenso einseitigen Vergütungsanspruch des Auftragnehmers (§ 2 Nr. 5, § 2 Nr. 6 VOB/B) behandeln wir unter Rdn. 776–778 ff.

In diesem Zusammenhang erwähnen wir auch „Nachträge", die nicht nach dem VOB-Schema zustandekommen, sondern als schlichte Vertragsänderung durch das Nachtragsangebot des Auftragnehmers und durch echte Annahmeerklärung des Auftraggebers[713].

Ein systematisches Bearbeitungsschema findet sich in **Abb. 35**, S. 542.

---

[713] Näher Rdn. 949, 967.

Kapitel 9

Bausoll, Beschaffenheitssoll, Bauverfahrenssoll, „Baugrundrisiko", „Systemrisiko" – Vergütungsmodifikationen bei Baugrundproblemen

1 „Erschwernisse" bei Baugrundrisiken

707 Eines der mit Abstand kosten- und streitträchtigsten Themen ist die Abgrenzung dessen, was **bei Arbeiten im Baugrund** und/oder im Zusammenhang mit **Wasser**zutritt der Auftragnehmer an Leistung schuldet (Bausoll) und was nicht mehr, was also als Bausoll-Bauist-Abweichung zu „**Erschwernissen**" (ein nichtssagender Begriff, besser: Mehrkosten und/oder Zusatzzeitbedarf gegenüber der Vertragsleistung) führt.
Der Begriff „Baugrundrisiko" wird in diesem Zusammenhang als scheinbar entscheidungsrelevant und regelungsklar in die Debatte geworfen, aber oft unreflektiert und vor allem häufig ohne systematisch-methodische Durchdringung.
„Erschwernisse" beim Baugrund, also unerwartete Umstände, tauchen mindestens in vierfacher Themenstellung auf, nämlich als Tatbestand, der

- unerwarteten Mehraufwand für den Auftragnehmer verursacht und deshalb zur Mehrvergütung („Nachtrag") führen soll – unser nachfolgendes Hauptthema,

- der damit auch auf Seiten des Auftragnehmer zusätzlichen Zeitbedarf auslöst (dazu das Thema „Behinderungsfolgen", aber auch "Mehrvergütung", Rdn. 771),

- eine schon ausgeführte Leistung (Teilleistung) vor Abnahme beschädigt oder zerstört (das Thema der Gefahrtragung, dazu Rdn. 711),

- infolge Nichtberücksichtigung bei der Ausschreibung und /oder Ausführung zu einem Mangel des Werks führt (dazu Rdn. 718).

An dem Thema „Erschwernisse" beim Baugrund können wir die bisher schon erarbeiteten Ergebnisse prüfen und vertiefen. Wenn solche „Erschwernisse" zu geänderten oder zusätzlichen Leistungen führen sollen, so gilt selbstverständlich auch hier, was wir als allgemeine Anspruchsvoraussetzung schon herausgearbeitet haben:

Geänderte oder zusätzliche Leistungen setzen voraus, dass die ausgeführte Leistung, das **Bauist, abweicht** von der vertraglich geschuldeten Leistung, dem **Bausoll**. [714]

Generell wird das Bausoll, auch bezogen auf Teilleistungen, wie erwähnt definiert unter Auswertung **aller** Vertragsunterlagen (Totalitätsprinzip, Rdn. 178), z. B. Baubeschreibung, Leistungsverzeichnis, Pläne oder Modelle.

Pläne werden durch Beifügung (und Bezugnahme) zum Vertrag Vertragsbestandteile und bilden damit einen Teil des Bausolls (oben Rdn. 199 ff). Wenn vertraglich nichts anderes vereinbart ist – und beim Einheitspreisvertrag ist im Regelfall nichts anderes vereinbart –, ist die **Beibringung** von Plänen, auch und gerade **Ausführungsplänen**, Sache des Auftraggebers (§§ 3 Nr. 1, 4 Nr. 1 Abs. 1 S. 2 VOB/B).

---

[714] Wie unter Rdn. 100, 700 bereits erörtert.

Eine der auftraggeberseitigen Beibringungsleistungen und Mitwirkungspflichten ist auch die **Beibringung** des **Baugrundstücks** und damit notwendigerweise auch des **Baugrunds**, um die Bauproduktion erst zu **ermöglichen**.[715]
Für das **Baugrundstück** und damit für einen für die vereinbarten Leistungen „geeigneten" **Baugrund** muss der Auftraggeber – dies vorab als Grundsatz, der allerdings vertraglichen Änderungen unterliegen kann – „einstehen": Wer selbst „beistellt", trägt auch für die – bezogen auf die Vertragsleistungen – **mangelfreie** Qualität des Beigestellten die Verantwortung. Das bedarf der **methodischen Vertiefung**.

Bringt der Auftraggeber **Baubehelfe** oder **Werkzeuge** bei, muss er für deren Tauglichkeit einstehen.[716]

Des **Sachzusammenhang** willens werden wir dabei teils **im Vorgriff** auch schon die Zuordnung einzelner Bausoll-Bauist-Abweichungen zu den Anspruchsgrundlagen § 2 Nr. 5, Nr. 6 oder Nr. 8 VOB/B oder anderen erörtern.

2 „Baugrund"

2.1 Definition „Baugrund"

Der Begriff „Baugrund" ist nicht im BGB, wohl aber mittelbar über die VOB/B in der VOB/C normiert. Die Definition findet sich in der DIN 4020 „Geotechnische Untersuchungen für bautechnische Zwecke"[717] unter 3.1:   708

> „**Baugrund** ist Boden oder Fels einschließlich aller Inhaltsstoffe (z. B. Grundwasser und Kontaminationen), in und auf dem Bauwerke gegründet bzw. eingebettet werden sollen bzw. sind oder der durch Baumassnahmen beeinflusst wird."

Dieselbe Norm definiert in Abschnitt 3.5 „**Baugrundrisiko**" wie folgt:
„Ein in der Natur der Sache liegendes, unvermeidbares Restrisiko, das bei Inanspruchnahme des Baugrunds zu unvorhersehbaren Wirkungen bzw. Erschwernissen, z. B. Bauschäden oder Bauverzögerungen führen kann, obwohl derjenige, der den Baugrund zur Verfügung stellt, seiner Verpflichtung zur Untersuchung und Beschreibung der Baugrund- und Grundwasserverhältnisse nach den Regeln der Technik zuvor vollständig nachgekommen ist und obwohl der Bauausführende seiner eigenen Prüfungs- und Hinweispflicht Genüge getan hat."[718]
Die DIN sagt nichts dazu, **wer** dieses Risiko trägt (dazu Rdn. 715 ff.)

---

[715] Näher Kapellmann, Festschrift Bauer, S. 358 ff., 389; Band 2, Rdn. 576.
[716] Zur Qualifikation dieser Ermöglichungs-Mitwirkungspflichten als Neben**pflichten** und nicht nur als Obliegenheit unten Rdn. 1281, 1288 ff., insbesondere 1362 ff., 1395.
[717] DIN 4020-2003-09. Die Norm enthält gemäß Abschnitt 1 Abs. 2 „Anforderungen für Planung, Ausführung und Auswertung von geotechnischen Untersuchungen und soll sicherstellen, dass **Aufbau**, **Beschaffenheit** und **Eigenschaften** des Baugrunds bereits für den Entwurf eines Bauwerks bekannt sind. Darüber hinaus enthält sie Anforderungen für baubegleitende geotechnische Untersuchungen." Als Bestandteil der jeweiligen Fach-DIN (z. B. DIN 18300 „Erdarbeiten" Abschnitt 2.2) hat sie Geltung für das „Untersuchen, Benennen und Beschreiben von Boden und Fels."
[718] Zur **Kritik an dieser Definition** Rdn. 719.

Im Sinne der DIN 4020 ist der Baugrund entweder das „Einbettungsmedium" oder das „Beeinflussungsmedium".

Wie rechtlich Begriffe zu verstehen sind, die in der Fachsprache eine Ausprägung gewonnen haben, ist in § 2 Nr. 1 VOB/B als Vertragsinhalt geregelt, nämlich unter „Beachtung der gewerblichen Verkehrssitte". Das bedeutet, dass auch (selbstverständlich) im Rechtssinn Begriffe, die fachlich z. B. durch eine DIN eindeutig geprägt sind, so verstanden werden, wie sie in dieser Fachnorm vorgeprägt sind; dieser Sprachgebrauch ist unter den beteiligten Verkehrskreisen „Gemeingut".[719]

2.2 Der vom Besteller gelieferte Stoff; Beistellung des Baugrunds durch den Auftraggeber

709 Zu verwendende Baustoffe können vom Auftraggeber im Sinne einer Beschreibung vorgegeben werden, z. B.: „Limba" als Holzsorte für die Türen. Diesen Stoff bringt **im Regelfall der Auftragnehmer** bei, er kauft ihn ein, der Baustoff geht in das Bauwerk ein. Für die Mangelfreiheit dieses Baustoffes haftet der Auftragnehmer ohne Rücksicht auf Verschulden – das ist werkvertragliche Mängelhaftung. Der Einkauf des Materials gehört typischerweise zum Risikobereich des Auftragnehmers, folglich muss er für die Beschaffenheit einstehen.

710 Ebenso können natürlich zu verwendende, in das Bauwerk eingehende Stoffe auch vom **Auftraggeber beigestellt** (geliefert) werden – typischerweise etwa bauseitig gestelltes Material. Für eine „**mangelfreie** Lieferung" trägt naheliegenderweise aus denselben Gründen der Auftraggeber die „generelle Verantwortung", deren Geeignetheit gehört zum Risikobereich des **Auftraggebers** (siehe § 645 BGB), wenn der Auftragnehmer die ihm obliegenden Prüfpflichten gem. § 4 Nr. 3 VOB/B beachtet hat.
Vom Auftraggeber **gelieferter** (beigestellter) Stoff ist auch das Grundstück und damit auch der **Baugrund** als Vorgabe zur „Ermöglichung" der Bauproduktion, nicht als Mitwirkung an der Produktion.[720] Also trägt – wir sind immer noch bei grundsätzlichen, methodischen Überlegungen – schon deshalb und nur deshalb der **Auftraggeber** die „Verantwortlichkeit" für den **mangelfreien** Baugrund, **weil er** diesen Baustoff **beistellt**. Zurechnungsgrund für diese „Risikozuweisung" ist nicht die dingliche Zuordnung, also nicht das Eigentum am Baugrundstück oder Baugrund.[721] Zurechnungsgrund ist ausschließlich die Beistellung, die „Lieferung" durch den Auftraggeber; das versteht sich schon deshalb von selbst, weil der Auftraggeber auch dann haftet, wenn er einen Baugrund beistellt, dessen Eigentümer er gar nicht ist.

2.3 Analogie zu § 645 BGB, Schlussfolgerungen für die Mangelhaftigkeit des Baugrunds

711 Es liegt allerdings auch auf der Hand: Die blosse Tatsache, dass der Auftraggeber den Baugrund beistellt, kann unmöglich dazu führen, dass jedes technische Problem, das sich

---

[719] BGH „DIN 18 332", NZBau 2004, 500 = BauR 2004, 1438; BGH „Labordämmmaße" BauR 1994, 625, 626; **näher** Rdn. 147, 177, 183; Band 2 Rdn. 599.
[720] BGH BauR 1986, 203; OLG München NZBau 2004, 274; Kuffer, NZBau 2006, 1, 5; Englert/Grauvogl/Maurer, Handbuch Baugrund, Rdn. 500 m. Nachweisen; Münchener Kommentar/Busche, BGB, § 645, Rdn. 6; Kapellmann, BauR 1992, 402.
[721] Unzutreffend deshalb Peters, BauR 1998, 215, 216.

beim Baugrund ergibt, automatisch zu Lasten des Auftraggebers geht, also Mehrvergütungsansprüche des Auftragnehmers rechtfertigt, dessen „Mängelhaftung" ausschließt oder Fristverlängerung gewährt. Schließlich gründet jedes Bauwerk in den Baugrund, irgendwelche verallgemeinernden Aussagen haben gar keinen Sinn.

Ein allgemeiner Bezug zwischen Stoff, Verantwortlichkeit und „**Mangelhaftigkeit**" findet sich in § 645 BGB, der wie folgt lautet:

> „Ist das Werk vor der Abnahme infolge eines *Mangels des von dem Besteller gelieferten Stoffes* oder infolge einer von dem Besteller für die Ausführung erteilten Anweisungen untergegangen, **verschlechtert** oder unausführbar geworden, ohne dass ein Umstand mitgewirkt hat, den der Unternehmer zu vertreten hat, so kann der Unternehmer einen der geleisteten Arbeit entsprechenden Teil der Vergütung und Ersatz der in der Vergütung nicht inbegriffenen Auslagen verlangen …"

§ 645 BGB behandelt **nicht** die hier angesprochene Frage, welche Vertragspartei die **allgemeine** „Verantwortlichkeit" für den Baugrund, insbesondere also für insoweit bei der Werkherstellung auftretende Erschwernisse, hat, § 645 BGB behandelt vielmehr nur die so genannte „Preisgefahr", das heißt, die Frage, ob der Auftraggeber ein **teilfertiggestelltes** Werk bezahlen muss, wenn dieses Werk vor Abnahme durch „Mängel" des vom Auftraggeber gelieferten Stoffes vor Abnahme untergeht oder beschädigt wird.[722] Die Vorschrift läßt sich aber möglicherweise **analog** auf unser Problem, also die Baugrundverantwortlichkeit **allgemein**, anwenden.

Um diesen Schluss zu prüfen, ist es sinnvoll, sich zuerst genau die Regelung vor Augen zu führen, die sich aus § 645 BGB hinsichtlich der durch „Mängel" des vom Auftraggeber gelieferten Stoffes zerstörten teilfertiggestellten Leistungen ergibt:

712

- Als erstes ist festzuhalten, dass § 645 BGB **keineswegs** eine **unbedingte**, schrankenlose Verantwortlichkeit des Auftraggebers für von ihm gelieferten Stoff begründet. Der Auftragnehmer schuldet vielmehr die Herstellung seines Werks trotz der Verwendung dieses Stoffes bis zur Abnahme **grundsätzlich uneingeschränkt**, also z. B. auch, wenn der gelieferte Stoff durch Zufall untergeht (§ 644 Abs. 1 Satz 1 BGB); im letzteren Fall ist er dem Besteller für den verschlechterten Stoff lediglich nicht ersatzpflichtig (§ 644 Abs. 1 Satz 3 BGB). **Ausnahmsweise** kann der Auftragnehmer aber einen der geleisteten Arbeit entsprechenden Teil seiner Vergütung und Auslagenersatz verlangen, wenn das Werk vor der Abnahme durch einen **Mangel** des vom Auftraggeber gelieferten Stoffs untergeht, sich verschlechtert oder unmöglich wird. Umgekehrt also: Liefert der Auftraggeber einen **mangelfreien** Stoff und verursacht dieser den Untergang des Werkes, so hat (auch) der Auftrag**nehmer** Pech gehabt, er erhält für das untergegangene Teilwerk keine Teilvergütung. Schon deshalb ist es **verfehlt**, § 644 BGB als Begründung für die Behauptung heranzuziehen, der Auftraggeber trage das „echte Baugrundrisiko".[723] **Entscheidend ist**, ob ein Stoff (Baugrund) **mangelhaft** oder ob er mangelfrei ist. Die Mängelverantwortlichkeit des Auftraggebers in § 645 BGB hängt nicht von seinem Verschulden ab, wie sich zweifelsfrei aus § 645 Abs. 2 BGB ergibt. Dann liegt es nahe, den Mangel eines vom Auftraggeber gelieferten Stoffes gewissermaßen spiegelbildlich ebenso zu definieren wie den Mangel des vom Auftragnehmer hergestellten Werkes. Mit anderen Worten: Die **Mängeldefinition des § 633 BGB** (§ 13 Nr. 1 VOB/B), § 434

---

[722] Schönes Beispiel OLG Naumburg IBR 2004, 481: Bei Ausführung von Bohrarbeiten kommt es zu Aufbrüchen des Bodens, worauf die Arbeiten abgebrochen werden müssen. Daraufhin bricht ein bereits teilweise fertiggestellter Bohrkanal mangels Stütze ein. Der Auftraggeber muss die Leistungen für den Bohrkanal vergüten.
[723] Näher Rdn. 715 ff.

BGB ist auch auf **Mängel des gelieferten Stoffes** anzuwenden.[724] Baugrund ist als solcher niemals mangelhaft; Auelehm ist nicht als solcher „fehlerhaft", nicht „schlechter" als dicht gelagerter sandiger Kies (vgl. Rdn. 727). Mangelhaft ist der Baugrund – ebenso wie das Werk –, wenn „die Ist**beschaffenheit** von der **Sollbeschaffenheit**" abweicht. Mit anderen Worten: Es kommt darauf an, welche Eignung des Baugrunds als Beschaffenheitssoll **vereinbart** (im Vertrag zugrunde gelegt) ist[725] – und das wiederum läßt sich tatsächlich am besten näher mit dem zitierten Mängelbegriff der §§ 633 Abs. 2, 434 BGB erfassen: **Der Stoff (Baugrund) ist mangelfrei**, wenn er die als Eignung **vereinbarte Beschaffenheit** hat; soweit eine bestimmte Eignung nicht vereinbart ist, ist der Stoff mangelfrei, wenn er sich für die nach dem Vertrag vorausgesetzte Verwendung eignet.[726]

- Solange die Herstellung des infolge Mängeln vor Abnahme beschädigten oder zerstörten teilfertiggestellten Werkes noch möglich ist, bleibt der Auftragnehmer zur Leistung verpflichtet (Leistungsgefahr). Das ergibt sich aus den §§ 275 Abs. 1 BGB (Ausnahme: § 275 Abs. 2 BGB) und hat mit § 645 BGB noch nichts zu tun.

- Obwohl das Teil-Werk zerstört oder verschlechtert ist, muss der Auftraggeber, durch dessen „mangelhaften Stoff" das Teil-Werk ja verschlechtert ist, es dennoch vergüten, das heißt, der Auftraggeber muss ein möglicherweise gar nicht mehr vorhandenes oder nicht mehr brauchbares Werk dennoch bezahlen. **Das allein** regelt § 645 BGB (**Preisgefahr**).

- Außerdem: Ordnet der Auftraggeber die Wiederherstellung des durch den Mangel des Baustoffs zerstörten oder verschlechterten Werks an, so ist das Anordnung einer „im Vertrag nicht vorgesehenen Leistung", also zusätzliche Leistung, die wie jede andere angeordnete zusätzliche Leistung gem. § 1 Nr. 4, § 2 Nr. 6 VOB/B **zusätzlich zu vergüten ist**. Das ist die zutreffende, eindeutige Rechtsprechung des Bundesgerichtshofs für den absoluten Parallelfall der Zerstörung der Sache durch Naturereignisse und die anschließende Wiederaufbauanordnung des Auftraggebers bei § 7 VOB/B.[727]

Auf die hier zu lösende Grundsatzproblematik, wer **generell** für Einflüsse aus dem Baugrund bei **Errichtung** des Bauobjekts „verantwortlich" ist, passt § 645 BGB also nicht unmittelbar, denn die zu lösenden Fälle, die „Baugrundrisikofälle", behandeln nicht die Wiederherstellung einer schon errichteten und dann infolge eines „Mangels des gelieferten Stoffs" zerstörten Teil-Leistung, sondern „nur" die **erschwerte künftige** Erstellung einer Teil-Leistung, im Regelfall also die Frage, wer Mehraufwendungen trägt.

Aber die in § 645 BGB gesetzlich geregelte Risikozuweisung für vor Abnahme infolge **eines Mangels** des gelieferten Baustoffs schon erstellte, dann aber untergegangene oder geschädigte Teil-Leistung passt auch auf die „**generelle** Verantwortungszuteilung" für den Baugrund, denn: Wenn schon entgegen der allgemein bis zur Abnahme vom Auftragnehmer zu tragenden Preisgefahr **ausnahmsweise** aufgrund der Regelung in § 645 BGB dem Auftragnehmer ein Werk zu vergüten ist, das **mangelbedingt** gar nicht mehr vorhanden ist oder das verschlechtert ist und wenn die Wiederherstellung dieses aus den genannten Gründen zerstörten Teilwerks als zusätzliche Leistung nach § 2 Nr. 6 VOB/B

---

[724] So zutreffend genau Palandt/Straub, BGB, § 645, Rdn. 7.
[725] Voit, in: Bamberger/Roth, BGB, § 645, Rdn. 7; siehe auch Rdn. 1249, 1388.
[726] Wobei für die spätere Analogie zur Bewältigung von Erschwernissen einzuschränken ist, dass der Auftragnehmer bei fehlenden Beschaffenheitsangaben des Auftraggebers nur zur Beachtung der gewöhnlichen Sorgfalt, aber nicht zu eigenen Nachforschungen verpflichtet ist, dazu näher unten Rdn. 736, 742–753. Zur „Eignung" **ebenso** BGH NZBau 2005, 285, s. Fn. 728.
[727] BGHZ 61, 144 = BauR 1973, 317; Ingenstau/Korbion/Oppler, VOB/B, § 7 Nr. 1–3, Rdn. 20; Voit, in: Bamberger/Roth, BGB § 645, Rdn. 4; Erman/Schwenker, BGB § 645, Rdn. 7, oben Rdn. 150.

zusätzlich vergütet wird, so passt diese Ausnahme auch dann, wenn sich derselbe „**Mangel** des Baugrundes" – bevor er überhaupt ein errichtetes Teilwerk zerstören oder beschädigen konnte – schon „vor erfolgter Beschädigung" als Auswirkung auf die Errichtung selbst verwirklicht, also natürlich eine ja noch gar nicht vorhandene, sondern zu erbringende Leistung zwar nicht zerstört, aber eine Modifizierung der künftigen Leistung auslöst, die sich genauso darstellt, wie wenn eine „Wiederholungsleistung" nach erfolgter Beschädigung erforderlich geworden wäre.[728)]
Übrigens gilt dieselbe Grundsatzüberlegung auch dann jedenfalls analog – und auch das ist eine weitere Parallele –, wenn der Auftraggeber dem Auftragnehmer einen bearbeitungsfähigen "Stoff", also zum Beispiel ein Grundstück, erst gar nicht zur Verfügung stellt.[729)]

In Anwendung dieser Analogie läßt sich also generell für die „Erschwernisse" bei Baugrundarbeiten festhalten::   713
- Es kommt für die Zuweisung des „Baugrundrisikos" auf die Mangelfreiheit oder Mangelhaftigkeit des Baugrunds an. Der Baugrund ist **mangelhaft**, wenn er **nicht die vertraglich vereinbarte Beschaffenheit** hat. Es liegt auf der Hand, dass die richtige Antwort darauf, was vertragliche „Beschaffenheit" ist, das zentrale Problem aller Baugrundfälle ist.[730)]
Mangelhaft ist der Baugrund, wenn das „Beschaffenheitsist" vom „Beschaffenheitssoll" abweicht (näher Rdn. 721);
- die Mangelhaftigkeit im Sinne der Tragung der Preisgefahr in § 645 BGB ist identisch mit der sogleich weiter zu diskutierenden Beschaffenheitssoll-Beschaffenheitsist-Abweichung bei „Erschwernissen;
- die gegebenenfalls mangelbedingt „erschwerte Leistungserbringung" ist (zusätzlich) zu vergüten,
und
- die Vergütung dieser modifizierten Leistung ist – analog zur Wiederholungsleistung im Rahmen des § 645 BGB – rechtlich einzuordnen ist, nämlich als zusätzliche Leistung gemäß § 2 Nr. 6 VOB/B oder als geänderte Leistung gemäß § 2 Nr. 5 VOB/B. § 645 BGB regelt nämlich, wie erörtert, nur den Sondertatbestand der Verteilung der Preisgefahr, § 645 regelt aber nicht die Vergütung der Wiederherstellung der Leistung; in Parallele dazu fällt deshalb auch die geänderte oder zusätzliche Leistung infolge Beschaffenheitssoll-Beschaffenheitsist-Abweichung und ihre Vergütung ebenso wie die Wiederholungsleistung bei der „Preisgefahr" unter § 2 Nr. 6 VOB/B oder § 2 Nr. 5 VOB/B oder §2 Nr. 8 Abs. 2, 3 VOB/B.

[728)] BGH NZBau 2005, 285: Der Stoff muss zur Herstellung des Werkes tauglich sein, er darf nicht **mangelhaft** sein. Ebenfalls ausdrücklich zustimmend für Baugrundhaftung des Auftraggebers **nur bei falscher = mangelhafter Beschreibung** Motzke, Jahrbuch Baurecht 2005, 71 ff., 88. OLG Düsseldorf BauR 2002, 1853 stellt ebenfalls zutreffend auf die fehlerhafte (**mangelhafte**) Beschaffenheitsangabe ab. Vgl. auch Münchener Kommentar/Busche, BGB, § 645, Rdn. 7. Kuffer, NZBau 2006, 1, 5, 6: „Der Besteller soll zu dem Nachteil, der ihm aus dem Untergang, der Verschlechterung oder Unausführbarkeit des Werks **infolge eines Mangels** des Stoffs erwachsen ist, nicht zusätzlich den Schaden haben, dass er dem Unternehmer auch noch den entgangenen Gewinn aus den nicht auszuführenden Arbeiten ersetzen muss."
Ohne Begründung gegen die (entsprechende) Anwendung des § 645 BGB auf „Erschwernisse" (Lösung über Störung der Geschäftsgrundlage) Voit, in: Bamberger/Roth, BGB § 645, Rdn. 11, 17 ff. i.V.m. § 631, Rdn. 75.
Siehe ergänzend auch Fn. 743.

[729)] BGHZ 60, 14, 20; OLG München BauR 1992, 74 (Revision vom BGH nicht angenommen, zu dieser Entscheidung des OLG München siehe Rdn. 1391); Staudinger/Peters, BGB, § 645 Rdn. 13; RGRK-BGB/Glanzmann, § 645, Rdn. 2; Palandt/Sprau, BGB, § 645 Rdn. 9.

[730)] Und nicht das eher exotische Problem, wer das „echte Baugrundrisiko" im Sinne von Abschnitt 3.5 der DIN 4 020 trägt (näher Rdn. 719).

2.4 Die mangelfreie/mangelhafte Beschaffenheit des Baugrunds

714 Die Mangelfreiheit oder Mangelhaftigkeit des Baugrunds hängt davon ab, ob er die „vereinbarte Beschaffenheit" (oben Rdn. 712, 713) hat.
Die **Soll-Beschaffenheit** wird im Vertrag festgelegt, sei es durch eine direkte Aussage insbesondere im Leistungsverzeichnis oder in Form eines geotechnischen Gutachtens, sei es bei deren Fehlen durch die Ermittlung der **erkennbaren** indirekten Eigenschaftsangaben, wobei der Auftragnehmer aber **nicht zu eigenen Untersuchungen** verpflichtet ist.[731]
Von entscheidender Bedeutung ist offensichtlich, was unter „**Beschaffenheit**" des Baugrunds zu verstehen ist, welche Aussagen zur Eignung des Baugrunds also maßgebend sind. Diese Antwort läßt sich eindeutig unter Auswertung der Definitionsnorm der DIN 4020 geben:
In Anknüpfung an Abschnitt 1 und Abschnitt 6.1 wird die **Beschaffenheit** des Baugrunds **sachgerecht und vollständig definiert** durch die (vertraglichen bzw. erkennbaren) Aussagen zu

- **Aufbau (Zustand)**,
- **Beschaffenheit**

und

- **Eigenschaften**

des Baugrunds. Das **Beschaffenheitssoll** wird also insbesondere **nicht** nur bestimmt durch die Angaben zu Aufbau und Beschaffenheit, sondern **auch** zu den **Eigenschaften** des Baugrunds. Es ist somit Bausoll, dass der Baugrund in der definierten Art „reagiert"; ist die „Reaktion" anders als nach der Sollangabe vorauszusehen, so ist **dies allein schon Bausoll-Bauist-Abweichung** und die deswegen modifizierte Leistung Grund für Mehrvergütung.[732] Es ist **sehr** selten, dass ein Baugrundgutachten die Eigenschaften des Baugrunds **richtig** definiert, also die vor Ort angetroffenen **Eigenschaften** genau so sind wie definiert, und **trotzdem** die Herstellung des Werkes nicht funktioniert. Wenn doch, so ist das der Fall des „echten Baugrundrisikos." Diesem echten „Baugrundrisiko" wird viel Gedankenarbeit und Papier gewidmet, was allerdings in keinem Verhältnis zur praktischen Bedeutung steht: Symptomatisch berichtet Katzenbach, einer der bekanntesten geotechnischen Hochschullehrer und Sachverständigen in Deutschland, in seiner gesamten Gutachtertätigkeit sei bisher nur ein solcher Fall vorgekommen.[733]

2.5 Die Zuteilung des Baugrundrisikos

715 Das Risiko des Auftraggebers beim Baugrund liegt darin, dass er **für die Richtigkeit seiner Beschaffenheitsangaben** einstehen muss, wenn er solche macht;[734] da Aufbau, Beschaffenheit und insbesondere **Eigenschaften** (siehe Rdn. 714) naturgemäß nur bedingt sicher prognostiziert werden können, ist dieses Risiko bedeutend. Macht der Auftraggeber **keine Angaben**, ist dieses Risiko noch höher, weil dann der Auftragnehmer **nur das als Bausoll** zugrundelegen muss, was er ohne eigene Untersuchungen **erkennen** kann.[735]

---

[731] Näher Rdn. 736, 742–753. Kapellmann, BauR 1992, 433. Siehe Rdn. 1249, 1388.
[732] Wie hier (für das Schweizer Recht) Gauch, Werkvertrag, Rdn. 1981; Schumacher, Die Vergütung im Bauwerkvertrag, Rdn. 712. Vgl. dazu auch beim „Systemrisiko" Rdn. 764, auch Rdn. 1195.
[733] Darmstädter Baubetriebsseminar, 22. Oktober 1998. Zur Lösung s. Rdn. 715–718.
[734] Dazu Rdn. 727, 728.
[735] Oben Rdn. 714.

Aber es mag auch den seltenen – vgl. Rdn. 714 – Fall geben, in dem alle Angaben in dem geotechnischen Gutachten, inbesondere auch zu den Eigenschaften des Baugrunds, richtig sind, alle Beteiligten fachgerecht ausführen und trotzdem die Herstellung nur anders als erwartet, in der Regel mit großem Aufwand, möglich ist. Nochmals: Praktisch ist das so gut wie nie das wirkliche Problem, aber schon systematisch und im extremen Einzelfall ist die Antwort wichtig: Wer trägt das „echte Baugrundrisiko" (siehe Rdn. 708, 719)? Die Lösung ergibt sich aus dem Gesetz, nämlich dem allgemeinen Werkvertragsrecht; es gibt kein spezielles Tiefbau-Werkvertragsrecht.

Englert verteidigt seit langem die Auffassung, dieses „echte Baugrundrisiko" trage der Auftrag**geber**[736] und gibt dafür im Ergebnis drei Begründungen, von denen wenigstens eine sich aus dem Gesetz ergeben soll. **Indes tragen alle drei nicht**: 716

Als erstes meint Englert, aus § 644 BGB den Schluss ableiten zu können, der Auftraggeber trage das Risiko, wenn der gelieferte Stoff das Werk beschädige, er trage **also** jedes die Lieferung des Stoffes betreffende Risiko.[737] Aber das **Gegenteil** ist richtig: Nach dem Gesetz trägt der Auftraggeber das Zufallsrisiko **nicht**, die Wertung des Gesetzgebers ist genau umgekehrt; Englert hat § 644 Abs. 1 BGB falsch gelesen, der Auftragnehmer braucht lediglich den durch Zufall untergegangenen Stoff nicht auch noch zu ersetzen.[738]

Ergänzend will Englert aus § 9 Nr. 2 VOB/A den Schluss ziehen, der Auftraggeber dürfe dem Auftragnehmer kein ungewöhnliches Wagnis auferlegen, das „echte Baugrundrisiko" sei ein solches Wagnis.[739] Abgesehen davon, dass das ein Zirkelschluss ist, gilt **§ 9 Nr. 2 VOB/A** zweifelsfrei **nur für den öffentlichen Auftraggeber**, aber gerade nicht allgemein und also nicht für den privaten Auftraggeber. Beim öffentlichen Auftraggeber kann im Einzelfall § 9 Nr. 2 VOB/A eingreifen, beim privaten nie.[740] Schlüsse aus Allgemeinen Geschäftsbedingungen wie der VOB/A sind ohnehin nicht durchgreifend.

Endlich will Englert aus einzelnen Vorschriften der VOB/C-Normen einen allgemeinen Risiko-Zuweisungsgedanken entnehmen.[741] Das stimmt schon deshalb nicht, weil die VOB/C-Normen dieses Risiko unterschiedlich zuteilen;[742] außerdem ist es eben nicht möglich, aus Einzelregeln in Allgemeinen Geschäftsbedingungen für spezielle Gewerke Auslegungsschlüsse für das Gesetz zu ziehen.

Die gesetzliche Wertung ist, wie gerade die §§ 644, 645 BGB eindeutig zeigen, genau **umgekehrt: Wenn die Beschaffenheitsangaben richtig sind**, ist es allein **Risiko des Auftragnehmers**, das „versprochene Werk" herzustellen, genau das ist sein typisches werkvertragliches Unternehmerrisiko. **Richtige** Angaben des Auftraggebers ermöglichen **keinen Mangel**. 717

Man kann also höchstens diskutieren, ob man **entgegen der Wertung des Gesetzgebers** dieses „echte Baugrundrisiko" – oder allgemeiner: das Risiko der unvorhersehbaren Ungeeignetheit eines vom Auftraggeber gelieferten Stoffes für die Herstellung des Werks (wie für die Beurteilung der Mangelfreiheit des hergestellten Werkes, § 13 Nr. 1 VOB/B) – aus allgemeinen **Billigkeitsgründen** dem Auftraggeber zuweist. Das ist die alte 718

---

[736] Englert/Grauvogl/Maurer, Handbuch des Tiefbaurechts, Rdn. 933. Ebenso von Craushaar, Festschrift Locher, S. 99; Katzenbach, Mitteilungen des Instituts und Vertragsanstalt für Geotechnik der TH Darmstadt, Heft 39, S. 213; Kratzenberg, in: Ingenstau/Korbion, VOB/A § 9, Rdn. 54 unter Fehlzitat von BGH „Wasserhaltung II" BauR 1994, 236; diese Entscheidung behandelt das Problem des Baugrundrisikos im angesprochenen Sinn nicht. Keldungs, in: Ingenstau/Korbion, VOB/B § 2 Nr. 1, Rdn. 10.
[737] Ganten, BauR 2000, 643, 651 ist der Auffassung, das Baugrundrisiko müsse beim Auftraggeber liegen, weil die Leistungszusage des Auftragnehmers kalkulierbar sein müsse. Einen solchen allgemeinen Grundsatz gibt es nicht.
[738] Näher oben Rdn. 712.
[739] A.a.O. Rdn. 939, 941. Ebenso Staudinger/Peters, § 632, Rdn. 30.
[740] Siehe oben Rdn. 206.
[741] A.a.O. Rdn. 944.
[742] Beispiel Rdn. 731; zutreffend kritisch Ganten, a.a.O., 649; dazu dann Rdn. 739.

Diskussion zur „Sphärentheorie"; Rechtsprechung und überwiegende Lehre haben sich angesichts der eindeutigen Wertung des Gesetzgebers mit Recht **geweigert**, eine solche **generelle** „Billigkeitsrisikozuteilung" auf den Auftraggeber anzunehmen;[743] Englert trägt dazu keine neuen Gesichtspunkte vor. Der Bundesgerichtshof hat ausdrücklich für den Parallelfall der Mängelhaftung ablehnend entschieden.[744]

Das Problem minimiert sich allerdings deshalb, weil auch Abweichungen von den vorausgesetzten **Eigenschaften** des Baugrunds schon zur Bausoll-Bauist-Abweichung führen (siehe oben Rdn. 714).

Das bedeutet übrigens für die Mängelhaftung, dass ein Werk nicht deshalb mangelhaft ist, weil zwangsläufige, unvermeidbare Folgen eintreten, z. B. altersbedingte Setzungen eines Müllkörpers[745] oder voraussehbare, aber **nicht vermeidbare Verformungen**.[746]

Der Auftragnehmer muss also **zusammenfassend** bei **richtiger** Angabe zur Beschaffenheit die Aufgabe selbst bewältigen, und sei der Aufwand noch so hoch; die Grenze bildet erst die Störung der Geschäftsgrundlage (siehe Rdn. 739, 740). Es gibt **keine höchstrichterliche** Entscheidung, die bisher das so genannte „echte Baugrundrisiko" dem Auftraggeber auferlegt hätte.

3 Die zentrale Bedeutung der Auslegung des konkreten Vertrages

719   Damit wird die **zentrale Bedeutung des konkreten Vertrages und seiner Auslegung** offenbar: Keineswegs trägt der Auftraggeber (oder der Auftragnehmer) immer und/oder uneingeschränkt das Baugrundrisiko; einzig und allein der konkrete Vertrag entscheidet insoweit[747], und zwar in doppelter Hinsicht:

- Vor allem definiert der Vertrag das *Beschaffenheitssoll*, dessen Bewältigung Sache des Auftragnehmers ist.

- Darüber hinaus kann der Vertrag – allerdings nur in Grenzen, siehe unten Rdn. 758 ff. – auch das Risiko aus der „mangelfreien" Beschaffenheit des Baugrundes auf den Auftragnehmer abwälzen.

---

[743] Besonders eindeutig Erman/Schwenker, BGB § 645, Rdn. 11; Voit, in: Bamberger/Roth, BGB § 645, Rdn. 22.
Zutreffend Heiermann/Riedl/Rusam, VOB/B § 2, Rdn. 113: „**Einen Grundsatz, dass das Bodenrisiko stets vom Auftraggeber zu tragen sei, gibt es nicht**" (unter Zitat von OLG Karlsruhe, Urteil vom 22.11.1996, 16 U 13/95, Revision vom BGH nicht angenommen).
Siehe auch oben Fn. 728.
[744] BGH BauR 1986, 703; dazu näher Rdn. 764.
[745] OLG München, NZBau 2004, 274. Die Entscheidung bestätigt nicht, dass der Auftraggeber generell das Baugrundrisiko trägt; sie sieht vielmehr eine Analogie zur „Mangelhaftigkeit" des Baugrunds; ein Müllkörper, der sich immer setzt, ist „mangelhaft" im Sinne der Mangelhaftigkeit des vom Auftraggeber bereitgestellten Stoffes, wenn diese Setzungen ein prognostizierbares Ausmaß überschreiten, wenn also die „Eigenschaften" abweichend sind. Vgl. weiter dazu Rdn. 195 und ausführlich Motzke, Jahrbuch Baurecht 2005, 71 sowie Kuffer, NZBau 2006, 1.
[746] OLG Naumburg IBR 1999, 17 mit Kurzanmerkung Englert. Im Verhältnis Auftraggeber zu geotechnischem Sachverständigen/Tragwerksplaner kann dessen Werk mangelhaft sein, weil diese beispielsweise eine geringe Verformung vorausgesetzt haben.
[747] Zutreffend Kuffer, NZBau 2006, 1, 6; Quack, BB 1991, Beilage 20, S. 9 ff; Vygen, Jahrbuch BauR, 1999, S. 46 ff., 47; s. auch Rdn. 725; Band 2, Rdn. 552 ff.; s. auch Fn. 748.
Zustimmend auch (zum Schweizer Recht) Schumacher, Vergütung, Rdn. 427, 428.

Inhaltlich übereinstimmend, nur nicht unter Verwendung dieser Terminologie, sagt das OLG Stuttgart:

„Das Baugrundrisiko verwirklicht sich dann, wenn der Baugrund (wir ergänzen: hinsichtlich seiner Beschaffenheit) von dem abweicht, **was die Parteien bei Vertragsschluss vorausgesetzt haben,** *und wenn dadurch (***unvermutete***) Erschwernisse entstehen."*[748]

Das heißt, dass allein der Vertrag die Frage beantwortet, wer welches Risiko trägt. Wenn Abschnitt 3.5 der DIN 4020 deshalb das Baugrundrisiko als „unvermeidbares Restrisiko" definiert, das zu unvorhersehbaren Wirkungen führt, obwohl derjenige, der den Baugrund zur Verfügung stellt, **seinen Vertragspflichten** zur Untersuchung und Beschreibung vollständig nachgekommen ist, so zitiert die DIN zumindest missverständlich eine scheinbar allgemeine Untersuchungs- und Beschreibungs**pflicht**, jedenfalls erweckt sie den Anschein, der, der den Baugrund zur Verfügung stelle, habe eine Vertragspflicht zur Untersuchung. Diese an Englert und von Craushaar angelehnte Definition[749] ist in ihrer Allgemeinheit aber zu weitgehend. Sie unterschätzt die Rolle der vertraglichen Vereinbarung und erweckt jedenfalls den Anschein, als habe jeder Auftrag**geber** eine generelle Untersuchungspflicht, die er **generell** aber so gerade nicht hat, das heißt, die im Vertrag zulässigerweise **abweichend** geregelt sein kann, wie nachfolgend zu zeigen (unten Rdn. 747 ff.). Diese Definition konstituiert also zumindest missverständlich eine Untersuchungspflicht des Auftraggebers, wie sie zwar für jede Art der öffentlichen Ausschreibung in der VOB/A § 9 Nr. 3 Abs. 3 ausgesprochen ist, wie sie aber nichtsdestotrotz **nicht** für jeden Bauvertrag verpflichtend ist (dazu im Einzelnen oben Rdn. 725 ff., 797 ff.): Die Vertragsparteien haben nicht abstrakt Pflichten und insbesondere Prüfpflichten, sondern sie haben **die** Pflichten, die sich (zulässigerweise) aus dem Vertrag (und ggf. in Auslegung des Vertrages) ergeben. Oder anders ausgedrückt: Der Auftraggeber ist eben nicht unabdingbar und unter allen rechtlichen Bedingungen verpflichtet, den Baugrund selbst zu untersuchen und daraus selbst planerische Schlüsse hinsichtlich des Baugrundes zu ziehen. Ob er solche Pflichten hatte und ob er sie ggf. verletzt hat, hängt vom Vertragstyp und vom konkret gewählten Vertrag ab. Sowohl die „Pflicht" zur Untersuchung wie auch das Risiko misslingender Bauausführung trotz richtiger Untersuchung kann der Auftraggeber individuell dem Auftragnehmer übertragen (siehe Rdn. 758).

Die ingenieurtechnische Aufgabenstellung muss **insofern sehr deutlich von der rechtlichen Fragestellung getrennt werden.** Dass vernünftigerweise Bodenuntersuchungen vor Abschluss des Vertrages mit dem ausführenden Unternehmer durchgeführt werden müssen, besagt nichts dazu, **wer** rechtlich zu solchen Untersuchungen verpflichtet ist.

720

---

[748] OLG Stuttgart „Schlitzwandgreifer" BauR 1994, 631. Zutreffend unter Betonung des jeweiligen Vertrags Fink/Klein, in: Freiberger Handbuch, § 1, Rdn. 26.
[749] Von Craushaar, Festschrift für Locher, 1990, S. 9 ff., S. 19; Englert, BauR 1991, 537 ff., Englert/Grauvogel/Maurer, Handbuch Baugrund, Rdn. 934, im Ergebnis ebenso Katzenbach, a.a.O. Ähnlich auch OLG München, IBR 1997, 104. Vgl. auch Heucheler, BB 1991, Beilage 20, S. 12. Das OLG Stuttgart, a.a.O., kritisiert mit Recht ebenfalls die Definition von Englert als zu weit gehend, ebenso zutreffend kritisch Pauly MDR 1998, 1453, 1454 und 1455 und Vygen, Jahrbuch BauR 1999, S. 46 ff., 50. Siehe auch die zutreffende Kurzanmerkung von Schulze-Hagen, IBR 2003, 660 zu OLG Stuttgart, ebenda.

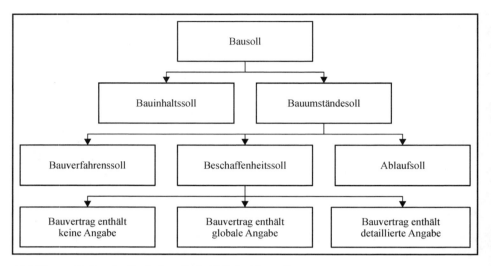

Abbildung 20: Beschaffenheitssoll als Teil des Bausolls

4 Das Beschaffenheitssoll als Teil des Bausolls

721 Die Definition des Stoffes „Baugrund" im Vertrag ist nur durch Beschreibung der „Beschaffenheit" des Baugrundes möglich. Damit liegt weiter auf der Hand: Das Kernproblem der Bestimmung des Beschaffenheitssolls ist, den **Vertrag auszulegen** und die vom Auftragnehmer zu bewältigende Beschaffenheit anhand der Totalität aller Vertragsunterlagen als Teil des Bausolls insgesamt zu bestimmen.[750]

Abb. 20, S. 292 macht die Einbettung des Beschaffenheitssolls in den Oberbegriff „Bausoll" deutlich.

Die Abweichung des Beschaffenheitsist vom Beschaffenheitssoll führt beim VOB-Vertrag bei daraus resultierenden modifizierten Leistungen zum Anspruch des Auftragnehmers auf geänderte bzw. zusätzliche Vergütung, sei es infolge Anordnung des Auftraggebers über § 2 Nr. 5 oder § 2 Nr. 6 VOB/B, sei es ohne Anordnung des Auftraggebers über § 2 Nr. 8 VOB/B.

Für diesen Anspruch auf zusätzliche Vergütung ist die pure Bausoll-Bauist-Abweichung (neben den speziellen Voraussetzungen des § 2 Nr. 5, Nr. 6 oder Nr. 8 VOB/B) einzige Voraussetzung. Warum das Soll vom Ist abweicht, spielt keine Rolle. Verschuldensgesichtspunkte haben deshalb mit diesem Thema auch nichts zu tun.[751]

---

[750] Beispiel außerhalb der Baugrundfälle für Beschaffenheitssoll: Der Auftraggeber schreibt aus, es sei „B 25" abzubrechen, tatsächlich ist der vorgefundene Beton „B 60", dazu Schulze-Hagen, Kurzanm. zu OLG Zweibrücken, IBR 2000, 416, Revision vom BGH nicht angenommen.

[751] Deshalb unzutreffend OLG Hamm BauR 1994, 144 L = OLG Hamm NJW-RR 1994, 406. Zustimmend in dieser Kritik am OLG Hamm und in Bejahung eines Vergütungsanspruches ausschließlich nach § 2 Nr. 5 oder § 2 Nr. 6 VOB/B im konkreten Fall auch Jagenburg, NJW 1994, 2864, 2870. Siehe **besonders** Rdn. 768, 772.

722 Deshalb ist Grundlage der Vergütung für evtl. höhere Kosten auch nicht ein Behinderungsschadensersatzanspruch des Auftragnehmers aus § 6 Nr. 6 VOB/B.[752]

5 Die Definition des Beschaffenheitssolls durch den Vertrag im Einzelnen

5.1 Definitionsmöglichkeiten

5.1.1 Grundsatz

723 Das Beschaffenheitssoll ist die Aussage des Vertrages dazu, welchen Aufbau (Zustand), welche Beschaffenheit und welche Eigenschaften (siehe oben Rdn. 714) des Baugrundes der Auftragnehmer **erwarten** darf, was er also insoweit seiner Verfahrensüberlegung und seiner Kalkulation zugrunde legen darf.

Allerdings sind Aussagen des Vertrages in unterschiedlicher Bandbreite und in jeder Form möglich: Der Vertrag kann zur Beschaffenheit des Baugrundes detaillierte Angaben machen, er kann sich auf globale Angaben beschränken, er kann sogar schlicht schweigen, was auch wieder vertragliche Aussage ist.
Durch **Auslegung des Vertrages** wie immer **„nach dem Empfängerhorizont** der Bieter" ist für jede vertragliche Konstellation das Beschaffenheitssoll (hinsichtlich des Baugrunds) festzustellen. Deshalb kommt es auf die **Erkennbarkeit** für den Auftragnehmer an.[753]

724 Die Beurteilung dieses „Empfängerhorizonts" ist rechtliche Auslegungsfrage und obliegt damit im Streitfall einem Gericht. Ein **technischer Sachverständiger** kann insoweit dem Gericht das für die Beurteilung notwendige Fachwissen vermitteln, aber er entscheidet nicht selbst.[754]

5.1.2 Die Bedeutung von Prüfpflichten des Auftraggebers hinsichtlich des Baugrunds für das Beschaffenheitssoll

725 Ob der Auftraggeber eine Pflicht hat, das Beschaffenheitssoll selbst zu ermitteln, also Baugrundprüfungen durchzuführen und deren Ergebnis mitzuteilen, hat mit der Zuteilung des Baugrundrisikos unmittelbar nichts zu tun, wie schon in Kritik der Definition von Englert gerade angesprochen.
Abgesehen davon: Beim BGB-Vertrag gibt es eine solche Pflicht jedenfalls expressis verbis überhaupt **nicht**; wenn allerdings der Auftraggeber dazu nichts vertraglich regelt, führt das – wie wir unter Rdn. 742 ff. erörtern – zu einem hohen Risiko für ihn.

---

[752] Ein Anspruch aus § 6 Nr. 6 VOB/B kann lediglich bestehen, wenn der Auftraggeber sich nicht entscheidet und insoweit eine „Stillstandszeit" entsteht, vgl. näher Rdn. 771-773.
[753] **Einzelheiten** oben Rdn. 183. Beispiel für vielleicht zu strenge Anforderungen an die Erkennbarkeit ohne Berücksichtigung der „Primärverursachung" des Auftraggebers OLG Naumburg BauR 2003, 714 mit der Annahme, der Bieter habe „frivol", nämlich „ins Blaue hinein" kalkuliert, dazu Rdn. 251–254. Zur genauen Beurteilung müsste man Einzelheiten des Sachverhalts kennen.
[754] **Einzelheiten** oben Rdn. 148, 177.

Beim VOB-Vertrag spielt die Beschreibungspflicht des § 9 Nr. 3 Abs. 3 VOB/A nur für den öffentlichen Auftraggeber eine Rolle, aber keine unmittelbar das Beschaffenheitssoll bestimmende Rolle (näher Rdn. 752, 753ff).

Ist die VOB/B vereinbart, so sind allerdings kraft § 1 Nr. 1 Satz 2 VOB/B auch die Allgemeinen Technischen Vertragsbedingungen (= VOB/C) Vertragsinhalt. Die in der jeweiligen ATV enthaltenen "Hinweise zur Leistungsbeschreibung" im Abschnitt 0, z.B. in DIN 18 300, spielen im Rahmen der Vertragsauslegung eine sehr wichtige Rolle, aber die pure Pflichtverletzung des Auftraggebers trägt auch hier nur in Ausnahmefällen zur Definition bei; wir werden das noch erörtern (Rdn. 729, 745 ff.).

5.2 Die vertragliche Definition des Beschaffenheitssolls durch Detailangaben

5.2.1 Grundsatz

726   Der Auftraggeber kann die **Sollbeschaffenheit** des Baugrundes durch **Detailangaben** beschreiben. Solche Detailangaben sind insbesondere die Angaben im Text der LV-Positionen der „bodenbearbeitenden Teilleistungen".

Hinsichtlich der Bedeutung von Detailangaben des Auftraggebers bei der Auslegung des Vertrages gelten generelle Grundsätze, wie sie auch bei der Beurteilung von Detailangaben im Zusammenhang mit unklaren Bausoll-Regelungen allgemein[755] und bei der Beurteilung von Detailangaben im Rahmen der Bausollbestimmungen bei Pauschalverträgen[756] gelten:

5.2.2 Vertrauen auf Richtigkeit

727   Als erstes darf sich der Auftragnehmer darauf verlassen, dass die Detailangaben zur Beschaffenheit **richtig** sind (**Richtigkeitsvermutung**). Also: Jede einzelne Beschaffenheitsangabe, auch und insbesondere zu den Eigenschaften des Baugrunds, ist verbindlich, auf jede (Detail-)Angabe darf sich der Auftragnehmer verlassen.[757] Für die Richtigkeit seiner Angaben muss der Auftraggeber immer einstehen, genauso wie er für die Richtigkeit seiner Planung einstehen muss: Wenn die Planung des Auftraggeber Fundamente in Auelehm vorsieht, statt eine Tiefgründung in dicht gelagerten sandigen Kiesen oder einen Bodenaustausch, muss er für seinen Tragwerkplaner als Erfüllungsgehilfen einstehen. Für den Bodengutachter gilt nichts anderes.

5.2.3 Vertrauen auf Vollständigkeit

728   Der Auftragnehmer darf sich aber nicht nur darauf verlassen, dass die Detailangaben der Leistungsbeschreibung richtig sind, sondern auch darauf, dass sie **vollständig** sind (**Vollständigkeitsvermutung**).

---

[755] Siehe oben Rdn. 175 zum Wortlaut; allgemein sodann Rdn. 178–232; zur Erkennbarkeit speziell Rdn. 210.
[756] Band 2, Rdn. 206-285 beim Detailpauschalvertrag, Rdn. 474-544 beim Globalpauschalvertrag.
[757] Zutreffend: BGH BauR 1994, 395, 297; OLG Hamm BauR 1994, 144 = NJW-RR 1994, 407 (allerdings mit falscher Einordnung im konkreten Fall unter § 6 NR. 6 VOB/B, richtig ist § 2 Nr. 5, Nr. 6 oder § 2 Nr. 8 VOB/B, siehe Fn. 751 und Rdn. 722, 772). Dazu **Rdn. 188**.

Da der Auftraggeber die Leistungsbeschreibungsmethode „auftraggeberseitige Detaillierung" gewählt hat, trägt er allein die Verantwortung für die richtige und ausreichende Prüfung des Baugrundes, für die richtige Planung und für die richtige Umsetzung der Planung in Detailbeschreibungen im Rahmen der Ausschreibung. Hier, also bei **dieser Art** der Leistungsbeschreibung, spielt der Gedanke der in § 9 Nr. 3 Abs. 3 VOB/A nur für den öffentlichen Auftraggeber statuierten Beschreibungspflicht eine allgemeine Rolle: Der Auftraggeber, der detailliert die Leistung beschreibt, macht deutlich, dass er, indem er detailliert z. B. in Form des Leistungsverzeichnisses mit Vordersätzen ausschreibt, alles zu Regelnde und zu Beschreibende erfasst hat. Für die Vollständigkeit spricht also eine **Vollständigkeitsvermutung** – das ist ein Auslegungkriterium, das seinerseits allgemeine Bedeutung im Bauvertrag hat. So spricht genauso auch beim Detail-Pauschalvertrag eine Vermutung für die Vollständigkeit der auftraggeberseitigen Leistungsbeschreibung. Die **Vollständigkeitsvermutung** ist Folge der **Systemwahl des Auftraggebers** für das Leistungsbeschreibungssystem: „Auftraggeberseitige Planung und Detailausschreibung" und seiner aus dieser Wahl resultierenden Verantwortlichkeit.[758]

Die **Vollständigkeitsvermutung** gilt nicht nur positiv, sie gilt **auch** „negativ": Weil sich der Bieter auf die Vollständigkeit der Detailbeschreibung verlassen darf, darf er auch darauf vertrauen, dass das, was im Rahmen ordnungsgemäßer Detailangabe anzugeben wäre, aber nicht angegeben ist, auch tatsächlich nicht vorhanden ist bzw. nicht verlangt wird; einen Sonderanwendungsfall bilden hier die sogleich zu erörternden „Ja-nein"-Alternativen der Abschnitte 0 der VOB/C.

5.2.4 Die Bedeutung der VOB/C

Einen eigenen Anwendungsbereich für die **Verneinung** bestimmter Beschaffenheitsmerkmale bilden insoweit die jeweiligen 0-Abschnitte der Allgemeinen Technischen Vertragsbedingungen in DIN 18 299 ff. (VOB/C), soweit sie **Ja-Nein-Alternativen** zulassen.[759]

729

Wenn beispielsweise eine Ausschreibung die Geltung der VOB/B vorsieht (und damit die der VOB/C, § 1 Nr. 1 S. 2 VOB/B), aber nicht erwähnt, dass die Baustelle im **Landschaftsschutzgebiet** liegt, darf der Auftragnehmer davon ausgehen, **dass** dies tatsächlich auch nicht der Fall ist - „Standardverhältnisse" (VOB/C, DIN 18299, Abschnitt 0.1.11), vgl. Rdn. 128. Wenn die Ausschreibung unter geltender VOB/B bei Erdarbeiten nicht erwähnt, dass sich die **Eigenschaften** und Zustände **von Boden** und Fels **nach dem Lösen ändern** (VOB/C, DIN 18300 Abschnitt 0.2.7), so ist als Beschaffenheitssoll davon auzugehen, dass sie sich eben nicht ändern, oder anders ausgedrückt: Die in der Leistungsbeschreibung genannte Eigenschaft (Eignung) des Baugrundes ist Beschaffenheitssoll (siehe Rdn. 714, nachfolgend 730 ff.).
Würde doch eine Änderung auftreten, wäre das also Beschaffenheitssoll-Beschaffenheits-ist-Abweichung und würde Ansprüche auf geänderte Vergütung seitens des Auftragnehmers begründen.[760]

---

[758] Zur **Vollständigkeitsvermutung** beim Einheitspreisvertrag siehe oben **näher Rdn. 188**. Zur Vollständigkeitsvermutung beim Detail-Pauschalvertrag Band 2, Rdn. 255 ff., zur Vollständigkeitsvermutung beim Global-Pauschalvertrag Band 2, Rdn. 552 ff.
Zustimmend (für das Schweizer Recht) auch Schumacher, Vergütung, Rdn. 475, 476. I. E. ebenso Thode, Seminar Pauschalvertrag und Schlüsselfertiges Bauen, 1991, S. 33, 42.
[759] Näher dazu Rdn. 753 sowie Band 2, Rdn. 617. Zur Verbindlichkeit der VOB/C oben Rdn. 126.
[760] Wie hier Beck'scher VOB-Kommentar/Motzke, Teil B, Einleitung I, Rdn. 19, 20.
Zu den 0-Abschnitten der VOB/C siehe ergänzend Rdn. 127–129.

730 Von besonderer Bedeutung als für den Auftragnehmer verbindliche Detailangaben sind überhaupt **zahlreiche** Einzelbestimmungen der **VOB/C**, die regeln, was Beschaffenheitssoll ist, und dass ein davon abweichendes Beschaffenheitsist zu „Besonderen Leistungen" führt, rechtlich also im Regelfall zu zusätzlichen Leistungen im Sinne von § 2 Nr. 6 VOB/B, ggf. auch bei fehlender Anordnung zu Vergütungsansprüchen aus § 2 Nr. 8 VOB/B.[761)]

731 Als Beispiel: Bei „normalen" Bohrarbeiten, z. B. zur Grundwasserabsenkung (DIN 18301), sitzt das Bohrwerkzeug fest. Gemäß Abschnitt 3.4.2 der DIN 18 301 muss der Auftragnehmer den Auftraggeber unverzüglich unterrichten[762)]; „der Auftraggeber bestimmt, ob ... die Bohrung aufgegeben oder versetzt werden soll". Die zu treffenden Massnahmen sind **„Besondere Leistungen"**.

Das heißt: Auch dann, wenn die vorgefundenen Bodenverhältnisse genauso sind, wie vom Auftraggeber angegeben, ist dennoch gemäß DIN 18 301 das Festsitzen des Bohrwerkzeugs eine Soll-Ist-Abweichung, Massnahmen zur Beseitigung dieses Zustandes sind „Besondere Leistungen", werden also besonders vergütet!

Unterläßt der Auftraggeber übrigens entgegen Abschnitt 3.4.2 der DIN 18 301 die Bestimmung über die „zu treffenden Massnahmen", so behindert der Auftraggeber den Auftragnehmer damit, denn der Auftragnehmer hat einen Anspruch auf Entscheidung; der Auftragnehmer muss die Behinderung anzeigen, für den entsprechenden „Warte-"Entscheidungszeitraum hat der Auftragnehmer Behinderungsschadensersatzansprüche gem. § 6 Nr. 6 VOB/B (näher Rdn. 771, 773).

Anders die **DIN 18319** – **„Rohrvortriebsarbeiten"**: Sitzt bei Rohrvortriebsarbeiten das Bohrwerkzeug fest, so ist das allein Problem des Auftragnehmers, vorausgesetzt, die vom Auftraggeber in der Ausschreibung angegebene Bodenklasse wird auch tatsächlich angetroffen. Anders als die DIN 18301 regelt die DIN 18 319 in Abschnitt 3.2.3 (der eigentlich von der Systematik her mit Abschnitt 3.4.2 der DIN 18 301 vollkommen vergleichbar ist) gerade **nicht**, dass **jede** durch das Steckenbleiben des Bohrwerkzeuges ausgelöste Massnahme „Besondere Leistung" ist, wenn also die Bohrung aufgegeben oder versetzt werden soll. Die DIN 18319 regelt innerhalb von 3.2.3 nur, dass dann, wenn **unvermutete** Hindernisse, z. B. Bauwerksreste, angetroffen werden, der Auftraggeber bestimmt, wie das Hindernis beseitigt werden soll und welche sonstigen Massnahmen zu treffen sind. Die so betroffenen Massnahmen führen wieder zur Bewältigung einer Soll-Ist-Abweichung, sie sind Besondere Leistungen und führen zur Zusatzvergütung. Der Unterschied zwischen den Regelungen der beiden DIN-Normen ist signifikant: Während gemäß Abschnitt 3.4.2 der DIN 18 301 das pure Festsitzen des Bohrwerkzeuges schon zu Besonderen Leistungen führen kann, ist das bei Geltung der DIN 18 319 anders.

Für **„Schlitzwandarbeiten"** mit stützenden Flüssigkeiten" gilt gemäß DIN 18313 Abschnitt 3.1.9 wiederum eine abweichende Regelung: Wenn von der Leistungsbeschreibung abweichende Bodenverhältnisse angetroffen werden, ist der Auftraggeber unverzüglich zu unterrichten. Die zu treffenden Massnahmen, wie z. B. Ersetzen und Verändern der stützenden Flüssigkeit nach Qualität und Menge, sind gemeinsam festzulegen. Sie sind wiederum Bausoll-Bauist-Abweichung, nämlich Besondere Leistungen und führen zur gesonderten Vergütung.[763)]

[761)] Einzelheiten zur Beurteilung der **„Besonderen Leistungen"** als zusätzliche Leistungen im Sinne von § 2 Nr. 6 VOB/B siehe oben Rdn. 136-143.

[762)] Die unterlassene Unterrichtung führt nicht zum Verlust des Mehrvergütungsanspruches des Auftragnehmers (OLG Frankfurt BauR 1986, 352, 354).

[763)] Deshalb zutreffend OLG Stuttgart „Schlitzwandgreifer" BauR 1994, 631 (siehe Rdn. 718, Fn. 748).

Regelt der Vertrag das **Kontaminierungsrisiko** nicht, so sind durch kontaminiertes Material ausgelöste Mehraufwendungen „weitere Maßnahmen" im Sinne von DIN 18 299 Abschnitt 3.3 und damit gemäß Abschnitt 4.2.1 gesondert zu vergütende Besondere Leistungen.[764]

Besonders schön sind die Regelungen der **DIN 18 300 „Erdarbeiten"**. Gemäß Abschnitt 3.7.6 ist z. B. Schüttgut lagenweise einzubauen und zu verdichten. In der Leistungsbeschreibung wird normalerweise ein Verdichtungsgrad vorgeschrieben (z. B. Proctor-Dichte). Dann ist es **Beschaffenheitssoll**, dass der Verdichtungsgrad durch die **Verdichtungsmassnahme** überhaupt **erreichbar** ist, oder anders ausgedrückt: Die **Eignung** des Bodens, durch Verdichtungsmassnahmen eine bestimmte Verdichtung zu erreichen, ist **Beschaffenheitssoll** (vgl. noch einmal DIN 4020, Abschnitt 2: Zustand und **Eigenschaften** des Baugrundes sollen beschrieben werden).
Ist der Verdichtungsgrad bei den vorgegebenen Boden-, Wasser- und Wetterverhältnissen objektiv nicht erreichbar, so sind gemäß Abschnitt 3.7.7 der DIN 18 300 „geeignete Massnahmen" gemeinsam festzulegen. Geeignete Massnahmen sind z. B. Bodenverbesserungen, Bodenaustausch, andere Einbaumethoden (z. B. Sandwich-Bauweise) oder das einfache Abwarten, bis die Böden abgetrocknet sind. Der Auftraggeber hat zu entscheiden, welche dieser Maßnahmen getroffen werden. Was auch immer er entscheidet, die resultierenden Leistungen sind „Besondere Leistungen", sie sind gesondert zu vergüten. Wenn also z. B. der Auftraggeber entscheidet, dass eine Bodenverbesserung erfolgen soll, handelt es sich um eine Zusatzleistung nach § 2 Nr. 6 VOB/B. Würde er entscheiden, dass 4 Monate abgewartet werden soll, bis die Böden abgetrocknet sind, handelt es sich um eine zeitliche Anordnung nach § 2 Nr. 5 VOB/B, nebenbei: Das ist der seltene Fall, dass eine „Besondere Leistung" sich als Leistung nach § 2 Nr. 5 VOB/B darstellt und nicht nach § 2 Nr. 6 VOB/B.

5.2.5 Die allgemeine Prüfpflicht des Bieters hinsichtlich der Beschaffenheitsangaben bei Baugrundangaben; Bedeutung von Baugrundgutachten

Der Bieter hat vertragliche Aussagen zum Baugrund wie alle vertraglichen Aussagen der Leistungsbeschreibung zu prüfen. Aber diese Prüfpflicht beurteilt sich nach dem Empfängerhorizont der Bieter, sie spielt bei der Beurteilung auftraggeberseitiger Beschaffenheitsdetailangaben zwar eine Rolle, aber doch nur eine eingeschränkte und klar umrissene Rolle: Die vom Auftraggeber vorgegebenen Details braucht der Bieter natürlich nicht in Zweifel zu ziehen, schon gar nicht die vom Sonderfachmann „Baugrundgutachter" über den Auftraggeber vorgelegten Details.
Der Bieter muss zwar **nach** Vertragsschluss auch ein Baugrundgutachten auf **offenkundige Fehler** durchsehen, aber man kann vom ihm im Regelfall nicht erwarten, dass er Fehler findet, die der Sonderfachmann (also der Bodengutachter selbst und gegebenenfalls der durch das Bodengutachten instruierte Sonderfachmann Tragwerksplaner) nicht bemerkt hat.[765]

Ob auftraggeberseitige „Empfehlungen", z. B. **Baugrundgutachten** mit all ihren Bestandteilen (z. B. Schichtenverzeichnis) in diesem Sinne überhaupt Detail-Beschaffenheitsangabe sind, ist sehr problematisch. Das Baugrundgutachten wendet sich nicht unmittelbar an den ausführenden Bieter, sondern an einen Sonderfachmann, nämlich i.d.R. an den Tragwerksplaner, manchmal auch an den Objektplaner für Verkehrsanlagen. Es

---

[764] OLG Stuttgart, BauR 2004, 678 = IBR 2003, 660, Nichtzulassungsbeschwerde vom BGH zurückgewiesen.
[765] OLG Düsseldorf BauR 1994, 764, 766, Revision vom BGH nicht angenommen.

gibt in der Hauptsache dem Sonderfachmann Instruktionen zur Gründungsmöglichkeit, die dieser noch konstruktiv verarbeiten muss. Konstruktion und Bodenbeschreibung müssen (bei detaillierter Leistungsbeschreibung mit Leistungsverzeichnis beim Einheitspreisvertrag) in die Positionsbeschreibungen des Leistungsverzeichnisses einfließen.[766] Wir verweisen nochmals (vgl. Rdn. 204) darauf, dass ein Bodengutachten nur ein „Ergänzungsmittel" ist, das nach § 9 Nr. 7 VOB/B nur „erforderlichenfalls" der Ausschreibung beizufügen ist, wenn über die Leistungsverzeichnistexte hinaus weiterer Aufklärungsbedarf besteht.

Aus einem Baugrundgutachten ergeben sich also nur in sehr beschränktem Maße für den Bieter erkennbare bzw. massgebliche **Detailangaben**; ein Baugrundgutachten bedarf - je nach Vertragstyp - noch der Umsetzung in die Tragwerks- oder Verkehrsplanung, sowohl rechnerisch wie auch zeichnerisch in die Ausführungsplanung und letztlich auch im Rahmen der Objektplanung in die Leistungsbeschreibung durch den Auftraggeber. Im Leistungsverzeichnis und somit im Vertrag genannte "konstruktive" und sonstige Details gehen ohnehin als spezielle Aussage den allgemeinen Aussagen eines Bodengutachtens vor, das ja auch nur „Ergänzungsmittel" ist.

734 Die Frage ist damit überhaupt, ob ein Bieter bei ordnungsgemäß erscheinendem Leistungsverzeichnis bzw. ein Auftragnehmer bei korrekt und vollständig sich darstellenden Ausführungsvorgaben überhaupt noch ein Bodengutachten prüfen muss. Es ist i.d.R. nicht an ihn „adressiert"; seine Adressaten haben auf seiner Basis ihre planerischen bzw. ausschreibenden Aufgaben durchgeführt; die Ergebnisse erscheinen plausibel. Somit ist für den Fall, dass das Bodengutachten im Leistungsverzeichnistext und/oder in den Ausführungsvorgaben nicht angesprochen wird, u. E. das Bodengutachten vom Bieter bzw. Auftragnehmer nicht (unbedingt) zu überprüfen.

Sollte dagegen das Bodengutachten im Leistungsverzeichnis klar angesprochen werden, so ist es doch nur ein Ergänzungsmittel allgemeiner Art. Jedenfalls darf dann ein Auftragnehmer unübersehbare **konkrete** Hinweise des Bodengutachtens nicht vernachlässigen. Wenn in einem solchen Fall z. B. das Bodengutachten darauf hinweist, dass die Einordnung in die Bodenklasse 4 aus **konkreten** Gründen zweifelhaft ist, darf der Auftraggeber die Einordnung in Bodenklasse 4 nicht als sicher unterstellen.

735 Manche scheinbar die **Verbindlichkeit eines Bodengutachtens in Frage stellenden Vertragsklauseln** sind allerdings nicht Ausdruck dafür, dass Zweifel an der Richtigkeit der Angaben des Gutachtens (z. B. Einordnung in eine bestimmte Bodenklasse) angebracht seien; sie sind vielmehr nur – als „Angstklausel" – die (banale) Wiederholung allgemeinmethodischer Hinweise der DIN zur Aussagefähigkeit von Bodengutachten, die den Richtigkeitsgehalt des Bodengutachtens in konkreter Form unberührt lassen.

Oft findet man insoweit in den auftraggeberseitigen Unterlagen folgenden Text:

> „Aufschlüsse in Boden und Fels sind als Stichproben zu werten. Sie lassen für zwischenliegende Bereiche nur Wahrscheinlichkeitsaussagen zu."

Das ist nichts anderes als das Zitat von Abschnitt 4.2 der DIN 4 020 „Geotechnische Untersuchungen für bautechnische Zwecke".

Genausogut könnte man Beiblatt 1 zur DIN 4 020, zu 4.2 zitieren:

> „Ein Baugrundrisiko kann auch durch eingehende geotechnische Untersuchungen nicht völlig ausgeschaltet werden, da die Werte der Baugrundkenngrößen streuen, eng begrenzte Inhomogenitäten des Baugrundes nicht restlos zu erfassen sind und manche

---

[766] Ironisch, aber zutreffend: „Das **größte Baugrundrisiko** besteht in den **Mißverständnissen** zwischen dem Geologen und dem Bauingenieur", so Briner, Baugrundrisiko, S. 249.

Eigenschaften des Baugrunds mit angemessenem Aufwand nicht festgestellt werden können."

All diese Texte sind richtig, nämlich Angaben über die generell begrenzte Aussagekraft von Bodengutachten, haben aber mit der Verantwortlichkeit des Auftraggebers für die Richtigkeit seiner Detailangaben nichts zu tun. Keiner dieser Texte gibt dem Bieter Anlass, konkrete Aussagen in der Detailausschreibung des Leistungsverzeichnisses bzw. in einem Baugrundgutachten in Zweifel zu ziehen.[767]

5.2.6 Keine eigene Untersuchungspflicht des Bieters (Prüfpflicht) in Bezug auf den Baugrund

Zu **eigenen** Untersuchungen irgendwelcher Art – weder zur Richtigkeit von Angaben in Gutachten oder Ausschreibungen noch dann, wenn solche Angaben fehlen, **hinsichtlich des Baugrundes** selbst – ist der Bieter, später Auftragnehmer, **nicht verpflichtet**, wenn nicht der Vertrag eine entsprechende individuelle Regelung enthält; schon gar nicht und erst recht **nicht** ist er zu eigenen Baugrund- oder Grundwasseruntersuchungen verpflichtet, worüber (auch beim BGB-Vertrag) völlige Einigkeit besteht.[768]

Ist die **VOB/B** vereinbart, so ist ohnehin **vertraglich geregelt**, dass der Bieter bzw. Auftragnehmer zu solchen eigenen Baugrunduntersuchungen nicht verpflichtet ist. Gemäß der über § 1 Nr. 1 Satz 2 VOB/B geltenden Regelung der VOB/C sind z. B. bei **Erdarbeiten** „Boden-, Wasser- und bodenmechanische Untersuchungen und Wasserstandsmessungen" gemäß Abschnitt 4.2.9 der DIN 18 300 Besondere Leistungen, das heißt, sie sind nicht Bausoll; würden sie angeordnet, so sind sie Bausoll-Bauist-Abweichung und führen zur zusätzlichen Vergütung nach § 2 Nr. 6 VOB/B.[769]

Dasselbe gilt z. B. auch für **„Wasserhaltungsarbeiten"** (Abschnitt 4.2.2 DIN 18305).

5.2.7 Die Prüf- und Hinweispflicht gem. § 4 Nr. 3 VOB/B bzw. analog § 645 BGB

Wie immer muss ein Auftragnehmer auch hinsichtlich der Beschaffenheitsangaben gegen die „Güte der vom Auftraggeber gelieferten Stoffe" gegebenenfalls Bedenken mitteilen (§ 4 Nr. 3 VOB/B); die aus der Beschaffenheitssoll-Beschaffenheitsist-Abweichung resultierende eventuelle Vergütungsforderung kann auch daran scheitern, dass für die Mangelhaftigkeit des Stoffes „ein Umstand mitgewirkt hat, den der Auftragnehmer zu vertreten hat" (§ 645 BGB, s. auch § 13 Nr. 3 VOB/B).

Die Hinweispflicht gem. § 4 Nr. 3 VOB/B hat nichts mit Verschulden des Auftragnehmers zu tun, während die Regelung in § 645 BGB an Verschulden des Auftragnehmers anknüpft. Einer Vertiefung bedarf dieses Thema nicht, es gelten die allgemeinen Grundsätze. Das heißt nicht etwa, dass es sich nicht um eine wesentliche Pflicht des Auftragnehmers handelt.

736

737

---

[767] Dazu überzeugend OLG Stuttgart IBR 1999, 23 mit Kurzanm. Englert, Revision vom BGH nicht angenommen.
Viel zu weit gehend mit den Anforderungen an ein „Spezialtiefbau-Unternehmen" OLG Jena, IBR 2005, 314 mit Kurzanm. Schalk.
[768] BGH Schäfer/Finnern Z 2.414, Blatt 205, 205 R; OLG Hamm BauR 1994, 144 = NJW-RR 1994, 407 (siehe dazu allerdings Fn. 751); Englert/Grauvogl/Maurer, Handbuch Baugrund, Rdn. 394. Siehe auch oben Rdn. 219.
[769] Zur Beurteilung der Besonderen Leistungen als zusätzliche Leistung siehe schon oben Rdn. 730 sowie Rdn. 136-143.

5.2.8 Sachgerechte Arbeit des Auftragnehmers

738 Ebenso ist vorausgesetzt, dass das vom Auftragnehmer gewählte und eingesetzte Verfahren geeignet (wiederum § 645 Abs. 1 BGB) ist und dass die Arbeit des Auftragnehmers als solche in Ordnung ist.

Natürlich hat es nichts mit „Baugrundrisiko" zu tun, wenn der Auftragnehmer ungeeignete Verfahren anwendet oder qualitativ mangelhafte Arbeit leistet.

5.2.9 Abschließende Aussage zum „Baugrundrisiko" bei detaillierter Beschaffenheitsangabe seitens des Auftraggebers – im Regelfall nicht erkennbare Beschaffenheit

739 Damit läßt sich abschließend festhalten, wie das „Baugrundrisiko" bei auftraggeberseitiger **detaillierter Beschaffenheitsangabe** zum Baugrund zwischen Auftraggeber und Auftragnehmer verteilt ist:

Der Auftragnehmer muss alle Beschaffenheitsdetails berücksichtigen und die **ihm auftraggeberseitig mitgeteilte Aufgabe vollständig** bewältigen. Aber der Auftragnehmer muss nur das an Beschaffenheit bewältigen, was beschrieben ist; was nicht im Detail beschrieben ist, aber hätte „beschrieben werden müssen", ist für die Preisbildung im Angebotsstadium unmassgeblich. Sind Zustand oder Eigenschaften des Baugrunds also anders als aufgrund der (fehlenden) Detailangabe **zu erkennen** (vgl. Rdn. 723) war, so ist das Beschaffenheitssoll-Beschaffenheitsist-Abweichung.

Stimmen Beschaffenheitssoll und Beschaffenheitsist überein, so muss der Auftragnehmer diese Baugrundbeschaffenheit mit einem Bauverfahren seiner Wahl bewältigen – dazu näher Rdn. 761 ff. –, und sei der Aufwand des Auftragnehmers noch so hoch;[770] äusserste (seltenste) Grenze ist erst die „Störung der Geschäftsgrundlage".

Dass einzelne VOB/C Bestimmungen für einzelne Fälle bei speziellen Bauleistungen dieses Risiko auf den Auftraggeber verlagern, erlaubt keinen Schluss auf eine allgemeine, von der gesetzlichen Werkvertragsregelung abweichende Risikozuteilung;[771] ohnehin gilt, dass es selbst innerhalb der VOB/C keineswegs eine einheitliche oder durchgängige Risikoverlagerung auf den Auftraggeber gibt und sogar ganz ähnliche Fälle unterschiedlich behandelt werden, wie etwa der Vergleich zwischen der DIN 18301 und der DIN 18319 – oben Rdn. 731 – gezeigt hat.

740 Anders ausgedrückt: Es ist rechtlich **gleichgültig**, welchen Aufwand der Auftragnehmer hat. Es ist auch gleichgültig, warum im Einzelfall der Auftragnehmer mit dem von ihm gewählten, an sich geeigneten Verfahren die angegebene Beschaffenheit nicht bewältigt. Der Auftragnehmer hat die Aufgabe übernommen, es gehört zum geschuldeten Erfolg des Werkvertrages, sie zu bewältigen. Bezahlt wird der Erfolg, nicht die Mühe (Aufwand). **Das „Risiko"** des unglücklichen oder zufälligen Fehlfunktionierens **trifft den Auftragnehmer, nicht den Auftraggeber**: Solange sich die **Beschaffenheit** des Baugrundes (also Schichtaufbau, Eigenschaften des Baugrundes, Eignung, Reaktionen)**unverändert so darstellt**, wie im Vertrag beschrieben, trägt allein der Auftragnehmer das „Bau-

---

[770] Der Aufwand des Auftragnehmers ist entgegen Putzier, Der unvermutete Mehraufwand für die Herstellung des Bauwerks, S. 81 ff., außer bei „Störung der Geschäftsgrundlage" überhaupt kein geeigneter Ansatzpunkt, deshalb auch unzutreffend Putzier, Anm. zu OLG München BauR 1998, 561. Siehe dazu auch oben Rdn. 141, 718.

[771] Unzutreffend ebenfalls insoweit Englert, BauR 1996, 763 ff, siehe oben Rdn. 717.

verfahrensrisiko" (Methodenrisiko, Systemrisiko).[772] Sehr oft wird aber das Fehlfunktionieren darauf beruhen, dass sich die **Eigenschaften** des Baugrunds nicht so darstellen wie angenommen - das ist aber schon Beschaffenheitsist-Abweichung vom Beschaffenheitssoll (näher unten Rdn. 764, aber auch nachfolgend Rdn. 741).

Und umgekehrt: **Sobald das Beschaffenheitsist vom Beschaffenheitssoll abweicht** (aus welchen Gründen auch immer), sich also im konkreten Fall **aus den beschriebenen Detailbeschaffenheitsangaben z. B.** *nicht erkennbare* **abweichende Baugrundeigenschaften** (dazu Rdn. 714, 764) **einstellen**, so begründet eine Baubeschaffenheits-Soll-Ist-Abweichung dann zeitliche Ansprüche des Auftragnehmers und dann, wenn erschwerte Ausführungsbedingungen die Folge sind, wenn sich somit gegenüber den in der Auftragskalkulation kalkulierten Kosten Veränderungen ergeben, auch Ansprüche auf Vergütungsänderung (nicht auf Behinderungsschadensersatz), und zwar bei **Erschwerungen** zugunsten des Auftragnehmers (§ 2 Nr. 5, § 2 Nr. 6 oder § 2 Nr. 8 VOB/B),[773] bei Erleichterungen auch zugunsten des Auftraggebers (§ 2 Nr. 5, § 8 Nr. 1 VOB/B),[774] wiederum ohne Rücksicht auf „Verschulden". 741

Die Grenze für das, was der Auftragnehmer bei **unverändertem Beschaffenheitssoll** an Aufwand betreiben muss, ist erst – wie erwähnt – dann erreicht, wenn die „Störung der Geschäftsgrundlage" in Betracht kommt, was nur in seltenen Fällen zutreffen wird.

Beispiele für nicht erkennbare Beschaffenheit bei nur globaler Beschaffenheitsangabe erörtern wir unter Rdn. 746; sie gelten erst recht alle hier, sofern der Vertrag nicht einen entsprechenden detaillierten Hinweis auf ihr Vorkommen enthält.

5.3 Die vertragliche Definition des Beschaffenheitssolls durch Globalangaben oder bei fehlenden Angaben

5.3.1 Grundsatz

Der Auftraggeber kann zur Beschaffenheit des Baugrunds in den Vertragsunterlagen auch nur sehr globale Angaben machen, die keine für den Bieter wirklich verwertbaren Aussagen enthalten; der Auftraggeber kann sogar jegliche Detailangabe zur Baugrundbeschaffenheit weglassen.[775] 742

Die Behandlung **globaler Angaben** im Zusammenhang mit dem Bausoll ist eigentlich ein Thema des Pauschalvertrages, genauer des Global-Pauschalvertrages und damit von Band 2; spezifische Einzelfragen behandeln wir dort unter Rdn. 550 ff. Zwar gibt es auch

---

[772] Abweichend Englert, a.a.O. Siehe dazu oben Rdn. 718.
[773] Zustimmend Lange, Baugrundhaftung und Baugrundrisiko, S. 114.
[774] Siehe auch Rdn. 1195.
[775] Als Beispiel die Fälle BGH „Wasserhaltung I" BauR 1992, 759 und BGH „Wasserhaltung II" BauR 1994, 236, Einzelerörterungen Rdn. 753 sowie Band 2, Rdn. 608 ff.

beim Einheitspreisvertrag globale, also undifferenzierte Leistungsbeschreibungen,[776] aber in Wirklichkeit sind bei solchen globalen Beschreibungen in Einheitspreisverträgen genau dieselben Auslegungsgrundsätze anzuwenden, die für Global-Pauschalverträge überhaupt gelten. Oder anders ausgedrückt: Die Auslegungsgrundsätze sind immer dieselben.

Die Erkenntnisse zur globalen Beschaffenheitsangabe beim Einheitspreisvertrag unterscheiden sich also in nichts von den generellen Erkenntnissen zu globalen Leistungsangaben beim Global-Pauschalvertrag; wir erörtern das generelle Thema deshalb hier im Sachzusammenhang:

Grundsätzlich akzeptiert ein Bieter, der ein undifferenziertes Angebot auf auftraggeberseitigem Blankett abgibt bzw. ein solches auftraggeberseitiges Angebot annimmt, eine **„Besondere Risikoübernahme"**[777]. Er kann nicht übersehen, dass er ein Risiko übernimmt, dessen Inhalt und Bedeutung er schwer, möglicherweise gar nicht einschätzen kann. Deshalb muss er, da – bezogen auf den Baugrund – das Beschaffenheitssoll angesichts der Unbestimmtheit der Beschaffenheitsangaben seinerseits völlig „unbestimmt" ist, potentiell eine allumfassende Leistung zur Bewältigung aller möglichen Beschaffenheiten als Bausoll akzeptieren. Da die Bandbreite möglicher Erscheinungsformen des Baugrundes uneingeschränkt ist, fällt **im Grundsatz** also jede potentielle Beschaffenheit des Baugrundes noch unter das Beschaffenheitssoll. Aber: Auch hier wird **nur das zum Beschaffenheitssoll**, was der Bieter ungeachtet der Beschaffenheitsangabe oder sogar angesichts fehlender Angaben noch **als potentielle** Beschaffenheit im konkreten Fall **erkennen kann** (s. Rdn. 746). Dabei ist zu berücksichtigen, dass selbst eine Ausschreibung ohne jegliche Beschaffenheitsangabe sich doch nicht im luftleeren Raum bewegt, sondern konkludent Aussagen enthält, so dass die Bandbreite nicht von der Antarktis bis zur Sahara geht: Die Ausschreibung bezieht sich auf ein konkretes Grundstück in bekannter Lage unter generell bekannten geologischen Bedingungen zu einem bestimmten Zweck.

5.3.2 Prüfpflicht oder Untersuchungspflicht des Auftragnehmers – Planungspflicht vertraglich nicht vereinbart

5.3.2.1 Keine besonderen Planungspflichten

743 Um das Beschaffenheitssoll richtig zu bestimmen, muss der Auftragnehmer sich unter Anspannung seiner Prüfungsmöglichkeiten um **Erkenntnisse** (vgl. Rdn. 723) bemühen.

Welche Prüf- bzw. Untersuchungspflichten der Auftragnehmer bei unterlassener oder nur globaler **auftraggeberseitiger** Beschaffenheitsangabe zum Baugrund hat, hängt davon ab, inwieweit dem **Auftragnehmer** vertraglich zusätzlich zur Bauleistung **auch Planungsleistungen** übertragen sind, und zwar Planungsleistungen des Leistungsbildes Tragwerksplanung (bzw. Verkehrsanlagen) für die Entwurfsplanung und/oder „Genehmigungsplanung", also der Leistungsphasen 3 und 4 des § 64 Abs. 2 HOAI. Denn die

---

[776] Zum Problem der „globalen Leistungsbeschreibung" beim Einheitspreisvertrag siehe Band 2, Rdn. 12, 88, 89. Wir haben solche Verträge dort „Global-Einheitspreisverträge" genannt.
Zum Problem globaler Elemente in differenzierten Leistungsbeschreibungen allgemein und der „Globalisierung in Form der Alltagsselbstverständlichkeit" Band 2, Rdn. 206 ff.
Zur Auslegung globaler Leistungselemente insgesamt beim Global-Pauschalvertrag Band 2, Rdn. 400 ff.

[777] Zum Begriff näher Band 2, Rdn. 613, 614.

Kenntnisse zu „Zustand und Beschaffenheit" des Baugrundes müssen bei der Tragwerksplanung im Zusammenhang mit dem Baugenehmigungsverfahren bekannt sein.

Erste Variante: Dem Auftragnehmer sind vertraglich **keine Planungsaufgaben** oder nur solche der Ausführungsplanung übertragen; der **Auftraggeber** hat dann die vertragliche Funktion Bestandserfassung und die im Rahmen der von ihm zu liefernden Planung erforderliche Erkundigung des Baugrundes (vgl. Leistungsbild XII der HOAI) übernommen. Hat er diese Aufgabe nicht oder unzulänglich wahrgenommen, dann bleibt es dabei, dass der Auftragnehmer nicht entgegen dem Vertrag (und ohne Vergütung) Funktionen des Auftraggebers wahrnehmen muss. Er ist **nicht** zur Nachholung fehlender Untersuchungen verpflichtet. 744

Er muss sich zwar um Kenntnis der Baugrundverhältnisse bemühen, aber nur wie jeder andere Auftragnehmer bei anderen Gelegenheiten auch mit der geschuldeten normalen, also „durchschnittlichen Sorgfalt", diese Sorgfalt umschließt aber nur die Wahrnehmung des Vorliegenden; der Auftragnehmer ist jedenfalls nicht zu einer **ganz** besonderen, höchstmöglichen Sorgfalt verpflichtet.[778] Er muss also z. B. allgemein zugängliche Quellen ausnutzen,[779] er muss sich z. B. beim Amt für Wasser- und Abfallwirtschaft (Nordrhein-Westfalen) Auskünfte über die Grundwasserstände verschaffen und Ganglinien einsehen. Er muss die erkennbaren örtlichen Verhältnisse berücksichtigen. Er muss insbesondere z. B. Verdachtsmomente ernst nehmen; aus einem Lageplan kann beispielsweise hervorgehen, dass das Grundstück früher Tankstelle, Färberei oder dergleichen war, was ein Ansatzpunkt für kontaminierte Bodenverhältnisse sein kann.[780]

Aber auch bei nur globalen oder sogar fehlenden Beschaffenheitsangaben ist dieser Auftragnehmer nicht zu eigenen Baugrunduntersuchungen und **nicht zu eigenen Grundwasseruntersuchungen verpflichtet**. Bei vereinbarter **VOB/B** versteht sich das ohnehin von selbst, Baugrunduntersuchungen bleiben „Besondere Leistungen", wie unter Rdn. 730 erörtert.

Auch eine fehlende oder globale Beschaffenheitsangabe verschiebt also nicht ohne weiteres die Untersuchungspflicht auf den Auftragnehmer; das ist nur möglich, wenn der Vertrag dazu Regelungen enthielte (näher Rdn. 747 ff.).

Was demzufolge unter den genannten Prämissen für den Bieter nicht als potentielle Beschaffenheit **erkennbar** (vgl. Rdn. 723) ist, wird auch ungeachtet fehlender oder nur globaler Beschaffenheitsangaben **nicht Beschaffenheitssoll**. Auch hier trägt also der Bieter nicht unbeschränkt Risiken.

Beispiele für solche unerkennbaren Beschaffenheiten erörtern wir unter Rdn. 746.

5.3.2.2 Bedeutung der 0-Abschnitte der DIN-Normen der VOB/C bleibt erhalten

Wir hatten schon für den Fall der detaillierten Beschaffenheitsangabe erörtert, dass die 0-Abschnitte der DIN-Normen der VOB/C dann für die Bestimmung des Beschaffenheitssolls von entscheidender Bedeutung sind, wenn sie Ja-Nein-Alternativen zulassen oder wenn sie bestimmte Beschaffenheiten unterstellen und dem Auftraggeber die Pflicht auferlegen, davon abweichende Beschaffenheiten zu benennen – vgl. oben Rdn. 729. 745

Diese Grundsätze gelten auch für die Fälle fehlender oder nur globaler Beschaffenheitsangaben.

---

[778] Rdn. 219 mit weiteren Nachweisen; die „**bestmögliche**" (Wiegand, ZfBR 1990, 2) Prüfung ist die geschuldete Prüfung; die bestmögliche Sorgfalt ist also gerade das „Standardmaß".
[779] Näher Band 2, Rdn. 555.
[780] Band 2, Rdn. 556.

Deshalb gilt hier genauso wie bei detaillierter Beschaffenheitsangabe zum Beispiel, dass ein Bieter und späterer Auftragnehmer nicht damit rechnen muss, dass ihm in der Ausführungsphase die Wahl der Abtragquerschnitte untersagt wird, während im Vertrag selbst dazu nichts gesagt wird; ohne Angabe im Vertrag ist bei vereinbarter VOB/B **die Wahl des Abtragquerschnitts** Sache des Auftragnehmers gemäß VOB/C, DIN 18 300, Abschnitt 0.3.2, 3.5.2.[781] Eine entsprechende **nachträgliche**, von der Wahl des Auftragnehmers abweichende Entscheidung des Auftraggebers führt zur Soll-Ist-Abweichung und begründet Vergütungsansprüche.[782]

Schwierig ist es dagegen, bei globaler Beschreibung Abschnitt 3.5.3 der **DIN 18 300** anzuwenden: „Werden beim Abtrag von der Leistungsbeschreibung **abweichende Bodenverhältnisse** angetroffen ..., so sind die erforderlichen Massnahmen gemeinsam festzulegen, diese sind 'Besondere Leistungen'."

Wenn der Vertrag gar keine Beschaffenheitsangaben enthält, wenn er z. B. also nichts zur Bodenklasse und/oder Bodenart sagt, so können „abweichende Bodenverhältnisse" mangels benannter Bodenverhältnisse eigentlich kaum angetroffen werden.

Andererseits haben wir gerade erörtert, dass für den Baugrund doch eine Beschaffenheitsangabe Vertragsinhalt ist, nämlich als Beschaffenheitssoll das, was der Bieter bei ihm möglicher, ordnungsgemäßer Nutzung seiner Erkenntnismöglichkeiten (z. B. aus vorliegenden Unterlagen) als Beschaffenheit feststellen kann.

Wenn deshalb bei einer solchen Leistungsbeschreibung im Baugrund eine Situation auftritt, die ohne Bodenuntersuchung bei dieser Art von Grundstück auch unter Einschluss nicht alltäglicher, aber doch nicht völlig aussergewöhnlicher Beschaffenheit nicht zu erkennen ist, so sind das „abweichende Bodenverhältnisse", nämlich abweichend von dem durch Auslegung unter Berücksichtigung der Erkenntnismöglichkeiten des Bieters (vgl. Rdn. 723) ermittelten Beschaffenheitssoll. Vereinfacht ausgedrückt: Damit musste bei diesem Grundstück ohne Bodenuntersuchung niemand rechnen, also weicht das Beschaffenheitsist vom Beschaffenheitssoll ab. Die Grenze ist allerdings weit gesteckt.

5.3.2.3 Im Regelfall nicht erkennbare Beschaffenheit: Beispiele

746   Im Regelfall „nach Empfängerhorizont" **nicht erkennbar** und damit **auch bei globaler oder fehlender Beschaffenheitsangabe** nicht Beschaffenheitssoll sind solche Zustände, Eigenschaften, „Bestandteile" oder Reaktionen des Baugrundes, die mit der grundsätzlich bei Einbeziehung auch **vorsichtiger Annahmen nicht vorauszusehenden** geologischen Beschaffenheit dieses Baugrunds nichts zu tun haben, sondern die „Ausreisser" sind, also (wenn im Vertrag darauf nicht besonders hingewiesen ist) z. B. Kontamination (dazu aber **speziell** Rdn. 731), Mauerwerksreste, Munitionsfunde, Schatzfunde, geologische „Ausreisser" (z. B. Feinsandlinse)[783] - **weitere Beispiele:** Rdn. 775.

---

[781] Beck'scher VOB-Kommentar/Motzke, Teil B, Einl. I, Rdn. 20.
[782] Dazu Rdn. 858 und VOB-Stelle Niedersachsen, Fall Nr. 1150, IBR 1998, 246 mit Kurzanm. Dähne.
[783] Zustimmend Lange, Baugrundhaftung, S. 114
   Zum Beispiel „Feinsandlinse" vgl. näher Rdn. 802.

5.3.3 Prüfpflicht oder Untersuchungspflicht des Auftragnehmers – Planungspflicht vertraglich vereinbart

5.3.3.1 Private Auftraggeber

Zweite Variante (zur ersten Variante s. oben Rdn. 744): Dem Auftraggeber sind vertraglich Aufgaben der Tragwerksplanung, nämlich die Entwurfsplanung und/oder die Genehmigungsplanung, Nr. 3 und 4 § 64 Abs. 2 HOAI übertragen. Beispiel ist eine Leistungsbeschreibung mit Leistungsprogramm, überhaupt der Totalunternehmer- oder -übernehmervertrag.[784]

747

Für Verträge mit privaten Auftraggebern gilt: Es ist selbstverständlich vertraglich wirksam, auf den Auftragnehmer **offen** Planungsaufgaben zu übertragen,[785] also auch Leistungen der Entwurfsplanung und/oder der Genehmigungsplanung (Stichwort: Funktionale Leistungsbeschreibung). Der Auftragnehmer muss dann richtig planen – und das bedeutet, dass er im Regelfall geotechnische Untersuchungen als Planungsgrundlage benötigt.

Ist vertraglich vereinbart, dass der Auftragnehmer diese Untersuchungen leistet, so muss er sie durchführen und für deren Richtigkeit und ordnungsgemäße planerische Umsetzung einstehen.

748

Enthält der Vertrag keine ausdrückliche Regelung, ob der Auftragnehmer geotechnische Untersuchungen auf eigene Kosten einzuholen hat und ist die Geltung der VOB/B (und über § 1 Nr. 1 S. 2 VOB/B damit auch die Geltung der VOB/C) vereinbart, so ist kraft der Qualifizierung von geotechnischen Untersuchungen als Besondere Leistung deren Beibringung doch vertraglich Sache des Auftraggebers (s. oben Rdn. 736). Der Bieter muss deshalb im Regelfall den Auftraggeber auffordern, eine geotechnische Untersuchung zu veranlassen. Deren Ergebnisse werden Beschaffenheitssoll.

Lehnt der Auftraggeber es ab, eine geotechnische Untersuchung zu veranlassen, ist der Bieter berechtigt, lediglich aufgrund allgemein zugänglicher Quellen seine Beurteilung durchzuführen; was dabei nicht erkennbar ist, wird nicht Beschaffenheitssoll (s. oben Rdn. 743).

749

Unterläßt der Bieter die Aufforderung an den Auftraggeber, holt er aber auch selbst keine geotechnische Untersuchung ein, so gilt: Der Bieter muss alle Anhaltspunkte prüfen und beachten, die eine solche Untersuchung als erforderlich erscheinen lassen.[786] Gibt es keinerlei Anhaltspunkte für die Notwendigkeit einer geotechnischen Prüfung, so bestimmt sich das Beschaffenheitssoll wiederum nach der Erkenntnismöglichkeit des Bieter.

750

Läßt der Bieter Anhaltspunkte für die Notwendigkeit einer geotechnischen Prüfung unbeachtet, so gilt: Ein tatsächlich eingeholtes geotechnisches Gutachten hätte das Beschaffenheitssoll bestimmt (oben Rdn. 748). Folglich muss der spätere Auftragnehmer so gestellt werden, als ob eine geotechnische Untersuchung durchgeführt worden wäre. Die Beschaffenheitsfeststellungen, die ein geotechnisches Gutachten aller Voraussicht nach zutage gefördert hätte, bilden das Beschaffenheitssoll, ihre Bewältigung schuldet der Auftragnehmer ohne Mehrvergütung.

---

[784] Zur Terminologie: Band 2, Rdn. 410 ff.
[785] Band 2, Rdn. 404, 416; zur versteckten vertraglichen Zuweisung von Planungsleistungen näher Band 2, Rdn. 613, 614.
[786] Band 2, Rdn. 560; OLG Düsseldorf OLG Report 1992, 300.

Eine **Ausnahme** gilt wiederum – d.h. der Auftragnehmer hat einen Schadensersatzanspruch wegen seines von ihm zu tragenden Mehraufwands gegen den Auftraggeber –, wenn der Auftraggeber ihm **bekannte** Hinweise **missachtet**, z. B. ein vorhandenes (kritisches) Bodengutachten nicht vorgelegt hat.[787)]

751 Enthält der Vertrag keine Regelung, ob der Auftragnehmer geotechnische Untersuchungen auf eigene Kosten durchzuführen hat und handelt es sich um einen **BGB-Vertrag**, so muss durch Auslegung des Vertrages geklärt werden, ob angesichts der vereinbarten Planungsleistung auch die Einholung eines geotechnischen Gutachtens konkludent mit vereinbart ist. Das ist zu verneinen: Im Regelfall ist die Beschreibung des Baustoffs „Baugrund" Sache des Auftraggebers, wie es auch die DIN 4020 in Abschnitt 3.5 festhält. Sagt er dazu nichts, heißt das konkludent, dass der Baustoff völlig unproblematisch ist. Für die Lösung gelten sinngemäß die Ausführungen in Rdn. 748, 749.

5.3.3.2 Öffentliche Auftraggeber

752 Für öffentliche Auftraggeber ist gemäß § 9 Nr. 3 Abs. 3 VOB/A vergaberechtlich verpflichtend, die Bodenverhältnisse richtig und vollständig anzugeben. Der öffentliche Auftraggeber schließt außerdem immer VOB/B-Verträge, so dass über § 1 Nr. 1 S. 2 VOB/B auch immer die VOB/C gilt, in der ausdrücklich geregelt ist, dass der Auftraggeber eine Pflicht zu geotechnischen Untersuchungen hat (s. oben Rdn. 736). Auch eine Leistungsbeschreibung mit Leistungsprogramm („funktionale"Leistungsbeschreibung) entbindet den öffentlichen Auftraggeber nicht von dieser Beschreibungspflicht, wie sich zweifelsfrei aus der systematischen Stellung von § 9 Nr. 3 Abs. 3 VOB/A und aus § 9 Nr. 11 Abs. 1 VOB/A ergibt und wie es der Bund zutreffend in Abschnitt 7.2.2 des Vergabehandbuches zu § 9 VOB/A bestätigt. Es gelten also die Ausführungen zu Rdn. 748-750, jedoch mit einer nachfolgend zu erörternden Besonderheit.

753 Ein Auftraggeber, der die **VOB/A**, Abschnitt 1-3, anwendet und der die für ihn zwingende Vorschrift verletzt, die „für die Leistung wesentlichen Boden- und Wasserverhältnisse so zu beschreiben, dass der Bewerber ihre Auswirkungen auf die bauliche Anlage und die Bauausführung hinreichend beurteilen kann" (§ 9 Nr. 3 VOB/A), erlaubt dem Bieter durch dieses Verhalten leider a priori nur den wenig hilfreichen Schluss, dass der Auftraggeber die Pflicht verletzt hat, aber nicht, dass jetzt zum Baugrund irgendeine bestimmte Beschaffenheit gelte. Das hat seinen einfachen Grund darin, dass aus einer Nichtangabe, z. B. für die Bodenklasse 1-7, nicht gefolgert werden kann, welche Bodenklasse vorhanden ist – oder anders ausgedrückt: Jedenfalls bei Baugrundverhältnissen folgt aus einer Nichtangabe nicht, dass Standardverhältnisse vorhanden seien, weil es solche Standardverhältnisse nicht ohne weiteres gibt und die theoretische Bandbreite von Bodenklasse 1 bis Bodenklasse 7 eine sinnvolle Standardaussage nicht erlaubt.[788)]

Auch wenn der Auftraggeber gleichzeitig bei vereinbarter VOB/B die damit geltende Pflicht aus der VOB/C, nämlich DIN 18 299, Abschnitt 0.1.7, verletzt, die Bodenverhältnisse, den Baugrund und seine Tragfähigkeit sowie die Ergebnisse von Bodenuntersuchungen in der Leistungsbeschreibung zu benennen, so ist das zwar ärgerlich, läßt aber auch keinen Rückschluss auf die Beschaffenheit zu.

Dennoch gibt es für den Auftraggeber, der die **VOB/A**, Abschnitt 1-3 anwendet, zugunsten des Bieters (Auftragnehmers) eine ganz wesentliche, zutreffende Einschränkung:

[787)] BGH „Schlüsselfertigbau" BauR 1984, 395, 397 (Einzelheiten dazu Band 2, Rdn. 232), OLG Stuttgart BauR 1992, 639 (zu dieser Entscheidung ansonsten Band 2, Rdn. 654). Dem BGH folgend die Literatur, z. B. Nicklisch/Weick, VOB/B, § 4, Rdn. 68.
[788)] Als Beispiel: BGH Schäfer/Finnern, Z. 2.11, Bl. 8, näher Rdn. 800.

Dieser Auftraggeber erklärt ja durch die Bezugnahme auf die VOB/A, wie er sich verhalten will (zum Beispiel gemäß § 9 VOB/A). In der **Auslegung** seiner Vertragserklärungen darf deshalb jeder öffentliche Auftraggeber daran gemessen werden, dass er das, was er behauptet, in der Ausschreibung auch gegen sich gelten läßt, dass er also entsprechend dem Wortlaut von **§ 9 Nr. 2 VOB/A** einem Bieter durch eine wie auch immer geartete Leistungsbeschreibung „**kein ungewöhnliches Wagnis**" auferlegt hat.

Wenn also ein solcher Auftraggeber zum Beispiel global die Baugrund- bzw. Grundwasserverhältnisse überhaupt nicht beschreibt und Leistungen nur als „**Wasserhaltung**" ausschreibt, so hat dieser Auftraggeber in Wirklichkeit, gewissermassen "übersetzt", doch folgendes ausgeschrieben:

„Wasserhaltung unter allen für den Bieter ohne besondere Untersuchung erkennbaren Beschaffenheiten, jedoch nicht unter Einbezug solcher Beschaffenheiten, die zu ungewöhnlichen Wagnissen führen."

Das Beschaffenheitssoll ist also durch diesen öffentlichen Auftraggeber im Vertrag definiert als „ohne besondere Untersuchung erkennbare Baugrundbeschaffenheit, jedoch nicht eine Beschaffenheit, die ungewöhnliche Wagnisse begründet". Treten dann doch ungewöhnliche Wagnisse auf, so ist das Beschaffenheitssoll-Beschaffenheitsist-Abweichung; **diese Soll-Ist-Abweichung führt zur Vergütungspflicht**. Ordnet der Auftraggeber die insoweit notwendigen zusätzlichen Leistungen an, so resultiert die Vergütungspflicht aus § 2 Nr. 6 VOB/B; trifft der Auftragnehmer (unklugerweise) die notwendigen Handlungsentscheidungen ohne Anordnung, so richtet sich die Vergütungspflicht nach § 2 Nr. 8 Abs. 3 VOB/B oder § 2 Nr. 8 Abs. 2 VOB/B.

Diese **methodisch absolut richtige** Rechtsprechung hat der Bundesgerichtshof erstmalig im Fall „Wasserhaltung II" formuliert und sie in weiteren Fällen, z. B. in der Entscheidung „Auflockerungsfaktor", ausgebaut und bestätigt.[789]

Was im Einzelfall „ungewöhnliches Wagnis" ist, läßt sich abstrakt nicht bestimmen, aber natürlich spielen die „Erkennbarkeitskriterien" die entscheidende Rolle für die Bestimmung dessen, womit „man" bei diesem Baugrund gewöhnlicherweise noch rechnen muss und womit nicht.

5.3.4 Anwendung der Grundsätze der Entscheidung „Wasserhaltung II" auch auf private Auftraggeber?

Ob auch bei **privaten Auftraggebern** eine Einschränkung einer globalen Beschaffenheitsangabe oder gar die Ergänzung einer fehlenden Beschaffenheitsangabe in dem Sinne möglich ist, dass ungewöhnliche Wagnisse nicht erfasst werden[790], ist vom methodischen Ansatzpunkt her ausserordentlich problematisch: Der Bundesgerichtshof hat zur Begründung seiner Entscheidungen „Wasserhaltung II" und „Auflockerungsfaktor" methodisch zutreffend auf den Erklärungsinhalt zurückgegriffen, den der Auftraggeber als Vertrauenstatbestand dadurch gesetzt hatte, dass er erklärte, **er werde die VOB/A** anwenden. Also musste er sich daran festhalten lassen, keine „ungewöhnlichen Wagnisse" aufzuerlegen.

754

---

[789] BGH „Wasserhaltung II" BauR 1994, 236 mit Schlußentscheidung nach Zurückverweisung OLG Celle IBR 1998, 468, **dazu mit allen Einzelheiten Rdn. 137-141** und Band 2, Rdn. 608 ff. (den Fall „Wasserhaltung I" BauR 1992, 759, hatte der BGH noch anders entschieden, vgl. näher Band 2, Rdn. 608); BGH „Auflockerungsfaktor" BauR 1997, 466.
Weil es einen Vergütungsanspruch gibt, scheiden Schadensersatzansprüche aus, näher auch **Rdn. 248, 757**.

[790] So z. B. Englert/Grauvogl/Maurer, Handbuch Baugrund, Rdn. 941. Näher oben Rdn. 717, 206.

Der private Auftraggeber schafft einen solchen Vertrauenstatbestand nicht. Auch wenn man meint, dass § 9 VOB/A der „Kanon für eine richtige Leistungsbeschreibung ist" und dass dieser Kanon sowohl für die Leistungsbeschreibung mit Leistungsverzeichnis wie für die Leistungsbeschreibung mit Leistungsprogramm gilt und dass insbesondere § 9 Nr. 2 VOB/A für beide Aussageformen gilt, muss man doch davon ausgehen, dass **der private Auftraggeber insoweit gar keinen Vertrauenstatbestand setzt,** denn er wendet die VOB/A gar nicht an, es gibt auch kein generelles Verfahren für „richtige" Leistungsbeschreibung. Jede Leistungsbeschreibungsmethode ist möglich, solange nur die Leistung bestimmbar ist.

Insoweit ist also der Kanon des § 9 VOB/A eine „Empfehlung", von der Bieter aber **nicht** davon ausgehen dürfen, dass auch der private Auftraggeber sich daran gehalten habe.[791]

Es entspricht erst recht auch nicht der Verkehrssitte, anzunehmen, dass grundsätzlich jede Baugrundbeschreibung unausgesprochene Einschränkungen hinsichtlich ungewöhnlicher Wagnisse enthalten.

Im Ergebnis kann man deshalb die Grundsätze der Entscheidungen „Wasserhaltung II" und „Auflockerungsfaktor" **nicht auf private Auftraggeber** übertragen.

755 Im Einzelfall muss allerdings auch geprüft werden, ob eine globale Klausel nicht verdeckte unwirksame AGB-mässige Überwälzung des Baugrundrisikos ist (näher Rdn. 759).

756 Der Bieter bzw. Auftragnehmer muss beim privaten Auftraggeber, der beispielsweise nur „Wasserhaltung" ausschreibt, **also jeden Aufwand tragen,** der notwendig ist, um die vorgefundenen „mangelfreien" Wasserverhältnisse zu bewältigen. Hier wird die Grenze erst dann erreicht, wenn eine „Störung der Geschäftsgrundlage" in Betracht kommt. Immerhin bieten sich hier gewisse Ansatzpunkte, zu einer an die Verhältnisse beim öffentlichen Auftraggeber etwas angenäherten Auslegung zu kommen. An die „Erkennbarkeit" der Baugrundverhältnisse dürfen nämlich vorab natürlich nur durchschnittliche Massstäbe – wie immer bei Erkennbarkeitsüberlegungen, s. oben Rdn. 210 – angelegt werden. Kommt es doch zur Prüfung einer „Störung der Geschäftsgrundlage", so ist weiter gerade die Frage, welche der beiden Parteien das ungewöhnliche Risiko eher vorhersehen konnte, von wesentlicher Bedeutung. Wenn auch durch die Formulierung des Vertrages das Risiko als solches für den Bieter unübersehbar ist, gilt doch, dass der Auftraggeber es eher in der Hand gehabt hätte, den Baugrund zu prüfen und dazu Angaben zu machen. Uns erscheint es deshalb auch unter Berücksichtigung der in Rdn. 718 angesprochenen Billigkeitserwägungen angezeigt, die Anwendungsgrenze für die "Störung der Geschäftsgrundlage" in solchen Fällen niedriger als im Normalfall anzusetzen.[792]

5.3.5 Schadensersatzansprüche?

757 Schadensersatzansprüche aus „Verschulden bei Vertragsschluss" verneint der Bundesgerichtshof in den zitierten, für öffentliche Auftraggeber geltenden „Wasserhaltungsentscheidungen" (siehe oben Rdn. 754 ff.) mit der formalen, aber richtigen Begründung, dass nur der in seinem Vertrauen auf „Risikofreiheit" enttäuscht werden kann, der nicht aus der Ausschreibung das Gegenteil, also die Risikobehaftetheit, kennt: Im konkreten Fall konnte ein Bieter zwar vielleicht in seinem Vertrauen in die allgemein menschlichen Anständigkeit des Auftraggebers enttäuscht werden, aber nicht in seinem Vertrauen auf

---

[791] Zutreffend Quack, BauR 1998, 381 und in Einzelheiten oben Rdn. 206.
[792] Zum Thema insgesamt Band 2, Rdn. 1505, 1507.

Risikofreiheit. Denn die Leistungsbeschreibung sagt ja ganz genau, dass die Angaben, die der Bieter vielleicht sucht, nicht vorhanden sind – „Wasserhaltung" als einzige Beschreibung ist unübersehbar ein globaler Begriff ohne jede Differenzierung und ohne jede konkrete Beschreibung.

Schadensersatzansprüche aus „Verschulden bei Vertragsschluss" scheiden daher tatsächlich aus. Sie sind aber auch überflüssig: Wie erörtert, gibt es beim öffentlichen Auftraggeber in solchen Fällen wegen Beschaffenheitssoll-Beschaffenheitsist-Abweichung Ansprüche auf zusätzliche Vergütung; der Bieter hat dann keinen Schaden (s. auch Rdn. 753). Bei einem privaten Auftraggeber kommen allerdings bestenfalls Ansprüche wegen „Störung der Geschäftsgrundlage" in Betracht.

6 Die Abwälzung des Baugrundrisikos im Vertrag auf den Auftragnehmer

6.1 Individuelle Vereinbarungen

Wir haben bisher erörtert, welche Schlüsse sich aus den Beschaffenheitsangaben des Vertrages ziehen lassen.

758

Der Auftraggeber kann natürlich versuchen, das ganze Problem viel leichter dadurch zu lösen, dass er im Vertrag das Baugrundrisiko ohne Einschränkungen und generell dem Auftragnehmer auferlegt.

In einem individuellen Vertrag ist eine solche Überwälzung des Baugrundrisikos zulässig.

Auch dann gilt die Überbürdung des Risikos natürlich nur für das Restrisiko, das sich unter Berücksichtigung eventueller vertraglicher Beschaffenheitsangaben ergibt. Anders ausgedrückt: Soweit der Auftraggeber irgendwelche Beschaffenheitsangaben im Vertrag macht, seien sie global oder detailliert, so sind diese Angaben natürlich das Beschaffenheitssoll, für deren Richtigkeit muss der Auftraggeber einstehen. Auch im Global-Pauschalvertrag bleibt es natürlich dabei, dass der Auftraggeber für die Richtigkeit seiner Erklärungen selber einzustehen hat.[793] Im Falle der Beschaffenheitssoll-Beschaffenheitsist-Abweichung insoweit hat also auch hier der Auftragnehmer Mehrvergütungsansprüche.

6.2 Überwälzung des Baugrundrisikos in AGB des Auftraggebers

Eine Überwälzung des Baugrundrisikos in Allgemeinen Geschäftsbedingungen des Auftraggebers auf den Auftragnehmer verstößt wegen der gravierenden Risikoabweichung zu § 645 BGB analog – dass nämlich der Auftraggeber für **mangelhaften** Baugrund haftet – gegen § 307 BGB und ist demzufolge in Allgemeinen Geschäftsbedingungen eines Auftraggebers nach zutreffender herrschender Auffassung unwirksam. Dies gilt für jede

759

---

[793] Zutreffend BGH „Kammerschleuse" BauR 1997, 126, weiter Band 2, Rdn. 537 ff.

Form der Überbürdung des Risikos, auch zum Beispiel durch Vorkenntnis- oder Informationsklauseln.[794]

6.3 Unwirksamkeit von AGB-Klauseln aus kartellrechtlichen Gründen

760 Wie immer können auch Vertragsklauseln zur Überwälzung des Baugrundrisikos auf den Auftragnehmer im Einzelfall unwirksam sein, wenn ein marktbeherrschender bzw. marktstarker Auftraggeber (Beispiel: Deutsche Bahn AG) sie verwendet; das wäre missbräuchlich und führte zu Schadensersatzansprüchen des Auftragnehmers aus § 823 Abs. 2 BGB i. V. m. § 26 GWB a. F., § 19 GWB n. F., im Ergebnis also zur „Ausschaltung" der entsprechenden Klauseln.[795]

7 Das Bauverfahrenssoll

7.1 Auftragnehmer hat Wahlrecht bezüglich des Bauverfahrens

761 Es versteht sich von selbst, dass es allein Sache des Auftragnehmers ist, zu entscheiden, welche Bauverfahren er einsetzt, um den von ihm geschuldeten Erfolg herbeizuführen;[796] abgesehen davon enthalten auch zahlreiche Allgemeine Technische Vertragsbedingungen (VOB/C) diese Regelung. Mit der Wahl seines Verfahrens und überhaupt mit der Gestaltung seines Arbeitsablaufs – oder auch mit der wechselnden Wahl wechselnder Verfahren – legt der Auftragnehmer fest, wie er den „Erfolg" erreichen will.

Ist umgekehrt das vom Auftragnehmer ausgesuchte Bauverfahren richtig, verlangt aber der Auftraggeber dennoch ein anderes Verfahren, so ist das eine unberechtigte bzw. unzweckmässige Anordnung des Auftraggebers. Methodisch kann man darüber streiten, welche Ansprüche des Auftragnehmers das begründet, ob aus § 2 Nr. 5 VOB/B oder aus § 4 Nr. 1 Abs. 4 Satz 2 VOB/B, jedenfalls hat in einem solchen Fall der Auftragnehmer Mehrvergütungsansprüche.

Im Rahmen der Wahl des Bauverfahrens ist der Auftragnehmer nur verpflichtet, die notwendigen Leistungen auszuführen, gemessen am Massstab des Vertrages, nicht lediglich nützliche.

762 Der Auftragnehmer darf – was sich auch wiederum von selbst versteht – nur solche Bauverfahren wählen, die ihrerseits den anerkannten Regeln der Technik entsprechen. Anderenfalls würde die Art und Weise der Ausführung gegen seine Vertragspflicht verstossen (§ 4 Nr. 2 Abs. 1 VOB/B).

---

[794] BGH NZBau 2004, 324; BGH „ECE-Bedingungen" BauR 1997, 1036; BGH NJW 1983, 1320; im Ergebnis Vygen, Bauvertragsrecht, Rdn. 694; Korbion/Locher, AGB-Gesetz, Rdn. 117; Einzelheiten Englert/Grauvogl/Maurer, Handbuch Baugrund, Rdn. 950 ff; oben Rdn. 279.
[795] Einzelheiten Band 2, Rdn. 625, bestätigt von BGH „Kammerschleuse" BauR 1997, 126 = IBR 1996, 489 mit zutreffender Anm. Schulze-Hagen.
[796] Dazu auch Band 2, Rdn. 615; „Dispositionsfreiheit" des Auftragnehmers laut Staudinger/Peters, BGB, Vorbemerkung zu §§ 631 ff., Rdn. 44; § 633, Rdn. 3, 47, 54; vgl. auch Rdn. 1303.

Außerdem darf der Auftragnehmer im Rahmen der Wahl des Bauverfahrens nicht „auf Kosten des Auftraggebers experimentieren", das heißt, er darf nicht ganz unerprobte Verfahren anwenden, sofern diese Innovation erhebliche Risiken gegenüber konventionellen Verfahren aufweist. Er darf generell keine erheblichen oder unzumutbaren Risiken für das Bauvorhaben des Auftraggebers eingehen, zum Beispiel das ernsthafte Risiko der Beschädigung des Eigentums des Auftraggebers oder des Eigentums Dritter, wenn es weniger risikoreiche Methoden gibt. Er darf kein Bauverfahren wählen, das erhebliche Gefahren für die Umwelt auslöst, wenn es weniger gefährliche Verfahren gibt.

Wenn der Auftraggeber solche „Methoden" untersagt, so ordnet er insoweit nur ein „Zurück" des Auftragnehmers in geordnete Bahnen an, also zu einer Art der Leistungserstellung, die der Auftragnehmer ohnehin generell schuldet. Das sind zulässige Anordnungen des Auftraggebers nach § 4 Nr. 1 Abs. 3 VOB/B, die keine Bausoll-Bauist-Abweichung zur Folge haben und nicht zur Mehrvergütung führen.[797]

7.2 Anordnung des Bauverfahrens durch den Auftraggeber, „Systemrisiko"

Sofern der Auftraggeber dem Auftragnehmer ein bestimmtes **Verfahren** zur Bewältigung der auftretenden Probleme vorschreibt, so gilt im Ergebnis auch für die Feststellung der vertraglichen Leistungspflicht (Bausoll) und indirekt damit auch für das Bauverfahrenssoll als Unterfall des Bausolls hinsichtlich der Bauumstände (vgl. **Abb. 15**, S. 268) analog § 13 Nr. 3 VOB/B:

763

> *„Ist ein Mangel zurückzuführen auf die Leistungsbeschreibung oder auf Anordnungen des Auftraggebers, auf die von diesem gelieferten oder vorgeschriebenen Stoffe oder Bauteile oder die Beschaffenheit der Vorleistung eines anderen Unternehmers, haftet der Auftragnehmer, es sei denn, er hat die ihm nach § 4 Nr. 3 obliegende Mitteilung gemacht."*

Voraussetzung der Anwendbarkeit des § 13 Nr. 3 VOB/B ist, dass der Auftraggeber ein bestimmtes Verfahren bindend vorschreibt; lediglich unverbindliche Vorschläge des Auftraggebers führen nicht zur Risikoverlagerung.[798]

Die Haftungsfreistellung des Auftragnehmers und damit im Ergebnis die Übernahme der Folgen aus der Soll-Ist-Abweichung durch den Auftraggeber ist allerdings vom Bundesgerichtshof durch eine Entscheidung scheinbar (?) stark eingeschränkt worden.

764

Der Bundesgerichtshof hatte den Fall zu beurteilen, dass ein vom Auftraggeber vorgeschriebenes Material zu Schäden geführt hatte. Der Bundesgerichtshof hat entschieden, dass der Auftrag**geber** dafür einstehen muss, dass das von ihm **vorgeschriebene Material** „generell" für den vorgesehenen Zweck" geeignet ist. Ist es generell ungeeignet, so wird über § 13 Nr. 3 VOB/B der Auftragnehmer von der Haftung freigestellt (wenn er seiner Prüfpflicht nachgekommen ist), was für unser Thema bedeutet, dass die Folgen der Soll-Ist-Abweichung der Auftraggeber zu tragen hat. Ist aber – so der BGH – das Material zwar generell geeignet, wird aber zufällig vom Auftragnehmer oder Auftraggeber eine Partie ausgesucht, die ausnahmsweise Mängel hat (Ausreisser), so tritt die Haftungsbefreiung nicht ein.[799]

---

[797] Band 2, Rdn. 615.
[798] BGH Schäfer/Finnern, 2.4.14, Blatt 219, 220; BGH BauR 1975, 421, 422.
[799] BGH BauR 1996, 702; zustimmend unter Aufgabe der früheren gegenteiligen Meinung von Korbion jetzt Ingenstau/Korbion/Wirth, VOB/B, § 13 Nr. 3, Rdn. 43; Vygen, Bauvertragsrecht, Rdn. 456; Weyer, in: Kapellmann/Messerschmidt, VOB/B § 13, Rdn. 67.

Die Begründung des Bundesgerichtshofs lautet, sehr kurz zusammengefasst:

§ 13 Nr. 3 VOB/B will dem Auftragnehmer das Risiko abnehmen, das er nicht hätte, wenn der Auftraggeber nicht in die Dispositionsfreiheit des Auftragnehmers eingegriffen hätte. Also muss der Auftraggeber für die Folgen seiner Entscheidung einstehen.

Aber: Das Risiko, dass zufällig trotz genereller Eignung im konkreten Fall doch Mängel auftreten (die ausgesuchte Partie Material ist **ausnahmsweise** mangelhaft), ist genau das Risiko, das von der **typischen** Erfolgshaftung des Werkunternehmers erfasst wird. Würde man auch dieses Risiko dem Auftragnehmer abnehmen, **so würde man ihn besserstellen, wie wenn er das Material selbst ausgesucht hätte.**

Der Auftragnehmer trägt **auch** und gerade **dann**, wenn er selbst das Bauverfahren aussucht, das aus diesem Verfahren resultierende **Zufallsrisiko**, nämlich das Risiko, dass bei **unveränderter Beschaffenheit** des Baugrundes **und geeigneten Verfahren** das gewünschte Ziel dadurch nicht erreicht wird. Dieses „Systemrisiko" ist **das typische** Risiko des Auftrag**nehmers** beim Werkvertrag.[800]

Solange sich die **Beschaffenheit des Baugrundes** so darstellt wie beschrieben, bleibt es bei diesem Risiko des Auftragnehmers; weicht umgekehrt die Beschaffenheit des Baugrundes vom Soll ab, so ist das eine Beschaffenheitssoll-Beschaffenheitsist-Abweichung, der Auftragnehmer führt dann eine geänderte bzw. zusätzliche Leistung aus und hat entsprechende Vergütungsansprüche.

Wird dem Auftragnehmer das Verfahren „fremdbestimmt" vorgeschrieben, so ändert sich an all dem nichts: Der Auftragnehmer muss mit diesem vorgeschriebenen Verfahren die Beschaffenheit des Baugrundes wie beschrieben bewältigen. Ist das Verfahren generell **ungeeignet**, so trägt dieses Risiko der Auftraggeber, denn er hat dem Auftragnehmer die Wahl des Verfahrens aus der Hand genommen. Also kann insoweit dem Auftragnehmer nichts passieren. Ist aber das Verfahren generell geeignet, führt es aber im Einzelfall bei **unveränderten** Baugrundverhältnissen nicht zum Erfolg, verändert sich gegenüber der gesetzlichen Risikoverteilung ohne Auswahlentscheidung des Auftraggebers nichts: Wenn der Auftragnehmer ein geeignetes Verfahren anwendet, so trägt er **immer** das allgemeine Risiko, dass dieses an sich geeignete Verfahren ohne Veränderung der Baugrundverhältnisse aus welchen Gründen auch immer nicht zum Erfolg führt. Oder mit den Worten des Bundesgerichtshofs:

„**Diese** Einstandspflicht gehört zu den typischen Risiken des Auftragnehmers."

Das Problem ist in der Praxis allerdings viel kleiner als in der Theorie: Ein Ausreißer ist bei **unverändertem** Beschaffenheitssoll praktisch kaum vorstellbar. Das Beschaffenheitssoll wird definiert durch die voraussehbaren **Zustände, Beschaffenheit und Eigenschaften** des Baugrundes.[801] Wenn das vom Auftraggeber vorgeschriebene Verfahren generell geeignet ist für die richtig angegebenen Zustände und die richtig angenommenen Eigenschaften des Baugrunds, der Baugrund aber tatsächlich anders „reagiert" als nach Beschreibung vorauszusehen, so hat er im Ist doch abweichende **Eigenschaften** – hätte er die beschriebenen Eigenschaften in voller, voraussehensmöglicher Gänze, so würde er gerade nicht so, nicht als Ausreisser, reagieren (immer den Fall unsachgemäßer „Bearbeitung" des Bodens ausgeschlossen). Dieser Baugrund ist im Sinne des Beschaffenheitssoll-Beschaffenheitsist-Vergleichs „**mangelhaft**" – und **das** ist in Analogie zu § 645 BGB und in Anwendung von § 13 Nr. 3 VOB/B Sache des Auftraggebers.

---

[800] So mit Recht und eindeutig BGH BauR 1996, 702, 703; Kuffer, NZBau 2006, 1; deshalb insoweit unzutreffend Englert/Grauvogl/Maurer, Handbuch des Tiefbaurechts, Rdn. 988 ff.; Englert, BauR 1996, 763, 770. **Näher** oben Rdn. 718.

[801] Siehe Einzelheiten oben Rdn. 714, auch 718.

Der **Bundesgerichtshof** hat entschieden: „Der für die bestimmte Ausführungsart vereinbarte Werklohn umfasst, sofern die Kalkulation des Werklohnes nicht allein auf den Vorstellungen des Auftragnehmers beruht, **nur diese Ausführungsart**, so dass der Auftraggeber Zusatzarbeiten, die für den geschuldeten Erfolg erforderlich sind, **gesondert vergüten muss**".[802] Das ist aber keine Einschränkung der „Ausreißer-Rechtsprechung."

Der Vollständigkeit halber ist noch zu erwähnen, dass die Risikofreistellung natürlich nicht eintritt, wenn der Auftragnehmer qualitativ mangelhaft arbeitet, also z. B. das geeignete Verfahren nicht richtig einsetzt, technische Voraussetzungen missachtet oder dergleichen. 765

8 Anspruchsgrundlage bei erschwerter Leistung (Baugrundfälle)

8.1 Vergütungsanpassung gemäß § 2 Nr. 3, 5, 6, 8 VOB/B

Des Sachzusammenhangs willen sprechen wir nachfolgend vorab Themen an, die wir generell und in grösserem Zusammenhang unter Rdn. 803 ff. behandeln, nämlich die rechtliche **Einordnung** der Mehrvergütungsansprüche des Auftragnehmers bei „Baugrundfällen". 766

Was Anspruchsgrundlage für Vergütungsänderungen bei Abweichung des „Beschaffenheitsist" vom „Beschaffenheitssoll" ist, läßt sich nach den vorangegangenen Ausführungen eindeutig sagen: „Erschwernisse" können zur Mehr**vergütung**, „Erleichterungen" zur Minder**vergütung** - vgl. Rdn. 1195 - führen, aber – neben potentiellen terminlichen Ansprüchen – immer zu **Vergütungsanpassungen.**

Für Mehrvergütungsansprüche stellt die VOB/B – ausser § 2 Nr. 3 VOB/B – **nur** drei Möglichkeiten zur Verfügung: Bei Anordnung des Auftraggebers § 2 Nr. 5 oder § 2 Nr. 6 VOB/B, ohne Anordnung § 2 Nr. 8 VOB/B. **Alle Ansprüche aus „Erschwernissen", also aus Bausoll-Bauist-Abweichungen, werden ausnahmslos nach § 2 Nr. 5, § 2 Nr. 6 oder § 2 Nr. 8 VOB/B behandelt.** Diese Einordnung ist zwingend. Der Bundesgerichtshof hat sie mit methodischer Präzision angewandt im Fall „Wasserhaltung II".[803]

Auch weitere Gesichtspunkte sprechen für diese Einordnung: Sehr oft handelt es sich bei „Erschwernissen" um „Besondere Leistungen", wie wir unter Rdn. 726 erörtert haben. Besondere Leistungen sind **kraft Definition** in der DIN 18 299, Abschnitt 4.2 Leistungen, die nur dann zur vertraglichen Leistung gehören, wenn sie in der Leistungsbeschreibung besonders erwähnt sind. Sind sie nicht besonders erwähnt, sind sie **zusätzlich**, also nach § 2 Nr. 6 VOB/B (im besonderen Einzelfall nach § 2 Nr. 5 VOB/B) zu beurteilen (vgl. Rdn. 136).

Dass § 2 Nr. 6 VOB/B (im Falle der Anordnung) anzuwenden ist, beweist im übrigen die VOB/B selbst, denn in dem einzigen in der VOB/B geregelten Fall des „Baugrundrisikos", dem Schatzfund, regelt die VOB/B selbst in § 4 Nr. 9 VOB/B, dass die „**Vergütung** etwaiger Mehrkosten sich nach **§ 2 Nr. 6 VOB/B** regelt".[804]

---

[802] BGH „Ausführungsart" BauR 1999, 37.
[803] BGH BauR 1994, 236, dort § **2 Nr. 6 VOB/B** als Anspruchsgrundlage, dazu oben Rdn. 136 – 143.
[804] Dazu Band 2, Rdn. 1080.

767 „Erschwernisse" sind folglich **nicht** einzuordnen als Vergütungsmöglichkeit aufgrund eines **„Preisvorbehalts"** in § 2 Nr. 1 VOB/B; einen solchen Preisvorbehalt **gibt es gar nicht**.[805]

768 Die Vergütung von „Erschwernisleistungen" erfolgt somit auch **nicht** als Schadensersatz wegen **„Verschuldens bei Vertragsschluss"** – auch das wie immer bei Bausoll-Bauist-Abweichungen.[806] Diese Anspruchsgrundlage ist überflüssig und passt sowieso nicht. Wenn der Auftragnehmer Vergütung erhält, hat er ohnehin keinen Schaden.

769 Fälle, in denen der Auftraggeber die „Erschwerungsleistung" **anordnet,** lassen sich immer unproblematisch nach § 2 Nr. 5 oder § 2 Nr. 6 VOB/B einordnen. In den Fällen, in denen der Auftragnehmer es unterläßt, sich mit dem Auftraggeber abzustimmen und seine Anordnung einzuholen, kann angesichts der **fehlenden Anordnung** des Auftraggebers **nur** noch ein Anspruch aus § 2 Nr. 8 VOB/B in Betracht kommen.[807] Marbach erörtert diese Frage und hat die Sorge, worauf denn ein Auftragnehmer seinen Anspruch bei einem „passiven" Auftraggeber stützen solle; da er sieht, dass ein Auftragnehmer – weil er sich falsch verhält! – die Voraussetzungen des § 2 Nr. 8 VOB/B (Abs. 2) oft nicht verwirklicht, will er ihm deshalb einen Anspruch aus § 645 BGB analog geben.[808] Wörtlich: „Mit Erlaubnis ist die Strohhalmvorschrift des § 2 Nr. 8 **Abs. 2** Satz 2 VOB/B mit äusserster Vorsicht zu betrachten. Die Praxis zeigt, dass ein **Bewusstsein** für die **engen Voraussetzungen** dieser allgemeinen Vertragsbedingungen der VOB/B fehlt. Nicht jede Leistung, die aus Sicht des Bauleiters zur Erreichung des vertraglichen Leistungsumfanges notwendig ist, ist nachtragswürdig im Sinne von § 2 Nr. 8 VOB/B." Das stimmt bei Abs. 2, aber das ist keinerlei Grund, dann „zum Trost" einen Anspruch aus § 645 BGB analog zuzubilligen.

Man kann nicht dann, wenn wegen der Nachlässigkeit einer Vertragspartei die Voraussetzungen einer Anspruchsvorschrift nicht beachtet werden, deswegen einfach „die Vorschrift wechseln".

§ 2 Nr. 8 VOB/B ist eine **sachgerechte** und ausreichende Vergütungsregelung – in Abs. 2 in starker Anlehnung an die **gesetzlichen** Regeln der Geschäftsführung ohne Auftrag, §§ 677 ff. BGB.

Außerdem bleiben nach § 2 Nr. 8 **Abs. 3** VOB/B die gesetzlichen Regeln auch noch anwendbar, es kommt hier **nicht** auf die rechtzeitige Anzeige an, die Bedenken von Marbach sind also heute – nach Ergänzung dieses Abs. 3 in § 2 Nr. 8 VOB/B – sowieso gegenstandslos. Wenn alle anderen Fälle von Bausoll-Bauist-Abweichungen **ohne** Anordnung des Auftraggebers von § 2 Nr. 8 VOB/B erfasst werden, warum dann nicht dieser?

Schließlich gilt, dass selbst dann, wenn im Einzelfall Tatbestandsmerkmale des § 2 Nr. 8 Abs. 2 VOB/B nicht erfüllt sind, immer noch Ansprüche des Auftragnehmers aus ungerechtfertigter Bereicherung (§ 812 BGB) in Betracht kommen.[809]

§ 645 BGB analog kommt – ggf. neben c.i.c. bei schuldhaft falscher Leistungsbeschreibung – (nur) für die aus **Behinderungen** sich ergebenden Schäden aus zusätzlichen (zumeist zeitabhängigen) Kosten des Auftragnehmers in Betracht (unten Rdn. 771).

---

[805] Einzelheiten der Begründung dazu Rdn. 136 - 143.
[806] Siehe oben Rdn. 242.
[807] Außerdem ein Anspruch aus **ungerechtfertigter Bereicherung,** s. unten Rdn. 1184.
[808] BauR 1994, 168, 174.
[809] Siehe Fn. 807, darüber hinaus gemäß § 2 Nr. 8 Abs. 3 VOB/B auch Ansprüche aus §§ 677 ff. BGB.

Da mithin alle Mehrvergütungsfragen befriedigend unter Anwendung des § 2 Nr. 5, 6, 8 VOB/B gelöst werden können, besteht auch kein Bedürfnis nach „ergänzender Vertragsauslegung".[810]   770

§ 6 Nr. 6 VOB/B greift schließlich als Anspruchsgrundlage für die **erschwerte Leistungserstellung** ebenfalls **nicht ein**. **Schadensersatz**ansprüche aus Behinderung gehören nur in den Kontext der **zeitlichen** Ablaufstörung, wie sich schon aus dem Zusammenhang von § 5 und § 6 VOB/B ergibt (näher unter Rdn. 1324 ff, 1332 ff.). Die Vergütung für die Überwindungsleistung der Erschwerung einschließlich des zusätzlichen Zeitbedarfs, genauer: der zusätzlichen zeitabhängigen Kosten für den längeren Produktionsfaktoreneinsatz, beurteilt sich **ausschließlich nach Vergütungsrecht**, was übrigens auch einzig sachgerecht ist: Käme es nämlich auf § 6 Nr. 6 VOB/B an, dann käme es auch auf Verschulden an – und das „Baugrundrisiko" behandelt typischerweise gerade solche Fälle, in denen beide Parteien unverschuldet gar nicht wissen konnten, was sie im Baugrund antreffen würden; **gerade** die typischen Fälle würden also entgegen der gesetzgeberischen Intention des § 645 BGB finanziell immer vom Auftragnehmer zu tragen sein.   771

§ 6 VOB/B und insbesondere § 6 Nr. 6 VOB/B trifft allerdings sehr wohl den Fall, dass der Auftraggeber nach Aufdeckung der Bausoll-Bauist-Abweichung zögert, dass er keine Entscheidung trifft, die „Besonderen Leistungen" nicht anordnet bzw. vereinbart oder zeitlicher Mehrbedarf entsteht, weil z. B. ein Baugrundgutachten ergänzend eingeholt werden soll – alles die Mitwirkungspflicht des Auftraggebers betreffende Fälle.

Diese „Wartezeit" wird nach § 6 Nr. 6 VOB/B behandelt, und da es **auch insoweit** gerechterweise nicht auf Verschulden ankommen darf, bietet sich **insoweit** an, in diesen Fällen auch dann, wenn der Auftraggeber auch die Wartezeit nicht verschuldet hat, den „Warteschaden" des Auftragnehmers als Auslagenersatz analog § 645 BGB zu bewältigen[811] – zumal die gesetzliche Regelung des § 642 BGB auch kein Verschulden verlangt –, aber nicht die Leistung zur Überwindung der Erschwernis.

Weil sie § 6 Nr. 6 VOB/B fälschlich auch auf die eigentliche „Überwindungsleistung" anwendet, statt § 2 Nr. 6 VOB/B oder § 2 Nr. 8 VOB/B, ist deshalb die ja an sich bedeutsame Entscheidung des OLG Hamm in der Begründung unzutreffend.[812]   772

Trifft der Auftraggeber **zeitliche Anordnungen** (z. B. Baustopp), so werden die Folgen über Vergütungsansprüche gemäß § 2 Nr. 5 VOB/B erfasst; in diesem einen Fall hat der Auftraggeber aber auch **parallel** Schadensersatzansprüche gemäß § 6 Nr. 6 VOB/B.[813]   773

Weigert sich der Auftraggeber, Anordnungen zur Überwindung der Erschwernisse zu treffen, kann der Auftragnehmer mit der Leistung abwarten. In der Weigerung, die Anordnungen zu treffen, liegt eine zum Schadensersatz führende Behinderung gemäß § 6 Nr. 6 VOB/B, die der Auftragnehmer selbst dann anzeigen sollte, wenn ihm die Weigerung als offenkundig behindernd auch hinsichtlich der Behinderungsfolgen erscheint. Der Auftragnehmer kann in einem solchen Fall wegen unterlassener Mitwirkung unter Umständen sogar kündigen. Dasselbe gilt je Fallgestaltung sogar, wenn der Auftraggeber zwar Anordnungen gibt, sich aber weigert, Preise zu diesen angeordneten modifizierten Leistungen zu vereinbaren oder seine eigenen Formerfordernisse zu beachten.[814]   774

---

[810]) Dazu unten Rdn. 1404 ff.
[811]) Laut BGH "Schürmannbau/Hagedorn II" BauR 1997, 1022 kommt nur ein Anspruch aus § 6 Nr. 6 VOB/B in Betracht für Stillstandskosten. Siehe dazu unten Rdn. 1388 ff, 1395 ff.
[812]) OLG Hamm NJW-RR 1994, 406 = BauR 1994, 144 L. In der Kritik am OLG Hamm wie hier (Rdn. 721, 727) und in der Bejahung des Vergütungsanspruches nach § 2 Nr. 5 oder § 2 Nr. 6 VOB/B ebenso Jagenburg, NJW 1994, 2864, 2870.
[813]) Einzelheiten dazu unten Rdn. 1332 ff.
[814]) Einzelheiten dazu unten Rdn. 941, 972 ff., insbesondere 996, auch Rdn. 1210.

8.2 Ansprüche des Auftragnehmers bei zutreffendem Beschaffenheitssoll?

775 Trifft der Auftragnehmer **innerhalb** des **richtig** beschriebenen Beschaffenheitssolls „Erschwernisse" an, also z. B. innerhalb der allein angegebenen Bodenklasse 3, so hat er Pech gehabt. Es ist gerade seine Aufgabe, solche „bodenklassenimmanenten" Produktionsprobleme zu bewältigen, das ist sein Unternehmerrisiko (näher oben Rdn. 718). So genannte „Erschwernisse" z. B. innerhalb einer Bodenklasse sind also **nur dann** beachtlich, wenn die erschwerte Leistungserbringung sich

- als „Besondere Leistung" im Sinne einer VOB/C-Vorschrift darstellt, dann handelt es sich im Regelfall um zusätzliche Leistungen gem. § 2 Nr. 6 VOB/B (s. oben Rdn. 730 ff.) Es kann auch durchaus Fälle geben, in denen z. B. die Bodenklasse richtig angegeben ist, der Boden aber dennoch vorab unerkennbar unerwartete **Eigenschaften** zeigt. Das ist aber gerade Bausoll-Bauist-**Abweichung**, führt also zu Mehrvergütungsansprüchen.[815]
Die Fälle von Marbach[816] („unbekannte Grundwasserströme, Schichtenwasser, Klüfte, Einlagerungen, unterirdische Gebäudereste, unterirdische Tanks, Versorgungsleitungen, kontaminiertes Erdreich") sind alle keine „bodenklassenimmanenten" Erschwernisse, sie liegen **ausserhalb der erkennbaren** Bodenbeschaffenheit und sind deshalb **gar nicht Bausoll**. Ausgenommen sind vielleicht Versorgungsleitungen, bei denen z. B. Kabelschutzanweisungen eine Rolle spielen.[817]

Jedenfalls ist die Lösung einfach:
Entweder die Leistungen gehören nicht zum Bausoll, dann werden sie zusätzlich vergütet, entweder nach § 2 Nr. 6 oder nach § 2 Nr. 8 VOB/B

oder sie gehören zum Bausoll, dann werden sie nicht zusätzlich vergütet,

- auf eine Störung der Geschäftsgrundlage schließen läßt; es wird äußerste Grenzfälle geben, in denen auch die Bewältigung des Bausolls „unzumutbare Aufwendungen" vom Auftragnehmer fordert; solche Fälle lassen sich mit dem Institut der „Störung der Geschäftsgrundlage" bewältigen (Einzelheiten Band 2, Rdn. 1500 ff.), sie werden aber nur in seltenen Ausnahmefällen zu bejahen sein.

---

[815] Siehe näher oben Rdn. 714, 718, 723, 741, 746.
[816] BauR 1994, 168, 178.
[817] Zu den entsprechenden Merkblättern näher Englert/Grauvogl/Maurer, Handbuch Baugrund, Rdn. 1148 sowie Anhänge G, H. Speziell zum kontaminierten Erdreich oben Rdn. 731 mit Fn. 764.

Kapitel 10
Vom Auftraggeber *angeordnete* geänderte oder zusätzliche Leistungen, § 1 Nr. 3, 4, § 2 Nr. 5, 6 VOB/B – gemeinsame Voraussetzungen und Abgrenzung

1 Einseitiges Anordnungsrecht, einseitiger Vergütungsanspruch

1.1 Grundsatz: Einseitiges Anordnungsrecht des Auftraggebers, einseitiger Vergütungsanspruch des Auftragnehmers

Voraussetzung für eine geänderte oder zusätzliche Vergütung ist eine **nach** Vertragsschluss[818] geänderte oder zusätzliche Leistung, also eine Bausoll-Bauist-Abweichung (zum Begriff Rdn. 104). Ursache kann eine Änderungs**anordnung** des Auftraggebers sein, sie führt gemäß § 2 Nr. 5, 6 VOB/B zu Mehrvergütungsansprüchen des Auftragnehmers. Ursache kann aber auch eine Leistungsmodifikation seitens des Auftragnehmers ohne (wirksame) Anordnung sein, so beispielsweise bei vom Auftragnehmer als dringlich erkannter, aber ohne Rückfrage beim Auftraggeber ausgeführter geänderter Leistung; das kann Vergütungsansprüche des Auftragnehmers aus § 2 Nr. 8 Abs. 1–3 VOB/B begründen.[819]

776

Dass ein Vertragspartner das Recht hat, einen einmal geschlossenen Vertrag nachträglich einseitig zu ändern, ist ungewöhnlich. Dieses Recht räumt die VOB/B dem Auftraggeber scheinbar in § 1 Nr. 3, 4 ein: Der Auftraggeber kann Leistungsänderungen anordnen (Nr. 3) bzw. Zusatzleistungen verlangen (Nr. 4).[820]

§ 1 Nr. 3 lautet:
„Änderungen des Bauentwurfs anzuordnen, bleibt dem Auftraggeber vorbehalten."

§ 1 Nr. 4 lautet:
„Nicht vereinbarte Leistungen, die zur Ausführung der vertraglichen Leistung erforderlich werden, hat der Auftragnehmer auf Verlangen des Auftraggebers mit auszuführen, außer wenn sein Betrieb auf derartige Leistungen nicht eingerichtet ist. Andere Leistungen können dem Auftragnehmer nur mit seiner Zustimmung übertragen werden."

---

[818] In den Fällen des durch ein Nachprüfungsverfahren „verschobenen Zuschlags" wird § 2 Nr. 5 VOB/B **analog** auf Veränderungen **vor** Vertragsschluss angewandt, dazu OLG Jena NZBau 2005, 341; Planker, in: Kapellmann/Messerschmidt, VOB/A § 19, Rdn. 21–25.
[819] Zu geänderten oder zusätzlichen Leistungen **ohne** Anordnung im Einzelnen Rdn. 1162 ff.
[820] Zur Definition von „Anordnung" bzw. „Verlangen" näher Rdn. 844.

Wir werden später im Einzelnen erörtern, was „Änderungen des Bauentwurfs" im Sinne des § 1 Nr. 3 VOB/B und was „nicht vereinbarte (= zusätzliche) Leistungen" sind (dazu Rdn. 803 ff.) und was innerhalb von § 1 Nr. 4 der Unterschied zwischen nicht vereinbarten (zusätzlichen) Leistungen – so Satz 1 – und "anderen Leistungen" – so Satz 2 - ist (dazu Rdn. 795 ff.).

§ 1 Nr. 3 und § 1 Nr. 4 Satz VOB/B regeln jedenfalls - wenn auch schlecht zum Ausdruck gebracht -, dass der Auftraggeber **einseitig** – also **ohne Zustimmung** und gegen den Willen des Auftragnehmers – „anordnen" (§ 1 Nr. 3) bzw. „verlangen" darf [821], dass der Auftragnehmer anderes leiste, als im Vertrag vorgegeben. Scheinbar hat also der Auftraggeber ein – ungewöhnliches – Recht auf einseitige Vertragsänderung. Das stimmt so aber nicht: Der Vertrag legt bei vereinbarter VOB/B das Bausoll, also die vereinbarte Bauleistung, zwar fest, gibt aber **von vornherein** dem Auftraggeber ein Recht, dieses Bausoll künftig noch eingeschränkt zu modifizieren, die VOB/B enthält zugunsten des Auftraggebers einen **Änderungsvorbehalt**. Das ist übrigens nichts Besonderes: Der Auftraggeber könnte beim BGB-Vertrag sogar wirksam mit dem Auftragnehmer vereinbaren, dass er, der Auftraggeber die ganze Leistung noch künftig „nach billigem Ermessen" bestimmt, was § 315 BGB ausdrücklich erlaubt [822], und genausogut kann der Auftraggeber mit dem Auftragnehmer vereinbaren, dass der Auftragnehmer künftig alle nicht festgelegten **Einzelheiten** der Leistung nach billigem Ermessen bestimmt – wie es geradezu prototypisch für einen Global-Pauschalvertrag ist.

Jedenfalls kann der Auftraggeber beim **VOB-Vertrag**[823] zulässigerweise einseitig nachträglich eine Leistungsänderung „anordnen", der Auftragnehmer **muss** leisten.[824]
Ein besonderer Änderungs**vertrag** ist nicht erforderlich (aber natürlich möglich, dazu Rdn. 949).

Nur am Rande: Wenn die Parteien davon sprechen, dass ein „Nachtrag beauftragt" worden sei, sind sie sich über diese VOB-Systematik meistens nicht im klaren.

777 Da der Auftraggeber **einseitig** eine Leistungsmodifikation verlangen kann, liegt auf der Hand, dass die daraus resultierende Vergütungsänderung nicht von einer Vergütungs**vereinbarung** mit dem Auftraggeber abhängen kann: Wenn der Auftraggeber einseitig Leistungsänderungen anordnen darf, darf der Auftragnehmer ebenso **einseitig** eine Vergütungsmodifikation („Nachtrag") verlangen, auch hier ist folglich eine vertragliche Einigung **nicht** erforderlich.[825] Es liegt auf der Hand, dass es dafür im VOB-Vertrag eine Bemessungsregel geben muss, denn wenn die Parteien sich nicht über die Höhe einer Nachtragsvergütung einigen müssen, muss es im Voraus feststehende Maßstäbe zur „Berechnung" einer solchen „neuen" Vergütung geben. **Genau das regeln § 2 Nr. 5 als (teilweises) Pendant zu § 1 Nr. 3 und § 2 Nr. 6 als Pendant zu § 1 Nr. 4 VOB/B.**

§ 2 Nr. 5 VOB/B lautet:

„Werden durch Änderung des Bauentwurfs oder andere Anordnungen des Auftraggebers die Grundlagen des Preises für eine im Vertrag vorgesehene Leistung geändert, so ist ein neuer Preis unter Berücksichtigung der Mehr- oder Minderko-

---
[821] Selbstverständlich, siehe dennoch BGH NZBau 2004, 207.
[822] Vgl. auch BGH „Kammerschleuse" BauR 1997, 126.
[823] Auch beim **BGB-Bauvertrag** hat der Auftraggeber infolge Vertragsauslegung - ein Bauvertrag **muss** solche Änderungsbefugnisse enthalten - dasselbe einseitige Leistungsänderungsrecht, zustimmend i.E. BGH BauR 1996, 378, Einzelheiten Band 2, Rdn. 1003 ff, 1007.
[824] Demzufolge ist auch die Erörterung eines „Kontrahierungszwangs", z. B. Beck'scher VOB-Kommentar/Jagenburg § 1 Nr. 4 Rdn. 2; Miernik NZBau 2004, 409 unzutreffend; richtig: Quack, ZfBR 2004, 107; siehe auch zur Systematik Rdn. 1000.
[825] Wiederum selbstverständlich, siehe dennoch BGH NZBau 2004, 207.

sten zu vereinbaren. Die Vereinbarung soll vor der Ausführung getroffen werden."

§ 2 Nr. 6 VOB/B lautet:

(1) Wird eine im Vertrag nicht vorgesehene Leistung gefordert, so hat der Auftragnehmer Anspruch auf besondere Vergütung. Er muss jedoch den Anspruch dem Auftraggeber ankündigen, bevor er mit der Ausführung der Leistung beginnt.
(2) Die Vergütung bestimmt sich nach den Grundlagen der Preisermittlung für die vertragliche Leistung und den besonderen Kosten der geforderten Leistung. Sie ist möglichst vor Beginn der Ausführung zu vereinbaren."

Die Vergütung für die angeordnete geänderte oder zusätzliche Leistung wird – das ist der **Kern** des VOB/B-Systems – „errechnet" in Form einer sinngemäßen Fortschreibung der Vertragskalkulation, genauer: der Auftragskalkulation.[826]

Es fällt auf, dass sich § 1 Nr. 4 S. 1 und § 2 Nr. 6 VOB/B genau entsprechen, während § 2 Nr. 5 schon auf den ersten Blick mehr als § 1 Nr. 3 erfasst, nämlich nicht nur Änderungen des Bauentwurfs, sondern auch „sonstige" Anordnungen des Auftraggebers. Diese sehr sinnvolle Ergänzung in § 2 Nr. 5 VOB/B werden wir gesondert erörtern.[827]

Es bleibt noch die Klärung, was es systematisch für die Vergütung in diesen Zusammenhang bedeutet, dass gemäß § 2 Nr. 5 VOB/B der neue Preis **vor** Ausführung vereinbart werden **soll** bzw. gemäß § 2 Nr. 6 VOB/B **vor** Ausführung zu vereinbaren **ist**. Eine „Muss"-Vorschrift mit der Folge des Rechtsverlustes bei unterbliebener Vereinbarung vor Ausführung kann trotz des Wortlauts insbesondere des § 2 Nr. 6 VOB/B schon aus systematischen Gründen nicht in Betracht kommen: Denn wenn der Auftragnehmer auf Anordnung des Auftraggebers die Leistung ändern muss oder ergänzen muss und er dafür ebenso einseitig einen Vergütungsanspruch für die modifizierte Leistung erhält, **kann** dieser Anspruch **nicht** gleichzeitig davon abhängen, ob sich die Vertragsparteien auf eine modifizierte Vergütung einigen.

778

Tatsächlich sind beide Vorschriften ungeachtet ihres Wortlautes keine „Anspruchsvoraussetzung".[828] Aber diese Regelungen der VOB/B führen dazu, dass der Auftragnehmer im Regelfall einen Anspruch auf Vereinbarung der Vergütung **vor** Ausführung hat und ohne sie die Anordnung, modifizierte Leistungen auszuführen, **nicht** befolgen muss.[829]

1.2 Anordnungsrecht des Auftraggebers = Kein Verstoß gegen AGB-Recht

Das Recht des Auftraggebers, Modifikationen des Bausolls nach Vertragsschluss anordnen (durchsetzen) zu können, versteht sich als Besonderheit des Bauvertrages und besteht deshalb im Ergebnis auch beim BGB-Vertrag (siehe oben Fn. 823). Die Anordnungsbefugnis des Auftraggebers beim VOB-Vertrag ist ähnlich der vertraglichen Vereinbarung eines Leistungsbestimmungsrechts einer Vertragspartei, wie es § 315 BGB erlaubt (oben Rdn. 776).

779

Die Einräumung solcher Anordnungsbefugnisse in § 1 Nr. 3/§ 2 Nr. 5 und § 1 Nr. 4/§ 2 Nr. 6 VOB/B verstößt nicht gegen AGB-Recht. Für § 1 Nr. 4 VOB/B entspricht das

---

[826] Zum Grundsatz näher Kapellmann, in: Kapellmann/Messerschmidt, VOB/B § 2, Rdn. 137, 138; Einzelheiten zu dieser „Fortschreibung" Rdn. 1000 ff.
[827] Einzelheiten Rdn. 798–800.
[828] Näher Rdn. 939 , 940.
[829] Einzelheiten Rdn. 973–986.

der Rechtsprechung des Bundesgerichtshofs.[830] Für § 1 Nr. 3 VOB/B wird die „AGB-Festigkeit" von Teilen der Literatur verneint mit der Begründung, § 1 Nr. 3 enthalte keine Begrenzung der Anordnungsbefugnis.[831] Das überzeugt nicht: Das Gesetz erlaubt in § 315 BGB sogar ein weitestgehendes Auswahlrecht des Bestellers bis an die sehr weite Grenze der „Billigkeit". Wenn bei der Auslegung der Änderungsbefugnis der VOB/B Grenzen aus der Natur einer **Änderungs**befugnis (dazu Rdn. 789) beachtet werden, weicht das vom gesetzlichen Leitbild gerade nicht ab; zudem bietet die Auslegung des § 2 Nr. 5 VOB/B dahin, dass auch die Bindung an die „Grundlagen der Preisermittlung" nicht schrankenlos ist, ein zusätzliches Korrektiv. Schließlich ist § 1 Nr. 3 VOB/B auch unter dem Kooperationsgedanken unerlässlich. § 1 Nr. 3 ist deshalb AGB-konform.[832] Würde man die AGB-Widrigkeit von § 1 Nr. 3 und/oder § 1 Nr. 4 VOB/B bejahen, würden damit auch § 2 Nr. 5 und Nr. 6 VOB/B, die ja das vergütungsrechtliche Pendant zu § 1 Nr. 3, Nr. 4 sind, gegenstandslos werden. Wir glauben kaum, dass jemand ein solches, das sinnvolle System der VOB/B sprengende Ergebnis ernsthaft befürworten kann.

Ergänzend ist noch darauf hinzuweisen, dass im Regelfall die VOB/B vom Auftraggeber „gestellt" wird. Selbst wenn § 1 Nr. 3, Nr. 4 VOB/B aus AGB-rechtlichen Gründen unwirksam wäre, könnte sich in diesen Fällen der Auftragnehmer zu seinen Gunsten (!) darauf berufen.

1.3 Notwendigkeit der Abgrenzung zwischen §§ 1 Nr. 3, 2 Nr. 5 und §§ 1 Nr. 4, 2 Nr. 6 VOB/B?

780 Der Unterschied zwischen **geänderter** Leistung (Änderung des Bauentwurfs oder sonstige Anordnung, **§ 2 Nr. 5 VOB/B**) und **zusätzlicher** Leistung, (im Vertrag nicht vorgesehene Leistung, **§ 2 Nr. 6 VOB/B**) also zwischen § 2 Nr. 5 und § 2 Nr. 6 VOB/B, ist auf den ersten Blick ein klarer Fall. Aber nur auf den ersten: Tatsächlich führt die Abgrenzung dieser beiden Regelungen untereinander zu einer erschreckenden Fülle von Streitfragen, wie besonders einprägsam ein Fall des LG Köln zeigt:

Eine Leistungsbeschreibung enthält **in den Positionen** 9 bis 12 „Aushub der Bodenklasse 2.2 (schlammiger Boden)" mit **jeweils** verschiedenen Tiefen **von 0,50 m bis 4 m**. Die Positionen 13 bzw. 14 sehen „Aushub für Boden der Klassen 2.23 bis 2.26" (leicht lösbare bis schwer lösbare Bodenarten sowie leicht lösbarer Fels) vor **bis zu einer Tiefe von 0,50 m bzw. 1 m**. Bei den Arbeiten stellt sich heraus, dass Boden der letztgenannten Klasse 2.23 bis 2.26 **bis 4 m Tiefe** und **nicht nur** bis zu einer Tiefe von 0,50 m bzw. 1 m ausgehoben werden muss; diesen Aushub **ordnet** der Auftraggeber auch **an**. Sind die zusätzlichen 3 m Tieferausschachtung der Bodenklassen 2.23 bis 2.26 „geänderte Leistung" der Positionen 13 bzw. 14, „Zusatzleistung" oder möglicherweise **keins von beiden**?

---

[830] BGH BauR 1996, 378.
[831] Schulze-Hagen, Festschrift Soergel, S 259, 266, jetzt aufgegeben in Festschrift Thode, S. 167, 171; Vygen, Bauvertragsrecht, Rdn. 165; Markus, in: Markus/Kaiser/Kapellmann, AGB-Handbuch Bauvertragsklauseln, Rdn. 101; ähnlich Anker/Klingenfuß, BauR 2005, 1377, auch für § 1 Nr. 4 VOB/B; Kaufmann, BauR 2005, 1806, der sogar bis zur Feststellung einer Verfassungswidrigkeit (!) vorstößt.
[832] von Rintelen, in: Kapellmann/Messerschmidt, VOB/B § 1, Rdn. 101; Ingenstau/Korbion Keldungs, VOB/B, § 1 Nr. 3, Rdn. 10, 11; Nicklisch/Weick, VOB/B § 1, Rdn. 23a; OLG Nürnberg, BauR 2001, 409.

Für den Fall werden mindestens vier verschiedene Lösungen angeboten, wobei allerdings in der Literatur unausgesprochen unterschiedliche Fallvarianten (mit Anordnung, ohne Anordnung) erörtert werden.[833]

Da die Berechnungsmethodik für die Vergütung geänderte Leistungen wie für zusätzliche Leistungen im Prinzip indentisch ist,[834] könnte man die Einordnung als geänderte oder zusätzliche Leistung offen lassen, wenn es nicht jedenfalls eine, theoretisch sehr wichtige, durch Ausnahmen gemäß der Rechtsprechung des BGH allerdings in der Praxis durchlöcherte **zusätzliche** Anspruchsvoraussetzung für **zusätzliche Leistungen** gäbe:
Bei **zusätzlichen** Leistungen erhält der Auftragnehmer im theoretischen Regelfall nur dann Mehrvergütung, wenn er - so § 2 Nr. 6 Abs. 2 S. 2 VOB/B - diesen Mehrvergütungsanspruch dem Auftraggeber **angekündigt hat, bevor** er mit der Ausführung der Leistung begonnen hat.[835]
Bei geänderten Leistungen gibt es in § 2 Nr. 5 VOB/B ein solches Ankündigungserfordernis als Anspruchsvoraussetzung **nicht**.[836]
Systematisch bedeutet das:
Sofern der Auftragnehmer vor Ausführung dem Auftraggeber angekündigt hat, dass die modifizierte Leistung auch mehr kostet, ist es gleichgültig, ob § 2 Nr. 5 VOB/B oder § 2 Nr. 6 VOB/B eingreift: Die Rechtsfolgen sind dieselben. Also ist es in diesem Fall überflüssig, neben der Bausoll-Bauist-Abweichung und der wirksamen Anordnung des Auftraggebers auch noch zu prüfen, ob der Fall in die Schublade des § 2 Nr. 5 oder des § 2 Nr. 6 VOB/B gehört.
Hat der Auftragnehmer den Anspruch auf Mehrvergütung dem Auftraggeber vor Ausführung **nicht** angekündigt, kommt es auf die Einordnung an: Handelt es sich um eine geänderte Leistung, ist eine solche Ankündigung nicht erforderlich; handelt es sich um eine zusätzliche Leistung, ist die Ankündigung Anspruchsvoraussetzung. Angesichts der zahlreichen Ausnahmen von diesem Ankündigungserfordernis hat diese Unterscheidung

---

[833] Nämlich **zusätzliche Leistung** (= § 2 Nr. 6 VOB/B), so **richtig** Landgericht Köln BauR 1980, 368 mit zustimmender Anmerkung Hofmann; ebenso Ingenstau/Korbion/Keldungs, VOB/B § 2 Nr. 6, Rdn. 9.
Für **geänderte Leistung** (= § 2 Nr. 5 VOB/B) Englert/Grauvogl/Maurer, Handbuch Baugrund, i.E. in Rdn. 675, 647 u.a. mit dem unzutreffenden Argument, auch angeordnete Mehrmengen fielen unter § 2 Nr. 5 VOB/B (dazu Rdn. 805); früher von Craushaar, BauR 1984, 311, 323, „wenn Bodengutachten beigefügt war(?)", sonst § 2 Nr. 3 Abs. 2 VOB/B (siehe dazu jedoch oben Rdn. 505, 506 und weiter unten Rdn. 805), in Festschrift Locher S. 9 ff., 19 **heute** jedoch richtig für § 2 Nr. 6 VOB/B.
Generell **für** § 2 Nr. 3 Abs. 2 u. 3 VOB/B Marbach, ZfBR 1989, 2, 8 (allerdings unter der Annahme, es sei keine Anordnung erfolgt; dann wäre aber richtig § 2 Nr. 8 VOB/B anzuwenden).
Für Behinderung = Anspruch gemäß § 6 Nr. 6 VOB/B Hochstein Anmerkung zu Schäfer/Finnern/Hochstein, § 2 Nr. 6 VOB/B Nr. 2, also zu der oben angegebenen Entscheidung des Landgerichts Köln, was generell unrichtig ist (vgl. Rdn. 771).
Putzier, BauR 1989, 132, 137, 139 ff., bejaht eine Behinderung gemäß § 6 VOB/B (?), gibt aber einen Anspruch aus § 2 Nr. 6 VOB/B, bei fehlender Anordnung aus § 2 Nr. 8 VOB/B.
Vgl. schließlich auch Nicklisch/Weick, VOB/B § 2 Rdn. 65.
Zu unserer Lösung siehe nachfolgend Rdn. 805 ff. und Fn. 912.
Hinweis: Die vom LG Köln zitierten Bodenklassenbezeichnungen entstammen einer alten Fassung der DIN 18 300.
[834] Dazu unten Rdn. 1000 ff.
[835] Näher unten Rdn. 909 ff.
[836] A.A., aber angesichts des Wortlauts der VOB/B nicht begründbar, Vygen, Bauvertragsrecht, Rdn. 809. Zutreffend Fuchs, Kooperationspflicht, S. 200.
Nicklisch postuliert ein solches Ankündigungserfordernis bei konkludenten Anordnungen des AG, dazu unten Rdn. 886.

allerdings an Bedeutung verloren.[837] Aber solange die VOB/B den Grundsatz hoch hält und die Ankündigung bei § 2 Nr. 6 als Anspruchsvoraussetzung deklariert, bleibt uns die äußerst komplizierte Unterscheidung zwischen geänderter Leistung und zusätzlicher Leistung nicht erspart.

Es gibt zumindest auf dem Papier einen weiteren Unterschied: § 1 Nr. 3 VOB/B räumt dem Wortlaut nach dem Auftraggeber ein unbegrenztes Recht zur Anordnung **geänderter** Leistungen ein, während § 1 Nr. 4 VOB/B das Recht, **zusätzliche** Leistungen zu verlangen, einschränkt. Tatsächlich – das im Vorgriff – ist das Anordnungsrecht nicht unbeschränkt und sowohl für geänderte wie zusätzliche Leistungen gleich auszulegen.[838]

Rechtspolitisch ist die Unterscheidung zwischen geänderten und zusätzlichen Leistungen **sinnlos**; geradezu unverständlich ist es, für zusätzliche Leistungen - die **immer** mehr Geld kosten - eine vorausgehende Anspruchsvoraussetzung zur Anspruchsvoraussetzung zu machen, für geänderte Leistungen – bei denen es möglich, aber nicht zwingend ist, dass Mehrkosten auftreten – dagegen nicht.
Sollte sich der Vertragsausschuss entschließen, die **VOB/B insoweit zu ändern**, so empfehlen wir ihm (vgl. auch Rdn. 937),

- einen einheitlichen Tatbestand modifizierter Leistungen (d. h. Bausoll-Bauist-Abweichungen) einzuführen, unterschieden in

    modifizierte Leistungen **auf Anordnung** des AG
    und
    modifizierte Leistungen **ohne (wirksame) Anordnung** des Auftraggebers;

- für alle modifizierten Leistungen eine Informationspflicht über Mehrkosten einzuführen, aber nicht als Anspruchsvoraussetzung des Mehrvergütungsanspruches.

Aber auch hier:
Solange die VOB/B so ist wie sie ist, müssen wir uns viele Seiten lang mit der Abgrenzung von geänderten und zusätzlichen Leistungen befassen.

Anders ausgedrückt: Da die fehlende Ankündigung bei § 2 Nr. 6 VOB/B (prinzipiell) zum **Anspruchsverlust** führt, muss bei **fehlender** Ankündigung **allein aus diesem Grund** unterschieden werden, ob im Einzelfall § 2 Nr. 6 VOB/B oder § 2 Nr. 5 VOB/B anzuwenden ist:[839] Greift § 2 Nr. 5 VOB/B, besteht ein Vergütungsanspruch; greift § 2 Nr. 6 VOB/B, besteht er nicht.

Demzufolge wäre es von der Systematik her sinnvoll, dieses Ankündigungserfordernis und die Folgen der unterlassenen Ankündigung vorweg zu prüfen. Führte die fehlende Ankündigung bei § 2 Nr. 6 VOB/B doch nicht zum Anspruchsverlust, verlören die Unterschiede der beiden Vorschriften gänzlich an Bedeutung.
Um der Reihenfolge des Textes der VOB/B zu folgen, werden wir das Ankündigungserfordernis jedoch erst später (Rdn. 909 ff.) behandeln.

---

[837] Siehe näher Rdn. 910 ff.
[838] Dazu in Einzelheiten Rdn. 783–797.
[839] Es ist unzulässig, dann, wenn im Ausnahmefall die fehlende Ankündigung einen Vergütungsanspruch aus § 2 Nr. 6 VOB/B scheitern lässt, in bestimmten Fällen gerade deswegen die Anwendung des § 2 Nr. 6 VOB/B abzulehnen und dann denselben Sachverhalt im Wege der Auslegung § 2 Nr. 5 VOB/B zu unterstellen; vgl. dazu für „angeordnete Mehrleistungen" z. B. von Craushaar, BauR 1984, 311 ff. und nachfolgend im Einzelnen Rdn. 815 sowie Rdn. 813, 923.

Abgrenzung zwischen „geänderter" und „nicht vorgesehener" Leistung   Rdn. 781

1.4 Keine Abgrenzungsnotwendigkeit zwischen „geänderter Leistung" gemäß § 1 Nr. 3 und „im Vertrag nicht vorgesehener Leistung" gemäß § 1 Nr. 4 VOB/B, Abgrenzung nur zwischen § 2 Nr. 5 und § 2 Nr. 6 VOB/B

Die §§ 1 Nr. 3, 2 Nr. 5 VOB/B greifen ein, wenn durch „Änderung des Bauentwurfs oder andere Anordnungen des Auftraggebers" „die Grundlagen des Preises für eine im Vertrag vorgesehene Leistung geändert" werden. 781

Die §§ 1 Nr. 4, 2 Nr. 6 VOB/B greifen ein, wenn der Auftraggeber „eine im Vertrag nicht vorgesehene Leistung" fordert, dann hat der Auftragnehmer Anspruch auf Mehrvergütung, die sich „nach den Grundlagen der Preisermittlung für die vertragliche Leistung und den besonderen Kosten der geforderten Leistung" richtet.

Gemeinsam ist also beiden Vorschriften, dass der Auftraggeber gemäß § 1 Nr. 3 oder § 1 Nr. 4 S. 1 VOB/B Leistungsmodifikationen **angeordnet** haben muss.[840]

Ihr augenfälliger (aber nicht einziger) **Unterschied** ist, ob die Anordnung des Auftraggebers eine schon im Vertrag **vorgesehene** oder eine im Vertrag noch **nicht vorgesehene Leistung** betrifft.

Ein Beispiel: Wenn ein Parkplatzzaun aus kunststoffummanteltem Draht statt aus verzinktem Draht errichtet werden soll, wird „eine im Vertrag vorgesehene Leistung", nämlich „verzinkter Draht", geändert; das ist ein Fall des § 2 Nr. 5 VOB/B. Wenn bisher überhaupt kein Parkplatzzaun vorgesehen war, aber jetzt angeordnet wird, ist das natürlich eine „im Vertrag nicht vorgesehene Leistung", also ein Fall des § 2 Nr. 6 VOB/B.
Wie ist aber der Fall des LG Köln (Aushub in größerer Tiefe) aus Rdn. 780 zu lösen?
Wie steht es mit der Abgrenzung, wenn eine Wand nicht mehr betoniert, sondern gemauert werden soll? Oder wenn statt der vorgesehenen Rammpfähle jetzt Bohrpfähle gefordert werden, und dies auch nur für einen Teilbereich? Kommt es auf die „Mauer an sich" oder die „Pfähle als solche" an?
Die konkreten Beispiele werden wir noch behandeln (Rdn. 838), sie dienen hier nur zur Illustration der Problematik.

Gemeinsame Voraussetzung aller vier Vorschriften (§ 1 Nr. 3 und Nr. 4, § 2 Nr. 5 und Nr. 6 VOB/B) ist - wie unter Rdn. 700 ff. erläutert –, dass das Bauist vom Bausoll **abweicht**. Im Falle der Änderung der Leistung muss es die Leistung also schon „unverändert" als Bestandteil des Bausolls geben, die „Änderung" bezeichnet die Bausoll-Bauist-Abweichung. Im Falle der zusätzlichen Leistung gibt es die „neue" Leistung überhaupt nicht innerhalb des bisherigen Bausolls, ihr „Mehr" bezeichnet die Bausoll-Bauist-Abweichung.

Diese sehr simple Unterscheidung, die in allen kritischen Fällen (nachfolgend Rdn. 803 ff, 826–828.) **nicht** weiterhilft (die Betonwand war „überhaupt" nicht Bestandteil des Leistungsverzeichnisses, wohl aber eine KS-Mauer. Ist die Betonwand neu oder geänderte Mauer?), bezieht sich auch nur auf **einen** Teilbereich des **Bausolls**, nämlich **den Bauinhalt**, also die Frage, was gebaut wird, also auf eine körperliche **Leistung**.

Es gibt aber auch einen **zweiten** Teilbereich des **Bausolls**,

die (vertraglich vereinbarten) **Bauumstände**, die besagen, **wie** gebaut wird.[841]

---

[840] Die Definition der „Anordnung" erörtern wir unter Rdn. 844 ff. Zum Verständnis dürfen wir schon hier festhalten, dass eine Anordnung auf vielfältige Art und Weise erfolgen kann, so z. B. durch einen freigegebenen Ausführungsplan, in dem Leistungen enthalten sind, die im Vertrags-LV oder in den sonstigen Vertragsunterlagen in dieser Art nicht enthalten waren. Die Grenzen der Anordnungsbefugnis erörtern wir unter Rdn. 791, 796 ff.

[841] Zu den Begriffen Bauinhalt und Bauumstände oben Rdn. 2, 721.

Die **körperliche** Vertragsleistung, verkörpert im entstehenden oder entstandenen Werk, ändert sich nicht, wenn entgegen der Vertragsvereinbarung jetzt nachts gebaut werden soll, eine Straße gesperrt werden soll oder eine vorgesehene Arbeitsmethode geändert werden soll.

Alle **diese** Fälle sind **nicht** zusätzliche **Leistung**, denn **es entsteht kein Mehr an körperlicher Leistung.**

Damit können wir eine erste Unterscheidung treffen: Bausoll-Bauist-**Abweichungen** hinsichtlich

> der **Bauumstände** fallen **im Regelfall nicht unter § 2 Nr. 6 VOB/B.**

Sie werden möglicherweise von § 2 Nr. 5 erfasst (dazu Einzelheiten unter Rdn. 798–800).

Diese Unterscheidung ist wegen des Ankündigungserfordernisses in der Vergütungsvorschrift des § 2 Nr. 6 VOB/B unumgänglich (siehe oben Rdn. 781)

Dagegen gibt es nur **für die Anordnungsbefugnis** gemäß § 1 Nr. 3 und Nr. 4 VOB/B **keinen Unterschied** zwischen geänderten oder zusätzlichen Leistungen – dazu Rdn. 789–797; deshalb liegt es nahe, den Unterschied zwischen geänderter und zusätzlicher Leistung nicht hier, sondern erst bei den Vergütungsvorschriften des § 2 Nr. 5, Nr. 6 VOB/B zu erörtern, weil es nur dort auf den Unterschied ankommen kann.[842]

2 Das Anordnungsrecht des Auftraggebers im Einzelnen

2.1 Mögliche Anordnungen

782 Bevor wir uns damit befassen, welche genaue Anordnungsbefugnis § 1 Nr. 3, Nr. 4 VOB/B dem Auftraggeber einräumen, ist es aus Gründen der Systematik sinnvoll, zu untersuchen, welche unterschiedlichen Anordnungsbefugnisse es für einen Auftraggeber überhaupt sinnvoll geben kann. Der Auftraggeber kann

- den **Bauinhalt** ändern oder ergänzen wollen,
    - weil ihn die (technischen) Verhältnisse dazu **zwingen**, z. B. um einen Planungsfehler zu korrigieren

    oder
    - weil er es sich nachträglich „freiwillig" anders überlegt (er will billiger, aufwendiger, kleiner, größer, für andere Funktionen bauen);
- hinsichtlich der vertraglich relevanten **Bauumstände** die Vertragsleistung ändern wollen;
    - weil ihn die Bauumstandsverhältnisse dazu **zwingen**; beispielsweise wird die zur Abfuhr vorgesehene Straße behördlicherseits gesperrt, oder der Auftragstermin des Rohbauers muss verschoben werden, weil noch nicht fertig ausgeschachtet ist;

    oder
    - weil er es sich nachträglich „freiwillig" anders überlegt hat, aber vorhandene anderweitige objektive Alternativen nicht ergreifen will; der Auftraggeber will

---

[842] Zur definitorischen Unterscheidung zwischen geänderter oder zusätzlicher Leistung folglich erst Rdn. 803.

z. B. die in seinen Risikobereich fallende Verzögerung durch Beschleunigungsanordnungen abfangen und nicht sonst eintretende Verzögerungen akzeptieren;
- unmittelbar in den **Produktionsablauf** des Auftragnehmers eingreifen wollen;
  - weil ihm zwingend nichts anderes übrigbleibt
  oder
  - weil er glaubt, bessere Erkenntnisse als der Auftragnehmer zu haben.

Das letztgenannte Recht, in den Produktionsablauf des Auftragnehmers einzugreifen, gibt § 4 Nr. 1 VOB/B, und zwar **unabhängig** davon, **ob der Auftragnehmer nach dem Vertrag verpflichtet wäre, einen solchen Eingriff hinzunehmen oder nicht**. War der Auftraggeber nicht nach dem Vertrag berechtigt, gewährt § 4 Nr. 1 Abs. 4 Satz 2 VOB/B Anspruch auf Ersatz der Mehrkosten.[843]

2.2 Das Anordnungsrecht nach § 1 Nr. 3 VOB/B

2.2.1 Gegenstand des Anordnungsrechts des § 1 Nr. 3 VOB/B

§ 1 Nr. 3 VOB/B lautet: „**Änderungen des Bauentwurfes** anzuordnen, bleibt dem Auftraggeber vorbehalten." § 2 Nr. 5 VOB/B greift das wörtlich auf und gibt dem Auftragnehmer Anspruch auf Mehrvergütung wegen Anordnungen zu „Änderungen des Bauentwurfs", **zusätzlich** aber auch wegen „sonstiger Anordnungen", womit vorab **außer jeder Diskussion** steht, dass § 1 Nr. 3 VOB/B und § 2 Nr. 5 VOB/B sich **nicht** decken und § 2 Nr. 5 **umfassender** ist als § 1 Nr. 3 VOB/B.[844] Wenn wir im Vorgriff auf die folgende Erörterung (Rdn. 784) festhalten, dass der „Entwurf" **nur** den **Bauinhalt** betrifft, also **was** gebaut werden soll, so liegt auf der Hand, dass das in § 1 Nr. 3 VOB/B angesprochene Recht, den Entwurf zu ändern, allein keinen Sinn ergibt, denn der Auftraggeber soll nicht nur als l'art pour l'art Entwürfe ändern dürfen, er soll die Änderung der bisher vertraglich vereinbarten Bauausführung als **Folge** der Änderung des Entwurfs erzwingen können. Man muss also den Wortlaut „behutsam" dahin ergänzen, dass der Auftraggeber die Änderung des Entwurfs gegenüber dem bauenden Auftragnehmer auch **durchsetzen** kann. Das entspricht auch allgemeinem Verständnis des § 1 Nr. 3 VOB/B; dann wird mit dieser „Ergänzung" genau das erzielt, was die VOB/B offensichtlich erzielen will; der Wortlaut der VOB/B wird also im Ergebnis zwar behutsam korrigiert, aber respektiert.

783

Somit bedarf es der Klärung, was die „**Änderung des Bauentwurfs**" ist. Angesichts der erörterten offensichtlichen Zielsetzung der VOB/B ist „Entwurf" identisch mit **Bauinhalt**; „Entwurf" ist allerdings nicht im engen Sinn der Leistungsphase 3 der § 15 Nr. 1, Nr. 2 HOAI zu verstehen; denn selbstverständlich darf der Auftraggeber auch die Ausführungsplanung – Phase 5 in § 15 HOAI – ändern und damit die Ausführung; „Entwurf" betrifft alles das, **was** gebaut werden soll.[845]
Die VOB/B fragt **nicht** danach, **warum** der Auftraggeber inhaltlich ändert, d.h., die VOB/B unterscheidet nicht die Alternativen aus Rdn. 782 zu 1), sie gibt das Änderungsrecht **ohne Rücksicht** darauf, ob der Auftraggeber ändern **muss** oder nicht. Richtig ist

784

---

[843] Einzelheiten Rdn. 1187 ff.
[844] Dazu näher Rdn. 798–800. Einige Autoren ignorieren das, was natürlich Lösungen erleichtert, aber nicht richtig macht.
[845] Ebenso Ingenstau/Korbion/Keldungs, VOB/B § 1 Nr. 3, Rdn. 7; Heiermann/Riedl/Rusam, VOB/B § 1, Rdn. 31; von Rintelen, in: Kapellmann/Messerschmidt, VOB/B § 1, Rdn. 51, 54 ff; Leinemann, VOB/B § 6, Rdn. 6; Langen/Schiffers, Bauplanung und Bauausführung, Rdn. 2199, 2200. Zum Unterschied zwischen „Bauentwurf" und „Leistungsbeschreibung" näher Rdn. 785 am Ende.

allerdings, dass der Auftraggeber auch ohne Regelung in § 1 Nr. 3 das Recht hätte, die Änderung einer Leistung bei **mangelhafter** Planung zu korrigieren: Der Auftragnehmer darf eine **erkannt** mangelhafte Planung nicht in Ausführung umsetzen, weil er ein mangelfreies Werk schuldet.[846] Aber nichts hindert die VOB/B daran, unterschiedslos für erzwungene wie freiwillige Planungsänderungen dem Auftraggeber ein Anordnungsrecht einzuräumen – wie sie es vergleichbar in § 4 Nr. 1 VOB/B bei Eingriffen in den Produktionsablauf tut **ebenfalls ohne Rücksicht** auf die vorangige Klärung, ob der Vertrag diesen Eingriff nicht schon ohnehin erlaubt oder nicht. Das ist eine höchst vernünftige und vereinfachende Regelung. Aber natürlich liegt die wahre Bedeutung von § 1 Nr. 3 VOB/B nicht in der „deklaratorischen" Befugnis, per Anordnung auftraggeberseitige Fehler zu korrigieren, sondern gerade darin, aufgrund neuer Entscheidung **und ohne Begründungsnotwendigkeit** Änderungen durchsetzen zu können.[847]

785 **Das Anordnungsrecht zum Bauinhalt ist also eindeutig.** Gibt § 1 Nr. 3 VOB/B über den Wortlaut hinaus auch ein Anordnungsrecht hinsichtlich der **Bauumstände**, also insbesondere baulicher Randbedingungen, z. B. Zufahrtstraße oder Bauzeit?
Um die nachfolgende Erörterung richtig zu würdigen, muss man die drei bisher zu dieser Frage vertretenen Auffassungen nebeneinander stellen, um die Unterschiede zu erkennen.

Meinung 1:[848] § 1 Nr. 3 VOB/B muss **gegen** den Wortlaut ausgelegt werden, so dass auch Anordnungen zu geänderten Bau**umständen** erlaubt sind, also z. B. zur Bauzeit, die Vergütung erfolgt dann also „wegen Änderung des Bauentwurfs" gemäß § 2 Nr. 5 VOB/B, das Merkmal „andere Anordnungen" in § 2 Nr. 5 VOB/B **läuft leer**.
Meinung 2:[849] Der Auftraggeber hat zu Anordnungen hinsichtlich der Bauumstände **kein** Recht, der Auftragnehmer hat bei Befolgung solcher Anordnungen Anspruch **nur** aus § 6 Nr. 6 VOB/B (also nur bei Verschulden des Auftraggebers) oder aus § 642 BGB.
Herrschende Meinung 3:[850] Der Auftraggeber hat **kein** Recht zu Anordnungen hinsichtlich der Bauumstände; wenn der Auftragnehmer sie **aber** befolgt, handelt es sich um „sonstige Anordnungen" im Sinne von § 2 Nr. 5 VOB/B; die VOB/B gewährt also – genau wie im § 4 Nr. 1 VOB/B – **Vergütung** auch bei Änderungen auf der Basis vertraglich **nicht** erlaubter Anordnungen, wahlweise aber auch Schadensersatzansprüche gemäß § 6 Nr. 6 VOB/B.
Von praktischer Bedeutung ist die Unterscheidung insofern, als der Auftragnehmer bei vertraglich nicht erlaubten Anordnungen nicht verpflichtet ist, sie zu befolgen. Entscheidende Bedeutung hat ansonsten nicht die Reichweite des § 1 Nr. 3 VOB/B, sondern die Frage, ob vertraglich nicht erlaubte Anordnungen dann, wenn der Auftragnehmer sie dennoch befolgt, als „sonstige Anordnung" die **Vergütung**sfolge des § 2 Nr. 5 VOB/B auslösen oder nur Schadensersatzansprüche (dazu Rdn. 798–800).

Auch wenn die finanziellen Folgen insbesondere zu 1) und 3) im Ergebnis oft auf dasselbe hinauslaufen, ist die richtige Antwort auf die Frage, ob der Auftraggeber auch ein Anordnungs**recht** hinsichtlich der Bauumstände hat und, wenn nicht, wie der Auftragnehmer Ausgleich erhält, der einer **nicht** verpflichtenden Anordnung **doch** folgt, von insbesondere systematischer Bedeutung. Zu entscheiden ist nämlich, ob das Baurecht „der VOB/B"

---

[846] Zutreffend Staudinger/Peters, BGB § 633, Rdn. 91. Der Auftragnehmer hat dann aber Anspruch auf Mehrvergütung, dazu Rdn. 1101.
[847] Deswegen verkennt Quack, ZfBR 2004, 107, 109 die Funktion des § 1 Nr. 3 VOB/B völlig, wenn er ausführt, die Vorschrift diene nur der Ermöglichung einer Fehlerkorrektur.
[848] Zanner/Keller, NZBau 2004, 353; Kniffka, Online-Kommentar BGB, § 631, Rdn. 232, Stand: 3.1.2006; Wirth/Würfele, BrBp 2005, 244.
[849] Thode, ZfBR 2004, 214.
[850] Ganz herrschende Meinung, z. B. BGH ZfBR 1990, 138 und ständig (kritisch dazu Thode a.a.O); Leinemann/Roquette, VOB/B § 1, Rdn. 43, 44; Heiermann/Riedl/Rusam, VOB/B § 1, Rdn. 31, § 2, Rdn. 110a; weitere Nachweise in Fn. **1543, 1544** sowie bei Zanner/Keller, a.a.O. Zu **unserer Lösung** siehe **Rdn. 786**.

nach „freien" Gerechtigkeitsvorstellungen, also gewissermaßen privatautonom, nämlich **ohne Rücksicht auf den Wortlaut der VOB/B und im klaren Gegensatz dazu**, „gestaltet" werden darf, oder ob bei der Auslegung der VOB/B nicht anders als bei einer Vertragsauslegung oder Gesetzesauslegung der **Text** der VOB/B respektiert werden muss. **Solange der Wortlaut ein in sich stimmiges Ergebnis und vor allem eine systematische** und nicht eine einzeln-zufällige Lösung ermöglicht, kann es nach unserer Auffassung keinem Zweifel unterliegen, dass bei der Auslegung der VOB/B **dem Wortlaut die maßgeblichste Bedeutung zukommt**; wie der BGH treffend für die allgemeine Vertragsauslegung entschieden hat, darf der Wortlaut ohne gewichtigste Gründe weder erweiternd noch einengend ausgelegt werden;[851] für Allgemeine Geschäftsbedingungen der VOB/B gilt das erst recht – ganz abgesehen davon, dass die **isolierte** Auslegung einer einzelnen Bestimmung das **Regelungssystem** der VOB/B völlig aus den Fugen geraten lässt. Das lässt sich an einer Reihe von Beispielen demonstrieren.[852]

Unter Berücksichtigung dieses Ausgangspunktes ist die Entscheidung **gegen** Meinung 1 (generelle Erweiterung über den Bauinhalt hinaus auf Bauumstände) zwingend, denn der Wortlaut des § 1 Nr. 3 VOB/B ist **unmissverständlich** eindeutig: Eine Anordnung, den „**Bauentwurf**" zu ändern, betrifft **ausschließlich den Bauinhalt**, das „Was" des Bauens, und nicht das „Wie". Ob der Auftragnehmer vertragsgemäß 1 Jahr für die Herstellung eines Gewerks (oder einer Gewerkegesamtheit, eines ganzen Baus) Zeit hat oder ob der Auftragnehmer, weil er noch keinen Mieter hat, durch terminverlängernde Anordnungen die Bauzeit auf 1,5 Jahre dehnen will, **hat mit dem „Entwurf" des Bauwerks nicht zu tun**. Ob die Baustelle vertragsgemäß von Norden oder aufgrund späterer Anordnung aufwendiger von Süden beliefert werden soll, ändert nichts am „Entwurf".[853]

Das wird auch noch dadurch deutlich, dass sich nach wirklich unbestrittener Meinung das Anordnungsrecht der Paralellvorschrift des § 1 **Nr. 4** VOB/B nur auf zusätzliche den **Bauinhalt** betreffende, nämlich erweiternde Anordnungen bezieht. Angesichts der praktischen Unterscheidbarkeit zwischen „geänderten" in § 1 Nr. 3 VOB/B und „zusätzlichen" Leistungen in § 1 Nr. 4 VOB/B[854] folgt auch daraus die **zwingende** Notwendigkeit, § 1 Nr. 3 und Nr. 4 VOB/B zu „**harmonisieren**", also **auch** § 1 Nr. 3 nur auf bau**inhaltliche** Anordnungen anzuwenden.[855] Es kann zudem schon aus Gründen einer überhaupt durchführbaren Bauausführung nicht ernsthaft diskutiert werden, dass ein Auftragnehmer die Frage, ob eine Änderungsanordnung des Auftraggebers befolgt werden muss oder nicht, nicht davon abhängig machen kann, ob er die Anordnung rechtlich unter § 1 Nr. 3 oder Nr. 4 VOB/B einordnet.

---

[851] BGH „Sonderfarben I", BauR 1993, 595; BGH „Wasserhaltung II", BauR 1994, 236; BGH „Spanngarnituren", BauR 1994, 625 einerseits, BGH „Eisenbahnbrücke", BauR 1999, 897; BGH „Auflockerungsfaktor", BauR 1997, 466 andererseits; zum Ganzen oben Rdn. 175, 176. Beispiel für die dem Wortlaut entsprechende Auslegung der VOB/B: BGH „Behinderungsschaden I", BauR 1986, 347, BGH „Behinderungsschaden II", NZBau 2002, 381: Ersatz des „nachweislich" entstandenen Schadens, dazu Rdn. 1509.

[852] Hier am Begriff „Bauentwurf"; in § 2 Nr. 5 am Beispiel „**sonstige** Anordnung" (dazu Rdn. 798); für das Leistungsverweigerungsrecht bei fehlender Preisvereinbarung zu Nachträgen, bei der die Imperativformulierung der VOB/B („**ist** vor Ausführung zu vereinbaren") von manchen überhaupt nicht erwähnt wird (dazu Rdn. 973 ff.); bei der bejahten Anwendbarkeit des § 642 BGB gegen die Regelungssystematik des § 6 VOB/B (dazu Rdn. 1400); bei Ignorierung des Wortlauts von § 6 Nr. 1 VOB/B (dazu Rdn. 1216); weiteres Beispiel Kapellmann, in: Kapellmann/Messerschmidt VOB/B, § 2, Rdn. 182, Fn. 367.

[853] Dazu Rdn. 780, 781, 803 ff; wie hier besonders Leinemann, VOB/B § 6, Rdn. 50. Außerdem gibt es für die „sonstigen Anordnungen" des § 2 Nr. 5 VOB/B **dann überhaupt keinen Anwendungsfall**, siehe Rdn. 798 und Fn. 886.

[854] Dazu Rdn. 789–792, 796, 797.

[855] Formulierung nach von Rintelen, in: Kapellmann/Messerschmidt, VOB/B § 1, Rdn. 108. Zustimmend Leinemann/Roquette, VOB/B § 1, Rdn. 58.

Zanner/Keller und Kniffka müssen zur Begründung ihrer gegenteiligen Ergebnisse zwangsläufig den Begriff „Änderung des **Entwurfs**" mit dem Begriff „Änderung der **Leistungsbeschreibung**" gleichsetzen[856] – und genau das **verbietet sich** erneut angesichts eines wiederum **völlig eindeutigen** Wortlauts: Die VOB/B kennt einen **eigenständigen** Begriff „Leistungsbeschreibung" (§ 9 VOB/A allgemein, § 9 Nr. 4 VOB/B unter Hinweis auf die „0"-Abschnitte der VOB/C; Überschrift zu § 9 Nr. 6–8 VOB/A; Überschrift zu § 9 Nr. 10–12 VOB/A, ganz deutlich § 9 Nr. 10 VOB/A; § 1 Nr. 2a VOB/B, § 2 Nr. 1 VOB/B). **Es kommt deshalb nicht in Betracht, dass die VOB/B in § 1 Nr. 3 „Entwurf" sagt, wenn sie „Leistungsbeschreibung" meint.**

786 § 1 Nr. 3 VOB/B gibt also dem Auftraggeber **kein Recht**, Anordnungen zu **Bauumständen** zu treffen. Thode (Meinung 2) zieht daraus den scheinbar zwingenden, rigorosen Schluss, **alle** Anordnungen des Auftraggebers zu Bauumständen seien nicht erlaubt, der Auftragnehmer brauche sie nicht zu befolgen, ein eventueller Ausgleich erfolge **deshalb** nur über die Verschuldensnorm (!) des § 6 Nr. 6 VOB/B oder über § 642 BGB, die unterlassene (!) Mitwirkung.[857] Das ist offensichtlich für den Teilbereich **zwingend notwendiger** Anordnungen des Auftraggebers zu **Bauumständen verfehlt**, wie sich einleuchtend an der Testfrage festmachen lässt, ob der Auftragnehmer auf eine solche Anordnung zu Bauumständen die Leistung **verweigern** darf, was ja die zwingende Konsequenz von Thodes Rechtsauffassung ist. Selbstverständlich kann der Auftragnehmer, wenn der Auftraggeber eine neue Straßenführung für den Abstransport infolge behördlicher Sperrung der vertraglich vorgesehenen Strecke anordnen muss, **nicht** die Leistung verweigern (das wäre auch ein schönes Argument des Auftragnehmers: „Die, oder keine") und nicht kündigen, er **muss** sich „fügen".[858] Auch wenn sich der Auftraggeber hinsichtlich dieser Anordnung **nicht** auf § 1 Nr. 3 VOB/B stützen kann, weil der „Bauentwurf" nicht geändert wird, hat der Auftragnehmer **doch** Anspruch, das versprochene Werk zu erhalten. Wenn der Auftraggeber **keine andere technische Wahl** hat, wenn er also im Rahmen der Bauumstände unvorhergesehene oder sogar unvorhersehbare Tatbestände überwinden **muss**, um das vom Auftragnehmer geschuldete Werk überhaupt zu erstellen, so darf er **(technisch) zwingende** Maßnahmen zu deren Überwindung anordnen. Genauso, wie der Auftraggeber **auch ohne besondere Regelung in der VOB/B** bauinhaltliche Planungsmängel korrigieren darf, darf er **bauumstandsbezogene „technische Mängel"** ohne besondere Ermächtigung korrigieren; dieses **Recht** steht ihm aufgrund des bauvertraglichen „**Kooperationsgebots**"[859] zu, man mag es letztlich auch aus Treu und Glauben ableiten.[860] Wenn also infolge Unwetters die Ausschachtung sich verzögert hat, **darf** der Auftraggeber auch die Terminverschiebung für den Arbeitsbeginn des Rohbauerunternehmers anordnen. Der Rohbauunternehmer kann sich nicht auf den früheren Termin zurückziehen. Der Auftraggeber braucht das Ende der Behinderung nicht reaktionslos abzuwarten; er darf die (technische) Ausführung seines Bauvorhabens **anpassend** organisieren. Deswegen **darf** er auch bei Sperrung eine neue Straßenführung anordnen. **Nur für diesen Teilbereich** (technisch) **zwingend notwendiger Änderungen von Bauumständen** stimmen wir also hinsichtlich einer Änderungsbefugnis des Auftraggebers nicht in der Begründung, aber im Ergebnis Zanner/Keller und Kniffka (Meinung 1) zu.

---

[856] Entwurf = „Leistungsbeschreibung, mit der zum Ausdruck gebracht wird, was, **wie und auf welche Weise** und unter **welchen zeitlichen** Rahmenbedingungen gebaut werden soll", so Kniffka, Online-Kommentar, a.a.O.; Zanner/Keller, NZBau 2004, S. 353, 354; Schulze-Hagen, Festschrift Soergel, S. 259, 263.
[857] Thode a.a.O; ausführlich ablehnend gerade dazu Leinemann/Schoofs, VOB/B § 2, Rdn. 95–97a.
[858] von Rintelen, in: Kapellmann/Messerschmidt, VOB/B § 1, Rdn. 94.
[859] Kapellmann, NJW 2005, 182. Siehe dazu auch Kaufmann, BauR 2005, 1806, 1811.
[860] Im Grundsatz Kniffka, Online-Kommentar, § 631, Rdn. 235, 236.

Aber dieses Änderungsrecht zu Bauumständen aufgrund Kooperationspflichten ist als **787** Ausnahme **äußerst restriktiv** zu verstehen. Änderungsanordnungen, die **nicht** auf **zwingender (technischer) Sachnotwendigkeit** beruhen, lassen sich auch **nicht** mit „Treu und Glauben" rechtfertigen. Das betrifft zum Beispiel und in allererster Linie die vereinbarte **Bauzeit**: Beispiel: Der Auftraggeber hat **kein** Recht, eine **Verkürzung** der vereinbarten Ausführungszeit, also eine Beschleunigung, anzuordnen.[861] Der Auftraggeber mag durch die Verzögerung einen Schaden erleiden, aber er hat kein **Recht**, sein „Unglück" auf einen unbeteiligten Dritten abzuwälzen und ihm das Risiko aufzubürden, Beschleunigungsmaßnahmen z. B. zu einer Vergütung auf der Basis unzureichend kalkulierbarer, fortgeschriebener Kosten und ohne Risikozuschlag auszuführen, die Lösung von Kapazitätsproblemen einseitig zu seinen Gunsten und zu Lasten anderer Baustellen des Auftragnehmers zu verlangen oder dem Auftragnehmer das erhöhte Anfälligkeitsrisiko einer verdichteten Taktfolge anzulasten. Zudem müsste konsequenterweise dann eine für den Endtermin vereinbarte Vertragsstrafe ohne weiteres auch für den früheren gelten, was ganz indiskutabel ist.[862] Genausowenig hat der Auftraggeber das **Recht**, eine vertraglich festgelegte Abfuhrstrecke zu ändern, nur weil er eine Ortsdurchfahrt aus Gründen „politisch guten Wetters" nachträglich vermeiden will. Im Grundsatz ähnlich, aber viel zu weitgehend, kommt Kniffka zu dem Schluss, das Anordnungsrecht zu Bauumständen entfalle (nur), wenn dem Auftragnehmer ein Festhalten am neuen Vertrag nicht **zumutbar** sei; Kniffka wählt als Beispiel eine Bauzeitverlängerung um mehrere Jahre.[863] Dieser weite Maßstab zu Lasten des Auftragnehmers – und wieso überhaupt zu Lasten des Auftrag**nehmers**? – ist inakzeptabel; er wird schon dadurch widerlegt, dass § 6 Nr. 5 VOB/B jeder Partei das Recht gibt, bei Verzögerungen von mehr als 3 Monaten zu kündigen.

Läßt man ein nicht auf zwingender technischer Notwendigkeit begründetes Anordnungsrecht des Auftraggebers zu Bauumständen zu, müsste man ihm mit denselben Argumenten das Recht einräumen, jede beliebige Vertragsklausel zu seinen Gunsten zu ändern.

In allen genannten Fällen fehlender technisch zwingender Sachnotwendigkeit hat der Auftragnehmer also **kein** Anordnungsrecht zu Bauumständen – aber der Auftragnehmer erhält, wenn er der somit vertraglich nicht erlaubten („rechtswidrigen") Anordnung folgt, trotzdem **Vergütung**, nämlich wegen „**sonstiger Anordnung**" gemäß § 2 Nr. 5.[864]

Im Ergebnis führt also unser Lösungsvorschlag **hinsichtlich** der **Vergütungsfolge** zu demselben Ergebnis wie Meinung 1 (siehe Rdn. 785), die jede Anordnung zu Bauumständen als „Änderung des Bauentwurfs" im Sinne von § 1 Nr. 3 VOB/B und damit als verpflichtend behandelt und sie deshalb als vergütungspflichtig gemäß § 2 Nr. 5 VOB/B wegen „Änderung des Bauentwurfs" behandelt. Wir unterscheiden dagegen einerseits zwingend erforderliche, berechtigte und andererseits nicht zwingend erforderliche, unberechtigte Anordnungen zu Bauumständen, aber beide sind, wenn befolgt, zu **vergüten**, beide als „sonstige Anordnung" gemäß § 2 Nr. 5 VOB/B, letztere gerade, wenn der Auftragnehmer sie freiwillig befolgt. Der Unterschied ist, dass nach unserer Lösung bei nicht zwingend erforderlichen Anordnungen zu Bauumständen wahlweise auch Schadensersatzansprüche aus § 6 Nr. 6 VOB/B möglich sind.

---

[861] Ganz h. L., z. B. OLG Jena, NZBau 2005, 341, 344; besonders Leinemann, VOB/B § 6, Rdn. 50; Leinemann/Roquette, VOB/B § 1, Rdn. 43, 63 („Beschleunigungsmaßnahmen sind ... niemals unabdingbar"); Vygen/Schubert/Lang, Bauverzögerung, Rdn. 176; Ingenstau/Korbion/Döring, VOB/B § 5, Rdn. 1–3, Rdn. 26; Langen/Schiffers, Bauplanung und Bauausführung, Rdn. 2200; Wirth/Würfele, Jahrbuch Baurecht 2006, 119, 161; weiter **alle** in Fn. 894 und 900 genannten Gerichte und Autoren. Siehe auch Rdn. **800**, 801, 1333.

[862] Laut Zanner/Keller, NZBau 2004, 357 entfällt in solchen Fällen die Vertragsstrafe. Aber warum? Offenbar trauen Zanner/Keller ihrem zeitlichen Anordnungs**recht** des Auftragnehmers nur halb.

[863] Kniffka, Online-Kommentar, § 631, Rdn. 235, 236.

[864] Näher 798–800; er erhält auch wahlweise Schadensersatz nach § 6 Nr. 6 VOB/B.

788 Eine Ausweitung des Anordnungs**rechts** auf nicht technisch notwendige Änderungen hinsichtlich der **Bauumstände** verstieße im Rahmen der AGB-Kontrollunterworfenheit der VOB/B auch gegen § 307 Abs. 1 BGB, ein so ausgelegter § 1 Nr. 3 VOB/B wäre nämlich **unwirksam**. Inhaltliche Änderungsrechte kann man in Anknüpfung an die gesetzliche Möglichkeit in § 315 BGB, den Leistungsinhalt sogar „billig" zu bestimmen, akzeptieren – siehe oben Rdn. 779, aber selbst § 315 BGB gäbe keine Möglichkeit, den Vertrag einseitig hinsichtlich anderer Parameter als des Leistungs**inhalts** nach Belieben abzuändern (vgl. auch Rdn. 790). Deshalb kann man (insoweit) Kniffka und Zanner/Keller (Fn. 848) nicht folgen.

2.2.2 Die Grenzen des bau*inhaltlichen* Änderungsrechts gemäß § 1 Nr. 3 VOB/B

789 Ist das Recht des Auftraggebers, gemäß § 1 Nr. 3 VOB/B Änderungen des **Bauinhalts** = Bauentwurfs anzuordnen, unbeschränkt?[865] Vorab muss man angesichts der praktischen Ununterscheidbarkeit von geänderten und zusätzlichen Leistungen daran denken, die Einschränkungen des § 1 Nr. 4 VOB/B analog auch bei § 1 Nr. 3 VOB/B heranzuziehen, zumal § 1 Nr. 4 VOB/B auch nur bauinhaltliche Änderungen erfasst (siehe oben Rdn. 785).
Die Einschränkung des § 1 Nr. 4 Satz 1, 2. Alternative VOB/B, dass der Auftraggeber keine Leistungen anordnen darf, auf die der Betrieb des Auftragnehmers nicht eingerichtet ist, spielt bei § 1 Nr. 3 VOB/B praktisch keine Rolle. Auch wenn die Einordnung als geänderte Leistung in Zweifelsfällen unklar sein kann, bezieht sich die angeordnete Leistung jedenfalls auch in diesen Fällen immer noch nur auf die Umgestaltung einer im Kern ja vorhandenen Hauptleistung, auf die der Auftragnehmer ja eingerichtet ist. Im äußersten Einzelfall gilt aber diese Einschränkung auch für § 1 Nr. 3 VOB/B.
Genauso verhält es sich mit der Übertragbarkeit der Einschränkung des § 1 Nr. 4 Satz 1 VOB/B, wonach der Auftragnehmer nur solche Zusatzleistungen ausführen muss, die zur Ausführung der vertraglichen Leistung **erforderlich** sind, „andere" nicht. Abgesehen davon, dass die „Erforderlichkeit" im weitesten Sinn ausgelegt werden muss (siehe Rdn. 793), um § 1 Nr. 4 Satz 1 VOB/B sinnvoll anwenden zu können, stellt sich ungeachtet aller Abgrenzungsschwierigkeiten bei zu ändernden Leistungen wegen des immer noch vorhandenen Zusammenhangs mit der Vertragsleistung die Frage nach der Erforderlichkeit praktisch nicht.

790 Es bleibt die Frage, ob der Auftraggeber gemäß § 1 Nr. 3 VOB/B ein ansonsten völlig **unbeschränktes inhaltliches Änderungsrecht** hat. Eine Auffassung verneint das mit der Begründung, auf das Anordnungsrecht des Auftraggebers sei § 315 BGB direkt oder analog anzuwenden, so dass also „unbillige Anordnungen" nicht verpflichtend seien.[866] Eine Begründung dafür findet sich nirgends. § 1 Nr. 3 VOB/B enthält bis auf die zitierten Ausnahmen keinerlei Einschränkung. Für eine solche Einschränkung besteht auch gar kein Bedürfnis, denn selbst für die ausgefallenste Änderung gibt es immer adäquate Vergütung gemäß § 2 Nr. 5 VOB/B (bzw. Nr. 6), zumal bei kritischen Konstellationen auch „keine Bindung an den alten Preis" mehr besteht.[867] Darüber hinaus enthält § 315 BGB

---

[865] Wäre es das, so würde § 1 Nr. 3 VOB/B AGB-rechtlich **unwirksam** sein, siehe oben Rdn. 779 und Rdn. 788.
[866] Quack, ZfBR 2004, 107. Der BGH BauR 1996, 378, 380 hat entgegen Quack **nur** entschieden, das Leistungsbestimmungsrecht des Auftragnehmers aus § 1 Nr. 3 VOB/B sei **ähnlich** dem aus § 315 BGB (entgegen Franke/Kemper/Zanner/Grünhagen, VOB/B § 1, Rdn. 59 hat der BGH in BauR 2004, 495 nichts anderes gesagt). Dem ist zuzustimmen: In beiden Fällen übt der Auftragnehmer ein Gestaltungsrecht zur Leistungsbestimmung aus. Siehe auch Rdn. 1000.
[867] Insoweit zutreffend Zanner/Keller, NZBau 2004, 358; Franke/Kemper/Zanner/Grünhagen, VOB/B § 1, Rdn. 61.

ein besonderes Gestaltungsrecht: Hat der Berechtigte einmal seine Wahl ausgeübt, steht das Leistungssoll jetzt fest,[868] eine erneute Änderung ist beim BGB im Regelfall nicht möglich. Quack sieht das Problem und meint, dann müsste man bei § 1 Nr. 3 VOB/B eben § 315 BGB **analog** anwenden, wenn man überhaupt ein Recht auf mehrfache Änderung oder sogar ein Recht auf Änderung einer schon hergestellten Leistung bejahe, was nicht „selbstevident" sei.[869]

Letzeres ist allerdings nur dann nicht selbstverständlich, wenn man in § 1 Nr. 3 VOB/B über § 315 BGB eine Einschränkung hinein interpretiert, für die der Wortlaut **nichts** hergibt. Der Auftraggeber darf das Änderungsrecht gemäß § 1 Nr. 3 VOB/B **grundsätzlich** nach seinem reinen Gutdünken ausüben,[870] ohne also irgendeine Begründung liefern zu müssen. Warum dieses Gutdünken auf „**eine** Änderung pro Fall" und/oder nur auf „Änderungen **vor** Herstellung" beschränkt sein soll, ist nicht einmal im Ansatz begründet. Ganz abgesehen davon scheint es fast Mode zu werden, im Bereich der VOB/B mit Auslegungsvarianten für Aufmerksamkeit zu sorgen, die geradezu wonnevoll jede Realität einer Baustelle ausblenden[871] und – nicht nur auf Papier niedergelegt, sondern im Baugeschehen angewandt – abstruse Situationen nur so provozieren: Soll der Auftragnehmer wirklich das Recht haben, eine Änderung eines schon hergestellten Bauteils zu verweigern („gebaut ist gebaut!") oder eine Änderung der Änderung grundsätzlich abzulehnen („Einmal reicht"!)? Viele Maßnahmen zum Umbau im Bestand, als schönes Beispiel die Bahnhofsumbauten der Deutschen Bahn AG, würden Investitionsruinen, wenn man diese Auslegung ernst nähme. Die Begrenzung für das unbeschränkte Anordnungsrecht muss vielmehr anders (Rdn. 791) und zudem ergänzend auf der Ebene der Vergütung stattfinden, dort in der Loslösung „vom alten Preis" (dazu Rdn. 800, 1030 ff.).

Das bauinhaltliche Änderungsrecht kann allerdings nicht dazu führen, durch eine Vielzahl sich möglicherweise überholender Änderungen das ursprüngliche Werk bis zur Unkenntlichkeit zu entstellen. Diese **Grenzen** der Änderungsbefugnis ergeben sich daraus, dass der Auftraggeber nur ein Recht „auf **Änderungen** des **Entwurfs**" hat, aber nicht auf einen neuen Entwurf. „Entwurf" bezieht sich auf das Ergebnis inhaltlicher **Planung**, und deshalb ist es sachgerecht, an architektenrechtliche Grundsätze anzuknüpfen: Der Auftraggeber hat auch gegenüber seinem Architekten zwar ein Recht, Änderungen und Anpassungen – je nach Planungsstadien – zu verlangen, aber er hat kein Recht, statt des alten Entwurfs einen anderen, neuen zu verlangen: Zulässig sind nur „Änderungen", d. h. Veränderungen, die den Charakter der Hauptleistung noch wahren, die sie vervollständigen, verbessern oder ergänzen, aber die immer noch „Vervollständigungsleistung" sind. Wenn nach der Änderung das geänderte Werk mit dem ursprünglichen kaum noch identisch ist, wenn die Änderung die Hauptsache wird und die eigentliche Hauptsache nicht mehr dieselbe ist, sind die Grenzen des Änderungsrechts überschritten.[872] Auch darin zeigt sich die vollkommene Parallele zu § 1 Nr. 4: Was kraft Anordnung des Auftraggebers zur selbständigen Leistung (dazu Rdn. 796) führt, ist weder geänderte noch zusätzliche Leistung. Die Grenze zur Neuplanung kann auch allein durch das Volumen der Änderungsanordnungen überschritten sein; Änderungen von mehr als 50 % der Vertragsleistung sind in Wirklichkeit Teil-Neuplanungen und verlassen die Identität des ursprünglichen Werks. Dabei spielt es keine Rolle, ob sich dieses Volumen aus einer großen Änderung oder, wie regelmäßig, aus einer Vielzahl kleiner Änderungen ergibt. Ebenso verlassen z. B. Ände-

---

[868] Selbstverständlich, vgl. z. B. Münchener Kommentar/Gottwald, BGB § 315, Rdn. 34.
[869] Quack, ZfBR 2004, 107, 108.
[870] Zutreffend Ingenstau/Korbion/Keldungs, VOB/B § 1 Nr. 3, Rdn. 7; Heiermann/Riedl/Rusam, VOB/B § 1, Rdn. 31c; Staudinger/Peters, BGB § 633, Rdn. 10. Zu den „immanenten" Einschränkungen Rdn. 791.
[871] Das gilt besonders auch für Thode, ZfBR 2004, 214, siehe Rdn. 798.
[872] Zutreffend Ingenstau/Korbion/Keldungs, VOB/B § 1 Nr. 3, Rdn. 9

rungen der Funktion des Bauwerks (ursprünglich Warenhaus, jetzt eine Vielzahl eigenständiger Einzelhandelsgeschäfte) den Änderungscharakter. Nur das kann als Änderungsanordnung vom Auftraggeber auch gegen den Willen des Auftragnehmers durchgesetzt werden, was den bisherigen **Kern** der Planung unberührt lässt. Insoweit muss sich also die Änderungsplanung (noch) als Weiterentwicklung oder Korrektur der vorhandenen, der Vertragsleistung zugrunde gelegten Planung darstellen. Die Ausführungsanordnung, die zu einer **umfänglichen Umplanung**, d. h. einer neuen, selbständigen Planung führt, **ist keine Änderungsanordnung im Sinn des § 1 Nr. 3 VOB/B mehr.**[873] Sie ist vielmehr als Teilkündigung gemäß § 8 Nr. 1 VOB/B (oder je nach Fall als Herausnahme von Leistungen gemäß § 2 Nr. 4 VOB/B) und als gleichzeitiges Angebot des Auftraggebers an den Auftragnehmer auf Abschluss eines neuen Vertrages zu behandeln. Der Auftragnehmer ist nicht verpflichtet, die Leistung auszuführen.

Führt er sie allerdings aus, ohne die Vereinbarung neuer Preise zu verlangen, wird darin im Regelfall nach Treu und Glauben eine stillschweigende Verpflichtung enthalten sein, jedenfalls unter weitgehender Anwendung der bisherigen Preiselemente abzurechnen, sofern nicht die allgemeinen Ausnahmetatbestände (Rdn. 1030 ff.) greifen.[874]

792 Eins wird damit auf Anhieb deutlich: Wann eine noch zulässige Änderungsanordnung in eine nicht mehr zulässige Neuplanung umschlägt, ist fließend und lässt sich nicht selten nur **aus der Rückschau** beantworten (!) – genauso, wie es während des Bauverlaufs manchmal praktisch unmöglich sein wird, in der Kürze der Zeit verbindlich zwischen „zwingenden" Anordnungen zu **Bauumständen** und „nicht zwingenden" Anordnungen (oben Rdn. 786–788) zu unterscheiden. Der Auftragnehmer wird bei sich kumulierenden Anordnungen den Unterschied meistens gar nicht merken oder mindestens gut beraten sein, die Leistung auszuführen, ohne sich mit Thode auf zweifelhafte, **insoweit** ja selbstmörderische Leistungsverweigerungsrechte zu berufen.

Von **dieser** Unterscheidung die Vergütung des Auftragnehmers für geänderte Leistungen **nicht** abhängig zu machen, ist eine geradezu weise Entscheidung der VOB/B in § 2 Nr. 5.[875]

2.3 Das Verlangen zusätzlicher Leistungen gemäß § 1 Nr. 4 VOB/B

2.3.1 Die drei unterschiedlichen Kategorien des § 1 Nr. 4 VOB/B

793 § 1 Nr. 4 VOB/B unterscheidet wie folgt:

a) Der Auftraggeber ordnet nicht im Vertrag vorgesehene Leistungen an, die zur Ausführung der vertraglichen Leistung **erforderlich** werden (§ 1 Nr. 4 Satz 1 VOB/B): Das sind echte, nach **§ 2 Nr. 6 VOB/B** zu vergütende **„zusätzliche Leistungen"**; der Auftraggeber hat das Recht, sie einseitig anzuordnen, der Auftragnehmer **muss** sie ausführen („**Zusatzaufträge**").[876]

b) Der Auftraggeber ordnet nicht im Vertrag vorgesehene Leistungen an, die **nicht** zur Ausführung der vertraglichen Leistung **erforderlich** sind, aber jedenfalls mit der Hauptleistung noch **in Verbindung stehen** (§ 1 Nr. 4 Satz 2 VOB/B): Das sind **„andere Leistungen"**. Der Auftraggeber hat kein Recht, sie anzuordnen, der Auftragnehmer **muss**

---

[873] Ebenso OLG Köln Schäfer/Finnern/Hochstein, § 2 VOB/B Nr. 4; Marbach, ZfBR 1989, 2, 6.
[874] Zu diesem Problem auch Rdn. 795.
[875] Dazu näher Rdn. 798–800.
[876] Die Abgrenzung zwischen „zusätzlichen" und „geänderten" Leistungen behandeln wir im Rahmen des § 2 Nr. 5, 6 unter Rdn. 803 ff.

sie **nicht** ausführen; unter Umständen kann aber § 2 Nr. 6 VOB/B als Vergütungsnorm dann eingreifen, wenn der Auftragnehmer die Leistungen doch ausführt, aber keine Vergütungsabrede getroffen ist.

c) Der Auftraggeber ordnet nicht im Vertrag vorgesehene Leistungen an, die für das vertragliche Werk **nicht erforderlich** sind und die mit der Hauptleistung auch **nicht** in Verbindung stehen: Das sind **„neue, selbständige Leistungen"** (Anschlussaufträge).

Die Differenzierung zwischen „zusätzlichen" und „anderen" Leistungen ist pure Theorie, die Abgrenzung von „zusätzlichen" zu „neuen, selbständigen Leistungen" dagegen von Bedeutung.

Es handelt sich wirtschaftlich darum, ob ein Auftraggeber, der den Erstauftrag aufgrund schlechter Baukonjunktur oder schlechter Auftragslage des Auftragnehmers zu niedrigen Preisen vergeben konnte, nunmehr den Auftragnehmer zwingen kann, „(neue) selbständige Leistungen" auf der Basis des bisherigen Preisniveaus zu erbringen.

Das **Ankündigungserfordernis**, das nur bei Zusatzaufträgen – wegen § 2 Nr. 6 VOB/B – grundsätzlich gilt, natürlich **nicht bei Anschlussaufträgen** (die ja nicht § 2 Nr. 6 VOB/B unterfallen), spielt für die **Notwendigkeit einer Abgrenzung zu „anderen Leistungen" kaum eine Rolle**, weil es auch bei Zusatzaufträgen selbst praktisch keine Rolle spielt: Es entfällt ja ohnehin in **allen** Fällen, in denen **offensichtlich** ist, dass es sich um eine zusätzliche Leistung handelt bzw. dass kein Auftragnehmer eine solche (Zusatzkosten bedingende) Arbeit ohne Vergütung erbringen würde. Über die Einzelheiten dieser Ausnahme bestehen in der Literatur Meinungsverschiedenheiten, in der Sache selbst nicht.[877] Ob deshalb der Auftragnehmer seinen Vergütungsanspruch ankündigt oder nicht, ist in einem solchen Fall im Ergebnis gleichgültig: Er erhält in jedem Fall Vergütung, gleichgültig, ob es sich um eine Zusatzleistung handelt oder um eine völlig neue selbständige Leistung (= „Anschlussauftrag").

2.3.2 Die „zusätzliche" Leistung und die „andere" Leistung

„Zur Ausführung **erforderlich**" und damit im Sinne der VOB/B **zusätzliche** Leistungen sind nur Leistungen, die in **technischer Abhängigkeit** zur bei Auftragserteilung bereits vereinbarten Gesamtleistung stehen, ohne die also die bisher vereinbarte Gesamtleistung entweder nicht vollständig, nicht gebrauchsfähig oder nicht mangelfrei erstellt werden kann, z. B. die Herstellung von Spülschächten für eine Dränage bei Dränarbeiten bzw. allgemein bei Rohbauarbeiten. Problematisch ist dabei, wann die Leistung nicht „vollständig" ist; die „Erforderlichkeit" der Vervollständigung einer Planung lässt sich nämlich nur eingeschränkt objektiv beurteilen: Ob eine Leistung nun vergessen worden ist oder ob sie auf nachträglichen neuen Überlegungen des Auftraggebers beruht, lässt sich kaum feststellen. Solange noch der „technische Zusammenhang" überhaupt zu bejahen ist, fallen deshalb auch nicht im Vertrag vorgesehene Leistungen infolge neuen Planentschlusses unter § 1 Nr. 4 S. 1 VOB/B.[878]

Es wäre ein unlösbarer Widerspruch, dass der Auftraggeber gemäß § 1 Nr. 3 VOB/B zwar berechtigt wäre, den Entwurf zu ändern, aber den geänderten Entwurf nicht ausführen lassen dürfte, sofern im Vertrag nicht vorgesehene Leistungen auszuführen wären, die für die Ausführung gemäß altem Entwurf nicht erforderlich gewesen wären. Letztlich wird damit das Element „Erforderlichkeit" nach der subjektiven Entscheidung des Auftraggeber beurteilt. Die Unterscheidung zwischen „zusätzlichen" und „anderen" Leistungen

794

---

[877] Vgl. unten Rdn. 916 ff.
[878] Zu diesem engen Zusammenhang von „Änderung des Entwurfs" bei § 1 Nr. 3 VOB/B und der „Erforderlichkeit" im Sinne von § 1 Nr. 4 VOB/B zutreffend von Rintelen, in: Kapellmann/Messerschmidt, VOB/B § 1, Rdn. 108.

spielt deshalb in der Praxis niemals eine Rolle (problematisches Beispiel in Rdn. 796), die VOB/B sollte sie aufgeben. Symptomatisch ist, dass es zu dieser Unterscheidung auch keine veröffentlichten Entscheidungen gibt.

795 Es ist demzufolge eine rein akademische Streitfrage, ob dann, wenn der Auftraggeber mit dem Werk noch in Zusammenhang stehende, aber nicht erforderliche Leistungen anordnet und der Auftragnehmer sie ausführt, obwohl er es nicht braucht, die Vergütung dann (analog) nach § 2 Nr. 6 VOB/B, also in Fortentwicklung der Grundlagen der Preisermittlung, oder nach § 632 BGB, also nach Marktpreisen zu erfolgen hat.
Eine Mindermeinung schließt bei diesen **„anderen Leistungen"** die Anwendung des § 2 Nr. 6 VOB/B aus,[879] die überwiegende Auffassung bejaht sie.[880] Letzteres ist zu unterstützen: Der Auftragnehmer hat es ja in der Hand, Preise zu vereinbaren. Unterlässt er das, ordnet er selbst stillschweigend solche Arbeiten noch „der alten Gesamtleistung" zu und erweckt beim Auftraggeber den Eindruck, dass auch diese Leistung nach dem bisherigen Preisniveau vergütet werden kann (d. h., die gegebenenfalls erforderlichen neuen Preise sind aus dem Preisniveau der „alten" Leistung zu bestimmen).
Diese Überlegung wird auch durch die Wortfassung des § 2 Nr. 6 VOB/B gestützt; während § 2 Nr. 5 VOB/B von der „Anordnung" des Auftraggebers ausgeht, umfasst der Begriff „Forderung" in § 2 Nr. 6 VOB/B gerade auch solche Fälle, die der Auftraggeber zwar fordern, aber nicht ohne Zustimmung des Auftragnehmers erzwingen (= anordnen) kann (vgl. auch nachfolgend Rdn. 844). Außerdem spricht die „Harmonisierung" (siehe Rdn. 785) mit §§ 1 Nr. 3, 2 Nr. 5 VOB/B für diese Lösung, denn § 2 Nr. 5 VOB/B umfasst auch die Vergütungsfolgen von Änderungsanordnungen des Auftraggebers, zu denen er gemäß § 1 Nr. 3 nicht berechtigt war (siehe Rdn. 800).

2.3.3 Neue, selbständige Leistung („Anschlussaufträge")

796 Die im Vertrag nicht vorgesehene mit dem Hauptvertrag **nicht einmal mehr funktional verbundene Leistung – neue, selbständige Leistung –**, also z. B. der Bau eines weiteren Rohbaus durch den Bauunternehmer, unterliegt nicht mehr § 2 Nr. 6 VOB/B; das sind **„Folgeaufträge"** oder **„Anschlussaufträge"**. Diese Definition ist zwar richtig, aber unvollständig. Denn die Leistung ist auch dann „neu und selbständig", wenn das neue Volumen das ursprüngliche Volumen erheblich überwiegt oder wenn die neue Leistung Folge einer Neuplanung ist (dazu Rdn. 797).
Die Leistung ist **jedenfalls** dann „neu und selbständig", wenn der unmittelbare Funktions- und/oder Leistungszusammenhang mit der alten Leistung fehlt, die eine Leistung also mit der anderen „nichts mehr zu tun hat".
Der nachträgliche Anbau einer Garage an ein Einfamilienhaus steht noch in einem unmittelbaren Zusammenhang mit dem beauftragten Gebäude, es handelt sich deshalb **nicht** um eine „neue selbständige Leistung", sondern nur um eine „andere, bislang nicht beauftragte Leistung". Sofern dafür keine Preise gesondert vereinbart werden – die der Auf-

---

[879] Daub/Piel/Soergel/Steffani, VOB/B Erl. 2.1.15; Vygen, Bauvertragsrecht, Rdn. 816–820; Ingenstau/Korbion/Keldungs, VOB/B § 1 Nr. 4, Rdn. 7; Roquette/Paul, BauR 2003, 1097, 1099.
[880] Münchener Kommentar/Busche, § 631, Rdn. 170; Kiesel, VOB/B § 2, Rdn. 25; Heiermann/Riedl/Rusam, § 2 VOB/B, Rdn. 129. Hundertmark, Betrieb 1987, 32, 35 wendet zwar § 632 BGB an, will aber die „übliche Vergütung" nach den Maßstäben des § 2 Nr. 6 VOB/B ermitteln (?).

tragnehmer ja verlangen kann, da die Leistung nicht „erforderlich" ist[881] –, wird hier § 2 Nr. 6 VOB/B angewandt.[882]

Soll dagegen beispielsweise ergänzend zum Wohngebäude durch eine nachgeschobene Planung ein komplettes Nebengebäude mit eigenen selbständigen Funktionen zusätzlich errichtet werden (z. B. Anbau einer Werkstatt[883] oder eines Ladenlokals), ist die Leistung „neu und selbständig". Daran ändert auch nichts, dass man die meisten oder alle Leistungen des Nebengebäudes nach Positionen des des Leistungsverzeichnisses des Hauptgebäudes abrechnen und die Bewertung der eventuell zusätzlichen Positionen preislich aus den Positionen des Vertrags-LV heraus fortschreiben könnte.

Kritisch ist der Fall dann, wenn beispielsweise im Industriebau eine Halle mit 12 Achsen ausgeschrieben und beauftragt worden ist, jedoch später noch 4 Achsen zusätzlich und unbedingt benötigt werden, um die Funktionstüchtigkeit der neuen Industrieanlage zu gewährleisten. Solche Industriebauten werden zumeist schon dann ausgeschrieben, wenn die Ausführungsplanung der Fabrikanlage noch nicht fertiggestellt ist; ein Grund hierfür liegt darin, dass sich diese Bauten nach der Planung der Fabrikationslinie und der Anlagenteile zu richten haben, d. h., Umdispositionen und neue Erkenntnisse im Rahmen der Bestellung der Maschinen führen häufig auch zu Auswirkungen auf die Bauleistungen. Dazu kommt, dass zunächst zumeist die eigentlichen Produktionsanlagen und nachträglich erst die Nebengebäude geplant werden. Somit ergibt sich häufig die Notwendigkeit, im nachhinein beispielsweise mehrere Achsen zusätzlich noch zu errichten bzw. noch Nebengebäude (z. B. Werkstattgebäude) anzubauen.

797

In solchen Fällen herrscht kein Zweifel über den unmittelbaren und unumgänglichen Funktionszusammenhang der „weiteren Bauleistung" mit den ausgeschriebenen Gebäuden. Somit spräche bei solchen Fällen – sofern auch die **vereinbarte Bauzeit nur wenig überschritten wird**, dazu Rdn. 798 – alles für eine normale, erforderliche „zusätzliche Leistung."

Andererseits ist aber der Problematik Rechnung zu tragen, dass sich ein Auftraggeber zuerst „klein" in einen Vertrag mit einer umfangmäßig „begrenzten" Leistungsbeschreibung hineinschleicht, um mit einem um einen Auftrag verlegenen Bieter günstige Preise zu vereinbaren. Im nachhinein will er dann aber einen erheblich vergrößerten Leistungsumfang von diesem Auftragnehmer zu dem vereinbarten Preisniveau erbracht haben, das nur für ein „begrenztes" Bauvolumen vereinbart worden ist. Dazu kann noch kommen, dass die bislang vorgesehene Zeitplanung nicht mit den neuen Ausführungsanforderungen in Einklang zu bringen sind.

Ginge es **nur** um verbesserte Preise für den Auftragnehmer, so könnte schon eine erhebliche Hilfe die Tatsache bringen, dass der Auftragnehmer bei unsorgfältiger Planung des Auftraggebers ohnehin nicht mehr an die Grundlagen des alten Preises gebunden ist.[884] Aber auch bei dieser Konstellation bleibt der Auftragnehmer zumindest und jedenfalls an sein Kalkulationsgerüst gebunden. Vor allem aber kann ein derartig „erweiterter" Auftrag den Auftragnehmer in große Terminkonflikte stürzen: Was ist, wenn er für den An-

---

[881] Die Leistung ist nicht erforderlich, weil ja z. B. statt des Garagenneubaus ein Garagenplatz anderweitig angemietet oder gekauft werden kann, ohne dass das Gebäude seine Funktion verliert. Da die Leistung aber noch in funktionalem Zusammenhang mit der verkehrsüblichen Ausstattung eines Einfamilienhauses steht, ist sie nicht „Anschlussauftrag". Weil sie aber nicht „erforderlich" ist, handelt es sich um eine „andere" Leistung gemäß § 1 Nr. 4 Satz 4 VOB/B, die dem Auftragnehmer nur mit seiner Zustimmung übertragen werden darf, siehe oben Rdn. 794.
[882] Siehe oben Rdn. 795 mit Fn. 880.
[883] Insoweit ebenso Ingenstau/Korbion/Keldungs, VOB/B § 2 Nr. 6, Rdn. 7.
Der nachträgliche Auftrag zur Aufstockung um ein Dachgeschoss ist „neue, selbständige Leistung", so zutreffend BGH BauR 2002, 618; Putzier, Pauschalpreisvertrag, Rdn. 390.
[884] Einzelheiten Rdn. 1039.

schlusszeitraum bereits eine neue Baumaßnahme in Auftrag genommen hatte und seine Kapazitäten voll ausgelastet sind?

Zu beantworten ist deshalb, ob der Auftragnehmer eine solche Erweiterung als „zusätzliche Leistung" ausführen **muss**, ob er sie als „neue, selbständige" Leistung **ablehnen** und **ohne Preisbindung** neu verhandeln darf.

Vorab lässt sich **bezüglich der Bauzeit** schon eine Grenze durch den Abnahmetermin für die Vertragsleistung zuzüglich der Zeit für vertraglich vereinbarte Restarbeiten fixieren; **Anordnungen des Auftraggebers zeitlich nach der Abnahme** begründen neue, selbständige Leistungen, ebenso Anordnungen, die sich nicht mehr als untergeordnete Verlängerung der vertraglichen Ausführungszeit auswirken, sondern den **Terminrahmen** völlig sprengen.

Für eine zusätzliche Leistung ist aber **auch ausschlaggebend**, dass sie sich vom baulichen und/oder kostenmäßigen Volumen nur als **„Vervollständigung"** eines Hauptauftrages darstellt, gewissermaßen als „vertragliche Vervollständigungsleistung". Wenn dieser Charakter des Ergänzenden zur Hauptsache nicht mehr gewahrt wird, kann der „erweiterte" Auftrag noch so erforderlich sein und noch so funktionell verbunden sein, er ist dann **„neu und selbständig"** (= Anschlussauftrag). Wenn das beauftragte Gebäude z. B. durch mehrere Geschosse erweitert wird, wenn viele neue Achsen hinzukommen, ist das nicht mehr das Verhältnis von „Zusatzleistung" zu „Hauptleistung".[885] Wenn beispielsweise auch nur die reine Tragkonstruktion für Wohn- und Gewerbebau in Auftrag gegeben ist, dann aber nachträglich ergänzende Bauteile, z. B. für den Innenausbau, angeordnet wurden, ist das nicht mehr nur „zusätzliche Leistung".

Insgesamt führen alle Tatbestände, die wir unter Rdn. 791 als Überschreitung des Änderungsrechts aus § 1 Nr. 3 VOB/B herausgearbeitet haben, dann dazu, wenn diese Leistungen unter § 1 Nr. 4 zu kategorisieren wären, sie als „neue, selbständige Leistung" einzustufen.

3 § 2 Nr. 5 und Nr. 6 VOB/B

3.1 Die „sonstigen Anordnungen" des Auftraggebers gemäß § 2 Nr. 5 VOB/B, Änderungen der Bauumstände

798 „Werden durch *Änderungen des Bauentwurfs* oder *andere Anordnungen*" des Auftraggebers die Grundlagen des Preises für eine im Vertrag vorgesehene Leistung geändert", gewährt § 2 Nr. 5 VOB/B dem Auftragnehmer einen Anspruch auf Vereinbarung eines neuen Preises.

Soweit es um die „angeordneten Änderungen des Bau**entwurfs**" geht, also um Änderungen des **Bauinhalts**, ist § 2 Nr. 5 das genaue vergütungsrechtliche Pendant für den Auf-

---

[885] Wie hier Nicklisch/Weick, VOB/B § 2 Rdn. 69.
Die Niedersächsische VOB-Auslegungs- und Beratungsstelle verneint in der Stellungnahme Nr. 804 in einem solchen Fall ebenfalls die Pflicht des Auftragnehmers zur Durchführung der Leistung; falls der Auftragnehmer zustimmt, kann er einen völlig neuen Preis vereinbaren, so Bauwirtschaft 1990, 57. Die VOB-Auslegungsstelle hält das allerdings unzutreffend für eine „andere Leistung" i. S. v. § 1 Nr. 4 Satz 2 VOB/B (dazu Rdn. 830). Es kommt natürlich für die „Erforderlichkeit" auf den Funktionszusammenhang mit dem ursprünglich geplanten Bauvorhaben an. Das kann aber dahingestellt bleiben; das Ergebnis stimmt.

Die „sonstigen Anordnungen" Rdn. 799

tragnehmer zum inhaltlichen Abänderungsrecht des Auftraggebers aus § 1 Nr. 3 VOB/B. Aber § 2 Nr. 5 gewährt auch Vergütung für „sonstige Anordnungen" des Auftraggebers, geht also **weiter** als § 1 Nr. 3 VOB/B.
Was sind „**sonstige Anordnungen**"?
Vorweg: Versteht man entgegen unserer Auffassung das Anordnungsrecht des Auftraggebers **entgegen** dem Wortlaut des § 1 Nr. 3 so, dass der Auftraggeber (nahezu) beliebige Anordnungen auch zu Bauumständen geben darf, die einfach als Bestandteil des Bauentwurfs qualifiziert werden, so werden vergütungsmäßig **alle** Anordnungstatbestände schon von der ersten Alternative des § 2 Nr. 5 VOB/B erfasst, der angeordneten Änderungen des Bauentwurfs, die zweite Alternative „sonstige Anordnungen" läuft also völlig leer. Eine solche Auslegung der VOB/B, die davon ausgeht, dass es „sonstige Anordnungen" gar nicht gibt, kann nicht überzeugen.[886] Wählt man mit Thode[887] den genau gegenteiligen Weg und beschränkt das Anordnungsrecht des Auftraggebers streng auf den Bauinhalt, verneint man dann aber die Anwendbarkeit des Begriffs „sonstige Anordnungen" in § 2 Nr. 5 VOB/B auf die laut Thode ja rechtswidrigen Anordnungen zu Bauumständen mit der Begründung, denklogisch (!) umfasse § 2 Nr. 5 VOB/B nur die Vergütung für rechtlich zulässige Anordnungen – was unrichtig ist, s. Rdn. 789 –, so führt das paradoxerweise zum selben Problem: Wieder verbleibt für die „sonstigen Anordnungen" des § 2 Nr. 5 kein Anwendungsbereich. Thode stellt sich aber immerhin dem Problem und findet als Anwendungsbereich für „sonstige Anordnungen" **nicht** den Bauinhalt betreffende Änderungsanordnungen, zu denen der Auftraggeber **nach dem Vertrag berechtigt** ist.[888] Das ist eine verblüffende Lösung: Laut Thode ist **im Rahmen der VOB/B** (§ 1 Nr. 3 VOB/B) der Auftraggeber nur zu bau**inhalts**ändernden Anordnungen befugt, gleichzeitig soll aber die VOB/B für einen Tatbestand, den es nach ihrer Konzeption gar nicht gibt – nämlich **erlaubte** Anordnungen zu anderem als dem Bauinhalt – eine Regelung treffen.
Wenn ein **Individual**vertrag beispielsweise dem Auftraggeber das Recht einräumt, Bauzeitverkürzungen einseitig anzuordnen – an sich schon eine Idee, die kein Auftragnehmer akzeptiert –, so würde ein solcher Vertrag bestimmt auch eine Regelung für die bauzeitlichen Vergütungsfolgen haben **oder**, wenn er darüber schweigt, gerade so zu verstehen sein, dass der Auftraggeber **ohne** Vergütungs- oder Ersatzfolgen die Bauzeit verkürzen dürfe. Dass die Allgemeine Geschäftsbedingung VOB/B in diesem Fall gegenüber dem Individualvertrag eine dort nicht angesprochene Rechtsfolgenregel gewährte, liegt **außerhalb sinnvoller Vertragsauslegung**. Würde der Auftraggeber eine entsprechende Bauzeitverlängerungsberechtigung gar in seine **AGB** aufnehmen, wäre eine Rechtsfolgenregelung in § 2 Nr. 5 VOB/B schon deshalb sinnlos, weil die AGB-Regelung wegen Verstoßes gegen § 307 BGB unwirksam wäre.
Der Fehler der Argumentation Thodes liegt in dem apodiktischen, unbelegten und unbegründeten Ausgangspunkt, die VOB/B folge im Vergütungsrecht **ungeachtet ihres Wortlauts** zwingend dem System des BGB: Für **unberechtigte** Anordnungen **könne** es keine Vertragsvergütung geben. **Das Gegenteil ergibt sich gleich mehrfach zwingend aus der VOB/B selbst**: Einmal regelt § 4 Nr. 1 Abs. 4 beispielhaft ausdrücklich, dass der Auftraggeber Anordnungen zur vertragsgemäßen Ausführung geben darf (was ja selbstverständlich ist), dass aber der Auftragnehmer ungeachtet seiner Dispositionsfreiheit

799

---

[886] So aber die Mindermeinung Zanner/Keller, NZBau 2004, 353; Kniffka, Online-Kommentar, Stand: 3.3.2005, § 631, Rdn. 232; Wirth/Würfele, BrBp 2005, 244. Siehe auch oben Rdn. 783, Fn. 844. Ablehnend mit Recht Leinemann/Schoofs, VOB/B § 2, Rdn. 95.
[887] Thode, ZfBR 2004, 214, Einzelheiten Rdn. 786.
[888] Thode, a.a.O.; im Ergebnis auch Kniffka, Online-Kommentar, § 631, Rdn. 239, Stand: 3.1.2006, für den diese Lösung aber praktisch keine Rolle spielt, weil er im Gegensatz zu Thode dem Auftraggeber ein auch die Bauumstände umfassendes äußerst weites Anordnungsrecht gemäß § 1 Nr. 3 VOB/B, gibt, siehe oben Rdn. 783 ff.

auch unberechtigte Anordnungen ausführen muss; wird dadurch eine ungerechtfertigte Erschwerung verursacht, muss der Auftraggeber die Mehrkosten bezahlen.[889] Die VOB/B regelt also in einem **vergleichbaren Fall** höchst **sachgerecht** und auf jeden Fall praxisnah und -gerecht, dass ein Streit über die Berechtigung einer solchen Anordnung nicht auf Kosten des Baustellenablaufs ausgetragen werden muss, sondern dass der notwendige Ausgleich **gerade** für den unberechtigten Eingriff auf **Vergütungsebene** erfolgen soll.

Noch deutlicher ist die zweite VOB-Regelung: Der Auftrag**nehmer**, der **eigenmächtig** vom Vertrag abweicht, erhält gemäß § 2 Nr. 8 Abs. 2 Satz 1, 3 VOB/B trotzdem **Vergütung**, wenn der Auftrag**geber** die vertragswidrige Abweichung nachträglich „anerkennt". Diese „Anerkenntnis" ist keine Anerkenntnis im Sinne des § 781 BGB, sondern eine rechtsgeschäftliche Erklärung des Auftraggebers, die in Verbindung mit dem Verhalten des Auftragnehmers als Änderung bzw. Ergänzung der vertraglichen Vergütungsregelung wirkt.[890] Die absolut identische umgekehrte Parallele zu § 2 Nr. 8 Abs. 2 VOB/B ist: Auch die Ausführung der „**eigenmächtig**" (vertragswidrig) vom Auftrag**geber** angeordneten Leistung durch den Auftragnehmer wirkt als „Legitimierung" der laut Auftraggeber ja vermeintlich erlaubten Anordnung und führt konkludent zur Minderung bzw. Ergänzung der vertraglichen Vergütungsregelung.

Genau so ist auch die Intention des § 2 Nr. 5 VOB/B hinsichtlich der „sonstigen Anordnungen": Der Auftragnehmer soll bei Anordnungen des Auftraggebers **nicht** vor die oft praktisch unlösbare Prüfung gestellt werden, ob eine Anordnung **berechtigt** ist **oder nicht**, er soll sich der Anordnung vielmehr beugen können und dafür ungeachtet der Rechtmäßigkeit der Anordnung **Vergütungs**ausgleich erhalten. Dass **nur** diese Lösung sachgerecht ist und dem Wortlaut und dem Regelungssystem der VOB/B entspricht und wohlverstandener Kooperationspflichten, zeigen am besten schleichende inhaltliche Änderungen (dazu oben Rdn. 790), die anfangs noch von § 1 Nr. 3 VOB/B gedeckt werden, dann aber wegen ihres Volumens und ihres Mehrzeitbedarfs die Grenzen der Anordnungsbefugnis überschreiten. Wann genau schlägt dabei „die Anordnungsbefugnis um"? Thodes von der Wirklichkeit einer Großbaustelle ungetrübter Blick provoziert den „Krieg auf der Baustelle".[891]

Thodes Begründung führt weiter dazu, dem Auftragnehmer für solche Anordnungen, die unbestreitbar ihren Ausgangspunkt im Risikobereich des Auftraggebers haben, nur den **verschuldens**abhängigen Schadensersatzanspruch aus § 6 Nr. 6 VOB/B zu geben, was schlechthin abwegig ist; der Hinweis auf § 642 BGB hilft schon deshalb nicht, weil die Vorschrift nach unserer, allerdings nicht der BGH-Meinung, beim VOB-Vertrag gar nicht anwendbar ist – dazu Rdn. 1400 – und zudem ihre Voraussetzungen (**unterlassene** Mitwirkung!) oft gar nicht vorliegen. Dass ein Auftraggeber bei vertraglich **nicht** erlaubten Anordnungen hinsichtlich der finanziellen Folgen besser steht als bei vertraglich erlaubten, weil er dann nur Schadensersatz (und nur unter bestimmten Voraussetzungen) und nicht wie bei § 2 Nr. 5 VOB/B Vergütung schuldet, kann nicht in Betracht kommen. Ab-

---

[889] Was Zanner/Keller, a.a.O., 359 ganz übersehen.

[890] Zutreffend Kleine-Möller/Merl, Handbuch, § 10 Rdn. 545 mit dem ebenfalls zutreffenden Hinweis, dass je nach Fall auch die Genehmigung des Handelns eines Vertreters ohne Vertretungsmacht in Betracht kommt; Nicklisch-Weick, VOB/B § 2 Rdn. 102.

[891] Laut Thode, a.a.O., S. 225, 224 ist das aber u.a. eine „metajuristische" Begründung auf der Basis „affirmativer Rhetorik" und der „Rationalisierung interessengeleiteter (!) Motive". Dass Thode als einziger erkannt hat, dass wir nicht sachlich, sondern „interessegeleitet" argumentieren, ist beeindruckend, zumal das für uns gar nicht so einfach ist – wir beraten **sowohl** Auftraggeber **wie** Auftragnehmer.
Zu den bei Anwendung von Thodes Thesen entstehenden Verwirrungen zutreffend mit Beispielen Kaufmann, BauR 2005, 1806 (mit Ausnahme der AGB-Überlegungen, s. Fn. 831).

Die „sonstigen Anordnungen" Rdn. 800

gesehen davon ergäbe sich durch die Unzahl unterschiedlich finanziell zu bewertender Tatbestände ein absolut **unentwirrbares Knäuel** von Forderungsbegründungen.[892]

„Sonstige Anordnungen" im Sinne des § 2 Nr. 5 VOB/B sind deshalb **auch den Bauinhalt betreffende nicht erlaubte** Anordnungen, darunter insbesondere auch die, die das Änderungsrecht zum Bauinhalt überschreiten,[893] aber **auch alle Anordnungen zu Bauumständen** (Rdn. 790), seien sie „erlaubt" wegen der Anpassung an zwingende Notwendigkeiten (Rdn. 786), seien sie nicht erlaubt wegen fehlender zwingender Notwendigkeit, was für Anordnungen zur Bauzeit, z. B. Beschleunigungsanordnungen immer gilt (**Rdn. 787**).[894] **Diese Auffassung teilen der BGH** – wenn man Thode folgt, ständig verfehlt und mit „perplexer Begründung" – **in ständiger Rechtsprechung** und nahezu alle Autoren.[895] Eine Bindung an den alten Preis besteht in vielen Fällen dann nicht, hier gelten die allgemeinen Grundsätze (Rdn. 1030 ff.). 800
Bei Leistungen aufgrund **nicht** erlaubter Anordnungen besteht konkurrierend ein Schadensersatzanspruch gemäß § 6 Nr. 6 VOB/B.

Mithin fallen unter **§ 2 Nr. 5 VOB/B** insbesondere alle Vergütungsfolgen solcher auftraggeberseitiger Anordnungen, die zur Abweichung des Bau**umstände**ist vom Bau**umstände**soll erfolgen.

Für die Unterscheidung zwischen § 2 Nr. 5 und Nr. 6 VOB/B ist die Vorfrage deshalb immer:
- Handelt es sich um ein Problem der Bauumstände (dann kein § 2 Nr. 6 VOB/B)?

Für § 2 Nr. 5 VOB/B lautet dann die weitere Frage:
- Weicht das Bau**umstände**ist überhaupt vom Bau**umstände**soll (definiert in Rdn. 100) ab
- hat der Auftraggeber die Abweichung angeordnet (dann § 2 Nr. 5 VOB/B)?

---

[892] Geradezu exemplarisch falsch OLG Hamm, BauR 2005, 1480; zutreffend kritisch Kaufmann, a.a.O.
[893] **Ganz h.L.**, z. B. Nicklisch/Weick, VOB/B § 2, Rdn. 61; Leinemann/Schoofs, VOB/B § 2, Rdn. 95; Leinemann, VOB/B § 6, Rdn. 4; Langen/Schiffers, Bauplanung und Bauausführung, Rdn. 2200; Kleine-Möller/Merl, Handbuch § 10, Rdn. 480; Stassen/Grams BauR 2003, 943, 944, 945; Genschow/Stelter, Störungen, S. 140, 141. Zur identischen ständigen und entgegen Thode eindeutigen **ständigen Rechtsprechung** (zutreffend Leinemann/Schoofs, VOB/B § 2, Rdn. 95) siehe Fn. 895.
[894] OLG Jena, IBR 2005, 658; für § 2 Nr. 5 VOB/B genügt es, wenn auf die Modalitäten der Leistungserbringung Einfluss genommen wird, so Staudinger/Peters, BGB § 632, Rdn. 66 unter Hinweis auf von Craushaar BauR 1984, 311 und Piel, in: Festschrift Korbion, 349, 351. Es genügt auch eine Verschiebung des Baubeginns, so Peters, Rdn. 67 unter Hinweis auf OLG Frankfurt, NJW-RR 1997, 84; Münchener Kommentar/Busche, BGB § 631, Rdn. 165. Vgl. auch Rdn. 845 mit Fn. 963.
Auch wenn der Auftraggeber sein Anordnungsrecht **überschreitet, gilt § 2 Nr. 5 VOB/B**, sofern der Auftragnehmer die geforderte Leistungsänderung vornimmt, so Kleine-Möller/Merl, Handbuch § 10, Rdn. 480 unter Hinweis auf Nicklisch/Weick, VOB/B § 2, Rdn. 61 und angeblich ablehnende Stellungnahme bei Heiermann/Riedl/Rusam, § 2, Rdn. 108.
[895] Wie hier schon z. B. BGH NJW 1968, 1234; Riedl, ZfBR 1980, 1, 2; Piel, Festschrift Korbion, S. 349; Heiermann/Riedl/Rusam, VOB/B § 2 Rdn. 110 b (befugtes oder **akzeptiertes** Verhalten des „Auftraggebers"); Kleine-Möller/Merl, Handbuch § 10, Rdn. 512; Ingenstau/Korbion/Keldungs, VOB/B § 2 Nr. 5, Rdn. 19, 20; Franke/Kemper/Zanner/Grünhagen, VOB/B § 2, Rdn. 123, 124; Leinemann/Schoofs, VOB/B § 2, Rdn. 95. Siehe auch Fn. 892. Beispiel: Einseitiger Eingriff in die vereinbarte Bauzeit (= Ingenstau/Korbion/Döring VOB/B § 5 Nr. 1–3, Rdn. 26), noch **näher** Fn. 900.
Bezeichnenderweise **ebenso Vergabehandbuch** des Bundes „Leitfaden zur Vergütung bei Nachträgen 2004" zu 2.5, Fassung April 2005.
Siehe dazu auch unten Rdn. 1324 ff., insbesondere 1327, 1332 ff.

801 Wir untersuchen dazu nachfolgend **Beispielsfälle** für die Anwendung des § 2 Nr. 5 VOB/B auf Bauumstände; wird in all diesen Fällen die Bauumständeist-Bauumstände-soll-Abweichung bejaht, **fehlt** aber die Anordnung des Auftraggebers, so sind **alle** diese Fälle statt über § 2 Nr. 5 über § 2 Nr. 8 Abs. 2 oder 3 VOB/B zu lösen, nicht über „Verschulden bei Vertragsabschluss".[896]

- Der Vertrag sieht die Vollsperrung einer Straße zwecks Transporterleichterung vor, die Vollsperrung wird nachträglich aufgehoben, dadurch entstehen längere Transportwege und damit höhere Kosten.
- Eine Straße ist später benutzbar als im Vertrag als benutzbar vorgesehen.
- Laut Vertrag ist eine bestimmte Straße zur Materialabfuhr vorgesehen, der Auftraggeber bestimmt nachträglich eine andere Straße (siehe oben Rdn. 249, 507).
- Der Auftraggeber schließt die vorgesehenen Zufahrtswege selbst, oder im Vertrag als mögliche Zufahrt angegebene öffentliche Straßen werden behördlicherseits z. B. für Schwerlastverkehr gesperrt.[897]
- Die zu begründende Tiefgaragendecke kann laut Vertrag mit leichtem Erdbaugerät befahren werden; nachträglich stellt sich heraus, dass dies aus statischen Gründen nicht möglich ist und Schubkarrentransport erforderlich wird.[898]
- Der Vertrag schreibt Eisenbahntransport vor, dieser ist aber nur unter sehr erschwerten Voraussetzungen möglich, z. B. Abbau der Oberleitung.[899]
- Der Auftraggeber gibt Anordnungen zur zeitlichen Abfolge, z. B. Anordnung späteren Baubeginns, er ordnet Arbeitunterbrechungen an oder gar einen Baustop, er ordnet „Fristenverschiebungen" an.[900]
- Der Auftraggeber gibt (vertragswidrig) Vorleistungen nicht frei.[901]
- Der Auftraggeber ordnet zusätzlich umweltschützende Maßnahmen an, z. B. **besondere** Lärmschutzmaßnahmen.[902]

---

[896] Siehe **näher** oben Rdn. 248. Zutreffend Kniffka/Koeble, Kompendium, Teil 6, Rdn. 109; unrichtig OLG Düsseldorf NZBau 2001, 334, 337; dazu Fn. 898.
[897] BGH Schäfer/Finnern Z 2.311 Bl. 25; OLG Düsseldorf BauR 1996, 267.
[898] OLG Düsseldorf, NZBau 2001, 334, 337; die Entscheidung stellt unrichtig auf „Verschulden bei Vertragsschluss" ab.
[899] BGH „Eisenbahnbrücke" BauR 1999, 897; dazu Kniffka/Koeble, Kompendium, Teil 6, Rdn. 108; oben Rdn. 178.
[900] OLG Frankfurt NJW-RR 1997, 84 = IBR 1997, 138 mit Kurzanm. Vygen; OLG Düsseldorf BauR 1996, 115; Piel, Festschrift Korbion, S. 349, 351; Lange, Baugrundhaftung, S. 73; h. M., anders aber Thode, siehe Rdn. 786. Siehe auch Fn. 894.
OLG Frankfurt NJW-RR 1998, 1477: Preis ist festgeschrieben unter der Bedingung, dass Baugenehmigung innerhalb eines bestimmten Zeitpunkt erteilt wird, sie kommt aber später.
Zur Frage, ob die **Anordnung neuer Baufristen** auch dann Ansprüche nach § 2 Nr. 5 VOB/B auslöst, wenn eine solche „**Terminverschiebungsbefugnis**" des Auftraggebers ausdrücklich im Bauvertrag vorgesehen ist (Fall des OLG Köln BauR 1986, 244 L = NJW 1986, 71) vgl. unten Rdn. 1336, 1337 im Zusammenhang mit der generellen Abgrenzung von § 2 Nr. 5 VOB/B und § 6 Nr. 6 VOB/B bei Fristenanordnungen des Auftraggebers.
[901] Zutreffend VOB-Stelle Sachsen-Anhalt Fall Nr. 173, IBR 1995, 509.
Zur nachträglichen **Veränderung** des **vertraglich festgelegten Abfuhrweges** für Aushub s. Rdn. 507, 249.
Vgl. auch OLG Oldenburg IBR 1998, 469, Revision vom BGH nicht angenommen.
[902] Zu dieser Problematik eingehend Clemm, BauR 1989, 125 ff.; wir weisen auf den im Rahmen unseres Projektbeispiels besprochenen Nachtrag zu angeordneten Bauumstandsänderungen hin (vgl. Nachtrag G, Rdn. 1039 ff.). Hier könnte man übrigens auch § 2 Nr. 6 VOB/B diskutieren.

Die „sonstigen Anordnungen" Rdn. 801

- Auszuhebender Kies, der in das Eigentum des Auftraggeber übergeht, erweist sich als nicht vertragsgerecht, weil „abzutransportierender reiner" Kies Vertragsbestandteil ist, die Beschaffenheit des tatsächlich ausgehobenen Kieses aber davon abweicht. [903]

Alle Fälle der auftraggeberseitig angeordneten bloßen, vom Bausoll abweichenden Verfahrensänderung, die die inhaltliche Leistungsdefinition unberührt lassen, fallen also unter § 2 Nr. 5 VOB/B, d. h., auch sie sind **Änderung** der Leistung: Das betrifft z. B auch die Änderung einer bisher **vertraglich** vorgesehenen technischen Methode.

Zum Sonderfall des § 4 Nr. 1 Abs. 4 Satz 2 VOB/B verweisen wir auf Rdn. 1187-1189.

Gelegentlich ist es schwierig, **abzugrenzen**, ob eine Änderung der **Bauumstände** vorliegt, die nur nach § 2 Nr. 5 VOB/B zu beurteilen ist, **oder** ob es sich auch um eine **Veränderung des Bauinhalts** handelt, die je nach Fall als geänderte Leistung gemäß § 2 Nr. 5 VOB/B oder als Zusatzleistung gemäß § 2 Nr. 6 VOB/B zu behandeln ist. 802

Dazu als Beispiel ein Fall des LG Köln:[904] Für den Auftragnehmer unvorhersehbar, ergibt sich bei Durchpressarbeiten von Boden der Klassen 3 bis 7, dass eine völlig **trockene Sandlinse** angetroffen wird. Dadurch werden aufwendige Zwischenbühnen als Baubehelfe erforderlich, deren Erstellung der Auftraggeber anordnet.

Wie ist dieser Fall zu lösen? Wenn es um **Bauumstände** ginge, wäre nur § 2 Nr. 5 VOB/B anzuwenden. Das LG Köln wendet jedoch § 2 Nr. 6 VOB/B an, weil sich in diesem Fall der Bauinhalt geändert habe (erst hierdurch bedingt hätten sich auch die Bauumstände geändert).

Bei fehlender auftraggeberseitiger Anordnung hätte § 2 Nr. 8 Abs. 2 Satz 2 VOB/B bzw. neuer Abs. 3 geholfen.

Im Vorgriff: Der Anwendung von § 2 Nr. 6 VOB/B ist zuzustimmen:
Das Bauinhaltssoll, das aus dem „Empfängerhorizont" des Auftragnehmers zu bestimmen ist, ergibt sich aus dem Leistungsbeschrieb „Durchpressen von Bodenarten der Klassen 3 bis 7" nach näherem Inhalt eines dem Vertrag beigefügten **Bodengutachtens**.
Es war aus dem Gutachten nicht ersichtlich, dass auch „**völlig trockene Sandschichten**" vorkommen konnten. Somit konnte der Auftragnehmer auch **nicht erkennen,** dass er in der Kalkulation Zwischenbühnen hätte berücksichtigen müssen, um den Bodenverhältnissen gerecht zu werden. Die durch die völlig trockenen Sandschichten notwendige Ausführungsart war eine **inhaltliche** Änderung der Leistungsvorgabe („Bausoll")[905] des Auftraggebers. Die jetzt „geänderte" Ausführung ist allerdings auf der Grundlage bisheriger Kalkulationselemente der alten Leistung nicht hinreichend zu erfassen – woher sollen auch Kalkulationselemente für den Baubehelf Zwischenbühnen kommen? **Deshalb** greift § 2 Nr. 6 ein und nicht § 2 Nr. 5 VOB/B.[906]

---

[903] OLG Düsseldorf BauR 1991, 337.
[904] Schäfer/Finnern/Hochstein § 6 Nr. 6 VOB/B Nr. 2; vgl. auch v. Craushaar, Festschrift Locher, S. 9 ff. Bei den Durchpreßarbeiten handelt es sich auch noch um einen **Sondervorschlag** des Auftragnehmers, dazu Rdn. 701.
Putzier, Der unerwartete Mehraufwand, S. 103 will den Fall unter Heranziehung von Abschnitt 3.8.4 der DIN 18 300 lösen. Dieser Abschnitt betrifft jedoch „rutschende Böschungen", aber nicht das Durchpressen eines Tunnels durch einen Eisenbahndamm (so der Fall des LG Köln).
[905] Zur Methodik bei solchen Baugrundfällen Rdn. 707 ff.
[906] Dazu nachfolgend ausführlich Rdn. 830; für § 2 Nr. 6 VOB/B auch Ingenstau/Korbion/Keldungs, VOB/B § 2 Nr. 6, Rdn. 3.

3.2 Die (vom Auftraggeber angeordnete) Änderung des Bauinhalts: § 2 Nr. 5 VOB/B oder § 2 Nr. 6 VOB/B – Abgrenzung zwischen inhaltlich geänderten und inhaltlich zusätzlichen Leistungen

3.2.1 „Regeln" – Definition der geänderten und der zusätzlichen Leistung

803 § 2 Nr. 5 VOB/B greift ein, wie gerade erörtert, wenn die Anordnung des Auftraggebers bezüglich einer im Vertrag vorgesehenen Leistung zur Folge hat, dass sich die Preisermittlungsgrundlagen dieser Leistung hinsichtlich der Art und Weise der Leistungserbringung (**Bauumstände**) ändern.
Dasselbe gilt, wenn von der Änderungsanordnung der Leistungsinhalt (**Bauinhalt**) betroffen wird. Die Schwierigkeit ist **dabei, geänderte Leistungen** zum Bauinhalt (§ 2 Nr. 5 VOB/B) von **zusätzlichen Leistungen** zum Bauinhalt (§ 2 Nr. 6 VOB/B) **abzugrenzen**.

Eine (inhaltliche) **Änderung** im Sinne von **§ 1 Nr. 3, § 2 Nr. 5 VOB/B** verlangt wesensnotwendig, dass

- aus einer (vorhandenen) Teil-Leistung ein Leistungselement wegfällt
  oder
- ein Leistungselement hinzukommt
  oder
- an die Stelle eines wegfallenden Elements ein verändertes Element tritt[907]

Ändert sich der qualitative Inhalt einer **vorhandenen** Teil-Leistung **nicht**, wird also die vorhandene Teil-Leistung nur **nochmals** ausgeführt, so ist die so modifizierte Leistung auf entsprechende Anordnung des Auftraggebers hin **immer „zusätzliche"** Leistung.

Folgende „**Regeln**" zur **Unterscheidung** von **§ 2 Nr. 5** und **§ 2 Nr. 6 VOB/B** lassen sich damit aufstellen:

Eine modifizierte Leistung ist **dann keine Änderung** im Sinne von **§ 2 Nr. 5 VOB/B, sondern ggf. eine zusätzliche Leistung** im Sinne von § 2 Nr. 6 VOB/B,

„**Regel a**"
wenn sich bei ihr gegenüber der im Vertrag bisher schon vorgesehenen Leistung qualitativ die Leistungselemente nicht geändert haben (Beispiel: bloße Konkretisierung des Vertragsinhalts, dann überhaupt keine zusätzliche Vergütung, siehe nachfolgend Rdn. 862 ff.); bloße angeordnete Mengenmehrung, Fall des § 2 Nr. 6 VOB/B, siehe Rdn. 805 ff.,

oder

„**Regel b**"
wenn die Leistung sich nicht aus einer in der Leistungsbeschreibung vorhandenen Position (Ordnungszahl) entwickelt, eine in der Leistungsbeschreibung vorhandene (Teil-Leistung) also nicht modifiziert, somit „neuartig" ist (Beispiel: Standardfall der zusätzlichen Leistung, die Leistung tritt nämlich erstmals zum bisherigen Bausoll hinzu – dann § 2 Nr. 6 VOB/B, siehe nachfolgend Rdn. 823 ff.),

oder

„**Regel c**"
wenn die angeordnete modifizierte Leistung sich zwar noch in gewisser Form aus einer schon im Vertrag vorgesehenen Leistung entwickeln lässt, die alten Preiselemente aber keinen unmittelbar praktisch verwendbaren Ansatzpunkt mehr zur Ermittlung des neuen

---
[907] Zustimmend Lange, Baugrundhaftung, S. 77, 78.

Die (vom Auftraggeber angeordnete) Änderung des Bauinhalts   Rdn. 804

Preises geben (dann § 2 Nr. 6 VOB/B in Verbindung mit konkludenter Teilkündigung der bisherigen Leistung, siehe nachfolgend Rdn. 826 ff.).

Natürlich ist **jede Modifizierung** einer (Teil-)Leistung durch Anordnung des Auftraggebers gleichzeitig **auch „Planänderung" bzw. „Planergänzung"**. Deshalb ist jede einfach ergänzende „zusätzliche" Leistung oder auch jede angeordnete Mehrmenge auf Planänderungen zurückzuführen. Da § 2 Nr. 5 VOB/B von einer „Änderung des Bauentwurfs" spricht, müssten also eigentlich alle zusätzlichen Leistungen nur unter § 2 Nr. 5 VOB/B fallen. Da sie aber speziell in § 2 Nr. 6 VOB/B erfasst werden, werden sie auch nur nach dieser Vorschrift behandelt. Anders ausgedrückt: **§ 2 Nr. 6 VOB/B ist Spezialvorschrift und damit vorrangig gegenüber § 2 Nr. 5 VOB/B.**[908] Legt man das Verhältnis beider Vorschriften anders aus, greift § 2 Nr. 6 VOB/B **nie** ein - und das kann ja nicht der Sinn der Sache sein. 804

3.2.2 „Regel a" – Die Bauinhaltsdefinition ändert sich *qualitativ* nicht – kein § 2 Nr. 5 VOB/B

3.2.2.1 Angeordnete Mengenmehrung

Ein Teilbereich der Regel „a" ist der folgende: Die nach Vertragsschluss erfolgte „neue" Leistungsanordnung bezieht sich auf den Leistungsbeschrieb einer schon vorhandenen Position. **Nur die auszuführende Menge** dieser Position wird durch die Anordnung des Auftraggebers entgegen der bisherigen Planung **vermehrt.**[909] 805

Durch diese Anordnung ist qualitativ kein neuer Leistungsbeschrieb und keine neue Position (Ordnungszahl) erforderlich geworden bzw. aufgetreten. Die schon vorhandene Position reicht auch zur Abrechnung der neuen, modifizierten Leistung aus. Folglich ist diese Anordnung des Auftraggebers **niemals „Änderung"** (des Bauinhalts) im Sinne von § 2 Nr. 5 VOB/B.

Diese Anordnung hat vielmehr (**nur**) quantitative Folgen, sie führt nicht zu einer geänderten, sondern **zu einer zusätzlichen Leistung gemäß § 2 Nr. 6 VOB/B,** denn diese

---

[908] Die **Spezialität** übersehen Schulze-Hagen, Festschrift Soergel, S. 259 ff., 270-272 und Englert/Grauvogl/Maurer, Handbuch Baugrund, Rdn. 647 sowie Nicklisch/Weick, VOB/B § 2, Rdn. 73a (zu letzteren Kapellmann, in: Kapellmann/Messerschmidt, VOB/B § 2, Rdn. 182, Fn. 367). Laut Heiermann/Riedl/Rusam, VOB/B § 2 Rdn. 135 ist § 2 Nr. 5 Spezialnorm gegenüber § 2 Nr. 6 VOB/B, wenn die zusätzliche Leistung auf einer Planänderung beruhe (!) - aber dazu gilt wie im Text: „Zusätzliche Leistungen" fallen nicht vom Himmel, sie beruhen **immer** auf einer Veränderung der bisherigen Planung, also wäre § 2 Nr. 6 VOB/B **nie** anwendbar. Siehe auch Fn. 910.

[909] Diese **angeordnete Mengenmehrung** haben wir in Abgrenzung zu § 2 Nr. 3 VOB/B in diesem Band 1 unter Rdn. 514 ff. schon betrachtet und festgestellt, dass wegen der Anordnung § 2 Nr. 6 VOB/B anwendbar war, vgl. dazu auch den folgenden Text dieser Rdn. 805.
Eine **angeordnete Mengenminderung** wäre Teilkündigung gemäß § 8 Nr. 1 VOB/B, siehe oben Rdn. 510 ff.
Nochmals weisen wir darauf hin, dass es sich bei dem früher behandelten § 2 Nr. 3 VOB/B darum handelt, dass im Vertrags-LV nur Ca.-Mengen enthalten sind bzw. dass die LV-Mengen auf fehlerhaften Mengenermittlungen beruhen. Dagegen geht es **hier** darum, dass die nach Vertragsabschluss zusätzliche Leistungen durch Pläne usw. **angeordnet** werden, die nicht in dem Leistungsumfang (Bausoll) enthalten waren, den die Vertragsunterlagen (z. B. Entwurfspläne bzw. LV) dokumentieren.
Ob eine **Konkretisierung** der Planung zu **angeordneten** Mehrmengen führen kann, erörtern wir unter Rdn. 862 ff.

343

"neue" Leistung ist bisher nicht im Vertrag enthalten.⁹¹⁰⁾ Dabei ist lediglich in Abgrenzung zu § 2 Nr. 3 VOB/B zu klären, ob etwa dieser Sachverhalt nicht sogar **nur** der **Sondervorschrift des § 2 Nr. 3 Abs. 2 VOB/B** unterliegt oder ob im Falle der **Anordnung der Mengenmehrung § 2 Nr. 6 VOB/B vorgeht** (oben Rdn. 514 ff.). Das haben wir aber bereits dahin entschieden, dass im Falle der **angeordneten** Mengenmehrung § 2 Nr. 6 VOB/B anzuwenden ist, dass **allerdings im Rahmen der Berechnung** der neuen Vergütung die Grundsätze des **§ 2 Nr. 3 Abs. 2 VOB/B** zu beachten sind (oben Rdn. 517 ff.).

Beispiele erörtern wir unter Rdn. 809, 812.

806 Diese auf den ersten Blick klare Abgrenzung von § 2 Nr. 3 und § 2 Nr. 6 VOB/B hat Tücken. Wenn nämlich § 2 Nr. 3 VOB/B (übrigens sowohl bei Mehrmengen wie bei Mindermengen) nur eingreift, wenn die Mengenänderung sich „aus einer **bloßen Änderung** der **vorgefundenen Verhältnisse**" oder einer „**bloßen Realisierung** der gegenüber dem Ist-Zustand bei Vertragsschluss inhaltlich **unveränderten Planung**" ergibt, also ohne Anordnung des Auftraggebers, stellt sich sofort die Frage: Wie soll eine **Änderung** der Verhältnisse oder wie soll eine **Abweichung** von der dem Vertrag zugrundeliegenden Planung festgestellt werden, **wenn** das LV nur als reine Preisliste konzipiert ist und die Leistungsbeschreibung überhaupt **keine Aussagen** über die „vorzufindenden Verhältnisse" oder über die „geltende Planung" (etwa in Form von Entwurfsplänen) enthält? Und wie soll **der Auftragnehmer** entscheiden, ob er gemäß § 2 Nr. 6 VOB/B ankündigen muss (dazu allerdings unten Rdn. 923) oder ob es sich nur um Fälle des § 2 Nr. 3 VOB/B handelt?

Die Antwort hier nur in äußerster Kürze:
Wenn sich anhand der Vertragsunterlagen nicht feststellen lässt, wo und wofür die angefragten 1000 lfd. m Isolierung erforderlich sind, holt der Auftraggeber die in den Vertragsunterlagen „unterlassene Einbauanordnung" im Verlaufe der Bauausführung durch seine Ausführungspläne nach. Somit war ausnahmsweise die Menge selbst schon Bausoll und eine über 1000 lfd. m hinausgehende Menge bei „Anordnung" des Auftraggebers deshalb zusätzliche Leistung. Also handelt es sich um Fälle von § 2 Nr. 6 VOB/B.

Beim Einheitspreisvertrag ist das **bei unserer Lösung** nur ein systematisches Problem ohne praktische Folgen, weil nach unserer Auffassung bei bloßer **angeordneter Mengenmehrung keine** besondere **Anzeigepflicht** wie sonst bei **§ 2 Nr. 6 VOB/B** besteht (dazu unten Rdn. 924, 925) und die Berechnung auch bei angeordneter Mehrmenge entsprechend dem Schema des § 2 Nr. 3 Abs. 2 VOB/B erfolgt (dazu oben Rdn. 517 ff.); aus Vorsichtsgründen sollte der Auftragnehmer allerdings immer in solchen Fällen gemäß § 2 Nr. 6 VOB/B die Mehrvergütungsforderung ankündigen.

Beim Pauschalvertrag dagegen ist diese Unterscheidung von Bedeutung, denn Mengenänderungen bei unveränderten Planunterlagen führen (im Normalfall) nicht zur Änderung der Pauschale, Planänderungen (darunter also auch **angeordnete** Mehrmengen) aber sehr wohl (§ 2 Nr. 7 Abs. 1 Satz 4 VOB/B in Verbindung mit § 2 Nr. 6 VOB/B). Wir behandeln daher dieses allgemeine Problem einer „Preislisten-Pauschale" (Menge als Bau-

---

⁹¹⁰⁾ In der Anwendung von § 2 Nr. 6 VOB/B zutreffend BGH Schäfer/Finnern Z 2.310 Bl. 40 (zu der ansonsten problematischen Entscheidung unten Rdn. 881 ff.); für § 2 Nr. 6 VOB/B auch Ingenstau/Korbion/Keldungs, VOB/B § 2 Nr. 6, Rdn. 3; Zielemann, Vergütung nach VOB, Rdn. 236; Lange, Baugrundhaftung, S. 87, 88.
Soweit für „angeordnete **Mehr**mengen" **§ 2 Nr. 5 VOB/B** mit der Begründung angewandt wird, dies sei Planänderung, diese sei wiederum von dem spezielleren (?) § 2 Nr. 5 VOB/B erfasst (Nicklisch/Weick, VOB/B § 2 Rdn. 73 a; Diehl, Seminar Nachträge, S. 75 ff., 91; Englert/Grauvogl/Maurer, Handbuch Baugrund, a.a.O.), wird übersehen, dass **jede** im „Vertrag nicht enthaltene Leistung" eine Planungsänderung (Planergänzung) voraussetzt; also wäre § 2 Nr. 6 VOB/B **nie** anwendbar. § 2 Nr. 6 VOB/B ist aber **spezieller**, näher oben Rdn. 804 mit Fn. 908.

soll) in Band 2, Rdn. 66 ff., 87, 288, im Zusammenhang mit Behinderungsschäden auch in diesem Band Rdn. 1510.

Es sind auch Fälle denkbar, in denen ein Teil der „neuen" Leistung über § 2 Nr. 5, der andere Teil über § 2 Nr. 6 VOB/B zu erfassen ist. Beispiel: Der Auftraggeber ordnet an, dass anstelle der vertraglich vereinbarten 600 m verzinkter Drahtzaun nunmehr 600 m kunststoffummantelter Drahtzaun herzustellen sind (insoweit § 2 Nr. 5 VOB/B) und darüber hinaus weitere 100 m kunststoffummantelter Drahtzaun errichtet werden sollen (insoweit § 2 Nr. 6 VOB/B). § 2 Nr. 6 VOB/B wäre auch dann anzuwenden, wenn die 100 m neuer Zaun verzinkt herzustellen wären. 807

3.2.2.2 Mehrleistung „derselben Art"?

Von Craushaar verwendet den Ausdruck „Mehrleistung" in einem abweichenden (unserer Meinung nach aber irreführenden) Sinn[911] Er gebraucht den Ausdruck „Mehrleistung", wenn „mehr derselben Art geleistet wird als vertraglich vereinbart – z. B. **Boden in größerer Tiefe** als verabredet ausgehoben wird". Dagegen gehören nach seiner Terminologie nicht zu dieser außervertraglichen Mengenmehrung „Mehrleistungen derselben Art", welche den Mengenansatz (Vordersatz) einer Position überschreiten, da in solchen Fällen die Mengenüberschreitung vertraglich einkalkuliert sei. 808

Ob die Mengenmehrung durch Aushub „in größerer Tiefe" nach § 2 Nr. 5, Nr. 6, Nr. 8 oder § 2 Nr. 3 VOB/B zu beurteilen ist, lässt sich abstrakt überhaupt nicht entscheiden. Hier, wie überhaupt für die Abgrenzung aller Zweifelsfälle, ist besonders genau **anhand des konkreten Leistungsbeschriebs der Position** und der sonstigen für die Angebotsbearbeitung vertraglich vorgegebenen Unterlagen und der Vereinbarung aller Vertragsfaktoren, also unter genauester Ermittlung des Bausolls, zu klären, ob bauinhaltlich die Leistung „im Vertrag (so) vorgesehen ist" oder nicht (und ob die neue Leistung angeordnet war oder nicht). Eine Position „600 m^3 Aushub Bodenklasse 2.2 **bis 3 m Tiefe**" ist etwas anderes als eine Position „600 m^3 Aushub Bodenklasse 2.2" (s. sogleich Rdn. 809).

3.2.2.3 Einzelfälle

a) Lautet die LV-Position „600 m^3 Bodenaushub **bis 3 m Tiefe**" – so ein Beispiel von Craushaar – so heißt das in der Ausschreibungspraxis, dass alle möglichen Aushubtiefen auftreten können, aber niemals eine größere Tiefe als 3 m. 809

Diese Ausschachtungs**tiefe** ist **Teil** des Leistungsbeschriebs,[912] also des Bausolls. Deshalb gilt:
Hat der Auftraggeber ein Tieferschachten **angeordnet**, ist das ein Fall von § **2 Nr. 6** VOB/B, nicht von § 2 Nr. 5 VOB/B. Begründung: Wenn die **im LV vorhandene** Position

---
[911] BauR 1984, 311, 313.
[912] Das gilt laut Ingenstau/Korbion/Keldungs, VOB/B § 2 Nr. 6, Rdn. 9 deshalb, weil sich die Ausschachtungstiefe in diesem Fall nicht nur – wie es bei fehlender Tiefenangabe **im** Positionstext sein soll – aus den Vordersätzen errechnen lässt. Das ist allerdings nicht die zutreffende Begründung: Aus den Vordersätzen allein lässt sich eine Ausschachtungstiefe **nicht** errechnen, höchstens eine Durchschnittstiefe bzw. die Tiefe bei ebener Oberfläche und ebener Aushubsohle; 600 m^3 Ausschachtung enthalten keine Aussage darüber, ob gleichmäßig 4 m tief ausgeschachtet wird. Auch 120 m^2 ausgeschachtete Fläche sagen nicht, dass immer gleichmäßig 5 m tief ausgeschachtet wird. Etwas anderes kann sich natürlich aus Ausführungsplänen, die Vertragsbestandteil sind, ergeben.
Die 4 m Tiefe sind (**nur**) deshalb im Vertrag nicht vorgesehene Leistung, weil „im" Vertrag (= **in der Leistungsbeschreibung** der Position) 3 m Maximaltiefe vorgesehen sind.

("Bodenaushub **bis 3 m Tiefe**") **vollständig** und unverändert ausgeführt wird, kann die Leistung „Bodenaushub ab 3,01 m bis 4 m Tiefe" nicht Planänderung der ersten Position sein. Bei gebotener positionsweiser Betrachtung ist vielmehr die „alte Position" gerade nicht geändert, und zwar deshalb nicht, weil die **Ausschachtungstiefe** hier Bestandteil des Positions-Leistungsbeschriebs ist – „bis 3,0 m" wird ja gerade unverändert und vollständig ausgeschachtet.[913] Die Leistung „ab 3,01 m" tritt also neu hinzu, das ist nur der Fall des § 2 **Nr. 6** VOB/B.[914] Ohne Anordnung ist der Fall über § 2 Nr. 8 VOB/A zu lösen.

810 b) Interessant ist der Fall des OLG Düsseldorf:[915]

Eine Position für Erdbauarbeiten für eine Straßenbaumaßnahme lautet:
„2 700 m³ Boden ausheben und abfahren. Boden profilgemäß lösen, ins Eigentum des Auftragnehmers übernehmen und beseitigen. Im Einheitspreis enthalten ist das Herstellen der Böschungen und des Planums einschließlich der erforderlichen Verdichtung. Abgerechnet wird nach Abrechnungsprofilen. Klassifizierung nach DIN 18 300 Klasse 3 bis 5."
Der Leistungsbeschrieb enthält also **keine** Angaben zur Ausschachtungs**tiefe**. Der Auftragnehmer legt seiner Kalkulation eine Aushubtiefe bis 0,65 m zugrunde. Während der Ausführung stellt sich heraus, dass wesentlich tiefer als ursprünglich vom Auftragnehmer angenommen ausgeschachtet werden muss; der Auftraggeber ordnet den tieferen Aushub an.

Die erste Frage ist, was das **vereinbarte Bausoll** war, ob also die aufgetretenen Erschwernisse nicht in diesem („pauschalen") Leistungsbeschrieb enthalten waren. Das Oberlandesgericht stellt zutreffend darauf ab, mit welcher Aushubtiefe die Klägerin rechnen konnte und rechnen musste.[916] Im konkreten Fall durfte die Auftragnehmerin anhand der Menge der ausgeschriebenen Schottertragschicht und Fahrbahnschicht auf eine Aushubtiefe von 0,65 m schließen; dies entsprach der Tatsache, dass im Straßenbau die Aushubsohle eben sein muss und dass anknüpfend an die Einbauhöhen der Leistungen anderer Positionen mit maximal **0,65 m Tiefe** zu rechnen war. Die **Position lautet** daher **nach Auslegung:** „2 700 m³ Boden **bis 0,65 m Tiefe** ausheben und abfahren."

Aus den unter Rdn. 808 erläuterten Gründen führt eine Anordnung, tiefer auszuschachten, deshalb zu einer Zusatzleistung gemäß § 2 Nr. 6 VOB/B. Das OLG Düsseldorf hat unzutreffend § 2 Nr. 5 VOB/B angewandt mit der Begründung, die Planung habe sich geändert, nämlich auf tieferen Erdaushub hin. Gerade wenn man – wie es das Oberlan-

---

[913] Eine Änderung im Sinne von § 2 Nr. 5 VOB/B verlangt eben wesensnotwendig, dass entweder aus einer Position ein Leistungselement wegfällt oder ein Leistungselement hinzukommt oder an die Stelle eines wegfallenden Elements ein verändertes neues Element tritt. Ist allerdings der **„Abweichungscharakter"** so groß, dass der neue Preis nicht mehr aus den bisherigen Grundlagen der Preisermittlung abzuleiten ist, ist § 2 Nr. 6 VOB/B anzuwenden (näher unten Rdn. 830 ff.). Hier kommt man zu **dieser** Differenzierung gar nicht, weil gar keine geänderte Leistung vorliegt, sondern ohnehin eindeutig eine zusätzliche Leistung.

[914] Deshalb im Ergebnis (nicht in der Begründung, vgl. Fn. 912) in vollem Umfang zutreffend Ingenstau/Korbion/Keldungs, VOB/B § 2 Nr. 6, Rdn. 9; Hofmann, Anm. zu Landgericht Köln BauR 1980, 368; Lange, Baugrundhaftung, S. 84, 85.
Entgegen Nicklisch/Weick, VOB/B § 2 Rdn. 65 ist (wegen der Einbeziehung der Tiefe in den Leistungsbeschrieb) **diese** (neue) Leistung in der Leistungsbeschreibung gerade nicht vorgesehen und deshalb nur § 2 Nr. 6 und nicht § 2 Nr. 5 VOB/B anwendbar; unzutreffend deshalb auch von Craushaar, BauR 1984, 311, 320 ff.; Schulze-Hagen, Festschrift Soergel, S. 259, 270, 272; Englert/Grauvogl/Maurer, Handbuch Baugrund, Rdn. 647; Vygen, Jahrbuch Baurecht 1999, S. 46 ff, 58.
Der **Fall des Landgerichts Köln** BauR 1980, 368 (s. Rdn. 780, Fn. 833) ist **deshalb bei Anordnung des Auftraggebers über § 2 Nr. 6 VOB/B** zu lösen, ohne Anordnung über § 2 Nr. 8 VOB/B.
[915] BauR 1991, 219, 221.
[916] Dazu näher Rdn. 707 ff., s. auch Rdn. 863 ff.

desgericht zutreffend tut – die Position so auslegt, dass „bis 0,65 m Tiefe" zu schachten war, hat sich **dieser** Vertragsinhalt gerade nicht geändert.

Es ist bis „bis 0,65 m Tiefe" unverändert ausgeschachtet worden. Darüber hinaus ist eine weitere „Leistung" hinzugekommen, nämlich tieferes Ausschachten über 0,65 m Tiefe hinaus, deshalb ist das ein Fall des § 2 Nr. 6 VOB/B.[917]

Schachtet der Auftragnehmer **ohne Anordnung** „von sich aus" tiefer, ist § 2 Nr. 8 Abs. 2 VOB/B anwendbar.[918]

c) Lautet eine LV-Position „1 000 m^3 leichten Fels und 400 m^3 schweren Fels ausschachten", werden aber in der Örtlichkeit 500 m^3 leichter Fels und 900 m^3 schwerer Fels vorgefunden, so sind das mengenmäßig abweichende vorgefundene Verhältnisse, die qualitativen Leistungsbeschriebe ändern sich nicht. Hat der Auftraggeber insoweit keine Anordnungen gegeben, beurteilt sich der Fall nach § 2 Nr. 3 VOB/B.[919] Sofern, dadurch bedingt, sich auch die Produktionsverfahren ändern, ist das entsprechend kostenmäßig im Rahmen des § 2 Nr. 3 VOB/B zu berücksichtigen.[920]

811

Gibt der Auftraggeber im erörterten Fall konkrete Anordnungen zur „Überwindung der Erschwernisse", so hat der Auftragnehmer in diesem Fall Ansprüche aus § 2 Nr. 6 VOB/B bzw. § 8 Nr. 1 VOB/B, weil es sich um „angeordnete" reine Mengenmehrungen und/oder Mengenminderungen handelt.[921]

812

d) Lautet die LV-Position „600 m^3 **Boden**aushub" – also ohne Bodenklassenspezifizierung – und werden u. a. 200 m^3 leichter Fels vorgefunden, so lässt sich die Frage, ob es sich um eine bloße Erschwerung im Rahmen der pauschal beschriebenen Bandbreite der Art des Bausolls oder um eine Änderung oder Zusatzleistung handelt, nur bei Kenntnis der Vertragsunterlagen insgesamt beurteilen.

813

Immerhin spricht DIN 18 300 unter Klasse 1 bis 5 von Boden, unter Klasse 6 von Boden und Fels und unter Klasse 7 von Fels; somit ist zunächst zu fragen, ob **nur Boden** oder **auch Fels** auszuheben war. Es muss sodann anhand aller schon früher erörterter Vertragsbestandteile und Auslegungskriterien ermittelt werden, ob die Leistung nicht doch noch näher definiert ist. Ist den Ausschreibungsunterlagen z. B. ein Bodengutachten beigefügt, in dem die Bodenklasse „leichter Fels" erwähnt wird oder deren teilweises Vorfinden als möglich dargestellt wird, führt der Auftragnehmer nur das aus, was er vertraglich auszuführen hatte. Sagt dagegen das Bodengutachten aus, dass kein Fels zu erwarten ist, so ist die auszuführende Leistung – sie beinhaltet ja tatsächlich 200 m^3 leichten **Fels** – teilweise anders als im Vertrag (durch die Beifügung des Bodengutachtens) definiert, also eine Beschaffenheits-Soll-Ist-Abweichung. Deshalb ist, falls der Auftraggeber eine entsprechende Ausführungsanordnung erteilt, dieser Teilbereich nach § 2 Nr. 5 VOB/B zu behandeln, allerdings nur unter der Voraussetzung, dass zur Preisermittlung der Leistung „Aushub leichter Fels" noch auf die bisherigen Kalkulationselemente zurückgegriffen werden kann. Würde dagegen dieser Rückgriff nicht möglich sein, oder würde z. B. statt „leichter Fels" jetzt „schwerer Fels" vorgefunden und müssten dazu beispielsweise Sprengarbeiten

---

[917] Ebenso Lange, Baugrundhaftung, a.a.O.
[918] Zutreffend Ingenstau/Korbion/Keldungs, VOB/B § 2 Nr. 6, Rdn. 9.
[919] Ebenso v. Craushaar, BauR 1984, 312, 322 sogar für den Fall, dass es sich um 2 unterschiedliche LV-Positionen gehandelt hat (jedoch unter der Voraussetzung, dass kein Bodengutachten vorlag); zutreffend Ingenstau/Korbion, a. a. O und Vygen, Jahrbuch Baurecht 1999, S. 46 ff., 56, 57.
[920] Vgl. oben Rdn. 557.
[921] Vgl. oben Rdn. 805.

durchgeführt werden, ist der „Änderungscharakter" so groß, dass **deshalb** nicht mehr auf § 2 Nr. 5 VOB/B, sondern nur noch auf § 2 Nr. 6 VOB/B zurückgegriffen werden kann;[922] wegen der genauen Begründung dürfen wir insoweit auf Rdn. 831 ff. verweisen.

814   e) Einem Urteil des Bundesgerichtshofes aus dem Jahre 1969 ist (für die damalige Rechtspraxis) zuzustimmen:[923]
400 000 m³ Abtragmassen einer 4,7 km langen Autobahnstrecke waren als unter DIN 18 300 Abschnitt 2.2.1 bis 2.2.7 fallend angegeben (heute DIN 18 300 Abschnitt 2.3 Klassen 1 bis 7). Diese breiteste aller überhaupt möglichen Leistungsbeschreibungen umfasst **jeden** Bodenwert von „flüssiger bis breiiger Beschaffenheit" bis hin zum schwer lösbaren Fels. Vorgefunden wurden unter anderem bindiger Boden und leicht lösbarer Fels. Mit deren Vorkommen musste aber entsprechend dem Leistungsbeschrieb **gerechnet** werden; der Auftragnehmer fand also nur solche Verhältnisse vor, die **er hätte einkalkulieren** müssen. Der Auftragnehmer erhält also überhaupt keine Mehrvergütung, weder nach § 2 Nr. 5 noch nach § 2 Nr. 6 VOB/B.[924]

Problematisch ist, dass der Auftraggeber einen so weiten Rahmen vorgegeben hatte, weil dieser ja eine sinnvolle Kalkulation praktisch unmöglich machte. Dem ist aber entgegenzuhalten, dass durch eine so „pauschale" Leistungsbeschreibung diese damit nicht falsch wird (näher dazu oben Rdn. 742 ff und Band 2 Rdn. 400 ff.). Außerdem musste der Bieter dieses Risiko im konkreten Fall unbezweifelbar erkennen; der Bundesgerichtshof erwähnt, die Bodenmassen des Streckenabschnitts seien so vielfältig und unübersichtlich gewesen, dass auch ein engeres Bohrnetz keinen zuverlässigen Aufschluss ergeben hätte. Die Klägerin sei **zudem** auf die **Möglichkeit, weitere Bodenaufschlüsse zu beantragen** (wobei die Anmerkung erlaubt ist, dass dies wenig Sinn gehabt hätte), mehrfach **hingewiesen** worden. Sie habe sich aber **mit den durchgeführten Bohrungen zufriedengegeben** und erklärt, über die Bodenverhältnisse ausreichend unterrichtet zu sein.[925] Das reicht aus, um eine „Besondere Risikoübernahme" des Bieters zu bejahen und Ansprüche jeglicher Art auszuschließen.[926] Ansonsten wäre nach **heutiger** Rechtsauffassung davon auszugehen, dass der öffentliche Auftraggeber dem Bieter **unzulässigerweise ein „ungewöhnliches Wagnis"** auferlegt hat.[927]

815   f) Von Craushaar bildet folgendes Beispiel:[928]
Dem Leistungsverzeichnis für Pfahlbohrarbeiten im Hangschutt ist ein Bodengutachten beigefügt, in dem der Hangschutt weitestgehend der Bodenklasse 5 zugerechnet wird (Position 600 lfd. m Bohrpfahl). Für Boden der Klasse 6 (leicht lösbarer Fels) sind 10 lfd. m Bohrpfahl in einer anderen Position ausgeschrieben. Das Bodengutachten weist aus, dass Boden der Klasse 6 **nur** in Form von kleinen **Hangschutteinzelteilen** auftritt. Bei der Bauausführung stellt sich heraus, dass der gesamte Hangschutt der Klasse 6 zuzuordnen ist **und** dass es sich nicht um die im Bodengutachten ausgeführten kleineren Einzelteile, sondern um mächtige Hangschuttpakete handelt, die sich der Zerkleinerung widersetzen. Dadurch, dass das Bodengutachten spezifiziert zu den Eigenschaften des inner-

---

[922] So auch im Ergebnis BGH Schäfer/Finnern Z 2.310 Bl. 12 für Arbeiten in schwerem statt in leichtem Fels, näher Rdn. 284 ff.; grundsätzlich immer nur für Anwendung des § 2 Nr. 5 VOB/B von Craushaar, BauR 1984, 312, 319; Vygen/Schubert/Lang, Bauverzögerung, Rdn. 165.
[923] Schäfer/Finnern Z 2.11 Bl. 8 mit zustimmender Anmerkung = WM 1969, 1019.
[924] Richtig deshalb Nicklisch/Weick, VOB/B § 2 Rdn. 61; vgl. dazu Vygen/Schubert/Lang, Bauverzögerung Rdn. 164, 165 einerseits, Rdn. 183 andererseits; vgl. aber auch in diesem Band Rdn. 809 und dort OLG Düsseldorf sowie Rdn. 210.
[925] Schäfer/Finnern Z 2.11 Bl. 10 R.
[926] Vgl. auch BGH Schäfer/Finnern Z 2.11 Bl. 4 und oben Rdn. 251.
[927] Einzelheiten dazu Rdn. 753; Band 2, Rdn. 618-625.
[928] BauR 1984, 312, 320.

Die (vom Auftraggeber angeordnete) Änderung des Bauinhalts   Rdn. 816, 817

halb einer Bodenklasse zugeordneten Bodens Stellung genommen hatte, waren nicht schlicht und einfach (nur) Böden der Klasse 5 oder 6 ausgeschrieben, sondern ein in seinen Eigenschaften **genau bezeichneter** („kleine Hangschutteinzelteile") Boden (Beschaffenheitsangabe im Detail, s. oben Rdn. 726 ff.).
Der ausgeschriebene leicht lösbare Fels der Bodenklasse 6, in den 10 lfd. m Bohrpfahl einzubringen waren, war somit nicht nur per Bodenklasse beschrieben, sondern nur als „Sektor aus dem Kreis der möglichen Beschaffenheiten" dieser Bodenklasse.
Dadurch, dass jetzt auch mächtige Hangschuttpakete – die auch zur Bodenklasse 6 gehören – angetroffen wurden, ergab sich nicht einfach eine Mengenmehrung innerhalb einer Bodenklasse, sondern eine andere Beschaffenheit – Soll-Ist-Abweichung –, somit eine Änderung. Eine entsprechende Anordnung des Auftraggebers vorausgesetzt, ist das ein Fall des § 2 Nr. 5 VOB/B.[929]

Dieses Beispiel ist signifikant dafür, dass nicht nur Positionstext und/oder DIN-Norm-Klassifizierungen, sondern die **Totalität** aller Anfrageunterlagen für die Spezifikation des Leistungsinhaltes maßgebend sind.

g) Einen auf der Grenze liegenden Fall hat das OLG Düsseldorf 1963 behandelt.[930] Für Kanalbauarbeiten war unter anderem der Verbau mit Kanaldielen genau vorgeschrieben, als Bodenart war „Fließsand" angegeben. Vorgefunden wurde ganz ungewöhnlich feiner Fließsand, der zwischen den Kanaldielen hindurchfloss. Dies verlangte, was auch zwei Gutachter und der Bauleiter des Auftraggebers bestätigen, eine stärkere Verbauung, eine Beschleunigung der Arbeit und eine Veränderung der Grabendimensionen.

816

Bewegte sich das noch im Rahmen des vereinbarten Bausolls? Auf den ersten Blick ist man geneigt, das zu bejahen. Aber die vom Auftraggeber selbst gewählte Verbauart und die vorgeschriebene Grabendimension erwiesen, dass der **Auftraggeber** eine **bestimmte technische Ausführung vorgegeben** hatte, die nur bei „üblichem" oder „mittlerem Fließsand" brauchbar war. Er hatte **damit** aber gleichzeitig **auch für den Auftragnehmer erkennbar** die Bodenqualität „mittlerer Fließsand" als Beschaffenheitssoll festgelegt. Deshalb hat das Oberlandesgericht mit Recht entschieden, dass eine geänderte Leistung im Sinne von § 2 Nr. 5 VOB/B zu bejahen sei, eine Anordnung von seiten des Auftraggebers vorausgesetzt;[931] ohne Anordnung ist das ein Fall von § 2 Nr. 8 Abs. 2 Satz 2 VOB/B.

h) Eine ganz besondere Situation ergibt sich bei **Tunnelarbeiten**. Generell unterscheidet die DIN 18312 – Untertagebauarbeiten – zwischen geologisch bedingten, unvorhersehbaren und **unvermeidbaren** Mehrausbrüchen, bei denen der Auftragnehmer Leistungen zwar erbringen muss, aber gegen zusätzliche Vergütung, und aufgrund geeigneter Ausführungsplanung **vermeidbaren** Mehrausbrüchen, bei denen der Auftragnehmer die Arbeit ohne zusätzliche Vergütung leisten muss.[932] Speziell wird sehr oft eine Abwicklung vereinbart, bei der die konkreten Baumaßnahmen nicht exakt im voraus bestimmt werden, sondern erst je nach örtlicher Situation vor Ort festgelegt werden. Das LV hat insoweit zum Teil dann den Charakter einer „Preisliste" innerhalb eines Rahmenvertrages. Die Risikoverteilung kann hier nur anhand des individuellen Vertrages bestimmt werden, wobei umfangreiche eigene Prüfpflichten des Auftragnehmers Anhaltspunkte

817

---

[929] So auch von Craushaar, a. a. O.; § 2 Nr. 5 und nicht Nr. 6 ist anwendbar, weil das Produktionsverfahren sich **nicht** völlig ändert, vgl. Rdn. 830 ff.
[930] OLG Düsseldorf Schäfer/Finnern Z 3.11 Bl. 9; wir gehen auf das Urteil noch im Zusammenhang mit der Möglichkeit stillschweigender Anordnung und der Möglichkeit der mündlichen Anordnung trotz vereinbarter Schriftform ein, siehe dazu unten Rdn. 968 ff. und Rdn. 1171.
[931] Zutreffend v. Craushaar, Festschrift Locher, S. 9 ff., 17.
[932] Näher Nicklisch/Weick, VOB/B Einleitung §§ 4–13, Rdn. 75 ff.

für eine Übernahme des entsprechenden Risikos durch den Auftragnehmer sein können.[933]

818 i) Zu den exemplarischen Fällen gehört auch die Entscheidung „Sandlinse" des LG Köln, die wir schon unter Rdn. 802 in anderem Zusammenhang erörtert haben; wir dürfen darauf verweisen.

819 j) Endlich fällt unter diese Kategorie auch allgemein die „Erschwernis" dadurch, dass ein **Leistungselement fehlt, von dessen Vorhandensein der Auftragnehmer nach seinem Kenntnisstand** – ohne seine Prüfpflicht zu verletzen – **ausgehen darf.** Das ist der schon oben oft zitierte Fall „Universitätsbibliothek": Der Bieter hat darauf vertraut, Großflächenschalung einsetzen zu dürfen. Später treten Eck- und Rahmenbewehrungen derartig in den Ausführungsplänen auf, dass der Einsatz der Großflächenschalung unmöglich ist. Wenn der Bieter zu Recht aufgrund der gesamten Vertragsunterlagen davon ausgehen durfte, Großflächenschalung sei möglich, ist der Wegfall dieser Möglichkeit Änderung des Leistungsinhaltes mit der Folge, dass Vergütungsansprüche nach § 2 Nr. 5 VOB/B für die erschwerte Schalung zu bejahen sind.[934]

820 k) Eine Besonderheit kann sich im Einzelfall noch bei der Beurteilung von „Erschwernissen" im Verhältnis **Nachunternehmer**/Hauptunternehmer (Generalunternehmer) ergeben. Was für den Hauptunternehmer im Verhältnis zu seinem Auftraggeber aufgrund seines speziellen Vertrages zum Bausoll gehören kann, also nicht „Erschwernis" ist, kann aufgrund des jeweiligen Vertrages Nachunternehmer/Hauptunternehmer sehr wohl „Erschwernis" sein, also vom Bausoll des Nachunternehmers nicht umfasst sein. Es kommt also jeweils auf den Einzelvertrag an. Die **beiden Vertragsebenen** Auftraggeber – Hauptunternehmer und Hauptunternehmer – Nachunternehmer sind **grundsätzlich getrennt** voneinander zu betrachten, was bei unabgestimmten Verträgen zu erheblichen Schwierigkeiten führen kann. Pauschale Verweisungen im Nachunternehmervertrag auf die Regelungen des Hauptvertrages führen nicht immer und nicht unbedingt zur vollständigen „Leistungssynchronisation".[935]

3.2.2.4 Wiederholung der „alten" Leistung

821 § 2 Nr. 5 VOB/B ist auch dann **nicht** anzuwenden – Regel a –, wenn dieselbe Leistung nicht qualitativ **geändert,** sondern (nur) **wiederholt** wird.

Wird eine Leistung durch Brand zerstört, hat der Auftragnehmer dennoch Anspruch auf Vergütung aufgrund der entsprechenden Regelung der Preisgefahr in § 7 VOB/B. Geschieht der Brand vor der Abnahme, bleibt der Auftragnehmer – auf Anordnung des

---

[933] Nicklisch/Weick, a. a. O., Rdn. 73; Nicklisch behandelt das ganze Thema „Risiken beim Tunnelbau" sehr instruktiv und durchdringend mit vielen Einzelheiten a. a. O., Rdn. 63 bis 79, ergänzend auch Nicklisch, Beilage 20, S. 6 ff., BB 1991 und zu den technischen Risiken Prader, ebenda, S. 2 ff.
Zu der speziellen Problematik bei der Vereinbarung von Störfallkatalogen beim Schildvortrieb Kapellmann/Ziegler, NZBau 2005, 65.

[934] Vgl. oben Rdn. 170, 204, 207, 214, 216, 246; der Vollständigkeit halber sei darauf hingewiesen, dass Eck- und Rahmenbewehrungen an sich nicht gemäß Vertrag auszuschließen waren. Es ging jedoch darum, dass sie – in anderer Art angeordnet (z. B. aus der Decke in die Wand nach oben oder nach Wandherstellung herunterzubiegende Bewehrung) – die Großflächenschalung nicht ausgeschlossen hätten.

[935] Kapellmann, Schlüsselfertiges Bauen, Rdn. 246 ff.; Nicklisch/Weick, VOB/B Einf. §§ 4–13 Rdn. 93; Nicklisch/Weick behandeln das Thema „Verzahnung Nachunternehmervertrag/Hauptunternehmervertrag" ausführlich a. a. O., Rdn. 88 bis 104.

Auftraggebers – zur Wiederherstellung verpflichtet, hat für diese zweite Leistung dann aber erneut Anspruch auf Vergütung, und zwar gemäß § 2 Nr. 6 VOB/B.[936]

Ebenso gilt das für den Fall, dass der Auftraggeber eine fertiggestellte Wand wegen einer Planänderung abreißen lässt, sich die Sache dann aber wieder anders überlegt und die Wand erneut bauen lässt. Auch dann greift § 2 Nr. 6 VOB/B ein.

In beiden Fällen ist die ursprüngliche Leistung endgültig erbracht. Wird sie **wiederholt**, ist das **keine Änderung** einer schon vollendet gewesenen Leistung, sondern eine neue, **zusätzliche** Leistung.

3.2.2.5 Angeordneter Wegfall der „alten" Leistung

Endlich ist eine Leistung natürlich auch dann nicht geändert im Sinne von § 2 Nr. 5 VOB/B, wenn sie auf Anordnung des Auftraggebers nicht ausgeführt wird; das sind dann Fälle von § 8 Nr. 1 oder § 2 Nr. 4 VOB/B.[937]   **822**

3.2.2.6 Zulässige Konkretisierung der Planung ist keine Änderung; Auswahlschuldverhältnisse, Mischpositionen

Wenn in der Ausführungsphase durch die Ausführungsplanung die Leistung nur konkretisiert wird, ist das keine Bausoll-Abweichung, löst also keine geänderte Vergütung aus.[938] Echte Auswahlschuldverhältnisse (Farbe nach Wahl) behandeln wir unter Rdn. 849 ff., Mischpositionen unter Rdn. 859.   **823**

3.2.3 „Regel" b – Die Leistung ist völlig neuartig – dann kein § 2 Nr. 5, sondern § 2 Nr. 6 VOB/B

3.2.3.1 Bisher im Vertrag auch nicht in anderer Menge vorgesehene Leistung

Die „völlig neuartige" Leistung ist der Prototyp der zusätzlichen Leistung; sie ist unverkennbar die bisher **gar** nicht im Vertrag vorgesehene Leistung im Sinne von § 1 Nr. 4, § 2 Nr. 6 VOB/B.   **824**

Beispiel:
Der Auftraggeber ordnet an, dass der bisher frei zugängliche Parkplatz zusätzlich eine Parkplatzmauer erhält.
Diese neuartige zusätzliche Leistung unterscheidet sich von der „angeordneten Mengenmehrung" – auch ein Fall des § 2 Nr. 6 VOB/B – dadurch, dass bei der angeordneten Mengenmehrung eine völlig gleiche Teil-Leistung schon in der Leistungsbeschreibung vorhanden ist; sie wird lediglich in größerer Menge angeordnet und ausgeführt. Der Bezugspunkt für die Nachtragsvergütung ist also die schon vorhandene LV-Position; bei der angeordneten Mehrmenge wird in der Berechnung gegebenenfalls lediglich der Effekt des § 2 Nr. 3 VOB/B berücksichtigt.[939]

Dagegen kann die Vergütungsermittlung, also die Nachtragskalkulation, für die neuartige Leistung schwieriger sein, denn die „völlig neuartige" Leistung Parkplatzmauer gab es bisher im Vertrag überhaupt nicht.[940] Andererseits kann es aber durchaus vergleichbare Bezugspositionen (z. B. Böschungsbegrenzungen) geben, auf die bei der Abrechnung zurückgegriffen werden kann. Aber auch dann, wenn es diese von der Ausführung her ver-

---
[936] Vgl. oben Rdn. 150, 712.
[937] Zutreffend Marbach, ZfBR 1989, 2, 5 m. w. N.
[938] Einzelheiten unter Rdn. 862 ff.
[939] Dazu oben Rdn. 805.
[940] Dazu unten Rdn. 1009.

gleichbare Leistung (die Böschungsbegrenzung) schon als Position im Leistungsverzeichnis gibt, bleibt doch die Parkplatzmauer zusätzliche Leistung gemäß § 2 Nr. 6 VOB/B; sie ist nicht geänderte Leistung einer Böschungsbegrenzung.

Es ist klar nach rechtlichen und nach kostenbezogenen Kriterien zu unterscheiden.

Die Regelung in § 4 Nr. 9 VOB/B – Mehrkosten infolge **archäologischen Fundes** – ist ein typischer Fall zusätzlicher Leistungen, wir erörtern das näher in Band 2, Rdn. 1083 ff.

825   Wenn es dagegen eine wenigstens von der Funktion her ähnliche Leistung gibt, ist das wieder ein anderer Fall: Wird eine Mauerwand durch eine Betonwand ersetzt, ist die Einordnung nach § 2 Nr. 5 oder nach § 2 Nr. 6 VOB/B schwieriger zu beurteilen. Das erörtern wir gesondert unter Regel „c" in Rdn. 827 ff.

3.2.3.2 Neue Leistung anstelle einer im Vertrag vorhandenen, völlig andersartigen Leistung

826   Wie ist der Fall zu beurteilen, dass eine inhaltlich ganz **neue Leistung** eine im Vertrag **vorhandene, völlig andersartige** Leistung **ersetzt?**
Der Auftraggeber entschließt sich beispielsweise, einen im Vertrag vorgesehenen Parkplatz um 400 m² zu erweitern, dadurch entfällt gleichzeitig ein an dieser Stelle im Vertrag vorgesehener Steingarten.

Die „Mehrleistung" von 400 m² ist als **„angeordnete"** Mengenmehrung nach § 2 Nr. 6 VOB/B abzurechnen.[941] Der entfallende Leistungsteil „Steingarten" wird nicht etwa gemäß § 2 Nr. 5 VOB/B geändert in die neue Leistung Parkplatz. Die Kalkulationselemente der Position „Steingarten" geben für die Berechnung der Leistung „zusätzlicher Parkplatz" überhaupt nichts her (vgl. dazu auch Rdn. 831 ff.).

Um es methodisch genauer zu sagen:
Die Anordnung der zusätzlichen Leistung „Parkplatzerweiterung" führt gemäß § 1 Nr. 4, § 2 Nr. 6 VOB/B hinsichtlich der zusätzlichen Leistung „Parkplatzerweiterung" zu einem Anspruch auf zusätzliche Vergütung; dieselbe Anordnung der zusätzlichen Leistung „Parkplatzerweiterung" enthält aber konkludent auch die auftraggeberseitige freie Teilkündigung (§ 8 Nr. 1 VOB/B, § 649 BGB) der Teilleistung „Steingarten". Bei der Abrechnung einerseits der zusätzlichen Leistung „Parkplatz", andererseits der gekündigten Teilleistung „Steingarten" ist methodisch zuerst die Teilkündigung zu betrachten: Gemäß § 8 Nr. 1 VOB/B, § 649 BGB erhält der Auftragnehmer auch für die entfallene Teilleistung „Steingarten" die im Vertrag vereinbarte entsprechende Teilvergütung. Darauf muss der Auftragnehmer sich **anrechnen** lassen:
a) Was er **infolge** der **Teilkündigung** an Kosten **erspart:**
Die für die entfallene Teilleistung vorgesehenen Direkten Kosten werden in den meisten Fällen erspart, wenn die Teilleistung nicht ausgeführt wird; das gilt auf jeden Fall immer dann, wenn bei Nichtausführung kein Produktionsfaktoreneinsatz (oder -disposition) aus der ursprünglich beauftragten Teilleistung entstanden ist oder unvermeidbar entsteht, d. h. die kalkulierten Direkten Kosten der entfallenden Teilleistung (die Einzelkosten der Teilleistung) „kurzfristig abbaubar" sind.
Ob Baustellengemeinkosten bei Nichtausführung einer Teilleistung erspart werden, hängt vom Einzelfall ab; das ist aber eher der Ausnahmefall.

---
[941] Siehe oben Rdn. 514.

Deckungsanteile für Allgemeine Geschäftskosten, Wagnis und Gewinn werden nicht erspart.[942]

b) Was er durch **anderweitige Verwertung** seiner Arbeitskraft, also der für diese Baustelle geplanten Kapazitäten, **erwirbt**:

Die gemäß a ermittelte Restvergütung für die gekündigte Teilleistung – die ja nur noch aus dem Deckungsanteil besteht, wenn alle Direkten Kosten weggefallen sind – wird also noch weiter gekürzt, **wenn** der Auftragnehmer mit den durch die Kündigung geschaffenen freien Kapazitäten (Produktionsfaktoren) jetzt zusätzlichen, sonst nicht möglichen „anderweitigen Erwerb" erzielt. Daraus resultiert sofort die Frage, ob nicht die Vergütung für die „Ersatzleistung", nämlich für die zusätzliche Leistung „Parkplatz", ein solcher anderweitiger Erwerb ist. Im Normalfall führen allerdings Vergütungen für zusätzliche Leistungen gemäß § 2 Nr. 6 VOB/B nicht zu anderweitigem Erwerb im Sinne von § 8 Nr. 1, § 649 BGB, also nicht zu anrechnungspflichtigen Vergütungen bei entfallenen Teilleistungen, denn „**normale**" zusätzliche Leistungen sind **nicht** gerade dadurch in Auftrag gegeben worden und möglich geworden, dass der Auftragnehmer infolge einer Kündigung einer anderen Teilleistung jetzt Arbeitskräfte frei hätte. Der Auftragnehmer **muss** vielmehr „normale" zusätzliche Leistungen gemäß § 1 Nr. 4 VOB/B erbringen und erbringt sie auch tatsächlich, ohne dass solche zusätzlichen Leistungen „Ersatzleistungen" infolge frei gewordener Kapazitäten wären. Aber im hier behandelten, konkreten Fall ist die zusätzliche Leistung tatsächlich „**Ersatzleistung**" im Sinne von § 649 BGB, denn die Anordnung **dieser** zusätzlichen Leistung ist überhaupt nur deshalb möglich und erfolgt, **weil eine andere** schon beauftragte Leistung entfallen ist. Deshalb ist es für diesen **Sonderfall** eindeutig, dass der Wegfall der alten Leistung „Steingarten" erst die Beauftragung mit der neuen (zusätzlichen) Leistung „Parkplatz" möglich gemacht hat: Also ist **diese** zusätzliche Leistung ursächlich bedingt durch den Wegfall der alten. Deshalb – und nur deshalb in diesem Ausnahmefall – ist die Vergütung der neuen, zusätzlichen Leistung auf die nach Abzug ersparter Kosten verbleibende Restvergütung der alten, entfallenen Leistung als **anderweitiger Erwerb anzurechnen**; praktisch werden damit die Deckungsanteile aus dieser neuen, zusätzlichen Leistung auf die an sich zu ersetzenden Deckungsanteile der gekündigten alten Leistung angerechnet, **weil die neue Leistung die alte Leistung ersetzt**. Demzufolge ist auch eine Ausgleichsberechnung (wie Rdn. 624 ff.) erforderlich.

Sind die **Deckungsanteile** der zusätzlichen Leistung gleich den Deckungsbeiträgen der entfallenen alten Leistung oder sind die Deckungsanteile aus zusätzlichen Leistungen sogar höher, entfällt im Ergebnis durch diese Anrechnung die Vergütungspflicht für die Deckungsanteile der gekündigten Leistung. Sind die Deckungsanteile der zusätzlichen Leistung niedriger als die Deckungsbeiträge der entfallenen, gekündigten Leistung, so bleibt die Differenz der Deckungsanteile zugunsten des Auftragnehmers erhalten.

---

[942] Die Folgen einer freien Teilkündigung gemäß § 8 Nr. 1 VOB/B, § 649 BGB behandeln wir zusammenfassend in diesem Band 1, Rdn. 1192. Ausführlich erörtern wir das Thema in Band 2, Rdn. 1304 ff.; dort haben wir auch das spezielle Thema „Vergütung für zusätzliche Leistungen als anderweitiger Erwerb bei entfallenen Leistungen" unter Rdn. 1384–1386 **im systematischen Zusammenhang** vertieft.
Wie hier OLG Celle, BauR 2005, 885.

3.2.4 „Regel" c – „Neue Leistung" noch im Zusammenhang mit beauftragter Leistung, aber kein sinnvoller Ansatzpunkt für neue Preisermittlung – dann nicht § 2 Nr. 5 VOB/B, sondern § 2 Nr. 6 VOB/B

3.2.4.1 Die Leistung „anstatt"

827 Wie ist der Fall zu lösen, dass eine inhaltlich neue Leistung eine im Vertrag vorhandene, funktionell ähnliche Leistung ersetzt, dass also Pfähle statt durch Rammen durch Bohren eingebracht werden sollen, dass statt einer Betonwand eine Mauerwand hergestellt, statt einer Betontreppe eine Holztreppe gemacht werden soll?[943]

Von Craushaar spricht bei diesen Fällen von der Leistung „anstatt". Nach seiner Auffassung sei bei der Differenzierung der Zweck des Ankündigungserfordernisses in § 2 Nr. 6 VOB/B zu berücksichtigen: Da durch die Ankündigung der Auftraggeber vor „unliebsamen" Überraschungen geschützt werden solle, müsse **jeder Fall** der Regel des § 2 Nr. 6 VOB/B zugeordnet werden, der diesen Schutz erfordere (!). Deshalb müsse § 2 Nr. 6 VOB/B auf die Fälle erstreckt werden, in denen anstelle der im Leistungsverzeichnis angegebenen Leistung ganz oder teilweise andere träten (Leistungen „anstatt"),[944] § 2 Nr. 5 VOB/B sei nicht anwendbar.

828 Dem ist nicht zu folgen. Zwar kann bei einer Änderung eine Ankündigung genauso sinnvoll sein wie bei einer Zusatzleistung,[945] aber das rechtfertigt es nicht, das Auslegungsergebnis nach den gewünschten Rechtsfolgen zu definieren. Hier gilt genau wie bei der Mengenmehrung: Das Pferd wird am Schwanz aufgezäumt. Hinzu kommt, dass bei dieser Auslegung für die Anwendung des § 2 Nr. 5 VOB/B auf Bauinhaltsänderungen nur noch ein sehr geringer Raum verbleibt. Wie schon oben erläutert (Rdn. 811), ist es gerade der Normalfall der Änderung einer im Vertrag vorgesehenen Leistung, dass ein Element des Leistungsbeschriebs wegfällt **und** „an dessen Stelle" ein verändertes Element tritt.

829 So gesehen könnte man also eher meinen, dass **gerade** die „Leistung anstatt" **immer** unter § 2 Nr. 5 VOB/B fiele.[946] Aber auch das trifft in dieser Allgemeinheit nicht zu: **Es kommt ganz darauf an,** ob die neue „Leistung anstatt" mit der alten Leistung **noch insoweit verwandt** ist, dass die Entwicklung des neuen Preises aus dem alten Preis (der Nachtragskalkulation aus der Angebotskalkulation) sinnvoll möglich ist; wir werden das sogleich erörtern (**Rdn. 841**).
Eine „Leistung anstatt" kann demgemäß **je nach Fall** entweder nach § 2 Nr. 5 oder nach § 2 Nr. 6 VOB/B zu beurteilen sein: Die „Schwarzdecke" anstatt der Betonfahrbahn ist ein Fall des § 2 Nr. 6 VOB/B, aber nicht, weil sie eine Leistung „anstatt" ist, sondern weil die Kalkulation der neuen Leistung nicht mehr auf der Kalkulation der Vergütung der alten Leistung aufbauen kann. Werden dagegen „anstatt" Kleinmosaik große Dekorfliesen verlegt, ist bestimmt nach § 2 Nr. 5 VOB/B zu verfahren, da sich aus dem Kalkulationsgefüge der alten Position der neue Preis ermitteln lässt.
Im Regelfall wird eine „Leistung anstatt" noch § 2 Nr. 5 VOB/B unterfallen; der „Abweichungscharakter" muss schon **erheblich** sein, um zu § 2 Nr. 6 VOB/B zu kommen.

Im Übrigen handelt sich von Craushaar seinerseits nur neue Abgrenzungsschwierigkeiten ein. Wo ist die Grenze zu ziehen zwischen einfacher „geänderter" Leistung und „anstatt Leistung"? Wie ist die offensichtlich unter § 2 Nr. 5 VOB/B fallende geänderte Bewehrung

---

[943] Fälle z. T. bewusst angelehnt an von Craushaar, BauR 1984, 311, 313; zu unserer **Lösung** dieser Fälle vgl. Rdn. 839.
[944] A. a. O. 315.
[945] Dazu unten Rdn. 933.
[946] Ingenstau/Korbion/Keldungs, VOB/B § 2 Nr. 5, Rdn. 8.

einer Wand zu beurteilen? Die stärker bewehrte Wand wird doch „anstatt" der schwächer bewehrten Wand gebaut. Kommt es darauf an, ob es die Wand „eigentlich" noch unverändert gibt – und welche Bewehrungsänderung führt zur „Anstatt"-Lösung, also zum qualitativen Sprung? Von Craushaar müsste zu dieser Abgrenzung genauso qualitative Kriterien einführen wie alle anderen auch, nur auf der anderen Seite der Abgrenzung.

3.2.4.2 Stellungnahmen der Literatur zur Abgrenzung zwischen „Änderung" und „zusätzlicher Leistung"

Man muss folglich für die wirklichen Zweifelsfälle nach **anderen Abgrenzungskriterien** für die Abgrenzung zwischen § 2 Nr. 5 und § 2 Nr. 6 suchen. Erstaunlicherweise gibt es dazu nur wenige und undeutliche Stellungnahmen. 830

Nach Vygen ist das Charakteristikum für § 2 Nr. 5 gegenüber § 2 Nr. 6 VOB/B offenbar, dass bei § 2 Nr. 5 VOB/B eine „Teilleistung durch eine andere Teilleistung ersetzt wird".[947] Wir haben gerade gesehen, dass das zwar richtig ist, aber allein nicht reicht; auch der bloße Wegfall eines Leistungselementes führt schon zur Änderung; nach unserer Meinung ist diese Unterscheidung aber auch ohnehin nicht für alle Fälle zutreffend, z. B. nicht, wenn das Änderungselement zu stark überwiegt – wie sogleich in Rdn. 831 ff. zu vertiefen.

Nach Keldungs in Übernahme von Korbion kommt es für eine Änderung darauf an, dass eine **„als solche fortbestehende** vertraglich geschuldete Leistung **anders** ausgeführt wird, wenn die Anordnung die Art und Weise der Durchführung der Leistung betrifft". Zusätzlich sei dagegen eine „wirklich zusätzliche, außerhalb des Vertrages liegende Leistungsanforderung".[948] Zurück zu den Pfählen: Sind Bohrpfähle gegenüber Rammpfählen ein Unterfall der „Pfähle an sich"? Das heißt: Kommt es auf die verbleibende Funktion der jeweiligen Bauleistung an? Oder: Was ist „wirklich zusätzlich"?

Riedl differenzierte früher danach, ob die Umstellung derartig tiefgreifend sei, dass nach dem technischen und wirtschaftlichen Aufwand oder der Verkehrsanschauung von einer „neuen" Bauleistung auszugehen sei (dann § 2 Nr. 6 VOB/B) oder ob die im Vertrag vorgesehene Leistung in ihren Grundzügen bestehenbleibe, aber im Ergebnis verändert werde.[949] Später hat Riedl die Erläuterungen zu § 2 Nr. 5 VOB/B zwar beibehalten, zu § 2 Nr. 6 und § 2 Nr. 5 VOB/B aber ausgeführt, Änderungen, die einer völligen Umgestaltung gleichkämen, fielen nicht unter Nr. 5.[950]

Nach Daub/Piel/Soergel/Steffani führt die bloße Änderung einer an sich vorgesehenen Leistung nicht zu einer Anwendung von Nr. 6. Es müsse sich um Leistungsteile handeln, die überhaupt nicht Vertragsgegenstand waren, auch nicht in anderer Form. Werde z. B. eine Wand statt in KS-Mauerwerk in Stahlbeton ausgeführt, so liege ein Fall der Nr. 6 vor, wenn Stahlbetonwand, Decken, Unterzüge noch nicht Vertragsbestandteil gewesen seien, anderenfalls dürfte nur eine Änderung gegeben sein.[951]

---

[947] Bauvertragsrecht Rdn. 771.
[948] Ingenstau/Korbion/Keldungs, VOB/B § 2 Nr. 5, Rdn. 8, § 2 Nr. 6, Rdn. 9, ähnlich Schulze-Hagen, Festschrift Soergel, S. 259, 270, 271. Diese inhaltsleeren Formulierungen hat das OLG Nürnberg, NZBau 2000, 518 übernommen.
[949] Heiermann/Riedl/Schwaab, 3. Auflage VOB/B § 2 Rdn. 74, 75.
[950] Heiermann/Riedl/Schwaab, 4. Auflage VOB/B § 2 Rdn. 75, 79 c; in der aktuellen 10. Auflage wird in VOB/B § 2 Rdn. 135 eine Sachabgrenzung für erforderlich gehalten, aber nicht getroffen.
[951] VOB/B Erl. 2.113; auf **diese Differenzierung** kommt es aber gerade nicht an, vgl. oben Rdn. 828; die Position „Unterzüge" hat sich vom Leistungsbeschrieb her überhaupt nicht geändert. Die Mengenmehrung allein wäre ein Fall des § 2 Nr. 6, siehe oben Rdn. 805. Es ist richtig, dass der konkrete Fall nach § 2 Nr. 6 VOB/B zu beurteilen ist (siehe unten Rdn. 838).

Kiesel beschränkt sich lakonisch darauf, § 2 Nr. 5 VOB/B greife ein bei (**etwas**) veränderter Ausführung.[952]

Auch die Unterscheidung, § 2 Nr. 5 VOB/B sei bei Planänderungen vorrangig, greift **nicht**, weil § 2 Nr. 6 VOB/B (auch) **immer** eine Planänderung voraussetzt (s. oben Rdn. 791).

3.2.4.3 Richtiges Abgrenzungskriterium: Unmittelbare analytische Ableitbarkeit des „neuen" Preises aus Bezugspositionen des Vertrags-LV (Nachtragskalkulation im Wege analoger Kostenfortschreibung der Direkten Kosten – Anhaltspunkt Produktionsverfahren)

831 Grundsätzlich ist allen vorgetragenen Überlegungen schon darin zuzustimmen, dass die Unterscheidungsmerkmale **qualitativer** Art sein müssen.
Dabei kann man vorweg **nicht** allein darauf abstellen, ob die Funktion der Leistung erhalten bleibt. Abgesehen davon, dass eine LV-Position nicht zwingend eine Aussage zur Funktion der betreffenden Teilbauleistung enthalten muss, kann man diese Unterscheidung dann nicht mehr verwerten, wenn man die Funktion sehr global definiert. Am Schluss endet das bei: „Ein Bauwerk". Außerdem fehlt gerade durch diese globale Festlegung die entscheidende Anknüpfung an die Preiselemente.

832 Ebensowenig wird man im Normalfall **nicht allein** darauf abstellen können, ob ein Material gegen ein vergleichbares anderes ausgetauscht wird.

833 Man muss vielmehr zur Unterscheidung zwischen, § 2 Nr. 5 und § 2 Nr. 6 VOB/B daran anknüpfen, dass sich die **Grundlagen der Preisermittlung** einer Vertragsleistung infolge der Anordnung bei § 2 Nr. 5 VOB/B (noch) geändert haben müssen. **Solange unter den Vertragsleistungen noch Bezugspositionen zu finden sind, deren Teilleistungen und insbesondere deren Elemente der Angebotskalkulation als sinnvolle Ausgangspunkte für die Nachtragskalkulation und damit für die neue Preisermittlung herangezogen werden können, sofern sich also die Kostenelemente einer modifizierten Leistung in einer „analogen Kostenfortschreibung" aus den Ansätzen der Angebotskalkulation ergeben, solange ist der Bauinhalt (nur) geändert.** Das ist ein **Fall des § 2 Nr. 5 VOB/B:** Bei geänderten Leistungen lässt sich also im Ergebnis jedenfalls theoretisch jederzeit der neue Preis auf der Basis der Angebotskalkulation der unveränderten Leistung ermitteln.

Gibt es dagegen im Vertrags-LV **keine Leistungen**, deren Teilleistungen bzw. insbesondere **deren Elemente der Angebotskalkulation** (mehr oder weniger) noch **unmittelbar als sinnvolle Ausgangspunkte für die Nachtragskalkulation** und damit für die neue Preisermittlung herangezogen werden können, so sind die modifizierten Leistungen nicht als abgeänderte, sondern **als „zusätzliche Leistungen"** nach § 2 Nr. 6 VOB/B zu bewerten.[953]

834 Geänderte Leistungen werden aus den oben aufgeführten Gründen im Regelfall nur innerhalb eines Leistungsbereichs (Gewerks), also innerhalb des Geltungsbereichs einer DIN-Norm aus VOB/C, anfallen.
Eine modifizierte Bauleistung kann nämlich kalkulatorisch zumeist nur dann aus der „bisherigen Bauleistung" fortgeschrieben werden, wenn dieselbe Fachqualifikation (Handwerker-

---

[952] VOB/B § 2 Rdn. 25.
[953] Das **stimmt im Ergebnis mit der Rechtsprechung des Bundesgerichtshofs überein,** vgl. BGH Schäfer/Finnern Z 2.310 Bl. 25.
Zustimmend Kleine-Möller/Merl, Handbuch, § 10 Rdn. 450; Lange, Baugrundrisiko, S. 76, 96 ff.; Englert/Grauvogl/Maurer, Handbuch Baugrund, Rdn. 675; Fink/Klein, in: Freiberger Handbuch § 1, Rdn. 398. Ähnlich auch Oppler, Münchener Prozessformularbuch Privates Baurecht, S. 161.

ausbildung), dieselben Materialgruppen und dieselben Arbeitstechniken vorliegen. Dann können analog bei demselben Lohn pro Arbeitskraft über Richtsätze für gewerkebezogene Zeitverbräuche und über Produktpreise für (Gewerke-)Materialien die Ansätze der Angebotskalkulation übernommen bzw. fortgeschrieben werden. Nur dann kann der neue Preis auf der Basis der Elemente der Angebotskalkulation durch analoge Kostenfortschreibung ermittelt werden. Das heißt nicht, dass modifizierte Leistungen innerhalb eines Gewerkes selbst immer nur geänderte Leistungen sein können, denn natürlich gibt es auch „neue" – also zusätzliche – Leistungen oder modifizierte Leistungen, bei denen sich das Produktionsverfahren so grundlegend ändert, dass sie als „zusätzliche Leistung" qualifiziert werden müssen.[954]

Bei zusätzlichen Leistungen gibt es im Regelfall – außer bei der Anordnung zusätzlicher Mengen schon beauftragter Teilleistungen – keine unmittelbare Bezugsposition mit entsprechenden Bezugspunkten für die Leistungsfortschreibung. Dennoch ist es methodisch unzulässig, ohne weiteres nur die (neuen) Ist-Kosten (faktischer Kostenanfall) der zusätzlichen Leistung als Basis der neuen Vergütung zu verwenden.[955] Ganz abgesehen davon, dass auch die Grundlagen für die Ist-Kostenfeststellung nicht immer vorliegen, besteht die Gefahr unnötiger Kostenaufbauschung (z.B. durch Einsatz schwacher Kolonnen, durch Wahl ungeeigneter Verfahren). Außerdem sind bei der Ist-Kostenerfassung Manipulationen nicht auszuschließen (z.B. durch Absprachen mit Lieferanten, durch innerbetriebliche Verrechnungen und Stundenschreibungen). Zudem kommt es ohnehin zur Ermittlung einer neuen Vergütung **immer nur** auf die Fortschreibung der **Kosten** der Vertragsleistungen für die Bewertung der nachträglich angeordneten Leistungen an. Es ist das Kosten- und Preis**niveau** des Vertrages fortzuschreiben.

Selbstverständlich ist es **nicht möglich,** zur **Abgrenzung zwischen § 2 Nr. 5 und § 2 Nr. 6 VOB/B** abstrakt eine Aussage zu treffen, die jeden Einzelfall a priori klärt. Eine Abwägung, inwieweit die alten Kalkulationselemente noch praktisch verwendbare Hilfen zur Ermittlung des neuen Preises bieten, bleibt unumgänglich. 835

Als Anhaltspunkt bietet sich nach alledem stets folgende Fragekette über die Entsprechung der Produktion der alten und neuen Leistung an:[956] 836

1. Gehört die modifizierte Leistung in den (oder einen) Leistungsbereich (Gewerk) der Vertragsleistungen?
2. Wenn ja, gibt es eine Bezugsleistung?
3. Wenn ja, können Kalkulationselemente der Angebotskalkulation der Bezugsleistung analog fortgeschrieben werden?

Wenn ja, so handelt es sich um eine geänderte Leistung im Sinne von § 2 Nr. 5 VOB/B; wenn nein, so liegt eine zusätzliche Leistung im Sinne von § 2 Nr. 6 VOB/B vor.

Beispiel: 837
Ist eine Kalksandsteinmauer als Vertragsleistung vereinbart worden, so gehört diese Leistung zum Leistungsbereich Mauerarbeiten (VOB/C, DIN 18 330). Wird auftraggeberseitig an ihrer Stelle eine Betonwand angeordnet, so handelt es sich um eine Leistung des Leistungsbereiches Betonbauarbeiten (VOB/C, DIN 18 331). Im Einzelnen zeigt sich der Unterschied

---

[954] Letzteres übersieht Zielemann, Vergütung, Rdn. 236; im Grundsatz besteht aber Übereinstimmung.
[955] Dass es auch für zusätzliche Leistungen plausible, aber eben nicht unmittelbare Bezugspunkte in der Angebotskalkulation geben kann und i.d.R. auch gibt, werden wir noch unter Rdn. 1103 ff. besprechen.
[956] Ingenstau/Korbion/Keldungs, VOB/B § 2 Nr. 5 Rdn. 5 erwähnt zutreffend die „zusätzliche Verfahrensleistung".

dadurch, dass im einen Fall ohne besondere Hilfsmittel Maurer Stein auf Stein setzen, im anderen Fall Betonbauer zunächst eine Schalung aufstellen, sie abspannen und dann Beton in diese Schalung – gegebenenfalls nach Bewehrungseinbau – schütten und verdichten.

838 Lässt sich dagegen – z. B. innerhalb eines Leistungsbereichs – trotz eingehender Suche nach geeigneten Bezugsleistungen – **letztlich nicht klären**, ob in der Angebotskalkulation genügend „fortschreibbare Kalkulationselemente" vorliegen, d. h., bleiben **unausräumbare Zweifel**, ob die Leistung § 2 Nr. 5 oder § 2 Nr. 6 VOB/B zuzuordnen ist, überwiegt damit gleichzeitig auch die „Neuheit" der Leistung nicht, dann **ist § 2 Nr. 5 VOB/B anzuwenden.** Im Zweifel also: § 2 Nr. 5 VOB/B.

839 **Nach diesen Kriterien** sind deshalb die **Beispiele** aus Rdn. 827–829 zu entscheiden:
- Die Pfahleinbringung durch Bohren ist gegenüber dem Rammen eine zusätzliche Leistung (und die Leistung „Bohren" ist durch konkludente Teilkündigung entfallen), weil es sich um zwei vollkommen verschiedene Verfahren für die Pfahleinbringung handelt, für die unterschiedliche DIN-Normen gemäß VOB/C maßgebend sind (nämlich einerseits DIN 18 301 und andererseits DIN 18 304).
- Die Betontreppe ist aus demselben Grund eine zusätzliche Leistung gegenüber einer Holztreppe (und die bisherige Leistung „Holztreppe" entfällt durch konkludente Teilkündigung), weil es sich um Arbeiten aus unterschiedlichen Gewerken und DIN-Normen handelt, sofern es nicht nur um das Auswechseln von Holzstufen durch Kunststeinstufen bei Beibehaltung des unveränderten Tragsystems geht.
- Die Betonwand statt der KS-Mauer ist eine Zusatzleistung, die KS-Mauer ist als konkludent gekündigte Teilleistung zu bewerten (zu diesem Beispiel Rdn. 837, 843).

840 Natürlich müssen bei der Berechnung der endgültigen Vergütung die weggefallene Leistung einerseits und die zusätzliche Leistung andererseits berücksichtigt werden. Dieses Problem haben wir aber schon unter Rdn. 826 für den systematisch völlig vergleichbaren Fall behandelt, dass eine eindeutig neue Leistung anstelle einer im Vertrag vorhandenen, völlig andersartigen Leistung angeordnet wird. Die Lösung: Für die gekündigte Teilleistung (z. B. KS-Mauer) ist eigentlich die vertragliche Teilvergütung gemäß § 8 Nr. 1 VOB/B, § 649 BGB zu zahlen, jedoch gekürzt um ersparte Kosten und um Vergütung aus anderweitigem Erwerb. Die Vergütung der zusätzlichen Leistung „Betonwand" ist in diesem Sonderfall „Ersatzleistung" als anderweitiger Erwerb auf die Restvergütung „KS-Mauer" anzurechnen, was (unbeschadet einer Ausgleichsrechnung) praktisch bedeutet, dass die Vergütung für die entfallene Leistung KS-Mauer vollständig wegfällt und nunmehr statt dessen zusätzliche Leistung „Betonwand" vergütet wird.

3.2.4.4 Wann ist der „neue Preis" im Einzelfall analytisch noch ableitbar (= geänderte Leistung), wann ist er nicht mehr ableitbar (= zusätzliche Leistung)?

841 Wir haben gerade festgestellt, dass die ernsthaften **Zweifelsfälle** in der Abgrenzung von § 2 Nr. 5 zu § 2 Nr. 6 VOB/B sich danach entscheiden, ob es sich um Leistungen aus den gleichen Leistungsbereichen handelt, die ähnliche Tätigkeiten umfassen und ob dementsprechend im kostenkalkulatorischen Sinn noch von einer fortschreibenden **Änderung** Direkter Kosten gesprochen werden kann, oder ob die neue Leistung so verschieden ist, dass sie entweder einem ganz anderen Leistungsbereich aus den Vertragsleistungen zuzuordnen ist oder aber zumindest Tätigkeiten umfasst, denen in der vorhandenen Angebotskalkulation keine Bezugspositionen gegenüberstehen, deren Kosten (analog) **fortentwickelt** werden könnten.

Anders ausgedrückt: Lassen sich die in der Angebotskalkulation ausgewiesenen Kostenelemente der Teilleistung einer Bezugsposition **sinnvoll (analog) fortschreiben,** um die kalkulatorischen Kosten der modifizierten Leistung zu finden? **Wenn ja,** dann **geänderte Leistung, wenn nein,** dann **zusätzliche Leistung.**

Einige Klarstellungen:
Diese methodischen Überlegungen dienten **nur** als Entscheidungshilfe zwischen geänderter Leistung oder zusätzlicher Leistung in den wirklich kritischen „Übergangsfällen" – noch Änderung, schon nicht mehr Änderung, schon zusätzliche Leistung?
Selbstverständlich gibt es zusätzliche Leistungen, deren Vergütung aus einer **anderen** „Bezugsposition" nicht fortentwickelt werden muss, sondern unverändert übernommen werden kann. Das beste Beispiel sind die zusätzlichen Leistungen infolge angeordneter Mengenmehrungen – der Preis der „alten Position" wird (unter analoger Anwendung von § 2 Nr. 3 VOB/B) unverändert übernommen. Aber das ist hier nicht unser Thema.
Sodann: **Alle Fälle modifizierter Vergütung** infolge von Bausoll-Bauist-Abweichung, also § 2 Nr. 5, 6, 8 VOB/B, § 2 Nr. 4 VOB/B, § 8 Nr. 1 VOB/B, im Ergebnis bei Veränderung der Direkten Kosten auch § 2 Nr. 3 VOB/A, werden nach **derselben Methode berechnet. Die Nachtragskalkulation ist – soweit wie überhaupt möglich – die (analoge) Kostenfortschreibung der Angebotskalkulation.** Im Regelfall werden die Direkten Kosten der modifizierten Leistung so durch (analoge) Fortschreibung ermittelt, während die Zuschläge für die Allgemeinen Geschäftskosten, Wagnis und Gewinn im Regelfall unverändert bleiben; dagegen ist für die Deckungsanteile für die Baustellengemeinkosten – zumindest genaugenommen – zu prüfen, inwieweit sie schon anderweitig gedeckt sind und wieviel noch an Deckungsanteile durch die Vergütung der modifizierten Leistung erforderlich ist. Wir behandeln das ausführlich in den Erläuterungen zur eigentlichen Nachtragskalkulation geänderter und zusätzlicher Leistungen unter Rdn. 1000 ff. Hier wollen wir ausschließlich deshalb eine solche analoge Kostenfortschreibung erläutern, um das Unterscheidungsmerkmal zwischen geänderten und zusätzlichen Leistungen deutlich zu machen.
Dazu zwei Beispiele:

Beispiel geänderte Leistung:

842

Die Vertragsleistung beinhaltet Mauerleistungen aus Kalksandstein (VOB/C, DIN 18 330); die Arbeiten erfolgen mit Kranhilfe.

Statt des Steinformats 2 DF (DF = Dünnformat) ordnet der Auftraggeber Normalformat (NF) an.

Sofern in der Angebotskalkulation für 2-DF-Format 5 Ph/m³ angegeben sind und sofern in einem allgemein zugänglichen Ermittlungssystem, z. B. einer anerkannten Arbeitszeit-Richtwertesammlung[957] (hier: ARH-Tabelle, Tabelle M 6.215 gegliedertes Mauerwerk,

---

[957] Vgl. die Veröffentlichungen von Plümecke u. a., Preisermittlung für Bauarbeiten; Voelcker, Baupreise/Neubau; Fleischmann, Angebotskalkulation mit Richtwerten; ARH-Tabelle Arbeitszeitrichtwerte Hochbau; Hoffmann/Kremer, Zahlentafeln für den Baubetrieb; Simons/Kolbe, Verfahrenstechnik im Ortbetonbau; Meier, Zeitaufwandtafeln für die Kalkulation von Hochbau- und Stahlbetonarbeiten sowie Meier, Zeitaufwandtafeln für die Kalkulation von Straßen- und Tiefbauarbeiten. In diesem Buch wird bei den Beispielen die Sammlung ARH verwendet. Genausogut hätten andere Bezugspunkte gewählt werden können. Es geht nicht darum, welche Richtwertesammlung gewählt wird, sondern darum, dass der Niveauunterschied zwischen den Werten der Richtwertesammlung und den Werten der Kalkulation ermittelt wird. Es ist also unbedingt zu verhindern, dass sich ein Beteiligter jeweils die Werte aus der Sammlung heraussucht, die für ihn das beste Ergebnis erzielen, s. auch Hoffmann, Aufwand und Kosten zeitgemäßer Schalverfahren; Mittag, Aktuelle Baupreise mit Lohnanteilen.

voll vermörtelt, Wanddicke 24 cm) für 2-DF-Format 5,20 Ph/m³ angegeben sind, so kann dort entsprechend für NF (Normalformat) nachgeschlagen und festgestellt werden: 5,95 Ph/m³.

Somit kann folgende **analoge Fortschreibung der Angebotskalkulation** durchgeführt werden:

$$\frac{5,00 \text{ Ph/m}^3}{5,20 \text{ Ph/m}^3} = \frac{\text{Aufwandswert Angebotskalkulation}}{\text{Aufwandswert Richtwertesammlung}} = 0{,}96 = \text{Vertragspreisniveaufaktor}$$

Die kalkulierten Zeitansätze liegen also 4 % unter denen der Richtwertesammlung, d. h., bei gleichbleibendem Stundenlohn liegt das **Lohnkostenniveau** für die vertraglich vereinbarten Mauerarbeiten 4 % unter dem, der sich bei Verwendung der Richtwertsätze ergeben würde. Wenn wir dieses Lohnkostenniveau für die modifizierte Leistung beibehalten wollen, müssen wir den entsprechenden Wert der Richtwertesammlung (5,95 Ph/m³ mit dem **Vertragspreisniveaufaktor** $f_i = 0{,}96$ multiplizieren (Beibehaltung des **Vertragspreisniveaus**).

Damit ergibt sich für NF ein angebotskalkulationsanaloger Lohnstundenbedarf in Höhe von $0{,}96 \cdot 5{,}95$ Ph/m³ = $5{,}71$ Ph/m³.

Entsprechend können die **unterschiedlichen Preise** (Material) für die beiden **Steinformate** aus der ursprünglichen Kalkulation abgeleitet und z. B. auf das Ermittlungssystem eines (oder des vom Auftragnehmer in der Kalkulation angegebenen) Herstellers bzw. Lieferanten wie folgt bezogen werden:

Stoffkosten für Steine 2 DF kalkuliert	100,00 €/m³
Stoffkosten für Steine 2 DF gemäß Preisliste des Herstellers	98,00 €/m³
Stoffkosten für Steine NF gemäß Preisliste des Herstellers	103,00 €/m³

Somit ergeben sich die **neuen Stoffkosten X wie folgt:**

$$\frac{100{,}00 \text{ €/m}^3}{98{,}00 \text{ €/m}^3} = \frac{X \text{ €/m}^3}{103{,}00 \text{ €/m}^3} \qquad X = 105{,}10 \text{ €/m}^3$$

Letztlich kann auch der **unterschiedliche Mörtelbedarf** aus der Gegenüberstellung von 210 l/m³ bei 2 DF bzw. 270 l/m³ bei NF leicht rechnerisch berücksichtigt werden:

Mörtelkosten pro m³ 2 DF:	210 l/m³ · 0,15 €/l =	31,50 €/m³
Mörtelkosten für NF:	270 l/m³ · 0,15 €/l =	40,50 €/m³

Das Verhältnis der Ansätze der Angebotskalkulation zu den Ansätzen allgemein zugänglicher Ermittlungssysteme sind die jeweiligen Vertragspreisniveaufaktoren f_i.

843 **Beispiel zusätzliche Leistung:**

Vertragsleistung ist wiederum KS-Mauerwerk (VOB/C, DIN 18 330). Nunmehr ordnet der Auftraggeber an, dass eine Wand nicht aus Mauerwerk, sondern aus Beton zu erstellen ist (Beispiel aus Rdn. 826, 835), d. h., es ist eine Leistung aus einem anderen Leistungsbereich zu erstellen (VOB/C, DIN 18 331).

Die Erstellung der neu angeordneten Leistung fällt in ein anderes Gewerk (vgl. Rdn. 827, 834).

Somit sind in der Angebotskalkulation keine unmittelbaren Bezugspunkte für die Kalkulation der neu angeordneten Leistung enthalten; eine unmittelbare analoge Kostenfortschreibung ist nicht möglich, da bei der Herstellung der Leistung „Betonwand" keine

Stoffe verwendet werden, die schon beim Mauern benötigt werden, und da ein ganz anderer „Handwerksberuf" mit anderen Zeitaufwandswertvorgaben die Leistung erbringt.

Es ist lediglich möglich, analoge Schlüsse aus den Direkten Kosten der Angebotskalkulation zu ziehen. Dazu ist zunächst wiederum das Vertragspreisniveau – wie oben durchgeführt – zu ermitteln. Sodann ist davon auszugehen, dass ein Bieter in ein und derselben Kalkulation keine Änderungen des Vertragspreisniveaus durchführt. Somit kann davon auch bei Leistungsaustausch zwischen verwandten Gewerken ausgegangen werden und somit bei Beibehaltung des jeweiligen Ermittlungssystems wenigstens eine mittelbare Fortschreibung des Vertragspreisniveaus vorgenommen werden (hierzu mehr unter Rdn. 1000 ff.)
Da die unmittelbare Vergleichbarkeit fehlt, ist die neue Leistung nicht geändert, sondern zusätzlich = § 2 Nr. 6 VOB/B (zur entfallenen Leistung KS-Mauerwerk s. Rdn. 826).

4 Anordnung oder Forderung der neuen Leistung durch den Auftraggeber als Tatbestandsmerkmal des § 2 Nr. 5 und des § 2 Nr. 6 VOB/B

4.1 „Anordnen" (§ 2 Nr. 5 VOB/B) = „Fordern" (§ 2 Nr. 6 VOB/B)?

Bisher haben wir die Sachabgrenzungen von § 2 Nr. 5 und § 2 Nr. 6 VOB/B untereinander behandelt. Es fehlt die Prüfung der Begriffe „Anordnung" des Auftraggebers (§ 2 Nr. 5 VOB/B) und „Forderung" (§ 2 Nr. 6 VOB/B) des Auftraggebers und damit die **Abgrenzung zu anderen Anspruchsgrundlagen, die keine solche Anordnung** voraussetzen, nämlich **§ 2 Nr. 8** und eventuell **§ 2 Nr. 3 VOB/B.**

844

Zwischen der „Anordnung" des Auftraggebers im Sinne von § 1 Nr. 3, § 2 Nr. 5 VOB/B und dem „Fordern" der Leistung im Sinne von § 1 Nr. 4, § 2 Nr. 6 VOB/B gibt es für die nachfolgenden Überlegungen keinen Unterschied.
Nr. 6 verwendet nur deshalb – wie schon in Rdn. 795 erwähnt – sachlich korrekt den Begriff „**Fordern**" statt „Anordnen", weil als Zusatzleistung auch die nicht zur Ausführung der vertraglichen Leistung erforderlichen, also die „anderen Leistungen" gemäß § 1 Nr. 4 Satz 2 VOB/B zu rechnen sind. Das sind die Leistungen, die der Auftragnehmer nicht übernehmen muss, aber übernehmen kann. Diese Leistung kann der Auftraggeber folglich nicht „anordnen", wohl aber „fordern". Übernimmt der Auftragnehmer sie jedoch, ohne vorab ausdrücklich neue Auftragsvereinbarungen (einschließlich **freier Preisvereinbarung**) zu treffen, so ist § 2 Nr. 6 VOB/B anwendbar (vgl. oben Rdn. 795).

Unter dem **Oberbegriff „Anordnung"** des § 2 Nr. 5 VOB/B sind **die Änderungen des Bauentwurfs** nur **ein** Beispielsfall solcher Anordnungen. **Änderung des Bauentwurfs** ist dabei jeder nach Vertragsschluss getätigte **Eingriff** in die zum Vertragszeitpunkt vorliegenden Planunterlagen, der nicht nur zur Konkretisierung (= Präzisierung, vgl. Rdn. 863 ff.), sondern zur Änderung des **Bausolls** führt. „Anordnungen" im Sinne des § 2 Nr. 5 VOB/B sind „eindeutige Befolgung durch den Auftragnehmer heischende Aufforderung des Auftraggebers".[958]

---
[958] BGH „Wasserhaltung I" BauR 1992, 759; BGH Schäfer/Finnern Z 2.414 Bl. 219; BGH BauR 1985, 561.

„Fordern" im Sinne des § 2 Nr. 6 VOB/B ist das inhaltlich eindeutige Verlangen, eine bisher im Vertrag nicht enthaltene Leistung zu erbringen.[959)]

Das zeigt: Es gibt für unsere Fragestellung **keinen sachlichen Unterschied zwischen „Anordnungen" und „Fordern".**
Mit der Anordnung macht der Auftraggeber von seinem Gestaltungsrecht (Rdn. 790, 846) aus § 1 Nr. 3, 4 VOB/B Gebrauch; diese Erklärung ist (selbstverständlich) eine einseitige, empfangsbedürftige Willenserklärung, die ein Dritter für den Auftraggeber nur wirksam im Rahmen einer gesetzlichen oder rechtsgeschäftlichen Vertretungsmacht abgeben kann.[960)]

845 Es versteht sich von selbst, dass Anordnungen des Auftraggebers, die nur Konsequenzen aus der zögerlichen oder mangelhaften Arbeit des Auftragnehmers ziehen, keine Vergütungsansprüche des Auftragnehmers aus § 2 Nr. 5 VOB/B auslösen können. Die Anordnungen i. S. v. § 2 Nr. 5, 6 VOB/B müssen ihre Ursache im Verantwortungsbereich des Auftraggebers haben, sie müssen aus seinem „Risikobereich"[961)] herrühren.
Zur Definition des Risikobereichs müssen dieselben Grundsätze in der Abgrenzung wie bei **§ 6 Nr. 2 a** VOB/B (und **nicht** wie bei § 6 Nr. 6 VOB/B!) gelten; wir dürfen insoweit auf Rdn. 1249 ff. verweisen und lediglich noch ergänzen: Der Bundesgerichtshof vertritt im Zusammenhang mit dem Schadensersatzanspruch aus § 6 Nr. 6 VOB/B die unzutreffende Auffassung, ein Vorunternehmer sei nicht Erfüllungsgehilfe des Auftraggebers (Einzelheiten dazu Rdn. 1366 ff.). Das gilt aber nur für den Schadensersatzanspruch. Der Bundesgerichtshof hat selbst ausdrücklich bestätigt, dass „Vertretenmüssen" im Sinne von **§ 6 Nr. 2 a** VOB/B a.F. korrigierend zu verstehen sei als „aus der Sphäre des Auftraggebers herrührend".[962)] Dass Verspätungen der Vorunternehmerleistung in diesem Sinne aus dem Risikobereich des Auftraggebers herrühren, ist schlechterdings nicht zu bestreiten.
Also sind alle **zeitlichen Anordnungen,** die der Auftraggeber als **Konsequenz verspäteter Vorunternehmerleistung** trifft, dem Nach-Auftragnehmer gegenüber „aus dem Risikobereich des Auftraggebers herrührend"; sie begründen deshalb als „sonstige Anordnung" **Vergütungsansprüche aus § 2 Nr. 5 VOB/B** wegen Änderung der Bauumstände.[963)]

Deshalb sind auch verspätete **„Freigaben"** des Auftraggebers für den **Arbeitsbeginn** des Auftragnehmers, die auf **verspätete Vorunternehmerleistungen** zurückgehen, zeitliche Anordnungen, zuzurechnen dem Auftraggeber und mit der Vergütungsfolge aus § 2 Nr. 5 VOB/B.

[959)] Auch **einverständliche** Regelungen können als „Anordnung" bzw. „Fordern" gewertet werden, s. Rdn. 1161.
[960)] BGH NZBau 2004, 207. Zur **Vertretungsmacht** näher Rdn. 892 ff.
[961)] Einzelheiten oben Rdn. 704, 705.
[962)] BGH BauR 1990, 210, 211, vgl. aber auch Rdn. 1369.
Das Thema ist jetzt durch die Änderung von § 6 Nr. 2 a VOB/B Fassung 2000 nicht mehr aktuell.
[963)] Näher oben Rdn. 800. Ergänzend: Nicklisch/Weick, VOB/B § 2 Rdn. 61; Einf. §§ 4–13, Rdn. 53; Staudinger/Peters, BGB § 632, Rdn. 66, 67; Marbach, Seminar-Nachträge, S. 38 ff., 65; Vygen, Festschrift Locher, S. 263, 273, 275, 276, 277; im Ergebnis ebenso Kraus, BauR 1986, 17, 19, 20, der allerdings jede Eingrenzung nach dem Verantwortungsbereich des Auftraggebers ablehnt; unzutreffend Weyers, BauR 1990, 138, 144.

4.2 Die „Befolgung heischende Aufforderung" als Ausübung eines Gestaltungsrechts; die Anordnung unter Leugnung der Bausoll-Bauist-Abweichung

Die Rechtsfolgen des § 2 Nr. 5 und Nr. 6 VOB/B, d. h. die Ansprüche auf zusätzliche Vergütung, können nur dann entstehen, wenn der Auftraggeber **klar und eindeutig Änderungen oder Zusatzleistungen verlangt**,[964] was konkludente oder stillschweigende Aufforderungen nicht ausschließt (siehe dazu nachfolgend Rdn. 861 ff.); es genügt also, wenn der Inhalt eines auf die Baustelle kommenden Ausführungsplans Leistungen enthält, die von den Leistungen abweichen, die bei Vertragsschluss als Bausoll formuliert oder erkennbar waren. Unverbindliche Anregungen, bloße Überlegungen oder Erörterungen, technische Diskussionen und dergleichen reichen nicht aus, die Anordnung muss „Befolgung heischend sein".[965]

846

Es kommt **nicht** darauf an, ob der Auftraggeber das Bausoll durch seine Anordnung ändern **will**; auch wenn er ausdrücklich den Charakter als „Änderungsanordnung" leugnet, löst die Anordnung bei Abweichung vom Bausoll den Mehrvergütungsanspruch aus.[966]

Ebenso scheiden alle Hinweise, Anordnungen oder dergleichen aus, die der Auftraggeber entweder nach den konkreten Vertragsregelungen oder allgemein nach der VOB/B geben darf, beispielsweise nach § 4 Nr. 1 Abs. 2, § 5 Nr. 3 oder § 4 Nr. 7 VOB/B, weil der Auftraggeber mit solchen Hinweisen nur Vertragsrechte ausübt, aber weder Bauinhalt noch Bauumstände ändert oder ergänzt (vgl. Rdn. 848).

847

4.3 Der bloße Hinweis an den Auftragnehmer auf das Bausoll; „überflüssige" Anordnungen des Auftraggebers

Wenn der Auftraggeber Anordnungen trifft, die zu **„Erschwernissen" führen** oder aber Erschwernisse indirekt verursachen, ist immer genau zu prüfen, ob der Auftraggeber nur Pflichten beim Namen nennt oder festlegt, die ohnehin Vertragspflicht des Auftragnehmers sind (siehe auch Rdn. 847). Einfachstes **Beispiel** ist, dass der Auftraggeber eine nach VOB/C Abschnitt 4 nicht gesondert vergütungspflichtige Nebenleistung verlangt, z. B. das Vorhalten der Gerüste sowie die Abdeckung und Umwehrung von Öffnungen zum Mitbenutzen durch andere Unternehmer bis zu drei Wochen über die eigene Benutzungsdauer hinaus; dies schuldet ein Auftragnehmer für Mauerarbeiten gemäß DIN 18 330 Abschnitt 4.1.3 ohne gesonderte Vergütung.

848

Insofern ist noch einmal zu erinnern: Anordnungen des Auftraggebers führen nur dann zu Vergütungsansprüchen, wenn sie zu Veränderungen führen, die sich **außerhalb** des Bausolls bewegen. Solange das – durch Auslegung ermittelte – Bausoll des Vertragsabschlusszeitpunktes **unverändert bleibt,** führen spätere auftraggeberseitige „Anordnungen" na-

---

[964] Obwohl die „Änderungen des Bauentwurfs" nur in § 2 Nr. 5 VOB/B genannt sind, können solche Planungsänderungen natürlich auch zu Zusatzleistungen im Sinne von § 2 Nr. 6 VOB/B führen, jedes „Fordern" im Sinne von § 2 Nr. 6 VOB/B setzt sogar denknotwendig eine Planänderung bzw. Planergänzung voraus (näher oben Rdn. 804).
[965] BGH „Wasserhaltung I" BauR 1992, 759.
[966] Einzelheiten dazu Band 2, Rdn. 1014, 1015, Rdn. 1088, 1089 sowie ergänzend in diesem Band Rdn. 861. Wie hier i. E. Putzier, Der unerwartete Mehraufwand, S. 125. Sie dazu auch Kaufmann, BauR 2005, 1806, 1811.
Zum umgekehrten Fall (Auftraggeber ordnet „Änderung" an, sie ist aber schon Inhalt des Bausolls) siehe Rdn. 847.

türlich nicht zu Vergütungsansprüchen. Sie sind dann nur Hinweise auf das ohnehin geschuldete Bausoll (vgl. § 4 Nr. 1 Abs. 3 VOB/B, Rdn. 1187 ff.), keine Änderungs- oder Zusatzanordnung gemäß § 2 Nr. 5 oder 6 VOB/B.[967] **Die Bedeutung der konkreten Ermittlung des Bausolls, gerade im Zusammenhang mit Baugrund-„Erschwernissen", haben wir oben schon im Einzelnen behandelt (Rdn. 707 ff.).** Wir wiederholen insoweit nur, dass es für beide Vertragsseiten von größter Bedeutung ist, die Unterlagen, die das Bausoll wiedergeben (Sollgegebenheiten), stets als Ausgangspunkt für Bausoll-Bauist-Gegenüberstellungen mit den Ausführungsunterlagen (Istgegebenheiten) zur Verfügung zu haben; **nur durch Gegenüberstellung** von Soll- und Ist-Unterlagen lässt sich überprüfen, ob geänderte oder zusätzliche Leistungen vorliegen.

„Erschwernisse", die von Anfang an zum Bausoll gehören, können schon deshalb keine Vergütungsansprüche auslösen, weil nichts geändert oder ergänzt ist.

Trifft der Auftraggeber „Anordnungen", stellt sich aber später (z.B. erst bei der Abrechnung) heraus, dass z.B. die scheinbar zusätzliche Leistung doch **schon** vom ursprünglichen **Bausoll** umfasst war, so besteht **keine Vergütungspflicht**.[968]

4.4 Anordnung geänderter oder zusätzlicher Leistungen durch Wahl bei Wahlpositionen (= Alternativpositionen) oder Auswahlpositionen (Auftraggeber) – („Sonderfarben"); Auswahlrecht des Auftragnehmers

849 Unter § 2 Nr. 5 bzw. § 2 Nr. 6 VOB/B fällt **nicht**, dass der Auftraggeber von einem ihm vertraglich eingeräumten echten **Wahlrecht** Gebrauch macht. Der Auftraggeber ordnet in diesem Fall keine Änderung an, sondern übt nur ein im vorhinein schon vertraglich festgelegtes Recht aus – die dazu „gewählte" Leistung ist Bausoll.
Dabei kommen mehrere Möglichkeiten in Betracht:

a) Der Auftraggeber hat **Alternativpositionen (= Wahlpositionen)** ausgeschrieben. Dann hat er eine **Entweder/Oder-Wahl**, nämlich zwischen Grundposition oder Alternativposition. Es stehen somit zwei definierte Bausoll-Möglichkeiten zur Wahl, eine wird durch die Wahl Bausoll. In der Terminologie des BGB ist das gemäß § 262 BGB ein Wahlschuldverhältnis. Einzelheiten haben wir schon unter Rdn. 569 ff. besprochen. Sowohl die Wahl der Grundposition wie die der Alternativposition bewegt sich **innerhalb** des Bausolls. Ansprüche aus § 2 Nr. 5 und § 2 Nr. 6 VOB/B scheitern also schon daran, dass die „Anordnung" des Auftraggebers (die Ausübung der Wahl) sich innerhalb des Bausolls bewegt, so dass die Anordnung keiner weiteren Überprüfung bedarf.

850 b) Der Auftraggeber hat eine **Auswahlposition** ausgeschrieben, z. B. wie im BGH-Fall „Sonderfarben": **„Farbton nach Wahl des Auftraggebers."** Dann gibt es nur eine Position mit einem Preis, aber ein noch im Detail **unbestimmtes** Bausoll – der Auftraggeber kann aus vielen Möglichkeiten wählen, erst durch seine Wahl wird das Bausoll abschließend **bestimmt**. In der Terminologie des BGB hat der Auftraggeber gemäß § 315 BGB ein Leistungsbestimmungsrecht. Die Wahl führt **nicht zu einer geänderten oder zusätzlichen Leistung**, weil die Wahl erst das Bausoll im Detail inhaltlich festlegt.

---

[967] Ausführlich dazu Band 2, Rdn. 1089 ff., in diesem Band auch Rdn. 945 ff. Unrichtig KG BauR 2005, 723.

[968] BGH NZBau 2005, 453; OLG Celle, BauR 2005, 5; OLG Dresden BauR 1999, 1454, allerdings ohne Problemerkenntnis. Unsere Aussage betrifft nur den Fall, dass der Auftraggeber eine Anordnung getroffen hat, **ohne** dass sich die Parteien besonders geeinigt haben. Zur Wirksamkeit oder Anfechtbarkeit einer in einem solchen Fall getroffenen Nachtrags**vereinbarung** näher Rdn. 945, 946.

Aber: Der Auftraggeber kann jedoch **nicht vergütungsneutral jede beliebige** Wahl treffen – er kann nur aus einer „im Rahmen der gewerblichen Verkehrssitte" (§ 2 Nr. 1 VOB/B) zu definierenden **Bandbreite** von Wahlmöglichkeiten wählen; **überschreitet** er diese Grenzen, so bewegt sich die Wahl dann im Bereich der Bausoll-Bauist-**Abweichung** und führt deshalb gemäß § 1 Nr. 3, § 2 Nr. 5 VOB/B zur geänderten Leistung und damit zur geänderten Vergütung.

Die Bandbreite, innerhalb derer der Auftraggeber Bausoll-kongruent wählen darf, wird definiert

a) durch gemäß **Empfängerhorizont** der Bieter zu bestimmende Feststellung, was **noch** im Rahmen der **gewerblichen Verkehrssitte** als „zu erwartende Wahlmöglichkeit" anzusehen ist,

b) unabhängig und zusätzlich davon durch eine äußerste Grenze, dass die Wahl nämlich nicht „unbillig" im Sinne von § 315 BGB sein darf.

a) Was gemäß **Empfängerhorizont** des Bieters im Rahmen der gewerblichen Verkehrssitte als zu erwartende Bandbreite von Wahlmöglichkeiten anzusehen ist, ist durch Auslegung der Gesamtheit der Vertragsunterlagen („Totalität", vgl. Rdn. 178) zu ermitteln. Demonstriert am Fall „Sonderfarben"[969]: Der Auftraggeber wählt bei ca. 1300 Schichtstofftüren als „Farbton nach Wahl des Auftraggebers" 6 verschiedene Sonderfarben, die nirgends „definiert sind", die in keiner RAL-Karte und in keinem Lieferprogramm eines Schichtstoffplattenherstellers zu finden sind und für die jetzt spezielle Farbpapiere gedruckt werden müssen, die nur in Mindestpartien hergestellt werden. Dies führt zu einer Vervielfachung des Preises gegenüber Farben gemäß RAL-Palette.

851

Die Vorfrage dieses Falles war, ob der Auftraggeber nur **einen** Farbton als Bausoll wählen durfte oder ob er mehrere Farbtöne wählen durfte. Der Bundesgerichtshof hat diese Vorfrage nicht behandelt; aus dem Singular „Farbton" folgert, dass für den Auftraggeber – wie erörtert –[970] nur die Wahl eines Farbtons als Bausoll möglich war. Farben sind allein schon Soll-Ist-Abweichung.

Die Hauptfrage ist: **Welche** Farbe (oder welche Farben) darf der Auftraggeber wählen – RAL-Farbkarte(n), Farbkarte(n) der Schichtstoffplattenhersteller oder jeden beliebigen, gesondert nach Vorgabe zu „mischenden" Farbton?

Das OLG Köln hatte schon in seinem ersten Urteil entschieden, ein Bewerber habe dieser Leistungsbeschreibung kein Recht des Auftraggebers zur Wahl **nicht marktgängiger Farben** entnehmen können. Es sei nicht damit zu rechnen gewesen, dass der Auftraggeber gegebenenfalls **Sonder**farben wählen wolle.[971]

Der Bundesgerichtshof hat demgegenüber in der ersten Entscheidung „Sonderfarben" prinzipiell eine „unbegrenzte" Wahlmöglichkeit des Auftraggebers bejaht. Eine Auslegung, die diesen unbegrenzten Spielraum einenge, bedürfe der Rechtfertigung. Der Bundesgerichtshof hat die Überlegungen des OLG Köln nicht als ausreichende „Rechtfertigung" angesehen, demzufolge das erste Urteil des OLG Köln aufgehoben und den Rechtsstreit zur weiteren Sachaufklärung zurückverwiesen.

Vorab: Selbstverständlich musste jeder Bieter bei der allgemeinen Formulierung „nach Wahl des Auftraggebers" auch eine **nicht alltägliche Wahl** einkalkulieren. In einem früheren BGH-Fall hatte ein Bieter deshalb zu Recht mit dem Argument verloren, der Auf-

852

---

[969] BGH BauR 1993, 595 und BauR 1998, 1098 mit Anm. Kapellmann.
[970] Dazu ausführlich oben Rdn. 165, 184.
[971] Urteil vom 28. 4. 1992, 20 U 259/90, Vorinstanz zur ersten Entscheidung BGH „Sonderfarben" BauR 1993, 595.

traggeber habe sich aus einer RAL-Farbkarte ausgerechnet den teuersten „Grün"-Ton ausgesucht.[972]

853 Aber die **erste Grenze** des Auswahlspielraums ist schon: Der „durchschnittliche" Bieter darf damit rechnen, dass sich auch der Auftraggeber „durchschnittlich" verhält, d. h., dass der Auftraggeber dem Bieter nicht unerklärt, verkappt ein **ungewöhnliches Wagnis** auferlegt, das für den Bieter nicht erkennbar ist und das sich völlig außerhalb jedes „nach gewerblicher Verkehrssitte" Üblichen bewegt; der Gesichtspunkt des Verbots des ungewöhnlichen Wagnisses macht das für den öffentlichen Auftraggeber ohnehin selbstverständlich.[973] Deshalb darf jeder Bieter bei Fehlen weitergehender Angaben damit rechnen, dass ein Auftraggeber nur aus industriellem **Standard** wählen wird, z. B. aus der äußerst umfangreichen RAL-Karte oder (bei Schichtstoffplatten) – falls weitergehend – aus der Palette angebotener Farben der Schichtstoffplattenhersteller. **Kein** Bieter muss damit rechnen, dass er die Farbe „selbst anrühren muss".

Das OLG Köln hatte deshalb schon in der ersten Entscheidung richtig entschieden.[974]

Das OLG Köln hatte seine Entscheidung mit dem ebenfalls richtigen zusätzlichen Argument untermauert (dazu schon oben Rdn. 230), gemäß **Unklarheitenregel** gingen Zweifel gemäß § 307 BGB zu Lasten des Auftraggebers.

854 Darüber hinaus begeht der Bundesgerichtshof in den Gründen der ersten Entscheidung eine revisionsgerichtliche „Sünde":
Der Bundesgerichtshof führt nämlich aus, das Oberlandesgericht habe übersehen, dass die durch die Sonderfarbe bedingten Mehrkosten eine Frage der Betriebsgröße der Bieter seien, d. h., der **anderweitigen** internen Absatzmöglichkeit der übrigbleibenden Dispositionsmenge der Sonderfarbpapiere; das betreffe folglich nicht alle Bieter gleichmäßig.
Die Annahme des BGH, große Bieter hätten dieses Problem nicht gehabt – sie hätten also Absatzmöglichkeiten für Sonderfarbpapiere gehabt –, hat in dem zu entscheidenden Sachverhalt aber gar keine Stütze, sie ist aus dem Schein-Alltagswissen geschöpft. Noch genauer: Der Bieter und Kläger des konkreten Falles hatte vorgetragen und unter Beweis gestellt, dass solche „Sonderfarben" in ihrer Überschuß-Farbpapier-Menge für **jeden** Bieter in Deutschland unabsetzbar gewesen seien. Und ergänzend: Der konkrete Bieter gehörte zu den 4 oder 5 mit weitem Abstand führenden Unternehmen des betreffenden Marktsegments und ist einer der Marktführer.
Derartige Urteilserwägungen waren wohl beim Bundesgerichtshof von dem verständlichen Gedanken getragen, abstrakte „Maßstäbe" zu vermitteln, aber im entschiedenen Fall waren sie contra facta und revisionsrechtlich unzulässig.

855 Noch kritischer ist das damalige Argument des Bundesgerichtshofs zu sehen, der „**architektonische Anspruch**" des Gebäudes könne für das Bieterverständnis, den „Empfängerhorizont", im konkreten Fall von Belang sein, also „Sonderfarben" einschließen. Dieses äußerst bedenkliche Argument stammt aus der Entscheidung „Universitätsbibliothek" und war dort schon gänzlich irreführend.[975] In der Entscheidung „Sonderfarben" ist es geradezu verblüffend, nämlich ebenfalls nicht aus dem Tatbestand herzuleiten: Gegenstand des Rechtsstreits war ein – bundesweit bekanntes – Hochhaus von 31 Geschossen, das nach knapp 15 Jahren Lebensdauer „saniert" wird und nicht als architektonische Be-

---

[972] BGH Schäfer/Finnern Z 2.311 Bl. 5.
[973] Dazu oben Rdn. 195, unten Rdn. 754, 855.
[974] Ebenso Beck'scher VOB-Kommentar/Hertwig, Teil A § 9, Rdn. 18; Motzke, BauR 1992, 146, 155; Daub/Piel/Soergel/Steffani, VOB/A Erl. 9.24 Unterpunkt 4; früher schon BGH Schäfer/Finnern Z 2.311 Bl. 5. Zum **Standard**argument auch oben Rdn. 128 mit Fn. 136.
[975] BGH BauR 1987, 683 (siehe Fn. 199).

sonderheit herausgehoben worden ist. Unter äußersten Umständen ist der „Zuschnitt" eines Gebäudes im besonderen Einzelfall vielleicht ein wenn auch sehr untergeordnetes Auslegungskriterium, aber die Leistungsbeschreibung hat „eindeutig und erschöpfend" (§ 9 Nr. 1 VOB/A) die Leistung zu beschreiben und in der Leistungsbeschreibung die Schlussfolgerung aus diesem „Zuschnitt" des Gebäudes in Text oder Plan so zu ziehen, dass alle Bieter sicher und gleich den Leistungsinhalt beurteilen können. **Es ist nicht Aufgabe des Bieters, aus unbestimmbaren, wolkigen Oberbegriffen im Einzelfall völlig unbestimmbare Schlussfolgerungen** abzuleiten, nur deshalb, um Ausschreibungsmängel des Auftraggebers zu vertuschen. Dem Auftraggeber des Funkhauses stand es frei, z. B. auszuschreiben: „Farbtöne nach Wahl des Auftraggebers, bis zu 6 Farben möglich; die Wahl kann auch Farben außerhalb der RAL-Farbkarte und der Farbpalette der Schichtstoffplattenhersteller umfassen."

Der Bundesgerichtshof hat das unglückselige Argument der „Besonderheit des Bauwerks" leider bis in die jüngste Zeit beibehalten,[976] es ist dadurch aber nicht richtiger geworden.

Das Oberlandesgericht Köln hat in seinem zweiten Urteil nach Zurückverweisung diese Argumente ausdrücklich bestätigt, der Bundesgerichtshof hat sie in der zweiten (Nichtannahme-)Entscheidung mindestens im Ergebnis akzeptiert.[977]

Vor allem ist die erste Entscheidung „Sonderfarben" mit der ausgezeichneten, etwa ein Jahr jüngeren Entscheidung des Bundesgerichtshofs **„Wasserhaltung II" unvereinbar.** Der Auftraggeber war bei „Sonderfarben" eine öffentlich-rechtliche Rundfunkanstalt, die die VOB/A anwendet. In der Entscheidung „Wasserhaltung II" hat der Bundesgerichtshof zutreffend entschieden, dass es beim öffentlichen Auftraggeber schon **Inhalt** der Leistungsbeschreibung sei, dass das Verbot des § 9 Abs. 2 VOB/A berücksichtigt sei, dass also die Leistungsbeschreibung so zu verstehen sei, dass dem Bieter kein ungewöhnliches Wagnis auferlegt werde. **„Ungewöhnliche Wagnisse"** sind also, sofern sie sich realisieren, **Bausoll-Bauist-Abweichung** und begründen bei entsprechender Anordnung des Auftraggebers Ansprüche aus § 2 Nr. 5 oder Nr. 6 VOB/B, ohne Anordnung aus § 2 Nr. 8 VOB/B. Der Bundesgerichtshof hat diese Rechtsprechung in der Entscheidung „Auflockerungsfaktor" vertieft und bestätigt.[978]

Ein außergewöhnlicheres Wagnis als die Wahl „in Sonderfertigung" zu produzierender Farbpapiere kann es für „Schichtstofftüren" kaum geben.

Im konkreten Fall kam noch hinzu, dass die Rundfunkanstalt schon im Ausschreibungsverfahren einen „Farbberater" als Sonderfachmann eingeschaltet hatte. Die planerische Schlamperei, dann in der Leistungsbeschreibung den vom Farbberater eingebrachten Wunsch zu vergessen, dass auch Sonderfarben außerhalb der RAL-Farbkarte gewählt werden können, kann nicht zu Lasten des Auftragnehmers gehen.

Die erste Entscheidung des Bundesgerichtshofs „Sonderfarben" ist deshalb unzutreffend. Nach Zurückweisung hat das Oberlandesgericht Köln ein Sachverständigengutachten zum „Empfängerhorizont beteiligter Bieter" hinsichtlich der „gewerbeüblichen Wahlbreite" eingeholt. Der Sachverständige hat die u. E. selbstverständliche Tatsache bestätigt, dass Bieter nur mit der Wahl von RAL-Tönen oder industriellen Farbstandards rechnen. Daraufhin hat das Oberlandesgericht Köln zutreffend erneut den Mehrvergütungsanspruch des Auftragnehmers bestätigt, der Auftragnehmer hat also den Sonderfarben-Fall

---

[976] BGH „Konsolträgergerüste" NZBau 2003, 324; BGH „Nassbaggerarbeiten" NZBau 2002, 500. Zum Ganzen ausführlich Kapellmann, NJW 2005, 182; siehe weiter oben Rdn. 216, unten Rdn. 885.

[977] BauR 1998, 1096 mit Anm. Kapellmann.

[978] BGH „Wasserhaltung II" BauR 1994, 236; BGH „Auflockerungsfaktor" BauR 1997, 466; **Einzelheiten** oben Rdn. 195, 754.

wieder in voller Höhe gewonnen, die dagegen erneut eingelegte Revision (!) hat der Bundesgerichtshof in der zweiten „Sonderfarben"-Entscheidung nicht angenommen.[979]

858 b) Die **zweite Grenze** des **Auswahlspielraums** ist, dass der Auftraggeber jedenfalls eine Wahl „billig" (§ 315 BGB) treffen muss. Das hat auch der Bundesgerichtshof schon in der ersten Entscheidung „Sonderfarben" ausdrücklich und zutreffend bestätigt;[980] das OLG hatte diese Frage aber nicht geprüft, weil es ja ohnehin schon von einer Bausoll-Bauist-Abweichung ausgegangen war und den Vergütungsanspruch auch ohne Billigkeitsüberlegung schon bejaht hatte.

Billig ist, was „unter Beachtung der Interessenlage beider Parteien unter Heranziehung des in vergleichbaren Fällen Üblichen" gilt. Wir haben alle mit einer solchen Billigkeitsgrenze zusammenhängenden Fragen in Band 2, Rdn. 670-676 ausführlich erörtert und verweisen darauf.

Für den Fall „Sonderfarben" gibt es keinen Zweifel, dass die Wahl des Auftraggebers außerhalb der Billigkeit lag.

859 Es gibt auch Fallgestaltungen, in denen das **Auswahlrecht** vertraglich dem **Auftragnehmer** eingeräumt ist, z. B. oft in DIN-Normen der VOB/C. Beispiel: „Die Wahl der Verbauart bleibt dem Auftragnehmer überlassen" – so Abschnitt 3.2.1 der DIN 18303.

Hier bestimmt der Auftragnehmer durch seine Wahl das Bausoll. Alle oben genannten Überlegungen gelten jetzt für seine Wahl. Hat er gewählt und verlangt der Auftraggeber doch die andere Variante, so ist die Änderungsanordnung des Auftraggebers mit Vergütungsfolge nach § 2 Nr. 5 VOB/B.[981]

4.5 Anordnung abweichend von der Durchschnittsverteilung bei Mischpositionen?

860 Bei allgemeinen „Mischpositionen" darf der Bieter grundsätzlich davon ausgehen, dass der Auftraggeber bei der Leistungsbeschreibung **§ 9 Nr. 9 Satz 1 und Satz 2 VOB/B** beachtet hat, dass also von den mehreren in einer Position zusammengefaßten Leistungen alle bis auf eine nur in kleiner Menge vorkommen und auf die Bildung des Durchschnittspreises ohne nennenswerten Einfluss sind oder dass alle in der Mischposition zusammengefassten Leistungen praktisch gleiche Kosten pro Positionseinheit verursachen.
Letztlich bedeutet das, dass die Bieter bei Mischpositionen davon ausgehen dürfen, dass eben kein „Durchschnittspreis" rechnerisch ermittelt zu werden braucht, sondern, dass der **eine** Einheitspreis der maßgebenden Leistung bzw. der gleich teuren Leistungen als „Durchschnittspreis" der Mischpositionen angesetzt werden kann. Der Bieter braucht nicht damit zu rechnen, dass spezielle Einzelleistungen mengenmäßig in der Ausführung der gesamten Position einen nennenswerten Anteil haben oder gar das Schwergewicht

---

[979] Siehe Fn. 977.
[980] BauR 1993, 595; der Bundesgerichtshof konnte sich in diesem Urteil mit der „Billigkeit" der Wahl nicht beschäftigen, weil er dem Oberlandesgericht die Gelegenheit geben musste, Tatsachenfeststellungen dazu gegebenenfalls selbst nachzuholen.
[981] Beispiele: Oben Rdn. 745 und OLG Düsseldorf IBR 1999, 359 sowie VOB-Stelle Niedersachsen, Fall 1150, IBR 1998, 246 mit Kurzanm. Dähne.

bilden.[982] Abweichungen davon in der Ausführungsphase führen zu Ansprüchen aus § 2 Nr. 5 VOB/B bzw. § 2 Nr. 8 VOB/B.

Da Mischpositionen von Natur aus – zumindest latent – unklar sind,[983] darf ein Bieter auch bei Leistungsbeschreibungen gemäß VOB/A in einem Anschreiben Angaben dazu machen, von welchem Anteil der jeweiligen Leistung er maximal ausgeht. Dadurch erreicht er bei Annahme (Zuschlag) eine Einengung des Bausolls; dadurch ergibt sich die klare Möglichkeit, Bausoll-Bauist-Abweichungen festzustellen, die dann bei entsprechender Anordnung zu Ansprüchen aus § 2 Nr. 5 bzw. § 2 Nr. 6, ohne Anordnung zu Ansprüchen aus § 2 Nr. 8 VOB/B führen.[984]

Sofern also z. B. in **einer Position mehrere Bodenklassen** zusammengefaßt sind, kann der Bieter im Anschreiben mitteilen, welche Bodenverteilung er kalkuliert hat. Das gilt auch für den Fall, dass statt der Mengenanteile der Bodenklassen nur ein Bodengutachten den Bietern vorliegt.

Den speziellen Fall der Nachtragskalkulation bei einer Mischposition, die auftragnehmerseitig zu verantwortende (und deshalb fortzuführende) Kalkulationsfehler enthält, erwähnen wir unter Rdn. 1032, 1033.

4.6 Die ausdrückliche, konkludente oder stillschweigende Anordnung des Auftraggebers

4.6.1 Das ausdrückliche Leistungsverlangen

Der Auftraggeber kann die Aufforderung gegenüber dem Auftragnehmer, eine Leistung zu ändern oder zusätzlich zu erbringen, in den unterschiedlichsten Formen äußern. Der klarste Fall ist der, dass er die entsprechende **Anordnung** ausdrücklich gibt. Dabei ist auch denkbar, dass dem Auftraggeber der Änderungscharakter oder Zusatzcharakter (die Anordnung im Bereich der Bausoll-Bauist-Abweichung) seiner Leistungsanordnung gar **nicht bewusst** ist; darauf kommt es aber nicht an. Das Ankündigungserfordernis bei § 2 Nr. 6 VOB/B dient gerade dazu, dem Auftraggeber jedenfalls für Zusatzarbeiten, die nicht in einer bloßen Mengenmehrung liegen, die „Augen zu öffnen", dass er also Leistungen fordert, die bisher nicht im Vertrag enthalten sind.

861

Ebenso ist es **ausdrückliche Anordnung,** wenn der Auftraggeber die modifizierte Leistung zwar **verlangt,** aber gleichzeitig **erklärt, sie gehöre zum Bausoll** des Auftragnehmers, sei also gar nicht modifiziert und werde deshalb auch nicht vergütet. Es kommt nicht auf die Rechtsbeurteilung und den Zahlungswillen des Auftraggebers an, sondern auf die **bloße Anordnung** (siehe oben Rdn. 846), sei sie **irrtümlich** oder nicht. Hat der Auftraggeber Recht, bekommt der Auftragnehmer natürlich keine Vergütung. Hat der

---

[982] Zutreffend Ingenstau/Korbion/Kratzenberg, VOB/A § 9 Rdn. 105–107; Vygen, BauR 1992, 135; Agh-Ackermann/Kuen, BauR 1991, 542 mit unzutreffendem Hinweis, die Entscheidung BGH BauR 1988, 338 „Frivoler Bieter" laute anders; der BGH erörtert aber dort nur ein **offensichtlich** lückenhaftes LV; da der Bieter hier mit einem „unausgewogenen" Mittelwert gerade nicht rechnen muss, entfällt deshalb auch eine besondere Prüfpflicht = Pflicht zur Rückfrage. Unrichtig OLG Köln IBR 1992, 230 mit ablehnender Anm. Schulze-Hagen.

[983] Sind ausnahmsweise die Größenordnungen der in der Mischposition zusammengefaßten Einzelleistungen klar erkennbar, handelt es sich in Wirklichkeit gar nicht um eine echte Mischposition; der Bieter kann die erkennbaren Anteile ordnungsgemäß kalkulieren, deshalb gibt es auch keine Ansprüche aus § 2 Nr. 5 oder Nr. 8 VOB/B (BGH „Nassbaggerarbeiten" NZBau 2002, 500). Mit der Annahme der Erkennbarkeit muss man äußerst vorsichtig sein, denn warum schreibt der Auftraggeber nicht mehrere Einzelpositionen aus, wenn sie doch klar sind?

[984] Zu dieser Empfehlung im Ausschreibungsstadium s. auch oben Rdn. 266 ff.

Auftraggeber Unrecht, so kann er später nicht mit Erfolg argumentieren, wenn er gewusst hätte, dass er die modifizierte Leistung doch bezahlen müsste, hätte er sie nicht angeordnet; ein solches Verhalten wäre „selbstwidersprüchlich"[985] und unbeachtlich. **Ausdrückliche** Anordnung - sogar schriftliche ausdrückliche Anordnung - ist auch die Vorlage z. B. von **Ausführungsplänen**, die eine geänderte Ausführung oder zusätzliche Leistungen zum Gegenstand haben.[986]

Als ausdrückliches Leistungsverlangen ist es auch zu werten, wenn sich die Parteien auf eine geänderte oder zusätzliche Leistung **einigen**.[987]

4.6.2 Das konkludente Leistungsverlangen – Anordnungen durch die Ausführungsplanung

4.6.2.1 Allgemeine Überlegungen

862 Wie jede Willenserklärung kann auch die Anordnung konkludent erfolgen, d. h. durch schlüssiges Verhalten. Der Auftraggeber braucht nicht ausdrücklich sein Verlangen als „Änderungsanordnung" oder „Aufforderung zur Zusatzleistung" zu deklarieren; es genügt völlig, wenn aus Handlungsumständen der **eindeutige** Wille des Auftraggebers zu schließen ist, dass die Leistung mit einem bestimmten Inhalt oder unter bestimmten Umständen ausgeführt werden soll. Hierhin gehört **auch der Fall**, dass eine ausdrückliche **Änderung für einen Leistungsteil** gleichzeitig bei einer anderen Leistung **zwangsläufig (aber unausgesprochen) zu Änderungen führt.**[988]

Selbstverständlich ist dem Auftragnehmer dringend zu **empfehlen**, in solchen Fällen sich **nicht auf den konkludenten Charakter der Anordnungen einzulassen,** sondern nachzufragen und eine **unzweifelhafte Anordnung zu verlangen,** aber eine derartige Rückfrage ist nicht etwa Anspruchsvoraussetzung (vgl. unten Rdn. 883).

4.6.2.2 Konkretisierungen der Entwurfsplanung durch die Ausführungsplanung keine Bausoll-Bauist-Abweichung

863 In dem Grenzgebiet zwischen ausdrücklicher und konkludenter Anordnung - genauer: in dem Grenzgebiet zwischen augenfälliger ausdrücklicher Anordnung und unauffälliger ausdrücklicher Anordnung - liegen die Standardfälle der baubetrieblichen Praxis, in denen der **Auftraggeber durch die Vorlage der (nachträglichen) Ausführungsplanung des Objektplaners (z. B. des Architekten) oder der Sonderfachleute (z. B. durch Vorlage von Schalplänen, Bewehrungsplänen)** den bisherigen Vertragsinhalt (betrachtet aus der Sicht des Auftragnehmers) gestaltet, ohne dass zunächst er und/oder der Auftragnehmer es überhaupt bemerken.

Wenn der genaue Inhalt eines Ausführungsplans erst während der Bauzeit festgelegt wird, wird dadurch der notwendigerweise nur durch die Entwurfs- (Genehmigungs-) Planung, aber noch nicht im Detail bestimmte Leistungsinhalt konkretisiert. Solange sich die **Ausführungsplanung im Rahmen eines solchen Konkretisierungsprozesses** bewegt, bewirkt sie keine Änderung des Bausolls im rechtlichen Sinne.

---

[985] Protestatio facto contraria – die vom Auftraggeber geäußerte Erklärung, eine Leistung anzuordnen, ohne eine vergütungsträchtige Anordnung getroffen zu haben, wird von der Rechtsordnung als **selbstwidersprüchlich** ignoriert; wer Leistung verlangt, kann nicht Zahlung verweigern (vgl. Palandt/Heinrichs, Einf. vor § 145 Rdn. 27; BGHZ 95, 393, 399). **Einzelheiten** Rdn. 846.

[986] So zutreffend BGH Nichtannahmebeschluss BauR 1998, 874 zu OLG Düsseldorf, ebenda. Siehe auch Band 2, Rdn. 1088, 1119.

[987] Dazu näher Rdn. 1161.

[988] Zutreffend Daub/Piel/Soergel/Steffani, VOB/B Erl. 2.102; Marbach, ZfBR 1989, 2, 3.

Die ausdrückliche, konkludente oder stillschweigende Anordnung   Rdn. 864, 865

Diese **Konkretisierung** der **Ausführungsplanung** ist **abzugrenzen von der konkludent** 864
Änderungen oder **Zusatzleistungen beinhaltenden Ausführungsplanung**, nämlich
von der, die das gemäß Empfängerhorizont des Auftragnehmers ermittelte vertragliche
Bausoll in einer Weise **verändert**, die der Auftragnehmer **nicht voraussehen** (und damit
auch nicht einkalkulieren konnte) – das ist Bausoll-Bauist-Abweichung.
Der von HOAI und VOB angesprochene Regelfall ist der, dass die Leistungsbeschreibung (=Bausoll) erst nach Abschluss der Ausführungsplanung und vor Abschluss des
Bauvertrages formuliert wird; dann gibt es naturgemäß keine Schwierigkeiten bei der Gegenüberstellung einer modifizierten und der ursprünglichen Ausführungsplanung.
Meistens ist es jedoch Praxis, die Leistungsbeschreibung nach Fertigstellung der Entwurfs- (Genehmigungs-) Planung, aber vor Fertigstellung der Ausführungsplanung anzufertigen.
Die „Kunst" besteht darin, das Bausoll für jede einzelne Position in aller Trennschärfe zu
bestimmen. Je „globaler" das konkrete Bausoll im Vertrag definiert wurde, desto weniger
kommen Änderungen oder Zusätze durch Ausführungsplanung überhaupt in Betracht.

Maßstab für die Differenzierung zwischen „**Konkretisierung**" einerseits und „**Abweichung**" andererseits ist, wie schon bei der Abgrenzung von Änderung und Zusatzleistung, was der Auftragnehmer **kalkulativ** bezüglich dieser konkreten Position aus den
Vertragsunterlagen, insbesondere aus der Entwurfs- (Genehmigungs-) Planung **erkennen**
konnte. Oder anders ausgedrückt: auf welcher Grundlage er **berechtigtermaßen kalkulieren durfte**.[989]

Wir dürfen ein früheres Beispiel aufgreifen.[990] 865
Nach Abschnitt. 0.2.5 DIN 18 331 Beton- und Stahlbetonarbeiten sind in der Leistungsbeschreibung „**nach den Erfordernissen des Einzelfalls**" insbesondere anzugeben: Sorten,
Mengen und **Maße** des **Betonstahls**", gemäß Abschnitt 0.2.6 sind Besonderheiten der
Bewehrungsführung aufzugeben.
In der konkreten Ausschreibung für ein Großobjekt weist die Relation zwischen Bewehrungsgewicht und Betonkubatur gemäß den ausgeschriebenen Vordersätzen auf keine besonderen Probleme mit der **Bewehrungskonzentration** hin; ebenso enthalten die Ausschreibungsunterlagen dazu keinerlei Hinweise.
Während der Ausführung stellt sich heraus, dass **besonders hohe Bewehrungskonzentrationen vorliegen** und auch die Vordersätze des Betonstahls erheblich überschritten
werden. Dies hat erhöhte Einbaukosten für den Betonstahl sowie zusätzlich zur Folge,
dass der Beton nicht mit der Korngröße 0–32 mm eingebaut werden kann. Es sind darüber hinaus besondere Hilfsmittel erforderlich, um trotz der hohen Bewehrungskonzentration den Beton überhaupt noch ordnungsgemäß einbauen zu können. So muss z. B.
Betonverflüssiger eingesetzt werden, was wiederum nach DIN 18 331 Abschnitt 0.2.2
hätte ausgeschrieben werden müssen.
Das ist eine Bausoll-Bauist-Abweichung und keine Konkretisierung:
Der Auftragnehmer durfte von „normalen" Bewehrungskonzentrationen mit üblichen
Schwankungsbreiten nach oben und unten ausgehen, weil der Auftraggeber die Ja-Nein
Alternative der „0"-Vorschriften konkludent mit „Nein" beantwortet hatte.[991] Die erheblichen Abweichungen waren nicht erkennbar und nicht kalkulierbar.

---

[989] Siehe dazu näher Rdn. 210, 406, 422.
[990] Siehe oben Rdn. 128 mit Fn. 135, vgl. auch Rdn. 507; zur nachfolgenden Problemlösung wie hier Ingenstau/Korbion/Keldungs, VOB/B § 2 Nr. 5, Rdn. 8 („wesentliche Änderung der im Leistungsverzeichnis bisher festgelegten **Bewehrungsdichte**"). Das Thema wird auch in einem Beispiel zur Erstellung einer Nachtragskalkulation unter Rdn. 1129 erörtert.
[991] Siehe dazu oben Rdn. 127, 196.

Die **Vorlage der einzelnen Schal- und Bewehrungspläne** enthält in diesem Fall also eine **versteckte Änderungsanordnung**,[992] nämlich von „normaler" Bewehrungskonzentration zu „anormaler" Bewehrungskonzentration, die gemäß § 2 Nr. 5 VOB/B entsprechende Ansprüche auf zusätzliche Vergütung rechtfertigt.

866 Dasselbe gilt für den Fall, dass die Ausschreibung keine **Angaben zu Betonstahlmaßen** enthält und die Ausführungsplanung ungewöhnliche Betonstahlmaße (Längen, Verteilung der Durchmesser usw.) ausweist (vgl. Rdn. 128, Fn. 135).

867 Eine typische Frage ist, ob die fortschreitende Verfeinerung von Maßstäben eine Konkretisierung hinsichtlich der Vordersätze (= ausgeschriebene **Mengen**) liefern kann. Beispiel: Aus der Planung 1:200, die Vertragsgegenstand ist, lassen sich naturgemäß nicht genaue Maße und Mengen ziehen. Erst die Ausführungsplanung im Maßstab 1:50 oder größer lässt entsprechende Schlüsse zu.
Das ist aber nur ein Fall von § 2 Nr. 3 VOB/B, nämlich ein Fall nicht angeordneter Mengenveränderung. Die Vertragsmengen werden durch die Vordersätze der Positionen bestimmt; sind die Vordersätze unrichtig, ändert sich aber die Planung als solche nicht, dient § 2 Nr. 3 VOB/B dem notwendigen Ausgleich.

868 Ein anderes Beispiel: Werden dem Bauvertrag Pläne im Maßstab 1:100 zugrunde gelegt und sind darin 50 Stützen gleichen Querschnitts und gleicher Höhe enthalten, kalkuliert der Auftragnehmer, dass er ein und dieselbe Schalung mehrfach verwenden kann. Weist die später erstellte Ausführungsplanung mehrere verschiedene Stützentypen auf, ist das nicht Konkretisierung allein, sondern eine Änderung des – aus der Sicht des Auftragnehmers zu definierenden – Bauentwurfs, daraus folgen Vergütungsansprüche gemäß § 2 Nr. 5 VOB/B.[993]
Auch die Vorlage der Eck- und Rahmenbewehrung beinhaltenden Bewehrungspläne im Falle „Universitätsbibliothek" ist mindestens als konkludente Änderungsanordnung gemäß § 2 Nr. 5 VOB/B anzusehen – siehe oben Rdn. 246.

869 Gelegentlich enthalten Verträge die Regelung, dass die „**Fortschreibung**" der Ausführungsplanung keine Änderung darstelle. Das ist im Sinne unserer Systematik zu verstehen: Eine „Fortschreibung" setzt voraus, dass schon eine Basis, eine „Substanz", vorhanden ist. „Fortschreibung" bedeutet also nur, dass die vorhandene Ausführungsplanung noch nicht vollständig ist oder noch Wahlmöglichkeiten offen lässt. Die „Fortschreibung"

---

[992] Zur „versteckten" **Änderungsanordnung** s. auch unten Rdn. 886, 919.
Beispiel einer versteckten Änderungsanordnung durch Ausführungspläne Stellungnahme VOB-Stelle Sachsen-Anhalt Fall 240, IBR 2000, 312 mit zutr. Kurzanmerkung Maurer.
[993] Das instruktive Beispiel stammt von Vygen/Schubert/Lang, Bauverzögerung Rdn. 170. Vygen wendet ebenfalls § 2 Nr. 5 VOB/B an, meint allerdings, dies sei keine Änderung des Leistungsbeschriebs, führe aber dennoch zu einer Änderung der Preisgrundlage des vereinbarten Einheitspreises. Indes ist diese Änderung der Preisgrundlagen nur deshalb relevant, **weil** sich die Leistungsanforderungen der Pläne auf Veranlassung des Auftraggebers geändert haben. Die Preisermittlungsgrundlagen können sich verändern wie sie wollen, Vergütungsfolgen entstehen daraus nur, **wenn** die Änderung der Preisermittlungsgrundlagen sich **nicht innerhalb** des vorher bei Vertragsschluss definierten **Bausolls** bewegt, sondern eine Bausoll-Bauist-Abweichung vorliegt; dies ist der Fall, da der Leistungsbeschrieb als Text des LV keine Differenzierung der Querschnitte vorsieht und für unterschiedliche Querschnitte keine Anhaltspunkte aus der Gesamtheit der Unterlagen zu entnehmen sind. **Neue** zusätzliche Stützenquerschnitte in den Ausführungsplänen ergeben somit einen **modifizierten Bauinhalt**, der dazu führt, dass nicht mit einem einzigen Schalungstyp – ohne zwischenzeitliche Modifikation – gearbeitet werden kann. Diese Abgrenzung ist allerdings mehr eine abstrakte Definitionsfrage; in der Anwendung des § 2 Nr. 5 VOB/B stimmen wir mit Vygen uneingeschränkt überein.

Die ausdrückliche, konkludente oder stillschweigende Anordnung | **Rdn. 870–872**

vervollständigt also nur, und soweit sich die Fortschreibung im Sinne unserer vorangegangenen Erläuterungen nur im Rahmen einer ohnehin noch erforderlichen Konkretisierung bewegt, ist sie hinsichtlich der **Bauausführung** nicht Änderung. Sobald die „Fortschreibung" aber die schon vorhandene Ausführungsplanung abändert, sei es auch als Fehlerkorrektur, ist das nicht mehr „Fortschreibung", sondern vergütungspflichtige Änderung.[994] Auf **keinen Fall** hängt diese Beurteilung davon ab, ob es sich um ein normales Projekt oder ein „Großprojekt" handelt, solange nicht der Vertrag individuell das Gegenteil regelt. Eine **einmal vertraglich auftraggeberseitige** Ausführungsplanung ist bei einem Großprojekt genauso verbindlich und darf genausowenig mangelhaft sein wie bei einem kleineren Projekt.[995]

4.6.2.3 Verzögerung der Konkretisierung

Dass die bloße Verzögerung einer auftraggeberseitig gebotenen Konkretisierung Behinderung gemäß § 6 Nr. 2 a, Nr. 6 VOB/B ist, liegt auf der Hand. | 870

4.6.2.4 Freigaben des Auftraggebers

„**Freigaben**" des Auftraggebers – d. h. die Erlaubnis gegenüber dem Auftragnehmer, jetzt mit seiner jeweiligen Teil-Leistung zu beginnen – sind ausdrückliche **zeitliche Anordnungen**, die gemäß § 2 Nr. 5 VOB/B zu beurteilen sind; mindestens sind sie aber als konkludente Anordnung des Auftraggebers zum (jeweiligen) Beginn der Leistung anzusehen.[996] Solche „Freigaben" stammen, auch soweit sie Voruntenehmerleistungen betreffen, aus „dem Risikobereich" des Auftraggebers, wie unter Rdn. 844 schon erläutert. | 871

4.6.3 Das stillschweigende Leistungsverlangen

4.6.3.1 Definitionen

Das Leistungsverlangen des Auftraggebers kann auch stillschweigend „geäußert" werden. Allgemein unterscheidet man zwischen dem Schweigen als Erklärungshandlung und dem Schweigen mit Erklärungswirkung. | 872

Der erste Fall ist einfach:
Der anwesende Geschäftsinhaber tritt der in seinem Namen abgegebenen Erklärung seines Angestellten nicht entgegen.

Der zweite Fall ist gegeben, wenn der Schweigende verpflichtet gewesen wäre, seinen gegenteiligen Willen zum Ausdruck zu bringen, und dies auch gekonnt hätte: Der Auftraggeber sieht, dass der Auftragnehmer – nach dem LV nicht vereinbart und für den Auftrag-

---

[994] Der Begriff „Fortschreibung" findet sich in der HOAI, z.B. als Fortschreibung der Ausführungsplanung in § 15 Abs. 1 Nr. 5 HOAI. **Honorarrechtlich** sind darunter Ergänzungen und kleinere Änderungen der Ausführungsplanung zu verstehen (Locher/Koeble/Frik, HOAI, § 15, Rdn. 132); das heißt, dass der Architekt für eine solche Leistung kein gesondertes Honorar erhält. Im Rahmen der **Ausführung** spielt diese honorarrechtliche Definition im Zusammenhang mit Planungsleistungen keine Rolle: Fortschreibung dient **nur** der Ergänzung, nicht der Änderung. Eine abweichende Auslegung würde ohnehin bei einer AGB-Klausel auch zur Unwirksamkeit führen wegen des Ausschlusses von Mehrvergütung trotz Änderung.
[995] Die Entscheidung des KG „Lehrter Bahnhof", IBR 2005, 130 betrifft die Fortschreibung von auftragnehmerseitigen **Planungs**leistungen, dazu Band 2, Rdn. 536, 1046.
[996] „Anordnungen zum Beginn der Leistung sind Anordnungen im Sinne von § 2 Nr. 5 VOB/B, wenn sie für den Auftragnehmer zwingend sind" (wir ergänzen: zwingend im ablaufpraktischen, nicht im rechtlichen Sinn), so zutreffend Vygen, Festschrift Locher, S. 263 ff., 275; ebenso Piel, Festschrift Korbion, S. 349 ff.; Ingenstau/Korbion/Keldungs, VOB/B § 2 NR. 5 Rdn. 16, 22; **Einzelheiten** oben Rdn. 800 sowie ergänzend Rdn. 844.

nehmer unvorhersehbar – beim Ausschachten auf Gewölbereste stößt; er sieht, dass dadurch Erschwernisse beim Aushub, Zeitverzögerungen und sogar Stemmarbeiten nötig werden, sagt aber nichts. Dann liegt in dem „beredten Schweigen" die Anordnung. Übrigens ist das keine Willens**erklärung** mehr, aber das Schweigen wird in einem solchen Fall von der Rechtsordnung wie eine Erklärung (Anordnung) bewertet. Man kann das auch als „bewußtes Geschehenlassen" bezeichnen oder als „erkennbare Duldung".

Der Bundesgerichtshof hat in der „Vorunternehmerentscheidung I", die uns im Rahmen von § 6 Nr. 6 VOB/B noch sehr beschäftigen wird, deshalb zutreffend festgestellt, eine „Anordnung" möge „auch dann vorliegen können, wenn die Parteien sich stillschweigend auf eine bestimmte Situation eingestellt hätten".[997]

Das Schweigen lässt sich in solchen Fällen aber **nur deshalb** als stillschweigende Zustimmung werten, weil für den Auftraggeber ein Widerspruch **möglich und geboten** gewesen wäre.[998]

873 **Mindestvoraussetzung** ist deshalb, dass der Auftraggeber die Situation, der er eigentlich widersprechen müsste, wenn er sein Verhalten nicht als Anordnung gewertet wissen will, **kennen** muss. Findet der Auftragnehmer statt des im LV aufgeführten bindigen Bodens leichten Fels vor, informiert er davon den Auftraggeber **nicht**, sondern arbeitet er sofort weiter, und **erfährt der Auftraggeber erst nach vollendeter Leistung von dem Sachverhalt**, kommt eine stillschweigende Leistungsanordnung nach § 2 Nr. 5 oder § 2 Nr. 6 VOB/B **nicht** in Betracht.[999]
Wenn schon dem bloßen Schweigen Erklärungswert beigemessen werden soll, lässt sich das nur vertreten, wenn der Auftraggeber jedenfalls die **Möglichkeit** zur Reaktion hatte, aber nicht reagiert hat.
Eine stillschweigende „Anordnung" muss jedenfalls deutlich erkennbar dem Willen des Auftraggebers entsprechen.[1000] Damit ist nicht ein hypothetischer Wille gemeint, sondern das **bewußte** Geschehenlassen; Korbion spricht von „weiterbauen lassen".

874 Die „Anordnung" im Sinne des § 2 Nr. 5 VOB/B und das „Verlangen" im Sinne des § 2 Nr. 6 VOB/B sind auch hier völlig gleich zu behandeln. Zutreffend präzisiert Korbion/Keldungs deshalb im Rahmen der Erörterung von § 2 Nr. 6 VOB/B, dass das **bloße Vorfinden** beispielsweise **einer anderen Bodenklasse als im Bausoll aufgeführt nicht gleichzeitig stillschweigende Anordnung** des Auftraggebers ist.[1001]
Bei der Auslegung muss man sich sehr davor hüten, Wunschergebnisse aus Tatbestandsmerkmalen herauszulesen. Gerade insoweit ist besonders zu beachten, dass § 2 Nr. 5 und

---

[997] BauR 1985, 561, 564; in BGHZ 50, 25, 30 behandelt der BGH den Fall, dass die Parteien über eine **zeitliche** Verschiebung verhandeln, sich aber nicht über den Preis einigen. Aus dem Entscheidungszusammenhang geht hervor, dass darin eine stillschweigende **Anordnung** gesehen werden konnte. Mit Sicherheit lässt sich das allerdings nicht sagen, weil aus der Entscheidung nicht ersichtlich ist, ob die Verhandlungen vor oder nach Ausführung der Arbeiten geführt worden sind.
[998] Palandt/Heinrichs, a. a. O.; Oppler, in: Münchner Prozessformularbuch Band 2, Privates Baurecht, S. 158.
[999] Zutreffend OLG Düsseldorf NJW-RR 1992, 529.
[1000] Ingenstau/Korbion/Keldungs, VOB/B § 2 Nr. 5 Rdn. 22. Oppler, a.a.O., S. 159 spricht plastisch vom „beredtem Schweigen"; vgl. auch Kapellmann, in: Kapellmann/Messerschmidt, VOB/B § 2, Rdn. 195.
[1001] OLG Düsseldorf a. a. O.; Ingenstau/Korbion/Keldungs, VOB/B § 2 Nr. 6, Rdn. 9; insoweit auch zutreffend von Craushaar, BauR 1984, 311, 318, 319 und Putzier, BauR 1989, 132, 137. Zur im Ergebnis **gegenteiligen Ansicht Vygens nachfolgend Rdn. 875 ff**. In der Entscheidung BGH Schäfer/Finnern Z 2.310 Bl. 12 wird nicht klar, ob eine Anordnung getroffen war oder nicht.

Die ausdrückliche, konkludente oder stillschweigende Anordnung

§ 2 Nr. 6 VOB/B jeweils zwei Tatbestandsmerkmale haben: Einmal muss die neue Leistung gegenüber dem bisherigen Vertragsinhalt modifiziert, also geändert oder zusätzlich sein. Zum anderen muss diese Änderung oder Ergänzung eine **einseitige Maßnahme des Auftraggebers** sein.[1002]

Der Unterschied zu § 2 Nr. 8 VOB/B liegt überhaupt nur darin, dass bei dem Tatbestand dieser Vorschrift die **Maßnahmen** des Auftraggebers gerade fehlen, d. h., dass der Auftragnehmer die neuen Verhältnisse gerade ohne Anordnung von seiten des Auftraggebers bewältigt oder zu bewältigen versucht hat.

4.6.3.2 Stillschweigende Anordnung aufgrund der „vorgefundenen Verhältnisse"?

Vygen hat das Problem der „stillschweigenden" Anordnung erörtert. Er vertritt anders als wir den Standpunkt, eine stillschweigende Anordnung im Sinne des § 2 Nr. 5 VOB/B sei auch zu bejahen, wenn der Auftragnehmer eine andere Bodenklasse als ausgeschrieben vorfinde und – ohne Anordnung – weiterarbeite. § 2 Nr. 5 VOB/B erfasse nämlich alle Fälle, in denen der Unternehmer entgegen dem Inhalt des Vertrages eine andere als die geschuldete Leistung zu erbringen **habe,** denn dies geschehe „letztlich" aufgrund einer Änderung des Bauentwurfs (?) oder aber einer Anordnung des Auftraggebers, wenn diese häufig auch nur stillschweigend erfolge. Zum Bauentwurf im Sinne der §§ 1 Nr. 3 und 2 Nr. 5 VOB/B zählten alle Änderungen in der Planung einschließlich der Ausführungsplanung.[1003]

875

Das ist eine Fiktion. Der Auftraggeber, der die neuen Bodenverhältnisse **nicht kennt,** kann nicht planen (anordnen). Vygen behandelt also gerade umgekehrt den Fall, dass der Auftraggeber **nicht** plant und nicht planen kann, und ordnet das als stillschweigende Planung = Anordnung[1004] ein. Dabei werden vorab § 2 Nr. 8 Abs. 2 Satz 2 und Abs. 3 VOB/B ausgeschaltet; bei dieser Auslegung wäre die Vorschrift nämlich überflüssig.

Vygen meint zur Begründung,[1005] zu den Obliegenheiten des Auftraggebers gehöre die genaue Beschreibung der Bodenverhältnisse; im Falle einer Änderung gegenüber der Leistungsbeschreibung **liege zugleich auch eine Änderung** des Bauentwurfs vor, da nur auf diesem Weg der Unternehmer gemäß § 1 Nr. 3 VOB/B überhaupt zur Ausführung der veränderten Leistung gezwungen werden könne. Damit sei der Weg für § 2 Nr. 5 VOB/B frei, denn die Änderung des Bauentwurfes könne auch statt vom Auftraggeber von dritter Seite veranlasst werden und sich damit auch aus **technischen Notwendigkeiten** ergeben, wie z. B. der vorgefundenen Bodenbeschaffenheit, die grundsätzlich in den Risikobereich des Auftraggebers falle.

876

Dazu gilt:
Ein bloßes Vorfinden geänderter Bodenverhältnisse ist **nicht** gleichzeitig Änderung des Bauentwurfs. Der Bauentwurf fällt nicht vom Himmel, er ist **Erklärung** des Auftraggebers. Ob sich die Bodenverhältnisse ändern, hat mit der Erklärung des Auftraggebers nichts zu tun. **Die vorgefundenen Bodenverhältnisse machen vielleicht einen modifizierten Bauentwurf sinnvoll, vielleicht aber auch nicht.** Der Auftragnehmer ist jedenfalls bestens beraten, wenn er bei geänderten Bodenverhältnissen sofort den Auftraggeber informiert und dessen Anordnung einholt, aber wir behandeln den umgekehrten Fall, dass

877

[1002] BGH „Vorunternehmer I" BauR 1985, 561, 564.
[1003] Vygen/Schubert/Lang, Bauverzögerung Rdn. 168; Vygen sagt zutreffend an anderer Stelle (BauR 1983, 414), ohne Einwirkung des Auftraggebers gebe es „keine Anordnung"; zutreffend z. B. Nicklisch/Weick, VOB/B Einführung vor §§ 4–13, Rdn. 53.
[1004] Bezeichnenderweise sagt Marbach, der anscheinend die Lösung von Vygen unterstützt (ZfBR 1989, 2, 8): „Von dem Grundgedanken des ‚§ 2 Nr. 5' passt die Regelung..."
[1005] A. a. O.

nämlich der Auftragnehmer den Auftraggeber gerade **nicht** informiert, dieser die geänderten Bodenverhältnisse gerade **nicht** kennt, während der Auftragnehmer „eigenmächtig" weiterarbeitet.

Ebenso behandeln wir gerade nicht den Fall, dass der Unternehmer zur veränderten Ausführung (über § 1 Nr. 3 VOB/B) gezwungen wird, sondern im Gegenteil den Fall, dass der Auftragnehmer handelt, ohne vom Auftraggeber gezwungen zu sein.
Lediglich „die Verhältnisse" erzwingen vielleicht die modifizierte Leistung. Aber **gerade** diesen Fall regelt § 2 Nr. 8 Abs. 2 Satz 2 VOB/B, der neben anderen Voraussetzungen für Arbeiten **ohne** Anordnung Vergütung zubilligt, wenn die Arbeiten „notwendig" waren, also „von den Verhältnissen" erzwungen waren.

878 Der Risikobereich des Auftraggebers ändert daran auch nichts. Natürlich können überhaupt nur solche Anordnungen des Auftraggebers Vergütungsfolgen haben, die „ihren Ausgangspunkt im Risikobereich des Auftraggebers haben", sie müssen „durch Umstände ausgelöst sein, die zum Verantwortungsbereich des Auftraggebers gehören, ihm also zuzurechnen sind".[1006]

Das ist völlig richtig, hat aber weniger mit einer Definition der Anordnung als mit einer Definition des Bausolls zu tun: Das Vorfinden von „Erschwernissen", die **nach dem Vertrag gerade Risiko des Auftragnehmers sind**, löst deshalb **keine Ansprüche** aus, weil das **gerade nicht zu einer Veränderung oder Ergänzung des bisher geschuldeten Bausolls führt**: Wir haben das zuvor unter Rdn. 719 ff am Beispiel des Baugrundrisikos schon ausführlich erörtert. Ebensowenig verändern Anordnungen das Bausoll, die die ohnehin schon bestehende Pflicht des Auftragnehmers nur wiederholen oder konkretisieren.[1007]

879 So haben wir auch die erörterten Fälle der „**Erschwernisse**" der Leistung entsprechend gelöst: **Wenn sich keine stillschweigende Anordnung** entsprechend den hier gefundenen Kriterien feststellen lässt, beurteilen sich die Fälle **nach § 2 Nr. 8 VOB/B, vorausgesetzt, die Überwindung der Hindernisse gehört nicht ohnehin schon zum Bausoll** des Auftragnehmers, ist also nicht ohnehin schon von Anfang an Vertragsinhalt. Entgegen Vygen ergibt sich diese Einordnung **zwingend** schon aus Gründen der systematisch sinnvollen Abgrenzung der einzelnen Vorschriften zueinander.[1008] Die Lösung der Fälle muss nämlich anhand der **vorhandenen** Regelung der VOB/B gefunden werden. Dazu gehört es auch, die einzelnen VOB/B-Vorschriften so anzuwenden, dass jeder Vorschrift der ihr zugedachte Anwendungsbereich noch verbleibt: **Wenn man ohne jegliche Anordnung § 2 Nr. 5 oder Nr. 6 VOB/B anwendet, bleibt für die eigentliche Regelung des Handelns ohne Anordnung, nämlich § 2 Nr. 8 VOB/B, kein Anwendungsbereich mehr.**

Das Argument, die Änderungsanordnung könne statt vom Auftraggeber auch von dritter Seite veranlasst werden, nichts anderes gelte für technische Notwendigkeiten, bedarf gesonderter Erörterung (vgl. sogleich Rdn. 879).

[1006] Oben Rdn. 844, unten Rdn. 1249 ff.
[1007] Näher oben Rdn. 862 ff.
[1008] So mit Recht Ingenstau/Korbion/Keldungs, VOB/B § 2 Nr. 6, Rdn. 9; schon oben Rdn. 874; richtig weiter Oppler, in: Münchner Prozessformularbuch Band 2, Privates Baurecht, S. 158; Englert/Grauvogl/Maurer, Handbuch Baugrund, Rdn. 669; Lange, Baugrundhaftung, S. 103, 104.
Zu § 2 Nr. 8 VOB/B im Einzelnen vgl. nachfolgend Rdn. 1162 ff.

4.6.3.3 Anordnungen durch Dritte?

Es ist verbreitete[1009] – aber zu prüfende – Auffassung, dass Anordnungen Dritter, die befolgt werden müssen, zu einer Änderung des Bauentwurfs und damit zum Vergütungsanspruch aus § 2 Nr. 5 VOB/B führen. Gemeint sind dabei natürlich nicht die Anordnungen Dritter, die in Vollmacht und folglich ohnehin im Namen des Auftraggebers handeln (z. B. Architekt), sondern öffentlich-rechtliche „Eingriffe" Dritter, also insbesondere der Baugenehmigungsbehörde, des Prüfstatikers oder der Gewerbeaufsicht. **880**

Vorweg ist auch hier wieder zu prüfen, ob deren Eingreifen nicht ohnehin nur den vertraglichen Eigenleistungsbereich des Auftragnehmers betrifft. Sehr oft ist das etwa bei Eingriffen der Bauberufsgenossenschaft der Fall: Wenn die Berufsgenossenschaft vom Dachdecker verlangt, dass er Schutzgerüste aufbaut, betrifft das nur dessen eigene Pflicht.

Ändert aber der Eingriff der Baubehörde die bisherige Planung, so betrifft das (bei den hier erörterten Verträgen mit auftraggeberseitiger Planung) den Risikobereich des Auftraggebers; Erwirkung, insbesondere der Baugenehmigung, ist gemäß § 4 Nr. 1 Abs. 1 Satz 2 VOB/B Sache des Auftraggebers; im Ergebnis führt das auch zur Änderung oder Ergänzung des Bausolls des Auftragnehmers. Also ist dieses Tatbestandsmerkmal des § 2 Nr. 5 bzw. des § 2 Nr. 6 VOB/B gegeben.
Das heißt aber keineswegs, dass die Anordnung der Baubehörde gleichzeitig auch „Anordnung" des Auftraggebers ist. Die Anordnung der Baubehörde ist nur Anlass; die Ausführungsweisung an den Auftragnehmer kann nur vom Auftraggeber kommen. Über ihn muss deshalb die Weisung der Baubehörde „transformiert" werden. Insoweit kann die Weiterleitung an den Auftragnehmer als Anordnung des Auftraggebers ausdrücklich, konkludent oder im Einzelfall auch stillschweigend erfolgen, letzteres dann, wenn der Auftraggeber in **Kenntnis** der z. B. von der Baubehörde gestellten Forderung die veränderte Leistung **herstellen lässt**.[1010]

Weiß der Auftraggeber aber – was allerdings ein seltener Ausnahmefall ist, weil sich die Baugenehmigungsbehörde normalerweise an ihn wendet und nicht an den ausführenden Unternehmer – nichts von der behördlichen Anordnung, kommt auch keine stillschweigende Anordnung des Auftraggebers in Betracht.

Ohnehin darf der Auftragnehmer nicht (voreilig) unmittelbar den „Weisungen" der Baubehörde folgen; er hat vielmehr die (gegebenenfalls stillschweigende!) Weisung des Auftraggebers abzuwarten. Das liegt auch auf der Hand: Anderenfalls könnte sich der Auftraggeber gar nicht mehr gegen die Weisung der Baubehörde zur Wehr setzen und eine Abänderung der Entscheidung zu erreichen versuchen. Mit einer Anordnungsfiktion würde man den Entscheidungsspielraum des Auftraggebers ausschließen. Gerade das beweist: Die „Weiterleitung" der Weisung eines Dritten in Form der stillschweigenden Anordnung des Auftraggebers passt nahtlos in die oben[1011] entwickelten Grundsätze, nach denen eine stillschweigende Anordnung Kenntnis des Auftraggebers von der (neuen) Situation voraussetzt und seine Möglichkeit, auf diese Situation zu reagieren. **Die bloße Situation allein** – hier die Anordnung des Dritten – führt **nicht zur stillschweigenden Anordnung** des Auftraggebers. **881**

Demgemäß führte auch – um auf die vorangegangene Erörterung zurückzukommen – das bloße Vorfinden einer anderen Bodenklasse nicht zur stillschweigenden Anordnung des

---

[1009] Z. B. Leinemann/Schoofs, VOB/B § 2, Rdn. 94; Ingenstau/Korbion/Keldungs, VOB/B § 2 Nr. 5, Rdn. 21; Vygen/Schubert/Lang, Bauverzögerung, Rdn. 168.
[1010] Piel, Festschrift Korbion, S. 349, 357; Heiermann, Festschrift Locher, S. 65 ff., 73.
[1011] Rdn. 872 ff.

Auftraggebers; gerade hier muss der Auftraggeber die Entscheidungsfreiheit behalten, welche Maßnahme er treffen will.[1012]
Wenn also der Auftragnehmer nicht beweisen kann, dass sich der Auftraggeber in **Kenntnis** der Weisung, z. B. der Baubehörde, **billigend** auf die neue Situation eingestellt hat – der Auftraggeber hat etwa ganz im Gegenteil einen Rechtsbehelf gegen die Weisung eingelegt –, kann er, falls er schon „vorauseilend" die Weisung der Baubehörde in die Tat umgesetzt hat, nur unter den Voraussetzungen des § 2 Nr. 8 VOB/B (z. B. bei nachträglicher Genehmigung des Auftraggebers) Vergütung verlangen.

4.6.3.4 Anordnungen auf zusätzliche Leistungen schon aus dem Inhalt des Vertrages wegen Notwendigkeit der Leistung? (BGH Schäfer/Finnern Z 2.310 Bl. 40; BGH „Konsoltraggerüste" NZBau 2003, 324)

882 Der BGH hat ein einziges Mal wie folgt entschieden: Ein Auftragnehmer stellt bei Ausführung von Heizungsbauarbeiten fest, dass die zu installierende Heizleistung zu gering ist. Er baut deshalb von sich aus fünf zusätzliche Heizregister ein. Der BGH führt aus, es handele sich nicht um einen Fall von § 2 Nr. 8 VOB/B (= § 2 Nr. 7 VOB/B alte Fassung). Dieser betreffe Arbeiten, die der Auftragnehmer (vertragswidrig) „ohne Auftrag oder unter eigenmächtiger Abweichung vom Vertrag ausführt". Hier sei aber der Einbau von fünf Heizregistern für eine ausreichende Beheizung **notwendig** gewesen.[1013] Es handele sich also um eine **Leistung, die „gefordert"** gewesen sei, zu der der Auftragnehmer aber nach dem (ursprünglichen) Vertrag nicht verpflichtet gewesen sei. Das sei der Fall des § 2 Nr. 6 VOB/B.[1014]

Das Argument würde natürlich auch für § 2 Nr. 5 VOB/B gelten, wenn der Auftragnehmer die Heizregister geändert hätte, um die notwendige Leistung zu erreichen.

Die Entscheidung wird überwiegend abgelehnt.[1015] Dem ist zuzustimmen, soweit die Entscheidung zur Begründung § 2 Nr. 6 VOB/B heranzieht und auf das auftraggeberseitige „Fordern" der Leistung de facto verzichtet; im Ergebnis hat der Auftragnehmer im konkreten Fall allerdings tatsächlich möglicherweise Anspruch auf Mehrvergütung.

883 Vorab hat der Bundesgerichtshof in diesem Fall nicht klar genug geprüft, **was der ursprüngliche Vertragsinhalt (Bausoll)** war; § 2 Nr. 6 VOB/B fordert natürlich zunächst die Prüfung, ob die Leistung „im Vertrag nicht vorgesehen" ist oder nicht.

[1012] So mit Recht deshalb auch Putzier, BauR 1989, 132, 137; vgl. Rdn. 795, **876 ff**, 1171.

[1013] Zu der ebenfalls mit „Notwendigkeit" begründeten Bausollauslegung durch den BGH „Konsoltraggerüste" NZBau 2003, 324 siehe Rdn. 885.

[1014] BGH Schäfer/Finnern Z 2.310 Bl. 40 (mit ablehnender Anmerkung Hochstein); ebenso Riedl, ZfBR 1980, 1, 3; Locher, Das private Baurecht, Rdn. 190; nur im Ergebnis ebenso von Craushaar, BauR 1984, 311, 319.

[1015] OLG Düsseldorf BauR 1992, 777; Nicklisch/Weick, VOB/B § 2 Rdn. 68; Kiesel, VOB/B § 2 Rdn. 27; Heiermann/Riedl/Rusam, VOB/B §2, Rdn. 129; ablehnend auch ungeachtet seiner Überlegungen zur „stillschweigenden Anordnung" Vygen, BauR 1979, 375, 383; ähnlich wie (**früher**) der BGH, aber unrichtig OLG Düsseldorf IBR 1999, 108 mit zutreffender ablehnender Kurzanm. Dähne. Putzier, BauR 1989, 132, 138 meinte ursprünglich, dass der Auftraggeber die Notwendigkeit der Leistung erkannt, sich aber nicht erklärt habe; dies sei als „schlüssige Anordnung" anzusehen (?); der Fall sagt aber gerade nichts dazu aus, dass der Auftraggeber überhaupt vor Ausführung der Arbeit irgendeine Kenntnis der Situation gehabt habe; zutreffend v. Craushaar, Festschrift Locher, S. 9 ff., 16. Putzier vertritt jetzt (Vergütung des Mehraufwandes, S. 128, 129) die Auffassung, da die Einfügung der 5 Heizkörper notwendig gewesen sei, komme (ohne Anordnung) auch § 2 Nr. 8 Abs. 2 oder Abs. 3 VOB/B nicht in Betracht, denn das, was notwendig sei, könne nicht gleichzeitig „eigenmächtige Abweichung vom Vertrag" sein. Zu diesem fehlerhaften Argument s. Rdn. 882, 884.
Siehe **heute** dazu auch **BGH** BauR 1999, 37.

Die ausdrückliche, konkludente oder stillschweigende Anordnung Rdn. 884

a) **Wenn** der Einbau der zusätzlichen Register **notwendig** gewesen sei, sei die Leistung auch „gefordert" gewesen, daher sei § 2 Nr. 6 VOB/B anzuwenden – das ist die These des BGH. Indes bestimmt sich **das, was nach dem Bauvertrag** vom Auftragnehmer **geschuldet** wird, nur nach dem Inhalt des Vertrages selbst. Wäre also durch **Vertragsauslegung** zu ermitteln gewesen, dass der Einbau einer **vollständigen** Heizung von **Anfang an „gefordert"**, also **Vertragsinhalt** war, **wäre** dann der Auftragnehmer von **Anfang an** verpflichtet gewesen, eben 15 Register einzubauen. Also wären die weiteren fünf Register gerade doch „im Vertrag vorgesehen" gewesen, demgemäß **gerade nicht Zusatzleistung** gemäß § 2 Nr. 6 VOB/B.[1016]
Da als Folge einer solchen Vertragsauslegung zwar **eine „vollständige" Heizung von Anfang an** zu errichten gewesen wäre, aber nur 10 Register in der Leistungsbeschreibung aufgeführt waren, stellt sich sofort die Frage, ob und wie denn die 5 weiteren Register bezahlt werden. Für den **Einheitspreisvertrag** (genauer: den Vertrag mit detaillierter auftraggeberseitiger Leistungsbeschreibung z.B. mit Leistungsverzeichnis) gilt insoweit:[1017] **Wenn** der Vertrag für den Heizungsbauer eine „ordnungsgemäße, funktionsfähige Heizung des Objekts" als Vertragsinhalt vorsah **und** als geeignetes Mittel zu diesem Zweck 10 Register im LV vorsah, ist das auch ein Problem einer falschen Planung und/oder Ausschreibung, deren Verwirklichung zu Sachmängeln führt. Schon im Rahmen einer potentiellen Mängelhaftung brauchte der Auftragnehmer diesen Mangel jedenfalls dann, wenn er ihn **nicht zu erkennen brauchte**, nicht selbst zu tragen; die 5 weiteren Register müssten mindestens als „Ohnehin"-Kosten vom Auftraggeber bezahlt werden.[1018]
Darauf kommt es aber im Ergebnis gar nicht an:
Wenn der Auftraggeber keine Anordnung gegeben hat, die fehlenden 5 Register einzubauen, der Auftragnehmer sie aber dennoch eingebaut hat, so hat er in dem zugrundegelegten Fall, dass von Anfang an eine vollständige Heizung Vertragsinhalt war, zumindest analog die Fallgestaltung des § 2 Nr. 3 Abs. 2 VOB/B verwirklicht; in dem Einbau der zusätzlichen 5 Register liegt nämlich eine „nicht angeordnete Mengenmehrung aufgrund **vorgefundener Verhältnisse**", nämlich aufgrund des erforderlichen Wärmebedarfs. Die Vergütung der 5 Register erfolgt nicht als „übliche Vergütung" nach § 632 BGB. Das wäre richtig, wenn es für die fehlende Leistung „Register" nicht schon eine Leistungsverzeichnisposition gegeben hätte. Tatsächlich gibt es aber die Leistungsverzeichnisposition „Einbau von Heizregistern", vermehrt hat sich nur die Menge dieser per Positionsbeschreibung definierten Leistung. Das ist gerade der Anwendungsfall des § 2 Nr. 3 Abs. 2 VOB/B.
Gäbe es allerdings keine Leistungsverzeichnisposition „Register" und wäre die ganze Leistung beim Einbau von Registern deshalb notwendig, weil eine Vertragsauslegung ergeben hätte, dass eine vollständige Heizung von Anfang an Vertragsinhalt wäre, so wäre diese „Vergütungslücke" tatsächlich gemäß § 632 BGB zu schließen und nicht analog § 2 Nr. 5 oder § 2 Nr. 6 VOB/B.[1019]
Darüber hinaus ist es logisch nicht möglich, aus dem **Vertragsinhalt** selbst („Leistung ist als notwendig gefordert") **gleichzeitig** die Anordnung zu folgern, **zusätzlich** zum Vertrag eine weitere Leistung zu erbringen. Eine Anordnung im Sinne der § 2 Nr. 5, 2 Nr. 6 VOB/B setzt **zwingend voraus**, dass die Anordnung **nach** Vertragsschluss erteilt wird; das folgt im Ergebnis auch aus § 1 Nr. 4 VOB/B.

b) **Ergibt dagegen die Auslegung** (wie es beim Einheitspreisvertrag selbstverständlich ist), **dass der Vertragsinhalt von Anfang an nur zehn Register umfasste,** ändert sich   884

[1016] Gerade aus diesem Grund unrichtig Putzier, Mehraufwand, a. a. O.
[1017] Zu der Bedeutung dieses Entscheides beim Pauschalvertrag s. Band 2, Rdn. 1097, 1098.
[1018] Vgl. dazu genauer oben Rdn. 157, 260, 286.
[1019] So aber von Craushaar, siehe Fn. 1011. In Betracht könnte nur die Anwendung der Berechnungsmethode der §§ 2 Nr. 5, Nr. 6 VOB/B kommen, Einzelheiten s. Rdn. 284.

der Inhalt natürlich nicht dadurch, dass ohne weitere fünf Register die Heizung mangelhaft ist. Wenn der Auftragnehmer diesen Planungsfehler erkennt, muss er aus Haftungsgründen gemäß § 4 Nr. 3 VOB/B darauf hinweisen.[1020]
Das heißt aber nicht, dass er etwa den Planungs- und Leistungsbeschreibungsmangel auf eigene Kosten beheben müsse; ganz im Gegenteil muss der Auftraggeber die notwendige Zusatzleistung anordnen, dann greift (wegen **angeordneter** Mengenmehrung) § 2 Nr. 6 VOB/B ein.
Führt der Auftragnehmer die Arbeiten **ohne Anordnung aus, beurteilt sich der Fall nach § 2 Nr. 8 VOB/B.**[1021]

885 Der Bundesgerichtshof hat in der Entscheidung „**Konsoltraggerüste**"[1022] die Auffassung vertreten, auch eine nicht ausgeschriebene, nicht als Nebenleistung definierte Leistung (hier: die Gestellung von Gerüsten) sei doch Bausoll, wenn sie für die Herstellung der Vertragsleistung „notwendig" sei. Das ist bei einem Vertrag mit detaillierter auftraggeberseitiger Leistungsbeschreibung offensichtlich falsch; es wäre ein Verstoß gegen die Vermutung der Richtigkeit und Vollständigkeit und beim öffentlichen Auftraggeber auch gegen das Verbot, dem Auftragnehmer ein ungewöhnliches Wagnis aufzuerlegen.[1023]

4.6.3.5 Ankündigungspflicht wegen konkludenter oder stillschweigender Anordnungen?

886 Nicklisch postuliert, im Hinblick auf die weitreichenden Vergütungsfolgen und die schwierige Abgrenzung zwischen vergütungspflichtigen Änderungen (wir ergänzen: und Zusatzleistungen) und nicht vergütungspflichtigen Konkretisierungen solle man jedoch zum Schutze des Auftraggebers die Annahme einer **konkludenten** Änderungsanordnung von einem entsprechenden Hinweis des Auftragnehmers abhängig machen, wie dies z. B. in § 2 Nr. 6 Abs. 1 Satz 2 VOB/ für zusätzliche Leistungen vorgesehen sei.[1024]

Das muss man wohl so verstehen, dass ohne den Hinweis keine konkludente Änderungsanordnung angenommen werden dürfe, so dass an der fehlenden Ankündigung der Anspruch scheitern müsste. Also wäre die Ankündigung bei konkludenten oder stillschweigenden Änderungen Anspruchsvoraussetzung. Das verblüfft, denn gerade Nicklisch hat mit sehr erwägenswerten Argumenten begründet, warum nach seiner Meinung die in § 2 Nr. 6 Abs. 2 Satz 2 VOB/B normierte Ankündigungspflicht bei zusätzlichen Leistungen vor Ausführung der Arbeiten gerade nicht Anspruchsvoraussetzung sei.[1025] Wenn das schon für eine in der VOB/B ausdrücklich erwähnte Ankündigungspflicht gälte, dürfte erst recht eine nach „Treu und Glauben" einzuführende, also vom normalen „VOB-Anwender" gar nicht voraussehbare Ankündigungspflicht nicht als Anspruchsvoraussetzung anzusehen sein.

Die Frage kann indes dahingestellt bleiben, denn eine solche generelle Ankündigungspflicht ist zu **verneinen.** Sofern der Auftraggeber (durch seine Erfüllungsgehilfen) z. B. in seiner Ausführungsplanung von der dem Vertrag zugrundeliegenden Planung abweicht, sollte man erwarten, dass er weiß, was er tut; die eigene Planung muss dem Auftraggeber bekannt sein. Dann besteht kein Anlass, ihn auf seine eigenen „Sünden" auch noch hinzuweisen. Im Gegenteil: Man kann viel eher verlangen, dass der Auftraggeber

---
[1020] Vgl. insbesondere oben Rdn. 157.
[1021] Kapellmann, NJW 2005, 182; Nicklisch/Weick, VOB/B § 2 Rdn. 68; OLG Düsseldorf BauR 1992, 777.
[1022] BGH „Konsoltraggerüste" NZBau 2002, 324 = BauR 2002, 935.
[1023] Näher oben Rdn. 188, 216 und zum Ganzen ausführlich Kapellmann, NJW 2005, 182.
[1024] Nicklisch/Weick, VOB/B Einleitung §§ 4–13, Rdn. 40.
[1025] Einzelheiten unten Rdn. 910, 941.

verpflichtet ist, „versteckte" Anordnungen offenzulegen, um das Vergütungsinteresse des Auftragnehmers nicht zu schädigen.
Hinzu kommt, dass konkludente Anordnungen eben typischerweise (zunächst) nicht auffallen; sie sind „versteckt". Oft merkt erst der Abrechner des Auftragnehmers, dass „etwas anders" als vereinbart (also abweichend vom Bausoll) aufgeführt ist. Er ist gewissermaßen die letzte Instanz für **„vergessene Nachträge"**[1026], **und zwar berechtigtermaßen: Wenn schon der Bauleiter den „Übergang" von Konkretisierung zu Änderung vor Ort nicht gemerkt hat, weil** diese Änderung vom Auftraggeber nicht gekennzeichnet war, bedeutet das noch nicht, dass der vom Auftragnehmer **wegen** dieser Modifikation geleistete Mehraufwand verschenkt sein soll. Es ist schon problematisch genug, dass auf diese Weise „**versteckte**" konkludente Anordnungen für **Zusatzaufträge** manchmal nicht mehr „vergütungsmäßig gerettet" werden können, weil die **insoweit** kraft der (problematischen) Regelung in § 2 Nr. 6 Abs. 1 Satz 2 VOB/B zu bejahende Ankündigungspflicht Anspruchsvoraussetzung ist und Ausnahmen davon nicht immer greifen,[1027] aber man kann diese äußerst zweifelhafte Regelung in § 2 Nr. 6 VOB/B nicht auch noch erweitern und damit eine in der VOB nie vorgesehene zusätzliche Erschwerung für konkludente **Änderungs**anordnungen schaffen.

Es ist allerdings zulässig, ein solches Ankündigungserfordernis durch eindeutige und inhaltlich unmißverständliche Regelung im Vertrag zu vereinbaren,[1028] aber ohne eine solche vertragliche Regelung besteht das Ankündigungserfordernis bei konkludenten Änderungen eben nicht.
Ohnehin ist es natürlich dem Auftragnehmer dringend zu empfehlen, wie schon in Rdn. 861 erläutert, dann, wenn er eine konkludente Anordnung (rechtzeitig) bemerkt, zurückzufragen und auf Eindeutigkeit der Anordnung zu bestehen.

4.6.4 Formvorschrift für die Anordnung des Auftraggebers?

Schon die Tatsache, dass es konkludente und stillschweigende Anordnungen gibt, zeigt, dass die Anordnung keiner besonderen Form bedarf. Sofern allerdings der Auftraggeber im Wege der Selbstbindung in seinen Allgemeinen Geschäftsbedingungen angibt, dass seine Anordnungen zur Gültigkeit zwingend der Schriftform bedürfen, sieht die Sache anders aus. Wir erörtern das im Zusammenhang unter Rdn. 950, 951.

887

4.6.5 Unterlassene Anordnung des Auftraggebers als Leistungsverlangen?

Wie erörtert, ergeben sich Vergütungsansprüche aus § 2 Nr. 5 VOB/B auch dann, wenn der Auftraggeber – ob „rechtmäßig" (= vertraglich erlaubt) oder nicht – die **Bauzeit** durch **Anordnungen** verlängert.[1029] Dabei ergeben sich Überlappungen zu § 6 Nr. 6 VOB/B (und, falls man die Anwendbarkeit bejaht, zu § 642 BGB), weil diese Anordnungen möglicherweise gleichzeitig Behinderungen des Auftragnehmers zur Folge haben können bzw. auf hindernden Umständen beruhen und weil daraus Schadensersatzansprüche des Auftragnehmers eben nach § 6 Nr. 6 VOB/B bzw. Entschädigungsansprüche nach § 642 BGB entstehen können. Mit der Konkurrenz dieser beiden Bestimmungen im allgemeinen werden wir uns noch an anderer Stelle befassen (siehe unten Rdn. 1324 ff., 1332 ff., 1401 ff.).

888

[1026] Siehe dazu ausführlich Rdn. 1126.
[1027] Zu dem Ankündigungserfordernis gemäß § 2 Nr. 6 VOB/B bei versteckten Anordnungen s. unten Rdn. 919. Zu **versteckten Anordnungen durch Ausführungspläne** oben Rdn. 865.
[1028] Einzelheiten unter Rdn. 929.
[1029] Vgl. oben Rdn. 800.

Hier bedarf nur ein Sonderfall der Erörterung: Es gibt die Auffassung, **auch dann,** wenn der Bauherr eine **Anordnung unterlasse,** obwohl er sie vertraglich schulde, könne diese Unterlassung **wie eine Anordnung** gemäß § 2 Nr. 5 VOB/B behandelt werden, denn der Auftraggeber dürfe aus seinem eigenen rechtswidrigen Verhalten keinen Profit ziehen.[1030] Wenn etwa infolge mangelhafter Koordinierung von Vorleistungen der Auftragnehmer nicht rechtzeitig beginnen könne, müsse der Auftraggeber eigentlich dem Auftragnehmer gegenüber eine Verschiebung des Baubeginns anordnen.

Der Hintergrund dieser Fragestellung liegt auf der Hand: Sind die §§ 2 Nr. 5 oder 2 Nr. 6 VOB/B anwendbar, erhält der Auftragnehmer eine Vertragsvergütung einschließlich Gewinn; ist nur § 6 Nr. 6 VOB/B anzuwenden, erhält der Auftragnehmer Schadensersatz, aber (außer bei Vorsatz oder grober Fahrlässigkeit des Auftraggebers) keinen Gewinn.

889 Dass Schweigen als **stillschweigende Anordnung** angesehen werden kann, wenn der Auftraggeber verpflichtet gewesen wäre, seinen entgegenstehenden Willen mitzuteilen, **dies auch gekonnt hätte,** es aber pflichtwidrig unterlassen hat, haben wir erörtert. Gibt es einen Unterschied zu der hier angesprochenen **unterlassenen** Anordnung zum Baubeginn?

Dieser **Unterschied existiert tatsächlich:** Findet der Auftragnehmer vor Ort abweichend vom Leistungsverzeichnis leichten Fels vor, erfährt der Auftraggeber dies und dass der Auftragnehmer weiterarbeitet, und lässt er ihn gewähren, so „legalisiert" er die geänderten Arbeiten des Auftragnehmers. Deshalb ist es gerechtfertigt, diese Legalisierung noch als Anordnung anzusehen, denn der Auftraggeber wird ebenso wie der Auftragnehmer von einer „von außen kommenden Situation" getroffen.

Tut der Auftraggeber dagegen überhaupt nichts, **unterlässt** er beispielsweise Anordnungen zum Baubeginn, koordiniert er keine Vorarbeiten, so kann und will er damit nicht seine eigene Untätigkeit „legalisieren"; seiner Unterlassung kann kein „Genehmigungswille" mit dem Erklärungsinhalt „Baubeginn" beigemessen werden. Ein solcher Inhalt wäre auch sinnlos, da ja trotzdem nicht mit dem Bau angefangen werden könnte. Der Auftraggeber muss vielmehr zuerst selbst aktiv werden, er darf vertraglich selbst geschuldete Handlungs- oder Mitwirkungspflichten nicht unterlassen. Das bloße **Unterlassen der Mitwirkungspflicht** kann demgemäß nicht als Anordnung gemäß § 2 Nr. 5 VOB/B (oder § 2 Nr. 6 VOB/B) behandelt werden: Solche Fälle sind vielmehr ausschließlich nach § 6 Nr. 6 VOB/B zu behandeln.[1031] Reagiert der Auftraggeber auf eine Aufforderung des Auftragnehmers, Anordnungen zu treffen, nicht, ist die daraus resultierende Verzögerung ihrerseits auch Behinderung des Auftragnehmers.

Die nur verzögerte Entscheidung bleibt, bis ggf. eine Anordnung getroffen wird, Unterlassung; sie lässt sich nicht als eine konkludente Anordnung interpretieren.[1032]

890 Ob eine **ergänzende Vertragsauslegung** zu Ansprüchen des Auftragnehmers führen kann, behandeln wir im Zusammenhang mit Behinderungsansprüchen gesondert unter Rdn. 1404 ff.

[1030] Daub/Piel/Soergel/Steffani, VOB/B Erl. 2.104; differenzierend Piel, Festschrift Korbion, S. 349, 357; vgl. auch Nicklisch/Weick, VOB/B Einleitung §§ 4–13 Rdn. 51, 52.

[1031] Im Einzelnen ebenso OLG Celle BauR 1995, 553; Ingenstau/Korbion/Keldungs, VOB/B § 2 Nr. 5, Rdn. 24; Heiermann/Riedl/Rusam, VOB/B § 2 Rdn. 112; vgl. aber auch Nicklisch/Weick, VOB/B Einführung §§ 4–13 Rdn. 57 und dazu Rdn. 1401 ff.

[1032] Zutreffend Nicklisch/Weick, VOB/B Einleitung §§ 4–13, Rdn. 52.

4.7 Anordnung wirksam – Anfechtbarkeit, Vertretungsmacht

4.7.1 Anfechtbare Anordnungen

Anordnungen des Auftraggebers sind einseitige Willenserklärungen (oben Rdn. 844). Wie jede Willenserklärung können sie wegen Irrtums (§ 119 BGB) oder Drohung bzw. arglistiger Täuschung (§ 123 BGB) anfechtbar sein. Solange die Anordnung noch nicht in die Tat umgesetzt ist, ist das Thema ohne Bedeutung, der Auftraggeber kann ja seine Anordnung jederzeit noch folgenlos ändern. Ist die Anordnung dagegen realisiert, kann es von Bedeutung sein, sie durch (fristgerechte) Anfechtung unwirksam machen zu können. Die einzig praxisrelevante Variante ist die, dass der Auftraggeber behauptet, der Auftragnehmer habe eine von ihm für notwendig erachtete Anordnung durch eine zu Unrecht erfolgte Androhung der Nichtausführung erpresst. Hat der Auftraggeber so eine „überflüssige" Anordnung gegeben, und zwar überflüssig deshalb, weil die „Änderungsleistung" gar keine ist, sondern die Leistung in Wirklichkeit vom Bausoll umfasst war, bedarf es keiner Anfechtung: Die Anordnung geht ins Leere, sie begründet keine Vergütungspflicht.[1033] Handelt es sich tatsächlich um die Anordnung einer Bausoll-Bauist-Abweichung, kommt in derartigen Fällen einer **unberechtigten** Androhung der Nichtausführung eine Anfechtung der Anordnung gemäß § 123 BGB in Betracht.[1034]

Wann Nachtrags**vereinbarungen** angefochten werden können, erörtern wir unter Rdn. 946.

4.7.1.1 Vertretungsmacht

Wenn eine natürliche Person als Auftraggeber in Person Anordnungen trifft, sind diese selbstverständlich wirksam. Sobald dieser Auftraggeber nicht „in Person" anordnet oder sobald eine juristische Person oder Körperschaft des öffentlichen Rechts (GmbH, Aktiengesellschaft, Gemeinde, Land) im Spiel ist, die nicht „in Person" handeln kann, stellt sich die Frage wirksamer Vertretung.
Hat derjenige, der die Anordnung erklärt hat, wirksam den Auftraggeber verpflichtet, hat er „mit Vertretungsmacht" gehandelt? **Vertretungsmacht** ist die kraft Gesetzes oder kraft Rechtsgeschäft (Bevollmächtigung) eingeräumte Rechtsmacht, im Namen eines Vertretenen so zu handeln, dass dieser unmittelbar berechtigt oder verpflichtet wird. Handelt der Vertreter ohne Vertretungsmacht, so wird der Dritte nicht wirksam verpflichtet. In solchen Fällen können aber Ansprüche des Auftragnehmers aus § 2 Nr. 8 VOB/B bzw. aus § 677 BGB (Geschäftsführung ohne Auftrag) sowie aus § 812 BGB (ungerechtfertigte Bereicherung) gegen den scheinbar Vertretenen bestehen; außerdem kommen Ansprüche gegen den Vertreter ohne Vertretungsmacht nach § 179 BGB in Betracht – Einzelheiten sogleich.

[1033] Dazu Rdn. 848. Deshalb bedarf es keines Schadensersatzanspruches aus c.i.c., wie von KG BauR 2003, 1903 erörtert.
[1034] Beispiel KG BauR a.a.O., wo aber der Auftragnehmer mit Recht die Ausführung der Nachtragsleistung ohne Preisvereinbarung verweigert hatte und deshalb schon § 123 BGB ausschied.

4.7.1.2 Gesetzliche Vertretungsmacht

4.7.1.2.1 Private Auftraggeber

893 Es bedarf keiner näheren Diskussion, dass ein Auftraggeber, der in der Rechtsform einer juristischen Person (z. B. Aktiengesellschaft, GmbH) betrieben wird, durch seine Organe vertreten wird (Vorstand, Geschäftsführer).

4.7.1.2.2 Öffentliche Auftraggeber

894 Sehr viel konfliktträchtiger für unsere Problematik ist die gesetzliche Vertretung öffentlicher Körperschaften, wobei insbesondere die der Gemeinden und Landkreise schon Anlass zu erheblichen Auseinandersetzungen gewesen ist.

Die **Vertretungsmacht**, insbesondere bei Gemeinden, Landkreisen und anderen Selbstverwaltungskörperschaften des öffentlichen Rechts, ist in den Gesetzen der einzelnen Bundesländer in verwirrender Vielfalt geregelt. Es ist deshalb unabdingbar, im kritischen Einzelfall die jeweiligen ländergesetzliche Regelung zu prüfen; unsere nachfolgenden Hinweise gelten also nicht generell, sondern beispielhaft.

Bei einfachen Geschäften der **laufenden Verwaltung** wird zum Beispiel in Baden-Württemberg nach der Gemeindeordnung die Gemeinde vom Bürgermeister vertreten, der die Gemeinde nur in Schriftform verpflichten kann.

Leidiglich bei Geschäften „der laufenden Verwaltung" besteht kein Schriftformerfordernis.[1035]

Die Bestimmungen in anderen Bundesländern sind ähnlich.[1036]

895 Der Bundesgerichtshof geht in ständiger Rechtsprechung davon aus, dass die Schriftform der Gemeindeordnungen bzw. der entsprechenden landesrechtlichen Gesetze nicht (nur) Formvorschrift – für privatrechtliche Formvorschriften hätte der Landesgesetzgeber gar keine Kompetenz –, sondern Zuständigkeitsregelung (Regelung der Vertretung) ist; ihre Beachtung ist also Voraussetzung dafür, dass die Organe überhaupt wirksam als Vertreter handeln können; ihr Fehlen führt also nicht wie im allgemeinen Zivilrecht zum Formmangel gemäß § 125 BGB, sondern (erstaunlicherweise) zum Vertretungsmangel gemäß § 177 ff. BGB.[1037]
Das heißt: **Mündliche Verpflichtungserklärungen sind** - mangels ordnungsgemäßer Vertretung -, außer (je nach Landesrecht) bei Geschäften laufender Verwaltung oder ausdrücklicher Einzelermächtigung nach Kommunalrecht **unwirksam**.[1038] Dasselbe gilt natürlich auch schon für die vorangehende **Anordnung** gemäß § 2 Nr. 5, Nr. 6 VOB/B.[1039]

896 Ansprüche aus **Verschulden bei Vertragsschluss** (c. i. c.) kommen zwar grundsätzlich in Betracht. Aber sie können die Kompetenzregelung nicht überspielen. Sie sind jedenfalls dann ausgeschlossen, wenn über sie in Wirklichkeit Vertragserfüllung (oder positives Interesse) hinsichtlich einer Verpflichtung gefordert werden soll, die mangels wirksamer

---

[1035] Beispiel BGH JZ 2002, 194 mit kritischer Anm. Püttner.
[1036] Beispiel GemO Sachsen-Anhalt und Gesetz über kommunale Gemeinschaftsarbeit Sachsen-Anhalt BGH NZBau 2002, 562; Thüringer Kommunalordnung BGH NZBau 2004, 207.
[1037] Siehe BGH NJW 2006, 60 = BauR 2005, 1918; BGH BauR 1992, 761; BGHZ 97, 224, 226; BGH NJW 1980, 117, 118.
[1038] Für unwirksame Preisvereinbarung über Nachtragsleistungen BGH BauR 1992, 761, vgl. auch BGH BauR 1974, 273.
[1039] Zum Beispiel BGH NZBau 2004, 207; BGH BauR 1974, 273.

Vertretung (und mangels vertretungsbegründender Schriftform) gerade nicht begründet worden ist; etwas anderes gilt, wenn die öffentliche Körperschaft den Eindruck erweckt, der Handelnde sei allein zum Vertragsschluss berechtigt.[1040] Hat allerdings das für die Willensbildung der Gemeinde zuständige Beschlussorgan den Abschluss des Verpflichtungsgeschäfts (auch nachträglich) gebilligt, haftet die Gemeinde.

Wenn die Anordnung der Gemeinde unwirksam ist, kommen Ansprüche aus § 2 Nr. 8 Abs. 2 und Abs. 3 VOB/B in Betracht. Der „mutmaßliche Wille" bedarf dabei genauer Prüfung.[1041]

Lässt sich auch das nicht feststellen, kommt immer noch eine Haftung der Gemeine aus ungerechtfertigter Bereicherung, § 812 BGB, in Betracht. Wenn z. B. ein ohne wirksame Anordnung errichtetes zusätzliches Stück Straße benutzt wird, ist die öffentliche Hand bereichert. Dann ist als Wertersatz zu leisten, was die Gemeinde bei Vergabe für die Durchführung der Arbeit hätte aufwenden müssen (!).[1042]

Der ohne Vertretungsmacht (ohne Schriftform) handelnde Bürgermeister haftet nach der Rechtsprechung nicht gemäß § 179 BGB, wohl kommt aber unter Umständen eine persönliche Amtshaftung nach § 839 BGB in Betracht.[1043]

4.7.1.3 Die rechtsgeschäftliche Vertretungsmacht

4.7.1.3.1 Die Vollmacht des Auftraggebers an eigene Mitarbeiter

Die durch Rechtsgeschäft erteilte Vertretungsmacht heißt Vollmacht. Sonderfall einer allgemeinen Vollmacht ist die Prokura. Ansonsten wird die Vollmacht durch Erklärung gegenüber dem Bevollmächtigten oder gegenüber dem Dritten, demgegenüber der Auftraggeber vertreten sein will, erteilt, § 167 BGB.

Ohne ausdrückliche Erklärung eines Auftraggebers lassen sich das Bestehen und der Umfang einer solchen Vollmacht nicht aufklären. Dem Auftragnehmer ist **daher dringend anzuraten, insoweit durch Rückfrage beim Auftraggeber** vor Ausführungsbeginn die Existenz und den Umfang der Vertretungsbefugnis genau zu klären. Der Rückgriff auf – generell mögliche – Anscheins- oder Duldungsvollmachten ist stets schon wegen der Beweislage problematisch.[1044]

Der Bauleiter oder Oberbauleiter des Auftraggebers hat keineswegs ohne Weiteres die allgemeine Vollmacht, Änderungs- oder Zusatzaufträge vergeben zu dürfen. Ebensowenig hat z. B. der Polier des Hauptunternehmers gegenüber einem Subunternehmer Vollmacht zur Anordnung von Änderungs- oder Zusatzleistungen.

Ausnahmen können in äußerst beschränktem Maß für solche Änderungs- oder Zusatzarbeiten angenommen werden, die sich in kleinstem Umfang halten und die im Tagesgeschäft zwingend sofort erledigt werden müssen.

Wenn der Auftraggeber in seinen Allgemeinen Geschäftsbedingungen deshalb regelt, dass sein Bauleiter keine wirksamen Erweiterungen oder Ergänzungen des Vertrages gemäß

[1040] BGH NJW 2006, 60 = BauR 2005, 1918; BGH JZ 2002, 196; BGH WM 1994, 551, jeweils m.N.
[1041] Vorbildlich dazu die Prüfung in BGH NZBau 2004, 209.
[1042] BGH NZBau 2004, 209; BGH NZBau 2002, 562; BGH NZBau 2001, 571 = BauR 2001, 1412.
[1043] BGH JZ 2002, 194 mit kritischer Anm. Püttner.
[1044] Zu den Begriffen Anscheinsvollmacht und Duldungsvollmacht s. Rdn. 902.

§ 1 Nr. 3, Nr. 4 VOB/B anordnen kann, entspricht das nur der bestehenden Rechtslage und ist wirksam.[1045]

4.7.1.3.2 Die Vollmacht des Architekten (Anscheinsvollmacht, Duldungsvollmacht)

902 Grundsätzlich kann natürlich der Auftraggeber seinem Architekten die umfassendsten Vollmachten erteilen, für ihn Verträge abzuschließen, Änderungs- und Zusatzaufträge zu erteilen und überhaupt finanzielle Dispositionen zu Lasten des Auftraggebers zu treffen. Das ist indes der seltene Ausnahmefall.
Aus der bloßen Tatsache, dass der Auftraggeber einen Architekten eingeschaltet hat, folgt keineswegs der Anschein, dass der Architekt bevollmächtigt sei, den Auftraggeber allgemein oder in vollem Umfang zu vertreten. Wir befassen uns mit **Anscheinsvollmacht oder Duldungsvollmcht ohnehin nur** insoweit, als es um die **Befugnis zur Erteilung von Änderungs- oder Zusatzaufträgen geht.**
Anscheinsvollmacht: Der „Vertreter" (z. B. Architekt) handelt ohne Vollmacht; dennoch wird der Vertretene (z. B. Auftraggeber) verpflichtet, wenn er das Handeln des vollmachtlosen Vertreters (von gewisser Häufigkeit und Dauer) hätte erkennen müssen und unterbinden können und wenn der Geschäftspartner (hier z. B. Auftragnehmer) aufgrund des Verhaltens des „Vertreters" mit Recht darauf vertraut hat, dass der Vertretene das Verhalten des „Vertreters" kenne und damit einverstanden sei.[1046]
Duldungsvollmacht: Der Auftraggeber kennt das Handeln eines nicht zur Vertretung Befugten und duldet es trotz zumutbarer Abhilfemöglichkeit; der Auftragnehmer darf dieses Dulden wegen der Umstände des Einzelfalls als Zustimmung des Auftraggebers werten.[1047]

903 Wenn der Auftraggeber dem Architekten keine umfassende Vollmacht erteilt hat, hat der Architekt „aus eigenem Recht" nur eine sehr eingeschränkte, durch die Notwendigkeit, die Baustelle „abzuwickeln", beschränkte Vollmacht. Nach allgemeiner und richtiger Auffassung erweckt der Auftraggeber durch die Beauftragung des Architekten dem Auftragnehmer gegenüber nur den Anschein, dass dieser **einzelne** Aufträge im Rahmen des Bauvorhabens vergeben dürfe. Insbesondere kann also der Architekt ohne ausdrückliche Vollmacht des Auftraggebers **Aufträge über Änderungs- oder Zusatzleistungen nur in einem Umfang erteilen, der** (gegenüber dem Gesamtauftrag) **wirtschaftlich geringfügige** Leistungsteile betrifft; ebenso wird er jedenfalls eine Anscheinsvollmacht haben, erste Notmaßnahmen zu treffen.[1048]
Ebenso darf er **zeitliche Anordnungen** in geringem Umfang geben.[1049]
Das mag zwar keine abstrakte Lösung für jeden Fall sein, aber diese auf den konkreten Fall bezogene Aussage ist unumgänglich. Der Grundgedanke ist, dass die Vollmacht des Architekten eng zu sehen ist und nicht die Gefahr bestehen darf, dass finanzielle Verpflichtungen zu Lasten des Auftraggebers ohne dessen Willen begründet werden können.

Unter Umständen kann man bei kleineren Objekten, bei denen der Architekt „alles macht", also z. B. auch ohne Ausschreibung mündlich vergibt, andere Maßstäbe anlegen.[1050]

[1045] So mit Recht BGH BauR 1994, 760.
[1046] Z. B. BGH BauR 1999, 1300, 1301 ff.
[1047] **Zu dem Gesamtthema Architektenvollmacht und Auftragsvergabe einschließlich der Erläuterungen zur Anscheinsvollmacht** und zur **Duldungsvollmacht** vgl. die sehr guten Zusammenfassungen bei Werner/Pastor, Bauprozess Rdn. 1077, 1078 ff.; Langen/Schiffers, Bauplanung und Bauausführung, Rdn. 478–481.
[1048] Vgl. z. B. BGH BauR 1975, 358; BauR 1978, 314, 316; OLG Frankfurt Schäfer/Finnern/Hochstein, § 179 BGB Nr. 6 mit Anm. Hochstein; Heiermann/Riedl/Rusam, VOB/B § 2, Rdn. 174; Werner/Pastor, Bauprozess, a.a.O.
[1049] Weyers, BauR 1990, 138, 139.
[1050] BGH BauR 1978, 314, 316.

904 Auch wenn einem Architekten eine umfassende Vollmacht erteilt ist, **verpflichtet** er den Auftraggeber **nicht**, wenn er mit dem Auftragnehmer **unkorrekt zusammenwirkt**, also seine Vollmacht mißbraucht, z. B. für „frisierte" Zusatzaufträge.[1051]

4.7.1.3.3 Die Vollmacht des Baucontrollers und des Projektsteuerers

905 Der Baucontroller übernimmt typischerweise – unter anderem – Aufgaben, die in den Leistungsphasen 1 (Grundlagenermittlung), 6 (Vorbereitung der Vergabe), 7 (Mitwirkung bei der Vergabe), 8 (Objektüberwachung) und 9 (Objektbetreuung und Dokumentation) des § 15 HOAI anfallen. Ohne näher darauf einzugehen, worin die besonderen Aufgaben des Baucontrollers liegen, zeigt das, dass er kraft Anscheinsvollmacht **bestenfalls** dieselbe Befugnis hat wie der typische Architekt. Auch er darf also Aufträge zur Änderung oder Zusatzleistungen nur in einem Umfang erteilen, der (gegenüber dem Gesamtauftrag) wirtschaftlich geringfügige Leistungsteile betrifft; ebenso kann er erste Notmaßnahmen in Vollmacht treffen,[1052] so dass insgesamt auf die obigen Ausführungen verwiesen werden kann (oben Rdn. 901 ff.).

906 Ein Projektsteuerer hat dagegen keine Vollmacht, auch nicht diese eingeschränkte (Anscheins-)Vollmacht, ungeachtet der Frage, wie die Bereiche von Architekt, Baucontroller und Projektsteuerer überhaupt gegeneinander abzugrenzen sein mögen. Das Fehlen der Vollmacht folgt schon aus § 31 Abs. 1 Nr. 4 HOAI, denn zu den Aufgaben des Projektsteuerers gehören die „Koordinierung und Kontrolle der Projektbeteiligten **mit Ausnahme der ausführenden Firmen."** Das heißt: Da der Projektsteuerer nicht auf die ausführenden Firmen „direkt zugreift", spricht auch kein Anschein für eine entsprechende Vollmacht.[1053] Natürlich kann der Auftraggeber das im Einzelfall anders regeln.

4.7.1.3.4 Ansprüche des Auftragnehmers bei Anordnung trotz fehlender Vollmacht?

907 Der Auftraggeber kann das Handeln des Vertreters ohne Vertretungsvollmacht (des Nicht-Bevollmächtigten) gemäß § 177 BGB nachträglich genehmigen, dann wird das Geschäft voll wirksam. Genehmigt er es nicht, so ist das Geschäft endgültig unwirksam. Der Auftragnehmer kann dann unmittelbar Ansprüche gegen den vollmachtlosen Vertreter gemäß § 179 BGB haben, jedoch scheitern diese Ansprüche unter Umständen daran, dass der Auftragnehmer den Mangel der Vollmacht kannte oder kennen musste, so z. B. dann, wenn der Auftraggeber in seinen Vertragsbedingungen eindeutig erwähnt, dass die Anordnung geänderter oder zusätzlicher Leistungen nur durch den Auftraggeber selbst und nicht durch seinen Architekten erfolgen kann;[1054] zu besonderen Erkundigungen ist der Auftragnehmer insoweit allerdings nicht verpflichtet.[1055]

908 Da das Handeln ohne Vollmacht gleichzeitig zu Leistung ohne (wirksame) Anordnung führt, kommen typischerweise auch Ansprüche des Auftraggebers aus § 2 Nr. 8 Abs. 2, 3 VOB/B[1056] oder aus ungerechtfertigter Bereicherung gemäß § 812 BGB in Betracht[1057].

[1051] BGH BauR 1991, 331, 332, 333.
[1052] Ebenso Heinrich, Der Baucontrollingvertrag, S. 150 ff.
[1053] Ebenso Eschenbruch, Recht der Projektsteuerung, Rdn. 462.
[1054] OLG Düsseldorf BauR 1985, 339.
[1055] BGH Betrieb 1985, 432, 433.
[1056] Dazu unten Rdn. 1171 ff.
[1057] Dazu unten Rdn. 1184 ff.

5 Das Ankündigungserfordernis für den Vergütungsanspruch aus § 2 Nr. 6 VOB/B

5.1 Die Mindermeinung: Kein Anspruchsverlust bei fehlender Ankündigung

909 Für eine Zusatzleistung gemäß § 1 Nr. 4, § 2 Nr. 6 VOB/B hat der Auftragnehmer Anspruch auf zusätzliche Vergütung. „**Er muss** *jedoch* **den Anspruch dem Auftraggeber ankündigen, bevor** er mit der **Ausführung der Leistung beginnt**" (§ 2 Nr. 6 Abs. 1 Satz 2 VOB/B).

Dass der Auftragnehmer den Vergütungsanspruch **vor** der Inangriffnahme der Leistung dem Auftraggeber **ankündigen muss,** ergibt sich aus der Vorschrift unzweideutig. Vor Ausführung heißt nicht vor Anordnung: Erbittet der Auftraggeber vom Auftragnehmer **zuerst** ein Nachtragsangebot und ordnet er nach Vorlage die zusätzliche Leistung gemäß § 1 Nr. 4 VOB/B an, so ist der Mehrvergütungsanspruch mit dem Nachtragsangebot natürlich angekündigt.

Fraglich ist, **welche Folge** es hat, wenn der Auftragnehmer die **Ankündigung unterlässt,** beispielsweise wenn bei knappen Bauzeiten und spät eintreffenden Ausführungsplänen dem Auftragnehmer gar nicht auffällt, dass sich in den Ausführungsplänen zusätzliche Leistungsinhalte befinden, die bisher im LV nicht enthalten waren. Bei der Antwort ist auch zu prüfen, ob es eine Rolle spielt, dass die VOB/B kein Gesetz ist, sondern sich als „Allgemeine Geschäftsbedingungen" darstellt.

Die Mindermeinung hält die Ankündigung nicht für eine Anspruchsvoraussetzung, sondern nur für eine Nebenpflicht des Auftragnehmers, deren Versäumung möglicherweise (nur) Ersatzansprüche des Auftraggebers auslösen kann. Weick führt dazu aus,[1058] es ergebe keinen Sinn, wenn die Vorschrift davon spreche, dass der Auftragnehmer einen Anspruch „hat", wenn andererseits die Ankündigung dieses Anspruches erst Voraussetzung für die Entstehung sei.

Das überzeugt nicht. Wenn die Vorschrift lauten würde: „Der Auftragnehmer hat bei Zusatzleistungen Anspruch auf besondere Vergütung, der jedoch verwirkt ist, wenn der Anspruch nicht vor Ausführung angekündigt ist", könnte man an der Ankündigung als Anspruchsvoraussetzung trotz des Wortes „hat" im ersten Satzteil nicht zweifeln. Das Verständnis als Anspruchsvoraussetzung setzt nicht die Beurteilung als „Entstehungsgrund" des Anspruches voraus; die fehlende Ankündigung lässt sich vielmehr einfacher als ein Hindernis verstehen, einen an sich durchaus bestehenden Anspruch realisieren zu dürfen.

Soweit Weick ergänzend argumentiert,[1059] bei Beurteilung als Anspruchsvoraussetzung könne der Auftraggeber, der trotz fehlender Ankündigung bezahlt habe, aus ungerechtfertigter Bereicherung die Zahlung zurückfordern, stehen dem § 812 Abs. 2, § 222 Abs. 2 BGB entgegen: Wer eine Forderung trotz Verjährung bezahlt hat, kann nicht aus ungerechtfertigter Bereicherung die Zahlung zurückverlangen; dasselbe gilt – jedenfalls hier – auch für verwirkte Forderungen.[1060]

[1058] Nicklisch/Weick, VOB/B § 2 Rdn. 71; Staudinger/Peters, § 632 Rdn. 74; Beck'scher VOB-Kommentar/Jagenburg, VOB/B § 2 Nr. 6, Rdn. 67 ff.; Fahrenschon, BauR 1977, 172.
[1059] Siehe Nicklisch/Weick, VOB/B, § 2 Rdn. 71.
[1060] Vgl. für den Parallelfall des § 16 Nr. 3 Abs. VOB/B (unterbliebener Vorbehalt bei Schlusszahlung) BGHZ 62, 15, 18.

5.2 Die herrschende Meinung: Anspruchsverlust bei fehlender Ankündigung

5.2.1 Bedeutung des Wortes „jedoch"

Der Bundesgerichtshof hat sich in sechs Entscheidungen mit dem Ankündigungserfordernis in § 2 Nr. 6 VOB/B befasst und es dabei mehrmals ohne weitere Erörterung als „Anspruchsvoraussetzung" gekennzeichnet. In einer Entscheidung hat er ausgeführt, die Ankündigung verhindere, dass der Auftraggeber von dem Vergütungsverlangen des Auftragnehmers für die zusätzliche Leistung „überrascht werde", in einer anderen, der Auftraggeber habe ein „starkes Interesse daran", die Einhaltung der Ankündigungspflicht möglichst nachhaltig zu gewährleisten. Deshalb müsse die Ankündigung Anspruchsvoraussetzung sein, dies hat er in den letzten Entscheidungen bestätigt.[1061]

910

Die überwiegende Auffassung stützt die Beurteilung als strikte Anspruchsvoraussetzung darauf, dass der Wortlaut ganz eindeutig sei: Wenn der Vergütungsanspruch bestehe, „jedoch" vor Leistungsbeginn die Vergütungsforderung angekündigt werden müsse, mache dieses Wort „jedoch" unmißverständlich deutlich, dass ohne Ankündigung eben keine Vergütungspflicht bestehe. Dieses von der Rechtsprechung und überwiegenden Lehre gebilligte Ergebnis hätten die Verfasser der VOB/B bei den jeweiligen Neufassungen gekannt, aber den Wortlaut nicht geändert; sie hätten also die ihnen geläufige Ausschlusswirkung" gerade beibehalten wollen.[1062]
Überhaupt komme nur der juristisch Geschulte und Problembewusste auf den Gedanken, dass die Verletzung der Ankündigungspflicht möglicherweise nur Schadensersatzansprüche auslöse, während der „unbefangene Vertragspartner" des Verwenders bei der an sich eindeutigen Formulierung annehme, dass ohne Ankündigung überhaupt kein Anspruch bestehe – so Locher.[1063]

911

5.2.2 Ankündigungserfordernis als Anspruchsvoraussetzung – Abweichung von der gesetzlichen Regel

Die Überzeugungskraft der Argumentation lässt sich an **Vertragsklauseln** prüfen, die für Vergütungsansprüche wegen **geänderter Leistung** ein **Ankündigungserfordernis** eingeführt haben – also **abweichend** von § **2 Nr. 5** VOB/B, der keine Ankündigung verlangt (dazu Rdn. 933).
Das OLG Celle[1064] behandelte 1980 die Klausel Nr. 11.1.5 BVStra: „Wenn der Auftragnehmer wegen Änderungen des Bauentwurfes oder anderer Anordnungen des Auftragge-

912

[1061] BGH NZBau 2002, 152 = BauR 2002, 312; BGH BauR 1996, 542; BGH BauR 1991, 210; BGH BB 1961, 989; BGH Schäfer/Finnern Z 2.300 Bl. 11, 12 R. BGH Schäfer/Finnern Z. 2.311 Bl. 31, 35.

[1062] Ingenstau/Korbion/Keldungs, VOB/B § 2 Nr. 6, Rdn. 12; Locher, Das private Baurecht, Rdn. 190; Vygen, Bauvertragsrecht Rdn. 812; Werner/Pastor, Bauprozess Rdn. 1156; von Craushaar, BauR 1984, 311, 316; Leinemann/Schoofs, VOB/B §2, Rdn. 119–122. Zu **unserer** Meinung siehe Rdn. 914 ff.

[1063] Festschrift für Korbion, S. 283, 287; symptomatisch zu der Aussagekraft **dieses** Arguments ein Zitat aus Fahrenschon, BauR 1977, 172, 173: „**Jeder unbefangene Leser** des Satzes 2 würde eine Verletzung dieser Ankündigungspflicht allenfalls als eine normale Verletzung vertraglicher Pflichten, die lediglich zu einem etwaigen Schadensersatzanspruch führen könnte, ansehen. Er würde damit auch in völliger Übereinstimmung mit den üblichen Geschäften des täglichen Lebens in unserem gesamten Wirtschaftsbereich stehen..."

[1064] BauR 1982, 381.

bers eine erhöhte Vergütung beansprucht, **muss** er dies dem Auftragnehmer unverzüglich anzeigen."

Das OLG Frankfurt[1065] beurteilte 15.2 ZVStr.: „Der Auftragnehmer **muss** dem Auftraggeber vor der Ausführung schriftlich ankündigen, dass er wegen Änderungen des Bauentwurfes eine erhöhte Vergütung beansprucht."

Bei beiden Klauseln zweifelt der „unbefangene Vertragspartner" – das heißt, der Vertragspartner ohne juristische Vorkenntnis – nicht daran, dass dann, wenn nicht angekündigt ist, der Anspruch scheitert. In beiden Fällen haben die Oberlandesgerichte diese Schlussfolgerungen **nicht gezogen,** also die **Eigenschaft der Ankündigung** als **Anspruchsvoraussetzung verneint;** in beiden Fällen hat der Bundesgerichtshof durch **Nichtannahmebeschluss** zumindest im Ergebnis die Entscheidungen bestätigt.

913 Exemplarisch führt das OLG Frankfurt aus, die Rechtsfolge „Anspruchsverlust" sei in der Vertragsbedingung nicht ausgesprochen. Da aber grundsätzlich die Verletzung vertraglicher Pflichten nur Schadensersatzansprüche zur Folge habe und nicht zum totalen Anspruchsverlust führe, müsse eine davon abweichende Sanktion – nämlich Anspruchsverlust – sich **unmißverständlich** aus der Klausel selbst ergeben.

Im BGB löst tatsächlich die Verletzung solcher vertraglichen Pflichten nur Schadensersatzansprüche aus. Es gibt insoweit eine besonders interessante, durchaus vergleichbare Regelung: Hat der Auftragnehmer einen Kostenvoranschlag gemacht, ohne die Gewähr für die Richtigkeit übernommen zu haben, ergibt sich aber später, dass das Werk nicht ohne wesentliche Überschreitung des Kostenvoranschlages ausführbar ist, so steht dem Auftragnehmer, wenn der Auftraggeber wegen der Kostenüberschreitung kündigt, gemäß § 650 Abs. 1 BGB Anspruch auf Vergütung der Teilleistung und Ersatz der Auslagen für die Restleistung nach näherer Maßgabe des § 645 BGB zu. § 650 Abs. 2 BGB regelt sodann: „Ist eine solche Überschreitung des Anschlags zu erwarten, so hat der Unternehmer dem Besteller unverzüglich **Anzeige** zu machen." Welchen Schluss zieht der „unbefangene Vertragspartner", wenn ein Auftragnehmer die Anzeige versäumt? Doch den, dass der Anspruch verlorengeht. Aber diesen Schluss zieht in der Rechtslehre niemand; nach allgemeiner Auffassung ist der Auftragnehmer hier vielmehr nur schadensersatzpflichtig.[1066]

Obwohl also der Auftragnehmer den Kostenvoranschlag **selbst** erarbeitet hat, sich nunmehr seine eigene Kostenermittlung **ohne Dazutun** des Auftraggebers als falsch erweist, und obwohl er dann die Kostenüberschreitung **nicht rechtzeitig anzeigt,** verliert er dennoch nicht automatisch seinen Vergütungsanspruch.

Bei § 2 Nr. 6 VOB/B soll der Auftragnehmer dagegen den Vergütungsanspruch automatisch verlieren, obwohl Voraussetzung des Anspruchs ist, dass der **Auftraggeber** schon selbst die zusätzliche Leistung **angeordnet** hat. Die Diskrepanz zur allgemeinen gesetzlichen Regel ist offensichtlich und lässt jedenfalls an dieser Folge zweifeln.

[1065] BauR 1986, 352; eine ähnliche Klausel in Nr. 15 ZVB-StB 80 hat der BGH (BB 1991, 502 = BauR 1991, 210) als Anspruchsvoraussetzung gewertet; die Gültigkeit nach Maßgabe des AGB-Rechts hat er offen gelassen.

[1066] Vgl. z. B. LG Köln NJW-RR 1990, 1498; Palandt/Sprau, § 650 Rdn. 3; RGRK/Glanzmann, § 650 Rdn. 15; Locher, Das private Baurecht Rdn. 57.

5.3 Ankündigungserfordernis als Anspruchsvoraussetzung sach- und systemwidrig

Ein Ankündigungserfordernis bei zusätzlichen Leistungen, die **immer** mehr kosten, wie jeder weiß, aber kein Ankündigungserfordernis bei geänderten Leistungen, die teurer wie kostenneutral wie billiger sein können, ist sachwidrig.[1067)]
Darüber hinaus ist das Ankündigungserfordernis auch systemwidrig: Ordnet ein Mitarbeiter des Auftraggebers ohne Vollmacht, also unwirksam, an, kann der Auftragnehmer dennoch Ansprüche aus § 2 Nr. 8 Abs. 2, 3 VOB/B haben, dabei gibt es kein Ankündigungserfordernis im Sinne von § 2 Nr. 6 VOB/B;[1068)] hätte derselbe Mitarbeiter Vollmacht gehabt, könnte der Vergütungsanspruch des Auftragnehmers aus § 2 Nr. 6 VOB/B an unterlassener Ankündigung scheitern. Das ist ungerecht.

914

5.4 Schlussfolgerung: Unwirksamkeit nach § 307 BGB

Angesichts der Abweichung zu gesetzlichen Parallelfällen (siehe Rdn. 912) verstößt § 2 Nr. 6 Abs. 1 Satz 2 VOB/B gegen § 307 BGB und ist unwirksam.[1069)] Sofern Vertragsbedingungen auch nur eine einzige Abweichung zur VOB/B enthalten, bejaht die Rechtsprechung **heute** die Möglichkeit der Anwendung dieser AGB-rechtlichen Vorschrift. Ob nicht ohnehin die VOB/B ohne Rücksicht auf vertragliche Abweichungen AGB-kontrollunterworfen ist – vgl. Fn. 104, 105 –, muss sich zeigen; ist sie das, so ist die Anwendung von § 307 BGB ohnehin kein Problem.

915

5.5 Die abweichende BGH-Rechtsprechung: Wirksamkeit des Ankündigungserfordernisses mit gravierenden Einschränkungen

Der Bundesgerichtshof hat diesen Schritt nicht vollzogen; er hält § 2 Nr. 6 Abs. 1 Satz 2 VOB/B für wirksam und behandelt ihn formal immer noch als Anspruchsvoraussetzung, schränkt aber im Wege der überdimensionalen Auslegung seinen Anwendungsbereich so ein, dass so gut wie nichts übrig bleibt. Das sei in Wirklichkeit – so Quack/Kniffka[1070)] – die Abkehr von der Anspruchsvoraussetzung und die Einordnung **nur noch als Informations- und Kooperationspflicht**. Abgesehen davon, dass nach dem Wortlaut der VOB/B durch die Verwendung des Wortes „jedoch" die Einordnung als Anspruchsvoraussetzung zwingend – wenn auch nicht sachgerecht – ist, wird mit dieser Interpretation die Bedeutung der Vorschrift nebulös: Wenn keiner der vielen Ausnahmen eingreift, scheitert dann wegen der unterlassenen Ankündigung der Vergütungsanspruch oder nicht?

916

[1067)] Siehe auch oben Rdn. 780, 1000.
 Ein Ankündigungserfordernis sowohl für zusätzliche wie geänderte Leistungen als bei Verletzung zum Schadensersatz führende Nebenpflicht hätte zwar Sinn, aber gerade das regelt die VOB/B nicht.
[1068)] BGH BauR 1991, 331.
[1069)] Einzelheiten Kapellmann, in: Kapellmann/Messerschmidt, VOB/B § 2, Rdn. 200.
[1070)] Festschrift 50 Jahre Bundesgerichtshof, S. 17, 30; diese Interpretation der BGH-Entscheidungen „erstaunt" Schulze-Hagen, Festschrift Thode, S. 167, 171. Uns auch.

Der Bundesgerichtshof (s. Fn. 1061) statuiert jedenfalls viele Ausnahmen. Ein Ankündigungserfordernis bestehe nicht, wenn im **Einzelfall** die Ankündigung für den Schutz des Auftraggebers entbehrlich sei.
Das sei sie, wenn
- der Auftraggeber von der Entgeltlichkeit ausging oder ausgehen **musste**,
- keine Alternative zur **sofortigen** Leistung durch den Auftragnehmer verbleibe,
- der Auftragnehmer die Ankündigung ohne Verschulden (?) versäumt habe, was allerdings nicht häufig vorkommen werde.

Generell sei zu berücksichtigen, dass
- gewerbliche Bauleistungen regelmäßig nicht ohne Vergütung zu erwarten seien (!),
- die Ankündigung nicht zum vollen Verlust des Vergütungsanspruchs führe, wenn die rechtzeitige Ankündigung die Lage des Auftraggebers auch nur partiell verbessert hätte, weil z. B. eine preiswerte Alternative bestanden habe. Dabei müsse zu Recht der Auftraggeber die preiswertere Alternative darlegen und beweisen; dann erst könne der Auftragnehmer darlegen und beweisen, dass eine rechtzeitige Ankündigung nichts verbessert hätte.[1071]

917 Alle diese Ausnahmen, auch wenn sie zum Teil gänzlich unbestimmt sind und keinerlei **allgemeine** Prognose mehr zulassen, sind sachlich absolut verständlich, wenn man mit dem BGH von der AGB-Festigkeit von § 2 Nr. 6 Abs. 1 Satz 2 VOB/B ausgeht. Aber dass sie sachlich verständlich sind, heißt nicht, dass sie zulässig sind: Der BGH schafft gegen den klaren Wortlaut ein „eigenes" VOB-Recht, er setzt seinen Sachverstand an die Stelle des Vertragsausschusses; er stellt die Vorschrift auf den Kopf und macht die Regel zur Ausnahme, er richtet das schwere Geschütz der Ankündigung als Anordnungsvoraussetzung nur noch auf Bagatellzusatzleistungen.[1072] Gerade das sollte den BGH veranlassen, § 2 Nr. 6 Abs. 1 Satz 2 VOB/B für AGB-widrig zu erklären. Bei dieser Gelegenheit würde sich die sachlich unsinnige Unterscheidung von geänderten und zusätzlichen Leistungen in Luft auflösen.

918 Auch wenn wir somit die Rechtsprechung des BGH nicht billigen, ist es sinnvoll, für die Praxis insbesondere den allgemeinen Obersatz zu kontrollieren, wann denn im Einzelfall die Ankündigung für den Schutz des Auftraggebers entbehrlich ist.

Erfasst sind insbesondere Fälle, in denen **durch die eigene Veranlassung** des Auftraggebers bzw. seiner Planer diesem die Tatsache einer **Zusatzleistung** klar sein muss und der **Umfang der Leistung** Zweifel daran ausschließt, dass hierfür auch eine zusätzliche Vergütung zu gewähren ist.[1073]
Wenn die Planung von gemauerten Wänden auf Betonwände umgestellt wird, ist es jedem Planer klar, dass neu zu regeln ist, welche Vergütung nunmehr für die Wände zu vereinbaren ist. Oder: Wenn ursprünglich überhaupt keine Parkplatzbefestigung in Auftrag gegeben war, soll die Zusatzleistung „Parkplatzbefestigung" nicht geschenkt sein. Zwar hat auch hier der Auftraggeber ein Interesse an frühzeitiger Preisvereinbarung, aber er kann **nicht daran zweifeln, dass Vergütung gefordert** werden wird, kann also auch vorab eine Preisvereinbarung herbeiführen, wenn er nur will. Das ändert nichts daran, dass gerade die oben genannten Fälle auch für den Auftragnehmer offensichtlich und frühzeitig vor Ausführung erkennbar sind, d. h., hier könnte vom „organisatorischen Ablauf" ein Ankündigungserfordernis realisiert werden.

[1071] BGH NZBau 2002, 152 = BauR 2002, 312.
[1072] Näher Kapellmann, in: Kapellmann/Messerschmidt, VOB/B § 2, Rdn. 200.
[1073] BGH BauR 1996, 542.

Gültigkeit des Ankündigungserfordernisses bejaht | Rdn. 919–921

919 Was gilt jedoch für den Fall, dass sich **in** den „ganz normalen" **Ausführungsplänen Zusatzleistungen „verstecken",**[1074] die also nicht dem Vertrags-LV und den sonstigen Fixierungen des Bausolls entsprechen? Sofern sie objektiv Zusatzleistungen sind, **sollten sie dem Auftraggeber** – wenigstens aber seinen Planern – **bekannt** sein. Somit liegt es auch bei ihm, den Auftragnehmer danach zu fragen, ob und welche Vergütungsregeln zu treffen sind. Daher sollte in solchen Fällen dem Auftragnehmer für solche Leistungen die adäquate Vergütung im Normalfall nicht versagt werden. In solchen Fällen unterlässt der Auftragnehmer oft die Anzeige **ohne Verschulden.**

Sofern es sich jedoch ausnahmsweise um Leistungen handelt, deren „Zusatzleistungseigenschaften" dem Auftraggeber (bzw. seinen Planern) nicht erkennbar sind, hat der Auftragnehmer, sofern er sie als Zusatzleistungen zu berechnen gedenkt, dies auch dem Auftraggeber anzukündigen.

920 Eine noch weitere **allgemeine Aussage,** bis wann und ab welchem Leistungsumfang oder bei welchen Umständen die **Einschränkung** des Ankündigungserfordernisses **laut BGH** gilt, lässt sich **nicht** treffen, auch wenn das sehr wünschenswert wäre; die Lösung hängt vom Einzelfall ab [zu „unseren" Ausnahmen Rdn. 921 ff.].
Kriterien können insoweit jedenfalls sein:
– der Umfang des Zusatzaufwands für die Erstellung der „neuen Leistung",
– **die Relation des Umfangs von Zusatzleistung und Gesamtleistung** je Titel des LV,
– **das besonders deutliche Hervortreten** der Leistung **als „zusätzlich",** so dass dem Auftraggeber die „Kostenpflichtigkeit" nicht verborgen bleiben kann,
– die besonders schwierige „Auffindbarkeit" der Zusatzleistung in den Ausführungsvorgaben (versteckt im Plan? – siehe Rdn. 919)
– und der Zeitpunkt des Zugangs der Anordnung in bezug auf die Terminvorgaben – je später, desto schwerer wegen des Termindrucks erkennbar.

5.6 Vier Einzelausnahmen, wenn Gültigkeit des Ankündigungserfordernisses bejaht

921 Hält man mit dem Bundesgerichtshof § 2 Nr. 6 Abs. 1 Satz 2 VOB/B nicht aus AGB-rechtlichen Gründen für unwirksam, so muss man sich mit der Zulässigkeit der vom BGH erarbeiteten wuchernden Ausnahmen befassen. Es gibt aber **unabhängig von diesen Ausnahmen** jedenfalls vier Einzelbereiche, in denen deutlich umrissene Ausnahmen vom (wirksamen) Ankündigungserfordernis zu bejahen sind.

a) Die erste **allgemeine** Ausnahme ist: Wir haben im Zusammenhang mit § 2 Nr. 3 Abs. 2 VOB/B erörtert, dass **§ 2 Nr. 6 VOB/B auch die Fälle erfasst,** in denen die zusätzliche, im Vertrag bisher nicht vorgesehene Leistung darin besteht, dass der Auftraggeber die bloße **Mengenvergrößerung** einer schon als Leistungsbeschrieb unverändert vorhandenen Leistung **anordnet** – also statt 1000 m² Parkplatz jetzt 1300 m² Parkplatz bauen lässt.[1075] **In diesen Anwendungsfällen ist die Ankündigung der Forderung auf zusätzliche Vergütung nicht Anspruchsvoraussetzung.**
Mindestens eines kann man nämlich vom Auftraggeber erwarten. Er muss wissen – und jeder weiß –, dass man **immer,** wenn man **mehr Menge** derselben Leistung erstellen läßt

---

[1074] Dazu näher oben Rdn. 865, 886, unten 1126.
[1075] Vgl. oben Rdn. 514 ff., 805.

als bislang beauftragt, auch **mehr bezahlen** muss; kein Auftragnehmer erbringt ein **Mehr derselben Leistung** freiwillig **ohne Vergütung**.[1076]

922 Hinzu kommt, dass die Trennungslinie zwischen der schlicht nach Einheitspreisgrundsätzen (Bezahlung gemäß ausgeführter Leistung), ggf. nach § 2 Nr. 3 Abs. 2 VOB/B zu behandelnden, „sich von selbst ergebenden" Mengenmehrung und **der auf eine Anordnung zurückzuführenden Mengenmehrung (= zusätzliche Leistung)** ja nur danach getroffen werden kann, wenn der Auftraggeber von der dem Vertrag zugrundeliegenden Planung abweicht. In vielen Fällen ist es dem **Auftragnehmer** zum Zeitpunkt der Ausführung der Arbeit **gar nicht ersichtlich,** ob die Mengenmehrung „sich von selbst" ergeben hat oder aufgrund einer bewußten Umdisposition des Auftraggebers bzw. seiner Planer. Der Auftragnehmer hat als Bieter zumeist in ein LV Preise eingesetzt – und ein LV ist nun einmal nichts anderes als eine Preisliste, man kann danach nicht bauen –, ohne dass ihm überhaupt Pläne (oder alle Pläne oder freigegebene Ausführungspläne) vorgelegen haben müssen. Die bloße Überschreitung des Vordersatzes schließt natürlich die Anwendbarkeit des § 2 Nr. 3 Abs. 2 VOB/B nicht aus, solange sich die vermehrte Leistung im Rahmen der im Zeitpunkt des Vertragsschlusses bekannten Planung bewegt. Wenn aber keine Pläne vorliegen, woher soll der Auftraggeber wissen, ob zusätzlich zu „einer im Vertrag enthaltenen Menge" weitere Mengen zu bauen sind oder nicht – wir haben dieses Problem schon oben unter Rdn. 805 angesprochen.

Der **Auftraggeber** hingegen **kennt die aus seiner Planung resultierende „Menge"** – zumindest kann er sie ermitteln; will er mehr, braucht er nicht vor sich selbst gewarnt zu werden. Es wäre **auch seltsam,** wenn der Auftragnehmer sich **dann schlechterstünde,** wenn er – infolge ursprünglicher Mengenermittlung bzw. Planung des Auftraggebers – von Anfang an und ohne spätere Anordnung eine größere Menge, als im LV vorgesehen, erbringen muss und dann natürlich Vergütung nach Einheitspreisgrundsätzen, ggf. unter Berücksichtigung von § 2 Nr. 3 Abs. 2 VOB/B erhält, jedoch dann, wenn er aufgrund erst später erkannter „schlechter" auftraggeberseitiger Planung, also nachträglicher Plankorrektur, eine größere Menge Leistung erbringen muss, deren zusätzliche Vergütung von einer Ankündigung abhängig sein soll.[1077] Beide Fälle sind in den Folgen gleichzubehandeln; es gibt **keine strukturellen Unterschiede.** Anderenfalls könnte der aberwitzige Fall eintreten, dass sich „aus den Verhältnissen" eine Mengenmehrung ergibt, die der Auftragnehmer ja über die abgerechnete Menge selbstverständlich bezahlt bekäme, der Auftraggeber aber schnell eine (überflüssige) Zusatzanordnung gibt und dann der Vergütungsanspruch an der fehlenden Ankündigung scheitert.

923 Es gibt noch eine andere unterstützende Überlegung: Für den Auftraggeber ist die frühzeitige Kenntnis eines Anspruches auf Zusatzvergütung deshalb wichtig, weil zwischen Änderung und Zusatzleistung auch strukturelle Unterschiede bestehen: Der **Preis der geänderten Leistung** lässt sich unmittelbar aus den alten Preiselementen der Angebotskalkulation **durch analoge Fortschreibung** bestimmen, dies auch theoretisch noch Jahre nach der Leistungserstellung. Von dieser Preisfortschreibung kann der **Auftraggeber** daher **nur relativ wenig überrascht** werden. Der **Preis** der **zusätzlichen Leistung** muss

---

[1076] So insbesondere Fahrenschon, BauR 1977, 172.
Der **BGH verneint ebenfalls** bei bloßer angeordneter Mengenmehrung (also ein Mehr derselben Leistung) **das Ankündigungserfordernis** (Schäfer/Finnern Z 2.310 Bl. 40); zu dieser ansonsten problematischen Entscheidung näher oben Rdn. 882 ff.
[1077] Von Craushaar, BauR 1984, 311, 317 begründet dieses Ergebnis, indem er aus § 2 Nr. 3 Abs. 2 VOB/B die Wertung ableitet, der Unternehmer solle **stets** die Bezahlung seiner Mehrleistung verlangen können. Dem ist im Ergebnis zuzustimmen, denn davon geht § 2 Nr. 3 Abs. 2 VOB/B als selbstverständlich aus, auch wenn die Mengenüberschreitung von mehr als 10 % zu Preiskorrekturen zu Lasten des Auftragnehmers führen kann.

dagegen – wiederum überspitzt formuliert – überhaupt erst für die bisher ja nicht existierende Leistung neu bestimmt werden. Er lässt sich gerade **nicht ohne weiteres analog aus den bisherigen Preisermittlungsgrundlagen** fortschreiben. Also möchte der Auftraggeber die Chance haben, in diesem Fall vor Ausführung der Leistung den neuen Preis zu vereinbaren, **damit er** überhaupt selbst eine eigene **Kostenkontrolle realisieren** kann. Handelt es sich bei der Zusatzleistung **aber** um eine **bloße Mengenmehrung** einer schon als Leistungsbeschrieb vorhandenen Position, **kennt der Auftraggeber die Zusatzkosten der Zusatzleistung;** er braucht ja im Prinzip nur den Einheitspreis der vorhandenen Position mit der zusätzlichen Menge zu multiplizieren (von der Anpassung des Einheitspreises analog § 2 Nr. 3 Abs. 2 VOB/B abgesehen). Hier ist deshalb die Ankündigung überflüssig.

Zusammenfassend:
Soweit § 2 Nr. 6 VOB/B im Falle der bloßen, vom Auftraggeber angeordneten Mengenmehrung einer schon vorhandenen Position angewandt wird, ist die Ankündigung des Vergütungsanspruches nicht Anspruchsvoraussetzung.[1078]

b) Die **zweite allgemeine Ausnahme** ist: 924
Wenn der **Hauptunternehmer** seinem Auftraggeber selbst angekündigt hat, dass die Leistung als Zusatzleistung vergütungspflichtig sei, hat er gleichzeitig – wenn nicht eine besondere vertragliche Vergütungsregelung greift – **Kenntnis** davon, dass sein **Nachunternehmer** ihm gegenüber die Leistung aller Voraussicht nach auch nicht ohne Kosten erbringen wird. Jedenfalls dann entfällt für den Nachunternehmer die Pflicht zur seinerseitigen Ankündigung gegenüber dem Hauptunternehmer.

c). Es gibt weiter eine **dritte**, äußerst spezielle, aber ebenfalls grundsätzliche **Ausnahme:** 925
Der „frivole Auftraggeber" kann sich nicht darauf berufen, dass ihm gegenüber der Auftragnehmer eine zusätzliche Leistung ankündigen muss, die deshalb „zusätzlich" ist, weil das „Bausoll" vom „lauteren" Bieter ohne die frivol ausgeschriebene und deshalb nicht als Bausoll zu berücksichtigende Leistung verstanden worden ist (näher oben Rdn. 251).

d). Schließlich gibt es eine **vierte**, allgemein aber seltene, noch speziellere Ausnahme: 926
Wenn der Auftraggeber eine Eventualleistung anordnet, für die es eine Eventualposition gibt, wird diese Leistung dann zur zusätzlichen Leistung, wenn die Eventualposition wegen Verstoß gegen § 19 VOB/B oder § 308 Nr. 1 BGB unwirksam ist.[1079] Eine Ankündigung der Vergütungspflicht ist dennoch überflüssig, weil der Auftraggeber ja gerade – wenn auch unwirksam – eine Vergütungsposition selbst vorgesehen hat.

5.7 Ankündigungserfordernis trotz Anerkenntnis dem Grunde nach?

Hat der Auftraggeber den Anspruch auf Zusatzvergütung dem **Grunde nach bejaht** und 927
der Höhe nach bestimmte Vergütungsgrößenordnungen akzeptiert oder schon gezahlt, kann er **bei einem Streit über die richtige Höhe der Vergütung** nicht **nachträglich** rügen, es **fehle** an der notwendigen Ankündigung für § 2 Nr. 6 VOB/B; hier wirkt sein eigenes Verhalten als deklaratorisches Anerkenntnis zum Grund, womit die dem Auftraggeber ja bekannte Einwendung „fehlende Ankündigung" unzulässig wird.

[1078] So auch BGH a. a. O. Im Ergebnis deshalb insoweit auch zutreffend von Craushaar, BauR 1984, 311, 317. Von Craushaar zieht dann aber den Schluss, weil die Ankündigung immer entbehrlich sei, § 2 Nr. 6 aber die Ankündigung als Anspruchsvoraussetzung definiere, könne man den Fall der Mengenmehrung nicht nach § 2 Nr. 6, sondern nur nach § 2 Nr. 5 VOB/B behandeln. Das halten wir nicht für richtig.

[1079] Dazu schon oben Rdn. 586.

5.8 Vertragsklauseln zur Einführung eines Ankündigungserfordernisses auch für § 2 Nr. 5 VOB/B in AGB?

928 Bei den vorangegangenen Überlegungen zur Notwendigkeit der Ankündigungspflicht bei § 2 Nr. 6 VOB/B oder auch zu deren Entbehrlichkeit fällt eins auf: Zwar ist der Preis für geänderte Leistungen gemäß § 2 Nr. 5 VOB/B leichter zu ermitteln als der für zusätzliche Leistungen, so dass die „Warnfunktion" der Ankündigung weniger wichtig ist. In Wirklichkeit ist es aber in einer Vielzahl von Fällen so gut wie unmöglich, Abgrenzungsfälle zwischen § 2 Nr. 5 und § 2 Nr. 6 VOB/B „vor Ort" sofort und sicher zu entscheiden, dies auch noch im täglichen Ablauf einer Baustelle durch den Bauleiter und nicht durch einen Baujuristen, der Differenzierungen bis in die feinsten Einzelheiten nachgehen kann.

Da also als Änderung betrachtete Fälle sich durchaus als Zusatzleistung darstellen können und umgekehrt, ist es jedenfalls ein verständliches **Anliegen des Auftraggebers, grundsätzlich** auf die „drohende Vergütungspflicht" hingewiesen zu werden. In diesem Zusammenhang ist insbesondere auf den „Einmal-Auftraggeber" hinzuweisen, der mit einem engbegrenzten Budget im Bauunternehmen ein Korrektiv zu seiner eigenen Planung haben will und muss. Allein durch die Ankündigung von Vergütungsansprüchen kann er passiv durch Auswertung des vom Auftragnehmer vorgelegten Nachtrags bzw. aktiv durch Anforderung eines Nachtragsangebots seine endgültige Entscheidung über die Ausführungsweise herbeiführen.[1080]

Im Ergebnis wird mit dem Verlangen nach Ankündigung **auch bei nur geänderter Leistung** der Auftragnehmer nicht unbillig belastet. Ihm muss man ohnehin den Rat geben, schon im eigenen Interesse Änderungs- **und** Zusatzanordnungen **zu dokumentieren** und auf die Vergütungspflicht hinzuweisen, damit er nicht eine Leistung mit hohem Aufwand erstellt, die so nicht unbedingt notwendig war bzw. auch anders hätte erstellt werden können, und damit er nicht – je nach Einordnung des Falls in § 2 Nr. 5 oder § 2 Nr. 6 VOB/B – an der fehlenden Ankündigung scheitert. Dazu kommt, dass er als Auftragnehmer vor der Ausführung eine ganz andere Verhandlungsposition hat als nach der Leistungserstellung.

929 Demzufolge kann die Einführung eines **Ankündigungserfordernisses** in **Allgemeinen Geschäftsbedingungen** auch für die Fälle der geänderten Leistung gemäß § 2 Nr. 5 VOB/B akzeptiert werden.

Voraussetzung ist, wie schon früher erörtert, dass die einschneidende **Folge** des Vergütungsverlustes **in der Klausel selbst unmißverständlich ausgesprochen ist**, dass aber darüber hinaus die Klausel auf wirklich notwendige Fälle beschränkt sein muss und Raum für eine „einschränkende Auslegung" lässt.
Eine AGB-Klausel zur Verschärfung des § 2 Nr. 5 VOB/B könnte deshalb wie folgt lauten: „Der Auftragnehmer muss in Abweichung zu § 2 Nr. 5 VOB/B dem Auftraggeber **auch bei** Anordnungen des Auftraggebers, **geänderte Arbeiten auszuführen**, einen daraus resultierenden Vergütungsanspruch **ankündigen, bevor** er mit der Ausführung der Leistung beginnt; unterlässt er die Ankündigung, steht ihm **kein Vergütungsanspruch** zu, es sei denn, dass ein Auftraggeber an der **Vergütungspflicht** für die geänderte Leistung objektiv **keine ernsthaften Zweifel** haben kann oder der Auftragnehmer die An-

---

[1080] Zur (zu **verneinenden**) Frage, ob nicht generell bei § 2 Nr. 5 **entgegen dem Wortlaut** der VOB/B doch ein Ankündigungserfordernis besteht, siehe oben Rdn. 780 mit Fn. 836 und weiter zu der Frage, ob jedenfalls bei konkludenten Änderungsanordnungen nicht ohnehin ein Ankündigungserfordernis besteht, vgl. oben Rdn. 886.

kündigung ohne Verschulden unterlässt. Gesetzliche Ansprüche bleiben unberührt."
Jedenfalls in dieser Form ist die Klausel zulässig.[1081]

Soweit Vertragsklauseln sowohl für § 2 Nr. 6 VOB/B wie für § 2 Nr. 5 VOB/B noch schärfere Anforderungen stellen, also z. B. zuvor Angebot, Nachtragsvereinbarung, Schriftform oder dergleichen verlangen, werden wir das unter Rdn. 948 ff. erörtern. 930

5.9 Ankündigung der Vergütungspflicht, nicht Ankündigung der Vergütungshöhe

Da die Ankündigung nur Warnfunktion hat, ist dieser Funktion vollkommen Genüge getan, wenn der Auftragnehmer darauf hinweist, **dass** eine Vergütungspflicht besteht; sobald der Auftraggeber das weiß, kann er mit dem Auftragnehmer die Vergütungspflicht erörtern und gegebenenfalls vor Ausführung festlegen. 931

Es ist deshalb weder bei § 2 Nr. 6 VOB/B noch bei entsprechenden Vertragsklauseln im Zusammenhang mit § 2 Nr. 5 VOB/B erforderlich, dass der Auftragnehmer auch schon die Vergütungshöhe im Rahmen der Ankündigung nennt, ganz abgesehen davon, dass ihm dies in einer Reihe von Fällen gar nicht möglich sein wird.
In Allgemeinen Geschäftsbedingungen kann aber angeführt werden, dass die Kostenankündigung in „Angebotsform" gemacht werden muss (dazu näher Rdn. 953).

5.10 Adressat der Ankündigung

Die Ankündigung des Vergütungsanspruches muss dem Auftraggeber gegenüber geschehen. Der Architekt ist bevollmächtigt, für den Auftraggeber eine solche Ankündigung entgegenzunehmen; ebenso ist die Ankündigung gegenüber dem Bauleiter des Auftraggebers möglich.[1082] 932

5.11 Schlussfolgerungen und Empfehlungen für die Praxis

Die Praxis muss von folgendem ausgehen: 933

Ob im Einzelfall eine Ankündigung gemäß § 2 Nr. 6 VOB/B entbehrlich ist oder nicht, **lässt sich oft nicht voraussagen.**
Darüber hinaus lässt sich **in der Praxis** in einer Vielzahl von Fällen im Voraus **kaum feststellen, ob eine Leistung als solche anders ist als im Bausoll definiert,** und oft überhaupt nicht, ob sie nunmehr als eine Zusatzleistung gemäß § 2 Nr. 6 VOB/B **(mit Ankündigungserfordernis)** oder als geänderte Leistung gemäß § 2 Nr. 5 VOB/B **(ohne An-**

[1081] Vgl. dazu auch von Craushaar, BauR 1984, 311, 315 und Fahrenschon, BauR 1977, 80 sowie OLG Frankfurt BauR 1986, 352 und OLG Celle BauR 1982, 381 (siehe oben Rdn. 911, 912). Die **Zulässigkeit** ist auch nach der Rechtsprechung des BGH BauR 1996, 542 nicht zweifelhaft. Vgl. **auch unten Rdn. 952 ff.**
[1082] Vgl. OLG Hamm BauR 1978, 146: OLG Stuttgart BauR 1977, 291; Vygen, Bauvertragsrecht Rdn. 812; Locher, Festschrift Korbion, S. 283, 289; a. A. Werner/Pastor, Bauprozess (außer bei Zusatzleistungen geringeren Umfangs) Rdn. 1077, Heiermann/Riedl/Rusam, VOB/B § 2 Rdn. 130 b.

kündigungserfordernis) beurteilt wird. Endlich ist zu berücksichtigen, dass oft zweifelhaft sein kann, ob der Auftraggeber überhaupt eine Anordnung gegeben hat und ob nicht dann unter Umständen eine Vergütungspflicht nach § 2 Nr. 8 Abs. 2 Satz 2 VOB/B besteht; diese setzt aber wiederum unverzügliche Anzeige voraus.

934 Das bedeutet:
Dem Auftragnehmer ist dringend zu empfehlen, in jedem Fall einer Änderung oder zusätzlichen Leistung vor Ausführung der Arbeiten dem Auftraggeber schriftlich mitzuteilen, dass der Auftragnehmer für diese geänderte/zusätzliche Leistung Vergütung verlangen wird. An den Architekten sollte eine Kopie übersandt werden.

Es ist für den Auftragnehmer organisatorisch so gut wie unmöglich, auf der Baustelle differenzierte Abwägungen dazu zu machen, ob etwa im Einzelfall die Ankündigung entbehrlich ist. Demzufolge muss der Auftragnehmer **organisatorisch sicherstellen, dass eventuelle Mehrkosten für jede Zusatzleistung und jede geänderte Leistung dem Auftraggeber vor Ausführung angezeigt werden;** das erfordert demgemäß entsprechende Anweisungen, insbesondere an die eigene Bauleitung des Auftragnehmers.

Der Nachweis der Modifikation ist folglich Bestandteil ordnungsgemäßer Dokumentation.

935 Die obigen Ratschläge gelten um so mehr für den Fall, dass ein Sondervorschlag zum Auftrag geführt hat. Gerade hier ist sich der Auftraggeber (vgl. Rdn. 701 ff.) nicht stets über die Auswirkungen von Erschwernissen im klaren. Um erst gar nicht in die Problematik der Unterscheidung zwischen notwendigen und nicht notwendigen Ankündigungen zu kommen, insbesondere aber, um auch den Fällen „geduldeter Nebenvorschläge" gerecht zu werden (vgl. Rdn. 120 ff.), sollte die Bauleitung ihren Prüfpflichten bezüglich des Bauinhalts kontinuierlich nachkommen und bei Bausoll-Bauist-Abweichungen **sofort** eine Nachtragsankündigung gegenüber dem Auftraggeber vorlegen.

In solchen Fällen von „geduldeten Nebenvorschlägen" kommt es darauf an, dass der auftragnehmerseitige Bauleiter die Fähigkeit zum Differenzieren hat, um zwischen den internen und den auftraggeberseitig gesetzten Ausführungsvorgaben unterscheiden zu können und um letztere dem auftraggeberseitig gesetzten Bausoll gegenüberstellen zu können.

5.12 Schlussergebnis: Differenzierung zwischen § 2 Nr. 5 und § 2 Nr. 6 nicht entbehrlich

936 Für unsere Untersuchung im allgemeinen bestätigt das oben gefundene Ergebnis – dass nämlich bei § 2 Nr. 6 VOB/B die Ankündigung vor Ausführung der Arbeiten nach der derzeitigen Fassung der VOB/B möglicherweise immer noch Anspruchsvoraussetzung ist, zumindest aber im Einzelfall erforderlich ist – so der BGH –, auch wenn es davon Ausnahmen gibt –, dass die Differenzierung zwischen § 2 Nr. 5 und § 2 Nr. 6 VOB/B jedenfalls bei der unterlassenen Ankündigung von entscheidender Bedeutung ist. Es kann also **nur deshalb** auf die Differenzierung zwischen § 2 Nr. 5 und § 2 Nr. 6 VOB/B nicht verzichtet werden.[1083]

[1083] Ebenso Nicklisch/Weick, VOB/B § 2 Rdn. 73 a.

5.13 Vorschlag für eine Änderung der VOB/B oder des BGB

Bei einer weiteren **Überarbeitung der VOB/B** sollte man prüfen, ob man nicht § 2 Nr. 5 und § 2 Nr. 6 VOB/B zusammenfasst, auf das Ankündigungserfordernis verzichtet und sich so zahllose, eigentlich überhaupt nicht fruchtbringende Diskussionen erspart. Dabei muss man sich zu der heutigen Regelung von § 2 Nr. 6 VOB/B immer wieder vor Augen halten: Der Auftragnehmer muss seinen Vergütungsanspruch für die zusätzliche Leistung **ankündigen**, obwohl die Vorschrift voraussetzt, dass der Auftraggeber eine zusätzliche Leistung selbst schon vorher **angeordnet hat.** Nach unserer Meinung kann man im Rahmen einer Änderung der Vorschrift dem Auftraggeber durchaus zumuten, dann, **wenn er ein „Mehr" in Auftrag gibt,** sich selbst vorher um das „Mehr" an Vergütung zu kümmern. 937

Für eine Differenzierung zwischen § 2 Nr. 5 und § 2 Nr. 6 VOB/B gibt es jedenfalls keinen durchschlagenden Grund. Man könnte also auch ein für beide Anspruchsgrundlagen geltendes Ankündigungsrecht einführen, müsste dann aber klarstellen, dass es sich nicht um eine Anspruchsvoraussetzung, sondern (nur) um eine Nebenpflicht handelt.[1084]

Unser Vorschlag ist verwirklicht im „Baurechtlichen Ergänzungsentwurf zum Schuldrechtsmodernisierungsgesetz" in E § 2 Abs. 2, also einem Gesetzgebungsvorschlag.[1085] 938

6 Die Vereinbarung der neuen Vergütung vor Ausführung der Arbeiten als Anspruchsvoraussetzung? – Angreifbarkeit einer Nachtragsvereinbarung

6.1 Neue Vergütungsvereinbarung vor Ausführung als Anspruchsvoraussetzung?

In § 2 Nr. 5 Satz 2 VOB/B heißt es für die **Vereinbarung der neuen Vergütung** bei geänderten Leistungen: „Die Vereinbarung *soll* vor der Ausführung getroffen werden." 939

Für im Vertrag nicht vorgesehene (zusätzliche) Leistungen heißt es in **§ 2 Nr. 6 Abs. 2 Satz 2 VOB/B:** „Sie [die Vergütung] *ist* möglichst vor Beginn der Ausführung zu vereinbaren."

Die Regelungen sind also laut VOB/B graduell unterschiedlich:
Bei geänderten Leistungen **soll** eine neue Vergütungsvereinbarung vor der Ausführung getroffen werden; bei zusätzlichen Leistungen **ist** sie (möglichst) vor der Ausführung zu treffen. Das Motiv der differenzierten Regelung liegt wohl darin, dass bei geänderter Leistung die Bestimmung der neuen Vergütung relativ einfach ist, weil – eine Angebotskalkulation vorausgesetzt – verwendbare und vergleichbare Kalkulationselemente für die Kostenfortschreibung zur Verfügung stehen. Bei zusätzlichen Leistungen bedürfen eigentlich beide Parteien des stärkeren Schutzes, weil für die Vergütung der zusätzlichen neuen Leistung möglicherweise keine unmittelbaren Anknüpfungspunkte zur Verfügung stehen und dann das Streitpotential größer ist. Offensichtlich will deshalb die VOB/B die

---

[1084] Zu unserem Vorschlag **näher** oben Rdn. 780.
[1085] NZBau 2001, 184, 186.

Vergütungsvereinbarung vor Beginn der Ausführung bei geänderter Leistung empfehlen, bei zusätzlicher Leistung aber zur Pflicht machen.[1086]

940 Der Unterschied wäre jedoch nur theoretischer Natur, und zwar deshalb, weil die **Folgen eines Verstoßes** gegen die Empfehlung wie gegen die Pflicht im entscheidenden Punkt dieselben sind:
Auch wenn die Parteien den neuen **Preis bei geänderten Leistungen (§ 2 Nr. 5 VOB/B) nicht vor Ausführung vereinbaren,** verliert der Auftragnehmer dennoch **nicht** den Vergütungsanspruch.[1087]
Wenn die Parteien **bei zusätzlichen Leistungen (§ 2 Nr. 6 VOB/B)** die Preisvereinbarung **nicht vor Ausführung treffen,** verliert der Auftragnehmer den Vergütungsanspruch ebenfalls **nicht.**[1088]

Mittlerweile hat der BGH aus der möglichen Ununterscheidbarkeit von geänderten und zusätzlichen Leistungen und der daraus resultierenden „Harmonierungsnotwendigkeit" (siehe oben Rdn. 785, 795) die Konsequenzen gezogen und in der Kooperationsentscheidung auch die Vorschrift des § 2 Nr. 5 VOB/B, der Preis **solle** vor Ausführung vereinbart werden, zutreffend zur **Pflicht** erklärt.[1089] Der Auftraggeber ist also **sowohl** bei geänderten wie bei **zusätzlichen** Leistungen zur Preisvereinbarung **vor** Ausführung verpflichtet. Die von einer Partei vor Ausführung grundlos verweigerte Preiseinigung ist zugleich Pflichtenverstoß. Das heißt: Dann, wenn der anderen Partei aus der verweigerten Einigung Schäden entstehen, ist der Verweigernde wegen positiver Vertragsverletzung ersatzpflichtig. Wenn z. B. der Auftraggeber **nach** Ausführung der Leistung behauptet, eine ausgeführte, im Bereich der Zusatzanordnung mögliche Variante sei zu teuer, es hätte vor Ausführung eine billigere Variante vereinbart werden müssen, wird er damit nicht mehr gehört. Dasselbe gilt, wenn Kalkulationsnachweise **jetzt** für den Auftragnehmer mit besonderen Kosten verbunden sind, die vorher nicht angefallen wären. In Wirklichkeit ist das aber mehr oder minder bloße Theorie – solche Schadensersatztatbestände kommen so gut wie nie vor.

Die Tatsache, dass der Auftragnehmer seinen Vergütungsanspruch nicht verliert, wenn es nicht zur von der VOB/B gewünschten Preisvereinbarung vor Ausführung kommt, ändert allerdings nichts daran, dass jede Partei das Recht hat, von der anderen diese Vereinbarung des neuen Preises vor Ausführung zu verlangen.

Kommt eine Partei diesem Verlangen nicht nach, so begründet das **Leistungsverweigerungsrechte,** gegebenenfalls sogar ein Kündigungsrecht.[1090]
Das Vergabehandbuch des Bundes kommt im „Leitfaden zur Vergütung von Nachträgen, Fassung vom 1. 4. 2005" in 1.4.1 zu dem abwegigen Ergebnis, wenn keine Vergütungsvereinbarung zustande kommt, sei nach § 632 BGB die übliche Vergütung als vereinbart

---

[1086] Entgegen dem gänzlich unmissverständlichen Wortlaut wollen Leinemann/Schoofs, VOB/B § 2, Rdn. 130, 31; Daub/Piel/Soergel/Steffani, VOB/B Erl. 2.122 und Werner/Pastor, Bauprozess Rdn. 1159 auch bei § 2 Nr. 6 VOB/B keine Pflicht, sondern nur eine Empfehlung annehmen. Wie hier der BGH (siehe Fn. 1089); Ingenstau/Korbion/Keldungs, VOB/B § 2 Nr. 6, Rdn. 28; Heiermann/Riedl/Rusam, VOB/B § 2 Rdn. 139; Nicklisch/Weick, VOB/B § 2, Rdn. 73.

[1087] BGHZ 50, 25, 30; BGH BauR 1978, 314, 316.

[1088] Daub/Piel/Soergel/Steffani, a. a. O.; Ingenstau/Korbion, a. a. O.; OLG Düsseldorf BauR 1989, 335.

[1089] BGH „Kooperationspflicht" NZBau 2000, 130 = BauR 2000, 409; OLG Jena, NZBau 2005, 341; Kuffer, ZfBR 2004, 110; siehe auch Kapellmann, in: Kapellmann/Messerschmidt VOB/B § 2, Rdn. 203, Fn. 432.

[1090] Dazu Einzelheiten unter Rdn. 973 ff.

anzusehen (!). Der Auftrag**geber** müsse dafür die Grundlagen selbst ermitteln und danach die übliche Vergütung berechnen.

6.2 Regelungsumfang der neuen Vergütungsvereinbarung – Ausschluss von vergessenen inhaltlichen oder zeitabhängigen „Folgekosten"?

Ein (alltägliches) Sonderproblem besteht darin, dass die Parteien sich über die „unmittelbaren" Vergütungsfolgen einer geänderten oder zusätzlichen Leistung einigen, dabei aber weitere zeitabhängige Folgekosten oder auch Folgekosten für andere Teilleistungen gar nicht berücksichtigen, insbesondere deshalb, weil der Auftragnehmer insoweit vorausschauende Überlegungen unterlassen hat, oder dass sie zwar die unmittelbaren zusätzlichen Herstellkosten in einem Nachtrag vereinbaren, der Auftragnehmer aber die insoweit entstandenen zusätzlichen zeitabhängigen Kosten in einem gesonderten „Behinderungsnachtrag" (fälschlich) geltend macht.
Nur der Vollständigkeit halber: Dass auch bezüglich **aller** Folgekosten der Auftragnehmer Anspruch auf Vergütung hat, steht außer Frage.[1091] Solche „Folgekosten" sind aber **nur** über § 2 Nr. 5 VOB/B bzw. § 2 Nr. 6 VOB/B zu erfassen, sie sind nicht als Behinderungsschäden nach § 6 Nr. 6 VOB/B zu behandeln, ausgenommen den Sonderfall, dass es sich um die Folgen (unerlaubter) zeitlicher Anordnung des Auftraggebers im Sinne von § 2 Nr. 5 VOB/B handelt: Dann gibt es **parallel** Ansprüche auf Vergütung oder auf Schadensersatz (näher Rdn. 1352 ff.).
Für einen Schadensersatzanspruch aus Behinderung gemäß § 6 Nr. 6 VOB/B besteht folglich auch kein Bedarf, denn der Auftragnehmer wird für die Leistungsänderung in vollem Umfang bezahlt: **Alle** Folgewirkungen der angeordneten bauinhaltlich veränderten oder zusätzlichen Leistungen (und wahlweise auch der hinsichtlich Bauumstände modifizierten Leistung) sind über eine weitere **Vergütung** gemäß § 2 Nr. 5 oder Nr. 6 VOB/B zu erfassen, d. h., es besteht ein Anspruch auf eine neue Vergütung, die **alle** per saldo verbleibenden „Auswirkungen auf die Grundlagen der Preisermittlung" erfasst, auch die Auswirkungen hinsichtlich verlängerter Bauzeit. Die Auswirkung auf die Bauzeit ist sogar „ein von den übrigen Folgen untrennbarer Bestandteil und als Möglichkeit immer in Rechnung zu stellen. Es geht nicht an, bestimmte Kostenelemente auszunehmen und deren Überwälzung von der Inanspruchnahme eines Schadensersatzanspruches abhängig zu machen".[1092]

941

Beispiel: Der Auftraggeber ordnet zusätzliche Balken an (vgl. unser Anhang G, Kerndecken), für die ein Preis vereinbart wird. Die Mehrkosten, die daraus für die Erschwernis des Einsatzes der Deckenschalung (durch zusätzliche Balken) auftreten, erfasst der Auftragnehmer (entgegen dem Beispiel in Anhang G) erst in einem späteren „Behinderungsnachtrag" (statt richtigerweise in einem Vergütungsnachtrag gemäß § 2 Nr. 5 VOB/B).

942

Wenn die Parteien sich über den **neuen Preis** für die geänderte oder die zusätzliche Leistung **einigen, ohne** die Folgekosten für die anderen Leistungen berücksichtigt zu haben oder ohne die Störungsauswirkungen berücksichtigt zu haben, stellt sich die Frage, ob

943

[1091] Näher dazu Rdn. 1000.
[1092] So mit Recht Piel, Festschrift Korbion, S. 349 ff., 356; in der Zuordnung zu § 2 Nr. 5 VOB/B ebenso Vygen/Schubert/Lang, Bauverzögerung, Rdn. 225 ff; Heiermann/Riedl/Rusam, VOB/B § 2 Rdn. 116 a; Nicklisch/Weick, VOB/B § 6 Rdn. 6; OLG Köln BauR 1986, 244 L; OLG Koblenz NJW-RR 1988, 851. Vgl. auch Rdn. 1097 sowie Rdn. 1335.
Zu der Schwierigkeit, die Auswirkung geänderter oder zusätzlicher Leistungen zu prognostizieren, vgl. Rdn. 1328, 1329.

der Auftraggeber sich in einem solchen Fall darauf berufen darf, der Auftragnehmer habe mit der Vereinbarung der neuen Vergütung nicht nur die unmittelbaren Folgen, sondern im Ergebnis alle weiteren, insbesondere zeitabhängigen Folgen erfasst.

Die Antwort hängt ganz vom konkreten Einzelfall ab: Treffen die Parteien eine neue Preisvereinbarung und **wollen** sie beide **expressis verbis** oder konkludent „die" Änderungsleistung oder Zusatzleistung **vollständig regeln, einschließlich** aller Folgekosten und einschließlich aller zeitabhängigen Kosten, kommt eine Nachforderung natürlich nicht in Betracht.

Treffen sie umgekehrt eine neue Preisvereinbarung und knüpfen erkennbar an Bezugspositionen (bzw. die Angebotskalkulation) an, erfassen sie also ausgewiesenermaßen nur konkret bestimmte Leistungselemente, **andere** (nämlich die Folgekosten) dagegen **nicht**, so umfasst die Einigung diese Folgekosten nicht, der Auftragnehmer kann dann nachfordern.

Hat der Auftragnehmer bereits einen „Behinderungsnachtrag" vorgelegt, ist dieser aber in der Einigung der Parteien nicht genannt, spricht alles dafür, dass der „Behinderungsnachtrag" seinerseits noch einer gesonderten Einigung bedarf, dass er also nicht stillschweigend in dem Vergütungsnachtrag mitgeregelt ist, in dem Sinne, dass die im „Behinderungsnachtrag" enthaltenen zeitabhängigen Kosten nicht bezahlt würden.

Bei „schleichenden Modifikationen" der Leistung (vgl. Rdn. 791) mit nachfolgender Einigung wird man eine umfassende Regelung dann nicht annehmen können, wenn entweder die zeitlichen Auswirkungen der Modifikation noch gar nicht bekannt waren.

Bleiben Zweifel daran, ob Folgekosten in eine neue Preisvereinbarung eingeschlossen sind oder nicht, muss der **Auftraggeber beweisen**, dass die Einigung über den neuen Preis **alle** Folgekosten umfasst. An „den **Nachweis eines solchen Verzichts**" sind wie immer bei der Annahme einer konkludenten Vereinbarung sehr strenge Anforderungen zu stellen.[1093] Das gilt ganz besonders, wenn (wie hier) der angebliche Verzicht „unbekannte" Ansprüche erfassen soll.[1094]

944 Die Parteien vergessen sehr oft auch, die nur **rein zeitlichen** (terminlichen) Folgen einer modifizierten Leistung zu bedenken. Selbst wenn sie also die Vergütungsfolgen regeln, fällt ihnen oft nicht ein, dass zusätzlicher Zeitbedarf entstehen kann (nicht muss).[1095] Das ist in unserem Zusammenhang (Vergütungsermittlung!) aber irrelevant: Die Vereinbarung des neuen **Preises** schließt ja in keinem Fall das Argument aus, dass sich, bedingt durch die modifizierte Leistung, Ausführungsfristen verlängern.[1096]

6.3 Angreifbarkeit einer Nachtragsvereinbarung

945 Ob eine von den Parteien vor oder nach der Ausführung erzielte Einigung über die Vergütung einer modifizierten Leistung rechtsbeständig oder angreifbar ist, muss diffe-

---

[1093] BGH BauR 1995, 701; BGH BauR 1988, 217, 220; BGH NJW 1984, 1346, 1347; OLG Köln BauR 2004, 1953.
[1094] BGH NJW 1994, 379, 380; „die Rechtsprechung steht der Erlassfalle für den Bauvertrag sehr zurückhaltend gegenüber", Kniffka/Koeble, Kompendium des Baurechts, Teil 5, Rdn. 57.
[1095] Zur Frage des Zeitmehrbedarfs für modifizierte Leistungen und der Notwendigkeit, auch insoweit die auftraggeberseitigen „Behinderungen" anzuzeigen, vgl. Rdn. 1224 ff.
[1096] Ob sie sich wirklich immer (automatisch) verlängern (dass im Gegenteil zur Erzielung der Verlängerungswirkung im Regelfall eine „Behinderungsanzeige" erforderlich ist), erörtern wir unter Rdn. 1224 ff.

renziert beurteilt werden. Noch einmal zur Erinnerung: Ob der Auftraggeber mit seiner Anordnung tatsächlich eine geänderte oder zusätzliche Leistung realisiert oder ob er nicht irrtümlich eine Anordnung zur Leistungsmodifikation trifft, obwohl die Leistung im Bausoll bereits enthalten ist, und ob der Auftraggeber sich des eventuellen modifizierenden Charakters seiner Anordnung bewusst ist, aber glaubt, gerade nicht vom Bausoll abzuweichen, lässt alles die Wirksamkeit der Anordnung unberührt. Hat der Auftraggeber sich mit der Anordnung nur innerhalb des Bausolls bewegt, so hat er nur eine vertragsgemäße Leistung verlangt, es besteht keine Vergütungspflicht.[1097] Solche Anordnungen allein führen ja auch nicht zu einer Nachtrags**vereinbarung**.

Hat der Auftraggeber eine Anordnung getroffen, verlangt nunmehr – vor oder nach der Ausführung – der Auftragnehmer einen neuen Preis und „bewilligt" der Auftraggeber ohne Erörterung zum Grund oder zur Höhe diesen oder einen modifizierten Preis, sei es verbal, sei es einfach durch Zahlung, so ist das keine besondere Anordnungsvereinbarung, bei der der Auftraggeber mit bekannten Einwendungen ausgeschlossen wäre, sondern nur eine „Prüferklärung" ohne rechtliche Bindung; wenn der Auftraggeber tatsächlich nichts schuldet, weil die angeordnete Leistung schon vom Bausoll umfasst war, braucht er nicht zu bezahlen bzw. kann das schon Gezahlte wegen „Doppelzahlung" zurückverlangen.[1098] Ebenso kann der Auftraggeber nachträglich auch bei berechtigter Nachtragsforderung seine Erklärung zur Höhe – auch nach Zahlung – noch korrigieren; selbst eine geprüfte Schlussrechnung ist nur Information des Auftragnehmers, aber nicht Anerkenntnis des Auftraggebers, gleichgültig, ob sie nur vom Architekten oder vom Auftraggeber stammt.[1099] Hat allerdings der Auftraggeber nach Rechnungsprüfung eine Erklärung abgegeben, mit der er eine Meinungsverschiedenheit zur Höhe „bewusst und willentlich auf die für ihn unklaren Positionen der Rechnung beschränken will", so ist das im Regelfall ein kausales Schuldanerkenntnis dem Grund und der unbestrittenen Positionen nach, das bekannte Einwendungen ausschließt.[1100] Ein solches kausales Schuldanerkenntnis kommt nur in Betracht, wenn die Parteien sich über die aus ihrer Sicht bestehenden Streitpunkte oder Ungewissheiten geeinigt haben, die ihnen regelungsbedürftig erschienen,[1101] oder wenn jedenfalls der Auftraggeber **in Kenntnis** der unterschiedlichen Auffassungen „kommentarlos", also ohne Vorbehalt, einen „Auftrag" [richtig: eine Erklärung zur Vergütungsübernahme] abgegeben hat, insbesondere wenn er keine Silbe dazu sagt, dass er die generelle Nachtragsfähigkeit in Zweifel zieht und beispielsweise sogar unter Kündigungsandrohung zur sofortigen Ausführung auffordert. Ein solches kausales Anerkenntnis setzt kein **gegenseitiges** Nachgeben voraus.

Das kausale Anerkenntnis hat die Wirkung, dass die Parteien tatsächliche und rechtliche Einwendungen, die ihnen bekannt waren oder mit denen eine Partei rechnete, nicht mehr geltend machen können.

Einigen sich die Parteien – wie in der Regel – über Nachtragsforderungen auch im Wege **gegenseitigen Nachgebens**, ist das ein Vergleich. Eine Anfechtung dieses Vergleichs wegen Irrtums nach § 119 BGB mit der Begründung, der Auftraggeber hätte nicht gewusst, dass seine Anordnung zur Vergütung führt, scheidet aus.[1102] Ebenso ändert es nichts, wenn sich nachträglich herausstellt, dass der Auftraggeber eine Vergütung „bewilligt"

946

[1097] Siehe oben Rdn. 848.
[1098] BGH NZBau 2005, 453 = BauR 2005, 1317; OLG Celle BauR 2005, 106; OLG Dresden BauR 1999, 1454 mit zweifelhafter Begründung; Oppler, Festgabe Kraus, S. 169; i.E. Kniffka/Koeble, Kompendium des Baurechts, Teil 5, Rdn. 227, oben Rdn. 848.
[1099] BGH BauR 2002, 465; BGH BauR 1999, 249; OLG Frankfurt, NJW-RR 1997, 526; Messerschmidt, in: Kapellmann/Messerschmidt, VOB/B § 16, Rdn. 183
[1100] BGH BauR 1977, 138; Kniffka, a.a.O., Rdn. 55.
[1101] Kniffka, a.a.O., Rdn. 53 mit Beispielen. Vgl. auch KG BauR 2005, 723.
[1102] Ebenso Moufang/Kupjetz BauR 2002, 1629.

hat, die objektiv unberechtigt war, da die Leistung schon zum Bausoll gehörte.[1103] Eine Unwirksamkeit eines Vergleichs käme gemäß § 779 BGB nur in Betracht, wenn sich **beide** Parteien über eine maßgebliche Grundlage des Vergleichs geirrt hätten. Dagegen kann im Einzelfall das Anerkenntnis oder die Vergleichserklärung des Auftraggebers gemäß § 123 BGB anfechtbar sein, wenn der Auftragnehmer den Auftraggeber unter der **widerrechtlichen** Drohung der Arbeitsniederlegung zur Abgabe der Erklärung genötigt hat.[1104] Ebenso kommt im Einzelfall eine Anfechtung wegen arglistiger Täuschung in Betracht.

7 Schriftformerfordernisse

7.1 Gesetzliche Schriftform bei öffentlichen Auftraggebern

947 Für manche **öffentlichen Auftraggeber** gilt **gesetzliche Schriftform** sowohl für die Anordnung geänderter oder zusätzlicher Leistungen wie auch für den Abschluss von **Nachtragsvereinbarungen**.

Diese gesetzliche Schriftform ist nach heutiger ständiger Rechtsprechung nicht (nur) Formvorschrift, sondern auch Zuständigkeitsregelung (Regelung der Vertretung); ihre Beachtung ist also Voraussetzung dafür, dass die Organe überhaupt wirksam als Vertreter handeln können. Ihr Fehlen führt also nicht wie im allgemeinen Zivilrecht nur zum Formmangel gemäß § 125 BGB, sondern zum Vertretungsmangel gemäß § 177 ff. BGB. Das bedeutet: Mündliche Verpflichtungserklärungen sind nicht wirksam.

Wegen der Einzelheiten dürfen wir auf die ausführliche Erörterung unter Rdn. 893 ff. verweisen.

7.2 Vereinbarte (gewillkürte) Schriftform für Anordnungen des Auftraggebers, Kostenankündigungen („Angebot") des Auftragnehmers, „Nachtragsaufträge" des Auftraggebers (Schriftformklauseln in AGB)

7.2.1 Die vier „formalen Stufen" des Anspruches auf Mehrvergütung gemäß VOB/B

948 Auftraggeber vereinbaren oft in **Allgemeinen Geschäftsbedingungen** (zu der Anwendbarkeit des AGB-Rechts s. oben Rdn. 103) Schriftformklauseln für die unterschiedlichsten „Stufen" von Nachträgen und auch noch in der unterschiedlichsten Gestaltung. Gemäß §§ 127, 126 BGB ist Schriftform **Unterschriftsform,** Fax genügt. Auch die Vorlage von

---

[1103] BGH BauR 1995, 237 am Beispiel von sechs zusätzlichen Facharbeiterstunden; im Ergebnis BGH NZBau 2005, 453; die Entscheidung führt nicht generell weiter, weil der BGH ausführt, die Nachtragsvereinbarung sei im konkreten Fall so auszulegen gewesen, dass eine Verpflichtung nur bestehen sollte, wenn die Auftragnehmerin die Leistung nicht bereits aufgrund des ursprünglichen Vertrages schuldete. Entgegen dem BGH ist eine solche Auslegung die seltene Ausnahme; normalerweise soll mit Hilfe einer solchen Vereinbarung der Streit beendet werden; Moufang/Kupjetz, a.a.O. Wie hier auch Fink/Klein, in: Freiberger Handbuch § 1, Rdn. 189.
[1104] BGH NJW 2001, 3779; dazu Moufang/Kupjetz, a.a.O. Zum vergleichbaren Problem der Anfechtung der Anordnung siehe oben Rdn. 891.

Ausführungsplänen, die geänderte oder zusätzliche Leistungen zum Gegenstand haben, wahrt die Schriftform.[1105]
Ist die Schriftform nicht gewahrt, kommt es auf die Frage an, ob dann, wenn die Klauseln in **Allgemeinen Geschäftsbedingungen** des Auftraggebers enthalten sind, solche Klauseln wegen Verstoßes gegen das AGB-Recht unwirksam sind. Um das beurteilen zu können, sind **Differenzierungen** in der Nachtragserörterung erforderlich: Man muss sich nämlich den „**vierstufigen**" Mechanismus vor Augen führen, mit dem die **VOB/B** ganz speziell die formalen Voraussetzungen eines Anspruches des Auftragnehmers auf Mehrvergütung wegen geänderter oder zusätzlicher Leistungen regelt:

Stufe 1:
Der Auftraggeber kann **einseitig** – also ohne Zustimmungserfordernis des Auftragnehmers – die Ausführung geänderter oder zusätzlicher Leistungen a**nordn**en (§ 1 Nr. 3, § 1 Nr. 4 VOB/B).[1106] Der Auftragnehmer **muss** sie ausführen. Das Motiv dieser Regelung ist klar: Der Auftragnehmer soll keine Wahl haben, die Ausführung der Leistung abzulehnen.
Immerhin ist die Regelung merkwürdig: **Zuerst** ordnet der Auftraggeber die modifizierte Leistung an, dann gibt es möglicherweise eine Diskussion über die geänderte Vergütung, aber der Auftragnehmer darf ausführen, und der Auftraggeber muss bezahlen, **ohne** dass eine **Einigung** über die neue Vergütung erzielt worden wäre – nur so ist überhaupt das einseitige Anordnungsrecht des Auftraggebers akzeptabel. Wir werden für unsere Erörterung diesen VOB-Regelfall zugrunde legen, dass also **zuerst** der Auftraggeber eine einseitig verpflichtende Leistungsanordnung gibt (zum Fall eines vorangehenden auftragnehmerseitigen echten Angebots und auftraggeberseitiger Annahme s. „Sonderfall" Rdn. 949).

Stufe 2:
Nach der Anordnung **zusätzlicher** Leistungen muss der Auftragnehmer, um seinen Vergütungsanspruch nicht zu verlieren, **vor Ausführung ankündigen**, dass die zusätzliche Leistung auch zusätzliche Kosten zur Folge haben wird (§ 2 Nr. 6 Abs. 1 Satz 2 VOB/B) – diese Regelung der VOB/B ist jedenfalls nach Ansicht des BGH wirksam, siehe oben Rdn. 915 ff. Obwohl also der Auftraggeber eine **verpflichtende** Anordnung gegeben hat, die der Auftragnehmer ausführen muss, verliert der Auftragnehmer seinen Vergütungsanspruch, wenn er den Auftraggeber nicht vor Ausführung vor den Konsequenzen seiner eigenen Anordnungen warnt.
Für **geänderte** Leistungen kann - im Einklang mit der Rechtsprechung des Bundesgerichtshofs - in Allgemeinen Geschäftsbedingungen ein solches Ankündigungserfordernis vom Auftraggeber für den Auftragnehmer unter bestimmten, engen Voraussetzungen eingeführt werden. Voraussetzung ist insbesondere, dass die Klausel unmißverständlich darauf hinweist, dass ohne Ankündigung der Anspruch verlorengeht.[1107]

Stufe 3:
Soweit die „Stufe 2" überwunden ist, steht dem Auftragnehmer auf die bloße Anordnung der modifizierten Leistung hin in Stufe 3 nach Ausführung ein **einseitiger** Anspruch auf Mehrvergütung als Äquivalent zu (§ 2 Nr. 5, Nr. 6 VOB/B). Auch wenn die Parteien sich über die Höhe dieser Vergütung nicht einigen, ja sogar dann, wenn der Auftraggeber trotz eigener Anordnung eine Vergütung ausdrücklich ablehnt,[1108] hat der Auftragnehmer An-

---
[1105] BGH Nichtannahmebeschluss BauR 1998, 874.
[1106] Einzelheiten oben Rdn. 782 ff. Zur (entsprechenden) Rechtslage beim **BGB**-Vertrag vgl. Band 2, Rdn. 1003–1009.
[1107] Siehe oben Rdn. 928.
[1108] Vgl. oben Rdn. 861.

spruch auf Vergütung, die sich „objektiv" ermitteln lässt, nicht unter Rückgriff auf § 315 BGB.

Stufe 4:
Die VOB/B sieht vernünftigerweise vor, dass ungeachtet der einseitigen Anordnungsbefugnis und ungeachtet des einseitigen Vergütungsanspruchs eine neue Vergütung **vor** Ausführung vereinbart werden soll oder vereinbart werden muss (siehe oben Rdn. 939). Jede Seite hat auf diese Vergütungsvereinbarung Anspruch; wird sie verweigert, so begründet das Leistungsverweigerungs- und unter Umständen sogar Kündigungsrechte.[1109]

Aber die Vereinbarung ist dennoch nur erwünscht, aber nicht zwingend – auch ohne Vereinbarung bleibt der neue Vergütungsanspruch erhalten.

949 **„Sonderfall" Nachtragsvereinbarungen ohne vorangegangene Anordnung:** Schließlich gibt es noch den eigentlich alltäglichsten Fall, der nur von dem aufgezeigten VOB-Schema abweicht: Der Auftraggeber kann natürlich (vernünftigerweise) auch zuerst den Auftragnehmer um ein Angebot für eine in Aussicht genommene geänderte oder zusätzliche Leistung bitten und dann das Angebot annehmen, d. h. die Leistung erst **nach** Vorlage des Angebots „anordnen"; das ist dann natürlich keine „Anordnung" im Sinne von § 1 Nr. 3, 4 VOB/B.
Er könnte auch das Angebot ablehnen, aber die Leistung trotzdem anordnen – das wäre aber wieder der Standardfall gemäß § 1 Nr. 3, 4 VOB/B, § 2 Nr. 5, 6 VOB/B.

Bei drei der vier Stufen gibt es die unterschiedlichsten Schriftformklauseln, auch den gerade erörterten Sonderfall müssen wir insoweit erfassen.

7.2.2 Stufe 1: Schriftform (nur) für Anordnungen des AG

950 Der Auftraggeber kann in Allgemeinen Geschäftsbedingungen in einer Art „Selbstdisziplinierung" regeln, dass seine eigenen Anordnungen gemäß § 1 Nr. 3, § 1 Nr. 4 VOB/B oder überhaupt alle vergleichbaren Anordnungen der **Schriftform** bedürfen.
Die hinsichtlich solcher Schriftformklauseln kritische Rechtsprechung und Literatur zur Schriftform für nachträgliche Vertragsergänzungen[1110] hilft zur Beurteilung hier nicht: Diese Anordnung ist nämlich gerade nicht wie beim normalen Vertragsschluss ein Angebot, das der Annahme bedarf, so dass daraus eine nachträgliche Vertragsergänzung entsteht. Die Anordnung ist gerade im Gegenteil die Ausübung eines schon **bestehenden**, durch die VOB/B eingeräumten vertraglichen Rechts, nämlich eines einseitigen Gestaltungsrechts. Nach § 127 BGB kann nicht nur für einen Vertrag, sondern auch für eine einzelne Willenserklärung Schriftform vereinbart werden.
Schriftformerfordernisse sind im Rahmen des § 307 BGB jedenfalls dann unbedenklich, wenn der Verwender an ihnen ein berechtigtes Interesse hat und dem Vertragspartner keine Rechte beschnitten werden. Sie sind nur **dann** unwirksam, wenn sich die Unwirksamkeit der Schriftformklausel wie bei jeder anderen AGB-Klausel „aus der Besonderheit ihrer Ausgestaltung und ihres Anwendungsbereichs" ergibt.[1111]

Der Auftraggeber verfolgt bei einer Schriftformklausel für eigene Anordnungen legitimerweise sein Interesse an Eindeutigkeit, Beweissicherheit und Rechtssicherheit: Er will verhindern, dass ihm „angebliche" oder „unkontrollierbare" Anordnungen untergescho-

---

[1109] Siehe unten Rdn. 973 ff.
[1110] Näher dazu Rdn. 961.
[1111] Vgl. z. B. BGH NJW 1982, 331, 333; BGH NJW 1991, 1750, 1751; BGH NJW 1991, 2559; Wolf/Horn/Lindacher, AGB-Gesetz, § 9 Rdn. 34.

ben werden, die z. B. erst Jahre nach Durchführung der Arbeit erstmals „erwähnt" werden und z. B. infolge der Personalfluktuation praktisch unkontrollierbar sind.
Die Klausel ist deshalb **wirksam**.

Gegen ihre Verwendung bestehen insbesondere auch deshalb keine Bedenken, weil sie indirekt als **Vollmachtsbeschränkung** bzw. als Mittel zur Verhinderung einer Anscheins- oder Duldungsvollmacht tatsächlich nicht bevollmächtigter Dritter dient. Es entspricht gerade der Gesetzeslage, dass nur der Auftraggeber selbst, seine Organe, Prokuristen oder Generalbevollmächtigten befugt sind, Anordnungen gemäß § 1 Nr. 3, § 1 Nr. 4 VOB/B zu geben. Dagegen ist z. B. der Bauleiter des Auftraggebers oder der Architekt dazu nicht befugt. Wenn die Klausel dies im Ergebnis regelt, so regelt sie **gesetzeskonform**.[1112] Im Übrigen schützt die Schriftform nicht nur den Auftraggeber, sondern auch den Auftragnehmer. Er muss ein großes Interesse daran haben, nur „beweisbaren" Anordnungen Folge leisten zu müssen.

Zusammenfassend verstößt daher eine Schriftformklausel für Anordnungen im Sinne von § 1 Nr. 3, Nr. 4 **nicht** gegen AGB-Recht.[1113]

Die Schriftform ist schon durch die Vorlage entsprechender Pläne gewahrt.[1114] **951**
Eine Schriftformklausel für Anordnungen des Auftraggebers hat folgende Auswirkungen:

Wird die Schriftform nicht eingehalten, braucht der Auftragnehmer die Anordnung nicht zu befolgen. Er hat ein Leistungsverweigerungsrecht, siehe Rdn. 968.
Führt der Auftragnehmer die Arbeit dennoch aus, gilt: Stammt die mündliche Anordnung **vom Auftraggeber persönlich oder von seinen Organen, Prokuristen oder Generalbevollmächtigten, so liegt im Ergebnis in der mündlichen Anordnung ein Verzicht auf die Schriftform, der Auftraggeber ist vergütungspflichtig.**[1115]
Hat dagegen ein Dritter (z. B. ein Architekt) die Anordnung formunwirksam gegeben, so bleibt sie unwirksam, denn der Dritte kann die vertragliche Vereinbarung „Schriftform für Anordnungen" nicht ändern – gerade davor soll die Schriftformklausel insoweit auch zulässigerweise schützen.[1116]

In diesem Fall hat der Auftragnehmer die doch ausgeführte Leistung „ohne wirksame Anordnung" erbracht, Vergütungsansprüche stehen ihm nur noch gemäß § 2 Nr. 8 VOB/B Abs. 2, 3 zu oder aus ungerechtfertigter Bereicherung, nicht gemäß § 2 Nr. 5 oder Nr. 6 VOB/B.

7.2.3 Stufe 2: Schriftform für Mehrkostenankündigung des Auftragnehmers; Verschärfung: Vorlage eines schriftlichen „Angebots" durch den AN

Wenn der Auftraggeber geänderte oder zusätzliche Leistungen angeordnet hat, muss der **952**
Auftragnehmer bei **zusätzlichen** Leistungen jedenfalls nach der Rechtsprechung des BGH nach wie vor die Mehrkosten vor Ausführung ankündigen (§ 2 Nr. 6 Abs. 1 Satz 2 VOB/B), bei **geänderten** Leistungen dann, wenn eine solche Klausel unmißverständlich vereinbart ist (siehe oben Rdn. 908 ff., 929).

[1112] BGH „Nachtragsschriftform" NZBau 2004, 146; BGH BauR 1994, 760, 761; OLG Düsseldorf BauR 1997, 337.
[1113] Ebenso Korbion/Locher, AGB-Gesetz, Rdn. 206. Eine **solche** Klausel umfasst nicht Aufträge über „neue, selbständige Leistungen" (zum Begriff oben Rdn. 796), so auch OLG Düsseldorf NJW-RR 1996, 592, wohl aber Aufträge über „andere, nicht erforderliche Leistungen" (zum Begriff oben Rdn. 794).
[1114] BGH Nichtannahmebeschluss BauR 1998, 874.
[1115] Einzelheiten unten Rdn. 968 ff.
[1116] BGH BauR 1994, 760, 761.

Es bestehen **keine Bedenken**, für dieses Ankündigungserfordernis des Auftragnehmers Schriftform einzuführen. **§ 309 Nr. 11 BGB** erlaubt ausdrücklich die Einführung der Schriftform für **Anzeigen**, die der Vertragsgegner des Verwenders diesem gegenüber zu machen hat.[1117)]

953 Kann darüber hinaus dieses **Ankündigungserfordernis** wirksam dahin **verschärft** werden, dass der Auftragnehmer die Mehrkosten spezifiziert **schriftlich** angeben muss, d. h. ein „Vergütungs-**Angebot**" für die modifizierte Leistung vorlegen muss? Vorweg ist das **kein** Vertragsangebot über die Erbringung der modifizierten Leistung, denn wenn zuvor der Auftraggeber einseitig die modifizierte Leistung angeordnet hat, hat der Auftragnehmer einseitig einen Mehrvergütungsanspruch, der also seinerseits nicht des auftragnehmerseitigen Angebots und nicht der auftraggeberseitigen Annahme bedarf. Das „Angebot" ist also nichts anderes als eine Preismitteilung des Auftragnehmers, die allerdings zu der von der VOB/B ja gerade verlangten **Vergütungsvereinbarung** führen soll.

Die einfache Mehrkostenankündigung, wie § 2 Nr. 6 VOB/B sie lediglich fordert, besagt nur etwas darüber, dass überhaupt Mehrkosten anfallen werden, mehr nicht. Nur mit einer spezifizierten Mehrkosteninformation in Form eines „Nachtragsvergütungsangebotes" – das richtig „aus der Angebotskalkulation fortentwickelt ist" – kann der Auftraggeber aber wirklich etwas anfangen. Da insoweit nur ein schriftliches „Vergütungs-Angebot" – abgesehen von dem trivialen Sachverhalt einer angeordneter Mehrmenge – Sinn macht, ist auch für diese vertraglich verschärfte Mitteilungspflicht des Auftragnehmers die Einführung der **Schriftform** in Allgemeinen Geschäftsbedingungen des Auftraggebers **zulässig**.[1118)] Die Ankündigungspflicht wird nur spezifiziert. Wieder bleibt zu bemerken: Jedenfalls bei § 2 Nr. 5 VOB/B ist Voraussetzung für einen wirksamen Ausschluss des Vergütungsanspruches infolge Fehlens einer angeordneten Mehrkostenspezifikation, dass gerade diese Folge des Anspruchsverlustes unmißverständlich in der Klausel genannt ist (vgl. oben Rdn. 933 f).

954 Welche **Auswirkungen** hat die unterlassene schriftliche Ankündigung oder das unterlassene schriftliche Vergütungs-Angebot?
Vorweg:
Wenn die Mehrkostenankündigung überhaupt **fehlt**, hat das nichts mit Schriftform zu tun. Der Vergütungsanspruch scheitert schon an § 2 Nr. 6 Abs. 1 Satz 2 VOB/B bzw. an der speziellen Vertragsregelung über die Einführung eines Ankündigungserfordernisses bei geänderten Leistungen (s. oben Rdn. 929); die Anzeige als **solche** ist nach der Rechtsprechung des Bundesgerichtshofs i.E. immer noch Anspruchsvoraussetzung.

955 Hat der Auftragnehmer trotz vereinbarter (schriftlicher) „Vergütungs-Angebotsform" nur mündlich oder schriftlich allgemein Mehrkosten angekündigt, aber kein (schriftliches) Vergütungs-Angebot vorgelegt, so verliert er ebenfalls seinen Anspruch, wenn er die modifizierte Leistung ohne weitere „Beauftragung" (= Vergütungsvereinbarung) des Auftraggebers ausführt – also nicht anders als bei unterlassener Anzeige gemäß § 2 Nr. 6 VOB/B.
Verlangt allerdings der Auftraggeber ausdrücklich – mündlich oder schriftlich – erneut die Ausführung der Arbeiten, obwohl das spezifizierte schriftliche Vergütungs-Angebot (noch) nicht vorliegt, ist das **als Verzicht** des Auftraggebers auf die Angebotsform zu

---

[1117)] Ebenso OLG Stuttgart BauR 2004, 678 (Nichtzulassungsbeschwerde vom BGH zurückgewiesen); Heiermann/Riedl/Rusam, VOB/B § 2, Rdn. 119; Ingenstau/Korbion/Keldungs, VOB/B § 2 Nr. 5, Rdn. 251; a.A. Markus, in: Markus/Kaiser/Kapellmann, AGB-Handbuch Bauvertragsklauseln, Rdn. 319; Glatzel/Hoffmann/Frikell, S. 160.
[1118)] Ebenso Ingenstau/Korbion/Keldungs, VOB/B § 2 Nr. 5 Rdn. 36; Leinemann/Schoofs, VOB/B § 2, Rdn. 109.

werten (s. dazu Rdn. 968), die mündliche einfache „Mehrkostenankündigung" bleibt aber jedenfalls für zusätzliche Leistungen erforderlich, soweit nicht einer der Ausnahmefälle des § 2 Nr. 6 VOB/B eingreift.

Diese Lösung ist nicht unproblematisch:
Wenn der Auftraggeber die modifizierte Leistung anordnet, der Auftragnehmer die Vergütungsforderung mündlich mitteilt (= „Angebot"), dann aber die AGB-Klausel übersieht, dass er ein **schriftliches** Vergütungs-Angebot erstellen muss, und ohne ein solches Angebot nach entsprechendem Auftrag die Arbeit ausführt und **deswegen** dann keine Vergütung erhält, ist das eine Härte, die über den ohnehin problematischen § 2 Nr. 6 Abs. 2 Satz 1 VOB/B (Ankündigungserfordernis) noch hinausgeht. Immerhin hätte der Auftraggeber ja die Möglichkeit, die Ausführung der Arbeiten zu stoppen. Man wird den Vergütungsverlust immer dann akzeptieren können, wenn der Auftragnehmer sich auch noch über einen solchen Arbeitsstopp hinwegsetzte. In den anderen Fällen ist aber zu berücksichtigen, dass auch in dem „Bauen-Lassen" durch den Auftraggeber in Person ein stillschweigender Verzicht auf die Schriftform liegen kann.[1119] Es widerstrebt dem Gerechtigkeitsgefühl, dem Auftraggeber die „Wohltat" der Vergütungsfreiheit zukommen zu lassen, wenn er dem Treiben des Auftragnehmers zuschaut und sich ins Fäustchen lacht.

Man kann deshalb erwägen, dass bei einer solchen Fallgestaltung Voraussetzung des Vergütungsverlustes ist, dass dem Auftragnehmer unmißverständlich klar ist, dass ohne schriftliches Vergütungs-Angebot nicht gezahlt wird. Der einfachste Weg wäre, dass **der Auftraggeber** z. B. **schon bei der Anordnung** der geänderten oder zusätzlichen Leistung (oder im Anschluss daran) den Auftragnehmer noch einmal über den Inhalt der AGB hinaus **auf die Schriftform und den Vergütungsverlust hinwiese.** Wenn ein entsprechend eindeutiger Hinweis erfolgt ist, führt das **versäumte schriftliche Angebot** auf jeden Fall zum Vergütungsverlust.

Man bewegt sich hier zwischen Scylla und Charybdis: Bejaht man die Ausnahme, kann man auf die spezifizierte Schriftformklausel verzichten. Verneint man die Ausnahme, so „bestraft" man den Auftragnehmer hart.

In der Praxis kommt eine Klausel, wonach der Auftragnehmer **nur** ein Vergütungs-Angebot vorlegen muss, ohne dass der Auftraggeber seinerseits darauf reagieren muss oder will („Nachtragsauftrag"), sehr selten vor.

Alles in allem verstößt bei aller gebotenen Abwägung nach unserer Auffassung eine Schriftformklausel, wonach ein schriftliches Vergütungs-Angebot vorzulegen ist, **nicht gegen § 307 BGB.** Immer ist aber Voraussetzung, dass die **Klausel** selbst – unabhängig von der Schriftform und unabhängig von der Angebotsform – in sich **unmißverständlich** diese Form als Anspruchsvoraussetzung nennt **und** die Ausnahmeregelung enthält, die auch für das Ankündigungserfordernis des § 2 Nr. 6 VOB/B gilt:
Leistungen, für die es sich auch für einen Auftraggeber **von selbst** versteht, dass sie **nie** ohne zusätzliche Vergütung erbracht werden, sind **auch dann** zu vergüten, wenn die Mehrkostenankündigung vor Ausführung unterblieben ist, weil ein Auftraggeber, der einen entsprechenden Umfang von „Mehrleistungen" anordnet, keine Zweifel daran haben kann, dass die Folge seiner eigenen Anordnung auch ein entsprechender Vergütungsmehranspruch des Auftragnehmers ist.[1120]

Die Allgemeinen Geschäftsbedingungen des Auftraggebers können vorsehen, dass statt der „Anspruchsverluste" auch eine **weniger strenge Folge** eintritt, z. B. das Recht des

956

[1119] Vgl. näher unten Rdn. 968 ff. Wir verweisen auf den Vorschlag einer Klausel in Rdn. 962.
[1120] Im Grundsatz wie hier Locher, Festschrift Korbion, S. 290, 291. Kritisch Beck'scher VOB-Kommentar/Jagenburg, Teil B § 2 Nr. 5, Rdn. 141 ff.

Auftraggebers, den neuen Preis gemäß § 315 BGB zu bestimmen. Das erörtern wir näher unter Rdn. 966.

7.2.4 Stufe 3: Einseitiger Vergütungsanspruch des Auftragnehmers nach Ausführungsanordnung des Auftraggebers

957 Wenn der Auftraggeber modifizierte Leistungen anordnet (§ 1 Nr. 3, Nr. 4 VOB/B) und wenn der Auftragnehmer bei zusätzlichen Leistungen gemäß § 2 Nr. 6 VOB/B, bei geänderten Leistungen gemäß gesonderter vertraglicher Vereinbarung (s. oben Rdn. 933 ff.) auf Mehrkosten hinweist und wenn der Auftragnehmer auch noch für diesen Hinweis gegebenenfalls eine vereinbarte Schriftform beachtet oder ein schriftliches Angebot vorlegt, erwächst dem Auftragnehmer bei einem VOB-Vertrag für die ausgeführte Leistung ein einseitiger, vertraglicher Vergütungsanspruch gemäß § 2 Nr. 5, Nr. 6 VOB/B, also ein Anspruch, der nicht mehr von einer Zustimmung des Auftraggebers abhängig ist.

Diese VOB-immanente Rechtsfolge, dieser „Automatismus", ergibt sich „von selbst"; dafür allein kann man folglich keinen besonderen Formzwang einführen.

7.2.5 Stufe 4: Schriftform für „Nachtragsvereinbarungen" insgesamt, insbesondere für „Nachtragsauftrag"

958 Der Auftraggeber kann aber versuchen, diesen Vergütungsautomatismus „auszuschalten", das Entstehen des Vergütungsanspruches also noch von weiteren Voraussetzungen abhängig zu machen, nämlich von einer Zustimmung des Auftraggebers, einem „Nachtragsauftrag", auch noch in Schriftform.

Das ist dann Stufe 4 – die Vergütung für geänderte oder zusätzliche Leistungen soll davon abhängen, dass der Auftragnehmer ein schriftliches Nachtragsangebot vorlegt **und** der Auftraggeber einen schriftlichen Nachtragsauftrag erteilt.

Einbezogen in das VOB-Schema ist der Ablauf dann so: Der Auftraggeber ordnet die Leistung an, nunmehr muss der Auftragnehmer ein schriftliches „Vergütungs-Angebot" vorlegen, daraufhin erteilt der Auftraggeber einen schriftlichen „Auftrag".

Dieser etwas merkwürdige Mechanismus ist den Vertragsparteien oft nicht bewusst.
Man muss sich deshalb vorab fragen, ob solche Klauseln im Wege der Auslegung so zu verstehen sein sollen, dass ein echtes Angebot/Annahmeschema – wie beim normalen Vertragsabschluss – eingeführt werden soll, ob also anstelle des einseitigen Anordnungsrechts des Auftraggebers und des resultierenden einseitigen Vergütungsanspruchs des Auftragnehmers eine normale, auf Angebot und Annahme beruhende Vertragsverpflichtung eingeführt werden soll. Man wird die Klausel aber im Regelfall **nicht** so verstehen dürfen, dass der Auftraggeber auf sein einseitiges VOB-Anordnungsrecht verzichten will; er will **nur** die **Bezahlung der modifizierten Leistung von einer förmlichen Vergütungs-Feststellung des Auftragnehmers (Angebot) und von einer ebenso förmlichen Zustimmungserklärung des Auftraggebers zu dem Vergütungs-Angebot abhängig machen.**

959 Derartige Nachtrags-Schriftformklauseln in **Allgemeinen Geschäftsbedingungen** des Auftraggebers werden unterschiedlich beurteilt. Der **Bundesgerichtshof** hat eine Klausel, wonach jegliche Nachforderung ausgeschlossen ist, wenn sie nicht auf schriftlichen Zusatz- und Nachtragsaufträgen des Auftraggebers beruht, für unwirksam wegen Verstoßes gegen § 9 AGB-Gesetz (heute § 307 BGB) erklärt.[1121]

[1121] BGH „Nachtragsschriftform" NZBau 2004, 146. Näher Rdn. 962.

Das OLG Frankfurt hatte eine solche Klausel kurz zuvor nach für wirksam gehalten, notwendige eilbedürftige ergänzende Leistungen aber davon ausgenommen.[1122]

Das **OLG Karlsruhe** verneint die Zulässigkeit gegenüber Nicht-Kaufleuten uneingeschränkt – dazu Rdn. 961 –, gegenüber Kaufleuten dann, wenn für die Anordnung des Auftraggebers gemäß § 1 Nr. 3, Nr. 4 VOB/B nicht **auch** Schriftform in den AGB vorgesehen sei; in einem solchen Fall fehle nämlich die Waffengleichheit; im individuellen Vertrag hält es sie für wirksam.[1123]

Das Argument der fehlenden Waffengleichheit überzeugt nicht: Auch wenn der Auftragnehmer kraft Anordnung zur Ausführung der modifizierten Leistung verpflichtet ist, schützt ihn das Schriftformerfordernis doch auch: Der Auftragnehmer kann nämlich schon im Normalfall die Ausführung verweigern, solange keine Preisvereinbarung getroffen ist;[1124] erst recht kann er die Leistung verweigern, wenn für die Nachtrags- oder Preisvereinbarung Schriftform vereinbart ist, aber vom Auftraggeber nicht gewahrt wird.[1125]

Diese Rechtsposition des Auftragnehmers verbessert oder verschlechtert sich nicht je nachdem, ob für die **Anordnung** des Auftraggebers gemäß § 1 Nr. 3, Nr. 4 VOB/B Schriftform vorgesehen ist. Auf diese **Form** kann es deshalb für die Gültigkeit einer Nachtragsschriftformklausel nicht ankommen.

Allerdings wird bei der Beurteilung der Überlegung Rechnung zu tragen sein, dass der Auftraggeber einseitig verpflichtend Leistungen anordnen kann, so dass also die Klausel nicht dazu führen darf, dass der Auftraggeber das Anordnungsrecht behält, der Auftragnehmer aber zur „kostenfreien Ausführung" gezwungen werden könnte (dazu unten Rdn. 962).

Der 5. Zivilsenat des **OLG Düsseldorf** sieht in dem genannten Leistungsverweigerungsrecht des Auftragnehmers das entscheidende Kriterium und will deshalb die Gültigkeit der Nachtrags-Schriftformklausel davon abhängig machen, dass in der **Klausel** selbst dem Auftragnehmer ein solches Leistungsverweigerungsrecht eingeräumt wird.[1126] Dem OLG Düsseldorf ist zuzubilligen, dass eine Schriftformklausel dann unzulässig ist, wenn sie – wie im zuerst entschiedenen Fall – ausdrücklich regelt, dass kein Vergütungsanspruch besteht, wenn keine Preiseinigung zustande kommt, **unabhängig davon,** warum. Diese Klausel würde es nämlich dann (scheinbar) dem Auftraggeber ermöglichen, die Preisvereinbarung einfach zu verweigern oder auch niedrigere Preisvorgaben seinerseits zu verschleppen und dadurch den Vergütungsanspruch zu Fall zu bringen, obwohl infolge der Anordnung gemäß § 1 Nr. 3, Nr. 4 VOB/B der Auftragnehmer zur Ausführung verpflichtet bliebe.

960

Solange eine Klausel aber nur regelt, dass „Angebot" und „Auftrag" schriftlich zu erteilen sind und dass beide Anspruchsvoraussetzungen sind, erweckt sie **damit allein** noch nicht den Eindruck, als ob in jedem Fall eine Anordnung des Auftraggeber auch dann auszuführen sei, wenn er einen schriftlichen Auftrag verweigern würde.

[1122] OLG Frankfurt NZBau 2003, 378.
[1123] OLG Karlsruhe NJW-RR 1993, 1435 = MDR 1993, 841 einerseits, BauR 1994, 802 L andererseits.
[1124] Siehe unten Rdn. 972 ff.
[1125] Siehe unten Rdn. 991.
[1126] OLG Düsseldorf BauR 1989, 336 und über 10 Jahre später nochmals, nämlich BauR 1998, 1023; letztgenannte Entscheidung **ignoriert** die Entscheidung des BGH BauR 1994, 760, 761, wonach **gerade** die Vertretungsbefugnis eines Architekten durch Schriftformklauseln kanalisiert werden kann (vgl. oben Rdn. 950).

Vor allem aber hat der Auftragnehmer **immer** – auch ohne dass dies besonders in der Klausel erwähnt werden müsste – ein Leistungsverweigerungsrecht, solange der Auftraggeber die Preisvereinbarung und insbesondere die schriftliche „Beauftragung" ablehnt.[1127]
Auch ohne die Erwähnung des – selbstverständlichen – Leistungsverweigerungsrechts ist deshalb eine „Nachtrags-Schriftformklausel" gültig, sie erfordert aber weitere, unter Rdn. 962 zu erörternde Voraussetzungen.

Dessen ungeachtet **empfehlen** wir, aus Gründen der Klarheit und AGB-Sicherheit ein solches Leistungsverweigerungsrecht **in die Klausel** aufzunehmen – wir verweisen auf unseren Vorschlag einer solchen Klausel in Rdn. 963.

961 Die generelle Unzulässigkeit von Nachtrags-Schriftformklauseln jedenfalls gegenüber Nicht-Kaufleuten begründet das **OLG Karlsruhe**[1128] damit, Schriftformklauseln, durch die sich der Verwender vor Unklarheiten **beim** Vertragsschluss schützen wolle, seien zulässig, Klauseln jedoch, die **nachträgliche** Vereinbarungen – hier solche über geänderte oder zusätzliche Leistungen – der Schriftform unterwürfen, seien unzulässig, weil sie einen Vertragspartner davon abbringen könnten, seine Rechte aus wirksamen Individualvereinbarungen durchzusetzen. Das OLG Karlsruhe schließt sich damit einer häufiger vertretenen Meinung an, dass Schriftformklauseln für nachträgliche Vertragsänderungen unzulässig seien.[1129]

Diese Argumentation überzeugt nicht und passt nicht.
Warum der Vertragsschluss anders behandelt werden soll als eine nachträgliche Vertragsänderung, ist nicht nachzuvollziehen.
Dass (mündliche) Individualabsprachen zwischen Auftragnehmer und Auftraggeber Vorrang haben, gilt schon kraft Gesetzes (§ 305 b BGB) gegenüber **jeder** AGB-Klausel,[1130] dies kann also nicht spezielles Argument gegen Schriftformklauseln sein. Gerade hier passt das Argument aber auch deshalb nicht, weil beim VOB-Vertrag nicht nachträglich ein Vertrag geändert wird, sondern im Gegenteil vom Grundsatz her beide Parteien gerade schon vorhandene vertragliche Rechte ausüben: Der Auftraggeber hat das einseitige Recht (§ 1 Nr. 3, Nr. 4 VOB/B), geänderte oder zusätzliche Leistungen anzuordnen, der Auftragnehmer hat bei zusätzlichen Leistungen die Pflicht, Mehrkosten vor Ausführung anzukündigen, unter Geltung entsprechender Vertragsklauseln auch bei geänderten Leistungen, er hat aber dann nach Ausführung der modifizierten Leistung auch ein einseitiges Recht auf Vergütung (§ 2 Nr. 5, Nr. 6 VOB/B), eine „Vergütungs-Vereinbarung" soll nur vor Ausführung gemäß VOB/B geschlossen werden, ist aber nicht Anspruchsvoraussetzung.

962 Die **überwiegende Rechtsprechung nahm** deshalb jedenfalls vor der Entscheidung des Bundesgerichtshofs (siehe Fn. 1121) auch an, dass Schriftformklauseln für „Nachtragsvereinbarungen" **uneingeschränkt zulässig sind**, so z. B. **Kammergericht**,[1131] **OLG Stuttgart**[1132], **OLG Köln**[1133] und im Ergebnis auch **OLG Düsseldorf**.[1134] **Gerade beim VOB-Bauvertrag sei das Interesse der Parteien klar, beweisbare Absprachen und den Schutz vor unkontrollierbaren, z. B. durch Zeugenbeweis gestützten Behauptungen, besonders anzuerkennen**, denn es gibt keinen anderen Bereich im Vertragswesen, in dem

---

[1127] Siehe unten Rdn. 972 ff., 991.
[1128] Siehe oben Fn. 1123.
[1129] Wolf/Horn/Lindacher, AGB-Gesetz, § 4 Rdn. 39.
[1130] Einzelheiten unten Rdn. 970.
[1131] IBR 1999, 514.
[1132] BauR 1993, 743; BauR 1994, 789.
[1133] Urteil vom 28. 5. 1985, 22 U 204/84, zitiert nach Vygen, ZfBR 1986, 99.
[1134] OLG Düsseldorf BauR 1989, 339, Einzelheiten dazu s. oben Rdn. 960.

nachträgliche Leistungen so häufig sind und demzufolge Behauptungen manchmal so dubios.

Man könnte geneigt sein, die Schriftformklausel entsprechend diesen Entscheidungen uneingeschränkt zu akzeptieren. Das stößt aber an Grenzen, die sich aus der VOB-spezifischen Regelung ergeben: Wenn der Auftraggeber anordnet, **muss** der Auftragnehmer ausführen. Eine Klausel **darf aber nicht den Anschein erwecken**, als bestätigte sie dieses Anordnungsrecht, negiere aber den ebenso automatischen einseitigen Vergütungsanspruch. Ähnliche Aspekte ergeben sich unter dem Aspekt der Ankündigungspflicht für zusätzliche Leistungen in § 2 Nr. 6 VOB/B: Obwohl dort die Ankündigungspflicht Anspruchsvoraussetzung ist, gibt es von der Ankündigungspflicht **Ausnahmen**, die den Vergütungsanspruch des Auftragnehmers erhalten, **obwohl** er **nicht** angekündigt hat (oben Rdn. 915–926). Wenn aber in bestimmten Fällen ein Auftragnehmer gar nicht anzukündigen braucht und **dennoch** den Vergütungsanspruch behält, wäre es merkwürdig, den Vergütungsanspruch daran scheitern zu lassen, dass der Auftragnehmer nur nicht schriftlich angekündigt hat.
Hinzu kommt: Klauseln, die ein Ankündigungserfordernis für § 2 Nr. 5 VOB/B einführen, müssen generell die Ankündigung zusätzlicher Kosten als Anspruchsvoraussetzung im Text eindeutig regeln und dürfen im Prinzip wiederum Ausnahmen nicht als unzulässig erscheinen lassen, vgl. oben Rdn. 929.
Wenn diese Ankündigung dann schriftlich unterblieben ist, obwohl sie wegen der Ausnahme möglicherweise gar nicht notwendig war, darf dieser Sonderfall nicht den Eindruck erwecken, gerade wegen fehlender Schriftform bestehe kein Vergütungsanspruch.

Der **Bundesgerichtshof** greift in der Entscheidung „Nachtragsschriftform" (s. Fn. 1121) im Ergebnis diese **Bedenken nach unserer Meinung zutreffend** auf und erachtet nach unserem Verständnis eine solche Klausel **nicht generell für unzulässig**, allerdings nur dann nicht, wenn sie folgende drei Bedingungen erfüllt:
a)
Die Klausel muss ausdrücklich klarstellen, dass **gesetzliche Ansprüche**, also aus Geschäftsführung ohne Auftrag und ungerechtfertigter Bereicherung, ungeachtet der Klausel erhalten bleiben. Außerdem muss sie laut BGH beim VOB-Vertrag klarstellen, dass Ansprüche aus § 2 Nr. 8 **Abs. 2** nicht an einer fehlenden Anzeige scheitern.
b)
Die Klausel darf **nicht** den Eindruck erwecken, dass die Schriftform **mündliche** Vereinbarungen des Auftraggebers selbst oder seiner Bevollmächtigten ausschließe.
c)
Die Klausel muss zwischen den unterschiedlichen **vertraglichen** Ansprüchen differenzieren; die schriftliche Vereinbarung darf nicht für jeden Anspruch die einzige Möglichkeit sein, ihn durchzusetzen.
Die formularmäßige Beschneidung der Vertretungsmacht des für den Auftraggeber tätigen Bauleiters ist gesetzeskonform.

Die Bedingung zu a) ist einleuchtend. Die Bedingung zu b) ist aus unserer Sicht ebenfalls richtig. Hinsichtlich der Bedingung zu c) müssen wir leider einräumen, dass wir sie nicht verstehen. Wenn man sie wörtlich nähme, hätte sich der BGH die ganze weitere Begründung sparen können, das wäre das totale Verbot einer Schriftformklausel. Vielleicht kann man die Klausel c) so verstehen, dass Ansprüche, die nicht in § 2 Nr. 5, 6, 7 Abs. 1 S. 4, 8 Abs. 2, 3, 9 VOB/B beheimatet sind, nicht ausgeschlossen sein dürfen, also z. B. nicht aus § 2 Nr. 7 Abs. 1 Satz 2, 3 oder aus c.i.c.[1135]
Unter der Voraussetzung, dass wir den Bundesgerichtshof zu c) nicht gänzlich missverstehen, ist die Entscheidung des Bundesgerichtshofs zu begrüßen.

[1135] BauR 1994, 760; vgl. Rdn. 951, 971.

963 Wir **empfehlen** darüber hinaus, zur Sicherung der AGB-Beständigkeit der Klausel auch das Leistungsverweigerungsrecht des Auftragnehmers aufzunehmen (vgl. OLG Düsseldorf, Rdn. 960), obwohl es für die Gültigkeit der Klausel auf dieses im Text enthaltene Leistungsverweigerungsrecht nicht zwingend ankommt.

Eine solche nach unserer Auffassung **wirksame Schriftformklausel** in Allgemeinen Geschäftsbedingungen des Auftraggebers kann unter Beachtung der Entscheidung des Bundesgerichtshofs **beispielhaft lauten:**

„1. Ordnet der Auftraggeber Änderungen im Sinne von § 1 Nr. 3, § 2 Nr. 5 VOB/B oder im Vertrag nicht vorgesehene Leistungen im Sinne von § 1 Nr. 4, § 2 Nr. 6 VOB/B an, so ist der Auftragnehmer verpflichtet, schriftlich die daraus resultierenden Mehrkosten vor Ausführung spezifiziert mitzuteilen. Der Auftragnehmer ist auch verpflichtet, dem Auftraggeber schon vor der Anordnung geänderter oder zusätzlicher Leistungen auf dessen Aufforderung hin verbindlich spezifiziert die Mehrkosten für beabsichtigte geänderte oder zusätzliche Leistungen mitzuteilen; in diesem Fall wird der Auftraggeber also eine eventuelle Anordnung erst nach Vorlage der Mehrkostenmitteilung machen. Der Auftragnehmer darf die Arbeit nicht ausführen, solange der Auftraggeber nicht mit dem Auftragnehmer eine schriftliche Vergütungsvereinbarung getroffen hat. Der Auftragnehmer ist berechtigt, seinerseits die geänderte oder zusätzliche Leistung zu verweigern, falls der Auftraggeber die Vergütungsvereinbarung aus Gründen in seinem Verantwortungsbereich verzögert oder unterlässt und nicht gemäß der nachfolgenden Nr. 2 verfährt.

2. Im Interesse einer störungsfreien Abwicklung der Baustelle gilt jedoch: Sofern der Auftraggeber bei geänderten oder zusätzlichen Leistungen dem Auftragnehmer dem Grunde nach bestätigt, dass es sich um geänderte oder zusätzliche Leistungen handelt und sofern der Auftraggeber vor Ausführung dem Auftragnehmer mitteilt, welche neue Vergütung er seinerseits für berechtigt hält oder jedenfalls als Mindestbetrag akzeptiert, ist der Auftragnehmer nicht berechtigt, wegen der Differenz zu der von ihm geforderten Vergütung die Leistung zu verweigern.

3. Unterlässt der Auftragnehmer bei geänderten oder zusätzlichen Leistungen nach Anordnung des Auftraggebers die schriftliche spezifizierte Ankündigung der Mehrkosten oder führt er die Arbeiten aus, bevor der Auftraggeber mit dem Auftragnehmer eine schriftliche Vergütungsvereinbarung getroffen hat oder bevor der Auftraggeber dem Auftragnehmer das Anerkenntnis dem Grunde nach und die von ihm angesetzten Vergütung gemäß Nr. 2 mitgeteilt hat, erhält der Auftragnehmer **keine** Vergütung nach § 2 Nr. 5, 6, 7 Abs. 1 S. 4, 8 oder 9 VOB/B. Die Beachtung der entsprechenden **Formvorschriften** ist also **Anspruchsvoraussetzung**; eine Ausnahme gilt nur dann, wenn der Auftraggeber an der Vergütungspflicht keine ernsthaften Zweifel haben kann, z. B., wenn die sofortige Ausführung der angeordneten Leistung aus technischen oder wirtschaftlichen Gründen zwingend ist, etwa bei Notmaßnahmen.

4. Dem Auftragnehmer zustehende gesetzliche Ansprüche oder anderweitige vertragliche Ansprüche bleiben unberührt. Das Anzeigeerfordernis des § 2 Nr. 8 Abs. 2 VOB/B ist nicht Angebotsvoraussetzung.

5. Der Vorrang der mündlichen Vereinbarung durch den Auftraggeber selbst, seinen gesetzlichen Vertreter oder seine im eigenen Unternehmen tätigen Bevollmächtigten bleibt unberührt."

964 Welche **Auswirkungen** hat es, wenn der Auftragnehmer diese Schriftformklausel **nicht** einhält?

Wir unterscheiden mehrere Möglichkeiten; Voraussetzung ist immer, dass der Auftraggeber die geänderte oder zusätzliche Leistung angeordnet hat.

a) Der Auftragnehmer legt **kein** schriftliches (Vergütungs-)Angebot vor; er führt die Arbeiten ohne weitere Äußerung des Auftraggebers aus.
Dann hat er keinen Vergütungsanspruch gemäß § 2 Nr. 5, Nr. 6 VOB/B. Es fehlt die Ankündigung gemäß § 2 Nr. 6 VOB/B bzw. die im Vertrag zulässigerweise geregelte Ankündigung für § 2 Nr. 5 VOB/B (vgl. oben Rdn. 950).

b) Der Auftragnehmer legt kein schriftliches (Vergütungs-)Angebot vor. Der Auftraggeber erklärt trotzdem nochmals (also nachdem er schon eine Anordnung getroffen hat) einen formellen „Auftrag", z. B. schriftlich. Das kann ein Verzicht des Auftraggebers auf die Schriftform sein – Einzelheiten dazu Rdn. 968 ff. –, gleichzeitig kann unter Umständen der Mehrkostenhinweis überflüssig geworden sein. Der Fall ist aber in dieser Konstellation selten, er bedarf auch der Beurteilung der konkreten Einzelheiten.

c) Der Auftragnehmer legt ein schriftliches (Vergütungs-)Angebot vor, wartet aber keinen (mündlichen oder schriftlichen) Auftrag des Auftraggebers ab. Dann verliert er seinen vertraglichen Anspruch. Er **muss** angesichts einer zulässigen Vertragsformulierung wissen, dass man auf ein schriftliches „Angebot" eine Antwort zu bekommen hat und sie abzuwarten hat und nicht einseitig und eigenmächtig losarbeiten darf. Da ihm gesetzliche Ansprüche erhalten bleiben, ist das keine unbillige Härte.

d) Der Auftragnehmer legt ein schriftliches (Vergütungs-)Angebot vor, der Auftraggeber erteilt den Auftrag mündlich, der Auftragnehmer führt aus. Das ist, wenn vom Auftraggeber bzw. seinen entsprechenden gesetzlichen Vertretern ausgesprochen, ein Verzicht auf die Schriftform (Einzelheiten Rdn. 968 ff.), der Vergütungsanspruch bleibt erhalten. Das bestätigt die Schriftformklausel ausdrücklich.

e) Entspricht eine mündliche Anordnung des Auftraggebers einer **Notsituation** und ist sofortiges Handeln geboten, scheitert in diesem Sonderfall der Vergütungsanspruch nicht daran, dass „Angebot" oder „Auftrag" nicht in Schriftform erteilt sind, das regelt die Klausel auch ausdrücklich.[1136]

965

Ein **Auftraggeber** kann in seinen Allgemeinen Geschäftsbedingungen **statt der strengen Folge „Anspruchsverlust"** auch eine **mildere Folge** bei Versäumung der Schriftform vorsehen, nämlich für den Fall unterbliebenen schriftlichen **Angebots** Preisfestsetzungsrecht des Auftraggebers gemäß § 315 BGB.[1137] Ist dagegen nur der **Auftrag** nicht schriftlich erteilt worden, bleibt der Vergütungsanspruch des Auftragnehmers gerade erhalten (s. oben Rdn. 964); eine Klausel, die auch hier die Sanktion der einseitigen Preisfestlegung gemäß § 315 BGB einführen würde, wäre unwirksam wegen Verstoßes gegen § 307 BGB.

966

7.2.6 Sonderfall: Schriftformklausel für Nachtragsvereinbarungen ohne vorangegangene Anordnung des Auftraggebers

Wie in Rdn. 949 angesprochen, kann der Auftraggeber natürlich auch von dem VOB-Schema abweichen. Er kann sich zuerst für eine zu modifizierende Leistung ein Angebot unterbreiten lassen und danach einen „Auftrag" erteilen, also das Angebot annehmen. Unterbreitet der Auftragnehmer ein mündliches oder schriftliches Angebot und führt er vor Auftragserteilung aus eigenem Antrieb Arbeiten aus, so fehlt es für eine vertrags-

967

[1136] So auch OLG Frankfurt, Fn. 1122; OLG Düsseldorf Schäfer/Finnern Z 3.11 Bl. 9; s. auch Rdn. 973.

[1137] So Locher, Festschrift Korbion, S. 291, allerdings – wie es auch ein Gericht bei der Festsetzung der Mehrvergütung müßte – unter der Maßgabe der Einhaltung der „Preisermittlungsbestimmungen" der jeweiligen VOB/B-Vorschrift. Siehe auch oben Rdn. 956.

ergänzende Vereinbarung an der Annahmeerklärung des Auftraggebers; für einen Vergütungsanspruch aus § 2 Nr. 5, Nr. 6 VOB/B an der Anordnung des Auftraggebers gemäß § 1 Nr. 3, Nr. 4 VOB/B. Der Auftragnehmer hat deshalb keine Vergütunganspüche gemäß § 2 Nr. 5, Nr. 6 VOB/B und ist auf Ansprüche aus § 2 Nr. 8 VOB/B oder ungerechtfertigte Bereicherung angewiesen, nämlich auf Ansprüche für Leistungen „ohne Anordnung".

Kritisch wird es nur, wenn der Auftragnehmer nur ein mündliches Angebot abgegeben hat oder wenn der Auftraggeber nur eine mündliche Annahme erklärt hat. In beiden Fällen geht eine vom Auftraggeber oder seinen gesetzlichen Vertretern ausgeführte mündliche „Leistungsaufforderung" der vereinbarten Schriftform vor (vgl. Rdn. 971). Da der Auftragnehmer ohne vorangegangene Anordnung des Auftraggebers nur dann die modifizierte Leistung ausführen muss, wenn er einen „Auftrag" erhält, bestehen gegen eine Schriftformklausel auch in diesem Zusammenhang keine Bedenken. Das gilt um so mehr, als in der Angebotsanfrage des Auftraggebers kein Verzicht auf sein Anordnungsrecht zu sehen ist (vgl. oben Rdn. 958); er kann also jederzeit auch nachträglich noch „anordnen", wobei sogar dann noch eine Schriftformklausel unter bestimmten Voraussetzungen wirksam ist (vgl. oben Rdn. 962).

7.3 Vergütung trotz fehlender Schriftform bei mündlicher Anordnung oder „Beauftragung" durch den Auftraggeber oder seinen gesetzlichen Vertreter

968 Wir haben schon im vorangegangenen Text den Fall erwähnt, dass zwar Schriftform vereinbart ist, der **Auftraggeber aber selbst** entweder schon nicht das schriftliche Angebot abwartet, sondern sofort die Arbeit verlangt, oder dass er auf ein schriftliches Angebot entgegen seinem eigenen Vertrag nur mündlich den Auftrag erteilt. Der Auftragnehmer braucht in einem solchen Fall nicht zu arbeiten, er kann die Einhaltung der Schriftform verlangen.[1138]

Der Auftragnehmer kann aber auch den mündlichen Auftrag durch den Auftraggeber, seinen gesetzlichen Vertreter, Prokuristen oder Generalbevollmächtigten akzeptieren. Dann liegt darin ein jederzeit zulässiger vereinbarter **Verzicht auf die Schriftform;**[1139] dieser Verzicht auf die Schriftform und die Gültigkeit der mündlichen Abrede hängen nicht davon ab, dass die Parteien überhaupt (noch) an die Schriftformklausel gedacht haben; es ist insoweit sogar eine stillschweigende Abänderung der Schriftformklausel möglich.[1140]

969 Besonderes Beispiel einer mündlichen wirksamen Anordnung trotz vereinbarter Schriftform ist die mündliche Anweisung des Auftraggebers zur Bewältigung besonderer Eilfälle.[1141]

[1138] Der Verwender muss seine eigenen AGB immer gegen sich gelten lassen. Siehe auch Schulze-Hagen, IBR 2004, 125.

[1139] Oder anders begründet: Eine mündliche **Vereinbarung** geht **immer** einer AGB-Schriftformklausel vor (BGH NJW-RR 1995, 179). Wenn der Auftraggeber mündlich beauftragt und der Auftragnehmer dann arbeitet, kann diese Kombination von mündlicher Erklärung und konkludenter „Einverständniserklärung durch Arbeitsaufnahme" nicht anders bewertet werden.

[1140] BGH BauR 1974, 206 mit weiteren Nachweisen; unrichtig deshalb OLG Düsseldorf IBR 1992, 37 mit zutreffender, ablehnender Anm. von Schepp.
Vgl. aber BGH NJW-RR 1991, 1289, 1290, wonach die Parteien sich „über die Änderung der Schriftformklausel einig" sein müssen (?), was allerdings auch stillschweigend möglich sei.

[1141] Beispiel OLG Düsseldorf Schäfer/Finnern Z 3.11 Bl. 9; Riedl, ZfBR 1980, 1, 3; oben Rdn. 965, 967.

Der **Vorrang** der – auch mündlichen getroffenen – Anordnung (**Individualabrede**) kann nicht dadurch ausgeschlossen werden, dass es in AGB heißt, auch ein Verzicht auf die Schriftform könne seinerseits nur schriftlich erfolgen. Auf diesem Umweg kann **der Vorrang** der **mündlichen, individuellen** Vereinbarung **vor der AGB-mäßig vereinbarten Schriftformklausel nicht** beseitigt werden; auch diese Klausel schließt die **Wirksamkeit einer mündlichen Absprache nicht** aus;[1142] die Möglichkeit, dass der Auftraggeber selbst **nach** Vertragsschluss auch **mündlich wirksam** Abreden trifft, kann durch eine AGB-Schriftformklausel **nie** aufgehoben werden. 970

7.4 Vergütung trotz fehlender Schriftform bei mündlicher „Beauftragung" durch Bevollmächtigte des Auftraggebers?

Wir haben soeben erörtert, wie es rechtlich zu beurteilen ist, wenn der Auftraggeber selbst die von ihm selbst vorgeschriebene Schriftform nicht beachtet und mündlich Anordnungen trifft.[1143] 971

Davon zu unterscheiden ist der Fall, dass nicht der Auftraggeber selbst von der Schriftform abweicht, sondern dass **ein Bevollmächtigter** die vom **Auftraggeber vorgesehene Schriftform nicht beachtet,** dass also beispielsweise der **Architekt** oder der **Bauleiter** des Auftraggebers mündlich Zusatzleistungen anordnet, obwohl für die Vereinbarung von Zusatzleistungen Schriftform vorgesehen ist.

Der Architekt hat in dem oben erörterten[1144] Umfang das Recht, Änderungen oder Zusatzleistungen kleinerer Art anzuordnen. Würde er aber trotz vom **Auftraggeber** vereinbarter Schriftformklausel diese Leistungen wirksam mündlich anordnen können, würde er durch seine mündliche Anordnung in Wirklichkeit auch den Vertrag selbst (nämlich den Vertragsinhalt „Schriftformklausel") ändern, zu dessen Änderung er aber sicherlich vom Auftraggeber **nicht** bevollmächtigt ist.[1145] **Die mündliche Anordnung durch den Architekten als Bevollmächtigten ist deshalb unwirksam, die mündliche Anordnung durch den Auftraggeber selbst ist als Individualabrede wirksam.**

Das heißt: Der Vorrang der Individualabrede gegenüber der Schriftformklausel setzt die Wirksamkeit der Individualabrede selbst voraus; die Wirksamkeit der Individualabrede hängt wiederum von der wirksamen Vertretungsmacht des Bevollmächtigten ab.

Im Ergebnis will ein Auftraggeber sich mit dieser Klausel jedenfalls auch vor dem Leichtsinn seiner eigenen Bevollmächtigten schützen und will sicherstellen, dass nur prüfbare, dokumentierte Anordnungen wirksam sind. Der Architekt hat zwar das Recht, Erklärungen zum Vertrag abzugeben, aber nicht, den Vertrag zu „machen", also auch nicht, den Vertrag zu ändern. **Im Ergebnis hat die Schriftformklausel also eine Beschränkung der Vertretungsmacht des Bevollmächtigten auf den Abschluss von Geschäften unter unveränderter Übernahme der schriftlich niedergelegten Vertragsbedingungen und damit auch der Schriftform selbst zum Inhalt.**[1146]

[1142] BGH NJW 1986, 1809, 1810; NJW 1986, 3131, 3132; Ulmer/Brandner/Hensen, AGB-Gesetz, Anhang § 9–11 Rdn. 628; vgl. auch Korbion/Locher, AGB-Gesetz Rdn. 206 ff. Unrichtig OLG Düsseldorf IBR 1992, 37 mit zutreffender, ablehnender Anm. von Schepp. Vgl. auch Fn. 1140.
[1143] Siehe oben Rdn. 968 ff.
[1144] Vgl. Rdn. 901, 902 ff.
[1145] Locher, a. a. O. 293.
[1146] Der BGH hat ausdrücklich entschieden, dass die Klarstellung in Allgemeinen Geschäftsbedingungen, der Bauleiter des Auftraggebers sei nicht zur Vereinbarung modifizierter Leistung befugt, wirksam ist, BauR 1994, 760, bestätigt von BGH „Nachtragsschriftform" NZBau 2004, 146; i.E. ebenso OLG Düsseldorf BauR 1997, 337. Siehe dazu auch oben Rdn. 951.

Der **Bevollmächtigte** des Auftraggebers kann demgemäß die Schriftformklausel **nicht durch mündliche Anordnungen außer Kraft** setzen; derartige mündliche Anordnungen sind unwirksam. „Bevollmächtigte" in diesem Sinne sind **nicht die gesetzlichen Vertreter des Auftraggebers, seine Prokuristen oder seine Generalbevollmächtigten; sie sind der „Auftraggeber".**

Allerdings kann auch hier in Betracht kommen, dass der Auftraggeber das Handeln seines Bevollmächtigten kennt; **über die Grundsätze der** Anscheins- bzw. Duldungsvollmacht **kann deshalb im Ausnahmefall auch hier die mündliche Anordnung eines Bevollmächtigten den Auftraggeber binden.**[1147] Außerdem kann eine Vergütungspflicht des Auftraggebers immer noch **über § 2 Nr. 8 Abs. 2 Satz 2 Abs. 3 VOB/B** in Betracht kommen.[1148]

Ist die mündliche Anordnung endgültig unwirksam, haftet der Anordnende selbst gemäß § 179 BGB; diese Haftung kann jedoch wieder entfallen, wenn der Auftragnehmer den Mangel der Vollmacht – d. h. die fehlende Befugnis, die Schriftformklausel durch mündliche Anordnungen außer Kraft setzen zu dürfen – kannte oder kennen musste.[1149]

Praktische Empfehlungen behandeln wir zusammenfassend unter Rdn. 994 ff.

8 Kündigungsrecht und/oder Leistungsverweigerungsrecht bei fehlender oder verweigerter Vergütungsvereinbarung; Anspruch auf Sicherheitsleistung gemäß § 648a BGB

8.1 Fehlende, aber notwendige Anordnung des Auftraggebers

972 Weigert sich der Auftraggeber **überhaupt** mitzuwirken, also eine erforderliche notwendige Anordnung zu treffen, so ist das eine Behinderung i. S. von § 6 VOB/B und außerdem Kündigungsgrund für den Auftragnehmer nach näherer Maßgabe des § 9 Nr. 1 a, 2 VOB/B (s. unten Rdn. 1210). Ebenso kann es auftraggeberseitige Behinderung sein, wenn der Auftragnehmer vertragsgemäß ein schriftliches Angebot vorlegt, der Auftraggeber aber nicht rechtzeitig dazu schriftlich erklärt.
Natürlich braucht der Auftragnehmer in solchen Fällen nicht ohne Anordnung etwa wegen der Notwendigkeit der modifizierten Leistung zu bauen; er ist natürlich nicht verpflichtet, ohne Anordnung zu leisten und sich auf unsichere Ansprüche gemäß § 2 Nr. 8 Abs. 2 oder Abs. 3 VOB/B einzulassen.

[1147] Vgl. Ulmer/Brandner/Hensen, a. a. O. § 4 Rdn. 44 mit weiteren Nachweisen; zur Anscheins- und Duldungsvollmacht des Architekten siehe oben Rdn. 908.
[1148] Vgl. unten Rdn. 1165, ebenso ggf. aus Geschäftsführung ohne Auftrag oder aus ungerechtfertigter Bereicherung.
[1149] Siehe oben Rdn. 906.

8.2 Kündigungsrechte, Leistungsverweigerungsrechte bei fehlender Einigung über den Preis bei geänderten oder zusätzlichen Leistungen vor Ausführung – Rechtslage bei § 2 Nr. 5 und § 2 Nr. 6 VOB/B

Ordnet der Auftraggeber geänderte Leistungen an, deren Vergütungsfolgen sich nach § 2 Nr. 5 VOB/B bestimmen,[1150] „**soll**" gemäß Abs. 1 Satz 2 die Vereinbarung der Vergütung für die modifizierte Leistung (die Vereinbarung des neuen Preises) **vor** Ausführung erfolgen.
Ordnet der Auftraggeber zusätzliche Leistungen an, deren Vergütungsfolgen sich nach § 2 Nr. 6 VOB/B bestimmen, so **ist** die Vergütung für die modifizierte Leistung möglichst **vor** der Ausführung zu vereinbaren.
§ 2 Nr. 6 VOB/B begründet eine angesichts des Wortlauts völlig eindeutige **Pflicht** der Parteien, also auch des Auftrag**gebers** (als typische **Mitwirkungspflicht**), eine Vergütungsvereinbarung **vor** Ausführung der angeordneten modifizierten Leistungen zu treffen.[1151]
Soweit der Text einschränkt, dass die Vereinbarung **möglichst** vor Ausführung der Leistung erfolgen soll, ist das eine ohnehin völlig selbstverständliche Einschränkung dahin, dass eine beiderseitige **Pflicht** zur Vereinbarung (nur) dann nicht besteht, wenn eine solche Vereinbarung deshalb nicht möglich ist, weil sofortiges Handeln zwingend geboten und für eine vorangehende Vereinbarung gar keine Gelegenheit besteht: Wenn der Fließsand rinnt,[1152] wenn das Wasser einbricht, ist angesichts der Notsituation sofortiges Handeln und nicht Preisverhandeln geboten.
Wir haben bereits früher vielfach erörtert, dass es **keinen systematischen Unterschied zwischen geänderten und zusätzlichen Leistungen** gibt, dass die Abgrenzung in Zweifelsfällen äußerst problematisch und umstritten ist und dass es für eine solche Unterscheidung auch keine sinnvolle Begründung gibt, dass demgemäß die Bestimmungen über geänderte und über zusätzliche Leistungen zwingend „harmonisiert" werden müssen und dies beispielsweise durchgreifende Konsequenzen für eine **einheitliche** Beurteilung der Grenzen des Anordnungsrechts des Auftraggebers aus § 1 Nr. 3 **und** Nr. 4 VOB/B haben muss.[1153] Angesichts **identischer** Interessenlage ist deshalb das „*soll* vor Ausführung vereinbaren" in § 2 Nr. 5 **uneingeschränkt** ebenso so zu verstehen wie das „*ist* möglichst zu vereinbaren" in § 2 Nr. 6 VOB/B, nämlich als eindeutige **Pflicht** der Parteien.[1154]
Diese Pflichten zur Einigung über die Nachtragsvergütung sowohl für geänderte wie für zusätzliche Leistungen sind eine **prototypische, VOB-spezifische** Ausprägung der allgemeinen werkvertraglichen Kooperations**pflicht** der Parteien,[1155] als besonders definierte,

973

974

[1150] Zur Anwendbarkeit des § 2 Nr. 5 VOB/B bei Änderungen der Bauumstände Einzelheiten oben Rdn. 798–800.
[1151] Das angesichts des Wortlauts zu bestreiten, ist schwer verständlich, aber möglich ist alles, vgl. Fn. 1086, 1089.
[1152] Fall des OLG Düsseldorf Schäfer/Finnern Z 3.11 Bl. 9, oben Rdn. 802 mit Fn. 853.
 Das ist eine Parallele dazu, dass in einem solchen Fall auch die Ankündigungspflicht des Auftragnehmers aus § 2 Nr. 6 Abs. 1 Satz 2 VOB/B entfällt, vgl. oben Rdn. 965.
 Zur Erläuterung des Begriffs „möglichst" wie hier Heiermann/Riedl/Rusam, VOB/B § 2, Rdn. 139; Nicklisch/Weick, VOB/B § 2, Rdn. 73; Vygen, Bauvertragsrecht, Rdn. 813.
[1153] Siehe oben Rdn. 785, 795.
[1154] So schon bisher mit unterschiedlichen Begründungen OLG Düsseldorf NZBau 2002, 276; OLG Frankfurt OLG-Report 1999, 78; OLG Düsseldorf BauR 1996, 115; OLG Düsseldorf BauR 1995, 706; Leinemann NJW 1998, 3672; Knacke, BauR 1996, 119; Heiermann/Riedl/Rusam, VOB/B § 2, Rdn. 119 (1. Randnummer, Rdn. 119 ist zweimal vergeben): „Der Interessenlage des AN wird wohl die Rechtsprechung mehrerer Oberlandesgerichte gerecht ...".
[1155] BGH „Kooperationspflicht" NZBau 2000, 130 = BauR 2000, 409.

herausgehobene Pflichten. Seit der „Kooperationsentscheidung" des Bundesgerichtshofs gibt es deshalb keine durchgreifenden Zweifel mehr, dass
- § 2 Nr. 5 „soll vereinbart werden" und § 2 Nr. 6 „ist zu vereinbaren" **völlig gleich** ausgelegt werden müssen[1156)]

und

- **beide** eine **zwingende Pflicht** zur Vergütungseinigung **vor** Ausführung enthalten.[1157)]

8.3 Konsequenz: Keine Pflicht des Auftragnehmers, ohne Vergütungseinigung modifizierte Leistungen auszuführen; wechselseitiges Kündigungsrecht je nach Pflichtverletzung

975 Die **Konsequenz** ist: Verlangt der Auftragnehmer mit ordnungsgemäßer Begründung und Form – Einzelheiten dazu sogleich unter Rdn. 986 – die Vereinbarung der Nachtragsvergütung vor der Ausführung der modifizierten Leistung und äußert sich der Auftraggeber dazu nicht oder lehnt er eine **Vergütungsvereinbarung** ab, so braucht der Auftragnehmer die modifizierte Leistung nicht auszuführen; das ist nahezu einhellige Meinung, wobei die Begründungen differieren.[1158)]

976 Bei **einer Fallkonstellation** ist die Auffassung sogar **einstimmig**: Wenn ein Auftraggeber endgültig nicht bereit ist, eine geänderte oder zusätzliche Leistung zu vergüten, wenn er also **schon dem Grunde nach eine Einigung ablehnt**, ist der Auftragnehmer berechtigt, die Ausführung der Leistung zu verweigern. Genau das bestätigt die Entscheidung des **Bundesgerichtshofs** „Leistungsverweigerungsrecht".[1159)] Der Bundesgerichtshof hat **nicht** entschieden, dass **nur** die Verweigerung schon dem Grunde nach ein Leistungsver-

---

[1156)] So ausdrücklich auch Kniffka, in: Kniffka/Koeble, Kompendium, Teil 5, Rdn. 110, 115; Fuchs, NZBau 2004, 65; Leinemann/Schoofs, VOB/B § 2, Rdn. 139; weiter dazu Fn. 1157.

[1157)] Kuffer, ZfBR 2004, 110, 116: „Nach bisherigem Rechtsverständnis ist § 2 Nr. 5 nur eine Sollvorschrift [unter Zitat von BGHZ 50, 25, 30 vom 21.3.1968!]. Nach der Kooperationsentscheidung **ist** der Auftraggeber zur Mitwirkung **verpflichtet**." Ebenso OLG Jena NZBau 2005, 341.

[1158)] So vorab alle in Fn. 1154–1157 Genannten; ebenso: Vygen/Schubert/Lang, Bauverzögerung, Rdn. 235 sowie Vygen, BauR 2005, 431; Kleine-Möller/Merl, Handbuch, § 10, Rdn. 473, 483; i.E. Leinemann/Schoofs, VOB/B § 2, Rdn. 108 (mit Einschränkungen, nur für Nachträge von mehr als 3 %-5 % (!)), ohne Einschränkung für Leistungsverweigerungsrecht richtig Leinemann/Schirmer, VOB/B § 18, Rdn. 55; Ingenstau/Korbion/Kratzenberg, VOB/B § 2 Nr. 5, Rdn. 35 („wenn der Auftraggeber der Einigung ganz eindeutig (!), grundlos und wiederholt (!) ausweicht **oder** zweifelsfrei (!) sachfremde Erwägungen anführt"); Nr. 6, Rdn. 29 („Wenn den Auftraggeber ein Verschulden an der unterbliebenen Einigung trifft", dann aber Sicherheitsleistung (Hinweis: Dabei wird das **gesetzliche** Recht zur Sicherheitsleistung übersehen, vgl. Rdn. 992)) – zu beiden Zitaten näher Kapellmann, in: Kapellmann/Messerschmidt, VOB/B § 2, Rdn. 205, Fn. 448; Staudinger/Peters, BGB § 632, Rdn. 69 bejahend zu geänderten Leistungen, Rdn. 77 verneinend (!) bei zusätzlichen Leistungen. Generell ablehnend als **einziger** zu § 2 Nr. 6 Pauly, MDR 1998, 505, 507 mit offensichtlich unrichtiger Begründung zur Vorleistungspflicht, dazu Rdn. 979. Laut OLG Zweibrücken, BauR 1995, 251 gilt das Zurückbehaltungsrecht nur „bei erheblichem Mehraufwand"; im konkreten Fall habe ein Preisanpassungsanspruch bestanden, weil beim vorliegenden Pauschalvertrag ein Preisanpassungsanspruch gemäß § 2 VOB/B bestanden habe und die Preisänderung 25 % betragen habe und deshalb erheblich sei. Das Urteil ist **völlig verfehlt**, weil es verkennt, dass der Preisanpassungsanspruch auch beim Pauschalvertrag von keinerlei Erheblichkeitsgrenzen abhängig ist, was sich eindeutig aus § 2 Nr. 7 Abs. 1 S. 4 VOB/B ergibt; das OLG verwechselt wie schon in einer früheren Entscheidung § 2 Nr. 5 mit der Störung der Geschäftsgrundlage des § 2 Nr. 7 Abs. 1 S. 2, 3 VOB/B.

[1159)] NZBau 2004, 613 = BauR 2004, 1613 unter Zitat von Kuffer, ZfBR 2004, 110; OLG Jena, NZBau 2005, 341.

weigerungsrecht begründet, eine fehlende Einigung zur Höhe aber nicht, wenn das auch die Meinung des in der Entscheidung zitierten Mitglieds des 7. Senats des Bundesgerichtshofs Kuffer ist. Wie sogleich zu erläutern, kann dieser Einschränkung aus einer ganzen Reihe von Gründen nicht gefolgt werden.

Kniffka meint, wegen der problematischen Regelung des § 18 Nr. 4 VOB/B berechtige eine **fehlende Einigung zur Höhe** nicht zur Leistungsverweigerung. Gemäß § 18 Nr. 4 VOB/B „berechtigten Streitfälle den Auftragnehmer nicht, die Arbeit einzustellen". Dazu hat aber der BGH zutreffend schon vor Jahren ausgeführt, § 18 Nr. 4 VOB/B schränke **nicht** das Recht des Auftragnehmers ein, sich auf ihm zustehende Leistungsverweigerungsrechte **nach der VOB/B oder** nach gesetzlichen Bestimmungen zu berufen.[1160] Nur in dieser Auslegung ist § 18 Nr. 4 VOB/B überhaupt haltbar; schlösse die Vorschrift die Geltendmachung eines gesetzlichen Leistungsverweigerungsrechts aus – auch dieses besteht, siehe Rdn. 982 –, verstieße sie gegen § 307 BGB und **wäre unwirksam**.[1161] Das Argument von Kniffka zieht also nicht, wobei ohnehin nicht klar wäre, warum die Nichteinigung zum Grund **nicht** unter § 18 Nr. 4 VOB/B fiele, die Nichteinigung zur Höhe aber **doch**.
Ganz abgesehen davon: Wo ist der Unterschied, wenn der Auftraggeber zwar dem Grunde nach anerkennt, die Höhe aber endgültig nur mit 10 % der berechtigten Forderung akzeptiert?

977

Kuffer[1162] führt andere Gründe an, warum nur bei Uneinigkeit über die Höhe kein „Leistungsverweigerungsrecht" bestehe.
Vorweg ist der Ausgangspunkt nicht zutreffend. Es geht nicht nur um ein Leistungsverweigerungsrecht. Um die Struktur von § 2 Nr. 5, Nr. 6 VOB/B richtig zu bestimmen, muss man sie in das Gesamtsystem mit § 1 Nr. 3, Nr. 4 VOB/B einordnen: Der Auftraggeber hat das Recht, einseitig Leistungsmodifikationen anzuordnen. Die Wirksamkeit von § 2 Nr. 6 Abs. 1 Satz 2 VOB/B unterstellt,[1163] muss der Auftragnehmer seinen Anspruch auf Mehrvergütung bei zusätzlichen Leistungen ankündigen. Dann **muss** laut VOB/B eine **Vergütungs**vereinbarung **vor** Ausführung getroffen werden. Solange diese weitere Voraussetzung nicht eingetreten ist, hat der Auftraggeber noch gar keinen Anspruch auf Ausführung der modifizierten Leistung, sein Anspruch ist also noch gar nicht fällig; die Leistungspflicht entsteht erst mit der Erfüllung der Bedingung: „Vergütungsvereinbarung **vor** Ausführung". Eines Leistungsverweigerungsrechts bedarf es gar nicht.

978

Kuffer meint, wenn der Auftragnehmer ohne Vereinbarung zur Höhe nicht zur Ausführung der Leistung verpflichtet sei, werde damit die Vorleistungspflicht des Werkunternehmers unterlaufen. Er wiederholt damit einen alten Irrtum von Jagenburg.[1164] Die Vorleistungspflicht des Nachunternehmers hat mit dem Thema **nichts zu tun**. Sie regelt, dass der Unternehmer das Vorleistungsrisiko trägt: Zuerst die Leistung, dann die Zahlung. Niemand stellt das bei Nachträgen in Frage. Hier dagegen geht es nur darum, ob der Unternehmer leisten soll, obwohl er nicht weiß, ob und vor allem wie viel der Auftraggeber bereit ist zu zahlen. Die VOB/B begründet aber über § 1 Nr. 3, Nr. 4 nicht eine Leistungs-

979

[1160] BGH BauR 1996, 378; die Entscheidung findet allgemeine Zustimmung, z. B. Nicklisch/Weick, VOB/B § 18, Rdn. 24; Merkens, in: Kapellmann/Messerschmidt, VOB/B § 18, Rdn. 39, 40; Schirmer, in: Leinemann, VOB/B § 18, Rdn. 53–55; Vygen, BauR 2005, 431.
[1161] Zutreffend Markus, in: Markus/Kaiser/Kapellmann, AGB-Handbuch Bauvertragsklauseln, Rdn. 130; vgl. auch Rdn. 981, 983.
[1162] a.a.O.
[1163] Dazu oben Rdn. 908 ff.
[1164] Beck'scher VOB-Kommentar/Jagenburg, VOB/B § 2 Nr. 5, Rdn. 137, 136, 130, 131.

pflicht ins Blaue hinein, sondern ausdrücklich über § 2 Nr. 5, Nr. 6 genau die gegenteilige **Pflicht**, nämlich zur Vereinbarung der Vergütung vor Ausführung.

980 Außerdem, so Kuffer, gebe es in der VOB/B nur in § 16 Nr. 5 VOB/B ein Leistungsverweigerungsrecht, aber keines in unserem Zusammenhang; außerdem könne dann doch § 18 Nr. 4 VOB/B entgegenstehen.
Vorab: Der BGH hat in der Entscheidung zu § 18 Nr. 4 schon ausgeführt (siehe Rdn. 977), dass dem Auftragnehmer zustehende Leistungsverweigerungsrechte nach VOB/B (z. B. nach § 16 Nr. 5 Abs. 3 VOB/B) nicht berührt werden – also nicht etwa, dass **ein** VOB-Leistungsverweigerungsrecht nicht berührt werde. Wir mussten an anderer Stelle darauf hinweisen, dass eine Auslegung der VOB/B gewissermaßen freischwebend ohne Rücksicht auf ihren Wortlaut unzulässig ist.[1165] Hier gilt das ganz besonders: Nach § 2 Nr. 5, Nr. 6 VOB/B besteht die **Pflicht** – das ist also **zwingend!** –, die **Vergütung vor** Ausführung zu vereinbaren. Es besteht also **nicht** lediglich die Pflicht, eine **Vergütung dem Grunde nach** zu regeln, sondern **die** Vergütung, d.h., die **zu bezahlenden** Beträge, und damit **zwingend** auch die Höhe der Vergütung. Alles andere widerspricht dem **unmissverständlichen** Wortlaut.
Aber der Wortlaut enthält noch **mehr**: Die Vergütungsvereinbarung ist **vor** der Ausführung zu treffen. Selbst wenn man nicht unsere Strukturüberlegung aus Rdn. 978 teilt und doch das Problem in einem Leistungsverweigerungsrecht sieht, ist doch wiederum die **zeitliche** Reihenfolge absolut eindeutig: **Zuerst** die Vereinbarung der Vergütung, dann die Ausführung. Wenn die zeitlich vorrangige Bedingung nicht als Bedingung für den Anspruch auf Ausführung besteht, so muss die Regelung doch einen Sinn ergeben, nämlich eine Sanktion, wenn der Auftraggeber seine Pflicht zur vorgehenden Einigung nicht erfüllt.
Eine Schadensersatzverpflichtung allein wegen Verletzung einer Nebenpflicht läuft ins Leere. Einzig sachgerecht ist das Verständnis als Einräumung eines VOB-spezifischen „Verweigerungsrechts", um die Reihenfolge: zuerst einigen, dann ausführen, ggf. erzwingen zu können. Die VOB/B **enthält** also insoweit jedenfalls auch ein spezifisches Leistungsverweigerungsrecht.

981 Die VOB/B räumt dem Auftragnehmer aber darüber hinaus ein **weiteres** Leistungsverweigerungsrecht ein. Der Auftragnehmer kann nämlich – nach Erfüllung der Voraussetzungen des § 9 Abs. 2 VOB/A – dem Auftraggeber nicht nur gemäß § 9 Nr. 1a dann kündigen, wenn dieser eine ihm obliegende Handlung unterlässt **und** dadurch den Auftragnehmer außerstande setzt, die Leistung auszuführen, sondern gemäß § 9 Nr. 1 b auch dann, wenn der Auftraggeber „sonst in Schuldnerverzug" gerät. Mit der Leistungs**pflicht**, sich vor Ausführung zu einigen, kommt der Auftraggeber – spätestens – nach Mahnung in Verzug; diese Pflicht fällt (auch) unter § 9 Nr. 1b.[1166]
Wenn der Auftraggeber schon kündigen darf, darf er erst recht die Leistung verweigern. Kuffer meint, die Kündigung sei ein aliud, kein minus. Das beeinträchtigt aber nicht das Argument a maiore ad minus: Der Auftragnehmer darf nicht gezwungen sein, sofort zum härtesten aller Mittel zu greifen.
§ 18 Nr. 4 greift ohnehin nicht ein (oben Rdn. 977), aber Kuffer räumt selbst am Beispiel des § 16 Nr. 5 Abs. 5 ein, dass § 18 Nr. 4 VOB/B (natürlich) nicht entgegenstehen kann, wenn die VOB/B selbst ein Leistungsverweigerungsrecht einräumt.

[1165] Dazu oben Rdn. 785.
[1166] von Rintelen, in: Kapellmann/Messerschmidt, VOB/B § 9, Rdn. 42. Jedenfalls bei größeren Nachträgen ist zudem § 9 Nr. 1a anwendbar, so Leinemann, VOB/B § 9, Rdn. 10.
Zu Kündigung in solchen Fällen näher Rdn. 988.

Voraussetzungen des „Leistungsverweigerungsrechts" Rdn. 982–986

Ein Leistungsverweigerungsrecht müsste sich nach Meinung von Kuffer aus dem BGB **982**
herleiten lassen, §§ 273, 320 BGB würden indes nicht eingreifen. Es genügen aber, wie erörtert, auch VOB-Leistungsverweigerungsrechte. Aber es gibt zusätzlich auch ein BGB-Leistungsverweigerungsrecht, die angeordnete Leistung zu verweigern, § 320 **BGB** gewährt bei der gegebenen Konstellation nämlich die **Einrede des nicht erfüllten Vertrages**: Die Leistungspflicht entfällt nämlich, solange der Auftraggeber **seiner Mitwirkungspflicht**, die ja unbezweifelbar ist, nicht nachkommt; das ist Rechtsprechung des Bundesgerichtshofs und unbestritten.[1167)]
Kuffer bestätigt die selbstverständliche Tatsache, dass § 18 Nr. 4 VOB/B der Geltendmachung eines **gesetzlichen** Leistungsverweigerungsrechts – also des aus § 320 BGB – nicht entgegensteht.

Dass schließlich nur die Lösung, auch bei zu Unrecht verweigerter Einigung zur Höhe **983**
ein Leistungsverweigerungsrecht zu gewähren, der „Kooperationsverpflichtung" der Parteien – dazu speziell Rdn. 986 – gerecht wird, liegt nach unserer Meinung auf der Hand.

Nur sie wird schließlich auch dem **Leitbild des Gesetzes** gerecht. Der Gesetzgeber hat in **984**
§ 648a BGB **zwingend** geregelt, dass der Auftragnehmer für „nachträgliche Zusatzaufträge" **vor** Ausführung Sicherheit verlangen kann. Liepe hat darauf schon aufmerksam gemacht, auch Kuffer spricht das Thema an.[1168)] Der Auftragnehmer kann **kraft Gesetzes** für seine Nachtragsforderungen nicht wie in der VOB/B nur eine Vergütungsvereinbarung verlangen, er kann für die von ihm ordnungsgemäß dargelegte Nachtragsforderungen sogar **mehr** verlangen, nämlich Sicherheit. Es mutete äußerst merkwürdig an, wenn der Auftragnehmer mehr verlangen müsste als das, was er will, um auf diesem Umweg sein Ziel zu erreichen.
Zusammengefasst hat der Auftragnehmer somit das Recht, die angeordnete Leistung solange nicht auszuführen, bis über Grund *und* Höhe Einigung erzielt ist.

Das gilt für Nachträge jeder Größenordnung, wobei allerdings ein Schikaneverbot zu be- **985**
achten ist: Der Auftragnehmer darf nicht eine minimale Mehrvergütungsforderung „erpresserisch" zur Verweigerung unbedingt für die Baustelle erforderlicher Leistungen oder zur Kündigungsandrohung ausnutzen.[1169)] Auf keinen Fall muss also für den Fall der Leistungsverweigerung die Nachtragsforderung „erheblich" sein.[1170)]

8.4 Voraussetzungen des „Leistungsverweigerungsrechts"

Der Auftragnehmer muss die modifizierte Vergütung vertrags- und sachgerecht darlegen, **986**
also in Fortschreibung der Auftragskalkulation[1171)] (dazu Rdn. 1000 ff.). Dem Auftraggeber dürfen keine Zurückbehaltungsrechte oder Gegenrechte in relevanter Größe z. B. wegen Mängeln zustehen.[1172)]

[1167)] BGH 50, 178; Palandt/Heinrichs, BGB § 320, Rdn. 18.
[1168)] Liepe, BauR 2003, 320; Kuffer a.a.O. S. 117. Zu Einzelheiten Rdn. 992.
[1169)] OLG Celle IBR 1995, 415; Kapellmann/Schiffers, Band 2, Rdn. 1019.
[1170)] Näher Kapellmann, in: Kapellmann/Messerschmidt, VOB/B § 2, Rdn. 206.
  Für irgendeine Bagatellgrenze – und diese gar in % der Auftragssumme, so aber beim Pauschalvertrag Keldungs, in: Ingenstau/Korbion, VOB/B § 2 Nr. 7, Rdn. 15 –, gibt es keine Begründung; wie hier Leinemann/Schliemann, VOB/B § 2, Rdn. 305.
[1171)] Selbstverständlich, vgl. dennoch OLG Dresden BauR 1998 = IBR 1998, 369 mit treffender Kurzanmerkung Vygen; Leinemann NJW 1998, 3672, 3675.
[1172)] OLG München IBR 1999, 568, Revision vom BGH nicht angenommen; OLG Celle IBR 1999, 563.

Wenn der Auftraggeber innerhalb vom Auftragnehmer zweckmäßig gesetzter Frist nicht antwortet, ist die Leistungsverweigerung **immer** berechtigt. Hat der Auftragnehmer Fragen, verlangt er Aufklärung oder Nachweise, so ist der Auftragnehmer im Sinne der „Kooperationspflicht" verpflichtet, seinerseits in kurzer Frist sachlich Stellung zu nehmen; er sollte mit einer Fristsetzung von – je nach Fall und Eilbedürftigkeit – 7 bis 12 Arbeitstagen einen Einigungsversuch machen,[1173] aber nur **einen**; die Kooperationspflicht begründet keinen Anspruch auf Palaver, zumal die Einigung ja **vor** Ausführung stattfinden muss.

987 Wie bei § 648a BGB schadet eine Zuvielforderung des Auftragnehmers nicht, solange sie sich als sachlich nachvollziehbar, d.h. prüfbar, darstellt. Der Auftraggeber muss ggf. in der Höhe eine Einigung anbieten, die ihm plausibel erscheint – und sollte das begründen. Bei Streit nur über die Höhe empfiehlt sich keinesfalls eine äußerst riskante „Alles oder Nichts"-Strategie – zu unserer Praxisempfehlung dazu Rdn. 996.

8.5 Voraussetzungen eines Kündigungsrechts der Parteien bei verweigerter Einigung über die Vergütung modifizierter Leistungen

988 Der **Auftragnehmer** kann unter den Voraussetzungen des § 9 Nr. 1 a, b Nr. 2 VOB/B (siehe oben Rdn. 980) kündigen, und zwar den ganzen Vertrag.[1174]

989 Umgekehrt kann auch der Auftraggeber aus wichtigem Grund analog § 8 Nr. 3 VOB/B kündigen, wenn der Auftragnehmer die Vorlage einer ordnungsgemäßen Nachtragskalkulation verweigert oder eine unbrauchbare Kalkulation vorlegt und die Ausführung dennoch von einer entsprechenden Vergütungsvereinbarung abhängig macht.[1175]

990 Während noch laufender Gespräche der Parteien im Rahmen der „Kooperationspflicht" darf noch keine Partei kündigen.[1176]

8.6 Fehlende auftraggeberseitige Schriftform

991 **Solange** der Auftraggeber bei vereinbarter Schriftform die Anordnung und/oder die Vergütungsvereinbarung seinerseits **nicht schriftlich** getroffen hat, hat der Auftragnehmer **schon wegen der fehlenden Form** ein **Leistungsverweigerungsrecht, auch wenn die Klausel AGB-rechtlich unwirksam ist.** Er kann angesichts der Klausel **zweifelsfrei verlangen**, dass der Auftraggeber **sich an seine eigenen Bedingungen hält** und ihm **schriftlich** den „Auftrag" erteilt. Der Auftragnehmer ist berechtigt, aber nicht verpflichtet, ohne **schriftlichen** „Auftrag" die Arbeit zu verweigern; er braucht also bloß mündlich ange-

---

[1173] BGH „Kooperationspflicht" NZBau 2000, 130 = BauR 2000, 409; Leinemann/Schoofs, VOB/B § 2, Rdn. 101. Siehe auch Vygen, BauR 2005, 431.
[1174] OLG Düsseldorf BauR 1996, 115, 116; OLG Düsseldorf BauR 1995, 706; Heiermann/Riedl/Rusam, VOB/B § 2, Rdn. 119; Beck'scher VOB-Kommentar/Jagenburg, VOB/B § 1 Nr. 3, Rdn. 60, § 2 Nr. 5, Rdn. 136; Leinemann NJW 1998, 3672, 3674; Knacke, BauR 1996, 119, 120.
[1175] Ingenstau/Korbion/Keldungs, VOB/B § 2 Nr. 5, Rdn. 35.
[1176] Fuchs, Kooperation, S. 293.

ordnete Arbeiten nicht auszuführen.[1177] Er muss jedoch mitteilen, dass er wegen der fehlenden Schriftform die Arbeit verweigert.

Lehnt der Auftraggeber eine schriftliche „**Beauftragung**" endgültig ohne Grund ab (d. h. auch eine **schriftliche** Vergütungsvereinbarung vor Beginn der Arbeiten, es liegt ja schon ein „Angebot" vor), besteht er aber auf Ausführung, kann der Auftragnehmer den Vertrag kündigen.[1178]

Zu unseren **Praxisempfehlungen** verweisen wir auf Rdn. 994 ff.

8.7 Anspruch auf Sicherheitsleistung gemäß § 648 a BGB

Wenn der Auftraggeber geänderte oder zusätzliche Leistungen anordnet, hat der Auftragnehmer – wie unter Rdn. 973 ff erörtert – unter bestimmten Voraussetzungen ein „Leistungsverweigerungsrecht" bei fehlender Vergütungsvereinbarung, gegebenenfalls sogar ein Kündigungsrecht.

Unabhängig davon (vgl. Rdn. 988)[1179] und darüber hinaus kann der Auftragnehmer gemäß der **zwingenden gesetzlichen** Vorschrift des § 648 a BGB sowohl für die **ganze** vertragliche Vergütung Sicherheit verlangen wie insbesondere **auch** (§ 648 a Abs. 1 Satz 2 BGB) Sicherheit für einen „**nachträglichen Zusatzauftrag**"; daran ändert auch die vertragliche Regelung von Abschlagszahlungen nichts. Die Sicherheit kann nicht nur für künftige Leistungen, sondern (selbstverständlich!) auch für schon ausgeführte, noch nicht bezahlte Leistungen verlangt werden.[1180]

Dieser Anspruch besteht nicht gegenüber juristischen Personen des öffentlichen Rechts und nicht gegen Unternehmen, die für natürliche Personen Bauarbeiten zur Herstellung oder Instandsetzung eines Einfamilienhauses mit oder ohne Einliegerwohnung ausführen.

Das Gesetz sagt nicht, was es unter „nachträglichen Zusatzaufträgen" versteht. Im Sinne der VOB/B würde der Text in den Standardfällen, in denen der Auftraggeber die Leistung einseitig anordnet und dem Auftragnehmer dann automatisch der Vergütungsanspruch gemäß § 2 Nr. 6 VOB/B erwächst, nicht passen; der BGB-Vertrag kennt jedenfalls nicht ausdrücklich das Anordnungsrecht, würde also möglicherweise eine förmliche vertragliche Vereinbarung über die Zusatzleistung voraussetzen – eine Meinung, die aber nicht zutreffend ist.[1181] Ernsthaft wird man aber nach unserer Meinung nicht darüber streiten können, dass auch zusätzliche Leistungen im Sinne des § 2 Nr. 6 VOB/B unter die Regelung des § 648 a BGB fallen.[1182]

Haben die Parteien sich über die Vergütungshöhe nicht geeinigt, genügt eine prüfbare Abrechnung.[1183]

[1177] So i.E. auch BGH „Nachtragsschriftform" NZBau 2004, 146; wie hier Schulze-Hagen, Anm. zur vorgenannten BGH-Entscheidung IBR 2004, 125; Virneburg, ZfBR 2004, 419. OLG Düsseldorf Schäfer/Finnern/Hochstein Nr. 6 zu § 5 VOB/B (S. 46); OLG Düsseldorf BauR 1989, 335, 336; oben Rdn. 968–971.
[1178] Siehe oben Rdn. 988.
[1179] OLG Düsseldorf BauR 1999, 47.
[1180] BGHZ 146, 24 = NZBau 2001, 129.
[1181] Vgl. Band 2, Rdn. 1003-1007, siehe dazu besonders BGH BauR 1996, 378.
[1182] Ebenso z. B. Liepe, BauR 2003, 320; Virneburg, ZfBR 2004, 419.
[1183] A. A. OLG Düsseldorf IBR 2005, 321 mit zutreffender ablehnender Kurzanmerkung Thierau. Vgl. auch Erman/Schumacher, BGB § 648a, Rdn. 7.

Das Sicherheitsverlangen kann sich auch **nur** auf die Vergütung für die geänderte oder zusätzliche Leistung beziehen.[1184)]

Der Auftragnehmer kann dem Auftraggeber zur Leistung der Sicherheit eine Frist mit der Erklärung bestimmen, dass er nach dem Ablauf der Frist seine Leistung verweigert; angemessen ist eine Frist von etwa 10 Tagen.[1185)]

Leistet der Auftraggeber in der Frist nicht Sicherheiten, so hat der Auftragnehmer ein Leistungsverweigerungsrecht, er kann dem Besteller auch gemäß § 643 BGB eine erneute Frist zur Nachholung der Sicherheitsleistung stellen unter Androhung, dass der Auftragnehmer den Vertrag kündige, wenn die Sicherheit nicht bis zum Ablauf der Frist vorgenommen werde. Nach einem ergebnislosen Ablauf dieser Frist gilt der (ganze!) Bauvertrag als aufgehoben.

Für die „aufgehobene Zusatzvereinbarung" kann der Auftragnehmer gemäß § 648 a Abs. 5 Satz 2 BGB in Verbindung mit § 645 BGB Vergütung der erbrachten Leistungen verlangen, Ersatz der Auslagen (soweit nicht in der Teilvergütung enthalten) und „Ersatz des Vertrauensschadens". Die Vergütung der nicht erbrachten Leistung wird abgerechnet nach den Grundsätzen, die für die Abrechnung einer erbrachten Leistung nach Kündigung gelten.[1186)]

9 Der „Antrag" als Voraussetzung des Vergütungsanspruchs

993 Wir haben schon bei § 2 Nr. 3 VOB/B festgestellt, dass ein neuer Preis nur „auf Verlangen" einer oder beider Parteien zu vereinbaren ist. Der Preis wird also in solchen Fällen nicht „automatisch" fortgeschrieben.

§ 2 Nr. 5 VOB/B setzt ebenfalls ein solches „Verlangen" voraus. Unterschiede ergeben sich nicht; wir können deshalb zur Erläuterung auf die früheren Darlegungen zu § 2 Nr. 3 VOB/B verweisen (oben Rdn. 658).

§ 2 Nr. 6 VOB/B gibt dagegen bei zusätzlichen Leistungen dem Auftragnehmer auch ohne besonderes „Verlangen" sofort einen „Anspruch auf besondere Vergütung". Einigen sich allerdings die Parteien nicht, gilt dasselbe wie bei § 2 Nr. 3 VOB/B: Jede Partei kann die Entscheidung über den neuen Preis gegebenenfalls durch Richterspruch erzwingen, wobei das Gericht die „Preisermittlungsbestimmungen" der jeweiligen VOB/B-Vorschrift zu beachten hat – auch das Gericht darf also einen Sachverständigen einen Preis nicht etwa „frei" ermitteln lassen – dazu näher Rdn. 1105.

[1184)] Schulze-Hagen, BauR 2000, 28, 32; Kuffer, ZfBR 2004, 110, 117.
[1185)] BGH NZBau 2005, 393 = ZfBR 2005, 403 mit Anm. Schmitz.
[1186)] BGH BauR 1999, 632.

10 Praxisempfehlungen – Verhalten bei konkludenter oder unklarer Anordnung, bei fehlender Vergütungseinigung

10.1 Konkludente oder unklare Anordnungen

Für **jede geänderte** oder **zusätzliche** Leistung gilt zusammenfassend: Der Auftragnehmer sollte sich **nie auf stillschweigende oder konkludente Anordnungen des Auftraggebers oder auf Ancheins- oder Duldungsvollmachten** verlassen. Er sollte **immer Klarheit und Eindeutigkeit** verlangen; falsch verstandene „Rücksichtnahme", z. B. auf den Architekten, schadet hier. Sozial kompetentes Handeln und der Aufbau bzw. die Aufrechterhaltung positiver Beziehungen zur anderen Seite drücken sich nicht darin aus, dass man feige oder gutgläubig ist. Der Auftragnehmer sollte sich nicht auf Vertröstungen, Drohungen oder Versprechungen einlassen. **Vereinbarte Formerfordernisse auch für Anordnungen sollte er beachten.**

Ohne Unmut zu erregen oder angeblich den geordneten Bauablauf zu stören, geht das am besten, wenn der Auftragnehmer „geschäftsmäßig" jede notwendige Frage stellt, jede Anzeige macht und jeden Hinweis gibt, so dass das Einzelthema nicht den Charakter des „Affronts" haben kann.

10.2 Ankündigungspflichten

Auftragnehmer sollten einsehen, dass es auch zu ihrem **Vorteil** sein kann, durch frühe Ankündigungen modifizierter Gegebenheiten dem Auftraggeber die Chance zu lassen, seine Modifikationen gegenüber dem Bausoll zurückzuziehen und zu den ursprünglichen Vertragsgrundlagen zurückzukehren. Anders ausgedrückt: Das Zurückziehen einer Modifikation gegenüber dem Bausoll muss kein Nachteil für den Auftragnehmer sein, ganz abgesehen davon, dass mancher Nachtrag sich später als Nachtragsillusion herausstellt.

Es ist Aufgabe einer entsprechenden ordnungsgemäßen Baustellenorganisation, die Voraussetzung dafür zu schaffen, dass die entsprechenden Problempunkte überhaupt erkannt werden und sodann sachlich nach einem möglichst erprobten Muster abgewickelt werden (vgl. Rdn. 1126). „Die zweckmäßige Form einer solchen Berichterstattung ist das Tagebuch ... (insbesondere), um z. B. Ansprüche zu begründen oder Sachverhalte bzw. Vorgänge nachzuvollziehen."[1187] Natürlich ist dann Tag für Tag das jeweilige Blatt (gegebenenfalls nebst Anlagen) dem Auftraggeber zuzuleiten, sofern der Auftraggeber das jeweilige Blatt nicht täglich abzeichnet.
Die schriftlichen Anfragen und Antworten sind Bestandteile der Dokumentation.

10.3 Fehlende Vergütungseinigung

Reagiert der Auftraggeber nach der Anordnung geänderter oder zusätzlicher Leistungen auf die vom Auftragnehmer **verlangte Vergütungsvereinbarung nicht**, kann der Auftragnehmer **auch dann, wenn keine Schriftformklausel vereinbart ist**, bis zur Vergüt-

---

[1187] Bauer/Misch/Jansen, Bauwirtschaft 1986, 1809; zur Problematik siehe unten Rdn. 1235 ff.

ungseinigung die Ausführung der (neuen) Arbeiten verweigern, vorausgesetzt, der Auftraggeber verweigert die Einigung ohne Grund.[1188]

Der Auftragnehmer kann bei endgültig schuldhaft verweigerter Einigung sogar kündigen.[1189]

Auf jeden Fall kann er bei vereinbarter Schriftform auch schriftliche Erklärungen des Auftraggebers verlangen.[1190]

Ob der Auftragnehmer von einem „**Leistungsverweigerungsrecht**" **Gebrauch machen soll**, ist eine delikate Frage.

Wir **empfehlen** das nachfolgende Vorgehen:[1191]

Der Auftragnehmer stellt – vorausgesetzt es liegt dem Grunde nach eine Bausoll-Bauist-Modifikation vor – den aufgrund der Anordnung des Auftraggebers resultierenden neuen Preis in „Fortschreibung der Angebotskalkulation" korrekt in einem Preiseinigungsvorschlag dar.

Stimmt der Auftraggeber mit dem neuen Preis nicht überein, sollte der Auftragnehmer vorschlagen, einen unstreitigen Minimumpreis auf der Grundlage der Vorstellungen des Auftraggebers zu vereinbaren und die höhere Forderung einverständlich streitig zu lassen; vergleichbar muss der Auftraggeber ja auch bei der Schlussrechnung gemäß § 16 VOB/B das unstrittige Teilguthaben umgehend auszahlen.

Wenn der Auftraggeber auch diese Regelung **verweigert**, ist **das jedenfalls** Grund zur Leistungsverweigerung hinsichtlich der modifizierten Leistung, gegebenenfalls zur Kündigung durch den Auftragnehmer; dieser Auftraggeber handelt sicher schuldhaft. Das gilt erst recht, wenn der Auftraggeber schon die Preisvereinbarung dem Grunde nach verweigert.

Da dem Auftragnehmer kraft § 2 Nr. 5 oder Nr. 6 VOB/B die Vergütung ohne weiteres zusteht, kann er auch auf die Vergütungsforderung **Abschlagszahlungen** verlangen (vgl. Rdn. 999, 1132).

Der Auftragnehmer kann (natürlich) aber auch trotz fehlender Einigung weiterarbeiten.

Diese Entscheidung – ob weitergearbeitet wird oder nicht – ist jedoch sorgfältig abzuwägen.

Das Problem ist nicht, dass der Auftragnehmer irrtümlich ein Leistungsverweigerungsrecht annimmt, sondern, dass er irrtümlich annimmt, überhaupt eine geänderte oder zusätzliche Leistung zu erbringen, während es sich in Wirklichkeit um eine Leistung innerhalb des Bausolls handelt. In solchen kritischen Fällen läuft der Auftragnehmer ein hohes Risiko, dass ein Gericht vielleicht später seinen Standpunkt nicht teilt und die Vergütung dem Grunde nach verneint – dazu noch näher Rdn. 997.

10.4 Exkurs: Unklares (oder strittiges) Bausoll

997 Ein schon in Rdn. 274 und Rdn. 996 angesprochenes, noch zu ergänzendes Thema:
Wie verhält sich der Auftragnehmer, wenn der Auftraggeber behauptet, dass das, was nunmehr z. B. in den Ausführungsunterlagen gefordert ist, schon durch seine Leistungsbeschreibung erfasst sei. Dies versucht er insbesondere dann, wenn der Text des Lei-

---

[1188] Siehe oben Rdn. 973 ff.
[1189] Siehe oben Rdn. 988.
[1190] Siehe oben Rdn. 991.
[1191] Dazu zustimmend Vygen/Schubert/Lang, Bauverzögerung, Rdn. 245.

stungsverzeichnisses – losgelöst von den zum Zeitpunkt des Vertragsabschlusses vorliegenden Plänen – eine solche Einbeziehung möglich erscheinen lässt.

Je allgemeiner nämlich der Text von Baubeschreibung und Leistungsverzeichnis gehalten ist, um so leichter wird es für den Auftraggeber zunächst einmal sein, den jetzt von ihm geforderten Bauinhalt auch unter diesen Text zu subsumieren. Der Auftraggeber wird dabei oft von vornherein jede Diskussion ablehnen, jegliche Mehrvergütung ablehnen und gegebenenfalls die Kündigung des Bauvertrages androhen.

Hier bietet sich die Chance für den Auftragnehmer, durch Vorlage der im Ausschreibungsstadium schon existierenden Planunterlagen seine Interpretation zu belegen. Hat es dagegen der Auftragnehmer unterlassen, sich die Ausschreibungspläne zu verschaffen, so wird es dem Auftraggeber leichter fallen, sich Nachtragsforderungen zu verschließen.

Um frühere Ausführungen noch einmal aufzugreifen:
Wenn also die Leistungsbeschreibung nicht klar und eindeutig erkennen lassen, was durch den Leistungsverzeichnistext überhaupt an Substanz wiedergegeben wird, wird man versuchen müssen, die Leistungsbeschreibung auszulegen. Das Ergebnis jeder Auslegung ist und bleibt jedoch zweifelhaft. Da man in der Regel nicht voraussehen kann, wie das Ergebnis der Auslegungen lauten wird, läuft der Auftragnehmer ein großes Risiko, wenn er auf seinem Standpunkt beharrt und die Durchführung der Arbeiten für den Fall ablehnt, dass ihm auftraggeberseitig keine Vergütung dem Grunde und/oder der Höhe nach zugestanden wird (vgl. oben Rdn. 274).

Es ist noch einmal festzuhalten, dass der Auftragnehmer zuerst im Rahmen der **Kooperation einen** Verhandlungsversuch unternehmen muss (s. oben Rdn. 986); wenn keine Einigung zu erzielen ist, sollte er sich in der Regel darauf beschränken dem Auftraggeber unmißverständlich mitzuteilen, dass er die Arbeiten zwar ausführt, dass er sie aber aus den im Einzelnen darzulegenden Gründen für vergütungspflichtig hält. Strittige Fakten sollte er ggf. durch ein selbständiges Beweisverfahren sofort klären lassen. Er sollte für diese Arbeiten sodann einen Nachtrag stellen und die Nachtragsposition prüffähig durch Mengenermittlung und Rechnungslegung abrechnen.

Der Nachtrag sollte durch Gegenüberstellung der Soll-Unterlagen zu den Ist-Unterlagen begründet sein, die angefallenen Mehrkosten durch einen kalkulatorischen Nachweis als Fortschreibung der Auftragskalkulation belegt sein (ausführlich hierzu s. Rdn. 1593 ff.).

Ist der Nachtrag dem Grunde nach und in seiner Höhe plausibel dokumentiert, so kann der Unternehmer einer späteren Auseinandersetzung über die Vergütung mit Ruhe entgegensehen, d. h., eine Verweigerung der Leistung ist sicherlich die weniger gute Alternative. Die Frage, ob er überhaupt die Leistung verweigern oder den Vertrag sogar kündigen darf, wenn (nachvollziehbarer) „Streit" über das Bausoll besteht, ist zwar grundsätzlich zu bejahen, aber **nicht ohne dokumentierten** und sachlich nachvollziehbaren Kooperationsversuch.

10.5 Praxisgerechtes Auftraggeberverhalten

Kostenbewußte Bauleiter von Auftraggebern achten von sich aus darauf, dass Auftragnehmer ihren Ankündigungspflichten vor Ausführung einer Leistung nachkommen, d. h., sie legen Wert darauf, bezüglich des Bauinhalts-Soll-Ist-Vergleichs auf dem laufenden zu sein. Durch zügige Bearbeitung von Nachträgen tragen sie zur Klärung der Frage, ob eine Bausoll-Bauist-Abweichung vorliegt, bei und vermeiden somit unnötige Streitigkeiten und Mehrkosten.

Letztlich treffen solche Bauleiter des Auftraggebers auch frühzeitig Vereinbarungen für Nachträge mit ihrem Vertragspartner, um durch eine zügige, dem Bauablauf auf den Fersen bleibende Abrechnung stets dafür zu sorgen, dass noch nicht vorgetragene, latente „Nachtragsbegehren" der Auftragnehmerseite aufgedeckt werden.

11 Die Praxis der öffentlichen Hand bei Nachtragsabwicklungen

999 Wir haben bereits im Zusammenhang mit der Frage, ob in der Praxis „häufige und wiederkehrende Mängel bei der Vorbereitung und Durchführung von Bauaufgaben" festzustellen sind, auf einen Bericht des Bundesrechnungshofes zu Bauaufgaben des Bundes aus dem Jahre 1985 (!) verwiesen.[1192] In demselben, immer noch leider unverändert aktuellen Bericht heißt es:

„Soweit für die Herstellung eines Bauwerks Änderungen oder Ergänzungen der vertraglich vereinbarten Leistungen erforderlich werden, sind hierüber nach § 2 VOB/B mit den Auftragnehmern – im Regelfall **vor** der Ausführung – ergänzende Vereinbarungen zu treffen. Die Vergütung ist auf der Grundlage der Preisermittlung für die vertraglichen Leistungen zu berechnen und zu vereinbaren. **Die Bauverwaltungen treffen die Vereinbarungen meist zu spät,** häufig sogar erst **nach Fertigstellung** ... der Leistungen. Dadurch wird der Überblick über die Kostenermittlung vereitelt und eine Überschreitung der zur Verfügung stehenden Mittel nicht rechtzeitig erkannt..."[1193]

Die Praxis bestätigt leider auch heute noch diese Rüge des Bundesrechnungshofes. Es ist keine Seltenheit, dass „Nachträge" erst Jahre nach Fertigstellung des Bauvorhabens „beauftragt" (genauer: anerkannt) werden.

Der Auftragnehmer braucht sich **eine solche Nachtragsabwicklung nicht gefallen zu lassen.** Er kann einmal bei einer mündlichen Anordnung der modifizierten Leistung verlangen, dass sie bei entsprechenden Bedingungen des öffentlichen Auftraggebers in schriftliche Anordnungen umgesetzt werden; die Rechte des Auftragnehmers insoweit haben wir unter Rdn. 951, 991 erörtert.

Sofern nicht eine gesetzliche Schriftform gilt – vgl. oben Rdn. 947 – kann der Auftragnehmer, der im Anschluss an die Anordnungen des Auftraggebers sein „Nachtragsangebot" vorgelegt hat und der mündlich den „Nachtragsauftrag" erhalten hat, diesen jedenfalls dann abrechnen, wenn nur die VOB/B vereinbart ist, denn dann gibt es keine Schriftform; er kann aber auch dann abrechnen, wenn trotz vereinbarter Schriftform die mündliche Anordnung von einem Organ des Auftraggebers selbst gegeben worden ist – dazu oben Rdn. 968.

Der Auftragnehmer braucht nicht auf eine nach Ausführung der Leistung erfolgende „Beauftragung" zu warten, die ja auch oft erst Monate oder Jahre nach Fertigstellung erfolgt. Der Auftragnehmer kann vielmehr **Abschlagszahlungen** (vgl. Rdn. 1132) verlangen und die Nachtragsforderung auch in eine Schlussrechnung einstellen, ohne auf die nachfolgende „Beauftragung" warten zu müssen. Er kann sogar die Vergütungsforderung gerichtlich durchsetzen, obwohl die Behörde noch nicht die „Beauftragung" bearbeitet hat.

[1192] Siehe oben Rdn. 171.
[1193] Bericht des Bundesrechnungshofes vom 18. 9. 1985 über häufige und wiederkehrende Mängel bei der Vorbereitung und Durchführung von Baumaßnahmen des Bundes, Drucksache des Bundestages 10/3847 vom 18. 9. 1985, zu 5.5.

Die Prüffrist von 2 Monaten gemäß § 16 VOB/B verlängert sich für den Auftraggeber auch nicht etwa deshalb, weil er die selbst vorgegebenen und vereinbarten Regeln nicht einhält.

12 Basis und Methodik der Neuberechnung der Vergütung für geänderte oder für zusätzliche Leistungen

12.1 Basis = Angebotskalkulation bzw. Auftragskalkulation Berechnungsmethodik allgemein, dabei Ersatz *aller* Mehrkosten

12.1.1 Methodik

§ 2 Nr. 5 VOB/B regelt: „Werden durch Änderungen des Bauentwurfs oder andere Anordnungen des Auftraggebers die **Grundlagen des Preises** für eine im Vertrag vorgesehene Leistung geändert, so ist ein neuer Preis **unter Berücksichtigung der Mehr- und Minderkosten** zu vereinbaren...."
Das stimmt wörtlich mit § 2 Nr. 3 Abs. 2 VOB/B überein, der Regelung für die Veränderung eines Einheitspreises, wenn es zu Mehr- oder Mindermengen von mehr als 10 % kommt, die nicht aus Anordnungen des Auftraggebers resultieren.
§ 2 Nr. 6 VOB/B regelt: Wird eine zusätzliche Leistung gefordert, „so hat der Auftragnehmer Anspruch auf **besondere Vergütung**. Die Vergütung bestimmt sich **nach den Grundlagen der Preisermittlung** und den **besonderen Kosten** der geforderten Leistung."
Wie so oft formuliert die VOB/B ungenau. Bei § 2 Nr. 5 VOB/B kommt es auf die Änderung der „Grundlagen des Preises" an, bei § 2 Nr. 6 VOB/B auf die „Grundlagen der Preisermittlung". Ein Unterschied besteht sachlich nicht.[1194]

Unter „Grundlagen des Preises" sind Methodik der Preisermittlung und **alle einzelnen Kosten**elemente, die Bestandteil der Preisermittlung seitens des Auftragnehmers (also seiner **Kalkulation**) sind, zu verstehen, also **Soll**kosten, nicht Istkosten. Zu den Kalkulationselementen gehören **alle** die Kalkulation „im Einzelnen beeinflussenden Umstände" (vergleiche eindeutig § 9 Nr. 3 Abs. 1 VOB/A). **Keineswegs** haben die „Grundlagen des Preises" etwas damit zu tun, dass etwa nur „wesentliche Grundzüge", also eine Grobbeurteilung, eine Rolle spielen. Es kommt auf **jeden** einzelnen Preisermittlungsfaktor und ggf. dessen Änderung an.[1195]

Es liegt unter dem Aspekt der Beibehaltung des Vertragspreisniveaus auf der Hand, dass bei einer **Änderung** der Leistung der neue **Preis** aus den **Elementen des alten Vertragspreises** entwickelt werden muss. Ebenso liegt auf der Hand, dass für eine **zusätzliche Leistung** gemäß § 2 Nr. 6 VOB/B die bisherigen Preiselemente zwar eine Rolle spielen (als Grundlagen, wie z. B. Mittellohn, Höhe der Umlagen), die „besonderen" Kosten der „neuen" Leistung (also die Einzelkosten der Teilleistung) aber u. U. **keinen unmittelbaren Bezugspunkt** im Vertragsleistungsverzeichnis und in der Angebotskalkulation haben;

[1194] Zu allen Einzelformulierungen der VOB/B und zur Einheitlichkeit des Systems Kapellmann, in: Kapellmann/Messerschmidt, VOB/B § 2, Rdn. 137.
[1195] Allgemeine Meinung z. B. Kleine-Möller/Merl, Handbuch § 10, Rdn. 481; Marbach, ZfBR 1989, 2, 3.

hier müssen dann die Kosten zumindest in Methodik und Niveau analog den kalkulierten Kosten ermittelt werden.
Die Berechnungsmethodik als solche ist in der Praxis möglich, ohne dass (problematisch wegen der vielen unklaren Abgrenzungen) insoweit juristisch zu klären ist, ob § 2 Nr. 5 oder § 2 Nr. 6 VOB/B die richtige rechtliche Schublade ist.

Ausgangspunkt ist immer die "alte" Kalkulation, genauer: diejenige Kalkulation, die konsequent zu den vertraglich vereinbarten Einheitspreisen führt. Dies ist – sofern sie überhaupt existiert – jedenfalls die Auftragskalkulation. Da bei Aufträgen der öffentlichen Hand nach Angebotsabgabe nicht mehr über Preise verhandelt werden darf, gibt es für solche Aufträge nur die Angebotskalkulation, keine Auftragskalkulation. Sofern keine anderen Einheitspreise als angeboten vereinbart werden, ist in diesem Fall diejenige Kalkulation, die zu den Einheitspreisen führt, die Angebotskalkulation. Deshalb haben wir bislang – bei der Behandlung von § 2 Nr. 3 VOB/B – weitestgehend nur die Angebotskalkulation angesprochen und werden dies so weiter handhaben. Es bleibt aber dabei, dass es als Basis für die Ermittlung der Vergütung einer modifizierten Leistung um diejenige Kalkulation geht, die zu den Vertragspreisen führt und die in sich folgerichtig, also im Preisniveau bleibend, **"deterministisch" fortentwickelt** werden kann und muss. Das ist heute gänzlich **unbestritten**.[1196)]

Der "neue Preis" steht also im methodischen Sinn von Anfang an fest, er muss nur "richtig gefunden" werden. Seine Feststellung hat **nichts** mit Billigkeit zu tun; im Streitfall hat deshalb auch **nicht** etwa ein Gericht die Befugnis oder Möglichkeit, den "neuen Preis" nach § 315 BGB zu bestimmen.[1197)]

Diese Berechnungsmethodik des § 2 Nr. 5 VOB/B (und des § 2 Nr. 6 VOB/B) entspricht der Sachlogik der VOB-Systematik zur Nachtragsregelung, sie ist notwendige Konsequenz: **Weil** die VOB/B in § 1 Nr. 3 ein Vertragsrecht des Auftraggebers begründet, einseitig und nachträglich den geschlossenen Vertrag ändern zu dürfen (und in § 1 Nr. 4 das einseitige und nachträgliche Recht des Auftraggebers, den geschlossenen Vertrag nachträglich ergänzen zu dürfen), muss ein ebenso einseitiger, nicht von einer Einigung der Vertragsparteien abhängiger, auch nicht von einer Einigung über die Höhe der Mehrvergütung abhängiger Anspruch des Auftragnehmers auf geänderte oder zusätzliche Vergütung geschaffen werden, wie es durch § 2 Nr. 5 und § 2 Nr. 6 VOB/B geschieht [1198)].
Weil aber dieser Mehrvergütungsanspruch unabhängig von einer Vergütungsvereinbarung der Parteien ist, muss es ein anderes, objektives Ermittlungskriterium zur Festlegung dieser Vergütung geben. Dann ist die Anknüpfung an die konkrete Kalkulation des im Wettbewerbs entstandenen Vertragspreises des Hauptauftrages die vertragsgerechte Lösung - ganz abgesehen davon, dass auch methodische Parallelität mit der Veränderung des Einheitspreises bei § 2 Nr. 3 VOB/B bestehen muss.

Deshalb verstößt die Anknüpfung der Nachtragsberechnung an die Auftragskalkulation **auch nicht gegen AGB-Recht**.[1199)]

1196) Zum Beispiel ausdrücklich BGH "Eisenbahnbrücke" BauR 1999, 897, 899; BGH BauR 1996, 378, 381; OLG München BauR 1993, 726; **weitere** Nachweise Fn. 1206; siehe auch Rdn. 1012 ff ("Bindung an den alten Preis?"). Unrichtig deshalb Stassen/Grams, BauR 2003, 943, 951.
Maßgebend ist die Kalkulation, "so wie sie ist". Sie darf nicht nachträglich vom Auftraggeber "bereinigt" werden, siehe oben Rdn. 526.
1197) BGHZ 50, 25, 30; Staudinger/Peters, BGB § 632, Rdn. 68.
1198) Zur Systematik in Einzelheiten auch oben Rdn. 776 ff, 948 ff.
1199) Ausdrücklich und zutreffend (zu § 2 Nr. 5 VOB/B) BGH BauR 1996, 378 sowie im Ergebnis in Bejahung der Wirksamkeit von § 2 Nr. 6 Abs. 1 S. 2 VOB/B BGH BauR 1996, 542.
Siehe auch Rdn. 779–790.

In die Mehrvergütung einzubeziehen sind, wie erörtert, **alle Mehrkosten**, ob **unmittelbar** oder **mittelbar** (also z. B. auch zeitabhängige Mehrkosten), die adäquat kausal durch die Bausoll-Bauist-Abweichung verursacht sind, und zwar für den gesamten Bauablauf.[1200] Kniffka meint, es könne Mehrkosten geben, die davon nicht erfasst seien; diese könnten aber als Schadensersatz wegen Verschulden bei Vertragsschluss, § 311 Abs. 2 BGB, § 6 Nr. 6 VOB/B geltend gemacht werden, wenn z. B. die Planung schuldhaft fehlerhaft gewesen sei.[1201] Da aber **alle** Mehrkosten zu ersetzen sind, verbleibt kein Schaden und ist deshalb für einen Schadensersatzanspruch jedenfalls bei bauinhaltlich geänderten und bei zusätzlichen Leistungen neben den Vergütungsansprüchen aus § 2 Nr. 5, 6 kein Raum. Dass die angeordnete Korrektur fehlerhafter Planung des Auftraggebers immer zum Mehr**vergütungs**anspruch führt, versteht sich.[1202] Aber es kann nicht richtig sein, dem Auftragnehmer, dem gegenüber der Auftraggeber unverschuldet ein Recht zur Änderung durchsetzt, indem er z. B. nachträglichen Mieterwünschen Rechnung trägt, nur einen Teil der entstandenen Mehrkosten zu erstatten, aber einem Auftragnehmer, demgegenüber der Auftraggeber schuldhaft durch Fehlplanung eine positive Vertragsverletzung begeht, Ersatz aller Kosten durch einen über die Mehr**vergütung** hinausgehenden Schadensersatzanspruch. Da die Mehrvergütung gemäß § 2 Nr. 5 und 6 VOB/B **alle** Kosten umfasst, bedarf es keiner „ergänzenden" Anspruchseinräumung per Schadensersatz.[1203] Die Praxis versäumt es oft, der verursachungsgerechten vollständigen Ermittlung und Bewertung aller dieser Mehrkosten genügend Aufmerksamkeit zu widmen; deshalb ist auch die häufige Klage der Praxis, die „wahren" Mehrkosten würden ja gar nicht umfassend bei „Nachträgen" erfasst, Zeichen einer Nachlässigkeit, aber nicht berechtigter Vorwurf gegen die Kostenermittlungs- und Mehrvergütungssystematik gemäß § 2 Nr. 5 und 6 VOB/B bei Nachträgen.

Wir besprechen nachfolgend anhand von **Abb. 21**, S. 434 die Methodik der Kosten- und Preisermittlung für geänderte und zusätzliche Leistungen in den einzelnen Schritten.

12.1.2 Speziell: Geänderte Leistungen

Bei **geänderten Leistungen** ist, wie aus dem Text von § 2 Nr. 5 VOB/B folgt und wie wir schon früher im Einzelnen, insbesondere bei der Abgrenzung zwischen geänderten und zusätzlichen Leistungen unter Heranziehung der (analogen) Kostenfortschreibung der Angebotskalkulation in die Nachtragskalkulation,[1204] herausgearbeitet haben, zunächst (vgl. **Abb. 21**, Schritt 1) im Vertragsleistungsverzeichnis zumindest eine Bezugsleistung (**Bezugsposition**) zu finden, deren Teilleistungen möglichst nah mit der änderungsbedingt neuen Leistungen verwandt sind.

Im nächsten Schritt sind möglichst die Bewertungsansätze der Bezugsleistung (aus der vorhandenen Kalkulation bzw. aus „Einheitspreisaufspaltungen") festzustellen. Hierzu gilt, dass die Preise der Bauist-Leistung so weit wie möglich aus den Kosten der Bausoll-Leistung abgeleitet werden müssen, was allerdings in Form identischer Übernahme nur selten möglich sein wird. Dieser methodische Ausgangspunkt gilt für die **Direkten**

[1200] Zutreffend Heiermann/Riedl/Rusam, VOB/B § 2, Rdn. 116, 116 b; Ingenstau/Korbion/Keldungs, VOB/B § 2 Nr. 5, Rdn. 29.
[1201] Kniffka, in: Kniffka/Koeble, Kompendium, Teil 8, Rdn. 38.
[1202] Zutreffend BGH „Kammerschleuse", BauR 1997, 126. Zum Änderungsrecht des Auftraggebers in solchen Fällen oben Rdn. 784.
[1203] Ebenso Kleine-Möller/Merl, Handbuch § 10, Rdn. 490. **Richtige** Planung ist nämlich immer Vertrags**pflicht** des Auftraggebers, BGH „Vorunternehmer II", NZBau 2000, 187 = BauR 2000, 722. Zum Umfang dieser Kosten auch Kapellmann, in: Kapellmann/Messerschmidt, VOB/B § 2, Rdn. 226.
[1204] Siehe oben z. B. Rdn. 830 ff.

I Feststellung des Vertragspreisniveaus

1. Feststellung einer der modifizierten Leistung möglichst => Bezugsleistung innerhalb des
   ähnlichen Vertragsleistung Bausolls

2. Ausgewiesene Bewertung der Bezugsleistung => Bewertungsansätze gemäß Vertrag
   a) kalkulative Ansätze (sofern vorhanden),
   b) andernfalls EP-Anteile (sofern vorhanden),
   c) andernfalls Einheitspreis.

3. Feststellung geeigneter Ermittlungssysteme zur => Ermittlungssystem(e)
   Bewertung der Vertrags- und der modifizierten Leistung

4. Bewertung der Bezugsleistung mit Ermittlungssystem(en) => Bewertungsansätze gemäß
   Ermittlungssystem(en)

5. $f = \dfrac{\text{Bewertungsansätze gemäß Vertrag (siehe 2.)}}{\text{Bewertungsansätze gem. Ermittlungssystem (siehe 4.)}}$ => Vertragspreisniveaufaktor(en) f für die Bezugsleistung

II Ermittlung des Preises der modifizierten Leistung

1. Zusätzliche, entfallene oder geänderte Elemente der => Dokumentation der modifizierten
   modifizierten Leistung gegenüber der Bezugsleistung Leistung

2. Bewertung der modifizierten Leistung mit => Bewertungsfortschreibung
   Ermittlungssystem(en)

3. Multiplikation des Ergebnisses der => Anpassung an das
   Bewertungsfortschreibung mit Vertragspreisniveau
   Vertragspreisniveaufaktor(en)

4. Endgültige Preisermittlung => Preis der modifizierten Leistung
   Nur bei reiner Kostenfortschreibung:
   Berücksichtigung der zugehörigen Zuschlagssätze

Abbildung 21 Methodik der Kosten- und Preisermittlung für der Art nach modifizierte Leistungen beim Einheitspreisvertrag

Kosten von Bau**inhalts**änderungen, grundsätzlich aber auch für durch die Änderung bedingte Bau**umstands**modifikationen.[1205]
Konsequenterweise hat also die Kostenermittlung für die geänderte Leistung von der **Kalkulationsmethodik** der Kostenermittlung der **Bezugsleistung** auszugehen und die Beträge ihrer einzelnen Kalkulationsansätze (analog) für diejenigen der Angebotskalkulation zu übernehmen.[1206] Die Regel ist jedoch, dass eine analoge Kostenfortschreibung – vgl. auch Rdn. 832 – stattfinden muss, die sich als Hilfsmittel zur Kosten- und Preisfortschreibung eines Ermittlungssystems – das z.B. auf zugänglichen Dateien beruht – bedient (Schritt 3 in **Abb. 21**). Auf dieser Basis wird die Bezugsleistung neutral bewertet (Schritt 4); das Verhältnis der Bewertung gemäß Vertrag (z.B. gemäß Angebotskalkulation) zur Bewertung gemäß Ermittlungssystem gibt das **Vertragspreisniveau** an (Schritt 5 in **Abb. 21**).

[1205] Ausführlich dazu Rdn. 1074 ff. sowie Rdn. 1111.
[1206] Allgemeine Auffassung, z. B. BGH BauR 1996, 378; OLG Frankfurt NJW-RR 1997, 84; OLG München BauR 1993, 726 mit zustimmendem Hinweis Jagenburg NJW 1994, 2864, 2867; Werner/Pastor, Bauprozess, Rdn. 1150, 1159; Vygen, Bauvertragsrecht, Rdn. 803 ff.

Ohne ausreichende allgemeine Kenntnis zu Kostenverursachungen und Kalkulationstechniken und ohne spezielle Kenntnis des jeweiligen Aufbaus der Kalkulation für die Vertragsleistungen (Bausoll) sollte eine Nachtragskalkulation nicht aufgestellt oder geprüft werden. Wir dürfen dazu auf unsere ausführlichen Darlegungen zur Angebotsbearbeitung verweisen.[1207)]
Prinzipielle – wenn auch nicht unabdingbare – Voraussetzung für die Aufstellung und/ oder Prüfung einer Nachtragskalkulation ist folglich, dass die im Angebotsstadium für die Vertragsleistungen erstellte Kalkulation herangezogen, also vom Auftragnehmer belegt wird – dazu näher Rdn. 1057-1073. Aus ihr können die Kostenansätze für die Bezugsleistung(en) herangezogen werden, auf deren Basis dann die Einzelkosten der geänderten Leistung analog fortgeschrieben werden. Unerläßlich ist aber auf jeden Fall, dass zunächst das Vertragspreisniveau festgestellt wird (Teil I von **Abb. 21**).

Vereinfacht dargestellt kann man sagen, dass der Preis der modifizierten Leistung (soweit wie möglich) „**deterministisch**" aus der Angebotskalkulation fortzuschreiben ist; einzelne dabei auftretende Probleme werden wir nachfolgend besprechen.
Schon jetzt aber der Hinweis: Ob bis auf den „i-Punkt" alles präzise nachvollziehbar gemäß **Abb. 21** fortgeschrieben wird oder ob man vereinfacht (oder verhandelt), bleibt den Parteien unbenommen;[1208)] wir besprechen hier , was § 2 Nr. 5 und § 2 Nr. 6 VOB/B methodisch erfordern.[1209)]

1002

Vorab halten wir noch fest, dass es im Einzelfall bei der Suche nach der (oder den) geeigneten Bezugsleistung(en) der Angebotskalkulation für die Ermittlung der Kosten der neuen Leistung zu Unstimmigkeiten kommen kann. Erfahrungsgemäß hat das seine Ursache in einer nicht durchgehend gleichartig gebliebenen Zuschlagsmethodik (variierende Zuschlagssätze), in Kalkulationsfehlern oder in frei gegriffenen Preisen.[1210)] Die Folge davon ist, dass bestimmte Vertragspreise relativ hoch, andere relativ niedrig sind. Wenn **sowohl** eine Position mit einem relativ niedrigen Preis **als auch** eine mit einem relativ hohen Preis in der Angebotskalkulation als Bezugsleistung zur Diskussion stehen und die Positionen als Bezugsleistung gleich gut geeignet sind, versagt allerdings die „deterministische" Fortschreibung, sofern nicht auf einen Mittelwert abgehoben wird.

1003

Die Ermittlung des Preises der geänderten Leistung bedarf zunächst der Dokumentation der zusätzlichen, der entfallenden und der geänderten Leistungselemente (Schritt 1 von Teil II aus **Abb. 21**). Diese Leistungselemente sind dann in Schritt 2 mit dem (oder den) vorab in Schritt 3 von Teil I gewählten Ermittlungssystem(en) zu bewerten, sofern nicht –

1004

[1207)] Siehe oben Rdn. 289 ff.
[1208)] Dass der neue Preis zwischen den Parteien auch ohne jeden Bezug **vereinbart** werden kann, ist selbstverständlich.
[1209)] Die ältere baubetriebliche Literatur hält sich bezüglich der Einzelheiten der Nachtragskalkulation sehr zurück. Drees/Bahner, Kalkulation von Baupreisen, S. 20, sprachen nur davon, dass sich der neue Preis „an preisvergleichbaren Positionen zu orientieren" hat. Noch zurückhaltender äußert sich Drees zum Stichwort „Nachtragskalkulation" im VDI-„Lexikon" Bauingenieurwesen". Lang übernimmt bei der Nachtragskalkulation für geänderte Leistungen (IBR 1994, 85) die Urkalkulationssätze, spricht aber ansonsten nicht die Kalkulationselemente (z. B. die Zeitansätze) der Urkalkulation an, d. h., bei ihm ist nicht nachvollziehbar, ob die Kosten der neuen Leistung analog aus den Kostenansätzen der „alten" Leistung abgeleitet werden. Ausführlich heute – und wie hier – Reister, Nachträge, S. 272 ff., 286 ff., 293 ff. Vgl. auch Augustin/Stemmer, BauR 1999, 546, 555 ff., dort bezogen auf zusätzliche Leistungen.
[1210)] Nebenbei: Ein weiterer, nicht seltener Grund für Unstimmigkeiten über die richtige Bezugsleistung bzw. ihre Verwendung liegt darin, dass von falschen Voraussetzungen ausgegangen wird. Beispielsweise kann man nicht den Preis für einen Rohrdurchmesser 300 auf einen Rohrdurchmesser 150 linear „herabrechnen".

im Ausnahmefall – die zugehörigen Direkten Kosten geänderter Leistungen unmittelbar der Angebotskalkulation (analog) fortgeschrieben werden können.
In Schritt 3 sind dann die in Schritt 2 ermittelten Kosten der geänderten Leistung auf das **Vertragspreisniveau** zu bringen.
Abschließend ist in Schritt 4 der endgültige Preis – bei reiner Kostenfortschreibung mit Hilfe der Zuschlagsätze – zu ermitteln. Hierbei gilt für die Deckungsanteile (Zuschläge) bei gegebenenfalls änderungsbedingt **verringerten Direkten Kosten** ein Grundsatz, den wir (hinsichtlich des Gewinns) schon bei „aus den vorgefundenen Verhältnissen resultierenden Mengenminderungen" des § 2 Nr. 3 Abs. 3 VOB/B kennen (oben Rdn. 520 ff.): Auf jeden Fall hat der Auftragnehmer Anspruch darauf, dass *mindestens* der **bisherige** Deckungsanteil für **Gewinn** in vollem Umfang erhalten bleibt.[1211] Für den Deckungsanteil für Wagnis gilt **deshalb dasselbe** wie für den für Gewinn, weil Wagnis entsprechend dem Gewinn behandelt wird (s. oben Rdn. 561).

1005 Das gilt aber nicht nur für Wagnis und **Gewinn**: Auch für die Deckungsanteile für **Allgemeine Geschäftskosten muss *mindestens* der bisherige Deckungsstand erhalten** bleiben. Den Grund dafür haben wir schon bei § 2 Nr. 3 Abs. 3 VOB/B erörtert: Durch den Bauvertrag wird der Auftraggeber zwar nicht verpflichtet, das Werk ausführen zu lassen, aber wohl, den vereinbarten Werklohn zu zahlen. Der Auftraggeber kann also zwar jederzeit kündigen, muss aber dann den vereinbarten Werklohn minus ersparter Kosten bezahlen (§ 649 BGB, § 8 Nr. 1 VOB/B).
Das heißt: Nachträgliche Änderungen des laut Vertrages zu errichtenden Werkes berühren den einmal begründeten Anspruch des Auftragnehmers auf die Vergütung nur insoweit, als sich diese Änderungen effektiv kostenmindernd auswirken. Das gilt genauso im Rahmen von § 2 Nr. 5 und § 2 Nr. 6 VOB/B.

1006 Treten durch die Anordnung geänderter Leistungen insgesamt **höhere Direkte Kosten** auf als für die Vertragsleistung, so bleibt es **nicht nur bei der Erhaltung** des Deckungsstandes für die Deckungsanteile für Allgemeine Geschäftskosten, Wagnis und Gewinn, sondern dann dürfen die **zusätzlichen** Kosten noch mit **den Zuschlagssätzen** für **Allgemeine Geschäftskosten, Wagnis** und **Gewinn** beaufschlagt werden, dies deshalb, weil ja den zusätzlichen Direkten Kosten zusätzliche Kapazitätsbindungen gegenüberstehen und diese Kapazitäten ansonsten an anderer Stelle entsprechende Deckungsanteile für Allgemeine Geschäftskosten, Wagnis und Gewinn erzielen könnten und würden.

1007 Ein Zuschlag für **Baustellengemeinkosten** ist dagegen – vorausgesetzt, es treten durch die auftraggeberseitige Anordnung keine zusätzlichen Baustellengemeinkosten auf – nur so lange anzusetzen, bis die kalkulierten Baustellengemeinkosten gedeckt sind. Praktisch bedeutet das, dass ein Nachtrag nur dann Zuschläge für Baustellengemeinkosten umfassen darf, wenn die kalkulierten Baustellengemeinkosten nicht mehr durch kalkulierte Zuschläge gedeckt sind.

1008 Führen allerdings geänderte Leistungen auch zu **zusätzlichen Baustellengemeinkosten**, sind sie zu berücksichtigen; diese zusätzlichen Baustellengemeinkosten werden als Direkte Kosten der geänderten Leistung angesetzt (vgl. hierzu Rdn. 1099 ff.).
Da dies im Einzelfall jedoch zu beachtlichem Rechenaufwand und „gespaltenen Preisen" führen kann, bietet es sich an, wie in der Praxis, die Beaufschlagung der Direkten Kosten undifferenziert mit dem kalkulierten Zuschlagssatz für Baustellengemeinkosten, Allgemeine Geschäftskosten, Wagnis und Gewinn vorzunehmen und erst bei Stellung der Schlussrechnung durch eine Ausgleichsberechnung wie bei Minder- und Mehrmengen ge-

---

[1211] Nicklisch/Weick, VOB/B § 2 Rdn. 64; Kleine-Möller/Merl, Handbuch § 10, Rdn. 481; Vygen, Bauvertragsrecht, Rdn. 807; Marbach, ZfBR 1989, 2, 8; Ingenstau/Korbion/Keldungs, VOB/B § 2 Nr. 5 Rdn. 29; OLG Stuttgart Schäfer/Finnern Z 2.210 Bl. 15.

Basis = Angebotskalkulation   Rdn. 1009

mäß § 2 Nr. 3 VOB/B (vgl. Rdn. 545 ff., 624 ff.) dafür Sorge zu tragen, dass keine Über- oder Unterdeckung bei den Umlagen und Zuschlägen auftritt.
Fallen also beispielsweise einschließlich aller geänderten und zusätzlichen Leistungen sowie der Mehr- und Mindermengen mehr Deckungsanteile für Baustellengemeinkosten als in der Angebotskalkulation angesetzt an, so zeigt sich das in der Ausgleichsberechnung (vgl. Rdn. 627 bzw. 629) als Fall II, d. h., die Überdeckung der Baustellengemeinkosten kann dann problemlos „eliminiert" werden.

12.1.3 Speziell: Zusätzliche Leistungen

§ 2 Nr. 6 Abs. 2 S. 1 VOB/B regelt für die im Vertrag nicht enthaltenen Leistungen: 1009
„**Die Vergütung bestimmt sich nach den Grundlagen der Preisermittlung für die vertragliche Leistung und den besonderen Kosten der geforderten Leistung.**"
Oft ist eine zusätzliche Leistung mit der Leistung einer anderen vorhandenen Position so vergleichbar, dass sich die Anknüpfung an den Einheitspreis und somit auch der zu ihm führenden Kosten anbietet, etwa für eine zusätzliche Parkplatzmauer die Bausoll-Position „Böschungsbegrenzung" – vgl. Rdn. 810. Zur Ermittlung ihrer Kosten kann- vergleichbar mit der Kostenermittlung für geänderte Leistungen – auf die Elemente einer vorhandenen Angebotskalkulation zurückgegriffen werden.

Häufiger ist aber die zusätzliche Leistung so „neu", dass es für die neuen Direkten Kosten der zusätzlichen Leistung kein unmittelbares Element in der Angebotskalkulation gibt, das fortgeschrieben werden könnte. Dann sind die Kosten der geforderten zusätzlichen Leistung dennoch so weit wie möglich nach den Grundlagen der Preisermittlung für die vertraglichen Leistungen und den besonderen Kosten der neuen Leistung zu ermitteln (dazu Rdn. 1105 ff.).
Solche Grundlagen sind der Mittellohn, die Kostenermittlungssystematik (z. B. Berechnung der Gerätekosten nach der Baugeräteliste [BGL] mit prozentualen Abschlägen), wenigstens einzelne Ansätze für die Direkten Kosten, an die die Ermittlung der Direkten Kosten für die neue Leistung anknüpfen kann. Diesbezüglich ist zu beachten, dass auch dann, wenn keine unmittelbar verwandten Bezugleistungen vorliegen, dennoch eine möglich „nahe" Bezugsleistung zu finden sein wird, für die mit Hilfe von Ermittlungssystem(en) das Vertragspreisniveau bestimmt werden kann und für die somit auch eine unmittelbare Kostenfortschreibung möglich ist (vgl. das Beispiel aus Rdn. 842). Somit kann auch in solchen Fällen nachvollzogen werden, ob z. B. „mit dem spitzen Bleistift" kalkuliert worden ist oder nicht. Auch dann, wenn die zusätzlichen Leistungen kaum oder gar keine Verwandtschaft mit der vertraglichen Leistung haben, sind also mit Hilfe der schon unter Rdn. 841, 1004 erwähnten **Vertragspreisniveaufeststellung (Vertragspreisniveaufaktor f)** gemäß **Abb. 21, Schritt 5, S. 464** analoge Kostenfortschreibungen oft auch dann noch möglich, wenn zunächst keine vertragliche Leistung gefunden werden kann, die als unmittelbare Bezugsleistung für die neue Leistung herangezogen werden kann.
Aber auch dann, wenn z. B. wegen Fehlens von geeigneten Ermittlungssystemen die „besonderen Kosten" der zusätzlichen Leistung vollkommen neu ermittelt werden müssen entsprechend dem Vertragspreis**niveau**, gibt es dafür Rückschlussmöglichkeiten (näher Rdn. 1103 ff.). Gibt es gar keinen Bezugspunkt, ist ein Rückgriff auf Marktpreise, aber angepasst an das Preisniveau dieses Vertrages, erforderlich (näher Rdn. 1105 ff.). Sofern im seltensten Fall auch kein Rückgriff auf Marktpreise möglich ist, ist die Vergütung der zusätzlichen Leistung (gutachterlich) analytisch zu ermitteln, eventuell auch abzuschätzen.

1010 Es gilt im Übrigen für eine bestimmte Art zusätzlicher Leistungen noch eine ganz einfache Kosten– und Vergütungsermittlung, nämlich für bloße **angeordnete Mehrmengen**: Wir haben bereits früher ausführlich erörtert,[1212] dass § 2 Nr. 6 VOB/B auch auf den Fall anzuwenden ist, dass eine durch eine bisherige Position bekannte Leistung **auf Anordnung** des Auftraggebers in **größerer Menge** als bisher im Vordersatz vorgesehen erstellt wird: Der Auftraggeber ordnet an, dass die Parkplatzfläche von 1000 m^2 auf 1400 m^2 vergrößert wird. **Wegen der Anordnung** ist das kein Fall von § 2 Nr. 3 Abs. 2 VOB/B; wir haben jedoch bereits früher dargelegt, dass bei der Berechnung zwischen § 2 Nr. 6 VOB/B und § 2 Nr. 3 Abs. 2 VOB/B in einem solchen Fall kein Unterschied gemacht werden darf, ob die Mengenmehrung einer im Leistungsbeschrieb unveränderten Position auf eine Anordnung des Auftraggebers zurückzuführen ist oder ob sie sich bei unveränderter Planung „aufgrund der vorgefundenen Verhältnisse" ergibt. **Beide** Fälle werden nach der „Berechnungs"-Regel des § 2 Nr. 3 Abs. 2 VOB/B gelöst.[1213] Die „besonderen Kosten" der neuen Leistung sind hier bekannt, weil die neue Leistung qualitativ (nicht aber quantitiv) mit einer ausgeschriebenen Leistung identisch ist. Für **diesen** Anwendungsbereich des § 2 Nr. 6 VOB/B können wir deshalb schon jetzt auf unsere früheren Berechnungsüberlegungen verweisen [1214] und lediglich zusammenfassend festhalten: Die zusätzliche Menge bis zu 10 % der alten Menge wird mit dem bisherigen Einheitspreis abgerechnet, die über 10 % hinausgehende Menge führt zu Änderungen des Einheitspreises, und zwar im wesentlichen durch Wegfall des Deckungsanteils für Baustellengemeinkosten.

1011 Schließlich stellt sich für die nachtragskalkulierten Kosten der zusätzlichen Leistung noch die Frage, ob und wie Zuschläge für Deckungsanteile für Baustellengemeinkosten, Allgemeine Geschäftskosten, Wagnis und Gewinn angesetzt werden dürfen.
Soweit die zusätzliche Leistung eine andere Leistung ersetzt, gilt auch hier wie bei der geänderten Leistung, dass mindestens der bisherige „Deckungsstand" erhalten **bleiben** muss. Der in diesem Sonderfall entfallende Teil fließt in eine Gesamtausgleichsberechnung (wie oben Rdn. 624 sowie **Abb. 16** S. 254 und **Abb. 17**, S. 257) ein. Sobald der bisherige Deckungsstand erreicht ist – also gemäß Rdn. 627, 629 Fall II eintritt –, gilt im Ergebnis vereinfacht das, was vorab schon unter Rdn. 1008 für die geänderte Leistung dargelegt worden ist: Zuschlagsätze dürfen nicht mehr Anteile zur Deckung der Baustellengemeinkosten beinhalten. Auch hier können, wie für geänderte Leistungen (vgl. Rdn. 1008), zunächst die Zuschlagsätze für das Bausoll unverändert übernommen werden, wenn bei Stellung der Schlussrechnung eine Ausgleichsberechnung durchgeführt wird.
Sollte wegen Zusatzleistungen eine Vergrößerung des Baustellenapparates bzw. ein verlängerter Einsatz erforderlich werden, so sind die **dadurch** zusätzlich entstehenden Kosten als **Direkte Kosten** (!) des jeweiligen Nachtrags für zusätzliche Leistungen zu berücksichtigen (näher Rdn. 1099–1102).
Wir werden nachfolgend sowohl für § 2 Nr. 6 wie für § 2 Nr. 5 VOB/B die **Berechnungsmethodik einzeln erörtern.**

[1212] Vgl. oben Rdn. 514 ff., 805, 810.
[1213] Vgl. oben Rdn. 517 ff., 805.
[1214] Vgl. oben Rdn. 555 ff.

12.2 Insbesondere: Abweichung von der Anknüpfung an den alten Preis als Basis der Neuberechnung von Nachträgen?

12.2.1 Grundsatz – keine Neuberechnung nach Marktpreisen oder Stundenlohn

Sowohl § 2 Nr. 5 wie auch Nr. 6 VOB/B greifen, wie gerade dargestellt, zur Bildung des neuen Preises für modifizierte Leistungen – soweit wie möglich – auf den Preis der als Bezugsleistung in Frage kommenden Bausollleistung zurück, genauer: auf deren Preiselemente. Das heißt: Die **Angebotskalkulation** (also die die Ermittlung der Soll-Kosten des Bausolls) ist der Ausgangspunkt für die Berechnung des Preises der modifizierten Leistung. Deren Kalkulationselemente müssen herangezogen und fortgeschrieben werden. Unsere früheren Ausführungen zu § 2 Nr. 3 VOB/B gelten auch hier.[1215] 1012

Da **Vergütung, nicht Schadensersatz** geschuldet wird, kommt es **nicht** darauf an, welcher tatsächlicher Aufwand für die modifizierte Leistung entsteht; maßgebend ist vielmehr **allein die Ermittlung der neuen Vergütung in Fortschreibung der Angebotskalkulation,** also der **Grundlagen der Preisermittlung** für das Bausoll, oder anders ausgedrückt: Maßgebend ist, dass das Kosten- und Preisniveau der Vertragsleistungen beibehalten wird. Ob tatsächlich **weniger** Ist-Kosten als in der Auftragskalkulation vorgesehen anfallen, spielt somit vom Prinzip her keine Rolle; allerdings dürfen **höhere** Ist-Kosten in bestimmten Fällen berücksichtigt werden.[1216]

Es versteht sich von selbst, dass aus der Angebotskalkulation nur die Positionspreise des Einheitspreisvertrages herangezogen werden können; eine **Vergütungsberechnung auf „Stundenlohnbasis" ist sachfremd** und abwegig, auch dann, wenn der Vertrag Vereinbarungen über Stundenlohnarbeiten enthält.[1217] 1013

Marktpreise von Drittunternehmen (also aktuelle Wettbewerbspreise zum Zeitpunkt der Ausführung der geänderten oder zusätzlichen Leistungen) sind für den Preis der modifizierten Leistung, also für die Nachtragskalkulation, ebenfalls **nicht relevant;**[1218] sie beziehen sich auf die jetzige Marktlage, nicht aber auf die längst vergangene Marktlage des abgeschlossenen Wettbewerbes um das auszuführende Bauobjekt. Es ist also gleichgültig, ob die Berechnung des Preises der modifizierten Leistung auf der Grundlage der Preisermittlung für das Bausoll jetzt zu Preisen führt, die höher sind als heutige Wettbewerbspreise (s. dazu auch Rdn. 1044 ff.). 1014

12.2.2 Vorauskalkulation? Unterschied Vergütungsberechnung/Schadenersatzberechnung

Da es bei der Ermittlung der Preises der modifizierten Leistung um die **Fortschreibung der Angebotskalkulation** geht, da also das „Preisniveau" der Vertragsleistungen beibehalten werden muss und mithin die bei Ausführung der geänderten oder zusätzlichen Leistungen Ist-Kosten **keine** Rolle spielen – Ist-Kostensteigerungen" unter bestimmten Be- 1015

[1215] Oben Rdn. 600 ff., s. weiter Rdn. 1000 ff.
[1216] Zu der **zulässigen Berücksichtigung höherer** Kosten bei berechtigter Irrtumsanfechtung, Änderung der Lohn- oder Materialpreise bei unsorgfältiger Planung des Auftraggebers oder bei Überschreiten einer Zumutbarkeitsgrenze vgl. Rdn. 1030 ff.
[1217] Zutreffend Stellungnahme Nr. 804 der Niedersächsischen VOB-Auslegungs- und Beratungsstelle, Bauwirtschaft 1990, 57.
[1218] Selbstverständlich, ebenso z. B. Vygen, Bauvertragsrecht, Rdn. 807. Zur teilweisen Ausnahme bei zusätzlichen Leistungen siehe Rdn. 1106. Zu spekulativen Preisen vgl. Rdn. 1045 ff.

dingungen **ausgenommen**, dazu Rdn. 1034 ff. – und da zudem nach der Vorstellung der VOB/B der Preis für die geänderte oder zusätzliche Leistung **vor** Ausführung vereinbart werden soll, wird gelegentlich in der juristischen Literatur wohl deshalb von der Notwendigkeit einer „Vorauskalkulation" gesprochen.[1219] Mit dieser Formulierung soll anscheinend betont werden, dass **maßgebender Zeitpunkt** für die Berücksichtigung eingetretener Lohn- und Materialpreiserhöhungen der Ausführungsbeginn für die geänderte oder zusätzliche Leistung sei, was zutreffend ist.[1220] Die Formulierung ist aber mißverständlich, weil die Ermittlung des Preises der modifizierten Leistung (also die **Nachtragskalkulation** auf der Basis der Angebotskalkulation) nicht davon abhängt, ob der Preis vor Leistungserstellung oder nach Leistungserstellung ermittelt wird. Wenn die **Prinzipien der (analogen) Kostenfortschreibung** beachtet werden, besteht keine Gefahr, dass die Nachtragskalkulation zu abweichenden Beträgen führt, nur weil sie nach der Leistungserstellung durchgeführt wird. Es kommt eben **nicht** darauf an, welche Ist-Kosten durch den jeweiligen modifizierten Bauinhalt entstehen oder entstanden sind;[1221] es geht nur darum, die kalkulativen Grundlagen und das Kosten- bzw. Preisniveau der bisherigen Vertragsleistungen – also des Bausolls – beizubehalten.

Dass eine fortentwickelte **Vergütung** bei geänderten oder zusätzlichen Leistungen gemäß § 2 Nr. 5 bzw. § 2 Nr. 6 VOB/B zu zahlen ist, dass es also auf die in die Einheitspreise eingeflossenen bei Vertragsschluss **kalkulierten** Kosten (**Angebotskalkulation**) und nicht auf die heutigen (möglicherweise jetzt geringeren) Ist–Kosten ankommt, ist der kennzeichnende Unterschied zwischen einer „**Vergütungsregelung**" und einer „Schadensersatzregelung". Bei **Schadensersatzansprüchen** als Behinderungsfolge (§ 6 Nr. 6 VOB/B) kommt es nämlich umgekehrt gerade darauf an, welche zusätzlichen Ist-Kosten gegenüber dem unbehinderten Zustand entstanden sind.

Nur als Hinweis:
Wenn ein Auftragnehmer sich allerdings bei der Regelung von Schadensersatzansprüchen aus Behinderung gemäß § 6 Nr. 6 VOB/B darauf einlässt, die Behinderungs-Mehrkosten (also den Schaden) **vor** Abschluss aller Behinderungsfolgen in einer Vereinbarung festzulegen, trägt der **Auftragnehmer das Risiko, dass sich die Ist–Kosten der** Behinderung später anders entwickeln können, als bei der vorgezogenen „Schadensermittlung" vermutet worden ist.[1222] Berechnet der Auftragnehmer dagegen den Schaden erst nach Abschluss der Behinderung auf der Basis einer Ist-Kostenermittlung (vgl. Rdn. 1596 ff.), geht er kein Risiko ein, ausgenommen das „Risiko" der plausiblen Dokumentation der Schadensauswirkungen. **Schadensersatzansprüche** basieren also auf Ist-Kosten ohne Rücksicht auf in der Angebotskalkulation festgelegte Kosten; **Vergütungsberechnungen** entwickeln dagegen die Angebotskalkulation fort.

12.2.3 Sonderfall: Berechnung der Vergütung geänderter oder zusätzlicher Nachunternehmerleistungen auf Basis der Angebotskalkulation?

12.2.3.1 Grundsatz

1016 Hat der Auftragnehmer für die Leistungserstellung **Nachunternehmer** eingeschaltet, so muss er – der „Haupt-Auftragnehmer" – gegenüber seinem Auftraggeber (z. B. dem Bauherrn) auch die Vergütung geänderter oder zusätzlicher Leistungen auf der Basis des in der Angebotskalkulation angesetzten Nachunternehmerpreisniveaus ermitteln, also auf kalkulativer Basis und in analoger Fortschreibung der (Angebots-) Auftragskalkulation.

[1219] Weyers, BauR 1990, 144, 149; Heiermann/Riedl/Rusam, VOB/B § 2 Rdn. 116, 116 b.
[1220] Näher Rdn. 1034 ff.
[1221] Erhöhte Einstandskosten können aber berücksichtigt werden, vgl. Rdn. 1034 ff.
[1222] Vgl. Rdn 1637.

Es spielt also wie immer keine Rolle, ob und/oder welche Ist-Kosten dem Haupt-Auftragnehmer **tatsächlich** durch den Nachunternehmereinsatz für die geänderte oder zusätzliche Leistung entstehen. Würde es im Einzelfall dem Haupt-Auftragnehmer gelingen, seinen Nachunternehmer zu bewegen, die geänderte oder zusätzliche Leistung preiswerter oder sogar (beispielsweise in der Hoffnung auf künftige Aufträge) ohne zusätzliche Vergütung zu erbringen, so profitiert davon der Auftraggeber (Bauherr) **nicht**. Es hätte ja auch den Auftraggeber nicht berührt, wenn der Haupt-Auftragnehmer in seine Angebotskalkulation Nachunternehmerleistungen mit einem Preis eingesetzt hätte, der weit über den Ist-Kosten des eingesetzten Nachunternehmers gelegen hätte – und umgekehrt hätte es ihn auch nicht berührt, wenn der Preis des Nachunternehmers über den kalkulierten Kosten des Haupt-Auftragnehmers gelegen hätte.[1223]

Bei der Ermittlung des Vertragspreisniveaus mit Hilfe von Ermittlungssystemen (vgl. Rdn. 1026) kommt dem Auftraggeber mittelbar auch ein eventuell erzielter **Vergabegewinn** zugute. Jedenfalls wird durch diese Methodik auch jede Diskussion über überhöhte oder niedrige Nachtragspreise der Nachunternehmer hinfällig. Wenn im Einzelfall nicht das Vertragspreisniveau ermittelt wird, sondern ein günstigerer tatsächlicher Nachunternehmerpreis einer Berechnung zugrunde gelegt wird, wird auf die Nachunternehmervergütung der modifizierten Leistung der angebotskalkulierte Vergabegewinn zugeschlagen.[1224]

Dies bedarf der Differenzierung.

12.2.3.2 Die drei (theoretischen) Varianten

12.2.3.2.1 Variante 1 mit Untervarianten:

Der Auftragnehmer setzt einen Nachunternehmer ein, weil er die Leistung mit seinem Betrieb **nicht selbst erstellen** kann.

In der Angebotskalkulation gibt es für diese Leistung nur einen einzigen Kostenansatz, und zwar bei der Kostenart „Nachunternehmerkosten". Der Auftragnehmer hat dann in seiner Angebotskalkulation dafür angesetzt:

a) entweder den Angebotspreis des später von ihm beauftragten Nachunternehmers,
b) oder den Angebotspreis eines anderen, später deswegen nicht beauftragten Nachunternehmers, weil der Auftragnehmer nach der Auftragserteilung durch den Auftraggeber anderweitig noch ein günstigeres Nachunternehmerangebot beschaffen konnte,
c) oder auf der Basis früherer Angebote von Nachunternehmern oder früherer Verträge mit Nachunternehmern prognostizierte Nachunternehmerkosten.

Theoretisch kann man die 3 Untervarianten unterscheiden, praktisch sind diese Untervarianten aber in ihren Folgen identisch.

Zu a: Der Angebotspreis des später beauftragten Nachunternehmers geht in die **Angebotskalkulation** des anbietenden Hauptunternehmers ein, d. h., die Einheitspreise des betreffenden Nachunternehmers werden als **„Direkte Kosten"** der Kostenart „Nach-

---

[1223] Es gilt auch hier das Prinzip, dass die Angebotskalkulation grundsätzlich so fortzuschreiben ist, wie sie schon ist: „Gewinne" bleiben Gewinne (auch **„Vergabegewinne"**, dazu der Text), und „Verluste" bleiben Verluste; vgl. näher Rdn. 1018, 1044 und 1192.
Davon gibt es aber bei mit Verlust kalkulierten Positionen **Ausnahmen**, so beispielsweise, wenn die geänderten oder zusätzlichen Leistungen auf unsorgfältiger Planung des Auftraggebers beruhen (unten Rdn. 1039 ff) oder wenn erhöhte Mengen in einer späteren Phase als vorgesehen ausgeführt werden müssen (Rdn. 1034 ff.).

[1224] Vgl. dazu Vygen/Schubert/Lang, Bauverzögerung, Rdn. 234; Nicklisch/Weick, VOB/B § 2, Rdn. 64; siehe auch Rdn. 1018, 1049.

unternehmerkosten" übernommen (vgl. Anhang B, Unterlage h 2, Gewerk 013, Pos. 13 ff., Spalte 11). Wenn eine solche von einem qualifizierten Nachunternehmer zu erstellende Leistung nach Vertragsabschluss vom Auftraggeber geändert oder modifiziert wird, ist es sehr fraglich, ob der Haupt-Unternehmer als Nichtfachmann ohne Einschaltung des Nachunternehmers überhaupt eine Nachtragskalkulation bezüglich der betreffenden Positionen auf die Beine stellen kann; das wird durchaus in vielen Einzelfällen zu verneinen sein. Eine „Selbstkalkulation" des Haupt-Auftragnehmers hätte in solchen Fällen einen laienhaften oder sogar manipulativen Beigeschmack, etwa so, als wenn der Bauunternehmer die Kalkulation seines Holzlieferanten und Zimmermanns selbst durchführen würde, um dem Auftraggeber Mehrkosten zu belegen.

Wenn sowieso in der Angebotskalkulation Nachunternehmerkosten angesetzt und belegbar sind, ist es konsequent – und einem Auftraggeber auch anzuraten –, die entsprechende Nachtragskalkulation vom Haupt-Unternehmer auf der Basis von richtigen Nachunternehmer-Nachtragskalkulationen anzufordern.

Beruhen die Nachtragspreise des Hauptunternehmers auf einer Nachtragskalkuation des Nachunternehmers, so wird der Haupt-Unternehmer dadurch gezwungen, mit seinem Nachunternehmer zusammenzuarbeiten und ihm übrigens auch zu offenbaren, dass er eine Nachtragskalkulation seitens des Nachunternehmers benötigt.

Andererseits kann die Berechnung **ebenso** auf der Basis von Bezugsleistungen und Ermittlungssystemen (vgl. **Abb. 21**, S. 434) erfolgen wie eine unmittelbare Ermittlung des Nachunternehmerpreises – dazu mehr bei der Besprechung in **Abb. 22 a**, S. 444 unter Rdn. 1026.

Grundsätzlich bleibt es jedenfalls dabei: Die Kalkulationsgrundlagen der Vergütung der Bausollleistungen bleiben erhalten; es geht ja um eine analoge Fortschreibung der Angebotskalkulation hin zur Nachtragskalkulation.

Hat also der Nachunternehmer für die Vertragsleistung ein niedriges Angebot gemacht, hat der Hauptunternehmer es in seine Angebotskalkulation übernommen und hat der Haupt-Unternehmer hierauf **einen hohen Zuschlag** kalkuliert, so bleibt dieser hohe Zuschlag auch im Nachtragsfall erhalten.[1225] **Was der Nachunternehmer dem Auftragnehmer** (Haupt-Auftragnehmer) **tatsächlich berechnet,** ob er ihm also beispielsweise „Nachlässe" gewährt, **spielt nach wie vor bei der Fortschreibung der Angebotskalkulation keine Rolle.**

Hat dagegen der Haupt-Auftragnehmer die Bezugsleistung mit Verlust kalkuliert, darf er unter bestimmten Umständen in der Nachtragskalkulation erhöhte Ist-Kosten und nicht nur die „mit Verlust fortgeschriebenen Kosten" geltend machen.[1226]

Natürlich ist es am einfachsten, wenn der Auftragnehmer (= Haupt-Unternehmer) gegenüber dem Auftraggeber für eine Nachtragsleistung auf eine vom Nachunternehmer erstellte ordnungsgemäße Nachtragskalkulation zurückgreift.[1227]

[1225] Vgl. oben Rdn. 1016. Es gibt keinen Grund, davon nach „Treu und Glauben" ohnehin nicht näher quantifizierbare Ausnahmen anzunehmen.
[1226] Vgl. Rdn. 1030.
[1227] Das erfordert, dass vorab eine Angebotskalkulation des Nachunternehmers hinterlegt wird. Nur dann gibt der in der Praxis recht häufige Fall Sinn, dass Haupt- und Nachunternehmer bei Vertragsabschluss eine Vereinbarung in der Form treffen, dass bei auftraggeberseitig bestätigten Nachträgen der Gesamtbetrag dem Nachunternehmer zusteht, jedoch abzüglich eines vereinbarten Prozentsatzes (z. B. 20 %) als Deckungsanteil für die Gemeinkosten des Hauptunternehmers. Sollte dieser Prozentsatz nicht demjenigen entsprechen, den der Hauptunternehmer in seiner Angebotskalkulation als GU-Zuschlag verwendet hat, so ergibt sich daraus ein „**Vergabeverlust**" oder ein „**Vergabegewinn**", dazu Rdn. 1016.

Insbesondere: Korrektur des alten Preises als Basis der Neuberechnung? Rdn. 1019-1023

Die Frage ist jedoch, ob der Nachunternehmer überhaupt eine Angebots- und/oder eine Nachtragskalkulation vorlegt. Wenn nein, so ist zu fragen, wie das Kosten- und Vertragspreisniveau bestimmt und/oder die analoge Kostenfortschreibung für die Nachtragskalkulation durchgeführt werden kann. Als **Ausweg** bietet sich i.d.R. der in **Abb. 21**, S. 434. unter Teil I, Schritt 3 ff. aufgeführte Weg über ein **Ermittlungssystem** (z.B. Richtwertdateien) an, siehe Rdn. 1026. 1019

Ganz am Rande: Es ist auch möglich, dass dem Nachunternehmer weniger (oder sogar keine) Mehrkosten entstehen, als in der analogen Kostenfortschreibung ausgewiesen werden. Beispiel: Er hat ein Hilfsmittel (z. B. Schalung oder Rüstung) für die betreffende Baustelle als Mietgerät kalkuliert, dann jedoch nach Auftragserhalt dieses Hilfsmittel gekauft und schreibt es für das Bausoll auf dieser Baustelle ab. Wenn er nun dieses Hilfsmittel darüber hinaus auch noch für eine modifizierte Leistung einsetzen kann, entstehen ihm für diesen Einsatz keine zusätzlichen Aufwendungen. In einem solchen Fall steht dem Nachunternehmer und entsprechend auch dem Hauptunternehmer trotzdem eine weitere Vergütung zu, wenn sie sich aus der analogen Fortschreibung der Mietkosten der Angebotskalkulation(en) ergibt. 1020

Zu b: Sofern die angebotskalkulierten Nachunternehmerpreise nicht die des beauftragten Nachunternehmers sind, besteht kein unmittelbarer Zusammenhang zwischen dem Preis der Angebotskalkulation des Hauptunternehmers und dem Preis und/oder der Angebotskalkulation des beauftragten Nachunternehmers. Ausnahme: Der beauftragte Nachunternehmer hat einen Preisnachlaß gegenüber dem der Angebotskalkulation zugrundeliegenden Nachunternehmerangebot gemacht; dann gehört dieser Fall unter a. 1021
Deshalb darf auch nicht ohne weiteres auf die Angebotskalkulation des beauftragten Nachunternehmers zurückgegriffen werden; es ist stets zu prüfen, ob ihr gegenüber nicht noch Preismodifikationen mit dem Hauptunternehmer vereinbart worden sind.

Die Kalkulation seitens des beauftragten, aber nicht in der Angebotskalkulation des Hauptunternehmers berücksichtigten Nachunternehmers ist nicht als Hilfsmittel zur plausiblen Kostenermittlung heranzuziehen, weil es – wie schon mehrfach hervorgehoben – für die Ermittlung der Vergütung des Hauptunternehmers für modifizierte Leistungen nur auf dessen Angebotskalkulation ankommt. Für den hier behandelten Fall, dass die Angebotskalkulation nicht die Preise des beauftragten Nachunternehmers beinhaltet, ist das Heranziehen von Ermittlungssystemen zur Ermittlung des Vertragspreisniveaus der Bezugsleistung und zur Berechnung der Vergütung der modifizierten Leistung der ideale Weg.
Als Beispiel hierzu verweisen wir auf **Abb. 22 a**, S. 444, Rdn. 1026.

Zu c: Für den Fall, dass der Hauptunternehmer Erfahrungs- oder Schätzpreise für Nachunternehmerleistungen in seine Angebotskalkulation aufgenommen hat, gilt insgesamt das, was vorab unter Rdn. 1021 für den Fall b besprochen worden ist. 1022

12.2.3.2.2 Variante 2

Der Auftragnehmer kann die Leistung ausführen, will sie aber nicht ausführen und bietet sie als Nachunternehmerleistung an. Es gilt dann das, was oben zu den für die erste Variante besprochenen Unterfälle a bis c besprochen worden ist. Der einzige, aber **wesentliche Unterschied** zur ersten Variante ist, dass der Hauptunternehmer ohne weiteres aufgrund eigener Kenntnisse eine in sich schlüssige und plausible Kostenermittlung für die anstehenden Vertragsleistungen erstellen kann. 1023

12.2.3.2.3 Variante 3

1024 Sofern der Auftragnehmer die ausgeschriebene Leistung selbst erbringen kann und sie in der Angebotskalkulation als „Eigenleistung" kalkuliert hat, sie dann aber später – weil es für ihn kostengünstiger ist – von einem Nachunternehmer erbringen lässt, muss er bei Änderungsanordnungen den neuen Preis in Fortschreibung seiner Angebotskalkulation wie für **eigene Leistungen** ermitteln.[1228]

I. Feststellung des Vertragspreisniveaus

1. Bezugsleistung im Bausoll

Treppenlauf Typ 3, LB 013, Pos. 26
(siehe Leistungsverzeichnis Anhang A, Unterlage a1.1, Blatt 4)

2. Bewertungsansatz gemäß Vertrag

Einheitspreis: 721,27 EUR/St.

3. Ermittlungssystem

Es wird angesetzt: Sirados Baudatei

4. Bewertungsansatz gemäß Ermittlungssystem

Sirados Baudatei, Treppenlaufplatte - gerade, Nr.: 1013025410:   175,00 EUR/m²
Fläche der Treppe: 2,90 m x 1,60 m = 4,64 m²
(Berechnung nach Grundriß Anhang A, Unterlage a1.2, Blatt 1)
Einheitspreis: 175,00 EUR/m² x 4,64 m² = 812,00 EUR/St.

5. Vertragspreisniveaufaktor f der Bezugsposition

$$\text{Vertragspreisniveaufaktor } f = \frac{\text{Bewertungsansatz gemäß Vertrag}}{\text{Bewertungsansatz gemäß Ermittlungssystem}}$$

f = 721,27 EUR/St. : 812,00 EUR/St. = 0,89

II. Ermittlung des Preises der modifizierten Leistung

1. Dokumentation der modifizierten Leistung

Geänderte Leistung: halb gewendelte Treppe Bezugsleistung: LB013, Pos.26

2. Bewertungsfortschreibung

Einheitspreis gemäß Sirados: 950,00 EUR/St.

3. Anpassung an das Vertragspreisniveau

Einheitspreis: 950,00 EUR/St. x 0,89 = 845,50 EUR/St.

Abbildung 22 a   Beispiel zur Feststellung des Vertragspreisniveaus einer Bezugsleistung, wenn unmittelbar für deren Einheitspreis auf ein Ermittlungssystem zurückgegriffen werden kann

---

[1228] Ebenso Vygen/Schubert/Lang, Bauverzögerung, Rdn. 234.

Insbesondere: Korrektur des alten Preises als Basis der Neuberechnung? Rdn. 1025–1028

Eine **Ausnahme** kann dann gelten, wenn die geänderte oder zusätzliche Leistung einen solchen zeitlichen Umfang erreicht, dass die Kapazität des Haupt-Auftragnehmers für solche Eigenleistungen nicht ausgereicht hätte. 1025

12.2.3.3 Beispiele für die plausible Ermittlung von Nachunternehmerkosten

12.2.3.3.1 Nachunternehmerpreise liegen vor bzw. sind in der Kalkulation angesetzt (Varianten 1 und 2, Rdn. 1017-1023)

Fallkonstellation: Zu der Angebotskalkulation des Hauptunternehmers gibt es pro Position nur einen einzigen unaufgegliederten Betrag, nämlich den „Nachunternehmer–Einheitspreis".[1229] 1026

Hierzu als Beispiel **Abb. 22 a**, S. 444:

Die Bezugsleistung aus dem Vertrags-LV ist Pos. 26 (Herstellung und Lieferung von Fertigteiltreppenläufen, vgl. Anhang A, Unterlage a 1.1, LB 013 Pos 26). Die Preise des zugehörigen Nachunternehmerangebots sind in die Angebotskalkulation übernommen worden.
Nach Vertragsschluss ordnet der Auftraggeber an, dass noch eine zusätzliche viertelgewendelte Fertigteiltreppe in das zusätzlich zu erstellende Untergeschoß einzubauen ist.

Somit ist gemäß **Abb. 21**, S. 434 eine Nachtragskalkulation aus dem Vertragspreis bzw. aus der Angebotskalkulation zu entwickeln.
Zur Feststellung des Vertragspreisniveaus ist in Schritt 1 die Bezugsleistung festzulegen; hier: LB 013 Pos. 26. Für sie wird in der Angebotskalkulation als Nachunternehmerleistung ausgewiesen: 721,27 /St. (Schritt 2).
In Schritt 3 wird dann das „neutrale" Ermittlungssystem festgelegt; hier: SirAdos. In Schritt 4 wird dessen Bewertung der Bezugsleistung festgestellt,[1230] so dass in Schritt 5 das Vertragspreisniveau ermittelt werden kann.

Die Preisermittlung für die zusätzlich angeordnete gewendete Fertigteiltreppe ist also, um den Belangen der Kostenfortschreibung gerecht zu werden, aufbauend auf dem Ermittlungssystem wie in **Abb. 22 a**, S. 444. aufgeführt mit dem dort festgestellten Vertragspreisniveau durchzuführen. 1027

Sofern kein geeignetes Ermittlungssystem für die Bezugsleistung und/oder die geänderte Leistung vorliegt, ist erforderlichenfalls der Preis der Bezugsleistung gutachterlich (analytisch) und plausibel zu ermitteln. 1028

[1229] Der Fall, dass der Nachunternehmer eine ausreichend aufgegliederte Angebotskalkulation vorgelegt hat und dass geeignete Ermittlungssysteme vorliegen, gehört kostensystematisch auch hierhin.
[1230] SirAdos, Baudaten für Kostenplanung und Ausschreibung.

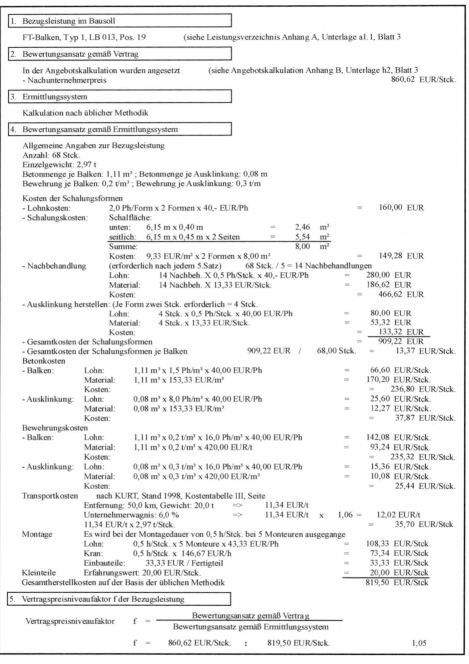

Abbildung 22 b Beispiel zur Feststellung des Vertragspreisniveaus einer Bezugsleistung für den Fall, dass keine Angebots- bzw. Auftragskalkulation vorliegt, nicht auf ein Ermittlungssystem zurückgegriffen werden kann und eine plausible analytische Kostenermittlung durchzuführen ist

Insbesondere: Korrektur des alten Preises als Basis der Neuberechnung? **Rdn. 1029–1031**

Hierzu verweisen wir auf das Beispiel aus **Abb. 22 b**, S. 446, bei dem für die Bezugsleistung 19 aus Anhang A, Unterlage a 1.1 die Einzelkosten der Teilleistungen differenziert ermittelt und zur Ermittlung des Vertragspreisniveaus dem Nachunternehmerpreis gegenübergestellt werden.

12.2.3.3.2 Nachunternehmerleistung ist als eigene Leistung kalkuliert (Variante 3, Rdn. 1024)

Die in Anhang A, Unterlage a 1.1 LB 002 ausgeschriebenen Erdarbeiten sind in Anhang B, Unterlage g 1.2 und Unterlage h 2 als „Eigenleistung" kalkuliert, später aber von einem Nachunternehmer ausgeführt worden. Somit sind die Preise für modifizierte Leistungen – z. B. der Baggeraushub für ein zusätzliches Untergeschoss – auch auf dieser Basis zu ermitteln. Hierzu verweisen wir auf die **Abb. 28**, S. 474 in Verbindung mit **Abb. 24**, S. 462, die wir unter Rdn. 1053 und Rdn. 1077 noch besprechen werden. 1029

12.2.4 Ausnahmen von der Bindung an den alten Preis

12.2.4.1 Vier Ausnahmetatbestände

Von **der Bindung an die Grundlagen der bisherigen Preisermittlung** gibt es bei **§ 2 Nr. 3 VOB/B** vier **Ausnahmen**, die es ermöglichen, höhere Nachtragsvergütungen zu berechnen, als sie sich in der unmittelbaren Fortschreibung der Angebotskalkulation ergäben: 1030

a) Berechtigung zur Irrtumsanfechtung[1231]
b) Änderung der Lohn- und Materialpreise[1232]
c) unsorgfältige Planung des Auftraggebers[1233]
d) Ausmaß der Mehrleistungen sprengt jeden äquivalenten Rahmen[1234]

Es gibt unterschiedliche Meinungen, ob diese **vier Ausnahmen** unverändert und uneingeschränkt **auch im Bereich von § 2 Nr. 5 und § 2 Nr. 6 VOB/B** gelten.

12.2.4.2 Ausnahme 1: Irrtum des Auftragnehmers

Für Fälle einer zulässigen **Irrtumsanfechtung** gibt es keinen Zweifel. Wir können deshalb uneingeschränkt auf die früheren Ausführungen zu § 2 Nr. 3 VOB/B[1235] verweisen: Die irrtümlich falsch zu niedrig kalkulierten Positionen der Angebotskalkulation unterliegen der „Anfechtung". Die „Anfechtung" ist nur unter bestimmten Voraussetzungen **möglich**. Ansonsten muss ein Kalkulationsirrtum bei der Fortschreibung der Angebotskalkulation für Nachtragszwecke beibehalten werden. 1031

Die Frage ist allerdings auch, **wie ein unbeachtlicher** Kalkulationsirrtum bei einer Bauinhaltsmodifikation erkannt und konsequent berücksichtigt, d. h. beibehalten werden soll. Hierzu ein **Beispiel**:[1236] Gehen wir davon aus, dass die **Kerndecken während des Bauablaufs** geändert werden. Die kalkulativen Ansätze der zugehörigen Bausoll-Position 9

[1231] Siehe Rdn. 602, 1031 und zur methodischen Begründung Rdn. 601.
[1232] Siehe Rdn. 603, 1034.
[1233] Siehe Rdn. 604, 1039.
[1234] Siehe Rdn. 605, 1041.
[1235] Siehe oben Rdn. 602.
[1236] Diesen Zusammenhang erörtern wir eingehend unter Rdn. 1055, 1142 ff.

Rdn. 1031   Basis und Methode der Neuberechnung der Vergütung

sind unter der Annahme gemacht worden, dass ein Satz Schalung zur Herstellung aller 15 Kerndecken ausreichen würde (vgl. Anhang B, Unterlage g 3). Dieser kalkulative Ansatz ist jedoch falsch, da

---

1. Bezugsleistung im Bausoll

Schalung der Kerndecken, LB 013, Pos.9
(siehe Leistungsverzeichnis Anhang A, Unterlage a1.1, Blatt 3)

2. Bewertungsansätze gemäß Vertrag

In der Angebotskalkulation wurden angesetzt:
(siehe Angebotskalkulation Anhang B, Unterlage g3, Blatt 1)

Zeitaufwand (Z):	0,50 Ph/m²
Schalungskosten für 1 Satz Schalung (Sch):	3,38 EUR/m²

3. Ermittlungssystem

Der AN hat folgende Ermittlungssysteme eingesetzt, welche in diesem Fall übernommen werden:

In der Arbeitsvorbereitung für den Zeitaufwand:
    Normalaufwandswert: Handbuch der Arbeitsorganisation: Bau, Heft 1.031
    Zulage für die Einarbeitung: Anhang O, Tabelle 3 Teil 2, 5.Deckenschalung

In der Arbeitskalkulation für die
Schalungskosten: Preisliste DOKA Schalungssysteme

4. Bewertungsansatz gemäß Ermittlungssystem

Zeitaufwand (Z):

Normalaufwandswert:	(Anhang D1, Unterlage g2, Blatt 2)	0,45 Ph/m²
Gesamtzulage für Einarbeitung:	(Anhang D1, Unterlage g2, Blatt 1)	0,02 Ph/m²
		0,47 Ph/m²

Schalungskosten für 1 Satz Schalung (Sch):   (Anhang D2, Unterlage g3, Blatt 1)   4,71 EUR/m²

5. Vertragspreisniveaufaktor f der Bezugsposition

$$\text{Vertragspreisniveaufaktor } f = \frac{\text{Bewertungsansatz gemäß Vertrag}}{\text{Bewertungsansatz gemäß Ermittlungssystem}}$$

f_z = 0,50 Ph/m²   :   0,47 Ph/m²   =   1,06
f_{Sch} = 3,38 EUR/m²   :   4,71 EUR/m²   =   0,72

Abbildung 23   Beispiel zur Feststellung des Vertragspreisniveaus einer Bezugsleistung bei einem unbeachtlichen Irrtum in der Angebots- bzw. Auftragskalkulation

Insbesondere: Korrektur des alten Preises als Basis der Neuberechnung? **Rdn. 1032–1034**

– der detaillierte Taktplan (Anhang D1, TP 2 b) erkennen lässt, dass nach dem Betonieren der Kerndecke eines großen Kerns praktisch keine Zeit für die Erhärtung des Betons bis zum Einschalen der Kerndecke des nächsten Kerns verbleibt;
– gemäß DIN 1045 eine Frist zwischen Betonieren und Ausschalen vorzusehen ist.

Durch Sondermaßnahmen (höherer Zementeinsatz, frühfester Zement, Verwendung von Hilfsstützen) kann zwar die Ausschalfrist verkürzt werden.[1237] Das genügt aber immer noch nicht aus, um die Decke unmittelbar nach dem Betonieren wieder auszuschalen. **Ein Schalsatz reicht also auf keinen Fall aus**, es ist unumgänglich, einen zweiten Satz Deckenschalung vorzuhalten, um den Taktablauf nicht zu stören oder zu verlängern. Somit beinhaltet die Angebotskalkulation einen Irrtum.

In **Abb. 23**, S. 448 sind für den „Angebots-Kalkulations-Irrtum" passende Ermittlungssysteme festgestellt worden, nämlich für die Schalungskosten DOKA-Preislisten und für die Normal-Aufwandswerte das „Handbuch Arbeitsorganisation Bau". Dazu kommt noch ein auf der Basis Anhang O Tabelle 3 ermittelter Zuschlag für Einarbeitungseffekte.

1032

Die **Vertragspreisniveaufeststellung** erfolgt in **Abb. 23** durch Gegenüberstellung der Ansätze der Angebotskalkulation und des jeweiligen Ermittlungssystems getrennt für Schalungskosten und Zeitaufwand.
Die Kosten der später unter Rdn. 1055 und 1142 ff. zu besprechenden Bauinhaltsmodifikation der Kerndecke werden durch Fortschreibung der in **Abb. 23 aufgeführten Ermittlungssysteme und durch Anwendung der ermittelten Vertragspreisniveaufaktoren berechnet** (vgl. Abb. 21, S. 434).
Das bedeutet nichts anderes, als dass bei der Preisermittlung für die Leistung der später statt der ausgeschriebenen Flachdecke auftraggeberseitig angeordneten Balkendecke der Kalkulationsirrtum in seinen Auswirkungen analog fortgeführt wird.

1033

Bei der konkreten Nachtragskalkulation ist also davon auszugehen, dass nur ein Satz Schalung vor und nunmehr **auch nach** der Änderung anzusetzen ist (vgl. Anhang B und G jeweils Unterlage g 3). Anders ausgedrückt: Alle Ermittlungen sind sachlich und methodisch richtig durchzuführen, bis auf den **einen** falschen Kalkulationsansatz, der die Anzahl der Schalsätze betrifft. Wegen des selbstverschuldeten Fehlers in der Angebotskalkulation hat der Auftragnehmer die aus der falschen Kalkulation resultierenden Kosten selbst zu tragen.

12.2.4.3 Ausnahme 2: Änderung der Lohn- und Materialpreise

Der Auftragnehmer darf unter folgenden Bedingungen bei geänderten oder zusätzlichen Leistungen **höhere Kosten** als die, die in der Angebotskalkulation angesetzt worden sind, berücksichtigen:
a) Die modifizierten Bauinhalte müssen in einer **späteren** Phase, als für die Vertragsleistung vorgesehen, erstellt werden; dadurch fallen höhere Lohn- und/oder Bezugskosten an (Näheres Rdn. 1035);
oder
b) die modifizierten Bauinhalte umfassen **größere Mengen** als die Vertragsleistungen; zwischenzeitlich sind erhöhte Beschaffungskosten angefallen (näher Rdn. 1036);
oder

1034

[1237] Außerdem wird durch Betonieren vor den Wochenenden und Ausschalen nach den Wochenenden die zur Verfügung stehende Zeit um 2 Tage verlängert. Da aber im konkreten Fall ein Viertagestakt angesetzt wurde, wird es auf keinen Fall möglich sein, bei jedem Takt ein Wochenende einschieben zu können.

c) die modifizierten Bauinhalte erfordern **andere Verfahrenstechniken** als die Vertragsleistungen; zwischenzeitlich haben sich die Kosten für diese Verfahrenstechnik nachweislich gegenüber denjenigen zum Zeitpunkt der Angebotsbearbeitung erhöht (näher Rdn. 1037, 1038).

Konkret heißt das, dass der Auftragnehmer den Mehrkostenbetrag pro Einheit, der sich
zu a) aus der Erstellung in einer späteren Phase,
zu b) für die Zusatzmenge,
zu c) aus der neuen Verfahrenstechnik
gegenüber den kalkulierten Kosten pro Einheit ergibt, weitergegeben darf und/oder bei modifizierten Leistungen bei der Kostenfortschreibung berücksichtigen darf.

Dass der Auftraggeber eine Erhöhung der Vergütung gegenüber der Angebotskalkulation hinnehmen muss, ergibt sich einfach daraus, dass er **durch die Anordnung einer Bauinhaltsmodifikation** dem Auftragnehmer Mehrkosten aufbürdet, die zum Zeitpunkt der Angebotskalkulation nicht erkennbar waren bzw. die der Auftragnehmer zum Zeitpunkt der Angebotskalkulation jedenfalls nicht berücksichtigen konnte. Der Auftragnehmer muss die Soll-Lohn- und -Beschaffungskosten für die Berechnung der Bausollvergütung gemäß Kalkulation und die Ist-Lohn- und -Beschaffungskosten für das Bauist belegen, weiter, dass zwischen den kalkulierten Kosten (Marktpreis) und den heutigen Kosten eine Steigerung stattgefunden hat, also eine „Plausibilität" des ursprünglichen Kostenausweises.

Festzuhalten ist weiterhin, dass der Auftragnehmer in den oben genannten drei Fallgruppen zwar höhere Kosten als in der Angebotskalkulation aufgeführt weitergeben und fortschreiben darf, **ansonsten an die Methodik seiner Angebotskalkulation gebunden** bleibt; er kann also z. B. „bei Gelegenheit" der Berücksichtigung der Materialpreiserhöhung nicht den kalkulierten Gewinn erhöhen.

Maßgeblicher Zeitpunkt dafür, ob erhöhte Lohn- und/oder Beschaffungskosten an den Auftraggeber weiterberechnet werden können, ist der **Ausführungsbeginn** der modifizierten Leistung, nicht der Zeitpunkt der Anordnung des Auftraggebers.[1238]

1035 Zu a (auftraggeberseitig bedingt spätere Ausführung):
Liegt auftraggeberseitig bedingt die **Erstellungsphase(-frist)** für die modifizierte Leistung später als die vorgesehene Bauzeit, so ist eine gegenüber der vorgesehenen Ausführungsphase nachgewiesene Kostenerhöhung bei der Ermittlung der Vergütung zu berücksichtigen. Unter Bauzeit ist dabei nicht die vertraglich vereinbarte Gesamtbauzeit zu verstehen, sondern der Zeitraum, zu dem die modifizierte Leistung im Vergleich zu dem Zeitraum der von ihr ersetzten bzw. ergänzten Vertragsleistung zu erstellen ist.
Ist also beispielsweise (bei einer Gesamtbauzeit bis August) **statt** einer gemäß dem Vertragsterminplan **im Februar** zu erstellenden Brüstung aus 2-DF-Steinen nunmehr auf Anordnung des Auftraggebers **im Juni** eine Abmauerung in NF-Steinen durchzuführen und hat sich im zweiten Quartal ein höherer Lohntarif und/oder eine Erhöhung der Steinpreise ergeben, so kann die daraus resultierende Kostendifferenz an den Auftraggeber weitergegeben werden.[1239] Will der Auftragnehmer eine Vergütung unter Berücksichtigung der Mehrkosten aus auftraggeberseitig bedingt späterer Leistungserstellung durchsetzen, so hat er zunächst die **kalkulierten** Kosten für die Bausoll- und die Ist-Kosten für die modifizierte Bauistleistungen darzutun.

[1238] Kleine-Möller/Merl, § 10 Rdn. 471; Heiermann/Riedl/Rusam, VOB/B § 2 Rdn. 115, 138; Weyers, Baurecht 1990, 144, 149; OLG Düsseldorf, Urteil vom 7. 5. 1991, 23 U 242/89, nicht veröffentlicht. Vgl. in diesem Zusammenhang zur „Vorausberechnung" Rdn. 1015.

[1239] Zutreffend OLG Düsseldorf BauR 1995, 706; Roquette/Paul, BauR 2003, 1097, 1104.

Insbesondere: Korrektur des alten Preises als Basis der Neuberechnung? **Rdn. 1036–1038**

Sodann muss er darlegen, dass zwischen den Kosten für das Bausoll und den heutigen Kosten tatsächlich eine Steigerung eingetreten ist.
Auf diese Weise werden, anknüpfend an Rdn. 603, beispielsweise die Stoffmehrkosten der modifizierten Leistung wie folgt ermittelt:
Beschaffungskosten gemäß Kalkulation für das Bausoll:
Kv = 100,00 €/E
Ist-Beschaffungskosten gemäß konkretem Beschaffungsvertrag für das Bauist:
Km = 120,00 €/E
Vertragsrelation: v = 120,00 € / 100,00 € = 1,2.

Somit darf dieser Faktor bei der Ermittlung der Vergütung der später zu erstellenden modifizierten Leistung zusätzlich zum Vertragspreisniveaufaktor angesetzt werden, wenn der kalkulierte Beschaffungspreis von 100,00 € dem damaligen tatsächlichen Preis (Marktpreis) entsprach.

Modifizieren wir den Fall dahin gehend, dass wiederum statt 2-DF-Steinen nunmehr NF-Steine zu verwenden sind, dass aber **sowohl** die Bausollleistung als **auch** die nachträglich angeordnete Bauistleistung jeweils im Monat **Juni** zu erstellen waren: In diesem Fall kann der Auftragnehmer wegen der modifizierten Leistungserstellung keine Kostenerhöhung wegen erhöhter Lohntarife und/oder Preiserhöhungen an den Auftraggeber weitergeben, da ja entsprechend erhöhte Kosten **auch bei der Erstellung der Vertragsleistung** auf den Auftragnehmer zugekommen wären. In einem solche Falle darf der Auftragnehmer nur in der zu **Abb. 21** besprochenen Methodik die Mehrkosten aus der Formatänderung (vgl. Rdn. 826 ff.) aus geänderter Leistung an den Auftraggeber weiterberechnen.

Zu b (größere Menge als die des Bausolls): **1036**
Sofern die modifizierten Bauinhalte in **größeren Mengen** als die von ihnen ersetzten Vertragsleistungen anfallen, so kann eine zwischenzeitliche Erhöhung der Beschaffungspreise für die Menge weitergegeben werden, die über die Menge der Vertragsleistungen hinausgeht. Für **zusätzliche Leistungen** versteht sich diese Erhöhungsmöglichkeit von selbst, größere Mengen sind immer eben „zusätzlich", vorausgesetzt, es entfällt nicht dafür eine andere Leistung; für **geänderte** Leistungen gilt aber nichts anderes.
Ist die Abrechnungsmenge für die ausgeführte Leistung größer als der Vordersatz, ohne dass der Auftraggeber Anordnungen gegeben hätte, handelt es sich um Anwendungsfälle von § 2 Nr. 3 VOB/B (dazu oben Rdn. 603).

Zu c (geänderte Verfahrenstechnik): **1037**
Fälle **modifizierter Verfahrenstechnik** lassen sich nicht abstrakt lösen, sondern sind stets im Einzelnen zu untersuchen. Generell gilt jedoch, dass die Tatsache einer Verfahrensänderung als solche durch eine analoge und/oder eine plausible Kostenfortschreibung kostenmäßig erfaßbar ist und somit auch das Preisniveau der modifizierten Leistung mit dem Preisniveau der Angebotskalkulation in Bezug gesetzt werden kann.
Erhöhte Kosten können in solchen Fällen dann auftreten, wenn zwischenzeitlich gegenüber einer **plausiblen** Kostenermittlung zum Angebotspreisniveau nunmehr überraschend neue Marktgegebenheiten eingetreten sind; als Beispiel sei auf Mietkosten für Spezialgeräte für die neue Verfahrenstechnik hingewiesen, die sich aufgrund einer „explodierenden" Nachfrage erheblich erhöht haben, oder aber auf den Fall, dass die Beschaffungspreise für bestimmte Baustoffe sich dadurch erheblich erhöht haben, dass nunmehr eine „Beschaffungskrise" für diese Materialien vorliegt.

Ein weiterer Aspekt der Verteuerung neuer Verfahrenstechniken kann darin liegen, dass **1038**
sie den Einsatz von bislang nicht beauftragten Nachunternehmern erforderlich machen,

deren Auftragslage sich zwischenzeitlich so verbessert hat, dass sie nicht zu einem Preisniveau, wie es zum Angebotszeitpunkt üblich war, beauftragt werden können.

Die Mehrkosten von schon beauftragten Nachunternehmern sind dagegen generell mit Hilfe der analogen Kostenfortschreibung – wie unter Rdn. 1016 ff. besprochen – zu ermitteln. Nur dann, wenn für Elemente der plausibel ermittelten Nachunternehmerkosten nachweisbar ist, dass aus den unter Rdn. 1035-1037 geschilderten Gründen Beschaffungskostenerhöhungen aufgetreten sind, ist eine über die analoge Kostenfortschreibung hinausgehende Zusatzvergütung zulässig.

12.2.4.4 Ausnahme 3: Unsorgfältige Planung

1039 Bedeutsam ist die dritte Ausnahme:
Wie schon bei § 2 Nr. 3 VOB/B erörtert, kann auch **unsorgfältige Planung des Auftraggebers** dem Auftragnehmer das Recht geben, seine Kalkulationsbasis bei der geänderten bzw. neuen Leistung zu korrigieren;[1240] die Frage ist nur, ob die Tatsache, dass eine geänderte oder zusätzliche Leistung angeordnet wird, nicht schon per se Hinweis auf eine unsorgfältige Planung ist und deshalb **immer** bei § 2 Nr. 5 und § 2 Nr. 6 VOB/B die Möglichkeit der Preisanpassung über das Vertragspreisniveau hinaus besteht und deshalb also diese Ausnahme so umfassend ist, dass sie die beiden vorgenannten Ausnahmen überflüssig macht und in Wirklichkeit die Regel außer Kraft setzt, d. h., zur Folge hat, dass das Vertragspreisniveau nie mehr Basis wäre wegen der stets gegebenen Möglichkeit der Berücksichtigung zwischenzeitlich aufgetretener höherer Beschaffungskosten.[1241]

Ist die „unsorgfältige" Planung Ergebnis **schuldhaft** fehlerhafter Planung des Auftraggebers, so ist die Aufhebung der Bindung an die Auftragskalkulation bei der Ermittlung der Vergütung der modifiziert erbrachten Leistung unproblematisch: Der Auftraggeber ist **verpflichtet**, richtig zu planen. Verstöße dagegen würden Ansprüche der Auftragnehmers aus Verschulden bei Vertragsschluss begründen, § 311 Abs. 1 Nr. 2 BGB. Da die VOB/B, wie insbesondere die Ausdehnung in § 2 Nr. 5 auf „sonstige Anordnungen" zeigt, aber einen umfassenden Vergütungsanspruch für alle vom Auftragnehmer befolgten oder zu befolgenden Anordnungen schaffen will,[1242] ist es richtiger, die Bindung an den alten Preis bei § 2 Nr. 5 in solchen Fällen aufzuheben, statt für Sonderfälle einen c.i.c.-Anspruch einzuführen; das finanzielle Ergebnis ist dasselbe.[1243]

Die Loslösung von dem (alten) Preisniveau ist deshalb entgegen der überwiegenden Lehre **nicht** auf **schuldhaft** unsorgfältige Planung des Auftraggebers beschränkt. Auch nur objektiv fehlerhafte unsorgfältige Planung genügt, um die Bindung an das alte Preisniveau aufzuheben.[1244] Das folgt daraus, dass § 2 Nr. 5 VOB/B **jede** Art von Anordnung, sei sie

---

[1240] Siehe oben Rdn. 604, 610.
[1241] OLG Koblenz BauR 2001, 1442 = NZBau 2001, 633. Marbach, ZfBR 1993, 2, 9; Kleine-Möller/Merl, § 10 Rdn. 471. Laut OLG Düsseldorf, Urteil vom 7. 5. 1991, 23 U 242/89 erlaubt die pure Tatsache, dass der Auftraggeber geänderte oder zusätzliche Leistungen anordnet, **in der Regel** dem Auftragnehmer die Anpassung „unter Wert kalkulierter Positionen" gemäß angemessener (?) Preisermittlungsgrundlage. Ebenso Beck'scher VOB-Kommentar/Jagenburg, § 2 Nr. 5 VOB/B, Rdn. 106. Ingenstau/Korbion/Keldungs bejaht zutreffend eine solche Korrekturmöglichkeit zu § 2 Nr. 3 VOB/B in der Kommentierung § 2 Nr. 3 Rdn. 23, verneint sie aber ohne Grund und im Gegensatz dazu in Nr. 5 Rdn. 31 unverständlicherweise für geänderte Leistungen.
[1242] Dazu Rdn. 798–800.
[1243] Vergleiche zum parallelen Problem, dass **alle** Mehrkosten einheitlich über § 2 Nr. 5, Nr. 6 VOB/B erfasst werden, oben Rdn. 1000.
[1244] Wobei der Unterschied angesichts der „objektiven" Verschuldenskriterien im Zivilrecht kaum eine Rolle spielen wird.

zulässig oder nicht, auffängt, dass also ein Korrektiv nicht auf der Ebene der Anordnung erfolgt.[1245] Wenn aber schon auch die ausgedehnteste Anordnung über das Vergütungsäquivalent des § 2 Nr. 5, 6 erfasst wird, so muss doch berücksichtigt werden, dass der Auftragnehmer immer von einer **richtigen** Planung ausgehen darf. Der Auftragnehmer will durch die Aktzeptanz der bloßen Vergütungsanpassung keinen Blankoscheck für die unbegrenzte Korrektur unsorgfältig fehlerhafter Planung auf seine Kosten liefern. Letztenendes ist das eine Anwendung von § 242 BGB.[1246]
Wenn man allerdings zu dem doch groben Argument des § 242 BGB greifen muss, so muss die von der Fachplanung verursachte Änderung auch einiges Gewicht haben und auf eine qualitativ wesentliche Plankorrektur hinauslaufen. Ohne diese Einschränkung würde nahezu jede Entwurfsänderung systemwidrig zur Bedeutungslosigkeit des Vertragspreisniveaus führen.
Ergänzend ist eine weitere Differenzierung angezeigt:

1. Sofern sich nach **Saldierung der Abrechnung aller Positionen** (unter Berücksichtigung aller **Mengenmehrungen und -minderungen, entfallender Positionen und Nachtragspositionen wegen modifizierter Leistungen**) ein **Betrag** ergibt, der nennenswert **über der Auftragssumme** liegt, so werden darüber hinaus durch **Zusatzaufträge** Kapazitäten gebunden, die ursprünglich nicht für diesen Auftrag vorgesehen waren. Dieser Fall entspricht entweder einer Planungserweiterung (= neuer Planungsauftrag; somit liegt auch eine Auftragserweiterung vor) oder einer unsorgfältigen Planung (vgl. auch Rdn. 500, Fn. 500 „Mehrmengen" und Rdn. 604). Von beiden Fällen konnte der Auftragnehmer bei Abgabe seines Angebots nicht ausgehen; deshalb ist er nicht verpflichtet, hier das alte, nicht auskömmliche Vertragspreisniveau beizubehalten.

2. Sofern der **Saldo** der Abrechnung aller Positionen und der Nachträge der Bauinhaltsmodifikationen **unterhalb der Auftragssumme** bleibt, ist für die darüber hinaus aufgetretenen **Zusatzleistungen** von den gleichen Überlegungen wie oben auszugehen. Nämlich: **Dass** dann, **wenn die Abrechnungssumme die Auftragssumme überschreitet**, für **Zusatzleistungen** das alte, **nicht auskömmliche Vertragspreisniveau korrigiert** werden. Das gilt also **nur** für die Leistungen, deren Vergütungsbeträge „jenseits" der **Auftragssumme** liegen.

Bei geänderten Leistungen wird man dagegen eher die **Bindung an das Vertragspreisniveau bejahen** können, jedoch nur so lange, wie sich die Änderungen noch **im Rahmen üblicher Planvorgaben** bewegen. Qualitativ wie quantitativ beachtliche, vor allem auch **umfangreiche Änderungen geben** dagegen dem Auftragnehmer ebenfalls ein **Recht zur Anpassung** seines Preisniveaus, nämlich dann, wenn die Differenz aus Saldo der Auftragssumme (für das Bausoll) gegenüber dem Saldo der Abrechnung eine nennenswerte Vergrößerung des Leistungsumfangs ausweist. Dadurch soll erreicht werden, dass Auftraggeber nicht zu einem ihnen passenden Zeitpunkt mit Hilfe einer
– noch unfertigen Planung
– und/oder bei einem zu kleinen Bauumfang
– und/oder einer qualitativ niedrigwertigen Leistung
einen Auftrag zu günstigen Konditionen vergeben, um dann den „vertraglich gebundenen" Auftragnehmer zu veranlassen, auf der Basis seines relativ niedrigen Preisniveaus einen jetzt umfangreicheren und/oder „verbesserten" geänderten Planungsinhalt vor Ort in Bauleistung umzusetzen.

[1245] Oben Rdn. 800.
[1246] Kleine-Möller/Merl, Handbuch, Rdn. 481 i.V.m. Rdn. 431–433 unter dem Aspekt unzulässiger Rechtsausübung.
Im Ergebnis ebenso OLG Koblenz BauR 2001, 1442 = NZBau 2001, 633, Revision vom BGH nicht angenommen.
Siehe auch Kapellmann, in: Kapellmann/Messerschmidt, VOB/B § 2, Rdn. 216.

1040 Im grundsätzlichen **Ergebnis** bejahen wir also für bestimmte **Ausnahmen** bei „Fehlplanung" eine **Preisanpassungsmöglichkeit.**

Wie erwähnt, sind an diese **Ausnahme** bei § 2 Nr. 5 und bei § 2 Nr. 6 VOB/B durchaus **ernsthafte Anforderungen** zu stellen, wobei zumeist erst dann eine endgültige Aussage getroffen werden kann, wenn die Schlussrechnung vorliegt. Anders ausgedrückt: Der Auftraggeber ist gut beraten, wenn er bei Nachtragspreisen zunächst auf klare Bezugnahme auf das Vertragspreisniveau achtet. Nur dann, wenn der Auftragnehmer

1. die Unauskömmlichkeit der Kalkulation für die in Frage kommenden Leistungen (z. B. durch die Dokumentation der Angebotsbearbeitung Rdn. 289 ff.) plausibel belegen kann (z. B. durch Gegenüberstellung mit Musterkalkulationen, durch allgemein anerkannte Aufwandswerte, durch konkret für das betreffende Bauvorhaben vereinbarte Beschaffungspreise, ansonsten Marktpreise)[1247]
2. und wenn sich bei Stellung der Schlussrechnung eine nennenswerte Überschreitung der Auftragssumme ergibt, die durch Zusatzleistungen oder erhebliche Änderungen (siehe die oben besprochene Saldogegenüberstellung) bedingt ist, halten wir es für gerechtfertigt, dass eine Anpassung der Preise der betroffenen Leistungen an die konkreten und durch Beschaffungsverträge belegten Kosten erfolgt

Eine weitergehende und nicht durch klar definierte Schranken begrenzte Änderung unauskömmlicher Kalkulation ist nicht hinnehmbar, weil ansonsten die Gefahr besteht, dass

– bei der Angebotskalkulation wenigstens dort mit niedrigen unauskömmlichen Ansätzen gearbeitet wird, wo ein Nachweis wegen Unauskömmlichkeit im nachhinein leicht möglich ist (z. B. bei Geräten mit Hilfe der Baugeräteliste, bei Standardarbeiten durch Leistungslohnwerte),
– und dass andererseits zu hohe Deckungsanteile angesetzt werden.

Die Folge wäre, dass sich die gleichen Marktpreise wie bislang ergäben, dann aber bei nachträglichem Ansatz von höheren Direkten Kosten noch zusätzlich eine erhebliche Ergebnisverbesserung durch die Beaufschlagung mit hohen Deckungsanteilen erzielt würde.[1248]

12.2.4.5 Ausnahme 4: Ausmaß der Mehrleistungen sprengt jeden äquivalenten Rahmen

1041 Was bei § 2 Nr. 3 VOB/B – siehe Rdn. 605 – nur für seltene Ausnahmefälle gilt, ist bei § 2 Nr. 5, 6 VOB/B nicht selten, sogar bei Großvorhaben leider fast häufig. Die Änderungen und Ergänzungen verlassen nämlich – zumeist langsam und schleichend – jedes vernünftige Maß: Änderungen von Änderungen von Änderungen kommen ständig vor, man braucht nur die Planindices zu verfolgen. Die Größenordnung der Bauinhaltsmodifikation erreicht 100 % oder 150 % der Auftragssumme – dies schon errechnet **ohne** Aufhebung der Bindung an den alten Preis. In Analogie zu § 645 BGB sind damit die Vertragsanweisungen des Bestellers für die Ausführung „mangelhaft" (vgl. Rdn. 712–714). Das allein rechtfertigt schon eine „billige", neu berechnete Vergütung – denn wenn der äquivalente Rahmen der Grenzen der Leistungskorrektur gesprengt wird, müssen auch die Grenzen der Vergütungsregelung angepasst, also gesprengt werden. Hier kommt, wenn nicht schon die Anwendungsfälle der „unsorgfältigen Planung", Rdn. 1039, 1040, ohnehin greifen und wenn nicht ohnehin schon die Grenze zur Störung der Geschäftsgrundlage (§ 313 BGB) überschritten wird, eine Loslösung von der Auftragskalkualtion jedenfalls

---
[1247] Hierzu verweisen wir auf die im Literaturverzeichnis aufgeführten Kalkulationshandbücher (z. B. von Drees, Plümecke, Meier); in diesem Buch wird auf die ARH-Richtwerte und auf Leistungslohnlisten verwiesen.
[1248] Vgl. hierzu die Rdn. 1051 ff., 1078.

dann in Betracht, wenn die Summe aller Mehrvergütungen 30 % der Vergütung des Bausolls, also der Vertragsvergütung übersteigt.[1249]

12.2.5 Bindung an Nachlässe und Skonti?

Skonto ist eine vom Auftragnehmer vertraglich eingeräumte bedingte Kürzung der Abrechnungssumme, nämlich für den Fall vorfälliger Zahlung. Skonto ist also kein Preisbestandteil, sondern (nur) eine Zahlungsmodalität.[1250] Da somit - bei entsprechender Vereinbarung - das Skonto die gesamte Vergütung umfasst, die der Auftraggeber zu zahlen hat, werden „automatisch" auch Nachträge für geänderte oder zusätzliche Leistungen, die ja Bestandteil der Gesamtabrechnung sind, erfasst.[1251]
Nachlass ist die vertraglich eingeräumte prozentuale (oder in einer konkreten Summe ausgedrückte) unbedingte Kürzung des Vertragspreises bei unverändert bleibender Leistung des Auftragnehmers, also keine Zahlungsmodalität, sondern eine Preisvereinbarung.
Muss der Auftragnehmer solche Nachlässe auch auf Nachtragsvergütungen einräumen?
Vorweg: Die Frage kann man nur diskutieren für „**echte**" Nachlässe im vorgenannten Sinne. Ein „echter" Nachlass liegt nicht vor, wenn der Bieter einen Nachlass für den Fall einräumt, dass der Auftraggeber bauinhaltlich eine Leistungsminderung akzeptiert oder Ausführungsarten akzeptiert, die zu einer Kostenersparnis des Auftragnehmers führen (z. B. verzichtet der Auftraggeber abweichend von der Leistungsbeschreibung auf besondere Schallschutzmaßnahmen). In diesen Fällen wird das ursprünglich vorgesehene Bausoll nicht billiger, die Verbilligung resultiert vielmehr aus einer Modifikation, zumeist eine Reduzierung der Leistungsanforderungen.

1042

Ein „**echter**" Nachlass kann durch vertragliche Vereinbarung ausdrücklich nur auf die Vertragssumme **beschränkt** sein. Im Wege der Auslegung ist regelmäßig von einer solchen Beschränkung nur auf die Auftragssumme auszugehen, wenn der Nachlass **summenmäßig** ausgewiesen ist, also wird der Nachlass bei Nachträgen dann nicht berücksichtigt.

1043

Aber auch dann, wenn ein „**echter**" Nachlass **prozentual** eingeräumt ist, ergibt die (ergänzende) Vertragsauslegung, dass der Bieter den Nachlass **nicht** über die Auswirkungen hinaus erstrecken will, die er bei Vertragsschluss übersehen kann, also die Auftragssumme, zumal sonst bei entsprechender Größenverordnung von Nachträgen unprognostizierbare Verluste eintreten können, die unabsehbar sind. Sollen Nachlässe auch für **Nachtragsvergütungen** gelten, muss das deshalb nach nahezu einhelliger Lehrmeinung **ausdrücklich** vereinbart sein.[1252]

1044

[1249] Zu diesen Grundüberlegungen i.E. OLG Koblenz, NZBau 2001, 633 = BauR 2001, 1442, Revision vom BGH nicht angenommen; Kleine-Möller/Merl, Handbuch, § 10, Rdn. 481 i.V.m. Rdn. 431–433.
[1250] Zutreffend Kainz, Skonto und Preisnachlaß beim Bauvertrag, Rdn. 123-125.
[1251] Ebenso Roquette/Paul BauR 2003, 1097, 1101.
[1252] OLG Köln IBR 2003, 119 mit zustimmender Anmerkung Keldungs; Kapellmann, NZBau 2000, 57; Werner/Pastor, Bauprozess, Rdn. 1159; Heiermann/Riedl/Rusam, VOB/B § 2, Rdn. 116e, 138; Ingenstau/Korbion/Keldungs, VOB/B § 2 Nr. 5, Rdn. 29; Nr. 6, Rdn. 23; Kleine-Möller/Merl, Handbuch § 10, Rdn. 471, 418; Markus, in Markus/Kaiser/Kapellmann, AGB-Handbuch Bauvertragsklauseln, Rdn. 325; Genschow/Stelter, Störungen im Bauablauf, S. 162; Beck'scher VOB-Kommentar/Jagenburg, VOB/B § 2 Nr. 5, Rdn. 107; § 2 Nr. 6 Rdn. 95; Marbach ZfBR 1989,2, 8ff.; Schumacher, Vergütung, Rdn. 754 (für das Schweizer Recht).

1045 Nur für **zusätzliche** Leistungen hat das OLG Düsseldorf abweichend entschieden,[1253] ein Nachlass gehöre zu den Preisermittlungsgrundlagen im Sinne von § 2 Nr. 6 Abs. 2 VOB/B und sei deshalb bei der Nachtragskalkulation zu übernehmen. Das ist **nicht** richtig: Ein Nachlass hat mit der kalkulatorischen Ermittlung von Kosten nichts zu tun; er ist „Preisnebenabrede" (dazu Rdn. 1046). Als weitere Begründung führt das OLG Düsseldorf an, außerdem würde sich ein Auftragnehmer besserstellen, der zunächst hoch kalkuliere, dann aber einen Nachlass gewähre, als der Unternehmer, der von Anfang an knapp kalkuliert habe. Dem ist – anknüpfend an das oben unter Rdn. 1036 Besprochene – entgegen zu halten, dass sich bis zur Höhe der Auftragssumme keine Auswirkungen ergeben, da bis zu ihr der Nachlass angesetzt wird. Dagegen hat der Auftragnehmer gemäß Rdn. 1036 dann, wenn die Abrechnungssumme die Auftragssumme überschreitet, einen Anspruch auf Kalkulationsanpassung. Liegt eine zusätzliche Leistung vor, für die es in der Kalkulation keine Bezugsleistung gibt, sind insoweit die Einzelkosten der Teilleistung - und nur diese, s. Rdn. 1047, 1107 ff. – auf der Basis marktüblicher Preise gem. § 632 Abs. 2 BGB zu ermitteln. Unabhängig vom Basispreis erhalten deshalb bei der letztgenannten Konstellation beide Auftragnehmer insoweit denselben „marktüblichen" Preis - nur: der mit Nachlass anbietende Auftragnehmer müsste sich von diesem „marktüblichen" Preis noch den Nachlass abziehen lassen. Er steht also nicht besser, sondern schlechter! Die Entscheidung beruht somit auf einem weiteren offensichtlich falschen Argument in Verkennung kalkulatorischer Grundüberlegungen.

Das OLG Hamm [1254] hat für Zusatzleistungen dieselbe Rechtsauffassung vertreten wie das OLG Düsseldorf, sich aber als Begründung auf ein Zitat der unzutreffenden Entscheidung des OLG Düsseldorf beschränkt, allerdings vorsorglich seine Entscheidung noch auf eine ergänzende **individuelle** Vertragsauslegung gestützt, was keine allgemeine Bedeutung hat.

Der BGH hat in einem Fall, in dem ein Auftragnehmer (individuell) „einen Nachlass von 5 % auf alle **Einheitspreise**" gewährt hatte, entschieden, dies „deute darauf hin, dass der Nachlass auch auf die nach § 2 Nr. 6 Abs. 2 VOB/B zu bildenden Einheitspreise gewährt wurde" und hat u.a. zur Aufklärung dieser Frage zurückverwiesen.[1255] Wenn ein Auftragnehmer auf **alle** Einheitspreise Nachlass gewährt, ist im seltensten Ausnahmefall jedenfalls denkbar, dass er damit auch den Nachlass auf die **künftig** erst zu bildenden, neuen Einheitspreise geänderter oder zusätzlicher Leistungen erstrecken will (wobei für geänderte oder zusätzliche Leistungen überhaupt nicht zwingend neue Einheitspreise gebildet werden müssen; es müssen nur die Mehrkosten und die Deckungsbeiträge nachgewiesen werden, siehe Rdn. 533). Aber auch dieser seltenste Fall ist lebensfremd konstruiert: Der Auftragnehmer gibt – aus akquisitorischen Gründen – einen Nachlass auf alle **in seinem Angebot** enthaltenen Preise, andere stehen ja im Zeitpunkt der Angebotsverhandlung auch nicht zur Diskussion. Bestünden insoweit Zweifel bei der Auslegung – im Regelfall gibt es allerdings **keine** derartigen Zweifel –, so muss den Ausschlag geben, dass eine Vermutung dafür spricht, dass im Regelfall niemand vertraglich mehr verspricht als notwendig, hier als notwendig, den Auftrag zu bekommen.

Kniffka, der ursprünglich unter Zitat von OLG Düsseldorf für eine Durchstellung des Nachlasses auf Nachträge war, hat jetzt seine Auffassung eingeschränkt: „Bei allgemeinen Nachlässen, die nicht positionsbezogen ausgehandelt sind, *wirkt sich* der Nachtrag *grundsätzlich* als gewinnmindernd aus, so dass (?) er auch bei der geänderten Leistung zu berücksichtigen ist. Etwas anderes kann sich aber im Einzelfall aus der Urkalkulation

---

[1253] OLG Düsseldorf BauR 1993, 479.
[1254] OLG Hamm BauR 1995, 564 = NJW-RR 1995, 593; ebenso Vygen, Bauvertragsrecht, Rdn. 814; Leinemann/Schoofs, VOB/B § 2, Rdn. 101; Franke/Kemper/Zanner/Grünhagen, VOB/B § 2, Rdn. 154; Roquette/Paul, BauR 2003, 1097, 1101.
[1255] BGH NZBau 2004, 31 = BauR 2003, 1892. Nach Zurückverweisung hat sich der Rechtsstreit ohne Berufungsurteil erledigt.

ergeben".[1256] Dass sich ein Nachlass auf die Angebotssumme und die Auftragssumme gewinnmindernd auswirkt, versteht sich. Das ist aber kein Argument dafür, dass er sich nach dem Willen **beider** Parteien über die Angebotssumme **hinaus** erstrecken soll; der Auftragnehmer würde dadurch ja noch **mehr** Gewinn, und zwar in unbekannter Höhe, einbüßen als von ihm zugestanden. Die Anknüpfung an die Urkalkulation ist aber der richtige Ansatz: Der Nachlass ist nur insoweit auf Nachträge zu gewähren, als der Nachlass Bestand des **ursprünglichen** und nicht „nachverhandelten Angebots" war, weil er **nur dann** ein vorkalkulierter Preisbestandteil ist. Wenn der Nachlass hingegen erst bei (nachträglichen) Preisverhandlungen gewährt wird, ist er zwar im Wege des Abzuges bei der Berechnung der Vergütung auf der (ursprünglichen) Grundlage der Vertragspreise zu berücksichtigen, er ist aber **kein** Bestandteil der **fort**zuschreibenden Preisermittlung[1257] – oder anders ausgedrückt: Die Urkalkulation enthält den Nachlass eben nicht, und nur sie ist fortzuschreiben.

Es gibt also **keinen** Anlass, die herrschende Meinung zu korrigieren, ohne besondere Vereinbarung gelte ein vereinbarter Nachlass nicht. Allerdings ist eine **Einschränkung** angebracht: Solange die Gesamtabrechnungssumme für die Hauptleistung plus Nachträge die Auftragssumme für die ursprüngliche Vertragsleistung nicht übersteigt, wird der vom Auftragnehmer insgesamt gewährte Rahmen der Auswirkungen des Nachlasses nicht überschritten. Insoweit gibt es für eine Auslegung, die Nachlässe bei solchen Nachträgen nicht zu übernehmen, keinen materiellen Grund. Also sind in **diesem** Rahmen Nachlässe durchzustellen. Für über die ursprüngliche Vertragssumme hinausgehende Vergütungen, soweit sie auf geänderten oder zusätzlichen Leistungen beruhen, gilt dagegen, dass ihr Entstehen für den Auftragnehmer unkalkulierbar und von seinem Preisnachlaßwillen **nicht** umfasst ist. Demzufolge besteht für sie keine Bindung, Nachlässe sind insoweit also nicht durchzustellen.

Im Ergebnis ist also der Auftragnehmer, wenn nicht etwas anderes vereinbart ist, maximal zur Gewährung eines Nachlasses in der Höhe verpflichtet, der in Summe dem Betrag entspricht, der als prozentualer Nachlass auf die Auftragssumme gewährt worden ist.

Eine Regelung in **Allgemeinen Geschäftsbedingungen** eines Auftraggebers, wonach ein vertraglich eingeräumter Nachlass auch auf Nachträge zu erstrecken sei, ist mindestens wegen Verstoßes gegen § 307 BGB unwirksam; das gilt auch für Nr. 16 EVM (B) ZVB/E des Bundes, Fassung 2002, Stand: April 2005 (frühere Fassungen: Nr. 23, 26), die wie folgt lautet: „Soweit nicht ausdrücklich etwas anderes vereinbart ist, wird ein als v.H.-Satz angebotener Preisnachlass bei der Abrechnung und den Zahlungen von den Einheits- und Pauschalpreisen abgezogen, auch von denen der Nachträge, deren Preise auf der Grundlage der Preisermittlung für die vertragliche Leistung zu bilden sind."

Eine Nachlassklausel ist nicht Preisbestandteil und deshalb nicht gemäß der AGB-Kontrolle entzogen; sie ist AGB-kontrollfähige **Preisnebenabrede**.[1258]

Wie in Rdn. 1044 dargestellt, erstreckt sich ohne besondere vertragliche Vereinbarung eine Nachlassklausel nicht auf die Vergütung geänderter oder zusätzlicher Leistungen, **schon gar nicht** auf die Kosten solcher Nachtragsvergütungen, für die es in den Preisermittlungsgrundlagen überhaupt keine Bezugspunkte gibt, insbesondere also nicht auf die

1046

[1256] Anders bisher Kniffka/Koeble, Kompendium, Teil 5, Rdn. 114; so jetzt Kniffka, IBR Online-Kommentar, Stand: 3. 1. 2006, § 631, Rdn. 262.
[1257] Wörtlich und treffend Kleine-Möller, in: Kleine-Möller/Merl, Handbuch § 10, Rdn. 471, 418.
[1258] LG Berlin NZBau 2001, 559 (**rechtskräftig**; ein Berufungsverfahren betraf andere Klauseln); Kapellmann, a. a. O.; OLG Koblenz, Betrieb 1988, 1692; Wolf/Horn/Lindacher, AGB-Gesetz, § 8 Rdn. 17.
Zu Preisnebenabreden generell BGHZ 106, 42; Kaiser, in: Markus/Kaiser/Kapellmann, AGB-Handbuch Bauvertragsklauseln, Rdn. 31.

Kosten einer zusätzlichen Leistung, für die es keine Anknüpfungspunkte in der Angebotskalkulation gibt.
Nr. 16 ZVB will dem – offensichtlich in Anknüpfung an die Empfehlung des VOB/Ausschusses[1259] – Rechnung tragen, indem ein prozentualer Nachlass von Preisen **solcher** Nachträge abgezogen werden darf, deren Preise auf der Grundlage der Preisermittlung für die vertragliche Leistung zu bilden sind. Damit soll offenbar eine Einschränkung gemeint sein: Nachlässe sollen **nur** durchgestellt werden für Nachtragsvergütungen, deren Preise auf der Grundlage der Preisermittlung für die vertragliche Leistung zu bilden sind. Diese Einschränkung beruht auf einem Trugschluss. Es gibt keine Nachtragsvergütung, die nicht auf der Grundlage der Preisermittlung zu bilden ist. Auch wenn zusätzliche Leistungen vorkommen, für die es vergütungsmäßig keine Bezugsleistung in der Angebotskalkulation gibt, so werden insoweit doch nur die Einzelkosten der Teilleistung auf der Basis marktüblicher Preise (§ 632 Abs. 2 BGB) ermittelt, aber ansonsten bleibt das „Kalkulationsgerüst" erhalten, also z. B. der Zuschlag für Gewinn;[1260] jedenfalls insoweit bleiben auch für diesen Nachtrag die Grundlagen der Preisermittlung maßgebend.
Den Ausnahmefall, den Nr. 16 ZVB also von der Erstreckung des Nachlasses freistellen will, gibt es gar nicht.
Die Klausel scheitert damit mindestens auch schon an der Unklarheitenregel des § 307 Abs. 1 Satz 2 BGB.

1047 Darüber hinaus verstößt sie gegen § 307 BGB, weil sie unbillig dem Auftragnehmer eine unüberschaubare, der Höhe nach unbeschränkte und kalkulatorisch nicht erfassbare Verschlechterung eines durch die Gewährung des Nachlasses auf die Auftragssumme möglicherweise eintretenden, aber der Höhe nach **nicht prognostizierbaren** Ergebnissen aufzwingt, ohne dass der Auftragnehmer darauf Einfluss hätte. Ein Bieter kann im Angebotsstadium die Auswirkungen auf Nachtragsvergütungen nicht kalkulieren;[1261] er wird durch eine Nachlassklausel „übertölpelt", wobei ihm auch noch „vorgegaukelt" wird, die Klausel sei gar nicht so schlimm, weil sie ja nicht alle Nachträge erfasse - was, wie erörtert, **auch** falsch ist.
Eine entsprechende Klausel in AGB eines Auftraggebers ist also unwirksam.[1262]

12.2.6 Bindung auch bei „untergeordneten Positionen" oder bei „Sonderpreisen"?

1048 Hier gelten in vollem Umfang dieselben Gesichtspunkte für die Direkten Kosten wie vorab besprochen. Bezüglich der Deckungsbeiträge für Allgemeine Geschäftskosten, Bau-

---

[1259] Die Empfehlung des VOB-Ausschusses Nr. 3/89 zur Berücksichtigung von prozentualen Nachlässen auf die Angebots-, Auftrags- oder Abrechnungssumme bei Nachträgen lautet:
„1. Ein prozentualer Nachlass auf die Angebots-, Auftrags- oder Abrechnungssumme ist auch bei Nachträgen zu beachten, soweit die Preisermittlungsgrundlagen des Angebots für die Berechnung der Vergütungshöhe nach § 2 Nr 5 und 6 VOB/B maßgeblich sind.
2. Von den **besonderen**Kosten einer zusätzlichen Leistung im Sinne von § 2 Nr. 6 VOB/B sowie von den **Mehrkosten** im Sinne von § 2 Nr. 5 VOB/B ist der prozentuale Nachlass **nicht** abzuziehen, soweit sie nicht auf der Grundlage der bisherigen Einheitspreise vergütet werden können.
3. Es bestehen keine Bedenken, dies in zusätzlichen Vertragsbestimmungen klarzustellen."
Diese Empfehlung führt zu **unwirksamen** Regelungen in AGB, vgl. den Text.
[1260] Näher Rdn. 1107 ff; Kleine-Möller/Merl, § 10 Rdn. 417; Augustin/Stemmer, BauR 1999, 546, 555.
[1261] Zutreffend Wolf/Horn/Lindacher, AGB-Gesetz, § 8 Rdn. 19.
[1262] Ebenso LG Berlin NZBau 2001, 559, Klausel Nr. 5 (vgl. Fn. 1258); Markus, in: Markus/Kaiser/Kapellmann, AGB-Handbuch Bauvertragsklauseln, Rdn. 335, 336; Kainz, Skonto, S. 108 ff.

Insbesondere: Korrektur des alten Preises als Basis der Neuberechnung? Rdn. 1049

stellengemeinkosten, Wagnis und Gewinn gilt dasselbe wie § 2 Nr. 3 VOB/B, wir verweisen auf unsere früheren Ausführungen unter Rdn. 373 ff.

12.2.7 Ausnahme: Korrektur von Nachtragsvergütungen wegen Anknüpfung an „überhöhte" Positionen der Angebotskalkulation (Spekulationspreise)?

12.2.7.1 Herabsetzung von Nachtragsvergütungen nach Treu und Glauben wegen „überhöhter" Positionen der Angebotskalkulation?

Es ist einer der Kerngrundsätze der Nachtragsberechnung gemäß § 2 Nr. 5 und § 2 Nr. 6 VOB/B, dass die Vergütung für geänderte oder zusätzliche Leistungen **„in Bindung an den alten Preis" erfolgen muss**, also nach schlechthin unbestrittener Auffassung in der Nachtragskalkulation unter Übernahme der Preisermittlungsgrundlagen der Angebotskalkulation (wie als Grundsatz unter Hinweis auf die Rechtsprechung des Bundesgerichtshofs unter Rdn. 1000 ff. dargelegt, Einzelheiten Rdn. 1051 ff.). 1049

Ist der Preis der zugehörigen Bezugsleistung in der Angebotskalkulation „niedrig", so muss dieses Preisniveau bei Ermittlung der Nachtragsvergütung beibehalten werden. Der „Verlust" aus der Bezugsleistung muss also weitergeführt werden, auch dann, wenn der Auftragnehmer sich nur geirrt hat.[1263] Wenn der Auftragnehmer **bewußt** „spekulativ" einen zu niedrigen Angebotspreis eingesetzt hat (um den Auftrag zu bekommen), so bleibt dieser „frivole Bieter" nach Auftragserteilung erst recht an seinen Preis gebunden;[1264] er muss zur Ermittlung der Nachtragsvergütung erst recht diese „negative Kalkulation" fortschreiben, um nicht noch prämiert zu werden.
Wir haben im Einzelnen unter Rdn. 1031 f. erläutert, wie kalkulatorisch die Weiterführung einer solchen „Verlustkalkulation" möglich ist und wird.

So wie unbestrittenermaßen der Auftragnehmer zu seinem Schaden eine Verlustkalkulation in einer zugehörigen Bezugsleistung dennoch als Basis der Nachtragskalkulation verwerten muss und die Fortschreibung zur Nachtragskalkulation auf dieser Basis vornehmen und dulden muss, darf er im umgekehrten Fall eine **mit besonders hohem Gewinn kalkulierte** Bezugsleistung der Angebotskalkulation **ebenso weiterführen**, darf also deren Kalkulationsmethodik in einer Nachtragskalkulation fortschreiben, die dann analog zu einer ebenfalls „gut kalkulierten" Nachtragsvergütung führt, genauso wie diese Bezugsleistung in der Angebotskalkulation „gut kalkuliert" war.
Auftraggeber dürfen sich bei Nachträgen **nicht die Rosinen herauspicken**:
So wie der Auftragnehmer an die Verlustkalkulation gebunden bleibt, bleibt er **auch an die Gewinnkalkulation gebunden** – ersteres zu seinem Nachteil, letzteres zu seinem Vorteil. Der Auftraggeber hat kein Recht, nur im letzterem Fall (und nur in diesem Fall!) aus dubiosen Gründen von Treu und Glauben die in Fortschreibung des Preises der richtigen Bezugsleistung ermittelte Nachtragsvergütung zu korrigieren, weil aus seiner Sicht die

---

[1263] **Ausgenommen**, der Auftragnehmer ist in Sonderfällen zur Anfechtung berechtigt – vgl. Rdn. 1031, und **ausgenommen** die Planung des Auftraggebers war unsorgfältig – vgl. Rdn. 1039 ff. und **ausgenommen**, dass der Auftragnehmer im Zeitpunkt der Ausführung höhere Lohn- und Materialpreise ansetzen darf - vgl. Rdn. 1034 – und **ausgenommen**, das Ausmaß der Mehrleistungen sprengt jeden äquivalenten Rahmen – oben Rdn. 1041.
Zum Grundsatz: BGH BauR 1996, 382, oben Rdn. 1000.
[1264] BGH BauR 1988, 338; Einzelheiten dazu oben Rdn. 251. Eine andere Frage ist, ob diesem Bieter im Rahmen einer öffentlichen Ausschreibung überhaupt der Zuschlag erteilt werden darf.

Nachtragsvergütung zu „hoch" ausfällt.[1265] Ebensowenig kann ja ein Auftragnehmer verlangen, dass die Nachtragsvergütung, die wegen der Anknüpfung an eine Verlust-Bezugsleistung niedrig ausfällt, ohne weiteres nach oben korrigiert wird.[1266]

Dieses Ergebnis ist schlechthin **unbestritten**. Die theoretische Grenze, bei der an die „zu hohe" Vergütung einer Bezugsleistung nicht mehr angeknüpft werden darf, wäre erst dann erreicht, wenn der **ganze** Ursprungsvertrag wegen Wucher (§ 138 BGB) nichtig wäre oder wenn ein Wegfall der Geschäftsgrundlage zu bejahen wäre. Dabei ist aber immer auf den **ganzen** Vertrag und nicht auf die einzelne Position abzustellen.[1267] Solche Fälle gibt es praktisch nicht.

Deshalb ist die Herabsetzung einer Nachtragsvergütung, die an einen „spekulativ überhöhten" Preis einer Angebotskalkulation „anknüpft", in keinem Fall möglich; es gibt keine abweichenden Auffassungen.

12.2.7.2 Herabsetzung von Nachtragsvergütungen (für zusätzliche Leistungen) durch öffentlichen Auftraggeber infolge von Preisrecht?

1050 Öffentliche Auftraggeber kamen gelegentlich bis zum 30.6.1999 auf die Idee, solche Nachträge anderweitig korrigieren zu wollen, nämlich wegen „verbotenermaßen überhöhter Preise". Damit war nicht gemeint, dass die Nachtragspreise unrichtig aus der Angebotskalkulation überhöht entwickelt seien, gemeint war vielmehr, dass gerade die **richtig** aus der Angebotskalkulation entwickelte Nachtragskalkulation gegenüber (heutigen) Marktpreisen überhöht sei.

Der Ansatzpunkt der betreffenden öffentlichen Auftraggeber war demgemäß auch nicht die VOB/B, sondern die Annahme, Nachträge (**nur** für **zusätzliche** Leistungen) unterlägen der preisrechtlichen Kontrolle durch die VO-PR Nr. 1/72, die angeblich grundsätzlich anwendbar gewesen sei, wenn es sich um „öffentliche" oder zu mehr als 50 % öffentlich finanzierte Aufträge nach näherer Maßgabe des § 1 der Verordnung gehandelt habe. Diese sachlich ohnehin völlig überholte VO-PR 1/72 ist durch Verordnung vom 16.6.1999 (BGBl 1999, Teil I, S. 1419) mit Wirkung zum **1.7.1999 aufgehoben worden**. Für einzelne Altfälle hat die VO-PR 1/72 scheinbar noch Bedeutung. Zur Rechtslage insoweit verweisen wir auf die 3. Auflage Rdn. 1045 – 1050.

[1265] Das entspricht im Ergebnis uneingeschränkt der **Rechtsprechung des BGH** (vgl. BGH BauR 1996, 382 und dazu Rdn. 1192 und Fn. 1290). Wie hier auch Heiermann/Riedl/Rusam, VOB/B § 2 Rdn. 116 i.V.m. Rdn. 87; Beck'scher VOB-Kommentar/Jagenburg, Teil B § 2 Nr. 6, Rdn. 102; Schumacher, Vergütung, Rdn. 660, 592 (zum Schweizer Recht). Vgl. zum ähnlichen Thema „Vergabegewinn" auch Rdn. 1016.
[1266] Ausnahmen von der Bindung an eine Verlustkalkulation s. Fn. 1263.
[1267] So zutreffend LG Bamberg BauR 1991, 386 zu dem vergleichbaren Fall „überhöhter Eventualpositionen"; der Rechtsstreit ist in 2. Instanz verglichen worden.
Ebenso zutreffend Vygen, BauR 1992, 135, 142; Heiermann/Riedl/Rusam, VOB/A § 9 Rdn. 33. Zur Rechtslage bei Eventualpositionen vgl. Rdn. 592.

12.3 Die Feststellung des Vertragspreisniveaus als Vorbereitung der Berechnung des Preises der modifizierten Leistung

12.3.1 Die Ermittlung der Direkten Kosten

12.3.1.1 Grundsatz und Methode

Bei einer Nachtragskalkulation ist gemäß § 2 Nr. 5, Nr. 6 VOB/B auf die „**Grundlagen der Preisermittlung**" des Vertrages zurückzugreifen unter Berücksichtigung von „Mehr- oder Minderkosten" (Nr. 5) bzw. von „besonderen Kosten" (Nr. 6). Die Preise der modifizierten Leistung – des Nachtrages – müssen soweit wie möglich aus den Kostenelementen der Bausollleistung – der Vertragsleistung – oder, wie wir es hier präzisieren, der **Bezugsleistung** – abgeleitet werden. Diesen Grundsatz haben wir im Einzelnen unter Rdn. 1000 ff. schon erläutert.

1051

Zuerst muss also eine **Basis** ermittelt werden – nämlich eine geeignete **Bezugsleistung** des Angebots-LV. Dieser erste Schritt (vgl. **Abb. 21, S. 434**, Teil I) war bei der Ermittlung der Vergütungsänderung infolge von Mengenänderung „aufgrund vorgefundener Verhältnisse" (§ 2 Nr. 3 VOB/B) nicht erforderlich, weil die Mengenänderung stets eine Position des Auftrags-LV betraf. Anders ausgedrückt: Die betroffene Position war bei Mengenänderungen die „**Bezugsleistung**".
Sodann ist für die Bezugsleistung das **Vertragspreisniveau** festzustellen; dies haben wir unter Rdn. 1002 ff. mit Hilfe von Teil I in **Abb. 21, S. 434** schon eingehend erläutert.
Die Ermittlung des Preises der modifizierten Leistung erfordert sodann zunächst die Dokumentation der Leistungselemente (Schritt 1 in Teil II von **Abb. 21, S. 434**), bevor die Kostenfortschreibung, die Anpassung an das Vertragspreisniveau und die endgültige Preisermittlung erfolgen (Schritt 2 bis 4 in Teil II von **Abb. 21**).
Die einzelnen Schritte sind also bei der Berechnung des Preises von modifizierten Leistungen anders, die prinzipielle Methodik entspricht aber der, die wir schon bei § 2 Nr. 3 VOB/B besprochen haben – oben Rdn. 611 ff.
Bei Mengenänderungen gemäß § 2 Nr. 3 VOB/B – also bei rein quantitativen Veränderungen der Abrechnungsmenge gegenüber der ausgeschriebenen Menge bei gleichbleibendem Bauinhalt – ändern sich die Direkten Kosten zumeist nicht (Ausnahmen siehe Rdn. 557), d. h., es kommt nur auf die Feststellung der einzelnen Deckungsanteile an, um Über- oder Unterdeckungen zu prüfen.
Bei geänderten oder zusätzlichen Leistungen kann sich dagegen im Regelfall der Bauinhalt sowohl qualitativ wie auch quantitativ verändern. Dann sind zumeist die Direkten Kosten unmittelbar betroffen. Also müssen die Direkten Kosten der Bezugsleistung gemäß Angebotskalkulation und gemäß Bezugssystem festgestellt werden, um das Vertragspreisniveau zu ermitteln und um als Basis der Kostenfortschreibung bei der Nachtragskalkulation zu dienen. Demzufolge behandeln **wir nachfolgend, wie** – je nach Art der vorhandenen Unterlagen – die **Direkten Kosten und das Vertragspreisniveau der Bezugsleistung festzustellen sind**.
Der Vollständigkeit halber nochmals, was wir schon unter Rdn. 1004 ff. angesprochen haben: Bei geänderten und zusätzlichen Leistungen ändern sich die Baustellengemeinkosten in ihrer Summe zumeist nicht, d. h., der angebotskalkulierte Betrag und die zugehörige Umlage über die Deckungsanteile bleiben (mit Vorbehalt) gleich, dazu mehr unter Rdn. 1083.
Dagegen ist bei geänderten und zusätzlichen Leistungen darauf zu achten, dass nicht die Deckungsanteile für Allgemeine Geschäftskosten, Wagnis und Gewinn, sondern dass deren

Rdn. 1051   Basis und Methode der Neuberechnung der Vergütung

anteiligen Zuschlagssätze gleich bleiben. Mehrkosten wegen geänderter oder zusätzlicher Leistungen ergeben sich aus zusätzlichem und somit mit Mehrkosten verbundenem Produktionsfaktoreneinsatz; dieser erfordert – wie bei Mengenmehrungen gemäß § 2 Nr. 3 VOB/B (vgl. Rdn. 792) – auch zusätzliche Deckungsanteile.

---

1. Bezugsleistung im Vertrag

Fundamentaushub, LB 002, Pos. 4
(siehe Leistungsverzeichnis Anhang A, Unterlage a1.1, Blatt 2)

2. Bewertungsansatz gemäß Vertrag

In der Angebotskalkulation wurden angesetzt:
(siehe Angebotskalkulation Anhang B, Unterlage g1.1, Blatt 1 und Untetlage g1.2)

Tieflöffelbagger BGL-Nr.: D.1.02.0010 (Hydraulikbagger) + D.1.60.0050 (Tieflöffel 0,05 m³)

- Vorhaltekosten (A+V):   590,73 EUR/Mon. + 11,98 EUR/Mon.   =   602,71 EUR/Mon.
- Reparaturkosten (R):   261,90 EUR/Mon. + 11,80 EUR/Mon.   =   273,70 EUR/Mon.
- Betriebskosten (B):   10 kW x 0,17 l/kWh x 0,80 EUR/l x 1,10   =   1,50 EUR/h
- Leistung (L):   Siehe Anhang B, Unterlage g1.2   =   4,40 m³/h

3. Ermittlungssystem

Es werden angesetzt:
Für die Kosten: BGL, Ausgabe 2001
Für die Leistung: Fleischmann, Hemmerich - Angebotskalkulation mit Richtwerten, 4. Auflage, S. 53

4. Bewertungsansatz gemäß Ermittlungssystem

- Vorhaltekosten (A+V):   845,00 EUR/Mon. + 17,00 EUR/Mon.   =   862,00 EUR/Mon.
- Reparaturkosten (R):   525,00 EUR/Mon. + 23,50 EUR/Mon.   =   548,50 EUR/Mon.
- Betriebskosten (B):   10 kW x 0,17 l/kWh x 0,80 EUR/l x 1,10   =   1,50 EUR/h
- Leistung (L):   ft < 1,25; BK 4-5; QA = 51 x VR = 51 x 0,05 m³   =   2,55 m³/h

5. Vertragspreisniveaufaktor f der Bezugsposition

$$\text{Vertragspreisniveaufaktor } f = \frac{\text{Bewertungsansatz gemäß Vertrag}}{\text{Bewertungsansatz gemäß Ermittlungssystem}}$$

f_{A+V} =   602,71 EUR/Mon. : 862,00 EUR/Mon. = 0,70

f_R =   273,70 EUR/Mon. : 548,50 EUR/Mon. = 0,50

f_B =   1,50 EUR/h : 1,50 EUR/h = 1,00

f_L =   4,40 m³/h : 2,55 m³/h = 1,73

Abbildung 24   Beispiel zur Feststellung des Vertragspreisniveaus einer Bezugsleistung, wenn die Angebots- bzw. Auftragskalkulation sich auf ein Ermittlungssystem bezieht

12.3.1.2 Deterministische Kostenfortschreibung auf der Basis von in der Angebotskalkulation angesprochenen Ermittlungssystemen

Im Vorgriff auf die analoge Kostenfortschreibung in der Nachtragskalkulation ist ein weiterer methodischer Hinweis notwendig, nämlich zur Fortschreibung der Angebotskalkulation.

Das, was als Prinzip logisch und einfach erscheint, ist in der Praxis alles andere als einfach: Man kann nämlich bei geänderten oder zusätzlichen Leistungselementen die Kostenelemente der Angebotskalkulation bei weitem nicht immer ohne weiteres als Basis der Nachtragskalkulation übernehmen. Das geht nur dann, wenn die Angebotskalkulation auf der Basis nachvollziehbarer Ermittlungssysteme durchgeführt worden ist. Dabei kommen als Ermittlungssysteme u. a. in Frage:

– Baugeräteliste (BGL)
– Aufwandswerte aus Leistungslohnvereinbarungen oder Richtwertesammlungen
– Preislisten von Baustoffherstellern und -lieferanten

Ist also z. B. aus der Angebotskalkulation (vgl. Anhang B Unterlage g 1.1) erkennbar, dass die Gerätekosten auf der Basis der Baugeräteliste berechnet worden sind, liegt ein Ermittlungssystem vor, mit Hilfe dessen die Gerätekosten für geänderte oder zusätzliche Leistungen – auch bei Einsatz anderer Geräte – berechnet werden können; dann ist eine „deterministische" Fortschreibung der Gerätekosten der Angebotskalkulation in der Nachtragskalkulation möglich.

Dazu im Vorgriff folgendes Beispiel:
Die Gerätekosten für die Bezugsposition des Fundamentaushubs sind mit den in **Abb. 24**, S. 462 unter 2 aufgeführten Daten angebotskalkuliert worden. Als Ermittlungssystem ist offensichtlich die Baugeräteliste mit prozentualen Abschlägen verwendet worden; für die Geräteleistung setzen wir als Ermittlungssystem die Methodik von Fleischmann/Hemmerich in „Angebotskalkulation mit Richtwerten" an (vgl. Schritt 3 in **Abb. 24**). Daraus ergeben sich die in Schritt 4 aufgeführten Bewertungen der Bezugsleistung und die in Schritt 5 berechneten Vertragspreisniveaufaktoren.
Auf dieser Basis kann dann – vgl. **Abb. 28**, S. 474 – der Preis der modifizierten Leistung fortgeschrieben werden.

12.3.1.3 Erforderlichenfalls: Feststellung von Ermittlungssystemen

In der Regel ist jedoch aus der Angebotskalkulation nicht erkennbar, dass und welche Ermittlungssysteme verwendet worden sind. In solchen Fällen sind für die Bezugspositionen Ermittlungssysteme festzulegen.

Diese Vorgehensweise haben wir schon unter Rdn. 841 bei der Abgrenzung zwischen geänderten und zusätzlichen Leistungen beschrieben. Deshalb nur nochmals die Methodik als solche gemäß **Abb. 21**, S. 434, Teil I, Schritte 3 bis 5:

– Festlegung des Ermittlungssystems für die jeweilige Teilleistung der Bezugsleistung
– Ermittlung der Kosten der Bezugsleistung auf der Basis des festgelegten Ermittlungssystems
– Ermittlung des Vertragspreisniveaus der Teilleistung (Vertragspreisniveaufaktor f) durch Bezugsetzung der Kostenbeträge der Angebotskalkulation und der Bewertung gemäß Ermittlungssystem für Bezugsleistung.

Wird beispielsweise für die Ermittlung des Preises der zusätzlichen Leistung „Magerbetonpolster" unter Fundamenten die Position 2 aus LB 013 (vgl. Anhang A, Unterlage

---

1. Bezugsleistung im Bausoll

Fundamentbeton C20/25, LB 013, Pos.2
(siehe Leistungsverzeichnis Anhang A, Unterlage a1.1, Blatt 2)

2. Bewertungsansätze gemäß Vertrag

In der Angebotskalkulation wurden angesetzt:
(siehe Angebotskalkulation Anhang B, Unterlage h2, Blatt 2)

- Zeitaufwand (Z): 0,70 Ph/m²
- Stoffkosten (S): 85,00 EUR/m²

3. Ermittlungssystem

Es werden angesetzt:

Für den Zeitaufwand: ARH-Tabellen
Für die Stoffkosten: Preislisten des Betonlieferanten

4. Bewertungsansatz gemäß Ermittlungssystem

- Zeitaufwand (Z): Einbau: (B5.213 Zeile 03, 750 l Kübel, unbewehrt)   0,55 Ph/m²
  Abgleichen: (Bei 1,3 m²/m³ und 0,04 Ph/m²)   0,05 Ph/m²
  0,60 Ph/m²

- Stoffkosten (S): C20/25, KR 32   97,96 EUR/m²

5. Vertragspreisniveaufaktor f der Bezugsposition

$$\text{Vertragspreisniveaufaktor } f = \frac{\text{Bewertungsansatz gemäß Vertrag}}{\text{Bewertungsansatz gemäß Ermittlungssystem}}$$

f_z = 0,70 Ph/m² : 0,60 Ph/m² = 1,17
f_s = 85,00 EUR/m² : 97,96 EUR/m² = 0,87

Abbildung 25 Beispiel zur Feststellung des Vertragspreisniveaus einer Bezugsleistung, wenn für die Direkten Kosten auf externe Ermittlungssysteme zurückzugreifen ist

a1.1) Fundamentbeton C 20/25 als Bezugsleistung gewählt (vgl **Abb. 25**, S. 464), so ist aus der Angebotskalkulation (Anhang B, Unterlage h2) nur ersichtlich, dass 0,7 Ph/m³ als Aufwandswert und 85,00 €/m³ für Stoffkosten angesetzt worden sind. Um überhaupt dieses Vertragspreisniveau in der Nachtragskalkulation für das Magerbetonpolster fortschreiben zu können, ist für die **Bezugsleistung** Fundamentbeton C 20/25 eine Bewertung mit Hilfe von Ermittlungssystemen durchzuführen. Für den Zeitaufwand beziehen wir uns auf die ARH-Tabellen, für die Stoffkosten auf die Preisliste des Betonlieferanten (ohne Rabattabzug). Das Vertragspreisniveau wird in Schritt 5 durch Bezugsetzung der Bewertungsansätze gemäß Vertrag und gemäß Ermittlungssystem für die Bezugsposition bestimmt. Die eigentliche Kostenfortschreibung für die modifizierte Leistung ist dann nur noch ein kleiner Schritt – dazu Rdn. 1079.

12.3.1.4 Kostenermittlung unter Heranziehung der Angebotskalkulation als Ganzes – Fortschreibung von Kalkulationspositionen

Jede Kostenermittlung beinhaltet Vereinfachungen. Kosten werden, damit sie überhaupt erfasst sind, zu Kalkulationsposten hinzugerechnet, obwohl sie in vielen Fällen auch anderswo hätten zugeordnet werden können. Deswegen ist es gerade so wichtig, **dass die Kalkulation des Auftragnehmers als Ganzes gesehen und überprüft wird**[1268] **bevor sie als Basis für Nachträge** herangezogen wird. Hierdurch wird gewährleistet, dass
– Unstimmigkeiten in der Kalkulation und gegebenenfalls hiermit verbundene Übervorteilungsversuche entdeckt werden,
– ein in sich stimmiges Kostengefüge entsteht, in dem sich Vorteile bei dem einen Punkt gegen Nachteile bei einen anderen Punkt ausgleichen.[1269]

1055

Zumeist ist die Angebotskalkulation relativ „grob". Dort steht in der Regel je Position nur ein Ansatz je Kostenart.[1270] Bei Positionen, für die es opportun zu sein scheint, werden vorab Kalkulationsvorarbeiten erbracht und dokumentiert.[1271] Wir greifen als Beispiel hierzu auf die schon unter Rdn. 1031 ff. angesprochene Flachdecke in den Kernen aus unserem Projektanhang zurück. Wie schon in **Abb. 23, S. 448**; dokumentiert, wurden die Schalungskosten der Position 9 (3,38 €/m²) in der Angebotskalkulation in Anhang B, Unterlage g 3 vorab ermittelt. Wir hatten schon unter Rdn. 1031 festgestellt, dass dieser Ansatz ein Kalkulationsirrtum ist!

Ordnet also der Auftraggeber nach Auftragserteilung (in den Kernen von Bauwerk A) statt einer Flachdecke eine Balkendecke an, so sind deren Kosten aus den Ansätzen der Angebotskalkulation für die Bezugsleistung der Position 9 fortzuentwickeln. Da dort nur ein Satz Flachdeckenschalung angesetzt worden ist, darf nunmehr für die Nachtragskalkulation ebenfalls nur ein Satz Balkendeckenschalung angesetzt werden.[1272] Daran ändert auch nichts, dass der Kalkulationsfehler später nach Auftragserteilung in der Arbeitskalkulation berichtigt worden ist. Die Arbeitskalkulation ist nur Hilfsmittel zur realistischen Kostenermittlung und -kontrolle; ihr Kostenniveau ist jedoch nicht für die Nachtragskalkulation maßgebend, sondern das der Angebotskalkulation (dazu auch Rdn. 1057).

Nur der Vollständigkeit halber: Auch wenn keine Arbeitskalkulation vorgelegen hätte, hätte eine korrekt durchgeführte plausible Kostenermittlung – z. B. durchgeführt wie die Arbeitskalkulation – ebenfalls ergeben, dass der Ansatz der Angebotskalkulation für die Schalungskosten zu niedrig ist. Auch in diesem Fall hätte dann der Kalkulationsirrtum durch den niedrigen Vertragspreisniveaufaktor für die Schalungskosten (f = angebotskalkulierte Kosten geteilt durch mit Hilfe von Ermittlungssystem korrekt ermittelte Kosten der Bezugsleistung) fortgeschrieben werden müssen.

1056

[1268] Hierzu verweisen wir auf die Arbeit von Drees/Paul, Die Kalkulationsmethoden der Bauindustrie. Dort wird dargelegt, welche unterschiedlichen Einheitspreise bei gleicher Angebotssumme sich in Abhängigkeit vom gewähltem Kalkulationsverfahren ergeben.
[1269] Beispiel: Eine Hochbaustelle mit wenig Baustellengemeinkosten führt zu höheren Einzelkosten, wenn wenige Kräne vorgesehen sind, dadurch aber anderseits Handtransporte mit der Folge Direkter Kosten wegen des Einsatzes kranunabhängiger Schalung usw. notwendig werden.
[1270] Vgl. Anhang B, Unterlage h 2, LB 013, Position 8 und 9.
[1271] Vgl. dazu Rdn. 301 sowie Anhang B, Unterlage g 3 zu den Schalungskosten von Position 9.
[1272] Dieses Thema werden wir noch eingehend in Rdn. 1135 ff. unter Zuhilfenahme von **Abb. 32, S. 505 ff.**; besprechen.

12.3.2 Angebotskalkulation ist hinterlegt oder wird vorgelegt

1057 Ist eine Angebotskalkulation im Zusammenhang mit dem Vertragsschluss beim Auftraggeber hinterlegt worden und ist diese hinsichtlich der Bezugsleistung ausreichend aufgegliedert, sind die Ansätze der Direkten Kosten der Bezugsleistung daraus zu ersehen. Wird beispielsweise für die Ermittlung des Preises der zusätzlichen Leistung „Magerbetonpolster" unter den Fundamenten die Position 2 aus LB 013 (vgl. Anhang A, Unterlage a 1.1) Fundamentbeton C 20/25 als Bezugsposition gewählt, so ist aus der Angebotskalkulation (Anhanb B, Unterlage h 2) nur ersichtlich, dass 0,7 Ph/m^3 als Aufwandswert und 85,00 €/m^3 für Stoffkosten angesetzt worden sind. Um überhaupt dieses Vertragspreisniveau in der Nachtragskalkulation für Magerbetonpolster fortschreiben zu können, ist für die **Bezugsleistung** Fundamentbeton eine Bewertung mit Hilfe von Ermittlungssystemen durchzuführen (vgl. **Abb. 25**, S. 464). Für den Zeitaufwand beziehen wir uns auf die ARH-Tabellen, für die Stoffkosten auf die Preisliste des Betonlieferanten (ohne Rabattabzug).

Das Vertragspreisniveau wird dann in Schritt 5 durch Bezugsetzung der Bewertungsansätze gemäß Vertrag und gemäß Ermittlungssystem für die Bezugsleistung bestimmt. Die eigentliche Kostenfortschreibung ist dann nur noch ein kleiner Schritt – dazu Rdn. 1080.

Dies gilt – wie wir schon oben besprochen haben (Rdn. 1016 ff.) auch für den Fall, dass beim Bauen nicht eigene Mitarbeiter, sondern Nachunternehmer eingesetzt werden (vgl. Rdn. 604), oder dass nicht – wie in der Angebotskalkulation (Anhang B, Unterlage h 2, LB 013, Pos. 7–12) ausgewiesen – eigene Schalung, sondern angemietete Schalung angesetzt wird.

Wenn eine Angebotskalkulation vom Auftragnehmer **nachträglich** vorgelegt wird, aber an ihrer Identität keine Zweifel bestehen, gilt dasselbe.[1273]

12.3.3 Ungegliederte Angebotskalkulation ist hinterlegt oder wird vorgelegt

12.3.3.1 Grundsätzliches, Sonderproblem Mischposition

1058 Sofern nur eine Angebotskalkulation vorliegt, die nicht so aufgegliedert ist, dass sie unmittelbare Schlüsse auf die Einzelansätze für eine Nachtragsposition erlaubt, ist die Bezugsleistung mit Hilfe von Ermittlungssystemen zu bewerten.

1059 Ein entsprechendes Beispiel hierzu haben wir schon unter Rdn. 1054 besprochen (vgl. **Abb. 25**, S. 464). Ausgangspunkt war, dass in der Angebotskalkulation pro Kostenart nur ein einziger Betrag aufgeführt war.

1060 Unabhängig davon ist stets von neuem zu überlegen, wo jeweils die Grenze zwischen der Suche nach Ermittlungssystemen und Schätzungen bzw. plausiblen und angemessenen Ermittlungen (vgl. Rdn. 1028 und **Abb. 22 b**, S. 446) liegen sollte; der Einzelfall und der Einigungswille der Parteien sind hier in der täglichen Baustellenpraxis maßgebend.

Im oben aufgeführten Beispiel aus **Abb. 22 b** sind bei der durchgeführten plausiblen analytischen Ermittlung der einzelnen Unterelemente auch nicht alle Werte im Einzelnen „nachweislich" belegt; der Ansatz für Kleinteile beinhaltet kurz und knapp einen „Erfahrungswert" in Höhe von 20,00 €/Fertigteil. Das Prinzip der determinierten Fortschrei-

---

[1273] Zur Problematik nachgereichter Angebotskalkulation und der Darlegungs- und Beweispflicht des Auftragnehmers in diesem Zusammenhang s. unten Rdn. 1115 unter Verweis auf Rdn. 618 ff.

Konkrete Ermittlung des Vertragspreisniveaus   Rdn. 1061

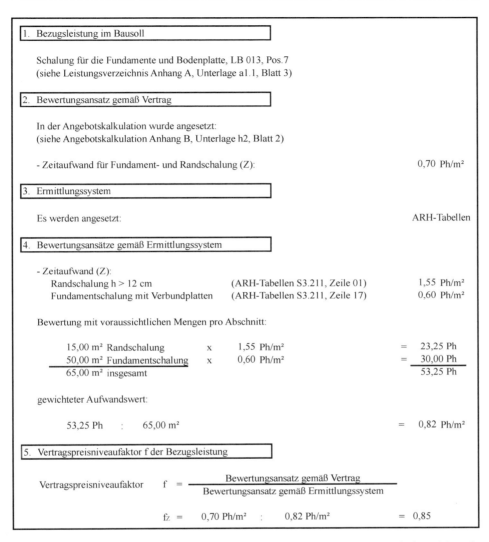

Abbildung 26   Beispiel zur Feststellung des Vertragspreisniveaus einer Mischposition als Bezugsleistung

bung aus den Vertragspreisen bzw. aus der Angebotskalkulation zur Ermittlung des Preises der modifizierten Leistung wird dadurch nicht unterlaufen, sondern nur in problematischen Fällen auf das Mögliche und wirtschaftlich Sinnvolle eingeschränkt.

Für die Durchführung der Feststellung bzw. Festlegung von Ermittlungssystemen spielt es auch keine Rolle, ob „normale" Positionen oder **Mischpositionen** vorliegen.
Beispiel: LB 013, Pos. 7 umfasst Schalung für Fundamente und für Bodenplatten (vgl. **Abb. 26**, S. 467). Nach der Auftragserteilung ordnete der Bauherr **Fugen in den Bodenplatten** an; nächstliegende Bezugsleistung ist Pos. 7. Für sie liegen nur zwei Kostenaussagen in der Angebotskalkulation vor: Zeitaufwand 0,7 Ph/m² und Schalungskosten 3,10 €/m².

Erfahrungsgemäß ist die Erstellung von Randschalung für Bodenplatten, bezogen auf die m²-Schalfläche aufwendiger ist als das Einschalen von Fundamenten mit Verbundplatten o. ä.; das hatten wir schon durch die beiden AK-Positionen 7a und 7b in der Arbeitskalkulation berücksichtigt (vgl. Anhang D 2, Unterlage h 2). **Abb. 26**, S. 467 zeigt den Weg zur Feststellung des Vertragspreisniveaus der beiden Leistungselemente Randschalung und Fundamentschalung der Mischposition 7 gemäß der Methodik von **Abb. 21**, S. 434, Teil I. Es wird zunächst ein Ermittlungssystem für den Zeitaufwand festgelegt (Schritt 3); die dem Ermittlungssystem entnommenen Aufwandswerte für Randschalung und Fundamentschalung werden mit ihren voraussichtlich anfallenden Schalungsflächen pro Abschnitt multipliziert, die Ergebnisse dieser Multiplikation werden addiert (Ergebnis: 53,25 Ph) und dann durch die Gesamtschalfläche dividiert. Das ergibt den voraussichtlich anfallenden gewichteten Mittelwert für den Zeitaufwand pro m² Schalfläche der Mischposition, nämlich 0,82 Ph/m².

Setzen wir diesen auf der Basis des Ermittlungssystems und mit Hilfe der voraussichtlichen Mengen ermittelten Aufwandswert in Relation zum angebotskalkulierten Aufwandswert, so erhalten wir den Vertragspreisniveaufaktor für den Zeitaufwand der Bezugsleistung, nämlich 0,85.

12.3.3.2 Aufgliederung ist erst in der Arbeitskalkulation erfolgt

1062   Sofern für eine Bezugsleistung nur die Arbeitskalkulation ausreichend aufgegliedert vorliegt und ein nachvollziehbares Ermittlungssystem dafür fertiggestellt werden kann, kann und sollte auf dieses Ermittlungssystem zurückgegriffen werden. Das hat aber nichts damit zu tun, dass die Arbeitskalkulation für die Nachtragskalkulation maßgebend ist. Es geht nur darum, dass eine vom Auftragnehmer verwendete Ermittlungssystematik frei gegriffenen vorzuziehen ist.
Einwendungen, die darauf abzielen, gerade erst die Arbeitskalkulation werde den tatsächlichen Kostengegebenheiten gerecht, sind zwar richtig. Sie übersehen jedoch, dass die Kostenvorgaben der Arbeitskalkulation der internen und realistischen Kostenkontrolle dienen, wohingegen es gemäß § 2 Nr. 5 und 6 VOB/B bei geänderten und zusätzlichen Leistungen nicht auf realistische Kostenvorgabe, sondern auf die Angebotskalkulation als Ausgangspunkt für die Ermittlung des Vertragspreises ankommt.

1063   Hierzu ein Beispiel aus dem Projektanhang: LB 13 Pos. 8, Wandschalung. Beauftragt waren durch Leistungsverzeichnis und Angebotspläne 3,45 m hohe Treppenhauswände. In der Angebotskalkulation werden in Anhang B, Unterlage h2, nur die beiden Werte 0,40 Ph/m² Zeitaufwand und 6,15 €/m² Schalungskosten ausgewiesen (vgl. **Abb. 27**, S. 469). Die undifferenziert aufgestellte Angebotskalkulation macht also keine Angaben zu Kostenermittlungssystemen, wohl aber die später erstellte differenzierte Arbeitsvorbereitung und Arbeitskalkulation. Aus ihren Unterlagen ist ersichtlich, dass

– der Zeitaufwand mit 0,47 Ph/m² angesetzt worden ist (Anhang D 1, Unterlage g 2, Bl. 1),
– die Schalungskosten auf der Basis des Ermittlungssystems Elemente und Preise der Fa. DOKA differenziert ermittelt worden sind (Anhang D 2, Unterlage g 3, Bl. 1 bis 3).

Die in der differenzierten Arbeitsvorbereitung verwendeten Ermittlungssysteme erlauben es nicht, den Zeitaufwand in Abhängigkeit von Wandhöhe und Wandaufbau zu bestimmen. Deshalb wird in **Abb. 27**, S. 469, Schritt 3 und 4 für den Zeitaufwand auf die Fachliteratur zurückgegriffen. Hierzu verweisen wir auf Anhang E, Unterlage r 2, die in Ab-

Konkrete Ermittlung des Vertragspreisniveaus   Rdn. 1063

| 1. Bezugsleistung im Bausoll |

LB 013 Pos.8 Schalung der Kernwände
(siehe Leistungsverzeichnis Anhang A, Unterlage a1.1, Blatt 3)

| 2. Bewertungsansatz gemäß Vertrag |

In der Angebotskalkulation wurden angesetzt:
(siehe Angebotskalkulation Anhang B, Unterlage h2, Blatt 2)
- Zeitaufwand (Z):   0,70 Ph/m²
- Schalungskosten (Sch):   6,15 EUR/m²

| 3. Ermittlungssystem |

Es werden angesetzt:
Für den Zeitaufwand: Hoffmann, Schalungstechnik mit System
Für die Arbeitsvorbereitung und -kalkulation
der Schalungskosten: DOKA Schalungssysteme

| 4. Bewertungsansätze gemäß Ermittlungssystem |

- Zeitaufwand (Z):

Nach Hoffmann sind zeitaufwandbestimmend:
1. die mittlere Rahmenbreite (Abb. 2, S.100)
2. die Wandhöhe (Abb. 2, S.150, hier in Anhang E, Unterlage r2 Blatt 2)
3. der Anteil an Aussparungen (Tab. 2, S.86)

1. mittlere Rahmenbreite $= \dfrac{\text{Wandlänge in m}}{\text{Anzahl aller Tafel- und Paßteile}}$

Wandumfang   = 2 x 11,0 + 2 x 11,20 + 7,50 + 7,10 = 59,00 m
Anzahl aller Tafel- / Paßteile (Anh. D1, Unterl. g3, Bl. 1) = 84,00 St.
Mittlere Rahmenbreite = 59,00 m   :   84,00 St.   =   0,70 m/St.
Mittlere Rahmenbreite = 0,70 m/St.   => AW gemäß Hoffmann S.100   = 0,30 Ph/m²

2. Wandhöhe   = 3,45 m
   Tafelhöhe   = 2,70 m.   => Aufsatzelement von 0,75 m
   Zulage für Aufsatzstück von 0,75 m nach Hoffman, S.150   = 0,26 Ph/m²

3. Anteil der Aussparungen über alle Schalarbeiten n. Hoffmann S.86 =   4 %
   Anteil der Aussparungen über alle Schalarbeiten n. Hoffmann S.86 = 43,00 %
   => Anteil für Aussparungen in Wänden = 4 % x 43%   = 1,70 %
   => Zulage für Aussparungen   = 0,01 Ph/m²

- Zeitaufwand (Z):   (Gesamtzeitaufwand)   0,57 Ph/m²
- Schalungskosten (Sch):   5,01 EUR/m²
  (Inkl. Transport, Auf- und Abladen sowie Kleinteile und Öffnungen
  siehe Anhang D2, Unterlage g3, Blatt 2)

| 5. Vertragspreisniveaufaktor f der Bezugsposition |

Vertragspreisniveaufaktor $f = \dfrac{\text{Bewertungsansatz gemäß Vertrag}}{\text{Bewertungsansatz gemäß Ermittlungssystem}}$

f_z = 0,40 Ph/m²   : 0,57 Ph/m²   = 0,70
f_{Sch} = 6,15 EUR/m² : 5,01 EUR/m²   = 1,22

Abbildung 27   Beispiel zur Feststellung des Vertragspreisniveaus einer Bezugsleistung bei wenig aussagefähiger Auftrags- bzw. Angebotskalkulation, jedoch differenzierter Arbeitskalkulation

hängigkeit von der mittleren Breite der Schalungselemente Parameter zur Berechnung des Zeitaufwandes aufgeführt; im vorliegenden Fall führen sie für die für das Bausoll vorgegebenen mittlere Rahmenbreite von 0,70 m zum Aufwandswert 0,30 Ph/m². Dazu kommen noch gemäß den hier nicht vorgestellten weiteren Ermittlungssystemen für die Wandhöhe (hier: 3,45 m) 0,26 Ph/m² und für die Aussparungen 0,01 Ph/m², so dass sich ein konkreter Aufwandswert von 0,57 Ph/m² für das Schalen der Bausollleistung ergibt.

Im fünften Schritt werden sodann die Vertragspreisniveaufaktoren ermittelt:

– Für den Zeitaufwand durch Inbezugsetzen des angebotskalkulierten Wertes zu dem Wert, der sich aus dem Ermittlungssystem ergibt;
– für die Schalungskosten der sich aus dem Ermittlungssystem DOKA ergebende Betrag der Arbeitskalkulation (5,01 €/m²), gegenübergestellt dem angebotskalkulierten Wert (6,15 €/m²).

12.3.3.3 Aufgliederung in EP-Anteile vorhanden (z. B. EFB-Preis 2)

1064 Wir haben schon vorab in **Abb. 19**, S. 265 eine EP-Aufteilung kennengelernt. Damals handelte es sich um das vom öffentlichen Auftraggeber oft vorgegebene Formular EFB-Preis 2, durch das die Bieter aufgefordert werden, die Einheitspreise vorgegebener Positionen in ihre EP-Anteile aufzugliedern.
Für unser Beispielprojekt sind im Leistungsverzeichnis (Anhang A, Unterlage a 1.1) nur zwei EP-Anteile pro Position vorgegeben und in Anhang C, Unterlage n eingetragen worden.

1065 Inwieweit können die EP-Anteile bei der Vertragspreisniveaufeststellung dienlich sein?

Wir können pro EP-Anteil mit Hilfe von Ermittlungssystemen eine Bewertung durchführen und durch Inbezugsetzung mit dem jeweiligen Wert pro EP-Anteil das entsprechende Vertragspreisniveau ermitteln.

Zur Veranschaulichung greifen wir auf das Mauerwerksbeispiel aus Rdn. 841 zurück und ergänzen es für 2-DF-Format wie folgt:
Einheitspreis: 354,00 €/m³
Lohnanteil: 200,00 €/m³
Sonstiges: 154,00 €/m³
Es liegt keine Angebotskalkulation vor.
Setzen wir für den Lohnanteil Werte des Ermittlungssystems der ARH-Tabellen an, so können wir, ohne überhaupt einen Mittellohn bestimmen zu müssen, wie folgt rechnen:

Vertragspreisniveau EP-Anteil Lohn (Mauerwerk 2 DF)

$$f_i = \frac{\text{EP-Lohnanteil}}{\text{Richtwert ARH-Tabelle}} = \frac{200{,}00\ \text{€/m}^3}{5{,}20\ \text{Ph/m}^3} = 38{,}46\ \text{€/Ph}$$

1066 Für die **sonstigen Kosten** ergibt sich auf der Basis des Ermittlungssystems einer Preisliste von Lieferanten:

Steine gemäß Preisliste	98,00 €/m³
Mörtelkosten 210 l/m³ · 0,15 €/l	31,50 €/m³
	129,50 €/m³

Konkrete Ermittlung des Vertragspreisniveaus Rdn. 1067, 1068

Vertragspreisniveau EP-Anteil Sonstiges

$$f_S = \frac{\text{EP-Anteil Sonstiges}}{\text{Kosten für Sonstiges gemäß Ermittlungssystem}} = \frac{154{,}00\ \text{€}/m^3}{129{,}50\ \text{€}/m^3} = 1{,}19$$

12.3.3.4 Aufgliederung lediglich durch Ausweis von Umlagebeträgen bzw. -prozentsätzen

Bei geänderten Mengen war es bei der Berechnung des neuen Einheitspreises nach § 2 Nr. 3 VOB/B dann, wenn keine Angebotskalkulation vorlag, hilfreich, wenn wenigstens eine Aufgliederung der Angebotssumme vorhanden war (z. B. gemäß den Formblättern des Bundes EFB-Preis, **Abb. 14**, S. 196 und **Abb. 15**, S. 204) Dort sind Umlagen bzw. Zuschlagssätze ausgewiesen. Ebenso ist in diesen Unterlagen ein Nachweis über die Zusammensetzung einzelner Kalkulationselemente aufgeführt (z. B. der Mittellohn). Auf dieser Basis war es im Ergebnis möglich, die Unter- bzw. Überdeckung der Deckungsanteile festzustellen, die erst eine Berechnung nach § 2 Nr. 3 VOB/B erlaubt, Einzelheiten oben Rdn. 616 ff. 1067

Bei der Vergütung geänderter oder zusätzlicher Leistungen kommt es, wie erwähnt, dagegen zunächst auf die **detaillierte Zusammensetzung der Direkten Kosten** und das Vertragspreisniveau der „Bezugsleistung" an. Darüber sagt eine Aufgliederung der Angebotssumme nichts aus. Deshalb hilft sie hier auch – bis auf die Angabe der kalkulierten Zuschläge – nicht weiter, es gelten also dann, wenn die Angebotssumme nur im vorgenannten Sinne aufgegliedert ist, dieselben Grundsätze wie bei der nachfolgenden Rdn. 1068.

12.3.4 Angebotskalkulation und EP-Aufgliederung nicht vorhanden – Vertragspreisniveaufeststellung

Sofern bis auf den Einheitspreis keine weiteren Angaben über die Kosten- und Preiselemente vorliegen, bedarf es auf jeden Fall, damit der Preis der modifizierten Leistung auf dem Vertragspreisniveau der zugehörigen Bezugsposition liegen kann, einer Bewertung der Bezugsleistung mit einem (oder mehreren) Ermittlungssystem(en)[1274] hinsichtlich der **Direkten Kosten**. 1068

Knüpfen wir nochmals an das Beispiel aus Rdn. 841, das wir unter Rdn. 1065 wieder aufgegriffen haben, an, so ist in dem Fall, dass nur der Vertragspreis in Höhe von 354,00 €/m³ für 2 DF-Mauerwerk vorliegt, genauso wie unter Rdn. 1065 ff. dargestellt, eine Bewertung der Vertragsleistung mit Ermittlungssystemen und eine Vertragspreisniveaufeststellung durchzuführen. Sie führt auf der Basis der Ermittlungssysteme ARH-Tabellen, aktuelle Lohntarife und Preislisten der Lieferanten zu folgendem Ergebnis:

Lohnkosten:	5,20 Ph/m³ · 40,00 €/Ph =	208,00 €/m³
Stoffkosten:	Steine	98,00 €/m³
	Mörtel: 210 l/m³ · 0,15 €/l =	31,50 €/m³
Direkte Kosten:		337,50 €/m³

[1274] **Zur Darlegungs- und Beweislast** s. unten Rdn. 1114 ff.

Vertragspreisniveau:

$$f_p = \frac{\text{Einheitspreis}}{\text{plausible Kosten}} = \frac{354{,}00\ \text{€/m}^3}{337{,}50\ \text{€/m}^3} = 1{,}05$$

1069 Wir haben schon unter Rdn. 1004 besprochen, dass der Deckungsstand für **Baustellengemeinkosten, Allgemeine Geschäftskosten und Gewinn zumindest erhalten bleiben muss.**
Um das zu ermöglichen, muss man auch die angebotskalkulierten Zuschlagssätze kennen. Was bedeutet das für den Fall, dass keine Angebotskalkulation vorliegt? Müssen jetzt die Zuschlagssätze bestimmt werden? Grundsätzlich ja! Aber wie? Im Rahmen des § 2 Nr. 3 VOB/B haben wir das Problem unter Rdn. 618 behandelt.

Hier ist demgegenüber folgende Problematik zu beachten: Bei fehlender Angebotskalkulation gibt es nur einen feststehenden Einheitspreis; werden ihm auf der Basis von Ermittlungssystemen ermittelte Einzelkosten der Teilleistungen (Direkte Kosten) gegenübergestellt, so ergibt sich folgerichtig ein Zuschlag – wenn nicht sogar ein Abschlag, um zum vorgegebenen Einheitspreis zu kommen und umgekehrt. Anders ausgedrückt: „Vorteile" auf der einen Seite (z. B. hohe Umlage- bzw. Zuschlagssätze) führen zwangsläufig zu „Nachteilen" auf der anderen Seite (z. B. „niedrige" Direkte Kosten). Setzt man nun nach der Ermittlung der Einzelkosten der Teilleistungen (Direkte Kosten) einer Bezugsleistung auf der Basis von Ermittlungssystemen noch (geschätzte) Zuschlagssätze an, so wird sich in der Regel nicht der vertraglich vereinbarte Einheitspreis ergeben.

1070 Somit erhebt sich die Frage, ob es nicht einen **einfachen und unproblematischen Weg** gibt, um bei Nichtvorliegen einer Angebotskalkulation trotzdem das Vertragspreisniveau zu bestimmen. Hierzu folgende Überlegung: Durch die Inbezugsetzung der mit Hilfe von Ermittlungssystemen berechneten Direkten Kosten einer Bezugsleistung zu ihrem vertraglich vereinbarten Einheitspreis kann im Extremfall ausgesagt werden,

a) was als Zuschlag auf die mit Hilfe des Ermittlungssystems berechneten Direkten Kosten aufzuschlagen ist, um zum vereinbarten Einheitspreis zu kommen, und

b) um so viel – den Zuschlag außer acht gelassen – ist der Einheitspreis höher als die vorab ermittelten Direkten Kosten.

Anders ausgedrückt: Der Vertragspreisniveaufaktor beinhaltet zwei Einflussgrößen:
α) die Zuschläge für Deckungsanteile und
β) den Vertragspreiskostenniveauunterschied zwischen den mit Hilfe der Ermittlungssysteme berechneten Direkten Kosten und der unbekannten, zum Einheitspreis führenden Angebotskalkulation.

Wie hoch der jeweilige einzelne Anteil ist, ist unbekannt; die Gesamtauswirkung beider Einflussgrößen ist bekannt, nämlich in Gestalt des Vertragspreisniveaufaktors.

1071 Praktisch bedeutet das, dass wir uns bei Nichtvorliegen einer Angebotskalkulation die Ermittlung der Zuschlagssätze beim Ansetzen des Vertragspreisniveaufaktors ersparen können. Der Vertragspreisniveaufaktor beinhaltet sowohl den Zuschlag auf die Einzelkosten der Teilleistungen (Direkten Kosten) wie auch die Vertragspreisniveauunterschiede zwischen den auf der Basis von Ermittlungssystemen ermittelten und den angebotskalkulierten Einzelkosten der Teilleistungen der Bezugsposition.

1072 Hierzu verweisen wir als Beispiel auf **Abb. 22 a**, S. 444. Bekannt ist als Ausgangsbasis nur der Nachunternehmerpreis 721,27 € pro Fertigteiltreppe. Setzt man dann diesen Betrag der Bewertung des Bausolls durch ein Ermittlungssystem (812,00 €/St.) gegenüber, so ergibt sich entsprechend der Vertragspreisniveaufaktor f = 0,89. Er beinhaltet:

a) die Zuschläge des Nachunternehmers,
b) den Vertragspreisniveauunterschied zwischen der Bewertung mit einem Ermittlungssystem und dem Einheitspreis des Nachunternehmers.

Wie groß die Anteile für a und b sind, spielt für die Fortschreibung des Vertragspreisniveaus keine Rolle, d. h., bei Kenntnis des Vertragspreisniveaufaktors ist die Frage nach den Zuschlagsätzen implizit gelöst.
Nur der Vollständigkeit halber: Abb. 22b enthält ein Beispiel für den Fall, dass kein Ermittlungssystem entsprechende Werte für die Bezugsleistung beinhaltet und deren Bewertung analytisch (plausibel) erfolgen muss.

Durch die positionsweise Ermittlung des Vertragspreisniveaus wird auch ein anderes, manchmal auftretendes Problem gelöst: Welche Zuschlagsätze sind im Einzelfall anzusetzen, wenn (angeblich) pro Position unterschiedlich hohe Zuschläge verwendet worden sind? Wird nämlich der Vertragspreisniveaufaktor ermittelt, beinhaltet er alles; eine Diskussion über unterschiedliche Zuschläge ist dann fruchtlos und unnötig. 1073

12.4 Die Berechnung der neuen Vergütung (Nachtragskalkulation)

12.4.1 Prinzip 1: (Analoge) Fortschreibung der Angebotskalkulation

12.4.1.1 *Idealfall: Angebotskalkulation mit erkennbarem Ermittlungssystem*

Noch einmal der Grundsatz: 1074
„Frei gestaltete" Nachtragskalkulationen sind unzulässig. Die neuen Preise für die geänderte oder zusätzliche Leistung gemäß § 2 Nr. 5 und 6 VOB/B müssen sich vielmehr ergeben „nach den Grundlagen der Preisermittlung" – Einzelheiten oben Rdn. 1000 ff. – unter „Berücksichtigung von Mehr- und Minderkosten". Das heißt: Ausgangspunkt der Nachtragskalkulation sind **ausschließlich** die **kalkulierten** Kosten und/oder das Vertragspreisniveau der Bezugsleistung, keine „Billigkeitsbestimmung" nach § 315 BGB, siehe oben Rdn. 1000. Wie diese festzustellen sind, haben wir gerade unter Rdn. 1051 ff. erörtert.

Das Vertragspreisniveau ist in der Nachtragskalkulation zur Feststellung des Preises der geänderten oder zusätzlichen Leistungen zu verwenden.

Das **Kalkulationsgefüge** der Angebotskalkulation muss – generell und bezogen auf die 1075
direkten Kosten der Bezugsleistung – auch in der Nachtragskalkulation **erhalten bleiben** bzw. in die Nachtragskalkulation übernommen werden. Die **analoge Fortschreibung** des Vertragspreisniveaus der Bezugsleistung erfolgt im einfachsten Fall **durch Übernahme der Kostenansätze** für unveränderte Leistungselemente. Für neue bzw. modifizierte Leistungselemente sind entsprechende Kosten – soweit das geht – aus dem jeweiligen Ermittlungssystem zu entnehmen, also systemgerecht „fortzuschreiben".

Rdn. 1075   Basis und Methode der Neuberechnung der Vergütung

---

| 1. Dokumentation der modifizierten Leistung |

Zusätzliche Leistung: Baggeraushub für ein Untergeschoß, LB 002, Pos.4.2
                         479 m³ Baugrubenaushub, Tiefe bis yu 3,00 m, BK 4 u. 5, Aushub seitlich lagern
Bezugsleistung: LB 002, Pos.4 (vgl.Abb.24)

| 2. Bewertungsfortschreibung |

Direkte Kosten:

gewähltes Gerät: Tieflöffelbagger BGL-Nr.: D.1.02.0050 (Hydraulikbagger) +
                   D.1.60.0250 (Tieflöffel 0,25 m³) (nach BGL, Ausgabe 2001)

Geräteleistung: $Q_A = 65 \times V_R$ = $65 \times 0,25$ m³   =   16,25 m³/h
                       (Fleischmann,Hemmerich - Angebotskalkulation mit Richtwerten, 4. Auflage, S. 53)

Gerätekosten: (nach BGL, Ausgabe 2001)   A+V: R:

                 Grundgerät: 1.840,00 EUR/Mon.   1.470,00 EUR/Mon.
                 Tieflöffel: 36,50 EUR/Mon.   55,50 EUR/Mon.
                                                           1.876,50 EUR/Mon.   1.525,50 EUR/Mon.

| 3. Anpassung an das Vertragspreisniveau |

- Geräteleistung: (1,73 nach Abb.24)   16,25 m³/h   x   1,73 =   28,11 m³/h
- Gerätekosten:
     A+V: (0,70 nach Abb.24)   1.876,50 EUR/Mon.   x   0,70 = 1.313,55 EUR/Mon.
     R: (0,50 nach Abb.24)   1.525,50 EUR/Mon.   x   0,50 =   762,75 EUR/Mon.

     Pro Betriebsstunde:
         A,V+R: (1.313,55 EUR/Mon. + 762,75 EUR/Mon.) : 170,00 h/Mon. =   12,21 EUR/h
         Betriebskosten: 50 kW   x   0,17 l/kWh   x   0,80 EUR/l   x   1,10 =   7,48 EUR/h
         Gerätekosten insgesamt: 19,69 EUR/h

     Leistungsbezogene Gerätekosten: 19,69 EUR/h :   28,11 m³/h =   0,70 EUR/m³

     An- und Abtransport: geschätzt,   52,00 EUR   :   479,00 m³   =   0,11 EUR/m³
                                    umgerechnet auf 1 m³
                                    (mit eigenen Fahrzeugen)

- Lohnkosten:

     Geräteführer und Hilfskraft: 2,00 Ph/h x 29,70 EUR/Ph :   28,11 m³/h =   2,11 EUR/m³
                                                 (ML siehe Anhang B, Unterlage h1)

Direkte Kosten pro m³ (insgesamt):   2,92 EUR/m³

| 4. Anpassung an das Vertragspreisniveau |

Zuschlag auf Basis I (Lohn- und Gerätekosten)   59,10% =   1,73 EUR/m³

Einheitspreis LB 002, Pos.4.2:   **4,65 EUR/m³**

Abbildung 28   Beispiel zur Ermittlung des Preises einer modifizierten Leistung bei Angebots- bzw. Auftragskalkulation mit erkennbaren Ermittlungssystemen (vgl. Abb. 24, S. 474)

Berechnung der neuen Vergütung (Nachtragskalkulation) Rdn. 1076–1079

Sind z. B. in der Angebotskalkulation die Gerätekosten der Bezugsleistung auf der Basis der Baugeräteliste ermittelt worden, so sind auch die Gerätekosten der Nachtragskalkulation auf dieser Basis zu ermitteln. Ist in der Angebotskalkulation für die Bezugsleistung für die Vorhaltekosten in Schritt 5 ein Vertragspreisniveaufaktor festgestellt worden, so ist dieser Faktor auch in die Nachtragskalkulation zu übernehmen (vgl. **Abb. 28**, S. 474, Schritt 2). 1076

Wollen wir also für die Ermittlung der Kosten des Baggeraushubs für ein zusätzliches Untergeschoss das Vertragspreisniveau der Angebotskalkulation für Fundamentaushub mit Tieflöffelbagger (vgl. **Abb. 24**, S. 462) fortschreiben,[1275] so ist der in der **Abb. 28** dargestellte Weg der **Kostenfortschreibung** zu beschreiben, also: 1077

- Dokumentation der modifizierten Leistung
- Kostenfortschreibung mit Hilfe der in **Abb. 24**, Schritt 3, angesetzten Ermittlungssysteme
- Anpassung der ermittelten Direkten Kosten an das Vertragspreisniveau
- Beaufschlagung der angesetzten Direkten Kosten mit dem Zuschlagsatz der Angebotskalkulation

12.4.1.2 Standardfall: Kostenfortschreibung auf der Basis eines Ermittlungssystems

Unter Rdn. 1054 haben wir schon darauf hingewiesen, dass sich für die meisten Elemente der modifizierten Leistungen die Direkten Kosten nicht unmittelbar aus der Angebotskalkulation entnehmen lassen. Dazu kommt, dass oft keine Angebotskalkulation vorliegt. Wir haben unter Rdn. 1054 für all diese Fälle stets denselben Ausweg gefunden: Die Bewertung der Bezugsleistung unter Verwendung von Ermittlungssystemen und die Feststellung des Vertragspreisniveaus (vgl. **Abb. 21**, S. 434, Teil I). Die Kostenansätze für die neuen Elemente der modifizierten Leistung sind dann ebenfalls einem Ermittlungssystem zu entnehmen und anschließend auf das Vertragspreisniveau zu bringen. 1078

Wir können das an unserem Mauerwerksbeispiel aus Rdn. 841 erläutern. Damals hatten wir für die Vertragsleistung 2-DF-Mauerwerk als Ermittlungssystem für den Zeitaufwand die ARH-Tabellen herangezogen und als Niveaufaktor 0,96 ermittelt. Die Kostenfortschreibung für die modifizierte Leistung „NF-Mauerwerk" übernimmt aus der Angebotskalkulation den Mittellohn, aus dem Ermittlungssystem ARH-Tabellen den zugehörigen Aufwandswert und außerdem den Niveaufaktor f zur Fortschreibung des Vertragspreisniveaus im Einzelnen wie folgt:
– Aufwandswert ARH-Tabelle für NF: 5,95 Ph/m^3
– Vertragspreisniveaufortschreibung: 5,95 Ph/m^3 · 0,96 = 5,71 Ph/m^3
– Lohnkosten: 5,71 Ph/m^3 · 40,00 €/Ph = 228,40 €/m^3

Dementsprechend ist die Kostenfortschreibung für die zusätzliche Leistung „Magerbetonpolster" (vgl. **Abb. 29**, S. 477) auf der Basis der Bezugsposition 2 (vgl. **Abb. 25**, S. 464) wie folgt durchzuführen; die Kostenermittlung der modifizierten Leistung dazu haben wir schon unter Rdn. 1054 angesprochen; sie läuft wie folgt ab: 1079
1. Dokumentation der modifizierten Leistung.
2. Kostenfortschreibung auf der Basis der vorab **in Abb. 25** angesetzten Ermittlungssysteme.
3. Anpassung an das Vertragspreisniveau.
4. Preisermittlung durch Beaufschlagung der fortgeschriebenen Kosten mit den unveränderten Zuschlagsätzen der Angebotskalkulation – vgl. Rdn. 1083.

[1275] Beispiel aus Anhang E, LB 002, Pos. 4.2.

1080 Als Beispiel für eine unmittelbare Preisfortschreibung (ohne zwischenzeitliche Kostenermittlung und -fortschreibung) auf der Basis eines Ermittlungssystems verweisen wir auf das schon unter Rdn. 1026 besprochene Beispiel von **Abb. 22a**, S. 444. Für die Bausollleistung wird in Teil I zunächst in Schritt 1 eine Bezugsleistung, in Schritt 3 ein Ermittlungssystem gesucht und in Schritt 5 das Vertragspreisniveau ermittelt. In Teil II wird dann in Schritt 2 mit Hilfe des Ermittlungssystems eine Preisfortschreibung und in Schritt 3 eine Anpassung an das Vertragspreisniveau vorgenommen.

12.4.1.3 Schätzungen, insbesondere zur Vereinfachung der Berechnung bei zusätzlichen Leistungen

1081 Für manche Elemente einer Bezugsleistung und/oder einer modifizierten Leistung lassen sich die Kosten nicht aus Ermittlungssystemen entnehmen; dies gilt insbesondere für **zusätzliche Leistungen**.
Obwohl wir das Thema „Zusätzliche Leistungen ohne Bezugsleistung" im Rahmen der Gegenüberstellung von geänderten und zusätzlichen Leistungen noch **eingehend behandeln werden** (vgl. Rdn. 1105 ff.), **weisen wir schon jetzt darauf hin,** dass es für weniger bedeutende Kostenansätze auch bei zusätzlichen Leistungen und dann, wenn die Findung eines Ermittlungssystems besonders großen Aufwand verursacht, sinnvoll sein kann, sich mit Schätzungen oder Erfahrungswerten zu begnügen (zu Schätzungen allgemein Rdn. 1130). Es geht nicht um „Billigkeitsbestimmung" gemäß § 315 BGB, sondern um Nutzung der gesetzlichen Schätzungsmöglichkeit des § 287 ZPO.[1276]

1082 Als Beispiel hierzu verweisen wir auf **Abb. 28**, S. 474; dort haben wir – wegen des so oder so relativ geringen Betrages – die Kosten des An- und Abtransportes des zusätzlich erforderlichen Baggers (vorletzter Posten unter 3.) nur geschätzt.

12.4.2 Prinzip 2: Übernahme der Zuschläge aus der Angebotskalkulation

12.4.2.1 Standardfall

1083 Die sich aus der Kostenfortschreibung ergebenden Direkten Kosten der modifizierten Leistung werden jedenfalls mit Deckungsanteilen für
– Allgemeine Geschäftskosten
– Wagnis
– und Gewinn
beaufschlagt. Hierzu verweisen auf Rdn. 1004 ff. und 1011. Nochmals halten wir fest, dass es sicher am einfachsten ist, zunächst alle Zuschläge der Angebotskalkulation – also auch den Deckungsanteil für Baustellengemeinkosten – in die Nachtragskalkulation einzubeziehen und erst im nachhinein vor Einreichung der Schlussrechnung zu prüfen, ob der angebotskalkulierte Deckungsstand über- oder unterschritten ist (vgl. Rdn.1007 und 1011). Dementsprechend können dann diejenigen Maßnahmen ergriffen werden, die wir schon bei der Behandlung des § 2 Nr. 3 VOB/B unter Rdn. 626 ff. (u. a. auch in den **Abb. 18**, S. 260 und **16**, S. 254) vorgetragen haben.

[1276] Zutreffend Staudinger/Peters, BGB § 632, Rdn. 68; vgl. auch oben Rdn. 1000.

Berechnung der neuen Vergütung (Nachtragskalkulation) Rdn. 1083

1 Dokumentation der modifizierten Leistung				
Zusätzliche Leistung: Magerbetonpolster, LB 013, Pos.2.1				
	Unbewehrter statt bewehrter Beton, C12/15 statt C20/25			
Bezugsleistung:	LB 013, Pos.2 (vgl.Abb.25)			

2. Bewertungsfortschreibung

- Lohnkosten: nach ARH-Tabellen, B.5.213 Zeile 3, 750 l Kübel unbewehrt

  Einbau: =   0,50 Ph/m³

  Abgleichen: 0,04 Ph/m²   :   0,40 m³/m² =   0,10 Ph/m³

                                                        0,60 Ph/m³

  =>   29,70 EUR/Ph   x   0,60 Ph/m³ =   17,82 EUR/m³
                (ML in EUR/Ph nach Anhang B, Unterlage h1)

- Stoffkosten: Preislisten des Betonlieferanten, C12/15, KR 32

  Beton: 93,31 EUR/m³

3. Anpassung an das Vertragspreisniveau

- Lohnkosten: 17,82 EUR/Ph   x   1,17 Ph/m³ =   20,85 EUR/m³

- Stoffkosten: 93,31 EUR/Ph   x   0,87 Ph/m³ =   81,18 EUR/m³

4. Anpassung an das Vertragspreisniveau

Zuschlag auf Basis I (Lohnkosten)   59,10% =   12,32 EUR/m³
(Prozentsatz nach Kalkulationsabschlussblatt)

Zuschlag auf Basis II (Stoffkosten)   20,00% =   16,24 EUR/m³
(Prozentsatz nach Kalkulationsschlussblatt)

Einheitspreis LB 013, Pos.2.1:   130,59 EUR/m³

Abbildung 29 Beispiel zur Ermittlung des Preises einer modifizierten Leistung bei Feststellung der Direkten Kosten unter Rückgriff auf externe Ermittlungssysteme (vgl. Abb. 25, S. 464)

Als Beispiele für die praktische Durchführung der Beaufschlagung bei Nachtragskalkulationen verweisen wir auf Nr. 3 in den **Abb. 28**, S. 474 und **Abb. 29**, S. 477, also auf Beispiele, für deren zugehörige Bezugsleistung eine Angebotskalkulation und somit Angaben über Zuschlagssätze vorliegen.
Die Beaufschlagung der fortgeschriebenen Kosten erfolgt wie in der Angebotskalkulation vorgegeben, also bei unseren Beispielen
– mit 59,10 % für die Lohn-, Schalungs- und Gerätekosten (Basis I)
– mit 20 % für die Stoff- und Nachunternehmerkosten (Basis II)

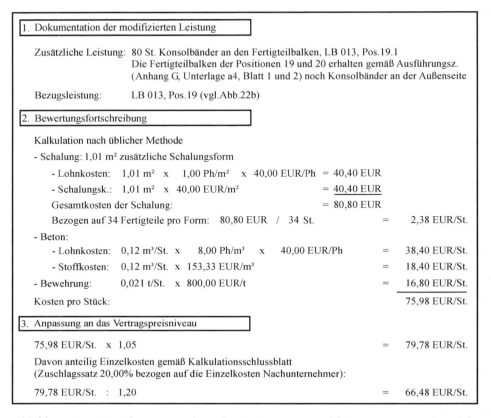

Abbildung 30: Beispiel zur Ermittlung des Preises einer modifizierten Leistung bei nicht aussagefähiger Angebots- bzw. Auftragskalkulation durch plausible analytische Kostenermittlung (vgl. Abb. 22 b, S. 446)

12.4.2.2 Zuschläge nicht aus der Angebotskalkulation ersichtlich

1084   Wenn keine Angebotskalkulation vorliegt, können deren Zuschlagssätze auch nicht übernommen werden. Wir haben schon unter Rdn. 1069 f. besprochen, dass in einem solchen Fall nach Festlegung eines Ermittlungssystems und Berechnung des Vertragspreisniveaufaktors alle Voraussetzungen vorliegen, bei der Nachtragskalkulation „automatisch" auch die im Vertragspreis enthaltenen Zuschlagssätze fortzuschreiben.

Als Beispiel verweisen wir auf **Abb. 30,** 478, in der (die Ermittlungen von **Abb. 22 b,** S. 446 aufgreifend) die Kostenfortschreibung und die Fortschreibung des Vertragspreisniveaus für die zusätzliche Leistung des Nachunternehmers durchgeführt wird.

12.4.2.3 Beaufschlagung zusätzlicher Baustellengemeinkosten?

1085   Sofern im Rahmen der Nachtragskalkulation auch konkret zusätzliche Baustellengemeinkosten ermittelt werden (vgl. **Abb. 21,** S. 434, sowie Rdn. 1099), so sind – methodisch zu Ende gedacht – diese Kosten nicht nochmals mit Zuschlägen für Baustellengemeinkosten zu beaufschlagen.

Von dieser richtigen Vorgabe kann jedoch – aus Gründen der vereinfachten Ermittlung – abgesehen werden, wenn vor Stellung der Schlussrechnung eine Gesamtermittlung der Deckungsanteile für Baustellengemeinkosten durchgeführt und ein Ausgleich der Über- und Unterdeckungen durchgeführt wird. Hierzu gilt somit das, was wir schon vorab unter Rdn. 1083 besprochen haben.

12.4.3 Prinzip 3: Berücksichtigung der Kosten entfallender Leistungselemente, auch der nicht abbaubaren Kosten

Wir haben oben unter Rdn. 1074 ff. die Kostenfortschreibung für modifizierte Leistungselemente besprochen; nunmehr ist noch über entfallende Leistungselemente zu sprechen. Für sie ist jeweils zu überprüfen, ob ihre in der Angebotskalkulation bzw. in der auf der Basis von Ermittlungssystemen durchgeführten Kostenermittlung angesetzten Direkten Kosten bei Durchführung der modifizierten Leistung ganz oder nur zum Teil oder gar nicht entfallen. Anknüpfend an unsere Darlegungen in Rdn. 25 ff. und 529–531 gilt auch bei modifizierten Leistungen:
Der Auftraggeber muss den durch seine Anordnung nunmehr „nutzlos" anfallenden Produktionsfaktoreneinsatz und dessen Kosten tragen. Beispielsweise hat der Auftragnehmer bereits das Material für die ausgeschriebene Ausführung eingekauft; dieses für das spezielle Bauvorhaben zugeschnittene Material kann er nach der Bauinhaltsmodifikation nicht mehr anderweitig verwenden, d.h. obwohl der Produktionsfaktoreneinsatz nicht mehr notwendig ist, führt seine schon erfolgte Disposition zu nicht abbaubaren Kosten.

1086

Ob die Leistung entfällt, weil sich die Menge aufgrund der vorgegebenen Verhältnisse mindert (§ 2 Nr. 3 Abs. 3 VOB/B), oder ob sie sich als Folge einer Änderungsanordnung mindert (§ 2 Nr. 5 VOB/B), ist insoweit also gleichgültig. Bei zusätzlichen Leistungen, die eine weggefallene Leistung ersetzen, gilt im Prinzip und im Ergebnis dasselbe, wie unter Rdn. 826 und Rdn. 843 schon erörtert. Somit sind Kosten für weggefallene Leistungselemente, deren zugehöriger Produktionsfaktoreneinsatz bzw. -disposition jedoch nicht mehr rückgängig gemacht werden kann, dem Auftragnehmer zu vergüten. Anders ausgedrückt: Die wegen Anordnung modifizierter Leistungen nicht abbaubaren Kosten weggefallener Leistungselemente sind in der Nachtragskalkulation zu berücksichtigen. Beispiel: Es werden kürzere Fertigteile als beauftragt angeordnet; zum Zeitpunkt der Anordnung war die Schalungsform für die beauftragten längeren Fertigteile schon fertig, also für die neu angeordneten Fertigteile zu lang. Die Kosten für die Herstellung des „entfallenden" Teils der Schalungsform sind angefallen, sie können nicht mehr erspart werden, d.h., sie werden Teil der Kosten der neu angeordneten Leistung.

Das gilt auch im „Extremfall":
Es wird – vgl. **Abb. 30**, S. 478 – angeordnet, dass die Fertigteilunterzüge der Positionen 19 und 20 Randkonsolen bekommen; die Anordnung erfolgt jedoch so spät, dass schon die ersten Fertigteile ohne Konsolen hergestellt worden sind. Die Herstellkosten für die nicht verwendbaren Fertigteilunterzüge sind dann Teil der Herstellkosten der neuen Leistung.

1087

12.4.4 Prinzip 4: Berücksichtigung der Auswirkungen der modifizierten Leistungen auf die Kosten anderer Leistungen

Modifizierte Leistungen können auch zu Mehr- oder Minderkosten bei anderen Leistungen führen. Wir verweisen auf das noch unter Rdn. 1142 ff. eingehend zu besprechende Beispiel. Es werden modifizierte Kerndecken angeordnet; die Folge ist u.a., dass sich die

1088

Takt- und Bauzeit ab Erdgeschoß dadurch verlängert und somit auch die Vorhaltezeit der Wandschalung, obwohl ab Erdgeschoß die Wände so ausgeführt werden wie beauftragt. Die durch die geänderten Kerndecken entstehenden Mehrkosten der Wandschalung sind Folgekosten und zusätzlich zu vergüten.

12.4.5 Prinzip 5: Berücksichtigung aller Auswirkungen modifizierter Leistungen auf Bauumstände und Baustellengemeinkosten

12.4.5.1 Personalleerkosten (Intensitätsabfall)

1089 Anknüpfend an das gerade Besprochene ergibt sich eine andere Art von nicht (unmittelbar) abbaubaren Direkten Kosten dann, wenn Bauinhaltsmodifizierungen zu verändertem Zeitbedarf für die Leistungserstellung führen. Das kann bei gleichbleibender Kolonneneinteilung und Taktfolge dazu führen, dass – sofern keine Ausweicharbeiten vorliegen – keine (volle) Arbeitsauslastung des Personals möglich ist. Man spricht dann von Personalleerkosten. Der Nachweis eines solchen Sachverhalts ist normalerweise nur durch die Gegenüberstellung eines mit Mengen und Aufwandswerten belegten produktionsorientierten Ablaufplans für die Vertragsleistung (vgl. Anlage D 1, Unterlagen g 4) und den entsprechenden Unterlagen für den Ablauf nach Anordnung der modifizierten Leistungen möglich. Praktisch wird in einem solchen Fall nicht „Nichtarbeit" die Folge sein, sondern das Personal wird seine Arbeit – bewusst oder unbewusst – so gestalten, dass keine Leerläufe, wohl aber Intensitätsabfälle auftreten. Die daraus resultierenden Mehrkosten sind zu vergüten.[1277]

12.4.5.2 Abhilfemaßnahmen und mögliche Folgen

1090 Es gibt verschiedene Möglichkeiten, das Auftreten von Leerstunden bzw. von Intensitätsabfällen einzuschränken. Diese Maßnahmen können jedoch mit folgenden Auswirkungen verbunden sein:

1091 1. Wird zur Vermeidung von Leerzeiten die Kolonnenstärke verändert, so hat das – wenn eingearbeitete Kolonnen im Einsatz sind – zumeist negative Auswirkungen auf deren Effektivität.[1278] Von einer Veränderung der Kolonnen ist also abzuraten – dieser Rat gilt auch für entsprechende Anordnungen des Auftraggebers.

1092 2. Eine besonders beliebte Methode zur Vermeidung von anstehenden Leerkosten und Intensitätsabfall ist das Umsetzen ganzer Kolonnen auf Ausweicharbeiten. Sofern jedoch das Personal für die Ausweicharbeit nicht ausreichende Fachkompetenz besitzt, wird es sie i. d. R. mit weniger Effektivität als Fachpersonal durchführen, d. h., es ist mit zusätzlichem Zeitbedarf zu rechnen. Dazu kommt, dass bei Nichtfachpersonal immer die Gefahr besteht,

---

[1277] Zu Erfahrungswerten vgl. Rdn. 1634.
[1278] Vgl. Stradal, Bauwirtschaft, 1983, 1438 f.: „Es wird viel zu oft übersehen, dass das menschliche Leistungsvermögen in erheblichem Umfang davon abhängt, welcher Art das soziale Umfeld ist. Langjährige Kolonnenzugehörigkeit ist deshalb nicht nur aus arbeitstechnischen Gründen leistungssteigernd, sondern bindet die Mitglieder auch dadurch zusammen, dass ein Gemeinschaftsgefühl (gleiche Herkunft, Altersgruppe usw.) den Gruppenzusammenhang und das Leistungsvermögen fördert. Letzteres zeigt sich oft darin, dass jedem Gruppenmitglied seine Rolle zugewiesen ist und der einzelne unter Pressionen der Gruppe zu leiden hat, wenn er seinen Aufgaben nicht wie gewohnt nachkommt. Der Ausfall eines Gruppenmitglieds bedingt somit zumeist auch eine Störung des Gruppengefüges, ganz abgesehen davon, dass der einzelne Arbeitnehmer in einem neuen Umfeld sich erst zurechtfinden muss und somit sicherlich zunächst Minderleistungen erbringt.
Aus diesem Grunde ist es auch wenig angebracht, allein mit Personalkurven Baustellenplanung und -steuerung zu betreiben. Der entscheidene Angang ist und bleibt derjenige über die Planung von Produktionsgruppen (das heißt u. a. von Kolonnen)."

dass mehr Mängel entstehen und/oder mehr Materialverbrauch als bei Einsatz von Fachpersonal anfällt.

3. Wird dagegen Fachpersonal für „minderwertige" Aushilfsarbeiten eingesetzt, so fallen einerseits „zu hohe" Lohnkosten pro Stunde an, andererseits ist damit zu rechnen, dass das Fachpersonal die betreffenden Tätigkeiten mit wenig Engagement durchführt, d. h., es ist mit Intensitätsabfälle und Zusatzstunden zu rechnen. 1093

4. Weiterhin ist zu bedenken, dass bei jeglichem Neubeginn von Arbeitskolonnen für andere als ihre bisherigen Arbeiten Zeitverluste für **Einarbeitung** anfallen.[1279] Einarbeitung beinhaltet sowohl eine Einübung in die jeweilig anzuwendende Arbeitstechnik (z. B. eines bestimmten Schalungssystems) als auch die Überwindung eines Anlaufwiderstandes bei Ausübung einer bestimmten Tätigkeit auf der Baustelle (Ursache: technische, geometrische und organisatorische Randbedingungen der betreffenden Baustelle sowie das Erlernen von reduzierbaren und modifizierbaren Arbeitsvorgängen). Für die Einarbeitung wird je nach Schwierigkeitsgrad der auszuübenden Tätigkeit ein höherer Zeitaufwand als im eingearbeiteten Zustand benötigt. Dieser Mehraufwand kann durch einen Zuschlagsbetrag je Leistungseinheit und Einarbeitungstakt berücksichtigt werden, oder er kann als Einarbeitungskennzahl in Abhängigkeit von Arbeitsart, Schwierigkeitskategorie und Einarbeitungstakt auf den Normalzeitaufwand bezogen werden (vgl. Anhang O, Tab. 3). Die Werte aus Tab. 3 können auch dann herangezogen werden, wenn in der Kalkulation nichts Besonderes über Einarbeitung ausgesagt ist.[1280] Wir haben den Zeitverlust für Einarbeitung in Anhang D 1 im Rahmen der differenzierten Arbeitsvorbereitung berücksichtigt; hierzu verweisen wir dort auf Unterlage g2, Blatt 1 (Aufwandswerte und Einarbeitungszuschläge) sowie auf Unterlage g4, Blatt 4 (Zeitbedarfsrechnung unter Berücksichtigung des Einarbeitungsaufwands). 1094

Nebenbei: Einarbeitung wirkt sich nur dann verkürzend auf die Arbeitszeit aus, wenn die gleichen Arbeiten unter konstanten Arbeitsbedingungen wiederholt werden.[1281] „Jede Unterbrechung der Arbeiten hat zur Folge, dass der Lerneffekt teilweise verlorengeht, wobei jedoch die wiederholte Einarbeitung schneller erfolgt als die erstmalige."[1282] Weiterhin: Einarbeitungsverluste können auch dadurch bedingt sein, dass wegen der Bauhaltsmodifizierung nicht mehr die gleiche Zahl von Arbeitswiederholungen anfällt, wie ursprünglich geplant und realisierbar war.

12.4.5.3 Sekundärverzögerung

Die vorab besprochenen Auswirkungen von modifizierten Bauinhalten führen nicht selten – wegen Leerstunden, Einarbeitung, Intensitätsabfälle, fehlender Fachkenntnis usw. – auch zu **zusätzlichem** Zeitbedarf. Das kann, muss aber nicht Auswirkungen auf den Bauablauf haben; das wiederum kann weitere mittelbare Folgen haben. Wenn es sich um Auswirkungen auf die Bauzeit handelt, sprechen wir von Sekundärverzögerungen. Sie sind für den Auftraggeber schwer einsehbar und bedürfen deshalb einer besonders intensiven Untersuchung und Darlegung seitens des Auftragnehmers. Die schon vorab unter Rdn. 1091, 1094 besprochenen zusätzlichen Einarbeitungseffekte sind ebenso Sekun- 1095

[1279] Vgl. Vygen/Schubert/Lang, Bauverzögerung, Rdn. 464 ff.
[1280] Jede vorab getätigte Abschätzung des Mehraufwandes ist eine Prognose, deren Richtigkeit davon abhängt, dass die Produktionsbedingungen des betreffenden Vorgangs, seine Abhängigkeit von anderen Vorgängen und die (Lern-)Fähigkeit der Arbeitskräfte richtig erkannt werden.
[1281] Die Einsparungseffekte resultieren weniger aus Verkürzung der reinen Tätigkeitszeit als aus Verringerung der Zeit für Informationsbeschaffung, für ablauf- und störungsbedingte Wartezeit sowie persönliche Verteilzeiten. Einarbeiten ist also insbesondere ein Lernprozeß mit Schwerpunkt in der Arbeitsorganisation der Gruppe.
[1282] Stradal, Bauwirtschaft 1983, 1438 ff.

därfolgen wie der zusätzliche Zeitbedarf wegen des auftraggeberseitig bedingten Einsetzens von Nichtfachkräften. Typische Beispiele für Sekundärverzögerungen sind:

1. Zusätzliche Schlechtwettertage deswegen, weil Arbeiten in den Winter verlagert werden mussten mit der weiteren Folge, dass zusätzliche Schlechtwettertage Verzögerungen durch Ausfalltage zur Folge haben;
2. Minderleistungen durch Verschiebung von Arbeiten in den Winter (vgl. Anhang O, Blatt 1).

1096 Durch die oben angesprochenen Folgen und durch eine veränderte Bauzeit können außerdem noch **folgende Zusatzarbeiten und -kosten** auftreten:[1283]

1. **Arbeitsbedingte** Zusatzarbeiten:
    a) Wegen der Notwendigkeit der **Arbeitsunterteilung in zusätzliche Arbeitsabschnitte** fallen zusätzliche Arbeiten an (z. B. Abschalung von Ortbeton- und Deckenplatten, da sie nicht mehr in einem Guß hergestellt werden können).
    b) Wegen **Umstellungen bei den Arbeitsabläufen** (z. B. zusätzliche Demontage und Montage von Schalelementen) fallen **zusätzliche Erschwernisse** und Mehrkosten an.
    c) Wegen der **Herausnahme von Teilleistungen** aus dem ansonsten unveränderten Bauablauf: Das hat zur Folge, dass je Zeitpunkt der Erstellung der herausgenommenen Leistungen wie folgt unterschieden werden muss:
       – **Nachträgliche Leistungserstellung** (Auswirkungen: z. B. Schutzvorrichtungen müssen hergestellt werden, bzw. es liegt nunmehr eine erschwerte Leistungserstellung vor),
       – **Leistungserstellung parallel zum Bauablauf** (Auswirkungen: z. B. müssen Provisorien hergestellt werden, und es fallen zusätzliche Einarbeitungseffekte an).
    d) Wegen nachträglicher Änderungen (z. B., wenn nach ungeprüften Bewehrungsplänen der Betonstahl eingebaut wird und auf der Baustelle vom Prüfingenieur noch zusätzliche Stäbe angeordnet werden, „Zulageisen" und zusätzlichen Zeitaufwand bedingen, vgl. Rdn. 147).
2. **Jahreszeitlich** bedingte Zusatzarbeiten und -kosten (z. B. Abdecken des frischen Deckenbetons, zusätzlicher Zementeinsatz wegen Betonieren im Winter).
3. **Stillstandsbedingte** Zusatzarbeiten (z. B. Nachschachten bei schon ausgehobenen Fundamenten).
4. Sonstige Zusatzarbeiten (z. B., wenn Bauablaufänderungen dazu führen, dass die Arbeiten in der Urlaubszeit zu erstellen sind und nicht genügend Personal zur Verfügung steht mit der Folge, dass z. B. auf Maßnahmen des Punktes 1 c zurückgegriffen werden muss).
5. Zusätzliche Stoff- und Personalkosten wegen Verschiebung der Leistungserstellung in eine Phase höherer Bezugs- bzw. Lohnkosten.

12.4.5.4 Keine Anwendung von § 6 Nr. 6 VOB/B auf Sekundärverzögerungen/ Folgekosten

1097 In der baubetrieblichen Praxis versucht man solche Mehrkosten verursachenden Bauumstände aus Sekundärverzögerung (unrichtig) durch „Behinderungsnachträge gemäß § 6 Nr. 6 VOB/B" zu regeln.

[1283] Vgl. Born, Systematische Erfassung und Bewertung der durch Störungen im Bauablauf verursachten Kosten, S. 66 ff. Die meisten Beispiele behandeln Sachverhalte zu § 6 Nr. 6 VOB/B. Das ändert aber nichts daran, dass auch Bauinhaltsmodifikationen zu solchen Zusatzarbeiten führen können.

Zumeist erfolgt dies erst spät nach der eigentlichen Leistungserstellung mit folgenden Argumenten:
- Zunächst einmal gehe es darum, dass der Bau termingerecht erstellt wird,
- somit habe der Bauleiter keine Zeit für unnötige bürokratische Tätigkeit,
- außerdem seien die bauumstandsbedingt zu Mehrkosten führenden Probleme vorab gar nicht erkennbar.

Das ist rechtlich unerheblich: **Alle Folgen von Änderungsanordnungen des Auftraggebers müssen im Rahmen der Vergütung gemäß § 2 Nr. 5 VOB/B erfasst werden.**[1284] Wie wir u. a. schon vorab für die Solldaten des Angebotsstadiums (Rdn. 289 ff.) dargelegt haben, sind die vorgebrachten Argumente überdies nicht haltbar, da

- es eine **Aufgabe der Betriebsorganisation** ist, die auftraggeberseitigen und die daraus abgeleiteten auftragnehmerseitigen **Sollvorgaben** im Angebots- und im Arbeitsvorbereitungsstadium in ausreichendem Umfang und einfach anwendbar **zu dokumentieren,** damit der Bauleiter hieraus die notwendigen Schlüsse ziehen[1285] und gegenüber dem Auftraggeber plausible Nachweise erbringen kann;

- es eine Sache der Personalschulung und des betrieblichen Kontrollsystems ist, ob ein **Bauleiter bzw. spezielles Personal die Istgegebenheiten erfasst** und Soll-Ist-Analysen durchführt.

Viele Bauinhalts- und **daraus resultierende Bauumstandsänderungen** gegenüber den Sollvorgaben der auftraggeberseitigen Anfrageunterlagen sind bei laufender Planinhalts-, Termin- und Zeitaufwandskontrolle früh erkennbar, bewertbar und (gegenüber dem Auftraggeber) formulierbar: Voraussetzung ist, dass dieser Kontrolltätigkeit die Bedeutung zugewiesen wird, die sie in bezug auf betriebsinterne Ursachenerforschung und betriebsinterne Nachweispflichten und Möglichkeiten der Ertragsverbesserung hat.

Eine engagierte und fachkundige Bauleitung[1286] – erforderlichenfalls in Einzelfällen durch Spezialpersonal unterstützt – erleichtert die Beweisführung, ob und in welchem Umfang aus Bauinhaltsänderungen Mehrkosten für **Bauumstandsänderungen** anfallen. Wegen unserer Darlegungen zur plausiblen Beweisführung verweisen wir auf Rdn. 1127 ff.

Wir halten es für möglich und notwendig, dass **voraussehbare Mehrkosten bei Nachträgen für Bauinhaltsmodifikationen vorab erfasst** werden **und** den sie verursachenden Kostenträgern (= Nachträgen) der modifizierten **Leistungsinhalte zugeordnet** werden; gemäß § 2 Nr. 6 VOB/B ist ja sowieso auch die Vergütung bei Zusatzleistungen mög-

---

[1284] Ob und wann daneben Ansprüche aus § 6 Nr. 6 VOB/B entstanden sind, erörtern wir gesondert unter Rdn. 1324 ff., insbesondere Rdn. 1327 für Anordnungen bezüglich des Bauinhalts und unter Rdn. 1332 für Anordnungen bezüglich der Bauumstände; Fristenfolgen und Offenkundigkeit behandeln wir unter Rdn. 1224 ff.; vgl. auch oben Rdn. 941–944 zu „vergessenen" Folgekosten.
Wie hier Vygen/Schubert/Lang, Bauverzögerung, Rdn. 226.

[1285] Vgl. Witteler, a. a. O., S. 218 ff. Er behandelt eingehend die quantitativen Vorteile der „präventiven Schwachstellen-Strategie" im Vergleich zum „Reaktionsprinzip" und hält auf S. 222 „das bekannte Faktum (fest), dass sich ein Schaden in einem Ablauf um so geringer auswirkt, je schneller die Korrektur einsetzt". Dies gilt sowohl für Einzelstörfälle wie für Störfallkombinationen (vgl. S. 226).

[1286] Witteler, a. a. O., S. 123 ff. sowie S. 72 ff.:
„Eine exakte Bauablaufplanung ... wird von den Beteiligten häufig auch deshalb abgelehnt, weil darin ein Kontrollinstrument ... gesehen wird, das Fehlleistungen erkennbar macht ... Erfolgsmindernde Wirkung kann auch eine fehlende Fortschrittskontrolle haben (Soll-Ist-Vergleich), da bei Abweichungen die Auswirkungen auf die Folgeleistungen nicht mehr übersehbar werden. Das zwingt letztlich zu ‚Improvisation auf Kosten der Wirtschaftlichkeit'".

lichst **vor Beginn** der Ausführung zu vereinbaren.[1287] Dies gilt um so mehr, da der die Änderung veranlassende **Auftraggeber wissen will**, wie hoch der **Änderungsaufwand insgesamt** ist. Immerhin will er ja gegebenenfalls wegen unerwartet hoher Änderungskosten die Änderung zurücknehmen.

§ 2 Nr. 5 VOB/B fordert, dass der neue Preis ohne Einschränkung „unter Berücksichtigung der Mehr- oder Minderkosten zu vereinbaren" ist. Deshalb sind jedenfalls auch die „sonstigen Kostenauswirkungen" der Leistungsänderung (aus **Sekundärverzögerungen**) **in einen Nachtrag gemäß § 2 Nr. 5 VOB/B einzuschließen.**

Für eine umgehende Erfassung aller voraussehbaren Mehrkosten spricht auch die Erfahrung, dass bei einer **nachträglichen** Regelung

a) der Auftragnehmer gar kein Interesse an Kosteneinsparungen hat, da er davon ausgeht, dass ihm seine Mehrkosten zu ersetzen sind,

b) der Auftragnehmer außerdem dazu verleitet wird, Istkosten, die durch andere Verursachungen entstanden sind, in die nachträgliche Regelung durch Vorlage „entsprechender" Unterlagen einzubeziehen.

Zur **positionsmäßigen Erfassung** der sonstigen aus Bauinhaltsänderungen resultierenden Kostenänderungen ist folgendes festzuhalten: Sofern die **Bauinhaltsänderung** durch eine **einzige Position** erfasst werden kann, bietet es sich an, die bauumstandsbedingten Kosten ebenfalls in diese eine Position mit einzubeziehen.

Wird die Bauinhaltsänderung durch einen **Nachtrag mit mehreren Positionen** abgerechnet, so kann der Änderungsumfang der Bauumstände

a) als eigene (Pauschal-)Position innerhalb dieses Nachtrags

b) oder wie bei der Kalkulation von Baustellengemeinkosten bei Fehlen von besonderen Positionen als Umlage über die verschiedenen Positionen des betreffenden Nachtrags in die Berechnungsregelung einfließen.

12.4.5.5 Bauinhaltsbedingt modifizierter Sollablauf

1098 Stellt sich nach Überprüfung aller unmittelbaren und mittelbaren Folgen einer (oder mehrerer) Bauinhaltsmodifikation(en) heraus, dass Ablaufbeeinflussungen und/oder Bauzeitverlängerungen zu erwarten sind, so sind diese Auswirkungen in den bisherigen produktionsorientierten Terminplan einzutragen, so dass festgestellt und entschieden werden kann,

a) ob diese Auswirkungen relevant sind oder nicht und inwieweit sie durch seine Überarbeitung des produktionsorientierten Terminplans aufgefangen werden können,

b) welche Ablaufanpassungen mit und ohne Mehraufwand möglich sind?

Dabei sind alle Einflüsse aus den vorab besprochenen Punkten, also
– Personalleerstunden,
– Ausweicharbeiten,
– Einarbeitungseffekte,
– zusätzliche Winterarbeit,
– zusätzliche Abhilfemaßnahmen,
– Ablaufumstellungen,
– Veränderung der Kolonnenstärke und
– Überstunden
zu berücksichtigen.

[1287] Sollten jedoch nach Stellung des Nachtrages die zugehörigen Ausführungspläne verspätet auf der Baustelle eintreffen, führt dies zu zusätzlichen unvorhersehbaren Behinderungen.

Ergebnis ist dann – gegebenenfalls unter Einbeziehung von „Schadensminderungsmaßnahmen" und von gegebenenfalls vom Auftraggeber angeordnete Beschleunigungsmaßnahmen, dazu Rdn. 1462 ff. – die Beibehaltung des bisherigen produktionsorientierten Sollablaufs bzw. ein neuer bauinhaltsbedingt modifizierter Sollablaufplan.

12.4.5.6 Geänderte Baustellengemeinkosten als Direkte Kosten der Bauinhaltsmodifikation

Sofern einzelne Bauinhaltsmodifikationen (oder ihre Gesamtheit) zu einem neuen bauinhaltsbedingt modifizierten Sollablaufplan führen, kann das folgende Auswirkungen haben: 1099

– Der bei Vertragsabschluss **vorgesehene Baustellengemeinkostenapparat** wird in seinem Umfang nicht, wohl aber in seiner **zeitlichen Beanspruchung verändert**,
– der **Baustellengemeinkostenapparat verändert** sich in seiner **Zusammensetzung** (Verringerung oder Vergrößerung).

Die Veränderungen der Baustellengemeinkosten sind im Rahmen der Nachtragsbearbeitung durch eine gesonderte Ermittlung zu erfassen; das wurde schon bei den Mengenänderungen besprochen (Rdn. 543). Damals handelte es sich um eine Auswirkung, die durch viele Vertragspositionen entstanden ist.

Nunmehr handelt es sich um eine **Auswirkung**, die aus einer (oder mehreren) ganz speziellen **Abänderung(en) oder Ergänzung(en) des bisherigen Bauinhalts** resultiert. Somit handelt es sich um **Direkte Kosten** des modifizierten Bauinhalts. Dem steht nicht entgegen, dass es sich um Kostenänderungen gegenüber den bisherigen Baustellengemeinkosten handelt. Da wir jedoch die Differenzkosten dem sie **verursachenden Kostenträger** (= Nachtrag für den modifizierten Leistungsinhalt) **zuordnen** können, sprechen wir auch hier von Direkten Kosten.

Wir halten als Ergebnis fest: **Sofern** sich **durch modifizierte Bauinhalte** Veränderungen bei den **Baustellengemeinkosten** ergeben, werden die sich daraus ergebenden **Differenzkosten** gegenüber den kalkulierten Baustellengemeinkosten als **Direkte Kosten des betreffenden Nachtrags angesetzt**.

Sofern der neue bauinhaltsbedingt modifizierte Sollablaufplan (TP-Soll'i) eine längere Dauer als der bisherige produktionsorientierte Sollablaufplan aufweist, steht dem Auftragnehmer eine längere Bauzeit zu, wenn er sich folgerichtig an dem (projektorientierten) Vertragsterminplan bzw. seiner Fortschreibung ergibt.

Als Beispiel verweisen wir auf den TP-Soll'1 a und b aus Anhang D 2, Unterlage g 4 als bauinhaltsbedingte Fortschreibung des aus dem Vertragsterminplan (VTP, **Abb. 5**, S. 31) entwickelten produktionsorientierten TP-Soll a und b (Anhang D 1, Unterlage g 4, Blatt 5 und 6).

Da sich in der Regel bei einem Bauvorhaben viele Bauinhaltsmodifikationen und somit auch zumeist mehrere Überarbeitungsnotwendigkeiten des produktionsorientierten Sollablaufplans ergeben, da es außerdem für die Mahntermine von Bedeutung ist, die nunmehr maßgebenden Termine zu kennen, ist eine laufende Überarbeitung des verbindlichen Sollablaufplans unerlässlich. Das bedingt, dass es in der Regel bei einem Bauvorhaben im Laufe der Zeit nicht einen einzigen, sondern nacheinander mehrere modifizierte Sollabläufe TP-Soll'i gibt. Wir verweisen auch auf die Darlegung zu behinderungsbedingt modifizierten Sollabläufen.

Der Vollständigkeit halber ist auch der Fall anzusprechen, dass der auftragnehmerseitig erarbeitete produktionsorientierte Sollablaufplan für das Bausoll die Dauer des Vertragsterminplans überschreitet. In solchen Fällen ist er nur unter Berücksichtigung seiner zusätzlichen Dauer als Eigenanteil des Auftragnehmers für die Terminplanfortschreibung heranziehbar. Es geht also dann zunächst darum, die Dauer der Terminüberschreitung zu berechnen. Sie sagt aus, um wieviel der vom Auftragnehmer geplante produktionsorien-

tierte Ablauf von Anfang an die Vertragsbauzeit überschreitet.
Beispiel: Sofern 9 Monate Vertragsbauzeit vereinbart worden sind, der produktionsorientierte Ablaufplan jedoch 10 Monate Bauzeit ausweist, hat der Auftragnehmer 1 Monat bzw. 10% der produktionsorientierten Sollbauzeit als (von ihm zu vertretende) Bauzeitverlängerung eingeplant. Wir sprechen vom Eigenanteil des Auftragnehmers. Er ist auch für eine durch Bauinhaltsmodifikation zu erwartende Bauzeitverlängerung aufgrund längerer produktionsorientierter Sollbauzeiten als vom Auftragnehmer zu vertreten anzusehen. Er wird wie folgt ermittelt:

$$\text{Eigenanteil des AN aus längerem Sollablauf (E}_S\text{)} = \frac{\text{Dauer des produktionsorientierten Sollablaufs für das Bausoll minus Vertragsdauer}}{\text{Vertragsdauer}}$$

Der Auftragnehmer hat in solchen Fällen bei Bauzeitverlängerungen aus Bauinhaltsmodifikationen die Kosten aus der durch Eigenanteil bedingten Mehrzeit selber zu tragen.

1100 Festzuhalten ist, dass durch Bauinhaltsmodifikationen bedingte zeitabhängige Kosten auch für die verlängerte Vorhaltung von Schalungen, Rüstungen etc. anfallen können, das sind typische Einzelkosten der Teilleistungen.

Hierzu verweisen wir auf das Beispiel aus Anhang G, das den Fall behandelt, dass nunmehr Balkendecken statt Flachdecken in den Kernen des Bauwerks A auszuführen sind. Die zusätzlichen zeitabhängigen Einzelkosten werden ebenso in **Abb. 32 b**, S. 507 Position 9.2 auf der Basis von TP-Soll'3 und TP-Soll'4 (**Abb. 55 a**, S. 782 und **Abb. 32 c**, S. 510) ermittelt; hierzu verweisen wir auf Rdn. 1135 ff.

1101 Der Umfang des neuen, bauinhaltsbedingt modifizierten Sollablaufplans TP-Soll'4 (**Abb. 32 c**, S. 510) ist aus dem vorausgegangenen TP-Soll'3 (Anhang F, Unterlage g4) dergestalt fortentwickelt worden, dass auf der Basis des in Anhang G, Unterlage g 4 ermittelten Zeitbedarfs nunmehr ab Soll-Beginn von TP-Soll'3 der neue Soll-Ablauf TP-Soll'4 ermittelt worden ist. TP-Soll'4 weist nicht nur einen modifizierten Ablauf auf, sondern führt als erster modifizierter Soll-Ablauf zu einer auftraggeberseitig zu vertretenden Bauzeitverlängerung von 0,5 Monaten gegenüber der vertraglich vereinbarten Bauzeit.

1102 Zusammengefasst:
Bauinhaltsmodifikationen können, müssen aber nicht zu modifizierten Soll-Abläufen führen. Sie können sogar – meist erst nach einer Reihe von Bauinhaltsmodifikationen und/oder Störungen – eine längere Soll-Bauzeit bedingen.
Weiterhin:
Es können – müssen aber nicht – zusätzliche Baustellengemeinkosten durch Bauinhaltsmodifikationen entstehen. Das kann sich sogar bei unveränderter Gesamtbauzeit durch die verlängerte Ausführung einzelner Vorgänge ergeben. Jeder Fall ist für sich zu prüfen.

12.4.6 Prinzipielle Gleichartigkeit der Nachtragsberechnung bei geänderten und bei zusätzlichen Leistungen

1103 Unter Rdn. 841 ff. haben wir eingehend darüber gesprochen, dass es bei geänderten Leistungen im Normalfall möglich ist, das Vertragspreisniveau fortzuschreiben. Wir haben unter Rdn. 1052 ff. dargelegt, dass es mit einem (oder mehreren) geeigneten Ermittlungssystem(en) möglich ist, auch für zusätzliche Leistungen auf dieser Basis und einer Vertragspreisniveaufeststellung eine Fortschreibung des Vertragspreisniveaus durchzuführen. Das Problem liegt also nur darin, für die Vertragsleistungen geeignete Ermittlungssysteme zu finden, die auch Angaben zur Fortschreibung des Vertragspreisniveaus für die jeweils anfallenden zusätzlichen Leistungen beinhalten.

Hierzu nochmals unser Beispiel aus Rdn. 841, jedoch variiert: Beauftragt sind nur Mauerarbeiten, es liegt eine Angebotskalkulation vor. Als Ermittlungssystem für die Aufwandswerte der plausiblen Kostenermittlung hatten wir die ARH-Tabellen gefunden und den Vertragspreisniveauunterschied zwischen den Ansätzen der Angebotskalkulation und der plausiblen Kostenermittlung für die Bezugsleistung bestimmt. 1104
Es liegt wohl auf der Hand, dass – der Auftraggeber hat als zusätzliche Leistungen Stahlbetonarbeiten angeordnet – nunmehr auf dieser Basis eine Fortschreibung des Vertragspreisniveaus (genau: eine Aufwandswertfortschreibung) stattfinden kann, nämlich wie folgt:
Teil I: Festlegung von Ermittlungssystem(en) und Ermittlung und Bewertung der Bezugsleistung und des Vertragspreisniveaus;
Teil II: Bewertung der modifizierten Leistungen mit Hilfe des (oder der) vorab festgelegten Ermittlungssystems (bzw. -systeme), Anpassung an das Vertragspreisniveau und erforderlichenfalls Beaufschlagung der Kosten mit den angebotskalkulierten Zuschlägen.
Die Berechnung der neuen Preise von zusätzlichen Leistungen kann also unter entsprechenden Voraussetzungen in gleicher Weise wie die für geänderte Leistungen „deterministisch" erfolgen.

12.4.7 Problemfall: Zusätzliche Leistungen ohne (weitergehenden) Kostenbezug zu beauftragten Vertragsleistungen

Es gibt jedoch Fälle, in denen in dem (oder den) herangezogenen Ermittlungssystem(en) für die Bezugsposition in der Angebotskalkulation keine Angaben oder Anhaltspunkte für die Kosten oder Preise von zusätzlichen Leistungen insgesamt oder für bestimmte Leistungselemente zu ähnlichen Leistungen zu finden sind. In solchen Fällen kann also nicht auf ansonsten verwendete Preislisten, Tabellen von Aufwandswerten usw. zurückgegriffen werden. 1105
Beispiel: Die ursprünglichen Vertragsleistungen beinhalten wiederum nur Mauerarbeiten, und zwar ohne irgendwelche Gerätehilfen.
Werden nun Fertigleistungen angefragt, so gibt es in der Angebotskalkulation keine Aussage über deren Niveau.
In **solchen** Fällen muss das Vertragspreisniveau so weit wie möglich berücksichtigt werden; niedrige Ansätze für Vertragsleistungen müssen auch niedrige Ansätze für Nachtragsleistungen zur Folge haben, der Preis für die neue Leistung muss sich in das bisherige Vertragspreisniveau einpassen.
Sofern das nicht ohne weiteres möglich ist, darf nach § 632 Abs. 2 BGB nach marktüblichen Preisen bewertet werden.[1288] 1106

Der Kostenanfall bei zusätzlichen Leistungen kann im Einzelfall sehr weit gehen, je nachdem, 1107
1. durch wen die zusätzliche Leistung erstellt wird,
2. wie,
3. wann und wie lange.

[1288] Ebenso i. E. Kleine-Möller/Merl, Handbuch des privaten Baurechts, § 10 Rdn. 417: „Nur das Kalkulationsgerüst ist verwendbar"; Augustin/Stemmer, BauR 1999, 546, 555.

Zu 1:
Die im Augenblick auf der Baustelle **im Einsatz befindlichen Arbeitskräfte** sind in der Regel durch die Erstellung der Vertragsleistungen voll ausgelastet. Sie können nur nach Abschluss ihrer laufenden Arbeiten oder durch Zurücklassen von Vertragsleistungen die zusätzliche Leistung erstellen; das Bauende könnte sich dadurch nach hinten verschieben. Inwieweit dies für die weitere (Ausbau-) Bauerstellung und für den Auftraggeber von Belang ist, muss dieser selbst entscheiden. Ihm steht ja die Alternative offen, Beschleunigungsmaßnahmen anzuordnen.

Zu 2:
Die **Art und Weise,** wie die zusätzliche Leistung erstellt werden kann, ist unterschiedlich. Nicht immer sind für zusätzliche Leistungen geeignete Hilfsmittel auf der Baustelle. Das kann zur Folge haben, dass **Herstellverfahren** angewandt werden müssen, die – **absolut gesehen – nicht optimal** sind. Je nach Verfahren und Anzahl der Arbeitstakte ergeben sich daraus eine schnellere oder kürzere Herstellzeit und/oder höhere oder niedrigere Kosten.
Andererseits ist trotz allem auch bei nicht optimalen Randbedingungen zu überlegen, inwieweit durch geschickte Integration der zusätzlichen Leistung in den laufenden Bauprozeß Bauzeit- und Baukosten (z. B. unter Mitbenutzung schon vorhandener bzw. gerade eingebauter Hilfsmittel) gespart werden können.

Zu 3:
Erste Aspekte des **Zeitpunktes und des Zeitraumes der Leistungserstellung** sind schon bei 1 und 2 angesprochen worden. Die daraus resultierenden Fragen sollten – initiiert durch die auftragnehmerseitig Mehrkostenermittlung gemäß § 2 Nr. 6 VOB/B – nicht allein vom Auftragnehmer, sondern möglichst in Kooperation zwischen Auftraggeber und Auftragnehmer beantwortet werden. Immerhin sollte der **Auftraggeber entscheiden** können, was für ihn eine „optimale Lösung" ist, also **ob**
– er **möglichst schnell** die jeweilige Bauleistung abgeschlossen haben will und zu welchen Kosten,
– es weniger wichtig ist, wann die spezielle Leistung fertig ist, sofern sie nur **nicht zu teuer** wird,
– nicht doch aus Zeit- oder Kostengründen **auf die zusätzliche Leistung verzichtet** werden soll.

Nochmals: Der **Auftragnehmer** gemäß **§ 2 Nr. 6 VOB/B verpflichtet,** seinen **Anspruch** auf zusätzliche Vergütung nach Anordnung der Zusatzleistung durch den Auftraggeber und vor Ausführung der Leistung im Normalfall **anzukündigen, der Grund ist gerade die Ermöglichung der Kooperation.**

12.4.8 Externe und/oder interne Kosten der Nachtragsvorbereitung und -erstellung zu ersetzen?

1108   Kann der Auftragnehmer auch die Kosten für die Aufstellung des Nachtrages, also für das Auffinden und Belegen des modifizierten Sachverhalts, speziell für den Nachweis dem Grunde nach, für die Nachtragskalkulation und für die Formulierung eines entsprechenden Nachtragstextes sowie für die Abrechnung, im Ergebnis also die entsprechenden Personalkosten im Rahmen der Vergütung für geänderte oder zusätzliche Leistungen geltend machen?
Vorweg: Wir behandeln hier Nachträge infolge vom Auftraggeber **angeordneter** (§ 2 Nr. 5, 6 VOB/B) oder vom Auftragnehmer entsprechend dem mutmaßlichen Willen des Auftraggebers ausgeführter (§ 2 Nr. 8 VOB/B) modifizierter Leistungen, also „**VOB**-Nachträge".

Berechnung der neuen Vergütung (Nachtragskalkulation) Rdn. 1109

Daneben gibt es natürlich auch den Fall, dass der Auftraggeber den Auftragnehmer zuerst auffordert, ihm ein Angebot über eine modifizierte Leistung zu machen und dass der Auftraggeber dieses Angebot dann annimmt - „beauftragt" (siehe oben Rdn. 949). Der Auftraggeber ordnet also in **diesem** Fall nicht zuerst an, er nutzt nicht die Möglichkeiten von § 1 Nr. 3, Nr. 4 VOB/B, er fordert vielmehr den Auftragnehmer zum Abschluss eines Ergänzungsvertrages auf. In diesem Fall kann der Auftragnehmer seinen Preis ohne Bindung an die Auftragskalkulation anbieten. Demzufolge kann und muss der Auftragnehmer in **diesem** Fall sowohl die Kosten der Angebotsbearbeitung wie die der späteren Abrechnung in seinen Angebotspreis einkalkulieren, wenn er eine entsprechende Kostendeckung erzielen will. Tut er das nicht, so bleibt der vereinbarte Preis als Vergütung für die modifizierte Leistung insgesamt bindend, der Auftragnehmer kann dann nicht nachträglich noch Vergütungen für die Angebotsbearbeitung oder den Abrechnungsaufwand verlangen[1289]

Zurück zu den „VOB-Nachträgen": Der Auftragnehmer hat bei vom Auftraggeber gemäß § 1 Nr. 3, Nr. 4 VOB/B angeordneten modifizierten Leistungen keine Wahl, er muss sie ausführen. Er kann (und soll) zwar versuchen, die Vergütung dafür vor Ausführung zu vereinbaren und dabei die (nachfolgend erläuterten) Kosten für die Nachtragsbearbeitung in die Nachtragspreise einrechnen. In einer Vielzahl von Fällen geschieht das jedoch nicht. Ausgangsbasis der Lösung dieser Fälle ist, dass dem Auftraggeber grundsätzlich alle „Mehrkosten" für geänderte Leistungen (§ 2 Nr. 5 VOB/B) bzw. alle „besondere Kosten" für zusätzliche Leistungen (§ 2 Nr. 6 VOB/B) vergütet werden, also auch diejenigen, die durch die Feststellung der Bauinhaltsmodifikationen, durch den Nachweis dem Grunde nach etc. entstehen.

1109

All das ist dann, wenn der Auftragnehmer für die entsprechende Nachtragsbearbeitung dementsprechend **externe** Kosten aufwendet (z. B. für die technische und kalkulatorische Bearbeitung eines umfangreichen Nachtrags Gutachterkosten), so sind diese Kosten als Teil der Nachtragsvergütung vom Auftraggeber zu bezahlen.[1290]

Schwieriger sind die **internen** Kosten des Auftragnehmers zu beurteilen. Obwohl es sich bei unserer Fragestellung um Vergütungsprobleme und nicht um Schadensersatz wie bei Behinderungsschäden handelt, können die für den Schadensersatz geltenden Überlegungen – dazu mit Einzelheiten unten **Rdn. 1451, 1452** – jedenfalls im Grundsatz **auch hier herangezogen** werden: Die entsprechenden Bearbeitungskosten entstehen in der Regel auf der Ebene der Bauleitung, also in einem Bereich, der „Baustellengemeinkosten" verursacht. Zusätzliche Bauleitungstätigkeiten fallen nicht regelmäßig an, sondern nur dann, wenn der Auftraggeber sie – indirekt – durch sein Tun veranlasst. Solche zusätzlichen Baustellengemeinkosten sind deshalb nachtragsbedingte Direkte Kosten und deshalb als Teil der Nachtragsvergütung vom Auftraggeber zu bezahlen.[1291] Solche Kosten entstehen dadurch, dass Personal entweder zeitlich länger oder zeitlich mehr (Beispiel: Überstunden) arbeitet oder dass in unveränderter Zeit mehr Personal (mit den nachtragsbedingten Arbeiten) beschäftigt wird als für das Bausoll erforderlich ist. Dieses „Mehr" ist zweckmäßigerweise vom Auftragnehmer zu dokumentieren.

Löst dagegen die Bearbeitung der Nachweise für die Vergütung der modifizierten Leistung insoweit keinen konkreten, prüfbaren Mehraufwand aus, wird die „zusätzliche Mühe" der Nachtragsbearbeitung als solche nicht zusätzlich vergütet. Etwas anderes gilt, wenn die Nachträge offensichtlich wegen ihres Umfangs zusätzlichen Bearbeitungsaufwand erfordern. Das wird man annehmen können, wenn ihr finanzieller Umfang mehr als 5 % der Auftragssumme übersteigen.

[1289] Zutreffend OLG Köln IBR 1996, 358; Revision vom BGH nicht angenommen.
[1290] Vygen/Schubert/Lang, Bauverzögerung, Rdn. 643.
[1291] Einzelheiten zur Einordnung als zusätzliche Direkte Kosten Rdn. 1099; zur Situation bei echten Mengenmehrungen Rdn. 543.

12.4.9 Kosten angeordneter, aber nicht ausgeführter Nachträge

1110 Je nach Fallgestaltung kommt auch bei „**Nachtragsangeboten**" auf Veranlassung eines Auftraggebers eine **Vergütung für die bloße Angebotsbearbeitung** in Betracht. Die VOB-Gestaltung ist die, dass der Auftraggeber anordnet, dass eine geänderte oder zusätzliche Leistung vom Auftragnehmer erstellt werden soll (§ 1 Nr. 3, Nr. 4 VOB/B); er verlangt die Vorlage eines Preisangebots vor Ausführung (§ 2 Nr. 5, Nr. 6 VOB/B). Legt der Auftraggeber dem Auftragnehmer dazu ein auf seiner Planung beruhendes Leistungsverzeichnis vor und verlangt er also nur, dass der Auftragnehmer darin Preise einsetzt, so löst diese Tätigkeit allein noch keinen Vergütungsanspruch aus. Verlangt der Auftraggeber dagegen, dass der Auftragnehmer für modifizierte Leistungen selbst ein Leistungsverzeichnis erarbeitet oder sogar erst die Überarbeitung der Ausführungsplanung erstellt, aus der dann ein Nachtrags-Leistungsverzeichnis abgeleitet werden kann, so ist **das** keine bloße Preisangabe mehr, sondern der konkludente Abschluss eines Planungsvertrages, den der Auftraggeber vergüten muss, wenn es **nicht** zur Änderungsanordnung kommt.
Macht der Auftragnehmer ein solches Nachtragsangebot, so muss er dabei seine Planungs- und Bearbeitungskosten in die Angebotspreise einbeziehen. „Vergisst" er das und nimmt der Auftragnehmer ein solches Nachtragsangebot an, werden wegen der Bindungswirkung dieses Preisangebots nicht zusätzlich noch Planungs- und Bearbeitungskosten vergütet. Dasselbe gilt, wenn der Auftraggeber keine Anordnung gemäß VOB trifft, sondern ein Leistungsänderungs- und Preisangebot des Auftragnehmers verlangt und erhält.[1292]

12.5 Sonderfälle bei der Nachtragskalkulation

12.5.1 Bauumstandsänderung infolge „*sonstiger* Anordnungen des Auftraggebers", § 2 Nr. 5 VOB/B

1111 Bei **Anordnungen** des Auftraggebers, die sich nicht auf den Bauinhalt, sondern **allein auf Bauumstände** beziehen, die also Gegenstand „sonstiger Anordnungen" des Auftraggebers im Sinne von § 2 Nr. 5 VOB/B sind (vgl. Rdn. 798 ff.), sind die Kosten der geänderten Bauumstände ebenfalls auf der Basis der Angebotskalkulation zu ermitteln. Ordnet also der Auftraggeber eine Umstellung der Reihenfolge des Ablaufs an (z. B. zunächst 5. Geschoss, dann 1. und danach 3. Geschoss), so sind hierfür maßgebende zusätzliche zeitabhängige Kosten bei der Nachtragskalkulation auf der Basis der Angebotskalkulation zu berücksichtigen.
Sind in der Angebotskalkulation die entsprechenden Bezugskosten zu niedrig angesetzt (z. B., sind zu wenig Kräne im Vergleich zur Arbeitskalkulation und/oder zum tatsächlichen Kraneinsatz), so hat der Auftragnehmer die Folgen selbst zu vertreten (vgl. Rdn. 1031 ff., 1044).
Zu beachten ist jedoch, dass der Auftraggeber keine Terminverkürzungen, also Beschleunigungen anordnen und erzwingen kann. Diese kann der Auftraggeber beim Auftragnehmer „anfragen". Akzeptiert sie der Auftragnehmer, so ist er bei seinem Angebot für die Beschleunigungskosten nicht an die Angebotskalkulation gebunden (Einzelheiten Rdn. 1455 ff.).
Wenn die Kosten für angeordnete veränderte Bauumstände aus der Angebotskalkulation abzuleiten sind, wird es problematisch, wenn aus der Angebotskalkulation keine entsprechenden Kosten ersichtlich sind. Hierfür kann es folgende Gründe geben:

[1292] Dazu OLG Köln IBR 1996, 358, Revision vom BGH nicht angenommen.

Sonderfälle bei der Nachtragskalkulation   Rdn. 1112

1. Die auftraggeberseitige Anordnung führt zu Kostenverursachungen, die schon im Angebotsstadium bekannt und einzurechnen waren,
    a) jedoch ist die Angebotskalkulation so überschlägig aufgestellt, dass die die Anordnung betreffenden Kosten nicht von denen anderer Kostenverursachungen separiert werden können, oder
    b) aus der Angebotskalkulation ist ersichtlich, dass keine Kosten für den entsprechenden Sachverhalt angesetzt worden sind, oder
    c) die Kosten sind in der Angebotskalkulation falsch oder in sich unschlüssig angesetzt.
2. Die auftraggeberseitigen Anordnungen beinhalten Kostenverursachungen, die im Angebotsstadium nicht in ähnlicher oder vergleichbarer Art zu berücksichtigen waren.

Zu 1 a:
Dass die Angbotskalkulation so überschlägig erstellt worden ist, dass ein zu erwartender Kostenanfall (z. B. für zeitabhängige Baustellengemeinkosten) in seiner Höhe nicht aus den Kostenansätzen heraus ersichtlich ist, kommt in der Regel bei Zuschlagskalkulationen vor. Somit lässt sich bei dieser Konstellation aus Auftragnehmersicht eine sichere Kostendeckung zuverlässig nur als – hier möglicher – Schadensersatzanspruch nach § 6 Nr. 6 VOB/B erzielen (vgl. Rdn. 1498, 1499), nicht als Vergütung gemäß § 2 Nr. 5 VOB/B; weil auf der Basis der Angebotskalkulation keine (oder nur ein Teil) der entstehenden Mehrkosten gedeckt werden; vgl. aber unten zu 1 c.

Zu 1 b:
Dieser Fall unterscheidet sich von Fall 1 a dadurch, dass offensichtlich kein kalkulatorischer Ansatz vorliegt; er ist bewußt unterlassen oder vergessen worden. Daraus ergibt sich, dass somit auch für auftraggeberseitige Anordnungen beweismäßig keine Kostenfortschreibung möglich ist; vgl. aber unten zu 1 c.

Zu 1 c:
Wenn beispielsweise in der Angebotskalkulation nur ein Teil der Baustellengemeinkosten tatsächlich angesetzt worden ist (z. B. Kranvorhaltung ist kalkuliert, Kranführer jedoch nicht), so ist zu fragen, **ob nachweisbar ist, dass die ungedeckten Baustellengemeinkosten in den Allgemeinen Geschäftskosten enthalten sind (z. B. die Bauleitungskosten).** Ein solcher plausibler Nachweis ist mit Hilfe einer Betriebsabrechnung o. ä. relativ korrekt lösbar.
Anders liegt der Fall jedoch, wenn offensichtlich gewisse Kostenanfälle in der Angebotskalkulation nicht berücksichtigt worden sind; für sie gilt nach dem Prinzip der analogen Kostenfortschreibung (auf der Basis der Angebotskalkulation), dass nunmehr auch für auftraggeberseitige Anordnungen keine entsprechenden Kostenansätze veranschlagt werden dürfen.

Zu 2:
Dieser Fall tritt auf, wenn veränderte Bauumstände angeordnet werden, für die in der Angebotskalkulation keine vergleichbaren Ansätze vorliegen. In solchen Fällen ist zu prüfen, ob es in Ermittlungssystemen Möglichkeiten der Bewertung der Bausollleistungen gibt und im Rahmen der Kostenfortschreibung auch für die angeordneten Bauumstände innerhalb der Ermittlungssysteme Bewertungen vorliegen. Hierzu verweisen wir auf die vorangegangenen Darlegungen in Rdn. 1054 und Rdn. 1078.
Für den Fall, dass kein Ermittlungssystem für eine Bewertung der Bausollleistungen und für den modifizierten Bauumstand feststellbar ist, gilt das, was unter Rdn. 1107, 1108 erörtert worden ist.

Betrachtet man diese Ergebnisse und vergleicht den Vergütungsanspruch aus § 2 Nr. 5 VOB/B mit dem Schadensersatzanspruch aus Behinderung gemäß § 6 Nr. 6 VOB/B, so tritt für den Fall 1 b eine Diskrepanz vor Augen: 1112

– Bei der Ermittlung nach § 2 Nr. 5 VOB/B erhält der Auftragnehmer möglicherweise keine höhere Vergütung,
– bei der Schadensersatzermittlung erhält er alle tatsächlich aufgetretenen und nachgewiesenen Mehrkosten ersetzt.

Dieses Ergebnis ist unproblematisch; der Auftragnehmer hat bei bestimmten Anordnungen zu Bauumständen **die Wahl zwischen § 2 Nr. 5 VOB/B und § 6 Nr. 6 VOB/B** (Anspruchskonkurrenz, s. unten Rdn. 1335).

12.5.2 Vergütung von Bauinhaltsmodifikationen bei Sondervorschlägen

1113 Sofern Sondervorschläge des Auftragnehmers Vertragsinhalt werden, gelten die obigen Darlegungen zur Ermittlung der Vergütung der modifizierten Leistung dem Prinzip nach entsprechend. Es ist jedoch zu unterscheiden, ob tatsächlich eine vertragliche Einigung auf einen Sondervorschlag festzustellen ist (vgl. oben Rdn. 109) oder ob der Auftraggeber die Ausführung eines Sondervorschlages nur „geduldet" hat (vgl. oben Rdn. 110).

Für den ersteren Fall gilt, dass der Sondervorschlag zum Bausoll geworden ist, d. h., die Angebotskalkulation für den Sondervorschlag ist Ausgangsbasis für die Nachtragskalkulation. Somit liegen genau die gleichen Voraussetzungen vor, die schon für die Vergütungsermittlung für „normale" Bauinhaltsmodifikationen oben erörtert worden sind.

Sofern jedoch der Sondervorschlag vom Auftraggeber nur „geduldet" wird, ist Folgendes zu beachten: Die Nachtragskalkulation muss sich auf die Angebotskalkulation für das vom Sondervorschlag unberührte Bausoll ausrichten und sich auf das auftraggeberseitig geforderte Bauist beziehen; sie wird also auf das Vertragspreisniveau, das sich ohne die „auftraggeberseitige Duldung" des Sondervorschlags ergibt, bezogen. In der Regel bedeutet das, dass sich die Kosteneinsparungen des Auftragnehmers aus dem Sondervorschlag (statt des Bausolls) bei Bauinhaltsmodifikationen nicht realisieren.

12.6 Begründungspflicht (Darlegungslast) des Auftragnehmers für die Vergütung der modifizierten Leistung: Angebotskalkulation vorhanden – nicht vorhanden – vorhanden, aber Vorlage verweigert

1114 Um seinen Anspruch auf Mehrvergütung der Höhe nach durchzusetzen, muss der Auftragnehmer im Rahmen der Nachtragskalkulation zweierlei darlegen:
- Die **Basis** der Neuberechnung (s. oben Rdn. 1051 ff.), also das Vertragspreisniveau der Bezugsleistung,
- die Ermittlung der Vergütung der modifizierten Leistung durch **Fortschreibung des Vertragspreisniveaus** (s. dazu unten nachfolgend Rdn. 1116).

1115 Für die **Darlegung** des Vertragspreisniveaus gilt Entsprechendes wie schon bei § 2 Nr. 3 VOB/B unter Rdn. 621-623 besprochen:
- Gibt es eine hinterlegte oder **nachträglich** vorgelegte authentische Angebotskalkulation (deren „Identität" der Auftragnehmer beweisen muss), bestehen keine Probleme.
- Hat der Auftragnehmer bei Angebotsabgabe keine (förmliche) Angebotskalkulation gemacht oder hat er sie heute nicht mehr im Besitz, so kann dem mit Hilfe von Ermittlungssystemen abgeholfen werden (vgl. Rdn. 1068 ff.). Gibt es keine geeigneten Ermittlungssysteme, so sind analytische (plausible) Ermittlungen in Einzelbewertung des Bezugssystems durchzuführen (vgl. **Abb. 22b**, S. 446).

- Verweigert der **Auftragnehmer** die Vorlage einer **vorhandenen** Angebotskalkulation, erhält er vom Prinzip her nichts;[1293] praktisch ist aber – wie oben besprochen – Abhilfe durch Ermittlungssysteme möglich.

Für die **Kostenfortschreibung** hin zur Nachtragskalkulation gilt nichts Besonderes: Der Auftragnehmer ist darlegungspflichtig, diese Angaben sind aber im Prinzip leicht nachzuvollziehen und ohne weiteres jederzeit dem Beweis, z. B. durch Sachverständigengutachten, zugänglich.

1116

Legt der Auftragnehmer keine nachprüfbare Darlegung vor, erhält er bei Bestreiten der Nachtragsposition durch den Auftraggeber nichts.

Zu allgemeinen Darlegungsgrundsätzen und zu weiteren Plausibilitäts-Kontrollmöglichkeiten verweisen wir auf Rdn. 1127 ff.

12.7 Einbeziehung von Nachträgen in das Dokumentationssystem des Auftragnehmers

12.7.1 Zwei Wege der Nachtragsabrechnung

Damit Nachträge vom Auftraggeber inhaltlich verstanden und der Höhe nach akzeptiert werden, sollte sich der Auftragnehmer bemühen, den Sachverhalt der Bauinhaltsmodifikation (Nachweis dem Grunde nach, siehe auch **Abb. 32a**, S. 505) und die daraus resultierenden Kosten (Nachweis der Höhe nach, also die Nachtragskalkulation) detailliert und glaubwürdig zu dokumentieren – ohne das erhält er nichts, wie unter Rdn. 1114 - 1116 dargelegt. Hierbei sollte er insbesondere Wert darauf legen, komplexe Sachverhalte schrittweise leicht nachprüfbar zu entwickeln. Es kommt darauf an, die jeweiligen Verursachungen für den Prüfenden herauszuarbeiten.

1117

Wir haben schon weiter vorn unter Rdn. 1074 ff. dargelegt, wie zu klären ist, welche Direkten Kosten wegen modifizierter Leistungselemente auftreten und ob entfallende Elemente der Bausollleistung ganz oder teilweise zu entfallenden Kosten führen (vgl. Rdn. 1088 ff.). Da die Kausalität des Kostenanfalls sehr unterschiedlich sein kann und es nicht immer einen unmittelbaren Zusammenhang zwischen der jeweiligen Kostenverursachung und der Abrechnungseinheit des Kostenträgers (= Nachtragsposition) gibt, ist vorab stets zu klären, wie die Nachtragsdokumentation und insbesondere die Nachtragskalkulation erfolgen sollen.

Einerseits bietet es sich an, für jede modifizierte Leistung – ganz gleich, ob es um Bauinhalte und/oder um Bauumstände geht – die einzelnen Mehr- oder Minderkosten gesondert in einer Zulageposition zu erfassen. Diese Methodik – nennen wir sie Weg a – lässt zunächst alles beim alten; alle Leistungen werden zunächst mit Vertragspreisen vergütet, auch die modifizierten. Die Mehr- und Minderkosten einer modifizierten Leistung werden dann außerdem noch durch die Abrechnung einer Zulageposition vergütet. Bei Weg a wird eine modifizierte Leistung also stets mit zwei Einheitspreisen abgerechnet:
– mit dem Einheitspreis der Bezugsleistung aus dem Vertrags-LV,
– zusätzlich durch den Einheitspreis der zugehörigen Zulageposition.

1118

Als Beispiel für Weg a verweisen wir auf **Abb. 30**, S. 478. Dort haben wir die zusätzlich durch die Anordnung der Konsolbänder entstehenden Kosten auf der Basis der Bezugsleistung und des Vertragspreisniveaus (vgl. **Abb. 22 b**, S. 446) ermittelt.

[1293] Siehe oben Rdn. 623, 621, unten Rdn. 1127 und 1630.

1119 Weg a hat abrechnungstechnisch folgende Vorteile:
- Auch bei noch nicht vorliegender Einigung über die Vergütung der neuen Leistung kann vorab schon die „Basisleistung" über den Einheitspreis der Bezugsleistung (Bausollleistung) unproblematisch vergütet werden.
- Dadurch, dass die „Basisleistung" einvernehmlich vergütet werden kann, werden frühzeitig die Mengen der neuen Leistung ermittelt, d. h., die die Hauptarbeit bei der Abrechnung ausmachende Mengenermittlung läuft problemlos weiter und braucht nicht unterbrochen zu werden. Nach Einigung über den Einheitspreis der Zulageposition können die vorab für die „Basisposition" ermittelten Mengen für die Zulageposition übernommen werden.
- Der Umfang der Differenzkosten ist ausgewiesen, der modifizierte Leistungsteil wird klar herausgestellt.

1120 Weg a kann aber nicht immer – auch nicht unter Einschluss von „Umwegen" – begangen werden, insbesondere nicht bei komplexen Bauinhaltsmodifikationen. In solchen Fällen ermittelt man die Gesamtkosten der modifizierten Leistung und bildet Ersatzpositionen. Mit den Einheitspreisen der Ersatzpositionen werden dann die modifizierten Leistungen als Ganzes abgerechnet.
Bei diesem Weg b wird also eine Bausollposition durch eine Ersatzposition (= Nachtragsposition) verdrängt.

12.7.2 Nachträge und Arbeitskalkulation

1121 Die Ergebnisse der Nachtragskalkulation dienen nicht nur dem Nachweis der Höhe nach gegenüber dem Auftraggeber, sondern sind auch Teil der internen Kostenkontrolle, da es sich
– sofern der Nachtrag vor Ausführung gestellt wird – um „vorkalkulierte", also um Sollkosten handelt. Somit gehört nach dem unter Rdn. 27 zur Arbeitskalkulation Gesagten
– die Arbeitskalkulation hat bekanntlich die Aufgabe, alle internen Sollvorgaben realistisch auszuweisen – jede Position der Nachtragskalkulation in die Arbeitskalkulation.
Diese konsequente Haltung ist zweifach begründet:
a) Sofern der Nachtrag vom Auftraggeber bestätigt wird, beinhaltet er sicherlich modifizierte Leistungen und somit auch Sollkosten, die bislang noch nicht in der Arbeitskalkulation erfasst waren.
b) Wenn der Nachtrag vom Auftraggeber (noch) nicht bestätigt wird, ihm jedoch trotzdem aus der Sicht des Auftragnehmers zu erwartende bzw. schon aufgetretene Mehrkosten gegenüberstehen – und sei es, weil sie bislang nicht arbeitskalkulatorisch erfasst worden sind –, so gehören diese Sollkosten ebenfalls in die Arbeitskalkulation.
Für die baubetriebliche Praxis heißt das, dass alle Nachtragspositionen in die Arbeitskalkulation eingefügt werden. Sie erhalten zunächst, wenn sie (noch) nicht vom Auftraggeber bestätigt worden sind, in unserem Beispiel (vgl. Anhang D2 Unterlage h2 die Indizes a, b, c usw., das heißt, sie werden als arbeitskalkulatorische Ansätze, denen keine Erträge gegenüberstehen, gekennzeichnet. Sofern die Nachträge vom Auftraggeber bestätigt werden, erfolgt eine Umindizierung von Buchstaben auf Ziffern, also auf „Ertragspositionen".

Für die Arbeitskalkulation hat die Wahl von Weg a für Nachtragsleistungen nur die „normale" Folge, dass jeweils noch eine Position zusätzlich aufzunehmen ist. Weg b bedingt dagegen nach der Einfügung der Ersatzposition in die Arbeitskalkulation noch die Überprüfung, ob und welche Mengen der durch eine Ersatzposition verdrängten Bausollposition noch an anderer Stelle anfallen werden und somit in der Arbeitskalkulation bleiben müssen.

Für unsere bislang besprochenen Beispiele aus Rdn. 1118 und 1120 heißt das dementsprechend: Die Nachtragsposition 19.1(Konsolbänder, vgl. **Abb. 30**, S. 478) kommt zusätzlich noch in die Arbeitskalkulation, und zwar mit der voraussichtlichen Abrechnungsmenge, es entfällt nichts aus der bisherigen Arbeitskalkulation.

12.7.3 Deckungsanteile; Ausgleichsberechnung

Die für die Beaufschlagung von Nachträgen geltenden Prinzipien haben wir schon unter Rdn. 1003 ff. und Rdn. 1011 besprochen. Insbesondere haben wir unter Rdn. 1006 „vorgeschlagen", die Nachträge mit den Zuschlägen der Angebotskalkulation zu beaufschlagen und später bei Stellung der Schlussrechnung eine Ausgleichsberechnung durchzuführen und zu prüfen, welche Deckungsanteile vorliegen. Dies erfolgt mit Hilfe einer der unter Rdn. 624 ff. besprochenen Methoden (vgl. auch **Abb. 16**, S. 254, **Abb. 17**, S. 257 und **Abb. 18**, S. 260). In diese Ausgleichsbetrachtung werden nicht nur die Positionen einbezogen, bei denen sich Mengenänderungen gegenüber ihren ausgeschriebenen Vordersätzen ergaben, sondern es werden alle durch Nachträge entfallenden Bausollpositionen sowie auch alle Nachtrags- (u. a. Ersatz- und Zulage-)Positionen eingebracht.
Die Ausgleichsberechnung, ganz gleich, welche Methode eingesetzt wird (vgl. Rdn. 624 ff.), wird von der Wahl der Nachtragsbearbeitungsmethodik (Wege a oder b, Rdn. 1118 ff.) nur am Rande berührt, da

– beim Weg b die durch Ersatzpositionen verdrängten Bausollpositionen mit ihren „Nullmengen" und die Ersatzpositionen (vgl. N 044 ff. in **Abb. 13, S. 163**) mit ihren **Istmengen angesetzt werden;**
– beim Weg a die ausgeschriebene „Basisposition" und die Zulageposition jeweils mit ihrer Istmenge angesetzt werden (vgl. **Abb. 16 und Abb. 17**).

Der volle Deckungsausgleich wird in beiden Fällen erreicht.

Für unser Beispielprojekt einschließlich all seiner in Abbildungen und Anhängen aufgezeigten Kostenfortschreibungen führen wir die entsprechende Ausgleichsberechnung in **Abb. 17** durch.

Die oben aufgeführte Ausgleichsberechnung ist dann, wenn keine Angebotskalkulation vorliegt und wenn auch ansonsten keine Aufgliederung der Umlagebeträge ausgewiesen ist, nicht durchführbar; es bedarf dann einer gutachterlichen Schätzung der Umlagebeträge bzw. Zuschlagssätze.
Es ist natürlich eine andere Frage, ob man bei geringfügigen Mengenänderungen und/ oder Bauinhaltsmodifikationen eine aufwendige Ausgleichsberechnung macht. In der Regel wird man diese Frage erst am Ende der Baustellenabrechnung beantworten können (vgl. Rdn. 639).

13 Verursachung

13.1 Die Modifikation des Bauinhalts als Ursache von Mehrkosten

Der **Auftragnehmer** muss **nachweisen,** dass die Änderungsanordnung oder die Anordnung zusätzlicher Leistung gerade die Maßnahmen (und Kosten) verursacht, deren zusätzliche Vergütung er jetzt verlangt. Basis ist der schon unter Rdn. 700 angesprochene Bauinhalts-Soll-Ist-Vergleich. Ist eine Bauinhaltsmodifikation belegt, spricht aller Anschein dafür, dass dies auch zu modifizierten Kosten führt.

Dieser Ursachenzusammenhang bedarf im Normalfall überhaupt keiner Diskussion: Wenn der Auftraggeber anordnet, eine Parkplatzfläche anzulegen, die bisher nicht vorgesehen war, gibt es keine Diskussion über den Zusammenhang zwischen Anordnung und Kosten des Parkplatzbaus. Andererseits gibt es jedoch Fälle, in denen der Ursache-Wirkungs-Zusammenhang kaum präzise dargelegt werden kann. Insbesondere bei **konkludenten Änderungsanordnungen**, die sich **nicht nur auf eine konkrete Einzelmaßnahme auswirken**, sondern die vielfache „großräumige" und im Detail kaum überprüfbare Folgen haben, ist es schwer, wenn nicht sogar unmöglich, die **konkrete Verursachung** für jedes geänderte **Detail nachzuweisen**. Hier ist **durch prägnante und plausible Angaben zum Bausoll und Bauist** nachzuweisen, welche Modifikationen angefallen sind, so dass ein Schluss vom Teilbereich aufs Ganze möglich ist; insgesamt ist aber insoweit in besonderen Fällen auch eine **Schätzung** gemäß § 287 ZPO möglich.[1294]
Das gilt sowohl für die Darlegungen zum Grund wie zur Höhe.

1124 Hierbei kommt einem Dokumentationssystem, das insbesondere darauf ausgerichtet ist, die einzelnen Einflussgrößen mit anzugeben, eine wichtige Rolle bei dem Ursachennachweis zu.[1295] Sofern beispielsweise **für Bauinhaltsmodifikationen** klar herausgestellt wird,
– welcher **Bauabschnitt** und
– welche jeweiligen **Arbeiten**
unter anderem davon betroffen sind, so können aus der Gegenüberstellung von
– **Bausoll**
  • **beauftragte Leistungen gemäß Plänen und Leistungsverzeichnis,**
  • geplanter Bauablauf gemäß Vertragsterminplan und/oder produktionsorientierten Ablaufplänen
und
– **Bauist**
  • Bauinhalt gemäß dokumentierten Anordnungen und Ausführungspläne
  • Bauumstände (Fortschreibung des produktionsorientierten Soll-Ablaufplans unter Berücksichtigung der Auswirkungen der Bausoll-Bauist-Abweichung)
die Folgen für den Preis und für die Termine „fortgeschrieben" werden. Hierzu verweisen wir auf die unter Rdn. 1126 und 1129 noch erfolgenden Darlegungen zur plausiblen Darlegung zu den Bausoll-Bauist-Abweichungen dem Grunde und der Höhe nach.

1125 Probleme können dadurch entstehen, dass der Zeitaufwand für den Nachweis der Bauinhaltsmodifikation als solches und ihrer Auswirkungen den Baustellenablauf behindern kann. Wenn z. B. eine Kanalisationsbaufirma gemäß Leistungsverzeichnis das Aushubmaterial auch zum Wiederverfüllen benutzen soll, ihrer Meinung jedoch der Boden hierzu nicht geeignet ist, so kann es bis zur endgültigen auftraggeberseitigen Entscheidung zu erheblichen Störungen im Bauablauf kommen, sofern man sich nicht vorab prophylaktisch bei Streitfällen auf einen Sachverständigen geeinigt hat und dieser relativ kurzfristig abrufbar ist; unter Umständen kommt hier auch ein selbständiges Beweissicherungsverfahren in Betracht.[1296]

[1294] BGH BauR 1993, 600, 603; weitere Nachweise Rdn. 1130.
[1295] Vgl. Olshausen, Festschrift Korbion, S. 333.
[1296] Gerade in solchen Fällen ist oft eine Beweissicherung (selbständiges Beweisverfahren) Voraussetzung dafür, Ansprüche überhaupt durchsetzen zu können, ebenso Putzier, BauR 1989, 132, 139. Wie der Auftragnehmer sich weiter verhalten soll (nämlich arbeiten, aber ankündigen, obwohl er rechtlich auch die Arbeit verweigern könnte), haben wir unter Rdn. 997 ff. schon ausführlich behandelt.

13.2 Exkurs: Die Feststellung einer Bauinhaltsmodifikation und der Nachweis dem Grunde nach durch den Auftragnehmer in der Praxis

Wie ist es **in der Praxis** möglich, Bauinhaltsmodifikationen überhaupt und möglichst frühzeitig zu bemerken? Erste Voraussetzung ist, dass der verantwortliche **Bauleiter** das **Bausoll** – also die zum Zeitpunkt des Vertragsabschlusses vorliegenden auftraggeberseitigen Unterlagen – in Form von Kopien **zur Verfügung** hat.

Nach Eingang von Ausführungsplänen und bei auftraggeberseitigen Anordnungen ist dann ein **Bauinhalts-Soll-Ist-Vergleich** durchzuführen.[1297] Obwohl Bauleiter des Auftragnehmers in der Regel hierzu wenig Neigung haben, sollten sie sich darauf besinnen, dass sie gemäß § 3 Nr. 3 und § 4 Nr. 3 VOB/B sowieso die Pflicht haben, die für die Ausführung übergebenen Unterlagen zu überprüfen. Somit ist die Kontrolle der Ausführungsunterlagen unerläßliche Pflicht des Bauleiters; dadurch wahrt er auch die Chance, rechtzeitig Nachtragsforderungen stellen zu können.

Sofern nicht in Ausführungsplänen enthaltene Anordnungen des Auftraggebers zur Ausführung in Form von Besprechungsergebnissen, mündlichen Anordnungen, Berechnungen oder anderweitig auf den Auftragnehmer zukommen, ist es Aufgabe seines Bauleiters, diese **mindestens** im Bautagesbericht zu dokumentieren (vgl. **Abb. 31**, S. 498, Rubrik „Besuche und Anordnungen", vgl. auch Rdn. 1128). Anders ausgedrückt: Der Bauleiter „erhebt" solche Angaben durch ihre schriftliche Dokumentation nachprüfbar in den Status von Ausführungsunterlagen, vorausgesetzt, er leitet **Kopien der Dokumentation und des Bautageberichts** jeweils sofort dem Auftraggeber zu.
Vorsorglich sollte der Bauleiter eine schriftliche Bestätigung der Anordnung verlangen. Somit gibt der Bauleiter dem Auftraggeber auch die Chance, sich seiner Anordnungen bewußt zu werden und gegebenenfalls seine Anordnungen zurückzuziehen bzw. Rücksprache beim Auftragnehmer wegen der zu erwartenden Mehrkosten zu nehmen.
Der auftragnehmerseitige Bauleiter muss in den Vertragsunterlagen nachprüfen, ob nicht etwa der Inhalt der jetzt getätigten Anordnungen unmittelbar oder mittelbar Teil des Bausolls ist.

Ergänzend zum Bauleiter kommt dem Polier eine wichtige Aufgabe bei der Bauinhaltskontrolle zu, wenn er ein Leistungsverzeichnis oder sogar einen Satz des kompletten Bausolls in Händen hat. Dann ist er – entweder schon bei Übernahme der Ausführungspläne oder spätestens bei Auftauchen von Ablaufproblemen – in der Lage, Bauinhalts-Soll-Ist-Vergleiche durchzuführen. Wenn der Polier sich intensiv mit den Ausführungsplänen beschäftigt (Themen: neue Inhalte, Vollständigkeit, Fehler, Ausführbarkeit), liegt hier eine große auftragnehmerseitige Chance für die Entdeckung von Bauinhaltsmodifikationen vor.

Durch die – von wem auch immer durchgeführte – **Arbeitsvorbereitung** hat der Polier weiterhin eine interne **Richtschnur für die Bauausführung**. Sofern er bemerkt, dass er die Vorgabe nicht mehr einhalten kann, ist es seine Aufgabe, sich mit seinem Bauleiter in Verbindung zu setzen und nach Gründen für diese Abweichung zu suchen und dabei gegebenenfalls festzustellen, dass eine Bausoll-Bauist-Abweichung vorliegt.

[1297] Vgl. Rdn. 406 sowie Witteler, a. a. O., S. 150 ff.

Rdn. 1126   Verursachung

Bautagesbericht								DATUM 1 3 0 8		INDEX	
Baustelle :											
Arbeitskräfte		Aufsicht	Vor-arbeiter	Fach-arbeiter	Maschin.	NU		Insges.	**Wetter**		
von 7⁰⁰ bis 15⁴⁵		1		4	1				min °C 17	max °C	28
von 7⁰⁰ bis 17⁰⁰					6						
von bis											
Besonderheiten des Arbeitskräfteeinsatzes :											

Baumaschineneinsatz	
Eigengerät	Fremdgerät
1 Hochbaukran	
	1 TL-Bagger (klein)
	1 TL-Bagger (groß)
	1 Radlader

Vorgang / Tätigkeit		Bemerkung
3/1	Fundamentaushub Absch. 2	fertig
5/4	Sauberkeitsschicht Absch. 3 (Bodenpl.)	fertig
4/2	FT-Fundamente Absch. 2	

Außervertragliche Leistung :			Behinderungen	Bauüberwachung
Menge	Einh.	Bezeichnung	1. Verspätete Angaben Bewehrung Bodenplatte (Lieferfrist) 2. Schleppender Arbeitsfortschritt Kanalisation, Folge: Keine Arbeitsdurchführung bei Ortbeton mehr möglich ab heutigem Arbeitsende	Bauleitung AG Herr Müller Prüfstatiker Herr Schulte

Stundenlohn Leistung			Plan-Eingang	Besuche u. Anordnungen
Menge	Einh.	Bezeichnung	Nr. / Bauteil	Die Bauleitung ordnet mündlich die für die Bodenplatten einzubauenden Bewehrungsmatten an. (siehe beiliegende Liste Nr. 1308)
			Eigene Skizze zur Dokumentation der Anordnung über die Bewehrung der Bodenplatte erstellt und an AG weitergeleitet.	

Sofern der Platz nicht ausreicht, ist für zusätzliche Angaben ein Beiblatt anzulegen und der Index des Tages anzugeben.	aufgestellt von : Adler	anerkannt von :

Abbildung 31   Bautagesbericht (hier 13. August) mit Eintragungen über Planeingänge, Behinderungen und Anordnungen

Poliere können noch besser für diese Aufgabe sensibilisiert werden, wenn sie die Angebotskalkulation ausgehändigt, mindestens aber die Aufwandswerte in das Leistungsverzeichnis oder in eine Liste der Aufwandswerte eingetragen bekommen. Somit werden sie in die Lage versetzt, bei der Stundenberichterstattung (vgl. Rdn. 1568 ff.) sofort auf Auffälligkeiten beim Stundenanfall reagieren zu können und sich gegebenenfalls an den Bauleiter zu wenden, damit dieser überprüfen kann, was Ursache des unplausibel hohen Stundenanfalls ist.

Als weitere Hilfe bei der Auffindung von Bauinhaltsmodifikationen ist die **Funktion „Abrechnung"** zu nennen. Unabhängig davon, ob der Bauleiter oder ein eigenständiger Abrechner diese Funktion ausfüllt, eröffnet eine **baubegleitende Abrechnung** weitere **Möglichkeiten, auf Bauinhaltsmodifikationen zu stoßen.** Der Abrechnende beschäftigt sich intensiv mit dem Leistungsverzeichnis und den Ausführungsplänen. Hat er darüber hinaus einen Satz Bausollunterlagen, wird er auch darauf stoßen, ob Bausoll-Bauist-Abweichungen vorliegen. Hierbei kann er Augenmerk auf verschiedene **Merkmale** legen, **die auf Bauinhaltsmodifikationen hindeuten:**
– geometrische Änderungen gegenüber den Vertragsunterlagen
– Indexänderungen in den Plänen
– zusätzliche Plannummern gegenüber dem ursprünglichen Planverzeichnis
– Mehr- oder Minderungen gegenüber der Ausschreibung bzw. gegenüber den je Arbeitsabschnitt bei der Arbeitsvorbereitung ermittelten Teilmengen
– schwierige Positionszuordnung
– Leistungen bestimmter Positionen werden in den Plänen gar nicht angesprochen
– in den Ausführungsunterlagen sind Leistungsinhalte enthalten, die aus den Vertragsinhalten nicht erkenntlich sind

Der Abrechnende ist i.d.R. die letzte Instanz zur Verhütung von „vergessenen Nachträgen"; **soweit es allerdings um zusätzliche Leistungen geht, deren Durchführung vor Ausführung anzukündigen war (§ 2 Nr. 6 VOB/B), kommt seine Entdeckung zu spät,** außer, es greifen die früher besprochenen Ausnahmen vom Ankündigungserfordernis ein.

Sofern die Abrechnung – was nicht selten der Fall ist – weit hinter der Leistungserstellung hinterherhinkt, besteht außerdem die große Gefahr, dass Rückfragen bei den unmittelbar am Bau Beteiligten jetzt keine oder keine ausreichende Aufklärung über die damaligen tatsächlichen Baustellengegebenheiten bringen.

Ein anderer Ansatz zur Aufdeckung von bislang übersehenen Bauinhaltsmodifikationen ergibt sich durch **Bauabschnittskontrollen** bezüglich **Soll und Ist von**
– Mengen
– Zeitverbrauch
– Kapazitätseinsatz.

Bei beachtenswerten Soll-Ist-Abweichungen kann – muss aber nicht – die Ursache in den Bauinhaltsmodifikationen liegen. Natürlich gelten auch hier dieselben Einschränkungen wie oben.

Letztendlich kann ein zumeist erst recht spät vorliegendes Instrument, der periodisch durchgeführte **Stunden- (Aufwandswert-) bzw. Kosten-Soll-Ist-Vergleich,**[1298] Anhaltspunkte dafür geben, dass nachträgliche Bauinhaltskontrollen erforderlich werden, aber auch hier können die Erkenntnisse schon zu spät sein. Als Beispiel sei auf erhebliche Diskrepanzen zwischen Soll und Ist bei bestimmten Materialkosten, bei Nachunterneh-

---

[1298] Näheres hierzu vgl. KLR-Bau a. a. O.; Wiemers, Kosten- und Leistungskontrolle durch Soll-Ist-Vergleich im bauindustriellen Großbetrieb, in: Praktische Kosten und Leistungskontrolle im Baubetrieb; Günther, Kostensenkung durch Kostenkontrolle im Baubetrieb. Den Stunden-Soll-Ist-Vergleich werden wir im Rahmen der Erörterung von Behinderungsschadensersatz unter Rdn. 1599 besprechen.

merleistungen, bei BAS-Nummern usw. hingewiesen. Sofern ungewöhnlich große Abweichungen bei den BAS-Nummern für Bewehrungsarbeiten vorliegen, deutet das z. B. darauf hin, dass beim Bewehrungseinbau unerwartet schwierige Arbeiten (z.B. hohe Bewehrungskonzentration, ungewöhnlich hoher Anteil an kleinen Betonstahldurchmessern) angefallen sind. In solchen Fällen ist also durch Gegenüberstellung von Bauist zum Bausoll festzustellen, ob tatsächliche Abweichungen vorliegen. Anderenfalls liegen die Ursachen bei schwachem Personal, schlechter Organisation usw.

Allein die Tatsache, dass es **oft sehr schwer** sein kann, **vor dem** konkreten **Ausführungsbeginn Abweichungen** überhaupt **festzustellen,** zeigt noch einmal, **wie problematisch** im Einzelfall das **Ankündigungserfordernis** für zusätzliche Leistungen **vor Leistungsbeginn** in § 2 Nr. 6 VOB/B sein kann; es bleibt aber dabei, dass für zusätzliche Leistungen alle diese Kontrollen zu spät kommen, wenn man das Ankündigungserfordernis in § 2 Nr. 6 VOB/B für wirksam hält und wenn dann nicht vor Ausführung eine Vergütungsforderung angekündigt worden ist, wobei allerdings selbst dann nahezu immer Ausnahmen vom Ankündigungserfordernis zu bejahen sind.[1299)]

Ist eine Bausoll-Bauist-Abweichung festgestellt worden, so ist sie durch eine Darstellung dem „Grunde nach" bei der Nachtragseinreichung zu belegen. Hierzu verweisen wir auf **Abb. 32a**, S. 505 und auf die Unterlagen r1 in den Anhängen D 2, E und G. Leider ist in der Praxis festzustellen, dass dem Nachweis dem Grunde nach zu wenig Bedeutung beigemessen wird. Dies hat nicht selten zur Folge; dass der Nachtrag nicht oder aber nur zum Teil anerkannt wird.

14 Darlegungslast, Beweisführung, Beweislast

14.1 Grundsätzliches

1127   Zum Begriff „Beweislast" dürfen wir auf die früheren Darlegungen unter Rdn. 277 verweisen.

Der **Auftragnehmer muss beweisen:**
- **dass** es sich um eine **geänderte** bzw. um eine zusätzliche Leistung handelt, dass also die geforderte Leistung nicht schon vom bisherigen Vertragsinhalt gedeckt ist (Soll-Ist-Vergleich zum Bausoll),
- die **Anordnung des Auftraggebers,**
- die **Ankündigung** gemäß § 2 Nr. 6 Abs. 2 Satz 2 VOB/B sowie alle Ausnahmetatbestände vom Ankündigungserfordernis,
- die **Bevollmächtigung eines Dritten,** falls dieser die Anordnung gegeben hat,
- die **Anspruchshöhe.**

Zur Darlegung der **Anspruchshöhe** muss der Auftragnehmer eine Nachtragskalkulation vorlegen.[1300)]

[1299)] Zur Problematik „versteckter Anordnungen" und insoweit zum Ankündigungserfordernis bei § 2 Nr. 6 VOB/B vgl. auch oben Rdn. 865, 886, 919, 929, 933 ff, 1129.

[1300)] Zu den Darlegungspflichten hinsichtlich der Höhe des Anspruchs, insbesondere zur „Ermittlung" der Angebotskalkulation als Basis und der Fortschreibung zur Nachtragskalkulation, Einzelheiten oben Rdn. 1114 ff., 1051 ff., 1074 ff.
Als Unterlage 9 l ist im Anhang jeweils eine Nachtragskalkulation beigefügt.

Dem Auftragnehmer kommen auch Schätzungsmöglichkeiten zu Hilfe (siehe unten Rdn. 1130, oben Rdn. 1114 ff.), und zwar solche zur Ursache wie zur Höhe.

Ein Sonderproblem zur Höhe stellt sich, wenn der Auftragnehmer die **Vorlage** einer **vorhandenen Kalkulation** zu Beweiszwecken **verweigert**. Dieses Problem haben wir schon behandelt (Rdn. 623, 621, 1115, s. auch unten Rdn. 1630); dieser Auftragnehmer erhält nichts.

14.2 Das Bautagebuch als Beweismittel

Wir haben schon unter Rdn. 1126 angesprochen, dass das Bautagebuch das einfachste Hilfsmittel ist, um mündliche Festlegungen, Anordnungen usw. zu **dokumentieren**. Mitteilungen durch das Bautagebuch haben den Vorteil, dass sie aktuell erfolgen können, wenig Aufwand bedingen und eine niedrige Hemmschwelle haben. Es bietet sich deshalb an, generell das Bautagebuch, da es die meisten Bauunternehmen sowieso führen, als Ankündigungsinstrument zu benutzen, d. h. Kopien jeweilig sofort dem Auftraggeber zuzuleiten,[1301] zweckmäßig z. B. durch Fax oder durch E-Mail.

1128

Das Bautagebuch darf nicht nebenbei geführt werden;[1302] es ist das wichtigste Dokument über Bauabwicklung, Bauinhalt und Bauumstände, **Adressat ist der Auftraggeber**.

14.3 Die konkrete Erstellung der Nachtragskalkulation

Prinzip der Nachtragskalkulation muss sein, dass **aufbauend** auf dem Vertragspreisniveau und einer plausibel nachvollziehbaren und aussagefähigen **Angebotskalkulation** die neuen Preise ermittelt werden (vgl. Rdn. 1000 ff.).

1129

Nach Vertragsschluss und Hinterlegung der Angebotskalkulation lassen sich irgendwelche „zu knappen Ansätze" nicht mehr wegdiskutieren. Wer sich durch seine Preise gebunden hat und eine darauf abgestimmte, in sich geschlossene Angebotskalkulation vorgelegt hat, muss es nunmehr auch im Nachtragsfall hinnehmen, dass „möglicherweise" irgendwo „zuviel" und anderswo „zuwenig" kalkulativ angesetzt worden ist.

Zur Durchführung der Nachtragskalkulation als solche haben wir in Rdn. 1051 ff. eingehend Methodik und Beispiele besprochen. Deshalb ist an dieser Stelle nur noch darauf hinzuweisen, dass es sinnvoll ist, diese Nachtragskalkulation vom Bauleiter bzw. Oberbauleiter des betreffenden Objektes und nicht von „Dritten" durchführen zu lassen. Der Grund hierfür liegt darin, dass die Baubeteiligten am besten mit Soll und Ist des Bauinhalts und der Bauumstände vertraut sind und für den Fall, dass sie selbst nicht die Nachtragskalkulation durchführen, all dieses Wissen an den „fremden" Bearbeiter transferieren müssen. Außerdem hat die Erstellung einer Nachtragskalkulation durch die Baubeteiligten den Vorteil, dass beim Kalkulieren gegebenenfalls eine noch bessere Durchdringung des Mehrkostenanfalls gelingt (also ein Vergessen von Kostenverursachung und Kostenanfällen vermieden wird), als wenn einem Dritten nur die Bauinhaltsmodifikationen weitergemeldet und diese von ihm ohne genaue Kenntnis der Baugegebenheiten kalkuliert werden.

Es ist eine allgemeine Erfahrung, dass Angebotskalkulationen mehr schematisch – inzwischen zumeist bedingt durch EDV-Programme – ausgerichtet sind, wohingegen es bei Nachtragskalkulationen auf die spezielle Berücksichtigung der neu eingetretenen Situati-

---

[1301] Zur Bedeutung des Bautagebuchs für Behinderungsankündigungen verweisen wir auf Rdn. 1235 ff.
[1302] Die Eintragungen im Bautagebuch erläutern wir im Einzelnen unter Rdn. 1240.

on und ihre Kostenauswirkungen ankommt. Deshalb kann es sich auch empfehlen, Nachtragskalkulationen „handschriftlich" aufzustellen und sie nicht in ein eingefahrenes Angebotskalkulationsschema zu pressen; das heißt natürlich nicht, dass eine Nachtragskalkulation unmethodisch sein soll oder darf. Vorrang hat die Dokumentation der Abweichung zwischen Bausoll und Bauist, hieraus werden die Kostenfolgen abgeleitet; Prinzip ist, dass die Nachtragskalkulation leicht nachvollziehbar und glaubwürdig sein soll.[1303]

Besonders delikat wird die Situation bei den oben angesprochenen konkludenten (u. U. „versteckten" oder „schleichenden") **Änderungsanordnungen.** Wir verweisen als Beispiel auf einen früheren Fall:[1304]
Entgegen der im Angebotsstadium zu erwartenden Bewehrungskonzentration ergibt sich (fortschreitend und schleichend) aus den freigegebenen Bewehrungsplänen, dass eine erheblich höhere Bewehrungskonzentration vorliegt (schleichende Änderungsanordnung). Dies verursacht neben zusätzlichen Einbaukosten für den zusätzlichen Betonstahl auch, dass der Einbau des Betons sich verteuert. Es wird Betonverflüssiger erforderlich, es muss eine geringere Korngröße eingebaut werden, Rüttelgassen sind einzurichten und so fort. Es ist schlechterdings ausgeschlossen, hier den **konkreten Nachweis** exakt zu führen, dass überhaupt die Stahlkonstruktion gerade an **dieser** Stelle (bei einem Großobjekt) **diese** Maßnahme erforderlich machte; ebenso wird es kaum möglich sein, nachträglich genau und verursachungsgerecht zu lokalisieren, an welcher Stelle genau welche Maßnahme in welchem Umfang erforderlich war.
Es ist aber kein Problem, den Stundenverbrauch nach Arbeitsabschnitten und Bereichen zu trennen[1305] und ihn dem zugehörigen Betonstahlverbrauch gegenüberzustellen. Man kann durchaus erwägen, ob nicht je nach Fallgestaltung hier ein sogenannter Anscheinsbeweis dem Auftragnehmer hilft.[1306]

14.4 Plausible Nachweise, Schätzungsmöglichkeiten

1130   Sowohl zur Höhe wie auch zum **Ursachennachweis** bei geänderten oder zusätzlichen Leistungen sind **Wahrscheinlichkeits- und Plausibilitätsüberlegungen angebracht,** die das Gericht im Streitfall aufgreifen kann und die **als Grundlage einer Schätzung** gemäß § 287 ZPO dienen.[1307] Darlegungsmängel oder unvollständige Beweisführungen schließen also bei § 2 Nr. 5 und § 2 Nr. 6 VOB/B den Anspruch auf modifizierte Vergütung nicht aus, aber je nach Grad der Unvollständigkeit der Unterlagen werden ggf. nur noch „Mindestschätzungen" möglich sein.

Zur Berücksichtigung von Kalkulationsirrtümern in der Nachtragskalkulation verweisen wir auf Rdn. 1031 ff.

[1303] Diese Aussagen gelten in verstärktem Umfang für Schadensersatzermittlungen bei Behinderung (vgl. Rdn. 1562 ff., 1593 ff.).
[1304] Zum Fall oben und zur Problematik „versteckter Änderungsanordnungen" allgemein Rdn. 127, 507, 885, 920, 929, 933 ff., 1126.
[1305] Vgl. auch Rdn. 1560 ff. Zum Problem selbst s. schon oben Rdn. 128, 147, 864.
[1306] Zum Begriff und zur (verneinten) Parallele bei § 6 Nr. 6 VOB/B vgl. Kapellmann/Schiffers, BauR 1986, 615, 621.
[1307] BGH BauR 1993, 600, 603; OLG Naumburg NZBau 2001, 144; auch Ingenstau/Korbion/Keldungs, VOB/B § 2 Nr. 5, Rdn. 27 (zu § 2 Nr. 5 VOB/B); vgl. dazu zur Höhe näher Rdn. 1074 ff., 1123.
Die vergleichbare, aber dort ungleich bedeutsamere Problematik bei § 6 Nr. 6 VOB/B behandeln wir unter Rdn. 1612 ff.
Zu Schätzungsmöglichkeiten vgl. auch Rdn. 1081, 1114 ff.

14.5 Plausibler Nachweis für Bauinhaltsmodifikationen bei „geduldeten Sondervorschlägen" (Nebenangebote)

Sofern der Auftraggeberentwurf Bausoll geworden ist, kann es nur dann relevante Bauinhaltsmodifikationen geben, wenn der nach Auftragserteilung auftraggeberseitig verlangte Bauinhalt sich von diesem Bausoll unterscheidet. Wäre also das in Anhang A dokumentierte Projektbeispiel (Mischbauweise, u.a. mit Fertigteilbalken) auftraggeberseitig in Ortbetonbauweise geplant und ausgeschrieben gewesen und „duldete" der Auftraggeber, dass der Auftragnehmer – geduldet durch den Auftraggeber – das Objekt in Mischbauweise erstellt, so führt eine Inhaltsänderung bei den Kerndecken gemäß Anhang G, Unterlage a 4 dazu, dass die zusätzlich angeordneten Balken analog den Balken abzurechnen sind, die der Auftraggeber außerhalb der Kernbereiche in Ortbeton beauftragt hatte. Dabei spielt es keine Rolle, dass der Auftragnehmer nunmehr diese Ortbetonbalken durch Fertigteilbalken ersetzt hat.

1131

Im Extremfall bedeutet das auch, dass eine Änderung der Nutzlast der Decken, die mit ausreichendem Vorlauf zu geänderten Bewehrungsplänen führen würde, bei Beibehaltung der Ortbetonbauweise zu keinerlei Problemen bei der Bauausführung geführt und nur eine höhere Betonstahlabrechnung verursacht hätte.

Dagegen hat eine Bauinhaltsmodifikation bei der Mischbauweise (Filigranplatten bzw. sonstige Fertigteilunterzüge) zur Folge, dass die schon fertiggestellten Fertigtelie nach der Änderungsanordnung nicht mehr verwendet werden können, ganz abgesehen davon, dass im Eilverfahren neue modifizierte Fertigteile herzustellen wären, um den Ablauftakt nicht zu stören.

Das, was bei der ausgeschriebenen Ortbetonlösung als Änderung problemlos umsetzbar war, führt bei der „geduldeten" Mischbauweise zu erheblichen Mehrkosten auf seiten des Auftragnehmers. Da jedoch der bieterseitige Sondervorschlag nicht zum Vertragsbestandteil geworden ist, werden auftraggeberseitig nur die Kosten ersetzt, die – fiktiv – bei einer Ortbetonlösung entstanden wären. Die analoge Kostenfortschreibung läuft in solchen Fällen also auf der Basis der Angebotskalkulation des ausgeschriebenen Entwurfs ab.

15 Fälligkeit, Abschlagszahlungen, Verjährung, Wirkung der Schlussrechnung

Vergütungsansprüche des Auftragnehmers aus § 2 Nr. 5 oder § 2 Nr. 6 VOB/B sind normale vertragliche Vergütungsansprüche. Für sie gilt deshalb all das, was wir schon zu § 2 Nr. 3 VOB/B ausgeführt haben.[1308]

1132

[1308] Siehe oben Rdn. 661.

16 Der Ausschluss des Anspruchs des Auftragnehmers aus § 2 Nr. 5 oder § 2 Nr. 6 VOB/B durch Allgemeine Geschäftsbedingungen des Auftraggebers

1133 Wir haben bereits erörtert, dass die in § 2 Nr. 6 Abs. 2 Satz 2 VOB/B enthaltene Regelung, wonach der Auftragnehmer seinen Anspruch auf Mehrvergütung als Anspruchsvoraussetzung **ankündigen** muss, im Rahmen der VOB/B nach Auffassung des BGH nicht gegen das AGB-Recht verstößt. Diese Regelung verstößt als isolierte Klausel nicht gegen AGB-Recht, wenn eine die Ausnahmen enthaltende klarstellende und eindeutige Formulierung verwandt wird.[1309]

Weiter haben wir erörtert, dass die Einführung eines solchen **Ankündigungserfordernisses** auch bei § 2 Nr. 5 VOB/B durch den Auftraggeber wirksam ist, sofern die Formulierung eindeutig ist.[1310]

Schließlich haben wir im Einzelnen die Gültigkeit von Schriftformklauseln erörtert.[1311]

1134 Somit verbleibt nur noch die Klärung der Frage, ob Klauseln, die den **Vergütungsanspruch** wegen Änderung gemäß § 2 Nr. 5 VOB/B oder wegen Zusatzleistung gemäß § 2 Nr. 6 VOB/B ganz **ausschließen** (oder einschränken), **mit AGB-Recht vereinbar sind.**

Das ist eindeutig zu verneinen; solche Klauseln sind **ausnahmslos unwirksam**.[1312] Es bedarf deshalb auch nicht der Diskussion unterschiedlicher Varianten solcher Klauseln.

17 Beispiele: Nachtragskalkulation für modifizierte Leistungen

17.1 Vorbemerkung

1135 Wir haben oben zur Veranschaulichung des Stoffes unter Rdn. 826 ff. und insbesondere ab Rdn. 1051 Teilbeispiele zur Feststellung des Vertragsniveaus und zur Ermittlung der Vergütung von modifizierten Leistungen behandelt. Nachfolgend besprechen wir ergänzend an einem Beispiel eine Nachtragsbearbeitung als Ganzes. Dabei geht es um die Auswirkungen der Anordnung von Balkendecken (statt Flachdecken) in den Kernen des Bauwerks A (vgl. auch Anhang G).

17.2 Einzelnachweis

17.2.1 Nachweis dem Grunde nach

1136 In **Abb. 32 a**, S. 505 wird zum Bausoll dargelegt, dass der Vertrag keine Aussagen über die Herstellung von Balkendecken in Ortbetonbauweise beinhaltet. Das Leistungs-

---
[1309] Siehe oben Rdn. 914 ff., insbes. BGH BauR 1996, 542.
[1310] Siehe oben Rdn. 933, 934.
[1311] Siehe oben Rdn. 948 ff.
[1312] Zum Beispiel BGH „ECE-Bedingungen" BauR 1997, 1036; vollständige Nachweise bei Markus, in: Markus/Kaiser/Kapellmann, AGB-Handbuch Bauvertragsklauseln, Rdn. 303-327.

verzeichnis (Anhang A, Unterlage a 1.1) besagt nichts über die Ausbildung der Decke, die Ausschreibungs- und Vertragspläne (Anhang A, Unterlage a 1.2) zeigen in den Kernen Flachdecken.

Darauf abgestimmt hat der Auftragnehmer seine Schalungsplanung für sein Angebot erstellt (Anhang B, Unterlage g3, Blatt 2) und nach Auftragserhalt die Zeitbedarfsrechnung für den Normaltakt des Bauwerks A (Anhang D 1, Unterlage g4, Blatt 2) durchgeführt. Sie weist für die Kerndecken (einschließlich der Randschalung) 0,99 AT pro Takt aus. Darauf baut der zugehörige produktionsorientierte Terminplan TP-Soll b (Anhang D 1, Unterlage g4, Blatt 6) auf.

BAUSOLL

LV Text:
Im Vertragsleistungsverzeichnis (Anhang A, Unterlage A1.1) steht unter LB 013 Pos. 9 nichts Besonderes über Kerndecken.

Pläne:
In den Plänen zur Ausschreibung sind nur Flachdecken in den Kernen eingezeichnet (vgl. Anhang A, Unterlage a1.2).

Aus dem Bausoll resultierende Arbeitsvorbereitung:
- Schalungsplanung (Anhang B, Unterlage g3, Blatt 2)
- Zeitbedarfsberechnung für den Normaltakt zu Bauwerk A (Anhang D1, Unterlage g4, Blatt 2). Dort wird für das Schalen der Kerndecken und die Randschalung ein Zeitbedarf von 0,99 AT berechnet.

BAUIST

Pläne:
Die zur Ausführung freigegebenen Pläne (Anhang G, Unterlage a4) weisen für die Kerne des Bauwerks A Decken mit Ortbetonbalken aus.

Aus dem Bauist resultierende Arbeitsvorbereitung:
- Die Schalungsplanung ist zu modifizieren (Anhang G, Unterlage g3, Blatt 2 und 3).
- Die Zeitbedarfsberechnung ist zu modifizieren (Anhang G, Unterlage g4, Blatt 2) und weist für das Schalen der Kerndecken und die zugehörige Randschalung 1,33 AT + 0,13 AT = 1,46 AT aus.

RÜCKSCHLUSS

Gemäß den Ausführungsunterlagen ist ein gegenüber dem Bausoll modifizierter Bauinhalt herzustellen. Daraus folgt ein zusätzlicher Zeitbedarf für das Schalen der einzelnen Kerndecken; nämlich: 1,46 AT 0,99 AT 0,50 AT.

Das hat zur Folge:

Eine Taktverlängerung um 0,5 AT führt wegen der auf ganze Tage abgestimmten Betoniertermine i.d.R. zu einem zusätzlichen AT pro Takt; hier insgesamt zu 9,0 AT.

Der bis zum Augenblick aktuelle modifizierte Soll-Ablaufplan TP-Soll'3 (Folge der vorangegangenen Behinderung, vgl. Anhang F, Unterlage g4 Blatt 2) weist als Soll-Ende für das Betonieren der letzten Balkendecke den 04.02. aus. TP-Soll'4 (Abb. 32c) weist nunmehr als letzten Betoniertermin einer Kerndecke den 26.02. aus. Danach steht noch die Erhärtungsphase und das Ausschalen an, so dass auch bei Raffung der sonstigen Restarbeiten und des Räumens das neue Soll-Ende der Rohbauarbeiten frühestens auf den 15.03. fällt.

Abbildung 32 a Nachweis dem Grunde nach

1137 Zum Bauist wird in **Abb. 32 a** dargelegt, dass die in der zweiten Augusthälfte beim Auftragnehmer eingehenden Ausführungspläne (vgl. Anhang G, Unterlage a 4) in den Kernen des Bauwerks A Balkendecken ausweisen. Das ist offensichtlich eine Abweichung vom Bausoll, da in dessen Leistungsbeschreibung nichts über Balkendecken gesagt wird.

Der Auftragnehmer muss seine Schalungsplanung darauf abstimmen (vgl. Anhang G, Unterlage g3, Blatt 2 und 3).

Dies führt auch zu einer neuen Taktplanung, da der zusätzliche Zeitbedarf für den einzelnen Schaltakt pro Kerndecke – hierzu wird auf Anhang G, Unterlage g 4 Blatt 2 verwiesen – um ca. 0,5 AT höher liegt als für das Bausoll.

17.2.2 Nachweis der Höhe nach

17.2.2.1 Unmittelbare Auswirkungen

1138 Die Suche nach einer Bezugsleistung (LB 013, Pos. 9) und nach geeigneten Ermittlungssystemen sowie die Berechnung der Vertragsniveaufaktoren haben wir schon unter Rdn. 1031 ff. mit Verweis auf **Abb. 23**, S. 448 besprochen – und zwar damals unter dem Aspekt der Fortschreibung eines unmaßgeblichen Kalkulationsirrtums der Angebotskalkulation. Wir verweisen darauf.

1139 In **Abb. 32 b**, Teil 1, S. 507 wird zur Ermittlung der Kosten der modifizierten Leistung auf die in **Abb. 23** aufgeführten Ermittlungssysteme zurückgegriffen. Bei der Vorermittlung (Anhang G, Unterlage g 3, Blatt 1) wird in Fortschreibung der Ansätze der Arbeitskalkulation (Anhang B, Unterlage g 3, Blatt 1) das Ermittlungssystem DOKA herangezogen. Die Vorermittlung der Lohnkosten (Anhang G, Unterlage g 4, Blatt 1) baut in Fortschreibung der arbeitskalkulatorischen Aufwandswertermittlung auf das Ermittlungssystems Handbuch der Arbeitsorganisation (vgl. Anhang D 2, Unterlage g 3, Blatt 1) auf.

1140 Durch diese Heranziehung der Methodik der Arbeitskalkulation wird das Prinzip der Fortschreibung des Vertragspreisniveaus nicht verletzt, weil in **Abb. 23**, S. 448 bei der Ermittlung der Vertragspreisniveaufaktoren die Ansätze der Angebotskalkulation in Relation zu denen der Arbeitskalkulation gesetzt worden sind. Somit ist die Heranziehung der Methodik der Arbeitskalkulation für die Nachtragskalkulation durch die Verwendung des zugehörigen Vertragspreisniveaufaktors in Schritt 3 unproblematisch.1141

Einzelnachweis   Rdn. 1141

---

1. Dokumentation der modifizierten Leistung

Geänderte Leistung: Im Bauwerk A sind die Kerndecken gemäß den Ausführungsplänen
(Anhang G, Unterlage a4) mit Balken zu schalen; die Kerndecken des
Bauwerks B werden weiterhin, wie beauftragt, als Flachdecken ausgeführt.

Bezugsleistung: LB 013, Pos. 9

2. Bewertungsfortschreibung

Für Bauwerk A ergibt sich durch die geänderte Schalung

- Lohnkosten: (gemäß Anhang G, Unterlage g4, Blatt 1)
  Mittellohn nach Angebotskalkulation   0,60 Ph/m²

- Schalungskosten: (Gemäß Anhang G, Unterlage g3, Blatt1)
  Preisliste DOKA: 5,74 EUR/m²

3. Anpassung an das Vertragspreisniveau

Mit Niveaufaktoren (Nr. 5 in Abb. 23) angepasste Bewertung der modifizierten Leistung:

- Lohnkosten: 0,60 Ph/m² x 1,06   =   0,64 Ph/m²
- Schalungskosten: 5,74 EUR/m² x 0,72   =   4,13 EUR/m²

Mehrkosten (gegenüber der Angebotskalkulation):

- Lohnkosten: (0,64 − 0,50)Ph/m² x 29,70 EUR/Ph = 4,16 EUR/m²
- Schalungskosten: 4,13 EUR/m² − 3,38 EUR/m²   = 0,75 EUR/m²
- Mehrpreis insgesamt: 4,91 EUR/m²

4. Anpassung an das Vertragspreisniveau

Prozentsatz gemäß Kalkulationsschlussblatt (Anhang B, Unterlage i)
Zuschlag auf Basis I (Lohn + Schalung)   59,10% =   2,90 EUR/m²

Einheitspreis LB 013, Pos. 9.1:   **7,81 EUR/m²**

Abbildung 32b Teil 1: Unmittelbare Vergütungsauswirkungen (Pos. 9.1) unter Berücksichtigung eines unmaßgeblichen Kalkulationsirrtums (vgl. Abb. 23. S. 448)

Daraus ergeben sich folgende, auf dem Vertragspreisniveau basierende Ansätze für die modifizierte Leistung:

Aufwandswert: $0{,}60$ Ph/m² · $1{,}06$ = $0{,}64$ Ph/m²
Schalungskosten $5{,}74$ €/mm² · $0{,}72$ = $4{,}13$ €/m²

und führen zu folgenden Mehrkosten gegenüber Pos. 9:

Lohnkosten: $(0{,}64 - 0{,}50)$ Ph/m² · $29{,}70$ €/Ph = $4{,}16$ €/m²
Schalungskosten: $4{,}13$ €/m² − $3{,}38$ €/m²   = $0{,}75$ €/m²
Insgesamt: = $4{,}91$ €/m²

1141 In Schritt 4 werden die oben ermittelten Mehrkosten (Lohn- und Schalungskosten) gemäß dem Schlussblatt der Angebotskalkulation (vgl. Anhang B, Unterlage h2 und i) mit 59,10 % beaufschlagt und ergeben 2,90 €/m² Deckungsbeitrag.
Der Einheitspreis der Zuschlagsposition 9.1 für die Schalung der Balkendecken in Bauwerk A beträgt also 4,91 €/m² + 2,90 €/m² = 7,81 €/m².

17.2.2.2 Mittelbare Auswirkungen der modifizierten Leistung

1142 Die modifizierte Leistung „Balkendecken in den Kernen des Bauwerks A" hat auch noch mittelbare Kostenfolgen, nämlich (vgl. **Abb. 32b**, Teil 2):

- Kosten für zusätzliche Arbeitsvorbereitung; im Einzelnen:
  - Neubearbeitung der Schalungsplanung der Kerndecken des Bauwerks A (vgl. Anhang G, Unterlage g 3)
  - Neue Zeitbedarfsermittlung für Bauwerk A (vgl. Anhang G, Unterlage g4) und darauf aufbauend ein neuer modifizierter Soll-Ablaufplan TP-Soll'4 (**Abb. 32 c**, S. 510)
  - Dokumentation der Folgen der Bauinhaltsmodifikation (vgl. Anhang G sowie **Abb. 32 a bis c**)

- Zeitabhängige Kosten wegen des zusätzlichen Zeitbedarfs von 0,5 Monaten gemäß dem neuen Soll-Ablauf TP-Soll'4 (vgl. **Abb. 32 c**):
  - Die verlängerte Bauzeit erfordert eine längere Vorhaltezeit der zur Erbringung des Bausolls erforderlichen Schalsysteme für Kerndecken und Kernwände. Diese Mehrkosten ergeben sich aus Anhang D 2, Unterlage g 3, Blatt 1 (Spalte 8 und 9) und Blatt 2 (Spalte 10) jeweils für zusätzlich 0,5 Monate.
  - Die längere Bauzeit führt zu zusätzlichen zeitabhängigen Kosten des Baustellenapparats (Anhang B, Unterlage h 3.1, Blatt 2 und 3).

1143 Alle oben aufgeführten Kosten werden in der **Abb. 32 b**, Teil 2 ermittelt, aufaddiert und ergeben sodann mit den angebotskalkulierten Zuschlagssätzen den Preis. Nur am Rande: Deckungsbeiträge dürfen – sofern später eine Ausgleichsberechnung durchgeführt wird (vgl. **Abb. 17**, S. 257) – auch Anteile für Baustellengemeinkosten umfassen. Dies deshalb, weil durch die Ausgleichsberechnung sichergestellt wird, dass keine (zu vermutende) Überdeckung der kalkulierten Baustellengemeinkosten vergütet wird.

17.3 Terminfolgen

1144 Wie schon oben angesprochen, führte die Modifizierung der Kerndecken in Bauwerk A auch dazu, dass der bislang vorgesehene Ablauftakt nicht eingehalten werden kann.
Anhang D 1, Unterlage g4, Blatt 2 weist für die Schalung der Kerndecke in Bauwerk A (einschließlich der Randschalung) einen Zeitbedarf von 0,99 AT aus. Die Zeitbedarfsrechnung für die modifizierten Kerndecken in Bauwerk A (Anhang G, Unterlage g4, Blatt 2) ergibt für die Kerndecken- und Randschalung in Bauwerk A einen Zeitbedarf von 1,46 AT, also einen zusätzlichen Zeitbedarf von ca. 0,5 AT.

Terminfolgen Rdn. 1145

Pos.-Nr. 9.2 Sonstige Folgen der modifizierten Kerndecken

- Arbeitsvorbereitung:
  - Schalung (vgl. Anhang G, Unterlage g3)   8,00 Ph x 70,00 EUR/Ph =   560,00 EUR
  - Terminplanung (vgl. Anhang G, Unterlage g4 u. Abb. 32d)   6,00 Ph x 70,00 EUR/Ph =   420,00 EUR
  - Dokumentation   3,00 Ph x 70,00 EUR/Ph =   210,00 EUR
  - Bauumstände der geänderten Leistung:
    Es fallen 0,5 Mon. Zeitverlängerung an.
    (gemäß TP-Soll´4, Abb. 32c, S. 510, im Vergleich zu TP-Soll´3, Abb. 55, S. 782/789)
    Das führt zu folgenden zusätzlichen Vorhaltekosten für die Deckenschalung:
    (Erhöhte Aufwandswerte wegen Verschiebung in den Winter werden,
      obwohl zu erwarten, nicht angesetzt.)
             (195,48 EUR/Mon. + 83,05 EUR/Mon.) x 1,0 Mon.   =   278,52 EUR
    (gemäß Arbeitskalkulation, Anhang D2, Unterlage g3, Blatt 1, Spalte 8 und 9)

- Auswirkungen auf die Direkten Kosten anderer Positionen:
  Wegen der oben ermittelten Ausführungszeiten für die Decke verlängert
  sich die Vorhaltezeit für die Wandschalung entsprechend um 1,0 Mon.
  Das führt zu folgenden zusätzlichen Vorhaltekosten für die Wandschalung:
             2.060,09 EUR/Mon. x 1,0 Mon.   = 2.060,10 EUR
  (gemäß Anhang D2, Unterlage g3, Blatt 2, Spalte 10)

- Zusätzliche zeitabhängige Baustellengemeinkosten:
  Wegen der Überschreitung der vertraglich vereinbarten Gesamtbauzeit
  fallen zusätzliche Baustellengemeinkosten an:
    0,50 Mon. x (16.244,05 EUR/Mon. + (109.335,64 EUR / 8,00 Mon.))   = 14.955,50 EUR
  Lohnkosten und BE vorhalten gemäß Angebotskalkulation,
  (Anhang B, Unterlage h3.1, Blatt 2 und 3) bei 8,0 Mon. Vertragsbauzeit
  Mehrkosten aus größerem Kran
             (4.828,73 EUR / 7,00 Mon.) x 0,50 Mon.   =   344,91 EUR

Summe: 18.829,03 EUR
Zuschlag auf Basis I (Lohn, Schalung, Gerät): 59,10% (gemäß Angebotskalkulation)   11.127,96 EUR
Einheitspreis   (Pauschal)   **29.956,99 EUR**

Abbildung 32 b   Teil 2: Mittelbare Vergütungsauswirkungen (Pos. 9.2) aus zusätzlicher Arbeitsvorbereitung und zusätzlichen zeitabhängigen Kosten

Das ergibt (vgl. Rdn. 1137) für 9 Kerndecken einen zusätzlichen Zeitbedarf von 4,5 AT und darüber hinaus für die im Winter zu erstellenden Kerndecken – wegen des durch Schlechtwettertage bedingten doppelt so langen Zeitbedarfs – zusätzlich 3 · 0,5 AT = 1,5 AT.

Darüber hinaus erfordern die Betonier- und die Ausschaltermine für die Wände einen Taktablauf in ganzen Tagen. Das führt zu einer Taktverlängerung pro Abschnitt von Bauwerk A um einen AT, also bei 9 Abschnitten um 9 AT.
In Fortschreibung des bis dahin aktuellen TP-Soll'3 (**Abb. 55 a, S. 782**) ergibt sich für das Einschalen der Kerndecken (Vorgang 21/2) ein Soll-Endtermin zum 16. 2. Da wegen des kontinuierlichen Einsatzes der Betonbauerkolonne kein früherer Betontermin möglich ist, verschiebt sich der Soll-Betoniertermin auf den 26. 2.

Rdn. 1145 Beispiele: Nachtragskalkulation für modifizierte Leistungen

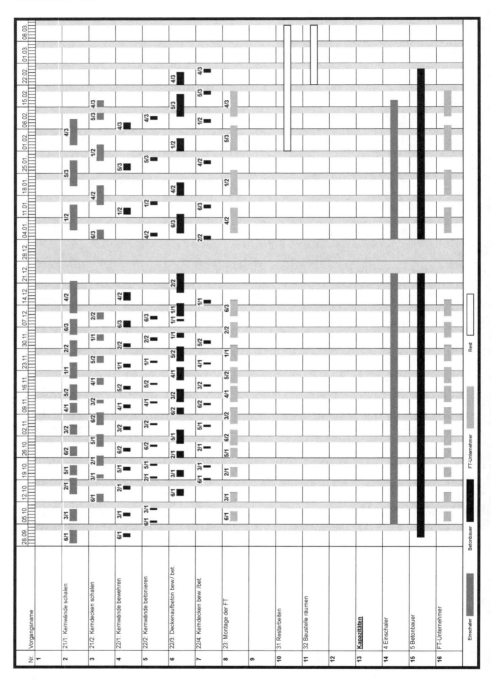

Abbildung 32 c Bauinhaltsbedingt modifizierter Soll-Ablaufplan TP-Soll'4 (Stand: Oktober)

Die Berücksichtigung der erforderlichen Erhärtungszeit des Betons und des Zeitbedarfs für das Ausschalen (insgesamt ca. 1 Woche) führt einschließlich der sonstigen Restarbeiten und der Baustellenräumung zu einem zusätzlichen Zeitbedarf bis zum 15.3. – also eine Bauzeitverlängerung um 0,5 Monate (vgl. TP-Soll'4 in **Abb. 32 c**).

17.4 Nachtragsstellung

Der Auftragnehmer legt dem Auftraggeber alle oben aufgeführten Unterlagen und dazu noch ein Nachtrags-Leistungsverzeichnis (vgl. Anhang G, Unterlage o) vor.   1146
In den Vorbemerkungen des Leistungsverzeichnisses wird festgehalten, dass die Nachtragspreise in Fortschreibung der Angebotskalkulation und unter der Voraussetzung, dass eine Ausgleichsberechnung durchgeführt wird, ermittelt worden sind. Es wird dort weiter festgehalten, dass nunmehr TP-Soll'4 mit einer verlängerten Bauzeit maßgebend ist und dass die modifizierten Bewehrungs- und Betonierleistungen durch die vertraglich vereinbarten Einheitspreise (Pos. 4, 28 und 29) abgegolten werden.
Das eigentliche Nachtragsleistungsverzeichnis beinhaltet zwei Positionen:
   Pos. 9.1 Unmittelbare Kostenfolgen
   Die zusätzlichen Schalungsmehrkosten für die Erstellung der Schalung der Balkendecke; die Schalarbeiten werden somit mit Pos. 9 (Bausollleistung) und mit der Zulageposition 9.1 vergütet.
   Pos. 9.2 Mittelbare Kostenfolgen
   Durch diese Position werden alle relevanten Folgekosten der Bauinhaltsmodifikation bei den Kerndecken des Bauwerks A pauschal vergütet.

Über das Nachtragsleistungsverzeichnis hinaus legt der Auftragnehmer vor: 1147

- Den Nachweis dem Grunde nach (**Abb. 32 a**, S. 505) einschließlich der Einzelbelege:
  - Zum Bausoll: Vertragspläne (Anhang A, Unterlage a 1.2)
                   Schalungsplanung (Anhang B, Unterlage g 3, Blatt 2)
                   Zeitbedarfsrechnung (Anhang D1, Unterlage g 4, Blatt 2)
  - Zum Bauist: Ausführungsunterlagen (Anhang G, Unterlage a 4)
                   Schalungsplanung (Anhang G, Unterlage g 3, Blatt 2 und 3)
                   Zeitbedarfsrechnung (Anhang G, Unterlage g 4, Blatt 2)
                   Bislang gültiger TP-Soll'3 (**Abb. 55 a**, S. 782 und **55 b**, S. 789)
- Nachweis der Höhe nach:
  - Feststellung des Vertragspreisniveau (Abbildung)
  - Ermittlung der Preise der modifizierten Leistungen
       Pos. 9.1 (**Abb. 32 b**, Teil 1 S. 507)
       Pos. 9.2 (**Abb. 32 b**, Teil 2 S. 509)
- Modifizierter Soll-Ablaufplan TP-Soll'4 (**Abb. 32 c**, S. 510).

17.5 Schlussbemerkung

Das Beispiel ist methodisch richtig, aber auch mit Pedanterie abgehandelt worden. Jede   1148
kleine Auswirkung wurde beachtet. Ob man in der täglichen Baustellenpraxis immer so verfährt, ist eine andere Sache.

Sicherlich wird man in der Praxis nicht immer so detailliert die Mehrkosten aufbereiten, insbesondere, wenn ein echtes Vertrauensverhältnis zwischen Auftraggeber und Auftragnehmer vorhanden ist. Andererseits ist aber zu bedenken, dass Kalkulieren weniger mit Phantasieren als mit Dokumentieren zu tun hat und dass manchmal erst bei einer methodisch richtigen Bearbeitung durch den Auftragnehmer bzw. Prüfung durch den Auftraggeber alle Einflussgrößen klar vor Augen treten.

Kapitel 11
Ansprüche auf zusätzliche Vergütung gemäß § 2 Nr. 9 VOB/B

1 Das Verlangen nach Zeichnungen, Berechnungen oder anderen Unterlagen

§ 2 Nr. 9 VOB/B lautet: 1149
„(1) Verlangt der Auftraggeber Zeichnungen, Berechnungen oder andere Unterlagen, die der Auftragnehmer nach dem Vertrag, besonders den Technischen Vertragsbedingungen oder der gewerblichen Verkehrssitte, nicht zu beschaffen hat, so hat er sie zu vergüten.
(2) lässt er vom Auftragnehmer nicht aufgestellte technische Berechnungen durch den Auftragnehmer nachprüfen, so hat er die Kosten zu tragen."
§ 2 Nr. 9 VOB/B enthält eine Sonderregelung für eine vom Auftraggeber verlangte zusätzliche Leistung. Gäbe es § 2 Nr. 9 VOB/B nicht, wären die entsprechenden Fälle nach § 2 Nr. 6 VOB/B zu behandeln. Als Spezialnorm geht § 2 Nr. 9 VOB/B insoweit aber vor. Wir erörtern deshalb die Vorschrift als Sonderfall der zusätzlichen Leistung im Anschluss an § 2 Nr. 6 VOB/B und vor § 2 Nr. 8 VOB/B.
In der Praxis spielt die Vorschrift keine allzu große Rolle.

Voraussetzung für die Anwendung von § 2 Nr. 9 VOB/B ist, dass der **Auftraggeber** 1150
Zeichnungen und Berechnungen oder auch ähnliche Unterlagen verlangt. Darunter ist dieselbe eindeutige, „Befolgung heischende Aufforderung" des Auftraggebers zu verstehen wie bei § 2 Nr. 5 und § 2 Nr. 6 VOB/B.[1313] Das Verlangen kann genau wie dort auch hier konkludent oder stillschweigend erfolgen.[1314]

Voraussetzung der Vergütung ist, dass die **Erstellung** der Zeichnungen oder der sonstigen 1151
Unterlagen **nicht zur Vertragspflicht des Auftragnehmers gehört.** Abgesehen von den Fällen, in denen eine Pflicht des Auftragnehmers zur Erstellung der Zeichnungen im Vertrag konkret geregelt ist, gehören dahin auch die Pflichten, die sich als (nicht vergütungspflichtige) **Nebenleistungen** aus der VOB/C ergeben, so z. B. die Pflicht bei Beton- und Stahlbetonarbeiten, statische Verformungsberechnungen und Zeichnungen zu erstellen und zu liefern, soweit sie für Baubehelfe nötig sind (DIN 18 331 Nr. 4.1.5), dasselbe gilt für Mauerarbeiten (DIN 18 330 Nr. 4.1.1) oder für die **Werkstattplanung** des Erstellers raumlufttechnischer Anlagen gemäß DIN 18 379 Nr. 3.1.2, des Heizungsbauers gemäß DIN 18 380 Nr. 3.1.2, des Gas-, Wasser- und Abwasserinstallateurs nach DIN 18 381 Nr. 3.1.2 oder für „die für die Ausführung notwendigen Entwurfszeichnungen (!)" des Blitzschutzanlagenbauers gemäß DIN 18 384 Nr. 3.2.
Auch aus der gewerblichen Verkehrssitte kann sich eine solche Pflicht im Einzelfall ergeben, so etwa, dass ein Holzbauer, der eine Leimbinderkonstruktion anbietet, die zugehörigen Montagepläne kostenfrei zu liefern hat.[1315]

[1313] Siehe oben Rdn. 843.
[1314] Siehe oben Rdn. 860 ff.
[1315] Zustimmend Beck'scher VOB-Kommentar/Jagenburg, Teil B § 2 Nr. 9, Rdn. 7.

Dagegen gibt es eine Fülle von Planungsleistungen in den Normen der VOB/C, die als „Besondere Leistungen" ausdrücklich beauftragt sein müssen, wenn sie Vertragsinhalt werden sollen, z. B. Liefern des Standsicherheitsnachweises der Böschungen von Baugruben und Gräben nach 4.2.13 der DIN 18 300;[1316] deren nachträgliche Erstellung kann der Auftraggeber als Zusatzleistung gemäß § 2 Nr. 9 Abs. 1 VOB/B verlangen. Dasselbe gilt für das Aufstellen statischer Berechnungen für Traggerüste (auch Stahlabfangkonstruktionen), DIN 18 451, Abschnitt 4.2.5. Also sind auch zugehörige Ausführungszeichnungen vom Auftragnehmer nicht geschuldet und gesondert nach § 2 Nr. 9 VOB/B zu vergüten, wenn der Auftragnehmer sie auf Anordnung des Auftraggebers ausführt.[1317]

1152 Sofern nicht der konkrete Vertrag, die Technischen Vertragsbedingungen oder die gewerbliche Verkehrssitte eine Pflicht des Auftragnehmers statuieren, Pläne, Zeichnungen usw. zu erstellen, hat der **Auftraggeber** sie dem Auftragnehmer **zur Verfügung** zu stellen.

Gemäß **§ 3 Nr. 1 VOB/B** hat der Auftraggeber dem Auftragnehmer die „**für die Ausführung nötigen Unterlagen**" unentgeltlich und rechtzeitig zu übergeben. Gemäß § 3 Nr. 2 VOB/B ist Pflicht des Auftraggebers das „Abstecken der Hauptachsen der baulichen Anlagen, ebenso der Grenzen des Geländes, das dem Auftragnehmer zur Verfügung gestellt wird, und das Schaffen der notwendigen Höhenfestpunkte in unmittelbarer Nähe der baulichen Anlagen". Zu den „für die Ausführung nötigen Unterlagen" gehören insbesondere auch die Ausführungspläne des Architekten bzw. die Schal- und Bewehrungspläne des Statikers.[1318]
Soweit es um die Einmessung des Gebäudes geht, müssen die Fundamentpläne so in ein Koordinatensystem eingepasst sein, dass sie der Polier vor Ort mit seinen Mitteln unzweideutig und ohne eigene, schwierige Berechnungen übernehmen kann. Soweit es sich um Bauobjekte mit komplizierter, vielfacher Gliederung handelt, muss dabei besonders beachtet werden, dass jeder Teil des Bauobjekts insbesondere durch Stichmaße in den Plänen so festzulegen ist, dass sich seine Lage in der Örtlichkeit ohne weiteres mit den Hilfsmitteln eines Poliers einmessen lässt.
Das heißt: Der **Auftragnehmer schuldet** als eigene Vertragspflicht keine Vermessungsarbeiten oder keine Erarbeitung eines eigenen Koordinatennetzes. Verlangt der Auftraggeber das vom Auftragnehmer, so ist die entsprechende Leistung nach § 2 Nr. 9 VOB/B vergütungspflichtig.

2 Pflicht des Auftragnehmers zur Erstellung der Unterlagen?

1153 In diesem Zusammenhang stellt sich sofort die Frage, ob der Auftragnehmer solche Leistungen auf entsprechende Aufforderung des Auftraggebers hin überhaupt ausführen muss. Eine entsprechende Verpflichtung des Auftragnehmers kann sich aus § 1 Nr. 4 VOB/B ergeben. Danach hat der Auftragnehmer nicht vereinbarte Leistungen, die zur Ausführung der vertraglichen Leistung **erforderlich** werden, auf Verlangen des Auftrag-

---

[1316] Auflistung dieser „Besonderen Leistungen" im Planungsbereich der einzelnen Normen der VOB/C **a. F.** bei Korbion, Festschrift Locher, S. 127, 134 ff.
[1317] OLG Köln BauR 1992, 637.
[1318] § 15 Abs. 2 Nr. 5 HOAI erwähnt die „zeichnerische Darstellung des Objekts mit allen für die Ausführung notwendigen Einzelangaben, z. B. endgültige, vollständige Ausführungs-, Detail- und Konstruktionszeichnungen im Maßstab 1 : 50 bis 1 : 1, mit den erforderlichen textlichen Ausführungen".
Bewehrungspläne müssen z. B. **alle** für die Standsicherheit und Verhinderung von Rissen erforderlichen statisch-konstruktiven Angaben enthalten. **Einzelheiten** weiter Rdn. **1293**.

gebers mit auszuführen, **außer wenn** sein Betrieb auf derartige Leistungen nicht eingerichtet ist. Andere (d. h. zur Ausführung nicht erforderliche) Leistungen können dem Auftragnehmer nur mit seiner Zustimmung übertragen werden.

Die Unterscheidung zwischen „erforderlichen" und „nicht erforderlichen" Leistungen haben wir schon an anderer Stelle erörtert; wir dürfen darauf verweisen.[1319] Pflicht des Auftragnehmers zur Erstellung der Unterlagen?

Nur solche Arbeiten, die zur Ausführung der **vertraglichen** Arbeiten erforderlich werden, muss der Auftragnehmer ausführen. Grundsätzlich braucht der Auftragnehmer also trotz entsprechender Anordnung des Auftraggebers **keine Zeichnungen** für **Gewerke Dritter** zu übernehmen. Auch das, was der **Auftraggeber selbst beizusteuern** hat – z. B. die Ausführungspläne, die Schal- und Bewehrungspläne, siehe die vorangegangene Rdn. 1152 –, muss der Auftragnehmer nicht erstellen, selbst dann nicht, wenn der Auftraggeber dies von ihm verlangt. Im Gegenteil führt das Fehlen dieser Pläne zur Behinderung des Auftragnehmers gemäß § 6 VOB/B. Ohnehin braucht der Auftragnehmer keine Leistungen zu erbringen, auf die der Betrieb nicht eingerichtet ist.

Die VOB/B passt nur und ist deshalb auch nur anwendbar auf Planungsleistungen, die im Verhältnis zur Bauleistung unselbständigen Charakter haben und mir mittelbar mit der Erstellung der Bauleistung zusammenhängen. Dazu gehören insbesondere die „Besonderen Leistungen" gemäß VOB/C (s. oben Rdn. 1151). Darüber hinausgehende **„selbständige" Planungsleistungen** unterfallen dem Architekten- oder dem Ingenieurrecht; selbständig sind solche Planungsleistungen, die ganze Leistungsbilder oder Leistungsphasen aus der HOAI umfassen.[1320] Auf diese Leistungen ist der „Betrieb des Auftragnehmers nicht eingerichtet", wenn im Vertrag nichts Gegenteiliges geregelt ist.

Nach Treu und Glauben können sich in besonderen Einzelfällen davon abweichende Pflichten des Auftragnehmers ergeben;[1321] dies könnte etwa gelten, wenn ein Drittunternehmen für sein Folgewerk Konstruktionspläne des Auftragnehmers benötigt. | 1154

Ist der Auftragnehmer nicht verpflichtet, die Zeichnungen zu erstellen, kann er folglich diese Leistung verweigern. Dann führt das Fehlen der vom Auftraggeber beizubringenden Leistungen möglicherweise zu einer Behinderung des Auftragnehmers, die – wie erwähnt – ihrerseits zu Ansprüchen des Auftragnehmers aus § 6 Nr. 6 VOB/B führen kann; der Auftragnehmer muss eine solche Behinderung sofort anzeigen (§ 6 Nr. 1 VOB/B). | 1155

Eine typische Konstellation ist, dass der Auftraggeber die Auffassung vertritt, der Auftragnehmer habe – etwa im Zusammenhang mit der Erstellung der Koordinaten, siehe oben Rdn. 1152 – die Zeichnungen als eigene Pflicht zu erstellen; der Auftraggeber weigert sich deshalb, ein entsprechendes „Verlangen" (Auftrag) gegenüber dem Auftragnehmer auszusprechen, während umgekehrt der Auftragnehmer behauptet, zur Erstellung dieser Zeichnungen nicht verpflichtet zu sein, wobei er darin folgerichtig gleichzeitig eine „Behinderung" anzeigen wird. Für den Auftragnehmer ist es – außer wenn die Sach- und Rechtslage buchstäblich glasklar ist – zu gefährlich, es gegebenenfalls auf eine Kündigung des Bauvertrages durch den Auftraggeber gemäß § 5 Nr. 4, § 8 Nr. 3 VOB/B ankommen zu lassen u. a. mit der Folge einer Schadensersatzpflicht, wenn er unrecht hat. | 1156

Der Auftragnehmer sollte deshalb in einem solchen Fall dem Auftraggeber schriftlich mitteilen, dass er nach seiner Auffassung nicht verpflichtet ist, die geforderten Zeichnun-

---

[1319] Siehe oben Rdn. 794 ff.
[1320] BGH BauR 1987, 702; Korbion, Festschrift Locher, S. 127 ff.; Beckscher VOB-Kommentar/Jagenburg, VOB/B § 2 Nr. 9, Rdn. 11.
[1321] Ähnlich Ingenstau/Korbion/Keldungs, VOB/B § 2 Nr. 9, Rdn. 5.

gen usw. kostenlos auszuführen, dass er aber wegen des Baufortschrittes die Zeichnungen doch erstellen und Vergütung verlangen werde; **eine förmliche Ankündigungspflicht wie bei § 2 Nr. 6 VOB/B besteht übrigens insoweit nicht.**

Erweist sich der Standpunkt des Auftragnehmers als richtig, kann er später seinen Vergütungsanspruch trotz fehlender Leistungsanordnung durchsetzen. Dabei wird man nämlich das Verhalten des Auftraggebers als „selbstwidersprüchlich" charakterisieren können.[1322] Er „verlangt" zwar vom Auftragnehmer die Zeichnungen, verweigert aber die Bezahlung. Es kommt aber nicht auf den Zahlungswillen, sondern auf die bloße Äußerung des Auftraggebers an, **er** wolle die Zeichnungen **nicht erstellen,** sondern **er verlange ihre Erstellung** vom Auftragnehmer.

Auch wenn man dieser Lösung nicht folgen würde, hätte der Auftragnehmer einen Zahlungsanspruch, dann aber gemäß § 2 Nr. 8 Abs. 2 bzw. Abs. 3 VOB/B, weil die Leistung – so ja auch die Auffassung des Auftraggebers – „notwendig" war und auch dem mutmaßlichen Willen des Auftraggebers entsprach, von den Zahlungsüberlegungen abgesehen.

1157 § 2 Nr. 8 VOB/B ist ohnehin **auch gegenüber** § 2 Nr. 9 VOB/B **Auffangtatbestand,** wenn der Auftragnehmer die Zeichnungen eigenmächtig erstellt hat, also die **Anordnung** des Auftraggebers gerade fehlte (vgl. Rdn. 1162 ff.).

3 Die Höhe der Vergütung

1158 § 2 Nr. 9 VOB/B sagt nichts über die Höhe der Vergütung für den Fall, dass die Vertragsparteien sich darüber nicht geeinigt haben. Es gilt dann eine „übliche Vergütung" gemäß § 632 Abs. 2 BGB als vereinbart. Im Ergebnis läuft das darauf hinaus, Gebührenordnungen soweit wie möglich und mit einer gewissen Vorsicht heranzuziehen, auch wenn die Gebührenordnungen insoweit nicht unmittelbar gelten.[1323] Wie bei Anwendung solcher Gebührenordnungen selbstverständlich, hat der Auftragnehmer Anspruch auf angemessenen Gewinn (der im Tabellenhonorar einer solchen Gebührenordnung enthalten ist), nicht nur auf Kostenersatz.[1324]

4 Beweislast

1159 Der Auftragnehmer muss beweisen, dass die Zeichnungen usw. „zusätzlich" sind, also über das vom Auftragnehmer vertraglich geschuldete Soll hinausgehen.

Er muss außerdem das Verlangen des Auftraggebers nach Erstellung der Zeichnung beweisen.

Schließlich muss er auch die Höhe des Anspruchs beweisen, wobei die Anwendung von Gebührentabellen dieses Problem ja entschärfen kann.

[1322] Protestatio facto contraria, Einzelheiten s. oben Fn. 985.
[1323] Heiermann/Riedl/Rusam, VOB/B § 2 Rdn. 179; Beck'scher VOB-Kommentar/Jagenburg, VOB/B § 2 Nr. 9, Rdn. 22; differenzierend Ingenstau/Korbion/Keldungs, VOB/B § 2 Nr. 9, Rdn. 10; unmittelbar sind die Gebührenordnungen wie die HOAI nur für Architekten- oder Ingenieurleistungen „üblich" bzw. sogar preisrechtlich verbindlich.
[1324] Nicklisch/Weick, VOB/B § 2 Rdn. 115; Ingenstau/Korbion, a. a. O.

5 AGB-Klauseln

Eine Klausel in Allgemeinen Geschäftsbedingungen des Auftraggebers, wonach dem Auftragnehmer die Pflicht auferlegt würde, Zeichnungen, die er an sich nicht kostenfrei liefern muss, doch ohne Vergütung erstellen zu müssen, ist wegen Verstoßes gegen § 3 und gegen § 307 BGB unwirksam,[1325] ganz abgesehen von der zu verneinenden Frage, ob überhaupt Planungsleistungen dem Auftragnehmer durch Allgemeine Geschäftsbedingungen aufgezwungen werden können.[1326]

[1325] Ebenso z. B. Leinemann/Schliemann, VOB/B § 2, Rdn. 350.
[1326] Dazu Korbion/Locher, AGB-Gesetz, Rdn. 196.

Kapitel 12
Einverständlich geänderte oder zusätzliche Leistungen

1161 Ansprüche auf Vergütung geänderter oder zusätzlicher Leistungen gemäß § 2 Nr. 5, Nr. 6 und Nr. 9 VOB/B setzen nach dem Konzept der **VOB/B** eine (einseitige) Anordnung des Auftraggebers voraus, die der Auftragnehmer befolgen muss; Äquivalent dafür ist der Anspruch des Auftragnehmers auf zusätzliche Vergütung.

Wenn schon die einseitige Anordnung des Auftraggebers Leistungspflicht und Vergütungsanspruch des Auftragnehmers auslöst, kann es keinem Zweifel unterliegen, dass die Rechtsfolgen nicht anders sein können, wenn sich Auftraggeber und Auftragnehmer „über die Tatsache und den Inhalt geänderter oder zusätzlicher Leistungen" **einig** sind.

Vereinbaren sie dabei sogleich eine Zusatzvergütung, so ist diese natürlich maßgebend.

Vereinbaren sie keine Zusatzvergütung, so spricht vorab nichts dafür, dass in dem Einverständnis des Auftragnehmers mit der Zusatzleistung ohne gleichzeitige Preisvereinbarung auch ein Verzicht auf Mehrvergütung läge. Demzufolge sind bei fehlender Preisvereinbarung die §§ 2 Nr. 5, 2 Nr. 6 und 2 Nr. 9 VOB/B hinsichtlich der Vergütungsfolgen anwendbar, weil es eben insoweit keinen inhaltlichen Unterschied zwischen (einseitig) anberaumter oder gemeinschaftlich vereinbarter Leistungsmodifizierung gibt.[1327]

Diesem an sich sehr einfachen Sachverhalt haben wir nur aus systematischen Gründen ein eigenes Kapitel gewidmet.

[1327] Ebenso OLG Frankfurt OLG Report 1999, 78, 79; Nicklisch/Weick, VOB/B § 2 Rdn. 61; Kiesel, VOB/B § 2 Rdn. 23.

Kapitel 13
Nicht angeordnete geänderte oder zusätzliche Leistungen

1 Leistungen ohne Auftrag oder unter eigenmächtiger Abweichung vom Vertrag, § 2 Nr. 8 Abs. 1 VOB/B

§ 2 Nr. 8 VOB/B lautet: 1162

„(1) Leistungen, die der Auftragnehmer ohne Auftrag oder unter eigenmächtiger Abweichung vom Vertrag ausführt, werden nicht vergütet. Der Auftragnehmer hat sie auf Verlangen innerhalb einer angemessenen Frist zu beseitigen; sonst kann es auf seine Kosten geschehen. Er haftet außerdem für andere Schäden, die dem Auftraggeber hieraus entstehen.

(2) Eine Vergütung steht dem Auftragnehmer jedoch zu, wenn der Auftraggeber solche Leistungen nachträglich anerkennt. Eine Vergütung steht ihm auch zu, wenn die Leistungen für die Erfüllung des Vertrages notwendig waren, dem mutmaßlichen Willen des Auftraggebers entsprachen und ihm unverzüglich angezeigt wurden. Soweit dem Auftragnehmer eine Vergütung zusteht, gelten die Berechnungsgrundlagen für geänderte oder zusätzliche Leistungen der Nummer 5 oder 6 entsprechend.

(3) Die Vorschriften des BGB über die Geschäftsführung ohne Auftrag bleiben unberührt."

§ 2 Nr. 5, § 2 Nr. 6 und § 2 Nr. 9 VOB/B regeln, dass der Auftragnehmer für geänderte oder zusätzliche Leistungen auch zusätzliche Vergütung erhält, vorausgesetzt, der **Auftraggeber** hat diese Leistungen vor ihrer Erbringung **angeordnet**. 1163

§ 2 Nr. 8 VOB/B regelt, unter welchen Umständen der Auftragnehmer in denselben Fällen – also Änderung oder Zusatzleistung – auch dann Vergütung erhält, wenn er die Leistung **ohne Anordnung des Auftraggebers** erbracht hat.

Das bedeutet:
Der erste Teil der Prüfung eines Vergütungsanspruches ist für § 2 Nr. 5, Nr. 6 und Nr. 9 einerseits und für Nr. 8 VOB/B andererseits gleich: Zuerst muss in jedem Fall geklärt werden, ob der Auftragnehmer die Leistung, die er erbracht hat, nicht ohnehin aufgrund des vertraglich geschuldeten Bausolls zu erbringen hatte, ob es sich also überhaupt **um eine Bausoll-Bauist-Abweichung** handelt. Das sind Themen, die wir im Rahmen des § 2 Nr. 5, Nr. 6 und Nr. 9 unter Rdn. 700 ff. schon erörtert haben.

Erst wenn feststeht, dass der Auftragnehmer eine Leistung erbracht hat, die von dem vereinbarten Bausoll abweicht, also geändert oder zusätzlich ist, stellt sich die weitere Frage, ob der Auftraggeber die Leistung **angeordnet** hat oder nicht.

Hat er sie angeordnet (sei es auch konkludent oder stillschweigend, vgl. oben Rdn. 860 ff.), so sind die besonderen Voraussetzungen des § 2 Nr. 5, Nr. 6 (und Nr. 9) VOB/B zu beachten, insbesondere also als Anspruchsvoraussetzung bei § 2 Nr. 6, dass der Auftragnehmer bei Zusatzleistungen den Vergütungsanspruch vor Ausführung der Leistung angekündigt hat.

Hat der Auftraggeber die Leistung **nicht angeordnet,** kann sich eine (vertragliche) Vergütungspflicht dennoch gemäß § 2 Nr. 8 VOB/B ergeben.

1164 Dabei ist § 2 Nr. 8 VOB/B Auffangtatbestand **sowohl für geänderte Leistungen ohne Auftrag wie für Zusatzleistungen ohne Auftrag.** Deshalb ist Differenzierung zwischen geänderten und zusätzlichen Leistungen für § 2 Nr. 8 VOB/B entbehrlich. Gleichzeitig sind auch die sonstigen Tatbestandsvoraussetzungen des § 2 Nr. 5 und Nr. 6 VOB/B entbehrlich: Insbesondere ist es – natürlich – nicht erforderlich, dass der Auftragnehmer bei zusätzlichen Leistungen seinen Vergütungsanspruch vor Ausführung der Leistung angekündigt hat. Soll allerdings Vergütung nach § 2 Nr. 8 Abs. 2 Satz 2 VOB/B (notwendige Leistung gemäß mutmaßlichem Willen des Auftraggebers) beansprucht werden, ist die ähnliche Anzeigepflicht zu beachten (siehe näher unten Rdn. 1175), die nunmehr nicht nur für zusätzliche, sondern **auch für geänderte** Leistungen (ohne Anordnung) gilt; allerdings spielt sie heute nicht die entscheidende Rolle wie früher, weil § 2 Nr. 8 Abs. 3 VOB/B auf die gesetzlichen Vorschriften der Geschäftsführung ohne Auftrag (§§ 677 ff. BGB) verweist, danach ist die Anzeige entbehrlich (s. Rdn. 1180).

Die Vorschriften des § 2 Nr. 5 und Nr. 6 VOB/B über die möglichst vor Ausführung der Arbeit zu treffende Einigung sind bei § 2 Nr. 8 VOB/B ebenfalls nicht maßgebend.

1165 Eine **Leistung ohne Auftrag** im Sinne von § 2 Nr. 8 VOB/B ist natürlich die Leistung, die der Auftraggeber nicht angeordnet hat. Darunter fällt auch der praktisch wichtige Fall, dass der Auftraggeber sich ausdrücklich weigert, eine Leistung anzuordnen, weil er meint, sie gehöre ohnehin zum Leistungsumfang des Auftragnehmers.

Ebenso handelt es sich im Rechtssinn um eine Leistung ohne Auftrag, **wenn jemand im Namen des Auftraggebers einen Auftrag erteilt,** dazu **aber nicht bevollmächtigt war;** das gilt etwa für den Fall, dass der Architekt eigenmächtig große Zusatzaufträge erteilt.

Baustillstand oder Bauverzögerung ist keine „Leistung" - vgl. Rdn. 1402.

1166 Eine **eigenmächtige Abweichung** vom Vertrag liegt vor, wenn der Auftragnehmer die Leistung anders als vereinbart ausführt, z. B. die Tür grün statt weiß streicht, oder wenn er mehr leistet als vereinbart.

Völlig unbeachtliche Abweichungen mögen im Einzelfall akzeptabel sein, aber grundsätzlich ist die Grenze äußerst eng zu ziehen.

Eigenmächtige Abweichungen der Leistung sind im Regelfall übrigens auch vertragswidrig bzw. mangelhaft im Sinne von § 4 Nr. 7 bzw. § 13 VOB/B.

2 Das nachträgliche Anerkenntnis, § 2 Nr. 8 Abs. 2 Satz 1 VOB/B

1167 Leistungen ohne Auftrag oder in eigenmächtiger Abweichung vom Vertrag werden dennoch gemäß § 2 Nr. 8 Abs. 2 **Satz 1** VOB/B vergütet, wenn der Auftraggeber diese Leistungen **nachträglich anerkennt.**

Vorweg ist dabei nicht der Fall gemeint, dass der Auftraggeber das Handeln eines vollmachtlosen Vertreters (z. B. eines Architekten, der seine Vollmacht überschritten hat) gemäß § 177 BGB nachträglich genehmigt. Tut er das nämlich, so wird aus dem vollmachtlosen Handeln ein Handeln „mit Vollmacht", so dass der Auftraggeber wirksam vertreten worden ist und in

Die notwendige Leistung Rdn. 1168–1171

seinem Namen wirksam eine Anordnung getroffen bzw. eine Vereinbarung geschlossen worden ist. Dann ist §§ 2 Nr. 5 bzw. Nr. 6 bzw. Nr. 9 VOB/B unmittelbar anwendbar.

Das „Anerkenntnis" ist kein Anerkenntnis gemäß § 781 BGB, sondern eine rechtsgeschäftliche Erklärung des Auftraggebers, die in Verbindung mit dem Verhalten des Auftragnehmers als Änderung oder Ergänzung der vertraglichen Vergütungsvereinbarung wirkt (oben Rdn. 799 und Fn. 890).

Das Anerkenntnis muss **nachträglich** sein. Das heißt: Es darf – begriffsnotwendig – **nicht vor Leistungsbeginn** ausgesprochen worden sein; dann wäre es nämlich in Wirklichkeit Anordnung im Sinne der §§ 2 Nr. 5 oder Nr. 6 VOB/B.[1328] Ein Anerkenntnis im Sinne von § 2 Nr. 8 Abs. 2 Satz 1 VOB/B kann allerdings auch schon nach Beginn der Ausführung der Leistung abgegeben werden. 1168

Das Anerkenntnis kann ausdrücklich, konkludent oder stillschweigend erfolgen. Als Anerkenntnis reicht möglicherweise unter Kaufleuten auch Schweigen aus, sofern die Grundsätze des kaufmännischen Bestätigungsschreibens anzuwenden sind.[1329] 1169

Als Anerkenntnis reicht normalerweise **nicht** aus 1170
– ein gemeinsames Aufmaß, es sei denn, aus besonderen Umständen geht ein Anerkenntnis des Auftraggebers hervor,[1330]
– der Prüfvermerk des Architekten auf der Rechnung, es sei denn, der Architekt ist zur Anerkennung von Rechnungen bevollmächtigt,[1331]
– schon gar nicht das „Ausführen lassen" der Leistung ohne „Protest".[1332]
Dagegen sind normalerweise als **Anerkenntnis zu werten**
– Abschlagszahlungen auf die entsprechende Rechnung[1333]
– die Abnahme der Leistungen (!) [1334]
– Mängelrügen bezüglich der ohne Auftrag erstellten Leistung

3 Die notwendige, dem mutmaßlichen Willen des Auftraggebers entsprechende Leistung, § 2 Nr. 8 Abs. 2 Satz 2 VOB/B

3.1 Die notwendige Leistung

War die Leistung ohne Auftrag oder die vom Vertrag abweichende Leistung des Auftragnehmers notwendig zur Erfüllung der Vertragspflicht, entsprach sie dem mutmaßlichen 1171

[1328] Ebenso Oberhauser BauR 2005, 919, 928.
[1329] Einzelheiten dazu bei Ingenstau/Korbion/Keldungs, VOB/B § 2 Nr. 8, Rdn. 24.
[1330] BGH BauR 1974, 210, 211; Ingenstau/Korbion/Keldungs, VOB/B § 2 Nr. 8, Rdn. 25.
[1331] Ingenstau/Korbion/Keldungs, VOB/B § 2 Nr. 8, Rdn. 23; OLG Düsseldorf Schäfer/Finnern Z 2.300 Bl. 14; OLG Köln MDR 1977, 404.
[1332] OLG Stuttgart BauR 1993, 743, 744.
[1333] Zustimmend Leupertz, in: Anwaltskommentar, Anhang zu §§ 631–651 VOB-Bauvertrag, Rdn. 47; LG Berlin IBR 1999, 518; Beck'scher VOB-Kommentar/Jagenburg, VOB/B § 2 Nr. 8, Rdn. 59; § 212 Abs. 1 Nr. 1 BGB regelt – wie früher schon § 208 BGB –, dass eine Verjährung erneut beginnt, wenn der Schuldner dem Gläubiger gegenüber durch Abschlagszahlung anerkennt. Angesichts dieser gesetzlichen Regelung kann es keinem Zweifel unterliegen, dass auch im Rahmen von § 2 Nr. 8 Abs. 2 Satz 1 VOB/B eine Abschlagszahlung ein Anerkenntnis mindestens dem Grunde nach ist. A. A. OLG Hamburg IBR 1996, 366.
[1334] OLG Hamburg, siehe Fn. 1335, insoweit nicht veröffentlicht.

Willen des Auftraggebers und ist sie ihm unverzüglich angezeigt worden, so hat der Auftragnehmer trotz fehlender Anordnung gemäß § 2 Nr. 8 Abs. 2 **Satz 2** VOB/B einen Vergütungsanspruch.

Die Leistung muss zur Erfüllung der Vertragspflicht **notwendig** gewesen sein. Das heißt: Mit den im Vertrag vorgesehenen Mitteln darf das Leistungsziel des Auftragnehmers nicht zu erreichen gewesen sein. Solange innerhalb der vertraglichen Möglichkeiten das Leistungsziel rechtmäßig und technisch machbar zu erreichen ist, besteht keine Notwendigkeit zu eigenmächtigen Arbeiten. Um nicht über § 2 Nr. 8 Abs. 2 Satz 2 VOB/B das Anordnungsrecht des Auftraggebers (und damit vor allem auch sein Recht, unter mehreren Alternativen zu wählen) außer Kraft zu setzen, muss es sich deshalb um folgende Fälle handeln:

– Aus technischen Gründen oder aus Gründen der Gefahrenabwehr ist besondere Eile geboten, insbesondere also „Notfälle";
Beispiel: Fließsandeinbruch[1335] oder Wassereinbruch in die Baugrube; solche Fälle werden auch in der VOB/C häufiger erfasst und mit Recht als „Besondere Leistung" qualifiziert - vgl. z. B. DIN 18301 Abschn. 3.3.3. Das ist keine Besonderheit: „Besondere Leistungen" sind sie, weil sie außerhalb des Bausolls stehen. Zu vergüten sind sie nach den Regeln des § 2 Nr. 8 Abs. 2, 3 VOB/B, weil notfallbedingt die Anordnung des Auftraggebers fehlt.[1336]

– Die vorgesehene Vertragsleistung ist nicht durchführbar, das Leistungsziel war **zwangsläufig** nur mit den vom Auftragnehmer gewählten Mitteln zu erreichen und eine Anordnung des Auftraggebers hätte keine anderen **Handlungsalternativen** aufzeigen können. Die Fortführung der Arbeit in der vom Auftragnehmer gewählten Form war „selbstverständlich".
Beispiel: Vorfinden einer anderen Bodenklasse.[1337] Wären allerdings im Beispielsfall mehrere technische Lösungen denkbar, so wäre die vom Auftragnehmer einseitig gewählte Lösung nicht ohne weiteres „notwendig".

– Die Maßnahme ist als solche gar nicht zwischen den Parteien strittig, sondern der Auftraggeber hält die Maßnahme selbst für zwingend. Er unterlässt aber eine Anordnung vorsätzlich, um (vermeintlich) der daraus resultierenden Zahlungspflicht zu entgehen. Es genügt im Rahmen von § 2 Nr. 8 Abs. 2 Satz 2 VOB/B nicht, dass die Leistung nur zweckmäßig oder nützlich ist.[1338]

1172 Korbion stellte mit Recht die Frage, ob eine Leistung **notwendig** ist, die qualitativ **besser** als die nach dem Vertrag vorgesehene ist. Er beantwortet das wie folgt: „Handelt es sich nach fachlichen Gesichtspunkten um eine echte Qualitätssteigerung und ist nach der Einstellung des Auftraggebers, vor allem in Hinsicht auf einen zu seinen Lasten veränderten Preis, zweifelsfrei die Annahme berechtigt, dass er ein qualitätsmäßig besseres Werk ent-

---

[1335] Das ist der Fall des OLG Düsseldorf Schäfer/Finnern Z 3.11 Bl. 9, vgl. dazu auch oben Rdn. 802 und Rdn. 969 sowie v. Craushaar, Festschrift Locher, S. 9 ff., 17.

[1336] Die Vergütung ohne Anordnung passt also völlig in das System; kritisch dazu, aber m. E. nicht zutreffend Beck'scher VOB-Kommentar/Motzke, Teil B Einl. I, Rdn. 76, 77.

[1337] Ebenso Ingenstau/Korbion/Keldungs, VOB/B § 2 Nr. 8, Rdn. 31; Putzier, BauR 1989, 132, 139 f.

[1338] Zutreffend OLG Stuttgart BauR 1993, 743, 744. Nicht richtig ist allerdings die Meinung des OLG, eine Leistung sei nur dann notwendig, wenn ohne sie die (Gesamt-)Leistung mangelhaft wäre. Wäre die Leistung mangelhaft, so müßte sie der Auftragnehmer ohne Vergütung „auf seine Kosten" mangelfrei machen.
Hat ein GU eine Rechnung seines Nachunternehmers seinem Auftraggeber mit GU-Zuschlag unverändert in Rechnung gestellt, soll er sich nach OLG Dresden IBR 2003, 661 gegenüber dem Nachunternehmer nicht mehr darauf berufen können, die Leistung sei nicht notwendig gewesen. Im Einzelfall mag das richtig sein, als allgemeine Feststellung geht die Schlussfolgerung zu weit.

gegennehmen wird, wird man die Notwendigkeit der anderweitigen Leistungsausführung bejahen können."[1339]
Dem kann man nicht zustimmen. Solange die Vertragsleistung technisch in Ordnung ist, also auch keine Pflicht zu Mängelhinweisen besteht, wird man schwerlich davon ausgehen können, dass der Auftragnehmer eigenmächtig den Leistungsstandard und damit die Kosten des Objekts verändern darf. Es ist nicht **einzusehen, warum der Auftragnehmer in solchen Fällen nicht nachfragt.** Eine Ausnahme mag allenfalls dann gelten – und auch das nur mit großer Vorsicht –, wenn der Auftraggeber schon mehrfach erklärt hat, er wolle in jedem Fall nur „beste Qualität" und sei bereit, dafür den entsprechenden Aufpreis zu zahlen, und wenn eine Entscheidung des Auftraggebers dazu nicht kurzfristig herbeigeführt werden kann. Beste Qualität will jeder, aber ungefragt mehr zu zahlen, ist nicht jedermanns Sache.

3.2 Der mutmaßliche Wille des Auftraggebers

Die Leistung muss dem mutmaßlichen Willen des Auftraggebers entsprechen (vgl. auch insoweit § 683 BGB). Das heißt, sie muss dem Willen entsprechen, den dieser Auftraggeber bei korrekter objektiver Würdigung der Sachlage geäußert hätte. Praktisch bedeutet das, dass zu **prüfen ist, wie „man" bei der gegebenen Sachlage „vernünftigerweise" reagiert hätte.** Im Ergebnis steckt also in diesem Urteil zwangsläufig eine Hypothese. Beim öffentlichen Auftraggeber kann sich die Beurteilung des mutmaßlichen Willens im Einzelfall auch danach richten, ob er für eine „nennenswert erweiterte" Leistung überhaupt Haushaltsmittel hat.[1340]

1173

Im Rahmen dieser objektiven Würdigung ist eine Zustimmung insbesondere auch dann anzunehmen, wenn der Auftraggeber bewußt eine Anordnung unterlassen hat, um sich (vermeintlich) der Bezahlung zu entziehen.
Ebenso ist unter sinngemäßer Anwendung des § 679 BGB der ausdrücklich ablehnende Wille des Auftraggebers unbeachtlich, wenn der Auftragnehmer eine Pflicht des Auftraggebers durch sein Handeln erfüllt, die im öffentlichen Interesse liegt. Typisches Beispiel sind Maßnahmen zur Gefahrenabwehr, also außervertragliche sofortige Leistungen etwa auf Anordnung der Berufsgenossenschaft, die **keinerlei** Zögern erlauben (vorausgesetzt natürlich, die Weisung betrifft nicht etwa schon eigene Verhaltenspflichten des Auftragnehmers).

1174

3.3 Anzeigepflicht

Vorab: Seit der Einführung von § 2 Nr. 8 **Abs. 3** durch die VOB/B Fassung Juni 1996 hat der Anwendungsbereich von § 2 Nr. 8 **Abs. 2** VOB/B und damit das Anzeigeerfordernis völlig **an Bedeutung verloren** (vgl. Rdn. 1180).
Bei § 2 Nr. 8 Abs. 2 VOB/B muss der Auftragnehmer dem Auftraggeber die Leistung unverzüglich anzeigen. Es ist lebhaft umstritten, wann diese Frist, die „ohne schuldhaftes Zögern", also unverzüglich (§ 121 BGB) erfüllt werden muss, beginnt.

1175

[1339] Jetzt Ingenstau/Korbion/Keldungs, VOB/B § 2 Nr. 8, Rdn. 31.
[1340] Vgl. ausführlich dazu BGH, NZBau 2004, 209; OLG Düsseldorf BauR 1992, 777, 778 ff.

Jedenfalls beginnt die Frist nicht grundsätzlich erst mit Beendigung der entsprechenden Arbeiten. Gemäß der Zielsetzung, dem Auftraggeber eine möglichst große Dispositionsfreiheit zu erhalten, muss der **Auftraggeber möglichst früh gewarnt werden.**

Riedl lässt ebenso wie von Craushaar die Frist in dem Augenblick beginnen, in dem die Möglichkeit zur Anzeige besteht.[1341] Nach Daub/Piel/Soergel/Steffani beginnt die Frist im Zeitpunkt des Entschlusses des Auftragnehmers, eigenmächtig zu handeln.[1342] Letzteres ist ein wenig geeigneter Anknüpfungspunkt: Ein rein subjektives Element lässt sich nicht zuverlässig feststellen, wobei außerdem bei dieser Auslegung sogar geschlossen werden könnte, dass die Frist davon abhinge, dass und ob der Auftragnehmer die Arbeiten auch tatsächlich und sofort als „eigenmächtig" erkennt. Andererseits kann auch der Beginn der Ausführung nicht generell der richtige Zeitpunkt für die Anzeigepflicht sein. Das gilt schon deshalb, weil diese Ansicht zu folgender Konsequenz führt: Der Auftragnehmer darf zwar mit der Leistung beginnen, muss dann aber sofort wieder anzeigen, muss die Entschließung des Auftraggebers abwarten – letzteres ist zweifelsfrei richtig, denn man wird vom Auftragnehmer normalerweise verlangen müssen, dass er die Reaktion des Auftraggebers abwartet, sonst wäre die Anzeige eine Farce[1343] –, dann darf er wieder weiterarbeiten. Dies führt zu einem Stop and Go: Beginnen – Anzeigen – Aufhören – Abwarten – Arbeiten.[1344] Dieses Problem stellt sich insbesondere auch bei Beschleunigungsarbeiten des Auftragnehmers.[1345]

Eine **Ausnahme** von der Abwartepflicht gilt auf jeden Fall bei **drohender Gefahr.** Außerdem soll ein Abwarten entbehrlich sein, wenn der Auftragnehmer dadurch seine Leistung nicht mehr fristgerecht erfüllen könnte;[1346] das wird man allerdings nur nach Lage des Einzelfalles **mit großer Vorsicht** bejahen können.

1176 **Richtigerweise** wird man gerade wegen des „Notcharakters" der Maßnahmen **nicht auf irgendeinen festen Zeitpunkt** abstellen können. Es sind sowohl Fälle denkbar, in denen der Auftragnehmer die Maßnahme in Ruhe plant und sie **vor Ausführung anzeigen kann** – Beispiel: Die Parteien streiten über den Vertragsinhalt, deshalb gibt der Auftraggeber keine Anordnung. Die Leistung selbst muss zweifelsfrei erbracht werden, darüber ist schon lange diskutiert worden. Insoweit herrscht gar kein Streit – wie auch Fälle, in denen sofortiges Handeln unabwendbar ist und mit der Gefahrenabwehr auch gleichzeitig die Leistung selbst wieder beendet ist – Beispiel: Abwendung einer Notlage durch eindringendes Wasser. Hier hat der Auftragnehmer umgehend tätig zu werden. Damit schadet er dem Auftraggeber nicht, der hier sowieso keine Handlungsalternativen hatte. Allerdings ist auch hier Vorsicht geboten, denn normalerweise ist der Auftraggeber oder sein Bevollmächtigter zumindest telefonisch oder per Fax immer erreichbar.

Die Anzeige ist also im Ergebnis zu dem Zeitpunkt, zu dem sie nach den besonderen Umständen des Einzelfalls **frühestens möglich und zumutbar** war, zu tätigen. Dies wird im Regelfall vor Arbeitsbeginn sein.[1347] Genauso hat der **Bundesgerichtshof grundsätzlich und zutreffend entschieden.**[1348]

1177 Die Anzeige muss gegenüber dem Auftraggeber erfolgen. Ob der **Architekt des Auftraggebers** befugt ist, mit Wirkung für den Auftraggeber die Anzeige entgegenzunehmen, ist streitig. Jedenfalls dann, wenn die eigenmächtigen Leistungen mit einem eigenen Planverschulden

---

[1341] Heiermann/Riedl/Rusam, VOB/B § 2 Rdn. 168; von Craushaar, BauR 1984, 311, 321 f.
[1342] Daub/Piel/Soergel/Steffani, VOB/B Erl. 2.162.
[1343] Zutreffend Ingenstau/Korbion/Keldungs, VOB/B § 2 Nr. 8, Rdn. 38. S. auch **BGH Fn. 1350.**
[1344] Vgl. auch Kapellmann/Schiffers, BauR 1986, 615, 630 Fn. 45.
[1345] Vgl. dazu unten Rdn. 1462 ff.
[1346] Ingenstau/Korbion, a. a. O. mit Nachweisen der Rechtsprechung.
[1347] Im Ergebnis also wie Riedl und von Craushaar, vgl. Fn. 1343.
[1348] BGH BauR 1994, 625, 626.

des Architekten oder fehlerhafter Objektüberwachung zusammenhängen, ist er wie bei der Anzeige gemäß § 4 Nr. 3 VOB/B nicht der richtige Adressat. In allen anderen Fällen ist aber nach unserer Auffassung der Architekt bevollmächtigt, die Anzeige entgegenzunehmen.[1349] An der wirksamen Anzeige fehlt es jedenfalls dann, wenn der zur Entgegennahme der Anzeige ermächtigte Vertreter des Auftraggebers die Ermächtigung mißbraucht und der Auftragnehmer den Mißbrauch kannte oder er sich nach den Umständen aufdrängte.[1350]

Die **Anzeige ist echte Anspruchsvoraussetzung**, d. h., **ohne Anzeige** hat der Auftragnehmer nach § 2 Nr. 8 Abs. 2 VOB/B **keinen Vergütungsanspruch**.[1351] Das ist nach dem unzweideutigen Wortlaut der VOB/B nicht zu bestreiten. 1178

Ob es davon wenigstens Ausnahmen in den Fällen geben könnte, in denen der Auftraggeber überhaupt keine Entscheidungsalternative hatte (etwa bei dringenden Notfällen), ist diskutabel. Grundsätzlich erscheint es uns aber als sachgerecht, den Auftragnehmer zu zwingen, seinen Anspruch auch tatsächlich unverzüglich anzuzeigen, damit der Auftraggeber so früh wie möglich noch Sachverhaltsfeststellungen treffen kann oder auch jedenfalls die Vergütungsfrage jetzt sofort klären kann. Die dabei möglichen und sich aus dem Einzelfall ergebenden Ausnahmen haben wir oben erörtert.

Eine Anzeige ist allerdings dann nicht erforderlich, wenn der **Auftraggeber** von der bevorstehenden oder begonnenen Durchführung der Arbeit schon **selbst hinreichend sichere Kenntnis hat**.[1352] 1179

Eine besondere **Form** ist für die **Anzeige nicht vorgeschrieben**. Das ändert natürlich nichts daran, dass aus Dokumentationsgründen Schriftform dringend zu empfehlen ist.

4. Die Geschäftsführung ohne Auftrag, § 2 Nr. 8 Abs. 3 VOB/B

Durch die damalige Neufassung der VOB/B Juni 1996 ist **Abs. 3** eingeführt worden, wonach die gesetzlichen Vorschriften über die Geschäftsführung ohne Auftrag (§§ 677 ff. BGB) unberührt bleiben. Gemäß § 683 BGB erhält der Auftragnehmer bei (berechtigter) Geschäftsführung auch Ersatz seiner **Aufwendungen, wenn** 1180
- die Geschäftsführung dem wirklichen oder mutmaßlichen Willen des Auftraggebers entsprach (vgl. dazu Rdn. 1173, 1174) und
- wenn sie lediglich „interessengemäß" – nicht, wenn sie notwendig – war.

Der Auftragnehmer muss auch hier gemäß § 681 S. 1 BGB, sobald es tunlich ist, dem Auftraggeber die „Übernahme der Geschäftsführung" anzeigen und, wenn nicht mit dem Aufschub Gefahr verbunden ist, dessen Entschließung abwarten. Aber die Anzeige ist **nicht** Anspruchsvoraussetzung für den Anspruch aus § 681 BGB, ihre Verletzung kann lediglich im Einzelfall dazu führen, dass der Auftragnehmer dem Auftraggeber den Schaden ersetzen muss, der diesem durch verspätete oder unterlassene Information entstanden ist[1353] – ein in der Praxis nahezu wertloser Schadensersatzanspruch des Auftraggebers.

[1349] BGH BauR 1991, 331, 332, 333; BauR 1975, 358, 359; OLG Stuttgart BauR 1977, 291, 292; OLG Hamm BauR 1978, 146, 147; Nicklisch/Weick, VOB/B § 2 Rdn. 106; Werner/Pastor, Bauprozess Rdn. 1078; anderer Auffassung Ingenstau/Korbion/Keldungs, VOB/B § 2 Nr. 8, Rdn. 34, 387.
[1350] BGH BauR 1991, 331, 332, 333.
[1351] BGH BauR 1991, 331; BGH BauR 1978, 314, 316; OLG Karlsruhe BauR 1973, 194.
[1352] Ingenstau/Korbion/Keldungs, VOB/B § 2 Nr. 8, Rdn. 37.
[1353] BGH BauR 1991, 331, 332; Beck'scher VOB-Kommentar/Jagenburg, Teil B § 2 Nr. 8, Rdn. 6; Palandt/Sprau, BGB, § 681 Rdn. 4.

Praktisch bedeutet das, dass § 2 Nr. 8 Abs. 2 völlig an Bedeutung verloren hat, weil sich die entsprechenden Fälle über § 2 Nr. 8 Abs. 3, §§ 677 ff. BGB regeln.

5 Die Höhe der Vergütung bei § 2 Nr. 8 Abs. 2 und Abs. 3 VOB/B, Sicherungsanspruch gemäß § 648 a BGB

1181 Wie erörtert, ersetzen § 2 Nr. 8 **Abs. 2** Satz 1 und Satz 2 VOB/B sowie **Abs. 3** nur die fehlende Anordnung des Auftraggebers in den Fällen der §§ 2 Nr. 5, Nr. 6 und Nr. 9 VOB/B. Auch bei § 2 Nr. 8 VOB/B muss es sich also um eine „Änderung" oder „Zusatzleistung" gegenüber der ursprünglichen Vertragsleistung handeln.

Bei Anwendung des § 2 Nr. 8 **Abs. 2** VOB/B war schon früher im Fall von Änderungen die Vergütungsregeln des § 2 Nr. 5 und bei Zusatzleistungen die Vergütungsregeln des § 2 Nr. 6 VOB/B (bzw. die des § 2 Nr. 9 VOB/B) heranzuziehen.[1354] Das folgt aus der inneren Systematik der VOB/B, die in Fällen notwendig werdender Neuermittlung von Vergütungen grundsätzlich die „bisherige Grundlagen der Preisermittlung" fortführt. Die **VOB Ausgabe 2000** hat das in § 2 **Nr. 8 Abs. 2** Satz 3 VOB/B ausdrücklich **geregelt**.

Für § 2 Nr. 8 **Abs. 3** VOB/B gilt das aber scheinbar angesichts des Wortlauts nicht: Infolge des Verweises auch auf §§ 683, 670 BGB erhält der Auftragnehmer **Aufwendungsersatz**; wenn wie hier die Tätigkeit des Handelnden im Zusammenhang mit einer von ihm im Rahmen seines Gewerbebetriebes entfallenden Tätigkeit steht, erhält er nach zutreffender allgemeiner Auffassung **übliche** Vergütung und nicht nur Aufwendungsersatz.[1355] Das würde bedeuten, dass der Auftragnehmer dann, wenn der Auftrag „schlecht" oder sogar mit Verlust kalkuliert wäre, in Fällen des § 2 Nr. 8 VOB/B bei der Berechnung der Nachtragsvergütung diese schlechte Kalkulation **nicht** fortführen müsste, sondern eine „übliche", also kostendeckende und mit (Wagnis und) Gewinn beaufschlagte Nachtragsvergütung verlangen könnte, während er bei „guter" Kalkulation diese nicht fortschreiben könnte, sondern sich mit der Berechnung des Nachtrages auf der Basis einer geringeren üblichen Vergütung begnügen müsste.[1356]

Demgegenüber hat der Bundesgerichtshof entschieden, der Anspruch aus § 670 BGB sei auf die Höhe der üblichen Vergütung **beschränkt, sofern nicht** der Vertragspreis **niedriger** sei.[1357] Der Auftragnehmer soll danach also eine entsprechend der Vertragskalkulation entwickelte Vergütung **nicht** bekommen, wenn die übliche Vergütung niedriger ist als die Vertragsvergütung - also immer nur die „niedrigere" Alternative. Mit Verlust zu niedrig kalkulierte Aufträge darf der Auftrag**geber** folglich als Berechnungsgrundlage erzwingen, mit Gewinn bzw. „hoch" kalkulierte Berechnungsgrundlagen der Auftragskalkulation kann er abwehren.

Für eine solche Differenzierung nur zu Lasten des Auftragnehmers besteht **kein Grund**. Der Bundesgerichtshof bringt auch keine gesonderte Begründung, sondern verweist nur auf zwei andere Urteile[1358], die beide jedoch zwar bestätigen, dass „übliche Vergütung"

[1354] BGH BauR 1974, 273, 274; Nicklisch/Weick, VOB/B § 2 Rdn. 107; Heiermann/Riedl/Rusam, VOB/B § 2 Rdn. 169; Zielemann, Vergütung, Rdn. 703; Kiesel, VOB/B § 2 Rdn. 40.
[1355] Zum Beispiel BGH BauR 1974, 273, 274.
[1356] So Hofmann, BauR 1996, 640 ff.; Kleine-Möller/Merl, § 10 Rdn. 551, wobei beide dieses Ergebnis mit Recht als **verfehlt** bezeichnen.
[1357] BGH BauR 1992, 761, 762.
[1358] BGH WM 1972, 616, 618; OLG München NVwZ 1985, 293, 294.

geschuldet wird, die aber beide nicht die Einschränkung enthalten, dies gelte nicht, soweit der Vertragspreis niedriger sei.

Dass **"übliche** Vergütung" geschuldet wird, wird allgemein in Anlehnung an § 632 BGB begründet.[1359] Die herrschende Lehre zum BGB hat dabei aber natürlich den Normalfall im Auge, dass der Geschäftsführer (ohne Auftrag) und der Geschäftsherr gerade **nicht durch sonstige vertragliche Vereinbarungen verbunden sind**, sondern geradezu eine Zufallsverbindung entstanden ist. Hier **fehlt es an vereinbarten Maßstäben** einer möglichen Geschäftsführung ohne Auftrag. **Dann** wählt man als Anhaltspunkt zutreffend die „übliche Vergütung", zumal es dafür oft auch „einfache und praktikable Bemessungsgrundsätze (z. B. Gebührenordnungen)" gibt.[1360]
Eine „praktikablere und einfachere" Bemessungsgrundlage als die **Vertragsvergütung** selbst, die zudem **unter Wettbewerbsbedingungen** zustande gekommen ist, gibt es aber nicht. Also gibt es auch keinen Grund, für die im Ergebnis in dieses Vertragsgeflecht eingebettete Vergütung der Leistung ohne Auftrag andere Ansatzpunkte als den Vertrag zu wählen und dem Auftraggeber mit Verlust kalkulierte Verträge zugute kommen zu lassen, mit Gewinn kalkulierte Verträge aber als Bemessungsgrundlage abzulehnen. Insoweit ist auch eine Kongruenz zu § 2 Nr. 8 Abs. 2 Satz 3 VOB/B durchaus angebracht: Auch dort wird „Vergütung" in Anknüpfung an die Vertragsvergütung geschuldet und nicht übliche Vergütung.
So auch hier: Wenn schon Vergütung als Aufwendungsersatz, dann auch konsequent. Es gibt keinen Grund, an eine bereitliegende Bemessungsgrundlage nicht anzuknüpfen, ein „verfehltes Ergebnis" in Kauf zu nehmen[1361] und für die Nachtragsvergütung eine Üblichkeit zu suchen, die weder zweckmäßig noch wettbewerbsbezogen noch VOB-systemgerecht ist.
Demzufolge wird auch bei Anwendung des § 2 Nr. 8 **Abs. 3** VOB/B die Vergütung für Nachträge in **Fortentwicklung der Auftragskalkulation** ermittelt. Daran ändert auch nichts, dass die **VOB Ausgabe 2000** nur in Abs. 2 eine entsprechende Ergänzung (Satz 3) eingesetzt hat. dass dasselbe Problem auch für Abs. 3 besteht, ist bei der Neufassung offensichtlich **übersehen** worden.

Für den Anspruch auf Nachtragsvergütung gemäß § 2 Nr. 8 Abs. 2, Abs. 3 VOB/B hat der Auftragnehmer wie für jede andere ausgeführte, aber noch nicht bezahlte Leistung einen Anspruch auf Banksicherheit gemäß § 648 a BGB.[1362]

6 Beweislast

Der Auftragnehmer muss alle Voraussetzungen des § 2 Nr. 8 Abs. 2 und Abs. 3 VOB/B beweisen, also
– das nachträgliche Anerkenntnis oder
– die Notwendigkeit der Leistung bzw. den mutmaßlichen Willen des Auftraggebers und die unverzügliche Anzeige

1182

Ohnehin muss er beweisen, dass die Leistungen bisher nicht oder nicht so vom Vertrag umfasst, also Teil des Bausolls waren.

[1359] Siehe Fn. 1357 sowie BGHZ 55, 128; BGHZ 65, 348.
[1360] BGH NJW 1993, 3196; BGHZ 69, 34; Gehrlein, in: Bamberger/Roth, BGB § 683, Rdn. 4; Münchener Kommentar/Seiler, BGB § 683, Rdn. 24, 25; z.T. abweichend Leupertz BauR 2005, 775, 778 ff.
[1361] Siehe Fn. 1358.
[1362] Näher oben Rdn. 992.

In den Fällen, in denen der Auftraggeber die Erteilung einer Anordnung bewußt unterlässt, kann es für den Auftragnehmer sinnvoll sein, beispielsweise über den Zustand der Bodenverhältnisse und die Notwendigkeit von Maßnahmen ein selbständiges Beweisverfahren vor Ausführung der Arbeiten durchzuführen.[1363]

7 Fälligkeit, Abschlagszahlungen, Verjährung, Schlussrechnung

1183 Der Vergütungsanspruch ist für beide Alternativen wie ein normaler vertraglicher Vergütungsanspruch zu behandeln.[1364] Wir verweisen deshalb auf unsere früheren Ausführungen.

8 Ansprüche aus ungerechtfertigter Bereicherung, falls § 2 Nr. 8 VOB/B keinen Vergütungsanspruch begründet?

1184 Wenn der Auftragnehmer eine Leistung ohne Auftrag oder unter eigenmächtiger Abweichung vom Vertrag ausgeführt hat, wenn aber die Voraussetzungen des § 2 Nr. 8 Abs. 2 VOB/B nicht eingreifen (z. B. fehlt das Anerkenntnis des Auftraggebers oder z. B. war die Leistung nicht notwendig oder nicht entsprechend dem vertraglichen Willen des Auftraggebers oder nicht unverzüglich angezeigt), so steht dem Auftragnehmer aufgrund dieser Vorschrift keine Vergütung zu.
Solche Leistungen „werden nicht vergütet" – so der Eingangssatz in § 2 Nr. 8 Abs. 1 Satz 1 VOB/B.
Der Bundesgerichtshof schließt aus dieser Formulierung, dass bei (ohne Einschränkung) vereinbarter VOB/B diese Regelung abschließend sei und deshalb in solchen Fällen auch der gesetzliche Anspruch des Auftragnehmers aus § 812 BGB aus ungerechtfertigter Bereicherung des Auftraggebers ausgeschlossen sei.[1365]
Nach unserer Auffassung behandelt dagegen § 2 Nr. 8 Abs. 2 VOB/B einen **vertraglichen** Vergütungsanspruch, so dass also Ansprüche aus ungerechtfertigter Bereicherung (§ 812 BGB) **immer** auch dann eingreifen können, wenn § 2 Nr. 8 VOB/B **keinen** Anspruch gibt, weil § 812 BGB keinen **vertraglichen** Anspruch betrifft.
Der Bundesgerichtshof hat allerdings entschieden, dass § 2 Nr. 8 Abs. 1 Satz 1 VOB/B dann unwirksam ist, **wenn die VOB/B nicht als Ganzes** vereinbart sei: Dann verstoße die Regelung gegen § 9 AGB-Gesetz, dann könne folglich der Auftragnehmer Ansprüche aus ungerechtfertigter Bereicherung geltend machen.[1366]
Wenn man den Ausgangspunkt der Überlegungen des Bundesgerichtshofs teilt, verstößt § 2 Nr. 8 Abs. 1 Satz 1 VOB/B sicher gegen § 307 BGB.
Unsere Meinung ist aber, dass es auf die Frage nicht ankommt.[1367]

1185 Nach der Einführung des neuen Abs. 3 in § 2 Nr. 8 VOB/B[1368] können auch bei vereinbarter VOB/B Vergütungsansprüche aus Geschäftsführung ohne Auftrag, §§ 677 ff. BGB, in Betracht kommen.

[1363] Vgl. auch oben Rdn. 997.
[1364] Also auch der Anspruch aus § 2 Nr. 8 Abs. 2 Satz 2.
[1365] BGH BauR 1991, 331, 334. Zu bejahen Anspruch aus § 812, s. Rdn. 897 unter Hinweis auf BGH JZ 2002, 196.
[1366] BGH a. a. O.
[1367] Einzelheiten dazu Band 2, Rdn. 1259 ff.
[1368] Näher oben Rdn. 1180.

Die gesetzlichen Vorschriften der §§ 683, 670 BGB schließen ihrerseits bereicherungsrechtliche Ansprüche aus.[1369)]

Auf keinen Fall gibt es Ansprüche aus § 6 Nr. 6 VOB/B oder aus „ergänzender Vertragsauslegung".[1370)] **1186**

[1369)] BGH BauR 1994, 110.
[1370)] Einzelheiten dazu unten Rdn. 1404 ff.

Kapitel 14
Sonderfall: Ansprüche auf zusätzliche Vergütung nach § 4 Nr. 1 Abs. 4 Satz 2 VOB/B

1 Anordnung des Auftraggebers betreffend die „Modalitäten" der Leistung

1187 § 4 Nr. 1 Abs. 4 Satz 2 VOB/B enthält einen Sondertatbestand für Ansprüche des Auftragnehmers auf zusätzliche Vergütung; die Regelung wird nur aus dem Zusammenhang von **Abs. 3 und Abs. 4** verständlich. Diese Vorschriften lauten:

„(3) Der Auftraggeber ist befugt, unter Wahrung der dem Auftragnehmer zustehenden Leitung (Nr. 2) Anordnungen zu treffen, die zur vertragsgemäßen Ausführung der Leistung notwendig sind. Die Anordnungen sind grundsätzlich nur dem Auftragnehmer oder seinem für die Leitung der Ausführung bestellten Vertreter zu erteilen, außer wenn Gefahr im Verzug ist. Dem Auftraggeber ist mitzuteilen, wer jeweils als Vertreter des Auftragnehmers für die Leitung der Ausführung bestellt ist.

(4) Hält der Auftragnehmer die Anordnungen des Auftraggebers für unberechtigt oder unzweckmäßig, so hat er seine Bedenken geltend zu machen, die Anordnungen jedoch auf Verlangen auszuführen, wenn nicht gesetzliche oder behördliche Bestimmungen entgegenstehen. Wenn dadurch eine ungerechtfertigte Erschwerung verursacht wird, hat der Auftraggeber die Mehrkosten zu tragen."

Der Auftragnehmer hat also Anspruch auf Ersatz der Mehrkosten, die dadurch entstehen, dass er eine unberechtigte oder unzweckmäßige Anordnung des Auftraggebers bezüglich der „vertragsgemäßen Ausführung der Leistung" befolgt.

Die Vorschrift betrifft nur solche Anordnungen des Auftraggebers, die **„zur Ausführung der vertragsgemäßen Leistung"** notwendig sind. Das Anordnungsrecht des Auftraggebers betrifft also nur Leistungen, die der Auftragnehmer vertraglich **ohnehin** zu erbringen hat. Hochstein nennt das zutreffend Anordnungen über „Modalitäten" in der Art und Weise der schon in Auftrag gegebenen Leistungen.[1371]

Die Vorschrift kollidiert deshalb auch nicht mit § 1 Nr. 3 oder § 1 Nr. 4 VOB/B und somit auch nicht mit § 2 Nr. 5 oder § 2 Nr. 6 VOB/B: **§ 1 Nr. 3 VOB/B** betrifft im Gegensatz zu § 4 Nr. 1 Abs. 3 gerade **nicht** die vertraglich geschuldete, **unveränderte** Leistung des Auftragnehmers, sondern das Recht des Auftraggebers, Änderungen des Bauentwurfs, also Änderungen des bisher vertraglich geschuldeten Bausolls, anordnen zu dürfen mit der Folge, dass Vergütungspflicht für diese Änderungen gemäß § 2 Nr. 5 VOB/B besteht.[1372]

[1371] Hochstein, Festschrift Korbion, S. 165, 175. Vgl. auch Band 2, Rd. 1262.
[1372] Problematisch bleibt die Abgrenzung zwischen angeordneter nicht zwingender Änderung der Bauumstände, die nach § 2 Nr. 5 zu behandeln ist (z. B. geänderte Leistungszeit), und der nach § 4 Nr. 1 Abs. 3 und 4 VOB/B zu behandelnden Änderung lediglich von „Modalitäten" der vertraglich festgelegten Bauumstände.

§ 1 Nr. 4 VOB/B gibt dem Auftragnehmer das Recht, bisher nicht vertraglich vereinbarte Leistungen zusätzlich zu fordern, was Vergütungsansprüche des Auftragnehmers gemäß § 2 Nr. 6 VOB/B auslöst. Weil der Regelungsbereich von § 4 Nr. 1 Abs. 4 VOB/B mit § 2 Nr. 5 und § 2 Nr. 6 VOB/B nicht kollidiert, sind deren einzelne Voraussetzungen (z. B. Ankündigungspflicht bei § 2 Nr. 6 VOB/B) hier auch nicht anwendbar.

Hält der Auftragnehmer die Anordnungen betreffend die „Modalität" der (unveränderten) Leistung für unberechtigt oder unzweckmäßig, muss er dies dem Auftraggeber mitteilen, die Leistung aber dennoch ausführen, wenn der Auftraggeber darauf besteht. Die Mehrkosten, die dann dadurch dem Auftragnehmer entstehen, dass er eine im Ergebnis **überflüssige** Erschwerung hat ausführen müssen, muss der Auftraggeber ersetzen.[1373]

1188

2 Mehrkosten

Für die Mehrkosten gibt es keine unmittelbare Bindung an die „bisherigen Grundlagen der Preisermittlung". Jedoch wird man im Einzelfall die Abrechnung möglichst auf der Basis der Fortschreibung das Vertragspreisniveaus durchführen,[1374] d. h., die Kostenermittlungssystematik von § 2 VOB/B ist zu übernehmen.

1189

[1373] Nicklisch/Weick, VOB/B § 4 Rdn. 39.
[1374] A.A. Ingenstau/Korbion/Oppler, § 4 Nr. 1, Rdn. 103.

Kapitel 15
Vergütungsänderung bei verringerten oder entfallenen Leistungen

1 Selbstübernahme (§ 2 Nr. 4 VOB/B), angeordneter Leistungsentfall (Kündigung und Teilkündigung, § 8 VOB/B)

1190 § 2 Nr. 4 VOB/B lautet:

„Werden im Vertrag ausbedungene Leistungen des Auftragnehmers vom Auftraggeber selbst übernommen (z. B. Lieferung von Bau-, Bauhilfs- und Betriebsstoffen), so gilt, wenn nichts anderes vereinbart wird, § 8 Nr. 1 Absatz 2 entsprechend."

§ 8 Nr. 1 Abs. 2 VOB/B lautet:
„Dem Auftragnehmer steht die vereinbarte Vergütung zu. Er muss sich jedoch anrechnen lassen, was er infolge der Aufhebung des Vertrages an Kosten erspart oder durch anderweitige Verwendung seiner Arbeitskraft und seines Betriebes erwirbt oder zu erwerben böswillig unterlässt (§ 649 BGB)."

§ 2 Nr. 4 VOB/B behandelt die (nachträgliche) **Selbstübernahme** von Bausollleistungen durch den Auftraggeber. Indirekt setzt also § 2 Nr. 4 VOB/B voraus, dass der Auftraggeber das Recht hat, trotz entgegenstehenden Vertrages eine beauftragte Leistung dem Auftragnehmer wieder „wegzunehmen" und sie selbst auszuführen; als Äquivalent dafür gewährt die VOB/B dem Auftragnehmer den Anspruch auf – vereinfacht ausgedrückt – volle Vergütung trotz Wegfalls der Leistung, jedoch minus entfallender Kosten.

Materiell handelt es sich bei der Selbstübernahme des Auftraggebers um dasselbe wie eine Teilkündigung des Auftraggebers ohne wichtigen Grund; eine solche **freie** Teilkündigung ist gemäß **§ 8 Nr. 1 VOB/B** zulässig,[1375] führt aber zu der oben zitierten Folge gemäß § 8 Nr. 1 Abs. 2 VOB/B: Der Auftraggeber muss die gekündigte Leistung vergüten, jedoch hinsichtlich des noch nicht ausgeführten Teils minus ersparter Kosten.[1376] Dagegen braucht der Auftraggeber bei Kündigung aus „wichtigem Grund" (§ 8 Nr. 2–4 VOB/B) nur die ausgeführte Teilleistung zu bezahlen. Während die (freie Teil-)Kündigung aber gemäß § 8 Nr. 5 VOB/B Schriftform erfordert, ist sie für die Selbstübernahmeerklärung des Auftraggebers gemäß § 2 Nr. 4 VOB/B entbehrlich; das ist aber auch der einzige Unterschied zwischen Selbstübernahme und freier Teilkündigung.

Mengenminderungen „aufgrund vorgefundener Verhältnisse", also ohne Kündigungserklärung bzw. „Anordnung" des Auftraggebers, bis hin zur „Nullmenge" werden nach der speziellen Vorschrift des § 2 Nr. 3 Abs. 3 VOB/B behandelt.[1377]

Die „freie Kündigung" gemäß § 8 Nr. 1 VOB/B und auch die „Selbstübernahme" des § 2 Nr. 4 VOB/B spielen beim Pauschalvertrag eine wesentlich größere Rolle als beim Einheitspreisvertrag. Das liegt daran, dass es beim Einheitspreisvertrag oft später – insbeson-

---

[1375] Dazu Band 2, Rdn. 1312 ff.
[1376] Einzelheiten Band 2, Rdn. 1305–1311.
[1377] Siehe oben Rdn. 510–513.

dere wegen fehlender Pläne im Stadium des Angebots und des Vertragsschlusses – nicht ohne weiteres feststellbar ist, ob Mengenminderungen gemäß § 2 Nr. 3 Abs. 3 VOB/B oder Teilkündigungen vorliegen.
Das ist aber beim Einheitspreisvertrag relativ unproblematisch, weil beide Fälle zu gleichen finanziellen Ergebnissen führen.
Wir erörtern deshalb das ganze Thema beim Pauschalvertrag.[1378]

Wir fassen hier nur wenige **Merksätze** zusammen: **1191**
Der Auftragnehmer erhält auch für den infolge von Kündigung bzw. Selbstübernahme entfallenen Teil der Leistung die bei Vertragsschluss vereinbarte Vergütung (also pro Position Vordersatz · Einheitspreis), di,ese jedoch gekürzt um die entfallenen Kosten oder um den Erwerb infolge anderweitiger Verwendung seiner Arbeitskraft. Strukturell besteht zu § 2 Nr. 3 Abs. 3 VOB/B (Mengenminderung infolge „vorgefundener Verhältnisse") praktisch kein Unterschied.
Die entfallen Kosten werden nach Wahl des Auftragnehmers auf der Basis der Angebotskalkulation ermittelt oder auf der Basis ersparter Ausgaben zum Zeitpunkt der Ausführung.[1379] Für jeden einzelnen Kostenansatz einer Teilleistung kann maximal der Betrag entfallen, der als Direkte Kosten in der Angebotskalkulation aufgeführt ist.
Direkte Kosten sind erspart, sofern der zugehörige Produktionsfaktoreneinsatz entfällt und diese Kosten kurzfristig abbaubar sind.[1380]
Ob Baustellengemeinkosten „kurzfristig abbaubar" sind, lässt sich nur von Fall zu Fall beantworten.[1381] Beim Einheitspreisvertrag wird die Regel sein, dass sie nicht abbaubar sind.
Die kalkulierten Deckungsanteile für Allgemeine Geschäftskosten sind zu vergüten, sie werden durch Teilkündigung einer Leistung nicht erspart.[1382]
Der Deckungsanteil für das Wagnis ist nicht erspart, entfällt also nicht,[1383] sondern bleibt erhalten.
Der für die entfallende Leistung kalkulierte Deckungsanteile für Gewinn bleibt voll erhalten.
Entsprechend muss auch ein kalkulierter Verlust weitergeführt werden.[1384]
Das bedeutet insbesondere: Es wird **positionsweise** abgerechnet. „Der Auftragnehmer muss sich nicht gefallen lassen, dass die Abrechnung ihm Vorteile aus dem geschlossenen Vertrag nimmt. Andererseits darf er keinen Vorteil daraus ziehen, dass ein für ihn ungünstiger Vertrag gekündigt worden ist. ... Ungünstige und günstige Positionen sind dabei nicht untereinander verrechenbar" – so völlig zutreffend der Bundesgerichtshof.[1385]
Auf die bis zur Kündigung erbrachten Leistungen ist der bei Vertragschluss vereinbarte prozentuale Nachlass zu geben,[1386] aber auch bei der Vergütung für den nicht ausgeführten Teil der Leistung ist (minus ersparter Kosten) der Nachlass anzusetzen.

Jedenfalls die Methodik zur Ermittlung des Vergütungsanspruchs des Auftragnehmers **1192**
bei „freier Kündigung" oder bei § 2 Nr. 4 VOB/B erläutern wir für den Einheitspreisvertrag nachfolgend an zwei Beispielen:
a) Kündigung einer Teilleistung
b) Kündigung des Vertrages

[1378] Band 2, Rdn. 1304–1385 mit allen Einzelheiten.
[1379] Näher Band 2, Rdn. 1349–1351; laut BGH NZBau 2005, 683 kommt es nur auf die tatsächlich ersparten Aufwendungen an.
[1380] Dazu oben Rdn. 527, 531.
[1381] Band 2, Rdn. 1374.
[1382] Band 2, Rdn. 1373 f. m. w. N.
[1383] Siehe oben Rdn. 561 und Band 2, Rdn. 1372.
[1384] Band 2, Rdn. 1368.
[1385] BGH a. a. O.
[1386] OLG Celle BauR 1995, 137, 138 L.

1. gekündigte Teilleistungen	
Fertigteilstützwände, LB 013, Pos. 15 (vgl. Anhang A, Unterlage a1.1, Blatt 3)	1.309,21 EUR/Stck.

2. Angebotskalkulation	
Direkte Kosten (NU-Preis vgl. Anhang B, Unterlage a2, Blatt 2)	1.091,01 EUR/Stck.
Deckungsanteil des Hauptunternehmers 20% (vgl. Anhang B, Unterlage i, Zeile 33)	218,20 EUR/Stck.

3. Nicht ersparte Preisanteile des Nachunternehmers	
Der NU hatte noch nicht mit der Leistungserstellung begonnen und kündigungsbedingt auch keine Personalleerkosten. Der NU hat kündigungsbedingt aber einen nicht ersparten Deckungsanteil für AGK, Wagnis und Gewinn; er wird auf 10 % geschätzt. Bezogen auf den EP des NU ergibt das:	
Deckungsanteil des NU bezogen auf seinen EP:	$[1 - 1/(1 + 0{,}16)] = 13{,}79\%$
Nicht ersparte Preisanteile des NU:	EP (NU) x 0,1379 = 1.091,01 EUR/St x 0,1379 = 150,45 EUE/St

3. Vergütungsansprüche	
Restvergütungsanspruch des NU (siehe 3.)	150,45 EUR/St
Deckungsanteil des NU (siehe 2.)	218,20 EUR/St
Restvergütungsanspruch des NU insgesamt (3. + 2.)	**368,65 EUR/St**

Abbildung 33 Ermittlung der Vergütung bei Kündigung einer Teilleistung, die gemäß Angebotskalkulation von einem Nachunternehmer erbracht werden sollte

Zu a) Kündigung einer Teilleistung

Die **Abb. 33**, S. 534 beinhaltet den Nachweis für die Vergütung bei Kündigung der Teilleistung „Fertigteilstützwände" (LB 013 Pos. 15, Anhang A, Unterlag a 1.1); der für die Erbringung dieser Teilleistungen vereinbarte Einheitspreis beträgt 1 309,21 €/St. (vgl. Anhang C, Unterlage n).
In Schritt 2 des Nachweises wird dargelegt, dass sich dieser Einheitspreis (vgl. Anhang B, Unterhlage h 2) wie folgt zusammensetzt:

- Direkte Kosten (NU-Kosten, Spalte 11): 1 091,01 €
- Zuschlag (20 % auf Kostenart 5, Spalte 15)): 218,20 €

In Schritt 3 wird zunächst festgestellt, dass der Nachunternehmer bis zur Kündigung keine Vorleistungen erbracht hat und kündigungsbedingt auch keine Personalleerkosten hat.
Der NU-seitige Zuschlag auf seine Einzelleistungen wird auf 16 % seiner Direkten Kosten geschätzt; das ergibt umgerechnet auf seinen Einheitspreis 13,79 %.
Multipliziert man den Einheitspreis des Nachunternehmers mit 13,79 %, so erhält man seinen Deckungsanteil pro Positionseinheit, also seine kündigungsbedingt nicht ersparten Preisanteile. Der HU hat sie ihm zu vergüten.

Selbstübernahme, angeordneter Leistungsentfall   Rdn. 1192

Bestandteile der Berechnung	Betrag [EUR]	Unterlage
Leistungsstandfeststellung		Abb. 57 a+b
Ausgeführte Menge		Abb. 57 c
Vergütungsermittlung		
(1) Vergütung der erbrachten Leistungen		
a) Bausoll		Abb. 34 b
- Mengenmäßig erfasste Teilleistungen	1.018.204,50	
- Vorhaltung BE (LB 000, Pos. 2)	95.597,30	
Zwischensumme	**1.113.801,80**	
b) Beauftragte Nachträge		Abb. 34 c
- Mengenmäßig erfasste Teilleistungen	95.315,06	
- Vorhaltung BE (LB 000, Pos. 2.1)	2.552,47	
Zwischensumme	**97.867,53**	
(2) Vergütung der gekündigten Leistungen Deckungsanteil		
a) Bausoll		Abb. 34d
- Mengenmäßig erfasst	87.476,98	
- Vorhaltung BE (LB 000, Pos. 2)	24.191,23	
Zwischensumme I	**111.668,21**	
b) Beauftragte Nachträge		...
- Mengenmäßig erfasst	2.039,81	
- Vorhaltung BE (LB 000, Pos. 2.1)	845,55	
Zwischensumme II	**2.885,36**	
Nicht ersparte Einzelkosten	8.046,57	Abb. 34e
(3) Vergütung für vorab schon getätigte Selbstübernahmen und Teilkündigungen	60.241,51	...
Gesamtbetrag (netto)	**1.394.510,98**	
Dazu kommen die finanziellen Regelungen der Behinderungsfolgen und der Baustellenräumung.		
Die Zahlungsverpflichtungen für überlassene Gebrauchsgüter (Kran, Schalungen etc.) übernimmt der Auftraggeber gegenüber deren Eigentümer (Verleiher).		

Abbildung 34 a   Zusammenstellung der Vergütungsansprüche aus freier Kündigung des Vertrags

In Schritt 4 wird der Vergütungsanspruch des Hauptunternehmers aus der Kündigung der Teilleistung „Fertigteilstütztwand" wie folgt ermittelt:

- Anspruch des NU an den HU:
- Deckungsanteil des HU:
- Vergütungsanspruch des HU:

1 Mengenmäßig erfasst						
LB	Pos.	Kurztext	Menge gemäß Unterlage ...	Einh.	EP [EUR/Einh.]	Gesamtbetrag [EUR]
000	1	Baustelleneinrichtung einrichten	1,00	psch.	125.557,60	125.557,60
002	1	Baugelände herrichten	1,00	psch.	8.400,00	8.400,00
	2	Oberboden abtragen	4.590,00	m³	1,91	8.766,90
	3	Baugrube u. Einplanierung BK 4-5	1.216,82	m³	9,40	11.438,11
	4	Fundamentenaushub BK 4-5	860,34	m³	42,03	36.160,09
	6	Verfüllen und Sauberkeitsschicht	1,00	psch.	51.499,99	51.499,99
013	1	Bodenplatte betonieren	444,77	m³	149,25	66.381,92
	2	Streifenfundamente betonieren	181,56	m³	135,08	24.525,12
	3	Kernwände betonieren	155,52	m³	153,98	23.946,97
	...	...	...	...	...	...
Insgesamt:						**1.018.204,50**

2 LB 000 Pos. 2
Der Leistungsstand "8,5 Kerndecken in Schalung" war gemäß dem produktionsorientierten Terminplan TP-Soll für das Bausoll am 19.11. zu erreichen. Das entspricht einer Soll-Dauer von ca. 4,6 Monaten. Bezogen auf 8 Monate Vertragsbauzeit sind das 57,5 %. Somit kann für LB 000 Pos. 2 angesetzt werden:
0,575 * 166.256,17 EUR = 95.597,30 EUR

Abbildung 34 b Aufstellung der Vergütung der erbrachten Bausollleistungen (Ausschnitt)

Zu b) Kündigung des Vertrages

In **Abb. 34 a, S. 535** werden die Bestandteile des Vergütungsanspruchs des Auftragnehmers aus freier Kündigung aufgelistet.

Zunächst ist der Leistungsstand bei Kündigung zu dokumentieren und sind – laut BGH – die Mengen der ausgeführten und nicht ausgeführten Teile des Bausolls und der Nachtragsleistungen zu ermitteln.

Hierauf aufbauend erfolgen dann die Einzelermittlungen zur Vergütung – im Wesentlichen in den **Abb. 34 b bis 34 e**.

Selbstübernahme, angeordneter Leistungsentfall					Rdn. 1192

1 Mengenmäßig erfasst						
LB	Pos.	Kurztext	Menge gemäß Abrechnung	Einh.	EP [EUR/Einh.]	Gesamtbetrag [EUR]
13	...	...	...	...	...	...
	...	...	...	...	...	...
	...	...	...	...	...	...
	11.1	Deckenfuge inkl. Gleitlager	61,04	m	27,32	1.667,61
	12.1	Schalung Treppenlauf UG BW A	15,44	m²	98,56	3.065,77
	15.2	Montage Frostschürzen	116,00	m²	16,60	5.125,60
	17.1	Längere Stützen	47,00	Stck.	3,83	180,01
	19.1	Konsolbänder für UZ Pos.19, 20	48,00	Stck.	69,40	3.331,20
	20.1	Aussparungen für UZ Typ 2, 3	14,00	Stck.	57,52	805,28
	21.1	Konsolbänder für UZ Pos.21	6,00	Stck.	16,22	97,32
	22.1	Konsolbänder für UZ Pos.22	2,00	Stck.	126,81	253,62
	(28)	Mattenstahl gemäß Stahlliste	1,24	t	1.332,65	1.652,49
	(29)	Stabstahl gemäß Stahlliste	0,54	t	1.332,65	719,63
Insgesamt:						95.318,90

Abbildung 34 c   Aufstellung der Vergütung der erbrachten Nachtragsleistungen (Ausschnitt)

Die Ermittlung der Vergütung der erbrachten Leistung für mengenmäßig belegte bzw. fertige Teilleistungen ist unproblematisch und erfolgt durch Multiplikation der erbrachten Mengen und der zugehörigen Einheitspreise – für das Bausoll im oberen Teil der **Abb. 34 b**, S. 536 und für die Nachtragsleistungen in **Abb. 34 c**, S. 537
Für leistungsmäßig noch nicht abgeschlossene Pauschalpositionen ist eine Abgrenzung durchzuführen.
Hierzu ist vorweg zu bedenken, dass der Auftragnehmer für die angefallenen auftraggeberseitigen Behinderungen folgende finanziellen Ausgleichsansprüche hat:

- Für die durch die Bauinhaltsmodifikation bedingte längere Ausführungszeit durch die entsprechenden Nachträge (vgl. z. B. LB 013, Pos. 9.2, **Abb. 32 b**, Teil 2, S. 509, siehe auch Rdn. 1144 ff.)
- Für die behinderungsbedingt längere Ausführungszeit durch den entsprechenden Behinderungsnachtrag (vgl. Anhang F)

Um dies unmissverständlich klarzustellen, erfolgt in **Abb. 34 a** unten (S. 535) ein entsprechender Hinweis.
Das vorausgesetzt erfolgt im unteren Teil von **Abb. 34b** die Ermittlung der Vergütung für die Vorhaltung der Baustelleneinrichtung (LB 000 Pos. 2). Maßstab ist der Leistungsstand der Kerndeckenschalung; er umfasst gemäß Leistungsstandfeststellung 8,5 Kerndecken. Diese Leistung hätte bei vertragsgemäßer Ausführung laut dem produktionsorientierten Terminplan (TP-Soll) schon am 19.11. erbracht sein müssen. Dem entspricht eine Soll-Dauer der Bauausführung von 4,6 Monaten, das ergibt bezogen auf eine Sollbauzeit von 8 Monaten einen Fertigstellungsgrad von 57,5 %. Mit ihm wird der Pauschalbetrag der

1 Mengenmäßig erfasst									
LB	Pos.	E	Mengen			EP	EKdT	DB	Gesamtbetrag
			beauftragt	ausgeführt	Differenz	[EUR/Einh.]	[EUR/Einh.]	[EUR/Einh.]	[EUR]
					(4) - (5)				(7) - (8)	(6) * (9)
(1)	(2)	(3)	(4)	(5)	(6)	(7)	(8)	(9)	(10)
...	..	..	....	....	....	....	....	....	....
013	20	Stk.	12,00	8,00	4,00	900,31	750,26	150,05	600,20
013	21	Stk.	12,00	6,00	6,00	399,49	332,91	66,58	399,48
013	22	Stk.	162,00	96,00	66,00	1.132,69	943,91	188,78	12.459,48
013	23	Stk.	6,00	5,00	1,00	936,52	780,43	156,09	156,09
013	24	Stk.	6,00	5,00	1,00	963,52	780,43	183,09	183,09
013	25	Stk.	6,00	5,00	1,00	322,46	268,72	53,74	53,74
013	26	Stk.	3,00	2,00	1,00	721,27	601,06	120,21	120,21
013	27	Stk.	3,00	2,00	1,00	721,27	601,06	120,21	120,21
013	28	t	57,00	52,35	4,65	1.332,65	917,00	415,65	1.932,77
013	29	t	30,00	23,15	6,85	1.332,65	917,00	415,65	2.847,20
					Insgesamt:				87.476,98

2 LB 000 Pos. 2
Der Leistungsstand „8,5 Kerndecken in Schalung" war gemäß dem produktionsorientierten Terminplan TP-Soll für das Bausoll am 19.11. Jahr 2 zu erreichen.
Das entspricht einer Soll-Dauer von ca. 4,6 Monaten. Bezogen auf 8 Monate Vertragsbauzeit sind das 57,5 %. Somit sind 42,5 % für LB 000 Pos 2 für nicht erbrachte Leistungen anzusetzen.

Das führt zu folgenden Ermittlungen:

EP: 166.256,17 EUR
EKdT: -109.335,64 EUR   (gemäß Anh. B, Unterl. h3.1, Blatt2)
DB: 56.920,53 EUR

Somit ergibt sich:
0,425 * 56.920,53 EUR = **24.191,23 EUR**

Abbildung 34 d   Aufstellung der Vergütung der Ermittlung der Deckungsbeiträge der gekündigten Bausollleistungen (Ausschnitt)

Posten für die Vorhaltung der Baustelleneinrichtung (LB 000 Pos. 2) multipliziert und ergibt deren finanzielle Bewertung per Kündigungsdatum.
Sodann wird in Schritt 2 die Vergütung für nicht ersparte Deckungsanteile ermittelt. Hierzu ist pro Position die Differenz aus beauftragten und erbrachten Mengen zu ermitteln – für die Bausollleistungen erfolgt das in **Abb. 34 d**, Spalten 4 bis 6.
Der Deckungsbeitrag pro Position kann – so in **Abb. 34 d**, Spalten 7 bis 9 – durch Abzug der Einzelkosten der Teilleistungen (vgl. Anhang B, Unterlage h2, Spalte 13) vom zugehörigen Einheitspreis (vgl. Anhang B, Unterlage h 2, Spalte 16) berechnet werden. Durch positionsweise Multiplikation von Differenzmenge und Deckungsbeitrag wird der Gesamtbetrag der nicht ersparten Deckungsanteile ermittelt (Spalte 10 in **Abb. 34 d**).

Einverständlich entfallene oder verringerte Leistungen   Rdn. 1192

---

(4) Betonstahl für die Decke Abschnitt 4/2 und das Podest 1/1
  Gemäß den entsprechenden Lieferscheinen wurden 4,8t Betonstahl angeliefert und noch nicht eingebaut. Bewertet mit den angebotskalkulierten Stoffkosten von 323,00 EUR/t ergibt dies:

  4,8t x 323,00 EUR/t   =   1.550,40 EUR

(5) Schon angefallene Ausgaben für die Wandschalung
  Bei der Arbeitsvorbereitung und Arbeitskalkulation wurden in Anh. D2, Unterl. g3, Blatt 2, Spalte 5 die Kosten der Verbrauchsgüter (lfd. Nr. 1 bis 10) ermittelt. Die angesetzten Kosten sind als Ausgaben angefallen (1.437,03 EUR). Wegen der Überlassung der Wandschalung an den Auftraggeber fallen die kalkulierten Gutschriften (342,72 EUR) nicht an und sind einzubeziehen. Da 6 von insgesamt 15 Kernwänden noch zu erstellen sind, ergibt sich ein Kostenanteil für die weitere Nutzung der Verbrauchsgüter seitens des Auftraggebers in Höhe von:

  6/15 x 1.779,75 EUR   =   711,90 EUR

Gesamtsumme   =   8.046,57 EUR

Abbildung 34 e   Aufstellung der nicht ersparten, schon angefallenen Kosten für noch nicht fertig gestellte und nicht abrechenbare Leistungen

Für die schon in **Abb. 34 b**, S. 536 angesprochene Pauschalposition für die Vorhaltung der Baustelleneinrichtung wird der nicht ersparte Deckungsanteil im unteren Teil von **Abb. 34 d**, S. 538 ermittelt und zwar wie folgt: Ermittlung des Deckungsbeitrags und dann – wie in **Abb. 34 b** – Multiplikation mit dem prozentualen Anteil der Restsollbauzeit.
Entsprechend erfolgt der Nachweis der Vergütung aus nicht erspartem Deckungsanteil für gekündigte Nachtragsleistungen.
Darüber hinaus sind noch diejenigen Kosten zu ermitteln und zu belegen, die für noch nicht erbrachte Teilleistungen angefallen sind. In **Abb. 34 e** werden als Ausschnitt der entsprechenden Ermittlung unter 1 die nicht ersparten Einzelleistungen des schon angelieferten, geschnittenen und gebogenen Baustahls und unter 5 die schon angefallenen Schalungskosten für das Wandschalsystem aufgeführt. Bei Letzterem geht es darum, dass das Schalungssystem zum Teil aus gekauftem Material (vgl. lfd. Nr. 1 bis 10, Anhang D 2, Unterlage g 3, Blatt 2) vorgefertigt worden ist und es noch sechs Mal (von ingesamt fünfzehn Mal) einzusetzen ist. Die dadurch bedingt zum Kündigungszeitpunkt noch nicht durch Abrechnung von erstellten Leistungen erwirtschafteten Kosten des Kaufmaterials sind vom Auftraggeber dem Auftragnehmer zu bezahlen.

Nur der Ordnung halber: Mietkosten stehen dem Auftragnehmer auch noch zu, weil er die Schalungssysteme dem Auftraggeber für die Fertigstellung des Bauvorhabens zur Verfügung stellt (vgl. den Hinweis am Schluss der **Abb. 34 a**, S. 535, dass der Auftraggeber alle Zahlungsverpflichtungen für die Nutzung von Gebrauchsgütern übernimmt).
Unabhängig davon ist die finanzielle Regelung der Baustellenräumung noch nicht erledigt. Sie hängt davon ab, wer die Baustellenräumung durchführt. Erfolgt diese durch den Auftragnehmer, erhält dieser naturgemäß dafür noch die vereinbarte Vergütung.
Im letzten Schritt wird die Vergütung für die vorab schon teilgekündigten Leistungen angesprochen.

2 Einverständlich entfallene oder verringerte Leistungen

1193 Die Parteien können nach Vertragsschluss durch Änderungs- oder Aufhebungsvereinbarung einzelne oder alle (Rest-)Leistungen wieder aus dem Vertrag herausnehmen; das ist die Rechtsfolge, die der Auftraggeber ohnehin durch „freie" Kündigung oder Teilkündigung gemäß § 8 Nr. 1 VOB/B erreichen könnte.
Die Aufhebungsvereinbarung bedarf auch bei ansonsten vertraglich vereinbarter Schriftform keiner Form.[1387]
Die Abrechnung erfolgt entsprechend § 649 BGB. Wegen der Einzelheiten verweisen wir auf Band 2, Rdn. 1410 ff.

3 Entfallene Leistungen ohne Anordnung (= Kündigung) des Auftraggebers

3.1 Standardfall: § 2 Nr. 3 Abs. 3 VOB/B

1194 Fällt „aufgrund der vorgefundenen Verhältnisse" eine Teilleistung ohne Anordnung teilweise oder ganz weg (bis hin zur „Nullmenge"), so richtet sich beim Einheitspreisvertrag die Vergütung nach § 2 Nr. 3 Abs. 3 VOB/B.[1388]

3.2 „Erleichterungen" – insbesondere beim Baugrundrisiko

1195 Das Baugrundrisiko und damit zusammenhängende „Erschwernisse" haben wir unter Rdn. 707 ff. behandelt. Es gibt auch Bausoll-Bauist-Abweichungen, die sich für den Auftragnehmer nicht als „Erschwernisse", sondern als „Erleichterung" darstellen. Das ist kein Fall des § 2 Nr. 3 Abs. 3 VOB/B. Die auszuführende **Menge** kann durchaus gleich bleiben, auch wenn sich die in einer Position ausgeschriebene Bodenklasse in der Realität als „einfacher als ausgeschrieben zu bewältigen" darstellt: Es ändert sich kennzeichnend nicht die Menge, sondern der „Bauinhalt". Würde der Auftragnehmer dem durch eine Anordnung gemäß § 2 Nr. 5 VOB/B Rechnung tragen, so müsste die Vergütung zu Lasten des Auftragnehmers angepasst werden. Wie ist nun zu beurteilen, wenn der Auftragnehmer die Anordnung unterlässt?

Rechtlich ist das sozusagen der umgekehrte § 2 Nr. 8 Abs. 2 VOB/B.
Der Fall ist analog § 649 BGB zu behandeln; der Auftragnehmer erhält bei dieser Konstellation im Regelfall eine um ersparte Kosten korrigierte Vergütung, wie in Band 2, Rdn. 1416 erläutert.

[1387] Kleine-Möller/Merl, § 7, Rdn. 78.
[1388] Einzelheiten oben Rdn. 513.

Kapitel 16
Bearbeitungsschema für Ansprüche aus modifizierten Leistungen
– Checkliste –

1 Angeordnete geänderte oder zusätzliche Leistungen

Wir fassen noch einmal in äußerster Kürze zusammen: 1196
Ordnet der Auftraggeber Abweichungen vom vertraglich vereinbarten **Bausoll** an, können daraus Vergütungsansprüche des Auftragnehmers resultieren. Zu klären bzw. zu beantworten ist immer:
- Ursprüngliches vertragliches Bausoll und Feststellung der Bausoll-Bauist-Abweichung;
- Einordnung als geänderte Leistung oder zusätzliche Leistung (§ 2 Nr. 5, Nr. 6, Nr. 9 VOB/B), jedoch nur erforderlich, wenn Ankündigung unterblieben ist (§ 2 Nr. 6 VOB/B) und deshalb zu klären ist, ob der Anspruch gegebenenfalls nach § 2 Nr. 5 VOB/B zu behandeln ist, bei dem eine Ankündigung nicht erforderlich ist;
- Anordnung nicht Folge eigener Versäumnisse des Auftragnehmers;
- Anordnung des Auftraggebers wirksam – Frage der Bevollmächtigung, Frage der Schriftform oder der Überwindung der Schriftform;
- Ankündigung des Vergütungsverlangens vor Leistung erfolgt (bei § 2 Nr. 6 VOB/B);
- Berechnungsweg ordnungsgemäß (Vergütungsermittlung auf der Basis des Vertragspreisniveaus);
- Einbeziehung aller durch die modifizierte Leistung bedingten Kosten, also auch der zeitabhängigen Kosten und der sonstigen Kostenauswirkungen bei anderen Positionen;
- Zusätzlichen Zeitbedarf ankündigen.

Parallel ist bei zeitlichen Anordnungen vorsorglich zu prüfen, ob Ansprüche aus § 6 Nr. 6 VOB/B in Betracht kommen.

2 Nicht angeordnete geänderte oder zusätzliche Leistungen

Hat der Auftragnehmer „von sich aus" gearbeitet, bestehen also Ansprüche aus den §§ 2 1197
Nr. 5, 2 Nr. 6 (und § 2 Nr. 9) VOB/B nicht, weil die wirksame Anordnung des Auftraggebers fehlt, so ist § 2 Nr. 8 VOB/B zu prüfen:
- Vorab Prüfung wie bei angeordneten modifizierten Leistungen, d. h. Feststellung des ursprünglichen vertraglichen Bausolls und Feststellung der Bausoll-Bauist-Abweichung;
- fehlt die Anordnung wirklich (oder besteht eine stillschweigende oder konkludente Anordnung – oder war der Handelnde stillschweigend oder konkludent bevollmächtigt)?

Falls die Anordnung fehlt:
- Hat der Auftraggeber die Leistung nachträglich anerkannt, oder

- war die Leistung für die Erfüllung des Vertrages notwendig bzw. interessengemäß, entsprach sie dem mutmaßlichen Willen des Auftraggebers, und ist sie unverzüglich ange-

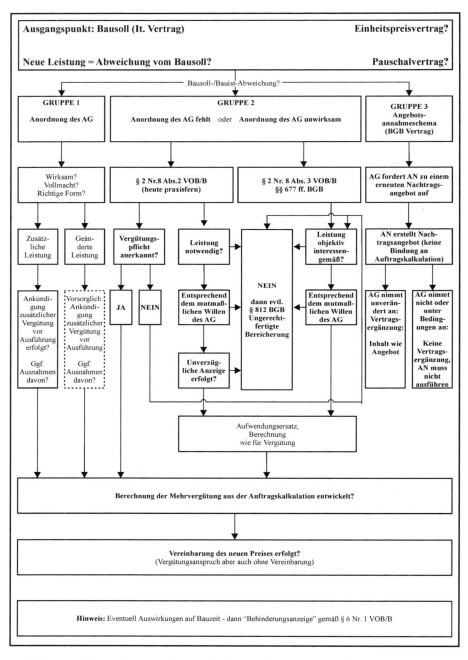

Abbildung 35 Bearbeitungsschema für Nachträge aus geänderten oder zusätzlichen Leistungen

zeigt worden (§ 2 Nr. 8 Abs. 2 VOB/B); ist § 2 Nr. 8 Abs. 3 VOB/B anwendbar, ist eine Anzeige nicht erforderlich.
- Berechnungsweg wie bei § 2 Nr. 5 und § 2 Nr. 6 VOB/B.

Falls Ansprüche aus § 2 Nr. 8 VOB/B scheitern:
- Prüfung, ob nicht Ansprüche aus ungerechtfertigter Bereicherung bestehen.

Parallel ist vorsorglich zu prüfen, ob Ansprüche aus § 6 Nr. 6 VOB/B in Betracht kommen.

Ein **Prüfschema** sowohl für modifizierte Leistungen nach VOB-Schema wie für modifizierte Leistungen auf der Basis eines Angebots des Auftragnehmers und einer Annahmeerklärung des Auftraggebers - zu dieser Unterscheidung oben Rdn. 776, 781, 949, 967 - enthält **Abb. 35**, S. 542.

3 Angeordnete entfallene Leistungen (= Kündigung des Auftraggebers gemäß § 8 Nr. 1, § 2 Nr. 4 VOB/B)

Festzustellen ist:
- Ursprünglich vereinbartes Bausoll und Feststellung der Abweichung vom Bausoll
- Kündigung des Auftraggebers wirksam, also = Schriftform eingehalten, Kündigung selbst oder durch Bevollmächtigten ausgesprochen
- Berechnungsweg ordnungsgemäß (bei Teilkündigung: Feststellung der entfallenen Kosten der gekündigten Teilleistung, Gesamtvergütung gekürzt um die entfallenden Kosten)

1198

4 Nicht angeordnete entfallene Leistungen

Hierzu gibt es wegen der Besonderheiten des jeweiligen Einzelfalls kein Schema.

1199

Teil 6

Behinderungen und Unterbrechung – Zeitfolgen, Schadensersatz, Entschädigung

Kapitel 17
Behinderung

1 Regelungsumfang des § 6 VOB/B – Definition der Behinderung

1.1 Übersicht

1200 § 6 VOB/B lautet:

1. Glaubt sich der Auftragnehmer in der ordnungsgemäßen Ausführung der Leistung behindert, so hat er es dem Auftraggeber unverzüglich schriftlich anzuzeigen. Unterlässt er die Anzeige, so hat er nur dann Anspruch auf Berücksichtigung der hindernden Umstände, wenn dem Auftraggeber offenkundig die Tatsache und deren hindernde Wirkung bekannt waren.

2. (1) Ausführungsfristen werden verlängert, soweit die Behinderung verursacht ist:

a) durch einen Umstand aus dem Risikobereich des Auftraggebers,

b) durch Streik oder eine von der Berufsvertretung der Arbeitgeber angeordnete Aussperrung im Betrieb des Auftragnehmers oder in einem unmittelbar für ihn arbeitenden Betrieb,

c) durch höhere Gewalt oder andere für den Auftragnehmer unabwendbare Umstände.

(2) Witterungseinflüsse während der Ausführungszeit, mit denen bei Abgabe des Angebots normalerweise gerechnet werden musste, gelten nicht als Behinderung.

3. Der Auftragnehmer hat alles zu tun, was ihm billigerweise zugemutet werden kann, um die Weiterführung der Arbeiten zu ermöglichen. Sobald die hindernden Umstände wegfallen, hat er ohne weiteres und unverzüglich die Arbeiten wiederaufzunehmen und den Auftraggeber davon zu benachrichtigen.

4. Die Fristverlängerung wird berechnet nach der Dauer der Behinderung mit einem Zuschlag für die Wiederaufnahme der Arbeiten und die etwaige Verschiebung in eine ungünstigere Jahreszeit.

5. Wird die Ausführung für voraussichtlich längere Dauer unterbrochen, ohne dass die Leistung dauernd unmöglich wird, so sind die ausgeführten Leistungen nach den Vertragspreisen abzurechnen und außerdem die Kosten zu vergüten, die dem Auftragnehmer bereits entstanden und in den Vertragspreisen des nicht ausgeführten Teiles der Leistung enthalten sind.

Übersicht   Rdn. 1201

6. Sind die hindernden Umstände von einem Vertragsteil zu vertreten, so hat der andere Teil Anspruch auf Ersatz des nachweislich entstandenen Schadens, des entgangenen Gewinns aber nur bei Vorsatz oder grober Fahrlässigkeit.

7. Dauert eine Unterbrechung länger als 3 Monate, so kann jeder Teil nach Ablauf dieser Zeit den Vertrag schriftlich kündigen. Die Abrechnung regelt sich nach Nrn. 5 und 6; wenn der Auftragnehmer die Unterbrechung nicht zu vertreten hat, sind auch die Kosten der Baustellenräumung zu vergüten, soweit sie nicht in der Vergütung für die bereits ausgeführten Leistungen enthalten sind.

§ 6 VOB/B weicht vom Werkvertragsrecht des BGB (insbesondere § 642 BGB) ab, wobei allerdings nach der Meinung des BGH beide Vorschriften nebeneinander, § 642 BGB also auch trotz vereinbarter VOB/B, anwendbar bleiben sollen (näher Rdn. 1400). § 6 Nr. 6 regelt das bauspezifische Problem, dass im Vertrag nicht vorausgesehene oder vorausgesetzte Einwirkungen den (vereinbarten) **Leistungsablauf** stören. Dabei werden die Rechte und Pflichten beider Vertragsparteien in der gestörten Situation festgelegt, aber auch und insbesondere die Verantwortlichkeit für die Folgen einer Störung, also einer Behinderung. 1201

§ 6 Nr. 1 VOB/B regelt als erstes, dass der Auftragnehmer, der sich behindert glaubt, das anzuzeigen hat – ausgenommen die Fälle, in denen eine solche Anzeige überflüssig ist, weil die Behinderung **und** deren hindernde Auswirkung unübersehbar (offenkundig) sind (Rdn. 1215 ff.) – diese Anzeigepflicht soll laut Bundesgerichtshof beim VOB-Vertrag auch bei Anwendung des § 642 BGB bestehen (s. Rdn. 1396).

§ 6 Nr. 2 VOB/B regelt sodann die **zeitlichen** Auswirkungen bestimmter Behinderungen auf die Vertragstermine; in solchen Fällen verlängern sich die Ausführungsfristen. Die Rechtsfolgen einer unterlassenen Behinderungsanzeige bedürfen dabei besonderer Erörterung (Rdn. 1245, 1248).

§ 6 Nr. 6 VOB/B regelt die **finanziellen** Folgen einer Behinderung, die eine Partei zu vertreten hat, nämlich als Schadensersatzanspruch; dabei erfasst § 6 Nr. 6 VOB/B aber nicht nur die Behinderungs-Schadensersatzansprüche des Auftragnehmers gegen den **Auftraggeber**, sondern auch den umgekehrten Fall, nämlich „Behinderungs-Schadensersatzansprüche" des Auftraggebers gegen den Auftragnehmer (genauer: Ansprüche aus Leistungsverzug des Auftragnehmers). Nach Auffassung des Bundesgerichtshofs hat der behinderte Auftrag**nehmer** konkurrierend auch einen „Entschädigungsanspruch" gemäß § 642 BGB. Diese Vorschrift hat geringere Tatbestandsvoraussetzungen als § 6 Nr. 6 VOB/B, erfordert nämlich nur, dass der Auftraggeber eine geschuldete Mitwirkungshandlung unterlässt, ohne dass es auf sein Verschulden ankäme; der Auftragnehmer muss aber seine Leistung anbieten und leistungsbereit sein; der Bundesgerichtshof verlangt aber auch hier eine Behinderungsanzeige gemäß § 6 Nr. 1 VOB/B (!). Die Rechtsfolgen sind unterschiedlich, bei § 642 BGB „Entschädigung" nach Vergütungsgrundsätzen in Fortführung der Auftragskalkulation, bei § 6 Nr. 6 VOB/B „Schadensersatz" wegen tatsächlich entstandener Mehrkosten (Einzelheiten Rdn. 1313 ff., 1400, 1648 ff).
In der Behinderungsphase hat der Auftragnehmer gemäß **§ 6 Nr. 3 VOB/B** alles Zumutbare zu tun, um möglichst weiterzuarbeiten (dazu Rdn. 1253 ff., 1455 ff.), nach Wegfall der Behinderung muss der Auftragnehmer unverzüglich (gegebenenfalls) die Arbeit wieder aufnehmen und den Auftraggeber davon informieren.

Wir beschäftigen uns in diesem Buch ausschließlich mit den Behinderungsregelungen für den Auftragnehmer, also mit den Ansprüchen des Auftragnehmers gegen den Auftraggeber auf Zeitverlängerung und mit den Schadensersatzansprüchen oder den Entschädigungsansprüchen des Auftragnehmers gegen den Auftraggeber. Die Schadensersatzansprüche des Auftraggebers gegen den Auftragnehmer (Leistungsverzug des Auftragnehmers) behandeln wir nicht, ausgenommen die Bedeutung der Behin-

derungsanzeige (Rdn. 1215) für den auftragnehmerseitigen Verzug und ausgenommen die Vertragsstrafe (Rdn. 1270).
Hat eine Störung nicht nur Ablaufbehinderungen, sondern eine vorübergehende **Unterbrechung** zur Folge, so haben beide Parteien Anspruch auf Zwischenabrechnung gemäß § 6 Nr. 5; dauert diese Unterbrechung länger als 3 Monate, kann jede Partei gemäß § 6 Nr. 7 kündigen, die Abrechnungsfolgen sind dort ebenfalls geregelt (Einzelheiten Rdn. 1650 ff.).

1.2 Allgemeine Definition der Behinderung i. S. von § 6 VOB/B

1202 Baubetrieblich sind **Behinderungen** im Sinne von § 6 VOB/B **Störungen mit (negativen) Folgen**. Störungen werden in den verschiedenen Disziplinen, die sich mit Produktionsvorgängen beschäftigen, unterschiedlich definiert.[1400] Heil[1401] hat darauf aufbauend definiert: „Störungen sind zeitlich befristete Zustände einer Wertschöpfungskette, in denen durch das Einwirken von Störgrößen auf die Produktionsfaktoren und deren Kombinationsprozess eine unmittelbar festgestellte Abweichung vom geplanten (optimalen) Prozessverlauf und/oder dessen Ergebnis entsteht."
Wir definieren Störungen als **unplanmäßige Einwirkungen** auf den vom Auftragnehmer **vertragsgemäß** geplanten **Produktionsprozess**.[1402]

[1400] Störungen werden u.a. wie folgt definiert: DIN 31051 a.F. Teil 10: „Unerwünschte Unterbrechung oder Beeinträchtigung der Funktion einer Betrachtungseinheit". Die Neufassung von DIN 31 051 enthält den Begriff „Störung" nicht mehr. REFA Lexikon: „Ereignisse, die unerwartet eintreten und eine Unterbrechung oder zumindest Verzögerung der Aufgabendurchführung zur Folge haben; sie bewirken eine wesentliche Abweichung der Ist- von den Soll-Daten." Reische, Die Berücksichtigung der Zuverlässigkeits- und Verfügbarkeitsanforderungen bei der Planung von Maschinensystemen, S. 14: „Störungen in einem System (Maschinensystem, Fertigungssystem etc) sind Ereignisse, die den geplanten Funktionsablauf so beeinflussen, dass Abweichungen von Normalverhältnis auftreten". Känel u.a., Kybernetik, S. 68: „Störungen sind Einflussgrößen, die in bezug auf Art, Zeitpunkt des Auftretens, Intensität und Dauer der Wirkung nicht vorherbestimmbar sind und die Bewegung des Systems in einer Weise beeinflussen, dass es zu einer Abweichung der Istwerte der Systemgrößen von den zugehörigen Sollgrößen kommt."

[1401] Heil, Entstörung betrieblicher Abläufe, S. 32.

[1402] Wie hier Kleine-Möller/Merl § 14, Rdn. 1.
Baubetrieblich gibt es eine Reihe ähnlicher Definitionen, z. B.:
Bauer, Störungen im Bauablauf: Ursache-Folgen-Schadensermittlung, S. 336: „Wenn ein Gesamtbetrieb oder ein einzelner Fachbetrieb die planmäßige Arbeitsgeschwindigkeit nicht einhalten oder erreichen kann, ohne zusätzlich betriebliche Mittel in Anspruch zu nehmen, gilt ein Produktionsprozess als gestört."
Pfarr, Grundlagen der Bauwirtschaft, S. 299: „Unter dem Oberbegriff Störungen sollen alle Einflüsse subsumiert werden, die
- auf einen oder mehreren Produktionsfaktoren einwirken und damit den geplanten optimalen Produktionsprozess beeinflussen und die
- aus dem Umfeld (Bau- und Arbeitsmarkt, Gesetz und Verordnungen) auf die beteiligten Institutionen einwirken und damit deren Aufwands- und/oder Ertragswerte beeinflussen."
Born, Systematische Erfassung und Bewertung der durch Störungen im Bauablauf verursachten Kosten, S. 45: „Unter Bauablaufstörungen werden unabhängig von der Verantwortlichkeit alle Störungen verstanden, die ein Abweichen vom ursprünglich vorgesehenen zeitlichen Ablauf der Baudurchführung bewirken, sei es, dass der vereinbarte Baubeginn verschoben, die Bauausführung ganz oder zum Teil behindert oder die Bauwerkserstellung unterbrochen wird."
Olshausen, Festschrift Korbion, S. 324: „Als Bauablaufstörung sollen unabhängig von der Verantwortlichkeit und Ursache alle diejenigen Einflüsse bezeichnet werden, die ein nachteiliges Abweichen vom ursprünglich vorgesehenen zeitlichen und wirtschaftlichen Ablauf der Bauausführung bewirken."

Der Begriff „Störung" ist neutral, er unterscheidet nicht nach der Ursache der Störungen; deshalb sind auch Störungen eingeschlossen, die vom Unternehmer (=Auftragnehmer) zu verantworten sind und die dementsprechend einen (unternehmens-) internen Charakter besitzen. Die Feststellung einer Störung sagt also nichts über deren Verursacher aus und hat nichts mit vertraglichen Absprachen zu tun.

Hat die Störung negative Folgen, so ist das **Behinderung**. Oder komplizierter formuliert: Behinderung beinhaltet „einen **Störungstat**bestand, der die vom Auftragnehmer **auf der Grundlage des Vertrags** disponierte Abwicklungsgeschwindigkeit negativ **beeinflusst**, den Arbeitsfluss hemmt oder unterbricht und ein kontinuierliches Arbeiten ausschließt oder die angestrebte Produktivität herabsetzt."[1403]

Auch geänderte oder zusätzliche Leistungen sind im formalen Sinn **Störungen**, nämlich Abweichungen vom inhaltlichen Bausoll mit Folgen für den geplanten Produktionsprozess.[1404]

Dasselbe gilt für beachtliche Mehr- oder Mindermengen im Sinne von § 2 Nr. 3 VOB/B.[1405]

Erst recht sind **Anordnungen** des Auftraggebers hinsichtlich des **zeitlichen** Ablaufs Störungen, z. B. ein angeordneter Baustopp (näher Rdn. 1249, 1332 ff.).

Störungen beruhen also keineswegs allein auf **unterlassener** Mitwirkung des Auftraggebers.

Eine Störung **kann Folgen (bezogen auf die Bauzeit und/oder die Kosten) haben**, sie muss es aber nicht. Beispiel: Der Auftraggeber muss einen Bewehrungsplan am 01.04. liefern, liefert ihn aber erst am 15.04. Das hat deshalb keine Auswirkungen, weil der Auftragnehmer mit seinen eigenen Leistungen in Rückstand ist und den Plan noch gar nicht braucht. Eine solche nicht termingerecht erfolgte Planlieferung kann aber auch dann, wenn der Auftragnehmer mit seinen Leistungen nicht im Rückstand ist, keine Folgen haben, z. B. dann, wenn nur ein Teil der zu liefernden Pläne dem Auftragnehmer nicht zugegangen ist und diese fehlenden Pläne im Augenblick noch gar nicht zur Aufrechterhaltung des Produktionsprozesses benötigt werden. 1203

Letztendlich kann die vereinbarte Planlieferfrist auch so früh liegen, dass ihre Nichteinhaltung noch gar nicht zu einer Störung des Produktionsprozesses führt, also noch keine Behinderung ist. Auch **zusätzliche Leistungen**, die zur Abweichung vom geplanten Produktionsprozess führen, **können** Zeitmehrbedarf zur Folge haben, also als Abweichung vom Produktionsprozess Behinderungen sein, zwingend ist dies aber nicht.[1406]

Zusätzliche Leistungen haben immer **Mehrkosten** zur Folge. Dies gehört aber nicht in den Zusammenhang „Behinderungen", weil die **finanziellen** Folgen zusätzlicher Leistungen als Folge auftraggeberseitiger vertraglich erlaubter Anordnungen über den Mehr**vergütungs**anspruch des § 2 Nr. 6 VOB/B erfasst werden und nicht über Schadensersatzansprüche gemäß § 6 Nr. 6 VOB/B – Einzelheiten dazu unter Rdn. 1324 ff.

Solange eine Störung **keine** Folgen hat, besteht kein in der VOB/B zu erfassender Regelungsbedarf.

Hat dagegen die Störung negative Folgen, so ist sie – wie erwähnt – **Behinderung**. Wie der enge Regelungszusammenhang von § 5 VOB/B (Ausführungsfristen) und § 6 VOB/B (Behin-

---

[1403] Beck'scher VOB-Kommentar Motzke, Teil B vor § 6, Rdn. 65; unter Rdn. 34 spricht Motzke auch von „Zeitstörungen", vgl. dort auch Rdn. 94, 77, 72, 81 ff.
Im **Rechtssinn** enthält § 6 Nr. 6 VOB/B im Regelfall eine positive Vertragsverletzung, § 280 Abs. 1 BGB (s. unten Rdn. 1272).
[1404] Einzelheiten dazu Rdn. 1224, 1249, 1325, ebenso Motzke a. a. O., Rdn. 87.
[1405] Vgl. oben Rdn. 567 sowie Vygen/Schubert/Lang, Bauverzögerung, Rdn. 138, 139.
[1406] Beispiele haben wir dazu unter Rdn. 1095 f. erwähnt – vgl. weiter unten Rdn. 1249, 1324-1330. Wie hier Motzke, a. a. O., Rdn. 88 ff.

derung) zeigt, sind als **Behinderung nur** Folgen für den **Produktionsablauf** (Produktionsprozess) zu verstehen.

Den Produktionsablauf legt der Auftragnehmer unter Beachtung der vertraglichen Vorgaben allein fest.[1407] Er entscheidet deshalb, ob und wie Teilleistungen in einem technischen Vorgang oder in mehreren erstellt werden, welche Vorgänge in einem einheitlichen Arbeitsabschnitt erledigt werden, welche Vorgänge parallel laufen usw. Es liegt auf der Hand, dass die Folgen einer Störung davon abhängen, welchen Ablauf der Auftragnehmer vorgesehen hat.

Störungen des vom „Auftragnehmer geplanten Produktionsprozesses" sind rechtlich nur **relevant**, soweit der Auftragnehmer seine Produktionsplanung innerhalb der **vertraglich** vorgesehenen Rahmendaten getroffen hat: Wenn dem Auftragnehmer vertraglich Bewehrungspläne für das 1. OG zum 1. 4. zugesagt sind, darf er für seine Produktionsplanung nicht einen Planeingang zum 20. 3. vorsehen.

1204 Zwei **Arten** von negativen Folgen kommen in Betracht:
- **Zeitliche Folgen** (Fristüberschreitung)
  und/oder
- **finanzielle Folgen** (Mehrkosten)

Eine Störung kann also zusätzlichen Zeitbedarf auslösen, sie kann aber auch (oder auch nur) zusätzliche Kosten verursachen. Ob und inwieweit der Auftragnehmer oder der Auftraggeber diese negativen Folgen „zu tragen hat", regelt § 6 VOB/B, und zwar unterschiedlich je nach zeitlicher oder kostenmäßiger Folge.

1205 Störungen (und solche mit Folgen = Behinderungen) kann man nach ihrer **Verursachung einteilen.**

Es gibt
a) vom Auftrag**nehmer** verursachte Störungen (Behinderungen), z. B. fehlendes Baustellenpersonal,
b) von **keiner** Vertragspartei konkret verursachte Störungen (Behinderungen), z. B. Blitzschlag in das teilfertiggestellte Gebäude, Streik,
c) vom Auftraggeber verursachte Störungen (Behinderungen), z. B. fehlende Ausführungspläne.

Die vom **Auftragnehmer verursachten** Störungen mit negativen Folgen (**Fall a**) regelt § 6 VOB/B direkt nicht, diese Behinderungen sind rechtlich irrelevant. Es besteht aber auch kein Regelungsbedarf: Es versteht sich nämlich von selbst, dass der Auftragnehmer seine „betriebsinternen" Probleme selbst lösen muss, sie unterfallen **seinem** Risikobereich. Natürlich verlängert sich die vertragliche Ausführungszeit nicht, wenn die Arbeitnehmer des Auftragnehmers zu langsam arbeiten; erst recht hat dann der Auftragnehmer keine Schadensersatzansprüche, im Gegenteil: Er kann seinerseits in Leistungsverzug kommen und muss dann die Zeit- und Kostenfolgen dem Auftraggeber „ersetzen".

1206 Die von keiner Partei verursachten Störungen mit negativen Folgen (**Fall b**) regelt § 6 Nr. 2 Abs. 1 lit b und Abs. 1 lit c VOB/B in der Weise, dass bestimmte von keiner Partei verursachte Behinderungen die vertragliche Ausführungsfrist für den Auftragnehmer verlängern, andere nicht.

Keine **dieser** Behinderungen führt aber laut VOB zu finanziellen Ansprüchen des Auftragnehmers: Die finanziellen Folgen, z. B. eines Streiks muss jede Partei selbst tragen (näher Rdn. 1243 ff.). Allerdings gibt es einen in der VOB/B nicht geregelten Sonderfall:

[1407] „Dispositionsfreiheit", so Staudinger/Peters, BGB § 633, Rdn. 310; Leinemann, VOB/B § 6, Rdn. 5; vgl. auch Rdn. 761.

Nicht von § 6 VOB/B erfasste Sachverhalte   Rdn. 1207–1210

Rührt die **Behinderung** her aus **Mängeln** eines **vom Auftraggeber gelieferten „Stoffes"** **(Grundstück, Werkzeug, Material)**, so mag zwar der Auftraggeber bei strenger Betrachtung die aus diesem Mangel resultierende Behinderung nicht verursacht haben, sie wird aber kraft gesetzlicher Regelung des § 645 BGB seinem Risikobereich zugeordnet, so dass er nicht nur die **zeitlichen Folgen** tragen muss, was sich **auch** bei richtiger Auslegung schon aus § 6 Nr. 2 Abs. 1 lit a VOB/B ergäbe – siehe unten Rdn. 1249 –, sondern auch – ohne dass § 6 Nr. 6 VOB/B als Schadensersatznorm anwendbar wäre – die **finanziellen** Folgen, dazu unten Rdn. 1396 ff. und oben Rdn. 766 ff.

Die vom **Auftraggeber verursachte Störung (Fall c)** kann gemäß § 6 Nr. 2 Abs. 1 lit a VOB/B zur Fristverlängerung für den Auftragnehmer führen; hat der Auftraggeber die Behinderung auch verschuldet, hat der Auftragnehmer gemäß § 6 Nr. 6 VOB/B Schadensersatzansprüche. 1207

Die besondere Bedeutung des § 6 **Nr. 6** VOB/B liegt (nur) darin, dass er die Schadensersatzansprüche beider Parteien aus Behinderung **einschränkt**, genauer, einzuschränken versucht: Nur bei Vorsatz oder grober Fahrlässigkeit muss der Behindernde dem Behinderten voll Schadensersatz leisten, bei normaler oder leichter Fahrlässigkeit ist zwar auch Schadensersatz zu leisten, aber ohne entgangenen Gewinn.[1408] **Daneben** gibt es allerdings nach Meinung des Bundesgerichtshofs auch „Entschädigungsansprüche" gemäß § 642 BGB, die **nicht** vom Verschulden abhängen (näher Rdn. 1393 ff., 1400, 1648 ff.).

Eine **Behinderung** setzt **begriffsnotwendig** voraus, dass sie **vorübergehender Natur** ist oder jedenfalls zu sein scheint. Ist die Behinderung Dauerzustand, ist das das Ende des Baues und nicht dessen Behinderung. Dann ist also § 6 VOB/B nicht (mehr) anzuwenden; der Auftragnehmer kann dann im Normalfall gemäß § 9 VOB/B nach dessen näherer Maßgabe kündigen. Unter Umständen kommen auch die gesetzlichen Regeln über Unmöglichkeit oder Unvermögen in Betracht.[1409] 1208

Allgemein lässt sich schon vorab sagen: Jede Behinderung, die einen Anspruch des Auftragnehmers auf Schadensersatz begründet, gibt dem Auftragnehmer gleichzeitig auch ein Recht auf Bauzeitverlängerung, falls sich die Behinderung hemmend oder verzögernd auf den Produktionsablauf ausgewirkt hat; dagegen führt noch lange nicht jede Behinderung, die einen Anspruch auf Fristverlängerung begründet, gleichzeitig auch zu Schadensersatzansprüchen. 1209

1.3 Nicht von § 6 VOB/B erfasste Sachverhalte: Endgültige Mitwirkungsverweigerung, Unvermögen, Unmöglichkeit

§ 6 Nr. 6 VOB/B enthält – wie erwähnt – ein Haftungsprivileg, also umgekehrt eine Haftungseinschränkung, nämlich den Ausschluss des Anspruches auf Ersatz des entgangenen Gewinns. Dieses Privileg muss sich der behindert geschädigte Auftragnehmer gefallen lassen, aber er genießt dieses Privileg im umgekehrten Fall auch, wenn er nämlich seinerseits den Auftraggeber durch Behinderungen schädigt. Dieses gegenseitige Privileg ist somit gewissermaßen der Anreiz, den Bau bei Problemen nicht einfach „hinzuwerfen". Es verliert seinen Sinn, wenn der Auftraggeber (oder im umgekehrten Fall: auch der Auftragnehmer) gar nicht (mehr) bereit ist, das Objekt durchzuführen. 1210

[1408] Zur (zu verneinenden!) Gültigkeit dieser Haftungseinschränkung s. unten Rdn. 1491 ff., ebenda zur Auslegung des Begriffs „entgangener Gewinn".
[1409] Dazu unten Rdn. 1213.

Das heißt: **Weigert** sich der **Auftraggeber nach** Vertragsschluss, aber **vor Baubeginn ernsthaft** und **endgültig**, den Auftragnehmer die Arbeiten überhaupt **ausführen zu lassen** (gleichgültig, ob bereits ein verbindlicher Beginntermin vereinbart ist oder nicht), so kann der Auftragnehmer – unter Umständen nach vorangegangener vorsorglicher Fristsetzung mit Ablehnungsandrohung – **vollen** Schadensersatz statt der Leistung gemäß § 281 BGB verlangen[1410] (also einschließlich entgangenem Gewinn!). § 6 Nr. 6 VOB/B greift dann also nicht ein, begünstigt dann also nicht den Auftraggeber.

Hat der **Auftragnehmer** mit der Leistung **begonnen** und verweigert **nunmehr** der Auftraggeber geschuldete Mitwirkungspflichten (zu diesen im Einzelnen nachfolgend Rdn. 1288 ff.) **endgültig**, so kann der Auftragnehmer nach näherer Maßgabe des **§ 9 VOB/B** kündigen. Er hat dann gemäß § 9 Nr. 3 Satz 2 VOB/B Anspruch auf Abrechnung der bisherigen Leistung nach Vertragspreisen **und** „Anspruch auf angemessene Entschädigung" nach § 642 BGB. Im Gegensatz zu § 6 Nr. 6 VOB/B **schließt § 642 BGB** als „Abfindungsanspruch" **gerade auch den Anspruch auf entgangenen Gewinn mit ein**. Hier greift also ebenfalls § 6 Nr. 6 VOB/B mit seiner Haftungsprivilegierung nicht ein[1411] Das führt zu dem nicht ganz überzeugenden Ergebnis, dass der Auftragnehmer bei vom Auftraggeber zu vertretenden Behinderungen unter Beachtung des § 9 VOB/B eigentlich möglichst schnell kündigen müßte, um nicht für sein Durchhalten auch noch mit Gewinnentzug für die Störungsphase bestraft zu werden.

1211 Wird die Leistung für voraussichtlich längere Zeit **unterbrochen, ohne** dass die Leistung **dauernd unmöglich** wird, kann der Auftragnehmer gemäß § 6 Nr. 5 VOB/B abrechnen. Dauert diese Unterbrechung länger als drei Monate, kann der Auftragnehmer gemäß § 6 Nr. 7 VOB/B kündigen, wobei die Abrechnung sodann wieder nach § 6 Nr. 5 **und** § 6 Nr. 6 VOB/B erfolgt, hier also für die finanziellen Folgen der Behinderung wieder unter Ausschluss des entgangenen Gewinns. Nr. 7 gilt nicht für Behinderungen, die keine Unterbrechung zur Folge haben.

1212 Einzelheiten zur Unterbrechung erörtern wir gesondert unter Rdn. 1650 ff.

1213 Wird die **Mitwirkungsleistung** des **Auftraggebers** im Rechtssinn **unmöglich**, greift § 6 Nr. 6 VOB/B auch **nicht** ein. Es gelten dann die allgemeinen gesetzlichen Bestimmungen, ebenso bei Unvermögen des Gläubigers.

[1410] A. A. Nicklisch/Weick, VOB/B § 6 Rdn. 74; entschieden ist der umgekehrte Fall, also die ernsthafte und endgültige Leistungsverweigerung des Auftragnehmers (BGHZ 65, 372 = BauR 1976, 126; BGH ZfBR 1980, 229).

[1411] Diese Schlussfolgerung ist angesichts des Wortlauts der VOB/B wohl unvermeidlich, aber unbefriedigend: Im umgekehrten Fall ist der Schadensersatzanspruch des Auftraggebers gegen den wegen Verzugs gekündigten Auftragnehmer (§ 8 Nr. 3 Abs. 2 Satz 1 VOB/B) sehr wohl durch § 6 Nr. 6 VOB/B beschränkt, weil dem vom Verzug des Auftragnehmers betroffenen Auftraggeber kein Anreiz zur Kündigung gegeben werden soll (BGHZ 62, 91, 92). Immerhin kann man argumentieren, dass auch dem vom Verzug des Auftraggebers betroffenen Auftragnehmer kein Anreiz zur Kündigung geboten werden darf und also auch sein Ersatzanspruch (dessen Bezeichnung dabei gleichgültig ist) gemäß § 6 Nr. 6 VOB/B beschränkt sein müßte. Dennoch muss man angesichts des völlig eindeutigen Wortlauts der VOB/B an dem für den geschädigten Auftragnehmer „guten" Ergebnis festhalten. Gemildert wird dies aber dadurch, dass der Auftragnehmer dem Auftraggeber gemäß § 9 Abs. 2 VOB/B zuerst eine Frist für die fehlende Mitwirkungshandlung setzen muss, verbunden mit einer Kündigungsandrohung. Der Auftragnehmer kann also nicht aus heiterem Himmel kündigen; der Auftraggeber hat Gelegenheit, die Kündigung durch seine Mitwirkung noch abzuwenden. Zum Ganzen auch unten Rdn. 1400.
Dass § 642 BGB auch **entgangenen Gewinn** einschließt, ist h.M., aber **nicht** des BGH, dazu näher Rdn. 1650.

Ob bei Behinderungssachverhalten statt des Schadensersatzes nach § 6 Nr. 6 VOB/B noch **andere Anspruchsgrundlagen** in Betracht kommen, insbesondere § 2 Nr. 5 VOB/B oder eine „ergänzende Vertragsauslegung", behandeln wir gesondert unter Rdn. 1401 ff., die Anwendbarkeit von § 642 BGB unter Rdn. 1400.

1214

2 Anzeige oder Offenkundigkeit der Behinderung als Voraussetzung

2.1 Rechtsfolgen unterlassener Anzeige oder fehlender Offenkundigkeit

Der Auftragnehmer hat gemäß **§ 6 Nr. 1 VOB/B** nur dann Anspruch auf Fristverlängerung (**§ 6 Nr. 2 VOB/B**) oder auf Schadensersatz gemäß **§ 6 Nr. 6 VOB/B**, wenn er die Behinderung dem Auftraggeber unverzüglich schriftlich **anzeigt** oder wenn dem Auftraggeber **offenkundig** die Behinderungstatsache **und** deren hindernde Wirkungen bekannt waren. Laut Bundesgerichtshof soll beim VOB-Vertrag diese Behinderungsanzeige bzw. die Offenkundigkeit auch Anwendungsvoraussetzung für Entschädigungsansprüche aus § 642 BGB sein.[1412]

1215

Anzeigepflichtig sind „Behinderungen", also Einwirkungen auf den vom Auftragnehmer geplanten Produktionsprozess (oben Rdn. 1202) mit (voraussichtlich) negativen zeitlichen oder kostenmäßigen Folgen (oben Rdn. 1204). **Begrifflich** gehören auch folgenreiche Störungen, die der Auftragnehmer selbst verursacht, zu den „Behinderungen" (oben Rdn. 1205). Im Einzelfall kann der Auftragnehmer unter dem Gesichtspunkt der notwendigen Kooperation gehalten sein, solche eigenverursachten „Behinderungen" dem Auftraggeber mitzuteilen. Eine generelle Anzeigepflicht gemäß § 6 Nr. 1 VOB/B für solche eigenverursachten „Behinderungen" besteht aber nicht; der Wortlaut: „Glaubt der Auftragnehmer sich in der ordnungsgemäßen Ausführung der Leistung behindert", deutet eindeutig darauf hin, dass es sich um „fremde" Einflüsse auf den ordnungsgemäßen Produktionsprozess handeln muss; bei vom Auftragnehmer selbst verursachter „Behinderung" des Ablaufs würde eine Anzeige keinen Sinn ergeben, weil er keinen Anspruch auf „**Berücksichtigung der hindernden Umstände**" hatte; deren Berücksichtigung ist aber gemäß § 6 Nr. 1 VOB/B gerade Zweck der Anzeige. Der Auftragnehmer ist also nicht bei jeder internen Störung, die sich auswirken könnte, generell zur „Selbstbezichtigung" verpflichtet.[1413]

Die Rechtsfolgen einer **unterlassenen** Anzeige bzw. **fehlender** Offenkundigkeit sind scheinbar klar: Dann hat der Auftragnehmer „keinen Anspruch auf **Berücksichtigung** der hindernden Umstände" (§ 6 Nr. 1 VOB/B). Angesichts des Wortlauts ist der Schluss zwingend, dass der Auftragnehmer weder **Fristverlängerung** erhält (§ 6 Nr. 2 VOB/B) noch **Behinderungsschadensersatzansprüche** hat.
Dass der Auftragnehmer Behinderungs**schadenseratzansprüche** nicht ohne Behinderungsanzeige (bzw. Offenkundigkeit) durchsetzen kann, ist für ihn bedeutsam: Ohne Anzeige kein Ersatz – laut BGH auch keine „Entschädigung" (dazu Rdn. 1396).
Dass der Auftragnehmer Ansprüche auf **Fristverlängerung** ohne Anzeige nicht **durchsetzen** kann, könnte den Auftragnehmer kalt lassen: Soweit es um die Durchsetzung eigener Ansprüche geht, ist eine Fristverlängerung, für sich betrachtet, nichts, was der Auf-

1216

[1412] BGH „Vorunternehmer II", NZBau 2000, 187, dazu näher Rdn. 1396.
[1413] A. a., aber aus den erläuterten Gründen unzutreffend Beck'scher VOB-Kommentar/Motzke, Teil B, vor § 6, Rdn. 35.

tragnehmer unmittelbar braucht - mittelbar insoweit, als die „Mehrzeit" Basis der Ansprüche auf „mehr Geld" (Behinderungsschadensersatzansprüche) sein kann. Wenn dagegen der Auftragnehmer Ansprüche des Auftrag**gebers** wegen Fristüberschreitung **abwehren** will, nützt ein Anspruch des Auftragnehmers auf Fristverlängerung sehr wohl; ist der Auftragnehmer nämlich so **behindert**, dass sich die Ausführungszeit verlängert (Beispiel: Fertigstellungstermin 10.10, behinderungsbedingt wird die Leistung erst zum 05.11 fertiggestellt), so gerät der Auftragnehmer **nicht** in Schuldnerverzug und schuldet nicht Verzugsschadensersatz, er schuldet **nicht** (eine vereinbarte) Vertragsstrafe für Verzögerung, er kann **nicht** nach § 5 Nr. 4, § 8 Nr. 3 VOB/B aus wichtigem Grund gekündigt werden. Ist somit in diesen Fällen der Auftragnehmer überhaupt auf eine Behinderungsanzeige (bzw. Offenkundigkeit) zur **Abwehr** solcher Ansprüche angewiesen? Verzugsschadensersatz, Vertragsstrafe wegen Verzuges und Kündigung aus wichtigem Grund wegen Fristüberschreitung (§§ 5 Nr. 4 VOB/B, 8 Nr. 3 VOB/B) haben als Voraussetzung **Verzug** des Auftragnehmers.[1414] Verzug setzt **Verschulden** des Auftragnehmers voraus. Liegt die Behinderung also z. B. darin, dass der Auftraggeber von ihm geschuldete Pläne zu spät übergibt, so trifft den Auftragnehmer daran **kein Verschulden**. Auch wenn er eine Behinderungsanzeige **unterlassen hätte**, würde ihm also **nichts** passieren - oder anders ausgedrückt: **Zur Abwehr** solcher Ansprüche käme es auf eine Behinderungsanzeige überhaupt nicht an; das ist auch herrschende Meinung.[1415]

Dem ist jedoch nicht zuzustimmen: Bei dieser Auslegung von § 6 Nr. 1 VOB/B **gegen den Wortlaut**, die ohnehin im Regelfall nicht zulässig ist[1416], hätte § 6 Nr. 1 für einen großen Bereich praktisch keinen vernünftigen Sinn mehr. Eine Auslegung, die einer **Vertrags**norm, sei sie auch in die Form Allgemeiner Geschäftsbedingungen gekleidet, **jeden Sinn nimmt**, ist unzutreffend; die Auslegung muss vielmehr einen **möglichen** Sinn „erforschen" und erhalten.[1417]

§ 6 Nr. 1 VOB/B **verbietet** dem Auftragnehmer dann, wenn er „eigentlich" die Leistungsverzögerung nicht verschuldet hat, doch, sich auf dieses fehlende Verschulden zu berufen, wenn er die Behinderung nicht angezeigt hat oder die Behinderung nicht einschließlich ihrer Anzeige offenkundig ist; § 6 Nr. 1 VOB/B wirkt also als eine Art „Geltendmachungssperre" ähnlich einer Verwirkung. Das ist **zulässig** und verstößt auch **nicht** gegen AGB-Recht.[1418]

Entgegen der herrschenden Meinung gilt deshalb: **Verzugsschadensersatzansprüche** des Auftraggebers und/oder eine **Kündigung** aus wichtigem Grund wegen Leistungsverzuges kann der Auftragnehmer mit dem Behinderungseinwand und dem daraus folgenden Anspruch auf Fristverlängerung **nur dann** wirksam abwenden, wenn er die Behinderung **angezeigt** hat **oder** die Behinderung einschließlich ihrer Auswirkungen offenkundig war. Da diese Überlegungen auf dem Wortlaut des § 6 Nr. 1 VOB/B und auf dem engen Sachzusammenhang zwischen § 5 (Leistungsverzug des Auftragnehmers) und § 6 (Behinderung) beruhen, gelten sie nicht für Vertragsstrafenansprüche des Auftraggebers, die in § 11 VOB/B gesondert geregelt sind, ohne den Sachzusammenhang mit § 5, § 6 VOB/B zu erwähnen. Gegen **Vertragsstrafenansprüche** kann sich der Auftragnehmer mit dem

---

[1414] Genau gilt das nur für eine **Kündigung** wegen einer der drei Alternativen des § 5 Nr. 4 VOB/B, nämlich „Verzug mit der Vollendung"; für die beiden anderen Alternativen genügt statt Verschulden ein „auf den Auftraggeber zurückzuführendes Verhalten", näher Kapellmann/Langen, Einführung in die VOB/B, Rdn. 75; siehe auch Rdn. 1250.

[1415] Z. B. Leinemann, VOB/B § 6, Rdn. 20; Oberhauser BauR 2001, 1177, 1181 ff.; Heiermann/Riedl/Rusam, VOB/B § 6, Rdn. 9, nähere Nachweise Kapellmann, Festschrift Vygen, S 194 ff, 196.
Ebenso ohne nähere Begründung BGH BauR 1999, 645.

[1416] Einzelheiten oben Rdn. 785.

[1417] BGH NJW 1998, 2966.

[1418] Dazu näher mit allen Einzelheiten Kapellmann, Festschrift Vygen, S. 196 ff.

Behinderungseinwand also **auch dann** wehren, wenn er die (nicht offenkundige) Behinderung **nicht** angezeigt hat.[1419]

Dieses Buch behandelt Auftragnehmeransprüche. Mit den weiteren Einzelheiten von Verzugsschadensersatzansprüchen des Auftrag**gebers** und verzugsbedingter Kündigung durch den Auftraggeber werden wir uns also **nicht befassen**; dagegen werden wir, obwohl unsystematisch, im Rahmen eines Exkurses wegen des engen Zusammenhanges mit „durchgreifend geänderten Terminplänen" das Thema Vertragsstrafe näher unter Rdn. 1270 erörtern.

Die Vorschrift des § 6 Nr. 1 VOB/B behält also ihre erhebliche Brisanz.

2.2 Die Anzeige – Rechtzeitigkeit, Form, Adressat, Inhalt

Der Auftragnehmer hat **unverzüglich anzuzeigen,** sobald er sich „behindert" glaubt. Das heißt: Er kann und muss anzeigen, **sobald er vernünftige Gründe hat** anzunehmen, dass eine Behinderung aller Wahrscheinlichkeit nach eintreten wird. Allerdings darf er nicht gewissermaßen prophylaktisch Anzeigen machen; Anzeigen, die nicht den **Hinweis auf** eine gegenwärtige oder alsbald bevorstehende **konkrete Situation** enthalten, sind unbeachtlich.

1217

Betrifft die Behinderung verspätete oder fehlende Mitwirkungshandlungen des Auftraggebers (zu vereinbaren Vorlaufzeiten für Planlieferungen s. unten Rdn. 1304), so muss der Auftragnehmer jedenfalls sofort nach Feststellung des Störungssachverhalts möglichst schon vorausschauend – um noch Abhilfemaßnahmen zu ermöglichen – die Behinderung anzeigen, also sobald der „Liefertermin" fruchtlos verstrichen ist, nicht erst dann, wenn die Arbeit mangels Plan eingestellt werden muss. Die Behinderungsanzeige ist also zunächst eine kooperierende Maßnahme des Auftragnehmers mit Zielrichtung Vermeidung bzw. Beseitigung des Behinderungssachverhalts.

Eine **verspätete** Anzeige führt zu einer je nach Fall zu ermittelnden Verschiebung des „Soll-Liefertermins" der Mitwirkungshandlung; die Anzeige soll ja dem Auftraggeber eine Reaktion ermöglichen.

Die Verletzung dieser Anzeigepflicht kann Schadensersatzansprüche des Auftraggebers wegen positiver Vertragsverletzung auslösen, abgesehen davon, dass der Auftragnehmer sich dann nicht mehr – von Offenkundigkeit abgesehen – auf die Behinderung berufen kann.

Für die Anzeige ist **Schriftform** vorgeschrieben. Nach allgemeiner Auffassung **dient** diese Schriftform nur **Beweiszwecken, sie sei nicht Anspruchsvoraussetzung**. Aber auch hier ist der Wortlaut der VOB/B anders und eindeutig; warum in § 8 Nr. 5 und § 9 Nr. 2 Satz 1 VOB/B die Schriftform Wirksamkeitserfordernis sein soll, bei § 6 Nr. 1 VOB/B aber nicht, ist nicht nachzuvollziehen. Im wohl verstandenen Interesse korrekter Baudurchführung ist die Schriftform unentbehrlich. § 309 Nr. 13 BGB lässt auch in Allgemeinen Geschäftsbedingungen wie der VOB ein Schriftformerfordernis für Anzeigen gegenüber dem Verwender zu.[1420]

1218

[1419] Insoweit ebenso BGH BauR 1999, 645, **nur** für Vertragsstrafe auch Kapellmann, Festschrift Vygen, S. 196 ff, 205.
Siehe auch Rdn. **1270.**
[1420] Ergänzend Kapellmann, in: Kapellmann/Messerschmidt, VOB/B § 6, Rdn. 7.

Ob eine Eintragung in **Bautagesberichten** oder die Aufnahme in ein **Baustellenprotokoll** als (schriftliche) Anzeige genügen, erörtern wir im Zusammenhang mit der Offenkundigkeit unter Rdn. 1235 ff.

1219 Die **Anzeige** kann nicht nur **an den Auftraggeber,** sondern auch **an den** mit der örtlichen Bauleitung (Objektüberwachung) betrauten **Architekten** erfolgen, **ausgenommen,** die Behinderung geht gerade auf das Verhalten des Architekten selbst zurück oder es bestehen objektiv Zweifel, dass der Architekt die Anzeige zuverlässig dem Auftraggeber weiterleiten wird. Die Begründung für die Empfangszuständigkeit des Architekten liegt darin, dass gerade die Terminkoordinierung und Fristüberwachung Aufgabe des die Bauaufsicht ausübenden Architekten ist.[1421]

Auf **keinen Fall** sollte sich der Auftragnehmer aber auf diese zwar mehrheitlich vertretene, aber nicht absolut abgesicherte Auffassung **verlassen,** wobei ja auch die Abwägung, ob der Architekt nun selbst den entscheidenden Fehler (mit-)gemacht hat oder nicht oder ob er zuverlässig genug ist, die Anzeige weiterzuleiten, zweifelhaft genug bleibt. **Der Auftragnehmer sollte vielmehr immer den sichersten Weg gehen;** er **sollte also die Anzeige aus „formalen Gründen" immer an den Auftraggeber richten,** dem mit der örtlichen Bauleitung (Objektüberwachung) betrauten Architekten aber sofort eine Kopie zukommen lassen, um Verzögerungen zu vermeiden.

1220 Die Anzeige muss den Behinderungstatbestand selbst klar aufführen, also „**alle Tatsachen**", aus denen sich für den Auftraggeber mit hinreichender Klarheit die Gründe der Behinderung ergeben"[1422], „allgemeine" Angaben genügen nicht.

Die Anzeige braucht **nicht** zu enthalten, welchen ungefähren Umfang und **welche** ungefähre **Höhe** ein Ersatzanspruch haben wird oder haben kann.[1423] Natürlich ist eine solche „Vorausschau" erstrebenswert (vgl. unten Rdn. 1328), aber eben nicht rechtlich zwingend.

2.3 Offenkundigkeit

2.3.1 Grundsätzliche Regelung

1221 Die **Anzeige der Behinderung** ist **entbehrlich, wenn** die Behinderungstatsache **und** deren hindernde Wirkung dem Auftraggeber **offenkundig** bekannt waren.

Es gibt einmal den Begriff „offenkundig" im Sinne von § 291 ZPO. Danach sind Tatsachen offenkundig, wenn sie dem Gericht bekannt sind, abgewandelt hier, wenn sie jedermann bekannt sind, also auch dem Auftraggeber. Beispiel ist ein Streik. Diese „Offenkundigkeit" spielt in der Praxis überhaupt keine Rolle.

[1421] Zutreffend Ingenstau/Korbion/Döring, VOB/B § 6 Nr. 1, Rdn. 8, 9; ebenso Daub/Piel/Soergel/Steffani, VOB/B Erl. 6.9 (Fn. 6 a); Heiermann/Riedl/Rusam, VOB/B § 6 Rdn. 8; Vygen, BauR 1983, 210, 219 in „Ausnahmefällen", ebenso Vygen/Schubert/Lang, Bauverzögerung, Rdn. 147. Anderer Ansicht Nicklisch/Weick, VOB/B, § 6 Rdn. 19; Beck'scher VOB-Kommentar/Motzke, Teil B § 6 Nr. 1, Rdn. 44; OLG Celle BauR 1995, 552, 553; LG Köln Schäfer/Finnern Z 2.411 Bl. 78.

[1422] BGH „Behinderungsschaden III" NZBau 2005, 387 = BauR 2005, 857; BGH „Vorunternehmer II" NZBau 2000, 187 = BauR 2000, 722.

[1423] Zutreffend insoweit in vollem Umfang BGH BauR 1990, 210, 212. Die Entscheidung ist im Übrigen jedoch unzutreffend, soweit sie wegen angeordneter und vereinbarter Nachtragsleistungen § 6 Nr. 6 VOB/B anstelle von § 2 Nr. 5 oder § 2 Nr. 6 VOB/B anwendet, vgl. Rdn. 1326, 1327.

1222 Zum anderen gibt es auch Tatsachen, die **für den Auftraggeber** als solcher „offenkundig" sind – auf sie kommt es an. Offenkundigkeit wird in diesem Zusammenhang dahin definiert, dass der Auftraggeber „nach seinem Verhalten, nach seinen Äußerungen oder seinen Anordnungen" über die hindernden Umstände „zweifellos unterrichtet" ist,[1424] dass er die hindernden Tatsachen und deren Auswirkungen auf das Baugeschehen „mit der erforderlichen Klarheit erkannt hat" **oder** dass diese Tatsache einschließlich der Behinderungswirkung „derart klar in Erscheinung getreten ist, dass dies für im Bauwesen Tätige eindeutig ist".[1425]

Das bedeutet, dass **Kenntnis des Auftraggebers von der Tatsache der Behinderung und ihrer hindernden Wirkung genügt;**[1426] es genügt aber **auch, wenn beides auf der Hand liegt,** der Auftraggeber dies aber ignoriert oder aus eigener völliger Nachlässigkeit nicht wahrnimmt.

Oft ist die Tatsache einer Störung selbst offenkundig, aber ihre hindernde Auswirkung ist nicht offenkundig – es gibt eben auch Störungen ohne Folgen – s. oben Rdn. 1203 und sogleich Rdn. 1224 f.

Die Offenkundigkeit bei verspätet vorgelegten Plänen erörtern wir gesondert unter Rdn. 1230 ff.

Bei mehrfachen Besprechungen auf der Baustelle und anschließenden Zusagen auf Bauzeitverlängerung sind Behinderungen immer offenkundig.[1427]

1223 Es überzeugt nicht, dass bezüglich der Offenkundigkeit von Behinderung und Auswirkung **besonders** strenge Anforderungen gestellt werden sollen.[1428] Es erscheint uns notwendig, diese Vorschrift praxisgerecht auszulegen[1429] und nicht so zu tun, als ob der Auftragnehmer es mit einem Auftraggeber zu tun hätte, der blind und taub ist, aber: Störungen sieht ein Auftraggeber schnell, offenkundige Auswirkungen selten (s. auch Rdn. 1224). Jedenfalls ist davon auszugehen, dass ein Auftraggeber, der über den bauleitenden Architekten hinaus einen Projektsteuerer – als alter ego – einsetzt, über behindernde Sachverhalte informiert ist; gleiches gilt für Auftraggeber mit eigener sachkundiger Bauleitung.

Die Offenkundigkeit einer Behinderung ist nicht davon abhängig, dass dem Auftraggeber auch ungefährer Umfang und ungefähre Höhe möglicher Ersatzansprüche bekannt sind, wie unter Rdn. 1220 schon parallel für die Anzeige erörtert.

2.3.2 Offenkundigkeit von Bauzeitverlängerungen wegen angeordneter *bauinhaltlich* geänderter oder zusätzlicher Leistungen?

1224 Wenn der **Auftraggeber** ergänzende oder zusätzliche Leistungen gegenüber dem Bausoll anordnet (§ 1 Nr. 3, Nr. 4 VOB/B) und wenn aus diesen **Bauinhaltsmodifikationen** Behinderungen des bisherigen Ablaufs folgen und sich deshalb eine **Bauzeitverlängerung** ergibt, werden daraus resultierende **Mehrkosten** ausschließlich über Vergütungsansprüche gemäß **§ 2 Nr. 5, § 2 Nr. 6 VOB/B** erfasst. Es gibt daneben **keine Schadensersatzan-**

[1424] Nicklisch/Weick, VOB/B § 6 Rdn. 20.
[1425] So Ingenstau/Korbion/Döring, VOB/B § 6 Nr. 1 Rdn. 11.
[1426] Daub/Piel/Soergel/Steffani, VOB/B Erl. 6.18.
[1427] Insoweit völlig zutreffend BGH BauR 1990, 210, 212 (s. zu dieser Entscheidung ansonsten aber Rdn. 1326 und Fn. 1640); BGH BauR 1976, 279, 280, 281.
[1428] So aber OLG Köln Schäfer/Finnern/Hochstein, § 6 Nr. 1 VOB/B (Nr. 1) = BauR 1981, 472; Vygen/Schubert/Lang, Bauverzögerung, Rdn. 148.
[1429] So zutreffend Heiermann, BB 1981, 876, 878.

sprüche aus § 6 Nr. 6 VOB/B;[1430] also kommt es **insoweit** auch nicht darauf an, ob die aus der Anordnung resultierenden Behinderungen offenkundig sind.

Darüber hinaus gibt es aber bei Ausführung geänderter oder zusätzlicher Leistungen eine weitere Fragestellung: Wie wirkt sich der aus dem modifizierten Bauinhalt möglicherweise resultierende zusätzliche Zeitbedarf auf die (vertraglichen) Baufristen aus?
Führt der eventuelle Zeitmehrbedarf **wegen Bauinhaltsmodifikation „automatisch" zur Fristverlängerung,** oder ist er formal als Ablaufbehinderung einzuordnen, ist also § 6 Nr. 1 VOB/B hinsichtlich der zeitlichen Auswirkungen auch auf Zeitmehrbedarf infolge **inhaltlich** modifizierter Leistungen anzuwenden? Ist dann also Anzeige gemäß § 6 Nr. 1 VOB/B bzw. Offenkundigkeit erforderlich, um die Fristverlängerung zu erlangen? Die Frage ist natürlich nur von Interesse, wenn man entgegen der herrschenden Meinung so wie wir eine Behinderungsanzeige oder Offenkundigkeit für notwendig hält, um durch Berufung auf Behinderungen einen Anspruch des Auftraggebers auf Verzugsschadensersatz abzuwehren (s. oben Rdn. 1216).
Piel hält die Anwendung von § 6 Nr. 1, Nr. 2a VOB/B für überflüssig; der Auftragnehmer hätte bei geänderten oder zusätzlichen Leistungen „ohne weiteres" Anspruch auf Berücksichtigung der hindernden Umstände.[1431] Piel begründet das nicht genauer, und tatsächlich gibt es für diese Annahme auch keine durchgreifende Begründung: Vom Auftraggeber selbst angeordnete geänderte oder zusätzliche Leistungen sind eindeutig „dem Risikobereich des Auftraggebers zugehörige Umstände" **(§ 6 Nr. 2a VOB/B)**; ein Mehr an Leistung **kann** selbstverständlich den bisher vertraglich vorgesehenen **zeitlichen Ablauf stören** –, und genau das ist eben „Behinderung", s. oben Rdn. 1202. **Dann** aber ist auch **§ 6 Nr. 1 VOB/B** anzuwenden, d. h., diese hindernden Umstände führen **nur dann** zur Fristverlängerung, wenn sie **angezeigt** sind oder die Behinderung **und** die behindernden Auswirkungen offenkundig sind.
Diese Voraussetzungen sind auch nicht überflüssig, denn keineswegs hat eine modifizierte Leistung **automatisch** zeitliche Auswirkungen: Wie schon dargelegt, steht dem mit dem Vertragsschluss festgelegten (auch zeitlichen) Bausoll eine (auftragnehmerseitige) Ablaufplanung innerhalb der vertraglichen Fristen gegenüber. Sofern in dieses Bausoll durch Bauinhaltsmodifikation eingegriffen wird, **kann** dies auf der anderen Seite auch in die auftragnehmerseitig getätigte Ablaufplanung eingreifen und eine Verlängerung der Vertragsfristen erforderlich machen. Wenn beispielsweise statt der ausgeschriebenen Flachdecken nunmehr Decken mit Balken zu erstellen sind, kann der ursprüngliche Ablaufplan nicht mehr realisiert werden, siehe dazu oben Rdn. 1142 ff. Trotz der Einschränkung, dass nicht jede Bauinhaltsmodifikation zu einer Modifikation des Bauablaufs führen muss, gilt ab einem gewissen Umfang der Bauinhaltsmodifikationen, dass dadurch auch das „Gleichgewicht" zwischen dem bauinhaltlich zu Leistendem und der dafür erforderlichen Bauzeit gestört wird. Umfangreiche Mehrarbeiten führen – bei unverändertem Produktionsapparat – zu mehr Zeitbedarf.
Oder anders gesehen: Vergleicht man den Baudurchführungsprozess mit einem Organismus, so kann jeder Eingriff in das Bausoll mit einer medizinischen Operation verglichen werden; d. h., ein solcher Eingriff ist unter Beachtung besonderer Vorsichtsmaßnahmen mit anschließender „Genesungsphase" durchzuführen; dasselbe gilt für geschuldete, aber unterlassene Mitwirkungspflicht. So wie jeder Laie die Problematik einer medizinischen Operation kennt, ist es für jeden Auftraggeber offenkundig, dass eine durch ihn angeordnete Bauinhaltsmodifikation in den Bauablauf und in die Bauzeit eingreifen **kann**.

[1430] Siehe dazu im Einzelnen unten Rdn. 1324 ff.; zur Situation bei Anordnung bezüglich der Bauumstände, insbesondere der Bauzeit, siehe unten Rdn. 1226 und Rdn. 1332; zu § 2 Nr. 3 VOB/B s. Rdn. 566.
[1431] Festschrift Korbion, S. 349, 356.

Die **Frage** ist jedoch, **ob jeder „Eingriff"** des Auftraggebers auch eine **beachtenswerte Bauablaufänderung (Auswirkung) offenkundig zur Folge** haben **muss**.

Eine Änderung von Stahltreppe auf Fertigteiltreppe hat zum Beispiel in der Regel **keine Auswirkungen** auf die anderen Vorgänge des bisherigen Bauablaufs. Anhang E führt als Beispiel auf, dass z. B. ein zusätzlich angeordnetes Untergeschoss zwar Auswirkungen auf den Bauablauf hat, dass aber bei geschickter Einfügung der zusätzlichen Leistungen in den bisher vorgesehenen Bauablauf (vgl. Anhang D 2, Unterlage g 4, TP-Soll'1) keine Bauzeitverlängerung insgesamt erforderlich wird (vgl. Anhang E, Unterlage g 4, Blatt 2 und 3, TP-Soll'2 a und b); zu solchen „geschickten" Maßnahmen ist der Auftragnehmer gemäß § 6 Nr. 3 VOB/B auch **verpflichtet**. Anders ausgedrückt: Trotz eines rechnerisch ca. 20 Arbeitstage umfassenden Leistungsumfangs (siehe TP-Soll'2) kann ohne Einsatz zusätzlicher Kapazitäten das bislang vereinbarte Bauende problemlos eingehalten werden.

Dabei stellt sich auch die Frage, inwieweit der Auftragnehmer dazu veranlasst werden kann, die in seinem Terminplan enthaltenen Möglichkeiten zur Erbringung von Änderungen und von Zusatzleistungen dem Auftraggeber unentgeltlich „zur Verfügung zu stellen". Diese Frage werden wir noch unter Rdn. 1484 ff. behandeln.

Endgültigen Aufschluss über die jeweilige Auswirkung einer Bauinhaltsmodifikation auf den Bauablauf liefert jeweils die Gegenüberstellung des bislang aktuellen Soll-Ablaufs zu den neuen Ablaufnotwendigkeiten; ist dann die Auswirkung für den Fachmann **zwingend**, so ist die behindernde Auswirkung für den Auftraggeber im Regelfall offenkundig.

Nur der Vollständigkeit halber: Der bislang aktuelle Soll-Ablaufplan ist bis zum ersten relevanten Eingriff in das Bausoll der auf die Vertragsfristen abgestimmte produktorientierte Soll-Ablaufplan. Nach der ersten Bauinhaltsmodifikation ist er dann der bislang geltende **modifizierte** Soll-Ablaufplan (vgl. z. B. Anhang D 2, Unterlage g 4, TP-Soll'1).

Zusammenfassend lässt sich festhalten: 1225
1. **Nicht jede Bauinhaltsmodifikation hat Bedeutung für den Bauablauf.**
2. **Sofern Bauinhaltsmodifikationen Einfluss auf** den **Bauablauf** haben, **muss das nicht** – Beschleunigungsmaßnahmen außer acht gelassen – **zwangsläufig zu Bauzeitverlängerungen** führen.
3. Einer **Bauinhaltsmodifikation** ist **nicht anzusehen, ob** sie zu einer **Bauablaufänderung** oder einer Bauzeitverlängerung führt.
4. Die Pläne oder die sonstige Dokumentation der Bauinhaltsmodifikation lässt von sich aus nicht ohne weiteres erkennen, ob und in welchem Umfang beachtenswerte Einwirkungen auf den Bauablauf vorliegen.

Das bedeutet also:
Auftraggeberseitige **Änderungen und Ergänzungen** des Bauinhalts führen keineswegs selbstverständlich zu einer Verlängerung der Bauzeit.
Anders ausgedrückt:
Eine aus geänderten oder zusätzlichen Leistungen resultierende zeitliche Behinderung beurteilt sich nach § 6 Nr. 1, Nr. 2 a VOB/B, d. h., der Auftragnehmer muss die Behinderung gemäß § 6 Nr. 1 VOB/B anzeigen, um die fristverlängernde Wirkung zu erreichen,[1432] oder die „Behinderung" durch die Bauinhaltsmodifikation muss **einschließlich** ihrer fristverlängernden Auswirkung offenkundig sein, was selten der Fall sein wird (s. auch unten Rdn. 1227). Wenn diese Bedingungen erfüllt sind, ergibt sich die Fristverlängerung „automatisch" (s. Rdn. 1243).

[1432] Ebenso OLG Düsseldorf NZBau 2002, 226; Heiermann/Riedl/Rusam, VOB/B § 6 Rdn. 10 a. E; Beck'scher VOB-Kommentar/Motzke, Teil B § 6 Nr. 1, Rdn. 61.

1226 Mit Rücksicht auf diese Rechtslage ist es zulässig, in **Allgemeinen Geschäftsbedingungen** des Auftraggebers nur erläuternd – denn die Rechtsfolge ergibt sich ja schon aus § 6 Nr. 1 VOB/B – festzuhalten, dass der Auftragnehmer, wenn er zusätzlichen Zeitbedarf für (angeordnete) geänderte oder zusätzliche Leistungen in Anspruch nehmen will, die durch die geänderte oder zusätzliche Leistung resultierende „Behinderung" anzeigen muss.

1227 Es gibt modifizierte Leistungen, die wegen ihres außerordentlichen Umfanges oder wegen des Einzwängens ihrer Leistungserstellung in ein außerordentlich enges (vereinbarten) Termingerüst (vgl. Rdn. 1230) zwingend Auswirkungen auf die Bauzeit haben müssen; wenn es aber diesen Fall gibt, so werden auch die Auswirkungen nicht ernsthaft strittig sein, das Problem ist also praktisch irrelevant.
Kritischer ist, wann denn die modifizierten Leistungen eben nicht **offenkundig** außerordentliche zeitliche **Auswirkungen** haben. Korbion meint dazu, dass dann, wenn der Auftraggeber „völlig neue und unentbehrliche Zeichnungen vorlege,[1433] die im Einzelfall eindeutig den Bauablauf behinderten", sei eine **Offenkundigkeit** der Behinderung und der behindernden Auswirkung zu bejahen.
Korbion sagt weiter zutreffend, der „bloße Anfall von Mehrmengen, von Nachtragsaufträgen, die im Verhältnis zum Gesamtauftrag nicht besonders stark ins Gewicht fielen, von Änderungsanordnungen sowie das Vorliegen nicht außergewöhnlicher Witterungsverhältnisse als solche" reichten **nicht** zur Offenkundigkeit aus, auch wenn mehrere solcher Ereignisse zusammenträfen[1434] – dem ist uneingeschränkt zuzustimmen.
Dabei ist das Problem nicht die Offenkundigkeit als solche; sie wird häufiger zu bejahen sein, und zwar schon deshalb, weil der Auftraggeber die entsprechende Anordnung für eine geänderte oder zusätzliche Leistung selbst getroffen hat; dass eine solche „zusätzliche Arbeit" abstrakt behindernd sein kann, muss auch ein Auftraggeber „abstrakt" erkennen, er kann vor den Folgen seines eigenen Handelns nicht die Augen schließen.[1435]
Das ist aber nicht das entscheidende Problem: Entscheidend ist hier, dass dem Auftraggeber **auch** die **behindernden Auswirkungen** einer geänderten oder zusätzlichen Leistung **offenkundig** sein müssen – und das wird aus den geschilderten Gründen sehr viel seltener der Fall sein.
Zusammenfassend wird man daher sagen müssen, dass geänderte oder zusätzliche Leistungen **keineswegs selbstverständlich offenkundig behindernd** sind und keineswegs selbstverständlich **offenkundig behindernde** Auswirkungen haben, sondern dass es sehr auf den Einzelfall ankommt, weiter, dass die Annahme der Offenkundigkeit beim Auftraggeber sogar die Kenntnis der Ablaufplanung des Auftragnehmers voraussetzt und

---

[1433] Jetzt Ingenstau/Korbion/Döring, VOB/B § 6 Nr. 1, Rdn. 11. Dieser grundsätzlichen Aussage ist zuzustimmen, der Verweis auf die Entscheidung des OLG Düsseldorf Schäfer/Finnern, Z 2.300 Bl. 14, 17 R könnte allerdings zu Fehlschlüssen führen. In dieser Entscheidung heißt es nämlich: „Wenn nachträglich eine Bauzeichnung geändert wird, muss (?) der Auftraggeber mit einer gewissen Verzögerung rechnen. Das Anfertigen einer neuen Zeichnung macht ihm das Hindernis offenkundig (?). Eine Anzeige gemäß § 6 Nr. 1 VOB/B ist daher (?) nicht erforderlich." Diese Entscheidung ist in ihrer Allgemeinheit eindeutig falsch.
Zu verspätet vorgelegten **Plänen** (Zeichnungen) näher Rdn. 1230.

[1434] Ingenstau/Korbion/Döring, VOB/B § 6 Nr. 1 Rdn. 13, dort unter Hinweis auf OLG Düsseldorf Schäfer/Finnern/Hochstein Nr. 2 zu § 6 Nr. 1 VOB/B. Ebenso Nicklisch/Weick, VOB/B § 6, Rdn. 20; Heiermann/Riedl/Rusam, VOB/B § 6 Rdn. 10 a. E.; Motzke a. a. O.
Warum Korbion/Döring einschränkt, solche Tatbestände seien „(nur) im Falle der Vereinbarung einer verbindlichen Ausführungsfrist (Vertragsfrist) nicht ausreichend", ist nicht ersichtlich; die genannten Tatbestände reichen nie für die Annahme einer Offenkundigkeit im Sinne von § 6 Nr. 1 VOB/B aus.

[1435] So Piel, Festschrift Korbion, S. 349, 356.

dass daher im **Regelfall die Offenkundigkeit der behindernden Wirkung von Bauinhaltsmodifikationen zu verneinen sein wird.**

2.3.3 Offenkundigkeit von Bauzeitverlängerung wegen angeordneter geänderter *Bauumstände* (Bauzeit?) – Verschiebung des Baubeginns

Die Situation des Auftragnehmers bei bloßen Anordnungen des Auftraggebers hinsichtlich der Bauzeit stellt sich anders dar. Da der Auftraggeber nicht einseitig eine vereinbarte Bauzeit verlängern darf, begründen Anordnungen des Auftraggebers, die dennoch die Bauzeit verändern (z. B. ein verschobener Baubeginn) nicht nur Vergütungsansprüche gemäß § 2 Nr. 5 VOB/B, sondern parallel auch Schadensersatzansprüche gemäß § 6 Nr. 6 VOB/B.[1436]
Sie begründen aber auf jeden Fall auch Ansprüche auf Fristverlängerung: Eine **Anordnung** zur Bauzeit ist eine Störung, deren zeitbeeinflussende Auswirkung (Behinderung) **offenkundig** ist. Wer als Auftraggeber eine Baustelle 3 Wochen stilllegt, kann beim besten Willen nicht daran zweifeln, dass sich dadurch die Bauzeit verlängert; wer Beschleunigungen anordnet, hat erkannt, dass ein behinderndes Problem aufgetreten ist, denn durch die Beschleunigung soll Bauzeit aufgeholt werden.

Eine **Ausnahme** wird man allerdings auch hier dann machen müssen, wenn sich **bei einem größeren Bauvorhaben** der **Baubeginn nur „verhältnismäßig kurz** und nicht unüblich" verschiebt. Hier ist je nach Einzelfall eine **Anzeige** möglicherweise deshalb erforderlich, weil zwar die Tatsache der Behinderung als solche offenkundig ist, aber nicht zwingend deren hindernde Wirkung;[1437] es ist ja vielleicht möglich, kleine Verzögerungen aufzuholen, insbesondere, wenn sie zu Beginn der Bauausführung anfallen.

2.3.4 Offenkundigkeit von Bauzeitverlängerungen infolge verspätet vorgelegter Pläne?

Hinsichtlich der **Offenkundigkeit** der behindernden Wirkung **verspätet vorgelegter Pläne** ist zu **differenzieren**:

Hat der **Auftraggeber** selbst einen **Bauzeitenplan** vorgegeben, hat er insbesondere Vertragsfristen gesetzt oder sind sogar **Vorlauffristen** für die Beibringung der Ausführungspläne oder Vorunternehmerleistungen **vereinbart** – oder hat der Auftraggeber **einem vom Auftragnehmer vorgelegten Bauzeitenplan nicht widersprochen** (siehe unten Rdn. 1239) –, so muss er sich darüber im klaren sein, dass **Planlieferungen,** deren Beibringung **er selbst** zu einem bestimmten Zeitpunkt für notwendig erachtet bzw. akzeptiert hat, bei Verspätung **nicht folgenlos fehlen können.** Das bedarf einer **Einschränkung:** Wenn die Vorlaufzeit z. B. drei Wochen beträgt, so ist es nicht offenkundig, dass eine Verspätung von zwei Tagen zur Behinderung **führen muss.** Dass aber eine Verspätung um beispielsweise **10 Tage** im Normalfall eine Behinderung zur Folge hat, weiß oder muss der Auftraggeber wissen (vgl. auch Rdn. 1254).

Deshalb ist jedenfalls – bis auf die oben aufgeführte Einschränkung – bei vereinbarter Bauzeit die behindernde Wirkung **fehlender** bzw. verspätet eintreffender geänderter Pläne **offenkundig;**[1438] bei vereinbarten **Vorlauffristen** gilt das ganz besonders.
Für die Wahrscheinlichkeit, dass sich eine solche Behinderung auch modifizierend auf

1228

1229

1230

[1436] Einzelheiten unten Rdn. 1332.
[1437] So BGH BauR 1979, 245; Beck'scher VOB-Kommentar/Motzke, Teil B § 6 Nr. 1, Rdn. 65.
[1438] Im Einzelnen so auch Nicklisch/Weick, VOB/B § 6 Rdn. 20; Leinemann, VOB/B § 6, Rdn. 15 bei vereinbartem „sehr engen Termingerüst"; vgl. weiter **Rdn. 1314 ff.**

den Bauablauf auswirkt, spricht **dann** eine Vermutung. Sie gilt aber nur im Zusammenhang mit der Anknüpfung an den bislang maßgebenden (aktuellen) Soll-Ablauf (näher Rdn. 1316).

1231 Ist **kein Terminplan** oder eine sonstige Fristenregelung **vereinbart,** sieht das allerdings anders aus.
Selbst die fehlende „auftraggeberseitige" Vereinbarung eines Terminplans bedeutet allerdings nicht unbedingt, dass der Auftragnehmer „drauflos" bauen will, sondern nur, dass dann dem Auftraggeber eine Orientierungshilfe für seine Planlieferung fehlt. Es kommt dann für das Vorliegen der Offenkundigkeit darauf an, dass **für den Auftraggeber an deutlichen Merkmalen erkennbar ist,** dass bestimmte Pläne für den Arbeitsablauf **benötigt** werden und zu dem Zeitpunkt nicht vorliegen, zu dem sie spätestens notwendig sind, um eine Behinderung zu vermeiden (s. oben Rdn. 1305 ff.).

1232 Ohnehin ist gerade hier zu beachten, dass der Auftragnehmer es im Normalfall nicht mit einem unbedarften und naiven Auftraggeber zu tun hat, sondern einem Auftraggeber, der sich mindestens von einem die örtliche Bauaufsicht führenden Architekten beraten lässt, der oft genug eigenes Bauleitungspersonal einsetzt oder der sogar zusätzlich Controller oder Projektmanager beschäftigt. Dennoch wird hier die Offenkundigkeit einer Behinderungsauswirkung im Regelfall nicht zu bejahen sein.

1233 Nach der **Meinung** des OLG Köln ist bei einem größeren Bauvorhaben das Fehlen **einzelner Pläne generell nicht offenkundig behindernd.**[1439)] Dem liegt die Annahme zugrunde, bei einem größeren Bauvorhaben könne der Auftragnehmer beliebig „springen", also die Arbeitsorte ändern und die Kapazitäten umdisponieren. Diese **generelle** Aussage ist **unzutreffend.** Sofern der Auftragnehmer nicht „zufallsorientiert", sondern – wie in der Regel – nach einem auf das Optimum abgestellten Bauablaufplan bauen will, **löst (fast) jede von der vorgeplanten Arbeitsausführung abweichende „Umsetzung"** im Normalfall **zusätzliche Kosten** aus und ist a priori **behindernd**,[1440)] was aber als Auswirkung **nicht generell offenkundig** ist, solange es keine vereinbarte Vorlaufsfrist für die Planlieferung gibt.

2.3.5 Kenntnis des bauleitenden Architekten und/oder des Projektsteuerers

1234 Wenn Tatsachen und deren hindernde Wirkung lediglich **dem Architekten offenkundig** sind, reicht das aus;[1441)] auch darauf sollte sich der Auftragnehmer aber selbstverständlich nie verlassen.
Hat der Auftraggeber sogar einen Projektsteuerer – als alter ego – eingesetzt, so ist es dessen Aufgabe, dafür zu sorgen, dass alle Voraussetzungen für eine geordnete Baudurchführung vorliegen. Somit hat der Projektsteuerer auch unmittelbares Wissen über hindernde Wirkungen, hat dies dem Auftraggeber mitzuteilen und bewirkt somit jedenfalls, dass Offensichtlichkeit über Behinderungen vorliegt.

[1439)] OLG Köln BauR 1981, 472; zustimmend Ingenstau/Korbion/Döring, VOB/B § 6 Nr. 1, Rdn. 12; Heiermann/Riedl/Rusam, VOB/B § 6, Rdn. 10.
[1440)] Vgl. unten Rdn. 1304 sowie zutreffend Vygen/Schubert/Lang, Bauverzögerung, Rdn. 474–481; Beck'scher VOB-Kommentar/Motzke, Teil B § 6 Nr. 1, Rdn. 68; Leinemann, VOB/B § 6, Rdn. 10, 103.
[1441)] Zutreffend Ingenstau/Korbion/Döring, VOB/B § 6 Nr. 1, Rdn. 21; Vygen/Schubert/Lang, Bauverzögerung, Rdn. 148; Heiermann/Riedl/Rusam, VOB/B § 6 Rdn. 10; Landgericht Würzburg Schäfer/Finnern Z 2.411 Bl. 4 f.; a. A. Nicklisch/Weick, VOB/B § 6 Rdn. 20.

2.3.6 Die Bedeutung der Bautagesberichte für Anzeige und Offenkundigkeit

Nach richtiger, allgemeiner Auffassung[1442] ist eine Eintragung des Auftragnehmers in die **Bautagesberichte** als Behinderungsanzeige anzusehen und damit ausreichend, jedenfalls, **sofern das entsprechende Blatt ohne Verzögerung dem Auftraggeber** (und in Kopie seinem Beauftragten) **zugeleitet wird**. Dies gilt erst recht, wenn im Bautagesbericht eine entsprechende Rubrik „Behinderung" (vgl. **Abb. 36 a**, S. 562) vorgesehen ist. Eine solche Eintragung im Bautagesbericht ist aktuell und kann ohne Zeitverlust – z. B. über Fax – übermittelt werden. Dagegen entstehen bei Benachrichtigung per Brief größere Zeitverluste durch Formulierung, Schreiben, Unterschriftsleistung und Postweg. 1235

Auch ohne dass die Anzeige dem Auftraggeber zugeleitet wird, ist durch Eintragung in den Bautagesbericht eine behauptete Behinderung dem Auftraggeber jedenfalls bekannt. Das reicht als „Anzeige".[1443] Es kommt dann auch nicht darauf an, ob der Auftraggeber oder der Architekt den Bautagesbericht abzeichnet oder nicht.[1444] Wenn der Auftraggeber aber durch **Unterschrift** den Bautagesbericht bestätigt, hat er die Kenntnis sogar dokumentiert. Die Weigerung, den Bautagesbericht abzuzeichnen, kann als Beweisvereitelung zu Lasten des Auftraggebers gewertet werden.[1445] 1236

Auch **Protokolle** über **Baustellenbesprechungen mit Erwähnung der Behinderung**, die dem Auftraggeber oder seinem bauleitenden Architekten zugehen, reichen für eine Anzeige, **mindestens** für eine **Offenkundigkeit** selbst dann aus, wenn sie **nicht vom Auftragnehmer** selbst verfasst worden sind.[1446] 1237

Eine **Eintragung in den Bautagesbericht** und dessen **Übermittlung** in Kopie an den Auftraggeber und an den bauleitenden Architekt sind manchmal – besonders in frühen Phasen der Bauerstellung – aus der Sicht des Auftragnehmers „**vom Bauklima**" auch der **bessere Weg** als Behinderungsanzeigen per Einschreiben gegen Rückschein, obwohl nur so der Zugang (von der Abzeichnung des Bautagesberichts abgesehen) sicher bewiesen werden kann. 1238

Zur Behinderungsanzeige bzw. Offenkundigkeit per Bautagesbericht dürfen wir ergänzend auf das im Anhang aufgeführte Projektbeispiel verweisen. Bei der Abwicklung dieses Projekts ist durch tägliche Bautagesberichte (vgl. **Abb. 36 a**, S. 562) seit Anfang Juli ersichtlich, dass die Bewehrungspläne für Ortbetongründung (seit 16. 7. nur noch für die Bodenplatten) fehlen. Der Auftraggeber bzw. sein beauftragter Bauleiter ist also seit dieser Zeit in der Lage, Rücksprache mit den Tragwerksplanern zu nehmen bzw. sich vom Auftragnehmer anhand der Planeingangsliste (Anhang F, Unterlage p) darlegen zu lassen, welche Ausführungspläne seit wann überfällig sind.

[1442] Ebenso **ausdrücklich** BGH „Behinderungsschaden I" BauR 1986, 347 („Tagesberichte"); Vygen/Schubert/Lang, Bauverzögerung, Rdn. 147, Rdn. 411 i. V. mit Rdn. 414; Beck'scher VOB-Kommentar/Motzke, Teil B § 6 Nr. 1, Rdn. 33; vgl. auch Künstner, Die Ablauforganisation von Baustellen, S. 186.
[1443] Wie hier Ingenstau/Korbion/Döring, VOB/B § 6 Nr. 1, Rdn. 5; Vygen/Schuber/Lang, a. a. O.
[1444] Zutreffend Vygen/Schubert/Lang, Bauverzögerung Rdn. 147.
[1445] Kapellmann/Schiffers, BauR 1986, 615, 635.
[1446] Mehrfache **Besprechungen** auf der Baustelle und anschließende **Zusagen** des Auftraggebers auf Bauzeitverlängerungen reichen ebenfalls mindestens für „Offenkundigkeit **auch** der hindernden Wirkungen" aus, BGH BauR 1990, 210, 212.

Rdn. 1238   Anzeige oder Offenkundigkeit der Behinderung als Voraussetzung

Bautagesbericht								DATUM 0 6 0 8		INDEX	
Baustelle :											
Arbeitskräfte		Aufsicht	Vor-arbeiter	Fach-arbeiter	Maschin.	NU		Insges.	Wetter		
von 7⁰⁰ bis 15⁴⁵		1		5	1				min °C 13	max °C 22	
von 7⁰⁰ bis 17⁰⁰					3						
von bis											
Besonderheiten des Arbeitskräfteeinsatzes :											

Baumaschineneinsatz	
Eigengerät	Fremdgerät
1 Hochbaukran	
	1 TL-Bagger
	1 Radlader

Vorgang / Tätigkeit		Bemerkung
3/1	Fundamentaushub Absch. 2	
4/3	Verfüllung FT-Fundament Abschnitt 6	
5/2	Betonieren Fundament Abschnitt 3	fertig
5/2	Betonieren Fundament Abschnitt 6	

Außervertragliche Leistung :			Behinderungen	Bauüberwachung
Menge	Einh.	Bezeichnung	1. Schleppender Arbeitsfortschritt Kanalisation	Bauleitung AG
			2. Fehlende Pläne s.u.; Folge:	Herr Müller
			Intensitätsabfälle drohen, da Reichweite der noch	
			auszuführenden Leistung noch 1 Woche beträgt	

Stundenlohn Leistung			Plan-Eingang	Besuche u. Anordnungen
Menge	Einh.	Bezeichnung	Nr. / Bauteil	
			Bewehrungspläne fehlen weiterhin.	

Sofern der Platz nicht ausreicht, ist für zusätzliche Angaben ein Beiblatt anzulegen und der Index des Tages anzugeben.	aufgestellt von : Adler	anerkannt von :

Abbildung 36 a   Bautagesbericht (hier 6. August) mit Eintragungen über Planeingänge und Behinderungen

Unserer Meinung nach ist es ratsam, **ab dem Tag der Verspätung eines jeden Plans laufend im Bautagesbericht auf die Tatsache** des Fehlens als solche **hinzuweisen.** Da sich die Folgen einer fehlenden Planlieferung schrittweise ergeben, kann durch tägliche Aufführung im Bautagesbericht auch aktuell die jeweils neueste Behinderungsauswirkung dokumentiert werden. Je früher und besser der Auftraggeber informiert ist, um so einfacher ist die Chance der Ausschaltung bzw. Minimierung der Schadensauswirkungen.

Das **Instrument Bautagesbericht** erlaubt es dem Bauleiter des Auftragnehmers, ohne nennenswerten Aufwand und ohne Paukenschläge die Dokumentation der in ihren Auswirkungen „schleichenden Entwicklung" der Behinderung wiederzugeben. Ganz gleich, ob heute ein einziger Plan noch nicht vorliegt oder ob eine dringend erforderliche Anordnung nochmals um 3 Tage auf später verschoben wird, jede noch so geringfügige oder bedeutende Behinderung kann im Bautagesbericht (oder im Falle einer gleichzeitigen Fülle von Behinderungen in einem Beiblatt) **sachlich und emotionslos** dokumentiert und in ihren Auswirkungen (vgl. **Abb. 31,** S. 498, Rdn. 1126, Bautagesbericht vom 13. 8. und als Pendant **Abb. 36 a,** S. 562 Bautagesbericht vom 6. 8.) festgehalten werden.
Dies gilt **auch** für die Dokumentation bezüglich der in **neu** eingegangenen Plänen enthaltenen geänderten und zusätzlichen Leistungen sowie bezüglich sonstiger Anordnungen.

Es ist darauf hinzuweisen, dass der **Bautagesbericht** unbedingt **vom Bauleiter** geführt werden sollte. Er ist derjenige, der die Außenkontakte wahrnimmt, das Vertragswerk kennt und somit auch in der Lage ist, die internen Daten derart zu komprimieren, dass der Bautagesbericht voll auf den Adressaten „Auftraggeber" ausgerichtet ist.
Wenn Bauunternehmen die Führung des Bautageberichts dennoch dem Polier übertragen und ihm sogar als internes Informationsmittel benutzen wollen,[1447] so ist das unserer Meinung nach gefährlich, weil der Bautagesbericht dann als Vielzweckinstrument überfordert wird und zumeist keine Aufgabe richtig erfüllt, also schon deshalb die „Offenkundigkeit" gefährdet sein könnte.
Deshalb nur kurz der Übersicht halber: Unserer Meinung nach ist das auftragnehmerseitige Baustellenberichtssystem nach Zielrichtung der Informationen zu trennen in
– internes Berichtssystem
– externes Berichtssystem

Das **interne Berichtssystem** bekommt seine Informationen

– über den Polier	– Lohnberichte (vgl. **Abb. 44 a,** S. 720)
	– Geräteberichte
	– Erfassung für die Stundenlohnarbeiten
	– sonstige, zumeist mündliche Stellungnahmen
– über den Bauleiter	– Berichte des Poliers (siehe oben)
	– Ist-Ablauferfassung in produktionsorientierten Soll-Ablaufplänen (vgl. **Abb. 54,** S. 778)
	– Planeingänge (vgl. Anhänge D bis G, jeweils Unterlage p)
	– sonstige Erfassungen

[1447] Vgl. Michalski, Studie: Das baubetriebliche Berichtswesen, S. 37; Dressel, Die Bauberichterstattung und ihre Auswirkung.

Rdn. 1240　　Anzeige oder Offenkundigkeit der Behinderung als Voraussetzung

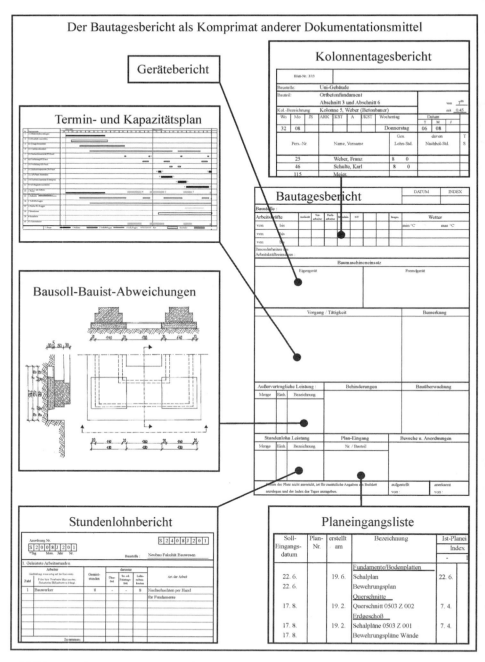

Abbildung 36 b　Der Zusammenhang zwischen den verschiedenen auftragnehmerseitigen Einzeldokumentationen und der an den Auftraggeber gerichteten Gesamtdokumentation (= Bautagesbericht)

Das **externe Berichtssystem** wendet sich (unter anderem) **an den Auftraggeber.** Eines seiner Instrumente ist der Bautagesbericht, dessen Informationen im Wesentlichen aus den vorab getätigten Erfassungen des internen Berichtssystems stammen (vgl. **Abb. 36 b,** S. 564). Aufgabe des Bauleiters ist es, in geeigneter Form die Daten für den Bautagesbericht auszuwählen und zu dokumentieren. Somit ist es ratsam, auch dann, wenn der Bauleiter nicht jeden Tag auf der Baustelle ist, weiterhin nur ihn den Bautagesbericht führen zu lassen. Der Bauleiter benutzt dann die Polierberichte der abgelaufenen Tage als Vorabinformation. Dies ist immer noch besser, als dass aus zu großer Beflissenheit gegenüber dem Auftraggeber die tägliche Berichterstattung im Bautagesbericht durch den Polier erfolgt.

Sofern Auftraggeber die Eintragungen des Bautagesbericht kontrollieren wollen, stehen ihnen wegen dessen Komprimatcharakters vielerlei Möglichkeiten durch das Zurückgreifen auf die Dokumentation der Vordaten (Einzeldokumente auf der rechten Hälfte von **Abb. 36 a,** S. 562) sowie auf sonstige Dokumentation (z. B. Betonlieferscheine, Abnahmeberichte des Prüfingenieurs) zur Verfügung.

2.3.7 Praxisempfehlung

Um nicht falsch verstanden zu werden: Aus Gründen ordnungsgemäßer **Dokumentation** und im Interesse notwendiger **Fristenorganisation** sowie Behinderungserkennung und Behinderungsprophylaxe, ganz allgemein aus **Vorsichtsgründen,** empfehlen wir dem Auftragnehmer dringend, sich nicht auf Offenkundigkeit zu verlassen, sondern ausnahmslos jede drohende Behinderung routinemäßig (das mindert den Ärger mit dem Architekten) sofort schriftlich dem Auftraggeber mit Kopie für den bauleitenden Architekten anzuzeigen; **die laufende Zuleitung der Bautagesberichte reicht** dazu aber aus (vgl. oben Rdn. 1235). 1241

Prinzip sollte sein, lieber einmal zuviel als einmal zuwenig anzukündigen; dies gilt insbesondere für „schleichende Behinderungen", bei denen sich aus kleinen Anfängen Tag für Tag ein Anwachsen der Behinderungsfolgen ergibt. Der Auftraggeber sollte sich stets dieser aktuellen Problematik bewußt sein und die Chance haben, Abänderungen von den von ihm zu vertretenden Modifikationen des Bausolls veranlassen zu können.

Außerdem: Nur dann, wenn ohne falsche Zurückhaltung die notwendigen Informationen fließen, hat der später zu stellende „Behinderungsnachtrag" auch einen Dokumentationsunterbau, der ihn im Streitfall juristisch durchsetzbar macht.

2.3.8 Verbot der Berufung auf Offenkundigkeit in Allgemeinen Geschäftsbedingungen

Eine Regelung in **Allgemeinen Geschäftsbedingungen, die** dem **Auftragnehmer verwehrt,** sich **auf Offenkundigkeit zu berufen** oder die die positive Kenntnis des Auftraggebers für unbeachtlich hält, die also nur Behinderungsanzeigen ausreichen lässt, ist ein Abweichen von § 6 VOB/B und damit im Rahmen der ansonsten vereinbarten VOB/B **unwirksam** gemäß § 307 BGB.[1448] 1242

[1448] Beck'scher VOB-Kommentar/Motzke, Teil B § 6 Nr. 1, Rdn. 83; Markus, in: Markus/Kaiser/Kapellmann, AGB-Handbuch Bauvertragsklauseln, Rdn. 414.

3. Der Behinderungstatbestand gemäß § 6 Nr. 2 VOB/B – Folge: Fristverlängerung

3.1 Vorbemerkung: Automatische Fristverlängerung

1243 Vorausgesetzt, es liegt tatsächlich eine gemeldete bzw. offensichtliche Behinderung vor und der Behinderungsbeginn (er muss nach dem oben Besprochenen nicht identisch mit dem Zeitpunkt der Behinderungsanzeige sein) sowie das Behinderungsende (einschließlich der zeitlichen „Zuschläge", vgl. Rdn. 1267) stehen fest, so verlängert sich die Ausführungsfrist „automatisch" um diesen Zeitraum, einer Zustimmung des Auftraggebers dazu bedarf es nicht. Durch die Vertragsregelung der VOB/B **ist** vielmehr bereits vertraglich geregelt, dass der Auftragnehmer durch einseitiges Rechtsgeschäft (Gestaltungsrecht, nämlich die Behinderungsanzeige) die Fristverlängerung **bewirkt**; sind Behinderung und behindernde Wirkung offenkundig, so tritt die Verlängerung sogar ohne besondere Gestaltungserklärung ein.[1449]

Wegen der prinzipiellen Automatik der Fortschreibung des bisherigen Sollablaufs ist – zumindest theoretisch – der neue modifizierte Sollablauf und somit auch gegebenenfalls die neue Vertragsfrist bestimmbar. Bei einer solchen Berechnung gibt es aber stets strittige oder jedenfalls zweifelhafte Punkte, so dass beide Parteien gut daran tun, eine Einigung zu erzielen.

3.2 Streik, Aussperrung – § 6 Nr. 2 Abs. 1 lit b VOB/B

1244 Soweit eine Behinderung verursacht ist durch **Streik** oder eine von der Berufsvertretung der Auftraggeber angeordnete **Aussperrung** im Betrieb des Auftragnehmers oder in einem unmittelbar für ihn arbeitenden Betrieb, werden dadurch – Anzeige oder Offenkundigkeit gemäß § 6 Nr. 1 VOB/B vorausgesetzt, aber hier ist Offenkundigkeit immer zu bejahen – die Ausführungsfristen gemäß **§ 6 Nr. 2 Abs. 1 lit b VOB/B** verlängert.

Die VOB/B ordnet also das Streikrisiko wie folgt zu:

Das **zeitliche** Risiko weist sie ausdrücklich allein dem Auftraggeber zu – die Ausführungsfristen werden verlängert.

Das **finanzielle** Risiko (Mehrkosten) regelt sie direkt nicht; da sie aber behinderungsbedingten Schadensersatz der einen gegen die andere Partei über § 6 Nr. 6 VOB/B nur bei Verschulden gewährt, ist die Regelung klar, denn bei Streik oder Aussperrung trifft keine Partei ein Verschulden, also gibt es keinen Schadensersatzanspruch des Geschädigten nach § 6 Nr. 6 VOB/B. Oder anders ausgedrückt: Die finanziellen Folgen eines Streiks trägt jede Partei selbst.[1450]

[1449] Näher zu dieser rechtstheoretischen Frage Beck'scher VOB-Kommentar/Motzke, Teil B § 6 Nr. 1, Rdn. 10 ff; auch Schiffers, Jahrbuch Baurecht 1998, S. 293.
[1450] Zutreffend Nicklisch/Weick, VOB/B § 7 Rdn. 14, s. auch Rdn. 1407.

3.3 Höhere Gewalt, unabwendbare Umstände – § 6 Nr. 2 Abs. 1 lit c VOB/B

Gemäß **§ 6 Nr. 2 Abs. 1 lit c VOB/B** werden Ausführungsfristen verlängert, soweit die Behinderung verursacht ist durch höhere Gewalt oder andere für den Auftragnehmer unabwendbare Umstände. Diese Regelung läuft parallel zu § 7 Nr. 1 VOB/B, wonach dann, wenn die „ganz oder teilweise ausgeführte Leistung vor der Abnahme durch höhere Gewalt ... oder andere unabwendbare vom Auftragnehmer nicht zu vertretende Umstände beschädigt oder zerstört wird", dieser die Preisgefahr trägt – wir haben das schon näher unter Rdn. 150, 711 ff. erwähnt.

1245

Höhere Gewalt ist ein „betriebsfremdes, von außen durch elementare Naturkräfte oder durch Handlungen dritter Personen herbeigeführtes Ereignis, das nach menschlicher Einsicht und Erfahrung unvorhersehbar ist, mit wirtschaftlich vertraglichen Mitteln auch durch die äußerste nach der Sachlage vernünftigerweise zu erwartende Sorgfalt nicht verhütet oder unschädlich gemacht werden kann und auch nicht wegen seiner Häufigkeit vom Betriebsunternehmer in Kauf zu nehmen ist.[1451] Das sind z.B. Erdbeben, Blitzschlag oder außergewöhnliche Stürme. Jegliches Verschulden des Auftragnehmers schließt die Annahme höherer Gewalt aus.

1246

Für den Auftragnehmer **unabwendbare Umstände** sind Ereignisse, die – obwohl sie nicht höhere Gewalt sind – nach menschlicher Einsicht und Erfahrung in dem Sinne unvorhersehbar sind, dass sie oder ihre Ausführung trotz Anwendung wirtschaftlich erträglicher Mittel durch äußerste nach der Sachlage zu erwartende Sorgfalt nicht verhütet oder ihre Wirkungen bis auf ein erträgliches Maß unschädlich gemacht werden können.[1452] Es muss sich also um Ereignisse handeln, die unvorhersehbar sind.
Als Beispiel für Vorhersehbares: Bei einem Grabenaushub für Rohrleitungsarbeiten im offenen Gelände können z. B. wolkenbruchartige Regenfälle in der Regel nicht als unabwendbarer Umstand (und schon gar nicht als höhere Gewalt) angesehen werden.[1453]
Ohnehin sind **witterungsbedingte Einflüsse** nur im seltensten Fall „unabwendbarer Umstand".
Das bringt auch § 6 Nr. 2 Abs. 2 VOB/B zum Ausdruck: „**Witterungseinflüsse während der Ausführungszeit, mit denen bei Abgabe des Angebots normalerweise gerechnet werden musste, gelten nicht als Behinderung.**" Ohne Vertragsvereinbarung gibt es deshalb keine Fristverlängerung für **Schlechtwettertage**.
Typisches Beispiel für einen unabwendbaren Umstand: Die Zerstörung einer bereits erbrachten Bauleistung durch unbekannte Dritte, wenn sie nicht durch technische und im Verhältnis zu Art und Umfang des Auftrages zumutbare Maßnahmen verhindert werden konnte.[1454] **Auch eine fehlende Vorunternehmerleistung** ist für den Auftragnehmer ein unabwendbarer Umstand.[1455]

1247

Das **zeitliche Risiko** weist die VOB/B ausdrücklich wie beim Streik oder der Aussperrung (§ 6 Nr. 2 Abs. 1 lit b) allein dem Auftraggeber zu - die Ausführungszeiten werden verlängert.

1248

[1451] BGHZ 7, 338, 339.
[1452] BGHZ 41, 144 ff.
[1453] BGH Schäfer/Finnern, Z 2.413 Bl. 18.
[1454] Landgericht Köln Schäfer/Finnern, Z 2.413 Bl. 19.
[1455] Siehe auch Rdn. 1250.

Das **finanzielle Risiko** ist schwieriger zu beurteilen. Schadensersatzansprüche aus Behinderungen gegen den Auftraggeber (§ 6 Nr. 6 VOB/B) scheiden mangels Verschulden aus.

Dagegen ist auf Vergütungsebene, der Ebene der Bausoll-Bauist-Abweichung, nur zu unterscheiden, ob die höhere Gewalt bzw. das unabwendbare Ereignis eine schon vorhandene Teilleistung zerstört hat und ob diese Teilleistung dennoch zu vergüten ist: Das ist die Regelung der Preisgefahr, der Auftragnehmer erhält entsprechend § 7 VOB/B, § 645 BGB volle Vergütung.

Soll das teilzerstörte Werk wiederhergestellt werden, ist der Auftragnehmer dazu verpflichtet, erhält dafür aber als zusätzliche Leistung gesonderte Vergütung.

Wirkt sich die höhere Gewalt als „**Erschwernis**" der Leistung aus, erhält der Auftragnehmer dafür analog § 645 BGB Mehrvergütung.

Die „Wartezeit", bis der sich der Auftraggeber zu bestimmten Maßnahmen entschließt, ist reine Behinderungsfolge, Anspruchsgrundlage wäre § 6 Nr. 6 VOB/B, dieser Anspruch scheidet am fehlenden Verschulden des Auftraggebers, aber es bestehen Ansprüche aus § 645 BGB analog. Nach Ablauf einer angemessenen Überprüfungszeit gilt weiteres Zuwarten des Auftraggebers als schuldhaft und löst Behinderungsschadensersatzansprüche des Auftragnehmers aus.[1456]

3.4 Umstände aus dem Risikobereich des Auftraggebers – § 6 Nr. 2 Abs. 1 lit a VOB/B

1249 Seit der Ausgabe 2000 der VOB/B lautet § 6 Nr. 2 Abs. 1 lit a: „Ausführungsfristen werden verlängert, soweit die Behinderung verursacht ist durch einen Umstand **aus dem Risikobereich** des Auftraggebers." Die Formulierung „aus dem Risikobereich" ersetzte die frühere Formulierung „durch einen vom Auftraggeber zu vertretenden Umstand". „Vertreten müssen" ist eine Formulierung des BGB für Verschulden (vgl. z. B. § 276 Abs. 1 Satz 1 BGB). Rechtsprechung und Lehre waren sich einig, dass „Verschulden" des Auftraggebers bei der Frage, ob sich Fristen verlängern, nicht das maßgebende Kriterium sein konnte.[1457] Die Neufassung stellte dies durch die Formulierung „aus dem Risikobereich" klar. Das heißt: Ob sich ein (störender) Umstand **fristverlängernd** auswirkt, beurteilt sich **nicht** danach, ob der Auftraggeber diesen Umstand **verschuldet** hat, es genügt, dass der Umstand „aus seinem Risikobereich" herrührt. Dieselbe Störung kann aber gemäß § 6 Nr. 6 VOB/B Schadensersatzansprüche des Auftragnehmers auslösen, wenn sie verschuldet ist.

1250 Was zum **Risikobereich** des Auftraggebers gehört, ist in der VOB/B nicht definiert.

Zum selbstverständlichen Risikobereich des Auftraggebers gehört es vorab, dass er seine Vertragspflichten, seien es Hauptpflichten, seien es Nebenpflichten, erfüllt. Vertragliche Hauptpflicht[1458] ist z. B. die vertragsgemäße Zahlung, auch von Abschlagszahlungen. Wenn also der Auftragnehmer die Arbeiten gemäß § 16 Nr. 5 Abs. 3 Satz 3 VOB/B einstellt, weil der Auftraggeber Abschlagsrechnungen nicht bezahlt, so ist die daraus resultierende Verzögerung ein „Umstand aus dem Risikobereich" des Auftraggebers (übrigens auch ein zu vertretender i.S. von § 6 Nr. 6 VOB/B).

[1456] Zur finanziellen Risikoverteilung auch Nicklisch/Weick, VOB/B § 7, Rdn. 17 sowie Rdn. 1407. Zu diesem Thema ausführlich oben Rdn. 711 ff., 766 ff. am Beispiel von Baugrundfällen, zur Wartezeit Rdn. 769, 771 sowie 1398, 1396.
[1457] Einzelheiten zur früheren Rechtslage 4. Auflage, Rdn. 1249
[1458] Dazu Rdn. 1283–1287.

Zu den Vertragspflichten des Auftraggebers gehört, wenn nichts anderes wirksam vertraglich vereinbart ist:

- die **richtige** Planung
- die **richtige** Leistungsbeschreibung; die Auswirkungen von Mengenüberschreitungen entsprechend § 2 Nr. 3 jedenfalls dann, wenn die 10 % Marge überschritten wird[1459]
- die Mangelfreiheit des bereit gestellten Baugrunds, d. h., die Richtigkeit von Beschaffenheitsangaben in der Leistungsbeschreibung
- die Zugänglichkeit der Baustelle
- die Herbeiführung der Baugenehmigung
- der vertraglich zugesagte Schutz der Baustelle, z. B. vor Hochwasser[1460]
- die Bereinigung nachbarrechtlicher Probleme
- alle Mitwirkungshandlungen[1461]
- die Auswirkungen von geänderten und zusätzlichen Leistungen (§ 2 Nr. 5, 6, 7 Abs. 1 Satz 4, 8, 9 VOB/B).

Darüber gibt es gesetzliche „Risikozuweisungen", z. B.

- jedes Risiko der Finanzierung wie der Veränderung der Investitionsbedingungen
- das Risiko der Veränderung der Gesetzeslage oder der anerkannten Regeln der Technik nach Vertragsschluss – dazu auch Band 2, Rdn. 570, 571.
- beim öffentlichen Auftraggeber das Risiko, dass eine Verlängerung der Angebotsbindefrist verlangt wird, weil ein vergaberechtliches Nachprüfungsverfahren zu einer Verzögerung der Zuschlagsfrist führt[1462]
- die Störung der Geschäftsgrundlage

Beispiele zur Unterscheidung, ob Behinderungen nur „aus dem Risikobereich" des Auftraggebers stammen oder ob sie auch verschuldet sind, erörtern wir unter Rdn. 1346 ff. im Zusammenhang mit § 6 Nr. 6 VOB/B, weil nur dort, nämlich im umgekehrten Sinne, eine Behinderung, die nicht verschuldet ist, relevant ist. Ohnehin gibt es nach Meinung des Bundesgerichtshofs auch eine Haftung aus § 642 BGB **ohne Verschulden des Auftraggebers** (näher Rdn. 1393 ff., 1400, 1648 ff.).

1251

[1459] Vgl. Rdn. 566, 567; Vygen, Bauvertragsrecht, Rdn. 656.
[1460] BGH „Schürmannbau/Hagedorn II", BauR 1997, 1021.
[1461] Dazu Rdn. 1288.
[1462] Dazu OLG Jena, NZBau 2005, 341; Planker, in: Kapellmann/Messerschmidt, VOB/A § 19, Rdn. 21–25.

3.5 Folge: Fristverlängerung – Berechnung

3.5.1 Mitverursachung, eigene Leistungsbereitschaft des Auftragnehmers (zeitliche Relevanz)

1252 Ob und inwieweit eine Fristverlängerung auch **bei einer von beiden Parteien verursachten** Störung in Betracht kommt, erörtern wir im Sachzusammenhang mit der Kostenrelevanz solcher Sachverhalte unter Rdn. 1354; ob die **eigene Leistungsbereitschaft** des Auftragnehmers Voraussetzung für eine Fristverlängerung bei auftraggeberseitiger Störung ist, erörtern wir ebenfalls wegen des Sachzusammenhang mit der Kostenrelevanz eines solchen Sachverhalts unter Rdn. 1355.

3.5.2 Beginntermin für Fristverlängerung

1253 Besteht die Störung (Behinderung) in einer Handlung (z. B. angeordneter Baustopp) und führt dies zum Baustillstand (**Unterbrechung**), so lässt sich der Beginn des Fristverlängerungszeitraumes leicht feststellen.

Besteht die Störung – wie es viel häufiger ist – dagegen in einer Unterlassung, so muss festgestellt werden, **wann** denn der Auftraggeber (spätestens) hätte handeln müssen, damit keine zeitlichen Folgen aufgetreten wären, z. B. wann er bestimmte Bewehrungspläne hätte übergeben müssen. Diese Feststellung des **Soll-Zeitpunkts für die Mitwirkung** ist oft schwierig. Das Thema gehört sowohl zum Bereich „Fristverlängerung" wie – wegen der daraus resultierenden Mehrkosten – zum Bereich „Schadensersatz". Des Sachzusammenhangs wegen erörtern wir es unter dem Gesichtspunkt „Schadensersatz" in den Rdn. 1302-1320. Wir dürfen deshalb hier darauf verweisen.

3.5.3 Auswirkungen der Behinderungen auf den Soll-Ablauf (= Dauer des Behinderungszeitraumes); § 6 Nr. 3 VOB/B

1254 Um die zeitlichen (und kostenmäßigen) Auswirkungen auftraggeberseitiger Behinderungen korrekt feststellen zu können, ist jeder tatsächliche oder vermeintliche Behinderungsfall unter folgenden Aspekten zu untersuchen:

1. Was ist in terminlicher Hinsicht als Soll-Zeitpunkt der auftraggeberseitigen Mitwirkung vereinbart?
2. Welche Ist-Gegebenheiten bezüglich der auftraggeberseitigen Mitwirkung sind eingetreten? Im weiteren Sinn ist das auch eine Frage der Ursachenverknüpfung von Störung und Folge.[1463]
3. Wie wirken sich die jeweils festgestellten Behinderungs-Gegebenheiten – jede für sich – auf die Terminsituation des Auftragnehmers aus?

Zu 1
Nur dann, wenn bei Vertragsabschluss festgelegt worden ist, wann jeweils insbesondere die auftraggeberseitige Mitwirkung stattfinden soll, sind die auftraggeberseitig zu erfüllenden Soll-Termine **klar** vorgegeben. Nur in solchen Fällen ist es auch **leicht** möglich,

---

[1463] Auf die Definition der „Ursache" gehen wir näher unter Rdn. 1414 ff. ein, auf den Beweis und die zulässigen Schätzungsmöglichkeiten zur Verursachung unter Rdn. 1593 ff., 1612 ff.; siehe auch Rdn. 1266, 1268.

Folge: Fristverlängerung – Berechnung Rdn. 1254

durch spätere Feststellung der jeweiligen Ist-Termine der auftraggeberseitigen Mitwirkung festzustellen, ob diese tatsächlich „verspätet" waren.
Sind dagegen beim Vertragsabschluss bzw. vor Baubeginn keine terminlichen Festlegungen für die Mitwirkungspflichten des Auftraggebers vereinbart worden, so ist anhand der noch unter Rdn. 1305 ff. zu besprechenden Kriterien „nachträglich" ein Soll für die auftraggeberseitigen Mitwirkungen zu formulieren; dass das nicht immer ohne Probleme möglich sein wird, liegt in der Natur der Sache.

Zu 2
Die Feststellung der jeweiligen Ist-Termine der Mitwirkung des Auftraggebers ist unproblematisch, sofern auftragnehmerseitig darauf geachtet wird, dass jede schriftliche auftraggeberseitige Mitwirkung (z. B. Planeingang) durch eine „Quittung" dokumentiert wird bzw. mindestens als solche im Bautagesbericht eingetragen wird.
Mündliche Mitwirkungen sollten auftragnehmerseitig dokumentiert werden und der Auftraggeberseite zur Unterschriftsleistung vorgelegt werden.

Zu 3
Sofern eine auftraggeberseitige Mitwirkung zu spät erfolgt, besteht zunächst einmal die **Vermutung**, dass sie sich **behindernd** auf den Bauablauf auswirkt. Das ändert aber nichts daran, dass der Auftraggeber pro verspäteter Mitwirkung widerlegen kann, dass die verspätete Mitwirkung gar keine zeitlichen Folgen für den Produktionsablauf des Auftragnehmers hat. Beispiel hierfür ist, dass der Auftragnehmer deshalb, weil er vorab unter ungestörten Umständen seine geplante Produktionsgeschwindigkeit nicht erreicht hat, zu geringe Kapazitäten eingesetzt hatte.
Maßstab zur Beurteilung der zeitlichen Auswirkungen einer auftraggeberseitigen Behinderung ist in der Regel der aktuelle produktionsorientierte Ablaufplan, nicht der Ist-Ablauf. Dies deshalb, weil der Ist-Ablauf auch Zeitverluste aus dem Risikobereich des Auftragnehmers beinhalten kann; maßgebend ist jedoch derjenige (produktionsorientierte) Ablauf, der sich aus den Vertragsterminen und den zwischenzeitlich aufgetretenen Bauzeitverlängerungen aus Bauinhalts- und Bauumstandsmodifikationen ergibt. Die Beurteilung der zeitlichen Auswirkungen der (neuen) Behinderung hat an ihn anzuknüpfen.

Man kann allerdings nicht deshalb, weil lediglich **einer** von 15 Ausführungsplänen um 4 Tage später als vereinbart, aber immer noch 3 Wochen **vor** Ausführung, eintrifft, daraus **zwingend** schließen, dass sich die Ausführung um 4 Tage verschiebt. Jeder Einzelfall ist als solcher zu beurteilen, aber die **Vermutungswirkung** bleibt erhalten. Die **rechtlichen „Beweiserleichterungen"** behandeln wir näher unter Rdn. 1266, 1614 ff.
Wir wollen im folgenden versuchen, **unter der Prämisse,** dass die verspätete Mitwirkung des Auftraggebers auch zu einer verspäteten Ausführung des Auftragnehmers führt, ungeachtet der notwendigen Einzelbeurteilung einige „idealtypische Fälle" anhand von produktionsorientierten Ablaufplänen zu besprechen und skizzenhaft in **Abb. 37** a bis i, S. 572 darzustellen.

1255 **Fall 1:** Wir gehen zunächst von der Annahme aus, dass sich jegliche verspätete Mitwirkung des Auftraggebers mindestens in gleicher Länge auf die auftragnehmerseitigen Ausführungsfristen auswirkt. Nur der Ordnung halber: Dass das nicht immer so sein muss, haben wir weiter oben schon besprochen. Wir sprechen also von dem einfachsten Fall (vgl. **Abb. 37 a**).

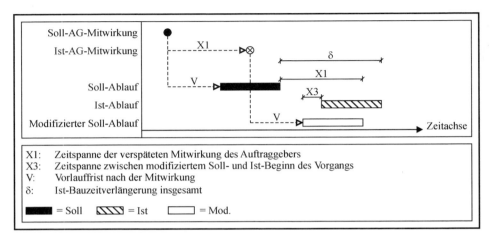

Abbildung 37 a   Fall 1: Der zeitliche Umfang der verspäteten Mitwirkung des Auftraggebers bestimmt die Verschiebung des Soll-Beginntermins des davon abhängigen Ausführungsvorganges

Verstreichen X 1 Tage zwischen dem Soll- und dem Ist-Mitwirkungstermin des Auftraggebers, so verschiebt sich auch der Soll-Baubeginn des Auftragnehmers um X 1 Tage. Anders ausgedrückt: Nach dem Ist-Planeingang beginnt erst die maßgebende Vorlauffrist für die Arbeitsdurchführung.

Die aus diesem modifizierten Soll-Ausführungsbeginn resultierenden Folgen hat der Auftraggeber zu tragen. Beginnt also der Auftragnehmer den durch die verspätete Mitwirkung des Auftraggebers behinderten Vorgang spätestens X 1 Tage nach dem ursprünglich vorgesehenen Ausführungstermin, so ist offensichtlich – immer den idealtypischen Fall vorausgesetzt – die „verspätete" Arbeitsdurchführung eine Folge der verspäteten Mitwirkung des Auftraggebers; der Auftragnehmer handelt also im Rahmen der ursprünglich terminlichen Vereinbarung. Sofern dagegen der Ist-Beginn der nachfolgenden Arbeiten um einen X 3 betragenden Umfang X 1 übertrifft, geht dies zu Lasten des Auftragnehmers (vgl. **Abb. 37 a**).

Jedenfalls geht dann, wenn die Ist-Bauzeitverlängerung die Zeitspanne X 1 der verspäteten Mitwirkung des Auftraggebers übertrifft, nur letztere zu Lasten des Auftraggebers; sollte sich darüber hinaus die Ist-Vorgangsdauer gegenüber der Soll-Vorgangsdauer verlängern, geht dies zu Lasten des Auftragnehmers.

Die oben gemachte Feststellung, dass eine spätere Ausführung des Vorgangs so lange als auftraggeberseitig verursacht anzusehen ist, wie Verspätungen nicht die Frist von X 1 Tagen, um die der Auftraggeber seinen Mitwirkungspflichten verspätet nachgekommen ist, überschreiten, bedarf einer Ergänzung. **Gemäß § 6 Abs. 3 VOB/B hat der Auftragnehmer „alles zu tun, was ihm billigerweise zugemutet werden kann, um die Weiterführung der Arbeiten zu ermöglichen"** – dazu Rdn. 1455 ff.

Folge: Fristverlängerung – Berechnung   Rdn. 1256

Wenn eine Planlieferung bei vertraglich vereinbarten 4 Wochen Planvorlauf mit wenigen Tagen Verspätung eintrifft und nur wenige Pläne zunächst für den weiteren Arbeitsfortschritt benötigt werden, lässt sich das meistens auffangen. Auf die in solchen Fällen zumeist realisierbaren Anpassungsmöglichkeiten gehen wir später hier ein.

Wir haben die vorrangige Rechtsfrage, ob **fehlende Pläne offenkundig behindernd** sind, bereits unter Rdn. 1230 ff. behandelt.

Fall 2: Was gilt für den Fall, dass der Auftragnehmer bislang bei unbehinderten Bauumständen in dem Bereich, auf den sich nachfolgend die verspäteten Mitwirkungen des Auftraggebers beziehen, **langsamer** gearbeitet hat als in seinem bislang aktuellen produktionsorientierten Terminplan als Soll vorgegeben war? Bedeutet das, dass sich somit auch der Soll-Mitwirkungstermin des Auftraggebers verschieben darf, ohne dass der Auftragnehmer daraus eine Verspätung der Mitwirkung des Auftraggebers und somit – im idealtypischen Fall – eine Behinderung ableiten könnte?
Für diesen Fall sieht Diederichs[1464] vor, dass vorab das langsamere Arbeiten des Auftragnehmers zum „Verzug" führt, also ihm bei der Würdigung der Behinderungsgegebenheiten anzurechnen ist. Somit wirkt sich bei dieser Betrachtungsweise die Dauer einer verspäteten auftraggeberseitigen Mitwirkung nur dann und um den Umfang auf den Soll-Ablauf aus, um den sie den (vermeintlichen) auftragnehmerseitigen „Verzug" übertrifft. Jede einmal aufgetretene Verlangsamung der Ausführungsgeschwindigkeit verschlechtert also nach dieser Auffassung die Ansprüche des Auftragnehmers bei nachfolgenden verspäteten auftraggeberseitigen Mitwirkungen. Diederichs spricht in diesem Zusammenhang von „Umhüllender (?)" und veranschaulicht das an einem Diagramm (sein Bild 2).
Eine solche Betrachtungsweise zu Lasten des Auftragnehmers ist deshalb falsch, weil sie nicht beachtet, dass es nur bei Überschreitung von Vertragsterminen „Verzug" des Auftragnehmers geben kann. Somit ist der Ansatz von Diederichs überhaupt nur dann diskutabel,
- wenn der Auftragnehmer – ohne dass ein Sachverhalt gemäß § 6 Nr. 2 Abs. 1 VOB/B vorliegt – eine Vertragsfrist nicht einhält, oder
- wenn er langsamer als in seinem produktionsorientierten Terminplan vorgesehen arbeitet und eine auftraggeberseitige Abhilfeaufforderung gemäß § 5 Nr. 3 VOB/B fruchtlos erfolgt ist.

Andernfalls ist bei auftraggeberseitig verspäteter Mitwirkung folgende Betrachtung erforderlich: Zunächst ist zu berücksichtigen, dass jeder produktionsorientierte Terminplan eine Prognose ist, die in ihren Einzelbestandteilen in den seltensten Fällen unverändert in Erfüllung gehen kann. Unvermeidbare Umstände (z. B. Krankheit von Arbeitnehmern, Witterungsumstände, Ist-Aufwandswerte unterscheiden sich von den für die Terminplanung benutzten Erfahrungswerten) haben zur Folge, dass ohne sonstige Gründe die jeweiligen Ist-Termine der Ausführung in der Regel vor oder hinter den produktionsorientierten im Terminplan ausgewiesenen Soll-Terminen liegen.
Das ist deshalb unproblematisch, weil sich bei realistischer Terminplanung die positiven und negativen Einflüsse zumeist gegeneinander ausgleichen; vertraglich spielt dies solange keine sofort und allein ausschlaggebende Rolle, als es sich bei den Zwischenterminen der produktionsorientierten Terminpläne nicht um Vertragstermine handelt. In der Regel kann der Auftragnehmer über die Ausführungszeit bis zum nächsten Vertragstermin durch Anpassungsmaßnahmen, wie sie in Rdn. 1418 als zeitliche Anpassung oder quantitative Anpassung besprochen werden, zur bewußten Verlangsamung oder Beschleunigung der Ausführung beitragen.

1256

[1464] Diederichs, BauR 1997, 9.

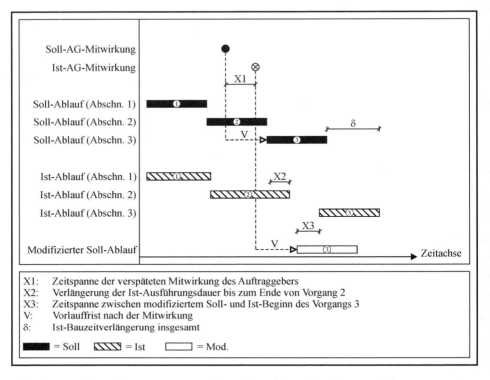

Abbildung 37 b Fall 2: Verspätete auftraggeberseitige Mitwirkung und langsamere Ausführung als im produktionsorientierten Terminplan vorgegeben

Sind also vertragliche Mitwirkungstermine des Auftraggebers vereinbart worden, so sind zwischenzeitliche kurzfristige Verlangsamungen in der Ausführung der Bauarbeiten kein Grund dafür, verspätete Ist-Mitwirkungstermine des Auftraggebers zu rechtfertigen. Bei dem in **Abb. 37 b**, S. 574 dargestellten Fall 2 hat der Auftragnehmer für den ersten Vorgang etwas länger gebraucht als im Soll vorgesehen war. Er beginnt die Arbeiten für den zweiten Abschnitt unmittelbar danach, und zwar noch vor dem Soll-Termin für die auftraggeberseitige Mitwirkung für Vorgang 3. Die Arbeiten bis zum Ende von Vorgang 2 dauern beachtlich länger als geplant und enden X 2 Zeiteinheiten nach dem Soll-Ende.

Zwischenzeitlich ist der Auftraggeber seinen Mitwirkungspflichten um X 1 Zeiteinheiten später nachgekommen als vereinbart. Vorausgesetzt, dass die vereinbarte Vorlauffrist nicht abkürzbar ist (vgl. § 6 Nr. 3 VOB/B), liegt der modifizierte Soll-Beginn von Vorgang 3 um V Zeiteinheiten hinter dem Ist-Mitwirkungstemrin. Nur am Rande: Wir lassen zunächst den Ist-Beginn von Vorgang 3 außen vor.

Die Frage ist nun, ob der Auftraggeber diese X 1 Zeiteinheiten insgesamt zu seinen Lasten gelten lassen muss oder ob wegen des bislang „zu langsamen Arbeitens" des Auftragnehmers X 2 Zeiteinheiten zu dessen Lasten gehen und nur die X 1-X 2 Zeiteinheiten dem Auftraggeber anzurechnen sind.

Dazu ist einerseits zu bedenken, dass – wie oben schon besprochen – die minimal längere Ausführung von Vorgang 1 im Bereich des Normalen liegt; dieser „Zeitverlust" war darüber hinaus jederzeit aufholbar. Da nun nach Beginn der Arbeiten für Vorgang 2 der Auftraggeber seiner Mitwirkungspflicht über einen längeren Zeitraum nicht nachkam, stand der Auftragnehmer vor dem Problem, ob er wie gehabt weiterarbeiten sollte (mit der Folge, für die einzusetzenden Kapazitäten bis zum Beginn von Vorgang 3 keinen Ersatz von Stillstandskosten zu haben) oder ob er durch Stillstand seine finanziellen Folgen minimieren sollte – natürlich verbunden mit einer längeren Ausführungsdauer für Vorgang 2.

Wenn also der Auftragnehmer belegt, dass er schadensmindernd (zeitweilig) Kapazitäten von Vorgang 2 abgezogen hat oder aber die tägliche oder wöchentliche Arbeitszeit verkürzt hat, kann kaum davon gesprochen werden, dass der Auftraggeber (nur) deshalb, weil der Auftragnehmer langsam gearbeitet hat, seine Mitwirkung hätte herauszögern dürfen. Bei dieser Konstellation geht offensichtlich die Dauer der verspäteten Mitwirkung (X 1) und wohl auch die Frist bis zur Kapazitätsauflösung (X 3) zu Lasten des Auftraggebers.

Sofern der Auftragnehmer dagegen keine schadensmindernden Maßnahmen belegen kann und trotzdem so lange für Vorgang 2 gebraucht hat, spricht Vieles dafür, dass das daran lag, dass er die von ihm selbst gesetzten Fristen seines produktionsorientierten Terminplans nicht einhalten konnte, so dass die Zeitspanne X 2 dem Auftragnehmer anzulasten ist, dagegen die Zeitspanne X 1-X 2 dem Auftraggeber.

Andererseits ist aber zu bedenken, dass es bei fehlenden Planunterlagen das Phänomen gibt, dass die Arbeitnehmer weniger intensiv als sonst arbeiten; wir verweisen auf Rdn. 1635. Kann der Auftragnehmer eine solche Konstellation anhand der Stundenberichte belegen (Ist-Aufwandswerte bei unbehinderter Ausführung wie geplant, bei behinderter Ausführung erhöht), so spricht das dafür, dass ihm nicht das langsame Arbeiten anzulasten ist.

Unabhängig von alledem ist zu bedenken, dass auch dann, wenn der Auftragnehmer keine Intensitätsabfälle und keine schadensmindernden Maßnahmen belegen kann, er durch sein langsameres Arbeiten zur Reduzierung der Stillstandszeit und somit der Kapazitätsleerkosten beigetragen hat. Das spricht für eine Quotierung der Anrechnung der Zeitdauer X 2.

Sollte dagegen unter Berücksichtigung des Ist-Beginns von Vorgang 3 sich herausstellen, dass X 3 hinter dem modifizierten Soll-Beginn liegt, so hat der Auftragnehmer das – sofern keine anderen Umstände vorliegen – zu tragen (vgl. **Abb. 37 b**).

Wenn sich allerdings der Ist-Anfangstermin einer Leistung beispielsweise (hier also Vorgang 1 oder 2) um 3 Wochen später liegt als möglich („säumiger Auftragnehmer"), oder der Auftragnehmer zu dem Soll-Termin selbst nicht leistungsbereit war (dazu Rdn. 1355), so verschieben sich die Mitwirkungstermine des Auftraggebers entsprechend. Grund: Wenn 2 Wochen Planvorlauf vereinbart sind, so ist diese Frist zu berechnen für einen für den Auftragnehmer überhaupt möglichen Beginntermin. Eine gegenüber dem ursprünglichen Solltermin verspätete Ist-Planlieferung mag zwar formal „verspätet" sein, aber sie ist bei säumigen Auftragnehmern für den Ist-Leistungsbeginn nicht ursächlich: Der Auftragnehmer hätte bei frühzeitiger Lieferung des Plans mit ihm auch nicht früher gearbeitet.[1465]

Nur am Rande: Gesetzt den Fall, es seien keine Intensitätsabfälle beim Auftragnehmer aufgetreten, so handelt es sich bei der verlangsamten Ausführung im Beispielsfall sogar um einen für den Auftraggeber positiven Effekt. Hätte nämlich der Auftragnehmer die Abschnitte 1 und 2 in dem Zeitraum erstellt, der im Soll-Terminplan vorgegeben war, so wären (Teil-)Stillstände und hieraus resultierend Schadensersatzansprüche des Auftragnehmers aufgetreten, wohingegen diese wegen der langsamen Arbeitsdurchführung sich nun nicht einstellen.

[1465] Näher zu dieser rechtstheoretischen Frage Beck'scher VOB-Kommentar/Motzke, Teil B § 6 Nr. 1, Rdn. 10 ff.

1257 Die vom Auftraggeber zu vertretende Verlängerung der Ausführungsfrist kann auch den Betrag X 1 überschreiten. Dies ist dann der Fall, wenn die auftraggeberseitig bedingte Behinderung zu Arbeitsunterbrechungen und/oder zur Verschiebung der Ausführung in ungünstige Jahreszeiten führt (vgl. § 6 Nr. 4 VOB/B). Die Frage ist dann, um wieviel diese Frist den Betrag X 1 überschreiten darf?[1466]

Die genaue Zahl, um wieviel Tage eine zusätzliche Verspätung (z. B. wegen „Rückkehr zur normalen Belegschaft", wegen Wiederbeginn oder wegen schlechterer Witterungsverhältnisse) hinnehmbar ist, kann nicht abstrakt bestimmt werden; sie ergibt sich im Einzelfall aus dem produktionsorientierten Ablaufplan, aus den kapazitiven Gegebenheiten der Baustelle, aus den konkreten Witterungsgegebenheiten und aus der Abwägung, welche Maßnahmen im Gesamtinteresse von Auftraggeber und Auftragnehmer sinnvoll zu treffen waren.

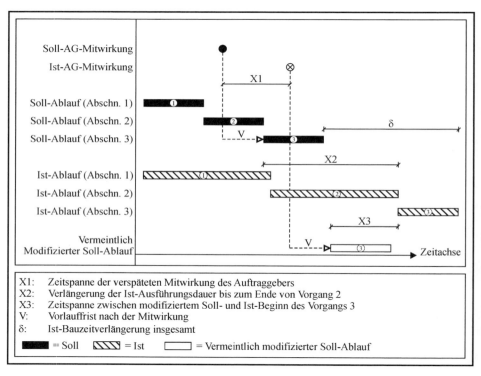

Abbildung 37 c   Fall 3: Spätere auftraggeberseitige Mitwirkung bei vorangegangener, erheblicher auftragnehmerseitiger Verzögerung der Leistungserstellung

---

[1466] Vgl. BGH BauR 1976, 128; s. auch Rdn. 1316, 1414.

Folge: Fristverlängerung – Berechnung   Rdn. 1258–1261

Bei dem in **Abb. 37c** dargestellten Fall 3 hat der Auftragnehmer den Vorgang 1 nicht zum Soll-Ende und auch nicht zum Zeitpunkt des beachtlich später liegenden auftraggeberseitigen Mitwirkungstermins für Vorgang 3 fertiggestellt. 1258

Der hinter seinem Soll-Termin liegende Ist-Termin der Mitwirkung hat deshalb offensichtlich keinen behindernden Einfluss auf die Bauausführung; bleibt es bei der Vorlauffrist V, so liegt der mögliche Ist-Beginn von Vorgang 2 um die Zeitspanne X 3 vor dem Ist-Beginn.

Somit kann von Schadensminderungsmaßnahmen des Auftragnehmers nicht die Rede sein. Die späte Mitwirkung des Auftraggebers ist offensichtlich in Anpassung an die Ist-Gegebenheiten erfolgt und liegt weit vor dem tatsächlich notwendigen Termin (vgl. die Lage des als Beispiel aufgeführten, jedoch dem Grunde nach unberechtigt modifizierten Soll-Ablaufs).

Somit hat bei diesem Fall der Auftragnehmer den Gesamtumfang der Bauzeitverlängerung zu vertreten; eine Modifikation des Soll-Ablaufs ist nicht erforderlich.

Fall 4: Wie ist nun die Situation zu beurteilen, dass es bei der Behinderung nicht um irgendeinen einzelnen Vorgang geht, sondern um eine Verkettung von mehreren Vorgängen? Insbesondere: Was gilt in solchen Situationen, in denen einerseits der Auftragnehmer seine Arbeitsdurchführung nicht so zügig abwickelt, wie sie im produktionsorientierten Soll-Terminplan vorgesehen ist, andererseits aber auch der Auftraggeber seinen Mitwirkungspflichten nicht termingerecht nachkommt? 1259

In einem solchen Fall kommt es zunächst einmal darauf an, bei welchen Arbeitsabschnitten und Vorgängen jeweils auftragnehmerseitig nicht zügig die Arbeit voranschreitet bzw. für welche Abschnitte und/oder Leistungen die auftraggeberseitige Mitwirkung nicht termingerecht erfolgt. Weiterhin kommt es darauf an, ob sich der langsame Arbeitsfortschritt und/oder die fehlende Mitwirkung des Auftraggebers nur auf Teilbereiche von Vorgangsketten auswirken, sich nur auf einzelne Vorgänge oder Vorgangsketten (vgl. Rdn. 1482, **begrenzte Teilverzögerung**) beziehen, und ob es sich dabei um **terminbestimmende** oder nicht terminbestimmende Vorgangsketten handelt. Letztlich geht es auch noch darum, ob nicht auftragnehmerseitig Ausweichmöglichkeiten bestehen, die es ohne oder mit nur wenigen Mehrkosten ermöglichen, durch Vorziehen anderer Arbeitsvorgänge oder sonstiger Abläufe die Auswirkungen von Behinderungen zu minimieren.[1467]

Gehen wir von einer Vorgangskette aus, die die Errichtung eines Hochbaus in Mischbauweise vorsieht. Hierzu verweisen wir auf den Sollablauf in **Abb. 37e**, S. 580. Dem jeweiligen Aufstellen von Fertigteilen folgt die Verlegung von Filigranplatten und dieser das Einbauen der Oberbewehrung und des Aufbetons. Parallel dazu sind gemäß Sollablauf Ortbetonwände und Ortbetondecken herzustellen. 1260

Wenn bei einer solchen Baukonstruktion und technischen Ablaufnotwendigkeit die Fertigteilmontage langsamer im Ist abläuft als im Soll vorgesehen, so wirkt sich dies so lange nicht auf den Gesamtablauf aus, wie der Betoniertermin für den Aufbeton auf die Filigranplatten nicht später ansteht als der Einbau des sonstigen Deckenbetons. Begründung: Erst nach dem Betonieren der Decke kann die Montage der Fertigteile des folgenden Geschosses beginnen.

Gehen wir nunmehr von derselben Soll-Konstellation, jedoch einschließlich einer auftraggeberseitig verspäteten Erbringung der Mitwirkungspflicht für die Lieferung der Bewehrungs- 1261

[1467] Zu § 6 Nr. 4 VOB/B näher Rdn. 1267.

pläne für die Ortbetondecke aus (vgl. **Abb. 37 d**). Die Erbringung dieser Mitwirkungspflicht erfolgte jedoch um X 1 Tage zu spät. Dadurch bedingt kann die Bewehrung der Ortbetondecke erst später als im produktionsorientierten Terminplan vorgesehen begonnen werden; entsprechend später kann sie erst betoniert werden.

Die verspätete Lieferung der Ausführungspläne geht dann voll zu Lasten des Auftraggebers, und somit kann auch erst danach wieder auf der Ortbetondecke die Fertigteilmontage für das nächste Geschoss beginnen.

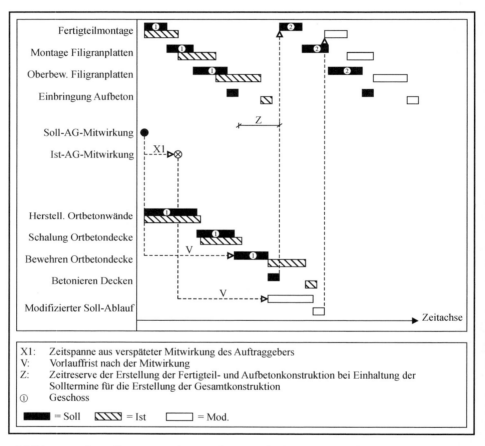

Abbildung 37 d Fall 4: Auswirkungen bei Verschiebung einer auftraggeberseitigen Mitwirkung bei voneinander abhängigen Vorgangsketten

1262 **Fall 5**: Dann, wenn sich langsamere Arbeitsausführung durch den Auftragnehmer bzw. seine Nachunternehmer und verspätete Mitwirkung des Auftraggebers unmittelbar in einer einzigen Ablaufkette einstellen, hängt es – wie schon oben besprochen – jeweils vom Einzelfall ab, ob und inwieweit der Auftragnehmer einen Teil der Bauzeitverlängerung selbst zu verantworten hat oder nicht. Hierzu weisen wir auf **Abb. 37 e**, S. 580 hin. Die Aushubarbeiten – durchgeführt durch einen Nachunternehmer – dauern um die Zeitspanne X 2 länger, als im Soll-Terminplan vorgesehen. Die Fundamentarbeiten sollten unmittelbar nach dem Ende der Aushubarbeiten beginnen. Darauf aufbauend ist der Soll-Liefertermin für die Ausführungspläne der Fundamente festgelegt worden.

Tatsächlich werden sie aber um die Zeitspanne X 1 später als vereinbart ausgeliefert. Somit können die Fundamente nicht zum vorgesehenen Termin erstellt werden. Die Frage ist, ob nicht deshalb, weil die Aushubarbeiten länger dauerten als vorgesehen, der verspätete Beginn der Fundamentarbeiten sich auch dann eingestellt hätte, wenn der Auftraggeber seine Ausführungspläne zum vorgesehenen Termin geliefert hätte?

Wie wir schon oben festgestellt haben, geht der Auftragnehmer durch die Festlegung von Ausführungsfristen in seinen produktionsorientierten Terminplänen keine unmittelbare Verpflichtung ein, die jeweiligen Zwischenfristen einzuhalten, sie sind ja nicht als „verbindliche Vertragsfristen" vereinbart. Der Auftraggeber geht dagegen durch die Vereinbarung von Mitwirkungsfristen (z. B. Planlieferterminen) eine verbindliche Verpflichtung ein. Sofern ein Ist-Mitwirkungstermin später liegt als im Soll, so ist zunächst zu vermuten, dass auch eine Behinderung des Auftragnehmers vorliegt.
Sofern nun die zeitliche Verschiebung der Mitwirkung des Auftraggebers offensichtlich keine Reaktion auf die langsame Leistungserbringung des Auftragnehmers ist, hat der Auftraggeber deren Folgen zu tragen. Für den Auftragnehmer ist es außerdem aufgrund von Kapazitätsumschichtungen, -verstärkungen, Überstundenarbeit usw. möglich, die Leistungserbringung beschleunigend oder verlängernd zu beeinflussen; die dadurch entstehenden Folgen – also u. a. Mehrkosten – sind dann aber bei von ihm zu vertretendem Leistungsrückstand seine Angelegenheit, hierfür kann er den Auftraggeber nicht in Anspruch nehmen.
Sofern aber auftraggeberseitig in den Bauablauf des Unternehmers derartig eingegriffen wird, dass der vorgesehene Soll-Ablauf nicht mehr eingehalten werden kann, muss sich der Auftraggeber dies anrechnen lassen.

Im vorliegenden **Fall 5** (Abb. 37 e, S. 580) hindert – wie bei vielen Fällen in der Praxis – die verspätete Fertigstellung des Aushubs den Auftragnehmer in keiner Weise daran, die Fundamentarbeiten zu dem Zeitpunkt zu beginnen, der im Soll-Terminplan vorgesehen ist, dies deshalb, weil er nicht den gesamten Aushub getätigt haben muss, um die Fundamentarbeiten beginnen zu können. Wenn also in Terminplänen eine Verkettung derartig dokumentiert ist, dass das Ende des einen Vorgangs Voraussetzung für den Beginn des nächsten Vorgangs ist, dann handelt es sich in solchen Fällen zwar **terminplantechnisch um eine Ende-Anfang-Beziehung;** das muss aber **noch lange nicht bedeuten,** dass es sich ausführungstechnisch (produktionsorientiert) ebenfalls um eine Ende-Anfang-Beziehung handelt.[1468]

Im vorliegenden Fall können die Fundamentarbeiten mit wenigen Tagen Vorlauf bei den Aushubarbeiten ungestört durchgeführt werden.
Solche Fälle, bei denen also Ende-Anfang-Beziehungen in Terminplänen eingetragen sind, bei denen es aber praktisch ohne Probleme möglich ist, ausführungstechnisch Anfang-Anfang-Beziehungen ablaufen zu lassen, beinhalten „**versteckte Zeitreserven (Puffer)**".
Nebenbei: Gäbe es solche versteckten Zeitreserven (Puffer) nicht, so hätte der Auftragnehmer kaum Dispositonsmöglichkeiten und Reserven in seinem Terminplan, d. h., solche versteckten Zeitreserven sind zur Einhaltung eines Soll-Terminplans für den Unternehmer lebenswichtig.

[1468] Auf diesen Sachverhalt gehen wir bei der Besprechung von Netzplänen unter Rdn. 1661 ff. noch eingehend ein; außerdem ist hiervon auch die Argumentation gegen die Äquivalenztheorie (s. Rdn. 1501 ff.) betroffen.

| Rdn. 1262 | Der Behinderungstatbestand gemäß § 6 Nr. 2 VOB/B |

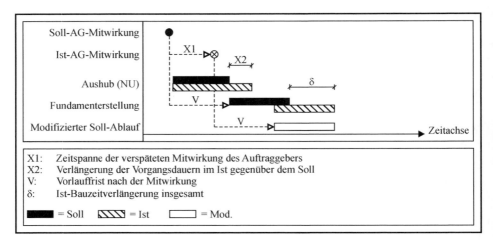

Abbildung 37 e Fall 5: Auswirkungen der Verschiebung einer auftraggeberseitigen Mitwirkung bei auftragnehmerseitiger Verzögerung der Leistungserstellung und gleichzeitigen versteckten Zeitreserven des Auftragnehmers

Andererseits kann aber in Fällen, in denen beispielsweise auftraggeberseitige Behinderungen stattfinden oder in denen zum Beispiel Ausführungsgegebenheiten nicht früh genug vom Auftraggeber geklärt worden sind, trotz allem vom Auftragnehmer verlangt werden, dass er seine Leistungen zum vorgesehenen Zeitpunkt erbringt, da ja – wie z. B. in **Abb. 37 e**, S. 580 – die Gesamterstellung der Vorleistung (hier: des Aushubs) nicht unbedingt Voraussetzung für den Beginn der Folgearbeiten (hier: Fundamentarbeiten) ist.

Die auftraggeberseitig um X 1 Tage verspätet gelieferten Ausführungsunterlagen müssen nun aber auch nicht unbedingt dazu führen, dass die Fundamentarbeiten erst um X 1 Tage später begonnen werden können. Es ist wie bei jedem Einzelfall zu prüfen, ob es nicht **Möglichkeiten gibt** (§ 6 Nr. 3 VOB/B!), ohne oder mit nur wenig Mehraufwand die theoretische Behinderungsfrist von X 1 Tagen zu reduzieren. Typische Beispiele: Die theoretisch notwendige **Vorlauffrist wird gar nicht benötigt**, eine zügigere Lieferung der Bewehrung kann erreicht werden.

Dagegen kann eine „mechanische" Weiterentwicklung der modifizierten Termingegebenheiten aus dem bislang gültigen Soll-Terminplan zu Konstellationen führen, die die Situation dramatisieren und je nach Fall zum Teil unberechtigt zu Lasten des Auftraggebers gehen.

Folge: Fristverlängerung – Berechnung   Rdn. 1263

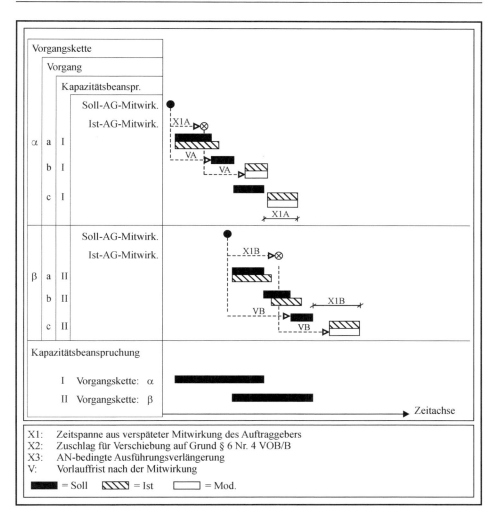

Abbildung 37 f Fall 6: Bei unabhängigen Vorgangsketten wirken sich verspätete Mitwirkungen i.d.R. nicht additiv auf die Gesamtbauzeit aus

Fall 6: Weiterhin ist noch das Phänomen zu besprechen, dass die zeitlichen Auswirkungen mehrerer Behinderungen nicht ohne weiteres addiert werden dürfen. Sofern Vorgangsketten und/oder Kapazitätsbeanspruchungen, die nicht voneinander abhängen, durch auftraggeberseitige Störungen betroffen werden, so beeinflussen sie sich solange nicht gegenseitig, wie diese Vorgangsketten unabhängig voneinander ablaufen. In **Abb. 37 f**, S. 581 ergibt sich die Gesamtbauzeitverlängerung nur aus der Behinderung mit den größeren Auswirkungen – also aus X 1B.

1263

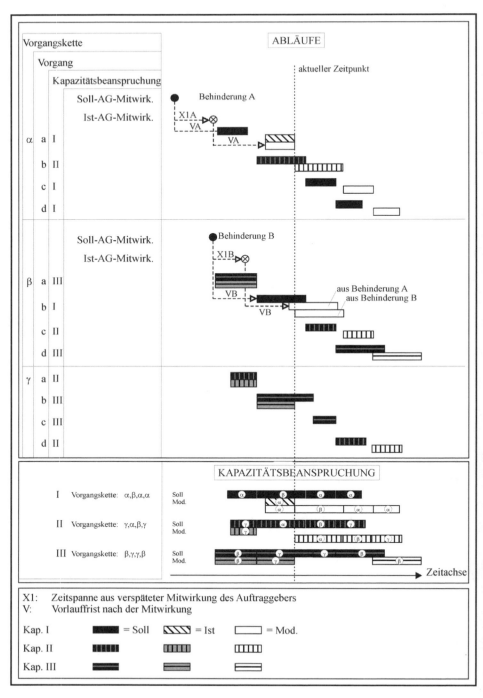

Abbildung 37 g Fall 7: Bei untereinander abhängigen Vorgangsketten können auftraggeberseitige Behinderungen zu komplexen Behinderungsfolgen führen; das muss nicht zwangsläufig additive Zeitauswirkungen zur Folge haben

Fall 7: Aber auch dann, wenn Abhängigkeiten zwischen Vorgangsketten bestehen bzw. Kapazitäten zwischen ihnen ausgetauscht werden, muss sich **noch lange nicht** die Behinderung einer Vorgangskette **zwingend additiv** auf andere Vorgangsketten auswirken (vgl. hierzu Behinderung B in der Vorgangskette β in **Abb. 37 g**, S. 582).
Es liegen 3 Vorgangsketten vor, die die Kapazitäten I, II und III in Anspruch nehmen.
Werden die Ausführungspläne für den Vorgang a der Vorgangskette α um $X1^A$ Tage zu spät geliefert und gibt es auch keine Möglichkeiten, die daraus resultierenden zeitlichen Verschiebungen zu reduzieren, so beginnt die Vorgangskette α um $v^A = X1^A$ Tage später als im Soll-Ablauf vorgesehen.
Ergibt sich nun in der Vorgangskette β ebenfalls eine verspätete Planlieferung, diesmal für den Vorgang b, und beträgt die Verspätung $X1^B$, so wirkt sich diese zweite Behinderung – nennen wir sie Behinderung B – in keiner Weise zeitlich zusätzlich negativ aus. Die Behinderung B hätte sich nur dann zusätzlich ausgewirkt, sofern $X1^B$ größer wäre als $X1^A$.
Die Vorgangskette γ, die seit der ersten Behinderung – also der Behinderung A – die Kapazität I nicht in Anspruch zu nehmen braucht, läuft bis zum aktuellen Zeitpunkt (siehe vertikale strichpunktierte Linien) vollkommen unbehindert ab. Bei ihr wirkt sich erst in einiger Zeit, wenn für ihren Vorgang d die Kapazität II vorgesehen ist, die vorangegangenen Behinderungen aus.
Hier ist also zu fragen, ob mit der Ausführung des Vorgangs d der Vorgangskette so lange gewartet werden muss, bis der Vorgang c der Vorgangskette β abgeschlossen ist. Wir verweisen auf das vorangegangene Beispiel von Fall 5 und halten fest, dass jeder Einzelfall für sich zu überprüfen ist. Für unser Beispiel bedeutet das, dass zu überprüfen ist, ob es sich tatsächlich um eine ablauftechnisch bedingte Ende-Anfang-Beziehung zwischen den Vorgang c aus Vorgangskette β und Vorgang d aus Vorgangskette γ handelt oder ob es ausreicht, wenn mit einigen Tagen Vorlauf eine Anfang-Anfang-Beziehung abläuft. Letzteres ist in **Abb. 37 g**, S. 582 angesetzt.

Resümierend können wir festhalten, dass bei der Überprüfung von Behinderungsauswirkungen im Prinzip **jeder Fall für sich zu betrachten ist** und es darum geht, konsequent die Zusammenhänge von Terminabläufen und Kapazitäten zu verfolgen. **Im Ursprungsterminplan dokumentierte Abhängigkeiten sind daraufhin zu überprüfen, ob ihre abstrakte Vorgabe auch in der Realität zwingend ist.** Gerade bei Zusammenhängen zwischen verschiedenen Ablaufketten besteht wegen **versteckter Zeitreserven** (Puffer) oder anderer **Umdispositionsmöglichkeiten** oft die Chance, aufgetretene Behinderungen relativ unproblematisch wieder aufzufangen; wir verweisen hierzu auch auf Rdn. 1482 (Begrenzte Teilverzögerung).

3.5.4 Vermutung für die Richtigkeit des auftragnehmerseitigen Terminplans – unbehinderte Phasen oder Abschnitte als Kontrolle

Der **auftragnehmerseitige Terminplan** ist – sofern er die Vertragstermine ohne Einschränkung einhält – zunächst einmal als die korrekte Dokumentation des realistischen Soll-Ablaufs anzusehen, dafür spricht eine **Richtigkeitsvermutung**, so wie für den Ausgangspunkt einer Schadensberechnung – die Arbeitskalkulation – eine Richtigkeits- und Rentabilitätsvermutung gilt (s. Rdn. 1573 ff.).
Diese Richtigkeitsvermutung kann von beiden Seiten – „nach vorn und nach hinten" – widerlegt werden. Vom Prinzip her gelten dazu die gleichen Überlegungen, die wir zur Widerlegung der Richtigkeit der Arbeitskalkulation unter Rdn. 1577 ff. noch erörtern werden; Einzelüberlegungen dazu haben wir gerade unter Rdn. 1254–1265 dargestellt. Ohne jetzt genauer in die Einzelheiten zu gehen, hier Gründe dafür, dass im Einzelfall schon abstrakt die Richtigkeitsvermutung für den auftragnehmerseitigen Terminplan generell oder in Teilbereichen widerlegbar ist:

a) Es handelt sich um einen projektorientierten Grobterminplan, der die speziellen Schwierigkeiten oder Zeiteinsparungen bestimmter Einzelbereiche (noch) nicht würdigt (z. B. ein Abfanggeschoß bei einem Hochhaus bzw. Wiederholungseffekte bei Regelgeschossen).

b) Der Terminplan weist **technisch nicht mögliche** Abläufe auf (z. B. fast parallele Rohbauarbeiten auf mehreren übereinanderliegenden Geschossen).

c) Der Terminplan weist scheinbare Abhängigkeiten auf, die nicht zwingend sind, d. h., es kann schneller gebaut werden (z. B. die Gründung „muss" vor Beginn der aufgehenden Konstruktion abgeschlossen sein).

d) Schlechtwetterzeiträume sind nicht adäquat berücksichtigt.

e) Nachlaufende, aber zwingend notwendige Arbeiten sind nicht berücksichtigt (z. B. Ausschalfristen), bzw. umgekehrt wird eine zu lange Vorbereitungszeit angesetzt (z. B. für die Einrichtung).

f) Der produktionsorientiere Ablaufplan weist aus, dass die im projektorientiert aufgestellten auftragnehmerseitigen Terminplan aufgelisteten Fristen nicht einhaltbar sind.

Der Nachweis dazu, ob ein Terminplan richtig ist oder nicht, kann aber nicht nur – wie unter Rdn. 1099 aufgeführt – analytisch, sondern auch durch eine Ablaufkontrolle erbracht werden, indem für einzelne **unbehinderte Phasen** und/oder Bauabschnitte die Soll- und Ist-Ausführungszeiten gegenübergestellt werden. Stellt sich **dabei** heraus, dass schon ohne auftraggeberseitige Behinderung die Ist-Ausführungsfristen die Soll-Fristen des Terminplans überschreiten, so liegt ein auftragnehmerseitiger „Eigenanteil" für Terminverlängerungen vor. Dieser „Eigenanteil" ist bei auftraggeberseitigen Behinderungen zu berücksichtigen, Einzelheiten unten Rdn. 1554 ff., 1572.

Es sollte deshalb stets, wenn der auftragnehmerseitige Terminplan die vertraglich vereinbarten Termine nicht einhält bzw. wenn seine Richtigkeit widerlegt worden ist, zur Beurteilung der Auswirkungen auftraggeberseitiger Störungen nachträglich ein **plausibler produktionsorientierter Soll**terminplan als Basis erarbeitet werden. Seine Strukturen und seine einzelnen Vorgangsdauern werden sich im Wesentlichen aus dem bisherigen auftragnehmerseitigen Terminplan ergeben, erforderlichenfalls angepasst an die realistischen Möglichkeiten und die vertraglich vereinbarten Termine. Er ist dann der Ausgangspunkt für die Berücksichtigung der Behinderungsauswirkungen, eben durch die schon oben unter Rdn. 1254 besprochene „automatische Soll-Ablauf-Fortschreibung".

3.5.5 Zeitliche Zuschläge (Wiederaufnahme der Arbeit, ungünstige Witterung) – zeitliche „Abschläge" – Nachricht über Behinderungsende

1267 Zu dem unter Rdn. 1254-1265 erörterten (unmittelbaren) Ist-Behinderungszeitraum darf der Auftragnehmer noch **zeitliche Zuschläge** vornehmen.
Das ist als erster ein Zuschlag gemäß **§ 6 Nr. 4 VOB/B** für die **Wiederaufnahme der Arbeiten.** Das gilt natürlich in erster Linie für Unterbrechungen, kann aber grundsätzlich bei anderen Behinderungsfolgen auch in Betracht kommen.
Die Dauer dieses Zuschlages hängt von den Umständen des Einzelfalles ab.

Weiter ist gemäß **§ 6 Nr. 4 VOB/B** bei der Fristverlängerung eine etwaige **Verschiebung der Arbeit in eine ungünstigere Jahreszeit** zu berücksichtigen.
Wenn im Vertrag nichts Abweichendes vereinbart ist, führen normale **„Schlechtwettertage"** nicht zur Fristverlängerung – vgl. § 6 Nr. 2 Abs. 2 VOB/B und oben Rdn. 1247.

Dennoch können **behinderungsbedingte** Verschiebungen dazu führen, dass **jetzt** die Ausführung von bestimmten Leistungen in eine ungünstigere Jahreszeit fällt und Witterungseinflüsse **nunmehr** auf sie einwirken oder auf durch die als Folge verschobene andere Leistungen, die bisher nicht vom Schlechtwetter betroffen waren.[1469)]

Im **umgekehrten Fall** – Verschiebung in eine **günstigere** Jahreszeit – braucht der Auftragnehmer keine Verkürzung („Abschläge") der an sich errechneten Fristverlängerung hinzunehmen, schon weil diese Verkürzung zu sehr von jahreszeitlichen Zufälligkeiten zu Lasten des Auftragnehmers abhängig sein könnte.[1470)]

Der Auftragnehmer hat den Auftraggeber nach Ende der Behinderung gemäß § 6 Nr. 3 VOB/B zu benachrichtigen (näher Rdn. 1455).

3.5.6 Der behinderungsbedingt modifizierte Soll-Ablauf – abstrakte Fristverlängerungsberechnung?

Die terminlichen Auswirkungen auftraggeberseitiger Störungen führen dazu, dass der ursprüngliche Soll-Ablauf für die weitere Bauabwicklung nicht mehr ohne weiteres Gültigkeit hat; er ist deshalb unter Berücksichtigung der vorab besprochenen Einflussgrößen in einen modifizierten Soll-Ablauf fortzuschreiben. Dabei sind – jeweils dem Einzelfall entsprechend – die Behinderungsauswirkungen, Unterbrechungen, Zeiträume für Wiederaufnahme der Arbeit, Intensitätsabfälle, Zuschläge wegen Arbeitsverschiebung in ungünstigere Jahreszeiten möglichst ursachenkausal und notfalls plausibel zu berücksichtigen. Dabei ist außerdem stets im Auge zu behalten, welche Abhilfemaßnahmen gemäß § 6 Nr. 3 VOB/B (vgl. Rdn. 1455 ff.) getroffen, insbesondere, welche versteckten Zeitreserven (Puffer) – vgl. Rdn. 1483 ff. – ausgeschöpft werden können.

Vereinfacht dargestellt führt jede Behinderung zu einem modifizierten Soll-Ablauf, d. h., der jeweils aktuelle (modifizierte) Soll-Ablauf ergibt sich aus dem bis zum Behinderungseintritt aktuellen Soll-Ablauf – also ab der zweiten Behinderung aus dem vorangegangenen modifizierten Soll-Ablauf.

Eine **abstrakte Fristverlängerungsberechnung** ist genausowenig wie eine abstrakte Schadensberechnung zulässig (zu letzterer unten Rdn. 1501 ff.).

Ob im Einzelfall bei jeder Behinderung ein neuer modifizierter Soll-Ablauf erarbeitet wird oder nicht, ist eine Frage der Opportunität. Für unser Projektbeispiel haben wir in **Abb. 55** für die Behinderung den behinderungsbedingt modifizierten Soll-Ablaufplan TP-Soll'3 erarbeitet.

1268

3.5.7 Gegenüberstellung von Ist-Ablauf und behinderungsbedingt modifiziertem Soll-Ablauf

Der durch Stundenberichterstattung (vgl. unten Rdn. 1558 ff.), Bautagebuch (vgl. oben Rdn. 1235 ff.), Fotodokumentation usw. belegte Ist-Ablauf ist dem zugehörigen modifizierten Soll-Ablauf gegenüberzustellen. Dauert der Ist-Ablauf länger als der zugehörige modifizierte Soll-Ablauf, so liegt ein Indiz dafür vor, dass zusätzlich aus auftragnehmerseitig zu **vertretenden Gründen** langsamer gearbeitet worden ist, als unter Berücksichtigung aller Behinderungseinflüsse hätte gearbeitet werden können. Der Zeitraum, um den der Ist-Ablauf den jeweiligen störungsmodifizierten Soll-Ablauf überschreitet, wird sich der Auftragnehmer i. d. R. als „Eigenanteil" anrechnen lassen müssen.

1269

[1469)] Zutreffend Ingenstau/Korbion/Döring, VOB/B § 6 Nr. 4, Rdn. 5 am Ende.
[1470)] Kapellmann/Schiffers, BauR 1986, 615, 630, 631; Daub/Piel/Soergel/Steffani, VOB/B Erl. 6.98, 6.100; a. A. Nicklisch/Weick, VOB/B § 6 Rdn. 38. Siehe auch Rdn. 1482.

3.6 Auswirkungen auf die Ausführungsfristen des Auftragnehmers – Verzug, Vertragsstrafe?

1270 Nochmals: Der neue modifizierte Soll-Ablauf ergibt sich – im Prinzip – „automatisch" aus dem bisherigen Soll-Ablauf und den Auswirkungen der Behinderungsgegebenheiten und der Schadensminderungsmöglichkeiten. Wer praktisch diese Fortschreibung vornimmt, ist eine Frage des Einzelfalles. In der Regel trägt der Auftragnehmer dem Auftraggeber die Berechnung und Darstellung der Fristverlängerung im Einzelnen vor, damit der Auftraggeber (beachte: der bauleitende Architekt nur bei Vorliegen besonderer Vollmacht!) sie prüfen und – nur sicherheitshalber, nicht aber notwendig, vgl. Rdn. 1243, – eine neue Bauzeit und neue Fristen mit dem Auftragnehmer vereinbaren kann. Kommt keine Einigung zustande, muss über die „richtige" Fristermittlung und -darstellung gegebenenfalls später ein Gericht entscheiden.

Auch wenn es zu mehreren Behinderungen gekommen ist, ist im Regelfall doch noch die annähernd richtige Ermittlung des „geschuldeten" Bauendes berechnen und ebenfalls entsprechender Zwischentermine möglich. Deshalb kann der Auftragnehmer z. B. nach Ablauf des so neu ermittelten modifizierten Soll-Fertigstellungstermins durchaus durch anschließende Mahnung des Auftraggebers in **Leistungs-Schuldnerverzug** kommen. Die neue Fertigstellungsfrist ist allerdings nie Kalenderfrist, eine **Mahnung** ist also für den Verzug immer erforderlich.[1471]

Dagegen kann der Auftragnehmer sich zur Widerlegung des behaupteten Verzuges auch dann auf auftraggeberseitige Behinderungen berufen, wenn er keine Behinderungsanzeige gemacht hat.[1472]

Haben die Behinderungen, zu denen in **diesem** Sinne – wie erörtert – erhebliche Mengenüberschreitungen, bedeutende Zusatzleistungen oder erhebliche Bauplanänderungen gehören, den **„Zeitplan" des Auftragnehmers umgeworfen und eine durchgehende Neuordnung erzwungen,** kann der neue modifizierte Soll-Endtermin nach zutreffender ständiger Rechtsprechung des Bundesgerichtshofs allerdings **nicht mehr Grundlage eines Vertragsstrafenanspruches** wegen verzögerter Fertigstellung gegen den Auftragnehmer sein.[1473] Das ist schon deshalb richtig, weil die „Fristberechnungsmethodik" sich in § 6 VOB/B wiederfindet, auf die der für die Vertragsstrafe maßgebliche § 11 VOB/B keinen Bezug nimmt.[1474]

Seine ständige Rechtsprechung hat der Bundesgerichtshof in einem Urteil vom 14. 01. 1993 noch einmal ausdrücklich und verschärfend bestätigt.[1475] Im konkreten Fall waren die Baugenehmigungen zum Teil verspätet ausgeliefert worden. Dadurch sowie durch Planungsänderungen und Zusatzaufträge kam es zu einer Bauzeitverzögerung „bis Ende März 1986"; vertraglich vorgesehen war eine Fertigstellungsfrist bis zum 15. 12. 1985 mit einer Karenzzeit bis zum 31. 12. 1985. Aus dem Sachverhalt lässt sich nicht genau entnehmen, wann mit den Arbeiten vertragsgemäß begonnen werden sollte, wahrscheinlich im Juni 1984. Also war eine Vertragszeit von 18 Monaten vorgesehen; die **Fristverlängerung** betrug **weniger als 20 %** der Soll-Bauzeit. Der Bundesge-

---

[1471] Kapellmann/Langen, Einführung in die VOB/B, Rdn. 80; Beck'scher VOB-Kommentar/Motzke, Teil B, § 6 Nr. 4, Rdn. 2.
[1472] So generell BGH BauR 1999, 645; nur für Vertragsstrafe Kapellmann, Festschrift Vygen, S. 196 ff, 205 und oben Rdn. 1216.
[1473] BGH BauR 1993, 600; BGH BauR 1974, 206; BGH Schäfer/Finnern, Z 2.411 Bl. 24, 26; BGH Schäfer/Finnern, Z 2.311 Bl. 31, 33. Kritisch, aber nicht überzeugend Börgers, BauR 1997, 917.
[1474] Siehe oben Rdn. 1215 und Kapellmann, Festschrift Vygen, a. a. O.
[1475] BauR 1993, 600. Ebenso OLG Frankfurt IBR 1997, 458 mit Anm. Hunger: Bauzeit knapp 13 Monate, Verzögerung 4 Monate.

richtshof hat schlicht und richtig diese Tatsachen festgestellt und dies als Anlass zur „durchgreifenden Neuordnung" und damit als Grund für den Wegfall der Vertragsstrafe angesehen.
Als weiteres typisches Beispiel ist eine Entscheidung des Landgerichts Landau[1476)] zu nennen: Dort erhöhte sich durch Sonderwünsche die **Auftragssumme** von 537.000,- € um 93.000,- € auf 630.000,- € (= 17,3 %); dies spreche laut Landgericht „deutlich für eine umwerfende Änderung des Bauablaufs und des Zeitplans des Unternehmers" und führe deshalb zum Wegfall der Vertragsstrafe. Diese Entscheidung ist indes verallgemeinernd und in dieser Allgemeinheit unrichtig: Die Erhöhung der Auftragssumme **allein** besagt wenig über eine Veränderung des Bauablaufs: Wenn der Fußbodenleger 1 000 m² Teppichboden zum Preis von 55,- €/m² zu verlegen hat, der Auftraggeber nunmehr eine viel bessere Qualität aussucht und sich deshalb per Nachtrag der Preis auf 110,- €/m² verdoppelt (§ 2 Nr. 5 VOB/B), entsteht dadurch kein Tag Zeitmehrbedarf.
Ob eine „durchgreifende Neuordnung" des Terminplans erzwungen wird, ist vielmehr je nach Fall zu beurteilen.
„Zu berücksichtigen ist (dabei) u. a. auch die Dauer der ursprünglich vereinbarten Ausführungsfrist. Je knapper diese in Anbetracht der zu erbringenden Leistung bemessen ist, desto weniger wird es dem Auftragnehmer möglich sein, unvorhergesehene Verzögerungen und Störungen ohne grundlegende Neuordnung der Terminplanung aufzufangen. Dies bedeutet, dass bei besonders knapp bemessener Ausführungsfrist unter Umständen auch eine für sich gesehen nur **geringe** Störung des Bauablaufs zu einer Neuordnung der Terminplanung zwingt mit der Folge, dass die bisherige Vertragsstrafenvereinbarung zum Wegfall kommt.
Zu berücksichtigen sind auch die Auswirkungen, die sich für den Auftragnehmer aus der Behinderung dadurch ergeben, dass er in zeitliche Kollision mit der Ausführung anderer Bauvorhaben gerät. So kann vom Auftragnehmer nicht verlangt werden, für eine (wenn auch verlängerte) Ausführungsfrist mit der ursprünglich vereinbarten Vertragsstrafe einzustehen, weil eine Frist gemäß Leistungserbringung aufgrund der behinderungsbedingten Kollision mehrerer Bauvorhaben in Frage gestellt ist".[1477)]

4 Der Behinderungstatbestand gemäß § 6 Nr. 6 VOB/B – Folge: Schadensersatz

4.1 Tatbestandsmerkmale des § 6 Nr. 6 VOB/B

§ 6 Nr. 6 VOB/B sagt nur: „Sind die hindernden Umstände von einem Vertragsteil zu vertreten, so hat der andere Teil Anspruch auf Ersatz des nachweislich entstandenen Schadens, des entgangenen Gewinns aber nur bei Vorsatz oder grober Fahrlässigkeit."

1271

Da es bei § 6 Nr. 6 VOB/B um **vertraglichen Schadensersatz** geht, müssen die allgemeinen, im BGB genannten Voraussetzungen eines solchen vertraglichen Schadensersatzanspruches vorliegen, wenn Behinderungsschadensersatz für den Auftragnehmer in Betracht kommen soll.
Das sind:
• Verletzung einer vertraglichen Pflicht des Auftraggebers (Leistungsstörung)

[1476)] IBR 1993, 241; vgl. auch OLG Hamm BB 1996, 78.
[1477)] Zutreffend Kleine-Möller/Merl, § 13 Rdn. 407.

- Rechtswidrigkeit (Vertragswidrigkeit)
- Verschulden des Auftraggebers

„Entschädigungsansprüche" gemäß § 642 BGB gibt es nach Meinung des Bundesgerichtshofs parallel dazu; für § 642 BGB kommt es nicht auf Verschulden an (näher Rdn. 1393 ff., 1400, 1648 ff.).

Von den drei Tatbestandsmerkmalen ist das zweite, nämlich „Rechtswidrigkeit", relativ leicht zu definieren und im Zusammenhang mit der Erörterung dessen, was überhaupt Behinderungstatbestand im Sinne des § 6 Nr. 6 VOB/B ist, relativ unproblematisch.[1478]

Was unter „Verschulden des Auftraggebers" zu verstehen ist, ist im Gesetz definiert. Der Begriff „Vertreten müssen" in § 6 Nr. 6 VOB/B ist nämlich nichts anderes als ein Synonym für „Verschulden" (z. B. § 276 BGB).

In § 276 bestimmt das BGB, dass der Schuldner **Vorsatz** und **Fahrlässigkeit** zu vertreten hat. Damit legt das BGB durch den Ausdruck „Vertreten müssen" einen Haftungs**maßstab** fest, aber mehr nicht. Es regelt also nur, nach welchem Haftungsmaßstab (Vorsatz, Fahrlässigkeit, aber nicht ohne Verschulden) ein Vertragspartner vertraglich haftet, **wenn** er seine Leistungspflicht verletzt; § 276 regelt aber nicht, welche Vertragspflicht verletzt worden ist und ob es bestimmte Voraussetzungen gibt, die im Zusammenhang mit der Erfüllung dieser Vertragspflicht erfüllt sein müssen, um einen Schadensersatzanspruch zu bejahen. Mit einem Wort: § 276 BGB regelt **nicht** den Haftungs**grund.**

1272 Zweierlei ist also für den Haftungs**grund** zu klären:
- Welche Vertragspflicht gibt es, die der Gläubiger (Auftraggeber) gegenüber dem Schuldner (Auftragnehmer) verletzt?
- Unter welchen Voraussetzungen ist diese Verletzung rechtlich als „Haftungsgrund" einzuordnen?

Die letztgenannte Frage ist einfach zu beantworten:
Haftungsgrund ist der allgemeine Tatbestand „Leistungsstörung" (Vertragsverletzung). Diese „positive Vertragsverletzung" ist als allgemeine Verknüpfung von Verletzungen einer Vertragspflicht und daraus resultierendem Schaden der „Grundtatbestand der Vertragsverletzung".[1479] Durch das Schuldrechtsmodernisierungsgesetz, das ab 1.1.2002 gilt, ist heute (auch) der Tatbestand der positiven Vertragsverletzung in dem allgemeinen „Leistungsstörungstatbestand" des § 280 Abs. 1 BGB gesetzlich geregelt.
Soweit das Gesetz für Verletzungen von **Vertrags**pflichten **Sonderregeln** enthält, gehen diese Sonderregeln dem Grundtatbestand der positiven Vertragsverletzung in § 280 BGB als spezielle Regelung vor.
In unserem Zusammenhang interessiert dabei nur eine Regelung, nämlich die **Sonderregelung „Verzug".** Sofern auf den Vertragsverstoß des Auftraggebers auch die Regelungen des „**Schuldnerverzuges**" passen, geht die gesetzliche Regelung des Schuldnerverzuges der positiven Vertragsverletzung vor und sind dessen spezielle Voraussetzungen zu prüfen.
Für unsere Fragestellung ist dabei diese Differenzierung zwischen allgemeiner Regel „positiver Vertragsverletzung" und spezieller Regel „Schuldnerverzug" nur unter einem ganz speziellen Aspekt von Interesse:
Bei der Verletzung von vertraglichen **Hauptpflichten** gibt es für Verzögerung die Sonderregelung „Schuldnerverzug"; wenn also der Auftraggeber des Bauvertrages eine **Hauptpflicht verspätet** erfüllt, so ist der Haftungs**grund** nach dem gesetzlichen Tatbestand des Schuldnerverzuges zu beurteilen.

[1478] Einzelheiten dazu unter Rdn. 1323 ff.
[1479] So zutreffend Palandt/Heinrichs, BGB § 276 Rdn. 107.

Soweit dagegen der Auftraggeber eine **Nebenpflicht verspätet** erfüllt, wird diese Verspätung als Haftungs**grund nicht unter Verzug** erfasst, sondern nur unter dem allgemeineren Tatbestand der **positiven Vertragsverletzung**.[1480)]

Nur **weil Verzug** und **positive** Vertragsverletzung **unterschiedliche** Voraussetzungen haben,[1481)] nämlich beim Verzug Ablauf einer **Kalenderfrist** oder einer „Ereignisfrist" (§ 286 Abs. 2 Nr. 2 BGB) oder **Mahnung,** bei positiver Vertragsverletzung bloßer Vertragsverstoß **ohne Kalenderfrist oder Mahnung,** kommt es theoretisch auch im Rahmen der Behinderung auf die Unterscheidung zwischen Auftraggeber-**Hauptpflicht** und Auftraggeber-**Nebenpflicht** an; das ist allerdings kein wirklich praxisrelevantes Problem. In der Praxis führt eine relevante verspätete Erfüllung einer (selbständig einklagbaren) Nebenpflicht immer zum Verzug mit dieser Pflicht: Der Auftragnehmer muss ja gemäß § 6 Nr. 1 VOB/B eine Behinderungsanzeige machen, diese wirkt gleichzeitig als Mahnung gemäß § 286 BGB; ist eine Behinderungsanzeige wegen Offenkundigkeit von Behinderungstatsache und behindernder Wirkung überflüssig, ist auch eine Mahnung überflüssig, Verzug tritt gemäß § 286 Abs. 2 Nr. 4 BGB ein.
Von ernsthafter Bedeutung ist eine weitere Unterscheidung – nämlich bei Einstufung einer Auftraggeberpflicht als Nebenpflicht (oder Obliegenheit) –, dass **nur** bei Verletzung einer Hauptpflicht der Bundesgerichtshof eine „Vorunternehmerhaftung" (Haftung für Erfüllungsgehilfen) bejaht, während er sie offenbar, wenn auch nicht zutreffend, bei der Verletzung einer Nebenpflicht verneint, weil er für Vorunternehmerleistungen die Nebenpflicht selbst verneint, wenn er auch die Anwendbarkeit des § 642 BGB bejaht.[1482)]

1273

Der Verzug des Auftraggebers oder die positive Vertragsverletzung des Auftraggebers sind allerdings im Rahmen des § 6 VOB/B nur dann von Bedeutung, wenn sie zu einer Störung des Produktionsprozesses führen. Durch eine ungerechtfertigte Abnahmeverweigerung der Gesamtleistung kommt der Auftraggeber z. B. unter bestimmten Voraussetzungen in Verzug mit dieser Hauptpflicht Abnahme – aber da das Werk fertig ist, sind Ablaufstörungen gar nicht mehr möglich; die Vertragsverletzung fällt nicht unter § 6 Nr. 6 VOB/B, weil der Auftragnehmer dadurch nicht behindert wird.

1274

Ergebnis:
Wenn der Auftraggeber
eine **Haupt-** oder **Nebenpflicht**
- **rechtswidrig**
und
- **schuldhaft verletzt**
und
- dadurch eine **Ablaufstörung** mit entsprechenden finanziellen Folgen eintritt,

greift **§ 6 Nr. 6 VOB/B** ein, und zwar
- ausschließlich mit dem Zweck, als **Haftungsbeschränkung** zu wirken:

1275

[1480)] Die Rechtsfigur „Verzug" verdrängt die allgemeine Rechtsfigur „positive Vertragsverletzung" dann, wenn ein erzwingbarer Anspruch auf Vertragsdurchführung besteht; das ist nur bei einer Hauptpflicht der Fall (str., vgl. z. B. Beck'scher VOB-Kommentar/Hofmann, Teil B, Vor § 3, Rdn. 39, 44). Besteht kein erzwingbarer Anspruch auf Vertragsdurchführung wie bei der Nebenpflicht, beurteilt sich die Leistungsverzögerung ausschließlich nach der Figur der positiven Vertragsverletzung, so zutreffend Soergel/Wiedemann, BGB, Vor § 275, Rdn. 400 [zur alten Rechtslage].
Siehe auch Rdn. 1280.
[1431)] Dazu im Einzelnen unten Rdn. 1339 ff.
[1432)] Einzelheiten dazu unten Rdn. 1371 ff. Zu § 642 BGB näher Rdn. 1393 ff.

Wenn der Auftraggeber nicht vorsätzlich oder grob fahrlässig seine Pflicht verletzt hat, sondern nur normal oder leicht fahrlässig, haftet er nach dem Text von § 6 Nr. 6 VOB/B zwar auf Schadensersatz, jedoch ohne entgangenen Gewinn.
Das allein ist der ganze Sinn des § 6 Nr. 6 VOB/B: Wenn der Auftraggeber Hauptpflichten oder Nebenpflichten verletzt und dadurch eine positive Vertragsverletzung begeht oder mit einer Hauptpflicht in Verzug kommt, so ist das der Haftungs**grund**.

Die Haftungs**folgen** regelt § 6 Nr. 6 VOB/B parallel zu den gesetzlichen Haftungsfolgen, nämlich so, dass ein Schadensersatzanspruch gewährt wird. Entscheidend ist aber nur die erwähnte Haftungsbeschränkung, die dabei § 6 Nr. 6 VOB/B durch Ausschluss des entgangenen Gewinns regelt.[1483]

Nur zur Erinnerung noch einmal: Darüber hinaus regelt § 6 Nr. 6 VOB/B auch keineswegs alle Fälle von Leistungsstörungen; Unmöglichkeit der Leistung oder unberechtigte, ernsthafte und endgültige Erfüllungsverweigerung werden nicht erfasst.[1484]

1276 Wir haben somit präzisierend festgehalten, welche Voraussetzungen erfüllt sein müssen, um einen Schadensersatzanspruch des Auftragnehmers aus § 6 Nr. 6 VOB/B zu gewähren:
Wir ergänzen schon jetzt im Vorgriff:

Zusätzlich ist erforderlich:
- **Eigene Leistungsbereitschaft** des Auftragnehmers.[1485]

1277 § 6 Nr. 6 VOB/B schließt als **Spezialregelung** (Haftungsbeschränkung) **insoweit** die allgemeinen Rechtsfolgen des Verzuges oder der positiven Vertragsverletzung, § 280 BGB aus, nach Meinung des BGH allerdings nicht die Anwendung des verschuldensunabhängigen § 642 BGB (dazu Rdn. 1400).[1486] Gleichzeitig wird § 6 Nr. 6 VOB/B wiederum von spezielleren allgemeinen Gesetzesvorschriften ausgeschlossen, nämlich den gesetzlichen Regeln über die Unmöglichkeit; außerdem greift § 6 Nr. 6 VOB/B – wie erwähnt – nicht in den Fällen der endgültigen, unberechtigten Leistungsverweigerung des Auftraggebers ein.[1487]
In einigen Sonderfällen konkurriert § 6 Nr. 6 VOB/B mit anderen Vorschriften, nämlich § 2 Nr. 5 oder § 2 Nr. 6 VOB/B.[1488]

4.2 Unterscheidung zwischen Obliegenheit, Nebenpflicht und Hauptpflicht des Gläubigers von praktischer Bedeutung?

1278 Wir haben gerade festgestellt, dass die Haftung für Leistungsstörungen zumindestens hinsichtlich der Erfüllungsgehilfenhaftung unterschiedlich ist, je nachdem, ob es sich um Hauptpflichten oder Nebenpflichten handelt.

1279 Beim Werkvertrag erbringt der Auftragnehmer als Hauptpflicht die Errichtung des Werkes, der Auftraggeber als Hauptpflicht insbesondere die Abnahme und Zahlung.

[1483] Siehe auch unten Rdn. 1399. Zur Gültigkeit der Haftungsbeschränkung unter Gesichtspunkten des AGB-Rechts bzw. zum Umfang der Haftungsbeschränkung nachfolgend Rdn. 1491 ff. Zum Ganzen auch vertiefend Kapellmann, in: Kapellmann/Messerschmidt, VOB/B § 6, Rdn. 46, 47.
[1484] Siehe oben Rdn. 1210–1213.
[1485] Vgl. Rdn. 1355.
[1486] Einzelheiten unten Rdn. 1399 ff.
[1487] Siehe oben Rdn. 1210 ff.
[1488] Einzelheiten Rdn. 1332 ff.

Auch der Auftraggeber kann aber zu der Errichtung des Werkes beitragen, so wenn – wie im Regelfall – eine Handlung des Auftraggebers „bei der Herstellung des Werkes erforderlich ist" – so § 642 BGB. Typisch ist hier z. B. eine Mitwirkungshandlung in Form der Planlieferung.
Denkbar ist aber auch – wenn auch eher als Ausnahmefall –, dass sich der Auftraggeber selbst an der Herstellung beteiligt, z. B. durch eigene Mitarbeit.
Nach dem Konzept des BGB sind allerdings Mitwirkungshandlungen des Auftraggebers **nicht** eigene Vertrags**pflicht** des Auftraggebers, also nicht insoweit seine „Schuldnerpflicht", sondern nur so genannte „Gläubiger-**Obliegenheit**".
Der (praktische) Unterschied zwischen Nebenpflicht des Auftraggebers und bloßer Obliegenheit des Auftraggebers ist der:
Wenn der Schuldner (Auftraggeber) die Mitwirkung (z. B. Planübergabe) als bloße Obliegenheit unterlässt, schadet er sich nach dem Konzept des BGB-Werkvertragsrechts nur selbst. Das Bauwerk kann dann zwar nicht gebaut werden, der Auftragnehmer kann aber Bezahlung minus ersparter Aufwendungen verlangen (§ 649 BGB). Der Auftraggeber kommt, wenn er die vom Auftragnehmer verlangte Mitwirkungshandlung nicht erbringt, nur in Annahmeverzug und schuldet dann „angemessene Entschädigung" gemäß § 642 BGB (dazu Rdn. 1648 ff.). Aber eines gilt bei der Annahme bloßer Obliegenheitsverletzung: Es steht ganz im Belieben des Auftraggebers, die Mitwirkungshandlung vorzunehmen oder zu unterlassen.

Wenn man sich nun den Ablauf einer größeren Baustelle vorstellt, liegt auf der Hand, dass dieses auf eher simple Fälle zugeschnittene Modell des BGB nicht mehr paßt: **Solange** der Auftraggeber das Bauobjekt noch **ausgeführt wissen will** – auch bei der VOB/B kann er ohne Angabe von Gründen kündigen, bleibt aber vergütungspflichtig nach § 8 Nr. 1 VOB/B –, **solange er also den Auftragnehmer seinerseits bindet, ist er im** Sinne echter Schuldner-Nebenpflicht unter dem Gesichtspunkt der Kooperation auch zur Mitwirkung gezwungen, weil unter Berücksichtigung des „Langzeitcharakters" eines typischen Bauvertrages seine Mitwirkung „nach Belieben" zum Chaos auf der Baustelle führen müßte. **Die Mitwirkungspflichten sind also nicht nur Obliegenheit. Ihre Unterlassung führt nicht nur zum Gläubigerverzug (Annahmeverzug), ihre Unterlassung ist gleichzeitig ein Verstoß des Auftraggebers gegen vertragliche Nebenpflichten.**[1489] Ihre Verletzung ist im Rechtssinne „Leistungsstörung" gemäß § 280 BGB (positive Vertragsverletzung). Es ist ein **Widerspruch** in sich, wenn der Bundesgerichtshof **mit Recht** die **Pflicht** der Vertragsparteien zur Kooperation hervorhebt – bei Annahme einer bloßen Obliegenheit hat der Auftraggeber **keine** Pflichten gegenüber dem Auftragnehmer – und von der Erfüllung

1280

[1489] So überzeugend Kleine-Möller/Merl, Handbuch § 14, Rdn. 62 ff.; Erman/Schwenker, BGB § 642, Rdn. 2, 10; Hofmann, Festschrift für von Craushaar, S. 219 ff, 222 und Beck'scher VOB-Kommentar Vor § 3 VOB/B Rdn. 33; i. E. Nicklisch/Weick, VOB/B Einleitung §§ 4–13 Rdn. 20. Ebenso Soergel/Wiedemann, BGB, Einl. vor § 275 [a. F.], Rdn. 399, 400; Münchener Kommentar/Emmerich, BGB Rdn. 270–272 vor § 275 wegen der „umfänglichen Mitwirkungspflicht" beim Bauvertrag; Vygen/Schubert/Lang, Bauverzögerung, Rdn. 316 unter dem Aspekt des Schuldrechtsmodernisierungsgesetzes; Voit, in: Bamberger/Roth, BGB § 642, Rdn. 6 dann, „wenn der Auftragnehmer erkennbar gerade Wert auch auf die **Ausführung** des Werkes legt (!)". Wenn ein Unternehmer keinen Wert auf die Ausführung legte und sich so auch verhielte, wäre er schnellstens vom Markt verschwunden. Man sollte dieses uralt-tradierten Begründungsmuster nicht mehr verwenden; dazu auch Scheube, Jahrbuch Baurecht 2006, S. 83, 86, 93, insbes. Fn. 28. Siehe auch oben Rdn. 1272, unten Rdn. 1290, 1373, 1401.
Ohne Auseinandersetzung mit diesen Überlegungen beurteilt der BGH m. E. unzutreffend die notwendigen Mitwirkungshandlungen des Auftraggebers nur als Obliegenheit, BGH „Vorunternehmer II" NZBau 2000, 187, Einzelheiten dazu Rdn. 1395.

dieser **Pflicht** die Durchsetzbarkeit vertraglicher Rechte des Auftragnehmers abhängig macht[1490]) und wenn er in demselben Atemzug dieselbe Pflicht in der Entscheidung „Vorunternehmer II" verneint.

1281 Ergänzend bedarf es noch der Abgrenzung zwischen **Mitwirkungspflicht als Nebenpflicht und Mitwirkungspflicht als Hauptpflicht.**

Eine Mitwirkungspflicht des Auftraggebers, die dem Auftragnehmer einen selbständigen Anspruch auf Erfüllung dieser Pflicht geben soll, ist **Hauptpflicht;** der Auftragnehmer könnte also in diesem Fall die Pflicht des Auftraggebers selbständig einklagen. Der Auftragnehmer wäre in einem solchen Fall nicht nur auf Schadensersatzansprüche beschränkt, wie es gerade typisch für die Nebenpflicht ist.

Soweit die **Mitwirkung** nicht nur der Ermöglichung, sondern der konkreten **Realisierung** des Objekts durch den Auftragnehmer mitdient, ist sie Hauptpflicht des Auftraggebers gegenüber dem Auftragnehmer. Sie ist folglich **Hauptpflicht,** wenn sie nicht nur Ermöglichungshandlung ist, sondern **Erstellungshandlung,**[1491]) wenn also die vom Auftraggeber geschuldete Mitwirkung als Teilleistung bzw. „Unter"-Leistung Teil des Produktionsprozesses des Auftragnehmers ist.

Beispiel: Der Auftraggeber verpflichtet sich, selbst eine Leistung zu **erbringen,** die in den Produktionsprozess des Auftragnehmers als „Teilleistung" integriert ist.
Oder ein anderes Beispiel: Der Auftraggeber verpflichtet sich, eine Behelfsbrücke zu einem bestimmten Zeitpunkt bereitzustellen – Einzelheiten dazu Rdn. 1285 ff.
Die Leistungserbringung des Auftraggebers wird hier in den Produktionsablauf des Auftragnehmers eingegliedert wie die eines Nachunternehmers. Wie von einem Nachunternehmer kann der Auftragnehmer Erfüllung vom Auftraggeber verlangen, er ist also nicht nur auf den „sekundären" Schadensersatzanspruch angewiesen.

Eine **Mitwirkungspflicht,** die nur dazu dient, die Realisierung des Bauobjekts zu **ermöglichen,** ohne dem Auftragnehmer einen Anspruch auf selbständige Erfüllung dieser Pflicht einzuräumen, ist **Nebenpflicht;** diese Pflicht kann also nicht „selbständig eingeklagt" werden, ihre Verletzung begründet keinen Erfüllungsanspruch, sondern „nur" Schadensersatzansprüche des Auftragnehmers („Ermöglichungshandlung").

Beispiel: Aushändigung von Plänen, soweit dies Auftraggeberpflicht ist; Bereitstellung des Grundstücks – Einzelheiten dazu Rdn. 1288 ff.

1282 Auf diese Differenzierung zwischen Nebenpflicht und Hauptpflicht kommt es auch bei Behinderungsansprüchen aus § 6 Nr. 6 VOB/B an, wie wir schon unter Rdn. 1273 erörtert haben:

Die Haftung für die verspätete Erfüllung von Pflichten hat bei der verspäteten Erfüllung von Hauptpflichten andere Haftungsvoraussetzungen als bei der verspäteten Erfüllung von Nebenpflichten:

a) **Verspätet** sich der Schuldner mit einer **Hauptpflicht,** so bestehen ihm gegenüber Ansprüche bei Verspätung nur, wenn er in **Verzug** ist, was also Überschreitung einer Kalenderfrist oder „Ereignisfrist" oder Mahnung nach Fälligkeit voraussetzt (vgl. Rdn. 1339).

Verspätet er sich „nur" **mit einer Nebenpflicht** oder geht es nur um die schlechte Erfüllung einer Hauptpflicht in qualitativer Hinsicht, so erfordert die Leistungsstörung,

---

[1490]) Besonders deutlich BGH „Kooperation" NZBau 2000, 130 = BauR 2000, 409, näher dazu Rdn. 1395.
[1491]) Näher dazu Rdn. 1285 ff.; wie hier Ingenstau/Korbion/Vygen, VOB/B § 9, Rdn. 24 am Ende. Im Ergebnis ebenso, aber ohne Qualifizierung als „**Hauptpflicht**" BGH „Vorunternehmer II" NZBau 2000, 187 = BauR 2000, 409; Einzelheiten zu dieser Entscheidung Rdn. 1393 ff., 1400, 1648 ff.

die nur als **positive Vertragsverletzung** einzustufen ist, gemäß § 280 Abs. 1 Satz 1 BGB **keine Mahnung,**[1492] so dass es für die Nebenpflicht-Verletzung auch gleichgültig ist, ob der Mitwirkungstermin Kalenderfrist oder „Ereignisfrist" war oder nicht. Dieses Thema ist aber heute rein theoretisch, siehe oben Rdn. 1273.

b) Bei der Haftung für „Vorunternehmer" gibt es Probleme: Ist die Pflicht als Hauptpflicht einzustufen, so ist der Vorunternehmer Erfüllungsgehilfe des Auftraggebers; darüber bestehen keinerlei Differenzen.[1493] Ist dagegen die Pflicht nicht als Hauptpflicht einzustufen, stellt sich die Frage, ob sie wenigstens Nebenpflicht ist oder ob sie nur „Obliegenheit" ist; nach buchstäblich einhelliger Meinung ist sie zwar Nebenpflicht, damit ist auch hier der Vorunternehmer Erfüllungsgehilfe des Auftraggebers, nach abweichender Auffassung des Bundesgerichtshofs ist die „Pflicht" aber nur Obliegenheit, deshalb verneint der Bundesgerichtshof in solchen Fällen die Einstufung des Vorunternehmers als Erfüllungsgehilfe und damit Ansprüche aus § 6 Nr. 6 VOB/B, gewährt aber dafür in der Entscheidung „Vorunternehmer II" Entschädigungsansprüche aus § 642 BGB (näher dazu Rdn. 1393 ff., 1400, 1648 ff.).

Zusammengefasst:
Es bleibt uns methodisch nicht erspart,

- wegen a die Mitwirkungspflichten des Auftraggebers bei Behinderungsansprüchen des Auftragnehmers in Hauptpflichten und Nebenpflichten zu unterscheiden,
- wegen b bei „Vorunternehmer-Fällen" zwischen Pflicht und Obliegenheit zu unterscheiden, sofern man dem BGH folgt – was wir nicht tun.[1494]

In der Praxis spielen allerdings so gut wie ausschließlich die als Nebenpflichten zu beurteilenden Mitwirkungspflichten des Auftraggebers für Behinderungen die entscheidende Rolle.
Die Fälle der Verletzung von Hauptpflichten, die zu „Behinderungen" durch den Auftraggeber führen, sind eher selten.

4.3 Hauptpflichten des Auftraggebers

4.3.1 Zahlung

Der Auftraggeber hat beim Werkvertrag die vertragliche **Hauptpflicht, den Werklohn zu zahlen.** 1283

Die Verletzung dieser Hauptpflicht spielt für den **Behinderungstatbestand** des § 6 Nr. 6 VOB/B allerdings nur indirekt eine Rolle. Kommt der Auftraggeber mit der Zahlung der Schlussrate in Verzug, so ist das schon deshalb nicht behindernd, weil das Werk fertig ist. Kommt er mit einer Akonto-Zahlung in Verzug, so behindert das als solches den Produktionsablauf auch nicht. Wenn aber der Auftragnehmer nach entsprechender Nachfristsetzung von seinem Recht Gebrauch macht, gemäß § 16 Nr. 5 Abs. 3 Satz 3 VOB/B die Arbeit **einzustellen,** so ist die daraus resultierende Arbeitseinstellung vom Auftraggeber verursachte Behinderung. In diesem Fall ist der Auftraggeber für den behinderungsbedingten Schaden **immer** ersatzpflichtig, weil es hier auf Verschulden des Auftraggebers nicht ankommt: Ein Vertragspartner hat nach allgemeiner Auffassung seine finanzielle Leistungs-

---
[1492] Zur Anwendbarkeit des § 280 Abs. 1 Satz 1 BGB auf Mitwirkungspflichten als Gläubiger-**Neben**pflichten Palandt/Heinrichs, BGB § 280, Rdn. 29.
Zur Einstufung der **verspäteten** mangelhaften Erfüllung der **Gläubiger**-Hauptpflicht als positive Vertragsverletzung s. Rdn. 1341.
[1493] Siehe unten Rdn. 1286 mit der Entscheidung BGH „Vorunternehmer II" NZBau 2000, 187 = BauR 2000, 409 und mit dem Behelfsbrücken-Fall des OLG Celle BauR 1994, 629; Revision vom BGH **nicht** angenommen.
[1494] Dazu im Einzelnen Rdn. 1365 ff.

fähigkeit **immer** „zu vertreten", so dass es auf weitere Überlegungen zum Verschulden nicht ankommt.

4.3.2 Abnahmen

1284 Eine weitere Hauptpflicht des Auftraggebers ist die Abnahme. Sie ist für § 6 Nr. 6 VOB/B irrelevant, soweit es um die Schlussabnahme geht, denn zu diesem Zeitpunkt ist das Bauwerk fertig, Bauablaufstörungen können nicht mehr vorkommen. Für Teilabnahmen kann im Ausnahmefall etwas anderes gelten.

4.3.3 Eigene Mitwirkung des Auftraggebers als Erstellungshandlung

4.3.3.1 „Bauseitige Leistungen"

1285 Wie unter Rdn. 1281 erwähnt, ist bei Mitwirkungshandlungen zu unterscheiden, ob es sich um eine „**Ermöglichungshandlung**" des Auftraggebers handelt (**Nebenpflicht**, z. B. Beibringung von Plänen) oder ob es sich um eine „**Erstellungshandlung**" (**Hauptpflicht**) des Auftraggebers handelt. Man kann auch noch genauer unterscheiden:

Bei der konventionellen Baudurchführung – also nicht uneingeschränkt beim Schlüsselfertigbau – beruhen die **Ermöglichungshandlungen** (= Nebenpflicht) auf der speziellen Eigenschaft des Auftraggebers als Entscheidungsträger und „Bereitstellender"; sie sind gewissermaßen individuell und können nur von ihm beigebracht werden – nur er kann planen bzw. von seinen Erfüllungsgehilfen planen lassen, nur er kann Auswahlentscheidungen treffen usw. Nach Meinung des BGH sind das alles nur Obliegenheiten (näher Rdn. 1395).

Die **Erstellungshandlungen** (= Hauptpflicht) sind Leistungen, die jeder andere auch erfüllen könnte, die aber jetzt statt eines anderen Unternehmers der Auftraggeber selbst ausführt („bauseitige Leistungen"), aber eingebunden in den Aufgabenbereich des Auftragnehmers. Der Auftraggeber wird dann gleichsam wie ein zwischengeschalteter **Nachunternehmer des Auftragnehmers** tätig.

Beispiel für Erstellungshandlung (= Hauptpflicht): Der Auftraggeber verpflichtet sich im Bauvertrag, eigenes Baugerät „bauseits" zur Verfügung zu stellen. Oder er verpflichtet sich, Teile der den Auftragnehmer berührenden Bauarbeiten selbst durchzuführen.[1495]

Verspätet sich der Auftraggeber jetzt, so hat der Auftragnehmer nur dann Ansprüche, wenn der Auftraggeber in **Verzug** ist und dies zur Behinderung führt.

Erfüllt der Auftraggeber die Hauptpflicht dagegen nicht verzögert, sondern schlecht und führt das zur Behinderung, so hat der Auftragnehmer Ansprüche unmittelbar aus § 280 BGB.[1496]

4.3.3.2 OLG Celle: „Behelfsbrücke"

1286 In diese Kategorie der Erstellungshandlung (**Hauptpflicht**) gehört auch ein Fall, der für erhebliche Diskussionen gesorgt hat:

Der Auftragnehmer muss laut Vertrag für eine Baumaßnahme „Neubau der Autobahn-Werratalbrücke" die behelfsmäßige Verkehrsführung einrichten, und zwar für die Sperr-

---

[1495] Zutreffend Vygen/Schubert/Lang, Bauverzögerung, Rdn. 269–271.
[1496] Zu Ansprüchen aus § 645 BGB bei „mangelhafter" Mitwirkung (Beibringung) des Auftraggebers ohne Verschulden s. unten Rdn. 1396 ff.

phase II vom 31. 3. 1989 bis zum 18. 4. 1989. Dazu soll in der Zeit zwischen dem 27. 3. und dem 31. 3. eine Behelfsbrücke errichtet werden. Diese Behelfsbrücke hat **laut Bauvertrag** (das ist entscheidend, s. unten Rdn. 1359) der Auftraggeber zu stellen. Das vom Auftraggeber eingeschaltete Montageunternehmen erstellt die Brücke (verschuldet) erst am 8. 8. 1989,[1497] der Auftragnehmer erleidet Behinderungsschäden.
Der Fall ist einfach zu beurteilen:
Der Auftraggeber hat sich verpflichtet, bei der **Erstellung** des Werkes mitzuwirken; seine Leistung geht über die bloße Ermöglichung hinaus, sie ist deshalb **Hauptpflicht**.
Wie bei allen Fällen der Mitwirkungshauptpflicht wird der Auftragnehmer also zum Gläubiger und der Auftraggeber zum Schuldner. Was den Fall so interessant macht, ist die schlichte Tatsache, dass hier bei der Verletzung der Hauptpflicht der Auftraggeber für den Vorunternehmer „Montageunternehmen" als seinen Erfüllungsgehilfen einstehen muss. Das versteht sich aber von selbst, denn der „Vorunternehmer" ist in Wirklichkeit vertraglicher Auftragnehmer des Auftraggebers, der Auftraggeber erfüllt eine eigenständige Hauptpflicht, es gibt folglich überhaupt keinen Zweifel daran, dass hier die „Vorunternehmerhaftung" greift. Der Auftraggeber ist also in Hauptpflicht-Schuldnerverzug; eine kalendermäßig bestimmte Frist ist überschritten, der Auftragnehmer ist behindert, § 6 Nr. 6 VOB/B greift ein, näher Rdn. 1359.
Der Bundesgerichtshof hat das mit völligem Recht in der Nicht-Annahmeentscheidung so entschieden. Aus ihr ließ sich aber mit keinem Wort entnehmen, dass der Bundesgerichtshof seine Meinung dazu geändert hätte, dass bei der Verletzung einer Mitwirkungspflicht als **Neben**pflicht (Ermöglichungshandlung) bzw. Obliegenheit der Auftraggeber für „Vorunternehmer" **nicht** haftet.[1498]
Einen Parallelfall hat der 10. Senat des Bundesgerichtshofs entschieden: Deponie als „Erfüllungsgehilfe" des Auftraggebers, wenn Auftraggeber vertraglich sicherzustellen hatte, dass gerade auf dieser Deponie Schlamm abgelagert werden kann.[1499]
Bei **identischer** Fallgestaltung (das beklagte Land muss vertraglich eine Einrüstung zu einem bestimmten Termin stellen, die Einrüstung wird durch den vom Auftraggeber eingeschalteten Unternehmer verspätet erstellt) hat das **OLG Rostock** 1997 dagegen eine Erfüllungsgehilfenhaftung **verneint**, der Bundesgerichtshof hat die dagegen eingelegte Revision nicht angenommen.[1500] Das können zumindest wir nicht verstehen oder anders ausgedrückt: Die Entscheidung des OLG Rostock ist bei praktisch identischem Sachverhalt das Gegenteil zu der Entscheidung des OLG Celle und damit eindeutig falsch.
Der Bundesgerichtshof hat später in der Entscheidung „Vorunternehmer II"[1501] ausdrücklich **bestätigt**, dass sich in den Fällen „Behelfsbrücke" und „Deponie" die jeweiligen Auftraggeber „vertraglich zu einer Vorleistung" verpflichtet hätten (woran man ja auch schlecht zweifeln kann); es geht um Hauptpflichten (vgl. oben Rdn. 1281, Fn. 1491). Seine Nicht-Annahme Entscheidung im Rall OLG Rostock hat der Bundesgerichtshof dabei schamhaft unerwähnt gelassen.

4.3.3.3 Vertraglich fest vereinbarte Planbeistellfristen

Sind **Planbeistellfristen** des Auftraggebers einerseits und **Ausführungsfristen** des Auftragnehmers andererseits **verbindlich vertraglich** geregelt, sind also die beiden Fristabläufe vertraglich miteinander **verknüpft**, so ergibt die Auslegung, dass die vertraglich verbindlich geregelte Planbeistellfrist des Auftraggebers **ausnahmsweise** Schuldner-Haupt-

1287

[1497] Fall des OLG Celle BauR 1994, 629; Revision von BGH **nicht** angenommen.
[1498] **Einzelheiten Rdn. 1360 ff.** Für Bauleistung als Verletzung einer Hauptpflicht auch Beck'scher VOB-Kommentar/Hofmann, Teil B Vor § 3, Rdn. 43.
[1499] BGH ZfBR 1992, 31.
[1500] OLG Rostock BauR 1999, 402.
[1501] BGH „Vorunternehmer II" NZBau 2000, 187 = BauR 2000, 409; Einzelheiten dazu Rdn. 1393 ff., 1400, 1648 ff.

pflicht des Auftraggebers ist; die bloße Vereinbarung von Vertragsfristen reicht allerdings nicht aus.[1502]

Das ist von ganz **wesentlicher Bedeutung**; in diesen Fällen haftet nämlich der Auftraggeber auf jeden Fall für den „**Vorunternehmer**" als **Erfüllungsgehilfen**, auch nach der Rechtsprechung des Bundesgerichtshofs - dazu Rdn. 1361.

4.4 Nebenpflichten des Auftraggebers (Mitwirkungspflichten)

4.4.1 Die *allgemeine* bauvertragliche Mitwirkungspflicht

1288 Es gibt viele Fälle im Werkvertragsrecht, in denen ohne die Mitwirkung des Bestellers ein Werk nicht hergestellt werden kann (Beispiel: Anprobe).

Eine **Bauleistung** ist bei konventioneller Baudurchführung **ohne kontinuierliche Mitwirkung** des **Auftraggebers gar nicht möglich.** Das heißt, beim Bauvertrag geht die Mitwirkung über das Maß gelegentlichen „Zurverfügungstehens" hinaus, die Baudurchführung gemäß auftraggeberseitigen Ausführungsvorgaben (Pläne etc.) verlangt schon infolge der in der Regel erforderlichen etappenweisen Planauslieferung – also ihres „Langzeitcharakters" – vielmehr aktive und konkrete Mit-Arbeit des Auftraggebers („Ermöglichung" s. oben Rdn 1281), sie ist entgegen der Meinung des Bundesgerichtshofs **Nebenpflicht** und nicht nur Obliegenheit (s. o. Rdn. 1280, 1395).

Demgemäß lässt sich allgemein als Pflicht festhalten, dass der Auftraggeber aufgrund des Bauvertrages **alles zu tun hat, um den vertraglichen Bauablauf zu sichern, dass er alle notwendigen Entscheidungen treffen muss, die für die reibungslose Ausführung des Baus unentbehrlich sind.**[1503]

Der **Auftragnehmer** hat seinerseits **ein Recht auf** – vom Auftraggeber – **ungestörte Bauausführung,** wenn er einmal mit dem Bau auftragsgemäß begonnen hat. Demzufolge hat der Auftraggeber auch alles zu **unterlassen,** was diesen einmal in Gang gesetzten Prozeß stört. Generell gilt ein „allgemeines Erfordernis der Ermöglichung zügiger, ungehinderter Arbeit".[1504]

Es ist eine Frage der Terminologie, ob man Eingriffe des Auftraggebers in die Bauausführung (z. B. Baustopp durch den Auftraggeber, dazu Rdn. 788) unter Verwendung dieser allgemeinen Definition als Verstoß gegen die Mitwirkungspflicht kennzeichnet. Im Ergebnis ist das jedenfalls sachlich richtig: Jeder vertragswidrige Eingriff des Auftraggebers in die Bauausführung ist gleichzeitig ein Verstoß des Auftraggebers gegen seine Pflicht, die ungehinderte Arbeit des Auftragnehmers zu ermöglichen. Der Teufel steckt im Detail: In einer Fülle von Fällen ist es gerade die Frage, zu welcher konkreten Mitwirkung (bzw. Ermöglichung ungehinderter Arbeit) der Auftraggeber verpflichtet ist.

4.4.2 Die Mitwirkungspflichten gemäß VOB/B

1289 Einzelne Mitwirkungs**pflichten** des Auftraggebers sind in der VOB/B konkretisiert. Ihre Hervorhebung bedeutet aber nicht, dass die vorerwähnte allgemeine Mitwirkungspflicht nicht bestünde.

[1502] BGH „Vorunternehmer II" NZBau 2000, 187 = BauR 2000, 409; Heiermann/Riedl/Rusam, VOB/B § 9 Rdn. 5.

[1503] BGH BauR 1972, 112; Einzelheiten Rdn. 1303 ff.; vgl. auch Engel, Projektbuch Bauausführung, S. 27 ff. Nichts anderes regelt die „Kooperationspflicht" beim Bauvertrag, BGH NZBau 2000, 130 = BauR 2000, 409.

[1504] Leinemann, VOB/B, § 6, Rdn. 5.

4.4.2.1 Bereitstellungspflicht

Der **Auftraggeber** muss als erstes das Baugrundstück (z. B. für den Tiefbau-Auftragnehmer oder den Rohbauauftragnehmer) **bereitstellen,** darüber hinaus das (teilfertige) Bauobjekt selbst. Das Objekt muss für die Leistung des Auftragnehmers „aufnahmebereit" sein.[1505] Der Dachdecker kann nicht decken, wenn kein Gebäude da ist. Diese Selbstverständlichkeit findet sich nur bruchstückweise in der VOB/B; § 3 Nr. 2 VOB/B erwähnt das Gelände, „das dem Auftragnehmer zur Verfügung gestellt wird". 1290

Kurz gefasst: Der Auftraggeber hat als Mitwirkungspflicht (Ermöglichungshandlung, s. Rdn. 1285) ein **baureifes Grundstück** (bzw. Teilbauobjekt) zur Verfügung zu stellen.[1506] Das ist eine ganz entscheidende, unentbehrliche **Pflicht** des Auftraggebers,[1507] die bei der juristischen Erfassung nur deshalb vielleicht etwa zu kurz kommt, weil sie in der VOB/B so rudimentär genannt wird.

Daraus folgt, dass der Auftraggeber auch die **Vorarbeiten** in Form der notwendigen Basis (Teil-Bauleistung) zur Verfügung zu stellen hat – der Dachdecker kann eben sich selbst das Gebäude für sein Dach nicht bereitstellen. 1291

Dabei ergibt sich allerdings zum Teil eine der Rechtsprechung geradezu zum Stolperstein gewordene Besonderheit: Einzelne dieser Pflichten kann der Auftraggeber selbst erfüllen. Er in Person kann z. B. das Baugrundstück zur Verfügung stellen. Andere Pflichten kann er im allgemeinen nicht in Person erfüllen, d. h., er **lässt die Vorarbeiten durch Dritte** (andere Unternehmer) erstellen. Die zentrale Frage ist, ob der Auftraggeber bei deren Versagen gegenüber seinem Vertragspartner, dem Nachfolge-Auftragnehmer, auf Schadensersatz haftet, ob also die **Vorunternehmer Erfüllungsgehilfen** des Auftraggebers im Verhältnis zu den Nachfolge-Auftragnehmern sind. Diese für eine geordnete Bauausführung absolut entscheidende **Problematik behandeln wir gesondert** unter den nachfolgenden Rdn. 1365 ff.

4.4.2.2 Abstecken der Hauptachsen

Das „Abstecken der Hauptachsen der baulichen Anlagen, ebenso der Grenzen des Geländes, das dem Auftragnehmer zur Verfügung gestellt wird, und das Schaffen der notwendigen Höhenfestpunkte in unmittelbarer Nähe der baulichen Anlagen sind Sache des Auftraggebers", so § 3 Nr. 2 VOB/B. 1292

4.4.2.3 Ausführungsunterlagen (Planungspflicht)

Eine zentrale Mitwirkungspflicht des Auftraggebers regelt § 3 Nr. 1 VOB/B in imperativer Form: „Die für die Ausführung nötigen Unterlagen sind dem Auftragnehmer unentgeltlich und **rechtzeitig** zu übergeben." 1293

[1505] Unbestritten, z. B. Ingenstau/Korbion/Vygen, § 9 Nr. 1, Rdn. 6; Scheube, Jahrbuch Baurecht 2006, S. 83, 99.
[1506] BGH BauR 1986, 203; Vygen/Schubert/Lang, Bauverzögerung, Rdn. 270; Beck'scher VOB-Kommentar/Hofmann, Teil B Vor § 3, Rdn. 25 und Motzke, § 6 Nr. 6 Rdn. 47; Münchener Kommentar/Busche, BGB § 642, Rdn. 116; Hochstein, Anm. zu BGH Schäfer/Finnern/Hochstein § 6 Nr. 6 VOB/B Nr. 3; OLG Stuttgart BauR 1973, 385; OLG Celle BB 1964, 753 mit zustimmender Anm. Lüpke.
[1507] Es ist **grundlegende** Bereitstellungsaufgabe des Auftraggebers, das Grundstück **bebauungsreif** zur Verfügung zu stellen; ebenso Heiermann/Riedl/Rusam, VOB/B § 9 Rdn. 4, § 4, Rdn. 6. **Grundlegende** Aufgaben sind mindestens **Nebenpflichten.** S. auch oben Fn. 1489. Der Bundesgerichtshof verneint die Beurteilung als Pflicht und nimmt nur eine Obliegenheit an, BGH „Vorunternehmer II" NZBau 2000, 187 = BauR 2000, 409; dazu näher Rdn. 1395.

Alle nötigen Unterlagen sind zu **übergeben.** Dazu gehören für den Rohbauunternehmer vor allem die Ausführungspläne des Objektplaners sowie die Ergebnisse der Ausführungsplanung des Tragwerkplaners einschließlich **aller** notwendigen Details. Ausführungsunterlagen sind also (vgl. § 15 Abs. 2 Nr. 5 HOAI) einerseits die „zeichnerische Darstellung des Objekts **mit allen** für die Ausführung **notwendigen Einzelangaben,** z. B. endgültige, vollständige Ausführungs-, Detail- und Konstruktionszeichnungen im Maßstab 1:50 bis 1:1 . . . mit den erforderlichen **textlichen** Ausführungen" als auch andererseits (vgl. § 64 Abs. 3 Nr. 5 HOAI) die Schalpläne, Bewehrungspläne etc. und (vgl. § 74 Abs. 3 Nr. 5 HOAI) die Ergebnisse der Ausführungsplanung der Technischen Ausrüstung.

Alle Unterlagen müssen so beschaffen sein, dass der „Mann vor Ort" mit **seinen Mitteln** das Objekt realisieren kann (vgl. dazu oben Rdn. 1152).

1294 **Mangelhafte Ausführungsunterlagen** stellen eine pflichtverletzende Behinderung des Auftragnehmers seitens des Auftraggebers dar; der Auftragnehmer muss „zuverlässige Pläne" liefern[1508], unzuverlässige können zu Ansprüchen gemäß § 6 Nr. 6 VOB/B oder § 642 BGB – so der BGH – führen. Die **Korrektur** solcher auftraggeberseitigen Pläne durch den Auftragnehmer als Schadensminderungsmaßnahme soll als Schadensersatzanspruch in Betracht kommen (siehe dazu aber unten Rdn. 1475).

Die **verspätete** oder **mängelbehaftete** Vorlage von Ausführungsunterlagen ist die **Hauptursache** von **Behinderungen** und kann folglich (Fristverlängerungsansprüche gemäß § 6 Nr. 2 a und) Schadensersatzansprüche gemäß § 6 Nr. 6 VOB/B oder Entschädigungsansprüche gemäß § 642 BGB (laut BGH) auslösen.

1295 **Maßgebend** sowohl für die Vollständigkeit und **Richtigkeit** wie für die **Rechtzeitigkeit** sind **ausschließlich vom Auftraggeber** (bzw. dessen Architekten, Prüfingenieuren etc.) **freigegebene Pläne. Vorabzüge** haben **rechtlich keine Bedeutung,** auch dann nicht, wenn der Auftraggeber sie dem Auftragnehmer als „Ausführungsunterlagen" übergibt und sich später die „endgültig" freigegebenen Pläne **nicht** gegenüber den Vorabzügen geändert haben – denn das kann der Auftragnehmer schließlich nicht voraussehen.[1509] Als Ausnahme bietet sich bei Bewehrungsplänen – z. B. im Rahmen der Schadensminderungspflicht gemäß § 6 Nr. 3 VOB/B – an, ungeprüfte Pläne **vertraglich** schon als fristauslösend zu vereinbaren, d. h., zur Stahlbestellung zu verwenden, sofern gleichzeitig geregelt ist, dass nachträglich noch durch den Prüfingenieur angeordnete Zulagebewehrungen vom Auftraggeber in einer gesonderten Liste aufgeführt werden müssen und gesondert vergütet werden.

Ebenso gibt es im Rechtssinn für jeden Plan **nur** *eine* **verbindliche Freigabe.** Wird eine **zweite Fassung eines freigegebenen** Plans vorgelegt, so hat das im Normalfall Folgen zu Lasten des Auftraggebers: Ändert nämlich dieser zweite freigegebene Plan Leistungen oder verlangt er neue Leistungen, so hat der Auftragnehmer schon deswegen Ansprüche gemäß § 2 Nr. 5 oder § 2 Nr. 6 VOB/B. Aber **auch** dann, **wenn** der Plan **keine Änderungen** oder zusätzlichen Leistungen enthält, stellt er sich als **Behinderung** dar, **denn der Auftragnehmer muss** diesen Plan **auf** seine **Übereinstimmung** bzw. Abweichung **zum früheren Plan prüfen.** Für die Prüfung eines einzigen solchen Plans wird sich wohl kaum ein meßbarer Schaden ergeben. Handelt es sich aber um eine Reihe solcher Fälle, so ist der Schadensersatzanspruch aus § 6 Nr. 6 VOB/B ohne weiteres möglich (z. B., weil die Prüfung der neu eingegangenen Pläne auf modifizierte Bauinhalte Zeit fordert).

[1508] BGH „Vorunternehmer II" NZBau 2000, 187 = BauR 2000, 409.
[1509] So zutreffend Schubert, Seminar Bauverzögerung, S. 77, 83; Beck'scher VOB-Kommentar/ Motzke, Teil B § 6 Nr. 6, Rdn. 49.

Der Auftragnehmer **muss** also nicht nach nicht freigegebenen Plänen bauen. Wenn er es allerdings dennoch tut, kann er sich nicht später darauf berufen, er sei behindert gewesen, weil er freigegebene Pläne erst verpätet erhalten habe.

Die Haftung für Erfüllungsgehilfen behandeln wir unter Rdn. 1362.

4.4.2.4 Koordination

Die Aufrechterhaltung der allgemeinen Ordnung auf der Baustelle sowie die **Regelung des Zusammenwirkens mehrerer Unternehmer** ist gemäß § 4 Nr. 1 Abs. 1 Satz 1 VOB/B Sache des Auftraggebers, sofern es sich nicht um einen Schlüsselfertigvertrag handelt. Bei Schlüsselfertigverträgen übernimmt der Haupt- oder Generalunternehmer gegenüber den einzelnen ausführenden Firmen die Rolle des Auftraggebers (vgl. Band 2, Rdn 463). 1296

Insbesondere die Koordination der einzelnen Baubeteiligten (Planer, Sonderfachleute usw.) ist eine zentrale Mitwirkungspflicht des Auftraggebers und ausschließlich Sache des Auftraggebers. Dabei hat diese Koordination so beschaffen zu sein, dass der Projektablauf realistisch vorgeplant ist: Der **Auftraggeber** muss also z. B. bei größeren Bauvorhaben **einen Rahmenterminplan mit Zeitreserven** erarbeiten, um Verzögerungen organisatorisch auffangen zu können. Die einzelnen Planer bzw. ausführenden Unternehmen haben ihre eigenen individuellen Ablaufpläne, i.d.R. produktionsorientierte Terminpläne, auf die ihnen durch den vertraglichen Rahmenterminplan zugestandenen Fristen abzustimmen; die auftraggeberseitigen Dispositionsfristen sind ihnen zumeist nicht bekannt und/oder für sie tabu. Der jeweilige Auftragnehmer hat seine eigene Leistungserstellung nur so zu planen, dass er die mit dem Auftraggeber vereinbarten Fristen einhält. Er geht davon aus, dass der Auftraggeber ihm einen zügigen, kontinuierlichen Arbeitsablauf ermöglicht, wozu er im Verhältnis zum Auftraggeber auch berechtigt ist. Deswegen darf er seinerseits die oben aufgeführten Zeitreserven des Rahmenterminsplans nicht in seine Terminplanung einbeziehen; diese Zeitreserven dienen dem Auftraggeber zum Auffangen von zeitlichen Problemen. Der einzelne Auftragnehmer plant dagegen seinen kontinuierlichen Arbeitsablauf als produktionsorientierten Terminplan. Das ändert aber nichts daran, dass er innerhalb seiner internen Ablaufplanung seinerseits ebenfalls Zeitreserven vorsieht bzw. vorsehen sollte.

Die Haftung für **Erfüllungsgehilfen** behandeln wir unter Rdn. 1364.

4.4.2.5 Genehmigungen

Der **Auftraggeber** hat alle erforderlichen öffentlich-rechtlichen Genehmigungen und Erlaubnisse herbeizuführen (§ 4 Nr. 1 Abs. 1 Satz 2 VOB/B). 1297

Daher gerät der Auftragnehmer, **solange keine Baugenehmigung vorliegt, nicht** nur nicht **in Verzug,** wenn er nicht beginnt (er darf ja auch öffentlich-rechtlich gar nicht bauen), sondern umgekehrt liegt, sofern ein fester Beginntermin vereinbart worden war (oder der Auftraggeber mit dem Abruf des Baubeginns in Verzug ist) oder sofern während des Bauablaufs eine notwendige Teilbaugenehmigung fehlt, eine **Behinderung** vor, die zu Ansprüchen des Auftragnehmers aus § 6 Nr. 6 VOB/B führen kann.[1510]

[1510] BGH NJW 1996, 1745; Merkens, in: Kapellmann/Messerschmidt, VOB/B § 4, Rdn. 10, 12; OLG München BauR 1980, 274. Siehe auch Rdn. 1346, 1347

4.4.2.6 Zurverfügungstellung

1298 Schließlich hat der **Auftraggeber** unentgeltlich Lager- und Arbeitsplätze auf der Baustelle, vorhandene Zufahrtswege und Anschlussgleise sowie vorhandene Anschlüsse für Wasser und Energie zur Verfügung zu stellen (§ 4 Nr. 4 VOB/B).

4.4.2.7 Sonstige Mitwirkungspflichten

1299 Es gibt daneben noch eine Reihe weniger bedeutender Mitwirkungspflichten in der VOB/B, die aber für unser Thema von geringerer Bedeutung sind.[1511]

Die Abrufpflicht bezüglich des **Baubeginns** behandeln wir gesondert (nachfolgend Rdn. 1319 f.).

4.4.3 Die Mitwirkungspflichten gemäß dem speziellen Vertrag

1300 Fast alle Bauverträge enthalten offen oder unausgesprochen eine Reihe weiterer Mitwirkungspflichten: Der Auftraggeber muss z. B. eine noch fehlende Auswahl etwa hinsichtlich des Materials treffen. Er muss bei einem Auswahlschuldverhältnis (z. B. „Farbton nach Wahl des Auftraggebers") die Wahl treffen. Er muss sich bei vertraglichen Alternativen auf die Ausführungsalternative festlegen.

Wirkt der Auftraggeber insoweit nicht rechtzeitig mit, kann das Ansprüche gemäß § 6 Nr. 6 VOB/B auslösen.

1301 Schließlich können sowohl individuell wie in Allgemeinen Geschäftsbedingungen (auch im LV) weitere Mitwirkungsregeln getroffen werden, z. B. in der Form, dass der Auftraggeber einen Schwerlastkran stellt. Soweit der Auftragnehmer die entsprechenden Allgemeinen Geschäftsbedingungen seinerseits gestellt hat (z. B. als Spezialanbieter), ist darauf zu achten, dass auf diesem Weg dem Auftraggeber nicht Pflichten auferlegt werden, die gegen AGB-Recht verstoßen. Solche „Erstellungspflichten" sind im Regelfall aber Hauptpflichten (vgl. oben Rdn. 1285, 1286).

4.5 Der Zeitpunkt der Mitwirkungspflicht (= Mitwirkung nicht rechtzeitig?)

4.5.1 Mitwirkung mangelhaft erfüllt oder Mitwirkung nicht rechtzeitig erfüllt

1302 Die Mitwirkung des Auftraggebers kann
- mangelhaft sein
  oder
- verspätet sein

Ob die Mitwirkungsleistung mangelhaft ist, lässt sich einfach definieren und ist im Prinzip unproblematisch, das bedarf deshalb keiner weiteren Erörterung.

Ob die Mitwirkungsleistung verspätet ist, setzt voraus, zu definieren, zu welchem Zeitpunkt sie rechtzeitig gewesen wäre, d. h., den „Fälligkeitszeitpunkt" der Mitwirkungshandlung zu definieren; das erörtern wir nachfolgend.

[1511] Vgl. dazu z. B. die Mitwirkungspflichten gemäß VOB/C; näher Rdn. 1347.

4.5.2 Die Bedeutung der Zeitvorgabe

Der Auftragnehmer hat „Bauleistungen" zu erbringen. Diese Leistungen[1512] entstehen dadurch, dass der Auftragnehmer Produktionsfaktoren einsetzt. Die daraus resultierenden verschiedenen Kostenverursachungen haben wir unter Rdn. 8 ff. besprochen. **1303**

Im Rahmen der Rechtzeitigkeit der Mitwirkung interessiert uns nur der **Einfluss der Zeit** auf den **Produktionsvorgang**. Er zeigt sich darin, dass die Quantität der nicht als Material in das Bauobjekt einfließenden, sondern „nur" bereitgestellten Produktionsfaktoren sich ergibt aus:
– dem vom Auftraggeber beauftragten Leistungsumfang (Mengengerüst des Leistungsverzeichnisses),
– der vorgegebenen Bauzeit und
– dem entsprechenden Quantum an Leistungserbringern (Menschen, Maschinen usw.).

Ordnet man den Produktionsfaktorenbedarf den einzelnen (Haupt-)Leistungen zeitlich zu, so ergibt sich das Zusammenspiel von produktionsorientiertem Termin- und Kapazitätsplan, wie es in den modifizierten Sollablaufplänen (u. a. **Abb. 55 a/b**, S. 782, 789) für den Kapazitätseinsatz des Hochbauprojekts dargestellt ist. Erst eine Zeitvorgabe lässt bei vorgegebenem Mengengerüst eine Aussage über die für die Ausführung dieser Bauleistung erforderlichen Kapazitäten zu.[1513]

Maßgeblich für die Abwicklung der Bauleistung ist demgemäß nicht nur, ob der **Auftraggeber** mitzuwirken hat, sondern auch, **wann** er mitzuwirken hat.

Der Normalfall ist auch hier nicht der, dass der Auftraggeber seine **Mitwirkung** verweigert (was nach näherer Maßgabe des § 9 VOB/B Kündigungsgrund für den Auftragnehmer ist), sondern, dass er sie **zu spät** erbringt. „Zu spät" lässt sich jedoch erst dann definieren, wenn bekannt ist, was **„rechtzeitig"** ist. Mit anderen Worten: Wann ist die Mitwirkung **fällig**?

4.5.3 Vereinbarte Mitwirkungstermine des Auftraggebers (Planlieferfristen) – vereinbarte Planlieferfristen, Abruffristen

Der einfachste Fall ist der, dass der **Vertrag** insoweit selbst **Fristen für den Auftraggeber** enthält (Planlieferungsvereinbarung). Für einen Teilbereich der Mitwirkungspflichten sind solche Regelungen sehr zu empfehlen, nämlich als Beistellfristen oder Planlieferfristen; § 11 Nr. 3 VOB/A sieht die vertragliche Festlegung von Planlieferfristen ausdrücklich vor. Der Vertrag regelt dann, in welcher Frist vor welchem Leistungsabschnitt der Auftraggeber die notwendigen Ausführungspläne (z. B. Bewehrungspläne) zur Verfügung gestellt haben muss; dabei ist auch wichtig, dass die **richtige Reihenfolge der Planlieferungen** auf den vom Auftraggeber vorgegebenen und/oder vom Auftragnehmer vorgesehenen (und möglichst durch seinen produktionsorientierten Ablaufplan dokumentierten) Bauablauf abgestimmt ist. Ansonsten besteht die Gefahr, dass zwar Ausführungspläne geliefert werden und auch gebaut werden kann, nicht aber in der Weise, wie die Arbeitsvorbereitung und der produktionsorientierte Ablaufplan des Auftragnehmers es vorsahen. Die Folgen sind Störungen der Bauabläufe, Umsetzen von Kapazitäten von einer **1304**

[1512] „Leistung ist das Ergebnis der betrieblichen Tätigkeit". Sie wird in Geld bewertet (vgl. KLR a. a. O.).
[1513] Näher Olshausen, Festschrift Korbion, S. 323, 329 sowie Schofer, Planungsverlauf im Hochbau.

zur anderen Arbeitsstelle oder sogar Baustillegung; auf jeden Fall aber werden dadurch zusätzliche Kosten verursacht.

Sind allerdings Planlieferfristen so vereinbart **und** mit Ausführungsfristen für den Auftraggeber vertraglich verknüpft, so ist die Erfüllung der Planlieferfristen für den Auftraggeber nicht mehr Nebenpflicht, sondern **Hauptpflicht**, siehe oben Rdn. 1287.

Allerdings ist die Problematik offenbar manchen Auftraggebern und Planern immer noch nicht einsichtig. Denn sonst ist es nicht zu verstehen, dass häufig von Planerseite her versucht wird, das Fehlen von Plänen für zur Ausführung anstehende Bauabschnitte durch Übergabe von Plänen für noch nicht zur Ausführung anstehende Bauabschnitte kompensieren zu wollen.

Es ist zulässig, **vertraglich** statt fester Planlieferfristen des Auftraggebers zu vereinbaren, dass der Auftragnehmer die benötigten Planunterlagen beim Auftraggeber **abrufen** muss;[1514] ruft der Auftragnehmer nicht ab, kann er sich dann nicht auf Behinderung wegen fehlender Pläne berufen; ruft er ab, so muss er dem Auftraggeber mindestens nach dem Abruf noch einige Tage (bis zu einer Woche) „Reaktionsfrist" lassen, so dass z. B. bei einer Vorlaufzeit von 3 Wochen der Auftragnehmer 4 Wochen vor dem geplanten Ausführungstermin abrufen muss. Verspätete Abrufe führen zu einer entsprechenden Verschiebung des Soll-Beibringungstermins. Verfrühte (prophylaktische) Abrufe sind unbeachtlich.

Die Pflicht zum Abruf macht eine Behinderungs**anzeige** dann, wenn trotz Abruf keine Pläne (rechtzeitig) geliefert werden, **nicht** entbehrlich.

Der Auftraggeber hat seine Pflicht zur rechtzeitigen Vorlage von Plänen nur dann erfüllt, wenn er **freigegebene** Pläne fristgemäß überreicht (s. o. Rdn. 1295, aber auch unten Rdn. 1316).

Abschließend ist zu erwähnen:
Vereinbarte Vorlauffristen stehen im Zusammenhang mit und ergeben sich aus einem (Vertragsinhalt gewordenen) Terminplan (zumeist einem Ablaufplan des Auftragnehmers). Dadurch, dass Planliefertermine als Kalenderfristen vereinbart wurden, wird jeder Streit über Soll-Liefertermine vermieden (vgl. auch unten Rdn. 1314 ff.).

Für vertraglich vereinbarte Planlieferfristen (Vorlauffristen) gilt bei Überschreitung die Vermutung behindernder Auswirkung (siehe Rdn. 1316).

4.5.4 Mitwirkungstermine des Auftraggebers nicht geregelt

1305 Wenn keine exakten Beistellfristen vereinbart sind und damit die „Rechtzeitigkeit" der Planvorlage i. S. von § 3 Nr. 1 VOB/B nicht ohne weiteres festzustellen ist, müssen die „Planlieferfristen" aus dem Vertrag „rückgeschlossen werden". Einmal ist dann zu klären, von welchen Bezugsterminnen aus „rückwärts" zu rechnen ist (dazu sogleich Rdn. 1306 ff.), zum zweiten, wie lang dann die Beistellfrist selbst ist (dazu Rdn. 1314); das behandeln wir nachfolgend.

[1514] Zutreffend OLG Düsseldorf BauR 1996, 862 mit Anm. Kapellmann; Beck'scher VOB-Kommentar/Hofmann, Teil B § 3 Nr. 1, Rdn. 29; Beck'scher VOB-Kommentar/Motzke, Teil B § 6 Nr. 6, Rdn. 51; Heiermann/Riedl/Rusam, VOB/B § 3 Rdn. 3; Havers, in: Kapellmann/Messerschmidt, VOB/B § 3, Rdn. 22.

4.5.4.1 Die Ermittlung des zeitlichen Ausgangspunkts für die Fristenfeststellung

4.5.4.1.1 Vereinbarte Baufristen

Zur sachgerechten Abwicklung und Koordinierung größerer Bauvorhaben sind vertragliche Fristenregelungen absolut unentbehrlich. Diese werden folglich im Vertrag festgelegt. Ein „einseitiges" Auftraggeberrecht auf Fristenfestlegung behandeln wir unter Rdn. 1336.

§ 5 VOB/B **bestimmt,** dass die Ausführung nach den verbindlichen Fristen zu beginnen, angemessen zu fördern und zu vollenden ist. Diese Vorschrift regelt mindestens primär nur die **Pflichten des Auftragnehmers,** wie insbesondere § 5 Nr. 3 und § 5 Nr. 4 VOB/B zeigen.
Die **Frage ist, ob** daraus **gleichzeitig** auch **zeitliche Fixierungen** für den **Auftraggeber** resultieren. Wenn insoweit nicht ausdrücklich gegenteilige Festlegungen getroffen sind (Beistellfristen, wie unter Rdn. 1304 erörtert), hat der **Auftraggeber** durch die Festlegung von Ausführungsfristen für den Auftragnehmer **nicht a priori vereinbart, dass ihn selbst gleichzeitig Schuldner-Hauptpflichten** (d. h. Fristenverpflichtungen) treffen. Das würde auch das Leistungsverhältnis umkehren – denn die Werkleistung hat als Schuldner der Auftragnehmer zu erbringen; das ist Hauptpflicht. Der Auftraggeber hat zu zahlen, das ist seine Hauptpflicht. Der Auftraggeber ist im Rechtssinn gar nicht **verpflichtet,** das Bauwerk **durchführen** zu lassen. Er ist nach **allgemeinem** Werkvertragsrecht lediglich zur Zahlung verpflichtet, auch wenn er das Werk nicht ausführen lässt (§ 649 BGB), dann allerdings unter Abzug ersparter Aufwendungen des Auftragnehmers.

1306

Jedoch: Beim Bauvertrag ist das anders. **Solange** der **Auftraggeber** das **Bauwerk** (noch) **ausgeführt** wissen will, **solange er** also einerseits **den Auftragnehmer** an seinen vertraglichen und damit insbesondere zeitlichen Pflichten **festhält, darf er ihn andererseits nicht gleichzeitig** daran **hindern,** die Fristen zu wahren. Anders ausgedrückt: Er **muss** die notwendige **Mitwirkung leisten,** wie er das Bauwerk auch erstellt haben will; deshalb ist die Mitwirkung beim nicht völlig schlichten Bauvertrag Neben**pflicht** des Auftraggebers (oben Rdn. 1279 ff.).
Deshalb sind **vorab** auf jeden Fall die Ausführungsfristen, die die Leistungspflicht des Auftragnehmers als **„verbindliche Vertragsfristen"** (§ 5 Nr. 1 VOB/B) regeln, auch für den Auftraggeber selbst dahingehend verbindlich in dem Sinne, dass er durch **rechtzeitige** Mitwirkung (**§ 3 Nr. 1 VOB/B**) dem Auftragnehmer die Erfüllung seiner Erstellungspflicht zu diesem Zeitpunkt ermöglichen muss.

1307

Wenn der Hochbau eines Rohbaus zu errichten ist und als verbindliche Vertragsfristen Baubeginn, Fertigstellung Decke 5. Obergeschoß, 15. Obergeschoß, 25. Obergeschoß und Endfertigstellung vereinbart sind, lassen sich aus dieser Überlegung allein aber noch keine für Einzelpunkte brauchbaren Erkenntnisse für die Mitwirkung des Auftraggebers ableiten. Wann müssen die Pläne für das 13. Obergeschoß vorliegen?

1308

Dazu gilt: Weil die Bauleistungsnotwendigkeit notwendigerweise eine Zeitkomponente hat, kann der Auftragnehmer nicht „schlagartig" zum Vertragstermin 5. Obergeschoß fertig sein. Er hat vielmehr das Recht, seine Leistungserstellung so einzurichten, dass er gemäß seiner arbeitsvorbereitenden Terminplanung und mit den Kosten, die den Vertragspreisen zugrunde liegen, also mit vorkalkulierten Kosten, sein Leistungsziel erreicht. Das bedeutet: Sofern nichts anderes (z. B. in einem Terminplan) geregelt ist, hat der **Auftrag-**

nehmer Anspruch darauf, dass der Auftraggeber zu den Zeitpunkten seiner Mitwirkungspflicht genügt, die zu einem **objektiv – durchschnittlichen kontinuierlichen Arbeitsablauf** gehören.[1515] Auch das ist aber notgedrungen vage – wir verfolgen deshalb das Problem sogleich noch näher (Rdn. 1312).

1309 Zunächst ergibt sich die Frage, ob dieses „Unbestimmtsein" durch einen als **Vertragsbestandteil** vereinbarten **Bauzeitenplan** geklärt wird. Dabei ist das entscheidende **Problem:** Die **Einzelfristen** eines vertraglich vereinbarten Bauzeitenplans sind – wenn nichts anderes vereinbart ist – gerade **keine Vertragsfristen** (§ 5 Nr. 1 Satz 2 VOB/B). Verständlicher ausgedrückt: Gerade weil die Einzelfristen eines Bauzeitenplans keine Vertragsfristen sind, sind sie für den Auftragnehmer **unverbindlich.** Das heißt: Wenn der Auftragnehmer laut vertraglich vereinbartem Bauzeitenplan eine bestimmte Leistung am 20. September beendet haben soll, aber erst am 5. Oktober fertig ist, kommt er dennoch nicht in Verzug – sonst gäbe es auch keinen Unterschied zwischen (im Vertrag dokumentierten) Vertragsfristen und Nicht-Vertragsfristen.[1516]

Aber: Aufgrund dieses zum Vertragsinhalt gewordenen **Bauzeitenplans,** dessen Einzelfristen unverbindlich sind, hat der Auftragnehmer seinen produktionsorientierten Detail-Ablaufplan erstellt. Dieser interne Detail-Ablaufplan zielt auf Abstimmung der Produktionsfaktoreneinsätze und auf eine kostengünstige Leistungserstellung ab. Er gibt in der Regel den Ablauf wieder, der den kalkulierten Kosten enspricht und der innerhalb der auftraggeberseitigen Terminvorgaben möglich ist. Deshalb beinhaltet er zumeist einen optimal abgestimmten Kapazitätseinsatz.

1310 Die Bedeutung der **auftraggeberseitig** vorgegebenen Vertragsfristen und eines **auftraggeberseitig** vorgegebenen Bauzeitenplans (s. § 5 Nr. 1 S. 2 VOB/B) ist besonders augenfällig, wenn der Bauzeitenplan für Vorgänge mit objektiv in etwa gleichem Zeitbedarf für die eigentliche Ausführung der Leistung(en) unterschiedliche Zeitdauern vorsieht. Es liegt in der Natur projektorientierter (Grob-) Ablaufpläne, dass sie Zeitdauern einräumen, jedoch noch nicht differenziert auf den Produktionsfaktorenbedarf eingehen. Ein solcher projektorientierter (Grob-) Ablaufplan, ganz gleich von wem aufgestellt, gibt Organisationsvorschriften und Organisationshilfen. Er ist die Vertragsinhalt gewordene Nachricht, wie sich der Terminplanersteller den Bauablauf in seinen Grundzügen vorstellt. Dieser Ablauf ist nicht für jede einzelne Vorgangsfrist für den Auftragnehmer verbindlich, ansonsten müßte es sich bei jeder einzelnen Vorgangsfrist um ausdrücklich vereinbarte Vertragsfristen handeln. Dennoch **kann der Auftraggeber** die einzelnen unverbindlichen **Fristen** mit gewisser Verzögerung, nämlich Abhilfeaufforderung nach § 5 Nr. 3 VOB/B, für den Auftragnehmer **verbindlich machen** (vgl. Fn. 1413).

Dann aber gilt: **Der Auftragnehmer hat das Recht, sich auf denjenigen Arbeitsablauf einzustellen, der durch den Bauzeitenplan vorgegeben ist.**

Auch wenn dessen Fristen für den Auftragnehmer unverbindlich sind, **regelt** der Bauzeitenplan als Organisationsplan doch, **wann der Auftragnehmer mit der Mitwirkung des Auftraggebers rechnen** kann. Demzufolge bestimmen **gerade auch die Einzelfristen** des Bauzeitenplans, **die nicht Vertragsfrist sind, mittelbar die Zeitpunkte,** zu denen der Auf-

---

[1515] Zustimmend Beck'scher VOB-Kommentar/Motzke, Teil B Vor § 6, Rdn. 65.
[1516] So zutreffend BGH WM 1985, 1073.
Um nach Überschreitung einer solchen unverbindlichen Terminplan-Frist „Folgen", insbesondere Verzugsfolgen, herbeizuführen, muss der Auftraggeber erst einen Fälligkeitszeitpunkt herbeiführen. Das geschieht über ein Abhilfeverlangen (mit Fristsetzung) gemäß § 5 Nr. 3 VOB/B. Danach ist die Leistung fällig. Für den Verzug des Auftragnehmers ist dann zusätzlich noch eine Mahnung erforderlich (ebenso Vygen/Schubert/Lang, Bauverzögerung, Rdn. 39; Einzelheiten bei Kapellmann/Langen, Einführung in die VOB/B, Rdn. 65 ff.). Siehe auch Rdn. 1381.

tragnehmer fertig sein soll, und mit entsprechendem zeitlichem Vorlauf deshalb auch, **wann** der Auftraggeber seine **Mitwirkungspflicht** zu erfüllen hat.[1517]
Gerade die unverbindlichen Einzelfristen – also nicht etwa nur die verbindlichen Fristen, die Vertragsfristen – sind Bezugstermine für die Ermittlung der Vorlauffristen für die Mitwirkungspflichten des Auftraggebers; beide, unverbindliche wie verbindliche, Fristen sind „**Ausführungsfristen**", wie die **Überschrift des** § 5 VOB/B zweifelsfrei deutlich macht. Sie sind Teil der Organisationsvorgabe des Auftraggebers genau wie andere zeitliche Angaben des Auftraggebers, z. B. mitgeteilte Bezugsdaten oder sonstige, den Zeitablauf betreffende, zum Vertrag gehörende Unterlagen.
§ 3 Nr. 1 VOB/B sagt zutreffend: „Die für die Ausführung **nötigen** Unterlagen sind dem Auftragnehmer unentgeltlich und **rechtzeitig** zu übergeben." Der als „**rechtzeitig**" **maßgebende Zeitpunkt** wird vorab **bestimmt** von den „vertraglich festgelegten Fristen, wie **insbesondere** der **Ausführungsfrist**, vgl. Teil B § 5 Rdn. 1 ff., **unabhängig** davon aber **auch** und **sogar in erster Linie** von dem allgemeinen Erfordernis der Ermöglichung zügiger, ungehinderter Arbeit".[1518] Gibt also der Auftraggeber Erklärungen, wie **er** den Arbeitsablauf wünscht, **bindet** er sich damit selbst.

4.5.4.1.2 Fehlende Baufristen

Damit beantwortet sich aber auch die Frage, was gilt, wenn keine einzelnen Baufristen oder keine Bauzeit im Vertrag vereinbart sind oder wenn nur Vertragsfristen vereinbart sind, ohne dass weitere Organisationsfristen durch einen Bauzeitenplan geregelt sind. Da der Auftraggeber sich nicht (oder nur für Vertragsfristen) durch Fristen gebunden hat, hat der Auftragnehmer auch nur ganz allgemein das Recht, innerhalb eines großen Zeitrahmens in der „objektiv zur Herstellung notwendigen Zeit" seine Leistungen zu erbringen, wenn nicht andere Unterlagen Aussagen über die vom Auftraggeber gewünschten Einzelbauzeiten machen.[1519]

1311

Deshalb werden sich für die zeitliche Einordnung der Mitwirkungspflichten dann auch nur annähernde Zeitpunkte angeben lassen. Damit lässt sich eine datumsmäßig festzulegende Frist nicht mehr feststellen. Trotz allem lässt sich jedoch **auch hier** sagen, dass dann, wenn der Auftragnehmer **zu irgendeinem festgelegten Zeitpunkt fertig sein soll**, spätestens zu (theoretisch) objektiv feststellbaren Zeitpunkten davor die jeweils für die Ausführung erforderlichen Ausführungspläne vorliegen müssen, also zu diesem Zeitpunkt der Auftraggeber mitgewirkt haben muss.

Dies gilt **sogar** dann, wenn **keine Fertigstellungsfrist** vereinbart ist: Hat der **Auftragnehmer** einmal mit seiner Leistungserstellung **begonnen**, **so hat** er auch **Anspruch auf kontinuierliche Arbeitsdurchführung**. Da aber **mangels Terminplan** kaum bestimmbar ist, mit welcher Kapazität der Auftragnehmer zu arbeiten hat, und da folglich nicht bestimmbar ist, zu welchem Zeitpunkt der Auftragnehmer einen bestimmten Zwischenschritt getan haben muss, wird es bei dieser Konstellation außerordentlich **schwierig, Zeitpunkte für Mitwirkungshandlungen** des Auftraggebers dann noch **abzugrenzen**. Ganz schutzlos ist der Auftragnehmer aber selbst dann nicht: Auch hier hilft – aber eben nicht als praktischer Anhaltspunkt –, dass der Auftragnehmer das Recht hat, wenn er einmal die Leistungserstellung begonnen hat, sie mit „objektiv notwendigen Kapazitäten" in einer „objektiv erforderlichen Durchschnittszeit" auszuführen.

1312

[1517] Ganz herrschende Auffassung, z. B. Ingenstau/Korbion/Döring, VOB/B § 3 Nr. 1, Rdn. 8; Langen, in: Kapellmann/Messerschmidt VOB/B § 5, Rdn. 87 ff.; Nicklisch/Weick, VOB/B § 3 Rdn. 14; Kiesel, VOB/B § 3 Rdn. 5; s. auch Leinemann, VOB/B § 6, Rdn. 5; wie hier im Ergebnis auch Clemm, Betrieb 1987, 2597; anderer Ansicht, aber aus den dargelegten Gründen nicht zutreffend, v. Craushaar, BauR 1987, 14, 21.

[1518] Zitat nach Korbion/Döring, a. a. O.

[1519] BGH NZBau 2001, 389; Langen, in: Kapellmann/Messerschmidt, VOB/B § 5, Rdn. 1.

In einem solchen Fall kann der Auftragnehmer aber rechtzeitig seine **eigenen** Ablaufüberlegungen – zumeist in der Gestalt eines produktionsorientierten Terminplans – **vorlegen.** Der **Auftraggeber ist dann nach Treu und Glauben (§ 242 BGB)** gehalten, sich entweder mit seinen Mitwirkungshandlungen auf diesen Terminplan einzustellen oder aber selbst seine zeitlichen Vorstellungen mitzuteilen, also auch, welchen Ablauf er wünscht.[1520] Der Auftragnehmer hat insoweit einen Auskunftsanspruch. Unterlässt der Auftraggeber die Auskunft, kann darin allein schon eine Behinderung im Sinne von § 6 Nr. 6 VOB/B liegen. Ein Argument dazu findet sich auch in § 5 Nr. 2 Satz 1 VOB/B: Der Auftraggeber ist, wenn er keinen Beginntermin vereinbart hat, jedenfalls verpflichtet, auf Anfrage den vorgesehenen Arbeitsbeginn mitzuteilen.[1521]

Zusammenfassend zeigt sich, dass **eine vertraglich im Einzelnen geregelte Bauzeit das A und O für** eine brauchbare **Ermittlung** von **Behinderungsfolgen** ist.

1313 **Sofern nicht** zusätzlich zum Terminplan die **Mitwirkungsfristen des Auftraggebers** festgelegt sind, tritt häufig folgende ergänzende **Problematik** auf:
– Die Ausführungsunterlagen kommen nicht mit dem vom Auftragnehmer **erwarteten** Vorlauf vor der Ausführungsfrist.
– Der Auftragnehmer muss viel Zeit und Überzeugung aufwenden, um dem Auftraggeber aus dem Terminplan heraus **plausible Planliefertermine** und die Notwendigkeit ihrer Einhaltung **überhaupt deutlich** zu machen.
– Die Planungsseite des Auftraggebers verspricht von Fall zu Fall bestimmte Planlieferungen, hält aber nur einen Teil ihrer Versprechungen, bagatellisiert oder leugnet das Fehlen weiterer Pläne und stellt den Auftragnehmer als Querulanten „in die Ecke".
– Die Bauleitung des Auftragnehmers kann dem zeitlichen psychischen Druck nicht standhalten, lässt sich auf Kompromisse bezüglich der Planlieferungen und des Bauablaufs ein mit der Folge, dass am Bauende das zeitliche und kostenmäßige Ist nicht mit dem vorgegebenen Soll übereinstimmt.

Eine genaue Regelung der Mitwirkungsfristen ist deshalb unbedingt zu empfehlen.

4.5.4.2 Die Vorlaufzeit (Planlieferfristen ohne vertragliche Vereinbarung)

1314 Um den richtigen Fälligkeitszeitpunkt für die Mitwirkungshandlung zu bestimmen, muss auch die jeweilige Dauer der Vorlaufzeit bestimmt werden. Dazu sind theoretisch kaum eindeutige Antworten möglich. Aber hier herrscht jedoch in der Praxis eine gewisse Übereinstimmung, welche **objektiven Mindestvorlaufzeiten** für einzelne Mitwirkungshandlungen erforderlich sind, wenn eine bestimmte fristgebundene Leistung zu erstellen ist.

Als Zusammenfassung der Vorlaufzeiten, die sich in der Praxis auch nach unserer Meinung als notwendig herausgestellt haben, werden in der Literatur ausgeführt:

Schalpläne:	**Vorabzüge** zur generellen **Schalungsdurchplanung** (Ziel: Realisierung eines Serieneffektes mit vielen wiederholten Einsätzen) benötigen vor Arbeitsbeginn der Schalungsarbeiten	6 Wochen[1522]
	Ausführungsunterlagen:	3 Wochen bis 20 Arbeitstage[1523]

[1520] Zutreffend OLG Düsseldorf BauR 1996, 862 mit Anm. Kapellmann; Döring, Festschrift für von Craushaar, S. 193 ff, 199.
Auf die Bedeutung der in projektorientierten Terminplänen des Auftragnehmers enthaltenen und seiner Sicherheit dienenden Zeitreserven gehen wir (Rdn. 1483 ff.) nochmals ein.
[1521] Aus diesem Grund ist im Ergebnis v. Craushaar, BauR 1987, 14, 21 nicht zuzustimmen.
[1522] Vygen/Schubert/Lang, Bauverzögerung, Rdn. 352.
[1523] Vygen/Schubert/Lang, Bauverzögerung a. a. O.; Rösel, Baumanagement, S. 293.

Der Zeitpunkt der Mitwirkung   Rdn. 1315–1318

| Bewehrungspläne: | 3 Wochen bis 25 Arbeitstage[1524] |

Pläne mit **Baustoffen in Sonderanfertigung** (z. B. Listenmatten, Gewindestahl): Sie bedürfen z. T. größerer Vorlauffristen, abstrakt nicht bestimmbar

| Aussparungspläne: | 5 Arbeitstage[1525] |

Fertigteilpläne: Sie benötigen jeweils ein bis zwei Wochen mehr als oben angegeben (Dispositionszeitraum für Elementschalung)[1526]

Dem Auftragnehmer ist **dringend zu empfehlen**, wenigstens die **Vorlaufzeit** für Ausführungspläne **vertraglich** zu regeln (dazu Rdn. 1304). Er kann insbesondere – außer bei der öffentlichen Ausschreibung – bestimmte Vorlaufzeiten zum ausdrücklichen **Bestandteil** seines **Angebots** machen. Diese Vereinbarung sollte im Interesse der Klarheit der Abmachung sogar jeweils als Kalenderfrist und nicht nur als Vorlaufzeitraum formuliert werden.   1315

Eine vertragliche **Vereinbarung** von Vorlaufzeiten – ob als Kalenderfrist oder als Vorlaufzeitraum – **erleichtert gleichzeitig als abstrakte Regelung die Diskussion darüber, ob im konkreten Einzelfall überhaupt gerade dieser Vorlaufzeitraum notwendig war**; wir haben das für entsprechende Kalenderfristen schon unter Rdn. 1304 erwähnt.   1316

„Dies ist wichtig, da in vielen strittigen Fällen über Verzögerungen als Argument für verspätete Planlieferungen oder verspätete Erfüllung von Vorleistungen angeführt wird, dass der Unternehmer ohnehin vom Ablauf seiner Bauarbeiten her diese Pläne noch nicht benötigt habe. Hier sind oftmals Ursache und Wirkung nicht mehr eindeutig zu trennen" – so im Prinzip zutreffend Schubert.[1527]
Die Überschreitung einer **vereinbarten** Planlieferfrist begründet eine (widerlegliche) Vermutung für die behindernde Auswirkung; insoweit können verspätet eingehende Pläne auch **offenkundig** behindernd sein, wie in Rdn. 1230 ff. näher erörtert, vorausgesetzt allerdings, dass der Fristbeginn nach einem eventuell behinderungsbedingt modifizierten Ablauf bestimmt wird.
Beispiel: Für Bewehrungspläne ist eine Vorlaufzeit von 3 Wochen vertraglich vereinbart. Für den Vorgang ist der Ausführungsbeginn am 1. 6. im Terminplan vorgesehen, dann ist der Bewehrungsplan am 9. 5. vorzulegen. Wenn sich allerdings der Bauablauf zwischenzeitlich verschoben hat und –behinderungsbedingt modifiziert – der Vorgang erst am 1.7. ausgeführt werden kann bzw. soll, braucht der Bewehrtungsplan erst spätestens am 9. 6. vorgelegt werden.[1528]

Für den Fall, dass Fristregelungen getroffen worden sind (beispielsweise 4 Wochen Planvorlauf für Bewehrungspläne) und nunmehr **überraschend ein neuer Baustoff** mit langer Lieferfrist (z. B. Gewindestahl) angeordnet wird, so müssen in Abstimmung mit den Liefermöglichkeiten entsprechende **Modifikationen** der Planlieferfrist vorgenommen werden.   1317

Für die Angebotsbearbeitung verweisen wir auf die Notwendigkeit der Prüfung der Vertragsbedingungen daraufhin, ob Planliefertermine vorgesehen oder festgelegt sind. Wenn nein, so sind solche noch zu regelnden Punkte – so die Empfehlung – für das Anschreiben zu formulieren und später dann zu vereinbaren (vgl. Anhang C Unterlage m, lfd. Nr. 1 und 2).   1318

[1524] Wie Fn. 1420.
[1525] Rösel, a. a. O.
[1526] Vygen/Schubert/Lang, Bauverzögerung a. a. O.
[1527] Vygen/Schubert/Lang, Bauverzögerung, Rdn. 355.
[1528] Vgl. auch oben Rdn. 1256.

4.5.5 Fehlende Vereinbarung für Baubeginn

1319 Ein Sonderproblem muss noch erwähnt werden. Ist für den Baubeginn keine Frist vereinbart, so hat der Auftragnehmer innerhalb von 12 Werktagen nach Aufforderung zu beginnen (§ 5 Nr. 2 Satz 2 VOB/B).[1529] Solange der Auftraggeber folglich **die Leistung** noch nicht **abgerufen** hat, hat der Auftragnehmer weder die Pflicht noch das Recht, mit der Arbeit zu beginnen. Also braucht der Auftraggeber auch noch nicht mitzuwirken, Behinderungen sind noch ausgeschlossen.[1530]

1320 Der **Auftragnehmer** hat es allerdings selbst in der Hand, den Bau in Gang zu setzen. Gemäß § 5 Nr. 1 Satz 2 VOB/B hat der Auftraggeber dem Auftragnehmer auf Verlangen Auskunft über den voraussichtlichen Beginn zu erteilen. Eine unrichtige oder mangelhafte Antwort kann eine Behinderung sein und bei Verschulden Schadensersatzansprüche gemäß § 6 Nr. 6 VOB/B auslösen.[1531]

Der **Auftraggeber** ist außerdem **verpflichtet,** die Bauleistung innerhalb eines „**angemessenen**" **Zeitraums** nach Vertragsbeginn **abzurufen**.[1532]

Eine längere Frist als drei Monate ist – wenn nichts anderes vereinbart ist oder eindeutig aus den Umständen hervorgeht – nicht mehr angemessen, was sich aus § 6 Nr. 7 VOB/B rückschließen lässt. Auch die Verletzung der Pflicht zum rechtzeitigen Abruf ist eine Behinderung und eröffnet Schadensersatzansprüche gemäß § 6 Nr. 6 VOB/B – darüber hinaus hat der Auftragnehmer ein Kündigungsrecht nach Maßgabe des § 9 Nr. 1 a VOB/B.

Weigert sich der Auftraggeber endgültig und ernsthaft, überhaupt abzurufen, kann der Auftragnehmer vollen Schadensersatz wegen Nichterfüllung gemäß § 326 BGB verlangen (siehe oben Rdn. 1210).

4.6 Behinderung durch Unterlassung und/oder durch Handlung

4.6.1 Behinderung durch Unterlassung

1321 Der typische Fall einer auftraggeberseitigen Behinderung ist, dass der Auftraggeber eine zu einem bestimmten Zeitpunkt geschuldete Mitwirkung unterlässt, also z.B. die zum 7. September vorzulegenden Schalpläne für das Dachgeschoß nicht (bzw. verspätet) vorlegt. Ebenso typisch ist, dass er die Vorarbeiten der vorlaufenden Unternehmen nicht koordiniert oder ein Material nicht auswählt. Da er Handlungspflichten hat, ist eine solche Unterlassung objektiv pflichtwidrig und damit tatbestandsmäßig im Sinne von § 6 Nr. 6 VOB/B.

[1529] „Beginnen" heißt nicht, dass der erste „Spatenstich" gemacht sein muss. Auch die notwendige technische Vorplanung und/oder Arbeitsvorbereitung, z. B. bei schwierigen Unterfangungsarbeiten, gehören schon dazu, vorausgesetzt, es gibt insoweit bereits Aktivitäten auf der Baustelle. Spätestens ist die Einrichtung der Baustelle Baubeginn (zutreffend Heiermann/Riedl/Rusam, VOB/B § 5 Rdn. 5). Ohnehin muss der Auftraggeber natürlich alle ihn treffenden Vorbereitungs- und/oder Mitwirkungspflichten erfüllen bzw. erfüllt haben.

[1530] Insoweit, d. h. **nur für den Fall,** dass der **Baubeginn noch nicht festliegt,** ist v. Craushaar BauR 1987, 14, 21 zuzustimmen. Ist der Baubeginn durch Abruf einmal festgelegt, darf der Auftragnehmer ab jetzt auf die „unverbindlichen" Fristen des Bauzeitenplanes vertrauen: Er hat sogar selbst dann einen Anspruch auf „ungestörtes" Arbeiten, wenn keine weiteren Fristen vereinbart sind; siehe oben Rdn. 1311 ff.

[1531] Was allerdings mehr eine theoretische Rechtsfolge ist, Langen, in: Kapellmann/Messerschmidt, VOB/B § 5, Rdn. 66.

[1532] Näher Langen, a.a.O., Rdn. 73–75.

Die **Auswirkungen** solcher **Unterlassungen** lassen sich **nur** nach § 6 Nr. 6 VOB/B erfassen, also als Schadensersatzanspruch oder, wenn man wie der BGH daneben § 642 BGB anwendet – dazu Rdn. 1393 ff., 1400, 1648 ff. –, als „Entschädigungsanspruch". Die Unterlassung kann nicht gleichzeitig als Handlung (= Anordnung) des Auftraggebers gewertet werden; deshalb lassen sich, wie erörtert, solche Unterlassungsfälle nicht über § 2 Nr. 5, § 2 Nr. 6 VOB/B erfassen, die bloße Unterlassung löst also keine vertraglichen Vergütungsansprüche aus.[1533]

4.6.2 Behinderung durch Handlung

Selbstverständlich kann der Auftraggeber seine Mitwirkungspflichten auch durch aktives Tun verletzen. Er kann z. B. eine Terminverschiebung oder einen Baustopp anordnen oder außerordentliche Zusatzleistungen anordnen. Hier stellt sich immer die Frage, ob diese Behinderungen Ansprüche des Auftragnehmers auf Fristverlängerung auslösen, ob sie **außerdem** auch Ersatzansprüche nach § 6 Nr. 6 VOB/B zur Folge haben – **nicht** aus § 642 BGB, der nur an **unterlassene** Mitwirkungshandlungen anknüpft, s. Rdn. 1395 – und/oder ob – nur oder daneben – Vergütungsansprüche gemäß § 2 Nr. 5 bzw. 2 Nr. 6 VOB/B bestehen. Wir erörtern das gesondert in den nachfolgenden Rdn. 1324 ff.

1322

5 Rechtswidrigkeit

5.1 Rechtswidrigkeit als Voraussetzung für Schadensersatzansprüche (und „Entschädigungsansprüche"), nicht für Anspruch auf Bauzeitverlängerung

Der Auftraggeber haftet auf Schadensersatz nur, wenn er die Behinderung zu vertreten hat. Das bedeutet nach der Terminologie des BGB, dass der Auftraggeber „schuldhaft" gehandelt haben muss, wie oben unter Rdn. 1271 schon angesprochen.
„Verschulden" als Haftungsvoraussetzung setzt seinerseits zwingend „Rechtswidrigkeit" voraus.[1534] Im Vertragsrecht ist „rechtswidrig" gleichbedeutend mit „objektiv pflichtwidrig". Die objektive Pflichtwidrigkeit ist gegeben, wenn der äußere Tatbestand einer Leistungsstörung vorliegt und „Rechtfertigungsgründe" fehlen. Konkret bedeutet das – wobei über die rechtsdogmatische Einordnung in den „Tatbestand" oder die „Rechtswidrigkeit" hier nicht diskutiert werden soll –, dass das, was der Auftraggeber vertraglich **darf**, nicht gleichzeitig **pflichtwidrig (= rechtswidrig) sein kann** und damit **nicht** zu einem Schadensersatzanspruch aus § 6 Nr. 6 VOB/B **führen kann**.
Dasselbe gilt auch für Ansprüche auf „Entschädigung" gemäß § 642 BGB, sofern man solche bejaht (dazu Rdn. 1393 ff., 1400, 1648 ff.).
Nun heißt es allerdings oft, dass **Behinderungen nicht notwendig** durch ein **vertragswidriges** Verhalten des Auftraggebers verursacht zu sein brauchen.[1535] Das stimmt auch: Der Begriff „Behinderung" setzt keine Rechtswidrigkeit voraus. Das zeigt schon die Tatsache, dass ein Streik als Behinderung anzusehen ist (§ 6 Nr. 2 Abs. 1 lit b VOB/B). Aber das betrifft nur die Frage, ob die **Behinderung zur Verlängerung der Ausführungsfrist**

1323

[1533] Siehe dazu oben Rdn. 887; OLG Celle BauR 1995, 553.
[1534] Dazu und zum Folgenden siehe statt aller Palandt/Heinrichs, BGB § 276, Rdn. 8, 9.
[1535] Zum Beispiel Locher, Das private Baurecht, Rdn. 219.

führt. **Insoweit** kommt es tatsächlich nicht auf die Rechtswidrigkeit an, wie unter Rdn. 1249 erörtert.

Auch die Tatsache, dass sowohl in § 6 Nr. Abs. 2 lit a VOB/B a. F. auf vom Auftraggeber „zu vertretende Umstände" für eine Bauzeitverlängerung wie fast wortgleich in § 6 Nr. 6 VOB/B auf von einem Vertragsteil „zu vertretende Umstände" als Voraussetzung des Schadensersatzanspruchs abgestellt wurde, änderte nichts. Trotz des Wortlauts stand die herrschende Auffassung mit Recht auf dem Standpunkt, dass **alle** Umstände, die ihren Ausgangspunkt in der **Sphäre des Auftraggebers** haben, auch zur **Fristverlängerung** führen, selbst wenn sie im Rechtssinne **nicht verschuldet** sind;[1536] heute ist das durch die Textfassung von § 6 Nr. 2 Abs. 1 lit a VOB/B Ausgabe 2000 ohnehin längst geklärt.

Das bedeutet aber **keineswegs**, dass derselbe Sachverhalt dem Auftragnehmer automatisch auch **Ansprüche auf Schadensersatz** gibt. Solche Ansprüche setzen vielmehr **sowohl Rechtswidrigkeit wie auch Verschulden voraus.** Es gibt im allgemeinen Zivilrecht zwar Schadensersatzansprüche ohne Verschulden (Gefährdungshaftung), aber nie Schadensersatzansprüche ohne Rechtswidrigkeit. Die VOB/B will insoweit bestimmt nicht das Zivilrecht auf den Kopf stellen (vgl. dazu auch Rdn. 1404 ff.).

5.2 Das „erlaubte Tun" – § 6 Nr. 6 VOB/B und Behinderungen durch inhaltlich geänderte oder zusätzliche Leistungen oder durch zwingend notwendige Änderung der Bauumstände

5.2.1 Kein Schadensersatz aus § 6 Nr. 6 VOB/B bei angeordneten Bauinhaltsmodifikationen, § 2 Nr. 5, Nr. 6 VOB/B

1324 Wenn der Auftraggeber eine **zusätzliche** oder **geänderte Leistung anordnet, kann** sich die modifizierte Leistung in mehrfacher Weise „hindernd" auswirken. Die zusätzliche oder geänderte Leistung **kann** den bisherigen Arbeitsablauf stören oder unmöglich machen.

Diese Leistung fordert – wie schon erörtert[1537] – dann mehr Bauzeit, wenn die geänderte bzw. zusätzliche Leistungserstellung sich nicht in den bislang vorgesehenen Bauablauf ohne zusätzlichen Zeitbedarf einfügen lässt.

Der Auftragnehmer **braucht in der** vereinbarten Bauzeit nur den vertraglich **vereinbarten Leistungsumfang** (das Bausoll) auszuführen. Es besteht eine Äquivalenz zwischen dem vertraglich zu erbringendem Bauinhalt und der zugehörigen Bauzeit. Wenn nichts anderes nachträglich vereinbart wird, ist der Auftragnehmer folglich nicht verpflichtet, wegen der Anordnung von modifizierten Leistungen seine Kapazität aufzustocken. Demzufolge begründet die **Mehrleistung** ggf. auch einen Anspruch des Auftragnehmers auf **Bauzeitverlängerung** gemäß § 6 Nr. 2 Abs. 1 a VOB/B.[1538]

[1536] Siehe oben Rdn. 1249.
[1537] Schon unter Rdn. 663 ff., 1142 haben wir angesprochen, dass es auf die jeweiligen Gegebenheiten des Einzelfalls ankommt, ob eine geänderte oder zusätzliche Leistung eine Bauzeitverlängerung zur Folge hat bzw. **Beschleunigungsmaßnahmen** zur Termineinhaltung erforderlich macht. Das Thema haben wir sodann im Zusammenhang mit „Offenkundigkeit" ausführlich unter Rdn. 1224 ff. behandelt. Weitere Einzelheiten erörtern wir unter Rdn. 1455 ff., 1462 ff.
Inwiefern dadurch Zeitreserven, die der Auftragnehmer in seinem Terminplan zu seiner zeitlichen Absicherung vorsah, nunmehr ohne weiteres „hergegeben" werden müssen, besprechen wir unter Rdn. 1484. Vgl. auch Rdn. 565.
[1538] Vgl. Rdn. 1249. Zur Frage, ob der Auftragnehmer diese Behinderung **anzeigen** muss (§ 6 Nr. 1 VOB/B), oben Rdn. 1221 ff.

Die **Anordnung** geänderter oder zusätzlicher Leistungen führt zu Ansprüchen des Auftragnehmers auf **Vergütungsänderung** gemäß § **2 Nr. 5 oder 2 Nr. 6 VOB/B**. Das Recht auf Vergütungsanpassung ist dabei **nicht auf die unmittelbar auf die Herstellungskosten der „betroffenen" geänderten oder neuen Leistung (Position) beschränkt.** Wenn die Anordnung auch Auswirkungen auf eine **andere**, unmodifizierte Leistung (Position) hat, kann der Auftragnehmer auch bezüglich dieser Leistung (Position) eine Vergütungsanpassung verlangen.[1539]

Was ist aber mit der **aus solchen Änderungen oder Zusatzleistungen resultierenden Erfordernis zusätzlicher Bauzeit** für Teile der Gesamtbauleistung oder sogar für das gesamte Bauvorhaben? Besteht **insoweit** ein Anspruch auf **Schadensersatz gemäß § 6 Nr. 6 VOB/B** wegen Behinderung, oder sind auch die „**Bauzeit-Verlängerungsfolgen**" **insoweit über eine Vergütung gemäß § 2 Nr. 5, § 2 Nr. 6 VOB/B** zu erfassen – oder hat der Auftragnehmer zwischen den beiden Anspruchsgrundlagen die Wahl?

1325

Laut OLG Koblenz greift § 6 Nr. 6 VOB/B ein, denn **auch rechtlich zulässige Eingriffe** könnten sich als Behinderung darstellen.[1540]

1326

Soweit es um eine **Bauzeitverlängerung** als Folge von Anordnungen modifizierter Leistungen geht, kommt es – wie erörtert – auf die Rechtmäßigkeit oder Rechtswidrigkeit der Maßnahme nicht an. Zusatzaufträge **können objektiv Behinderung sein und zur Bauzeitverlängerung** gemäß § 6 Nr. 2 Abs. 1 a VOB/B führen.[1541]

Soweit es aber um **Schadensersatz gemäß § 6 Nr. 6 VOB/B** geht, ist die Aussage falsch: Für Schadensersatzansprüche ist **unabdingbare Voraussetzung,** dass die Behinderung auf eine objektive Pflicht**verletzung** des Auftraggebers zurückgeht, also eine vertragswidrige und damit **rechtswidrige** (und verschuldete) Handlung oder Unterlassung. **Es gibt keinen vertraglichen Schadensersatz (und auch keinen Entschädigungsanspruch aus § 642 BGB, dazu Rdn. 1393 ff.) wegen rechtmäßigen Tuns.** Weder die Anordnung einer inhaltlich geänderten Leistung noch die Anordnung einer zusätzlichen Leistung noch die daraus resultierenden zeitlichen Folgen sind pflichtwidrig oder überhaupt Vertragsverletzung. Sie sind ganz im Gegenteil ausdrücklich gemäß § 1 Nr. 3, Nr. 4 VOB/B **erlaubt** und können deshalb nicht gleichzeitig rechtswidrig sein.[1542] Das Konzept des **BGB**-Werkvertragsrechts hat nicht vorgesehen, dass der Auftragnehmer durch einseitige Anordnung des Auftraggebers gezwungen werden kann, geänderte bzw. zusätzliche Leistungen auszuführen (obwohl das auch im BGB-Vertrag nicht durchzuhalten ist, vgl. Band 2, Rdn. 1003 ff.); vielmehr wäre insoweit eigentlich eine neue Einigung der Parteien erforderlich. Die **VOB/B** räumt dem Auftraggeber jedoch ausdrücklich in § 1 Nr. 3 und § 1 Nr. 4 VOB/B das **Recht** ein, **einseitig** Änderungen und zusätzliche Arbeiten anzu-

---

[1539] Siehe oben Rdn. 1088. Piel, Festschrift für Korbion, S. 349, 351; Daub/Piel/Soergel/Steffani, VOB/B Erl. 2.102.
[1540] OLG Koblenz NJW-RR 1988, 851; der BGH hat im Revisionsurteil BauR 1990, 210 diese Entscheidung aus anderen Gründen aufgehoben und zurückverwiesen; er hat aber den Ausgangspunkt der Entscheidung des OLG Koblenz anscheinend akzeptiert. **Dem kann aus den im Text angegebenen Gründen nicht zugestimmt** werden; der Auftraggeber handelt **außerdem nicht schuldhaft** (s. dazu sogleich im Text). Es fehlen **alle** Voraussetzungen des § 6 Nr. 6 VOB/B. Siehe weiter Fn. 1543.
[1541] Oben Rdn. 1202, 1249; zur „Offenkundigkeit" oben Rdn. 1224.
[1542] Von theoretischem Wert ist dabei die Frage, ob nicht für vertraglich erlaubtes Tun schon ein „pflichtwidriges" Handeln ausscheidet, so dass es also bereits am Tatbestand des § 6 Nr. 6 VOB/B fehlt – was durchaus diskutabel ist –, oder ob die Anordnung der Zusatzleistung zwar grundsätzlich „pflichtwidrig" ist – der Auftraggeber hätte ja „richtig" planen können –, aber durch § 1 Nr. 3/§ 1 Nr. 4 VOB/B gerechtfertigt ist, so dass die Rechtswidrigkeit fehlt.

ordnen. Der Auftragnehmer **muss** diese Arbeiten ausführen, auf seine Zustimmung kommt es – außer im Fall des § 1 Nr. 4 Satz 2 VOB/B – nicht an.

Das aus diesem vertraglichen Zwangsrecht des Auftraggebers eigentlich resultierende „Ungleichgewicht" gleicht die VOB/B sofort dadurch wieder aus, dass sie als Äquivalent für diese Vertragspflicht sogleich einen **vertraglichen „Sondervergütungsanspruch"** gewährt. Der Vertragspflicht steht also ein Vertragsrecht gegenüber.

Dass inhaltliche Änderungen oder Zusatzleistungen vorkommen, setzt die VOB/B zutreffend als alltäglich voraus. Gerade deshalb sieht sie ein besonderes vertragliches Regelsystem für derartige Fälle vor, anders als das BGB. In dem Verhältnis von Leistung zu Gegenleistung – d. h. hier im **Vergütungsbereich** – ist demgemäß das Auftreten von geänderten oder zusätzlichen Leistungen nicht als rechtswidrige Störung anzusehen, sondern als einer der Normalfälle. Anders ausgedrückt: Wer **anordnen darf**, handelt **nicht objektiv pflichtwidrig, er handelt rechtmäßig.** Darüber hinaus: Wer von einem Vertragsrecht Gebrauch macht, die Bauleistung zu ändern oder zu ergänzen, handelt **auch nicht schuldhaft**, wie es § **6 Nr. 6** VOB/B zwingend voraussetzt. Auf eine solche Anordnung des Auftraggebers die Kategorie des „**vorwerfbaren Handelns**" anzuwenden, gibt gar keinen Sinn. Der Auftraggeber würde sehr verblüfft sein, wenn man sein Handeln als „verschuldete" Pflichtverletzung charakterisierte. Demzufolge kann die **Anordnung bauinhaltlich geänderter oder zusätzlicher Leistungen nicht Schadensersatzansprüche** aus § 6 Nr. 6 VOB/B auslösen, sondern **nur Vergütungsansprüche** gemäß § 2 Nr. 5, 6 VOB/B.[1543]

Der Auftragnehmer erleidet dadurch keinen Schaden, er wird ja für die Leistungsmodifikation bezahlt. **Alle** Folgewirkungen der **angeordneten bauinhaltlich veränderten oder zusätzlichen Leistungen** sind über eine **Vergütungsanpassung** gemäß den §§ 2 Nr. 5 oder 2 Nr. 6 VOB/B **zu erfassen**, d. h., es besteht ein Anspruch auf **Preisanpassung** wegen **aller** per saldo verbleibenden „**Auswirkungen**" auf die Grundlagen der Preisermittlung", auch der Auswirkung auf eine verlängerte Bauzeit. Die Auswirkung auf die Bauzeit ist sogar „ein von den übrigen Folgen untrennbarer Bestandteil und als Möglichkeit immer in Rechnung zu stellen. Es geht nicht an, bestimmte Kostenelemente auszunehmen und deren Überwälzung von der Inanspruchnahme eines Schadensersatzanspruches abhängig zu machen."[1544] Es besteht also auch gar kein Bedarf für eine Anwendung des § 6 Nr. 6 VOB/B (vgl. auch Rdn. 1400).

1327 Ebenso handelt der Auftraggeber berechtigt, wenn er **zwingend** (technisch) erforderliche Anordnungen hinsichtlich der **Bauumstände** gibt. Das wird zwar nicht von § 1 Nr. 3 VOB/B gedeckt, aber von der Pflicht des Auftragnehmers zur Kooperation. Auch hier erfolgt die Vergütung **ausschließlich** als „sonstige Anordnung" gemäß § 2 Nr. 5 VOB/B und nicht als Behinderungsschadensersatz.[1545]

[1543] Zum Anordnungsrecht aus § 1 Nr. 3 VOB/B **Einzelheiten** oben Rdn. 783, 784. Zur ausschließlichen Anwendbarkeit von § 2 Nr. 5, 6 VOB/B insoweit Thode ZfBR 2004, 353; Kniffka, Online-Kommentar, § 631 BGB, Rdn. 232 ff. [Stand 3. 3. 2005], Rdn. 232; OLG Frankfurt OLG Report 1999, 78, 79; zutreffend Piel, Festschrift Korbion, S. 349 ff., 356; Werner/Pastor, Bauprozess, Rdn. 1828; Lange, Festschrift für von Craushaar, S. 271 ff, 287 und Baugrundhaftung, S. 124; Beck'scher VOB-Kommentar/Motzke, Teil B § 6 Nr. 6, Rdn. 56-58, Rdn. 117.
Deshalb ist es auch **unrichtig**, wenn das OLG Düsseldorf OLG Report 1998, 70, 71 ausführt, als Schaden gemäß § 6 Nr. 6 VOB/B komme auch in Betracht, dass sich „die Grundlagen der Vergütung" änderten. Das Eine hat mit dem anderen nichts zu tun.

[1544] Zutreffend Piel, a. a. O. 356, Werner/Pastor, Bauprozess, Rdn. 1828; in der Zuordnung zu § 2 Nr. 5 VOB/B ebenso Vygen/Schubert/Lang, Bauverzögerung, Rdn. 225, 227, 230; unzutreffend OLG Köln BauR 1986, 244 L (siehe dazu auch Fn. 1550, 1151); OLG Koblenz NJW-RR 1988, 851 (dazu aber Fn. 1540).

[1545] **Einzelheiten** oben Rdn. 785–787, 798–800.

In manchen Fällen ist die **Auswirkung** der geänderten oder zusätzlichen Leistung **als** **1328** **„Behinderung"** anderer Arbeiten allerdings kaum oder nur **schwer prognostizierbar**. Dies liegt aber in der Regel dann nicht daran, dass eine solche Prognose, absolut gesehen, nicht möglich ist, sondern daran, dass vorab keine nachvollziehbare und unter Einbeziehung der Kapazitätsplanung aufgestellte Ablaufplanung vorlag und somit auch die zeitlichen und kapazitiven Anforderungen der modifizierten Leistung nicht sinnvoll in den Ablauf der Herstellung der Bausollleistungen eingearbeitet werden können. Das hat aber nichts damit zu tun, dass die Vergütung über § 2 Nr. 5 oder § 2 Nr. 6 VOB/B zu erfolgen hat. Abgesehen davon ist die Preiseinigung **vor** Auswirkung nicht zwingend, s. oben Rdn. 942 ff.

Sofern Art und Umfang der geänderten und zusätzlichen Leistung durch Anordnung des Auftraggebers festgelegt sind, gibt es allerdings normalerweise keinen Grund, nicht (sofort) einen neuen modifizierten Ablaufplan zu erstellen. So wie der Auftragnehmer bei Vertragsschluss sich in der Lage fühlte, preisliche und terminliche Beurteilungen für das vom Auftraggeber angefragte Bausoll insgesamt zu tätigen, wird er dies für einen Teil dieses Leistungsumfangs, der geänderte oder zusätzliche Leistungen umfasst, i.d.R. ebenfalls können.

Wenn trotzdem oft behauptet wird, eine solche Beurteilung wäre erst nach Bauende möglich, so liegen die Gründe hierfür
– in der Überlastung der Bauleiter des Auftragnehmers,
– in der Unwilligkeit, detailliert Planungen und Kontrollen durchzuführen,
– in Risiken,
– und in der Hoffnung, zum Bauende ein „Konglomerat an Ansprüchen" vorlegen zu können, aus dem wenigstens ein Teil dann bezahlt wird.

Sofern es sich um kleine Veränderungen handelt, die sich nacheinander und „schleichend" ergeben, scheint der oben besprochene Weg auf den ersten Blick nicht gangbar zu sein. Eine Abhilfe ist jedoch dadurch möglich, dass entweder nach Abschluss der „schleichenden" Veränderungen oder nach Verstreichen einer gewissen Zeit (z. B. jeweils zum Monatsende oder nach Fertigstellung eines Bauabschnitts) die bislang angefallenen Auswirkungen der Bauinhaltsveränderungen im bauinhaltsbedingt und/oder behinderungsbedingt modifizierten Soll-Ablaufplan berücksichtigt und kostenmäßig bewertet werden .

Eine große Hilfe ist dabei ein nach Teilbereichen zerlegter produktionsorientierter Terminplan (möglichst ergänzt durch einen auf ihn abgestimmten Kapazitätsplan, vgl. Anhang G, Unterlage g 4, Blatt 2 und 3); aus ihm kann ersehen werden, welche Leistungserstellung unter allen Umständen in der Ablaufkette bleiben müssen bzw. welche Leistungserstellung auch früher oder später, als bislang vorgesehen, ablaufen können. Entsprechendes gilt für die einzelnen Teilbereiche; auch für sie muss zumeist nicht jeder Leistungserstellung in der bislang vorgegebenen Ablauffolge erbracht werden.

Für die vorab schon besprochenen geänderten und zusätzlichen Leistungen unseres Beispielprojektes sind solche Ablaufbeurteilungen jeweils in den Rdn. 1135 ff. und 1142 ff. durchgeführt worden und haben in in Anhang E, Unterlage g 4, Blatt 2 und 3 bzw. in **Abb. 32 c**, S. 510 zu TP-Soll'2 bzw. TP-Soll'4 geführt; eine Nachtragsvereinbarung gemäß § 2 Nr. 5 oder § 2 Nr. 6 VOB/B war einschließlich der Berücksichtigung von geänderten Ablaufumständen jeweils vor Leistungserbringung möglich.
Der Fall, dass der spätere Ist-Bauablauf sich anders einstellt als prognostiziert – diesmal nach einer Behinderung –, wird zusammen mit dem Phänomen „begrenzte Teilverzögerung" und „begrenzter Teilstillstand" unter Rdn. 1480 ff. besprochen.

Anders sieht die Sache aus, wenn sich **nachträglich für** einen schon klar formulierten **1329** **Zusatzauftrag** nochmals **„Behinderungen"** ergeben. Wenn also beispielsweise am

22. Juni durch Planeingang der Leistungsinhalt der Zusatzleistung „Untergeschoss" (Anhang E) klar angeordnet ist, kann der zugehörige Nachtrag unter Berücksichtigung der zeitlichen Folgen der geänderten Bauinhalte gestellt und der bauinhaltsbedingt modifizierte TP-Soll'2 (**Abb. 32 c**, S. 510) erstellt werden. Wenn dann aber im Laufe der weiteren Abwicklung die detaillierten Ausführungspläne derartig spät kommen, dass die Fristen des bauinhaltsbedingt modifizierten Soll-Ablaufplans nicht eingehalten werden können und dadurch Störungen im Bauablauf entstehen (vgl. Isteintragungen in TP-Soll'2, **Abb. 52**, S. 776), so ergeben sich neue Sachverhalte. Sie führen zum „Behinderungsnachtrag zum Vergütungsnachtrag". Solche „nachträglichen" Zusatz-Behinderungen sind aber kein Grund dafür, alles zunächst einmal laufen zu lassen und am Schluss den Versuch des „großen Aufwaschens" zu starten.

Der **Auftragnehmer kann** somit **im Normalfall** durchaus auch **zeitliche „Behinderungsfolgen"** einer vom Auftraggeber angeordneten geänderten oder zusätzlichen Leistung erkennen und ihre Kostenauswirkungen mit in einen (vorab zu vereinbarenden) **Vergütungsnachtrag einbeziehen.** Wenn nach Anordnung einer Änderung der Zusatzleistung nachträglich nochmals auftraggeberseitige neue Anordnungen folgen, muss für diese neue Situation wiederum ein neuer Preis bzw. ein Ausgleich für „Behinderungsfolgen" ermittelt werden.

1330 **Zusammenfassend** halten wir fest: Wenn der Auftraggeber den **Bauinhalt** durch **Anordnungen** ändert oder ergänzt, zu denen er nach den §§ 1 Nr. 3, 1 Nr. 4 VOB/B **berechtigt** ist, bestimmen sich die Ansprüche des Auftragnehmers **ausschließlich** nach den §§ 2 Nr. 5, 2 Nr. 6 VOB/B; **§ 6 Nr. 6 VOB/B** ist **nicht anwendbar.**
Dasselbe gilt für **Anordnungen** des Auftraggebers, die sich **zwingend** hinsichtlich der **Bauumstände** ergeben.
„Nicht zwingende" Anordnungen zu Bauumständen behandeln wir nachfolgend unter Rdn. 1332.

5.2.2 Vergessene Folgekosten bei Vergütungsvereinbarung

1331 Das Problem, dass die Parteien bei Abschluss einer Vereinbarung über eine Nachtragsvergütung insbesondere die Regelung der „zeitabhängigen Folgekosten" **vergessen** haben, haben wir schon unter Rdn. 945 ausführlich erörtert.

5.3 Das „nicht erlaubte Tun" – § 6 Nr. 6 VOB/B – und „Behinderungen" durch ausschließlich die Bauumstände (Bauzeit) betreffende nicht (technisch) zwingend notwendige Anordnungen

5.3.1 Normalfall

1332 Wie ist der Fall zu behandeln, dass der Auftraggeber den **Bauinhalt** nicht ändert oder ergänzt, sondern (nur) **Anordnungen betreffend** die Bauumstände, z.B. die **Bauzeit** gibt, beispielsweise einen kurzzeitigen **Baustopp** anordnet? Ist auch dann nur § 2 Nr. 5 VOB/B anzuwenden, oder gilt jedenfalls hier **daneben** § 6 Nr. 6 VOB/B? Gilt dies auch, wenn der Auftraggeber die Befugnisse des § 1 Nr. 3 überschreitet (oben Rdn. 789–792)?
Wir haben oben (Rdn. 1327) unterschieden zwischen „**nicht zwingend** notwendigen" und „technisch **zwingend** notwendigen" Anordnungen hinsichtlich der **Bauumstände**. Hinsichtlich der ersteren ist der Auftraggeber zwar zu Anordnungen nach § 1 Nr. 3 VOB/B nicht berechtigt, aber wenn der Auftraggeber sie trotzdem erteilt und der Auftragnehmer ihnen folgt, regelt § 2 Nr. 5 VOB/B die Vergütung dieser modifizierten Lei-

stungen als „sonstige Anordnung" (oben **Rdn. 789, 798–800**). Nur solchen Anordnungen gilt die nachfolgende Diskussion; die zwingend notwendigen Anordnungen sind erlaubt und werden deshalb **ausschließlich** nach § 2 Nr. 5, 6 VOB/B vergütet und nicht auf Schadensersatzbasis der § 6 Nr. 6 VOB/B (oben Rdn. 1330). **Nicht zwingend notwendige Anordnungen** zu Bauumständen begründen kein **Recht** des Auftraggebers auf Ausführung; sie sind vertraglich nicht erlaubt und im formalen Sinn rechtswidrig; **deshalb** begründen sie (auch) Schadensersatzansprüche aus § 6 Nr. 6 VOB/B.

Wir haben in Rdn. 787, 800 insbesondere schon besprochen, dass der Auftraggeber eine vereinbarte Bauzeit **nicht** einseitig **verkürzen** kann. Die vereinbarte Bauzeit ist maßgeblicher Rahmen für die Leistungserstellung und somit auch für die Zuordnung der Produktionsfaktoren und für die Ermittlung des Preises. Eine Änderung der vereinbarten Bauzeit ist nur durch Einigung beider Parteien, also Vertragsänderung, zulässig.[1546] Ändernde Eingriffe des Auftraggebers zwecks Verkürzung der Bauzeit sind deshalb nicht „erlaubt", sie sind objektiv vertragswidrig und damit im formalen Sinn rechtswidrig, das gilt auch für Beschleunigungsaufforderungen.[1547]   **1333**

Natürlich kann der Auftragnehmer aber **nicht verhindern**, dass der Auftraggeber „zeitliche Anordnungen" trifft, z. B. Baustopp, späterer Beginn einer Leistungserbringung, Abwarten mit der Leistungserbringung, „Freigaben" usw. Das sind auf jeden Fall „**sonstige Anordnungen**" i. S. von § 2 Nr. 5 VOB/B, die bei Durchführung zu geänderter **Vergütung** führen.

Solche ausschließlich die vereinbarte Bauzeit modifizierenden Anordnungen begründen aber **(auch)** eine **Schadensersatzpflicht des Auftraggebers** gemäß § 6 Nr. 6 VOB/B, Verschulden vorausgesetzt. Ansprüche aus § 642 BGB – dessen Anwendbarkeit angenommen (dazu Rdn. 1393 ff.) –, bestehen nicht, weil die „Entschädigungspflicht" des § 642 BGB an unterlassene Mitwirkungshandlungen anknüpft und nicht an „aktives Stören".

§ 2 Nr. 5 VOB/B umfasst also Vergütungsansprüche des Auftragnehmers aus „erlaubter" Anordnung des Auftraggebers (z.B. Änderung des Bauentwurfs) wie auch aus „nicht erlaubter" Anordnung des Auftraggebers (**Bauumstände**: Eingriffe z. B. in den vertraglich vereinbarten Zeitablauf, näher oben Rdn. 798–800; **Bauinhalt**: Anordnungen unter Überschreitung der Befugnisse des § 1 Nr. 3 VOB/B). Dagegen ist nichts einzuwenden: Insoweit kann § 642 BGB als Vergleich dienen; diese Vorschrift gibt dem Auftragnehmer trotz unerlaubter Unterlassung der Mitwirkung eine Art vertraglicher Sondervergütung, keinen Schadensersatzanspruch. § 6 Nr. 6 VOB/B dagegen umfasst nur Ansprüche aus „nicht erlaubter" Anordnung. Dass § 2 Nr. 5 VOB/B über die „sonstige Anordnung" vorsieht, auch vertraglich nicht erlaubte Anordnungen auf Vergütungsbasis abzurechnen (oben Rdn. 799), ändert nichts daran, dass die Anordnungen vertraglich nicht erlaubt sind, so dass sie auch die Rechtsfolge Schadensersatz gemäß § 6 Nr. 6 VOB/B ermöglichen.   **1334**

Das bedeutet, dass bezüglich aller nicht erlaubten, also **bezüglich der nicht „zwingend notwendigen" auftraggeberseitigen Anordnungen zu Bauumständen und generell**   **1335**

[1546] Zutreffend deshalb Ingenstau/Korbion/Döring, VOB/B § 5 Nr. 1–3, Rdn. 26; § 6 Rdn. 75; Beck'scher VOB-Kommentar/Motzke, § 5 Nr. 1 VOB/B Rdn. 72; § 6 Nr. 1 VOB/B Rdn. 66; Langen/Schiffers, Bauplanung und Bauausführung, Rdn. 2200, 2201. Vgl. auch Weyers, BauR 1990, 138, 143 unten.
Entgegen Thode ZfBR 2004, 214 nach wie vor zutreffende ganz herrschende Meinung; weitere Fundstellen Rdn. 787 mit Fn. 861, Rdn. 800 mit Fn. 894, Rdn. 801, Fn. 900.

[1547] Wie oben (Rdn. 1324 ff.) erörtert, sind dagegen Bau**inhalts**änderungen (also die Anordnung inhaltlich veränderter oder zusätzlicher Leistung) wegen des entsprechenden **Rechts** des Auftraggebers aus § 1 Nr. 3, § 1 Nr. 4 VOB/B **rechtmäßig**, also auch die daraus resultierende Bauzeitverlängerung; also gibt es **insoweit nur** Ansprüche aus § 2 Nr. 5 VOB/B und nicht aus § 6 Nr. 6 VOB/B, soweit der Auftraggeber seine Befugnisse nicht überschreitet. Dasselbe gilt für **zwingend** notwendige Bauumstandsänderungen (vgl. Rdn. 787, 1327).

bezüglich der Bauzeit sowie bezüglich solcher Anordnungen, mit denen der Auftraggeber seine Befugnisse aus § 1 Nr. 3 VOB/B überschreitet, Ansprüche aus § 2 Nr. 5 VOB/B und aus § 6 Nr. 6 VOB/B parallel laufen,[1548] das ist rechtlich eine so genannte Anspruchskonkurrenz. **Der Auftragnehmer kann sich also aussuchen, welcher Anspruch ihm mehr bringt.** Er kann auch – wenn er nichts anderes sagt, ist davon auszugehen – seine Vergütungsforderung auf beide Anspruchsgrundlagen zugleich stützen, er muss dann aber unterschiedliche Berechnungen vorlegen.

Die finanziellen Ergebnisse sind unterschiedlich:
Bei **§ 2 Nr. 5 VOB/B** sind der alte Preis und die **Angebotskalkulation** (im Normalfall) **maßgeblich.** Der neue Preis wird in der Nachtragskalkulation als Fortschreibung der Angebotskalkulation ermittelt, so wie wir es schon oben für geänderte und zusätzliche Leistungen besprochen haben. Maßgebend sind also nicht die Ist-Kosten, sondern die auf der Basis der Ansätze der Angebotskalkulation erfolgende Bewertung des durch die Anordnung veränderten und/oder zusätzlichen Produktionsfaktoreneinsatzes. Diese Bewertung - der neue Preis - schließt Gewinn ein. Es handelt sich um die Regelung von Vertrags**vergütung.** Diese Berechnungsmethode gilt **auch** für Entschädigungsansprüche aus **§ 642 BGB** (näher Rdn. 1648 ff.).

Der Schadensersatzanspruch aus **§ 6 Nr. 6 VOB/B** wird – jedenfalls im Prinzip, Einzelheiten dazu unter Rdn. 1552 ff. – aus dem Vergleich zwischen den tatsächlichen (höheren) Kosten und den Kosten ermittelt, die angefallen wären, hätte es keine Behinderung gegeben. Entgangener Gewinn kann nach h. M. nur bei Vorsatz oder grober Fahrlässigkeit des Auftraggebers verlangt werden. Es handelt sich nicht um Vergütung, sondern eben um **Schadensersatz.**

Nur der Vollständigkeit halber: Die Tatsache, dass bei der ersten Berechnungsmethodik auch Gewinn angesetzt werden darf, besagt nicht unbedingt, dass sie zu einem finanziell besseren Ergebnis für den Auftragnehmer führt als beim Schadensersatz. Sofern nicht kostendeckend kalkuliert worden ist, ergibt sich trotz des (i. d. R. geringeren) Gewinnzuschlags ein schlechteres Ergebnis als beim Schadensersatz.

In der Praxis nähern sich die Ergebnisse der beiden Berechnungsmethoden nicht selten.

5.3.2 Sonderfall: Die vertraglich erlaubte Bauzeitverschiebung

1336   Gibt der **Bauvertrag** abweichend von BGB und VOB/B in AGB dem **Auftraggeber** das **Recht,** einseitig einen **Vertragsterminplan (erstmalig) aufzustellen,** so ist das auch unter Gesichtspunkten des AGB-Rechts **zulässig** und der dann aufgestellte Terminplan bindend, sofern der Auftraggeber „billig" die Interessen des Auftragnehmers berücksichtigt hat.[1549]
Dann ist eine entsprechende zeitliche Anordnung **rechtmäßig** und begründet schon deshalb keine Ersatzansprüche aus § 6 Nr. 6 VOB/B, keine Ansprüche auf Vergütung aus § 2 Nr. 5 VOB/B, da nicht „geändert", sondern „erstmals" zulässig geregelt wird.

1337   Bestimmt der **Bauvertrag** in AGB, dass der **Auftraggeber berechtigt** ist, innerhalb eines schon vereinbarten Vertragsterminplans **Fristen einseitig zu verschieben,** muss vorab ge-

---

[1548] Zum Ganzen nochmals der Hinweis auf Rdn. 783–800; s. auch Langen/Schiffers, Bauplanung und Bauausführung, Rdn. 2521–2524.
[1549] Siehe BGH LM § 326 (G) BGB Nr. 1 = Schäfer/Finnern Z 2.13 Bl. 26; Kleine-Möller/Merl, § 13 Rdn. 128. Vgl. auch Ingenstau/Korbion/Döring, VOB/B § 5 Nr. 1–3, Rdn. 26. Zanner/Keller, NZBau 2004, 357 kritisieren die „Billigkeitskriterien", übersehen aber, dass es sich um eine AGB-rechtliche Bewertung handelt.

prüft werden, ob auch diese Regelung § 307 BGB standhält. Das wird bei größeren Bauvorhaben dann zu bejahen sein, wenn
a) die Fristverschiebung vom Auftraggeber laut Vertrag rechtzeitig angekündigt werden muss,
b) sich auf vertraglich festgelegte, „billige" Maximalverschiebungsfristen beschränkt,
c) eine maximal zulässige „billige" Gesamtverzögerung enthält und
d) diese „Verschiebungen" als solche nicht völlig unangemessen sind,
anders ausgedrückt: Wenn der Auftragnehmer sein Risiko bei der Angebotsabgabe noch abschätzen kann.
Ist das alles der Fall, das einseitige nachträgliche Fristenanpassungsrecht des Auftraggebers also ausnahmsweise zulässig geregelt, so handelt der Auftraggeber bei Fristenverschiebungen auch in diesem Fall rechtmäßig. Damit scheiden Schadensersatzansprüche des Auftragnehmers aus § 6 Nr. 6 VOB/B aus.[1550] Der Auftragnehmer hat aber dann **Vergütungsansprüche gemäß § 2 Nr. 5 VOB/B.** Denn der Auftraggeber greift ja gerade durch „sonstige Anordnungen" ändernd in den bisher vertraglich vereinbarten zeitlichen Ablauf ein. In diesem Fall darf er das zwar gemäß Vertrag, die Verschiebung ist also nicht rechtswidrig, Äquivalent für dieses Recht ist dann aber die Vergütungspflicht gemäß § 2 Nr. 5 VOB/B, wie früher erörtert. **Will der Auftraggeber – bei Wahrung der oben genannten vier Bedingungen – auch diesen Anspruch aus § 2 Nr. 5 VOB/B in Allgemeinen Geschäftsbedingungen ausschließen,** also sich das Recht vorbehalten, **ohne jegliche Vergütungsfolge** Fristen in dem **vorerwähnten Rahmen** verschieben zu dürfen, muss er das in dem Text **absolut unzweideutig** regeln. Tut er das, ist aber der Ausschluss grundsätzlich zulässig, soweit er sich auf die aus der Fristenanpassung resultierenden Folgen beschränkt.[1551]

5.4 „Konkurrenzen"

Wie im Einzelnen § 2 Nr. 5, § 2 Nr. 6, § 2 Nr. 8 und § 6 Nr. 6 VOB/B gegeneinander abzugrenzen sind, erörtern wir in Rdn. 1401 noch genauer. **1338**

6 Ablauf einer Kalenderfrist oder Mahnung hinsichtlich verspäteter Mitwirkung des Auftraggebers im Rahmen von § 6 Nr. 6 VOB/B erforderlich?

6.1 Mitwirkung als Hauptpflicht (Schuldnerverzug des Auftraggebers)

Wir haben schon oben festgestellt, dass die vom Auftraggeber geschuldete Mitwirkung sich ausnahmsweise als vertragliche Hauptpflicht darstellen kann, nämlich bei vertraglich vereinbarter „Erstellungshandlung" – z. B. bauliche Durchführung bestimmter Arbeiten innerhalb der Gesamtleistung des Auftragnehmers, Beispiel: Behelfsbrückenfall,[1552] weiter dann, wenn es vertraglich einzeln geregelte Fristen für die Mitwirkung des Auftragge- **1339**

[1550] Deshalb insoweit unzutreffend OLG Köln BauR 1986, 244 L; vgl. aber Fn. 1551.
[1551] Deshalb im Ergebnis zutreffend OLG Köln, a. a. O. Siehe dazu oben Rdn. 912 ff., 934.
[1552] Oben Rdn. 1281 ff., 1285 ff.

bers gibt und diese mit verbindlichen vertraglichen Ausführungsfristen des Auftragnehmers verknüpft sind.[1553]

Verspätet sich ein Schuldner mit einer Hauptpflicht, so haftet er nur dann auf Schadensersatz, wenn die speziellen Voraussetzungen des **Schuldnerverzuges** (§ 286 ff. BGB) **eingreifen** und aus diesem Verzug eine Behinderung (§ 6 Nr. 6 VOB/B) resultiert.
Verzug setzt voraus, dass die Mitwirkungshandlung des Auftraggebers zu einem bestimmten Zeitpunkt zu erbringen war, also **fällig** war **und**

- dieser Zeitpunkt als Kalenderfrist[1554] bestimmt war (z. B. 10. 1. 1996); dann kommt der Schuldner durch bloßen Fristablauf in Verzug (§ 286 Abs. 2 Nr. 1 BGB) **oder**
- wenn der geschuldeten Leistung ein Ereignis vorauszugehen hat und eine angemessene Zeit in der Weise bestimmt ist, dass sie sich von dem Ereignis an nach dem Kalender berechnen lässt (§ 286 Abs. 2 Nr. 2 BGB) **oder**
- der Fälligkeitszeitpunkt nicht unmittelbar aus dem Kalender ablesbar war (z. B. 2 Monate nach Abruf der Leistung); dann muss der Schuldner nach Fälligkeit, **gemahnt** werden. Erst durch die (fruchtlose) **Mahnung** kommt der Schuldner in Verzug (§ 286 Abs. 1 Satz 2 BGB).

Wenn der Auftragnehmer also in diesen Fällen der verzögerten Mitwirkung als **Hauptpflicht** Schadensersatzansprüche aus Behinderung gemäß § 6 Nr. 6 VOB/B gegen den Auftraggeber geltend machen will, muss der Auftraggeber (= Schuldner) in **Verzug** sein, im Regelfall muss er also **gemahnt** worden sein. Das hängt damit zusammen, dass § 6 Nr. 6 VOB/B die Haftungsvoraussetzungen nicht selbständig regelt.[1555]

1340 Im Alltag bedeutet die Notwendigkeit der Mahnung kein Problem: Da eine Behinderung im Regelfall nur berücksichtigt wird, wenn sie **angezeigt** worden ist (§ 6 Nr. 1 VOB/B), wird der Auftragnehmer die Behinderung im eigenen Interesse anzeigen; in dieser Anzeige liegt auch eine Mahnung gegenüber dem Schuldner (= Auftraggeber). Fehlt die Anzeige, so scheitert schon daran der Schadensersatzanspruch aus § 6 Nr. 6 VOB/B, so dass die Frage, ob gemahnt worden ist und der Auftraggeber im Verzug war, keine eigenständige Bedeutung hat.
Davon gibt es nur eine Ausnahme: Wenn die auftraggeberseitige Behinderung und die behindernden Auswirkungen **offenkundig** sind,[1556] ist zwar eine Behinderungsanzeige entbehrlich, aber wenn der Auftraggeber eine **Hauptpflicht** nicht fristgerecht erfüllt, die nicht durch eine Kalenderfrist oder eine Ereignisfrist definiert ist, ist eine Mahnung nicht entbehrlich – nur durch Mahnung gerät der Schuldner (= Auftraggeber) in diesem Sonderfall in Schuldnerverzug, nur dann bestehen Ansprüche des Auftragnehmers gemäß § 6 Nr. 6 VOB/B.

1341 Verletzt der Auftraggeber seine Mitwirkungs-**Hauptpflicht** dadurch, dass er nicht verspätet, sondern **mangelhaft** leistet, so hat das allerdings nichts mit Schuldnerverzug zu tun. Würde umgekehrt der **Auftragnehmer** mangelhaft leisten, so würden für diese Leistungsstörung die Spezialregelungen der **Mängelhaftung** eingreifen. Für die mangelhafte Mitwirkungs-Hauptpflicht des Gläubigers gibt es aber solche Mängelhaftungsregeln nicht. Also sind auf die Fälle **mangelhafter** Mitwirkung des Auftraggebers mit einer Hauptpflicht die **allgemeinen Regeln** über Leistungsstörungen anzuwenden: Allgemein

---

[1553] Oben Rdn. 1287.
[1554] Einzelheiten zum Begriff Kalenderfrist Kapellmann/Langen, Einführung in die VOB/B, Rdn. 70, 80.
[1555] Oben Rdn. 1271 ff.
[1556] Siehe oben Rdn. 1221 ff.

sind solche Fälle von Leistungsstörungen als positive Vertragsverletzung, § 280 Abs. 1 Satz 1 BGB einzuordnen.¹⁵⁵⁷⁾ Bei positiven Vertragsverletzungen genügt aber die bloße Tatsache der Verletzungshandlung, Verzug ist nicht erforderlich, Kalenderfristen, Ereignisfristen oder Mahnungen sind deshalb entbehrlich, wie sogleich noch unter Rdn. 1343 genauer zu erörtern.

Es gibt auch Sonderfälle (z. B. vom Auftraggeber gelieferter Stoff, etwa Gerät, Grundstück, Teilbauleistung), in denen der Auftraggeber für **Mängel** der Beistellung gemäß § 645 BGB ohne Verschulden haftet.¹⁵⁵⁸⁾

1342

6.2 Verzögerte oder verspätete Mitwirkung als Nebenpflicht

Alle standardmäßigen Mitwirkungsverpflichtungen des Auftraggebers – z. B. Planbeibringung – sind nach der Konzeption des BGB Obliegenheit, beim Bauvertrag richtigerweise **Nebenpflicht** des Auftraggebers, allerdings nicht Hauptpflicht – sie betreffen nur „Ermöglichungshandlungen" des Auftraggebers.¹⁵⁵⁹⁾
Der Bundesgerichtshof hat zutreffend entschieden, dass es mangels gesetzlicher Regelung für diese „allgemeinen Vertragsverletzungen" **keine** besonderen Voraussetzungen wie etwa beim Verzug gibt, also **keine** Mahnung oder Ablauf einer Kalenderfrist. Die Verletzung solcher Nebenpflichten ist nach juristischem Sprachgebrauch „positive Vertragsverletzung". Solange aus dieser Vertragsverletzung nur Schadensersatzansprüche hergeleitet werden – wie eben bei den hier diskutierten Behinderungsschadensersatzansprüchen gemäß § 6 Nr. 6 VOB/B –, ist eine Mahnung seitens des Auftragnehmers nach erfolgter Vertragsverletzung **nicht** erforderlich.¹⁵⁶⁰⁾
Sie wäre nur dann notwendig, wenn die Vertragsverletzung sich als schwere Vertragsverletzung darstellen würde **und** der Auftragnehmer sie zum Anlass nehmen wollte, den Vertrag zu „liquidieren", also durch Kündigung **zu beenden**.¹⁵⁶¹⁾ Das bedarf keiner Diskussion, weil dieser Fall speziell von § 9 VOB/B erfasst wird, der ohnehin eine Nachfrist fordert.

1343

7 Verschulden des Auftraggebers (§ 6 Nr. 6 VOB/B), Haftung ohne Verschulden (§ 642 BGB)

7.1 Schuldform – Vorsatz, Fahrlässigkeit, § 276 BGB

§ 6 Nr. 6 VOB/B erfordert, dass die (pflicht- und rechtswidrige) Behinderung vom Auftraggeber „zu vertreten" ist. Nach der schon erörterten Terminologie des BGB (oben Rdn. 1249, 1271) bedeutet das, dass der **Auftraggeber** die **Behinderung verschuldet** ha-

1344

---

¹⁵⁵⁷⁾ Palandt/Heinrichs, BGB § 280, Rdn. 29. Siehe auch oben Rdn. 1282, 1285
¹⁵⁵⁸⁾ Unten Rdn. 1396 ff.
¹⁵⁵⁹⁾ Näher oben Rdn. 1281; a. A. BGH „Vorunternehmer II" NZBau 2000, 187, dazu näher Rdn. 1393 ff., 1400, 1648 ff.
¹⁵⁶⁰⁾ BGH NJW 1981, 1264, 1265; Münchener Kommentar/Ernst, BGB § 280, Rdn. 135, § 286, Rdn. 5.
¹⁵⁶¹⁾ Soergel/Wiedemann, BGB, Vor § 275, Rdn. 322 zum Rechtszustand vor dem 1. 1. 2002.

ben muss. Das hat nichts mit moralischer Schuld zu tun, sondern bedeutet lediglich, dass der Auftraggeber einen objektiven Vertragsverstoß entweder vorsätzlich oder fahrlässig herbeigeführt haben muss; Vorsatz und Fahrlässigkeit sind die Schuldformen (§ 276 BGB).

Vorsätzlich handelt, wer den (rechtswidrigen) Erfolg (hier die Behinderung) kennt und will.

Fahrlässig handelt, wer „die **im Verkehr** erforderliche **Sorgfalt außer acht** lässt" (§ 276 Abs. 2 BGB). Das Zivilrecht fragt im Gegensatz zum Strafrecht nicht danach, welches Maß an Sorgfalt dieser individuelle Auftraggeber hätte aufbringen können, sondern danach, was „man" objektiv an Sorgfalt hätte aufwenden müssen. Das heißt konkret: **Der Auftraggeber handelt fahrlässig, wenn er die Behinderung bei Anlegung objektiv-üblicher Maßstäbe hätte vorhersehen und sie hätte vermeiden können; gegen mögliche Behinderungen muss er dabei umfassend Vorsorge treffen.** Unbequemlichkeiten, zeitliche und finanzielle Opfer muss er auf sich nehmen. Dabei sind sehr strenge Maßstäbe angebracht, denn auch die leichteste Fahrlässigkeit ist immer noch Verschulden.

Das Ausmaß der Fahrlässigkeit spielt bei § 6 Nr. 6 VOB/B lediglich eine Rolle für die Haftungsfolgen. Nur wenn der Auftraggeber grob fahrlässig handelt, muss er auch den entgangenen Gewinn ersetzen, nach unserer Meinung allerdings nur bezogen auf den entgehenden Gewinn auf Drittbaustellen, wir dürfen dazu auf Rdn. 1491 verweisen.

Seine **finanzielle Leistungsfähigkeit** hat man **immer „zu vertreten"**; hier haftet der Auftraggeber also nach unbestrittener Auffassung auch ohne Verschulden. Wenn also dem Auftraggeber während der Bauausführung das Geld ausgeht und der Auftragnehmer unter Beachtung der Voraussetzungen des § 16 Nr. 5 Abs. 3 Satz 3 VOB/B berechtigt die Arbeiten einstellt, kann er ohne weiteres Ersatz der Stillstandskosten gemäß § 6 Nr. 6 VOB/B verlangen. Verschulden ist also insoweit gerade nicht Voraussetzung für den Anspruch.[1562] Der Auftraggeber braucht seine Finanzschwäche folglich nicht fahrlässig herbeigeführt zu haben. Selbst wenn seine Bank ganz konkret Finanzierungszusagen erteilt hatte, sie aber bricht, würde das an der Haftung des Auftraggebers nichts ändern.

Das Thema „Verschulden" spielt in der Praxis keine ernsthafte Rolle mehr. Verlangt der Auftragnehmer statt Schadensersatz „Entschädigung" – was keineswegs ungünstiger sein muss, im Gegenteil, siehe Rdn. 1648 ff. –, kann er sich laut BGH „Vorunternehmer II" auf § 642 BGB stützen, der kein Verschulden voraussetzt (näher Rdn. 1393 ff., 1400).

1345 Unter Beachtung der Voraussetzungen des § 9 VOB/B kann der Auftragnehmer bei Vertragsverstößen des Auftraggebers ggf. auch **kündigen.** Die Folgen für den Schadensersatzanspruch haben wir schon erörtert (oben Rdn. 1210).

7.2 Beispiele: Verschulden zu bejahen?

1346 § 6 Nr. 2 Abs. 1 lit a **VOB/B** gewährt bei Behinderungen **Fristverlängerung** dann, wenn die Umstände, die zur Behinderung führen, „aus dem **Risikobereich** des Auftraggebers" stammen.[1563] § **6 Nr. 6 VOB/B** fordert dagegen als Voraussetzung eines **Schadensersatzanspruches,** dass der Auftraggeber die hindernden Umstände im Sinne **echten Verschuldens** zu vertreten hat, d. h., dass er – wie unter Rdn. 1335 erörtert – mindestens fahrlässig handelt, ausgenommen, es geht um das „Vertretenmüssen" der eigenen finanziellen Leistungsfähigkeit.

[1562] Palandt/Heinrichs, BGB § 276, Rdn. 28 mit Nachweisen, siehe auch oben Rdn. 1283.
[1563] Zu § 6 Nr. 2 Abs. 1 lit a VOB/B alte Fassung s. oben Rdn. 1249.

Es gibt eine Fülle von Fällen, in denen kritisch ist, ob Fahrlässigkeit des Auftraggebers zu bejahen ist und daher auch Schadensersatzansprüche bestehen; diese Fälle sind heute allerdings nur noch von begrenztem Interesse, weil der Auftragnehmer laut BGH jedenfalls „Entschädigung" auch ohne Verschulden des Auftraggebers über § 642 BGB verlangen kann (näher Rdn. 1393 ff., 1400, 1648 ff.).

Wir wollen das **Verschuldenserfordernis des § 6 Nr. 6 VOB/B** an einigen symptomatischen **Beispielen** erörtern:

Der Auftraggeber arbeitet mit Teilbaugenehmigungen. Die Unterlagen für die 2. Teilbaugenehmigung reicht der Auftraggeber rechtzeitig bei der Baubehörde ein. Er erkundigt sich auch kontinuierlich nach dem Stand des Genehmigungsverfahrens und erhält die Auskunft, die Genehmigung sei – wie auch früher – kein Problem. Unvorhersehbar verweigert dann die Baubehörde jedoch rechtswidrig die Teilbaugenehmigung in der beantragten Form. Dadurch kommt es zu einem dreiwöchigen völligen Baustillstand. Ein späterer Verwaltungsgerichtsprozess erweist die Behauptung des Auftraggebers als richtig, die Baubehörde habe rechtswidrig gehandelt. 1347
Der Auftragnehmer kann bei dieser Konstellation keinen Schadensersatz gemäß § 6 Nr. 6 VOB/B verlangen, denn der Auftraggeber hätte auch bei „Anlegung objektiv üblicher Maßstäbe diese Entscheidung nicht voraussehen und auch trotz umfassender Vorsorge nicht vermeiden können", er hat also nicht fahrlässig gehandelt.
Natürlich wird die Bauzeit verlängert.

Hat der Auftraggeber die **Unterlagen für eine Baugenehmigung unvollständig** eingereicht und entsteht deshalb eine Verzögerung der Bauausführung, so hat der Auftraggeber schuldhaft gehandelt, er schuldet Schadensersatz. Die Bauzeit wird ohnehin verlängert.

Hat der Auftraggeber die Unterlagen rechtzeitig eingereicht, so führt eine unvorhersehbar verzögerte Bearbeitung durch die Behörde nicht zum Verschulden des Auftraggebers.[1564]

Kommt es zu einem **Baustellenstopp, weil** der **Nachbar** eine entsprechende **Verfügung** der Baubehörde erwirkt, so ist ungeachtet der Nachbarrechtslage im Normalfall Verschulden des Auftraggebers zu bejahen. Es gehört nämlich zu den Pflichten des Auftraggebers gegenüber dem Auftragnehmer, **vor** Durchführung des Bauvorhabens alle Rahmenbedingungen zu klären, also auch mit Nachbarn erforderlichenfalls abzustimmen, wie sie sich zu der geplanten Bebauung stellen. Sich um **rechtzeitige** Beschaffung der Baugenehmigung zu kümmern ist gemäß § 4 Nr. 1 Abs. 1 Satz 2 VOB/B allein Sache des Auftraggebers.[1565] Der Auftraggeber schuldet hier also Schadensersatz, die Bauzeit wird **erst recht** verlängert; letzteres würde auch ohne Verschulden gelten, weil das Nachbarrisiko immer zum „Risikobereich des Auftraggebers gehört". 1348

Die **unvorhersehbare** Schließung einer öffentlichen Straße und die daraus resultierende Verteuerung der Abfuhr ist nicht vom Auftraggeber im Sinne von § 6 **Nr. 6** VOB/B zu vertreten, also nicht verschuldet.[1566] Es kommen aber Ansprüche aus § 2 Nr. 8 VOB/B in Betracht, wenn die Benutzbarkeit Vertragsgegenstand (Bausoll) war (s. oben Rdn. 788). 1349

Ob eine **Behinderung infolge unerwarteter Bodenverhältnisse (Baugrundrisiko)** Schadensersatzansprüche für den **Wartezeitraum** bis zur Entscheidung des Auftraggebers, 1350

[1564] Siehe dazu auch OLG Celle BauR 1995, 552, 553; vgl. auch OLG Düsseldorf BauR 1996, 861 mit Anm. Kapellmann.
[1565] OLG Düsseldorf BauR 1988, 487, 488; Vygen, BauR 1983, 414, 420 f., a. A. v. Craushaar, Festschrift Locher, S. 9 ff., 20.
[1566] OLG Düsseldorf BauR 1991, 337; s. unten Rdn. 1403.

wie das Erschwernis überwunden werden soll, auslöst, hängt davon ab, **ob der Auftraggeber alles getan** hat, was nach den konkreten Umständen überhaupt notwendig und sinnvoll war: Probebohrungen, Einholung eines Bodengutachtens, Auskünfte über Ganglinien beim Wasserwirtschaftsamt, gegebenenfalls Erkundigungen bei Nachbarbauvorhaben. Die erschwerte Leistung selbst beurteilt sich ausschließlich als eventuelle Bausoll-Bauist-Abweichung unter Vergütungsgesichtspunkten, der Auftragnehmer erhält also keinen Behinderungsschadensersatz.[1567]

1351   Ob **Anschläge auf** eine Baustelle oder Behinderungen durch gewalttätige **Demonstrationen** eine schuldhafte Behinderung von seiten des Auftraggebers sein können, ist äußerst zweifelhaft; man wird dies eher verneinen müssen.[1568]

1352   Der Auftraggeber verweigert die **Freigabe** einer Vorleistung, er ordnet eine **zeitliche Verschiebung der weiteren Ausführung, also einen (begrenzten) Baustopp** an. Das alles sind **Anordnungen,** die als „sonstige Anordnung" zu **Bauumständen** Ansprüche des Auftragnehmers auf Mehrvergütung gemäß § 2 Nr. 5 VOB/B auslösen. Das ist gleichzeitig die einzige Konstellation, in der bei nicht zwingend notwendigen Anordnungen parallel auch Schadensersatzansprüche gemäß § 6 Nr. 6 VOB/B in Betracht kommen können.[1569] Ob diese Anordnungen vom Auftraggeber verschuldet sind, ob also auch § 6 Nr. 6 VOB/B tatsächlich greift, muss je nach Einzelfall entschieden werden; für **§ 2 Nr. 5 VOB/B** kommt es darauf **nicht** an.
Der Auftraggeber **muss** den Gesamtbauzeitenplan so aufstellen und den Bauablauf so koordinieren – bzw. durch seine Erfüllungsgehilfen, z. B. seinen Architekten, so koordinieren lassen[1570] –, dass auch für „Unvorhergesehenes" Zeitreserven verbleiben und nicht jede Störung sofort den ganzen Ablauf umwirft. Der Auftraggeber ist auch für die rechtzeitige Erstellung von **Vorleistungen** im Sinne von § 6 Nr. 6 VOB/B verantwortlich,[1571] so dass in der Mehrzahl aller Fälle schon deshalb Verschulden des Auftraggebers zu bejahen sein wird.

1353   Die gerade aufgeworfene Frage, ob **verspätete Vorunternehmerleistungen** einen Schadensersatzanspruch des Auftragnehmers gemäß § 6 Nr. 6 VOB/B auslösen, behandeln wir gesondert im Zusammenhang mit der Haftung des Auftraggebers für seine Erfüllungsgehilfen (Rdn. 1357 ff.).

7.3 Mitverschulden, Mitverursachung (Kostenrelevanz und Zeitrelevanz)

1354   Es ist denkbar, dass sowohl Auftraggeber wie Auftragnehmer dieselbe Behinderung verursacht und verschuldet haben. Dann ist § 254 BGB anwendbar; der Schaden muss entsprechend dem Maß der Mitverursachung und des Mitverschuldens unter Anwendung von § 287 ZPO quotiert werden.[1572]
In einem solchen Fall echten Mitverschuldens, bei dem die Behinderung aus dem Zusammenwirken zweier Faktoren resultiert, ist es geboten, auch die Fristverlängerung zu „quotieren", also dem Auftragnehmer nicht volle Fristverlängerung zu gewähren.

[1567] Einzelheiten oben Rdn. 707 ff., 1324 ff.: Der Auftraggeber schuldet **Mehrvergütung.**
[1568] Unter Umständen können Ersatzansprüche wegen unterlassener Information über potentielle Gefährdungen in Betracht kommen; vgl. Rutkowsky, NJW 1988, 1761, 1763, 1765.
[1569] Einzelheiten oben Rdn. 1332 ff.
[1570] Siehe unten Rdn. 1363.
[1571] Zu diesem umstrittenen Thema s. unten Rdn. 1365 ff., der BGH entscheidet anders – vgl. Rdn. 1366.
[1572] BGH BauR 1993, 600, 603.

7.4 Leistungsbereitschaft des Auftragnehmers erforderlich, Doppelursache (Kostenrelevanz und Zeitrelevanz)

Allgemeine Probleme zur Ursachenverknüpfung behandeln wir unter Rdn. 1414 ff., 1593 ff., 1612 ff. Wegen des Zusammenhangs mit dem Thema „Leistungsbereitschaft des Auftragnehmers" besprechen wir hier die „Doppelursache": **1355**

Kritisch ist eine Konstellation, bei der die eingetretene Verzögerung zwei Ursachen hat, die jede für sich zu der konkreten Verzögerung geführt hätte.

Beispiel (vgl. **Abb. 38**, S. 624): Der Anfangstermin für eine Bauleistung ist der 1.3.2005, der vertragliche Fertigstellungstermin ist der 31.8.2005, die Vertragsbauzeit beträgt also 6 Monate.
Um am 1.3.2005 beginnen zu können, muss der Auftrag**geber** bestimmte Grundstücke bereitstellen. Außerdem muss der Auftrag**nehmer** laut Vertrag eine öffentlich-rechtliche Genehmigung beigebracht haben.
Am 1.3.2005 stehen weder die Grundstücke zur Verfügung noch ist die Genehmigung erteilt.
Am 1.6.2005 geht die Genehmigung ein, am 1.8.2005 stehen die Grundstücke zur Verfügung.
Zur Vereinfachung für das Beispiel sei unterstellt, es seien keine Anlaufzuschläge (§ 6 Nr. 4 VOB/B) nötig, die Arbeit könne also sofort am 1.8.2005 beginnen.
Verlängert sich die Ausführungsfrist um 5 Monate, 3 Monate, 2 Monate?

Der **Auftraggeber** schuldet im Rahmen seiner Mitwirkungspflicht, die als Ermöglichungs-Nebenpflicht (zum Begriff Rdn. 1281) zu beurteilen ist, die Beistellung des Grundstückes am 1.3.2005. **1356**
Damit greift § 6 Nr. 2 a VOB/B ein, denn die Ausführungsfristen werden verlängert, soweit die Behinderung verursacht wird durch einen in der Sphäre des Auftraggebers liegenden Umstand (oben Rdn. 1249, 1250).

Die vereinbarte Ausführungsfrist endete am 31.8.2005. Wenn sie „verlängert" wird, so wird sie natürlich um den Behinderungszeitraum verlängert, dieser Behinderungszeitraum beträgt im konkreten Fall 5 Monate.
Der Fälligkeitszeitpunkt für die Fertigstellung der Leistung ist dann nicht mehr der 31.08., sondern ein späterer Zeitpunkt, nämlich ein um 5 Monate verschobener Zeitpunkt.
Die VOB erreicht dieses Ziel, indem sie regelt, dass Ausführungsfristen verlängert **werden.**
Warum die Regelung der VOB/B richtig ist, warum also die Fristen verlängert werden, sagt - rechtstheoretisch betrachtet - die VOB/B nicht. Aber hier hilft ein Rückgriff auf das BGB: Die Rechtslage nach BGB ist nicht anders, dort findet sich auch in der Kommentierung und Rechtsprechung die richtige theoretische Begründung:
Ist nämlich zur Vorlage der geschuldeten Leistung eine Mitwirkungshandlung des **Gläubigers** (Auftraggebers) notwendig, muss der Gläubiger, um den säumigen Schuldner (wenn eine Nicht-Kalenderfrist oder keine Ereignisfrist eingreift vereinbart ist) „**wirksam** mahnen zu können", vor oder mit der Leistungsaufforderung die **ihm** obliegende Handlung vornehmen oder anbieten.[1573]

Diese Überlegung wird zutreffend auf eine analoge Anwendung des § 295 BGB gestützt; § 295 BGB regelt für den umgekehrten Fall, nämlich den Gläubigerverzug (und nicht

---
[1573] BGH WM 1970; 1141; Palandt/Heinrichs, BGB § 286, Rdn. 15.

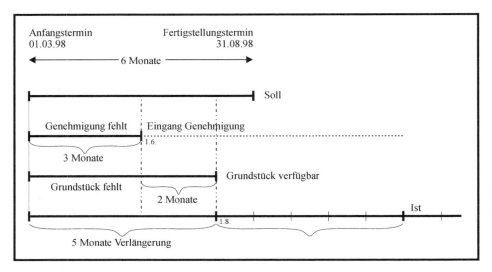

Abbildung 38 Doppelkausalität

den Schuldnerverzug), dass der Schuldner selbst leistungsbereit sein muss, wenn er den Gläubiger in Annahmeverzug versetzen will.

Nichts anderes gilt hier: Der **Gläubiger** (Auftrag**geber**), der den Schuldner (Auftrag**nehmer**) in Verzug versetzen will, muss die gläubigerseitig geschuldete Leistung **erbringen** oder äußerstenfalls zumindestens anbieten können.

Wenn er das nicht kann, so gerät der Auftrag**nehmer** (Schuldner) bei Fristüberschreitung nicht in Verzug.

Das ist der entscheidende Gesichtspunkt: Wenn infolge der fehlenden Mitwirkung des Gläubigers der Schuldner nicht in Verzug kommt, so kann passieren was will, der Schuldner mag sich schadensersatzpflichtig machen oder was auch immer, aber er gerät durch keine wie auch immer geartete Situation dahin, dass er plötzlich doch wieder trotz fehlender Beistellung des Grundstückes in Verzug wäre. Anders ausgedrückt: Was auch immer passiert, es gibt für den Schuldner keine „Rückversetzung in den Verzug" – es bleibt beim Nichtverzug.

Ergebnis 1: **Der Schuldner schuldet also bis zum 31.7.2005 in keinem Fall Verzugsschadensersatz.**

1357 Der **Auftragnehmer** (Schuldner) muss ebenfalls am 1.3.2005 die öffentlich-rechtliche Genehmigung beibringen. Tut er das nicht, so kann er sich (grundsätzlich) auf anderweitig verursachte **Frist**überschreitungen nicht berufen. Die vom Schuldner erstrebte „Fristverlängerung" wäre nichts anderes als Annahmeverzug des Gläubigers (Auftraggebers). Der Gläubiger gerät aber nicht in Annahmeverzug, wenn der Schuldner seinerseits nicht leisten kann. Das folgt aus dem Gesetz, nämlich aus § 295 BGB. Der Auftraggeber gerät in Annahmeverzug, wenn der Auftragnehmer ihm seine Leistung wörtlich anbietet, im konkreten Fall, wenn der Auftragnehmer den Auftraggeber auffordert, die erforderliche Handlung vorzunehmen, also das Grundstück beizustellen. Diese Aufforderung ist erforderlich, sie ist im Ergebnis nichts anderes als die Behinderungsanzeige des § 6 Nr. 1 VOB/B, die auch hier grundsätzlich unentbehrlich ist,[1574] ausgenommen, die Behinde-

---

[1574] Dazu oben Rdn. 1215.

rung und die behindernden Folgen seien offenkundig, was man hier allerdings bejahen kann.

Dass die **eigene Leistungsbereitschaft** des Auftragnehmers Voraussetzung ist, um sich überhaupt auf Behinderung durch den Auftraggeber berufen zu können, ist allgemeine Auffassung.[1575)]

Ergebnis 2: **Jedenfalls bis zum 31.5.2005 kann der Auftragnehmer seinerseits nicht Behinderungsschadensersatz verlangen (und auch nicht „Entschädigung" gemäß § 642 BGB).**

Beide **Verursachungsbeiträge – fehlendes Grundstück, fehlende Genehmigung – laufen parallel** und sind **unabhängig** voneinander: Ohne Grundstück kann nicht gebaut werden, ohne Genehmigung auch nicht. In dem bewußt so gewählten Beispiel überlappen sich beide Ursachen für eine gewisse Zeit (bis zum 31.5.2005), danach gibt es nur eine Ursache (fehlendes Grundstück).
In der Zeit, in der die Ursachen parallel laufen, genügt eine Ursache allein auch. Man kann also die andere Ursache wegdenken, ohne dass sich an der Behinderung etwas ändert. Das ist ein Sonderfall.
Soweit die Literatur zusammenwirkende Behinderungsursachen betrachtet, hat sie ausschließlich Fälle so genannter **„kumulativer Kausalität"** im Auge. Das sind solche Fälle, in denen mehrere Ursachen zusammenwirken und die Behinderung nicht vorhanden wäre, wenn es nicht **beide** Ursachen gäbe; solche Ursachenknäuel kann man aber nicht entwirren, deshalb ist es zulässig, in solchen Fällen Zeitanteile und Schadensersatzanteile (im Ergebnis also Verursachungsanteile!) gemäß § 287 ZPO zu schätzen.[1576)]

In unserem Fall handelt es sich aber um eine so genannte **„Doppelkausalität"**, also zwei Ursachen, die **selbständig und unabhängig voneinander** jeweils bis zum 31.5.2005 zu demselben Ergebnis führen, so dass nicht zu beantworten ist, welche der beiden Ursachen das Ergebnis verursacht **hat**.[1577)]

Das, was wir zum „Bereitstellungsverzug des Auftraggebers" erörtert haben, gilt genauso hier: Auch wenn sich die Leistung verzögert, die einmal eingetretene „Aufhebung eines möglichen Verzuges" (weil das Grundstück nicht beigestellt wird) ist durch nichts mehr zu ändern, der Verzug „kehrt nicht zurück".
Und: Die einmal eingetretene „mangelnde Leistungsbereitschaft" des Auftragnehmers für einen bestimmten Zeitraum ist auch durch nichts mehr zu ändern; die Leistungsbereitschaft kehrt nicht dadurch zurück, dass andere Ereignisse auftreten.
Aber: Wenn man das Ereignis „mangelnde Leistungsbereitschaft oder mangelnde Genehmigung" wegdenkt, bleibt doch die verbleibende Ursache unverändert und wirksam.
Aber vor dem Sinne der aufgeführten Argumentation: Was auch zusätzlich noch passieren mag, die einmal eingetretene Tatsache „Wegfall des Verzuges" bleibt bestehen. Der Verzug **ist** weggefallen.
Die Möglichkeit der Leistungserstellung und somit der neue Soll-Beginntermin ergeben sich erst dann, wenn das Leistungshindernis „fehlendes Grundstück" weggefallen ist, also am 1.8.2005. Oder schlicht und einfach ausgedrückt: Man kann diskutieren wie man will, es kann eine Genehmigung geben oder nicht, der „auftraggeberseitige Ursachenstrang" wird bezüglich der **Zeitachse** unabhängig von dem anderen Ursachenstrang beurteilt. Es ist einfach eine Tatsache, dass der Auftragnehmer vor dem 1.8.2005 nicht anfangen kann.

[1575)] Z. B. Heiermann/Riedl/Rusam, VOB/B, § 6, Rdn. 46.
[1576)] Siehe auch Rdn. 1354.
[1577)] Genschow/Stelter, Störungen im Bauablauf, S. 68, 69, stimmen zu, meinen aber unter Berufung auf Palandt/Heinrichs, BGB, Vorbem. vor § 249, Rdn. 86, das sei keine „Doppelkausalität"; da irren sie.

Es ließe sich vielleicht auch vertreten, Schäden, die in dem Zeitraum vom 01.03. bis zum 31.5.2005 dann entstanden wären, zu quotieren, d. h. 50 % den Auftragnehmer selbst behalten zu lassen.

1358 Wird nun die Frist um 5 Monate verlängert oder um 2 Monate? Wenn man die Auffassung vertritt, dass eine Schadensquotierung vorzunehmen ist, müßte man eigentlich auch die Zeit quotieren, d. h. der Fertigstellungstermin würde sich dann nur um 0,5 · 3 Monate + 2 Monate = 3,5 Monate verschieben. Aber dieses Ergebnis wäre widersinnig: Dann wäre nämlich die Aussage die, dass am 15.6.2005 Soll-Beginntermin wäre bzw. dass der Auftragnehmer schneller als geplant bauen müsse. Aber am 15.6.2005 hätte er nicht starten **können** - weil noch kein Grundstück zur Verfügung stand.

Wir sind der Auffassung, dass man folglich in den Fällen der Doppelkausalität konsequent die Verursachungsstränge völlig getrennt betrachten sollte, aber konsequenterweise in der Zeit der Doppelkausalität kein Schadensersatz zugebilligt wird.

Ergebnis 3: **Die *Fristverlängerung* für den Auftragnehmer richtet sich ungekürzt nach dem vom Auftraggeber verursachten Störungszeitraum.**

7.5 Beweislast für Verschulden

1359 Der Auftragnehmer braucht für den Schadensersatzanspruch aus Behinderung gemäß § 6 Nr. 6 VOB/B nur die objektiven Voraussetzungen der Behinderung bzw. Unterbrechung (einschließlich der daraus folgenden Rechtswidrigkeit) darzutun und zu beweisen.[1578]

Dann muss der **Auftraggeber nach allgemeiner Auffassung entsprechend § 286 Abs. 4 BGB beweisen,** dass ihn **kein Verschulden** trifft; der Auftragnehmer braucht also nicht vorzubringen und/oder zu beweisen, dass oder warum den Auftraggeber an der eingetretenen Behinderung ein Verschulden trifft. Das entspricht der üblichen Beweislastverteilung bei positiven Vertragsverletzungen und bei Verzug bei Werkverträgen.

Verbleiben Zweifel am Verschulden des Auftraggebers, kann der Auftragnehmer dennoch seinen Schadensersatzanspruch durchsetzen, denn verbleibende Zweifel gehen zu Lasten des Auftraggebers. Deshalb ist es im praktischen Ergebnis nicht sehr häufig, dass der Schadensersatzanspruch des Auftragnehmers am mangelnden Verschulden des Auftraggebers scheitert – den Fall der verspäteten Vorunternehmerleistung und die Erfüllungsgehilfenhaftung hier ausgenommen.

Bei § 642 BGB entfällt das Thema „Verschulden".

[1578] Dazu im Rahmen einer Zusammenfassung auch Rdn. 1642.

7.6 Die Haftung des Auftraggebers für seine Erfüllungsgehilfen – insbesondere Behinderung des Auftragnehmers durch verspätete oder mangelhafte Vorunternehmerleistungen

7.6.1 Definition des Erfüllungsgehilfen

Der Auftraggeber haftet im Rahmen seiner hier interessierenden Mitwirkungspflicht wie jeder andere Schuldner in einem Vertragsverhältnis nicht nur für sein eigenes Verschulden, sondern ohne Rücksicht auf eigenes Verschulden – also ohne Entlastungsmöglichkeit – auch für das Verschulden seiner Erfüllungsgehilfen. **Erfüllungsgehilfe** eines Vertragsschuldners ist der, dessen Hilfe sich der Schuldner (hier: der Auftraggeber) bedient, um seine **eigene** vertragliche **Leistungspflicht zu erfüllen**, so § 278 BGB.

1360

Zwei Voraussetzungen müssen also zu bejahen sein:
Einmal muss der Schuldner – hier der Auftraggeber im Rahmen seiner Mitwirkung – eine eigene vertragliche **Pflicht** gegenüber dem Gläubiger – hier gegenüber dem Auftragnehmer – haben. Hat er zu seiner Mitwirkung keine **Pflicht,** so kommt auch keine Haftung für den in Betracht, den der Auftraggeber insoweit einsetzt.
Beispiel: Der Auftraggeber beauftragt den Architekten mit der Objektüberwachung; er hat aber dem Auftragnehmer gegenüber keine Pflicht, diesen zu überwachen, also ist **insoweit** der Architekt nicht Erfüllungsgehilfe des Auftraggebers – Einzelheiten Rdn. 1365.
Zum zweiten muss derjenige, den der Auftraggeber zur Erfüllung seiner Mitwirkungspflicht einsetzt, „nach den **tatsächlichen** Gegebenheiten des Falles mit dem Willen des Auftraggebers" bei der **Erfüllung** einer diesem obliegenden Verpflichtung „als seine Hilfsperson" tätig sein; unerheblich ist, ob diese Hilfsperson einem Weisungsrecht des Schuldners unterliegt oder ob der Schuldner überhaupt imstande wäre, die Leistungen in eigener Person zu erfüllen.[1579]

7.6.2 Einsatz von Erfüllungsgehilfen bei Mitwirkung als *Haupt*pflicht des Auftraggebers

Wenn **ausnahmsweise** eine Mitwirkungspflicht des Auftraggebers als **Hauptpflicht** ausgestaltet ist und wenn sich der Auftraggeber zur Erfüllung dieser Pflicht einer Hilfsperson bedient, so versteht es sich von selbst, dass diese Hilfsperson Erfüllungsgehilfe des Auftraggebers ist und folglich der Auftraggeber für das Verschulden der Hilfsperson haftet. Solche **Haupt-Mitwirkungspflichten** sind:

1361

- **„Erstellungspflichten" des Auftraggebers,** also eigene Mitwirkung bei der Herstellung des Auftragnehmer-Werks, vergleichbar mit der Tätigkeit eines Nachunternehmers des Auftragnehmers („bauseitige Leistungen, Erstellungshandlung").[1580]
- **Vertraglich fest vereinbarte Planbeistellungsfristen in Kombination mit verbindlichen Ausführungsfristen** für den Auftragnehmer.[1581]

Ein Beispiel für eine **Haupt-Mitwirkungspflicht** behandelt eine Entscheidung des 10. Zivilsenats des Bundesgerichtshofs: Ein Auftraggeber hat für eine **Deponieverwaltung** als Erfüllungsgehilfin dann zu haften, wenn er es **vertraglich** sicherzustellen hatte, dass gerade auf dieser Deponie Schlamm abgelagert werden könne. Im vorliegenden BGB-Vertrag hat der Bundesgerichtshof deshalb den Auftraggeber zutreffend gemäß § 642 BGB

[1579] Ständige Rechtsprechung, z. B. BGHZ 62, 124; BGHZ 98, 334.
[1580] Einzelheiten oben Rdn. 1285, 1286. Übrigens handelt es sich bei § 642 BGB nicht um eine Erfüllungsgehilfenhaftung, sondern um eine Obliegenheitsgehilfenhaftung, näher Rdn. 1648.
[1581] Einzelheiten oben Rdn. 1287.

für eine Abnahmeverweigerung der Deponie haften lassen, weil sie Erfüllungsgehilfe des Auftraggebers bei einer (Haupt-)Mitwirkungspflicht war.[1582]

Paradebeispiel für eine Haupt-Mitwirkungspflicht ist der „Behelfsbrücken-Fall" des OLG Celle: Der Auftraggeber **verpflichtet** sich im Vertrag, zur Ermöglichung der Arbeiten des Auftragnehmers eine Behelfsbrücke selbst bis zum 31.3. zu erstellen. Der vom Auftraggeber eingesetzte „Brückenbauer" verspätet sich mit der Leistung schuldhaft.[1583] Der Auftraggeber haftet für den Brückenbauer als Erfüllungsgehilfen. Das ist unzweifelhaft: Der Auftraggeber hatte ausdrücklich **im Vertrag** als **Pflicht** übernommen, **selbst** die Behelfsbrücke zu montieren. Dass der 7. Senat des Bundesgerichtshofs die Entscheidung des OLG Celle deshalb durch Nicht-Annahmebeschluss bestätigt hat, ist richtig und selbstverständlich, war aber – entgegen Literaturstimmen[1584] – weder ein Abrücken des 7. Senats von seiner „Vorunternehmerentscheidung I" noch ein Aufweichen dieser Position: Der Bundesgerichtshof behandelte in den typischen „Vorunternehmerfällen" gerade Konstellationen, in denen der Auftraggeber sich im **konkreten** Vertrag **nicht ausdrücklich** verpflichtet hatte, eine Bau-Vorleistung zu erbringen.[1585] Dass auch diese Fälle genauso zur „Erfüllungsgehilfenhaftung" führen wie der „Behelfsbrücken-Fall", dass also die „Vorunternehmerentscheidung I" des Bundesgerichtshofs ebenso wie die „Vorunternehmerentscheidung II" u. E. unrichtig ist, ist eine andere Frage: Im Behelfsbrücken-Fall ist jedenfalls die Entscheidung unbezweifelbar richtig!

Der „Behelfsbrücken-Fall" hätte aber auch mit einer **zweiten Begründung** zur Erfüllungsgehilfenhaftung geführt:
Die Mitwirkung des Auftraggebers war **auch** deshalb Hauptpflicht, weil vertraglich ein konkreter Mitwirkungstermin für den Auftraggeber vereinbart war **und** die verbindlichen Ausführungsfristen des Auftragnehmers damit verknüpft waren – jedenfalls durch diese Verknüpfung war die Mitwirkung des Auftraggebers zur Hauptpflicht geworden.[1586]

7.6.3 Einsatz von Erfüllungsgehilfen bei Mitwirkung als *Neben*pflicht (oder Obliegenheit?) des Auftraggebers

7.6.3.1 Nebenpflicht, Obliegenheit, reines Eigeninteresse des Auftraggebers?

1362 **Wenn** eine Mitwirkungspflicht des Auftraggebers besteht, so ist sie – „Erstellungshandlungen", nämlich Hauptpflichten ausgenommen, s. oben Rdn. 1361 – „Nebenpflicht", nämlich „Ermöglichungshandlung", nicht nur Obliegenheit (näher Rdn. 1280, 1395). Damit bedingte das Thema allerdings eigentlich keine weitere Diskussion, denn es ist in

---

[1582] BGH ZfBR 1992, 31, s. auch oben Rdn. 1286.
[1583] OLG Celle BauR 1994, 629; Revision vom BGH (7. Zivilsenat) nicht angenommen; Einzelheiten oben Rdn. 1286 unter Hinweis auf die (unzutreffende) Entscheidung OLG Rostock BauR 1999, 402.
[1584] Jagenburg, NJW 1994, 2864, 2870, Fn. 95; s. auch Vygen, Fn. 1586. Für die Beurteilung als Verletzung einer Hauptpflicht zutreffend Beck'scher VOB-Kommentar/Hofmann, VOB/B vor § 3, Rdn. 43 und § 4, Rdn. 5. Im Ergebnis jetzt ebenso BGH „Vorunternehmer II" NZBau 2000, 187.
[1585] BGH „Vorunternehmer I" BauR 1985, 561, Einzelheiten Rdn. 1366 ff.; Nicht-Annahmebeschluss des BGH zum OLG Nürnberg BauR 1994, 517, dazu näher Rdn. 1379.
[1586] Siehe auch Leineweber, Jahrbuch Baurecht 2002, 127; Ingenstau/Korbion/Döring, VOB/B § 6 Nr. 6, Rdn. 20; Band 2, Rdn. 1509; Kleine-Möller/Merl, Handbuch Baurecht, § 13 Rdn. 456; richtig auch Vygen, IBR 1994, 319, der seine Interpretation des Nicht-Annahmebeschlusses des Bundesgerichtshofs zum Urteil des OLG Celle allerdings unzutreffend **allein** auf dieses Argument stützt..

Rechtsprechung und Lehre völlig unbestritten, dass der Auftraggeber **auch** dann für das Verschulden Dritter als seine Erfüllungsgehilfen haftet, wenn er sich ihrer nur zur Erfüllung vertraglicher **Nebenpflichten** bedient. Das Problem liegt denn auch in Wirklichkeit darin, bei „einzelnen Mitwirkungen" des Auftraggebers zu analysieren, ob es sich **wirklich** um eine Mitwirkungs**pflicht** des Auftraggebers im Sinne einer Ermöglichungshandlung und damit um eine **Nebenpflicht** handelt: Dies haben wir eigentlich schon näher untersucht;[1587] dennoch gewinnt das Thema erst im Zusammenhang mit der „Erfüllungsgehilfen-Problematik" wirkliche Brisanz und bedarf deshalb hier der vertiefenden Erörterung.

7.6.3.2 Planungspflicht des Auftraggebers und Erfüllungsgehilfen

Gemäß § 3 Nr. 1 VOB/B hat der Auftraggeber – wenn im Vertrag nichts Abweichendes vereinbart ist – die **Pflicht, die „für die Ausführung nötigen Unterlagen"** zu übergeben – das ist „Ermöglichungshandlung" des Auftraggebers in Reinkultur, s. oben Rdn. 1281, 1288. Der Auftraggeber kann diese Unterlagen im Regelfall nicht selbst erstellen, er lässt folglich die Ausführungsplanung durch seinen Objektplaner (Architekt) und durch Sonderfachleute (Tragwerksplaner, Planer für Technische Ausrüstung usw.) erstellen. Er benutzt also deren Arbeitsergebnis zur Erfüllung seiner eigenen **(Neben-)Pflicht**, deshalb sind Architekten und Sonderfachleute im Rahmen der **Planung Erfüllungsgehilfen** des Auftraggebers.[1588] Das gilt für jede auftraggeberseitige Beibringung von Untersuchungen und Unterlagen, also auch z. B. für **Bodengutachten.**
Sind die vom Architekten oder Sonderfachmann gelieferten Unterlagen **mangelhaft** und entstehen dadurch Verzögerungen bei der Bauausführung, haftet deshalb der Auftraggeber für die schuldhafte Schlecht-Erfüllung dieser Erfüllungsgehilfen, der Auftragnehmer hat wegen der **Verzögerung** Schadensersatzansprüche gemäß § 6 Nr. 6 VOB/B.
Ob der Auftragnehmer befugt ist, mangelhafte Unterlagen selbst zu korrigieren und ob in dem Korrekturaufwand ebenfalls ein Schaden liegt, der zum Schadensersatzanspruch führt, erörtern wir gesondert unter Rdn. 1475.

Liefert der Auftraggeber über seinen Architekten oder seine Sonderfachleute die Ausführungsunterlagen **verspätet,** so haftet er ebenfalls für deren Verschulden, er hat – wie erwähnt – seine „Ermöglichungspflicht" (Neben**pflicht**) verletzt.
Sind für die Lieferung der Ausführungsunterlagen im Einzelvertrag sogar konkrete Beistellungsfristen genannt und sind diese mit Ausführungsfristen des Auftragnehmers verknüpft, so verletzt der Auftraggeber sogar eine Hauptpflicht, nämlich eine „Erstellungspflicht" – siehe oben Rdn. 1287, 1361. Für diese (unbestrittene) Erfüllungsgehilfen-Haftung ist es gleichgültig, ob diese Pflicht des Auftraggebers Hauptpflicht oder Nebenpflicht ist.
Einzelheiten hinsichtlich der geschuldeten **Beschaffenheit** von Ausführungsunterlagen haben wir unter Rdn. 1293-1295 behandelt, Einzelheiten hinsichtlich der **Rechtzeitigkeit** der Lieferung unter Rdn. 1303 ff.

7.6.3.3 Koordinierungspflicht des Auftraggebers und Erfüllungsgehilfen

Das „Aufrechterhalten der allgemeinen Ordnung auf der Baustelle" sowie die **„Regelung des Zusammenwirkens** mehrerer Unternehmer" ist gemäß § 4 Nr. 1 Abs. 1 Satz 1 VOB/B **Pflicht** des Auftraggebers – „Koordinierungspflicht" (Neben**pflicht**).

[1587] Zur Kennzeichnung der Mitwirkungs-Nebenpflicht als **Ermöglichungshandlung** und zu den Voraussetzungen im Einzelnen s. oben Rdn. 1281, 1288 ff.
[1588] Unbestritten, ebenso der BGH „Vorunternehmer I" BauR 1985, 561, s. Rdn. 1367 und „Vorunternehmer II" NZBau 2000, 187.

Der Auftraggeber hat die Ermöglichungspflicht, eben zur „Ermöglichung eines geordneten Zusammenwirkens der einzelnen Unternehmer" einen Gesamtbauzeitenplan aufzustellen.[1589]
Auch insoweit ist der Architekt Erfüllungsgehilfe des Auftraggebers. Wenn der Architekt so organisiert, dass alle wesentlichen Vorgänge (= Leitvorgänge) terminrelevant sind, also auf dem kritischen Weg liegen,[1590] dass somit jede zeitliche Soll-Ist-Abweichung auch kleinster Art bei diesen Leitvorgängen zu Störungen des Bauablaufs führt – wenn also der Ablaufplan unter illusionär-optimistischen Annahmen aufgestellt ist und keinerlei Zeitreserven enthält –, ist das **allein** schon verschuldete Pflichtverletzung des Auftraggebers bzw. seines Erfüllungsgehilfen und begründet schon **deshalb** gegebenenfalls Schadensersatzansprüche des Auftragnehmers gemäß § 6 Nr. 6 VOB/B. Zu einem „seriösen" Bauzeitenplan eines Bauvorhabens gehören u.a. **auch** Zeitreserven für Mängelbeseitigung.[1591]
Der Auftraggeber haftet also **schon dann** für Verzögerungsschäden eines Auftragnehmers, wenn er **infolge mangelnder Koordination** und **mangelnder terminlicher Vorbereitung** Vorleistungen entweder nicht zum richtigen Zeitpunkt oder nicht im richtigen Fertigstellungszustand bereitstellt. Das wird bei der Beurteilung der Vorunternehmerhaftung leider von den Instanzgerichten oft völlig übersehen.
Zutreffend hat das Oberlandesgericht Köln im Zusammenhang mit der Erfüllungsgehilfenhaftung des Auftraggebers für seinen Architekten entschieden, dass **allein** schon ein „**nicht realistischer Zeitplan**" und daraus resultierende Behinderungen Schadensersatzansprüche des Auftragnehmers gemäß § 6 Nr. 6 VOB/B auslösen können.[1592]
Im vom Bundesgerichtshof entschiedenen Fall „Vorunternehmer" – siehe Rdn. 1367 – halfen allerdings diese Überlegungen zur Koordinierungspflicht dem geschädigten Auftragnehmer auch nicht weiter: Das Berufungsgericht hatte zutreffend festgestellt, dass dieser Auftraggeber seine Koordinierungspflicht gerade **nicht** verletzt hatte. Tatsächlich braucht auch kein Auftraggeber in einem Terminplan vorzusehen, dass gleich zu Beginn der Arbeit wegen Mängeln an den Gründungsarbeiten eine Verzögerung der weiteren Bauausführung von mehreren Monaten auftritt – das ist aber gerade der BGH „Vorunternehmer"-Fall.

7.6.3.4 Pflicht des Auftraggebers zur Objektüberwachung (Bauaufsicht) und Erfüllungsgehilfen?

1365 Der Auftraggeber hat zwar die Pflicht, richtige Ausführungsunterlagen zu liefern, aber er hat nicht die Mitwirkungs-Ermöglichungs-Pflicht, den Auftragnehmer oder andere **Auftragnehmer** bei der Ausführung zu überwachen. Wenn sich also eine Vorunternehmerleistung verzögert oder, was in diesem Zusammenhang besonders wichtig ist, wenn sie mangelhaft ist und wenn dadurch Behinderungen auftreten, so kann sich **insoweit** der Auftragnehmer **nicht** darauf berufen, der Architekt habe durch mangelhafte **Überwachung** diese Mangelfolge mitverschuldet, der Auftraggeber hafte also für den Architekten als Erfüllungsgehilfen:

Kein Auftragnehmer hat **Anspruch** auf Überwachung, der Auftraggeber hat **keine Pflicht** dazu. Dass er dennoch durch seinen Architekten überwachen lässt (Leistungsphase § 15 Abs. 1 Nr. 8 HOAI), tut der Auftraggeber in purem eigenem Interesse, aber

---

[1589] Zutreffend BGH „Vorunternehmer I" BauR 1985, 561, 563 (s. Rdn. 1367); schon deshalb unzutreffend Rickhey, Seminar Bauverzögerung, S. 115, 130, dazu ausführlich Rdn. 1382.
[1590] Das heißt: Der Bauablauf ist so geplant, dass sich jede Verzögerung eines Vorganges, der Vorgänger für andere Vorgänge ist, sofort und unmittelbar auf die nachfolgenden Vorgänge (= Nachlieger) auswirken muss, sofern kein Puffer auf dem kritischen Weg liegt. Näher dazu Fn. 1875.
[1591] Ebenso Vygen/Schubert/Lang, Bauverzögerung, Rdn. 269, 270.
[1592] OLG Köln BauR 1986, 582, 583; Beck'scher VOB-Kommentar/Motzke, VOB/B § 6 Nr. 1, Rdn. 55.

nicht aufgrund rechtlicher Verpflichtungen gegenüber irgendeinem ausführenden Unternehmen[1593] – deshalb ist **insoweit** der Architekt auch nicht Erfüllungsgehilfe.
Ist die Arbeit des Vorunternehmers dagegen deshalb mangelhaft, weil die **Planung** des Architekten mangelhaft war, so haftet der Auftraggeber für seinen Architekten als Erfüllungsgehilfen, denn der Auftraggeber hat die Nebenpflicht zur richtigen Planung – vgl. Rdn. 1363.

7.6.3.5 Bereitstellungspflicht des Auftraggebers und Erfüllungsgehilfen
– BGH „Vorunternehmer I" BauR 1985, 561,
BGH „Vorunternehmer II" NZBau 2000, 187 –

7.6.3.5.1 Problemstellung

Eine weitere Ermöglichungs-Pflicht des Auftraggebers ist es, dem Auftragnehmer überhaupt ein Baugrundstück bereitzustellen, auf dem er bauen kann, oder Teilbauleistungen bereitzustellen, auf denen der Auftragnehmer mit seiner Bauleistung aufbauen kann: Ohne Gebäude kann der Dachdecker schlecht decken.
Diese Bereitstellungs-Neben**pflicht** haben wir ebenfalls unter Rdn. 1290, 1291 schon behandelt.
Also haftet der Auftraggeber dafür, dass **er** die Vorarbeiten rechtzeitig beibringt, also sind die Vorunternehmer Erfüllungsgehilfen des Auftraggebers – so unsere Meinung und die nahezu einhellige Meinung. Ist diese Beibringungspflicht im konkreten Vertrag noch intensiviert, indem sich der Auftraggeber **ausdrücklich** im Erstellungsbereich des Auftragnehmers zu Mitwirkungsleistungen als eigener Erstellungspflicht bereitgefunden hat, dass der Auftraggeber sich also – vergleichbar einem Nachunternehmer des Auftragnehmers – in dessen Ablauf eingeordnet hat, so ist diese Beibringung sogar **Hauptpflicht.** Dass in **diesem Fall** der Auftraggeber für den, durch den er die Beibringung ausführen lässt, als Erfüllungsgehilfen haftet, versteht sich von selbst und wird auch vom Bundesgerichtshof gebilligt – „Behelfsbrücken-Fall" des OLG Celle, s. dazu Rdn. 1283, 1361 und „Vorunternehmer II".
Bei Bewertung als Hauptpflicht kann der Auftragnehmer vom Auftraggeber die Erfüllung dieser Pflicht erzwingen, also die konkrete Leistung; er kann den Auftraggeber eben wie jeden anderen in den Bauablauf eingebundenen Nachunternehmer zur Erfüllung zwingen.
Ist dagegen die Beibringung der Vorunternehmerleistung im konkreten Vertrag nicht **besonders** geregelt, so ist die Pflicht des Auftraggebers nicht Hauptpflicht, sondern nur **Nebenpflicht,** nämlich **Ermöglichungs-Pflicht.**
Bei Beurteilung als Nebenpflicht kann der Auftragnehmer zwar den Auftraggeber nicht zur Erfüllung zwingen, also nicht zur Mitwirkung, aber die Verletzung der Nebenpflicht löst – wie unter Rdn. 1281 schon erörtert – Schadensersatzansprüche aus.
Solche Schadensersatzansprüche verneint der Bundesgerichtshof in beiden „Vorunternehmer" Entscheidungen aber gerade: Weil der Auftraggeber – so unser Verständnis der Entscheidung „Vorunternehmer" – „für die mangelhafte Vorbereitung dem Folge-Auftragnehmer nicht einstehen will" und nicht einstehen müsse, gebe es **keine** (Neben-) **Pflicht** und deshalb auch keine Erfüllungsgehilfenhaftung. Er billigt aber in der Entscheidung „Vorunternehmer II" dem Auftragnehmer einen verschuldensunabhängigen „Entschädigungsanspruch" aus § 642 BGB zu; mangels Verschuldenserfordernisses bei § 642 BGB entfällt dann die auf der Verschuldensebene angesiedelte Erfüllungsgehilfenproblematik: Der Auftraggeber haftet ohne weiteres für die unterlassene oder verspätete Mitwirkung. Für die Praxis ist das Problem damit drastisch entschärft, aber die Lösung überzeugt nicht und lässt das Pendel jetzt eher zu weit zu Lasten des Auftraggebers ausschla-

1366

[1593] Zutreffend BGH „Vorunternehmer I" BauR 1985, 561, 562, s. Rdn. 1367.

gen (s. Rdn. 1395, 1648 ff.). Beide Entscheidungen bedürfen der Untersuchung, auch die eigentlich überholte Entscheidung „Vorunternehmer I".

7.6.3.5.2 Sachverhalt und Gründe der Entscheidung BGH „Vorunternehmer I" BauR 1985, 561

1367 Der BGH hat folgenden Sachverhalt behandelt und entschieden:[1594] Der Auftraggeber beauftragt den Auftragnehmer mit Rohbauarbeiten. Die Gründungsarbeiten gibt er einem anderen Unternehmer (Vorunternehmer) in Auftrag. Der Rohbau-Auftragnehmer stellt, als er fristgerecht beginnen will, fest, dass die Gründungsarbeiten mangelhaft sind. Er zeigt das dem Auftraggeber gemäß § 4 Nr. 3 VOB/B an. Der Hinweis ist sachlich richtig, der Vorunternehmer bessert daraufhin seine Leistung nach. Dadurch kommt es zu einer Verzögerung von mehreren Monaten. Der leistungsbereite Rohbau-Auftragnehmer verlangt vom Auftraggeber Verzögerungskosten gemäß § 6 Nr. 6 VOB/B von 564 328,00 €.

Der BGH hat die Klage abgewiesen. Die Begründung lautet in den wesentlichen Punkten:

Der Senat hat entschieden, dass der zuerst tätige **Bauhandwerker nicht Erfüllungsgehilfe des Bauherrn ist** bezüglich seiner Bauleistung, auf der der danach tätige Bauhandwerker aufbaut.

Das Berufungsgericht sieht als Ursache für die Bauverzögerung, die zu dem Schaden der ARGE geführt haben soll, vielmehr **allein die mangelhaften Gründungsarbeiten** der Beklagten an. Im Ergebnis geht es dabei doch um die Frage, ob die Klägerin im Verhältnis zur ARGE diese Mängel zu vertreten hat, **weil sie sich insoweit der Beklagten als Erfüllungsgehilfin bedient hat.** Das ist jedoch **nicht der Fall.**

a) Die Vorschrift des § 278 BGB will den Gläubiger vor möglichen haftungsausschließenden Folgen einer arbeitsteiligen Wirtschaft schützen. Der Schuldner soll sich der Haftung für Leistungsstörungen nicht dadurch entziehen können, dass er Gehilfen einsetzt. **Für die Anwendung dieser Vorschrift verbleibt daher kein Raum, soweit der Gläubiger** (Anmerkung: hier der **Auftragnehmer!**) **die betreffende Leistung selbst verantworten kann und will.** So ist es aber in Fällen der vorliegenden Art geregelt.

Die Errichtung eines Bauwerks besteht fast immer aus einer Vielzahl nacheinander auszuführender und aufeinander aufbauender Werkleistungen verschiedener Unternehmer. **Der einzelne Auftragnehmer nimmt dabei hin, dass sein Auftraggeber die für seine Arbeiten notwendigen Vorleistungen typischerweise nicht selbst erbringt, weil er dazu gar nicht in der Lage ist. Auch will sich der Auftraggeber regelmäßig dem einzelnen Auftragnehmer gegenüber nicht zur Erbringung der notwendigen Vorarbeiten verpflichten.** Der mit der Vorleistung befaßte Auftragnehmer ist **demgemäß** in den **werkvertraglichen Pflichtenkreis des Auftraggebers** gegenüber den anderen Baubeteiligten **nicht miteinbezogen.** Er erbringt vielmehr seine Leistung lediglich im Rahmen des zwischen ihm und dem Auftraggeber geschlossenen Werkvertrages.

Andererseits stehen die einzelnen Auftragnehmer nicht vollkommen unverbunden nebeneinander. Unter ihnen besteht vielmehr eine Art objektiver Zweckgemeinschaft. Denn um eine einwandfreie Bauleistung zu erreichen, ist der eine auf den anderen angewiesen; die Leistung des einen ist Voraussetzung für die Leistung des anderen. Dem trägt auch die VOB/B Rechnung, indem sie den Auftragnehmer verpflichtet, die Vorleistung eines anderen Unternehmers zu überprüfen (§§ 4 Nr. 3, 13 Nr. 3 VOB/B). Hat er Bedenken gegen die Leistung anderer Unternehmer, gemeint sind Vorunternehmer, so hat er sie dem Auftraggeber unverzüglich schriftlich mitzuteilen. Die Verletzung dieser Hinweis- und Prüfungspflicht kann Gewährlei-

---

[1594] BGH „Vorunternehmer I" BauR 1985, 561 = BGHZ 95, 128; Hervorhebungen im Text stammen von uns.

stungsansprüche auslösen, wenn er auf einem Mangel des hergestellten Werks beruht, obwohl die eigenen Arbeiten des Auftragnehmers vertragsgerecht erbracht worden sind.

Diese Verpflichtung des Nachfolgeunternehmers zeigt, dass sich sein eigener Risikobereich mit demjenigen des Vorunternehmers teilweise überschneidet. Der Nachfolgeunternehmer ist im gewissen Umfang für die Vorleistung mitverantwortlich. Damit wird gleichzeitig deutlich, dass nach den Vorstellungen der Verfasser der VOB/B insoweit der Vorunternehmer nicht Erfüllungsgehilfe des Auftraggebers ist. Denn es wäre widersprüchlich, wenn ein Nachfolgeunternehmer einerseits auch gegenüber dem Auftraggeber einen Anspruch auf mangelfreie Vorleistung hätte und andererseits bei entsprechender Schlechtleistung des Vorunternehmers – unter bestimmten Voraussetzungen – doch selbst für sich daraus ergebende Mängel seines eigenen Werkes haften muss, wie es die VOB/B vorsieht.

b) Fehler eines Vorunternehmers können dem Auftraggeber im Verhältnis zum Nachfolgeunternehmer demnach regelmäßig nicht zugerechnet werden. **Etwas anderes** kommt nur dann in Betracht, wenn aufgrund **besonderer Umstände** davon auszugehen ist, dass der **Auftraggeber dem Nachfolgeunternehmer für die mangelfreie Erbringung der Vorleistungen einstehen will.**

Entgegen der Ansicht des Berufungsgerichts kann jedoch **allein aus der Erstellung eines Bauzeitenplanes** nicht auf eine derartige Risikoübernahme durch den Auftraggeber geschlossen werden. **Für ein Großvorhaben der vorliegenden Art ist ein Bauzeitplan für eine ordnungsgemäße Ablaufplanung unerlässlich.** Der Auftraggeber ist daher im Rahmen seiner Koordinierungspflicht gehalten, auf die Erstellung eines Bauzeitenplanes hinzuwirken. Aus der Erfüllung dieser Pflicht kann der Auftragnehmer aber nicht folgern, dass der Auftraggeber damit gleichzeitig auch für die **mangelfreie** Erbringung der Vorleistungen verantwortlich zeichnen will. Die in einem solchen Bauzeitplan enthaltenen Fristen sind im Übrigen auch nicht ohne weiteres verbindlich, wie die Regelung in § 5 Nr. 1 Satz 2 VOB/B zeigt. Danach gelten die in einem Bauzeitplan enthaltenen Einzelfristen nur dann als Vertragsfristen, wenn dies im Vertrag ausdrücklich vereinbart ist. Sind somit schon die Einzelfristen nicht ohne weiteres verbindlich, so bedarf es erst recht einer **ausdrücklichen Vereinbarung** für die vom Berufungsgericht angenommene Verpflichtung der Klägerin, selbst **auch für eine fehlerfreie** Erbringung der Vorleistungen einstehen zu wollen..."

Im weiteren Text der Entscheidung lehnt der BGH in der Entscheidung „Vorunternehmer I" schließlich auch eine so genannte Drittschadensliquidation sowie die Anwendung des § 642 BGB ab.

In der Entscheidung „Vorunternehmer II" hat der Bundesgerichtshof 15 Jahre später für den identischen Fall verspäteter Vorunternehmerleistung diese Rechtsprechung ausdrücklich aufgegeben und jetzt die generelle Haftung des Auftraggebers in Anwendung von § 642 BGB bejaht (Rdn. 1393 ff.).

7.6.3.5.3 Kritik an der Entscheidung „Vorunternehmer I"

Die Rechtsauffassung des Bundesgerichtshofs zur Beurteilung der Bereitstellungspflicht als Obliegenheit ist in beiden Entscheidungen u. E. unzutreffend. 1368

Mit Recht ist deshalb schon die Entscheidung „Vorunternehmer I" auf nahezu einhellige Kritik gestoßen.[1595]

Vorab kann kein Zweifel bestehen, dass diese Entscheidung des BGH nicht bedeutet, dass der Auftragnehmer nun seinerseits durch die verzögerten Vorarbeiten in Verzug mit seiner Leistung kommen könnte. **Auf jeden Fall** stammen **verzögerte Vorarbeiten** aus **dem Risikobereich des Auftraggebers** und bewirken deshalb jedenfalls eine **Verlängerung der Ausführungsfrist** für den Auftragnehmer. Der Bundesgerichtshof hat das ausdrücklich **bestätigt**.[1596]

Unbestritten bleibt ein weiterer wesentlicher Gesichtspunkt: Wenn ein Auftraggeber seine Mitwirkungspflicht bzw. Obliegenheit nicht erfüllt, kann der Auftragnehmer nach näherer Maßgabe des § 9 Nr. 1 a VOB/B kündigen.

Wenn wir die Entscheidung richtig verstehen, ist der BGH der Auffassung, die Mitwirkungspflicht des Auftraggebers bei der Bereitstellung des Bauobjektes sei nicht erfolgsbezogen. Es genüge also, wenn der Auftraggeber einen zuverlässigen Vorunternehmer beauftrage und für einen geordneten zeitlichen Ablauf sorge. Danach sei die Entwicklung „gleichgültig". Somit müßte man laut BGH im konkreten Fall überhaupt jede Mitwirkungspflicht bzw. Obliegenheit des Auftraggebers leugnen, so dass der Auftragnehmer nicht einmal nach § 9 VOB/B kündigen könnte – eine schon vorab **sehr merkwürdige** Konsequenz.

1369 Der Auftraggeber hat aber nicht nur zu koordinieren und zu planen, er **muss** auch **mitwirken durch Bereitstellung des Grundstücks bzw. des teilfertigen Bauwerks**, er **muss kooperieren** – und „Müssen" ist Pflicht und nicht bloßes Belieben. Wie schon früher erwähnt: Selbst der beste Dachdecker kann nicht decken, wenn kein Dachstuhl vorhanden ist.[1597]

Der BGH verneint diese Pflicht. Er prüft zwar, ob sich der Auftraggeber des Vorunternehmers als Erfüllungsgehilfen bei der Erstellung der (mangelhaften) Gründungsarbeiten bedient hat, am Schluss der ersten Entscheidung heißt es aber im Zusammenhang mit der Prüfung einer Anordnung gemäß § 2 Nr. 5 VOB/B, der Stillstand sei (Anmerkung: sogar) nicht durch „Anordnungen ausgelöst worden, die zum Verantwortungsbereich („Sphäre") des Auftraggebers gehörten".[1598]

[1595] Ablehnend zu dieser Entscheidung mit unterschiedlichen Begründungen (die wir nachfolgend im Text einzeln erörtern): OLG Düsseldorf BauR 1999, 1309 mit Anm. Kniffka, Revision wegen **Abweichung** vom BGH zugelassen, aber nicht eingelegt; Vygen/Schubert/Lang, Bauverzögerung, Rdn. 268 ff.; Vygen, BauR 1989, 387; Nicklisch/Weick, VOB/B Einleitung §§ 4–13 Rdn. 53, 55, § 10 Rdn. 14; Hochstein, Anm. zu BGH Schäfer/Finnern/Hochstein, § 6 Nr. 6 VOB/B Nr. 3 (das ist das hier besprochene Urteil); Jagenburg, BauR 1989, 17, 20; Beck'scher VOB-Kommentar/Hofmann, VOB/B § 4 Nr. 1, Rdn. 15; Beck'scher VOB-Kommentar/Motzke, VOB/B § 6 Nr. 6, Rdn. 87 ff.; Kraus, BauR 1986, 17 ff.; von Craushaar, BauR 1987, 14, 21 (Lösung über § 642 BGB, sofern Endfrist vereinbart ist), uneingeschränkt wie hier jetzt Festschrift für Vygen, S. 154 ff; Grieger, BauR 1990, 406; Baden, BauR 1991, 30; Heiermann, NJW 1989, 90; Dähne BauR 1994, 518; Döring, Festschrift für von Craushaar, S. 193 ff.; Gauch, Werkvertrag (von anderer Ausgangsbasis im Schweizer Recht) Rdn. 1338. Schon früher für Erfüllungsgehilfeneigenschaft (also abweichend zum BGH): OLG Stuttgart BauR 1973, 385; OLG Celle BB 1964, 378 mit Anm. Lüpke.
Anderer Ansicht (also wie BGH Erfüllungsgehilfeneigenschaft verneinend) Rickhey, Seminar Bauverzögerung, 115, 130; Weise, BauR 1992, 685, 687, dazu aber Rdn. 1374.
[1596] Vgl. oben Rdn. 1249, 1350 f., insbesondere Fn. 1458; BGH BauR 1990, 210, 211; zu den weiteren Auswirkungen dieser Risikozuteilung vgl. im Einzelnen Rdn. 1388 ff.
[1597] Einzelheiten dazu oben Rdn. 1280, 1290 f., insbesondere die spätere Entscheidung des **BGH BauR 1986, 203**.
[1598] A. a. O. 564.

Mit dieser Auffassung stand der BGH ganz allein, sie würde dem Auftragnehmer sogar das **Recht** auf Fristverlängerung verwehren.[1599] Der BGH verweist zur Begründung auf eine vorangegangene Begründungspassage, die sich aber mit **dieser** Mitwirkungspflicht im Einzelnen gar nicht befasst.

Es ist im Gegenteil sicher, dass Boden, Baugrund, Bauteilleistung alles vom Auftraggeber bereitzustellende „Stoffe" sind, was übrigens einen weiteren Lösungsansatz für die Gesamtproblematik enthält, wie in Rdn. 1388 ff. näher ausgeführt.

Vorweg: Dass der Architekt bei der **Bereitstellung** des Objekts nicht Erfüllungsgehilfe des Auftraggebers ist, bedarf keiner Erörterung: Der Auftraggeber lässt durch den Architekten planen und koordinieren, aber er lässt durch ihn nicht bauen im Sinne von körperlich herstellen. 1370

Die Entscheidung spitzt sich also allein und endgültig auf die **Frage** zu, **ob** der **Vorunternehmer mit dem Willen des Auftraggebers „bei der Erfüllung der Mitwirkungspflicht Bereitstellung** als dessen **Hilfsperson tätig** wird" – so die schon erwähnte Definition des Erfüllungsgehilfen. 1371

Genau das verneint der BGH in der Entscheidung „Vorunternehmer I" mit den nachfolgend zu erörternden Überlegungen. Eigentlich hätte der BGH **konsequenterweise diese Frage gar nicht prüfen dürfen**, denn wenn der Auftraggeber überhaupt hinsichtlich der Art der Entstehung der Vorleistung (mangelfrei) keine Mitwirkungspflicht hat, dann kommt es auch auf Verschulden nicht an und somit auch nicht auf „Erfüllungsgehilfeneigenschaft".
Die Kernthesen des BGH lauten:

a) „Für die Anwendung der Vorschrift des § 278 BGB ist kein Raum, soweit der Gläubiger (hier der **Auftragnehmer!**) die betreffende Leistung (Vorleistung!) **selbst verantworten** kann und **will**. So ist es in Fällen der vorliegenden Art geregelt.

b) Der einzelne Auftragnehmer **nimmt hin,** dass ein Auftraggeber die Vorleistungen nicht selbst erbringt.

c) Auch **will** sich der **Auftraggeber** regelmäßig dem einzelnen Auftragnehmer gegenüber nicht **zur Erbringung der Vorleistung verpflichten."**

Nochmals zur Verdeutlichung hinsichtlich des Schadensersatzanspruches gemäß § 6 Nr. 6 VOB/B: **Wenn** der Auftraggeber eine Mitwirkungs**pflicht** hat, die Vorunternehmerleistung als **Ermöglichungs**-Handlung (Nebenpflicht) für die Leistungen des Auftragnehmers bereitzustellen, **dann ist der Vorunternehmer insoweit auch Erfüllungsgehilfe des Auftraggebers.** 1372
Der Bundesgerichtshof verneint eine solche **Neben**pflicht – der Auftraggeber habe sich gerade nicht verpflichtet, für die mangelfreie (und damit rechtzeitige!) Erbringung der Vorleistung einzustehen, sie sei nur Obliegenheit.
Das ist eindeutig **unzutreffend.**

Die These a des BGH lautet: „Für die Anwendung des § 278 BGB ist kein Raum, **soweit** der Gläubiger (hier also der Auftragnehmer!) die betreffende Leistung **selbst verantworten kann** und **will**. So ist es in Fällen der vorliegenden Art geregelt." 1373

[1599] **Diese** Ansicht hat der BGH stillschweigend aufgegeben, s. BGH BauR 1990, 210, 211. Vgl. dazu oben Rdn. 1249 mit weiteren Nachweisen; dagegen auch z. B. Heiermann, NJW 1989, 90.

Der Ausgangspunkt dieser These ist unrichtig, die entsprechende „Regelung" **gibt es nicht**. Dass der Auftragnehmer mangelhafte Vorleistungen **selbst** verantworten könne und **wolle**, ist durch nichts belegt, im Gegenteil durch die Baurealität und jede ökonomische Vernunft widerlegt.

Im Übrigen: Es kommt **nicht** darauf an, was der Auftragnehmer selbst verantworten kann und **will**, sondern darauf, wie der „konkrete **Pflichtenkreis** des Schuldners (Auftraggebers), bestimmt durch Art und **Inhalt des jeweiligen Schuldverhältnisses**" (hier: Bauvertrag), festgelegt ist.[1600]

Den **Pflichtenkreis des Auftraggebers** laut Bauvertrag muss man also definieren: Die „Bereitstellung" aller „Stoffe", die der Auftragnehmer benötigt, um überhaupt bauen zu können (z. B. Grund und Boden), ist nach der **gesetzlichen** Risikozuweisung **allein** Sache des Auftraggebers, Konsequenzen aus „Mängeln" der gelieferten Stoffe des Auftraggebers sind gemäß §§ 644, 645 BGB **zweifelsfrei** allein vom Auftraggeber zu tragen.[1601]

Nach dem Modell des BGB ist das allerdings nur „Obliegenheit" des Auftraggebers; der Auftraggeber ist also nicht verpflichtet, „bereitzustellen", schadet sich aber selbst, wenn er die Bereitstellung unterlässt. **Aber das BGB selbst hat hier schon eine einschneidende Einschränkung vollzogen**, die der Bundesgerichtshof übersieht: Für aus der verspäteten Mitwirkung resultierende Verzögerungen muss der Auftraggeber **trotz** der Einordnung dieser „Pflicht" als Obliegenheit im BGB **sogar ohne Rücksicht auf Verschulden (!)** haften, genau das regelt § 642 BGB. § 642 BGB gibt dem Auftragnehmer einen entsprechenden verschuldensunabhängigen Ersatzanspruch, der in seinen Folgen mit § 6 Nr. 6 VOB/B völlig übereinstimmt. § 643 BGB gibt dem Auftragnehmer sogar das Recht, nach entsprechender fruchtloser Nachfrist den Bauvertrag zu kündigen, wenn der Auftraggeber seine Bereitstellungsleistung nicht fristgerecht erbringt – dies mit der Folge, dass gemäß § 645 Abs. 1 Satz 2 BGB der Auftragnehmer für den nicht ausgeführten Teil seiner Leistung Ersatz seiner „Auslagen" verlangen kann.[1602]

§ 642 BGB unterscheidet auch die einzelnen Mitwirkungshandlungen nicht: Übergabe der Ausführungsunterlagen, Koordinierung der einzelnen Unternehmer, Bereitstellen des Baugrundstücks und der baulichen Vorleistungen – das **alles** sind im Rahmen des § 642 BGB **gleich**zubehandelnde Fälle.

Jedenfalls beim VOB-Vertrag, der ein **bau**-spezifischer Werkvertrag unter Berücksichtigung des Langzeitcharakters solcher Verträge ist, gibt es keinen Grund, dieselben Pflichten plötzlich schwächer einzuordnen, als es das BGB tut: Die **Lieferung der Ausführungspläne** ist Neben**pflicht** des Auftraggebers gemäß VOB/B – siehe oben Rdn. 1363; die **Koordinierung** ist **Nebenpflicht** des Auftraggebers gemäß VOB/B, s. oben Rdn. 1364; warum soll die notwendige **Bereitstellung** des Baugrundstücks und der Bau-Vorleistungen plötzlich **nicht Nebenpflicht** sein?

Nebenpflichten sind sie alle, weil nach heutiger „moderner" Auffassung der Teilbereich Bauvertrag des Gesamtbereichs „Werkvertrag" als „weiterentwickelter Werkvertrag" zu beurteilen ist, eine seinen **Besonderheiten** gerecht werdende Bewertung verlangt und deshalb in der Charakterisierung der Mitwirkungsnotwendigkeit des Auftraggebers als völlig unverbindliche Beliebigkeit eine Fehlbeurteilung von dessen „konkretem Plichtenkreiskreis" läge; der „konkrete Pflichtenkreis" wird bestimmt durch die Art des „Schuldverhältnisses" unter Beachtung von Treu und Glauben (§ 242 BGB), also so:

[1600] Definition so schon RGZ 101, 158 (Urteil aus dem Jahr 1921), ständige Rechtsprechung, z. B. BGHZ 48, 121, schlechthin unbestritten.

[1601] Darstellung in allen Einzelheiten oben Rdn. 711 ff., unten Rdn. 1388 ff.

[1602] Was völlig identisch ist mit dem Schadensersatz gemäß § 6 Nr. 6 VOB/B, vgl. zum Begriff „Auslagen" unten Rdn. 1392.

Solange der Auftraggeber **noch will**, dass der Auftragnehmer die Hauptpflicht „Bauen" **erfüllen soll**, solange also der Vertrag noch nicht gekündigt ist, so lange kann der Auftraggeber **nicht gleichzeitig** seine Mitwirkung als **seine** der Beliebigkeit anheimgegebene Privatsache ansehen, so lange darf er durch unterlassene Mitwirkung den Auftragnehmer nicht boykottieren und ihm nicht schaden, sondern so lange hat er jedenfalls wegen der beim Bauen **zwingend** notwendigen Kooperation **aller Beteiligten** – das Gegenteil ist Chaos! – wegen der „Schwergewichtigkeit und Umfänglichkeit der Mitwirkung"[1603] die **Nebenpflicht** „Ermöglichung".

So beurteilt denn auch praktisch die gesamte Literatur die Bereitstellungspflicht als **Nebenpflicht**, wie unter Rdn. 1280 (Fn. 1386) schon erörtert.

Im Übrigen **privilegiert die VOB/B in § 6 Nr. 6 VOB/B sogar** noch den die Nebenpflicht „Bereitstellung" verletzenden **Auftraggeber**, indem sie an Verschulden anknüpft, während § 642 BGB auch die Haftung ohne Verschulden anordnet. Im Rahmen des **speziellen Bauvertragsrechts der VOB hinter** die allgemeinen Regeln des Werkvertragsrechts des BGB zurückzugehen, wäre systemwidrig und unverständlich.

Im Übrigen: 1374
Kein Auftragnehmer **kann** die (rechtzeitige und/oder mangelfreie) Erstellung **fremder** Vorleistungen selbst verantworten. Er hat mit diesen Vorleistungen schlechthin nichts zu tun, er hat **keinen** Einfluss auf sie, **er weiß** oft noch gar **nicht einmal, wer sie ausführt**. Niemand verantwortet in ökonomischen Dingen freiwillig schädliche Einflüsse, die er nicht steuern kann und mit denen er schlechterdings nichts zu tun hat. Deshalb **will** ein **Auftragnehmer** auch **niemals verantworten**, dass eine Vorleistung fehlt. Es handelt sich deshalb um **Vor**-Leistungen, weil sie vor, d. h. außerhalb seiner Leistungen liegen.

Was hätte der Auftraggeber – hypothetisch – gesagt, wenn zum **Zeitpunkt der Vergabe** alle zur Beauftragung anstehenden Rohbauunternehmen einen Auftragswert gefordert hätten, der diese (zusätzlichen) 500 000,00 € als Risikozuschlag beinhaltete? Was man als Auftrag übernehmen „will", müßte man ja auch kalkulatorisch berücksichtigen!
Die These a des BGH kann nicht überzeugen.
Zu welcher Argumentation dieser Ausgangspunkt des BGH verführt hat, zeigt der eine wirklich bemerkenswerte Kernsatz, den Weise[1604] als Beleg für die Richtigkeit der Auffassung des BGH vorgelegt hat: „In der **Baupraxis** muss der Auftraggeber **keine** mangelfreie Vorleistung (?) erbringen. Beide Vertragsparteien wissen **daher** (?), dass der Bauherr nicht verpflichtet ist (?), für eine mangelfreie Ausführung der Vorleistung einzustehen."
Die **Baupraxis** soll uns also offensichtlich belehren, dass, weil es Mängel von Vorleistungen gibt, sie auch „rechtmäßig" sind – ein verblüffender Schluss.

Die These b lautet, der einzelne Auftragnehmer nehme hin, dass der Auftraggeber die 1375
Vorleistung **nicht selbst** erbringe.
Wie der Bundesgerichtshof richtig feststellt, bleibt dem Auftragnehmer **insoweit auch nichts anderes übrig**, als das hinzunehmen. Der Auftragnehmer hätte auch nichts dagegen, wenn der Auftraggeber die Leistung selbst erbringen würde.

Die These b des BGH knüpft unrichtig an: Wenn der Auftraggeber schon seine Vorleistung nicht selbst erbringt, muss er **wenigstens** dafür **einstehen,** was die anrichten, die **er** zur Erfüllung seiner eigenen ursprünglichen Pflicht einsetzt. **Das** ist der Preis für die arbeitsteilige Wirtschaft; wer ein Risiko schafft, muss für dieses Risiko einstehen. Der Preis der arbeitsteiligen Wirtschaft ist nicht, dass unbeteiligte Dritte die Risiken des Arbeitsteilenden an des-

---
[1603] So plastisch Münchener Kommentar/Emmerich, BGB, Vor § 275, Rdn. 399, 404, 304 [zu BGB a.F.].
[1604] BauR 1992, 685, 687.

sen Stelle übernehmen. Das ist die Begründung, mit der der Bundesgerichtshof selbst die dreißigjährige Verjährung nach der alten Fassung des BGH bei Mängeln wegen "Organisationsmangel" zutreffend bejaht hatte.[1605]

Im Übrigen führt die Auffassung des BGH zu absurden Konsequenzen, wie das nachfolgende Beispiel zeigt: Der Auftraggeber, selbst Tiefbauer, will für seinen Betrieb eine neue Halle errichten. Die Ausschachtung will er selbst erbringen, die Rohbauarbeiten vergibt er an einen Rohbau-Auftragnehmer. Zu dem vertraglich vorgesehenen Anfangstermin der Rohbauarbeiten ist die Baustelle nicht ausgeschachtet, weil das Gerät des Auftraggebers entweder auf einer anderen Baustelle zu lange festgehalten war, oder alternativ, weil er mangelhaft gearbeitet hatte und eigene Mängel zeitraubend beseitigen musste. Es gibt keinen Zweifel, dass der Tiefbauer als Auftraggeber in diesem Fall dem Rohbau-Auftragnehmer gemäß § 6 Nr. 6 VOB/B auf Schadensersatz haftet, denn er hat schuldhaft selbst die Hauptpflicht „Erstellung" wie ein Nachunternehmer verletzt.[1606]

Wie jedoch, wenn der Auftraggeber plötzlich einen lukrativen Fremdauftrag bekommt, deshalb von der beabsichtigten Eigenleistung absieht und einen fremden Tiefbauer beauftragt, der sich nun seinerseits wegen einer anderen Baustelle oder wegen zu beseitigender Mängel verspätet? Soll sich jetzt die Haftung des „Auftraggeber-Tiefbauers" mit dem Verzicht auf die Eigenleistung in nichts aufgelöst haben? Nein, denn sie beruht auf der Verletzung einer Hauptpflicht, so würde auch der BGH urteilen

Die Entscheidung, Dritte arbeitsteilig einzuschalten, liegt **ausschließlich** im Interesse des „Tiefbauer-Auftraggebers", sie berührt nur seinen Risikobereich, und nur er selbst kann die Entscheidung treffen; nur er hat auch Einfluss auf die Auswahl des Vorunternehmers, nur er kann sich über dessen Leistungsfähigkeit vergewissern.

Warum aber bei der Hauptpflicht „Erstellung" der Auftraggeber (zur Erfüllung gezwungen ist und) auf Schadensersatz haftet, bei der Nebenpflicht „Ermöglichung" aber nicht, lässt sich nicht begründen.

Das heißt:
Auch die These b des BGH, der einzelne Auftragnehmer **nehme hin**, dass der Auftraggeber die Vorleistung nicht selbst erbringe, ist **nicht stichhaltig**.

1376 Die These c ist sicherlich richtig, dass nämlich der Auftraggeber sich regelmäßig dem einzelnen Folge-Auftragnehmer gegenüber nicht zur Erbringung der Vorleistung **verpflichten will**.

Dass der **Auftraggeber sehr gerne nicht haften will,** ist unzweifelhaft. Wer haftet schon gerne? Maßgebend ist aber nicht, ob der Auftraggeber haften will, sondern nur, ob und inwieweit die Rechtsordnung die Haftung zuordnet, hier also, welchem der drei Beteiligten sie im Ergebnis den Schaden zurechnet.

Dazu gibt es drei Möglichkeiten:

Entweder trägt der Folge-Auftragnehmer den Schaden. Das ist derjenige, der mit dem Schaden nichts zu tun hat, der keine Vertragspflicht verletzt hat, der den Schaden nicht beeinflussen konnte, der den Schädiger nicht ausgesucht hat und der folglich **fremdes** Risiko tragen müßte.

Oder der Auftraggeber trägt den Schaden. Das ist der, der jedenfalls die Schadensursache mitgesetzt hat, indem er, statt in (theoretisch) möglicher Eigenleistung die Arbeit zu erbringen, diese durch einen (von ihm **ausgesuchten**) Dritten hat ausführen lassen, indem er sich also die Vorteile der arbeitsteiligen Wirtschaft gesichert hat, sich aber nicht sorgfältig genug über die fachliche Qualität seines Auftragnehmers kundig gemacht hat.

[1605] BGH BauR 1992, 500 = BGHZ 117, 318, dazu treffend Wirth, BauR 1994, 33, 35 und Beck'scher VOB-Kommentar/Ganten Teil B § 4 Nr. 3, Rdn. 38.
[1606] Siehe oben Rdn. 1286, „Behelfsbrücken"-Fall des OLG Celle BauR 1994, 629.

Oder der Vorunternehmer trägt den Schaden. Das ist derjenige, der eindeutig zögerlich oder mangelhaft gearbeitet hat, der also **seine Vertragspflicht** gegenüber dem Auftraggeber verletzt hat und der allein die Ursache des Problems geschaffen hat, der im Übrigen auch allein sein „Wagnis" kalkulieren kann und muss.

Wenn der Folge-Auftragnehmer den Auftraggeber in Anspruch nehmen kann, bleibt der Auftraggeber keineswegs auf dem Schaden sitzen, er kann vielmehr **bei Mängeln** den Vorunternehmer nach § 4 Nr. 7 VOB/B auf **Nachbesserung und Schadensersatz** oder bei bloßer **Verzögerung** gemäß § 5 Nr. 4 und § 6 Nr. 6 VOB/B **auf Schadensersatz** in Anspruch nehmen.

Dass die Rechtsordnung ausgerechnet den endgültigen Verlust **dem zuordnen soll,** der als einziger mit der Schadensursache **nichts zu tun hat,** ist nicht ersichtlich.

Der BGH führt dazu in der Entscheidung „Vorunternehmer I" – im Rahmen der Erörterung einer abgelehnten so genannten Schadensliquidation in Drittinteresse (siehe dazu unten Rdn. 1383) – aus, auch wenn der Anspruch des behinderten Auftragnehmers gegen den Auftraggeber abgelehnt werde, bleibe der Vorunternehmer ja nicht ohne Risiko. Der Auftraggeber könne nämlich durch die Verzögerung entstandene, **eigene** andere Schäden erleiden, die der Vorunternehmer dann ersetzen müsse. Müsse er **darüber hinaus** im Zweifelsfall den Schaden des Folge-Auftragnehmers tragen, würde dies zu einer „dem Haftungssystem der VOB/B widersprechenden Schadenshäufung führen, die für den einzelnen Auftragnehmer in ihren Auswirkungen nicht mehr übersehbar und damit auch nicht kalkulierbar wäre".

Auch das überzeugt nicht:

Wieso das „Haftungssystem der VOB/B (?)" es verbietet, dem, der Schäden verursacht, sie auch anzulasten, ist nicht erläutert und nicht ersichtlich. Tatsächlich gibt die VOB/B für diese These nichts her. Im Gegenteil privilegiert das „Haftungssystem der VOB/B" im konkreten Fall schon den Schädiger. Im Normalfall einfacher Fahrlässigkeit hat nämlich der Folge-Auftragnehmer gegen den Auftraggeber gemäß § 6 Nr. 6 VOB/B nur Anspruch auf Ersatz seiner Mehraufwendungen ohne entgangenen Gewinn; davon profitiert der behindernde Vor-Unternehmer. Er kommt also eher noch gut davon.

Außerdem:

Für den Vorunternehmer soll der selbst angerichtete Schaden nicht mehr kalkulierbar sein. Bezogen auf die aus seiner verzögerten bzw. mängelbehafteten Leistungserstellung resultierenden Folgekosten von Auftraggeber und Folgeunternehmer mag das durchaus stimmen. Andererseits lag es aber voll in seiner Hand, es erst gar nicht zu möglichen Folgekosten kommen zu lassen. Hätte er die Arbeitsdurchführung ordentlicher vorgeplant, geeignetere Arbeitskräfte und Hilfsmittel eingesetzt, sie ordnungsgemäß überwacht, so hätten alle daraus resultierenden Kosten sehr wohl kalkuliert werden können, die Folgeschäden wären darüber hinaus aber nicht aufgetreten.

Nur für den Schädiger sind jedenfalls die Kosten der Vermeidung des Schadensfalls kalkulierbar, jedenfalls der Schadenseintritt durch die oben aufgeführten Maßnahmen vermeidbar. Geht er das Risiko einer nicht ordnungsgemäßen Leistungserstellung ein, so ist aber dieses Risiko nur rein theoretisch kalkulierbar, nämlich durch den Wagniszuschlag. Dagegen lassen sich Schadensvermeidung wie Schadensumfang **vorab** nicht vom nachfolgenden Unternehmer ermitteln. Auch die These c trägt die Entscheidung also nicht.

Die Tatsache, dass die Verspätung der Bauausführung auf Mängel zurückzuführen ist, ändert auch nichts. Entweder ist der Vorunternehmer Erfüllungsgehilfe des Auftraggebers bei der Erfüllung seiner Bereitstellungspflichten, oder er ist es nicht. Wenn er es ist, haftet der Auftraggeber für jedes Verschulden seines Auftragnehmers, gleichgültig, ob sich das in Verspätung, in zu geringem Personaleinsatz, in Mängeln oder wie auch sonst manifestiert.

1379 Zusammenfassend war deshalb schon im Gegensatz zur Auffassung des BGH in der Entscheidung „Vorunternehmer I" festzuhalten, dass der Vorunternehmer **Erfüllungsgehilfe des Auftraggebers bei der Bereitstellung der Vorleistung ist.** Man muss allerdings auch festhalten, dass die Auswirkungen dieser Fehlbeurteilung für die Praxis heute drastisch gesunken sind: Der Bundesgerichtshof bejaht ja in der Entscheidung „Vorunternehmer II" die Haftung des Auftraggebers jetzt, wenn auch nicht unbedingt elegant und u. E. immer noch nicht überzeugend, aus § 642 BGB. Immerhin: Die große „Gerechtigkeitslücke" ist geschlossen – neue, kleinere tun sich auf (s. Rdn. 1395, 1648 ff.).[1607]

1380 Der 7. Zivilsenat des BGH will nur dann den Vorunternehmer als Erfüllungsgehilfen des Auftraggebers ansehen, wenn **aufgrund besonderer Umstände** davon auszugehen ist, dass der Auftraggeber dem Auftragnehmer für die mangelfreie Erstellung der Vorleistung einstehen **will**; es bedürfe insoweit einer **ausdrücklichen Vereinbarung** – dann aber ist es **Hauptpflicht!**

Daraus resultierte der Ratschlag einiger Autoren an den Folge-Unternehmer, mit dem Auftraggeber ausdrücklich **zu vereinbaren,** dass dieser auch die Haftung für Vorunternehmerleistungen, insbesondere auch mangelhafte Vorunternehmerleistungen, übernimmt.[1608] Das war Illusion und natürlich nicht realisierbar; **kein (aufgeklärter) Auftraggeber wird dazu bereit sein.**

1381 Soweit der Bundesgerichtshof in einer Hilfsbegründung in der Entscheidung „Vorunternehmer I", die er in „Vorunternehmer II" mit Recht **mit keinem Wort mehr** erwähnt, auf den Bauzeitenplan Bezug nimmt und festellt, Einzelfristen seien (ohne entsprechende Kennzeichnung als Vertragsfrist) ohnehin nicht verbindlich (aber nicht belanglos!), und daraus folgert, dass der Auftraggeber nicht für eine fehlerhafte Erbringung der Vorleistung einzustehen brauche, so war das schwer nachzuvollziehen. „Unverbindliche Fristen" sind keineswegs belanglose Fristen, sie sind im Gegenteil, wie die Überschrift des § 5 VOB/B zwingend zeigt, „**Ausführungs**fristen"; auch § 6 Nr. 2a VOB/B nennt „Ausführungsfristen". Sie sind eingebettet in das vom Auftraggeber vorgegebene Organisations- und Zeitprogramm. Ihre Versäumung führt **lediglich** nicht **sofort** zum Leistungsverzug des Auftragnehmers. Der Auftraggeber kann gerade auch gegenüber dem mit nicht verbindlichen Fristen säumigen Vorunternehmer eine Abhilfeaufforderung nach § 5 Nr. 3 VOB/B aussprechen und auf diese Weise umgehend aus unverbindlichen Fristen verbindliche Fristen machen und sein Fristensystem durchsetzen.[1609]
Erst recht haftet der Auftraggeber – wie erörtert –, wenn er gar keine Koordinierung ausübt, also z. B. dann, wenn er überhaupt keinen Gesamtbauzeitenplan aufstellt; fehlende Gesamtbauzeitenpläne ändern nämlich nichts an der Mitwirkungspflicht des Auftraggebers.

1382 Wohin die Rechtsprechung des BGH führen konnte, machen neben der ungewöhnlichen Auffassung von Weise (Rdn. 1374) die Empfehlungen von Rickhey deutlich, der die Auffassung des BGH billigt,[1610] wobei er allerdings offenbar auch dem Urteil nicht so recht traut: „Im Übrigen kann der **Auftraggeber** durch die Vertragsgestaltung Einfluss auf sein

---

[1607] OLG Nürnberg BauR 1994, 517, Revision vom BGH nicht angenommen.
[1608] Vgl. den Bericht in BauR 1987, 244; Vygen, IBR 1994, 320.
[1609] Siehe oben Rdn. 1310; Kapellmann/Langen, Einführung in die VOB/B, Rdn. 65 ff.
[1610] Seminar Bauverzögerung, 115, 130; siehe auch oben Fn. 1589.

Schadensrisiko nehmen, soweit es um Ansprüche aus § 6 Nr. 6 VOB/B geht. Er muss sich im Rahmen des **ihm Möglichen** der Aufstellung verbindlicher Bauzeitenpläne **enthalten** (!) **und die vorzeitige Vereinbarung fester Ausführungsfristen vermeiden** (!). Das ist in Zeiten schlechter Baukonjunktur machbar, in Zeiten guter Baukonjunktur stellen Verzögerungen bei der Bauausführung nicht einmal einen gravierenden Schaden für den Bauunternehmer dar (!)."
Abgesehen davon, dass die letzte Feststellung ohnehin schwer nachzuvollziehen ist, müßten sich bei dieser Empfehlung jedem Auftragnehmer, aber auch jedem Baubeteiligten, sei es Auftraggeber oder Auftragnehmer, Projektsteuerer, Controller oder Architekt, die Haare sträuben.[1611] Seit Jahrzehnten gibt es Bemühungen, den Bauerstellungsprozess immer besser zu koordinieren, zu regeln, zu steuern. Nachdem ganze Werke zur Ablaufplanung entstanden sind und neue Berufsgruppen tätig geworden sind, war das Ergebnis der Rechtsprechung des BGH eine Empfehlung des Kommentators, Großprojekte in Zukunft ohne Terminplanung abzuwickeln.
Übrigens änderte **diese** Empfehlung an der Einstandsverpflichtung des Auftraggebers ohnehin nichts, sondern sie fördert gerade die Haftung wegen mangelhafter Koordination, wie oben erörtert.[1612] Richtig ist allerdings, dass sich ohne Gesamtbauzeitenplan der Zeitpunkt, zu dem Vorleistungen bereitstehen müssen, schwer bestimmen lässt. Das schließt aber Ansprüche aus § 6 Nr. 6 VOB/B keineswegs aus – vgl. oben Rdn. 1319 f., 1311 ff.

7.6.3.5.4 Lösungsversuche Schadensliquidation im Drittinteresse, § 642 BGB, Korbion, „Anordnung" gemäß § 2 Nr. 5 VOB/B?

a) Der BGH erörtert in der Entscheidung „Vorunternehmer I" eine so genannte „**Schadensliquidation im Drittinteresse**". Diese wird diskutiert in Fällen, in denen Schaden (hier beim Auftragnehmer) und Geschädigter (hier Auftraggeber) auseinanderfallen. Der BGH lehnt auch diesen Lösungsansatz ab.[1613] Im Ergebnis bedarf dies deshalb keiner abschließenden Erörterung, weil die Schadensliquidation im Drittinteresse dazu führen würde, dass der Auftragnehmer im Ergebnis unmittelbar gegen den Vorunternehmer vorgehen müßte. Er müßte dann dessen Bonitätsrisiko tragen, obwohl er dessen Auswahl nicht beeinflussen konnte.
Schon deshalb ist nur ein Anspruch direkt gegen den Auftraggeber der richtige Weg; dessen Bonität konnte der Auftragnehmer prüfen. **Das Insolvenzrisiko des Vorunternehmers muss der Auftraggeber tragen.**

1383

b) Schließlich bleibt noch der Lösungsweg über **§ 642 BGB.** Die Vorschrift regelt, dass der Auftragnehmer dann, wenn der Auftraggeber durch das Unterlassen einer Mitwirkungshandlung in Annahmeverzug kommt, eine angemessene Entschädigung verlangen kann. Diese Regelung beim BGB-Vertrag gibt also dem Auftragnehmer einen vertraglichen Entschädigungsanspruch, der Vergütungscharakter und nicht Schadensersatzcharakter hat (näher Rdn. 1648 ff.).
Diese Lösung scheidet nach unserer Meinung aus, weil § 642 BGB beim VOB/B-Vertrag durch die Spezialvorschrift des § 6 Nr. 6 VOB/B ausgeschlossen wird.[1614]

1384

[1611] Siehe zur unabdingbaren betrieblichen Notwendigkeit der Terminplanung z. B. Olshausen, Festschrift Korbion, S. 323, 327.
[1612] So auch BGH a. a. O. 564; siehe oben Rdn. 1364
[1613] A. a. O. 564. Siehe auch Kniffka, Anm. zu OLG Düsseldorf BauR 1999, 1309; anders aber jetzt „Vorunternehmer II".
[1614] **Siehe dazu im Einzelnen unten Rdn. 1400 und Fn. 1646.**

Der BGH lässt in der Entscheidung „Vorunternehmer I" die Anwendbarkeit des § 642 BGB offen. Er meint, die Frage stelle sich gar nicht, weil nach seiner Meinung den Auftraggeber nicht nur kein Verschulden treffe, sondern weil er überhaupt keine Mitwirkungs**pflicht** zur mangelfreien Erstellung der Vorleistung habe. Das ist zwar konsequent, aber doppelt unzutreffend; **einmal hat er eine** Mitwirkungs**pflicht** (oben Rdn. 1372 ff.), zum anderen verlangt § 642 BGB überhaupt keine Pflicht, sondern nur eine Obliegenheit. In der Entscheidung „Vorunternehmer II" löst der BGH unter ausdrücklicher Abkehr von „Vorunternehmer I" das Problem, indem er § 642 BGB für anwendbar hält und anwendet. Wir erörtern an dieser Stelle nur alle denkbaren Lösungsmöglichkeiten, auf „Vorunternehmer II" gehen wir gesondert und ausführlich ein unter Rdn. 1393 ff., 1400, 1648 ff.

1385 c) **Korbion** hatte sich zu einer merkwürdigen Kompromißlösung entschlossen; Döring führt sie jetzt weiter, aber nur für den Fall, dass man die Erfüllungsgehilfeneigenschaft des Vorunternehmers verneint (die er aber gerade **bejaht**):. Er will den Auftraggeber verpflichten, dann, wenn er insoweit „Geldansprüche ohne Schaden" hat – Korbion erwähnte „insbesondere" insoweit eine Vertragsstrafe wegen Leistungsverzuges –, die **insoweit** eingehenden Beträge an den Auftragnehmer weiterzuleiten, sofern sie den Schaden des Auftraggebers übersteigen.[1615]

Die Entschädigung des Auftragnehmers kann jedoch nicht von dem Zufall abhängen, ob der Auftraggeber mit dem Vorunternehmer eine Vertragsstrafe vereinbart hat oder nicht, ganz abgesehen davon, dass deren Höhe wiederum ganz vom konkreten Vertrag abhängt und mit der Höhe des Schadens des Folgeauftragnehmers in keinem nachvollziehbaren Zusammenhang steht. Außerdem lassen sich rechtliche Anknüpfungspunkte, warum denn der Auftragnehmer ausgerechnet verpflichtet sein sollte, das Zufallsprodukt „überschießende Vertragsstrafe" (von der Vertragsstrafe müßte ja der eigene normale Verzugsschaden des Auftraggebers gedanklich wieder abgezogen werden) an den Auftragnehmer weiterzugeben, einfach nicht ersehen. Auch das ist also u. E. keine Lösung für das anstehende Problem.

1386 d) Während der BGH in der Entscheidung „Vorunternehmer I" im konkreten Fall eine **Anordnung gemäß § 2 Nr. 5 VOB/B** – die zur Vergütungspflicht für die Stillstandszeit führen würde – mit der unzutreffenden Begründung ablehnt, der Fall spiele nicht im Verantwortungsbereich des Auftraggebers, sehen einige Stimmen gerade in der Annahme einer solchen Anordnung die **Lösung des Problems**.[1616]

Dieser Ausgangspunkt ist **grundsätzlich zutreffend:**
Wenn der Auftraggeber eine Anordnung gegenüber dem Auftragnehmer hinsichtlich der Bauzeit trifft, **können** Ansprüche aus § 2 Nr. 5 und § 6 Nr. 6 VOB/B nebeneinander bestehen.[1617]
Auch eine konkludente oder stillschweigende Anordnung kann durchaus in Betracht kommen. Das gilt etwa, wenn die Folgen der Fehler des Vorunternehmers zwischen Auftraggeber und Auftragnehmer erörtert werden und der Auftraggeber dann vom Folge-Auftragnehmer angesprochene Zeitvorstellungen unwidersprochen entgegennimmt oder sogar in seine Zeitplanung einbezieht.
Der große Vorteil ist hier, dass die Diskussion um das Verschulden entfällt und der Auftragnehmer (mit Recht) auch entgangenen Gewinn erhält.

[1615] Ingenstau/Korbion/Döring, VOB/B § 6 Nr. 6, Rdn. 21.
[1616] Kraus, BauR 1986, 17, 19 ff.; vgl. auch Vygen, BauR 1989, 387, 390.
[1617] Siehe dazu ausführlich oben Rdn. 1332 ff., 1368, 1369, unten Rdn. 1401.

1387 Das gilt aber **nur,** wenn sich **wenigstens eine stillschweigende Anordnung auch tatsächlich feststellen lässt.** Dass der Auftraggeber den Mangel des Vorunternehmers erkannt hat oder hätte erkennen müssen, spielt insoweit keine Rolle. Wenn der Auftraggeber dem Auftragnehmer gegenüber überhaupt nicht reagiert, wenn er also **nicht** – wie auch immer – **handelt,** wenn vielmehr der Auftraggeber **nur** „unterlässt", kommt ein Anspruch aus § 2 Nr. 5 VOB/B nicht in Betracht.[1618]
Der Auftragnehmer ist allerdings gut beraten, mit dem Auftraggeber den Versuch einer Diskussion über die Bauzeitverlängerung und deren Folgen zu machen und Erklärungen des Auftraggebers über die neuen Fristen herbeizuführen – das reicht dann jedenfalls als stillschweigende Anordnung gemäß § 2 Nr. 5 VOB/B. Eine wirklich zufriedenstellende Problemlösung ist das aber auch nicht.

7.6.3.5.5 Mögliche Parallellösung: Analogie zu § 645 BGB „Auslagenersatz"

1388 Es gibt – selbst dann, wenn man wie der 7. Senat in beiden Vorunternehmerentscheidungen eine „Erfüllungsgehilfeneigenschaft" verneint – einen anderen Lösungsweg, den der Bundesgerichtshof gerade auch von seinem Standpunkt aus ohne weiteres hätte gehen können und den er in einem für das Thema „Vorunternehmerhaftung" vergleichbaren, 1992 veröffentlichten Fall schon mitgegangen war, aber auch schon vor ca. 30 Jahren beschritten hatte – wobei noch einmal anzumerken ist, dass sich der Bundesgerichtshof nicht für diesen Weg, sondern den über § 642 BGB entschieden **hat** (näher Rdn. 1393 ff.).[1619]

Dazu ist es noch einmal notwendig, auf die Frage zurückzukommen, was der Auftraggeber dem Auftragnehmer als Basis von dessen Leistung „bereitstellen" muss: Die Vorleistung muss da sein, auf der der Auftragnehmer aufbauen soll. Der Dachdecker kann nur decken, wenn ein Dachstuhl da ist. Also: Der Auftraggeber hat im Rahmen der werkvertraglichen Mitwirkungspflicht ein baureifes Grundstück bzw. eine entsprechende Bau-Vorleistung (ein Teilbauobjekt) zur Verfügung zu stellen,[1620] damit der Auftragnehmer, der die Folgeleistung erbringen soll, also überhaupt arbeiten kann.

Das **Baugrundstück selbst,** der mangelfreie Baugrund, die für den Auftragnehmer notwendige **Bau-Vorleistung** – das **alles** sind vom Auftraggeber bereitzustellende **„Stoffe",** die dem Auftragnehmer erst die Erfüllung des Werkvertrages ermöglichen und deren Beschaffung und Beschaffenheit in den Risikobereich des Auftraggebers fällt, wenn nichts Gegenteiliges individuell und klar vereinbart ist.[1621]

Das BGB regelt im allgemeinen Werkvertragsrecht in § 645, dass dann, wenn das (Bau-)Werk infolge eines „Mangels" des von dem Besteller (Auftraggeber) gelieferten Stoffes untergegangen, verschlechtert oder unausführbar geworden ist, ohne dass ein Umstand mitgewirkt hat, den der Unternehmer zu vertreten hat, der Unternehmer (Auftragnehmer) dennoch einen der geleisteten Arbeit entsprechenden **Teil der Vergütung und Ersatz der in der Vergütung nicht inbegriffenen Auslagen** verlangen kann.

[1618] Siehe oben Rdn. 1321.
[1619] Zum Nachfolgenden schon Kapellmann, BauR 1992, 433; ablehnend Ingenstau/Korbion/Döring, VOB/B § 6 Nr. 6, Rdn. 21.
[1620] Unbestritten, vgl. gerade auch BGH BauR 1986, 203; weitere Nachweise Rdn. 1290.
[1621] BGH a. a. O.; Münchener Kommentar/Busche, BGB, § 645 Rdn. 6; Einzelheiten oben Rdn. 710, 712.
Das heißt: **Es ist unumstritten, dass ungeachtet der Regelung der Vergütungsgefahr in § 7 VOB/B im Rahmen des VOB-Vertrages auch § 645 BGB entsprechend oder direkt anzuwenden ist** (so auch BGH "Schürmannbau/Hagedorn II" BauR 1997, 1021). Das „Spezialitätsproblem" wie zwischen § 6 Nr. 6 VOB/B und § 642 BGB (vgl. Rdn. 1384, 1400) hindert hier also nicht.

1389 Das heißt, auf den Vorunternehmerfall übertragen: Wenn die Vorunternehmerleistung, das Bau-Teilobjekt, „mangelhaft" ist, nämlich nicht vertragsgerecht bereitgestellt wird, ist der zu liefernde „Stoff" mangelhaft. „Mangelhaft" meint man dabei im Sinne mangelhafter Vertragserfüllung.[1622] Ob dies eine unmittelbare oder eine analoge Anwendung des § 645 BGB ist, sei dahingestellt. Jedenfalls deshalb, weil der Auftraggeber „näher an diesem Schaden" ist[1623], weil nur er Haftungsvorkehrungen und Absprachen mit seinem „Vormann" treffen kann, weil er den Vormann **ausgesucht** hat – auch ein schon erwähntes Argument –, haftet kraft gesetzlicher Bestimmung der Besteller (Auftraggeber) auch ohne **Verschulden** für die der geleisteten Arbeit entsprechende Teilvergütung und die in der „normalen Vergütung" nicht inbegriffenen **„Auslagen"**.

Auslagen sind die (mit Ausgaben verbundenen) „zusätzlich" entstehenden („sinnlos" aufgewandten) **Stillstandskosten** bzw. Behinderungsschäden allgemeiner Art, die dem Auftragnehmer nur deshalb entstehen, weil der gelieferte „Stoff" (die Vorleistung) „mangelhaft" ist.

1390 **Stillstandskosten bzw. überhaupt Behinderungsschäden** einschließlich **nicht gedeckter Allgemeiner Geschäftskosten** verursachen „frustrierte", also **trotz vertraglicher Bindung** vergebliche Vermögensaufwendungen, sie sind entstanden durch Produktionsfaktoreneinsatz ohne einen „Erfolg" im Vertragssinne. Sie sind „Auslagen" im Sinne von § 645 BGB, gleichzeitig auch Schaden im Sinne von § 6 Nr. 6 VOB/B;[1624] sie sind nicht gedeckt durch die Vertragsvergütung; **Schadensfolgen** sind nämlich nie schon vorher kalkuliert, da nach Art und Umfang im Voraus nicht bekannt. Baustellengemeinkosten werden geplant für die Produktionszeiträume der Herstellung der vertraglich vorgesehenen Leistungen, nicht für Zeiträume ohne Leistungsmöglichkeit und damit ohne vorab vereinbarte Vergütung.

Bezüglich der dadurch möglicherweise betroffenen Deckung der Allgemeinen Geschäftskosten werden wir weiter unten unter Rdn. 1426 ff. Stellung nehmen.

1391 In einem viel weiter gehenden Fall als bei der typischen Vorunternehmersituation gibt es dazu ein überzeugendes Beispiel in der Rechtsprechung:

Ein Generalunternehmer beauftragt einen Rohbauunternehmer; dieser richtet die Baustelle ein, kann dann aber nicht anfangen und muss sogar schließlich ganz die Arbeit aufgeben, weil die Grundstückseigentümer und Auftraggeber des Generalunternehmers in Vermögensverfall geraten und folglich das Grundstück nicht zur Verfügung stellen. Das Oberlandesgericht München bejaht mit all den oben angeführten Argumenten („näher am Schaden", vom Auftraggeber „ausgesuchter Vormann") mit Recht einen Anspruch des Rohbauunternehmers gegen den Generalunternehmer auf Ersatz „sinnlos" angefalle-

---

[1622] Siehe näher oben Rdn. 712, 1249.

[1623] Das ist auch das zutreffende Argument in BGH „Schürmannbau/Hagedorn II" a. a. O.; s. auch Rdn. 1376 und Kohler JZ 1998, 413 (Urteilsanm.).

[1624] Als Schaden zutreffend beurteilt von OLG Düsseldorf BauR 1988, 487, 490 (**Revision vom BGH nicht angenommen**) im Zusammenhang mit Gerätestillstandskosten; **Einzelheiten** Rdn. 1426 ff.; als Auslagen genau in diesem Sinne beurteilt von OLG München, vgl. dazu die nachfolgende Fußnote. Ebenso Hofmann, BauR 1994, 305, 311. Knapp und zutreffend auch Peters, Festschrift Locher, S. 201, 203: Auf diesen Kosten darf man den Unternehmer „nicht sitzenlassen".

Im Fall „Schürmannbau/Hagedorn II" a. a. O. hat der BGH eine Auslagenerstattung für **entstandene** Kosten zugebilligt, Stillstandskosten aber nicht als Auslagen **im Sinne von § 645 BGB** gelten lassen, weil sie „durch" das Schadensereignis verursacht seien. Bei der hier vertretenen analogen Anwendung des § 645 BGB überzeugt das nicht, s. Rdn. 1392, 1393. Auf jeden Fall hat das aber auch nichts mit der Ersatzpflicht aus § 6 Nr. 6 VOB/B zu tun.

Die Haftung des Auftraggebers für seine Erfüllungsgehilfen Rdn. 1392

nen Vorhalte-, Miet- und Transportkosten sowie für „sinnlos" entstandene „Allgemeine Geschäftskosten".[1625]
Das Oberlandesgericht München wendet auf diesen Fall § 645 BGB analog an; zwar sei das Grundstück nicht „mangelhaft", aber es sei erst gar nicht bereitgestellt worden; gerade das zu ermöglichen sei aber Sache des Generalunternehmers gewesen, der „am ehesten Einflussmöglichkeiten gehabt habe und seine Vertragspartner ausgesucht habe", während der Nachunternehmer (Rohbauunternehmer) dem Vertragspartner des Generalunternehmers völlig „fernstehe". Für den erst gar nicht gelieferten „Stoff" müsse der Generalunternehmer einstehen.

Der Bundesgerichtshof hat die gegen dieses Urteil gerichtete **Revision nicht angenommen.** Er hatte bereits 1976 entschieden, dass die fehlende Finanzierung (und die daraus folgende fehlende Bereitstellung des Grundstücks) es dem Hauptunternehmer nicht ermögliche, sich von den Verträgen mit seinem Nachunternehmer zu lösen; dies würde zu einer **nicht gerechtfertigten Abwälzung des dem Hauptunternehmer obliegenden Risikos** auf seine Nachunternehmer führen.[1626]

Der Bundesgerichtshof hätte diesen beim OLG München von ihm mit Recht mitgegangenen Weg weiter einhalten können und generell den Auftraggeber für seinen Vorunternehmer gegenüber dem Nachunternehmer **analog § 645 BGB** haften lassen: Die Vorunternehmerleistung hat der Auftraggeber fertig bereitzustellen, sie ist „Stoff". Um nicht im Zusammenhang mit „Behinderungs"-Abwicklungen wieder zu völlig neuen Begriffs-, Abrechnungs- und Darstellungsproblemen zu kommen, hätte der Bundesgerichtshof auch dogmatisch völlig korrekt den Auftraggeber für seinen Vorunternehmer nicht **als** Erfüllungsgehilfen, aber **wie** für einen Erfüllungsgehilfen haften lassen, eben auf dem Weg über die verschuldensabhängige Risikozuteilung in Analogie zu § 645 BGB und **in entsprechender Anwendung des § 278 BGB,** wobei ganz genau genommen in einem solchen Fall mangels Verschuldenserfordernisses das Thema „Erfüllungsgehilfe" gar keine Rolle spielt. Er könnte ebenso mit völligem Recht „**Auslagen**" und „**Behinderungsschaden**" in diesem Zusammenhang als „stoffgleich" ansehen, wobei beide Begriffe besagen, dass vertraglich schon gebundene, dann aber mangels Leistungsmöglichkeit sinnlose Aufwendungen von dem zu tragen sind, der das Risiko des Scheiterns **kraft gesetzlicher Risikozuweisung** zu übernehmen hat, gleichgültig, ob ihn ein Verschulden trifft oder nicht.
Unter diesen Umständen böte es sich dann auch an, zwar § 6 Nr. 6 VOB/B seinerseits nicht direkt anzuwenden, aber die Analogie zu § 645 BGB weiterzuführen und nur in **diesem Sonderfall** die Haftung **analog § 6 Nr. 6 VOB/B** als Risikohaftung ohne Verschuldenshaftung zu begründen. Damit würde er gleichzeitig die **gesetzliche** Regelung des § 642 BGB übernehmen - es leuchtet nicht ein, dass es zulässig sein soll, in der VOB/B als „Allgemeine Geschäftsbedingungen" den Auftragnehmer rechtlos zu stellen, obwohl der Auftraggeber „näher am Schaden" ist.

Der Bundesgerichtshof ist diesen Weg **nicht** mitgegangen.

1392

[1625] OLG München BauR 1992, 74; **Revision vom BGH nicht angenommen.** Zustimmend zur Anwendung von § 645 BGB Kleine-Möller/Merl, Handbuch, § 3 Rdn. 32; ebenfalls zustimmend, aber unter Hinweis auch auf Anwendbarkeit von § 324 BGB Beck'scher VOB-Kommentar/Hofmann, § 4 Nr. 1 VOB/B Rdn. 19, Fn. 30.
[1626] BGH Schäfer/Finnern Z 2.510 Bl. 60 (Urteil vom 19. 2. 1976).
Diese Lösung enstpricht im Ergebnis der ganz herrschenden Lehre, dass § 645 BGB auch anzuwenden ist, wenn der Auftraggeber dem Auftragnehmer erst gar keinen bearbeitungsfähigen Stoff zur Verfügung stellt, Einzelheiten oben Rdn. 712.

7.6.3.5.6 BGH „Vorunternehmer II" NZBau 2000, 187 = BauR 2000, 722 – Anwendbarkeit von § 642 BGB

1393 Wie erwähnt, hat der Bundesgerichtshof durch Urteil vom 21.10.1999 „Vorunternehmer II" nach 14 Jahren seine bisherige Rechtsprechung „Vorunternehmer I" (oben Rdn. 1366 ff.) geändert und bejaht heute die Haftung des Auftraggebers gegenüber dem Nachfolgeunternehmer für verspätete Bereitstellung der baulichen Vorleistung infolge Verspätung des Vorunternehmers. Er bejaht allerdings nach wie vor – **ohne** dass man aus der Entscheidung nachvollziehen kann, warum – keine Haftung des Auftraggebers gemäß § 6 Nr. 6 VOB/B, § 278 BGB, also für die Erfüllung einer Nebenpflicht durch Erfüllungsgehilfen. Der Bundesgerichtshof wendet vielmehr jetzt in Abkehr von der Entscheidung „Vorunternehmer I" § 642 BGB an.

§ 642 BGB begründet eine Haftung des Auftraggebers auf „angemessene Entschädigung", wenn der Auftraggeber mit einer zur Herstellung des Werkes erforderlichen Mitwirkungshandlung – in unserer Terminologie: Ermöglichungshandlung (Nebenpflicht) oder Erstellungshandlung (Hauptpflicht), oben Rdn. 1281, 1285 – in „Annahmeverzug" kommt. In Annahmeverzug kommt er, wenn der Auftragnehmer, der laut Vertrag zu diesem Zeitpunkt leisten darf und selbst leistungsbereit ist, dem Auftraggeber seine Leistung anbietet, der Auftraggeber sie aber nicht „annimmt", d. h., nicht die Voraussetzungen für die (Weiter-)Arbeit des Auftragnehmers geschaffen hat. Der Auftraggeber kommt **ohne** Rücksicht auf Verschulden in Annahmeverzug. Da das Erfüllungsgehilfenproblem auf der Verschuldensebene angesiedelt ist, entfällt es bei Anwendung des § 642 BGB; faktisch haftet der Auftraggeber also bei § 642 BGB immer für jede Art von „Gehilfen", also auch für den schlecht erfüllenden Vorunternehmer.

§ 642 BGB hat somit wegen des fehlenden Verschuldenserfordernisses weniger Anwendungsvoraussetzung als § 6 Nr. 6 VOB/B, so dass in Zukunft die Bedeutung von § 6 Nr. 6 VOB/B für Auftragnehmeransprüche drastisch sinken wird, vorausgesetzt, die Rechtsfolgen beider Vorschriften sind gleich. Gleich sind sie zwar nicht, aber ähnlich: Bei § 6 Nr. 6 VOB/B erhält der Auftragnehmer „Schadensersatz", also den Ersatz seiner tatsächlichen Mehrkosten (Rdn. 1419 ff.), bei § 642 BGB erhält er wie bei einem Vergütungsanspruch gemäß § 2 Nr. 5, 6 und 8 „Entschädigung" auf der Basis fortgeschriebener Auftragskalkulation ohne Rücksicht darauf, ob überhaupt ein Schaden entstanden ist (Rdn. 1648 ff.).

Die Entscheidung des Bundesgerichtshofs „Vorunternehmer II" hat endlich mit der verfehlten Freistellung des Auftraggebers von der Vorunternehmerhaftung gebrochen. Damit ist das Praxisproblem gelöst worden – das ist grundsätzlich zu begrüßen. Rechtssystematisch ist allerdings der Bundesgerichtshof leider nicht über seinen Schatten gesprungen; er hat den u. E. einzig richtigen Weg über § 6 Nr. 6 VOB/B und § 278 BGB (Erfüllungsgehilfenhaftung) ohne erkennbare Auseinandersetzung mit der Rechtsproblematik nicht gewählt, sondern eine unsystematische Lösung über § 642 BGB, die, wie sogleich zu erläutern, das in sich stimmige System der VOB/B bei Vereinbarung eines VOB-Vertrages einseitig sprengt, Widersprüche zu der berechtigten Forderung nach gegenseitiger Kooperationsverpflichtung schafft, das Pendel jetzt eindeutig zum Teil zu weit zugunsten des Auftragnehmers ausschwenken lässt (erheblich verschärfte Haftung ohne Verschulden, erhebliche – vom Bundesgerichtshof teils möglicherweise nicht bedachte, teils u. E. unzutreffend beurteilte – Erweiterung der Haftung des Auftraggebers, nämlich Entschädigung ohne Schaden und uneingeschränkte Entschädigung des entgehenden Gewinns entgegen „Vorunternehmer II", näher Rdn. 1648 ff.) und die schließlich zu der Verrenkung gezwungen ist, in einen BGB-Anspruch ein BGB-fremdes, aus der VOB/B insoweit unsystematisch „herausgerissenes" erschwerendes Erfordernis in Form der Behinderungsanzeige gemäß § 6 Nr. 1 VOB/B hineinzuzwängen.

Im Einzelnen:

Erste Voraussetzung ist, dass § 642 BGB überhaupt neben § 6 Nr. 6 VOB/B anwendbar bleibt, § 6 Nr. 6 VOB/B also nicht abschließende Spezialvorschrift ist. Der Bundesgerichtshof bejaht das, die herrschende Meinung verneint es, und zwar mit Recht: § 6 Nr. 6 VOB/B hat überhaupt nur Sinn im Rahmen eines geschlossenen, eigenständigen Haftungssystems der VOB zur Regelung des Gesamtkomplexes „Fristen, Termine, Verzögerung" in §§ 5 und 6; das System an einer Stelle „aufzubrechen" sprengt das System überhaupt. Wir werden diese Vorfrage unter dem allgemeinen Thema „Konkurrenzen" in Rdn. 1400 vertieft erörtern. 1394

Der Bundesgerichtshof qualifiziert sodann nach wie vor „die zur Herstellung des Werkes erforderliche Mitwirkung des Auftraggebers nur als Obliegenheit und nicht als **Nebenpflicht** (zum Grundsatz oben Rdn. 1280, 1288); letzteres ist Voraussetzung der Anwendung des § 6 Nr. 6 VOB/B. An dieser Weichenstellung hängt folglich die ganze Entscheidung. Zur Einstufung als Obliegenheit zitiert der Bundesgerichtshof jedoch nur die – zweifelsfrei unzutreffende – Entscheidung „Vorunternehmer I", **begründet** also die erneute Beurteilung als Obliegenheit gegen die gesamte herrschende Meinung (vgl. Fn. 1489, 1595) **mit keinem Wort,** was etwas wenig ist. Tatsächlich hat sich die Bauwirklichkeit längst über das insoweit **antiquierte** Modell des BGB-Werkvertrages hinaus entwickelt. Gerade die notwendige Bewältigung der komplizierter gewordenen Bauwirklichkeit ist die innere Rechtfertigung für die – jedenfalls heute ausdrücklich als Rechtsnorm übernommene, vgl. § 97 Abs. 6 GWB – Existenz des **Spezialbedingungswerks** der VOB: Ein Bauvertrag über ein nicht völlig simples Bauprojekt und erst recht ein Bauvertrag über alle auch nur etwas komplexeren Projekte (z. B. jede Form der Leistungsbeschreibung mit Leistungsprogramm, also funktionaler oder teilfunktionaler Ausschreibung) beurteilt sich heute zwingend als vernetzter Prozess der auf beiden Vertragsseiten Beteiligten, der ohne die Zuweisung gegenseitiger Mitwirkungs- (= Kooperations-) und Informations**pflichten** und ohne die Zubilligung korrespondierender **Rechte** nicht funktionieren kann. **Solange der Bauvertrag besteht,** solange **muss** der Auftraggeber seine Vorleistungen bereitstellen, und zwar rechtzeitig und mangelfrei; man darf dem Auftraggeber jedenfalls heute nicht mehr zubilligen, nach Belieben zu agieren, also ohne jede Verbindlichkeit gegenüber den in den Vertragsprozess Einbezogenen. Der Bundesgerichtshof hat in der gegenüber der Entscheidung „Vorunternehmer II" 7 Tage späteren Entscheidung „Kooperation" und in Bestätigung einer früheren Entscheidung eine gegenseitige **Pflicht der Vertragsparteien „während der Vertragsdurchführung" zur Kooperation** bejaht, und zwar aus den angegebenen Gründen **mit vollem Recht.**[1627] Mitwirkungshandlungen aber **einmal als Pflicht** zur Kooperation zu kennzeichnen und **im selben Atemzug als unverbindliche Beliebigkeit** – bei einer Obliegenheit ist der eine Vertragspartner dem anderen gegenüber schlechterdings zu nichts verpflichtet, sein Unterlassen schadet ihm nur selbst – ist ein **Widerspruch in sich.** 1395

Die VOB/B regelt in den §§ 5 und 6 im Detail den **ganzen** Bereich der gegenseitigen Rechte und Pflichten speziell hinsichtlich der rechtzeitigen jeweiligen „Lieferung". Dass sie dabei § 642 BGB **nicht** etwa übersehen hat, erweist § 9 Abs. 2 VOB/B ganz eindeutig (näher dazu Rdn. 1400); die VOB/B will also vom dispositiven Recht des BGB und damit

---

[1627] BGH „Kooperation" BauR 2000, 409 = NZBau 2000, 130; BGH BauR 1996, 542; Quack, IBR 2000, 198; Nicklisch/Weick, VOB/B, Einl. §§ 4 - 13, Rdn. 20; siehe dazu auch oben im Zusammenhang mit dem Leistungsverweigerungsrecht des Auftragnehmers zur Ausführung geänderter oder zusätzlicher Leistungen bei verweigerter Preiseinigung des Auftragnehmers Rdn. 974 mit Fn. 1085, Rdn. 984, 990.
Zur Qualifizierung als **Nebenpflicht** weiter oben Rdn. 1280 mit Fn. 1489, Rdn. 1288, schließlich Rdn. 1368 mit Fn. 1595.

auch von § 642 BGB **abweichen** mit dem Zweck, den **Besonderheiten** des Bauvertrages gerecht zu werden, eben dadurch, dass sie u. a. Pflichten einfügt, die es im BGB nicht gibt, so die zahlreichen **Anzeige- und Informationspflichten** (auch dazu näher Rdn. 1400).

Die Anwendung des § 642 BGB führt darüber hinaus zu der absurden Situation, dass nur ein Teilaspekt der Behinderungen bei Bereitstellung der Vorunternehmerleistung erfasst wird, nämlich die Behinderung durch **unterlassene** Mitwirkung. Die Behinderung durch **aktive Störung** fällt **nicht** unter § 642 BGB (oben Rdn. 1322, 1333), was zu der seltsamen Konsequenz führt, dass der Auftraggeber, der **nichts tut**, **schärfer** haftet als der, der kräftig stört – wobei allerdings der konkurrierende Anspruch aus § 2 Nr. 5 VOB/B hielt (vgl. Rdn. 1332 ff., 1352).

Der bessere und richtigere Weg ist also nach wie vor, **mindestens** beim VOB-Vertrag, die **Bereitstellungspflicht** des Auftraggebers als Mitwirkungs-**Nebenpflicht** (Ermöglichungshandlung) einzustufen und nicht als pure Obliegenheit.[1628]

1396 Wendet man wie der Bundesgerichtshof § 642 BGB an, so ist Voraussetzung des Annahmeverzuges des Auftraggebers, dass dieser die Mitwirkung nicht rechtzeitig oder nicht ordnungsgemäß vornimmt **und** dass der Auftragnehmer zu dem relevanten Zeitpunkt vertraglich leisten darf, zur Leistung bereit und im Stande ist und seine Leistung dem Auftraggeber **anbietet** (§§ 297, 294 - 296 BGB) – **mehr nicht** (näher Rdn. 1648).
§ 6 Nr. 6 VOB/B i. V. m. § 6 Nr. 1 VOB/B erfordert dagegen nicht die bloße Mitteilung des Auftragnehmers, er biete seine Leistung an, sondern eine **Behinderungsanzeige,** also eine Nachricht – so „Vorunternehmer II" – über „alle Tatsachen, aus denen sich für den Auftraggeber mit hinreichender Klarheit die **Gründe** der Behinderung ergeben". Wenn man also wie wir die Mitwirkungshandlung des Auftraggebers als Nebenpflicht ansieht und nur § 6 Nr. 6 VOB/B anwendet, ist eine Behinderungsanzeige zwingende Voraussetzung für die Zubilligung eines Schadensersatzanspruches bei verspäteter oder mangelhafter Vorleistung.
Der Bundesgerichtshof verlangt dagegen in der Entscheidung „Vorunternehmer II" erstmals **auch** für die Anwendung der **BGB**-Vorschrift des § 642 beim VOB-Vertrag eine Behinderungsanzeige gemäß § 6 Nr. 1 **VOB/B.** Die Praxis muss sich für die Zukunft selbstverständlich darauf einrichten, aber **zutreffend ist das nicht:** § 6 **Nr. 1** VOB/B steht innerhalb des Regelungssystems des § 5 und des § 6 Nr. 2, 3, 4 und 6 **VOB/B** und stellt **nur** insoweit Anforderungen eben für die Anwendung von § 6 Nr. 2 und Nr. 6. Man muss eine Regelung als Ganzes sehen und darf sich nicht nur negativ die Rosinen herauspicken, es also laut BGB bei der Beurteilung als Obliegenheit belassen, aber für den Annahmeverzug gemäß BGB eine zusätzliche völlig systemwidrige Voraussetzung außerhalb des BGB's begründen; beim **BGB** genügt bei Annahme einer Obliegenheit das bloße Angebot ohne Mitteilung der Gründe der Behinderung; sie zu kennen, muss sich also beim BGB-Vertrag der Auftraggeber bemühen. Beim BGB-Vertrag besteht **keine** (einseitige) Pflicht des Auftragnehmers zur detaillierten Information des Auftraggebers über dessen eigene Versäumnisse (vgl. aber Rdn. 1648, Fn. 1874).

Die Behinderungsanzeige des § 6 Nr. 1 VOB/B paßt zudem gar nicht zu § 642 BGB: Die **unterlassene,** aber geschuldete Mitwirkung des Auftraggebers – nur darauf bezieht sich § 642 BGB (vgl. Rdn. 1322, 1333) – ist zwar Störung und bei eintretenden Folgen auch Behinderung des Auftragnehmers (zu den Begriffen oben Rdn. 1202, 1203). Aber natürlich gibt es auch Störungen (Behinderungen), die nicht auf Unterlassung beruhen, son-

---

[1628] Wie hier Scheube, Jahrbuch Baurecht 2006, S. 83, 103; Vygen, Bauvertragsrecht, Rdn. 696 - 706; Ingenstau/Korbion/Döring, VOB/B § 6 Nr. 6, Rdn. 20; Kleine-Möller/Merl, § 14, Rdn. 62 - 68; s. weiter alle Gerichte und Autoren gemäß Fn. 1595. Leinemann lässt die Frage offen, weil sich § 642 erzielen lassen, so VOB/B § 6, Rdn. 99. Der BGH hat an seiner Rechtsprechung festgehalten, z. B. BGH NZBau 2003, 325 mit Anm. 9 Kapellmann.

Die Haftung des Auftraggebers für seine Erfüllungsgehilfen Rdn. 1397

dern auf störendem Handeln (z. B. der angeordnete Baustop). Das VOB-System erfordert auch hier die Behinderungsanzeige, bei § 642 BGB liefe dieselbe Anzeige leer.

Im Übrigen sieht § 295 BGB in seinem Satz 1 vor, dass ein wörtliches Angebot des Schuldners (Auftragnehmers) genügt, wenn zur Bewirkung der Leistung eine Handlung des Gläubigers erforderlich ist. **Satz 2** regelt sodann, dass dem Angebot der Leistung die Aufforderung an den Gläubiger **gleichsteht**, die erforderliche Handlung vorzunehmen, wozu er sie ja näher benennen muss. Das bedeutet aber, dass **das BGB dem Auftragnehmer die Wahl lässt**, ob er nur wörtlich seine Leistung anbietet **oder** ob er den Gläubiger auffordert, die erforderliche Handlung vorzunehmen. Der Bundesgerichtshof streicht diese Wahlmöglichkeit. Das könnte man dann diskutieren, wenn man dem Auftragnehmer Pflichten im Rahmen des Bauvertrages zusprechen will; wenn man das aber will, muss man sie auch dem Auftraggeber zusprechen. Nur dem einen Pflichten zu geben, dem anderen aber Belieben einzuräumen, paßt nicht.

Zusammenfassend: Wir begrüßen es sehr, dass der Bundesgerichtshof sich entschieden hat, eine verfehlte Rechtsprechung zu korrigieren, aber wir geben zu bedenken, ob er nicht auch zu gegebener Zeit den zweiten Schritt tun und eine **systemgerechte Lösung** ohne Kunstgriffe wählen sollte: **Der Auftraggeber haftet dem Auftragnehmer für verzögerte oder mangelhafte Leistungen von Vorunternehmern beim VOB-Vertrag** *nur* **nach § 6 Nr. 6 VOB/B, § 278 BGB.**[1629]

Wenn man dem Bundesgerichtshof folgt und § 642 BGB akzeptiert, muss man auch erörtern, welche „Entschädigung" der Auftraggeber schuldet und was der Unterschied zum Schadensersatzanspruch des § 6 Nr. 6 VOB/B ist. Das behandeln wir im Zusammenhang mit dem Schadensersatzanspruch aus § 6 Nr. 6 VOB/B gesondert unter Rdn. 1648 ff.

7.6.3.5.7 Vorschlag für eine Änderung der VOB/B

Seit 1990, der ersten Auflage dieses Buches, haben wir beständig darauf hingewiesen, dass der Verdingungsausschuss das Problem „Vorunternehmerhaftung" mit einem Federstrich lösen könnte, nämlich durch Änderung des § 6 Nr. 6 VOB/B. Der Verdingungsausschuss konnte sich auch in den Neufassungen 1996 und 2000 dazu nicht entschließen. Durch die Entscheidung „Vorunternehmer II" hat sich das Problem natürlich entschärft. Wenn man allerdings an der VOB/B als Regelwerk festhalten will, empfiehlt sich eine systemgerechte VOB-Lösung.

Der Verdingungsausschuss sollte bedenken: Viele Auftragnehmer sehen sich **als Generalunternehmer** in der Rolle des Auftraggebers gegenüber ihren Nachunternehmern: Was ihnen gestern genützt hätte, wird ihnen heute schaden: Eine gerechtere Regelung in der VOB kommt – gerade im Sinne **gerechter** Risikozuweisung – **allen** Baubeteiligten zugute.

Wir schlagen als Lösung einen neuen letzten Satz in **Ergänzung zu § 6 Nr. 6 VOB/B** wie folgt vor:

„**Der Auftraggeber steht dem Auftragnehmer für die rechtzeitige und mangelfreie Leistung von Vorunternehmern ein; bei der Erfüllung dieser Pflicht sind sie seine Erfüllungsgehilfen (§ 278 BGB). Die Pflichten des Auftragnehmers gemäß § 4 Nr. 3 VOB/B bleiben unberührt.** § 642 BGB ist ausgeschlossen."[1630]

Es empfiehlt sich aus unserer Sicht eine andere **zusätzliche** Änderung von § 6 Nr. 6 VOB/B, dazu verweisen wir auf Rdn. 1413.

[1629] Zu den unterschiedlichen Auffassungen siehe Fn. 1640.
[1630] Für eine Änderung des § 6 Nr. 6 VOB/B auch Vygen, BauR 1989, 387, 396; Dähne, BauR 1994, 518, 519 mit Anm. zu OLG Nürnberg BauR 1994, 517; Kraus, Beilage zu Heft 4 BauR 1997, S. 5 ff., aber mit der abzulehnenden Empfehlung, zu vermerken, dass ein Anspruch aus § 642 BGB unberücksichtigt bleibe. § 6 Nr. 6 ist aber speziell (s. Rdn. 1400), anders aber der BGH „Vorunternehmer II", s. Rdn. 1393.

8 Haftung des Auftraggebers ohne Verschulden außerhalb von § 642 BGB

1398 Speziell als Lösung für das Erfüllungsgehilfenproblem beim Vorunternehmer haben wir soeben eine Analogie zu § 645 BGB unter Rdn. 1388 ff. erörtert.
Indes greift die Vorschrift des § 645 BGB unabhängig von dem Spezialproblem „Erfüllungsgehilfe" doch schon in manchen Fällen direkt ein und ergänzt also insoweit die Regelungen des § 6 Nr. 6 VOB/B.[1631]
Wenn das Werk sich infolge eines „Mangels" des vom Auftraggeber gelieferten Stoffes „verschlechtert" ohne Verschulden des Auftragnehmers, hat der Auftragnehmer insoweit auch Anspruch auf Ersatz der „verschlechterungsbedingten" Auslagen. § 645 BGB regelt die Preisgefahr, also die Frage, ob der Auftragnehmer trotz der Verschlechterung seines Werkes vor Abnahme doch schon den entsprechenden Teil der Vergütung erhält, und bejaht das. Naturgemäß bezieht sich die Gefahrregelung auf ein bereits erstelltes Werk. Es spricht aber buchstäblich nichts dagegen, die Vorschrift auch dann anzuwenden, wenn sich nicht das vorhandene Werk verschlechtert, sondern auch dann, wenn der „Mangel des Stoffes" die Herstellung des Werkes von vornherein erschwert. Voraussetzung ist, dass die Bewältigung der so aufgetretenen Erschwernis nicht zum Bausoll des Auftragnehmers gehört. Mit anderen Worten: Voraussetzung ist, dass die eingetretene Verschlechterung des „Stoffes" Vorleistung vom **Beschaffenheitssoll** abweicht. Wir haben das am spezifischen Thema des Baugrundes ausführlich erörtert.[1632]

„Stoff" ist das vom Auftraggeber gelieferte Baugrundstück, ebenso wie die von ihm gestellten Baubehelfe und Werkzeuge und vor allem auch die **baulichen Vorleistungen**. „Verschlechterung" ist die Abweichung von der vertraglichen Soll-Beschaffenheit.[1633] Deshalb ist eine „mangelhafte" Vorleistung Verschlechterung, ebenso aber auch eine verspätete. Die geänderten oder zusätzlichen Leistungen, die vom Auftragnehmer zur Überwindung des „Hindernisses" zu erbringen sind, sind als modifizierte Leistungen gemäß § 2 Nr. 5, Nr. 6 oder Nr. 8 VOB/B zu vergüten, dafür sind Schadensersatzansprüche aus Behinderung gemäß § 6 Nr. 6 VOB/B nicht notwendig, ebenso auch nicht die Anwendung des § 645 BGB.[1634]

Dagegen ist die Zeit des Stillstands der Leistungserbringung – die Behinderungszeit –, also die Zeit bis zur „Überwindungsentscheidung" des Auftraggebers, in solchen Fällen analog nach § 645 BGB zu beurteilen. Verzögert der Auftraggeber die „Überwindungsentscheidung" schuldhaft, so bedarf es keines Rückgriffes auf § 645 BGB mehr, ab diesem Zeitpunkt ist die schuldhaft verweigerte Entscheidung Behinderung und verpflichtet zum Schadensersatz gemäß § 6 VOB/B.

In der Entscheidungsphase, in der noch kein Verzögerungsverschulden des Auftraggebers zu bejahen ist, hat der Auftraggeber aber die Auslagen des Auftragnehmers gemäß § 645 BGB analog zu bezahlen.[1635]

In diese Kategorie gehören also z. B.: Munitionsfund, Auftreten von (unerwartetem) Grundwasser, **mangelhafte oder verspätete Vorunternehmerleistung,** aber auch mindestens analog Vermögensverfall des **Haupt-Auftraggebers** und daraus resultierend Un-

---

[1631] § 645 BGB ergänzt § 7 VOB/B und nicht § 6 VOB/B, vgl. Fn. 1574.
[1632] Siehe oben Rdn. 711 ff.
[1633] Oben Rdn. 712, 1389.
[1634] Siehe oben Rdn. 766.
[1635] Zum Begriff „Auslagen" oben Rdn. 1390. Abweichend BGH „Schürmannbau/Hagedorn II" BauR 1997, 1021, dazu Rdn. 1388-1392 und **Fn. 1624**, auch Rdn. 769, 771.

möglichkeit des Generalunternehmers, seinem Nachunternehmer das Baugrundstück zur Verfügung zu stellen.[1636)]

9 § 6 Nr. 6 VOB/B als Spezialnorm für Schadensersatzansprüche des Auftragnehmers aus Behinderung – Konkurrenzen

9.1 § 6 Nr. 6 VOB/B als Spezialnorm für Behinderungs-Schadensersatz

Ergreift § 6 Nr. 6 VOB/B alle möglichen (vertraglichen) **Schadensersatzansprüche des Auftragnehmers** aus Behinderung, oder **gibt es daneben** außer dem Sonderfall des § 645 BGB (Rdn. 1396 ff.) **noch Ansprüche**, z. B. aus Verzug? 1399
Gibt es außerdem statt der Schadensersatzansprüche aus § 6 Nr. 6 VOB/B oder neben ihnen noch Ansprüche aus § 642 BGB, anderen Normen oder aus „ergänzender Vertragsauslegung"?
Die letztgenannte Frage – also ob § 6 Nr. 6 VOB/B **alle** möglichen vertraglichen Schadensersatzansprüche des Auftragnehmers aus Behinderung erfasst – beantwortet sich unter mehreren Gesichtspunkten:

§ 6 Nr. 6 VOB/B enthält eine **Haftungsbeschränkung** – nämlich Ausschluss des entgangenen Gewinns außer bei Vorsatz oder grober Fahrlässigkeit des Vertragspartners –, die zweifelsfrei für **jede Art von vertraglichem Schadensersatzanspruch des Auftragnehmers aus Behinderung (Leistungsverzögerung) gelten soll.**[1637)] Aus der Formulierung der Vorschrift lässt sich kein Anhaltspunkt dafür herleiten, dass z. B. für Ansprüche des Auftragnehmers aus Verzug des Auftraggebers mit vertraglichen Hauptpflichten die Haftungsbeschränkung nicht gelten solle.

Obwohl für **jede** mögliche Art von Schadensersatzansprüchen eine **spezielle Regelung** über die **Haftungsfolgen** geschaffen wird, ist mangels Regelung des Haftungsgrundes nicht davon auszugehen, dass **auch alle Haftungsvoraussetzungen** in dieser Norm speziell festgelegt worden sind.
Wie erläutert, setzen Schadensersatzansprüche wegen **verzögerter** Leistung einer Auftraggeber-Hauptpflicht Verzug voraus, also Ablauf einer Kalenderfrist oder einer Ereignisfrist oder Mahnung.[1638)]

Daraus folgt:

§ 6 Nr. 6 VOB/B regelt umfassend, abschließend und ausschließlich **im Sinne der Festlegung der Reihenfolge alle möglichen vertraglichen Ersatzansprüche des Auftragnehmers gegen den Auftraggeber aus Behinderung.** Es gibt also daneben bei Behinderungen nicht noch andere oder zusätzliche Ersatzfolgen aus Schuldnerverzug des Auftragnehmers oder aus positiver Vertragsverletzung.[1639)]

1636) BGH Schäfer/Finnern Z 2.510 Bl. 60; OLG München BauR 1972, 74; Revision vom BGH nicht angenommen. Einzelheiten oben Rdn. 1391.
1637) Nicklisch/Weick, § 6, Rdn. 44 mit Nachweisen; Kiesel, VOB/B § 6 Rdn. 10. Siehe auch oben Rdn. 1275
Zur Gültigkeit nach AGB-Recht s. Rdn. 1491 f.
1638) Siehe oben Rdn. 1273
1639) Nicklisch/Weick, VOB/B § 6 Rdn. 2, 3, 40, 41, 44, 50, 58; Einleitung §§ 4–13 Rdn. 62; Kleine-Möller/Merl/Oelmaier, § 13 Rdn. 423, 383.

Soweit der Auftraggeber – das ist der Normalfall – eine Nebenpflicht verletzt, die zur Behinderung führt, gibt es keine weiteren Tatbestandsvoraussetzungen außer denen der Leistungsstörung selbst (Rdn. 1272, 1343).

9.2 Ausschluss des § 642 BGB?

1400   Weil § 6 Nr. 6 VOB/B umfassende Sonderregel ist, **ist auch die Anwendung des § 642 BGB ausgeschlossen.** Der Bundesgerichtshof entscheidet ohne nähere Begründung umgekehrt, hält also beide Vorschriften nebeneinander für anwendbar.[1640]
Der Ausschluss des § 642 BGB folgt **erstens** schon zwingend daraus, **dass anderenfalls die Pflicht zur Anzeige der Behinderung gemäß § 6 Nr. 1 VOB/B Makulatur wäre:** Ohne Anzeige wird im Normalfall § 6 Nr. 6 VOB/B nicht greifen, aber der Auftragnehmer bekäme dennoch ohne weiteres „Entschädigung" gemäß § 642 BGB, und zwar möglicherweise noch mehr Entschädigung als nach § 6 Nr. 6 VOB/B, nämlich unter Einschluss des entgangenen Gewinns. Das wäre eine unsinnige Regelung, die von der VOB/B nicht gewollt sein kann. Der BGH führt auch bei § 642 BGB im VOB-Vertrag unsystematisch das Anzeigeerfordernis des § 6 Nr. 1 VOB/B ein (näher oben Rdn. 1396).

Die VOB/B regelt **zweitens** die Mitwirkung des Auftraggebers unzweifelhaft als Verletzung einer **Pflicht** aus dem Schuldverhältnis (§ 280 BGB): **Schadensersatz**ansprüche wie die aus § 6 Nr. 6 VOB/B ohne **Pflicht**verletzung gibt es nicht. Wenn also § 6 Nr. 6 VOB/B bei unterbliebener oder verspäteter Mitwirkung ausdrücklich Schadensersatzansprüche gewährt, setzt das zwingend die Verletzung einer **Pflicht** voraus und schließt damit § 642 BGB aus.

Die VOB/B hat **drittens** insoweit auch **nichts übersehen.** § 9 VOB/B regelt nämlich gerade sachgerecht, dass der Auftragnehmer den Auftraggeber, wenn dieser eine Mitwirkungshandlung unterlässt, unter Kündigungsandrohung zu dieser Handlung aufzufordern hat (§ 9 Abs. 2 VOB/B) und erst dann kündigen kann. Erst nach Kündigung haftet der Auftraggeber auch ohne die Haftungsprivilegierung des § 6 VOB/B, nämlich auf der Basis des § 642 BGB; der Grund für die Haftungsprivilegierung, der noch bestehende Bauvertrag, ist nämlich durch die Kündigung weggefallen, jetzt ist volle Entschädigung sachgerecht (dazu oben Rdn. 1210).

Es steht **viertens** außer Frage, dass die VOB/B nicht mit § 6 Nr. 6 VOB/B in **Addition** zu § 642 BGB überflüssigerweise eine zweite Anspruchsgrundlage mit geringeren oder annähernd gleichen Rechtsfolgen schaffen wollte; vielmehr schafft die VOB/B ein eigenständiges System zusätzlicher Rechte und Pflichten (für den Auftragnehmer z. B. § 3 Nr. 3 Satz 2, § 4 Nr. 3, § 6 Nr. 1) und knüpft an die Verletzung **eigenständige** Sanktionen. Würde man daneben jeweils die entsprechende BGB-Regelung gelten lassen, führt man das System ad absurdum. Deshalb schließt **gerade** die Sanktion des § 6 Nr. 6 VOB/B, die inte-

---

[1640] „Vorunternehmer II" NZBau 2000, 187 = BauR 2000, 722; **näher Rdn. 1393 ff.**, 1281; Nachweise Fn. 1489.
Wie hier gegen Anwendbarkeit von § 642 BGB OLG Celle BauR 1995, 553, 554; OLG Düsseldorf BauR 1991, 774, 776; Locher, Das private Baurecht, Rdn. 223; Ingenstau/Korbion/Döring, VOB/B § 6 Nr. 6, Rdn. 2; Kleine-Möller/Merl, § 14, Rdn. 66; Soergel/Teichmann, BGB, § 642, Rdn. 12; näher Kapellmann, in: Kapellmann/Messerschmidt, VOB/B § 6, Rdn. 46-49; Leupertz, in: Anwaltskommentar, Anhang zu §§ 631–651 VOB-Bauvertrag, Rdn. 85; Vygen/Schubert/Lang, Bauverzögerung, Rdn. 316; Scheube, Jahrbuch Baurecht 2006, 83, 97; i. E., wenn auch mit anderer Begründung Rickhey, Seminar Bauverzögerung, 117, 119; Clemm, Betrieb 1985, 2597, 2598. Anderer Ansicht Nicklisch/Weick, VOB/B Einleitung §§ 4–13 Rdn. 54; Kraus, BauR 1986, 17, 22; Beck'scher VOB-Kommentar/Hofmann, VOB/B vor § 3, Rdn. 81 und Motzke, Vor § 6, Rdn. 17-19; Leinemann, VOB/B § 6, Rdn. 67; Franke/Kemper/Zanner/Grünhagen, VOB/B § 6, Rdn. 95.

graler Bestandteil des Systems der §§ 5 und 6 VOB/B ist, die Anwendung des § 642 BGB aus. Speziell diese ausschließende Regelung verstößt auch nicht gegen AGB-Recht.[1641]

Zusammenfassend schließt also entgegen der Ansicht des Bundesgerichtshofs § 6 Nr. 6 VOB/B die Anwendung des § 642 BGB aus.[1642]

9.3 „Vergütungs"-Ansprüche bei Behinderung?

9.3.1 § 2 Nr. 5 VOB/B

Auch wenn die Quasi-Vergütungsnorm des § 642 BGB beim VOB-Vertrag durch die Spezialnorm des § 6 Nr. 6 VOB/B ausgeschlossen ist,[1643] kann der Auftragnehmer bei Behinderung nicht nur Schadensersatzansprüche, sondern parallel dazu, also konkurrierend, in einem bestimmten Fall „normale" Vergütungsansprüche geltend machen.

Ordnet nämlich der Auftraggeber eine nicht (technisch) zwingend erforderliche Veränderung (nur) der **Bauumstände** an, z. B. einen Baustopp von einem Monat, so löst diese zwar nicht als vertragliche Befugnis erlaubte, also „rechtswidrige", aber praktisch ja zu befolgende Anordnung **auch** Vergütungsansprüche gemäß § 2 Nr. 5 VOB/B aus; wir haben das schon im Einzelnen erörtert.[1644] **Ordnet** dagegen der Auftraggeber Änderungen oder Ergänzungen des **Bauinhalts** an, wozu er gemäß § 1 Nr. 3 und § 1 Nr. 4 VOB/B berechtigt ist, löst diese rechtmäßige Anordnung keine Schadensersatzansprüche aus § 6 Nr. 6 VOB/B aus, weil Schadensersatzansprüche Rechtswidrigkeit voraussetzen; auch das haben wir schon im Einzelnen dargestellt.[1645]

Insoweit bestehen weder Ersatzansprüche noch Regelungsbedarf für **Ersatz**ansprüche; der Auftragnehmer erhält als Äquivalent ja **Vertragsvergütung** gemäß § 2 Nr. 5 oder § 2 Nr. 6 VOB/B; darin können und müssen z. B. auch zusätzliche zeitabhängige Kosten einbezogen werden. Natürlich können zu Bauinhalts-Nachträgen führende Anordnungen sich vom Bauablauf her als „Behinderung" der Baudurchführung darstellen, jedoch ausschließlich bezogen auf die Bauumstände, insbesondere auf den zeitlichen Ablauf – modifizierter Bauinhalt erfordern oft auch mehr Zeit. Deshalb hat ja der Auftragnehmer bei Bauinhalts-Nachträgen auch gegebenenfalls Anspruch auf Bauzeitverlängerung gemäß § 6 Nr. 2 Abs. 1 a VOB/B,[1646] aber eben nicht auf „Behinderungs"-Schadensersatz aus § 6 Nr. 6 VOB/B.

Wenn also der Auftraggeber **Anordnungen** gleich welcher Art trifft, treffen ihn zumindestens **auch** Vergütungsfolgen.

Anordnungen zum Bauablauf können auch konkludent oder stillschweigend erfolgen.

9.3.2 § 2 Nr. 8 VOB/B

Wenn die Behinderungen nicht auf Anordnungen des Auftraggebers zurückgehen, sondern auf verspätete oder schlecht erfüllte Mitwirkungspflichten (also **Unterlassungen**) – Pläne werden z. B. nicht rechtzeitig vorgelegt –, stellt sich die Frage, ob die dadurch entstehenden zusätzlichen Kosten nicht gerade wegen der fehlenden Anordnung auch über

1401

1402

[1641] Einzelheiten Kapellmann, Festschrift Vygen S. 194 ff., 201 ff.
[1642] Nachweise siehe Fn. 1640.
[1643] Siehe die vorangehende Rdn. 1400.
[1644] Oben Rdn. 1332 ff., insbesondere Rdn. 1335.
[1645] Siehe oben Rdn. 1324 ff.
[1646] Siehe oben ausführlich Rdn. 860 ff.

§ 2 Nr. 8 Abs. 2 Satz 2, Abs. 3 VOB/B vergütet werden können. Diese Vorschrift räumt dem Auftragnehmer Vergütungsansprüche für **Leistungen ohne Auftrag** ein, die für die Erfüllung des Vertrages notwendig waren, dem mutmaßlichen Willen des Auftraggebers entsprachen und ihm unverzüglich angezeigt worden sind.

„Leistungen" ohne Auftrag im Sinne von § 2 Nr. 8 Abs. 2, Abs. 3 VOB/B sind nicht zu verstehen als „Bauleistungen", sondern wie „Geschäftsbesorgung" als Entwickeln von Aktivitäten - die „Leistung" kann also liegen in geänderten oder zusätzlichen Leistungen im allgemeinen bauinhaltlichen Sinn, aber genauso auch bezogen auf Aktivitäten infolge geänderter Bauumstände (Benutzung eines anderen als des in den Vertragsunterlagen zugewiesenen, aber nachträglich nicht benutzbaren Weges), es kann sich um Qualitäts- oder Quantitätsabweichungen handeln oder um (veränderte) Bauvorbereitungs- oder Schutzmaßnahmen[1647], aber eben Aktivitäten. Entstehen Mehrkosten infolge bloßen Stillstandes oder bloßer Unterlassung, so scheidet dafür - wie bei der Geschäftsbesorgung und überhaupt im Auftragsrecht[1648]-, die Anwendung des § 2 Nr. 8 Abs. 2 oder Abs. 3 VOB/B aus.

Bei bauinhaltlichen Modifikationen scheiden Ansprüche aus § 6 Nr. 6 VOB/B aus, weil im Ergebnis auch bei Anwendung von § 2 Nr. 8 Abs. 2 oder Abs. 3 der Auftragnehmer rechtmäßig handelt.[1649] Bei baumstandsbezogenen Modifikationen (z. B. Straßensperrung, zeitliche Anordnung - siehe oben Rdn. 788) konkurrieren Ansprüche aus § 2 Nr. 8 und § 6 Nr. 6 miteinander,[1650] aber § 2 Nr. 8 greift nur ein bei behinderungsbedingt entfalteten Aktivitäten, wie gerade erläutert.

1403 Beispiel: Wenn „Erschwernisse" auftauchen, deren Bewältigung nicht zum „Risikobereich" des Auftragnehmers, d. h. zu dessen Bausoll, gehört,[1651] so „behindern" diese Erschwernisse natürlich, z. B. unvorhersehbar auftauchender Fels bei Ausschachtungsarbeiten. Dann erfordert die Überwindung geänderte oder zusätzliche „Leistungen", z. B. Sprengarbeiten. Damit wird also der Bauinhalt modifiziert. Die Wartezeit, z. B. bis zur Entscheidung des Auftraggebers, wird vergütet analog § 645 BGB;[1652] da man von einem Auftraggeber unverzügliche Entscheidungen verlangen kann, ist eine **verzögerte** Entscheidung (wie immer) Ursache einer Behinderung und begründet Schadensersatzansprüche aus § 6 Nr. 6 VOB/B.[1653] Die Maßnahmen zur Überwindung des Erschwernisses bleiben aber **inhaltlich** geänderte oder zusätzliche Leistung, deren Vergütung über § 2 Nr. 5, Nr. 6 bei Anordnung oder eben bei fehlender Anordnung über § 2 Nr. 8 VOB/B erfasst wird.

Betrifft die Erschwernis **nur Bauumstände**, z. B. den **verschuldeten** nachträglichen Wegfall eines Zufahrtswegs, bestehen konkurrierend Ansprüche aus § 6 Nr. 6 VOB/B, soweit der Auftragnehmer veränderte Aktivitäten entfaltet.

9.3.3 Vergütungsansprüche aus „ergänzender Vertragsauslegung"?

1404 Abweichend von allem bisher Erörterten, postuliert Nicklisch, normale Behinderungsfolgen seien überhaupt nicht über § 6 Nr. 6 VOB/B zu erfassen; behinderungsbedingte Mehraufwendungen (z. B. zusätzliche Baustellengemeinkosten) führten nämlich gerade

---

[1647] Ebenso Beck'scher VOB-Kommentar/Jagenburg, § 2 Nr. 8 VOB/B Rdn. 15 ff.
[1648] Münchener Kommentar/Seiler, BGB, § 662 Rdn. 20; Palandt/Sprau, BGB, § 662 Rdn. 6.
[1649] Einzelheiten oben Rdn. 1324 ff.
[1650] Einzelheiten oben Rdn. 1332 ff.
[1651] Siehe zu „Erschwernissen" ausführlich oben Rdn. 707 ff., 795 ff., zur Überwindung von Erschwernissen Rdn. 766 ff.
[1652] Siehe oben Rdn. 1388, 1396 sowie 769, 771.
[1653] A. a. O.

nicht zu Schadensersatz-, sondern ausschließlich zu Vergütungsansprüchen des Auftragnehmers; beides sei „scharf zu trennen". Seien insoweit nicht § 2 Nr. 5 VOB/B oder § 642 BGB einschlägig, müsse die **Regelungslücke** über eine „ergänzende Vertragsauslegung" geschlossen werden, mit deren Hilfe dann doch vertragliche Vergütungsansprüche zu begründen seien.[1654]

Dieser These sind Rechtsprechung, Lehre und Praxis **nicht** gefolgt. Voraussetzung einer ergänzenden Vertragsauslegung wäre eine vom Vertrag nicht erfasste, aber regelungsbedürftige Lücke. Die Lücke könnte entweder die Zuteilung des ungeregelten Risikos zu der einen oder anderen Vertragspartei betreffen, wobei die Vergütungs- oder Schadensersatzfolge geregelt wäre oder zu regeln wäre. Oder sie könnte bedeuten, dass zwar dem Auftraggeber das Risiko zugeteilt wäre, eine passende Vergütungs- oder Schadensersatzregelung in der VOB/B aber fehlte.

1405

Die Frage, welche Partei welches **Risiko** trägt, bedarf der Differenzierung: Ist eine Risikoverteilung deshalb nicht geregelt, weil die Vertragsparteien ein **erkanntes** Risiko im Wege **beiderseitigen** Irrtums ungeregelt gelassen haben – bei gleichem Wortlaut meint jede Partei, der anderen sei das Risiko aufgebürdet –, so ist zunächst im Wege normaler Vertragsauslegung zu klären, ob eine Partei „objektiv" Recht hat; lässt sich das nicht ermitteln, handelt es sich um einen Dissens. Die dann verbleibende Lücke ist tatsächlich im Wege der „ergänzenden Vertragsauslegung" zu füllen. Im Baualltag kommt das praktisch nie vor, wir haben das in Einzelheiten schon erörtert.[1655]

1406

Auch für nachträglich auftretende, von den Parteien nicht erkannte und unerwartete Risiken, die man unter dem Begriff „Erschwernisse" zusammenfassen kann,[1656] gilt: Auch hier ist anhand **aller** Vertragsunterlagen („Totalitätsprinzip") zu klären, wem das Risiko zugewiesen ist. Grundsätzlich trägt der Auftragnehmer, wie im Einzelnen erläutert, nur solche Risiken, die für ihn **erkennbar und kalkulierbar** waren oder die er trotz Ungewißheit gerade vertraglich als Risiko übernommen hat.

1407

Für die überwältigende Fülle der typischen „Behinderungs-Risiken" gibt es nun in der **VOB/B** gerade **keine Risiko-Zuteilungslücke**, sondern eine ganz eindeutige Risikozuweisung:
Höhere Gewalt oder andere für den Auftragnehmer unabwendbare Umstände führen gemäß § 6 Nr. Abs. 2 lit c VOB/B zur Fristverlängerung; werden schon hergestellte „Leistungen", also das Bauwerk oder Teile des Bauwerks, dadurch zerstört, so hat der Auftragnehmer gemäß § 7 VOB/B die Leistung zwar nochmals zu erbringen, erhält dafür aber auch gemäß § 2 Nr. 6 VOB/B zusätzliche Vergütung, wie unter Rdn. 707 ff. erörtert; sonstige Vermögenseinbußen des Auftragnehmers, die nicht Beschädigung oder Zerstörung in dem genannten Sinne sind, werden gerade **nicht** ersetzt.[1657]
Streiks führen gemäß § 6 Nr. 2 Abs. 1 lit b VOB/B ebenfalls zur Verlängerung von Ausführungszeiten, begründen aber – mangels Erwähnung in § 7 VOB/B – erst recht keinen Anspruch auf Ersatz von Vermögensschäden.[1658]

[1654] Nicklisch/Weick, VOB/B § 6 Rdn. 51, 63, Einl. §§ 4–13, Rdn. 33, 34, 45, 62. Schon früher hat Nicklisch diese These vertreten, bei § 6 Nr. 6 VOB/B werde nicht „klassischer" Schadensersatz geschuldet, sondern zusätzliche, nach Vertragspreisen gemessene Vergütung einschließlich in Korrektur des Wortlauts des § 6 Nr. 6 VOB/B entgangenen Gewinns, so Heidelberger Kolloquium Technologie und Recht 1984 Band 4 (Erscheinungsjahr 1985), Seite 83 ff., Seite 96 ff.
[1655] Oben Rdn. 233 ff., 238 ff.
[1656] Einzelheiten dazu oben Rdn. 707 ff., 795 ff.
[1657] So zutreffend gerade Nicklisch/Weick, VOB/B § 7 Rdn. 17, s. auch oben Rdn. 1244 ff.
[1658] Auch hier zutreffend Nicklisch/Weick, VOB/B § 7 Rdn. 14, vgl. auch oben Rdn. 1243.

Behinderungen aus dem Risikobereich des Auftraggebers gehen selbstverständlich und auch ausdrücklich geregelt in § 6 Nr. 2 Abs. 1 lit a VOB/B zu Lasten des Auftraggebers. Dass hier Grenzfälle auftreten können haben wir im Einzelnen unter Rdn. 1249 schon erörtert; das heißt aber nur, dass es auch Fälle gibt, die gerade nach der VOB-Konzeption zwar zur Fristverlängerung, aber nicht zum Ersatz gemäß § 6 Nr. 6 VOB/B führen.

1408 Die VOB/B enthält aber nicht nur keine Lücke zur Risikozuweisung – was nicht heißt, dass jeder theoretisch denkbare Fall erfasst ist, vgl. etwa nachfolgend Rdn. 1410 –, sie enthält **auch keine Rechtsfolgenlücke**, sondern im Gegenteil eine eindeutige Bestimmung. § 6 Nr. 6 VOB/B regelt ja die Folgen auftraggeberseitiger Behinderungen wörtlich und eindeutig: „Sind die **hindernden** Umstände von einem Vertragsteil zu vertreten, so hat der andere Teil Anspruch auf **Ersatz** des nachweislich entstandenen **Schadens**, des entgangenen Gewinns aber nur bei Vorsatz oder grober Fahrlässigkeit." Die **Konzeption der VOB/B ist deshalb eindeutig**: Die Folgen jeder Behinderung werden bei Verschulden des Behinderers durch einen **Schadensersatzanspruch** des Behinderten ausgeglichen, was im Übrigen bei Anwendung des § 642 BGB gerade nicht gelten würde (oben Rdn. 1395).

1409 Ob man diesen Ansatz der VOB/B konzeptionell für besonders gelungen hält, ist eine andere Frage; mit Nicklisch sind wir der Auffassung, dass es Unebenheiten gibt. Aber die Lösung von VOB-Fällen muss von der VOB ausgehen; eine freie Rechtsschöpfung ist nicht zulässig. Sie ist aber auch nicht erforderlich, auch nicht zur Glättung der Unebenheiten:

Es ist nämlich sowohl möglich wie – gerade aus den von Nicklisch zutreffend angeführten Gründen – **absolut unumgänglich**, (innerhalb der geltenden Regelung der VOB/B) den **Schadensbegriff** beim Anspruch des Auftragnehmers auf **Behinderungs-Schadensersatz normativ** zu **korrigieren**. Natürlich darf die Einordnung des „Behinderungsausgleichs" als Schaden nicht dazu führen, dass reale Schäden gerade nicht ersetzt werden. Das wiederum wäre leicht dann der Fall, wenn rechtliche Lösungsüberlegungen konkrete betriebswirtschaftlich-baubetriebliche Ansätze völlig außer acht ließen.

Es muss deshalb gerade aus den genannten Gründen außer Frage stehen, dass **jeder** Schaden zu ersetzen ist und dass damit insbesondere **auch** die behinderungsbedingt aufgetretene Nichtdeckung von „**Allgemeinen Geschäftskosten**" zum **Schaden** gehört, wie es ja erfreulicherweise auch die höchstrichterliche Rechtsprechung mittlerweile zutreffend bejaht,[1659] und weiter – wobei das das geringste Problem ist – dass der Ausschluss des Gewinns bei normaler Fahrlässigkeit nur bedeutet, dass der Auftragnehmer keinen Gewinnausfall auf anderer Baustelle ersetzt verlangen kann, wohl aber seinen normalen kalkulierten Gewinnanteil pro Produktionsfaktoreneinsatz.[1660]

1410 All das heißt nicht, dass es nicht in besonderen Ausnahmen doch Fälle geben könnte, in denen die nachträgliche Risikoverteilung selbst unter ausdehnender Auslegung aller Vertragsunterlagen nicht eindeutig zu beantworten ist; Beispiel wäre etwa eine unvorhersehbare Änderung technischer Verwaltungsnormen ohne gleichzeitige Änderung des Standes der Technik.

Eine – in den seltensten Ausnahmefällen zu bejahende – **bauinhaltliche** Lücke ist aber dann wie beim Dissens erörtert zu schließen: Der Auftragnehmer trägt nur erkennbare Risiken, wir haben das im Zusammenhang mit „Erschwernissen" schon unter Rdn. 707 ff.

[1659] OLG Düsseldorf BauR 1988, 487, 490 (Revision vom BGH nicht angenommen) im Anschluss an Kapellmann/Schiffers, BauR 1986, 615, 623, 624; näher **im Einzelnen** unten Rdn. 1426.
[1660] Wobei diese Frage noch einer gezielten Abwägung bedarf, dazu Rdn. 1491, 1492.

im Einzelnen erörtert; Vergütungsansprüche des Auftragnehmers folgen bei der Überwindung der Erschwernisse aus § 2 Nr. 5, Nr. 6 und Nr. 8, wie wir ebenfalls unter Rdn. 238 für den Dissens schon erörtert haben.

9.4 Vermischung von Vergütungsansprüchen und Schadensersatzansprüchen in der Praxis – Formulierungsvorschlag für § 6 Nr. 6 VOB/B

Bei stark behinderter Bauabwicklung mit entsprechend beeinträchtigten und/oder verlängerten Bauabläufen lassen sich „Nachträge" für zusätzliche zeitabhängige Kosten wegen **angeordneter** geänderter oder zusätzlicher Leistungen (dann **Vergütung** nach § 2 Nr. 5, Nr. 6 VOB/B) einerseits bzw. wegen **Behinderung** (dann **Schadensersatz** nach § 6 Nr. 6 VOB/B) manchmal kaum noch trennen. 1411

Somit kann sich – wenn beispielsweise in der Angebotskalkulation keine zeitabhängigen Baustellengemeinkosten explizit ausgewiesen sind – ein erheblicher Unterschied bei der Berechnung der dem Auftragnehmer zustehenden Zahlung entstehen, da ja bei Behinderungen der tatsächlich entstandene Schaden (Berechnung auf der Basis von [behinderungsbedingten] Ist-Kosten und den hypothetischen Kosten der unbehinderten Ausführung, vgl. Rdn. 1552 ff.) ermittelt wird. Sind in der Angebotskalkulation keine zeitabhängigen Kosten explizit ausgewiesen, können auch keine zeitabhängigen Kosten kalkulativ fortgeschrieben werden.

Dieses Problem lässt sich für den Auftragnehmer ohne Nachteil im nachhinein dadurch lösen, dass der jeweilige Fall – sofern es eben nur um **Baumstände** geht – ganz nach § 6 Nr. 6 VOB/B gelöst wird, d. h., Schadensersatz wird gefordert, **sofern Behinderungen angezeigt** sind; der Auftragnehmer kann sich ja wegen der Anspruchskonkurrenz aussuchen, ob er die Berechnung über § 2 Nr. 5 oder § 6 Nr. 6 VOB/B oder – laut BGH – § 642 BGB wählt.

Da es nicht unbedingt die Regel ist, dass
– Bauunternehmen mit nicht kostendeckenden Preisen anbieten
– bzw. keine systematische Angebotskalkulation durchführen,[1661]
ist das Problem – vom **Grundsätzlichen** und Prophylaktischen her lösbar.
Außerdem lassen sich je nach der konkreten Situation auch durch kombinierten Einsatz von Angebotskalkulation und Schadensersatzermittlungsmethoden die entsprechenden Beträge ermitteln. Deshalb kann bei „Behinderungskonglomeraten" eine Berechnung mit beiden Berechnungsmethoden in manchen Fällen zu ähnlichen Ergebnissen führen.

Ein effektiver **Unterschied** ergibt sich bei „fremdbezogenen Produktionsfaktoren", insbesondere beim Einsatz von Nachunternehmern. Treten „Behinderungen" auf, die als modifizierte Leistung über § 2 Nr. 5, § 2 Nr. 6 VOB/B zu erfassen sind, hängt der Mehrvergütungsanspruch nicht davon ab, was der Nachunternehmer dem Hauptunternehmer seinerseits für die Zusatzarbeit wirklich abverlangt, weil neue Preise ausschließlich nach **kalkulierten** Kosten, und zwar in der Fortschreibung der Angebotskalkulation des Auftragnehmers, zu ermitteln sind; für diese „**Vorauskalkulation**" ist der maßgebende Zeitpunkt der Beginn der zusätzlichen Arbeiten.[1662] Wenn also der Auftragnehmer die zusätzlichen Nachunternehmerarbeiten „billiger einkauft", so ist das ausschließlich sein Vorteil – wie auch schon bei „normaler" Abwicklung des Vertrags auf der Basis der Angebotskalkulation. 1412

[1661] Vgl. Rdn. 302 ff.
[1662] Siehe oben Rdn. 1015.

Wird dagegen – sofern es um Bauumstände geht – auf Schadensersatzbasis nach § 6 Nr. 6 VOB/B abgerechnet, so ist der tatsächliche Aufwand maßgebend.

1413 Es wäre wünschenswert, wenn **§ 6 Nr. 6 VOB/B,** der sowohl Schadensersatzansprüche des Auftragnehmers gegen den Auftraggeber wie Schadensersatzansprüche des Auftraggebers gegen den Auftragnehmer erfasst, hinsichtlich der **auftragnehmerseitigen Schadensersatzansprüche** aus Behinderung **klarstellend und ergänzend neu formuliert** würde – eine andere Ergänzung im Zusammenhang mit der Vorunternehmerproblematik haben wir schon in **Rdn. 1395** vorgeschlagen – beispielsweise so:
„Hat der Auftraggeber hindernde Umstände zu vertreten, so hat der Auftragnehmer Anspruch auf Ersatz des nachweislich entstandenen Schadens; er darf diesen Schaden auch auf der Basis der aus der Angebotskalkulation zu ersehenden Vergütung unter Einschluss des kalkulierten Gewinns berechnen; der Nachweis eines darüber hinausgehenden Schadens ist zulässig. Jedoch wird auf Drittbaustellen entgehender Gewinn nur ersetzt, sofern dem Auftraggeber Vorsatz oder grobe Fahrlässigkeit zur Last fällt."
Auch und selbst bei einer solchen Formulierung bliebe es aber dabei, dass dem Auftragnehmer nicht jeder Aufwand (Schaden) ersetzt wird, der aus Behinderungen aus der Sphäre des Auftraggebers herrührte; ersetzt würde vielmehr nach wie vor nur **der** die Bauumstände berührende Aufwand (Schaden), der auf eine vom **Auftraggeber verschuldete** Behinderung zurückginge.

Wenn also eine öffentliche, zur Zu- und Abfuhr benutzte Straße nachträglich und unvorhersehbar von hoher Hand geschlossen wird, müßte auch nach dieser Fassung nach wie vor der Auftragnehmer die daraus resultierenden Aufwendungen selbst tragen.[1663] Insoweit enthält die VOB/B keine Lücke, die Verfasser haben vielmehr nach unserer Auffassung eindeutig gesehen und gewollt, dass es solche Fälle vom Auftraggeber unverschuldeter Behinderungen gibt, in denen sich eben das Unternehmerrisiko verwirklicht; vom Auftraggeber unverschuldet unterlassene Mitwirkungshandlung hat die VOB/B insoweit auf dieselbe Ebene wie Streiks oder unabwendbare Ereignisse gesetzt.
Ob man dem zustimmt, ist eine rechtspolitische bzw. VOB-politische Frage. Wir halten diese Risikoverteilung allerdings für hinnehmbar.
Im Übrigen ist der Auftragnehmer auch durch die Vorschrift des § 6 Nr. 7 VOB/B geschützt, denn er kann nach einer Unterbrechung von mehr als 3 Monaten kündigen, wobei sich die Abrechnung nach § 6 Nr. 5 und § 6 Nr. 6 VOB/B regelt (Einzelheiten Rdn. 1650 ff.). Die VOB/B berücksichtigt somit ausdrücklich den Fall, dass der Auftragnehmer die Unterbrechung nicht zu vertreten hat, und ordnet insoweit an, dass dann auch die Kosten der Baustellenräumung zu vergüten sind, soweit sie nicht in der Vergütung für die bereits ausgeführte Leistung enthalten sind.

10 Ursache – Begriffsbestimmung, Erfassung

10.1 Rechtliche Definition der Ursache

1414 Die vom Auftraggeber zu vertretende **Störung mit Folgen (Behinderung)** löst **Ersatzansprüche des Auftragnehmers** nach § 6 Nr. 6 VOB/B dann **aus, wenn** die Störung beim Auftragnehmer einen **Schaden verursacht** hat; für eventuelle Entschädigungsansprüche aus § 642 BGB gilt nichts anderes.

[1663] Vgl. oben Rdn. 1349, OLG Düsseldorf BauR 1991, 337. Hält man § 642 BGB für anwendbar, so würden damit Ansprüche zu begründen sein.

Rechtliche Definition der Ursache — Rdn. 1415

Ohne Ursachenzusammenhang zwischen der vom Auftraggeber verschuldeten Störung und den (behaupteten) Mehrkosten kann es **keinen Schadensersatzanspruch** geben. Oder mit dem Bundesgerichtshof: Wenn der Auftragnehmer auch ohne die Störung nicht anders (früher, schneller, mehr) gearbeitet hätte, hat er natürlich keinen Anspruch aus § 6 Nr. 6 VOB/B,[1664] d. h., es läge eine folgenlose Störung vor, also schon nach unserer Definition keine Behinderung.

Ebenso besteht **nur dann** ein Anspruch auf **Fristverlängerung, wenn** die **Störung** den **zusätzlichen Zeitbedarf verursacht** hat.

Ein Schaden als Folge einer Störung ist keineswegs zwingend: Eine **Störung kann, muss aber nicht Kostenfolgen** haben: Der fehlende Planeingang kann gravierende Kostenfolgen haben, wenn es sich um einen Bewehrungsplan mit nicht alltäglichen Betonstahlsorten oder Stahlwalzungen handelt; ein verspäteter Plan (der aber noch vor dem vorgesehenen Baubeginn der zugehörigen Teilleistung eingeht) kann auch völlig folgenlos bleiben, wenn z. B. nach Eingang des Planes lediglich auf der Baustelle vorhandene oder sofort abrufbare und lieferbare Lagermatten zu disponieren sind. Es gibt keine sicher typisierten oder gar zwingenden Störung-Schaden-Schlussfolgerungen.[1665]

Es liegt also auf der Hand, dass der Verknüpfung von Störung und möglicher Störungsfolge, also der Verursachung des Schadens durch die Störung, die entscheidende Bedeutung im Rahmen des § 6 Nr. 6 VOB/B zukommt. Die (haftungsausfüllende) Ursache ist die Antwort auf die Frage, warum gerade dieser Schaden entstanden ist.

Das Problem liegt hier nicht in der Frage, was „Ursache" im Rechtssinn ist. Insoweit gilt für die Alltagspraxis, dass das, was im naturwissenschaftlichen Sinn Ursache ist, auch rechtlich als „Ursache" bewertet wird. Genauer gesagt, gilt im Zivilrecht allerdings die Adäquanztheorie,[1666] sie bedarf aber hier keiner näheren Erörterung.

1415

[1664] BGH BauR 1976, 128 (Behinderung durch fehlende Baugenehmigung). Siehe auch oben Rdn. 1256.

[1665] Das ist der Haupteinwand gegen eine abstrakte Schadensberechnung, siehe dazu unten Rdn. 1501 ff. Anknüpfend an die unter Rdn. 1202 besprochene Definition der Begriffe Störung und Behinderung ist noch auf folgendes hinzuweisen: Nach der Olshausenschen Definition (siehe Fn. 1402) ist es zwingend, dass „jede Störung als – unmittelbare Folge – eine Primärverzögerung" (aber auch weitere Folgen) bewirkt (vgl. Olshausen, Festschrift Korbion, S. 325). Wenn der Begriff Störung von dem Begriff Behinderung wie unter Rdn. 1202 definiert unterschieden wird (d. h., jeder um einen Tag verspätete Planeingang ist eine Störung, nicht unbedingt eine Behinderung), ist es nicht zulässig, die angesprochene Folgerung von Olshausen uneingeschränkt auch auf Störungen zu beziehen, also jede Störung habe wenigstens Primärverzögerungen als Folge. Dies werden wir noch eingehend unter Rdn. 1502 besprechen.

[1666] Danach ist im Rechtssinn Ursache die Bedingung, die mit dem eingetretenen Schaden in einem adäquaten Zusammenhang steht; die Bedingung ist nicht adäquat, wenn sie ihrer allgemeinen Natur nach für die Entstehung des eingetretenen Schadens gleichgültig ist und ihn nur infolge einer ganz außergewöhnlichen Verkettung von Umständen herbeigeführt hat. Es handelt sich also in Wahrheit nicht um eine Klärung der Ursache, sondern um eine Bewertungsregel mit dem Ziel, eine „unzumutbare" Haftungsausweitung zu vermeiden. Näher mit Rechtsprechungsnachweisen dazu etwa Palandt/Heinrichs, BGB, Vor § 249, Rdn. 58 ff.

I. STÖRUNGSERKENNUNG

1. möglich,
sofern entsprechende Soll-Vorgaben (z.B. Planeingänge) vorformuliert sind und Ist-Feststellungen laufend getroffen werden.

2. erschwert,
sofern keine Soll-Ist-Vergleiche gemäß 1 durchgeführt werden oder wenn auftraggeberseitige Behinderungen nicht wahrgenommen werden.

II. STÖRUNGSURSACHE

1. sofort erkennbar,
a) bei interner Verursachung (z.B. Bei Geräteausfall)
b) bei Witterungsgegebenheiten
c) bei auftraggeberseitiger Verursachung (z.B. fehlenden Plänen)

2. (teilweise noch) nicht geklärt
a) es liegen noch keinerlei Anhaltspunkte für die Verursachung vor
b) Kausalität ist (noch) nicht geklärt
   1) bei einer (vermuteten) Ursache
   2) bei mehreren potenziellen Verursachungsmöglichkeiten (z.B. späte Planlieferung durch den Auftraggeber bei gleichzeitigem Ausfall eigenen Geräts und zu später Leistungserbringung durch eigene Nachunternehmer)

III. STÖRUNGSAUSWIRKUNGEN

1. Terminauswirkungen
a) schon eingetreten
b) noch ausstehend
   jeweils untergliedert danach, ob
   1) durch bewußtes Handeln des Auftragnehmers
   2) durch Nichthandeln des Auftragnehmers bewirkt

2. Schadensauswirkungen
a) abgeschlossen
b) noch ausstehend
   jeweils danach untergliedern, ob
   1) Schäden überhaupt vorlagen und in welchem Umfang
   2) oder nicht

IV. REAKTION AUF STÖRUNG

1. Bewußtes Handeln
a) **Bekämpfung** der Störungsauswirkung bzw. des Störungseintritts (z.B. durch Kooperation mit den Störungsverursachern und -betroffenen mit dem Ziel, eine Minimierung der Folgekosten zu erreichen).
b) **Bewußte Anpassung** im eigenen Organisationsbereich
   1) **quantitativer Art** (z.B. Kapazitätsreduktion, sofern Stillstand droht)
   2) **zeitlicher Art** (z.B. vorläufiger Verzicht auf a).

2. Unbewußte Anpassung
a) **zeitlicher Art** (z.B. „schleichende" Bauzeitverlängerung durch noch nicht anerkannte erschwerende Gegebenheiten)
b) **intensitätsmäßiger Art** (z.B. geringere Leistungsintensität des Personals beim Erkennen der Tatsache, dass ansonsten wegen fehlender Vorleistungen „Auflaufen" droht).

Abbildung 39 Charakteristik zur Störungserkennung, Störungsursache, Störungsauswirkung und Reaktion auf die Störung

Auch **Mitverursachung** ist Ursache. 1416
Die **Doppelursache** haben wir bereits unter Rdn. 1355 behandelt.
So unproblematisch die **Definition des Begriffs „Ursache"** ist, so problematisch ist in der 1417
Praxis der **Nachweis der Ursache**. Wir gehen auf diesen Fragenbereich gesondert unter
Rdn. 1593 ff., 1612 ff. ein.

10.2 Baubetriebliche Probleme bei der Verursachungserfassung

Die baubetriebliche Literatur legt bei Behinderungen zumeist den Schwerpunkt auf die 1418
Störungsauswirkungen, weniger auf die Störungserkennung und Störungsverursachung
sowie auf die Reaktion auf die Störung. Es wird also weniger darüber nachgedacht, wie
Störungen erkannt sowie vermieden werden können, als darüber, wie ihre Verursachungen geklärt werden können und ihre Auswirkungen ermittelt werden können.
Dieser „passive Angang" äußert sich u. a. darin, dass für den Fall von Behinderungen folgende Anpassungsmöglichkeiten aufgezeigt werden:[1667]
– **Zeitliche Anpassung** (z. B. Verlängerung der täglichen Arbeitsdauer oder der Arbeitsdauer insgesamt),
– **quantitative Anpassung** (durch Verminderung oder Verstärkung des Potentials),
– **intensitätsmäßige Anpassung** von Geräten, Personal an die neuen Gegebenheiten (z. B. in Form von verminderter Auslastung des Personals).

Die Frage, **ob** diese Anpassungen sich jeweils **zwangsläufig** ergeben oder ob es nicht vorab zunächst einmal darum geht, die auftraggeberseitigen Soll-Ist-Abweichungen zu entdecken und gegebenenfalls geeignete Gegenmaßnahmen (u. a. Ankündigung gegenüber dem Auftraggeber und kostenmindernde Maßnahmen) zu ergreifen, wird nicht gestellt.

Vor jeder Anpassung (= Folge!) (vgl. **Abb. 39**, S. 663)
– ist vorab zu fragen, weshalb eine Anpassung überhaupt erforderlich ist; es geht also zunächst um die Erkennung bzw. Feststellung einer **Störung;**
– sodann geht es um die Erkennung bzw. Feststellung der **Störungsursache;**
– dann darum, ob der Auftraggeber diese Ursache **zu vertreten** hat oder ob sie auftragnehmerintern bedingt ist (oder von keinem von beiden);
– danach ist zu fragen, wie sich die **Störung auswirkt;**
– erst dann sollte **auf die Störung reagiert** werden.

Sofern eine **bewußte** Reaktion auf eine Störung vorliegt – ist also die Störung als solche erkannt –, muss das zumindest bei auftraggeberseitig zu vertretenden Störungen eine Mitteilung an den Auftraggeber zur Folge haben, sofern Ansprüche zeitlicher oder geldlicher Art an den Auftraggeber gestellt werden sollen (vgl. § 6 Nr. 1 VOB/B). Also kann später nicht die Rede von „Schwierigkeiten" bei der Dokumentation der Behinderung sein, obwohl das oft vorgetragen wird.[1668]

[1667] Vgl. Bauer, Mehrkosten bei Bauverzögerungen aus Behinderungen, S. 146 ff.; Kosanke, Der Schadensnachweis nach § 6 Nr. 6 VOB/B, dazu mit Recht kritisch Plum, Sachgerechter und prozessorientierter Nachweis von Behinderungen, S. 59.

[1668] Vgl. Grieger, BauR 1987, 387 ff.; Kosanke a. a. O., vgl. Pfarr/Toffel, Bauwirtschaft 1991, 43 ff.; Pawlik, Entwicklung einer wirtschaftlichen Methode, S. 12 wendet gegen unsere Darlegung ein, dass „zeitaufwendige Kontaktpflege des Bauleiters mit dem Bauherrn (!)" wichtig für den finanziellen Erfolg sei; daher müßte für die „Dokumentation" zusätzliches Personal auf der Baustelle eingesetzt werden, was unwirtschaftlich sei. Anders ausgedrückt: Der Bauleiter ist PR-Mann, Behinderungsnachträge werden ohne Dokumentation vom Gutachter (abstrakt) konstruiert. Zur Kritik zutreffend auch Plum, a. a. O., S. 71-73. Neben allem anderen: Behinderungsrechtsstreitigkeiten **dieser Art** gehen immer verloren.

Nur dann, wenn eine unbewußte Anpassung (?) an eine (nicht erkannte) Behinderung erfolgt ist, wenn also sowohl die Störung nicht erkannt als auch eine Störungsverursachung bislang nicht belegt worden ist, ist das Fehlen einer Dokumentation verständlich. Anders ausgedrückt: In einem solchen Fall war der auftragnehmerseitige Bauleiter nicht in der Lage (?), Verspätungen von Planeingängen festzustellen oder sonstige in die Bauumstände behindernd eingreifende auftraggeberseitige Einwirkungen (z. B. zeitliche Anordnungen) zu bemerken. All das zusammen ist nur schwer nachvollziehbar.

Die Argumente für die „unbewußte Anpassung" stammen deshalb zumeist aus solchen Fällen, bei denen aufgrund schlechter Baustellenergebnisse erst im nachhinein die Suche nach Ursache und Wirkung begonnen worden ist. Dann geht es in der Regel dann darum, eine tatsächliche oder vermeintliche Ursache aus dem Verantwortungsbereich des Auftraggebers zu finden und hierauf aufbauend mit Hilfe der oben aufgeführten Anpassungen nachträglich Behinderungsfolgen gegenüber dem Auftraggeber abzuleiten.

11 Behinderungsfolge: Schaden und Schadensersatz

11.1 Schadensdefinition (Differenztheorie) und Schadensumfang (Lohnerhöhungen, Materialpreiserhöhungen)

1419   Eine vom Auftraggeber verschuldete rechtswidrige Störung **kann** einen Behinderungs**schaden** beim Auftragnehmer verursachen.

Schaden im Rahmen von § 6 Nr. 6 VOB/B ist die **„Differenz"** zwischen **zwei Güterlagen,** nämlich der durch das Schadensereignis geschaffenen und der unter Ausschaltung dieses Ereignisses gedachten.
Anders formuliert: Es ist zu vergleichen, wie die **Vermögenssituation** des Auftragnehmers **heute** – nach erfolgter, den heutigen Zustand verursachender Behinderung – ist **und** wie die Vermögenssituation des Auftragnehmers gewesen **wäre,** wenn es die Behinderung nicht gegeben **hätte.** Die **Differenz zwischen hypothetischer ursprünglicher Vermögenssituation** ohne Behinderung einerseits **und heutiger realer Vermögenssituation infolge der Behinderung** andererseits ist der Schaden.[1669]
Wir beschäftigen uns an dieser Stelle **nur mit der Definition** des Schadens. Wie ein solcher Schaden zu ermitteln ist, wie die Differenz zwischen **Soll-Hypothese** und **Ist** logisch richtig und praktisch machbar festzustellen ist, behandeln wir gesondert unter Rdn. 1552 ff.

„Entschädigung" gemäß § 642 BGB ist etwas anderes, nämlich Ausgleich in Vergütungsform auf der Basis fortgeschriebener Auftragskalkulation **ohne** Rücksicht darauf, ob überhaupt ein Schaden entstanden ist (näher Rdn. 1648 ff.).

[1669] So BGH „Behinderungsschaden I" BauR 1986, 347, 348 und ständig, allgemeine Meinung. Abweichend ist Nicklisch, Heidelberger Kolloquium Technologie und Recht 1984 (Erscheinungsjahr 1985), 83 ff., 96 ff., der Meinung, nach § 6 Nr. 6 VOB/B werde nicht „klassischer" Schadensersatz geschuldet, sondern in Wirklichkeit **zusätzliche,** nach Vertragspreisen **bemessene Vergütung** einschließlich – in Korrektur des Wortlauts des § 6 Nr. 6 VOB/B – entgangenen Gewinns. Dazu im Einzelnen oben Rdn. 1404 ff.
Zur „wertenden" Ergänzung der Differenztheorie hinsichtlich des Ersatzes von Deckungsanteilen für Allgemeine Geschäftskosten s. unten Rdn. 1430 ff.. Zur Ursachen- und Schadensschätzung im Einzelnen vgl. Rdn. 1612 ff.

Wenn eine auftraggeberseitige Störung Auswirkungen auf den Einsatz von Produktionsfaktoren hat, so sind **alle** daraus resultierenden **finanziellen Folgen (= alle behinderungsbedingten Kosten)** zu ersetzen. Es werden somit auch nicht die auf der Basis einer Kalkulation ermittelten, sondern die durch den behinderungsbedingten (tatsächlichen) Mehreinsatz von Produktionsfaktoren gegenüber dem (hypothetischen) Fall des Produktionsfaktoreneinsatzes im Nichtbehinderungsfall entstandenen (Mehr-)Kosten abgerechnet (näher Rdn. 1498 f.). 1420

Es versteht sich deshalb von selbst, dass **Lohnerhöhungen** und/oder **Materialpreiserhöhungen**, die sich als Folge der Behinderung ergeben haben, zu ersetzen sind.[1670] Aus demselben Grund brauchen von der Schadenssumme auch vertraglich für die Vergütung eingeräumte **Nachlässe** oder **Skonti** nicht abgezogen zu werden – beim Schadensersatzanspruch wird nicht Vergütung vorher mit Vergütung nachher verglichen, sondern es werden (hypothetische) **Kosten** vorher (Nichtbehinderungsfall) mit behinderungsbedingten **Kosten** nachher (Behinderungsfall) verglichen.

11.2 Typische Auswirkungen infolge von Behinderung

11.2.1 Typische Folge: Verlangsamter Bauablauf

11.2.1.1 Allgemeine Folgen (z. B. *Intensitätsabfälle*)

Es ist sinnvoll, die möglichen **Schäden infolge von Behinderung zu typisieren,** um so die Schadensbesonderheiten erkennbar und quantifizierbar zu machen. Hierzu verweisen wir auf **Abb. 40**, S. 664, die wir im Folgenden durchsprechen. Die angesprochenen typischen Folgen „verlangsamter Bauablauf", „Baustillstand" und „verlängerte Bauzeit" fallen im Einzelfall ganz oder teilweise neben- bzw. hintereinander - für Teilbereiche oder für die Baustelle insgesamt - an und/oder bedingen einander. 1421

11.2.1.2 Auswirkung auf Direkte Kosten der Teilleistungen (Einzelkosten der Teilleistungen)

Die „Verlangsamungsphänomene" führen auf der Ebene der **Direkten Kosten** (Lohn, Material usw.) zu Mehrkosten gegenüber dem ursprünglich geplanten Arbeitsablauf. Inwieweit diese Mehrkosten aus der bloßen Differenz der Istkosten zu den kalkulierten Kosten ermittelt werden und inwieweit zu berücksichtigen ist, dass auch (teilweise) andere Ursachen für die Mehrkosten vorliegen können, werden wir unter Rdn. 1552 ff. erörtern. Dem Grunde nach ist jedenfalls sicher, dass dann, wenn ein Arbeiter unter normalen Verhältnissen 1 m² Mauerwerk je Stunde herstellt, er aber behinderungsbedingt nur 0,5 m² je Stunde herstellen kann, die Differenz zu **Mehrkosten** (erhöhter Aufwand) und damit zu Behinderungsschäden führt. Diese Leistungsminderung nennen wir „**Intensitätsabfall**" (näher dazu Rdn. 1594, 1635). 1422

[1670] Diese Selbstverständlichkeit hat der Bundesgerichtshof schon vor fast 30 Jahren zutreffend bejaht; er hat entschieden, dass Lohn- und Materialpreiserhöhungen, die während der Stillstandszeit eintreten, **zu ersetzen sind, selbst wenn in Besonderen oder Zusätzlichen Vertragsbedingungen die Berücksichtigung von Lohn- und Materialpreiserhöhungen ausgeschlossen** ist (BGH, Urteil vom 22. 11. 1973, VII ZR 14/72; zitiert bei Schmidt, WM 1974, 294, 298). Zutreffend heute z. B. OLG Düsseldorf, BauR 1996, 862 mit Anm. Kapellmann sowie OLG Düsseldorf BauR 1997, 646. Die Ersatzpflicht als solche ist selbstverständlich; die Schlussfolgerung, dass auch ein Ausschluss in AGB nichts ändert, ist **heute** – unter Geltung des AGB-Rechts der §§ 305 ff. BGB – erst recht zutreffend, dazu näher unten Rdn. 1645 ff.

I. Verlangsamter Bauablauf

1. Intensitätsabfälle
   a) Personal und Nachunternehmer
      - Arbeitnehmer „strecken" die Arbeit wegen der Augenscheinlichkeit fehlender Anschlussarbeiten,
      - Störungen führen zu unabgestimmten Ablauffolgen mit folgenden Effekten
        - Handarbeit bzw. Wartezeit wegen fehlender Gerätehilfe,
        - Wartezeit wegen fehlender Vorleistung,
        - Personal muss häufig zwischen Arbeitsorten und -arten wechseln; Folge: sich wiederholende Einarbeitungsnotwendigkeiten.
      - Arbeitsdurchführungen müssen nach Eingang geänderter Pläne modifiziert werden; Folge: Mehraufwand, insbesondere, wenn Arbeitsdurchführung schon begonnen worden ist.
      - Motivationsabfall,
      - Arbeitnehmer werden mit Tätigkeiten beschäftigt, die unter ihrem „Level" liegen,
      - es fallen mehr Arbeitsabschnitte mit den entsprechenden Rüst- und Zusatzarbeiten an (z. B. Abschalungen),
      - es treten geringere Arbeitswiederholungen pro Gruppe ein, da Parallelarbeit als Überbrückung angesetzt werden muss,
      - zu viele Arbeitskräfte müssen auf engem Raum arbeiten, da anderweitig keine Einsatzmöglichkeit vorliegt,
      - Störungen führen zur Personalreduktion und -umsetzung mit der Folge
        - restliche Arbeitskräfte sind nicht für alle ihnen übertragenen Tätigkeiten (wie durch die Arbeitsvorbereitung geplant) geeignet,
        - Restkolonne bzw. neue Kolonnenzusammensetzung bringt nicht die von der Arbeitsvorbereitung geplante Leistung,
        - es fallen zusätzliche Wege-, Rüst- und Einarbeitungszeiten durch Personalumsetzungen an,
      - Störungen führen zur Verschiebung der Leistungserstellung in Phasen mit Minderleistung, höheren Löhnen etc.
   b) Gerät / Schalung
      - geringere Auslastung mit der Folge längerer Vorhaltungen oder späteren zusätzlichen Geräteeinsatzes (Antransport, Einarbeitung etc.),
      - Geräte fehlen später bei anderen Baustellen (Folge: Fremdmiete oder Handarbeit)

2. Sonstige Auswirkungen
   a) Personal
      - hoher Tariflohn bei Tätigkeiten unter dem „Level",
      - bedingt durch die Notwendigkeit des Zurücklassens bestimmter Arbeiten (z. B. Einbauteile werden erst später eingebaut) fallen zusätzliche Lohnkosten an,
      - Aufsicht / Bauleitung (z. B. zusätzliche Arbeitsbelastung durch Überprüfungen, Erarbeitungen, Besprechungen etc. zur Minimierung der Störungsauswirkungen),
   b) Material
      z. B. zusätzliches und/oder teures Material (z. B. Beton mit mehr Zement oder sogar mit höherwertigem Zement wegen der Verschiebung der Arbeiten in kältere Jahreszeit),
   c) Transporte
      z. B. zusätzliche Transporte (z. B. wegen zu spät gelieferter Pläne wird die Bewehrung sofort nach Fertigstellung auch in Kleinstmengen abgeholt)

II. Stillstand mit folgenden Auswirkungen
   1. Einmalig
      - An- und Abtransport abziehbarer Geräte etc.
      - Kosten für Wiederaufnahme der Arbeiten
      - Leerkosten Personal
   2. Zeitabhängig
      - Sicherung vorhandener Bauleistungen
      - Vorhaltung und Wartung nicht abziehbarer Geräte etc.
   3. Kosten für nicht anderweitig einsetzbare Arbeitskräfte

III. Bauzeitverlängerung mit folgenden Auswirkungen
   1. Zusätzliche Beanspruchungen
      z. B. durch nunmehr notwendige Winterbaumaßnahmen
   2. Verlängerung der Beanspruchungen
      a) In speziellen Leistungsbereichen
         - Schalung
         - Leistungsgerät
      b) Im allgemeinen Baustellenbereich
         - Bauleitung / Aufsicht
         - Bereitstellungsgerät
         - Baustellenbetrieb und -instandhaltung
      c) Bei den „zentralen Diensten" (Geschäftskostenverursacher)
   3. Verteuerung des Produktionsfaktoreneinsatzes
      - durch Leistungsverschiebung in Zeiten mit höheren Tariflöhnen, Materialpreisen etc.
      - dadurch, dass er schon vorab für andere Baustellen disponiert worden ist (Beispiel: NU-Einsatz, da eigene Arbeitskräfte gebunden sind)

IV. Beschleunigungsmaßnahmen mit folgenden Auswirkungen
   1. Einmalig
      - An- und Abtransport für zusätzliche Geräte, Schalung etc.
      - Einarbeitungskosten für die neuen Kapazitäten (unter anderem auch Personal)
   2. Zeitabhängig
      - Betrieb und Vorhaltung von zusätzlichem Gerät, Schalung etc.
      - Überstunden, Nachtschicht
   3. Produktionstechnisch bedingt
      - Kapazitätsverstärkung durch Nachunternehmer mit höheren Einheitspreisen, da eigene Arbeitskräfte anderweitig gebunden sind
      - teuere Ausführungsverfahren zur Beschleunigung (zusätzlich zumeist auch noch Kosten aus der Gruppe 1 und 2)
   4. Leistungsabfälle (z. B. durch Überstunden)

Abbildung 40 Systematische Zusammenstellung von Behinderungsfolgen

11.2.1.3 Auswirkung auf Baustellengemeinkosten

a) Ein verlangsamter Produktionsablauf führt dann zu **zusätzlichen Baustellengemeinkosten**, wenn
  – die Störungen zu Veränderungen in **Umfang und** in der **Zusammensetzung** des Baustellengemeinkostenapparats führen
  oder
  – die **zeitliche Beanspruchung** des Baustellengemeinkostenapparats verändert wird (= **längere** Beanspruchung).

Beide Fälle leiten zur zweiten typischen Folge (Schaden durch Bauzeitverlängerung, vgl. unten Rdn. 1438 ff.) über. Solche zusätzlichen behinderungsbedingten **zeitabhängigen Kosten** sind einer der **Prototypen der Behinderungsschäden**: Die Baucontainer stehen nicht, wie für die vertragliche Bauzeit vorgesehen und folglich kalkuliert, 8 Monate auf der Baustelle, sondern behinderungsbedingt 9 Monate. Dann ist der Kostenanfall für den zusätzlichen Monat durch die vertraglich vereinbarte Vergütung nicht gedeckt, deshalb sind die behinderungsbedingt entstehenden Mehrkosten als Schaden zu ersetzen. Beim Baustillstand ist das Entstehen solcher zusätzlichen zeitabhängigen Kosten am ausgeprägtesten (vgl. Rdn. 1448).

Wenn **zusätzliche behinderungsbedingte Baustellengemeinkosten** nachgewiesen und vergütet werden, so beeinflusst das in keiner Weise den in der Angebotskalkulation ermittelten und/oder festgelegten Zuschlagsatz zur Deckung der (damals für das Bausoll erwarteten und kalkulierten) Baustellengemeinkosten. Anders ausgedrückt: Es ist zu trennen zwischen den Baustellengemeinkosten, die ohne Behinderung angefallen wären und durch den zugehörigen Zuschlagsatz der Angebotskalkulation abgedeckt werden, und den durch die Behinderung(en) zusätzlich anfallenden Baustellengemeinkosten.

b) Eine ganz andere Frage ist, ob auch ein Zuschlag für Baustellengemeinkosten auf die vorab ermittelten Direkten Kosten der **Behinderung** (vgl. Rdn. 1422) erfolgen darf (muss?) oder nicht. Hierzu ist folgendes zu bedenken: Letztendlich sind alle einer Behinderung zuzurechnenden Kosten auch „Direkte Kosten der Behinderung". Somit sind **Mehrkosten bei den im Angebotsstadium** unter **Baustellengemeinkosten angesetzten Kostenverursachern nunmehr bezogen auf** die **Behinderung** problemlos zuzuordnende **Direkte Kosten.** Anders ausgedrückt: Die im Angebotsstadium erfolgte Trennung zwischen Direkten Kosten der Einzelleistungen (= Einzelkosten der Teilleistungen) und Baustellengemeinkosten kann und sollte zwar aus Gründen der klaren Soll-Ist-Gegenüberstellung auch für die Schadensersatzberechnung beibehalten werden, jedoch handelt es sich bei **zusätzlichen** Baustellengemeinkosten, bezogen auf den „Behinderungsnachtrag", um „Direkte Kosten der Behinderung".

Deshalb besteht kein Anlass, Direkte Kosten der Behinderung noch zusätzlich mit einem Zuschlag für Baustellengemeinkosten zu beaufschlagen.

Zur Frage der Einbeziehung der Schadensersatzbeträge in eine Ausgleichsberechnung verweisen wir auf Rdn. 653.

11.2.1.4 Auswirkung auf die Deckung der Allgemeinen Geschäftskosten

Im Rahmen der Berechnung der Vergütung für **geänderte oder zusätzliche Leistungen**, also für **Mehrvergütungsermittlungen**, war es selbstverständlich, die Kosten für den Produktionsfaktoreneinsatz, also die Herstellkosten der modifizierten Leistung mit dem kalkulatorischen Zuschlag für Allgemeine Geschäftskosten zu beaufschlagen.[1671] Dies

---
[1671] Zur § 2 Nr. 3: Rdn. 626 ff.; zu § 2 Nr. 5, 6: Rdn. 1004, 1011, 1083.

deshalb, weil die „Grundlagen der Preisermittlung" forzuschreiben waren, also ganz selbstverständlich der in der Auftragskalkulation enthaltene Deckungsbeitragsprozentsatz für Allgemeine Geschäftskosten als eine Grundlage der Preisermittlung zu übernehmen ist. Sofern Produktionsfaktoren über das für das Bausoll Notwendige hinaus auf der betreffenden Baustelle nicht anderweitig einzusetzen sind, beinhaltet also die Mehrvergütung auch den üblichen Deckungsbeitrag für Allgemeine Geschäftskosten. Dabei spielt es keine Rolle, wie der Auftragnehmer den Prozentsatz des Deckungsbeitrags für Allgemeine Geschäftskosten im Angebotsstadium ermittelt hatte.

Bei § 6 Nr. 6 VOB/B geht es **nicht** um Mehr**vergütung**, sondern um **Schadensersatz**; in Anwendung der Differenztheorie (siehe Rdn. 1419) ist Voraussetzung für eine Schadensersatzpflicht, dass sich das Vermögen des Geschädigten infolge des schädigenden Ereignisses schlechter darstellt als ohne das Ereignis. Kosten z. B. für stillstehendes Personal betreffen unmittelbaren Produktionsfaktoreneinsatz. Sie entstehen auf der Baustelle **wegen** der auf ihr aufgetretenen Behinderung(en); der Zusammenhang ist kostenkausal. Dasselbe gilt für zusätzliche Baustellengemeinkosten, insbesondere typische zeitabhängige Kosten, z. B. die Miete eines Containers auch bei stillstehender Baustelle.

Für Allgemeine Geschäftskosten ist zwar selbstverständlich, dass sie Kosten des Unternehmers sind, aber sie betreffen nur mittelbaren Produktionsfaktoreneinsatz. Ihre Kosten sind **nicht kausal** der einzelnen Baustelle zuzuordnen. Damit ist auf den ersten Blick ersichtlich, dass die Beurteilung der Schadensersatzpflicht für Allgemeine Geschäftskosten die Beurteilung eines **Kausalitätsproblems** ist.

1427 Eine Mindermeinung meint, anknüpfend an eine Formulierung des BGH vor 30 Jahren, da Allgemeine Geschäftskosten offensichtlich nicht durch zusätzliche Tätigkeit dieser Produktionsfaktoren für eine konkrete Baustelle verursacht werden, seien **nur** behinderungsbedingte **zusätzliche** Allgemeine Geschäftskosten („erhöhte Allgemeine Geschäftskosten") zu ersetzen, also solche Allgemeinen Geschäftskosten, die speziell wegen dieser Baustelle anfielen.[1672] Man sieht auf den ersten Blick: Wenn „Allgemeine Geschäftskosten" **speziell** für eine Baustelle anfallen, sind sie keine **„allgemeinen"** Geschäftskosten. Es ist gerade die Definition Allgemeine Geschäftskosten, dass sie **nicht** einer konkreten Baustelle zugeordnet werden können. „Erhöhte" allgemeine Geschäftskosten gibt es gar nicht. Die Aussage dürfte also richtig nur lauten: „Es sind nicht nur, aber jedenfalls „erhöhte" Allgemeine Geschäftskosten zu ersetzen. Kosten, die wie diese „erhöhten" Allgemeinen Geschäftskosten kostenkausal zugeordnet werden können, sind im Ergebnis nichts anderes als zusätzliche Baustellengemeinkosten, und diese sind, bezogen auf die Behinderung, nichts anderes als Direkte Kosten dieser Behinderung, die problemlos zu ersetzen sind, wie unter Rdn. 1424 erörtert. In der Praxis wird der Nachweis solcher Kosten selten gelingen.[1673] Die selbstverständliche Antwort, dass derartige „erhöhte" Allgemeine Geschäftskosten zu ersetzen sind, besagt nichts zu der Frage, ob und wie Behinderungskosten mit den in der Auftragskalkulation vorgesehenen Zuschlagssätzen für Allgemeine Geschäftskosten zu beaufschlagen sind (dazu Rdn. 1430, 1431) oder ob gar der Ausfall der für eine bestimmte Periode geplanten Deckung der Allgemeinen Geschäftskosten Schaden ist (dazu Rdn. 1434, 1435).

[1672] BGH BauR 1976, 128, 130; KG ZfBR 1984, 129, 132; heute noch Heiermann/Riedl/Rusam, VOB/B § 6, Rdn. 50; Ingenstau/Korbion/Döring, VOB/B § 6 Nr. 6, Rdn. 40; Werner/Pastor, Bauprozess, Rdn. 1832. Franke/Kemper/Zanner/Grünhagen, VOB/B behandeln das Thema „Ersatz von AGK" überhaupt nicht.
Das Argument des KG lautet: „Die Allgemeinen Geschäftskosten sind durch die Behinderung nicht gestiegen." Das Problem ist aber die teilweise mangelnde Deckung der unveränderten Allgemeinen Geschäftskosten.

[1673] Insoweit zutreffend Lang/Rasch, Festschrift Jagenburg, S. 417 ff.

1428 Um diese Frage beantworten zu können, muss man die Allgemeinen Geschäftskosten und deren Umlage genauer betrachten.
Allgemeine Geschäftskosten umfassen, um es zu wiederholen, diejenigen Kosten eines Unternehmens, die nicht unmittelbar und kostenkausal den Erträge erzielenden Produkten (bzw. Produktionsfaktoren) zugeordnet werden (können), beispielsweise die Kosten der Geschäftsführung oder der kaufmännischen Verwaltung.
Ob bestimmte Teilkosten überhaupt als Allgemeine Geschäftskosten erfasst werden oder – mit mehr oder weniger aufwendiger Differenzierung – doch kostenkausal einzelnen Bauvorhaben zugeordnet werden, ist eine Frage der individuellen Kalkulationsmethodik und der Dokumentation. Es gibt z. B.
- Tiefbauunternehmen, die (erstaunlicherweise und tatsächlich) die Gerätekosten als Allgemeine Geschäftskosten erfassen,
- Unternehmen, die die Kosten der Bauleitung den Allgemeinen Geschäftskosten zuordnen.

Bauunternehmen planen bzw. überwachen periodisch den Einsatz ihrer Allgemeine Geschäftskosten verursachenden Produktionsfaktoren. Ausgangspunkt dafür ist der avisierte Umsatz pro Periode; eine richtige Umsatzprognose muss dabei die voraussichtlichen Ist-Leistungen der betreffenden Periode, die sich regelmäßig aus „Vertragsleistungen", „Vergütungsnachträgen" und „Behinderungsnachträgen" zusammensetzen, **alle** erfassen. Darüber hinaus ist auch zu planen, ob für zu erwartenden Umsatzrückgang oder Zeiten des Nichtumsatzes bei ungünstigen Markt- und/oder Saisongegebenheiten der Geschäftsapparat unverändert bleiben soll oder nicht. Jedenfalls wird für den gesamten geplanten Umsatz der erforderliche Geschäftsapparat prognostiziert und disponiert. Dies erfolgt auf der Basis von Erfahrungen über das Leistungsquantum der vorhandenen Produktionsfaktoren des Geschäftsapparates und der erforderlichenfalls zusätzlichen und/oder alternativen Produktionsfaktoreneinsätze. Beispielsweise kann ein Lohnbuchhalter bei 8-Stunden-Tagesarbeit eine bestimmte Anzahl von Mitarbeitern betreuen, ein Kalkulator kann unter normalen Umständen ein bestimmtes Quantum an Angebotssummen bearbeiten. Dabei handelt es sich um maximale Leistungsquanten des betreffenden Produktionsfaktors unter definierten Arbeits- und Randbedingungen. Da menschliche, maschinelle und auch einige sonstige Produktionsfaktoren nur diskret, also „ganz oder gar nicht" eingesetzt werden können, führt der Einsatz eines zusätzlichen Produktionsfaktors (bzw. seine Freistellung) unter normalen Umständen zu einem Sprung des jeweiligen maximalen Leistungsquantums und natürlich auch zu einer sprunghaften Kostenveränderung. Somit ist pro Produktionsfaktorenart unter normalen Umständen maximal nur ein bestimmter Umsatz realisierbar. Fällt weniger Umsatz an, liegt keine Vollauslastung der Produktionsfaktoren (eines Teils) des Geschäftsapparates vor; wird einer der Produktionsfaktoren des Geschäftsapparates freigestellt, gibt es ein neues, niedrigeres maximales Leistungsquantum, das einen entsprechenden niedrigeren maximalen Umsatz bewältigen kann.
Unabhängig davon ist darüber hinaus zu bedenken, dass das Zusammenwirken der verschiedenen Produktionsfaktoren in der Regel dazu führt, dass dann, wenn die eine Produktionsfaktorenart des Geschäftsapparates ihr maximales Leistungsquantum erbringt, die anderen Produktionsfaktoren noch nicht voll ausgelastet sind. Das bedeutet, dass ganz gleich, welcher Umsatz geplant oder realisiert wird, unter normalen Umständen Produktionsfaktoren des Geschäftsapparates stets nicht voll ausgelastet sind. Deshalb lässt sich nie eine Umsatzplanung so durchführen, dass alle Produktionsfaktoren des Geschäftsapparates eine hundertprozentige Auslastung haben.
Die Einschränkung „normale Umstände" ist allerdings dahingehend zu ergänzen, dass bei menschlicher und maschineller Arbeitskraft innerhalb einer bestimmten Variationsbreite und für beschränkte Zeit ein dynamisches Vergrößern des maximalen Leistungs-

quantums möglich ist – insbesondere durch Überstunden und Anreize der verschiedensten Art.
Die den Hauptanteil der Allgemeinen Geschäftskosten ausmachenden Fixkosten sind für einen bestimmten Zeitraum, der pro Produktionsfaktor unterschiedlich sein kann, nur in geringstem Umfang abbaubar. Nur am Rande: Die Kosten der Fixkostenverursacher fallen zumeist zeitabhängig an (Personalkosten als Gehälter, Mieten etc.). Darüber hinaus gibt es auch variable Elemente der Allgemeinen Geschäftskosten, z. B. Telefonkosten und Kosten für Büromaterial. Sie sind in beschränktem Umfang kurzfristig gegenüber ihrem geplanten Umfang abbaubar, spielen aber eine untergeordnete Rolle.

Zusammenfassend ergibt sich:
Schon unter dem Aspekt der Unsicherheit der Umsatzplanung und der (beschränkten) Variationsmöglichkeit des Einsatzes der Produktionsfaktoren des Geschäftsapparates ist es falsch, von einer starren Abhängigkeit des Geschäftskostenanfalls von dem jeweilig geplanten Periodenumsatz auszugehen. Richtig ist nur, dass es einen **prinzipiellen** Zusammenhang zwischen Periodenumsatz und Allgemeinen Geschäftskosten gibt; richtig ist aber auch, dass der richtig ermittelte Periodenumsatz auch Leistungsanteile für Umsätze enthält, die sich nicht unmittelbar aus dem Bausoll von Aufträgen ergeben, also Nachträge und den finanziellen Ausgleich für **„behinderte Leistungen"** enthalten.
Es liegt in der Natur der Sache, dass die pro Periode prognostizierten Umsätze in der Realität über- oder unterschritten werden, weil:
- geplante Ausschreibungen und erhoffte Vergaben entfallen,
- Ausschreibungen nicht zu den vorgesehenen Zeitpunkten erfolgen,
- entgegen den Erwartungen weniger Angebote als geplant zu Aufträgen führen – oder mehr,
- Auftragserteilungen später als vorgesehen erfolgen – oder ausnahmsweise früher,
- Baubeginne erst später als vorgesehen möglich sind – oder ausnahmsweise früher.

Abgesehen von der jedenfalls in Teilbereichen möglichen „dynamischen Anpassung" des Anfalls der Umsätze wirken sich die in Ausführung befindlichen Aufträge darüber hinaus ausgleichend auf die oben aufgeführten Schwankungen in der Auftragsbeschaffung aus, und zwar durch:
- zeitlich spätere Leistungserstellung wegen schlechterer Witterung als prognositiziert,
- verzögerte Leistungserstellung wegen Ausfall von Produktionsfaktoren (z. B. Krankheit, Kündigung, Geräteausfall),
- verzögerte Leistungserstellung deshalb, weil (ohne auftraggeberseitig zu vertretende Behinderungen!) der Ist-Bauablauf sich nicht so einstellt, wie er als Soll geplant worden ist.

Darüber hinaus ergeben sich nicht selten erhebliche zeitliche Unterschiede zwischen der Gestellung von Produktionsfaktoren und den sich darauf jeweils beziehenden Zahlungen des Auftraggebers (Beispiel: Leistungserbringung im Jahr 1, Bezahlung zum Teil im Jahr 2, zum Teil im Jahr 3).
Der Einbezug solcher Gegebenheiten gehört in eine **realistische Umsatzprognose** als Basis der Planung der Umlage Allgemeiner Geschäftskosten. Angesichts des nur prinzipiellen und nicht starren Zusammenhangs zwischen Allgemeinen Geschäftskosten und dem **tatsächlichen** Umsatz besteht kein konkret-kausaler Zusammenhang zwischen der Ausführung eines einzelnen Bauvorhabens und der Höhe der kalkulierten und/oder erwirtschafteten Deckungsbeiträge für Allgemeine Geschäftskosten. Schon die Vielzahl der oben besprochenen Einflüsse des Zeitablaufs der (auftraggeberseitig **unbehinderten!**) Bauausführungen bestätigt dies. Bedenkt man darüber hinaus die Auswirkungen schwankender Auftragsbeschaffung, so ist festzuhalten, dass sich die einzelnen Bauausführungen in der Regel nicht konkret auf die Höhe der Allgemeinen Geschäftskosten auswirken.
Der Geschäftsapparat eines Bauunternehmens ist darüber hinaus nicht durchgehend gleichmäßig über eine Jahresperiode ausgelastet. Er ist in seiner Kostendeckung auf den

erwarteten Umsatz **insgesamt** angewiesen. Bauunternehmen wissen zudem, dass ihr Umsatz temporär geballt oder weniger geballt anfallen kann, darauf stimmen sie den erforderlichen Produktionsfaktoreneinsatz des Geschäftsapparates ab.
Jedenfalls bedingen temporäre Unterschiede im Umfang der Leistungserstellung einer einzelnen Baustelle keine relevanten Auswirkungen auf den Geschäftsapparat.

Ein Unternehmen kann im Angebotsstadium wegen alledem für ein bestimmtes Bauvorhaben nicht „dessen anteilige" Geschäftskosten kalkulieren, sondern es kann in der Angebotskalkulation nur einen Beitrag zur Deckung der insgesamt für das Unternehmen anfallenden Allgemeinen Geschäftskosten ansetzen. Bei einer auf volle Kostendeckung angesetzten Kalkulation wird der Zuschlagssatz angesetzt, der zu Periodenbeginn durch Gegenüberstellung des für die anstehende Periode für erforderlich gehaltenen Geschäftsapparates und seiner zugehörigen Deckung über den geplanten Umsatz festgelegt worden ist. 1429

Nur um jeden Fehlschluss zu vermeiden:
In einer Angebotskalkulation werden die voraussichtlichen konkreten Kosten der Bauausführung (Herstellkosten, zum Begriff Rdn. 11) ermittelt, aber nie irgendwelche konkreten Allgemeinen Geschäftskosten. Es besteht **keine unmittelbare Kausalität** zwischen den bei der Preisermittlung für die einzelnen Aufträge angesetzten Deckungsbeiträgen für Allgemeine Geschäftskosten und den tatsächlich in Unternehmen anfallenden Allgemeinen Geschäftskosten und ihrer Deckung.

Aus alledem ergibt sich, dass die Erwirtschaftung der Deckungsbeiträge für Allgemeine Geschäftskosten zwar in **dem Sinne planbar** ist, dass das einzelne Bauunternehmen weiß, **welchen Deckungsbeitrag es insgesamt** für die Betrachtungsperiode benötigt. Es kann auch aus den Ergebnissen der laufenden Bauvorhaben antizipieren, welche weiteren Deckungsbeiträge wahrscheinlich noch zu erwarten sind, **es kennt jedoch den genauen Zeitablauf und den Umfang der tatsächlichen Erwirtschaftung dieser Deckungsbeiträge nicht.**

Wenn nun über die oben schon besprochenen Einflüsse hinaus noch auftraggeberseitig zu vertretende Störungen (Behinderungen) auftreten, so können sie bei Verlängerungen der Bauausführung den Umsatz der betreffenden Baustelle in der Betrachtungsperiode verringern und den der nachfolgenden Periode erhöhen. Auf den ersten Blick und isoliert für sich betrachtet hat das zur Folge, dass die im verschobenen Umsatz enthaltenen Deckungsbeiträge für Allgemeine Geschäftskosten nun nicht mehr in der Betrachtungsperiode „abgeliefert" werden. Das wäre aber – von allem anderen abgesehen – nur tatsächlich so, wenn **alle** sonst laufenden Baustellen genau planmäßig abliefen und wenn das betreffende Bauunternehmen keine neuen Aufträge mit Deckungsbeiträgen für Allgemeine Geschäftskosten akquirieren würde. Da jedoch – wie oben besprochen – das zeitliche Verschieben von Umsätzen der **in Ausführung** befindlichen Bauvorhaben nicht die Ausnahme ist und insbesondere der Umfang von **Akquisitionen nur abschätzbar**, aber nicht mit Sicherheit vorhersehbar ist, führt eine auftraggeberseitig behinderte Ausführung eines einzelnen Bauauftrags nur dann zu einer Reduzierung des Deckungsbeitrags in der Betrachtungsperiode, wenn

- keine voraus- oder parallellaufenden Aufträge sich zeitlich von hinten verschieben und/oder sich im Ergebnis verschlechtern würden,
- zwischenzeitlich kein weiterer Auftrag akquiriert würde,
- die laufenden Aufträge nicht die behinderungsbedingt frei werdenden Produktionsfaktoren kurzfristig aufnehmen könnten,
- in der Betrachtungsperiode insgesamt keine zusätzliche Vergütung aus Nachträgen erzielt werden könnten,
- in der vorausgegangenen Periode alle Bauausführungen zeitlich so wie geplant abliefen und keine Verschiebung in der Betrachtungsperiode auftreten würde und

- keine anderweitigen Erträge aus Leistungserstellungen in vorangegangenen Perioden zu zusätzlichen Deckungsbeiträgen in der Betrachtungsperiode führen würden.

Da sich jedoch im Regelfall ein Konglomerat dieser Einflussgrößen auf die Deckung der Allgemeinen Geschäftskosten auswirkt, könnte nur dann eine annähernd objektive Aussage über die Deckung der Allgemeinen Geschäftskosten erfolgen, wenn für die Betrachtungsperiode erfasst und dokumentiert werden:
- geplanter Umsatz,
- entsprechende Disposition des Geschäftsapparates,
- Einzelentwicklung **aller** Baustellen im Verhältnis zur jeweiligen Prognose,
- Prüfung der Frage, ob die jeweiligen Prognosen zur Baustelle hinsichtlich Leistungsquantum und Bauzeit überhaupt realistisch waren.

1430 Der fehlende unmittelbare kostenkausale Zusammenhang zwischen Behinderungskosten und Allgemeinen Geschäftskosten oder, anders ausgedrückt, dass die Allgemeinen Geschäftskosten genauso auch ohne die Behinderung anfallen,[1674] ist allerdings **kein durchschlagender Grund**, die **Beaufschlagung** behinderungsbedingter Kosten mit den in der Auftragskalkulation vorgesehenen Zuschlagssatz für Allgemeine Geschäftskosten abzulehnen. Schon vorab: Der Unternehmer muss auch angestelltes Personal ohne Rücksicht darauf, ob eine Baustelle stillsteht oder nicht, bezahlen. Aber der Unternehmer hat sein Personal für die Bauzeit vertraglich „exklusiv" für diesen Auftrag disponiert; er konnte und kann es dann nicht akquisitorisch für andere Baustellen vorsehen. Rechtsprechung und Lehre lösen dieses alte Problem seit Jahrzehnten mit Hilfe der so genannten „**Rentabilitätsvermutung**", also der – idealistischen – Annahme, dass der Auftragnehmer nicht mehr und im Prinzip genauso viele zeitabhängige Produktionsfaktoren (z. B. Personal) beschäftigt, wie er zur üblichen Leistungserstellung braucht. Sind sie behinderungsbedingt nicht für die Leistungserstellung einsetzbar, ist das deshalb Schaden.[1675] Durch das Schuldrechtsmodernisierungsgesetz ist diese Beurteilung ausdrücklich bestätigt worden: Weil es bei nicht-rendite orientierten Verträgen, z. B. Wohltätigkeitsveranstaltungen, keine Rentabilitätsvermutung geben kann, ist für diese Sonderfälle § 284 BGB eingeführt, wonach eine Vertragspartei Ersatz ihrer nutzlosen Aufwendungen statt Schadensersatz oder statt der Leistung verlangen kann.[1676]

1431 Diese Rentabilitätsvermutung gilt auch für die Deckung der Allgemeinen Geschäftskosten. Wie erläutert, können sie, da nicht baustellenbezogen, nur in der Form gedeckt werden, dass die Kosten der unmittelbar für die jeweilige Baustelle eingesetzten Produktionsfaktoren mit einem Deckungsanteil für Allgemeine Geschäftskosten beaufschlagt werden. Der Einsatz der Produktionsfaktoren (z. B. Personal) erfordert also über die Deckung ihrer Direkten Kosten hinaus auch die Übernahme dieser weiteren Kostendeckung. Sind keine unmittelbaren Kostenträger vorhanden, gibt es kein Substrat zur Beaufschlagung mit Deckungsanteilen für Allgemeine Geschäftskosten. Auch wenn diese Kostenzuordnung der Deckungsbeiträge für Allgemeine Geschäftskosten über den Produktionsfaktoreneinsatz bei Behinderungen nicht konkret-kausal bedingt ist, gibt es doch den prinzi-

---

[1674] Das ist das Argument der Stimmen gemäß Fn. 1672.
[1675] Zutreffend BGH „Behinderungsschaden I" 1986, 347 „für Arbeitskräfte, Maschinen und Geräte". Näher Staudinger/Otto, BGB § 284, Rdn. 2, 3. Der Schaden ist also ungeachtet der nicht kausalen Entstehung der AGK die „fehlende Kompensationsmöglichkeit", BGH NJW 2000, 2342, 2343. Zur Rentabilitätsvermutung weiter Rdn. 1573 ff., 1620.
[1676] § 284 BGB schließt also nicht etwa in renditeorientierten Fällen die Geltendmachung von Schadensersatz auf der Basis der Rentabilitätsvermutung aus, näher Kapellmann, in: Kapellmann/Messerschmidt, VOB/B § 6, Rdn. 66, Fn. 131 sowie allgemein BGH NJW 2005, 2848; OLG Karlsruhe, NJW 2005, 989; Lorenz, NJW 2005, 1889, 1892; NJW 2004, 26, 28; Staudinger/Otto, § 284 BGB, Rdn. 10, 12 mit vielen Nachweisen zum Meinungsstand.

piellen Kostenzusammenhang und die Konkretisierung durch die Kostendisposition. Kausalitätsbetrachtungen bedürfen in Grenzfällen einer vorsichtigen Ausweitung, einer „wertenden" Betrachtung[1677] – dies ist ein derartiger Fall, weil andernfalls ein Ersatz eines ja prinzipiell vorhandenen Schadens gar nicht möglich ist. Diese Ergänzung ist auch schon deshalb notwendig, um die nicht ganz umproblematische Einordnung des „Behinderungsausgleichs" als Schaden und nicht als zusätzliche Vergütung akzeptabel zu machen.[1678]

Wenn wegen einer auftraggeberseitigen Behinderung Kapazitäten „vor Ort" länger oder zusätzlich eingesetzt werden, ist jedenfalls dieser Einsatz nicht nur mit den zugehörigen Direkten Kosten, sondern auch mit den Zuschlägen für Allgemeine Geschäftskosten gemäß Auftragskalkulation zu bewerten; ansonsten würde der Auftragnehmer seine Produktionsfaktoren „unter Wert" zur Verfügung stellen. Oder soll er, weil der Auftraggeber ihn daran „hindert", diese Produktionsfaktoren bei einem anderen Bauobjekt kostendeckend (und zwar einschließlich der Deckungsanteile für Allgemeine Geschäftskosten) einzusetzen, nunmehr behinderungsbedingt auf Ersatz eines Teils seiner Kosten verzichten? Hierzu gibt es keinen Grund, denn die zentralen Dienste sind während der verlängerten Bauzeit zeitweise und prinzipiell auch für diese Baustelle tätig gewesen, d. h., es sind Allgemeine Geschäftskosten angefallen, aber auch dann, wenn dies nicht umfangreich der Fall gewesen sein sollte, so bleibt es dabei, dass der Einsatz der Produktionsfaktoren auf den Baustellen stets auch zur Deckung der Allgemeinen Geschäftskosten beitragen muss. Die Deckung der Allgemeinen Geschäftskosten muss über die Erträge aus dem **Einsatz der Produktionsfaktoren „vor Ort"** erzielt werden, weil es keine andere Deckung gibt. Wenn also behinderungsbedingt zusätzlicher oder verlängerter Einsatz von Produktionsfaktoren vor Ort anfällt, so sind damit Direkte Kosten und darauf **Zuschläge** für Allgemeine Geschäftskosten verbunden, auch letztere sind Schadensauswirkungen der Behinderung.

Oder mit den Worten des OLG Düsseldorf: „Zu Recht hat der Sachverständige die so ermittelten (Behinderungs-)Kosten auch noch um die Allgemeinen Geschäftskosten erhöht, denn auch diese Allgemeinen Geschäftskosten gehören **baubetrieblich** zum Schaden der **Klägerin,** da sie bei der Fertigstellung des Bauwerkes ohne Stillstandszeit diese Allgemeinen Geschäftskosten bei dem Folgeauftrag im allgemeinen **erwirtschaftet hätte,** da auch diese Allgemeinen Geschäftskosten Grundlage der Kalkulation des Bauunternehmers sind. Da die Klägerin für die Dauer der Stillstandszeit sowohl an der Erwirtschaftung der Kosten für Maschinen und Geräte **als auch an der Erwirtschaftung der darauf üblicherweise entfallenden Allgemeinen Geschäftskosten gehindert worden ist,** gehört dies zu dem dem Unternehmen nachweislich entstandenen **Schaden."**[1679]

Mai/Merl[1680] wollen die fehlende Deckung der Allgemeinen Geschäftskosten bei Baustillstand dadurch erfassen, dass der Auftraggeber zwar auf die Kosten der stillstehenden Produktionsfaktoren keinen Zuschlag für Allgemeine Geschäftskosten erhalten darf, da-

1432

[1677] Statt aller: Palandt/Heinrichs, BGB, Vorbem. vor § 249, Rdn. 13.
[1678] Dazu oben Rdn. 1404 ff., 1409.
[1679] OLG Düsseldorf BauR 1988, 487, 490 (Revision vom BGH nicht angenommen) im Anschluss an Kapellmann/Schiffers, BauR 1986, 615, 623, 624; ebenso OLG München BauR 1992, 74 (Revision vom BGH nicht angenommen), zu dieser Entscheidung s. auch oben Rdn. 1391. Zustimmend auch die h.L., Leinemann/Reister/Silbe, VOB/B § 6, Rdn. 161; Kniffka, in: Kniffka/Koeble, Kompendium, Teil 8, Rdn. 45 für zeitabhängige Allgemeine Geschäftskosten; Reister, Nachträge, S. 453, 490; Drittler, BauR 1999, 825, 826; Bauer, Seminar Bauverzögerungen, 138, 168; Vygen/Schubert/Lang, Bauverzögerung, Rdn. 433; Nicklisch/Weick, VOB/B, Einl. §§ 4–13, Rdn. 61, wenn auch mit anderer Begründung (dazu oben Rdn. 1404 ff.); Nicklisch, Heidelberger Kolloquium Technologie und Recht 1984 (Erscheinungsjahr 1985), 83 ff., 96 ff.
[1680] In: Kleine-Möller/Merl, Handbuch, Kap. 14, Rdn. 92.

für aber entgangenen Gewinn auf Baustellen, die er behinderungsbedingt nicht annehmen konnte, geltend machen kann, wozu auch die Deckung der dann dort zu erwirtschaftenden Allgemeinen Geschäftskosten gehöre. Ungeachtet der Vermutung des § 252 Satz 2 BGB ist es ja schon mehr als schwierig, zu schätzen, welcher Gewinn denn wohl angefallen wäre – und erst recht wäre es dann eine Begründung wert, warum **dort** erwartete entgangene Allgemeine Geschäftskosten Schaden sind.[1681] Aber der dogmatisch richtige Weg mag dahingestellt bleiben, im Ergebnis besteht jedenfalls Übereinstimmung.

1433 Lang/Rasch[1682] bejahen ohne Begründung die Beaufschlagung mit Allgemeinen Geschäftskosten, meinen aber, nur ca. 70%-80% der Allgemeinen Geschäftskosten seien zeitvariabel, also müsse der Zuschlag laut Auftragskalkulation entsprechend gekürzt werden. Lang/Rasch behandeln vorab in einem abstrakten Beispiel ein einziges Bauvorhaben, das den Großteil des aktuellen Umsatzes ausmachen soll, also genau das Gegenteil einer Beurteilung des Gesamtgeschehens eines Unternehmens in einer Abrechnungsperiode – dies mit der (grundsätzlichen, aber unausgesprochenen) Annahme, dass in dem verbleibenden Produktionsfaktoreneinsatz auf der anderen Baustelle alles miteinander genau nach Plan verläuft, dass nirgendwo durch Neueinsatz zusätzliche Deckungsbeiträge erzielt werden und dass ein (vorläufiger) Abzug von Produktionsfaktoren und deren wieder Deckung verschaffender Einsatz auf anderen Baustellen a priori nicht vorkommt. Unausgesprochen und wohl ihnen selbst nicht bewusst, unterstellen sie eine nahezu vollständige kosten-kausale Beziehung zwischen Baustelle und dem Anfall Allgemeiner Geschäftskosten, wie das Abheben auf die zeitvariablen Anteile plastisch erweist. Wenn dieser kosten-kausale Zusammenhang plausibel nachgewiesen werden kann, handelt es sich um Direkte Kosten des betreffenden Bauvorhabens (vgl. oben Rdn. 1427). Die Beaufschlagung mit Allgemeinen Geschäftskosten hat ihren Grund jedoch nicht in einer einfach-scheinkausalen Beziehung zur Baustelle, sie ist notwendig infolge wertender Erweiterung des Kausalitätsbegriffs durch Verteilung einer periodenbezogenen, als richtig angenommene Größenordnung von Allgemeinen Geschäftskosten auf den unmittelbaren Produktionsfaktoreneinsatz (siehe oben Rdn. 1430). Eine Kürzung des Zuschlags für Allgemeine Geschäftskosten ist also ebensowenig angezeigt wie eine Erhöhung.

1434 Eine **viel weitergehende baubetriebliche, nicht baujuristische Meinung** will bei **stillstehender** Baustelle nicht nur Zuschläge für Allgemeine Geschäftskosten auf die Kosten stillstehender Produktionsfaktoren als zu ersetzenden Schaden ansehen, sondern den puren Ausfall von Deckungsbeiträgen für Allgemeine Geschäftskosten wegen nicht möglicher Leistungserstellung; wenn z.B. stillstandsbedingt auf der Baustelle kein Personal mehr vorhanden sei, gebe es keine abrechnungsfähigen Direkten Kosten für Produktionsfaktoren, die noch beaufschlagt werden könnten; die geplante Deckung der Allgemeinen Geschäftskosten sei für den Stillstandszeitraum also **endgültig** verloren, die Weiterführung des Auftrages in einer späteren Abrechnungsperiode könne dies nicht mehr wettmachen.[1683]

Vorab ist schon der Ausgangspunkt nur sehr eingeschränkt richtig. Solange die Baustelle stillsteht, aber Produktionsfaktoren wie Personal oder Nachunternehmer Stillstandskosten verursachen, werden diese Kosten mit Deckungsbeiträgen für Allgemeine Geschäftskosten beaufschlagt; das ist zwar keine vollständig gleiche Deckung der Allgemeinen Geschäftskosten wie bei der ungestörten Leistungserbringung, u.a. weil die Kostenart

---

[1681] Laut BGH NJW-RR 2001, 985 brauchen bei einer Berechnung des entgangenen Gewinns „Generalunkosten" nicht abgezogen zu werden.
[1682] Lang/Rasch, Festschrift Jagenburg, S. 417.
[1683] Schubert, Festschrift Kuhne, S. 267 ff., „aus baubetrieblicher Sicht" sei die entfallende Deckung zu erhalten; Vygen/Schubert/Lang, Bauverzögerung, Rdn. 433; Reister, Nachträge, S. 453, 454; Drittler, BauR 1999, 825, 826.

Material hier dann keinen Deckungsbeitrag liefert, aber es ist schon ein wesentlicher Ausgleich. Wird Personal abgezogen und arbeitet es jetzt auf einer anderen Baustelle, für die es ohne die Behinderung gar nicht hätte arbeiten können, so werden dort neue Deckungsbeiträge für Allgemeine Geschäftskosten erzielt, darüber hinaus **auch** durch Zuschlag auf die **dort** anfallenden Materialkosten.

Ein Schaden könnte bei abgezogenen Produktionsfaktoren ohne adäquaten Einsatz auf anderen Baustellen hinsichtlich der Deckungsdifferenz vorliegen; eine entsprechende konkrete Feststellung ist praktisch aber nicht möglich.

Gegen die Bezahlung des „Ausfalls der Deckung von Allgemeinen Geschäftskosten" in einer Stillstandsperiode als eigener Schaden sprechen aber auch weitere Gründe: Einmal ist der methodische Ansatzpunkt zweifelhaft. Der in der Kalkulation festgelegte Zuschlag für Allgemeine Geschäftskosten hat mit dem Ablauf der konkreten Baustelle nichts zu tun; die Erstattung des Schadens soll aber konkret baustellenbezogen sein. Die Ableitung aus einer im Prinzip ja willkürlich gewählten Abrechnungsperiode macht zudem deutlich, dass die Erstattungsfähigkeit **vom reinen Zufall abhinge**, wie der Auftragnehmer die Zeiträume bemisst. Eine Baustelle läuft beispielsweise vertragsgemäß von August bis Mai. Durch auftraggeberseitige Behinderung kommt es zu einem zweiwöchigen Stillstand im Dezember. Diese Verzögerung kann unter Ausnutzung vorgesehener Zeitreserven im Februar und März des Folgejahres aufgeholt werden. Im Dezember wird wegen des Stillstands weniger Umsatz erzielt, die an Leistung anknüpfende a conto Rechnung ist entsprechend niedrig, ein Teil der für Dezember planmäßig zu erwartenden Allgemeinen Geschäftskosten wird nicht erwirtschaftet und wäre laut der oben vorgetragenen Meinung endgültig verloren – **obwohl die Baustelle planmäßig zu Ende geführt wird und die planmäßige Vergütung erreicht wird.**

Tatsächlich ist die Bewertung der entfallenden Allgemeinen Geschäftskosten einer bestimmten Periode als Schaden nur insoweit sinnvoll, als sie mit dem Aufschlag auf die Direkten Kosten von eingesetzten Produktionsfaktoren verknüpft bleiben; es gibt keine „freischwebenden", der Baustelle zugeordneten Allgemeinen Geschäftskosten.[1684]

Davon gibt es nur eine einzige seltenst anzutreffende Ausnahme, nämlich dass der betroffene Auftrag einen so großen Anteil am Gesamtumsatz einer Periode hat, dass durch behinderungsbedingte Leistungsverschiebungen in eine spätere Periode die geplante Deckung der Allgemeinen Geschäftskosten der betreffenden Periode tatsächlich nicht möglich ist. Ohnehin braucht der längste „produktionsfreie" Zeitraum nicht länger als 3 Monate zu sein – vgl. die Kündigungsmöglichkeit des § 6 Nr. 7 VOB/B.

Und schließlich ist immer wieder zu betonen, dass die generelle positive oder negative Entwicklung einzelner Baustellen auch keinen Einfluss auf die nur „statistisch" einmal erfolgte Zuteilung von Deckungsbeiträgen für Allgemeine Geschäftskosten hat.

11 2.1.5 Auswirkung auf Wagnis

Die kalkulative Größe „Wagnis" wird vorab (also vor der Leistungserstellung) für Risiken jedweder Art angesetzt, die bei der Erstellung der Leistung anfallen können, aber noch nicht übersehbar sind; in Wirklichkeit handelt es sich aber um dasselbe Kalkulationselement wie „Gewinn".[1685]
Wagnis darf deshalb „zugeschlagen" werden.[1686]

[1684] Ebenso Genschow/Stelter, S. 86.
[1685] Näher oben Rdn. 16, 527.
[1686] Unabhängig davon gilt: Wenn die Parteien nach Abschluss der Störung, aber vor Abschluss aller Folgen, also noch vor sicherer Kenntnis der vollständigen behinderungsbedingten Kostenfolgen, eine Einigung versuchen, kann der Auftragnehmer für die zu diesem Zeitpunkt noch nicht abgeschlossenen Schadensauswirkungen berechtigterweise einen Wagniszuschlag einbeziehen.

11.2.1.6 Auswirkung auf Gewinn

1437 Ein **Zuschlag für Gewinn** ist nach herrschender Meinung – außer bei Vorsatz und grober Fahrlässigkeit des Auftraggebers – **ausgeschlossen**, nach unserer Meinung jedoch zulässig (vgl. unten Rdn. 1491).

Die entfallende Deckung für Gewinn als solche für den Produktionsfaktoreneinsatz in einem Behinderungszeitraum ist Schaden. Wir verweisen dazu auch auf Rdn. 1491 ff. und Band 2, Rdn. 1368.

11.2.2 Typische Folge: Baustillstand

11.2.2.1 Allgemeine Folgen

1438 Eine weitere typische Behinderungsfolge ist über die Bauverzögerung hinaus der **Stillstand** (Unterbrechung), gewissermaßen die Verzögerung in höchster Form.

Der Baustillstand führt zu den in **Abb. 40**, S. 664 unter II aufgeführten Auswirkungen, u. a. zu:
1. einmaligen Kosten (z. B. An- und Abtransport abziehbarer Geräte),
2. zeitabhängigen Kosten (z. B. Vorhaltung und Wartung nicht abziehbarer Geräte),
3. Kosten für nicht kurzfristig abbaubares Personal.

Darüber hinaus gibt eine Unterbrechung Rechte auf vorzeitige Abrechnung und unter bestimmten Voraussetzungen Kündigung – das erörtern wir gesondert unter Rdn. 1650 ff.

11.2.2.2 Auswirkung auf Direkte Kosten der Teilleistungen (Einzelkosten der Teilleistungen)

1439 Das Problem des „Weiterlaufens" eines Teils der Direkten Kosten der Teilleistungen, obwohl nicht gearbeitet wird, haben wir schon im Rahmen des § 2 Nr. 5 VOB/B angesprochen, wenn auch als Vergütungsproblem, nicht als Schadensersatzproblem.[1687] Die Problematik ist aber identisch.

1440 Insbesondere hinsichtlich der **Personalkosten** gilt ergänzend: Da der Auftragnehmer Personal für die Baustelle disponiert hat und da er nicht nach Belieben Personal abziehen und wieder neu einsetzen kann, ist kurzfristig nicht abbaubares Personal weiterzubezahlen. Der daraus insgesamt resultierende Aufwand ist der Schaden.[1688]
Der Einwand, der Auftragnehmer hätte sein Personal, wäre es nicht zum Stillstand gekommen, ohnehin weiterbezahlen müssen, die Personalkosten seien also nicht behinderungsbedingt, ist – wie erörtert – unrichtig und unbeachtlich: Der Einwand ist für die Baustillstandszeit schon deshalb falsch, weil der Auftragnehmer ja durch den Bauvertrag gerade dieses Personal endgültig disponiert hatte und folglich weder Anlass noch Möglichkeit hatte, dieses Personal für andere Baustellen vorzusehen.[1689]

[1687] Siehe oben Rdn. 1086 ff.; zu dem entsprechenden, wenn auch seltenen Parallelfall bei § 2 Nr. 3 VOB/B vgl. oben Rdn. 528.
[1688] Zum Begriff „kurzfristig nicht abbaubar" oben Rdn. 1086, 528. Zur Beweislast Band 2, Rdn. 1393. Zur Parallele bei freier Kündigung Band 2, Rdn. 1376 unter Hinweis auf BGH, NZBau 2000, 82.
[1689] Siehe BGH „Behinderungsschaden I" BauR 1986, 347, 348 und Rdn. 1419, 1618; näher Kapellmann/Schiffers, BauR 1986, 615, 624. **Einzelheiten** Rdn. 1430.

1441 Die oben getätigten Darlegungen gelten für einen **Stillstand auf einer Baustelle** insgesamt.
Sofern nur **Stillstand bei einzelnen Vorgangsketten oder** einzelnen **Bauabschnitten** auftritt, kann sich – das muss aber nicht die Regel sein – die Möglichkeit ergeben, für vom Stillstand betroffenes Personal anderweitige Einsatzmöglichkeiten auf der betreffenden Baustelle zu finden. Die auftretenden Mehraufwendungen gehören bei anderweitigem Einsatz auf der betreffenden Baustelle zum Bereich Intensitätsabfall (vgl. **Abb. 40, S. 664;**).[1690]

1442 **Materialkosten** fallen während des Baustillstandes nur für Unterhaltung und Pflege an; diese gehören zum Schaden.

1443 **Kosten für stillstehende Leistungsgeräte** sind ebenfalls Schaden.[1691] Kosten für Bereitstellungsgeräte werden in der Regel unter Baustellengemeinkosten erfasst; dazu verweisen wir auf Rdn. 1525 ff.

Für Leistungsgeräte stellt sich die Frage, ob sie nicht vom Auftragnehmer sinnvoll abgezogen werden können (vgl. unten Rdn. 1525 ff. und **Abb. 41, S. 706**). Wenn nein, entstehen dann überhaupt Kosten unabhängig davon, ob das Gerät eingesetzt wird oder nicht? Auch hier gilt der im Zusammenhang mit den Personalkosten soeben erörterte und in bezug auf Allgemeine Geschäftskosten bereits abgehandelte[1692] Grundsatz, dass durch den Bauvertrag der Einsatz dieses Produktionsfaktors gegen Entgelt disponiert war und der Einsatz ohne Entgelt zum Schaden führt. Auch hier gilt ggf. eine „**Beschäftigungsvermutung**": Der Schaden ist im Einzelfall **unabhängig von der Frage zu bejahen, was ohne den Bauvertrag mit den Maschinen geschehen wäre.**[1693]

11.2.2.3 Auswirkung auf Baustellengemeinkosten sowie auf Allgemeine Geschäftskosten

1444 Hierzu kann uneingeschränkt auf die Ausführungen in den Rdn. 1423–1425. verwiesen werden.
Für die Kosten von Bereitstellungsgerät, das unter Baustellengemeinkosten erfasst ist, verweisen wir auf Rdn. 1525 ff.

11.2.2.4 Auswirkung auf Wagnis sowie Gewinn

1445 Wagnis ist Teil des Kalkulationselements „Gewinn", wir verweisen auf Rdn. 1436. Der Ersatz von Gewinnanteilen ist außer bei Vorsatz oder grober Fahrlässigkeit gemäß § 6 Nr. 6 VOB/B nach herrschender Meinung ausgeschlossen, nach unserer Meinung nicht, wir verweisen auf Rdn. 1491 ff.

[1690] Vgl. weiter Rdn. 1482, 1635.
[1691] **Einzelheiten** dazu unter Rdn.**1515 ff.**
[1692] Vgl. oben Rdn. 1431.
[1693] Siehe dazu **näher Rdn. 1515 ff.** und schon Kapellmann/Schiffers, BauR 1986, 615, 624 sowie näher Rdn. 1430. Unrichtig insoweit deshalb OLG Braunschweig BauR 1994, 667 L = OLGR 1994, 196. Ablehnend zu dieser Entscheidung auch Kniffka/Koeble, Kompendium, Teil 8, Rdn. 49.

11.2.3 Typische Folge: Bauzeitverlängerung

11.2.3.1 Allgemeine Folgen

1446 Weitere mögliche und typische Folge einer Behinderung kann eine **Bauzeitverlängerung** sein.

Dabei sind verlangsamter Betrieb und/oder Baustillstand in der vertraglich vorgesehenen Zeit in vielen Fällen die Ursache der Bauzeitverlängerung, aber nicht immer.

Deshalb ist es auch **keineswegs** etwa **Voraussetzung eines Schadensersatzanspruches** des Auftragnehmers, dass sich behinderungsbedingt die **Gesamtbauzeit verlängert haben muss.** Ablaufkausalitäten, die zunächst einmal – oder allgemein gesprochen unter bestimmten Bedingungen – gelten, können je nach Einzelfall nach neuen Bedingungen nicht mehr gelten. Aber auch dann, wenn die frühere Gesamtbauzeit dadurch eingehalten wird, dass eine sich verlängernde Vorgangskette nicht gesamtterminbezogen relevant ist oder die Störungsauswirkungen durch „einfache Umschichtungen" bei den Arbeitsabläufen nicht zu Bauzeitverlängerungen führen, so können sich trotzdem dadurch Mehrkosten ergeben, dass durch Verlängerung der betroffenen Vorgangskette zusätzliche zeitliche Beanspruchungen für die disponierten Produktionsfaktoren, u.a. für die Verursacher von zeitabhängigen Kosten, anfallen (auf **Teilprozesse begrenzte Bauzeitverlängerung**) oder dass Abhilfemaßnahmen notwendig werden.[1694] Die dadurch dem Auftragnehmer behinderungsbedingt entstehenden erhöhten Kosten sind zu ersetzender Schaden.[1695]

Die Bauzeitverlängerung kann zu den in **Abb. 40**, S. 664 unter III aufgeführten Einzelfolgen führen, z. B.:
1. zu **zusätzlichen Beanspruchungen** (z. B. Winterbaumaßnahmen),
2. zur **Verlängerung** der **Beanspruchung**
   – im speziellen Leistungsbereich (z. B. Schalung, Leistungsgerät),
   – im allgemeinen Baustellenbereich (z. B. Bauleitung, Bereitstellungsgerät, Baustellenbetrieb) und
   – bei den „zentralen Diensten", z. B. des Verwaltungsapparates des Auftragnehmers;
3. zur **Erhöhung** der **Kosten,**
   – z. B. durch Verschiebung in eine Phase mit höheren Tariflöhnen oder höheren Materialpreisen (dazu oben Rdn. 1420) oder
   – Einsatz von Nachunternehmern, da eigenes Personal für den Verspätungszeitraum schon anderweitig disponiert war.

*11.2.3.2 Auswirkung auf Direkte Kosten der Teilleistungen
(Einzelkosten der Teilleistungen)*

1447 Dass in der verlängerten Bauzeit zusätzliche Direkte Kosten auftreten können, ist selbstverständlich. Als Beispiel sei auf höhere Tariflöhne oder Materialpreise verwiesen.[1696] Sie sind zu ersetzen.

[1694] Ähnliches haben wir schon bei den Bauinhaltsmodifikationen besprochen, vgl. Rdn. 1145 ff.
[1695] Zutreffend deshalb BGH „Behinderungsschaden I" BauR 1986, 347; zu der Frage, ob der Auftragnehmer zu zusätzlichen Maßnahmen, um die Terminverzögerung innerhalb der Bauzeit einzuholen, verpflichtet ist, vgl. unten Rdn. 1462 ff.
[1696] Siehe oben Rdn. 1420.

11.2.3.3 Auswirkung auf Baustellengemeinkosten

Die Baustellengemeinkosten sind nur für den durch die Vertragsbauzeit festgelegten Zeitraum durch den Werklohn gedeckt.

1448

Beispiel:
Wenn ein Unterkunftscontainer für 8 Monate vorgesehene Bauzeit vom Auftragnehmer gemietet wird, die Baustelle aber behinderungsbedingt 9 Monate dauert, entstehen dem Auftragnehmer für einen weiteren Monat Ausgaben, das ist sein Schaden. Behinderungsbedingt wird die verlängerte Containervorhaltung erforderlich und verursacht höhere **zeitabhängige** Baustellengemeinkosten.[1697]

Solche zusätzlichen zeitabhängigen Baustellengemeinkosten können auch ohne Bauzeitverlängerung anfallen, wenn beispielsweise ein Kran, der schon nach 6 Monaten wieder von der Baustelle abgezogen werden sollte, nunmehr wegen behinderungsbedingt verlangsamten Produktionsablaufs einer Vorgangskette oder eines Teilbauwerkes länger (aber innerhalb der vorgesehenen Bauzeit von 8 Monaten) als vorgesehen vorgehalten werden muss. Die durch Behinderungen und daraus resultierenden Produktionsverlängerungen anfallenden zusätzlichen Baustellengemeinkosten sind Schaden.

11.2.3.4 Auswirkung auf Allgemeine Geschäftskosten

Deckungsanteile für Allgemeine Geschäftskosten sind den Direkten Kosten der Bauzeitverlängerung – also den Mehrkosten für zusätzlichen Produktionsfaktoreneinsatz für Teilleistungen und den Mehrkosten für den Baustellengemeinkostenapparat – zuzuschlagen. Wir haben das ausführlich schon bei der typischen Behinderungsfolge „verlangsamter Produktionsablauf" im Einzelnen unter Rdn. 1426 ff. besprochen; die Problematik ist identisch.

1449

11.2.3.5 Auswirkung auf Wagnis, Gewinn

Wagnis ist Teil des Kalkulationselements „Gewinn", wir verweisen auf Rdn. 1436. Der Ersatz von Gewinnanteilen ist außer im Falle grober Fahrlässigkeit oder Vorsatz nach herrschender Meinung durch § 6 Nr. 6 VOB/B ausgeschlossen, nach unserer Meinung nicht.[1698]

1450

11.2.4 Spezielle Folgen: (Externe Kosten, interne Kosten eines „Behinderungsnach-trags")

11.2.4.1 „Externe Sonderkosten" (u. a. Sachverständigenkosten)

Eine weitere mögliche Folge einer Behinderung ist die Entstehung von **Sonderkosten**. Das sind Kosten, die nicht unmittelbar mit den Bauarbeiten zusammenhängen müssen, die aber behinderungsbedingt sind.

1451

[1697] Bislang sind wir – ohne dies näher zu erläutern – bei der Berechnung der Mehrkosten von den **kalkulierten** monatlichen Kosten ausgegangen. Unter Rdn. 1515 ff. werden wir auf die Problematik der Gerätevorhaltekosten noch intensiver eingehen.
[1698] Dazu näher Rdn. 1491 f.

Typisches Beispiel sind Sachverständigenkosten, etwa im Zusammenhang mit der Dokumentation des Schadens oder der Kausalität der Behinderung, wie überhaupt Drittkosten im Zusammenhang mit der Dokumentation. Diese „externen Kosten" sind zu ersetzen.[1699]

11.2.4.2 „Interne Sonderkosten"

1452 Wesentlich kritischer ist dagegen die Frage, ob „Mühen" des Auftragnehmers interner Art im Zusammenhang mit der Vorbereitung und Erstellung eines „Behinderungsantrags" Schadensersatzansprüche auslösen.

Der Bauleiter des Auftragnehmers ist beispielsweise für drei Objekte eingeteilt. Wegen der behinderungsbedingten Mehrarbeiten bei Objekt 1 muss er seine Arbeiten bei den Objekten 2 und 3 vernachlässigen, gegebenenfalls muss sogar ein anderer Bauleiter dort für ihn einspringen, wenn sein Leistungsquantum erschöpft ist (vgl. Rdn. 21). Läßt sich diese „andere Verteilung" der Arbeit als Schaden erfassen? Oder was gilt, wenn der Bauleiter behinderungsbedingt bezahlte Überstunden erbringt? Oder sind die internen Kosten für die Kalkulationsarbeit am Nachtrag zu ersehen?
Oder am Beispiel der „Schadensvorsorgekosten": Ein Großunternehmer unterhält eine Abteilung „Zentrale Projektabwicklung", die alle Fälle von Behinderungen systematisch betreut, dokumentiert, verfolgt und erledigt. Können Kosten dieser Abteilung als Schaden auf den behindernden Auftraggeber abgewälzt werden, wenn diese Abteilung sich mit der konkreten behindernden Baustelle insgesamt einen Monat beschäftigt?
Ergänzend verweisen wir dazu auf das unter Rdn. 1136 ff. besprochene Beispiel (damals bezogen auf das zusätzliche Erstellen eines Untergeschosses; Bauinhaltsmodifikation): Auftragnehmerseitig wird viel Mühe aufgebracht, um trotz erheblicher auftraggeberseitiger Einwirkungen die vorgesehene Bauzeit einzuhalten und nur wenig erhöhte Kosten aufkommen zu lassen.
Ein behinderungsbedingt zu ersetzender Schaden liegt sicher dann vor, wenn Zusatzaufwand entsteht – z.B. vergütete Überstunden des Bauleiters, um die Mehrarbeit für dieses Objekt auffangen zu können; dies ist wie externer Aufwand zu erfassen, aber auch nichts Besonderes.[1700]

1453 In allen anderen Fällen bleibt die Schadensüberwälzung problematisch. Der Bundesgerichtshof hat früher entschieden, der Schädiger müsse den Aufwand **vorsorglich** getroffener Maßnahmen bis zur Höhe des Schadens ersetzen, der ohne die Vorsorgemaßnahme entstanden wäre.[1701] Er hat andererseits später entschieden, die „Mühewaltung und eigene Rechtswahrung gehöre **auch im Rahmen besonderer Organisationen** zum Zuständigkeits- und Verantwortungsbereich des Geschädigten und liege grundsätzlich außerhalb des Schutzkreises der Haftung des Schädigers. Anderes wäre allenfalls zu erwägen, wenn dem Geschädigten . . . außergewöhnliche Belastungen bei der Rechtsverfolgung erwachsen würden, die das, was der Verkehr als übliche persönliche Bemühungen bei der Rechtswahrung ansieht, übersteigen".[1702] Eine klare Linie hat sich in der Rechtsprechung insoweit bisher nicht herausgestellt.

[1699] Unbestritten, z. B. BGH BauR „Behinderungsschaden I" 1986, 348.
[1700] Ebenso Ganten, BauR 1987, 22, 28. Vgl. zur **Parallele bei Vergütungsnachträgen** Rdn. 1109, 1110.
[1701] BGHZ 32, 284, Reservehaltung von Straßenbahnfahrzeug. Der Schuldner muss aber nachweisen, dass die Betriebsreserve nicht nur dem Auffangen interner Schwierigkeiten dient, sondern mit Rücksicht auf fremdverschuldete Ausfälle spürbar erhöht ist, so BGHZ 70, 199, 201.
[1702] BGHZ 75, 233, 237 – keine Beteiligung des Ladendiebs an den Vorbeugekosten des Warenhauses.

Sowohl generelle Vorsorgeaufwendungen des Auftragnehmers gehören „in vernünftigen Größen" noch in den Bereich, den der Verkehr als „übliche persönliche Bemühungen" bei der Rechtswahrung ansieht. Ohnehin gehören dazu die Personalkosten, die im Rahmen der vom Auftragnehmer vertraglich geschuldeten Schadensminderungsmaßnahmen gemäß § 6 Nr. 3 VOB/B (näher Rdn. 1455 ff.) anfallen. Dazu gehören aber nicht Aufwendungen für Maßnahmen, die konkret erst durch auftraggeberseitige Veranlassung bzw. Unterlassung notwendig geworden sind.

Zu ersetzen sind solche Aufwendungen also dann, wenn der konkrete Aufwand einerseits über das Normalmaß hinaus ansteigt hin zu „außergewöhnlich hohem Aufwand" und in der Sache auch durch „externen Aufwand" ersetzt und dargestellt werden könnte, oder wenn die Aufwendungen allein durch Tun und Unterlassen des Auftraggebers bedingt sind.[1703] Da die Schadensverfolgung im Wesentlichen Personalkosten bindet, wird auch für die „Vorsorgekosten" einer entsprechenden Betriebsabteilung nichts anderes gelten; eine **allgemeine** „Umlage" solcher Kosten ist also nur möglich, wenn der Aufwand außergewöhnlich hoch ist oder konkret einem Behinderungsfall zugeordnet werden kann.

Um einen in der Praxis brauchbaren Anhaltspunkt zu haben, führt nach unserer Erfahrung ein Schadensersatzbetrag von **mehr als 5 %** der Vertragssumme für Behinderungen zu Personalaufwendungen, die immer „außergewöhnlich hoher Aufwand" sind". Deshalb kann ab dieser Größenordnung ein plausibler Betrag an internen Bearbeitungskosten ohne Einzelnachweis geltend gemacht werden. Wenn man diese moderate Lösung ablehnt, setzt man sich der Gefahr eines Verstoßes gegen Artikel 3 Abs. 1e Zahlungsverzugsrichtlinie aus.[1704]

11.2.4.3 Vergütungsausgleich bei Akkord (Leistungslohn)

Leistungslohn ist im Bauwesen bei weitem nicht in dem Umfang üblich wie in der stationären Industrie. Es gibt jedoch – insgesamt bei Bauunternehmen mit systematischer Arbeitsvorbereitung – genügend Baustellen, bei denen im Leistungslohn gearbeitet wird. In solchen Fällen ist mit den eingesetzten Arbeitskräften vereinbart, dass sie pro Leistungseinheit (z. B. Positionen des Leistungsverzeichnisses) einen bestimmten Aufwandswert mit ihrem Stundenlohn „vergütet" bekommen,[1705] unabhängig davon, ob sie den Vorgabewert unterschreiten.

Die erstellte Leistungseinheit wird mit dem vereinbarten Vorgabewert und dem Stundenlohn wie mit einem Einheitspreis vergütet.

Da der Leistungslohn in der Regel von leistungsfähigen Arbeitskräften durchgeführt wird, ergibt sich zumeist, dass der Ist-Aufwandswert den Soll-Aufwandswert unterschreitet, d. h., die Arbeitskräfte bekommen eine höhere Vergütung, als wenn sie nur ihre tägliche Einsatzzeit mit ihrem normalen Stundenlohn vergütet bekommen hätten. Gute Fachkräfte in Leistungslohn erreichen Überschüsse von etwa 20 bis 30 % bei vorausgegangener systematischer Arbeitsvorbereitung.

Sofern nun durch auftraggeberseitige Störungen die Tätigkeit dieser Arbeitskräfte behindert wird,[1706] treten in der Regel Intensitätsabfälle auf, d. h., der Ist-Aufwandswert der Arbeitskräfte wird höher, ihr Vergütungsüberschuss wird geringer oder entfällt sogar. In den Fällen, bei denen durch fremde Einflüsse kein Leistungslohn mehr möglich ist, muss der Arbeitgeber den Arbeitskräften Zeitlohn zuzüglich eines mittleren Vergütungsüber-

1454

[1703] So richtig BGH NJW–RR 1994, 534, 535; Ganten, BauR 1987, 30; undifferenziert generell ablehnend Heiermann/Riedl/Rusam, VOB/B § 6, Rdn. 50.
[1704] Näher Kapellmann, in: Kapellmann/Messerschmidt, VOB/B § 6, Rdn. 75.
[1705] Einzelheiten Schiffers/Fellinger, Leistungsentlohnung im Baubetrieb.
[1706] Entsprechendes gilt für Bauinhaltsmodifikationen. Einzelheiten dazu Schiffers/Fellinger, S. 59 ff. .

schusses zahlen. Anders ausgedrückt: Es wird nunmehr intern eine „Lohnfortschreibung" entsprechend der schon unter Rdn. 1051 ff., 1074 ff. besprochenen Vergütungsfortschreibung durchgeführt. Als Ausgangspunkt hierfür dienen die noch unter Rdn. 1558 ff. zu besprechende Ist-Stundenerfassung und der Aufwandswert-Soll-Ist-Vergleich (dazu Rdn. 1566 ff.), verbunden mit der Ermittlung des plausiblen Mehr-Lohnaufwands analog zur **Abb. 47, S. 740**.[1707)]

Die bei unbehinderten Arbeiten auftretende Differenz zwischen Ist-Aufwandswert und Soll-Aufwandswert, also der Leistungslohnüberschuss, wird den auftraggeberseitig behinderten Akkordanten bezahlt. Entsprechendes gilt für den Fall, dass durch Behinderungen überhaupt kein Leistungslohn durchführbar ist und Ausweicharbeiten durch die Akkordanten durchgeführt werden müssen; diese Arbeitskräfte erhalten zusätzlich zum Zeitlohn ihren bisher erzielten mittleren Leistungslohnüberschuss.

Dieser behinderungsbedingte, „sinnlose" Lohnmehraufwand ist dem Auftragnehmer vom Auftraggeber als Behinderungsschaden zu ersetzen.[1708)]

11.3 Maßnahmen zur Schadensminderung

11.3.1 § 6 Nr. 3 VOB/B = Anpassungspflicht; keine *Pflicht* zur Beschleunigung

1455 Bei Behinderungen – gleich, auf wen sie zurückgehen und unabhängig davon, ob es um Fristverlängerung oder Schadensersatz geht – hat der **Auftragnehmer gemäß § 6 Nr. 3 VOB/B „alles zu tun, was ihm billigerweise zugemutet werden kann, um die Weiterführung der Arbeiten zu ermöglichen. Sobald die hindernden Umstände wegfallen, hat er ohne weiteres und unverzüglich die Arbeiten wiederaufzunehmen und den Auftraggeber davon zu benachrichtigen".**

Das heißt, dass der Auftragnehmer bei Behinderung oder Baustillstand **ohne** besondere Aufforderung – sobald er von der Behinderung Kenntnis hat – alles Zumutbare zu tun hat, um dafür zu sorgen, dass die Behinderung oder der Stillstand sich im „geringstmöglichen Maße auswirkt".[1709)]

Dabei hat die VOB/B in erster Linie den möglichen **Schaden** des Auftraggebers aus der verspäteten Fertigstellung im Auge, den der Auftragnehmer möglichst aus dem Gesichtspunkt von „Treu und Glauben" (§ 242 BGB) **klein halten** muss. Insbesondere hat der **Auftragnehmer**, wenn nicht die Behinderung im Ergebnis die Leistung derzeit unmöglich macht, **kein Recht**, seine **Tätigkeit** insgesamt **einzustellen**.[1710)]

Zum Schaden des Auftraggebers gehört aber auch der von ihm zu ersetzende Behinderungsschaden des Auftragnehmers, der durch die Behinderung entsteht. Auch diesen eigenen Schaden muss der Auftragnehmer also möglichst gering halten. Insoweit enthält § 6 Nr. 3 VOB/B eine **Spezialregelung** zur allgemeinen gesetzlichen Schadensminderungspflicht. Nach der **allgemeinen** Regel des § 254 Abs. 2 Satz 1 BGB ist der Geschädigte (hier also der Auftragnehmer) verpflichtet, den Schaden abzuwenden oder zu mildern, falls möglich. Kommt er dieser Pflicht nach, sind ihm nach dieser allgemeinen Regel auch die

---

[1707)] Zu den verschiedenen Fällen von Plausibilitätsdarlegungen bei behinderten Arbeiten verweisen wir auf Rdn. 1632 ff. Entsprechendes gilt natürlich auch für Bauinhaltsmodifikationen. Einzelheiten für die Regelungsmöglichkeiten gegenüber den Akkordanten Schiffers/Fellinger, S. 27 ff., 62 f..
[1708)] Zutreffend bestätigt von OLG Düsseldorf BauR 1996, 862 mit Anm. Kapellmann; OLG Düsseldorf BauR 1997, 646, 647.
[1709)] Zutreffend Ingenstau/Korbion/Döring, VOB/B § 6 Nr. 6, Rdn. 4.
[1710)] Ingenstau/Korbion/Döring, a.a.O.

dabei entstehenden Aufwendungen als adäquat verursachter Schaden zu ersetzen.[1711] Da § 6 Nr. 3 VOB/B Spezialregelung ist, geht sie der vorgenannten **allgemeinen Regelung vor**; sie begründet denselben Anspruch (vgl. auch Rdn. 1457).

Mit der allgemeinen Formel, dass der Auftragnehmer „alles ihm billigerweise Zumutbare" tun müsse, kann man praktische Probleme nur schwer lösen. Die Frage spitzt sich vielmehr darauf zu,[1712] ob

a) der Auftraggeber vom Auftragnehmer nur einen anderweitigen, den neuen Umständen besser angepaßten Einsatz seiner Produktionsfaktoren verlangen kann und ob folglich der Auftragnehmer nur dazu verpflichtet ist, oder ob

b) der Auftraggeber vom Auftragnehmer einen verstärkten Einsatz, gegebenenfalls gegen Vergütung, verlangen kann, ob also umgekehrt auch der Auftragnehmer zur Verstärkung verpflichtet ist.

Zu a:
Ohne Zweifel **kann** der **Auftraggeber verlangen**, dass der **Auftragnehmer seine Produktionsplanung neu überdenkt.** Der Auftragnehmer muss also z. B. behinderungsbedingt unbeschäftigte Kolonnen möglichst an anderer Stelle einsetzen, er muss gegebenenfalls seinen Arbeitsablauf ändern, Herstellungsmethoden abwandeln, soweit möglich, er muss Arbeitsdispositionen anpassen. Mit einem Wort: Er muss flexibel reagieren. Dazu gehört auch, dass der Auftragnehmer sich mit dem Auftraggeber über die Anpassungsmaßnahmen abstimmen muss und ihn auf jeden Fall informieren muss.[1713] All das haben wir vorab – obwohl das damals keine Behinderungsfälle waren – schon bei der Besprechung der geänderten und zusätzlichen Leistungen an Beispielen dargelegt, außerdem auch unter dem Aspekt „Fristverlängerung" unter Rdn. 1255 ff. erörtert.

Wenn der Auftraggeber eine flexible Reaktion verlangen kann, so bedeutet das nicht, dass der **Auftragnehmer** auf dieses „Verlangen" warten darf. Er ist vielmehr insoweit **zu eigenständigem Handeln verpflichtet.**

Entsteht dem Auftragnehmer durch die Umdisposition zusätzlicher Aufwand, wird er nach § 6 Nr. 3 VOB/B (vgl. Rdn. 1455) oder nach § 6 Nr. 6 VOB/B (mit) ersetzt; der Heranziehung der Rechtsprechung zu der allgemeinen Norm des § 254 Abs. 2 Satz 1 BGB bedarf es nicht.[1714]

Zu b:
Man könnte meinen, dass der **Auftragnehmer** jedenfalls dann **zu verstärktem Produktionsmitteleinsatz (Beschleunigungsmaßnahmen) verpflichtet** sei, wenn der Auftraggeber eine entsprechende Anordnung erteile, während ohne eine entsprechende Anordnung eine solche Pflicht nicht bestehe oder zweifelhaft sein könne. Grundsätzlich ist nämlich der Auftragnehmer verpflichtet, auch eine im Vertrag nicht vereinbarte Leistung gemäß **§ 1 Nr. 4 VOB/B** auszuführen, wenn sein Betrieb darauf eingerichtet ist. Diese Vorschrift **regelt** aber nur das **Recht des Auftraggebers, bauinhaltliche zusätzliche Maßnahmen** zu **verlangen**, und führt nur so, wenn nichts anderes vereinbart ist, ggf. indirekt zu einer Verlängerung der Bauzeit.[1715] **§ 1 Nr. 4 VOB/B regelt** aber **nicht**, dass der **Auftraggeber** ein Recht hat, inhaltlich dieselbe Leistung in anderer (d. h. jetzt verkürzter) Zeit zu verlangen, also **per Anordnung über die Kapazität des Auftragnehmers verfügen** zu dürfen. Das versteht sich auch von selbst: Der Auftraggeber hat ja auch **nicht** das Recht, per Anordnungen gemäß § 1 Nr. 4 VOB/B eine **Verkürzung** der

---

[1711] BGH WM 1982, 1638; BGH NJW 1959, 933.
[1712] So mit Recht Daub/Piel/Soergel/Steffani, VOB/B Erl. 6.54.
[1713] So mit Recht Ingenstau/Korbion/Döring, VOB/B a.a.O.
[1714] Nicklisch/Weick, VOB/B § 6 Rdn. 33; zu der allgemeinen Regel des § 254 BGB vgl. Fn. 1706.
[1715] Siehe dazu oben Rdn. 785, 786 (zu § 1 Nr. 3 VOB/B); Genschow/Stelter, Störungen, S. 140.

einmal vertraglich vereinbarten **Bauzeit zu erzwingen.**[1716] Der Auftraggeber kann also eine **Beschleunigung** - soweit sie über die geschuldete Anpassung, vgl. Rdn. 1457 - hinausgeht, **nicht erzwingen**, auch nicht über § 1 Nr. 3 VOB/B, für den dieselben Argumente gelten, von Einzelausnahmen in Extremfällen (nach Treu und Glauben) abgesehen (näher dazu Rdn. 1466). Der Auftraggeber kann eine Beschleunigung auch nicht „verkappt" erzwingen. Wenn beispielsweise der Vertrag bei einem Tunnel nur einen einseitigen Angriff vorsieht oder gar keine Regelung enthält, kann der Auftraggeber keinen beidseitigen Angriff durch Anordnung erzwingen. Der Auftraggeber hat insoweit kein Recht, in die „Dispositionsfreiheit" des Auftragnehmers einzugreifen (näher Rdn. 761 und Band 2, Rdn. 615).

1459 **Selbst für die geschuldete Anpassung gilt die Einschränkung** des § 6 Nr. 3 VOB/B; der Auftragnehmer ist nur zu dem verpflichtet, was ihm **„billigerweise"** zugemutet werden kann.
Schon aus letzterem folgt zweierlei:
Einmal kann man vom Auftragnehmer **nicht verlangen**, dass er sein **Personal oder seine Maschinen von anderen Baustellen abzieht.**[1717] Das versteht sich auch von selbst, denn dann würde der Auftragnehmer jetzt gegenüber einem anderen Auftraggeber vertragsbrüchig. Der Auftragnehmer ist auch **nicht verpflichtet**, zu diesem Zweck etwa **Nachunternehmer einzusetzen;** natürlich kann das aber zwischen Auftraggeber und Auftragnehmer vereinbart werden. Erst recht ist der Auftragnehmer nicht verpflichtet, Leistungen auszuführen, die zur Verminderung der Behinderungsauswirkungen zwar nützlich wären, aber sich als zusätzliche Leistungen darstellen (z. B. als Besondere Leistungen), solange sie nicht vom Auftraggeber angeordnet sind.[1718]

1460 Ohnehin kann in den **hier** interessierenden Fällen – der Auftraggeber hat die **Behinderung ja verursacht und verschuldet** – der **Auftraggeber nicht verlangen**, dass der Auftragnehmer **ohne Vergütung** im Rahmen einer Anpassung seine Kapazitäten verstärkt (beschleunigt).[1719] Eine Verstärkung von Personal oder Gerät verursacht in der Regel zusätzlichen Aufwand. Lehnt der Auftraggeber eine Verständigung darüber mindestens dem Grunde nach ab, braucht der Auftragnehmer schon deshalb nicht die Verstärkung zu stellen; er hat insoweit (mindestens) ein Leistungsverweigerungsrecht.[1720]
Wenn die Parteien über eine Kapazitätsverstärkung verhandeln, gilt: Der Auftragnehmer ist zu Beschleunigungsmaßnahmen nicht verpflichtet. Er kann deshalb über solche Maßnahmen ein Vergütungsangebot machen, ohne an die Angebots- bzw. Auftragskalkulation gebunden zu sein. Ohnehin wird der Auftragnehmer im Rahmen der neuen, „freien" Kalkulation sinnvollerweise einen besonderen Risikozuschlag gerade wegen der Risiken einer beschleunigten Abwicklung machen (s. auch Rdn. 1461). Einigen sich die Parteien, ist das die Grundlage der Vergütung. Einigen die Parteien sich nicht, wird nicht beschleunigt (s. dazu Rdn. 1466).

[1716] Einzelheiten zu Beschleunigungsanordnungen oben Rdn. 787.
[1717] Ebenso Daub/Piel/Soergel/Steffani, VOB/B Erl. 6.57. Selbstverständlich ist der Auftragnehmer verpflichtet , auf der Baustelle **vorhandene** Kapazitäten voll auszunutzen, so auch Beck'scher VOB-Kommentar/Motzke, § 6 Nr. 3 Rdn. 34.
[1718] Zutreffend Beck'scher VOB-Kommentar/Motzke, Teil B § 6 Nr. 3, Rdn. 26; unzutreffend Ingenstau/Korbion/Döring, VOB/B § 6 Nr. 6, Rdn. 4.
[1719] Daub/Piel/Soergel/Steffani, VOB/B Erl. 6.5.3; Heiermann/Riedl/Rusam, VOB/B § 6 Rdn. 16; Beck'scher VOB-Kommentar/Motzke, Teil B § 6 Nr. 4, Rdn. 28; Kapellmann/Schiffers, BauR 1986, 615, 627 f.
[1720] Siehe oben Rdn. 972 ff., 996. Der Ausdruck „Leistungsverweigerungsrecht" ist eigentlich irreführend. Der Auftraggeber hat keinen Anspruch auf Beschleunigungsmaßnahmen; nicht geschuldete Leistungen braucht der Auftragnehmer auch nicht zu erbringen. Im Regelfall besteht dann keine Bindung an den alten Preis, s. Rdn. 1035.

Führt der Auftragnehmer die **behinderungsbedingte Personalverstärkung** (= Beschleunigungsmaßnahmen) durch, **obwohl** der Auftraggeber zwar Verstärkungsarbeiten **angefordert** hat, aber eine Einigung dem Grunde nach über die **Vergütung verweigert** hat – der Auftragnehmer **muss** sich ja **nicht** auf sein Leistungsverweigerungsrecht berufen – oder aber eine Vergütungsabrede nicht getroffen worden ist, folgt die **Vergütungspflicht** dann aus § 2 Nr. 5 VOB/B oder gegebenenfalls aus § 4 Nr. 1 Abs. 4 VOB/B;[1721] ein Rückgriff auf § 6 Nr. 6 VOB/B ist nicht erforderlich, aber zusätzlich möglich.[1722]

1461

Das heißt: **Die Beschleunigungsmaßnahme** ist im Falle einer fehlenden Einigung über eine entsprechende Vergütung auf der Basis der Angebots- bzw. Auftragskalkulation zu vergüten, aber mit einem zusätzlichen **Risikozuschlag** für die Sonderrisiken einer beschleunigten Abwicklung bzw. nach Wahl des Auftragnehmers als Schadensersatz aus Behinderung abzurechnen.

Zur **Abwicklung** bei strittiger „zu vertretender Behinderung", aber durchgeführter Beschleunigung verweisen wir auf Rdn. 1474.

11.3.2 Beschleunigungsmaßnahmen – *Recht* des Auftragnehmers?

Die vorerwähnten Überlegungen beinhalten damit zum Teil auch schon die Beantwortung der äußerst **problematischen Frage**, ob und gegebenenfalls **zu welchen Beschleunigungsmaßnahmen** der Auftragnehmer *von sich* aus berechtigt ist.

1462

Der BGH hat dazu entschieden:

„Auch dann, wenn die durch Behinderungen verlorengegangene Zeit wieder **aufgeholt** wird, ist dies meist nur durch Einsatz zusätzlicher Arbeitskräfte, Maschinen und Geräte möglich. Wird dies von einem Auftragnehmer **behauptet**, dann ist damit grundsätzlich auch ein entsprechender Schaden schlüssig dargetan. Denn es spricht eine überwiegende Wahrscheinlichkeit (§ 287 ZPO) dafür, dass ein Arbeitgeber darauf bedacht ist, sein Personal **rentabel** einzusetzen und es je nach den gegebenen Verhältnissen zu verringern oder zu vergrößern (BGH Versicherungsrecht 1979, 179; KG ZfBR 1984, 131). Ein gegenüber dem kalkulierten – als **angemessen anzusehender** – erhöhter Aufwand beeinflusst demnach das gesamte Betriebsergebnis und kann einen entsprechenden Schaden bewirken."[1723]

Auch in der Literatur heißt es z.T., dass schadensmindernde **Beschleunigungs**maßnahmen **grundsätzlich** erstattungsfähige Kosten auslösen.[1724]

Diese allgemeine Feststellung ist für die Praxis nicht ausreichend und bei einem großen Bauobjekt zudem **fragwürdig**. Der Teufel liegt im Detail: Beschleunigungsmaßnahmen sind a priori nicht unproblematisch; den Zusatzkosten steht oft geringe Effektivität gegenüber.[1725]

1463

Die **für das Bausoll vorgesehene Bauabwicklung** ist das **Ergebnis einer** (langwierigen) Optimierung. Somit bedeutet der Versuch, einen gestörten Bauablauf durch **Beschleunigung** in einen **anderen Rhythmus** zu bringen, dass zumeist ein weniger günstiges Optimum als der ursprüngliche, unbehinderte Rhythmus gefunden werden muss. „Die Bau-

---

[1721] Nicklisch/Weick, VOB/B § 6 Rdn. 33.
[1722] § 6 Nr. 6 VOB/B kommt parallel neben den anderen Vorschriften in Betracht, wenn es sich um nicht zwingende Anordnungen des Auftraggebers zur Bauzeit und nicht zum Bauinhalt handelt (vgl. dazu oben Rdn. 1332 ff.).
Auf die Anwendbarkeit des § 254 BGB kommt es auch hier wegen der Spezialvorschrift des § 6 Nr. 3 VOB/B nicht an, siehe dazu auch nachfolgend Rdn. 1466 ff.
[1723] BGH „Behinderungsschaden I" BauR 1986, 347.
[1724] Vygen/Schubert/Lang, Bauverzögerung, Rdn. 290. Das ist aber so **nicht zutreffend**, vgl. sogleich Rdn.. 1463.
[1725] Dazu auch Kapellmann/Schiffers, BauR 1986, 615, 630, Fn. 44.

stelle wird nicht mehr auf einen optimalen, ruhigen und harmonischen Ablauf hin organisiert, sondern auf Zeitgewinn."[1726] Hierbei ist es außerdem leicht möglich, dass - bedingt durch die drängenden Umstände und die kurzfristige Umdisposition - irgendwelche Interdependenzen übersehen werden, so dass die Beschleunigung zu neuen anderweitigen Behinderungen führt. Als Beispiel sei darauf hingewiesen, dass Personalverstärkung durch zusätzliche Transporthilfe unterstützt werden muss. Wenn jedoch die Hochbaukrane bei der Arbeitsvorbereitung für das Bausoll so auf der Baufläche plaziert worden sind, dass eine optimale Versorgung vorliegt, kann aus technischen Gründen (z. B., der Ausleger des zusätzlich notwendigen Krans muss sich zwischen den Türmen der bisherigen Kräne drehen können) kaum eine der Personalverstärkung entsprechende Verbesserung der Transporthilfen sinnvoll vorgenommen werden.

1464 Hinzu kommt, dass der einzelne Auftragnehmer oft gar nicht beurteilen kann, ob Beschleunigungsmaßnahmen überhaupt zu einer Besserstellung des Auftraggebers führen, als wenn die Arbeiten ohne Beschleunigungsmaßnahmen weitergeführt worden wären. Eine **finanzielle Verbesserung** für den **Auftraggeber setzt voraus,** dass die **Beschleunigungskosten** insgesamt **geringer** sind **als die durch** eine **verlängerte Bauzeit** insgesamt **anfallende Zusatzkosten des Auftragnehmers,** z. B. tarifliche Lohnerhöhung und verlängerte Baustellenvorhaltung **plus** den **Folgekosten des Auftraggebers** (z. B. Schadensersatz wegen angenommener Aufträge, die in der im Bau befindlichen Produktionsanlage erstellt werden sollen und nunmehr nicht pünktlich ausgeliefert werden können).

Der Auftragnehmer kann im Voraus oft gar nicht wissen, ob eine solche Rechnung über den Nutzen von Beschleunigungsmaßnahmen aufgehen wird. Schon gar nicht weiß er, ob der Auftraggeber nicht höhere Kosten in Kauf zu nehmen bereit ist, um pünktlich fertig zu werden, oder ob er umgekehrt lieber die spätere Fertigstellung akzeptiert (weil z. B. das Objekt noch nicht vermietet ist).

Aus unserer Sicht ist ein Auftragnehmer deshalb kaum in der Lage, beurteilen zu können, ob und in welchem Umfang eine Beschleunigungsmaßnahme zur Besserstellung des Auftraggebers insgesamt führt. Er ist sicherlich fähig, aus seiner Fachkenntnis heraus bei Fragen, die den Bauinhalt betreffen, eine objektiv richtige Entscheidung zu treffen, die auch den Belangen des Auftraggebers gerecht wird. Bei zur Diskussion stehenden Beschleunigungsmaßnahmen ist der Fall aber komplexer. Ein Bauunternehmer wird zwar ermitteln können, welche Ersparnisse bzw. Mehrkosten sich für die sein(e) Gewerk(e) betreffende Baudurchführung ergeben; aber es liegt außerhalb seines Wissens, was sonst noch für den speziellen Auftraggeber im Augenblick von finanzieller und sonstiger Bedeutung ist.

Ein **Auftragnehmer** sollte sich ohnehin **nicht auf** eine **nachträgliche Feststellung von Beschleunigungskosten einlassen,** sondern vorab klären, was zusätzlich für eine bestimmte Zeitersparnis bezahlt wird. Dasselbe gilt auch für den Auftraggeber. Es versteht sich von selbst, dass der Auftraggeber parallel dazu gegenrechnet, was – sein eigenes Verschulden vorausgesetzt – durch eine Bauzeitverlängerung an Zusatzkosten entstünde bzw. ihm an Ertrag entfiele.

1465 Endlich kann der Fall eintreten, dass der Auftraggeber einem Dritten (z. B. einem mangelhaft oder säumig arbeitenden Vorunternehmer) eine Abhilfefrist gesetzt hat und dass er die Beschleunigungskosten des Auftragnehmers auf diesen Dritten abwälzen kann, so dass er selbst keinen Schaden hat. Beschleunigt der Auftragnehmer nun ohne Abstimmung mit dem Auftraggeber und nimmt er dabei dem Dritten ungewollt z. B. eine Nachbesserungsmöglichkeit, verliert der Auftraggeber damit den Nachbesserungsanspruch aus Behinderung an den Vorunternehmer und die Schadensersatzansprüche wegen der nachfolgenden Schäden.

[1726] Simons, Baumarkt 1982, 1044, 1048.

Der Auftraggeber hätte also jetzt infolge der eigenmächtigen Beschleunigung des nachfolgenden Auftragnehmers einen Schaden, den er nicht gehabt hätte, wenn der nachfolgende Auftragnehmer nicht eigenmächtig gehandelt hätte. Das muss in der rechtlichen Würdigung von Beschleunigungsmaßnahmen berücksichtigt werden.

Für die rechtliche Beurteilung von Beschleunigungsmaßnahmen gilt, wie schon erwähnt, § 6 Nr. 3 VOB/B als Spezialvorschrift. Diese Vorschrift regelt, welche Schadensminderungspflicht der Auftragnehmer hat, auf die allgemeine Regel des § 254 Abs. 2 Satz 1 BGB kommt es nicht an.[1727]

1466

Der **Auftragnehmer** ist grundsätzlich **nicht verpflichtet, Kapazitäten von anderen Baustellen abzuziehen.**[1728]
Im Rahmen evtl. freier Kapazitäten ist er nur **dann zu kostenverursachenden Beschleunigungsmaßnahmen verpflichtet, wenn der Auftraggeber mit ihm dem Grunde nach eine Vergütungsvereinbarung trifft.**[1729] Das heißt, der Auftragnehmer hat *nur* aufgrund einer entsprechenden Vereinbarung eine Pflicht zur kostenverursachenden Beschleunigung, kann aber deren Ausführung dann auch von der Vergütungsvereinbarung abhängig machen. In diesem Zusammenhang können Einzelheiten der beabsichtigten Maßnahme besprochen werden.[1730]

Wenn der **Auftragnehmer** allerdings **geforderte Beschleunigungsmaßnahmen von einer Einigung über deren Vergütung**, jedenfalls dem Grunde nach, **abhängig macht, geht er ein Risiko ein.** Das hängt damit zusammen, dass in einer Vielzahl von Fällen zum Anordnungszeitpunkt nicht eindeutig klar ist, wer und in welchem Umfang die eingetretenen Terminrückstände zu vertreten hat; es kann also ohne weiteres in Betracht kommen, dass der Auftragnehmer ohnehin im eigenen Interesse zu beschleunigen verpflichtet ist, um den von ihm verursachten Verzug aufzuholen. Zum Leistungsverweigerungsrecht siehe Rdn. 1460.

Allein schon deshalb ist die **Frage** von großem Interesse, **ob** der **Auftragnehmer**, auch wenn er keine Pflicht zur Beschleunigung hat (d. h., jedenfalls bis zur Vereinbarung ein Leistungsverweigerungsrecht ausüben kann), **wenigstens ein Recht zur Beschleunigung** und dann einen Anspruch auf Vergütung hat.

1467

Verweigert der Auftragnehmer die Beschleunigungsmaßnahmen bei Fällen, in denen die Verursachung des Terminrückstandes kritisch ist, so handelt er riskant. Der Auftragnehmer hat sehr oft ein eigenes Interesse, zu beschleunigen, weil ihm das im speziellen Fall selbst hilft. Dennoch ist er natürlich daran interessiert – insbesondere dann, wenn er den Terminrückstand nicht zu vertreten hat –, die Beschleunigungsmehrkosten möglichst weitgehend auf den Auftraggeber abzuwälzen.

Eine sachgerechte Regelung muss verhindern, dass der Auftragnehmer aus Eigeninteresse – eventuell sogar gegen den Willen des Auftraggebers – beschleunigt, andererseits aber vom Auftraggeber Beschleunigungskosten erstattet haben will, die in keinem Verhältnis zum – eventuell gar nicht angefallenen – Nutzen des Auftraggebers stehen.
Umgekehrt ist aber auch dafür zu sorgen, dass der Auftragnehmer nicht Schaden dadurch erleidet, dass der Auftraggeber zwar die Beschleunigung verlangt, aber die Vergütungszusage verweigert.

1468

[1727] Siehe oben Rdn. 1455.
[1728] Siehe oben Rdn. 1459.
[1729] § 2 Nr. 5 VOB/B, s. dazu allgemein Rdn. 1460.
[1730] Siehe oben Rdn. 1460.

1469 Für den Fall, dass der Auftraggeber eine Beschleunigung verlangt, aber eine Vergütungsvereinbarung selbst dem Grunde nach verweigert, der Auftragnehmer aber ausführt, gilt Rdn. 1461. Für den Fall, dass der Auftragnehmer ohne jede Anordnung des Auftraggebers die Beschleunigungsmaßnahme durchführt, empfiehlt sich nach unserer Meinung eine Beurteilung gemäß § 2 Nr. 8 Abs. 2, Abs. 3 VOB/B, der im Rahmen des § 6 Nr. 3 VOB/B **analog** herangezogen werden sollte.[1731]

Danach muss die **Beschleunigungsmaßnahme** a) **notwendig** sein, b) dem **mutmaßlichen Willen** des **Auftraggebers** entsprechen und (nur Abs. 2) c) ihm **unverzüglich angezeigt sein:**

1470 a) **Beschleunigungsmaßnahmen** sind **nur dann notwendig, wenn** der **Auftraggeber an** dem **bisherigen Fertigstellungstermin** ungeachtet der Terminrückstände **festhält.** Der Auftragnehmer kann den Auftraggeber insoweit zur Erklärung auffordern. Solange der Auftraggeber nicht ausdrücklich mitteilt, er sei mit einer Verlängerung der Ausführungsfrist einverstanden, darf der Auftragnehmer davon ausgehen, dass der ursprüngliche Fertigstellungstermin gehalten werden soll, was dann ohne Beschleunigungsmaßnahmen nicht mehr möglich ist.

1471 b) **Beschleunigungsmaßnahmen,** die Kosten verursachen, **entsprechen** in der Regel nur dann **dem mutmaßlichen Willen** des **Auftraggebers, wenn** per **saldo** die vom Auftragnehmer als Schadensersatz geltend gemachten **Kosten** (einschließlich **der Kosten für Beschleunigungsmaßnahmen) niedriger** sind **als** die **Kosten ohne Beschleunigung.** Beispiel: Die zeitabhängigen Kosten der Bauzeitverlängerung sind höher als die Beschleunigungskosten.

1472 Sind dagegen die **Beschleunigungskosten** voraussichtlich **höher** als die Kosten bei verlängerter Bauzeit, kann der Auftragnehmer nicht ohne weiteres annehmen, dass die Beschleunigung dem mutmaßlichen Willen des Auftraggebers entspricht.[1732]
Wenn der Auftragnehmer dann doch ohne Zustimmung des Auftraggebers beschleunigt, handelt er in hohem Maße auf eigenes **Risiko,** zumal er gar nicht die Situation des Auftraggebers beurteilen kann. Hat der Auftraggeber allerdings die Beschleunigungsmaßnahme verlangt, aber die Vergütungseinigung verweigert, so steht damit fest, dass die Maßnahme (nicht die Bezahlung) dem mutmaßlichen, sondern dem wirklichen Willen des Auftraggebers entspricht. Voraussetzung eines Vergütungsanspruchs ist natürlich, dass der Auftragnehmer nicht wegen selbst verschuldeter Terminrückstände ohnehin zu Abhilfemaßnahmen verpflichtet ist.

1473 c) Der **Auftragnehmer muss** den **Auftraggeber** immer **über seine Absicht,** die Beschleunigungsmaßnahmen einleiten zu wollen, oder über mögliche Beschleunigungsmaßnahmen **unverzüglich informieren** (vgl. dazu auch oben Rdn. 1175 ff.); dies lässt sich unmittelbar schon aus § 6 Nr. 3 VOB/B herleiten.

Wie in § 6 Nr. 3 VOB/B ist aber eine entsprechende **Information** des Auftraggebers **nicht Anspruchsvoraussetzung** für die Vergütung der Beschleunigungsmaßnahmen.[1733]

[1731] Kapellmann/Schiffers, BauR 1986, 615, 629; zustimmend Passarge/Warner, Freiburger Handbuch, Rdn. 423. Würde man § 6 Nr. 3 VOB/B nicht als Spezialvorschrift ansehen, ließe sich eine analoge Anwendung von § 2 Nr. 8 Abs. 2 Satz 2, Abs. 3 VOB/B auch im Rahmen des § 254 Abs. 2 Satz 1 BGB ohne weiteres vertreten.

[1732] Zustimmend Werner/Pastor, Bauprozess, Rdn. 1832, Fn. 135.

[1733] Das war bei § 2 Nr. 8 Abs. 2 VOB/B a. F. anders. Deshalb wenden wir § 2 Nr. 8 VOB/B auch nur analog an; heute ist auch eine unmittelbare Anwendung schon wegen § 2 Nr. 8 Abs. 3 VOB/B unproblematisch.

Ihre Unterlassung kann vielmehr nur Schadensersatzansprüche des Auftraggebers aus positiver Vertragsverletzung auslösen.[1734)]

Hat der **Auftragnehmer** die Beschleunigungsmaßnahme vor Ausführung **angezeigt,** so kann man vom **Auftraggeber** verlangen, zu **reagieren.** Praxistypisch ist es, dass in einem solchen Fall der Auftraggeber aber erklärt, er habe die Behinderung nicht zu vertreten, außerdem müsse der Auftragnehmer ohnehin seinen Einsatz verstärken und schließlich müßte sowieso auf jeden Fall die **vereinbarte Frist** um jeden Preis gehalten werden. Schadensersatz werde er aber nicht zahlen, die Beschleunigung liege nur im eigenen Interesse des Auftragnehmers.
Man sollte ein solches Verhalten nicht unterstützen; gerade die Bauausführung lebt auch von der **Kooperation**; die VOB/B ist geradezu darauf aufgebaut, eine solche Kooperation zu fördern. Der Auftraggeber kann zwar selbstverständlich zum Ausdruck bringen, er habe die Behinderung nicht zu vertreten. Wenn er dann aber auch die Kooperation mit dem Auftragnehmer verweigert – die zu treffenden Maßnahmen können ja **auch geklärt werden in dem Sinne, dass die Haftungsfrage als solche offenbleibt** –, ist ihm gemäß Treu und Glauben (§ 242 BGB) dann, **wenn** er die Behinderung doch zu vertreten hat und er deshalb haftet, die Berufung darauf versagt, er wäre mit den Beschleunigungsmaßnahmen nicht einverstanden gewesen oder die Beschleunigungsmaßnahmen hätten den Schaden nicht „in angemessener Form" gemindert.[1735)]

1474

11.3.3 Korrektur fehlerhafter Pläne durch den Auftragnehmer?

Soweit der **Auftragnehmer** im Rahmen der „Bekämpfung" der Behinderungsauswirkungen **vom Auftraggeber vorgegebene fehlerhafte Pläne korrigiert,** sollen die Aufwendungen im Rahmen der Schadensminderungspflicht des § 6 Nr. 3 VOB/B immer zu ersetzen sein,[1736)] solange sich der Korrekturaufwand in als angemessen anzusehenden Grenzen bewege und per saldo zur Schadensverringerung führe;[1737)] hier werde man nämlich davon ausgehen dürfen (gegebenenfalls Schätzung gemäß § 287 ZPO?), dass die Aufwendungen immer nützlich seien und offenkundig dem Willen des Auftraggebers entsprächen. Dabei ist zu beachten, dass diese Diskussion **nur** vom Auftraggeber zu stellende Pläne (insbesondere Ausführungspläne) betrifft. Wenn der Auftragnehmer eigene Pläne aufgrund der Behinderung korrigieren muss (etwa, um mit einer geänderten Verfahrenstechnik im Sinne von § 6 Nr. 3 VOB/B Terminrückstände „aufzuholen"), ist der daraus resultierende Aufwand sicher Schaden.

1475

Die Meinung, dem Auftragnehmer stünde immer Ersatz für die Korrektur fremder Pläne zu, ist nicht unbedenklich, da folgende Aspekte zu wenig in den Vordergrund gerückt werden:
a) Wer stellt wann fest, was jeweils unter „fehlerhaft" zu verstehen ist?
b) Wo sind die Grenzen dafür anzulegen, dass keine Zeit mehr dafür vorliegt, den Plan der Planungsgruppe des Auftraggebers mit Angaben über den fehlerhaften Inhalt zurückzugeben?

[1734)] Vgl. zu den Folgen einer fehlenden Anzeige bei Beschleunigungsmaßnahmen auch Vygen/Schubert/Lang, Bauverzögerung, Rdn. 389; zu der fehlenden Anzeige bei § 6 Nr. 3 VOB/B für Sonderfälle vgl. Ingenstau/Korbion/Döring, VOB/B § 6 Nr. 3, Rdn. 5, 6; vgl. auch Nicklisch/Weick, VOB/B § 6 Rdn. 34: Bloße Informationspflicht ohne Ersatzfolge, aber u. U. Vertretenmüssen weiterer Behinderungen durch Auftragnehmer.
[1735)] Vgl. BGH „Kooperationspflicht" NZBau 2000, 187 = BauR 2000, 409. Man wird zu diesem Ergebnis auch im Rahmen einer „besonders freien" Schadensschätzung gemäß § 287 ZPO in Anlehnung an BGH BauR 1986, 347 kommen; vgl. Kapellmann/Schiffers, a. a. O., 630.
[1736)] Ingenstau/Korbion/Döring, VOB/B § 6 Nr. 6 Rdn. 40.
[1737)] Im Einzelnen wohl so BGH „Behinderungsschaden I" BauR 1986, 347.

Hierbei ist einerseits danach zu fragen, ob der Plan schon auftraggeberseitig (zu) spät geliefert worden ist und somit zur Vermeidung von Bauablaufstörungen, statt nochmals in den Planumlauf des Auftraggebers zurückzukehren, „vor Ort" fehlerfrei gemacht werden soll. Andererseits ist zu fragen, ob es nicht doch nach einem Hinweis des Auftragnehmers möglich gewesen wäre, dass (der/die) Planer des Auftraggebers die Änderung (gegebenenfalls „vor Ort") vorgenommen hätten. Dies ist besonders wünschenswert, weil der Auftragnehmer in der Regel gar nicht den Gesamtüberblick über alle Roh- und Ausbauzusammenhänge hat.

c) Weiterhin ist zu fragen, warum der Auftraggeber einerseits Honorare an seine Planer zahlen und nun andererseits auch noch Nachbesserungsrechte vereitelt werden, weil er dem Auftragnehmer Vergütung für dieselbe Planungstätigkeit zukommen lassen soll (vgl. oben Rdn. 1466).

d) Letztendlich ist die Haftungsfrage zu klären. Der Auftragnehmer formuliert für ein Teilsegment der Planung jetzt seine Vorstellungen. Andererseits aber hat der Planer des Auftraggebers für die Gesamtplanung einzustehen.

Aus unserer Sicht besteht insgesamt die große Gefahr, dass sich – ganz wie bei sonstigen Beschleunigungsmaßnahmen – Eigeninteressen des Auftragnehmers oder mangelnde Einsicht zur Kooperationsbereitschaft unter dem Deckmantel der Bekämpfung von Behinderungen verstecken.

Wir halten deshalb eine Vergütung analog § 2 Nr. 8 VOB/B nur für die „letzte Rettung"; im Normalfall kann der Auftragnehmer die Mangelhaftigkeit der Pläne anzeigen und muss die Korrektur dieser Pläne durch den Auftraggeber abwarten. Nur wenn der Auftraggeber auf die Anzeige nicht in angemessener Frist reagiert und die jetzt drohende Bauverzögerung zu erheblichen Schadenfolgen führt, kann der Auftragnehmer eigenmächtig Pläne ergänzen oder korrigieren und dafür Vergütung verlangen.

11.4 Nachträglicher Schadenswegfall?

11.4.1 Einmal entstandener Schaden bleibt Schaden

1476 Der Auftragnehmer muss in seine (interne) Ablaufplanung stets Beeinflussungen **einbeziehen,** die nichts mit Behinderungen durch den Auftraggeber zu tun haben, z. B. Leistungsabfall bei Winterwetter oder bei „Schlechtwetter".[1738]

Wir haben beides bei den Terminvorgaben für den Bauzeitplan unseres Beispielprojektes erläutert und im konkreten Beispiel durch Verdoppelung der Vorgangsdauern für Bauabschnitte im Winter berücksichtigt (Rdn. 412).

Tritt nun auftraggeberseitig eine Behinderung auf, z. B. wegen fehlender Planunterlagen, die dazu führt, dass sich Intensitätsabfälle bei den Arbeitskräften ergeben, so entsteht dadurch Mehraufwand und somit ein Schaden für den Auftragnehmer. Dieser **einmal entstandene Schaden** ist und **bleibt bestehen.**[1739]

1477 Was gilt jedoch, **wenn das Baustellenpersonal nach der Behinderung unerwartet schneller „als kalkuliert" arbeitet** und deshalb keine Bauzeitverlängerung auftritt?

[1738] Außer, die fristverlängernde Wirkung (definierter) „Schlechtwettertage"ist vertraglich vereinbart, s. Rdn. 1479 ff.
[1739] Zustimmend Werner/Pastor, Bauprozess, Rdn. 1831, Fn. 125. Wie Intensitätsabfälle plausibel dargetan werden können, erläutern wir unter Rdn. 1635.

Wie früher erörtert, kann eine Behinderung zu den unterschiedlichsten Folgen führen – eine ist z. B. Baustillstand, eine andere Intensitätsabfall, eine dritte ist Bauzeitverlängerung. **Die durch diese Folgen einmal entstandenen Schäden** sind und **bleiben bestehen**, so z. B. die Kosten des stillstandsbedingten Untätigseins von Arbeitskräften. Ob ein vorab aufgetretener Intensitätsabfall auch eine Bauzeitverlängerung zur Folge hat, ist unerheblich.
Das gilt also auch dann, wenn der Auftragnehmer trotz Behinderungsfolgen vor Ende der vorgegebenen Frist fertig wird (s. auch Rdn. 1485).

Was gilt für den eingerichteten und der Gesamtbaustelle dienenden Hochbaukran, wenn die Gesamtbaustelle behinderungsbedingt zeitweilig stillsteht, dann aber die Gesamtbauzeit sich nicht verlängert und der Kran nicht länger als vorgesehen vorgehalten werden musste, da ein milder Winter den Bauablauf beschleunigte? 1478
Die Antwort hängt zunächst davon ab, ob es sich um einen von dritter Seite gemieteten oder eigenen Kran handelt. Bei Fremdgerät gilt das, was vorab für die Fremdschalung gesagt worden ist; der Schadensersatzanspruch „verfällt" nicht wegen eines milden Winters. Bei eigenem Gerät sieht die Situation anders aus. Dieses Problem werden wir im Rahmen der Besprechung der Gerätekosten behandeln (vgl. Rdn. 1515 ff.).

11.4.2 Auftraggeberseitige Mitwirkungspflicht und „vereinbarte" Schlechtwettertage

Manche Bauverträge beinhalten eine Vereinbarung, dass (vom Arbeitsamt) „anerkannte Schlechtwettertage" die Bauzeit entsprechend verlängern. Solche Vereinbarungen sollen den Bauablauf für den Auftragnehmer einfacher vorplanbar machen. Der Auftragnehmer bekommt die Chance, durch Meldung und Anerkenntnis von Schlechtwettertagen die vorgesehene Anzahl von Arbeitstagen auch bei schlechten Witterungsbedingungen zur Verfügung zu haben. Der „witterungsbedingte Arbeitsausfall" wegen „zwingender Witterungsgründe" ist heute in § 211 SGB III geregelt. 1479
Probleme treten in der Praxis dadurch auf, dass einerseits Schlechtwettertage anfallen und andererseits der Auftraggeber noch nicht alle Pläne zu den vereinbarten Terminen bzw. zu den vom Auftragnehmer für fällig erachteten Terminen zur Verfügung stellen kann. Dies geht so weit, dass der Auftragnehmer (!) trotz schlechten Wetters weiterarbeiten will, wohingegen der **Auftraggeber** darauf hinweist, dass allgemein Schlechtwetter angemeldet und genehmigt wird. Anders ausgedrückt: Das für den Auftragnehmer als Risikoeinschränkung vorgesehene Instrument der „Schlechtwettermeldung" wird auftraggeberseitig benutzt, um Planungsrückstände „unter den Teppich" zu kehren. Es ist aber nicht zulässig, dass die durch die Chance zur Schlechtwettermeldung vereinbarte Privilegierung des Auftragnehmers nunmehr zum Hilfsinstrument des säumigen Auftraggebers wird. Insbesondere kann der seinen vereinbarten Mitwirkungspflichten zu spät gerecht werdende Auftraggeber nicht die vorab anerkannten Schlechtwettertage von **seiner** Fristüberschreitung abziehen. **Verspätete Planlieferungen „überholen" Schlechtwettertage.**

Auch dann, wenn der **Auftragnehmer** Schlechtwettertage geltend macht, gilt dasselbe: Der Auftragnehmer erstellt seine Leistungen langsamer als im Terminplan vorgesehen; irgendwann treten Schlechtwettertage auf, und ab einem bestimmten Zeitpunkt treffen auch Ausführungspläne später als vereinbart ein. 1480
Für den Fall, dass keine Vertragsfristen vom Auftragnehmer überschritten worden sind (nur der Endtermin ist vertraglich fixiert!), ist der Auftragnehmer mit seiner Ausführung nicht in Verzug, sofern nicht vom Auftraggeber vor eigener Planverzögerung zulässiger-

weise eine Aufforderung gemäß § 5 Nr. 3 VOB/B fruchtlos getätigt worden ist und danach gemahnt worden ist.[1740)]

Es liegt im Ermessen des Auftragnehmers, wie er seine Leistungserstellung durchführt und den vertraglich vereinbarten Endtermin hält.

Durch die verspäteten Planlieferungen liegt – unabhängig vom Leistungsstand des Auftragnehmers – zunächst einmal eine auftraggeberseitig verursachte Soll-Ist-Abweichung vor; ob sie auch zu einer Behinderung mit Zeit- und Kostenfolgen führt, kann nur im Zusammenhang mit dem Ist-Geschehen der Baustelle beurteilt werden.

Auftraggeberseitige Argumente, die darauf hinzielen, dass das langsame Bauen des Auftragnehmers verhindert habe, dass schon frühzeitig auf die zögernde Planerstellung der Fachingenieure hingewiesen worden sei, sind nicht stichhaltig; es ist einzig und allein Aufgabe des Auftraggebers, für eine ordnungsgemäße Planung und eine frühzeitige und fristgemäße Planlieferung an den Auftragnehmer zu sorgen.

1481 Schlechtwettertage, deren fristverlängernde Wirkung bauvertraglich vereinbart ist, führen übrigens auch dann zur Fristverlängerung, wenn der Auftragnehmer überpflichtmäßig in der Schlechtwetterzeit arbeitet.

11.4.3 Begrenzte Teilverzögerung (Aufholung von Stillstandskosten?)

1482 Durch eine Behinderung wegen verspäteter Planung ist ein Stillstand aufgetreten, der dazu führt, dass die für die Herstellung der Wände notwendigen, von einer Verleihfirma angemieteten Wandschalungselemente etwa einen Monat nutzlos auf der Baustelle herumliegen, aber Miete zu zahlen ist. Sicherlich sind die Mietkosten für diesen Stillstandsmonat auftraggeberseitig zu ersetzen.

Was gilt aber dann, wenn wegen Ausbleibens des Winters nach einem Stillstand die Bauerstellung zügiger abläuft als geplant und die Wände deshalb doch noch (ohne Zeitverlust) zum ursprünglich geplanten und für die Kalkulation der Mietkosten maßgeblichen Termin fertiggestellt wurden? Die „nutzlose" Miete für die Stillstandszeit ist trotzdem vom Auftraggeber zu zahlen, weil die spätere Zeiteinsparnis nichts mit dem behinderungsbedingten Stillstand zu tun hat. Der Schaden ist und bleibt entstanden, der „Wetterausfall" kommt dem Auftraggeber möglicherweise bezüglich der Frist, aber nicht bezüglich des Schadens zugute.

Man kann von einer **„begrenzten Teilverzögerung** bzw. einem **begrenzten Teilstillstand"** sprechen (s. auch Rdn. 1259, 1441). Jede Teilverzögerung (bzw. -stillstand) ist für sich zu betrachten und darf nicht mit anderweitigen Einflüssen, die durch sie nicht berührt sind, vermengt werden.

Der **Auftraggeber** kann deshalb dem Auftragnehmer **nicht mit Erfolg** entgegenhalten, die Stillstandszeit sei durch zufällig schönes Wetter wieder aufgeholt worden.[1741)]

Stillstandszeit kann also **aufgeholt** werden, einmal entstandene **Stillstandskosten** sind „verlorenes Geld". Sofern nach dem Stillstand geringere Aufwendungen als geplant entstehen, hat das in der Regel nichts mit dem Stillstand zu tun, sondern damit, dass nunmehr bei wieder unbehindertem Ablauf die Kostenrealität günstiger als die Kostenpro-

---

1740) Zu dieser Vorgehensweise bei „Nicht-Vertragsfristen" vgl. Kapellmann/Langen, Einführung in die VOB/B Rdn. 65 ff.

1741) Die Behinderung hat dann nur **nicht auch noch** eine Bauzeitverlängerung verursacht. Zum Ganzen schon Kapellmann/Schiffers, BauR 1986, 615, 630, 631; ebenso Daub/Piel/Soergel/Steffani, VOB/B Erl. 6.98, 6.100, Beck'scher VOB-Kommentar/Motzke, Teil B § 6 Nr. 4, Rdn. 24. Der **BGH** hat in der Entscheidung „Behinderungsschaden I", BauR 1986, 347 deshalb **mit Recht** festgestellt, die Einhaltung der bauvertraglich vereinbarten Bauzeit schließe den Ersatz von behinderungsbedingten Mehrkosten nicht aus. Unzutreffend deshalb Nicklisch/Weick, VOB/B § 6 Rdn. 38.

gnose ist. Anders ausgedrückt: Wenn später in der „Nachstillstandszeit" die Ist-Kosten unter den Soll-Kosten der Angebotskalkulation bleiben, hat der Auftragnehmer einen optimalen Ablauf geplant oder einfach Glück; liegen die Ist-Kosten über den Soll-Kosten, ist das sein Pech.

11.4.4 Der „schnelle" Auftragnehmer – Ablaufplanung des Auftragnehmers „schneller" als Terminplanung des Auftraggebers (versteckte Zeitreserve)

Was gilt aber für den Fall, dass eine auftraggeberseitig verursachte Bauablaufverzögerung bezüglich der Gesamtbauzeit dadurch aufgefangen wird, dass im **Bauablaufplan des Auftragnehmers eine Zeitreserve (Pufferzeit)** vorgesehen war? Ist dem Auftragnehmer dafür eine Gegenleistung zu erbringen, dass „seine" Zeitreserve („Puffer") nunmehr anderweitig „benutzt" werden soll?
Unter dem **Aspekt der Bauablaufsteuerung** steht die Zeitreserve sicherlich dem **Auftragnehmer** zur freien Disposition zu. Sollte er sie benötigen, weil z. B. aus Gründen, die er und nicht der Auftraggeber zu vertreten hat, ansonsten Terminrückstände oder Kosteneinwirkungen auftreten würden, so kann er frei über sie verfügen. **Seine Zeitreserve** steht ihm im Zusammenhang mit seinem Arbeitsablauf voll zur Verfügung. 1483

Benötigt der Auftragnehmer aber seine Zeitreserve nicht, so gibt es keinen Grund, warum eine Zeitreserve (Puffer) nicht dazu dienen soll, Behinderungen seitens des Auftraggebers aufzufangen. Wird durch Inanspruchnahme einer solchen auftragnehmerseitigen Zeitreserve ein Terminrückstand und/oder zusätzlicher Aufwand vermieden, so entsteht kein Schaden. Dem Auftragnehmer steht keine Zusatzvergütung allein dafür zu, dass er eine von ihm nicht benötigte Zeitreserve „hergibt".[1742)]
Unter dem **Aspekt der finanziellen Auswirkung** wird die Inanspruchnahme einer auftragnehmerseitigen Zeitreserve nur dann zu Mehrkosten führen, wenn dadurch höhere zeitabhängige Kosten (z. B. verlängerte Schalungsmiete) für die betroffene Tätigkeitskette auftreten. Es handelt sich dann wiederum um eine „begrenzte Teilverzögerung" (vgl. Rdn. 1482). 1484

Weiterhin ist zu fragen, was gilt, **wenn der Auftragnehmer** seinen **Bauablauf so geplant hat, dass** er vorzeitig **vor** dem auftraggeberseitig gesetzten **Bauende abgeschlossen** sein soll (Stichwort **„Schneller Auftragnehmer"**, vgl. oben Rdn. 124). Bei unserem Beispielprojekt (vgl. **Abb. 5**, S. 31) würde das z. B. derartig aussehen, dass der Auftraggeber eine Bauzeit vom 1. 7. bis 31. 3. vorgegeben hätte, der Auftragnehmer aber seine Arbeitsvorbereitung so durchführt und den mit dem Auftraggeber vereinbarten Terminplan so aufgestellt hat, dass vor Ende Februar Bauende ist. Demgemäß hat er auch seine zeitabhängigen Kosten kalkuliert. Tritt nunmehr eine **auftraggeberseitige Behinderung** ein, die dazu führt, dass ein Bauablauf bis Ende März unumgänglich ist, so treten dadurch auch **zusätzliche**, nicht kalkulierte **zeitabhängige Kosten** auf. 1485

Der Auftraggeber kann sich in einem solchen Fall nicht darauf zurückziehen, dass sowieso durch den Vertrag eine Bauzeit bis Ende März vorgesehen gewesen sei. Begründung: Die auftraggeberseitig vorgegebene Bauzeit ist eine Zeitspanne, innerhalb derer der Auftragnehmer seine Leistung fertigzustellen hat. Das heißt: Der Auftraggeber hat Anspruch auf Erstellung des Bauwerks durch den Auftragnehmer innerhalb der vorgegebenen Zeit. Er hat aber keineswegs Anspruch darauf, dass der Auftragnehmer gewissermaßen permanent in dieser Zeit an der Baustelle tätig ist, dass der Auftragnehmer die Zeit vollständig

---

[1742)] Zum zeitlichen Aspekt ebenso Beck'scher VOB-Kommentar/Motzke, Teil B vor § 6, Rdn. 99; Vygen/Schubert/Lang, Bauverzögerung, Rdn. 378. A.A. Genschow/Stelter, Störungen im Bauablauf, S. 36.

ausnutzt und dass der Auftragnehmer den Einsatz seiner Produktionskapazitäten vor Ort gegebenenfalls sogar streckt. Etwas anderes würde nur dann gelten, wenn dauernde Präsenz auf der Baustelle ausdrücklich vereinbart worden ist, weil beispielsweise Gerüste und Hilfspersonal für Drittgewerke zur Verfügung stehen müssen. Da der Auftragnehmer einen Anspruch auf einen kontinuierlichen Bauablauf hat, da der Auftraggeber eine „zügige, ungehinderte Arbeit ermöglichen muss",[1743] muss er sich jedenfalls dann nach den vom Auftragnehmer vorgelegten, kürzeren Ausführungsfristen in seiner eigenen Mitwirkungspflicht (Bereitstellung der Pläne) richten, wenn der die kürzeren Ausführungsfristen beinhaltende Terminplan ihm zugegangen ist, er ihn zur Kenntnis genommen hat und ihm nicht widersprochen hat, wenn er also keinen Hinweis darauf gegeben hat, dass aus besonderen Gründen für ihn eine „gestreckte" Bauausführung wesentlich sei. Demzufolge kann der Auftraggeber dem Auftragnehmer nicht mit Erfolg entgegenhalten, dass er eine längere – nämlich die auftraggeberseitig eingeräumte – Bauzeit als Vorhaltezeit für Geräte usw. hätte einkalkulieren müssen.[1744]

1486 Der Fall liegt natürlich anders, wenn der Auftragnehmer seine verkürzten Terminvorstellungen dem Auftraggeber nicht vorab mitteilt und nur stillschweigend davon ausgeht, dass die von ihm kalkulierte schnellere Durchführung auf keinerlei Schwierigkeiten stoßen wird – auch nicht wegen der Notwendigkeit früherer auftraggeberseitiger Mitwirkungspflichten.

1487 Sofern die Mitteilung über eine schnellere Durchführung vom Auftragnehmer erst nach Auftragserteilung erfolgt, hat der Auftragnehmer keinen Anspruch darauf, dass der Auftraggeber seine Planunterlagen früher liefert als bislang vereinbart worden ist.

1488 Sofern die Situation des „schnellen Auftragnehmers" auf einen Sondervorschlag zurückgeht, ist gemäß Rdn. 120, 121 zu unterscheiden, ob der Sondervorschlag als solcher beauftragt worden ist oder ob er nur vom Auftraggeber „geduldet worden ist".
Im ersteren Falle gilt das, was unter Rdn. 1485 besprochen worden ist, im zweiten Falle gilt das, was unter Rdn. 1487 besprochen worden ist.

1489 Abschließend ist noch zu fragen, was für den Fall gilt, dass der Auftragnehmer in seiner **Kalkulation** eine recht **lange Vorhaltezeit** kalkuliert hat, im **Terminplan** aber eine „kranerfordernde Ausführungszeit" aufgeführt hat, die z. B. 1 Monat **kürzer** als kalkuliert ist.

Wenn nunmehr Behinderungen auftreten, die eine Verlängerung der „kranerfordernden Ausführungszeit" bedingen, aber andererseits nicht zu einer Bauzeitverlängerung führen: Dürfen dann Mehrkosten für Kranvorhaltung angesetzt werden? Sicherlich nicht, da ja gegenüber der **ursprünglichen Kostenermittlung** sowohl keine Längerbeanspruchung des Produktionsfaktors „Kran" als auch keine Mehrkosten entstehen. Die Aussage in der Kalkulation ist insoweit **maßgebend**.

11.5 Anrechnung von Einsparungen?

1490 Unerörtert ist noch, ob sich der Auftragnehmer im Schadensfall finanzielle Einsparungen anrechnen lassen muss. Da es beim Schaden um eine Differenzrechnung geht, würde die Nichtberücksichtigung von Einsparungen dazu führen, dass der Auftraggeber angebliche Kosten bezahlen muss, die gar nicht entstanden sind. Das gilt auch und gerade dann, wenn die Einsparung an Kosten auf eigenen Leistungen des Auftragnehmers beruht, z. B. auf einer verbesserten Ablaufplanung. Diese einleuchtende Feststellung bedarf jedoch ei-

---

[1743] Oben Rdn. 1480.
[1744] Bestätigt von OLG Düsseldorf BauR 1996, 862 mit Anm. Kapellmann.

ner Einschränkung, nämlich der, dass sie nur für nachträgliche Schadensfeststellungen und -regelungen gilt.

Ist dagegen eine **Behinderung abgeschlossen** und sind ihre noch **zu erwartenden Folgen überschaubar**, so **kann jetzt eine Vereinbarung getroffen** werden – hierfür spricht die mögliche klare Abgrenzung zwischen Ursache und Wirkung, die auch die noch kommenden finanziellen Auswirkungen einbeziehen. Als Beispiele verweisen wir auf die aus einer Behinderung resultierende Verlängerung einer Vorgangskette (vgl. Rdn. 1261).

Tritt nach Abschluss einer solchen **Vereinbarung** zur Regelung der Kostenfolgen einer abgeschlossenen Behinderung ein **Umstand** ein, der günstiger oder ungünstiger ist als derjenige, der der Schadensregelung zugrunde lag, so bleibt dieser Umstand ohne Auswirkung. Einigen sich z. B. Auftraggeber und Auftragnehmer über einen modifizierten Sollablauf und die damit verbundene Bauzeitverlängerung, so spielt es **keine Rolle**, ob nunmehr ein milder oder „polarer" Winter zu einem ganz anderen Ende der Produktionsvorgänge führen.

Somit gilt für solche nach Behinderungsende, aber vor Bauende getroffenen Schadensregelungen (Behinderungsnachträge), dass sie auch zukünftige Auswirkungen der Behinderung beinhalten und finanziell regeln. Sie entsprechen also den Preisvereinbarungen, die bei Vertragsabschluss für noch zu erstellende Leistungen getroffen werden. Der Auftragnehmer muss alle Abweichungen vom Erwarteten als eigenes Glück oder Risiko hinnehmen. Die Frage ist, ob man unter diesen Umständen dem Auftragnehmer eine solche Vereinbarung zur Höhe des Schadensersatzes überhaupt anraten soll; ohnehin kann der Auftraggeber den Auftragnehmer dazu nicht zwingen. Eine weitere Frage ist, ob der einzelne Auftragnehmer mit seiner augenblicklichen Arbeitsvorbereitung und Bauleitung sich dazu überhaupt in der Lage sieht, die noch zu erwartenden Auswirkungen zu antizipieren.

11.6 Der Ausschluss des entgangenen Gewinns

11.6.1 Vereinbarkeit der Regelung des § 6 Nr. 6 VOB/B mit AGB-Recht?

§ 6 Nr. 6 VOB/B bestimmt, dass der entgangene Gewinn nur dann ersetzt wird, wenn den Auftraggeber Vorsatz oder grobe Fahrlässigkeit trifft. Ist diese Haftungsbeschränkung zu Lasten des Auftragnehmers mit AGB-Recht vereinbar? § 309 BGB regelt allerdings, dass eine Begrenzung der Haftung für einen Schaden zulässig ist, sofern nicht die Haftung bei Vorsatz oder grober Fahrlässigkeit ausgeschlossen wird. Trotz dieser Spezialvorschrift bleibt aber immer noch in Anwendung der Generalklausel des § 307 BGB zu prüfen, ob die Haftung für geringeres als grobes Verschulden ausgeschlossen werden darf, ob nämlich eine solche Regelung den Auftragnehmer unangemessen benachteiligt.

1491

Die Antwort lautet allgemein, dass diese Haftungsbeschränkung (nur) deshalb hinnehmbar sei, weil sie für beide Seiten gilt. Auch der Auftraggeber kann vom Auftragnehmer gemäß § 6 Nr. 6 VOB/B z. B. bei Verzug des Auftragnehmers mit der Fertigstellung des Werkes Schadensersatz nur ohne entgangenen Gewinn verlangen, sofern der Auftragnehmer nicht vorsätzlich oder grob fahrlässig gehandelt hat.

So sehr man auf der einen Seite akzeptieren muss, dass man vom Auftragnehmer eigentlich nicht erwarten kann, z. B. bei Baustillstand bis zu drei Monaten installiertes Gerät (z. B. Turmdrehkran) bei leichter Fahrlässigkeit des Auftraggebers ohne anteiligen Zuschlag für

Gewinn vorzuhalten, wenn sogar die gesetzliche Entschädigungsvorschrift des § 642 BGB den Gewinn nicht ausschließt,[1745] so sehr muss man andererseits sehen, dass der **Haftungsvorteil** abstrakt gesehen den **Haftungsnachteil** aufwiegen könnte:

Der Auftraggeber gibt typischerweise mehr auf, wenn er auf den Ersatz des entgangenen Gewinns verzichtet: Der Schaden, der z. B. aus der verspäteten Vermietbarkeit des **Gesamtobjekts** folgt, weil ein Auftragnehmer eines **Gewerks** in Verzug war, ist in seinem Ausmaß nur „schwer überschaubar"[1746] und jedenfalls typischerweise höher als der anteilige Gewinn, der dem Auftragnehmer im umgekehrten Fall bei verlängerter Bauzeit durch Behinderung seiner Produktionsfaktoren entgeht.

Wenn man allerdings **den Gedanken konsequent weiterführt,** so sollte auch umgekehrt nur **der** entgangene Gewinn des Auftragnehmers nicht ersetzt werden, dessen möglicher Eintritt für den Auftraggeber „schwer überschaubar ist". Das heißt: Der Auftragnehmer soll **nur** den **entgangenen Gewinn nicht** geltend machen können, der ihm auf einer **neuen Baustelle** z. B. wegen der Verzögerung der bisherigen Baustelle entgeht. Dagegen ist es nicht „schwer überschaubar", welchen Gewinn der Auftragnehmer für **diese** Baustelle kalkuliert hat, insbesondere, wenn die Kalkulationsgrundlage offengelegt worden ist; sehr oft wird die Kalkulationsgrundlage ja offengelegt. Es erscheint deshalb bedenklich, dem Auftragnehmer durch Streichung des Gewinnzuschlags auf die Behinderungskosten Gewinn vorzuenthalten, wenn er beispielsweise behinderungsbedingt Personal und Gerät monatelang länger einsetzen muss, statt es andererseits mit Gewinnzuschlag einsetzen zu können.

Entgangener Gewinn ist nach der Definition des Bundesgerichtshofs anzunehmen, wenn der Geschädigte infolge Beeinträchtigung seiner Produktionsmittel diese nicht gewinnbringend einsetzen kann und deshalb einen Ausfall beim Einsatz seiner Produktionsmittel erleidet.[1747]

Bei Behinderungen **muss** der Auftragnehmer aber gerade seine Produktionsmittel einsetzen, warum dann „ohne Gewinn"? In Wirklichkeit ist deshalb die Entschädigung wie eine Vergütung zu sehen, der Schadensersatzanspruch ist „vergütungsgleich". Das macht den Gewinnausschluss schwer verständlich. Deshalb ist der kalkulierte Gewinn auf der Baustelle trotz des Wortlauts des § 6 Nr. 6 VOB/B zu ersetzen.[1748]

Auch im Rahmen der „als Ganzes" vereinbarten VOB/B kann man bei anderer Auslegung die Haftungsbeschränkung des § 6 Nr. 6 VOB/B nicht als gültig ansehen.[1749]

1492 Wird der Ausschluss des entgangenen Gewinns isoliert vereinbart, ist das ohnehin unwirksam.

[1745] Nicklisch, Heidelberger Kolloquium Technologie und Recht 1984 (erschienen 1985), 83 ff., 96 ff.; Nicklisch/Weick, VOB/B § 6 Rdn. 51; Einleitung §§ 4–13 Rdn. 62.
[1746] Vgl. BGHZ 65, 372, 376 = BauR 1976, 126. Die Entscheidung datiert vom 11. 12. 1975 und betrifft also einen Fall vor Inkrafttreten des AGB-Gesetzes.
[1747] Zuletzt BGH WM 1989, 1434, 1435.
[1748] Wir stimmen also abweichend von BauR 1986, 622 insoweit den Überlegungen von Nicklisch zu. Eine solche einschränkende **Auslegung** des § 6 Nr. 6 VOB/B hält sich im Rahmen „behutsamer Normauslegung", es bedarf deshalb auch nicht der Unwirksamkeitsfolge nach AGB-Recht (zur „behutsamen Auslegung" der VOB vgl. Weick, Festschrift Korbion, S. 451 ff., 462). Wie hier Kniffka/Koeble, Kompendium, Teil 8, Rdn. 31.
[1749] Siehe auch Kapellmann, in: Kapellmann/Messerschmidt, VOB/B § 6, Rdn. 72.

11.6.2 Kalkulatorische Zinsen als entgangener Gewinn?

Kalkulatorische **Zinsen**, d. h. Zinsen auf das eingesetzte Eigenkapital, sollen nicht zu ersetzen sein, weil sie Gewinn seien.[1750]
Betriebswirtschaftlich sind kalkulatorische Zinsen für Eigenkapital Kosten, steuerrechtlich sind sie Gewinn. Sie werden unter den Allgemeinen Geschäftskosten erfasst. Wenn es korrekt wäre, dass kalkulatorische Zinsen nicht zu ersetzen seien, so würde der Schadensersatzanspruch davon abhängen, wie der jeweilige Auftragnehmer sich finanziert.
Ein Auftragnehmer, der nur Eigenkapital einsetzt, könnte für das zur Geschäftsfinanzierung eingesetzte Kapital bei Schadensersatzforderungen keinerlei Zinsen ansetzen, wohingegen ein Auftragnehmer, der mit wenig Eigenkapital und hohen Krediten arbeitet, die zu zahlenden Fremdzinsen voll ansetzen dürfte.

1493

Erweitert wird dieses Beispiel um eine zweite Art von kalkulatorischen Kosten, nämlich um den kalkulatorischen **Unternehmerlohn**. Jede Kapitalgesellschaft hat ihren Vorstand oder Geschäftsführer. Ganz gleich, ob es sich um einen Anteilsinhaber oder einen Fremden handelt, sein Gehalt zählt zu den steuerwirksamen Aufwendungen, die in die „Allgemeinen Geschäftskosten" einfließen.
Der Maurermeister, der selbst vor Ort mitarbeitet, verursacht für sich selbst keine steuerlichen Aufwendungen. Sofern er mit seinen zwei oder drei Mitarbeitern „vor Ort" behindert wird, dürfte er für die bei seiner persönlichen Arbeitsdurchführung auftretenden Leistungsausfälle nichts schadensersatzwirksam ansetzen. Anders ausgedrückt: Ihm bleibt nur die Hoffnung darauf, dass dort, wo er arbeitet, keine Behinderungen auftreten. Das kann nicht richtig sein: Sonst müßte unser Maurermeister bei auftraggeberseitig verursachten Behinderungen fast buchstäblich „verhungern".

1494

Der Ausschluss des entgangenen Gewinns – nur das ist ja das Problem – soll nach der ohnehin sehr fragwürdigen Regelung in § 6 Nr. 6 VOB/B den Schaden klein halten, weil der Auftraggeber sich sonst „unüberschaubaren Risiken" gegenübersieht. Um dieses Ziel zu erreichen, muss der Auftragnehmer jedoch nicht auch noch sein Kapital oder seine eigene Arbeitskraft ohne Vergütung bereitstellen. Auch bei diesem Unterfall der „Allgemeinen Geschäftskosten" ist also eine „normative Schadenskorrektur" ebenso angebracht wie bei der Betrachtung der „Allgemeinen Geschäftskosten" generell (siehe oben Rdn. 1431).

1495

11.6.3 Grobe Fahrlässigkeit

Entgegen der täglichen Praxis wird der **Ersatz des entgangenen Gewinns** ohnehin trotz allem häufig auch dann in Betracht kommen, wenn man mit der noch überwiegenden Auffassung auch den kalkulierten Gewinn dieser Baustelle als ausgeschlossen ansieht, weil **grobe Fahrlässigkeit** des Auftraggebers bzw. seiner Erfüllungsgehilfen in einer Vielzahl von Fällen **zu bejahen** ist. Wer z. B. so spät die Ausführungsplanung beginnt, dass die rechtzeitige Planvorlage nicht mehr gelingen kann, handelt grob fahrlässig.

1496

[1750] Heiermann/Riedl/Rusam, VOB/B § 6 Rdn. 50 unter Berufung auf Daub/Piel/Soergel/Steffani, VOB/B Erl. 6.102; Daub/Piel/Soergel/Steffani bejahen aber gerade, dass die Zinsen zum zu ersetzenden Schaden gehören; sie erläutern nämlich im Zusammenhang mit den kalkulatorischen Zinsen auch mögliche Inflationsverluste, die **Schaden** seien, und führen diese Inflationsverluste als **weiteren** effektiven Kostenfaktor auf.

11.7 Mehrwertsteuer

1497 Es ist strittig, ob ein Schadensersatzanspruch aus § 6 Nr. 6 VOB/B der Mehrwertsteuer unterliegt.[1751] Dafür spricht nach unserer Meinung, dass in einer Vielzahl von Fällen derselbe Anspruch sowohl nach § 2 Nr. 5 VOB/B als vertraglicher Vergütungsanspruch wie nach § 6 Nr. 6 VOB/B als Schadensersatzanspruch deklariert und zugebilligt wird, unabhängig von der Frage, ob das nun im Einzelfall richtig ist oder nicht; erst recht gilt das, wenn konkurrierend auch ein „Entschädigungsanspruch" aus § 642 BGB bejaht wird, der mehrwertsteuerpflichtig ist (s. unten Rdn. 1650). Die Mehrwertsteuerpflicht hinge dann davon ab, welche Anspruchsnorm zuzuordnen wäre – bei Anspruchskonkurrenz bestünde dann immer Mehrwertsteuerpflicht.

Auf eine derartig subtile Unterscheidung kann es nicht ankommen, sondern nur auf die Struktur des Anspruchs: Der Auftraggeber schuldet Ersatz für die „vergebliche" Bereitstellung von Produktionsmitteln; das ist eine Leistung des Auftragnehmers, die der Auftraggeber durch die Bezahlung seinerseits vergütet, wenn auch „vergütet" nicht wörtlich im Rechtssinn; der Ersatzanspruch ist aber inhaltlich „vergütungsgleich".

Der BGH hat empfohlen,[1752] hinsichtlich der Mehrwertsteuer eine Feststellungsverpflichtung statt einer Leistungsverpflichtung zu verlangen, solange die Frage der Mehrwertsteuerpflicht noch nicht von der Steuerrechtsprechung geklärt sei.

12 Abstrakte Schadensberechnung, konkrete Schadensberechnung

12.1 Unterschiedliche Ausgangsbasis für Mehrvergütungsansprüche bei Nachträgen gemäß § 2 VOB/B und für Behinderungsschadensersatzansprüche gemäß § 6 Nr. 6 VOB/B

1498 Die Ermittlung einer Mehr**vergütung** für **geänderte oder zusätzliche Leistungen** (§ 2 Nr. 5, 6, 8 VOB/B) sah so aus: Für die Nachtragsvergütung kommt es nicht auf die Ist-Kosten an, hier werden vielmehr die Vertragspreise und somit die Angebotskalkulation als Ausgangsbasis herangezogen und „fortgeschrieben". Somit erfolgt die Nachtragskalkulation **ohne** Rücksicht auf tatsächlichen Aufwand.
Deshalb berührte es damals auch nicht, ob die Ansätze der Angebotskalkulation realistisch waren oder nicht. Sie sind die Basis für die vereinbarten Preise, also gelten sie auch für die Ermittlung neuer Preise als Ausgangsbasis. Die Mehr- oder Minderkosten der neuen Leistungen konnten wir auf der Basis von – gegebenenfalls unrealistischen – Kosten der Bezugsleistungen mit Hilfe von Ermittlungssystemen aus Fachliteratur, Lieferantenpreislisten etc. fortschreiben.
Sofern keine brauchbaren Angaben in einer Vorkalkulation (sei es Angebots- oder Auftragskalkulation) zu finden waren, hatten wir unter Rückgriff auf den vertraglich verein-

---

[1751] Für Mehrwertsteuerpflicht Dähne, BauR 1978, 429, 433; Kapellmann, BauR 1985, 123, 124; gegen Mehrwertsteuerpflicht KG ZfBR 1984, 129, 132; OLG Düsseldorf, BauR 1988, 487. Differenzierend Beck'scher VOB-Kommentar/Motzke, VOB/B § 6 Nr. 6, Rdn. 115. Näher noch Kapellmann, in: Kapellmann/Messerschmidt, VOB/B § 6, Rdn. 76.
[1752] BGH BauR 1986, 347.

barten Einheitspreis der Bezugsleistung mit Hilfe von Ermittlungssystemen den Preis der modifizierten Leistung ermittelt (vgl. Rdn. 1000 ff.).
Die „Entschädigungsberechnung" gemäß § 642 BGB (s. Rdn. 1648 ff.) folgt ebenfalls diesen Grundsätzen.

Bei der **Schadens**ermittlung gemäß **§ 6 Nr. 6 VOB/B** sind aber nicht die Grundlagen Basis der Preisermittlung, sondern die „hypothetischen Aufwendungen bei unbehinderter Ausführung" festzustellen; Schaden ist die Differenz zwischen dem behinderungsbedingten **Ist-Aufwand** aus einer Behinderung und dem vorerwähnten (hypothetischen) Soll-Aufwand „bei unbehinderter Ausführung".[1753] Das heißt, es ist zwingend eine Hypothese (nämlich der Soll-Aufwand bei unbehinderter Ausführung, dieser Aufwand ist ja tatsächlich **nicht** entstanden und nur plausibel „rekonstruierbar") mit einer Tatsache (dem behinderungsbedingten Ist-Aufwand aus der Behinderung) zu vergleichen. 1499

Die Problematik liegt schon in der Hypothese als solcher, nämlich in der Annahme, dass als Ausgangsbasis der Soll-Aufwand der unbehinderten Ausführung **richtig** festgestellt werden kann, dass also eine deterministische „Prognose" der Kosten bei komplizierten und längerfristigen Systemen (hier: der Bauproduktionsprozess) möglich ist. In der Regel führen nämlich schon kleinste ungenaue Vorgaben nach einiger Zeit zu beachtlichen Abweichungen zwischen prognostiziertem Soll und dem Ist. Es ist deshalb eine Utopie, zu glauben, dass es bei definierten Vorgaben einen ganz bestimmten „Gleichgewichtszustand" gäbe. Tatsache ist, dass bei einem Organismus, wie es eine Baustelle ist, vielerlei Gleichgewichtszustände und somit auch **„Kostenzustände"** möglich sind. Das, was früher galt, muss heute nicht mehr richtig sein. Nur dann, wenn laufend Informationen über das bisherige Ist erfasst und verarbeitet werden – vgl. z. B. Aufwandswert-Soll-Ist-Vergleiche und Plausibilitätsnachweise, Rdn. 1593 ff. –, können begrenzte und jeweils aktuell angepasste Vorhersagen getroffen werden.
Strenggenommen weiß also niemand genau, welcher Aufwand entstanden **wäre**, wenn es keine Behinderung gegeben hätte und unter „normalen" Bedingungen gearbeitet worden wäre.
Über diese Hypothese, den Aufwand bei unbehinderter Ausführung, kann man folglich zwingend nur annähernde Angaben machen. Oder anders ausgedrückt: **Die als Basis** für die Berechnung des Schadensersatzanspruches gemäß § 6 Nr. 6 VOB/B heranzuziehenden Soll-Kosten sind nicht bekannt, sondern nur plausibel **annähernd** zu ermitteln. Dagegen lässt sich das **Ist**, also der Ist-Aufwand für die behinderte Ausführung, relativ leicht anhand der Betriebsbuchhaltung feststellen. Das heißt aber nicht, dass dieser Aufwand auch ausnahmslos behinderungsbedingt angefallen ist.

Den richtigen, behinderungsbedingten Schaden festzustellen, ist also offensichtlich nicht einfach. Mehrere Methoden (oder Auswege!) werden diskutiert:
- Vorabvereinbarung von „Einheitspreisen" (dazu Rdn. 1500)
- Abstrakte Schadensberechnung (dazu Rdn. 1501 ff., 1515 ff.)
- Konkrete Schadensberechnung (dazu Rdn. 1552 ff.)
- damit verbunden, aber auch als selbständige Methode, plausible Ursachen- und Schadensschätzung (dazu Rdn. 1612 ff.)

12.2 Vereinbarte Schadensberechnung durch „Einheitspreisliste"?

Auftraggeber versuchen oft, insbesondere in Allgemeinen Geschäftsbedingungen, durch „Einheitspreislisten" künftige Behinderungsschadensfälle zu erfassen. 1500

[1753] BGH „Behinderungsschaden I" BauR 1986, 347, 348, Einzelheiten oben Rdn. 1419. Es gibt also hier keine „Bindung an den alten Preis".

In solchen Einheitspreislisten sollen zu den Bietern für angenommene Behinderungsfolgen im Voraus „Einheitspreise" festgelegt werden. Das hat mit einer einzelfallbezogenen Schadensermittlung nichts zu tun, sondern ist vielmehr der Versuch, das Problem einer ja oft schwer kontrollierbaren Schadensentwicklung auf der Basis schon vorab festgelegter Annahmen im Voraus durch Preise zu erfassen.

Rechtlich sind somit „Einheitspreise" für künftige Behinderungen Vergütungs-Eventualpositionen. Sie enthalten in der Regel keine sachgerechte Lösung und sind außerdem in Allgemeinen Geschäftsbedingungen des Auftraggebers unwirksam.[1754)]

Als Beispiel für eine Ausnahme verweisen wir auf Anhang A, Unterlage a 1.1 LB 013, Pos. 1.1. Dort wird im Ausschreibungsstadium für den nicht unbedingt zu erwartenden, aber als „Beschleunigungsmaßnahme" ins Kalkül einbezogenen Fall der nachträglichen Einbringung der Bodenplatte durch eine Eventualposition der zugehörige Einheitspreis angefragt. Hier geht es also um einen konkret beschriebenen Sachverhalt, der auch kalkuliebar ist.

12.3 Abstrakte Schadensberechnung zulässig?

12.3.1 Äquivalenzkosten-Methode

1501   Behinderungsfolgen können sich überlagern, verstärken und verknüpfen (Kettenreaktion), so dass schließlich eine definitive Feststellung der konkreten Verknüpfung von Behinderung einerseits, Schaden andererseits, also die Feststellung von Ursache und Wirkung, schwierig ist. Darüber hinaus ist es in einer Vielzahl von Fällen in der Praxis problematisch, die Mehrkosten selbst klar festzustellen, insbesondere dann, wenn die Aufgabe der Dokumentation nicht ernst genug genommen wird.

Um dieser verständlicherweise gerade von behinderten Auftragnehmern als mißlich empfundenen Problematik aus dem Weg zu gehen, wäre es elegant, wenn es eine Methode gäbe, die mühselige Kleinarbeit überflüssig machte, auf Einzeldokumentation mehr oder minder verzichten könnte und demzufolge natürlich einer konkreten Schadensberechnung oder einer an konkrete Anhaltspunkte anknüpfenden Schadensschätzung vorzuziehen wäre, weil weniger aufwendig und auch nachträglich – z. B. durch Gutachtertätigkeit – zu erstellen.

Vor diesem Hintergrund hat Gutsche, anknüpfend an baubetriebliche Störungsuntersuchungen von Burkhardt, eine **abstrakte Schadensberechnung** vorgeschlagen,[1755)] wobei die Bezeichnung richtiger lauten würde „abstrakte Ursachen- und Schadensfeststellung". Diese also von baubetrieblicher Seite vorgelegte abstrakte Schadensberechnung hat rechtliche Relevanz deshalb gewonnen, weil das Kammergericht in einer Entscheidung dieser Berechnungsmethode von Gutsche gefolgt ist,[1756)] während der Bundesgerichtshof dieses Urteil aufgehoben und die Möglichkeit einer abstrakten Schadensberechnung verworfen hat.[1757)]

1502   Ist die Entscheidung des Bundesgerichtshofs richtig?

[1754)] **Einzelheiten** oben Rdn. 587.
[1755)] Bauwirtschaft 1984, 1123 ff., 1163 ff.
[1756)] BauR 1985, 243 – nur Leitsatz.
[1757)] BGH „Behinderungsschaden I" BauR 1986, 347 = ZfBR 1986, 30; wir besprechen die Äquivalenzkostenmethode als Beispiel für abstrakte Verfahren trotz der berechtigten Ablehnung durch den BGH deshalb ausführlich , weil wir durch dieses Buch auch der Praxis vermitteln **wollen**, dass es keinen zwingenden Grund gibt, abstrakte Verfahren anzuwenden.
Die **Schätzungsmöglichkeit gemäß § 287 ZPO reicht auch in den kritischen Fällen völlig aus**; vgl. Rdn. 1612 ff.

Der Grundgedanke dieser so genannten Aquivalenzkosten-Methode ist folgender:
Der Auftragnehmer legt seiner Baudurchführung einen internen, mit der Baufristvorgabe des Auftraggebers abgestimmten Bauzeitplan zugrunde. Dieser ist ein Bauzeiten-Soll (Soll-1-Ablauf) mit darin integrierten Soll-Planeingangsdaten. Kommt es zu auftraggeberseitigen Behinderungen, so haben diese (angeblich notwendigerweise?) bestimmte negative Folgen für den Bauablauf (z. B. Leistungsabfall und/oder Bauzeitverlängerung), die zu Mehrkosten führen. Für jeden Vorgang wird in Tabellenform ein Soll-Ist-Vergleich der Planeingänge aufgestellt (Soll-Eingang nach vertraglicher Festlegung oder „branchenüblich" angenommen). Die „**maßgebende** Planlieferverzögerung" wird festgelegt; in der Regel ist dies der Zeitraum zwischen der jeweiligen Soll-Planlieferung und der zugehörigen letzten Lieferung von Plänen, die für die Ausführung „maßgeblich beeinflussende Änderungen" beinhalten (alle Änderungen müssen also auf die baubetrieblichen Folgen hin bewertet werden). Sodann wird eine Vorwärtsrechnung (!) des Soll-1-Ablaufs unter Berücksichtigung der maßgebenden Planlieferverzögerung vorgenommen (die jeweilige Planlieferverzögerung verschiebt den Vorgang zeitlich um den gleichen Zeitraum). Das Ergebnis ist ein zeitlich verlängerter Ablaufplan (Soll-2-Ablauf).

Beim Soll-2-Ablauf handelt es sich also jetzt um einen Terminplan, der für **jede** Abweichung einer Ist-Planlieferung vom Termin der Soll-Planlieferung sofort eine entsprechende Verschiebung des mit dieser Planlieferung „gekoppelten" Vorgangs vornimmt. Somit führt der Fall, dass die Lieferung einer einzigen Erstfassung eines Planes oder einer baubetrieblich maßgeblichen Änderung zeitlich hinter dem angesetzten Soll-Liefertermin liegt, **sofort** zu einer Verschiebung des (bzw. der) mit diesem Planliefertermin gekoppelten Vorgangs (bzw. Vorgänge).

Es wird also außer acht gelassen, dass **keineswegs jede** sich als Soll-Ist-Abweichung ergebende **Störung zu Bauzeitverlängerungen** und Mehrkosten **führen** muss.[1758]

Da der berechnete Soll-2-Ablauf „wegen eventuell falscher Überlappungen (der Vorgänge) technologisch überhaupt nicht oder unter Umständen nur unwirtschaftlich ausführbar wäre", wird sodann „die Vorwärtsrechnung des Soll-2-Ablaufplanes unter Berücksichtigung der ursprünglich vorgesehenen technologischen Ablauffolge nach Soll-1" überarbeitet, so dass „die härtesten Bedingungen (Planlieferverzug **oder** Überlappung aus technologischer Verknüpfung) . . ." zur größten Terminverlängerung führt. Das Resultat dieser Prozedur ist ein zeitlich verlängerter Ablaufplan (Soll-3-Ablauf) unter Berücksichtigung der tatsächlichen Planlieferverzögerungen bei unveränderter Ablauffolge nach Soll-1.[1759]

Es bleibt bei dieser Berechnung außer Betracht, dass der ursprünglich geplante (optimale?) Ablauf Vorgangsanordnungen beinhaltet, die nicht terminbestimmend sind, aber „irgendwie" innerhalb eines Spielraums – er darf nicht mit dem Begriff Pufferzeit verwechselt werden – in die Ablaufketten einzugliedern sind.[1760] Es ist deshalb **nicht richtig**, ohne baubetriebliche Überprüfung der Ablaufanordnungen den **ursprünglichen Bauzeitplan „mechanisch" fortzuschreiben**. Es stellen sich nämlich in der modifizierten Fassung in der Regel Ablaufgegebenheiten ein, die kein Arbeitsvorbereiter oder Bauleiter in seiner ursprünglichen Arbeitsvorbereitung jemals vorgegeben hätte.

Gerade hier liegt aber der Dreh- und Angelpunkt des Verfahrens.

1503

[1758] Wir haben die **Unrichtigkeit dieser Annahme** ausführlich unter Rdn. 1253-1266 besprochen.
[1759] Gutsche, a. a. O., 1133.
[1760] Als Beispiel verweisen wir auf die Herstellung der Bodenplatten in TP-Soll von Anhang D 1. Für sie kommen die Ausführungspläne zu spät. Durch Verlegung der Ausführungszeit dieser Bodenplatten auf Schlechtwettertage kann eine Bauzeitverlängerung wegen eines begrenzten Teilstillstands auf dem scheinbar kritischen Weg verhindert werden; das ist gemäß § 6 **Nr. 3** VOB/B auch **geforderte** Maßnahme.

Als Schaden werden nämlich „jene Mehrkosten definiert, die sich auf der Basis der Angebotskalkulation aus dem **Kostenvergleich Soll-3 gegen Soll-1 ergeben**". Begründung laut Gutsche:[1761] „Mit diesen kalkulativen Mehrkosten **hätte** der Bauunternehmer angeboten, wenn ihm die tatsächlich später eingetretenen, nicht von ihm zu vertretenden Behinderungen **bekannt gewesen wären.**"
Hiergegen ist schon vorab zu sagen: Es ist schon – wie noch unter Rdn. 1573 ff. darzulegen – nicht zwingend, dass die Angebotskalkulation die hypothetischen Soll-Kosten ohne Behinderung korrekt wiedergibt. Dieses Argument kann jedoch zurückstehen, da ja Gutsche mit seiner Methodik innerhalb der Kostenansätze der gegebenenfalls unrealistischen Angebotskalkulation bleibt und sich somit aus „unterkalkulierten" Angeboten kein Vorteil für den Auftragnehmer ergibt.

1504 Ganz sicherlich ist der Gedanke des „geschlossenen Systems" bestrickend. Aber: Jegliche **Problematik** von Auskömmlichkeit der Angebotskalkulation und detailliertem **Nachweis zur Kausalität** zwischen der Störung und dem tatsächlichen (Ist-)Kostenanfall ist elegant umschifft - oder anders ausgedrückt: Die Äquivalenzkostenmethode **verzichtet auf jeden Nachweis eines Ursachenzusammenhangs** zwischen Störungen (Behinderungen) und Ist-Kosten (vgl. auch Rdn. 1510).

1505 Die Äquivalenzkostenmethode lebt außerdem von der Behauptung, dass ein Bauunternehmer bei Wissen über die später tatsächlich erfolgten Planlieferungen einen Bauablauf gemäß Soll-3 geplant **hätte**.
Es gibt unseres Erachtens **keinen einzigen Grund,** bei schleppender Planlieferung eine Ablaufstruktur beizubehalten (entgegen § 6 Nr. 3 VOB/B!), die von einer viel zügigeren Planlieferung ausgeht (nämlich der des Soll-1-Plans). Diese Ablaufstruktur ist doch explizit durch den Bezug auf die „tatsächlichen Planlieferungen" **ausgeschlossen**.
Sofern darauf abgehoben wird, dass Ausgangspunkt die bislang ungestörte, nach Soll-1-Plan ablaufende Bauproduktion sein soll, so wird jeder Unternehmer für den Fall, dass nunmehr plötzlich **mit einem Schlag** alle Planlieferverspätungen bekanntgemacht werden, sicherlich einen Bauablauf planen, der den Kapazitätseinsatz an die neuen Gegebenheiten anpaßt. Bei sich lang hinstreckenden Planlieferungen werden also „Kapazitätsausdünnungen und Ablaufumstellungen" (vgl. wiederum § 6 Nr. 3 VOB/B) vorgenommen; der Soll-1-Plan wird keine Rolle mehr spielen.
Muß sich der Auftragnehmer dagegen laufend an verspätet eintreffende Pläne anpassen, so wird jeder Unternehmer nach ein oder zwei relevanten Planverspätungen und daraus resultierenden Behinderungen davon ausgehen, dass auch der weitere Bauablauf unter diesen Voraussetzungen ablaufen wird. Er wird versuchen, durch Kapazitätsabbau keine Intensitätsabfälle und keinen Leerlauf aufkommen zu lassen. Auf jeden Fall wird er nach Ausweicharbeiten suchen und seinen Ablaufplan den eingetretenen und den noch zu erwartenden Gegebenheiten anpassen, d. h., er wird seine Kapazitätsplanung neu durchdenken.

1506 Deshalb ist es auch **nicht richtig,** dass der Soll-3-Plan die Gesamtbauzeit wiedergibt, „zu deren Einhaltung der Unternehmer hätte verpflichtet werden können und zu dem der Unternehmer auch gekommen wäre, wenn er unter Fortschreibung der Behinderungen und ihrer Auswirkungen ‚nach Vorschrift' gearbeitet hätte".[1762]
Kein einmal erstellter Terminplan darf – gekoppelt mit Planlieferterminen – als ein **geschlossenes System** betrachtet werden, innerhalb dessen allein die Möglichkeiten zur Baufertigstellung liegen. Das ergibt sich allein schon daraus, dass der Auftraggeber gemäß § 1 Nr. 3 und Nr. 4 VOB/B Leistungsänderungen und Zusatzleistungen anordnen darf.

[1761] Gutsche, a. a. O., 1163, 1166.
[1762] Gutsche, a. a. O., 1163, 1166.

Aber zurück zur Behinderung: Man stelle sich vor, ein einziger von insgesamt 10 einem Vorgang zuzurechnenden Ausführungsplänen käme um 3 Tage zu spät, jedoch noch 1 Tag vor Ausführungsbeginn; dürfte sich nunmehr der Auftragnehmer erlauben, auf Kosten des Auftraggebers seine Kolonnen nach Abschluss ihrer vorherigen Arbeiten 3 Tage herumstehen zu lassen, bevor er mit den Arbeiten für den neuen Vorgang beginnt?

Wegen der systemimmanenten Annahme von Gutsche, dass keinerlei Umdisposition vorgenommen wird – und damit auch schon dem **Verstoß** gegen § 6 Nr. 3 VOB/B –, ergibt sich ein Soll-3-Plan, dessen Ende extrem spät liegt und **der zu „Mehrkosten" führt, die nie und nimmer entstanden sein können oder jedenfalls wenig Nähe zur Realität haben.** Die „Heilung" dieses Problems erfolgt gemäß Gutsche dadurch, dass er in einem nächsten Schritt vom Ist-Bauende ausgeht und die Reduzierung der theoretischen „Bauzeitverlängerung" zwischen Ist und Soll-3 als auftragnehmerseitige Beschleunigung (!) deklariert, die entsprechende zusätzliche Vergütungsansprüche des Auftragnehmers auslöst.[1763]

Ist das richtig? Stimmt es, dass dann, wenn die Ist-Bauzeit kürzer als die Soll-3-Bauzeit ist, der Auftragnehmer **über seine Pflicht hinaus gehandelt** und folglich **automatisch vergütungspflichtig** (?) mehr Kapazität eingesetzt hat?[1764]

Es stimmt nicht: „Eine rein **abstrakte** Lösung, die **unterstellt**, dass Beschleunigung und Verzögerung gleich teuer sind und die dementsprechend als **Äquivalent** für aufgewendete Beschleunigungsmaßnahmen auch solche Verzögerungszeiten vergütet, die zwar rechnerisch ermittelt, **aber tatsächlich nicht eingetreten** sind, erscheint angesichts der baubetrieblichen Nachweismöglichkeiten **nicht angebracht.**"[1765] Das ist noch sehr zurückhaltend formuliert.

Abschließend sei zur Äquivalenzkostenmethode darauf hingewiesen, dass sie dann, wenn die Istbauzeit länger dauert als die Soll-3-Bauzeit, die überschießende Zeit außer acht läßt, da sie dem Auftragnehmer zugerechnet wird. Dieser Fall ist wegen konsequenter Zuordnung von Planeingang und Bauablauf – wenigstens für deutsche Verhältnisse – sehr unwahrscheinlich.

12.3.2 Die ablehnende Rechtsprechung des BGH

Das Kammergericht hielt eine solche abstrakte Schadensberechnung für zulässig und notwendig, weil eine **konkrete** Schadensermittlung bei Großbaustellen gar **nicht möglich** sei.

Der **Bundesgerichtshof** hat das Urteil des Kammergerichts aufgehoben und mit Recht entschieden, dass eine solche **abstrakte Schadensberechnung unzulässig ist.**[1766]

Der Bundesgerichtshof stützt seine Entscheidung in erster Linie auf den Wortlaut des § 6 Abs. 6 VOB/B; danach ist nämlich der **„nachweislich"** entstandene Schaden zu ersetzen. So einfach das Argument ist, so richtig ist es: Gerade weil der Text auf den „nachweisbaren" Schaden verweist, ist damit klargestellt, dass ein **konkreter** Mehrkostennachweis

---

[1763] Die Rechenprozeduren, die zu dieser „Beschleunigungsvergütung" führen, werden von Gutsche dargelegt auf S. 1166 f.
[1764] Neben allen anderen Einwendungen ist schon die These unzutreffend, wenn der Auftragnehmer überpflichtgemäß arbeite, sei das automatisch vergütungspflichtig; wir verweisen auf unsere ausführlichen Darlegungen zum Thema „Beschleunigung", Rdn. 1462.
[1765] Zutreffend Vygen/Schubert/Lang, Bauverzögerung, Rdn. 390; ebenso Plum, Sachgerechter und prozessorientierter Nachweis von Behinderungen, S. 52.
[1766] BGH „Behinderungsschaden I" BauR 1986, 347 = ZfBR 1986, 130; zustimmend heute die ganz herrschende Auffassung, vgl. Kapellmann/Schiffers, BauR 1986, 615; Vygen/Schubert/Lang, Bauverzögerung, Rdn. 291 ff.; Olshausen, Festschrift Korbion, S. 323, 334; Ingenstau/Korbion/Döring, VOB/B § 6 Nr. 6, Rdn. 43; Franke/Kemper/Zanner/Grünhagen, VOB/B § 6, Rdn. 105; a. A. Grieger, BauR 1987, 378; Clemm, Betrieb 1985, 2597.

zu verlangen ist; dass jedenfalls **annähernd konkrete** (plausible) **Nachweise möglich sind,** haben wir dargelegt und führen es noch an Beispielen aus; **zulässige Schätzungsmöglichkeiten** erörtern wir unter Rdn. 1612 ff.

1510 Darüber hinaus führt die abstrakte Schadensberechnung zu Ergebnissen, die zwar bei Geschäften des Alltags oder bei kaufmännischen Standardsituationen zu akzeptieren sein mögen, die aber angesichts der vielschichtigen Probleme auf einer Baustelle und der unübersehbaren Auswirkungen nicht akzeptiert werden können, **nämlich zu Ersatzpflicht ohne Schaden.**[1767]) Die abstrakte Schadensermittlung verzichtet nämlich auf die Klärung des wirklichen oder jedenfalls belegt-plausiblen Ursachenzusammenhangs zwischen Behinderung und Schaden und ignoriert damit die Realität der konkreten Bauausführung.[1768])

Durch die **Ignorierung des Ursachenzusammenhangs** hätte die Äquivalenztheorie gemäß Gutsche einen hohen „friedensstiftenden" Wert (u. E. zugunsten des Auftragnehmers). Er wird nicht nach Dokumentation gefragt, Auseinandersetzungen über Ursache und Wirkung fallen nicht an. Die Rechenprozedur ist eine „black box", in die unstrittige Ist-Planeingänge eingegeben werden und die anhand des Schemas von Soll-1 letztlich zum Ergebnis von Soll-3 führt. Kein Wort ist darüber zu verlieren, ob der Ursprungsterminplan (Struktur und der damit verbundene Kostenanfall) richtig war und ob es nicht doch noch Ablaufänderungsmöglichkeiten ohne oder mit geringe Mehrkosten gegeben hätte.

Die Äquivalenztheorie ermittelt also nicht den Schaden, der belegt-plausibel eingetreten ist, sondern den, der unter bestimmten Ausnahmen hätte eintreten *können*, wäre **alles entsprechend der gesetzten Hypothese** verlaufen.

1511 Schon diese Prämissen der Äquivalenztheorie stimmen jedoch nicht: Der vertragliche vereinbarte **Bauzeitenplan** (Soll-1) bietet **keine sichere Gewähr** dafür, **dass** er – sofern auftraggeberseitige Behinderungen nicht anfallen würden – die **realistische Bauausführung** wiedergibt (vgl. Rdn. 1266). Außerdem ist er in der Regel wenig detailliert, d. h., sehr viele Einzelvorgänge der auf ihn aufbauenden Teil-Ablaufplanung sind i.d.R. an einen einzigen global festgelegten Planliefertermin geknüpft.

Außerdem steht wohl außer Frage, dass bei der Ur-Ablaufplanung und insbesondere bei der „nachträglichen Anpassungsplanung" (die keineswegs Einzelfall ist) Behinderungsauswirkungen auch „kreiert" werden können.

1512 Die Äquivalenztheorie hat endlich auch den Nachteil, dass sie hohe Anforderungen an den stellt, der sie einsetzen will. Der sachkundige Baufachmann vor Ort ist sicherlich nicht in jedem Fall auch ein Fachmann für abstrakte Methoden. Der Ausweg ist, dass abstrakte Methoden **gutachterorientiert** sind, d. h., eine wichtige Aufgabe des Baumanagements (sowohl auf Auftraggeber- wie auf Auftragnehmerseite) wird während der Bauausführung nicht oder wenig wahrgenommen, da sich „schon jemand" finden wird, der die Angelegenheit gutachterlich richtet. Kraß ausgedrückt: Abstrakte Methoden bergen die Gefahr in sich, dass die Bauleitung – bewußt oder unbewußt – zu wenig Dokumentation erbringt mit der Folge, dass auch die frühzeitige und kooperative Problembekämpfung durch Auftragnehmer und Auftraggeber ins Hintertreffen gerät.

[1767]) Unter Rdn. 1140 wurde beispielsweise besprochen, dass die Herstellung des zusätzlich angeordneten Untergeschosses, die etwa 20 AT dauert (vgl. TP-Soll'2 in Anhang E, Unterlage g 4, Blatt 1), problemlos durch Ablaufumstellungen in den bisherigen Bauablauf eingefügt werden kann (vgl. TP-Soll'2 in Anhang E Unterlage g 4, Blatt 2 und 3), obwohl auf den ersten Blick eine Bauzeitverlängerung unumgänglich zu sein scheint.

[1768]) Vgl. dazu Kapellmann/Schiffers, a. a. O., 620.

Der **Bundesgerichtshof** hat **zutreffend** erkannt, dass gerade auch auf Großbaustellen die 1513
Erfassung des Solls, der Störungen und der Störungsfolgen grundsätzlich möglich ist. Dazu
dient gerade eine **ordnungsgemäße Dokumentation,** wie noch zu erörtern. Verbleibende
Beweisprobleme lassen sich im Wege der **Schätzung gemäß § 287 ZPO** ausräumen.[1769)]

Das Äquivalenzkostenverfahren kann allerdings durchaus Bedeutung haben, aber nur in 1514
der Form, dass es **als Kontrollinstrument die Obergrenze eines überhaupt möglichen
Schadens angibt.**[1770)]

12.4 Sonderfall: „Abstrakte" Schadensberechnung bei Gebrauchsgütern (Gerätestillstand, verlängerte Gerätevorhaltung) zulässig

12.4.1 Unterschiedliche Ansatzpunkte

Der Schaden, der durch Gerätestillstand und verlängerte Vorhaltung von **Gebrauchsgü-** 1515
tern[1771)] – also Geräte, Schalung usw. – anfällt, die **Eigentum des Auftragnehmers** sind,
bedarf gesonderter Prüfung.

Für vom Auftragnehmer **angemietete Gebrauchsgüter** ist die Sache einfach. **Schadens-** 1516
wirksam ist der **Betrag,** der **an den Vermieter** z. B. für längere Vorhaltung zu zahlen ist –
also schlichter **konkreter** Schaden. Sieht der Mietvertrag vor, dass je Kalendertag oder
Monat ein bestimmter Betrag zu zahlen ist, so spielt die Frage, ob das Gebrauchsgut überhaupt oder nur in verringertem Umfang **im Einsatz** ist, **keine Rolle.**

In ähnlicher Weise regeln **Baufirmen** die interne „Vermietung" ihrer **eigenen Gebrauchsgü-** 1517
ter
– insbesondere ihrer Geräte – an ihre Baustellen. Sie berechnen **intern** dem Baustellenkonto
je Kalendertag oder Monat einen bestimmten **Betrag** für die „**Zurverfügungstellung**". Ziel
ist, dass der wirtschaftlich denkende Bauleiter dafür sorgt, das Leistungsquantum des jeweiligen Gebrauchsguts (z. B. Kran, vgl. Rdn. 23) möglichst voll auszuschöpfen und möglichst
bald für die Leistungserstellung auf anderen Baustellen zur Verfügung zu stellen. Dahinter
steht das Oberziel, dass das im Gebrauchsgut steckende Kapital effektiv arbeiten soll und
schnell über die Vergütung für die erstellten Leistungen ins Unternehmen zurückfließen soll.
Das ist auch ein erster Aspekt für die Schadensberechnung für eigene Gebrauchsgüter.

Der zweite Aspekt ist: Jedes Gebrauchsgut[1772)] – oder anschaulicher: jedes Gerät – hat 1518
eine bestimmte **Nutzungsdauer** (vgl. Rdn. 22), innerhalb derer „ein Gerät erfahrungsgemäß wirtschaftlich eingesetzt werden kann".[1773)] Mit jedem **Einsatz** wird von der Nutzungsdauer des Geräts ein Stück „**verbraucht**".
Wird ein Gerät auf einer Baustelle vorgehalten, aber nicht (oder nur wenig) **eingesetzt,** so
wird – bildlich gesprochen – nichts (oder nur wenig) „verbraucht". Dieses Bild muss allerdings etwas zurechtgerückt werden, weil – die Baugeräteliste weist auf Seite 12 darauf
hin – **technische Überalterung** und **Witterungseinflüsse** *auch bei stillstehenden Geräten*

[1769)] Siehe dazu näher unten Rdn. 1612 ff.
[1770)] BGH a. a. O. 350; Kapellmann/Schiffers, a. a. O., 633; Vygen/Schubert/Lang, Bauverzögerung, Rdn. 300.
[1771)] Zum Begriff Gebrauchsgüter siehe Rdn. 23.
[1772)] Wenn wir ab jetzt von Gerät sprechen, so nur als pars pro toto für alle Gebrauchsgüter, also auch für Schalung, Unterkunftscontainer usw.
[1773)] Die Baugeräteliste **2001** verwendet diese Definition nicht mehr und sagt auf S. 10: „Die Nutzungsdauer werden in der Baugeräteliste ausgedrückt in 4.1.1 Nutzungsjahre, 4.1.2 Vorhaltemonate."

zur **Verminderung der Restnutzungsdauer** führen. Anders ausgedrückt: Obwohl das Gerät nicht eingesetzt wird, „schrumpft" seine Restnutzungsdauer trotzdem, wenn auch nur wenig.
Was bedeutet das für das jeweilige Einzelgerät und den jeweiligen Schadensfall? Nur, dass – statistisch gesehen – **bei Stillstand** zwar **ebenfalls ein Wertverzehr** auftritt, der zur Verringerung der noch **zu erwartenden** Nutzungsdauer des Geräts führt, dieser Wertverzehr jedoch geringer ist als derjenige, der bei arbeitendem Gerät auftritt. Wie groß dieser **verringerte Wertverzehr** tatsächlich ist, ist im **Einzelfall quantitativ nicht oder kaum feststellbar.**

1519 Beide Aspekte zielen auf dasselbe, nämlich auf die sachgerechte Ermittlung der für die „Zurverfügungstellung" von eigenem Gerät anfallenden Kosten.
Durch den Begriff **„Vorhaltezeit"** schafft die **Baugeräteliste** einen Ausweg, diesen (scheinbaren) Gegensatz aufzulösen. Unter Vorhaltezeit versteht sie **die Zeit, in der ein Gerät** für eine bestimmte **„Baustelle zur Verfügung"** steht und anderweitig nicht darüber disponiert werden kann".[1774]
Der Bezug zur „Nutzungsdauer" ergibt sich gemäß Baugeräteliste wie folgt: **Je Gerätetyp** sind die „Vorhaltemonate" das Ergebnis langjähriger Erfahrung der Baupraxis. Sie sind in **„Von-bis-Werten"** angegeben, um u. a. auch die vom Durchschnitt abweichenden Einzelfälle zu berücksichtigen. Sie gelten unter der Voraussetzung einer „mittelschweren Belastung bei einschichtiger Arbeitszeit . . ."[1775]

Die in der Baugeräteliste angegebenen Vorhaltemonate (genaugenommen: Die Gesamtsumme aller zu erwartenden Vorhaltemonate) machen nur einen Teil der je Gerät angegebenen Nutzungsjahre (= Nutzungsdauer gemäß AfA-Tabellen) aus. Die **Baugeräteliste berücksichtigt** bei ihren Werten, dass **stets** mit **Zeiten** zu rechnen ist, **in denen** ein Gerät **nicht** auf einer Baustelle **vorgehalten** wird. Die Baugeräteliste gibt also je Gerät einen Zirkaanteil (von–bis) für die zu erwartenden Vorhaltemonate an den insgesamt theoretisch möglichen Vorhaltemonaten (sie ergeben in ihrer Summe die Nutzungsjahre) an. Die Vorhaltemonate dienen kostenrechnerisch als Hilfsgröße dazu, die Beträge für die Wiedereinbringung der angefallenen Geräteaufwendungen zu ermitteln. Wie wird das bewerkstelligt?
Betrachten wir ein ausgemustertes Gerät: Alle für das Gerät angefallenen Aufwendungen werden summiert, durch die Vorhaltemonate geteilt und ergeben mittlere monatliche „Mietkosten". Dieser Erfahrungswert bildet dann die Ausgangsbasis für die Ermittlung der zukünftig anzusetzenden „Gerätemieten". Nach demselben Schema werden – nicht unbedingt von der Höhe her, aber der Sache nach – die **innerbetrieblichen** „Mietsätze" und die vom Gerätevermieter geforderten Mietsätze ermittelt.

1520 Das beträchtliche Problem, dass man bei eigenem **Gerät** die dem tatsächlichen Aufwand entsprechenden **„Mietsätze" erst am Lebensende** des jeweiligen Geräts genau **feststellen** kann, ist geradezu unbedeutend gegenüber der Frage, **welcher Wertverzehr** bei Geräte**stillstand** oder bei **verlängerter** Gerätevorhaltung (bei gleichzeitig unverändertem Bauinhalt) entsteht.

1521 Auftraggeber behaupten gelegentlich, dadurch, dass Geräte **behinderungsbedingt bei unverändertem Leistungsumfang länger** auf der Baustelle **vorgehalten** werden müssten, entstünde gar kein Schaden, da ja nur das vorab festgelegte und kalkulatorisch zugrunde gelegte Leistungspensum erbracht werde und das Gerät somit durch die längere Vorhaltung in keiner Weise zusätzlich beansprucht werde. Somit stünden auch am Bau-

---
[1774] Baugeräteliste 2001, S. 13.
[1775] Baugeräteliste 2001, S. 12.

Schadensberechnung bei Gebrauchsgütern   Rdn. 1522–1524

stellenende gleich viele Rest-Vorhaltemonate für das Gerät an, wie sie sich ohne Behinderung ergeben hätten[1776)]

Dem steht eine andere Meinung gegenüber, die davon ausgeht, dass Gerätekosten nun einmal – innerbetrieblich wie außerbetrieblich – bezogen auf die „Mietzeit" berechnet werden. Ganz abgesehen davon komme es gar nicht auf nachvollziehbare Zahlungsvorgänge oder getätigte Abschreibungen an. Würde nämlich ein abgeschriebenes Gerät durch auftraggeberseitiges Verschulden zerstört, müßte ja auch der Auftragnehmer so gestellt werden, wie er ohne Zerstörung dagestanden hätte: nämlich im Eigentum eines leistungsfähigen Gerätes.   1522

Dähne[1777)] hat hierzu einen Lösungs**vorschlag** vorgestellt, der davon ausgeht, dass **bei Gerätestillstand** bzw. bei **längerer Vorhaltung** (ohne Zusatzleistung) **weniger Wertverzehr** am Gerät entsteht, als wenn es in dieser Zeit seine Normalleistung – was immer das sei – erbracht hätte. Anderseits berücksichtigt Dähne aber auch, dass wegen technischer Veralterung, Witterung usw. auf jeden Fall ein Wertverzehr auftritt. Er trifft für beide Fälle   1523
– **Stillstand** und
– **längere Vorhaltung** bei unverändertem Bauinhalt
Annahmen über den Wertverzehr und entwickelt **Rechenprozeduren** zur Schadensermittlung.

Die von Dähne getroffenen Annahmen gelten schematisch – gleichsam als Mittelwert – für alle Gerätearten und -typen. Dähne lässt außer acht, dass die einzelnen Bauunternehmen unterschiedliche Leistungsspektren und somit auch einen unterschiedlichen Auslastungsgrad für die verschiedenen Gerätearten haben.[1778)]

Aufgrund des Vorschlages von Dähne und wegen des Vergabehandbuchs[1779)] haben Drees/Bahner (heute Drees/Paul) ab der zweiten Auflage ihres Kalkulationsbuchs[1780)] ihre im Rahmen der Schadensberechnung durchzuführenden Rechenprozeduren geändert. Bauer[1781)] legt einen ähnlichen Vorschlag zur Berücksichtigung eines verringerten Wertverzehrs vor.   1524
Lang geht nur teilweise mit Dähne konform[1782)] und plädiert für höhere Vorhalte- und Reparaturkosten bei verlängerter Vorhaltung. Dagegen akzeptiert er, dass nach Dähne bei Stillstand keine Reparaturkosten anzusetzen sind. Bezüglich der Vorhaltekosten für Stillstand verweist er auf die Regelung der Baugeräteliste.[1783)]

1776) In diesem Zusammenhang wird dann auch geäußert, dass ohne Behinderung das Gerät auf dem Bauhof abgestellt worden wäre; vgl. Schlenke, Bauzentralblatt 1984, Nr. 10, S. 72.
1777) Dähne, BauR 1978, 429 ff. Dazu Vygen/Schubert/Lang, Bauverzögerung, Rdn. 312.
1778) Darauf gehen wir noch unter Rdn. 1525 ff. genauer ein.
1779) Das „Vergabehandbuch des Bundes im Zuständigkeitsbereich der Finanzbauverwaltungen", Ausgabe 2002, Stand: April 2005 sagt unter 3.2 zu § 6 VOB/B: „Sofern Stillstandszeiten überhaupt als Schaden in Betracht kommen können (!), dürfen Abschreibungssätze, wie sie in Baugerätelisten oder ähnlichen Kalkulationen dienenden Hilfsmittel ausgewiesen sind, als Nachweis nicht anerkannt werden.".
1780) Drees/Paul, Kalkulation von Baupreisen, heute 8. Auflage.
1781) Bauer, Bauwirtschaft 1987, 372 ff.
1782) Lang, Ein Verfahren zur Bewertung, S. 30 ff.
1783) Baugeräteliste 2001, S. 13 ff. Hierzu ist festzuhalten, dass die Baugeräteliste von der Voraussetzung „höhere Gewalt" ausgeht (vgl. Ziffer 4.4 bzw. 8.4). Nur unter dieser Voraussetzung wird für die ersten 10 Kalendertage der Ansatz der vollen Abschreibungs-, Verzinsungs- und Reparaturkosten und ab dem 11. Kalendertag folgende Regelung vorgesehen: 75 % von Abschreibung der Verzinsung zuzüglich 8 % für Wartung und Pflege, jedoch Entfallen der Reparaturkosten; dazu allerdings auch OLG Düsseldorf BauR 1988, 487, 489.

Rdn. 1524 — Abstrakte und konkrete Schadensberechnung

Lfd Nr.	Gebrauchsgut	Begründung	Beschäftigungsvermutung ja	Beschäftigungsvermutung nein	Leistungsgerät	Bereitstellungsgerät	Schaden durch Vorhaltung	Schaden durch Reparatur
1	Hochbaukran	Sofern der Kran durch verlängerte Vorhaltezeit zusätzlich verfügbare Arbeitszeit hat, wird diese mindestens zum Teil für Hilfen in Anspruch genommen, auf die sonst hätte verzichtet werden müssen. Kräne werden in Hochbauunternehmen i.d.R. kontinuierlich eingesetzt.	X			X	++	+(+)
2	Elementschalung	Der Verschleiß von Schalung ist einsatz- und witterungsbedingt. Bei gleich bleibendem Bauinhalt ändert sich die Einsatzhäufigkeit nicht. Es ergibt sich nur ein Wertverzehr durch Witterung und Zinsaufwand wegen längerer Vorhaltezeit. Andererseits besteht in Hochbauunternehmen bei Elementschalung eine Beschäftigungsvermutung.	X		(X)		++	(+)
3	Bagger für Universalarbeiten	Sofern der Bagger als Universalgerät arbeitet, also Aushub-, Transport- und Hebearbeiten ausführt, ergibt sich ein ähnlicher Effekt wie beim Hochbaukran. Er wird in den zusätzlichen Präsenzzeiten für alle möglichen Hilfen herangezogen, für die er ansonsten nicht oder zuerst nicht angesprochen worden wäre. Universalgeräte werden eher kontinuierlich eingesetzt.	X		X	X	++	+(+)
4	Unterkunftscontainer	Die Nutzung ist unabhängig von dem zu erstellenden Leistungsumfang. Unterkunftscontainer werden in der Regel kontinuierlich eingesetzt.	X			X	++	++
5	Ramme	Spezialgerät: kontinuierliche Beschäftigung ist zu belegen.			X	X	(+)	(-)
6	Bagger für Aushub	Sofern der Bagger als Leistungsgerät eingesetzt wird und zwischenzeitlich nicht abgezogen wird, wird der unveränderte Leistungsumfang innerhalb eines längeren Zeitraums erbracht. Eine ansonsten mögliche kontinuierliche Beschäftigung ist zu belegen.			X	X	(+)	(-)
7	Raupe, Grader für Baustraßenpflege	Sofern diese allein zur Pflege von Baustraßen eingesetzt werden, werden sie in der verlängerten Vorhaltezeit in gleichem Umfang beansprucht wie in den vorab kalkulierten Vorhaltezeiten.			X	X	++	++
8	Raupe, Grader für Deckenbau	Sofern diese Geräte als Leistungsgeräte beim Deckenbau eingesetzt werden, wird ein unveränderter Leistungsumfang innerhalb eines längeren Zeitraumes erbracht.			X	X	(+)	(-)
9	Kombination aus 7 und 8	Sofern diese Geräte sowohl zur Baustraßenpflege als auch als Leistungsgerät zum Deckenbau eingesetzt werden, ergibt sich ein „kontinuierlicher Effekt" aus 7 und 8.			X	X	+(+)	+

Legende für Schadensauswirkungen:

- ++ volle Auswirkung wie bei Normaleinsatz
- + teilweise Auswirkung wie bei Normaleinsatz
- - keine Auswirkung
- ( ) mit Einschränkungen
- X zutreffender Fall

Abbildung 41   Schadensauswirkungen bei Gebrauchsgütern bei auftraggeberseitig bedingtem Stillstand bzw. verlängerter Vorhaltung, unabhängig davon, ob Bauinhaltsmodifikationen vorliegen oder nicht

Schließlich hat Hager ein „Verfahren zur Berechnung von Gerätestillstands- und Geräteüberstundenkosten"[1784] erarbeitet, das sich eng an die Vorgaben der Baugeräteliste und die Erfahrungswerte der Praxis für Betriebsstunden von Gebrauchtmaschinen anlehnt; es ermöglicht eine relativ verursachungsgerechte Ermittlung der jeweiligen Gerätekosten.

Zusammenfassend ist festzuhalten, dass keine einhellige Meinung besteht und außerdem selten keine Differenzierung nach Gerätearten und Einsatzbedingungen vorgenommen wird.

12.4.2 Die Abhängigkeit des Schadens von Geräteart und -einsatz (Leistungsgerät, Bereitstellungsgerät)

Betrachten wir deshalb folgenden Fall: Bei unverändertem Bauinhalt wird **ohne** zwischenzeitlichen Stillstand ein **verlängerter** Einsatz von Gebrauchsgütern durch auftraggeberseitige Behinderungen verursacht (zum Stillstandsfall Rdn. 1532). Die Auswirkungen dieser Behinderung auf verschiedene Gebrauchsgüter haben wir in **Abb. 41**, S. 706 zusammengestellt. 1525

Der Vorschlag von Dähne wird hinsichtlich der **Vorhaltung** den unter lfd. Nr. 5 und 6 aufgeführten Gerätearten und -einsatzbedingungen (Ramme und Bagger für Aushub) sicherlich gerecht. Es ist nicht mehr Spundwandfläche zu rammen und kein Kubikmeter Erde zusätzlich auszuheben; somit entsteht durch Behinderung und verlängerte Vorhaltung nur Wertverzehr durch Witterung, Alterung und häufigeres Ein- und Ausschalten. Zusätzliche Reparaturkosten sind – wenn überhaupt – nur aus Witterungsgründen und wegen des häufigeren Ein- und Ausschaltens zu erwarten. 1526
Auf das Spezialgerät Ramme wartet in der Regel nicht unbedingt ein Anschlussauftrag; sofern der Aushubbagger irgendwo benötigt worden wäre, hätte man ihn wahrscheinlich längst per Tieflader abgeholt.

Der Ansatz von Dähne wird jedoch den Bedingungen von lfd. Nr. 4 (Unterkunftscontainer) nicht gerecht. Unterkunftscontainer unterliegen bei längerer Vorhaltung und Nutzung dem gleichen Wertverzehr pro Zeiteinheit, wie in der Angebotskalkulation angesetzt. Ein Zusammenhang mit dem Leistungsumfang (bei unverändertem Bauinhalt) besteht nicht. 1527

Auf die unter lfd. Nr. 3 und 1 aufgeführten Geräte (Bagger und Hochbaukran als Universalgerät) lässt sich der Vorschlag von Dähne auch nicht anwenden, da sie in der Regel auf ihrer jeweiligen Baustelle intensiv für alle möglichen Transporte genutzt werden. 1528

Sofern ein Kran oder ein Bagger wegen Bauzeitverlängerung durch die mit höchster Priorität zu erbringenden Tätigkeiten weniger stark in Anspruch genommen werden, wird ein solches Gerät in der Regel für Transportvorgänge oder Hilfen genutzt, die ansonsten hätten zurückstehen müssen.[1785] Es sei nur darauf hingewiesen, dass Intensitätsabfälle beim Personal auch zu längerer Gerätebeanspruchung führen, da der anstehende Leistungsumfang nunmehr in einem längeren Zeitraum erbracht wird. Bildlich gesprochen wird dann aus einer Autobahnfahrt eine reine Stadtfahrt, die Folgen für das Gerät sind offensichtlich. Mit einem gewissen Vorbehalt kann deshalb gesagt werden, dass sich dann der auf den ersten Blick vorhandene Zusammenhang zwischen Leistungsumfang und Wertverzehr auflöst.

[1784] BauR 1991, 284 ff.
[1785] Ganz abgesehen davon, dass bei Behinderungen (z. B. zu spät gelieferte Pläne) oft Zusatztransporte und Zusatzarbeiten wegen Arbeitsumstellung anfallen und somit das Gerät sowieso mehr in Anspruch genommen wird.

1529 Bezüglich der **Reparaturkosten** gilt Entsprechendes. Zusätzlich ist jedoch zu beachten, dass für ein Gerät der lfd. Nr. 3 und 1 – im Gegensatz zu den Geräten der lfd. Nr. 5 und 6 – **aus Erfahrungen** der Praxis heraus eine „**Beschäftigungsvermutung**" besteht.[1786]

Was bedeutet das? Es besteht die große Wahrscheinlichkeit, dass solches Gerät nicht nach Ende der jeweiligen Baustelle auf den Bauhof geht, sondern dass wegen des Ausbleibens des behinderungsbedingt „festsitzenden" Geräts von seiten der nachfolgenden Baustelle Abhilfemaßnahmen (z. B. Beschaffung von Fremdgerät, Bauablaufumstellung) getroffen werden müssen. Diesen Schaden darzulegen, bedingt viel Aufwand – ganz abgesehen von der Manipulationsgefahr.

Es liegt also doppelter Grund vor, nach einer der Realität entsprechenden Schadensersatzlösung zu suchen.

1530 Bei Elementschalung kann ebenfalls von einer „**Beschäftigungsvermutung**" ausgegangen werden.[1787] Somit fehlt behinderungsbedingte „festsitzende" Schalung an anderer Stelle. Dagegen hängen die Reparaturkosten der Schalung in erster Linie von der Zahl der Einsätze und in zweiter Linie von der Witterung ab.

1531 Betrachten wir letztendlich lfd. Nr. 7 bis 9 (Raupen bzw. Grader). Wird solches Gerät allein zur Pflege von Baustraßen usw. benutzt (lfd. Nr. 7), fallen bei unverändertem Bauinhalt all die Kosten je Monat für **Bereitstellungsgerät** – Vorhaltung und Reparatur – an, die auch bei der ursprünglich vorgesehenen Bauzeit anfallen (vgl. lfd. Nr. 4 Unterkunftscontainer); längere Vorhaltung bedingt aber auch längeren Kostenanfall.

Wird das Gerät dagegen als **Leistungsgerät** beim Straßenbau verwendet, so ergibt sich eine ähnliche Situation wie bei lfd. Nr. 1 und 2 (Ramme, Bagger für Aushub).

Letztendlich kann das Gerät sowohl als Leistungs- wie auch als Bereitstellungsgerät (Aufgabenkombination aus lfd. Nr. 7 und 8) eingesetzt sein, so dass sich eine Zwischensituation ergibt.

1532 Im **Stillstandsfall** wird gelegentlich immer noch der Nachweis verlangt, dass und gegebenenfalls wo das Gerät bei ungestörtem Bauablauf verwendet worden wäre.[1788] Das ist seit Jahrzehnten überholt: Nicht nur für Personal, auch für Gerät gilt eine „Rentabilitätsvermutung" (Beschäftigungsvereinbarung), so dass eine entsprechende Darlegung gerade **nicht** erforderlich ist.[1789]

Im **Stillstandsfall** ergibt sich Folgendes bezüglich der **Vorhaltung:**
- Für die lfd. Nr. 1, 2 und 4 (Kran, Elementschalung und Unterkunftscontainer) gilt die Beschäftigungsvermutung.
- Raupe, Grader und Bagger können abgezogen werden.
- Die Ramme kann sicherlich nicht ohne weiteres abgezogen werden; sie betrifft auch keine Beschäftigungsvermutung.

Bezüglich **Reparatur** kann davon ausgegangen werden, dass witterungsbedingt ein gewisser beschränkter Reparaturbedarf besteht.

[1786] Dazu Rdn. 1532.
[1787] Dazu Rdn. 1532. Prinzip einer Baufirma sollte sein und ist zumeist: Selten benötigte Spezialschalung wird von dritter Seite angemietet; Schalung mit in der Regel durchgehender Auslastung wird gekauft.
[1788] OLG Braunschweig, BauR 1994, 667; OLG Braunschweig, IBR 2004, 364 (im Rahmen von § 642 BGB); Werner/Pastor, Bauprozess, Rdn. 1833.
[1789] So schon ausdrücklich und zutreffend BGH „Behinderungsschaden I", BauR 1986, 615, 624; Vygen/Schubert/Lang, Bauverzögerung, Rdn. 305; i.E. Ingenstau/Korbion/Döring, VOB/B § 6 Nr. 6, Rdn. 44; Kniffka/Koeble, Kompendium, Teil 8, Rdn. 49. Dazu auch oben **Rdn. 1430**. Die Sätze der Baugeräteliste sind aber zu kürzen, vgl. Rdn. 1547.

12.4.3 Weitere Einflüsse auf die Schadensberechnung

Auf den ersten Blick müsste also das Ergebnis unserer Betrachtung lauten: Alles muss noch detaillierter erfasst werden. Unserer Meinung nach ist das aber nicht erstrebenswert, da auch ein besonders großer Aufwand doch nur zu einer Schein-Genauigkeit führt. Warum? Wo gibt es den Fall, dass eine Bauausführung zwar behindert wird, aber keinerlei Bauinhaltsmodifikation auftritt? Also müßte zusätzlich noch folgende Unterscheidung vorgenommen werden:
a) verlängerte Vorhaltung aus Behinderung (= Schadenersatzberechnung),
b) verlängerte Vorhaltung aus Bauinhaltsmodifikation (= Vergütungsermittlung auf der Grundlage der Vertragspreise).

1533

Weiterhin verwirrt sich die Situation zusätzlich; dies zeigt sich an unserem Projektbeispiel:
– Zum einen ist ein zusätzliches Untergeschoss (vgl. Anhang E) zu erstellen, wofür keinerlei zusätzliches Gerät eingesetzt werden muss, da für den zusätzlichen Leistungsumfang das vorhandene Leistungsquantum der Geräte ausreicht; für das Leistungsgerät (Bagger, Systemschalung) fällt ein zusätzlicher Wertverzehr an und wird über die zugehörigen Aushub- bzw. Schalpositionen vergütet; der zusätzliche Wertverzehr des Bereitstellungsgeräts (Kran) für die Erbringung der zusätzlichen Leistung führt zu keiner zusätzlichen Vergütung;
– sodann folgen Behinderungen (Anhang F). Soll bei ihnen nun so getan werden, als wenn in der verlängerten Bauzeit „nur" der ursprüngliche Bauinhalt zu erstellen ist (also nach dem Prinzip: Kein zusätzlicher Wertverzehr, da der gleiche Leistungsumfang nur über eine längere Bauzeit verteilt wird)?

Bevor wir unseren Vorschlag für eine einfache Problemlösung besprechen, noch abschließend folgende Fallgegenüberstellung:

1534

Fall 1:
Ein Bauunternehmer bietet ein Bauobjekt mit 10 Monaten Bauzeit an und weist in der Angebotskalkulation seine Gerätekosten aus.

Fall 2:
Dasselbe Bauobjekt wie bei Fall 1 ist anzubieten, jedoch mit einer sich aus Randbedingungen unverzichtbar ergebenden Bauzeit von 12 Monaten. Somit wären die Geräte im zweiten Fall länger auf der Baustelle, würden aber den gleichen Leistungsumfang erstellen wie bei Fall 1.
Welches Unternehmen würde im Fall 2 geringere Gerätemiete je Monat ansetzen als bei Fall 1, nur weil sich ein geringerer Wertverzehr wegen geringerer Gerätebelastung ergäbe? Wir sind sicher, dass kein Unternehmen zu finden ist. Resümee: Die spezielle Geräteauslastung auf einer Baustelle spielt praktisch keine Rolle für die Ermittlung bzw. Festlegung der Gerätemiete je Monat. Der Zusammenhang zwischen Leistungspensum und Gerätemiete ist theoretisch in manchen Fällen (siehe **Abb. 41**, S. 706) richtig, wird aber nicht praktiziert und ist auch nicht praktizierbar.

12.4.4 Vorschlag für die Praxis der Schadensberechnung

12.4.4.1 Ausgangsbasis

Die aufgeführten Verfahren[1790] treffen zum Teil schon nicht genau die Rechtslage, insbesondere aber **überfordern** sie zumindest den Großteil der Baubeteiligten auf Auftraggeber- und Auftragnehmerseite **durch ihre Kompliziertheit**.

1535

[1790] Rdn. 1523, 1524, vgl. dazu auch Diederichs, Schadensabschätzungen nach § 287 ZPO bei Behinderungen, S. 35, DVP-Jahrestagung 1996, S. 35.

Bedenkt man, dass jedes dieser Verfahren erhebliche Abstraktionen und Annahmen beinhaltet, so ist zu fragen, ob es nicht einfachere Wege gibt, um im normalen Tagesgeschäft Behinderungsfolgen für den Geräteeinsatz zu ermitteln bzw. zu überprüfen. Ziel sollte es sein, dass die Vertragsparteien auch bei kleineren und mittleren Baumaßnahmen die jeweiligen Regelungen – innerhalb des Rahmens der Rechtsprechung – selbst treffen können. Dies gilt insbesondere unter dem Aspekt, dass beide Parteien schadensmindernde Maßnahmen gemäß § 6 Nr. 3 VOB/B erörtern sollten. Wie sollte jedoch eine Würdigung schadensmindernder Maßnahmen möglich sein, wenn nicht kurzfristig nach Feststellung der Behinderungsmöglichkeiten bzw. des Behinderungseintritts der daraus resultierende Schaden ermittelt werden kann?

1536 Wir halten es deshalb **nicht für sinnvoll**, die Komplexität der heutigen Bauausführung durch eine zusätzliche Gattung von Fachleuten, nämlich „Ermittler von Behinderungskosten für den Geräteeinsatz", zu erweitern, von denen also die Parteien bei voraussichtlichen oder tatsächlichen Behinderungen Ratschläge und Berechnungen zu erbitten hätten, um ihre Ansprüche durchzusetzen bzw. die Ansprüche der anderen Seite prüfen zu können.

12.4.4.2 Alternative 1: Gerätekosten aus Kalkulation entnehmbar

1537 Die gesamte Diskussion bezüglich Baugeräteliste, Wertverzehr und Schaden braucht dann nicht geführt zu werden, wenn es eine **aussagefähige Angebotskalkulation** des Auftragnehmers gibt. Warum soll die Ermittlung von Behinderungsschäden an die BGL, also eine Tabelle mit abstrakten Bezugspunkten anknüpfen, wenn es in der Gestalt der Angebotskalkulation eine auf das spezielle Bauobjekt abgestimmte „Preisliste" für den Geräteeinsatz gibt?[1791]

1538 Dieser Ansatz entspricht einem **Urteil des OLG Düsseldorf**,[1792] in dem die Verwendung der **kalkulierten** Gerätekosten für Schadensberechnungen wie folgt begründet wird: „Die verlängerte Vorhaltezeit für Geräte und Maschinen ... führt auf seiten des Unternehmers letztlich dazu, dass er diese Maschinen und Geräte nicht unmittelbar nach dem geplanten Abschluss dieser Baustelle auf einer neuen Anschlussbaustelle einsetzen und damit die seiner Kalkulation üblicherweise zugrundeliegenden Kosten erwirtschaften kann. Bei dieser ... Betrachtungsweise wird deutlich, dass der Schaden des Unternehmers durch verlängerte Vorhaltezeit für Maschinen und Geräte den **seiner Kalkulation zugrundeliegenden Kosten entspricht.**"

1539 Ein Bieter, **der seine Geräteliste in der Angebotskalkulation ausweist,** gibt an, welche „Gerätemietkosten" er dieser Baustelle für den von ihm vorgesehenen Geräteeinsatz be-

---

[1791] Für **Leistungsgerät** gibt es wohl **in jeder Kalkulation Ansätze** und somit – insbesondere bei Vorliegen eines Terminplans – einen Berechnungsweg, um monatliche „Gerätemieten" ermitteln zu können.
Bei **Bereitstellungsgerät** hängt die Existenz der „Preislisten" davon ab, ob eine Umlage- oder eine Zuschlagskalkulation durchgeführt worden ist; eine Umlagekalkulation beinhaltet zumeist eine Ermittlung der zeitabhängigen Gerätekosten, die Zuschlagskalkulation zumeist nicht. Zu letzterem verweisen wir auf Hedfeld, Die Gemeinkosten im Baubetrieb, S. 46 ff.

[1792] OLG Düsseldorf BauR 1988, 487, 489; **Revision vom BGH nicht angenommen,** vgl. Rdn. **1431, 1532.**
Der extreme Ausnahmefall, dass Gerätekosten zu hoch angesetzt sind, muss an anderer Stelle zu niedrigeren Kostenansätzen geführt haben.
Unserem Vorschlag zustimmend Ingenstau/Korbion/Döring, VOB/B § 6 Nr. 6, Rdn. 44.

erechnen will.[1793] Solche **kalkulativ ausgewiesenen „Verrechnungspreise"** sind – Wettbewerb vorausgesetzt – beim günstigsten Bieter praktisch nie überhöht, da ja in der Regel die anderen Bieter teurer waren oder anderweitig ungünstigere Angebote abgegeben haben.
Sollte also später bei der Baudurchführung das Gerät – aus Gründen, die der Auftraggeber zu vertreten hat – länger vorgehalten werden müssen, so ist das Naheliegendste, die Ansätze der Kalkulation (auch) für die Schadensberechnung heranzuziehen.

Argumenten, dieser Betrag wäre nicht realistisch, ist entgegenzuhalten, dass die kalkulierten Werte immerhin so realistisch sind, da sie von den betroffenen Firmen als Basis ihrer eigenen Auftragsbeschaffung herangezogen worden sind. Warum soll also nicht für die durch Behinderung bedingte verlängerte „Vermietung" eigenen Geräts der Betrag ersetzt werden, der schon vorab für die bisherige „Miete" in der Kalkulation angesetzt war? Dagegen sind die Werte der Baugeräteliste abstrakte Mittelwerte mit keinerlei unmittelbarem Bezug zur geschädigten Firma.[1794]   1540

Bei Berücksichtigung der kalkulierten Mietsätze entfällt jegliche Diskussion über nachträgliche Nachweise.[1795]   1541

Somit kann auch das durch die **„Beschäftigungsvermutung"** aufgeworfene Problem der auf anderen Baustellen angefallenen Folgekosten relativ einfach gelöst werden, indem für das „festsitzende" Gerät der kalkulierte Mietsatz „vergütet" wird. Mit mehr Vergütung hat der Auftragnehmer auch ansonsten nicht gerechnet.[1796]   1542

Bezüglich des für die Vorhaltung zu ersetzenden Betrages erscheint eine Trennung zwischen   1543
– Bereitstellungsgerät und
– Leistungsgerät
notwendig.

[1793] Im Ergebnis zustimmend Vygen/Schubert/Lang, Bauverzögerung, Rdn. 305. Argumenten, auftragnehmerseitig vorgetragen, die obige Regelung sei zu restriktiv, ist entgegenzuhalten, dass es nicht angeht, mit einem „niedrigeren" Gerätepreisniveau Aufträge zu holen, um dann mit einem „überhöhten" Gerätepreisniveau „Geld zu verdienen".
Der Einwand, dass auf die Arbeitskalkulation als auftragnehmerseitige Vermutung über die zu erwartenden Kosten (vgl. Rdn. 1513) zurückzugreifen sei, bedenkt nicht: Die Aussagen der Arbeitskalkulation über Aufwandswerte, Mittellohn, Stoffkosten usw. lassen sich durch Gegenüberstellung mit den Ist-Kosten überprüfen. Nach dem oben Gesagten ist das aber für die eigenen Gebrauchsgüter des Auftragnehmers nicht möglich. Somit besteht die Gefahr, dass in der Arbeitskalkulation zu hohe „interne Mieten" für Gebrauchsgüter ausgewiesen werden. Dagegen besteht diese Gefahr bei der Angebotskalkulation nicht, da ihre „internen Mieten" in Konkurrenz zu den anderen Kostenansätzen stehen und da bei zu hohen Kosten die Gefahr droht, den Auftrag nicht zu erhalten.
Dazu kommt noch folgender Effekt: Alle Kostenansätze der Angebotskalkulation dienen als Basis für Bauinhaltsnachträge (einschließlich der aus ihnen resultierenden Baumumstandsänderungen). Somit liegt es auf der Hand, dass in der Angebotskalkulation wohl kaum ein bestimmter Kostenanfall auf Kosten anderer Kostenanfälle überhöht angesetzt wird. Außerdem ergibt sich, wenn bei Kosten von Gebrauchsgütern stets auf die Werte der Angebotskalkulation zurückgegriffen wird, der Vorteil, dass nunmehr nicht der aufwendige Versuch zu starten ist, zwischen bauinhalts- und baumumstandsbedingter Verursachung zu entscheiden.
[1794] Vgl. auch Vygen/Schubert/Lang, Bauverzögerung, Rdn. 305.
[1795] Die Geräteeinsatzintensität und die Wartung der Geräte sind von Firma zu Firma sehr unterschiedlich, beeinflussen aber in hohem Maße die Kosten je Vorhaltemonat bzw. den Wertverzehr.
[1796] Sollten trotz allem auf der nun „gerätelos" dastehenden Baustelle höhere Kosten – z.B. wegen Fremdanmietung – anfallen, sind die Differenzbeträge konkret nachzuweisen.

Anlaß des Vergütungsanspruchs	Fallunterscheidung			Kostenberechnung			Zeilenblock
	Angebotskalkulation mit Angabe von zeitabhängigen Kosten	Kategorie der Gebrauchsgüter	Berechnungsbasis	Vorhaltekosten	Reparaturkosten	
Stillstandszeiten (SZ)	liegt vor (Alternative I)	Bereitstellungsgerät, Schalung usw.	Angebotskalkulation	100 %	20 %	1
		Leistungsgerät (sofern nicht abgezogen)		50 %	20 %	2
	liegt nicht vor (Alternative II)	für alle Gebrauchsgüter	Baugeräteliste ohne Verzinsung	38 %	0 %	3
		Wartung und Pflege	Baugeräteliste mit Verzinsung	8 %	0 %	
Restliche verlängerte Vorhaltezeit (RZ)	liegt vor (Alternative I)	Bereitstellungsgerät, Schalung usw.	Angebotskalkulation	100 %	100 %	4
		Leistungsgerät (sofern nicht abgezogen)		50 %	50 %	5
	liegt nicht vor (Alternative II)	für alle Gebrauchsgüter	Baugeräteliste ohne Verzinsung	40 %	66 %	6
		Wartung und Pflege	Baugeräteliste mit Verzinsung	15 %		

Abbildung 42 Vorschlag für die Schadensermittlung bei auftraggeberseitig bedingtem Stillstand bzw. verlängerter Vorhaltung von Gebrauchsgütern, unabhängig davon, ob Bauinhaltsmodifikationen vorliegen oder nicht

Für **Bereitstellungsgerät** – zu ihm gehören in der Regel alle Geräte mit „Beschäftigungsvermutung" – wird stets der volle in der Kalkulation ausgewiesene Satz für Vorhaltung (einschließlich Verzinsung) vergütet.

Für **Leistungsgerät**, das nicht von der Baustelle abgezogen wird oder abgezogen werden kann, schlagen wir vor, nur die Hälfte des kalkulierten Satzes zu vergüten. Für die vorab besprochene **Abb. 41**, S. 706 bedeutet das Folgendes:
– die lfd. Nr. 1, 3, 4 und 7 werden als Bereitstellungsgerät behandelt,
– die lfd. Nr. 2, 5 und 6 werden als Leistungsgerät behandelt.

1544 Bezüglich des **Reparaturkostenanteils** ist eine zusätzliche Trennung notwendig,[1797] nämlich:

+ stillstandsbedingte Vorhaltezeit	SZ
+ restliche verlängerte Vorhaltezeit	RZ
= verlängerte Vorhaltezeit gegenüber der Kalkulation	VZ

Für die restliche **verlängerte Vorhaltezeit** (RZ) werden für Reparaturkosten 100 % für **Bereitstellungsgerät** und 50 % für **Leistungsgerät** vom kalkulierten Wert angesetzt.

1545 Für **stillstandsbedingte** Vorhaltezeiten schlagen wir dagegen vor, dass wegen des witterungsbedingten **Reparaturkostenanfalls** 20% vom kalkulierten Reparaturwert erstattet werden.[1798]

1546 Somit besteht bei Schadensersatz kein Unterschied, ob eine Firma ihr Gerät vom eigenen Bauhof oder von einer eigens gegründeten Tochterfirma „mietet". Arbeitsgemeinschaften werden so gestellt wie Einzelfirmen. **Abb. 42**, S. 712 gibt den vorab besprochenen Vorschlag als Übersicht wieder.

12.4.4.3 Alternative 2: Gerätekosten aus Kalkulation nicht entnehmbar

1547 **Sofern keine Angebotskalkulation** hinterlegt worden ist bzw. aus der Kalkulation die Gerätekosten nicht entnommen werden können (z. B. die Bereitstellungsgeräte bei der Zuschlagskalkulation), so ist **auf die Baugeräteliste**[1799] und auf den Vorschlag von Dähne **zurückzugreifen**.[1800]

Es bleibt dann bei dieser Alternative die Verzinsung (bis auf den Wert für Wartung und Pflege bei Stillstandszeiten, vgl. **Abb. 42**, S. 712) außer Ansatz, obwohl wir unter

---

[1797] Die Trennung ist nach folgendem einfachen Prinzip zu vollziehen:
- sofern ein Gerät bei einer Teilleistung kalkulativ angesetzt ist, handelt es sich um ein Leistungsgerät;
- sofern es auch nur anteilig bei den Gemeinkosten angesetzt ist, handelt es sich um ein Bereitstellungsgerät.

+ kalkulierte Vorhaltezeit	KV
+ verlängerte Vorhaltezeit	VZ
= Gesamtvorhaltezeit	GV

[1798] Unserer Meinung nach ist es unumgänglich, den aus Witterungseinflüssen resultierenden Reparaturbedarf nicht zu vernachlässigen. Geht man von den 20 % Witterungseinfluss aus, den Dähne (vgl. Fn. 1777) für Vorhaltekosten ansetzt, so liegt es nahe, diesen Prozentsatz auch für Reparaturkosten anzuwenden.

[1799] Gegen den Rückgriff auf die Buchhaltung des jeweiligen Unternehmens spricht vom Sachlichen her nichts, nur besteht die Gefahr, dass nicht stets schlüssig aufbereitete Unterlagen auftragnehmerseitig vorgelegt werden können.

[1800] A. a. O.; dem Einwand, dass damit der Geschädigte eher benachteiligt wird, ist entgegenzuhalten, dass es ja in seiner Hand gelegen hat, durch eine detaillierte Angebotskalkulation seine Gerätekosten in der Höhe nachzuweisen, wie sie richtig anzusetzen sind.
Unserem Vorschlag zustimmend Ingenstau/Korbion/Döring, VOB/B § 6 Nr. 6, Rdn. 44.

Rdn. 1523 dargelegt haben, dass die Verzinsung bei Schadensersatz nicht ohne weiteres wegfallen sollte. Im vorliegenden Fall halten wir dies jedoch nicht für angebracht, um
- Alternative 1 (Dokumentation einer aussagekräftigen Angebotskalkulation!) zu privilegieren,
- ein schon weitgehend praktiziertes Verfahren nicht ohne Not in einem kleinen Teilbereich abzuändern.

1548 Zwar bleiben die Einwände gegen die Anwendung der Baugeräteliste als „zu pauschal" bestehen, aber da keine anderen Hilfsmittel zur annähernd konkreten Schadensermittlung zur Verfügung stehen und/oder deren Beibringung mit unvertretbarem Aufwand und in der Richtigkeitsprognose unbeweisbarem Ergebnis verbunden wäre, ist eine Durchschnittsbetrachtung (gerade auch vor dem Hintergrund von § 287 ZPO) für diese Einzelproblematik hinnehmbar. Das heißt: Der Schaden wird bei **fehlender Angebotskalkulation abstrakt** betrachtet.[1801]

1549 Stets muss darauf geachtet werden, dass als **obere Grenze**[1802] für die Vermietungssätze für eigenes Gerät die **Preislisten** der Fremdvermieter – minus darin enthaltene Deckungsanteile für deren Geschäftskosten, Wagnis und Gewinn – im Blickfeld bleiben. In der Regel sind die Mietansätze der Fremdvermieter naturgemäß hoch, weil in ihnen auch ihre Geschäftskosten, Wagnis und Gewinn enthalten sind. Dazu kommt, dass von Fremdvermietern gerade solches Gerät gemietet wird, das eine Baufirma nicht in ihren Gerätepark aufnimmt, weil es nur selten benötigt wird. Somit übernehmen Fremdvermieter ein zusätzliches Einsatzrisiko, ganz abgesehen davon, dass sie sich nicht – wie Bauunternehmer – gezielt um Aufträge bemühen können, um ihr Gerät möglichst kontinuierlich im Einsatz zu haben. Die Mietsätze der Fremdvermieter liegen also naturgemäß über dem – betriebswirtschaftlich ermittelten – innerbetrieblichen Geräteverrechnungssatz der Bauunternehmer.

12.4.4.4 Anwendung auf Fallbeispiele

1550 Was gilt für den der Gesamtbaustelle dienenden Hochbaukran, wenn die Gesamtbaustelle aufgrund auftraggeberseitiger Behinderung stillsteht, dann aber die Gesamtbauzeit sich nicht verlängert, weil der Winter milde ist, so dass (auch) der Kran insgesamt nicht länger vorgehalten werden muss? Es liegt Stillstand bei einem Bereitstellungsgerät vor, das ansonsten die Baustelle früher hätte verlassen und auf einer anderen Baustelle Erträge hätte erzielen können. Da eine Angebotskalkulation vorliegt, die die zugehörigen zeitabhängigen Kosten ausweist, ist bei Eigengerät Alternative 1 maßgebend. Die Vergütung des Stillstands erfolgt gemäß Zeilenblock 1 von **Abb. 42**.

Die nach dem Ende der Behinderung aufgetretenen günstigen Baustellenverhältnisse haben nichts mit der Behinderung zu tun, sie wären so oder so dem Auftragnehmer zugute gekommen. Deshalb reduziert die dadurch anfallende Ersparnis an Vorhaltezeit nicht den Schadensersatzanspruch des Auftragnehmers. Ganz abgesehen davon ist ja durch den unveränderten Bauinhalt auch keinerlei Leistungsumfang durch den Kran nicht zu „bedienen gewesen" und nicht weniger Wertverzehr am Kran angefallen.

[1801] So schon Kapellmann/Schiffers a. a. O.; zustimmend OLG Düsseldorf BauR 1988, 487, Revision von BGH nicht angenommen; OLG Düsseldorf, BauR 2003, 892 (geschätzt ca. 70 % Baugeräteliste); dazu zustimmend Ingenstau/Korbion/Döring, VOB/B § 6 Nr. 6, Rdn. 44; Kniffka, in: Kniffka/Koeble, Kompendium, Teil 8, Rdn. 54; i.E. Heiermann/Riedl/Rusam, VOB/B § 6, Rdn. 49. Vygen/Schubert/Lang, Bauverzögerung, Rdn. 305.
[1802] Vgl. Kapellmann/Schiffers a. a. O. 624, ebenso OLG Düsseldorf a. a. O.

Variieren wir den Fall dahin gehend, dass nach dem Baustellenstillstand keine Bauzeitverlängerung auftritt, weil nunmehr auf der Baustelle Überstunden „gefahren" werden, so treten dadurch zusätzliche Krankosten auf, weil die „Kranüberstunden" zu einem zusätzlichen Werteverzehr des Kranes führen. Die Vergütung regelt sich dann wie im vorab aufgeführten Fall, weil zusätzlich zu den festgelegten Kranbetriebszeiten noch eine nicht eingeplante, auftraggeberseitig bedingte Stillstandszeit aufgetreten ist.

12.4.4.5 Praxisempfehlung

Abschließend möchten wir im Interesse einfacher Problemlösung folgende Praxisempfehlung an Auftraggeber und Auftragnehmer geben: **1551**

– **Auftraggeber** sollten in ihre Ausschreibung eine **Position für die Vorhaltung** von Bereitstellungsgerät aufnehmen und sich die **Kalkulation hinterlegen** lassen (vgl. Rdn. 290). Kalkuliert der Unternehmer die zugehörigen Gerätekosten, so ist es unstrittig, welches Gerät wie lange auf der Baustelle vorgehalten werden soll und zu welchen „Mietsätzen". Die Kosten des Leistungsgeräts ergeben sich aus deren kalkulativen Ansätzen für die betreffenden Leistungspositionen.

– **Bieter** sollten in ihrer Kalkulation eine **Ermittlung der zeitabhängigen Kosten** (einschließlich der Gerätekosten) durchführen (vgl. Rdn. 306). Bei der Aufstellung der **Geräteliste** für die betreffende Baustelle sollten **auch Leistungsgeräte** (z. B. Bagger) berücksichtigt werden, selbst wenn deren Kosten in die Einzelkosten der Teilleistungen übernommen werden und somit als Baustellengemeinkosten entfallen.

– Zusätzlich sollten die Bieter den Geräte-Ist-Einsatz mit geeigneten Unterlagen dokumentieren, so dass Ist- und Soll-Einsatz gegenübergestellt werden können.
Hierzu verweisen wir auf Geräteeinsatzmeldungen und Geräteberichte.

12.5 Konkrete Schadensberechnung

12.5.1 Grundsatz

Der behinderungsbedingte Schaden darf nicht abstrakt berechnet werden, vom Sonderfall der „abstrakten" Schadensberechnung bei Gebrauchsgütern (Geräten) abgesehen, das haben wir oben eingehend erörtert.[1803]   **1552**
Also muss der Schaden konkret ermittelt werden; erleichternd sind insoweit auch (plausible) Schätzungen zur Ursachenverknüpfung von Behinderung und Schaden und zur Schadensermittlung selbst zulässig (dazu Rdn. 1614 ff.).

Da der Schaden die Differenz zwischen dem (hypothetischen) Soll-Aufwand der unbehinderten Ausführung und dem (behinderungsbedingten) Ist-Aufwand nach eingetretener Behinderung ist, müssen bestimmt werden

- der hypothetische Soll-Aufwand der unbehinderten Ausführung,
- der tatsächliche Aufwand bei eingetretener Behinderung,
- daraus die (behinderungsbedingte) Differenz als Schaden.

[1803] BGH „Behinderungsschaden I" BauR 1986, 347; zur abstrakten Schadensberechnung näher oben Rdn. 1501 ff., 1515 ff.

12.5.2 Basis: Hypothetischer Aufwand des Auftragnehmers ohne Behinderung

1553 Dass der als Basis für eine Schadensermittlung heranzuziehende Soll-Aufwand des Auftragnehmers für die undbehinderte Ausführung nur hypothetisch ermittelt werden kann – denn sie hat es nie gegeben, also kennt niemand diesen „unbekannten" Aufwand –, heißt nicht, dass der Auftragnehmer seiner Schadensberechnung als Basis Phantasieannahmen zugrunde legen dürfte.
Ganz im Gegenteil: Die „Ermittlung" des Aufwandes, den der Auftragnehmer gehabt hätte, wenn er nicht behindert worden wäre, muss so wirklichkeitsnah wie überhaupt möglich erfolgen; andererseits dürfen die Anforderungen an den Ermittlungsaufwand nicht unsinnig hoch sein; deshalb müssen im Einzelfall plausible Annahmen ausreichen.

Zwei Wege stehen zur Verfügung:
a) Der realistischere, aber je nach Fall arbeitsaufwendigere ist, für unbehinderte Arbeitsabschnitte und/oder -phasen und/oder -vorgänge den tatsächlichen Aufwand des Auftragnehmers festzustellen, diesen realistischen Aufwand auf den hypothetischen Fall einer unbehinderten Ausführung der in Wirklichkeit ja behinderten Vorgänge, Abschnitte und/oder Phasen fortzuschreiben, gewissermaßen also eine auf nachkalkulatorische Erfahrungswerte aufbauende nachträgliche Arbeitskalkulation für die behinderte Ausführung zu erstellen. Diesen Weg erörtern wir als ersten – Rdn. 1554 ff.
b) Der zweite, einfachere aber auch ungenauere Weg ist, eine vom Auftragnehmer vor der Ausführung aufgestellte Arbeitskalkulation als Aussage über den hypothetischen Aufwand ohne Behinderung einfach als richtig zu vermuten, allerdings die Möglichkeit einzuräumen, diese Vermutung zu korrigieren. Diesen zweiten Weg erörtern wir unter Rdn. 1573 ff.[1804]

12.5.3 Weg 1: Ermittlung des hypothetischen Aufwandes ohne Behinderung durch „Fortschreibung" des Aufwandes aus unbehinderter Arbeitsdurchführung

12.5.3.1 Methodischer Ansatz über unbehinderte gleiche oder entsprechende (Teil-)Bauinhalte

12.5.3.1.1 Vergleich gleicher oder entsprechender Bauinhalte

1554 Bei einem Bauvorhaben wird es in den meisten Fällen Bauabschnitte bzw. Bauphasen geben, die unbehindert abgelaufen sind oder ablaufen (werden). Es lässt sich folglich ermitteln, welcher Aufwand **tatsächlich** in diesen unbehinderten Abschnitten und/oder Phasen angefallen **ist**. Wenn nun „behinderte" Abschnitte und/oder Phasen betrachtet werden, so ist jedenfalls dann, wenn gleiche oder entsprechende (Teil-)Bauinhalte auch unbehindert erstellt werden, der Schluss richtig, dass der Auftragnehmer bei unbehinderter Leistungserstellung, hätte er unbehindert arbeiten können, einen entsprechenden Aufwand gehabt **hätte,** wie er ihn vorab oder später schon bei der tatsächlich unbehinderten Leistungserstellung – also in entsprechenden Phasen oder Abschnitten – gehabt **hat**.
Methodisch wird aus dem Ist-Aufwand der unbehinderten Phase (bzw. des unbehinderten Abschnitts) auf den hypothetischen Aufwand der unbehinderten Ausführung der tatsächlich ja behinderten Phase (Abschnitts) geschlossen. Das ist vom Prinzip her ohne weiteres zulässig, wenn und solange die Erstellung gleicher oder ähnlicher Bauinhalte verglichen wird.
Problematisch ist an diesem Weg: Voraussetzung ist, dass gerade der betreffende Bauinhalt unbehindert irgendwann erstellt worden ist oder noch wird.

[1804] Vgl. zur Kombination beider Wege: Diederichs, Schadensabschätzung nach § 287 ZPO bei Behinderungen, DVP-Jahrestagung 1996, S. 25 ff.

Konkrete Schadensberechnung Rdn. 1555

Eine Parallelsituation haben wir schon bei der Betrachtung von Terminplänen festgestellt **1555** (vgl. Rdn. 1099): Einem auftragnehmerseitigen Terminplan kann man auf erste Sicht Richtigkeit unterstellen –, wenn er die vereinbarten Vertragsfristen einhält; ob seine einzelnen Terminansätze „auskömmlich" sind, bedarf jedoch einer differenzierten Prüfung. Unter Rdn. 1099 hatten wir besprochen, wie mit Hilfe eines produktionsorientierten Soll-Ablaufplans festgestellt werden kann, ob der vertraglich vereinbarte Termin vom Auftragnehmer voraussichtlich eingehalten werden kann oder ob er einen Eigenanteil (E_s) am längeren Sollablauf der Bauzeitverlängerungen zu vertreten hat.

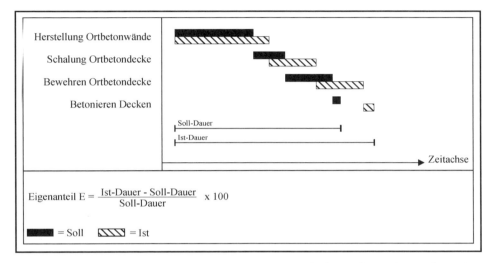

Abbildung 43 Ermittlung des terminlichen Eigenanteils des Auftragnehmers bei unbehinderter Erstellung eines Bauabschnitts (oder einer Bauphase)

Nunmehr besprechen wir den entsprechenden Fall, dass anhand des Istablaufs (vgl. Abb. 43) in unbehinderten Phasen und/oder Abschnitten überprüft wird, ob der Auftragnehmer seine terminlichen eigenen Ansätze halten konnte, ob also das einzelne „Terminsoll" überhaupt richtig war.
Stimmen die einzelnen Ansätze des auftragnehmerseitigen Terminplans und die tatsächlichen Ist-Abläufe schon in unbehinderten Bereichen nennenswert nicht überein, so ergibt die Differenz zwischen Ist- und Soll-Ablauf, bezogen auf den Soll-Ablauf (pro Vorgang bzw. Vorgangskette), den anteiligen Zeitbedarf, den der Auftragnehmer bei seiner Terminplanung nicht berücksichtigt hat, der jedoch bei seiner Ablaufplanung zu berücksichtigen gewesen wäre. Wir nennen ihn den **Eigenanteil** (E_i) des Auftragnehmers. Er wird wie folgt berechnet:

$$E_i = \frac{\text{Ist-Dauer} - \text{Soll-Dauer}}{\text{Soll-Dauer}}$$

Somit kann gesagt werden, dass nicht der Soll-Ablauf, sondern der um einen gegebenenfalls auftretenden Eigenanteil (E_i) verlängerte Soll-Ablaufplan den hypothetischen Ablauf ohne Behinderung wiedergibt.[1805]

[1805] Einzelheiten oben Rdn. 1266, vgl. auch Schiffers, Jahrbuch Baurecht 1998, S. 310.

1556 Entsprechend können wir für die Beurteilung des hypothetischen Aufwands des Auftragnehmers für den (tatsächlich nicht stattfindenden) unbehinderten Ablauf in tatsächlich ja behinderten Phasen und/oder Abschnitten sagen:
Seine Ermittlung erfolgt auf der Basis des Aufwandes in tatsächlich unbehinderten Phasen und/oder Abschnitten. Dies ist der sicherste Weg, um die Aufwands-Hypothese der Wirklichkeit am stärksten anzunähern.

1557 Allerdings ist bei der Ermittlung des Aufwandes in der unbehinderten Phase und/oder Abschnitt noch zu prüfen, ob es sich um eine Anfangsphase handelte oder um eine Wiederholungsphase. In der Wiederholungsphase ist der Aufwand wegen des Einarbeitungseffekts geringer; das gilt auch für die Ausführungsdauer.[1806]
Wenn also als tatsächlich unbehinderte Phase nur auf eine solche aus der Einarbeitungsphase zurückgegriffen werden kann, ist zu berücksichtigen, dass der Aufwand für die Wiederholungsphasen wegen des Einarbeitungseffekts niedriger ist als der festgestellte Ist-Aufwand der frühen Bezugsphase.
Wenn folglich der **Aufwand in tatsächlich unbehinderten Phasen** als erstes zu ermitteln ist, so fragt man sich, welcher zugehörige Aufwand relevant ist und wie er zu ermitteln ist.
Die meisten Aufwendungen (Rdn. 1564, 1565) spielen in diesem Zusammenhang eine untergeordnete Rolle, wir erörtern deshalb schwerpunktmäßig den Lohnaufwand, da ihm u. E. die wichtigste Rolle bei Behinderungen zukommt.

12.5.3.1.2 Ermittlung des relevanten, in der unbehinderten gleichartigen Phase entstandenen Lohnaufwands

1558 a) Undifferenzierte Stundenerfassung

Eine „normale" Lohnbuchhaltung kann in der Regel folgende Informationen liefern:
• Lohnaufwand der Baustelle pro Periode
• Anzahl der Gesamtstunden und der Überstunden
• Anzahl der gewerblichen Arbeitskräfte
• Ist-Mittellohn mit und ohne Zuschläge

Diese Aussagen können Zeitraum-bezogen abgegrenzt werden, also für unbehinderte und behinderte Bauphasen. Deshalb sind **insoweit** Schätzungen im Grundsatz unnötig, die aufgewendeten Stunden müssen vielmehr zumindest nach Zeit und Personen (möglichst auch nach Tätigkeitsinhalten) zugeordnet, dargelegt und bewiesen werden.[1807]
Mit Hilfe von Leistungsabgrenzungen, Bautageberichteintragungen, Fotos und/oder Istterminerfassungen im Terminplan kann pro vorgegebener Phase – entweder „penibel genau" über die Abrechnungsmengen oder global über ca.-Angaben (z. B. erstellte Kubatur oder Meter Arbeitsfortschritt bei Linienbaustellen) – der jeweils erstellte Leistungsumfang abgegrenzt und bezogen auf eine (oder mehrere) Leistungseinheit(en), ermittelt werden.
Durch Gegenüberstellung von Aufwand und Leistung können dann Kennziffern für die unbehinderte Ausführung ermittelt werden, z. B.

1559 • Lohnaufwand pro Leistungseinheit
oder
• Lohnstunden pro Leistungseinheit

[1806] Zum Einarbeitungseffekt s. Rdn. 1633, 1634.
[1807] Vgl. BGH BauR 1998, 184, 185.

b) Stundenerfassung getrennt nach Abschnitten 1560

Will man Aussagen über den Stundenanfall und/oder über die Lohnkosten einzelner Bauabschnitte haben, so ist von Anfang an eine zusätzliche Maßnahme zu treffen, nämlich gesonderte Stundenberichterstattung für die einzelnen Bauabschnitte.[1808]
Eine solche nach Bauabschnitten differenzierte Stundenerfassung lässt sich auch mit der noch unter Rdn. 1561 zu besprechenden Stundenerfassung getrennt nach einzelnen Tätigkeiten und Arbeiten kombinieren. Man kann also – sofern man von vornherein eine entsprechende Datenerfassung durchführt – sehr präzise Aussagen über den Stundenanfall der einzelnen Teilabschnitte und Teilarbeiten erlangen – und zwar auch dann, wenn zur gleichen Zeit in verschiedenen Bauabschnitten sowohl Behinderungen aufgetreten sind wie auch nicht.

c) Stundenerfassung getrennt nach Tätigkeiten und Arbeiten 1561

Damit die Arbeitskräfte der Baustelle ihren Lohn bekommen, werden täglich **Lohnberichte** geschrieben, in denen steht, wer wieviel Stunden gearbeitet hat. Ergänzt man diese Lohnberichte dahin gehend, dass außerdem noch anzugeben ist, welche Tätigkeiten bzw. Arbeiten der jeweilige Arbeitnehmer durchgeführt hat, so können wir später jederzeit aus der Lohnberichterstattung nachvollziehen, **wieviel Stunden** insgesamt **für** eine **bestimmte Tätigkeit bzw. Arbeit** angefallen sind.[1809]
Man gibt dazu dem die Stundenerfassung durchführenden Polier die einzelnen „berichtsrelevanten" Tätigkeiten bzw. Arbeiten vor.
Um die Schreibarbeiten zu reduzieren und zu erleichtern,[1810] verschlüsselt man zumeist die einzelnen zu berichtenden Tätigkeiten und Arbeiten durch einen „Bau-Arbeits-Schlüssel (BAS)", d. h., der Polier braucht pro Arbeitsvorgang nur eine Nummer in den Lohnbericht einzutragen.[1811]

Sofern man dazu noch festhalten will, in welchem Bauabschnitt gearbeitet worden ist, ist 1562
eine **Ortskennzeichnung** (z. B. gemäß Anhang D1, Unterlage l) zusätzlich einzuführen. Auch hier sollte die Einfachheit der Codierung im Vordergrund stehen. Also bietet sich ein „Sprechender Code" an. Im vorliegenden Beispiel wird als erste Ziffer der Etagenabschnitt und als zweite Ziffer die Etage verwendet.[1812]

[1808] Hierzu gibt es einen Ausnahmefall, wenn nämlich die einzelnen Kolonnen jeweils nur in einem Abschnitt tätig werden. In einem solchen Fall kann man nachträglich nachvollziehen, welche Kolonne wo gearbeitet und was erstellt hat.
Kumlehn, Problemfelder bei der Bewertung von Bauablaufstörungen spricht von Stundenzetteln als dem üblichen Instrument des Nachweises des Personaleinsatzes. Nach unserer Meinung sollte dagegen nicht kontinuierlich neben der „normalen" Stundenerfassung und den Bautagesberichten noch ein weiterer Bericht über den Personaleinsatz durchgeführt werden.

[1809] Vgl. Schiffers/Fellinger, Leistungsentlohnung im Baubetrieb, S. 55 ff.; siehe auch Schmidt, Technische Nachkalkulation in der Bauunternehmung, S. 24 ff.; Schiffers, Stichwort Baukalkulation, S. 40 ff.; Künstner, Die Ablauforganisation von Baustellen, S. 157 ff.; Berner, Praxisgerechte Handhabung der Soll-Ist-Stundenkontrolle; Dyllik-Brenzinger, Die Anwendung kybernetischer Methoden im Bauunternehmen, dargestellt am Beispiel einer Reihenhausanlage; Sting, Kostenermittlung und Kostenkontrolle von Bauleistungen, S. 102 ff.

[1810] Als Beispiel hierzu verweisen wir auf Anhang D1, Unterlage g 2, Bl. 1.

[1811] Zur Vermeidung unnötiger Kompliziertheit und in Anbetracht der Tatsache, dass sowieso keine letzte Genauigkeit erzielbar ist, sollte der BAS in der Regel für Tätigkeiten bzw. Arbeiten nicht mehr als zwei Ziffern beinhalten (vgl. Schiffers/Fellinger, a. a. O., S. 8). Bei diesem Ziffernumfang ist der berichtende Polier nicht überfordert, andererseits wird das Wesentliche des Baugeschehens erfasst.
Längere BAS-Nr. beinhalten: Günther, Kostensenkung durch Kostenkontrolle im Baubetrieb, S. 132 ff.; Schmidt, a. a. O., S. 21 ff. und Arbeitskundlicher Arbeitskreis Hochbau IfA „Bauarbeitsschlüssel für das Bauhauptgewerbe", wo eine dreiziffrige Untergliederung vorgeschlagen wird.

[1812] In gleicher Weise sind die Arbeitsvorgänge im Terminplan gekennzeichnet.

Rdn. 1562 Abstrakte und konkrete Schadensberechnung

Blatt-Nr.: 3/13					Kolonnentagesbericht zur Lohnstundenerfassung								
Baustelle:	*Uni-Gebäude*												
Bauteil:	*Ortbetonfundament*				Arbeitszeit der Kolonne:			Art der Arbeiten	*Fundament betonieren*	*Fundament bewehren*			
	Abschnitt 3 und Abschnitt 6				von 7⁰⁰ Bis 15¹⁵								
Kol.-Bezeichnung:	*Kolonne 5, Weber (Betonbauer)*				mit 0,45 Std. Pause								
	ARK	KST	A	UKST	Wochentag	Datum	Wetter	*bedeckt*					
					T M J								
32	08				*Donnerstag*	06 08	13 °min. / 22 °C max.						
Pers.-Nr.	Name, Vorname				ges. Lohn-Std.	davon Nachhol-Std.	T S	A S	Stunden ohne BAS LA Std.	Abschn. BAS LS-Nr.	3 76	6 62	
25	*Weber, Franz*				8	0				Stunden pro Arbeitstag u. Arbeitnehmer	2,5	5,5	
46	*Schulte, Karl*				8	0					2,5	5,5	
115	*Meier, Hans*				8	0					8,0		
130	*Otte, Frank*				8	0					8,0		
122	*Krokowski, Dirk*				8	0					8,0		
									Gesamt		29,0	11,0	

Aufgestellt: ....   Geprüft u. Anerkannt: ....
             (Polier/Kolonnenführer)   (Unterschrift)   (Bauleiter)
Datum: ....   Datum: ....

Abbildung 44 a Stundenbericht (hier: Kolonnentagesbericht für den 6. August) mit Zuordnung der BAS-Nummern (vgl. auch den zugehörigen Bautagesbericht, **Abb. 36 a**, S. 562)

Somit kann durch Hinzufügen von zwei weiteren Ziffern im Lohnbericht einfach festgestellt werden, wo gearbeitet worden ist. **Abb. 44 a** zeigt einen entsprechenden Lohnbericht (Datum 6. August). An diesem Tag haben 5 Betonbauer jeweils 8 Stunden gearbeitet und dabei insgesamt 29 Stunden für das Betonieren von Fundamenten des Abschnitts 3 und 11 Stunden für das Bewehren der Fundamente von Abschnitt 6 aufgewandt.

Die Ergebnisse der in BAS-Nr. aufgegliederten Lohnberichte werden mit der Hand oder per EDV – z. B. gemäß **Abb. 44 b (Seite 721)** – ausgewertet.

Jede Spalte der Auswertung entspricht in der Regel einem Lohnbericht. Aus dem Lohnbericht von **Abb. 44 a**, ergeben sich im zugehörigen Lohnstundensammelblatt (**Abb. 44 b) die Eintragungen der Spalte für das entsprechende Datum (6. August)** nämlich 29 Ph für BAS-Nr. 76 und 11 Ph für BAS-Nr. 62. Dadurch, dass man die **Auswertung zusätzlich in Teilabschnitte** untergliedert, bekommt man Aussagen über den jeweiligen Ist-Lohnstundenanfall
– zeitbezogen (hier: bezogen auf den Monat August)
– (teil)abschnittsbezogen (bei **Abb. 44 a und 44 b,** bezogen auf Abschn. 3)
– und arbeitsvorgangsbezogen (d. h. bezogen auf BAS-Nrn. 76 und 62).

Konkrete Schadensberechnung   Rdn. 1562

Lohnstundensammelblatt																								August	
BAS oder / LV-Pos.	Tätigkeit Kurzbeschreibung	Lh bish	3.	4.	5.	6.	7.	10.	11.	12.	13.	14.	17.	18.	19.	20.	21.	24.	25.	26.	27.	28.	31.	Lh ges.	fertig am:
	Ortbetonfundament Abschnitt 3																								
78	Sauberkeitsschicht Fund.	0	7																					7	03.08.
79	Magerbetonpolster	0	1																					1	03.08.
38	Fundament schalen	0	25	20	18																			63	05.08.
62	Fundament bewehren	0		20	16																			36	05.08.
76	Fundament betonieren	0				29								Unbehinderte Ausführung										29	06.08.
	Ortbetonfundament Abschnitt 6																								
78	Sauberkeitsschicht Fund.	0	7																					7	03.08.
38	Fundament schalen	0						40	24															64	10.08.
62	Fundament bewehren	0			6	11			16	7														40	11.08.
76	Fundament betonieren	0								33			Abzug Betonbauer auf andere Baust.											33	11.08.
78	Sauberkeitsschicht BP	0																30						30	-
	Ortbetonfundament Abschnitt 2																								
78	Sauberkeitsschicht Fund.	0																6						6	25.08.
79	Magerbetonpolster	0				Behinderte Ausführung												1						1	25.08.
38	Fundament schalen	0																	3	25	14			42	27.08.
62	Fundament bewehren	0																		15	13			28	27.08.
76	Fundament betonieren	0																			18			18	27.08.
	Bodenplatte Abschnitt 3																								
78	Sauberkeitsschicht	0								40	45													85	13.08.
45	Randschalung	0																			2			2	28.08.
45a	Querfugen	0																			6			6	28.08.
45b	Abschalung	0																			10			10	28.08.
62	Bewehren	0																			27	13		40	31.08.
76	Betonieren	0																				27		27	-
Tagessummen / Monatssumme:			40	40	40	40	40	40	40	40	45	0	0	0	0	0	0	0	40	40	45	45	40	575	

Abbildung 44 b   Auswertung der Stundenberichte im Lohnstundensammelblatt getrennt nach BAS-Nummern und Arbeitsabschnitten (hier: Monat August)

Es ist darauf hinzuweisen, dass nur dann, wenn **alle** angefallenen **Lohnstunden nach BAS-Nummern** erfasst werden, auch eine einigermaßen zutreffende Aussage über den Ist-Lohnstundenanfall vorliegt.[1813] Läßt man bestimmte Arbeiten außerhalb des BAS, so bestehen Manipulationsmöglichkeiten (die in der Regel auch voll genutzt werden).

Der Vorteil einer gesamtheitlichen und differenzierten Stundenerfassung liegt darin, dass eine Erfassung an der einen (falschen) Stelle nunmehr zur Entlastung an der (richtigen) Stelle führt. Somit wird bei eventuell oder offensichtlich falschen Erfassungen oder bei erheblicher Abweichung vom Soll geradezu eine Selbstkontrolle „erzwungen". Auf jeden Fall aber wird durch den „totalen Erfassungszwang" der „Erfolg" von Manipulationen eingeschränkt. Das, was an der einen Stelle zum Vorteil gereicht, wird in der Regel anderswo zum Nachteil – dazu auch Rdn. 1531.

[1813] Die Aussage einzelner Autoren, z. B. Born, Systematische Erfassung und Bearbeitung der durch Störungen im Bauablauf verursachten Kosten, S. 124 ff.; Kosanke, Der Schadensnachweis nach § 6 Nr. 6 VOB/B aus baubetrieblicher Sicht, S. 2, dass eine Erfassung der angefallenen Lohnstunden innerhalb einer Störphase nicht getrennt nach einzelnen Teilleistungen erfolgen könnte, ist deshalb nicht haltbar. Olshausen, a. a. O., bestätigt unsere Stellungnahme, ebenso Schmidt, a. a. O., S. 30 ff.
Die Ablehnung der Lohnstundenerfassung als solche ergibt sich nicht selten aus fehlendem Organisationswillen der betreffenden Unternehmen oder sogar aus Absicht zur Verschleierung des Istzustandes (Witteler, Schwachstellenanalyse, S. 72).

1563 d) Sonstiger Personalaufwand

Der Lohn- und Gehaltsaufwand für Personal, das kalkulatorisch unter den Baustellengemeinkosten erfasst wird bzw. dessen kalkulierte Kosten zwar in den Mittellohn eingeflossen sind, dessen Kostenanfall jedoch zeitabhängig ist (z. B. Polier, Kranführer), kann der Betriebsbuchhaltung nur phasenbezogen entnommen werden.

Sofern Poliere nur für einen bestimmten Abschnitt eingesetzt werden können, kann der entsprechende Personalaufwand auch abschnittsbezogen abgegrenzt werden. Dies ist jedoch für Kranführer, die mehrere Abschnitte „bedienen", praktisch nicht mehr möglich.

12.5.3.1.3 Aufwand für Geräte

1564 Der Ist-Aufwand für Geräte kann der Betriebsbuchhaltung entnommen werden – jeweils abgegrenzt für die in Frage stehende unbehinderte bzw. behinderte Ausführungsphase. Ebenso wie bei der „normalen" Lohnbuchhaltung sind Aussagen zu einzelnen Bauabschnitten – wenn überhaupt – nur mit zusätzlichem Auswertungsaufwand möglich. Beispielsweise kann für Leistungsgerät an Hand von Geräteberichten, Bautagesberichten, Unterlagen der Einsatzplanung usw. plausibel nachvollzogen werden, für welche Bauabschnitte es jeweils von wann bis wann eingesetzt worden ist.

Grundsätzliches zu Gerätekosten haben wir im Übrigen bereits unter Rdn. 1515 ff. besprochen.

12.5.3.1.4 Sonstige Aufwendungen

1565 Auch sonstige Aufwendungen können nur abgegrenzt nach Zeitabschnitten aus der Betriebsbuchhaltung entnommen werden.

Es handelt sich zumeist um Aufwendungen für extern bezogene Lieferungen und Leistungen, für die feste Preisvereinbarungen für die Vertragsbauzeit getroffen worden sind. Deshalb fallen für sie im Regelfall nur dann zusätzliche Aufwendungen an, wenn Modifikationen des Bauinhalts oder der Bauumstände vorkommen. Die entsprechenden zusätzlichen Aufwendungen kann man dann in der Regel verursachungsgerecht erfassen.

12.5.3.2 *Methodischer Ansatz über ungleiche Abschnitte, aber gleichartige Arbeitsvorgänge*

1566 Um überhaupt realistische Soll-Aufwendungen für den hypothetischen Fall der Nichtbehinderung ermitteln zu können, haben wir unter Rdn. 1554 ff. den Schluss gezogen, dass – gleiche oder entsprechende (Teil-)Bauinhalte vorausgesetzt – der Istaufwand für tatsächlich unbehinderte Bauabschnitte (bzw. Bauphasen) demjenigen Aufwand in etwa entspricht, der für behinderte Bauabschnitte (bzw. Bauphasen) angefallen wäre, wenn die Behinderungen nicht aufgetreten wären.

Dieser Schluss bedingt, dass gleiche oder entsprechende Bauinhalte vorliegen und dass überhaupt eine Abgrenzung zwischen den behinderten und unbehinderten Bauphasen und/oder Bauabschnitten möglich ist.

Sind diese Voraussetzungen nicht **insgesamt** erfüllt – das ist eher die Regel als die Ausnahme –, ist auf Nachweise zurückzugreifen, die zumindest die Plausibilität der realistischen (hypothetischen) Sollaufwendungen für den (theoretischen) Fall der Nichtbehinderung nachweisen.

Konkrete Schadensberechnung   Rdn. 1567, 1568

Erster Anknüpfungspunkt ist dabei, dass die während der Behinderung aufgetretenen Arbeitsvorgänge irgendwann bzw. irgendwo bei der Bauerstellung unbehindert angefallen und für sie Ist-Aufwandswerte ermittelt worden sind.
In einem solchen Fall ist es plausibel, dass bei unbehinderter Ausführung des tatsächlich behinderten Arbeitsvorganges wiederum (in etwa) der Aufwand pro Leistungseinheit angefallen wäre, der schon für die tatsächlich unbehinderte Ausführung anderer, entsprechender Abschnitte festgestellt worden ist.

Hierzu folgendes Beispiel für den Lohnaufwand: Der Ist-Aufwandswert einer vorgegebenen Tätigkeit (BAS-Nummer) für einen bestimmten Zeitraum oder für einen bestimmten Bauabschnitt kann durch die Inbezugsetzung des Iststundenanfalls zur zugehörigen Leistungsmenge (z. B. entnommen aus der Abrechnung) ermittelt werden.
Dies wird in **Abb. 45** für die Arbeiten an den Fundamenten des Abschnittes 2 im Einzelnen durchgeführt.
Gemäß der vorletzten Spalte von **Abb. 44 b**, S. 721 sind insgesamt 42 Lohnstunden für das Schalen angefallen; dieser Wert wird in Zeile 22 des Aufwandswert-Soll-Ist-Vergleichs (**Abb. 45**) in Spalte 2 übernommen. Als Leistungsmenge sind 46,72 m² (vgl. Spalte 6) ermittelt worden. Somit ergibt sich der Ist-Aufwandswert in Spalte 9 aus der Division des Wertes aus der Spalte 8 durch den der Spalte 6 zu 0,90 Ph/m².

1567

Nr.	Bauteil	Absch.	Arbeits-vorgang	BAS Nr.	Menge		Ist-Lohn-stunden	Aufwandswerte		Abweichungen		realistische Soll-Aufw.
								Ist	Soll	absolut	%	
								(8)/(6)		(9)-(10)	(11/(10)	
(1)	(2)	(3)	(4)	(5)	(6)	(7)	(8)	(9)	(10)	(11)	(12)	(13)
1	Sauberkeitssch. Fund.	2	Betonieren		78	40,88	m²	5	0,12	0,13	-0,01	7,69	0,13
2	Fundamente	2	Schalen		38	46,72	m²	42	0,90	0,70	0,20	28,42	0,86
3	Fundamente	2	Bewehren		32	1,37	t	28	20,44	20,00	0,44	2,19	20,00
4	Fundamente	2	Betonieren		76	27,45	m³	18	0,66	0,70	-0,04	5,71	0,70

Abbildung 45   Aufwandswerte-Soll-Ist-Vergleich (hier: Erstellung der Fundamente des Bauabschnitts 2) bei unbehinderter Ausführung (Ist-Stunden aus **Abb. 44 b**, S. 721, vorletzte Spalte) mit Ausweisung der realistischen Soll-Aufwandswerte

12.5.3.3 Methodischer Ansatz über unterschiedliche, aber artverwandte Arbeitsvorgänge

Man kann davon ausgehen, dass eine Kalkulation generell nach einer bestimmten Vorgabe (z. B. „spitzer Bleistift" oder „kostendeckend") durchgeführt wird. Somit kann gesagt werden, dass in der Regel die kalkulierten Aufwandswerte artverwandter Arbeitsvorgänge generell etwa im gleichen Verhältnis zu den zu erwartenden Ist-Aufwandswerten stehen.

1568

Sofern also der **Arbeitsvorgang A zu keiner Zeit** und in keinem Abschnitt unbehindert abgelaufen ist und somit für ihn kein Aufwandswert für unbehindertes Arbeiten vorliegt, so ist nach einem **artverwandten Arbeitsvorgang B** zu suchen, für den ein Aufwandswert für unbehinderte Ausführung ermittelt worden ist.

Es ist plausibel, dass die Abweichungen zwischen Ist- und Soll-Aufwandswerten bei Betonierarbeiten (der „Eigenanteil") – ganz gleich, ob es sich um Kerndecken, Kernwände oder Fundamente handelt – in etwa gleich sein werden; d. h., wenn man die Kalkulationstendenz (z. B. prozentuale oder absolute Differenz zwischen den Soll- und Ist-Aufwandswerten) für tatsächlich unbehinderte Ausführungen von Betonierarbeiten kennt, so spricht alles dafür, dass man den hypothetischen Aufwand für den Fall der unbehinderten Ausführung einer tatsächlich behinderten Arbeit richtig ermittelt, wenn man die Soll-Aufwandswerte um den Eigenanteil korrigiert.

1569   Hierzu ein Beispiel: Sind bei der weiteren Baudurchführung alle Betonierarbeiten, also auch diejenigen für Wände und Decken, unter behinderten Umständen erbracht worden, so gibt es für sie nur Ist-Aufwandswerte für behindertes Arbeiten.

Will man die in diesen Ist-Aufwandswerten enthaltenen Anteile aus Behinderung feststellen und nähme man Bezug auf die Aufwandswerte der Arbeitskalkulation, so würde man außer acht lassen, dass sich bei den Schalarbeiten für die Gründung herausgestellt hat – vgl. **Abb. 45**, S. 723, Spalte 12 – dass der Ist-Aufwandswert für das unbehinderte Schalen um ca. 28 % über dem arbeitskalkulierten Aufwandswert liegt.

Somit spricht sehr viel dafür und ist plausibel, dass ein Eigenanteil des Auftragnehmers für das Schalen auszusetzen ist, also auch die anderen arbeitskalkulierten Aufwandswerte für das Schalen um ca. 28 % zu erhöhen sind, um realistische (hypothetische) Soll-Aufwandswerte für die (theoretisch) unbehinderte Ausführung der tatsächlich behinderten Schalarbeiten zu bekommen.

Andererseits ist es aber plausibel, dass die arbeitskalkulierten Aufwandswerte für das Bewehren und das Betonieren gemäß **den Ergebnissen von Abb. 45**, S. 723 in etwa realistische (hypothetische) Soll-Aufwandswerte sind (vgl. Spalte 12).

12.5.3.4 Methodischer Ansatz, wenn es bislang keine unbehinderten Abschnitte oder Phasen gegeben hat

1570   Wie ist zu verfahren, wenn zunächst nur behinderte Ausführungen für bestimmte Arbeitsvorgänge anfallen und (zunächst) auf unbehinderte Arbeitsausführungen nicht Bezug genommen werden kann?

Sofern ein Arbeitsvorgang bislang nur behindert angefallen ist, also bis dahin in keiner Phase und/oder in keinem Abschnitt ungestört durchgeführt worden ist, kann zunächst nur der Ist-Aufwandswert für die Ausführung in behinderten Abschnitten oder Phasen ermittelt und dokumentiert werden.

Sobald dann später der bislang behinderte Arbeitsvorgang in anderen Abschnitten und/oder Phasen unbehindert abläuft, kann für ihn die Feststellung der Ist-Aufwandswerte für unbehinderte Ausführung erfolgen und dann die unter Rdn. 1554, 1556 bis 1569 besprochene Gegenüberstellung der Aufwandswerte für hypothetisch unbehinderte und behinderte Ausführung durchgeführt werden.

1571   Sofern die behinderte Phase des Arbeitsvorganges sofort bei Arbeitsbeginn eingetreten ist, ist noch abzuwägen, inwieweit in den Ist-Aufwandswerten der behinderten Ausführung auch ein Anteil für Einarbeitungsaufwand enthalten ist, der ja auch dann aufgetreten wäre, wenn die Ausführung nicht behindert worden wäre.

Genau dieser Fall trifft für unser Beispiel aus den Monaten Juli/August zu, denn die Behinderungen haben sich sofort bei den ersten Fundamentabschnitten eingestellt; unbehinderte Ausführungen hat es erst später ab Ende August gegeben. Deren Ist-Aufwandswerte werden deshalb von uns (vgl. **Abb. 45**, S. 723) als realistische (hypothetische) Soll-Aufwandswerte für den Fall der unbehinderten Ausführung der Abschnitte 3 und 6 der Ortbetonfundamente (vgl. **Abb. 44b**, S. 721) angesetzt.

12.5.3.5 Plausibel größere Ist-Aufwandswerte gegenüber Soll-Aufwandswerten infolge von Arbeitsausführung durch Aushilfskräfte (Ausweicharbeiten)

Sofern behinderungsbedingt Arbeitskräfte eingesetzt werden müssen, die ursprünglich nicht für die betreffenden Arbeitsvorgänge vorgesehen waren, erhöhen sich in der Regel zusätzlich die Ist-Aufwandswerte gegenüber den kalkulativen Ansätzen.

In solchen Fällen könnte man nun geneigt sein, diese Vergrößerungen der Ist-Aufwandswerte gegenüber den Soll-Aufwandswerten als „Eigenanteil" des Auftragnehmers ansetzen zu wollen.

Dem ist aber entgegenzuhalten, dass die Vergrößerung der Ist-Aufwandswerte allein aus Personalumschichtungen resultierte, die durch auftraggeberseitige Behinderungen notwendig geworden sind. Somit darf eine solche Vergrößerung des Ist-Aufwandswertes nicht zu Lasten des Auftragnehmers, sondern müssen zu Lasten des Verursachers, also des Auftraggebers, gehen. Die Soll-Aufwandswerte dürfen also nicht „nach oben" korrigiert werden.

Nur dann, wenn der Auftragnehmer schon vor der auftraggeberseitigen Behinderung aus Gründen, die der Auftraggeber nicht zu vertreten hat, Personalumdispositionen vorgenommen hatte und zu Abweichungen zwischen Ist- und Soll-Aufwandswerten geführt haben, ist ein entsprechender „Eigenanteil" zu Lasten des Auftragnehmers anzusetzen.

12.5.4 Weg 2: Ermittlung des hypothetischen Aufwandes ohne Behinderung durch Rückgriff auf die Arbeitskalkulation

12.5.4.1 Ausgangsbasis: Rentabilitätsvermutung (Richtigkeitsvermutung) der Arbeitskalkulation

Wenn der hypothetische Soll-Aufwand für die (theoretisch) unbehinderte Arbeitsausführung von behinderten Phasen und/oder Bauabschnitten nicht oder nur mit erheblichen Mühen aus dem Ist-Aufwand unbehinderter Phasen und/oder Bauabschnitte „fortentwickelt" werden kann, darf dieser Soll-Aufwand jedenfalls aus dem in der auftraggeberseitigen **Arbeitskalkulation** enthaltenen Soll-Aufwand entnommen werden. Er steht ja für das Bausoll und somit auch für eine unbehinderte Ausführung. **Dieser Weg ist aber auch dann generell zulässig, wenn man den Angaben der Arbeitskalkulation über die (angeblichen) Aufwandswerte Glauben schenken kann.**

Diesen Weg lässt auch der Bundesgerichtshof indirekt zu; er greift auf „die Kalkulation" des Auftragnehmers zurück, d. h. auf die Angebots- bzw. Auftragskalkulation, nicht die Arbeitskalkulation. Auch wenn nicht sicher sei, dass diese „Kalkulation" (also die Angebots- bzw. Auftragskalkulation) realistische Kosten beinhalte, sei sie doch der wahrscheinlichste Ansatzpunkt für die Annahme der „Kosten ohne Behinderung". Der Auftragnehmer müsse nämlich zu den von ihm vereinbarten Preisen die Leistung erbringen. Deshalb habe **er** das größte Interesse, bei seiner Leistung kostendeckend zu arbeiten und möglichst Gewinn zu erzielen. Also werde er aller Voraussicht nach „realistische Kosten" in der Kalkulation (genauer: in die Angebots- bzw. Auftragskalkulation) ansetzen. Somit spreche

eine „**Rentabilitätsvermutung**"

dafür, dass der Auftragnehmer die Kosten richtig ermittelt habe, **weil in der Regel kein Auftragnehmer mehr aufwenden wolle, als er müsse.** Deshalb – so der BGH – sei die Kalkulation (genauer: die Angebots- bzw. Auftragskalkulation) eine brauchbare Basis der Schadensberechnung. In der Entscheidung heißt es wörtlich: „Die Klägerinnen hatten es **versäumt**, die Behinderungen und die daraus folgende Mehrarbeit **im Einzelnen** festzuhalten ... Hinsichtlich der Kosten für zusätzliche Arbeitsstunden haben die Klägerinnen zunächst die nach ihrer **Kalkulation** für die Durchführung des Bauvorhabens erforderliche Stundenzahl ermittelt und dieser dann die angeblich tatsächlich aufgewandten Stunden gegenübergestellt. Der auf diese Weise errechnete Mehraufwand von 23.850 **Stunden** ergibt **multipliziert** mit den behaupteten durchschnittlichen **Kosten für eine Stunde** in Höhe von 16,52 € die eingeklagte Summe von 394.002,– €. **Jedenfalls im Ansatz** sind die Klägerinnen mithin so verfahren, wie dies für eine **schlüssige** Schadensberechnung nach der so genannten Differenzhypothese im baurechtlichen Schrifttum allgemein gefordert wird."[1814]

1574 Wir ergänzen: Es ist nicht auszuschließen, dass ein Auftragnehmer im Ausnahmefall mehr aufwendet, als er muss. Es gibt auch nicht unbedingt einen ökonomischen Erfahrungssatz dahin, dass sich der Einsatz auch z. B. investiver Mittel immer in den entsprechenden Erträgen niederschlägt.[1815] Es ist durchaus möglich, dass die Sollwerte der **Angebotskalkulation** unter den sich später ergebenden **Istwerten** liegen – und zwar auch in solchen Fällen, in denen es keine Abweichung vom Bausoll gibt.[1816]

1575 Aber – deshalb ist dem Bundesgerichtshof zuzustimmen – der **Regelfall** ist eine rentable Planung des Einsatzes der Produktionsfaktoren. **Darüber hinaus** lassen sich im Einzelfall unrichtige Ergebnisse weiter dadurch vermeiden, dass der **Auftraggeber** die **Vermutung** des wirtschaftlich arbeitenden Auftragnehmers – wie alle Vermutungen im Rahmen einer Schätzung – **widerlegt**, ebenso wie der **Auftragnehmer** die **Vermutung** mit der Begründung **widerlegen** kann, er habe noch wirtschaftlicher gearbeitet als arbeits- oder angebotskalkuliert – Einzelheiten dazu sogleich Rdn. 1577 ff.

1576 Bedenkt man zudem, dass die Arbeitskalkulation der internen realistischen Soll-Kostenvorausschau dient, so ist folgende Überlegung **richtig**:

[1814] BGH „Behinderungsschaden I" BauR 1986, 347, 348; Einzelheiten Rdn. **1430, 1532**. Zur einschränkenden Ergänzung dieser Entscheidung durch BGH „Behinderungsschaden IV", NZBau 2005, 335 = BauR 2005, 861 s. Rdn. 1619.
Zustimmend auch das baubetriebliche Schrifttum, z. B. Olshausen, Festschrift Korbion, S. 323, 331; Bauer, Seminar Bauverzögerungen, 138, 176.
Siehe auch Rdn. 1619 ff.
[1815] Vgl. Müller/Laube, JZ 1995, 538, 541 f. In einer späteren Entscheidung hat der Bundesgerichtshof die Rentabilitätsvermutung für einen Sonderfall eingeschränkt, nämlich bezogen auf Aufwendungen im Zusammenhang mit einem zweiten Geschäft mit einem anderen Vertragspartner (BGHZ 114, 193, 200). Er hat damit jedoch nicht die Rechtsprechung zur Rentabilitätsvermutung im Zusammenhang mit dem Ersatz nutzlos gewordener Aufwendungen innerhalb des Vertragsverhältnisses geändert.
[1816] Zu den Begriffen Angebotskalkulation, Arbeitskalkulation s. o. Rdn. 27 ff. Liegt der Soll-Wert der Angebotskalkulation unter dem Ist-Aufwand, muss sich der Auftragnehmer einen „**Eigenanteil**" anrechnen lassen, vgl. Rdn. 1579.

Jedenfalls für die **Arbeitskalkulation** spricht eine **Rentabilitätsvermutung**. Oder mit dem Bundesgerichtshof: „Es spricht eine überwiegende **Wahrscheinlichkeit (§ 287 ZPO)** dafür, dass ein Auftragnehmer darauf bedacht ist, sein Personal **rentabel** einzusetzen: ... Ein gegenüber dem **kalkulierten Aufwand** erhöhter Aufwand kann einen entsprechenden Schaden bewirken ..."[1817)]

12.5.4.2 Widerlegung durch Auftraggeber: Arbeitskalkulation zu niedrig?

Die **Richtigkeitsvermutung der Arbeitskalkulation kann vom Auftraggeber widerlegt werden**. Das heißt: Der Auftraggeber kann dartun, dass die Kostenprognose des Auftragnehmers für den Normalfall (ohne Behinderung) falsch ist, dass also die Arbeitskalkulation des Auftragnehmers die Herstellkosten für das Bausoll zu niedrig angibt. Der Auftraggeber muss insoweit die Prognose erschüttern. Da der Auftraggeber die Organisation des Auftragnehmers nicht kennt, genügt es, wenn der Auftraggeber „in groben Zügen" die der Schätzung zugrundeliegenden Anhaltspunkte erschüttert.[1818)] Ist die Schätzung erschüttert, müßte der Auftragnehmer eigentlich die behauptete Richtigkeit der Prognose beweisen. Auch insoweit darf allerdings **geschätzt** werden (vgl. Rdn. 1619 ff.).

1577

Waren die „hypothetischen Aufwendungen" für den Fall der „Nichtbehinderung" in Wirklichkeit höher, ist die Differenz zu den Ist-Aufwendungen bei Behinderung als Eigenanteil anzusetzen (vgl. Rdn. 1554 ff.) und damit der Schaden geringer.

Am einfachsten ist die Richtigkeit der Arbeitskalkulation dadurch nachzuweisen, **dass die Soll- und Ist-Kalkulationswerte für unbehinderte und behinderte Bauabschnitte und/oder -phasen anhand einer Dokumentation einander gegenübergestellt werden**. Es handelt sich also um eine Plausibilitätsdarlegung auf der Basis von Arbeitskalkulation und Ist-Aufwand-Erfassung, wie wir sie schon oben unter Rdn. 1554 ff. als Weg 1 besprochen und für die Lohnstunden auch beispielhaft erläutert haben.

1578

Die Kontrolle auf Richtigkeit der Sollwerte der Arbeitskalkulation für unbehinderte Ausführung ist allgemein wie folgt durchzuführen:

1) Abgrenzung der maßgebenden Bauabschnitte und/oder Bauphasen;
2) Ermittlung der zugehörigen Mengen der betreffenden Teilleistungen;
3) Multiplikation dieser Mengen mit den Ansätzen der Arbeitskalkulation;
4) Abgrenzung des Ist-Aufwandes für die maßgebenden Bauabschnitte und/oder Bauphasen.

Liegen keine beachtlichen Differenzen zwischen Soll- und Ist-Aufwand vor, so zeigt das mit annehmbarer Wahrscheinlichkeit die Richtigkeit der Kostenprognose (d. h. der Arbeitskalkulation) für die unbehinderte Erbringung des Bausolls an.[1819)]

Sofern bei unbehinderter Ausführung Soll- und Istwerte nicht in etwa übereinstimmen, liegt eine auftragnehmerseitig zu vertretende Abweichung (vgl. Rdn. 1574) vor. Handelt es sich z. B. um eine zu niedrige Sollkostenvorgabe, so beinhaltet die Abweichung zum „unbehinderten" Istwert den **„Eigenanteil"**, den der Auftragnehmer auch bei Behinderungen vorab selbst zu tragen hat.

1579

[1817)] BGH a. a. O.
[1818)] BGH Versicherungsrecht 1978, 179, 180; Kapellmann/Schiffers a. a. O. Das ist allerdings zu weitgehend formuliert; zur Ergänzung durch BGH „Behinderungsschaden IV", NZBau 2005, 335 = BauR 2005, 861 s. Rdn. 1619.
[1319)] Vgl. auch Olshausen, Festschrift Korbion, S. 332 und Selhoff/Trüstedt, Bauwirtschaft 1987, 1186.

1580 Hierzu ein **Beispiel für den Lohnstundenanfall** – genaugenommen: für die einzelnen Aufwandswerte – aus unserem Projektbeispiel; es geht wiederum um die Herstellung der Ortbetonfundamente. Unter Rdn. 1558 ff. hatten wir schon besprochen, wie man die Ist-Lohnstunden und die Ist-Aufwandswerte für unbehinderte (und inhaltlich nicht modifizierte) Bauabschnitte und Bauphasen ermitteln können. Genau hier ist anzuknüpfen, wenn es darum geht, zu prüfen, ob die Aufwandswerte der Arbeitskalkulation (in etwa) richtig sind. In **Abb. 45**, S. 723 haben wir in Spalte 9 die Ist-Aufwandswerte ermittelt; ihnen stehen in Spalte 10 die arbeitskalkulierten (Soll-)Aufwandswerte gegenüber. In Spalte 11 und 12 wird absolut und in Prozent angegeben, welche Abweichungen zwischen Soll- und Ist-Aufwandswerten bei unbehinderter Ausführung angefallen sind.

Sofern die Arbeitskalkulation realistische Werte beinhaltet, müssten Ist- und Soll-Aufwandswerte (zumindest in etwa) gleich sein. Es zeigt sich im konkreten Fall, dass für das Betonieren und Bewehren keine relevanten Abweichungen vorliegen, d. h., für sie wird die Arbeitskalkulation letztlich bestätigt.

1581 Nebenbei: Es ist der Gang der Dinge, dass tatsächlich einmal mehr, dann aber wieder weniger Stunden für eine bestimmte Arbeit benötigt werden, da
– unterschiedliche Witterungsbedingungen herrschen,
– die Arbeitskräfte in guter oder schlechter Verfassung sind,
– die Kolonnenzusammensetzung durch Fehltage von Mitarbeitern gestört ist,
– Auswirkungen durch andere Kolonnen, Gerät, Anlieferungen usw. enstanden sein können und
– Schwierigkeiten durch Vorleistungen aufgetreten sein können

Außerdem tritt immer wieder der Fall auf, dass der Berichtende Zuordnungsprobleme bei der Stundenschreibung hat, insbesondere, wenn er „restliche" Stunden „irgendwo" hinschreiben muss bzw. wenn wegen einer kleinen Bezugsmenge (z. B. für die Sauberkeitsschicht in **Abb. 45**) schon eine Lohnstunde mehr oder weniger reicht, um erhebliche Abweichungsprozentsätze zwischen Soll und Ist zur Folge zu haben.

Der Einwand, dass eine Stundenschreibung nach BAS-Nummern mit Ungenauigkeiten verbunden ist, ist sicherlich richtig. Hier ist aber gegeneinander abzuwägen:

a) Sofern gar keine BAS-Stundenschreibung erfolgte, gäbe es auch keinerlei Ansatzpunkte, um wenigstens annähernd der tatsächlichen Verursachung für den Stundenanfall auf die Spur zu kommen.
b) Präzisere Erfassungsmethoden (z. B. das systematische Multimomentverfahren)[1820] haben den Nachteil, dass sie viel aufwendiger als die BAS-Stundenschreibung sind und in der Regel nur als ergänzende Maßnahme bei klar vorformulierter Problematik in Frage kommen.

Dem Einwand, dass es für den Auftragnehmer wohl ein leichtes sei, die für „notwendig" erachteten Aufwandswerte durch entsprechende Lohnstundenschreibung zu verifizieren, ist entgegenzuhalten, was schon vorab hervorgehoben worden ist: Dann, wenn **alle Lohnstunden in die tägliche Berichterstattung** einfließen, kann mit großer Sicherheit festgestellt werden, ob irgendwo Manipulationen vorliegen (vgl. Rdn. 1562).

[1820] Vgl. näher Berner, Verlustquellenforschung im Ingenieurbau.

Es ist also – insbesondere wegen der Kontrollmöglichkeit durch Bautagesberichte, Dokumentation des Ist-Ablaufs, Materiallieferscheine usw. sowie durch Baustellenrundgänge der Bauleitung – für den Berichtenden angeraten, eine korrekte Stundenberichterstattung durchzuführen.[1821)]

Anders ist die Situation bei den **Schalarbeiten;** bei ihnen liegen (vgl. **Abb. 45,** S. 723) die Ist-Aufwandswerte um ca. 28 % höher als die Soll-Aufwandswerte der Arbeitskalkulation. Diese Abweichung ist derartig hoch, dass – zumindest bis auf weiteres – davon auszugehen ist, dass die Schalarbeiten „unterkalkuliert" worden sind.
Anders ausgedrückt: Die realistischen Aufwandswerte für die unbehinderten Schalarbeiten liegen um ca. 28 höher als arbeitskalkuliert.

Der Betrag, um den sich die Ist-Aufwandswerte bei unverändertem Bausoll von den kalkulierten Soll-Aufwandswerten unterscheiden, ist – wie unter Rdn. 1579 erörtert – als **„Eigenanteil"** (= kalkulierter Teilverlust) des Unternehmers (wegen unrealistischer Kostenvorgabe) anzusetzen.

1582

Abschließend noch einmal:
Auch die **„Richtigkeitsprognose"** bezüglich der Arbeitskalkulation unterliegt im Übrigen der **Schätzung** nach § 287 ZPO.[1822)]

1583

12.5.4.3 Widerlegung durch Auftragnehmer: Arbeitskalkulation zu hoch – Anfechtung erforderlich?

Kann umgekehrt der Auftragnehmer seine eigene Arbeitskalkulation widerlegen, d. h., kann er mit der Behauptung durchdringen, er habe seine eigene Arbeitsleistung zu schlecht eingeschätzt? Er behauptet, in Wirklichkeit hätte er effektiver gearbeitet, seine Produktionskosten seien niedriger gewesen als in der Arbeitskalkulation angegeben. Der behinderungsbedingt aufgetretene Schaden sei also größer, als er sich aus der Differenz von Ist-Kosten zu Soll-Ansätzen in der Arbeitskalkulation ausweise.

1584

Das Problem ist schon einmal – damals bezogen auf die Angebotskalkulation – aufgetaucht, nämlich bei der Frage, ob der Auftragnehmer bei Vergütungsansprüchen nach den § 2 Nr. 3, 5 und 6 VOB/B einen Kalkulationsirrtum nachträglich korrigieren dürfe (siehe oben Rdn. 1030).

Die dortigen Überlegungen passen aber aus den unter Rdn. 1498 besprochenen Gründen hier nicht. Dort haben wir einen neuen Vertragspreis anhand bindender bisheriger Preisermittlungsgrundlagen behandelt, die nicht ohne weiteres aus dem Weg geräumt werden können. **Hier** geht es aber „nur" um **Schadensersatz,** es wird eine tatsächliche Differenz

---

[1821)] Dem Einwand, dass man durch eine solche Berichterstattung Poliere überfordern würde, ist zu entgegnen, dass
  1) gute Poliere sowieso schon seit vielen Jahren nach BAS-Nr. ihre Stunden berichten,
  2) jeder Polier abends oder morgens das abgelaufene Tagesgeschehen resümiert und auf dieser Basis das Geschehen des neuen Tages plant; somit ist die Berichterstattung nach BAS nichts anderes als die Dokumentation des abgelaufenen Tagesgeschehens.
  Ganz abgesehen davon wird für die Abrechnung der Bauleistungen gegenüber dem Auftraggeber ein viel größerer Zeitaufwand bei teilweise recht kleinen Beträgen betrieben.
[1822)] Vgl. Kapellmann/Schiffers, BauR 1986, 635 f.; Rdn. 1619 ff.

zwischen zwei Vermögenslagen (möglichst) ermittelt. Beim Ersatzanspruch gibt es **keine Bindung an** die selbst gesetzten Prämissen – z. B. **Vertragspreise** bzw. Kalkulation. Der Auftraggeber hat die Behinderung verursacht und verschuldet und muss es hinnehmen, dass der Schadensersatzanspruch außerhalb der vertraglichen Vergütung liegt.
Demzufolge bedarf es hier keiner Anfechtung. Der Auftragnehmer kann vielmehr ohne weiteres – wenn er den ihm obliegenden Beweis führt, dass die Arbeitskalkulation zu hohe Aufwandswerte und/oder Kosten aufweist – beim Schadensnachweis von den realistischen (und für ihn „besseren") Aufwandswerten und/oder Kosten ausgehen. Wie schon unter Rdn. 1554 ff. besprochen, ist der Ist-Aufwandswert für unbehinderte Phasen und/oder Abschnitte, Ausgangspunkt für die Ermittlung des hypothetischen Soll-Aufwands in behinderten Phasen und/oder Abschnitten Basis der Schadensberechnung.

1585 Auch hier ist eine **Schätzung** gemäß § 287 ZPO möglich.[1823] Allerdings sollten an diese „Selbstwiderlegung" des Auftragnehmers sehr erhebliche Anforderungen gestellt werden.

12.5.5 Konkrete Schadensermittlung – Feststellung des Ist-Aufwands bei Behinderungen

12.5.5.1 Methodik

1586 Da eine abstrakte Schadensermittlung mit Ausnahme der Gerätekosten unzulässig ist, wie unter Rdn. 1501 ff. im Einzelnen erörtert, muss der **Schaden** anders ermittelt werden, nämlich (möglichst) **konkret. Ausgangspunkt** sind – dies als Wiederholung – die **hypothetischen Aufwendungen ohne Behinderung;** diese werden entweder für die Fortschreibung des Aufwands unbehinderter Ausführung aus dem hypothetischen (unbehinderten) Aufwand der jetzt behinderten Ausführung oder unter Rückgriff auf die Arbeitskalkulation – mit Widerlegungsmöglichkeit – ermittelt.[1824] Anschließend sind die Aufwendungen der behinderten Ausführung festzustellen; damit beschäftigen wir uns nachfolgend. Die Differenz gibt dann, wenn vorab korrekt abgegrenzt worden ist, den behinderungsbedingten Mehraufwand an.

Es gibt allerdings **auch den Weg plausibler Schätzung,** das erörtern wir im Anschluss unter Rdn. 1612 ff.

12.5.5.2 Dokumentationsmöglichkeiten des Ist-Aufwands im behinderten Abschnitt

1587 Die Feststellung des Ist-Aufwands behinderter Ausführungen ist grundsätzlich möglich, bei BAS-Aufzeichnungen sogar unproblematisch. Die Methoden dazu haben wir im Wesentlichen schon behandelt, als wir den Ist-Aufwand unbehinderter Abschnitte oder Phasen ermittelt haben[1825] und daraus auf den (hypothetischen) Soll-Aufwand für den Fall, dass die Ausführung im behinderten Bauabschnitt (bzw. Bauphase) nicht gestört worden wäre, geschlossen haben.

Der Ist-Aufwand in behinderten Bauabschnitten oder Phasen kann – wie dort erläutert – ohne weiteres erfasst werden. Entsprechendes gilt, wenn die Lohnstunden nach BAS-Nummern täglich erfasst werden, für die Aufwandswerte behinderter Arbeitsvorgänge.

[1823] Zu allem Kapellmann/Schiffers, a. a. O. 625; Rdn. 1612 ff.
[1824] Dazu oben Rdn. 1553 ff., 1573 ff.
[1825] Oben Rdn. 1558 ff.

Die Erfassung des Ist-Aufwandes ist Aufgabe der (Betriebs-)**Buchhaltung**. Im Zusammenspiel mit Abrechnung, Leistungsmeldung und Arbeitskalkulation liefert sie die Daten für den Kosten-Soll-Ist-Vergleich. Er kann (relativ präzise) Aussage darüber treffen, ob und bei welchen Kostenarten Soll-Ist-Abweichungen aufgetreten sind. 1588

12.5.5.3 Erfassung des Ist-Aufwandes im Einzelnen

1. Aufwand für „produktives" Personal 1589
Das, was ab Rdn. 1558 ff. für den Ist-Lohnaufwand für unbehinderte Bauabschnitte und Bauphasen besprochen worden ist, gilt unverändert auch für behinderte Abschnitte und Phasen.
Wenn erforderlich, können außerdem der Ist-Mittellohn in seine einzelnen Elemente (Zulagen, lohngebundenen Kosten, Lohnnebenkosten etc.) und der Ist-Stundenanfall in Normal- und Überstunden aufgespalten werden. Dadurch ist nachweisbar, ob und wieviel Überstunden (bzw. Überstundenzuschläge) aus Behinderung und/oder Zusatzaufwendungen durch Tariflohnerhöhungen angefallen sind.

2. Sonstiger Personalaufwand 1590
Der Ist-Aufwand für sonstiges Personal wird für behinderte Phasen wie für unbehinderte Phasen ermittelt, hierzu verweisen wir auf Rdn. 1563. Festzuhalten bleibt, dass es in der Regel unmöglich ist, den Ist-Aufwand für sonstiges Personal pro Abschnitt zu ermitteln (vgl. Rdn. 1563).

3. Geräteaufwand und sonstige Aufwendungen 1591
Für diese Aufwendungen gilt ebenfalls das, was schon unter Rdn. 1564, 1565 für unbehinderte Phasen besprochen worden ist. Anzumerken ist noch, dass die Zuordnung des Ist-Aufwandes von Schalungssystemen zu den entsprechenden Bauteilen in der Regel unproblematisch möglich ist, da die Schalungssysteme im konkreten Fall zumeist jeweils nur für eine Bauteilart (Decken, Wände etc.) verwendbar sind.
Ebenso ist die Abgrenzung der Aufwendungen für Nachunternehmer auf Abschnitte möglich, wenn dem Nachunternehmer vertraglich vorgegeben wird, abschnittsweise abzurechnen. Eine Erhöhung der Bezugskosten für Stoffe, Nachunternehmerleistungen etc. ist über die eingegangenen Rechnungen präzise nachvollziehbar.

12.5.5.4 Sonderfall: Behinderungsbedingt treten zusätzliche Arbeitsvorgänge auf 1592

Sofern wegen Behinderungen **zusätzlich Arbeitsvorgänge auftreten,** können für sie **neue BAS-Nummern** eingeführt und hierunter **alle** für **Zusatzarbeiten angefallene Lohnstunden** erfasst werden.

Natürlich kann stattdessen auch der Weg über angeordnete Stundenlohnarbeiten (vgl. § 2 Nr. 10 VOB/B) und somit über gesonderte Stundenlohnzettel gewählt werden.

Bei beiden Wegen sollte zur **Absicherung der Glaubwürdigkeit** der angefallenen Arbeiten und Lohnstunden auftragnehmerseitig[1826] belegt werden:

- **vorab**
  - die zu erbringende Leistung
    (z. B. im Bautagesbericht)
  - der Arbeitsbeginn
- **laufend**
  - der Arbeitsstand (im Bautagesbericht)
  - der Stundenverbrauch (im Bautagesbericht unter der Rubrik „außervertragliche Leistung" oder durch „Stundenlohnzettel")
- **abschließend**
  - das Arbeitsende (z. B. im Bautagesbericht)

Werden zusätzliche Materialeinsätze, Fremdmieten und Fremdleistungen notwendig, ist eine entsprechende Dokumentation – diesmal jedoch unter Vorlage von Lieferscheinen, Aufmaßen und Rechnungen – erforderlich.

Sofern Leistungen von innerbetrieblichen Abteilungen des Auftragnehmers erbracht werden, sind die gleichen Kriterien anzuwenden, obwohl dann keine Zahlungsflüsse, sondern nur Verrechnungen vorliegen. Hier kann jedoch zur Bewertung auf die Kalkulation oder mit einem entsprechenden Abschlag auf den Verkehrstarif und/oder Marktpreise zurückgegriffen werden.

12.5.6 Schaden: Differenz von realistischem Soll-Aufwand und (behinderungsbedingtem) Ist-Aufwand; Möglichkeiten des Ursachen- und Schadensnachweises; Mittel der Dokumentation

12.5.6.1 Gegenüberstellung von Soll- und Ist-Aufwand – Grundsatz

1593   Der für behinderte Bauphasen und/oder Bauabschnitte festgestellte (behinderungsbedingte) Ist-Aufwand ist dem zugehörigen realistischen (hypothetischen) Soll-Aufwand gegenüberzustellen, die Differenz ist der Schaden.
Das, was so klar und einsichtig ist, ist im konkreten Einzelfall – ja fast im Regelfall – nicht bis ins letzte genau belegbar. Dies gilt weniger für den Ist-Aufwand, er ist ja aus der Betriebsbuchhaltung entnehmbar (vgl. Rdn. 1558 ff.), sondern insbesondere für den (hypothetischen) Soll-Aufwand einer unbehinderten Ausführung. Die deshalb oft notwendigen Plausibilitätsnachweise werden wir ab Rdn. 1599 ff. noch behandeln, unter Rdn. 1612 ff. sodann auch zulässige Schätzungsmöglichkeiten insgesamt.
An dieser Stelle **zunächst nur die Vorstellung des prinzipiell Möglichen und Notwendigen:**

1594   1. Personal
a) „produktives Personal"
- Gegenüberstellung von Ist- und Soll-Lohnstunden (letztere ermittelt aus den tatsächlich ausgeführten Mengen multipliziert mit realistischen Soll-Aufwandswerten);
- Gegenüberstellung von Ist- und Soll-Mittellohn – u.a. zur Berücksichtigung von Tariflohnerhöhungen;
- Gegenüberstellung der Ist- und Soll-Überstundenanteile des jeweiligen Mittellohns.

[1826] Vgl. Olshausen, a.a.O. 330.

b) Sonstiger Personalaufwand

- Gegenüberstellung von Soll- und Ist-Kosten pro Zeiteinheit für Verursacher von zeitabhängigen Personalkosten;
- Gegenüberstellung der Soll- und der Ist-Einsatzzeiten der einzelnen Verursacher von zeitabhängigen Personalkosten;
- Sonderaufwendungen wegen der Behinderung (z. B. für Koordination).

Wenn nur einzelne Bauabschnitte von der Behinderung betroffen waren, andere Bauabschnitte aber gleichzeitig unbehindert weiterlaufen konnten, ist eine plausible Abgrenzung des Soll-Aufwands und des Ist-Aufwands für die Verursacher „unproduktiver" Personalaufwendungen erforderlich. Das führt schon in den Grenzbereich zwischen plausiblem Nachweis und zulässiger Schätzung. Beispiele erörtern wir unter Rdn. 1609 ff. auf der Basis von Ist-Stundenschreibungen und unter Rdn. 1635 für behinderungsbedingten Mehrstundenanfall (Intensitätsabfälle) und für Überstunden unter Rdn. 1636.

2. Geräte
a) Leistungsgerät
Die (hypothetischen) Sollaufwendungen für die tatsächlich ja nicht stattgefundene unbehinderte Ausführung – positionsweise ermittelt durch Multiplikation der realistischen Sollkosten (pro Leistungseinheit) mit der während der Behinderung tatsächlich ausgeführten Leistungsmengen – werden dem Ist-Aufwand gegenübergestellt.

b) Bereitstellungsgerät
Für die behinderte Bauphase – gegebenenfalls wie beim „unproduktiven" Personal noch abgegrenzt gegenüber gleichzeitig ablaufenden unbehinderten Bauabschnitten – werden in Soll und Ist gegenübergestellt:

- Einsatzzahl und -zeit der Bereitstellungsgeräte sowie
- die dazugehörigen Kosten pro Gerät

Hierzu verweisen wir auf das Beispiel unter Rdn. 1550.

3. Schalung und Rüstung
Die tatsächlich erbrachten Leistungsmengen der behinderten Bauphasen (bzw. Bauabschnitte) werden mit den realistischen (hypothetischen) Sollkosten pro Einheit multipliziert und ergeben die Sollaufwendungen für unbehinderte Ausführung; sie sind den entsprechenden Ist-Aufwendungen der behinderten Ausführung gegenüberzustellen.

Gegebenenfalls sind plausible Aufteilungen von Soll- und Ist-Aufwendungen erforderlich, wenn unbehinderte und behinderte Bauabschnitte gleichzeitig ablaufen. Des weiteren ist darauf zu achten, dass Gebrauchs- und Verbrauchsgüter[1827] getrennt erfasst werden.

4. Stoffe
Bei ihnen geht es insbesondere darum, ob behinderungsbedingt für Stoffe mehr Quantität und/oder mehr sonstiger Aufwand als im (hypothetischen) Fall der unbehinderten Ausführung angefallen sind. Der höhere Aufwand wegen Behinderung lässt sich gegenüber dem Aufwand bei unbehinderter Ausführung aus Schriftverkehr und Rechnungen zeitraumbezogen entnehmen bzw. in etwa abgrenzen. Höhere Quantitäten lassen sich aus der Gegenüberstellung der Istverbräuche für behinderte und unbehinderte Phasen (und/oder Bauabschnitte) nachvollziehen.

[1827] Zur Begriffsbestimmung vgl. oben Rdn. 23.

1598 **5. Nachunternehmer**
Für sie gilt grundsätzlich entsprechendes wie für Stoffe (s. Rdn. 1597). Es ist noch festzuhalten, dass im Rahmen der Soll-Ist-Erfassungen auch der Ist-Leistungsumfang der behinderten Phasen dem entsprechenden (hypothetischen) Soll-Leistungsumfang gegenüberzustellen ist, um aus den Leistungsverschiebungen ungedeckte Geschäftskostenanteile bzw. noch zusätzlich anfallende Deckungsnotwendigkeiten belegen zu können.
Darüber hinaus noch behinderungsbedingt angefallene zusätzliche Kosten eines Nachunternehmers sind von ihm – möglichst wie schon oben ab Rdn. 1594 für eigene Produktionsfaktoren beschrieben – plausibel darzulegen.

12.5.6.2 Stunden-Soll-Ist-Vergleich bzw. Aufwandswert-Soll-Ist-Vergleich

1599 Unter Rdn. 1559 und 1561 haben wir besprochen, dass eine „normale" Lohnbuchhaltung nur die Ist-Gesamt-Lohnstunden angeben kann – gegebenenfalls zeitlich abgegrenzt.
Sofern nicht gleiche Bauinhalte erstellt worden sind, bringt bei einer solchen Konstellation die Erfassung der Ist-Lohnstunden in behinderten und nicht behinderten Bauabschnitten und Bauphasen keine ohne weiteres verwertbaren Aussagen. In solchen Fällen können jedoch, sofern eine aussagekräftige Arbeitskalkulation vorliegt, durch Multiplikation von deren Aufwandswerten mit den Ist-Leistungsmengen der betreffenden Bauphase wie folgt Sollstundenvorgaben ermittelt werden:

Soll-Lohnstunden in der betreffenden Bauphase insgesamt: $\sum_{i=1}^{n} [(AW_i) \cdot (IM_i)]$

$i = 1-n$ Positionsnummern
AW_i Aufwandswert der Arbeitskalkulation
         für Position i
IM_i Ist-Menge (tatsächlich in der betreffenden Bauphase ausgeführte Menge) der Position i

Sofern in unbehinderten Phasen der Stunden-Soll-Ist-Vergleich keine relevanten Abweichungen ergibt, wird entsprechend in behinderten Phasen die Abweichung zwischen den Ist- und den Soll-Stunden als Schadensauswirkung im Lohnbereich ausgewiesen.
Ist in unbehinderten Phasen gegenüber dem Soll ein Mehrstundenanfall im Ist angefallen, so ist ein entsprechender (ausgedrückt in Prozent der Sollstunden) Eigenanteil des Auftragnehmers im Behinderungsfall schadensmindernd zu berücksichtigen.

Nur am Rande:
Ein solcher Stunden-Soll-Ist-Vergleich kann nur dann aussagekräftig sein, wenn er das tatsächliche Geschehen wiedergibt; er muss über alle Tätigkeiten gehen (vgl. Rdn. 1562) und muss insbesondere jeweils darauf abgestimmt sein, ob zwischenzeitlich nicht als Eigenleistung kalkuliert Leistungen von Nachunternehmern übernommen worden sind und umgekehrt.
All das gilt nur für den Fall, dass in den untersuchten Bauabschnitten bzw. Phasen sowohl quantitativ wie qualitativ in etwa gleiche Leistungen erbracht worden sind.

Ist das nicht der Fall, so kann auch kein unmittelbarer Schluss über Soll- und Ist-Stunden gezogen werden, sondern es ist ein Aufwandswert-Soll-Ist-Vergleich durchzuführen (erforderlichenfalls unter Berücksichtigung von Eigenanteilen).[1828]

12.5.6.3 Kosten-Soll-Ist-Vergleich

Der Kosten-Soll-Ist-Vergleich kann, abgegrenzt für behinderte und unbehinderte Bauphasen, durchgeführt werden. Somit kann er in Fällen, bei denen zeitgleich in bestimmten Abschnitten Behinderungen vorkommen, in anderen dagegen aber nicht, nur eine Aussage über die Gesamtsituation – eventuell mit großem Abgrenzungsaufwand für Bauabschnitte – treffen.[1829]

1600

Da die Sollansätze des Kosten-Soll-Ist-Vergleichs aus der Arbeitskalkulation stammen, steht die Frage im Raum, ob die Richtigkeitsvermutung der Arbeitskalkulation widerlegt ist oder nicht, d. h., ob deren Sollwerte auch als realistische (hypothetische) Sollvorgabe für die unbehinderte Ausführung akzeptabel sind – hierzu verweisen wir auf Rdn. 1573 ff. Der Kosten-Soll-Ist-Vergleich sagt bekanntlich nur aus, ob und in welchem Umfang pro Kostenart Unterschiede zwischen Ist- und Sollkosten aufgetreten sind.
Er kann also dann, wenn auftraggeberseitige Behinderungen und außerdem parallel dazu unternehmensintern bedingte Mehrkosten gleichzeitig anfallen, keine Aussage darüber treffen, welcher Mehraufwand jeweils behinderungsbedingt ist und welcher nicht. Legt also ein Auftragnehmer nach einer Behinderung seinen Kosten-Soll-Ist-Vergleich als Beweismittel vor, so steht die Frage im Raum, wie der Kosten-Soll-Ist-Vergleich in unbehinderten Phasen aussah, also, welche Mehrkosten so oder so unternehmensbedingt jedenfalls aufgetreten wären.

12.5.6.4 Zusammenwirken von Plausibilitätsdarlegungen

Alle **Soll-Ist-Vergleiche** haben – jeder für sich gesehen – ihren Wert. Der Kosten-Soll-Ist-Vergleich gibt an, **dass** Mehrkosten aufgetreten sind und bei welcher Kostenart, er sagt aber **nicht**, warum diese Mehrkosten aufgetreten sind. Somit kommt der Kosten-Soll-Ist-Vergleich an seine Grenze, wenn es darum geht, Ursachen aufzuzeigen und daraus beispielsweise ohne weiteres Folgen für Nachträge und Schadensnachweise abzuleiten.
Ihre volle Aussagekraft entfalten Soll-Ist-Vergleiche erst dann, wenn sie aufeinander abgestimmt zusammenwirken und, wie zu einem Schleppnetz zusammengeknüpft, es ermöglichen, Behinderungen als solche sowie ihre Auswirkungen frühzeitig zu bemerken und ihre Verursachung zu erkennen.

1601

[1828] Einzelheiten Rdn. 1609 ff.
[1829] Toffel, Kosten- und Leistungsrechnung in Bauunternehmungen; Schiffers, Bauwirtschaft 1984, 359 ff.

Abstrakte und konkrete Schadensberechnung

lfd. Nr.	Kostenarten	Aufwandswerte nach Abschnitten differenziert		Termin	Kapazitäten	Überstd.	Planinhalt	Planlieferung	Aussagen
		nein	ja						
	S-I-V	S-I-V	S-I-V	S-I-V	S-I-V	S-I-V	S-I-V	S-I-V	X: Ist ist größer oder später als mod.Soll =: Soll = Ist (-): Ist ist niedriger als Soll
1	X								Kein Verursacher ist erkennbar; nur erste Veranlassung für die Suche von Verursachungen
2	X	X							Kein Verursacher ist erkennbar; erste Veranlassung für die Suche von Verursachungen
3	X	X	X						Verursachung ist eingekreist; erster Anhalt für die Suche nach Verursachungen
4					X				Aktuelle Aussage für die Existenz einer intern oder extern bedingten Störung: Veranlassung für die Suche nach der Verursachung
5							X		Bauinhaltsmodifikation ist belegt; Auswirkung jedoch nicht
6							X	X	Behinderung und Bauinhaltsmodifikation sind belegt; Auswirkungen sind jedoch bisher unbekannt
7	X	X	X	=	=	X	=	X	Große Wahrscheinlichkeit, dass verspätete Pläne in den betreffenden Abschnitten zu höheren Ist-Aufwandswerten führten; Termineinhaltung konnte offensichtlich durch Überstunden erreicht werden
8	=			X	(-)	=	=	X	Verspätete Planlieferung war Anlaß für den Kapazitätsabzug; es sind dadurch Terminrückstände, aber noch keine zusätzlichen Kosten aufgetreten
9	X	X		X	=	=	=	=	Da keine auftraggeberseitigen Eingriffe oder Versäummnisse vorliegen, sind offensichtlich interne Verursachungen (z.B. schwaches Personal) Ursache für Termin-, Kosten- und sonstige Soll-Ist-Abweichungen
10	X	X		=	=	X	=	=	Wie 9., jedoch wurde offensichtlich durch zusätzliche Überstunden der Soll-Termin eingehalten
11	X	X	X	=	=	=	=	X	Offensichtlich haben verspätete Planeingänge zu Intensitätsabfällen geführt; Folge: höhere Aufwandswerte und Terminrückstände, da der AN keine Überstunden oder Kapazitätsverstärkungen durchgeführt hat
12			X	X	=	=	=	X	Die Pläne kamen zu bestimmten Zeiten und für bestimmte Abschnitte zu spät; daraus resultieren Terminrückstände und höhere Aufwandswerte
			=	X	=	=	=	=	Es sind keine Planrückstände aufgetreten. Es ist kein Intensitätsabfall entstanden, der vorhandene Terminrückstand konnte nicht mehr aufgeholt werden

Abbildung 46 Die Aussagefähigkeit von einzelnen und aufeinander abgestimmten Soll-Ist-Vergleichen (S-I-V)

Abb. 46, S. 736 zeigt, welche Aussagen die einzelnen Soll-Ist-Vergleiche jeder für sich ermöglichen (lfd. Nr. 1 bis 5) und wie sich ihre Aussagekraft bei ihrem Zusammenwirken steigert (bis lfd. Nr. 12). Die lfd. Nr. 12 zeigt, welche **differenzierten Aussagen** möglich sind, wenn Planeingang, Bauablauf und Stundenanfall (also somit auch implizit Aufwandswerte) abschnitts- und/oder periodenbezogen dokumentiert werden. Im Fall der lfd. Nr. 12 sind Pläne für bestimmte Abschnitte zu spät eingetroffen; dies hat Intensitätsabfälle und verzögerten Bauablauf zur Folge. Als dann später die Pläne wieder wie vereinbart kamen, traten keine weiteren Intensitätsabfälle für diese Abschnitte auf.

Sofern alle Abschnitte (irgendwann) unbehindert ablaufen und der periodenbezogene Aufwandswert-Soll-Ist-Vergleich der Gesamtbaustelle für diese unbehinderte Periode(n) trotzdem Intensitätsabfälle ausweist, liegen dafür keine Gründe aus dem Risikobereich des Auftraggebers vor.[1830] Durch Aufwandswert-Soll-Ist-Vergleiche für ungehinderte Phasen und/oder Bauabschnitte ist also feststellbar, ob sich der Auftragnehmer Eigenanteile anrechnen lassen muss oder nicht.

Davon ist zu unterscheiden, dass der von Baustellenbeginn an laufende Aufwandswert-Soll-Ist-Vergleich der Gesamtbaustelle – wegen der vorab ein für allemal angefallenen behinderungsbedingten Mehrstunden – weiterhin überhöhte Ist-Aufwandswerte ausweist. Entsprechendes gilt für den **Ist-Ablauf**. Sofern zwischenzeitlich keine weiteren auftraggeberseitig bedingten Behinderungen mehr aufgetreten sind, bleibt es nach Behinderungsende i.d.R. bei den einmal angefallenen Terminrückständen – aber nur auf den terminbestimmenden („kritischen") Ablaufketten. Somit weist der Ist-Ablauf weiterhin die vorab entstandenen Terminrückstände aus, wenn keine Beschleunigungsmaßnahmen (Überstunden, Kapazitätsverstärkungen) durchgeführt worden sind.

Wir können solche Fälle, bei denen
- **zeitweilige** und/oder
- **abschnittsbezogene** und/oder
- **auf bestimmte Arbeiten bezogene**

Behinderungen auftreten bzw. nicht auftreten, unter dem Begriff „**gespaltene Bauumstände**" zusammenfassen (vgl. hierzu auch Rdn. 1402).

Als Beispiel dafür, dass die Kontrollinstrumente Kostenarten-, Aufwandswert- und Termin-Soll-Ist-Vergleich Abweichungen (zur Offenlegung von eventuellen Mehrkosten, höheren Aufwandswerte und Terminrückständen) ausweisen, deren Ursachen aber nicht auftraggeberseitig bedingt sind, sei auf **Abb. 46** lfd. Nr. 9 und 10 verwiesen. Sofern kein Plan zu spät kommt und sofern kein Planinhalt geändert wird, kann keine Soll-Ist-Abweichung bei Kosten und Terminen auftraggeberseitig bedingt sein.

1602

Der Bauleiter hat im Rahmen seiner Kontrollen das Baugeschehen zu dokumentieren bzw. dokumentieren zu lassen. Nur er oder sein Beauftragter können unmittelbar aus ihrer Tätigkeit heraus auf der Basis der Aufzeichnungen über Planeingänge, Kapazitätseinsatz, Bauablauf, Stundenanfall usw. zu ersten Schlüssen darüber kommen, ob alles ordnungsgemäß läuft bzw. ob (eventuell auch nur in Teilbereichen) insgesamt Fehlentwicklungen aufgetreten sind. Er muss Aussagen darüber liefern können, wo Soll–Ist-Abwei-

---

[1830] Als Gründe aus dem Risikobereich des Auftragnehmers sind u.a. zu nennen:
  – Schwaches Personal,
  – durch die vorab eingetretenen auftraggeberseitigen Störungen ist der gesamte Bauablauf durcheinandergeraten und nicht wieder in eine neue Ordnung gebracht worden; das müsste jedoch belegt werden.

chungen aufgetreten sind oder drohen, wo gegebenenfalls Kosten eingespart werden können und wie in „Zukunft der Erlös verbessert werden kann".[1831]

1603 Scheinbar unmöglich zu erbringende Nachweise werden, sofern ein konsequentes **Berichtssystem** vorgegeben wird und eine „Just-in-time"-Dokumentation erfolgt, wenigstens auf die Stufe von plausiblen und nachprüfbaren Belegen gehoben.
Immer noch wird gelegentlich auftragnehmerseitig völlig unterschätzt, in welchem Umfang eine **Separierung** der einzelnen **Behinderungsfälle (sachlich, örtlich, zeitlich)** dazu beiträgt, die Glaubwürdigkeit des darauf aufbauenden Schadensersatzanspruches zu belegen.[1832]

1604 Die Instrumente Bautagesbericht und Stundenerfassung werden sowohl auf Großbaustellen wie auf Kleinbaustellen verwendet. Letztlich ist jede Großbaustelle nichts anderes als die Zusammenfassung mehrerer aufeinander abgestimmter Teilbaustellen mit zugehörigen Abschnittsbauleitern und -polieren. Jeder Bauleiter hat für seine (Teil-)Baustelle die zugehörigen Dokumentationen zu erbringen.[1833] Dabei kommuniziert er mit externen Partnern (Auftraggeber, Planern usw.) und internen Partnern (Polier, Bauhof, Oberbauleiter usw.); seine Dokumentationen sind also Teil eines Gesamtkommunikationssystems.[1834]

1605 Als **Dokumentationsmöglichkeiten** sind noch zu nennen:
– Fotos
– Protokolle
– Schriftverkehr
– Archivierung von nicht mehr aktuellen Plänen
– Schlechtwettermeldungen
– Statistiken über meteorologische Gegebenheiten

[1831] Misch, VDI-Berichte Nr. 528 (1984), 83, 99; vgl. hierzu aus der stationären Industrie; Riedlinger, Controlling S. 309: „Statt einer periodischen Kostensammlung und Nachkalkulation nach Auftragsabschluss wird heute die Datenerfassung während des Produktionsablaufs und deren Verdichtung ... als normaler Standard gefordert ... Zwischen Controlling, Fertigungsplanung, Fertigungssteuerung und Technik muss ein Kommunikationsprozess in Gang kommen, der die betrieblichen Abläufe aktuell begleitet, statt sie nachträglich zu interpretieren."

[1832] Vgl. Grieger, BauR 1987, 378. Dagegen heben Olshausen, Festschrift Korbion, S. 333 und Witteler a. a. O. zutreffend hervor, welche Möglichkeiten der Dokumentation bestehen. Plum, Sachgerechter und prozessorientierter Nachweis von Behinderungen, stimmt dem im Grundsatz zu (S. 78), kritisiert aber, dass auch mit diesen Hilfsmitteln nicht sichere Beweis möglich sind, sondern nur „**zulässige** Schätzungen". Genau das ist aber der einzig praktische und von der Rechtsprechung des BGH zutreffend vorgezeichnete Weg (s. Rdn. 1612 ff.). Das von Plum vorgestellte Verfahren der „Visualisierung" ist ohne Zweifel **auch** ein geeignetes Verfahren, das aber auch nicht ohne Plausibilitätserwägungen auskommt (z. B. auf S. 105).

[1833] Vgl. Kühn, Handbuch Baubetrieb, S. 59.

[1834] Für viele Bauleiter ist das eine Selbstverständlichkeit; andere betrachten Berichtssysteme immer noch als eine Zumutung. Das, was in anderen Wirtschaftsbereichen nicht wegzudenken ist – das Logbuch des Kapitäns, die schriftliche Bestätigung des geänderten Bestellinhalts bzw. der neuen Lieferumstände, das gesamte Berichtswesen –, wird in seiner Bedeutung von manchen Baupraktikern nicht erkannt und zum unnützen Papierkrieg erklärt, obwohl andererseits im Bauwesen bei Statik, Ausschreibung, Vergabe und Abrechnung die Prinzipien von Dokumentation und Nachprüfbarkeit außer jeder Diskussion stehen.
Vgl. hierzu: Grote/Ludwig: Zielgenaues Planen und Lenken. Die Praxis des Baumanagements; Witteler a. a. O. erläutert ab S. 60 ff. die Bedeutung von Dokumentations- und Kontrollinstrumenten und weist (S. 71 ff.) auf Widerstände hin, die den „paradiesischen Zustand" der in der Bauausführung weit verbreiteten Handlungsmaxime der Improvisation weiterhin aufrechterhalten möchten.

1606 Trotz oder gerade wegen der Bedeutung der Dokumentation sollte der Auftragnehmer bestrebt sein, den Dokumentationsaustausch auf das unbedingt Notwendigste zu beschränken, damit die einzelnen Unterlagen auch voll gewürdigt und nicht Teil eines „Datenfriedhofs" werden. Der Dokumentationsinhalt sollte so aufgearbeitet und verdichtet werden, dass er leicht zu verstehen und bei Bedarf zu übernehmen ist.

1607 Deshalb haben wir schon oben **für den Bautagesbericht als Informationsmittel des Auftragnehmers plädiert,** da er voll auf den Adressat Auftraggeber ausgerichtet werden kann und als **eine einzige Unterlage** eine Vielzahl unterschiedlicher Informationsinhalte übersichtlich zusammenfassen kann (vgl. **Abb. 36 a,** S. 562).
Trotzdem kann es aus der Sicht des Auftraggebers sinnvoll sein, sich weitere Unterlagen vorlegen zu lassen, um den Inhalt des Bautageberichts zu kontrollieren bzw. um Sachverhalte noch detaillierter erkennen zu können. Sofern der Inhalt des **Bautagesberichts** korrekt das Baugeschehen wiedergibt, **muss er mit dem der Einzeldokumenten übereinstimmen.** Beispielsweise gibt es zwischen dem als **Abb. 44 a,** S. 720 aufgeführten Lohnbericht vom 6.8. und dem Bautagesbericht des gleichen Tages (**Abb. 36 a,** S.562) keinen Widerspruch (Wetter, Zahl der eigenen Arbeitskräfte, Arbeitszeit, angefallene Tätigkeiten).[1835]

1608 Die Dokumentation trägt durch ihre „**bürokratisch-korrekte**" Erfassung aller Geschehnisse zur Konfliktbewältigung bei, insbesondere dazu, Problempunkte aus dem Bereich des persönlichen Angriffs in die Ebene der nüchternen und oft **unwiderlegbaren Sachargumentation** zu heben. Dokumentieren heißt noch lange nicht, dass dadurch alle Forderungen gegenüber der anderen Vertragspartei begründet werden. Zunächst einmal soll die Dokumentation schlicht und einfach Belege für Geschehenes schaffen; sie entspricht einer Verwaltungstätigkeit, sie ist aber auch Ansatzpunkt zur Reflektion.
Sofern Problempunkte auftreten oder aufzutreten scheinen, geben sie Veranlassung zu Recherchen, zur Antizipation der zu erwartenden Weiterentwicklung und zu Überlegungen bezüglich des weiteren Bauablaufs. Bevor der Bauleiter des Auftragnehmers seinen Partner auf der Auftraggeberseite durch den Bautagesbericht informiert, sollte er – wie schon unter Rdn. 1235 ff. besprochen – verschiedene, innerbetriebliche Dokumentationen einsehen und „im Kleinen" seine eigenen „**Soll-Ist-Vergleiche**" durchführen, wie z. B. in bezug auf:
– Planeingänge
– sonstige Mitwirkungspflichten des Auftraggebers
– Vorleistungen anderer Unternehmen
– Planinhalte
– Bauablauf
– Kapazitätseinsatz
– Stundenanfall bzw. Aufwandswerte.

[1835] Die zusätzlich in **Abb. 36 a,** S. 562 noch aufgeführte Tätigkeit „Fundamentaushub" wird von einem Nachunternehmer erbracht, dessen Personal in der zweiten Zeile der Rubrik „Arbeitskräfte" aufgeführt ist.

12.5.6.5 Beispiel einer Berechnung

1609 Die Ist-Aufwandswerte für die behinderte Herstellung der Ortbetonfundamente der Bauabschnitte 3 und 6 in der ersten Augusthälfte sind auf der Basis der Ist-Stundenerfassung von **Abb. 44 b**, S. 721 nach der unter Rdn. 1567 besprochenen Methode bis Spalte 9 ermittelt worden.

Nr.	Bauteil	Abschnitt	Arbeitsvorgang	BAS Nr.	Menge	Ist-Lohnstunden [Ph]	Aufwandswerte Ist [Ph]	Aufwandswerte realistisches Soll [Ph]	behinderungsbedingter Mehrzeitaufwand [Ph]	behinderungsbedingte Mehrlohnstunden [Ph]
							(8)/(6)		(9) - (10)	(6) x (11)
(1)	(2)	(3)	(4)	(5)	(6) (7)	(8)	(9)	(10)	(11)	(11)
1	Sauberkeitssch. F.	3	Betonieren	78	40,88 m²	7,00	0,17	0,13	0,04	1,64
2	Fundamente	3	Schalen	38	46,72 m²	63,00	1,35	0,86	0,49	22,89
3	Fundamente	3	Bewehren	32	1,37 t	36,00	26,28	20,00	6,28	8,60
4	Fundamente	3	Betonieren	76	27,45 m³	29,00	1,06	0,70	0,36	9,88
5	Auffüllung	3	Betonieren	76	1,78 m³	1,00	0,56			
6	Sauberkeitssch. F.	6	Betonieren	78	41,64 m²	7,00	0,17	0,13	0,04	1,67
7	Fundamente	6	Schalen	38	49,46 m²	64,00	1,29	0,86	0,43	21,27
8	Fundamente	6	Bewehren	62	1,4 t	40,00	28,57	20,00	8,57	12,00
9	Fundamente	6	Betonieren	76	27,96 m²	33,00	1,18	0,70	0,48	13,42
									SUMME:	91,37

Behinderungsbedingter Mehrlohnaufwand = (12) x ML	91,37 Ph x 29,70 EUR/Ph =	2.713,69 EUR

Abbildung 47   Aufwandswerte-Soll-Ist-Vergleich und Ermittlung des plausiblen Mehrlohnaufwandes bei behinderter Ausführung unter Berücksichtigung des Eigenanteils des Auftragnehmers aus längerer Ist-Bauzeit bei unbehinderter Ausführung (vgl. Abb. 45, S. 723)

Knüpfen wir an das unter Rdn. 1567 besprochene Beispiel für eine unbehinderte Ausführung (**Abb. 45**, S. 723) an, so werden die realistischen (hypothetischeen) Soll-Aufwandswerte als Basis der Schadensberechnung für unser Beispiel wie folgt ermittelt:
Für die Arbeitsvorgänge Bewehren und Betonieren (BAS-Nr. 62 und 78) liegen gemäß **Abb. 45**, S. 723 für die unbehinderte Ausführung von Abschnitt 2 keine oder unbedeutende Abweichungen (vgl. Spalte 12) zwischen den arbeitskalkulierten Soll- (Spalte 10) und den Ist-Aufwandswerten (Spalte 9) vor; deshalb wird für die **Schadensermittlung** der Bewehrungs- und Betoniertätigkeiten in **Abb. 47** auf die arbeitskalkulierten Aufwandswerte als realistische (hypothetische) Soll-Aufwandswerte zurückgegriffen. Einarbeitungseffekte brauchen für Bewehrung und Betonieren nicht berücksichtigt zu werden, weil die Ausführung der behinderten Abschnitte 3 und 6 genau so der (ersten) Einarbeitung unterliegen wie die unbehinderte Ausführung des Abschnitts 2 nach dem Teilbaustopp.
Beim Schalen (BAS-Nr. 38) sind jedoch bei der unbehinderten Ausführung gemäß **Abb. 45** beachtliche Abweichungen im Ist (Spalte 9) gegenüber dem arbeitskalkulierten Soll-Aufwandswert (Spalte 10) aufgetreten (vgl. Spalte 12 aus **Abb. 45**).
Deshalb wird dieser Ist-Aufwandswert als ein realistischer (hypothetischer) Soll-Aufwandswert für den theoretischen Fall der unbehinderten Ausführung des tatsächlich behinderten Bauabschnittes angesetzt (vgl. Spalte 10 aus **Abb. 47**).

Der jeweilige Mehr-Lohnaufwand (behinderungsbedingter Ist-Aufwand) pro Arbeitsvorgang wird gemäß **Abb. 47 wie folgt ermittelt:** 1610
Alle von der Behinderung betroffenen Arbeitsvorgänge werden aufgelistet und sodann wird mit Hilfe der tatsächlich ausgeführten Mengen (Spalte 6) und den Ist-Lohnstunden (Spalte 8) der Ist-Aufwandswert (Spalte 9) ermittelt. Die realistischen (hypothetischen) Soll-Aufwandswerte für die unbehinderte Ausführung werden – wie oben schon unter Rdn. 1609 besprochen – in Spalte 10 ausgewiesen. Die jeweilige Differenz aus Soll- und Istaufwandswert (siehe Spalte 11) wird mit der tatsächlich erstellten Menge (Spalte 6) multipliziert und **ergibt die jeweiligen behinderungsbedingt angefallenen Mehr-Lohnstunden** (siehe Spalte 12).
Dieser Betrag steht pro Arbeitsvorgang für die Intensitätsabfälle aus der Behinderung und ergibt multipliziert mit dem Mittellohn den Schadensbetrag, in unserem Beispiel 2 713,69 €.

In unserem Beispiel ist von der Behinderung auch ein Vorgang betroffen, für den unmittelbar kein Ist-Aufwandswert für unbehinderte Ausführung ermittelt werden konnte: das Einbringen des Magerbetons für Auffüllungen. 1611
Seine Ist-Lohnstunden sind unter der BAS-Nummer des Fundamentbetons mit erfasst worden, weil diese Tätigkeit der der Magerbetonauffüllung weitestgehend entspricht. Seine Ist-Lohnstunden können - trotz gleicher BAS-Nummer - dadurch gesondert ausgewertet werden, weil die Einbringung der Magerbetonauffüllung jeweils zu einem anderen Zeitpunkt als die Einbringung des Fundamentbetons erfolgt ist.
Da es um jeweils nur 1 Stunde pro Abschnitt geht, wird auf eine weitere Berücksichtigung bei der Auswertung verzichtet.

12.6 Darlegungen zur haftungsbegründenden und zur haftungsausfüllenden Kausalität; zulässige Schätzungen zum Schadenseintritt und zur Schadenshöhe

12.6.1 Die unterschiedlichen Darlegungs- und Beweisanforderungen für die haftungsbegründende und die haftungsausfüllende Kausalität

12.6.1.1 Haftungsbegründende Kausalität

1612 Vorweg: Der Bundesgerichtshof hat in vier Grundsatzentscheidungen,[1836] davon zwei aus dem Jahre 2005, die Fragen, was der Auftragnehmer zum Nachweis eines Behinderungsschadens dartun und beweisen muss und ob und welche Beweiserleichterungen ihm daher zu Hilfe kommen, in durchgängiger Rechtsprechung überzeugend – und im Einklang mit unseren Darlegungen seit der 1. Auflage – beantwortet.
Entgegen einigen geradezu von Unverständnis getragenen Stimmen hat er die Anforderungen in den Entscheidungen aus dem Jahr 2005 nicht verschärft, sondern im Gegenteil durch weitere Klarstellung erleichtert und zudem den Instanzgerichten dazu einige dringend erforderliche prozessuale Hinweise ins Stammbuch geschrieben.

Zu unterscheiden sind
- die Störung
und
- die Störungsfolgen (= Behinderungsschadensersatz).

1613 Der Auftragnehmer muss den **Tatbestand** der Störung (und die **Störungsdauer**) sowie die Behinderungsanzeige oder die Offenkundigkeit uneingeschränkt darlegen und beweisen. Das gehört zur haftungs**begründenden** Kausalität.
Der Auftragnehmer muss diese Haftungsvoraussetzungen gemäß § 286 ZPO voll darlegen und beweisen, ihm kommt also die Beweiserleichterung des § 287 ZPO nicht zugute, ein Ursachenzusammenhang darf also hier nicht geschätzt werden. Wenn ein Auftragnehmer behauptet, z. B. durch verspätet vorgelegte Pläne einen Behinderungsschaden erlitten zu haben, so muss er darlegen und beweisen
- wann der vertragliche Fälligkeitszeitpunkt für die Vorlage der entsprechenden Pläne war
- dass diese Pläne verspätet geliefert worden sind,
- wie lange dieser Störungszeitraum angedauert hat,
- **Behinderungsanzeige** bzw. Offenkundigkeit,
- eigene Leistungsbereitschaft.

Er braucht nicht dazu vortragen,
- ob der Auftraggeber die Verspätung verschuldet hat; hier muss sich der Auftraggeber ggf. entlasten (§§ 280 Abs. 1 Satz 2, 286 Abs. 4 BGB).

Es ist auch schwer vorstellbar, was zu der Frage, ob ein Plan nun vertragsgerecht und pünktlich vorgelegt worden ist oder nicht, geschätzt werden könnte.

[1836] BGH „Behinderungsschaden I" BauR 1986, 347; BGH „Behinderungsschaden II", NZBau 2002, 381 = BauR 2002, 1249; BGH, Urteil vom 24.2.2005, VII ZR 141/03 „Behinderungsschaden III", NZBau 2005, 387 = BauR 2005, 857; BGH, Urteil vom 24.2.2005, VII ZR 225/03 „Behinderungsschaden IV", NZBau 2005, 335 = BauR 2005, 861. Siehe ergänzend auch BGH, NZBau 2003, 325 mit Anmerkung S. Kapellmann. Die Entscheidungen III und II behandeln denselben Fall; selbst nach Zurückverweisung durch II war der Kläger nicht zu belehren und verlor in „Behinderungsschaden III" dann endgültig.

12.6.1.2 Haftungsausfüllende Kausalität

Ob die so bewiesene Störung **Folgen** hatte und **welche**, ob also ein Behinderungsschaden eingetreten und in welcher Höhe, betrifft den Zusammenhang zwischen Rechtsgutverletzung (= vertragswidrige Störung) und Schaden, die haftungs**ausfüllende** Kausalität. Das Verschuldenserfordernis gilt nur für die haftungsbegründende, nicht die haftungsausfüllende Kausalität.

Von entscheidender Bedeutung ist hier, wie der Ursachenzusammenhang zwischen Störung und Störungsfolgen bewiesen werden kann und muss.

Dazu hat sich der Bundesgerichtshof schon in seiner Entscheidung „Behinderungsschaden I"[1837] richtig und unmissverständlich geäußert:

> „... *die Vorschrift des § 287 ZPO erleichtert die* **Darlegungslast** *(und Beweislast) des Geschädigten. Denn danach darf die Klage nicht abgewiesen werden, wenn der Haftungs**grund** (hier: die von der Beklagten zu vertretenden Verzögerungen bei der Planungsversorgung der Baustelle unstreitig oder bewiesen [Anm.: haftungsbegründende Kausalität], ein Schadenseintritt zumindest* **wahrscheinlich** *und* **greifbare Anhaltspunkte** *für eine richterliche Schadens**schätzung** vorhanden sind"* [Anm.: haftungsausfüllende Kausalität]".

Der Bundesgerichtshof hat das in den Entscheidungen „Behinderungsschaden II, III, IV" näher und zutreffend bestätigt.[1838]

1615

Nicht erst die Schadenshöhe, sondern auch und erst recht die **Verursachung** eines und dieses Schadens durch die festgestellten Störungen darf gemäß § 287 ZPO geschätzt werden – und natürlich ist die Ermittlung dieses Zusammenhangs das eigentliche Problem jeder Behinderungsschadensersatzprüfung.

Ob also z. B. eine Störung von bestimmter Dauer zu einer Verlängerung der Bauzeit geführt (und welcher Schaden daraus resultiert), unterliegt der Schätzung gemäß § 287 ZPO.[1839] Deshalb ist auch nach § 287 ZPO zu beurteilen, ob – und inwieweit – ggf. eine **Mitverursachung** durch den Auftragnehmer zu z. B. der Bauzeitverlängerung beigetragen hat.[1840]

Forderte man statt der konkret-plausiblen Darlegung der Verursachung (und damit der Anwendung des § 287 ZPO) einen konkret-„sicheren" Verursachungsnachweis auch zur haftungsausfüllenden Kausalität, so übersieht man, dass man sich schon bei der Prämisse in die Tasche lügen müsste: Schaden ist der Vergleich der **hypothetischen** Lage ohne Störung und der tatsächlichen Lage mit Störung. Schon die Basis, die hypothetische Lage, beruht auf konkret-**plausiblen** Annahmen und nicht auf Wissen: Wie die Situation ohne Störung wirklich sicher gewesen **wäre**, weiß niemand.

[1837] BauR 1986, 347. Zur Zusammenfassung s. Fn. 1836. So auch schon Kapellmann/Schiffers, BauR 1986, 635.
[1838] Siehe Fn. 1836.
[1839] BGH „Behinderungsschaden IV", NZBau 2005, 335 = BauR 2005, 861.
[1840] BGH „Behinderungsschaden IV", a.a.O. unter Hinweis auf BGH NJW 1993, 2674 = BGHZ 121, 210, 214.

Es steht also außer Frage, dass auch die (haftungsausfüllende) Verursachung **geschätzt** werden darf.[1841]

12.6.2 Die Schätzungsgrundlagen bei haftungsausfüllender Kausalität: Beweis greifbarer Anhaltspunkte

1616 Die **Behauptung**, ein **Schaden** sei **eingetreten, muss jedenfalls möglich (und plausibel)** sein; d. h., sowohl die **Verursachung** des Schadens durch die Störung wie der **Schaden selbst** müssen **(nur) wahrscheinlich** sein. Beides ist Gegenstand zulässiger Schätzung. Eine solche Schätzung setzt **Schätzungsgrundlagen** voraus, um nicht aus der Schätzung ein Raten ins Blaue hinein zu machen. Eine Schätzung muss zwar notgedrungen und in gewissem Maße vereinfachen und wird deshalb mit der „Wirklichkeit" nicht genau übereinstimmen; die Schätzung soll aber jedenfalls an diese „Wirklichkeit" möglichst nahe heranführen.

1617 Der **Auftragnehmer** muss demgemäß **wenigstens Schätzungsgrundlagen** dartun und beweisen, er muss **greifbare Anhaltspunkte** in Form der **Zuordnung** eines bestimmten Schadens zu einer bestimmten Störung für den **Schadenseintritt** und die **Schadenshöhe dartun und diese voll beweisen.** Die Schätzung darf also nicht auf ihrerseits geschätzten Grundlagen beruhen.
„Die Darlegungserleichterung aus § 287 ZPO führt nicht dazu, dass der Auftragnehmer eine aus einer **oder mehreren** Behinderungen abgeleitete Bauzeitverlängerung nicht **möglichst** konkret darlegen muss. Vielmehr ist auch insoweit eine **baustellenbezogene Darstellung** der Ist- und Sollabläufe **notwendig**, die die Bauzeitverlängerung **nachvollziehbar** macht. Zu diesem Zweck kann sich der Auftragnehmer der Hilfe graphischer Darstellungen durch Balken- oder Netzpläne bedienen, die gegebenenfalls erläutert werden. Eine nachvollziehbare Darstellung einer Verlängerung der Gesamtbauzeit kann jedoch **nicht** deshalb als unschlüssig zurückgewiesen werden, weil einzelne Teile dieser Darstellung unklar oder fehlerhaft sind. Denn sie bleibt in aller Regel trotz der Unklarheit oder Fehlerhaftigkeit in einzelnen Teilen eine geeignete Grundlage, eine Bauzeitverlängerung gegebenenfalls mit Hilfe eines Sachverständigen zu schätzen. Auf dieser Grundlage hat die Klägerin zwar die aus den jeweiligen Behinderungen abgeleitete Verzögerung der Gesamtbauzeit möglichst konkret darzulegen. Ihr kommen jedoch die Erleichterungen des § 287 ZPO zugute.
Die Ausführungen des Berufungsgerichts, aus dem Vortrag der Klägerin ergebe sich kein konkreter Ursachenzusammenhang zwischen der Behinderung und einer sich daraus ergebenden Verzögerung, sind nichtssagend. Sie lassen nicht erkennen, inwieweit sich das Berufungsgericht mit den umfangreichen Unterlagen aus dem Privatgutachten auseinandergesetzt hat, insbesondere mit der Anlage 18, die dazu dient, diesen Ursachenzusammenhang nachzuweisen."[1842]
Wir zitieren die BGH-Entscheidung „Behinderungsschaden IV" wörtlich, weil diese Begründung den Kern genau trifft.

[1841] BGH a.a.O.; vgl. auch (zum Mängelrecht) BGH NZBau 2004, 328 (L). Wie hier Kniffka, in: Kniffka/Koeble, Kompendium, Teil 8, Rdn. 54; Franke/Kemper/Zanner/Grünhagen, VOB/B § 6, Rdn. 105; Vygen/Schubert/Lang, Bauverzögerung, Rdn. 306; Diehl, BauR 2001, 1507, 1511; Baumbach/Lauterbach, ZPO § 287, Rdn. 4, 13, 14.
Unrichtig deshalb OLG Hamm, NZBau 2004, 440; OLG Nürnberg, NZBau 2000, 518 = BauR 2001, 409; Werner/Pastor, Bauprozess, Rdn. 1822.
Thode, ZfBR 2004, 220 rechnet ebenfalls unzutreffend den Zusammenhang zwischen Behinderungstatsachen und verzögerter Fertigstellung zur haftungsbegründenden Kausalität.
[1842] BGH „Behinderungsschaden IV", NZBau 2005, 335 = BauR 2005, 861. Wir haben bewusst auch die Kritik am Berufungsgericht zitiert (vgl. dazu auch Rdn. 1621).

Der „plausible Nachweis" genügt erst recht, wenn nicht die Folgen einer einzelnen Störung, sondern die (**einzeln** nicht **unterscheidbar** zu ermittelnden) Folgen einer Reihe sich auch noch überlappender Störungen zur Diskussion stehen.

12.6.3 Die Bedeutung der Dokumentation

Die Schätzungsgrundlagen müssen durch eine „baustellenbezogene Darstellung der Ist- und Sollabläufe"[1843] dokumentiert werden.

Der **Dokumentation der (haftungsausfüllenden) Schadensursache und der Schadenshöhe** ist dazu große Bedeutung zuzumessen: Je genauer und überzeugungskräftiger die Dokumentation, desto höher – bis an die Grenze eines maximal möglichen Schadens – auch der anzusetzende Schaden. Und umgekehrt: Je weniger genau und überzeugend die Dokumentation ist, desto niedriger – bis an die Grenze seines Minimalschadens (aber nicht darunter!) – der anzusetzende Schaden.

Dabei sind die **Qualität** und der **Zeitpunkt** der **Dokumentation** und der insoweit vorgetragenen Argumente zu würdigen. Wer als Auftrag**geber** 5 Jahre nach Bauende plötzlich Erkenntnisse hat, die er während der ganzen Bauzeit schamhaft für sich behalten hat, wer auf Behinderungsanzeigen nicht reagiert, wer nicht kooperiert hat (Bauvertrag als „Langzeitvertrag"!), kann mit nachträglichen Behauptungen schwerlich gehört werden. Entsprechend kann der Auftrag**nehmer** mit nachträglichen Dokumentationen schwerlich seine Ansprüche durchsetzen können; eine nachträgliche Dokumentation ist ein Widerspruch in sich.[1844]

Die insoweit bestehende Dokumentationsmöglichkeit haben wir insbesondere **unter Rdn. 1593–1611** erörtert.

Bei einer Vielzahl von Störungen ist es oft sinnvoll, einzelne Störungskomplexe zusammenzufassen und die Insgesamtfolgen als Störungskomplex plausibel darzustellen (s. auch Rdn. 1643).

1618

Den Ausgangspunkt dieser Überlegungen, die **Rentabilitätsvermutung** für die Arbeitskalkulation des Auftragnehmers, haben wir in Rdn. 1573 ff, **1430, 1532**. erörtert und bestätigt gefunden, dass ein Auftragnehmer tatsächlich nicht mehr aufwenden will als notwendig. Weitergehend lautet die – widerlegliche – **Vermutung**, dass Mehrkosten gegenüber der Arbeitskalkulation störungsbedingt entstanden sind, wenn die Behinderungstatsachen als solche bewiesen sind.

12.6.4 Schätzung unter Einbeziehung von Vermutungen

In die **Schätzung** zur **Verursachung** und zum **Schaden** dürfen notwendigerweise **Vermutungen** einfließen. **Eine** solche Vermutung (und gleich die wesentlichste von allen) gilt lt. Bundesgerichtshof **insbesondere** dafür, **dass** die **Mehrkosten** in **voller Höhe durch** die **Behinderung verursacht** sind. Der Bundesgerichtshof sagt im Ansatz, wenn vielleicht auch nicht in jeder Einzelheit der Begründung zutreffend, dass bei keinem Unternehmer **mehr Kosten anfallen als notwendig**: „Hinsichtlich der Kosten für die zusätzlichen Arbeitsstunden haben die Klägerinnen zunächst die nach ihrer **Kalkulation** (wir ergänzen: Arbeitskalkulation!) für die **Durchführung** des Bauvorhabens **erforderliche Stundenzahl ermittelt** und dieser dann die angeblich aufgewandten Stunden gegen-

1619

[1843] BGH „Behinderungsschaden IV", a.a.O., Text s. auch Rdn. 1616.
[1844] Kapellmann/Schiffers, BauR 1986, 634, 635.

übergestellt. Der **auf diese Weise** errechnete Mehraufwand von 23 850 Stunden ergibt multipliziert mit den behaupteten durchschnittlichen Kosten ... die Summe von ... Jedenfalls im Ansatz sind die Klägerinnen so verfahren, wie dies ... für eine schlüssige Schadensberechnung gefordert wird.
Die Klägerinnen hatten es versäumt, die Behinderungen und die daraus folgende Mehrarbeit im Einzelnen festzuhalten."[1845]
Allerdings ist das nur **ein** Ansatz; der Nachweis der Mehrstunden beziehungslos nur allein genügt nicht, es müssen vielmehr Plausibilitätszusammenhänge dargetan werden (s. Rdn. 1617, 1618, 1620).

12.6.5. Nicht ausreichende Schätzungsgrundlagen

1620 In der Entscheidung „Behinderungsschaden I"[1846] hatte der Bundesgerichtshof es 1986 ausreichen lassen, dass die Klägerin lediglich die Stunden laut Kalkulation und die tatsächlich aufgewandten Stunden vorgetragen hatte, sie hatte es versäumt, während der Bauzeit die Behinderungen und die daraus folgende Mehrarbeit **im Einzelnen** festzuhalten. Gleichwohl bot nach Meinung des Bundesgerichtshofs „die Schadensberechnung eine hinreichende Grundlage für eine Schadensschätzung gemäß § 287 ZPO". Das ist allerdings keine „baustellenbezogene" Darstellung der Ist- und Sollabläufe" (BGH Behinderungsschaden IV, s. Zitat Rdn. 1616). In der Entscheidung „Behinderungsschaden III"[1847] geht der Bundesgerichtshof auf „Behinderungsschaden I" ein und erläutert, er behandele in „III" die haftungsbegründende Kausalität, während Behinderungsschaden II in den relevanten Gründen die haftungsausfüllende Kausalität betreffen. Das ist richtig, sollte aber nicht zu dem Fehlschluss verleiten, für die Darlegungen zur haftungsausfüllenden Kausalität würden die großzügigen Maßstäbe aus „Behinderungsschaden I" noch gelten. Maßgebend sind heute zu recht die Grundsätze gemäß „Behinderungsschaden IV" – siehe Rdn. 1617, 1618.

12.6.6 Die Bedeutung eines Privatgutachtens

1621 Instanzgerichte versuchen oft, den Inhalt eines zum Parteivortrag gemachten Privatgutachtens zu ignorieren, weil es so schön bequem ist und erleichtert, die Klage wegen scheinbarer Unschlüssigkeit abzuweisen. Dass es abwegig ist, einen Rechtsanwalt zu zwingen, den Text eines Gutachtens wörtlich abschreiben zu lassen, um ihm Bedeutung zu verleihen, liegt auf der Hand. Es ist erfreulich, dass der Bundesgerichtshof dieser unsäglichen Praxis einen Riegel vorgeschoben hat. Es genügt das Zitat aus „Behinderungsschaden IV":[1848] „Das Berufungsgericht musste die Ausführungen in dem von der Klägerin vorgelegten Privatgutachten zur Kenntnis nehmen. Das Privatgutachten ist qualifizierter Sachvortrag der Klägerin ...". „Sollte das Gericht nicht in der Lage sein, die betrieblichen Abläufe und die Berechnung des Schadens, wie sie von der Klägerin in ihrem Gutachten dargestellt sind, nachzuvollziehen, ist es gehalten, einen Sachverständigen von Amts wegen hinzuzuziehen, § 144 ZPO ..."

[1845] BGH „Behinderungsschaden I" BauR 1986, 346, 347; KG ZfBR 1984, 129, 131.
[1846] BGH „Behinderungsschaden I" BauR 1986, 347, 348.
[1847] NZBau 2005, 387 = BauR 2005, 857.
[1848] NZBau 2005, 335 = BauR 2005, 861.

Darlegungen zur Kausalität   Rdn. 1622–1627

12.6.7 Prüf- und Hinweispflichten des Gerichts

Ein Gericht darf nicht mit „nichtssagenden Ausführungen" einen Ursachenzusammenhang verneinen (s. BGH „Behinderungsschaden IV", Rdn. 1616). 1622
Es muss, wenn es ein Gutachten selbst nicht (fachlich) nachvollziehen kann, von Amts wegen ein Gutachten einholen (s. BGH „Behinderungsschaden IV", Rdn. 1620).
Und schließlich muss es, wenn es Ausführungen zur haftungsausfüllenden Kausalität für unschlüssig hält, einen gerichtlichen Hinweis geben, der sich nicht in pauschaler Beanstandung erschöpfen darf, sondern der zu jeder einzelnen Beanstandung einer dargelegten Behinderung [die jeweils einer eigenständigen Beurteilung unterliegt] konkret sein muss.[1849]
Das kann man nur eindringlich unterstreichen.

12.6.8 Zusammenfassung

Der **Auftragnehmer** muss den bloßen objektiven Tatbestand einer **Störung** (fehlende Mitwirkung des Auftraggebers) voll dartun und **voll beweisen;** ebenso muss er die Anzeige oder die Offenkundigkeit oder die Ausnahme als Anzeigepflicht oder Offenkundigkeitspflicht des § 6 Nr. 1 VOB/B voll dartun und voll beweisen; insoweit gibt es keine Schätzungsmöglichkeiten (dazu Rdn. 1613). 1623

Bezüglich haftungsausfüllender Kausalität, Schadenseintritt und Schadenshöhe im Prozess braucht der Auftragnehmer ggf. **nur die vorerwähnten greifbaren Anhaltspunkte** darzutun. 1624

Der Auftragnehmer braucht jedoch dann, **wenn** er nur für eine Schätzung (greifbare) **Anhaltspunkte vorträgt** und beweist, **nicht mehr darzutun und zu beweisen,** als dass die vorgetragene angezeigte oder offenkundig objektive Behinderung überhaupt einen Schaden zur Folge hatte und welcher Art dieser war. Er braucht **nicht „zwingend" darzulegen,** dass die angezeigte oder offenkundige Behinderung einen Schaden **verursacht hat,** wie dieser Schaden beschaffen war und welche Höhe er hatte, wenn er eben nur für eine Schätzung (greifbare) Anhaltspunkte vorträgt und beweist.

Fehlende Darlegung zu **einzelnen** Behinderungsfolgen führt **nicht** zur Unschlüssigkeit hinsichtlich der übrigen Behinderungsfolgen (vgl. Rdn. 1616). 1625

Naturgemäß ist bei einer solchen Schätzung auch der Einwand der **Mitverursachung** von seiten des Auftragnehmers selbst (§ 254 BGB) der Schätzung zugänglich (vgl. Rdn. 1615). 1626

12.6.9 Verweigerte Vorlage einer vorhandenen Kalkulation

Verweigert der Auftragnehmer die Vorlage einer **vorhandenen** Auftrags- oder Arbeitskalkulation, so ist er seiner Darlegungslast nicht nachgekommen, in diesem Fall erhält er gar nichts. Insoweit kann uneingeschränkt auf die Darlegungen zu § 2 Nr. 3 und zu den §§ 2 Nr. 5 und 6 VOB/B verwiesen werden.[1850] 1627

[1849] Auch das BGH „Behinderungsschaden IV", NZBau 2005, 335 = BauR 2005, 861.
[1850] Siehe oben Rdn. 623 und 621 mit Einzelheiten, insbesondere Fn. 633 unter Hinweis auf eine Entscheidung des OLG München, weiter oben Rdn. 1115-1127.

12.6.10 Checkliste

1628 Eine **Checkliste** dessen, was der Auftragnehmer zur Durchsetzung seines Behinderungsanspruches **darlegen** muss und was er **beweisen** muss, findet sich unter Rdn. 1642, 1643.

12.6.11 Spezielle Schätzungskriterien

12.6.11.1 Erfahrungswerte über Minderleistung bei Arbeitsdurchführung im Winter

1629 Bei der Behandlung der Vergütung von Bauinhaltsmodifikationen haben wir schon (vgl. Rdn. 1095) den Fall besprochen, dass bei einer **behinderungsbedingten Verschiebung der Arbeitsdurchführung in den Winter** folgende Auswirkungen auftreten können:
a) „zusätzliche Schlechtwettertage"
b) Minderleistung bei der Arbeitsdurchführung.

Zu a)
„Zusätzliche Schlechtwettertage", also solche, die bei der Angebotsbearbeitung nicht vorhersehbar und nicht einzukalkulieren waren, die aber dadurch relevant geworden sind, dass sich behinderungsbedingt die Bauzeit verlängert und die Bauausführung in eine zusätzliche Schlechtwetterzeit verschoben hat, führen als Sekundärverzögerungen zu zusätzlichen Bauzeitverlängerungen und zu Zusatzkosten (vgl. Rdn. 1095).
Sofern der Auftragnehmer keine Istbelege für Schlechtwettertage vorlegen kann oder will, kann anhand der Daten der Wetterämter die tatsächliche allgemeine Witterungslage nachträglich dokumentiert werden oder die zu erwartende Wetterlage mit Hilfe statistischer Mittelwerte „geschätzt" werden (vgl. Anhang O, Tabelle 2).

1630 Zu b)
Der Umfang der Minderleistungen kann – wenn er nicht durch eine Ist-Lohnstundenerfassung (vgl. Rdn. 1558 ff.) belegt wird – ebenfalls durch Daten der Wetterämter (vgl. Anhang O, Tabelle 2) und mit Hilfe von arbeitswissenschaftlichen Erfahrungswerten abgeschätzt werden. Tabelle 1 aus Anhang O gibt pro Arbeitstätigkeit und Witterungsschutz an, welche Minderleistung im Winter bei Frost- bzw. bei Eistagen zu erwarten ist. Es versteht sich von selbst, dass dadurch nur eine generelle Aussage – eben eine Schätzung – möglich ist, nicht aber die Dokumentation der tatsächlichen Minderleistung.

12.6.11.2 Erfahrungswerte über die Mehrkosten bei Einarbeitung

1631 Bei den Bauinhaltsmodifikationen haben wir (vgl. Rdn. 1094) die Mehrkosten aus zusätzlicher **Einarbeitung** besprochen. Wir halten hier deshalb nur fest, dass dann, wenn wegen Behinderungen Arbeitsdurchführungen unterbrochen und wieder neu begonnen werden müssen, auch hier in Abhängigkeit vom Einzelfall - neue Einarbeitungsaufwendungen auftreten können. Ihr Ausmaß kann mit Hilfe von Anhang O, Tabelle 3 abgeschätzt werden.

12.6.11.3 Erfahrungswerte über Intensitätsabfälle bei gestörtem Arbeitsfluss

Lang[1851] hat aufbauend auf baubetrieblichen und arbeitswissenschaftlichen Erfahrungen ein Verfahren entwickelt, das es ermöglicht, die **bei fehlenden Arbeitsunterlagen** auftretenden **Intensitätsabfälle** und den daraus resultierenden Schaden **abzuschätzen**. Ausgangspunkt ist die arbeitswissenschaftliche Erkenntnis, dass immer dann, wenn klare Arbeitsziele fehlen und/oder Leerlauf droht, Demotivation der Arbeitskräfte die Folge ist. Das Arbeitspensum wird bewußt oder unbewußt gestreckt, man gönnt sich mehr Ruhepausen; kurz gefaßt: Es wird gebummelt. 1632

Lang geht davon aus, dass man alle Ursachen der Minderleistungen aus nicht kontinuierlichem Arbeitsfluß vereinfacht auf das Fehlen von Unterlagen und Anweisungen reduzieren kann. Dadurch hat „man einen Parameter für das Maß der Minderleistung gefunden. **Je kürzer** die **Reichweite** der **vorhandenen Unterlagen** und Anweisungen ist, desto größer sind die zu erwartenden Folgen".[1852]

Der rechnerische Ansatz wird damit begründet, dass die Auswirkungen „auf psychologische Ursachen zurückzuführen sind", somit sei eine Messung der damit verbundenen Minderleistungen praktisch nicht möglich. Nur am Rande: Unabhängig von den „psychologischen Ursachen" sind die tatsächlichen Auswirkungen konkret durch eine Ist-Stundenerfassung und durch einen Aufwandswert-Soll-Ist-Vergleich - wie wir ihn oben schon für behinderte Abschnitte und/oder Bauphasen im Detail besprochen haben - erfassbar.

Das Verfahren von Lang kann jedoch dann, wenn eben keine konkrete Ist-Stundenerfassung stattgefunden hat, als Ermittlungsbasis für einen Mindestschaden herangezogen werden. Dabei wird eine baubetriebliche Abschätzung der Folgen eines nicht kontinuierlichen Arbeitspensums vorgenommen.[1853] Sie stützt sich auf langjährige Messungen am Bau, die ergeben haben, dass die Erholzeiten etwa 10 % der Grundzeit (t_g) und die Verteilzeiten etwa 25 % der Grundzeit betragen. 1633

Somit ergibt sich die normale Ausführungszeit je Einheit (t_e) zu:

$$t_e = 100\,\% \ t_g + 10\,\% \ t_g + 25\,\% \ t_g = 135\,\% \ t_g$$

Wenn nun davon ausgegangen wird, dass sich bei Intensitätsabfällen nicht die Grundzeit t_g, sondern nur die Erhol- und Verteilzeiten vergrößern, so kann man die Auswirkung fehlender Unterlagen und Anweisungen **je nach Reichweite** der vorliegenden **Unterlage** gemäß Anhang O, Tabelle 4 als **Minderleistung** der Arbeitskräfte und somit erhöhten Lohnstundenbedarf angeben.

[1851] Lang, Ein Verfahren zur Bewertung von Bauablaufstörungen und zur Projektsteuerung, S. 108 ff..
[1852] Lang a. a. O. 110.
[1853] Lang a. a. O. 109. Siehe auch Olshausen, Festschrift Korbion, S. 323 ff. Vgl. dazu auch BGH „Behinderungsschaden IV" NZBau 2005, 335 = BauR 2005, 861.

Behinderungs-Stufe i	Zeit-punkt	Reichweite der vorhandenen Ausführungspläne [AT]	Minderleistung m_i pro Stufe i Anhang O Tab. 4 [%]	Leistungsumfang pro Stufe		Mehr-lohnstunden-anfall [Ph] $[(4)\times(6)]/100$	Behinderungs-bedingter Mehrlohn-aufwand [EUR] $(7)\times29{,}70\,EUR/Ph\,(ML)$
				anteilig	geplante Arbeitsstunden (Anhang D1, Unterlage g4, Blatt 1) [Ph]		
(1)	(2)	(3)	(4)	(5)	(6)	(7)	(8)
1	10.08.	1	26	1/3 vom Abschnitt	27,10	7,05	209,39
2	06.08.	3	14	2/3 vom Abschnitt	54,40	7,62	226,31
3	03.08.	6	6	Abschnitt	81,70	4,90	145,53
					Summen:	19,57	581,23

Abbildung 48   Ermittlung des Mehrlohns wegen geringer Reichweite der Ausführungsunterlagen bei der Herstellung der Ortbetonfundamente (Basis: Anlage D1, Unterlage g 4, Blatt 1)

Für unser schon oben unter Rdn. 1610 ff. besprochenes Beispiel (**Abb. 47**, S. 710) ist, wenn keine Stundenerfassung nach BAS–Nummern vorliegen würde, folgende Schadensschätzung nach Lang durchgeführt werden (vgl. **Abb. 48**). Auf der Basis der Richtigkeitsvermutung der Kalkulation und der Arbeitsvorbereitung wird mit Hilfe der jeweilig tatsächlich auszuführenden Mengen und des in Anhang D 1, Unterlage g 4, Blatt 1, Vorgangs-Nr. 5.2 ermittelten Soll-Zeitaufwands (81,7 Ph) für die Herstellung der Ortbetonfundamente eines Abschnitts der Mehrlohnstundenaufwand pro Reichweite der vorliegenden Pläne berechnet. Beispielsweise ergibt sich bei Vorliegen einer Reichweite der freigegebenen Pläne von einem Tag eine Minderleistung von 26 %; dieser Sachverhalt lag am 10. 8. vor und betraf als „ausführbare Leistung" noch 1/3 des Leistungsumfangs des betroffenen Abschnitts (hier also 27,10 Soll-Ph). Das ergibt dann gemäß Zeile 1 der **Abb. 48** einen Mehrstundenaufwand von 7,05 Ph (vgl. Spalte 7) und multipliziert mit dem Mittellohn einen zusätzlichen Aufwand von 209,39 €. Der sich insgesamt ergebende „theoretische" Schätzbetrag (581,23 €) liegt erheblich niedriger als der mit Hilfe von Stundenberechnungen ermittelte konkrete Schaden. Dies muss nicht die Regel sein, zeigt aber an, dass Erfahrungswerte immer nur etwas „Mittleres", nicht aber das Spezielle der objektiv vorliegenden Gegebenheiten wiedergeben.

12.6.11.4 Erfahrungswerte über Minderleistung bei Überstundenarbeit

Abgesehen davon, dass gemäß dem Bundesrahmentarifvertrag für das Baugewerbe für **Überstunden** 25 v. H. als **Zuschläge** zum Arbeitslohn an die betroffenen Arbeitnehmer zu zahlen sind, tritt zusätzlich erfahrungsgemäß bei Überstunden ein **Leistungsabfall** auf.

Die dazu in der baubetrieblichen Literatur[1854] getätigten Annahmen einer von der 9. bis zur 16. Tagesarbeitsstunde von 100 % auf 0 % linear abnehmenden Leistungsfähigkeit sind bislang nicht durch empirische Untersuchungen belegt worden. Es gibt jedoch Untersuchungen aus anderen Wirtschaftsbereichen, die eine Beziehung zwischen täglicher Arbeitszeit und erbrachter Leistung festgestellt haben. Untersuchungen in amerikanischen Großbetrieben haben ergeben, dass ein erheblicher Leistungsabfall bei einer 8 Stunden überschreitenden Arbeitszeit auftritt.[1855]

Andere Untersuchungen[1856] ergaben die in Anhang O, Tabelle 6 wiedergegebenen Zusammenhänge zwischen erbrachter Gesamtleistung und Arbeitsdauer (Gesamtleistung für 8 Stunden = 100 %). Schon bei mäßig anstrengender Arbeit ergibt sich demgemäß ab der 9. Stunde ein beachtlicher Leistungsabfall. Gemäß Anhang O, Tabelle 6 kann für die zusätzlich angeordneten bzw. angefallenen Überstunden berechnet werden, welchen **Mehrstundenanfall** sie **gegenüber** der bislang kalkulierten **Normalarbeitszeit** höchstwahrscheinlich verursachen. Weiterhin kann für Beschleunigungsmaßnahmen vorab berechnet werden, wieviel Mehraufwand durch Anordnung von Überstunden entsteht.

[1854] Vgl. Lang a. a. O. 106.
[1855] Vgl. Hildebrandt, Variable Arbeitszeit und Tagesrhythmus, S. 22.
[1856] Lehmann, Praktische Arbeitsphysiologie, S. 391. Vgl. auch Rohmert/Rutenfranz, Praktische Arbeitspsychologie, S. 383 ff.

Rdn. 1636   Abstrakte und konkrete Schadensberechnung

pro Normalarbeitstag			pro Woche						Total
Über-stunden pro Tag	Mehr-leistung	ineffektive Zeit	Überstunden		Mehr-leistung	ineffektive Zeit	In-effektivität	Überstd.-vergütung	
			samstags	total pro Woche				insgesamt	
Ph	gemessen in Ph	gemessen in Ph	Ph	Ph	gemessen in Ph	gemessen in Ph	EUR/Wo.	EUR/Wo.	EUR/Wo.
		(1)-(2)		5x(1)+(4)	5x(2)+(4)	5x(3)	MLx(7)	MLx(5)x25%	(8)+(9)
(1)	(2)	(3)	(4)	(5)	(6)	(7)	(8)	(9)	(10)
1,00	0,50	0,50	5,00	10,00	7,50	2,50	69,53	69,53	139,05
2,00	0,90	1,10	5,00	15,00	9,50	5,50	152,96	104,29	257,24
3,00	1,23	1,77	5,00	20,00	11,15	8,85	246,12	139,05	385,17

Arbeits-kräfte	Mehrleistung pro Woche		bisherige Vorgangs-dauer ohne Überstd.	Bauzeitersparnis		Mehr-kosten
	gemessen in	gemessen in		auf:	um:	gemessen in
	Ph	AT	Wo.	Wo.	AT	EUR
		((12)/(11)) / (8Ph/AT)		5x(14) / (5+(13))	((14)-(15))x5	(10)x(11)
(11)	(12)	(13)	(14)	(15)	(16)	(17)
4	30,00	0,94	3,60	3,03	2,85	556,20
4	38,00	1,19	3,60	2,91	3,46	1028,97
4	44,60	1,39	3,60	2,82	3,92	1540,67

ML' = maßgebender Mittellohn (ohne Vermögensbildung und Lohnnebenkosten),
    siehe Anhang B, Unterlage h1
    = (ML I) x (1+Lohnzusatzkosten) = 13,76 EUR/Ph x (1+1,0210) =   27,81   EUR/Ph

Abbildung 49   Berechnung der Auswirkungen von Überstunden (pro Tag und/oder Samstagarbeit) auf Bauzeitersparnis (Spalten 15 und 16) sowie Mehrkosten aus Überstundenzulage (Spalte 9) und aus Ineffektivität (Spalte 8)

1636   Hierzu in **Abb. 49** ein Beispiel:
Die jeweilig angeordnete Überstundenzahl pro Arbeitskraft wird
• in Spalte 1 pro Normalarbeitstag (Montag bis Freitag)
• in Spalte 4 für den Samstag
• in Spalte 5 insgesamt pro Woche
angegeben.

Die jeweilige effektive Mehrleistung (gemessen in Personalstunden) aus angeordneten Überstunden wird pro Arbeitskraft
• in Spalte 2 für den Normalarbeitstag
• in Spalte 6 insgesamt pro Woche
ermittelt.
Somit ergibt sich die aus den angeordneten Überstunden resultierende ineffektive Zeit pro Normalarbeitstag in Spalte 3 bzw. pro Woche in Spalte 7 aus der Differenz der tatsächlichen Zahl der Überstunden und deren tatsächlichem Mehrleistungsanteil.

Die Mehrkosten pro Woche und Person, nämlich
- der Lohnkostenbetrag, der als Überstundenvergütung über den Betrag hinaus zu zahlen ist, der sich aus den insgesamt geleisteteten Stunden multipliziert mit dem kalkulierten Mittellohn ergibt (vgl. Spalte 9)
- und die Lohnkosten aus ineffizientem Überstundenanfall (vgl. Spalte 8)

werden als Gesamtbetrag in Spalte 10 ausgewiesen.

In Spalte 11 wird dann die Zahl der Überstunden leistenden Arbeitskräfte angesetzt und ergibt multipliziert mit Spalte 10 die Mehrkosten aus dem Überstundenanfall (Spalte 17). In den Spalten 12 bis 16 wird die entsprechende Terminverkürzung berechnet.

12.7 Einverständliche Schadensberechnung durch Vorauskalkulation

Die vorkalkulatorische Ermittlung der zu erwartenden Kosten (Vorauskalkulation) ist im Bauwesen – vgl. die Angebots- bzw. Auftragskalkulation – etwas Übliches. Sofern nun Behinderungen zu **Ablaufumstellungen** oder **Zusatzarbeiten** führen (z. B., weil die zugehörige Leistung zunächst zurückgestellt wird), bietet es sich aus Gründen[1857] der Klarheit der Schadensberechnung an, für die spätere und zumeist auch modifizierte Leistungserstellung eine Vorkalkulation vorzulegen und/oder einen Preis zu vereinbaren, d. h. also, vor der Leistungserstellung bzw. **während der Bauzeit.**

Generell kann man dabei sowohl „Einheitspreise" als auch pauschale Preisregelungen **vereinbaren.** Das ist aber keine Schadensberechnung mehr (vgl. oben Rdn. 1015), sondern eine „Preiseinigung".

Die Schadensbewertung kann auch einvernehmlich über Kostenbestandteile des Vertragspreises bzw. über Vertragspreise erfolgen – immer vorausgesetzt, dass es entsprechende Leistungspositionen im Vertrags-LV gibt. Alle diese Methoden haben für beide Seiten den Vorteil, dass **Klarheit über** die **Schadensersatzforderung** herrscht.

Der Auftragnehmer weiß, dass er einen bestimmten Betrag bekommt und kann sich ganz seiner Leistungserbringung zuwenden. Er braucht sich nicht mehr zu fragen, wie er den jeweiligen Mehrkostenanteil plausibel nachweisen soll und ob er ihn überhaupt und in welchem Umfang erstattet bekommt.

Der Auftraggeber braucht nicht zu befürchten, dass der Auftragnehmer keine Bemühungen zur Schadensminderung unternimmt bzw. sogar noch zusätzliche Kosten der Behinderung anlasten will.

Es ist auch möglich, vorab eine Regelung dahin gehend zu treffen, dass die entstehenden Kosten auf Nachweis erstattet werden (vgl. das Nachschachten in Anhang F, Unterlage o, Nr. 4.2.2).

1637

[1857] Das entspricht außerdem dem Ziel, Bauen nicht als eine unkoordinierte Aneinanderreihung von Arbeitsfolgen (bei zufälligen Erfolgschancen) anzusehen. Stets – auch bei Behinderungen – muss eine Abstimmung von Terminplan und -steuerung sowie Vor- und Nachkalkulation vorgenommen werden, damit die Ablaufprozesse der jeweiligen Baustelle in ihrer technischen Machbarkeit erörtert und die zukünftigen Vorgaben aus der bisherigen Abwicklung abgeleitet werden können (vgl. Sehlhoff/Trüstedt a. a. O., 1989 f.). Vgl. unsere Empfehlung Rdn. 1639.

1638 Auf jeden Fall ist festzuhalten, dass eine Behinderungsregelung nicht zwingend bis zum Bauabschluss warten muss,[1858] sondern dass nach Behinderungsabschluss, aber vor Baustellenende die angefallenen Schäden als Ist und die noch zu erwartenden Schäden auch durch eine „Vorauskalkulation" ermittelt werden können, wenn sie überhaupt in Betracht kommen.

So wie man ein Angebot aufgrund des Bausolls unter Einschluss aller Bauumstände kalkulieren kann, ist es **nach Behinderungsabschluss möglich,** aufgrund des bisherigen Solls und der **neu eingetretenen Einflüsse** die bisherigen und die zukünftigen Auswirkungen der abgeschlossenen externen Behinderungseinwirkung **zu bewerten.**

Das setzt allerdings ein Zusammenwirken der Vertragspartner voraus.

Jedenfalls sollte keine der Parteien endlos mit einer Schadensberechnung bzw. Schadensklärung warten; jedenfalls nach Abschluss kurzer „Perioden" ist wenigstens eine sofortige rückschauende Abwicklung **dringend** empfehlenswert, wie sogleich unter Rdn. 1639 zu erörtern.

13 Unsere Empfehlung: Vertraglicher Zwang zur monatlichen Ermittlung (und Abrechnung) der behinderungsbedingten Termin- und Schadensauswirkungen

1639 Wenn die externen Behinderungseinwirkungen als solche und ihre Auswirkungen auf Fristen und Kosten korrekt erfasst werden **und wenn die Ermittlung der zeitlichen Folgen und der eingetretenen Schäden zeitnah vorgelegt wird,** besteht am ehesten die Möglichkeit, Fristverlängerungen oder Schadensersatzansprüche unter den Parteien zu besprechen, auftraggeberseitig den entsprechenden Sachvortrag zu kontrollieren und dann zu einer **abschließenden** Beurteilung, Bewertung, **Vereinbarung** und gegebenenfalls **Zahlung** zu kommen.

„Behinderungsnachträge", die zwei Jahre nach eingetretener Behinderung und ein Jahr nach Abschluss des Bauvorhabens mit eindrucksvoller EDV-Berechnung vorgelegt werden, mögen richtig sein und mögen einen Behinderungsanspruch schlüssig begründen, aber zweifelsfrei sind sie nicht mehr so einfach kontrollierbar wie zeitnahe Dokumentationen und Abrechnungen, sie erfordern einen nachträglichen riesigen Bearbeitungsaufwand des Auftraggebers, und sie sind alles andere als friedensstiftend.

Zeitnahe Dokumentation und Abrechnung zwingen dagegen beide Parteien zur Befassung mit dem Problem **jetzt,** also zu einem Zeitpunkt, **da beide noch aufeinander angewiesen sind:** Das fördert die Einigungsbereitschaft.

[1858] Vgl. Allgeier, Controlling als Führungsinstrument im Bauindustrieunternehmen, S. 84; „Haben die ursprünglichen Plan-Daten (z. B. Arbeitsvorbereitung oder Kalkulation, d. V.) keinen Realitätsbezug mehr, dann empfiehlt es sich, Soll-Daten im Sinne von Erwartungs-Daten oder korrigierte Plan-Daten einzuführen. Hiermit schafft man wieder realistische Zwischenstufen ..." Vgl. auch Witteler a. a. O., S. 89: „Die Zielsetzung jeglicher Baustellenkontrolle liegt in der Feststellung der Ist-Situation im Kontrollzeitpunkt und der Abschätzung der Entwicklung bis zur Fertigstellung bezüglich Istaufwand." Genau dieses Ziel beinhaltet eine frühzeitige Schadenerfassung. Vgl. auch Dressel, Controlling in mittelständischen Bauunternehmen, S. 37 ff. Unrichtig Kosanke, Der Schadensnachweis nach § 6 Nr. 6 VOB/B aus baubetrieblicher Sicht, S. 21.

Wir **empfehlen** deshalb dringend, jeweils monatliche **oder jedenfalls vierteljährliche** „**Zwischenergebnisse**" (Fristveränderung, Schadensersatz) in Form von

- behinderungsbedingt modifizierten Soll-Ablaufplänen mit eingetragenen Behinderungen und Ist-Abläufen sowie
- Dokumentationen über die hypothetischen Soll- und die behinderungsbedingt aufgetretenen Ist-Aufwendungen (Schadensermittlung)

vorzulegen und darüber jeweils eine abschließende Regelung zu vereinbaren.

Wir empfehlen darüber hinaus dem Auftraggeber, Auftragnehmern auch die **vertragliche Pflicht** aufzuerlegen, solche monatlichen „Zwischenergebnisse" über die Auswirkungen der bisher eingetretenen externen Behinderungseinwirkungen (**einschließlich** Schadensberechnung!) vorzulegen, um dadurch leichter zu einer abschließenden Lösung für Fristen und Schäden zu kommen; dabei muss eine sinnvolle Bearbeitungsfrist eingeräumt werden, wobei nach unserer Meinung etwa in Monatsmitte spätestens jeweils die Behinderungsauswirkungen des Vormonats abgearbeitet sein können. An die Nichtvorlage entsprechender Zwischenergebnisse sollte der Auftraggeber vertraglich drastische Sanktionen knüpfen.

Wenn vertraglich klargestellt ist, dass nicht berechtigte Ansprüche abgeschnitten werden sollen, sondern dass nur im Sinne einer insbesondere für Großvorhaben absolut unerläßlichen Fristen- und Kostenkontrolle Basisdaten geschaffen werden müssen, verstößt eine solche Regelung auch nicht gegen die Bestimmungen des AGB-Rechts.[1859)]

Wer in der Hoffnung nicht dokumentiert, dass später auch seine eigenen (also auftragnehmerseitig bedingten) Störungen in dem „großen Behinderungsnachtrag" untertauchen können, der begibt sich in die Gefahr, dass auftraggeberseitige Plausibilitätskontrollen dies aufdecken (vgl. **Abb. 46**, S. 736) und somit das gesamte Anspruchsgebäude erschüttert wird.

Es gilt das Prinzip: Wer über einen Sachverhalt **nichts dokumentiert hat**, der (überspitzt!) dokumentiert, dass Soll und Ist übereinstimmen.

[1859)] Ebenso Kaiser, in: Markus/Kaiser/Kapellmann, AGB-Handbuch, Rdn. 317.

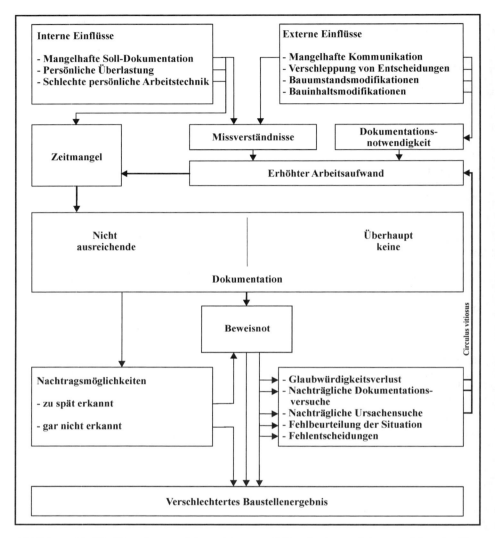

Abbildung 50 Die Ursachen und Auswirkungen fehlender bzw. nicht ausreichender Dokumentation

Sofern also nicht ausreichend dokumentiert wird, besteht die Gefahr, dass sich der in **Abb. 50,** S. 756 aufgezeigte Teufelskreis in Bewegung setzt: Mangelhafte Dokumentation und Kommunikation führen zu schwindenden Nachtragschancen aus Beweisnot, Glaubwürdigkeitsverlust, Fehlbeurteilung der Situation und Arbeitsüberlastung. Diese Situation ist den Baupraktikern nicht fremd.

1641 Praktiker, die davon **abraten, frühzeitig** und korrekt den Auftraggeber **zu informieren und Lösungen zu suchen,** weil sie glauben, solche Maßnahmen würden das Kooperationsklima verschlechtern, übersehen, dass letzlich dadurch nur zusätzliche Probleme (z. B. aus § 2 Nr. 6 VOB/B) geschaffen werden. Passivität des auftragnehmerseitigen Bauleiters hilft weder dem Auftraggeber noch dem Auftragnehmer; schlechte Baustellenergebnisse führen irgendwann doch für den auftragnehmerseitigen Bauleiter zu Konflikten mit der eigenen Geschäftsleitung und/oder mit dem Auftraggeber, spätestens dann, wenn dem Auftraggeber doch noch eine Schadensersatzberechnung vorgelegt wird.

Nicht erstellte und jedenfalls nicht dem Auftraggeber vorgelegte Dokumentation führt zunächst einmal zur Hinnahme von bisherigen Soll-Ist-Abweichungen und deutet gegenüber dem Auftraggeber an, dass man von ihm keine Abhilfe erwartet.

Sofern auf beiden Vertragsseiten aufgrund einer langjährigen Zusammenarbeit Verständnis für die gegenseitigen Probleme vorhanden ist und wenn in der Vergangenheit stets auf beiden Seiten zufriedenstellende Einigungen erzielt werden konnten, mag eine korrekte Dokumentation scheinbar unnötig sein. Die Frage ist jedoch, ob nicht grundsätzlich eine korrekte gegenseitige Informationsübermittlung allen Beteiligten das Zusammenleben erleichtert. Sofern der jeweilige Partner über einen durch ihn (mit)verursachten Problembereich informiert wird, kann er besser und eher zur Problembekämpfung beitragen, als wenn durch „höfliches Schweigen" die Problemzustände weiter bestehen. Die dann später notwendigen finanziellen Regelungen bringen nicht selten beiden Seiten Nachteile.

Abschließend ist noch festzuhalten, dass es Aufgabe des internen Controllings von Bauunternehmen ist, durch die schon besprochenen und in **Abb. 46** S. 736 zusammengefaßten Instrumente zur Aufdeckung von Problempunkten und zur Mithilfe bei Problembeseitigungen – ganz gleich, ob intern oder extern bedingt – beizutragen.

14 Darlegungslast und Beweislast
– Rechtlich notwendiger Vortrag, Checkliste –

Wir haben die meisten Darlegungs- und Beweislastfragen[1860)] schon im Text angesprochen; **wir fassen** zum **Schadensersatzanspruch des Auftragnehmers aus Behinderung** (§ 6 Nr. 6 VOB/B) durch „Merkpunkte" **zusammen:**

1642

1) Der **Auftragnehmer** muss
   - leistungsbereit und leistungsfähig sein. Dazu braucht er nicht vorzutragen, der Auftraggeber müßte das Gegenteil beweisen (s. oben Rdn. 1355).
2) Der **Auftragnehmer muss substantiiert darlegen** und **voll beweisen:**
   - **den Tatbestand der (Störung) Behinderung** und in diesem Zusammenhang die insoweit verletzte Pflicht des Auftraggebers (haftungsbegründende Kausalität).

   Jede Darstellung sollte mit dem Bausoll beginnen. Der Auftragnehmer sollte insbesondere also vortragen, welche Vertragsgrundlagen bestehen, welche Fristen und Termine vereinbart sind und ob und wie die Mitwirkung des Auftraggebers sachlich und zeitlich vertraglich geregelt und/oder notwendig war.

   Sodann sollte der Auftragnehmer die einzelne Behinderung genau benennen, also vortragen, welche behindernde Handlung der Auftraggeber begangen hat oder welche (geschuldete) Mitwirkung der Auftraggeber unterlassen hat und wann diese Behinderung erfolgt ist.
3) Der **Auftragnehmer braucht nichts darzulegen:**
   - zur Rechtswidrigkeit.

   Die Rechtswidrigkeit wird durch die „objektive Pflichtverletzung" indiziert.

[1860)] Zum Begriff siehe oben Rdn. 277.

4) Der **Auftragnehmer muss substantiiert darlegen und voll beweisen:**
   - dass, wann und gegenüber wem er die **Behinderung angezeigt** hat oder
   - warum die Behinderung selbst und die behindernde Auswirkung **offenkundig** waren oder
   - warum im ganz besonderen Ausnahmefall Anzeige und/oder Offenkundigkeit nicht erforderlich waren
   - seine eigene Leistungsbereitschaft.

5) Der **Auftragnehmer** braucht **nicht darzulegen** und/oder **zu beweisen:**
   - dass der Auftraggeber die Behinderung „zu vertreten hat", also verschuldet hat. Hierfür muss sich vielmehr umgekehrt der Auftraggeber entlasten (vgl. oben Rdn. 1356).

6) Der **Auftragnehmer braucht nicht in präzisen Einzelheiten darzulegen und zu beweisen**
   - die Folgen der Störung.

   Er muss insoweit **prüfbare Anhaltspunkte** („baustellenbezogene Darstellung der Ist- und Sollabläufe") für
   - den Eintritt eines zeitlichen Mehraufwands oder eines Schadens
   - die Verursachung dieser Folgen durch die Störung
   - die Schadenshöhe

   dartun und beweisen (haftungsausfüllende Kausalität).

Auf der Basis solcher Anhaltspunkte darf **gemäß § 287 ZPO geschätzt** werden. **Insoweit genügt selbst der Vortrag und Nachweis von relativ einfachen Anhaltspunkten.** Diese können dann wenigstens als Grundlage für Minimalschätzungen dienen, wie unter Rdn. 1612 ff. genauer erläutert; insbesondere die „Verursachung" der Mehrkosten aufgrund der Behinderung, braucht lediglich „wahrscheinlich" zu sein. Der fehlende Nachweis **einzelner** Behinderungsfolgen bzw. der für einzelne behauptete Behinderungsfolgen fehlende Nachweis auch nur prüfbarer Anhaltspunkte für eine Schätzung führt nicht dazu, dass die **verbleibenden** Behinderungsfolgen nicht bewiesen wären bzw. geschätzt werden könnten.

1643 Es empfiehlt sich dringend, dass der Auftragnehmer, jeweils im Sinne von „Grobsortierung" oder „Plausibilitätsbehauptung", die **einzelnen Behinderungen** und **behaupteten Folgen** einander zuordnet. Er kann daher z. B. auf die einzelnen Vermutungen hinweisen. Eine besondere Rolle spielt die Vermutung, dass **alle Schäden** von den bewiesenen **Behinderungen verursacht** sind (siehe oben Rdn. 1618). Aber auch ohne diesen Vortrag ist die Klage **schlüssig,** sofern überhaupt nur „greifbare Anhaltspunkte" dargetan und bewiesen sind; dann kann aber nur ein „Minimalschaden" geschätzt werden, muss es aber auch (näher Rdn. 1618 ff.).

Selbstverständlich ist dem Auftragnehmer eine (möglichst) genaue Darlegung zur Ursächlichkeit der einzelnen Behinderung und zu dem aus ihr resultierenden Schaden dringend anzuraten.

Selbst wenn durch eine entsprechende **Dokumentation** nicht zwingende Nachweise zu jedem Punkt geführt werden könnten, ermöglicht eine schlüssige Dokumentation jedenfalls eine wesentlich plausiblere Schadensschätzung im oberen Rahmen eines überhaupt möglichen Schadens.
Wenn der Auftragnehmer den Schadensersatzanspruch substantiiert (unter Einbezug von Schätzungsmöglichkeiten) dargetan hat, muss der Auftraggeber seinerseits substantiiert bestreiten – andernfalls verliert er, und zwar ohne dass (vom Gericht) ein Sachverständigengutachten eingeholt werden müßte[1861]

[1861] Als Beispiel überzeugend OLG Düsseldorf BauR 1996, 862 mit Anm. Kapellmann.

15 Abschlagszahlungen, Fälligkeit, Verjährung der Ansprüche aus § 6 Nr. 6 VOB/B

Der Schadensersatzanspruch des Auftragnehmers aus § 6 Nr. 6 VOB/B ist „vergütungsgleich"[1862)]
Der Schadensersatzanspruch muss in die Schlussrechnung eingestellt werden und wird mit ihr fällig. Ohne Geltendmachung in der Schlussrechnung kann der Anspruch gemäß § 16 Nr. 3 Abs. 2-6 VOB/B durch vorbehaltlose Annahme der Schlusszahlung ausgeschlossen sein,[1863)] vorausgesetzt, die Vorschrift hält der AGB-Kontrolle stand.
Der Schadensersatzanspruch verjährt in 3 Jahren ab dem 1. Januar des Jahres, in dem die Forderung fällig geworden ist, also genau wie die Vergütungsforderung selbst.[1864)]

1644

16 Der Ausschluss der Ansprüche des Auftragnehmers auf Schadensersatz gemäß § 6 Nr. 6 VOB/B durch Allgemeine Geschäftsbedingungen des Auftraggebers

§ 6 Nr. 6 VOB/B enthält eine Kernregelung der VOB/B. Der ohnehin schon (durch Ausschluss des entgangenen Gewinns) eingeschränkte Anspruch kann nicht noch weiter beschränkt werden. **Deshalb verstößt es gegen § 307 BGB,** unter Umständen auch gegen § 307 Nr. 7 b BGB, den Schadensersatzanspruch des Auftragnehmers wegen vom Auftraggeber verschuldeter Behinderung **einzuschränken oder ganz auszuschließen;** eine solche Klausel in Allgemeinen Geschäftsbedingungen ist demgemäß ausnahmslos **unwirksam.**

1645

Unwirksam ist deshalb **insbesondere** eine Klausel mit dem Inhalt: „Die Überschreitung vertraglich festgesetzter Fristen führt dazu, dass der Auftragnehmer verstärkt Material, Geräte und Personal einzusetzen hat, ohne dass er daraus Rechte herleiten kann." Im Ergebnis ist damit der Ausschluss nicht nur veränderter oder zusätzlicher Vergütung, sondern insbesondere auch der Ausschluss jeglicher Ansprüche aus § 6 Nr. 6 VOB/B geregelt, denn die Klausel betrifft nicht nur die Fälle eigener, vom Auftragnehmer selbst zu vertretender Verzögerung, sondern jegliche Verzögerung, insbesondere auch die vom Auftraggeber verschuldete.[1865)] Aus demselben Grund ist eine Klausel unwirksam, die die allgemeine Regelung trifft, Vorhalte- und Stillegungskosten der Baustelleneinrichtung würden nicht vergütet.[1866)]

1646

Die **Unwirksamkeit gilt überhaupt für alle Klauseln,** die – in welcher Form auch immer – **berechtigte Ersatzansprüche** des Auftragnehmers aus § 6 Nr. 6 VOB/B

[1862)] BGHZ 50, 25; Kapellmann, BauR 1985, 123.
[1863)] Unbestritten, vgl. z. B. OLG Hamm, NZBau 2004, 440 (zu der in anderer Hinsicht unzutreffenden Entscheidung s. Fn. 1841); Beck'scher VOB-Kommentar/Motzke, Teil B, § 6 Nr. 6, Rdn. 114.
[1864)] Siehe oben Rdn. 278.
[1865)] BGH „ECE-Bedingungen" BauR 1997, 1036 Klausel Nr. 3.
[1866)] OLG München BauR 1987, 554, 556; Korbion/Locher, Rdn. 134. Zur Ungültigkeit der Klausel, § 642 BGB sei ausgeschlossen, im Weg reiner Vertragsauslegung BGH ZfBR 1992, 31, 32.

einschränken.¹⁸⁶⁷⁾ Das gilt z. B. für die Klausel, nach der der Auftraggeber nach Belieben Arbeitsunterbrechungen anordnen könne, ohne dass Mehrkosten entstünden, ebenso für die Klausel, dass zeitliche Unterbrechungen gleich welcher Art Ansprüche ausschlössen. Das gilt schließlich auch für die Klausel, dass der Auftraggeber ohne weiteres Termine verschieben könne, ohne dass sich daraus Mehrforderungen ergäben, insoweit können allerdings Ausnahmen gelten, wenn der Ausschluss völlig eindeutig formuliert ist und bestimmte weitere Voraussetzungen gewahrt sind.¹⁸⁶⁸⁾

1647 In Allgemeinen Geschäftsbedingungen kann sich der Auftraggeber den Folgen auftraggeberseitiger Behinderung auch nicht wirksam dadurch entziehen, dass er regelt, der Auftragnehmer müsse damit rechnen, dass der Arbeitsablauf **„nicht kontinuierlich sei"** oder dass wegen der gleichzeitigen Arbeitsleistung mehrerer Unternehmer mit Behinderungen zu rechnen sei oder dass Arbeitsunterbrechungen nicht zu Ersatzansprüchen berechtigen.¹⁸⁶⁹⁾

Dass dem Auftragnehmer die Berufung auf „Offenkundigkeit" der Behinderung oder auf das positive Wissen des Auftraggebers von der Behinderung nicht wirksam verwehrt werden kann, haben wir bereits erörtert.¹⁸⁷⁰⁾

Endlich haben wir auch schon besprochen, dass der Ausschluss des entgangenen Gewinns in § 6 Nr. 6 VOB/B nach unserer Meinung nicht den kalkulierten Gewinn dieser Baustelle umfasst, dass aber jedenfalls ein solcher Ausschluss ohne Vereinbarung der VOB/B „als Ganzes" unwirksam ist.¹⁸⁷¹⁾

Schließlich sind auch in „Einheitspreislisten" geregelte Schadensersatzansprüche aus § 6 Nr. 6 VOB/B in Allgemeinen Geschäftsbedingungen unwirksam.¹⁸⁷²⁾

---

¹⁸⁶⁷⁾ Plastisch BGH „ECE Bedingungen" BauR 1997, 1036, 1037, Klausel Nr. 3; mit vielen Einzelheiten Kaiser, in: Markus/Kaiser/Kapellmann, AGB-Handbuch Bauvertragsklauseln, Rdn. 412–439.
¹⁸⁶⁸⁾ Vgl. oben Rdn. 1337.
¹⁸⁶⁹⁾ Zum Beispiel LG München IBR 1994, 54; Beck'scher VOB-Kommentar/Motzke Teil B § 6 Nr. 6, Rdn. 120.
¹⁸⁷⁰⁾ Vgl. oben Rdn. 1242.
¹⁸⁷¹⁾ Siehe oben Rdn. 1491, 1492.
¹⁸⁷²⁾ Näher oben Rdn. 1500, 587.

Kapitel 18
§ 642 BGB

1 Grundsatzregelung

§ 642 BGB lautet: 1648
(1) Ist bei der Herstellung des Werkes eine Handlung des Bestellers erforderlich, so kann der Unternehmer, wenn der Besteller durch das Unterlassen der Handlung in Verzug der Annahme kommt, eine angemessene Entschädigung verlangen.
(2) Die Höhe der Entschädigung bestimmt sich einerseits nach der Dauer des Verzugs und der Höhe der vereinbarten Vergütung, andererseits nach demjenigen, was der Unternehmer infolge des Verzugs an Aufwendungen erspart oder durch anderweitige Verwendung seiner Arbeitskraft erwerben kann.

Der Bundesgerichtshof ist der Auffassung, die Anwendung des § 642 BGB sei durch § 6 Nr. 6 VOB/B nicht ausgeschlossen.[1873] Bejaht man das, so besteht zwischen beiden Vorschriften Anspruchskonkurrenz, d. h., **der Auftragnehmer kann sich aussuchen**, auf welche Vorschrift er seinen finanziellen Ausgleichsanspruch wegen Behinderung stützt, vorausgesetzt, der Auftraggeber hat die Behinderung dadurch verursacht, dass er eine Mitwirkung **unterlassen** hat (nicht dagegen, wenn der Auftraggeber aktiv stört, dann bleibt als „Behinderungstatbestand" **neben** dem in bestimmten Fällen konkurrierenden § 2 Nr. 5 VOB/B (vgl. Rdn. 1382 ff., 1352) nur § 6 Nr. 6 VOB/B, dazu oben Rdn. 1395). Der Auftragnehmer wird natürlich die Anspruchsgrundlage wählen, die weniger Anforderungen stellt und/oder ihm mehr bringt.

Der „Entschädigungsanspruch" aus § 642 BGB setzt voraus, dass der Auftraggeber eine zur Herstellung des Werks erforderliche Mitwirkungshandlung nicht, nicht rechtzeitig oder nicht ordnungsgemäß erbringt und dass der Auftragnehmer zu dem relevanten Zeitpunkt vertraglich leisten darf, zur Leistung bereit und im Stande ist und seine Leistung dem Auftraggeber **anbietet** (§§ 297, 294 - 296 BGB)[1874] sowie - so der BGH, siehe oben **Rdn. 1396** - beim **VOB-Vertrag** völlig systemwidrig eine Behinderungsanzeige gemäß § 6 Nr. 1 VOB/B für den Entschädigungsanspruch aus § 642 **BGB** gemacht hat. Dagegen

---
[1873] BGH „Vorunternehmer II" NZBau 2000, 187; wir sind anderer Auffassung, dazu Einzelheiten oben Rdn. 1280, 1393 ff., **1400**.
[1874] Als Angebot reicht aus, dass „der Auftragnehmer sein Personal zur Verfügung hält und zu erkennen gibt, dass er bereit und in der Lage ist, seine Leistung zu erbringen.", BGH NZBau 2003, 325 mit Anm. S. Kapellmann.
Gemäß § 296 BGB n.F. reicht es für den Annahmeverzug heute schon aus, dass der Gläubiger die Mitwirkungshandlung nicht vornimmt, wenn für sie eine Zeit nach dem Kalender bestimmt war oder wenn die Ereignisfrist verstrichen war; ein Angebot ist in solchen Fällen also **nicht** erforderlich. Kniffka, Online-Kommentar, § 642 BGB, Rdn. 37, Stand: 3. 1. 2006, hält das für bedenklich; er fordert beim Auftraggeber mindestens „Kenntnis von Tatsachen, die seine fristgebundene Mitwirkung begründen." Im Gesetz steht davon nichts. Kniffka führt durch die Hintertür ein Verschuldenserfordernis ein. Auch das – und auch die Einführung eines Anzeigeerfordernisses aus § 6 Nr. 1 VOB/B bei einem BGB-Anspruch – zeigt, dass die richtige sedes materiae § 6 Nr. 6 VOB/B ist und nicht § 642 BGB.

kommt es anders als bei § 6 Nr. 6 VOB/B nicht auf Verschulden des Auftraggebers an. Also wird ein Auftragnehmer bei Vorliegen der Voraussetzungen zukünftig seine Ansprüche nur noch auf § 642 BGB stützen, weil das einfacher ist, vorausgesetzt, er erhält über die **„Entschädigung" des § 642 BGB** dasselbe oder mehr als über den „Schadensersatz" des § 6 Nr. 6 VOB/B; nur wenn dieser Schadensersatzanspruch höher ist, wird er den Anspruch auf Verschulden stützen, wobei sich der Auftraggeber entlasten muss.
Die übrigen Voraussetzungen des § 642 BGB entsprechen denen des § 6 Nr. 6 VOB/B, so dass wir insoweit auf die ganzen vorangegangenen Erörterungen verweisen dürfen.

Das Problem der Haftung für Erfüllungsgehilfen stellt sich nur bei Verschulden, also im Rahmen des § 6 Nr. 6 VOB/B; für „Obliegenheitspflichten" im Rahmen des § 642 BGB ist die Haftung unbeschränkt.[1875]
§ 642 BGB wird nur als Ersatznorm diskutiert, aber wenn deren Voraussetzung gegeben sind, begründet sie bei entsprechendem Zeitmehrverbrauch **auch** einen Anspruch auf **Fristverlängerung**.

1649 „Schadensersatz" (§ 6 Nr. 6 VOB/B) ist die Erstattung der Differenz zwischen hypotetischer ursprünglicher Vermögenssituation ohne Behinderung einerseits und der realen (behinderungsbedingten) Vermögenssituation andererseits, also der Ersatz der behinderungsbedingt entstandenen tatsächlichen Mehraufwendungen (oben Rdn. 1419 - 1642). Darüber hinaus hat der Auftragnehmer – bei § 6 Nr. 6 VOB/B nach herrschender, wenn auch nicht zu billigender Meinung allerdings nur bei grober Fahrlässigkeit oder Vorsatz des Auftraggebers – auch Anspruch auf Ersatz des entgangenen Gewinns (oben Rdn. 1491 - 1496).
Was ist **„Entschädigung"** (§ 642 BGB)? Vorweg es ist jedenfalls nicht dasselbe wie Schadensersatz – gerade das BGB mit seiner Begriffsschärfe verwendet nicht zwei unterschiedliche Begriffe für dasselbe. Die richtigen Schlüsse lassen sich aus dem Wortlaut des § 642 Abs. 2 BGB selbst ziehen: Die „angemessene" (Abs. 1) Entschädigung bestimmt sich einerseits nach der Dauer des (Annahme-)Verzugs des Auftraggebers (Anknüpfungspunkt: Störungszeitraum) und der **Höhe der vereinbarten Vergütung** (Anknüpfungspunkt: Vertragspreis), andererseits nach den ersparten Aufwendungen oder dem, was der Auftragnehmer durch anderweitige Verwendung seiner Arbeitskraft erspart (nicht, wie bei § 649 BGB, zu erwerben böswillig unterlässt).
Durch die Anknüpfung an die Höhe der **vereinbarten Vergütung** steht außer Zweifel, dass die „Entschädigung" Erfüllungscharakter hat, d. h. Vergütungscharakter[1876], dass sie also vergütungsäquivalent ist und dass folglich ihre Bemessung **nach Vergütungsmaßstäben** zu erfolgen hat. Wir können damit anknüpfen an das, was wir zur Vergütungsfolge bei „störenden" Anordnungen des Auftraggebers zu Bauumständen bereits ausgeführt haben; dort hat der Auftragnehmer ein Wahlrecht zwischen „Vergütungsberechnung" nach § 2 Nr. 5 VOB/B oder „Schadensersatzberechnung" nach § 6 Nr. 6 VOB/B (oben Rdn. 1332 ff.).
Vorweg steht damit fest, dass der „Entschädigungsanspruch" **nichts mit der Entstehung von zusätzlichen Ausgaben (zusätzlichen Ist-Kosten)** zu tun hat. „Entschädigung" als fortgeschriebene Vergütung gibt es also für „stillstehende" Produktionsfaktoren auch dann, wenn diese Produktionsfaktoren **keine** Aufwendungen verursachen, wie das z. B. möglich ist beim Nachunternehmer, der nicht von der Baustelle abzieht, aber aus geschäftspolitischen Gründen dem Hauptunternehmer dennoch keine Nachunternehmer-

---

[1875] Näher Kapellmann, in: Kapellmann/Messerschmidt, VOB/B § 6, Rdn. 62.
[1876] So schon eindeutig die Motive zum BGB, zitiert nach Mugdan, § 575 E I, S. 276, 277. Ebenso ausdrücklich der BGH Schäfer/Finnern Z 2.511 Bl. 8 R („möglicherweise Erfüllungsansprüche"), OLG Celle BauR 2000, 416; OLG München BauR 1980, 274, 275 (Revision vom BGH nicht angenommen); Nicklisch/Weick, VOB/B, Einf. §§ 4–13, Rdn. 47; Staudinger/Peters, BGB, § 642 Rdn. 24; Kapellmann, BauR 1985, 123.

vergütung für die Stillstandszeit, keine „Entschädigung" oder keinen Schadensersatz berechnet und bezahlt bekommt.[1877]

Daraus ergibt sich weiter, dass die Berechnung der Entschädigung auf Basis der **Auftragskalkulation** erfolgt,[1878] denn das ist die einzige realisierbare Möglichkeit, an die „Höhe der vereinbarten Vergütung" überhaupt anzuknüpfen. Die vereinbarte Vergütung, der Preis, hat nichts mit den Ist-Kosten zu tun (näher oben Rdn. 26). Folglich **kann** die Entschädigung nicht an Ist-Kosten wie beim Schadensersatz anknüpfen. Damit werden also die finanziellen Behinderungsfolgen bei § 642 BGB mit Preisen gemäß Auftragskalkulation bewertet (zum Prinzip generell oben Rdn. 1000 ff., 1051 ff.).

2 Einzelheiten

Die **Direkten Kosten** lassen sich oft unmittelbar aus der Auftragskalkulation ableiten, insbesondere zusätzliche zeitabhängige Kosten. Als Beispiel: Eine Gerätemiete ist mit 700,00 € pro Monat kalkuliert, tatsächlich hat der Auftragnehmer einen Mietvertrag zum Preis von 400,00 € pro Monat abgeschlossen.[1879] Der „Annahmeverzug" des Auftraggebers (= Störungszeitraum) beträgt 2 Monate. Die Entschädigung beträgt 2 · 700,00 € = 1 400,00 €.   1650

Ungeachtet dessen darf der Auftragnehmer dann, wenn im Zeitraum des Annahmeverzuges die **Ist-Kosten** höher sind als seine kalkulierten Soll-Kosten, auch diese höheren Kosten berechnen.[1880] Damit ist in nahezu allen Fällen die Berechnungsmethode des § 642 BGB genau so gut oder günstiger als die Berechnung eines Schadensersatzes aus § 6 Nr. 6 VOB/B, was die Bedeutung des § 6 Nr. 6 VOB/B bei fehlender auftraggeberseitiger Mitwirkung praktisch auf Null reduzieren wird.

Kosten, die während des Annahmeverzuges nicht (mehr) anfallen, dürfen natürlich nicht angesetzt werden, was § 642 BGB dadurch ausdrückt, dass er die Anrechnung dessen anordnet, was der Unternehmer infolge des Verzuges an Aufwendungen erspart. Zur Berechnungsmethodik ersparter Aufwendungen dürfen wir auf unsere ausführlichen Darlegungen zu § 649 BGB in Band 2, Rdn. 353 ff. verweisen.

Ob im Einzelfall Zuschläge für **Baustellengemeinkosten** zusätzlich in Betracht kommen, beurteilt sich wie bei der Nachtragsvergütungsberechnung, wir verweisen deshalb auf Rdn. 1085, 1099.

[1877] Auch hier ganz eindeutig schon die Motive zum BGB, zitiert nach Mugdan § 575 E I, S. 276; Erman/Seiler, BGB, § 642 Rdn. 5; Staudinger/Peters, BGB, § 642 Rdn. 24; Nicklisch/Weick, VOB/B, § 8 Rdn. 30; **unbestritten.**
Zur Parallele bei der Vergütungsberechnung für Nachträge wegen geänderter oder zusätzlicher Leistungen siehe oben z. B. Rdn. 1018.

[1878] Ebenso Leinemann, VOB/B § 6, Rdn. 137.

[1879] Laut OLG Braunschweig, BauR 2004, 1621 soll die Vorhaltung von Geräten nicht auf der Basis der Baugeräteliste geltend gemacht werden können, weil diese Wagnis und Gewinn enthalte. Einmal ist schon die Prämisse nicht richtig, denn Wagnis und Gewinn sind gerade zu ersetzen (s. Folgetext). Außerdem kann kalkulatorisch jedenfalls ein Prozentsatz der Baugeräteliste angesetzt werden (siehe Rdn. 1548).

[1880] Zutreffend RGRK/Glanzmann, BGB, § 642 Rdn. 5; zur weiteren Begründung dürfen wir auf die Parallele beim Vergütungsanspruch für modifizierte Leistungen verweisen, dazu oben Rdn. 1043. Deshalb darf er entgegen OLG Köln IBR 2004, 411 auch die Bezahlung erbrachter Überstunden verlangen.

Die so in der Zeit des Annahmeverzuges („Wartezeit") entstehenden, also auch die gerade wegen der Verzögerung entstehenden Direkten Kosten, werden mit **Allgemeinen Geschäftskosten** beaufschlagt.[1881]

Schließlich werden **Wagnis** und **Gewinn** zugeschlagen. Der Bundesgerichtshof hat in der Entscheidung „Vorunternehmer II" (siehe Fn. 1871) ohne Begründung nach unserer Meinung versehentlich das Gegenteil entschieden. Er hat nämlich offensichtlich übersehen, dass er von der ausdrücklich erklärten gegenteiligen Absicht des Gesetzgebers und von seiner **eigenen** gegenteiligen (richtigen) Rechtsprechung abgewichen ist, darüber hinaus von der Rechtsprechung der Oberlandesgerichte und der ganz überwiegenden Meinung der Rechtsliteratur,[1882] wohl in dem nachvollziehbaren Bestreben, einen Unterschied zu § 6 Nr. 6 VOB/B herauszuarbeiten.

Vorab: Wagnis und Gewinn werden gleichbehandelt (siehe oben Rdn. 537), was in diesem Zusammenhang aber ohnehin selbstverständlich ist.

Zur Sache selbst: Es gibt keinen nachvollziehbaren Grund, dann, wenn man kraft Gesetzes an „die Höhe der vereinbarten Vergütung" anknüpfen muss, willkürlich aus der „vereinbarten Vergütung" einen Bestandteil, nämlich den Deckungsanteil für „(Wagnis und) Gewinn" zu streichen. Im Gegenteil gibt es gerade keinen Grund, den Auftragnehmer seine Produktionsmittel einsetzen zu lassen, ohne ihm „Unternehmerlohn" („Verdienst") in Form des Gewinns für den Einsatz seiner Produktionsfaktoren und seines Kapitals zu geben; **selbst** bei § 6 Nr. 6 VOB/B muss das trotz des Ausschlusses des entgangenen Gewinns bei leichter Fahrlässigkeit so gelten (näher oben Rdn. 1491 und 1492).

[1881] BGH Schäfer/Finnern Z 2.511 Bl. 9 (siehe dazu das wörtliche Zitat in Fn. 1880); OLG Celle BauR 2000, 416, 418.

[1882] Wörtlich die Motive: „... die Bestimmungen, dass der Übernehmer, wenn die Ausführung des Werkes durch einen in der Person des Bestellers eingetretenen Zufall verhindert wird, Anspruch auf einen den bereits geleisteten Arbeiten entsprechenden Teil des bedungenen Lohnes und Ersatz der nicht schon im Lohne begriffenen Auslagen und auf Vergütung des durch die Nichtausführung **entgangenen Gewinns** hat, (werden) auch auf den Fall zu beziehen sein, dass die Ausführung des Werkes deshalb unterbleibt, weil der Besteller durch Zufall nur subjektiv verhindert ist, in der erforderlichen Weise bei der Herstellung des Werkes mitzuwirken. Ungedeckt bleiben aber durch jene Bestimmungen die Fälle, in welchen die subjektive Verhinderung des Bestellers eine vorübergehende ist und durch diese Verhinderung die Ausführung des Werkes nicht überhaupt gehindert wird. Durch den § 575 (Anmerkung: heutiger § 642) wird das Interesse beider Teile in angemessener Weise gewahrt, zumal nach § 578 (Anmerkung: heutiger § 649) der Besteller jederzeit von dem Vertrag zurücktreten und sich dadurch gegen die ihn nach § 575 **während der Dauer** des Verzuges treffenden Nachteile schützen kann, wenn die Verhinderung voraussichtlich längerer Dauer sein sollte und er deshalb der Gefahr ausgesetzt ist, dass die nach § 575 mit dem Verzuge für ihn verbundenen Nachteile größer sind, als diejenigen, welche ihn nach § 578 im Falle des Rücktritts vom Vertrag treffen. Dem Übernehmer im Falle des Annahmeverzuges des Bestellers **außer** dem Anspruch auf eine angemessene Vergütung noch ein Rücktrittsrecht ... beizulegen, würde ... eine ungerechtfertigte Härte sein", zitiert nach Mugdan § 575 E I, S. 277.

Ebenso **ausdrücklich BGH** Schäfer/Finnern Z 2.511, Bl. 9 („Das Berufungsgericht berechnet die Entschädigung der Klägerin ... mit 6 % **Allgemeine Geschäftskosten** und **4 % entgangenem Gewinn**"... „Es ergibt sich **daher** unter Zugrundelegung der ... **nicht zu beanstandenen** Berechnungsweise des Berufungsgerichts ein Entschädigungsanspruch von ..."). Kniffka stellt im Online-Kommentar, § 642, Rdn. 55, Stand 3. 5. 2005 die Erheblichkeit dieser Entscheidung – u.E. zu Unrecht – in Frage, dazu Kapellmann, in Kapellmann/Messerschmidt, VOB/B § 6, Rdn. 92, Fn. 195. Siehe zur heutigen Auffassung von Kniffka Fn. 1883.

Wie hier Erman/Schwenker, BGB § 642, Rdn. 5; Kleine-Möller, NZBau 2000, 401; Raab, JZ 2001, 251; Franke/Kemper/Zanner/Grünhagen, VOB/B § 9, Rdn. 25; Genschow/Stelter, Störungen, S. 45; OLG Celle BauR 2000, 416, 418; OLG München BauR 1980, 274, 275; Staudinger/Peters, BGB, § 642 Rdn. 25, 28; weiter („Verdienstausfall") Beck'scher VOB-Kommentar/Motzke, Teil B § 9 Nr. 3, Rdn. 16; Heiermann/Riedl/Rusam, VOB/B, § 9 Rdn. 21.

Die Streichung des Gewinns bei § 642 BGB wäre „Strafe" und alles andere als „angemessene" Entschädigung (so aber Abs. 1).
Richtig ist, dass der Auftragnehmer als Entschädigung keinen entgangenen Gewinn auf **anderen** Baustellen verlangen kann,[1883] was er bei § 6 Nr. 6 VOB/B jedenfalls in den Fällen grober Fahrlässigkeit oder Vorsatz des Auftraggebers kann – was allerdings eine „Haftungserweiterung" in § 6 Nr. 6 VOB/B ist, die in der Praxis keinerlei Rolle spielt. Wir haben noch nie erlebt, dass ein **solcher** Anspruch aus § 6 Nr. 6 VOB/B auch nur geltend gemacht worden ist.

Der „Entschädigungsanspruch" unterliegt als Sonderform der Vertragsvergütung unzweifelhaft der **Mehrwertsteuer.**

Wenn beide Parteien die Behinderung verursacht haben, kommt im Ergebnis eine Kürzung des Entschädigungsanspruches gemäß **§ 254 BGB** in Betracht, obwohl es sich bei der Entschädigung um einen Erfüllungsanspruch handelt, wobei dahinstehen kann, ob es sich um eine Verrechnung mit Gegenansprüchen, um eine Aufrechnung mit Gegenansprüchen oder um eine analoge Anwendung des § 254 BGB handelt.[1884]

1651

3 Abschlagszahlungen, Fälligkeit, Verjährung, Beweislast, AGB

Der Auftragnehmer kann **Abschlagszahlungen** verlangen (dazu oben Rdn. 643).

1652

Zur **Fälligkeit** des Anspruches verweisen wir auf Rdn. 661. Der Auftragnehmer hat Anspruch auf Abschlagszahlungen.

Der Entschädigungsanspruch **verjährt** in der Regelfrist des § 196 BGB, beginnend mit dem 1. Januar des Jahres, in das der gemäß § 16 Nr. 3 Abs. 1 VOB/B zu bestimmende Fälligkeitszeitpunkt fällt.[1885]

Der Auftragnehmer hat den Anspruch darzutun und zu **beweisen.** Hinsichtlich der Darlegungs- und Beweislast bezüglich der ersparten Aufwendungen verweisen wir auf Band 2, Rdn. 1390 ff. Dem Auftragnehmer kommen wie immer die Schätzungsmöglichkeiten des **§ 287 ZPO** zugute.

Der Anspruch auf „normale" Vertragsvergütung oder der Anspruch auf Vergütung gemäß § 649 BGB nach freier Kündigung des Auftraggebers hat nichts mit dem Anspruch aus § 642 BGB für die „Wartezeit" zu tun, auch ein Behinderungsschadensersatzanspruch würde ja davon unberührt bleiben. Beide Ansprüche bestehen also nebeneinander oder genauer: nacheinander.

Die Anwendung des § 642 BGB als Auftraggeber in **Allgemeinen Geschäftsbedingungen** auszuschließen, wenn gleichzeitig die VOB/B vereinbart **und** § 6 Nr. 6 VOB/B anwendbar ist, ist **zulässig**; der Auftraggeber führt in diesem Fall nur das herbei, was gerade die Intention der VOB/B ist, ohne dass Rechte des Auftragnehmers unbillig beeinträchtigt werden (näher oben Rdn. 1400, Fn. 1643).

[1883] Diese Auffassung teilt heute – in Abweichung von seiner früheren Auffassung, s. Fn. 1882 – Kniffka, in: Kniffka/Koeble, Kompendium, Teil 8, Rdn. 31 und Online-Kommentar, § 642 BGB, Rdn. 56.
[1884] Die Anwendung ist schon deshalb geboten, um zu einer „angemessenen" Entschädigung zu kommen.
Im Ergebnis entspricht das der herrschenden Meinung (z. B. BGB-RGRK/Glanzmann § 642 Rdn. 6; Staudinger/Peters, BGB, § 642, Rdn. 24.
[1885] Vgl. Rdn. 1643.

Kapitel 19
Rechte der Vertragsparteien bei Unterbrechung

1 Grundsatz

1653 § 6 Nr. 5 VOB/B lautet:

Wird die Ausführung voraussichtlich für längere Dauer unterbrochen, ohne dass die Leistung dauernd unmöglich wird, so sind die ausgeführten Leistungen nach den Vertragspreisen abzurechnen und außerdem sind die Kosten zu vergüten, die dem Auftragnehmer bereits entstanden sind und in den Vertragspreisen des nicht ausgeführten Teils der Leistung enthalten sind."

§ 6 Nr. 7 VOB/B lautet:
„Dauert eine Unterbrechung länger als 3 Monate, so kann jeder Teil nach Ablauf dieser Zeit den Vertrag schriftlich kündigen. Die Abrechnung regelt sich nach den Nrn. 5 und 6; wenn der Auftragnehmer die Unterbrechung nicht zu vertreten hat, sind auch die Kosten der Baustellenräumung zu vergüten, soweit sie nicht in der Vergütung für die bereits ausgeführten Leistungen enthalten sind."

Kommt eine Baustelle behinderungsbedingt zum Stillstand, sind also die Arbeiten unterbrochen, geben § 6 Nr. 5 und § 6 Nr. 7 VOB/B beiden Vertragsteilen zusätzliche Rechte: Bei einer Unterbrechung von voraussichtlich längerer Dauer „sind die ausgeführten Leistungen nach den Vertragspreisen abzurechnen ..." (Nr. 5), was allgemein als Recht des Auftragnehmers verstanden wird, Abrechnung verlangen **zu dürfen**. Allein der Auftragnehmer wird daran auch im Normalfall ein Interesse haben, aber der Wortlaut der Vorschrift macht deutlich, dass auch der Auftraggeber die Abrechnung verlangen kann.
Bei einer länger als 3 Monate dauernden Unterbrechung kann jeder Teil den Vertrag gemäß Nr. 7 kündigen.

2 Abrechnung gemäß § 6 Nr. 5 VOB/B

1654 Ist die Bauleistung für voraussichtlich längere Dauer unterbrochen, hat im Regelfall der Auftragnehmer – vgl. aber unten Rdn. 1658 – das Recht, eine vorzeitige Abrechnung zu verlangen. Das bedeutet also, dass der Vertrag erhalten bleibt, aber ein vorzeitiges Recht auf Zahlung eingeführt wird.
Wann eine Unterbrechung „von voraussichtlich längerer Dauer" ist, lässt sich nur nach den Umständen des Einzelfalles bestimmen.
Da § 6 Nr. 7 VOB/B nach einer Unterbrechung von 3 Monaten das weiterreichende Kündigungsrecht einräumt, ist sicher, dass jedenfalls 3 Monate ausreichen, um auch das Abrechnungsrecht des § 6 Nr. 5 VOB/B zu bejahen.
Auch eine Frist von weniger als 3 Monaten reicht als „längere Dauer" noch aus, wobei es auf die Gesamtvertragsdauer, die Bedeutung der Unterbrechung, den schon geleisteten

Teil der Arbeit und ähnliche weitere Umstände ankommt. Ein Stillstand von nur 3 bis 4 Wochen wird im Regelfall nicht ausreichen, um eine „längere Dauer" zu bejahen. Es muss nicht sicher sein, dass die Unterbrechung von längerer Dauer ist, sie muss nur „voraussichtlich", also nach Wahrscheinlichkeit, von längerer Dauer sein.
Außerdem muss damit zu rechnen sein, dass die Arbeiten fortzuführen sind.
§ 6 Nr. 5 VOB/B ist nicht anzuwenden, sofern die hindernden Umstände zu einer dauernden Unmöglichkeit geführt haben.[1886]

Beruht die Unterbrechung sowohl auf Behinderungstatsachen im Sinne von § 6 Nr. 2 Abs. 1 a, b und c VOB/B als auch auf **anderen** Ursachen, ausgenommen die Unmöglichkeit, also z. B. auch auf einem Leistungsverzug des Auftragnehmers oder auf „Unvermögen", so gehen die Regeln des § 6 Nr. 5 (und des § 6 Nr. 7) als Spezialvorschrift vor.[1887]

Ist im vorgenannten Sinne die Unterbrechung voraussichtlich von längerer Dauer, so sind die bisher ausgeführten Leistungen nach den Vertragspreisen abzurechnen. Zu diesem Zweck ist es erforderlich, die bisher festgestellten Leistungen wie bei einer Kündigung zu erfassen, z. B. durch eine Leistungsstandfeststellung; die Vergütung wird durch Multiplikation der erbrachten Mengen mit den Einheitspreisen berechnet. Darüber hinaus hat der Auftragnehmer auch Anspruch darauf, diejenigen Kosten vergütet zu bekommen, die schon angefallen sind, deren zugehörige Leistungen „im Bauwerk selbst" aber noch keinen Niederschlag gefunden haben. Das sind z. B. Kosten für schon erfolgte Materialbeschaffung in Form von Sonderstählen oder Fertigteilen.

Nicht zu vergüten aufgrund **dieser** Vorschrift sind solche Kosten, die dem Auftragnehmer als Unterbrechungskosten während der Unterbrechungsdauer entstehen (z.B. durch Sicherungsmaßnahmen, durch Unterhalten der Baustelleneinrichtung usw.); sie sind vielmehr je nach Fall entsprechend § 2 Nr. 5 oder § 2 Nr. 6 VOB/B zu vergüten oder nach § 6 Nr. 6 VOB/B als Schadensersatz zu ersetzen.[1888]
In Kapitel 20 führen wir ein entsprechendes Beispiel vor.

3 Das Kündigungsrecht nach § 6 Nr. 7 VOB/B

Dauert die Unterbrechung länger als 3 Monate und gibt es keine Ausnahmen – siehe unten Rdn. 1658 –, so hat **jede Partei** Anspruch auf Kündigung gemäß § 6 Nr. 7 VOB/B. Alsdann sind die ausgeführten Leistungen entsprechend § 6 Nr. 5 VOB/B entsprechend den Vertragspreisen abzurechnen, außerdem sind entsprechend § 6 Nr. 5 VOB/B die Kosten zu vergüten, die dem Auftragnehmer bereits entstanden sind und die in den Vertragspreisen des nicht ausgeführten Teils der Leistung nicht enthalten sind.
Wenn der Auftragnehmer die Unterbrechung nicht zu vertreten hat, hat er auch Anspruch auf die Kosten der Baustellenräumung, soweit sie nicht in der Vergütung für die bereits ausgeführten Leistungen enthalten sind.
§ 6 Nr. 7 VOB/B ist auch dann anwendbar, wenn der Auftragnehmer mit der Arbeit auf der Baustelle noch nicht begonnen hat.[1889]

1655

[1886] Einzelheiten zum Begriff der „dauernden Unmöglichkeit" Heiermann/Riedl/Rusam, VOB/B § 6 Rdn. 26.
[1887] Vgl. unten Rdn. 1656; Ingenstau/Korbion, VOB/B § 6 Rdn. 93.
[1888] OLG Frankfurt ZfBR 1986, 237, 238 mit Anm. Stein, ZfBR 1986, 210 ff.; Heiermann/Riedl/Rusam, VOB/B § 6 Rdn. 33; Nicklisch/Weick, VOB/B § 6 Rdn. 80.
[1889] BGH NZBau 2004, 432.

1656 Es liegt auf der Hand, dass dieses Kündigungsrecht für einen Auftragnehmer uninteressant ist, wenn der Stillstand auf einen Tatbestand zurückgeht, der dem Auftragnehmer das Recht gäbe, gemäß § 9 Nr. 1 a oder b VOB/B zu kündigen. Dieses Kündigungsrecht hat der Auftragnehmer dann, wenn der Auftraggeber eine ihm obliegende Handlung (Mitwirkungshandlung) unterlässt und dadurch den Auftragnehmer außerstande setzt, die Leistungen auszuführen oder wenn der Auftraggeber eine fällige Zahlung nicht leistet oder sonst in Schuldnerverzug gerät.

Dann werden die bisherigen Leistungen auch nach den Vertragspreisen abgerechnet, **außerdem** hat der Auftragnehmer aber Anspruch auf angemessene Entschädigung nach § 642 BGB, wobei weitergehende Ansprüche des Auftragnehmers unberührt bleiben. Der Auftragnehmer hat also in einem solchen Fall eindeutig weitergehendere Ansprüche als bei einer Kündigung gemäß § 6 Nr. 7 VOB/B.

Folglich stellt sich die Frage, wie das Verhältnis der Kündigungsvorschriften zueinander ist. Dieselbe Frage stellt sich übrigens auch, wenn der Auftraggeber gemäß § 8 Nr. 3 VOB/B aus wichtigem Grund dem Auftragnehmer kündigen kann.

Allein der Vergleich von § 9 Nr. 3 und § 6 Nr. 5 VOB/B zeigt, dass die Spezialregelungen des § 8 Nr. 3 und des § 9 VOB/B gegenüber § 6 Nr. 7 VOB/B vorrangig sind; nach einer Unterbrechung der Bauausführun von mehr als 3 Monaten ist also weder der Auftraggeber noch der Auftragnehmer auf § 6 Nr. 7 VOB/B beschränkt, der Auftraggeber kann vielmehr nach § 8 Nr. 3 und der Auftragnehmer nach § 9 VOB/B kündigen, die letztgenannten Vorschriften sind also Spezialvorschriften gegenüber § 6 Nr. 7 VOB/B.[1890]

1657 Die Kündigung kann auf einen Teil der Vertragsleistung beschränkt werden, wenn sich die Unterbrechung der Bauausführung nur auf diesen Teil der Leistung bezieht und der von der Teilkündigung betroffene Teil der Vertragsleistung von den fortzuführenden Leistungen sinnvoll abzugrenzen ist.

4 Ausnahmen

1658 § 6 Nr. 5 und Nr. 7 VOB/B geben den Parteien mit Rücksicht auf die Unterbrechung die gerade erwähnten zusätzlichen Rechte. Auf solche Sonderrechte kann sich nicht berufen, wer den Eintritt der Sondersituation (Unterbrechung der Bauausführung) selbst herbeigeführt oder zu verantworten hat.

Hinsichtlich des Auftragnehmers ergibt sich das schon aus dem Regelungszusammenhang des § 6 VOB/B. Da Unterbrechungen die Folge von Behinderungen sein müssen, muss auch jeweils der Tatbestand des § 6 Nr. 2 Abs. 1 lit a, b und c VOB/B erfüllt sein. Störungen, die ein Auftragnehmer selbst verursacht hat, sind keine Unterbrechung der Bauausführung m Rechtssinne der VOB/B; es versteht sich, dass der Auftragnehmer, der seine eigenen Pflichten nicht einhält, sich nicht auf § 6 Nr. 5 oder auf § 6 Nr. 7 VOB/B berufen kann.

[1890] Für die Anwendbarkeit des § 8 Nr. 3 und des § 9 VOB/B zutreffend Nicklisch/Weick, VOB/B Rdn. 73, 74; Heiermann/Riedl/Rusam, VOB/B § 6 Rdn. 57, beide jedoch mit dem Hinweis, auch im Falle der Kündigung gemäß § 9 VOB/B bzw. gemäß § 8 Nr. 3 VOB/B sei die Beschränkung des § 6 Nr. 6 VOB/B anzuwenden, so dass z. B. der Auftragnehmer keinen entgangenen Gewinn erhalte. Das ist unrichtig, wie schon der Verweis in § 9 Nr. 3 VOB/B (§ 642 BGB) zeigt. Es wäre auch merkwürdig, z. B. dem Auftragnehmer Rechte nach Ablauf der 3-Monats-Frist zu nehmen, die er bei Kündigung gemäß § 9 VOB/B schon innerhalb der Frist gehabt hätte.

Der Bundesgerichtshof bejaht aber grundsätzlich ein solches Kündigungsrecht, „soweit das Festhalten am Vertrag für die kündigende Partei nicht zumutbar ist."[1891)]

Umgekehrt kann sich aber auch der Auftraggeber insbesondere auf das Kündigungsrecht nach § 6 Nr. 7 dann nicht berufen, wenn er seiner eigenen Mitwirkungspflicht nicht nachgekommen ist und dadurch eine Unterbrechung der Bauausführung verursacht hat.
Das Festhalten am Vertrag ist laut BGH allerdings nur dann für die kündigende Partei nicht zumutbar, wenn sie bei Vertragsschluss von dem drohenden Eintritt einer Unterbrechung Kenntnis hatte oder sie ohne weiteres in der Lage ist, die Unterbrechung zu verhindern oder zu beenden.

1659

Auch wenn die eine Partei **berechtigt** ist, eine Unterbrechung herbeizuführen, kann die andere Partei die daraus resultierende Unterbrechung nicht als Kündigungsgrund gemäß § 6 Nr. 7 VOB/B benutzen. Kommt der Auftraggeber z. B. seiner Mitwirkungspflicht nicht nach oder leistet er eine fällige Zahlung nicht und stellt der Auftragnehmer deshalb unter Beachtung des § 16 Nr. 5 Abs. 3 Satz 3 VOB/B die Arbeiten ein, so hat zwar nach Ablauf von 3 Monaten der Auftragnehmer ein Kündigungsrecht – wenn er von **diesem** Kündigungsrecht Gebrauch machen will, vgl. dazu Rdn. 1656 –, nicht aber der Auftraggeber.

1660

Hat der Auftraggeber ein Kündigungsrecht nach § 8 Nr. 2 bis Nr. 4 VOB/B und führt dieser Umstand zu einer Unterbrechung der Bauausführung von mehr als 3 Monaten, ohne dass schon gekündigt ist, so kann der Auftragnehmer seinerseits nicht aus § 6 Nr. 7 VOB/B kündigen.

Dabei ist zu beachten, dass es im vorgenannten Sinne ausreicht, wenn die Unterbrechung der Bauausführung ihre Ursache im Verantwortungsbereich der anderen Partei hat. Wenn der „Schürmann-Bau" durch Hochwasser beschädigt wird, so realisiert sich damit ein Risiko, das der Auftraggeber Bundesrepublik durch eine immerhin an die 100 Mio. € teure Schlitzwand und Hochwasserschutzwand verhindern wollte. Ist dieser Hochwasserschutz aus welchen Gründen auch immer nicht ausreichend und wird dadurch das von einem mit der Elektroinstallation beauftragten Unternehmen errichtete Teilwerk durch Hochwasser zerstört, so realisiert sich – schon unabhängig von einem Verschulden des Auftraggebers –, sein Risiko im Sinne von § 645 BGB, denn die Teilbauleistung „Hochwasserschutz" ist „Stoff" im Sinn von § 645 BGB.[1892)] Wenn sie den vertragsgerechten Zweck, Hochwasser vom Objekt fernzuhalten, nicht erreichen kann, so ginge das zu Lasten des Auftraggebers, der folglich die erbrachten Teilleistungen gemäß § 645 BGB bezahlen muss **und** aus demselben Grund kein Recht hat, **seinerseits nach § 6 Nr. 7 VOB/B zu kündigen**, obwohl die Unterbrechung durch das Hochwasser länger als 3 Monate gedauert hat; der Bundesgerichtshof hat im konkreten Fall aber die Kündigung des Auftraggebers zugelassen, weil das Festhalten (auch) für den Auftraggeber unzumutbar gewesen sei.[1893)]

Das außerordentliche Kündigungsrecht aus § 607 BGB muss nicht sofort nach Ablauf der 3 Monate ausgeübt werden. Allerdings muss die Vertragsgegenseite gemäß dieser Kooperationsverpflichtung auf Anfrage mitteilen, ob sie und ggf. wie lange sie bereit ist, zuzuwarten. Da keine Partei nach Ablauf der 3 Monate gezwungen ist, am Vertrag festzuhalten, kann sie auch die weitere Tätigkeit von einer neuen Vergütungsvereinbarung abhängig machen statt zu kündigen.

[1891)] BGH NZBau 2004, 432.
[1892)] BGH „Schürmannbau/Hagedorn II" BauR 1997, 1021 = IZ 1998, 411 mit Anm. Kohler; s. dazu auch Vygen/Schubert/Lang, Bauverzögerung, Rdn. 127.
[1893)] Siehe Rdn. 1659.

Kapitel 20
Exkurs: Terminpläne – Balkenpläne – Netzpläne

1 Die Darstellbarkeit von Bauproduktionsprozessen

1661 Die bislang im Anhang und in den Abbildungen aufgeführten Dokumentationsmittel (z. B. Bautagesbericht, Planeingangsliste, Lohnstundenschreibung) sind einfach in ihrer Durchführung und jedermann verständlich.
Die baubetriebliche Forschung hat darüber hinaus Modelle entwickelt, um Bauproduktionsprozesse als Ganzes abhandeln zu können, und verwendet dabei „Merkmale", die zur annähernden Erfassung des wirklichen Bauablaufs besonders geeignet sind, z. B. die Bauleistungsmenge und die Bauzeit.[1894]
Durch die Steigerung der Zahl der berücksichtigten Variablen wird versucht, die Wirklichkeitsnähe der Aussagen zu verbessern; wir verweisen hierzu auf **Abb. 46**, S. 736.
Die besondere Problematik der Darstellung von Bauproduktionsprozessen ergibt sich daraus, dass es sich **nicht** um rein **mechanische, sondern** um komplexe **organische Prozesse** handelt. Deshalb ist es besonders gefährlich, wenn man diese komplexen Prozesse durch relativ einfache mechanische Modelle wiedergeben will und sich dabei darauf beschränkt, mit wenigen Symptomen die jeweiligen Kausalitäten abbilden zu wollen. Als Beispiel dafür verweisen auf die unter Rdn. 1501 ff. besprochene Äquivalenzmethode.

2 Die Auswahl geeigneter Solldaten

1662 Für **Teilbereiche** der Bauproduktion werden schon seit langem **wirklichkeitsnahe Modelle** benutzt. Ihr Erfolg beruht darauf, dass sie zumeist nur einen einzigen Sachverhalt betreffen. Bauunternehmen führen beispielsweise mit dem Modell „Kalkulation" Kostenermittlungen durch und bedienen sich für Zeit- und Kapazitätsplanungen einzelner Terminplanungsmodelle. Entsprechende Modelle werden auf der Auftraggeberseite mit Erfolg eingesetzt.
Diese Modelle dienen internen Planungen bei Auftraggebern und Auftragnehmern. Sie können jedoch auch von vertraglicher Relevanz sein, wenn z. B. vereinbart wird, dass die auftragnehmerseitige Angebots- bzw. Auftragskalkulation hinterlegt wird, damit im Falle von Modifikationen des Bausolls hierauf zurückgegriffen werden kann. Die Berechnungsmethodik der Preise für das modifizierte Bausoll ergibt sich dann mit Hilfe des Modells der Kostenfortschreibung (oben Rdn. 1051 ff.).

1663 Problematisch wird der Fall jedoch dann, wenn über die Bauinhaltsmodifikationen hinaus auch Bauumstandsmodifikationen auftreten. In solchen Fällen geht es um Schadensersatz, also um die Differenz zwischen dem Ist-Aufwand bei Behinderung und dem (hy-

---

[1894] Pfarr/Toffel (Bauwirtschaft 1991, 63) sagen hierzu, „dass es keine Methode gibt, mit der die Gegenstände, so wie sie in Wirklichkeit sind, darstellbar sind", und fahren fort: „Auch Bauabläufe lassen sich, so wie sie in Wirklichkeit sind, nicht darstellen. Nur durch begriffliche Erfassung des Gegenstandes „Bauablauf" und durch In-Beziehung-Setzen der Begriffsmerkmale des so definierten Bauablaufs können wir uns ein mehr oder weniger wirklichkeitsnahes Bild vom Bauablauf machen."

pothetischen) Soll-Aufwand für den theoretischen Fall der Ausführung ohne Behinderung.

In der Regel werden Vertragsterminpläne vereinbart: Ihre Wiedergabe des Bauablaufs ist zumeist projektorientiert und auf die Hauptablaufstrukturen beschränkt und verzichtet auf produktionsorientierte Darstellungen - insbesondere auf die Darstellung der kapazitiven Auswirkungen. Somit ist es in den seltensten Fällen möglich, aus den Vertragsterminplänen unmittelbar Rückschlüsse zu ziehen, wie sich zwischenzeitlich eingetretene Modifikationen des Bausolls auf den weiteren Ablauf auswirken werden. Wenn trotzdem bei Behinderungen auf solche Vertragsterminpläne zurückgegriffen wird und zurückgegriffen werden muss, dann deshalb, weil sie ja den vertraglich vereinbarten Ablauf wiedergeben und weil oft eben keine geeigneteren Unterlagen vorliegen.

Von den oben angesprochenen projektorientierten Vertragsterminplänen unterscheiden sich produktionsorientierte – zumeist interne – Ablaufpläne der Auftragnehmer, die im Rahmen der differenzierten Arbeitsvorbereitung nach Vertragsabschluss erarbeitet werden.

Sofern der Auftraggeber durch Anordnungen oder unterlassene Mitwirkungen auf die Bauumstände einwirkt, so ergibt sich bei alleiniger Vorlage des Vertragsterminplans das Problem, wie die Auswirkungen der auftraggeberseitigen Eingriffe terminlich und finanziell korrekt gewürdigt werden können. Der projektorientierte Vertragsterminplan kann eben die Vielzahl der Einflussgrößen, die auf die Termine und den Aufwand einwirken, in ihrer Gesamtheit nicht bzw. nur simplifiziert wiedergeben.

Darüber hinaus haben wir unter Rdn. 1484 ff. dargelegt, dass in Terminplänen in der Regel „versteckte Puffer" eingebaut sind, weil die bei der Terminplanung angesetzten Werte der einzelnen Parameter in den seltensten Fällen jeweils so eintreten, wie sie prognostiziert worden sind. Für Außenstehende kann das bedeuten, dass sie in den seltensten Fällen „Abhilfemöglichkeiten" (vgl. § 6 Nr. 3 VOB/B), die in die ursprünglichen Terminpläne bewusst oder unbewußt eingebaut sind, erkennen können.[1895] Wenn solche Abhilfemöglichkeiten jedoch nicht erkannt werden und wenn insbesondere die Auswirkungen auftraggeberseitiger Eingriffe „mechanistisch" in den bislang gültigen Terminplan eingebaut werden, für das zu zeitlichen und kostenmäßigen Auswirkungen, die tatsächlich nicht auftreten bzw. nicht aufzutreten brauchen, wenn man die Abhilfemöglichkeiten auslotet. Diese Problematik haben wir schon unter Rdn. 1264 besprochen und darauf hingewiesen, dass bei jeglichem auftraggeberseitigen Eingriff die Bauumstände der jeweiligen individuellen Situation zu untersuchen sind; anders ausgedrückt: Jeder Terminplan ist ein Szenarium, das unter ganz bestimmten Voraussetzungen gilt. Neue Gegebenheiten führen zu einem anderen Szenarium oder mehreren anderen Szenarien.

Solche Auseinandersetzungen mit dem ursprünglichen Ablaufszenarium und den neuen Gegebenheiten werden – wenn überhaupt – meistens vor Ort vom Bauleiter des Auftragnehmers und/oder des Bauleiters des Auftraggebers durch Auseinandersetzung mit den bisherigen Soll- und Istabläufen (zumeist mit Hilfe von Balkenplänen) durchgeführt. „Der Vorteil der manuellen Erstellung eines Balkendiagramms gegenüber dem Netzplanprogramm liegt darin, dass der Benutzer von Beginn an mit dem Endprodukt (Balkenplan) arbeitet und dieses im Laufe der Arbeit ‚wachsen' sieht."[1896]

Da solche Auseinandersetzungen jedoch relativ zeitaufwendig sind, wird leider oft unter dem Aspekt der „Nichtentscheidung" gehandelt, das heißt, die alten Ablaufstrukturen des Terminplans werden nicht geändert, sie gelten weiter und führen zu unnötigen Zeitverbräu-

---

[1895] 6 Nr. 3 VOB/B wird in der sich mit Terminplanung und Behinderung auseinandersetzenden baubetrieblichen Literatur kaum oder gar nicht angesprochen, so z. B. nicht von 'Agh-Ackermann/Kuen. Wer aber rechtlich zwingende Prämissen ignoriert, kann nicht zu baubetrieblich verwertbaren Schlüssen kommen.

[1896] Adam, Bauwirtschaft 1991, 57.

chen und Aufwendungen; somit wird die durch § 6 Nr. 3 VOB/B vorgegebene Schadensminderungspflicht nicht wahrgenommen.[1897]

Die Folgen solcher „Nichtentscheidungen" bei auftraggeberseitigen Eingriffen in die Bauumstände sind, dass dann, nachdem in der Zwischenzeit erhebliche Zeitverluste und Mehrkosten angefallen sind, auftragnehmerseitig irgendwann im nachhinein der Bauproduktionsprozess „abgebildet" wird, nämlich durch Gegenüberstellung der ursprünglich geplanten Soll- und der nunmehr festgestellten Ist-Sachverhalte. Hierbei werden in der Regel Netzplanmodelle und Kosten-Soll-Ist-Vergleiche eingesetzt.

Ganz abgesehen davon, dass es recht gewagt ist, im nachhinein und mit zum Teil nur wenig Dokumentationsmaterial solche Soll-Ist-Gegenüberstellungen durchzuführen, ist festzuhalten, dass die Soll-Daten von Kosten-Soll-Ist-Vergleichen zumeist auf arbeitskalkulatorischen Ansätzen beruhen. Für sie wurde unter Rdn. 1573 ff. besprochen, dass die Ansätze der Arbeitskalkulation nicht uneingeschränkt auch tatsächlich die Kosten beinhalten, die im hypothetischen Fall des Nichteintritts von auftraggeberseitig zu vertretenden Behinderungen aufgetreten wären. Wir haben dargelegt, wie hier plausible Abhilfemaßnahmen vorgenommen werden können.

Die Problematik der Soll-Daten für Netzpläne besprechen wir umgehend unter Rdn. 1664.

3 Netzpläne und Behinderungsauswirkungen

1664 Die Netzplantechnik zwingt den Anwender zum strukturellen Vordenken und hat sich deshalb als **Terminplanungsinstrument** für größere Projekte durchgesetzt.[1898]

Sie wird - zumeist auftragnehmerseitig - oft auch zur Aufarbeitung von Behinderungsfällen benutzt, da sie es erlaubt, jegliche neue Einflussgrößen rechnerisch schnell berücksichtigen zu können.

Dieser Weg ist unstrittig richtig, sofern die Vorteile der Netzplantechnik und der Wiedergabe als Balkenpläne vereint werden und es allen Beteiligten sofort vor Ort nach Bemerken der Störungsauswirkung ermöglicht wird, sie auch nachvollziehen zu können.[1899]

[1897] Adam a. a. O. trägt vor, dass es inzwischen Möglichkeiten gibt, die Handlungsweisen einer Terminplanung mit Balkendiagramm mit der Systematik der Netzplantechnik zu kombinieren, ohne dass daraus die Zeitbedürfnisse für eine Balkenplanerstellung und die Unübersichtlichkeit eines Netzplans als Folge auftreten.

[1898] Bezüglich der Grundlagen zur Netzplantechnik verweisen wir auf die Speziallitertur. Als wesentliche Begriffe seien kurz festgehalten:
Vorgänger: Vorgänge, die vor der Erstellung eines bestimmten Vorgangs (wenigstens) beginnen oder (sogar) abgeschlossen sein müssen;
Nachfolger: Vorgänge, die nach einem (bzw. nach Beginn eines) bestimmten Vorgangs beginnen; Verknüpfungsbeziehungen: Sie geben den genauen Zusammenhang zwischen zwei aufeinanderfolgenden Vorgängen an (z. B. Anfangsfolge, 5 Tage: Vorgang B beginnt 5 Tage nach Beginn von Vorgang A);
Kritischer Weg: Aufeinanderfolge von Vorgängen, bei denen eine Verzögerung eines (Teil-) Vorganges „auf jeden Fall" zu einer Verschiebung des Endtermins um das gleiche Maß führt, sofern keine andere Kompensationsmöglichkeit besteht.
Puffer: Zeitspanne zwischen frühester und spätester Lage eines Vorganges.

[1899] Vgl. Adam a. a. O.: Die Bedeutung der „Vereinigung" von Balken- und Netzplan liegt darin, dass die meisten Baubeteiligten Probleme mit der Anwendung der Netzplantechnik haben und deshalb im Augenblick noch weitestgehend der Balkenplan als Terminverständigungsmittel genutzt wird. Blumer, Bauausführung, S. 188 ff. setzt sich eingehend mit den Vor- und Nachteilen der verschiedenen Methoden der Terminplanung für die Bauleitung auseinander.

Wir haben deshalb unser Projektbeispiel und die dazugehörigen Terminpläne als Balkenpläne dargestellt.
Die durch die einzelnen Vorgänge bewirkten Kapazitätsbindungen sind für die produktionsorientierten (internen) Terminpläne entsprechend eingetragen worden. Dies hat, sofern keine Kapazitätsverteilungen, sondern Kapazitätszuordnungen (z. B. Kolonnen, Gerätekombinationen) eingetragen werden, eine große **Aussagekraft bezüglich der Störungsempfindlichkeit des jeweiligen Ablaufs.**

Ein großer Vorteil von Balkenplänen liegt außerdem darin, dass in ihnen sowohl Soll- als auch Ist-Abläufe eingetragen werden können und somit eine Auseinandersetzung mit den anderen Dokumentationsmitteln Bautagesbericht und Lohnstundenschreibung möglich ist.

Die allgemeine Verständlichkeit von Balkenplänen hat den großen Vorteil, dass, beginnend beim Aufsichtspersonal des Auftragnehmers und endend bei der Auftraggeberschaft, alle Beteiligten problemlos Soll- und Ist-Abläufe und ihre kapazitiven Auswirkungen überblicken, ja sogar hieraus leicht Alternativen entwickeln können. Insbesondere kann durch Eintragung der Behinderungen recht gut überprüft werden, ob und in welchem Umfang sie den Bauablauf stören.

1665

Ohne Plausibilitätsdarlegungen bezüglich der bei der Terminplanung getätigten Annahmen zur Ablaufstruktur, zu den Anordnungsbeziehungen und zur Dauer der einzelnen Vorgänge, und insbesondere ohne die jeweils nach Behinderung erforderliche plausible Überprüfung von Abhilfemöglichkeiten gemäß § 6 Nr. 3 VOB/B beinhaltet eine rein mechanistische Anwendung der Netzplantechnik die Gefahr, dass das Modell die Realität der konkreten Bauausführung nicht korrekt wiedergibt.[1900]

1666

Um dies an einem Beispiel zu belegen, haben wir den Vertragsterminplan, den wir als **Abb. 5a**, S. 31 schon besprochen haben und aus dem wir einen vernetzten Balkenterminplan (**Abb. 7**, S. 36 entwickelt hatten, auch als Netzplan (**Abb. 8**, S. 38) dargestellt.[1901] Die aus dem vernetzten Balkenplan erkennbaren bzw. aus ihm abgeleiteten Anordnungsbeziehungen werden zur Aufstellung des Strukturplans des Netzplans benutzt, die jeweiligen Termine gemäß Balkenplan werden in Vorgangsdauern und Anordnungsbeziehungen umgesetzt.

Der Netzplan aus **Abb. 8** ist also eine „korrekte" (Netzplan-)Wiedergabe des Vertragsterminplans und beinhaltet trotz allem gewisse Tücken.

Dies sei an dem Beispiel der nachträglichen Anordnung eines Untergeschosses unter dem Treppenhaus 4 (vgl. Anhang E) dargestellt:
Wie soll der für die zusätzliche Erstellung des Untergeschosses erforderliche Zeitbedarf von ca. 20 Arbeitstagen [1902] in diesen Netzplan eingefügt werden?

Betrachten wir hierzu den Netzplan aus **Abb. 8** genauer; alle Vorgänge sind kritisch. Da die Herstellung des zusätzlichen Untergeschosses Erd- und Ortbetonarbeiten beinhaltet, könnte der Netzplan suggerieren, dass Einfügungen in den kritischen Weg unvermeidbar seien, sofern nicht zusätzliche Kapazitäten eingesetzt werden.

[1900] Vgl. Rdn. 1501 ff.
[1901] Die im folgenden beschriebenen Probleme treten auch dann auf, wenn der Balkenterminplan statt in einen Generalplan in einen detaillierten Steuerungsplan umgesetzt würde.
[1902] Vgl. Anhang E, Unterlage g 4, Blatt 1; dazu kommt zwischenzeitlich außerdem noch die Abdichtung durch den entsprechenden Auftragnehmer.

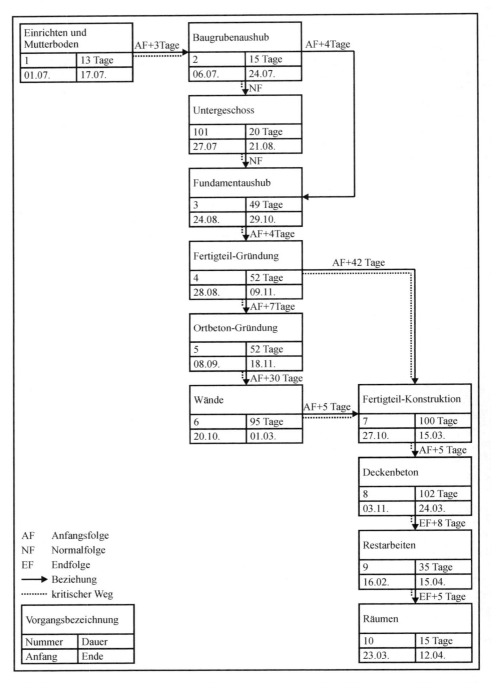

Abbildung 51 Netzplan 2, „mechanisch" abgeleitet aus dem Netzplan in Abb. 8, S. 38 durch Einfügung des Zeitbedarfs für die Ausführung der Zusatzleistungen für das Untergeschoss

Somit scheint sich durch die Einfügung der zusätzlichen Arbeiten für das Untergeschoss (Vorgang Z 1) nunmehr eine Bauzeitverlängerung zu ergeben, wie sie in Netzplan 2 (**Abb. 51**, S. 774) dargestellt ist.

Was macht nun der Auftraggeber, wenn nach Anordnung des Untergeschosses auftragnehmerseitig Netzplan 2 vorgelegt wird? Wie will er belegen, dass er der festen Überzeugung sei, dass die in Netzplan 2 (**Abb. 51**, S. 774) ausgewiesene Bauzeitverlängerung von ca. 2 Monaten gar nicht notwendig ist?

Jede Behauptung, der neue Netzplan sei falsch, ist bei modellimmanenter Betrachtungsweise nicht richtig. Somit muss derjenige, der den vorhandenen Netzplan nicht akzeptieren will, sich aus dem Modell Netzplan herausbegeben und innerhalb eines anderen Modells – z. B. dem Modell „Balkenplan" – argumentieren, es sei denn, er könnte nachweisen, dass der Netzplan aus **Abb. 8**, S. 38 Fehler oder nicht zwingende Annahmen beinhaltet.

Wir können jedoch anhand des Balkenplanes feststellen (vgl. TP-Soll'2 a und b, Anhang E, Unterlage g 4, Blatt 2 und 3), dass für die Herstellung des Untergeschosses keine Verlängerung des Gesamtbauzeit notwendig ist.

Bevor wird dies klären, soll die Situation der Terminplanung als solche ein wenig anders als oben dargestellt werden. Gehen wir davon aus, dass vorab kein Balkenplan (vgl. **Abb. 5 a**, S. 31), sondern nur der Netzplan 1 als Vertragsterminplan vom Auftragnehmer erarbeitet und übergeben worden sei.

Für den vorliegenden Fall sind im Netzplan aus **Abb. 8** keine Puffer im Sinne der Netzplantechnik enthalten; wohl aber liegen **versteckte Zeitreserven** vor, die nicht aus dem Netzplan als solchem, sondern aus der Beschäftigung mit Ablaufgegebenheiten erkennbar werden (vgl. Rdn. 1257 ff.). Beispielsweise ist es nicht zwingend, dass Vorgang 2 (Baugrubenaushub) erst 3 AT nach Beginn von Vorgang 1 (Baustelleneinrichtung) anfängt; eine Anfangsfolge von 1 AT ist jedenfalls ausreichend.

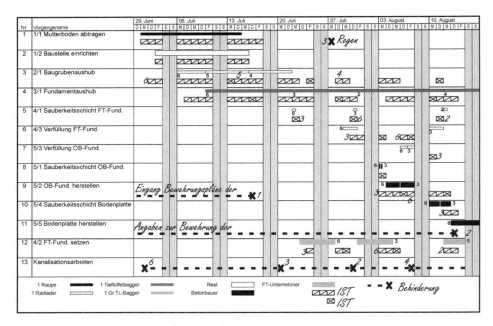

Abbildung 52   Bauinhaltsbedingt modifizierter Soll-Ablaufplan (TP-Soll'2) mit Eintragung des Ist-Ablaufs und der Behinderungen

Wenn trotz allem gemäß Vertragsterminplan (**Abb. 5 a**) der Baugrubenaushub erst am 4. AT erfolgen soll, so steckt dahinter eine versteckte Zeitreserve von 2 Arbeitstagen. Hierfür spricht die Ist-Ausführung gemäß den Isteintragungen in TP-Soll'2 (vgl. **Abb. 52**, S. 776), nämlich, dass schon am zweiten Arbeitstag ein Radlader mit dem Baugrubenaushub begonnen hat. Wir haben diese und andere im Netzplan aus **Abb. 8** enthaltenen versteckten Zeitreserven und ihre Auswirkungen in **Abb. 53**, S. 777 durch umrahmte Kommentierungen der Verknüpfungsbeziehungen dargestellt.

1668   Wenn es nunmehr darum geht, **zusätzliche Leistungen** in den Netzplan aufzunehmen, ist stets vorab zu **prüfen, ob in ihm versteckte Zeitreserven vorliegen, die allein dem Auftragnehmer zustehen.**[1903]

[1903] Vgl. Rdn. 1484.

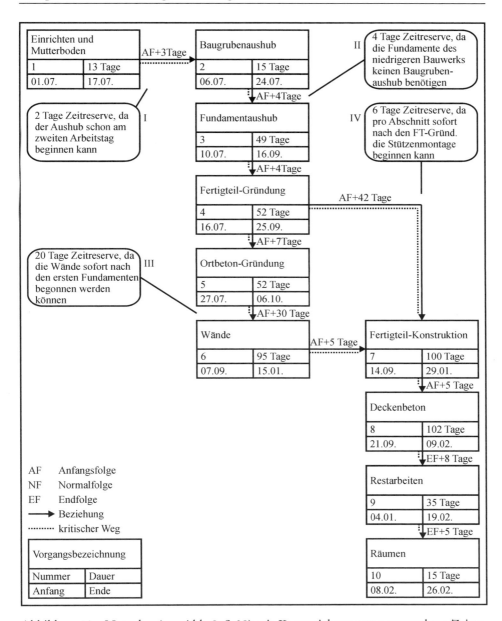

Abbildung 53 Netzplan (aus Abb. 8, S. 38) mit Kennzeichnung von versteckten Zeitreserven

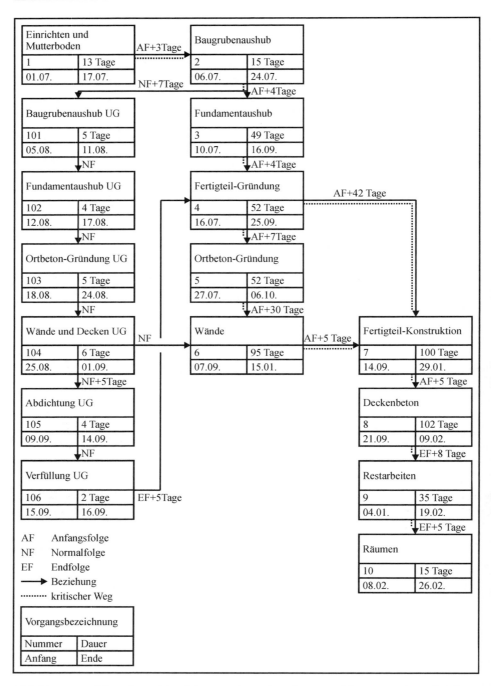

Abbildung 54 Netzplan 3 (abgeleitet aus dem Netzplan aus Abb. 8, S. 38) berücksichtigt den Zeitbedarf der zusätzlichen Leistungserstellung für das Untergeschoss und schöpft die versteckten Zeitreserven (vgl. **Abb. 53**, S. 777) aus

Die in **Abb. 53**, S. 777 aufgezeigten versteckten Zeitreserven I und II stehen sicherlich dem Auftragnehmer zu. Die versteckte Zeitreserve III (20 AT) kann jedoch nicht allein als auftragnehmerseitige Zeitreserve angesehen werden, auch wenn im Netzplan eine kritische Ablauffolge dargestellt wird.

Kommen wir nunmehr zum zusätzlich angeordneten Untergeschoss zurück. Sofern die **Herstellung** der Untergeschosse in **Teilvorgänge aufgegliedert** wird und diese wiederum jeweils – **ohne Kapazitätsverstärkung** – in den Netzplan (aus **Abb. 8**, S. 38) derartig integriert werden, dass der Aushub und die Betonarbeiten für das Untergeschoss nach vorne verlegt werden, so ergibt sich ein Ablauf, der in keiner Weise den vorgesehenen Bauablauf beeinträchtigt (vgl. Netzplan 3, **Abb. 54**, S. 778). Wir haben nämlich eine Strukturveränderung und -ergänzung im Sinne von § 6 Nr. 3 VOB/B durchgeführt und dabei noch nicht einmal eine versteckte Zeitreserve aufgezehrt.

Hieraus und aus allgemeinen Erfahrungen lässt sich der Schluss ziehen, dass i.d.R. **jeder Netzplan neben** unabdingbar geltenden **technologischen und organisatorischen Abhängigkeiten** für Zwecke der Berechenbarkeit **auch** Abhängigkeiten und **Simplifikationen beinhaltet,** die aus der Sicht der „reinen" Terminplanung ebenso entfallen bzw. anders formuliert werden können. | 1669

Wenden wir dieses Wissen auch für die Bauinhalts- und Bauumstandsmodifikation unseres Beispielprojektes an, so kann der Netzplan aus **Abb. 8**, S. 38 nicht einfach durch Einfügung von zusätzlichen Vorgängen fortgeschrieben werden, sondern es ist – wie bei den modifizierten Soll-Abläufen TP-Soll'1 ff. der verschiedenen Bauinhalts- und Bauumstandsmodifikationen in Anhang E und den **Abb. 32 c**, S. 510 und **Abb. 55a**, S. 782 und **55b**, S. 789 geschehen – zu überlegen, wie sich die einzelnen Behinderungsfälle auswirken und welche sinnvollen Strukturveränderungen im Netzplan dem jeweils gerecht werden. Durch Ausschöpfung der auftragnehmerseitig am Bauende vorgesehenen Zeitreserven – insbesondere der für eine relativ lang kalkulierten Vorhaltezeit für den Hochbaukran – konnte die vertraglich vereinbarte Bauzeit in den modifizierten Soll-Abläufen TP-Soll'2 und 3 (Anhang E bzw. **Abb. 55a**, S. 782 und 55b, S. 789 (noch) eingehalten werden.[1904]

Würde man z. B. den vorgegebenen Soll-Planliefertermin 22. 6. für die Gründungspläne. in den Netzplan aufnehmen, so ergäbe sich durch die späteste Ist-Ausführungsanordnung am 13. 8. (vgl. Anhang F, Unterl. p) ein modifiziertes Soll-Bauende irgendwann in der zweiten Aprilhälfte (vgl. auch Rdn. 1703).[1905] | 1670

Ein weiteres Problem ergibt sich dadurch, dass wegen fehlender Gegenüberstellung von Soll- und Ist-Daten zum Ablauf (sowie zu Kapazitäten und Aufwandswerten) in keiner Hinsicht aus dem Netzplan ersichtlich wird, ob der Auftragnehmer überhaupt in der Lage gewesen wäre, seine eigenen Soll-Termine auch dann einzuhalten, wenn auftraggeberseitig keinerlei Behinderungen angefallen wären. | 1671

[1904] Wäre „dieser Fall" allein innerhalb des Modells des Netzplanes aus Abb. 8, S. 38 betrachtet worden, so hätten sich „automatisch" Bauzeitverlängerungen ergeben (vgl. **Abb. 51**, S. 774).

[1905] Entsprechendes gilt auch für den Fall, dass erst nach den ersten Behinderungen – also nachträglich – z. B. der maßgebende Terminplan als Netzplan erstellt würde, der u. a. auch die Planliefertermine als Ereignisse beinhaltet. Somit könnte man den Planliefertermin vom 7. 9. mit der Erstellung der aufgehenden Konstruktionen koppeln, so dass sich dann leicht aus der Ist-Planlieferung im Dezember entsprechend lange Bauzeitverlängerungen und/oder Beschleunigungserfordernisse herleiten lassen.

1672 Bedenken wir nunmehr, dass in der Praxis z. T. viel kompliziertere Bauobjekte und Terminpläne anfallen, dass also somit auch zugehörige Netzpläne für Außenstehende noch viel weniger durchschaubar sind als der unseres einfachen Beispielprojekts, so können wir wie folgt **zusammenfassen:**

Balken- und Netzplan sind **keine Widersprüche,** sondern sind unterschiedliche Darstellungsarten ein und desselben Sachverhaltes (vgl. auch Rdn. 43 ff.). Es ist jedoch ein Unterschied, ob ein Netzplan als Hilfsmittel der vorausschauenden Terminplanung oder als rückschauender und vorausschauender Nachweis für Behinderungsauswirkungen benutzt wird.

Deshalb liegt ein großer Vorteil in der Kombination des Einsatzes von Netzplan- und Balkendiagrammtechnik; in solchen Fällen kann jeder der Beteiligten in seinem Modell bleiben und sich trotzdem mit dem sich der anderen Technik bedienenden Partner unterhalten.

Kapitel 21
Beispiele

1 Sachverhalt der Behinderung

Wir behandeln nachfolgend als Schadensersatzabwicklung die Folgen eines Behinderungssachverhalts, der im Anhang F, Unterlage o im Einzelnen dargestellt ist; weitere Anlagen finden sich in Anhang F.

Wir dürfen darauf verweisen.

2 Dokumentation der Behinderung

2.1 Soll-Ist-Erfassung der auftraggeberseitigen Mitwirkungen

Durch die **Vereinbarung** von **Planlieferterminen** (in Kalendertagen) im Protokoll der Technischen Klärungen vor Vertragsschluss (vgl. Anhang C, Unterlage m, Punkt 2) ist das Zeitsoll festgelegt. Die Soll-Planeingangstermine werden in der relevanten **Planeingangsliste** (Anhang F Unterlage p) in der ersten Spalte aufgeführt. Im vorliegenden Fall geht es um die ersten Zeilen mit dem jeweiligen Soll-Eingang 22.6.

Die Erfassung der **Ist-Planeingänge** und die Verfolgung der „Entwicklung" der Plan-Indizes (= Planänderungen) erfolgen in den Spalten unter der Rubrik „Ist-Planeingang". Im vorliegenden Fall ergaben sich als Ist-Planliefertermine 22. 6., 16. 7. und 21. 7. sowie eine zusätzliche Zeile für die nachgelieferten Bewehrungsangaben (Ausführungsangabe vom 13. 8.) zu den Bodenplatten.

Sobald der „**Planeingang** zum vorgesehenen Soll-Termin ausbleibt, wird diese Tatsache „bürokratisch" in der zugehörigen Rubrik „Plan-Eingang" **im Bautagesbericht dokumentiert** (vgl. **Abb. 36 a,** S. 562) und dort Tag für Tag bis zum Ist-Planeingang bestätigt (vgl. **Abb. 31,** S. 498). Unter der Rubrik „Bauüberwachung" und „Besuche und **Anordnungen**" werden der Baustellenbesuch und die Anordnung des Prüfstatikers und auftraggeberseitigen Bauleitung im Bautagesbericht vom 13. 8. (**Abb. 31,** S. 498) dokumentiert. Die Behinderungsmeldung wegen fehlender Planunterlagen wird über die Rubrik „**Behinderung**" des Bautagebuchs ab dem Tag erstattet, ab dem sich durch fehlende Planeingänge erste Behinderungen andeuten. Sie wird jeweils aktuell der „Behinderungsentwicklung" angepasst (vgl. **Abb. 36** und **Abb. 31**).

Der Zusammenhang zwischen Sollbauablauf und verspäteter auftraggeberseitiger Mitwirkung wird in TP-Soll'2 (**Abb. 52,** S. 776) aufgeführt.

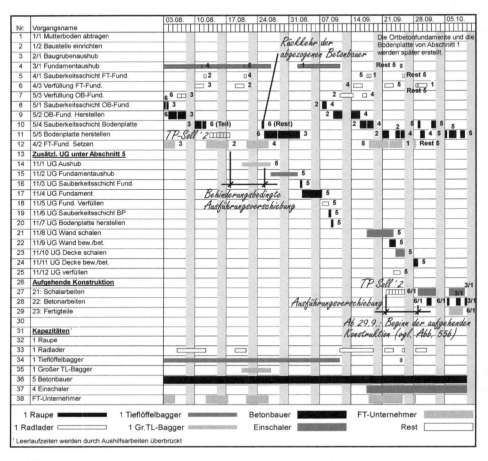

Abbildung 55 a Behinderungsbedingt modifizierter Soll-Ablaufplan TP-Soll'3a (Gründung) als Fortschreibung des bislang aktuellen TP-Soll'2a

2.2 Dokumentation der Behinderungsauswirkungen

Der **Ist-Ablauf** wird **vom Bauleiter** des Auftragnehmers im Terminplan **unterhalb** der Sollabläufe in TP-Soll'2 (**Abb. 52**, S. 776) dokumentiert. Basis bilden die Kolonnentagesberichte des Poliers (vgl. **Abb. 44 a**, S. 720), die Tagesberichte der Nachunternehmer, die Baustellenrundgänge des Bauleiters und seine Rücksprachen mit dem Polier. 1675

Um den Ist-Ablauf detailliert nachvollziehen zu können, werden folgende Kennzeichnungen zur Eintragung des Ist-Ablaufs in den Terminplan (vgl. **Abb. 52**, S. 776) verwendet:

Abschnittsnummer	für den Arbeitsbeginn eines Vorgangs eines Bauabschnitts (z. B. 6)
x	für den Arbeitsabschluss eines Vorgangs eines Bauabschnitts
/	für Arbeitstätigkeiten für einen Vorgang zwischen Beginn und Abschluss

Somit lesen sich die Ist-Eintragungen in **Abb. 52** für Vorgang 5/2 (Ortbeton-Fundamente herstellen) wie folgt:
– am 3. 8. wird mit den Arbeiten an den Ortbetonfundamenten des Abschnitts 3 begonnen;
– am 4. und 5. 8. werden die Arbeiten fortgesetzt;
– am 6. 8. werden die Arbeiten in Abschnitt 3 abgeschlossen.

Die später nach der Rückkehr der Betonbauerkolonne (25. 8.) festgestellten Nachbrüche (vgl. **Abb. 55 a**, S. 782) des Bodens in die Fundamentgräben werden durch Fotos und ein Aufmaß festgehalten.

Alle Ist-Dokumentationen sind in komprimierter Form in den **Bautagesberichten** aufgeführt. 1676

Für unseren vorliegenden Fall beinhaltet **Abb. 36 a**, S. 562 die Bautagebuchdokumentation zum 6. 8., nämlich:
– unter Rubrik „**Arbeitskräfte**" sind 5 Facharbeiter (= Betonbauer) als eigenes Personal aufgeführt; die weiteren Arbeitskräfte ergeben sich aus den Lohnberichten für Kranführer und Polier sowie aus dem Tagesbericht des Erdbau-Nachunternehmers;
– unter der Rubrik „**Baumaschineneinsatz**" sind Eigen- und Fremdgeräte eingetragen;
– unter der Rubrik „**Vorgang/Tätigkeit**" sind die Ist-Tätigkeiten für die Vorgangsnummern des zugehörigen Terminplans mit Abschnittsangabe aufgeführt.

Die sich aus der Behinderung ergebenden Folgen für den weiteren Bauablauf sind in den behinderungsbedingt modifizierten Soll-Ablaufplänen TP-Soll'3 a und b in **Abb. 55 a und b** dokumentiert. Sie ergeben sich aus den Ist-Ablaufeintragungen im bis dahin aktuellen Soll-Ablaufplan TP-SOLL'2 (**vgl. Abb. 52**, S. 776) und werden im Einzelnen noch unten besprochen.

Hinsichtlich der Notwendigkeit des Nachschachtens bietet es sich an, dass der Auftragnehmer die Vergütung nach noch anfallenden Stunden abrechnet. Sofern dies vom Auftraggeber bejaht wird (vgl. § 2 Nr. 10 VOB/B), werden die durch das Nachschachten anfallenden Stunden in den Lohnberichten und somit auch in den Lohnstunden-Sammelblättern unter der neu geschaffenen BAS-Nummer 99 erfasst und im Bautagesbericht unter der Rubrik „**außervertragliche Leistung**" mit Angabe der angefallenen Stunden dokumentiert.

3 Einwendungen des Auftraggebers

1677   Der Auftraggeber trägt am 13. 8. vor, es bestehe keinerlei Anlass, die Betonbauerkolonne abzuziehen, da gemäß TP-Soll'2 (Anhang E, Unterlage g 4, Blatt 2 und 3) nunmehr die Erstellung der nächsten Fundamente anstände.

Diesem auf den ersten Blick zwingenden Argument kann jedoch entgegengehalten werden (vgl. auch Rdn. 1681):
- Es steht gemäß TP-Soll'2 zwar die Erstellung der nächsten Ortbetonfundamente an; jedoch ist die Betonbauerkolonne schon vorab wegen der auftraggeberseitig bedingten Intensitätsabfälle und der drohenden Stillstände aus Gründen der Schadensminderung (§ 6 Nr. 3 VOB/B!) umdisponiert worden. Dies kann aus betriebstechnischen Gründen nunmehr nicht wieder umgeworfen werden.
- Auch wenn die Betonbauerkolonne bleiben könnte, stände sie aller Wahrscheinlichkeit nach bald schon wieder vor neuen Stillständen, da - bedingt durch den Ist-Ablauf des Fundamentaushubs - nach Erstellung der überhaupt herstellbaren Fundamente von Abschnitt 2 auf jeden Fall zunächst wiederum Bodenplatten zu erstellen sind und bis dahin bedingt durch die verspäteten Bewehrungsangaben noch keine Bewehrung für sie geliefert sein wird.

1678   Dem Einwand, die Betonbauerkolonne arbeite sowieso langsamer als in TP-Soll'2 angegeben (vgl. **Abb. 52**, S. 776), also brauche sie auch für die nächsten Ortbetonfundamente wahrscheinlich wieder 4 Arbeitstage und somit würden praktisch keine Stillstandszeiten auftreten, kann entgegengehalten werden: Das langsamere Arbeiten ist die Folge der fehlenden Planeingänge; zum Phänomen der dadurch bedingten Folgen wird auf Rdn. 1633 verwiesen. Weiterarbeiten bedeute also, zusätzliche Intensitätsabfälle hinzunehmen.

1679   Nach eingehender Beschäftigung mit den Dokumentationsunterlagen wendet der Auftraggeber ein, dass alle vorab getätigten auftragnehmerseitigen Argumente nur zur Kaschierung der Tatsache dienen, dass ein Terminrückstand im Erdbau entstanden sei und der Stillstand der Betonbauerkolonne daraus resultiere.

Dem wird auftragnehmerseitig entgegengesetzt, dass produktionsorientierte Soll-Ablaufpläne – auch wenn sie dem Auftraggeber zur Information übergeben werden – keine Vertragsfristen, sondern unverbindliche Fristen beinhalten. Somit besteht kein Anlass, jegliche Frist solcher Pläne auf den Tag genau einzuhalten.

4 Dokumentation

1680   Das Fehlen der Bewehrungspläne für die Fundamente und die Bodenplatten zum 22. 6. war sicherlich allein keine zu Mehrkosten führende Behinderung. Ebensowenig behinderte die kurzfristige Umdisposition wegen des Untergeschosses (vgl. Anhang E) den Auftragnehmer, denn die Erdarbeiten können problemlos umgestellt werden. Auch nach Eingang der Bewehrungspläne für die Fundamente bestand kein Anlass, mit den Ortbetonarbeiten deshalb nicht zu beginnen, weil noch Bewehrungsangaben für die Bodenplatten fehlten. Allein schon wegen der Einfachheit dieser Angaben musste und konnte täglich mit ihrem Eingang gerechnet werden; aber die Situation war damals schon etwas prekärer. Stillstand drohte erst nach Beginn der Ortbetonarbeiten und dem weiteren Fehlen von Bodenplatten-Bewehrungsplänen, weil damals keine Aussicht mehr bestand, statt Bodenplatten weitere Ortbetonfundamente erstellen zu können, da die Kanalisationsarbeiten in den betreffenden Abschnitten nicht fertig waren (vgl. Bautagesberichte – **Abb. 31** und **Abb. 36a** – und das Protokoll der Technischen Klärungen vor Vertragsschluss (Anhang C, Unterlage m, Punkt 1).

Unser Resümee ist: **Statt lange zu überlegen, was dokumentationsrelevant ist, dokumentiert der Auftragnehmer richtigerweise alles. Dadurch gibt er die schleichende Erschwernis auf jeden Fall jeweils zeitnah und wirklichkeitsgetreu** wieder.

1681

5 Nachweis der Behinderungsfolgen

5.1 Check möglicher Behinderungsfolgen

Der Check der möglichen Behinderungsfolgen wird anhand von **Abb. 40**, S. 664, vorgenommen:

1682

I. Verlangsamter Bauablauf

1. Intensitätsabfälle
a) Personal
Die Ist-Eintragungen in TP-Soll'2 (vgl. **Abb. 52** S. 776) weisen aus, dass in der Einarbeitungszeit die Arbeiten für die Ortbetonfundamente 3,5 Arbeitstage statt – wie geplant – 2,5 Arbeitstage gedauert haben. Weiteren Aufschluss hierzu gibt die eigentliche Schadensermittlung (vgl. Rdn. 1698 ff.). Weitere Intensitätsabfälle sind zu vermuten
– wegen des Personalabzugs (Wege-, Rüst- und Einarbeitungszeiten) und
– wegen der noch zu besprechenden Zurückstellung der Herstellung der Bodenplatten auf Schlechtwettertage (vgl. Rdn. 1689 ff.).
b) Schalung
Es ist zu überprüfen, ob sich bei der Schalung durch die längere Vorhaltung zusätzlicher Aufwand ergeben hat.

1683

2. Sonstige Auswirkungen

Zwar wird der Bauleiter sicherlich durch die Behinderung zusätzlich in Anspruch genommen; wir haben jedoch unter Rdn. 1453 festgestellt, dass ein dadurch entstehender Schaden – z. B. durch Bezahlung von Überstunden – im Normalfall konkret nachweisbar sein muss.

II. Stillstand

Es liegt nur ein **begrenzter Teilstillstand** (vgl. Rdn. 1482) für die Erstellung der Ortbetongründung vor, die Erdbauarbeiten können weiter durchgeführt werden. Folgende Auswirkungen sind noch genauer zu überprüfen:

1684

1. Einmalige Auswirkungen:
   Die eventuell erforderlichen Nachschachtungen der Fundamentgräben nach Wiederaufnahme der Arbeiten.

2. Zeitabhängige Auswirkungen:
- Vorhaltekosten des Krans
- Sicherungskosten

III. Bauzeitverlängerung

1685 Zunächst ist zu prüfen, ob überhaupt und in welchem Umfang die vertraglich vereinbarten Fristen gefährdet sind und eine Bauzeitverlängerung zu erwarten ist.

Nach der Zusage des Betonstahllieferanten vom 14. 8., dass die Bodenplattenbewehrung am 22. 8. ausgeliefert wird, ist deshalb zu überprüfen, wie der weitere Bauablauf unter Schadensminderungsgesichtspunkten (vgl. § 6 Nr. 3 VOB/B) geplant werden kann. Dies besprechen wir unter Rdn. 1689.

IV. Beschleunigungsmaßnahmen

1686 Der Auftraggeber hat keine Beschleunigungsaufforderung erteilt. Somit liegt auch kein Anlass vor, über Schadensminderungsmaßnahmen hinaus Beschleunigungsmaßnahmen zu ergreifen und hierfür Kosten anzusetzen. Die Frage ist jedoch, ob und welche schadensmindernde Maßnahmen möglich sind, die u. a. der Vermeidung von Bauzeitverlängerungen dienen (vgl. Rdn. 1455 ff.). Dies führt uns zu Rdn. 1688.

5.2 Einsparungen

1687 Knüpft man „mechanisch" an den aktuell maßgebenden Soll-Ablaufplan TP-Soll'2 (Anhang E, Unterlage g 4, Blatt 2 und 3) an, so ergibt sich folgende Situation nach Eintragung der Ist-Geschehen (vgl. **Abb. 52,** S. 776):
- Letzte bislang erstellte Ortbetonarbeit
  Sauberkeitsschicht der ersten Bodenplatte (Vorgang 5/4) Sollende   11. 8.
- Nächste anstehende Ortbetonarbeit
  Bodenplatte Abschnitt 6 (Vorgang 5/5)   Sollbeginn   13. 8.

Da die Sauberkeitsschicht für die Bodenplatte 6 vor dem (Teil-) Baustopp nicht mehr fertig gestellt werden konnte, steht bei Wiederbeginn der Ortbetonarbeiten als Erstes deren Fertigstellung an (25. 8.).
Über die noch nicht erhärtete Sauberkeitsschicht darf jedoch noch nicht gelaufen werden. Deshalb wird am 25. 8. die Sauberkeitsschicht des nächsten Fundamentabschnitts eingebaut, an den nachfolgenden beiden Tagen die zugehörigen Ortbetonfundamente. Danach wird dann die erste Bodenplatte (Abschnitt 6) erstellt (vgl. **Abb. 55 a,** S. 782).

1688 Es gibt eine Möglichkeit, trotzdem die vorgesehene Bauzeit mit Sicherheit einzuhalten, nämlich wenn im neuen (modifizierten) Sollablaufplan TP-Soll'3 (Abb. 55a, S. 782 und 55b, S. 789) folgende Bedingungen beachtet werden:

- Das zusätzlich zu erstellende Untergeschoss wird wie bislang terminlich geplant bis zur Bodenplatte erstellt.
- Der Arbeitsbeginn der Schalkolonne wird umgestellt, und zwar auf den ursprünglich vorgesehenen Termin 18. 9. Sie erstellt zunächst die Wände des Untergeschosses und beginnt erst am 29. 9. mit den Schalarbeiten für die Wände des Erdgeschosses.
- Alle Ortbetonfundamente werden zügig durch die Betonbauer erstellt, damit sie für die Bewehrungs- und Betonarbeiten der aufgehenden Konstruktionen rechtzeitig zur Verfügung stehen.

Einsparungen Rdn. 1689

- Bis Anfang Oktober werden alle Ortbetonplatten unterhalb der örtlich zu schalenden Kerndecken hergestellt, damit für das Einschalen der Kerndecken kein Mehraufwand entsteht.
- Die restlichen bis dahin nicht fertiggestellten Bereiche der Bodenplatten werden an Schlechtwettertagen, wenn witterungsbedingt an den aufgehenden Konstruktionen nicht mehr gearbeitet wird, im Schutz der inzwischen erstellten Konstruktionen oder an sonstigen Tagen mit freien Kapazitäten hergestellt.

Das führt zu folgenden Auswirkungen:

- Die Zunahme der (Teil-)Arbeitsabschnitte und ihre – durch Schlechtwettertage – zufallsbedingten Erstellungstermine führen zu zusätzlichen Rüst- und Einarbeitungszeiten.
- Wegen der Einteilung in zusätzliche Arbeitsabschnitte fallen Zusatzarbeiten an (z. B. Abschalungen).
- Bei Winterarbeit können zusätzliche Schutzmaßnahmen notwendig werden.
- Da der Kran nicht „ins Gebäude hineinreichen kann", kann der Beton für die nachträglich zu erstellenden Bodenplatten nur mit einer zusätzlich zu stellenden Betonpumpe eingebracht werden.
- Kran und Kranführer werden auch an Schlechtwettertagen zum Herstellen der Bodenplatten benötigt, da hierfür außerhalb der Gebäude Transporte für Bewehrung, Schutzeinrichtungen usw. anfallen.

Da mit diesen Maßnahmen weitere Bauablaufstörungen und eine eventuelle Bauzeitverlängerung vermieden werden können, tritt kein Mehraufwand durch Bauzeitverlängerung auf. Die oben aufgeführten Maßnahmen führen zur Vermeidung einer verlängerten Bauzeit (vgl. **Abb. 55 b**, S. 789) ergibt.

Eine weitere Auswirkung dieser Maßnahmen ist, dass der Auftragnehmer den vertraglich vereinbarten Zwischentermin nunmehr wie folgt einhalten kann: Am 16. 11. ist 1/3 der Dachfläche des ersten Bauwerks für die Dachdecker frei, am 21. 12. ein weiteres Drittel. 1689

Zusätzlich ergibt sich während des begrenzten Teil-Stillstands eine Ersparnis daraus, dass der während des Teilbaustopps „arbeitslose" Kranführer als Urlaubsvertretung auf einer anderen Baustelle eingesetzt wird. Somit fallen für 7 Arbeitstage keine Aufwendungen für den Kranführer an.

Aus **Abb. 52**, S. 776 ist zu ersehen, dass (vgl. „x" zu Vorgang 5/5) erst am 13. 8. die Angaben zur Bewehrung der Bodenplatten geliefert worden sind. Da schon vorab wegen der fehlenden Bewehrungspläne der Bodenplatten der Abzug der Betonbauer disponiert worden ist und sie frühestens am 25. 8. auf die Baustelle zurückkommen können, ergibt sich vom 14. bis zum 25. 8. ein Teil-Baustopp für die Ortbetonarbeiten der Gründung (7 AT). Durch kleinere Ablaufumstellungen (Schadensminderungsmaßnahmen) bei der Herstellung der Gründung und des Untergeschosses kann erreicht werden (vgl. TP-Soll'3, **Abb. 55 a**, S. 782), dass die Schalarbeiten für die Wände des EG (Vorgang 21/1) schon am 29. 9. beginnen können, also nur noch 1 Woche später als im bislang aktuellen TP-Soll'2 (Anhang E, Unterlage g 4).

Das führt dazu (vgl. TP-Soll'3b, **Abb. 55 b**, S. 789), dass zwar nunmehr weitere Arbeiten in die Winterzeit fallen, dass jedoch in Fortschreibung der bisherigen Terminplanung die Betonierarbeiten bis Ende der zweiten Februarwoche abgeschlossen sein können. Eine Verlängerung der Gesamtbauzeit kann dadurch vermieden werden, dass Restarbeiten möglichst weitgehend parallel zu den Hauptarbeiten erbracht werden und in den beiden Wochen nach dem letzten Betoniertermin alle Restarbeiten und die Räumung der Baustelle abgeschlossen werden.

Dieser Vorschlag wird mit dem Auftraggeber besprochen und geht in Nachtrag F ein.

5.3 Verursachungsnachweis

I. Verlangsamter Bauablauf

1690 1. Intensitätsabfälle
a) Personalkosten
– Vor Stillegung:
Der vorab unter Rdn. 1684 angesprochene Leistungsabfall der Betonbauerkolonne ist offensichtlich durch fehlende Planunterlagen bedingt (vgl. Rdn. 1674). Hierzu wird auch auf die allgemeinen Erfahrungen und die Baubetriebswissenschaft verwiesen (s. **Rdn. 1632 ff.**)

– Nach Stillegung:
Da die Betonbauer ab dem (Teil-) Baustopp am 13. 8. auf eine naheliegende Baustelle zum nächsten Tag umgesetzt worden sind, sind keine zusätzlichen Umsetzkosten angefallen.
Wohl aber treten dadurch zusätzliche Einarbeitungskosten zumindest auf der neuen Baustelle auf. Dieser Sachverhalt ist arbeitswissenschaftlich unstrittig (vgl. Rdn. 1633).

1691 b) Schalung
Die Ortbetonfundamente werden mit Rahmenschalung hergestellt. Diese Schalmaterialien sind Verursacher von zeitabhängigen Kosten. Somit entstehen bei ihnen wegen des Baustellenstillstandes und der dadurch verursachten längeren Einsätze Mehrkosten für die Fundamentschalung.
Da für das zusätzliche Abschalen der Bodenplatten die Reste der bisherigen Abschalung verwendet werden, ergeben sich keine zusätzlichen Kosten für Schalungsmaterialien, da es sich nicht um Verursacher von zeitabhängigen Kosten handelt.[1906]

Unstrittig ist sicherlich, dass für die nachträgliche Herstellung der Bodenplatten unterhalb der schon erstellten aufgehenden Konstruktion an Schlechtwettertagen Mehrkosten für den Einsatz einer Betonpumpe und für den Witterungsschutz anfallen.

[1906] Ob dies eine wirtschaftliche Lösung ist, soll außer acht bleiben. Das oben aufgeführte **Beispiel** hat die **Aufgabe,** den Unterschied herauszustellen, der sich im Schalungsbereich bei der Kostenbelastung der Gebrauchsgüter „Schalungsmaterial" ergibt. Lose Holzteile werden der Baustelle in der Regel mit ihrem aktuellen (Rest-)Wert belastet; zurückgegebene lose Schalteile werden mit einem Abschlag für Wertverlust rückvergütet (vgl. Rdn. 23). Elementierte Schalung wird dagegen wie Geräte „vermietet" und verursacht zeitabhängige Kosten. Beispiele für zeitabhängige Schalungskosten haben wir schon vorab bei der Behandlung des Nachtrags 2 Anhang E kennengelernt (vgl. Rdn. 1135 ff.). Die beim obigen Beispiel angesprochene „Resteverwertung" beruht auf der Erfahrung, dass lose Holzteile auf der Baustelle noch restverwendet werden, oft aber bei Baustellenabschluss als Brennmaterial dienen oder entsorgt werden müssen.

Verursachungsnachweis   Rdn. 1691

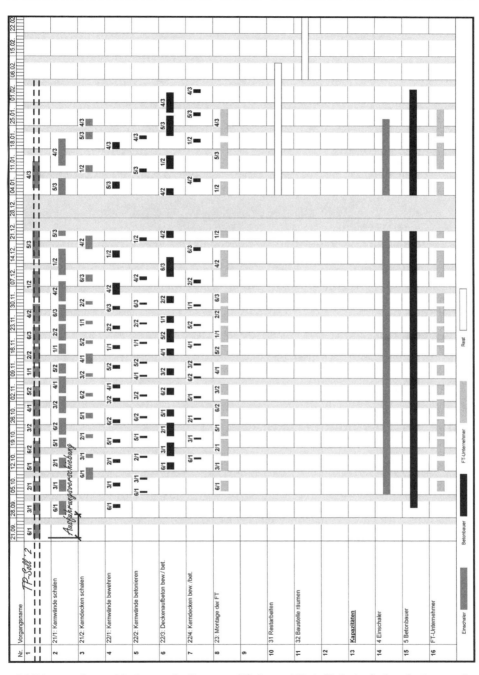

Abbildung 55 b   Behinderungsbedingt modifizierter TP-Soll'3b (aufgehende Konstruktion) als Fortschreibung des bisher aktuellen TP-Soll'2b

1692 **2. Sonstige Aufwendungen**

Sonstige Aufwendungen fallen nicht an.

II. Stillstand

1693 Die Frage ist, ob und in welchem Umfang für die Vorhaltung von Kran und Unterkunftscontainer (Betonbauer) während des Teilstillstandes Kosten anzusetzen sind.

Wir haben unter Rdn. 1515 ff. Vorschläge für die Berechnung von Stillstandskosten besprochen. Im vorliegenden Fall wird zwar – bedingt durch die unter Rdn. 1689 besprochene Bauablaufveränderung – aller Voraussicht nach die Gesamtbauzeit nicht überschritten, jedoch wird länger als geplant betoniert (vgl. dazu Anhang F, Unterlage r 1, Blatt 3 Nr. 3.1.2) und somit auch Gerät dafür vorgehalten.[1907]

III. Bauzeitverlängerung

1694 Durch die unter Rdn. 1689 dargelegte Ablaufmodifikation wird erreicht, dass keine Kosten für Bauzeitverlängerung anfallen; der vertraglich vereinbarte Fertigstellungstermin für 2 Dachabschnitte des Bauwerks B wird behinderungsbedingt nur für einen Abschnitt ohne Einschränkung eingehalten; der Fertigstellungstermin für den anderen Abschnitt verlängert sich voraussichtlich um etwas mehr als einen Monat.

IV. Beschleunigung

1695 Die Auswirkungen der Schadensminderungsmaßnahme als „verkappte" Beschleunigung haben wir schon vorab besprochen und belegt (vgl. Rdn. 1689).

6 Regelung der Behinderungsfolgen

6.1 Fristverlängerung

1696 Die Auswirkungen der Behinderung auf den weiteren Bauablauf werden unter Berücksichtigung des unter Rdn. 1689 besprochenen in den behinderungsbedingt modifizierten Soll-Ablaufplänen TP Soll'3a und TP Soll'3b (**Abb. 55 b**, S. 789.) dokumentiert, in Anhang F, Unterlage r 1, Nr. 2 dargelegt und in Anhang F, Unterlage o unter Nr. 3 geregelt.

[1907] Bedenkt man, dass in den anderthalb Wochen des begrenzten Teil-Stillstandes der Kran keinem Wertverzehr durch Gebrauch unterlag, wäre nach Dähne, BauR 1978, 429 ff. sogar eine Besserstellung des Auftragnehmers entstanden. Dieser scheinbare Widerspruch löst sich dadurch auf, dass vorab für Schlechtwettertage keine Arbeit eingeplant war, nunmehr jedoch an Schlechtwettertagen im „Witterungsschutz" der schon vorhandenen aufgehenden Konstruktion Bodenplatten erstellt werden sollen.

6.2 Schadensersatz

6.2.1 Grundsätzliches

Die finanziellen Auswirkungen der unter Rdn. 1683 ff. besprochenen Behinderungsfolgen werden im Nachtrags-LV (Unterlage o von Anhang F unter Nr. 4) als Schadensersatz geregelt; die zugehörige Ermittlung der Beträge erfolgt in Anhang F, Unterlage r 2.

Dabei wird unterschieden nach
1. abgeschlossenen Behinderungsauswirkungen und
2. noch nicht abgeschlossenen bzw. noch anfallenden Behinderungsauswirkungen.

Wir führen also eine Schadensersatzregelung durch, die den unter Rdn. 1639 ff. besprochenen Vorschlag der laufenden Abrechnung der finanziellen Auswirkungen der Behinderungsfolgen verwirklicht.[1908]

Für die nach Art und Umfang weitestgehend bekannten, aber noch nicht angefallenen finanziellen Behinderungsauswirkungen wird entweder die Verwendung vorhandener Abrechnungspositionen (z. B. für den nachträglichen Einbau von Bodenplatten nach Erstellung der aufgehenden Konstruktion Pos. 1.1 aus LB 013) vereinbart, oder es wird der Schadensersatz auf der Basis der Angebots- bzw. der Arbeitskalkulation ermittelt (z. B. die Kosten des Kranführereinsatzes für die Hilfstransporte an Schlechtwettertagen, sie können aus den in Anhang B, Unterlage h 3.1, Blatt 3 aufgeführten monatlichen Kosten des Kranführers (vgl. letzte Zeile) abgeleitet werden).

Zur Vereinfachung der Schadensregulierung wird außerdem eine gegenseitige Verrechnung von Mehr- oder Minderkosten vorgenommen. So wird z. B. für die schon angefallene Behinderungsauswirkungen verrechnet, dass der Einsatz der Ortbetonkolonne auf der neuen Baustelle zu Umsetz- und Einarbeitungskosten führt, dass aber andererseits der Auftragnehmer dort zeitabhängige Kosten durch den Einsatz des Kranführers auf einer anderen Baustelle spart.

[1908] Sofern keine frühzeitige Schadensregulierung erfolgt, besteht auftragnehmerseitig kein großes Interesse an Kosteneinsparungen. Im Gegenteil, es besteht die Gefahr, dass der Behinderungsnachtrag mit allen möglichen Kostenanfällen „angereichert" wird.

Nr.	Bauteil	Ab-schnitt	Arbeits-vorgang	BAS Nr.	Menge	Aufwandswert			Abweichung absolut	behinderungs-bedingte Mehrlohnstunden
						Ist	Soll	Abweichung		
						[Ph]	[Ph]	[Ph]	[Ph]	[Ph]
							(8)/(6)		(9) - (10)	(6) x (11)
(1)	(2)	(3)	(4)	(5)	(6) (7)	(8)	(9)	(10)	(11)	(12)
1	Sauberkeitssch. F.	3	Betonieren	78	40,88 m²	7,00	0,17	0,13	0,04	1,64
2	Fundamente	3	Schalen	38	46,72 m²	63,00	1,35	0,70	0,65	30,37
3	Fundamente	3	Bewehren	32	1,37 t	36,00	26,28	20,00	6,28	8,60
4	Fundamente	3	Betonieren	76	27,45 m³	29,00	1,06	0,70	0,36	9,88
5	Auffüllung	3	Betonieren	76	1,78 m³	1,00	0,56		0,56	
6	Sauberkeitssch. F.	6	Betonieren	78	41,64 m²	7,00	0,17	0,13	0,04	1,67
7	Fundamente	6	Schalen	38	49,46 m²	64,00	1,29	0,70	0,59	29,18
8	Fundamente	6	Bewehren	62	1,4 t	40,00	28,57	20,00	8,57	12,00
9	Fundamente	6	Betonieren	76	27,96 m²	33,00	1,18	0,70	0,48	13,42
									SUMME:	106,76
Behinderungsbedingter Mehrlohnaufwand = (12) x ML							106,76 Ph	x 29,70 EUR/Ph =		3.170,77 EUR

Abbildung 56 Ermittlung des behinderungsbedingten Mehrlohns für die Herstellung der Ortbetonfundamente der Abschnitte 6 und 3 durch Gegenüberstellung der Soll-Aufwandswerte der Arbeitskalkulation und der Ist-Aufwandswerte

1698 Die noch nicht angefallenen, aber zumindest zu erwartenden Behinderungsfolgen, nämlich (vgl. Anhang F, Unterlage o, Nr. 4.2):
1. nachträgliches Herstellen von Bodenplattenabschnitten unter der schon vorhandenen aufgehenden Konstruktion,
2. Nachschachten in schon ausgehobenen Fundamentgruben,
3. Abschalen von nachträglich zu erstellenden Bodenplattenabschnitten und
4. Handtransporte im Rahmen der nachträglichen Herstellung von Bodenplattenabschnitten etc.,

werden entweder mit Vertragseinheitspreisen (Nr. 1 und 2) oder im Stundenlohn (Nr. 3 und 4) bezahlt. Weiteres dazu unter Rdn. 1704 ff.

6.2.2 Nachweis auf der Basis von Ist-Kosten

1699 Die schon abgeschlossenen Schadensauswirkungen werden durch Gegenüberstellung der Istkosten und der hypothetischen Kosten der unbehinderten Ausführung ermittelt (vgl. Anhang F, Unterlage r 2, Nr. 1).
Die erhöhten Aufwandswerte (Intensitätsabfall) werden in Spalte 11 von **Abb. 56**, S. 792 in Gegenüberstellung der Ist-Aufwandswerte der behinderten Abschnitte (Spalte 9) und der Soll-Aufwandswerte der behinderten Abschnitte (Spalte 10) ausgewiesen (Rentabilitätsvermutung). Ihre Multiplikation mit den zugehörigen Mengen (Spalte 6) ergibt in Spalte 12 den behinderungesbedingten Mehrstundenanfall. Multipliziert mit dem Mittellohn ergibt sich der behinderungsbedingt erhöhte Mehrlohn (siehe **Abb. 56** unten).

Das führt, beaufschlagt mit dem angebotskalkulierten Zuschlag für Allgemeine Geschäftskosten, zu den in Anhang F, Unterlage r 2 ermittelten und im Leistungsverzeichnis (Unterlage o, 4.2.1) aufgeführten Schadensbetrag.

Zusätzliche zeitabhängige Kosten ergeben sich dadurch, dass behinderungsbedingt die Ortbetonarbeiten nicht mehr am 1. 2. (vgl. Anhang B, Unterlage g 4, Blatt 6), sondern erst am 12. 2. enden (vgl. **Abb. 55 b**, S. 789).
Kalkuliert war gemäß Geräteliste (Anhang B, Unterlage g 1.1) der Einsatz eines Personalcontainers und der Ortbetongeräte (Nr. 6 und 7) bis zum 1. 2.

Sie können nunmehr behinderungsbedingt erst in der zweiten Februarhälfte von der Baustelle abgezogen werden. Der Umfang des dadurch bedingten Schadens ergibt sich daraus, dass diese Gebrauchsgüter extern angemietet worden sind (vgl. Anhang D 2, Unterlage g 1.1). Deshalb geht die Schadensermittlung nicht von den kalkulierten Sätzen, sondern von den an den Geräteverleiher zu zahlenden Mieten aus (vgl. Anhang F, Unterlage r 2, Nr. 1.2).

6.2.3 Schätzungen

Schätzungen sind dann erforderlich, wenn keine Ist-Feststellungen vorliegen. Im vorliegenden Fall wird abgeschätzt, dass ein Verrechnen zwischen Mehraufwendungen für zusätzliche Abschalungen an den Bodenplattenabschnitten und für Witterungsschutz sich in etwa mit den Einsparungen aus Arbeiten an Schlechtwettertagen ausgleichen (vgl. Rdn. 1698). 1700

Nur der Vollständigkeit halber wird nochmals kurz auf die (unzulässige) abstrakte Schadensermittlung (vgl. Rdn. 1501 ff.) eingegangen; würde nach ihr gearbeitet, wäre folgende Berechnung durchzuführen: 1701
– Soll-Planlieferung (Ortbetongründung) 22.6.
– Ist-Planlieferung (Ortbetongründung, letzter Plan bzw. letzte Angabe) 13.8.
– Zeitdifferenz 38 AT
– Soll-Arbeitsbeginn der Betonbauarbeiten (Ortbetongründung) 3.8.
– modifizierter Soll-Arbeitbeginn der Betonbauarbeiten (Soll-3) 25.9.

Jeglicher früherer Arbeitsbeginn (und entsprechender Arbeitsabschluss) wäre gemäß der abstrakten Schadensermittlung als Beschleunigungsmaßnahme zu werten und führte zu Beschleunigungsvergütungen, deren Höhe sich durch die Berechnung der fiktiv ersparten Verlängerungskosten bestimmt.
Wie schon dargelegt, wollen und dürfen wir diese abstrakte Methode nicht anwenden; wir wollen vielmehr „möglichst nahe an das tatsächliche Geschehen" herankommen. Das hat nichts damit zu tun, dass es sich vielleicht nicht vermeiden lässt, dort, wo nicht ohne weiteres die realistischen (hypothetischen) Solldaten – z. B. den Sollkosten – für die unbehinderte Ausführung den Istdaten – z. B. den Istkosten – der behinderten Ausführung gegenübergestellt werden können; bei ungünstigen Konstellationen sind auch Plausibilitäts-Nachweise und Schätzungen anzuwenden.

6.2.4 Schadensbewertung auf der Basis der Kostenbestandteile von Vertragspreisen

Der Stundensatz für Stundenlohnarbeiten wird aus der Angebotskalkulation wie folgt ermittelt (vgl. AnhangF, Unterlage r 2, Nr. 2.3 und 2.4): 1702
– Mittellohn (Anhang B, Unterlage h 1) 29,70 €/Ph
– Zuschlag für AGK (Anhang B, Unterlage h 1) 10 %
– Stundensatz 29,70 €/Ph * (1 + 0,1) = 32,67 €/Ph

6.2.5 Schadensbewertung auf der Basis von Vertragspreisen

1703 Die noch zu erwartenden Mehrkosten aus nachträglicher Herstellung von Bodenplattenabschnitten unter der schon vorhandenen Baukonstruktion und für das Nachschachten der Fundamentgruben können durch Rückgriff auf LV-Positionen vergütet werden, und zwar wie folgt:
- Mehrkosten aus nachträglicher Herstellung von Bodenplatten   LB013, Post. 1.1
- Nachschachten   LB002, Pos. 7

6.2.6 Auftraggeberseitige Einwendungen

1704 Der Auftraggeber wendet ein, dass seines Erachtens der Auftragnehmer nicht kostendeckend kalkuliert habe. Er fordert ihn auf, einen Aufwandswert-Soll-Ist-Vergleich durchzuführen, damit festgestellt werden könne, ob tatsächlich bei unbehinderten Verhältnissen Ist- und Soll-Aufwandswerte übereinstimmen (vgl. Anhang F, Unterlage t).
Der Auftragnehmer kommt dieser Aufforderung nach und legt mit **Abb. 45**, S. 723 den Aufwands-Soll-Ist-Vergleich für die Erstellung der Fundamente im unbehinderten Abschnitt 2 vor. Er zeigt in Spalte 12, dass es nur bei den Schalarbeiten relevante Abweichungen zwischen Soll- und Ist-Aufwandswerten gegeben hat.
In Spalte 13 der **Abb. 45**, S. 723 führt der Auftragnehmer die realistischen Aufwandswerte für unbehinderte Erstellung der Fundamente auf und übernimmt sie in Spalte 10 der Ermittlung der realistischen Mehrkosten in **Abb. 47**, S. 740 Durch Gegenüberstellung der Ist-Aufwandswerte der behinderten Ausführung (Spalte 9) und der realistischen Aufwandswerte der unbehinderten Ausführung (Spalte 10) ermittelt er in Spalte 12 der **Abb. 47**, S. 740 den Mehrstundenanfall unter Berücksichtigung des Eigenanteils des Auftragnehmers.
Im Gegensatz zu seiner ursprünglichen Ermittlung in **Abb. 56**, S. .792 ergeben sich in **Abb. 47** nur 91,37 Mehrstunden und ein Mehrlohnaufwand von 2 713,69 €.
Beaufschlagt mit 10 % Deckungsbeitrag für Allgemeine Geschäftskosten führt das in Anhang F, Unterlage t zu 2 985,06 €.

6.3 Entschädigung nach § 642 BGB

6.3.1 Grundsätzliches

1705 Wir haben unter Rdn. 1648 ff. besprochen, dass dann, wenn der Auftraggeber seine Mitwirkung (zeitweilig) unterlassen und dadurch den Auftragnehmer behindert hat, der Auftragnehmer nach Auffassung des Bundesgerichtshofs wahlweise auch Ansprüche aus § 642 BGB geltend machen kann.
Unter Rdn. 1650 haben wir dargelegt, dass die Ermittlung des Entschädigungsbetrages sowohl in Fortschreibung der Kalkulation als auch als Ermittlung des Mehraufwands in Gegenüberstellung von Ist- und (hypothetischen) Soll-Kosten möglich ist.

Das nachfolgende Beispiel zur Ermittlung der Entschädigung nach § 642 BGB nimmt (zunächst) eine Fortschreibung der Vertragspreise bzw. der Kalkulation vor.

Entschädigung nach § 642 BGB   Rdn. 1706–1710

Die Einzelheiten und Unterlagen des betreffenden Nachtrags werden in Anhang H aufgeführt. Es handelt sich – bis auf das Leistungsverzeichnis und die Ermittlung der Entschädigung – um diejenigen Unterlagen, die schon in Anhang F für die Schadensermittlung herangezogen worden sind.

6.3.2 Die Entschädigungsermittlung im Einzelnen

6.3.2.1 Fortschreibung der Kalkulation

Der Intensitätsabfall durch nicht ausreichende Reichweite der Pläne wird auf der Basis des von Lang entwickelten Verfahrens ermittelt (vgl. Anhang H, Unterlage r 2, Nr. 1.1). Die Einzelheiten dazu haben wir schon unter Rdn. 1632 ff. besprochen. In **Abb. 48**, S. 750 wird der hier anstehende Sachverhalt zur Berechnung herangezogen.
Die dort in Spalte 8 ermittelten Lohnmehraufwendungen ergeben, beaufschlagt mit dem kalkulierten Zuschlag von 10 % für Allgemeine Geschäftskosten (vgl. Anhang B, Unterlage i), einen Entschädigungsbetrag von 581,23 €. **1706**

Für den behinderungsbedingt zusätzlich anfallenden längeren Einsatz einzelner Geräte und Container gegenüber der Kalkulation (genau: ihrer Geräteliste) werden die in ihr aufgeführten zeitabhängigen Kosten herangezogen (vgl. Anhang H, Unterlage r 2, Nr. 1.2). Der für ca. einen Monat längerer Vorhaltung zu erwartende Betrag wird mit dem kalkulierten Zuschlag von 10 % für Allgemeine Geschäftskosten beaufschlagt und ergibt den in Fortschreibung der Kalkulation ermittelten Entschädigungsbetrag. **1707**

Der für die potenziell noch zu erwartenden Stundenlohnarbeiten maßgebende Stundensatz wird – wie schon unter Rdn. 1702 besprochen – ermittelt. **1708**

Die zu erwartenden Kosten für zusätzliche Abschalarbeiten werden – wie im Anhang H, Unterlage r 2, Nr. 2.3 aufgeführt – in Unterlage r 2 berechnet. Es handelt sich in Fortschreibung der Angebotskalkulation um die gleiche Methodik, die wir schon unter Rdn. 1000 ff. für die Vergütung modifizierter Leistungen besprochen haben.
Konkret wird zunächst eine der modifizierten Leistungen möglichst nahe verwandte Bezugsleistung des Bausolls (hier: LB 013, Pos. 7) gesucht; sodann ermitteln wir für sie ein Ermittlungssystem und das Vertragspreisniveau.
Darauf aufbauend ergibt sich dann der Preis der modifizierten Leistung. **1709**

6.3.2.2 Entschädigung auf der Basis von Vertragspreisen

Unter Rdn. 1703 haben wir schon die Heranziehung von Vertragspreisen für Schadensermittlungen besprochen.
Das dort Besprochene gilt auch für die Ermittlung der Entschädigung nach § 642 BGB, da es hier um den Idealfall der konsequenten „Fortschreibung" der Kalkulation geht. **1710**

6.3.2.3 Entschädigungsermittlung auf der Basis von Ist-Kosten

1711 Wir haben schon unter Rdn. 1704 darauf hingewiesen, dass die Entschädigung auch auf der Basis der Ist-Kosten ermittelt werden darf.

Die Entschädigungsermittlungen auf der Basis der Kalkulation (vgl. Rdn. 1705 ff.) führen in Anhang H, Unterlage r 2 zu folgenden Beträgen:

1.1 Intensitätsabfall	639,35 €
1.2 Zeitabhängige BGK	1 164,51 €.

Diese Beträge liegen unter denen, die wir bei der Schadensermittlung (Anhang F, Unterlage r 2, Nr. 3.1 und 3.2) durch Gegenüberstellung von Ist- und Soll-Kosten ermittelt haben. Deshalb kann der Auftragnehmer auf diese Beträge zurückgreifen.

7 Exkurs: Abrechnung gemäß § 6 Nr. 5 VOB/B

7.1 Sachverhalt

1712 Als Exkurs wird noch ein Beispiel für den Fall besprochen, dass statt der zu **Abb. 34**, S. 535 besprochenen freien Kündigung ein lang andauernder Baustopp eingetreten ist.

7.2 Leistungsstandfeststellung

1713 Auftraggeber und Auftragnehmer führen eine gemeinsame Leistungsfeststellung durch. Sie dokumentieren sie in der generellen Leistungsstandfeststellung (vgl. **Abb. 57 a**, S. 797) und konkretisieren Einzelheiten durch Eintragungen in den maßgebenden Plänen (vgl. **Abb. 57 b**, S. 798).
Nebenbei: Es handelt sich um die Unterlagen, die auch bei der freien Kündigung (vgl. **Abb. 34 a**, letzte Spalte) zur Dokumentation des Leistungsstandes verwendet werden.

7.3 Ermittlung der Vergütung der abrechenbaren Leistung

1714 Der vor Ort erstellten Leistungsstandfeststellung werden die zugehörigen Mengen zugeordnet. Im konkreten Fall erfolgt das auf der Basis der üblichen (möglichst abschnittsweisen) Mengenermittlung für die Abrechnung und der Zuordnung der Mengen zu den pro Bauabschnitt erbrachten Leistungen. Das Ergebnis weisen wir (als Auszug) für die Bausollleistungen in **Abb. 57 c**, S. 799 aus. Dort wird in der letzten Spalte die erbrachte Gesamtmenge pro Position ausgewiesen.

Ermittlung der Vergütung der abrechenbaren Leistung   Rdn. 1714

Beschrieb	Ausführungs-stand	Umfang des Fehlenden
Leistungsbereich 000 (Baustelleneinrichtung)		
- Pos. 1: Baustelle einrichten	100 %	
Leistungsbereich 002 (Erdarbeiten)	100 %	
Leistungsbereich 013 (Beton- und Stahlbetonarbeiten)		
- Gründungsarbeiten	100 %	
- Erdgeschosse	100 %	
jedoch ohne Treppe und Podest in Kern 1/1		100 %
- 1. Obergeschoss Bauwerk A	100 %	
jedoch		
- ohne Treppe und Podest im Kern 4/2		100 %
- ohne Oberbewehrung und Aufbeton auf Filigranplatten 4/2 und ohne Bewehrung und Beton für Kerndecke 4/2		100 %
- Stand der Schalung der Kerndecke 4/2 siehe Eintragung in Abb. 57 b		
- Die Fertigteiltreppenläufe und -podeste für die Abschnitte 1/1 und 4/2 sind angeliefert und lagern auf der Baustelle.		
- Die restlichen Fertigteile sind noch nicht geliefert.		
- Die Deckenbewehrung für Abschnitt 4/2 und für das Podest 1/1 lagert auf der Baustelle		
Für den Auftraggeber: Für den Auftragnehmer: *Auftraggeber* *Auftragnehmer*		

Abbildung 57a Textliche Leistungsstandfeststellung

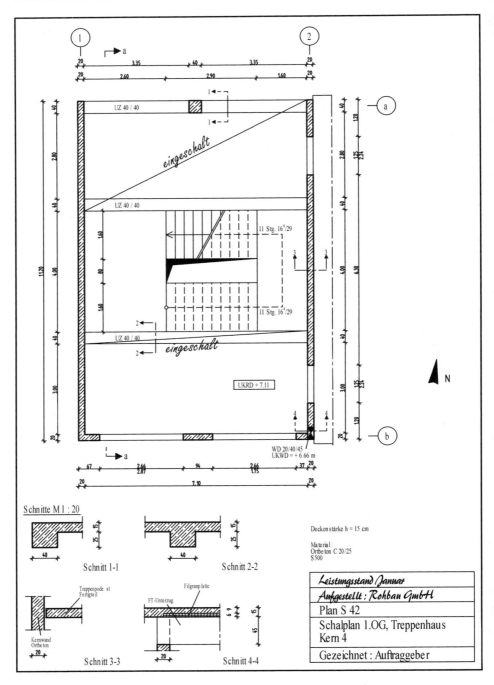

Abbildung 57 b Ergänzende Leistungsstandfeststellung in einem Plan

Ermittlung der Vergütung der abrechenbaren Leistung   Rdn. 1715

LB	Pos.	Mengen									Insgesamt	Einheit
		Bauwerk B					Bauwerk A					
		1/1	2/1	3/1	4/1	5/1	6/1	4/2	5/2	6/2		
(1)	(2)	(3)	(4)	(5)	(6)	(7)	(8)	(9)	(10)	(11)	(12)	(13)
000	1										1,00	Psch.
002	1										1,00	Psch.
	2										4.590,00	m³
	3										1.216,82	m³
	4										860,34	m³
	6										1,00	Psch.
013	1										444,77	m³
	2										181,56	m³
	3	17,04	17,04	17,04	17,13	16,50	17,69	17,41	16,79	18,88	155,52	m³
	4	4,09	4,09	4,09	12,03	11,84	12,03		11,84	12,04	72,04	m³
	5	45,36	52,58	45,36	40,70	48,24	40,70		48,24	40,70	361,88	m³
	...											

Abbildung 57 c Nach Bauwerken und Etagenabschnitten kategorisierte Tabelle der erbrachten Mengen

Die Leistungsmengen werden zur Ermittlung der Vergütung pro Position mit den zugehörigen Einheitspreisen multipliziert – und zwar getrennt nach Bausollleistungen (vgl. **Abb. 34 b**) und Nachtragsleistungen (vgl. **Abb. 34 c**, S. 537). Es handelt sich hier um die gleiche Berechnung, die auch bei der freien Kündigung durchgeführt wird.

7.4 Ermittlung der schon angefallenen Kosten von noch nicht ausgeführten Teilleistungen

Naturgemäß gibt es bei einem Baustopp – wie bei einer Kündigung – schon angefallene Kosten für noch nicht ausgeführte Teilleistungen. Sie dürfen gemäß § 6 Nr. 5 VOB/B abgerechnet werden.
Im konkreten Fall geht es um die Kosten, die schon in **Abb. 34 d**, S. 538 für den Fall der freien Kündigung ermittelt worden sind.

1715

Rdn. 1716 Exkurs: Abrechnung gemäß § 6 Nr. 5 VOB/B

7.5 Zusammenstellung der Abrechnung nach § 6 Nr. 5 VOB/B

1716 Die vorab ermittelten finanziellen Ansprüche des Auftragnehmers werden in **Abb. 57 d**, S. 800 zusammengestellt und ergeben die Vergütung der komplett erbrachten und der begonnenen Teilleistungen.
Darüber hinaus hat der Auftragnehmer noch finanzielle Ansprüche aus den Behinderungsfolgen; auf sie wird in **Abb. 57 d**, S. 800 verwiesen.
Wir führen diese Behinderungsleistungen hier nicht weiter auf, da es vom Einzelfall abhängt, ob eine Schadensersatzermittlung nach § 6 Nr. 6 VOB/B oder (auch) eine Entschädigungsermittlung nach § 642 BGB möglich ist. Hier verweisen wir auf unsere Beispiele unter Rdn. 1698, 1704 ff.

Bestandteile der Berechnung	Betrag [EUR]	Unterlage
Leistungsstandfeststellung		Abb. 57 a+b
Ausgeführte Menge		Abb. 57 c

Vergütungsermittlung
 (1) Vergütung der erbrachten Leistungen
    a) Bausoll
       - Mengenmäßig erfasste Teilleistungen
       - Vorhaltung BE (LB 000, Pos. 2)
       Zwischensumme
    b) Beauftragte Nachträge
       - Mengenmäßig erfasste Teilleistungen
       - Vorhaltung BE (LB 000, Pos. 2.1)
       Zwischensumme
	
	 1.018.204,50
	 95.597,30
	 1.113.801,80
	
	 95.315,06
	 2.552,47
	 97.867,53
		
		 Abb. 34 b
		
		 Abb. 34 c

(2) Vergütung für vorab schon getätigte Selbstübernahmen und Teilkündigungen	60.241,51	Abb. 31
(3) Bereits angefallene Kosten für Produktionsfaktorendisposition und -einsatz für noch nicht erbrachte Leistungen	8.046,47	Abb. 34 e
Gesamtbetrag (netto)	**1.279.957,31**	
Dazu kommen die finanziellen Regelungen der Behinderungsfolgen und der Baustellenräumung. Die Zahlungsverpflichtungen für überlassene Gebrauchsgüter (Kran, Schalungen etc.) übernimmt der Auftraggeber gegenüber deren Eigentümer (Verleiher).		

Abbildung 57 d Ermittlung der Vergütung nach § 6 Nr. 5 VOB/B

Projekt-Anhang

Der Anhang ist chronologisch aufgebaut. Er beinhaltet die Abwicklung eines Beispielobjektes ab der Ausschreibung durch den Auftraggeber bis hin zu verschiedenen Nachträgen. Die zugehörige, bei der Schlussrechnungsstellung durchgeführte Ausgleichsberechnung ist in Abbildung 16 bzw. 17 dargestellt worden.

Inhalt	Anhang	Seite
Auftraggeberseitige Anfrageunterlagen	A	803–810
Unterlagen der Angebotsbearbeitung	B	811–835
Unterlagen des Vertragsabschlusses	C	837–840
Nach Auftragserteilung, jedoch vor Eingang der freigegebenen Ausführungspläne erarbeitete Arbeitsvorbereitungsunterlagen		
Teil 1: Differenzierte Arbeitsvorbereitung	D1	841–855
Teil 2: Arbeitskalkulation und erster Nachtrag	D2	857–869
Bauinhaltsmodifikation kurz vor Baubeginn	E	871–883
Schadensermittlung für Bauumstandsmodifikation nach Baubeginn	F	885–895
Bauinhaltsmodifikation während der Bauausführung	G	897–909
Alternativ zu Anhang F: Entschädigungsermittlung nach § 642 BGB für die Bauinhaltsmodifikation nach Baubeginn	H	911–916
Erfahrungswerte	O	917–926

Anhang A

Auftraggeberseitige Anfrageunterlagen — März

Unterlage	Blatt	Inhalt	Seite
a1.1	1–4	Leistungsverzeichnis	805
a1.2	1	Grundrisse Erdgeschoss Bauwerk A und B (Entwurf)	809
a1.2	2	Schnitte Bauwerk A und B (Entwurf)	810

Anhang A

Unterlage a1.1, Blatt 1 — LEISTUNGSVERZEICHNIS

Vorbemerkungen: Die Ausschreibung beinhaltet den Rohbau (Erdarbeiten sowie Beton- und Stahlbetonarbeiten) für zwei Hochschulgebäude. Die vorangehenden Entwässerungsarbeiten unter dem Neubau werden bauseits erbracht.

Vertragsbedingungen: VOB/B und VOB/C gelten.
Weiterhin gelten die in den Unterlagen beigefügten Besonderen und Zusätzlichen Vertragsbedingungen.

Abgabetermin: 4.5. Jahr 1

Vertragstermine: Baubeginn: 1.7. Jahr 1
Fertigstellung: 28.2. Jahr 2

Zwischenfristen: Fertigstellung von 2/3 der Dachdecke des 1. Gebäudes: 30.11. Jahr 1
Fertigstellung aller Dachdecken: 31.1. Jahr 2

Leistungsbereich 000 — Baustelleneinrichtung

Pos.	Menge	Einh.	Beschrieb	EP	Gesamtbetrag
1	Pauschal		Baustelle einrichten für Leistungen des AN. Eingeschlossen sind die für die Durchführung der vertraglichen Leistung erforderlichen Baustraßen, Lager- und Arbeitsflächen. Lohn: Sonstiges:		
2	Pauschal		Baustelleneinrichtung vorhalten für Leistungen des AN. Lohn: Sonstiges:		
3	Pauschal		Räumen der Baustelle von der Baustelleneinrichtung des AN nach Durchführung seiner Leistung. Befestigungen der Baustraßen, Lager- und Arbeitsflächen sind zu beseitigen. Lohn: Sonstiges:		

Leistungsbereich 002 — Erdarbeiten (VOB/C DIN 18300)

Pos.	Menge	Einh.	Beschrieb	EP	Gesamtbetrag
1	Pauschal		Baugelände abräumen auf der Grundfläche des Bauwerks, des Arbeitsraumes, der Baustelleneinrichtung und der Baustellenverkehrswege; anfallendes Material wird Eigentum des AN und ist zu beseitigen. Lohn: Sonstiges:		
2	4.590,00	m³	Oberboden nach DIN 18 300 abtragen und seitlich lagern. Lohn: Sonstiges:		
3	1.210,00	m³	Boden für Baugrube profilgerecht lösen und im Bereich des Baugeländes planieren; Bodenklasse 4, im geringen Umfang Bodenklasse 5. Lohn: Sonstiges:		

Unterlage a1.1, Blatt 2   Anhang A

Unterlage a1.1 Blatt 2			LEISTUNGSVERZEICHNIS		
Pos.	Menge	Einh.	Beschrieb	EP	Gesamtbetrag
4	850,00	m³	Boden für Fundamente profilgerecht lösen und im Bereich des Baugeländes planieren; Bodenklasse 4, im geringen Umfang Bodenklasse 5. Lohn: Sonstiges:		
4.1	EP	m³	wie Pos. 4, jedoch leicht lösbarer Fels Klasse 6 Lohn: Sonstiges:		
5	EP	m³	Abfuhr von überschüssigem Boden auf Anordnung des AG auf eine unternehmerseitige Kippe o. ä.; als Zulage zu den Positionen 3 und 4. Lohn: Sonstiges:		
6	Pauschal		Herstellen der Sauberkeitsschicht unter bewehrten Betonteilen sowie Verfüllen des Baukörpers mit geeignetem Boden. Lohn: Sonstiges:		
7	EP	m³	Handaushub bei archäologischen Funden, sonst wie Pos. 3 und 4. Lohn: Sonstiges:		
Leistungsbereich 013			Beton- und Stahlbetonarbeiten (VOB/C DIN 18331)		
1	490,00	m³	Ortbeton der Bodenplatten, Untergrund waagerecht, obere Betonfläche waagerecht aus Stahlbeton als Normalbeton nach DIN 1045, EC2, C20/25, Dicke 15 cm. Lohn: Sonstiges:		
1.1	EP	m³	wie Pos. 1, jedoch nachträglich auf Anordnung des Auftraggebers nach Erstellung der aufgehenden Konstruktion einbauen; als Zulage zu Pos. 1. Lohn: Sonstiges:		
2	165,00	m³	Ortbeton der Streifenfundamente, obere Betonfläche waagerecht aus Stahlbeton als Normalbeton nach DIN 1045, EC2, C20/25. Lohn: Sonstiges:		
3	295,00	m³	Ortbeton der Kernwände aus Stahlbeton als Normalbeton nach DIN 1045, EC2, C20/25. Lohn: Sonstiges:		
4	136,00	m³	Ortbeton der Kerndecken, Unterseite und Oberseite waagerecht aus Stahlbeton als Normalbeton nach DIN 1045, EC2, C20/25. Lohn: Sonstiges:		

Anhang A Unterlage a1.1, Blatt 3

Unterlage a1.1 Blatt 3			LEISTUNGSVERZEICHNIS		
Pos.	Menge	Einh.	Beschrieb	EP	Gesamtbetrag
5	655,00	m³	Aufbeton der Filigranplatten, d = 9 cm, Unterseite waagerecht, obere Betonfläche waagerecht aus Stahlbeton als Normalbeton nach DIN 1045, EC2, B 25. Lohn: Sonstiges:		
5.1	655,00	m³	Alternativ: wie Pos. 5, jedoch Betonoberfläche abreiben. Lohn: Sonstiges:		
5.2	655,00	m³	Alternativ: wie Pos. 5, jedoch Betonoberfläche glätten. Lohn: Sonstiges:		
6	2,40	m³	Ortbeton der Treppenpodeste, d = 15 cm, aus Stahlbeton als Normalbeton nach DIN 1045, EC2, C20/25. Lohn: Sonstiges:		
7	911,00	m²	Schalung der Streifenfundamente und der Bodenplatte. Lohn: Sonstiges:		
8	2.950,00	m²	Schalung der Wandflächen der Kerne, als glatte Schalung, Betonfläche möglichst absatzfrei. Lohn: Sonstiges:		
9	907,00	m²	Schalung der Kerndecken. Höhe der Betonunterkante 3,45 m über OK Rohdecke. Lohn: Sonstiges:		
10	97,00	m²	Randschalung der Kerndecken. Lohn: Sonstiges:		
11	150,00	m²	Randschalung im Bereich der Filigranplatten. Lohn: Sonstiges:		
12	16,50	m²	Schalung der Treppenpodestplatten als glatte Schalung, Betonoberfläche möglichst absatzfrei, sichtbar bleibend, einschl. zusätzlicher Maßnahmen beim Herstellen und Verarbeiten des Betons. Lohn: Sonstiges:		
13	34,00	St.	Köcherfundamente als Fertigteil liefern und einbauen, Form Typ A. Lohn: Sonstiges:		
14	69,00	St.	Köcherfundamente wie Pos. 13, jedoch Form Typ B. Lohn: Sonstiges:		
15	38,00	St.	Stützwand als Fertigteil liefern und einbauen. Lohn: Sonstiges:		

Unterlage a1.1 Blatt 4			LEISTUNGSVERZEICHNIS		
Pos.	Menge	Einh.	Beschrieb	EP	Gesamtbetrag
16	151,00	St.	Stütze mit und ohne Konsolen als Fertigteil liefern und einbauen, Form Typ 1, OGs. Lohn: Sonstiges:		
17	102,00	St.	Stütze wie Pos. 16, jedoch Form Typ 2, EG. Lohn: Sonstiges:		
18	4.337,00	St.	(lichtes Maß zwischen den Balken) Geschoss- und Deckenunterseiten aus Filigranplatten o. ä., 6 cm dick, einschl. Bewehrung liefern und einbauen, die Bewehrung wird gesondert abgerechnet. Lohn: Sonstiges:		
19	68,00	St.	Balken als Fertigteile liefern und einbauen, Form Typ 1. Lohn: Sonstiges:		
20	12,00	St.	Balken wie Pos. 19, jedoch Form Typ 2. Lohn: Sonstiges:		
21	12,00	St.	Balken wie Pos. 19, jedoch Form Typ 3. Lohn: Sonstiges:		
22	162,00	St.	Balken wie Pos. 19, jedoch Form Typ 4. Lohn: Sonstiges:		
23	6,00	St.	Treppenlauf einschl. Stufen als Fertigteil liefern und einbauen, Form Typ 1, einschl. Anfertigung der Auflageraussparungen in der Betonwand. Lohn: Sonstiges:		
24	6,00	St.	Treppenlauf wie Pos. 23, jedoch Typ 2. Lohn: Sonstiges:		
25	6,00	St.	Fertigteilpodestplatten liefern und einbauen. Lohn: Sonstiges:		
26	3,00	St.	Treppenlauf einschl. Stufen als Fertigteil liefern und einbauen, Form Typ 3. Lohn: Sonstiges:		
27	3,00	St.	Treppenlauf einschl. Stufen als Fertigteil liefern und einbauen, Form Typ 4. Lohn: Sonstiges:		
28	57,00	t	Betonstahlmatten BSt 500 M, als Lagermatten liefern, schneiden, biegen und im Ortbeton verlegen. Lohn: Sonstiges:		
29	30,00	t	Betonstabstahl, BSt 500 S, alle Durchmesser und Längen, liefern, schneiden, biegen und im Ortbeton verlegen. Lohn: Sonstiges:		

Anhang A

Unterlage a1.2, Blatt 1

GRUNDRISSE ERDGESCHOSS BAUWERK A UND B (ENTWURF)

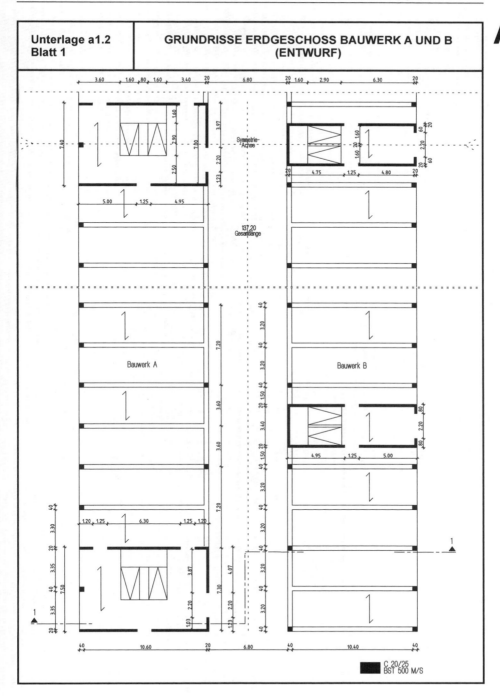

Unterlage a1.2, Blatt 2   Anhang A

| Unterlage a1.2 Blatt 2 | SCHNITTE BAUWERK A UND B (ENTWURF) |

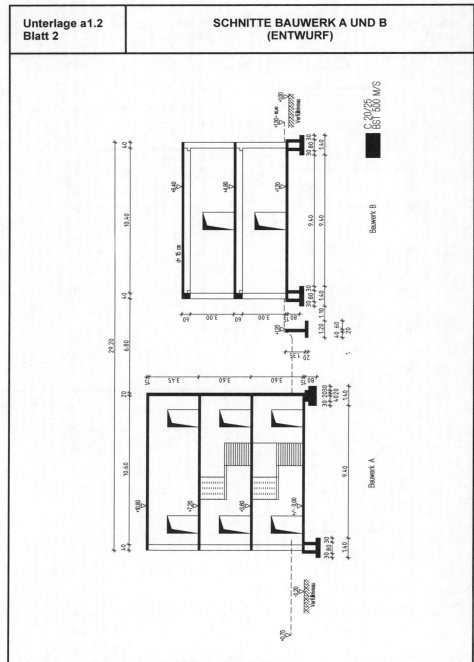

Anhang B

B

Unterlagen der Angebotsbearbeitung April

Unterlage	Blatt	Inhalt	Seite
a		Auftraggeberseitig vorhandene Unterlagen..............	813
b		Auflistung der noch zu erarbeitenden Unterlagen	814
c		Überprüfung des Bausolls	815
d		Elemente für das Angebotsschreiben	816
g1.1	1–4	Geräteliste inklusive Kostenermittlung	817
g1.2		Geräteeinsatzkosten des Leistungsgeräts	821
g3	1	Schalungskosten Kerndecken, Bauwerk A, LB 013, Pos. 9 .	822
g3	2	Schalungsplan Kerndecke, Bauwerk A, LB 013, Pos. 9	823
Abb. 5 a		Vertragsterminplan VTP	31
h1		Mittellohnberechnung	824
h2	1–3	Einzelkosten- und Einheitspreisermittlung (Angebotskalkulation)	825
h3.1	1–2	Zeitabhängige Baustellengemeinkosten – außer Personal (Angebotskalkulation)	828
h3.1	3	Zeitabhängige Baustellengemeinkosten – Personal (Angebotskalkulation)	830
h3.2	1–2	Kosten des Einrichtens der Baustelle (Angebotskalkulation)	831
h3.2	3–4	Kosten des Räumens der Baustelle (Angebotskalkulation) .	833
i		Kalkulationsschlussblatt	835

Anhang B — Unterlage a

Unterlage a — AUFTRAGGEBERSEITIG VORHANDENE UNTERLAGEN

lfd. Nr.	Art der Unterlage	Ursprung	Beschreibung	Blatt-zahl	Ver-teiler	Fertig bis Soll	Fertig bis Ist	Bemerkung
(1)	(2)	(3)	(4)	(5)	(6)	(7)	(8)	(9)	(10)
1	1	φ	AG	Aufforderung zur Angebotsabgabe	2				
2	1	φ	AG	Besondere Vertragsbedingungen	2				
3	1	φ	AG	Zusätzliche Vertragsbedingungen	1				
4	1	α	AG	Leistungsbeschreibung					
4b	1	α	AG	Baubeschreibung	5				
4a	1	α	AG	Leistungsnachweis	4				
				000 Baustelleneinrichtung					
				002 Erdarbeiten					
				013 Beton- und Stahlbeton					
5	1	ε	AG	Verzeichnis der einsehbaren und kopierbaren Unterlagen	1				
6	3	ε	AG	Formblatt "Angebot"	3				
7	3	ε	AG	Formblatt "Angebot" Lohngleitklausel	1				
8	3	ε	AG	Formblatt "Angaben zur Preisermittlung EFB-Preis 16"	1				
9	2	γ	Dr. Soil	Bodengutachten 21.1	1				braucht nicht eingesehen zu werden
10	2	β	Architekt	Übersicht (Entwurfspläne)	1				erstellt am 20.2 Jahr 2
				Grundriss EG	1				erstellt am 20.2 Jahr 2
				Grundriss 1.OG	1				
				Grundriss 2.OG	1				
				Ansichten	2				
11	2	β	Tragwerks-planer	Grundriss (Entwurfspläne)	1				erstellt am 16.2 Jahr 2
				Querschnitt (Entwurfspläne)	1				erstellt am 16.2 Jahr 2
				Fertigteilplan Köcherfundamente	1				
				Fertigteilplan Stützen	1				
				Fertigteilplan Unterzüge	1				
				Fertigteilplan Treppen	1				
12	1	β	AG	Lageplan	1				
13	2	γ	Tragwerks-planer	Statik					braucht nicht eingesehen zu werden
	1			Ausschreibungsunterlagen					
		α		Leistungsbeschreibung					
		β		Pläne					
		γ		Gutachten, Berechnungen					
		δ		Vertragsbedingungen u.ä.					
		ε		Auflistung der einsehbaren Unterlagen					
		φ		Anschreiben					
	2			Einsehbare und eingesehene bzw. beschaffte Unterlagen					
		α		Statik					
		β		Pläne					
		γ		Gutachten, Berechnungen					
	3			Auszufüllende Formulare					

Unterlage b — AUFLISTUNG DER NOCH ZU ERARBEITENDEN UNTERLAGEN

Projektstand Angebotsbearbeitung

Unterlage	Titel	erarbeiten ja	erarbeiten nein
c	**Überprüfung des Bausolls**	x	
d	**Bemerkungen zum Angebotsschreiben**	x	
e	**Mengenermittlung**		x
f	**Preisanalyse**		
	1. Stoffe	x	
	2. Nachunternehmer	x	
g	**Arbeitsvorbereitung und Terminplanung**		
	1. Geräte	x	
	1.1 Gerätelisten	x	
	1.2 Geräteeinsatzkosten	x	
	2. Aufwandswerte		x
	3. Schalung	x	
	4. Terminplanung	x	
	5. Ortsbesichtigung		x
h	**Kostenermittlung**		
	1. Mittellohn	x	
	2. Einzelkosten der Teilleistungen	x	
	3. Baustellengemeinkosten	x	
	3.1 Zeitabhängige BGK's	x	
	3.2 Kosten Einrichten und Räumen	x	
	3.3 Kalkulationsschlussblatt	x	
	3.4 Sonstiges	x	
i	**Preisfestlegung**	x	
k	**Zusammenstellung der endgültigen Angebotsunterlagen**	x	

Anhang B   Unterlage c

Unterlage c	ÜBERPRÜFUNG DES BAUSOLLS

Checkliste zur Bausollklärung				Bauvorhaben: *Rohbau Fakultät Bauwesen*				Bauherr:		
Leist.-ber.	Pos.-Nr.:	Problem-art	Bemerkung	Rückfragen bei N.N.			VKR	Verm./Risiko	kalkulator. berücks.	
				N.N.	Datum	durch		Nr. in	Datum	LV. Pos.	Datum
2	06	12	Es ist kein extern zu beschaffender Füllboden notwendig (vgl. Bodengutachten)				K			002/06	29.4
13	08	02	Keine Aussparung in LV und Plänen				R			nein	
13	08	09	Schalung der in den Anfrageunterlagen erkennbaren Türlaibungen ist nicht im Positionstext aufgeführt.				K			013/08	29.4
13	08	14	Wie werden die Kernwände weiterbehandelt? (Anstrich/Putz?)	AG AR	15.4 Jahr 2	Schi	K			013/03	29.4
13	11	15	Wie wird die Randschalung ab UK Decke abgerechnet?				V	5)	16.4		
13	13-27	15	Wird die Bewehrung der Fertigteile gesondert abgerechnet?	AG	15.4 Jahr 2	Schi	K			013/13-27	29.4
13	13-27	01	Bekommen wir komplette Fertigteilausführungspläne?				V	6)	16.4		
13	07/10-11	04	Sind keine Fugen in den Bodenplatten / Decken notwendig?				R			nein	
13		04	Keine Frostschürzen in LV und Plänen?				V	8)	16.4		

Liste der Probleme - Kennziffer:

01 Fehlende Unterlagen
02 Nicht erschöpfende Unterlagen
03 Nicht eindeutige Unterlagen
04 Eventuelle Konstruktionsfehler
05 Eventuelle Mengenfehler
06 Eventuelle Schreibfehler
07 Arbeiten aus anderen LB in Positionen, bzw. Vorbemerkungen der Leistungsbereiche eingefügt
08 Arbeiten, die zu diesem LB gehören, sind aus Positionen herausgenommen, bzw. durch andere LBVB ersetzt
09 Leistungsumfang unterschiedlich zwischen LV-Text und Plänen
10 Positionsbeschreibung durch LBVB ersetzt
11 Positionsbeschreibung konträr LBVB
12 Unübliche Bedingungen
13 Nicht der VOB entsprechende Bedingungen
14 Erfordernisse der Folge-LB gegenüber unserer Leistung
15 Nebenleistungen sind anders als in der VOB/C
16 Abrechnungsprobleme

Liste der N.N.:

AG   Auftraggeber
VS   Vergebende Stelle
AR   Architekt
SI   Statiker
PI   Prüfingenieur
FI   Fachingenieur
KB   Konstruktionsbüro
RB   Rechtsberatung
AV   Arbeitsvorbereitung
FU   Fachunternehmer
LB   Leistungsbereich
LBVB LB-Vertragsbedingung
NN/i ../intern
NN/e ../extern

Liste der Entscheidungen

V   Vermerk im Anschreiben
K   Kalkulation
R   Risiko(liste)

815

B | Unterlage d — ELEMENTE FÜR DAS ANGEBOTSSCHREIBEN

lfd. Nr.	Bezug nehmend auf:	Nr. bzw. Seite	Art*)	Inhalt in Stichpunkten	Bearbeitet von:	am:	Abgang an:	am:
1	Unterlage a		V	Die in der beigefügten Liste (Unterlage a) aufgeführten AG-seitigen Unterlagen standen für die Angebotsbearbeitung zur Verfügung.	Schi	16. 4. Jahr 2		
2	Ausführungs-unterlagen		V	Unsere Kalkulation und Terminplanung sind darauf abgestellt, dass die Ausführungsunterlagen (vgl. § 3 Nr. 1 VOB/B) wie folgt zur Verfügung stehen: - Vorabzüge Schalpläne 1 Monat vor Baubeginn, - Ausführungspläne Gründung 10 Tage vor Baubeginn, - Fertigteilpläne 7 Wochen vor der ersten Montage, - alle sonstigen Ausführungspläne 17.8. Jahr 2	Schi	30. 4.		
3	LV	013 Pos. 11	V	Die Randschalung der Filigrandecken ist ab UK Decke abzurechnen.	Schi	16. 4.		
4	Ausführungs-unterlagen FT		V	Die Fertigteilpläne des AG beinhalten Ausführungspläne mit allen notwendigen Leistungen, es ist keinerlei planerischer Aufwand von Seiten des AN zu erbringen.	Schi	16. 4.		
5	LV		V	Es sind keinerlei Abdichtungsarbeiten an der Gründung ausgeschrieben worden; für den Fall, dass von anderer Seite Abdichtungsarbeiten auszuführen sind, ist eine Terminabstimmung noch notwendig. Bislang wird von einer zügigen Verfüllung der Fundamente nach ihrer Fertigstellung ausgegangen, d.h., der Terminplan geht davon aus, dass zügig nach Erstellung der Gründung verfüllt werden kann.	Schi	30. 6.		
6	LV Pläne		V	Es wird darauf hingewiesen, dass keinerlei Frostschürzen im LV und in den Plänen enthalten sind.	Schi	16. 4.		
7	LV Pläne		V	Es gibt bis auf Pos 23f. LB 013 keinerlei Aussparungen in der Anfrage.	Schi	16. 4.		
8	LV		R	LB 013, Pos. 11, Fertigteilaufkantungen statt Schalung	Schi	30. 4.		

Hinweis: Die folgenden Punkte 9 und 10 werden erst nach der ersten Terminplanung ergänzt, Punkt 11 im Rahmen der Kalkulation. Sie werden jedoch aus Platz- und Systemgründen schon hier mit ausgeführt; grundsätzlich wird das Dokument fortlaufend aktualisiert.

lfd. Nr.	Bezug nehmend auf:	Nr. bzw. Seite	Art*)	Inhalt in Stichpunkten	Bearbeitet von:	am:	Abgang an:	am:
9	Vertrags-termine		V	Unsere Kalkulation und Ablaufplanung basiert auf dem Terminplan vom 30. 4. Jahr 2, der dem Angebot beigelegt ist (Abb. 5a). Er wird als Vertragsterminplan (VTP) vorgeschlagen.	Schi	30. 4.		
10	LV	Ver-trags-termine	V	Die Fertigstellung der AG-seitig zu erbringenden Kanalisationsarbeiten liegt jeweils mindestens 5AT vor Beginn unserer Aushubarbeiten im betreffenden Abschnitt vor.	Schi	30. 4.		
11	LV	LB 013, Pos. 9	H	Die im LV angegebene Menge der Kerndecken ist fehlerhaft, bleibt aber als Kalkulationsgrundlage bestehen.				

* V = Vorbehalt, R = Rückfrage, H = Hinweis

Anhang B Unterlage g1.1 Blatt 1

Unterlage g1.1 Blatt 1	GERÄTELISTE INKLUSIVE KOSTENERMITTLUNG

Zeile	BGL-Nr.	Gerät [Zusatzausrüstung BGL]	Menge [E]	Leistung [kW]	Gewicht [t/E]	Gesamt-gewicht [t]	mittl. Neuwert (BGL) [EUR/E]	monatl. Satz A+V (BGL) [%]	monatl. Satz Rep. (BGL) [%]	A+V (70%) [EUR/Mon.]	Rep. (50%) [EUR/Mon.]	monatliche Kosten [EUR/Mon.]	Anmerkungen
(1)	(2)	(3)	(4)	(5)	(6)	(7)	(8)	(9)	(10)	(11)	(12)	(13)	(14)
1		BEREITSTELLUNGSGERÄT											
2	C.0.10.0080	Turmdrehkran	1	31,00	16,50	16,50	150.000,00	2,10	1,10	2.205,00	825,00	3.030,00	LB 000
3	C.0.-....*	Ballast	18		1,00	18,00	150,00	2,97	0,00	56,13	0,00	56,13	in [t]
4	H.6.60.0049	Holzschwellengleis [m]	230		0,05	11,50	50,00	1,70	0,50	136,85	28,75	165,60	LB 000 in [m]
5	C.3.00.0750	Silokübel 750 l	1		0,23	0,23	560,00	5,20	3,20	20,38	8,96	29,34	LB 000
6	B.9.31.0058	Innenrüttler	4		0,02	0,08	790,00	4,40	3,40	97,33	53,72	151,05	
7	B.9.50.0055	Spannungswandler	1	5,50	0,08	0,08	2.810,00	2,90	2,10	57,04	29,51	86,55	
8	R.2.20.0250	Anschlußverteilerschrank	1		0,15	0,15	6.000,00	2,70	1,80	113,40	54,00	167,40	LB 000
9	R.2.50.0100	Verteilerschrank	1		0,08	0,08	1.560,00	2,70	1,80	29,48	14,04	43,52	LB 000
10	R.2.50.0063	Verteilerschrank	2		0,05	0,10	1.350,00	2,70	1,80	51,03	24,30	75,33	LB 000
11		Sonstiges	1	10,00	1,00	1,00				150,00	112,50	262,50	LB 000
12		Summe										4.067,43	⇒ LB 000, Pos. 1, 2, 3
13		LEISTUNGSGERÄT											
14	D.4.00.0070	Planierraupe	1	70,00	9,00	9,00	135.500,00	3,20	3,10	3.035,20	2.100,25	5.135,45	LB 002, Pos. 2
15	D.3.10.0030	Radlader, incl. Standardbereifung	1	30,00	4,00	4,00	47.600,00	3,20	2,70	1.066,24	642,60	1.708,84	LB 002, Pos. 3
17	D.1.02.0010	Hydraulikbagger	1	10,00	2,10	2,10	29.100,00	2,90	1,80	590,73	261,90	852,63	LB 002, Pos. 4+6
18	D.1.60.0050	Tieflöffel 0,05m³	1		0,06	0,06	590,00	2,90	4,00	11,98	11,80	23,78	LB 002, Pos. 4+6
19	D.8.70.0060	Vibrostampfer	1	2,30	0,06	0,06	2.880,00	3,80	2,60	71,29	34,84	106,13	LB 002, Pos. 6
20	D.8.61.3060	Flächenrüttler	1	6,00	0,30	0,30	7.750,00	3,80	2,60	206,15	100,75	306,90	LB 002, Pos. 6

817

| B | Unterlage g1.1 Blatt 2 | | GERÄTELISTE INKLUSIVE KOSTENERMITTLUNG | | | | | | | | | |

Zeile	BGL-Nr.	Gerät [Zusatzausrüstung BGL]	Menge [E]	Leistung [kW]	Gewicht [t/E]	Gesamt-gewicht [t]	mittl. Neuwert (BGL) [EUR/E]	monatl. Satz A+V (BGL) [%]	monatl. Satz Rep. (BGL) [%]	A+V (70%) [EUR/Mon.]	Rep. (50%) [EUR/Mon.]	monatliche Kosten [EUR/Mon.]	Anmerkungen
(1)	(2)	(3)	(4)	(5)	(6)	(7)	(8)	(9)	(10)	(11)	(12)	(13)	(14)
		UNTERKÜNFTE u.ä.											
21	X.3.11.0006	Container-Unterkunft	1		2,83	2,83	7.300,00	2,00	1,80	102,20	65,70	167,90	LB 000
22	X.3.11.0006	Container-Unterkunft	1		2,83	2,83	7.300,00	2,00	1,80	102,20	65,70	167,90	LB 000
23	X.3.18.0006	Wasch- und Toilettencontainer	1		2,60	2,60	8.200,00	2,00	1,80	114,80	73,80	188,60	LB 000
24	X.3.12.0006	Bürocontainer	1		2,89	2,89	7.100,00	2,00	1,80	99,40	63,90	163,30	LB 000
25	X.3.01.0006	Magazincontainer	1		2,20	2,20	5.400,00	2,00	1,80	75,60	48,60	124,20	LB 000
26	Y.3.20.0001	Personal-Computer (PC)	1		0,01	0,01	1.280,00	3,70	0,60	33,15	3,84	36,99	LB 000 A+V+R (BGL)
27	Y.3.21.0004	Laser-Drucker	1		0,01	0,01	510,00	3,70	0,60	13,21	1,53	14,74	LB 000 A+V+R (BGL)
28	Y.3.20.0005	Bildschirm 17"	1		0,01	0,01	307,00	3,70	0,60	7,95	0,92	8,87	LB 000 A+V+R (BGL)
29	Y.4.02.0001	Faxgerät	1		0,01	0,01	510,00	3,70	3,40	13,21	8,67	21,88	LB 000 A+V+R (BGL)
30	Y.3.30.0001	Kopiergerät 01	1		0,03	0,03	510,00	1,90	0,60	6,78	1,53	8,31	LB 000 A+V+R (BGL)
31		Summe										902,70	⇒ LB 000, Pos. 1, 2, 3
32	P.0.00.0060	PKW Golf, Benzinmotor	1		1,00		15.500,00	2,50	2,60	271,25	201,50	472,75	LB 000
33		* außerhalb der BGL											
34													
35													
36													
37													
38													

Anhang B Unterlage g1.1 Blatt 3

Unterlage g1.1 Blatt 3 — **GERÄTELISTE INKLUSIVE KOSTENERMITTLUNG** — **B**

Zeile	BGL-Nr.	Gerät [Zusatzausrüstung BGL]	Dauer von	Dauer bis	Dauer insgesamt [Mon.]	Gesamtkosten für A+V [EUR]	Gesamtkosten für Rep. [EUR]	Betriebsstoffkosten [EUR/Mon.]	Betriebsstoffkosten [EUR]	Aufbaukosten [Ph]	Aufbaukosten + [EUR]	Abbaukosten [Ph]	Abbaukosten + [EUR]	Transport und Ladegewicht [t]
(1)	(2)	(3)	(15)	(16)	(17)	(18)	(19)	(20)	(21)	(22)		(23)		(24)
1		BEREITSTELLUNGSGERÄT												
2	C.0.10.0080	Turmdrehkran	27.7	26.2	7,00	15.435,00	5.775,00	800,00	5.600,00	40,00	+ 1.000,00	40,00	+ 1.000,00	46,23
3	C.0.--.--.--*	Ballast	27.7	26.2	7,00	392,93	0,00							
4	H.6.60.0049	Holzschwellengleis [m]	27.7	26.2	7,00	957,95	201,25			60,00	+ 500,00	40,00	+ 500,00	
5	C.3.00.0750	Silokübel 750 l	27.7	26.2	7,00	142,69	62,72							
6	B.9.31.0058	Innenrüttler	27.7	1.2	6,00	583,97	322,32			2,00	+ 20,00	2,00	+ 20,00	
7	B.9.50.0055	Spannungswandler	27.7	1.2	6,00	342,26	177,03	100,00	600,00	3,00	+ 20,00	2,00	+ 20,00	
8	R.2.20.0250	Anschlußverteilerschrank	1.7	26.2	8,00	907,20	432,00			4,00	+ 40,00	3,00	+ 40,00	
9	R.2.50.0100	Verteilerschrank	27.7	26.2	7,00	206,39	98,28			2,00	+ 40,00	2,00	+ 40,00	
10	R.2.50.0063	Verteilerschrank	1.7	26.2	8,00	408,24	194,40			4,00	+ 80,00	4,00	+ 80,00	
11		Sonstiges	1.7	26.2	8,00	1.200,00	900,00	150,00	1.200,00	20,00	+ 60,00	10,00	+ 60,00	1,49
12		**Summe**				**20.576,62**	**8.163,00**		**7.400,00**	**135,00**	**+ 1.760,00**	**103,00**	**+ 1.760,00**	
13		LEISTUNGSGERÄT												
14	D.4.00.0070	Planierraupe	1.7	24.7	1,00	3.035,20	2.100,25							
15	D.3.10.0030	Radlader, incl. Standardbereifung	1.7	16.9	3,00	3.198,72	1.927,80							
17	D.1.02.0010	Hydraulikbagger	6.7	13.10	3,00	1.772,19	785,70							15,52
18	D.1.60.0050	Tieflöffel 0,05m³	6.7	13.10	3,00	35,93	35,40							
19	D.8.70.0060	Vibrostampfer	23.7	13.10	3,00	213,86	104,52							
20	D.8.61.3060	Flächenrüttler	1.7	13.10	3,00	618,45	302,25							

Unterlage g1.1 Blatt 4 — GERÄTELISTE INKLUSIVE KOSTENERMITTLUNG

Zeile (1)	BGL-Nr. (2)	Gerät [Zusatzausrüstung BGL] (3)	Dauer von (15)	Dauer bis (16)	Dauer insgesamt [Mon.] (17)	Gesamtkosten für A+V [EUR] (18)	Gesamtkosten für Rep. [EUR] (19)	Betriebsstoffkosten [EUR/Mon.] (20)	Betriebsstoffkosten [EUR] (21)	Aufbaukosten [Ph] + [EUR] (22)	Abbaukosten [Ph] + [EUR] (23)	Transport und Ladegewicht [t] (24)
		UNTERKÜNFTE u.ä.										
21	X.3.11.0006	Container-Unterkunft	7.9	31.1	5,00	511,00	328,50	100,00	500,00	5,00 + 70,00	3,00 + 30,00	
22	X.3.11.0006	Container-Unterkunft	1.7	26.2	8,00	817,60	525,60	100,00	800,00	5,00 + 70,00	3,00 + 30,00	
23	X.3.18.0006	Wasch- und Toilettencontainer	1.7	26.2	8,00	918,40	590,40	80,00	640,00	16,00 + 100,00	8,00 + 50,00	
24	X.3.12.0006	Bürocontainer	1.7	26.2	8,00	795,20	511,20	110,00	880,00	5,00 + 70,00	3,00 + 30,00	
25	X.3.01.0006	Magazincontainer	1.7	26.2	8,00	604,80	388,80			3,00 + 30,00	2,00 + 20,00	
26	Y.3.20.0001	Personal-Computer (PC)	1.7	26.2	8,00	265,22	30,72			1,00	1,00	
27	Y.3.21.0004	Laser-Drucker	1.7	26.2	8,00	105,67	12,24					
28	Y.3.20.0005	Bildschirm 17"	1.7	26.2	8,00	63,61	7,37					
29	Y.4.02.0001	Faxgerät	1.7	26.2	8,00	105,67	69,36					
30	Y.3.30.0001	Kopiergerät 01	1.7	26.2	8,00	54,26	12,24					
31		Summe				4.241,43	2.476,43		2.820,00	35,00 + 340,00	20 + 160	13,42
32	P.0.00.0060	PKW Golf, Benzinmotor	1.7	26.2	8,00	2.170,00	1.612,00	200,00	1.600,00			17,010
33		* außerhalb der BGL										
34												
35												
36												
37		Für die Unterlagen "Kosten des Einrichtens" und "Kosten des Räumens" wird aus den Einträgen "Transport und Ladegewicht" der Zeilen 6-11 und 14-20 ein Gesamtgewicht gebildet zu:										
38												

Unterlage g1.2 — GERÄTEEINSATZKOSTEN DES LEISTUNGSGERÄTS

LB Pos.	Nr.	Bezeichnung	AK	Vorhaltekosten (eig. Miete + Reparatur)		Betriebskosten (Stoffe + Schmierstoffe)	Leistung	Aufwandswert ***	Geräteeinsatzkosten pro Stunde	Geräteeinsatzkosten pro Arbeitseinheit
				[EUR/Mon.]	[EUR/h]	[EUR/h]	[E/h]	[Ph/E]	[EUR/h]	[EUR/E]
(1)	(2)	(3)	(4)	(5)	(6) = (5)/170	(7)	(8)	(9)	(10) = (6) + (7)	(11) = (10)/(8)
002	3	Planierraupe	1	5.135,45	30,21	70 kW × 0,17 l/kWh × 0,8 EUR/l × 1,1 ** = 10,47	58,4 m³/h	0,017 h/m³	40,68	0,70
002	4	Radlader plus 1 Helfer *	1 1	1.708,84	10,05	30 kW × 0,17 l/kWh × 0,8 EUR/l × 1,1 ** = 4,49	12,5 m³/h	0,08 h/m³ 0,08 h/m³	14,54	1,16
								Σ 0,16 h/m³		Σ 1,16
002	5	Tieflöffelbagger plus 1 Helfer *	1 1	876,41	5,16	10 kW × 0,17 l/kWh × 0,8 EUR/l × 1,1 ** = 1,5	2,5 m³/h	0,40 h/m³ 0,40 h/m³	6,66	2,66
								Σ 0,80 h/m³		Σ 2,66
002	5	Tieflöffelbagger	1	876,41	5,16	10 kW × 0,17 l/kWh × 0,8 EUR/l × 1,1 ** = 1,5	4,4 m³/h	0,23 h/m³	6,66	1,51
002 6A	5	Vibrostampfer plus 1 Helfer *	1 1	106,13	0,62	2,3 kW × 0,17 l/kWh × 0,8 EUR/l × 1,15 ** = 0,36	4,4 m³/h	0,23 h/m³	0,98	0,22
								Σ 0,68 h/m³		Σ 1,74
002	5	Tieflöffelbagger	1	876,41	5,16	10 kW × 0,17 l/kWh × 0,8 EUR/l × 1,1 ** = 1,5	16,66 m³/h	0,06 h/m³	6,66	0,40
002 6B	7	Flächenrüttler	1	306,90	1,81	6,0 kW × 0,17 l/kWh × 0,8 EUR/l × 1,1 ** = 0,9	16,66 m³/h	0,06 h/m³	2,71	0,16
								Σ 0,12 h/m³		Σ 0,56

* in der Ermittlung der Aufwandswerte
** Schmierstoffzuschlag; 10% der Betriebsstoffkosten
*** Für Aufwandswerte Lohn gilt der jeweils pro Position aufsummierte Wert

Unterlage g3 Blatt 1   Anhang B

Unterlage g3 Blatt 1	SCHALUNGSKOSTEN KERNDECKEN, BAUWERK A, LB 013, POS.9

lfd. Nr.	Bezeichnung	Menge [St.]	AW [Ph/E]	Ges. Ph [Ph]	Listenpreis [EUR/St.]	Gesamtlistenpreis [EUR]	monatl. Satz A+V (BGL) [%]	monatl. Satz Rep. (BGL) [%]	A+V (70%) [EUR/Mon.]	R (50%) [EUR/Mon.]	A+V+R [EUR]	Bemerkung	Gewicht [Kg/St.]	Gesamtgewicht [t]
(1)	(2)	(3)	(4)	(5)	(6)	(7)	(8)	(9)	(10)	(11)	(12)	(13)	(14)	(15)
				(3)x(4)		(3)x(6)			(3)x(6)x(8)x70%	(3)x(6)x(9)x50%	((10)+(11))x4,5			
1	Dreischichtpl. 250/50 ungeschnitten	57	0,2875	16,39	15,91	906,87							13,13	0,75
2	Dreischichtpl. 150/50 ungeschnitten	42	0,2850	11,97	9,55	401,10							7,88	0,33
3	Holzträger H20 P 4,90	8	0,098	0,78	42,97		3,20	1,50	7,70	2,58	46,26		25,00	0,20
4	Holzträger H20 P 3,90	7	0,098	0,69	34,21		3,20	1,50	5,36	1,80	32,22		19,90	0,14
5	Holzträger H20 P 3,30	1	0,072	0,07	28,94		3,20	1,50	0,65	0,22	3,92		16,80	0,02
6	Holzträger H16 P 3,30	19	0,051	0,97	22,70		3,20	1,50	9,66	3,23	58,01		12,32	0,23
7	Holzträger H16 P 2,90	19	0,051	0,97	19,94		3,20	1,50	8,49	2,84	50,99		10,86	0,21
8	Holzträger H16 P 2,45	18	0,051	0,92	16,83		3,20	1,80	6,79	2,27	40,77		9,15	0,16
9	Stützen N350	28	0,084	2,35	55,22		2,70	1,80	29,22	13,92	194,13	4,5 Monate	20,50	0,57
10	Stützbein	16	0,044	0,70	54,71		2,70	1,80	16,54	7,88	109,89		15,60	0,25
11	Absenkkopf H20	16	0,021	0,34	24,39		2,70	1,80	7,38	3,51	49,01		6,10	0,10
12	Haltekopf H20	12	0,021	0,25	7,06		2,70	1,80	1,60	0,76	10,62		0,77	0,01
13	Federbolzen	28			2,66		2,70	1,80	1,41	0,67	9,36		0,25	0,01
14	Balkenzwinge 20	8	0,08	0,64	44,48		2,70	1,80	6,73	3,20	44,69		6,90	0,06
15	Kantholz, Knaggen Streben (Rand)	gesch.		2,0	250,00	250,00							500,00	0,50
	Summe [t] :													3,540 t
	Summe [EUR] :					1557,97			+		649,87	= 2.207,84 EUR		
	Summe [Ph] :			39,04					Bezogen auf Kerndecken-Grundfläche von m²		766,02	= 2,88 EUR/m²		
	AW= Σ (5): (11,00m * 7,10m)⁻¹ =			0,50 Ph/m²					Einschl. Kleinteile usw. 0,5 EUR/m²			= 3,38 EUR/m²		

Da die maßgebenden Mengen fast alle aus den Kernen von Bauwerk A stammen, wird zur Ermittlung des Aufwandswertes auch die Fläche von Kern A herangezogen.

Anhang B Unterlage g3 Blatt 2

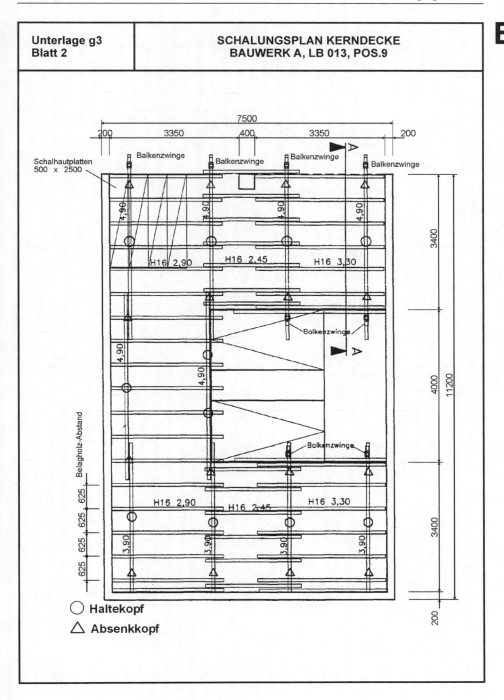

Unterlage h1	MITTELLOHNBERECHNUNG

lfd. Nr.	Berufsgruppe	Anzahl	Tariflohn [EUR/Ph] einzeln	gesamt
1	Hilfspolier	—	—	—
2	Vorarbeiter	2	15,55	31,10
3	Spezialbaufacharbeiter	3	14,78	44,34
4	Baufacharbeiter (gehoben)	2	13,56	27,12
5	Bauwerker	2	10,12	20,24
6	Baumaschinenführer (Erdbau)	1	14,78	14,78
7	Baumaschinenführer (in BGK erfaßt)	[1]		
8	Summe:	10		137,58
9	MITTELLOHN I :			**13,76**
10	Zulage für Überstunden			
11	Zulage für Nachtstunden			
12	Zulage für (übertariflich)			
13	Zulage für			
14	Zulage für			
15	Vermögensbildung:			0,10
16	MITTELLOHN II :		A	**13,86**
17	LOHNZUSATZKOSTEN Basis: Mittellohn I	102,10%	S	**14,05**
18	LOHNNEBENKOSTEN Basis: Mittellohn I	13,00%	L	**1,79**
19	HERSTELLMITTELLOHN		ASL	**29,70**

Anhang B   Unterlage h2 Blatt 1

| Unterlage h2 Blatt 1 | EINZELKOSTEN- UND EINHEITSPREISERMITTLUNG (ANGEBOTSKALKULATION) | B |

Pos. Nr.	U. Pos.	Mengen	Leistungs-beschreibung	BAS-Nr.	Personenstunden 29,70 = ML Kost.Art.	Lohn-kosten 1	Schalung Rüstung 2	Geräte-kosten 3	Stoff-kosten 4	NU-Kosten 5	Sonst. Kosten 6	Summe EKdT 1-6	DA 1-3 59,10%	DA 4-6 20,00%	EP EUR/ME	GP EUR
(1)	(2)	(3)	(4)	(5)	(6)	(7)	(8)	(9)	(10)	(11)	(12)	(13)	(14)	(15)	(16)	(17)
Leistungsbereich 000 Baustelleneinrichtung
1		pausch.	Baustelleneinrichtung herrichten			29.012,15	0,00	1.500,00	50,00	48.963,75	15.163,56	94.689,46	18.032,58	12.835,46	125.557,60	125.557,60
					Σ	29.012,15	0,00	1.500,00	50,00	48.963,75	15.163,56	94.689,46				
2		pausch.	Baustelleneinrichtung vorhalten			9.484,40	24.286,85	55.879,39	2.085,00	6.800,00	10.800,00	109.335,64	52.983,53	3.937,00	166.256,17	166.256,17
					Σ	9.484,40	24.286,85	55.879,39	2.085,00	6.800,00	10.800,00	109.335,64				
3		pausch.	Baustelleneinrichtung räumen			18.587,45	0,00	0,00	50,00	24.833,00	14.433,56	57.904,01	10.985,18	7.863,31	76.752,50	76.752,50
					Σ	18.587,45	0,00	0,00	50,00	24.833,00	14.433,56	57.904,01				
LB 000			**Zwischensummen:**		Σ	57.084,00	24.286,85	57.379,39	2.185,00	80.596,75	40.397,12	261.929,11				**368.566,27**
Leistungsbereich 002 Erdarbeiten
1		pausch.	Baugelände herrichten							7.000,00		7.000,00	0,00	1.400,00	8.400,00	8.400,00
					Pl/m²	0,50		0,70		7.000,00		7.000,00				
2		4.590,00	Oberboden abtragen		0,017	2.295,00		3.213,00				5.508,00	0,71	0,00	1,91	8.766,90
					Σ			1,20				1,20				
3		1.210,00	Baugrube und Einplanierung BK 4-5		0,16	4,75		1,16				5,91	3,49	0,00	9,40	11.374,00
					Pl/m²	5.747,50		1.403,60				7.151,10				
4		850,00	Fundamentaushub Bodenklasse 4-5		0,80	23,76		2,66				26,42	15,61	0,00	42,03	35.725,50
					Σ	20.196,00		2.261,00				22.457,00				
4¹	Alt.		Fundamentaushub Bodenklasse 6		1,60	47,52		4,55				(52,07)	30,77	0,00	82,84	
5		EP	Abfuhr überschüssigen Bodens							11,50		(11,50)	0,00	2,30	13,80	
6		pausch.	Verfüllen und Sauberkeitsschicht		Pl/m²	(=23.633,78)		(=1.102,90)	(=10.119,94)			34.856,62	14.619,38	2.023,99	51.499,99	51.499,99
												34.856,62 (=34.856,62)				
6a		554,00	Verfüllung am Baukörper		0,59	20,49		1,73				28,42				
					Pl/m²	11.351,46		958,42								
6b		258,00	Sauberkeitsschicht Kies (FT)		0,12	3,56		0,56	0,77							
					Pl/m²	918,48		144,48	198,56							
6c		2.944,00	Sauberkeitsschicht (Ortbeton)		0,13	3,86			3,37							
					Pl/m²	11.363,84			9.921,28							
7		EP	Handaushub		2,50	74,25						(74,25)	43,88	0,00	118,13	
LB 002			**Zwischensummen:**		Σ	51.872,28		7.980,50	10.119,94	7.000,00		78.972,72				**115.766,39**

Alle Beträge ohne Bezeichnung beziehen sich auf EUR

825

Unterlage h2 Blatt 2 — EINZELKOSTEN- UND EINHEITSPREISERMITTLUNG (ANGEBOTSKALKULATION)

Pos. Nr.	U. Pos.	Mengen	Leistungsbeschreibung	BAS-Nr.	Personenstunden 29,70 = ML KostArt	Lohnkosten 1	Schalung Rüstung 2	Geräte-kosten 3	Stoff-kosten 4	NU-Kosten 5	Sonst. Kosten 6	Summe EKdT 1-6	DA 1-3 59,10%	DA 4-6 20,00%	EP EUR/ME	GP EUR
			Leistungsbereich 013 Betonarbeiten													
1		490,00 m²	Bodenplatte	8	1,00 Ph/m²	29,70			85,00			114,70	17,55	17,00	149,25	73.132,50
					Σ	14.553,00			41.650,00			56.203,00				
1	1	EP	Bodenplatte wie 1 jedoch nachtrgl. auf Anordnung							12,80		(12,80)	0,00	2,56	15,36	
2		165,00 m²	Streifenfundament	11	0,70 Ph/m²	20,79			85,00			105,79	12,29	17,00	135,08	22.288,20
					Σ	3.430,35			14.025,00			17.455,35				
3		295,00 m²	Kernwände	10	1,10 Ph/m²	32,67			85,00			117,67	19,31	17,00	153,98	45.424,10
					Σ	9.637,65			25.075,00			34.712,65				
4		136,00 m²	Kerndecken	9	1,00 Ph/m²	29,70			85,00			114,70	17,55	17,00	149,25	20.298,00
					Σ	4.039,20			11.560,00			15.599,20				
5		655,00 m²	Aufbeton Filigran	9	1,00 Ph/m²	29,70			85,00			114,70	17,55	17,00	149,25	97.758,75
					Σ	19.453,50			55.675,00			75.128,50				
5	1	655,00 m²	wie 5, jedoch abreiben Alt.		1,30 Ph/m²	38,61			85,00			123,61	22,82	17,00	163,43	(107.046,65)
					Σ	(25.289,55)			(55.675,00)			(80.964,55)				
5	2	655,00 m²	wie 5, jedoch glätten Alt.		1,70 Ph/m²	50,49			85,00			135,49	29,84	17,00	182,33	(119.426,15)
					Σ	(33.070,95)			(55.675,00)			(88.745,95)				
6		2,40 m²	Treppenpodeste	12	2,40 Ph/m²	71,28			85,00			156,28	42,13	17,00	215,41	516,98
					Σ	171,07			(204,00)			375,07				
7		911,00 m²	Streifenfundament inkl. Bodenplatte	4	0,70 Ph/m²	20,79	3,10					23,89	14,12	0,00	38,01	34.627,11
					Σ	18.939,69	2.824,10					21.763,79				
8		2950,00 m²	Kernwände	2	0,40 Ph/m²	11,88	6,15					18,03	10,66	0,00	28,69	84.635,50
					Σ	35.046,00	18.142,50					53.188,50				
9		907,00 m²	Kerndecken	1	0,50 Ph/m²	14,85	3,38					18,23	10,77	0,00	29,00	26.303,00
					Σ	13.468,95	3.065,66					16.534,61				
10		97,00 m²	Randschalung Kern	5	1,35 Ph/m²	40,10	4,60					44,70	26,42	0,00	71,12	6.898,64
					Σ	3.889,70	446,20					4.335,90				
11		150,00 m²	Randschalung Filigran	5	1,35 Ph/m²	40,10	4,60					44,70	26,42	0,00	71,12	10.668,00
					Σ	6.015,00	660,00					6.705,00				
12		16,50 m²	Podeste	3	1,15 Ph/m²	34,16	8,20					42,36	25,03	0,00	67,39	1.111,94
					Σ	563,94	135,30					696,94				
13		34,00 Stk.	Köcherfund. Typ A							987,43		987,43	0,00	197,49	1.184,92	40.287,28
										33.572,62		33.572,62				
14		69,00 Stk.	Köcherfund. Typ B							717,56		717,56	0,00	143,51	861,07	59.413,83
										49.511,64		49.511,64				
15		38,00 Stk.	Stützmauer							1.091,01		1.091,01	0,00	218,20	1.309,21	49.749,98
										41.458,38		41.458,38				
16		151,00 Stk.	Stützen Typ 1							475,44		475,44	0,00	95,09	570,53	86.150,03
										71.791,44		71.791,44				

Alle Beträge ohne Bezeichnung beziehen sich auf EUR

Unterlage h2 Blatt 3	EINZELKOSTEN- UND EINHEITSPREISERMITTLUNG (ANGEBOTSKALKULATION)

Pos. Nr.	U. Pos.	Mengen	Leistungs-beschreibung	BAS-Nr.	Personenstunden 29,70 = ML Kost.Art:	Lohn-kosten 1	Schalung Rüstung 2	Geräte-kosten 3	Stoff-kosten 4	NU-Kosten 5	Sonst. Kosten 6	Summe EKdT 1-6	DA 1-3 59,10%	DA 4-6 20,00%	EP EUR/ME	GP EUR
			Leistungsbereich 013 Betonarbeiten													
17		102,00 Stk.	Stützen Typ 2							581,18		581,18	0,00	116,24	697,42	71.136,84
18		4337,00 m²	Filigranplatten							59.280,36		59.280,36	0,00	7,22	43,31	187.835,47
										36,09		36,09				
										156.522,33		156.522,33				
19		68,00 Stk.	Unterzüge Typ 1							717,18		717,18	0,00	143,44	860,62	58.522,16
										48.768,24		48.768,24				
20		12,00 Stk.	Unterzüge Typ 2							750,26		750,26	0,00	150,05	900,31	10.803,72
										9.003,12		9.003,12				
21		12,00 Stk.	Unterzüge Typ 3							332,91		332,91	0,00	66,58	399,49	4.793,88
										3.994,92		3.994,92				
22		162,00 Stk.	Unterzüge Typ 4							943,91		943,91	0,00	188,78	1.132,69	183.495,78
										152.913,42		152.913,42				
23		6,00 Stk.	Treppenlauf Typ 1							780,43		780,43	0,00	156,09	936,52	5.619,12
										4.682,58		4.682,58				
24		6,00 Stk.	Treppenlauf Typ 2							780,43		780,43	0,00	156,09	936,52	5.619,12
										4.682,58		4.682,58				
25		6,00 Stk.	Podestplatte							268,72		268,72	0,00	53,74	322,46	1.934,76
										1.612,32		1.612,32				
26		3,00 Stk.	Treppenlauf Typ 3							601,06		601,06	0,00	120,21	721,27	2.163,81
										1.803,18		1.803,18				
27		3,00 Stk.	Treppenlauf Typ 4							601,06		601,06	0,00	120,21	721,27	2.163,81
										1.803,18		1.803,18				
28		57,00 t	Mattenstahl	7	20,00 Ph/t	564,00			323,00			917,00	351,05	64,60	1.332,65	75.961,05
					Σ	33.858,00			18.411,00			52.269,00				
29		30,00 t	Stabstahl	6	20,00 Ph/t	564,00			323,00			917,00	351,05	64,60	1.332,65	39.979,50
					Σ	17.820,00			9.690,00			27.510,00				
LB 013			Zwischensummen:		Σ	180.885,75	25.303,76	57.379,39	176.290,00	641.400,31		1.023.979,82				1.309.292,86
LB 000			Überträge			57.064,00	24.286,85		2.185,00	80.596,75	40.397,12	261.929,11				368.566,27
LB 002			Überträge			51.872,28	0,00	7.980,50	10.119,94	7.000,00		76.972,72				116.766,39
			Gesamtsummen und Angebotssumme:		Σ	289.842,03	49.590,61	65.359,89	188.594,94	728.997,06	40.397,12	1.362.781,65				1.793.625,52

Alle Beträge ohne Bezeichnung beziehen sich auf EUR

Unterlage h3.1 Blatt 1 — Anhang B

Unterlage h3.1 Blatt 1	ZEITABHÄNGIGE BAUSTELLENGEMEINKOSTEN - AUßER PERSONAL (ANGEBOTSKALKULATION)

HILFSTITEL: Betrieb

HIPO Nr.	Leistungen 29,70 EUR/Ph [ML]	Kostengruppe	EUR/Mon.	von	bis	Monate	Gesamtkosten [EUR]
(1)	(2)	(3)	(4)	(5)	(6)	(7)	(8) = (4)*(7)
100	**EIGENES GERÄT**						
110	Bereitstellungsgerät vorhalten *(s. Z.12 Geräteliste Sp.18)*	3					20.576,54
120	Reparaturen *(s. Z.12 Geräteliste Sp.19)*	3					8.163,03
200	**FREMDES GERÄT**						
210	Fremdmiete						
220	Instandhaltung						
300	**SONSTIGE ABSCHREIBUNGEN UND MIETEN**						
310	Zusätzliche Abschreibungen für gesondert beschafftes Gerät						
320	Sonstige Mieten						
321	für Trafo						
322	für Hauptverteiler						
400	**BETRIEBSSTOFFE**						
410	Diesel						
420	Strom *(s. Z.12 Geräteliste Sp.21)*	3					7.400,00
430	Wasser	4	80,00			8	640,00
440	Schmiermittel		in 420 enthalten				
500	**UNTERKÜNFTE/BÜROS**						
510	Vorhalten *(s. Z.31 Geräteliste Sp.18)*	3					4.241,40
520	Instandhaltung *(s. Z.31 Geräteliste Sp.19)*	3					2.476,42
530	Fremdmiete						
540	Instandhaltung fremde Unterhaltung						
550	Bewachung						
560	Reinigung						
561	Fremdreinigung	5	100,00			8	800,00
562	Putzmittel	4	50,00			8	400,00
570	Wohnlager						
571	Strom *(s. Z.31 Geräteliste Sp.21)*	3					2.820,00
572	Heizung						
573	Wasser	4	110,00			8	880,00
574	Wohnlagerunterhaltung						
580	Wohnlagereinrichtung	3	602,50			8	4.820,00
590	Fremdmiete Gebäude						
591	fremde Wohnunterkünfte						
592	Büro / Verwaltung						
600	**BÜROBETRIEB**	6	350,00			8	2.800,00
610	Telefon						
620	Büromittel						
630	Spesen						
631	Bewirtung	6	250,00			8	2.000,00
640	Büroeinrichtung						
650	Büromiete						
660	Versicherung für						
661	Bauwesen						
662	erhöhte Haftpflicht						

Unterlage h3.1 Blatt 2	ZEITABHÄNGIGE BAUSTELLENGEMEINKOSTEN - AUßER PERSONAL (ANGEBOTSKALKULATION)

HILFSTITEL: Betrieb

HIPO Nr.	Leistungen 29,70 EUR/Ph [ML]	Kosten-gruppe	EUR/Mon.	von	bis	Monate	Gesamtkosten [EUR]
(1)	(2)	(3)	(4)	(5)	(6)	(7)	(8) = (4)*(7)
700	**SONSTIGE MAßNAHMEN**						
710	Reinigung	1	250,00			8	2.000,00
711	Baustellenreinigung						
712	Gebäude, Büro, Unterkünfte						
720	Instandhaltung						
721	Bauzaun						
722	Baustraßen						
723	Einrichtungsgegenstände						
730	Sicherungsvorkehrungen	6	750,00			8	6.000,00
731	Holz und Holzmittelverbrauch						
732	Instandhaltung						
733	Baustellenbeleuchtung						
734	Sicherheitsbeauftragter						
735	Bewachung						
740	Entsorgung						
741	Schuttcontainer vorhalten (inkl. An- und Abfuhr)	5	750,00			8	6.000,00
800	**ARBEITSSICHERHEIT / WINTERBAU**						
810	Räumen, Streuen	1	2.494,80			3	7.484,40
		4	55,00			3	165,00
820	Leistungsabfall						
830	Schutzvorrichtungen						
840	Gerüst vorhalten (s. Z.18 Schutzgerüst Sp.11)	2					24.286,85
900	**SONSTIGES**						
910	Kleingeräte (in HIPO-Nr. 100 enthalten)						
920	Geländeanmietung						
930	Anmietung öffentlicher Flächen						
940	Straßenunterhaltung						
950	Bewachen						
960	PKW-Kosten (s. Z.32 Geräteliste Sp.18+19+21)	3					5.382,00
970	Bus-Kosten						
			KG 1: Lohn				9.484,40
			KG 2: Schalung/Rüstung				24.286,85
			KG 3: Geräte				55.879,39
			KG 4: Stoffe				2.085,00
			KG 5: NU / Fremdleistung				6.800,00
			KG 6: Sonstiges				10.800,00
Geht in LB 000 Pos.2 ein			**Gesamtsumme:**				**109.335,64**

Unterlage h3.1 Blatt 3	ZEITABHÄNGIGE BAUSTELLENGEMEINKOSTEN - PERSONAL (ANGEBOTSKALKULATION)											
HIPO Nr.	Personal	Name	von	bis	Dauer [Mon]	Gehalt bzw. Lohn	Belastung der Baustelle % bzw. Std.	Belastung der Baustelle [EUR]	Neben- kosten [EUR]	Zusatzkosten anteilig	Zusatzkosten [EUR]	Gesamtkosten [EUR/ Mon.]	Gesamtkosten [EUR]
(1)	(2)	(3)	(4)	(5)	(6) s.(5),(4)	(7)	(8)	(9) (7)x(8)	(10)	(11) bezogen auf (7)	(12) (9)x(11)	(13) (9)+(10)+(12)	(14) (6)x(13)
100	Oberbauleiter												
110	Bauleiter		1.7. Jahr 2	28.2. Jahr 3	8,00	4.000,00	0,33	1.320,00	150,00	0,400	528,00	1.998,00	15984,00
120	Abrechner		1.7. Jahr 2	28.2. Jahr 3	8,00	3.300,00	0,25	825,00	100,00	0,400	330,00	1.255,00	10040,00
130	Vermesser												
140	Kaufmann												
150	Schreibkraft		1.7. Jahr 2	28.2. Jahr 3	8,00	3.500,00	0,20	700,00	65,00	0,400	280,00	1.045,00	8360,00
160													
200	Oberpolier												
210	Polier		1.7. Jahr 2	28.2. Jahr 3	8,00	3.309,00	1,10	3.639,90	300,00 pro Monat	0,450	1637,96	5.577,86	44622,88
220													
300	Kraftfahrer												
310	Magazinverwalter	s. Polier	1.7. Jahr 2	28.2. Jahr 3	8,00							900,00	7200,00
320	Budenwart		1.7. Jahr 2	28.2. Jahr 3	8,00								
330	Elektriker												
340	Schlosser												
350	Messgehilfe												
360	Sicherheitskraft												
370	Wächter												
380	Kranführer		27.7. Jahr 2	26.2. Jahr 3	7,00	14,78	172,00	2.542,16	13,00% vom Lohn	1,0210	2595,55	5.468,19	38277,33
390											Gesamtsumme:	16.244,05	124.484,21

* abgeleitet von der Gehaltstabelle Baugewerbe "West" 2002/2003 für Techniker, Kaufleute und Poliere

Anhang B   Unterlage h3.2 Blatt 1

Unterlage h3.2 Blatt 1	KOSTEN DES EINRICHTENS DER BAUSTELLE (ANGEBOTSKALKULATION)				
HIPO Nr.	Leistungen 29,70 EUR/Ph [ML]	Kosten-gruppe	Kalk. Ansatz [Ph]	Kalk. Ansatz [EUR]	Gesamtkosten [EUR]
(1)	(2)	(3)	(4)	(5)	(6) = (4)*ML+(5)
100	**BAUGELÄNDE HERRICHTEN**				
110	Bewuchs beseitigen				
111	Bäume fällen		siehe LB 002		
112	Baumstümpfe roden / Unterholz				
113	Mutterboden abschieben				
120	Abfindungen				
130	Abbrucharbeiten				
131	Abbrucharbeiten Mauerwerk				
132	Abbrucharbeiten Beton				
140	Zwischenlagerflächen herrichten				
141	für Fertigteile	5		3.600,00	3.600,00
150	Umzulegen/Schützen				
151	Abwasser				
152	Wasserversorgung				
153	Strom				
154	Gas				
155	Telefon				
156	Wege				
160	Einrichtungsflächen herrichten				
161	generell				
162	für Schalplatz	5		1.875,00	1.875,00
163	für Biegeplatz				
164	für Lagerplatz Stahl / Holz	5		2.250,00	2.250,00
165	für Unterkünfte	5		7.656,25	7.656,25
170	Zimmerplatz				
180	Befestigte Flächen				
181	Schotter				
182	Beton				
183	Fundamente				
184	Baustraßen	5		7.800,00	7.800,00
185	Straßenzufahrt				
186	Unterbau für Krangleise	5		8.280,00	8.280,00
200	**SICHERHEIT**				
211	Bauzaun aufbauen *(500 m)*	1 + 6	100,00	800,00	3.770,00
212	Tore aufbauen	1 + 4	14,00	50,00	465,80
213	Türen aufbauen				
220	Schutzvorkehrungen	1 + 6	160,00	800,00	5.552,00
221	Schutzdächer				
222	Absperrungen im Gelände				
223	Absperrungen an der Straße				
224	Absperrungen im Gebäude				
225	Bautreppen außen				
226	Bautreppen innen				
227	Dächer für Zimmerplatz				
228	Dächer für Biegeplatz				
229	Dächer für Lagerplatz				
230	Schallschutz				
240	Bauschilder	1 + 5	25,00	2.000,00	2.742,50
250	Baustellenbeleuchtung	1 + 6	12,00	600,00	956,40
300	**VERSORGUNG DER BAUSTELLE EINRICHTEN**				
301	Zwischentransporte				
302	Mehrfachtransporte				
310	Stromversorgung				
311	Stromanschluss	5			1.000,00
312	Kabel	5		6.230,00	6.230,00
313	Stromanschlussstellen				
320	Wasserversorgung				
321	Wasseranschluss	5		750,00	750,00
322	Wasserverteilung lfd. m Leitung	5		4.672,50	4.672,50
323	Zapfstellen				
330	Telefonanschluss				
340	Abwasseranschluss	5		750,00	750,00
350	Gas				
351	Gasversorgung				
352	Gasverteilung lfd. m Leitung				

Unterlage h3.2 Blatt 2	KOSTEN DES EINRICHTENS DER BAUSTELLE (ANGEBOTSKALKULATION)				
HIPO Nr.	Leistungen 29,70 EUR/Ph [ML]	Kosten-gruppe	Kalk. Ansatz [Ph]	Kalk. Ansatz [EUR]	Gesamtkosten [EUR]
(1)	(2)	(3)	(4)	(5)	(6) = (4)*ML+(5)
500	**GERÄTE**				
510	Laden auf Bauhof				
511	Kran mit Zubehör (s. Z.2 Geräteliste Sp. 24)				
	46,230 t x (1Ph/t + 25 EUR/t)	1 + 6	46,23	1.155,75	2.528,78
512	Sonstiges Gerät (s. Z.38 Geräteliste Sp. 24)				
	17,010 t x (1,5 Ph/t + 37,5 EUR/t)	1 + 6	25,52	637,88	1.395,82
520	Transport				
521	Kran und Zubehör				
	3 Fahrten	6		1.200,00	1.200,00
522	Sonstiges Gerät (s. Z.38 Geräteliste Sp. 24)				
	17,010 t x (1,5 Ph/t + 37,5 EUR/t)	6		510,30	1.200,00
530	Geräte abladen auf Baustelle				
531	Kran mit Zubehör (s. Z.2 Geräteliste Sp. 24)				
	46,230 t x (1Ph/t + 25 EUR/t)	1 + 6	46,23	1.155,75	1.200,00
532	Sonstiges Gerät (s. Z.38 Geräteliste Sp. 24)				
	17,010 t x (1,5 Ph/t + 37,5 EUR/t)	1 + 6	25,52	637,88	1.395,82
540	Gerätemontage (s. Z.12 Geräteliste Sp. 22)	1 + 6	135,00	1.760,00	5.769,50
600	**UNTERKÜNFTE**				
610	Aufladen auf Bauhof (s. Z.21 Geräteliste Sp. 24)				
	13,420 t x (1Ph/t + 25 EUR/t)	1 + 6	13,42	335,50	734,07
620	Transport 5 Fahrten	6		875,00	875,00
630	Abladen auf Baustelle (s. Z.21 Geräteliste Sp. 24)				
	13,420 t x (1Ph/t + 25 EUR/t)	1 + 6	13,42	335,50	734,07
640	Unterkünfte Aufbau (s. Z.31 Geräteliste Sp. 22)	1 + 6	35,00	340,00	1.379,50
641	Sanitär	5		750,00	750,00
642	Strom	5		1.250,00	1.250,00
643	Gas				
644	Telefon	5		100,00	100,00
650	Unterkünfte ausstatten				
700	**GERÜST / ARBEITSSICHERHEIT**				
710	Gerüst aufladen (s. Schutzgerüst)				
	50,250 t x (1Ph/t + 25 EUR/t)	1 + 6	50,25	1.256,25	2.748,68
720	Transport Gerüst				
	50,250 t x (1Ph/t + 25 EUR/t)	6		1.507,50	1.507,50
730	Gerüst abladen (s. Schutzgerüst)				
	50,250 t x (1Ph/t + 25 EUR/t)	1 + 6	50,25	1.256,25	2.748,68
740	Gerüst montieren				
	300,00 m² x 0,20 Lh/m²	1	75,00		2.227,50
750	Gerüst umsetzen				
	100,00 m² x 0,20 Lh/m²	1	150,00		4.455,00
800	**ERSTAUSSTATTUNG 150 EUR/AK (KLEINGERÄT, WERKZEUG)**	3	10 AK	1.500,00	1.500,00
900	**SONSTIGES**				
910	Labor				
920	Erste Hilfe Station				
930	Sprechanlage				
940	Fernschreiber				
950	Hilfskonstruktionen				
			KG 1: Lohn		29.012,15
			KG 2: Schalung/Rüstung		0,00
			KG 3: Geräte		1.500,00
			KG 4: Stoffe		50,00
			KG 5: NU / Fremdleistung		48.963,75
			KG 6: Sonstiges		15.163,56
Geht in LB 000 Pos.1 ein			**Gesamtsumme:**		**94.689,46**

*) Einzelermittlung bei Bedarf auf Beiblättern

Unterlage h3.2 Blatt 3

KOSTEN DES RÄUMENS DER BAUSTELLE (ANGEBOTSKALKULATION)

HIPO Nr.	Leistungen 29,70 EUR/Ph [ML]	Kosten-gruppe	Kalk. Ansatz [Ph]	[EUR]	Gesamtkosten [EUR]
(1)	(2)	(3)	(4)	(5)	(6) = (4)*ML+(5)
100	**BAUGELÄNDE HERRICHTEN**				
110	Rekultivieren				
111	Verfüllen von:				
112	Aufreißen				
113	Mutterboden aufbringen				
120	Abfindungen				
130	Abbrucharbeiten				
131	Abbrucharbeiten Mauerwerk				
132	Abbrucharbeiten Beton				
140	Zwischenlagerflächen räumen	5		1.728,00	1.728,00
150	Herrichten / Anschließen				
151	Abwasser				
152	Wasserversorgung				
153	Strom				
154	Gas				
155	Telefon				
156	Wege				
160	Einrichtungsflächen räumen generell				
161					
162	für Schalplatz	5		900,00	900,00
163	für Biegeplatz				
164	für Lagerplatz Stahl / Holz	5		1.080,00	1.080,00
165	für Unterkünfte	5		3.675,00	3.675,00
170	Zimmerplatz				
180	Befestigte Flächen räumen				
181	Schotter				
182	Beton				
183	Fundamente				
184	Baustraßen	5		7.300,00	7.300,00
185	Straßenzufahrt				
186	Unterbau für Krangleise	5		3.312,00	3.312,00
200	**SICHERHEIT RÄUMEN**				
210	Einfriedungen				
211	Bauzaun abbauen *(500 m)*	1 + 6	50,00	400,00	1.885,00
212	Tore abbauen	1 + 4	6,00	50,00	228,00
213	Türen abbauen				
220	Schutzvorkehrungen	1 + 6	40,00	250,00	1.438,00
221	Schutzdächer				
222	Absperrungen im Gelände				
223	Absperrungen an der Straße				
224	Absperrungen im Gebäude				
225	Bautreppen außen				
226	Bautreppen innen				
227	Dächer für Zimmerplatz				
228	Dächer für Biegeplatz				
229	Dächer für Lagerplatz				
230	Schallschutz				
240	Bauschilder	1 + 6	5,00	100,00	248,50
250	Baustellenbeleuchtung	1 + 6	8,00	400,00	637,60
300	**VERSORGUNG DER BAUSTELLE RÄUMEN**				
301	Zwischentransporte				
302	Mehrfachtransporte				
310	Stromversorgung				
311	Stromanschluss	5		300,00	300,00
312	Kabel	5		2.136,00	2.136,00
313	Stromanschlussstellen				
320	Wasserversorgung				
321	Wasseranschluss	5		500,00	500,00
322	Wasserverteilung lfd. m Leitung	5		1.602,00	1.602,00
323	Zapfstellen				
330	Telefonanschluss				
340	Abwasseranschluss	5		500,00	500,00
350	Gas				
351	Gasversorgung				
352	Gasverteilung lfd. m Leitung				

Unterlage h3.2 Blatt 4	KOSTEN DES RÄUMENS DER BAUSTELLE (ANGEBOTSKALKULATION)				
HIPO Nr.	Leistungen 29,70 EUR/Ph [ML]	Kosten- gruppe	Kalk. Ansatz [Ph]	Kalk. Ansatz [EUR]	Gesamtkosten [EUR]
(1)	(2)	(3)	(4)	(5)	(6) = (4)*ML+(5)
500	**GERÄTE**				
510	Geräte Demontage *(s. Z.12 Geräteliste Sp.23)*	1 + 6	103,00	1.760,00	4.819,10
520	Geräte aufladen				
521	Kran und Zubehör *(s. Z.2 Geräteliste Sp.24)*				
	46,230 t x (1Ph/t + 25 EUR/t)	1 + 6	46,23	1.155,75	2.528,78
522	Sonstiges Gerät *(s. Z.38 Geräteliste Sp.24)*				
	17,010 t x (1,5 Ph/t + 37,5 EUR/t)	1 + 6	25,52	637,88	1.395,82
530	Transport				
531	Kran mit Zubehör	6		1.200,00	1.200,00
	3 Fahrten				
532	Sonstiges Gerät *(s. Z.38 Geräteliste Sp.24)*				
	17,010 t x 30 EUR/t	6		510,30	510,30
540	Geräte abladen				
541	Kran mit Zubehör *(s. Z.2 Geräteliste Sp.24)*				
	46,230 t x (1Ph/t + 25 EUR/t)	1 + 6	46,23	1.155,75	2.528,78
542	Sonstiges Gerät *(s. Z.38 Geräteliste Sp.24)*				
	17,010 t x (1,5 Ph/t + 37,5 EUR/t)	1 + 6	25,52	637,88	1.395,82
600	**UNTERKÜNFTE**				
610	Unterkünfte Abbau *(s. Z.31 Geräteliste Sp.23)*	1 + 6	20,00	160,00	754,00
611	Sanitär	5		450,00	450,00
612	Strom	5		450,00	450,00
613	Gas				
614	Telefon				
620	Unterkünfte aufladen *(s. Z.21 Geräteliste Sp.24)*				
	13,420 t x (1Ph/t + 25 EUR/t)	1 + 6	13,42	335,50	734,07
630	Transport *5 Fahrten*	6		875,00	875,00
640	Unterkünfte Abladen *(s. Z.21 Geräteliste Sp.24)*				
	13,420 t x (1Ph/t + 25 EUR/t)	1 + 6	13,42	335,50	734,07
700	**GERÜST / SCHALUNG ARBEITSSICHERHEIT**				
710	Gerüst demontieren *(s. Schutzgerüst)*				
	300,00 m x 0,25 Ph/m	1	75,00		2.227,50
720	aufladen *(s. Schutzgerüst)*				
	50,250 t x (1Ph/t + 25 EUR/t)	1 + 6	50,25	1.256,25	2.748,68
730	Fracht *(s. Unterl.Schutzgerüst)*				
	50,250 t x 30 EUR/t	6		1.507,50	1.507,50
740	abladen *(s. Unterl. Schutzgerüst)*				
	50,250 t x (1Ph/t + 25 EUR/t)	1 + 6	50,25	1.256,25	2.748,68
800	**ERSTAUSSTATTUNG ZURÜCKNEHMEN (KLEINGERÄT, WERKZEUG)**				
900	**SONSTIGES**				
970	Transport zur Kippe 6t	5		900,00	900,00
980	Reinigung				
981	Zwischenreinigung				
982	Endreinigung	1 + 6	48,00	500,00	1.925,60
			KG 1: Lohn		18.587,45
			KG 2: Schalung/Rüstung		0,00
			KG 3: Geräte		0,00
			KG 4: Stoffe		50,00
			KG 5: NU / Fremdleistung		24.833,00
			KG 6: Sonstiges		14.433,56
Geht in LB 000 Pos.3 ein			**Gesamtsumme:**		**57.904,01**
*) Einzelermittlung bei Bedarf auf Beiblättern					

Unterlage i	KALKULATIONSSCHLUSSBLATT

Kostenart bzw. Preisbestandteile	Zeile ()	Einzelkosten der Teilleist.	BGK 1. Rechengang	Zuschläge* 1. Rechengang	BGK 2. Rechengang	Zuschläge 2. Rechengang	Zuschlags- berechnung
Lohn	1	289.842,03					
Schalung und Rüstung	2	49.590,61					
Gerätekosten	3	65.359,89					
Stoffkosten	4	188.594,94					
NU-Kosten	5	728.997,06					
Sonst. Kosten	6	40.397,12					
Summe der EkdT	**7**	**1.362.781,65**					
Einrichten (Unterlage h3.2 Bl. 1+2)	11						
Räumen (Unterlage h3.2 Bl. 3+4)	12						
Sonstiges	13		47.875,00		51.007,00		
Betrieb (Unterlage h3.1 Bl. 1+2)	14						
Personal (Unterlage h3.1 Bl. 3)	15		124.484,21		124.484,21		
Baustellengemeinkosten (BGK)	**16**		**172.359,21**		**175.491,21**		
Objektherstellungskosten	21			1.535.140,86		1.538.272,86	
Allgemeine Geschäftskosten 10% (von Zeile 21)	22			153.514,09		153.827,29	
Selbstkosten SK	23			1.688.654,95		1.692.100,15	
Gewinn und Wagnis 6% (von Zeile 23)	24			101.319,30		101.526,01	
Vorläufige Angebotssumme (23) + (24)	**25**			**1.789.974,24**		**1.793.626,15**	
Umlage- bzw. Schlüsselbetrag: (16) + (22) + (24)	30						430.844,50
Basiskosten I: (1) + (2) + (3)	31						404.792,53
Basiskosten II: (4) + (5) + (6)	32						957.989,12
Umlage bei Zuschlag auf Basiskosten II 20%	33						191.597,82
Umlage bei Zuschlag auf Basiskosten I: (30) - (33)	34						239.246,68
%-Zuschläge auf Basiskosten I	**35**						**59,10%**

* Angebotssumme im ersten Rechengang ist die Grundlage zur Berechnung der Lohngleitklausel
Alle Beträge ohne Bezeichnung beziehen sich auf EUR

Anhang C

C

Unterlagen des Vertragsschlusses   **28. Mai**

Unterlage	Blatt	Inhalt	Seite
m		Protokoll der technischen Klärungen (vor Vertragsschluss)	839
n		Vertragspreise	840

Unterlage m	PROTOKOLL DER TECHNISCHEN KLÄRUNGEN (VOR VERTRAGSABSCHLUSS)

lfd. Nr.	Text	
1	Folgende Vorleistungstermine für AG-seitige Leistungen werden vereinbart:	
	Kanalisationsfertigstellung	
	Abschnitt 4	02. 7.
	Abschnitt 1	14. 7.
	Abschnitt 5	22. 7.
	Abschnitt 2	04. 8.
	Abschnitt 6	12. 8.
	Abschnitt 3	20. 8.
2	Planlieferungen	
	Architektenpläne	01. 6.
	Schalpläne komplett als Vorabzüge	01. 6.
	FT-Pläne Fundament	01. 6.
	FT-Pläne Rest	22. 6.
	Ausführungspläne Ortbeton	
	Gründung	22. 6.
	EG	17. 8.
	Rest	07. 9.
3	Es wird ab UK Decke abgerechnet, ganz gleich, wie die technische Ausführung ist.	
4	Der bei Angebotsabgabe überreichte Terminplan TP 1 wird Vertragsbestandteil.	
5	Es wird festgelegt, dass pro Woche ein gemeinsamer Abrechnungs- bzw. Prüfungstermin für alle jeweils angefallenen Mengenermittlungen stattfindet.	

Unterlage n				VERTRAGSPREISE			
Pos.	Menge	Einheit	Kurztext	Lohnanteil	Sonstige	EP	GP
(1)	(2)	(3)	(4)	(5)	(6)	(7)	(8)
Leistungsbereich 000 - Baustelleneinrichtung							
1	pauschal	-	Einrichten	46.158,33	79.399,27	125.557,60	125.557,60
2	pauschal	-	Vorhalten	15.089,68	151.166,49	166.256,17	166.256,17
3	pauschal	-	Räumen	29.572,63	47.179,87	76.752,50	76.752,50
Leistungsbereich 002 - Erdarbeiten (VOB/C DIN 18 300)							
1	pauschal	-	Baugelände herrichten	-	8.400,00	8.400,00	8.400,00
2	4.590,00	m²	Oberboden	0,80	1,11	1,91	8.766,90
3	1.210,00	m³	Baugrube	7,56	1,85	9,40	11.374,00
4	850,00	m³	Fundamente BK 5	37,80	4,23	42,03	35.725,50
4.1	EP	m³	Fundamente BK 6	75,60	7,24	82,84	-
5	EP	m³	Abfuhr	-	13,80	13,80	-
6	pauschal	-	Verfüllen und Sauberkeitsschicht	37.601,34	13.898,64	51.499,99	51.499,99
7	EP	m³	Handaushub	118,13	-	118,13	-
Leistungsbereich 013 - Betonarbeiten (VOB/C DIN 18 331)							
1	490,00	m³	Bodenplatte	47,25	102,00	149,25	73.132,50
1.1	EP	m³	Zulage	-	15,36	15,36	-
2	165,00	m³	Streifenfundamente	33,08	102,00	135,08	22.288,20
3	295,00	m³	Kernwände	51,98	102,00	153,98	45.424,10
4	136,00	m³	Kerndecke	47,25	102,00	149,25	20.298,00
5	655,00	m³	Aufbeton	47,25	102,00	149,25	97.758,75
5.1	alternativ	m³	Abreiben	61,43	102,00	163,43	-
5.2	alternativ	m³	Glätten	80,33	102,00	182,33	-
6	2,40	m³	Podeste	113,41	102,00	215,41	516,98
7	911,00	m²	Fundamentschalung	33,08	4,93	38,01	34.627,11
8	2.950,00	m²	Wandschalung	18,90	9,78	28,69	84.635,50
9	907,00	m²	Deckenschalung	23,63	5,38	29,00	26.303,00
10	97,00	m²	Randschalung Kerne	63,80	7,32	71,12	6.898,64
11	150,00	m²	Randsch. Filigranplatten	63,80	7,32	71,12	10.668,00
12	16,50	m²	Podestschalung	54,35	13,05	67,39	1.111,94
13	34,00	St.	Köcher 1	-	1.184,92	1.184,92	40.287,28
14	69,00	St.	Köcher 2	-	861,07	861,07	59.413,83
15	38,00	St.	Stützwand	-	1.309,21	1.309,21	49.749,98
16	151,00	St.	Stütze 1	-	570,53	570,53	86.150,03
17	102,00	St.	Stütze 2	-	697,42	697,42	71.136,84
18	4.337,00	St.	Filigran	-	43,31	43,31	187.835,47
19	68,00	St.	Unterzug 1	-	860,62	860,62	58.522,16
20	12,00	St.	Unterzug 2	-	900,31	900,31	10.803,72
21	12,00	St.	Unterzug 3	-	399,49	399,49	4.793,88
22	162,00	St.	Unterzug 4	-	1.132,69	1.132,69	183.495,78
23	6,00	St.	Treppe 1	-	936,52	936,52	5.619,12
24	6,00	St.	Treppe 2	-	936,52	936,52	5.619,12
25	6,00	St.	Podestplatte	-	322,46	322,46	1.934,76
St	3,00	St.	Treppe 3	-	721,27	721,27	2.163,81
27	3,00	St.	Treppe 4	-	721,27	721,27	2.163,81
28	57,00	t	Mattenstahl	945,05	387,60	1.332,65	75.961,05
29	30,00	t	Stabstahl	945,05	387,60	1.332,65	39.979,50
						Summe:	1.793.625,52

Anhang D1   D1

Nach Auftragserteilung   Anfang Juni
**vor Eingang der freigegebenen Ausführungspläne
erarbeitete Arbeitsvorbereitungsunterlagen**

Teil 1: Differenzierte Arbeitsvorbereitung

Die differenzierte Arbeitsvorbereitung berücksichtigt auch schon die kurz nach der Auftragserteilung angeordneten Bauinhaltsmodifikationen.

Die auf die differenzierte Arbeitsvorbereitung aufbauende, die Angebotskalkulation überarbeitende Arbeitskalkulation wird in Teil D2 behandelt, ebenso schon anstehende Nachträge.

Unterlage	Blatt	Inhalt	Seite
g2	1	Arbeitsvorgänge, BAS-Nummern und Aufwandswerte....	843
g2	2	Detaillierte Aufwandswertermittlung, Kerndeckenschalung Normaltakt (Bauwerk A)............................	844
g3	1	Schalungsplan Kernwände Bauwerk A	845
g3	2	Schalungsplan Kernwände Bauwerk B.................	846
g3	3	Stückliste Schalungsbedarf der Kerndecken (überarbeitete Fassung)	847
g4	1	Zeitbedarfsermittlung für die Gründung für einen charakteristischen Abschnitt.......................	848
g4	2	Zeitbedarfsermittlung für die aufgehende Konstruktion, Normaltakt Bauwerk A..............................	849
g4	3	Zeitbedarfsermittlung für die aufgehende Konstruktion, Normaltakt Bauwerk B..............................	850
g4	4	Zeitbedarfsberechnung für die aufgehende Konstruktion, Berücksichtigung des Einarbeitungsaufwands............	851
g4	5	Dem Bausoll entsprechender produktionsorientierter Sollablauf- und Kapazitätsplan TP-SOLL a (Gründung)...	852
g4	6	Dem Bausoll entsprechender produktionsorientierter Sollablauf- und Kapazitätsplan TP-SOLL b (aufgehende Konstr.)................................	853
l		Abschnittseinteilung.................................	854
p		Planeingangsliste (Stand 01.06.)	855

Unterlage g2 Blatt 1					ARBEITSVORGÄNGE, BAS-NUMMERN UND AUFWANDSWERTE											**D1**

Nr.	Bauteil	Leistungsbereich	BAS-Nr.	Einheit	Arbeitsvorgang	AW	Einarbeitungszuschlag pro Einsatz*					Σ Einarbeitungszuschlag f_{ei}	Einsätze	Umgelegt auf Einsätze	AW einschl. Einarb.	Bemerkung
							1.E**	2.E**	3.E**	4.E**	5.E**					
(1)	(2)	(3)	(4)	(5)	(6)	(7)	(8)	(9)	(10)	(11)	(12)	(13) Σ (7) bis (11)	(14)	(15) (12)/(13)x100	(16) (6)x((14)+1)	(17)
1	Kerndecken	013	33	Ph/m²	System DOKAFLEX (lose Trägerschalung)	0,45	0,27	0,16	0,10	0,05	0,03	0,61	15	4,1%	0,47	Deckenstütze mit Absenkkopf
2	Wände	013	34	Ph/m²	Rahmenschalung DOKA	0,44	0,45	0,25	0,12	0,06	0,00	0,88	15	5,9%	0,47	10% Zuschlag nach AV, u.a. wegen Türschalungseinbau
3	Podeste	013	37	Ph/m²	Schalen	1,15		0,16		0,05		0,21	15	1,4%	1,17	
4	Fundamente	013	38	Ph/m²	Schalen	0,70	0,39	0,18	0,09	0,03	0,00	0,69	6	11,5%	0,78	
5	Bodenplatten	013	45	Ph/m²	Schalen	1,55									1,55	SCHALEN
6	Deckenränder	013	46	Ph/m²	Freie Ränder der Kerndecken	0,45	0,27	0,16	0,10	0,05	0,03	0,61	15	4,1%	0,47	nur für Kerne
7		013	47	Ph/m²	Aussparungen	1,35	0,27	0,16	0,10	0,05	0,03	0,61	15	4,1%	1,41	zu erwartender Nachtrag
8	Decken, Wände, Fundamente	013	62	Ph/t	Stabstahl, Mattenstahl	20,00									20,00	16-28 Ph, je nach Querschnitt
9	(Bodenplatten)	013	62	Ph/t	Stabstahl, Mattenstahl	16,00									16,00	nur für Terminplanung! BEWEHREN
10	Bodenplatten	013	71	Ph/m³	Betonieren	1,00									1,00	
11	Decken	013	72	Ph/m³	Betonieren Kerndecken und Aufbeton der Filigrandecken	1,00									1,00	
12	Wände	013	74	Ph/m³	Betonieren	1,10									1,10	
13	Fundamente	013	76	Ph/m³	Streifenfundamente betonieren	0,70									0,70	
14	Treppen	013	77	Ph/m³	Treppen, Podeste betonieren	1,00									1,00	BETONIEREN
15	Sauberkeitsschicht	013	78	Ph/m²		0,13									0,13	Magerbeton
16	(Sauberkeitsschicht)	013	78	Ph/m²		0,08									0,08	Kies, nur für Terminplanung!

* nur Schalen, Kennzahlen nach Anhang O, Tabelle 3, Teil 2, Nr. 5 Deckenschalung
** Einsatz

Unterlage g2 Blatt 2	DETAILLIERTE AUFWANDSWERTERMITTLUNG KERNDECKENSCHALUNG NORMALTAKT (BAUWERK A)

Basis:
Für Schalmaterial: Unterlagen g3 Blatt 2, Anhang B
Für Zeitaufwand: Handbuch Arbeitsorganisation Bau, Heft 1.03.1

lfd. Nr.	Bezeichnung	Menge [St]	Aufwandswert [Ph/St]	Gesamt-Lohnstunden [Ph]
(1)	(2)	(3)	(4)	(5) = (3) x (4)
1	Dreischichtpl. 250/50	34	0,2875	9,78
2	Dreischichtpl. 250/50	12	0,2875	3,45
3	Dreischichtpl. 150/50	21	0,285	5,99
4	Dreischichtpl. 150/50	1	0,285	0,29
5	Holzträger H20P 4,90	6	0,098	0,59
6	Holzträger H20P 3,90	7	0,098	0,69
7	Holzträger H20P 3,30	1	0,072	0,07
8	Holzträger H16P 3,30	14	0,051	0,71
9	Holzträger H16P 2,90	19	0,051	0,97
10	Holzträger H16P 2,45	13	0,051	0,66
11	Stützen N350	27	0,084	2,27
12	Stützbein	16	0,044	0,70
13	Absenkkopf H20	16	0,021	0,34
14	Haltekopf H20	11	0,021	0,23
15	Federbolzen	27	0	0,00
16	Balkenzwinge 20	8	0,08	0,64
17	Kantholz, Knaggen, Streben usw.	geschätzt		2,00
	Gesamtzeitaufwand:			**29,37**

Somit ergibt sich der Normalgesamtaufwandswert wie folgt:
Zu schalende Flächen: Decke   60,10 m²
                       Rand   10,25 m²
                                 70,35 m²

Normalgesamtaufwandswert pro m²:
   Gesamtzeitbedarf : zu schalende Flächen
       29,37 Ph : 70,35 m²   =   0,42 Ph/m²

Anhang D1

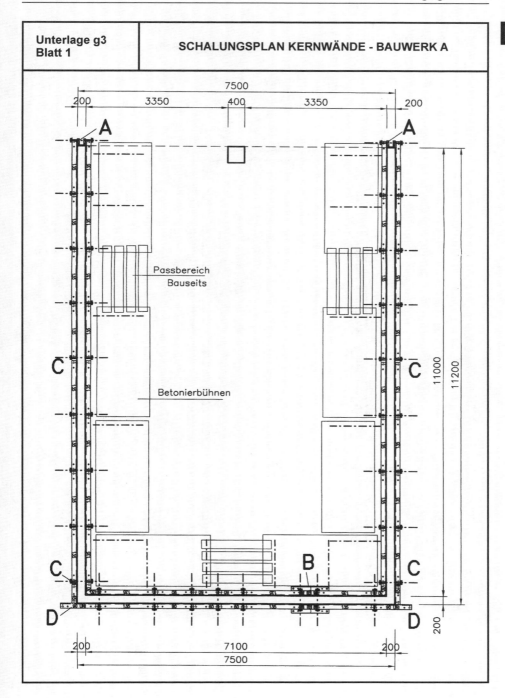

SCHALUNGSPLAN KERNWÄNDE - BAUWERK A

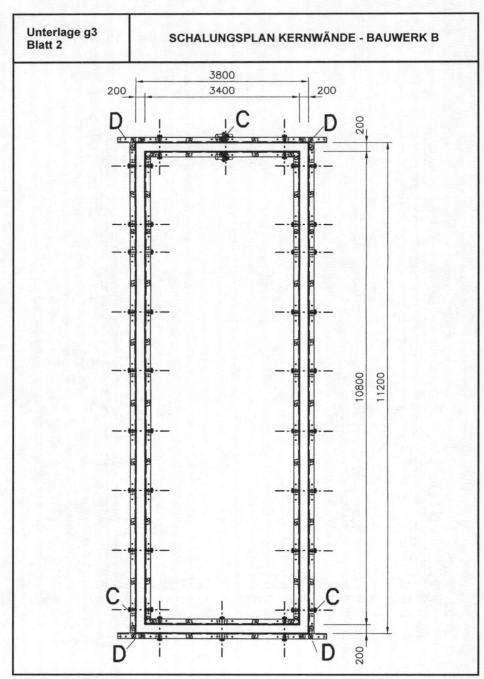

Unterlage g3 Blatt 3	STÜCKLISTE SCHALUNGSBEDARF DER KERNDECKEN (ÜBERARBEITETE FASSUNG)

lfd. Nr.	Bezeichnung	Bemerkung/ Beschrieb	Menge (xx)			Material (xxx) zusätzl. für DG			Summe	progn. Verlust Verschleiß	Gesamt- summe	Ein- heit
			Bauwerk A	Bauwerk B	gesamt	Kern A	Kern B	gesamt				
(1)	(2)	(3)	(4)	(5)	(6)	(7)	(8)	(9)	(10)=(6)+(9)	(11)	(12)=(10)+(11)	(13)
1	Dreischichtplatte 250/50	ungeschn.	34	(12)	34	9		9	43		43	St.
2	Dreischichtplatte 250/50	geschn.	12	2	14		(18)		14		14	St.
3	Dreischichtplatte 150/50	ungeschn.	21	(2)	21	9	3	9	30		30	St.
4	Dreischichtplatte 150/50	geschn.	1	8	9	2	(2)	3	12		12	St.
5	Holzträger H 20 4,90	unten	6		6			2	8		8	St.
6	Holzträger H 20 3,90	Rand außen (x)	4	(4)								
		Rand innen (x)	1									
			2									
		Gesamt	7		7				7		7	St.
7	Holzträger H 20 3,30	Rand außen (x)	1	(1)	1				1		1	St.
8	Holzträger H 16 3,30	unten	14	(14)	14	5	(8)	5	19		19	St.
9	Holzträger H 16 2,90	unten	19		19				19		19	St.
10	Holzträger H 16 2,45	unten	13		13	5		5	18		18	St.
11	Stützen Eurex 30 350		27	(10)	27	1	(6)	1	28		28	St.
12	Stützbein		16	(6)	16		(2)		16		16	St.
13	Absenkkopf H 20		16	(6)	16		(2)		16		16	St.
14	Haltekopf H 20		11	(4)	11	1	(4)	1	12		12	St.
15	Federbolzen		27	(10)	27	1	(6)	1	28		28	St.
16	Balkenzwinge 20		8	(2)	8				8		8	St.
17	Kantholz, Knaggen, Streben											

( ) nicht maßgebende Stückzahlen

(x) diese Holzträger sind nicht aus den Unterlagen g3, Blatt 1 und 2 ersichtlich; sie werden zum Anbringen der Balkenzwingen allerdings zusätzlich benötigt.

(xx) die stets kleinere Menge für Kern B ist in der größeren für Kern A enthalten, da parallele Arbeit an beiden Kernen nicht vorgesehen ist. Geschnittenes Material muss für beide Kerne separat bestellt werden.

(xxx) wegen durchgehender Dachdecke (ohne Treppenauge); zusätzlich erforderliches Material für die DG-Decke von Kern B wird aus dem frei gewordenen regulären Material von Kern A gewonnen;

	Unterlage g4 Blatt 1	ZEITBEDARFSERMITTLUNG FÜR DIE GRÜNDUNG FÜR EINEN CHARAKTERISTISCHEN ABSCHNITT								
Nr. TP	Tätigkeit	Kapaz.		Menge	Einh	AW	Ph	AT	AT für TP 2 (ohne Einarb.)	Anmerkungen	Gesamt-AT je Kapazität
(1)	(2)	(3)		(4)	(5)	(6)	(7) = (4) × (6)	(8) (7) / [(3) × 8]	(9)	(10)	(11)
1/1	Mutterboden abtragen	1	RP	4.590,0	m²	0,02	78,0	9,8	10,0	1,6 Stunden Zeitreserve auf 10 AT	RP: 10
1/2	Baustelleneinrichtung	-		1,0	psch.	-	-	9,0	9,0		
2/1	Baugrubenaushub	1	RL	430,6	m³	0,08	34,5	4,3	4,0	2,4 Überstunden auf 4,0 AT	RL: 4
3/1	Fundamentaushub	1	TL	144,7	m³	0,40	57,9	7,2	7,0	1,6 Überstunden auf 7,0 AT	TL: 7
4/1	Sauberkeitsschicht FT	1	RL	48,8	m²	0,08	3,9	0,5	0,5		RL: 0,5
4/2	Fertigteil-Fundamente	1 Kol.	FT	19,0	Stck.	0,50	9,5	1,2	1,5	2,4 Stunden Zeitreserve auf 1,5 AT	FT: 1,5
4/3	Verfüllung FT-Fundamente	1	RL	57,3	m³	0,23	13,2	1,6	1,5	0,8 Überstunden auf 1,5 AT	RL: 1,5
5/1	Sauberkeitsschicht unter OB.-Fund.	5	BB	41,3	m²	0,13	5,4	0,1	0,50	3,2 Stunden Zeitreserve auf 0,5 AT	BB: 0,5
	Streifen-Fundamente schalen	5	BB	49,4	m²	0,70	34,6	0,9	1,0	Dauer des Gesamtvorgangs wird je Abschnitt entsprechend der ermittelten Einarbeitungseffekte auf halbe Tage gerundet	BB: 2 AT
	Streifen-Fundamente bewehren	5	BB	1,39	t	20,00	27,7	0,7	0,5		
	Streifen-Fundamente betonieren	5	BB	27,7	m³	0,70	19,4	0,5	0,5		
5/2	Streifen-Fundamente herstellen	5	BB	27,7	m³	2,95	81,7	2,0	2,0		
5/3	Verfüllung OB.-Fund.	1	RL	39,4	m³	0,23	9,1	1,1	1,0	0,8 Überstunden auf 1,0 AT	RL: 1,0
5/4	Sauberkeitsschicht unter BP	5	BB	528,0	m²	0,13	68,6	1,7	1,50	1,6 Überstunden auf 1,5 AT	
	Randschalung Bodenplatte	5	BB	14,9	m²	1,55	23,1	0,6	0,5	0,8 Überstunden auf 1,0 AT	BB: 4,5 AT mit 6,4 Überstunden
	Bodenplatte bewehren	5	BB	2,46	t	16,00	39,4	1,0	1,0		
	Bodenplatte betonieren	5	BB	82,0	m³	1,00	82,0	2,1	1,5	4 Überstunden auf 1,5 AT	
5/5	Bodenplatte herstellen	5	BB	82,0	m³	1,76	144,5	3,6	3,0	4,8 Überstunden auf 3,0 AT	

RP Raupe
RL Radlader
TL Tieflöffel
BB Betonbauer
FT Fertigteiluntenehmer

Unterlage g4 Blatt 2	ZEITBEDARFSERMITTLUNG FÜR DIE AUFGEHENDE KONSTRUKTION NORMALTAKT BAUWERK A

Nr. TP	Tätigkeit	Kapaz.	Menge	Einh.	AW	Ph	AT	AT für TP 2 (ohne Einarb.)	Anmerkungen	Gesamt-AT je Kapazität
(1)	(2)	(3)	(4)	(5)	(6)	(7) = (4) x (6)	(8) (7) / [(3) x 8]	(9)	(10)	(11)
21/1a	Kernwände 1. Seite schalen	4 SCH	88,48	m²	0,44	38,9	1,22	1,20		Schaler: 4,0 AT
21/1b	KW-Öffn.schalen/Türen u. Treppe	4 SCH	1,00	psch.	-	6,0	0,19	0,20	Schätzwert	
21/1c	Kernwände 2. Seite schalen	4 SCH	91,24	m²	0,44	40,1	1,25	1,30		
21/2a	Decken-Öffnungen schalen	4 SCH	1,00	psch.	-	5,0	0,16	0,20	Schätzwert	
21/2b	Kerndecken schalen (incl.Rand)	4 SCH	70,35	m²	0,45	31,7	0,99	1,00		
22/1	Kernwände bewehren	5 BB	1,80	t	20,00	35,9	0,90	0,90		Betonbauer: 4,3 AT
22/2	Kernwände betonieren	5 BB	17,97	m³	1,10	19,8	0,49	0,50		
22/3a	Decken bewehren	5 BB	2,15	t	20,00	42,9	1,10	1,10		
22/3b	Decken betonieren	5 BB	42,94	m³	1,00	42,9	1,10	1,10		
22/4a	Kerndecken bewehren	5 BB	1,01	t	20,00	20,2	0,50	0,40		
22/4b	Kerndecken betonieren	5 BB	12,60	m³	1,00	12,6	0,32	0,30		
23	Fertigteil-Montage	1 Kol. FT	-	-	-	-	-	3,00	angenommen für FT-NU	

SCH Schaler
BB Betonbauer
FT Fertigteilunternehmer

Unterlage g4 Blatt 3	ZEITBEDARFSERMITTLUNG FÜR DIE AUFGEHENDE KONSTRUKTION NORMALTAKT BAUWERK B

Nr. TP	Tätigkeit	Kapaz.	Menge	Einh.	AW	Ph	AT	AT für TP 2 (ohne Einarb.)	Anmerkungen	Gesamt-AT je Kapazität
(1)	(2)	(3)	(4)	(5)	(6)	(7) = (4) x (6)	(8) (7) / [(3) x 8]	(9)	(10)	(11)
21/1a	Kernwände 1. Seite schalen	4 SCH	88,76	m²	0,44	39,1	1,22	1,20		Schaler: 3,4 AT
21/1b	KW-Öffnungen schalen/Türen	4 SCH	1,00	psch.	-	4,0	0,13	0,10	Schätzwert	
21/1c	Kernwände 2. Seite schalen	4 SCH	94,28	m²	0,44	41,5	1,30	1,30		
21/2a	Decken-Öffnungen schalen	4 SCH	1,00	psch.	-	5,0	0,16	0,20	Schätzwert	
21/2b	Kerndecken schalen	4 SCH	37,86	m²	0,45	17,0	0,53	0,60		
21/2c	Podest schalen	4 SCH	5,95	m²	1,15	6,8	0,21			
22/1	Kernwände bewehren	5 BB	1,83	t	20,00	36,6	0,92	0,90		Betonbauer: 4,2 AT
22/2	Kernwände betonieren	5 BB	18,30	m³	1,10	20,1	0,50	0,50		
22/3a	Decken bewehren	5 BB	2,33	t	20,00	47,0	1,18	1,20		
22/3b	Decken betonieren	5 BB	46,57	m³	1,00	46,6	1,16	1,20	Betoniervorgang sollte möglichst an einem Tag abgeschlossen werden	
22/4a	Kerndecken + Pod. bewehren	5 BB	0,58	t	20,00	11,7	0,29	0,20		
22/4b	Kerndecken + Pod. betonieren	5 BB	7,30	m³	1,00	7,3	0,18	0,20		
23	Fertigteil-Montage	1 Kol. FT	-	-	-	-	-	3,00	angenommen für FT-NU	

SCH Schaler
BB Betonbauer
FT Fertigteilunternehmer

Unterlage g4 Blatt 4	ZEITBEDARFSBERECHNUNG FÜR DIE AUFGEHENDE KONSTRUKTION BERÜCKSICHTIGUNG DES EINARBEITUNGSAUFWANDS

Tätigkeit Schalkolonne (4 AK, 8 h/AT)	AW ohne Einarb.	Ph ohne Einarb.	rechn. Dauer ohne Einarb.	Ansatz für TP 2 ohne Einarb.	Einarbeitungs-Kennzahl *	AW mit Einarb.	Ph inkl. Einarb.	rechn. Dauer, inkl. Einarb.	neuer Ansatz für TP2 [AT]	Differenz [AT]
(1)	(2)	(3)	(4) =(3)/[4x8]	(5)	(6)	(7)=(2)x(6)	(8) = (3) x (6)	(9) =(8)/[4x8]	(10)	(11) = (10) - (5)
1. Abschnitt (A): 4/1										
Kernwände	0,44	79,1	2,5	2,50	1,45	0,64	115	3,58	3,60	1,10
Aussparungen KW	----	6,0	0,2	0,20	1,45	----	9	0,27	0,30	0,10
Kerndecke (KD)	0,45	37,5	1,2	1,10	1,27	0,57	48	1,49	1,50	0,40
Aussparungen Decke	----	5,0	0,2	0,20	1,27	----	6	0,20	0,20	0,00
Summe Abschnitt 1:			**4,0**	**4,00**				**5,54**	**5,60**	**1,60**
2. Abschnitt (B): 1/1										
Kernwände	0,44	80,5	2,5	2,50	1,25	0,55	101	3,15	3,10	0,60
Aussparungen KW	----	4,0	0,1	0,10	1,25	----	5	0,16	0,20	0,10
Kerndecke	0,45	17,0	0,5		1,16	0,52	20	0,62		
Podest	1,15	6,8	0,2		1,16	1,33	8	0,25		
Summe KD + Podest		23,9	0,7	0,60	1,16		28	0,87	0,90	0,30
Aussparungen Decke	----	5,0	0,2	0,20	1,16	----	6	0,18	0,20	0,00
Summe Abschnitt 2:			**3,5**	**3,40**				**4,35**	**4,40**	**1,00**
3. Abschnitt (A): 5/1										
Kernwände	0,44	79,1	2,5	2,50	1,12	0,49	89	2,77	2,80	0,30
Aussparungen KW	----	6,0	0,2	0,20	1,12	----	7	0,21	0,20	0,00
Kerndecke	0,45	37,5	1,2	1,10	1,10	0,50	41	1,29	1,20	0,10
Aussparungen Decke	----	5,0	0,2	0,20	1,10	----	6	0,17	0,20	0,00
Summe Abschnitt 3:			**4,0**	**4,00**				**4,44**	**4,40**	**0,40**
4. Abschnitt (B): 2/1										
Kernwände	0,44	80,5	2,5	2,50	1,06	0,55	85	2,67	2,70	0,20
Aussparungen KW	----	4,0	0,1	0,10	1,06	----	4	0,13	0,10	0,00
Kerndecke	0,45	17,0	0,5		1,05	0,52	18	0,56		
Podest	1,15	6,8	0,2		1,05	1,33	7	0,22		
Summe KD + Podest		23,9	0,7	0,60	1,05		25	0,78	0,80	0,20
Aussparungen Decke	----	5,0	0,2	0,20	1,05	----	5	0,16	0,20	0,00
Summe Abschnitt 4:			**3,5**	**3,40**				**3,75**	**3,80**	**0,40**
Einarbeitung gesamt:										3,40

*) Quelle der Kennzahlen: Lang, "Ein Verfahren zur Bewertung von Bauablaufstörungen ...", S. 87 ff

Unterlage g4 Blatt 5

Anhang D1

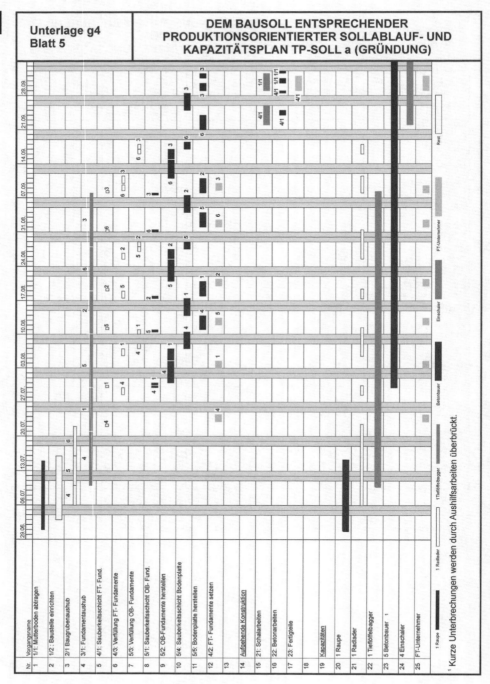

Anhang D1   Unterlage g4 Blatt 6

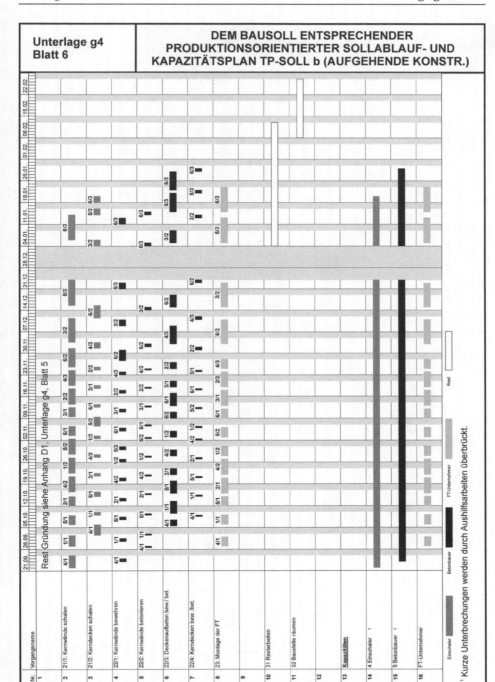

Unterlage I	ABSCHNITTSEINTEILUNG

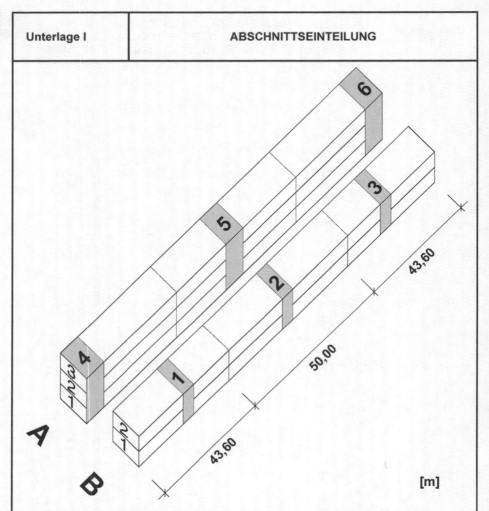

Das Gesamtbauvorhaben besteht aus den Bauwerken A und B, die wiederum in je 3 Abschnitte unterteilt sind. Zur eindeutigen Definition des Arbeitsortes existiert ein Schlüssel, der aus einer zweistelligen Zahl zusammengesetzt ist. Die erste Zahl bezeichnet das Bauwerk, die zweite das Geschoss.
Beispiel: Decke 5/2 = Abschnitt 5, Decke über dem ersten Geschoss.

Die angegebenen Maße sind Rohbaumaße.

Hinweis: Die hier gewählten Abschnittsgrenzen sind herstellungsorientiert gewählt, nicht achsenorientiert. Dadurch liegen sie jeweils am inneren Stützenrand der Achsen 7 und 14 und nicht in der Stützenmitte.

Anhang D1 Unterlage p

Unterlage p			PLANEINGANGSLISTE (STAND 01.06)				
Soll-Ein-gangs-datum	Plan-Nr.	erstellt am	Bezeichnung	Ist-Planeingangsdatum			Bemerkung
				Index			
				-	01	02	
(1)	(2)	(3)	(4)	(5)			(6)
22.6. 22.6.			**Fundamente/ Bodenplatten** Schalplan Bewehrungsplan				
17.8.		19.2.	**Querschnitte** Querschnitt	7.4.			Vorabzug
17.8. 17.8. 17.8.		19.2.	**Erdgeschosse** Schalpläne Bewehrungspläne Wände Bewehrungspläne Decken	7.4.			Vorabzug
7.9. 7.9. 7.9.		19.2.	**Zwischengeschosse** Schalpläne Bewehrungspläne Wände Bewehrungspläne Decken	7.4.			Vorabzug
7.9. 7.9. 7.9.		19.2.	**Dachgeschosse** Schalpläne Bewehrungspläne Wände Bewehrungspläne Decken	7.4.			Vorabzug

855

Anhang D2   D2

Nach Auftragserteilung, jedoch Mitte Juni
vor Eingang der freigegebenen Ausführungspläne
erarbeitete Arbeitsvorbereitungsunterlagen

Teil 2: Arbeitskalkulation und erster Nachtrag

Die Arbeitskalkulation beinhaltet die voraussichtlich anfallenden (VA-)Mengen und Kosten der zu erbringenden Leistungen, darunter auch die ersten Nachtragsleistungen (Nachtrag D2).

Der Nachtrag D2 regelt Folgendes:

- Zusätzliche Leistungen:
  - Magerbetonpolster unter den Eckbereichen der Ortbetonfundamente von Bauteil B (jeweils neben den Fertigteilfundamenten der Größe 1,40 m × 1,40m)
  - Aussparungen für Auflager der Fertigteilbalken in den Wänden
- Selbstübernahmen des Auftraggebers:
  - Montage bauseits gelieferter Frostschürzen
  - Montage der nunmehr auftraggeberseitig bereitgestellten Fertigteilfundamente
- Kündigung der Stützwand

Unterlage	Blatt	Inhalt	Seite
g1.1		Fremdmietkosten (Arbeitskalkulation)	859
g3	1	Schalungskosten Kerndecke, LB 013, Pos. 9	860
g3	2	Schalungskosten Kernwände, LB 013, Pos. 8	861
g4		Modifizierter Sollablauf-Plan TP-SOLL' 1, zusätzlich: insbesondere Frostschürzen und Fugen Der Beginn der aufgehenden Konstruktion bleibt unverändert	862
h2	1–4	Einzelkostenermittlung (Arbeitskalkulation)	863
o	1	Nachtragsleistungsverzeichnis D2	867
r1	1	Nachweis dem Grunde nach Nachtrag D2, Ausschnitt	868
r2		Nachweis der Höhe nach Nachtragskalkulation D2, Ausschnitt	869

Anhang D2   Unterlage g1.1

Unterlage g1.1		FREMDMIETKOSTEN (ARBEITSKALKULATION)					
Zeile	BGL-Nr.	Gerät [Zusatzausrüstung BGL]	Menge [E]	monatliche Kosten [EUR/Mon.]	Dauer von	Dauer bis	Dauer insgesamt [Mon.]
(1)	(2)	(3)	(4)	(5)	(6)	(7)	(8)
1		BEREITSTELLUNGSGERÄT					
2	C.0.10.0080	Turmdrehkran	1	3.000,00	27.7	26.2	7,00
3	C.0.--.----*	Ballast	18	50,00	27.7	26.2	7,00
4	H.6.60.0049	Holzschwellengleis [m]	230	150,00	27.7	26.2	7,00
5	C.3.00.0750	Silokübel 750 l	1	30,00	27.7	26.2	7,00
6	B.9.31.0058	Innenrüttler	4	170,00	27.7	1.2	6,00
7	B.9.50.0055	Spannungswandler	1	100,00	27.7	1.2	6,00
8	R.2.20.0250	Anschlussverteilerschrank	1	200,00	1.7	26.2	8,00
9	R.2.50.0100	Verteilerschrank	1	50,00	27.7	26.2	7,00
10	R.2.50.0063	Verteilerschrank	2	80,00	1.7	26.2	8,00
		UNTERKÜNFTE u.ä.					
21	X.3.11.0006	Container-Unterkunft	1	230,00	7.9	31.1	5,00
22	X.3.11.0006	Container-Unterkunft	1	230,00	1.7	26.2	8,00
23	X.3.18.0006	Wasch- u. Toilettencontainer	1	250,00	1.7	26.2	8,00
24	X.3.12.0006	Bürocontainer	1	230,00	1.7	26.2	8,00
25	X.3.01.0006	Magazincontainer	1	180,00	1.7	26.2	8,00
26	Y.3.20.0001	Personal-Computer (PC)	1	50,00	1.7	26.2	8,00
27	Y.3.21.0004	Laser-Drucker	1	15,00	1.7	26.2	8,00
28	Y.3.20.0005	Bildschirm 17"	1	10,00	1.7	26.2	8,00
29	Y.4.02.0001	Faxgerät	1	25,00	1.7	26.2	8,00
30	Y.3.30.0001	Kopiergerät 01	1	10,00	1.7	26.2	8,00

Unterlage g3 Blatt 1

D2

Unterlage g3 Blatt 1

SCHALUNGSKOSTEN KERNDECKEN LB 013, POS. 9

lfd. Nr.	Bezeichnung	Menge	Listen-preis	Gesamtlisten-preis	monatl. Satz A+V (BGL)	monatl. Satz Rep. (BGL)	A+V (70%)	R (50%)	A+V+R	Bemerkung	Gewicht	Gesamt-gewicht
		[St.]	[EUR/St.]	[EUR]	[%]	[%]	[EUR/Mon.]	[EUR/Mon.]	[EUR]		[kg/St.]	[t]
(1)	(2)	(3)	(4)	(5)	(6)	(7)	(8)	(9)	(10)	(11)	(12)	(13)
				=(3)x(4)			=(3)x(4)x(6) x70%	=(3)x(4)x(7) x50%	=((8)+(9)) x4,5			=(3)x(12)
1	Dreischichtpl. 250/50 ungeschnitten	103	15,91	1.638,73							13,13	1,35
2	Dreischichtpl. 150/50 ungeschnitten	64	9,55	611,20							7,88	0,50
3	Holzträger H20 P 4,90	14	42,97		3,20	1,50	13,48	4,51	80,94		25,00	0,35
4	Holzträger H20 P 3,90	14	34,21		3,20	1,50	10,73	3,59	64,44		19,90	0,28
5	Holzträger H20 P 3,30	2	28,94		3,20	1,50	1,30	0,43	7,79		16,80	0,03
6	Holzträger H16 P 3,30	33	22,70		3,20	1,50	16,78	5,62	100,79		12,32	0,41
7	Holzträger H16 P 2,90	38	19,94		3,20	1,50	16,97	5,68	101,95		10,86	0,41
8	Holzträger H16 P 2,45	31	16,83		3,20	1,50	11,69	3,91	70,20	4,5 Monate	9,15	0,28
9	Stützen N350	55	55,22		2,70	1,80	57,40	27,33	381,31		20,50	1,13
10	Stützbein	32	54,71		2,70	1,80	33,09	15,76	219,80		15,60	0,50
11	Absenkkopf H20	32	24,39		2,70	1,80	14,75	7,02	97,99		6,10	0,20
12	Haltekopf H20	23	7,06		2,70	1,80	3,07	1,46	20,39		0,77	0,02
13	Federbolzen	55	2,66		2,70	1,80	2,77	1,32	18,37		0,25	0,01
14	Balkenzwinge 20	16	44,48		2,70	1,80	13,45	6,41	89,35		6,90	0,11
15	Kantholz, Knaggen Streben (Rand)	gesch.	250,00	250,00							500,00	0,50
							195,47	83,05				
	Summe [t] :											6,086 t
	Summe [EUR] :			2.499,93		+			1.253,32			
	Summe [Ph] :											

[1] Da die maßgebenden Mengen fast alle aus den Kernen von Bauwerk A stammen, wird zur Ermittlung des Aufwandswertes auch die Fläche von Kern A herangezogen.

Ermittlung der Gutschrift für nicht benötigtes Material
Kaufpreis der Kaufteile gesamt		2.499,93 EUR
Wertminderung + Verlust: ca. 2/3 vom Kaufpreis (Dreischichtplatten)	⇒	-1.666,62 EUR
Gutschrift - Summe	⇒	**833,31 EUR**

Ermittlung EP Kerndeckenschalung
Einsatzdauer gemäß TP: 4 Mon. + 0,5 Mon. Zur Disposition
Zwischensumme:	4,50 Mon.	x	(195,48+83,04) EUR/Mon. + 1.666,62 EUR ⇒	2.919,94 EUR
Transport + Auf- und Abladen:	6,086 t	x	80,00 EUR/t ⇒	486,84 EUR
Summe Gesamtkosten			⇒	**3.406,78 EUR**
Randschalung: BWA+ BWB=	[3*2,5*3+(3*2,5+2*5,0+1,5)*2]*0,5*3+(3,8*0,5) = 43,8 m²			
Menge: Rand am Treppenauge + Decke:	43,8 m² + 766,02 m² =	810,00 m²	⇒ 3.406,36 EUR : 810 m² =	4,21 EUR/m²
Kleinteile usw.: 0,50 EUR/m²			⇒	0,50 EUR/m²
Summe Kerndeckenschalung/m²:			⇒	**4,71 EUR/m²**

Anhang D2

Unterlage g3 Blatt 2

Unterlage g3 Blatt 2 — SCHALUNGSKOSTEN KERNWÄNDE LB 013, POS. 8

D2

lfd. Nr.	Bezeichnung	Menge	Listen-preis	Gesamt-listenpreis	monatl. Satz A+V (BGL)	monatl. Satz Rep. (BGL)	A+V (70%)	R (50%)	A+V+R	Gewicht	Gesamt-gewicht
		[St.]	[EUR/St.]	[EUR]	[%]	[%]	[EUR/Mon.]	[EUR/Mon.]	[EUR/Mon.]	[kg/St.]	[t]
(1)	(2)	(3)	(4)	(5)	(6)	(7)	(8)	(9)	(10)	(11)	(12)
				=(3)×(4)			=(3)×(4)×(6)×70%	=(3)×(4)×(7)×50%	=(8)+(9)		=(3)×(11)/1000
1	Ausschalholz 10/12 2,85 m	6	18,25	109,50						16,40	0,098
2	Profilholz 10cm x 6cm impr.	6	10,90	65,40						8,00	0,048
3	Paßholz 10cm x 12cm	6	19,00	114,00						15,50	0,093
4	Paßholz 5cm x 12cm	3	10,75	32,25						7,80	0,023
5	Kantholz 10/10	7,2	2,25	16,20						0,91	0,007
6	Ankerstab 15,0mm unb. 1,00	80	2,48	198,40						1,43	0,114
7	Superplatte 15	160	5,90	944,00						0,91	0,146
8	Gutschrift zur Pos. 6 in [%]	0,3	198,40	-59,52							
9	Gutschrift zur Pos. 7 in [%]	0,3	944,00	-283,20							
10	Bohlen			300,00							0,400
11	Framax Rahmen 1,35mx2,7m	38	601,50		2,70	3,50	432,00	400,00	831,99	201,20	7,646
12	Framax Rahmen 0,90mx2,7m	20	459,25		2,70	3,50	173,60	160,74	334,33	116,80	2,336
13	Framax Rahmen 0,60mx2,7m	4	390,00		2,70	3,50	29,48	27,30	56,78	88,50	0,354
14	Framax Rahmen 0,45mx2,7m	4	334,50		2,70	3,50	25,29	23,42	48,70	74,00	0,296
15	Framax Universalele. 0,9mx2,7m	4	555,00		2,70	3,50	41,96	38,85	80,81	141,00	0,564
16	Framax Innenecke 2,70m	4	431,50		2,70	3,50	32,62	30,21	62,83	91,20	0,365
17	Framax Rahmen 0,9mx1,35m	8	281,00		2,70	3,50	42,49	39,34	81,83	64,80	0,518
18	Alu-Framax Element 0,9mx0,9m	2	234,50		2,70	3,50	8,86	8,21	17,07	24,00	0,048
19	Alu-Framax Element 0,6mx0,6m	4	197,50		2,70	3,50	14,93	13,83	28,76	17,00	0,068
20	Framax Rahmen 0,45mx1,35m	4	212,50		2,70	3,50	16,07	14,88	30,94	39,25	0,157
21	Framax Universal 0,9mx1,35m	4	312,55		2,70	3,50	23,63	21,88	45,51	76,20	0,305
22	Framax Innenecke 1,35m	4	257,00		2,70	3,50	19,43	17,99	37,42	49,70	0,199
23	Framax Uni-Spanner	140	37,25		2,40	1,80	87,61	46,94	134,55	5,15	0,721
24	Framax Schnellspanner RU	120	23,40		2,40	1,80	47,17	25,27	72,45	2,75	0,330
25	Framax Klemmschiene 0,90m	30	23,90		2,40	1,80	12,05	6,45	18,50	10,25	0,308
26	Framax Spannklemme	12	8,03		2,40	1,80	1,62	0,87	2,49	1,60	0,019
27	Framax Universalverbinder	24	3,90		2,40	1,80	1,57	0,84	2,41	0,60	0,014
28	Superplatte 15	24	5,90		2,40	1,80	2,38	1,27	3,65	0,91	0,022
29	Framax Einrichtstütze RN	14	144,00		2,70	1,80	38,10	18,14	56,25	32,00	0,448
30	Framax Betonierbühne 1,25/2,7m	8	488,50		2,70	1,80	73,86	35,17	109,03	117,00	0,936
31	Framax Umsetzbügel	2	67,50		2,70	1,80	2,55	1,22	3,77	9,80	0,020
	Summen:			1.437,03					2.060,06		16,602

Transportkosten 50 EUR/t: 16,602 t × 50,00 EUR/t ⇒ 830,11 EUR
Auf- und Abladen 1 Lh/t + 25 EUR/t: 16,602 t × (29,44 EUR/t + 25,00 EUR/t) ⇒ 903,83 EUR
Einsatzdauer gemäß TP 4 Mon.: 4,0 Mon. × 2.060,06 EUR/Mon. ⇒ 8.240,26 EUR
Summe Wertminderung etc. ⇒ 1.437,03 EUR
Summe Gesamtkosten: ⇒ **11.411,23 EUR**

Wandschalung 2848 m²: ⇒ 4,01 EUR/m²
Zuschlag für Kleinteile: ⇒ 0,50 EUR/m²
inkl. Türlaibungen ⇒ 0,50 EUR/m²
Summe Wandschalung: **5,01 EUR/m²**

Unterlage g4 Anhang D2

D2

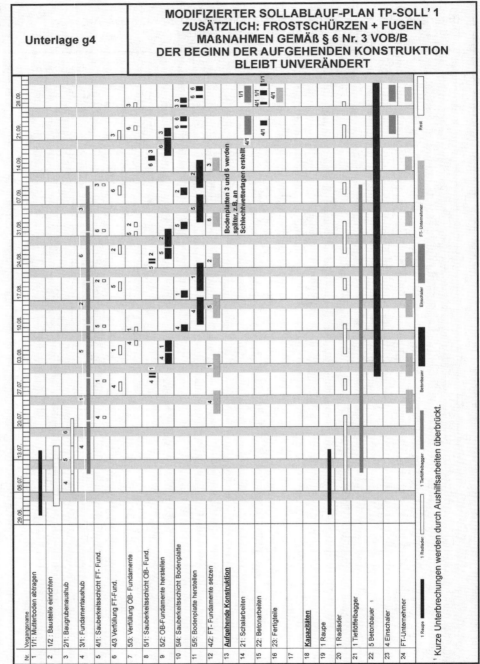

Anhang D2　　　　　　　　　　　　　　　　　　　　　　　　　　Unterlage h2 Blatt 1

| Unterlage h2 Blatt 1 | | EINZELKOSTENERMITTLUNG (ARBEITSKALKULATION) | | | | | | | | | | **D2** |

Pos. Nr.	U. Pos.	Mengen	Leistungs- beschreibung	BAS- Nr.	Lohnstunden 29,70 = ML	Lohn- kosten [EUR]	Schalung Rüstung [EUR]	Geräte- kosten [EUR]	Stoff- kosten [EUR]	NU- Kosten [EUR]	Sonst. Kosten [EUR]	Summe EKdT [EUR]
(1)	(2)	(3)	(4)	(5)	(6) Kost.Art:	(7) 1	(8) 2	(9) 3	(10) 4	(11) 5	(12) 6	(13) = S [(7)-(12)]
Leistungsbereich 000 Baustelleneinrichtung												
1		0,00	Baustelleneinrichtung herrichten entf.									
1	1	pausch.	Baustelleneinrichtung herrichten		Σ	18.457,11 18.457,11	0,00 0,00	1.350,00 1.350,00	50,00 50,00	47.253,55 47.253,55	9.832,16 9.832,16	76.942,82 76.942,82
2		0,00	Baustelleneinrichtung vorhalten entf.									
2	1	pausch.	Baustelleneinrichtung vorhalten		Σ	9.418,88 9.418,88	0,00 0,00	52.728,00 52.728,00	2.085,00 2.085,00	16.204,95 16.204,95	10.800,00 10.800,00	91.236,83 91.236,83
3		0,00	Baustelleneinrichtung räumen entf.									
3	1	pausch.	Baustelleneinrichtung räumen		Σ	12.274,71 12.274,71	0,00 0,00	0,00 0,00	50,00 50,00	24.024,52 24.024,52	9.102,16 9.102,16	45.451,39 45.451,39
LB 000			Zwischensumme:		ΣΣ	40.150,70	0,00	54.078,00	2.185,00	87.483,02	29.734,32	213.631,04
Leistungsbereich 002 Erdarbeiten												
1		pausch.	Baugelände herrichten							7.000,00 7.000,00		7.000,00 7.000,00
2		4590,00 m³	Oberboden abtragen							2,10 9.639,00		2,10 9.639,00
3		1210,00 m³	Baugrube und Einplanierung							3,50 4.235,00		3,50 4.235,00
4		850,00 m³	Fundamentaushub Bodenklasse 5							7,50 6.375,00		7,50 6.375,00
4	2	479,00 m³	zusätzl. Aushub UG			2,11 1010,69		0,7 335,30			0,11 52,69	2,92 1.398,68
6		pausch.	Verfüllen und Sauber- keitsschicht									
6	a	554,00 m³	Verfüllung am Baukörper							9,00 4.986,00		9,00 4.986,00
6	b	258,00 m³	Sauberkeitsschicht Kies (FT)							4,30 1.109,40		4,30 1.109,40
6	c	2944,00 m³	Sauberkeitsschicht (Ortbeton)	78	0,13 Ph/m²	3,86 11.363,84			3,37 9.921,28			7,23 21.285,12
6	1	47,00 m³	Verfüllen an Frostschürzen und Magerbetonpolster		0,69 Ph/m³	20,49 963,03		1,73 81,31				22,22 1.044,34
6	2	265,00 m³	zus. Verfüllung UG			5,72 1.515,80		1,00 265,00				6,72 1.780,80
LB 002			Zwischensumme:		ΣΣ	12.326,87	0,00	81,31	9.921,28	33.344,40	0,00	55.673,86

863

D2

Unterlage h2 Blatt 2

EINZELKOSTENERMITTLUNG (STATUS ARBEITSKALKULATION)

Pos. Nr.	U. Pos.	Mengen	Leistungsbeschreibung	BAS-Nr.	Lohnstunden 29,44 = ML	Lohnkosten [EUR]	Schalung Rüstung [EUR]	Gerätekosten [EUR]	Stoffkosten [EUR]	NU-Kosten [EUR]	Sonst. Kosten [EUR]	Summe EKdT [EUR]
(1)	(2)	(3)	(4)	(5)	(6) Kost.Art:	(7) 1	(8) 2	(9) 3	(10) 4	(11) 5	(12) 6	(13) = S {(7)-(12)}
Leistungsbereich 013 Betonarbeiten												
1		490,00 m²	Bodenplatte Beton	71	1,00 Ph/m² Σ	29,44 14.425,60			85,00 41.650,00			114,44 56.075,60
2		165,00 m²	Streifenfundament Beton	76	0,70 Ph/m² Σ	20,61 3.400,65			85,00 14.025,00			105,61 17.425,65
2	1	10,68 m³	Magerbetonpolster	76	0,70 Ph/m² Σ	20,61 220,11			81,18 867,00			101,79 1.087,12
3		295,00 m²	Kernwände Beton	74	1,10 Ph/m² Σ	32,38 9.552,10			85,00 25.075,00			117,38 34.627,10
4		136,00 m²	Kerndecken Beton	72	1,00 Ph/m² Σ	29,44 4.003,84			85,00 11.560,00			114,44 15.563,84
5		655,00 m²	Aufbeton Filigran	72	1,00 Ph/m² Σ	29,44 19.283,20			85,00 55.675,00			114,44 74.958,20
6		2,40 m³	Treppenpodeste Beton	77	1,00 Ph/m² Σ	29,44 70,66			85,00 204,00			114,44 274,66
7		423,60 m²	Streifenfundament inkl. Bodenplatte									
7	a	334,64 m²	Streifenfundament Schalung	38	0,78 Ph/m² Σ	22,96 7.683,33	3,10 1037,384					26,06 8.720,72
7	b	88,96 m²	Randschalung Bodenpl.	45	1,55 Ph/m² Σ	45,63 4.059,24	3,10 275,776					48,73 4.335,02
7	1	45,75 m	Querfugen Bodenplatten		Σ	6,63 303,32	0,47 21,5025		1,16 53,07			8,26 377,90
7	2	549,00 m	Längsfugen Bodenplatten		Σ	6,63 3.639,87	0,74 406,26		1,16 636,84			8,53 4.682,97
8		2848,00 m²	Kernwände Schalung	34	0,47 Ph/m² Σ	13,84 39.416,32	5,01 14.268,48					18,85 53.684,80
8	1	185,00 m²	Wandschalung UG		Σ	6,36 1.176,60	3,21 593,85					9,57 1.770,45
9		766,00 m²	Kerndecken Schalung	33	0,47 Ph/m² Σ	13,84 10.601,44	4,71 3.607,86					18,55 14.209,30
10		43,80 m²	Randschalung Kern	46	0,47 Ph/m² Σ	13,84 606,19	4,71 206,30					18,55 812,49
11		0,00 m²	Randschalung Filigran	46								
12		16,50 m³	Podeste Schalung	37	1,17 Ph/m² Σ	34,44 568,26	8,20 135,30					42,64 703,56
Leistungsbereich 013 Betonarbeiten												

| Unterlage h2 Blatt 3 | EINZELKOSTENERMITTLUNG (ARBEITSKALKULATION) | **D2** |

Pos. Nr.	U. Pos.	Mengen	Leistungs- beschreibung	BAS- Nr.	Lohnstunden 29,70 = ML	Lohn- kosten [EUR]	Schalung Rüstung [EUR]	Geräte- kosten [EUR]	Stoff- kosten [EUR]	NU- Kosten [EUR]	Sonst. Kosten [EUR]	Summe EKdT [EUR]
(1)	(2)	(3)	(4)	(5)	(6)	(7)	(8)	(9)	(10)	(11)	(12)	(13)
					Kost.Art:	1	2	3	4	5	6	= S [(7)-(12)]
Leistungsbereich 013 Betonarbeiten												
13		0,00 St.	Köcherfund. Typ A entf.									
13	1	34 St.	Köcherfund. Typ A montieren									
14		0,00 St.	Köcherfund. Typ B entf.									
14	1	68 St.	Köcherfund. Typ B montieren									
14	2	116 St.	Frostschürzen einbauen Lieferung AG-seitig									
15		0,00 St.	Stützmauer									
15	1	38 St.	Restvergütung für gekündigte Pos. 15		Σ							
15	2	116 St.	Montage Frostschürzen		Σ					180,50		180,50
										20.938,00		20.938,00
16		150 St.	Stützen Typ 1		Σ					475,44		475,44
										71.316,00		71.316,00
17		103 St.	Stützen Typ 2		Σ					581,18		581,18
										59.861,54		59.861,54
18		5736,96 m²	Filigranplatten		Σ					36,09		36,09
										207.046,89		207.046,89
19		68 St.	FT-Balken Typ 1		Σ					717,18		717,18
										48.768,24		48.768,24
20		12 St.	FT-Balken Typ 2		Σ					750,26		750,26
										9.003,12		9.003,12
20	1	24 St.	Auflager FT-Balken		Σ		36,15					36,15
							867,6					867,60
21		12 St.	FT-Balken Typ 3							332,91		332,91
										3.994,92		3.994,92
22		162 St.	FT-Balken Typ 4		Σ					943,91		943,91
										152.913,42		152.913,42
23		6 St.	Treppenlauf Typ 1							780,43		780,43
										4.682,58		4.682,58
23	a	9,22 m²	Auflagerausparungen	47	0,49	14,55	1,60					16,15
						134,15	14,75					148,90

Unterlage h2 Blatt 4	EINZELKOSTENERMITTLUNG (ARBEITSKALKULATION)

Pos. Nr.	U. Pos.	Mengen	Leistungs- beschreibung	BAS- Nr.	Lohnstunden 29,70 = ML	Lohn- kosten [EUR]	Schalung Rüstung [EUR]	Geräte- kosten [EUR]	Stoff- kosten [EUR]	NU- Kosten [EUR]	Sonst. Kosten [EUR]	Summe EKdT [EUR]
(1)	(2)	(3)	(4)	(5)	(6)	(7)	(8)	(9)	(10)	(11)	(12)	(13)
					Kost.Art:	1	2	3	4	5	6	= S [(7)-(12)]
24		6 St.	Treppenlauf Typ 2		Σ					780,43		780,43
25		6 St.	Podestplatte		Σ					4.682,58		4.682,58
										268,72		268,72
										1.612,32		1.612,32
26		3 St.	Treppenlauf Typ 3		Σ					601,06		601,06
										1.803,18		1.803,18
27		3 St.	Treppenlauf Typ 4		Σ					601,06		601,06
										1.803,18		1.803,18
28		57,00 t	Mattenstahl	62	20,00 Ph/t	594,00			323,00			917,00
					Σ	33.858,00			18.411,00			52.269,00
29		30,00 t	Stabstahl	62	20,00 Ph/t	594,00			323,00			917,00
					Σ	17.820,00			9.690,00			27.510,00
	LB 013		Zwischensummen:		ΣΣ	171.690,40	21.435,06	0,00	177.846,91	588.425,97	0,00	959.532,50
	LB 000		Überträge:			40.150,70		54.078,00	2.185,00	87.483,02	29.734,32	213.631,04
	LB 002		Überträge:			12.326,87	0,00	81,31	9.921,28	33.344,40	0,00	55.673,86
			Angebotssummen:		ΣΣ	224.167,97	21.435,06	54.159,31	189.953,19	709.253,39	29.734,32	1.228.837,40

Anhang D2   Unterlage c

| Unterlage o | NACHTRAGSLEISTUNGSVERZEICHNIS D2 | D2 |

Vorbemerkungen

Dieses Leistungsverzeichnis enthält die Regelungen für die zusätzlichen Leistungen sowie für die Selbstübernahme und Teilkündigungen des Auftraggebers.

Die aufgeführten Preise sind auf der Basis des Kostenniveaus der Angebotskalkulation einschließlich Zuschlägen ermittelt worden. Eine eventuelle Überdeckung der Schlüsselkosten und des Gewinns wird nach Abrechnung aller Leistungen im Rahmen einer Ausgleichsberechnung überprüft und geregelt.

Die Vergütung des zusätzlichen Aushubs für die Frostschürzen erfolgt nach LB 002, Pos.4 mit 42,03 EUR/m^3.

Die zusätzlichen und die wegfallenden Leistungen verändern die Vertragstermine nicht, für den Ablauf der Gründungsarbeiten gilt nunmehr TP-SOLL'1.

Modifizierte Leistungen

Leistungsbereich 002 - Erdarbeiten (VOB/C DIN 18300)

Pos. 6.1   47,00 m³   Verfüllung im Bereich der Frostschürzen und der Magerbetonpolster
                                      E.P.:   35,35 €/m³   G.P.:   1.661,45 €

Leistungsbereich 013 - Betonarbeiten (VOB/C DIN 18331)

Pos. 2.1   10,68 m³   Magerbeton B C12/15 unter den Eckbereichen der Ortbetonfundamente des Bauwerks B einbringen.
                                      E.P.:   130,59 €/m³   G.P.:   1.394,70 €

- -

Pos. 20.1   24 St.   Aussparungen zur Auflagerung der FT-Balken der Typen 2 und 3 in den Kernwänden herstellen
                                      E.P.:   57,52 €/St.   G.P.:   1.380,48 €

Selbstübernahme des Auftraggebers und Teilkündigung

Leistungsbereich 013 - Betonarbeiten (VOB/C DIN 18331)

Pos. 13.1   34 St.   Montage der Köcherfundamente Typ A; eingeschlossen ist die Restvergütung für die beauftragte, aber nunmehr auftraggeberseitig übernommene Lieferung
                                      E.P.:   512,17 €/St.   G.P.:   17.413,78 €

Pos. 14.1   68 St.   Köcherfundamente Typ B, sonst wie Pos. 13.1
                                      E.P.:   424,43 €/St.   G.P.:   28.861,24 €

Pos. 15.1   38 St.   Restvergütung für die gekündigte Pos. 15
                                      E.P.:   358,64 €/St.   G.P.:   13.628,32 €

Unterlage r1	NACHWEIS DEM GRUNDE NACH NACHTRAG D2 (AUSSCHNITT)

Leistungsbereich 002 – Erdarbeiten (VOB/C, DIN 18300)

Pos.6.1   zusätzliche Leistung: Verfüllung für die Frostschürzen

    Bausoll: Die Leistungsbeschreibung enthält keine Frostschürzen (siehe LV und Angebotspläne)

    Bauist: Auftraggeberseitig wurde der Einbau von Frostschürzen und deren Verfüllung angeordnet
(vgl. Protokoll der 1. Baubesprechung)

    Bausoll-Bauist-Abweichung: Zusätzliche Verfüllung der Frostschürzen

Leistungsbereich 013 – Betonarbeiten (VOB/C, DIN 18331)

Pos. 2.1   zusätzliche Leistung: Magerbetonpolster

    Bausoll: Die Leistungsbeschreibung beinhaltet keine Magerbetonpolster (siehe LV)

    Bauist: Anordnung von Magerbetonpolstern unter den Ortbetonfundamenten von Bauwerk B
(Siehe Anordnung vom 20.07.)

    Bausoll-Bauist-Abweichung: Zusätzlicher Einbau von Magerbetonpolstern

...   ...

Pos. 20.1 Aussparungen für die Auflagerung der FT-Balken

    Bausoll: In der Leistungsbeschreibung gibt es keinerlei Hinweis darauf, dass Aussparungen in den Kernwänden herzustellen sind, um die FT-Balken aufzulagern. Dagegen gibt es im Text von Pos. 23 für die Auflagerung der Treppenläufe in den Kernen des Bauwerks A die klare Angabe, dass Aussparungen in der Betonwand herzustellen sind und nicht gesondert vergütet werden.

    Bauist: Bei der 1. Baubesprechung stellt sich heraus, dass in den Kernwänden Aussparungen für Auflager für die FT-Balken herzustellen sind.

    Bausoll-Bauist-Abweichung: Die Aussparungen für die Auflagerung der FT-Balken sind zusätzliche Leistungen.

Anhang D2   Unterlage r2

| Unterlage r2 | NACHWEIS DER HÖHE NACH NACHTRAGSKALKULATION D2 (AUSSCHNITT) | **D2** |

LB 002 Pos. 6.1:   47,00 m³ zusätzliche Verfüllung für die Frostschürzen

Vertragspreisniveau
1. Bezugsleistung: LB 002, Pos. 6a
2. Direkte Kosten:
 - Lohnkosten   + 20,49 EUR/m³
 - Gerätekosten   +   1,73 EUR/m³
                                                                            = 22,22 EUR/m³

Preis der modifizierten Leistung
Zuschlagssatz auf Lohn- und Gerätekosten: (siehe Anhang B, Unterlage i)   59,10%
Einheitspreis: 22,22 EUR/m³ x (1 + 0,591)   = 35,35 EUR/m³

LB 013 Pos. 2.1:   **10,68 m³ Magerbetonpolster**

Vertragspreisniveau   s. Abb. 25   S. 464

Preis der modifizierten Leistung   s. Abb. 29   S. 477

...   ...

Anhang E

Bauinhaltsmodifikation kurz vor Baubeginn Ende Juni

Nach Erstellung der differenzierten Arbeitsvorbereitung gehen am 22.06. beim Auftragnehmer freigegebene Schalpläne für die Gründung und für ein zusätzlich zu erstellendes Untergeschoss unter Bauwerk A ein.

Unterlage	Blatt	Inhalt	Seite
a4		Ausführungsplan für die Gründung des zusätzlich angeordneten Untergeschosses, Bauwerk A, Kern 4, Vorabzug	873
g3	1	Schalungsplan Wände Untergeschoss, Bauwerk A, Kern 4	874
g3	2	Zusätzliche Schalungskosten, Kernwände des Untergeschosses	875
g4	1	Zeitbedarfsermittlung für das zusätzliche Untergeschoss	876
g4	2	Modifizierter Soll-Ablaufplan TP-SOLL' 2 a (Gründung), Einfügung der Erstellung eines UG bei Umgestaltung des Ablaufs. Der Beginn der aufgehenden Konstruktion bleibt unverändert	877
g4	3	Modifizierter Soll-Ablaufplan TP-Soll' 2 b (aufgehende Konstruktion). Umgestellter Ablauf bei unveränderter Ablaufstruktur	878
o		Nachtragsleistungsverzeichnis E	879
p		Planeingangsliste (Status 22.06.)	880
r1		Nachweis dem Grunde nach Nachtrag E, Ausschnitt	881
r2	1	Nachweis der Höhe nach – Nachtragskalkulation E (Ausschnitt)	882
r2	2	Nachweis der Höhe nach – Abhängigkeit des Aufwandswertes für das Schalen von Wänden	883

Anhang E

| Unterlage a4 | AUSFÜHRUNGSPLAN FÜR DIE GRÜNDUNG DES ZUSÄTZLICH ANGEORDNETEN UNTERGESCHOSSES, BAUWERK A, KERN 4, VORABZUG | E |

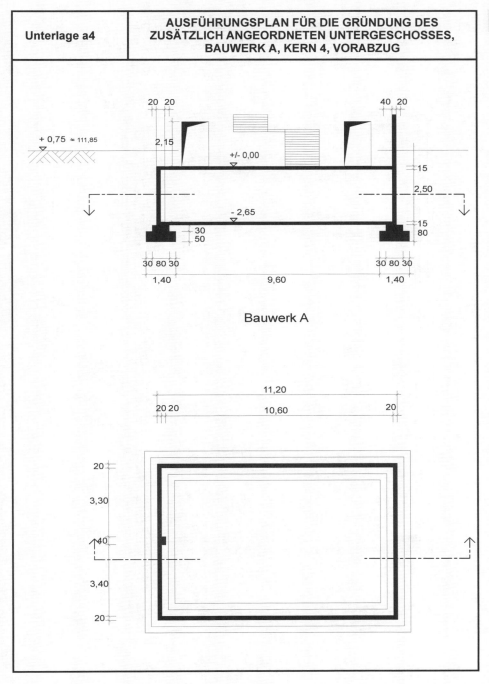

Bauwerk A

Unterlage g3 Blatt 1   Anhang E

| Unterlage g3 Blatt 1 | SCHALUNGSPLAN WÄNDE UNTERGESCHOSS, BAUWERK A, KERN 4 |

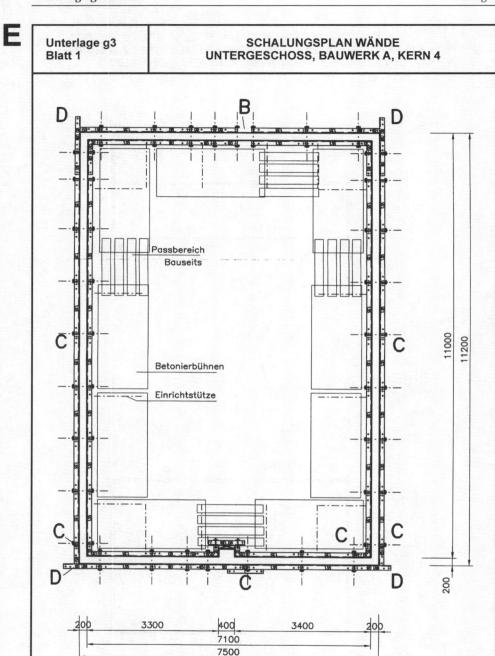

Unterlage g3 Blatt 2	ZUSÄTZLICHE SCHALUNGSKOSTEN DER KERNWÄNDE DES UNTERGESCHOSSES

lfd. Nr. gem. D25g36	Bezeichnung	Menge	Listen-preis	Gesamt-listenpreis	monatl. Satz A+V (BGL)	monatl. Satz Rep. (BGL)	A+V (70%)	R (50%)	A+V+R	Gewicht	Gesamt-gewicht
		[St.]	[EUR/St.]	[EUR]	[%]	[%]	[EUR/Mon.]	[EUR/Mon.]	[EUR/Mon.]	[kg/St.]	[t]
(1)	(2)	(3)	(4)	(5) (3)x(4)	(6)	(7)	(8) (3)x(4)x(6) x70%	(9) (3)x(4)x(7) x50%	(10) (8)+(9)	(11)	(12) (3)x(11) /1000
	Mietteile										
11	Framax Rahmen 1,35 m x 2,70 m	2	601,50	1203,00	2,70	3,50	22,74	21,05	43,79	201,20	0,402
13	Framax Rahmen 0,60 m x 2,70 m	4	390,00	1560,00	2,70	3,50	29,48	27,30	56,78	85,50	0,342
14	Framax Rahmen 0,45 m x 2,70 m	2	334,50	669,00	2,70	3,50	12,64	11,71	24,35	74,00	0,148
15	Framax Universalelement 0,90 m x 2,70 m	1	555,00	555,00	2,70	3,50	10,49	9,71	20,20	141,00	0,141
16	Framax Innenecke 2,70 m	2	431,50	863,00	2,70	3,50	16,31	15,10	31,41	91,20	0,182
24	Framax Schnellspanner RU	50	23,40	1170,00	2,40	1,80	19,66	10,53	30,19	2,75	0,138
29	Framax Einrichtsstütze RN	4	144,00	576,00	2,40	1,80	9,68	5,18	14,86	32,00	0,128
30	Framax Betonierbühne 1,25/2,70 m	1	488,50	488,50	2,70	1,80	9,23	4,40	13,63	117,00	0,117
	Summe Mietteile								235,22		1,598
	Kaufteile										
2	Profilholz 10 cm x 6 cm impr.	2	10,90	21,80					⇑	21,00	0,042
4	Passholz 5cm x 12 cm	2	10,75	21,50					⇑	15,60	0,031
	Summe Kaufteile			43,30							**0,073**
	Summe gesamt										1,672

Transportkosten:
Transportkosten 51,13 EUR/t   1,672 t x 51,13 EUR/t   ⇑   81,72 EUR
Auf- und Abladen 1 Ph/t + 25,56 EUR/t   1,672 t x (29,70 EUR/t + 25,56 EUR/t)   ⇑   88,32 EUR
Summe Transportkosten   170,04 EUR

Gesamtkosten
Summe Miete   ⇑   235,22 EUR
Summe Kauf   ⇑   43,30 EUR
Transportkosten   ⇑   170,04 EUR
Summe Gesamtkosten   **448,56 EUR**

Unterlage g4 Blatt 1

Unterlage g4 Blatt 1 — ZEITBEDARFSERMITTLUNG FÜR DAS ZUSÄTZLICHE UNTERGESCHOSS

Tätigkeit	Kapaz.	Menge	Einh	AW	Ph	Ph/AT	AT	AT ang.	Anmerkungen
(1)	(2)	(3)	(4)	(5)	(6)=(3)x(5)	(7)	(8)=(6)/[(2)x(7)]	(9)	(10)
Ins UG "verschobene" Tätigkeiten									TL : Tieflöffelbagger
OB-Fundamentaushub	1 TL	82,0	m³	0,40	33	8	4,10	4,00	1 AT Verlängerung
OB-Fund. verfüllen	1 RL	45,0	m³	0,23	10	8	1,29	1,30	RL: Radlader
Tätigkeiten Erdarbeiten:								5,30	
Sauberkeitsschicht OB-Fund.	5 BB	51,24	m²	0,13	7	8	0,17	0,20	BB : Betonbauer
OB-Fundamente schalen	5 BB	58,24	m²	0,60	35	8	0,88	0,90	
OB-Fundamente bewehren	5 BB	2,17	t	20,00	43	8	1,09	1,10	
OB-Fundamente betonieren	5 BB	43,32	m³	0,70	30	8	0,76	0,80	
Sauberkeitssch. Kernplatte	5 BB	66,3	m²	0,13	9	8	0,22	0,20	
Kernplatte schalen	5 BB	5,60	m²	1,55	9	8	0,22	0,20	
Kernplatte bewehren	5 BB	0,38	t	20,00	8	8	0,19	0,20	
Kernplatte betonieren	5 BB	12,43	m³	1,00	12	8	0,31		
Tätigkeiten Betonbauer:	5 BB				153	8	3,82	3,60	Gesamt
Zusätzliche Tätigkeiten im UG									
Baugrubenaushub	1 GTL	476,3	m³	0,08	38	8	4,76	4,80	GTL: großer Tieflöffel
Verfüllung UG	1 RL	253,7	m³	0,05	13	8	1,59	1,60	
Tätigkeiten Erdarbeiten:								6,40	
Kernwände schalen	4 SCH	185,0	m²	0,44	81	8	2,54	3,60	Einarbeitungseffekt
Kerndecke schalen	4 SCH	77,1	m²	0,45	35	8	1,08	1,30	Einarbeitungseffekt
Tätigkeiten Schaler:	4 SCH				116	8	3,63	4,90	SCH : Schalkolonne
Verschiebung Arbeitsbeginn der Schalkolonne um 5 AT nach vorne !									
Kernwände bewehren	5 BB	1,0	t	20,00	20	8	0,50	0,50	
Kernwände betonieren	5 BB	18,4	m³	1,10	20	8	0,51	0,50	
Kerndecke bewehren	5 BB	0,8	t	20,00	16	8	0,40	0,40	
Kerndecke betonieren	5 BB	11,0	m³	1,10	12	8	0,30	0,30	
Summe:	5 BB				68	8	1,71	1,70	
Zus. 2 AT im Terminplan (oder 2 AT Tätigkeiten bei Schlechtwetter) !									

Anhang E

Unterlage g4 Blatt 2

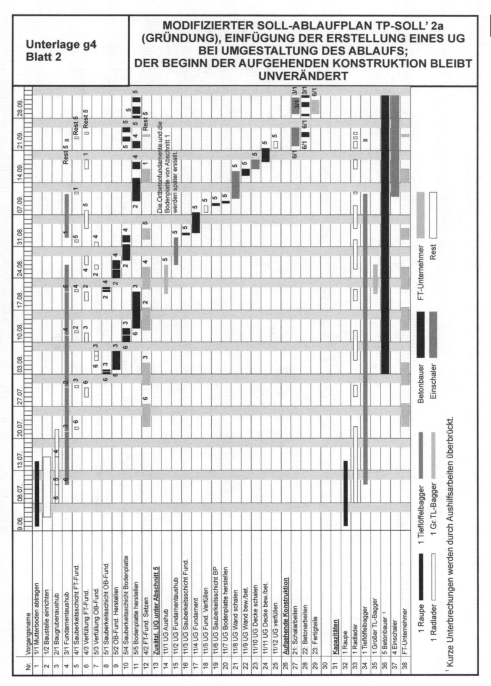

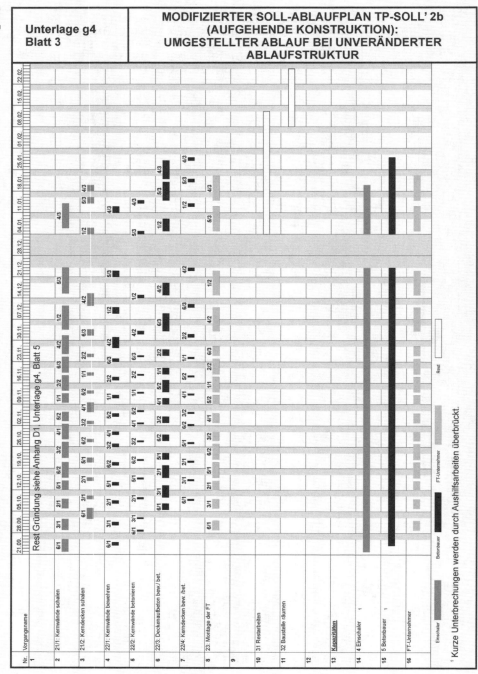

Anhang E   Unterlage o

Unterlage o	NACHTRAGSLEISTUNGSVERZEICHNIS E

Vorbemerkungen

Dieses Leistungsverzeichnis enthält die Regelungen für die Erstellung eines zusätzlichen Untergeschosses unter Bauwerk A.

Die aufgeführten Preise der modifizierten Leistung sind auf der Basis des Kostenniveaus der Angebotskalkulation einschließlich Zuschlägen ermittelt worden. Eine eventuelle Überdeckung der Schlüsselkosten und des Gewinns wird nach Abrechnung aller Leistungen im Rahmen einer Ausgleichsberechnung festgestellt und geregelt.

Die Vergütung der zusätzlichen Bewehrungs-, Betonier- und Schalarbeiten für die Fundamente, die Bodenplatte des Untergeschosses und die zusätzliche Kerndecke sowie des Fundamentaushubs für das Untergeschoss erfolgt nach Positionen des Vertrags-LV.

Alle Preise gelten unter der Voraussetzung, dass auftraggeberseitig die Kanalisierungs- und Abdichtungsarbeiten so ablaufen, wie sie nach TP-SOLL' 2 erforderlich sind (also Reihenfolge der Abschnitte: 6 vor 3 vor 2 vor 4 vor 5) und den Bauablauf des Auftragnehmers nicht behindern.

Zusätzliche Leistungen:

Leistungsbereich 002 - Erdarbeiten (VOB/C DIN 18300)

Pos. 4.2   540,00 m³   Erdaushub mit Tieflöffelbagger für das Untergeschoss des Bauwerks A und seitlich lagern.
                         E.P.:   4,65 €/m³   G.P.:   2.511,00 €

Pos. 6.2   340,00 m³   Verfüllung des Untergeschosses von Bauwerk A
                         E.P.:   11,39 €/m³   G.P.:   3.872,60 €

Leistungsbereich 013 - Betonarbeiten (VOB/C DIN 18331)

Pos. 8.1   183,00 m²   Wandschalung für die Untergeschosswände einschließlich Wandvorlage, h = 2,50 m, als Zulage zu Pos. 8.
                         E.P.:   20,50 €/m²   G.P.:   3.751,50 €

Unterlage p			PLANEINGANGSLISTE (STATUS: 22.06.)				
Soll-Ein-gangs-datum	Plan-Nr.	erstellt am	Bezeichnung	Ist-Planeingangsdatum			Bemerkung
					Index		
				-	01	02	
			Fundamente/Bodenplatten				
22. 6.		19. 6.	Schalplan	22. 6.			
22. 6.			Bewehrungsplan				
			Querschnitte				
17. 8.		19. 2.	Querschnitt 0503 Z 002	7. 4.			Vorabzug
			Erdgeschoß				
17. 8.		19. 2.	Schalpläne 0503 Z 001	7. 4.			Vorabzug
17. 8.			Bewehrungspläne Wände				
17. 8.			Bewehrungspläne Decken				
			Zwischengeschoß				
7. 9.		19. 2.	Schalpläne 0503 Z 003	7. 4.			Vorabzug
7. 9.			Bewehrungspläne Wände				
7. 9.			Bewehrungspläne Decken				
			Dachgeschoß				
7. 9.		19. 2.	Schalpläne 0503 Z 004	7. 4.			Vorabzug
7. 9.			Bewehrungspläne Wände				
7. 9.			Bewehrungspläne Decken				
			Untergeschoß				
		19. 6.	Schnitt 0503 Z 006	22. 6.			
		19. 6.	Fundamentplan 0503 Z 005	22. 6.			
			Schalplan für Wände	22. 6.			

Unterlage r1	NACHWEIS DEM GRUNDE NACH NACHTRAG E (AUSSCHNITT)

Leistungsbereich 002 – Erdarbeiten (VOB/C, DIN 18300)

Pos. 4.2   Erdaushub für das Untergeschoss des Bauwerks A

    Bausoll: Gemäß der Leistungsbeschreibung (LV und Ausschreibungspläne, vgl. Anhang A, Unterlage a1.2, Blatt 2) wurde kein Untergeschoss beauftragt.

    Bauist: Gemäß dem am 19.06. eingegangenen Plan (Anhang E, Unterlage a4) ist ein Untergeschoss unter einem Kern des Bauwerks A herzustellen.

    Bausoll-Bauist-Abweichung: Der Aushub für das Untergeschoss ist zusätzlich zu erbringen; statt des bislang für den Aushub ausreichenden Radladers ist der Einsatz eines Tieflöffelbaggers mit 0,25 m³ Löffelinhalt erforderlich.

Leistungsbereich 013 – Betonarbeiten (VOB/C, DIN 18331)

Pos. 8.1   Wandschalung für die Untergeschosswände

    Bausoll: Schalen von Wänden für 15 Kerne (in Erd- und Obergeschossen), Höhe = 3,45 Meter (vgl. Ausschreibungsplan Anhang A, Unterlage a1.2, Blatt 2)

    Bauist: Schalen der Wände eines Untergeschosses, Höhe = 2,50 Meter (vgl. Anhang E, Unterlage a4)

    Bausoll-Bauist-Abweichung: Es sind als zusätzliche Leistung Wände in einer anderen Höhe als im Bausoll vorgesehen im Bauwerk A in geschlossener Form mit einer Wandvorlage herzustellen. Das erfordert eine Umplanung sowie einen Umbau des für das EG und OG vorgesehenen Schalungssystems und zusätzlichen Schalungseinsatz (vgl. Anhang E, Unterlage g3). Weiterhin muss die Schalung früher als bisher vorgesehen bereitgestellt werden.

Unterlage r2 Blatt 1   Anhang E

| Unterlage r2 Blatt 1 | NACHWEIS DER HÖHE NACH NACHTRAGSKALKULATION E (AUSSCHNITT) |

Zusätzliche Leistungen:

Leistungsbereich 002 - Erdarbeiten (VOB/C, DIN 18300): Pos. 4.2

| Vertragspreisniveau: | Abb. 24, S. 462 |
| Preis der modifizierten Leistung | Abb. 28, S. 474 |

Leistungsbereich 013 - Betonarbeiten (VOB/C, DIN 18331): Pos. 8.1

| Vertragspreisniveau: | | Abb. 27, S. 469 |
| Preis der modifizierten Leistung: | | |

1. Dokumentation der modifizierten Leistung

gemäß Anhang E, Unterlage a4: Kernwände UG, LB 013, Pos. 8.1

zusätzliche Leistungen:
- vierte Wand
- längere Vorhaltung der für die ursprüngliche Vertragsleistung eingesetzten Schalungselemente (183,0 m² Wandschalung für Untergeschoss)

entfallene Leistungen:
- Türöffnungen

geänderte Leistungen:
- Wandpfeiler in der vierten Wandseite statt einer Fertigteilstütze
- Wandhöhe 2,50 m statt 3,45 m

2. Kostenfortschreibung

Kosten der zusätzlichen Leistungen:

                                                      Schalung: Lohn:

zusätzliche Schalungselemente: (Anhang E, Unterlage g3, Blatt 2)   448,56 EUR

Vorhaltekosten pro Monat (gemäß Anhang D2, Unterlage g3, Blatt 2: 2.060,06 EUR/Mon.)
Bei einer verlängerten Vorhaltung der Schalung von 1/4 Mon. ergeben
sich folgende Kosten: 2.060,06 EUR/Mon. x   0,25 Mon. =   515,02 EUR

Kosten der entfallenen Leistung:

Lohnkosten: 0,01 Ph/m² x 183,00 m² x 29,70 EUR/Ph =   -54,35 EUR
(0,01 Ph/Lh nach Abb.27, 29,70 EUR/Ph nach Anhang B, Unterlage h1)

Schalungskosten: 183,00 m² x 0,50 EUR/m² =   -91,50 EUR
(0,50 EUR/m² nach Anhang D2, Unterlage g3, Blatt 2)

Kosten der geänderten Leistungen:

Wandpfeiler statt Fertigteilstütze: Die Schalungskosten sind unter den zusätzlichen Leistungen erfasst. Die Lohnkosten werden durch die mittlere Rahmenbreite berücksichtigt (s. u.).

Wandhöhe 2,50 m statt 3,45 m:

Wandumfang (s. Anhang E, Unterlage a4)   =   73,20 m

Anzahl aller Tafel- und Passteile: Framax Rahmen: 59 St.
(s. Anhang E, Unterlage g3, Bl. 1)   Framax Universale: 5 St.
                                Framax Innenecke: 6 St.
                                Passstücke: 8 St.
                                                            78 St.

mittlere Rahmenbreite =   73,20 m : 78,00 St. = 0,94 m/St. => AW = 0,35 Ph/m² (vgl. Blatt 2)

=>   0,35 Ph/m² x   183,00 m² x   29,70 EUR/Ph =   1.902,29 EUR
                                                                                          872,08 EUR   1.847,93 EUR

3. Anpassung an das Vertragspreisniveau

Schalung: 872,08 EUR x   1,22   =   1063,93 EUR (1,22 nach Abb.27)

Lohn: 1.847,93 EUR x   0,70   =   1293,55 EUR (0,70 nach Abb.27)
                                                                                                 2357,49 EUR

bezogen auf 183,00 m²: 2.357,49 EUR :   183,00 m² =   + 12,88 EUR/m²

4. Preis der modifizierten Leistung

Zuschlag auf Basis I (Lohn, Schalung):   12,88 EUR/m² x 0,5910 =   + 7,61 EUR/m² (59,10% s. Anhang B, Unterlage h2)

Einheitspreis als Zulage zu Pos. 8:   = 20,50 EUR/m²

Anhang E   Unterlage r2 Blatt 2   E

Unterlage r2 Blatt 2	NACHWEIS DER HÖHE NACH ABHÄNGIGKEIT DES AUFWANDSWERTES FÜR DAS SCHALEN VON WÄNDEN

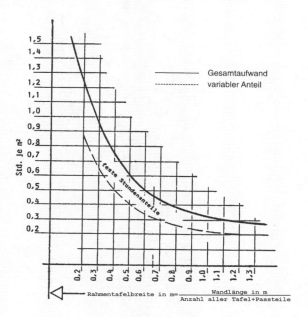

Stundenaufwandswerte in Abhängigkeit von der Rahmentafelbreite und -höhe nach Einarbeitung ohne Nebenleistungen bei geraden, geschosshohen Wänden.
(aus Hoffmann, Friedrich H., Schalungstechnik mit System, 1993, S.100)

Anhang F

F

Schadensermittlung für Bauumstandsmodifikation   bis zum
nach Baubeginn   13. August

Die Ausführungsangaben trafen nicht gemäß zu den vertraglich vereinbarten Planlieferfristen ein. Dies führte im Laufe der Zeit zu Behinderungen und am 13. 8. – trotz der nun erteilten Ausführungsangaben für die Bewehrung der Bodenplatten – zu einem Baustopp bei der Ortbetongründung und zu einer Umsetzung der Betonbauer auf eine andere Baustelle.

Unterlage	Blatt	Inhalt	Seite
Abb. 55a	S. 782	Modifizierte Soll-Ablaufpläne TP-SOLL' 3 a und TP-SOLL' 3 b	782
o	1–3	Nachtragsleistungsverzeichnis F	887
p	1–3	Planeingangsliste (Status 14.08.)	890
r1		Nachweis dem Grunde nach – Nachtrag F	891
r2		Nachweis der Höhe nach – Schadensersatznachweis F	894
Abb. 52	S. 776	Bisheriger Soll-Ablaufplan (TP-SOLL' 2 a) mit Eintragung des Ist-Ablaufs bis zum (Teil-)Baustopp	776
Abb. 56	S. 792	Ermittlung des behinderungsbedingten Mehrlohnaufwands für die Ortbetonfundamente der Abschnitte 6 und 3 durch Gegenüberstellung der Soll-Aufwandswerte der Arbeitskalkulation und der Ist-Aufwandswerte	792
		Nach Einwendungen des Auftraggebers	
t		Überarbeitung auf Grund von Einwendungen des Auftraggebers	895
Abb. 45	S. 723	Aufwandswert-Soll-Ist-Vergleich bei unbehinderter Ausführung (Bauabschnitt 2)	723
Abb. 47	S. 740	Aufwandswert-Soll-Ist-Vergleich und Ermittlung des plausiblen Mehraufwandes bei behinderter Ausführung unter Berücksichtigung des Eigenanteils des Auftragnehmers	740

Anhang F Unterlage o Blatt 1

Unterlage o Blatt 1	NACHTRAGSLEISTUNGSVERZEICHNIS F

1 Vorbemerkungen

Dieses Leistungsverzeichnis enthält alle Schadensersatzregelungen für die Behinderungen bis zum 25.08. aus verspäteten auftraggeberseitigen Mitwirkungen.

Die Nachweise dem Grunde und der Höhe nach für die Termine und die finanziellen Auswirkungen erfolgen in den Unterlagen r1 und r2.

2 Sachverhalt

Gemäß dem Protokoll der Technischen Klärungen (vgl. Anhang C, Unterl. m, lfd.Nr. 2) sollten die Pläne für die Fundamente und die Bodenplatten bis zum 22.06. zur Verfügung gestellt werden; tatsächlich sind bis zu diesem Termin nur Schalpläne geliefert worden. Die Bewehrungspläne der Fundamente sind erst am 16.07. zur Verfügung gestellt worden, also erst 2,5 Wochen vor dem vorgesehenen Arbeitsbeginn der Betonarbeiten am 03.08. (vgl. Anhang F, Unterlage p).

Dieser fast vierwöchige Planlieferverzug hatte zunächst keine negativen Auswirkungen auf den weiteren Bauablauf, weil zwischenzeitlich der Betonstahllieferant zugesagt hatte, seine Lieferung trotzdem zum 03.08. zu ermöglichen, sofern die Bewehrungspläne auf Lager befindliche Betonstähle beinhalteten und bis zum 17.07. bei ihm vorliegen würden.

Bei der Überprüfung der am 16. 7. eingegangenen Pläne stellte sich heraus, dass sie keine Angaben zur Bewehrung der Bodenplatten enthielten. Da gemäß der auftraggeberseitigen Angaben immer noch davon auszugehen war, dass die fehlenden Angaben umgehend nachgereicht würden, wurde die für die Erstellung der Ortbetongründung vorgesehene Betonbauerkolonne nicht umdisponiert.

Trotz laufender Anmahnung der fehlenden Bewehrungspläne im Bautagesbericht (vgl. Abb. 36a) und trotz der Hinweise auf die daraus resultierenden möglichen Folgen (u.a. Intensitätsabfälle des Personals und drohender Arbeitsstillstand) wurden auftraggeberseitig weiterhin keine Angaben für die Bewehrung der Bodenplatten gemacht.

Unterlage o Blatt 2	NACHTRAGSLEISTUNGSVERZEICHNIS F

Das führte zu einer gekürzten Bauausführung, wie aus dem Soll-Ist-Vergleich (Abb. 52) für Vorgang 5/2 am 07.08. zu ersehen ist. Der Ist-Arbeitsfortschritt blieb hinter den Soll-Vorgaben zurück. Da ein Baustopp und somit „Leerkosten" drohten, wurde auftragnehmerseitig eine andere Baustelle um zwischenzeitliche Übernahme der Betonbauerkolonne und des Kranführers gebeten. Diese Baustelle erteilte am 10.08. eine Zusage unter der Bedingung, dass die Umsetzung am 12. oder 13.08. erfolgen würde.

Am 13.08. besuchten der Prüfstatiker und der Bauleiter des Auftraggebers die Baustelle und lieferten die fehlenden Angaben zur Bewehrung der Bodenplatten (dokumentiert im Bautagesbericht, Abb. 31). Die Lieferung der geschnittenen und gebogenen Bodenplattenbewehrung konnte durch den Betonstahllieferanten jedoch erst für den 25.08. zugesagt werden.

3 Termine

Die Bodenplatten der ersten Abschnitte werden wie vorgesehen komplett, die der restlichen Abschnitte zumindest im Bereich der Kerne erstellt, damit die Wandschalung unproblematisch aufgestellt werden kann. Die Restbereiche der Bodenplatten werden später erstellt, wenn keine sonstigen Arbeiten möglich sind, z.B. an Schlechtwettertagen unterhalb der schon vorhandenen Konstruktion.

Der vertraglich vereinbarte Endtermin wird trotz der Behinderungen eingehalten. Der bisherige Zwischentermin für die Dachdeckerarbeiten wird wie folgt modifiziert: Ein Drittel der Dachflächen des Bauwerks B steht ab dem 16.11., ein weiteres Drittel ab dem 07.12. für die Dachdeckerarbeiten zur Verfügung. Maßgebend ist ab dem Baustopp der behinderungsbedingt modifizierte Soll-Ablaufplan TP-SOLL' 3a und b (Abb. 55a und b).

4 Finanzielle Regelungen
4.1 Abgeschlossene und/oder überschaubare Behinderungsauswirkungen
Pos. 4.1.1 Intensitätsabfälle

Für die in Unterlage r1 unter 3.1.1 dem Grunde und in Unterlage r2 der Höhe nach nachgewiesenen Intensitätsabfälle:

        Pauschal: 3.487,85 EUR

Unterlage o Blatt 3	NACHTRAGSLEISTUNGSVERZEICHNIS F

Pos. 4.1.2 Zusätzliche zeitabhängige BGK

Für die in Unterlage r1 unter 3.1.2 dem Grunde und Unterlage r2 unter 1.2 der Höhe nach nachgewiesenen zusätzlichen zeitabhängigen Baustellengemeinkosten:

    Pauschal: 1.298,00 EUR

4.2 Noch eventuell auftretende Behinderungsauswirkungen

Pos. 4.2.1 Nachträgliche Bodenplattenherstellung

Behinderungsbedingt zur Einhaltung von TP-SOLL' 3 nachträglich – in Abstimmung mit dem Auftraggeber – eingebauter Ortbeton der restlichen Bodenplatten (vgl. Unterlage r1, Nr. 3.2.1):

    Einheitspreis als Zulage zu LB 013, Pos. 1:   15,36 EUR/m³

Pos. 4.2.2 Nachschachten

Nachschachten für den Fall, dass die vor dem (Teil-)Baustopp erstellten Fundamentgräben nachgebrochen sind (vgl. Unterlage r1, Nr. 3.2.2):

    Einheitspreis: 118,13 EUR/m³

Pos. 4.2.3 Abschalen

Das in Unterlage r1 unter 3.2.1 dem Grunde nach belegte eventuell zusätzlich noch anfallende Abschalen von Einzelabschnitten der Bodenplatten wird im Stundenlohn (vgl. Unterlage r2, Nr. 2.2.1) vergütet, sofern die Erfordernisse der kleinteiligen Abschalung nachgewiesen wird:

    Stundensatz: 32,67 EUR/Ph

Pos. 4.2.4 Handtransporte und sonstiger Stundenaufwand

Für Handtransporte der Bewehrung der nachträglich eingebauten Bodenplatten und für eventuell erforderliche sonstige Stundenlohnarbeiten

    Stundensatz: 32,47 EUR/Ph

Unterlage p — Anhang F

Unterlage p			PLANEINGANGSLISTE (STATUS: 14.08.)				
Soll-Ein-gangs-datum	Plan-Nr.	erstellt am	Bezeichnung	Ist-Planeingangsdatum	Index 01	Index 02	Bemerkung
			Fundamente/Bodenplatten				
22. 6.		19. 6.	Schalplan	22. 6.	16. 7.		
22. 6.		15. 7.	Bewehrungsplan		16. 7.		ohne Platte
			Angaben zu den Bodenplatten	13. 8.			laut Mitteilung Statiker
			Querschnitte				
17. 8.		19. 2.	Querschnitt 0503 Z 002	7. 4.			Vorabzug
			Erdgeschosse				
17. 8.		19. 2.	Schalpläne 0503 Z 001	7. 4.			Vorabzug
17. 8.			Bewehrungspläne Wände				
17. 8.			Bewehrungspläne Decken				
			Zwischengeschoss				
7. 9.		19. 2.	Schalpläne 0503 Z 003	7. 4.			Vorabzug
7. 9.			Bewehrungspläne Wände				
7. 9.			Bewehrungspläne Decken				
			Dachgeschosse				
7. 9.		19. 2.	Schalpläne 0503 Z 004	7. 4.			Vorabzug
7. 9.			Bewehrungspläne Wände				
7. 9.			Bewehrungspläne Decken				
			Untergeschoss				
		19. 6.	Schnitt 0503 Z 006	22. 6.			
		19. 6.	Fundamentplan 0503 Z 005	22. 6.	21. 7.		
		19. 6.	Schalpläne für Wände/Decken	22. 6.			

Anhang F   Unterlage r1 Blatt 1

Unterlage r1 Blatt 1	NACHWEIS DEM GRUNDE NACH NACHTRAG F

1   Bausoll-Bauist-Abweichung

<u>Bausoll:</u>
- Vertragsterminplan (Abb. 5a, S. 31); Soll-Baubeginn der Arbeiten für die Ortbetongründung (Vorgang 5) .... 27.07.
- Bauinhaltsbedingt modifizierter TP-SOLL' 2a (Anlage E, Unterlage g4, Blatt 2); Soll-Beginn der Arbeiten für
  - Sauberkeitsschicht OB-Fundamente (Vorgang 5/1) .... 03.08.
  - Ortbetonfundamente (Vorgang 5/2) .... 04.08.
- Soll-Planliefertermin für Ortbeton (Gründung) gemäß Protokoll Technische Klärungen (Anhang C, Unterlage m, lfd. Nr. 2) .... 22.06.
- Soll-Fertigstellungstermine der bauseitigen Kanalisationsarbeiten gemäß Anhang C, Unterlage m, lfd. Nr. 1 im Zusammenhang mit Nachtrags-LV E (Anhang E, Unterlage o, Vorbemerkungen):
  - Abschnitt 6 (statt 4): .... 02.07.
  - Abschnitt 3 (statt 1): .... 14.07.
  - Abschnitt 2 (statt 5): .... 22.07.

<u>Bauist:</u>
- Ist-Termine gemäß Eintragung in TP-SOLL' 2a (vgl. Abb. 52, S. 776)
- Ist-Ausführungsangaben (Anhang F, Unterlage p), insbesondere Bewehrungsangaben für die Bodenplatte am .... 13.08.
- Ist-Fertigstellung der Kanalisationsarbeiten (vgl. Abb. 52, S. 776)
  - Abschnitt 6: .... 11.07.
  - Abschnitt 3: .... 29.07.
  - Abschnitt 2: .... 10.08.

<u>Bausoll-Bauist-Abweichung</u>
- Mehr als 1,5 Monate verspätete Ausführungsangaben für die Bodenplattenbewehrung
- laufend verspätete Fertigstellung der Kanalisationsarbeiten

| Unterlage r1 Blatt 2 | NACHWEIS DEM GRUNDE NACH NACHTRAG F |

2 Terminliche Folgen

Verspätete auftraggeberseitige Mitwirkungen führen – wie allgemein bekannt (vgl. Lang, Ein Verfahren zur Bewertung von Bauablaufstörungen und zur Projektsteuerung, S. 108 ff.) - zu Intensitätsabfällen und somit zu verlangsamter Leistungserstellung. Konkret werden sie hier unter 3.1 durch Gegenüberstellung der Aufwandswerte von behinderten und unbehinderten Bauabschnitten nachgewiesen.

Als abzusehen war, dass der Planvorlauf nicht mehr ausreichen würde, um Betonstahl für die Bodenplatte noch rechtzeitig geliefert zu bekommen, wurde zur Schadensminderung eine anderweitige Einsatzmöglichkeit für die Betonbauer gesucht und gefunden – und zwar ab dem 14.08.

Dies führte naturgemäß zu einem (Teil-)Baustopp bis zum Eintreffen der Bewehrung der Bodenplatten am 25.08.

Der Soll-Ablauf nach dem Baustopp baut auf dem bis dahin aktuellen Ablaufplan TP-SOLL' 2 auf, jedoch unter Berücksichtigung des Zeitversatzes aus dem Baustopp und den vorab aufgetretenen Intensitätsabfällen bei den Ortbetonarbeiten.

Der Soll-Beginn der Erstellung der Bodenplatte 6 (Vorgang 5/5) gemäß TP-SOLL' 2a war der 13.08; der neue Soll-Beginn für die Erstellung der Bodenplatte 6 ergibt sich wegen der verspäteten Ausführungsangaben, des dadurch bedingten (Teil-)Baustopps und der Notwendigkeit, zunächst noch die Sauberkeitsschicht für die Bodenplatte einzubringen und erhärten zu lassen, zum 28.08. Das macht 11 AT Bauzeitverschiebung aus.

Dieser Zeitverlust kann bezogen auf den Endtermin dadurch auf 5 AT reduziert werden, dass die Bodenplatten nicht insgesamt vor Beginn der Erstellung der aufgehenden Konstruktion hergestellt werden, sondern zumindest nur in dem Umfang, dass die aufgehenden Wände problemlos geschalt werden können (vgl. TP-SOLL' 3a). Die Restbereiche der Bodenplatten werden erst später, wenn wegen Schlechtwetter oder aus anderweitigen Gründen keine Arbeiten mehr ausführbar sind, unterhalb der schon bestehenden Konstruktion erstellt.

Durch diese Regelung werden die Betonbauer nach Erstellung des ersten Teils der Bodenplatten für die Bewehrungsarbeiten der aufgehenden Konstruktion frei. Der Vorgang 21/1 (Schalen der Wände) beginnt somit gemäß TP-SOLL' 3b nur noch mit 5 AT Verspätung gegenüber dem Beginn von TP-SOLL' 2b.

Diese 5 AT Ablaufverschiebung führen jedoch dazu, dass weitere Arbeiten in die Winterzeit fallen und somit eine spätere Endfertigstellung als bisher die Folge ist. Das ergibt den in TP-SOLL' 3b ausgewiesenen Endtermin für das Betonieren 04.02. (Vorgang 22/4), also 5 AT später als im produktionsorientierten Soll-Ablaufplan ausgewiesen wird (28.01.).

| Unterlage r1 Blatt 3 | NACHWEIS DEM GRUNDE NACH NACHTRAG F |

3 Finanzielle Auswirkungen
3.1 Abgeschlossene und überschaubare Behinderungsauswirkungen
3.1.1 Intensitätsabfälle

Durch die fehlenden Ausführungsangaben traten Intensitätsabfälle bei den Abschnitten 6 und 3 der Ortbetonarbeiten der Fundamente auf. Sie sind ersichtlich aus dem Aufwandswert-Soll-Ist-Vergleich für die Abschnitte 6 und 3 (Abb. 56 S. 792) In Spalte 9 werden die behinderungsbedingten Ist-Aufwandswerte und in Spalte 11 der Mehraufwand gegenüber den arbeitskalkulativen Soll-Aufwandswerten aufgeführt. Letztere sind nach der Rentabilitätsvermutung der Kalkulation als richtig anzusehen.

Die Ursachen des Mehraufwands liegen augenscheinlich in der Behinderung und entsprechen den von Lang (a.a.O. S. 108 ff.) geschilderten Gegebenheiten.

3.1.2 Vorhaltekosten

Die Ausführung der Betonarbeiten dauert nunmehr gemäß TP-SOLL' 3b bis Anfang Februar (statt wie in TP-SOLL' 2b - für das Bausoll - bis zum 28.01.). Deshalb ist statt der bis zum 01.02. angesetzten Gerätevorhaltung, vgl. Anhang B, Unterlage g1.1, Blatt 3, Zeile 5 und 6 (Spannungswandler und Innenrüttler) und der Containervorhaltung (vgl. Anhang B, Unterlage g1.1, Blatt 4, Zeile 21) nunmehr eine um etwa einen halben Monat längere Vorhaltung erforderlich.

3.2 Noch (möglicherweise) anfallende Behinderungsauswirkungen
3.2.1 Nachträgliche Herstellung der restlichen Bodenplatten

Das Betonieren der restlichen Bodenplattenteilbereiche nach Erstellung (eines Teils) der aufgehenden Konstruktion erfordert eine Betonpumpe, da der Kran nicht mehr an die Einbaustelle herankommt.

3.2.2 Nachschachten der vor Baustopp erstellten Fundamentgruben

Je nach Witterungslage und Bodengegebenheit kann es zum Nachbrechen der schon vor dem Baustopp erstellten Fundamentgruben kommen, d.h., es muss dann nachgeschachtet werden.

3.2.3 Sonstige Handarbeiten

Erforderlichenfalls sind Teilabschnitte der Bodenplatten abzuschalen, damit einerseits die Wandschalung der Wände auf Bodenplattenabschnitte gestellt werden kann, dagegen der Rest der Bodenplatten nachträglich erstellt werden kann.

Erforderlichenfalls sind Handtransporte für die Bewehrung und für die Erstellung von Witterungsschutzmaßnahmen erforderlich.

Unterlage r2   Anhang F

Unterlage r2	NACHWEIS DER HÖHE NACH SCHADENSERSATZNACHWEIS F

1 Abgeschlossene und überschaubare Schadensauswirkungen

1.1 Intensitätsabfall

In Spalte 11 des Aufwandswert-Soll-Ist-Vergleichs, (Abb. 56, S. 792) wird der zusätzliche Stundenmehraufwand je Einheit aufgeführt.

Multipliziert mit den Abrechnungsmengen (Spalte 6) ergibt sich in Spalte 12 der behinderungsbedingte Mehrlohnstundenanfall. Addiert man diesen Betrag und multipliziert man die Summe mit dem Kalkulationslohn 29,70 EUR/Ph, so ergeben sich Mehrkosten in Höhe von 3.170,77 EUR.

Bei 10% Zuschlag für AGK ergibt das 3.487,85 EUR.

1.2 Zusätzliche zeitabhängige Kosten

Container und Geräte sind von einem Fremdunternehmer angemietet worden. Für die nunmehr länger als kalkuliert vorzuhaltenden Geräte wurde folgende Miete vereinbart:

1	Unterkunftscontainer (BGL: X.3.11.0006):	400,00 EUR/St	400,00 EUR/Mon
4	Innenrüttler (BGL: B.9.31.0058):	170,00 EUR/St	680,00 EUR/Mon
1	Spannungswandler (BGL: B.9.50.0055):	100,00 EUR/St	100,00 EUR/Mon
Gesamtbetrag pro Monat:			1.180,00 EUR/Mon

Bei einem halben Monat zusätzlicher Vorhaltung ergeben sich also beaufschlagt mit 10% Deckungsbeitrag für AGK zusätzliche Kosten von 649,00 EUR.

2 Noch anfallende Behinderungsauswirkungen

2.1 Nachträgliche Herstellung von Bodenplatten

Es geht um die gleiche Leistung wie unter LB 013, Pos. 1.1; deshalb wird deren Zulagepreis übernommen: 15,36 EUR/m²

2.2 Nachschachten

Es geht in etwa um die gleiche Leistung wie unter LB 002, Pos. 7; deshalb wird deren Einheitspreis übernommen: 118,13 EUR/m³

2.3 und 2.4 Stundenlohnarbeit

Die Leistungen aus Pos. 2.3 und 2.4 werden nach Aufwand im Stundenlohn bezahlt. Der Stundenlohnsatz ergibt sich aus dem Mittellohn von 29,70 EUR/Ph zuzüglich Deckungsbeitrag 10% für AGK: 32,67 EUR/Ph

Unterlage t	**ÜBERARBEITUNG AUF GRUND VON EINWENDUNGEN DES AUFTRAGGEBERS**

Der Auftraggeber trug vor, dass die Aufwandswerte der Arbeitskalkulation nicht realistisch, nämlich zu niedrig seien.

Daraufhin wurde auftragnehmerseitig nach Erstellung des ersten unbehinderten Abschnittes für die Ortbetonfundamente ein Aufwandswert-Soll-Ist-Vergleich durchgeführt (vgl. Abb. 45, S. 723). Er zeigt in Spalte 9 die Ist-Aufwandswerte für unbehinderte Ausführung und stellt in Spalte 10 die Soll-Aufwandswerte der Arbeitskalkulation gegenüber. Ergebnis ist (vgl. Spalte 12), dass bei den Schalarbeiten relevante Abweichungen zwischen Ist- und Soll-Aufwandswerten vorliegen.

In Spalte 13 werden die realistischen Soll-Aufwandswerte aufgelistet.

Sodann wird der Aufwandswerte-Soll-Ist-Vergleich für behinderte Ausführung durchgeführt (Abb. 47, S. 740). Die Ist-Aufwandswerte (Spalte 9) werden in Spalte 10 den realistischen Soll-Aufwandswerten aus Abbildung 45 gegenübergestellt und ergeben in Spalte 11 unter Berücksichtigung des Eigenanteils des Auftragnehmers die realistischen Mehrlohnkosten von 2.713,69 EUR.

Beaufschlagt mit 10% AGK ergibt das einen Schadensersatzanspruch von 2.985,06 EUR.

Anhang G

Bauinhaltsmodifikation während der Bauausführung   1. September

Im Laufe der zweiten Augusthälfte treffen Vorabzüge bzw. freigegebene Schalpläne für die aufgehende Stahlbetonkonstruktion ein.
Sie beinhalten als modifizierte Bauinhalte:
- In den Kernen im Bauwerk A Balkendecken statt Flachdecken
- Verbreiterungen der Deckenflächen außerhalb der Kerne um jeweils 12 cm nach außen

Unterlage	Blatt	Inhalt	Seite
a4	1	Ausführungsplan: Schnitt ohne Dachgeschosse	899
a4	2	Ausführungsplan: Decken über EG	900
g3	1	Schalungskosten der modifizierten Kerndecken in Bauwerk A	901
g3	2	Schalungsplanung für die modifizierten Kerndecken in Bauwerk A (Schnitt)	902
g3	3	Schalungsplanung für die modifizierten Kerndecken in Bauwerk A (Draufsicht)	903
g4	1	Detaillierte Aufwandswertermittlung für die modifizierte Kerndeckenschalung (Bauwerk A)	904
g4	2	Zeitbedarfsermittlungen für die geänderte Kerndecke eines Abschnitts von Bauwerk A	905
Abb. 32 c	S. 510	Bauinhaltsbedingt modifizierter Soll-Ablaufplan TP-SOLL' 4	510
o		Nachtragsleistungsverzeichnis G	906
p		Planeingangsliste (Status 01.09.)	907
r1		Nachweis dem Grunde nach Nachtrag G, Ausschnitt	908
r2		Nachweis der Höhe nach Nachtrag G, Ausschnitt	909

Anhang G Unterlage a4, Blatt 1

Unterlage a4 Blatt 1 — AUSFÜHRUNGSPLAN: SCHNITT OHNE DACHGESCHOSSE   **G**

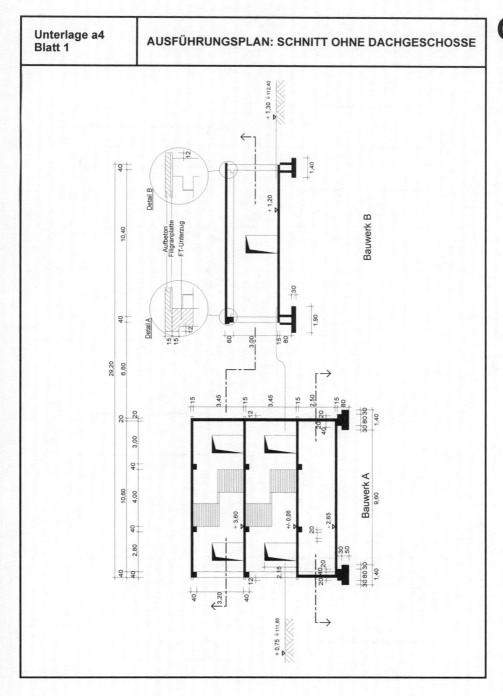

Unterlage a4, Blatt 2 — AUSFÜHRUNGSPLAN: DECKEN ÜBER EG

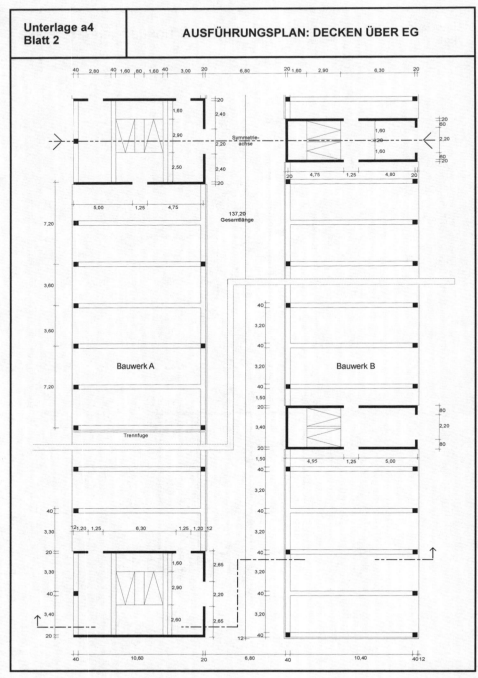

Anhang G   Unterlage g3, Blatt 1

| Unterlage g3 Blatt 1 | AUFTRAGGEBERSEITIGE KORRIGIERTE SCHALUNGSKOSTEN FÜR KERNDECKEN |

G

lfd. Nr.	Bezeichnung	Menge	Listenpreis	Gesamtlistenpreis	monatl. Satz A+V (BGL)	monatl. Satz Rep. (BGL)	A+V (70%)	R (50%)	A+V+R	Bemerkung	Gewicht	Gesamtgewicht
		[Stk.]	[EUR/St.]	[EUR]	[%]	[%]	[EUR/Mon.]	[EUR/Mon.]	[EUR]		[kg/Stk.]	[t]
(1)	(2)	(3)	(4)	(5)	(6)	(7)	(8)	(9)	(10)	(11)	(12)	(13)
				=(3)x(4)			=(3)x(4)x(7)x70%	=(3)x(4)x(7)x50%	=((8)+(9))x5			=(3)x(12)
1	Dreischichtpl. 250/50 ungeschn.	24	15,91	381,84							13,13	0,32
2	Dreischichtpl. 250/50 geschn.	10	15,91	159,10							13,13	0,13
3	Dreischichtpl. 150/50 ungeschn.	120	9,55	1146,00							7,88	0,95
4	Dreischichtpl. 150/50 geschn.	50	9,55	477,50							8,88	0,44
5	Holzträger H20 P 1,80	92	6,20		3,20	1,50	12,78	4,28	85,30		10,45	0,96
6	Holzträger H20 P 2,45	18	21,40		3,20	1,50	8,63	2,89	57,60		14,21	0,26
7	Holzträger H20 P 4,50	18	38,15		3,20	1,50	15,38	5,15	102,65		26,10	0,47
8	Holzträger H20 P 3,30	4	28,94		3,20	1,50	2,59	0,87	17,30		19,14	0,08
9	Holzträger H20 P 3,90	20	34,21		3,20	1,50	15,33	5,13	102,30		22,62	0,45
10	Holzträger H20 P 2,45	8	21,40		3,20	1,50	3,83	1,28	25,55		14,21	0,11
11	Holzträger H16 P 2,90	26	19,94		3,20	1,50	11,61	3,89	77,50		12,35	0,32
12	Holzträger H16 P 3,30	16	22,70		3,20	1,50	8,14	2,72	54,30		14,00	0,22
13	Holzträger H20 P 3,60	4	31,50		3,20	1,50	2,82	0,95	18,85	5 Monate	20,88	0,08
14	Holzträger H20 P 2,90	8	25,35		3,20	1,50	4,54	1,52	30,30		1,68	0,01
15	Stützen N350	92	55,22		2,70	1,80	96,02	45,72	708,70		21,00	1,93
16	Stützbein	46	54,71		2,70	1,80	47,56	22,65	351,05		15,60	0,72
17	Absenkkopf H20	46	24,39		2,70	1,80	21,20	10,10	156,50		6,10	0,28
18	Haltekopf H20	46	7,06		2,70	1,80	6,14	2,92	45,30		0,77	0,04
19	Federbolzen	92	2,66		2,70	1,80	4,63	2,20	34,15		0,25	0,02
20	Balkenzwinge 20	20	44,48		2,70	1,80	16,81	8,01	124,10		6,90	0,14
21	Balkenaufsatz	20	18,30		2,70	1,80	6,92	3,29	51,05		4,40	0,09
22	Kantholz/Knaggen (geschätzt)		250,00	250,00								
	Summe [t] :											8,020 t
	Summe [EUR] :					+			2.042,50	=		
	Summe [Ph] :			2414,44					4.456,94 EUR			

[1] Da die maßgebenden Mengen fast alle aus den Kernen von Bauwerk A stammen, wird zur Ermittlung des Aufwandswertes auch die Fläche von Kern A herangezogen.

Ermittlung der Gutschrift für nicht benötigtes Material

Kaufpreis der Kaufteile gesamt		▷		2.414,44	2.164,44
Wertminderung + Verlust: ca. 2/3 vom Kaufpreis (Dreischichtplatten)		▷		-1.609,63	
Gutschrift - Summe		▷		804,81	

Ermittlung EP Kerndeckenschalung

Einsatzdauer gemäß TP: 5 Mon.		1609,63 EUR						
Zwischensumme:			+	2042,50 EUR	▷		3.652,13	
Transport + Auf- und Abladen:		8,020 t	x	80,00 EUR/t	▷			641,60
Summe Gesamtkosten					▷		4.293,73	
Menge: Rand + Decke: 54,00 m² + 766,00 m² = 820 m²		/	820 m²			5,24 EUR/m²	
Kleinteile usw.: 0,50 EUR/m²				▷				0,50 EUR/m²
Summe Kerndeckenschalung/m² :				▷		5,74 EUR/m²	

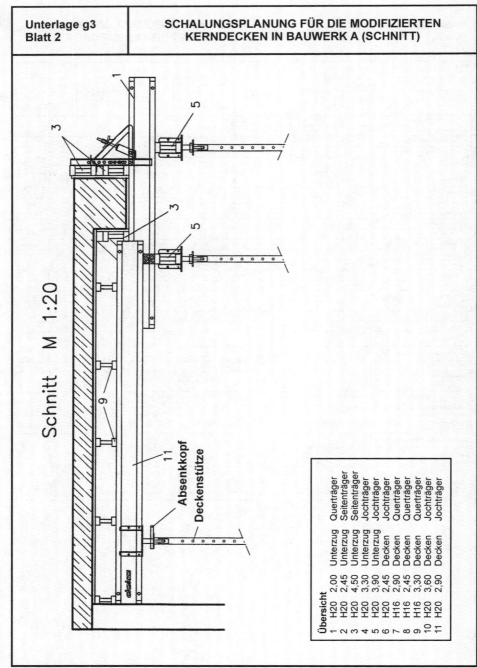

Anhang G Unterlage g3, Blatt 3

Unterlage g3 Blatt 3 | **SCHALUNGSPLANUNG FÜR DIE MODIFIZIERTEN KERNDECKEN IN BAUWERK A (DRAUFSICHT)** | **G**

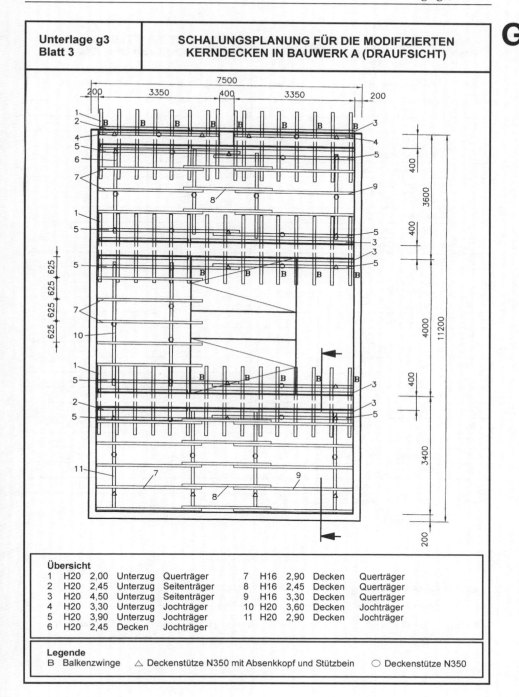

Übersicht
1	H20	2,00	Unterzug	Querträger	7	H16	2,90	Decken Querträger
2	H20	2,45	Unterzug	Seitenträger	8	H16	2,45	Decken Querträger
3	H20	4,50	Unterzug	Seitenträger	9	H16	3,30	Decken Querträger
4	H20	3,30	Unterzug	Jochträger	10	H20	3,60	Decken Jochträger
5	H20	3,90	Unterzug	Jochträger	11	H20	2,90	Decken Jochträger
6	H20	2,45	Decken	Jochträger				

Legende
B Balkenzwinge   △ Deckenstütze N350 mit Absenkkopf und Stützbein   ○ Deckenstütze N350

G | Unterlage g4 Blatt 1 | DETAILLIERTE AUFWANDSWERTERMITTLUNG FÜR DIE MODIFIZIERTE KERNDECKENSCHALUNG (BW A)

lfd. Nr.	Bezeichnung	Menge	Aufwandswert	Ges. Lohnstd.
		[St.]	[Ph/St.]	[Ph]
(1)	(2)	(3)	(4)	(5) = (3) x (4)
1	Holzträger H20P 2,00	46	0,0720	3,3120
2	Holzträger H20P 2,45	9	0,0720	0,6480
3	Holzträger H20P 4,50	9	0,0980	0,8820
4	Holzträger H20P 3,30	2	0,0720	0,1440
5	Holzträger H20P 3,90	10	0,0980	0,9800
6	Holzträger H20P 2,45	4	0,0720	0,2880
7	Holzträger H16P 2,90	13	0,0510	0,6630
8	Holzträger H16P 2,45	8	0,0510	0,4080
9	Holzträger H16P 3,30	8	0,0510	0,4080
10	Holzträger H20P 3,60	2	0,0720	0,1440
11	Holzträger H20P 2,90	4	0,0720	0,2880
12	Dreischichtpl. 250/50	12	0,2875	3,4500
13	Dreischichtpl. 250/50 geschn.	5	0,2875	1,4380
14	Dreischichtpl. 150/50	60	0,2850	17,1000
15	Dreischichtpl. 150/50 geschn.	25	0,2850	7,1250
16	Stützen N350	46	0,0840	3,8640
17	Stützbein	23	0,0440	1,0120
18	Absenkkopf H20	23	0,0210	0,4830
19	Haltekopf H20	23	0,0210	0,4830
20	Federbolzen 16 mm	46	0,0000	0,0000
21	Balkenzwinge 20	10	0,0800	0,8000
22	Balkenaufsatz 60	10	0,0800	0,8000
23	Kantholz /Knaggen		geschätzt	2,0000
	Gesamtzeitaufwand:			**46,7200**

Somit ergibt sich der mittlere Aufwandswert wie folgt:

Zu schalende Flächen:

	Decke	70,75 m²
	Rand	6,48 m²
		77,23 m²

Mittlerer Aufwandswert: 46,720 Ph : 77,23 m²   = 0,60 Ph/m²

Basis: Für Schalmaterial: Anhang G, Unterlage g3 Bl.1 (jedoch nur für 1 Deckentakt)
Für Zeitaufwand: Handbuch Arbeitsorganisation Bau, Heft 1. 03. 1

Anhang G   Unterlage g4, Blatt 2

| Unterlage g4 Blatt 2 | ZEITBEDARFSERMITTLUNG FÜR DIE GEÄNDERTE KERNDECKE EINES ABSCHNITTES VON BAUWERK A | **G** |

Tätigkeit	Kapaz.	Menge	Einh.	AW	Lh	h/AT	AT	AT ang.	Anmerkungen
(1)	(2)	(3)	(4)	(5)	(6) = (3) x (5)	(7)	(8) = (6) / [(2) x (7)]	(9)	(10)
Kernwände schalen	4 SCH	183,0	m²	0,44	81	8	2,52	2,5	SCH : Schaler
Kernwand-Öffnungen schalen	4 SCH	1,0	psch.	-	10	8	0,31	0,3	angenommen
Decken-Öffnungen schalen	4 SCH	1,0	psch.	-	5	8	0,16	0,2	angenommen
Kerndecke schalen u. Randschalung	4 SCH	77,3	m²	0,60	46	8	1,46	1,5	AW siehe Abb. 66
Aussparungen Kerndecke	4 SCH	1,0	psch.	-	5	8	0,16	0,2	angenommen
Tätigkeiten Schaler:					147		4,60	4,7	Gesamt
Kernwände bewehren	5 BB	1,8	t	20,00	36	8	0,90	1,0	18,3 m³ x 0,10 t/m³ = 1,8 t
Kernwände betonieren	5 BB	18,3	m³	1,10	20	8	0,50	0,5	BB : Betonbauer
Decken bewehren	5 BB	2,9	t	20,00	58	8	1,45	1,5	48,2 m³ x 0,06 t/m³ = 2,9 t
Decken betonieren	5 BB	48,2	m³	1,00	48	8	1,03	1,0	
Kerndecke bewehren	5 BB	0,7	t	20,00	14	8	0,36	0,4	12,0 m³ x 0,06 t/m³ = 0,7 t
Kerndecke betonieren	5 BB	12,0	m³	1,00	12	8	0,30	0,3	
Tätigkeiten Betonbauer:					188		4,54	4,7	Gesamt
Fertigteil-Montage	1 Kol. FT	-		-	-	-	-	3,0	FT : Fertigteil-Nachuntern. angenommen für FT-NU
Tätigkeiten FT-Unternehmer								3,0	Gesamt

Zuzüglich der Einarbeitungszeiten für Schalarbeiten: 1,60 AT / 1,00 AT / 0,40 AT / 0,40 AT   gemäß Anhang D1, Unterlage g4, Blatt 4

Unterlage o	NACHTRAGSLEISTUNGSVERZEICHNIS G

Vorbemerkungen

Dieses Leistungsverzeichnis enthält Regelungen für modifizierte Leistungen aus veränderter Deckenausbildung.

Die aufgeführten Preise sind auf der Basis des Kostenniveaus der Angebotskalkulation einschließlich Zuschlägen ermittelt worden. Eine eventuelle Überdeckung der Schlüsselkosten und des Gewinns wird nach Abrechnung aller Leistungen im Rahmen einer Ausgleichsrechnung überprüft und geregelt.

Die durch die Bauinhaltsmodifikation bedingten modifizierten Betonier- und Bewehrungsarbeiten für die Kerndecken werden durch die Einheitspreise des Vertragsleistungsverzeichnisses abgegolten - also durch die Positionen 4, 28 und 29.

Die modifizierten Leistungen führen zu einem zusätzlichen Zeitbedarf (vgl. Nachweis dem Grunde nach und TP-SOLL' 4) und zu einem neuen Vertragsendtermin (15.3.).

Leistungsbereich 013 - Betonarbeiten (VOB/C DIN 18331)

Pos. 9.1 907,00 m³ Schalung der Kerndecken mit Balken des Bauwerks A gemäß den freigegebenen Schalplänen herstellen. Die Einzelheiten hierzu sind dem beiliegenden Nachweis dem Grunde nach zu entnehmen.
E.P.: 7,81 €/m³   G.P.: 7.083,67 €

Pos. 9.2 pauschal Die Anordnung von Kerndecken mit Balken führte über die gemäß Pos. 9.1 zu vergütenden Kosten hinaus zum nunmehr maßgebenden TP-SOLL' 4 und zu einer Bauzeitverlängerung von 0,5 Monaten gegenüber dem bislang gültigen Sollablaufplan TP-SOLL' 3. Hierzu wird auch auf die Zeitbedarfsberechnung in Anhang G, Unterlage g4 verwiesen. Dadurch bedingt fallen zusätzliche zeitabhängige Kosten für die verlängerte Vorhaltung der Schalungssysteme für Decken und Wände und für den Baustellenapparat an. Darüber hinaus sind durch die Bauinhaltsmodifikationen noch Kosten für zusätzliche Arbeitsvorbereitung, Ablaufplanung und Nachtragsdokumentation angefallen.
G.P.: 29.956,99 €

Pos. 19.1 80 St. Konsolbänder gemäß Detail A und B in Anhang G, Unterlage a4, Blatt1 für die FT-Balken der Positionen 19 und 20 herstellen und einbauen
E.P.: 79,78 €/St.   G.P.: 6.382,40 €

Pos. 21.1 12 St. Konsolbänder wie Pos. 19.1, jedoch für FT-Balken der Pos. 21
E.P.: 16,22 €/St.   G.P.: 194,64 €

Pos. 22.1 4 St. Konsolbänder wie Pos. 19.1, jedoch für FT-Balken der Pos. 22
E.P.: 126,82 €/St.   G.P.: 507,28 €

Anhang G   Unterlage p

Unterlage p			PLANEINGANGSLISTE (STATUS: 01.09.)				
Soll-Ein-gangs-datum	Plan-Nr.	erstellt am	Bezeichnung	Ist-Planeingangsdatum			Bemerkung
					Index		
				-	01	02	
			Fundamente/Bodenplatten				
22. 6.		19. 6.	Schalplan	22. 6.	16. 7.		
22. 6.		15. 7.	Bewehrungsplan		16. 7.		ohne Platte
			Angaben zu den Bodenplatten	13. 8.			laut Mittei-lung Statiker
			Querschnitte				
17. 8.		19. 2.	Querschnitt 0503 Z 002	7. 4.	17. 8.		ohne Index: Vorabzug
			Erdgeschosse				
17. 8.		19. 2.	Schalpläne 0503 Z 001	7. 4.	17. 8.		ohne Index: Vorabzug
17. 8.		26. 8.	Bewehrungspläne Wände	26. 8.			
17. 8.		26. 8.	Bewehrungspläne Decken	26. 8.			geänderte Decke
			Zwischengeschoss				
7. 9.		19. 2.	Schalpläne 0503 Z 003	7. 4.	17. 8.		ohne Index: Vorabzug
7. 9.		26. 8.	Bewehrungspläne Wände	26. 8.			
7. 9.		26. 8.	Bewehrungspläne Decken	26. 8.			geänderte Kerndecken
			Dachgeschosse				
7. 9.		19. 2.	Schalpläne 0503 Z 004	7. 4.			Vorabzug
7. 9.			Bewehrungspläne Wände				
7. 9.			Bewehrungspläne Decken				
			Untergeschoss				
		19. 6.	Schnitt 0503 Z 006	22. 6.	17. 8.		
		19. 6.	Fundamentplan 0503 Z 005	22. 6.	21. 7.		
		19. 6.	Schalpläne für Wände/ Decken	22. 6.	17. 8.		
		4. 9.	Bewehrungsplan Wände/ Decken 0503 Z 007	21. 7.			

G

Unterlage r1	NACHWEIS DEM GRUNDE NACH NACHTRAG G (AUSSCHNITT)

Leistungsbereich 013 – Betonarbeiten (VOB/C, DIN 18331)

<u>Pos. 9.1 und 9.2</u>   Abb. 32a

<u>Pos. 19.1, 21.1 und 22.1</u> Konsolbänder für die FT-Balken

Bausoll: Gemäß den Ausschreibungsplänen
(vgl. Anhang A, Unterlage A1.2, Blatt 1 und 2)
schließen die FT-Balken bündig mit
der Außenkante der Stützen ab.

Bauist: Gemäß den Ausführungsplänen
(vgl. Anhang G, Unterlage a4, Blatt 1 und 2)
ragen die Decken (außerhalb der Kerne) 12 cm über die
Außenkante der Stützen hinaus.

Bausoll-Bauist-Abweichung: Die an der Längsseite zu verlegenden FT-Balken
müssen in Ergänzung ihrer Ausführung gemäß Bausoll
ein Konsolband bekommen, damit ein Deckenüberstand
von 12 cm entsteht.

Unterlage r2	NACHWEIS DER HÖHE NACH NACHTRAGSKALKULATION G (AUSSCHNITT)

Zusätzliche Leistungen:

Leistungsbereich 013 - Betonarbeiten (VOB/C, DIN 18331):

Pos. 9.1	Vertragspreisniveau	Abb. 23, S. 448
	Preis der modifizierten Leistung	Abb. 32b Blatt1, S. 507
Pos. 9.2	Preis der modifizierten Leistung	Abb. 32b Blatt2, S. 509
Pos. 19.1	Vertragspreisniveau	Abb. 22b, S. 446
	Preis der modifizierten Leistung	Abb. 30, S. 478

Anhang H

Alternativ zu Anhang F: bis zum 13. August
Entschädigungsermittlung nach § 642 BGB für die Bauumstandsmodifikation nach Baubeginn

Die Lieferung der Ausführungsangaben erfolgte nicht gemäß den vertraglich vereinbarten Planlieferfristen. Dies führte im Laufe der Zeit zu wachsenden Behinderungen und am 13.08. – trotz endlich erfolgter Ausführungsanordnung für die Bewehrung der Bodenplatten – zu einem (Teil-)Baustopp bei der Ortbetongründung und zu einer Umsetzung der Betonbauer auf eine andere Baustelle.

Anhang	Unterlage	Blatt	Inhalt	Seite
	Abb. 55a	S. 782	Behinderungsbedingt modifizierter Soll-Ablaufplan TP-SOLL' 3 a (Gründung)	782
	Abb. 55b	S. 789	Behinderungsbedingt modifizierter Soll-Ablaufplan TP-SOLL' 3 b (aufgehende Konstruktion) ..	789
F	o	1–3	Nachtragsleistungsverzeichnis H	913
F	p		Planeingangsliste (Status 14.08.)	890
F	r1		Nachweis dem Grunde nach	891
F	r2	1–3	Nachweis der Höhe nach (Nachtragskalkulation H)	914
	Abb. 52	S. 776	Bisheriger Soll-Ablaufplan (TP-SOLL' 2 a) mit Eintragung des Ist-Ablaufs bis zum (Teil-)Baustopp	774
	Abb. 48	S. 750	Ermittlung des Mehrlohns wegen geringer Reichweite der Ausführungsunterlagen bei der Herstellung der Ortbetonfundamente (Basis: Anhang D1, Unterlage g4, Bl. 1)	750
			<u>Ersatzweise, da sich bei der oben durchgeführten Fortschreibung der Kalkulation in Abb. 48 S. 750 niedrigere Beträge ergeben als bei der Schadensermittlung (bzw. unter Berücksichtigung der Einwendungen des Auftraggebers):</u>	
	Abb. 45	S. 723	Aufwandswerte-Soll-Ist-Vergleich (hier: Erstellung der Fundamente des Bauabschnitts 2) bei unbehinderter Ausführung (Ist-Stunden aus Abbildung 44 b S. 721, vorletzte Spalte) mit Ausweisung der realistischen Soll-Aufwandswerte ...	723
	Abb. 47	S. 740	Aufwandswerte-Soll-Ist-Vergleich und Ermittlung des plausiblen Mehrlohnaufwandes bei behinderter Ausführung unter Berücksichtigung des Eigenanteils des Auftragnehmers aus längerer Ist-Erstellung bei unbehinderter Ausführung (vgl. Abb. 45 S. 723)	740
	Abb. 56	S. 792	Ermittlung des behinderungsbedingten Mehrlohns für die Herstellung der 3 Ortbetonfundamente Abschnitte 6 und 3 durch Gegenüberstellung der Soll-Aufwandswerte der Arbeitskalkulation und der Ist-Aufwandswerte	792

Unterlage o	NACHTRAGSLEISTUNGSVERZEICHNIS H

1 Vorbemerkungen, 2 Sachverhalt und 3 Termine
Siehe Anhang F, Unterlage o, Bl. 1 und 2.

4 Finanzielle Regelungen
4.1 Abgeschlossene und/oder überschaubare Behinderungsauswirkungen
Pos. 4.1.1 Intensitätsabfälle
Für die in Anhang F, Unterlage r1 unter 3.1.1 dem Grunde und in Anhang H, Unterlage r2 unter 1.1 der Höhe nach nachgewiesenen Intensitätsabfälle:
    Pauschal: 639,35EUR

Pos. 4.1.2 Zusätzliche zeitabhängige BGK
Für die in Anhang F, Unterlage r1 unter 3.1.2 dem Grunde und Anhang H, Unterlage r2 unter 1.2 der Höhe nach nachgewiesenen zusätzlichen zeitabhängigen Baustellengemeinkosten:
    Pauschal: 1.298,00EUR

4.2 Noch eventuell auftretende Behinderungsauswirkungen
Pos. 4.2.1 Nachträgliche Bodenplattenherstellung
Behinderungsbedingt zur Einhaltung von TP-SOLL' 3 nachträglich – in Abstimmung mit dem Auftraggeber – eingebauter Ortbeton der restlichen Bodenplatten (vgl. Anhang F, Unterlage r1, Nr. 3.2.1):
    Einheitspreis als Zulage zu LB 013, Pos. 1:   15,36EUR/m³

Pos. 4.2.2 Nachschachten
Nachschachten für den Fall, dass die vor dem (Teil-)Baustopp erstellten Fundamentgräben nachgebrochen sind (vgl. Unterlage r1, Nr. 3.2.2):
    Einheitspreis: 118,13EUR/m³

Pos. 4.2.3 Abschalen
Das in Anhang F, Unterlage r1 unter 3.2.1 dem Grunde nach belegte eventuell zusätzlich noch anfallende Abschalen von Einzelabschnitten der Bodenplatten wird im Stundenlohn (vgl. Anhang H, Unterlage r2, Nr. 2.3 und Unterlage t) vergütet, sofern die Erfordernisse der kleinteiligen Abschalung nachgewiesen werden:
    Stundensatz: 32,67EUR/Ph

Pos. 4.2.4 Handtransporte und sonstiger Stundenaufwand
Für Handtransporte der Bewehrung der nachträglich eingebauten Bodenplatten und für eventuell erforderliche sonstige Stundenlohnarbeiten
    Stundensatz: 32,47EUR/Ph

Unterlage r2 Blatt 1 Anhang H

| **H** | Unterlage r2
Blatt 1 | NACHWEIS DER HÖHE NACH
NACHTRAGSKALKULATION H |

1 Abgeschlossene und überschaubare Schadensauswirkungen

1.1 Intensitätsabfall

In Abb. 48, S.750 werden auf der Basis von wissenschaftlich belegten Erfahrungswerten (Lang, a.a.O, S. 108 ff.) – dokumentiert in Anhang O, Tabelle 4 – die Minderleistungen aus der geringen Reichweite der freigegebenen Ausführungspläne ermittelt. Ausgangsdaten sind die bei der Arbeitsvorbereitung (Anhang D1, Unterlage g4, Bl. 1) geplanten Arbeitsstunden. Sie werden in Abb. 48 mit den sich aus der Reichweite der freigegebenen Ausführungspläne resultierenden Minderleistungsansätzen multipliziert und ergeben in Spalte 7 den Mehrstundenaufwand. Multipliziert mit dem Stundenlohn (27,90 EUR/Ph) ergibt sich ein Mehrkostenbetrag von 581,23 EUR. Beaufschlagt mit 10% Deckungsbeitrag für AGK führt das zu einem Vergütungssatz von 639,35 EUR.

1.2 Zusätzliche zeitabhängige Baustellengemeinkosten

Die verlängerte Vorhaltung der Container und des Betoniergeräts wird mit den Ansätzen der Angebotskalkulation bewertet:

(1)	A+V (2)	Rep. (3)	Betriebs- stoff- kosten (4)	Stück (5)	Gesamtbetrag pro Monat [(2)+(3)+(4)] x (5) (6)
Unterkunftscontainer	102,20	65,70	100,00	1	267,90
Innenrüttler	97,33	53,72	-	4	604,20
Spannungswandler	57,04	29,51	100,00	1	186,55
Bei einem Monat zusätzlicher Vorhaltung:					1.058,65 EUR

Beaufschlagt mit 10% AGK ergibt das 1.164,51 EUR.

Da dieser in Fortschreibung der Angebotskalkulation ermittelte Betrag niedriger ist als die Bewertung mit den Ist-Kosten der Anmietung von Containern und Gerät (vgl. Anhang D2, Unterlage g1.1), wird der in Anhang F, Unterlage r2 unter Schadensersatzgesichtspunkten ermittelte Betrag von 1.298,00 EUR angesetzt.

2 Noch anfallende Behinderungsauswirkungen

2.1 Nachträgliche Herstellung von Bodenplatten

Es geht um die gleiche Leistung wie unter LB 013, Pos. 1.1; deshalb wird deren Zulagepreis übernommen: 15,36 EUR/m²

Unterlage r2 Blatt 2	NACHWEIS DER HÖHE NACH NACHTRAGSKALKULATION H

2.2 Nachschachten

Es geht in etwa um die gleiche Leistung wie unter LB 002, Pos. 7; deshalb wird deren Einheitspreis übernommen: 118,13 EUR/m³

2.3 Abschalen

Es geht um eine Tätigkeit, deren Vergütung in Fortschreibung von LB 013, Pos. 7 in Blatt 3 ermittelt worden ist: 21,28 EUR/m

2.4 Handtransporte und sonstiger Stundenaufwand

Diese Leistungen werden nach Aufwand im Stundenlohn berechnet. Der Stundenlohnsatz ergibt sich aus dem Mittellohn von 29,70 EUR/Ph zuzüglich 10% Deckungsbeitrag für AGK: 32,67 EUR/Ph

Unterlage r2 Blatt 3	NACHWEIS DER HÖHE NACH NACHTRAGSKALKULATION H ABSCHALEN DER BODENPLATTEN

I. Vertragspreisniveau

1. Bezugsleistung im Bausoll

Schalung für die Fundamente und Bodenplatten, LB 013, Pos.7 (siehe LV Anhang A, Unterlage a1.1, Blatt 3)

2. Bewertungsansatz gemäß Vertrag

In der Angebotskalkulation wurde angesetzt: (siehe Anhang B, Unterlage h2, Blatt 2)

- Zeitaufwand für Fundament- und Randschalung (Z): 0,70 Ph/m²

3. Ermittlungssystem

Es werden angesetzt: ARH-Tabellen

4. Bewertungsansätze gemäß Ermittlungssystem

- Zeitaufwand (Z):
  Randschalung h > 12 cm   1,55 Ph/m² (ARH-Tabellen S3.211, Zeile 01)
  Fundamentschalung mit Verbundplatten   0,60 Ph/m² (ARH-Tabellen S3.211, Zeile 17)

Bewertung mit voraussichtlichen Mengen pro Abschnitt:

```
15,00 m² Randsch.      x  1,55 Ph/m²  = 23,25 Ph
50,00 m² Fundamentsch. x  0,60 Ph/m²  = 30,00 Ph
65,00 m² insgesamt                      53,25 Ph
```

gewichteter Aufwandswert: 53,25 Ph : 65,00 m² = 0,82 Ph/m²

5. Vertragspreisniveaufaktor f der Bezugsleistung

Vertragspreisniveaufaktor f = Bewertungsansatz gemäß Vertrag : Bewertungsansatz gemäß Ermittlungssystem

f_Z = 0,70 Ph/m² : 0,82 Ph/m² = 0,85

II. Preis der modifizierten Leistung

1. Dokumentation der modifizierten Leistung

- Fugenschalung entspricht in etwa der Randschalung
- Zusätzlich sind noch Bewehrungsanschlüsse herzustellen

2. Kostenfortschreibung

- Lohnkosten Fugenschalung   1,55 Ph/m² x 27,90 EUR/Ph =   43,25 EUR/m²
- Schalungsmaterial (wie Pos. 7)   3,10 EUR/m²
- Mehraufwand des Schalens von Durchlassstellen für die Bewehrung
                             2,00 Ph/m² x 27,90 EUR/Ph =   55,80 EUR/m²
- Summe   102,15 EUR/m²

3. Anpassung an das Vertragspreisniveau (bezogen auf 0,15 m²/m)

- Lohnkosten   (43,25 EUR/m² + 55,80 EUR/m²) x 0,85 x 0,15 m²/m = + 12,63 EUR/m
- Schalungsmaterialkosten   3,10 EUR/m² x 0,15 m²/m = + 0,47 EUR/m

4. Preis der modifizierten Leistung

Zuschlag auf Basis I (Lohn- und Schalungskosten)   59,10%
                  (12,63 EUR/m + 0,47 EUR/m) x 0,591 =   + 7,74 EUR/m

Zuschlag auf Basis II (Stoffkosten)   2,25 EUR/m x 0,200 =   + 0,45 EUR/m

Einheitspreis: = 21,28 EUR/m

Anhang O

Erfahrungswerte

Anhang	Inhalt	Seite
Tab. 1	Minderleistungskennzahlen in Prozent der Normalleistung	919
Tab. 2	Normalwinter: Mittelwerte der Witterungsdaten	920
Tab. 3	Einarbeitungskennzahlen f_{ei}	921
Tab. 4	Durch fehlende Unterlagen und Anweisungen entstehende Minderleistungen in Abhängigkeit von der Reichweite der vorhandenen Unterlagen und Anordnungen	924
Tab. 5	Checkliste bezüglich verschiedener Zusatz- und Minderleistungen bei Stilllegung und Wiederaufnahme von Bauarbeiten	925
Tab. 6	Überstunden und ihre Auswirkungen (Leistungsabfall)	926
Tab. 7	Behinderungsauswirkungen durch Umsetzen von Arbeitsgruppen auf andere Arbeitsplätze	926

Anhang O Tabelle 1

Minderleistungskennzahlen in % der Normalleistung			
Tätigkeiten	Vollschutz: geschl. Gebäude oder Halle	Teilschutz: Schutz einzelner Bauteile	Einzelschutz des Arbeitsplatzes im Freien
Baustelle einrichten	–	–	4–8
Be- und Entladen	2–4	2–4	4–8
Erdarbeiten (von Hand)	–	3–7	8–15
Transportarbeiten	2–4	4–6	6–10
Betonarbeiten	2–4	5–8	10–16
Schalungsarbeiten	4–8	10–18	20–30
Bewehrungsarbeiten	6–10	12–24	20–35
Mauerarbeiten	5–8	8–12	16–22
Putzarbeiten	6–10	–	–
Malerarbeiten	6–10	–	–
Dachdeckerarbeiten	–	–	15–25
Installation	4–6	8–10	12–15
Fertigteilmontage	–	–	5–10

Die jeweils links stehende Zahl steht für Frosttage, die jeweils rechts stehende Zahl für Eistage.

Quelle: Lang, Ein Verfahren zur Bewertung von Bauablaufstörungen und zur Projektsteuerung S. 65.

Tabelle 2 — Anhang O

Normalwinter: Mittelwerte der Witterungsdaten

Städte	Mon.	mittl. Temp. (°C)	Frosttage	Eistage	mittl. Niederschlag	Tage mit Niederschlag 10mm	Tage mit Schneefall
Chemnitz	Nov.	3,7	10	2	48,2	1	K.A.
	Dez.	0,2	20	8	55,4	1	K.A.
	Jan.	-1,2	22	9	42,6	1	K.A.
	Febr.	-0,3	20	8	37,1	1	K.A.
	März	2,9	14	3	43,2	1	K.A.
Erfurt	Nov.	3,6	11	2	34,9	1	K.A.
	Dez.	0,2	19	9	29,6	0	K.A.
	Jan.	-1,1	21	10	24,5	0	K.A.
	Febr.	-0,6	20	9	25,4	0	K.A.
	März	3,0	15	3	33,5	1	K.A.
Essen	Nov.	5,8	6	1	82,7	2	4
	Dez.	2,7	13	3	102,8	3	10
	Jan.	1,2	17	7	94,7	3	12
	Febr.	1,7	16	4	52,0	1	7
	März	5,8	5	1	93,3	3	6
Ffm.-Flughafen	Nov.	5,0	9	1	45,7	1	2
	Dez.	2,1	16	5	82,0	3	11
	Jan.	-0,3	21	10	50,5	1	10
	Febr.	1,2	20	3	37,0	1	5
	März	6,2	9	1	57,5	2	3
Görlitz	Nov.	3,9	10	2	50,7	1	K.A.
	Dez.	0,2	19	8	57,0	1	K.A.
	Jan.	-1,5	23	11	47,1	1	K.A.
	Febr.	-0,4	19	8	36,8	1	K.A.
	März	3,2	14	2	38,3	1	K.A.
Hamburg Fuhlsbüttel	Nov.	5,5	8	1	66,5	2	2
	Dez.	1,2	17	7	69,0	2	10
	Jan.	-0,7	20	11	71,7	2	11
	Febr.	0,1	20	5	36,3	1	9
	März	4,1	11	1	60,0	2	5
Hannover	Nov.	5,4	9	1	48,3	1	4
	Dez.	1,6	15	6	65,7	1	10
	Jan.	-0,1	20	8	57,3	1	11
	Febr.	0,2	20	7	37,0	1	8
	März	4,8	11	1	53,0	1	7
München Riem	Nov.	3,3	13	2	55,5	1	8
	Dez.	0,7	21	8	62,2	2	10
	Jan.	-2,0	24	11	74,5	2	15
	Febr.	-0,8	22	7	42,2	1	8
	März	4,6	14	1	61,3	2	9
Nürnberg Flughafen	Nov.	3,9	11	1	41,0	1	6
	Dez.	1,2	18	1	72,0	2	13
	Jan.	-1,6	23	13	47,7	1	14
	Febr.	0,0	22	5	32,0	1	9
	März	5,1	11	1	40,5	1	7
Stuttgart	Nov.	5,0	9	1	36,5	1	3
	Dez.	2,3	14	5	58,5	2	11
	Jan.	-0,3	22	9	45,5	1	10
	Febr.	1,5	18	3	32,7	1	5
	März	6,4	6	1	35,0	1	3

Quelle: Vygen, Schubert, Lang, a.a.O., S. 352 f.

Anhang O   Tabelle 3, Teil 1

Einarbeitungskennzahlen f_{ei}

Schalarbeiten

1. Seiten- und Fundamentschalung

Für Fundamente und Platten, $d = 0{,}25$ m bis $1{,}50$ m, mit Universalschalung

	1	2	3	4	5
Kat. 1	1,39	1,18	1,09	1,03	1,00
Kat. 2	1,55	1,30	1,20	1,13	1,08

2. Schachtschalung

Mit Schachtquerschnitten von $4{,}00$ bis 10 m², Schusshöhe bis $3{,}25$ m, mit GF-Umsetzschalung (z. B. Kletterschalung)

	1	2	3	4	5	6
Kat. 1 + 2	1,52	1,27	1,15	1,09	1,05	1,00

3. Stützenschalung

a) Universalschalung mit Sperrholzbelag, $d = 21$ mm Abwicklung $1{,}00$–$3{,}60$ m, Höhe bis $3{,}25$ m

	1	2	3	4	5
Kat. 1 + 2	1,25	1,10	1,05	1,02	1,00

b) Vorgefertigte Schalung mit Sperrholzbelag, $d = 21$ mm Abwicklung $1{,}20$ – $4{,}00$ m, Höhe bis $3{,}25$ m

	1	2	3	4	5
Kat. 1 + 2	1,60	1,24	1,12	1,05	1,00

4. Wandschalungen

Einschließlich Unterzugs-, Überzugs- und Brüstungsschalung bis Höhen von $3{,}25$ m

a) Konventionell mit Universal- oder Standardschalung

	1	2	3	4	5	6
Kat. 1	1,45	1,25	1,12	1,06	1,00	1,00
Kat. 2	1,50	1,38	1,29	1,18	1,08	1,00

Tabelle 3, Teil 2

b) Spezialschalung, z. B. vertikale GF-Umsetzschalung mit 15 m²

	1	2	3	4	5	6	7	8	9	10
Kat. 1	1,92	1,60	1,44	1,28	1,20	1,12	1,07	1,04	1,02	1,00
Kat. 2	2,15	1,71	1,53	1,40	1,32	1,23	1,16	1,10	1,05	1,00

5. Deckenschalung bis 3,25 m Höhe

a) Konventionell mit Universal- oder Standardschalung

	1	2	3	4	5
Kat. 1	1,27	1,16	1,10	1,05	1,03
Kat. 2	1,50	1,25	1,14	1,07	1,03

b) Spezialschalung, z. B. horizontale GF-Umsetzschalung

	1	2	3	4	5	6	7	8	9	10	11
Kat. 1	1,75	1,50	1,38	1,30	1,24	1,18	1,14	1,10	1,05	1,02	1,00
Kat. 2	2,00	1,74	1,60	1,51	1,44	1,36	1,27	1,21	1,16	1,12	1,09

6. Raum- und Tunnelschalung (hier sehr lange Einarbeitung)

	1	2	3	4	5	6	7	8	9	10	11
Kat. 2	2,00	1,92	1,85	1,78	1,73	1,68	1,65	1,61	1,58	1,55	1,48
	14	16	18	20	22	24	26	28	30	40	50
	1,45	1,39	1,36	1,32	1,28	1,25	1,21	1,18	1,15	1,08	1,00

Mauerarbeiten*

Für die Tätigkeiten Mauern und Betonieren sind die Kategorien sinngemäß wie beim Schalen anzuwenden (nur für ersten Einsatz, wenn i = 1)

Steinsorte*	Kategorie 1 geringer Aufwand	Kategorie 2 normaler Aufwand	Kategorie 3 hoher Aufwand
NF – 5 DF $d = 17{,}5 - 36{,}0$ cm	1,05	1,075	1,10
HBL 2–4 $d = 17{,}5 - 30{,}0$ cm	1,06	1,09	1,12
GS $d = 17{,}5 - 30{,}0$ cm	1,05	1,075	1,10
NF + Wandplane $d = 11{,}5 - 17{,}5$ cm	1,06	1,08	1,10

* Bezeichnung siehe auch ARH-Tafeln.

Betonarbeiten

(nur für ersten Einsatz, wenn $i = 1$)

	Kategorie 1 geringer Aufwand	Kategorie 2 normaler Aufwand	Kategorie 3 hoher Aufwand
nur erster Einsatz	1,00	1,10	1,18

- **Kategorie 1:** Bauten mit geringem Aufwand: wie Wohn- und Hochbauten mit
  * geometrisch einfachen Formen,
  * gleichbleibender Geschosshöhe,
  * gleichbleibenden Betonquerschnitten,
  * gleichbleibenden GF- bzw. Raumschalungselementen

- **Kategorie 2:** Bauten mit normalem Aufwand: wie Hochbauten, Industrie- und Skelettbauten mit
  * veränderlichen Geschosshöhen
  * veränderlichen Betonquerschnitten
  * veränderlichen GF- bzw. Rahmenschalungen oder langgestreckte, querschnittsgleiche U-Bahn- und Unterführungsbauten, Stützmauern usw.

- **Kategorie 3:** Bauten mit sehr hohem Aufwand: wie U-Bahn- und Unterführungsbauten, Brückenbauten, Rundbehälter, Turmtragwerke usw.

Quelle: Lang, a. a. O., S. 87 ff.

Tabelle 4 Anhang O

Stufe i	Reich-weite	Auswirkungen		Minderleistung in Prozent
(1)	(2)	(3)	(4)	(5)
1	1 Tag	Erholzeit	$2{,}00 \times 10\% \times t_g$	$m1 =$ $(2{,}00 \times 10 + 2{,}00 \times 25 + 100 - 135)/135 = \mathbf{26\%}$
		Verteilzeit	$2{,}00 \times 25\% \times t_g$	
2	2–3 Tage	Erholzeit	$1{,}40 \times 10\% \times t_g$	$m2 =$ $(1{,}40 \times 10 + 1{,}60 \times 25 + 100 - 135)/135 = \mathbf{14\%}$
		Verteilzeit	$1{,}60 \times 25\% \times t_g$	
3	bis 1 Woche	Erholzeit	$1{,}20 \times 10\% \times t_g$	$m3 =$ $(1{,}20 \times 10 + 1{,}25 \times 25 + 100 - 135)/135 = \mathbf{6\%}$
		Verteilzeit	$1{,}25 \times 25\% \times t_g$	

Durch fehlende Unterlagen und Anweisungen entstehende Minderleistungen in Abhängigkeit von der Reichweite der Vorhandenen Unterlagen und Anordnungen

Checkliste bezüglich verschiedener Zusatz- und Minderleistungen bei Stilllegung und Wiederaufnahme von Bauarbeiten

Stilllegung:

- Aufräumarbeiten, Beseitigung von Bauschutt
- Schutzmaßnahmen gegen Witterungseinflüsse (Schnee, Frost, Regen, Überschwemmung)
- Schutzvorkehrungen gegen Diebstahl und mutwillige Zerstörung
- Absicherung der Baustelle gegen Unfallgefahren unbeteiligter Dritter (z. B. Bauzaun, Gefahrenhinweise, Absperrungen)
- Zusätzliche Lade- und Transportarbeiten für Baumaschinen, Geräte, Werkzeuge, Gerüste, Schalungen, Betonpumpen usw.
- Zusätzliche Lade- und Transportarbeiten für Personaleinrichtungen, wie Tagesunterkünfte oder sanitäre Einrichtungen
- Maßnahmen zur Aufrechterhaltung der Baustelle:
  - bautechnischer Art, z. B. Grundwasserabsenkungen
  - Heizung oder Lüftung bestimmter Bauteile
  - Abdeckungen von Betonflächen oder Baumaterialien
  - Lagerung von sehr empfindlichen Baustoffen, wie z. B. Spannstahl-Einbauteile usw.
- Entsorgung vorhandener Rohrleitungen, z. B. Wasserleitungen im Winter
- Wartung und Pflege von Geräten und sonstigen Baustelleneinrichtungen, insbesondere wetterfest machen
- Wartung von Baustraßen und Lagerflächen
- Abbau von außerordentlichen Verkehrseinrichtungen (Umleitungen, Absperrungen, Signalanlagen)
- Tägliche Kontrollen aller Sicherungsvorkehrungen

Wiederanlaufen:

- Zusätzlicher Aufwand für die Neuorganisation (Arbeitsvorbereitung usw.) oder die Neueinweisung der Arbeitskräfte durch Bauführer und Poliere
- Lade- und Transportarbeiten für alle während der Stilllegung abgezogenen Geräte und Einrichtungen
- Zusätzliche Wegestunden für Besorgungen aller Art
- Ablauf- und störungsbedingte Warte- und Leerlaufzeiten durch:
  - notwendige Vorlaufzeiten
  - fehlende Arbeitsvoraussetzungen (z. B. fehlendes Gerät)
- Nachschachtungen bei Erdarbeiten, die während der Stillliegezeit zerstört wurden, wie z. B. Böschungen, Gräben, Baugruben
- Wiederaufbau von außerordentlichen Verkehrseinrichtungen
- Sonstige besonderen Anlaufschwierigkeiten (mit Personal, Anlieferung der Baustoffe, Auslastung der Geräte usw.)

Quelle: Lang, a. a. O., S. 113 f.

Tabelle 6: Überstunden und ihre Auswirkungen (Leistungsabfall)

Tägliche Arbeitszeit	Mittlerer Leistungsabfall ab der 9. Stunde	Restleistungsanteil der jeweils letzten Stunde	Restleistungsanteil ab der 9. Stunde insgesamt	Leerstundenanteil durch Leistungsabfall
Lh	%	%	Lh	Lh
9	50	50	0,50	0,50
10	60	40	0,90	1,10
11	67	33	1,23	1,77
12	124	27	1,50	2,50

Quelle: Lehmann, »Praktische Arbeitsphysiologie«, 3. Aufl. 1983

Tabelle 7: Behinderungsauswirkungen durch Umsetzen von Arbeitsgruppen auf andere Arbeitsplätze

Behinderung durch Umsetzen mit geringen Auswirkungen

- Umsetzen innerhalb des Bauteils oder des Bauabschnittes?
- Transportentfernung unter 30 m?
- Kleingeräte und Werkzeuge umsetzen? Zeitbedarf?
- Baumaterial umlagern? Entfernung? Zeitbedarf?

Zusätzlich für Behinderung durch Umsetzen mit hohen Auswirkungen

- Umsetzen in anderes Bauteil oder anderen Bauabschnitt?
- Transportentfernung in Meter?
- Gerüste und Geräte umbauen? Transportentfernung? Zeitbedarf?
- Gesamtes Baumaterial umlagern? Transportentfernung? Zeitbedarf?
- Umbau von Großgeräten (Bagger, Ramme usw.)? Transportentfernung? Rüstzeit?

Zusätzlich für Behinderung durch Umsetzen mit sehr hohen Auswirkungen

- Änderung der Arbeitsvorbereitung nötig? Umfang der Änderung? Zeitbedarf?
- Änderung der Baustelleneinrichtung? Zeitbedarf und Kosten?
- Zusätzliche Werkzeuge, Gerüste oder Geräte nötig? Zeitbedarf und Kosten?
- Vorrichte- und Lagerplätze umbauen? Zeitbedarf?
- Hebewerkzeuge (Kran, Aufzug, Autokran) umbauen? Zeitbedarf und Kosten?

Quelle: Lang, a. a. O., S. 94 f.

Übersicht über die Änderungen der Randnummern

Alt	Neu	Alt	Neu	Alt	Neu
1–31	unverändert	787	800	856	857
–	32–47	788	801	857	858
100-185	unverändert	789	802	858	859
186–189	186–190	790	803	859	860
190	191, 192	791	804	860	861
191	193, 194	792	805, 806	861	862
192	195	793	807	862	863
193	196	794	808	863	864
194	197, 198	795	809	864	865
195	–	796	810	865	866
–	199	797	811	866	867
196	200	798	812	867, 868	868
197, 198	–	799	813	–	869 (neu)
203	201, 202, 203, 204	800	814	869	870
200, 203 (zT)	204	801	815	870	871
204(zT)	–	802	816	871	872
205	205	803	817	872	873
–	206	804	818	873	874
206, 207	207	805	819	874	875
208-229	unverändert	806	820	875	876
230	230	807	821	876	877
232	231	808	822	877	878
231	232	809	823	878	879
233-330	unverändert	810	824	879	880
400-424	unverändert	811	825	880	881
500-604	unverändert	812	826	881	882
–	605	813	827, 828	882, 883	883
605	606	814	829	884	884
606	607	815	830	–	885 (neu)
607	608	816	831	885	886
608, 609	609	817	832	886	887
610-665	unverändert	818	833	887	888
700-714	unverändert	819	834	888	–
715–	715	820	835	889, 890	889, 890
718	–718 (neu)	821	836, 837	–	891 (neu)
719-775	unverändert	822	838	891	892
776–	776–	823	839	892	893
781	778 (neu)	824	840	893	894
		825	841	898	895
		826	842	899, 900	
		827	843	901	–
782	779	843	844	902	896
783-785	780	844	845	903	897
786	781	845	846	903	898
–	782-790 (neu)	846	847	902	899
840	791, 792	847	848	904	900
828	793	848	849	905	901
829	–	849	850	906	902
831	794	850	851	906	903
833	795	851	852	907	904
834-836	796	852	853	908	905, 906
837-839	797	853	854	907	907
–	798, 799 (neu)	854	855	907	908
		855	856	910	909

Übersicht über die Änderungen der Randnummern

Alt	Neu	Alt	Neu	Alt	Neu
911	910	1149-		1704	1702
911	911	1190	unverändert	1705	1703
912	912	1191,			1704-1717 (neu)
913	913	1162	1191		
–	914 (neu)	–	1192 (neu)		
914-918	915 (neu)	1193-			
919	916, 917	1248	unverändert		
928	918	1249,			
929	919	1250	1249, 1250 (neu)		
930	920	1251-			
923	921	1425	unverändert		
924	922	1426-			
924	923	1435	1426-1435 (neu)		
925	924	1436-			
926	925	1611	unverändert		
927	926	1612-			
932	927	1618	1612-1618 (neu)		
933	928	1619	1619		
934	929	1620-			
935	930	1626	1620-1622 (neu)		
936	932	1627	1623		
937	933, 934	1627	1624		
938	935	1628	1625		
939	936	1629	1626		
940	937, 938	1630	1627		
941	939	1631	1628		
942	940	1632	1629, 1630		
943	941	1633	1631		
944	942	1634	1632		
945	943	1635	1633		
946	944	1636	1634, 1635, 1636		
–	945, 946 (neu)	1637-			
947-972	unverändert	1680	unverändert		
–	973-990	1681	entfällt		
973-990	(neu)	1682	1681		
991-999	unverändert	1683	1682		
1000-		1684	1683		
1039	unverändert	1685	1684		
1040,		1686	1685		
1041	1040	1687	1686		
–	1041 (neu)	1688	1687		
1042-		1689	1688		
1104	unverändert	1690	1689		
1105-		1691	1690		
1107	1105, 1106	1692	1691		
1108	1107	1693	1692		
1109	1108	1694	1693		
1110	1109	1695	1694		
–	1110 (neu)	1696	1697		
1111-		1697	1696		
1135	unverändert	1698	1697		
1136-		1699	1698		
1147	1136-1147 (neu)	1700,			
1148	1148	1701	1699		
		1702	1700		
		1703	1701		

Stichwortverzeichnis

Das Register ist alphabetisch geordnet; die angeführten Zahlen bezeichnen die Randnote, unter der die Erörterung zu dem betreffenden Stichwort zu finden ist.
Abkürzung: AGB = Allgemeine Geschäftsbedingungen

Abfindungsanspruch § 642 BGB s. Konkurrenzen
Abgrenzung, geänderte Leistung/zusätzliche Leistung s. Leistung
Ablaufplan s. Terminplan
Ablaufumstellung(en), Arbeitszurückstellung 1093 ff., 1096
Abnahme – Anordnung, neue selbständige Leistung 796 ff.
–, äußerster Zeitpunkt für Anordnungsbefugnis 700
–, Hauptpflicht AG 842
Abrechnung
–, allgemein 624 ff., 639, 1126, 1588 ff.
–, baubegleitend, als Ausgangspunkt für Nachträge 1126
Abrechnungsbestimmungen VOB/C 146
Abruf s. Fristen
Abschlagszahlungen 278, 661, 1132, 1170, 1183, 1644
abschnittsweise Erstellung auf Anordnung 788
Abstecken der Hauptachse 1292
abstrakte Fristverlängerungsberechnung 1268
abstrakte Schadensberechnung s. Schadensberechnung
Abtragsquerschnitte 745
Abweichungsanalyse 4
Adäquanztheorie 1415
Adressat der Anzeige oder Ankündigung
–, bei § 2 Nr. 6 VOB/B 932
–, bei § 2 Nr. 8 VOB/B 1177
–, bei § 6 Nr. 6 VOB/B 1219, 1234
AGB-Gesetz (außer Kraft gesetzt), AGB-Recht
–, Alternativpositionen 572
–, Ankündigungspflicht für Behinderung aus geänderter oder zusätzlicher Leistung 1226
–, Anordnung geänderter oder zusätzlicher Leistungen 782
–, Aushandeln von Vertragsbedingungen 230
–, Ausschluss des Ankündigungserfordernisses bei § 2 Nr. 6 VOB/B 910 ff.
–, Ausschluss von Ansprüchen auf Lohnerhöhung oder Materialpreiserhöhung bei Behinderungen 1420
–, Ausschluss der Berufung auf Offenkundigkeit bei § 6 Nr. 6 VOB/B 1242
–, Ausschluss von Ansprüchen aus mangelhaft definierter Ausschreibung 279
–, Ausschluss des entgangenen Gewinns bei § 6 Nr. 6 VOB/B 1491, 1492

–, Ausschluss von § 2 Nr. 3 VOB/B 662 ff.
–, Ausschluss von § 2 Nr. 5 VOB/B 1133
–, Ausschluss von § 2 Nr. 9 VOB/B 1160
–, Ausschluss von § 6 Nr. 6 VOB/B 1645–1649
–, Ausschluss von Ansprüchen bei vertraglich erlaubter Bauzeitverschiebung 1337
–, Baugrundrisiko 758, 759
–, „Besondere Leistungen" gemäß VOB/C 134, 135
–, Besondere Vertragsbedingungen (BVB) 125
–, Einführung eines Ankündigungserfordernisses bei § 2 Nr. 5 VOB/B 934
–, Eventualpositionen 585–587
–, Geltung der VOB/B (als Ganzes) 103
–, Geltung der VOB/C 131, 133, 146
–, Günstigkeitsklausel 231
–, Intransparenz einer AGB-Klausel 232
–, Leistungsbeschreibung als AGB 230
–, Schriftformklauseln 950, 952, 953, 955, 956, 959–964
 –, Individualabrede gegenüber Schriftformklauseln 968 ff., 971
–, Überbürdung von Planungslieferungen auf Auftragnehmer 1160
–, Unklarheitenregel bei Auslegung 232, 242
–, Unwirksamkeit von § 2 Nr. 6 Abs. 1 Satz 2 VOB/B 915
–, Unwirksamkeit des Ausschlusses jeglicher Nachforderung 959
–, Zusätzliche Technische Vertragsbedingungen 125
–, Zusätzliche Vertragsbedingungen (BVB) 125
Akkord 1454
Allgemeine Geschäftsbedingungen s. AGB-Recht
Allgemeine Geschäftskosten s. Kosten
–, Deckung der Allgemeinen Geschäftskosten 1426
–, Ausfall von Deckungsbeiträgen 1434
Allgemeine Technische Vertragsbedingungen (VOB/C, s. auch dort) 126 ff.
Allgemeine Vertragsbedingungen (VOB/B, s. auch dort), Einzelpflichten 148, 149
Alternativpositionen 569 ff., 848
–, AGB-Recht 572
–, Angebotskalkulation 573–575
–, Ausgleichsberechnung 579, 642

931

–, Auswahl bei Vertragsschluss 571 ff.
–, Behinderung 578
–, geänderte oder zusätzliche Leistung 577
–, Häufung von Alternativpositionen in Ausschreibung 576
–, Mengenmehrung 577
analoge Fortschreibung der Arbeitskalkulation in die Nachtragskalkulation 842
analoge Kostenanpassung s. Kostenanpassung
analoge Kostenermittlung s. Kostenermittlung
analoge Vergütungsanpassung s. Vergütungsanpassung
analoge Vergütungsermittlung s. Vergütungsermittlung
Änderung des Bauablaufs, des Bauentwurfs, s. Anordnung
Änderung der Leistung s. geänderte Leistung
Änderung von Verdingungsunterlagen 267
Änderungsvorschläge s. Nebenangebote
Anerkenntnis
–, Ankündigungspflicht trotz Anerkenntnis bei § 2 Nr. 6 VOB/B? 927
–, geprüfte Schlussrechnung als Anerkenntnis? 945
–, und § 2 Nr. 8 VOB/B 1167–1170
Anfechtung s. Irrtumsanfechtung
Angebotsbearbeitung 154, 210 ff., 218, 289 ff.
–, Angebotskalkulation s. Kalkulation
–, Auflistung aller Bausoll-Unterlagen 293
–, Checklisten 185, 294, 295
–, Dokumentation der Arbeitsvorbereitung 297 ff.
–, Kosten 266
–, nachträgliche Unterlagen 152 ff.
–, und Plausibilitätskontrolle 218
–, und Prüfpflicht 210 ff.
Angebotsblankett 207 ff., 214, 216
Angebotseröffnung als maßgeblicher Zeitpunkt für Bausoll (öffentlicher AG) 153
Angebotsformulierung bei Bedenken
–, gegenüber öffentlichen Auftraggebern 266–270
–, gegenüber privaten Auftraggebern 271–273
angemessene Vergütung (§ 632 BGB) 135, 285, 883, 1105 ff., 1158
Anhaltspunkte, greifbare, für Schätzung 1616, 1624
Ankündigung (s. auch Anzeige)
–, Adressat 932, 1177, 1219, 1234
–, AGB 916–929
–, als Anspruchsvoraussetzung bei § 2 Nr. 6 VOB/B 780, 828, 909–926
–, Anerkenntnis dem Grunde nach und A. 927
–, angeordnete Mengenmehrung 515
–, Ausnahmen von Ankündigungspflicht bei § 2 Nr. 6 VOB/B 863–926
–, Bautagesbericht 1235 ff.

–, Einführung eines Ankündigungserfordernisses bei § 2 Nr. 5 VOB/B 928 ff.
–, Praxisempfehlungen 995
–, Schriftform 952–956, 1218
–, Sondervorschlag 935
–, trotz Anerkenntnis bei § 2 Nr. 6 VOB/B 927
–, zur Vergütungshöhe 931
Anlagenbau 702
Annahmeverzug 1393 ff., 1648
Anordnung des Auftraggebers 844 ff.
–, Abnahme als äußerster Zeitpunkt 700
–, AGB-Recht 779
–, Alternativpositionen 849
–, Änderung des Bauentwurfs 784, 844, 875–879, 1332, 1334
–, anfechtbare Anordnung 891
–, Ankündigungspflicht bei konkludenter 886
–, Anordnungsrecht des Auftraggebers 246, 776, 1171
–, Architekt 902 ff.
–, ausdrückliche Anordnung 246, 846, 861
–, Ausführungsplanung 861
–, Ausweitung des Anordnungsrechts 788
–, Bauablauf, Anordnung zum 801, 1332 ff.
–, Bauinhalt 1324 ff.
–, Bauumstände 246, 1332 ff.
–, Berechnungen als Anordnung 1150
–, Beschleunigunganordnungen 800
–, Bevollmächtigte, Anordnung durch 892 ff.
–, BGB-Vertrag 776
–, Controller, Anordnung durch 905 ff.
–, Detaillierung der Ausführungsplanung als Anordnung? 863–867
–, einseitiges Anordnungsrecht des Auftraggebers 776 ff.
–, Erschwernisse, Anordnung zur Überwindung 766–773, 809–820, 861
–, fehlende Anordnung s. Leistung ohne Auftrag
–, fehlende Vollmacht 907
–, Fordern der Leistung = Anordnung 514, 844
–, Freigabe von Vorleistungen durch Auftraggeber 871
–, geänderte Leistung 781, 805 ff.
–, Gegenstand des Anordnungsrechts 783 ff.
–, irrtümliche Anordnung 848
–, konkludente Anordnung 862 ff., 886
–, Konkretisierung des Genehmigungsplans als Anordnung 863 ff.
–, Mengenmehrung, Mengenminderung auf Anordnung 510–513, 514–518
–, Modalitäten der Leistung 1187 ff.
–, nicht erlaubte Anordnungen 800 ff
–, Notwendigkeit der Leistung als Anordnung 882 ff., 885
–, nur nach Vertragsschluss 883

–, Pläne als Anordnung 862 ff.
–, Recht auf 776 ff., 782 ff.
–, schleichende Anordnung 865, 886, 919, 1035, 1126, 1129
–, Schriftform 861, 892 ff.
–, stillschweigende Anordnung 246, 872 ff., 889
–, sonstige Anordnung 777, 798 ff., 800
–, Systematik 776 ff.
–, Überschreiten der Befugnisse aus § 1 Nr. 3 VOB/B 789 ff., 1335
–, überflüssige Anordnungen 848
–, Unterlassung als Anordnung 888 ff.
–, Anordnung unter Leugnung der Bausoll-Bauist-Abweichung 846 ff.
–, versteckte s. schleichende Anordnung
–, Volumen der Änderungsanordnung 791
–, Vorfinden geänderter Verhältnisse als Anordnung 875 ff.
–, Wahlschuldverhältnisse 849 ff.
–, Zeichnungen als Anordnung 862 ff.
–, zeitliche Abfolge 773, 1328 ff., 1332 ff.
–, zeitliche, Freigaben durch AG 845, 871
–, Zeitpunkt, äußerster 700
–, zurechenbar dem AG 704
–, zusätzliche Leistung 781, 805
Anscheinsbeweis 1129
Anscheinsvollmacht s. Vollmacht
Anschlussauftrag s. selbständige Leistung
Anschreiben zum Angebot 267, 284
Anspruchskonkurrenz s. Konkurrenz
Anspruchsvoraussetzung, Ankündigung oder Anzeige als 886, 909–929, 1178
Antrag, Voraussetzung für neuen Preis 658, 993
Anzeigepflicht s. auch Ankündigung
–, Adressat 1177
–, bei Beschleunigungsmaßnahmen 1473 ff.
–, bei konkludenter Anordnung? 886
–, bei § 6 VOB/B 1215 ff.
–, bei § 2 Nr. 8 VOB/B 1175 ff.
Äquivalenz von Leistung und Vergütung 1326, 1337
Äquivalenzkostenrechnung s. Schadensberechnung
Arbeitsablauf, geplanter Arbeitsablauf des Auftragnehmers s. Mitwirkungspflichten
Arbeitsabschnitte s. Bauabschnitte
Arbeitseinstellung, Arbeitsstillegung 1438 ff., 1650 ff., 1693
Arbeitskalkulation s. Kalkulation
Arbeitsvorbereitung 297 ff., 1126
Arbeitsvorgänge, gestörte (ungestörte) 1554–1572
Arbeitszurückstellung s. Ablaufumstellung
archäologischer Fund 824
Architekt s. Vollmacht, s. Adressat

„architektonischer Anspruch" als Auslegungskriterium 216, 855
ARH-Richtwerte, Tabelle der 842, 1078 ff.
artgleiche Arbeitsvorgänge (Leistung) 1554–1567
Art und Weise der Leistung s. Bauumstände
artverwandte Arbeitsvorgänge 1568–1571
Asbestentsorgung 195
Aufbruch in Container (Fallbeispiel) 507
„auffälliges Missverhältnis", Preisrecht 1050
Aufforderung s. Anordnung
Aufgliederung des Einheitspreises 17, 290, 624 ff.
Aufholung von Stillstandskosten? 1402 ff.
„Auflockerungsfaktor", BGH-Entscheidung 127, 175, 192, 195, 246, 753
Aufmaß
–, als nachträgliches Anerkenntnis bei § 2 Nr. 8 VOB/B 1170
Auftraggeber, frivoler 158, 252, 926
–, öffentlicher 126
Aufwand 141, 740, 756
Aufwandswerte
–, allgemein 8, 37, 297, 1052, 1063, 1554 ff., 1587 ff.
–, Anpassung der s. Kostenanpassung, analoge
–, Ermittlung der s. Kostenermittlung, analoge
–, Istaufwandswerte 1587 ff.
Aufwendungen, ersparte 1490
Ausführungsfristen s. Fristen
Ausführungskalkulation s. Kalkulation, Arbeitskalkulation
Ausführungsplanung, Fortschreibung der 869
Ausführungsreife 188
Ausführungsunterlagen
–, einsehbare Pläne 181, 201, 204, 289
–, freigegebene Pläne 1295
–, mangelhafte Ausführungsunterlagen als Behinderung 1294
–, Mitwirkungspflicht des Auftraggebers 1156, 1293 ff.
–, rechtzeitig 1293, 1295, 1305, 1310
–, verspätete Ausführungsunterlagen als Behinderung s. Behinderung
–, Widerspruch, Pläne/Text 180 ff., 201–205
Ausführungszeit s. Fristen, Behinderung
–, Verkürzung der vereinbarten Ausführungszeit 787
Ausgleichsberechnung 545–550, 560, 640–655, 1122
Aushilfskräfte 1572
„Auslagenersatz" und Vorunternehmerhaftung 1390, 1396–1398
Auslegung s. auch Leistungsbeschreibung, Prüfpflicht
–, anerkannte Auslegungsregeln 175

–, ATV s. DIN-Normen
–, Auslegungsvertrauen 188, 192
–, Bestätigung der Auffassung des Auftraggebers 174
–, Bestätigung der Auffassung des Auftragnehmers 174
–, Bezeichnung an richtiger Stelle 181, 203
–, Bodengutachten als Auslegungshilfe 188, 732–735, 813, 815
–, DIN-Normen (insbesondere VOB/C), Bedeutung der 127–130, 193, 729–731, 864
–, eindeutiger Text, auslegungsfähig 175–177
–, einverständliches Textverständnis der Parteien 173
–, Empfängerhorizont (Auftragnehmer) maßgeblich 175, 183 ff., 204, 207, 210, 283, 723 ff., 850–857
–, Empfängerhorizont, Beurteilung durch Sachverständigen? 183
–, erkennbare Umstände 183 ff., 210 ff., 226 ff., 507, 742 ff., 853–857, 860
–, Erschwernisse, Überwindung durchschnittlicher s. auch Erschwernisse der Leistung 707, 766–773, 809–820, 861
–, Fachleute, Verständnis der Fachleute maßgeblich? 177, 183
–, „gewerbliche Verkehrssitte" als Auslegungshilfe 147
–, Leistungsbeschrieb, Bedeutung des konkreten 810, 813, 815
–, objektive Auslegung 175 ff., 182, 183, 192
–, Pläne maßgeblich s. Zeichnungen
–, Positionstext gegenüber Vorbemerkungen 179, 186
–, Totalitätsprinzip 178, 707
–, Unklarheitenregel 232
–, Vergütungssoll 280 ff.
–, Verkehrssitte, Bedeutung der 236
–, Vorbemerkungen gegenüber Positionstext 179, 186
–, Widersprüche Baubeschreibung, LV, Pläne 180 ff., 201 ff.
–, Widersprüche innerhalb einer Vertragskategorie 179, 180 ff.
–, Wortlaut als Kriterium 175–177
–, Zeichnungen maßgeblich s. Zeichnungen
–, „Ausreißer" 138, 744
Ausschachten ohne Anordnung 810
Ausschachtungstiefe als Teil des Leistungsbeschriebs 810
Ausschreibung
–, Ansprüche aus mangelhaft definierter Ausschreibung 156 ff.
–, Empfehlungen zur 289 ff.
–, nach Leistungsprogramm 117
–, verschwiegene Kenntnisse 245
Ausschreibungsunterlagen (Anfrageunterlagen) 265 ff., 290 ff., 997

–, versteckter Text 193
Aussparungen 134, 163, 164, 208, 314
Auswahlpositionen 570, 850 ff.
Auswahlrecht des AN 761, 762, 859
Ausweicharbeiten (bzw. Aushilfskräfte, Kosten für) 1091–1094
„Autobahntrasse" (BGH-Urteil) 800

Bagatellklausel 112
Basis, alter Preis als Basis s. Bindung
Bauablauf und Planlieferfristen 1287, 1304
Bauabschnitt
–, gestörte (ungestörte) Leistungserstellung 1554 ff.
–, Teilabschnitt, Arbeitsabschnitt 1554 ff.
Bauarbeitsschlüssel, BAS-Nummer 1561
Baubeginn s. Fristen
Baubehelfe 707, 1398
Baubeschreibung 178, 179, 181
Bauentwurf 784
Baugenehmigung 1251
–, fehlende Baugenehmigung und Vertretenmüssen 1297, 1346, 1347
–, Herbeiführung als Pflicht des Auftraggebers 1297
–, Mitwirkung AG 1347
Baugeräte
–, abstrakte Schadensberechnung 1501 ff., 1515 ff.
–, Baugeräteliste 23, 1518 ff.
–, Fremdgeräte 1526, 1549
–, Geräteliste 301, 1524
–, konkrete Schadensberechnung 1552 ff.
–, Stillstand von Baugeräten 1443, 1515 ff.
–, Vorhaltung 1454 ff., 1489, 1551
Baugrund, Baugrundrisiko 707 ff.
–, AGB 758, 759
–, Anspruchsgrundlagen 766 ff.
–, Aufbau des Baugrunds 714
–, „Ausreißer" 746, 764
–, Baugrund, Definition 708, 714 ff.
–, Bauverfahrenssoll 761, 762
–, Behinderung 771 ff.
–, Beschaffenheitsangaben 715, 726 ff., 742 ff.
–, Beschaffenheitssoll 714 ff., 775
–, Besondere Leistungen 731, 736, 745, 748, 766
–, Besondere Risikoübernahme 742
–, Detailangaben, AG-seitige 726 ff.
–, „echtes Baugrundrisiko" 708 ff., 713 ff., 715 ff.
–, Eigenschaften 714
–, Empfängerhorizont der Bieter 723, 724, 726 ff., 742 ff.,
–, „Erdarbeiten", DIN 18 300 731
–, Erkennbarkeit als Maßstab 739, 746

–, Erleichterungen 715, 1195
–, „Erschwernisse" 707 ff., 766 ff.
–, Gebäudereste 775
–, Gefahrtragung 711 ff.
–, Global-Angaben des AG 742 ff.
–, Grundwasser 708
–, Grundwassersenkung 731
–, Gutachten s. Bodengutachten
–, Hindernisse 731 ff.
–, Kabelschutzanweisung 775
–, Kartellrecht 760
–, Kontamination 775
–, Leistungen, geänderte oder zusätzliche 766 ff.
–, Mangelfreiheit 1250
–, „Mangelhaftigkeit" 711 ff., 716
–, Mauerwerksreste 775
–, Mitwirkung
–, Null-Abschnitte der DIN 729, 745
–, öffentliche Auftraggeber 752 ff.
–, Prüfpflicht s. Untersuchungen
–, Richtigkeitsvermutung für Leistungsnachweis 727
–, Schadensersatz aus Verschulden bei Vertragsschluss? 757
–, Schatzfund 746
–, Schlitzwandarbeiten 731
–, Standardverhältnisse 729
–, Stoff, Baugrund als 708 ff.
–, Systemrisiko 740, 763 ff.
–, ungewöhnliches Wagnis 752 ff.
–, Untersuchungen 129, 720, 732 ff.
–, unvermeidbare Folgen 718
–, unvermeidbares Restrisiko 719
–, Verdichtungsmaßnahmen 731
–, Verschlechterung des Werkes 711 ff.
–, Vollständigkeitsvermutung für LV 728
–, Weigerung des AG, Anordnungen zu geben 774
–, „Wasserhaltung II" (BGH-Urteil) 752 ff.
–, zeitliche Anordnungen des AG 773
–, Zerstörung des Werkes 711 ff.
Bauhandwerkersicherung (§ 648 a BGB) 992
Bauinhalt
–, Abgrenzung, Bauumstände/Bauinhalt 802
–, Änderung des Bauinhalts 274, 803 ff., 1051 ff.
–, Definition und allgemein 2, 156, 274
–, Grenzen des bauinhaltlichen Änderungsrechts 789
–, Schadensersatz bei unklarer Definition? 248
–, Soll-Ist-Vergleich s. dort
–, unverändert, jedoch Behinderung s. Behinderung
Bauinhaltsbedingt unbefristeter Sollablauf (Termin) 1098

Bauleiter, Bauleitung 7, 1097, 1126, 1240, 1452
baureifes Grundstück s. Bereitstellungspflicht
bauseitige Leistung als Hauptpflicht des AG 250, 1285
Bausoll, allgemein 4, 100, 104, 242 ff., 250, 700, 707, 714, 761, 1124
Bausoll, maßgeblicher Zeitpunkt für 152–154
Bausoll, unklares s. Leistungsbeschreibung, unklare
Baustahl, s. Betonstahl
Baustelle, Verhältnisse der 196
–, Schutz der Baustelle 1250
Baustellenbesprechungsprotokoll 1237
Baustelleneinrichtung 20 ff., 613
Baustellengemeinkosten s. Kosten
Baustillstand s. Schadensersatz
Baustoff 708 ff.
Baustopp durch AG 1202, 1352
Baustopp durch Nachbarn 773, 1348
Bautagesbericht 47, 1126, 1128, 1235 ff., 1607, 1674
–, „Bauträger", BGH-Entscheidung 232
Bauumstände
–, Abgrenzung, Bauinhalt/Bauumstände 802
–, Änderung der Bauumstände 249, 800–802, 1111, s. auch Behinderung
–, Anordnungen zum Bauablauf und zur zeitlichen Abfolge 785, 800 ff., 845, 871
–, bei geänderter Leistung s. geänderte Leistung
–, bei zusätzlicher Leistung s. zusätzliche Leistung
–, Definition 2, 156
–, „gespaltene" 1577
–, modifizierte 646, s. auch Änderung der
–, Schadensersatz bei unklarer Definition? 249
Bauverfahren, Anordnung des Auftraggebers 763 ff.
Bauverfahrenssoll 720, 761
Bauvertrag 100 ff.
Bauzeitenplan s. Terminplan
Bauzeitverlängerung s. Fristen (Fristenverlängerung), Schadensersatz
Bauzeitverschiebung, vertraglich erlaubte Bauzeit 1336 ff.
Bauzeitzinsen s. kalkulatorische Zinsen
Bearbeitungsschema s. a. Checkliste
–, Behinderungsschadensersatz 1642
–, geänderte oder zusätzliche Leistungen 1196 ff.
–, unklare Ausschreibung (3 Schritte) 173 ff., 185
Bedarfspositionen s. Eventualpositionen
Beginntermin s. Fristen
begrenzter Teilstillstand s. Stillstand
begrenzte Teilverzögerung s. Verzögerung

„Behelfsbrücke" (Fall OLG Celle) 1286, 1361
Behinderung s. auch Mitwirkungspflicht
–, Abruf, fehlender 1304, 1319 ff.
–, Ansprüche aus ergänzender Vertragsauslegung 1401 ff.
–, Anzeige 1215 ff., 1270
–, Anzeige bei § 642 BGB 1215, 1396
–, Ausführungspläne, fehlende, mangelhafte, verzögerte 870, 889 ff., 1293-1295, 1305, 1310
–, Auswirkungen, Folgen
–, –, allgemein 1203 ff.
–, –, zeitlich 1244 ff.
–, –, geldlich 1271 ff.
–, Baufristen 1253 ff., 1302 ff.
–, Baugenehmigung, fehlende 1297, 1346, 1347
–, Baugrund 771 ff.
–, Bauinhaltsmodifikationen als B. 1324 ff.
–, Baustopp durch AG 1202, 1352
–, Baustopp (Nachbar) 773, 1348
–, Bauumstandsmodifikationen 1332 ff.
–, Bauzeitverschiebung, vertraglich erlaubte 1336 ff.
–, Beginntermin 1253
–, Behinderungsfolgen s. Auswirkungen
–, Bodenverhältnisse 771
–, Definition 1204
–, Dokumentation s. Dokumentation
–, Ende, Abschluss 1267, 1455, 1638
–, Erfüllungsgehilfen, Haftung für 1360 ff.
–, Fristverlängerung, „automatische" 1243
–, Fristverlängerung, Bauzeitverlängerung als Behinderungsfolge 1244 ff., 1271 ff.
–, geänderte Leistungen als Behinderung 1202, 1324–1335
–, Handlung des Auftraggebers als Behinderung 871
–, Leistungsbereitschaft, eigene Leistung des Auftragnehmers 1355 ff.
–, Mehrmenge oder Mindermenge als Behinderung 565 ff., 1202
–, Mitwirkungspflichten des AG
–, –, Hauptpflichten, s. dort
–, –, Nebenpflichten, s. dort
–, Mitverschulden 1354 ff.
–, Mitverursachung 1252 ff., 1355 ff.
–, nicht (technisch) zwingend notwendige Anordnungen als Behinderung 1332 ff.
–, Offenkundigkeit 1215, 1221 ff.
–, Pläne, fehlende oder verspätete s. Ausführungspläne
–, positive Vertragsverletzung, Behinderung als 1272–1275, 1282, 1343
–, Rechtswidrigkeit 1323 ff.
–, Schadensersatz als Behinderungsfolge s. auch Schadensersatz 1419 ff.

–, Schadensersatz ohne Verschulden 1396 ff.
–, Sekundärverzögerung 1097
–, Sperrung einer öffentlichen Straße 1349, 1403
–, Störung, Definition 1202
–, Störung als Behinderungsvoraussetzung 2, 1202, 1414
–, Technische Verwaltungsnormen, Änderung als 1410
–, Unterbrechung der Leistung 1650 ff.
–, Unterlassung des Auftraggebers als Behinderung 888 ff., 1321
–, „Vergütungsansprüche" bei B. 1401 ff.
–, Verletzung von Auftraggeberpflichten 1339 ff.
–, versuchte Anschläge als Behinderung 1351
–, Vertretenmüssen s. dort
–, verzögerte Konkretisierung der Planung 870
–, vorübergehende Natur der Behinderung 1208
–, Vorunternehmerleistung, fehlende oder mangelhafte 1360 ff.
–, Weigerung des Auftraggebers, Mitwirkungspflichten zu erfüllen 1210
–, zusätzliche Arbeiten und Leistungen als Behinderung 1202, 1324–1335
–, zwingend notwendige Änderung der Bauumstände als Behinderung 1324 ff.
Behinderungsbedingt unbefristeter Sollablauf (Termin) 1268, 1269
–, „Behinderungsschaden I", BGH-Entscheidung 1532, 1573, 1612, 1620
–, „Behinderungsschaden II", BGH-Entscheidung 1612
–, „Behinderungsschaden III", BGH-Entscheidung 1220, 1612, 1620
–, „Behinderungsschaden IV", BGH-Entscheidung 1573, 1577, 1612, 1615, 1617, 1620 ff., 1633
Beistellung durch Auftraggeber (Baustoff) 709, 710
Beistellfristen s. Planlieferfristen
Belege s. Dokumentation
Bepflanzung 176
Berechnungen des Bieters im Rahmen der Prüfpflicht? 208, 219, 729
Berechnungen, zusätzliche Berechnungen des Auftragnehmers s. zusätzliche Leistung
Bereitstellungsgerät 22, 1531, 1543 ff.
Berichterstattung s. Dokumentation, s. Stundenerfassung
Berichtsystem
–, Berichterstattung der Lohnstunden s. Stundenerfassung
–, Kontrollsystem 5, 1240
Berufsgenossenschaft, Anordnung der 880
Beschaffenheitsangaben 726–741

Beschaffenheitssoll (Baugrund) 136, 714 ff.
Beschäftigungsvermutung s. Vermutung
Beschleunigung, Pflicht zur? 1466
Beschleunigungsmaßnahmen (einschl. Kosten) 787, 1460 ff., 1462–1475
Besondere Leistungen im Sinne von VOB/C 131–144, 208, 284, 316, 731, 736, 745, 748, 1104, 1153
–, Einbeziehung in Vertrag durch AGB 134
Besondere Risikoübernahme Baugrund 742
Besondere Technische Vertragsbedingungen 178
Besondere Vertragsbedingungen 125
Besonderheit des Bauwerks 188
Beton B 35 161
Betonstahl 128, 147, 865, 1129
Betriebsorganisation und Dokumentationssystem 6
Bewehrung, Bewehrungspläne 170, 204
Beweislast
–, bei Ansprüchen aus mangelhaft definierter Leistungsbeschreibung 277
–, bei § 2 Nr. 3 VOB/B 660
–, bei § 2 Nr. 5, 2 Nr. 6 VOB/B 1127 ff.
–, bei § 2 Nr. 8 VOB/B 1182
–, bei § 2 Nr. 9 VOB/B 1159
–, bei § 6 Nr. 6 VOB/B
–, –, Verschulden 1359, 1642
–, –, Verursachung 1616, 1642
–, –, Schaden 1615, 1642
–, –, Zusammenfassung 1642
–, bei § 642 BGB 1652
–, bei § 287 ZPO 162 ff.
–, bei verweigerter Vorlage der Kalkulation 623, 1115, 1127, 1627
–, Definition 277
Beweissicherung s. selbständiges Beweisverfahren
Beweisvereitelung 623, 1115, 1236, 1627
Bewehrungskonzentration s. Baustahl
Bewertung von Produktionsfaktoren s. Kosten
Bevollmächtigte 892–908, 971
–, Bezugsleistung 836 ff., 1001, 1026, 1049, 1055 ff., 1075
BGB-Vertrag, Anordnungrecht des AG 776
Bieter s. Prüfpflichten des Bieters, „frivoler" Bieter
–, Leistung von detektivischer Kleinarbeit 194
Bietererwartungen 192
billiges Ermessen (Auswahlpositionen) 858
Bindung an den alten Preis
–, bei § 2 Nr. 3 VOB/B 600 ff.
–, –, Ausnahmen 602 ff.
–, –, fehlende Äquivalenz bei erheblichen Mehrmengen 605
–, –, Irrtumsanfechtung 602
–, –, Lohnkosten, gestiegene 603

–, –, Materialkosten, gestiegene 603
–, –, Planung, unsorgfältige 604
–, –, Sonderpreise 606
–, –, spekulative Preise 607
–, –, untergeordnete Position 606
–, bei § 2 Nr. 5, 2 Nr. 6 VOB/B 1012 ff.
–, –, Ausnahmen 1030 ff.
–, –, fehlende Äquivalenz 1041
–, –, Irrtumsanfechtung 1031
–, –, Lohnkosten, gestiegene 1034 ff.
–, –, Marktpreise von Drittunternehmen 1014
–, –, Materialkosten, gestiegene 1014
–, –, Nachunternehmerkosten 1016 ff.
–, –, Planung, unsorgfältige 1039
–, –, spekulative Preise 1049, 1050
–, –, untergeordnete Positionen 1048
–, –, Vorauskalkulation 1015
–, bei § 6 Nr. 6 VOB/B? 1499
Bodenarbeiten 707 ff., 815 ff.
Bodenart 815
Bodengutachten 186–189, 200, 732 ff., 743 ff.
Bodenklasse 186, 187, 200, 325
Bodenverhältnisse s. auch Baugrund 157, 186, 187, 193, 200, 219, 505, 565, 707 ff., 1350

Ca.-Menge 508
Checkliste s. auch Bearbeitungsschema
–, Angebotsbearbeitung 289 ff.
–, Ansprüche aus geänderter oder zusätzlicher Leistung 1196 f.
–, Auslegung mangelhaft definierten Bausolls 173 f., 185
–, Schadensersatzansprüche aus Behinderung 1642
Centklausel 108 ff.
Controller 1016

Darlegungslast s. Beweislast
Deckungsanteil 395 ff.
Deckungsbeitrag 17 ff., 532, 548, 562, 1122
Deckungsbeitragsüberschuss 558, 624 ff., 1122
differenzierte Arbeitsvorbereitung 28, 297, 403–405, 407–413
Differenztheorie bei § 6 Nr. 6 VOB/B 1038, 1056 ff.
„DIN 18332", BGH-Entscheidung 133, 147, 708
DIN-Normen
–, Bedeutung 126 ff., 176, 178, 196, 204, 729–731, 745, 865
–, 0-Abschnitte 127 ff., 196, 204, 729, 745, 865
–, DIN 276 176
–, DIN 1045 1031

–, DIN 18 299 s. 0-Abschnitte, 131, 134, 729
–, DIN 18 300 137–139, 731
–, DIN 18 301 731
–, DIN 18 306 137
–, DIN 18 313 731
–, DIN 18 319 731
–, DIN 18 331 208, 865
–, DIN 18 338 133, 146
–, DIN 18 339 146
–, DIN 4020 708, 735
Direkte Kosten s. Kosten
Dispositionsfreiheit des AN 761, 799, 1203
Dissens 233 ff.
–, bei „lichtem Maß" 234
Dokumentation 6 ff., 274, 293 ff., 1001 ff., 1117 ff., 1126, 1129, 1586 ff., 1618
–, Angebotsbearbeitung 289 ff.
–, Arbeitsvorbereitung s. dort
–, Belegwesen 6, 1235–1241, 1586 ff.
–, Fallbeispiele
–, –, Arbeitskalkulation 413
–, –, Behinderungsschadensersatz 1673 ff.
–, –, differenzierte Arbeitsvorbereitung 407 ff.
–, –, geänderte Leistungen 1142 ff.
–, –, Mindermengenberechnung § 2 Nr. 3 VOB/B 624 ff.
–, –, Überprüfung der Angebotsunterlagen 312 ff.
–, –, zusätzliche Leistungen 1136 ff.
–, nachträgliche Dokumentation 620, 1115
–, Plausibilität 6
–, „Schleppnetz", Soll-Ist-Abweichung 1601
–, System der Dokumentation 6, 1593 ff., 1601 ff.
Doppelursache 1355 ff.
Doppelzahlung 945
Duldungsvollmacht s. Vollmacht
Durchbrüche s. Aussparungen
Durchpressen 802
Durchschnittsleistung bei fehlender Präzisierung der Leistungsbeschreibung 507, 913–816, 860, 865 ff.
Durchschnittssorgfalt bei Angebotsprüfung 183, 204, 210, 328, 743–753, 853

„ECE-Bedingungen", BGH-Entscheidung 230 ff., 279, 662, 759, 1646
Eckbewehrungen s. Universitätsbibliothek
EDV-Doppelboden 162, 259
EFB-Preis 111, 290, 520, 616, 1064–1067
Eigenanteil des Auftragnehmers bei
–, Behinderungsschadensersatz 1554 ff., 1572, 1579
–, Fristverlängerung 1266, 1572
Eigenleistung kalkuliert, Nachunternehmer Leistung ausgeführt 1024, 1029

eigenmächtige Abweichung s. Leistung ohne Auftrag
Eignung z. B. des Baugrundes als Beschaffenheitssoll 138, 719, 726
Einarbeitung, Zulage für bzw. Kosten für 1094, 1631 ff.
Eindeutigkeitsvermutung für Wortlaut 176
Eingriffe Dritter als Anordnung 880 ff.
Einheitspreis 104, 105
Einheitspreisliste für Behinderungsschadensersatz 1500
–, für künftige Behinderungsfälle 587
Einheitspreisvertrag 100, 104, 742
einsehbare Pläne 203
Einsparungen 1490, 1687
einverständlich
– geänderte oder zusätzliche Leistungen 1161
– entfallene Leistungen 1193
Einzelkosten der Teilleistung s. Kosten
Einzelpositionen, Anwendung des § 2 Nr. 3 VOB/B nur auf 519
„Eisenbahnbrücke", BGH-Entscheidung 175, 179, 186, 193, 801, 1000
Empfängerhorizont bei Auslegung 175, 183 ff., 186 ff., 192, 203, 206, 210, 283, 723 ff., 746, 850 ff.
Ende der Behinderung 1267, 1455
entfallende Leistung (Positionen) 540–542, 636, 641, 826, 840, 1190 ff.
entgangener Gewinn, Ausschluss des 1491–1496
Entschädigung (§ 642 BGB) 1201, 1207, 1215, 1393 ff., 1648 ff.
Entwicklungsrisiken 702, 703, 759
Erdarbeiten, DIN 18 300 731
Erfahrungswerte als Schätzungshilfen 1629 ff.
Erfolg
–, beim Werkvertrag 100
erforderliche Leistung s. selbständige Leistung
Erfüllungsgehilfen 1282, 1286, 1287, 1360 ff., 1392, 1393 ff.
–, Bereitstellungspflicht 1366 ff.
–, Definition 1360
–, Ermöglichungshandlung (bauseitige Leistung) 1285, 1286, 1361
–, Haftung für Erfüllungsgehilfen 1360 ff., 1392, 1393 ff.
–, –, generell bei § 6 Nr. 6 VOB/B 1360 ff.
–, –, im Koordinierungsbereich 1363
–, –, Lösung über § 2 Nr. 5 VOB/B 1386
–, –, im Planungsbereich 1363
–, –, für Vorunternehmerleistungen 1366 ff.
–, vereinbarte Einstandspflicht für Vorunternehmer 1380, 1394
–, –, Hauptpflicht 1286, 1287, 1361

–, –, Nebenpflicht (oder Obliegenheit) 1362, 1395
ergänzende Unterlagen zur Leistungsbeschreibung, „Ergänzungsmittel" 204, 733
ergänzende Vertragsauslegung
–, beim Dissens 238
–, bei Behinderungen 1404 ff.
Erkennbarkeit, erkennbare Umstände s. Prüfpflicht
Erkennbarkeit von Bauinhaltsmodifikationen 1126
„Erleichterung" der Arbeit beim Baugrund 715, 1195
Eröffnungstermin als Zäsur für Bausoll bei öffentlichen AG 153
Ermittlung der Kalkulationselemente s. Kalkulationselemente
Ermöglichungshandlung des AG als Nebenpflicht 1281
Ersatzleistung (anderweitiger Erwerb) bei Teilkündigung und zusätzlicher Leistung 826, 840
Erschwernisse der Leistung 700, 707 ff., 848
–, Anordnung zur Überwindung von Erschwernissen 766, 769, 773, 809, 812, 848, 879 ff.
–, Ausschachtungstiefe 809
–, Bodenaushub 809 ff.
–, neue Techniken 701
–, Sondervorschläge 701
–, überflüssige Erschwernisse auf Anordnung des Auftraggebers 1187 f.
–, und Modifikation der Leistung 1187 f.
Erstellungshandlung als Hauptpflicht des AG 1281, 1285 ff.
Eventualpositionen 269, 580 ff.
–, AGB 586
–, Ausgleichsberechnung 599, 643
–, Behinderungen 587, 598
–, bieterseitige E. im Angebot 269
–, fehlende Vordersätze 588, 589, 594, 595
–, geänderte oder zusätzliche Leistungen 593, 596, 597
–, Häufung von E. in Ausschreibung 590
–, Mengenmehrungen 594, 595
–, überhöhte 592
–, VOB/A, Auslegung nach 582–586
–, Wertung bei Angebotsprüfung 591
Ex-ante-Beurteilung 156, 215
Ex-post-Beurteilung 156, 215
externe Kosten der Nachtragsvorbereitung 1109 ff., 1451, 1457

Fachkunde des Bieters und Prüfpflicht 220
Fahrlässigkeit bei § 6 Nr. 6 VOB/B 1344 ff., 1496

fahrlässig unterlassener Prüfhinweis, Folgen 255 ff.
Fälligkeit
–, bei Ansprüchen aus mangelhaft definierter Leistungsbeschreibung 278
–, bei Ansprüchen aus § 2 Nr. 3 VOB/B 661
–, bei Ansprüchen aus § 2 Nr. 5, 2 Nr. 6 VOB/B 1132
–, bei Ansprüchen aus § 2 Nr. 8 VOB/B 1183
–, bei Ansprüchen aus § 6 Nr. 6 VOB/B 1644
–, bei Ansprüchen aus § 642 1652
–, von Mitwirkungspflichten des Auftraggebers 1302 ff.
Farbton nach Wahl des Auftraggebers 165, 184, 850–859
fehlende Preiseinigung bei Nachtrag, Praxisempfehlung 996
Fels 811, 813, 814
Fertigteilpläne 1314
Festpreis 105, 663
Fixe Kosten s. Kosten
Fließsand 816, 1171
Folgeauftrag s. selbständige Leistung
Folgekosten, von Einigung erfasste 941–944
Fordern einer Leistung durch Auftraggeber s. Anordnung
Fortentwicklung (Fortschreibung) der Angebotskalkulation zur Nachtragskalkulation 1074 ff.
Freigabe von Plänen 1295, 1304
Freigabe von Vorleistungen durch AG als Anordnung 801, 871
Fristen
–, Abruf eines Baubeginns 1320
–, Abruffristen, vertraglich vereinbart 1304
–, „Abschläge", Verschiebung in günstigere Jahreszeit 1267
–, angeordnete Änderungen 801
–, Ausführungsfristen, Bedeutung für Zeitpunkt der Mitwirkung des Auftraggebers 1253 ff., 1270, 1306 ff.
–, Ausführungsfristen, fehlende und Zeitpunkt der Mitwirkung des Auftraggebers 1311 ff.
–, Ausführungsfristen, Prüfpflicht des Bieters 222–225
–, Ausführungsfristen, vereinbarte und Zeitpunkt der Mitwirkung des Auftraggebers 1304 ff.
–, Ausschalfristen 166, 1031
–, Baubeginn, fehlender Termin 1319 f.
–, Baubeginn, nachträgliche „kurze" Verschiebung 1229
–, Bauzeitplan s. Terminplan
–, einseitige Bestimmung durch AG 1336, 1337
–, Fertigstellungsfrist, fehlende 1312

–, Fristverlängerung, allgemein 1244 ff., 1253 ff.
–, Fristverlängerung durch geänderte oder zusätzliche Leistungen 1224–1227, 1249, 1253–1269
–, Fristverlängerung wegen Behinderung s. Behinderung
–, Fristverschiebung, vertraglich erlaubte Fristverschiebung durch Auftraggeber 1306, 1336, 1337
–, Kalenderfrist 1304, 1315 ff.
–, Mehrmengen 566
–, Planlieferfristen 1287, 1303 ff., 1314–1318
–, störungmodifizierter Sollablauf 1268
–, unverbindliche Fristen 1309 ff., 1381
–, Vertragsfristen, Fristvorgabe 1307–1309
–, Vertretenmüssen als Voraussetzung für Anspruch auf Fristverlängerung 1249–1252
–, Vorlauffristen s. Planlieferfristen
–, Zuschlag bei Fristverlängerung wegen Wiederaufnahme der Arbeit oder Verschiebung in Schlechtwetterperiode 1267
„frivoler" Auftraggeber 158, 251, 252, 272, 925
„frivoler" Bieter 251, 252, 262, 723
Fugen (Fallbeispiel) 321–324
Funktionsverantwortung des AG 232

Ganzglasgeländer 169, 234
Garage als neue selbständige Leistung 796
geänderte Leistung
–, Abgrenzung zur zusätzlichen Leistung 781
–, Abgrenzung zur zusätzlichen Leistung bei unklärbaren Zweifeln 838
–, Abgrenzungskriterium kalkulatorische Vergleichbarkeit 829 ff.
–, Abgrenzungskriterium Produktionsverfahren 836 ff.
–, „analoge Kostenermittlung", „analoge Kostenfortschreibung", „analoge Vergütungsfortschreibung" 841 ff., 1052 ff., 1075 ff.
–, Änderungselement „zu stark" 826
–, angeordneter Wegfall einer Leistung 822, 1190 ff.
–, Anordnung s. dort
–, Ausgleichsberechnung 1122
–, Baugrund 766 ff.
–, Bauinhalt 803, 1329 ff.
–, Baustellengemeinkosten 1085, 1089, 1098
–, Bauumstände 705, 800–802, 1332 ff.
–, Beispiele 1135 ff.
–, Bauzeitverlängerung s. Fristverlängerung
–, Behinderung durch 1224–1227, 1253–1269, 1324 ff., 1401
–, Definitionen („Regeln") 803 ff.
–, einverständlich geänderte L. 1161

–, Erfüllungsgehilfe bei Vorunternehmerleistungen, Anwendbarkeit von § 2 Nr. 5 VOB/B 1386
–, erlaubte wie unerlaubte Anordnung des Auftraggebers als Anwendungsfall für § 2 Nr. 5 VOB/B 1324–1331, 1332–1335
–, Erschwernisse der Leistung als 700, 707 ff., 848
–, kalkulatorische Vergleichbarkeit 829
–, Leistung anstatt 827 ff.
–, Leistungsbeschrieb, Änderung des Leistungsbeschriebs als Voraussetzung für geänderte Leistung 700, 824
–, Methode der Neuberechnung s. dort
–, Praxis der öffentlichen Hand 999
–, Schlüsselkosten und 1011 ff.
–, selbständige neue Leistung 808
–, Vereinbarung der Vergütung s. dort
–, vor Baubeginn 421–424
–, zeitliche Folgen 889, 1224–1226, 1324
Gebrauchsgüter 23, 1516 ff.
Gefahr s. auch Risiko
–, Preisgefahr, Vergütungsgefahr 150, 711, 712
–, Sachgefahr, Leistungsgefahr 150, 711, 712
Gefahrenabwehr, Leistung ohne Auftrag zur 1104, 1107
Genehmigungen, Herbeiführung von Genehmigungen als Pflicht des Auftraggebers 1297, 1346, 1347
Generalunternehmer 1398
geordnete Stöße 203
Geräteliste s. Baugeräte
Geräte, Risiko des AG 1342
Gerätevorhaltung s. Vorhaltezeit
geregelte Maßnahmen (VOB/C) 726
Geschäftsführung ohne Auftrag s. Leistung ohne Auftrag
gespaltene Bauumstände 1601
gestörte Bauerstellung (behinderte), (vgl. auch ungestörte Bauabschnitte sowie entsprechend gestörte und ungestörte Arbeitsvorgänge und Phasen) 1266, 1554–1572, 1578–1583
Gewährleistung, Hinweispflicht des Auftragnehmers 157
Gewährleistungsrisiko, kalkulatorische Erfassung 16
Gewerbliche Verkehrssitte s. Verkehrssitte
Gewinn
–, allgemein 16, 520, 538, 562, 1011, 1053, 1437, 1445, 1450, 1650
–, kalkulatorische Erfassung 16
Gläubigerobliegenheit 1278 ff., 1343, 1361, 1395
Gläubigerverzug s. Annahmeverzug
Gleitklauseln 106 ff.
Globalangaben zum Baugrund 742 ff.
Global-Elemente im Einheitspreisvertrag 742

Global-Elemente in differenzierter Leistungsbeschreibung 164
Grenzkosten 19
Großobjekt als Kriterium der Prüfpflicht des Auftragnehmers? 207
Grundlagen der Preisermittlung s. auch Methode der Neuberechnung
–, als Abgrenzungskriterium bei § 2 Nr. 5, § 2 Nr. 6 VOB/B 831 ff.
–, als Berechnungsbasis bei § 2 Nr. 3 VOB/B 611 ff.
–, als Berechnungsbasis bei § 2 Nr. 5, 2 Nr. 6 VOB/B 1051 ff.
–, als Berechnungsbasis bei § 4 Nr. 1 Abs. 4 VOB/B 1189
Grundposition 104, 569, 571
Grundwasser 196, 708 ff. (s. auch Baugrund)
Grundwasserabsenkung 731
„Günstigkeitsklausel" in AGB 230 ff.
Gutachter, Auswahl des 241

Haftungsbegründende Kausalität 1612, 1613
Haftungsausfüllende Kausalität 1614 ff.
–, Schätzungsgrundlage 1616 ff.
Haftungsbeschränkung, § 6 Nr. 6 VOB/B als Haftungsbeschränkung 1275, 1277, 1399, 1491 f.
Haftungsfolge, Regelung der Haftungsfolge bei § 6 Nr. 6 VOB/B? 1275
Haftungsgrund, Regelung des Haftungsgrundes bei § 6 Nr. 6 VOB/B 1271, 1272, 1277
Haftungsmaßstab, Vertretenmüssen bei § 6 Nr. 6 VOB/B als Regelung des Haftungsmaßstabs 1271, 1344–1353
Haupt-Auftragnehmer 1016 f.
Hauptpflichten des Auftraggebers 250, 1249, 1275, 1278–1287, 1339–1342, 1361
Hauptposition 534
Herstellkosten s. Kosten
hindernde Umstände s. Behinderung
Hinterlegung der Angebotskalkulation s. Kalkulation
„Hinweise für das Aufstellen der Leistungsbeschreibung" (Abschnitte 0 VOB/C) 127–129
Hinweispflicht s. auch Anzeige
–, bei mangelhaft definierter Leistungsbeschreibung s. Prüfpflicht
–, bei Mengenänderung vor Ausführung 657
–, bei zu Sachmängeln führender Leistungsbeschreibung (Gewährleistung) 157, 326
–, fahrlässig unterlassene 255 ff.
Höchstpreisgarantie 135
Hochwasserschutz 1660
Höhere Gewalt 1245
Horizontal Directional Drilling 701

Individualabrede s. auch AGB-Recht 134 ff., 233, 959, 968–970, 971, 1301
Intensitätsabfälle 1636
–, bei Bauinhaltsmodifikation 1089 ff.
–, Erfahrungswerte als Schätzungsgrundlage bei § 6 Nr. 6 VOB/B 1421 ff., 1594, 1635
–, bei Überstunden 1636
interne Kosten der Nachtragsvorbereitung 1109 ff.
Interesse, negatives oder positives 276
Irrtumsanfechtung s. Bindung an den alten Preis
–, Kalkulationsirrtum 602 ff., 1031, 1056
–, unverzügliche Irrtumsanfechtung 602
Ist-Ablauf (Terminplan) 1269
–, baustellenbezogene Darstellung der Ist- und Sollabläufe 1617
Ist-Erfassung 7
Ist-Kosten
–, Begriff 8
–, Nachweis als Berechnungsbasis bei Ansprüchen
–, – aus § 6 Nr. 6 VOB/B 1553 ff., 1586 ff.
Ist-Planeingang s. Planeingang
Ist-Stunden s. Stundenerfassung

Jahresverträge 509
–, „unterkalkulierte" Jahresverträge 509
Ja/Nein-Alternative 128, 192, 729

Kabelschutzanweisung 775
Kalenderfrist s. Frist
Kalkulation s. auch Kalkulationselemente, s. auch Kosten
–, Angebotskalkulation (Vorkalkulation) 27, 290, 302 ff., 520 ff., 573, 611 ff., 655, 1051 ff.
–, Angebotssumme, Kalkulation über die 18
–, Arbeitskalkulation 28, 414 ff., 1054, 1056, 1062, 1573 ff.
–, Aufbau einer Kalkulation 520 ff.
–, –, Beispiel Mengenüberschreitung 555
–, –, Beispiel Mengenunterschreitung 520
–, Auftragskalkulation 27, 290
–, Ausführungskalkulation 28
–, Baustellengemeinkosten, 303, 306 ff., 573, 611, 613, 1007, 1011, 1051, 1423, 1444, 1448
–, Bezugsposition für Nachtragskalkulation 1001–1003, 1051, 1054, 1061–1063, 1068–1073
–, Deckungsbeiträge s. dort
–, Fortschreibung der kalkulierten Kosten 600
–, Gemeinkosten 10, 306 ff.
–, Gerätekosten 9, 22, 1515 ff.
–, Gewinn s. dort

941

–, hinterlegte Kalkulation   290, 615, 618, 1115
–, Kalkulationsirrtum   s. Irrtum
–, Kostenelemente   526
–, Mengenangabe und Produktionsplanung   501
–, Mischkalkulation in Einzelpositionen   526
–, nachgereichte Kalkulation   621 ff., 1114 ff., 1627
–, Nachkalkulation   31
–, nachträgliche Bereinigung der K.   1000
–, Nachtragskalkulation (geänderte oder zusätzliche Leistungen)   30, 611–639, 1000–1041, 1074–1122
–, „Preisliste"   806, 924
–, Umlagekalkulation   18, 613
–, Unterkalkulation   s. Verlust
–, Verlust   609, 1030 ff., 1049, 1055, 1056
–, Vertragskalkulation   27
–, verweigerte Vorlage der K.   623, 1115, 1627
–, Vorauskalkulation   27, 1015, 1637
–, Vordersatz, Bedeutung der Mengenangabe bei Kalkulation   500 ff.
–, Vorkalkulation   s. Angebotskalkulation
–, Zuschlagskalkulation   18, 535
Kalkulationselemente   s. auch Kalkulation
–, als Abgrenzungskriterien zwischen § 2 Nr. 5 und § 2 Nr. 6 VOB/B
–, –, keine qualitative Änderung = § 2 Nr. 5 VOB/B   805 ff.
–, –, Maß der Abweichung entscheidend   831 ff.
–, –, völlig neuartige Kalkulation = § 2 Nr. 6 VOB/B   824
–, Bedeutung der Kalkulationselemente
–, –, bei § 2 Nr. 3 VOB/B   611 ff.
–, –, bei § 2 Nr. 5 VOB/B   831 ff.
–, Ermittlung der Kalkulation   23 ff., 611 ff., 1074–1122, 1552 ff.
Kalkulationszuschlag (Zuschlagsatz)   18, 535, 611 ff., 650, 1006 ff.
Kalkulator, „Horizont" des Durchschnittskalkulators als Maßstab der Prüfpflicht des Bieters   217
kalkulatorische Zinsen   1493 ff.
kalkulierte Kosten, Basis der Nachtragskalkulation   1074
„Kammerschleuse", BGH-Entscheidung   195
Kapazitäten, Ist-Einsatz   1586 ff.
Kapazitätsabzug, von anderer Baustelle   1459
Kapazitätsauslastung   7
Kapazitätserhöhungen, -verringerungen   1460
Kapazitätsplan
–, allgemein   412, 530, 1573
–, und Vordersatz   501, 530
–, und Zeitvorgabe   1224–1227, 1303
Kausalität   s. Ursache

–, Darlegungs- und Beweisanforderungen für die haftungsbegründende und -ausfüllende K.   1612 ff.
Kies, abzutransportierender   801
Kolonnenzusammensetzung, Bedeutung für Arbeitsleistung   1089–1094, 1631 ff.
Komplettheitsklausel   135
konkludente Anordnung   s. Anordnung
konkrete Schadensberechnung   s. Schadensberechnung
Konkretisierung der Planung als geänderte Leistung   164, 406, 422 f., 505, 863–869
Konkurrenz, Anspruchskonkurrenz der einzelnen Normen
–, § 2 Nr. 5 VOB/B zu § 2 Nr. 6 VOB/B   804
–, § 2 Nr. 8 VOB/B zu anderen Normen   1184
–, § 2 Nr. 8 zu § 2 Nr. 9 VOB/B   1157
–, § 4 Nr. 1 Abs. 4 VOB/B zu anderen Normen   1187
–, § 6 Nr. 3 VOB/B und § 254 BGB   1455
–, § 6 Nr. 6 VOB/B
–, –, und allgemeine Normen   1210–1213
–, –, § 2 Nr. 5 VOB/B   771, 1097, 1112, 1324–1335
–, –, § 2 Nr. 6 VOB/B   771, 1097, 1329–1331
–, –, § 642 BGB   1384, 1400
–, –, „ergänzende Vertragsauslegung"   1404 ff.
–, –, positive Vertragsverletzung   1272–1277, 1399
–, –, Schuldnerverzug des AG   1272–1277, 1399
„Konsoltraggerüste", BGH-Entscheidung   126, 138, 251, 885
Kontaminierungsrisiko   731
Kontrolle
–, abgegrenzter Kontrollraum bei Soll-Ist-Vergleich   s. Berichtsystem sowie Bauabschnitte und Stunden-Soll-Ist-Vergleich
–, Ist-Erfassung   4
–, Kontrollstrecke   5
–, Kontrollsystem, -instrumente   s. Berichtsystem
–, Planeingangskontrolle   s. Planeingangsliste
–, auf Plausibilität   s. Plausibilitätserklärung
„Kooperationspflicht" BGH-Entscheidung   940, 974, 986, 990, 1280, 1395, 1474
Kooperationsgedanke   779
Kooperationspflicht   185, 786, 799, 916, 974, 986, 1327
Korrosionsschutzmaßnahmen   188
Kosten, s. auch Kalkulation
–, Allgemeine Geschäftskosten   10, 14, 17, 1005, 1006, 1011, 1083, 1426–1430, 1431–1435, 1444, 1449, 1650
–, analoge Kostenermittlung   s. Kostenermittlung
–, Arten, Kostenarten   8 ff.

–, Aufschlüsselung der Gemeinkosten 10 ff.
–, Aufwandswerte s. dort, s. auch Kosten
–, Basiskosten 10 ff., 17
–, Bauhilfsstoffe 12
–, Baustellengemeinkosten 10 f., 303, 306 ff., 573, 611, 613, 1007, 1011, 1069, 1099, 1423, 1444, 1448, 1650
–, Beaufschlagung mit Schlüsselkosten 12
–, Bewertung von Produktionsfaktoren 8
–, Direkte Kosten 10 ff., 1006, 1011, 1051, 1422, 1439–1443, 1447, 1650
–, einmalige Kosten 22, 24
–, Einzelkosten der Teilleistung 8, 17, 305
–, Fixkosten 18, 20
–, Gebrauchsgüter 23
–, Gemeinkosten 10, 306 ff.
–, Gerätekosten 9, 22, 1515 ff.
–, Gesamtkosten 8
–, Gewinn s. dort
–, Grenzkosten 19
–, Herstellkosten 11, 13, 15
–, Irrtum s. dort
–, Ist-Kosten s. dort
–, Kostenarten 8 ff.
–, Kostenbezugssystem 1001–1003, 1051, 1054, 1061–1063, 1068–1073, 1074–1082
–, Kostenermittlung s. Kalkulationselemente
  – Ermittlung der Kalkulationselemente
–, Kostenfortschreibung 841–843, 1052–1056, 1074–1122
–, Kostengruppen 9
–, Kosten-Soll-Ist-Vergleich 1600
–, Kostenträger 10
–, kurzfristig abbaubare Kosten, nicht kurzfristig ... 25, 527, 529–531, 826, 1086 ff.
–, Lohnkosten (Personalkosten) 8 ff., 12, 17 f., 22, 1089–1096, 1558–1563, 1589 ff., 1594
–, maximales Leistungsquantum 21
–, Mietkosten 14, 22, 1515 ff.
–, Nachtragsvorbereitung 1109 ff.
–, Nachunternehmer 9, 1016–1029, 1598
–, nicht abbaubare Kosten s. – kurzfristig abbaubare Kosten
–, Preis 26
–, Produktionsfaktoren, Kosten als bewertete Produktionsfaktoren 8, 14
–, pro Geschäftsperiode s. Allgemeine Geschäftskosten
–, pro Mengeneinheit 8
–, Prozentsätze der Umlagen 12, 17
–, Reparaturkosten 1524, 1526, 1529, 1533, 1544 ff.
–, Schlüsselkosten s. Deckungsbeitrag
–, Selbstkosten 15 ff.
–, Soll-Kosten (Soll-Aufwand) 8, 27, 1499
–, sonstige Kosten 9, 12, 17, 1065 ff., 1565, 1591

–, sprungfixe Kosten 21, 550
–, Stoffkosten (Materialkosten) 8 ff., 12, 17 ff., 520 ff., 555, 626 ff., 1054, 1068, 1442, 1565, 1591, 1597
–, Umlage der Schlüsselkosten 11, 17, 520 ff., 611 ff.
–, variable Kosten 19
–, Verbrauchsgüter 23
–, Verursacher bei Teilleistungen 12, 20
–, Wagnis 16, 520 ff., 537, 555, 626 ff., 1005, 1006, 1011, 1436, 1445, 1450, 1650
–, zeitabhängige Kosten 21 f., 306, 1100, 1423, 1444, 1448
–, Zuordnung zu einer Teilleistung 12, 20
–, Zuwachskosten 20
Kostenermittlung (analoge) 611 ff., 1000–1011, 1051 ff., 1553 ff.
Kostenfortschreibung (analoge) 841–843, 1049, 1074 ff.
Kosten für Personalumsetzung 1572, 1633
kritischer Weg 1227, 1352, 1363, 1446, 1664
Kündigung durch Auftraggeber
–, Verhältnis Teilkündigung/Mengenminderung 512, 540
–, wegen verweigerter Preisvereinbarung bei geänderter oder zusätzlicher Leistung 941, 976 ff., 986, 988 ff.
Kündigung durch Auftragnehmer
–, Teilkündigung s. dort
–, wegen fehlender Finanzierung 1344
–, wegen fehlender oder verweigerter Mitwirkung des Auftraggebers 972, 1210 f.
–, wegen vom Auftraggeber verweigerter Planerstellung 1156
–, wegen fehlender Vorunternehmerleistung 1368
–, wegen verweigerter Preisvereinbarung bei geänderter oder zusätzlicher Leistung 774, 941, 972 ff., 988 ff., 996
–, wegen verweigerter Schriftform bei geänderten oder zusätzlichen Leistungen 991, 996 f.
Kündigung wegen Unterbrechung 1655
K-Wert 251

„Labordämmmaße", BGH-Entscheidung 177, 183, 708
Ladenlokal als neue selbständige Leistung 796
Landschaftsschutzgebiet 128, 729
„Lehrter Bahnhof", KG-Entscheidung 869
Leistung s. auch geänderte Leistung, selbständige Leistung, zusätzliche Leistung, Leistung ohne Auftrag, Leistungsbeschreibung
–, artgleiche s. artgleiche Abeitsvorgänge
–, artverwandt s. artverwandter Arbeitsgang
–, Erschwernisse s. dort

–, im Vertrag vorgesehene   s. Leistungsbeschreibung
–, neue selbständige Leistung   796 ff.
–, notwendige weitere Leistung   188
Leistung anstatt   s. geänderte Leistung
Leistung ohne Anordnung   s. Leistung ohne Auftrag
Leistung ohne Auftrag   246, 769, 810, 875, 877, 881, 1162 ff.
–, Abschlagszahlungen   1170, 1183
–, Anerkenntnis, nachträgliches   1167 ff.
–, Anzeigepflicht   1164, 1175 ff.
–, –, Adressat   1177
–, –, Anspruchsvoraussetzung   1178 ff.
–, –, Form   1179
–, –, unverzügliche Anzeige   1175
–, Auftrag, fehlender   1165
–, Beweislast   1182
–, eigenmächtige Abweichung   1166
–, entfallende Leistung   s. dort
–, Fälligkeit   1183
–, fehlende Handlungsalternativen   1171
–, Gefahrenabwehr   1171
–, Konkurrenz zu anderen Normen   1021, 1157, 1163
–, mutmaßlicher Wille   1173 ff.
–, Notfälle   1171
–, notwendige Leistung   1171 ff.
–, qualitativ bessere Leistung   1172
–, Schlussrechnung   1183
–, Sicherungsanspruch gemäß § 648 a BGB   1181
–, ungerechtfertigte Bereicherung   1184
–, Vergütung, Höhe der   1181
–, Verjährung   1183
Leistungsabfall   s. Intensitätsabfall
Leistungsbereitschaft des Auftragnehmers als Voraussetzung einer Behinderung   1355
Leistungsbeschreibung, -verzeichnis   s. auch Auslegung, Prüfpflicht
–, allgemein   104
–, als AGB   230
–, AN verfasst L.   135
–, Ausführungsplanung, vorausgehende A. notwendig   191
–, Ausschluss von Ansprüchen wegen mangelhaft definierter Leistungsbeschreibung durch AGB   279
–, besondere Erwähnung   134
–, Beweislast bei Ansprüchen aus mangelhaft definierter Leistungsbeschreibung   277
–, Bodenverhältnisse   s. dort
–, detaillierte Leistungsbeschreibung   186
–, Durchschnittsleistung bei fehlender Präsisierung der Leistungsbeschreibung   s. dort
–, Eindeutigkeit   175–177
–, Empfängerhorizont   s. dort

–, erschöpfende Leistungsbeschreibung als Pflicht des Auftraggebers   191
–, Ex-ante-Beurteilung   156
–, Ex-post-Beurteilung   156
–, funktionale Leistungsbeschreibung   191
–, Gleichartigkeit aller Fälle mangelhaft definierter Leistungsbeschreibung   172
–, globale L., s. pauschale L.
–, Häufigkeit mangelhaft definierter Leistungsbeschreibung, insbesondere bei der öffentlichen Hand   171
–, irreführende Leistung   166
–, Kontrollfreiheit der Leistungsbeschreibung   230
–, Leistungsbeschreibung „im weiteren Sinn"   126, 178
–, Leistungsbeschreibung nach Leistungsprogramm   117
–, Leistungsbeschreibungssystem   186
–, Leistungsbeschrieb   s. dort
–, Lückenhaftigkeit   156, 162 ff., 172, 208 ff. 315 ff.
–, Lückenhaftigkeit ohne Mangelhaftigkeit   164
–, mangelhaft definierte Leistungsbeschreibung
–, –, Bauinhalt   156 ff.
–, –, Bauinhalt und Bauumstände   170
–, –, Bauumstände   169
–, –, Vergütung   281
–, mangelhafte, zu Sachmängeln führende Leistungsbeschreibung   157, 321, 326, 884
–, maßgebender Zeitpunkt   152 ff.
–, Mengenangaben, unzutreffende   168, 226
–, Minimum-Standard   156
–, pauschale Leistungsbeschreibung   117, 138, 164, 186, 742
–, Pflichten außerhalb der Leistungsbeschreibung   125 ff.
–, Planung, falsche   157, 321, 326, 884
–, Preisliste, Preisanfrage, Charakter des Leistungsverzeichnisses als?   181, 922
–, Reihenfolge der Vertragsbestandteile   178 ff., 283
–, Richtigkeit   190
–, Schadensersatz aus Verschulden bei Vertragsverhandlungen bei mangelhaft definierter Leistungsbeschreibung   248, 276
–, unklare (missverständliche)   165, 997
–, Vergütungsfolgen bei mangelhaft definierter Leistungsbeschreibung   242 ff.
–, Verhältnisse der Baustelle   196
–, Verjährung bei Ansprüchen aus mangelhaft definierter Leistungsbeschreibung   278
–, Vermutung der Widerspruchsfreiheit   234
–, Vorarbeiten, umfangreiche – Vorarbeiten nicht zulässig   187, 191
–, vorsätzlich falsche Leistungsbeschreibung   158

–, Wasserverhältnisse (s. auch Baugrund) 193, 744, 753–757
–, Widersprüchlichkeit allgemein 159–161, 178 ff., 201 ff., 283
–, Widersprüchlichkeit Text und Plan 180 ff., 208 ff.
–, Wortlaut 175–177
Leistungsbeschrieb (Text) 104, 116, 175, 507, 803
Leistungsgefahr s. Gefahr
Leistungsgerät 22, 1525 ff.
Leistungslohn bei modifizierten Leistungen (Akkordausgleich) 1454
Leistungsquantum, maximales 21, 1517, 1535
Leistungsverlangen, ausdrückliches 861
Leistungsverweigerungsrecht s. auch Praxisempfehlungen
–, wegen fehlender Preisvereinbarung bei geänderten oder zusätzlichen Leistungen 972–991, 996 ff.
–, wegen fehlender Schriftform bei geänderten oder zusätzlichen Leistungen 990, 996 f.
–, wegen fehlender Vereinbarung über Beschleunigungsvergütung 1460 ff., 1466
–, wegen fehlender Zeichnungen 1155
„Leistungsverweigerungsrecht", BGH-Entscheidung 976
Leistungsverzeichnis s. Leistungsbeschreibung, Leistungsbeschrieb
Lerneffekt s. Einarbeitung
Lieferabgrenzung beim Anlagenbau 702
Lohnberichte s. Stundenerfassung
Lohnerhöhung
–, § 2 Nr. 3 VOB/B 603
–, § 2 Nr. 5, Nr. 6 VOB/B 1034
–, Behinderungsschaden 1420
–, Gleitklauseln 106 ff.
Lohngleitklauseln 106 ff.
Lohnlistenklausel 107
Lohnkostenniveau 842
Lohnstundenerfassung s. Stundenerfassung

Mahnung
–, als Voraussetzung für Behinderung wegen verletzter Mitwirkung des AG? 1339 ff.
Mängel (Sachmängel) als Folge der Leistungsbeschreibung 157, 326, 884
mangelhaft definierte Ausschreibung s. Leistungsbeschreibung
Mangelhaftigkeit des Baugrunds 711 ff., 718
Mängelrüge als Anerkenntnis bei § 2 Nr. 8 VOB/B 1170
Marktentwicklung 7
Marktpreise, maßgeblich bei modifizierten Leistungen 1014, 1049 ff.
Materialabfuhr über öffentliche Straße 249

Materialpreis, Änderung s. Bindung an den alten Preis
Materialpreiserhöhung als Behinderungsschaden 1420
Materialpreisgleitklauseln 115
Mauerwerksreste 746
Mehrleistung „derselben Art" 808
Menge (Begriff) 104
Mengenänderung s. auch Mengenmehrung, Mengenminderung
–, allgemein 500 ff.
–, Bedeutung des Umlageverfahrens 524
–, Berechnungsgrundsätze 600 ff.
–, bis zu 10 % bei § 2 Nr. 3 VOB/B 503 ff.
–, Einzelpositionen, M. nur bei 519
–, Hinweispflicht 226, 657
–, Leistungsbeschrieb unverändert 505 ff.
–, Nachlässe 606
–, Neuberechnung bei Mengenänderung gemäß § 2 Nr. 3 VOB/B 600 ff.
–, Prüfpflichten 226, 657
–, Skonti 606
–, Verlust, einkalkulierter 609 ff.
Mengenmehrung s. auch Mengenänderung
–, Allgemeine Geschäftskosten 559
–, angeordnete Mengenmehrung 16 ff., 514 ff., 805 ff.
–, angeordnete Mengenmehrung, aber Berechnung gemäß § 2 Nr. 3 VOB/B 517 ff., 805 ff.
–, Ankündigungserfordernis bei angeordneter M.? 923 ff.
–, Ausgleichsberechnung 560, 624 ff.
–, außerordentliche Mengenmehrung 563
–, Auswirkung auf andere Positionen 567
–, Bauablaufstörungen 565 ff.
–, Baustellengemeinkosten 558
–, Bauzeitverlängerung 566
–, Behinderung durch Mengenmehrung 567, 1202
–, Berechnungsmethode 558 ff.
–, Bindung an den alten Preis s. dort
–, Direkte Kosten, Veränderung? 557
–, Gewinn 562
–, Herabsetzung und Heraufsetzung des Einheitspreises möglich 556
–, Kalkulationsaufbau 555
–, Mehrzeitbedarf 566
–, Nachlässe 606
–, „Selbstbehalt" des Auftragnehmers 558
–, Skonti 606
–, spekulative Preise 608
–, Verlust, einkalkulierter 609–610
–, Wagnis 561
Mengenminderung s. auch Mengenänderung 520 ff.
–, Allgemeine Geschäftskosten 536

945

–, angeordnete Mengenminderung s. auch Kündigung 510 ff.
–, Arbeitsvorbereitung, Kosten der 526
–, Ausgleichsberechnung
–, –, Ausgleich „in anderer Weise", Grundsatz 547 ff.
–, –, Berechnung 624 ff.
–, außerordentliche Mengenminderung 539 ff.
–, Baustellengemeinkosten 532 ff., 543
–, Berechnungsgrundsätze (§ 649 BGB, § 8 Nr. 1 VOB/B) 526–554, 600 ff.
–, Bindung an den alten Preis s. dort
–, Direkte Kosten 526 ff.
–, Gewinn 538
–, Herabsetzung des Einheitspreises 525
–, Kalkulationsaufbau 318
–, Minderzeitbedarf 566
–, Nachlässe 606
–, Nullmenge 513, 540 ff.
–, „Selbstbehalt" des Auftragnehmers 532
–, Selbstübernahme des Auftraggebers 510
–, Skonti 606
–, spekulative Preise 608
–, Verlust, einkalkulierter 609 ff.
–, Verkürzung der Anfangsfrist? (Zeitbilanz) 566 ff.
–, Verschulden bei Vertragsschluss 544
–, vollständige Mengenminderung s. entfallende Leistung
–, Wagnis 537
–, Wegfall ganzer Positionen s. Nullmenge
Mehrkosten 1000
Mehrwertsteuer bei § 6 Nr. 6 VOB/B 1497
Methode der Neuberechnung bei § 2 Nr. 3 VOB/B s. Mengenmehrung, Mengenminderung
Methode der Neuberechnung bei § 2 Nr. 5 und Nr. 6 VOB/B 1000 ff., 1009–1011
–, Allgemeine Geschäftskosten 1005, 1069
–, angeordnete Mehrmengen 594
–, Ausgleichsrechnung 595
–, Auwirkung auf andere Leistungen 1088
–, Basis 1000 ff.
–, Bezugspositionen s. dort
–, Baustellengemeinkosten, geänderte als Direkte Kosten 1007, 1011, 1069, 1099–1102
–, Beispiele 1135 ff.
–, Bindung an den alten Preis s. dort
–, Direkte Kosten 1006, 1011, 1051 ff.
–, Ermittlung der Kalkulationselemente s. dort
–, Gewinn 1065, 1069
–, Kostenbezugssystem s. Kosten
–, Kostenermittlung s. Kosten
–, Kostenfortschreibung s. Kosten
–, Kostenniveaufeststellung s. Kosten
–, Nachlässe 1042–1047

–, Nachtragskalkulation 1074 ff.
–, Nachunternehmer 1016 ff.
–, nicht abbaubare Kosten 1086
–, Schlüsselkosten 595, 634, 1000
–, Sekundärverzögerung 1095 ff.
–, Skonti 1042–1047
–, Sonderpreise 1048
–, untergeordnete Positionen, Preise von 1048
–, Vergütungsermittlung s. Kosten (Kostenermittlung)
–, Vergütungsfortschreibung s. Kosten (Kostenfortschreibung)
–, Wagnis 1005, 1011
Methode der Neuberechnung bei § 6 Nr. 6 VOB/B s. Schadensersatz
Methodenwahl des AN 100, 138, 712, 719, 744
Minderleistung
–, bei Überstunden s. Intensitätsabfälle
–, durch Winterarbeit 1632
Mischpositionen 227, 270, 860, 861
Missbrauch der Empfangsermächtigung des Architekten bei § 2 Nr. 8 VOB/B 1177
Mittellohn 304, 1000
Mitverschulden (Mitverursachung)
–, bei Behinderung (§ 6 Nr. 6 VOB/B) 1629
–, bei Dissens 240
–, bei unterlassener Mitwirkung des AG (§ 642 BGB) 1651
–, bei vom Auftraggeber verschuldeter mangelhaft definierter Leistungsbeschreibung 244
–, bei vom Auftragnehmer verschuldeter mangelhaft definierter Leistungsbeschreibung 264
Mitwirkungspflichten des Auftraggebers 1250
s. auch Behinderung
–, Abnahme 1284
–, Abruf des Baubeginns 1320
–, Abruf von Plänen 1304
–, Abstecken der Hauptachsen 1304
–, AGB, Regelung von Mitwirkungspflichten in 1301
–, Arbeitsablauf des Auftragnehmers, Mitwirkungspflichten gemäß 1310
–, Ausführungsfristen, Bedeutung der 1306 ff.
–, Ausführungsunterlagen, Beibringung der 1293 ff.
–, Baubeginn, fehlender Termin für 1319 ff.
–, Baufristen, vereinbarte 1306 ff.
–, bauseitige Leistungen 1285
–, Bereitstellungspflicht (Grundstück, Vorleistung) 1290–1292, 1366 ff.
–, Fertigstellungsfrist, fehlende 1311 ff.
–, Finanzierung, Sicherung der 1283
–, gemäß dem speziellen Vertrag 1300 ff.
–, gemäß § 2 Nr. 6 VOB/B 973

–, Hauptpflichten   s. dort
–, Mitwirkungstermine nicht vertraglich geregelt   1305 ff.
–, Nebenpflichten   s. dort
–, Obliegenheiten, s. Gläubigerobliegenheiten
–, Planlieferfristen, nicht vereinbart   s. auch Vorlauffristen   1305 ff.
–, Planlieferfristen, vereinbarte   1287, 1304
–, „sonstige" Mitwirkungspflichten   1299
–, Rechtzeitigkeit der Mitwirkung   1303 ff.
–, Terminplan   1309
–, unverbindliche Fristen   1309, 1320
–, Vertragsfristen   1309
–, Vorlauffristen
–, –, Dauer   1314 ff.
–, –, nicht vereinbart   1305 ff.
–, –, vereinbart   1304
–, Zeitpunkt der Mitwirkungspflichten   1303 ff.
–, Zahlung   1283
–, „Zurverfügungstellung"   1298
modifizierter Sollablauf (Terminplan)   1098, 1266, 1268, 1269
monatliche Abrechnung bei Behinderungsschadensersatz   1639
Mülldeponie   195
Müllkörper   718
Munitionsfund   1398
mutmaßlicher Wille des Auftraggebers   s. Leistung ohne Auftrag

Nachbareinwirkung als Behinderung   1348
Nachbargebäude, Schutz des   102
nachbarrechtliche Probleme   1250
Nachfolger (Nachlieger)   1664
nachgereichte Unterlagen   153, 154,   s. auch Kalkulation, Nachkalkulation   31
Nachkonstruieren durch den Bieter   217
Nachlässe   606, 1042–1047, 1420
Nachtrag
–, allgemein   1 ff.
–, Nachtragskalkulation   30, 600 ff., 1074 ff., 1035 ff.,
Nachtragskosten, interne und externe   1109 ff.
–, Systematik   706, 776
„Nachtragsschriftform", BGH-Entscheidung   959, 962, 971, 991
Nachtragsvereinbarung, Angreifbarkeit einer N.   939 ff., 945 ff.
Nachunternehmer   9, 12, 17, 1016–1029, 1598
Nachweis, plausibler   1617
„Nassbaggerarbeiten", BGH-Entscheidung   860
Nebenangebote, Nebenvorschläge (Sondervorschläge)   119 ff.
Nebenarbeiten   132
Nebengebäude als neue selbständige Leistung   489

Nebenleistungen   131, 133 ff., 208
Nebenpflichten des AN   132
Nebenpflichten des AG   132, 1273, 1278, 1280, 1281 ff., 1288 ff., 1339 ff., 1362 ff., 1395
„NEP-Positionen", BGH-Entscheidung   176, 581
Netzplan   1664 ff.
neue selbständige Leistung   s. selbständige (neue) Leistung
neue Techniken und „Erschwernisse"   701
Neuplanung   791
Niveau, s. Vertragspreisniveaufeststellung
Notfalleistungen   965, 1171
notwendige Leistung und Anordnungen zur Modalität der Leistung   1187
Notwendigkeit der Leistung = Anordnung der Leistung?   882 ff.
Nullmenge   s. entfallende Leistung
Nutzfläche   176
Nutzungsdauer (Geräte)   23, 1518 ff.

Obliegenheiten   s. Gläubigerobliegenheiten
Offenkundigkeit der Behinderung   1221 ff.
–, AGB, Ausschluss der Berufung auf Offenkundigkeit   1226, 1242
–, Architekt, Kenntnis des   1234
–, Baubeginn, kurze Verschiebung des   1229
–, bauinhaltlich modifizierte Leistungen und Offenkundigkeit   1224 ff.
–, Bautagesbericht, Eintragung als Offenkundigkeit   1235 ff.
–, Bauumstände modifiziert und Offenkundigkeit   1228
–, Pläne, verspätete, als Offenkundigkeit   1230 ff.
öffentlicher Auftraggeber, mangelhafte Beschreibung des Baugrundes   753 ff.
öffentlicher Auftraggeber, Praxis der bei Nachträgen   999
öffentlicher Auftraggeber, Verhalten gegenüber bei unklarer Ausschreibung   266 ff.
Operationalisierung von Vorgaben   7
Organisation der Angebotsbearbeitung   s. Angebotsbearbeitung

Pauschale, abhängige und § 2 Nr. 3 VOB/B   659
pauschale Einbeziehung von „Besonderen Leistungen" und AGB   134 ff.
Pauschale Leistungsbeschreibung   117, 138, 164, 742
Pauschalvertrag   116 ff.
Personalaufwendungen   1453
Personalkosten   s. Kosten
Personalleerkosten   s. Intensitätsabfall
Pfahlgründung   828, 839
Pflichtwidrigkeit   s. Rechtswidrigkeit

Phasen
–, ungestörte und gestörte (Plausibilitätsdarlegung) 1553–1572, 1577–1582, 1584
–, zwischen Auftragserteilung und Baubeginn 400 ff.
Planänderung
–, als konkludente Änderungsanordnung 862 ff.
–, Kosten für Korrektur fehlerhafter P. durch AG? 1475
–, Verhältnis § 2 Nr. 5 VOB/B zu § 2 Nr. 6 VOB/B 804
Planänderung und Mengenänderung 507
Pläne s. Ausführungsunterlagen, Behinderung
Planeingang
–, Ist- 5, 290, 1239 f., 1254, 1601 f., 1608
–, Soll- 1254, 1304 ff., 1601 f.
Planeingangsliste s. Planeingang, Ist
Planinhaltskontrolle, Planprüfung s. Anordnungen, schleichende
Planlieferfristen, -termine 1304 ff.
Planlieferungsvereinbarung 1304
Planlieferverzögerung, -verspätung 1302 ff.
Planung s. auch Prüfpflicht 1250
–, einzusehende Planung 181, 203, 289
–, keine Bindung an den alten Preis bei unsorgfältiger Planung 604, 1039
–, mangelhafte 157, 321, 326, 884
Planung durch AN als „Besondere Leistung" 1152, 1153
Planungspflicht, Überbürdung auf Auftragnehmer durch AGB 103, 1160
Plausibilitätsdarlegung (siehe auch Phasen, Bauabschnitte, Arbeitsvorgang, Kosten) 6, 1601 ff.
Plausibilitätsprüfung in der Angebotsphase 214, 218
Position
–, Auslegung 179, 187
–, Alternativposition s. dort
–, Arbeitskalkulationsposition (AK-Position) 28, 403 ff.
–, Bedarfsposition s. Eventualposition
–, entfallene Position 540 ff., 641 ff.
–, Eventualposition s. dort
–, Grundposition s. dort
–, Hauptposition s. dort
–, Kalkulationselement bei § 2 Nr. 3 VOB/B 607
–, Kostenträger, Position als 10
–, Mischposition s. dort
–, untergeordnete Position 607
–, Vorrang gegenüber Vorbemerkung 179
positive Vertragsverletzung als Tatbestand des § 6 Nr. 6 VOB/B 1273, 1339 ff., 1343
Praxisempfehlungen s. auch Leistungsverweigerungsrecht
–, Angebotsbearbeitung 229, 289 ff., 312 ff.

–, Ankündigungspflichten gemäß § 2 Nr. 6 VOB/B 937 ff.
–, Anzeige von Behinderungen 1241
–, Baugerätekosten, Abrechnung der 1551
–, Behinderungsschadensersatz, monatliche Abrechnung 1639
–, geänderte Leistungen 994 ff.
– Verhalten bei unklarer Ausschreibung 229, 265 ff., 997
–, Vorlauffristen 1315
–, Vorunternehmerhaftung, Verhalten des Auftragnehmers 1394
–, Weigerung des Auftraggebers, Preisvereinbarungen zu treffen 996 ff.
–, Weigerung des Auftragnehmers, „klärende" Anordnung zu treffen 274
–, Weigerung des Auftragnehmers, Zeichnungen zu erstellen 1156
–, zusätzliche Leistungen 996 ff.
Preis s. auch Bindung an den alten Preis
–, Änderungsvorbehalt 137–143
–, Herstellkosten und Preis 14
–, Kosten und Preis allgemein 26
Preisangaben- und Preisklauselgesetz 109
Preiseinigung fehlt 972–991, 996 ff.
Preisermittlungsgrundlagen s. Kalkulationselemente
Preisgefahr 150, 711, 712
Preisgleitklauseln 105 ff.
„Preiskontrolle" 592, 1050
„Preisliste", Angebot als 197, 792, 922
Preisnebenabreden
–, Kontrollfähigkeit bei AGB 230
Preisvereinbarung
–, Kontrollfreiheit 230
Privater Auftraggeber, Verhalten gegenüber bei unklarer Ausschreibung 271 ff.
Privatgutachten 1621
Produktart, Bedeutung für Prüfpflicht 221
Produktionsablauf 1203
Produktionsfaktoren, Produktionsfaktoreneinsatz und Kostenbegriff 8, 12, 1303, 1434
Produktionsmenge und Zeitvorgabe 1303
Produktionsplanung
–, Änderung infolge Schadensminderungspflicht 1255 ff., 1455–1475
–, und Mengenangabe 501
Produktionsverfahren als Abgrenzungskriterium zwischen § 2 Nr. 5 und § 2 Nr. 6 VOB/B 831 ff.
Projektsteuerer 905 ff., 1382
protestatio facto contraria s. selbstwidersprüchliches Verhalten
Protokolle 1237
Prozentualklausel 106
Prüfpflicht des Bieters s. auch Auslegung 185 ff.
–, Angebotserstellung in kurzer Frist 214

–, Angebotsphase, nicht Auftragsphase als Maßstab 228
–, Ausführungsfristen 222 ff.
–, Baugrund 204, 732 ff.
–, Berechnungen, eigene des Bieters 219, 736
–, DIN-Normen, Abweichungen s. DIN-Normen
–, durchschnittliche Sorgfalt 183, 204, 210, 328, 744, 853
–, einsehbare Pläne 203
–, Empfängerhorizont s. dort
–, „Erkennen können", erkennbare Unterschiede 183, 185, 190, 193, 198, 228, 251 ff., 742 ff., 775, 1126
–, Erschwernisse s. dort
–, Fachkunde des Bieters 241
–, fertige Planung als Voraussetzung 208
–, „frivoler" Bieter 251, 252, 262
–, Großobjekt 211
–, innere Schlüssigkeit der Angebotsunterlagen (Standardleistungsbuch) 127, 128, 207 ff., 283, 865
–, kalkulationsbezogen 219, 228
–, Kalkulator, „Horizont" des 217, 326, 327
–, Mengenänderungen 226, 656
–, nachträgliche Erkenntnisse 152 ff., 215, 400 ff.
–, § 9 VOB/A als Maßstab s. auch DIN-Normen 191 ff.
–, Pflichten, allgemein, des Auftraggebers als Maßstab 186 ff.
–, Pflichten, allgemein, des Bieters als Maßstab 210 ff.
–, Pläne maßgeblich s. Zeichnungen
–, Plausibilitätskontrolle 214, 218
–, Produktionsart als Maßstab 221
–, Schwierigkeit des Objekts als Maßstab 216, 855
–, Sonderfachmann als Maßstab 210
–, Standardleistungsbuch, – s. innere Schlüssigkeit
–, Untersuchungen, eigene des Bieters 129, 189, 208, 219, 736, 743–753
–, Vergütungssoll unklar 288
–, Verletzung der Prüfpflicht hinsichtlich Bausoll und Folgen für die Vergütung 251 ff.
–, Widerspruch Plan/Text 201 ff.
–, Zeichnungen maßgeblich s. Zeichnungen
Prüf- und Hinweispflichten des Gerichts 1622
Puffer (Zeit)
–, allgemeiner 1261, 1296, 1312, 1483 ff., 1502
–, verdeckter 1262, 1265

qualitativ bessere Leistung als notwendige Leistung im Sinne von § 2 Nr. 8 VOB/B 1172
Quotierung, unklare Ausschreibung 264

RAL Farbkarte 850 ff.
Rangfolge s. Reihenfolge
Rechenfehler im Vordersatz 505
Rechtswidrigkeit
–, bauinhaltlich modifizierte Leistungen 1324–1331
–, Bauumstände modifiziert 1332–1337
–, rechtzeitig, Ausführungsunterlagen 1293, 1295, 1305, 1310
Regelkreis als Visualisierung eines Soll-Ist-Vergleichs 4 ff., 7
Regeln der Technik 133, 147
Reihenfolge der Vertragsbestandteile 118, 178
Rentabilitätsvermutung s. Vermutung
Restriktionen 7
Richtigkeitsvermutung s. Vermutung
Richtwertesammlung (s. ARH-Richtwerte)
Risiko
–, AG, als Abgrenzung bei § 6 Nr. 2 a VOB/B 1249
–, § 7 VOB/B 150, 712
–, Baugrund 707 ff.
–, Bestellungsrisiko des AG 203
–, Entwicklungsrisiken 7
–, „ergänzende Vertragsauslegung" bei Behinderung 1404 ff.
–, Risikobereich des AG – Definition 1250
–, Risikobereich des AG bei Bausoll-Bauist-Abweichung 704 ff.
–, Risikobereich des AG bei Mengenminderung 538
–, ungewöhnliches Risiko 195
Risikozuordnung, versteckte 230, 758
–, Risikozuweisung, gesetzliche 1250
Rohrvortriebsarbeiten 731
Rückfrage des Bieters erforderlich bei unklarer Ausschreibung? 185, 196

Sachgefahr 150
Sachnotwendigkeit, zwingende (technische) 787
Sachverständige, Auswahl 241
–, Beurteilung des „Empfängerhorizonts" 183
–, technischer Sachverständiger 177
„Sandlinse" (Urteil LG Köln) 802
Schadensberechnung bei § 6 Nr. 6 VOB/B s. auch Schadensersatz 1498 ff.
–, abstrakte Schadensberechnung 1501 ff., 1515 ff.
–, Äquivalenzkostenmethode 1501 ff.
–, Arbeitskalkulation als Basis 1573 ff.

–, Einheitspreisliste 1500
–, Gebrauchsgüter (Gerätestillstand) 1515 ff.
–, Ist-Kosten 1586 ff.
–, konkrete Schadensberechnung 1552 ff.
–, Schätzungen s. dort
–, Vergleich gestörte/ungestörte Abschnitte als Basis 1553 ff.
Schadensbewertung bei § 6 Nr. 6 VOB/B
 s. auch Schadensberechnung, Schadensersatz
–, über Kostenbestandteile der Vertragspreise 1704 ff.
–, über vorkalkulatorische Kostenerfassung 1637
Schadensersatz s. auch Schadensberechnung, Schadensbewertung
–, § 6 Nr. 6 VOB/B, Auftraggeber gegen Auftragnehmer 1201
–, § 6 Nr. 6 Auftragnehmer gegen Auftraggeber 1200 ff.
–, Allgemeine Geschäftskosten 1426–1430, 1431–1435, 1444, 1449
–, Aufholung von Stillstandskosten? 1482 ff.
–, Ausgleichsrechnung 1423
–, Ausschluss des entgangenen Gewinns 1491 ff.
–, bauinhaltlich modifizierte Leistung und Schadensersatz 1324 ff.
–, Baugrund mangelhaft beschrieben 757
–, Baustellengemeinkosten 1423–1425, 1444, 1448
–, Baustillstand 1438 ff., 1650 ff.
–, Bauzeitverlängerung 1117 ff.
–, Behinderung 1200 ff.
–, Beschleunigungsmaßnahmen 1462 ff.
–, Beweislast 1642
–, Deckungsbeitragsverlust bei allgemeinen Geschäftskosten? 1431 ff.
–, Definition (Differenztheorie) 1419 ff.
–, Direkte Kosten 1422, 1439–1443, 1447
–, Eigenanteil des Auftragnehmers 1554 ff., 1572, 1579
–, Einsparungen, anrechenbar 1490, 1688
–, Fahrlässigkeit 1496
–, Gewinn 1437, 1445, 1450, 1491–1495
–, Lohnerhöhung 1420
–, Materialpreiserhöhung 1420
–, Mehrwertsteuer 1497
–, monatliche Abrechnung 1639
–, Nachlass 1420
–, Nichterfüllung, Schadensersatz wegen 1210, 1320
–, ohne Verschulden? 1396 ff.
–, positive Vertragsverletzung s. dort
–, Produktionsablauf, verlangsamter 1421 ff.
–, Schadenswegfall, nachträglicher 1476 ff.
–, Schätzung s. dort
–, Skonto 1420
–, Sonderabhilfemaßnahmen 1455

–, sonstige Folgen („Sonderkosten") 1451 ff.
–, Typisierung der Schäden 1421 ff.
–, Verschulden bei Vertragsschluss (c. i. c.) 244, 248, 276, 278, 544, 590, 595
Schadensliquidation im Drittinteresse 1377, 1383
Schadensminderungspflicht 1255, 1455 ff.
Schadensvorsorgekosten 1452
Schadenwegfall, nachträglich 1476
Schalpläne 1314
Schalungsplanung 301
Schalungsraster 203
Schatzfund 746
Schätzung
–, allgemeine Voraussetzungen bei § 6 Nr. 6 VOB/B 1612 ff.
–, Äquivalenzkostenmethode 1583
–, Einarbeitung 1633
–, Grundlagen der Schätzung
–, –, baubetriebliche Erfahrungswerte 1632 ff.
–, –, greifbare Anhaltspunkte s. auch Plausibilitätsdarlegung 1614, 1620, 1623 ff., 1642
–, Intensitätsabfall 1632
–, Methoden der Schätzung 1617
–, Minderleistung im Winter 1629 ff.
–, Mitverschulden 1626
–, Richtigkeit der Arbeitskalkulation 1573
–, Schaden, Schätzung des 1612 ff.
–, Überstunden 1634 ff.
–, Ursache
–, – bei § 2 Nr. 5, 2 Nr. 6 VOB/B 1123, 1129
–, – bei § 6 Nr. 6 VOB/B 1616
–, Vermutungen s. dort
Schema s. Bearbeitungsschema
Schlechtwettertage 149, 298, 1479 ff., 1502, 1629
schleichende Anordnung s. Anordnung
Schlitzwandarbeiten 731
„Schlitzwandgreifer" (Urteil OLG Stuttgart) 719, 731
„Schlüsselfertigbau", BGH-Entscheidung 188
schlüsselfertiges Bauen 117
Schlüsselkosten s. Kosten
Schlüssigkeit
– der Klage aus § 6 Nr. 6 VOB/B 1642
–, innere Schlüssigkeit des Leistungsverzeichnisses (Standardleistungsbuch) 127, 128, 207 ff., 283
Schlussrechnung 278, 658, 945, 1132, 1183, 1644
„Schneller Auftragnehmer" 1483 ff.
Schottertragschicht, Schluss auf Bausoll 810
Schriftform
–, ABG-Recht und Schriftform 950, 952, 955, 956, 959–964, 967
–, Angebot, Schriftform für 953, 962, 967

–, Ankündigung von Mehrkosten   952–956
–, Anordnungen des AG   950, 951
–, Aufbau der VOB/B   948
–, „Auftrag" (Anordnung), Schriftform für   950 f., 967
–, Ausnahmen   968
–, Behinderungsanzeige   1218
–, geänderte Leistungen, allgemein   948 ff., 996
–, gesetzliche   947
–, Gemeinde   947
–, Individualabrede, Vorrang der   968–971
–, Kündigung wegen verweigerter Schriftform   991, 996
–, „Nachtragsaufträge"   958–966
–, Nachtragsvereinbarungen ohne vorangegangene Anordnung des AG   967
–, Leistungsbestimmungsrecht durch Dritte bei fehlender Schriftform   966
–, Leistungsverweigerungsrecht bei verweigerter Schriftform   991, 996
–, mündliche Anordnung
–, –, durch Auftraggeber   968 ff., 996
–, –, durch Bevollmächtigten   971, 996
–, mündlicher Auftrag bei vorangegangenem schriftlichen Angebot   964
–, Pläne als Schriftform   246, 861, 950
–, praktische Empfehlungen   994 ff.
–, Praxis der öffentlichen Hand   999
–, zusätzliche Leistungen, allgemein   948 ff., 996
Schuldanerkenntnis   945
Schuldnerverzug des AN   1270
Schuldnerverzug des AG   1272–1277, 1339 ff.
Schweigen als Anordnung bei § 2 Nr. 5, 2 Nr. 6 VOB/B   875 ff., 881, 888
Schwierigkeit des Objekts   s. Prüfpflicht des Bieters
Schürmann-Bau   1660
„Schürmann-Bau/Hagedorn II", BGH-Entscheidung   1250
Sekundärverzögerungen, -folgen   1095 ff.
selbständige (neue) Leistung   793 ff.
–, Abgrenzung zu § 2 Nr. 6 VOB/B   795 ff.
–, „andere" Leistungen   794 ff.
–, Anschlussauftrag   793
–, erforderliche, nicht erforderliche Leistung   793
–, Folgeauftrag   793
–, (grundlegend) neue selbständige Leistung
–, –, und Änderungserfordernis   796 ff.
selbständiges Beweisverfahren   274, 1125, 1182
Selbstübernahme von Leistungen durch Auftraggeber   510, 1190 ff.
selbstwidersprüchliches Verhalten   861, 1165
Setzungsrisiko   195
Sicherheitstreppenhäuser   188

Sicherungsleistung und Leistungsverweigerungsrecht des AN   978–984, 992
Skonto   606, 1042–1047, 1420
Soll-Ist-Abweichung   3, 138, 700 ff., 1124, 1268 ff., 1553 ff., 1593 ff.
Soll-Ist-Vergleich   s. auch Sollvorgaben
–, Bauinhalt   406, 700, s. auch Bauinhaltskontrolle
–, Begriff   4
–, Dokumentation, Erfassung   6 ff.
–, Kosten, Soll-Ist-Vergleich, Kostenarten   1124, 1593 ff.
–, Planeingangslisten   s. dort
–, Regelkreis   4 ff., 7
–, Stunden, Soll-Ist-Vergleich   s. dort
–, Termin   s. Fristen
–, Ursachenklärung   5
Soll-Planeingang   s. Planeingang
Soll-Verlust   18, 608, 1030 ff., 1049, 1055, 1056
Sollvorgaben, Solldaten, s. auch Soll-Ist-Vergleich   4 ff., 7, 100 ff., 406, 700, 707 ff., 1124, 1254 ff.
Sonderfachmann, Maßstab für Prüfpflicht?   210
„Sonderfarben I", BGH-Entscheidung   175, 184, 216, 785, 850 ff.
„Sonderfarben II", BGH-Entscheidung   184
Sonderpreise   373, 1048
Sondervorschläge   s. Nebenangebote
Sowiesokosten   260
„Spanngarnituren", BGH-Entscheidung)   175, 183
spekulative Preise   592, 607, 1049, 1050
Spezialität von § 2 Nr. 6 VOB/B zu § 2 Nr. 5   804
Spezialtiefbau-Unternehmen   735
speziell vor allgemein, Auslegungsregel   179
Sphäre des Auftraggebers   704, 707 ff., 845, 1249–1252, 1345–1353
Sphärentheorie   718
sprungfixe Kosten   s. Kosten
Stahldurchmesser, Stahlkonzentration   s. Baustahl
Stahlskelettkonstruktion   198
Standard-Leistungsbuch   127, 128, 207 ff., 283
Standards („übliche Werte")   128
–, Standardargument   128
Standardverhältnisse (Baugrund)   192, 196, 729, 742
Statik   204
stillschweigende Anordnung   s. Anordnung
stillschweigender Verzicht auf Schriftform   s. Schriftform
Stillstand
–, allgemein   1438 ff., 1650 ff.
–, begrenzter Teilstillstand   1259, 1441, 1482
–, Gerätestillstand   1515 ff.
–, Kosten   1438 ff.

„Stoff" (Baugrund, Bauteilleistung) vom AG zu stellen 709–713, 716, 1342, 1397
Störfallkatalog 817
Störung s. Behinderung
–, der Geschäftsgrundlage 105, 500
Straße, Benutzbarkeit als Bauumstand 249, 507, 801, 1349, 1413
Straße, nachträgliche abschnittsweise Herstellung 801
Streik 1206, 1244, 1396
Stundenerfassung, Iststundenerfassung 1560, 1561
Stundenlohn 502
Stundenlohnabrechnung bei modifizierten Leistungen? 1013
Stunden-Soll-Ist-Vergleich 1599 ff.
Systemargument 205
Systematik der Vergütungsansprüche aus geänderter, zusätzlicher Leistung 706, 776
Systemrisiko 740, 763 ff.

Tagebuch s. Bautagebuch
Tariflöhne, Zeiten höherer 106 ff., 603, 1034, 1420
Techniken, neue und „Erschwernisse" 701
Teilabschnitte des Bauwerks s. Bauabschnitte
Teilbaugenehmigung 1347
Teilkündigung durch AG 510, 826, 830, 840, 1190 ff.
Teilleistung 12, 519, 830
Teilstillstand, begrenzter s. Stillstand
Teilverzögerung s. Verzögerung
terminbestimmende Vorgänge 565, 1259, 1261, 1264, 1664
Terminplan 32 ff.
–, Ablaufplan 299 ff., 1254 ff., 1304 ff., 1328
–, Ablaufplan AN schneller als Terminplanung AG 1483 ff.
–, bauinhaltsbedingt modifizierter Sollablauf 1098
–, „Eigenanteil" AN 1266
–, gestörte Phasen/ungestörte Phasen 1266
–, Ist-Ablauf 1269
–, Koordinierungspflicht des Auftraggebers durch Aufstellung eines Terminplans 1364, 1382
–, produktionsorientierter T. 33
–, projektorientierter T. 33
–, Richtigkeitsvermutung 1266
–, behinderungsbedingt modifizierter Sollablauf 1268, 1269
–, vertraglich erlaubte Bauzeitverschiebung 1336 ff.
– ungünstige Jahreszeit 1267
– Wiederaufnahme der Arbeit 1267
Terminrückstände, Ursachen von 1254 ff.
Terminsteuerung 32 ff.

Terminverschiebungsbefugnis des AG 801
Text, Widerspruch zu Plänen 180 ff., 201 ff., 320
„Text vor Plänen", BGH-Entscheidung 179 ff., 205, 234
Totalitätsprinzip 104
Treu und Glauben (§ 242 BGB) 175, 253, 1455, 1474
Tunnelarbeiten 803
Tunnelbau
–, Störfallkatalog im Tunnelbau 581

überhöhte Preise 607, 1049, 1050
„Überkopfarbeiten" 282 ff.
Überstunden (Minderleistung) 1636
Überwindung von „Erschwernissen" 766, 769, 773, 809, 812, 848, 878 ff.
üblicher Leistungsumfang s. Durchschnittsleistung
übliche Sorgfalt s. Durchschnittssorgfalt
übliche Vergütung s. angemessene Vergütung
Umlage
–, Ausweis im Angebot 614, 615
–, Betrag 17, 501, 520 ff., 614, 615, 625 ff.
–, Minderleistung s. Minderleistung
– Umlagegruppe, Prozentsätze 12, 17, 521–524
–, Umlagekalkulation s. Kalkulation
Umsatz und Allgemeine Geschäftskosten 14, 1426 ff.
unabwendbare Umstände 1245
ungerechtfertigte Bereicherung 1184 ff.
ungestörte Leistung, unbehinderte Arbeit, ungestörte Phasen s. auch Arbeitsvorgang, Bauabschnitt, Phase 1266, 1554–1572, 1578–1583
ungewöhnliches Wagnis 192, 752 ff., 853, 856
ungünstige Witterung s. auch Schlechtwetter 1267
Universitätsbibliothek 204, 207, 212, 214, 216, 246, 855, 868
unklares Bausoll s. Leistungsbeschreibung, unklare
Unklarheitenregel 230–232, 242
Unmöglichkeit der Leistung 1211, 1213
Unterbrechung der Leistung 1650 ff.
Unterdeckung AGK 1431
Unterdeckung, Ausgleichsberechnung 533, 536 ff., 540, 626 ff.
Unterlassung
– als stillschweigende Anordnung 887 ff.
– von Behinderungen als Mitwirkungspflicht des Auftraggebers 1288, 1321
Unternehmensgröße als Prüfkriterium 211 f.
Untersuchungen, Pflicht des AN zu eigenen 129, 189, 208, 219, 732–737
unvermeidbare Folgen (Baugrund) 718

unverzügliche Anfechtung 602
unverzügliche Anzeige s. Leistung ohne Auftrag, zusätzliche Leistung
Unvollständigkeit der Leistungsbeschreibung s. Leistungsbeschreibung 162
Ursache
–, Definition (bei § 6 Nr. 6 VOB/B) 1414 ff.
– Doppelursache 1355 ff.
–, Ermittlung der Ursache 1256, 1418 ff.
–, externe 5
–, interne 5
–, haftungsbegründet 1612, 1613
–, haftungausfüllend 1614 ff.
–, Nachweis bei § 2 Nr. 5, 2 Nr. 6 VOB/B 1123 ff., 1129 ff., 1504, 1612 ff., 1642
–, –, entbehrlicher, bei abstrakter Schadensberechnung? 1502 ff.
–, –, Schätzung 1612 ff., 1642
–, –, Soll-Ist-Vergleich s. auch Fallbeispiele und Plausibilitätsdarlegungen 4 ff.
–, Plausibilitätsdarlegungen s. dort
–, Verzögerungen, U. von 1254 ff.

Variable Kosten s. Kosten
Verbrauchsgüter 23, 1516 ff.
Verdichtungsmaßnahmen 731
Verdingungsunterlagen, Änderung 267
Vereinbarung der Vergütung bei § 2 Nr. 5 und § 2 Nr. 6 VOB/B 939 ff.
–, Anspruchsvoraussetzung, keine 940
–, Einbeziehung von Folgekosten 943
–, Kündigungsrecht bei verweigerter Vereinbarung 972 ff., 996, 997
–, Leistungsverweigerungsrecht bei verweigerter Vereinbarung 972 ff., 996, 997
–, Umfang der Einigung zur Nachtragsvergütung 943
Verfahrenssoll 761
Vergabegewinn 538, 1016
Verformungen als Mangel 718
Vergabehandbuch des Bundes 207, 266, 520, 573, 582, 1524
Vergabeunterlagen
–, Prüfung der s. Prüfpflichten des Bieters
Vergabeverhandlung 152, 310
vergessene Folgekosten 941
vergessene zeitliche Folgen 943
Vergleich 946
Vergütung, Vergütungsanspruch s. insbesondere Prüfpflicht, geänderte Leistung, zusätzliche Leistung s. Kostenanpassung, (analoge)
Vergütungermittlung, (analoge) s. Kosten – Kostenermittlung
Vergütungsfortschreibung, (analoge) s. Kosten – Kostenfortschreibung
Vergütungsgefahr 150, 711, 712

Vergütungssoll 1, 100, 101, 104, 156, 242, 280 ff.
Verhaltenspflichten
–, vorvertraglich 185
Verhältnisse der Baustelle, Beschreibung 128, 193
Verjährung
–, bei Ansprüchen aus mangelhaft definierter Leistungsbeschreibung 278
–, bei § 2 Nr. 3 VOB/B 661
–, bei § 2 Nr. 5 VOB/B 1132
–, bei § 2 Nr. 8 VOB/B 1183
–, bei § 6 Nr. 6 VOB/B 1644
–, bei § 642 BGB 1652
Verkehrssitte 147, 176, 183, 850 ff., 858
Verlangen des Auftraggebers s. Anordnung
Verlangen des Auftragnehmers bei § 2 Nr. 3 VOB/B 658
Verlängerung der Ausführungsfrist s. Frist
Verlangsamter Bauablauf 1421 ff.
Verlust s. Soll-Verlust
Vermessungsarbeiten 1152, 1292
Vermögensverfall des AG 1398
Vermutungen
–, Beschäftigungsvermutung 1440, 1443, 1529, 1642
–, Eindeutigkeitsvermutung für Wortlaut 175, 190
–, Mehrkosten in voller Höhe 1619 ff., 1642
–, Rentabilitätsvermutung 1266, 1431, 1529, 1532, 1573 ff., 1619 ff., 1642
–, Richtigkeitsvermutung 186 ff.
–, –, Angebotskalkulation 1573
–, –, Baugrund 727
–, –, Schadensersatz aus § 6 Nr. 6 VOB/B 1618, 1620
–, –, Terminplan 1266
–, –, Schätzung und Vermutungen (§ 6 Nr. 6) 1612 ff.
–, Ursachenzusammenhang s. Ursache
–, Vollständigkeitsvermutung 175, 186, 728
–, Widerlegung 1266 f., 1577–1585
Vernetzung von Vorgaben 7
Verschlechterung des Wetters vor Abnahme 149
Verschulden s. auch Schadenssatz
–, Beweislast s. dort
–, Fahrlässigkeit 1344
–, finanzielle Leistungsfähigkeit des Auftraggebers 1344
–, Mitverschulden 1354
–, Schuldform 1344 f.
–, Verschulden bei Vertragsschluss 244, 248, 276, 278, 544, 590, 594, 595, 664
–, verschwiegene Kenntnisse bei Ausschreibung 245
–, „Vertretenmüssen" 1249, 1250, 1344 ff.
–, Vorsatz 158, 251–254, 262, 1344, 1491

Versorgungsleitungen 775
verschwiegene Kenntnisse des AG 245, 248, 252
verspätete Pläne s. Ausführungsunterlagen, Behinderung
versteckte Anordnungen s. Anordnungen
versteckte Hinweise 154
versteckte Risikozuordnung 230, 758
Vertrag „als sinnvolles Ganzes" 186
Vertragsauslegung s. Auslegung 175 ff.
Vertragsbestandteile, Reihenfolge der Vertragsfristen s. Fristen
–, Rangfolge einzelner Vertragsbestandteile 147
–, „Totalität" aller Vertragsbestandteile 178
Vertragsfristen s. Fristen
Vertragspflicht des AG
–, richtige Planung als V. 1000
Vertragspreisniveaufaktor, Vertragspreisbezugssystem, 826, 1033, 1053, 1072, 1077
Vertragsstrafe 1270
Vertragsterminplan s. Terminplan 299 ff.
vertragswidriges Verhalten des Auftraggebers s. Rechtswidrigkeit
Vertretenmüssen s. Verschulden
Vertretungsmacht 892 ff.
verweigerte Vorlage der Angebotskalkulation 623, 1115, 1627
Verweigerung einer Preisvereinbarung s. Weigerung des AG
Verzicht auf Folgekosten bei Einigung über Nachtrag 943, 1331
Verzögerung (Verlangsamung), begrenzte Teilverzögerung 1259, 1441
s. weiter Ausführungsunterlagen, Behinderung
Verzug s. auch Gläubigerobliegenheit, Konkurrenzen
–, des AG 1272, 1282, 1339 ff.
–, des AN 1270
VOB/A
–, Eindeutigkeitsgebot des § 9 Nr. 1 VOB/A 192 ff.
Spezialitätsregel des § 9 Nr. 7 VOB/A 205
–, Verstoß gegen § 9 192
–, VOB/A-Konformität 192 ff.
VOB/B
–, AGB 103
–, = Allgemeine Vertragsbedingungen für die Ausführung von Bauleistungen 118
–, „als Ganzes" 103
–, Einbeziehung in den Vertrag 103
–, Einzelpflichten des Auftragnehmers gemäß 148
–, geänderte Leistungen gemäß § 1 Nr. 3 VOB/B 785
–, Harmonisierung von § 1 Nr. 3 und § 1 Nr. 4 VOB/B 785, 795, 974

–, Wortlaut der VOB/B 785
–, zusätzliche Leistungen gemäß § 1 Nr. 4 VOB/B 785
VOB/C s. auch Auslegung, Leistungsbeschreibung, Prüfpflicht
–, Abschnitt 0 127 ff., 193, 729, 745 ff., 865
–, Abschnitte 2, 3 130
–, Abschnitt 4 136 ff.
–, Abschnitt 5 146, 208
–, AGB 127, 133, 146
–, Allgemeine Technische Vertragsbedingungen (= VOB/C) 126 ff.
–, Auslegungsvertrauen 127
–, Ausschluss der VOB/C 126
–, Geltung als Vertragsbestandteil 126
Vollmacht s. auch Adressat, Anordnung
–, Anscheinsvollmacht 902 ff., 906, 971
–, Architekt 903 ff.
–, Controller 905 ff.
–, Duldungsvollmacht 901, 906, 971
–, Gemeinde 894–899
–, Missbrauch bei Entgegennahme der Anzeige gemäß § 2 Nr. 8 VOB/B 1177
–, öffentliche Hand 894 ff.
–, Projektsteuerer 906
–, Schriftformklausel 895 ff., 971 ff.
–, vollmachtloser Vertreter 907, 1165, 1167
Vollständigkeitsvermutung s. Vermutung, Vorbemerkungen 179
Vorauskalkulation 27, 941, 1637
Vorbehalt, Vergütungsvorbehalt in § 2 Nr. 1 VOB/B? 137 ff.
Vorbemerkungen 179
Vordersatz 8, 20, 104, 500 f., 504, 530, 573 ff., 588 ff., 656
Vorgabe von Aufwandswerten s. Aufwandswerte
Vorgänger 1364, 1664
Vorgangsdauer 42
Vorgangskette, Arbeitsfolge 1259, 1441
vorgefundene Verhältnisse und § 2 Nr. 3 VOB/B 505, 507, 806
Vorhaltezeit, Gerätevorhaltung 1489, 1515 ff., 1523 ff.
Vorkenntnisklausel in AGB 230
Vorlauffristen s. Fristen
Vorsatz s. Verschulden
Vorunternehmerleistungen s. Erfüllungsgehilfe
„Vorunternehmer I", BGH-Entscheidung 1280, 1366 ff.
„Vorunternehmer II", BGH-Entscheidung 1220, 1280, 1361, 1366 ff., 1393 ff., 1400, 1648 ff.

Wagnis s. Kosten
Wagnis, ungewöhnliches 195, 752 ff., 853, 856

Wahlpositionen   s. Alternativpositionen
Wahlschuldverhältnisse   s. Auswahlpositionen
„Wasserhaltung", BGH-Entscheidungen I, II 137–143, 188, 192, 195, 210, 700, 752 ff., 785, 856
Wasserverhältnisse   s. Baugrund
Wegfall der Geschäftsgrundlage   105, 500, 539, 563
Wegfall einer Leistung   s. Teilkündigung
Weigerung des AG
–, Anordnungen zu treffen   274, 774
–, Behinderung zu beseitigen   1210, 1400
–, Kalkulation vorzulegen   623, 1115, 1627
–, mit dem Bau zu beginnen   1320
–, Preisvereinbarungen bei angeordneten geänderten oder zusätzlichen Leistungen zu treffen   274, 940, 972, 996, 997
–, Vertrag auszuführen   1210, 1320
–, Zeichnungen/Pläne zu erstellen   1156, 1293 ff.
Werkzeug   1398
Wettbewerbspreise (Preisrecht)   1050
Widerlegung einer Vermutung   1266, 1577–1585
Widersprüche
–, innerhalb einer Vertragskategorie   179, 180–182
–, im Vertrag, Reihenfolge   118, 178, 180 ff., 201 ff.
–, Text und Plan   180 ff., 201 ff., 320
Wiederaufnahme der Arbeiten, Zuschlag für   1267
Willenserklärung, empfangsbedürftige   183
Winterarbeit, Leistungsabfall   1267, 1632
Winterbau   1267
Winterschäden, Schutz vor   130
Witterungseinflüsse als Behinderung   1247
Wortlaut der Leistungsbeschreibung   175, 176

Zahlung des AG als Hauptpflicht   1283
Zeichnungen   s. auch Ausführungsunterlagen, Weigerung des Auftraggebers
–, als maßgeblich für Ausführung gekennzeichnet   181, 201, 203, 289
–, Pflicht zur Erstellung durch Auftragnehmer   148, 1156
–, Widerspruch Zeichnung/Text   180 ff., 201 ff., 320
–, zusätzlich verlangte   s. zusätzliche Leistung
Zeit als Einflussfaktor für Produktionsvorgang   22, 1303
zeitabhängige Kosten   s. Kosten
Zeitbilanz bei Mehr- und Mindermengen   567 ff.
zeitliche Abfolge, Anordnung des Auftraggebers zur   773, 801, 845, 871, 1328 ff., 1332 ff.
Zeitplan, durchgreifende Änderung   1270

Zeitpunkt der Mitwirkungpflicht des Auftraggebers   s. Mitwirkungspflicht
Zeitpunkt Vertragsschluss als Zäsur   152
Zerstörung des Werks vor Abnahme   150, 711, 712
Zugänglichkeit der Baustelle   1250
Zulageeisen   147
Zulagenposition, Zulage   269, 282 ff.
Zurechenbarkeit   s. Sphäre des AG
Zusatzarbeiten   s. Sekundärverzögerungen
Zusatzauftrag   s. zusätzliche Leistung
zusätzliche Leistung
–, Abgrenzung zur geänderten Leistung   781 ff.
–, Abgrenzung zur geänderten Leistung bei unklärbaren Zweifeln   838
–, Abgrenzungskriterium kalkulatorische Vergleichbarkeit   829 ff.
–, Abgrenzungskriterium Produktionsverfahren   836 ff.
–, analoge Kostenermittlung, analoge Kostenfortschreibung, analoge Vergütungsfortschreibung   841 ff., 1052 ff., 1075 ff.
–, „Änderungselement" zu stark   826
–, anderweitiger Erwerb bei Kündigung   826, 840
–, angeordnete Mengenmehrung   514 ff., 805, 922
–, Ankündigungserfordernis   914
–, –, Ausnahmen vom A.   916
–, –, Wirksamkeit des A. mit Einschränkungen   916
–, Anordnung   s. dort
–, Ausgleichsberechnung   1122
–, Baugrund   766 ff.
–, Bauinhalt   803 ff., 1324 ff.
–, Baustellengemeinkosten   1085, 1089, 1099
–, Bauumstände   705, 800–802, 1332 ff.
–, Beispiele   1135 ff.
–, Bauzeitverlängerung   s. Fristverlängerung
–, Behinderung durch   1224–1227, 1249, 1253–1269, 1324 ff., 1401
–, Berechnungen des Auftragnehmers als zusätzliche Leistung   208, 219, 729, 1149 ff.
–, „Besondere Leistungen" als   131–144, 208, 284, 317, 730 ff., 1153
–, einverständliche   1161
–, Definitionen („Regeln")   803 ff.
–, Erschwernisse der Leistung   700, 707 ff., 848
–, Feststellung der vom Vertrag abweichenden Planung bei Leistungsverzeichnis als Preisliste   805 ff.
–, „geforderte" Leistung   846
–, kalkulatorische Vergleichbarkeit   829
–, Leistung anstatt   827 ff.
–, Leistungsbeschrieb, Änderung des Leistungsbeschriebs als Voraussetzung für zusätzliche Leistung   700, 824

955

–, Mehrleistung derselben Art 808
–, Methode der Neuberechnung s. dort
–, Praxis der öffentlichen Hand 999
–, Preisrecht 1049, 1050
–, Schlüsselkosten und 1083
–, selbständige neue Leistung 791
–, spekulative Preise 1049, 1050
–, Spezialität zu § 2 Nr. 5 VOB/B 804
–, überhöhte Preise 1049, 1050
–, Vereinbarung der Vergütung s. dort
–, Vergütungshöhe bei § 2 Nr. 9 VOB/B 1158
–, vor Baubeginn 421–424

–, Wiederholung der „alten" Leistung 712, 821
–, Zeichnungen des Auftragnehmers als zusätzliche Leistung 1149 ff.
–, zeitliche Folgen 940, 1224–1226, 1324
–, zusätzliche Leistungen und „andere Leistungen" im Sinne von § 1 Nr. 4 VOB/B 793
Zusätzliche Technische Vertragsbedingungen 125
Zusätzliche Vertragsbedingungen 125
Zuschlag s. Kalkulationszuschlag
Zuschlagskalkulation s. Kalkulation, Kosten
ZVB 125